Kramers Pocketwoordenboeken

Nederlands-Engels

Kramers Pocket Dictionaries

English-Dutch/
Dutch-English
  Dictionary

VOLUME TWO

Dutch-English

COMPILED BY THE EDITORIAL STAFF
OF KRAMERS DICTIONARIES

MCMLXXXVII

Elsevier

Kramers Pocketwoordenboeken

Engels-Nederlands/
Nederlands-Engels
Woordenboek

TWEEDE DEEL

Nederlands-Engels

SAMENGESTELD DOOR DE LEXICOGRAFISCHE STAF
VAN KRAMERS WOORDENBOEKEN

MCMLXXXVII

Elsevier

Omslagontwerp: **Harry N. Sierman**

CIP-GEGEVENS KONINKLIJKE BIBLIOTHEEK, DEN HAAG

Kramers

Kramers pocketwoordenboek Nederlands-Engels / samengest.
door de lexicografische staf van Kramers woordenboeken -
Amsterdam [etc.] : Elsevier : Meulenhoff Educatief. - (Kramers
pocketwoordenboeken : alg. leiding Gijsbert van Kooten)
ISBN 90-10-05955-3
SISO enge 831 UDC (038) = 393.1 = 20 UGI 730
Trefw.: Engelse taal ; woordenboeken.

©MCMLXXXII B.V. Uitgeversmaatschappij Elsevier
            Amsterdam/Brussel
©MCMLXXXVII Elsevier Boeken B.V. Amsterdam/Brussel
D/MCMLXXXVII/0199/34

LIJST VAN TEKENS EN AFKORTINGEN

* Het ontbreken van het teken ⓜ bij enig woord in dit woordenboek heeft niet de betekenis dat dit woord geen merk in de zin van de Nederlandse of enige andere merkenwet zou zijn.

+	attributief	attributively
‖	etymologisch niet verwant	not etymologically related
~	herhalingsteken	mark of repetition
••	verbindingen	combinations with adverbs etc.
●	eufemistisch	euphemistically
✳	sterrenkunde	astronomy
Ⓦ	historische term	historical term
±	ongeveer hetzelfde	approximately
○	dichterlijk en hogere stijl	poetical and elevated style
↖	verouderd, verouderend	archaically
†	dood	dead
♋	dierkunde	zoology
♐	vogelkunde	ornithology
𝔑	viskunde	ichthyology
❀	insektenkunde	entomology
♣	plantkunde	botany
❧	school en academie	school and university
▨	wapenkunde	heraldry
⚔	militaire term; wapens	army; arms
⚓	marine, scheepvaart	navy, shipping
✈	vliegwezen	aviation
⚙	automobilisme	motoring
⚡	elektriciteit	electricity
☓	telegrafie	telegraphy
⚡☓	draadloze telegrafie, radio	wireless, radio
☏	telefonie	telephony
♞	post	post
$	handelsterm	business term
ⓜ	handelsmerk*	trade mark
§	wetenschappelijk woord	scientific term
℣	geneeskunde	medicine
℟	rechtskundige term	law term
×	wiskunde	mathematics
✗	techniek	technical term
◿	bouwkunde	architecture
♪	muziek	music
⚬⚬	biljart	billiards
◇	kaartspel	cards
<	versterkend	intensifyingly
>	geringschattend	disparagingly
↓	zie beneden	see below
²	na een woord: eigenlijk en figuurlijk	literally and figuratively
°	na een woord: in velerlei betekenis	various meanings
F	gemeenzaam	familiarly

LIJST VAN TEKENS EN AFKORTINGEN

S	*slang* & argot	slang
B	bijbels	biblical
J	grappig	jocularly
P	lagere volkstaal	popularly
T	triviaal, plat	low word
&	en; enzovoort	and; etcetera
RK	rooms-katholiek	Roman Catholic
SH	Shakespeare	Shakespeare
TV	televisie	television
Am	amerikanisme	Americanism
Austr	Australië	Australia
Ind	Indonesië	Indonesia
IP	India, Pakistan en naburige landen	India, Pakistan, and neighbouring countries
Ir	Iers	Irish
Sc	Schots	Scottish
ZA	Zuid-Afrika	South Africa
ps	psychologie	psychology
sp	sport en spel	sports and games
eig	eigenlijk	literally
fig	figuurlijk	figuratively
gram	spraakkunst, taalwetenschap	grammar, linguistics
prov	provincialisme	provincialism
dial	dialect	dialect
vt	overgankelijk werkwoord	transitive verb
vi	onovergankelijk werkwoord	intransitive verb
vr	wederkerend werkwoord	reflexive verb
va	absoluut gebruikt werkwoord	absolute verb
sb	zelfstandig naamwoord	substantive
aj	bijvoeglijk naamwoord	adjective
ad	bijwoord	adverb
prep	voorzetsel	preposition
pron	voornaamwoord	pronoun
cj	voegwoord	conjunction
ij	tussenwerpsel	interjection
m	mannelijk	masculine
v	vrouwelijk	feminine
o	onzijdig	neuter
mv	meervoud	plural
T.D.	tegenwoordig deelwoord	present participle
V.D.	verleden deelwoord	past participle
V.T.	verleden tijd	past tense
Fr	Franse uitspraak	French pronunciation
gew.	gewoonlijk	usually
v.	van; voor	of; for
verk. v.	verkorting van	short for

PHONETIC SYMBOLS

DUTCH VOWELS

Several Dutch vowel sounds have no equivalent in English. As close an approximation as possible is given below. It should be borne in mind that all Dutch vowels are much shorter than the corresponding English vowels.

Sign	Dutch word	Equivalent in English and other languages	Description
ɑ	b*a*d	shorter than b*a*th	
a	b*a*den, h*aa*st	f*a*st, f*a*ther	
ɛ	b*e*d	f*a*t	
e	f*ee*st, l*e*zen	f*a*ce	
ɪ	p*i*t	p*i*t	
i	r*ie*t	fr*ee*	
ɵ	b*o*t	between f*u*ll and p*o*t	
ɔ	p*o*t	p*o*t	
o	b*oo*t, l*o*pen	d*a*te	
u	h*oe*d	f*oo*t	
ü	p*u*t	unstressed vowel in *a*go	
y	min*uu*t, *u*ren	Fr. min*u*te	
ø	r*eu*s	Fr. p*eu*	
ɛ:	cr*è*me	*ai*r	
ɔ:	contr*o*le	dr*a*w	in foreign words only
œ:	fr*eu*le	p*ear*l	
ə	gav*e*	unstressed vowel in *a*go	
ã	h*a*ngar	Fr. d*a*ns	
ɛ̃	enf*in*	Fr. enf*in*	nasalized vowels,
õ	pensi*on*	Fr. t*on*	in foreign words only
œ̃	Verd*un*	Fr. Verd*un*	

ɑ, ɛ, ɪ, ɵ, ɔ, ü, short vowels

a., e., o., u., y., ø., half long vowels

a:, e:, o:, u:, y:, ø:, ɛ:, ɔ:, œ:, long vowels

DUTCH DIPHTHONGS

ai	*ai*	l*i*ne	
ɛi	*ij*s, r*ei*s	*eye*	[ɛ + i]
ɔu	k*ou*d, mi*auw*	l*ou*d	[ɔ (top) + u]
a:i	dr*aai*	a (f*a*st) + i (fr*ee*)	
e:u	*eeuw*	e (f*a*ce) + u (f*oo*t)	
i:u	n*ieuw*	i (fr*ee*) + u (f*oo*t)	
o:i	n*ooit*	o (d*a*te) + i (fr*ee*)	
œy	h*ui*s	œ (p*ear*l) + ə (*a*go)	
u:i	r*oei*t	u (f*oo*t) + i (fr*ee*)	
y:u	d*uw*	y (Fr. min*u*te) + u (f*oo*t)	

DUTCH CONSONANTS

All Dutch consonants are pronounced as in English with the exception of those indicated below.

Sign	Dutch word	Equivalent in English and other languages	Description
c	katje	cut your	
g	zagen	Scotch loch, but weaker	
j	jong	yes	
ŋ	lang	long	
ɲ	franje	pannier	
ʃ	sjaal, kastje	shawl	
ʒ	stellage	leisure	
ʋ	water	like a soft v	pronounced by pressing the lower lip against the edge of the upper teeth, like Engl. v, but it is a stop without friction
x	deeg	Scotch loch	

STRESS

In words of two or more syllables the stress is indicated by ' preceding the syllable: ['ja.gə(n)], [jɑs'mɪin].

A

a [a.] *v* a; *hij kent geen* ~ *voor een b* he does not know A from B; *een vogel pikt b zeggen* in for a penny, in for a pound; *van* ~ *tot z* from A to Z; from beginning to end.

a = *are*.

à [a.] *at* [four guilders]; *tien* ~ *vijftien* from ten to fifteen; *vijf* ~ *zes* five or six.

aai [a:i] *m* caress, chuck (under the chin).

aaien ['a.jə(n)] *vt* stroke, caress, chuck (under the chin).

aak [a.k] *m & v ↓* (Rhine) barge.

aakschipper ['a.ksχɪpər] *m* bargemaster.

aal [a.l] *m 🐟 eel; *hij is zo glad als een* ~ he is as slippery as an eel.

aalbes ['a.lbɛs] *v 🌿* (black, red, white) currant.

aalmoes ['a.lmu.s] *v* alms, charity; *(om) een* ~ *vragen* ask for charity, ask for (an) alms.

aalmoezenier [a.lmu.zə'ni:r] *m 1* [prison &] chaplain; 2 ⚔ (army) chaplain, F padre; 3 ⚔ almoner.

aalscholver ['a.lsχɔlvər] *m 🐦* cormorant.

aambeeld [a.mbe.lt] = *aanbeeld.*

aambeien ['a.mbɛiə(n)] *mv* haemorrhoids, piles.

aamborstig [a.m'bɔrstəχ] asthmatic, short-winded.

aamborstigheid [-hɛit] *v* asthma, shortness of breath.

aan [a.n] **I** *prep* on, upon, at; (als datiefomschrijving) to; ~ *haar bed* at (by) her bedside; ~ *boord* on board; ~ *de deur* at the door; ~ *de muur* on the wall; zie verder ook: *boord, hemel* &; *ze zijn* ~ *het dineren (schrijven &)* they are dining (writing &); *...gulden* ~ *dubbeltjes* in twopenny bits; *...gulden* ~ *maakloon* to the making; *wat men zo* ~ *kleren nodig heeft* what one wants in the way of dress; *met vleugels* ~ *zijn schouders* with wings to his shoulders; *een huis* ~ *de straat* a house skirting (fronting) the street; *(het is)* ~ *u* (it is) your turn, it is for you to play; it is up to you, it is your duty to...; *vier* ~ *vier* by fours; zie ook: *dag* &; **II** *ad* ~ *zijn 1 🎲 be in* play; 2 (aan 't bewind zijn) be in power; 3 (v. boot &) be in; 4 (branden) be on, be lighted (lit, alight); 5 (begonnen zijn) have begun [of service, school &]; *het is erg* ~ *tussen hen* they are as thick as thieves; *er is niets* ~ *1* there's nothing in it; 2 there's no difficulty about it; *daar is wel iets van* ~ there's something in that; *daar is niets van* ~ there's not a word of truth in it; *je jas* ~ *!* on with your coat!; ~ *! vuur !* ⚔ present... fire!

aanaarden ['a.na:rdə(n)] *v* earth up.

aanbakken [-bakə(n)] *vi* stick to the pan [of food].

aanbeeld [-be.lt] *o* anvil°; *hij slaat altijd op hetzelfde* ~ he is always harping on the same string.

aanbelangen [-bəlaŋə(n)] in: *wat dit aanbelangt* as to this, as regards this.

aanbellen [-bɛlə(n)] *vi* ring (the bell), give a ring.

aanbenen [-be.nə(n)] *vi* F step out, mend one's pace.

aanbesteden [-bəste.də(n)] *vt* invite tenders for, put out to contract.

aanbesteding [-dɪŋ] *v* putting out to contract, contract, (public) tender.

aanbevelen ['a.nbəve.lə(n)] **I** *vt* recommend, commend; *wij houden ons aanbevolen voor...* we solicit the favour of your...; **II** *vr zich* ~ recommend oneself.

aanbevelenswaard(ig) [a.nbəve.ləns'va:rt, -'va:rdəχ] recommendable.

aanbeveling ['a.nbəve.lɪŋ] *v* recommendation; zie ook: *aanbevelingsbrief; kennis van Frans strekt tot* ~ knowledge of French (will be) an advantage; *het verdient* ~ it is worth while (to...); *op* ~ *van...* at the recommendation of...

aanbiddelijk [a.n'bɪdələk] **I** *aj* adorable; **II** *ad* adorably.

aanbidden [a.n'bɪdə(n)] *vt* adore, worship.

aanbidder [-dər] *m* **aanbidster** [-stər] *v* adorer [also of a girl], worshipper, admirer.

aanbidding [-dɪŋ] *v* adoration, worship.

aanbieden ['a.nbi.də(n)] **I** *vt* offer, ⭕ proffer [a gift, services &], tender [money, services]; present [a bill, a scene of... &]; hand in [a telegram]; *het is ons aangeboden* $ we got an offer of it; **II** *vr zich* ~ 1 (personen) offer (oneself), volunteer; 2 (gelegenheid) offer (itself), present itself.

aanbieding [-dɪŋ] *v* offer, tender; (v. geschenk, wissel) presentation.

aanbijten ['a.nbɛitə(n)] *vi* bite², take the bait², rise to the bait².

aanbinden [-bɪndə(n)] *vt* tie (on), fasten.

aanblaffen [-blafə(n)] *vt* bark at, bay at.

aanblazen [-bla.zə(n)] *vt* blow²; fan² [the fire, discord]; stir up [the passions].

aanblijven [-blɛivə(n)] *vi* continue (remain) in office; stay on; *moet de deur* ~? is the door to be kept ajar?; *moet de lamp (' t vuur)* ~? is the lamp (the fire) to be kept burning?

aanblik [-blɪk] *m* sight, look, view, aspect; *bij de eerste* ~ at first sight (glance).

aanbod [-bɔt] *o* offer; *een* ~ *doen* make an offer.

aanbonzen [-bɔnzə(n)] *vi* in: ~ *tegen* bump up against.

aanboren [-bo:rə(n)] *vt 1* bore [a well]; 2 strike [oil &]; 3 *fig* tap [other sources].

aanbotsen [-bɔtsə(n)] *vi* in: ~ *tegen* knock (strike, bump) against.

aanbouw [-bau] *m 1* annex(e); 2 building [of ships]; 3 cultivation [of land]; 4 growing [of potatoes]; *in* ~ in course of construction, under construction.

aanbouwen [-bouə(n)] *vt* 1 add [by building]; 2 build [ships &]; 3 cultivate [the land]; 4 grow [potatoes].

aanbranden [-brandə(n)] *vi* burn, be burnt; *dat ruikt (smaakt) aangebrand* it has a burnt smell (taste).

aanbreien [-brɛiə(n)] *vt* in: *kousen* ~ (re)foot stockings.

aanbreken [-bre.kə(n)] I *vt* break into [one's provisions, one's capital], cut into [a loaf], broach [a cask], open [a bottle]; II *vi* 1 (v. dag) break, dawn; 2 (v. nacht) fall; 3 (v. ogenblik, tijd) come; III *o* in: *bij het ~ van de dag* at daybreak, at dawn; *bij het ~ van de nacht* at nightfall.

aanbrengen [-brɛŋə(n)] *vt* 1 *eig* bring, carry (there); 2 (plaatsen) place, put up [ornaments], fix (up) [a thermometer], fit [a telephone in a room, to the wall]; 3 (maken) make [a passage in a wall], let [a door into a wall]; introduce [a change]; 4 (geven) yield [a profit]; bring [luck]; bring in [capital, members]; 5 (aangeven) denounce [a person to the police], inform on [one's own family], delate [an offence]; 6 (oververtellen) tell, disclose, reveal.

aanbrenger [-brɛŋər] *m* denunciator, informer; telltale.

aanbrengpremie ['a.nbrɛŋpre.mi.] *v* reward.

aandacht ['a.ndɑxt] *v* attention; *geen ~ schenken aan* pay no attention to...; *de ~ trekken* attract (catch) attention; *de ~ vestigen op* call (draw) attention to...; *zijn ~ vestigen op...* turn one's attention to...

aandachtig [a.n'dɑxtəx] *aj* (& *ad*) attentive(ly).

aandeel ['a.nde.l] *o* share°, portion, part; *~ aan toonder* share to bearer, bearer share; *~ op naam* registered (nominal, personal) share; *gewoon, preferent ~* ordinary, preference share; *voorlopig ~* scrip (certificate); *~ hebben in* have a share in, have part in; zie ook: *deel*.

aandeelhouder [-hou(d)ər] *m* shareholder.

aandelenkapitaal ['a.nde.lənkɑpi.ta.l] *o* share capital, capital stock.

aandenken [-dɛŋkə(n)] *o* memory, remembrance; (voorwerp) memento, souvenir, keepsake; *iemand in gezegend ~ houden* keep his memory green.

aandienen [-di.nə(n)] *vt* announce; *zich laten ~* send in (up) one's name (one's card).

aandikken [-dɪkə(n)] *vt* 1 (een lijn) thicken; 2 (iets) lay it on, underline it.

aandoen [-du.n] *vt* 1 put on [clothes]; 2 (veroorzaken) cause [trouble], give [pain]; 3 (aanpakken) affect [the mind &]; move [the heart &]; 4 (binnenlopen) call at [a port, a station &]; *zijn longen zijn aangedaan* his lungs are affected; *het doet (ons) vreemd aan* it strikes us as odd; *het deed (ons) zeer onaangenaam aan* it made a very unpleasant impression upon us. Zie ook: *aangedaan, proces &*.

aandoening [-du.nɪŋ] *v* affection°; emotion; *een ~ van koorts* ook: a touch of fever.

aandoenlijk [a.n'du.nlək] I *aj* 1 (v. verhaal, toneel) moving, touching, pathetic; 2 (v. gemoed) sensitive, impressionable; II *ad* movingly, touchingly, pathetically.

aandoenlijkheid [-heit] *v* 1 (v. verhaal) pathos; 2 (v. gemoed) sensitiveness.

aandraaien ['a.ndra.jə(n)] *vt* 1 turn on, turn, tighten [the screw²]; 2 switch on [the light].

aandragen [-dra.gə(n)] *vt* bring, carry.

aandrang [-drɑŋ] *m* 1 (aandrift) impulse; 2 ('t aandringen) pressure; urgency; insistence; *met ~* urgently, earnestly; *op ~ van* at the instance of; *uit eigen ~* of one's own accord.

aandrift [-drɪft] *v* impulse; instinct; *uit eigen ~* zie *aandrang*.

aandrijven [-drɛivə(n)] I *vt* drive on, prompt, press, press on, urge on; ⚒ drive [a machine]; II *vi* be washed ashore; *komen ~* come floating along.

aandrijving [-drɛivɪŋ] *v* ⚒ drive; *met elektri-*

sche ~ ⚒ electrically driven.

aandringen [-drɪŋə(n)] I *vi* press the matter, pursue one's point; *~ op...* insist on; *~ op... bij...* ook: be urgent with... for...; *bij hem ~ op betaling* press him for payment; II *o* insistence; *op ~ van* at the instance of.

aandrukken [-drükə(n)] *vt* in: *~ tegen* press against, press close to.

aanduiden [-dœydə(n)] *vt* 1 (wijzen) indicate, point out, show; 2 (aangeven) denote, designate, describe; 3 (getuigen van) be indicative of, signify, mark.

aanduiding [-dœydɪŋ] *v* 1 indication, intimation; 2 designation, description.

aandurven [-dűrvə(n)] *vt* dare; *het niet ~* not dare to do it; *durft hij het aan?* dare he do it?; *iemand ~* dare to fight one; *een taak niet ~* shrink from a task.

aanduwen [-dy.və(n)] *vt* push.

aaneen [a.n'e.n] together; *dagen ~* for days together, at a stretch; *zes uren ~* for six hours on end.

aaneengesloten [-gəslo.tə(n)] united; serried [ranks].

aaneenhechten [-hɛxtə(n)] *vt* join, fasten, connect together.

aaneenschakelen [-sxa.kələ(n)] *vt* link together, link up.

aaneenschakeling [-lɪŋ] *v* concatenation, series.

aaneensluiten [-slœytə(n)] I *vt* fit; II *vr* *zich ~* close the ranks; join hands, unite.

aanfluiting ['a.nflœytɪŋ] *v* mockery, farce; B byword.

aangaan ['a.nga.n] I *vi* 1 (vuur &) light, catch, strike, take fire, burn; (licht) come on, go up; (voorstelling &) begin; 2 (te keer gaan) take on, carry on; *dat gaat niet aan* that won't do; *~ bij iemand* call at a person's house, call on a person; *~ op...* go up to..., make for...; II *vt* 1 enter into [a marriage, treaty &], contract [a marriage], conclude [a treaty], negotiate [a loan], lay [a wager &]; 2 concern, regard; *dat gaat u niet(s) aan* ook: that's none of your business, no business (no concern) of yours; *wat dat aangaat...* as regards (respects) this, as to that; as for that; *wat mij aangaat* so far as I am concerned, for my part, I for one; *wat gaat mij dat aan?* what's that to me?; *allen die het aangaat* all concerned.

aangaande [a.n'ga.ndə] concerning, as regards..., as to...

aangapen [-ga.pə(n)] *vt* gape at.

aangebedene [-gəbe.denə] in: *zijn ~* his adored (one).

aangebonden [-gəbòndə(n)] in: *kort ~* shorttempered.

aangeboren [-gəbo:rə(n)] innate, inborn, congenital.

aangedaan [-gəda.n] moved, touched, affected.

aangehuwd [-gəhy:ut] allied (by marriage); *~e broeder* brother-in-law; *~e tante* aunt by marriage.

aangeleerd [-gəle.rt] acquired; taught.

aangelegd [-gəlext] in: *humoristisch ~* of a humorous turn; *religieus ~* religiously minded; *zo is hij nu eenmaal ~* he is made (built) that way.

aangelegen [-gəle.gə(n)] adjacent, adjoining.

aangelegenheid [a.ngə'le.gənheit] *v* matter, concern, affair, business.

aangenaam ['a.ngəna.m] I *aj* agreeable, pleasant; pleasing; gratifying; comfortable; *~ (kennis te maken)!* pleased to meet you!; *how do you do?; het is mij ~ te horen* I am pleased to hear; *het geschenk was mij zeer ~* it was very acceptable to me; II *sb* in: *het aangename van...* the amenities of... [such a life]; *het aangename met het nuttige verenigen* combine business with pleasure; III *ad* agreeably &.

aangenomen [-gəno.mə(n)] adoptive [child]; assumed [name]; contract, job [work]; zie ook: *aannemen*.

aangeschoten [-gəsxo.tə(n)] I (vogel) winged, wounded; 2 (dronken) F tipsy.

aangesloten [-gəslo.tə(n)] ~ *bij* affiliated to a party]; on [the telephone]; *de* ~*en* & the subscribers.

aangespen [-gɛspə(n)] *vt* buckle on.

aangestoken [-gəsto.kə(n)] worm-eaten [apples]; unsound [fruit]; carious [teeth]; broached [casks].

aangetekend [-gəte.kənt] & registered; ~ *verzenden* & send by registered post.

aangetrouwd [-gətrout] zie *aangehuwd*.

aangeven [-ge.və(n)] I *vt* I (aanreiken) give, hand, reach; 2 (aanwijzen) indicate [the direction]; mark [something on a map]; 3 (op 't stadhuis) notify [a disease], give notice of [a birth]; 4 (v. bagage) register; 5 (aan de douane) enter, declare; 6 & give information of [something]; denounce, report [a person to the police]; *hebt u niets aan te geven?* anything to declare?; zie ook: *maat, pas, toon* &; II *vr zich* ~ enter [for an examination], enter one's name; *zichzelf* ~ *bij de politie* give oneself up to the police.

aangever [-ge.və(r)] *m* I denunciator, informer; 2 $ declarant.

aangezicht [-gəzɪxt] *o* zie *gezicht*; *van* ~ *tot* ~ face to face.

aangezien [-gəzi.n] seeing that, since, as.

aangifte [-gɪftə] *v* notification [of birth &]; declaration [of goods, of one's income]; & information; ~ *doen van* give notice of [a birth]; declare, enter [goods]; report [a theft].

aangiftebiljet [-gɪftəbɪljɛt] *o* form of return, tax form.

aangooien [-go.jə(n)] *vt* throw on [one's coat]; *het* ~ *tegen* throw (fling) it against.

aangorden [-gɔrdə(n)] I *vt* gird on [a sword]; II *vr zich* ~ gird up one's loins.

aangrenzend [a.n'grɛnzənt] adjacent, adjoining.

aangrijnzen ['a.ngrɛinzə(n)] *vt* grin at [a person]; *de honger grijnst hen aan* hunger stares them in the face.

aangrijpen [-grɛipə(n)] *vt* I *eig* seize, take (seize, catch) hold of; 2 *fig* take, seize [the opportunity], seize upon [a pretext]; attack [the enemy]; tell upon [a man's health]; *aangegrepen door...* seized with [fear]; deeply moved by [the sight].

aangrijpend [a.n'grɛipənt] touching, moving, thrilling.

aangroei [-gru:i] *m* zie *aanwas*.

aangroeien [-gru.jə(n)] *vi* grow, augment, increase.

aanhaken [-ha.kə(n)] *vt* hook on, hitch on [to].

aanhalen [-ha.lə(n)] *vt* I (gaan halen) fetch; 2 (aantrekken) tighten [a knot]; 3 (citeren) quote, cite [an author, his words, an instance]; instance [cases]; 4 (bij deling) bring down [a figure]; 5 (liefkozen) fondle, caress; 6 (in beslag nemen) seize [goods].

aanhalig [a.n'ha.lax] coaxing.

aanhaligheid [-laxhɛit] *v* coaxing ways.

aanhaling ['a.nha.lɪŋ] *v* I quotation, citation; 2 seizure [of goods].

aanhalingstekens [-lɪŋste.kəns] *mv* inverted commas, quotation marks, F quotes; *tussen* ~ *plaatsen* put (place) in inverted commas (quotation marks).

aanhang ['a.nhɑŋ] *m* adherents, following, party, followers, hangers-on.

aanhangen [-hɑŋə(n)] *vt* I adhere to, stick to, hang on to [a party]; 2 attach, hang [an ornament &]; zie ook: *klis*.

aanhanger [-hɑŋər] *m* adherent, follower, supporter, partisan.

aanhangig [a.n'hɑŋəx] pending; ~ *maken* I & lay [a matter] before a court; 2 bring in [a bill]; 3 take up [the matter with the government].

aanhangsel [-hɑŋsəl] *o* appendi: [to a book]; rider [of a document], codicil [of a will].

aanhangwagen [-va.gə(n)] *m* trailer.

aanhankelijk [a.n'hɑŋkələk] attached, devoted; *een* ~ *kind* a child strongly attached to its parents &, an affectionate child.

aanhankelijkheid [-hɛit] *v* attachment.

aanhebben ['a.nhɛbə(n)] *vt* have on, wear.

aanhechten [-hɛxtə(n)] *vt* affix, attach.

aanhechting [-tɪŋ] *v* affixing, attachment.

aanhef ['a.nhɛf] *m* beginning [of a letter]; opening words [of a speech].

aanheffen [-hɛfə(n)] *vt* intone [a psalm], strike up [a song], raise [a shout], set up [a cry].

aanhitsen [-hitsə(n)] *vt* incite, set on, egg on, instigate; *zijn hond* ~ *op (tegen)* set one's dog at; *iemand* ~ *tot...* incite one to...

aanhitsing [-sɪŋ] *v* incitement, instigation.

aanhoren [-ho:ra(n)] *vt* listen to; *het is hem aan te horen* you can tell by his accent (voice); *het is niet om aan te horen* you couldn't bear to hear it, I can't stand it; *ten* ~ *van* in the hearing of.

aanhouden [-houdə(n)] I *vt* I (niet afbreken) hold, sustain [a note]; 2 (niet laten doorgaan) stop [a man in the street &]; hold up [a ship]; apprehend, arrest [a thief]; seize, detain [goods]; 3 (behouden) keep on [servants &]; 4 (blijven doorgaan met) keep up [a correspondence &]; 5 (niet uitlaten) keep on [one's coat]; 6 (niet uitdoven) keep... burning; 7 (niet behandelen) hold over [an article, the matter till the next meeting]; II *vi* I (doorgaan, blijven duren) hold, last [of the weather], continue; 2 (volhouden) hold on[2]; *fig* persevere, cook: pursue one's point; 3 (aan een herberg &) stop; ~ *op* & make for.

aanhoudend [a.n'houdənt] I *aj* continual, continuous, incessant, persistent; II *ad* continually, continuously, incessantly, persistently.

aanhouder ['a.nhoudər] *m* persevering person; *de* ~ *wint* perseverance kills the game.

aanhouding [-dɪŋ] *v* detainment, seizure [of goods, of a ship]; arrest, apprehension [of a thief], detention [of a suspect].

aanjagen [-ja.gə(n)] I *vt* hurry on; *aangejaagde motor* supercharged engine; zie ook: *schrik* & *vrees*; II *vi* in: *komen* ~ come hurrying on (along).

aanjager [-gər] *m* supercharger [of an engine].

aankap ['a.nkɑp] *m* I felling [of trees]; 2 timber reserve, lumber exploitation.

aankijken [-kɛikə(n)] *vt* look at; *het* ~ *niet waard* not worth looking at.

aanklacht [-klɑxt] *v* accusation, charge, indictment; *een* ~ *indienen tegen iemand* lodge a complaint against one, bring a charge against one.

aanklagen [-kla.gə(n)] *vt* accuse; ~ *wegens* accuse of, charge with, indict for.

aanklager [-gər] *m* I (in 't alg.) accuser; 2 & plaintiff; *openbaar* ~ public prosecutor.

aanklampen ['a.nklɑmpə(n)] *vt* board [a vessel]; F accost, buttonhole [a person].

aankleden [-kle.də(n)] I *vt* dress [a child &]; get up [a play]; II *vr zich* ~ dress (oneself).

aankleding [-dɪŋ] *v* dressing; get-up [of a play].

aankleve ['a.nkle.və] in: *met den* ~ *van dien* and the appurtenances thereof.

aankleven [-kle.və(n)] *vi* cling to[2]; adhere to,

stick to, be attached to [friends, a party]; *de gebreken die ons* ~ the faults that flesh is heir to.

aankloppen [-klɔpə(n)] *vi* knock (rap) at the door; *bij iemand* ~ *om geld (hulp)* apply to a person for money (help).

aanknopen [-kno.pə(n)] *vt* tie on to; *een gesprek* ~ *met* enter into conversation with; *onderhandelingen* ~ enter into negotiations, open negotiations; *weder* ~ renew, resume.

aanknoping [-pɪŋ] *v* tying.

aanknopingspunt [-pɪŋspʉnt] *o* point of contact; ~ *voor een gesprek* starting point for a conversation.

aankomeling [ˈa.nko.məlɪŋ] *m* beginner, novice; ⌐ freshman; new-comer.

aankomen [-ko.mə(n)] I *vi* 1 *eig* come [of persons], arrive, come in [of a train &]; 2 (v. slag) go home; 3 (v. twist &) begin, start; 4 (toenemen in gewicht &) gain [8 oz. a week]; put on weight; *je moet eens* ~ just come round, drop in; *te laat* ~ be overdue; arrive (be) late; *ik zie* ~, *dat*... I foresee...; *ik heb 't wel zien* ~ I expected as much; *hij zal je zien* ~ **F** he'll see you further (first); *je moet er niet* ~ you must not touch it (them), (you should) leave it alone; ~ *bij iemand* zie *aangaan bij iemand*; ~ *in Londen* arrive in London; ~ *met een voorstel* come out with, put forward a proposal; *daarmee kan je bij hem niet* ~ I it will hardly do for you to propose that to him; 2 that will be no good with him; *daarmee hoef je bij mij niet aan te komen* none of that for me; don't tell me!; ~ *op de plaats* arrive at (on) the spot; *op iemand* ~ come up to a person; *het ligt er op* ~ now comes the tug of war; *het komt hier op geld aan* it is money that matters; *het komt op nauwkeurigheid aan* accuracy is the great thing; *op de kosten komt het niet aan* the cost will be no consideration; *het komt er niet op aan* 1 it doesn't matter; 2 that's neither here nor there; *het zal er maar op* ~ *om*... the great thing will be to...; *als het er op aankomt* when it comes to the trial; *als het er op aankomt om te betalen*... when it comes to paying...; *het maar laten* ~ *op een ander* leave things to another; *het er maar op laten* ~ let things drift, trust to luck, leave it to chance; *het laten* ~ *op het laatste ogenblik* put it off to the last minute; ~ *tegen de muur* strike (against) the wall; II *o* in: *er is geen* ~ *aan* it is (they are) not to be had.

aankomend [-ko.mənt] in: *een* ~ *bediende, kantoorbediende* a junior man, clerk; *een meisje* a growing girl; an adolescent girl; *een* ~ *onderwijzer* 1 (nog opgeleid wordend) a future teacher; 2 (pas beginnend) a young teacher.

aankomst [-kɔmst] *v* arrival; *bij (mijn)* ~ on (my) arrival.

aankondigen [-kɔndəgə(n)] *vt* 1 (in 't alg.) announce; (per advertentie, bij wijze van reclame) advertise; (per aanplakbiljet) bill [a play &]; (officieel) notify; 2 (voorspellen) herald; forebode, portend; foreshadow [a major crisis, grave developments]; 3 (bespreken) notice, review [a book].

aankondiger [-gər] *m* announcer; harbinger.

aankondiging [-gɪŋ] *v* 1 announcement; (officieel) notification; notice; 2 (advertentiereclame) advertisement; 3 (bespreking) (press) notice, review [of a book]; *tot nadere* ~ until further notice.

aankoop [ˈa.nko.p] *m* purchase, acquisition.

aankopen [-ko.pə(n)] *vt* purchase, buy, acquire.

aankrijgen [-krɛigə(n)] *vt* get on [one's boots &]; get into [one's clothes].

aankunnen [-kʏnə(n)] I *vt* be (prove) a match for [another]; be equal to [a task]; be able to cope with [the demands]; *hij kan heel wat aan* 1 he can cope with a lot of work; 2 **F** he can manage heaps of food, a lot of drink, no end of money; II *vi* in: *de jas kan niet aan* I can't (you can't) put on that coat; *kan men op hem aan?* can one rely upon him?

aankweek [-kʋe.k] *m* zie *aankweking*.

aankweken [-kʋe.kə(n)] *vt eig* grow, raise, rear, cultivate²; *fig* foster [feelings of...].

aankweking [-kɪŋ] *v* growing &; cultivation², culture.

aanlanden [ˈa.nlɑndə(n)] *vi* land; zie ook: *belanden*.

aanlassen [-lɑsə(n)] *vt* join; (met lasapparaat) weld.

aanlaten [-la.tə(n)] *vt* keep on [one's coat]; keep burning, not put out [a lamp &]; leave [the door] ajar.

aanleg [-lex] *m* 1 laying out, lay-out [of avenues, roads &]; construction [of a railway]; laying [of a cable]; installation [of electric plant]; 2 (natuurlijk talent) (natural) disposition, aptitude, talent, turn [for music &]; 3 (vatbaarheid) predisposition, tendency [to consumption]; 4 *st* instance; 5 (plantsoen) (pleasure) grounds; ~ *hebben voor* have a turn for [music &]; have a tendency, a predisposition to [consumption].

aanleggen [-legə(n)] I *vt* 1 apply [a dressing, a standard]; place [a clinical thermometer]; 2 (tot stand brengen) lay out [a garden], construct [a railway, a road], build [a bridge], dig [a canal], install, put in [electric light]; lay [a fire]; make [a collection, a list]; 3 ✕ level [one's rifle] (at *op*); *het* ~ manage; *het (de zaak) handig* ~ manage things (the matter) cleverly; *het verkeerd* ~ set about it the wrong way; *het zó* ~ *dat*... manage to, contrive to...; *het zuinig* ~ be economical; *het* ~ *met een meisje* carry on (take up) with a girl; *hij legt het er op aan om straf te krijgen* he is bent upon getting punished; II *vi* 1 (stilhouden) stop [at an inn]; 2 (mikken) aim, take aim; *leg aan!* ✕ present!; ~ *op* aim at, take aim at.

aanlegger [-gər] *m* 1 originator [of a quarrel &], instigator [of a revolt], author [of a plot]; 2 constructor, builder [of roads, canals &].

aanleiding [ˈa.nlɛidɪŋ] *v* occasion, inducement, motive; ~ *geven tot* give rise to, lead to, occasion; *bij de geringste* ~ on the slightest provocation; *naar* ~ *van* in pursuance of [our note]; with reference to, referring to [your letter]; having seen [your advertisement...]; in consequence of, on account of [his behaviour]; in connection with [your inquiry]; *zonder de minste* ~ without any [reason.

aanlengen [-lɛŋə(n)] *vt* dilute.

aanleren [-le:rə(n)] I *vt* learn [a trade &]; acquire [a habit]; II *vi* & *vt* improve.

aanleunen [-lø.nə(n)] *vi* in: ~ *tegen* lean against; *zich iets laten* ~ 1 take it [the compliment] as one's due; 2 sit down under an insult, lie down under an accusation.

aanliggend [-lɪgənt] *adjacent*, adjoining.

aanlokkelijk [ˈa.nˈlɔkələk] *alluring, enticing, tempting, attractive.

aanlokkelijkheid [-heit] *v* alluringness &; charm, attraction.

aanlokken [ˈa.nlɔkə(n)] *vt* allure, entice, tempt.

aanlokking [-kɪŋ] *v* allurement, enticement.

aanloop [ˈa.nlo.p] *m* run; ✕ rush; *fig* preamble; *een* ~ *nemen* take a run; *veel* ~ *hebben* be called on by many people; *sprong met (zonder)* ~ running (standing) jump.

aanloophaven [-ha.və(n)] *v* port of call.

aanlopen [ˈa.nlo.pə(n)] *vi* 1 (eens aankomen) call round, drop in [somewhere]; 2 (duren) last; *wat* ~ walk a little faster, mend one's pace, step out; *hij liep blauw (rood, paars) aan* he got purple in the face; ~ *bij iemand* call on a man, drop in upon one; ~ *op* walk towards; ~ *tegen* run up against [a wall]; run into [a man]; *er tegen* ~ F come to grief, get into trouble; *komen* ~ come walking on (along), come running on (along).

aanmaak [-ma.k] *m* manufacture, making.

aanmaakhout [-ma.khɔut] *o* kindling wood; *aanmaakhoutjes* kindlings.

aanmanen [-ma.nə(n)] *vt* exhort [to a course, to make haste], call upon [one to do his duty]; dun [for payment].

aanmaning [-nɪŋ] *v* warning, exhortation; dun [for payment].

aanmatigen [ˈa.nma.təɣə(n)] *zich* ~ arrogate to oneself; assume; presume [to advise a person, to express an opinion].

aanmatigend [a.nˈma.təɣənt] I *aj* arrogant, presumptuous, overbearing, overweening, assuming; II *ad* arrogantly, presumptuously, overbearingly.

aanmatiging [ˈa.nma.təɣɪŋ] *v* arrogance, presumption, overbearingness, assumingness.

aanmelden [-meldə(n)] I *vt* announce; II *vr* *zich* ~ announce oneself; apply [for a place]; zie verder: *zich aangeven*; *zich laten* ~ send in (up) one's name.

aanmelding [-dɪŋ] *v* 1 (bericht) announcement, notice; 2 (voor betrekking) application; 3 (voor wedstrijd &) entry.

aanmengen [ˈa.nmɛŋə(n)] *vt* mix.

aanmerkelijk [a.nˈmɛrkələk] I *aj* considerable; II *ad* considerably.

aanmerken [ˈa.nmɛrkə(n)] *vt* (beschouwen, rekenen) consider; *heb jij er iets op aan te merken?* have you any fault to find with it?; *ik heb er niets (veel, weinig) op aan te merken* I have no (great, little) fault to find with it.

aanmerking [-kɪŋ] *v* 1 (opmerkzaamheid) consideration; 2 (onaangename opmerking) remark, observation; 3 (afkeuring) ⚭ bad mark; ~ *maken op* find fault with; *geen* ~ *te maken hebben* have no fault to find (with it); *een* ~ *krijgen* 1 ⚭ be put down; 2 be criticized; be blamed [officially]; *in* ~ *komen* be considered [for an appointment]; be eligible [for a pension]; *hij wenst voor die betrekking in* ~ *te komen* he wishes to submit his name for consideration; *niet in* ~ *komen* be left out of account (consideration), deserve (receive) no consideration; *hij komt niet in* ~ *voor die betrekking* his application is not considered; *in* ~ *nemen* take into consideration, consider (that...), take into account, make allowance for; *zijn leeftijd in* ~ *genomen...* considering his age; *alles in* ~ *genomen...* all things considered.

aanmeten [ˈa.nme.tə(n)] *vt* take one's measure for; *zich een jas laten* ~ have one's measure taken for a coat; *een aangemeten jas* a made-to-measure coat.

aanminnig [a.nˈmɪnəx] charming, sweet.

aanmoedigen [ˈa.nmu.dəɣə(n)] *vt* encourage.

aanmoediging [-gɪŋ] *v* encouragement.

aanmonsteren [a.nˈmɔ̀nstərə(n)] I *vt* engage; II *vi* sign on [in a ship].

aanmunten [-mū̀ntə(n)] *vt* coin, mint, monetize.

aanmunting [-tɪŋ] *v* coinage, minting, monetization.

aannemelijk [a.ˈne.mələk] 1 acceptable [present &]; plausible [excuse]; 2 teachable [child].

aannemelijkheid [a.ˈne.mələkhɛit] *v* 1 acceptability; plausibility [of an excuse]; 2 teachability [of a child].

aannemen [ˈa.ne.mə(n)] *vt* 1 take, accept, receive [it]; take in [the milk]; take delivery of [the goods]; 2 (opnemen als lid) admit [(as) a member], confirm [a baptized person], receive [into the Church]; 3 (niet weigeren) accept [an offer &]; 4 (niet verwerpen) adopt, carry [a motion], pass [a bill]; 5 (als waar) admit; 6 (onderstellen) suppose; 7 (in dienst nemen) take on, engage; 8 (zich geven) adopt, take on, assume [an air]; 9 (v. werk) take in [sewing]; contract for [a work]; ~! waiter!; *aangenomen!* agreed!; *aangenomen dat...* assuming that..., supposing it to be...; ~ *om te...* undertake to...; *als regel* ~ *om...* make it a rule to...; *tot kind* ~ adopt as a child; *boodschappen* ~ take messages; *een godsdienst* ~ embrace a religion; zie ook: *gewoonte & rouw*; *goed van* ~ teachable [of a child &].

aannemer [-mər] *m* contractor; building contractor, (master) builder.

aannemersfirma [-mərsfɪrma.] *v* firm of (building) contractors.

aanneming [-mɪŋ] *v* 1 acceptance, adoption, admission; 2 confirmation [in the Protestant Church].

aanpak [ˈa.npɑk] *m* in: *de* ~ *van dit probleem* the approach to this problem.

aanpakken [-pɑkə(n)] I *vt* 1 eig seize, take (lay) hold of; tackle [a problem]; 2 (v. de gezondheid) tell upon [one]; *hoe wil je dat* ~? how are you going to set about it, tackle it?; *het goed* ~ go to work the right way; *iemand eens goed (flink)* ~ take one in hand vigorously; *iemand ruw* ~ handle one roughly; *het verkeerd* ~ go the wrong way to work; *iemand verkeerd* ~ manage one the wrong way; rub one the wrong way; *dat pakt je nogal aan* it rather tells upon you, takes it out of you, is a strain upon your health; II *va* in: *je moet (flink)* ~ you should bestir yourself.

aanpappen [-pɑpə(n)] *vi* in: *met iemand* ~ F strike up an acquaintance with a person, pick up with a person.

aanpassen [-pɑsə(n)] I *vt* try on [clothes]; ~ *aan* adapt to [the needs of...], adjust to [modern conditions]; II *vr* *zich* ~ *aan* adapt oneself to, adjust oneself to [circumstances, conditions].

aanpassing [-sɪŋ] *v* adaptation, adjustment.

aanpassingsvermogen [-sɪŋsfərmo.ɣə(n)] *o* adaptability.

aanplakbiljet [ˈa.nplɑkbɪljɛt] *o* placard, poster.

aanplakbord [-bɔrt] *o* bill-board, notice-board.

aanplakken [ˈa.nplɑkə(n)] *vt* placard, post (up); paste (up); *verboden aan te plakken* stick no bills.

aanplakker [-plɑkər] *m* bill-sticker.

aanplakzuil [-plɑksœyl] *v* advertising pillar.

aanplant [ˈa.nplɑnt] *m* 1 (het planten) planting; 2 (plantage) plantation.

aanplanten [-plɑntə(n)] *vt* plant.

aanporren [ˈa.npɔrə(n)] *vt* rouse, shake up, prod.

aanporring [-rɪŋ] *v* rousing; stimulation.

aanprijzen [ˈa.npreizə(n)] *vt* recommend, commend highly, sound the praises of, preach up.

aanpunten [-pū̀ntə(n)] *vt* point, sharpen.

aanraden [-ra.də(n)] I *vt* advise; recommend; suggest; II *o* in: *op* ~ *van* on (at) the advice of, on (at) the suggestion of.

aanraken [-ra.kə(n)] *vt* touch.

aanraking [-kɪŋ] *v* touch, contact; *in* ~ *brengen met* bring into contact with; *in* ~ *komen met* come into touch with, be brought into contact with; *wij komen niet veel met hen in* ~ we don't see much of them; *met de politie in* ~ *komen* get into trouble with the police.

aanrakingspunt [-kıŋspûnt] *o* point of contact.
aanranden ['a.nrandə(n)] *vt* assail, assault [ɛ̃ a woman criminally].
aanrander [-dər] *m* assailant, assaulter.
aanranding [-dıŋ] *v* assault.
aanrecht ['a.nrext] *o* & *m* dresser.
aanreiken ['a.nreikə(n)] *vt* reach, hand, pass.
aanrekenen [-re.kənə(n)] **I** *vt* count... to; *iemand iets ~* count it to him for a sin, score it against him (for a sin); **II** *vr in: zich iets als een eer ~* I take credit to oneself for...; 2 take it as an honour; zie ook: *verdienste*.
aanrichten [-rıxtə(n)] *vt* **1** do [harm]; work [mischief]; cause, bring about [damage]; commit [ravages]; 2 give [a dinner-party].
aanrijden [-rei(d)ə(n)] **I** *vi in: komen ~* come riding (driving) on; *bij iemand ~* pull up at a man's house; *op iemand (iets) ~* ride (drive) in the direction of; *tegen iemand (iets) ~* run into...; **II** *vt* **1** bring in carts; 2 run into [a man]; *hij werd aangereden* he was knocked down [by a motor-car].
aanrijding [-(d)ıŋ] *v* collision, smash.
aanrijgen ['a.nreigə(n)] *vt* baste [a dress]; string [beads].
aanroepen [-ru.pə(n)] *vt* invoke [God's name]; call, hail [a person, a cab, a ship]; call upon [one for help]; ⚓ challenge [a person].
aanroeping [-pıŋ] *v* invocation; ⚓ challenge.
aanroeren ['a.nru:rə(n)] *vt* touch [a man &]; touch upon [a subject]; zie ook: *snaar*.
aanrukken [-rûkə(n)] *vi* advance, march on; *~ op* march (move) upon; *laten ~* order [wine &].
aanschaffen [-sxafə(n)] **I** *vt* procure, buy, get; **II** *vr zich ~* procure, buy, get.
aanschaffing [-fıŋ] *v* procuring &; purchase, acquisition.
aanschellen ['a.nsxelə(n)] *vi* zie *aanbellen*.
aanschieten [-sxi.tə(n)] **I** *vt* **1** (vogel) wing, wound; 2 (kleren &) slip on [one's coat]; *vleugelen ~* take wing; **II** *vi in: komen ~* come rushing on; *~ op* rush at.
aanschijn [-sxein] *o* 1 (schijn) appearance; 2 (gelaat) face, countenance.
aanschikken [-sxıkə(n)] *vi* draw up to the table, sit down to table.
aanschouwelijk [a.n'sxouələk] **I** *aj* clear, graphic; *~ onderwijs* object teaching, object lessons; *~ maken* illustrate; **II** *ad* clearly, graphically.
aanschouwelijkheid [-heit] *v* clearness, graphicalness.
aanschouwen [a.n'sxouə(n)] *vt* behold; see; *ten ~ van* in the sight of, in the presence of.
aanschouwer [-ər] *m* beholder, spectator.
aanschouwing [-ıŋ] *v* beholding. [*pen.*
aanschrappen ['a.ns(x)rapə(n)] *vt* zie *aanstre-*
aanschrijven [-s(x)reivə(n)] *vt* notify; summon; instruct; *ik sta goed (slecht) bij hem aangeschreven* I am in his good (bad) books.
aanschrijving [-vıŋ] *v* notification, summons; instruction(s).
aanschroeven ['a.ns(x)ru.və(n)] *vt* **1** (schroeven aan) screw on; 2 (vaster schroeven) screw home.
aanslaan [-sla.n] **I** *vt* **1** (vastslaan) put up [a notice]; 2 (vaster inslaan) drive home; 3 ♪ strike [a note], touch [a string]; 4 (schatten) estimate, rate; 5 (in de belasting) assess; *een huis ~* put up a house for sale; *te hoog ~* 1 (schatten) overestimate; 2 (in de belasting) assess too high; *te laag ~* 1 underestimate; 2 (in de belasting) assess too low; *voor 300 gulden (in de belasting) ~* assess in (at) 300 guilders; **II** *vi* 1 ⚓ salute; 2 (blaffen) give tongue; 3 ⚔ (v. motor) start; 4 dim, get covered over [with moisture]; fur [of a boiler]; *~ tegen* strike, beat (dash,

flap &) against.
aanslag [-slax] *m* 1 ('t aanslaan) striking; ♪ (v. pianist) touch; 2 (op ruit) moisture; (in ketel) scale, fur; 3 (in belasting) assessment; 4 attempt [on a man's life], [bomb] outrage; *met het geweer in de ~* with one's rifle at the ready; *in de ~ brengen* cock [a rifle &].
aanslagbiljet [-bıljet] *o* notice of assessment.
aanslibben [-slıbə(n)] *vi* form a deposit.
aanslibbing [-bıŋ] *v* accretion; alluvium.
aansluiten [-slœytə(n)] **I** *vt* **1** connect; link up; 2 ☎ put on, put through; *wilt u mij ~ met nummer X?* please would you put me on (put me through) to number X?; *~ op het telefoonnet* link up with the telephone system; **II** *vi* & *va* join (of two roads); correspond (of two trains); *~!* close up!; *~ op* be linked up with; **III** *vr in: zich ~* unite, join hands; *zich ~ aan* join [a road]; *zich ~ bij* 1 join [a person, a party]; join in [a strike]; 2 become affiliated to (with) [a society]; 3 hold with [a speaker]; zie ook: *aangesloten*.
aansluiting [-tıŋ] *v* **1** joining; junction; affiliation [to, with a society]; 2 connection [on the telephone]; communication; 3 connection, correspondence (of trains); *~ hebben* correspond (of trains); *~ krijgen* ☎ be connected, be put through; *de ~ missen* miss the connection; *in ~ op ons schrijven van...* referring to our letter of...
aansmeren ['a.nsme:rə(n)] *vt* smear; *iemand iets ~* F palm (pass) ... thing off on one.
aansnijden [-snei(d)ə(n)] *vt* give the first cut to [a loaf]; cut into; *een onderwerp ~* broach a subject.
aanspannen [-spanə(n)] **I** *vt* put to [horses]; **II** *va* put the horses to.
aanspoelen [-spu.lə(n)] **I** *vt* wash ashore [jetsam &]; wash up [matter against the shore]; **II** *vi* be washed ashore, be washed up.
aansporen [-spo:rə(n)] *vt* spur (on) [a horse]; incite, urge, urge on [a person].
aansporing [-spo:rıŋ] *v* incitement; stimulus; *op ~ van* at the instance (instigation) of.
aanspraak [-spra.k] *v* claim; title; *~ hebben* have people to talk to [you]; *~ hebben op* have a claim to, be entitled to; *~ maken op* lay claim to.
aansprakelijk [a.n'spra.kələk] *aj* answerable, responsible, liable; *~ stellen voor* hold responsible for; *zich ~ stellen voor* accept responsibility for.
aansprakelijkheid [-heit] *v* responsibility, liability.
aanspreken ['a.nspre.kə(n)] *vt* speak to, address [a man], accost [people in the street]; dun [one for debts]; *de fles (geducht) ~* partake (too) freely of the bottle; *zijn kapitaal ~* break into (trench on) one's capital; *een schotel (gerecht) geducht ~* eat heartily of a dish; *iemand ~ met „Sir"* address one as "Sir"; *iemand ~ om schadevergoeding* claim damages from one, ɛ̃ sue one for damages; *iemand ~ over...* talk to one about...
aanspreker [-kər] *m* undertaker's man.
aanstaan [-sta.n] *vi* please ‖ (v. deur) be ajar ‖ (v. radio) be on; *het zal hem niet ~* he will not be pleased with it, he will not like (fancy) it.
aanstaande ['a.nsta.ndə, a.n'sta.ndə] **I** *aj* next, (fort)coming; *~ Kerstmis* next Christmas; *~ moeders* expectant mothers; *~ onderwijzers* prospective teachers; *zijn ~ schoonmoeder* his prospective mother-in-law, his mother-in-law to be; *~ week* next week; *Kerstmis is ~* Christmas is drawing near; **II** [a.n'sta.ndə] *m-v in: zijn ~, haar ~* his fiancée, her fiancé, F his, her intended.

aanstalten ['a.nstɑltə(n)] in: *hij maakte ~ om te gaan slapen* he composed himself to sleep; *hij maakte ~ om weg te gaan* he made (ready) to leave.

aanstampen [-stɑmpə(n)] *vt* ram (down, in); tamp.

aanstappen [-stɑpə(n)] *vi* mend one's pace; step out; *op iemand ~* step up to a person; *komen ~* come striding along.

aanstaren [-sta:rə(n)] *vt* stare at, gaze at.

aanstekelijk [a.n'ste.kələk] infectious², contagious², catching².

aanstekelijkheid [-hɛit] *v* infectiousness², contagiousness².

aansteken ['a.nste.kə(n)] I *vt* 1 put on the spit, spit [meat]; 2 light [a lamp &]; kindle [a fire]; set fire to [a house]; 3 broach, tap [a cask]; 4 infect [with a disease]; II *vi & va* be infectious, be catching.

aansteker [-ste.kər] *m* lighter.

aanstellen [-stɛlə(n)] I *vt* appoint; *~ tot* appoint (as), appoint to be [commander &]; II *vr zich ~* pose, attitudinize; (te keer gaan) carry on; *zich dwaas (mal) ~* make a fool of oneself.

aansteller [-lər] *m* poseur.

aanstellerig [a.n'stɛlərəx] I *aj* affected; II *ad* affectedly.

aanstellerij [a.nstɛlə'rɛi] *v* attitudinizing, posing, pose, make-believe.

aanstelling ['a.nstɛliŋ] *v* appointment [to office].

aansterken [-stɛrkə(n)] *vi* get stronger, regain (one's) strength.

aanstevenen [-ste.və.nə(n)] *vi* in: *komen ~* come sailing along; *~ op* make for, bear down upon.

aanstichten [-stɪxtə(n)] *vt* instigate [some mischief]; hatch [a plot].

aanstichter [-tər] *m* instigator.

aanstichting [-tiŋ] *v* in: *op ~ van* at the instigation of.

aanstippen [-stɪpə(n)] *vt* 1 tick off [items &]; 2 touch [a sore spot]; 3 touch (lightly) on [a subject].

aanstoken [-sto.kə(n)] *vt* zie opstoken.

aanstoker [-kər] *m* instigator, firebrand.

aanstommelen ['a.nstɔmələ(n)] *vi* in: *komen ~* come stumbling along.

aanstonds [-stɔnts] presently, directly, forthwith.

aanstoot [-sto.t] *m* offence, scandal; *~ geven* give offence, create a scandal; scandalize people; *~ nemen aan* take offence at, take exception at (to).

aanstotelijk [a.n'sto.tələk] I *aj* offensive, scandalous, objectionable, obnoxious, shocking; II *ad* offensively &.

aanstotelijkheid [-hɛit] *v* offensiveness &.

aanstoten [a.nsto.tə(n)] I *vt* 1 (de vijand &) nudge; jog; 2 (de deur) push to; II *vi* in: *~ tegen* bump up against, strike against; *eens ~* touch glasses.

aanstrepen [-stre.pə(n)] *vt* mark [a passage in a book]; tick off [items].

aanstrijken [-strɛikə(n)] *vt* 1 brush (over) [with paint], paint [with iodine]; 2 plaster [a wall]; 3 strike, light [a match].

aansturen [-sty:rə(n)] *vi* in: *~ op* make for, head for²; [the harbour &]; *fig* lead up to [something]; aim at.

aantal [-tɑl] *o* number.

aantasten [-tɑstə(n)] *vt* 1 (de vijand &) attack; 2 (gezondheid, metaal &) affect; 3 trench on [one's capital]; 4 injure [a man's honour].

aantekenboek(je) [-te.kənbu.k(jə)] *o* notebook, memorandum book.

aantekenen [-te.kənə(n)] I *vt* 1 note (down),

write down; mark; record; 2 & register [a letter]; zie ook: 2 *appel* & *protest*; II *va* have their names entered at the registry office; zie ook: *aangetekend*.

aantekening [-te.kəniŋ] *v* 1 note; annotation; 2 & registration; *~en maken* take (make) notes.

aantijgen [-tɛigə(n)] *vt* impute [a fault & to a man].

aantijging [-giŋ] *v* imputation.

aantocht [-iɔxt] *m* in: *in ~ zijn* be approaching [of a thunderstorm &]; be on the way; ✕ be advancing, be marching on.

aantonen [-to.nə(n)] *vt* show, demonstrate, prove; point out; zie ook: *bewijzen*; *~de wijs* indicative (mood).

aantoonbaar [a.n'to.nba:r] demonstrable.

aantrappen ['a.ntrɑpə(n)] I *vt* tread down; II *vi* ride faster, ride ahead [on one's bicycle].

aantreden [-tre.də(n)] I *vi* 1 fall in, fall into line; line up, form up; 2 step off [with the left foot]; II *sb het ~* ✕ the fall-in.

aantreffen [-trefə(n)] *vt* meet (with), find; come across, come upon.

aantrekkelijk [a.n'trɛkələk] I *aj* 1 (aanlokkelijk) attractive; 2 (lichtgeraakt) sensitive, touchy; II *ad* attractively.

aantrekkelijkheid [-hɛit] *v* 1 attractiveness, attraction, charm; 2 sensitiveness, touchiness.

aantrekken ['a.ntrɛkə(n)] I *vt* 1 attract², draw; 2 (vaster trekken) draw tighter, tighten; 3 put on [a coat, one's boots]; *zich aangetrokken voelen tot* feel attracted to(wards), feel drawn to(wards); II *vr* in: *zich iets (erg) ~* take something (heavily) to heart; *zich iemands lot ~* interest oneself in a person's behalf; *hij zal er zich niets* (F *geen lor, geen zier*) *van ~* he won't care a bit (F a straw).

aantrekking [-kiŋ] *v* attraction.

aantrekkingskracht [-kiŋskrɔxt] *v* attractive power², (power of) attraction³.

aanvaardbaar [a.n'va:rtba:r] acceptable.

aanvaarden [a.n'va:rdə(n)] *vt* accept [an offer, an invitation, the consequences], assume [a responsibility, the government, command]; take possession of [an inheritance &], take up [one's appointment]; enter upon, begin [one's duties]; set out on [one's journey]; *dadelijk (leeg) te ~* with vacant possession, with immediate possession; *wanneer is het (huis) te ~?* when can I have possession?

aanvaarding [-diŋ] *v* acceptance; taking possession [of a house]; entering [upon one's duties]; *bij de ~ van mijn ambt* on my entrance into office.

aanval ['a.nvɑl] *m* 1 ✕ attack°, onset, charge; 2 assault [upon institutions, opinions &]; 3 attack [of fever &], fit [of apoplexy &]; zie ook: *beroerte*.

aanvallen [-vɑlə(n)] I *vt* fall upon, set upon [the enemy], attack, assail, assault [a person &]; charge [with the bayonet]; II *vi & va* attack; (toetasten) fall to; *~ op* fall upon, attack.

aanvallend [-lɑnt] I *aj* offensive; aggressive; *~ verbond* offensive alliance; II *ad* in: *~ optreden* act on the offensive.

aanvaller [-lər] *m* attacker, assailant, aggressor.

aanvallig [a.n'vɑlək] sweet, charming.

aanvalligheid [-hɛit] *v* sweetness, charm.

aanvalsoorlog [a.n'vɑlso:rlɔx] *m* war of aggression.

aanvalswapen [-va.pə(n)] *o* offensive weapon.

aanvang ['a.nvɑŋ] *m* beginning, commencement; *een ~ nemen* commence, begin; *bij de ~* at the beginning; zie verder: *begin*.

aanvangen [-vɑŋə(n)] I *vi* commence, begin; II *vt* do; *zo heb ik het aangevangen* that is the way I set about it, managed it; *wat zullen wij nu ~?* what (are we) to do (with ourselves) now?; *wat zullen wij ermee ~?* what to do with it?; zie verder: *beginnen.*

aanvangssalaris [-vɑŋsa.la:rəs] *o* commencing salary.

aanvangssnelheid [-snɛlhɛit] *v* initial velocity.

aanvankelijk [a.n'vɑŋkələk] I *aj* initial; II *ad* in the beginning, at first, at the outset.

aanvaren ['a.nva:rə(n)] I *vi* in: *komen ~* come sailing along; *~ op* make for; *~ tegen* fall foul of, collide with, run into; II *vt* zie *~ tegen.*

aanvaring [-rɪŋ] *v* collision; *in ~ komen met* zie *aanvaren tegen.*

aanvatten ['a.nvɑtə(n)] catch (take, seize, lay) hold of; *iets (goed, verkeerd) ~* zie *aanpakken.*

aanvechtbaar [a.n'vɛxtba:r] contestable, debatable.

aanvechten ['a.nvɛxtə(n)] *vt* tempt.

aanvechting [-tɪŋ] *v* temptation.

aanverwant [-vɑrvɑnt] zie *verwant.*

aanvliegen [-vli.ɡə(n)] I *vi* in: *iemand ~* fly at [a person]; II *vi* in: *komen ~* come flying along; *~ op* fly at.

aanvlijen [-vlɛiə(n)] in: *zich ~ tegen* nestle against (up to).

aanvoegen [-vu.ɡə(n)] *vt* add, join; *~de wijs* subjunctive (mood).

aanvoelen [-vu.lə(n)] I *vt* feel; appreciate [the difficulty &]; II *vi* in: *zacht ~* feel soft, be soft to the touch (to the feel).

aanvoer [-vu:r] *m* supply, arrival(s).

aanvoerbuis [-bœys] *v* supply pipe.

aanvoerder [-dər] *m* 1 commander, leader; *sp* captain; 2 (v. komplot) ringleader.

aanvoeren ['a.nvu:rə(n)] *vt* 1 (aanbrengen) supply; bring, convey [to]; 2 (aanhalen) allege, put forward, advance [arguments], adduce [a proof], produce [reasons]; raise [objections to], cite [a saying, a case]; 3 (leiden) command; lead.

aanvoering [-rɪŋ] *v* leadership, command; *onder ~ van X* under the command of X.

aanvraag ['a.nvra.x] *v* demand, inquiry [for goods]; (verzoek) request; *op ~* [send] on application; [tickets to be shown] on demand.

aanvraagformulier [-fɔrmy.li:r] *o* form of application, application form.

aanvrage ['a.nvra.ɡə] = *aanvraag.*

aanvragen [-vra.ɡə(n)] *vt* apply for, ask for.

aanvrager [-ɡər] *m* applicant.

aanvullen ['a.nvʏlə(n)] *vt* fill up [a gap]; replenish [one's stock]; amplify [a statement]; complete [a number], supplement [a sum]; supply [a deficiency]; *elkander ~* be complementary (to one another).

aanvulling [-lɪŋ] *v* replenishment [of stock]; amplification [of a statement]; completion [of a number]; supplement, new supply.

aanvullingsbegroting [-lɪŋsbəɡro.tɪŋ] *v* supplementary estimates.

aanvullingsexamen [-ɛksa.mə(n)] *o* supplementary examination.

aanvullingstroepen [-tru.pə(n)] *mv* ✕ reserves.

aanvuren ['a.nvy:rə(n)] *vt* fire, stimulate, incite.

aanvuring [-rɪŋ] *v* stimulation, incitement.

aanwaaien ['a.nva.jə(n)] *vi* in: *hij is hier komen ~ uit Amerika* he has come over from America; *kennis zal niemand ~* there is no royal road to learning.

aanwakkeren [-vɑkərə(n)] I *vt* 1 (ongunstig) stir up, fan; 2 (gunstig) stimulate; II *vi* freshen [of the wind]; increase.

aanwas ['a.nvɑs] *m* 1 growth, increase; 2 (v. grond) accretion.

aanwassen [-vɑsə(n)] *vi* grow, increase.

aanwenden [-vɛndə(n)] *vt* use, employ, apply, bring to bear; *alles ~* do everything in one's power; *geld ten eigen bate ~* convert money to one's own use; *pogingen ~* make attempts.

aanwending [-dɪŋ] *v* use, employment, application.

aanwennen ['a.nvɛnə(n)] *vt* in: *zich een gewoonte (iets) ~* contract a habit, get (fall) into the habit of...

aanwensel [-vɛnsəl] *o* (ugly) habit, trick.

aanwerven [-vɛrvə(n)] *vt* zie *werven.*

aanwerving [-vɪŋ] *v* zie *werving.*

aanwezig [a.n've.zəx] 1 present; 2 (bestaand) extant; *de ~e voorraad* the stock on hand, the available stock; *de ~en* those present.

aanwezigheid [-hɛit] *v* 1 presence; 2 existence.

aanwijsstok ['a.nvɛistək] *m* pointer.

aanwijzen [-vɛizə(n)] *vt* 1 show, point out, indicate [it]; mark [80°]; register [10 miles an hour]; 2 (toewijzen) assign; 3 (voor bepaald doel) designate; *zij zijn op zich zelf aangewezen* they are thrown on their own resources; *de ~e voorraad* are entirely dependent upon themselves; *hij is de aangewezen man* he is the one man to do it; *het aangewezen middel* the obvious thing; *de aangewezen weg* the proper way [to do it].

aanwijzend [a.n'vɛizənt] demonstrative [pronoun].

aanwijzing [-zɪŋ] *v* 1 indication; 2 assignment, allocation; 3 direction [for use]; instruction; 4 (inz. voor de politie) clue (to *omtrent*); *~ op een bank* $ order on a bank, draft, cheque.

aanwinnen [-vɪnə(n)] *vt* reclaim [land].

aanwinst [-vɪnst] *v* 1 (winst) gain; 2 (boeken &) acquisition, accession.

aanwippen [-vɪpə(n)] *vi* F drop in (upon one), pop in.

aanzeggen [-zɛɡə(n)] *vt* announce, notify, give notice of; *men zou 't hem niet ~* he does not look it.

aanzegging [-ɡɪŋ] *v* announcement, notification, notice.

aanzetriem [-zɛtri.m] *m* (razor-)strop.

aanzetsel [-zɛtsəl] *o* crust.

aanzetten [-zɛtə(n)] I *vt* 1 put... (on tò) 2 fit on [a piece]; sew (on) [a button]; put ajar [the door]; turn on, tighten [a screw]; ram [the charge]; put on [the brake]; whet [a knife], set, strop [a razor]; 3 start [an engine]; put on, turn on, switch on [the wireless]; urge on [a horse, a pupil]; incite [to revolt]; put [one] up [to a thing]; II *vi* 1 (v. spijzen) stick to the pan (to the bottom); 2 (v. ketel) fur; 3 (v. paarden) begin to draw; *komen ~* come along; *komen ~ met 1 eig* come and bring; 2 *fig* come out with [a guess], bring forward [a proposal].

aanzetter [-tər] *m* 1 instigator; 2 ✕ starter.

aanzetwerk ['a.nzɛtvɛrk] *o* ✕ starting gear.

aanzien [-zi.n] I *vt* look at; look (up)on, consider, regard; *wij zullen het nog wat ~* we shall bear with it for the present; we'll take no steps for the present; *men kan het hem ~* one can see it by his looks (by his face); he looks it; *iets niet kunnen ~* be unable to bear the look of...; be unable to stand it; *zijn mensen ~* have respect of persons; *ik zie er u niet minder om aan* I don't respect you the less for it; *iemand op iets ~* suspect a person of a thing; *iemand (iets) ~ voor...* take one (it) for...; *(ten onrechte) ~ voor* mistake for; *waar zie je mij voor aan?* what (whom) do you take me for?; *zich goed (mooi) laten ~* look promising, promise well; *het laat zich ~ dat...* there is every appearance that...; *naar het zich laat ~,* zullen wij slecht weer krijgen to judge from appearances, we are going to have bad weather; ~ *doet gedenken* out of sight, out of mind; zie ook: *nek*; II *o* 1 look, aspect; 2 (a c h t i n g) consideration, regard; *zich het* ~ *geven van* assume an air of; *dat geeft de zaak een ander* ~ that puts another complexion on the matter; (*zeer*) *in* ~ *zijn* be held in (great) respect; *ten* ~ *van* with respect to, with regard to; *een man van* ~ a man of note; *iemand van* ~ *kennen* know one by sight; *zonder* ~ *des persoons* without respect of persons.

aanzienlijk [a.n'zi.nlək] I *aj* 1 (g r o o t) considerable [sums], substantial [loss]; 2 (v o o r-n a a m) distinguished [people], notable, ...of note, of good (high) standing; II *ad* < considerably [better &].

aanzienlijkheid [-heit] *v* importance.

aanzijn [a.nzein] *o* existence; *het* ~ *geven* give life (to); *het* ~ *verschuldigd zijn aan* owe one's life (existence) to; *in het* ~ *roepen* call into being (existence).

aanzitten [-zɪtə(n)] *vi* sit at table, sit down; *de aanzittenden, de aangezetenen* the guests.

aanzoek [-zu.k] *o* 1 request, application; 2 offer (of marriage), proposal; ~ *doen bij een meisje* propose to a girl.

aanzoeken [-zu.kə(n)] *vt* apply to [a person for...]; request.

aanzuiveren ['a.nzœyvərə(n)] *vt* pay, clear off [a debt], settle [an account], pay off [old scores].

aanzuivering [-rɪŋ] *v* clearing off, settlement, payment.

aanzwellen [-zvɛlə(n)] *vi* swell [into a roar].

aanzweven [-zve.və(n)] *vi* come floating (gliding) along.

aap [a.p] *m* monkey[2], ape [tailless]; *een* ~ *van een vent* a jackanapes; *in de* ~ *gelogeerd zijn* F be in a devil of a quandary; be up a tree; *toen kwam de* ~ *uit de mouw* then the cloven hoof came out.

aapachtig ['a.pɑxtəx] apish, ape-like, monkeylike.

aapje [-jə] *o* 1 *eig* little monkey; 2 (r i j t u i g) cab.

aapmens [-mɛns] *m* ape man.

aar [a:r] *v* ear [of corn] || vein [blood-vessel].

aard [a:rt] *m* 1 (g e s t e l d h e i d) nature, character, disposition; 2 (s o o r t) kind, sort; *dat is zo de* ~ *van 't beestje* F he, she is, I am & made like that; *het ligt niet in zijn* ~ it is not in his nature, it is not in him; *het ligt in de* ~ *der zaak* it is in the nature of things; *uit de* ~ *der zaak* p) in (by, from) the nature of the case (of things); *van allerlei* ~ of all kinds, of every description; *de omstandigheden zijn van die* ~, *dat*... the circumstances are such that ...; *niets van die* ~ nothing of the kind; *goed van* ~ good-natured; *niet gezellig van* ~ not sociably inclined; *studeren* (*werken, zingen*) *dat het een* ~ *heeft* with a will, with a vengeance.

aardachtig ['a.rtɑxtəx] earthy.

aardappel ['a.rdɑpəl] *m* ⚥ potato.

aardappelmeel [-me.l] *o* potato flour.

aardappelpuree [-py.re.] *v* mashed potatoes.

aardappelschillen [-sxɪlə(n)] *mv* potato peelings, potato parings.

aardappelziekte [-zi.ktə] *v* potato blight.

aardas ['a.rtɑs] *v* axis of the earth, earth's axis.

aardbei [-bɛi] *v* ⚥ strawberry.

aardbeving [-be.vɪŋ] *v* earthquake.

aardbewoner [-bəvo.nər] *m* inhabitant of the earth.

aardbodem [-bo.dəm] *m* earth's surface, earth.

aardbol [-bɔl] *m* (terrestrial) globe.

aarde ['a.rdə] *v* 1 earth; 2 (t e e l~) mould; *bo-*

ven ~ *staan* be above ground; *in goede* ~ *vallen* be well received [of a proposal &]; *onder de* ~ *rusten* be in one's grave; *ter* ~ *bestellen* inter; *ter* ~ *vallen* (*werpen*) fall (knock) to the ground, fall (knock) down.

1 **aarden** ['a:rdə(n)] *aj* earthen; ~ *pijp* clay pipe.

2 **aarden** ['a:rdə(n)] *vi* thrive [of a person, plant]; do well [of a plant]; ~ *naar* take after; *ik kon er niet* ~ I did not feel at home

3 **aarden** ['a:rdə(n)] *vt* ⚡ earth. [there.

aardewerk ['a.rdəvɛrk] *o* earthenware, crockery, pottery.

aardgas ['a.rtɡɑs] *o* natural gas.

aardig ['a:rdəx] I *aj* 1 (l i e f, b e v a l l i g) pretty, nice; dainty; 2 (e e n a a n g e n a m e i n d r u k m a k e n d) nice, pleasant; 3 (h e u s) nice, kind; 4 (g r a p p i g) witty, smart; 5 (t a m e l i j k g r o o t) fair; *een* ~ *kapitaaltje* (*sommetje*) a pretty capital, a tidy sum; *een* ~*e prater* a pleasant talker; ~ *wat* 1 a goodish many; 2 a tidy-sum; *dat vindt hij wel* ~ he rather fancies it; *ik vind het niet* ~ *van je* I don't think it nice of you; II *ad* 1 nicely, prettily, pleasantly; 2 < pretty [cold &].

aardigheid [-heit] *v* 1 prettiness, niceness &; 2 jest, joke; *er is geen* ~ *aan* there is not much fun to be got out of it; *de* ~ *is er af* the gilt is off; ~ *in iets hebben* 1 have a fancy for a thing; 2 take pleasure in a thing; ~ *in iets krijgen* take a fancy to a thing; *uit* ~, *voor de* ~ for fun, for the fun of the thing.

aardigheidje [-heicə] *o* F little present.

aardje ['a.rcə] *o* in: *hij heeft een* ~ *naar zijn vaartje* he is a chip of(f) the old block.

aardkluit [-klœyt] *m* & *v* clod (lump) of earth.

aardkorst [-kɔrst] *v* crust of the earth, earth's crust.

aardkunde [-kύndə] *v* geology. [crust.

aardlaag [-la.x] *v* layer (of earth).

aardleiding [-lɛidɪŋ] *v* ⚡ earth connection, earth wire.

aardmannetje [-mɑnəcə] *o* gnome, goblin, brownie.

aardnoot [-no.t] *v* ⚥ ground-nut.

aardolie [-o.li.] *v* petroleum. [earth.

aardoppervlakte [-òpərvlɑktə] *v* surface of the

aardrijk [-rɛik] *o* earth.

aardrijkskunde ['a.rdrɛikskύndə] *v* geography.

aardrijkskundig [a:rdrɛiks'kύndəx] I *aj* geographical [knowledge, Society &], geographic; II *ad* geographically.

aardrijkskundige [-dəgə] *m* geographer.

aards [a:rts] earthly[2] [paradise], terrestrial; worldly.

aardschok [-sxɔk] *m* earthquake shock.

aardslak ['a.rtslɑk] *v* slug.

aardverschuiving [-fərsxœyvɪŋ] *v* landslip, landslide.

aardworm [-vɔrm] *m* earthworm.

aartsbedrieger [a:rtsbə'dri.ɡər] *m* arrant cheat.

aartsbisdom ['a:rtsbɪsdòm] *o* archbishopric.

aartsbisschop ['a:rtsbɪsxɔp] *m* archbishop.

aartsbisschoppelijk [a:rtsbɪ'sxòpələk] archiepiscopal.

aartsdom ['a:rts'dòm] as stupid as an ass, fearfully slow.

aartsengel [a:rts'ɛŋəl] *m* archangel.

aartshertog ['a:rtshɛrtɔx] *m* archduke.

aartshertogdom [-'hɛrtɔxdòm] *o* archduchy.

aartsleugenaar ['a:rts'lø.gəna:r] *m* arrant liar, arch-liar.

aartslui ['a:rts'lœy] extremely lazy.

aartsluiaard [a:rt] *m* inveterate idler.

aartsvader ['a:rtsfa.dər] *m* patriarch.

aartsvaderlijk [a:rts'fa.dərlək] *aj* (& *ad*) patriarchal(ly).

aartsvijand [a:rtsfɛiɑnt] *m* arch-enemy.

aarzelen ['a:rzələ(n)] *vi* hesitate, waver; *zonder* ~ without hesitation, unhesitatingly.

aarzeling [-lɪŋ] *v* hesitation, wavering.
aas [a.s] *o* 1 bait²; 2 (dood dier) carrion ‖ 3 *m o f o* ◊ ace.
aasgier ['a.sɣi:r] *m* ♣ (Egyptian) vulture.
aasje ['a.ʃə] *o* zie *ziertje*.
aasvlieg [-fli.x] *v* 1 bluebottle; 2 carrion-fly.
abattoir [a.ba'tva:r] *o* abattoir, slaughter-house.
abces [ap'ses] *o* abscess.
abdij [ab'dɛi] *v* abbey.
abdis [ab'dɪs] *v* abbess.
abeel [a.'be.l] *m* ♣ abele.
Abel ['a.bal] *m* Abel.
aberratie [a.bɛ'ra.tsi.] *v* aberration.
Abessinië [-'si.ni.ə] *o* Abyssinia.
ablatief ['ɑbla.ti.f] *m* ablative. [(ly).
abnormaal [apnɔr'ma.l] *aj* (& *ad*) abnormal-
abnormaliteit [apnɔrma.li.'tɛit] *v* abnormality.
abonnee [abɔ'ne.] *m* 1 subscriber; 2 (op het spoor) season-ticket holder.
abonnement [abɔnə'mɛnt] *o* subscription [to...]; zie ook: *abonnementskaart*.
abonnementsconcert [-'mɛntskɔ̀nsɛrt] *o* subscription concert.
abonnementskaart [-ka:rt] *v* season-ticket.
abonnementsprijs [-prɛis] *m* **abonnementstarief** [-ta.ri.f] *o* subscription rate, rate of subscription.
abonnementsvoorstelling [-fo.rstɛlɪŋ] *v* subscription performance.
abonneren [abɔ'ne:rə(n)] *vr* zich ~ *op* subscribe to [a newspaper], for [a work]; *ik ben op de Times geabonneerd* I am a subscriber to the Times, I take in the Times
à bout portant [a.bu.pɔr'tã] point-blank.
abracadabra [a.bra.ka.'da.bra.] *o* abracadabra.
Abraham, Abram ['a.bra.hɑm, 'a.brɑm] *m* Abraham; *in* ~s *schoot* B in Abraham's bosom; *fig* [be, live] in clover; zie ook: *weten*.
abrikoos [a.bri.'ko.s] *v* apricot.
absent [ap'sɛnt] 1 (afwezig) absent; 2 (verstrooid) absent-minded.
absenteïsme [apsɛnte.'ismə] *o* absenteeism.
absentie [ap'sen(t)si.] *v* 1 absence; non-attendance; 2 absence of (mind), absent-mindedness.
absentielijst [-lɛist] *v* attendance register.
absolutie [apso.'ly.(t)si.] *v* absolution; *de* ~ *geven RK* absolve.
absoluut [apso.'ly.t] I *aj* absolute; II *ad* absolutely; ~ *niet* not at all, by no means, not by any means; ~ *niets* absolutely nothing.
absorberen [apsɔr'be:rə(n)] *vt* absorb².
absorptie [ap'sɔrpsi.] *v* absorption.
abstract [ap'strɑkt] 1 abstract [art]; 2 (verstrooid) abstracted.
abstraheren [apstra.'(h)e:rə(n)] *vt* abstract.
absurd [ap'sʏrt] *aj* (& *ad*) absurd(ly), preposterous(ly).
absurditeit [apsʏrdi.'tɛit] *v* absurdity, preposterousness.
abt [ɑpt] *m* abbot.
abuis [a.'bœys] *o* mistake, error; ~ *hebben* (zijn) be mistaken; *per* ~ by (in) mistake, erroneously, mistakenly.
abusief [a.by.'zi.f] wrong.
abusievelijk [aby.'zi.vələk] zie *per abuis*.
acacia [a.'ka.si.a.] *m* ♣ acacia.
academicus [a.ka.'de.mi.kŭs] *m* university man.
academie [a.ka.'de.mi] *v* academy, university, college.
academieburger [-bŭrɡər] *m* college man, university man.
academieleven [-le.və(n)] *o* university life.
academiestad [-stat] *v* university town.
academietijd [-tɛit] *m* college days.
academievriend [-vri.nt] *m* college friend.

academisch [a.ka. de.mi.s] academic; ~ *gevormd* college-taught, with a university education; ~*e graad* university degree; ~ *ziekenhuis* teaching hospital.
accent [ak'sɛnt] *o* accent°; stress²; *fig* emphasis [*mv* emphases].
accentuatie [aksɛnty.'a.(t)si.] *v* accentuation.
accentueren [-'e:ra(n)] *vt* accent; stress²; *fig* emphasize, accentuate.
accept [ak'sɛpt] *o* $ 1 acceptance [of a bill]; 2 (promesse) promissory note.
acceptant [aksɛp'tɑnt] *m* $ acceptor.
accepteren [aksɛp'te:rə(n)] *vt* accept; *niet* ~ refuse (acceptance of); $ dishonour [a bill].
accijns [ak'sɛins] *m* excise(-duty).
accijnsplichtig [-plɪxtəx] excisable.
acclamatie [ɑkla.'ma.(t)si.] *v* acclamation; *bij* ~ *aannemen* carry by (with) acclamation.
acclimatisatie [ɑkli.ma.ti.'za.(t)si.] *v* acclimatization.
acclimatiseren [-'ze:rə(n)] I *vt* acclimatize; II *vi* become acclimatized.
accolade [ako.'la.də] *v* 1 accolade [at bestowal of knighthood]; 2 } brace; ♪ accolade.
accommodatie [ɑkɔmo.'da.(t)si.] *v* accommodation.
accompagnateur [akòmpɑɲa.'tø:r] *m* ♪ accompanist.
accompagnement [-nə'mɛnt] *o* ♪ accompaniment.
accompagneren [-'ɲe:rə(n)] *vt* ♪ accompany.
accordeon [akɔrde.'òn] *o* & *m* ♪ accordion.
accountant [a'kɑʊntənt] *m* $ (chartered) accountant, auditor.
accu ['ɑky.] *m* zie *accumulator*.
accumulator [ɑky.my.'la.tɔr] *m* 蓄 accumulator, (storage) battery.
accuraat [ɑky.'ra.t] *aj* (& *ad*) accurate(ly), exact(ly), precise(ly).
accuratesse [ɑky.ra.'tɛsə] *v* accuracy, exactitude, precision.
accusatief ['ɑky.za.ti.f] *m* accusative.
acetyleen [a.səti.'le.n] *o* acetylene.
ach [ɑx] ah!, alas!
Achilles [a'xɪləs] *m* Achilles.
achilleshiel [-hi.l] *m* Achilles' heel².
1 **acht** [ɑxt] eight.
2 **acht** [ɑxt] *v* attention, heed, care; ~ *geven* (slaan) *op* pay attention to; *geef... ~!* ✗ attention, F 'shun; *in* ~ *nemen* be observant of, observe (the rules, the law]; *zich in* ~ *nemen* 1 be on one's guard; 2 take care of one's health (of oneself); *neem u in* ~ be careful!; mind what you do!; *zich in* ~ *nemen voor...* beware of..., be on one's guard against...
achtbaar ['ɑxtba:r] 1 respectable; 2 (vóór titels) honourable.
achtbaarheid [-heit] *v* respectability.
achteloos ['ɑxtəlo.s] *aj* (& *ad*) careless(ly), negligent(ly).
achteloosheid [ɑxtə'lo.sheit] *v* carelessness, negligence.
achten ['ɑxtə(n)] I *vt* 1 esteem, respect; 2 (denken, vinden) deem, think, consider, judge; 3 (letten op) pay attention to; *men achtte de tijd gekomen om...* it was deemed time to...; *het beneden zich* ~ *om...* think it beneath one to...; *ik acht het niet raadzaam* I don't think it advisable; *ik acht mij niet verantwoord dit te zeggen* I do not feel justified in saying this; II *vr* *in: zich gelukkig* ~ deem (think) oneself fortunate.
achtenswaardig [ɑxtəns'va:rdəx] respectable.
achter ['ɑxtər] I *prep* behind, after, at the back of; *ik ben er* ~ 1 (nu weet ik het) I've found it out; 2 (nu ken ik het) I've got into it; I've got the knack of it; II *ad in: hij is* ~ 1 he is in the backroom; 2 *fig* he is behindhand (in his studies, with his lessons); he is in

arrear(s) (with his payments); *mijn horloge is* ∼ my watch is slow; *t e n* ∼ in arrear(s) [with his payments]; behindhand [in his studies, with his lessons]; behind [with his work]; *ten* ∼ *bij zijn tijd* behind the times; *van* ∼ [attack] from behind; [low] at the back; [viewed] from the back; *van* ∼ *inrijden op* run into the back of, crash into the rear of [another train]; *van* ∼ *naar voren* [spell a word] backwards.

achteraan [ɑxtə'ra.n] behind, in the rear, at the back; *2de klas* ∼ 2nd class in rear of train.

achteraankomen [-ko.mən] *vi* come last, lag behind, bring up the rear; *ik kom achteraan met mijn gelukwens* I am very late with my congratulation.

achteraf [ɑxtə'rɑf] in the rear; [live] out of the way; ∼ *bekeken...* 1 looking at things after the event...; 2 after all [he is not a bad fellow]; ∼ *kan men dat gemakkelijk zeggen* after the event.

achteras ['ɑxtərɑs] *v* rear (hind, back) axle.

achterbaks [ɑxtər'bɑks] **I** *aj* underhand, backdoor; **II** *ad* underhand, behind one's back; *iets* ∼ *houden* keep it back.

achterbalkon ['ɑxtərbɑlkòn] *o* 1 rear platform [of a tram-car]; 2 back balcony [of a house].

achterband [-bɑnt] *m* back tyre.

achterbank [-bɑŋk] back seat, rear seat.

achterblijven ['ɑxtərblɛivə(n)] *vi* 1 *eig* stay behind, remain behind; 2 (*bij sterfgeval*) be left (behind); 3 (*bij wedstrijden &*) fall (drop, lag) behind, be outdistanced; ☞ be backward.

achterblijver [-vər] *m* straggler, laggard.

achterb out['ɑxtərbout] *m* hind quarter.

achterbuur [-by:r] *m* back neighbour. [slum.

achterbuurt [-by:rt] *v* back street, low quarter.

achterdeel [-de.l] *o* back part, hind part.

achterdek [-dɛk] *o* ⚓ poop, after-deck.

achterdeur [-dø:r] *v* backdoor; *een* ∼*tje openhouden* keep a backdoor (a loop-hole) open.

achterdocht [-dɔxt] *v* suspicion; ∼ *hebben* (*koestéren*) entertain suspicions, be suspicious; ∼ *krijgen* become suspicious; ∼ *opwekken* (*bij*) arouse suspicion (in the mind(s) of); *de* ∼ *wegnemen* remove suspicion.

achterdochtig [ɑxtər'dɔxtəx] *aj* (& *ad*) suspicious(ly).

achtereen [ɑxtə're.n] in succession, consecutively; at a stretch; *viermaal* ∼ four times running; *vier uur* ∼ four hours at a stretch (on end); *maanden* ∼ for months at a time, for months together.

achtereenvolgend [ɑxtəre.n'vɔlgənt] successive, consecutive.

achtereenvolgens [-gəns] successively, in succession, in turn, consecutively.

achtereind(e) ['ɑxtərɛint, -ɛində] *o* hind part, back part.

achteren ['ɑxtərə(n)] in: *naar* ∼ backward(s); zie verder: *achter* **II**.

achtergaan ['ɑxtərga.n] *vi* lose, be slow; *mijn horloge gaat 5 minuten achter* is five minutes slow; *mijn horloge gaat per dag 5 minuten achter* loses five minutes a day.

achtergrond [-grònt] *m* background²; *op de* ∼ *blijven* keep (remain) in the background; *op de* ∼ *raken* fall into the background.

achterhalen [ɑxtər'ha.lə(n)] *vt* 1 (*inhalen*) overtake; 2 (*v. misdadiger &*) arrest; 3 (*v. voorwerpen*) recover; 4 (*v. fouten, gegevens*) trace, detect.

achterheen [ɑxtər'he.n] in: *ik zou er flink* ∼ *zitten* I should speed them up a little; *ze hebben er aardig* ∼ *gezeten* F haven't they been punishing the food (wine &).

achterhoede ['ɑxtərhu.də] *v* rear(guard); *sp*

---

defence.

achterhoofd [-ho.ft] *o* back of the head, § occiput; *gedachten in zijn* ∼ thoughts at the back of his mind.

achterhoofdsbeen [-ho.ftsbe.n] *o* occipital bone.

achterhouden [-hɔudə(n)] *vt* keep back, hold back, withhold.

achterhoudend [ɑxtər'hɔudənt] close, secretive.

Achter-Indië [ɑxtər'ɪndi.ə] *o* Further India.

achterkamer ['ɑxtərka.mer] *v* backroom.

achterkant [-kɑnt] *m* back.

achterklap [-klɑp] *m* backbiting, scandal.

achterkleindochter ['ɑxtərklɛindɔxtər] *v* great-granddaughter.

achterkleinzoon [-zo.n] *m* great-grandson.

achterland [-lɑnt] *o* hinterland.

achterlaten [-la.tə(n)] *vt* leave (a thing somewhere, with a person); leave behind [after one's departure or death].

achterlating [-tɪŋ] *v* in: *met* ∼ *van* leaving behind.

achterlicht ['ɑxtərlɪxt] *o* rear-light, tail-light, rear-lamp.

achterlijf [-lɛif] *o* abdomen [of insects].

achterlijk [-lək] **I** backward [= mentally deficient]; 2 behind the times;

achterlijkheid [-hɛit] *v* backwardness.

achterlopen ['ɑxtərlo.pə(n)] *vi* zie *achtergaan*.

achterna [ɑxtər'na.] after; behind.

achternaam ['ɑxtərna.m] *m* surname, family name.

achterneef ['ɑxtərne.f] *m* grand-nephew; second cousin.

achterom [ɑxtə'ròm] the back way about; behind; back; ∼ *lopen* go round (at the back); ∼ *zien* &, zie *omzien* &.

achterop [ɑxtə'ròp] behind, at the back; on the back [of an envelope]; *dat is* ∼ F that's no good, that won't do; *ik ben* ∼ *met mijn betaling* I am in arrear(s) with my payments.

achteropkomen [-ko.mə(n)] **achteroplopen** [-lo.pə(n)] *vt* overtake [one], catch [one] up, come up with.

achteropraken [-ra.kə(n)] zie *achterraken*.

achterover [ɑxtə'ro.vər] backward, on one's back.

achteroverdrukken [-drükə(n)] F steal.

achterplaats [-pla.ts] *v* back-yard.

achterplecht [-plɛxt] *v* ⚓ poop.

achterpoort [-po:rt] *v* back-gate.

achterpoot [-po.t] *m* hind leg.

achterraken ['ɑxtəra.kə(n)] *vi* 1 drop (fall) behind, drop to the rear; 2 get behind with one's work (studies); *we raken achter bij de V.S.* we are falling behind the U.S.A.

achterruit [-rœyt] *v*🚗 rear window.

achterschip ['ɑxtərsxɪp] *o* ⚓ stern.

achterspeler [-spe.lər] *m* *sp* back.

achterstaan [-sta.n] *vi* in: ∼ *bij* be inferior to; *bij niemand* ∼ ook: be second to none.

achterstallig [ɑxtər'stɑləx] outstanding; overdue; ∼*e huur* back rent; ∼*e rente* interest arrears; ∼ *zijn* be in arrear(s) with one's payments; be behind with the rent; *het* ∼*e* the arrears.

achterstand ['ɑxtərstɑnt] *m* arrears.

achterste [-stə] **I** *aj* hind(er)most,·hind; **II** *o* 1 back part [of anything]; 2 posterior(s).

achterstel [-stɛl] *o* back [of a carriage].

achterstellen [-stɛlə(n)] *vt* put in the background; be unfair to [the poor]; slight [him]; ∼ *bij* neglect for; postpone to.

achterstelling [-lɪŋ] *v* neglect, slighting; postponement (to *bij*); *met* ∼ *van* to the neglect of.

achtersteven ['ɑxtərste.və(n)] *m* ⚓ 1 sternpost; 2 (a c h t e r s c h i p) stern.

achterstevoren ['ɑxtərstə'vo:rə(n)] back to front.

achteruit [ɑxtə'rœyt] I *ad* backward(s), back; ⚓ aft; [full speed] astern; ∼ *daar!* stand back!; II 1 o & m back-yard; 2 v👁 reverse.
achteruitboeren [-bu:rə(n)] *vi* F go downhill.
achteruitduwen [-dy.və(n)] *vt* push back.
achteruitgaan [-ga.n] *vi* go (walk) back(wards); *fig* go back (of civilization), decline [in vitality, prosperity], go down in the world; retrograde [in morals], fall off [in quality]; fall [of barometer]; *hard* ∼ ook: sink fast.
1 **achteruitgang** ['ɑxtərœytgaŋ] *m* rear-exit.
2 **achteruitgang** [ɑxtə'rœytgaŋ] *m* going down, decline.
achteruitkijkspiegel [-keikspi.ɣəl] *m* (driving) mirror.
achteruitkrabbelen [-krɑbələ(n)] *vi* zie *terugkrabbelen*.
achteruitrijden [-rɛi(d)ə(n)] I *vi* 1 ride (sit) with one's back to the engine (to the driver); 2 back, reverse [of motor-car]; II *vt* back, reverse [a motor-car].
achteruitschoppen [-sxɔpə(n)] *vi* lash out, plunge.
achteruitschuiven [-sxœyvə(n)] *vt* push back.✦
achteruitslaan [-sla.n] *vi* zie *achteruitschoppen*.
achteruitspringen [-spriŋə(n)] *vi* jump back, start back.
achteruitzetten [-sɛtə(n)] *vt* 1 put (set) back [a watch]; 2 (financieel &) throw back; 3 (v. gezondheid) put back; 4 (verongelijken) slight.
achtervoegen ['ɑxtərvu.ɣə(n)] *vt* affix, add.
achtervoegsel [-vu.xsəl] *o* suffix.
achtervolgen [ɑxtər'vɔlɣə(n)] *vt* run after[2], pursue, dog; persecute.
achtervolging [-giŋ] *v* pursuit; persecution.
achterwaarts ['ɑxtərva:rts] I *aj* backward, retrograde; II *ad* backward(s), back.
achterwege [ɑxtər've.ɣə] in: ∼ *blijven* fail to appear; ∼ *houden* keep back; ∼ *laten* omit, drop.
achterwerk ['ɑxtərvɛrk] *o* P posterior(s).
achterwiel [-vi.l] *o* back (hind, rear) wheel.
achterzak [-zak] *m* tail-pocket.
achterzij(de) [-zɛi(də)] *v* back.
achthoek ['ɑxthu.k] *m* octagon.
achthoekig ['ɑxthu.kəx] octagonal, octangular.
achting ['ɑxtiŋ] *v* esteem, regard, respect; *de* ∼ *genieten van...* be held in esteem by...; ∼ *hebben voor* hold in esteem; *in iemands* ∼ *dalen (stijgen)* fall (rise) in a man's esteem; *met de meeste* ∼ zie *hoogachting*.
achtste ['ɑx(t)stə] eighth (part).
achttal ['ɑxtɑl] *o* (number of) eight.
achttien ['ɑxti.n] eighteen.
achttiende [-də] eighteenth (part)
achtvlak ['ɑxtflak] *o* octahedron.
achtvlakkig [-flakəx] octahedral.
achtvoetig [-fu.təx] of eight feet, eight-footed.
achtvoud [-fʌut] octuple.
achtvoudig [-fʌudəx] eightfold, octuple.
achtzijdig [-sɛidəx] eight-sided, octahedral.
acoliet [a.ko.'li.t] *m* acolyte.
a costi [a.'kɔsti.] $ at your place.
acquisiteur [ɑkvi.zi.'tø:r] *m* canvasser.
acquit [a.'ki.t] *o* ⚬⚬ spot; ∼ *geven* lead off.
acrobaat [a.kro.'ba.t] *m* acrobat.
acrobatiek [a.kro.ba.'ti.k] *v* acrobatics.
acrobatisch [a.kro.'ba.ti.s] *aj* (& *ad*) acrobatic(ally).
acrostichon [a.'krɔsti.xɔn] *o* acrostic.
acteren [ɑk'te:rə(n)] *vi* & *vt* act.
acteur [ɑk'tø:r] *m* actor, player, > play-actor.
actie ['ɑksi.] *v* 1 ♇ action°; lawsuit; 2 share [in a bank]; 3 action, acting [of an actor], action [of a play]; 4 agitation, campaign [in favour of]; drive [to raise funds &]; 5 ✖ action; *een* ∼ *instellen tegen* ♇ bring an action

against.
actief [ɑk'ti.f] I *aj* 1 active, energetic; 2 ✖ with the colours; *actieve handelsbalans* $ favourable trade balance; II *ad* actively, energetically; III *o* in: ∼ *en passief* $ assets and liabilities.
actieradius ['ɑksi.ra.di.ũs] *m* radius of action.
activa [ɑk'ti.va.] *mv* $ assets.
activeren [ɑkti.'ve:rə(n)] *vt* activate.
activiteit [ɑkti.vi.'tɛit] *v* activity.
actrice [ɑk'tri.sə] *v* actress.
actualiteit [ɑkty.a.li.'tɛit] *v* topicality [of a theme]; timeliness; *een* ∼ a topic of the day.
actuaris [ɑkty.'a:ris] *m* actuary.
actueel [ɑkty.'e.l] of present interest; topical [event, question, subject]; timely [article in the papers].
acuut [a.'ky.t] *aj* (& *ad*) acute(ly).
ad [ɑt] $ at [3 %].
A.D. = *anno domini*.
Adam ['a.dɑm] *m* Adam; *de oude* ∼ *afleggen* put off the old Adam.
adamsappel ['a.dɑmsɑpəl] *m* Adam's apple.
adamskostuum [-kɔsty.m] *o* in: *in* ∼ in a state of nature.
adat ['a.dɑt] *m Ind* custom, usage, customary law.
adder ['ɑdər] *v* viper, adder; *een* ∼ *aan zijn borst koesteren* nourish (cherish) a viper in one's bosom; *er schuilt een* ∼ *onder het gras* there is a snake in the grass.
adder(en)gebroed ['ɑdər(ə)(n)ɣəbrut] *o* breed (B generation) of vipers.
addertong ['ɑdərtɔŋ] *v* 1 ♣ adder's-tongue; 2 *fig* backbiter.
adel ['a.dəl] *m* nobility; *van* ∼ *zijn* be of noble birth, belong to the nobility.
adelaar ['a.dəla:r] *m* ⚭ eagle.
adelaarsblik [-la:rsblik] *m* eagle-eye.
adelaarsvaren [-fa:rə(n)] *v* ♣ bracken.
adelboek ['a.dəlbu.k] *o* peerage.
adelborst [-bɔrst] *m* midshipman, F middy.
adelbrief [-bri.f] *m* patent of nobility.
adeldom [-dɔm] *m* nobility.
adelen ['a.dələ(n)] *vt* ennoble[2], raise to the peerage.
adellijk ['a.dələk] 1 noble; nobiliary; 2 F high [of game], gamy; ∼ *e titel* title of nobility.
adelstand ['a.dəlstɑnt] *m* nobility; *in (tot) de* ∼ *verheffen* ennoble, raise to the peerage.
adeltrots [-trɔts] *m* nobility, family pride.
adem ['a.dəm] *m* breath; *de* ∼ *inhouden* hold one's breath; ∼ *scheppen* take breath; *buiten* ∼ out of breath, breathless; *buiten* ∼ *geraken* get out of breath; *in één* ∼ in (one and) the same breath; *op* ∼ *komen* recover one's breath; *op* ∼ *laten komen* breathe; *van lange* ∼ long-winded.
adembenemend [-bə'ne.mənt] breath-taking.
ademen ['a.dəmə(n)] *vt* & *vi* breathe.
ademhaling [-liŋ] *v* respiration, breathing; *kunstmatige* ∼ artificial respiration.
ademhalingswerktuigen [-liŋsvɛrktœyɣə(n)] *mv* respiratory organs.
ademloos ['a.dəmlo.s] breathless[2].
adempauze [-pʌuzə] *v* breathing space, breathing spell, breathing time.
○ **ademtocht** [-tɔxt] *m* breath.
adequaat [a.de.'kva.t] *aj* (& *ad*) adequate(ly).
ader ['a.dər] *v* 1 (in het lichaam of hout) vein; 2 (v. erts &) vein, lode, seam.
aderen ['a.dərə(n)] *vt* vein, grain.
aderlaten ['a.dərla.tə(n)] *vt* bleed[2].
aderlating [-tiŋ] *v* bleeding[2], blood-letting; *fig* drain on one's purse (resources &).
aderlijk ['a.dərlək] venous.
aderspat [-spɑt] *v* varicose vein.
aderverkalking [-vərkɑlkiŋ] *v* arteriosclerosis.
adhesie [ɑt'he.zi.] *v* adhesion; *zijn* ∼ *betuigen*

give one's adhesion [to a plan].
adieu [a.'djɔ:] good-bye, F bye-bye.
ad interim [at'mtǝrɪm] ad interim.
adjectief, adjektief ['atjɛkti.f] o adjective.
adjudant [atjy.'dɑnt] m ✕ adjutant; aide-de-camp, A.D.C. [to a general]; 🐝 adjutant.
adjunct, adjunkt [at'jʉŋkt] m assistant, deputy, adjunct.
administrateur [atmi.ni.stra.'tø:r] m 1 (in 't alg.) administrator; manager; 2 ⚓ purser; 3 (v. plantage) estate manager; 4 (boekhouder) book-keeper, accountant.
administratie [-'stra.(t)si.] v administration, management.
administratief [-stra.'ti.f] aj (& ad) administrative(ly).
administratiekosten [-'stra.(t)si.kɔstǝ(n)] mv administrative expenses.
administreren [-'stre:rǝ(n)] vt administer, manage.
admiraal [atmi.'ra.l] m ⚓ admiral;
admiraalschap [-sxɑp] o ⚓ admiralship.
admiraalsschip [-sxɪp] o ⚓ flagship.
admiraliteit [atmi.ra.li.'tɛit] v admiralty.
admissie [ɑt'mɪsi.] v admission.
admissie-examen [-ɛksa.mǝ(n)] o entrance examination.
Adonis, adonis [a.'do.nɪs] m Adonis°.
adoniseren, adonizeren [a.do.ni.'ze:rǝ(n)] in: zich ~ adonize oneself.
adoptant [a.dɔp'tɑnt] m adopter.
adopteren [-'te:rǝ(n)] vt adopt.
adoptie [a.'dɔpsi.] v adoption.
ad rem [ɑt'rɛm] to the point.
adres [a.'drɛs] o 1 (op brief) address, direction; 2 (memorie) memorial, petition; dan ben je aan 't verkeerde ~ you have come to the wrong shop; dat was aan uw ~ F that was a hit at you, that was meant for you; per ~ care of, c/o.
adresboek [-bu.k] o directory.
adreskaart [-ka:rt] v 1 (voor postpakket) dispatch note; 2 $ business card.
adreskaartje [-ka:rcǝ] o visiting-card, card.
adressant [a.drɛ'sɑnt] m 1 petitioner, applicant; 2 🐝 sender.
adresseermachine [-'se:rma.ʃi.nǝ] v addressing machine.
adresseren [-'se:rǝ(n)] I vt direct, address [a letter]; II vr zich ~ aan apply to.
adresstrook [a.'drɛstro.k] v label.
adresverandering [a.'drɛsfǝrɑndǝrɪŋ] v change of address.
adverteerder [atvǝr'te:rdǝr] m advertiser.
advertentie [-'tɛnsi.] v advertisement, F ad.
advertentieblad [-blɑt] o advertiser.
advertentiebureau [-by.ro.] o advertising agency.
advertentiekosten [-kɔstǝ(n)] mv advertising charges.
adverteren [atvǝr'te:rǝ(n)] vt & va advertise.
advies [ɑt'vi.s] o 1 advice; 2 recommendation [of a commission]; op ~ van at (by, on) the advice of; commissie van ~ advisory committee.
adviseren [atvi.'ze:rǝ(n)] vt 1 advice; 2 recommend [of a jury &].
adviserend [-rǝnt] advisory, consultative.
adviseur [atvi.'zø:r] m adviser, consultant; wiskundig ~ actuary.
advocaat [atvo.'ka.t] m 1 ⚖ 👨‍⚖️ barrister(-at-law), counsel; ± solicitor, lawyer; Sc advocate; 2 (drank) zie advocaatje.
advocaat-generaal [-ge.nǝ'ra.l] m Solicitor-General.
advocaatje [atvo.'ka.cǝ] o egg nog, egg flip.
advocatenstreek [-'ka.tǝ(n)stre.k] m & v lawyer's trick.
af [ɑf] off; down; ~ en aan lopen come and

go; go to and fro; ~ en toe off and on, now and then, now and again, occasionally; A ~ exit A; allen ~ exeunt all; het (engagement) is ~ the engagement is off; het (werk) is ~ the work is finished; hij is ~ he is out [at a game]; hij is minister ~ he is out (of office); ~! down! [to a dog]; hoeden ~! hats off!; links ~ to the left; goed (slecht) ~ zijn be well (badly) off; bij zwart ~ off black; op de minuut & ~ to the minute &; van... ~ from [a child, his childhood, that day &], from [two shillings] upwards; from [this day] onwards; nu ben je van die... ~ now you are rid of that (those)...; ze zijn van elkaar ~ they have separated; je bent nog niet van hem ~! you have not done with him yet; you haven't heard (seen) the last of him yet.
afbakenen ['ɑf.ba.kǝnǝ(n)] vt 1 (weg &) trace (out), mark out; 2 ⚓ (vaarwater) beacon; duidelijk afgebakend ook: clearly defined.
afbakening [-nɪŋ] v 1 tracing (out), marking out; 2 ⚓ beaconing.
afbedelen ['ɑf.be.dǝlǝ(n)] vt get (obtain) by begging; iemand iets ~ beg it from one.
afbeelden [-be.ldǝ(n)] vt represent, portray, picture, paint, depict.
afbeelding [-dɪŋ] v picture, portrait, representation, portraiture.
afbekken [-bɛkǝ(n)] vt zie afsnauwen.
afbellen [-bɛlǝ(n)] vi ring off; zie ook: aftelefoneren.
afbestellen [-bǝstelǝ(n)] vt countermand, cancel [the order].
afbestelling [-lɪŋ] v countermand, counter-order.
afbetalen ['ɑf.bǝta.lǝ(n)] vt pay off, pay (up); pay [£ 5] on account.
afbetaling [-lɪŋ] v (full) payment; ~ in termijnen payment by instalments; £ 5 op ~ £ 5 on account; op ~ kopen buy on the instalment plan (system), on the hire-purchase system, F on the never-never.
afbeulen [-bø.lǝ(n)] I vt overdrive, fag out [one's servants], override [a horse]; II vr zich ~ work oneself to the bone, work oneself to death.
afbikken [-bɪkǝ(n)] vt chip (off).
afbinden [-bɪndǝ(n)] I vt 1 untie [one's skates]; 2 ligature [a vein], tie (up) [an artery]; II va untie one's skates.
afbladderen [-blɑdǝrǝ(n)] vi peel off, scale off.
afblazen [-bla.zǝ(n)] vt blow off [steam].
afblijven [-blɛivǝ(n)] vi in: ~ van iemand keep one's hands off one; ~ van iets let (leave) a thing alone; ~! hands off!
afboeken [-bu.kǝ(n)] vt $ 1 (afschrijven) write off; 2 (overboeken) transfer [from one account to another]; 3 (afsluiten) close [an account].
afboenen [-bu.nǝ(n)] vt (droog) rub; (nat) scrub.
afborstelen [-bɔrstǝlǝ(n)] I vt brush off [the dust]; brush [clothes, shoes, a person]; II vr zich ~ brush oneself up.
afbraak [-bra.k] v 1 demolition; 2 old materials [of a house]; rubbish; voor ~ verkopen sell for its materials.
afbraakprodukt [-pro.dʉkt] o breakdown product.
afbranden [-brɑndǝ(n)] I vt burn off [the paint]; burn down [a house]; II vi be burnt down.
afbreken [-bre.kǝ(n)] v 1 break (off) [a flower from its stalk]; demolish, pull down [a house], break down [a bridge; chemically]; take down [a booth, a scaffolding]; 2 break off [a sentence, engagement &], divide [a word], interrupt [one's narrative]; cut short [one's holidays]; 3 cut [a connection]; 4

sever [friendship, relations]; 5 *fig* demolish, cry down, pull to pieces [an author &]; write down [a book, play &]; **II** *vi* 1 break (off) [of a thread]; 2 stop [in the middle of a sentence]; **III** *va* destroy, disparage; *hij is altijd aan het ~* he is always crying (running) down people; **IV** *o* rupture, severance [of diplomatic relations].

afbrekend [-kənt] destructive [criticism].

afbreker [-kər] *m* demolisher².

afbreking [-kıŋ] *v* breaking off, rupture; interruption; demolition.

afbrekingsteken [-kıŋstɛ.kə(n)] *o* break.

afbrengen ['afbrɛŋə(n)] *vt* (vlot maken) ⚓ get off; *het er goed ~* get through very well, do well; *het er heelhuids ~* come off with a whole skin; *het er levend ~* get off (escape) with one's life; *het er slecht ~* come off badly, do badly; *hij was er niet van af te brengen* he could not be dissuaded from it, we could not talk (reason) him out of it; *iemand van de goede (rechte) weg ~* lead one away from the right course, lead one astray.

afbreuk [-brø.k] *v* in: *~ doen aan* be detrimental to, detract from [his reputation]; *de vijand ~ doen* do harm to the enemy.

afbrokkelen [-brɔkələ(n)] *vi* crumble (off, away).

afdak [-dɑk] *o* penthouse, shed.

afdalen [-da.lə(n)] *vi* descend, come (go) down; *~ in bijzonderheden* go (enter) into detail(s); *~ tot* condescend to [inferiors]; descend to [the level of, doing something].

afdaling [-lıŋ] *v* 1 descent; 2 *fig* condescension.

afdammen ['afdɑmə(n)] *vt* dam up.

afdanken ['afdɑŋkə(n)] *vt* disband [troops]; dismiss [an army, a servant &]; pay off [ship's crew]; superannuate [an official]; discard [a lover, clothes]; part with [a motorcar]; scrap [ships].

afdanking [-kıŋ] *v* disbanding [of troops]; dismissal [of a servant &].

afdeinzen ['afdɛinzə(n)] *vi* withdraw, retreat.

afdekken [-dɛkə(n)] *vi* clear the table.

afdelen [-de.lə(n)] *vt* divide; classify.

afdeling [-lıŋ] *v* 1 ('t afdelen) division; classification; 2 (onderdeel) division, section, branch [of a party &]; 3 ✕ detachment [of soldiers], body [of horse], [landing] party; 4 (compartiment) compartment; 5 (van bestuur, winkel &) department; ward [in a hospital]; [parliamentary] + committee.

afdelingschef [-lıŋʃɛf] *m* head of a department.

afdingen ['afdıŋə(n)] *I vi* bargain, chaffer; beat down the price; **II** *vt* beat down; *ik wil niets ~ op zijn verdiensten* I have no wish to detract from his merits; *daar is niets op af te dingen* there is nothing to be said against it, it is unobjectionable.

afdoen [-du.n] *vt* 1 (kledingstukken &) take off; 2 (afvegen) clean, wipe, dust; 3 (afmaken) finish, dispatch, expedite [a business]; 4 (uitmaken) settle [a question]; 5 (verhandelen) $ sell; 6 (afbetalen) pay off, settle [a debt]; *hij heeft afgedaan* he has had his day; *hij heeft bij mij afgedaan* I have done with him; *veel ~ tot de zaak* matter much; *dat doet er niets aan toe of af* 1 it doesn't alter the fact; 2 that's neither here nor there; *iets van de prijs ~, er iets ~* knock off something, take something off; *dit doet niets af van de waarde* this does not detract from the value.

afdoend ['afdu.nt] in: *dat is ~(e)* that settles the question; *een ~ argument (bewijs)* a conclusive argument (proof); *~e maatregelen* efficacious (effectual, effective) measures.

afdoening ['afdu.nıŋ] *v* 1 disposal, dispatch [of the business on hand]; 2 settlement [of

business]; payment [of a debt]; 3 $ sale.

afdraaien [-dra.ja(n)] *vt* 1 turn off [a tap, the gas]; 2 (er ~) twist off; 3 F (rammelend opzeggen) reel off, rattle off [one's lines]; 4 grind out [on a barrel-organ]; 5 run off [a stencil on a duplicating machine]; 6 show [a film]; 7 play [a gramophone record].

afdragen [-dra.gə(n)] *vt* 1 carry down [the stairs &]; 2 wear out [clothes]; 3 remit, hand over [money].

afdraven [-dra.və(n)] *vt* in: *een paard ~* trot out a horse; *heel wat ~* trot a good many miles.

afdreggen [-drɛgə(n)] *vt* drag.

afdreigen [-drɛigə(n)] *vt* in: *iemand geld ~* extort money from a man, blackmail a man.

afdreiging [-gıŋ] *v* blackmail.

afdrijven ['afdrɛivə(n)] *I vi* 1 float (drift) down [the river]; 2 (v. schip) drift (off), make leeway; 3 (onweer &) blow over; *met de stroom ~* be borne down the stream; *fig* go with the stream; **II** *vt* drive (chase) down [the hill &].

afdringen [-drıŋə(n)] *vt* push off; hustle off.

afdrogen [-dro.gə(n)] *vt* dry, wipe (off).

afdruipen [-drœypə(n)] *vi* 1 (vloeistoffen) trickle (drip) down; 2 (wegsluipen) F slink away, slink off [with one's tail between one's legs].

afdruk [-drŭk] *m* 1 (indruk) imprint, print; 2 (v. boek of gravure) impression; copy; 3 (v. foto) print.

afdrukken [-drŭkə(n)] *vt* 1 print (off) [a book]; 2 impress [on wax].

afdwalen [-dva.lə(n)] *vi* 1 eig stray off, stray from the company; 2 *fig* stray (wander) from one's subject, depart from the question; (op verkeerde wegen) go astray.

afdwaling [-lıŋ] *v* 1 straying, wandering from the point; digression; 2 (fout) aberration.

afdwingen ['afdvıŋə(n)] *vt* compel, command [admiration, respect]; extort [a concession from].

afeten [-e.tə(n)] *I vt* eat off; browse [of cattle]; **II** *vi* finish one's dinner &.

affaire [ɑ'fɛ:rə] *v* 1 (zaak) affair, business; 2 $ business; (transactie) transaction

affectatie [ɑfɛk'ta.(t)si.] *v* affectation.

affectie [ɑ'fɛksi.] *v* affection.

affiche [ɑ'fi.ʃə] *o* & *v* poster, placard; playbill [of a theatre].

affiniteit [ɑfi.ni.'teit] *v* affinity.

affreus [ɑ'frø.s] **I** *aj* horrid, horrible; **II** *ad* horridly, horribly.

affront [ɑ'frònt] *o* affront.

affronteren [ɑfròn'te:rə(n)] *vt* affront.

affuit [ɑ'fœyt] *v* ✕ (gun-)carriage; [fixed] mounting.

afgaan ['afga.n] **I** *vi* 1 (afvaren) start, sail; 2 (v. vuurwapenen) go off; 3 (v. 't getij) recede, ebb; *er ~* come off [of paint]; *het gaat hem glad (handig, gemakkelijk)* af it comes very easy to him; *dat gaat hem goed af* it [his new dignity &] sits well on him; *bij de rij ~* take them in their order; *~ op iemand* 1 walk up to a man, make for him [the enemy]; 2 *fig* rely on a man; *recht op zijn doel ~* go straight to the point; *~ op praatjes* trust what people say; *~ van* leave [school, a person]; *daar gaat niets van af* there is no denying it; **II** *vt* go (walk) down [the stairs, a hill &].

afgeladen [-la.da(n)] in: *de treinen waren ~ (vol)* the trains were packed, crowded [with passengers].

afgelasten [-lɑstə(n)] *vt* countermand, cancel [a dinner, a football match], call off [a strike].

afgeleefd [-le.ft] decrepit, worn with age.

afgelegen [-le.ɡə(n)] distant, remote, outlying, out-of-the-way, sequestered.

afgelegenheid [-hɛit] v remoteness.

afgemat [-mɑt] tired out, worn out, exhausted.

afgemeten [-me.tə(n)] measured[2], formal, stiff; *op ~ toon* [in measured tones, stiffly.

afgepast [-pɑst] adjusted; ready-made [curtains &]; *~ geld* the exact sum (money); *met ~ geld betalen!* no change given!, (in bus, tram) exact fare!

afgerond [-rɒnt] rounded (off).

afgescheiden [-sxɛidə(n)] separate; *een ~ dominee* a dissenting minister; *~ van* apart from.

afgescheidene [-dənə] m 1 dissenter, nonconformist [in religion]; 2 separatist [in politics].

afgesloofd ['ɑfɡəslo.ft] fagged (out), worn out.

afgesloten [-slo.tə(n)] closed &; *~ rijweg!* no thoroughfare.

afgestorven [-stɔrvə(n)] I aj deceased, dead; II sb de ~e the deceased, the defunct; de ~en the deceased, the dead.

afgetobd [-tɔpt] fagged out [with toil], careworn [with care], exhausted [with suffering].

afgetrapt [-trɑpt] in: *~e schoenen* boots down at heel; *met ~e schoenen aan* down at heel.

afgetrokken [-trɒkə(n)] 1 abstract; 2 absent (-minded); *in het ~e* in the abstract.

afgetrokkenheid [-hɛit] v abstraction; absence of mind.

afgevaardigde ['ɑfɡəva:rdəɡdə] m deputy, delegate, representative; *het Huis van Afgevaardigden* the House of Representatives [in Australia, U.S.A. &].

afgeven ['ɑfɡe.və(n)] I vt 1 deliver up [what is not one's own]; hand [a parcel], hand in (over); leave [a card] on [a person], leave [a letter] with [a man]; issue [a declaration, a passport]; 2 (van zich geven) give off, give out [heat &], emit [a smell &]; *een boodschap ~* deliver a message; *een wissel ~ op...* draw (a bill) on...; II vr in: zich ~ met een meisje take up with a girl; *zich ~ met iets* meddle with a thing; *geef u daar niet mee af, met hem niet af* have nothing to do with it, with him; III vi come off [of paint]; stain [of material]; *~ op iets (iemand)* cry (run) down.

afgezaagd [-za.xt] 1 eig sawn off; 2 fig trite, stale, hackneyed, hard-worked.

afgezant [-zɑnt] m ambassador; envoy; messenger.

afgezonderd [-zɔndərt] secluded, retired, sequestered; *~ van* separate from; *~ wonen* live in an out-of-the-way place.

Afghaan(s) [ɑf'ɡa.n(s)] Afghan.

Afghanistan [ɑf'ɡa.ni.stɑn] o Afghanistan.

afgieten ['ɑfɡi.tə(n)] vt 1 (v. kooksel) pour off, strain off; 2 (v. gipsbeelden) cast.

afgietsel [-ɡi.tsəl] o (plaster) cast.

afgifte [-ɡiftə] v delivery; bij ~ on delivery.

afgod [-ɡɔt] m idol[2], false god.

afgodendienaar [-ɡo.də(n)di.na:r] m idolater.

afgodendienst [-di.nst] m afgoderij [ɑfɡo.də-'rɛi] v idolatry, idol worship.

afgodisch [ɑf'ɡo.di.s] aj (& ad) idolatrous(ly); *~ liefhebben (vereren)* idolize.

afgodsbeeld ['ɑfɡɔtsbe.lt] o idol.

afgraven [-ɡra.və(n)] vr dig off; level.

afgrazen [-ɡra.zə(n)] vt graze, browse.

afgrendelen [-ɡrɛndələ(n)] vt ✕ seal off [an area].

afgrijs(e)lijk [ɑf'ɡrɛis(ə)lək] I aj horrible, horrid, ghastly; II ad horribly, horridly, ghastlily.

afgrijs(e)lijkheid [-hɛit] v horribleness, horridness, horror, ghastliness.

afgrijzen ['ɑfɡrɛizə(n)] o horror; *een ~ hebben van* abhor.

afgrissen [-ɡrisə(n)] vt snatch from.

afgrond [-ɡrɒnt] m abyss[2], gulf[2], precipice[2].

afgunst [-ɡʏnst] v envy, jealousy.

afgunstig (op) [ɑf'ɡʏnstəx] envious (of), jealous (of).

afhaken ['ɑfha.kə(n)] vt unhook; uncouple [a railway carriage].

afhakken [-hɑkə(n)] vt cut off, chop off, lop off.

afhalen [-ha.lə(n)] vt 1 (naar beneden) fetch down; 2 (ophalen) collect [parcels]; 3 (personen) call for [a man at his house]; meet (at the station); take up [in one's car]; 4 (v. dieren) zie *afstropen* 1; *de bedden ~* strip the beds; *bonen ~* string beans; *laten ~* send for; *wordt afgehaald* to be left till called for; *niet afgehaalde bagage* left luggage.

afhandelen [-hɑndələ(n)] vt settle, conclude, dispatch.

afhandeling [-lɪŋ] v settlement, dispatch.

afhandig [ɑf'hɑndəx] in: *iemand iets ~ maken* 1 trick (coax) one out of a thing; 2 F ease one of a thing, pilfer a thing from a person.

afhangen ['ɑfhɑŋə(n)] I vt unhang, unsling, take down; II vi hang down; depend[2]; *~ van* depend (up)on, be dependent on; *dat zal er van ~* that depends.

afhangend ['ɑfhɑŋənt] hanging, drooping.

afhankelijk [ɑf'hɑŋkələk] dependent (on van).

afhankelijkheid [-hɛit] v dependence (on van).

afhaspelen ['ɑfhɑspələ(n)] vt 1 reel off[2], unreel, wind off; 2 bungle [one's work].

afhebben [-hɛbə(n)] vt have finished, be done with.

afhechten [-hɛxtə(n)] vt cast off [a stocking].

afhellen [-hɛlə(n)] vi zie *hellen*.

afhelpen [-hɛlpə(n)] vt 1 help off, help down [from a horse &]; 2 rid, relieve, F ease [one of his money].

afhouden [-hʌudə(n)] I vt 1 keep [one's eyes] off, keep... from [evil courses &]; 2 deduct, stop [so much from a man's pay]; *van zich ~* keep [one's enemies] at bay (at a distance); II vi ⚓ bear off; *van land ~* ⚓ stand from the shore; *links (rechts) ~* turn to the left (right).

afhouwen [-hʌuə(n)] vt cut off, hew off, chop off, lop off.

afhuren [-hy.rə(n)] vt hire [from].

afjakkeren [-jɑkərə(n)] vt override [a horse], overdrive, jade [one's servants], wear out [with work].

afkammen [-kɑmə(n)] vt 1 eig comb off; 2 fig zie *afmaken* 3.

afkanten [-kɑntə(n)] vt cant, bevel, square.

afkapen [-ka.pə(n)] vt filch (pilfer) from.

afkappen [-kɑpə(n)] vt cut off, chop off, lop off.

afkappingsteken [-pɪŋste.kə(n)] o apostrophe.

afkeer ['ɑfke:r] m aversion, dislike; *een ~ hebben van* have a dislike of (to), feel (have) an aversion to (for, from); dislike; *een ~ krijgen van* conceive (take) a dislike to, take an aversion to.

afkeren [-ke.rə(n)] I vt turn away [one's eyes]; avert [a blow]; II vr zich ~ turn away.

afkerig [ɑf'ke.rəx] averse; *~ van* averse from (to); *iemand ~ maken van* make a person take an aversion to; *~ worden van* take an aversion (a dislike) to.

afkerigheid [-hɛit] v aversion.

afketsen [ɑf'kɛtsə(n)] I vi glance off; fig fall through; II vt reject [an offer], defeat [a motion].

afkeuren [-kø.rə(n)] vt 1 (zedelijk) condemn, disapprove (of); 2 (niet aannemen) reject [a man] as unfit; 3 (buiten dienst stellen) condemn [a house as unfit to live in], scrap [ships &]; declare [meat] unfit for use; *hij is afgekeurd* he was rejected (not passed) by the doctor.

afkeurend [-rənt] I aj disapproving, [look] of disapproval; II ad disapprovingly.

afkeurenswaard(ig) [afkøːrəns'vaːrt, -'vaːrdəx] condemnable, objectionable, censurable, blameworthy.

afkeuring ['afkøːrɪŋ] v 1 disapproval, disapproval, condemnation, censure; 2 ✕ rejection [by the Army doctor]; 3 ↪ bad mark.

afkijken [-kɛikə(n)] I vt in: iets van iemand ~ learn from one by watching him; de straat ~ look down the street; II va ↪ copy, crib.

afkloppen [-klɔpə(n)] I vt (kleren &) flick [the dust] off; II va (uit bijgeloof) touch wood.

afknappen [-knɑpə(n)] vi i eig snap (off); 2 fig have a breakdown.

afknippen [-knɪpə(n)] vt clip (off), cut (off); snip (off) [a piece].

afknotten [-knɔtə(n)] vt 1 truncate [a cone]; 2 top [a tree].

afkoelen [-kuːlə(n)] I vt cool (down)²; II vi 1 cool (down)²; 2 (van het weer) grow cooler.

afkoeling [-lɪŋ] v 1 cooling (down)²; 2 fall in temperature.

afkoken ['afko.kə(n)] vt boil.

afkomen [-ko.mə(n)] I vt 1 (er af komen) come down; get off (his horse &); 2 (klaarkomen) get finished; 3 (officieel bekend worden) be published; er goed (goedkoop of genadig, slecht) ~ get off well (cheaply, badly); er ~ met een boete get off (be let off) with a fine; er met ere ~ come out of it with honour; er met de schrik ~ get off with a fright; ~ op make for; ik zag hem op mij ~ I saw him coming towards me, coming up to me; ~ van be derived from [Latin &]; ik kon niet van hem ~ I could not get rid of him; ik kon niet van mijn waren ~ I was left with my goods; II vt come down [the stairs &].

afkomst [-kòmst] v descent, extraction, origin, birth.

afkomstig [af'kòmstəx] in: ~ uit (van) coming from; a native of [Dublin]; hij is uit A. ~ he hails from A.; ~ van coming from [my father], emanating from [his pen]; dat is van hem ~ that proceeds from him; that comes from his pen.

afkondigen ['afkòndəgə(n)] vt proclaim, promulgate [a decree], publish [the banns], declare, call [a strike].

afkondiging [-gɪŋ] v proclamation, publication.

afkooksel ['afko.ksəl] o decoction.

afkoop [-ko.p] m buying off, redemption, ransom.

afkoopsom ['afko.psòm] v ransom, redemption money.

afkoopwaarde [-vaːrdə] v surrender value.

afkopen ['afko.pə(n)] vt 1 buy (purchase) from; 2 (loskopen) buy off [a strike], ransom, redeem.

afkoppelen [-kɔpələ(n)] vt uncouple [railway carriages]; ✕ disconnect, throw out of gear.

afkorten [-kòrtə(n)] vt shorten, abbreviate.

afkorting [-tɪŋ] v abbreviation.

afkrabben ['afkrabə(n)] vt scrape (scratch) off, scrape.

afkrijgen [-krɛigə(n)] vt 1 (klaar krijgen) get finished; 2 (afnemen) take (down) [from the cupboard &]; ik kon hem niet van zijn plaats (stoel) ~ I could not get him away from where he stood, from his chair; ik kon er geen cent ~ I could not get off one farthing; ik kon er de vlek niet ~ I could not get the stain out.

afkunnen [-kūnə(n)] I vi (afgemaakt kunnen worden) get finished; meer dan hij afkan more than he can manage, more than he can handle (cope with); je zult er niet meer ~ you won't be able to back out of it, they

won't let you off; het zal er niet ~ I'm sure we (they) can't afford it; hij kan niet van huis af he can't leave home; hij kon niet van die man af he couldn't get rid of that fellow; II vt in: het alleen niet ~ 1 be unable to manage the thing (things) alone; 2 be unable to cope with so much work alone; het wel ~ be able to manage it.

afkussen [-kūsə(n)] vt kiss away [tears]; laten wij het maar ~ let us kiss and be friends.

aflaat [-la.t] m RK indulgence; volle ~ plenary indulgence.

afladen [-la.də(n)] vt unload, discharge.

aflaten [-la.tə(n)] I vt let down; II vi in: ~ van cease from, desist from, leave off ...ing.

afleggen [-legə(n)] vt 1 lay down [a burden, arms &], take (put) off [one's cloak &]; 2 (voorgoed weggelegen) lay aside² [one's arrogance, mourning &]; 3 (lijk) lay out [a corpse]; 4 (doen) make [a declaration, a statement &]; 5 cover [a distance, so many miles]; het ~ have (get) the worst of it, be worsted, go to the wall; fail [of a student]; (sterven) die; het ~ tegen be unable to hold one's own against, be no match for; zie ook: bezoek, eed &.

aflegger [-gər] m 1 layer-out [of a corpse]; 2 ⚡ layer; 3 F cast-off coat, trousers &; ~s F ook: left-off clothing.

afleiden ['afleidə(n)] vt 1 (naar beneden) lead down; 2 (in andere richting) divert [the course of a river, one's attention]; distract [the mind]; 3 (trekken uit) derive [words from Latin &]; 4 (besluiten) deduce, infer, conclude [from one's words &].

afleiding [-dɪŋ] v 1 diversion [of water &]; derivation [of words]; distraction, diversion [of the mind, ook: = amusement]; 2 gram derivative.

afleidingsmanoeuvre [-dɪŋsma.nœ.vər] v & o diversion.

afleren ['afle.rə(n)] vt 1 (iets) unlearn [the habit, the practice of]; 2 (iemand iets) break one of a habit; ik heb het lachen afgeleerd 1 I have broken myself of the habit of laughing; 2 I have unlearned (been untaught) the practice of laughing; ik zal het je ~ om... I'll teach you to...

afleveren [-le.vərə(n)] vt deliver.

aflevering [-rɪŋ] v 1 delivery [of goods]; 2 number, part, instalment [of a publication].

aflezen ['afle.zə(n)] vt read (out); read [ook: the thermometer].

afloeren [-luːrə(n)] vt in: alles ~ spy out everything; zie ook: afkijken.

afloop [-lo.p] m 1 (v. gebeurtenis) end, termination; 2 (uitslag) issue, result; 3 (v. termijn) expiration; ongeluk met dodelijke ~ fatal accident; na ~ van het examen when the examination is (was) over, after the examination; na ~ van deze termijn on expiry of this term.

aflopen [-lo.pə(n)] I vi 1 (naar beneden) run down; 2 (afhellen) slope; 3 (ten einde lopen) run out, expire [of a contract]; 4 (eindigen) turn out [badly &]; end; 5 (v. uurwerk) run down; go off [of alarum]; 6 (v. kaars) run, gutter; 7 ⚓ (v. schepen) leave the ways, be launched; het zal gauw met hem ~ all will soon be over with him; 't zal niet goed met je ~ you will come to grief; hoe zal het ~? what will be the end of it?; op iemand ~ go (run) up to a man; laten ~ launch [a vessel]; pay out [a cable]; let [the alarum] run down; terminate [a contract]; II vt 1 (naar beneden) run (walk, go) down [a hill &]; 2 (stuk lopen) wear [one's shoes &] out (by walking), wear down [one's heels]; 3 (doorlopen) beat, scour [the woods]; fig finish [a course]; pass through [a school]; 4 (plunderen) plunder [a vessel]; alle huizen ~ run from house to house; de stad ~ go through (search) the whole town; III vr in: zich de benen ~ walk off one's legs.

aflosbaar [af'lɔsba:r] redeemable, repayable.

aflossen ['aflɔsə(n)] vt 1 (iemand) ✗ relieve [the guard]; take a person's place; 2 (afbetalen) pay off [a debt], redeem [a bond, a mortgage]; elkaar ~ take turns.

aflossing [-sɪŋ] v 1 (v. wacht &) relief; 2 (v. lening &) redemption.

aflossingstermijn [-sɪŋstɛrmɛin] m term of redemption.

afluisteren ['aflœystərə(n)] vt overhear, learn by listening; listen in to [telephone conversations].

afmaken [-ma.kə(n)] I vt finish [a letter], complete [a building]; 2 (beëindigen, uitmaken) settle [the matter]; 3 (afgeven op) cut up, run down, pull to pieces [a book]; 4 (doden) kill, dispatch [a victim]; het ~ met zijn meisje break it (the engagement) off; II vr zich van iets (met een grapje) ~ pass off the matter with a joke; zich met een paar woorden van een kwestie ~ dismiss a question with a few words.

afmars [-mars] m & v marching off, march.

afmartelen [-martələ(n)] vt zie martelen.

afmatten [-matə(n)] vt fatigue, wear out, tire out.

afmatting [-tɪŋ] v fatigue, weariness.

afmeten ['afme.tə(n)] vt measure (off); anderen naar zichzelf ~ judge others by oneself.

afmeting [-tɪŋ] v measurement; dimension.

afmikken ['afmɪkə(n)] vt in: het ~ F nick it.

afmonsteren [-mɔnstərə(n)] I vt ⚓ pay off, discharge [the crew]; II vi be paid off.

afname ['afna.mə] v bij ~ van 100 stuks when taking a hundred; zie afneming.

afneembaar [af'ne.mba:r] detachable, removable.

afnemen ['afne.mə(n)] I vt 1 take (away) [a book, his rights & from a man, a child from school]; take off [a bandage], take down [a picture &]; 2 (afzetten) take off [one's hat to a man]; 3 (schoonvegen) clean [the windows &]; 4 (kopen) $ buy; de kaarten ~ cut; zie ook: biecht, eed &; II vi decrease, decline [of forces]; diminish [of stocks]; abate [of a storm]; wane [of the moon & fig]; draw in [of the days]; III va 1 cut [at cards]; 2 clear away, remove the cloth [after dinner].

afnemer [-mər] m client, buyer, purchaser.

afneming [-mɪŋ] v 1 decrease, diminution, abatement [of a storm], wane[2]; 2 deposition [from the Cross].

afpakken ['afpakə(n)] vt snatch (away) [something from].

afpalen [-pa.lə(n)] vt 1 fence off, enclose; 2 stake out.

afpassen [-pasə(n)] vt pace [a field &]; geld ~ give the exact sum (money); zie ook: afgepast.

afperken [-pɛrkə(n)] vt 1 (afbakenen) peg out, delimit; 2 (inperken) fence in.

afpersen [-pɛrsə(n)] vt extort [money & from]; force, draw [tears & from]; wring, wrest [a promise from].

afpersing [-sɪŋ] v extortion, exaction; blackmail.

afpikken ['afpɪkə(n)] vt peck off; fig snatch away.

afpingelen [-pɪŋələ(n)] I vi haggle, chaffer; II vt beat down.

afplatten [-platə(n)] vt flatten.

afplatting [-tɪŋ] v flattening.

afplukken ['afplykə(n)] vt pluck (off), pick,

gather.

afpoeieren [-pu.jərə(n)] vt in: iemand ~ send a person about his business; ik laat mij niet ~ I won't be put off.

afraden [-ra.də(n)] vt iemand... ~ advise one against..., dissuade him from...

afraffelen [-rafələ(n)] = afroffelen.

afraken [-ra.kə(n)] vi be broken off [of an engagement]; ~ van 1 (wegkomen) get away from; get off, get clear of [a dangerous spot &]; 2 (kwijtraken) get rid of [a person, wares]; van de drank ~ drop the drink habit; van elkaar ~ get separated; drift apart[2]; van zijn onderwerp ~ wander from one's subject; van de weg ~ lose one's way, lose oneself, go astray.

aframmelen [-ramələ(n)] vt 1 rattle off, reel off [one's lines]; 2 zie afranselen.

afranselen [-ransələ(n)] vt F thrash, trounce, flog, whack.

afraspen [-raspə(n)] vt 1 (oneffenheden) rasp off; 2 (kaas &) grate.

afrasteren [-rastərə(n)] vt rail off (in), fence off

afrastering [-rɪŋ] v railing, fence. [(in).

afreageren ['afre.a.ge:rə(n)] vt work off [one's bad temper on the servants &].

afreis ['afrɛis] v departure.

afreizen [-rɛizə(n)] I vi depart, set out (on one's journey), leave (for naar); II vt travel all over [Europe &]; tour [the country].

afrekenen [-re.kənə(n)] I vt (aftellen) take off, deduct; II vi settle, square up; ik heb met hem afgerekend we have settled accounts[2]; I have squared accounts with him; I have settled with him.

afrekening [-nɪŋ] v settlement; statement (of account), account; op ~... betalen pay... on account.

afremmen ['afrɛmə(n)] vt & va slow down[2].

afrennen [-rɛnə(n)] I vt tear down; II vi in: ~ op rush up to; rush at.

africhten [-rɪxtə(n)] vt train [for a match &]; coach [for an examination]; break [a horse].

africhting [-tɪŋ] v training &.

afrijden ['afrɛi(d)ə(n)] I vi ride (drive) off, ride (drive) away; sp start; II vt 1 (naar beneden rijden) ride (drive) down [a hill]; 2 (africhten) break in [a horse]; 3 (afjakkeren) override [one's horses]; beide benen werden hem afgereden both his legs were cut off [by a train].

afrijgen [-rɛigə(n)] vt unstring.

Afrika ['a.fri.ka.] o Africa.

Afrikaan [a.fri.'ka.n] m African.

Afrikaander [-'ka.ndər] m ZA Afrikander.

Afrikaans [-'ka.ns] African.

afrikaantje [-'ka.ncə] o ⚘ African marigold.

afristen ['afrɪstə(n)] vt strip (off), string.

afrit [-rɪt] m 1 start [on horseback]; 2 slope [of a hill].

Afro-Aziatisch [a.fro.a.zi.'a.ti.s] Afro-Asian.

afroeien ['afru.jə(n)] I vi row off (away); II vt row down [the river].

afroepen [-ru.pə(n)] vt call [the hours, a blessing upon]; call over [the names].

afroffelen [-rɔfələ(n)] vt bungle, scamp [one's work].

afrollen [-rɔlə(n)] I vt unroll, unreel; II vi in: ~ van... roll down...

afromen [-ro.mə(n)] vt cream, skim [milk].

afronden [-rɔndə(n)] vt round, round off.

afronding [-dɪŋ] v rounding, rounding off.

afrossen ['afrɔsə(n)] vt trounce, thrash, whack.

afruimen ['afrœymə(n)] I vt clear [the table]; II va clear away.

afrukken [-rykə(n)] vt tear away (off, down), snatch (away) [something from], pluck off.

afschaafsel [-sxa.fsəl] o shavings.

afschaduwen [-sxa.dy.və(n)] vt adumbrate,

shadow forth.
afschaduwing [-vɪŋ] *v* adumbration, shadow.
afschaffen ['afsxafə(n)] *vt* 1 (v. wet &) abolish; 2 (v. misbruik) do away with; 3 (v. de handdoen) part with, give up [one's car].
afschaffer [-far] *m* (total) abstainer, teetotaller.
afschaffing [-fɪŋ] *v* abolition [of a law, decree]; giving up [of one's car &].
afschampen ['afsxampə(n)] *vi* glance off.
afschaven [-sxa.və(n)] *vt* 1 (met schaaf) plane (off); 2 (v. de huid) graze, abrade.
afscheid ['afsxɛit] *o* 1 (vertrek) parting, leave, leave-taking, farewell, adieu(s); 2 zie *ontslag*; ~ *nemen* take (one's) leave, say goodbye; ~ *nemen van* take leave of, say goodbye to, bid farewell to; *een glaasje tot* ~ a parting glass.
afscheiden ['afsxɛidə(n)] I *vt* 1 separate; sever; mark off &, zie *scheiden*; 2 (uitscheiden) secrete; II *vr zich* ~ 1 (v. personen) separate, secede; break away [of colonies &]; 2 (v. stoffen) be secreted.
afscheiding [-dɪŋ] *v* 1 (v. lokaliteit) separation; partition; 2 (v. vochten) secretion; 3 (v. partij) secession, separation; breakaway.
afscheidsbezoek ['afsxɛitsbəzu.k] *o* farewell visit, farewell call.
afscheidsdronk [-dròŋk] *m* parting cup.
afscheidsfuif [-fœyf] *v* F farewell party.
afscheidsgroet [-gru.t] *m* farewell, valediction.
afscheidskus [-kûs] *m* parting kiss.
afscheidsrede [-re.də] *v* valedictory address.
afschepen [-sxe.pə(n)] *vt* 1 *eig* ship [goods]; 2 *fig iemand* ~ F send one about his business; *iemand met mooie praatjes* ~ put one off with talk (fair words).
afscheppen [-sxεpə(n)] *vt* skim [milk]; skim off [the cream, the fat].
afscheren [-sxe:rə(n)] *vt* 1 shave (off) [the beard]; 2 shear (off) [wool].
afschermen [-sxermə(n)] *vt* screen.
afschieten [-sxi.tə(n)] I *vt* 1 (vuurwapen) discharge, fire (off), let off; (pijl) shoot, let fly; 2 (wegschieten) shoot off; 3 (afdelen) partition off [a room]; curtain off [met een gordijn], board off [met planken]; II *vi in:* ~ *op iemand* rush at a person; ~ *van* slip (slip off) from.
afschilderen [-sxɪldərə(n)] *vt* paint, depict, portray.
afschrift [-s(x)rɪft] *o* copy; *gewaarmerkt* ~ certified copy; exemplification; *een* ~ *maken van* make (take) a copy of.
afschrijven [-s(x)rɛivə(n)] I *vt* 1 finish [what one is writing]; 2 copy [from original or another's work]; 3 write off [so much for depreciation, as lost]; *iemand* ~ 1 put one off, write a message of excuse; 2 declare the deal off; II *va in: X. en Y. hebben afgeschreven* 1 X. and Y. have copied; 2 X. and Y. have written to excuse themselves; III *vr zich laten* ~ have one's name taken off the books [of a club &]; remove one's name from the list [of subscribers].
afschrijver [-var] *m* copyist; zie ook: *naschrijver*.
afschrijving [-vɪŋ] *v* copying; $ writing off; ~ *voor waardevermindering* $ depreciation.
afschrik ['afs(x)rɪk] *m* horror; *een* ~ *hebben van* hold in abhorrence, abhor; *tot* ~ *as* a deterrent.
afschrikken [-s(x)rɪkə(n)] *vt* deter [from going &]; discourage; scare [wild animals]; *hij laat zich niet gauw* ~ he is not easily daunted; *hij liet zich niet* ~ *door...* he was not to be deterred by...
afschrik(wek)kend [-kənt, afs(x)rɪk'vekənt] deterrent [effect]; forbidding [appearance]; *een* ~ *middel (voorbeeld)* a deterrent.

afschrobben ['afs(x)ròbə(n)] *vt* zie *schrobben*.
afschroeven [-s(x)ru.və(n)] *vt* unscrew, screw off.
afschuimen [-sxœymə(n)] *vt* 1 skim [metals]; 2 scour [the seas].
afschuinen [-sxœynə(n)] *vt* bevel, chamfer.
afschuiven [-sxœyvə(n)] I *vt* push off, move away [a chair from...]; push back [a bolt]; *de schuld van zich* ~ shift (shove) the blame on another man's shoulders; II *vi* 1 slide (slip) down; 2 (betalen) S shell out.
afschuren [-sxy:rə(n)] *vt* scour (off); abrade [the skin].
afschutten [-sxûtə(n)] *vt* partition (off), screen (off).
afschuw [-sxy:u] *m* abhorrence, horror; *een* ~ *hebben van* hold in abhorrence, abhor.
afschuwelijk [af'sxy.vələk] I *aj* horrible, horrid, abominable, execrable; II *ad* horribly, abominably, execrably.
afschuwelijkheid [-hɛit] *v* horribleness &, abomination.
afslaan ['afsla.n] I *vt* 1 *eig* knock (beat, strike) off; 2 beat off [the enemy], repulse [an attack]; 3 (de bajonet) unfix; 4 (de thermometer) beat down; 5 (de prijs) reduce [the price], F knock down (a penny); 6 (weigeren) refuse [a request], decline [an invitation], reject [an offer]; 7 (verkopen) sell by Dutch auction; *dat kan ik niet* ~, *dat sla ik niet af* F I won't (can't) say no to that; I can't (won't) refuse it; *hij slaat niets af dan vliegen* F nothing comes amiss to him; II *vi* 1 (afbuigen) turn off [to the right]; 2 (v. prijzen) go down; 3 (v. motor) cut out; *links, rechts* ~ (in het verkeer) turn left, right; *van een ladder* ~ dash down from a ladder; *(flink) van zich* ~ hit out.
afslachten [-slaxtə(n)] *vt* kill off, slaughter, massacre.
afslag [-slax] *m* 1 abatement, reduction [of prices]; 2 (sale by) Dutch auction; *bij* ~ *veilen (verkopen)* sell by Dutch auction.
afslager [-sla.gər] *m* auctioneer.
afslepen [-sle.pə(n)] *vt* drag down; ⚓ tow down.
afslijpen [-slεipə(n)] *vt* grind off (down), polish[2].
afslijten [-slεitə(n)] *vt & vi* wear down; wear off (out)[2].
afsloven [-slo.və(n)] *zich* ~ drudge, slave, toil and moil.
afsluitdam [-slœytdam] *m* dam.
afsluitdijk [-dεik] *m* dam.
afsluiten [-slœytə(n)] I *vt* 1 lock [a door]; 2 (door sluiten versperren) lock up [a garden &]; block, close [a road]; 3 (insluiten) fence off [a garden]; 4 (buitensluiten) shut out [the light]; 5 (v. toevoer) turn off [the gas], cut off [the steam, the supply]; 6 (opmaken) S balance [the books], close [an account]; 7 (tot stand brengen) conclude [a bargain, a contract]; effect [an insurance]; 8 (beëindigen) close [a period]; II *vr zich* ~ seclude oneself from the world (from society); zie ook: *afgesloten*.
afsluiting [-tɪŋ] *v* 1 (in 't alg.) closing; 2 (v. contract) conclusion; 3 (afsluitmiddel) barrier, partition, enclosure.
afsluitkraan ['afslœytkra.n] *v* ⚒ stopcock.
afsmeken ['afsme.kə(n)] *vt* implore, invoke (on over).
afsnauwen [-snəuə(n)] *vt* snarl at, snap at, snub; *hij werd afgesnauwd ook:* he was snapped up short, he had his head snapped off.
afsnellen [-snεlə(n)] I *vt* run (hurry, hasten, rush, dash) down; II *vi in:* ~ *op* rush at.
afsnijden [-snεi(d)ə(n)] *vt* cut, cut off; pare [one's nails to the quick]; zie ook: 1 *pas*.

afsnijding [-dɪŋ] v cutting (off).
afsnoeien vt zie snoeien.
afsnoepen [-snu.pə(n)] vt in: iemand iets ~ F steal a march on a person.
afspannen [-spɑnə(n)] vt 1 unyoke [oxen]; unharness [a horse]; 2 (afmeten met hand) span.
afspatten [-spɑtə(n)] v spurt off.
afspelen [-spe.lə(n)] I vt 1 finish; 2 wear out [an instrument]; II vr in: het drama dat zich daar heeft afgespeeld that was enacted there; de gebeurtenissen spelen zich af in Londen the events take place in London; de handeling speelt zich af in Frankrijk the scene is laid in France.
afspiegelen [-spi.ɡələ(n)] I vt reflect, mirror; II vr zich ~ be reflected, be mirrored [in a lake &].
afspoelen [-spu.lə(n)] vt wash, rinse; wash away.
afspraak [-spra.k] v agreement; appointment [to meet], engagement; arrangement, got-up thing [to deceive]; dat was de ~ niet F that was not in the bargain; een ~ maken om... make an arrangement to...; agree upon ...ing; zich houden aan de ~ stand by the agreement, stick to one's word; tegen de ~ contrary to (our) agreement; volgens ~ according to (our) agreement, as agreed; [meet] by appointment.
afspraakje [-jə] o F appointment, S date.
afspreken [-ˈafspre.kə(n)] vt agree upon, arrange; het was afgesproken voor de gelegenheid it was preconcerted, got up (for the occasion); de afgesproken plaats the place agreed upon; het was een afgesproken zaak it was a got-up thing, an arranged (understood) thing, a concerted piece of acting; afgesproken! done!, that's a bargain!
afspringen [-sprɪŋə(n)] vi 1 (naar beneden) leap down, jump off; 2 (losgaan) come off, fly off; 3 (onderhandelingen) break down; 4 (koop) come to nothing; ~ op 1 spring at [a man]; 2 zie afstuiten.
afstaan [-stɑ.n] I vt cede [territory], yield [possession, one's place]; resign [office, a right &]; surrender [a privilege]; give up, hand over [property &]; II vi in: ~ van stand away (back) from.
afstammeling [-stɑmǝlɪŋ] m descendant; ~ in de rechte lijn lineal descendant; ~ in de zijlinie collateral descendant.
afstammen [-mə(n)] vi ~ van be descended from, spring from, come of [a noble stock], be derived from [Latin &].
afstamming [-mɪŋ] v descent [of man], [of Indian] extraction; derivation [of words].
afstammingsleer [-mɪŋsle:r] v descent theory.
afstand [ˈafstɑnt] m 1 distance²; 2 (v. troon) abdication; 3 (v. recht) relinquishment; 4 (v. eigendom of recht) cession, surrender, renunciation; ~ doen van renounce, give up [a claim, right]; abdicate [a power, the throne]; cede [a property, right]; forgo [an advantage]; part with [property]; ~ nemen ✕ take distance; op een ~ at a (some) distance; hij is erg op een ~ he is very standoffish; op een ~ blijven zie zich op een ~ houden; op een ~ houden keep at a distance, keep [one] at arm's length; zich op een ~ houden keep at a distance; fig keep one's distance, keep aloof; van ~ tot ~ at regular distances, at intervals.
afstandsbediening [ˈafstɑntsbǝdi.nɪŋ] v ✕ remote control.
afstandsmarche [-mɑrʃ] = afstandsmars.
afstandsmars [-mɑrs] m & v ✕ route-march.
afstandsmeter [-me.tǝr] m ✕ range-finder.
afstandsrit [-rɪt] m long-distance ride (run).

afstappen [ˈafstɑpǝ(n)] I vi step down; get off [one's bike], alight [from one's horse], dismount; ~ bij een vriend put up with a friend; ~ in een hotel put up at an inn; ~ op iemand step up to one; ~ van het onderwerp change (drop) the subject; II vt pace [the room].
afsteken [-ste.kǝ(n)] I vt 1 (met beitel) bevel; (met spa) cut; 2 (afbakenen) mark out; 3 (doen ontbranden) let off [fireworks]; een bezoek ~ F pay a visit; een speech ~ F make a speech; II vi 1 ⚓ push off [from the shore]; 2 contrast [with its surroundings]; gunstig ~ bij contrast favourably with; ~ tegen zie zich aftekenen.
afstel [-stɛl] o zie uitstel.
afstellen [-stɛlǝ(n)] vt ✕ adjust.
afstelling [-lɪŋ] v ✕ adjustment.
afstemmen [ˈafstɛmǝ(n)] vt 1 reject [a motion]; 2 ▨ ⊦ tune (in) [a set]; ~ op 1 ▨ ⊦ tune (in) to [a station]; 2 fig tune to; attune to [modern life &].
afstemming [-mɪŋ] v 1 rejection; 2 ▨ ⊦ tuning (in).
afstempelen [ˈafstɛmpǝlǝ(n)] vt 1 (v. rekeningen &) stamp; 2 🕭 obliterate [stamps].
afsterven [ˈafstɛrvǝ(n)] vi die; der wereld ~ die to the world.
afstevenen [-ste.vǝnǝ(n)] vi in: ~ op zie aanstevenen op.
afstijgen [-stɛiɡǝ(n)] I vi get off (one's horse), dismount [from horseback]; II vt go down [a hill &].
afstoffen [-stɔfǝ(n)] v dust.
afstompen [-stɔmpǝ(n)] I vt blunt²; fig dull, deaden; II vi become dull²; fig dull [of a faculty].
afstomping [-pɪŋ] v blunting²; fig dulling.
afstoten [ˈafsto.tǝ(n)] I vt 1 eig push down (off), knock off (down), thrust down; 2 (iemand) repel; II va repel, be repellent.
afstotend [af'sto.tǝnt] repelling, repellent, repulsive.
afstoting [ˈafsto.tǝŋ] v repulsion.
afstraffen [-strɑfǝ(n)] vt punish, chastise, correct; fig trounce, give a dressing-down.
afstraffing [-fɪŋ] v punishment; correction; fig trouncing, dressing-down.
afstralen [ˈafstra.lǝ(n)] vt & vi radiate [heat, joy &].
afstraling [-lɪŋ] v radiation; reflection.
afstropen [-stro.pǝ(n)] vt 1 eig strip (off) [the skin, a covering]; skin [an eel]; flay [a fox]; strip [a hare]; 2 fig ravage, harry [the country].
afstuderen [-sty.dǝ:rǝ(n)] vi finish one's studies.
afstuiten [-stœytǝ(n)] vi rebound; ~ op 1 eig glance off [the cuirass], rebound from [a wall]; 2 fig be frustrated by, be foiled by [one's tenacity].
afstuiven [-stœyvǝ(n)] vi 1 (v. zaken) fly off; 2 (v. personen) rush (tear) down [the stairs &]; ~ op make a rush for, rush at.
aftakelen [-ta.kǝlǝ(n)] I vt unrig, dismantle [a ship]; II vi in: hij is aan het ~ F he is on the decline; zij is aan het ~ F she is going off; hij ziet er erg afgetakeld uit he looks rather a wreck.
aftakeling [-lɪŋ] v ⚓ unrigging &; fig decay.
aftakken [ˈaftɑkǝ(n)] v ▨ branch, tap.
aftakking [-kɪŋ] v ▨ 1 (de tak) branch, tap; 2 ('t aftakken) branching, tapping.
aftands [af'tɑnts] long in the tooth², fig ook: [a woman] past her prime.
aftapkraan [ˈaftɑpkra.n] v drain-cock.
aftappen [ˈaftɑpǝ(n)] vt draw (off); tap [a tree, telegraph or telephone wires, calls &], drain [a pond]; bottle [beer &].
aftasten [-tɑstǝ(n)] vt TV scan [a picture].

aftekenen [-te.kənə(n)] I *vt* 1 (natekenen) draw, delineate; 2 (met tekens aangeven) mark off; 3 (voor gezien) sign; II *vr* in: zich ~ tegen stand out against, be outlined against.

aftelefoneren [-te.ləfo.ne:rə(n)] *vt* & *va* countermand (put off) by telephone; *het* ~ phone an excuse.

aftelegraferen [-te.ləgra.fe:rə(n)] *vt* & *va* countermand by wire.

aftellen [-tɛlə(n)] *vt* 1 (tellen) count (off, out); 2 (bij spelen) count out; 3 (bij lancering) count down; 4 (aftrekken) deduct.

aftillen [-tɪlə(n)] *vt* lift down (off), lift.

aftobben [-tɔbə(n)] zich ~ weary oneself out, worry oneself.

aftocht [-tɔxt] *m* retreat[2]; *de* ~ blazen I *eig* ⚔ sound the retreat; 2 *fig* beat the retreat.

aftomen [-to.mə(n)] *vt* unbridle. [off.

aftrap [-trap] *m sp* kick-off; *de* ~ doen kick

aftrappen [-trapə(n)] I *vt* kick down (off); hem van de kamer ~ kick him out of the room; II *vi* (bij voetbal) kick off; van zich ~ kick out.

aftreden [-tre.də(n)] I *vi* 1 *eig* step down; go off [the stage]; 2 (v. ministers &) resign (office), retire (from office); II *o* zijn ~ his resignation, his retirement.

aftrek ['aftrɛk] *m* 1 deduction; 2 $ (verkoop) sale, demand; goede ~ vinden meet with a large sale, find a ready market, sell well; ze vinden weinig ~ there is little demand for them; na (onder) ~ van... after deducting [expenses]; less [10%].

aftrekken [-trɛkə(n)] I *vt* 1 (neertrekken) draw off (down), pull (tear) off; 2 (v. geld) deduct; 3 (v. getal) subtract; 4 (v. vuurwapen) fire (off) [a gun]; ~ van I draw... from, pull away... from; 2 × subtract, take [5] from [10]; iemands aandacht ~ van divert (draw away) one's attention from; zijn (de) handen van iemand ~ wash one's hands of a man; II *vi* 1 × subtract; 2 (weggaan) withdraw, march off, × retreat; 3 (v. onweer) blow over; 4 (afschieten) pull the trigger; de ~de wacht × the old guard.

aftrekker [-kər] *m* × subtrahend.

aftrekking [-kɪŋ] *v* deduction; × subtraction.

aftreksel ['aftrɛksəl] *o* infusion, extract.

aftreksom [-sɔm] *v* × subtraction sum.

aftrektal [-tal] *o* × minuend.

aftroeven [-tru.və(n)] *vt* trump; F (afranselen) thrash.

aftroggelen [-trɔgələ(n)] *vt* wheedle (coax) out of, trick [one] out of.

aftuigen [-tœygə(n)] *vt* 1 unharness [a horse]; 2 ⚓ unrig [a ship]; 3 *fig* F thrash; zie ook: doorhalen 4.

aftuimelen [-tœymələ(n)] *vt* tumble down.

afvaardigen ['afa:rdəgə(n)] *vt* delegate, depute; return [members of Parliament].

afvaardiging [-gɪŋ] *v* delegation, deputation.

afvaart ['afa:rt] *v* sailing, departure.

1 **afval** ['afal] *o* (afvalligheid v. geloof) apostasy; (in de politiek) defection.

2 **afval** ['afal] *o* & *m* (het afgevallene in 't alg.) waste (matter), refuse (matter), rubbish; (bij 't slachten) offal, garbage; (bij 't bewerken) clippings, cuttings, parings; (v. eten) leavings; (afgewaaide vruchten) windfall.

afvallen [-falə(n)] *vi* 1 (naar beneden) fall (off), tumble down; 2 (vervallen) fall away, lose flesh, lose [six pounds] (in weight); 3 (van geloof) apostatize; 4 (v. zijn partij) desert [one's party, one's friends &]; secede [from...]; 5 (bij spelen) drop out [of the race]; er zal voor hem wel wat ~ he is sure to have his pickings out of it; iemand ~ fall

away from one; F let one down.

afvallig [a'falɔx] apostate; unfaithful; ○ recreant.

afvallige [-ləgə] *m-v* (v. geloof) apostate; (v. partij) renegade, deserter.

afvalligheid [-ɔlxheit] *v* (v. geloof) apostasy; (v. partij) desertion, defection.

afvalprodukt ['afalpro.dükt] *o* waste product.

afvaren ['afa:rə(n)] I *vi* sail, depart, start, leave; II *vr* go down [the river].

afvegen ['afe.gə(n)] *vt* wipe (off); haar handen ~ aan een schort wipe her hands on an apron.

afvliegen ['afli.gə(n)] *vi* fly off; fly down [the stairs]; ~ op fly at, dart at; komen ~ op come flying at.

afvloeien ['aflu.jə(n)] *vi* flow down, flow off; fig be discharged gradually.

afvloeiing [-jɪŋ] *v* flowing down, flowing off; fig gradual discharge.

afvoer ['afu:r] *m* 1 carrying off, discharge [of a liquid]; 2 conveyance, transport, removal [of goods]; 3 zie afvoerbuis.

afvoerbuis [-bœys] *v* outlet-pipe, waste-pipe.

afvoeren ['afu:rə(n)] *vt* 1 (afleiden) carry off [water]; 2 (vervoeren) convey, transport, remove; 3 (afschrijven) remove (a person's name from the list), strike off [the list].

afvoerkanaal ['afu:rka.na.l] *o* drainage canal;

afvoerpijp [-pɛip] *v* zie afvoerbuis. [outlet.

afvragen ['afra.gə(n)] I *vt* ask (for), demand; II *vr* zich ~ ask oneself; zij vroegen zich af... they wondered...

afvreten [-ta(n)] *vt* browse, eat off.

afvriezen ['afri.zə(n)] *vi* freeze off.

afvuren ['afy:rə(n)] *vt* fire off, fire, discharge.

afwaaien ['afa.jə(n)] I *vi* be blown off; II *vt* blow off. [ward(s).

afwaarts [-va:rts] I *aj* downward; II *ad* down-

afwachten [-vaxtə(n)] *vt* wait (stay) for, await [the shower]; abide [the consequences]; wait [one's turn]; bide [one's time]; dat moeten we nog ~, dat dient men af te wachten that remains to be seen; zulke taal wacht ik niet van je af such language I shall not stand from you; II *vi* wait (and see); een ~de houding aannemen assume an attitude of expectation; follow a wait-and-see policy, play a waiting game.

afwachting [-tɪŋ] *v* expectation; in ~ van de dingen die komen zouden in (eager) expectation of what was to come; in ~ van een regeling pending a settlement; in ~ uwer berichten awaiting your news.

afwandelen ['afandələ(n)] *vt* walk down (a hill); veel ~ walk a good deal.

afwas ['afas] *m* washing up.

afwassen ['afasə(n)] I *vt* wash, wash off; (de vaat) wash up; II *va* wash up.

afwateren ['afa.tərə(n)] *vt* & *vi* drain.

afwatering [-rɪŋ] *v* drainage; drain.

afwateringsbuis [-rɪŋsbœys] *v* drain(-pipe).

afweer ['afe:r] *m* defence.

afweerkanon [-ka.nɔn] *o* × anti-aircraft gun.

afwegen ['afve.gə(n)] *vt* weigh; weigh out [sugar].

afwenden [-vɛndə(n)] I *vt* turn away [one's eyes]; divert [the attention]; avert [a danger]; ward off, parry [a blow], stave off [a calamity, ruin]; II *vr* zich ~ turn away.

afwending [-dɪŋ] *v* diversion, turning away &.

afwennen ['afvenə(n)] *vt* in: iemand iets ~ break a person of the habit of ...ing; zich iets ~ get out of a (bad) habit, unlearn the habit (practice) of..., break oneself of a habit.

afweren [-ve:rə(n)] *vt* keep off; avert [danger]; ward off, parry [a blow].

afwerken [-vɛrkə(n)] *vt* finish, finish off, give the finishing touch(es) to; get (work) through [the programme]; zie ook: afbeulen.

afwerking [-kɪŋ] v finishing (off); finish.

afwerpen ['afʋɛrpə(n)] vt cast off, throw off, shake off, fling off; throw down, hurl down; cast, shed [the horns, the skin]; ❊ drop [bombs, arms], parachute [a man, troops]; *fig* yield [profit, results]; zie ook: *masker*.

afweten [-ʋe.tə(n)] v in: *het laten ~* cry off.

afwezig [af'ʋe.zəx] absent [from school &]; away [from home], not at home; *de afwezige(n)* the absentee(s).

afwezigheid [-hɛit] v absence; non-attendance; *bij ~ van* in the absence of.

afwijken ['afʋɛikə(n)] vi 1 (v. naald) deviate; 2 (v. lijn) diverge; 3 (v. weg) deflect [to the west]; 4 *fig* deviate [from a course, rule, a predecessor, the truth &]; wander [from the right path]; depart [from custom, a method, truth]; differ [from sample]; vary.

afwijkend [-kant] deviating[2], divergent[2]; different [readings]; dissentient [views]; at variance [with the truth]; aberrant [forms].

afwijking [-kɪŋ] v deviation, deflection; divergence [from a course, line &]; departure [from a rule, a habit]; variation, difference [in a text]; *in ~ van* contrary to [this rule].

afwijzen ['afʋɛizə(n)] vt refuse admittance to, turn away [intending visitors]; reject [a candidate, a lover, an offer]; refuse [a request]; decline [an invitation]; deny [a charge]; dismiss [a claim]; *afgewezen worden* fail [in an examination].

afwijzend [-zənt] in: *er werd ~ beschikt op zijn verzoek* his request met with a refusal.

afwijzing [-zɪŋ] v refusal, denial [of a request]; rejection [of a candidate, of an offer].

afwikkelen ['afʋɪkələ(n)] vt unroll, unwind, wind off [a rope &]; *fig* wind up [a business], settle [affairs]; fulfil [a contract].

afwikkeling [-lɪŋ] v unrolling, unwinding; *fig* winding up [of a business]; settlement [of affairs]; fulfilment [of a contract].

afwimpelen ['afʋɪmpələ(n)] vt 1 declare [it, the race &] off; 2 brush aside [a proposal].

afwisselen ['afʋɪsələ(n)] I vi 1 (elkaar) alternate; 2 (verschillen) vary; II vt 1 (iemand) relieve [a person], take turns with [him]; 2 (iets) alternate, interchange; vary; *elkaar ~* 1 (personen) relieve one another, take turns; 2 (zaken) succeed each other, alternate; *...afgewisseld door...* relieved by[2]...

afwisselend [af'ʋɪsələnt] I aj 1 (ongelijk) various; 2 (vol afwisseling) varied, variegated; 3 (wisselend) alternate; *met ~ geluk* with varying success; II ad alternately, by turns, in turn.

afwisseling ['afʋɪsəlɪŋ] v 1 (verandering) change, variation; 2 (verscheidenheid) variety; 3 (opeenvolging) alternation [of day and night], succession [of the seasons]; *ter ~, voor de ~* for a change, by way of a change.

afwissen [-ʋɪsə(n)] vt wipe (off).

afzakken [-sakə(n)] I vi 1 (v. kleren) come down; 2 (v. bui) blow over; 3 (v. personen) withdraw, drop away; II vt in: *de rivier ~* drop down the stream.

afzakkertje [-sakərcə] o F settler.

afzeggen [-sɛgə(n)] vt countermand; *het (laten) ~* send an excuse; *iemand ~* put one off.

afzeilen [-sɛilə(n)] I vi sail (away); *~ op* make for; II vt sail down [the river].

afzenden [-sɛndə(n)] vt send (off), dispatch, forward, ship.

afzender [-dər] m sender, shipper; *~ X.* From X.

afzending [-dɪŋ] v 1 sending; 2 $ dispatch, forwarding; shipment.

afzet ['afsɛt] m $ sale; *~ vinden* zie *aftrek*.

afzetbaar [af'sɛtba:r] removable, deposable.

afzetbaarheid [-hɛit] v removability.

afzetgebied ['afsɛtgəbi.t] o outlet, market.

afzetsel [-səl] o 1 ❊ layer; 2 (neerslag) deposit; 3 (aan japon) trimming.

afzetten ['afsɛtə(n)] I vt 1 (afnemen) take off [one's hat]; take [from the fire]; 2 (uit vervoermiddel) put (set) down [a man at the post office &], drop [a passenger]; 3 (doen bezinken) deposit [mud]; 4 (v. ledematen) cut off, amputate; 5 (afstoten) push off [a boat]; 6 (afpalen) peg out, stake out [an area]; 7 (afsluiten) block, close [a road]; (in de lengte) line [with soldiers]; (met touwen) rope off; 8 (omheinen) fence in; 9 (omboorden) set off [with pearls &], trim [a dress with...]; 10 (ontslaan) depose [a king], dismiss [a functionary], deprive [a clergyman]; 11 (verkopen) sell; 12 (stopzetten) ❊ shut off; switch off, turn off [the wireless]; stop [the alarum]; 13 (te veel laten betalen) fleece [one's customers]; *iemand ~ voor vijf gulden* swindle (cheat, do) one out of five guilders; *ik kon het niet van mij ~* I couldn't put away the thought from me, dismiss the idea, put it out of my head; *een stoel van de muur ~* move away a chair from the wall; II vt ⚓ push off.

afzetter [-tər] m swindler, extortioner.

afzetterij [afsɛtə'rɛi] v swindling, swindle.

afzetting ['afsɛtɪŋ] v 1 dismissal [of a functionary], deprivation [of a clergyman], deposition [of a king]; 2 ❊ amputation; 3 (bezinking) deposition; (bezinksel) deposit; (v. ijs, rijp) formation; 4 (afsluiting) [police] cordon.

afzichtelijk [af'sɪxtələk] aj (& ad) hideous(ly).

afzien ['afsi.n] I vt look down [the road]; *heel wat moeten ~* have to go through quite a lot; *iemand iets ~* zie *afkijken*; *ik heb er de aardigheid (het nieuws &) afgezien* it has lost its charm for me; *in een uur een museum ~* go over a museum in an hour; II vi in: *~ van* (afkijken) copy from [one's neighbour]; 2 (opgeven) relinquish, renounce, waive [a claim, a right &]; forgo, give up [an advantage, a right]; abandon, give up [the journey, the attempt]; *er van ~* cry off [from a bargain]; *afgezien van* apart from.

afzienbaar [af'si.nba:r] in: *in (binnen) afzienbare tijd* in the near future, within a measurable time.

afzijdig [af'sɛidəx] in: *zich ~ houden* hold aloof.

afzitten ['afsɪtə(n)] vi alight, dismount.

afzoeken [-su.kə(n)] vt search, ransack [a room]; beat [the woods], scour [the country]; *de stad ~* hunt through the town.

afzoenen [-su.nə(n)] vt zie *afkussen*.

afzonderen [-sòndərə(n)] I vt separate (from *van*); set apart; put aside [money]; isolate [patients], segregate [the sexes]; II *v zich ~* seclude oneself [from society], retire [from the world].

afzondering [-rɪŋ] v separation; isolation, retirement, seclusion [from the world]; privacy; *in ~* in seclusion.

afzonderlijk [af'sòndərlək] I aj separate, private, special; *elk deel ~* each separate volume; *~e gevallen* individual cases; II ad separately; individually; [dine] apart.

afzwemmen ['afsʋɛmə(n)] I vi swim off; II vt swim down [the river]; swim [a distance].

1 **afzweren** [-sʋe:rə(n)] vt swear off [drink, a habit &]; abjure [a heresy, cause]; forswear [a man's company]; renounce [the world].

2 **afzweren** [-sʋe:rə(n)] vi ulcerate away.

afzwering [-rɪŋ] v abjuration; renunciation.

afzwoegen ['afsʋu.gə(n)] *zich ~* toil and moil,

drudge.
agaat [a.′ga.t] *m* & *o* agate.
agaten [-′ga.tə(n)] *aj* agate.
Agatha [a.′ga.ta.] *v* Agatha.
agave [a.′ga.və] *v* ♣ agave.
agenda [a.′gɛnda.] *v* 1 agenda, order-paper; 2 diary.
agent [a.′gɛnt] *m* 1 agent; 2 ~ (van politie) policeman, constable, officer.
agentschap [a.′gɛntsxɑp] *o* agency.
agentuur [a.gɛn′ty:r] *v* agency.
ageren [a.′ge:rə(n)] *vi* ~ voor (tegen) agitate for (against) [prohibition &].
aggregaat [ɑgre.′ga.t] *o* 1 aggregate; 2 ⚒ unit.
agio [′a.gi.o.] *o* $ premium.
agitatie [a.gi.′ta.(t)si.] *v* agitation, flutter.
agitator [a.gi.′ta.tor] *m* agitator.
agiteren [a.gi.-, a.ʒi.′te:rə(n)] *vt* agitate; flutter, fluster, flurry.
Agnes [′ɑxnɛs] *v* Agnes.
agrariër [ɑ′gra:ri.ər] *m* farmer.
agrarisch [-ri.s] in: ~e hervorming land reform; ~e produkten agricultural products, farm products.
agressie [ɑ′grɛsi.] *v* aggression.
agressief [ɑgrɛ′si.f] *aj* (& *ad*) aggressive(ly).
agressiviteit [ɑgrɛsi.vi.′tɛit] *v* aggressiveness.
agressor [ɑ′grɛsɔr] *m* aggressor.
ah! [a.] aha! [a.′ha.] aha!
ahorn(boom) [a.′hɔrn(bo.m)] *m* ♣ maple (tree).
a.h.w. [ɑlsɔt′va:rə] = als het ware as it were.
ai! [ai] zie au!
a.i. = ad interim.
aide-de-camp [ɛ.dədə′kã] *m* aide-de-camp, A.D.C.
aigrette [ɛ.′grɛtə] *v* aigrette.
air [ɛ:r] *o* air; look, appearance; een ~ aannemen, zich ~s geven give oneself airs; F put on side; hij heeft een zeker ~ over zich he has a way with him.
ajakkes! [a.′jɑkəs] **ajasses!** [a.′jɑsəs] faugh!
ajour [a.′ʒu:r] open-work.
ajuin [a.′jœyn] *m* onion.
akelei [a.kə′lɛi] *v* ♣ columbine.
akelig [′a.kələx] **I** *aj* dreary, dismal, lugubrious; ik ben er nog ~ van I still feel quite upset; ik word er ~ van it makes me (feel) sick; wat ~ goedje! what vile (nasty) stuff!; dat ~e mens F that hateful woman; die ~e vent F that rotten chap (fellow); die ~e wind that wretched wind; **II** *ad* < in: ~ geleerd & awfully learned &.
akeligheid [-hɛit] *v* dreariness, dismalness; horrid thing.
Aken [′a.kə(n)] *o* Aix-la-Chapelle, Aachen.
akkefietje [ɑkə′fi.cə] *o* F (bad) job, affair; ook: trifle.
akker [′ɑkər] *m* field.
akkerbouw [-bʌu] *m* agriculture, farming, tillage [of the land].
akkermaalshout [-ma.lshʌut] *o* oak coppice.
akkerman [-mɑn] *m* husbandman, tiller [of the field], ploughman.
akkerwinde [-vɪndə] *v* ♣ bindweed.
akkevietje [ɑkə′vi.cə] = akkefietje.
akkoord [ɑ′ko:rt] **I** *o* 1 agreement, arrangement, settlement; 2 $ composition [with one's creditors]; 3 ♪ chord; een ~ aangaan (sluiten, treffen) come to an agreement; het op een ~je gooien compromise; compound [with one's conscience]; **II** *aj* correct; ~ bevinden find correct; ~ gaan met agree to [a resolution]; agree with [the last speaker]; ~! agreed!
akkoordbevinding [-bəvɪndɪŋ] *v* acknowledgment; bij ~ if found correct.
akoestiek [aku′sti.k] *v* acoustics.
akoniet [a.ko.′ni.t] *v* ♣ aconite; *o* (vergif) aconite.

akte [′ɑktə] *v* document; [legal] instrument; deed [of sale &]; diploma, certificate; RK act [of faith, hope, and charity, of contrition]; act [of a play]; ~ van bekwaamheid teacher's certificate; ~ van oprichting memorandum of association; ~ van overdracht (verkoop, vennootschap &) deed of conveyance (sale, partnership &); ~ van overlijden death certificate; ~ nemen van take note of.
akte-examen [-eksa.mə(n)] *o* qualifying examination.
aktentas [′ɑkta(n)tɑs] *v* brief case, portfolio.
1 **al, alle** [ɑl, ′ɑlə] **I** *aj* all; every; alle dagen &, every day &; alle drie all three of them; er is alle reden om... there is every reason to...; ~ het mogelijke all that is possible; zie ook: mogelijk **II** ; ~ het vee all the cattle, the whole of the cattle; **II** sb het ~ the universe; zijn ~ his all (in all); wij (gij, zij) allen we (you, they) all, all of us (you, them), the whole of us (them); gekleed en ~ dressed as he was; met schil en ~ skin and all; ~ met ~ all in all; zie ook: met.
2 **al** [ɑl] already, yet; dat is ~ even moeilijk quite as difficult; 't wordt ~ groter it is growing larger and larger; ~ lang long before this; for a long time past; ~ (wel) zes maanden geleden as long as six months ago; dat is ~ zeer ongelukkig very unfortunate indeed; ~ de volgende dag the very next day; ~ in de 16e eeuw as early as, as far back as the 16th century; hoe ver ben je ~? how far have you got yet?; zijn ze ~ getrouwd? are they married yet?; nu (toen) ~ even now (then); ~ zingende singing (all the while); as he sang; zij zat ~ maar te zingen she was singing all the while; ~ te zwaar too heavy; dat is ~ te F that's quite too too; niet ~ te wijd not too wide; u kunt het ~ of niet geloven whether you believe it or not; ik twijfelde of hij mij ~ dan niet gehoord had I was in doubt whether he had heard me or not.
3 **al** [ɑl] *cj* though, although, even if, even though; ~ is hij nog zo rijk ook: he may be ever so rich, however rich he may be.
alarm [a.′lɑrm] *o* 1 alarm; 2 commotion, uproar; ~ blazen sound the (an) alarm; ~ maken give the alarm; loos ~ maken make a false alarm; ~ slaan beat the (an) alarm.
alarmeren [a.lɑr′me:rə(n)] *vt* give the alarm [to the soldiers], alarm [the population].
alarmerend [-′me:rənt] alarming.
alarmist [-mɪst] *m* alarmist[2]; fig scaremonger.
alarmklok [a.′lɑrmklɔk] *v* alarm-bell.
alarmsignaal [-si.ɲa.l] *o* alarm(-signal).
alarmtoestel [-tu.stɛl] *o* alarm.
Albanees [ɑlba.′ne.s] Albanian.
Albanië [ɑl′ba.ni.ə] *o* Albania.
albast [ɑl′bɑst] *o* alabaster.
albasten [-′bɑstə(n)] *aj* alabaster.
albatros [′ɑlba.trɔs] *m* ♣ albatross.
albe [′ɑlbə] *v* RK alb.
albedil [′ɑlbədɪl] *m* fault-finder, caviller.
Albert(us) [′ɑlbart, ɑl′bɛrtʉs] *m* Albert.
albino [ɑl′bi.no.] *m* albino.
Albion [′ɑl.bi.ɔn] *o* Albion [England].
Albrecht [′ɑlbrɛxt] *m* zie Albert(us).
album [′ɑlbʉm] *o* album.
alcohol [′ɑlko.hɔl] *m* alcohol.
alcoholgehalte [-gəhɑltə] *o* alcoholic content.
alcoholhoudend [-hʌudənt] alcoholic.
alcoholisch [ɑlko.′ho.li.s] alcoholic.
alcoholisme [ɑlko.ho.′lɪsmə] *o* alcoholism.
alcoholvrij [′ɑlko.hɔl′vrɛi] non-alcoholic.
aldaar [ɑl′da:r] there, at that place; de heer N. ~ Mr. N. of that place.
aldoor [′ɑldo:r] continuously, incessantly, all the time.

aldra [al'dra.] soon, before long.

aldus [-'dûs] I thus, in this way; 2 zie *dus*.

aleer [a'le:r] before, ⊙ ere; *voor en* ~ before.

Alexander [a.lek'sandər] *m* Alexander.

Alexandrië [-san'dri.ə] *o* Alexandria.

alexandrijn [-san'drɛin] *m* alexandrine.

alfabet ['alfa.bɛt] *o* alphabet².

alfabetisch [alfa.'be.ti.s] I *aj* alphabetical; II *ad* alphabetically, in alphabetical order.

alfabetiseren, alfabetizeren [alfa.be.ti.'ze:rə(n)] *vt* arrange alphabetically (in alphabetical order).

alfastralen ['alfa.stra.lə(n)] *mv* alpha rays.

Alfred ['alfrɛt] *m* Alfred.

algebra ['algəbra.] *v* algebra.

algebraïsch [algə'bra.i.s] *aj* (& *ad*) algebraic(ally).

algeheel ['algəhe.l] zie *geheel*.

algemeen [algə'me.n] I *aj* 1 (allen of alles omvattend) universal [history, suffrage &], general [rule]; 2 (overal verspreid) general, common; 3 (openbaar) general, public; 4 (onbepaald) general, vague; *dat is thans erg* ~ that is very common now; II *ad* generally, universally; ~ *in gebruik* ook: in general (common) use; III *o in het* ~ in general, (up)on the whole; *in een general way*; *in Brabant, Vlaanderen en België in het* ~ and Belgium generally; *over het* ~ generally speaking, (up)on the whole.

algemeenheid [-heit] *v* universality, generality; *algemeenheden* (vague) generalities.

Algerije [algə'rɛiə] *o* Algeria.

Algerijn(s) [-'rɛin(s)] Algerian.

Algiers [al'gi:rs] *o* Algiers.

Algoede [al'gu.də] *m de* ~ the All-bountiful.

alhier [al'hi:r] here, at this place; *de Heer N.* ~ 1 of this place; 2 local [on letters].

alhoewel [alhu.'vɛl] (al)though.

alias ['a.li.as] *ad* alias, otherwise (called).

alibi ['a.li.bi.] *o* alibi.

alikas ['a.li.kas] *m* ally.

alikruik [-krœyk] *v* periwinkle, F winkle.

alinea [a.'li.ne.a.] *v* paragraph.

alkoof [al'ko.f] *v* alcove, recess [in a wall]

Allah ['ala.] *m* Allah.

allebei [alə'bɛi] both (of them).

alledaags [-'da.xs] 1 *eig* daily [wear], everyday [clothes], quotidian [fever]; 2 *fig* common, commonplace [topic], ordinary, plain [face], stale, trivial, trite [saying].

alledaagsheid [-heit] *v* commonness, triteness, triviality.

allee [a'le.] *v* avenue.

alleen [a'le.n] I *aj* 1 alone; single-handed; by oneself; 2 [feel] lonely; *de gedachte* ~ is... the mere (bare) thought; II *ad* only, merely; *hij is erg...,* ~ *kan hij zijn mond niet houden* only he never can keep his counsel; *ik dacht* ~ *maar dat...* I only thought...; *niet* ~..., *maar ook...* not only..., but also...

alleenhandel [-handəl] *m* monopoly.

alleenheerschappij [-he:rsxapɛi] *v* absolute monarchy (power, rule), autocracy.

alleenheerser [-he:rsər] *m* absolute monarch, autocrat.

alleenspraak [-spra.k] *v* monologue, soliloquy.

alleenstaand [-sta.nt] single, isolated [case], detached [building].

alleenverkoop [-vɔrko.p] *m* $ sole sale, sole agency.

alleenvertegenwoordiger [-vərte.gənvo:rdagər] *m* $ sole agent.

alleenvertegenwoordiging [-gɪŋ] *v* $ sole agency.

alleenzaligmakend [a'le.nza.ləxma.kənt] in: *de* ~*e Kerk* the [Roman Catholic] Church outside of which there is no salvation.

allegaartje [alə'ga:rcə] *o* hotchpotch, medley.

allegorie [alago:'ri.] *v* allegory.

allegorisch [alə'go:ri.s] *aj* (& *ad*) allegoric(ally).

alleluja [alə'ly.ja.] = *halleluja*.

allemaal ['aləma.l] all, one and all.

allemachtig [alə'maxtəx] I *ij* (*wel*) ~! well 1 never!; by Jove!; II *ad* < awfully.

alleman [alə'man] everybody; zie ook: *Jan*.

allemansvriend [-vri.nt] *m* in: *hij is een* ~ he is friends with everybody.

allen ['alə(n)] all (of them); zie 1 *al*.

allengs(kens) [a'lɛŋs(kəns)] by degrees, gradually.

alleraardigst [alər'a:rdəxst] *aj* (& *ad*) most charming(ly).

allerarmst [-'armst] very poorest.

allerbelachelijkst [-bə'lagələkst] *aj* (& *ad*) most ridiculous(ly).

allerbest [-'bɛst] I *aj* very best, best of all; ~*e vriend* dear(est) friend; *het* ~*e* the very best thing you can do (buy, get &); II *ad* best of all); zie ook: *best*.

allereerst [alər'e:rst] I *aj* very first; II *ad* first of all.

allergeringst [-'rɪŋst] least (smallest) possible; *niet het* ~*e* not the least little bit.

allergie [alər'gi.] *v* 𝔉 allergy.

allergisch [a'lɛrgi.s] 𝔉 allergic.

allerhande [alər'handə] of all sorts, all sorts (kinds) of.

Allerheiligen(dag) [-'hɛilagə(n)(dax)] *m* All Saints' Day.

allerheiligst [-'hɛiləxst] most holy; *het Allerheiligste* 1 the Holy of Holies; 2 *RK* the Eucharist.

allerhoogst [-'ho.xst] very highest; supreme; *de Allerhoogste* the Most High.

allerlaatst [-'la.tst] I *aj* very last; II *ad* last of all.

allerlei [-'lɛi] I *aj* of all sorts, all sorts (kinds) of; II *o* 1 all sorts of things; 2 (in de krant) miscellaneous.

allerliefst [-'li.fst] I *aj* 1 best loved, most beloved, very dearest; 2 (aardig) charming, sweet; II *ad* most charmingly, sweetly; *het* ~ *hoor ik Wagner* best of all I like to hear W.

allermeest [-'me.st] most, most of all; *50 op zijn* ~ 50 at the utmost.

allerminst [-'mɪnst] I *aj* (very) least, least possible; II *ad* least of all; zie ook: *minst*.

alleruiterst [-'œytərst] (very) utmost.

allerwegen [-'ve.gə(n)] everywhere.

Allerzielen(dag) [-'zi.lə(n)(dax)] *m* All Souls' Day.

alles ['aləs] all, everything; ~ *of niets* all or nothing; *dat is niet* ~ F it is anything but pleasant, it is no joke; *geld is niet* ~ money is not everything; *zij was zijn* ~ she was his all (in all); ~ *te zamen genomen* on the whole, taking it all in all; *boven* ~ above all; ~ *op* ~ *zetten* go all out; *over* ~ *en nog wat spreken* talk about everything and anything, about one thing and another; *van* ~ all sorts of things; *voor* ~ above all; *veiligheid voor* ~! safety first!

allesbehalve [aləsbə'halvə] anything but, not at all.

allesbeheersend [-'he:rsənt] predominating [idea &], of paramount importance.

allesetend [-'aləse.tənt] omnivorous.

alleszins ['aləsɪns] in every respect, in every way, in all respects; highly, very, wholly.

alliage [ali.'a.ʒə] *v* & *o* alloy.

alliantie [ali'an(t)si.] *v* alliance.

allicht [a'lɪxt] (wellicht) probably, perhaps; ~, *zeg!* of course!; *men kan er* ~ *eens heen gaan* one can at least go and see; zie ook: 1 *licht* II.

alligator [ali.'ga.tɔr] *m* 🐊 alligator.

allit(t)eratie [ali.tə'ra.(t)si.] *v* alliteration.

allit(t)ereren [-'re:rə(n)] *vi* alliterate; ∼*d* alliterative [verse].

allooi [a'lo:i] *o* alloy; *fig* quality, kind, sort.

allopaat [alo.'pa.t] *m* allopathist.

allopathie, allopatie [-pa.'ti.] *v* allopathy.

allopathisch, allopatisch [-'pa.ti.s] *aj* (& *ad*) allopathic(ally).

allure [a'ly:rə] *v* in: ∼*s* airs; *van* (*grote*) ∼ *zie van* (*groot*) *formaat*.

alluviaal [aly.vi.'a.l] alluvial.

alluvium [a'ly.vi.ŭm] *o* alluvium, alluvion.

almacht ['almɑxt] *v* omnipotence.

almachtig ['almɑxtəx] I *aj* almighty, omnipotent, all-powerful; *de Almachtige* the Almighty, the Omnipotent; II *ad* < zie *allemachtig*.

almanak ['alma.nɑk] *m* almanac.

alme(d)e [al'me.(də)] too, also, as well; *dat zijn* ∼ *van de beste* these are among the best.

aloë ['a.lo.e.] *v* **‡** aloe.

alom [a'lòm] everywhere.

alomtegenwoordig [alòmte.gə(n)'vo:rdəx] omnipresent, ubiquitous.

alomtegenwoordigheid [-ɦɛit] *v* omnipresence, ubiquity.

alomvattend ['alòmvɑtənt] all-embracing.

aloud [al'ɑut] ancient, antique.

aloudheid [-ɦɛit] *v* antiquity.

1 alpaca ['alpa.ka.] *v* (schaap) alpaca.

2 alpaca ['alpa.ka.] *o* 1 (weefsel) alpaca; 2 (legering) German silver.

Alpen ['alpə(n)] *mv de* ∼ the Alps.

alpen- ['alpə(n)] Alpine (club, flora, hut, pass, peak, rose &].

alpha ['alfa.] *v* alpha; *de Alpha en de Omega* the Alpha and Omega.

alpinist [alpi.'nɪst] *m* Alpinist.

alpino(muts) [al'pi.no.(mŭts)] *m* (*v*) beret.

alras [al'rɑs] (very) soon.

alreeds ['-'re.ts] already.

alruin [-'rœyn] *v* **‡** mandrake, mandragora.

als [ɑls] 1 (gelijk) like [a father &]; 2 (zoals: bij opsomming) (such) as [ducks, drakes &]; 3 (qua) as [a father]; as [president]; by way of [a toothpick]; 4 (alsof) as if [he wanted to say...]; 5 (wanneer) when, whenever; 6 (indien) if; 7 (vaak na comparatief) than; *rijk* ∼ *hij is, kan hij dat betalen* being rich; *rijk* ∼ *hij is, zal hij dat niet kunnen betalen* he may be ever so rich, however rich he may be; ∼ *het ware* as it were.

alsdan [ɑls'dɑn] then.

alsem ['ɑlsəm] *m* wormwood[2].

alsjeblieft [ɑlsjə'bli.ft] zie *alstublieft* en *asjeblief(t)*.

alsmede [ɑls'me.də] and also, as well as, and... as well, together with.

alsnog [-'nɔx] yet, still.

alsnu [-'ny.] now.

alsof [al'sɔf] as if, as though.

alstublieft [ɑlsty.'bli.ft] 1 (overreikend) here is... [the key &], F here you are; 2 (verzoekend) (if you) please; 3 (toestemming) yes, please; thank you.

alt [ɑlt] *v* ♪ alto; (mannelijke) ook: countertenor; (vrouwelijke) ook: contralto.

altaar ['ɑlta:r] *o* & *m* altar; *aan het* ∼ at the altar; *ten* ∼ *leiden* lead [her] to the altar.

altaardoek [-du.k] *m* altar-cloth.

altaarstuk [-stŭk] *o* altar-piece.

altegader, altemaal [ɑltə'ga.dər] [-'ma.l] zie *allemaal*.

altemet(s) ['ɑltəmɛt(s)] perhaps.

alternatief [ɑlterna.'ti.f] *o*, *aj* alternative.

althans [ɑl'tɑns] at least, at any rate, anyway.

altijd [ɑl'tɛit] always, ever; ∼ *door* all the time, incessantly; ∼ *en eeuwig* for ever (and ever); ∼ *nog* always; *nog* ∼ still; *nog* ∼ *niet* not ...yet; ∼ *weer* always, time and again; *voor* ∼

for ever.

altijddurend [-dy:rənt] everlasting.

altijdgroen [-gru.n] **‡** evergreen; ∼ *gewas* evergreen.

altruïsme [altry.'ɪsmə] *o* altruism.

altruïst [-'ɪst] *m* altruist.

altruïstisch [-'ɪsti.s] *aj* (& *ad*) altruistic(ally).

altsleutel [altslø.təl] *m* ♪ alto clef.

altstem [-stɛm] *v* ♪ contralto (voice).

altviool [-fi.o.l] *v* ♪ viola, tenor violin.

altzangeres [-sɑŋəres] *v* ♪ contralto.

aluin [a'lœyn] *m* alum.

aluminium [aly.'mi.ni.ŭm] *o* aluminium.

Alvader ['alva.dər] *m* in: *de* ∼ the All-father.

alvast [al'vɑst] zie *vast* II 2.

alvleesklier ['alvle.skli:r] *v* pancreas.

alvorens [al'vo:rəns] before, previous to... [...ing].

alwaar [-'va:r] where; wherever.

alweder, alweer [-'ve.dər, -'ve:r] again, once again.

alwetend [-'ve.tənt] all-knowing, omniscient; *de Alwetende* the Omniscient.

alwetendheid [-ɦɛit] *v* omniscience.

alwijs [al'vɛis] all-wise; *de Alwijze* the All-wise.

alziend ['alzi.nt] all-seeing; *de Alziende* the All-seeing.

alzijdig ['alzɛidəx, al'zɛidəx] I *aj* all-sided, many-sided, universal, versatile; II *ad* in: ∼ *ontwikkeld* of universal culture, versatile.

alzijdigheid [al'zɛidəxɦɛit] *v* all-sidedness, universality [of mind], versatility.

alzo ['alzo., al'zo.] thus, in this manner, so.

amalgaam [amal'ga.m] amalgama [a.'malga.ma.] *o* amalgam.

amandel [a.'mandəl] *v* 1 **‡** almond; 2 (klier) tonsil.

amandelontsteking [-òntste.kɪŋ] *v* tonsillitis.

amandelpas, -pars, -pers [-pɑs, pɑrs, -pɛrs] *o* almond paste.

amandelvormig [-vɔrmɑx] almond-shaped; ∼*e ogen* ook: almond eyes; *met* ∼*e ogen* almond-eyed.

amaniet [a.ma.'ni.t] *v* **‡** amanita.

amanuensis [a.ma.ny.'ɛnzɪs] *m* assistant [in physics and chemistry].

amarant [a.ma.'rɑnt] *v* & *o* amaranth.

amaril [a.ma.'rɪl] *v* emery.

amateur [a.ma.'tø:r] *m* amateur.

amateur-fotograaf [a.ma.fo.to.'gra.f] *m* amateur photographer.

Amazone [a.ma.'zo:nə] *v* Amazon[2].

amazone [a.ma.'zo:nə] *v* 1 horsewoman; 2 (kostuum) riding habit.

ambacht ['ambɑxt] *o* trade, (handi)craft; *op een* ∼ *doen bij* apprentice [one] to; *timmerman van zijn* ∼ a carpenter by trade; *het is met hem twaalf* ∼*en en dertien ongelukken* he is a Jack-of-all-trades and master of none.

ambachtsman ['ambɑxtsmən] *m* artisan.

ambachtsonderwijs [-òndərvɛis] *o* technical instruction.

ambachtsschool ['ambɑxtsxo.l] *v* ✎ zie *nijverheidsschool*.

ambachtsvrouw ['ambɑxtsfrɔu] *v* lady of the manor.

ambassade [amba.'sa.də] *v* embassy.

ambassaderaad [-ra.t] *m* counsellor of embassy.

ambassadeur [amba.'sa.'dø:r] *m* ambassador.

ambassadrice [-'dri.sə] *v* ambassadress.

amber ['ambər] *m* amber.

ambergrijs [-grɛis] *o* ambergris.

ambiëren [ambi.'e:rə(n)] *vt* aspire after.

ambitie [am'bi.(t)si.] *v* 1 zeal; 2 soms: ambition.

ambitieus [ambi.(t)si.'ø.s] 1 zealous, full of zeal; 2 ambitious.

ambivalent [ambi.va.'lɛnt] ambivalent.

ambivalentie [-'lɛn(t)si.] v ambivalence.

Ambon ['ambòn] o Ambon.

Ambonees [ambò'ne.s] Ambonese.

ambrozijn [ambro.'zɛin] o ambrosia.

ambt [amt] o office, place, post, function.

ambtelijk ['amtələk] aj (& ad) official(ly).

ambteloos [-lo.s] out of office; ~ burger private citizen.

ambtenaar [-na:r] m official [in the Government service], [civil] officer, [Indian] civil servant, [public] functionary; ~ van het Openbaar Ministerie Counsel for the prosecution; ~ van de burgerlijke stand registrar.

ambtenares [amtəna:'rɛs] v (woman) official.

ambtgenoot ['amtgeno.t] m colleague.

ambtsaanvaarding ['amtsa.nva:rdiŋ] v entrance into office.

ambtsbezigheden [-be.zəxhe.də(n)] mv official duties.

ambtsbroeder [-bru.dər] m colleague.

ambtseed [-e.t] m oath of office.

ambtsgeheim [-gəheim] o 1 official secret [of a minister &]; 2 professional secret [of a doctor]; het ~ 1 official secrecy; 2 professional secrecy. ↑

ambtsgewaad [-gəva.t] o official robes.

ambtshalve [amts'halvə] officially, by (in) virtue of one's office.

ambtsketen ['amtske.tə(n)] v chain of office.

ambtsmisdrijf [-misdrɛif] o **ambtsovertreding** [-o.vərtre.diŋ] v misfeasance, abuse of power.

ambtspenning [-pɛniŋ] m badge.

ambtsperiode [-pe:ri.o.də] v term of office.

ambtswoning [-vo.niŋ] v official residence.

ambulance [amby.'lansə] v ambulance; field hospital.

amechtig [a.'mɛxtəx] breathless, out of breath.

amechtigheid [-hɛit] v breathlessness.

amen ['a.mən, 'a.mɛn] (o) amen; ~ zeggen op say amen to.

amendement [amendə'mɛnt] o amendment (to **amenderen** [-'de:rə(n)] vt amend.   [op).

Amerika [a.'me:ri.ka.] o America.

Amerikaan(s) [a.me:ri.'ka.n(s)] American.

amethist, ametist [amə'tıst] m & o amethyst.

ameublement [a.mø.blə'mɛnt] o 1 het ~ the furniture; 2 een ~ a suite (set) of furniture.

amfibie [amfi.'bi.] m amphibian.

amfibietank [-tɛŋk] m ✕ amphibious tank.

amfibievliegtuig [-vli.xtœyx] o ✈ amphibian.

amfibisch [am'fi.bi.s] amphibious [animal; ✕ operation].

amfitheater [amfi.te.'a.tər] o amphitheatre.

amfitheatersgewijs, -gewijze [-tərsgə'vɛis, -gəvɛizə] in tiers.

amicaal [ami.'ka.l] I aj friendly; II ad in a friendly way.

amice [a'mi.sə] (dear) friend.

aminozuur [a.'mi.no.zy:r] o amino acid.

ammonia [a'mo.ni.a.] m ammonia.

ammoniak [amo.ni.'ak] m ammonia.

ammunitie [amy.'ni.(t)si.] v (am)munition.

amnestie [amnɛs'ti.] v amnesty; (algemene) ~ general pardon; ~ verlenen (aan) amnesty.

amok ['a.mɔk] o amuck; ~ maken run amuck.

amokmaker [-ma.kər] m amuck-runner.

Amor ['a.mər] m Cupid.

amortisatie [a.mɔrti.'za.(t)si.] v amortization, redemption.

amortisatiefonds [-fonts] o **-kas** [-kas] v sinking fund.

amortiseren [a.mɔrti.'ze:rə(n)] vt amortize, redeem.

amourette [a.mu.'rɛtə] v (love-)affair, amour.

amoureus [-'rø.s] amorous [disposition, looks, words]; amatory [interests, successes].

ampel ['ampəl] I aj ample; II ad amply.

amper ['ampər] hardly, scarcely; barely [thir-

ty].

ampère [am'pɛ:rə] m ampere.

ampèremeter [-me.tər] m ammeter.

ampère-uur [-y:r] o ampere-hour.

ampul [am'pûl] v 1 ampulla [mv ampullae]; 2 (voor injectiestof) ampoule; 3 RK cruet.

amputatie [ampy.'ta.(t)si.] v amputation.

amputeren [-'te:rə(n)] vt amputəte.

amulet [amy.'let] v amulet, talisman, charm.

amusant [amy.'zɑnt] aj (& ad) amusing(ly).

amusement [amy.zə'mɛnt] o amusement, entertainment, pastime.

amusementsbedrijf [-'mɛntsbədrɛif] o entertainment industry.

amusementsfilm [-fılm] m entertainment film.

analfabeet [ɑnalfa.'be.t] m illiterate.

analfabetisme [-fa.be.'tısmə] o illiteracy.

analist [ɑna.'lıst] m analyst, analytical chemist.

analogie [-lo.'gi.] v analogy; naar ~ van on the analogy of.

analoog [-'lo.x] analogous (to aan).

analyse [ɑna.'li.zə] v analysis [mv analyses].

analyseren [-li.'ze:rə(n)] vt analyse.

analytisch [-'li.ti.s] I aj analytical [geometry &], analytic; II ad analytically.

ananas ['ɑnɑnɑs] m & o ⚘ pine-apple.

anarchie [ɑnɑr'gi.] v anarchy.

anarchisme [-'gısmə] o anarchism.

anarchist [-'gıst] m anarchist.

anarchistisch [-'gısti.s] 1 anarchist [theories &]; 2 (o r d e l o o s) anarchic(al).

anatomie [ɑnɑto.'mi.] v anatomy.

anatomisch [-'to.mi.s] aj (& ad) anatomical(ly).

anatoom [-'to.m] m anatomist.

anciënniteit [ɑnsi.ɛni.'tɛit] v seniority; naar ~ by seniority.

ander ['ɑndər] I aj other [= different, second]; een ~e dag another day, some other day; ~e kleren aantrekken change one's clothes; hij was een ~ mens he was a changed man; de ~e week next week; II als pron in: een ~ another (man); breng mij een ~(e) bring me another (one); ieder ~ any person other than yourself; van boeken gesproken, ik heb nog wel ~e I have (a few) other ones; ~en others, other people; om de ~ by turns, in turn; zie ook: om; het ene verlies op het ~e loss upon loss; ten ~en secondly; ter ~e (zijde) on the other hand.

anderdaags [-da.xs] in: ~e koorts tertian fever.

anderdeels [-de.ls] on the other hand.

anderhalf [-hɑlf] one and a half; ~ maal zo lang one and a half times the length of..., half as long again; ~ uur an hour and a half.

andermaal [-ma.l] (once) again, once more, a second time.

andermans [-mɑns] another man's, other people's.

anders ['ɑndərs] I aj other [than he is], different [from us]; II pron in: iemand ~ anybody (any one) else, another (person), other people; iets (niets) ~ something (nothing) else; als u niets ~ te doen hebt if you are not otherwise engaged; wat (wie) ~? what (who) else?; dat is wat ~ that's another affair (matter); F that's another pair of shoes; ik heb wel wat ~ te doen I've other things to do; III ad 1 otherwise, differently; 2 at other times; 3 in other respects; ~ niet? nothing else?, is that all?; niet zo dikwijls als ~ not so often as at other times; het is niet ~ it is no otherwise; het kan niet ~ 1 it cannot be done in any other way; 2 there's no help for it; ik kan niet ~ I can do no other; ik kon niet ~ ook: I could not help myself; het kan niet ~ dan *noodlottig zijn* it cannot be otherwise than fatal; *ik kan niet ~ dan erkennen dat...* I cannot but recognize that..., I can't help recognizing that...; *hoe vlug hij ~ is, dit...* quick(-witted) as he is at other times (as a rule) this...

andersdenkend [ˈandərsˈdɛŋkənt] 1 of another opinion; 2 (in godsdienst) dissenting; *~en* 1 such as think (believe) otherwise; 2 dissentients.

andersgezind [-ɡəˈzɪnt] otherwise-minded, dissenting.

andersom [-ˈɔm] the other way about; *het is precies ~* zie *omgekeerd.*

anderszins [ˈandərsɪns] otherwise.

anderzijds [ˈandərzeits] on the other hand.

Andes [ˈandəs] *de* ~ the Andes.

andijvie [anˈdeivi.] v ⚘ endive.

anekdote [anɛkˈdo.tə] v anecdote.

anekdotisch [-ti.s] anecdotal.

anemoon [anəˈmo.n] v ⚘ anemone.

anesthesist [-ˈzɪst] m anaesthetist.

angel [ˈaŋəl] m 1 sting (of a wasp); 2 hook [fo fishing].

Angelen [ˈaŋələ(n)] mv Angles.

Angelsaks [aŋəlˈsaks] m Anglo-Saxon.

Angelsaksisch [-ˈsaksi.s] aj & o Anglo-Saxon.

angelus [ˈaŋəlŭs] o RK angelus.

angina [aŋˈɡi.na.] v ⚘ angina, quinsy; *~ pectoris* [ˈpɛkto.rɪs] angina pectoris.

anglicaan(s), anglikaan(s) [aŋgli.ˈka.n(s)] Anglican.

angorakat [aŋˈɡo:ra.kat] v ⚘ Angora cat.

angst [aŋst] m 1 fear, terror, uneasiness; 2 [mental] anguish, agony; 3 ps anxiety [complex, neurosis].

angstgeschrei [ˈaŋstɡəs(x)rɛi] o cries of distress.

angstig [ˈaŋstəx] afraid [alléén predikatief!]; fearful; anxious [moment].

angstkreet [ˈaŋstkre.t] m cry of distress.

angstvallig [aŋstˈfaləx] I aj scrupulous; II ad scrupulously [precise], jealously [watchful of...].

angstvalligheid [-ɦeit] v scrupulousness.

angstwekkend [aŋstˈvɛkənt] alarming.

angstzweet [ˈaŋstsve.t] o cold perspiration, cold sweat.

anijs [aˈnɛis] m anise.

anijszaad [aˈneisa.t] o ⚘ aniseed.

aniline [ani.ˈli.nə] v aniline.

animeren [a.ni.ˈme:rə(n)] vt encourage, stimulate, urge (on); *een geanimeerd gesprek* an animated (a lively) conversation.

animo [ˈa.ni.mo.] m & o gusto, zest, spirit.

animositeit [a.ni.mo.zi.ˈteit] v animosity.

anisette [ani.ˈzeta] v anisette.

anjelier [aɲəˈliːr] **anjer** [ˈaɲər] v ⚘ pink, [red, white] carnation.

anker [ˈaŋkər] o 1 ⚓ anchor²; 2 (aan muur) brace, cramp-iron; 3 (v. magneet) armature; 4 (in horloge) anchor; 5 (maat) anker; *het ~laten vallen* ⚓ drop anchor; *het ~ lichten* ⚓ weigh anchor; *het ~ werpen* ⚓ cast anchor; *ten ~ gaan (komen)* ⚓ come to anchor; *voor ~ liggen* ⚓ be (lie, ride) at anchor.

ankerboei [-buːi] v ⚓ anchor-buoy.

ankeren [ˈaŋkərə(n)] vi ⚓ anchor, cast (drop) anchor.

ankergrond [-ɡrɔnt] m ⚓ anchoring ground, anchorage.

ankerhorloge [-hɔrlo.ʒə] o lever watch.

ankerketting [-kɛtɪŋ] m & v ⚓ anchor chain.

ankerplaats [-pla.ts] v ⚓ anchorage.

ankertouw [-tʌu] o cable.

Anna [ˈana.] v Anne, Ann, Anna.

annalen [aˈna.lə(n)] mv annals.

annex [aˈnɛks] in: *huis met ~e brouwerij* with brewery joined on to it.

annexatie [anɛkˈsa.(t)si.] v annexation.

annexeren [-ˈseːrə(n)] vt annex.

anno [ˈano.] in the year.

anno Domini [ˈano.ˈdo.mi.ni.] in the year of our Lord.

annonce [aˈnõsə] v advertisement, F ad.

annonceren [anõˈseːrə(n)] vt announce.

annoteren [ano.ˈteːrə(n)] vt annotate.

annuïteit [any.i.ˈteit] v annuity.

annuleren [any.ˈleːrə(n)] vt annul, cancel.

annulering [-rɪŋ] v annulment, cancellation.

anode [a.ˈno.də] v ⚡ anode.

anoniem [ano.ˈni.m] aj (& ad) anonymous(ly).

anonimiteit [-ni.mi.ˈteit] v anonymity.

anonymus [aˈno.ni.mŭs] m anonymous writer.

anorganisch [anɔrˈɡa.ni.s] inorganic [chemistry].

ansjovis [anˈʃo.vɪs] m 🐟 anchovy.

antecedent [antəsəˈdɛnt] o 1 (logisch & gram) antecedent; 2 (ander geval) precedent; *zijn ~en* his antecedents, his record.

antedateren [-da.ˈteːrə(n)] vt antedate.

antediluviaal [-di.ly.vi.ˈa.l] **antediluviaans** [-ˈa.ns] antediluvian.

antenne [anˈtɛ.nə] v 🐛 ✝ aerial, antenna.

antibioticum [anti.bi.ˈo.ti.kŭm] o antibiotic.

antichambreren [-ʃamˈbre:rə(n)] vi cool one's heels; *~ bij* dance attendance upon.

antidateren [anti.da.ˈteːrə(n)] = *antedateren.*

antiek [anˈti.k] antique, old, J old-fashioned.

antikwiteit = *antiquiteit.*

Antillen [anˈtɪlə(n)] *de ~* the Antilles; *de Grote (Kleine)* ~ the Greater (Lesser) Antilles.

antilope [anti.ˈlo.pə] v 🦌 antelope.

antimakassar [-maˈkasar] m antimacassar.

antimonium [-ˈmo.ni.ŭm] o antimony.

Antiochië [anti.ˈo.gi.ə] o Antioch.

antipassaat [-paˈsa.t] m anti-trade (wind).

antipathie, antipatie [-pa.ˈti.] v antipathy, dislike.

antipathiek, antipatiek [-pa.ˈti.k] unlikeable [woman]; *zij is mij ~* I am antipathetic to her.

antipode [-ˈpo.də] m antipode.

antiquaar [-ˈkʋa:r] m 1 antiquary, antiquarian, antique dealer; 2 second-hand bookseller, antiquarian bookseller.

antiquariaat [-kʋa:ri.ˈa.t] o 1 (het vak) antiquarian bookselling; 2 (de winkel) second-hand bookshop, antiquarian bookshop.

antiquarisch [-ˈkʋa.ri.s] second-hand, antiquarian.

antiquiteit [-kʋi.ˈteit] v 1 antiquity; 2 antique; *~en* antiquities, antiques.

antisemiet [-saˈmi.t] m anti-Semite.

antisemitisch [-ˈmi.ti.s] anti-Semitic.

antisemitisme [-mi.ˈtɪsmə] o anti-Semitism.

antiseptisch [anti.ˈsepti.s] aj (& ad) antiseptic(ally).

antistof [ˈanti.stɔf] v antibody.

antithese [anti.ˈte.zə] v antithesis.

antraciet [antra.ˈsi.t] m & o anthracite.

antwoord [ˈantvo:rt] o 1 (op brief, vraag &) answer, reply; 2 (op een antwoord) rejoinder; *(geen) ~ geven* make (give) an (no) answer; *~ krijgen* have (receive) an answer, get a reply; *in ~ op* in reply (answer) to; *op ~ wachten* wait for a reply; *op ~ behoeft niet gewacht te worden* there is no answer.

antwoordcoupon [-ku.põn] m ✉ reply coupon.

antwoorden [ˈantvo:rdə(n)] I vt answer, reply; rejoin, return, retort; II va & vi answer, reply; respond; (brutaal) talk back; *~ op* reply to, answer [a letter].

aorta [a.ˈɔrta.] v aorta.

apart [aˈpart] I aj apart; separate; *een ~ ras* a race apart; II ad apart; separately; zie verder: *afzonderlijk.*

apartheid [ɑ'pɑrthɛit] *v ZA* apartheid: (race, racial) segregation.
apartheidspolitiek [-hɛitspo.li.ti.k] *v ZA* apartheid policy.
apartje [ɑ'pɑrcə] *o* private talk.
apathie, apatie [a.pa.'ti.] *v* apathy.
apathisch, apatisch [a.'pa.ti.s] *aj* (& *ad*) apathetic(ally).
apegapen [a.pəɡa.pə(n)] in: *op ∼ liggen* F be at one's last gasp.
apekool [-ko.l] *v* F gammon, bosh.
apekop [-kɔp] *m* F jackanapes, monkey.
apekuur [-ky:r] *v* monkey-trick.
apeliefde [-li.vdə] *v* blind love, foolish fondness.
ap- en dependenties ['ɑpɛndə.pɛn'dɛn(t)si.s] *mv* appurtenances.
apenkooi [a.pə(n)ko:i] *v* monkey-house.
Apennijnen [ɑpə'nɛinə(n)] *mv* Apennines.
apenootje [-a.pəno.cə] *o* peanut, monkey-nut.
apenspel [a.pə(n)spɛl] *o* 1 monkey-show; 2 apish tricks.
aperij [a.pə'rɛi] *v* zie *apenspel* 2.
aperitief [a.pe.ri.'ti.f] *o* & *m* apéritif.
apin [a.'pɪn] *v* she-monkey, she-ape [tailless].
aplomb [a.'plɔ̃] *o* aplomb, self-possession, coolness, assurance.
apocrief [a.po.'kri.f] apocryphal; *∼e boeken* apocrypha.
apostel [a.'pɔstəl] *m* apostle.
apostelschap [-sxɑp] **apostolaat** [a.pɔsto.'la.t] *o* apostolate, apostleship.
apostolisch [a.pɔs'to.li.s] apostolic.
apostrof [a.po.'strɔf] *v* apostrophe.
apotheek [a.po.'te.k] *v* chemist's (shop), dispensary.
apotheker [-'te.kər] *m* (pharmaceutical, dispensing) chemist.
apothekeres [-te.kə'rɛs] *v* woman chemist.
apothekersassistent(e) [-te.kərsɑsi.s'tɛnt(ə)] *m(-v)* chemist's assistant, assistant chemist.
apothekersrekening [-'tekərsre.kənɪŋ] *v* chemist's bill; *fig* exorbitant bill.
apotheose [a.po.'o.zə] *v* apotheosis.
apparaat [ɑpa.'ra.t] *o* apparatus, zie ook: *toestel*; *fig* [government, production &] machinery, machine; *huishoudelijke apparaten* domestic appliances.
apparatuur [-ra.'ty:r] *v* equipment.
appartement [ɑpɑrtə'mɛnt] *o* apartment.
1 **appel** [ɑ'pɛl] *m* apple (ook = pupil of the eye); *door de zure ∼ heen bijten* make the best of a bad job; *voor een ∼ en een ei* F for a (mere) song; *de ∼ valt niet ver van de boom* it runs in the blood; like father, like son; *een rotte ∼ in de mand maakt al het fruit tot schand* one rotten apple will decay a bushel.
2 **appel** [ɑ'pɛl] *o* 1 ✠ appeal; 2 ✗ roll-call; parade; *∼ aantekenen* give notice of appeal,' lodge an appeal; *∼ houden* call the roll, take the roll-call; *ze goed onder ∼ hebben* have them well in hand.
appelbeignet ['ɑpəlbɛɲə.] *m* apple fritter.
appelbladroller [-blɑtrɔlər] *m* 🐛 codling moth.
appelbol [-bɔl] *m* apple dumpling.
appelboom [-bo.m] *m* apple tree.
appelflap [-flɑp] *v* apple turnover
appelflauwte [-'flɑutə] *v* in: *een ∼ krijgen* F go off into a fit.
appelgrauw [-grɑu] dapple-grey.
appellant [ɑpə'lɑnt] *m* ✠ appellant.
appelleren [-'le:rə(n)] *vi* ✠ appeal, lodge an appeal; *∼ aan* appeal to [reason, the passions].
appelmoes [ɑpəlmu.s] *o* & *v* apple-sauce.
appelschimmel [-sxɪməl] *m* dapple-grey (horse).
appelsien [ɑpəl'si.n] *v* orange.
appeltaart ['ɑpəlta:rt] *v* apple-tart.
appeltje [-cə] *o* (small) apple; *een ∼ met ie-*

mand te schillen hebben F have a bone to pick with a man; *een ∼ voor de dorst* a nest-egg; *een ∼ voor de dorst bewaren* provide against a rainy day.
appelwijn [-vɛin] *m* cider.
appetijtelijk [ɑpə'tɛitələk] *aj* (& *ad*) appetizing(ly).
applaudisseren [ɑploudi.'se:rə(n)] *vi* applaud, clap, cheer.
applaus [ɑ'plous] *o* applause.
apporteren [ɑpɔr'te:rə(n)] *vi* fetch and carry, retrieve.
appreciatie [ɑpre.si.'a.(t)si.] *v* appreciation.
appreciëren [-'e:rə(n)] *vt* appreciate, value.
appreteren [ɑprε'te:rə(n)] *vt* finish.
approvianderen [ɑpro.vi.ɑn'de:rə(n)] *vt* provision [a garrison &].
april [ɑ'prɪl] *m* April; *eerste ∼* first of April, All Fools' Day.
aprilgek [-gɛk] *m* April fool.
aprilgrap [-grɑp] *v* first of April joke (hoax).
apropos [a.pro.'po:] I *ad* apropos, to the point; II *ij* by the way, by the bye; talking of...; III *o* & *m* in: *om op ons ∼ terug te komen...* to return to our subject; *hij laat zich niet van zijn ∼ brengen* F he is not to be put out.
aquarel [a.kva.'rɛl] *v* aquarelle, water-colour.
aquarium [a.'kva:ri.ũm] *o* aquarium.
ar [ɑr] *v* sleigh, sledge.
arabesk [a.ra.'bɛsk] *v* arabesque.
Arabië [a.'ra.bi.ə] *o* Arabia.
Arabier [a.ra.'bi:r] *m* Arab [man & horse].
Arabisch [a.'ra.bi.s] I *aj* Arabian [Desert, Sea &], Arab [horse, country, state, League]; (v. taal & getallen) Arabic; *Verenigde ∼e Republiek* United Arab Republic; II *o* Arabic.
arak [a.'rɑk] *m* arrack, rack.
arbeid ['ɑrbɛit] *m* labour(s), work°, toil; *aan de ∼ gaan* set to work; *aan de ∼ zijn* be at work; *∼ adelt* there is nobility in labour and a pedigree of toil.
arbeidbesparend [-bəspa.rənt] labour-saving.
arbeiden ['ɑrbɛidə(n)] *vi* labour, work.
arbeider ['ɑrbɛidər] *m* worker, labourer, hand, operative, workman; *een ∼ is zijn loon waard* a labourer is worthy of his hire.
arbeidersbeweging [-dərsbəve.gɪŋ] *v* labour movement.
arbeidersklas(se) [-klɑs(ə)] *v* working class.
arbeiderspartij [-pɑrtɛi] *v* labour party.
arbeiderswijk [-vɛik] *v* workmen's quarter.
arbeiderswoning [-vo.nɪŋ] *v* working-class house.
arbeidsbemiddeling ['ɑrbɛitsbəmɪdəlɪŋ] *v* (*bureau, dienst voor*) zie *arbeidsbureau*.
arbeidsbeurs [-bø:rs] *v* zie *arbeidsbureau*.
arbeidsbureau [-by.ro.] *o* Labour Exchange, employment exchange; *het Internationaal A∼* the International Labour Bureau (Office).
arbeidscontract [-kɔntrɑkt] *o* zie *arbeidsovereenkomst*.
arbeidscontractant [-kɔntrɑktɑnt] *m* (in overheidsdienst) public servant appointed on agreement.
arbeidsdag [-dɑx] *m* working day.
arbeidskracht [-krɑxt] *v* zie *werkkracht*.
arbeidsloon [ɑrbɛits'lo.n] *o* wages.
arbeidsmarkt ['ɑrbɛitsmɑrkt] *v* labour market.
arbeidsovereenkomst [-o.vərə.nkɔmst] *v* labour contract, labour agreement; *collectieve ∼* collective agreement; *het onderhandelen over een collectieve ∼* collective bargaining.
arbeidsreserve [-rəzɛrvə] *v* labour reserve.
arbeidstherapie [-.te.ra.pi.] *v* 🜪 occupational therapy.
arbeidstijd [-tɛit] *m* working hours.
arbeidsuur [-y:r] *o* working hour.
arbeidsveld [-fɛlt] *o* field (sphere) of action.

arbeidsverdeling [-fərde.lıŋ] *v* division of labour.

arbeidsvermogen [-fərmo.gə(n)] *o* working power, energy; ~ *van beweging* kinetic (actual) energy; ~ *van plaats* potential energy.

arbeidsvraagstuk [-fra.xstŭk] *o* labour question.

arbeidsweek [-ve.k] *v* working week.

arbeidswet [-vɛt] *v* labour act.

arbeidzaam [arˈbɛitsa.m] industrious.

arbeidzaamheid [-hɛit] *v* industry.

arbiter [arˈbi.tər] *m* arbiter, arbitrator; *sp* umpire.

arbitrage [arbi.ˈtra.ʒə] *v* arbitration.

archeologie [arge.o.lo.ˈgi.] *v* archaeology.

archeologisch [-ˈlo.gi.s] *aj* (& *ad*) archaeological(ly).

archeoloog [-ˈlo.x] *m* archaeologist.

archief [arˈgi.f] *o* 1 archives, records; 2 record office; 3 § files.

archipel [ˈargi.-, ˌarʃi.pɛl] *m* archipelago.

architect [ˈargi.-, arʃi.ˈtɛkt] *m* architect.

architectonisch [-tɛkˈto.ni.s] architectonic.

architectuur [-tɛkˈty:r] *v* architecture.

architraaf [argi.ˈtra.f] *v* architrave.

archivaris [-ˈva:rıs] *m* archivist, keeper of the records.

Ardennen [arˈdɛnə(n)] *de*~ the Ardennes.

arduin [-ˈdœyn] *o* freestone, ashlar.

arduinen [-ˈdœynə(n)] *aj* freestone, ashlar.

are [ˈa:rə] *v* are, 100 sq. m.

arena [a.ˈre.na.] *v* arena; bullring [fo: bullfights], ring [of circus].

arend [ˈa:rənt] *m* ♊ eagle.

arendsblik [ˈa:rəntsblık] *m* eagle-eye.

arendsjong [-jòŋ] *o* ♊ eaglet.

arendsnest [-nɛst] *o* eagle's nest, aerie, eyrie.

arendsneus [-nø.s] *m* aquiline nose.

arendsoog [-o.x] *o* zie *arendsblik*; *met arendsogen* eagle-eyed.

argeloos [ˈargəlo.s] 1 harmless, guileless, inoffensive; 2 unsuspecting.

argeloosheid [argəˈlo.shɛit] *v* 1 harmlessness, guilelessness, inoffensiveness; 2 confidence.

Argentijn(s) [argɛnˈtɛin(s)] Argentine.

Argentinië [argɛnˈti.ni.ə] *o* the Argentine, Argentina.

arglist [ˈarxlıst] *v* craft(iness), cunning, guile.

arglistig [arxˈlıstəx] crafty, cunning, guileful.

arglistigheid [-hɛit] *v* zie *arglist*.

argon [ˈargòn] *o* argon.

Argonauten [argo.ˈnɔutə(n)] *mv* Argonauts.

argument [argy.ˈmɛnt] *o* argument, plea.

argumentatie [-mɛnˈta.(t)si.] *v* argumentation.

argumenteren [-ˈte:rə(n)] *vi* argue.

argusogen [ˈargŭso.gə(n)] *mv met* ~ Argus-eyed.

argwaan [ˈarxva.n] *m* suspicion, mistrust; ~ *hebben* zie verder: *achterdocht*.

argwanen [-va.nə(n)] *v* suspect.

argwanend [arxˈva.nənt] *aj* (& *ad*) suspicious(ly).

aria [ˈa:ri.a.] *v* ♪ air, aria.

Ariër [ˈa:ri.ər] *m* Aryan.

Arisch [ˈa:ri.s] Aryan.

aristocraat [arısto.ˈkra.t] *m* aristocrat.

aristocratie [-kra.ˈ(t)si.] *v* aristocracy.

aristocratisch [-ˈkra.ti.s] *aj* (& *ad*) aristocratic(ally).

Aristoteles [arıs'to.təlɛs] *m* Aristotle.

ark [ark] *v* ark; *de*~*e Noachs* Noah's ark; ~ *des Verbonds* Ark of the Covenant.

1 arm [arm] *m* arm [of a man, the sea, a balance &]; branch [of a river]; bracket [of a lamp]; *haar de* ~ *bieden* give (offer) her one's arm; *iemand een meisje aan de* ~ *with a girl on his arm*; ~ *in* ~ arm in arm; *iemand in de* ~ *nemen* enlist the aid of a man; use one's influence with a man; consult a man;

zich in de ~*en werpen van* throw oneself into the arms of; *met open* ~*en ontvangen* receive with open arms; *met de* ~*en over elkaar* with folded arms.

2 arm [arm] *aj* poor[2], indigent, needy; ook: penniless, dowerless [girls]; *zo* ~ *als Job* (F *als de mieren*, *als de straat*, *als een kerkrat*) as poor as Job (as a church mouse); *een* ~ a poor man, a pauper; *de* ~*en* the poor; *de* ~*en van geest* the poor in spirit; ~ *aan* poor in; *van de* ~*en begraven worden* be buried by the parish.

armada [arˈma.da.] *v* armada.

armatuur [arma.ˈty:r] *v* armature.

armband [ˈarmbant] *m* 1 bracelet; armlet; 2 armband, brassard [als distinctief].

armbandhorloge [-horlo.ʒə] *o* wrist(let) watch.

armbestuur [ˈarmbəsty:r] *o* 1 public assistance committee; 2 poor-law administration.

armelijk [ˈarmələk] I *aj* poor, shabby; II *ad* poorly, shabbily.

armelui [armə'lœy] *mv* poor people, paupers.

armeluiskind [-ˈlœyskınt] *o* poor man's child.

armenbelasting [ˈarmə(n)bəlastıŋ] *v* armengeld [-gɛlt] *o* poor-rate.

armenhuis [-hœys] = *armhuis*.

Armenië [arˈme.ni.ə] *o* Armenia.

Armeniër [-ni.ər] *m* Armenian.

Armenisch [-ni.s] Armenian.

armenkas [ˈarmə(n)kas] *v* fund for the poor.

armenzorg [-zɔrx] *v* poor-relief.

armezondaarsbankje [armə'zònda:rsbaŋkjə] *o* penitent form.

armezondaarsgezicht [-gəzıxt] *o* in: *een* ~ *zetten* put on a hangdog look.

armhuis [ˈarmhœys] *o* almshouse, workhouse, asylum.

Arminiaan(s) [armi.ni.ˈa.n(s)] Arminian.

armlastig [ˈarmˈlastəx] receiving outdoor relief; ~ *worden* come upon the parish (the rates).

armleuning [ˈarmlø.nıŋ] *v* arm, arm-rest.

armmeester [ˈarme.stər] *m* relieving officer.

armoe(de) [ˈarmu.(də)] *v* 1 poverty; pauperism; 2 paucity [of change &]; *vergulde* ~ gilded misery; *het is daar* ~ *troef* they are in dire want; *in* ~ *zijn geld verteren* have but poor fun for one's money; *tot* ~ *geraken* (*vervallen*) be reduced to poverty; *uit* ~ from poverty; *van* ~ *gingen wij naar bed* not knowing what to do with ourselves we went to bed.

armoedig [arˈmu.dəx] I *aj* poor, needy, poverty-stricken, shabby; *een* ~*e honderd gulden* a paltry 100 guilders; II *ad* poorly.

armoedigheid [-hɛit] *v* poverty; penury, poorness.

armoedzaaier [ˈarmu.tsa.jər] *m* F poor devil.

armsgat [ˈarmsgat] *o* arm-hole.

armslag [ˈarmslax] *m* elbow-room[2].

armstoel [ˈarmstu.l] *m* arm-chair.

armvol [-vòl] *m* armful.

armwezen [-ve.zə(n)] *o* poor-relief.

armzalig [arm'za.ləx] pitiful, miserable; paltry, beggarly.

aroma [a'ro.ma.] *o* aroma, flavour.

aromatisch [aro.'ma.ti.s] aromatic.

aronskelk [ˈa:rònskɛlk] *m* ♣ arum.

aroom [a'ro.m] = *aroma*.

arrangement [arãʒə'mɛnt] *o* ♪ arrangement.

arrangeren [-ʒə'ra(n)] *vt* arrange°; get up.

arresle(d)e [ˈarəsle.(də)] *v* sleigh, sledge.

arrest [a'rɛst] *o* 1 (*vasthouding*) custody, arrest; 2 (*beslagname*) seizure; 3 (*besluit*) decision, judgment; *in* ~ under arrest; *in* ~ *nemen* zie *arresteren* 1; *in* ~ *stellen* place under arrest.

arrestant [arɛs'tant] *m* arrested person, prisoner; *u bent mijn* ~ consider yourself under

arrest.
arrestantenkamer [-'tɑntə(n)ka.mər] *v* detention room.
arrestatie [ɑrɛs'ta.(t)si.] *v* arrest, apprehension.
arresteren [-'te:rə(n)] *vt* 1 arrest, take into custody, apprehend [an offender]; 2 confirm [the minutes].
arriveren [ɑri.'ve:rə(n)] *v* arrive.
arrogant [ɑro.'ɡɑnt] arrogant, presumptuous.
arrogantie [-'ɡɑn(t)si.] *v* arrogance, presumption.
arrondissement [ɑrɔ̀ndi.sə'mɛnt] *o* district.
arrondissementsrechtbank [-'mɛntsrɛxtbɑŋk] *v* county court.
arsenaal [ɑrsə'na.l] *o* arsenal.
arsenicum [ɑr'se.ni.kŭm] *o* arsenic.
articulatie [ɑrti.ky.'la.(t)si.] *v* articulation.
articuleren [-'le:rə(n)] *vt* articulate.
artiest [ɑr'ti.st] *m* artist; (in circus e.d.) artiste, performer.
artikel [ɑr'ti.kəl] *o* 1 (in 't alg.) article; 2 (afdeling) section, clause [of a law]; 3 *$* article, commodity.
artikelsgewijs, -gewijze [ɑrti.kəlsɡə'vɛis, -'vɛizə] each clause separately.
artillerie [ɑrtilə'ri.] *v* ✕ 1 artillery, ordnance; 2 gunnery; *rijdende ~* horse artillery.
artillerist [-'rɪst] *m* ✕ artilleryman, artillerist, gunner.
Artis ['ɑrtɪs] *v* the Amsterdam Zoo.
artisjok [ɑrti.'ʃɔk] *v* ✲ artichoke.
artisticiteit [ɑrti.sti.si.'tɛit] *v* artistry.
artistiek [-'sti.k] *aj* (& *ad*) artistic(ally).
arts [ɑrts] *m* physician, general practitioner.
artsenijbereidkunde [-bərɛitkŭndə] *v* pharmaceutics, pharmacy.
1 **as** [ɑs] *v* 1 axle, axle-tree [of a carriage]; 2 axis [of the earth & *fig, mv* axes]; 3 ✲ shaft; spindle; *per ~ vervoeren* convey by road; *verkeer per ~* wheeled traffic; *vervoer per ~* road transport.
2 **as** [ɑs] *v* ash [= powdery residue, also of a cigar], ashes [ook = remains of human body]; [hot] embers; cinders; *~ is verbrande turf* if ifs and ans were pots and pans; *in de ~ leggen* lay in ashes, reduce to ashes; *uit zijn ~ verrijzen* rise from its ashes; zie ook: *rusten.*
asbak ['ɑsbɑk] *m* 1 (v. kachel &) ash-pan; 2 (vuilnisbak) ash-bin.
asbakje [-bɑkjə] *o* ash-tray.
asbelt [-bɛlt] *m* & *v* ash-pit, refuse dump.
asbest [ɑs'bɛst] *o* asbestos.
asblond ['ɑsblònt] ashy.
asceet [ɑ'se.t, ɑs'ke.t] *m* ascetic.
ascese [ɑ'se.zə, ɑs'ke.zə] *v* asceticism.
ascetisch [ɑ'se.ti.s, ɑs'ke.ti.s] *aj* (& *ad*) ascetic(ally).
ascorbinezuur [ɑskɔr'bi.nəzy:r] *o* ascorbic acid.
asem ['ɑ.səm] *m* P & F breath; *geen ~ geven* keep silent.
asepsis [ɑ.'sɛpsɪs] *v* asepsis.
aseptisch [-ti.s] aseptic.
asfalt ['ɑsfɑlt] *o* asphalt, bitumen.
asfalteren [ɑsfɑl'te:rə(n)] *vt* asphalt.
asfaltpapier ['ɑsfɑltpa.pi:r] *o* asphalt paper.
asgrauw ['ɑsɡrɔu] ashen(-grey), ashy.
asiel [a.'zi.l] *o* asylum; home; shelter; *politiek ~* political asylum.
asielrecht [-rɛxt] *o* right of asylum.
asjeblief(t) [ɑʃə'bli.f(t)] 1 (en of!) I should think so!, F you bet!; (nee maar!) well now!, my word!; 2 zie *alstublieft.*`
askleur ['ɑsklø:r] *v* ash colour.
askleurig [-klø:rəx] ash-coloured.
asman [-mɑn] *m* dustman.
asociaal [a.so.si.'a.l] antisocial.
asperge [ɑs'pɛrʒə] *v* ✲ asparagus; *twee ~s* two sticks of asparagus.
aspirant [ɑspi.'rɑnt] *m* aspirant; applicant;

candidate.
aspiratie [-'ra.(t)si.] *v* aspiration, ambition.
ⓜ **aspirine** [-'ri.nə] *v* aspirin.
asregen ['ɑsre.ɡə(n)] *m* rain of ashes.
assagaai, assegaai [ɑsə'ɡa:i] *v* ZA assegai.
Assepoester, assepoes(ter) ['ɑsəpu.s(tər)] *v* Cinderella[2].
assignaat [ɑsi.'ɲa.t] *o* assignat.
assignatie [-'ɲa.(t)si.] *v* $ draft, order.
assimilatie [ɑsi.mi.'la.(t)si.] *v* assimilation.
assimileren [-'le:rə(n)] *vt* assimilate.
assistent [ɑsi.s'tɛnt] *m* assistant.
assistente [-'tɛntə] *v* assistant, lady help.
assistentie [-'tɛn(t)si.] *v* assistance, help.
assistent-resident [-'tɛntre.zi.'dɛnt] *m* Ⱳ assistant-resident.
assisteren [-'te:rə(n)] *vt* & *va* assist.
associatie [ɑso.si.'a.(t)si.] *v* association; $ partnership.
associé [-si.'e.] *m* $ partner.
associëren [-si.'e:rə(n)] *zich~* $ enter into partnership (with *met*).
assonantie [-'ɲɑn(t)si.] *v* assonance.
assonerend [-'ne:rənt] assonant.
assuradeur [ɑsy.ra.'dø:r] *m* insurer; ⚓ underwriter.
assurantie [-'rɑn(t)si.] *v* 1 (fire, marine) insurance; 2 assurance [of life or property].
astma ['ɑstma.] *o* asthma.
astmalijder [-lɛidər] *m* asthmatic (patient).
astmatisch [ɑst'ma.ti.s] asthmatic.
astrakan ['ɑstra.kɑn] *o* astrakhan.
astrologie [ɑstro.lo.'ɡi.] *v* astrology.
astrologisch [-'lo.ɡi.s] *aj* (& *ad*) astrological(ly).
astroloog [-'lo.x] *m* astrologer.
astronomie [-no.'mi.] *v* astronomy.
astronomisch [-'no.mi.s] 1 *aj* astronomical [figures], astronomic; II *ad* astronomically.
astronoom [-'no.m] *m* astronomer.
aswenteling ['ɑsvɛntəlɪŋ] *v* rotation.
atelier [ɑtəl'je.] *o* 1 studio [of an artist]; 2 workshop, work-room [of an artisan].
Atheens [a.'te.ns] Athenian.
atheïsme [a.te.'ɪsmə] *o* atheism.
atheïst [-'ɪst] *m* atheist.
atheïstisch [-'ɪsti.s] *aj* (& *ad*) atheistic(ally).
Athene [a.'te.nə] *o* Athens.
Athener [-nər] *m* Athenian.
Atlantische Oceaan [ɑtlɑnti.sə o.se.'a.n] *m* Atlantic (Ocean).
Atlas ['ɑtlɑs] *m* Atlas.
1 **atlas** ['ɑtlɑs] *m* atlas.
2 **atlas** ['ɑtlɑs] *o* (s t o f) satin.
atlasvlinder [-flɪndər] *m* atlas moth.
atleet [ɑt'le.t] *m* athlete.
atletiek [ɑtle.'ti.k] I *v* athletics, athleticism; II als *aj* athletic (club, contest &].
atletisch [ɑt'le.ti.s] *aj* (& *ad*) athletic(ally).
atmosfeer [ɑtmɔs'fe:r] *v* atmosphere.
atol [a.'tɔl] *o* atoll.
atonaal [a.to.'na.l] *aj* (& *ad*) ♪ atonal(ly).
atonaliteit [-na.li.'tɛit] *v* ♪ atonality.
atoom [a.'to.m] *o* atom.
atoombom [-bòm] *v* atomic bomb, atom bomb.
atoomcentrale [-sɛntra.lə] *v* atomic power-station.
atoomenergie [-e.nɛrʒi.] *v* atomic energy.
atoomgeleerde [-ɡəle:rdə] *m* atomic scientist (physicist).
atoomgewicht [-ɡəvɪxt] *o* atomic weight.
atoomkanon [-ka.nòn] *o* ✕ atomic gun.
atoomkern [-kɛrn] *v* atomic nucleus [*mv* nuclei].
atoomsplitsing [-splɪtsɪŋ] *v* atomic fission.
atoomtijdperk [-tɛitpɛrk] *o* atomic age.
atoomwapen [-va.pə(n)] *o* ✕ atomic weapon.
atoomzuil [-zœyl] *v* atomic pile.
atrofie [a.tro.'fi.] *v* atrophy.

atrofiëren [a.tro.fi.'e:rə(n)] *vi* & *vt* atrophy.
attaché [ata'ʃe.] *m* attaché.
attent [a'tɛnt] 1 (oplettend) attentive; 2 (vol attenties) considerate (to *voor*), thoughtful (of, for *voor*); *hem* ~ *maken op* draw his attention to.
attentie [a'tɛnsi.] *v* 1 attention; 2 consideration, thoughtfulness; ~*s* attentions, assiduities.
attest [a'tɛst] *o* testimonial, certificate.
attestatie [atəs'ta.(t)si.] *v* attestation; testimonial, certificate; ~ *de vita* life certificate.
attesteren [-'tɛ:rə(n)] *vt* attest, certify.
Attica ['ati.ka.] *o* Attica.
Attisch ['ati.s] Attic.
attractie, attraktie [a'trɑksi.] *v* attraction.
attributief [atri.by.'ti.f] attributive.
attribuut [atri.'by.t] *o* attribute.
au! [au] ow!
a.u.b. = *alstublieft*.
aubade [o.'ba.də] *v* ♪ aubade.
auctie ['ɔuksi.] *v* auction, (public) sale.
auctionaris [ɔuksi.o.'na:rɔs] *m* auctioneer.
audiëntie [o.-, ɔudi.'ɛnsi.] *v* audience; ~ *aanvragen bij* ask (request) an audience of; ~ *houden* hold an audience; ~ *verlenen* grant an audience; *op* ~ *gaan bij de minister* have an audience of the minister.
auditeur-militair [ɔudi.'tø:rmi.li.'tɛ:r] *m* ✕ judge-advocate.
auditorium [o,-, ɔudi.'to:ri.ũm] *o* 1 auditory [= part of building & assembly of listeners]; 2 audience [= assembly of listeners].
auerhaan ['ɔuərha.n] *m* auerhoen [-hu.n] *o* ⟟ capercailzie, cock of the wood.
Augiasstal ['ɔugi.ɑstal] *m* Augean stable(s); *de* ~ *reinigen* cleanse the Augean stables.
augurk [ɔu'ɡũrk] *v* ⟟ gherkin.
August ['ɔugy.st] *m* Augustus.
Augusta [ɔu'ɡũsta.] *v* Augusta.
augustijn [ɔuɡũs'tɛin] *m* Augustinian, Austin friar.
Augustinus [-'ti.nũs] *m* Augustine; *de H.* ~ ook: St. Austin.
augustus [ɔu'ɡũstũs] *m* August; *A*~ Ⓤ [the Roman emperor] Augustus.
aula ['ɔula.] *v* auditorium.
aureool [ɔurə.'o.l] *v* aureole, halo.
Aurora [ɔu'ro:ra.] *v* Aurora.
auspiciën [ɔus'pi.si.ə(n)] *mv* in: *onder de* ~ *van* under the auspices of, sponsored by.
Australië [ɔus'tra.li.ə] *o* Australia.
Australiër [-li.ər] *m* Australian.
Australisch [-li.s] Australian.
autaar ['ɔuta:r] = *altaar*.
autarkie [ɔutar'ki.] *v* autarky, self-sufficiency.
autarkisch [ɔu'tɑrki.s] autarkic(al), self-sufficient.
auteur [ɔ.'tø:r] *m* author.
auteurschap [-sxap] *o* authorship.
auteursrecht [ɔ.'tø:rsrɛxt] *o* copyright.
authenticiteit [ɔutɛnti.si.'tɛit] *v* authenticity.
authentiek [-'ti.k] *aj* (& *ad*) authentic(ally).
autisme [ɔu'tɪsmə] *o ps* autism.
autistisch [-ti.s] *ps* autistic.
auto ['o.to., 'ɔuto.] *m* car, motor-car.
autoband [-bɑnt] *m* (automobile, motor) tyre.
autobewaker [-bɔva.kɔr] *m* car attendant.
autobiograaf [-bi.o.'gra.f] *m* autobiographer.
autobiografie [-gra.'fi.] *v* autobiography.
autobiografisch [-'gra.fi.s] autobiographical.
autobus [o'to.-, 'ɔuto.bũs] *m* & *v* motor-bus.
autocolonne [-ko.lɔnə] *v* motorcade.
autocraat [ɔuto.'kra.t] *m* autocrat.
autocratie [-kra.'(t)si.] *v* autocracy.
autocratisch [-'kra.ti.s] *aj* (& *ad*) autocratic(ally).
autodidact, autodidakt [-di.'dɑkt] *m* self-taught

man.
autogarage ['o.to.-, 'ɔuto.ga.ra.ʒə] *v* (motor) garage.
autokerkhof ['o.to.-, 'ɔuto.kɛrkhɔf] 'o dump for worn-out motor-cars, car dump.
automaat [o.to.-, ɔuto.'ma.t] *m* 1 automaton-, robot[2]; 2 automatic machine, [cigarette, stamp, ticket &] machine, penny-in-the-slot machine, slot-machine.
automatiek [-ma.'ti.k] *v* self-service snack-bar, cafeteria.
automatisch [-'ma.ti.s] I *aj* automatic, selfacting; II *ad* automatically.
automatiseren [-ma.ti.'ze:rə(n)] *vt* automate.
automobiel [o.to.-, ɔuto.mo.'bi.l] *m* motor-car, *Am* automobile.
automobilisme [-bi.'lɪsmə] *o* motoring.
automobilist [-bi.'lɪst] *m* motorist.
automonteur ['o.to.-, 'ɔuto.mòntə:r] *m* motor mechanic.
autonomie [ɔuto.no.'mi.] *v* autonomy.
autonoom [-'no.m] autonomous.
auto-ongeluk ['o.to.-, 'ɔuto.ɔngəlũk] *o* motorcar accident.
autopark [-pɑrk] *o* 1 (terrein) car park; 2 (de auto's) fleet of (motor-)cars.
autoped ['o.to.pɛt] *m* scooter.
autorisatie [ɔuto.ri.'za.(t)si.] *v* authorization.
autoriseren [-'ze:rə(n)] *vt* authorize.
autoritair [-'tɛ:r] authoritative; authoritarian [State].
autoriteit [-'tɛit] *v* authority°.
autoscooter ['o.to.-, 'ɔuto.sku.tər] *m* 1 (scooter met carrosserie) cabin scooter; 2 (botsautootje op kermis) dodgem (car).
autotentoonstelling [-tɛnto.nstelɪŋ] *v* motor show.
autotocht [-tɔxt] *m* motor tour, motoring trip.
autoverhuur [-vərhy:r] *m* car hire; ~ *zonder chauffeur* self-drive (car hire).
autoweg [-vɛx] *m* motorway, motor road.
avances [a.'vãsəs] *mv* advances, approaches, overtures.
avant-garde [a.vã'gardə] I *v* avant-garde; II als *aj* avant-garde.
averechts ['a.vərɛxts] I *aj* inverted [stitch]; *fig* wrong [way, ideas &]; preposterous [means]; II *ad* wrongly, the wrong way; ~ *breien* purl.
averij [a.və'rɛi] *v* damage; ~ *grosse* general average; ~ *particulier* particular average; ~ *belopen* (krijgen) I suffer damage; 2 break down.
aviatiek [a.vi.a.'ti.k] *v* ✈ aviation, flying.
avond ['a.vɔnt] *m* evening, night; *de* ~ *des levens* the evening of life; *de* ~ *te voren* the evening (night) before; *de* ~ *vóór de slag* the eve of the battle; *des* ~*s*, *'s* ~*s* 1 (tijd) in the evening, at night; 2 (gewoonte) of an evening; *bij* ~ in the evening, at night; *te* ~ *of morgen* some day or other; *tegen de* ~ towards evening; *'t wordt* ~ night is falling.
avondbezoek [-bəzu.k] *o* evening call, evening visit.
avondblad [-blɑt] *o* evening paper.
avonddienst [-a.vəndi.nst] *m* evening service.
avondeten ['a.vɔnte.tə(n)] *o* supper.
avondgebed [-a.vɔndʒəbɛt] *o* night prayers.
avondjapon [-ja.pòn] *m* evening gown.
avondje [a.vɔncə] *v* evening (party); *een gezellig* ~ a social evening; *een* ~ *uit* a night out.
avondkleding [-kle.dɪŋ] *v* evening dress.
avondklok [-klɔk] *v* 1 evening bell; 2 ✕ curfew.
avondland [-lɑnt] *o* Occident.
avondlucht [-lũxt] *v* evening air.
avondmaal [-ma.l] *o* supper, evening-meal; *Het Avondmaal* the Lord's Supper, Holy Communion; *Het Laatste Avondmaal* the Last Supper.
avondrood [-ro.t] *o* afterglow, red evening-sky.

avondschemering [-sxe.mərɪŋ] v evening twilight.

avondschool [-sxo.l] v evening school, evening classes.

avondster [-stɛr] v evening star.

avondstond [-stònt] m evening (hour).

avondtoilet ['a.vəntʋɑlɛt] o 1 zie *avondkleding*; 2 zie *avondjapon*.

avonturen [a.vòn'ty:rə(n)] vt risk, venture.

avonturenverhaal [-vərha.l] o adventure story.

avonturier [a.vònty.'ri:r] m adventurer.

avonturierster [-stər] v adventuress.

avontuur [a.vòn'ty:r] o adventure; op ~ *uitgaan* in search of adventures.

avontuurlijk [-lək] I aj adventurous [life]; risky [plan &]; een ~ *leven* ook: a life of adventures; II ad adventurously.

à vue [a.'vy.] at sight.

axiaal [ɑksi.'a.l] axial.

axioma [ɑksi.'o.ma] o axiom.

azalea [a.'za.le.a.] v ❦ azalea.

azen ['a.zə(n)] vi in: ~ *op* feed upon, prey upon[2], fig covet.

Aziaat [a.zi.'a.t] m Asian, Asiatic.

Aziatisch [-'a.ti.s] Asian, Asiatic.

Azië ['a.zi.ə] o Asia.

azijn [a.'zɛin] m vinegar.

azijnfles [a.'zɛinfles] v vinegar bottle.

azijnzuur [a.'zɛinzy:r] I aj acetous; II o acetic acid.

Azoren [a.'zo:rə(n)] mv de ~ the Azores.

azuren [a.'zy:rə(n)] aj azure, sky-blue.

azuur [a.'zy:r] o azure, sky blue.

B

b [be.] v b.

ba [bɑ] ij zie *boe*.

baadje ['ba.nə] o (sailor's) jacket; *iemand op zijn* ~ *geven* F dust (trim) one's jacket; *op zijn* ~ *krijgen* F get one's jacket dusted.

baadster ['ba.tstər] v (female) bather.

baai [ba:i] 1 v (inham) bay ‖ 2 m & o (stof) baize ‖ 3 m (tabak) cross-cut Maryland ‖ 4 m *rode*~ F red wine.

baaien ['ba.jə(n)] aj baize.

baaierd ['ba.jərt] m chaos, welter.

baak [ba.k] v = *baken*.

Baäl ['ba.ɑl] m Baal.

baal [ba.l] v 1 (geperst) bale [of cotton &]; (gestort) bag [of rice &]; 2 ten reams [of paper].

baan [ba.n] v 1 path, way, road; 2 (renbaan) (race-)course, (running) track; 3 (loopbaan) orbit [of planet, earth] satellite]; trajectory [of projectile]; 4 (lijnbaan) rope-walk; 5 (tennis~) court; 6 (v. spoorweg) track; 7 (v. autoweg) lane; 8 (ijs~) (skating) rink; 9 (glij~) slide; 10 (kegel~) alley; 11 (strook) breadth, width [of cloth &]; 12 zie *baantje*; *zich* ~ *breken* make (push, force) one's way; *fig* ook: gain ground; *ruim* ~ *maken* clear the way; *in een* ~ *(om de aarde) brengen* put into orbit, orbit [an artificial satellite]; *in een* ~ *draaien (om de aarde)* orbit (the earth); *in een* ~ *(om de aarde) komen* come into orbit; *het gesprek in andere banen leiden* turn the conversation into other channels; *op de lange* ~ *schuiven* put it off (indefinitely), postpone; *op de* ~ *zijn* be stirring; *iemand van de* ~ *knikkeren* F cut one out, bowl one out; *dat is nu van de* ~ that question has been shelved, that's off now.

baanbrekend ['ba.nbre.kənt] pioneer [work], epoch-making [discovery].

baanbreker [-kər] m pioneer, pathfinder.

baanderheer ['ba.ndərhe:r] m ⓦ banneret.

baanschuiver ['ba.nsxœyvər] m track-clearer.

baantje ['ba.ncə] o 1 slide [on snow]; 2 F job; billet, berth; '*t is me een* ~! (it's) a nice job indeed!; *een gemakkelijk (lui)* ~ a soft job; ~ *glijden* have a slide, slide; ~ *rijden* skate up and down.

baantjesjager ['ba.ncəsja.gər] m place-hunter.

baanvak ['ba.nvɑk] o section of a (the) line.

baanveger [-ve.gər] m sweeper.

baanwachter [-vɑxtər] m signalman, flagman; (v. overweg) gate-keeper.

1 **baar** [ba:r] m novice, greenhorn, ⊷ freshman.

2 **baar** [ba:r] v 1 (golf) wave, billow ‖ 2 (lijk~) bier; 3 (draag~) litter, stretcher ‖ 4 (staaf) bar, ingot ‖ 5 (zandbank) bar.

3 **baar** [ba:r] aj in: *de bare duivel* the devil himself; *al mijn* ~ *geld* all my ready money, my cash; *bare onzin* rank nonsense; *de bare zee* the open sea.

baard [ba:rt] m beard [of man, animals, grasses &]; barb, wattle [of a fish]; feather [of a quill]; whiskers [of a cat]; whalebone, baleen [of a whale]; bit [of a key]; *een* ~ *van een week* a week's growth of beard; *hij heeft de* ~ *in de keel* his voice is breaking; *iets in zijn* ~ *brommen* mutter something in one's beard; *om 's keizers* ~ *spelen* play for love; zie ook: 2 *mop*.

baardeloos ['ba.rdəlo.s] beardless.

baardig [-dəx] bearded. [self.

baarlijk [-lək] in: *de* ~*e duivel* the devil himself.

baars [ba:rs] m ⓩ perch, bass.

baas [ba.s] m 1 master; foreman [in a factory]; S boss; 2 (als aanspreking) P governor, mister; *de* ~ F the old man [at the office &]; ⊷ the head; *is de* ~ *thuis?* P is your man (= husband) in?; *een leuke* ~ 1 a funny chap; 2 F a jolly buffer; *het is een* ~ *hoor!* what a whopper!; *hij is de* ~ *(van het spul)* F he runs the show; *hij is een* ~ he is a stunner, he is a dab (at in); *zijn vrouw is de* ~ the wife wears the breeches; *de* ~ *blijven* remain top dog; *de* ~ *spelen* lord it; *om de inflatie de* ~ *te worden* to get inflation under control; *de socialisten zijn de* ~ *(geworden)* the socialists are in control, have gained control; *zij werden ons de* ~ they got the better of us; ~ *in (zijn) eigen huis zijn* be master in one's own house; *hij is mij de* ~ *(af)* he has the pull over me; *hij is te veel voor me*; *er is altijd* ~ *boven* ~ a man always finds his master; *zijn eigen* ~ *zijn* be one's own master.

baat [ba.t] v 1 (voordeel) profit, benefit; 2 (genezing) relief; *te* ~ *nemen* avail oneself of, take [the opportunity]; use, employ [means]; ~ *vinden bij* be benefited by, derive benefit from; *zonder* ~ without avail; zie ook: *bate* & 1 *baten*.

baatzucht ['ba.tsʏxt] v selfishness, self-interest.

baatzuchtig [ba.t'sʏxtəx] selfish, self-interested.

babbel ['bɑbəl] m F 1 (tong) clapper; 2 (persoon) chatterbox; 3 (babbeltje) chat.

babbelaar [-bəla:r] m 1 tattler; chatterbox, gossip; telltale; 2 (snoep) bull's-eye.

babbelachtig [-bəlɑxtəx] talkative.

babbelen [-bələ(n)] vi 1 chatter, babble, prattle; 2 talk (in class); 3 gossip; 4 tell tales.

babbelkous [-bəlkɑus] v zie *babbelaar* 1.

babbelziek [-zi.k] talkative.

babbelzucht [-zʏxt] v talkativeness.

Babel ['ba.bəl] o Babel.

baboe ['ba.bu.] v native nurse or servant, IP ayah.

baby ['be.bi.] m baby.

babybox [-bòks] m playpen.

babysit(ter) ['be.bi.sɪt(ər)] m-v baby-sitter.

babyuitzet [-œytsɛt] *m* & *o* baby linen, layette.
bacchanaal [baga.'na.l] *o* bacchanal.
Bacchus ['bagŭs] *m* Bacchus.
bacil [ba'sɪl] *m* bacillus [*mv* bacilli].
bacillendrager [-'sɪlə(n)dra.gər] *m* ♈ (germ-) carrier.
bacterie [bak'te:ri.] *v* bacterium [*mv* bacteria].
bad [bɑt] *o* bath [= vessel, or room for bathing in]; *een* ~ *nemen* have (take) a bath [in the bathroom]; have (take) a bathe [in the sea, river]; *de* ~*en gebruiken* take (drink) the waters [at a spa].
baden ['ba.də(n)] I *vi* bathe²; *in bloed* ~ bathe in blood; II *vt* bath [a child]; III *vr zich* ~ bathe [= take a bath or bathe]; (*zich*) *in tranen* ~ be bathed in tears; (*zich*) *in weelde* ~ roll (wallow) in wealth.
bader ['ba.dər] *m* bather.
badgast ['bɑtgɑst] *m* visitor [at a watering place; at a seaside resort].
badgoed [-gu.t] *o* bathing things.
badhanddoek [-hɑndu.k] *m* bath towel.
badhandschoen [-hɑntsxu.n] *m* & *v* bath glove.
badhokje [-hɔkjə] *o* bathing box.
badhuis [-hœys] *o* **badinrichting** [-ɪnrɪxtɪŋ] *v* bathing establishment, baths.
badkamer [-ka.mər] *v* bathroom.
badknecht [-knɛxt] *m* bath attendant.
badkoetsje [-ku.tʃə] *o* bathing machine.
badkostuum ['bɑtkosty.m] *o* bathing costume.
badkuip [-kœyp] *v* bath, bath-tub.
badkuur [-ky:r] *v* bathing cure, course of waters; *een* ~ *doen* take the waters.
badmantel [-mɑntəl] *m* bathing wrap.
badmeester [-me.stər] *m* bath(s) superintendent.
badmuts [-mŭts] *v* bathing cap.
badpak [-pɑk] *o* bathing suit.
badplaats [-pla.ts] *v* (niet aan zee) watering place, spa; (aan zee) seaside resort.
badspons [-spɔns] *v* bath sponge.
badstoel [-stu.l] *m zie strandstoel*.
badstof [-stɔf] *v* sponge cloth.
badwater [-va.tər] *o* bath-water.
badzeep [-ze.p] *v* bath soap.
badzout [-sout] *o* bath salts.
bagage [ba'ga.ʒə] *v* luggage; ook: (✕ en vooral *Am*) baggage.
bagagebureau [-by.ro.] *o* luggage office.
bagagedepot [-de.po.] *o* & *m* cloak-room.
bagagedrager [-dra.gər] *m* (luggage) carrier.
bagagenet [-nɛt] *o* (luggage) rack.
bagagereçu [-rəsy.] *o* luggage ticket.
bagageruimte [-rœymtə] *v* ⚓ boot.
bagagewagen [-va.ga(n)] *m* luggage van.
bagatel [baga'tɛl] *v* & *o* trifle, bagatelle; *de minste* ~ the merest trifle, a mere nothing.
bagatelliseren, bagatelliseren [bagutɛli.'ze:rə(n)] *vt* make light of [a matter]; minimize [the gravity of..., its importance].
bagger ['bagər] *v* mud.
baggeren [-gərə(n)] I *vt* dredge; II *vi* in: *door de modder* ~ wade through the mud.
baggerlaarzen ['bagərla:rzə(n)] *mv* waders.
baggermachine [-ma.ʃi.nə] *v* dredging machine, dredger.
baggerman [-mɑn] *m* dredger.
baggermolen [-mo.lə(n)] *m* dredger.
baggerschuit [-sxœyt] *v* mud-barge.
baisse ['bɛ.sə] *v* $ fall; *à la* ~ *speculeren* speculate for a fall, S bear.
baissier [bɛ.si.'e.] *m* $ bear.
bajes ['ba.jəs] *v* P *in de* ~ in quod.
bajonet [ba.jo.'nɛt] *v* ✕ bayonet; ~ *af!* unfix bayonets!; *aan de* ~ *rijgen* bayonet; *met gevelde* ~ with fixed bayonets.
bajonetaanval [-a.nvɑl] *m* ✕ bayonet charge.
bajonetschermen [-sxɛrmə(n)] *o* ✕ bayonet exercise.

bajonetsluiting [-slœytɪŋ] *v* bayonet catch.
bak [bɑk] *m* 1 trough [for mortar &]; cistern, tank [for water]; bin [for dust]; bucket [of a dredging-machine]; basket [for bread]; tray [in a trunk]; body [of a carriage]; 2 ⚓ (mess-)kid [for food]; mess [table]; forecastle [part of ship]; 3 S zie *doos*; 4 S zie 2 *mop*.
bakbeest ['bɑkbe.st] *o* colossus, leviathan; *een* ~ *van een kast* F a great lumbering hulk of a cupboard.
bakboord [-bo:rt] *o* ⚓ port, ✎ larboard; *aan* ~ to port; *iemand van* ~ *naar stuurboord zenden* send one from pillar to post.
ⓜ **bakeliet** [bakə'li.t] *o* bakelite.
baken ['ba.kə(n)] *o* beacon; *de* ~*s verzetten* change one's policy; *als het getij verloopt, verzet men de* ~*s* one must go according to the times; *de* ~*s zijn verzet* times have changed.
bakenlicht [-lɪxt] *o* beacon light.
baker ['ba.kər] *v* monthly nurse, (dry-)nurse.
bakeren [-kərə(n)] I *vt* swaddle; II *vr zich* ~ bask [in the sun]; III *vi* in: *uit* ~ *gaan* go out nursing.
bakerkind ['ba.kərkɪnt] *o* infant in arms.
bakermat [-mɑt] *v* cradle² [of freedom], birthplace.
bakerpraat [-pra.t] *m* old wives' tales, gossip.
bakfiets ['bɑkfi.ts] *m* & *v* carrier tricycle, carrier cycle.
bakje [-jə] *o* 1 tray; 2 F cup [of coffee]; 3 S zie *aapje* [= rijtuig.
bakkebaard ['bɑkəba:rt] *m* whisker(s).
bakkeleien [bakə'lɛiə(n)] *v* F tussle, be at loggerheads.
bakken ['bɑkə(n)] I *vt* bake [bread], fry [fish]; *iemand iets (een poets)* ~ play one a trick; II *va* 1 make bread; 2 S ✵ fail [in an examination]; III *vi* bake [bread]; *aan de pan* ~ stick to the pan; *het zal vannacht weer* ~ F it's going to freeze hard.
bakker [-kər] *m* baker.
bakkerij [bɑkə'rɛi] *v* 1 bakery, bakehouse; baker's shop; 2 baker's trade.
bakkersbedrijf [-bədrɛif] *o zie bakkerij*.
bakkersjongen [bɑkərs'jɔŋə(n)] *m* baker's boy.
bakkerskar ['bɑkərskɑr] *v* baker's hand-cart.
bakkersknecht [bɑkərs'knɛxt] *m* baker's man.
bakkerswinkel [-wɪŋkəl] *m* baker's shop.
bakkes ['bɑkəs] *o* P mug, phiz; *hou je* ~*!* shut up!
bakoven ['bɑko.və(n)] *m* (baking) oven.
baksel [-səl] *o* batch, baking.
baksteen ['bɑkste.n] *o* & *m* brick; *drijven (zinken) als een* ~ F float (sink) like a stone; *zakken als een* ~ fail ignominiously [in one's exam].
bakstenen [-ste.nə(n)] *aj* brick.
bakvis [-fɪs] *v* 1 *m eig* fry; 2 *v* (meisje) F flapper, teen-ager.
bakzeil [-sɛil] in: ~ *halen* ⚓ back the sails; *fig* draw in one's horns, climb down.
1 **bal** [bɑl] *m* ball [also of the foot], bowl; *de* ~ *misslaan* miss the ball; *fig* be beside (wide of) the mark.
2 **bal** [bɑl] *o* ball; ~ *masqué* masked ball.
balanceren [-'se:rə(n)] *vt* & *vi* balance, poise.
balans [ba'lɑns] *v* 1 (weegschaal) balance, (pair of) scales; 2 ⚙ beam; 3 $ balance-sheet; *de* ~ *opmaken* 1 $ draw up the balance-sheet; 2 *fig* strike a balance.
balanspruiming [-òprœymɪŋ] *v* $ stock-taking sale.
balboekje ['bɑlbu.kjə] *o* (ball) programme, (dance) card.
baldadig ['bɑl'da.dəx] *aj* (& *ad*) wanton(ly).
baldadigheid [-heit] *v* wantonness; *hij deed het uit louter* ~ he did it out of pure mischief.
baldakijn [bɑlda.'kɛin] *o* & *m* baldachin.

canopy.

balein [ba.'lɛin] 1 *o* (v. w a l v i s) whalebone, baleen; 2 *v* (v. k o r s e t) busk; *de* ~*en* ook: the steels [of a corset], the ribs [of an um-
baleinen [-'lɛinə(n)] *aj* whalebone.   [brella].
balg [balx] *m* bellows [of a camera].
balie ['ba.li.] *v* 1 tub ‖ 2 ♜ bar; 3 (v. k a n t o o r) counter; *tot de* ~ *toegelaten worden* be called to the bar.
baliekluiver [-klœyvər] *m* loafer.
Balinees [ba.li.'ne.s] Balinese [*mv* Balinese].
baljapon ['balja.pòn] *m* ball dress, dance frock.
baljuw ['baljy-uɑ] *m* bailiff.
baljuwschap [-sxɑp] *o* bailiwick.
balk [balk] *m* beam; ♪ staff, stave; ▨ bend; *dat mag je wel met een krijtje aan de* ~ *schrijven* it is to be marked with a white stone; *het over de* ~ *gooien* make ducks and drakes of one's money; *het niet over de* ~ *gooien* be rather close-fisted.
Balkan ['balkɑn] *m de* ~ the Balkans; *het* ~*schiereiland* the Balkan peninsula; *de* ~*staten* the Balkan States.
balken ['balkə(n)] *vi*♦ray; *fig* bawl.
balkon [bal'kòn] *o* 1 (a a n h u i s) balcony; 2 (v. t r a m) platform; 3 (i n s c h o u w b u r g) balcony, dress circle.
balkostuum [-kosty.m] *o* ball dress.
ballade [ba'la.də] *v* 1 ballad; 2 [mediaeval French] ballade.
ballast ['balɑst] *m* ballast; *al die* ~ *van geleerdheid* that lumber (rubbish) of learning.
ballasten [-lɑstə(n)] *vt* ballast.
ballen ['balə(n)] I *vi* 1 ball (= grow into a lump); 2 play at ball; II *vt* ball; *de vuist* ~ clench, double one's fist.
ballenjongen [-jòŋə(n)] *m sp* ball boy.
ballerina [balə'ri.na.] *v* ballerina.
ballet [ba'lɛt] *o* ballet.
balletdanser [-dɑnsər] *m* ballet dancer.
balletdanseres [-ɛs] *v* ballet dancer, ballet girl.
balletje [ba'lɛtjə] *o* 1 small ball; 2 force-meat ball; *een* ~ *over iets opgooien* fly a kite.
balletmeester [ba'lɛtme.stər] *m* ballet master.
balling ['balıŋ] *m* exile.
ballingschap [-sxɑp] *v* exile, banishment.
ballistiek [balıs'ti.k] *v* ballistics.
ballistisch [ba'lɪstı.s] ballistic.
ballon [ba'lòn] *m* 1 (l u c h t b a l) balloon; 2 (v. l a m p) globe.
ballonband [-bɑnt] *m* balloon tire.
ballonvaarder [-va:rdər] *m* balloonist.
ballonvaart [-va:rt] *v* balloon flight.
ballonversperring [-vərspɛrıŋ] *v* 🎈 balloon barrage.
ballotage [balo.'ta.ʒə] *v* ballot(ing), voting by ballot.
balloteren [-'te:rə(n)] *vt* ballot, vote by ballot.
balorig [ba'lo:rəx] petulant; *er* ~ *van worden* get out of all patience with it.
balorigheid [-hɛit] *v* aggravation.
balschoen ['balsxu.n] *m* dancing shoe, pump.
balsem [-səm] *m* balm², balsam.
balsemachtig [-ɑxtəx] balmy, balsamic.
balsemen ['balsəmə(n)] *vt* embalm².
balseming ['balsəmıŋ] *v* embalming, embalmment.
balspel ['balspɛl] *o* 1 playing at ball; 2 ball game.
balsturig [bal'sty:rəx] obstinate, refractory, intractable.
Baltisch ['balti.s] Baltic; *de* ~*e Zee* the Baltic.
balustrade [baly.'stra.də] *v* balustrade [of a terrace &]; banisters [of a staircase].
balzaal ['balza.l] *v* ball-room.
bamboe ['bɑmbu.] *o & m, aj* bamboo.
ban [bɑn] *m* 1 (k e r k e l i j k) excommunication; 2 (v. het H. R o o m s e R ij k) ban; *in de* ~ *doen* (k e r k e l i j k) excommunicate; *fig* put

(place) under a ban, proscribe, ostracize; *in de* ~ *van haar schoonheid* (germanisme) under the spell of her beauty.
banaal [ba.'na.l] banal, trite, commonplace.
banaan [ba.'na.n] *v* banana.
banaliteit [ba.na.li.'tɛit] *v* banality, platitude.
bananeschil [ba.'na.nəsxıl] *v* banana skin.
banbliksem ['bɑnblıksəm] *m* anathema.
1 **band** [bɑnt] *o* (s t o f n a a m) tape; ribbon.
2 **band** [bɑnt] *m* 1 tie [for fastening], tape [used in dressmaking and for parcels, documents]; fillet, braid [for the hair]; string [of an apron, bonnet &]; 2 (d r a a g b a n d) sling [for injured arm &]; truss [used in rupture]; 3 (o m a r m, h o e d &) band; 4 (o m t e v e r-
b i n d e n) bandage; 5 (v. t o n) hoop; 6 (v. a u t o, f i e t s) tyre; 7 ⚭ cushion; 8 (i n d e a n a t o m i e) ligament; 9 (v. b o e k) binding; 10 (b o e k d e e l) volume; 11 ❄ ✝ [frequency, side] band; 12 *fig* tie [of blood, friendship], bond [of love, captivity &], link [with the people, with home]; [political] affiliation; *lopende* ~ ✂ conveyor; assembly line; *aan de lopende* ~ [murders, novels &] one after another; *magnetische* ~ magnetic tape; *iemand aan* ~*en leggen* put a restraint on a person; *aan de* ~ *liggen* be tied up; *uit de* ~ *springen* kick over the traces.
bandafnemer ['bɑntɑfne.mər] *m* tyre lever.
bandelier [bɑndə'li:r] *m* shoulder-belt, bandoleer.
bandeloos ['bɑndəlo.s] *aj* (& *ad*) lawless(ly), licentious(ly), riotous(ly).
bandeloosheid [bɑndə'lo.sheit] *v* lawlessness &.
bandepech ['bɑndəpɛx] *m* tyre trouble.
banderol [bɑndə'ròl] *v* band [for cigar].
banderolleren [-rɔ'le:rə(n)] *vt* band [cigars].
bandiet [bɑn'di.t] *m* bandit, ruffian.
bandopname ['bɑntòpna.mə] *v* tape recording.
bandopnemer, -recorder [-òpne.mər, -rikòrdər] *m* tape recorder.
banen [ba.nə(n)] *vt in: een weg* ~ clear (break) a way; *de weg* ~ *voor* pave the way for; *zich een weg* ~ *door* make (force, push) one's way through; *zich al strijdend een weg* ~ fight one's way.
bang [bɑŋ] I *aj* afraid [alléén predikatief]; fearful, timorous, timid [disposition &]; anxious [days, hours]; ~ *voor* 1 afraid of [death, tigers &], in fear of [a person]; 2 afraid for, fearing for [one's life]; *ik ben* ~ *voor regen* I am afraid we are going to have rain; *daar ben ik niet* ~ *voor* I'm not afraid of that; ~ *maken* frighten, make afraid; ~ *zijn* be afraid; ~ *zijn om*... be afraid to..., fear to...; ~ *zijn dat* be afraid that, fear that; *wees maar niet* ~! ook: no fear!; *zie ook: dood; zo* ~ *als een wezel* as timid as a hare; II *ad* fearfully &.
bangerd ['bɑŋərt] F bangerik [-arık] *m* S funk.
bangheid [-hɛit] *v* fear, anxiety, timorousness, timidity.
bangmakerij [bɑŋma.kə'rɛi] *v* intimidation.
banier [ba.'ni:r] *v* banner, standard.
banjo ['bɑnjo.] *m* ♪ banjo.
bank [bɑŋk] *v* 1 (z i t~) bench, [garden] seat; 2 (i n s a l o n) settee; 3 ☞ form [long, without back], desk [for one or two, with back]; 4 (k e r k b a n k) pew; 5 (m i s t-, z a n d b a n k &) bank; 6 S bank; ~ *der beschuldigden* dock; ~ *der getuigen* box; ~ *van lening* pawnbroker's shop; *de Nederlandse Bank* the Netherlands Bank; *de* ~ *houden* keep (hold) the bank.
bankbiljet ['bɑŋkbıljɛt] *o* bank-note.
bankbreuk [-brø.k] *v* bankruptcy; *bedrieglijke* ~ fraudulent bankruptcy.
bankdirecteur, -direkteur [-di.rəktø:r] *m* bank manager.
bankdisconto [-dıskònto.] *o* bank rate.

banket [baŋˈkɛt] *o* 1 (gastmaal) banquet [= dinner with speeches &]; 2 (gebak) (fancy) cakes, pastry.
banketbakker [-bakər] *m* confectioner.
banketbakkerij [baŋkɛtbakəˈrɛi] *v* confectioner's (shop).
banketteren [baŋkɛˈteːrə(n)] *vi* banquet, feast.
bankhouder [ˈbaŋkhəudər] *m* 1 *sp* banker; 2 (v. pandhuis) pawnbroker.
bankier [baŋˈkiːr] *m* banker.
bankinstelling [ˈbaŋkɪnstɛlɪŋ] *v* banking house.
bankje [-jə] *o* 1 small bench, stool; 2 bank-note.
bankloper [-loːpər] *m* bank messenger.
banknoot [-noːt] *v* bank-note.
bankoverval [-oːvərval] *m* bank raid.
bankpapier [-paˌpiːr] *o* paper currency.
bankreferentie [-rəfərɛn(t)si.] *v* bank reference.
bankrekening [-reˌkənɪŋ] *v* bank(ing) account.
bankroet [baŋkˈruːt] *o* bankruptcy, failure; ~ *gaan* become a bankrupt, go bankrupt; *frauduleus* ~ fraudulent bankruptcy.
bankroetier [baŋkruˈtiːr] *m* bankrupt.
bankschroef [ˈbaŋks(x)ruːf] *v* ✹ vice.
bankstel [-stɛl] *o* drawing-room suite.
bankvereniging [-fərəˌnəɣɪŋ] *v* banking company.
bankwerker [-vɛrkər] *m* ✹ fitter, bench hand.
bankwerkerij [baŋkvɛrkəˈrɛi] *v* ✹ fitting shop.
bankwezen [ˈbaŋkveˌzə(n)] *o* banking.
banneling [ˈbanəlɪŋ] *m* exile.
bannen [ˈbanən] *vt* 1 (verbannen) banish[2], exile; 2 (uitdrijven) exorcise [evil spirits].
banvloek [ˈbanvluk] *m* anathema, ban.
baptist [bapˈtɪst] *m* baptist.
1 **bar** [bar] *m* & *v* bar.
2 **bar** [bar] I *aj* barren [tract of land]; inclement [weather]; biting [cold]; grim [face]; rough [manner]; *het is* ~ F it's quite too bad; II *ad* < awfully, very.
barak [baˈrak] *v* ✹ hut; shed [for sick people]; *fig* hovel; ~*ken* ook : ✹ (army) hutments.
barbaar [barˈbaːr] *m* barbarian.
barbaars [-s] barbarous, barbaric, barbarian.
barbaarsheid [-hɛit] *v* barbarousness, barbarity.
barbier [barˈbiːr] *m* barber.
barbierswinkel [-ˈbiːrsvɪŋkəl] *m* barber's shop.
barbituraat [barbiˌtyˈraːt] *o* barbiturate.
barcarolle [burka.ˈrɔlə] *v* ♪ barcarol(l)e.
○ **bard** [burt] *m* bard.
○ **bardenzang** [ˈbardə(n)zaŋ] *m* bardic song.
baren [baːrə(n)] *vt* 1 give birth to, bring forth, bear [into the world]; *angst* ~ cause uneasiness; *opzien* ~ create a stir; *zorg* ~ cause anxiety, give trouble; *de tijd baart rozen* time and straw make medlars ripe.
Barend [ˈbaːrant] *m* Bernard.
barensnood [ˈbaːrɔnsnoˌt] *m* travail.
barensweeën [-veˌjə(n)] *mv* throes, pains of child-birth.
baret [baˈrɛt] *v* 1 [student's, magistrate's] cap; 2 *RK* biretta; 3 [soldier's, woman's] beret.
Bargoens [barˈɡuːns] *o* (thieves') flash; *fig* jargon, gibberish, lingo, double Dutch.
barheid [ˈbarhɛit] *v* barrenness, inclemency, grimness &.
bariton [ˈbaːriˌtòn] *m* ♪ barytone, baritone.
bark [bark] *v* ♨ bark, barque.
barkas [barˈkas] *v* ♨ launch, longboat.
barkruk [ˈbarkrʏk] *v* bar stool.
barmhartig [barmˈhartəx] merciful, charitable.
barmhartigheid [-hɛit] *v* mercy, mercifulness, charity; *uit* ~ out of charity.
barnsteen [ˈbarnsteˌn] *o* & *m* amber.
barnstenen [-steˌnə(n)] *aj* amber.
barok [baˈrɔk] *aj*, *v* baroque.
barometer [ˈbaroˌmeˌtər, baroˌˈmeˌtər] *m* barometer.

barometerstand [-stɑnt] *m* height of the barometer, barometer reading.
barometrisch [baroˌˈmeˌtri.s] *aj* (& *ad*) barometric(ally).
baron [baˈròn] *m* baron.
barones [baroˌˈnɛs] *v* baroness.
baronie [baroˌˈni.] *v* barony.
barrevoets [ˈbarəvu.ts] barefoot.
barricade [bari.ˈka.də] *v* barricade.
barricaderen [-ka.ˈde:rə(n)] *vt* barricade.
barrière [bari.ˈɛ:rə] *v* barrier.
bars [bars] I *aj* stern [look]; grim [aspect]; harsh, gruff, rough [voice]; II *ad* sternly &.
barst [barst] *m* & *v* crack, burst, flaw.
barsten [ˈbarstə(n)] *vi* burst°, crack [of glass &]; split [of wood]; chap [of the skin]; *hij kan* ~! P he may go to hell!; *een* ~*de hoofdpijn* a splitting headache; *tot* ~*s toe vol* full to bursting.
Bartholomeusnacht [barto.lo.ˈme.ˈûsnɔxt] *m* Massacre of St. Bartholomew.
Bartje(n)s [ˈbarcə(n)s] *volgens* ~ F according to Cocker.
bas [bas] I *v* (instrument, stem) bass; 2 *m* (zanger) bass.
basalt [ba.ˈzalt] *o* basalt.
basaltrots [-rots] *v* basaltic rock.
basaltzuil [-sœyl] *v* basaltic column.
bascule [basˈky.lə] *v* weighing machine.
base [ˈba.zə] *v* base.
baseren [ba.ˈze:rə(n)] I *vt* in: ~ *op* base, found, ground on; II *vr* in: *zich* ~ *op* take one's stand on, base one's case on.
basilicum [ba.ˈzi.li.kûm] *o* ✿ basil.
basiliek [ba.zi.ˈli.k] *v* basilica.
basilisk [-ˈlɪsk] *m* basilisk.
basis [ˈba.zəs] *v* basis [of a government]; base [of a triangle, ✕]; *op brede* ~ broad-based, broadly based [government].
basisch [ˈba.zi.s] basic.
basisloon [-lo.n] *o* basic wage.
bas-reliëf [barəlˈjɛf] *o* bas-relief, low relief.
bassen [ˈbasə(n)] *vi* bay bark.
bassin [ba.ˈsɛ̃.] *o* ♨ basin.
bassist [ba.ˈsɪst] *m* ♪ bass (singer).
bassleutel [ˈbasləˌtəl] *m* ♪ bass clef, F clef.
basstem [ˈbastɛm] *v* ♪ bass (voice).
bast [bast] *m* 1 bark, rind [of a tree]; hast (= inner bark); 2 pod, husk, shell [of pulse].
basta [ˈbasta.] *ij* (*daarmee*) ~*!* and there's an end of it!, so there!, enough!
bastaard [-ta.rt] *m* (& *aj*) 1 bastard; 2 ▲▲ & ♣ mongrel; 3 ✿ hybrid; *tot* ~ *maken* bastardize.
bastaardvloek [-flu.k] *m* mild oath.
basterdsuiker [ˈbastərtsœykər] *m* bastard sugar.
bastion [basti.ˈòn] *o* ✕ bastion.
Bataaf(s) [ba.ˈta.f(s)] ⽥ Batavian.
bataat [ba.ˈta.t] *m* ✿ batata, sweet potato.
bataljon [batalˈjòn] *o* ✕ battalion.
bataljonscommandant, -kommandant [-ˈjònskòmandɑnt] *m* ✕ battalion commander,
†**Batavia** [ba.ˈta.vi.a.] *v* Batavia. [major.
Batavier [bata.ˈvi:r] *m* ⽥ Batavian.
bate [ˈba.tə] *v*: *ten* ~ *van* for the benefit of, in behalf of, in aid of.
1 **baten** [ˈba.tə(n)] *mv* profits; *de* ~ *en lasten* the assets and liabilities; *de* ~ *en schaden* the profits and losses.
2 **baten** [ˈba.tə(n)] *vt* avail; *niet(s)* ~ be of no use, of no avail; *wat baat het?* what's the use (the good)?; *wat baat het u?* what profit do you get from it?; what's the use?; *gebaat worden door...* profit by.
batig [ˈba.təx] in: ~ *slot* $ credit balance, surplus.
batik [ˈba.tɪk] *m* batik.

batikken [-tɪkə(n)] vt & vi batik.
batist [ba.'tɪst] o batiste, lawn.
batisten [-'tɪstə(n)] aj batiste, lawn.
batterij [batə'rɛi] v ✕ & ⚌ battery; van ∼ veranderen change front.
bauxiet [bɔuk'si.t] o bauxite.
baviaan [bavi.'a.n] m ⚋ baboon.
bazaar [ba'za:r] m 1 (oosterse marktplaats) bazaar; 2 (warenhuis) stores; 3 (voor liefdadig doel) bazaar, fancy fair.
bazelen ['ba.zələ(n)] vi twaddle, talk nonsense.
bazig ['ba.zəx] aj (& ad) masterful(ly).
bazin [ba.'zɪn] v mistress; fig virago.
bazuin [ba.'zœyn] v ♪ trombone; B trumpet.
bè! [bɛ:] baa.
beambte [bə'amtə] m functionary, official, employé.
beamen [-'a.mə(n)] vt say yes to, assent to.
beaming [-mɪŋ] v assent.
beangst [bə'aŋst] alarmed, uneasy, anxious.
beangstigen [-'aŋstəgə(n)] alarm.
beantwoorden [bə'antvo:rdə(n)] vt & vi answer, reply to [a letter, speaker]; return [love &]; acknowledge [greetings]; aan de beschrijving ∼ answer (to) the description; aan het doel ∼ answer (fulfil) the purpose; aan het monster ∼ correspond (come up) to sample.
beantwoording [-dɪŋ] v answering, replying; ter ∼ van in answer (reply) to.
bearbeiden [bə'arbɛidə(n)] vt zie bewerken.
Beatrix ['be.a.trɪks] v Beatrix, Beatrice.
beauté [bo.'te.] y beauty.
bebakenen [bə'ba.kənə(n)] vt beacon.
bebakening [-nɪŋ] v 1 (de handeling) beaconing; 2 (de bakens) beacons.
bebloed [bə'blu.t] bloody, covered with blood.
beboeten [-'bu.tə(n)] vt fine, mulct.
bebossen [-'bɔsə(n)] vt afforest.
bebossing [-sɪŋ] v afforestation.
bebouwbaar [bə'bouba:r] arable, tillable, cultivable.
bebouwd [-'bout] 1 built on [plot]; built up [area]; 2 cultivated [land], under cultivation; ∼ met graan under corn.
bebouwen [-'bouə(n)] vt 1 build upon [a building plot]; develop [a housing estate]; 2 cultivate, till [the soil, the ground].
bebouwer [-ər] m cultivator, tiller.
bebouwing [-ɪŋ] v 1 building upon [a plot]; development [of the City of London]; 2 cultivation [of the ground], tillage [of the soil].
becijferen [bə'sɛifərə(n)] vt calculate, figure out.
becijfering [-rɪŋ] v calculation.
beconcurreren [bəkɔŋky.'re:rə(n)] vt compete with.
bed [bɛt] o bed[2]; ook: bedside; het ∼ houden stay in bed; in (zijn) ∼ in bed; in ∼ leggen, naar ∼ brengen put to bed; naar ∼ gaan go to bed; om zijn ∼ round his bedside; op zijn ∼ on (in) his bed; te ∼ in bed; te ∼ liggen met reumatiek be laid up with rheumatism.
bedaagd [bə'da.xt] elderly.
bedaard [-'da:rt] aj (& ad) calm(ly), composed(ly), quiet(ly).
bedaardheid [-hɛit] v calmness, composure, quietness.
bedacht [bə'daxt] in: ∼ zijn op think of, be mindful (thoughtful) of, be studious of; niet ∼ op not prepared for.
bedachtzaam [-sa.m] aj (& ad) 1 (overleggend) thoughtful(ly); 2 (omzichtig) cautious(ly).
bedachtzaamheid [-hɛit] v 1 thoughtfulness; 2 cautiousness.
bedammen [bə'damə(n)] vt dam up, dam in.
bedanken [-'daŋkə(n)] I vt 1 (dank betuigen) thank; 2 (afdanken) dismiss [a function-

ary]; II vi & va 1 (zijn dank uitspreken) return (render) thanks; 2 (niet aannemen) decline [the honour &]; 3 (aftreden) resign; 4 (voor tijdschrift, lidmaatschap) withdraw one's subscription, withdraw one's name [from the society]; wel bedankt! thank you very much!; ∼ voor een betrekking 1 decline the offer of a post (place); 2 send in one's papers, resign; ∼ voor een uitnodiging decline an invitation; ze ∼ er voor om... catch them ...ing; III o in: wegens het ∼ van vele leden on account of the withdrawal of many members.
bedankje [-'daŋkjə] o 1 acknowledgement, (letter of) thanks; 2 refusal; ik heb er niet eens een ∼ voor gehad I've not even got a "thank you" for it; het is geen ∼ waard no thanks!; ik neem geen ∼ aan I'll not take "no" for an answer.
bedaren [bə'da:rə(n)] I vi calm down, quiet down, compose oneself; abate, subside [of a storm, tumult &]; II vt calm, quiet; appease, tranquillize, still; assuage, allay [pain]; tot ∼ brengen zie vt; tot ∼ komen zie vi.
bedauwen [-'dɔuə(n)] vt bedew.
beddedeken ['bɛdədə.kə(n)] v blanket.
beddegoed [-gu.t] o bedding, bed-clothes.
beddelaken [-la.ka(n)] o (bed-)sheet.
beddesprei [-sprɛi] v bed-spread, counterpane, coverlet.
bedding ['bɛdɪŋ] v 1 bed [of a river]; 2 layer, stratum [of matter]; 3 ✕ platform [of a gun].
bede ['be.də] v 1 (gebed) prayer; 2 (smeekbede) supplication, appeal, entreaty; 3 (verzoek) prayer, request; op zijn ∼ at his entreaty.
bedeelde [bə'de.ldə] m-v (parish) pauper.
bedeesd [-'de.st] timid, bashful, shy.
bedeesdheid [-hɛit] v timidity, bashfulness, shyness.
bedehuis ['be.dəhœys] o house (place) of worship.
bedekken [bə'dɛkə(n)] vt cover, cover up.
bedekking [-kɪŋ] v cover.
bedekt [bə'dɛkt] covered [with straw &]; veiled [hint]; op ∼e wijze covertly.
bedelaar ['be.dəla:r] m beggar, ○ mendicant.
bedelaarster [be.dəla:rstər] **bedelares** [be.dəla:'rɛs] v beggar, beggar-woman.
bedelarij [be.dəla:'rɛi] v begging, mendicancy, mendicity.
bedelarmband ['be.dəlarmbant] m charm bracelet.
bedelbrief [-bri.f] m begging letter.
1 bedelen ['be.dələ(n)] I vi beg; beg (ask) alms, beg charity; er om ∼ beg for it; II vt beg.
2 bedelen [bə'de.lə(n)] vt endow; de armen ∼ bestow alms upon the poor; bedeeld met aardse goederen blessed with worldly goods; hedeeld worden zie van de bedeling krijgen.
bedeling [-lɪŋ] v 1 distribution (of alms); 2 fig order, dispensation; in de ∼ zijn, van de ∼ krijgen be on the parish; in deze ∼, onder de tegenwoordige ∼ in this dispensation, under the present dispensation.
bedelmonnik [-mɔnək] m mendicant friar.
bedelorde [-ɔrdə] v mendicant order.
bedelstaf [-staf] m beggar's staff; tot de ∼ brengen reduce to beggary.
bedelven [bə'dɛlvə(n)] vt bury.
bedenkelijk [bə'dɛŋkələk] I aj critical, risky [of operations &]; serious, grave [of cases &]; doubtful [of looks &]; de zieke is ∼ in a critical condition; dat ziet er ∼ uit things look serious; een ∼ gezicht zetten put on a serious (doubtful) face; een ∼e overeenkomst vertonen met... look suspiciously like...; II ad

alarmingly [thin &]; suspiciously [alike].
bedenkelijkheid [-heit] *v* criticalness, riskiness.
bedenken [bə'dɛŋkə(n)] I *vt* 1 (niet vergeten)
remember, bear in mind [that...]; 2 (overwegen) consider, take into consideration,
reflect [that...]; 3 (uitdenken) think of, be-
think oneself of, devise; invent, contrive, hit
upon; 4 (een fooi & geven) remember [the
waiter]; *als men bedenkt dat...* considering
that...; *iemand goed* ~ make one (a) handsome present(s); *een vriend in zijn testament*
~ put a friend in one's will; *hem* ~ *met een
gouden horloge* make him a present of a gold
watch; II *vr* in: *zich* ~ 1 (nadenken) take
thought; 2 (van gedachte veranderen)
think better of it, change one's mind; *zich
wel* ~ *alvorens te...* think twice before ...ing;
hij bedacht zich en... he remembered himself
and...; *bedenkt u zich niet?* don't you reconsider your decision?; *daar zal ik mij nog eens
op* ~ as to that I shall take further thought;
zonder (zich te) ~ without thinking, without
hesitation.
bedenking [-kɪŋ] *v* consideration; *geen* ~*en!*
no objections!; *geen* ~ *hebben tegen* have no
objection to...; *het hun in* ~ *geven* leave it to
their consideration; *iets in* ~ *houden* hold it
over for further thought.
bedenktijd [bə'dɛŋktɛit] *m* time to consider.
bederf [bə'dɛrf] *o* corruption [of what is good,
of language &]; decay [of a tooth &]; depravation [of morals]; vitiation [of the air, blood
&]; taint [moral]; *aan* ~ *onderhevig* perishable; *tot* ~ *overgaan* zie *bederven* II.
bederfelijk [-'dɛrfələk] perishable [goods].
bederfwerend [bə'dɛrfʋe:rant] antiseptic.
bederven [bə'dɛrvə(n)] I *vt* spoil [a piece of
work, a child &]; taint, vitiate [the air]; disorder [the stomach]; corrupt [the language
&]; deprave [the morals]; ruin [one's prospects &]; mar [the effect]; II *vi* go bad; zie
ook: *bedorven*.
bedevaart ['be.dəva:rt] *v* pilgrimage; *ter* ~
gaan go on pilgrimage.
bedevaartganger [-gaŋər] *m* pilgrim.
bedevaartplaats [-pla.ts] *v* place of pilgrimage.
bedienaar [bə'di.na:r] *m* minister [of the
Word].
bediende [-'di.ndə] *m* 1 (man-)servant, man;
2 waiter, attendant [at hotel or restaurant]; 3
employee [of a firm]; 4 clerk [in an office];
5 assistant [in a shop].
bedienen [bə'di.nə(n)] I *vt* 1 serve, attend to
[customers]; 2 wait upon [people at table
&]; 3 ✕ serve [the guns]; 4 ✕ work [a
pump], operate [an engine]; *een stervende* ~
RK administer the last sacraments to a dying
man; II *vr* *zich* ~ help oneself [at table]; *zich
~ van* ~ help oneself to [some meat &];
*g'vail oneself of [an opportunity]; use; II *vi*
& va 1 wait (at table); 2 serve (in the shop).
bediening [-nɪŋ] *v* 1 (ambt) office; 2 [in hotel
&] attendance, service; waiting (at table); 3
RK administration of the last sacraments; 4
✕ serving, service [of the guns]; zie ook: *bedieningsmanschappen*.
bedieningsmanschappen [-nɪŋsmɑnsxɑpə(n)]
mv ✕ gunners; *de* ~ ook: the (gun) crew.
bedijken [bə'dɛikə(n)] *vt* dam up, dam in, embank.
bedijking [-kɪŋ] *v* embankment; dikes.
bedillal [bə'dɪlɑl] *m* fault-finder, caviller.
bedillen [bə'dɪlə(n)] *vt* censure, carp at.
bedilzucht [bə'dɪlzʏxt] *v* censoriousness.
beding [bə'dɪŋ] *o* condition, proviso, stipulation; *onder één* ~ on one condition.
bedingen [-'dɪŋ(ə)n] *vt* stipulate; *...meer dan
bedongen was* ...more than what had been
stipulated (bargained) for; *dat was er niet bij

bedongen that was not included in the bargain.
bediscussiëren, bediskussiëren [-dɪskŭsi.'e:-
rə(n)] *vt* discuss.
bedisselen [-'dɪsələ(n)] *vt fig* arrange [matters].
bedlegerig [bɛt'le.gərəx] bed-ridden, laid up,
confined to one's bed.
bedoelen [be.du.'i.n] *m* Bedouin [*mv* Bedouin].
bedoeld [bə'du.lt] in: *(de)* ~*e*... the... in question.
bedoelen [-'du.lə(n)] *vt* 1 (zich ten doel stellen) intend; 2 (een bedoeling hebben)
mean; 3 (willen zeggen) mean (to say); *het
was goed bedoeld* it was meant for the best, I
(he) meant it kindly; *hij bedoelt het goed met
je* he means well by you; *een goed bedoelde
raad* a well-intentioned piece of advice; *ik
heb er geen kwaad mee bedoeld!* it was meant
for the best, no offence was meant; *wat bedoelt u daarmee?* what do you mean by it?
bedoeling [-lɪŋ] *v* 1 (voornemen) intention,
design, purpose, aim, ⚡ intent; 2 (betekenis) meaning, purport; *het ligt niet in onze*
om... we have no intention to...; *met de beste*
~ with the best intentions; *zonder bepaalde*
~ unintentionally; *zonder kwade* ~ no offence
being meant; no harm being meant.
bedompt [bə'dɔmt] close, stuffy.
bedomptheid [-heit] *v* closeness, stuffiness.
bedorven [bə'dɔrvə(n)] in: ~ *inkt* bad ink; ~
kaas unsound cheese; ~ *kind* spoiled child;
~ *lucht* foul air; ~ *maag* disordered stomach;
~ *vis (vlees)* tainted fish (meat); ~ *zeden*
depraved morals.
bedotten [-'dɔtə(n)] *vt* F take in, cheat.
bedotter [-tər] *m* F cheat.
bedotterij [bədɔtə'rɛi] *v* F take-in, trickery.
bedrag [bə'drɑx] *o* amount; *ten* ~*e van* to the
amount of.
bedragen [-'dra.gə(n)] *vt* amount to.
bedreigen [-'drɛigə(n)] *vt* threaten, menace.
bedreiging [-gɪŋ] *v* threat, menace.
bedremmeld [bə'drɛməlt] confused, perplexed.
bedreven [bə'dre.və(n)] skilful, skilled, experienced, practised, expert; ~ *in* versed in.
bedrevenheid [-heit] *v* skill, skilfulness, expert-
ness; *zijn* ~ *in* his proficiency in.
bedriegen [bə'dri.gə(n)] I *vt* deceive, cheat,
take in, impose upon; *hij heeft ons voor een
grote som bedrogen* he has cheated us out of a
large amount; *hij kwam bedrogen uit* his
hopes were deceived, he was disappointed; II
vr in: *u bedriegt u* you deceive yourself; *als ik
mij niet bedrieg* if I am not mistaken; *ik heb
mij in hem bedrogen* I find myself mistaken
about him; III *va* cheat [at cards &].
bedrieger [-gər] *m* deceiver, cheat, impostor,
fraud; *de* ~ *bedrogen* the biter bit.
bedriegerij [bədri.gə'rɛi] *v* deceit, deception,
imposture, fraud.
bedrieglijk [bə'dri.gələk] I *aj* deceitful [people],
fraudulent [artifices]; deceptive, fallacious,
delusive [arguments &]; II *ad* fraudulently
&.
bedrieglijkheid [-heit] *v* deceitfulness, fraud-
ulence; deceptiveness, delusiveness, fallacy.
bedrijf [-'drɛif] *o* 1 (handeling) action, deed;
2 (beroep) business, trade; 3 (v. toneelstuk) act [of a play]; 4 (exploitatie) working; 5 (nijverheid) industry; 6 (dienst)
[gas, railway &] service; 7 (onderneming)
business, concern, undertaking, [chemical]
works; *dat is zijn* ~ 1 that's his trade; 2 it is
all his doing; *buiten* ~ (standing) idle; *in*
~ in (full) operation; *in* ~ *stellen* put into
operation; *onder de bedrijven door* F in the
meantime.
bedrijfsauto [bə'drɛifso.to., -auto.] *m* commercial vehicle.

bedrijfsbelasting [-bəlɑstɪŋ] v trade tax.
bedrijfskapitaal [-ka.pi.ta.l] o working capital.
bedrijfskosten [-kɔstə(n)] mv working expenses.
bedrijfsleider [-leidər] m works manager.
bedrijfsleiding [-leidɪŋ] v (industrial) management.
bedrijfsleven [-le.və(n)] o 1 (in'talg.) economy; 2 (nijverheid) industry.
bedrijfsmateriaal [-ma.te:ri.a.l] o working stock, plant.
bedrijfsorganisatie, -organizatie [-ɔrga.ni.za.(t)si.] v 1 ('t organiseren) industrial organization; 2 (een lichaam) trade organization; publiekrechtelijke ∼ statutory trade organization.
bedrijfsraad [-ra.t] m industrial council.
bedrijven [bəˈdrεivə(n)] vt commit, perpetrate.
bedrijver [-vər] m author, perpetrator.
bedrijvig [-vəx] active, busy, bustling.
bedrijvigheid [-heit] v 1 (drukte) activity, stir; 2 (vlijt) industry.
bedrinken [bəˈdrɪŋkə(n)] zich ∼ ply oneself with drink, fuddle oneself.
bedroefd [-ˈdru.ft] I aj sad, sorrowful, afflicted, grieved; ∼ over afflicted at; II ad < in: ∼ slecht awfully bad; ∼ weinig precious little (few).
bedroefdheid [-heit] v sadness, sorrow, grief.
bedroeven [bəˈdru.və(n)] I vt give (cause) pain (to), afflict, grieve, distress; het bedroeft mij dat... I am grieved (distressed) to learn (see) that...; II vr zich ∼ (over) grieve, be grieved (at it, to see &).
bedroevend [-vənt] sad, pitiable, deplorable.
bedrog [bəˈdrɔx] o deceit, deception, imposture, fraud; [optical] illusion; ∼ plegen practise deception, cheat [at play &].
bedruipen [-ˈdrœypə(n)] vt sprinkle; baste [meat]; zich kunnen ∼ pay one's way, be self-supporting.
bedrukken [-ˈdrŭkə(n)] vt print over.
bedrukt [-ˈdrŭkt] I eig printed [cotton &]; 2 fig depressed, dejected.
bedruktheid [-heit] v depression, dejection.
bedsermoen [ˈbɛtsεrmu.n] o curtain lecture.
bedste(d)e [-ste.(də)] v cupboard-bed.
bedtijd [ˈbɛtεit] m bedtime.
beducht [bəˈdŭxt] in: ∼ voor apprehensive of [a thing], apprehensive for [his safety].
beduchtheid [-heit] v apprehension, dread.
beduiden [bəˈdœydə(n)] vt 1 (aanduiden, betekenen) mean, signify, portend; 2 (duidelijk maken) make clear [something to...], point out [the situation of... to...]; het heeft niets te ∼ zie verder: betekenen.
beduimelen [-ˈdœymələ(n)] vt thumb; beduimeld well-thumbed [book].
beduusd [-ˈdy.st] F dazed, flabbergasted.
bedwang [-ˈdwɑŋ] o restraint, control; goed in ∼ hebben have well in hand; in ∼ houden hold (keep) in check; zich in ∼ houden control oneself.
bedwelmd [-ˈdvɛlmt] stunned, stupefied; intoxicated.
bedwelmen [-ˈdvɛlmə(n)] vt stun, stupefy, drug; intoxicate.
bedwelmend [-mənt] stunning; stupefying; intoxicating [liquor]; ∼ middel ook: narcotic, drug.
bedwelming [-mɪŋ] v stupefaction, stupor.
bedwingen [bəˈdvɪŋə(n)] I vt restrain, subdue, control, check; een oproer ∼ repress (quell) a rebellion; zijn toorn ∼ contain one's anger; zijn tranen ∼ keep back one's tears; II vr zich ∼ contain oneself, restrain oneself.
beëdigd [bəˈe.dɑxt] I (v. personen) sworn (in); 2 (v. verklaring) sworn, on oath; ∼ getuigenis sworn evidence; ∼ makelaar sworn broker.

beëdigen [-ˈe.dəɣə(n)] vt 1 (iemand) swear in [a functionary]; administer the oath to [the witnesses]; 2 (iets) swear to, confirm on oath.
beëdiging [-gɪŋ] v 1 swearing in [of a functionary]; 2 administration of the oath [to witnesses]; 3 confirmation on oath.
beëindigen [bəˈεindəɣə(n)] vt bring to an end, finish, conclude; terminate [a contract].
beëindiging [-gɪŋ] v conclusion; termination [of a contract].
beek [be.k] v brook, rill, rivulet.
beekje [ˈbe.kjə] o brooklet, rill, runnel.
beeld [be.lt] o 1 (spiegelbeeld) image, reflection; 2 (afbeelding) image, picture, portrait; 3 (standbeeld) statue; 4 (zinnebeeld) image, symbol; 5 (redefiguur) figure (of speech), metaphor; een ∼ van een meisje F a picture of a girl; zich een ∼ vormen van form a notion of, image to oneself, realize; Amsterdam in ∼ Amsterdam in pictures; naar Gods ∼ (en gelijkenis) geschapen created after (in) the image of God.
beeldbuis [ˈbe.ltbœys] v TV cathode tube; op de ∼ F on the little screen.
beeldenaar [ˈbe.ldəna:r] m effigy, head [of a coin].
beeldendienst [-di.nst] m image-worship.
beeldenstorm [-stɔrm] m iconoclasm.
beeldenstormer [-stɔrmər] m iconoclast.
beeldhouwen [ˈbe.lthou:ə(n)] vt sculpture.
beeldhouwer [-ər] m sculptor.
beeldhouwkunst [ˈbe.lthoukŭnst] v sculpture.
beeldhouwwerk [-vεrk] o sculpture.
beeldrijk [-rεik] full of images, vivid [style].
beeldroman [-ro.mɑn] m zie beeldverhaal.
beeldschoon [ˈbe.lt'sxo.n] divinely beautiful.
beeldspraak [-spra.k] v figurative language; metaphor; zonder ∼ without a metaphor.
beeldverhaal [-fərha.l] o (picture, comic) strip.
beeltenis [ˈbe.ltənɪs] v image, portrait, likeness, effigy.
beemd [be.mt] m meadow, field, pasture, ○ lea.
been [be.n] o 1 leg; 2 (deel v. geraamte) bone; 3 (stofnaam) bone; benen maken, de benen nemen take to one's heels; het ∼ stijf houden stand firm, F dig one's toes in, dig in one's heels; er geen ∼ in zien... make no bones about ...ing, make nothing of ...ing; ∞ met één ∼ in het graf staan have one foot in the grave; met het verkeerde ∼ uit bed stappen get out of bed on the wrong side; op de ∼ blijven keep one's legs, keep (on) one's feet; op de ∼ brengen levy, raise [an army]; iemand op de ∼ helpen set (put) one on his legs; de zaak op de ∼ houden keep the concern going; zich op de ∼ houden zie op de been blijven; weer op de ∼ komen get to one's feet again, recover one's legs; op één ∼ kan men niet lopen two make a pair; op zijn laatste benen lopen be on one's last legs; op eigen benen staan stand on one's own legs (feet); op de ∼ zijn 1 eig be on one's feet; 2 (op zijn) ook: be stirring; 3 (rondlopen) be about, be on the move; 4 (na ziekte) be on one's legs, be about again; vlug (wel) ter ∼ zijn be good on one's legs, be a good walker; het zijn sterke benen die de weelde kunnen dragen ± much wealth makes wit waver.
beenachtig [ˈbe.nɑxtəx] bony, § osseous.
beendermeel [-me.l] o bone-dust.
beenkap [-kɑp] v legging.
beentje [-cə] o (small) bone; ∼ over doen do the outside edge; iemand een ∼ lichten (zetten) trip one up; zijn beste ∼ voorzetten put one's best foot foremost.
beenwindsel [-vɪntsəl] o puttee.
beenzwart [-zvɑrt] o bone-black.

beer [be:r] *m* 1 (ursus) bear ‖ 2 (mannetjes-varken) boar ‖ 3 (schoor) buttress ‖ 4 (waterkering) dam ‖ 5 (valhamer) rammer ‖ 6 (mest) night-soil ‖ 7 S (schuld) debt; 8 (schuldeiser) creditor; *de Grote B~* the Great Bear; *de Kleine B~* the Lesser Bear; *op de ~ kopen, beren maken* S buy (go) on tick. [tick.

beërven [bə'ɛrvə(n)] *vt* inherit.

beest [be.st] *o* 1 animal; 2 beast[2] [ook = cattle], brute[2] [ook = lower animal]; 3 S ⚬⚬ fluke, fluky shot; *een ~ van een kerel* a brute (of a man).

beestachtig ['be.staxtəx] I *aj* beastly, bestial, brutal, brutish; II *ad* in a beastly way, bestially &; < beastly [drunk, dull, wet].

beestachtigheid [-hɛit] *v* beastliness, bestiality, brutishness, brutality.

beestenboel ['be.stə(n)bu.l] *m* F piggery; *een ~* I a beastly mess; 2 a downright orgy.

beestenmarkt [-markt] *v* cattle-market.

beestenspel [-spɛl] *o* menagerie.

beestenvoe(de)r [-vu:r, -vu.dər] *o* fodder.

beestenwagen [-va.ɣə(n)] *m* cattle-truck.

1 **beet** [be.t] *m* 1 (handeling) bite; 2 (hapje) bit, morsel, mouthful; *hij heeft ~* he has a bite (got a rise).

2 **beet** [be.t] *v* = biet.

beethebben ['be.thɛbə(n)] *vt* in: *iemand ~* have got hold of one; zie ook: 1 *beet* & *beetnemen*.

beetje ['be.cə] *o* (little) bit, little; *het ~ geld dat ik heb* 1 the little money I have; 2 what money I have; *lekkere~s* titbits, dainties; *alle ~s helpen* every little helps; *bij ~s* bit by bit, little by little.

beetnemen [-ne.mə(n)] *vt* 1 (voor de gek houden) F roast, chaff [one]; 2 (bedotten) take [one] in; *je hebt je laten ~* you have been had (sold); *hij laat zich niet ~* he doesn't suffer himself to be deceived.

beetpakken [-pakə(n)] *vt* seize, take (get) hold of, grip, grasp.

beetwortel [-vɔrtəl] *m* ☘ beet(root).

beetwortelsuiker [-sœykər] *m* beet(root) sugar.

bef [bɛf] *v* bands.

befaamd [bə'fa.mt] noted, famous, renowned.

befaamdheid [-hɛit] *v* fame, renown.

begaafd [bə'ɣa.ft] gifted, talented.

begaafdheid [-hɛit] *v* gifts, talents.

1 **begaan** [bə'ɣa.n] I *vt* 1 (lopen over) walk (upon); tread; 2 (bedrijven) commit [mistakes, a crime], perpetrate [a crime]; II *va* in: *laat hem maar ~ !* leave him alone (to do it)!

2 **begaan** [bə'ɣa.n] *aj* trodden, beaten [path]; *~ zijn met* feel sorry for, pity; *de begane grond* (the solid) ground; the ground level; *op de begane grond* [be] on a level with the ground, [live] on the ground floor.

begaanbaar [-ba:r] practicable, passable.

begeerlijk [bə'ɣe:rlək] 1 desirable; 2 eager, greedy.

begeerte [bə'ɣe:rtə] *v* desire, wish; lust [= passionate desire]; avidity [= ardent desire].

begeleiden [bəɣə'lɛidə(n)] *vt* accompany [a lady]; attend [a royal personage &]; (⚓) escort, ⚓ convoy; *~d schrijven* covering letter.

begeleider [-dər] *m* 1 companion; 2 ♪ accompanist.

begeleiding [-diŋ] *v* accompaniment; *met ~ van... ,* ♪ to an (the) accompaniment of...

begenadigen [bəɣə'na.dəɣə(n)] *vt* 1 pardon, amnesty, reprieve; 2 bless [with].

begenadiging [-ɣiŋ] *v* pardon, amnesty, reprieve.

begeren [bə'ɣe:rə(n)] I *vt* desire, wish, want, covet; II *o* in: *wat is er van uw ~?* what is your desire?

begerig [-rəx] desirous, covetous, eager, greedy; *~ naar* avid of, eager for, greedy of, ambitious of, avaricious of; *~ om te...* desirous to..., eager to...

begerigheid [-hɛit] *v* covetousness, eagerness, greediness, avidity.

begeven [bə'ɣe.və(n)] I *vt* 1 (weggeven) bestow [a place]; 2 (in de steek laten) forsake; *zou hij dat ambt te ~ hebben?* is the office in his gift?; *zijn benen begaven hem* his legs gave way; *zijn krachten ~ hem* his strength begins to fail him; *de ketting kan het ~* the chain can give; II *vr* in: *ik zou mij daar niet in ~* I should not embark in that sort of thing; *zich ~ in gevaar* go to meet danger; *zich in het huwelijk (in de huwelijkse staat) ~* marry; *zich ~ naar* go to, repair to, resort to; *zich naar huis ~* set out (start) for home; zie ook: *rust, weg* &.

begieten [bə'ɣi.tə(n)] *vt* water [plants], sprinkle, wet.

begiftigen [bə'ɣiftəɣə(n)] *vt* endow [an institution]; *iemand ~ met...* endow one with..., confer... on a person.

begin [bə'ɣin] *o* beginning, commencement, outset, opening, start, inception, inchoation; *een ~ van brand* an outbreak of fire; *alle ~ is moeilijk* all beginnings are difficult; *een goed ~ is het halve werk* well begun is half done; *een verkeerd ~* a bad (false) start; *een ~ maken* make a beginning (a start); *een ~ maken met* begin, start [work &]; *bij het ~ beginnen* begin at the beginning; *in het ~* at (in) the beginning [of the year]; *at first* [all went well]; *al in het ~* at the (very) outset; *from the outset* [we could not hit it off]; *(in het) ~ (van) januari* at the beginning of January, early in January; *in den ~ne* B in the beginning; *van het ~ tot het einde* from beginning to end, from start to finish.

beginneling [bə'ɣinəliŋ] *m* beginner, tyro, novice.

beginnen [-'ɣinə(n)] I *vt* begin, commence, start; *een school ~* open a school; *wat te ~ ?* what to do?; *wat ben ik begonnen!* why ever did I begin it!; *~ te drinken* 1 (feit) begin to drink, begin drinking; 2 (als gewoonte) take to drinking (drink); II *vi* begin; set in [of the winter]; start; *begin maar!* go it!, *zij zijn begonnen!* It is they who began!, they started it!; *aan iets ~* begin (up)on something, begin it; *hij zal gauw aan het Latijn ~* he will soon begin (with), start Latin; *daar begin ik niet aan* I have no idea of going in for that sort of thing; *met iets ~* begin with a thing; *met te zeggen dat...* begin by saying that...; *er is niets met hem te ~* I is hard to work with, he is quite unmanageable; 2 nothing is to be done with him; *er is niets mee te ~* I it won't do; 2 I can make nothing of it; *om te ~...* to begin with...; to start with...; *men moet iets hebben om te ~* to start upon; *over iets ~ (te praten)* begin (start) on [a subjects, politics]; *van voren af aan ~* begin [it] over again; start afresh [in business]; *voor zich zelf ~* set up (start) for oneself.

beginpunt [bə'ɣinpynt] *o* starting point.

beginsalaris [-sa.la:rəs] *o* commencing salary.

beginsel [-səl] *o* principle; *de (eerste) ~en* the elements, the rudiments; *in ~* in principle; *uit ~* on principle.

beginselloos [-salo.s] without principle(s); > unprincipled.

beginselloosheid [bəɣinsəˈlo.shɛit] *v* lack of principle(s); > unprincipledness.

beginselverklaring [bə'ɣinsəlvɛrkla:riŋ] *v* programme [of a party], [party] constitution, statement (declaration) of policy, policy statement.

beginstadium [-sta.di.űm] *o* initial stage.

begluren [bə'ɡly:rə(n)] *vt* spy upon; peep at; ogle [a girl].

begonia [bə'ɡo.ni.a.] *v* ♣ begonia.

begoochelen [bə'ɡo.ɡələ(n)] *vt* bewitch; delude.

begoocheling [-lɪŋ] *v* spell, glamour; delusion.

begraafplaats [bə'ɡra.fpla.ts] *v* burying-place, burial-place, cemetery, churchyard, graveyard.

begrafenis [-'ɡra.fənɪs] *v* burial, interment, funeral.

begrafenisonderneming [-òndərne.mɪŋ] *v* undertaker's business.

begrafenisplechtigheid [-plɛxtəxhɛit] *v* funeral ceremony.

begrafenisstoet [bə'ɡra.fənɪstu.t] *m* funeral procession.

begraven [bə'ɡra.və(n)] I *vt* bury, ○ inter, inhume, entomb; *levend* ~ bury alive; II *vr zich* ~ bury oneself [in one's books, in a [village].

begrensd [bə'ɡrɛnst] limited.

begrensdheid [-hɛit] *v* limitedness.

begrenzen [bə'ɡrɛnzə(n)] *vt* limit, border, bound.

begrenzing [-zɪŋ] *v* limitation.

begrijpelijk [bə'ɡrɛipələk] understandable, easily understood, comprehensible, intelligible.

begrijpelijkheid [-hɛit] *v* comprehensibility, intelligibility.

begrijpen [bə'ɡrɛipə(n)] *vt* 1 (omvatten) grasp; 2 (verstaan) grasp, understand, comprehend, conceive; *5 is 6 maal op 30 begrepen* 5 is contained 6 times in 30; *alles er in begrepen* all included, inclusive (of everything); *het niet op iemand begrepen hebben* have no friendly feelings towards a man; *dat kun je* ~ *!* F not likely!, not if I know it!

begrinten [-'ɡrɪntə(n)] *vt* gravel.

begrip [-'ɡrɪp] *o* 1 (idee) idea, notion, conception; 2 (bevatting) comprehension, apprehension; *kort* ~ summary, epitome; *zich een* ~ *van iets vormen (maken)* form an idea (a notion) of something; *ik heb er geen flauw* ~ *van* I have not the faintest notion of it; *dat gaat mijn* ~ *te boven* it passes my understanding, it is beyond my comprehension, it is beyond me; ~ *hebben voor* appreciate [other people's problems], sympathize with [your difficulties], be understanding of [their point of view]; *volgens mijn* ~*pen* according to my notions of...

begripsverwarring [-'ɡrɪpsfərvarɪŋ] *v* confusion of ideas.

begroeid [bə'ɡru:it] overgrown, grown over (with).

begroeten [bə'ɡru.tə(n)] *vt* salute, greet; *gaan* ~ (go and) pay one's respects to...; ~ *als redder* hail as a saviour; *met vreugde* ~ hail with delight.

begroeting [-tɪŋ] *v* salutation, greeting.

begroten [bə'ɡro.tə(n)] *v* estimate (at *op*).

begroting [-tɪŋ] *v* estimate; *de* ~ the budget, the [Army, Navy, Air] estimates.

begrotingsdebat [-tɪŋsdəbat] *o* debate on the budget, budget debate.

begunstigen [bə'ɡünstəɡə(n)] *vt* 1 favour; 2 (zedelijk steunen) countenance.

begunstiger [-ɡər] *m* patron.

beha [be.'ha] *m* bra.

behaaglijk [bə'ha.ɡələk] pleasant, comfortable.

behaaglijkheid [-hɛit] *v* pleasantness, comfort, comfortableness.

behaagziek [bə'ha.xsi.k] coquettish.

behaagzucht [-süxt] *v* coquettishness, coquetry.

behaard [bə'ha:rt] 1 hairy; 2 ♣ pilose.

behagen [bə'ha.ɡə(n)] I *vt* please; *het heeft de Almachtige behaagd...* the Almighty has been pleased to...; II *o* pleasure; ~ *scheppen in*

find pleasure in, take delight (pleasure) in.

behalen [-'ha.lə(n)] *vt* obtain, gain, win, carry off; *daar is geen eer aan te* ~ zie 2 *eer* (*inlegen met iets*).

behalve [-'halvə] 1 (uitgezonderd) except, but, ⚖ save; 2 (met in begrip van) besides, in addition to; *het is goed* ~ *dat de accenten weggelaten zijn* except that the accents are omitted, except for (but for) the omission of accents.

behandelen [-'hɑndələ(n)] *vt* 1 (iemand) treat [well, ill]; deal [cruelly &] with (by), use [ill, like a dog &]; handle [kindly, roughly]; manage [by flattery]; attend [medically]; 2 (iets) handle, manipulate [an instrument]; treat [a sprained ankle]; treat of [a subject]; deal with [a case, a matter, a question]; ⚖ hear [civil cases], try [criminal cases].

behandeling [-lɪŋ] *v* treatment [of a man, a patient]; [medical] attendance; handling [of an instrument]; discussion [of a bill]; ⚖ hearing [of a civil case], trial [of a criminal case]; *de zaak is in* ~ the matter is being dealt with, under discussion; *wanneer zal de zaak in* ~ *komen?* when will the matter come up for discussion (be dealt with)?; *hij is onder* ~ he is under medical treatment.

behang [bə'haŋ] *o* zie *behangsel*.

behangen [-'haŋə(n)] *vt* hang [with festoons]; paper [a room].

behanger [-'haŋər] *m* paper-hanger; (behanger en stoffeerder) upholsterer.

behangsel [bə'haŋsəl] *o* (wall)paper, paperhangings.

behartigen [bə'hɑrtəɡə(n)] *v* have at heart; *iemands belangen* ~ look after a man's interests.

behartiging [-ɡɪŋ] *v* promotion, care.

beheer [bə'he:r] *o* management, direction, administration; *in eigen* ~ under direct management; *onder zijn* ~ 1 under his management &; 2 during his administration.

beheerder [-dər] *m* manager, director, administrator; ~ *van een failliete boedel* trustee.

beheersen [-sə(n)] I *vt* command [one's passions], control [oneself], dominate [a man, the surrounding country], rule, govern, sway [a people &]; be master of [a language]; II *vr zich* ~ control oneself.

beheerser [-sər] *m* ruler, master.

beheersing [-sɪŋ] *v* command [of a language], control, dominion, sway, rule.

beheerst [bə'he:rst] 1 (kalm) self-possessed; 2 (gematigd) controlled.

beheksen [bə'hɛksə(n)] *vt* bewitch.

behelpen [-'helpə(n)] *zich* ~ make shift, manage to get on; *zich zeer moeten* ~ have to make shift (to live).

behelzen [-'helzə(n)] *vt* contain; ~*de dat...* to the effect that...

behendig [-'hendəx] *aj* (& *ad*) dext(e)rous(ly), deft(ly), adroit(ly).

behendigheid [-hɛit] *v* dexterity, deftness, adroitness.

behept [bə'hept] in: ~ *met* affected (afflicted, troubled) with.

beheren [bə'he:rə(n)] *vt* manage [affairs], administer [an estate], conduct [a business].

behoeden [-'hu.də(n)] *vt* protect, guard, preserve (from *voor*).

behoeder [-dər] *m* protector, preserver.

behoedzaam [-sa.m] I *aj* prudent, cautious, wary; II *ad* prudently, cautiously, warily.

behoedzaamheid [-hɛit] *v* prudence, caution, cautiousness, wariness.

behoefte [bə'hu.ftə] *v* want, need [of money, for quiet]; ~ *hebben aan* stand in need of, be in want of, want; zie ook: *voorzien*.

behoeftig [-tǝx] needy, indigent, destitute.

behoeftigheid [-heit] v neediness, indigence, destitution.

behoeve [bǝ'hu.vǝ] in: *ten ~ van* for the benefit of, in behalf of, in aid of.

behoeven [-vǝ(n)] vt want, need, require; *men behoeft dat niet te herhalen* there is no need to repeat it, it is not necessary to repeat it; *er behoeft niet gezegd te worden, dat...* there is no occasion (for me) to say that...

behoorlijk [bǝ'ho:rlǝk] I *aj* proper, fit(ting); decent [coat, salary &]; siz(e)able [piece, cupboard]; II *ad* properly, decently.

behoren [bǝ'ho:rǝ(n)] I *vi* 1 (toebehoren) belong to; 2 (betamen) be fit (proper); *je behoort (behoorde) te gehoorzamen* you should (ought to) obey; *~ bij* go with; *bij elkaar ~* belong together; *~ onder de besten* be among the best; *~ tot de vissen* belong to (under) the fishes; II *sb* in: *naar ~* as it should be, duly, properly, fittingly. Zie ook: *toebehoren*.

behoud [-'hout] o preservation [from injury or destruction]; conservation [of energy]; salvation [of the soul &]; retention [of a conquered town]; conservatism [in politics]; *met ~ van zijn salaris* while retaining his salary, on full pay, [holidays] with pay.

1 **behouden** [-'hǝudǝ(n)] vt keep, retain, preserve.

2 **behouden** [-'hǝudǝ(n)] *aj* safe, safe and sound.

behoudend [-dǝnt] conservative [party].

behoudens [-dǝns] except for, but for; barring [mistakes &]; *~ nadere goedkeuring van...* subject to the approval of...; *~ onvoorziene omstandigheden* if no unforeseen circumstances arise; *~ zijn recht om...* without prejudice to his right to...

behuild [-'hœylt] tear-stained [eyes].

behuisd [-'hœyst] in: *klein (eng) ~ zijn* be confined (cramped) for room, live at close quarters.

behuizing [-'hœyzιŋ] v 1 housing; 2 house, dwelling.

behulp [-'hʏlp] in: *met ~ van* with the help (assistance) of [friends], with the aid of [crutches].

behulpzaam [-sa.m] helpful, ready to help; *iemand ~ zijn (bij)...* help, assist one (in)...; *iemand de behulpzame hand bieden* hold out a helping hand to a man, lend a person a helping hand.

behuwdbroeder [bǝ'hy:utbru.dǝr] &, zie *schoonbroeder* &.

beiaard ['beia:rt] m chimes, carillon.

beiaardier [beia:r'di:r] m carillon player.

beide ['beidǝ] both; *met ons (z'n) ~n zaten wij daar* we two, the two of us; *met ons ~n kunnen wij dat wel* between us; *een van ~(n)* one of the two, either; *geen van ~(n)* neither; *alle ~ both of them; *wij, gij ~n* both of us, both of you; *ons ~r vriend* our mutual friend.

beiden ['beidǝ(n)] vt abide, wait for; *beid(t) uw tijd* bide (wait) your time.

beiderlei ['beidǝrlei] of both sorts; *op ~ wijs* both ways, either way; *van ~ kunne* of both sexes, of either sex.

Beier ['beiǝr] m Bavarian.

beieren [-ǝrǝ(n)] *vi* (& Bavaria) chime, ring (the bells).

Beleren [-ǝrǝ(n)] o Bavaria.

Beiers [-ǝrs] I *aj* Bavarian; II *sb* Bavarian lager (beer).

beige ['bɛ:ʒǝ] *aj* & o beige.

beijveren [bǝ'eivǝrǝ(n)] in: *zich ~ om...* do one's utmost to...

beïnvloeden [-'ιnvlu.dǝ(n)] vt influence, affect.

beitel ['beitǝl] m chisel.

beitelen [-tǝlǝ(n)] vt chisel [a block of marble].

beits [beits] m & o mordant, stain.

beitsen ['beitsǝ(n)] vt stain.

bejaard [bǝ'ja:rt] aged.

bejaardentehuis [-tǝhœys] o home for the aged, old people's home.

bejaardheid [-heit] v old age.

bejammeren [bǝ'jamǝrǝ(n)] vt deplore, bewail, lament.

bejegenen [bǝ'je.gǝnǝ(n)] vt use [ill &], treat [politely &]; *met scheldwoorden ~* receive with abuse.

bejegening [-ŋιŋ] v treatment.

bek [bɛk] m mouth [of a horse &, also 貝]; beak, bill [of a bird]; snout [of fish &]; jaws [of a vice]; bit [of pincers]; *een grote ~ hebben* P have plenty of jaw. Zie ook: *mond*.

bekaaid [bǝ'ka:it] in: *er ~ afkomen* fare badly, come away with a flea in one's ear.

bekaf ['bɛkɑf] knocked up, done up, dog-tired.

bekampen [bǝ'kɑmpǝ(n)] vt zie *bestrijden*.

bekappen [-'kɑpǝ(n)] vt 1 hew [stone]; 2 roof in [a house].

bekapping [-pιŋ] v roofing.

bekeerder [-dǝr] m converter.

bekeerling [-lιŋ] m convert, proselyte.

bekend [bǝ'kɛnt] 1 known; 2 (welbekend) well-known, noted, > notorious; familiar; *~ (zijn) in Amsterdam* (be) acquainted or known in A.; *met* acquainted with, familiar with; *het ~ maken* announce it, make it known, publish it; *iemand met iets ~ maken* acquaint one with a thing; *zich ~ maken* make oneself known; *~ worden* 1 (v. personen &) become known, rise to notice; 2 (v. geheim) become known, get about (abroad); *met iemand ~ worden* get acquainted with a person; *~ zijn* be known; *het is ~* it is a well-known fact; *het is algemeen ~* it is a matter of common knowledge; *~ zijn (staan) als...* be known (to fame) as...; *hij is ~ als de bonte hond* he is known all over the place; *ik ben hier (goed) ~* I know the place (well), I know this part; *ik ben hier niet ~* I am a stranger (to the place); *voor zover mij ~ to* (the best of) my knowledge.

bekende [bǝ'kɛndǝ] m-v acquaintance.

bekendheid [bǝ'kɛnthɛit] v acquaintance, familiarity [with French, a fact &]; notoriety [of a person]; *het is van algemene ~* it is a matter of common knowledge.

bekendmaking [-ma.kιŋ] v announcement, notice [in the papers]; publication [of an edict]; [official] proclamation.

bekennen [bǝ'kɛnǝ(n)] I *vt* confess, own, acknowledge, avow [a fault]; *er was geen huis te ~* there was no sign of a house, there was not a house to be seen; *de moord ~* 疋 confess to the murder; II *va* follow suit [at cards]; 疋 plead guilty.

bekentenis [-'kɛntǝnis] v confession, avowal; *een volledige ~ afleggen* make a full confession.

beker ['be.kǝr] m cup, chalice, goblet, beaker, bowl; mug [of cocoa]; (v. dobbelstenen) dice-box.

bekeren [bǝ'ke.rǝ(n)] I *vt* convert[2]; reclaim [a sinner]; ook: proselytize; II *vr zich ~* (tot andere godsdienst) be converted, become a convert; (v. zondaar) reform, repent.

bekering [-rιŋ] v 1 (tot ander geloof) conversion; 2 (v. zondaar) reclamation.

bekerwedstrijd ['be.kǝrwɛtstreit] m sp cup match, cup tie.

bekeuren [bǝ'kø:rǝ(n)] vt *iemand ~* take a person's name, summons him.

bekeuring [-rιŋ] v summons.

bekijk [bǝ'keik] o in: *zij had veel ~s* she was looked at by everyone.

bekijken [-'keikǝ(n)] vt look at, view.

bekisting [-'kɪstɪŋ] v (v. beton) shuttering.

bekken ['bɛkə(n)] o 1 (schotel) bowl, basin; 2 (in 't lichaam) pelvis; 3 ♪ cymbal; 4 (v. rivier) (catchment) basin.

bekkenist [-'nɪst] m ♪ cymbalist.

beklaagde [bə'kla.gdə] m-v ‡‡ 1 defendant [in civiele zaken]; 2 (the) accused; defendant, (the) prisoner [in criminele zaken].

bekladden [bə'kladə(n)] vt bespatter, blot, daub; fig asperse, slander [a person].

beklag [-'klɑx] o complaint; zijn ~ doen over... bij complain of... to...; zijn ~ indienen (bij) lodge a complaint (with).

beklagen [-'kla.gə(n)] I vt (iets) lament, deplore; (iemand) pity, commiserate; II vr zich ~ complain; zich ~ over... bij... complain of... to...; je zult het je ~ you will be sorry for it.

beklagenswaard(ig) [bəkla.gəns'va:rt, -'va:rdəx] lamentable, (much) to be pitied, pitiable, deplorable.

beklant [bə'klɑnt] in: ~e winkel well-patronized shop.

bekleden [bə'kle.də(n)] vt 1 (bedekken) clothe [the soul &], cover [chairs], drape, dress [a figure], coat, line [with tin], face [with layer of other material]; metal, sheathe [a ship's sides]; ✂ lag [a boiler with a strip of wood, felt]; 2 fig (innemen) hold, fill [a place], occupy [a post]; ~ met clothe with, (in)vest with [power].

bekleder [-dər] m holder, occupant [of an office]; (geestelijke) incumbent.

bekleding [-dɪŋ] v 1 clothing, covering &; 2 investiture; 3 tenure [of office].

bekleedsel [bə'kle.tsəl] o covering.

beklemd [-'klɛmt] (benauwd) oppressed; ~e breuk ⚕ strangulated hernia.

beklemdheid [-hɛit] v oppression.

beklemmen [bə'klɛmə(n)] vt oppress.

beklemming [-mɪŋ] v 1 oppression; 2 (v. breuk) ⚕ strangulation.

beklemtonen [bə'klɛmto.nə(n)] vt stress², fig emphasize.

beklijven [-'klɛivə(n)] vi remain, stick.

beklimmen [-'klɪmə(n)] vt climb [a tree], mount [a throne]; ascend [a mountain, the throne]; scale [a wall]; ⚔ escalade [a rampart].

beklimming [-mɪŋ] v climbing, mounting, ascent, scaling; ⚔ escalade.

beklinken [bə'klɪŋkə(n)] vt 1 rivet [with nails]; fig settle [an affair]; clinch [the deal, a question]; 2 drink to; de zaak was spoedig beklonken the matter was soon settled.

bekloppen [-'klɔpə(n)] vt 1 tap; 2 ⚕ percuss, sound.

beknellen [-'knɛlə(n)] vt pinch; bekneld zijn be jammed.

beknibbelen [-'knɪbələ(n)] vt beat down [the price]; cut down [wages]; pinch [one for food], skimp, stint [a man in money, praise &.

beknopt [-'knɔpt] aj (& ad) concise(ly), brief(ly), succinct(ly).

beknoptheid [-hɛit] v conciseness, briefness, brevity, succinctness.

beknorren [bə'knɔrə(n)] vt chide, scold.

beknotten [-'knɔtə(n)] vt curtail.

beknotting [-tɪŋ] v curtailment.

bekocht [bə'kɔxt] in: ik voelde mij ~ I felt taken in (let down); hij is er aan ~ he has paid too dear for it; u bent er niet aan ~ you have got your money's worth; zie ook: bekopen.

bekoelen [-'ku.lə(n)] vi (& vt) cool (down)².

bekogelen [-'ko.gələ(n)] vt pelt [with eggs &].

bekokstoven [-'kɔksto.və(n)] vt F concoct.

bekomen [-'ko.mə(n)] I vt 1 (krijgen) get, receive, obtain; 2 (v. spijzen) agree with, suit; dat zal je slecht ~ you will be sorry for

it; wel bekome het u! much good may it do you!; II vi recover; laat mij even ~! let me recover my breath!

bekommerd [-'kɔmərt] concerned, anxious, solicitous; zich ~ maken over trouble oneself about, worry about.

bekommerdheid [-hɛit] v concern, anxiety.

bekommeren [bə'kɔmərə(n)] in: zich ~ om (over) care about, trouble about, be anxious about.

bekomst [bə'kɔmst] in: zijn ~ eten eat one's fill; zijn ~ hebben van iets F be fed up with it.

bekonkelen [-'kɔŋkələ(n)] vt plot, scheme.

bekoorlijk [-'ko:rlək] aj (& ad) charming(ly), enchanting(ly).

bekoorlijkheid [-hɛit] v charm, enchantment.

bekopen [bə'ko.pə(n)] vt in: hij moest het met de dood ~ he had to pay for it with his life; zie ook: bekocht.

bekoren [-'ko:rə(n)] vt charm, enchant, fascinate; RK tempt.

bekoring [-'ko:rɪŋ] v charm, enchantment, fascination; RK temptation; onder de ~ komen van fall under the spell of.

bekorten [-'kɔrtə(n)] I vt shorten [a distance]; abridge [a book]; cut short [a speech]; II vr zich ~ make it short, be brief.

bekorting [-tɪŋ] v shortening, abridgement.

bekostigen [bə'kɔstəgə(n)] vt defray (bear) the cost of, pay the expenses of.

bekrachtigen [bə'krɑxtəgə(n)] vt confirm [a statement]; ratify [a treaty]; sanction [a custom, a law].

bekrachtiging [-gɪŋ] v confirmation; ratification; sanction; [royal] assent.

bekransen [bə'krɑnsə(n)] vt crown with flowers, wreathe.

bekrassen [-'krɑsə(n)] vt scratch (all) over.

bekreunen [-'krø.nə(n)] zich ~ zie zich bekommeren.   [oneself.

bekrimpen [-'krɪmpə(n)] zich ~ stint (pinch)

bekritiseren, bekritizeren [-kri.ti.'ze:rə(n)] vt criticize, censure.

bekrompen [-'krɔmpə(n)] I aj 1 (personen, geest) narrow-minded, narrow; 2 (beginselen) hidebound; 3 confined [space]; 4 scanty [resources], slender [means], straitened [circumstances]; II ad in: ~ wonen be cramped for room.

bekrompenheid [-hɛit] v narrow-mindedness, narrowness.

bekronen [bə'kro.nə(n)] vt 1 crown; 2 award a (the) prize to; zie ook: bekroond.

bekroning [-nɪŋ] v 1 crowning; 2 award.

bekroond [bə'kro.nt] in: ~e os prize ox; het (met een medaille) ~ plan the (medal-)winning scheme; het ~e portret the prize-winning portrait; ~e verhandeling prize essay.

bekruipen [-'krœypə(n)] vt in: de lust bekroop hem om... a desire to... came over him.

bekvechten ['bɛkfɛxtə(n)] vi wrangle, squabble.

bekwaam [bə'kva.m] capable, able, clever; fit.

bekwaamheid [-hɛit] v capability, ability, capacity, aptitude; skill, proficiency; zijn bekwaamheden his capacities (faculties, abilities, accomplishments).

bekwamen [bə'kva.mə(n)] I vt capacitate; qualify, fit [one for a post]; II vr zich ~ fit oneself, qualify [for a post]; zich ~ voor een examen read for an examination.

bel [bɛl] v 1 (v. metaal) bell; 2 (luchtblaasje) bubble; 3 (oorsieraad) ear-drop; zie ook: kat.

belabberd [bə'lɑbərt] zie beroerd.

belachelijk [-'lɑgələk] I aj ridiculous, ludicrous, laughable; ~ maken ridicule; zich ~ maken make oneself ridiculous, make a fool of oneself; II ad ridiculously.

beladen [-'la.də(n)] vt load, lade, burden².

belagen [-'la.gə(n)] *vt* waylay, lay snares for.

belager [-gər] *m* waylayer.

belanden [bə'landə(n)] *vi* land; *waar is mijn pen beland?* what has become of my pen?; *doen* ~ land.

belang [bə'laŋ] *o* I (voordeel) interest; 2 (belangrijkheid) importance; ~ *hebben bij een zaak* have an interest in it, be interested in it; *er* ~ *bij hebben om...* find it one's interest to...; ~ *stellen in* take an interest in, be interested in, interest oneself in; ~ *gaan stellen in* become interested in; *ik doe het in uw* ~ I do it in your interest; *het is in ons aller* ~ it is to the interest of all of us; *het is van* ~ it is important, it is of importance; *de zaak is van geen* ~ of no importance; *van het hoogste* ~ of the first importance; *van weinig* ~ of little consequence (moment).

belangeloos [-'laŋəlo.s] *aj* (& *ad*) disinterested(ly).

belangeloosheid [bəlaŋə'lo.shɛit] *v* disinterestedness.

belangengemeenschap [-gəmə.nsxɑp] *v* community of interests.

belangensfeer [-sfe:r] *v* sphere of interests.

belanghebbende [bəlaŋ'hɛbəndə] *m-v* party concerned, party interested.

belangrijk [bə'laŋrɛik] I *aj* important, of importance; considerable [amount &]; II *ad* < considerably [better &].

belangrijkheid [-hɛit] *v* importance.

belangstellend [bə'laŋstɛlənt] I *aj* interested; II *ad* with interest.

belangstelling [bə'laŋstɛlɪŋ] *v* interest (in voor); *bewijzen (blijken) van* ~ marks of sympathy; *iemands* ~ *wekken voor* interest one in; *hij weet de* ~ *te wekken* he knows how to create an interest; *met* ~ with interest.

belangwekkend [bəlaŋ'vɛkənt] interesting.

belast [bə'lɑst] in: ~ *en beladen* heavily laden; *een erfelijk* ~*e* a victim of heredity.

belastbaar [-ba:r] *aj* dutiable [at the customhouse], taxable [income, capital, profits], assessable, rat(e)able [property].

belasten [bə'lɑstə(n)] I *vt* I (last opleggen) burden; 2 🔨 load; (belasting opleggen) tax [subjects], rate [city people]; impose a tax on [liquors]; 4 $ debit [with a sum]; ... *met tien gulden* ~ ook: put ten guilders on...; *iemand met iets* ~ charge one with something; *belast zijn met (de zorg voor)* be in charge of; *erfelijk belast zijn* have a taint of heredity; II *vr zich* ~ *met* undertake, take upon oneself, charge oneself with.

belasteren [-'lɑstərə(n)] *vt* calumniate, slander, defame.

belastering [-rɪŋ] *v* calumniation, defamation.

belasting [bə'lɑstɪŋ] *v* I (het belasten) burdening &; taxation (of subjects), 2 🔨 weight, load [on arch &]; 3 (schatting) tax(es) [for the government], rates [for local purposes]; duty [on petrol]; 4 (de dienst, de fiscus) inland revenue; ~ *op openbare vermakelijkheden* (public) entertainment tax, amusement tax; ~ *over de toegevoegde waarde* zie *B.T.W.*; ~ *heffen van* levy a tax (taxes) on; *in de* ~ *vallen* be liable to taxation.

belastingbetaler [-əmtəna:r] *m* tax official revenue official.

belastingbetaler [-bətə.lər] *m* taxpayer, ratepayer.

belastingbiljet [-biljet] *o* notice of assessment.

belastingconsulent [-kònzy.lent] *m* tax consultant.

belastingdruk [-drük] *m* burden of taxation, tax burden.

belastingjaar [-ja:r] *o* fiscal year.

belastingkantoor [-kanto:r] *o* tax-collector's office.

belastingontduiking [-òndœykɪŋ] *v* tax-dodging.

belastingplichtig [bəlɑstɪŋ'plɪxtəx] **belastingschuldig** [-'sxüldəx] *aj* taxable, ratable; ~*en* taxpayers, ratepayers.

belastingpolitiek [bə'lɑstɪŋpo.li.ti.k] *v* taxation policy, fiscal policy.

belastingstelsel [-stɛlsəl] *o* system of taxation, tax system, fiscal system.

belastingzegel [-ze.gəl] *m* revenue stamp.

belboei ['bɛlbu:i] *v* 🔔 bell-buoy.

beledigen [bə'le.dəgə(n)] *vt* insult, affront, offend, hurt [one's feelings], (grof) outrage.

beledigend [-gənt] offensive, insulting.

belediger [-gər] *m* offender.

belediging [-gɪŋ] *v* (v. iemand) insult, affront; (v. gevoelens) offence, outrage; *een* ~ *aandoen* zie *beledigen*.

beleefd [bə'le.ft] I *aj* polite, civil, courteous; II *ad* politely &; *wij verzoeken u* ~ we kindly request you; ~ *maar dringend* gently but firmly.

beleefdheid [bə'le.fthɛit] *v* politeness, civility, courteousness, courtesy; *de burgerlijke* ~ common politeness; *beleefdheden* civilities; compliments; *dat laat ik aan uw* ~ *over* I leave it to your discretion.

beleefdheidsbezoek [-hɛitsbəzu.k] *o* courtesy visit.

beleefdheidshalve [bələ.fthɛits'halvə] out of compliment.

beleefdheidsvorm [bə'le.fthɛitsfɔrm] *m* form of etiquette.

beleg [bə'lɛx] *o* siege; *het* ~ *slaan voor* lay siege to; zie ook: *opbreken & staat*.

belegen [-'le.gə(n)] matured (cigars, wine &]; seasoned [timber &], ripe [cheese], stale [bread].

belegeraar [-gəra:r] *m* 🗡 besieger.

belegeren [-rə(n)] *vt* 🗡 besiege, lay siege to.

belegering [-rɪŋ] *v* 🗡 siege.

beleggen [bə'lɛgə(n)] *vt* I cover, overlay [with a coating of...]; 2 $ invest [one's money in...]; 3 (bijeenroepen) convene, call [a meeting]; 4 (optouwzetten) arrange [a meeting].

beleggingsfondsen [-gɪŋsfònsə(n)] *mv* investment stock.

belegsel [bə'lɛxsəl] *o* trimming [of a gown].

beleid [bə'lɛit] *o* I prudence, discretion, generalship; 2 conduct, management; [foreign] policy.

beleidvol [-fòl] *aj* (& *ad*) prudent(ly), discreet(ly).

belemmeren [bə'lɛmərə(n)] *vt* hinder, impede, obstruct, stand in the way of; *in de groei belemmerd* stunted in growth.

belemmering [-rɪŋ] *v* hindrance, impediment, obstruction.

belendend [bə'lɛndənt] adjacent.

belenen [-'le.nə(n)] *vt* pawn; borrow money against [securities].

belening [-nɪŋ] *v* pawning; loan against security.

belet [bə'lɛt] *o* in: ~*!* don't come in!, occupied!; ~ *geven* not be at home [to visitors]; ~ *hebben* be engaged; *hij heeft* ~ he cannot receive you, he is not visible; ~ *krijgen* be denied; ~ *laten vragen* send to inquire if Mr. and Mrs. So-and-So are at home.

beletsel [bə'lɛtsəl] *o* hindrance, obstacle, impediment.

beletten [-'lɛtə(n)] *vt* I (iets) prevent, put a stop to, stop [a nuisance]; 2 (met infinitief) hinder (prevent) from, preclude from.

beleven [-'le.və(n)] *vt* I live to see; 2 go through [many adventures, three editions]; *zijn 80ste verjaardag nog* ~ live to be eighty.

belevenis [-'le.vənɪs] *v* experience.

1 **belezen** [-'le.zə(n)] *vt* (b a n n e n) exorcise.
2 **belezen** [-'le.zə(n)] *aj* well-read.
belezenheid [-heit] *v* (range of) reading; *zijn grote ~* his extensive (wide) reading.
Belg [bɛlx] *m* Belgian.
België ['bɛlɣi.ə] *o* Belgium.
Belgisch [-gi.s] Belgian.
belhamel ['bɛlha.məl] *m* bell-wether; *fig* ring-leader; (d e u g n i e t) rascal.
belichamen [bə'lɪɣa.mə(n)] *vt* embody.
belichaming [-mɪŋ] *v* embodiment.
belichten [bə'lɪxtə(n)] *vt* 1 illuminate, throw (a) light on; 2 light [a picture]; 3 expose [in pho-tography].
belichting [-tɪŋ] *v* 1 illumination, light; 2 lighting [of a picture]; 3 exposure [in photog-raphy].
belichtingsmeter [-tɪŋsme.tər] *m* exposure meter.
beliegen [bə'li.ɣə(n)] *vt* lie to [a person].
believen [-'li.və(n)] I *vt* please; *belieft u thee?* 1 shall I give you tea?; 2 do you like tea?; *wat belieft u?* 1 (i n w i n k e l) what can I get (do) for you?; 2 (b ij n i e t v e r s t a a n) beg pardon?; *moeten wij wachten tot het u belieft iets te doen?* till you may be pleased to stir in the matter?; *neem wat u belieft* take what you like; II *o in: het staat aan uw ~* we leave it to your own pleasure; *naar ~* at pleasure, at will; [add sugar] to taste; *handel naar ~* use your own discretion, please yourself.
belijden [-'lɛidə(n)] *vt* 1 confess [one's guilt]; 2 profess [a religion].
belijdenis [-dənɪs] *v* 1 confession [of faith]; 2 (g o d s d i e n s t) profession, creed, denomina-tion; 3 (a a n n e m i n g t o t l i d m a a t) con-firmation; *zijn ~ doen* be confirmed.
belijder [-dər] *m* confessor, professor [of a religion].
belknop ['bɛlknɔp] *m* bell-button, bell-push.
belladonna [bɛla.'dɔna.] *v* ♣ belladonna.
bellefleur ['bɛləflœːr] *m* bellefleur apple.
bellen ['bɛlə(n)] I *vi* ring (the bell); *er wordt ge-beld* there is a ring (at the bell, at the door); II *vt in: de meid ~* ring for the servant; zie ook: *opbellen*.
bellettrie [bɛlɛ'tri.] *v* belles-lettres, polite literature.
beloeren [bə'lu:rə(n)] *vt* watch, spy upon, peep at.
belofte [-'lɔftə] *v* promise; ⚖ affirmation; *zijn ~ breken* break one's promise; *zijn ~ houden* keep one's promise; *~ maakt schuld* promise is debt.
belommerd [-'lɔmərt] shady.
belonen [bə'lo.nə(n)] *vt* reward; recompense, remunerate, requite.
beloning [-nɪŋ] *v* reward; recompense, remu-neration; requital; *ter ~ van* as a reward for, in reward of, in return for; *een ~ uitloven* offer a reward.
beloop [bə'lo.p] *o* 1 (r i c h t i n g) course, way; 2 (b e d r a g) amount; *alles op zijn ~ laten* let things take their course, let things drift.
1 **belopen** [-'lo.pə(n)] *vt* amount to [of a sum].
2 **belopen** [-'lo.pə(n)] *aj in: met bloed ~* blood-shot [eyes].
beloven [-'lo.və(n)] *vt* promise; *de oogst belooft veel* the crops are very promising, promise well; *het belooft mooi weer te worden* there is every promise of fine weather; *~ en doen zijn twee, veel ~ en weinig geven, doet de gekken in vreugde leven* it is one thing to promise and another to perform.
Belt [bɛlt] *v* [the Great, the Little] Belt.
belt [bɛlt] *m* & *v* zie *asbelt*.
beluisteren [bə'lœystərə(n)] *vt* listen to [as an eavesdropper]; 🎵 ✝ listen in to [a broad-cast].

belust [-'lüst] in: *~ zijn op* be eager for, have a longing for.
belustheid [-heit] *v* longing, > lust.
belvédère [bɛlvə'de:rə] *m* belvedere.
bemachtigen [bə'maxtəɣə(n)] *vt* make oneself master of, take possession of, possess oneself of, seize, secure.
bemachtiging [-gɪŋ] *v* taking possession of, seizing, seizure.
bemannen [bə'mɑnə(n)] *vt* man [a ship].
bemanning [-nɪŋ] *v* crew.
bemantelen [bə'mɑntələ(n)] *vt* cloak[2], *fig* veil, palliate; gloze over, gloss.
bemerken [bə'mɛrkə(n)] *vt* perceive, notice.
bemesten [-'mɛstə(n)] *vt* manure, dung, dress; (m e t k u n s t m e s t) fertilize.
bemesting [-tɪŋ] *v* manuring, dunging, dress-ing; (m e t k u n s t m e s t) fertilization.
bemiddelaar [bə'mɪdəla:r] *m* mediator, inter-cessor.
bemiddeld [bə'mɪdəlt] in easy circumstances, well-to-do.
bemiddelen [-'mɪdələ(n)] *vt* mediate [a peace]; *~d optreden* act as a mediator, mediate.
bemiddeling [-lɪŋ] *v* mediation; *door ~ van* through the agency of (intermediary, medium) of...
bemiddelingsvoorstel [-lɪŋsfo:rstɛl] *o* proposal of mediation, mediatory proposal.
bemind [bə'mɪnt] (be)loved; *zich ~ maken* make oneself loved [by...], popular [with...].
beminde [-'mɪndə] *m-v* loved one, (well-)be-loved, lover, sweetheart, intended.
beminnelijk [-'mɪnələk] 1 (p a s s i e f) lovable; 2 (a c t i e f) amiable.
beminnelijkheid [-heit] *v* 1 lovableness; 2 ami-ability.
beminnen [bə'mɪnə(n)] *vt* be fond of, love, cherish.
beminnenswaard(ig) [bəmɪnəns'va:rt, -'va:r-dəx] zie *beminnelijk*.
bemodderd [bə'mɔdərt] muddy, mud-stained.
bemodderen [-dərə(n)] *vt* muddy, cover with mud.
bemoederen [bə'mu.dərə(n)] *vt* mother.
bemoedigen [bə'mu.dəɣə(n)] *vt* encourage.
bemoediging [-gɪŋ] *v* encouragement.
bemoeial [bə'mu.jal] *m* busybody, meddler.
bemoeien [-'mu.jə(n)] in: *zich ~ met* meddle with, interfere with [what's not one's busi-ness]; *zich met zijn eigen zaken ~* mind one's own business; *ik vroeg hem of hij er zich eens mee ~ wou* if he would interfere (take action, take a hand); *je moet je niet zo met alles ~* you mustn't always be meddling.
bemoeienis [-'mu.jənɪs] **bemoeiing** [-'mu.jɪŋ] *v* 1 meddling, interference; 2 trouble; *ik heb er geen ~ mee* I have nothing to do with it.
bemoeilijken [-'mu:iləkə(n)] *vt* make difficult, hamper.
bemoeiziek [-'mu:izi.k] meddlesome.
bemoeizucht [-züxt] *v* meddlesomeness.
bemonsteren [bə'mɔnstərə(n)] *vt* ♣ sample; *be-monsterde offerte* sampled offer, offer with sample(s).
bemorsen [bə'mɔrsə(n)] *vt* soil, dirty.
bemost [-'mɔst] mossy, moss-grown.
ben [bɛn] *v* basket, hamper.
benadelen [bə'na.de.lə(n)] *vt* hurt, harm, injure, prejudice.
benadeling [-lɪŋ] *v* injury, prejudice.
benaderen [bə'na.dərə(n)] *vt* 1 (b e s l a g l e g-g e n o p) seize, confiscate; 2 (n a b ij k o m e n) approximate; 3 (s c h a t t e n) estimate; 4 (ie-m a n d, e e n v r a a g s t u k) approach.
benadering [-rɪŋ] *v* 1 (v. g o e d e r e n &) seizure, confiscation; 2 (v. g e t a l l e n &) approxima-tion; *de ~ van een probleem* the approach to a problem; *bij ~* approximately.

benaming [bə'na.mɪŋ] *v* denomination, name, appellation.

benard [-'nɑrt] critical; *in* ~*e omstandigheden* in straitened circumstances; *in deze* ~*e tijden* in these hard (trying) times.

benardheid [-heit] *v* embarrassment.

benauwd [bə'nɑut] 1 (ver t r e k) close, stuffy; 2 tight in the chest, oppressed; 3 (bang) fearful, timid, timorous; anxious [hours]; 4 (nauw) tight; *het is hier erg* ~ 1 it is very close here; 2 we are rather cramped for room; *hij kreeg het* ~ 1 his breathing became oppressed; 2 he was hard pressed; 3 he became afraid; *wees maar niet* ~*!* no fear!, don't be afraid!

benauwdheid [-heit] *v* 1 closeness; 2 tightness of the chest, (fit of) oppression; 3 anxiety, fear.

benauwen [bə'nɑuə(n)] *vt* oppress.

benauwend [-ənt] *aj* (& *ad*) oppressive(ly).

benauwing [-ɪŋ] *v* oppression.

bende ['bɛndə] *v* band [of rebels], troop [of children]; gang [of ruffians]; pack [of beggars]; *de hele* ~ the whole lot; *wat een* ~*!* 1 (v. personen) what a (disorderly) crew!; 2 (v. toestand) what a mess!

beneden [bə'ne.də(n)] I *prep* below, beneath, under; *dat is* ~ *mij* that is beneath me; *hij staat* ~ *mij* he is under me, my inferior; *inkomens* ~ £ *200* incomes under £ 200; *ver* ~*... blijven* fall greatly short of... [expectations, the pre-war level]; II *ad* 1 downstairs, down; 2 below (ook = at the foot of the page); *wij wonen* ~ we live on the ground-floor; ~ (*aan de bladzijde*) at the foot (bottom) of the page, below; *naar* ~ downstairs; downward(s), down; [jump] on to the ground; *5de regel van* ~ from bottom.

benedenbuur [-by:r] *m* neighbour on the lower storey, ground-floor neighbour.

benedeneind(e) [-ɛint, -ɛində] *o* lower end, bottom.

benedenhuis [-hœys] *o* ground floor.

benedenkamer [-ka.mər] *v* ground-floor room.

benedenloop [-lo.p] *m* lower course [of a river].

benedenraam [-ra.m] *o* ground-floor window.

benedenstad [-stɑt] *v* lower town.

benedenste [-stə] lowest, lowermost, undermost, bottom.

benedenverdieping [-vərdi.pɪŋ] *v* ground floor.

benedictijn [be.nədɪk'tɛin] *m* Benedictine (monk).

beneficie [be.ne'fi.si.] *onder* ~ *van inventaris* without prejudice.

benefiet [-'fi.t] *o* benefit performance, benefit [night.]

Benelux [be.nə'lûks] *v* Benelux.

benemen [bə'ne.mə(n)] I *vt* take away; *het uitzicht* ~ obstruct the view; II *vr in: zich het leven* ~ take one's own life.

1 benen ['be.nə(n)] *aj* bone.

2 benen ['be.nə(n)] *vi* walk (quickly).

benepen [bə'ne.pə(n)] poor-spirited; smallminded; *met een* ~ *hart* with a faint heart; *met een* ~ *stemmetje* in a timid voice.

benepenheid [-heit] *v* poor-spiritedness; smallmindedness.

beneveld [bə'ne.vəlt] 1 foggy, misty, hazy; dim [of sight, intelligence]; 2 F (halfdronken) muzzy, fuddled.

benevelen [-vələ(n)] *vt* 1 befog, cloud, dim; 2 (door de drank) bemuse; F fuddle.

benevens [bə'ne.vəns] (together) with, besides, in addition to.

Bengaals [bɛŋ'ga.ls] Bengal; ~ *vuur* Bengal light(s).

Bengalees [-ga.'le.s] *m* Bengalese [*mv* Bengalese].

Bengalen [-'ga.lə(n)] *o* Bengal.

bengel ['bɛŋəl] *m* 1 clapper [of a bell]; 2 bell; 3

F pickle, naughty boy.

bengelen ['bɛŋələ(n)] *vi* dangle, swing [on the gallows].

benieuwd [bə'ni:ut] in: ~ *zijn* be curious to know; *zeer* ~ *zijn* be anxious to know; *ik ben er (niet)* ~ *naar* I am (not) curious to see (know &) it; *zie ook: benieuwen.*

benieuwen [-ni.və(n)] *vr in: het zal mij* ~ *of hij komt* I wonder if he is going to turn up.

benig ['be.nəx] bony, F osseous.

benijdbaar [bə'nɛitba:r] enviable.

benijden [-'nɛidə(n)] *vt* envy, be envious of; *beter benijd dan beklaagd* better envied than pitied.

benijdenswaard(ig) [bənɛidəns'va:rt, -'va:rdəx] enviable.

benijder [bə'nɛidər] *m* -**ster** [-'nɛitstər] *v* envious person.

benodigd [bə'no.dəxt] required, necessary.

benodigdheden [-he.də(n)] *mv* needs, necessaries, requisites, materials.

benoembaar [bə'nu.mba:r] eligible.

benoembaarheid [-heit] *v* eligibility.

benoemen [-ni.mə(n)] *vt* appoint, nominate; *hem* ~ *tot...* appoint him (to be)...

benoeming [-mɪŋ] *v* appointment, nomination; *zijn* ~ *tot...* his appointment to be (a)..., as (a)..

benoorden [bə'no:rdə(n)] (to the) north of, northward of.

benul [bə'nûl] *o* F notion.

benutten [-'nûtə(n)] *vt* utilize, make use of, avail oneself of, turn to account.

benzine [-'zi.nə] *v* 1 petrol, motor spirit; *Am* gasoline; 2 benzine [for cleaning clothes &].

benzinemotor [-mo.tər] *m* petrol engine.

benzinepomp [-pɔmp] *v* petrol pump.

benzoë ['bɛnzo.e.] *v* benzoin.

beoefenaar [bə'u.fəna:r] *m* practitioner [of pugilism &]; student [of English]; cultivator [of the art of painting].

beoefenen [-nə(n)] *vt* study [a science, an art], cultivate [an art]; practise, follow [a profession]; practise [virtue].

beoefening [-nɪŋ] *v* study [of a science, an art], practice, cultivation [of an art].

beogen [bə'o.gə(n)] *vt* have in view, aim at.

beoordelaar [-'o:rde.la:r] *m* judge, critic, reviewer.

beoordelen [-lə(n)] *vt* judge of [a thing], judge [a man]; review, criticize [a book, play &]; *hem* ~ *naar...* judge him by...

beoordeling [-lɪŋ] *v* 1 judg(e)ment; 2 (v. boek &) criticism, review.

beoorlogen [bə'o:rlo.gə(n)] *vt* wage (make) war on (against).

beoosten [-'o.stə(n)] (to the) east of, eastward of.

bepaalbaar [-'pa.lba:r] determinable, definable.

bepaald [-'pa.lt] I *aj* fixed [hour, price]; 2 (duidelijk omlijnd) definite [object], positive [answer], distinct [inclination]; 3 (vaststaand) stated [hours for...], appointed [times for...]; 4 *gram* definite [article]; *in* ~*e gevallen* in certain (particular, specific) cases; *het bij de wet* ~*e* the provisions enacted (laid down) by law; *niets* ~ nothing definite; II *ad* positively &, < decidedly [fine, impossible &]; *u moet* ~ *gaan* you should go by all means; you should make a point of going; *hij moet daar* ~ *iets mee op het oog hebben* I am sure he must have a definite object in view; *als je nu* ~ *gaan wilt, dan...* if you are determined on going, then...; *hij is nu niet* ~ *slim* he is not exactly clever.

bepaaldelijk [-'pa.ldələk] particularly, specifically.

bepaaldheid [-'pa.ltheit] *v* definiteness, positiveness.

bepakken [-'pɑkə(n)] *vt* pack.

bepakking [-kiŋ] *v* ✕ pack.

bepalen [bə'pa.lə(n)] **I** *vt* 1 fix [a time, price], appoint [an hour for...], stipulate [a condition]; 2 (b ij b e s l u i t) provide, lay down, decree, enact; 3 (d o o r o n d e r z o e k) ascertain, determine [the weight &]; 4 (o m-s c h r ij v e n) define [an idea]; 5 (u i t m a k e n) decide, determine [the success]; *nader te* ~ to be fixed, to be determined later on; **II** *vr zich* ~ *bij het gebeurde* restrict oneself to what has happened; *zich t o t een paar opmerkingen* ~ restrict (confine) oneself to a few remarks.

bepaling [-liŋ] *v* 1 (v. uur &) fixing; 2 (v. be-g r ip) definition; 3 (in c o n t r a c t) stipulation, clause; 4 (in wet &) provision, regulation; 5 (d o o r o n d e r z o e k) determination; 6 *gram* adjunct.

bepantseren [bə'pɑn(t)sərə(n)] *vt* armour; *bepantserd* ook: armour-plated.

bepantsering [-riŋ] *v* armour(ing), armour-plating.

bepeinzen [-'pɛinzə(n)] *vt* meditate (on), muse (up)on.

beperken [-'pɛrkə(n)] **I** *vt* limit, restrict; cut down, curtail [expenses, output], reduce [the service]; modify, qualify [the sense of a word]; *de brand* ~ localize the fire; **II** *vr zich* ~ keep within bounds; be brief; *zich tot een paar opmerkingen* ~ zie *bepalen* & *beperkt*.

beperkend [-kənt] limiting, restrictive [clause &].

beperking [-kiŋ] *v* limitation, restriction, restraint; reduction.

beperkt [bə'pɛrkt] limited [area, means, franchise, sense], confined [space], restricted [application]; ~*e aansprakelijkheid* limited liability; ~ *tot* limited to, restricted to.

beperktheid [-hɛit] *v* limitedness, limitation.

beplakken [bə'plɑkə(n)] *vt* paste (over).

beplanten [-'plɑntə(n)] *vt* plant.

beplanting [-tiŋ] *v* planting; plantation.

bepleisteren [bə'plɛistərə(n)] *vt* plaster (over).

bepleistering [-riŋ] *v* plastering.

bepleiten [bə'plɛitə(n)] *vt* plead, advocate.

beploegen [-plu.ɣə(n)] *vt* plough.

bepoederen, bepoeieren [-'pu.dərə(n), -pu.-jərə(n)] *vt* powder.

bepoten [-'po.tə(n)] *vt* plant, set [with].

bepraten [-'pra.tə(n)] *vt* 1 (iets) talk about, discuss; 2 (iemand) talk... round; *iemand* ~ *om...* talk one into ...ing; *zich laten* ~ suffer oneself to be persuaded, to be talked into ...ing; *zij wordt door iedereen bepraat* she is the talk of the town.

beproefd [-'pru.ft] well-tried [system]; efficacious [remedy]; tried [friend]; *de zwaar* ~*e familie* the bereaved family; *wij worden zwaar* ~ we are visited with many afflictions.

beproeven [-'pru.və(n)] *vt* 1 (p r o b e r e n) try, attempt, endeavour [it]; 2 (op de p r o e f s t e l l e n) try; visit [with affliction].

beproeving [-viŋ] *v* trial, visitation, affliction.

beraad [bə'ra.t] *o* deliberation; *iets in* ~ *houden* hold it over for further consideration; *in* ~ *nemen* consider; *in* ~ *staan of...* be deliberating whether; *ik sta nog in* ~ *of ik het doen zal* I have not yet made up my mind; *na rijp* ~ after mature deliberation.

beraadslagen [-sla.ɣə(n)] *vi* deliberate; ~ *met* consult together with; ~ *over* deliberate upon.

beraadslaging [-ɣiŋ] *v* deliberation, consultation.

1 **beraden** [bə'ra.də(n)] *aj* 1 well-advised; deliberate; 2 (v a s t b e s l o t e n) resolute.

2 **beraden** [bə'ra.də(n)] *zich* ~ *vr* 1 (o v e r l e-gen) take thought; 2 (v. g e d a c h t e n v e r a n-d e r e n) change one's mind.

beramen [bə'ra.mə(n)] *vt* 1 (b e d e n k e n) devise [a plan]; plan [a journey &]; plot [his death]; 2 (s c h a t t e n) estimate [at fifty pounds].

beraming [-miŋ] *v* (r a m i n g) estimate.

berde ['bɛrdə] *te* ~ *brengen* bring on the carpet, bring on the tapis, bring up, broach [a subject].

berechten [bə'rɛxtə(n)] *vt* 1 try [a criminal]; adjudicate [a civil case]; 2 *RK* administer the last sacraments to.

berechting [-tiŋ] 1 *rɨ* trial [of a criminal]; adjudication [of a civil case]; 2 *RK* administration of the last sacraments.

beredderen [bə'rɛdərə(n)] *vt* arrange, put in order.

bereden [bə're.də(n)] mounted [police].

beredeneerd [bərədə'ne:rt] reasoned [explanation &].

beredeneren [-'ne:rə(n)] *vt* reason about (upon), discuss, argue out.

berehuid ['be:rəhœyt] *v* bear's skin, bearskin.

bereid [bə'rɛit] ready, prepared, willing.

bereiden [-'rɛidə(n)] *vt* 1 prepare [the meals]; 2 dress [leather]; 3 give [a cordial welcome, a surprise].

bereiding [-diŋ] *v* 1 preparation [of a meal]; 2 dressing [of leather].

bereidvaardig [bərɛit'fa.rdəx] **bereidwillig** [-'vɪləx] **I** *aj* ready, willing; **II** *aj* readily, willingly.

bereidvaardigheid, bereidwilligheid [-hɛit] *v* readiness, willingness.

bereik [bə'rɛik] *o* reach[2], range[2]; *binnen ieders* ~ within the reach of all[2]; [price] within the means of all; *het is buiten mijn* ~ beyond (out of) my reach[2]; *o n d e r het* ~ *van het geschut* ✕ within range of the guns.

bereikbaar [-ba:r] attainable, within (easy) reach.

bereiken [bə'rɛikə(n)] *vt* reach[2], attain[2]; *fig* achieve; *we* ~ *er niets mee* F it does not get us anywhere, it gets us nowhere; *wat* ~ *we ermee?* F where does it get us?

bereiking [-kiŋ] *v* reaching, attainment.

bereisd [bə'rɛist] (widely-)travelled.

bereizen [-'rɛizə(n)] *vt* travel over; visit, frequent.

berejacht ['be:rəjɑxt] *v* bear hunt(ing).

berekenbaar [bə're.kənba:r] calculable, computable.

berekend [-'re.kənt] in: ~ *op* calculated (meant) for; ~ *voor zijn taak* equal to (up to) his task.

berekenen [-'re.kənə(n)] *vt* 1 (u i t r e k e n e n) calculate, compute [the number]; 2 (a a n r e-k e n e n) charge [five shillings]; ~ *op* calculate (compute, reckon) at [2 millions].

berekening [-niŋ] *v* calculation, computation.

berekui! ['be:rəkœyl] *m* bear-pit.

beremuts [-mœts] *v* ✕ bearskin (cap).

berg [bɛrx] *m* mountain[2], mount; ~*en hoog* mountain-high; *gouden* ~*en beloven* promise mountains of gold; *over* ~ *en dal* up hill and down dale; *dat doet mij de haren te* ~*e rijzen* that makes my hair stand on end; *de* ~ *heeft een muis gebaard* the mountain has brought forth a mouse.

bergachtig ['bɛrxɑxtəx] mountainous, hilly.

bergaf [bɛrx'af] downhill.

bergbeklimmer ['bɛrxbəklimər] *m* mountain climber, mountaineer.

bergbewoner [-vo.nər] *m* mountaineer, highlander [in Scotland].

bergen ['bɛrɣə(n)] **I** *vt* 1 (l e g g e n) put; 2 (o p-s l a a n) store, warehouse; 3 (b e v a t t e n) hold, contain; 4 (o p n e m e n) accommodate [guests], put up [a friend for the night]; 5 ⚓

(v. de zeilen) take in; 6 (strandgoederen)
salve; 7 (een lijk, ruimtecapsule) recover;
hij kan heel wat ~ F he can stow (put) away
quite a lot; *hij is geborgen* F he is out of
harm's way, out of the wood; II *vr zich* ~ get
out of the way; *berg je!* hide yourself!; get
away!; save yourself!; *niet weten zich te* ~
van schaamte not to know where to hide.
bergengte ['bɛrχɛŋtə] *v* defile.
berger ['bɛrχər] *m* salvor.
berghelling [-hɛlɪŋ] *v* mountain slope.
berghok [-hɔk] *o* shed.
berging ['bɛrχɪŋ] *v* 1 (v. strandgoederen)
salvage; 2 (v. ruimtecapsule) recovery.
bergingsmaatschappij [-gɪŋsma.tsχɑpɛi] *v* salvage company.
bergketen ['bɛrxke.tə(n)] *v* chain (range) of
mountains, mountain range, mountain chain.
bergkloof [-klo.f] *v* cleft, gorge, chasm, ravine,
gully.
bergkristal [-krɪstɑl] *o* rock-crystal.
bergland [-lɑnt] *o* mountainous country.
bergloon [-lo.n] *o* ♃ salvage (money).
bergop [bɛrx'ɔp] uphill.
bergpad ['bɛrxpɑt] *o* mountain path.
bergpas [-pɑs] *m* mountain pass.
bergplaats [-pla.ts] *v* depository; shed.
Bergrede [-re.də] *v* Sermon on the Mount.
bergrug [-rʉx] *m* mountain ridge.
bergschoen [-sxu.n] *m* mountaineering boot.
bergtop [-tɔp] *m* mountain top.
bergwand [-vɑnt] *m* mountain side.
bericht [bə'rɪxt] *o* 1 (nieuws) news, tidings;
2 (nieuwtje) piece of intelligence; 3 (kennisgeving) message, notice, advice; communication; report; 4 (in krant) paragraph;
~ *van ontvangst* acknowledgement (of receipt); *buitenlandse* ~*en* foreign news, foreign
intelligence; ~ *krijgen* receive (get) news,
hear [from him]; ~ *sturen* (*zenden*) 1 (mondeling) send word; 2 (schriftelijk) write
word.
berichten [-'rɪxtə(n)] *vt* let [us] know, send
(write) word [whether...], inform [of your
arrival], report; zie ook: *ontvangst*.
berichtgever [-'rɪxtχe.vər] *m* informant [of a
person]; reporter [of a newspaper].
berijdbaar [bə'rɛitba.r] 1 passable, practicable
[of roads]; 2 ridable [of animals].
berijden [bə'rɛidə(n)] *vt* ride over, drive over [a
road]; ride [a horse].
berijder [-'rɛidər] *m* rider.
berijmen [-'rɛimə(n)] *vt* rhyme, versify, put
into verse.
berin [be:'rɪn] *v* she-bear.
berispen [bə'rɪspə(n)] *vt* blame, reprove, rebuke, reprehend, reprimand, censure, admonish.
berisping [-pɪŋ] *v* reproof, rebuke, reprimand.
berk [bɛrk] *m* ♃ birch, birch tree.
berkeboom ['bɛrkəbo.m] *m* ♃ birch, birch tree.
berkehout ['bɛrkəhɑut] *o* birch-wood.
berken ['bɛrkə(n)] *aj* birchen.
Berlijn [bɛr'lɛin] *o* Berlin.
Berlijner [-'lɛinər] *m* Berliner.
Berlijns [-'lɛins] Berlin; ~ *blauw* Prussian blue.
berm [bɛrm] *m* (grass) verge [of a road]; (verhoogd) bank.
bermlamp ['bɛrmlɑmp] *v* spotlight.
beroemd [bə'ru.mt] famous, renowned, illustrious, celebrated.
beroemdheid [-hɛit] *v* fame, renown, celebrity
[ook = famous, well-known person].
beroemen [bə'ru.mə(n)] *zich* ~ boast, brag;
zich ~ *op* boast of, pride oneself on, glory in;
onze letterkunde kan zicl. ~ *op vele grote
werken* our literature can boast many great
works.
beroep [-'ru.p] *o* 1 (vak) profession, trade,

business, calling, occupation; 2 ᵗᵗ appeal; 3
(predikant) call; *een* ~ *doen op* appeal to
[a person for a thing]; call on [his help]; *in*
(*hoger*) ~ *gaan* appeal to a higher court,
appeal against a decision; *...van* ~ *...by*
profession, by trade, professional...; *Anna N.
zonder* ~ *...*(of) no occupation.
beroepen [-'ru.pə(n)] I *vt* call [a clergyman];
te ~ within call; (*kerkelijk*) ~ *worden* receive
a call; II *vr zich* ~ *op* refer to [your evidence],
plead [ignorance], invoke [article 34].
beroepsbezigheid [bə'ru.psbe.zəxhɛit] *v* professional duty.
beroepsgeheim [-gəhɛim] *o* professional secret;
het ~ professional secrecy [in journalism &].
beroepshalve [-hɑlvə] by virtue of one's profession.
beroepskeuze [-kø.zə] *v* choice of a profession
(of a career), vocational selection; *voorlichting bij* ~ vocational guidance.
beroepsofficier [-ɔfi.si:r] *m* ⚔ regular officer.
beroepsspeler [bə'ru.pspe.lər] *m sp* professional
(player).
beroepsziekte [bə'ru.psi.ktə] *v* occupational
disease.
beroerd [bə'ru:rt] I *aj* P unpleasant, miserable,
wretched, rotten; II *ad* < wretchedly [bad
&].
beroeren [-'ru:rə(n)] *vt* stir, disturb, perturb.
beroering [-rɪŋ] *v* commotion, disturbance,
perturbation; *in* ~ *brengen* zie *beroeren*; *in* ~
zijn be in a state of commotion.
beroerte [bə'ru:rtə] *v* stroke (of apoplexy),
(apoplectic) fit, seizure; *binnenlandse* ~*n*
intestine troubles; *een* (*aanval van*) ~ *krijgen*,
door een ~ *getroffen worden* have an apoplectic fit (a stroke).
berokkenen [-'rɔkənə(n)] *vt* cause, give; *leed* ~
bring misery upon; *iemand schade* ~ bring
damage on a person.
berooid [-'ro:it] poor, indigent, beggarly; *een*
~ *e schatkist* an empty treasury.
berookt [-'ro.kt] smoke-stained, smoky.
berouw [-'rɑu] *o* repentance, contrition, compunction, remorse; ~ *hebben over* (*van*) repent
(of), regret, feel sorry for.
berouwen [-ə(n)] *vt* 1 (persoonlijk) repent
(of), regret; 2 (onpersoonlijk) *het zal u* ~
you will repent it; 3 (als dreigement) you
shall repent (rue) it, you will be sorry for it;
die dag zal u ~ you will rue the day.
beroven [bə'ro.və(n)] *vt* rob [a traveller];
iemand van iets ~ rob, deprive a man of a
thing; *zich van het leven* ~ take one's own
life.
beroving [-vɪŋ] *v* robbery, deprivation.
berrie ['bɛri.] *v* (hand-)barrow; stretcher [for
the wounded].
berst [bɛrst] = *barst*.
berucht [bə'rʉxt] notorious [burglar &]; dis-
reputable, ...of ill repute [of persons, places
&]; ~ *om* (*wegens*) notorious for.
beruchtheid [-hɛit] *v* notoriety, notoriousness,
disreputableness.
beruiken [bə'rœykə(n)] *vt* smell at, sniff at.
berusten [-'rʉstə(n)] *vi* in: ~ *bij* rest with, be
deposited with [a document &]; be lodged
in [of power], be vested in [of a right]; ~ *in
iets* acquiesce in it; *in het onvermijdelijke* ~
reconcile oneself to what cannot be avoided,
resign oneself to the inevitable (to one's lot);
in Gods wil ~ submit to the will of God;
moeten we daar nu maar in ~? are we to put
up with it?; ~ *op* be based (founded) on, rest
on [solid grounds], be due to [a misunder-
standing].
berusting [-tɪŋ] *v* acquiescence, resignation,
submission; *de stukken zijn onder zijn* ~ rest
with him, are in his hands.

1 **bes** [bɛs] *v* ♪ B flat.

2 **bes** [bɛs] *v* ♣ berry [of coffee &]; ∼*sen* [black, red, white] currants.

3 **bes** [bɛs] *v* old woman.

beschaafd [bə'sxa.ft] I *aj* 1 (niet barbaars) civilized (natioᴗs]; 2 (uiterlijk) well-bred [people], polished, refined [manners, society]; 3 (geestelijk) cultivated, educated, cultured; II *ad* refinedly.

beschaafdheid [-hɛit] *v* refinement, good breeding.

beschaamd [bə'sxa.mt] I *aj* ashamed, shamefaced, abashed; (schuchter) bashful; ∼ *maken* make [one] feel ashamed; ∼ *staan* be ashamed; ∼ *doen staan* make [one] feel ashamed, put to shame; *wij werden in onze verwachtingen (niet)* ∼ our hopes (expectations) were (not) falsified; ∼ *zijn over* be ashamed of; II *ad* shamefacedly; (schuchter) bashfully.

beschaamdheid [-hɛit] *v* shame; (schuchterheid) bashfulness.

beschadigen [bə'sxa.dəgə(n)] *vt* damage.

beschadiging [-gɪŋ] *v* bashfulness.

beschaduwen [bə'sxa.dy.və(n)] *vt* shade, overshadow.

beschamen [bə'sxa.mə(n)] *vt* 1 put to shame, put to the blush, confound [a man]; 2 falsify [one's expectations]; betray [our trust].

beschamend [-mənt] *aj* humiliating, mortifying.

beschaming [-mɪŋ] *v* confusion, shame.

beschaven [bə'sxa.və(n)] *vt* plane; *fig* refine, polish, civilize.

beschaving [-vɪŋ] *v* civilization; culture, refinement.

bescheid [bə'sxɛit] *o* answer; *de (officiële)* ∼*en* the (official) papers, documents; ∼ *geven* give an answer, send word; *hetzelfde* ∼ *krijgen* be told the same.

bescheiden [-'sxɛidə(n)] *aj* (& *ad*) modest(ly); unpretending(ly), unassuming(ly), unobtrusive(ly).

bescheidenheid [-hɛit] *v* modesty.

beschermeling(e) [-'sxɛrməlɪŋ(ə)] *m(-v)* protégé(e).

beschermen [-mə(n)] *vt* 1 (beschutten) protect, screen, shelter; 2 (begunstigen) patronize [a person], be a patron of [the arts]; *beschermd tegen de wind* sheltered (screened) from the wind; ∼ *voor* protect from (against).

beschermend [-mənt] I *aj* 1 protecting [hand &]; protective [duties]; protectionist [system]; 2 patronizing [tone]; II *ad* 1 protectingly; 2 patronizingly.

beschermengel [bə'sxɛrmɛŋəl] *m* guardian angel.

beschermer [-'sxɛrmər] *m* protector; zie ook: *beschermheer*.

beschermheer [-he:r] *m* patron.

beschermheilige [-hɛiləgə] *m(-v)* patron(ess), patron saint.

bescherming [bə'sxɛrmɪŋ] *v* 1 (beschutting) protection; 2 (begunstiging) patronage; *in* ∼ *nemen* take under one's protection [of the arts]; *Bescherming Bevolking* ± Civil Defence; *onder* ∼ *van* under cover of [the night], under the auspices of [the municipality].

beschermster [-'sxɛrmstər] **beschermvrouw(e)** [-vrouə(n)] *v* 1 (schutsvrouw) protectress; 2 (begunstigster) patroness.

beschieten [-'sxi.tə(n)] *vt* 1 ⚔ fire at (upon), shell; 2 (bekleden) board, wainscot [a wall].

beschieting [-tɪŋ] *v* firing, shelling, bombardment.

beschijnen [bə'sxɛinə(n)] *vt* shine upon; light up.

beschikbaar [-'sxɪkba:r] available, at one's disposal.

beschikbaarheid [-hɛit] *v* availability.

beschikken [bə'sxɪkə(n)] I *vt* arrange, order; II *vi* in: *gunstig (ongunstig)* ∼ *op* grant (refuse) [a request]; ∼ *over* have the disposal of, have at one's disposal; dispose of [one's time]; command [a majority, 50 seats in the Lower House]; *u kunt over mij* ∼ I am at your disposal; *u kunt over het bedrag* ∼ $ you may value on me for the amount.

beschikking [-kɪŋ] *v* 1 disposal; 2 arrangement; 3 [ministerial] decree; *de* ∼ *hebben over...* have the disposal of..., have at one's disposal; *bij* ∼ *van de president* by order of the president; *het staat te uwer* ∼ it is at your disposal; *ter* ∼ *stellen van* place (put) at the disposal of; *ter* ∼ *zijn* be available.

beschilderen [bə'sxɪldərə(n)] *vt* paint, paint over; *beschilderde ramen* stained-glass windows.

beschimmeld [bə'sxɪməlt] mouldy.

beschimmelen [bə'sxɪmələ(n)] *vi* go (grow) mouldy.

beschimpen [-'sxɪmpə(n)] *vt* revile, rail at, taunt, jeer (at).

beschimper [-pər] *m* reviler, jeerer, scoffer.

beschimping [-pɪŋ] *v* reviling(s), jeering, scoff(ing).

beschonken [bə'sxòŋkə(n)] drunk, intoxicated, tipsy.

beschonkenheid [-hɛit] *v* drunkenness, intoxication, tipsiness.

beschoren [bə'sxo:rə(n)] in: *het was mij* ∼ it was allotted to me, it fell to my lot.

beschot [-'sxɔt] *o* 1 (bekleedsel) wainscoting; 2 (afscheiding) partition; 3 (opbrengst) produce, yield; *een ruim* ∼ *opleveren* yield well.

beschouwelijk [-'sxɔuələk] contemplative.

beschouwen [-'sxɔuə(n)] *vt* look at, view, contemplate; consider, regard, envisage; ∼ *als* consider [it one's duty], regard as [confidential], look upon as [a crime], hold (to be) [responsible], take [him to be crazy, the news as true]; *(alles) wel beschouwd* after all, all things considered.

beschouwer [-ər] *m* spectator, contemplator.

beschouwing [-ɪŋ] *v* 1 (als handeling) contemplation; viewing; 2 (bespiegeling) speculation, contemplation; 3 (beoordeling, bespreking) consideration; 4 (denkwijze) view; *bij nadere* ∼ on closer examination; *buiten* ∼ *laten* leave out of consideration, leave out of account (out of the question), not take into consideration, ignore.

beschreid [bə'sxreit] tear-stained.

beschrijven [-'sxreivə(n)] *vt* 1 (schrijven op) write upon; 2 describe, draw [a circle &]; 3 (schilderen) describe [a voyage &]; 4 (schriftelijk bijeenroepen) convoke [a meeting].

beschrijvend [-vənt] descriptive [style, geometry].

beschrijving [-vɪŋ] *v* description; *het gaat alle* ∼ *te boven* it beggars description.

beschroomd [bə'sxro.mt] I *aj* timid, timorous, diffident, shy; II *ad* timidly.

beschroomdheid [-hɛit] *v* timidity, timorousness, diffidence, shyness.

beschuit [bə'sxœyt] *v* rusk, biscuit.

beschuldigde [-'sxʉldəgdə] *m-v* in: *de* ∼ the accused.

beschuldigen [-'sxʉldəgə(n)] *vt* incriminate [a person]; accuse [other people], impeach [one of treason, bribery &]; indict [one for riot, as a rioter]; ∼ *van* accuse of [a fault, theft], charge with [carelessness, complicity], tax with [ingratitude], impeach of [high crime],

indict for [riot].
beschuldigend [-ɣənt] accusatory.
beschuldiger [-ɡər] *m* accuser.
beschuldiging [-ɡɪŋ] *v* accusation, charge, indictment, impeachment; *een ~ inbrengen tegen iemand* bring a charge against a person.
beschutten [bəˈsxɵtə(n)] *vt* shelter[2], screen[2], protect[2]; *~ voor (tegen)* shelter from [heat, danger &], protect from (against) [danger, injury].
beschutting [-tɪŋ] *v* shelter, protection; *~ geven (verlenen)* give shelter [from heat, danger &]; *~ zoeken* take shelter [in a cave, under a tree, with friends; from the rain, dangers &].
besef [bəˈsɛf] *o* 1 sense, notion; 2 realization [of the situation]; *geen flauw ~ hebben van* not have the faintest notion of; *hem tot het ~ brengen van* bring him to a sense of; *tot het ~ komen van* realize.
beseffen [-ˈsɛfə(n)] *vt* realize.
besje [ˈbɛʃə] *o* old woman.
besjeshuis [ˈbɛʃəshœys] *o* old women's almshouse.
beslaan [bəˈsla.n] I *vt* 1 ♘ (...slaan om) bind [a rammer], hoop [a cask], tire [a wheel]; (...slaan op) stud [a door with nails], mount [a pistol with silver], tip [a cane]; shoe [a horse]; 2 (kloppend roeren) beat up [the batter]; 3 take up [much room], occupy [much space, 300 pages], fill [the whole space]; II *vi & va* become steamy, get dim [of panes]; get covered over [with moisture].
beslag [-ˈslɑx] *o* 1 ♘ (als sieraad) mounting; (aan deur) ironwork, (iron, brass) fittings; (aan heipaal) binding; (aan ton) hoops, bands; (aan stok) tip, ferrule; (v. paard) (horse)shoes; (v. wiel) tire; 2 (v. deeg) batter; (voor brouwsel) mash; 3 ♪ attachment; seizure; ♨ embargo; *die zaak heeft haar ~* the matter is settled; *~ leggen op* levy a distress upon [one's goods], seize; ♨ put (lay) an embargo on; *~ leggen op iemands tijd*) 1 (v. personen) trespass on a person's time; 2 (v. zaken) engross a person, take up all his time; *in ~ nemen* seize [goods smuggled]; *fig* take up [much time, much room], engross [one's attention].
beslagen [bəˈsla.ɣə(n)] I 1 shod [of a horse]; 2 steamy, steamed [windows], dimmed with moisture [of glass]; furred, coated [tongue]; *zie ook: beslaan & ijs*.
beslaglegging [bəˈslɑxleɣɪŋ] *v zie beslag 3*.
beslapen [-ˈsla.pə(n)] *vt* sleep upon; *dit bed is al ~* has been slept in; *ik zal er mij op ~* I'll sleep on (over) it, I'll consult my pillow about it, I'll take counsel of my pillow.
beslechten [-ˈslɛxtə(n)] *vt* settle, compose [a quarrel].
beslissen [-ˈslɪsə(n)] I *vt* decide; (scheidsrechterlijk) arbitrate (upon); *~ ten gunste van* decide for (in favour of); *~ ten nadele van* decide against; II *va* decide.
beslissend [-sənt] I *aj* decisive [battle], final [match, trial], conclusive [proof], determinant [factor]; critical [moment]; casting [vote]; II *ad* decisively.
beslissing [-sɪŋ] *v* decision; *een ~ nemen* make a decision, come to a decision.
beslist [bəˈslɪst] I *aj* decided, resolute, firm, peremptory, deliberate; II *ad* absolutely, decidedly [true &]; [act] resolutely, firmly; [speak] peremptorily.
beslistheid [-hɛit] *v* decision, resolution, firmness; peremptoriness.
beslommering [bəˈslɔmərɪŋ] *v* care, worry.
besloten [-ˈslo.tə(n)] resolved, determined; *ik ben ~* I am resolved, I have made up my mind; *~ vergadering* private meeting; *~*

jachttijd, *~ vistijd* close season, fence-season.
besluipen [-ˈslœypə(n)] *vt* 1 (op jacht) stalk [deer]; 2 *fig* steal upon [a man].
besluit [-ˈslœyt] *o* 1 (bij zichzelf) resolve; resolution, determination; decision; 2 (v. vergadering &) resolution [of a meeting]; decree [set forth by authority]; 3 (gevolgtrekking) conclusion; 4 (einde) conclusion, close; *Koninklijk ~* Order in Council; *een ~ nemen* 1 (in vergadering) pass a resolution; 2 (v. persoon) take a resolution, make up one's mind; *een kloek ~ nemen* form a bold resolution; *een ~ trekken* draw a conclusion; *tot ~* in conclusion, to conclude; *tot een ~ komen* come to a conclusion (resolution); *hij kan nooit tot een ~ komen* he cannot make up his mind.
besluiteloos [bəˈslœytəlo.s] undecided, irresolute.
besluiteloosheid [-ˈslœytəˈlo.shɛit] *v* irresolution, indecision.
besluiten [bəˈslœytə(n)] I *vt* 1 *eig* contain; enclose; 2 (eindigen) end, conclude [a speech]; 3 (gevolgtrekking maken) conclude, infer (from *uit*); 4 (*een besluit nemen*) decide, resolve, determine [to do, on doing]; *kunt u er niet toe ~ mee te gaan?* cannot you make up your mind to come too?; *dat heeft me doen ~ ook te gaan* that has decided me to go too; II *vi* in: *~ met het volkslied* wind up with the national anthem; III *va* decide; *hij kan maar tot niets ~* he cannot decide on anything; *zie ook: besloten*.
besmeren [bəˈsme.rə(n)] *vt* besmear, smear, daub; spread [with butter], (met boter) butter [bread].
besmettelijk [-ˈsmɛtələk] contagious[2], infectious[2], catching[2].
besmettelijkheid [-hɛit] *v* contagiousness, infectiousness.
besmetten [bəˈsmɛtə(n)] *vt* contaminate [body from body & morally], infect [the body & the mind]; pollute[2] [water], taint[2] [meat].
besmetting [-tɪŋ] *v* contagion, contamination, infection, pollution, taint.
besmeuren [bəˈsmø.rə(n)] *vt* besmear, besmirch[2], soil[2], stain[2].
besnaren [-ˈsna.rə(n)] *vt* string.
besneeuwd [-ˈsne.ut] covered with snow, snow-covered, snowy.
besnijden [-ˈsnɛi(d)ə(n)] *vt* 1 cut, carve [wood]; 2 (besnoeien) clip.
besnoeien [-ˈsnu.jə(n)] *vt* 1 prune, lop, dress [trees]; clip [hedges]; 2 *fig* cut down; retrench, curtail [expenses &].
besnoeiing [-snu.jɪŋ] *v* lopping, clipping; *fig* retrenchment, curtailment.
besnuffelen [-ˈsnʉfələ(n)] *vt* smell at, sniff at.
bespannen [-ˈspɑnə(n)] *vt* ♪ string [a violin]; *een met vier paarden ~ wagen* drawn by four horses.
bespanning [-nɪŋ] *v* team.
besparen [bəˈspa.rə(n)] *vt* economize [one's strength, money], save [money, trouble]; *dat leed werd haar bespaard* she was spared that grief; *zich ~* save (spare) oneself [the trouble, the effort].
besparing [-rɪŋ] *v* saving; economy; *ter ~ van kosten* to save expenses.
bespatten [bəˈspɑtə(n)] *vt* splash, (be)spatter.
bespelen [-ˈspe.lə(n)] *vt* play on [an instrument, a billiards table &], play [an instrument], touch [the lyre]; play in [a theatre].
bespeuren [-ˈspø.rə(n)] *vt* perceive, discover, descry.
bespieden [-ˈspi.də(n)] *vt* spy upon, watch.
bespieder [-dər] *m* spy, watcher.
bespieding [-dɪŋ] *v* spying, [bird] watching.
bespiegelend [bəˈspi.ɣələnt] contemplative

[life]; speculative [philosophy].
bespiegeling [-lıŋ] *v* speculation, contemplation; *~en houden over* speculate on.
bespijkeren [bə'spɛikərə(n)] *vt* stud [a door &] with nails; *met planken ~* najl planks on to.
bespioneren [bəspi.ò'ne:rə(n)] *vt* spy upon.
bespoedigen [bə'spu.dəɣə(n)] *vt* accelerate [a motion], hasten, speed up [a work], expedite.
bespoediging [-ɣıŋ] *v* acceleration [of a motion or process], hastening, speed-up [of a work].
bespoelen [bə'spu.lə(n)] *vt* wash, bathe [the shore &].
bespottelijk [-'spotələk] **I** *aj* ridiculous, ludicrous; *~ maken* ridicule, deride; *zich ~ aanstellen* make a fool of oneself; **II** *ad* ridiculously.
bespottelijkheid [-hɛit] *v* ridiculousness &.
bespotten [bə'spotə(n)] *vt* mock, deride, ridicule.
bespotting [-tıŋ] *v* mockery, derision, ridicule; *aan de ~ prijsgeven* hold up to ridicule (derision).
bespreekbureau [bə'spre.kby.ro.] *o* box-office.
bespreken [-'spre.kə(n)] *vt* 1 talk about, talk [it] over, discuss; 2 (b e o o r d e l e n) review [a book &]; 3 (v o o r u i t n e m e n) book [a berth, a place], secure, engage, reserve [seats], bespeak [a book at the library].
bespreking [-kıŋ] *v* 1 discussion [of some subject], talk; 2 review [of a book]; 3 booking [of seats].
besprenkelen [bə'sprɛŋkələ(n)] *vt* sprinkle.
besprenkeling [-lıŋ] *v* sprinkling.
bespringen [bə'sprıŋə(n)] *vt* leap (spring, pounce) upon.
besprocien [-'spru.jə(n)] *vt* water; irrigate [land].
besproeiing [-jıŋ] *v* watering; irrigation.
bespuiten [bə'spœytə(n)] *vt* squirt [water] upon; spray [an insecticide] on; play [the fire-engine] on.
bespuwen [-'spy.və(n)] *vt* spit upon, spit at.
bessengelei ['bɛsə(n)ʒəlɛi] *m* & *v* currant jelly.
bessenjenever [-jəne.vər] *m* black-currant gin.
bessesap ['bɛsəsɔp] *o* & *m* currant juice.
bessestruik [-strœyk] *m* currant bush.
1 **best** [bɛst] **I** *aj* 1 (r e l a t i e f) best; 2 (a b s o-l u u t) very good; *mij ~!* all right!, I have no objection; *hij is niet al te ~* he is none too well; *~e aardappelen* prime potatoes; *~e jongen* (my) dear boy; **II** *ad* best, very well; *ik zou ~ met hem willen ruilen* I shouldn't mind swapping with him; *het is ~ mogelijk* it is quite possible; *hij schrijft het ~* he writes best; **III** *sb* best; *dat kan de ~ gebeuren* the best are liable to err; ..., *dan ben je een ~e!* there is a good boy (a dear); *het ~e zal zijn...* the best thing (plan) will be...; *het ~e ermee!* all the best, good luck (to you)!; *het ~e met je verkoudheid* I hope your cold will soon be better; *zijn ~ doen* do one's best; *zijn uiterste ~ doen* do one's utmost, exert oneself to the utmost; *beter zijn ~ doen* try harder; *er het ~e van hopen* hope for the best; *iemand het ~e wensen* wish a person all the best; *op zijn ~* [Shakespeare] at his best; [fifty] at the utmost, at most, at best; *Juffrouw X zal iets ten ~e geven* Miss X is going to oblige the company; *God zal alles ten ~e keren* (wenden) God will order all for the best; *hij zal u ten ~e raden* he is sure to advise you for the best; *het is tot uw* (*eigen*) *~* it is for your own good.
2 **best** [bɛst] *v* (o u d e v r o u w) = 3 *bes*.
1 **bestaan** [bə'sta.n] *vi* be, exist; subsist [= continue to exist]; *hoe bestaat 't?* how is it possiblc?; *goed kunnen ~* have a fair competence; *~ in* consist in; *in den bloede ~* be a blood-relation of, be related to; *~ uit* consist

of, be composed of; *~ van* live on (upon); *iemand van na(bij) ~* be near one in blood; *~ voor* live for.
2 **bestaan** [bə'sta.n] *o* 1 (het zijn) being, existence; 2 (o n d e r h o u d) subsistence; *een aangenaam ~* a pleasant life; *een behoorlijk ~* a decent living; *hij heeft een goed ~* he has a fair competency; *het vijftigjarig ~ herdenken van* commemorate the fiftieth anniversary of.
bestaanbaar [-ba:r] possible; *~ met* compatible with, consistent with.
bestaand [bə'sta.nt] existing, in existence, extant.
bestaansminimum [bə'sta.nsmi.ni.mŭm] *o* subsistence minimum.
1 **bestand** [bə'stɔnt] *aj* in: *~ zijn tegen* be able to resist, be proof against; *~ tegen het weer* weather-proof.
2 **bestand** [bə'stɔnt] *o* truce.
bestanddeel [bə'stɔnde.l] *o* element, component, (constituent) part, ingredient.
bestedeling(e) [bə'ste.dəlıŋ(ə)] *m(-v)* inmate of an almshouse.
bestedelingenhuis [-lıŋə(n)hœys] *o* alms-house.
besteden [bə'ste.də(n)] *vt* spend, pay [a certain sum]; *geld (tijd) ~ aan* spend money (time) on; *iemand in de kost ~ bij* put one out to board with; *het is aan hem niet besteed* it [the joke, advice &] is wasted (lost) on him; *goed (nuttig) ~* make (a) good use of; *slecht ~* make a bad use of.
bestek [bə'stɛk] *o* 1 (bij a a n n e m i n g) △ specification(s); 2 ♪ (dead) reckoning; 3 (e e t g e r e i v o o r é é n p e r s o o n) cover; *het ~ opmaken* ♪ determine the ship's position; *binnen het ~ van dit werk* within the scope of this work; *buiten iemands ~ liggen* lie beyond a person's scheme; *veel in een klein ~* much in a small compass; *in kort ~* in brief.
bestekamer [bɛstə'ka.mər] *v* convenience, w.c., privy.
bestel [bə'stɛl] *o* [new, old, present] order (of things), [Customs, totalitarian &] regime, [financial, army &] system, scheme; *wat een ~!* F what a fuss!
bestelauto [-o.to.,-ʼouto.] *m* delivery van.
bestelbiljet, -briefje [-bıljɛt, -bri.fjə] *o* order-form.
besteldienst [-di.nst] *m* parcels delivery (service).
bestelen [bə'ste.lə(n)] *vt* rob.
bestelgoed [bə'stɛlgu.t] *o* zie *expresgoed*.
bestelhuis [-hœys] *o* forwarding agency, receiving office, parcels delivery company.
bestelkaart [-ka:rt] *v* order-form.
bestellen [bə'stɛlə(n)] *vt* 1 (regelen) order, arrange; 2 (bezorgen) deliver [letters &]; 3 (om te bezorgen) order [goods from], bespeak [new boots &]; 4 (ontbieden) send for [a man]; *bij wie bestelt u uw boeken?* from whom do you order your books?
besteller [-lər] *m* 1 ☏ postman; † messenger; 2 (v. Van Gend & Loos) parcels delivery man, carman; 3 (kruier) porter; 4 $ person ordering goods.
bestelling [-lıŋ] *v* 1 ☏ delivery; 2 $ order; *~en aannemen (doen, uitvoeren)* $ receive (place, fill) orders; *ze zijn in ~* $ they are on order; *op (volgens) ~ (made) to order; op ~ werkende kleermaker* bespoke tailor; *grote ~en op...* $ large orders for...
bestelwagen [bə'stɛlva.ɣə(n)] *m* delivery van.
bestemmen [bə'stɛmə(n)] *vt* destine; *bestemd naar* ♪ bound for [Cadiz]; *~ voor* destine for [some service]; appropriate, set apart [a sum for...]; appoint [a day for...]; *dat was voor u bestemd* that was intended (meant) for you.

bestemming [-mɪŋ] *v* 1 (place of) destination; 2 destination [of a book]; 3 [a man's] lot, destiny; *met* ~ *naar* ⚓ bound for.

bestempelen [bə'stɛmpələ(n)] *vt* stamp; ~ *met de naam van* ... designate as..., style..., describe as..., label as...

bestendig [-'stɛndəx] **I** *aj* continual, constant, lasting; steady; ~ *weer* settled weather, set fair; **II** *ad* continually, constantly.

bestendigen [-dəgə(n)] *vt* continue, confirm [in office]; perpetuate [indefinitely].

bestendigheid [-dəxhɛit] *v* constancy.

bestendiging [-dəgɪŋ] *v* continuance; perpetuation.

besterven [bə'stɛrvə(n)] *v* in: *hij zal het nog* ~ it will be the death of him; *het woord bestierf op zijn lippen* the word died on his lips; *zie* ook: *bestorven*.

bestijgen [-'stɛigə(n)] *vt* ascend, climb [a mountain]; mount [the throne, a horse].

bestijging [-gɪŋ] *v* ascent, climbing, mounting.

bestikken [bə'stɪkə(n)] *vt* stitch, embroider.

bestoken [-'sto.kə(n)] *vt* batter, shell [a fortress]; harass [the enemy], press hard; ~ *met vragen* ply (assail) with questions.

bestormen [-'stɔrmə(n)] *vt* storm, assault [a fortress], assail, bombard [people with questions]; besiege [with requests]; *de bank werd bestormd* there was a run (rush) on the bank.

bestorming [-mɪŋ] *v* storming, assault; rush [of a fortress, on a bank].

bestorven [bə'stɔrvə(n)] *vt* livid, pale; hung [beef]; *dat ligt hem in de mond* ~ it is constantly in his mouth.

bestraffen [-'strafə(n)] *vt* punish.

bestraffing [-fɪŋ] *v* punishment.

bestralen [-'stra.lə(n)] *vt* shine upon, irradiate; ⚡ ray.

bestraling [-lɪŋ] *v* irradiation; ⚡ radiation

bestraten [bə'stra.tə(n)] *vt* pave.

bestrating [-tɪŋ] *v* (de handeling; de stenen) paving; (de stenen) pavement.

bestrijden [bə'strɛidə(n)] *vt* 1 (iemand) fight (against), combat, contend with; 2 (iets) fight (against), combat [abuses]; control [insects, diseases]; dispute, contest [a point], oppose [a proposal]; defray [the expenses], meet [the costs].

bestrijder [-dər] *m* fighter, adversary, opponent.

bestrijding [-dɪŋ] *v* fight [against cancer]; control [of insects, of diseases]; fighting; *ter* ~ *der kosten* to meet the costs, for the defrayment of expenses.

bestrijken [bə'strɛikə(n)] *vt* 1 spread (over) [with mortar &]; 2 ✗ cover, command, sweep, flank, enfilade; ~ *met* coat (spread) with.

bestrooien [-'stro.jə(n)] *vt* strew, sprinkle.

best-seller ['bɛstsɛlər] *m* best seller.

bestuderen [bəsty.'de:rə(n)] *vt* study.

bestudering [-rɪŋ] *v* study.

bestuiven [bə'stœyvə(n)] *vt* 1 (met stof) cover with dust; 2 ⚘ pollinate; 3 dust [crops with insecticide].

bestuiving [-vɪŋ] *v* ⚘ pollination.

besturen [bə'sty.rə(n)] *vt* govern, rule [a country]; administer, manage [affairs]; conduct [a business], run [a house]; direct [one's actions]; ✗ steer [a ship]; drive [a car]; ✈ pilot, fly [an aeroplane].

besturing [-rɪŋ] *v* in: *dubbele* ~ ✈ 🚗 dual control; *linkse (rechtse)* ~ 🚗 left-hand (right-hand) drive.

bestuur [bə'sty:r] *o* 1 government, rule; administration [of a lieutenant, vicegerent]; 2 (leiding) administration, management, direction, control [of an undertaking]; 3 (lichaam) board, governing body, committee,

executive [of a party]; *het plaatselijk* ~ the local authorities.

bestuurbaar [-ba:r] dirigible [balloon]; manageable.

bestuurder [-dər] *m* 1 governor, director, administrator; 2 🚗 driver; 3 ✈ pilot.

bestuursambtenaar [bə'sty:rsɑmtəna:r] *m* administrative officer, civil servant.

bestuurskamer [-ka.mər] *v* board room, [Labour party, Conservative] committee room.

bestuurslid [-lɪt] *o* member of the board.

bestuurstafel [-ta.fəl] *v* board table.

bestuursvergadering [-fərga.dərɪŋ] *v* committee meeting, meeting of the board, board meeting.

bestuursvorm [-fɔrm] *m* form of government.

bestwil ['bɛstvɪl] *om uw* ~ for your good; *een leugentje om* ~ a white lie.

betaalbaar [bə'ta.lba:r] payable; ~ *stellen* make payable.

betaalbaarstelling [-stɛlɪŋ] *v* making payable.

betaaldag [bə'ta.ldɑx] *m* 1 day of payment; 2 pay-day.

betaalkantoor [-kɑnto:r] *o* **betaalkas** [-kɑs] *v* pay-office.

betaalmiddel [-mɪdəl] *o* circulating medium; *wettig* ~ legal tender, legal currency.

betalen [bə'ta.lə(n)] **I** *vt* pay [one's debts, the servants &], pay for [the drinks, flowers &, a fault]; *zij kunnen 't (best)* ~ they can afford it; *wie zal dat* ~? who is to pay?; *zich goed laten* ~ charge heavily; ~ *met* pay with [ingratitude &]; pay in [gold]; *het is met geen geld te* ~ money cannot buy it; **II** *va* pay, settle; *dat betaalt goed* it pays (you well); *ze* ~ *slecht* 1 they are not punctual in paying; 2 they underpay their workmen (employees &).

betaling [-lɪŋ] *v* payment; *tegen* ~ *van*... on payment of.

betalingsbalans [bə'ta.lɪŋsbalɑns] *v* balance of payments.

betalingstermijn [-tɛrmɛin] *m* 1 term (of payment, for the payment of...); 2 instalment.

betamelijk [bə'ta.mələk] decent, becoming, seemly.

betamelijkheid [-hɛit] *v* decency, seemliness.

betamen [bə'ta.mə(n)] *vi* become, beseem; *het betaamt u niet*... ook: it is not for you to...

betasten ['ta:stə(n)] *vt* handle, feel, ⚡ palpate.

bètastralen ['bɛ.ta.stra.lə(n)] *mv* beta rays.

bètatron [-trɔn] *o* betatron.

betegelen [bə'te.gələ(n)] *vt* tile.

betekenen [-'te.kənə(n)] *vt* 1 (willen zeggen) mean, signify; 2 (voorspellen) signify, portend, spell; 3 🖈 serve [a notice, writ] upon [a person]; *het heeft niet veel te* ~ 1 it does not signify; 2 it is nothing much; *het heeft niets te* ~ it does not signify (matter); it is of no significance (importance); *beloften (eden)* ~ *voor hem niets* promises (oaths) go for nothing with him; *wat moet dat hier* ~? what does it all mean?

betekenis [bə'te.kənis] *v* 1 meaning, sense, signification; acceptation (= aangenomen betekenis); pregnancy (= volle betekenis); 2 significance, importance, consequence; *het is van* ~ it is significant; it is important; *van enige* ~ of some significance (consequence); *het is van geen* ~ it is of no importance (consequence), it does not signify; *mannen van* ~ men of note.

beter ['be.tər] **I** *aj* better [weather &]; better (i.e. improved), well (i.e. recovered) [of a patient]; better-off [classes of society]; *hij is* ~ 1 he is better, a better man [than his brother]; 2 he is better (= improved) [of a patient]; 3 he is well again, he is (has) recovered [of a patient]; *het* ~ *hebben* be better off; *het kan nog* ∼ you (he, they) can do better yet; *zij hopen het* ∼ *te krijgen* they hope to better themselves; ∼ *maken* set right, put right [some defect &]; set up, bring round [a patient]; *dat maakt de zaak niet* ∼ that does not mend (improve) matters; ∼ *worden* 1 become (get) better, mend, improve [of the outlook &]; 2 be getting well (better) [after illness]; **II** *ad* better; **III** *sb* in: *als u niets* ∼*s te doen hebt* if you are not better engaged.

1 **beteren** [bə'te:rə(n)] *vt* tar.

2 **beteren** ['be.tərə(n)] **I** *vi* become (get) better, mend, improve, recover [in health]; **II** *vt* in: *ik kan het niet* ∼ I cannot help it; *zijn leven* ∼ = **III** *vr zich* ∼ mend one's ways, reform.

beterschap ['be.tərsхɑp] *v* a change for the better, improvement [in health], recovery; ∼*!* I hope you will soon be well again!; ∼ *beloven* promise to behave better (in future).

beteugelen [bə'tø.gələ(n)] *vt* bridle, curb, check, keep in check, restrain.

beteugeling [-lɪŋ] *v* check(ing), curb, restraint, repression.

beteuterd [bə'tø.tərt] confused, perplexed, puzzled; ∼ *kijken* look blank, be taken aback.

beteuterdheid [-hɛit] *v* confusion, perplexity.

betichten [bə'tɪхtə(n)] *vt* in: *hem* ∼ *van* accuse him of, charge him with, tax him with.

betichting [-tɪŋ] *v* accusation, imputation.

betimmeren [bə'tɪmərə(n)] *vt* line with wood.

betimmering [-rɪŋ] *v* woodwork [of a room].

betitelen [bə'ti.tələ(n)] *vt* title, entitle, style.

betiteling [-lɪŋ] *v* style, title.

Betje ['bɛcə] *v* Bess.

betogen [bə'to.gə(n)] **I** *vt* argue; **II** *vi* make a [public] demonstration, demonstrate.

betoger [-gər] *m* demonstrator.

betoging [-gɪŋ] *v* [public] demonstration.

beton [bə'tòn] *o* concrete; *gewapend* ∼ reinforced concrete, ferro-concrete.

1 **betonen** [bə'to.nə(n)] *vt* accent; *fig* accentuate.

2 **betonen** [bə'to.nə(n)] **I** *vt* show [courage, favour, kindness], manifest [one's joy]; **II** *vr zich* ∼ show oneself [grateful], prove oneself [equal to].

betonmolen [bə'tònmo.lə(n)] *m* concrete mixer.

1 **betonnen** [bə'tònə(n)] *vt* buoy.

2 **betonnen** [bə'tònə(n)] *aj* concrete.

betonning [-'tònɪŋ] *v* 1 (de handeling) buoying; 2 (de tonnen) buoys.

betoog [-'to.x] *o* argument(s); *dat behoeft geen* ∼ it is obvious.

betoogtrant [-trɑnt] *m* argumentation.

betoon [bə'to.n] *o* demonstration, show, manifestation.

betoveren [-'to.vərə(n)] *vt* bewitch[2], enchant[2], cast a spell on[2], *fig* fascinate, charm.

betoverend [-rənt] bewitching, enchanting, fascinating, charming.

betovergrootmoeder ['beto.vərgro.tmu.dər] *v* great-great-grandmother.

betovergrootvader [-fa.dər] *m* great-great-grandfather.

betovering [bə'to.vərɪŋ] *v* enchantment, bewitchment, spell, fascination, glamour.

betraand [-'tra.nt] tearful, wet with tears.

betrachten [-'trɑхtə(n)] *vt* in: *de deugd* ∼ practise virtue; *zijn plicht* ∼ do one's duty.

betrachting [-tɪŋ] *v* practice.

betrappen [-'trɑpə(n)] *vt* catch, detect; *iemand op diefstal* ∼ catch one (in the act of) stealing; *iemand op een fout* ∼ catch one out (tripping); *op heter daad* ∼ take in the (very) act; *iemand op een leugen* ∼ catch one in a lie.

betreden [-'tre.də(n)] *vt* tread (upon), set foot upon (in); enter [a building, a room &]; *de*

kansel ∼ mount the pulpit.

betreffen [-'trɛfə(n)] *vt* concern, regard, touch, affect; *waar het zijn eer betreft* where his honour is concerned; *voor zover het... betreft* so far as... is (are) concerned; *wat mij betreft* as for me, as to me, I for one, personally; *wat dat betreft* as to that.

betreffende [-'trɛfəndə] concerning, regarding, with respect (regard) to, relative to.

betrekkelijk [-'trɛkələk] **I** *aj* relative [pronoun &]; comparative [poverty &]; *de daarop* ∼*e bepalingen* the regulations relative to the subject; *alles is* ∼ all things go by comparison; **II** *ad* relatively; comparatively.

betrekkelijkheid [-hɛit] *v* relativity.

betrekken [bə'trɛkə(n)] **I** *vt* 1 (t r e k k e n i n) move into [a house]; 2 (l a t e n k o m e n) get, order [goods from X. &]; *iemand in iets* ∼ involve (implicate) a person in an affair, mix him up in it; bring him into the discussion &; draw him into a conflict; **II** *vi* become overcast [of the sky], cloud over[2] [of the sky, a man's face]. Zie ook: *betrokken*.

betrekking [-kɪŋ] *v* 1 (v e r h o u d i n g) relation; relationship [of master and servant, between a great man and a scoundrel, with God]; 2 (p l a a t s) situation, post, position, place; *diplomatieke* ∼*en* diplomatic relations; *dat heeft daar geen* ∼ *op* that does not relate to it, has no reference to it; that does not bear upon it; *het vraagteken heeft* ∼ *op...* the question mark refers to...; *buiten* ∼ out of employment; *in* ∼ in employment; *in* ∼ *staan met* have relations with; *in goede* ∼ *staan met* be on good terms with; *zich in* ∼ *stellen met* get into touch with, communicate with; *met* ∼ *tot* with regard (respect) to, in (with) reference to.

betreuren [bə'trø:rə(n)] *vt* regret, deplore, lament, bewail, mourn for [a lost person], mourn [the loss of...]; *er zijn geen mensenlevens te* ∼ no lives were lost.

betreurenswaard(ig) [bətrø:rəns'va:rt, -'va: r dəх] regrettable, deplorable, lamentable.

betrokken [bə'tròkə(n)] 1 (l u c h t) cloudy, overcast; 2 (g e l a a t) clouded, gloomy; *de* ∼ *autoriteiten* the proper authorities; *bij (in) iets* ∼ *zijn* be concerned in (with), be a party to, be mixed up with (in); be involved in [a bankruptcy]; *de* ∼ $ the drawee [of a bill]; *de daarbij* ∼*en* the persons concerned (involved).

betrouwbaar [-'trɑuba:r] reliable, trustworthy.

betrouwbaarheid [-hɛit] *v* reliability, reliableness, trustworthiness.

betrouwbaarheidsrit [-hɛitsrɪt] *m* reliability run.

betten ['bɛtə(n)] *vt* bathe, dab.

betuigen [bə'tœygə(n)] *vt* testify [that..., to...]; certify, attest, declare [that...]; express [sympathy, one's regret &]; protest [one's innocence]; profess [friendship].

betuiging [-gɪŋ] *v* attestation; declaration; expression [of one's feelings]; protestation [of one's innocence]; profession [of friendship].

betweter ['bɛtve.tər] *m* wiseacre, pedant.

betweterij [bɛtve.tə'rɛi] *v* pedantry.

betwijfelen [bə'tvɛifələ(n)] *vt* doubt, question.

betwistbaar [-'tvɪstba:r] disputable, contestable [statements &], debatable [grounds], questionable [accuracy].

betwisten [bə'tvɪstə(n)] *vt* 1 (i e t s) dispute [a fact, every inch of ground], contest [a point], challenge [a statement]; 2 (i e m a n d i e t s) dispute [a point] with; deny; *zij betwistten ons de overwinning* they disputed the victory with us.

beu [bø.] *aj* ∼ *(van)* tired (sick) of.

beugel ['bø.gəl] *m* guard [of a sword]; (trigger) guard [of a rifle]; ✂ shackle [of a padlock], ring, strap, brace; ⚓ gimbals [of a compass]; clasp [of lady's bag; on a bottle]; 🔌 (contact) bow [of an electric tramway]; zie ook: *stijgbeugel*; *dat kan niet door de* ~ 1 (k a n er niet mee door) that cannot pass muster; 2 (is ongeoorloofd) this cannot be allowed; *het kind liep in* ~*s* the child wore (leg) irons.

1 beuk [bø.k] *m & v* △ (hoofd~) nave; (zij~) aisle.

2 beuk, beukeboom ['bø.k(əbo.m)] *m* ‡ beech, beech tree.

1 beuken ['bø.kə(n)] *aj* beech(en).

2 beuken ['bø.kə(n)] *vt* beat, batter, pummel, pommel; pound [with one's fists]; *de golven* ~ *het strand* the waves lash the shore (the beach); *er op los* ~ pound away [at one].

beukenbos ['bø.kə(n)bɔs] *o* beech-wood.

beukenoot ['bø.kəno.t] *v* beech-nut.

beul [bø.l] *m* 1 hangman, executioner, F Jack Ketch; 2 brute, bully, torturer.

beuling ['bø.lɪŋ] *m* (black) pudding, sausage.

beunhaas ['bø.nha.s] *m* interloper, pettifogger, dabbler.

beunhazen [-ha.zə(n)] *vi* dabble (in).

beunhazerij [bø.nha.zə'rɛi] *v* dabbling, pettifoggery.

beuren ['bø:rə(n)] *vt* 1 lift (up) [a load]; 2 receive [money].

1 beurs [bø:rs] *aj* soft.

2 beurs [bø:rs] *v* 1 (v o o r g e l d) purse; 2 $ (g e b o u w) exchange; Bourse [on the Continent]; 3 (s t u d i e b e u r s) scholarship; *in zijn* ~ *tasten* put one's hand into one's pocket; *met zijn* ~ *te rade gaan* consult one's purse; *elkaar met gesloten beurzen betalen* settle on mutual terms; *naar de* ~ *gaan* go to 'Change; *op de* ~, *ter beurze* on 'Change; *hij studeert uit een* ~ he is an exhibitioner; *het gaat uit een ruime* ~ they spend money freely.

beursberichten ['bø:rsbərɪxtə(n)] *mv* $ quotations, stock-list.

beursgebouw [-gəbɔu] *o* exchange building.

beursnotering [-no.te:rɪŋ] *v* $ stock-exchange quotation.

beursstudent ['bø:rsty.dɛnt] *m* ⇐ scholar, exhibitioner.

beursvakantie ['bø:rsfa.kɑnsi.] *v* $ bank holiday.

beurswaarde [-va:rdə] *v* $ market value; ~*n* stocks and shares.

beurt [bø:rt] *v* turn; *een jongen een* ~ *geven* let a boy have his turn; *een kamer een* ~ *geven* F do a room; *een* ~ *krijgen* get one's turn; *een goede* ~ *maken* F make a good impression, score; *aan de* ~ *komen* come in for one's turn; *wie is aan de* ~? whose turn is it?; *om de* ~, *om* ~*en* by turns, in turn; ~ *om* ~ turn (and turn) about, by turns; *ieder op zijn* ~ everyone in his turn; *te* ~ *vallen* fall to the share of, fall to; *vóór zijn* ~ out of his turn.

beurtelings ['bø:rtəlɪŋs] by turns, turn (and turn) about, in turn, alternately.

beurtzang ['bø:rtsɑŋ] *m* alternate singing; antiphon(y).

beuzelaar ['bø.zəla:r] *m* -ster [-stər] *v* dawdler, trifler.

beuzelachtig ['bø.zəlɑxtəx] trifling, trivial, futile.

beuzelachtigheid [-hɛit] *v* triflingness, triviality, futility.

beuzelarij [bø.zəla:'rɛi] *v* trifle.

beuzelen ['bø.zələ(n)] *vi* dawdle, trifle.

beuzeling [-lɪŋ] *v* trifle. [dle.

beuzelpraat ['bø.zəlpra.t] *m* nonsense, twaddle.

bevaarbaar [bə'va:rba:r] navigable.

bevaarbaarheid [-hɛit] *v* navigableness, navigability.

bevallen [bə'vɑlə(n)] I *vt* please; *het zal u wel* ~ I am sure you will be pleased with it, you will like it; *hoe is 't u* ~? how did you like it?; *dat (zaakje) bevalt mij niet* I don't like it; II *vi* be confined [of a child]; *zij moet* ~ she is going to have a baby; *zij is* ~ *van een zoon* she gave birth to a son.

bevalligheid [-hɛit] *v* grace, gracefulness, charm.

bevalling [bə'vɑlɪŋ] *v* confinement; *pijnloze* ~ painless childbirth.

bevangen [-'vɑŋə(n)] *vt* seize; *de koude beving hem* the cold seized him; *door slaap* ~ overcome with (by) sleep; *door vrees* ~ seized with fear.

bevangenheid [-hɛit] *v* constraint [of his manner].

1 bevaren [bə'va:rə(n)] *vt* navigate, sail [the seas].

2 bevaren [bə'va:rə(n)] *aj* used (inured) to the sea; ~ *matroos* able (experienced) sailor.

bevattelijk [-'vɑtələk] I *aj* 1 (v l u g) intelligent, teachable; 2 (v e r s t a a n b a a r) intelligible; II *ad* intelligibly.

bevattelijkheid [-hɛit] *v* 1 intelligence, teachability; 2 intelligibility.

bevatten [bə'vɑtə(n)] *vt* 1 (i n h o u d e n) contain, comprise; 2 (b e g r ij p e n) comprehend, grasp.

bevatting [-tɪŋ] *v* comprehension, (mental) grasp.

bevattingsvermogen [-tɪŋsfərmo.gə(n)] *o* zie *bevatting*.

bevechten [bə'vɛxtə(n)] *vt* fight (against), combat; *de zege* ~ gain the victory, carry the day.

beveiligen [-'vɛiləgə(n)] *vt* secure, protect, safeguard; *beveiligd tegen (voor)* secure from (against) [attack], sheltered from [rain &].

beveiliging [-gɪŋ] *v* protection, safeguarding, shelter.

bevel [bə'vɛl] *o* order, command, injunction [= authoritative order]; ~ *tot aanhouding* 𝔯 warrant (of arrest); ~ *tot huiszoeking* search-warrant; ~ *geven om...* give orders to...; *order [them] to...*; *het* ~ *voeren over* be in command of, command; *onder iemands* ~*en staan* be under the command of; *op* ~ 1 [cry, laugh] to order; 2 (o p h o o g bevel) by order; *op* ~ *van* at (by) the command of, by order of.

1 bevelen [-'ve.lə(n)] *vt* order, command, charge, bid, enjoin; *wie beveelt hier, heeft hier te* ~? who commands here?; ~*de toon* commanding tone.

2 bevelen [-'ve.lə(n)] *vt* commend [one's spirit into the hands of the Lord].

bevelhebber [bə'vɛlhɛbər] *m* commander.

bevelschrift [bə'vɛls(x)rɪft] *o* warrant.

bevelvoerend [-vu:rənt] commanding, in command.

beven ['be.və(n)] *vi* tremble [with anger or fear]; shake [with fear or cold]; quiver [of the voice]; shiver [with cold]; shudder [with horror]; ~ *als een riet*, F *als een juffershondje* tremble like an aspen leaf.

bever ['be.vər] 1 *m* 🦫 beaver; 2 *o* (stof) beaver.

beverig ['be.vərəx] trembling, shaky.

bevestigen [bə'vɛstəgə(n)] *vt* fix, fasten, attach [a thing to another]; *fig* 1 affirm [a declaration]; 2 confirm [a report]; corroborate, bear out [an opinion, a statement]; 3 consolidate [power]; 4 confirm [new members of a Church]; 5 induct [a new clergyman].

bevestigend [-gənt] I *aj* affirmative; II *ad* affirmatively, [answer] in the affirmative.

bevestiging [-gɪŋ] *v* 1 (in de logica) affirmation; 2 (van bericht) confirmation; 3 (van macht, positie) consolidation; 4

(van lidmaten) confirmation; 5 (van predikant) induction.

bevind [bə'vɪnt] *naar* ~ (*van zaken*) as may be required.

bevinden [-'vɪndə(n)] **I** *vt* find [him guilty]; **II** *vr zich* ~ 1 (ergens) be (found) [of things], be [of persons]; 2 (zus of zo) be, feel; *zich ergens* ~, *zich in gevaar* ~ find oneself [somewhere]; be [in danger].

bevinding [-dɪŋ] *v* 1 [mystical] experience; 2 finding [of a committee].

bevissen [bə'vɪsə(n)] *vt* fish [a water].

bevitten [-'vɪtə(n)] *vt* cavil at, carp at, criticize.

bevlekken [-'vlɛkə(n)] *vt* stain, spot, soil, defile, pollute.

bevliegen [bə'vli.ɡə(n)] *vt* 𝕏 fly [a route].

bevlieging [-ɡɪŋ] *v* F caprice; *een* ~ *van edelmoedigheid* a fit of generosity.

bevloeien [bə'vlu.jə(n)] *vt* irrigate.

bevloeiing [-jɪŋ] *v* irrigation.

bevochtigen [bə'vɔxtəɡə(n)] *vt* moisten, damp, wet.

bevochtiger [-ɡər] *m* damper.

bevoegd [bə'vu.xt] competent, [fully] qualified; authorized, entitled; *de* ~*e instanties* the appropriate authorities; ~ *om...* qualified to...; having power to...; *van* ~*e zijde* from an authoritative source, [hear] on good authority.

bevoegdheid [-hɛit] *v* competence, competency; power [of the government, local officials &]; *...met de* ~ *om...* qualified to [teach that language]; with power to [dismiss him].

bevoelen [bə'vu.lə(n)] *vt* feel, finger, handle.

bevolken [-'vɔlkə(n)] *vt* people, populate.

bevolking [-kɪŋ] *v* population; peopling.

bevolkingsbureau [-kɪŋsby.ro.] *o* register office.

bevolkingscijfer [bə'vɔlkɪŋsɛifər] *o* population figure, population returns.

bevolkingsdichtheid [bə'vɔlkɪŋsdɪxthɛit] *v* density of population, population density.

bevolkingsgroep [-ɡru.p] *v* 1 [poorest] section of the population; 2 [Jewish, Muslim] community.

bevolkingsregister [-rəɡɪstər] *o* register (of population).

bevolkingsstatistiek [bə'vɔlkɪŋsta.tɪsti.k] *v* statistics of population, population statistics, vital statistics.

bevolkt [bə'vɔlkt] populated.

bevoordelen [-'vo:rde.lə(n)] *vt* favour.

bevooroordeeld [bəvo:r'o:rde.lt] prejudiced, preposessed, bias(s)ed.

bevoorraden [bə'vo:ra.də(n)] *vt* supply.

bevoorrading [-dɪŋ] *v* supply, supplies (of food *met voedsel*; to the market, *van de markt*).

bevoorrechten [bə'vo:rɛxtə(n)] *vt* privilege, favour.

bevoorrechting [-tɪŋ] *v* 1 (in 't alg.) favouring; 2 (als stelsel) favouritism.

bevorderaar [bə'vɔrdəra:r] *m* furtherer, promoter [of art &].

bevorderen [-rə(n)] *vt* further [a cause &]; advance, promote [plans, persons to a higher office]; prefer [a person to an office]; aid [digestion]; benefit [health]; *ik werd bevorderd, hij werd niet bevorderd* ↶ I was moved up to a higher form, he missed his remove; ~ *tot kapitein* ✕ promote (to the rank of) captain.

bevordering [-rɪŋ] *v* advancement, promotion [of plans, persons]; preferment [to an office]; furtherance [of a cause]; ~ ✂ remove.

bevorderlijk [bə'vɔrdərlək] ~ *voor* conducive to, beneficial to, instrumental to.

bevrachten [-'vrɑxtə(n)] *vt* freight, charter [ships]; load.

bevrachter [-tər] *m* freighter, charterer.

bevrachting [-tɪŋ] *v* freighting, chartering.

bevragen [bə'vra.ɡə(n)] *te* ~ *bij...* (for particu-

lars) apply to..., information to be had at...'s, inquire at...'s; *hier te* ~ inquire within.

bevredigen [-'vre.dəɡə(n)] *vt* satisfy [appetite or want], gratify [a desire], appease [hunger]; *het bevredigt (je) niet* it does not give satisfaction.

bevrediging [-ɡɪŋ] *v* satisfaction, gratification, appeasement.

bevreemden [bə'vre.mdə(n)] *vt* in: *het bevreemdt mij, dat hij 't niet deed* I wonder (am surprised to find) he...; *het bevreemdde mij* I wondered (was surprised) at it.

bevreemding [-dɪŋ] *v* surprise.

bevreesd [bə'vre.st] afraid; ~ *voor* 1 apprehensive of [the consequences, danger]; 2 apprehensive for [a person or his safety].

bevreesdheid [-hɛit] *v* apprehension, fear.

bevriend [bə'vri.nt] friendly [nations]; ~ *met* on friendly terms with, a friend of; ~ *worden met* become friends (friendly) with.

bevriezen [-'vri.zə(n)] **I** *vi* 1 freeze (over, up), congeal; 2 freeze to death; *ik bevries* I am freezing; *je bevriest hier* one freezes to death here; *laten* ~ freeze [meat &]; **II** *vt* freeze.

bevriezing [-zɪŋ] *v* freezing (over, up), congelation.

bevrijden [-'vrɛidə(n)] *vt* free, set free, set at liberty, deliver, liberate, rescue [from danger]; release [from confinement], emancipate [from a yoke].

bevrijder [-dər] *m* deliverer, liberator, rescuer.

bevrijding [-dɪŋ] *v* deliverance, liberation, rescue, release, emancipation.

bevrijdingsoorlog [-dɪŋso:rlɔx] *m* war of liberation.

bevroeden [bə'vru.də(n)] *vt* 1 suspect, surmise; 2 realize, apprehend.

bevroren [-'vro:rə(n)] frozen [meat; credits]; frost-bitten [buds].   [ize.

bevruchten [-'vrüxtə(n)] *vt* impregnate; ⚥ fertil-

bevruchting [-tɪŋ] *v* impregnation; ⚥ fertilization.

bevuilen [bə'vœylə(n)] *vt* dirty, soil, foul, defile.

bewaarder [-'va.rdər] *m* keeper, guardian; (v. woning) care-taker.

bewaargeld [-ɡɛlt] *o* storage.

bewaargeving [-ɡe.vɪŋ] *v* deposit.

bewaarheiden [-hɛidə(n)] *vt* verify; *bewaarheid worden* be verified; come true.

bewaarloon [-lo.n] *o* 1 zie *bewaargeld*; 2 cloakroom charges.

bewaarplaats [-pla.ts] *v* depository, [furniture] repository, storehouse; [bicycle] shelter; zie ook: *kinderbewaarplaats.*

bewaarschool [-sxo.l] *v* infant school, kindergarten.

bewaarschoolonderwijzeres [-òndərvɛizərəs] *v* infant-school teacher.

bewaken [bə'va.kə(n)] *vt* (keep) watch over, guard; *laten* ~ set a watch over.

bewaker [-kər] *m* keeper, watch, guard.

bewaking [-kɪŋ] *v* guard, watch(ing), custody; *onder* ~ under guard.

bewandelen [bə'vɑndələ(n)] *vt* walk, tread (upon); *het pad der deugd* ~ tread (walk in) the path of virtue.

bewapenen [-'va.pənə(n)] *vt* arm.

bewapening [-nɪŋ] *v* armament.

bewapeningswedloop [-nɪŋsvetlo.p] *m* arms race.

bewaren [bə'va:rə(n)] *vt* keep [a thing, a secret, one's balance]; preserve [fruit, meat &]; maintain, keep up [one's dignity]; ~ *voor* preserve (defend, save) from, guard from (against); *voor nat te* ~ to be kept dry!; *zich laten* ~ keep [of food]; zie ook: *God, hemel.*

bewaring [-rɪŋ] *v* keeping, preservation, custody; *in* ~ *geven* deposit [luggage, money &];

het hem in ~ *geven* entrust him with the care of it; *in* ~ *hebben* have in one's keeping, hold in trust; *hem in verzekerde* ~ *nemen* take him into custody.

bewasemen [bə've.səmə(n)] *vt* cover over with vapour, dim (cloud) with moisture.

bewateren [-'va.tərə(n)] *vt* water, irrigate.

beweegbaar [-'ve.xba:r] movable.

beweegbaarheid [-heit] *v* movableness.

beweegkracht [-'ve.xkrɑxt] *v* motive power.

beweeglijk [-'ve.gələk] 1 movable; mobile [features]; 2 lively [children].

beweeglijkheid [-heit] *v* 1 movableness; mobility; 2 liveliness.

beweegreden [bə've.xre.də(n)] *v* motive, ground.

bewegen [bə've.ɣə(n)] I *vi* move; stir; II *vt* 1 move; stir; 2 (ontroeren) move, stir, affect; 3 (overhalen) move, induce [one to do it]; III *vr* *zich* ~ move, stir, budge; *zich in de hoogste kringen* ~ move in the best society (circles); *hij weet zich niet te* ~ he doesn't know how to behave, he has no manners.

beweging [-ɣɪŋ] *v* 1 (het bewegen v. iets) motion, F move; movement, stir(ring); 2 (het bewegen met iets) motion [of the arms], movement [of the lever]; 3 (drukte) commotion, agitation, stir, F bustle; 4 (lichaamsbeweging) exercise; 5 (des gemoeds) emotion; (veel) ~ *maken* create a commotion; make a stir; ~ *nemen* take exercise; *in* ~ *brengen* set (put) in motion, set going, ✗ start; *fig* stir [people]; *in* ~ *houden* keep going; *in* ~ *komen* begin to move, start; *in* ~ *krijgen* set (get) going; *in* ~ *zijn* 1 be moving, be in motion, be on the move [of a person]; 2 be in commotion [of a town &]; *uit eigen* ~ of one's own accord.

bewegingloos [-lo.s] motionless.

bewegingsleer [bə've.ɡɪŋsle:r] *v* kinetics. [ment.

bewegingsoorlog [-o:rlɔx] *m* ✗ war of move-

bewegingsvrijheid [-freiheit] *v* 1 freedom of movement; 2 ✗ 24 hours' leave.

bewenen [bə've.nə(n)] *vt* weep for, weep, deplore, lament, bewail, mourn, mourn for.

beweren [-'ve:rə(n)] *vt* 1 assert, contend, maintain, claim; 2 (wat onbewezen is) allege; 1 (meestal ten onrechte) pretend; *hij heeft niet veel te* ~ he has not much to say for himself; *hij heeft hier niets te* ~ he has no authority here.

bewering [-rɪŋ] *v* 1 assertion, contention; 2 (onbewezen) allegation.

bewerkelijk [bə'vɛrkələk] laborious, requiring or involving much labour, toilsome.

bewerken [-kə(n)] *vt* 1 work, dress, fashion, shape [one's material], till [the ground]; work up [materials]; 2 (omwerken) adapt [a novel for the stage]; (tot stand brengen) operate, effect, bring about; 4 (iemand) work, influence [a person]; > tamper with, prime [the witnesses]; *6de druk bewerkt door...* edited (revised) by...; ~ *tot* work up into.

bewerker [-kər] *m* cause [of a person's death], worker [of mischief]; compiler [of a book], adapter [of a novel], editor [of the revised edition].

bewerking [-kɪŋ] *v* 1 (het bewerken) working [of material], tillage [of the ground], operation [in mathematics], adaptation, dramatization [of a play]; version [of a film]; 2 (wijze van bewerken) workmanship [of a box &]; *in* ~ in preparation.

bewerkstelligen [bə'vɛrkstɛləɡə(n)] *vt* bring about, effect.

bewesten [bə'vɛstə(n)] (to the) west of, westward of.

bewieroken [-'vi:ro.kə(n)] *vt* incense²; *iemand*

~ shower praise on a person; adulate a person.

bewijs [bə'vɛis] *o* 1 proof, evidence, demonstration; 2 (bewijsgrond) argument; 3 (bewijsstuk) voucher; [doctor's, medical &] certificate; 4 (blijk) mark; ~ *van goed gedrag* certificate of good character (conduct); ~ *van herkomst (oorsprong)* certificate of origin; ~ *van lidmaatschap* certificate of membership; ~ *van Nederlanderschap* certificate of Dutch nationality; ~ *van ontvangst* receipt; ~ *van onvermogen* certificate of indigency; *ten bewijze waarvan* in support of which, in proof (in witness) whereof.

bewijsbaar [-ba:r] provable, demonstrable.

bewijskracht [-krɑxt] *v* evidential force, conclusiveness, conclusive force, cogency [of an argument].

bewijslast [-lɑst] *m* burden (onus) of proof.

bewijsmateriaal [-ma.te:ri.a.l] *o* evidence.

bewijsplaats [-pla.ts] *v* quotation in support, reference.

bewijsstuk [bə'vɛistûk] *o* evidence; title-deed, title [as evidence of a right].

bewijsvoering [bə'vɛisfu:rɪŋ] *v* argumentation.

bewijzen [bə'vɛizə(n)] *vt* 1 (aantonen) prove, demonstrate [a proposition], establish [the truth of...], make out, make good [a claim, one's point], show [feeling, the presence of...]; 2 (betonen) show [favour], confer [a favour] upon, render [a service, the last funeral honours].

bewilligen [-'vɪlɑɡə(n)] *vi in:* ~ *in* grant, consent to.

bewilliging [-ɡɪŋ] *v* consent, assent.

bewimpelen [bə'vɪmpələ(n)] *vt* disguise, cloak gloze over, palliate [an unpleasant fact].

bewind [-'vɪnt] *o* administration, government, rule; *het* ~ *voeren* hold the reins of government; *het* ~ *voeren over* rule (over); *aan het* ~ *komen* accede to the throne [of a king], come into power [of a minister]; *aan het* ~ *zijn* be in power.

bewindsman [bə'vɪntsman] *m* ruler, statesman; authority; minister.

bewindvoerder [-'vɪntfu:rdər] *m* ₸ receiver; trustee.

bewogen [-'vo.ɡə(n)] *fig* moved, affected; ~ *tijden* stirring times.

bewogenheid [-heit] *v* emotion; emotional quality.

bewolken [bə'vòlkə(n)] I *vt* cloud, becloud; II *vi* cloud over (up), become overcast.

bewolking [-kɪŋ] *v* clouds.

bewolkt [bə'vòlkt] clouded, cloudy, overcast.

bewonderaar [bə'vòndəra:r] *m* -ster [-stər] *v* admirer.

bewonderen [-rə(n)] *vt* admire.

bewonderenswaard(ig) [bəvòndərəns'va:rt, -'va:rdəx] admirable.

bewondering [bə'vòndərɪŋ] *v* admiration.

bewonen [-'vo.nə(n)] *vt* inhabit, occupy, live in, dwell in, reside in [a place].

bewoner [-nər] *m* inhabitant [of a country], tenant, inmate, occupant, occupier [of a house]; resident [and not a visitor]; denizen [of the forest, of the air &].

bewoning [-nɪŋ] *v* inhabitation, occupation [of a house].

bewoonbaar [bə'vo.nba:r] (in)habitable.

bewoording(en) [bə'vo:rdɪŋ(ə(n))] *v* (*mv*) wording; *in algemene* ~ *en* in general terms.

bewust [-'vûst] 1 conscious; 2 (bedoeld) in question; *ik was het mij niet* ~ I was not conscious of that, I was unaware of it; *hij was het zich ten volle* ~ he was fully aware of it; *zij werd het zich* ~ she became conscious of it; *hij was zich van geen kwaad* ~ he was not conscious of having done anything wrong; ~ of onbewust wittingly or unwittingly; heb je de ~e gezien? F have you seen the person in question?

bewusteloos [-'vûstələ.s] unconscious, senseless, insensible; ~ slaan beat insensible, knock senseless.

bewusteloosheid [bəvûstə'lo.shɛit] v unconsciousness, senselessness, insensibillty.

bewustheid [bə'vûstheit] v consciousness.

bewustzijn [-sɛin] o consciousness, (full) knowledge; het ~ verliezen lose consciousness; hij was bij zijn volle ~ he was quite conscious; buiten ~ unconscious; in het ~ van zijn onschuld in the consciousness of his innocence; weer tot ~ komen recover (regain) consciousness.

bezaaien [bə'za.jə(n)] vt sow; ~ met sow with²; fig strew with.

bezaan [-'za.n] v ☘ miz(z)en.

bezaansmast [bə'za.nsmɑst] m ☘ miz(z)enmast.

bezadigd [bə'za.dɔxt] sedate, staid, dispassionate.

bezadigdheid [-hɛit] v sedateness [of mind], staidness.

bezegelen [bə'ze.gələ(n)] vt seal² [a person's fate].

bezeilen [-'zɛilə(n)] vt sail-[the seas]; er is geen land met hem te ~ he is quite unmanageable.

bezem ['be.zəm] m broom; (v. twijgen) besom; nieuwe ~s vegen schoon new brooms sweep clean.

bezemsteel [-ste.l] m broomstick.

bezending [bə'zɛndiŋ] v consignment [of goods]; F batch, lot.

bezeren [-'ze.rə(n)] I vt hurt, injure; II vr zich ~ hurt oneself.

bezet [-'zɛt] I taken, engaged [of a seat]; 2 (bezig) engaged, occupied, busy; 3 ✗ occupied [of a town]; alles ~! full up!; ik ben zó ~ dat... I am so busy that...; al mijn uren zijn ~ all my hours are taken up; de rollen waren goed ~ the cast was an excellent one; de zaal was goed ~ the house was well attended, there was a large audience; ~ met... set with [diamonds &].

bezeten [-'ze.tə(n)] aj possessed; dominated [by an idea]; als ~(en) like mad.

bezetten [-'zɛtə(n)] vt occupy [a town]; take [seats]; fill [a post]; cast [a piece, play]; ~ met trim with [lace]. Zie ook: bezet.

bezetter [-tər] m occupier.

bezetting [-tiŋ] v 1 (het bezetten) occupation; 2 ✗ garrison; 3 (v. toneelstuk) cast; 4 (v. orkest) strength; in een stad ~ leggen garrison a town.

bezettingsautoriteiten [-tiŋsouto.ri.tɛitə(n)] mv ✗ occupation authorities.

bezettingsleger [-le.gər] o ✗ army of occupation.

bezettingsstaking [-tiŋsta.kiŋ] v stay-in strike, sit-down strike.

bezettingstroepen [-tiŋstru.pə(n)] mv ✗ occupation troops.

bezettingszone [-tiŋzo:nə, -tiŋzo.nə] v ✗ zone of occupation.

bezichtigen [bə'zixtəgə(n)] vt have a look at, view, inspect; te ~ on view.

bezichtiging [-giŋ] v view(ing), inspection; ter ~ zijn be on view; lie out for inspection.

bezielen [-'zi.lə(n)] vt animate, inspire; wat bezielt je toch? F what possesses you?

bezielend [-lənt] inspiring [influence, leadership].

bezieling [-liŋ] v animation, inspiration.

bezien [bə'zi.n] vt look at, view; het staat te ~ it remains to be seen.

bezienswaard(ig) [bəzi.ns'va:rt, -'va:rdɔx] worth seeing.

bezienswaardigheid [-hɛit] v curiosity; de bezienswaardigheden the sights [of a place], the things worth seeing.

bezig ['be.zəx] busy, at work, occupied, engaged; de ~e bij the busy bee; is hij weer ~? is he at it again?; aan iets ~ zijn have a thing in hand, be at work (engaged) on it; hij is er druk aan ~ he is hard at work upon it, hard at it; ~ zijn met... be busy ...ing.

bezigen ['be.zəgə(n)] vt use, make use of, employ.

bezigheid ['be.zəxhɛit] v occupation, employment; bezigheden pursuits, avocations; ik heb bezigheden I am engaged; hij heeft geen bezigheden he has no occupation, he has nothing to do.

bezighouden [-houdə(n)] vt in: iemand ~ keep one busy; het gezelschap (aangenaam) ~ entertain the company; de kinderen nuttig ~ keep the children usefully occupied; zich met iets ~ occupy (busy) oneself with a thing; ik kan mij niet met u ~ I cannot attend to your business.

bezijden [bə'zɛidə(n)] in: het is ~ de waarheid it is beside the truth.

bezingen [-'ziŋə(n)] vr sing (of), chant.

bezinken [-'ziŋkə(n)] vi settle (down); fig sink [in the mind].

bezinksel [-'ziŋksəl] o sediment, deposit, lees, dregs; residue.

bezinnen [-'ziŋə(n)] I va reflect; bezint eer gij begint look before you leap; II vr zich ~ think, reflect; zich lang ~ think long.

bezinning [-niŋ] v consciousness; zijn ~ verliezen lose one's senses; weer tot ~ komen come to one's senses again.

bezit [bə'zit] o possession; (t. o. schulden) assets; fig asset; $ holdings [of securities, sterling &]; in het ~ geraken (komen) van come into possession of, gain (get, obtain) possession of; in ~ nemen take possession of; iemand in het ~ stellen van put a person in possession of; zich in het ~ stellen van possess oneself of; in het ~ zijn van be in possession of, be possessed of; wij zijn in het ~ van uw brief we have your letter; uit het ~ stoten dispossess.

bezitneming [-ne.miŋ] v occupancy, occupation.

bezittelijk [bə'zitələk] gram possessive [pronoun].

bezitten [bə'zitə(n)] vt possess, own, have, be possessed of; $ hold [securities]; zijn ziel in lijdzaamheid ~ possess one's soul in patience; de ~de klassen the propertied classes.

bezitter [-tər] m possessor, owner, proprietor; $ holder [of securities].

bezitting [-tiŋ] v possession; property; ~en en schulden $ assets and liabilities.

bezocht [bə'zɔxt] visited &, zie bezoeken; (much) frequented [place]; druk ~ ook: numerously attended [meeting]; goed ~ well-attended; door spoken ~ haunted.

bezoedelen [-'zu.dələ(n)] vt soil, sully, contaminate, stain, pollute, defile, blemish, besmirch.

bezoedeling [-liŋ] v contamination, stain, pollution, defilement, blemish.

bezoek [bə'zu.k] o 1 (visite) visit, call; 2 (mensen) visitor(s), guests, company; 3 (aanwezig zijn) attendance; een ~ afleggen (brengen) make a call, pay a visit; een ~ beantwoorden return a call; er is ~, we hebben ~ we (they) have visitors; wij ontvangen vandaag geen ~ we are not at home to anybody to-day; ik was daar op ~ I was on a visit there.

bezoekdag [-dɔx] m at-home day; visitors' (visiting) day [at a hospital &].

bezoeken [bə'zu.kə(n)] *vt* visit [a person, place, museum &, us with tribulations]; go (come) to see, call on, see [a friend, a man], call at [a house, the Jansens'], attend [church, school, a lecture &]; frequent [the theatres].

bezoeker [-kər] *m* visitor, caller, guest; frequenter [of a theatre].

bezoeking [-kɪŋ] *v* visitation, affliction, trial.

bezoekuur [-y:r] *o* visiting hour.

bezoldigen [bə'zɔldəgə(n)] *vt* pay, salary.

bezoldiging [-gɪŋ] *v* pay, salary, stipend.

bezondigen [bə'zɔndəgə(n)] *zich* ~ sin; *zich aan beleefdheid* ~ *doet hij niet* politeness is not his besetting sin.

bezonken [-zɔŋkə(n)] *fig* well-considered.

bezonnen [-zɔnə(n)] level-headed, sober-minded, staid, sedate.

bezorgd [-'zɔrxt] anxious, solicitous; ~ *voor* anxious (uneasy, concerned) about, solicitous about (for); *zich* ~ *maken* worry (about *over*).

bezorgdheid [-ɦɛit] *v* anxiety, uneasiness, solicitude, concern, apprehension; worry.

bezorgen [bə'zɔrgə(n)] *vt* 1 (zorgen voor) look after [a man's business]; 2 (brengen) deliver [goods, letters &]; 3 (verschaffen) procure, get, find [a thing for a person]; gain, win [him many friends], earn [him a certain reputation]; 4 give, cause [trouble &]; *we kunnen het u laten* ~ you can have it delivered at your house; *voor de druk* ~ edit; *hij is (goed) bezorgd* he is (well) provided for.

bezorger [-gər] *m* delivery-man; bearer [of a letter]; [milk &] roundsman.

bezorging [-gɪŋ] *v* delivery [of letters, parcels

bezorgloon [bə'zɔrxlo.n] *o* delivery fee. [&].

bezuiden [bə'zœydə(n)] (to the) south of, southward of.

bezuinigen [-'zœynəgə(n)] *vi* economize, retrench, reduce one's expenses, curtail expenses, reduce expenditure; ~ *op* economize on.

bezuiniging [-gɪŋ] *v* economy, retrenchment, cut [in wages]; ~*en maken* economize.

bezuinigingsmaatregel [-gɪŋsma.tre.gəl] *m* measure of economy, economy measure.

bezuren [bə'zy:rə(n)] *vt* in: *iets* ~ suffer (pay dearly) for something.

bezwaar [bə'zva:r] *o* 1 difficulty, objection; scruple [= conscientious objection]; 2 (nadeel) drawback; *buiten* ~ *van de schatkist* at one's own expense; *bezwaren maken* raise objections, object (to *tegen*); 2 make difficulties, have scruples about doing.

bezwaard [-'zva:rt] burdened²; *fig* oppressed; *voelt u zich* ~? is there anything weighing on your mind?, have you any grievance?; ~ *met een hypotheek* encumbered (with a mortgage), mortgaged.

bezwaarlijk [-'zva:rlək] **I** *aj* difficult, hard; **II** *ad* with difficulty; *ik kan het* ~ *geloven* I can hardly believe it.

bezwaarschrift [-s(x)rɪft] *o* objection.

bezwangerd [bə'zvaŋərt] in: *met geuren* ~ *laden* (heavy) with odours.

bezwaren [-'zva:rə(n)] **I** *vt* burden², load², weight [with a load]; oppress, weigh (lie) heavy upon [the stomach, the mind], sit heavy on [the stomach]; *dat zal hem zeer* ~ 1 it will be too heavy a charge upon him; 2 it will weigh too much upon his stomach; **II** *vr zich* ~ *over iets bij...* complain of a thing to... Zie ook: *bezwaard*.

bezwarend [-rənt] burdensome [tax], onerous [terms], aggravating [circumstances], damaging [facts].

bezweet [bə'zve.t] perspiring, in a sweat.

bezweren [-'zve:rə(n)] *vt* 1 (met eed) swear (to), make oath [that...]; 2 (bannen) exor-

cise, conjure, lay [ghosts, a storm]; charm [snakes]; avert, ward off [a danger]; 3 conjure up, raise [a ghost]; 4 (smeken) conjure, adjure [one not to...].

bezwering [-rɪŋ] *v* 1 swearing; 2 exorcism; 3 conjuration, adjuration.

bezwijken [bə'zvɛikə(n)] *vi* succumb [to wounds, to a disease, to temptation], give way, break down, collapse [also of things]; ~ *onder de last* sink beneath the burden.

bezwijmen [-'zvɛimə(n)] *vi* faint (away), swoon.

bezwijming [-mɪŋ] *v* fainting fit, faint, swoon.

bibberatie [bɪbə'ra.(t)si.] *v de* ~ the shivers.

bibberen ['bɪbərə(n)] *vi* shiver [with cold], tremble [with fear].

bibliograaf [bi.bli.o.'gra.f] *m* bibliographer.

bibliografie [-gra.'fi.] *v* bibliography.

bibliothecaris [-te.'ka.rɪs] *m* librarian.

bibliotheek [-'te.k] *v* library.

bidbankje ['bɪtbaŋkjə] *o* praying desk.

biddag [-'bɪdɑx] *m* day of prayer.

bidden ['bɪdə(n)] **I** *vi* 1 pray [to God], say one's prayers; 2 (vóór 't eten) ask a blessing; 3 (na 't eten) say grace; ~ *om een gunst* ~ ask (entreat) a favour of one; ~ *en smeken* beg and pray (implore); **II** *vt* pray [to God]; beg, entreat, implore [a person to...]; *de Hemel* ~ pray to Heaven [that...]; *het onzevader* ~ say (recite) the Our Father; *ga heen, bid ik u...* I pray; *niet zo vlug, als (wat) ik u* ~ *mag* pray not so fast.

bidder [-dər] *m* 1 prayer; 2 undertaker's man.

bidet [bi.'de.] *m & o* bidet.

bidprentje [-prɛncə] *o RK* 1 mortuary card; 2 devotional picture.

bidstoel [-stu.l] *m* prie-dieu (chair).

bidstond [-stɔnt] *m* prayer meeting; intercession service [for peace].

biecht [bi.xt] *v* confession; *de* ~ *afnemen* (horen) hear confession, confess; *te* ~ *gaan* go to confession, confess.

biechteling(e) ['bi.xtəlɪŋ(ə)] *m(-v)* confessant.

biechten [-tə(n)] *vt & vi* confess; *gaan* ~ go to confession.

biechtgeheim ['bi.xtgəhɛim] *o* secret of the confessional.

biechtstoel [-stu.l] *m* confessional (box).

biechtvader [-fa.dər] *m* confessor.

bieden ['bi.də(n)] **I** *vt* 1 (aanbieden) offer, present; 2 (op verkoping) bid; *vijf gulden* ~ *op* offer 5 guilders for; **II** *va* bid, make bids; ~ *op* make a bid for; *meer* ~ *dan een ander* outbid one.

bieder [-dər] *m* bidder.

biefstuk ['bi.fstŭk] *m* rumpsteak.

biel [bi.l] *v* sleeper [under the rails].

bier [bi:r] *o* beer, ale.

bierbrouwer ['bi:rbrouər] *m* (beer-)brewer.

bierbrouwerij [bi:rbrouə'rɛi] *v* brewery.

bierfles ['bi:rfləs] *v* beer-bottle.

bierglas [-gləs] *o* beer-glass.

bierhuis [-ɦœys] *o* beerhouse, ale-house, pub.

bierkaai [-ka.i] *vechten tegen de* ~ engage in a hopeless struggle.

bierkan [-kɑn] *v* beer-jug.

bierpomp [-pɔmp] *v* beer-engine.

bierton [-tɔn] *v* -vat [-vat] *o* beer-cask, beer-barrel.

1 **bies** [bi.s] *v ♣* (bul)rush; *zijn biezen pakken* pack up one's traps, cut one's stick.

2 **bies** [bi.s] *v* 1 border; 2 piping [on trousers &].

bieslook ['bi.slo.k] *o ♣* chive.

biet [bi.t] *v* beet.

biezen ['bi.zə(n)] *aj* rush, rush-bottomed [chair].

big [bɪx] *v* 1 young pig, piglet, pigling; 2 ✕ S Johnny Raw.

biggen ['bɪgə(n)] *vi* farrow, cast [pigs].

1 **bij** [bɛi] v bee.

2 **bij** [bɛi] **I** prep by, with, near &; ~ zijn aankomst on (at) his arrival; ~ de artillerie (marine) in the artillery (navy); ~ avond in the evening; ~ de Batavieren with the Batavians; zijn broer was ~ hem his brother was with him; ~ zijn dood at his death; ~ het dozijn by the dozen; ~ een glas bier over a glass of beer; ~ honderden by (in) hundreds; [they came] in their hundreds; dat is ~ Europa (~ Fichte) reeds vermeld already mentioned under Europe (in Fichte); ~ al zijn geleerdheid... with all his learning; ~ het lezen when reading; ~ goed weer if it is fine; ik heb het niet ~ mij I've not got it with me; er werd geen geld ~ hem gevonden 1 no money was found (up)on him; 2 no money was found in his house; ~ zijn leven during his life; hij is (iets) ~ het spoor he is (something) on (in) the railway; er stond een streepje ~ zijn naam against his name; ~ ons I with us; 2 in this country; ~ het vallen van de avond at nightfall; ~ het venster near (by) the window; het is ~ vijven going on for five; ~ de zestig close upon sixty; ~ Waterloo near Waterloo; de slag ~ Waterloo the battle of Waterloo; ~ deze woorden at these words; **II** ad in: hij is goed ~ he has (all) his wits about him, he is all there; ik ben ~ I've got behind; ik ben nog niet ~ I am still behind; het boek is ~ is up to date; de boeken zijn ~ $ are posted up; hij is er ~ he is present; hij is er niet ~ he is not attending to what I say (to his work &); je bent er ~! F you are in for it!; zonder mij was je er ~ geweest but for me you would have been done for.

bijaldien [bɛial'di.n] in case, if.

bijbaantje ['bɛiba.ncǝ] o F by-job.

bijbedoeling [-bǝdu.lɪŋ] v zie bijoogmerk.

bijbehorend [-bǝho:rɑnt] accessory; met ~(e)... with... to match.

bijbel ['bɛibǝl] m bible.

bijbelgenootschap [-gǝno.tsχɑp] o bible society.

bijbels ['bɛibǝls] aj biblical, of the bible, scriptural; ~e geschiedenis sacred history.

bijbelspreuk ['bɛibǝlsprø.k] v scriptural sentence.

bijbeltekst [-tɛkst] m text from Scripture.

bijbelvast [-vɑst] well-read in Scripture.

bijbelvertaling [-vǝrta.lɪŋ] v translation of the bible; de Engelse ~ the English version of the Bible; (van 1611) the Authorized Version; (van 1884) the Revised Version.

bijbelwoord [-vo:rt] o 1 Scripture word; 2 het ~ the sacred text; volgens het ~ according to the words of the Bible.

bijbetalen ['bɛibǝta.lǝ(n)] vt pay in addition, pay extra.

bijbetaling [-lɪŋ] v additional (extra) payment.

bijbetekenis ['bɛibǝte.kǝnɪs] v by-meaning, connotation.

bijblad [-blɑt] o supplement [to a newspaper].

bijblijven [-blɛivǝ(n)] vi 1 (met lopen) keep pace; (met zijn tijd) keep up to date; 2 (in 't geheugen) remain, stick in a person's memory; ik kan niet ~ I can't keep up (with you); het is mij altijd bijgebleven it has remained with me all along.

bijboeken [-bu.kǝ(n)] vt $ enter.

bijbrengen [-brɛŋǝ(n)] vt 1 (iets) bring forward [evidence], produce [proofs]; 2 (iemand) bring round, bring to, restore to consciousness; 3 (iemand iets) impart [knowledge] to, instil [it] into one's mind, teach [a pupil French].

bijdehand [bɛidǝ'hɑnt] fig smart, quick-witted, bright.

bijdoen ['bɛidu.n] vt F add.

bijdraaien [-dra.jǝ(n)] vi ⚓ heave to, bring to;

fig come round.

bijdrage [-dra.gǝ] v contribution°; een ~ leveren tot make a contribution to(wards).

bijdragen [-gǝ(n)] vt contribute [money to a fund &]; zijn deel (het zijne) ~ ook: play one's part.

bijeen [bɛi'e.n] together.

bijeenbehoren [-bǝho:rǝ(n)] vi belong together.

bijeenbrengen [-brɛŋǝ(n)] vt bring together [people]; collect [money], raise [funds].

bijeendoen [-du.n] vt put together.

bijeendrijven [-drɛivǝ(n)] vt drive together, round up.

bijeengaren [-ga:rǝ(n)] vt gather.

bijeenhouden [-houdǝ(n)] vt keep together.

bijeenkomen [-ko.mǝ(n)] vi 1 (v. personen) come together, meet, assemble; 2 (v. kleuren) go together, match.

bijeenkomst [-kòmst] v meeting, gathering, assembly.

bijeenleggen [-lɛgǝ(n)] vt put together; geld ~ club together [for some purpose].

bijeenrapen [-ra.pǝ(n)] vt scrape together, collect; een bijeengeraapt zootje a scratch lot.

bijeenroepen [-ru.pǝ(n)] vt call together, call, convene, convoke, summon.

bijeenroeping [-pɪŋ] v calling [of Parliament]; convocation, summons.

bijeenscharrelen [bɛi'e.nsχɑrǝlǝ(n)] vt F scratch up, scratch together, scrape together, pick up [a living].

bijeenschrapen [-s(χ)ra.pǝ(n)] vt scrape together, scratch up [a living &].

bijeentellen [-tɛlǝ(n)] vt add up.

bijeentrommelen [-tròmǝlǝ(n)] vt drum up.

bijeenvoegen [-vu.gǝ(n)] vt join together, unite.

bijeenzijn [-zɛin] vi be together.

bijeenzoeken [-zu.kǝ(n)] vt get together, gather, find.

bijenhouder ['bɛiǝ(n)houdǝr] m bee-keeper, bee-master, apiarist.

bijenkoningin [-ko.nɪŋɪn] v queen-bee.

bijenkorf [-kɔrf] m beehive.

bijenstal [-stɑl] m apiary.

bijenteelt [-te.lt] v apiculture.

bijenwas [-vɑs] m & o beeswax.

bijenzwerm [-zvɛrm] m swarm of bees.

bijfiguur ['bɛifi.gy:r] v secondary figure [in drawing]; minor character [in novel &].

bijgaand [-ga.nt] enclosed, annexed; ~ schrijven the accompanying letter.

bijgebouw [-gǝbou] o outbuilding, outhouse, annex(e).

bijgedachte [-gǝdɑxtǝ] v 1 by-thought; 2 ulterior motive.

bijgeloof [-gǝlo.f] o superstition.

bijgelovig [bɛigǝ'lo.vǝx] aj (& ad) superstitious(-ly).

bijgelovigheid [-hɛit] v superstitiousness.

bijgeluid ['bɛigǝlœyt] o accompanying noise, background noise.

bijgenaamd [-gǝna.mt] nicknamed, surnamed.

bijgeval [bɛigǝ'vɑl] by any chance, perhaps; als je ~... if you happen (chance) to...

bijgevolg [-'vɔlx] in consequence, consequently.

bijgieten ['bɛigi.tǝ(n)] vt add, pour on (to).

bijhalen [-ha.lǝ(n)] vt bring near [things; of a field-glass &]; × bring down [figures]; er ~ bring (drag) in.

bijharken [-hɑrkǝ(n)] vt rake up [here and there].

bijhouden [-houdǝ(n)] vt (iemand, iets) keep up with, keep pace with [a person, it]; (zijn glas &) hold out [one's glass]; $ (de boeken) 1 keep up to date [the books]; 2 keep [the books]; (zijn talen &) keep up [one's French, German]; er is geen ~ aan it is impossible to cope with all the demands.

bijkaartje [-ka:rcǝ] o (in atlas) inset (map).

bijkantoor [-kɔnto:r] *o* 1 branch office; 2 ⚲ sub-office.

bijkeuken [-kø.kə(n)] *v* scullery.

bijknippen [-knɪpə(n)] *vt* trim.

bijkok [-kɔk] *m* under-cook.

bijkomen [-ko.mə(n)] *vi* 1 (na flauwte) come to oneself again, come round; 2 (na ziekte) gain (in weight; four pounds &), put on weight, pick up flesh; *dat moest er nog ~!* that would be the last straw!

bijkomend [-mənt] in: *~e (on)kosten* extra costs; *~e omstandigheden* attendant circumstances.

bijkomstig [bɛiˈkɔmstəx] adventitious; of minor importance.

bijkomstigheid [-hɛit] *v* a mere accident.

bijkrabbelen [ˈbɛikrabələ(n)] *vi* F pick up.

bijl [bɛil] *v* axe, hatchet; *er met de grove (brede) ~ in hakken* go at it hard; lay it on.

bijlage [ˈbɛila.gə] *v* appendix, annex, enclosure.

bijleggen [ˈbɛilɛgə(n)] *vt* 1 (leggen bij) add [to]; 2 (uitmaken) make up, accommodate, arrange, compose, settle (differences); *het weer ~* make it up again; *ik moet er nog (geld) ~* I lose on it, I'm a loser by it.

bijlichten [-lɪxtə(n)] *vt* light.

bijmaan [ˈbɛima.n] *v* mock-moon.

bijna [-na.] almost, nearly, next to, all but; *~ niet* hardly, scarcely; *~ niets (niemand)* hardly anything (anybody).

bijnaam [-na.m] *m* 1 (tweede naam) sur-name; 2 (scheldnaam) nickname, sobri-quet.

bijoogmerk [-o.xmɛrk] *o* by-aim, by-end, by-design, ulterior purpose, hidden motive.

bijouterieën [bi.ʒu.tɔˈri.ə(n)] *mv* jewel(le)ry.

bijpassen [-pɑsə(n)] *vt* pay in addition, pay extra.

bijpassend [-pɑsənt] ...to match.

bijprodukt [-pro.dʉkt] *o* by-product.

bijschenken [-sxɛŋkə(n)] *vt* add, pour on (to).

bijschikken [-sxɪkə(n)] *vt* & *vi* draw near.

bijschilderen [-sxɪldərə(n)] *vt* 1 paint in (figures &]; 2 touch up, work up [here and there].

bijschrift [-s(x)rɪft] *o* inscription, legend, motto; marginal note; postscript; letterpress [to an illustration].

bijschrijven [-s(x)rɛivə(n)] *vt* write up [the books]; *er wat ~* add something [in writing].

bijschuiven [-sxœyvə(n)] I *vt* draw (pull) up [one's chair to the table]; II *vi* close up.

bijslag [-slɑx] *m* extra allowance; zie ook: *toe-slag* 1.

bijsmaak [-sma.k] *m* taste, flavour, tang²; *fig* tinge.

bijspringen [-sprɪŋə(n)] *vt* in: *iemand ~* stand by one; help one with the needful.

bijstaan [-sta.n] *vt* assist, help, aid, succour.

bijstand [-stɑnt] *m* assistance, help, aid, succour; *~ verlenen* lend assistance.

bijstelling [-stɛlɪŋ] *v gram* apposition.

bijster [-stər] I *aj* in: *het spoor ~ zijn* 1 *eig* be thrown off the scent; 2 *fig* have lost one's way; be at sea, be at fault; II *ad* < *hij is niet ~ knap* he is not particularly clever; *het is ~ koud* it is extremely cold.

bijstorten [-stɔrtə(n)] *vt* make an additional payment of...

bijt [bɛit] *v* hole (made in the ice).

bijtellen [-tɛlə(n)] *vt* count in.

bijten [ˈbɛitə(n)] I *vt* bite²; *iemand iets in het oor ~* snap something in a person's ear; II *vi* bite²; *hij wou er niet (aan) ~* F he did not bite; *in het stof (zand) ~* 1 bite the dust; 2 (ruiter) be unhorsed; *op zijn nagels ~* bite one's nails; *van zich af ~* show fight, not take it lying down.

bijtend [-tənt] biting, caustic, corrosive; *fig* biting, caustic, mordant, pungent,

poignant; *~e spot* sarcasm.

bijtijds [bɛiˈtɛits] in (good) time.

bijtrekken [ˈbɛi-trɛkə(n)] I *vt* draw, pull [a chair &] near(er); join [an adjacent plot] on to [one's own garden &]; bring near [of a field-glass]; II *vi* in: *het zal wel* it is sure to tone down [to the colour of the surrounding part].

bijtring [ˈbɛit-rɪŋ] *m* teething ring.

bijvak [ˈbɛivɑk] *o* subsidiary subject.

bijval [-vɑl] *m* approval, approbation, applause; *stormachtige ~ (in)oogsten* be received with a storm of applause; *~ vinden* meet with approval [proposal]; catch on [plays].

bijvallen [-vɑlə(n)] *vt* in: *iemand ~* concur in (fall in with) a person's opinions (ideas &), agree with one.

bijvalsbetuiging(en) [-vɑlsbɛtœygɪŋ(ə(n))] *v* (*mv*) applause; shouts of applause, cheers.

bijvegen [ˈbɛive.gə(n)] *vt* sweep up.

bijverdienste [-vərdi.nstə] *v* extra earnings.

bijvoegen [-vu.gə(n)] *v* add, join, subjoin, annex.

bijvoeging [-gɪŋ] *v* addition; *onder ~ van...* adding..., enclosing...

bijvoeglijk [bɛiˈvu.gələk] I *aj* adjectival; *~ naamwoord* adjective; II *ad* adjectively.

bijvoegsel [ˈbɛivu.xsəl] *o* 1 addition; 2 supplement, appendix.

bijvullen [-vʉlə(n)] *vt* replenish, fill up.

bijwagen [-va.gə(n)] *m* 1 extra coach; 2 trailer [of a tram-car].

bijweg [-vɛx] *m* by-road, by-path.

bijwerk [-vɛrk] *o* 1 by-work, additional work; 2 subsidiary matter, accessories.

bijwerken [-vɛrkə(n)] *vt* 1 (iets) touch up [a picture], bring up to date [a book]; $ post up [the books]; make up [arrears]; 2 (een leerling) coach; *bijgewerkt tot 1964* brought up to 1964.

bijwijlen [bɛiˈvɛilə(n)] once in a while, now and then.

bijwonen [ˈbɛivo.nə(n)] *vt* be present at [some function], attend [divine service, a lecture, mass], witness [a scene].

bijwoord [-vo:rt] *o gram* adverb.

bijwoordelijk [bɛiˈvo:rdələk] *aj* (& *ad*) adverbial(ly).

bijzaak [ˈbɛiza.k] *v* matter of secondary (minor) importance, accessory matter; *geld is ~* money is no object [with him].

bijzettafeltje [-zɛta.fɛlcə] *o* occasional table.

bijzetten [-zɛtə(n)] *vt* 1 place or put near (to, by); 2 (begraven) inter; 3 ⚓ set [a sail]; *kracht ~ aan* emphasize, add (lend) force to, press [a demand].

bijzetting [-tɪŋ] *v* interment.

bijziend [bɛiˈzi.nt] near-sighted, myopic.

bijziendheid [-hɛit] *v* near-sightedness, myopia.

bijzijn [ˈbɛizɛin] *o* presence; *in het ~ van* in the presence of.

bijzin [-zɪn] *m gram* subordinate clause.

bijzit [-zɪt] *v* concubine.

bijzitter [-zɪtər] *m* 1 ☞ second examiner; 2 ☞ assessor.

bijzonder [bi.ˈzɔndər] I *aj* particular, special; peculiar, strange; *in het ~* in particular, especially; II *ad* < particularly, exceptionally, uncommonly.

bijzonderheid [-hɛit] *v* particularity; particular, detail; peculiarity.

bikini [bi.ˈki.ni.] *m* bikini.

bikkel [ˈbɪkəl] *m* knucklebone.

bikken [ˈbɪkə(n)] *vt* chip [a stone]; scale [a boiler] ‖ F (eten) eat.

bil [bɪl] *v* buttock [of a man]; rump [of oxen]; *voor de ~len geven* spank.

bilateraal [bi.la.tɔˈra.l] bilateral.

biljart [bɪlˈjɑrt] *o* 1 (het spel) billiards; 2 (de

t a f e l) billiard(s) table; ~ *spelen* play (at) billiards; *een partij* ~ a game of billiards.
biljartbal [-bɑl] *m* billiard-ball.
biljartkeu [bɪl'jɑrtkø.] *v* billiard-cue.
biljartspel [-spɛl] *o* (game of) billiards.
biljet [bɪl'jɛt] *o* 1 (k a a r t) ticket; 2 (b a n k~) (bank-)note; 3 (a a n p l a k~) poster; 4 (s t r o o i~) handbill.
biljoen [bɪl'ju.n] *o* billion.
billijk ['bɪlək] equitable, fair, just, reasonable; $ moderate [prices]; *het is niet meer dan* ~ it is only fair.
billijken [-ləkə(n)] *vt* approve of.
billijkerwijs, -wijze [-kər'vɛis, -'vɛizə] in fairness, in justice.
billijkheid ['bɪləkhɛit] *v* equity, fairness, justice; reasonableness [of demands].
billijkhalve [bɪləkhɛits'hɑlvə] zie *billijkerwijs*.
binden ['bɪndə(n)] I *vt* bind° [a book, sheaves, a prisoner], tie [a knot, one's hands]; tie up [a parcel]; thicken [soup, gravy]; make [brooms]; *die belofte bindt mij* I am tied by that promise; ~ *aan* tie to [a post &]; *de kinderen* ~ *mij aan huis* I am tied down to my home by the children; II *vr zich* ~ bind oneself, commit oneself.
bindend [-dənt] binding [on both parties].
binder [-dər] *m* binder.
bindmiddel [-mɪdəl] *o* binder, cement²; *fig* link.
bindvlies ['bɪntfli.s] *o* conjunctiva.
bindweefsel [-ve.fsəl] *o* connective tissue.
binnen ['bɪnə(n)] I *prep* within; ~ *enige dagen* in a few days; ~ *veertien dagen* within a fortnight; II *ad* in; ~ *!* come in!; *wie is er* ~*?* who is inside (within)?; *hij is* ~ he is within (in, indoors); *fig* he is a made man; *naar* ~ *gaan* go (walk) in; *naar* ~ *gekeerd* [with the hairy side] in; [with his toes] turned in; *naar* ~ *zenden* send in; *te* ~ *schieten* flash upon one; *'t wilde me niet te* ~ *schieten* I could not remember it (think of it), I could not hit upon it; *van* ~ 1 (on the) inside; [it looks fine] within; 2 [it came] from within; *van* ~ *en van buiten* inside and out.
binnenbal [-bɑl] *m* [football] bladder.
binnenband [-bɑnt] *m* (inner) tube.
binnenblijven [-blɛivə(n)] *vi* remain (keep) indoors.
binnenbrand [-brɑnt] *m* indoor fire.
binnendijk [-dɛik] *m* inner dike.
binnendijks [-dɛiks, bɪnə(n)'dɛiks] (lying) on the inside of a dike, on the landside of the dike.
binnendoor [bɪnə(n)'do:r] in: ~ *gaan* 1 take a short cut; 2 go through the house.
binnendringen ['bɪnə(n)drɪŋə(n)] I *vt* penetrate, invade; *een huis* ~ penetrate into a house; II *vi* force one's way into a (the) house.
binnengaan [-ga.n] *vi* & *vt* enter.
binnenhalen ['bɪnə(n)ha.lə(n)] *vt* gather in; zie ook: *inhalen*.
binnenhaven [-ha.və(n)] *v* 1 inner harbour; 2 inland port.
binnenhof [-hɔf] *o* inner court.
binnenhouden [-houdə(n)] *vt* 1 keep within doors [a patient]; 2 retain [food on one's stomach].
binnenhuis [-hœys] *o* interior.
binnenhuisarchitect [-ɑrgi.-, -ɑrʃi.tɛkt] *m* interior decorator.
binnenhuisje ['bɪnə(n)hœyʃə] *o* interior.
binnenin [bɪnən'ɪn] on the inner side, inside, within.
binnenkamer ['bɪnə(n)ka.mər] *v* inner room.
binnenkant [-kɑnt] *m* inside.
binnenkomen [-ko.mə(n)] *vi* 1 (p e r s o n e n, t r e i n, g e l d &) come in; get in(to the room), enter; 2 🛥 come into port; *laat haar* ~ show

(ask) her in.
binnenkomst [-kɔmst] *v* entrance, entry, coming in.
binnenkort [bɪnə(n)'kɔrt] before long, shortly.
binnenkrijgen ['bɪnə(n)krɛigə(n)] *vt* get down [food]; get in [outstanding debts]; *water* ~ 1 get water inside [of a drowned man]; 2 🛥 make water.
binnenland [-lɑnt] *o* interior; *in binnen- en buitenland* at home and abroad.
binnenlands [-lɑnts] inland [letter, navigation], home [market, news]; home-made [products], interior, domestic, intestine [quarrels], internal [policy]; ~ *bestuur* 🄌 civil service; *ambtenaar bij het* ~ *bestuur* 🄌 civil servant; ~*e zaken* home affairs; zie ook: *ministerie &*.
binnenlaten [-la.tə(n)] *vt* let in, show in; admit.
binnenleiden [-lɛidə(n)] *vt* usher in.
binnenloodsen [-lo.tsə(n)] *vt* pilot [a ship] into port.
binnenlopen [-lo.pə(n)] I *vi* 1 run in; 2 🛥 put into port; *even* ~ drop in for a minute; II *vt* 1 run into [a house]; 2 🛥 put into [port].
binnenpad [-pɑt] *o* by-path.
binnenplaats [-pla.ts] *v* inner court, inner yard, courtyard [of a prison].
binnenrijden [-rɛi(d)ə(n)] *vi* ride, drive in(to a place).
binnenrukken [-rükə(n)] *vi* march in(to the town &).
binnenscheepvaart [-sxe.pva.rt] *v* inland navigation.
binnenschipper [-sxɪpər] *m* bargeman, bargemaster.
binnenshuis [bɪnəns'hœys] indoors, within doors.
binnenskamers [-'ka.mərs] in one's room; *fig* in private, privately.
binnenlands [-'lɑnts] in the country, at home.
binnensluipen ['bɪnə(n)slœypə(n)] *vi* steal into [a house].
binnensmokkelen [-smɔkələ(n)] *vt* smuggle in.
binnensmonds [bɪnəns'mònts] under one's breath; ~ *spreken* speak indistinctly.
binnenstad ['bɪnə(n)stɑt] *v* inner part of a town.
binnenstappen [-stɑpə(n)] *vi* step in(to the room).
binnenste [-stə] I *aj* inmost; II *o* inside; *in zijn* ~ in his heart of hearts.
binnenstebuiten [bɪnənstə'bœytə(n)] inside out.
binnenstomen [-'stò.mə(n)] *vi* steam into the station; 🛥 steam into port.
binnenstormen [-stɔrmə(n)] *vi* rush (tear) in(to a house).
binnenstromen [-stro.mə(n)] *vi* stream (flow, pour) in; stream (flock, flow, pour) into the country &.
binnentrekken [-trɛkə(n)] *vi* zie *binnenrukken*.
binnenvaart [-va.rt] *v* inland navigation.
binnenvallen [-vɑlə(n)] *vi* 1 🛥 put into port; 2 invade [a country]; 3 drop in [on a friend].
binnenwaarts [-va.rts] I *aj* inward; II *ad* inward(s).
binnenwateren [-va.tərə(n)] *mv* inland waterways.
binnenweg [-vɛx] *m* by-path.
binnenwerk [-vɛrk] *o* 1 inside work; 2 works [of a watch]; 3 interior [of a piano]; 4 filler [for cigars].
binnenzak [-zɑk] *m* inside pocket.
binnenzeilen [-zɛilə(n)] *vi* sail in [of a ship].
binnenzij(de) [-zɛi(də)] *v* inside, inner side.
binnenzool [-zo.l] *v* insole.
binocle [bi.'nɔklə] *m* zie *toneelkijker*.
bint [bɪnt] *o* tie-beam.
biochemie [bi.oxe.'mi.] *v* biochemistry.
biograaf [bi.o.'gra.f] *m* biographer.
biografie [-gra.'fi.] *v* biography.
biografisch [-'gra.fi.s] *aj* (& *ad*) biographical-

(ly).
biologeren [-lo.'ge:rə(n)] *vt* mesmerize.
biologie [-lo.'gi.] *v* biology.
biologisch [-'lo.gi.s] *aj* (& *ad*) biological(ly).
bioloog [-'lo.x] *m* biologist.
bioscoop [bi.əs'ko.p] *m* picture-theatre, cinema.
bioscoopbezoeker [-bazu.kər] *m* filmgoer.
bioscoopvoorstelling [-fo:rstɛlɪŋ] *v* cinema show.
Biscaje [bɪs'ka.jə] *o* Biscay; *de Golf van* ~ the Bay of Biscay.
biscuit [bɪs'kvi.] *o* & *m* biscuit.
bisdom ['bɪsdòm] *o* diocese; bishopric.
bismut ['bɪsmʉt] *o* bismuth.
bisschop ['bɪsxòp] *m* bishop (ook = mulled) wine).
bisschoppelijk [bɪ'sxòpələk] episcopal.
bisschopsmijter [-mɛitər] *m* mitre.
bisschopsstaf ['bɪsxòpstaf] *m* crosier.
bissectrice [bi.sɛk'tri.sə] *v* bisector, bisecting line.
bisseren [bi.'se:rə(n)] I *vt* encore; II *va* demand an encore.
bit [bɪt] *o* bit.
bits [bɪts] I *aj* snappish, snappy, acrimonious, tart; sharp; II *ad* snappishly &.
bitsheid ['bɪtsheit] *v* snappishness &, acrimony, tartness; sharpness.
bitter ['bɪtər] I *aj* bitter[2] (drink, disappointment, tone &); sore (distress); II *ad* bitterly; < bitter; *zij hebben het* ~ *arm* they are extremely poor; *het is* ~ *koud* it is bitter cold; ~ *slecht* shockingly (deplorably) bad; III *o* & *m* bitters; *een glaasje* ~ a (glass of) gin and bitters.
bitteren ['bɪtərə(n)] *vi* have gin and bitters.
bitterheid ['bɪtərheit] *v* bitterness[2], *fig* acerbity, acrimony.
bitterkoekje [-ku.kjə] *o* macaroon.
bitterzout [-zaut] *o* magnesium sulphate, Epsom salt(s).
bitumen [bi.'ty.mən] *o* bitumen.
bitumineus [-ty.mi.'nø.s] bituminous.
bivak [bi.'vak] *o* ✕ bivouac.
bivakkeren [biva'ke.rə(n)] *vi* ✕ bivouac.
bizar [bi.'zar] I *aj* bizarre, grotesque, odd; II *ad* in a bizarre way, grotesquely.
bizon ['bi.zòn] *m* ♌ bison.
blaadje ['bla.cə] *o* 1 leaflet [= young leaf & part of compound leaf]; 2 sheet [of paper]; > (news)paper, rag; 3 tray [of wood or metal]; *bij iemand in (g)een goed* ~ *staan* be in a man's good (bad) books; *het* ~ *is omgekeerd* the tables are turned.
blaag [bla.x] *m-v* F naughty boy or girl, brat.
blaam [bla.m] *v* 1 blame, censure; 2 blemish; *hem treft geen* ~ no blame attaches to him; *iemand een* ~ *aanwrijven* cast a slur on one's reputation or character; *zich van alle* ~ *zuiveren* exculpate oneself.
blaar [bla:r] *v* 1 (zwelling) blister; 2 (bles) blaze, white spot; *blaren trekken* raise blisters.
blaas [bla.s] *v* 1 (in lichaam) bladder; § vesica; 2 (in vloeistof) bubble.
blaasbalg ['bla.sbalx] *m* bellows; *een* ~ a pair of bellows.
blaasinstrument ['bla.sɪnstry.mɛnt] *o* ♪ wind-instrument.
blaaskaak ['bla.ska.k] *v* gas-bag, braggart.
blaaskaken [-ka.kə(n)] *vi* gas, swagger.
blaaskakerij [bla.ska.kə'rɛi] *v* gassing, swagger, braggadocio.
blaasorkest ['bla.sɔrkɛst] *o* ♪ wind-band.
blaaspijp [-pɛip] *v* blow-pipe.
blad [blat] *o* 1 leaf [of a tree, of a book], sheet [of paper, metal], blade [of an oar, of a saw & ✕], top [of a table]; 2 tray [for glasses]; 3 (news)paper; *geen* ~ *voor de mond nemen* not mince one's words, not mince matters, call a

spade a spade; *van het* ~ *spelen* play at sight.
bladderen [-dərə(n)] *vi* blister.
bladerdak ['bla.dərdak] *o* (roof of) foliage.
bladerdeeg [-de.x] *o* puff-paste.
bladeren ['bla.dərə(n)] *vi* turn over the leaves [of a book].
bladgoud ['blatgout] *o* gold-leaf.
bladgroente [-gru.ntə] *v* greens, leafy vegetable.
bladluis [-lœys] *v* plant-louse, green fly, aphis [mv aphides].
bladstand [-stant] *m* ♣ arrangement of leaves.
bladsteel [-ste.l] *m* ♣ leaf-stalk.
bladstil [blat'stɪl] in: *het was* ~ there was a dead calm, not a leaf stirred.
bladvulling [-fülɪŋ] *v* fill-up.
bladwijzer [-veizər] *m* 1 table of contents, index; 2 book-marker(r).
bladzij(de) [-sɛi(də)] *v* page.
bladzilver [-sɪlvər] *o* silver-leaf.
blaffen ['blafə(n)] *vi* bark[3] (at *tegen*).
blaken ['bla.kə(n)] I *vt* burn (a town); scorch [the grass]; II *vi* in: ~ *van gezondheid* be in rude (F roaring) health; ~ *van vaderlandsliefde* burn with patriotism.
blaker [-kər] *m* flat candlestick.
blakeren [-kərə(n)] *vt* burn, scorch.
blamage [bla.'ma.ʒə] *v* disgrace (to *voor*).
blameren [-'me:rə(n)] I *vt* in: *iemand* ~ bring shame upon a person; II *vr* *zich* ~ dishonour oneself.
blanco ['blaŋko.] blank; ~ *stemmen* abstain (from voting); *tien* ~ *stemmen* ten abstentions.
blank [blaŋk] I *aj* white [ook = unstained, innocent], fair [skin]; naked [sword]; ~ *schuren* scour bright; *de weiden staan* ~ the meadows are flooded; II *o* (dominospel) blank.
blanke ['blaŋkə] *m-v* white man (woman); *de* ~*n* the whites.
blanketsel [blaŋ'kɛtsəl] *o* paint; face powder.
blanketten [-'kɛtə(n)] *zich* ~ paint one's face; powder one's face.
blankheid ['blaŋkheit] *v* whiteness, fairness.
blasé [bla.'ze.] blasé: cloyed with pleasure.
blaten ['bla.tə(n)] *v* bleat.
blauw [blau] I *aj* blue; ~*e druif* black grape; *iemand een* ~ *oog slaan* give one a black eye; *een* ~*e plek* a bruise; II *o* blue.
Blauwbaard, blauwbaard [-ba:rt] *m* Bluebeard.
blauwbekken [-bɛkə(n)] *in*: *staan* ~ stand in the cold, be left to cool one's heels.
blauwdruk ['blòdrük] *m* blue print.
blauwen ['blàuə(n)] I *vt* blue; II *vi* become blue.
blauweregen [blòuə're.gə(n)] *m* ♣ wistaria.
blauwkous [-kaus] *v* bluestocking.
blauwogig [blàu'o.gəx] blue-eyed.
blauwsel ['blàusəl] *o* blue; *door het* ~ *haenl* blue.
blauwtje [-cə] *o* in: *een* ~ *lopen* F get the mitten, be jilted (by a girl).
blauwzuur [-zy:r] *o* Prussic acid.
biazen ['bla.zə(n)] I *vi* blow°; (v. kat) spit; *hij is geblazen!* 1 he is (dead and) gone; 2 F the bird is flown; *de wind blies ons in het gezicht* the wind blew in our faces; ~ *op* blow [the flute, a whistle]; sound, wind [the horn]; sound [the trumpet]; II *vt* blow [one's tea, the flute, glass &], blow, play [an instrument]; *ik blaas je sp* I huff you; *wie heeft u dat in het oor geblazen?* who has whispered that in your ear? Zie ook: *aftocht, alarm* &.
1 **blazer** ['bla.zər] *m* (persoon) blower; *de* ~*s* ♪ the wind.
2 **blazer** [ble.zər] *m* (jasje) blazer.
blazoen [bla.'zu.n] *o* ⊘ blazon, coat of arms.
1 **bleek** [ble.k] *aj* pale, pallid, wan; ~ *van toorn* pale with anger.
2 **bleek** [ble.k] *v* bleach-field.
bleekgezicht [-gəzɪxt] *o* pale-face.

bleekheid [-hɛit] *v* paleness, pallor.
bleekjes [-jəs] palish.
bleekmiddel [-mɪdəl] *o* bleaching agent.
bleekneus [-nø.s] *m* tallow-face.
bleekpoeder, -poeier [·pu.dər, -pu.jər] *o* & *m* bleaching-powder.
bleekwater [-va.tər] *o* bleaching liquor.
bleekzucht [-süxt] *v* chlorosis, green sickness.
bleekzuchtig [ble.k'süxtəx] chlorotic.
blei [blɛi] *v* 🐟 white bream.
bleken ['ble.kə(n)] *vt* & *vi* bleach.
bleren ['ble:rə(n)] *vi* bawl, howl.
bles [bles] 1 *v* blaze; 2 *m* horse with a blaze.
blesseren [blɛ'se:rə(n)] *vt* injure, wound, hurt.
blessuur [-'sy:r] *v* injury, wound, hurt.
bleu [blø.] timid, shy, bashful, retiring.
bleuheid ['blø.hɛit] *v* timidity, shyness, bashfulness.
bliek [bli.k] *m* 🐟 *zie blei & sprot.*   [fulness.
blij(de) ['blɛi(də)] glad, joyful, joyous, cheerful, pleased, ○ blithe; *zo ~ als een engel* as happy as a king; *hij is er ~ mee* he is delighted (happy) with it; *ik ben er ~ om (over)* I am glad of it; *zich ~ maken met een dode mus* have found a mare's nest.
blijdschap ['blɛitsxɑp] *v* gladness, joy, mirth.
blijheid ['blɛihɛit] *v* gladness, joyfulness, joy.
blijk [blɛik] *o* token, mark, proof; *~ geven van* give evidence (proof) of, show.
blijkbaar ['blɛikba:r] *aj* (& *ad*) apparent(ly), evident(ly), obvious(ly).
blijken ['blɛikə(n)] *vi* be evident, be obvious; *het blijkt nu* it is evident now; *hij bleek de maker te zijn* he turned out (proved) to be the maker; *het is nodig gebleken te...* it has been found necessary to...; *het zal wel ~ uit de stukken* it will appear (be apparent, be evident) from the documents; *het moet nog ~* it remains to be seen; it is to be proved; *doen ~ van* give proof of; *niet de minste aandoening laten ~* not betray (show) the least emotion; *je moet er niets van laten ~* you must not appear to know anything about it.
blijkens [-kəns] as appears from, from.
blijmoedig [blɛi'mu.dəx] joyful, cheerful, jovial, merry, gay, glad, ○ blithe.
blijmoedigheid [-hɛit] *v* joyfulness, cheerfulness.
blijspel ['blɛispɛl] *o* comedy.
blijspeldichter [-dɪxtər] *m* writer of comedies.
blijven ['blɛivə(n)] *vi* 1 remain [for weeks in Paris], stay [here!]; 2 (in een toestand) remain [faithful, fine, our friend]; be unnoticed, unpunished]; 3 (overblijven) remain, be left [of former glory]; 4 (doodblijven) be killed, perish; 5 (doorgaan met) continue to..., keep ...ing; *waar blijft hij toch?* where can he be?; *waar is het (hij) gebleven?* what has become of it (him)?; *waar zijn we gebleven?* where did we leave off (stop)?; *waar was ik gebleven?* where had I got to?; *waar blijft nu de aardigheid?* where does the fun (the joke) come in?; *waar blijft het eten toch?* where is dinner?; *waar blijft de tijd!* how time flies!; *hij blijft lang, hoor!* 1 how long he is staying!; 2 he is long in coming (back); *blijf je het hele concert?* are you going to sit out the whole concert?; *6 van 7 blijft 1* 6 from 7 leaves 1; *goed ~* keep [of food]; *~ eten* I stay to dinner; 2 keep eating (feeding); *~ leven* (live (on); *zie ook: hangen &; ∞ de overwinning bleef aan ons* remained with us; *hij blijft bij ons* he is going to stay with us; *alles blijft bij het oude* everything remains as it was; *ik blijf bij wat ik gezegd heb* I stick to what I have said; *hij blijft er bij, dat...* he persists in saying that...; *het blijft er dus bij dat...* so it is settled that...; *daarbij bleef het* there the matter rested; *blijf mij van 't lijf!* hands off!; *daarmee moet je mij van 't lijf ~!* none of that for me!

blijvend [-vənt] lasting [peace, evidence]; enduring, abiding [value]; permanent [abode, wave].
1 **blik** [blɪk] *m* glance, look: *zijn brede ~* his breadth of outlook; *zijn heldere ~* 1 his bright look; 2 his keen insight; *bij de eerste ~* at the first glance (blush); *in één ~* at a glance; *met één ~ overzien* take it in at a (single) glance; *een ~ slaan op* cast a glance at.
2 **blik** [blɪk] *o* 1 (metaal) tin, tin plate, white iron; 2 (voorwerp) dustpan; tin [of meat] *kreeft in ~* tinned (canned) lobster.
blikgroenten ['blɪkgru.ntə(n)] *mv* tinned (canned) vegetables.
blikje [-jə] *o* tin [of meat], can.
1 **blikken** ['blɪkə(n)] *aj* tin.
2 **blikken** ['blɪkə(n)] *vi* look, glance [at a thing]; *zonder ~ of blozen* without a blush.
blikopener ['blɪko.pənər] *m* tin-opener.
bliksem ['blɪksəm] *m* lightning; *gemene ~* confounded scamp; *wat ~!* F what the hell!; *als de ~* P (as) quick as lightning, like blazes; *naar de ~ gaan* P go to the devil, go to the dogs; *laat hem naar de ~ lopen* P let him go to hell.
bliksemafleider [-ɑfleidər] *m* lightning conductor².
bliksembezoek [-bəzu.k] *o* flying visit.
bliksemen ['blɪksəmə(n)] *vi* lighten; (v. de ogen &) flash; *het bliksemt* it lightens, there is a flash of lightning; *zie ook: donderen.*
bliksemflits ['blɪksəmflɪts] *m* flash of lightning.
bliksemschicht [-sxɪxt] *m* thunderbolt, flash of lightning.
bliksemsnel [-snɛl] quick as lightning, with lightning speed; lightning [victory &].
blikslager ['blɪksla.gər] *m* tin-smith, whitesmith.
blikvanger [-vɑŋər] *m* eye-catcher.
blikwerk [-vɛrk] *o* tinware.
1 **blind** [blɪnt] *o* shutter.
2 **blind** [blɪnt] *aj* blind²; *~e deur* blind (dead) door; *~e gehoorzaamheid* blind obedience; *~ geloof (vertrouwen)* implicit faith; *~e kaart* skeleton map, blank map; *~e klip* sunken rock; *~e muur* blank (dead) wall; *~e passagier* stowaway; *~e steeg* blind alley; *~ toeval* mere chance; *~ aan één oog* blind of (in) one eye; *~ voor het feit dat...,* blind to the fact that...; *zie ook: blinde.*
blinddoek ['blɪndu.k] *m* bandage.
blinddoeken [-du.kə(n)] *vt* blindfold.
blinde ['blɪndə] *m-v* 1 blind man, blind woman; 2 ◇ dummy; *in den ~* at random; blindly; *met de ~ spelen* ◇ play dummy.
blindedarm [blɪndə'dɑrm] *m* 1 caecum; 2 (= wormvormig aanhangsel) vermiform appendix.
blindedarmontsteking [-ɔntste.kɪŋ] *v* 1 appendicitis; 2 (van het caecum) typhlitis.
blindelings ['blɪndəlɪŋs] blindfold; blindly.
blindemannetje [-mɑnəcə] blindman's buff; *~ spelen* play at blindman's buff.
blindeninstituut ['blɪndənɪnsti.ty.t] *o* asylum for the blind, blind institution, blind school.
blinderen [blɪn'de:rə(n)] *vt* blind; *geblindeerde auto's* ✕ armoured cars.
blindganger ['blɪntgɑŋər] *m* ✕ dud.   [blind.
blindgeboren [-gɑbo:rə(n)] blind-born, born
blindheid [-hɛit] *v* blindness; *met ~ geslagen* struck blind², *fig* blinded.
blindvliegen [-fli.gə(n)] I *vi* ✈ fly blind; II *o* ✈ blind flying.
blinken ['blɪŋkə(n)] *vi* shine, gleam, glitter.
blo [blo.] bashful, timid.
bloc [blɔk] *en ~* [ɑ̃'blɔk], [sell] in the lump; [tender their resignation] in a body; [reject proposals] in their entirety.
blocnote ['blɔkno.t] *m* block, writing-pad.

blode ['blo.də] = *blo*.

1 **bloed** [blu.t] *o* blood; *blauw* ~ blue blood; *kwaad* ~ *zetten* make bad blood; *nieuw* ~ (in een vereniging &) fresh blood; *het zit in het* ~ it runs in the blood; *een prins van den* ~*e* a prince of the blood (royal); *het* ~ *kruipt waar het niet gaan kan* blood is thicker than water.

2 **bloed** [blu.t] *m* simpleton; *arme* ~*en van kinderen* poor little things.

bloedaandrang ['blu.ta.ta.ndraŋ] *m* congestion, rush of blood (to the head).

bloedarm [-arm] anaemic.

bloedarmoede [-armu.də] *v* anaemia.

bloedbad [-bat] *o* blood- bath, carnage, massacre, (wholesale) slaughter; *een* ~ *aanrichten onder*... make a slaughter of..., massacre...

bloedbruiloft [-brœyləft] *v* zie *Bartholomeus-nacht.*

bloeddorst ['blu.dòrst] *m* thirst for blood, bloodthirstiness.

bloeddorstig [blu.'dòrstəx] bloodthirsty.

bloedeigen ['blu.tɛigə(n)] very own.

bloedeloos ['blu.dəlo.s] bloodless.

bloedeloosheid [-hɛit] *v* bloodlessness.

bloeden ['blu.də(n)] *vi* bleed[2]; *uit zijn neus* ~ bleed at (from) the nose; *hij zal er voor moeten* ~ they will make him bleed for it.

bloederig [-dərəx] bloody.

bloederziekte ['blu.dərzi.ktə] *v* 🜨 haemophilia.

bloedgeld ['blu.tgɛlt] *o* blood-money, price of blood.

bloedgever [-ge.vər] *m* 🜨 blood donor.

bloedgroep ['blu.tgru.p] *v* blood group.

bloedhond [-hònt] *m* bloodhound.

bloedig ['blu.dəx] bloody, sanguinary.

bloeding [-dıŋ] *v* bleeding, h(a)emorrhage.

bloedkoraal [-ko:ra.l] *o* & *v* red coral.

bloedlichaampje [-lıɡa.mpjə] blood corpuscle.

bloedneus [-nø.s] *m* bleeding nose, blood-stained nose; *hem een* ~ *slaan* make his nose bleed.

bloedonderzoek [-òndərzu.k] *o* blood test.

bloedplas [-plas] *m* pool of blood.

bloedproef [-pru.f] *v* blood test.

bloedraad [-ra.t] *m* 𝔐 Council of Blood.

bloedrood [-ro.t] blood-red, scarlet.

bloedschande [-sxandə] *v* incest.

bloedsomloop ['blu.tsòmlo.p] *m* circulation of the blood.

bloedspuwing ['blu.tspy.vıŋ] *v* spitting of blood.

bloedstelpend [-stɛlpənt] styptic; ~ *middel* styptic.

bloedtransfusie [-transfy.zi.] *v* blood transfusion.

bloeduitstorting [-œytstortıŋ] *v* extravasation of blood, effusion of blood.

bloedvat [-fat] *o* blood-vessel.

bloedvergieten [-fərgi.tə(n)] *o* bloodshed.

bloedvergiftiging [-fərgıftəgıŋ] *v* blood-poisoning.

bloedverlies [-fərli.s] *o* loss of blood.

bloedverwant [-fərvant] *m* ~*e* [-ə] *v* (blood-) relation, relative, kinsman, kinswoman.

bloedverwantschap [-sxap] *v* blood-relation-ship, consanguinity.

bloedvlek ['blu.tflɛk] *v* blood-stain.

bloedworst [-vòrst] *v* black pudding, blood sausage.

bloedwraak [-vra.k] *v* vendetta.

bloedziekte [-si.ktə] *v* blood disease.

bloedzuiger [-sœygər] *m* leech, blood-sucker[2].

bloedzuiverend [-sœyvərənt] blood-cleansing.

bloei [blu.i] *m* flowering; bloom[2], flower[2], *fig* prosperity; *in* ~ *staan* be in blossom; *in de* ~ *der jaren* in the prime of life; *in volle* ~ in full blossom, in (full) bloom.

bloeien ['blu.jən] *vi* bloom, blossom, flower; *fig* flourish, prosper, thrive.

bloeitijd [-tɛit] *m* flowering time, florescence; *fig* flourishing period.

bloeiwijze [-vɛizə] *v* 🜨 inflorescence.

bloem [blu.m] *v* 1 *eig* & *fig* flower; 2 (v. meel) flour; ~ *van zwavel* flowers of sulphur.

bloembak ['blu.mbak] *m* flower-box.

bloembed [-bɛt] *o* flower-bed.

bloemblad [-blat] *o* 🜨 petal.

bloembol [-bòl] *m* 🜨 (flower) bulb.

bloemencorso ['blu.mə(n)kòrso.] *m* & *o* floral procession.

bloemenhandelaar [-handəla:r] *m* florist.

bloementeelt [-te.lt] *v* floriculture.

bloemententoonstelling [-tɛnto.nstɛlıŋ] *v* flower-show.

bloemetje ['blu.məcə] *o* little flower, floweret; *de* ~*s buiten zetten* F go on the spree, be on a spree, paint the town red.

bloemig [-max] 1 flowery [meadows]; 2 floury, mealy [potatoes].

bloemist [blu.'mıst] *m* florist, floriculturist.

bloemisterij [-mıstə'rɛi] *v* 1 floriculture; 2 florist's (garden, business, shop).

bloemkelk ['blu.mkɛlk] *m* 🜨 calyx.

bloemknop [-knòp] *m* 🜨 flower-bud.

bloemkool ['blu.mko.l] *v* 🜨 cauliflower.

bloemkrans 'blu.mkrans] *m* garland, wreath (chaplet) of flowers.

bloemkweker [-kve.kər] *m* zie *bloemist.*

bloemlezing ['blu.mle.zıŋ] *v* anthology.

bloemperk [-pɛrk] *o* flower-bed.

bloempot [-pòt] *m* flowerpot.

bloemrijk [-rɛik] flowery[2]; *fig* florid.

bloemstuk [-stŭk] *o* 1 (v. bloemist) bouquet; 2 (schilderij) flower-piece.

bloesem ['blu.səm] *m* blossom, bloom, flower.

bloesemen [-səmə(n)] *vi* blossom, bloom, flower.

bloheid ['blo.heit] *v* bashfulness, timidity.

blok [blòk] *o* 1 block [of anything, also for chopping or hammering on], log [of wood]; billet [of firewood], chump (= short thick lump of wood), clog [to leg]; brick [= building block]; pig [of lead]; 2 bloc [of parties, of nations]; 3 × parallelepiped; *het* ~ 𝔐 the stocks; *een* ~ *aan het been hebben* be clogged; *dat is een* ~ *aan het been* it is a liability.

blokfluit ['blòkflœyt] *v* 🜨 recorder.

blokhoofd [-ho.ft] *o* (air-raid) warden.

blokhuis [-hœys] *o* 1 blockhouse [ook ✗], log-house; 2 (v. spoorweg) signal-box.

blokkade [blɔ'ka.də] *v* blockade.

blokken ['blɔkə(n) òp] *vi* plod (at), swot (at), sap (away at), mug (away at), grind (at).

blokkendoos ['blɔkə(n)do.s] *v* box of bricks.

blokkeren [blɔ'ke:rə(n)] *vt* blockade [a port]; block [a road &; $ an account], F freeze [an account].

blokkering [-rıŋ] *v* blockade [of a port]; blocking [of a road &; $ of an account]; F freezing [of an account].

blokletter ['blòklɛtər] *v* block letter.

blond [blònt] blond, fair, light.

blondheid ['blòntheit] *v* blondness, fairness, lightness.

bloodaard ['blo.a:rt] *m* coward, dastard.

bloot [blo.t] **I** *aj* 1 naked, bare; 2 (alleen maar) bald, mere; *de blote feiten* the bald facts; *een* ~ *toeval* a mere accident; *met het blote oog* with the naked eye; *onder de blote hemel* in the open; *op het blote lijf dragen* wear... next (next to) the skin; **II** *ad* barely, merely; ~ *het feit dat*... the mere fact of...

blootgeven ['blo.tge.və(n)] *zich* ~ lay oneself open[2] [in fencing &]; *fig* commit oneself.

blootleggen [-lɛgə(n)] *vt* lay bare[2], *fig* state, make known, uncover.

blootliggen [-lıgə(n)] *vi* lie bare, lie open.

blootshoofds ['blo.tsho.fts, blo.ts'ho.fts] bareheaded.

blootstaan ['bloːtstaːn] *vi* ~ *aan* be exposed to.

blootstellen [-stɛlə(n)] I *vt* expose; II *vr* zich ~ *aan* expose oneself to [wind and weather]; lay oneself open to [criticism].

blootsvoets ['bloːtsfuːts, bloːtsˈfuːts] barefoot, barefooted.

blos [blɔs] *m* 1 blush [of embarrassment], flush [of excitement]; 2 bloom [of health].

blouse ['bluːzə] *v* blouse.

blozen ['bloːzə(n)] *vi* blush, flush, colour; *doen* ~ cause [one] to blush, make [one] blush; ~ *om* (*over*) blush at [a thing].

blozend [-zənt] 1 blushing; 2 ruddy, rosy.

blubber ['blʏbər] *m* 1 mud, slush; 2 zie *walvisspek*.   [(ing).

bluf [blʏf] *m* brag(ging), boast(ing), swank-

bluffen ['blʏfə(n)] *vi* brag, boast, swank; ~ *op* boast of.

bluffer [-fər] *m* braggart, boaster, swanker.

blunder ['blʏndər] *m* blunder.

blusapparaat ['blʏsɑpɑ.raːt] *o* fire-extinguisher.

blussen ['blʏsə(n)] *vt* 1 extinguish, put out, ○ quench [a fire]; 2 slack, slake [lime].

blusser [-sər] *m* extinguisher.

blussing [-sɪŋ] *v* extinction.

blut(s) [blʏt(s)] *aj* F finished, hard up, cleaned out; *iemand* ~ *maken* clean one out.

bluts [blʏts] *v* 1 (kneuzing) bruise; 2 (deuk) dent.

blutsen ['blʏtsə(n)] *vt* 1 (kneuzen) bruise; 2 (deuken) dent.

boa ['bo.aː] *m* boa [snake & fur necklet].

bobbel ['bɔbəl] *m* 1 bubble; 2 (gezwel) lump.

bobbelen ['bɔbələ(n)] *vi* bubble.

bobbelig [-ləx] lumpy.

bobslee ['bɔpsleː] *v* bob-sled, bob-sleigh.

bochel ['bɔxəl] *m* hump, hunch, humpback, hunchback; zie ook: *lachen*.

1 **bocht** [bɔxt] *o* & *m* (sorry) stuff, trash, rubbish.

2 **bocht** [bɔxt] *v* bend, turn(ing), winding [of a road, river &]; trend [of the coast]; flexion, curve [in a line]; bight [in a rope]; coil [of a cable]; bight [of the sea]; bay; *in de* ~ *springen* skip (the rope); *voor iemand in de* ~ *springen* take a person's part.

bochtig ['bɔxtəx] winding, tortuous, sinuous.

bochtigheid [-heit] *v* tortuosity, sinuosity.

bockbier ['bɔkbiːr] *o* bock (beer).

bod [bɔt] *o* 1 S offer; 2 (op verkoping) bid; *hoger* ~, higher bid; *er waren er twee aan* ~ there were two bidders; *aan* ~ *komen* get a chance; *een* ~ *doen* make a bid; *een* ~ *doen naar* make a bid for[2].

bode ['boːdə] *m* 1 messenger[2]; 2 servant; 3 (vrachtrijder) carrier; 4 (v. gemeente) beadle; 5 ɪ̃ usher.

bodem ['boːdəm] *m* 1 bottom [of a cask, the sea]; 2 [English] ground, soil, territory; 3 ɪ̃ bottom, ship, vessel; *de* ~ *inslaan* stave in [a cask]; *fig* frustrate [plans]; dash [expectations] *op de* ~ *van de zee* at the bottom of the sea; *op hechte* ~ on firm ground, on a safe foundation; *op vreemde* ~ on foreign soil; *tot de* ~ *leegdrinken* drain to the dregs.

bodemgesteldheid ['boː.dəmɡəstɛltheit] *v* nature of the soil, soil conditions.

bodemloos [-lo.s] bottomless; *'t is een bodemloze put* it's like pouring money down a drain.

bodempensioen [-pɛnʃu.n] *o* basic (old-age) pension.

bodemrijbrief [-brɪ.f] *m* bottomry bond.

boe [bu.] bo!; *geen* ~ *of ba zeggen* not open one's lips; *zij durft geen* ~ *of ba zeggen* she dare not call her soul her own.

Boeddha, boeddha ['bu.da.] *m* Buddha.

boeddhisme [bu.ˈdɪsmə] *o* Buddhism.

boeddhist [-ˈdɪst] *m* Buddhist.

boeddhistisch [-ˈdɪsti.s] Buddhist [monk &], Buddhistic.

boedel ['bu.dəl] *m* (personal) estate, property, goods and chattels, movables; *de* ~ *aanvaarden* take possession of the estate; *de* ~ *beschrijven* make (draw up) an inventory.

boedelafstand [-afstant] *m* cession.

boedelbeschrijving [-bəs(x)reivɪŋ] *v* inventory.

boedelscheiding [-sxeidɪŋ] *v* division of an estate, division of property.

boef [bu.f] *m* 1 knave, rogue, villain; 2 ɪ̃ criminal, S crook; (tuchthuisboef) convict, jail-bird.

boefje [-jə] *o* F gutter-snipe, street arab.

boeg [bu.x] *m* 1 ♪ bow(s); 2 (v. paard) counter, chest; *het over een andere* ~ *wenden* (*gooien*) ♪ change one's tack[2], try another tack[2]; *iets voor de* ~ *hebben* have to deal with [much work]; *wat wij nog voor de* ~ *hebben* the task in front of us, what lies ahead of us, what is ahead.

boegspriet ['bu.xspri.t] *m* 1 ♪ bowsprit; 2 *sp* greasy pole.

1 **boei** [bu.i] *v* (aan voeten) shackle, fetter; (aan handen) handcuff; *in* ~*en* in irons, in chains; *hem de* ~*en aandoen* handcuff him; *hem in de* ~*en sluiten* put him in irons.

2 **boei** [bu.i] *v* ♪ buoy; *met een kop als een* ~ F as red as a beetroot.

boeien ['bu.jə(n)] *vt eig* fetter, shackle; put in irons; handcuff; *fig* captivate, enthral(l), fascinate, grip [the audience], arrest [the attention, the eye].

boeiend [-jənt] captivating, enthralling, fascinating, arresting, absorbing, engrossing, exciting.

boeienkoning ['bu.jə(n)ko.nɪŋ] *m* escapologist.

boeier ['bu.jər] *m* ♪ small yacht.

boek [bu.k] *o* 1 book; 2 quire [of paper]; *dat is voor mij een gesloten* ~ that is a sealed book to me; *te* ~ *staan als*... be reputed (as)..., be reputed to be..., pass for...; *te* ~ *stellen* set down, record.

boekaankondiging [-a.nkòndəɡɪŋ] *v* book notice.

boekachtig [-ɑxtəx] *aj* (& *ad*) bookish(ly).

boekanier [bu.ka.ˈni:r] *m* buccaneer.

boekbeoordeling ['bu.kbəo:rdəlɪŋ] *v* (book) review, criticism.

boekbinder [-dər] *m* bookbinder.

boekdeel ['bu.kde.l] *o* volume; *dat spreekt boekdelen* that speaks volumes.

boekdrukker [-kər] *m* (book) printer.

boekdrukkerij [bu.kdrǔka'rei] *v* printing office.

boekdrukkunst ['bu.kdrǔkǔnst] *v* (art of) printing, typography.

boekelegger ['bu.kɔlɛɡər] *m* book-mark(er).

boeken ['bu.kə(n)] *vt* book [an order]; enter (in the books); *fig* record, register; *succes* ~ score a success; *in iemands credit (debet)* ~ place [a sum] to a person's credit (debit); *op nieuwe rekening* ~ carry to new account.

boekengeleerdheid [-ɡəle:rtheit] *v* book-learning.

boekenkast [-kɑst] *v* bookcase.

boekenkraam [-kra.m] *v* & *o* (second-hand) bookstall.

boekenlijst [-leist] *v* list of books.

boekenplank [-plɑŋk] *v* book-shelf.

boekenrek [-rɛk] *o* book-rack.

boekenstalletje [-stɑlɔcə] *o* (second-hand) bookstall.

boekensteun [-stø.n] *m* book-end.

boekentaal [-ta.l] *v* bookish language.

boekentas [-tɑs] *v* satchel.

boekenwijsheid [-veisheit] *v* book-learning.

boekenworm, -wurm [-vorm, -vǔrm] *m* bookworm.

boekerij [bu.kɔ'rei] *v* library.

boeket [bu.'kɛt] o & m 1 bouquet, nosegay; 2 [bu.'ke] bouquet, aroma, flavour [of wine].

boekhandel ['bu.khandəl] m 1 bookselling, book trade; 2 bookseller's shop, bookshop.

boekhandelaar [-handəla:r] m bookseller.

boekhouden [-hou(d)ə(n)] I vi $ keep the books; II o book-keeping; dubbel (enkel) ~ book-keeping by double entry (by single entry); Italiaans ~ book-keeping by double entry.

boekhouder [-hou(d)ər] m $ book-keeper.

boekhouding [-houdiŋ] v $ book-keeping.

boeking ['bu.kiŋ] v $ entry.

boekjaar ['bu.kja:r] o financial (fiscal) year.

boekje [-jə] o small book, booklet; ik zal een ~ van u opendoen I'll let people know what (the) sort of man you are; buiten zijn ~ gaan F go beyond one's powers; exceed one's orders; bij iemand in (g)een goed ~ staan zie blaadje.

boekstaven [-sta.və(n)] vt set down, record, chronicle.

boekverkoper [-fərko.pər] m bookseller.

boekverkoping [-fərko.piŋ] v book auction.

boekvink [-fiŋk] m & v ♀ chaffinch.

boekweit [-vɛit] v boekweiten [-vɛitə(n)] aj ♀ buckwheat.

boekwerk [-vɛrk] o book, work, volume.

boekwinkel [-viŋkəl] m bookshop.

boel [bu.l] m F in: een ~ (quite) a lot, lots [of something]; een ~ geld a lot (lots) of money; de hele ~ the whole lot; the whole thing; the whole show; een (hele) ~ beter (meer) a jolly sight better (more); een hele ~ mensen an awful lot of people; het was een dooie (saaie) ~ it was a slow affair; het was daar een goeie ~! fine spread there!; it was a regular beano; een mooie ~! a pretty kettle of fish, a nice go (mess); het is een vuile ~ it is a dirty mess.

boeltje ['bu.lcə] o F in: zijn ~ his traps; zijn ~ pakken pack up one's traps.

boem [bu.m] ij bang!, boom!

boeman ['bu.mɑn] m bogey(-man), bugaboo.

boemel ['bu.məl] aan de ~ F on the spree.

boemelaar [-mola:r] m farm's liver, rake.

boemelen [-mələ(n)] vi F 1 knock about; 2 go the pace, be on the spree.

boemeltrein [-məltrɛin] m F slow train.

boemerang [-mərɑŋ] m boomerang. [ber.

boender ['bu.ndər] m scrubbing brush, scrub-
boenen ['bu.nə(n)] vt scrub; rub; polish, bees-wax.

boenlap ['bu.nlɑp] m polishing cloth, polishing rag.

boenwas [-vɑs] m & o beeswax.

boer [bu:r] m 1 farmer; (keuter~) peasant; (buitenman) countryman; 2 ◊ knave, jack; 3 fig boor, yokel; 4 (oprisping) belch; een ~ laten belch; de ~ opgaan 1 (v. koopluí) go round the country hawking; 2 (bij verkiezing) go on the stump.

boerderij [bu:rdə'rɛi] v farm; farm-house.

boeren ['bu.rə(n)] vi 1 farm, be a farmer; 2 (oprispen) belch; hij heeft goed geboerd he has managed his affairs well.

boerenarbeider [bu:rən'ɑrbɛidər] m farm-hand.

boerenbedrijf ['bu.rə(n)bədrɛif] o farming.

boerenbedrog [-bədrɔx] o swindle, take-in.

boerenbond [-bɔnt] m farmers' union.

boerenbruiloft [bu:rə(n)'brœyləft] v country wedding.

boerendans [-'dɑns] m country dance.

boerendeern(e) [-'de:rn(ə)] v country girl, country lass.

boerendochter [-'dɔxtər] v farmer's daughter.

boerendorp [-'dɔrp] o (peasant) village.

boerenerf [bu:rən'ɛrf] o 1 farmyard; 2 zie boerenhoeve.

boerenhoeve [-'hu.və] boerenhofste(de) [-'həf-

ste.(də)] v farmstead, farm, homestead.

boerenjongen [-'jɔŋə(n)] m country lad; ~s F brandy and raisins.

boerenkermis [-'kɛrməs] v country fair.

boerenkiel [-'ki.l] m smock(-frock).

boerenkinkel [-'kiŋkəl] m yokel, country lout.

boerenknecht [-'knɛxt] m farm-hand.

boerenkool [-'ko.l] v ♀ kale, kail.

boerenkost ['bu.rə(n)kɔst] m country fare.

boerenleenbank [bu:rə(n)'le.nbɑŋk] v agricultural bank.

boerenmeid [-'mɛit] v 1 farm servant, farmer's maid; 2 country lass.

Boerenoorlog ['bu.rə(n)o:rlɔx] m Boer War.

boerenpummel [-'pūməl] m zie boerenkinkel.

boerenstand [-'stɑnt] v peasantry.

boerenvolk [-'vɔlk] o countrypeople, peasantry.

boerenvrouw [bu:rə(n)'vrɔu] v countrywoman.

boerenwagen [-'vɑ.gə(n)] m farm(er's) cart.

boerenwoning [bu:rə(n)'vo.niŋ] v farm-house.

boerenzoon [-'zo.n] m farmer's son.

boerin [bu:'rin] v 1 countrywoman; 2 farmer's wife.

boernoes ['bu.rnu.s] m burnous(e).

boers [bu:rs] rustic, boorish.

boert [bu:rt] v bantering, jest, joke.

boerten ['bu.rtə(n)] vi banter, jest, joke.

boertig ['bu:rtəx] aj (& ad) jocular(ly).

boertigheid [-hɛit] v jocularity.

boete ['bu.tə] v 1 (boetedoening) penitence, penance; 2 (geldboete) penalty, fine, forfeit, mulct; ~ betalen pay a fine; ~ doen do penance; 50 £ ~ krijgen be fined £ 50; ~ opleggen impose a fine; op ~ van under (on) penalty of.

boetedoening [-du.niŋ] v penance, penitential exercise.

boetekleed [-kle.t] o penitential robe (garment), hair-shirt; het ~ aanhebben stand in a white sheet.

boeten ['bu.tə(n)] I vt 1 (goedmaken) mend [nets, a fire]; atone [an offence], expiate [sin]; 2 ○ (voldoen aan) gratify [a desire]; iets ~ met zijn leven pay for it with one's life; II vi in: ~ voor expiate, atone for [an offence]; hij zal ervoor ~ he shall pay (suffer) for it.

boetpredikatie ['bu.tpre.di.ka.(t)si.] v penitential homily.

boetprediker [-pre.dəkər] m preacher of repentance.

boetseerder [bu.t'se:rdər] m modeller.

boetseerklei [-klɛi] v modelling clay.

boetseren [bu.t'se:rə(n)] vt model.

boetvaardig [bu.t'fa:rdəx] contrite, penitent, repentant.

boetvaardigheid [-hɛit] v contriteness, contrition, penitence, repentance.

boevenstreek ['bu.və(n)stre.k] m & v villainy, roguish (knavish) trick, piece of knavery.

boeventronie [-tro.ni.] v hangdog face.

boezel(aar) ['bu.zəl(a:r)] o apron.

boezem ['bu.zəm] m 1 bosom; breast; 2 auricle [of the heart]; 3 bay [of the sea]; 4 reservoir [of a polder]; er heerste verdeeldheid in eigen ~ they were divided among themselves; de hand in eigen ~ steken search one's own heart, F look at home; uit de ~ van de vergadering from the (body of the) meeting.

boezemvriend [-vri.nt] m ~in [-vri.ndin] v bosom friend.

boezeroen [bu.zə'ru.n] m & o (workman's) blouse.

bof [bɔf] m 1 (doffe slag) thud, bump; 2 ♀ (zwelling) mumps; 3 (geluk) stroke of luck, fluke; op de ~ at random, at haphazard; wat een ~! such luck!

boffen ['bɔfə(n)] vi be lucky, be in luck; daar bof je bij! lucky for you!

boffer [-fər] *m* lucky dog.
bogen ['bo.gə(n)] *vi* in: ~ *op* glory in, boast.
Boheems [bo.'he.ms] Bohemian.
Bohemen [bo.'he.mə(n)] *o* Bohemia.
Bohemer [-mər] *m* Bohemian.
bohémien [bo.he.'miɛ̃] *m* Bohemian.
boiler ['bɔilər] *m* (hot-water) heater.
bok [bɔk] *m* 1 ⚹ (he-)goat; (v. ree &) buck;
2 (v o o r gy m n a s t i e k) vaulting buck; 3 (v.
rij t u i g) box; 4 ⚬⚬ rest; 5 (s c h r a a g)
[sawyer's] jack; 6 (h i j s t o e s t e l) derrick; 7
(b r o m b e e r) bear; 8 (f o u t) blunder, bloom-
er; *een* ~ *schieten* F make a blunder.
bokaal [bo.'ka.l] *m* goblet, beaker, cup,
bumper.
bokkepruik [-prœyk] *v* in: *de* ~ *op hebben* F be
in one's tantrums, be in a (black) temper.
bokkesprong [-sprɔŋ] *m* caper, capriole; ~*en*
maken cut capers.
bokkig [bɔkəx] surly, churlish.
bokking ['bɔkɪŋ] *m* 1 (v e r s) bloater; 2 (ge-
r o o k t) red herring; 3 F wigging.
boksbeugel ['bɔksbø.gəl] *m* knuckle-duster.
boksen ['bɔksə(n)] *vi* box.
bokser [-sər] *m* 1 boxer, prize-fighter; 2 ⚹
boxer.
bokspartij [-pɑrtɛi] *v* boxing match.
bokswedstrijd ['bɔksvɛtstrɛit] *m* boxing match,
prize-fight.
1 **bol** [bɔl] *aj* convex [glasses]; bulging [sails];
chubby [cheeks]; ~ *staan* belly, bulge.
2 **bol** [bɔl] *m* ball, sphere; globe [of a lamp];
bulb [of a plant & thermometer]; crown [of
a hat]; *zijn* ~ F his pate; *hij is een* ~ he is a
clever fellow, F a dab (at in); *het scheelt hem
in zijn* ~ F he is crack-brained.
boldriehoek [-dri.hu.k] *m* spherical triangle.
boldriehoeksmeting [bɔl'dri.hu.ksme.tɪŋ] *v*
spherical trigonometry.
bolgewas ['bɔlgəvɑs] *o* ⚘ bulbous plant.
bolhoed [-hu.t] *m* bowler (hat).
bolleboos [bɔlə'bo.s] *m* F dab [at something];
hij is een ~ *in het zwemmen* he is a first-rate
(crack) swimmer.
bollenkweker ['bɔlə(n)kʋe.kər] *m* bulb-grower.
bollenteelt [-te.lt] *v* bulb-growing.
bollenveld [-vɛlt] *o* bulb-field.
bolrond ['bɔl'rɔnt] convex; spherical.
bolsjewiek [bɔlʃə'vi.k] *m* bolshevik, bolshevist.
bolsjewisme [-'vɪsmə] *o* bolshevism.
bolsjewist [-'vɪst] *m* zie *bolsjewiek*.
bolsjewistisch [-'vɪsti.s] bolshevik, bolshevist.
bolstaand ['bɔlstɑ.nt] bellying, bulging [sails].
bolster [-stər] *m* 1 ⚘ shell, husk, hull; 2 (pe-
l u w) bolster.
bolvorm ['bɔlvɔrm] *m* spherical shape.
bolvormig ['bɔlvɔrməx, bɔl'vɔrməx] spherical,
globular, bulb-shaped.
bolwangig ['bɔlʋɑŋəx] chubby.
bolwerk [-vɛrk] *o* rampart, bastion; *fig* bul-
wark, stronghold [of liberty &].
bolwerken [-vɛrkə(n)] *vt* in: *het* ~ F manage.
bom [bɔm] *v* 1 ⚔ bomb; 2 bung [of a cask]; 3
zie *bomschuit*; *de* ~ *is gebarsten* the storm
has broken; *hij heeft een* ~ *duiten* F he has
lots of money.
bomaanslag [bɔma.nslɑx] *m* bomb outrage.
bomaanval [-a.nvɑl] *m* ⚔ bombing attack.
bombardement [bɔmbɑrdə'mɛnt] *o* bombard-
ment° [also in nuclear physics]; (inz. ⚔)
bombing; (inz. met g r a n a t e n) shelling.
bombarderen [-'de.rə(n)] *vt* bombard° [also in
nuclear physics]; (inz. ⚔) bomb; (inz. met
g r a n a t e n) shell; *met vragen* ~ bombard
[one] with questions; *hem ... tot...* F make
him a... on the spur of the moment.
bombarie [bɔm'ba.ri.] *v* F fuss, tumult; ~ *maken over iets* make a fuss about a thing.
bombast ['bɔmbɑst] *m* bombast, fustian.

bombastisch [bɔm'bɑsti.s] *aj* (& *ad*) bom-
bastic(ally).
bombazijn [bɔmba.'zɛin] *o* bombasine.
bomen ['bo.mə(n)] I *vt* punt, pole [a boat];
II *vi* F yarn, spin a yarn, chat, have a chat.
bommen ['bɔmə(n)] *vi* boom; '*t kan mij niet* ~
P I don't care a rap, fat lot I care!
bommenwerper [-vɛrpər] *m* ⚔ bomber.
bomvrij [-vrɛi] bomb-proof, shell-proof.
bon [bɔn] *m* ticket [for soup &], check;
voucher [for the payment of money]; coupon
[of an agency, for meat &]; [book, gift]
token; *op de* ~ [sell food &] on the ration;
iemand op de ~ *zetten* 1 ⚔ report a man; 2
(b e k e u r e n) take a person's name; *van de* ~
off the ration; *zonder* ~ coupon-free, without coupons, unrationed, [sell] off the ration.
bonboekje ['bɔnbu.kjə] *o* coupon-book; (v.
d i s t r i b u t i e) ration-book.
bonbon [bõ'bõ] *m* bonbon, sweet, [chocolate,
peppermint] cream; *een doos* ~*s* ook: a box
of chocolates.
bond [bɔnt] *m* alliance, association, union,
league, confederacy, confederation.
bondgenoot ['bɔntgəno.t] *m* ally, confederate.
bondgenootschap [-sxɑp] *o* alliance, confederacy.
bondig ['bɔndəx] *aj* (& *ad*) succinct(ly), con-
cise(ly).
bondskanselier [-kɑnsəli:r] *m* federal chancellor; *de Duitse* ~ the Federal German
Chancellor.
bondsraad [-ra.t] *m* Federal Council.
Bondsrepubliek [-re.py.bli.k] *v* in: *de* ~ *Duitsland* the Federal Republic of Germany.
bongerd ['bɔŋərt] *m* orchard.
Bonifacius [bo.ni.'fa.si.ũs] *m* Boniface.
bonis ['bo.nɑs] *hij is een man in* ~ he is well off.
bonjour [bõ'ʒu:r] 1 (bij 't k o m e n of o n t m o e-
t e n) good morning, good day; 2 (bij 't w e g-
g a a n) good-bye!
bonk [bɔŋk] *m* lump; chunk; *hij is één* ~ *zenuwen* he is a bundle of nerves; *een* ~ *van een
kerel* a hulking lump of a fellow.
bonnefooi [bɔnə'fo:i] *op de* ~ at haphazard.
1 **bons** [bɔns] *m* thump, bump, thud; ~*!*
bang!; *de* ~ *geven* F give the sack (boot,
mitten, push), jilt; *de* ~ *krijgen* F get the
sack (the boot, the push).
2 **bons** [bɔns] *m* zie *bonze* 2.
1 **bont** [bɔnt] *aj* party-(parti-)coloured [dress-
es]; motley [assembly, crowd]; many-
coloured, variegated [flowers]; spotted
[cows]; piebald, pied [horses]; gay [colours];
colourful[2[life, scene]; > gaudy [dress]; *een*
~ *hemd* a coloured shirt; *een* ~ *schort* a
print apron; *in* ~*e rij* 1 in motley rows; 2 the
gentlemen paired off with the ladies; *het te*
~ *maken* go too far; ~ *en blauw slaan* beat
black and blue.
2 **bont** [bɔnt] *o* 1 fur; 2 printed cotton.
bontheid ['bɔnthɛit] *v* variegation.
bontjas [-jɑs] *m* & *v* fur coat.
bontstel [-stɛl] *o* set of furs, fur set.
bontwerk [-vɛrk] *o* furriery.
bontwerker [-vɛrkər] *m* furrier.
bontwinkel [-vɪŋkəl] *m* fur store.
bon-vivant [bõvi.'vã] *m* gourmand; > free
liver.
bonvrij ['bɔnvrɛi] zie *zonder bon*.
bonze ['bɔnzə] *m* 1 bonze [= Buddhist priest];
2 *fig* F [trades-union, party] boss.
bonzen [-zə(n)] *vi* throb, thump [of the heart];
op de deur ~ knock at the door, batter the
door; *tegen iemand (aan)* ~ bump (up)
against a person.
boodschap ['bo.tsxɑp] *v* 1 message; errand; 2
(e e n i n k o o p) purchase; *de blijde* ~ the
Gospel; *een blijde* ~ good news; *een* ~ *ach-*

terlaten (*bij*) leave word (with); *de ~ brengen dat...* bring word that...; *~pen doen* 1 be shopping [for oneself]; 2 run errands [for others]; *een ~ laten doen* send on an errand; *stuur hem maar even een ~* just send him word.

boodschappentas [-tɑs] *v* shopping bag.
boodschapper [bo.tsχɑpər] *m* messenger.
boog [bo.x] *m* 1 [archer's] bow; 2 (v. gewelf) arch; 3 (v. cirkel) arc; 4 (bocht) curve; 5 ♪ tie; *de ~ kan niet altijd gespannen zijn* the bow cannot always be stretched (strung); zie ook: *pijl*.

booglamp ['bo.xlɑmp] *v* [electric] arc-lamp.
boograam [-ra.m] *o* arched window.
boogschot [-sχɔt] *o* bowshot.
boogschutter [-sχütər] *m* archer, bowman.
boogsgewijs, -gewijze [bo.xsχəveis, -veizə] archwise.
boogvenster ['bo.xfenstər] *o* arched window.
boogvormig ['bo.xfɔrməx] arched.
boom [bo.m] *m* 1 ♣ tree; 2 ♚ beam [of a plough, in a loom]; 3 ♣ punting pole; boom [for stretching the sail]; 4 (ter afsluiting) bar [of a door]; barrier; 5 (v. wagen) shaft; pole; *een ~ van een kerel, een kerel als een ~* a strapping fellow; *een ~ opzetten* have a chat, F spin a yarn; *hoge bomen vangen veel wind* high (huge) winds blow on high hills; *door de bomen het bos niet zien* not see the wood for the trees; *van de hoge ~ teren* spend one's money freely.
boomgaard ['bo.mga:rt] *m* orchard.
boomgrens [-grens] *v* tree line, timber line.
boomkweker [-sxɔrs] *v* (tree-)bark.
boomkwekerij [bo.mkve.kə'rei] *v* 1 (als handeling) cultivation of trees; 2 (kweekplaats) nursery.
boomloos ['bo.mlo.s] treeless.
boomschors [-sxɔrs] *v* (tree-)bark.
boomslang [-slɑŋ] *v* tree-snake, tree-serpent.
boomstam [-stɑm] *m* stem, trunk, bole.
boomstomp [-stɔmp] **boomstronk** [-strɔŋk] *m* tree-stump.
boomtak [-tɑk] *m* branch, bough (of a tree).
boomvrucht [-vrüxt] *v* tree-fruit.
boon [bo.n] *v* bean; *bruine bonen* kidney beans; *grote (roomse) bonen* broad beans; *witte bonen* white beans; *ik ben voor de ~ als het niet waar is* F I'm blest, I'll eat my hat if it is not true; *in de bonen zijn* be at sea.
boontje [-cə] *o* bean; *heilig ~* (little) saint; *~ komt om zijn loontje* the chicken will come (has come) home to roost; *zijn eigen ~s doppen* F manage one's own affairs.
boor [bo:r] *v* 1 brace and bit, wimble, gimlet, drill, borer; 2 taster [for cheese &].
boord [bo:rt] I *m* (rand) border [of a carpet &], edge [of a forest], brim [of a cup], bank [of a river]; 2 *o* & *m* (kraag) collar; 3 *o* & *m* ♣ board; *dubbele ~* double collar; *liggende ~* lay-down collar; *omgeslagen ~* turn-down collar; *staande ~* stand-up collar; *overhemd met vaste ~* shirt with collar attached; *aan ~ van de Vondel* on board the Vondel; *aan ~ brengen* put on board; *aan ~ gaan* go on board; *te Genua aan ~ gaan* take ship, embark at Genoa; *aan ~ hebben* have on board, carry [wireless]; *daarmee moet je mij niet aan ~ komen* zie aankomen; *aan ~ nemen* take on board; *een man over ~!* man overboard!; *over ~ gooien (werpen)* throw overboard[2], jettison[2]; fling [principles] to the winds; *over ~ slaan* be swept overboard; *van ~ gaan* go ashore, disembark.
boordeknoopje ['bo:rdəkno.pjə] *o* collar stud.
boorden ['bo:rdə(n)] *vt* border, edge, hem.
boordevol ['bo:rdəvɔl] filled to the brim, brimful.
boordje ['bo:rcə] *o* zie *boord* 2. [ful.

boordlint ['bo:rtlint] *o* tape.
boordschutter [-sxütər] *m* ✖ air-gunner.
boordsel [-səl] *o* edging. [plane.
boordvliegtuig ['fli.xtœyx] *o* ✈ carrier(-based)
boordwerktuigkundige [bo:rtverktœyx'kündəgə] *m* ✈ flight engineer.
booreiland ['bo:reilɑnt] *o* drilling platform, drilling rig.
boorgat [-gɑt] *o* bore-hole.
boorhouder [-houdər] *m* ✖ chuck.
boorijzer [-eizər] *o* bit.
boorinstallatie [-instɑla.(t)si.] *v* drilling plant.
boormachine [-ma.ʃi.nə] *v* boring machine drilling machine.
boormeester [-me.stər] *m* driller.
boortje [-cə] *o* gimlet.
boortoren [-to.rə(n)] *m* (drilling) derrick.
boorwater [-va.tər] *o* boracic water.
boorzalf [-zalf] *v* boracic ointment.
boorzuur [-zy:r] *o* bor(ac)ic acid.
boos [bo.s] I *aj* 1 (kwaad) angry, cross; 2 (kwaadaardig) malign, malicious (influence), malignant [ulcers]; 3 (slecht) bad [weather, dream], evil [days, spirits, tongues]; wicked [passions]; *het boze oog* the evil eye; *~ worden, zich ~ maken* become angry, lose one's temper (with *op*); *~ zijn om (over)* be angry at; *~ zijn op* be angry with; *zo ~ als wat* as cross as two sticks; II *ad* angrily &.
boosaardig [bo.'za:rdəx] *aj* (& *ad*) malicious(ly), malign(ly).
boosaardigheid [-heit] *v* malice, malignity.
boosdoener ['bo.sdu.nər] *m* malefactor, evildoer, culprit.
boosheid [-heit] *v* 1 anger; 2 malignity, wickedness.
booswicht [-vixt] *m* wretch, villain, criminal.
boot [bo.t] *m* & *v* ♣ boat; *toen was de ~ aan* F then the fat was in the fire; *laat je niet in de ~ nemen* F don't let yourself be fooled.
bootreis [-reis] *v* boat-journey, boat-trip.
bootslengte [-lentə] *v* boat's length.
bootsman [-mɑn] *m* boatswain, F bo's'n.
boottrein ['bo.trein] *m* boat-train.
bootwerker ['bo.tverkər] *m* docker, dock labourer.
bord [bɔrt] *o* 1 plate; (diep) soup-plate, (plat) dinner-plate, (houten) trencher; 2 (schoolbord) blackboard; (aanplak~, dam~ &) board, (inz. voor het verkeer & uithang~) sign.
bordeaux(wijn) [bɔr'do.(vein)] *m* Bordeaux (wine), (rode) claret.
bordendoek ['bɔrdə(n)du.k] *m* dish-cloth.
bordenrek [-rek] *o* plate-rack.
bordenwarmer [-vɑrmər] *m* plate-warmer.
bordenwasmachine [-vɑsma.ʃi.nə] *v* (automatic) dishwasher.
bordenwasser [-vɑsər] *m* dishwasher.
borderel [bɔrdə'rel] *o* list, docket.
bordes [bɔr'des] *o* flight of steps (outside the house).
bordje ['bɔrcə] *o* 1 (small) plate; 2 (notice-) board, sign; *de ~s zijn verhangen* the tables are turned.
bordpapier ['bɔrtpa.pi.r] *o* cardboard, pasteboard.
bordpapieren [-pi.rə(n)] *aj* cardboard, pasteboard.
borduren [bɔr'dy:rə(n)] *vi* & *vt* embroider[2].
borduurnaald [-na.lt] *v* embroidery needle.
borduursel [bɔr'dy:rsəl] **borduurwerk** [-verk] *o* embroidery.
borduurwol [-vɔl] *v* crewel.
boren ['bo.rə(n)] *vt* bore, drill, pierce [a hole &], sink [a well]; *in de grond ~* ♣ sink (a ship); *fig* ruin [a person].
borg [bɔrx] *m* 1 (persoon) surety, guarantee, guarantor; 2 (zaak) security, guaranty; 3

bail; ~ blijven (spreken, staan) voor stand surety (₤¾ go bail) for [a friend]; answer for, warrant, guarantee [the fulfilment of…]; ~ stellen give security; zich ~ stellen voor zie borg blijven.

borgen ['bɔrgə(n)] vi & vt 1 buy on credit; 2 give credit; ~ baart zorgen he that goes borrowing goes sorrowing.

borgsteller ['bɔrxstelər] m surety.

borgstelling [-stelɪŋ] v **borgtocht** [-tɔxt] m security; — bail; onder ~ vrijlaten ₤¾ admit to bail.

boring [bo:rɪŋ] v boring; (v. cilinder) bore; ~en ook: drilling operations.

borrel ['bɔrəl] m drink, drop, dram, nip.

borrelaar ['bɔrəla:r] m dram-drinker.

borrelen [-lən] vi 1 (bellen maken) bubble; 2 (borrels drinken) drink drams.

borrelfles ['bɔrəlfles] v gin-bottle.

borrelpraat [-pra.t] m club tittle-tattle, gossip.

borreluur [-y:r] o time for a drink.

1 **borst** [bɔrst] v 1 [right, left] breast, [broad] chest, ◇ bosom; 2 brisket [of beef], breast [of veal]; 3 breast [of a dress, a coat, a shirt]; een hoge ~ (op)zetten throw out one's chest; zich met de ~ toeleggen op apply oneself to [mathematics &]; het op de ~ hebben be short-breathed; uit volle ~ at the top of one's voice, lustily; wij hebben nog heel wat voor de ~ zie boeg.

2 **borst** [bɔrst] m lad; een jonge ~ a stripling; een stevige ~ a strapping lad.

borstaandoening ['bɔrsta.ndu.nɪŋ] v chest affection.

borstbeeld [-be.lt] o 1 bust; 2 effigy [on a coin].

borstbeen [-be.n] o breast-bone, § sternum.

borstcrawl [-krɔ:l] m crawl.

borstel ['bɔrstəl] m 1 (voor kleren &) brush; 2 (stijve haren) bristle.

borstelen ['bɔrstələ(n)] vt brush.

borstelig [-ləx] bristly, bristling.

borstelmaker ['bɔrstəlma.kər] m brushmaker.

borstharnas ['bɔrstharnɑs] o breast-plate, cuirass.

borstholte [-hɔltə] v cavity of the chest.

borstkas [-kɑs] v chest, § thorax.

borstkwaal [-kva.l] v chest complaint, chest trouble.

borstlap [-lɑp] m 1 (kledingstuk) breast-cloth, stomacher, tucker; 2 (v. schermers) plastron.

borstlijder [-leidər] m ~es [bɔrstleidə'res] v consumptive (patient).

borstmiddel [-mɪdəl] o pectoral (medicine).

borstplaat [-pla.t] v 1 ₤ breast-plate, cuirass; 2 (suikergoed) baked fondant.

borstriem [-ri.m] m breast-strap.

borstrok [-rɔk] m (under)vest.

borstslag [-slɑx] m breast-stroke [in swimming].

borstspeld [-spelt] v brooch.

borstspier [-spi:r] v pectoral muscle.

borststuk [-stʏk] o 1 (v. geslacht beest) breast, brisket; 2 (v. harnas) breast-plate; 3 (v. insekt) thorax.

borstvlies [-fli.s] o pleura.

borstvliesontsteking [-ɔntste.kɪŋ] v pleurisy.

borstwering ['bɔrstve:rɪŋ] parapet°; ✕ ook: breast-work.

borstwijdte [-veitə] v chest measurement.

borstzak [-sɑk] m breast-pocket.

1 **bos** [bɔs] m 1 bunch [of radishes, daffodils, keys], bottle [of hay], bundle [of grass, straw, papers &], truss [of straw]; tuft, shock [of hair].

2 **bos** [bɔs] o wood, forest.

bosachtig ['bɔsɑxtəx] woody, woodlike, bosky.

bosanemoon [-a.nəmo.n] v ✿ wood anemone.

bosbeheer [-bəhe:r] o forest administration.

bosbes [-bes] v ✿ bilberry, whortleberry.

bosbewoner [-bəvo.nər] m woodsman, forester.

bosbouw [-bau] m forestry.

bosbrand ['bɔsbrɑnt] m forest-fire.

bosduif [-dœyf] v ✿ wood-pigeon, ring-dove; kleine ~ stockdove.

bosgod [-gɔt] m sylvan deity, faun.

bosgodin [-go.dɪn] v wood-nymph.

bosgrond [-grɔnt] m woodland.

1 **bosje** ['bɔʃə] o grove, thicket, shrubbery.

2 **bosje** ['bɔʃə] o zie 1 bos.

Bosjesman ['bɔʃəsmɑn] m Bushman.

boskat [-kɑt] v wild cat.

bosmier [-mi:r] v zie rode mier.

bosneger [-ne.gər] m WI maroon.

bosnimf [-nɪmf] v wood-nymph.

Bosnisch [-ni.s] Bosnian.

bosprodukten [-pro.dʏktə(n)] mv forest products, forest produce.

bosrijk [-reik] woody, wooded.

bosschage [bɔs'ga.ʒə] o bosket, grove.

bosuil ['bɔsœyl] m ✿ tawny owl.

bosviooltje [-fi.o.lcə] o ✿ wood-violet.

boswachter [-vɑxtər] m forester.

bosweg [-vex] m forest road.

boswezen [-ve.zə(n)] o forest service.

1 **bot** [bɔt] eig blunt [of a knife]; fig dull, obtuse, stupid [fellow]; blunt [answer], flat [refusal].

2 **bot** [bɔt] in: ~ vangen draw a blank.

3 **bot** [bɔt] 1 m ◈ flounder || 2 v ✿ bud.

4 **bot** [bɔt] o bone.

botanicus [bo.'ta.ni.kʏs] m botanist.

botanie [bo.ta.'ni.] v botany.

botanisch [-'ta.ni.s] botanical.

botaniseertrommel [bo.ta.ni.'ze:trɔməl] v botanical collecting box.

botaniseren [-'ze:rə(n)] vi botanize, herborize.

boter ['bo.tər] v butter; het is ~ aan de galg gesmeerd it's to no purpose; ~ bij de vis cash down; met zijn neus in de ~ vallen come at the right moment.

boterbloem [-blu.m] v ✿ buttercup.

boterboer [-bu:r] m butter-man.

boteren ['bo.tərə(n)] I vt butter [bread, parsnips]; II vi 1 make butter; 2 come [of the butter]; het wil niet ~ F I am making no headway; het botert niet tussen ons F we don't hit it off together.

boterfabriek ['bo.tərfa.bri.k] v butter factory.

boterham ['bo.tərɑm] m & v (slice of, some) bread and butter; zijn ~ (levensonderhoud) his bread and butter.

boterham(me)papier [-(ə)pa.pi:r] o grease-proof paper.

boterhamtrommeltje [-trɔməlcə] o sandwich box.

boterletter [-letər] v almond-paste letter.

botermarkt [-mɑrkt] v butter market.

boterpot [-pɔt] m butter pot, butter crock.

botersaus [-sɑus] v butter sauce.

boterspaan [-spa.n] v butter scoop.

botervat [-vɑt] o butter tub.

botervlootje [-vlo.cə] o butter-dish.

botheid ['bɔtheit] v bluntness[2], dulness[2], obtuseness[2].

botje ['bɔcə] o in: ~ bij ~ leggen club together.

botsautootje ['bɔtso.to.cə, -auto.cə] o dodgem car, dodgem.

botsen ['bɔtsə(n)] vi in: ~ tegen 1 (v. voertuigen) collide with, crash into; 2 (anders) bump against, strike against, dash against.

botsing ['bɔtsɪŋ] v collision[2]; fig clash; in ~ komen met collide with[2]; fig clash with.

bottelarij [bɔtələ.'rei] v place for bottling; ⚓ store-room.

bottelen ['bɔtələ(n)] vt bottle.

bottelier [bɔtə'li:r] m 1 butler; 2 ⚓ steward.

botten ['bɔtə(n)] vi bud.

botter [-tər] *m* ⚓ fishing boat.
botterik [-tərik] *m* blockhead.
bottine [bɔ'ti.nə] *v* boot, ✚ high-low.
botvieren ['bɔtfi:rə(n)] *vt* in: *zijn hartstochten* (*lusten*) ~ give rein to one's passions.
botweg ['bɔtvex] bluntly; ~ *weigeren* refuse point-blank (flatly).
boud [bout] *aj* (& *ad*) bold(ly).
bouderen [bu.'de:rə(n)] *vi* sulk.
boudoir [bu.'dva:r] *o* boudoir.
bouffante [bu.'fantə] *v* comforter, (woollen) muffler.
bougie [bu.'ʒi.] *v* 1 (wax) candle; 2 ⚡ bougie; 3 ⚡ sparking plug.
bouillon [bu.l'jɔn] *m* broth, beef tea, clear soup.
bouillonblokje [-blɔkjə] *o* beef cube.
boulevard [bu.lə'va:r] *m* boulevard.
bourgogne(wijn) [-' gɔ̀ɲə(vɛin)] *m* burgundy.
Bourgondië [-'gɔ̀ndi.ə] *o* Burgundy.
Bourgondiër [-di.ər] *m* Burgundian.
Bourgondisch [-di.s] *aj* Burgundian.
bout [bɔut] *m* 1 ⚡ bolt; [wooden] pin; 2 (v. strijkijzer) heater; box-iron ‖ 3 (v. dier) quarter, drumstick [of fowls].
bouw [bɔu] *m* 1 building, construction, erection [of houses]; 2 structure [of a crystal &], frame [of the body], build [of the body, a violin &]; 3 (v. land) cultivation, culture; *krachtig van* ~ of powerful build.
bouwbedrijf ['bɔubədrɛif] *o* building trade.
bouwdoos [-do.s] *v* box of bricks.
bouwen ['bɔuə(n)] **I** *vt* 1 build [a house], construct [sentences], frame [a plot, theory &]; 2 *zie verbouwen* 2; *zee* ~ plough the sea(s); **II** *vi* build; *op iemand* (*iets*) ~ rely on a man (on a thing).
bouwer [-ər] *m* builder; constructor.
bouwgrond [-grɔnt] *m* 1 building ground, building site, building plot; 2 zie *bouwland*.
bouwkunde [-kʉndə] *v* architecture.
bouwkundig [bɔu'kʉndəx] architectural.
bouwkundige [-'kʉndəgə] *m* architect.
bouwkunst ['bɔukʉnst] *v* architecture.
bouwland [-lɑnt] *o* arable land, farmland.
bouwmaatschappij [-ma.tsxɑpɛi] *v* building company.
bouwmaterialen [-ma.te:ri.a.lə(n)] *mv* building materials.
bouwmeester [-me.stər] *m* architect, builder.
bouwplan [-plɑn] *o* building scheme, plan.
bouwput [-pʉt] *m* excavation, excavated building-site.
bouwsteen [-ste.n] *m* building stone; *bouwstenen* materials [for an essay &].
bouwstoffen [-stɔfə(n)] *mv* materials.
bouwterrein [-tɛrɛin] *o* building-site, building-ground.
bouwvak [-vɑk] *o* building trade.
bouwvakarbeider [-vɑkɑrbɛidər] **bouwvakker** [-vɑkər] *m* building-trade operative, building-trade worker.
bouwval [-vɑl] *m* ruin, ruins.
bouwvallig [bɔu'vɑləx] going to ruin, ruinous, tumbledown, dilapidated, ramshackle, crazy.
bouwvalligheid [-hɛit] *v* ruinous state, decay, craziness, dilapidation.
bouwwerk ['bɔuvɛrk] *o* building.
boven ['bo.və(n)] **I** *prep* above [par, criticism, one's station &]; [fly, hover] over; over, upwards of [fifty &]; beyond [one's means]; *de plaatsen* ~ *Amsterdam* above A.; ~ *de deur stond...* over the door; ~ *het lawaai* (*uit*) above the tumult (noise); *het gaat* (*stijgt*) ~ *het menselijke uit* it transcends the human; *hij stijgt hoog uit* ~ *zijn mededingers* he rises high above his competitors; *hij is* ~ *de veertig* he is turned of forty, he is over forty; ~ *en behalve wat hij verdiende* over and above what he earned; **II** *ad* above (in one's room, in this

book); upstairs; *hij is* ~ he is upstairs; *als* ~ as above; *naar* ~ up; *naar* ~ *gaan* go upstairs; *naar* ~ *kijken* look up(wards); *te* ~ *gaan* be above [one's strength]; surpass [everything], exceed [the amount]; zie ook: *begrip*, *beschrijving* &; *te* ~ *komen* surmount [difficulties]; *wij zijn het nu te* ~ we have got over it now; *van* ~ 1 from upstairs; 2 from above, from on high [comes all blessing]; *zoveelste regel van* ~ from top; (*spits*) *van* ~ at the top; *van* ~ *naar beneden* from the top downward; *van* ~ *tot beneden* from top to bottom.
bovenaan [bo.vən'a.n] at the upper end, at the top; ~ *op de lijst staan* be àt the top (at the head) of the list, head the list.
bovenaards [bo.vən'a:rts] supermundane, supernatural, heavenly.
bovenaf [bo.vən'af] in: *van* ~ from above, from the top, from the surface.
bovenal [bo.vən'al] above all, above all things.
bovenarm ['bo.vənɑrm] *m* upper arm.
bovenbouw [-'bo.və(n)bɔu] *m* superstructure.
bovenbrengen [-brɛŋə(n)] *vt* take [one, it] up(stairs).
bovenbuur [-by:r] *m* upstairs neighbour.
bovendek [-dɛk] *o* ⚓ upper deck.
bovendeur [-də:r] *v* upper (part of the) door.
bovendien [bo.vən'di.n] besides, moreover.
bovendorpel ['bo.və(n)dɔrpəl] **bovendrempel** [-drempəl] *m* lintel.
bovendrijven [-drɛivə(n)] *vi* float on the surface; *fig* prevail [of an opinion].
boveneind(e) [-ɛint, -ɛində] *o* upper end, top, head [of the table].
bovengedeelte [-gəde.ltə] *o* upper part.
bovengemeld [-gəmɛlt] **bovengenoemd** [-gənu.mt] above(-mentioned).
bovengoed [-gu.t] *o* upper clothes, outer wear.
bovengronds [-grɔnts] overground, elevated [railway]; ⛏ overhead [wires]; surface [miner].
bovenhand [-hɑnt] *v* back of the hand; *de* ~ *krijgen* get (take) the upper hand.
bovenhelft [-hɛlft] *v* upper half.
bovenhuis [-hœys] *o* 1 upper part of a house; 2 upstairs flat.
bovenin [bo.vən'ɪn] at the top.
bovenkaak ['bo.və(n)ka.k] *v* upper jaw.
bovenkamer [-ka.mər] *v* upper room, upstairs room; *het scheelt hem in zijn* ~ **F** he is wrong in the upper storey.
bovenkomen [-ko.mə(n)] *vi* rise to the surface, come to the surface, come to the top [of the water]; come up(stairs); *laat hem* ~ show him up(stairs).
bovenlaag [-la.x] *v* upper layer.
bovenlaken [-la.kə(n)] *o* top sheet.
bovenlanden [-lɑndə(n)] *mv* uplands.
bovenlast [-lɑst] *m* ⚓ deck-load, deck-cargo.
bovenle(d)er [-le:r, -le.dər] *o* upper leather, uppers.
bovenleiding [-lɛidɪŋ] *v* ⛏ overhead wires.
bovenlicht [-lɪxt] *o* skylight.
bovenlijf [-lɛif] *o* upper part of the body.
bovenlip [-lɪp] *v* upper lip.
bovenloop [-lo.p] *m* upper course [of a river].
bovenmate [bo.və(n)'ma.tə] extremely, exceedingly.
bovenmenselijk [bo.və(n)'mɛnsələk] *aj* (& *ad*) superhuman(ly).
bovennatuurlijk ['bo.vəna.ty:rlək] *aj* (& *ad*) supernatural(ly).
bovenop [bo.vən'ɔp] on (the) top; ~ *een omnibus* on top of an omnibus; *er* (*weer*) ~ *brengen* (*helpen*) 1 pull, bring [a patient] through (round), set [a patient] on his legs again; 2 set [a business man] on his feet again; *er weer* ~ *komen* pull through, pull round;

er ~ zijn be a made man.

bovenover [-'o.vər] along the top.

bovenraam ['bo.və(n)ra.m] *o* upper window, upstairs window.

bovenstaand [-sta.nt] *aj* above(-mentioned); *het ~e* the above.

bovenstad [-stɑt] *v* upper town.

bovenstandig ['bo.və(n)stɑndəx] ♀ superior.

bovenste ['bo.vənstə] **I** *aj* uppermost, upper, topmost, top; *een ~ beste* F a regular trump; **II** *sb het ~* the upper part, the top.

bovenstuk [-stŭk] *o* upper part, top.

boventand [-tɑnt] *m* upper tooth.

boventoon [-to.n] *m* overtone; *de ~ voeren* (pre)dominate.

bovenuit [bo.vən'œyt] in: *men hoorde zijn stem er ~* above the noise (the tumult &).

bovenvenster ['bo.və(n)vɛnstər] *o* zie *bovenraam*.

bovenverdieping [-vərdi.pɪŋ] *v* upper storey, upper floor, top floor.

bovenvlak [-vlɑk] *o* upper surface.

bovenzinnelijk [bo.və(n)'zɪnələk] *aj* (& *ad*) transcendental(ly).

bowl [bo.l] *m* 1 (k o m) bowl; 2 (d r a n k) (claret &) cup.

bowlen ['bo.lə(n)] *vi* bowl.

box [bŏks] *m* 1 (in stal) box; 2 (in garage) lock-up; 3 (v. kinderen) playpen; 4 ☎ (post-office) box.

boycot ['bɔikɔt] *m* boycott.

boycotten [-kɔtə(n)] *vt* boycott.

boze ['bo.zə] *m* in: *de B~* the Evil One; *dat is uit den ~* 1 it is of the devil; 2 it is wrong.

braadoven [-o.və(n)] *m* roaster.

braadpan [-pɑn] *v* frying pan.

braadspit [-spɪt] *o* spit, broach.

braadvet [-fɛt] *o* dripping.

braadworst [-vɔrst] *v* roast sausage.

braaf [bra.f] **I** *aj* ± good, honest, > worthy [people]; honest and respectable [servant-girls]; *~!* good (old) dog!; **II** *ad* well; *~ drinken* drink heavily (freely); *~ kunnen liegen* be a barefaced liar.

braafheid ['bra.fhɛit] *v* honesty.

1 **braak** [bra.k] *aj* fallow; *~ liggen* lie fallow[2].

2 **braak** [bra.k] *v* 1 breaking [into a house], burglary; 2 brake [for hemp].

braakland ['bra.klɑnt] *o* fallow (land).

braakmiddel [-mɪdəl] *o* emetic.

braaknoot [-no.t] *v* nux vomica, vomit-nut.

braaksel [-səl] *o* vomit.

braam [bra.m] *v* 1 ⚒ wire-edge, burr [of a knife] || 2 ♀ zie *braambes*.

braambes ['bra.mbɛs] *v* blackberry.

braamstruik [-strœyk] *m* blackberry bush, bramble.

Brabander ['bra.bɑndər] *m* Brabant man.

Brabant [-bɑnt] *o* Brabant.

brabbelaar ['brɑbəla.r] *m* ~ster [-stər] *v* jabberer, sputterer.

brabbelen [-lə(n)] *vt* & *vi* jabber, sputter.

brabbeltaal ['brɑbəlta.l] *v* jabber(ing), gibberish, jargon.

braden ['bra.də(n), 'bra.jə(n)] **I** *vt* roast [on a spit], fry [in a pan], grill, broil [on a fire, on a gridiron], bake [in an oven]; **II** *vi* roast &.

Brahma ['bra.ma.] *m* Brahma.

brahmaan [bra.'ma.n] *m* Brahmin.   [type.

braille(schrift) ['brɑjə(s)(x)rɪft)] *o* Braille, raised 1 **brak** [brɑk] *aj* brackish, saltish, briny.

2 **brak** [brɑk] *m* ♨ beagle.

braken ['bra.kə(n)] **I** *vt* 1 break [hemp] || vomit[2] [blood, smoke &], belch forth [flames, smoke &]; **II** *vi* vomit.

brallen ['brɑlə(n)] *vi* brag.

brancard [brɑŋ'ka.r] *m* stretcher.

branche ['brɑ̃ʃə] *v* branch [of business], line.

brand [brɑnt] *m* 1 *eig* fire, conflagration; 2

(b r a n d s t o f) fuel, firing; 3 (in het l i c h a a m) heat; 4 (u i t s l a g) eruption; 5 (in het k o r e n) smut, blight; *~! fire! er is ~* there is a fire; *~ stichten* raise a fire; *in ~ raken* catch (take) fire; ignite; *in ~ schieten* set on fire; *in ~ staan* be on fire; *in ~ steken* set on fire, set fire to; ignite; *in de ~ zitten* F be in a scrape; *iemand uit de ~ helpen* help one out of a scrape.

brandalarm ['brɑnta.lɑrm] *o* fire-alarm, fire-call.

brandassurantie [-ɑsy.rɑn(t)si.] *v* fire insurance.

brandbaar [-ba:r] combustible, inflammable.

brandbaarheid [-ba:rhɛit] *v* combustibility, inflammability.

brandblaar [-bla:r] *v* blister from a burn.

brandbom [-bɔm] *v* ⚔ incendiary bomb, incendiary, fire-bomb.

brandbrief [-bri.f] *m* incendiary letter; *fig* pressing letter.

branddeur ['brɑndə:r] *v* emergency door.

branden ['brɑndə(n)] **I** *vi* burn, be on fire; *het brandt hem op de tong (om het te zeggen)* he is burning to tell the secret; *~ van liefde* burn with love; *~ van verlangen (om)...* be burning (dying) to...; **II** *vt* burn [wood, lime, charcoal]; brand [cattle]; roast [coffee]; scald [with hot liquid]; distil [spirits]; cauterize [a wound]; stain [glass].

brander [-dər] *m* 1 burner [of a lamp, of a gascooker &]; 2 distiller [of spirits]; 3 fire-ship.

branderig [-dərəx] in: *ik heb een ~ gevoel in mijn ogen* my eyes burn (smart); *een ~e lucht (smaak)* a burnt smell (taste).

branderij [brɑndə'rɛi] *v* distillery [of spirits].

brandewijn ['brɑndəvɛin] *m* (French) brandy.

brandgat ['brɑntgɑt] *o* burn.

brandgevaar [-'gəva:r] *o* danger from fire; fire-risk.

brandglas [-glɑs] *o* burning glass.

brandhaak [-ha.k] *m* fire-hook.

brandhout [-hout] *o* firewood.

brandijzer [-ɛizər] *o* 1 (v o o r w o n d) cauterizing iron; 2 (v o o r merk) branding iron.

branding ['brɑndɪŋ] *v* breakers, surf.

brandkast ['brɑntkɑst] *v* safe, strong-box.

brandklok [-klɔk] *v* fire-bell.

brandkraan [-kra.n] *v* fire-cock, fire-plug.

brandladder [-lɑdər] *v* fire-ladder, fire-escape.

brandlucht [-lŭxt] *v* smell of fire, burnt smell.

brandmeester [-me.star] *m* chief fireman.

brandmelder [-mɛldər] *m* fire-alarm.

brandmerk [-mɛrk] *o* brand, stigma.

brandmerken [-mɛrkə(n)] *vt* brand[2], *fig* stigmatize.

brandmuur [-my:r] *m* fire-proof wall.

brandnetel [-ne.təl] *v* ♀ stinging nettle.

brandoffer [-ɔfər] *o* holocaust, burnt-offering.

brandplek [-plɛk] *v* burn.

brandpolis [-po.lɑs] *v* fire-policy.

brandpunt [-pŭnt] *o* focus [*mv* foci] [of a lens]; *fig* focus [of interest]; centre [of civilization]; *in één ~ verenigen (brengen)* focus.

brandpuntsafstand [-pŭntsɑfstɑnt] *m* focal distance.

brandschade [-sxa.də] *v* damage (caused) by fire.

brandschatten [-sxɑtə(n)] *vt* lay under contribution.

brandschatting [-tɪŋ] *v* contribution.

brandschel ['brɑntsxɛl] *v* fire-alarm.

brandscherm [-sxɛrm] *o* safety curtain, fire-curtain.

brandschilderen [-sxɪldərə(n)] *vt* 1 (v. glas &) stain; 2 (e m a i l l e r e n) enamel; *gebrandschilderd raam* stained-glass window.

brandspuit [-spœyt] *v* fire-engine; *drijvende ~* fire-float.

brandspuitgast [-gɑst] *m* fireman.

brandspuithuisje [-hœyʃə] o engine-house.
brandstapel ['brɑntsta.pəl] m (funeral) pile; op de ~ at the stake; tot de ~ veroordelen condemn to the stake.
brandstichter [-stɪxtər] m incendiary, fire-raiser.
brandstichting [-stɪxtɪŋ] v arson, incendiarism, fire-raising.
brandstof [-stɔf] v fuel, firing.
brandtrap [-trɑp] m fire-escape.
brandverf [-fɛrf] v enamel.
brandverzekering [-fərze.kərɪŋ] v fire insurance.
brandvrij [-frɛi] fire-proof.
brandwacht ['brɑntvɑxt] v fire-watch.
brandweer [-ve:r] v fire-brigade; fire service.
brandweerauto [-o.to., -outo.] m fire-car.
brandweerkazerne [-ka.zɛrnə] v (fire-)brigade premises; fire-station.
brandweerman [-mɑn] m fireman.
brandweerpost [-post] m fire-station.
brandwond(e) ['brɑntvɔnt, -vɔndə] v burn [from fire]; scald [from hot liquids].
branie ['bra.ni.] I (aj) bold, hardy, daring, plucky; II m 1 (durf) daring, pluck; (opschepperij) swank, swagger; 2 (durfal) dare-devil; (opschepper) swell, swanker; de ~ uithangen do the grand (the swell).
branieachtig [-ɑxtəx] aj (& ad) swaggering(ly).
brasem ['bra.səm] m 🐟 bream.
braspartij ['brɑspɑrtɛi] v orgy, revel.
brassen ['brɑsə(n)] I vi feast, revel ‖ II vt ↓ brace.
brasser [-sər] m feaster, reveller.
brasserij ['brɑsə'rɛi] v feasting, revel, orgy.
bravo [bra.'vo.] ij bravo! [to actor &], good!, well done!; hear, hear! [to orator].
Braziliaan(s) [brɑzi.li.'a.n(s)] Brazilian.
Brazilië [brɑ'zi.li.ə] o Brazil.
breed [bre.t] I aj broad [chest, street], wide [street, river, brim &]; in den brede uiteenzetten set forth at large, at length; II ad in: het niet ~ hebben be in straitened circumstances, not be well off; wie het ~ heeft, laat het ~ hangen they that have plenty of butter can lay it on thick; zie ook: opgeven, uitmeten &.
breedgerand ['bre.tgərɑnt] broad-brimmed.
breedgeschouderd [-gəsxoudərt] broad-shouldered.
breedheid [-hɛit] v breadth², width².
breedsprakig [bre.t'spra.kəx] prolix, diffuse, verbose.
breedsprakigheid [-hɛit] v prolixity, diffuseness, verbosity.
breedte ['bre.tə] v breadth, width [of a piece of cloth]; [geographical] latitude; dubbele ~ double width; in de ~ in breadth; breadthwise, breadthways, broadwise.
breedtecirkel [-sɪrkəl] m parallel of latitude.
breedtegraad [-gra.t] m degree of latitude.
breedvoerig [bre.t'fu:rəx] I aj ample [discussion]; circumstantial [account]; II ad amply, at length, in detail.
breedvoerigheid [-hɛit] v ampleness.
breekbaar ['bre.kba:r] breakable, fragile, brittle.
breekbaarheid [-hɛit] v fragility, brittleness.
breekijzer ['bre.kɛizər] o crowbar, crow, jemmy.
breeuwen ['bre.və(n)] vt caulk.
breidel ['brɛidəl] m bridle, check, curb.
breidelen [-dələ(n)] vt bridle, check, curb.
breidelloos [-dəlo.s] o bridleless.
breien ['brɛiə(n)] vi & vt knit [stockings].
brein [brɛin] o brain, intellect, mind; elektronisch ~ electronic brain.
breinaald ['brɛina.lt] v knitting needle.
breipatroon [-pa.tro.n] o knitting pattern.
breipen [-pɛn] v knitting needle.
breister [-stər] v knitter; de beste ~ laat wel eens een steek vallen it is a good horse that never stumbles.

breiwerk [-vɛrk] o knitting.
breiwol [-vɔl] v knitting wool.
brekebeen ['bre.kəbe.n] m-v duffer, bungler.
breken ['bre.kə(n)] I vi break, be broken; ~ door break through [the enemy, the clouds]; met iemand ~ break with a person; met een gewoonte ~ 1 break oneself of a habit; 2 break through a practice; uit de gevangenis ~ break out of prison; II vt break [a glass, one's fall, the law, resistance, a vow &], smash [a jug], fracture [a bone]; refract [the light]; zie ook: hals &.
breker [-kər] m breaker.
breking [-kɪŋ] v breaking; refraction [of light].
brekingshoek [-kɪŋshu.k] m angle of refraction.
brem [brɛm] m 🌼 broom.
brengen ['brɛŋə(n)] vt 1 carry [in vehicle, ship, hand], convey [goods &]; put [one's handkerchief to one's nose]; see [a person home]; 2 (naar de spreker) bring; 3 (van de spreker af) take; het ver ~ go far [in the world]; make one's way; wat brengt u hier? what brings you here?; iemand aan het twijfelen ~ make one doubt; iemand op iets ~ get a person on the subject, lead him up to it; het gesprek ~ op lead the conversation to the subject of; het getal ~ op raise the number to; het zich te binnen ~ call it to mind, recall it; iemand er toe ~ te... bring [lead, get, induce] a person to...; hij was er niet toe te ~ he couldn't be made to do it; het tot generaal ~ rise to be a general; het tot niets ~ come to nothing; tot wanhoop ~ drive to despair; zie ook: aanraking, bed &.
brenger ['brɛŋər] m ~ster ['brɛŋstər] v bearer; ~ dezes bearer.
bres [brɛs] v breach; ~ schieten breach; een ~ schieten in... make a breach in..²; in de ~ springen voor stand in the breach for; zich op de ~ stellen mount the breach².
Bretagne [brə'taɲə] o Brittany.
bretels [-'tɛls] mv braces, suspenders.
Breton [-'tɔn] m Breton.
Bretons [-'tɔns] aj & o Breton.
breuk [brø.k] v burst, crack [in glass &]; break [with a tradition]; rupture [between friends]; fracture [of a leg, an arm], rupture [of a blood-vessel], hernia [of the intestines]; fraction [in arithmetics]; $ breakage; gewone ~ vulgar fraction; onechte ~ improper fraction; repeterende ~ repeater, repeating fraction; gemengd repeterende ~ mixed repeater; zuiver repeterende ~ pure repeater; samengestelde ~ complex fraction; tiendelige ~ decimal fraction.
breukband ['brø.kbɑnt] m truss.
breve ['bre.və] v [papal] brief.
brevet [brə'vɛt] o patent, brevet, certificate.
brevier [-'vi:r] o RK breviary; zijn ~ bidden (lezen) recite one's breviary.
bridge [brɪdʒ] o ◊ bridge.
bridgen ['brɪdʒə(n)] vi ◊ play bridge.
brief [bri.f] m letter, epistle; een ~ spelden a paper of pins; per ~ by letter.
briefgeheim ['bri.fgəhɛim] o privacy (secrecy) of correspondence.
briefkaart [-ka:rt] v 🖂 postcard; ~ met betaald antwoord reply-postcard.
briefopener [-o.pənər] m letter opener.
brieford(e)ner [-ɔrd(ə)nər] m [letter] file.
briefstijl [-stɛil] v epistolary style.
brieftelegram [-te.ləgrɑm] o letter telegram.
briefwisseling ['bri.fvɪsəlɪŋ] v correspondence; ~ houden carry on (keep up) a correspondence.
bries [bri.s] v breeze.
briesen ['bri.sə(n)] v snort [of horses], roar [of lions].

brievehoofd ['bri.vəho.ft] *o* letter-head.
brievenbesteller ['bri.və(n)bəstelər] *m* ῳ post-man.
brievenbus [-bûs] *v* letter-box [of a house, at a post office], pillar-box [in the street].
brievenpost [-pɔst] *v* ῳ mail.
brievencase [-tɑs] *v* letter-case.
brievenzak [-zɑk] *m* ῳ letter-bag, post-bag.
brieveweger ['bri.vəve.ɣər] *m* letter-balance.
brigade [bri.'ɡa.də] *v* ✕ brigade.
brigadecommandant, **-kommandant** [-kòmandant] *m* ✕ brigadier.
brigadier [bri.ga.'di:r] *m* police sergeant.
brigantijn [bri.ɡɑn'tɛin] *v* ♃ brigantine.
brij [brɛi] *m* 1 (voedsel) porridge; 2 (v. sneeuw, modder) slush; (v. p a p i e r &) pulp.
1 **brik** [brɪk] *v* 1 brig [ship] ‖ 2 break [carriage].
2 **brik** [brɪk] *o* & *m* brick [stone].
briket [bri.'ket] *v* briquette.
bril [brɪl] *m* 1 (pair of) spectacles; (ter bescherming tegen stof, scherp licht &) goggles; 2 seat [of a water-closet]; *blauwe* (*groene, zwarte*) *~* dark glasses, smoked glasses; *alles door een rooskleurige ~ bekijken* look at (view) things through rose-coloured spectacles.
briljant [brɪl'jɑnt] 1 *aj* (& *ad*) brilliant(ly); II *m* brilliant.
brillantine [-jɑn'ti.nə] *v* brilliantine.
brillekoker [-ko.kər] *m* spectacle-case.
brillen ['brɪlə(n)] *vi* wear spectacles.
brillenmaker [-ma.kər] *m* spectacle-maker.
brilmontuur ['brɪlmònty:r] *o* spectacle-frame.
brilslang [-slɑŋ] *v* cobra.
brisantbom [bri.'zɑntbòm] *v* ✕ high explosive bomb.
brisantgranaat [-ɡra.na.t] *v* ✕ high explosive shell.
Brit [brɪt] *m* Briton, > Britisher.
brits [brɪts] *v* wooden couch; plank-bed.
Brits [brɪts] British.
Brittanje, **Brittannië** [brɪ'tɑni.ə] *o* Britain.
broche ['brɔʃə] *v* brooch.
brocheren [brɔ'ʃe:rə(n)] *vt* stitch, sew [a book].
brochure [-'ʃy:rə] *v* pamphlet, brochure.
broddelaar ['brɔdəla:r] *m* **~ster** [-stər] *v* bungler.
broddelen [-lə(n)] *vi* bungle.
broddelwerk ['brɔdəlʋerk] *o* bungling, bungle.
brodeloos ['bro.dəlo.s] breadless; *iemand ~ maken* throw a person out of employment.
broed [bru.t] *o* brood, hatch; fry [of fish].
broedei ['bru.tɛi] *o* brood egg.
broeden ['bru.də(n)] *vi* brood, sit (on eggs); *op iets zitten ~* brood over, meditate [schemes], hatch [a plot].
broeder ['bru.dər] *m* 1 brother; 2 (g e e s t e l ij k e) brother, friar; 3 (z i e k e n~) male nurse; 4 (m a ç o n) brother; *de Broeders* the Christian Brothers; *~s in den Here* my brethren; *lustige ~* jovial fellow; *Moravische ~s* Moravian Brethren; *een valse ~* a false brother; *hij is de ware ~ ook niet* he is not the right sort; *de zwakke ~s* the weaker brethren.
broederliefde [-li.vdə] *v* fraternal (brotherly) love.
broederlijk [-lək] 1 *aj* brotherly, fraternal; II *ad* fraternally.
broedermoord(enaar) [-mo:rt, -mo:rdəna:r] *m* fratricide.
broederplicht [-plɪxt] *m* & *v* brother's duty.
broederschap [-sxɑp] 1 *o* & *v* (eigenschap) fraternity, brotherhood; 2 *v* (vereniging) RK brotherhood, confraternity, sodality: *~ sluiten met* fraternize with.
broederschool [-sxo.l] *v* school of the Christian Brothers.

broedertwist [-tʋɪst] *m* quarrel between brothers.
broedhen ['bru.thɛn] *v* brood-hen.
broedmachine [-ma.ʃi.nə] *v* incubator.
broedplaats [-pla.ts] *v* place for brooding.
broeds [bru.ts] wanting to brood, broody.
broedsel ['bru.tsəl] *o* zie *broed*.
broedtijd ['bru.tɛit] *m* brooding-time.
broeibak ['bru:ibɑk] *m* hotbed.
broeien ['bru.jə(n)] *vi* (v. de lucht) be sultry; (v. h o o i) heat, get heated, get hot; *daar (er) broeit iets* there is some mischief brewing; *dat heeft al lang gebroeid* that has been smouldering for ever so long; *er broeit een onweer* a storm is gathering.
broeierig [-jərəx] stifling, sweltering.
broeikas ['bru:ikɑs] *v* hothouse, forcing-house.
broeinest [-nest] *o* hotbed[2].
broek [bru.k] *v* (pair of) trousers; *korte ~* breeches, knickerbockers; shorts; *de vrouw heeft de ~ aan* the wife wears the breeches; *iemand achter de ~ zitten* F keep a person up to scratch; *voor de ~ geven* spank [a child]; *voor de ~ krijgen* be spanked.
broekje ['bru.kjə] *o* shorts; *zo'n jong ~* F a whipper-snapper (of a young fellow).
broekspijp [-pɛip] *v* trouser-leg, trouser.
broekstof ['bru.kstɔf] *v* trousering.
broekzak [-sɑk] *m* trouser(s) pocket.
broer [bru:r] *m* = *broeder*.
broertje ['bru:rcə] *o* little brother; *ik heb er een ~ aan dood* I hate (detest) it; *het is ~ en zusje* it is six of one and half a dozen of the other.
brok [brɔk] *m* & *v* & *o* piece, bit, morsel, lump, fragment; *hij voelde een ~ in de keel* he felt a lump in his throat.
brokaat [bro.'ka.t] *o* brocade.
brokje ['brɔkjə] *o* bit, morsel; *een lekker ~* a titbit.
brokkelen ['brɔkələ(n)] *vt* & *vi* crumble.
brokkelig [-ləx] crumbly, friable, brittle.
brokken ['brɔkə(n)] *vt* break [bread]; zie ook: *melk*.
brokstuk ['brɔkstûk] *v* fragment, piece, scrap.
brombas ['bròmbɑs] *v* ♪ bourdon.
brombeer [-be:r] *m* growler, grumbler.
bromfiets [-fi:ts] *m* & *v* moped, motorized bicycle.
bromium [bro.mi.ûm] *o* bromine.
brommen ['bròmə(n)] *vi* 1 (v. i n s e k t e n) drone, hum, buzz; 2 (v. p e r s o n e n) growl, grumble.
brommer [-mər] *m* zie *brombeer*, *bromfiets*, *bromvlieg*, *brombas*.
brommerig [-mərəx] grumpy, grumbling.
brompot ['bròmpɔt] *m* zie *brombeer*.
bromtol [-tɔl] *m* humming-top.
bromvlieg [-vli.x] *v* bluebottle, flesh-fly.
bron [brɔn] *v* source[2], spring[2], well[2], fountain-head, fountain[2]; ○ fount; *fig* origin; *~ van bestaan* means of living; *~ van inkomsten* source of income (of revenue); *uit goede ~ iets vernemen* have it from a reliable source, on good authority.
bronader ['brɔna.dər] *v* source, spring, ○ fount.
bronchitis [brɔn'ɡi.tɪs] *v* bronchitis.
brons [brɔns] *o* bronze.
bronskleurig ['brɔnsklø:rəx] bronze-coloured.
bronsttijd [-tɛit] *m* rutting season.
bronwater ['brɔnʋa.tər] *o* 1 spring water; 2 mineral water.
bronzen [-zə(n)] I *vt* bronze; II *aj* bronze.
brood [bro.t] *o* bread; *een ~* a loaf; *ons dagelijks ~* our daily bread; *het ~ des levens* the bread of life; *bij gebrek aan ~ eet men korstjes van pasteien* one must put up with what one can get; *wiens ~ men eet, diens woord men spreekt* ± it is bad policy to quarrel with

one's bread and butter; *zijn ~ hebben* make (earn) one's bread; *goed zijn ~ hebben* be well off; *iemand het ~ uit de mond stoten* take the bread out of a man's mouth; *zijn ~ verdienen* earn one's bread (and cheese), make one's bread; *iemand aan een stuk ~ helpen* put a person in the way to earn a living; *hij doet het om den brode* he does it for his bread (and butter), for a living; *iemand iets op zijn ~ geven* F cast (fling, throw) it in a person's teeth.

broodbakker ['bro.tbakər] *m* baker.
broodbakkerij [bro.tbakəˈrɛi] *v* 1 (bedrijf) bread-baking, baker's trade; 2 (gebouw) bakehouse, bakery, baker's shop.
brooddronkenheid [-hɛit] *v* wantonness.
broodfabriek ['bro.tfa.bri.k] *v* bread-factory, bakery.
broodgraan [-gra.n] *o* bread grain.
broodje ['bro.cə] *v* roll; *zoete ~s bakken* eat humble pie.
broodkar ['bro.tkɑr] *v* bread-cart.
broodkorst [-kɔrst] *v* bread-crust.
broodkruimel [-krœyməl] *m* (bread-)crumb; *de ~s steken hem* F he rather fancies himself.
broodmager ['bro.t'ma.gər] *as* lean as a rake.
broodmand ['bro.tmɑnt] *v* bread-basket.
broodmes [-mes] *o* bread-knife.
broodnijd [-nɛit] *m* professional jealousy.
broodnodig ['bro.t'no.dəx] highly necessary.
broodpap ['bro.tpɑp] *v* bread-porridge.
broodplank [-plɑŋk] *v* bread-board.
broodrooster [-ro.stər] *m & o* bread-toaster.
broodschrijver [-s(x)rɛivər] *m* hack (writer).
broodsnijmachine [-snɛima.ʃi.nə] *v* bread-slicer.
broodsuiker [-sœykər] *m* loaf-sugar.
broodtrommel ['bro.trɔməl] *v* bread-tin.
broodvrucht ['bro.tfrʏxt] *v ⚥* bread-fruit.
broodwinner [-vɪnər] *m* bread-winner.
broodwinning [-vɪnɪŋ] *v* (means of) living, livelihood.
broodzak [-sɑk] *m* 1 bread-bag; 2 ⚔ haversack.
broom [bro.m] *o* 1 (element) bromine; 2 (geneesmiddel) potassium bromide.
broomkali [bro.mˈka.li.] *m* potassium bromide.
1 **broos** [bro.s] *v* buskin.
2 **broos** [bro.s] *aj* frail, brittle, fragile.
broosheid ['bro.shɛit] *v* frailty, brittleness, fragility.
bros [brɔs] crisp, brittle.
brosheid ['brɔshɛit] *v* crispness, brittleness.
brouilleren [bru.(l)'je:rə(n)] *vt* set at variance.
brouwen ['brɔuə(n)] I *vt* brew; *fig* brew, concoct, plot [evil, mischief] || II *vi* speak with a burr.
brouwer [-ər] *m* brewer.
brouwerij [brɔuəˈrɛi] *v* brewery; *zie ook:* 2 *leven.*
brouwersknecht [brɔuersˈknɛxt] *m* brewer's man, drayman.
brouwerspaard [-'pa.rt] *o* dray-horse.
brouwerswagen [-'va.gə(n)] *m* dray.
brouwketel [brɔuke.təl *m* brewing-copper.
brouwsel [-səl] *o* brew, concoction².
brug [brʏx] *v* 1 bridge; 2 parallel bars [gymnastics]; *over de ~ komen* F pay up; *flink over de ~ komen* come down handsomely.
bruggegeld [-gɛlt] *o* (bridge-)toll.
brugehoofd [-ho.ft] *o* 1 abutment; 2 ⚔ bridge-head.
brugleuning ['brʏxlə.nɪŋ] *v* railing; (v. steen) parapet.
Brugman [-mɑn] in: *praten kunnen als ~* F have the gift of the gab.
brugpijler [-pɛilər] *m* pier, pillar.
brugwachter [-vɑxtər] *m* bridge-man.
brui [brɔy] *m* in: *ik geef er de ~ van* I chuck the thing (the whole show).
bruid [brɔyt] *v* bride.

bruidegom ['brœydəgòm] *m* bridegroom.
bruidsbed ['brœytsbet] *o* bridal bed, nuptial couch.
bruidsboeket, -bouquet [-bu.kɛt] *o & m* wedding-bouquet.
bruidsdagen [-da.ga(n)] *mv* bridal days.
bruidsjapon [-ja.pòn] *m* wedding-dress, bridal gown.
bruidsjonker [-jòŋkər] *m* 1 bridesman, groomsman, best man; 2 bride's page.
bruidskleed [-kle.t] *v* zie *bruidsjapon.*
bruidskrans [-krɑns] *m* bridal wreath.
bruidsmeisje [-mɛiʃə] *o* bridesmaid.
bruidspaar [-pa.r] *o* bride and bridegroom; newly-married couple.
bruidsschat ['brœytsxɑt] *m* dowry, dower, dot.
bruidssluier [-slœyər] *m* wedding-veil.
bruidsstoet [-stu.t] *m* wedding-procession.
bruidssuikers [-sœykərs] *mv* sugar(ed) almonds.
bruikbaar ['brœykba:r] serviceable, useful, fit for use; workable [definition, scheme].
bruikbaarheid [-hɛit] *v* serviceableness, usefulness, utility.
bruikleen ['brœykle.n] *o & m* (free) loan; *in ~ afstaan* lend.
bruiloft ['brœyləft] *v* wedding [ook: golden, silver &], wedding-party, ◯ nuptials; *~ houden* celebrate one's wedding; have (attend) a wedding-party.
bruiloftsdag ['brœyləftsdɑx] *m* wedding-day.
bruiloftsfeest [-fe.st] *o* wedding-party.
bruiloftsgast [-gɑst] *m* wedding-guest.
bruiloftsgedicht [-gədɪxt] **bruiloftslied** [-li.t] *o* wedding-song.
bruiloftsmaal [-ma.l] *o* wedding-banquet.
bruiloftstaart [-ta.rt] *v* wedding-cake.
bruin [brœyn] I *aj* brown; tanned [by the sun]; (v. paard) bay; *~e beuk* ⚥ copper beech; *~e suiker* brown sugar; *~ worden* (van huid door zon of kunstmatig) get a tan, tan; II *o* brown; zie ook: *bruintje.*
bruinachtig ['brœynɑxtɪx] brownish.
bruinen ['brœynə(n)] *vt & vi* brown; (van huid door zon of kunstmatig) tan.
bruineren [brœy'ne:rə(n)] *vt* burnish.
bruinkool [-ko.l] *v* brown coal, lignite.
bruinoglg [-o.gɑx] brown-eyed.
bruinrood [-'ro.t] *o* brown-red, brownish-red.
bruintje [-cə] *o* 1 bay horse; 2 Bruin [the bear]. *dat kan ~ niet trekken* F I cannot afford it.
bruinvis [-vɪs] *m* porpoise.
bruinzwart [-'zvɑrt] brownish-black.
bruisen ['brœysə(n)] *vi* effervesce, fizz [of drinks]; seethe, roar [of the sea].
bruispoeder, -poeier ['brœyspu.dər, -pu.jər] *o & m* effervescent powder.
brulaap ['brúla.p] *m* howling-monkey.
brulboei [-bu:i] *v* ⚓ whistling-buoy.
brullen ['brúlə(n)] *v* roar.
brunette [bry.'netə] *v* brunette.
Brussel ['brúsəl] *o* Brussels.
brutaal [bry.'ta.l] I *aj* 1 (zich aan niets storend) bold, cool, confident; 2 (al te vrijmoedig) forward, pert, saucy, cheeky; impudent, impertinent; *zo ~ als de beul* F as bold as brass; *~ zijn tegen iemand* cheek (sauce) one, give a person lip; II *ad* coolly; forwardly &; *het ~ volhouden* brazen it out.
brutaaltje [-cə] *o* F impertinent girl, hussy.
brutaalweg [-vex] coolly.
brutaliseren [bry.ta.li.'ze:rə(n)] *vt* in: *iemand ~* give a person lip, cheek (sauce) one.
brutaliteit ['tɛit] *v* forwardness &; cool confidence, effrontery, impudence, impertinence; *hij had de ~ om...* he had the cheek (confidence) to...
brutalizeren zie *brutaliseren.* [science) to...
bruto ['bry.to.] gross [income, weight &].
bruusk [bry.sk] I *aj* brusque, abrupt, blunt, off-hand; II *ad* brusquely &.

bruuskeren [bry.s'ke:rǝ(n)] *vt* be abrupt with [a person]; *de zaak* ~ precipitate things.

bruut [bry.t] *m* brute; *door* ~ *geweld* by sheer force.

B.T.W. [be.te.'ve.] *v* = *belasting over de toegevoegde waarde* added-value (value-added) tax.

budget ['büʤɛt, büʤ'ʒɛt] *o* budget.

buffel ['büfǝl] *m* ♘ buffalo; *fig* (regular) bear.

buffelachtig [-ɑxtǝx] churlish.

buffelle(d)er ['büfǝle:r, -le.dǝr] *o* buff.

buffer ['büfǝr] *m* buffer.

bufferstaat [-sta.t] *m* buffer-state.

buffet [by.'fɛt] *o* 1 (meubel) sideboard, buffet; 2 (tapkast in station &) refreshment bar, buffet.

buffetjuffrouw [-jüfrɔu] *v* barmaid.

bugel ['by.gǝl] *m* bugle.

bui [bœy] *v* 1 shower [of rain, hail or arrows, stones &], squall [of wind, with rain or snow]; 2 (gril) freak, whim; 3 fit [of humour, of coughing]; *bij* ~*en* by fits and starts; *in een goede* ~ *zijn* be in a good humour; *in een boze* (*kwade*) ~ *zijn* he is in a (bad) temper, be out of humour; *in een royale* ~ *zijn* be in a generous mood.

buidel ['bœydǝl] *m* bag, pouch [ook = purse].

buideldier [-di:r] *o* ♘ marsupial (animal).

buidelrat [-rat] *v* ♘ opossum.

buigbaar ['bœyxba:r] pliable, flexible, pliant.

buigbaarheid [-hɛit] *v* pliability, flexibility, pliancy.

buigen ['bœyɣǝ(n)] **I** *vi* bend, bow; curve; *hij boog en vertrok* he made his bow; ~ *als een knipmes* cringe and crawl; ~ *of barsten* bend or break; ~ *voor* bow to[²]; bow before [him]; **II** *vt* bend [a branch, the knee, a person's will], bow [the head, the back, a person's will]; **III** *vr zich* ~ bend (down), bow (down), stoop [of persons]; curve [of a line]; deflect, make a bend, trend [of a path &]; *zich naar het noorden* ~ deflect to the North.

buiging [-gɪŋ] *v* bow [of head or body]; curts(e)y [of a lady]; declension [of a word]; deflection [of a beam].

buigingsuitgang [-gɪŋsœytgɑŋ] *m* gram (in)-flexional ending.

buigzaam [-sa.m] flexible, supple², pliant².

buigzaamheid [-hɛit] *v* flexibility, suppleness², pliancy².

buiig ['bœyǝx] showery, gusty, squally.

buik [bœyk] *m* 1 belly [of man, animals & things], abdomen, > paunch; ⊕ stomach, F tummy; 2 bilge, bulge [of barrel &]; 3 bunt [of a sail]; *ik heb er mijn* ~ *vol van* P I am fed up with it.

buikband ['bœykbɑnt] *m* abdominal belt.

buikholte [-hɔltǝ] *v* abdominal cavity.

buikkramp ['bœykrɑmp] *v* gripes.

buiklanding ['bœyklɑndɪŋ] *v* ✈ belly landing.

buikpijn [-pɛin] *v* stomach ache, F tummy ache.

buikriem [-ri.m] *m* girth, belly-band; *de* ~ *aanhalen* tighten the belt².

buikspreken [-spre.kǝ(n)] **I** *vi* ventriloquize; **II** *o* ventriloquy, ventriloquism.

buikspreker [-spre.kǝr] *m* ventriloquist.

buiktyfus [-ti.füs] *m* enteric (fever), typhoid

buikvin [-fɪn] *v* ☒ ventral fin.

buikvlies [-fli.s] *o* peritoneum.

buikvliesontsteking [-ɔntste.kɪŋ] *v* peritonitis.

1 **buil** [bœyl] *v* swelling; lump, bump, bruise.

2 **buil** [bœyl] *m* bolter, bolting-machine ‖ zie ook: *buidel*.

builenpest [-pɛst] *v* bubonic plague.

1 **buis** [bœys] *o* (kledingstuk) jacket.

2 **buis** [bœys] *v* tube [ook ☒], pipe, conduit § duct.

buisvormig [-fɔrmǝx] tubular.   [loot.

buit [bœyt] *m* booty, spoils, prize, plunder,

buitelaar ['bœytǝla:r] *m* tumbler.

buitelen [-lǝ(n)] *vi* tumble, fall head over heels.

buiteling [-lɪŋ] *v* tumble.

buiten ['bœytǝ(n)] **I** *prep* outside [the town], out of [the room, breath &], without [doors], beyond [one's reach, all question]; ~ *iets blijven, zich er* ~ *houden* keep out of a thing; (*niet*) ~ *iets kunnen* (not) be able to do without a thing; *iemand* ~ *iets laten* leave a person out of it; ~ *iets staan* be (entirely) out of it; ~ (*en behalve*) *zijn salaris* besides (over and above) his salary; ~ *mij was er niemand* there was no one except me, but me; *dat is* ~ *mij* I have nothing to do with it; *het werd* ~ *mij om gedaan* it was done without me, behind my back; *hij was~zichzelf* he was beside himself; **II** *ad* outside, out, outdoors, out of doors, without; *hij is* ~ 1 he is outside; 2 he is in the country; *hij woont* ~ he lives in the country; *naar* ~! (go) outside!; *naar* ~ *gaan* 1 go outside, leave the house; 2 go into the country; *naar* ~ *opengaan* open outwards; *zijn voeten naar* ~ *zetten* turn out one's toes; *te* ~ *gaan* exceed; *zich te* ~ *gaan aan* indulge too freely in, partake too freely of; *van* ~ [come, as seen] from without; [open] from the outside; *een meisje van* ~ a girl from the country, a country-girl; *van* ~ *gesloten* locked on the outside; *van* ~ *kennen* know by heart; *van* ~ *leren* learn by heart; *van* ~ *en van binnen* outside and in; **III** *o* country house, country seat.

buitenantenne [-ɑntǝ.nǝ] *v* 📻 ☒ outside aerial.

buitenbaan [-ba.n] *v sp* outside track.

buitenband [-bɑnt] *m* (outer) cover.

buitenboordmotor [bœytǝ(n)'bo:rtmo.tǝr] *m* ⚓ outboard motor.

buitendeur ['bœytǝ(n)dø:r] *v* 1 outer door; 2 street-door.

buitendien [bœytǝ(n)'di.n] moreover, besides.

buitengaats [bœytǝ(n)'ga.ts] ⚓ outside.

buitengemeen [-gǝ'me.n] **I** *aj* extraordinary, uncommon, exceptional; **II** *ad* < extraordinarily, uncommonly, exceptionally.

buitengewoon [-gǝvo.n] **I** *aj* extraordinary; ~ *gezant* envoy extraordinary; ~ *hoogleraar* extraordinary professor; *buitengewone uitgaven* extras; *niets* ~*s* nothing out of the common; zie ook: *buitengemeen*; **II** *ad* < extraordinarily, uncommonly.

buitengoed ['bœytǝ(n)gu.t] *o* country seat.

buitenhaven [-ha.vǝ(n)] *v* outer harbour.

buitenissig [bœytǝ'nɪsǝx] out-of-the-way.

buitenissigheid [-hɛit] *v* oddity.

buitenkans(je) ['bœytǝ(n)kɑns, -kɑnʃǝ] *v* (o) (stroke of) good luck, godsend, windfall.

buitenkant [-kɑnt] *m* outside, exterior.

buitenland [-lɑnt] *o* foreign country (countries); *in het* ~ abroad; *naar het* ~ abroad; *uit het* ~ from abroad.

buitenlander [-lɑndǝr] *m* foreigner.

buitenlands [-lɑnts] foreign [affairs &]; exotic [fruit]; *een* ~*e reis* a trip abroad; *van* ~ *maaksel* of foreign make, foreign-made.

buitenleven [-le.vǝ(n)] *o* country-life.

buitenlucht [-lüxt] *v* 1 open air; 2 country air.

buitenman [-mɑn] *m* countryman.

buitenmate [bœytǝ(n)'ma.tǝ] zie *bovenmate*.

buitenmens ['bœytǝ(n)mɛns] *m* countryman.

buitenmodel [bœytǝ(n)mo.'dɛl] ✗ non-regulation.

buitenplaats ['bœytǝ(n)pla.ts] *v* country seat.

buitenpost [-pɔst] *m* 1 ✗ outpost; 2 out-station.

buitenshuis [bœytǝns'hœys] out of doors, out-doors; ~ *slapen* sleep out [of a servant or employé]; *de was* ~ laundry out.

buitenslands [-lɑnts] abroad, in foreign parts.

buitensluiten ['bœytǝ(n)slœytǝ(n)] *vt* exclude, shut out.

buitensluiting [-tɪŋ] *v* exclusion.

buitenspel [bœytə(n)'spɛl] *sp* offside.
buitensporig [-'spo:rəx] I *aj* extravagant, excessive, exorbitant [price]; II *ad* extravagantly, excessively, to excess.
buitensporigheid [-hɛit] *v* extravagance, excessiveness, exorbitance.
buitenstaander ['bœytə(n)sta.ndər] *m* outsider.
buitenverblijf ['bœytə(n)vərblɛif] *o* country house, country seat.
buitenwaarts [-va:rts] I *aj* outward; II *ad* outward(s).
buitenwacht [-vaxt] *v* outpost; *ik heb 't van de ~* I heard it from an outsider.
buitenweg [-vɛx] *m* country-road, rural road.
buitenwereld [-'ve:rəlt] *v* outer (outside, external) world.
buitenwijk [-vɛik] *v* suburb; *de ~en* ook: the outskirts.
buitenzak [-zak] *m* outside pocket, outer pocket.
buitenzij(de) [-zei(də)] *v* outside, exterior.
buitmaken ['bœytma.kə(n)] *vt* seize, take, capture.
buizerd ['bœyzərt] *m* 🐦 buzzard.
bukken ['bûkə(n)] I *vt* bend [the head]; II *vi* stoop; duck [to avoid a blow]; *gebukt gaand onder...* bending under, bowed (weighed) down by; *~ voor* bow to (before), submit to; III *vr zich ~* stoop; duck.
buks [bûks] *v* 🔫 rifle.
buks(boom) ['bûks(bo.m)] *m* 🌳 box (tree).
1 **bul** [bûl] *m* (stier) bull.
2 **bul** [bûl] *v* 1 (papal) bull; 2 ⇔ diploma.
bulderbast ['bûldərbast] *m* blusterer.
bulderen [-dərə(n)] *vi* boom [of cannon &], bluster, roar [of wind, sea, persons], bellow [of persons]; *~ tegen* bellow at.
buldog [-dɔx] *m* bulldog.
Bulgaar *m* Bulgaars [bûl'ga:r(s)] *aj* & *o* Bulgarian.
Bulgarije [-ga:'reiə] *o* Bulgaria.
bulhond ['bûlhònt] *m* zie *buldog*.
bulken [-kə(n)] *vi* low, bellow, bawl, roar; *~ van het geld* F be rolling in money.
bulldozer ['bu.ldo.zər] *m* bulldozer.
bullebak ['bûləbak] *m* bully, bear; bugbear, ogre.
bullebijter [-beitər] *m* bulldog; *fig* bully.
bullen ['bûlə(n)] *mv* S things.
bulletin [hy.lə'tɛ̃] *o* bulletin.
bult [bûlt] *m* 1 hunch [of a man], hump [of man or camel]; 2 boss, lump [= swelling].
bultenaar ['bûltəna:r] *m* hunchback, humpback.
bultig [-tax] 1 hunchbacked, humpbacked; 2 lumpy [old mattress].
bumper ['bûmpər] *m* ⇔ bumper.
bundel ['bûndəl] *m* bundle [of clothes, rods &], sheaf [of arrows, papers]; *een ~ gedichten* a volume of verse.
bundelen [-dələ(n)] *vt* gather, bring together, collect.
bunder [-dər] *o* hectare.
bungalow ['bûŋga.lo.] *m* bungalow.
bungelen ['bûŋələ(n)] *vi* dangle.
bunker ['bûŋkər] *m* 1 bunker; 2 🪖 casemate, (klein) [concrete] blockhouse, pill-box, [German] bunker; (tegen luchtaanval) air-raid shelter; (v. duikboten) [U-boat] pen.
bunkeren [-kərə(n)] *vi* bunker, coal.
bunzing ['bûnziŋ] *m* ⇔ polecat, fitchew.
burcht [bûrxt] *m* & *v* castle, stronghold[2], citadel[2].
burchtheer ['bûrxthe:r] *m* ⚫ castellan.
burchtvrouw(e) [-frou(ə)] *v* ⚫ chatelaine.
bureau [by.'ro.] *o* 1 (meubel) desk, writing-table; 2 (lokaal) bureau [*mv* bureaux], office; [police] station.
bureau-agenda [-a.gɛnda.] *v* desk diary.

bureau-ambtenaar [-amtəna:r] *m* office clerk.
bureauchef [-ʃɛf] *m* head-clerk.
bureaucraat [by.ro.'kra.t] *m* bureaucrat.
bureaucratie [-kra.'(t)si.] *v* bureaucracy, F red-tape.
bureaucratisch [-'kra.ti.s] *aj* (& *ad*) bureaucratic(ally).
bureaulamp [-lamp] *v* desk lamp.
bureaulist [by.ro.'lìst] *m* money-taker; clerk.
bureau-ministre [-nii.'ni.strə] *o* pedestal writing-table.
bureaustoel [by.'ro.stu.l] *m* desk chair.
bureauwerk [-vɛrk] *o* office work, clerical work.
bureel [by.'re.l] *o* office, bureau.
burelist [-re.'list] zie *bureaulist*.
buren ['by:rə(n)] *vi* visit one's neighbour(s).
burengerucht [-gərûxt] *o* disturbance; *~ maken* cause a nuisance by noise.
burgemeester [bûrgə'me.stər] *m* 1 burgomaster [on the Continent]; 2 mayor [in England]; *~ en wethouders* the burgomaster [in England: the mayor] and aldermen.
burger ['bûrgər] *m* 1 citizen; commoner [not a nobleman]; J & 🔫 (niet in Eng.) burgher; 2 civilian [non-military man]; *in ~* in plain clothes, 🪖 in mufti; *agent in ~* plain-clothes (police)man.
burgerbevolking [-bəvolkiŋ] *v* civil(ian) population.
burgerdeugd [-də.xt] *v* civic virtue. [ulation.
burgerdochter [bûrgər'dɔxter] *v* middle-class girl.
burgerij [bûrgə'rɛi] *v* 1 (als stand) commonalty, commoners; 2 (de ingezetenen) citizens, citizenry [of Amsterdam &].
burgerjongen [bûrgər'jòŋə(n)] *m* middle-class boy.
burgerkeuken ['bûrgərkø.kə(n)] *v* plain cooking.
burgerklas(se) [-klas(ə)] *v* middle class(es).
burgerkost [-kost] *m* plain fare.
burgerleven [-le.vo(n)] *o* private life, civil life, civilian life; *een ~* the life of a middle-class man.
burgerlieden [bûrgər'li.də(n)] *mv* (lower) middle-class people.
burgerlijk ['bûrgərlək] I *aj* 1 civil [engineering, law, rights &]; civic [functions], civilian [life]; 2 (v. de burgerstand) middle-class; 3 (niet fijn of voornaam) middle-class, plain, homely; zie ook: *ambtenaar, stand &*; II *ad* civilly [dead]; [live] plainly.
burgerluchtvaart [-lûxtfa:rt] *v* civil aviation.
burgermaatschappij [-ma.tsxapɛi] *v* civil life.
burgerman [bûrgər'man] *m* middle-class man.
burgermeisje [-'mɛiʃə] *o* middle-class girl.
burgeroorlog ['bûrgəro:rlɔx] *m* civil war.
burgerpakje [-pakjə] *o* 🪖 S civvies.
burgerplicht [-plixt] *m* & *v* civic duty.
burgerpot [bûrgər'pot] *m* zie *bürgerkost* & *burgerkeuken*.
burgerrecht ['bûrgərɛxt] *o* civic right, civil right, citizenship, freedom of a city; *dat woord heeft ~ verkregen* the word has been adopted into the language; *hem het ~ verlenen* make him free of the city; *zijn ~ verliezen* forfeit one's civil rights.
burgerschap [-sxap] *o* citizenship. [rights.
burgerschapsrechten [-sxapsrɛxtə(n)] *mv* civic
burgerstand [bûrgər'stant] *m* middle classes.
burgervader [-'va.dər] *m* 1 father of the city, burgomaster; 2 mayor [in England].
burgervrouw [-'vrou] *v* middle-class woman.
burgerwacht ['bûrgərvaxt] *v* citizen guard, civic guard.
burgerzin [-zin] *m* civic spirit, civic sense.
burggraaf ['bûrxgra.f] *m* (titel) viscount.
burggravin [bûrxgra.'vìn] *v* viscountess.
bursaal [bûr'sa.l] *m* ⚫ scholar, exhibitioner.
1 **bus** [bûs] *v* 1 (voor groenten &) tin, Am

can; 2 (voor geld, brieven) (money-)box, (letter-)box; poor-box [in a church], collecting-box; 3 ✗ bush, box; 4 (fonds) club; *dat klopt* (sluit) *als een* ~ that is as clear as daylight; it is perfectly logical; *een brief op de* ~ *doen* post a letter; *vlees uit de* ~ tinned (*Am* canned) meat.

2 **bus** [bŭs] *m* & *v* (autobus) bus.
buschauffeur [ˈbŭsʃo.fø:r] *m* bus driver.
busdienst [-di.nst] *m* bus service.
busdokter [-dɔktər] *m* club-doctor.
busgroente [-gru.ntə] *v* tinned (*Am* canned) vegetables.
bushalte [-hɑltəɟ *v* bus stop.
buskruit [-krœyt] *o* gunpowder; *hij heeft het* ~ *niet uitgevonden* F he will never set the Thames on fire; *opvliegen als* ~ fire up in a moment.
buskruitverraad [-fara.t] *o* 🕮 gunpowder plot.
buslichting [ˈbŭslɪxtɪŋ] *v* ✲ collection.
buslijn [-lɛin] *v* bus line.
buspassagier [-pɑsa.ʒi:r] *m* bus passenger.
buspatiënt [-pa.si.ɛnt] *m* sick-club patient.
busstation [ˈbŭsta.ʃòn] *o* bus station.
buste [ˈby.stə] *v* bust, (v. vrouw vaak:) bosom.
bustehouder [-houdər] *m* brassière, bra.
butaan [by.ˈta.n] *o* butane.
butler [ˈbŭtlər] *m* butler.
buur [by:r] *m* neighbour.
buurkind [ˈby:rkɪnt] *o* neighbour's child.
buurlieden [-li.də(n)] *mv* neighbours.
buurman [-mɑn] *m* neighbour.
buurmeisje [-mɛiʃə] *o* girl (from) next door.
buurpraatje [-pra.cə] *o* neighbourly talk, gossip.
buurschap [-sxɑp] 1 *o* neighbourhood; ~ *houden* have (hold) neighbourly intercourse; 2 *v* = *buurtschap*.
buurt [by:rt] *v* 1 neighbourhood, vicinity; (wijk) quarter; 2 hamlet; *het is in de* ~ it is quite near; *een winkelier in de* ~ a neighbouring shopkeeper; *hier in de* ~ hereabout(s); near here; (ver) *uit de* ~ far off, a long way off; *blijf uit zijn* ~ don't go near him.
buurten [ˈby:rtə(n)] *vi* pay a visit to a neighbour.
buurtschap [ˈby:rtsxɑp] *v* hamlet.   [bour.
buurtspoor [-spo:r] *o* local railway.
buurtverkeer [-fərke:r] *o* local service.
buurvrouw [ˈby:rvrɔu] *v* neighbour, neighbour's wife.
Byzantijns [bi.zɑnˈtɛins] Byzantine.
Byzantium [bi.ˈzɑn(t)si.ŭm] *o* Byzantium.

C

c [se.] *v* c.
ca. [ˈsɪrka.] = *circa*.
cabaret [kɑbaˈrɛ] *o* cabaret.
cabaretier [kɑbarəˈtje.] *m* cabaret performer.
cabine [kɑˈbi.nə] *v* 1 cabin; 2 (v. vrachtauto) cab; 3 (v. bioscoop) operating room.
cabriolet [ka.bri.o.ˈlɛt] *m* cabriolet; 🚗 convertible.
cacao [kaˈkɔu] *m* cocoa.
cacaoboon [-bo.n] *v* cocoa-bean.
cacaoboter [-bo.tər] *v* cocoa-butter.
cacaopoeder, -poeier [-pu.dər, -pu.jər] *o* & *m* cocoa-powder.
cachet [kaˈʃɛt] *o* 1 seal, signet; 2 (eigenaardige stempel) cachet, stamp [of distinction]; *een zeker* ~ *hebben* bear a distinctive stamp.
cachot [kaˈʃɔt] *o* lock-up, S clink; ✗ cells.
cactus [ˈkɑktŭs] *m* ✿ cactus [*mv* cacti].
cactusdahlia, -dalia [-da.li.a.] *v* ✿ cactus dahlia.
cadans [ka.ˈdɑns] *v* ♪ cadence.
cadeau [ka.ˈdo.] *o* present; *iemand iets* ~ *geven*

give one something as a present, make one a present of a thing; *ik zou het niet* ~ *willen hebben* I would not have it at a gift.
cadet [ka.ˈdɛt] *m* ✗ cadet.
cadettenschool [ka.ˈdetə(n)sxo.l] *v* ✗ military school, cadet college.
café [kaˈfe.] *o* café, coffee-house; (met vergunning) ± public house, F pub.
café-chantant [-ʃãˈtã] *o* cabaret.
caféhouder [-houdər] *m* café proprietor; (met vergunning) ± public-house keeper, publican.
cafeïne [kɑfe.ˈi.nə] *v* caffeine.
cafeïnevrij [-vrɛi] caffeine-free, decaffeinated.
café-restaurant [kɑ.fe.resto:ˈrã] *o* café-restaurant.
cafetaria [kɑ.feˈta:ri.a.] *v* cafeteria.
cahier [ka.ˈje.] *o* exercise-book.
caissière [ke.si.ˈɛ:rə] *v* cashier.
caisson [ke.ˈsõ] *m* caisson.
cake [ke.k] *m* cake.
calcium [ˈkɑlsi.ŭm] *o* calcium.
caleidoscoop [ka.lɛidəsˈko.p] *m* kaleidoscope.
caleidoscopisch [-ˈko.pi.s] kaleidoscopic.
calico(t) [ˈka.li.ko.] *o* calico.
Californië [kɑli.ˈforni.ə] *o* California.
Californiër [-ni.ər] *m* **Californisch** [-ni.s] *aj* Californian.
calorie [kɑlo.ˈri.] *v* calorie.
calqueerpapier [-pa.pi:r] *o* transfer paper, tracing-paper.
calqueerplaatje [-pla.cə] *o* transfer picture, tracing-picture.
calqueren [kɑlˈke:rə(n)] *vt* trace, calk.
calvinisme [-vi.ˈnɪsmə] *o* Calvinism.
calvinist [-ˈnɪst] *m* Calvinist.
calvinistisch [-ˈnɪsti.s] *aj* (& *ad*) Calvinistic-(ally).
camee [ka.ˈme.] *v* cameo.   [(ally).
camelia [ka.ˈme.li.a.] *v* ✿ camellia.
camera [ˈka.məra.] *v* camera; ~ *obscura* [-əpˈsky:ra.] camera obscura.
camouflage [kɑmu.ˈfla.ʒə] *v* camouflage.
camouflagepak [-ˈfla.ʒəpɑk] *o* ✗ camouflage suit.
camoufleren [-ˈfle:re(n)] *vt* camouflage.
campagne [kɑmˈpɑɲə] *v* ✗ campaign[2]; season [of opera]; working season [of a sugar factory]; *fig* ook: [export] drive.
camping [ˈkɛmpɪŋ] *m* camping site.
Canada [ˈka.na.da.] *o* Canada.
Canadees [ka.na.ˈde.s] *m* & *aj* Canadian.
canaille [ka.ˈno(l)jə] *o* 1 (gespuis) rabble, mob, riff-raff; 2 (man) scamp; (vrouw) vixen.
canapé [kɑna.ˈpe.] *m* sofa.
canard [ka.ˈna:r] *m* canard, newspaper hoax.
Canarische Eilanden [ka.ˈna:ri.sə ˈɛilɑndə(n)] *mv* Canaries.
canasta [kɑˈnɑsta.] *o* canasta.
canneleren [kɑnəˈle:rə(n)] *vt* channel, flute.
canon [ˈka.nòn] *m* canon[2].
canoniek [ka.no.ˈni.k] *aj* (& *ad*) canonical(ly).
canonisatie [-ni.ˈza.(t)si.] *v* canonization.
canoniseren [-ni.ˈze:rə(n)] *vt* canonize.
cantate [kɑn.ta.tə] *v* ♪ cantata.
cantharel [kɑnta.ˈrɛl] *m* ✿ chanterelle.
cantor [ˈkɑntɔr] *m* cantor.
canvas [ˈkɑnvɑs] *o* canvas.
caoutchouc [ka.ˈu.tʃu.k] *o* & *m* caoutchouc, india-rubber.
capabel [ˈka.pa.bəl] able.
capaciteit [ka.pa.si.ˈtɛit] *v* capacity; ability.
cape [ke.p] *v* cape.
capillair [kɑpi.ˈlɛ:r] capillary.
capillariteit [-la.ri.ˈtɛit] *v* capillarity.
capitonneren [kɑpi.tòˈne:rə(n)] *vt* pad.
Capitool [kɑpi.ˈto.l] *o* Capitol.
capitulatie [kɑpi.ty.ˈla.(t)si.] *v* capitulation, surrender (to *voor*).
capituleren [-ˈle:rə(n)] *vt* capitulate, surrender

(to *voor*).

capriool [ka.pri.'o.l] *v* caper; *zijn* (*haar*) *ca-priolen* ook: his (her) antics; *capriolen maken* cut capers.

capsule [kap'sy.lə] *v* capsule.

captie ['kapsi.] *v* in: ~*s maken* 1 raise captious objections; 2 recalcitrate.

capuchon [kapy.'jôn] *m* hood.

carambole [karɑm'bo.l] *m* ⚬⚬ cannon.

caramboleren [-bo.'le:rə(n)] *vi* ⚬⚬ cannon [against, with].

caravan ['kerəvən] *m* caravan.

caravanterrein [-tɛrɛin] *o* caravan site.

carbid [kar'bi.t] *o* carbide.

carbidlamp [-lɑmp] *v* carbide lamp.

carbol [kar'bɔl] *o* & *m* carbolic acid.

carbolzeep [-ze.p] *v* carbolic soap.

carbolzuur [-zy:r] *o* zie *carbol*.

carboniseren, carbonizeren [karbo.ni.'ze:rə(n)] *vt* carbonize.

carbonpapier [kar'bônpa.pi:r] *o* carbon paper.

ⓜ **carborundum** [karbo.'rûndûm] *o* carborundum.

carburateur [karby.ra.'tø:r] *carburator* [kar-by.'ra.tər] *m* carburettor.

cardiograaf [kardi.o.'gra.f] *m* 🩺 cardiograph

cardiogram [-'grɑm] *o* 🩺 cardiogram.

cardiologie [-lo.'gi.] *v* 🩺 cardiology.

cardioloog [-'lo.x] *m* 🩺 cardiologist.

cargadoor [karga.'do:r] *m* ship-broker.

cargalijst ['karga.lɛist] *v* $ manifest.

cargo ['kargo.] *m* $ cargo.

cariës ['ka:ri.ɛs] *v* caries.

carieus [ka.ri.'ø.s] carious.

carillon [kari.l'jôn] *o* & *m* carillon, chimes.

carnaval ['karna.vɑl] *o* carnival.

Carrarisch [kɑ'ra:ri.s] in: ~ *marmer* Carrara marble.

carré [ka're.] *o* & *m* square.

carrière [kari.'ɛ:rə] *v* career; ~ *maken* make a career for oneself.

carrosserie [karəsə'ri.] *v* coach-work, body.

carrousel [kɑru.'sɛl] *m* & *o* merry-go-round.

Carthaags [kar'ta.xs] *aj* Carthager [-'ta.gər] *m* Carthaginian.

Carthago ['ta.go] *o* Carthage.

cartotheek [karto.'te.k] *v* filing cabinet, card-index cabinet, card index.

cascade [kɑs'ka.də] *v* cascade.

casino [ka.'zi.no.] *o* casino.

cassa zie *kassa*.

cassatie [ka'sa.(t)si.] *v* ⚖ cassation, appeal; ~ *aantekenen* give notice of appeal.

casseren [ka'se:rə(n)] *vt* 1 reverse, quash [a judgment in appeal]; 2 ✗ cashier [an officer].

cassette [ka'sɛtə] *v* 1 money-box; 2 casket [for jewels &]; 3 canteen [of cutlery], 4 box [for books]; 5 writing-desk.

castagnetten [kɑsta'nɛtə(n)] *mv* castanets.

Castiliaan *m* **Castiliaans** *aj* [kɑsti.li.'a.n(s)] Castilian.

Castilië [kɑs'ti.li.ə] *o* Castile.

castorolie ['kɑstərə.li] *v* castor oil.

casueel [ka.zy.'e.l] *aj* (& *ad*) casual(ly), accidental(ly).

casu quo [ka.zy.'kvo.] or, as the case may be.

catacombe [kɑtə'kômbə] *v* catacomb.

cataloghiseren, catalogizeren [kɑta.lo.gi.'ze:-rə(n)] *vt* catalogue.

catalogus [ka'ta.logûs] *m* catalogue.

cataract [kɑta.'rɑkt] *v* cataract.

catarre [ka.'tɑr] *v* catarrh.

catastrofaal [kɑtɑstro.'fa.l] *aj* (& *ad*) catastrophic(ally), disastrous(ly).

catastrofe [-'stro.fə] *v* catastrophe, disaster.

catechetisch [kɑtə'ge.ti.s] *aj* (& *ad*) catechetic(ally).

catechisant [-gi.'zɑnt] *m* catechumen.

catechisatie [-'za.(t)si.] *v* confirmation class-

es).

catechiseermeester [-'ze:rmə.stər] *m* catechist.

catechiseren [-'ze:rə(n)] *vt* catechize.

catechismus [kɑtə'gismûs] *m* catechism.

categorie [-go:'ri.] *v* category.

categorisch [-'go:ri.s] *aj* (& *ad*) categorical(ly).

Catharina [kɑta.'ri.na.] *v* Catherine.

catheter [ka.'te.tər] *m* catheter.

causaal [kɔu'za.l] causal.

causaliteit [-za.li.'tɛit] *v* causality.

causatief ['kɔuza.ti.f] causative.

causerie [ko.zə'ri.] *v* causerie, talk; *een* ~ *houden* give a talk.

causeur [ko.'zø:r] *m* conversationalist.

cautie ['kɔutsi.] *v* zie *borgtocht*.

cavalcade [kɑvɑl'ka.də] *v* cavalcade.

cavalerie [kɑvalə'ri.] *v* ✗ cavalry, horse.

cavalerist [-'rist] *m* ✗ cavalryman, trooper.

cavalier [kɑvɑl'je.] *m* cavalier.

cavia ['ka.vi.a.] *v* 🐁 guinea-pig.

ceder ['se.dər] *m* cedar; ~ *van de Libanon* cedar of Lebanon.

cederhout [-hɔut] *o* cedar-wood, cedar.

cederhouten [-hɔutə(n)] *aj* cedar.

cedille [se.'di.jə] *v* cedilla.

ceel [se.l] *v* & *o* 1 list; 2 $ (dock) warrant.

ceintuur [sɛn'ty:r] *v* belt, sash.

cel [sɛl] *v* cell; F zie ook: *celstraf* & *cello*.

celebrant [se.lə'brɑnt] *m* RK celebrant, officiating priest.

celebreren [-'bre:rə(n)] *vt* & *vi* celebrate.

celebriteit [se.le.bri.'tɛit] *v* celebrity.

celibaat [se.li.'ba.t] *o* celibacy.

celibatair [-ba.'tɛ:r] *m* celibate, (old) bachelor.

cellist [sɛ'list] *m* ♪ violoncellist, cellist.

cello ['sɛlo., 'tʃɛlo.] *m* ♪ F 'cello.

ⓜ **cellofaan** [sɛlo.'fa.n] *o* cellophane.

cellulair [sɛly.'le:r] in: ~*e opsluiting* solitary confinement.

ⓜ **celluloid** [-'lɔit] *o* celluloid.

cellulose [-'lo.zə] *v* cellulose.

Celsius ['sɛlsi.ûs] *m* Celsius; *20°* ~ 20 degrees centigrade.

celstraf ['sɛlstrɑf] *v* solitary confinement.

celvormig [-vɔrməx] cellular.

celweefsel [-ve.fsəl] *o* cellular tissue.

cement [sə'mɛnt] *o* & *m* cement.

cementen [sə'mɛntə(n)] *aj* cement.

cementeren [səmɛn'te:rə(n)] *vt* cement.

censor ['sɛnsər] *m* censor, licenser [of plays].

censureren [sɛnzy.'re:rə(n)] *v* censor [letters].

census ['sɛnzûs] *m* census.

censuur [sɛn'zy:r] *v* censorship; *onder* ~ *staan* be censored; *onder* ~ *stellen* censor.

cent [sɛnt] *m* cent (¹/₁₀₀ of a guilder); ~*en* F money; ~*en hebben* F have (the) dibs; *het is geen* ~ *waard* it is not worth a red cent; *het kan me geen* ~ *schelen* I don't care a cent; *tot de laatste* ~ to the last farthing; zie ook *duit*.

centaur [sɛn'tɔur] *m* centaur.

centenaar ['sɛntəna:r] *m* hundredweight; quintal.

centenbak ['sɛntə(n)bɑk] *m* collecting-box.

centerboor ['sɛntərbo:r] *v* centrebit.

centeren ['sɛntərə(n)] *vi* & *vt sp* centre.

centiare [sɛnti.a:rə] *v* centiare, square metre.

centigram [-grɑm] *o* centigramme.

centiliter [-li.tər] *m* centilitre.

centimeter [-me.tər] *m* centimetre.

centraal [sɛn'tra.l] I *aj* central; *met centrale verwarming* centrally heated; II *ad* centrally.

centraalstation [-sta.jôn] *o* central station.

centrale [sɛn'tra.lə] *v* 1 ⚡ generating station, power-station; 2 ☎ exchange; 3 $ bureau, agency.

centralisatie [sɛntra.li.'za.(t)si.] *v* centralization.

centraliseren [-'ze:rə(n)] *vt* centralize.

centrifugaal [sɛntri.fy.'ga.l] centrifugal.
centrifugaalmachine [-ma.ʃi.nə] *v* centrifugal machine.
centrifugaalpomp [-pòmp] *v* centrifugal pump.
centrifuge [sɛntri.'fy.ʒə] *v* I zie *centrifugaal-machine*; 2 (v. w a s a u t o m a a t) spin-drier.
centrifugeren [sɛntri.fy.'ʒe:rə(n)] *vt* (v. d. w a s) spin-dry.
centripetaal [sɛntri.pə'ta.l] centripetal.
centrum ['sɛntrŭm] *o* centre.
ceramiek [se:ra.'mi.k] *v* ceramics.
ceramisch [se:'ra.mi.s] ceramic.
Cerberus ['sɛrbərŭs] *m* Cerberus[2].
cerebraal [se:ra'bra.l] cerebral[2].
ceremonie [se:rəmo.'ni.] *v* ceremony.
ceremonieel [-ni.'e.l] I *aj* ceremonial; II in: *het* ~ the ceremonial.
ceremoniemeester [se:rə'mo.ni.me.stər] *m* Master of (the) Ceremonies.
ceremonieus [se:rəmo.ni.'ø.s] *aj* (& *ad*) ceremonious(ly).
certificaat [sɛrti.fi.'ka.t] *o* certificate; ~ *van aandeel* share certificate; ~ *van oorsprong* certificate of origin.
certificeren [-fi.'se:rə(n)] *vt* certify.
cervelaatworst [sɛrvə'la.tvòrst] *v* saveloy.
cessie ['sɛsi.] *v* cession.   [sign(ee).
cessionaris [sɛsi.o.'na:rəs] *m* cessionary, as-
cesuur [se.'zy:r] *v* caesura.
Ceylon [sɛi'lòn] *o* Ceylon.
chagrijn [ʃa'grɛin] *o* chagrin, vexation.   [ful.
chagrijnig [-'grɛinəx] chagrined, peevish, fret-
chambree [ʃam'bre.] *v v* ✕ barrack-room.
champagne [ʃam'paɲə] *m* champagne, S fizz, bubbly.
champignon [ʃampi.'ɲòn] *m* [edible] mushroom.
chantage [ʃan'ta.ʒə] *v* blackmail; ~ *plegen jegens* levy blackmail on, blackmail.
chaos ['ga.ɔs] *m* chaos; *orde scheppen in de* ~ make order out of chaos, reduce chaos to order.
chaotisch [ga.'o.ti.s] I *aj* chaotic; II *ad* chaotically.
chaperon [ʃapə'rò] *m* **chaperonne** [-'rònə] *v* chaperon.
chaperonneren [-rò'ne:rə(n)] *vt* chaperon.
chapiteau [ʃapi.'to.] *o* S big top [circus tent].
chapiter [ʃa'pi.tər] *o* chapter; *nu wij toch a a n dat* ~ *bezig zijn* as (now) we are upon the subject; *om op ons* ~ *terug te komen* to return to our subject; *iemand v a n zijn* ~ *brengen* head one off; *van* ~ *veranderen* change the subject.
char-à-bancs [ʃara-'bã] *m* char-à-banc.
charge ['ʃarʒə] *v* charge; *getuige à* ~ ⚖ witness for the prosecution.
chargeren [ʃar'ʒe:rə(n)] *vi* I ✕ charge; 2 *fig* exaggerate, overact, overdraw.
charitas ['ga:ri.tas] *v* charity.
charlatan ['ʃarla.tan] *m* charlatan, quack.
Charlotte [ʃar'lòtə] *v* Charlotte.
charmant [ʃar'mant] *aj* (& *ad*) charming(ly).
charme ['ʃarmə] *m* charm.
charmeren [ʃar'me:rə(n)] *vt* charm.
charter ['ʃartər] *o* charter.
charteren [ʃar'tərə(n)] *vt* charter.
chartervlucht [-vlŭxt] *v* ✈ charter flight.
chasseur [ʃa'sø:r] *m* page(-boy), buttons.
chassis [ʃa'si.] *o* I chassis [of a motor-car &]; 2 plate-holder [for a camera]; 3 frame [of a hotbed].
chaufferen [ʃo.'fe:rə(n)] *vi* drive [a car].
chauffeur [-'fø:r] *m* (in d i e n s t bij i e m a n d) chauffeur; (b e s t u u r d e r) driver; zie ook: *autoverhuur*.
chauvinisme [ʃo.vi.'nɪsmə] *o* chauvinism.
chauvinist [-'nɪst] *m* chauvinist.
chauvinistisch [-'nɪsti.s] *aj* (& *ad*) chauvinistic-

(ally).
chef [ʃɛf] *m* chief, head, F boss; ~ *de bureau* head-clerk; ~ *de cuisine*, ~-*kok* chef; ~ *van exploitatie* traffic manager; ~ *van de geneeskundige dienst* principal medical officer; ~ *van het protocol* head of protocol; ~-*staf* ✕ Chief of Staff.
chemicaliën [ge.mi.'ka.li.ə(n)] *mv* chemicals.
chemicus ['ge.mi.kŭs] *m* I chemist; 2 analytical chemist.
chemie [ge.'mi.] *v* chemistry.
chemisch ['ge.mi.s] *aj* (& *ad*) chemical(ly); ~ *reinigen* dry-clean; '*t* ~ *reinigen* dry-cleaning; ~*e wasserij* dry-cleaning works.
chemotherapie [ge.mo.te.ra.'pi.] *v* chemotherapy.
cheque [ʃɛk] *m* cheque.
chequeboek ['ʃɛkbu.k] *o* cheque-book.
chertepartij ['ʃɛrtəpartɛi] *v* S charter-party.
cherub ['ge:rŭp] **cherubijn** [ge:ry.'bɛin] *m* cherub.
chevron [ʃə'vròn] *m* ✕ chevron, stripe.
chic [ʃi.k] I *aj* smart, stylish, fashionable [hotel]; II *ad* smartly &; III *m* smartness &; *de* ~ the smart set.
chicane [ʃi.'ka.nə] *v* chicane(ry).
chicaneren [ʃi.ka.'ne:rə(n)] *vi* chicane, quibble.
chicaneur [-'nø:r] *m* quibbler.
chicaneus [-'nø.s] captious.
chijl [gɛil] *v* chyle.
Chileen(s) [ʃi.'le.n(s)] Chilean.
Chili [ʃi.li.] *o* Chile.
chilisalpeter ['ʃi.li.salpe.tər] *m* & *o* Chile saltpetre.
chimpansee [ʃimpanse.] *m* ♌ chimpanzee.
China ['ʃi.na.] *o* China.
Chinees [ʃi.'ne.s] I *aj* Chinese, China; II *o het* ~ Chinese; III *m* Chinese; *de Chinezen* the Chinese; zie ook: *raar*.
chirurg [ʃi.'rŭrx] *m* surgeon.
chirurgie [ʃi.rŭr'ʒi.] *v* surgery.
chirurgisch [ʃi'rŭrgi.s] *aj* (& *ad*) surgical(ly).
chloor [glo:r] *m* & *o* chlorine.
chloraal [glo:'ra.l] *o* chloral.
chloroform [glo:ro.'fòrm] *m* chloroform.
chloroformeren [-fər'me:rə(n)] *vt* (put under) chloroform.
chlorofyl [-'fi.l] *o* chlorophyll.
chocola(-) [ʃo.ko.'la.] — *chocolade*(-).
chocolaatje [ʃo.ko.'la.cə] *o* chocolate, F choc.
chocolade [-'la.də] *m* chocolate.
chocoladebonbon [-bòbò] *m* chocolate cream.
chocoladekan [-kan] *v* ~*ketel* [-ke.təl] *m* chocolate-pot.
cholera [go.ləra.] *v* (malignant) cholera.
cholera-epidemie [-e.pi.dəmi.] *v* cholera epidemic.
choleralijder [-lɛidər] *m* cholera patient.
cholerisch [go.'le:ri.s] choleric.
cholesterol [go.lestə'ròl] *m* cholesterol.
choquant [ʃo'kant] shocking.
choqueren [-'ke:rə(n)] *vt* shock.
choreograaf [go.re.o.'gra.f] *m* choreographer.
choreografie [-gra.'fi.] *v* choreography.
choreografisch [-'gra.fi.s] choreographic.
chrisma ['grɪsma., 'krɪsma.] *o* RK chrism.
christelijk ['krɪstələk] *aj* (& *ad*) Christian(ly).
christelijkheid [-heit] *v* Christianity.
christen ['krɪstə(n)] *m* Christian.
christendom [-dòm] *o* Christianity.
christenheid [-heit] *v* Christendom.
Christiaan ['krɪsti.a.n] *m* Christian.
christin [krɪs'tɪn] *v* Christian, Christian lady (woman).
Christina [-'ti.na.] *v* Christina.
Christoffel [-'tòfəl] *m* Christopher.
Christus ['krɪstŭs] *m* Christ; *in 200 na* ~ *in 200 A.D.*; *in 200 voor* ~ *in 200 B.C.*
Christusbeeld [-be.lt] *o* image of Christ.

Christuskop [-kɔp] *m* Christ's head.
chromatisch [gro.'ma.ti.s] chromatic.
chromo ['gro.mo.] *m* chromolithograph, F chromo.
chromosoom [gro.mo.'zo.m] *o* chromosome.
chronisch ['gro.ni.s] I *aj* chronic; II *ad* chronically.
chronologie [gro.no.lo.'gi.] *v* chronology.
chronologisch [-'lo.gi.s] *aj* (& *ad*) chronological(ly).
chronometer [-'me.tər] *m* chronometer.
chroom [gro.m] *o* chromium.
chroomgeel ['gro.m'ge.l] *o* chrome yellow.
chroomle(d)er [-le:r, -le.dər] *o* chrome leather.
chroomstaal [-sta.l] *o* chrome steel.
chrysant [gri.'zɑnt] *v* ✿ chrysanthemum.
chrysanthemum [gri.'zɑnte.mûm] *v* ✿ chrysanthemum.
c.i. = *civiel-ingenieur*.
ciborie [si.'bo:ri.] *v* RK ciborium.
cicade [si.'ka.də] *v* ✿ cicada.
cichorei [si.go.'rei] *m* & *v* chicory.
cider ['si.dər] *m* cider.
cie. = *compagnie*.
cijfer ['seifər] *o* 1 figure; 2 cipher [in cryptography]; 3 ⇨ mark; *Arabische (Romeinse)* ~s Arabic (Roman) numerals.
cijferen ['seifərə(n)] *v* cipher.
cijferkunst ['seifərkûnst] *v* arithmetic.
cijferlijst [-leist] *v* ⇦ marks list.
cijferschrift [-s(x)rift] *o* 1 numerical notation; 2 cipher, code; *in* ~ in cipher.
cijfertelegram [-te.ləgrɑm] *o* code message.
cijns [seins] *m* tribute, tribute-money.
cijnsbaar ['seinsba:r] cijnsplichtig [seins'plixtəx] tributary.
cikorei [si.ko.'rei] = *cichorei*.
cilinder [si.'lindər] *m* cylinder.
cilindrisch [si.'lindri.s] *aj* (& *ad*) cylindrical(ly).
cimbaal [sim'ba.l] *v* ♪ cymbal.
cimbalist [simba.'list] *m* ♪ cymbalist.
cineac [si.ne.'ɑk] *m* newsreel theatre.
cineast [-'ɑst] *m* film maker.
cinema [si.nəma.] *m* picture-theatre, cinema.
cinematograaf [si.nəma.to.'gra.f] *m* cinematograph.
cipier [si.'pi:r] *m* warder, jailer, gaoler, turn-key.
cipres [si.'prɛs] *m* ✿ cypress.
circa ['sirka.] about, some [5 millions], circa.
circulaire [sirky.'lɛ:rə] *v* circular letter, circular.
circulatie [-'la.(t)si.] *v* circulation; *in* ~ *brengen* put into circulation.
circulatiebank [-'la.(t)si.bɑnk] *v* bank of issue.
circuleren [-'le:rə(n)] *vi* circulate; *laten* ~ circulate, send round [lists &].
circus ['sirkûs] *o* & *m* circus.
circusartiest [-ɑrti.st] *m* circus performer.
circusdirecteur, -direkteur [-di.rɛktø:r] *m* circus master.
circustent [-tɛnt] *v* circus tent.
cirkel ['sirkəl] *m* circle.
cirkelboog [-bo.x] *m* arc of a circle.
cirkelen ['sirkələ(n)] *vi* circle; ~ *om de aarde* circle the earth.
cirkelvormig ['sirkəl'vɔrməx] circular.
cirkelzaag ['sirkəlza.x] *v* ⚒ circular saw.
cis [si.s] *v* ♪ C sharp.
ciseleren [si.zə'le:rə(n)] *vt* chase.
citaat [si.'ta.t] *o* quotation.
citadel [si.ta.'dɛl] *v* ⚔ citadel.
citer ['si.tər] *v* ♪ zither, cither.
citeren [si.'te:rə(n)] *vt* quote [a saying]; cite [book, author]; ⚖ cite, summon.
citroen [si.'tru.n] *m* & *v* lemon.
citroenboom [-bo.m] *m* lemon tree.
citroengeel [-ge.l] *aj* lemon-coloured.
citroenkleur [-klø:r] *v* lemon colour.

citroenkruid [-krœyt] *o* ✿ southernwood.
citroenlimonade [-li.mo.na.də] *v* lemonade.
citroenolie [-o.li.] *v* lemon oil.
citroenpers [-pɛrs] *v* lemon-squeezer.
citroensap [-sɑp] *o* lemon juice.
citrusvrucht [-frûxt] *v* ✿ citrus fruit.
citybag ['sitti.bɛk] *m* handbag.
civet [si.'vɛt] *o* civet.
civetkat [-kɑt] *v* ⚘ civet(-cat).
civiel [si.'vi.l] 1 (burgerlijk) civil; 2 (billijk) moderate, reasonable [prices].
civiel-ingenieur [-Inge.-, -Inʒəni.'ø:r] *m* civil engineer.
civiliseren, civilizeren [si.vi.li.'ze:rə(n)] *vt* civilize.
clandestien [klɑndɛs'ti.n] *aj* (& *ad*) clandestine(ly), secret(ly), illegal(ly); *een* ~*e zender* ✵ ✝ a pirate transmitter.
Clara ['kla:ra.] *v* Clara, Clare.
classicus ['klɑsi.kûs] *m* classicist.
classificatie [klɑsi.fi.'ka.(t)si.] *v* classification.
classificeren [-'se:rə(n)] *vt* classify, class.
clausule [klɑu'zy.lə] *v* clause, proviso.
ⓜclaxon ['klɑksòn] *m* klaxon.
claxonneren [klɑksò'ne:rə(n)] *vi* sound the (one's) horn, hoot.
clearinginstituut ['kli:rɪŋinsti.ty.t] *o* clearing institute.
clematis [kle.'ma.tis] *v* ✿ clematis.
Clemens ['kle.mɛns] *m* Clement.
clementie [kle.'mɛn(t)si.] *v* clemency, leniency.
clerus ['kle:rûs] *m* clergy.
cliché [kli.'ʃe.] *o* 1 plate [of type], block [of illustration]; 2 [photo] negative; 3 *fig* cliché, stereotyped phrase &.
cliënt [kli.'ɛnt] *m* 1 client [Ⓦ of a patrician &, ♟ of a lawyer]; 2 ⑂ customer [of a shop].
cliënteel [-ɛn'te.l] = *clientèle*.
clientèle [-ã'tɛ:lə] *v* clientele, customers, clients.
climax ['kli.mɑks] *m* climax.
closet [klo.'zɛt] *o* water-closet.
closetpapier [-pa.pi:r] *o* toilet-paper.
closetpot [-pɔt] *m* lavatory bowl.
close-up [klo.'zûp] *m* close-up.
clou [klu.] *m* feature, chief attraction.
clown [klaun] *m* clown, funny-man.
clownachtig ['klaunɑxtəx] clownesk [klau'nɛsk] *aj* (& *ad*) clownish(ly).
club [klûp] *v* club.
clubfauteuil ['klûpfo.tœyj] *m* club (arm-)chair.
coadjutor [ko.ɑt'jy.tɔr] *m* RK coadjutor.
coalitie [ko.a.'li.(t)si.] *v* coalition.
cobra ['ko.bra.] *v* ⚘ cobra.
cocaïne [ko.ka.'i.nə] *v* cocaine.
cockpit ['kɔkpit] *m* ✈ cockpit.
cocktail ['kɔkte.l] *m* cocktail.
cocon [ko.'kòn] *m* cocoon.
code ['ko.də] *m* code.
coderen [ko.'de:rə(n)] *vt* code.
codetelegram [-te.ləgrɑm] *o* code message.
codewoord [- vo:rt] *o* code word.
codex ['ko.dɛks] *m* codex [*mv* codices].
codicil [ko.di.'sil] *o* codicil.
codificatie [ko.di.fi.'ka.(t)si.] *v* codification.
codificeren [-'se:rə(n)] *vt* codify.
coëducatie [ko.e.dy.'ka.(t)si.] *v* coeducation.
coëxistentie [ko.ɛksi.s'tɛn(t)si.] *v* coexistence.
cognac [kò'ɲɑk] *m* cognac, brandy.
cognossement [kònəsə'mɛnt] = *connossement*.
cohesie [ko.'he.zi.] *v* cohesion.
cokes [ko.ks] *v* coke.
cokesfabriek ['ko.ksfa.bri.k] *v* cokery.
cokeskolen [-ko.lə(n)] *mv* coking coal.
cokesoven [-o.və(n)] *m* coke-oven.
colbert [kɔl'bɛ:r] *o* & *m* 1 (jasje) jacket; 2 (kostuum) lounge-suit.
colbertkostuum [-kosty.m] *o* lounge-suit.
coliseum [ko.li'se.ûm] *o* coliseum, colosseum.
collaborateur [kəla.bo:ra.'tø:r] *m* collaborator.

collaboratie [-'ra.(t)si.] *v* collaboration.
collaboreren [-'re:rə(n)] *vi* collaborate.
collateraal [kola.tə'ra.l] *aj* (& *ad*) collateral-
(ly).
collatie [kə'la.(t)si.] *v* collation.
collationeren [kola.(t)si.o.'ne:rə(n)] *vt* collate,
check.
collectant [kɔlɛk'tɑnt] *m* collector.
collecte [kə'lɛktə] *v* collection; *een* ~ *houden*
make a collection.
collectebus [-bûs] *v* collecting-box.
collecteren [kolɛk'te:rə(n)] I *vt* collect; II *va*
make a collection.
collecteschaal [kə'lɛktəsxa.l] *v* collection-plate.
collectie [kə'lɛksi.] *v* collection.
collectief [kolɛk'ti.f] *aj* (& *ad*) collective(ly).
collega [kə'le.ga.] *m* colleague.
college [kə'le.ʒə] *o* 1 college [of cardinals &];
board [of guardians]; 2 ⇒ lecture; ~ *geven*
⇒ give a course of lectures, lecture (on *over*);
~ *lopen* ⇒ attend the lectures.
collegegelden [-gɛldə(n)] *mv* ⇒ lecture fees.
collegezaal [-za.l] *v* lecture-room, lecture-hall.
collegiaal [kole.gi.'a.l] *aj* (& *ad*) (in a) brotherly (spirit).
colli ['koli.] *o* package, bale, bag, barrel &.
collier [kɔl'je.] *m* necklace.
collo ['kolo.] *o* = *colli*.
collodion [kə'lo.di.ɔ̀n] **collodium** [kə'lo.di.ûm]
o collodion.
colonnade [ko.lə'na.də] *v* colonnade, portico.
colonne [ko.'lɔnə] *v* column; *vijfde* ~ fifth
column; *lid van de vijfde* ~ fifth columnist.
coloradokever [ko.lo.'ra.do.ke.vər] *m* Colora-
do beetle.
colportage [kɔlpɔr'ta.ʒə] *v* colportage.
colporteren [-'te:rə(n)] *vt* hawk, peddle [wares];
fig retail, spread [a report].
colporteur [-'tø:r] *m* 1 $ canvasser; 2 hawker
[of religious books &].
columbarium [ko.lûm'ba:ri.ûm] *o* columbarium.
combattant [kɔmbə'tɑnt] *m* combatant.
combinatie [kɔmbi.'na.(t)si.] *v* combination; $
combine.
combinatievermogen [-vərmo.gə(n)] *o* power of
combining.
combine [kɔm'bi.nə, -'bain] *v* combine.
combineren [kɔmbi.'ne:rə(n)] *vt* combine.
comestibles [ko.mɛs'ti.bləs] *mv* comestibles,
provisions; table delicacies.
comfort [kɔ̃'fo:r, kɔm'fo:r] *o* (conveniences
conducive to) personal comfort.
comfortabel [kɔmfər'ta.bəl] I *aj* (van huizen)
commodious, supplied with all conveniences,
with every comfort, comfortable; II *ad* conveniently, comfortably.
comité [kɔmi.'te.] *o* committee.
commandant [kɔmɑn'dɑnt] *m* ⚔ commandant,
commander, officer in command; ⚓ captain.
commanderen [-'de:rə(n)] I *vt* order, command,
be in command of; *hij commandeert iedereen
maar* he orders people about; *zij laten zich
niet* ~ they will not be ordered about; II *vi*
& *va* 1 command; be in command; 2 order
people about.
commandeur [-'dø:r] *m* commander [of an order of knighthood].
commando [kɔ'mɑndo.] 1 *o* (word of) command; 2 *m* (speciale militaire groep)
commando, 3 *m* (lid daarvan) commando:
zie verder: bevel.
commandobrug [-'brûk] *v* ⚓ (navigating) bridge.
commandostaf [-stɑf] *m* ⚔ baton, truncheon.
commandotoren [-to:rə(n)] *m* ⚓ conning-tower.
comme il faut [kɔmi.l'fo.] correct, good form.
commensaal [kɔmən'sa.l] *m* boarder.
commentaar [kɔmən'ta:r] *m* & *o* commentary;
comment; ~ *overbodig* comment is needless;

~ *leveren op* make comment on, comment
(up)on.
commentariëren [-ta:ri.'e:rə(n)] *vt* comment
upon.
commentator [-'ta.tər] *m* commentator.
commenteren [-'te:rə(n)] *vt* comment upon.
commercieel [kɔmɛrsi.'e.l] *aj* (& *ad*) commercial ′ly).
commies [kò'mi.s] *m* 1 (departmental) clerk;
2 (v. douane) custom-house officer.
commiesbrood [-bro.t] *o* ⚔ ammunition bread.
commissariaat [kɔmɪsa.ri.'a.t] *o* 1 commis-
sionership; 2 police-station.
commissaris [-'sa:rəs] *m* 1 commissioner; 2 (v.
maatschappij) director; 3 (v. orde)
steward; 4 (v. politie) superintendent of
police, chief constable; *gedelegeerd* ~ $
managing director; *Hoge C~* High Commissioner; ~ *der Koningin* provincial governor.
commissie [kɔ'mɪsi.] *v* 1 committee, board; 2 $
commission; ~ *van toezicht* board of visitors
[of a school], visiting committee; *in* ~ $ [sell]
on commission; [send] on consignment.
commissiehandel [-hɑndəl] *m* $ commission
business.
commissieloon [-lo.n] *o* $ commission.
commissionair [kɔmɪsi.o.'nɛ:r] *m* 1 $ commis-
sion-agent; 2 commissionaire, porter; ~ *in
effecten* $ stockbroker.
commode [kɔ'mo.də] *v* chest of drawers.
communicatie [-'ka.(t)si.] *v* communication.
communiceren [-'se:rə(n)] *vi* 1 communicate; 2
RK zie te communie gaan.
communie [kò'my.ni.] *v* communion; *zijn* ~
doen RK receive Holy Communion for the
first time; *te* ~ *gaan RK* go to Communion.
communiebank [-bɑŋk] *v* communion rail(s).
communiqué [kòmy.ni.'ke.] *o* communiqué.
communisme [kòmy.'nismə] *o* communism.
communist [-'nɪst] *m* communist.
communistisch [-'nɪsti.s] communist [party,
Manifesto], communistic [system].
compact [kòm'pɑkt] compact.
compagnie [kòmpə'ɲi.] *v* ⚔ & $ company.
compagnieschap [-sxɑp] *v* $ partnership.
compagnon [kòmpə'ɲòn] *m* $ partner.
comparant [kòmpa.'rɑnt] *m* ⚖ appearer, party
(to a suit).
compareren [-'re:rə(n)] *vi* appear (in court).
comparitie [-'ri.(t)si.] *v* appearance.
compensatie [-pɛn'za.(t)si.] *v* compensation.
compensatieslinger [-slɪŋər] *m* compensation-
pendulum.
compenseren [kòmpɛn'ze:rə(n)] *vt* compensate,
counterbalance, make up for.
competent [kòmpə'tɛnt] competent.
competentie [-'tɛn(t)si.] *v* competence; *het behoort niet tot mijn* ~ it is out of my domain.
competitie [-'ti.(t)si.] *v sp* league.
compilatie [kòmpi.'la.(t)si.] *v* compilation.
compilator [-'la.tər] *m* compiler.
compileren [-'le:rə(n)] *vt* & *vi* compile.
compleet [kòm'ple.t] I *aj* complete; II *ad* completely.
complement [kòmplə'mɛnt] *o* complement.
complementair [-mɛn'tɛ:r] complementary.
complet [kɔm'plɛ] *m* & *o* ensemble.
completen [kòm'ple.tə(n)] *mv RK* complin(e)s.
completeren [kòmplə.'te:rə(n)] *vt* complete.
complex [kòm'plɛks] *aj* & *o* complex.
complexie [-'plɛksi.] *v* constitution, nature.
complicatie [kòmpli.'ka.(t)si.] *v* complication.
compliceren [-'se:rə(n)] *vt* complicate.
compliment [kòmpli.'mɛnt] *o* compliment; *de*
~*en aan allemaal* best remembrances (love)
to all; *de* ~*en aan Mevrouw* kind regards to
Mrs...; ~ *van mij, de* ~*en van mij en zeg dat...*
give him (them) my compliments and say

that...; *zonder* ~ without (standing upon) ceremony; *zonder veel (verdere)* ~*en* [dismiss him] without more ado, off-hand; *zijn* ~ *afsteken (bij de dames)* pay one's respects to the ladies; *geen* ~*en afwachten van iemand* stand on no nonsense from one; *de* ~*en doen (maken)* give (make, pay, send) one's compliments; *veel* ~*en hebben* be very exacting; put on airs; *iemand een (zijn)* ~ *maken over iets* compliment one (up)on something; *hij houdt van* ~*en maken* he is given to paying compliments.

complimenteren [-mɛn'te:rə(n)] *vt* in: *iemand* ~ compliment one [on, upon something].

complimenteus [-mɛn'tø.s] complimentary.

complimentje [-'mɛncə] *o* compliment; ~*s* compliments; ~*s maken* turn compliments.

component [kɔmpo.'nɛnt] *m* component.

componeren [-'ne:rə(n)] *vt* & *vi* compose.

componist [-'nɪst] *m* composer.

compositie [-'zi.(t)si.] *v* composition°.

compromis [kɔmpro.'mɪs, -'mi.] *o* compromise; *een* ~ *sluiten* compromise; *een* ~*voorstel* a compromise proposal.

compromitteren [kɔmpro.mi.'te:rə(n)] I *vt* compromise; II *vr zich* ~ compromise oneself, commit oneself.

comptabiliteit [kɔmpta.bi.li.'tɛit] *v* I accountability; 2 accountancy; audit-office.

computer [kɔm'py.tər] *m* computer.

concaaf [kɔn'ka.f] concave.

concentratie [kɔnsɛn'tra.(t)si.] *v* concentration.

concentratiekamp [-kɑmp] *o* concentration camp.

concentratievermogen [-vərmo.gə(n)] *o* power (s) of concentration.

concentreren [kɔnsɛn'tre:rə(n)] I *vt* concentrate [troops, power, attention &, in chemistry], focus [one's attention &]; II *vr zich* ~ concentrate.

concentrisch [kɔn'sɛntri.s] *aj* (& *ad*) concentric(ally).

concept [kɔn'sɛpt] *o* (rough) draft.

concept-reglement [-re.glə'mɛnt] *o* draft regulations.

concern [kɔn'sɛrn] *o* concern.

concert [kɔn'sɛrt] *o* ♪ I concert; 2 recital [by one man]; 3 concerto [for solo instrument].

concerteren [kɔnsɛr'te:rə(n)] *vi* ♪ give a concert.

concertmeester [kɔn'sɛrtme.stər] *m* ♪ leader.

concertstuk [-stʉk] *o* ♪ concert piece.

concertvleugel [-flø.gəl] *m* ♪ concert grand.

concertzaal [-sa.l] *v* ♪ concert hall.

concertzanger [-saŋər] *m* ~**es** [-saŋərɛs] *v* ♪ concert singer.

concessie [kɔn'sɛsi.] *v* concession; ~ *aanvragen* apply for a concession; ~*s doen* make concessions; ~ *verlenen* grant a concession.

concessieaanvraag, -aanvrage [-a.nvra.x, -vra.gə] *v* application for a concession.

concessiehouder [-houdər] concessionaris [kɔnsɛsi.o.'na:rəs] *m* concessionaire.

conciërge [kɔnsi.'ɛrʒə] *m* door-keeper, hallporter, care-taker [of flats &].

concilie [kɔn'si.li.] *o* council [of prelates].

concilievader [-va.dər] *m RK* council father.

conclaaf [kɔn'kla.f] conclave [kɔn'kla.və] *o* conclave.

concluderen [-kly.'de:rə(n)] *vt* conclude (from *uit*).

conclusie [-'kly.zi.] *v* conclusion.

concordaat [-kɔr'da.t] *o* concordat.

concordantie [-kɔr'dɑn(t)si.] *v* (Bible) concordance.

concours [-'ku:rs] *o* & *m* match, competition; ~ *hippique* [-ku:ri.'pi.k] horse show.

concreet [-'kre.t] *aj* (& *ad*) concrete(ly).

concretiseren, concretizeren [-kre.ti.'ze:rə(n)] I

vt shape [one's attitude, a plan]; II *vr zich* ~ take shape.

concubinaat [-ky.bi.'na.t] *o* concubinage.

concurrent [-ky.'rɛnt] I *aj* ordinary [creditor]; II *m* competitor, rival.

concurrentie [-'rɛn(t)si.] *v* competition, rivalry.

concurreren [kɔŋky.'re:rə(n)] *vi* compete [with...].

concurrerend [-'re:rənt] competitive [price]; rival [firms].

condensatie [kɔndɛn'sa.(t)si.] *v* condensation.

condensator [-'sa.tər] *m* condenser.

condenseren [-'se:rə(n)] *vi* & *vt* condense.

condensstreep [kɔn'dɛnstre.p] ✈ vapour trail.

conditie [kɔn'di.(t)si.] *v* (voorwaarde) condition; *onze* ~*s zijn...* our terms are...; *in goede* ~ [kept] in good repair [of a house &]; in good condition [of a horse &].

conditioneren [-di.(t)si.o.'ne:rə(n)] *vt* condition, stipulate.

condoléance [-do.le.'ãsə] *v* condolence, sympathy.

condoleantie [kɔndo.le.'ɑn(t)si.] *v* condolence, sympathy.

condoleren [-do.'le:rə(n)] *vt* condole, express one's sympathy; *iemand* ~ condole with a person [on a loss], sympathize with a person [in his loss].

condor ['kɔndər] *m* 🐦 condor.

conducteur [kɔndʉk'tø:r] *m* I (v. trein) guard; 2 (v. tram, bus) conductor.

confectie [kɔn'fɛksi.] *v* ready-made clothing, ready-made clothes.

confectiemagazijn [-ma.ga.zɛin] *o* ready-made shop.

confectiepakje [-pakjə] *o* ready-made suit.

confederatie [kɔnfe.də'ra.(t)si.] *v* confederation, confederacy.

conferencier [kɔnfe.rãsi.'e.] *m* I (spreker) lecturer; 2 (v. cabaret) compère.

conferentie [kɔnfə'rɛn(t)si.] *v* conference, > palaver.

conferentietafel [-ta.fəl]*v* conference table.

conferentiezaal [-za.l] *v* conference room.

confereren [kɔnfə're:rə(n)] *vi* confer (consult) together, hold a conference; ~ *over* confer upon.

confessie [-'fɛsi.] *v* confession.

confessioneel [-fɛsi.o.'ne.l] denominational [teaching &].

confetti [-'feti.] *m* confetti.

confidentie [-fi.'dɛn(t)si.] *v* confidence.

confidentieel [-fi.dɛn(t)si.'e.l] confidential.

confiscatie [-fɪs'ka.(t)si.] *v* confiscation, seizure.

confiserie [-fi.zə'ri.] *v* confectioner's shop.

confiseur [-fi.'zø:r] *m* confectioner.

confisqueren [-fɪs'ke:rə(n)] *vt* confiscate, seize.

confituren [-fi.'ty:rə(n)] *mv* preserves, jam.

conflict [-'flɪkt] *o* conflict; *in* ~ *komen met...* come into conflict with, conflict (clash) with.

conform [-'fɔrm] in conformity with.

confrontatie [-frɔn'ta.(t)si.] *v* confrontation.

confronteren [-'te:rə(n)] *vt* confront [with...]; *geconfronteerd met de werkelijkheid van een oorlog* faced with the reality of a war.

confuus [kɔn'fy.s] confused, abashed, ashamed.

congé [kõ'ʒe.] *o* & *m* dismissal; *iemand zijn* ~ *geven* F give one the sack, dismiss him; *hij kreeg zijn* ~ F he got the sack, he was dismissed.

congregatie [kɔngre.'ga.(t)si.] *v* congregation; *RK ook:* sodality [for the laity].

congres [-'grɛs] *o* congress.

congreslid [-lɪt] *o* member of a (the) congress; (v. h. Am. Congres) Member of Congress, Congressman.

congruent [kɔngry.'ɛnt] congruent.

congruentie [-gry.'ɛn(t)si.] *v* congruence.

conjunctief ['kɔnjʉŋkti.f] *m gram* subjunctive.

conjunctuur [kònjûnk'ty:r] *v* conjuncture; $ economic (trade, business) conditions; state of the market, state of trade (and industry); (p e r i o d e) trade cycle, business cycle.

connectie [kɔ'nɛksi.] *v* connection; ~s hebben have influence [with the minister].

connossement [kɔnɔsə'mɛnt] *o* $ bill of lading, B/L.

conrector [kònrɛktər] *m* ⌖ second master, vice-principal.

consacreren [kònsa.'kre:rə(n)] *vt* RK consecrate.

consciëntieus [i-ʃɛnsi.'ø.s] *aj* (& *ad*) conscientious(ly).

conscriptie [-'skrìpsi.] *v* conscription.

consequent [-sə'kvɛnt] I *aj* (logically) consistent; II *ad* [act] consistently.

consequentie [-sə'kvɛn(t)si.] *v* I (logical) consistency; 2 (g e v o l g) consequence.

conservatief [-sɛrva.'ti.f] I *aj* conservative; II *m* conservative; III *ad* conservatively.

conservatisme [-'tɪsmə] *o* conservatism.

conservator [kònsɛr'va.tər] *m* custodian [of a museum].

conservatorium [-va.'to:riûm] *o* conservatoire, conservatory.

conserven [kòn'sɛrvə(n)] *mv* preserves.

conservenfabriek ꞈ-fa.bri.k] *v* preserving factory, canning factory, cannery.

conservenindustrie [-ındûstri.] *v* preserving industry, canning industry.

conserveren [kònsɛr've:rə(n)] *vt* preserve, keep.

consideratie [kònsi.də'ra.(t)si.] *v* consideration.

consignatie [-si.ɲa.(t)si.] *v* consignment; in ~ zenden $ send on consignment, consign.

consigne [-'si.ɲə] *o* I orders, instructions; 2 password.

consigneren [-si.ɲe:rə(n)] *vt* I $ consign [goods]; 2 ⚔ confine [troops] to barracks.

consistorie [-sɪs'to:ri.] *o* I RK consistory; 2 Prot consistory, vestry.

consistoriekamer [-ka.mər] *v* vestry.

console [kòn'so:lə] *v* I △ console; 2 console table.

consolidatie [-so.li.'da.(t)si.] *v* consolidation.

consolideren [-'de:rə(n)] *vt* consolidate.

consonant [kònso.nant] *v* consonant.

consorten [kòn'sɔrtə(n)] *mv* associates; X en ~ X and his associates, X and company.

consortium [-'sɔrtsi.ûm] *o* $ combine, syndicate, ring.

constant [-'stant] I *aj* constant; II *ad* constantly.

constateren [kònsta.'te:rə(n)] *vt* state; ascertain, establish [a fact]; ꝑ diagnose; er werd geconstateerd dat... ook: it was found that...

consternatie [-stər'na.(t)si.] *v* consternation, dismay.

constitueren [-sti.ty.'e:rə(n)] I *vt* constitute; II *vr zich ...* ~ constitute themselves into...

constitutie [-'ty.(t)si.] *v* constitution.

constitutioneel [-ty.(t)si.o.'ne.l] *aj* (& *ad*) constitutional(ly).

constructeur [kònstrûk'tø:r] *m* designer.

constructie [-'strûksi.] *v* construction.

construeren [-stry.'e:rə(n)] *vt* construct.

consul [kònzûl] *m* consul.

consulaat [kònzy.'la.t] *o* consulate.

consulair [kònzy.'lɛ:r] consular.

consulent [-'lɛnt] *m* I adviser; 2 advisory expert.

consul-generaal [kònzûlge.nə'ra.l] *m* consul general.

consult [kòn'zûlt] *o* consultation; ~ houden sit for consultation.

consultatie [kònzûl'ta.(t)si.] *v* consultation.

consultatiebureau [-by.ro.] *o* health centre, (infant) welfare centre.

consulteren [kònzûl'te:rə(n)] *vt* consult [a doctor]; ~d geneesheer consulting physician.

consument [kònzy.'mɛnt] *m* consumer.

consumentenbond [-'mɛntə(n)bònt] *m* consumers' association, consumer's union.

consumeren [-'me:rə(n)] *vt* consume.

consumptie [kòn'zûmsi.] *v* I consumption; 2 food and drinks; de ~ is er uitmuntend the catering is excellent there.

consumptiegoederen [-gu.dərə(n)] *mv* consumer goods.

contact [-'takt] *o* contact, touch; ~ hebben met be in contact with, be in touch with; ~ maken (nemen, opnemen) met make contact with, contact [a person]; ~ en leggen make contacts.

contactdraad [-dra.t] *m* contact wire.

contactlens [-lɛns] *v* contact lens.

contactsleuteltje [-slø.təlcə] *o* ignition key.

container [kòn'te.nər] *m* (freight) container.

contant [-'tant] I *aj* cash; à ~ for cash; ~e betaling cash payment; II *ad* in: ~ betalen pay cash; III *mv* ~en ready money, (hard) cash.

continent [-ti.'nɛnt] *o* continent. [cash.

continentaal [-ti.nɛn'ta.l] continental.

contingent [-tɪŋ'gɛnt] *o* ⚔ contingent[2]; $ quota[2].

contingenteren [-tɪŋgɛn'te:rə(n)] *vt* establish quotas for [imports], quota, limit by quotas.

contingentering [-'te:rɪŋ] *v* quota system, quota restriction, quota.

continubedrijf [kònti.'ny.bədrɛif] *o* continuous industry.

continueren [-ny.'e:rə(n)] *vt* & *vi* continue.

continuïteit [-ny.i.'tɛit] *v* continuity.

contra ['kòntra.] contra, versus, against.

contrabande [-bandə] *v* contraband (goods).

contrabas [-bɑs] *v* ♪ double-bass.

contrabezoek [-bazu.k] *o* zie tegenbezoek.

contract [kòn'trakt] *o* contract.

contractant [-trak'tant] *m* contracting party.

contractbreuk [-'traktbrø.k] *v* breach of contract.

contracteren [-trak'te:rə(n)] *vi* & *vt* contract (for).

contractpolis [-'traktpo.ləs] *v* floating policy.

contractueel [-trakty.'e.l] I *aj* contractual; II *ad* by contract.

contradictie [-tra.'dìksi.] *v* contradiction.

contramerk [-'kòntra.mɛrk] *o* I pass-out check (ticket); 2 countermark.

contramine [-mi.nə] *v* in: in de ~ zijn $ speculate for a fall; hij is altijd in de ~ he is always in the humour of opposition.

contrapunt [-pûnt] *o* ♪ counterpoint.

contrarevolutie [-re.vo.ly.(t)si.] *v* counter-revolution.

contrariëren [kòntra.ri.'e:rə(n)] *vt* act (go) contrary to the wishes of, thwart the plans of.

contrasigneren [-si.'ɲe:rə(n)] *vt* countersign.

contrast [kòn'trast] *o* contrast.

contrasteren [-tras'te:rə(n)] *vi* contrast.

contribuant [-tri.by.'ant] *m* contributor.

contribueren [-by.'e:rə(n)] *vt* & *vi* contribute.

contributie [-'by.(t)si.] *v* I (b e l a s t i n g) contribution; tax; 2 (v o o r s o c i ë t e i t &) subscription.

controle [kòn'tro:lə] *v* check(ing), supervision, control; ~ uitoefenen op de... check the...

controleboek [-bu.k] *o* check-book.

controleklok [-klòk] *v* time clock.

controleren [kòntro.'le:rə(n)] *vt* check, examine, verify, control; test; supervise.

controleur [-'lø:r] *m* I (in 't a l g.) controller; 2 (a a n s c h o u w b u r g &) ticket inspector.

controverse [-'vɛrsə] *v* controversy.

conveniëren [kònve.ni.'e:rə(n)] *vi* suit; het convenieert mij niet I cannot afford it; als het u convenieert if it suits your convenience.

conventie [-'vɛn(t)si.] *v* convention.

conventioneel [-vɛn(t)si.o.'ne.l] *aj* (& *ad*) con-

ventional(ly).
convergeren [-ver'ge:rə(n)] *vi* converge.
conversatie [-vər'za.(t)si.] *v* conversation; *hij heeft geen* ~ 1 he has no conversational powers; 2 he has no friends; *zij hebben veel* ~ they see much company.
conversatieles [-les] *v* conversation lesson.
converseren [kònvər'ze:rə(n)] *vi* converse; ~ *met* associate with.
conversie [-'versi.] *v* conversion.
convocatie [-vo.'ka.(t)si.] *v* I convocation; 2 notice (of a meeting).
convocatiebiljet [-biljet] *o* notice.
convoceren [kònvo.'se:rə(n)] *vt* convene, convoke.
coöperatie [ko.o.pə'ra.(t)si.] *v* I co-operation; 2 co-operative stores.
coöperatief [-ra.'ti.f] *o* co-operative.
coördinatie [ko.ordi.'na.(t)si.] *v* co-ordination.
coördineren [-'ne:rə(n)] *vt* co-ordinate.
corner ['kɔrnər] *m sp* & $ corner.
corporatie [kɔrpo:'ra.(t)si.] *v* corporate body, corporation.
corporatief [-ra.'ti.f] *o* corporative.
corps [kɔ:r, kɔrps] *o* corps, body; zie ook: *studentencorps*; *het* ~ *diplomatique* the Diplomatic Corps, the Diplomatic Body; *het* ~ *leraren* the teaching staff; *en* ~ in a body.
corpulent [kɔrpy.'lent] corpulent, stout.
corpulentie [-'lɛn(t)si.] *v* corpulence, stoutness.
correct [kɔ'rɛkt] *aj* (& *ad*) correct(ly).
correctheid [-heit] *v* correctness.
correctie [kɔ'rɛksi.] *v* correction.
correctief [-rɛk'ti.f] *v* corrective.
corrector [-'rɛktɔr] *m* (proof-)reader, corrector.
correspondent [-respòn'dɛnt] *m* correspondent; [foreign] corresponding clerk.
correspondentie [-'dɛn(t)si.] *v* correspondence.
correspondentiekaart [-ka:rt] *v* correspondence card.
corresponderen [-'de:rə(n)] *vi* correspond.
corridor [kɔri.'dɔ:r] *m* corridor.
corrigeren [-ri.'ge:rə(n)] *vt* & *vi* correct[2].
corrupt [-'rʏpt] *aj* (& *ad*) corrupt(ly).
corruptie [-'rʏpsi.] *v* corruption.
corsage [-'sa.ʒə] *v* & *o* corsage.
Corsica ['kɔrsi.ka.] *o* Corsica.
Corsikaan(s) [kɔrsi.'ka.n(s)] Corsican.
corvee [kɔr've.] *v* I ✕ fatigue duty; fatigue party; 2 F *het is een* ~ it's quite a job.
cosmetica [kɔs'me.ti.ka.] *mv* cosmetics.
cotangens [ko.taŋəns] *v* cotangent.
coterie [ko.tə'ri.] *v* coterie, clique, (exclusive) set.
cotillon [ko.ti.l'jòn] *m* cotillon.   [set.
couchette [ku.'ʃɛtə] *v* berth.
coulant [-'lɑnt] $ accommodating.
coulisse [-'lɪsə] *v* side-scene, wing; *achter de* ~*n* behind the scenes, in the wings.
couloir [-'lʋa:r] *m* lobby [of Lower House].
coup [Ku.] *m* coup, stroke, move.
coupe [ku.p] *v* I cut [of dress]; 2 cup [as a drink].
coupé [ku.'pe.] *m* I (v. trein) compartment; 2 (rijtuig) coupé, brougham.
couperen [ku.'pe:rə(n)] I *vt* cut [the cards]; make cuts [in a play]; forestall [disagreeable consequences]; II *va* cut [the cards].
coupeur [-'pø:r] *m* coupeuse [-'pø.zə] *v* cutter.
couplet [-'plɛt] *o* stanza; ~*ten* topical songs.
coupon [-'pòn] *m* I $ coupon; 2 remnant [of dress-material], cutting.
couponblad [-blɑt] *o* coupon-sheet.
couponboekje [-bu.kjə] *o* book of coupons, book of tickets.
coupure [ku.'py:rə] *v* cut; *in* ~*s van £ 5, £ 10, £ 25* in denominations of £ 5, £ 10, £ 25.
1 **courant** [-'rɑnt] I *aj* current, marketable; II *o* in: *Nederlands* ~ Dutch currency.
2 **courant** [-'rɑnt] *v* = *krant*.

coureur [ku.'rø:r] *m sp* (met auto) racing motorist, racing driver; (met motor) racing motor-cyclist; (met fiets) racing cyclist, racer.
courtage [ku.r'ta.ʒə] *v* $ brokerage.
couvert [ku.'ve:r] *o* I cover [of letter & plate, napkin, knife and fork]; 2 envelope; *onder* ~ under cover.
couveuse [ku.'vø.zə] *v* incubator.
cowboy ['koubɔi] *m* cowboy.
craquelé [krɑkə'le.] *o* crackle.
crawl(slag) ['krɔ:l(slɑx)] *m* crawl(-stroke).
crayon [krɛi'òn] *o* & *m* crayon.
creatie [kre.'a.(t)si.] *v* creation.
creatief [-a.'ti.f] creative.
creativiteit [-a.ti.vi.'tɛit] *v* creativeness.
creatuur [-a.'ty:r] *o* creature.
crèche [krɛ:ʃ] *v* crèche, day-nursery.
credit ['kre.dɪt] *o* $ credit.
crediteren [kre.di.'te:rə(n)] *vt* in: *iemand* ~ *voor* place [a sum] to a person's credit, credit him with.
crediteur [-'tø:r] *m* $ creditor.
creditzijde ['kre.dɪtsɛidə] *v* $ credit side, Creditor side.
credo ['kre.do.] *o* credo [during Mass]; [Apostles', political] creed.
creëren [kre.'e:rə(n)] *vt* create [a part &].
crematie [kre.'ma.(t)si.] *v* cremation.
crematorium [-ma.'to:ri.ɵm] *o* crematorium, crematory.
crème [krɛ:m] I *v* cream; II *aj* cream(-coloured).
cremeren [kre.'me:rə(n)] *vt* cremate.
creool(se) [kre.'o.l(sə)] *m* (-*v*) Creole.
creosoot [kre.o.'zo.t] *m* & *o* creosote.
crêpe [krɛ:p] *m* crêpe [ook = crêpe rubber].
creperen [krə'pe:rə(n)] *vi* P die [of animals].
cricket ['krɪkət] *o* cricket.
criminaliteit [kri.mi.na.li.'tɛit] *v* I ('t misdadige) criminality; 2 (de misdaad collectief) crime; *het afnemen van de* ~ the decrease in crime; zie ook: *jeugdcriminaliteit*.
crimineel [-'ne.l] I *aj* criminal; (de) *criminele jeugd* delinquent youth; II *ad* < awfully, beastly [drunk].
crinoline [kri.no.'li.nə] *v* crinoline, hoop petticoat, hoop.
crisis ['kri.zɪs] *v* crisis° [*mv* crises], critical stage, turning-point; (inz. economisch) depression, slump; (noodtoestand v. d. landbouw &) emergency; *tot een* ~ *komen* come to a crisis (a head).
criterium [kri.'te:ri.ɵm] criterion [*mv* criteria], test.
criticaster [kri.ti.'kɑstər] *m* criticaster.
criticus ['kri.ti.kʏs] *m* critic.
1 **croquet** [kro.'kɛt] *v* (voedsel) croquette.
2 **croquet** ['krɔkət] *o sp* croquet.
croquethamer [-ha.mər] *m sp* croquet mallet.
cru [kry.] *aj* (& *ad*) crude(ly), blunt(ly).
crucifix ['kry.si.fɪks] *o* crucifix.
crypt(e) [krɪpt, 'krɪptə] *v* crypt.
c.s. = *cum suis*.
Cuba ['ky.ba.] *o* Cuba.
Cubaan *m* Cubaans [ky.'ba.n(s)] *aj* Cuban.
culinair [ky.li.'ne:r] culinary.
culminatie [kʏlmi.'na.(t)si.] *v* culmination.
culminatiepunt [-pʏnt] *o* culminating point[2].
culmineren [kʏlmi.'ne:rə(n)] *vi* culminate[2].
cultiveren [kʏl.ti.'ve:rə(n)] *vt* cultivate.
cultureel [-ty.'re.l] cultural.
cultus ['kʏltʏs] *m* cult[2].
cultuur [kʏl'ty:r] *v* I (beschaving) culture; 2 (teelt) culture, cultivation; 3 culture [= set of bacteria].
cultuurfilosoof, -filozoof [-fi.lo.zo.f] *m* social philosopher.
cultuurgeschiedenis [-gəsxi.dənɪs] *v* social

history.
cultuurhistoricus [-hɪstoːˈriˌkûs] *m* social historian.
cultuurhistorisch [-hɪstoːˈriˌs] socio-historical.
cultuurvolk [-vɔlk] *o* civilized nation.
cum laude [kûmˈlouˌdə] zie *met lof.*
cum suis [kûmˈsyˌɪs] and others.
cumulatief [-ry.my.la.ˈti.f] cumulative.
Cupido, cupido [ˈky.pi.doˌ] *m* Cupid.
curatele [ky.ra.ˈte.lə] *v* guardianship; *onder ~ staan* be in ward, be under guardianship; *onder ~ stellen* deprive of the management of one's affairs.
curator [ky.ˈra.tər] *m* 1 guardian; curator, keeper [of a museum &]; 2 governor [of a school]; 3 ⚚ trustee, official receiver [in bankruptcy].
curatorium [-ra.ˈtoːri.ûm] *o* board of governors [of a school].
1 **curie** [ˈky.ri.] *v RK* Roman] curia.
2 **curie** [ky.ˈri.] *v* (v. radioactieve straling) curie.
curieus [ky.ri.ˈø.s] curious, odd, queer.
curiositeit [-ri.o.zi.ˈtɛit] *v* curiosity.
cursief [kûrˈsi.f] I *o* italic type, italics; II *aj* in italics, italicized; III *ad* in italics.
cursiefletters [-lɛtərs] *mv* italics.
cursist [-ˈzɪst] *m* follower of a course (of lectures).
cursiveren [-si.ˈveːrə(n)] *vt* italicize, print in italics; *wij ~* the italics are ours.
cursus [ˈkûrzəs] *m* course, curriculum; [evening] classes.
cybernetica, cybernetika [si.berˈne.ti.ka.] *v* cybernetics.
cyclaam [si.ˈkla.m] *v* ⚘ cyclamen.
Cycladen [si.ˈkla.də(n)] *mv* Cyclades.
cyclamen [-ˈkla.mə(n)] *v* ⚘ cyclamen.
cyclonaal [-klo.ˈna.l] cyclonic(al).
cycloon [-ˈklo.n] *m* cyclone.
cycloop [-ˈklo.p] *m* cyclops.
cyclus [ˈsi.klûs] *m* cycle.
cynicus [ˈsi.ni.kûs] *m* cynic.
cynisch [ˈsi.ni.s] *aj* (& *ad*) cynical(ly).
cynisme [si.ˈnɪsmə] *o* cynicism.
cypers [ˈsi.pərs] in: *~e kat* ⚥ Cyprian cat.
cyste [ˈkɪstə] *v* cyst.

D

d [de.] *v* d.
daad [da.t] *v* deed, act, action, feat, achievement; *man van de ~* man of action; *hij voegde de ~ bij het woord* he suited the action to the word; zie ook: *betrappen & raad.*
daadwerkelijk [da.tˈvɛrkələk] *aj* (& *ad*) 1 (werkelijk), actual(ly); 2 (krachtig) active(ly) [support &].
daags [da.xs] I *aj* daily; *mijn ~e jas* my everyday coat; II *ad* by day; *des anderen ~, ~ daarna* the next day; *~ te voren* the day before; *driemaal ~* three times a day.
daalder [ˈda.ldər] *m* half-crown.
Daan [da.n] *m* Dan.
daar [da.r] I *ad* there; II *cj* as (in vóórzin), because (in nazin).
daaraan [ˈda.ra.n, da.ˈra.n] vert. *aan dat.*
daaraanvolgend [da.ra.nˈvɔlgənt] following, next.
daarachter [ˈda.rɑxtər, da.ˈrɑxtər] behind it, at the back of that.
daarbeneden [da.rbəˈne.də(n)] 1 under it; 2 down there; *...van 21 jaar en ~* ...and under.
daarbij [ˈda.rbɛi, da.rˈbɛi] 1 near it; 2 over and above this, besides, moreover, in addition, at that; *50 gedood, ~ 3 officieren* including

(among them, among whom) three officers; *zij hebben ~ het leven verloren* they have lost their lives in it.
daarbinnen [da.rˈbɪnə(n)] within, in there.
daarboven [-ˈbo.və(n)] 1 up there, above; 2 over it; *50 en ~* and something over; *sommen van £ 500 en ~* and upwards; *God ~* God above, God on high.
daarbuiten [-ˈbœytə(n)] outside; zie verder: *buiten.*
daardoor [ˈda.rdoːr, da.rˈdoːr] 1 (plaatselijk) through it; 2 (oorzakelijk) by that, by so doing.
daarenboven [da.rənˈbo.və(n)] moreover, besides.
daarentegen [-te.gə(n)] on the other hand, on the contrary; *hij is..., zijn broer ~ is zeer...* ook: whereas his brother is very...
daareven [da.ˈre.və(n)] zie *daarnet.*
daargelaten [ˈda.rgəla.tə(n)] leaving aside; *dat ~* apart from that; *nog ~ dat...* let alone (not to mention) that.
daarginder, ~ginds [da.rˈgɪndər, -ˈgɪn(t)s] over there; out there [in Africa &].
daarheen [ˈda.rhe.n, da.rˈhe.n] there, thither.
daarin [ˈda.rɪn] in there; in it (this, that).
daarlangs [da.rˈlɑŋs] along that road (path, line &).
daarlaten [ˈda.rla.tə(n)] *vt* in: *dat wil ik nog ~* this I'll leave out of consideration. Zie ook: *daargelaten.*
daarme(d)e [ˈda.rme.(də), da.rˈme.(de)] with that.
daarna [ˈda.rna., da.rˈna.] after that; in the second place.
daarnaar [ˈda.rna.r] by that, accordingly.
daarnaast [-na.st, da.rˈna.st] beside it, at (by) the side of it.
daarnet [da.rˈnɛt] just now.
daarnevens [-ˈne.vəns] besides, over and above this.
daarom [da.ˈrɔm, da.rˈrɔm] therefore, for that reason; *~ ga ik er niet heen* ook: that's why I am not going.
daaromheen [da.rɔmˈhe.n] around (it); about it.
daaromstreeks [ˈda.rɔmstre.ks] thereabouts.
daaromtrent [-trɛnt, da.rɔmˈtrɛnt] I *prep* about that, concerning that; II *ad* thereabouts.
daaronder [ˈda.rɔndər, da.rˈrɔndər] 1 under it; underneath, 2 among them; *~ ook mijn persoon* including my humble self.
daarop [ˈda.rɔp] 1 on it, on that; 2 thereupon, upon (after) this.
daaropvolgend [da.rɔpˈfɔlgənt] following, next.
daarover [ˈda.ro.vər, da.ˈro.vər] 1 over it, across it; 2 about (concerning) that, on that subject.
daartegen [-te.gə(n), da.rˈte.ge(n)] against that.
daartegenover [da.rte.gənˈo.vər] opposite; *~ staat dat...* but then..., on the other hand..., however...
daartoe [ˈda.rtu., da.rˈtu.] for it, for that purpose, to that end.
daartussen [-ˈtûsə(n), da.rˈtûsə(n)] between (them), among them; *en niets ~* and nothing in between.
daaruit [-œyt, da.rˈrœyt] out (of it), from that (this), thence.
daarvan [-vɑn, da.rˈvɑn] 1 of that; 2 from that.
1 **daarvoor** [ˈda.rvoːr] for that; for it; *~ komt hij* that is what he has come for.
2 **daarvoor** [da.rˈvoːr] before (that), before it (them).
dactylus [ˈdɑkti.lûs] *m* dactyl.
dadel [ˈda.dəl] *v* ⚘ date.
dadelboom [-bo.m] *v* date tree.
dadelijk [ˈda.dələk] I *aj* immediate, direct; II *ad* immediately, directly, instantly.

dadelijkheden [-he.də(n)] *mv* assault and battery; *tot ~ komen* come to blows.

dadelpalm ['da.dəlpalm] *m* date-palm.

dader ['da.dər] *m* perpetrator, author; delinquent.

dag [dɑx] *m* day; day-time; daylight; *~ !* F bye-bye!; *~ en nacht* day and night; *de jongste ~* the Day of Judgment; *de oude ~* old age; *de ~ des Heren* the Lord's day [= Sunday]; *de ~ van morgen* to-morrow; *dezer ~en* the other day, lately; ook = *één dezer ~en* one of these (fine) days, some day soon; *de ~ hebben* be on duty (for the day); *betere ~en gekend hebben* have seen better days; *'t wordt ~* day is breaking; *het is kort ~* time is short; *'t is morgen vroeg ~* we have to get up early to-morrow; *~ aan ~*, day by day, day after day; *morgen aan de ~* first thing to-morrow; *het aan de ~ brengen* bring it to light; *aan de ~ komen* come to light; *aan de ~ leggen* display, manifest, show; *bij ~* by day; *bij de ~ leven* live by the day; *(in) de laatste ~en* during the last few days, lately, of late; *in vroeger ~en* in former days, formerly; *~ in ~ uit* day in day out; *later op de ~* later in the day(-time); *op de ~ (af)* to the (very) day; *midden op de ~* 1 in the middle of the day; 2 in broad daylight; *op een (goeie) ~*, *op zekere ~* one (fine) day; *op zijn oude ~* in his old age; *ten ~e van...* in the days of...; *van ~ tot ~* from day to day, day by day; *van de ~ een nacht maken* turn day into night; *voor ~ en dauw* at dawn, before daybreak; *iets voor de ~ halen* produce a thing, take it out, bring it out; *voor de ~ komen* appear, show oneself, turn up [of persons]; become apparent, show [of things]; *hij kwam er niet mee voor de ~* he didn't produce it [the promised thing], he didn't come out with it [his guess], he didn't put it [the idea] forward.

dagblad ['dɑxblat] *o* (daily) newspaper, daily paper, F daily.

dagbladcorrespondent, -korrespondent [-kɔrɛspɔndɛnt] *m* newspaper correspondent.

dagbladpers [-pɛrs] *v* daily press.

dagboek ['dɑxbu.k] *o* 1 diary, 2 ≹ day-book.

dagboot [-bo.t] *m & v* day-boat, day-steamer.

dagbrander [-brandər] *m* by-pass.

dagdief [-di.f] *m* idler.

dagdienst [-di.nst] *m* 1 day-service; 2 day-duty.

dagdieven [-di.vən] *vi* idle.

dagdieverij [dɑxdi.və'rɛi] *v* idling.

dagelijks ['da.gələks] I *aj* daily, everyday [clothes], * diurnal; *het ~ bestuur* 1 (v. gemeente) ± the mayor and aldermen; 2 (v. vereniging) the executive (committee); II *ad* every day, daily.

dagen ['da.gə(n)] I *vi* dawn; II *vt* summon, summons.

dag-en-nachtevening [dɑxɛ'nɑxte.vənɪŋ] *v* equinox.

dageraad [da.gəra.t] *m* daybreak, dawn[2].

daghit ['dɑxhɪt] *v* day-girl.

dagindeling [-ɪnde.lɪŋ] *v* zie *dagverdeling*.

dagje ['dɑxjə] *o* day; *het er een ~ van nemen* make a day of it.

dagjesmensen [-jəsmɛnsə(n)] *mv* day trippers, cheap trippers.

dagkaart ['dɑxka:rt] *v* day-ticket.

daglicht [-lɪxt] *o* daylight, day; *dat kan het ~ niet verdragen* that cannot bear the light of day; *bij ~* by daylight; zie ook: 2 *licht*.

dagloner [-lo.nər] *m* day-labourer.

dagloon [-lo.n] *o* day's wage(s), daily wage(s).

dagorder [-ɔrdər] *v & o* ⚔ order of the day.

dagpauwoog [-pɔuo.x] *m* 🦋 peacock butterfly.

dagploeg [-plu.x] *v* day-shift.

dagregister [-rəgɪstər] *o* journal.

dagreis [-rɛis] *v* day's journey.

dagretour [-rətu:r] *o* day-return ticket.

dagschool [-sxo.l] *v* day-school.

dagschotel [-sxo.təl] *m & v* special dish for the

dagtaak [-ta.k] *v* day's work. [day.

dagtekenen [-te.kənə(n)] *vi & vt* date.

dagtekening [-nɪŋ] *v* date.

dagvaarden ['dɑxfa:rdə(n)] *vt* 🏛 cite, summon, summons, subpoena.

dagvaarding [-dɪŋ] *v* 🏛 summons, subpoena, writ.

dagverdeling ['dɑxfərde.lɪŋ] *v* division of the day; time-table.

dagwerk [-vɛrk] *o* daily work; *als..., dan had ik wel ~* there would never be an end to it.

dahlia ['da.li.a.] *v* ⚘ dahlia.

dak [dɑk] *o* roof; *een ~ boven zijn hoofd hebben* have a roof over one's head; *onder ~ brengen* give [one] shelter; *ik kon nergens onder ~ komen* nobody could take me in, give me house-room; *onder ~ zijn* be under cover [of a person]; *fig* be provided for; *iemand op zijn ~ komen* F take one to task; *dat krijg ik op mijn ~* F they'll lay it at my door; *van de ~en prediken* proclaim from the house-tops; *het gaat van een leien ~je* it goes smoothly (swimmingly), the thing goes on wheels (without a hitch).

dakbalk ['dɑkbalk] *m* roof-beam.

dakgoot [-go.t] *v* gutter.

dakkamertje ['dɑka.mərcə] *o* attic, garret.

dakloos ['dɑklo.s] homeless, roofless.

dakloze [-lo.zə] *m-v* waif; *de ~n* ook: the homeless.

dakpan [-pɑn] *v* (roofing) tile.

daktuin [-tœyn] *m* roof garden.

dakvenster [-fɛnstər] *o* dormer-window, garret-window.

dakvilt [-fɪlt] *o* roof(ing) felt.

dakvorst [-fɔrst] *v* ridge [of a (the) roof].

dakwerk [-vɛrk] *o* roofing.

dal [dɑl] *o* valley, ○ vale; dale; dell, dingle.

dalen ['da.lə(n)] *vi* descend [of a balloon &]; sink, drop [of the voice], go down [of the sun, of prices &], fall [of prices, the barometer]; *de stem laten ~* drop (lower) one's voice.

daling [-lɪŋ] *v* descent, fall, drop, decline.

1 **dam** [dɑm] *m* dam, dike, causeway, barrage [to hold back water], weir [across a river]; *een ~ opwerpen tegen* cast (throw) up a dam against; *dam up*[2], *stem*[2] [the progress of evil].

2 **dam** [dɑm] *v* king [at draughts]; *~ halen* crown a man, go to king; *~ spelen* play at draughts.

Damascener [da.mɑ'se.nər] in: *~ zwaard* Damascus blade.

damast [da.'mɑst] *o* damasten [-'mɑstə(n)] *aj* damask.

dambord ['dɑmbɔrt] *o* draught-board.

dame ['da.mə] *v* 1 lady; 2 partner [at dance &].

damesblad [-da.məsblɑt] *o* women's magazine.

damescoupé [-ku.pe.] *m* ladies' compartment.

dameskapper [-kɑpər] *m* ladies' hairdresser.

dameskleding [-kle.dɪŋ] *v* ladies' wear.

dameskleermaker [-kle:rma.kər] *m* ladies' tailor.

damesmantel [-mɑntəl] *m* lady's coat.

damestasje [-tɑʃə] *o* lady's bag, vanity bag.

damezadel [-sa.dəl] *o & m* side-saddle [for horse]; lady's saddle [for bicycle].

damhert ['dɑmhɛrt] *o* 🦌 fallow-deer.

dammen ['dɑmə(n)] *vi* play at draughts.

dammer [-mər] *m* draught-player.

damp [dɑmp] *m* vapour, steam, smoke, fume.

dampbad ['dɑmpbat] *o* vapour bath.

dampen ['dɑmpə(n)] *vi* steam [of soup &], smoke; *(zitten) ~* sit and smoke, blow clouds.

dampig [-pəx] 1 vaporous, vapoury, hazy; 2 (kortademig) broken-winded.

Igor

dampigheid [-hɛit] *v* 1 vaporousness, haziness; 2 broken wind.

dampkring ['dɑmpkrɪŋ] *m* atmosphere.

dampkringslucht [-krɪŋslʏxt] *v* atmospheric(al) air.

damschijf ['dɑmsxɛif] *v* (draughts)man.

damspel [-spɛl] *o* 1 draughts, game at (of) draughts; 2 draught-board and men.

dan [dɑn] I *ad* then; *zeg het*, ~ *ben je een beste vent* tell it, there's (that's) a good boy; *ik had* ~ *toch maar gelijk* so I was right after all; *ga* ~ *toch* do go; II *cj* than; *hij is te oud*, ~ *dat wij...* he is too old for us to...; *of hij komt*, ~ *of hij gaat* whether he comes or whether he goes.

dancing ['dɑ.nsɪŋ] *m* dance hall, dancing-hall.

dandy ['dɛndi.] *m* dandy.

danig ['da.nəx] I *aj* < very great; *ik heb een* ~*e honger* I feel awfully hungry; II *ad* very much, greatly [disappointed], vigorously [defending themselves], badly, severely [hurt], sadly [disappointed], sorely [mistaken, afflicted].

dank [dɑŋk] *m* thanks; *geen* ~ ! don't mention it!; *zijn hartelijke* ~ *betuigen* express one's heartfelt thanks; *ik heb er geen* ~ *van gehad* much thanks I have got for it!; ~ *weten* thank; ~ *zij zijn hulp* thanks to his help; *Gode zij* ~ thank God; *in* ~ gratefully [accepted]; [received] with thanks; *in* ~ *terug* returned with thanks.

dankbaar ['dɑŋkba:r] *aj* (& *ad*) thankful(ly), grateful(ly).

dankbaarheid [-hɛit] *v* thankfulness, gratitude.

dankbetuiging ['dɑŋkbətœygɪŋ] *v* expression of thanks, letter of thanks, vote of thanks; *onder* ~ with thanks.

danken ['dɑŋkə(n)] I *vt* thank; *te* ~ *hebben* owe, be indebted for [to one]; *hij heeft het zichzelf te* ~ he has only himself to thank for it; *dank u* 1 (bij weigering) no, thank you; 2 (bij aanneming) thank you; *dank u zeer* thank you very much, thanks awfully; *niet(s) te* ~ ! don't mention it!; II *vi* I give thanks; 2 say grace [after meals]; *daar dank ik voor* thank you very much.

dankfeest ['dɑŋkfe.st] *o* 1 thanksgiving feast; 2 harvest festival.

dankgebed [-gəbɛt] *o* 1 (prayer of thanks-giving; 2 grace [before and after meals].

danklied [-li.t] *o* song of thanksgiving.

dankoffer [-ɔfər] *o* thank-offering.

dankzeggen [-sɛgə(n)] *vi* give thanks, render (return) thanks, thank [a person].

dankzegging [-sɛgɪŋ] *v* thanksgiving.

dans [dɑns] *m* dance; *de* ~ *ontspringen* have a narrow escape.

dansclub ['dɑnsklʏp] *v* dancing-club.

dansen ['dɑnsə(n)] *vi* dance°; *hij danst naar haar pijpen* he dances to her piping (to her tune).

danser [-sər] *m* —**es** [dɑnsəˈrɛs] *v* dancer; partner [at a dance].

danseuse [dɑnˈsøːzə] *v* dancer, ballet-dancer.

dansfiguur ['dɑnsfi.gy:r] *v* & *o* dance figure.

danshuis [-hœys] *v* dance hall, dancing-hall.

dansje ['dɑnʃə] *o* dance, F hop; *een* ~ *maken* have a dance, F shake a leg.

dansles [-lɛs] *v* dancing-lesson.

danslokaal [-lo.ka:l] *o* dancing-room.

dansmeester [-me.stər] *m* dancing-master.

dansmuziek [-my.zi.k] *v* dance music.

danspartij [-pɑrtɛi] *v* dancing-party, dance, F hop.

danspas [-pɑs] *m* dancing-step, step.

dansschoen ['dɑnsxu.n] *v* dancing-shoe, (dancing)-pump.

dansschool [-sxo.l] *v* dancing-school.

dansvloer ['dɑnsflu:r] *m* dance floor.

danszaal ['dɑnsa.l] *v* ball-room, dancing-room, dance hall.

dapper ['dɑpər] I *aj* brave, valiant, gallant, valorous; II *ad* bravely &; ~ *meedoen* join heartily in the game; *er* ~ *op los zingen* sing (away) lustily; *zich* ~ *houden* behave gallantly, bear oneself bravely.

dapperheid [-hɛit] *v* bravery, valour, gallantry.

dar [dɑr] *m* drone.

Dardanellen [dɑrda.ˈnɛlə(n)] *de* ~ the Dardanelles.

darm [dɑrm] *m* intestine, gut; ~*en* ook: bowels; *dikke (dunne)* ~ large (small) intestine.

darmkanaal ['dɑrmka.na.l] *o* intestinal tube.

darmontsteking [-ɔntste.kɪŋ] *v* enteritis.

dartel ['dɑrtəl] I *aj* frisky, frolicsome; playful, skittish, sportive, sportful; wanton; II *ad* friskily &.

dartelen ['dɑrtələ(n)] *vi* frisk, frolic, gambol, sport; dally.

dartelheid ['dɑrtəlhɛit] *v* friskiness, playfulness, sportiveness; wantonness.

darwinisme [dɑrʋi.ˈnɪsmə] *o* Darwinism.

darwinist [-ˈnɪst] *m* **darwinistisch** [-ˈnɪsti.s] *aj* Darwinian, Darwinist.

1 **das** [dɑs] *m* ♠ badger.

2 **das** [dɑs] *v* (neck-)tie; scarf; ✎ cravat; *hem de* ~ *omdoen* S do for him.

dashond ['dɑshɔnt] *m* ♠ badger-dog.

dasspeld ['dɑspɛlt] *v* tie-pin, scarf-pin.

dat [dɑt] I *aanw. vnmw.* that; ~ *alles* all that; ~ *moest je doen* that's what you ought to do; ~ *zijn mijn vrienden* those are my friends; *het is je* ~ ! that's the stuff!; *het is nog niet je* ~ not quite what it ought to be; *hij heeft niet* ~ not even that much; II *betr. vnw.* that, which; III *cj* (that).

data ['da.ta.] *mv* data.

dateren [da.ˈte.rə(n)] *vt* & *vi* date (from *uit*).

datgene ['dɑtɣe.nə] that; ~ *wat* that which.

datief ['da.ti.f] *m* dative.

dato ['da.to.] dated...; *twee maanden na* ~ two months after date.

datum ['da.tʏm] *m* date.

dauw [dɑu] *m* dew.

dauwdroppel, -druppel ['dɑudrɔpəl, -drʏpəl] *m* dew-drop.

dauwworm [-ʋɔrm] *m* 🜍 ringworm.

d.a.v. = *daaraanvolgend*.

daveren ['da.vərə(n)] *vi* thunder; resound; shake; *de zaal daverde van de toejuichingen* the house rang with cheers.

davit ['da.vɪt] *m* ⚓ davit.

dazen ['da.zə(n)] *vi* S waffle, talk rot.

d.d. = *de dato*.

de [də] the.

dealer ['di.lər] *m* dealer.

deballoteren [de.bɑlo.ˈte.rə(n)] *vt* blackball.

debat [də'bɑt] *o* debate, discussion.

debater [di.'be.tər] *m* debater.

debatteren [de.bɑˈte.rə(n)] *vi* debate, discuss; ~ *over* debate (on), discuss.

debet ['de.bɛt] I *o* ◊ debit; II *aj* in: *u bent mij nog* ~ you still owe me something; *ook hij is er* ~ *aan* he, too, is guilty of it.

debetpost [-pɔst] *m* ◊ debit item.

debetzijde [-sɛidə] *v* ◊ debit side, Debtor side.

debiel [de.ˈbi.l] I *aj* mentally deficient (defective); II *m-v* mental deficient (defective).

debiet [də'bi.t] *o* sale; *een groot* ~ *hebben* meet with (find. command) a ready sale, sell well.

debiliteit [de.bi.li.ˈtɛit] *v* mental deficiency.

debitant [de.bi.ˈtɑnt] *m* ◊ retail dealer, retailer.

debiteren [de.ˈti.rə(n)] *vt* ◊ debit [a person with an amount]; retail [spirits, witticisms]; *een aardigheid* ~ crack a joke.

debiteur [-ˈtø:r] *m* ◊ debtor.

deblokkeren [de.blɔ'ke:rə(n)] *vt* ◊ unblock, F unfreeze.

debrayeren [de.bra.'je:rə(n)] *vi* ⚓ declutch.
debutant(e) [-by.'tɑnt(ə)] *m* (-*v*) débutant(e).
debuteren [-'te:rə(n)] *vi* make one's début.
debuut [də'by.t] *o* début, first appearance [of an actor &].
decadent [de.ka.'dɛnt] decadent.
decadentie [-'dɛn(t)si.] *v* decadence.
december [de.'sɛmbər] *m* December.
decennium [-'sɛni.üm] *o* decennium, decade.
decent [-'sɛnt] I *aj* decent, seemly; II *ad* decently.
decentralisatie [-sɛntra.li.'za.(t)si.] *v* decentralization, devolution.
decentraliseren [-'ze:rə(n)] *vt* decentralize.
deceptie [de.'sɛpsi.] *v* desillusion, disappointment.
decibel [de.si.bel] *m* decibel.
deci120eren [de.si.'de:rə(n)] *vt* & *vi* decide.
decigram [de.si.grɑm] *o* decigramme.
deciliter [-li.tər] *m* decilitre.
decimaal [de.si.'ma.l] I *aj* decimal; II *v* decimal place; *tot in 5 decimalen* to 5 decimal places.
decimaalteken [-te.kə(n)] *o* decimal point.
decimeren [de.si.'me:rə(n)] *vt* decimate.
decimeter ['de.si.me.tər] *m* decimetre.
declamatie [de.kla.'ma.(t)si.] *v* declamation, recitation.
declamator [-'ma.tər] *m* elocutionist, reciter.
declameren [-'me:rə(n)] *vt* & *vi* declaim, recite.
declaratie [-'ra.(t)si.] *v* declaration [of Paris, at custom-house], entry [at custom-house], voucher [for money]; expense account.
declareren [-'re:rə(n)] *vt* declare [one's intentions &, dutiable goods].
declinatie [de.kli.'na.(t)si.] *v* declination [of star, compass].
decoderen [de.ko.'de:rə(n)] *vt* decode.
decolleté [de.kɔlə'te.] *o* low neckline.
decor [de.'ko:r] *o* scenery, scenes, [film] set.
decoratie [-'ra.(t)si.] *v* decoration [ook = order of knighthood, cross, star]; *de ~s* the scenery, the scenes.
decoratief [-ra.'ti.f] I *aj* decorative, ornamental; II *o* scenery, scenes.
decoreren [-'re:rə(n)] *vt* I decorate, ornament [a wall]; 2 decorate [a general &].
decorum [de.'ko:rüm] *o* decorum; *het ~* ook: the proprieties, the decencies.
decreet [də'kre.t] *o* decree.
decreteren [de.kre.'te:rə(n)] *vt* decree, ordain.
de dato [de.'da.to.] dated...
deduceren [de.dy.'se:rə(n)] *vt* deduce; infer.
deductief, deduktief [-dük'ti.f] *aj* (& *ad*) deductive(ly).
deeg [de.x] *o* dough, (v. gebak) paste.
deegroller [-rɔllər] *m* rolling-pin.
1 deel [de.l] *o* I part, portion, share; 2 (boek~) volume; 3 (deel van symfonie) movement; *ik heb er geen ~ aan* I am no party to it; *ik heb er geen ~ in* I have no share in it; *zijn ~ krijgen* come into one's own; come in for one's share [of vicissitudes &]; *~ uitmaken van...* form part of...; be a member of...; *in allen dele* in every respect; *in genen dele* not at all, by no means; *ten ~ vallen* fall to one's lot (share); *ten dele* partly...; *voor een groot ~* to a large extent.
2 deel [de.l] *v* I deal, board; 2 threshing-floor.
deelachtig [de.'lɑxtəx] *in*: *hem iets ~ maken* impart it to him; *iets ~ worden* obtain, participate in [the grace of God].
deelbaar ['de.lba:r] divisible [number].
deelbaarheid [-hɛit] *v* divisibility.
deelgenoot [de.lgəno.t] *m* I sharer [of my happiness], partner; 2 $ partner.
deelgenootschap [-sxɑp] *o* partnership.
deelgerechtigd ['de.lgərextəxt] entitled to a share.
deelhebber [-hɛbər] *m* I participant, participa-

tor; 2 $ partner, copartner, joint proprietor.
deelnemen [-ne.mə(n)] *vi in*: *~ aan* participate in, take part in, join in [the conversation &], assist at [a dinner]; *~ in* participate in, share in, share [a man's feelings].
deelnemend [-ne.mənt] feeling, sympathetic.
deelnemer [-mər] *m* I participant, participator, partner; 2 competitor, entrant, contestant [in a match &], entry [for a race meeting].
deelneming [-miŋ] *v* I sympathy, compassion, commiseration, concern, pity; 2 participation (*in aan*); entry [for sporting event &]; *iemand zijn ~ betuigen* zie condoleren.
deels [de.ls] *in*: *~..., ~...* partly..., partly...; *~ door..., ~ door...* what with..., what with...
deelsom ['de.lsɔm] *v* division sum.
deeltje [-cə] *o* particle.
deelwoord [-vo:rt] *o gram* participle; *tegenwoordig* (*verleden*) *~* present (past) participle.
deemoed ['de.mu.t] *m* humility, meekness.
deemoedig [de.'mu.dəx] I *aj* humble, meek; II *ad* humbly, meekly.
deemoedigen [-dəgə(n)] I *vt* humble, mortify [a person]; II *vr zich ~* humble oneself.
Deen [de.n] *m* Dane.
deerlijk ['de.rlək] I *aj* sad, grievous, piteous, pitiful, miserable; II *ad* grievously, piteously &; *~ gewond* badly wounded; *zich ~ vergissen* be greatly (sorely) mistaken.
deern(e) ['de.rn(ə)] *v* girl, damsel, lass, wench, hussy.
deernis ['de.rnis] *v* pity, commiseration, compassion; *~ hebben met* take (have) pity on, pity.
deerniswaard(ig) [de.rnis'va:rt, -'va:rdəx] I *aj* pitiable; II *ad* pitiably.
deerniswekkend [-'vɛkənt] *aj* (& *ad*) pitiful(ly).
defect, defekt [də'fɛkt] I *o* defect, deficiency; [engine] trouble; II *aj* defective, faulty, [machinery] out of order; *er is iets ~* there is something wrong [with the engine]; *~ raken* get out of order, break down.
defensie [de.'fɛnsi.] *v* defence.
defensief [-fɛn'si.f] I *aj* defensive; II *ad* defensively; *~ optreden* act on the defensive; III *o* defensive; *in het ~* on the defensive.
deficit ['de.fi.sit] *o* deficit, deficiency.
defilé [de.fi.'le.] *o* I (bergpas) defile; 2 (voorbijmarcheren) march past.
defileren [-'le.rə(n)] *vi* defile; *~* (*voor*) march past.
definiëren [de.fi.ni.'e:rə(n)] *vt* define.
definitie [-'ni.(t)si.] *v* definition.
definitief [-ni.'ti.f] I *aj* definitive; final [agreement, decision], definite [answer, reductions], permanent [appointment]; II *ad* definitively; finally; [coming, say] definitely; *~ benoemd worden* be permanently appointed.
deflatie [de.'fla.(t)si.] *v* $ deflation.
deflatoir [de.fla.'tva:r] deflationary.
deftig ['dɛftəx] I *aj* grave [mien], dignified, stately [bearing], portly [gentlemen], distinguished [air], fashionable [quarters], genteel [people]; II *ad* gravely &; *~ doen* assume a solemn and pompous air.
deftigheid [-hɛit] *v* gravity, stateliness, portliness.
degelijk ['de.gələk] I *aj* substantial [food]; solid [grounds &]; thorough [work &]; sterling [fellow, qualities]; sound [education, knowledge]; II *ad* thoroughly; *ik heb het wel ~ gezien* I did see it; *het is wel ~ waar* it is really true.
degelijkheid [-hɛit] *v* solidity, thoroughness, sterling qualities, soundness.
degen ['de.gə(n)] *m* sword; *de ~s kruisen* cross swords.
degene [də'ge.nə] he, she; *~n die* those (they) who.

degeneratie [de.gənə'ra.(t)si.] *v* degeneracy, degeneration.

degenereren [-'re:rə(n)] *vi* degenerate.

degenslikker [-slıkər] *m* sword-swallower.

degradatie [de.gra.'da.(t)si.] *v* degradation; ✕ reduction to the ranks; ⚓ disrating; *sp* relegation.

degraderen [-'de:rə(n)] *vt* 1 degrade; reduce to a lower rank; 2 ✕ reduce to the ranks; ⚓ disrate; *sp* relegate.

deinen ['dɛinə(n)] *vi* heave.

deining [-nıŋ] *v* swell; *fig* excitement, commotion.

dejeuner [de.ʒœ.'ne.] *o* 1 breakfast; 2 (tweede ontbijt) lunch(eon).

dejeuneren [-'ne:rə(n)] *vi* 1 breakfast, have breakfast; 2 lunch, have lunch.

dek [dɛk] *o* 1 cover, covering; 2 bed-clothes; 3 horse-cloth; 4 ⚓ deck; *aan ~* ⚓ on deck.

dekbalk ['dɛkbɑlk] *m* deck beam.

dekbed [-bɛt] *o* eider-down (quilt).

dekblad [-blɑt] *o* (v. sigaar) wrapper.

1 **deken** [de.kə(n)] *m* dean.

2 **deken** ['de.kə(n)] *v* blanket; *onder de ~s kruipen* F turn in; *ze liggen samen onder één ~* they are in collusion.

dekken ['dekə(n)] I *vt* cover [one's head, one's bishop, expenses, a debt, a horse &]; (met pannen) tile, (met lei) slate, (met riet) thatch; screen, shield [a functionary]; *sp* mark [an opponent]; *gedekt zijn* 1 be secured against loss; 2 be covered [of functionaries, soldiers &]; *zich gedekt houden* ✕ 1 keep one's covering; 2 S lie low; *houd u gedekt!* 1 be covered; 2 *fig* be careful!; *zich gedekt opstellen* ✕ take up a covered position; II *vr zich ~* 1 cover oneself [put on one's hat]; 2 shield oneself, screen oneself [behind others]; 3 $ secure oneself against loss(es); 4 ✕ take cover; III *va* lay the cloth, set the table; *~ voor 20 personen*, lay (covers) for twenty.

dekker [-kər] *m* roofer, (pannen~) tiler, (lei~) slater, (riet~) thatcher.

dekking [-kıŋ] *v* cover; ✕ cover; *fig* cloak, shield, guard; *~ zoeken* ✕ seek (take) cover (from *voor*).

dekkleed ['dɛkle.t] *o* cover.

dekkleur [-klœ:r] *v* body-colour.

deklading ['dɛkla.dıŋ] *v* zie *deklast*.

deklast ['dɛklɑst] *m* ⚓ deck-cargo, deck-load.

dekmantel ['dɛkmɑntəl] *m* cloak², *fig* cover; *onder de ~ van...* under the cloak (cover) of...

dekschaal [-sxa.l] *v* vegetable dish.

dekschild [-sxılt] *o* wing-sheath.

deksel [-səl] *o* cover; lid; *te ~!, wat ~!* F the deuce!, the devil!

deksteen [-ste.n] *m* slab [of a stone]; coping-stone, coping [of a wall].

dekstoel [-stu.l] *m* deck-chair.

dekstro [-stro.] *o* thatch.

dektennis [-tɛnɪs] *o* deck tennis.

dekveren [-fe:rə(n)] *mv* ♠ coverts.

dekverf [-fɛrf] *v* body-colour.

dekzeil [-sɛil] *o* tarpaulin.

delegatie [de.lə'ga.(t)si.] *v* delegation.

delegeren [-'ge:rə(n)] *vt* delegate.

delen ['de.lə(n)] I *vt* divide [a sum of money &], share [one's feelings]; split [the difference]; II *vi* divide; *~ in* participate in, share in, share [a person's feelings]; *~ in iemands droefheid* sympathize with a person; *~ met* share with.

deler [-lər] *m* 1 (persoon) divider; 2 (getal) divisor; (grootste) gemene ~ (greatest) common divisor.

Delfisch ['dɛlfi.s] Delphic [oracle], Delphian.

delfstof ['dɛlfstɔf] *v* mineral.

delfstoffenrijk [-rɛik] *o* mineral kingdom.

delfstofkunde [dɛlfstɔf'kûndə] *v* mineralogy.

Delfts [dɛlfts] *aj* Delft.

delfts [dɛlfts] *o* delftware, delf(t).

delgen ['dɛlgə(n)] *vt* extinguish, amortize, pay off.

delging [-gıŋ] *v* extinction [of a debt], amortization, payment.

deliberatie [de.li.bə'ra.(t)si.] *v* deliberation.

delibereren [-'re:rə(n)] *vi* deliberate.

delicaat [de.li.'ka.t] I *aj* delicate°, ticklish; II *ad* delicately, tactfully.

delicatesse [-ka.'tɛsə] *v* 1 delicacy°; 2 dainty (bit); *~n* table delicacies.

delict [de.'lıkt] *o* offence.

deling ['de.lıŋ] *v* 1 partition [of real property]; 2 ✕ division.

delinquent [de.lıŋ'kvɛnt] I *m* delinquent, offender; II *aj* delinquent.

delirium [de.'li:ri.ûm] *o* delirium, delirium tremens.

delta ['dɛlta.] *v* delta.

delven ['dɛlvə(n)] *vi & vt* dig.

delver [-vər] *m* digger.

demagogie [de.ma.go.'gi.] *v* demagogy.

demagogisch [-'go.gi.s] *aj* (& *ad*) demagogic(ally).

demagoog [-'go.x] *m* demagogue.

demarcatie [de.mɑr'ka.(t)si.] *v* demarcation.

demarcatielijn [-lɛin] *v* line of demarcation, demarcation line, dividing line.

dementi [de.mã'ti.] *o* denial, disclaimer; *een ~ geven* give the lie.

demi [də'mi.] *m* zie *demi-saison*.

demi-finale [-fi.'na.lə] *v sp* semi-final.

demi-saison [-sɛ'zõ] *m* spring overcoat; summer overcoat; autumn overcoat.

demobilisatie [de.mo.bi.li.'za.(t)si.] *v* ✕ demobilization.

demobiliseren [-'ze:rə(n)] *vt* ✕ demobilize.

democraat [de.mo.'kra.t] *m* democrat.

democratie [-kra.'(t)si.] *v* democracy.

democratisch [-'kra.ti.s] *aj* (& *ad*) democratic(ally).

demon ['de.mòn] *m* demon.

demonisch [de.'mo.ni.s] I *aj* demoniac(al); II *ad* demoniacally.

demonstrant [-mòn'strɑnt] *m* demonstrator.

demonstratie [-'stra.(t)si.] *v* demonstration; display [by aircraft].

demonstreren [-'stre:rə(n)] *vt & vi* demonstrate.

demonteren [-'te:rə(n)] *vt* dismount [a gun]; ✕ dismantle [machines, mines].

demoralisatie [de.mo.ra.li.'za.(t)si.] *v* demoralization.

demoraliseren [-'ze:rə(n)] *vt* demoralize.

dempen ['dɛmpə(n)] *vt* quench, smother [fire]; quell, crush, stamp out [a revolt]; damp [a furnace]; deaden [the sound]; fill up [a canal &]; subdue [light]; *met gedempte stem* in a muffled voice.

demper [-pər] *m* 1 ♠ damper; 2 ♪ mute.

demping [-pıŋ] *v* filling up; quenching &.

den [dɛn] *m* ♣ fir, fir tree; *grove ~* pine.

denappel ['dɛnɑpəl] = *denneappel*.

denderen ['dɛndərə(n)] *vi* rumble.

denderend [-rɑnt] *aj & ad* S smashing.

Denemarken ['de.nəmɑrkə(n)] *o* Denmark.

denim [de.nɪm] *o* denim.

denkbaar ['dɛŋkba:r] *aj* imaginable, conceivable, thinkable.

denkbeeld [-be.lt] *o* idea, notion; *u kunt u er geen ~ van maken (vormen)* you cannot form an idea of it.

denkbeeldig [dɛŋk'be.ldəx] *aj* imaginary.

denkelijk ['dɛŋkələk] I *aj* probable, likely; II *ad* probably; *hij zal ~ niet komen* he is not likely to come.

denken ['dɛŋkə(n)] *vi & vt* think; *...denk ik ...*I think, I suppose; *...zou ik ~* I should think; *~ aan iets* think of a thing; *daar is geen ~*

aan it is out of the question; *denk eens aan!* just think of it, fancy that!; *doen ~ aan* make [a person] think of; remind [them] of [his brother &]; *...dacht ik bij mijzelf* I thought to myself; *om iets ~* think of a thing; *denk er om!* mind!; *over iets ~* think about (of, on, upon) a thing; *ik denk er niet over* I wouldn't even dream of it; *ik zal er eens over ~* I'll see about it; *ik denk er nu anders over* I now feel differently; *ik denk er heen te gaan* I think of going (there); *ik denk er het mijne van* I know what to think of it; *dat kun je ~!* fancy me doing that!, catch me!, not I!; *het laat zich ~* it may be imagined.

denker [-kər] *m* thinker.

denkfout ['dɛŋkfout] *v* error of thought.

denkproces [-pro.ses] *o* thinking process, thought process.

denkvermogen [-fərmo.gə(n)] *o* faculty of thinking, thinking faculty; intellectual power.

denkwijs, -wijze [-vɛis, -vɛizə] *v* way of thinking, way(s) of thought, habit of thought.

denneappel ['dɛnəapəl] *m* ♣ fir-cone, fir-apple.

denneboom [-bo.m] *m* ♣ fir-tree.

dennehout [-hout] *o* fir-wood.

dennen ['dɛnə(n)] *aj* fir.

dennenaald ['dɛnəna.lt] *v* ♣ fir-needle.

dennenbos ['dɛnə(n)bòs] *o* fir-wood.

Dep. = *departement*.

departement [de.partə'mɛnt] *o* department, government office; ~ *van Binnenlandse Zaken* Home Office; ~ *van Buitenlandse Zaken* Foreign Office; ~ *van Marine* Navy Office; ~ *van Oorlog* War Office.

departementaal [-mɛn'ta.l] departmental.

dependance [de.pã'dãsə] *v* annex(e) [to a hotel].

deplorabel [-plo.'ra.bəl] pitiable.

deponeren [-po.'ne:rə(n)] *vt* put down [something]; deposit [a sum of money], lodge [a document with a person].

deportatie [-pɔr'ta.(t)si.] *v* deportation, transportation.

deporteren [-pɔr'te:rə(n)] *vt* deport, transport.

deposito [-'po.zi.to.] *o* $ deposit; *in ~* on deposit.

depositobank [-haŋk] *v* deposit bank.

depot [de.'po.] *o & m* $ ⚔ depot; 2 $ depot.

depothouder [-houdər] *m* $ (sole) agent.

depreciatie [de.pre.si.'a.(t)si.] *v* depreciation.

depressie ['-prɛsi.] *v* depression.

deprimeren [-pri.'me:rə(n)] *vt* depress, dispirit.

Dept. = *departement*.

deputatie [-py.'ta.(t)si.] *v* deputation.

deraillement [de.ra(l)jə'mɛnt] *o* derailment.

derailleren [-'je:rə(n)] *vi* go (run) off the metals.

derangeren [de.rã'ʒe:rə(n)] I *vt* inconvenience; II *vr* ~ put oneself out, trouble.

derde ['dɛrdə] I *aj* third; ~ *man* 1 third person; 2 third player; *ten ~* thirdly; II *sb* 1 third (part); 2 third person, third party; 3 third player.

derderangs ['dɛrdəraŋs] third-rate.

deren ['de:rə(n)] *vt* harm, hurt, injure; *wat deert u?* what is the matter with you?; *wat deert 't ons?* what do we care?; *het deerde hem niet, dat...* it was nothing to him that...

dergelijk ['dɛrgələk] such, suchlike, like, similar; *en ~e* and the like; *iets ~s* something like it; some such thing, (say) something to that effect (in that strain).

derhalve [dɛr'halvə] therefore, consequently, so.

dermate ['dɛrma.tə] in such a manner, to such a degree.

dertien ['dɛrti.n] thirteen.

dertiende [-ti.ndə] thirteenth (part).

dertig [-tɔx] thirty.

dertiger [-təgər] *m* person of thirty (years).

dertigjarig [-təxja:rəx] of thirty years; *de D~e*

oorlog the Thirty Years' War.

dertigste [-tɔxstə] thirtieth (part).

derven ['dɛrvə(n)] *vt* be (go) without, be deprived of, forgo [wages].

derving [-vtŋ] *v* privation, want, loss.

des [dɛs] of the, of it, of that; ~ *avonds zie avond*; ~ *te beter* all the better, so much the better; *hoe meer...,* ~ *te meer...* the more..., the more...

desa ['dɛsa.] *v Ind* village (community).

desalniettemin [dɛsalni.tə'mɪn] nevertheless, for all that.

desavoueren [de.za.vu.'e:rə(n)] *vt* repudiate, disavow.

desbetreffend ['dɛsbətrɛfənd] pertinent (relating, relative) to the matter in question.

desbevoegd [-bəvu.gt] competent.

desbewust [-bəvŭst] conscious of it.

desem ['de.səm] *m* leaven.

desemen ['de.səmə(n)] *vt* leaven.

deserteren [de.zɛr'te:rə(n)] *vi* desert.

deserteur [-'tø:r] *m* deserter.

desertie [de.'zɛr(t)si.] *v* desertion.

desgelijks [dɛsgə'leiks] likewise, also, as well.

desgewenst [-'vɛnst] if so wished, if desired.

desillusie, desilluzie ['de.zi.ly.zi.] *v* disillusionment, disenchantment.

desinfecteermiddel [de.zɪnfɛk'te:rmɪdəl] *o* disinfectant.

desinfecteren [-'te:rə(n)] *vt* disinfect.

desinfectie [-'fɛksi.] *v* disinfection.

desinfectiemiddel [-mɪdəl] *o* disinfectant.

deskundig [dɛs'kŭndəx] *aj* expert; ~*e, m-v* expert.

deskundigheid [-hɛit] expert knowledge, expertise.

desniettegenstaande, desniettemin [dɛsni.te.gən-'sta.ndə, -tə'mɪn] for all that, nevertheless.

desnoods [dɛs'no.ts, 'dɛsno.ts] if need be, F at a pinch.

desolaat [de.zo.'la.t] disconsolate, ruined.

desondanks [dɛsɔn'daŋks] nevertheless, for all that.

desorganisatie [de.zɔrga.ni.'za.(t)si.] *v* disorganization.

desorganiseren [-'ze:rə(n)] *vt* disorganize.

despoot [dɛs'po.t] *m* despot.

despotisch [-'po.ti.s] *aj* (& *ad*) despotic(ally).

despotisme [-po.'tɪsmə] *o* despotism.

dessert [dɛ'sɛrt] *o* dessert; *bij het ~* at dessert.

dessertlepel [-le.pəl] *m* dessert-spoon.

dessin [dɛ'sɛ̃] *o* design, pattern.

destijds ['dɛstɛits] at the (that) time.

desverlangd [-laŋt] if desired.

deswege ['dɛsve.gə] for that reason, on that account.

detachement [de.taʃə'mɛnt] *o* ⚔ detachment, draft, party.

detacheren [-'ʃe:rə(n)] *vt* detach, detail, draft (off).

detail [de.'tai] *o* detail; *en ~* $ (by) retail; *in* ~*s* in detail; *in* ~*s treden* enter (go) into detail(s).

detailhandel [-handəl] *m* $ 1 retail trade; 2 retail business.

detaillist [de.tai'jist] *m* $ retailer, retail dealer.

detective [de.tɛk'ti.və] *m* detective.

detectiveroman [-ro.man] *m* detective novel; ~ *s ook:* detective fiction.

detectiveverhaal [-vərha.l] *o* detective story, F whodunit.

determineren [de.tɛrmi.'ne:rə(n)] *vt* determine.

detineren [de.ti.'ne:rə(n)] *vt* detain.

deugd [dø.xt] *v* virtue [*ook* = quality]; (good) quality; *lieve ~!* good gracious!

deugdelijk ['dø.xdələk] I *aj* sound, valid; II *ad* duly.

deugdelijkheid [-hɛit] *v* soundness, validity.

deugdzaam ['dø.xtsa.m] 1 virtuous [women];

2 hard-wearing [stuff].

deugdzaamheid [-hɛit] *v* 1 virtuousness; virtue; 2 good quality.

deugen ['dø.ɣə(n)] *vi* be good, be fit; *niet ~* be good for nothing, be no good; *dit deugt niet* it is not any good, this won't do; *je werk deugt niet* your work is bad; *als onderwijzer deugt hij niet* as a teacher he is inefficient; *hij deugt niet voor onderwijzer* he is unfit for a teacher.

deugniet ['dø.xni.t] *m* good-for-nothing, ne'er-do-well, rogue, rascal.

deuk [dø.k] *v* dent, dint.

deuken ['dø.kə(n)] *vt* dent, indent.

deukhoed ['dø.khu.t] *m* soft felt hat, Trilby (hat).

deun [dø.n] *m* tune, song, singsong, chant.

deuntje ['dø.ncə] *o* air, tune.

deur [dø:r] *v* door; *dat doet de ~ dicht* that puts the lid on it; *de ~ openzetten voor misbruiken* open the door to abuses; *iemand de ~ platlopen* be either coming or going; *de ~ uit!* to the door with him (with you)!; *ik ga (kom) de ~ niet uit* I never go out; *iemand de ~ uitzetten* put one to the door, turn one out; *iemand de ~ wijzen* show one the door; *aan de ~* at the door; *bij de ~* near (at) the door; *buiten de ~* out of doors; *in de ~* in his door, in the doorway; *met gesloten ~en* behind closed doors; *rk* in camera; *met open ~en* with open doors; *rk* in open court; *met de ~ in huis vallen* go straight to the point; *het gevaar staat voor de ~* the danger is imminent; *de winter staat voor de ~* winter is at hand.

deurbel ['dø:rbɛl] *v* door-bell.

deurklink [-kliŋk] *v* door-latch.

deurklopper [-klɔpər] *m* door-knocker.

deurknop [-knɔp] *m* door-handle, knob.

deurlijst [-lɛist] *v* door-frame.

deurmat [-mat] *v* door-mat.

deuropening [-o.pəniŋ] *v* doorway.

deurpost [-pɔst] *m* door-post.

deurslot [-slɔt] *o* door-lock.

deurstijl [-stɛil] *m* zie *deurpost*.

deurwaarder [-va:rdər] *m* process-server; usher.

deurwaardersexploot [-dərsɛksplo.t] *o* rk writ (of execution).

Deuteronomium [dø.təro.'no.mi.ũm] *o* Deuteronomy.

deux-pièces [dø.pi.'ɛ.s] *v* two-piece.

devaluatie [de.va.ly.'a.(t)si.] *v* devaluation.

devalueren [-'e:rə(n)] *vt* devaluate, devalue.

devies [də'vi.s] *o* device, motto; *deviezen* S (foreign) exchange, (valuta) (foreign) currency.

devoot [de.'vo.t] *aj* (& *ad*) devout(ly), pious(ly).

devotie [-'vo.(t)si.] *v* devotion, piety.

deze [de.zə] this, these; *~ en gene* this one and the other; *~ of gene* somebody or other; this or that man; zie ook: *gene*; *de 10de ~r* the 10th inst.; *schrijver ~s* the present writer; *bij ~n* herewith, hereby; *in ~n* in this matter; *na (voor) ~n* after (before) this (date); *ten ~n* in this respect.

dezelfde [də'zɛlvdə] the same; *precies ~* the very same.

dezerzijds ['de.zərzɛits] on this side.

dia ['di.a.] *m* transparency, slide.

diabetes [di.a.'be.təs] *m* diabetes.

diabeticus [-ti.kũs] *m* diabetic.

diabolisch [di.a.'bo.li.s] *aj* (& *ad*) diabolical(ly).

diabolo [-lo.] *m* diabolo.

diacones [di.a.ko.'nɛs] *v* 1 deaconess; 2 sick-nurse.

diaconessenhuis [-'nɛsə(n)hœys] *o* 1 home for deaconesses; 2 nursing-home.

diaconie [-'ni.] *v* Poor-law Board; *hij leeft (trekt) van de ~* he receives parish relief.

diadeem [di.a.'de.m] *m* & *o* diadem.

diafragma [di.a.'fraxma.] *o* diaphragm.

diagnose [di.a.'gno.zə] *v* diagnosis; *de ~ stellen* diagnose the case.

diagnostiseren, diagnostizeren [-gnɔsti.'ze:rə(n)] *vt* diagnose.

diagonaal [di.a.go.'na.l] I *aj* (& *ad*) diagonal(ly); II *v* diagonal (line).

diagram [-'gram] *o* diagram.

diaken [di.'a.kə(n)] *m* deacon.

dialect [di.a.'lɛkt] *o* dialect.

dialectisch [-'lɛkti.s] 1 dialectal [word]; 2 dialectical [philosophy, materialism].

dialoog [-'lo.x] *m* dialogue.

diamant [-'mant] *m* & *o* diamond.

diamanten [-'mantə(n)] *aj* diamond.

diamantslijper [di.a.'mantslɛipər] *m* diamond-polisher.

diamantslijperij [di.a.mantslɛipə'rɛi] *v* diamond-polishing factory.

diamantwerker [di.a.'mantvɛrkər] *m* diamond-worker.

diameter ['di.a.me.tər] *m* diameter.

diametraal [di.a.me.'tra.l] *aj* (& *ad*) diametrical(ly).

diarree [di.a're.] *v* diarrhoea.

dicht [dixt] I *aj* 1 closed [doors, car]; 2 dense [clouds, fog, forests &], close [texture], thick [fog, woods], tight [ships]; *de deur was ~* the door was closed (shut); *hij is zo ~ als een pot* he is very close; II *ad* closely [interwoven]; densely [populated].

dichtader ['dixta.dər] *v* poetic vein.

dichtbevolkt [-bəvɔlkt] densely populated.

dichtbij [dixt'bɛi] close by, hard by, near.

dichtbinden ['dixtbində(n)] *vt* tie up.

dichtbundel [-bündəi] *m* volume of verse.

dichtdoen ['dixtdu.n] *vt* shut, close.

dichtdraaien [-dra.jə(n)] *vt* turn off [a tap].

1 **dichten** ['dixtə(n)] *vt* & *vi* make verses; write poetry.

2 **dichten** ['dixtə(n)] *vt* stop (up), close [a dyke].

dichter [-tər] *m* poet.

dichterlijk ['dixtərlək] I *aj* poetic(al); II *ad* poetically.

dichtgaan ['dixtga.n] *vi* 1 (v. deur &) shut, close; 2 (v. wonde) heal over (up), close.

dichtgooien [-go.jə(n)] *vt* slam [a door]; fill up [a ditch], fill in [a well].

dichtheid [-hɛit] *v* density.

dichthouden [-hou(d)ə(n)] *vt* keep closed (shut); hold [one's nose], stop [one's ears].

dichtknopen [-kno.pə(n)] *vt* button up.

dichtkunst [-künst] *v* (art of) poetry, poetic art.

dichtmaat [-ma.t] *v* metre; *in ~* in verse.

dichtmaken [-ma.kə(n)] *vt* close, stop [a hole]; shut [one's book], do up [her dress].

dichtnaaien [-na.jə(n)] *vt* sew up.

dichtplakken [-plakə(n)] *vt* seal (up).

dichtregel [-re.gəl] *m* verse.

dichtschroeven [-s(x)ru.və(n)] *vt* screw down (up).

dichtschuiven [-sxœyvə(n)] *vt* shut.

dichtslaan [-sla.n] I *vt* slam, bang [a door]; II *vi* slam (to).

dichtspijkeren [-spɛikərə(n)] *vt* nail up; board up [a window].

dichtstoppen [-stɔpə(n)] *vt* stop.

dichttrekken ['dixtrɛkə(n)] *vt* pull [the door] to, draw [the curtains].

dichtvorm [-dixtfɔrm] *m* poetic form; *in ~* in verse.

dichtvouwen [-fouə(n)] *vt* fold up.

dichtvriezen [-fri.zə(n)] *vi* freeze over (up).

dichtwerk [-vɛrk] *o* poetical work, poem.

dictaat [dik'ta.t] *o* 1 dictation; 2 ('t gedicteerde) notes.

dictator [dɪk'ta.tər] *m* dictator.
dictatoriaal [-ta.to:ri.'a.l] *aj* (& *ad*) dictatorial-(ly).
dictatorschap [-'ta.tərsxɑp] *o* dictatorship.
dictatuur [-ta.'ty:r] *v* dictatorship.
dictee [-'te.] *o* dictation.
dicteermachine [-'te:rma.ʃi.nə] *v* dictating machine.
dicteersnelheid [-snɛlhɛit] *v* dictation speed.
dicteren [dɪk'te:rə(n)] *vt* & *vi* dictate.
dictie ['dɪksi.] *v* diction, utterance.
dictionaire [dɪkʃo.'nɛ:rə] *v* dictionary.
didactisch, didaktisch [di.'dɑkti.s] I *a* didactic;
II *ad* didactically.
die [di.] I *aanw. vnw.* that, those; ~ *met de groene jas* the one in the green coat, he of the green coat; *Meneer* ~ *en* ~ (Mr.) So-and-so; *in* ~ *en* ~ *plaats* in such and such a place;
II *betr. vnw.* which, who, that.
dieet [di.'e.t] *o* diet, regimen; ~ *houden, op* ~ *leven* be on a diet, diet oneself; *hem op* (*streng*) ~ *stellen* put him on a diet, diet him.
dief [di.f] *m* thief; *het is* ~ *en dievenmaat* the one is as great a thief as the other; *kleine dieven hangt men op, en de grote laat men lopen* the law catches flies but lets hornets go free; *met dieven moet men dieven vangen* set a thief to catch a thief; *als een* ~ *in de nacht*, as (like) a thief in the night.
diefachtig [di.fɑxtəx] thievish.
diefstal [-stɑl] *m* tʌeft, robbery, ɪʰɟ larceny.
diegene ['di.ɡe.nə] he, she; ~*n die* those who.
dienaangaande ['di.na.nga.ndə] with respect to that, F on that score.
dienaar ['di.na:r] *m* servant; *uw dienstwillige* ~ *H.* Yours faithfully H.
dienares(se) [di.na:'rɛs(ə)] *v* servant.
dienbak ['di.nbɑk] *m* (dinner-)tray.
diender [-dər] *m* policeman, constable; *dooie* ~ F stick.
dienen ['di.nə(n)] I *vt* serve [the Lord, two masters &]; *dat kan u niet* ~ that won't serve your purpose; *waarmee kan ik u* ~? 1 (bij dienstaanbieding) what can I do for you?; 2 (in winkel) what's your pleasure?; *om u te* ~ I at your service; 2 right you are!; *va* serve [in the army, navy], be in service [of girls &]; *gaan* ~ go (out) to service; *het dient te gebeuren* it ought to (must) be done; *deze dient om u aan te kondigen, dat...* the present is to let you know that...; ~ *als verontschuldiging* serve as an excuse; ~ *bij de artillerie* serve in the artillery; ~ *bij rijke mensen* serve with rich people; *nergens toe* ~ serve no earthly purpose, be no good; *waartoe zou het* ~? what's the good?; ~ *tot bewijs* serve as a proof; *tot niets* ~ zie *nergens toe dienen*; *laat u dit tot een waarschuwing* ~ let this be a warning to you; *iemand van advies* ~ advise a person; *iemand van antwoord* ~ I answer a person; 2 (iron.) serve one out; *van zo iets ben ik niet gediend* none of that for me.
dienovereenkomstig [di.no.vərə.n'kòmstəx] accordingly.
dienst [di.nst] *m* service; *commissie van goede* ~*en* good offices commission (committee); *iemand een* ~ *bewijzen* do (render) one a service; *goede* ~*en bewijzen* do good service; *u hebt mij een slechte* ~ *bewezen* you have done me an ill service; ~ *doen* perform the duties of one's office; be on duty [of police &]; *die jas kan nog* ~ *doen*, may be useful yet; ~ *doen als...* serve as, serve for, do duty as...; *de* ~ *doen* officiate [of a clergyman]; ~ *hebben* be on duty; 2 be in attendance [at court]; *geen* ~ *hebben* I be off duty [of a soldier, of a doctor &]; 2 be out of employment [of servants]; ~ *nemen* ✕ enlist; *de* ~ *opzeggen* give warning, give (a month's)

notice; *de* ~ *weigeren* refuse its office [of a thing]; refuse to obey [of persons]; *een* ~ *zoeken* look out for a place; *de ene* ~ *is de andere waard* one good turn deserves another; *buiten* ~ 1 (v. persoon) off duty; retired [colonel &]; 2 (v. schip &) taken out of the service; 3 (als opschrift v. spoorweg-rijtuig &) not to be used!; *buiten* ~ *stellen* lay up, scrap [a ship &]; *in* ~ *gaan* go into service; *in* ~ *hebben*, employ [600 men and women]; *in* ~ *komen* enter upon one's duties, take up office; ✕ enter the service [the army]; *in* ~ *nemen* take [one] into one's service (employ), engage [a servant &]; *in* ~ *stellen* put [a steamer] on the service; *in* ~ *treden* zie *in* ~ *komen*; *in* ~ *zijn* I be in service, be serving; 2 be on duty; 3 ✕ be in the army; *in mijn* ~ in my employ; *na de* ~ after (divine) service; *onder* ~ *gaan* ✕ enlist; *onder* ~ *zijn* be in the army; *ten* ~ *e van* for the use of...; *tot de* (*heilige*) ~ *toegelaten* admitted to holy orders; *tot uw* ~! don't mention it!; *het is tot uw* ~ it is at you service, at your disposal; *het zal u van* ~ *zijn* it will be of use to you; it will render you good service; *waarmee kan ik u van* ~ *zijn?* zie *dienen*; *zonder* ~ out of employment.
dienstauto [-outo., -o.to.] *m* official (motor-)car.
dienstbaar [-ba:r] liable to service, subservient, menial; (*een volk*) ~ *maken* subjugate; ~ *maken aan* make sʰ bservient to.
dienstbetoon [-bəto.n] *o* service(s) rendered.
dienstbetrekking [-bətrɛkɪŋ] *v* service.
dienstbode [-bo.də] *v* (domestic) servant, maid-servant.
dienstbodenvraagstuk [-bo.də(n)vra.xstŭk] *o* servant problem.
dienstbrief [-bri.f] *m* (official) missive.
dienstdoend ['di.nsdu.nt] 1 in waiting [at court]; 2 ✕ on duty; 3 (waarnemend) acting; ~*e beambte* official in charge.
dienster ['di.nstər] *v* waitress.
dienstig [-stəx] serviceable, useful; ~ *voor* conducive to, beneficial to.
dienstijver ['di.nstɛivər] *m* (professional) zeal.
dienstjaar [-ja:r] *o* 1 financial year, fiscal year; 2 year of service, in: *dienstjaren* years of service, years in office.
dienstkleding [-kle.dɪŋ] *v* uniform.
dienstklopper [-klɔpər] *m* martinet.
dienstknecht [-knɛxt] *m* servant, man-servant.
○ **dienstmaagd** [-ma.xt] *v* servant, handmaid
dienstmeid [-mɛit] *v* (maid-)servant.
dienstmeisje [-mɛiʃə] *o* servant-girl.
dienstplicht [-plɪxt] *m* & *v* compulsory (military) service; *algemene* ~ general conscription.
dienstplichtig [di.nst'plɪxtəx] liable to (military) service; ~*e m* conscript.
dienstregeling ['di.nstre.gəlɪŋ] *v* time-table, ✕ (& *Am*) schedule.
dienstreis [-rɛis] *v* official journey, tour.
diensttijd ['di.nstɛit] *m* 1 (v. iedere dag) working-hours, hours of attendance; 2 (v. iemands loopbaan) term of office; 3 ✕ period of service.
dienstvaardig [di.nst'fa:rdəx] obliging.
dienstvaardigheid [-hɛit] *v* obligingness.
dienstweigeraar [-vɛigəra:r] *m* ✕ conscientious objector.
dienstweigering [-rɪŋ] *v* refusal to obey orders.
dienstwoning [di.nstvo.nɪŋ] *v* official residence.
dienstzaak [-sa.k] *v* ~*zaken* [-sa.kə(n)] *mv* official business.
dientafeltje ['di.nta.fəlcə] *o* dinner-wagon, dumb-waiter.
dientengevolge [di.ntɛngə'vɔlgə] in consequence, hence, as a result.
1 **diep** [di.p] I *aj* deep [water, bow, mourning,

colour, sleep, sigh &], profound [interest, secret, bow]; *in~e gedachten* deep in thought; II *ad* deeply, profoundly; ~ *gevallen* fallen low; ~ *in de dertig* well on in the thirties; ~ *in de nacht* far into the night, very late in the night; ~ *in de schulden* deep in debt; III *als o in: in het ~ste van zijn hart* in the depths of his heart, in his heart of hearts.

2 diep [di.p] *o* deep; canal; channel of a harbour; *het grondeloze* ~ ○ the unfathomed deep.

diepgaand ['di.pga.nt] searching [inquiry]; profound [difference]; ⚓ with a deep draught.

diepgang [-gaŋ] *m* ⚓ draught; *fig* depth; *een* ~ *hebben van 10 voet* draw 10 feet of water.

diepliggend [-lıgənt] sunken, deep-set [eyes].

dieplood [-lo.t] *o* sounding-lead, deep-sea lead.

diepte [-tə] *v* deep (= the sea); depth[2]; *fig* deepness, profoundness; *naar de* ~ *gaan* go to the bottom.

dieptebom [-təbòm] *v* depth-charge.

dieptepunt [-pûnt] *o* lowest point; *... heeft het* ~ *bereikt* ...is at its lowest ebb.

dieptepsychologie [-psi.go.lo.gi.] *v* depth psychology.

diepvries ['di.pfri.s] deep-freeze [vegetables &].

diepvrieskast [-kast] *v* deep-freeze.

diepzeeonderzoek [-òndərzu.k] *o* deep-sea research.

diepzinnig [di.p'sınɔx] *aj* (& *ad*) deep(ly), profound(ly), abstruse(ly).

diepzinnigheid [-heit] *v* depth, profoundness, profundity, abstruseness.

dier [di:r] *o* animal, beast.

dierbaar ['di:rba:r] dear, beloved, dearly beloved; *mijn ~ste wens* my dearest wish.

dierbaarheid [-heit] *v* dearness.

dierenarts ['di:rənarts] *m* veterinary surgeon.

dierenbescherming ['di:rə(n)bəsxermıŋ] *v* protection of animals; *de* ~ the Society for the Prevention of Cruelty to Animals.

dierenepos [di:rəne.pos] *o* oeast epic.

dierenriem [-ri.m] *m* ✳ zodiac.

dierenrijk [-rɛik] *o* animal kingdom.

dierentemmer [-tɛmər] *m* tamer (of wild beasts).

dierentuin [-tœyn] *m* zoological garden(s), F zoo.

dierenvriend [-vri.nt] *m* animal lover.

dierenwereld [-ve.rəlt] *v* animal world, § fauna.

diergaarde ['di:rga:rdə] *v* zoological garden(s), F zoo.

dierkunde [-kûndə] *v* zoology.

dierkundig [di:r'kûndəx] zoological.

dierkundige [-dəgə] *m* zoologist.

dierlijk [-dı'rlɔk] animal [fat, food, magnetism &], bestial [instincts], brutal, brutish [lusts].

dierlijkheid [-heit] *v* animality; bestiality, brutality.

diersoort ['di:rso:rt] *v* species of animals.

1 ⚓dies [di.s] *ad* therefore, consequently; *en wat ~ meer zij* and so on, and so forth.

2 dies ['di.ɛs] *m* ⚓ ± Founders' Day, [Oxford University] Commemoration.

diesel-elektrische trein ['di.zəle.lektri.sətrein] *m* Diesel electric train.

dieselmotor [-mo.tər] *m* Diesel engine.

dieselolie [-o.li.] *v* Diesel oil.

diëtist [di.e.'tıst] *m* dietician.

diets [di.ts] *iemand iets* ~ *maken* zie *wijsmaken*. Diets [di.ts] *o* (mediaeval) Dutch.

dievegge [di.'vɛgə] *v* (female) thief.

dieven ['di.və(n)] *vt* steal, pilfer, thieve.

dievenbende [-bendə] *v* gang of thieves.

dievenhol [-hɔl] *o* thieves' den.

dievenlantaarn, -lantaren [-lanta:rən] *v* dark lantern, bull's-eye.

dievenwagen [-va.gə(n)] zie *gevangenwagen*.

dieverij [di.və'rei] *v* theft, robbery, thieving.

differentiaal [dıfərən(t)si.'a.l] *v* × differential.

differentiaalrekening [-re.kənıŋ] *v* × differential calculus.

differentieel [dıfərən(t)si.'e.l] I *aj* in: *differentiële rechten* differential duties; II *v* ⚒ differential.

diffuus [di.'fy.s] diffuse.

difterie [dıftə'ri.] *difteritis* (-'ri.tıs) *v* diphtheria.

diftong [dıf'tòŋ] *v* diphthong.

digestie [di.'gesti.] *v* digestion.

diggel ['dıgəl] *m* potsherd; *aan ~en vallen* fall to smithereens.

dignitaris [dıgni.'ta:rəs] *m* dignitary.

dij [dɛi] *v* thigh.

dijbeen ['dɛibe.n] *o* thigh-bone, § femur.

dijk [dɛik] *m* dike, bank, dam; *aan de* ~ *zetten* get rid of [a functionary].

dijkbestuur ['dɛikbəsty:r] *o* board of inspection of dikes.

dijkbreuk [-brø.k] *v* bursting of a dike.

dijkgraaf [-gra.f] *v* dike-reeve.

dijkschouw [-sxou] *m* inspection of a dike (o dikes).

dijkwerker [-vɛrkər] *m* dike-maker, diker.

dijkwezen [-ve.zə(n)] *o* all that concerns the dikes.

dijspier ['dɛispi:r] *v* thigh muscle.

dik [dık] I *aj* thick[*], big, bulky, burly, stout; ~ *en vet* plump; *Karel de Dikke* Charles the Fat; *de ~ke dame* the fat lady; *een ~ke honderd gulden* a hundred guilders odd; *~ke melk* curdled milk; *een* ~ *uur* a good hour; *~ke vrienden* great (close, fat) friends; *ze zijn ~ke vrienden* they are very thick (together); *een ~ke wang* a swollen cheek; *~ke wangen* plump cheeks; *~ke woorden* big words; *maak je niet* ~ F don't get excited, S keep your hair on; ~ *worden* grow fat, gather flesh; II *ad* thickly; *het er* ~ *opleggen* lay it on thick; *de... ligt er* ~ *op* the... is laid on thick; *er* ~ *in zitten* be a warm man; III *o* thick (part); grounds [of coffee]; *door* ~ *en dun met iemand meegaan* go through thick and thin with a man.

dikbuik ['dıkbœyk] *m* F fatty.

dikbuikig [dık'bœykəx] big-bellied, corpulent.

dikheid ['dıkheit] *v* thickness, corpulency, bigness.

dikhuidig [dık'hœydəx] *aj* thick-skinned[*], pachydermatous[*]; *~e dieren, ~en* thick-skinned quadrupeds, pachyderms.

dikkerd ['dıkərt] *m* zie *dikzak*.

dikwerf ['dıkvɛrf] zie *dikwijls*.

dikwijls [-vəls] often, frequently.

dikzak [-sak] *m* big fellow, F fatty.

dilemma [di.'lema.] *o* dilemma; *iemand voor een* ~ *stellen* place a man on the horns of a dilemma.

dilettant(e) [-lɛ'tant(ə)] *m(-v)* dilettante [*mv* dilettanti], amateur.

dilettanterig [-tərəx] *aj* (& *ad*) amateurish(ly).

dilettantisme [di.lɛtɑn'tısmə] *o* dilettantism, amateurishness.

diligence [di.li.'ʒãsə] *v* stage-coach, coach.

dille ['dılə] *v* ⚘ dill.

diluviaal [di.ly.vi.'a.l] diluvial.

diluvium [-'ly.vi.ûm] *o* diluvium.

dimensie [di.'mensi.] *v* dimension.

dimlicht ['dımlıxt] *o* in: *met ~(en) rijden* ⚠ drive on dipped headlights.

dimmen ['dımə(n)] *vt* & *vi* dim [the headlights].

Dina ['di.na.] *v* Dinah.

diner [di.'ne.] *o* dinner, dinner party.

dineren [- ne:rə(n)] *vi* dine.

ding [dıŋ] *o* thing; *een aardig ~!* a bright young thing [of a girl]; *het is een heel* ~ F it is not an easy thing; *alle goede ~en in drieën* third time is lucky.

dingen ['dıŋə(n)] *vi* chaffer, bargain, haggle; ~ *naar* compete for, try to obtain [a post &]; ~ *naar de gunst van* court the favour of; ~

naar de hand van een meisje sue for the hand of a girl.

dinges ['dɪŋəs] *mijnheer* ~ Mr. Thingumbob, Mr. So-and-so, Mr. What-d'ye-call-'em.

dingsigheidje [dɪŋsəxheicə] *o* F gadget, trifle.

dinsdag ['dɪnsdɑx] *m* Tuesday.

dinsdags [-s] I *aj* Tuesday; II *ad* on Tuesdays.

diocees [di.o.'se.s] *o* diocese.

diocesaan [-se.'za.n] *aj & m* diocesan.

diocese [-'se.zə] *v = diocees.*

dioptrie [di.ɔp'tri.] *v* diopter.

diorama [di.o.'ra.ma.] *o* diorama.

diploma [di.'plo.ma.] *o* certificate, diploma.

diplomaat [-plo.'ma.t] *m* diplomatist, diplomat.

diplomatie [-ma.'(t)si.] *v* diplomacy, diplomatics.

diplomatiek [-ma.'ti.k] **diplomatisch** [-'ma.ti.s] *aj (& ad)* diplomatic(ally).

diplomeren [-'me:rə(n)] *vt* cerificate; *gediplomeerd verpleegster* ook: qualified (trained) nurse.

direct [di.'rɛkt] I *aj* direct; II *ad* directly, at once.

directeur [-rək'tø:r] *m* director, managing director [of a company]; manager [of a theatre]; governor [of a prison]; superintendent [of a hospital]; *&* postmaster; principal, headmaster [of a school]; ♪ (musical) conductor, choir-master.

directeurschap [-'tø:rsxɑp] *o* directorship, directorate.

directie [di.'rɛksi.] *v* board; management.

directief [di.rɛk'ti.f] *o* directive.

directiekeet [di.'rɛksi.ke.t] *v* building shed.

Directoire [di.rɛk'tva:r] *het* ~ the Directory [1795-99].

directoire [di.rɛk'tva:r] *m* knickers.

directoraat [-to.'ra.t] *o* directorate.

directrice [di.rɛk'tri.sə] *v* directress; manageress [of a hotel], (lady-)principal, headmistress [of a school]; superintendent, matron [of a hospital].

dirigeerstok [di.ri.'ge:rstɔk] *m* ♪ baton, conductor's wand.

dirigent [-'gɛnt] *m* (musical) conductor [of an orchestra], (v. k o o r) choir-master.

dirigeren [-'ge:rə(n)] *vt* direct [troops]; ♪ conduct [an orchestra].

discant [dɪs'kɑnt] *m* ♪ descant, treble, soprano.

discipel [dɪ'si.pəl] *m* disciple [of Christ, of any leader of thought &]; pupil [of a school].

disciplinair [-si.pli.'nɛ:r] disciplinary.

discipline [-'pli.nə] *v* discipline.

disciplineren [-pli.'ne:rə(n)] *vt* discipline.

discobar [-'dɪsko.bɑr] *m* **×** record shop.

disconteerbaar [dɪskɔn'te:rba:r] $ discountable.

disconteren [-'te:rə(n)] *vt* $ discount.

disconto [dɪs'kɔnto.] *o* $ (rate of) discount, (bank) rate.

discontobank [-bɑŋk] *v* $ discount-bank.

discotheek [dɪsko.'te.k] *v* record library.

discours [dɪs'ku:rs] *o* conversation.

discreet [dɪs'kre.t] I *aj* modest [behaviour]; considerate [handling of the business]; discreet [person]; II *ad* modestly; considerately; discreetly.

discretie [-'kre.(t)si.] *v* 1 modesty; considerateness; 2 (g e h e i m h o u d i n g) secrecy; 3 (g o e d - v i n d e n) discretion.

discriminatie [dɪskri.mi.'na.(t)si.] *v* discrimination.

discus ['dɪskʏs] *m* discus, disc, disk.

discussie [dɪs'kʏsi.] *v* discussion, debate, argument.

discussiëren [-kʏsi.'e:rə(n)] *vi* zie *discuteren*

discuswerpen ['dɪskʏsvɛrpə(n)] *o* throwing the discus.

discuswerper [-pər] *m* discus thrower.

discuteren [dɪsky.'te:rə(n)] *vi* discuss, argue;

---

met iemand ~ argue with a person; *over iets* ~ discuss, talk over, ventilate a subject.

○ **disgenoot** ['dɪsgəno.t] *m* neighbour at table, fellow-guest; *de disgenoten* the guests.

diskrediet ['dɪskrədi.t] *o* discredit; *in* ~ *brengen* bring into discredit, bring (throw) discredit on, discredit.

diskwalificatie [dɪskva.li.fi.'ka.(t)si.] *v* disqualification.

diskwalificeren [-'se:rə(n)] *vt* disqualify.

dispache [dɪs'pa.ʃ] *v* $ average adjustment.

dispacheur [-pa.'ʃø:r] *m* $ average adjuster.

dispensatie [-pɛn'za.(t)si.] *v* dispensation (*from van*).

dispenseren [-'ze:rə(n)] *vt* in: *iemand* ~ *van...* dispense one from...

disponeren [dɪspo.'ne:rə(n)] *vi* in: ~ *op* $ value on; ~ *over* dispose of.

disponibel [-'ni.bəl] available, at one's disposal.

disputeren [dɪspy.'te:rə(n)] *vi* dispute, argue.

dispuut [-'py.t] *o* dispute, disputation, argument.

dissel ['dɪsəl] *m* 1 pole [of a carriage] ‖ 2 [carpenter's] adze.

disselboom [-bo.m] *m* pole.

dissertatie [dɪsər'ta.(t)si.] *v* dissertation; ☞ thesis [*mv* theses] [for a degree].

dissonant [dɪso.'nɑnt] *m* ♪ discord; *dat was de enige* ~ that was the only discordant note.

distantiëren [dɪstan(t)si.'e:rə(n)] *zich* ~ *van* ✗ detach oneself from [the enemy], *fig* move away from, dissociate oneself from [those views &].

distel ['dɪstəl] *m & v* **⚇** thistle.

distillatie [-'la.(t)si.] *v* distillation.

distilleerderij [-le:rdə'rɛi] *v* distillery.

distilleerkolf [-'le:rkɔlf] *v* receiver of a still.

distilleertoestel [-'le:rtu.stɛl] *o* still.

distilleren [-'le:rə(n)] *vt* distil. [badge.

distinctief, distinktief [-tɪŋk'ti.f] *o* (distinctive)

distribueren [-tri.by.'e:rə(n)] *vt* distribute; (in tijden van oorlog of schaarste) ration.

distributie [-'by.(t)si.] *v* distribution; (in tijden van oorlog of schaarste) rationing.

district, distrikt [dɪs'trɪkt] *o* district.

dit [dɪt] this; ~ *alles* all this; ~ *zijn mijn kleren* these are my clothes; *bij* ~ *en dat* F by the holy poker!

ditmaal ['dɪtma.l] this time, for this once.

divan ['di.van] *m* couch, divan.

divers [di.'vɛrs] various; ~*en* sundries, miscellaneous (articles, items, news &).

dividend [di.vi.'dɛnt] *o* $ dividend.

dividendbewijs [-bəvɛis] *o* $ dividend coupon.

divisie [di.'vi.zi.] *v* division°.

divisiecommandant, -kommandant [-kɔmɑndɑnt] *m* ✗ divisional commander.

dobbelaar ['dɔbəla:r] *m* dicer, gambler.

dobbelen [-lə(n)] *vi* dice, play dice, gamble.

dobbelspel ['dɔbəlspɛl] *o* dice-playing, game at dice.

dobbelsteen [-ste.n] *m* die [*mv* dice]; cube [of bread &].

dobber ['dɔbər] *m* float [of a fishing-line]; *een harde* ~ *hebben om...* have a great tug to...

dobberen [-'dɔbərə(n)] *vi* bob (up and down), float; *fig* fluctuate [between hope and fear].

docent [do.'sɛnt] *m* teacher.

docentenkamer [-'sɛntə(n)ka.mər] *v* common room, staff room.

doceren [-'se:rə(n)] *vi & vt* teach.

doch [dɔx] but.

dochter ['dɔxtər] *v* daughter.

dochtermaatschappij [-ma.tsxɑpɛi] *v* $ subsidiary company.

doctor [dɔktər, -tɔr] *m* doctor.

doctoraal [dɔkto.'ra.l] *o* final examination for a degree.

doctoraat [-'ra.t] *o* doctorate, doctor's degree.

doctorandus [-'rɑndǔs] *m* candidate for the doctorate (for a doctor's degree).

doctrinair [dɔktri.'nɛːr] doctrinaire.

document [do.ky.'ment] *o* document.

documentair [-mɛn'tɛ:r] documentary.

documentaire [-'tɛ:rə] *v* documentary (film).

documentatie [-'ta.(t)si.] *v* documentation.

documenteren [-'tɛ:rə(n)] *vt* document.

dode ['do.də] *m-v* dead man, dead woman; *de* ～ ook: the deceased; *de* ～n the dead; *een* ～ a dead man (body); *één* ～ one dead, one killed; *het aantal* ～n the number of lives lost [in an accident].

dodelijk [-lək] **I** *aj* mortal [blow], fatal [wounds]; deadly [hatred]; lethal [weapons]; **II** *ad* mortally, fatally [wounded]; deadly [dull].

doden ['do.də(n)] *vt* kill[2], slay, put (do) to death; *fig* mortify [the flesh]; *de tijd* ～ kill time.

dodenakker ['do.dənɑkər] *m* God's acre, cemetery.

dodencel ['do.də(n)sɛl] *v* condemned cell, death-cell.

dodendans [-dɑns] *m* death-dance, Dance of Death [by Dürer].

dodenmasker [-mɑskər] *o* death-mask.

dodenrijk [-rɛik] *o* realm of the dead.

doder ['do.dər] *m* killer.

doedelzak [-dɑlzɑk] *m* ♪ bagpipe, (bag)pipes.

1 **doek** [du.k] *m* 1 cloth; 2 (omslagdoek) shawl; *hij had zijn arm in een* ～ he wore his arm in a sling; *uit de* ～ *en doen* disclose.

2 **doek** [du.k] **I** *o & m* cloth [of woven stuff]; ⚓ sail; 2 *o* canvas [of a painter]; curtain [of theatre]; screen [of cinema].

doekje ['du.kjə] *o* 1 (piece of) cloth, rag; 2 fichu; ～ *voor het bloeden* palliative; *er geen* ～*s om winden* not mince matters.

doekspeld [-spɛlt] *v* brooch.

doel [du.l] *o* target°, mark; *sp* goal; *fig* mark, aim, goal, purpose, object; design; *het* ～ *heiligt de middelen* the end justifies the means; *zijn* ～ *bereiken* gain (attain, secure, achieve) one's object; *zijn* ～ *missen* miss one's aim; *het* ～ *voorbijstreven* overshoot the mark, defeat its own object; *met het* ～ *om...* for the purpose of ..ing, with a view to...; *with intent to...* [steal]; *ten* ～ *hebben* be intended to... [ensure his safety &]; *zich ten* ～ *stellen* make it one's object to...; *het is voor een goed* ～ for a good intention; *dat was genoeg voor mijn* ～ that was enough for my purpose.

doelbewust [-bə'vǔst] purposeful.

doeleinde [-ɛində] end, purpose.

doelen ['du.lə(n)] *vi* in: ～ *op* aim at, allude to; *dat doelt op mij* it is aimed at me.

doelgemiddelde ['du.lgəmidəldə] *o sp* goal average.

doellijn ['du.lɛin] *v sp* goal line.

doelloos [-lo.s] *aj* (& *ad*) aimless(ly).

doelloosheid [-hɛit] *v* aimlessness.

doelman ['du.lmɑn] *m sp* zie *doelverdediger*.

doelmatig [du.l'ma.təx] **I** *aj* appropriate (to the purpose), suitable, efficient; **II** *ad* appropriately &.

doelmatigheid [-hɛit] *v* suitability, efficiency.

doelpaal ['du.lpa.l] *m sp* goal post.

doelpunt [-pǔnt] *o sp* goal.

doelpunten ['du.lpǔntə(n)] *vi sp* score a goal.

doelstelling [-stɛliŋ] *v* aim.

doeltreffend [du.l'trɛfənt] efficient, effective, to the purpose.

doelverdediger ['du.lvərdə.dəgər] *m sp* goal-keeper.

doelwit [-vit] *o* zie *doel*.

doemen ['du.mə(n)] *vt* in: *ten vure* ～ condemn to the flames; *tot mislukking gedoemd* doomed to failure.

doen [du.n] **I** *vt* 1 (in het alg.) do [harm, a service &]; 2 (vóór infinitief) make [one go, people laugh]; 3 (steken, wegbergen) put [it in one's pocket &]; 4 (opknappen) do [one's hair, a room]; 5 (opbrengen, kosten) be worth, be [2 guilders a pound]; 6 (maken) make [a journey], take [a walk &]; 7 (uitspreken) make [a promise, vow], take [an oath]; 8 (ter herhaling van het werkw.) do [of onvertaald: he will cheat you, as he has (done) me]; zie ook: *afbreuk*, *dienst*, *groet*, *keus* &; *het* ～ (v. machine) work, go; *die vaas doet het* produces its effect; *dat doet het hem* F that's what does it; it works; *geld doet het hem* it's money makes the mare to go; *het doet er niet(s) toe* it does not matter; that is neither here nor there, no matter; *hij kan het er mee* F he can take his change out of that; *hij doet het om het geld* he does it for the money; *hij doet het er om* he does it on purpose; *het is hem er om te* ～ *aan te tonen, dat...* he is concerned to show that...; *het is hem alleen om het geld te* ～ it is only money that he is after; *het zijne* ～ play one's part; *iets* ～ do something; *als je hem iets durft te* ～ if you dare hurt (touch) him; *als ik er iets aan kan* ～ if I can do anything about it; *ik zal zien of ik er iets aan kan* ～ I'll see about it; *ik kan er niets aan* ～ 1 I can do nothing about it (in the matter), 2 I cannot help it; *er is niets aan te* ～ there is no help for it; *je moet hem niets* ～, *hoor!* mind you don't hurt (touch) him; *zij hebben veel te* ～ 1 they have a lot of work to do; 2 they do a roaring business; *wat doet het buiten?* what is the weather doing?; *wat doet het er toe?* what does it matter?; *wat doet dat huis?* what's the rent of the house?; *wat doet hij?* what is his business (trade, profession)?; *wij hebben wel wat beters te* ～ we have better things to do; **II** *vi* do; *wat is hier te* ～? what is doing here?, what's up?; ～ *alsof...* pretend to, make as if, make believe to; *je doet maar!* P (do) as you please; *je moet maar* ～ *alsof je thuis was* make yourself at home!; *hij doet maar zo* he is only pretending (shamming); *daaraan heeft hij verkeerd (wijs) gedaan* he has done wrong (wisely) to...; *onverschillig* ～ feign indifference; *vreemd* ～ act (behave) strangely; *doe wel en zie niet om* do well and shame the devil; *doe zoals ik do as I do*; *zij* ～ *niet aan postzegels verzamelen* they don't go in for collecting stamps; *ik kan daar niet aan* ～ I can't occupy myself with that; *zij* ～ *in wijnen* they deal in wines; *hij had gedaan met eten (schrijven)* he had finished (done) dinner (writing &); *wij hadden met hem te* ～ we pitied him; *pas op, als je met hem te* ～ *hebt* when dealing with him; *...je zult met mij te* ～ *krijgen* you shall have to do with me; *als je... dan krijg je met mij te* ～ ...we shall get into a row; *hoe lang doe je over dat werk?* how long does it take you?; *daar is heel wat over te* ～ *geweest* there has been a lot of talk about it, it has made a great stir. Zie ook: *doende & gedaan*; **III** *o* doing(s); *hij weet ons* ～ *en laten* he knows all our doings; *er is geen* ～ *aan* it cannot be done; *in betere* ～ in better circumstances, better situated, better off; *in goede(n)* ～ *zijn* be well-to-do; well off, in easy circumstances; *hij is niet in zijn gewone* ～ he is not his usual self; *niets van* ～ *hebben met* have nothing to do with; *dat is al heel aardig voor zijn* ～ for him; zie ook ↓.

doende ['du.ndə] doing; *ik ben er mee* ～ I am busy at (with) it; *al* ～ *leert men* practice makes perfect.

doeniet ['du.ni.t] *m* do-nothing, idler.

doenlijk ['du.nlək] practicable, feasible.

doenlijkheid [-hɛit] v practicableness, feasibility.

does [du.s] m ♣ poodle.

doetje ['du.cə] o F silly, softy.

doezel ['du.zəl] **doezelaar** [-zəla:r] m stump.

doezelen [-zələ(n)] vt stump.

doezelig [-ləx] 1 hazy, hazily outlined; 2 zie *soezerig*.

dof [dɔf] dull [of colour, light, sound, mind &]; dim [light]; lacklustre [eyes], lustreless [parts]; dead [gold].

doffer ['dɔfər] m ♣ cock-pigeon.

dofheid ['dɔfhɛit] v dullness, dimness, lack of lustre.

doft [dɔft] v thwart, (rower's) bench.

dofwit ['dɔf'ʋɪt] dull white.

dog [dɔx] m ♣ mastiff, bulldog.

doge ['do.gə] m doge.

dogma ['dɔxma.] o dogma.

dogmaticus [dɔx'ma.ti.kŭs] m dogmatist.

dogmatiek [-ma.'ti.k] v dogmatics.

dogmatisch [-'ma.ti.s] aj (& ad) dogmatic(ally).

dok [dɔk] o ⚓ dock; *drijvend* ~ floating dock.

dokgelden ['dɔkgɛldə(n)] mv dock-dues.

dokken ['dɔkə(n)] I vt dock, put into dock; II vi dock, go into dock; zie ook: *opdokken*.

dokter ['dɔktər] m doctor, physician; *hij is onder* ~s *handen* he is under the doctor.

dokteren [-tərə(n)] vi 1 (v. dokter) practise; 2 (v. patiënt) be under the doctor; ~ *aan* tinker at.

doktersassistente ['dɔktərsasi.stɛntə] v receptionist.

Dokwerker ['dɔkʋɛrkər] m dock labourer, docker.

1 **dol** [dɔl] I aj mad; frantic; wild; *is het niet* ~*?* isn't it ridiculous?; *een* ~*le hond* a mad dog; ~*le schroef* screw that won't bite; *hij is* ~ *met haar* he is wild about her; *hij is* ~ *op erwtensoep* he is very fond of pea-soup; *iemand* ~ *maken* drive one mad (wild); ~ *worden* run mad; *het is om* ~ *te worden* it is enough to drive you mad; II ad madly; *het is* ~ *goedkoop* ridiculously cheap; ~*veel van iets houden* be mad about it; *hij is* ~ *verliefd* he is madly in love (with her), he is mad on her; III o in: *door het* ~*le heen zijn* be mad (frantic) with joy, be wild.

2 **dol** [dɔl] m ⚓ thole.

dolblij ['dɔl'blɛi] mad with joy, overjoyed.

dolboord ['dɔlbo:rt] o ⚓ gunwale, gunnel.

doldriest ['dɔldri.st] aj (& ad) reckless(ly).

dolen ['do.lə(n)] vi 1 wander (about), roam, rove, ramble; 2 err [be mistaken].

dolfijn [dɔl'fɛin] m ♣ dolphin.

dolgraag ['dɔlgra.x] in: ~*!* with the greatest pleasure!, ever so much!; *ik zou het* ~ *willen* I should like it of all things.

dolheid [-hɛit] v wildness, madness, frenzy.

dolik ['do.lək] v ♣ cockle, corn-cockle, darnel.

dolk [dɔlk] m dagger, poniard, stiletto, dirk.

dolkmes [dɔlkmɛs] o bowie-knife.

dolksteek [-ste.k] **dolkstoot** [-sto.t] m stab (with a dagger), stab[2] [in the back].

dollar ['dɔlər] m dollar.

dollekervel [dɔlə'kɛrʋəl] m ♣ hemlock.

dolleman ['dɔləman] m madman, madcap.

dollemanspraat [-mɑnspra.t] m mad (foolish) talk.

dollemanswerk [-ʋɛrk] o in: *het is* ~ it is sheer madness, a mad thing to do.

dollen ['dɔlə(n)] vi lark.

dolzinnig [dɔl'zɪnəx] mad, frantic.

dolzinnigheid [-hɛit] v madness, frenzy.

1 **dom** [dɔm] I aj stupid, dull; *een* ~*me streek* a stupid (silly, foolish) thing; *hij is nog zo* ~ *niet* (*als hij er uitziet*) he is not such a fool as he looks; *hij houdt zich van den* ~*me* he pretends ignorance; II ad stupidly.

2 **dom** [dɔm] m cathedral (church); *de Keulse* ~ Cologne Cathedral.

3 **dom** [dɔm] m (titel) dom.

domaniaal [do.ma.ni.'a.l] domanial.

domein [do.'mɛin] o domain[2], crown land, demesne; *publiek* ~ public property.

domheer ['dɔmhe:r] m canon, prebendary.

domheid [-hɛit] v stupidity, dullness; *domheden* ook: stupid (silly, foolish) things.

domicilie [do.mi.'si.li.] o domicile; ~ *kiezen* choose one's domicile.

domiciliëren [-si.li.'e:rə(n)] vt domicile.

dominant [do.mi.'nant] v ♪ dominant.

dominee ['do.mi.ne.] m clergyman; minister [esp. in Nonconformist & Presbyterian Churches]; vicar, rector [in Church of England]; > parson; [Lutheran] pastor; ~ *W. Brown* the Reverend W. Brown; ~ *Niemöller* Pastor Niemöller *ja,* ~*!* yes, sir!

domineren [do.mi.'ne:rə(n)] I vt dominate (over), lord it over, command; II vi (pre)dominate ‖ play (at) dominoes.

dominiaal [-ni.'a.l] Dominion...

dominicaan [-ni.'ka.n] m Dominican.

domino ['do.mi.no.] 1 m domino; 2 o sp dominoes.

dominosteen [-ste.n] m domino.

domkapittel ['dɔmkɛ.pɪtəl] o (dean and) chapter.

domkerk [-kɛrk] v cathedral (church).

domkop [-kɔp] m blockhead, dunce, duffer, dolt, numskull.

dommekracht ['dɔməkrɑxt] v ⚒ jack.

dommel ['dɔməl] m in: *in de* ~ *zijn* be in a doze.

dommelen ['dɔmələ(n)] vi doze, drowse.

dommelig [-ləx] dozy, drowsy.

dommeling [-lɪŋ] v doze, drowse.

dommerik ['dɔmɛrɪk] **domoor** ['dɔmo:r] m zie *domkop*.

dompelaar ['dɔmpəla:r] m 1 ♣ diver; 2 ⚒ plunger; 3 ⚡ immersion heater.

dompelen [-lə(n)] I vt plunge[2], dip, duck, immerse; II vt *zich* ~ in plunge into.

dompertje ['dɔmpərcə] o extinguisher.

dompig [-pɔx] close, stuffy.

domtoren [-to:rə(n)] m cathedral tower.

domweg [-ʋɛx] stupidly, without thinking.

donateur [do.na.'tø:r] m donor.

Donau ['do.nɔu] m Danube.

donder ['dɔndər] m thunder[2]; *wat* ~ *moet jij hier?* P what the thunder do you want here?; *als door de* ~ *getroffen* thunderstruck.

donderaar [-dəra:r] m 1 thunderer[2]; 2 S bully.

donderbui ['dɔndərbœy] v thunderstorm.

donderbus [-bŭs] v ⚙ blunderbuss.

donderdag [-dɑx] m Thursday.

donderen ['dɔndərə(n)] I vi thunder[2] [against abuses, in one's ears], fulminate[2]; II *'vt* 1 S dragoon, rag, bully; 2 P fling.

donderend [-rənt] thundering[2], thunderous[2].

dondergod ['dɔndərgɔt] m thunder-god, thunderer.

donderjagen [-ja.gə(n)] vi P ballyrag.

donderpad [-pɑt] v zie *kikkervisje*.

donders [-s] I aj devilish, confounded; II ad < deucedly; ~ *blij* (*groot*) thundering glad (great); III *ij* the deuce!

donderslag [-slɑx] m thunderclap, peal of thunder; *een* ~ *uit heldere hemel* a bolt from the blue.

donderwolk [-vɔlk] v thundercloud.

donker ['dɔŋkər] I aj dark[2], obscure, gloomy, sombre, dusky, dim, ~ darksome, darkling; *het ziet er* ~ *voor hem uit* it is a dark outlook for him; II ad darkly; *hij keek* ~ he looked gloomy; *hij ziet alles* ~ in he takes a gloomy view of things; III o in: *het* ~ the dark; *bij* ~ at dark; *in het* ~ in the dark[2]; *in het* ~ *tasten* 1 grope (walk) in darkness; 2 be in the dark [about the future &]; *na* ~ after dark; *vóór* ~ before dark.

donkerheid [-hɛit] *v* darkness, obscurity.

dons [dòns] *o* down, fluff; zie ook: *poederdons*.

donsachtig [ˈdònsɑxtəx] downy, fluffy.

donzen [ˈdònzə(n)] *aj* down; zie ook: *donzig*.

donzig [-zəx] downy, fluffy.

dood [do.t] *aj* dead [also of capital, weight &]; *zo* ~ *als een pier* as dead as a door-nail; *de dode hand* mortmain; *een dode stad* a dead-alive town; *ze lieten hem voor* ~ *liggen* they left him for dead; *zich* ~ *drinken* drink oneself to death; *zich* ~ *houden* sham dead; *ik lach me* ~ *!* it is too killing; zie ook: *kniezen* &; *iemand* ~ *verklaren* send a person to Coventry; II *m* & *v* death; ~ *en verderf* death and destruction; *het is de* ~ *in de pot* it is a dead-alive business; *het is de* ~ *van Yperen* ghastly white, wretchedly thin; *de een zijn* ~ *is de ander zijn brood* one man's meat is another man's poison; *de* ~ *vinden* meet one's death; *de* ~ *in de golven vinden* find a watery grave; *hij is er* (*zo bang*) *als de* ~ *voor* he is mortally afraid of it; *hij heeft het gehaald bij de* ~ *af* he has been at death's door; *na de* ~ after death; *om de* ~ *niet!* F not for anything!; by no means, not at all [stupid &]; *dat zou ik om de* ~ *niet willen* not for the life of me; *op de* ~ *liggen* be at the point of death, be dying; *hij is ten dode opgeschreven* he is doomed (to death); *ter* ~ *brengen* put to death; *tot in de* ~ *getrouw* faithful unto death; *uit de* ~ *opstaan* rise from the dead.

doodaf [do.t'ɑf] dead-beat, knocked up.

doodarm [-'ɑrm] very poor, as poor as Job, as poor as a church mouse.

doodbedaard [-bə'da:rt] quite calm, as cool as ˋa cucumber.

doodbidder [-bidər] *m* undertaker's man.

doodbijten [-bɛitə(n)] *vt* bite to death.

doodbloeden [-blu.də(n)] *vi* bleed to death; *fig* fizzle out, die down.

dooddoener [ˈdo.du.nər] *m* F (mere) silencer, clincher.

dooddrukken [-drûkə(n)] *vt* press (squeeze) to death.

doodeenvoudig [ˈdo.te.n'vɑudəx] I *aj* very easy, as easy as lying, quite simple; II *ad* simply.

doodeerlijk [-e:rlək] honest to the core.

doodgaan [do.tga.n] *vi* die.

doodgeboren [-gəbo:ra(n)] still-born²; *fig* foredoomed to failure; *het boek was een* ~ *kindje* the book fell still-born from the press.

doodgemakkelijk [do.tgə'mɑkələk] quite easy.

doodgewoon [-gə'vo.n] I *aj* quite common; ordinary; F common or garden; II *ad* simply.

doodgoed [ˈdo.tgu.t] kind to a fault.

doodgooien [-go.jə(n)] *vt* kill by throwing stones at...; *iemand* ~ *met geleerde woorden* knock one down with learned words.

doodgraver [-gra.vər] *m* 1 grave-digger; 2 𝕏 sexton-beetle.

doodhongeren [-hòŋərə(n)] *vi* & *vt* starve to death.

doodjammer [ˈdo.t'jɑmər] in: *het is* ~ it is a great pity.

doodkalm [-kɑlm] zie *doodbedaard*.

doodkist [-kɪst] *v* coffin.

doodkloppertje [-'klòpərcə] *o* death-watch.

doodleuk [-lø.k] quite coolly, as cool as a cucumber.

doodliggen [-lɪgə(n)] *vt* overlie [a child].

doodlopen [-lo.pə(n)] I *vi* have a dead end [of a street]; II *vr zich* ~ tire oneself out with walking.

doodmaken [-ma.kə(n)] *vt* kill, do to death.

doodmartelen [-mɑrtələ(n)] *vt* torture to death.

doodmoe(de) [-mu.(də)] dead-tired, dead-beat, tired to death.

doodnuchter [-nûxtər] quite sober; zie ook: *doodleuk*.

doodongelukkig [-òngə'lûkəx] utterly miserable.

doods [do.ts] deathly, deathlike [silence], dead, dead-alive [town].

doodsakte [ˈdo.tsɑktə] *v* death certificate.

doodsangst [-ɑŋst] *m* 1 (dodelijke angst) mortal fear; 2 (angst des doods) death agony.

doodsbang [-'bɑŋ] mortally afraid [of...].

doodsbed [-bɛt] *o* death-bed.

doodsbeenderen [-be.ndərə(n)] *mv* (dead man's) bones.

doodsbenauwd [-bənɑut] mortally afraid [of...].

doodsbericht [-bɑrɪxt] *o* announcement of a person's death; obituary (notice).

doodsbleek [-ble.k] deathly pale.

doodschieten [ˈdo.tsxi.tə(n)] *vt* shoot (dead).

doodschoppen [-sxòpə(n)] *vt* kick to death.

doodsgevaar [ˈdo.tsgɑva:r] *o* peril of death, danger of life, deadly danger.

doodsheid [-hɛit] *v* deadness, deathliness.

doodshemd [-hɛmt] *o* shroud, winding-sheet.

doodshoofd [-ho.ft] *o* death's-head, skull.

doodskleed [-kle.t] *o* 1 (lijkwade) shroud, winding-sheet; 2 (doodskistkleed) pall.

doodskleur [-klø:r] *v* livid colour.

doodsklok [-klòk] *v* death-bell, passing-bell, knell.

doodslaan [ˈdo.tsla.n] *vt* kill, slay [a man], beat to death; *fig* silence [one in a discussion].

doodslag [-slɑx] *m* homicide, manslaughter.

doodsoorzaak [ˈdo.tso:rza.k] *v* cause of death.

doodsschrik [ˈdo.ts(x)rɪk] *m* mortal fright; *iemand een* ~ *op het lijf jagen* frighten a person out of his wits.

doodsstrijd [-strɛit] *m* death-struggle, agony.

doodsstuip [-stœyp] *v* spasm of death.

doodsteek [-ste.k] *m* death-blow², finishing stroke².

doodsteken [-ste.kə(n)] *vt* stab (to death).

doodstil [-stɪl] stock-still; still as death; [listen] dead silent; *hij stond* ~ he stood as still as a statute.

doodstraf [-strɑf] *v* capital punishment, death penalty.

doodsverachting [ˈdo.tsfərɑxtɪŋ] *v* contempt for death.

doodsvijand [-fɛiɑnt] *m* mortal enemy.

doodszweet [ˈdo.tsve.t] *o* death-sweat, sweat of death.

doodtij [ˈdo.'tɛi] *o* slack water; neap(-tide).

doodtrappen [ˈdo.trɑpə(n)] *vt* kick to death.

doodvallen [ˈdo.tfɑlə(n)] *vi* fall (drop) down dead.

doodverven [-fɛrvə(n)] *vt* in: *met een betrekking gedoodverfd worden* be popularly designated for a place (post); *hij werd ermee gedoodverfd* it was attributed to him.

doodvonnis [-fònəs] *o* sentence of death, death-sentence; *het* ~ *uitspreken over* pass sentence of death on.

doodvriezen [-fri.zə(n)] *vi* freeze (be frozen) to death.

doodwerken [-vɛrkə(n)] *zich* ~ work oneself to death.

doodwond(e) [-vònt, -vòndə] *v* mortal wound.

doodzeilen [-sɛilə(n)] *vt* in: *het tij* ~ stem the tide.

doodziek [-si.k] mortally ill.

doodzonde [-sòndə] *v* mortal sin, deadly sin.

doodzwijgen [-svɛigə(n)] *vt* not talk about, ignore.

doof [do.f] deaf; *zo* ~ *als een kwartel* as deaf as a post; ~ *aan één oor* deaf of (in) one ear; *aan dat oor was hij* ~ he was deaf on that side; ~ *voor* deaf to...; turn a deaf ear to...; *Oostindisch* ~ *zijn* sham deafness.

doofachtig [ˈdo.fɑxtəx] somewhat deaf.

doofheid [-hɛit] *v* deafness.

doofpot [-pɔt] *m* extinguisher; *iets in de ~ stoppen* hush up a thing.

doofstom [do.f'stɔm] deaf and dumb.

doofstomheid [-hɛit] *v* deaf-muteness.

doofstomme [do.f'stɔmə] *m-v* deaf-mute.

doofstommeninstituut [-mənınsti.ty.t] *o* institution for the deaf and dumb.

dooi [do:i] *m* thaw.

dooien ['do.jə(n)] *vi* thaw; *het dooit* it is thawing; *het begint te ~* the thaw is setting in.

dooier ['do.jər] *m* yolk.

dooiwe(d)er ['do:ive:r, -ve.dər] *o* thaw.

doolhof [do.l'hɔf] *m* labyrinth, maze.

doolweg [-vɛx] *m* wrong way; *op ~en geraken* go astray.

doop [do.p] *m* baptism, christening; *de ~ ontvangen* be baptized, be christened; *ten ~ houden* hold (present) at the font.

doopakte ['do.pʌktə] *v* certificate of baptism.

doopbekken ['do.bɛkə(n)] *o* (baptismal) font.

doopboek [-bu.k] *o* register of baptisms.

doopceel ['do.pse.l] *v* & *o* certificate of baptism; *iemands ~ lichten* lay bare a man's past.

doopdag [-dʌx] *m* christening day.

doopfeest [-fe.st] *o* christening feast.

doopkleed [-kle.t] *o* christening robe.

doopmoeder [-mu.dər] *v* godmother.

doopnaam [-na.m] *m* Chirstian name.

doopplechtigheid ['do.plɛxtəxhɛit] *v* christening ceremony, (v. schip &) naming ceremony.

doopregister ['do.prəɣıstər] *o* register of baptisms.

doopsel [-səl] *o* baptism.

doopsgezinde ['do.psɣəzındə] *m-v* Mennonite.

doopvader ['do.pfa.dər] *m* godfather.

doopvont [-fɔnt] *v* (baptismal) font.

doopwater [-va.tər] *o* baptismal water.

1 door [do:r] **I** *prep* through; by; *het ene jaar ~ het andere* one year with another; *~ alle eeuwen* through all ages; *~ heel Europa* throughout Europe, all over Europa; *~ mij geschreven* written by me; *ik rende ~ de gang* I ran along the corridor; *ik liep ~ de kamer* I walked across the room; *~ de stad* through the town; *~ de week* during the week; **II** *ad* through; *ik ben het boek ~* I have got through the book; *de dag (het jaar) ~* throughout the day (the year); *iemands hele leven ~* all through a man's life, all his life; *ze zijn er ~* they have got through; *de verloving is er ~* the engagement has come off; *~ en ~ eerlijk* thoroughly honest; *iets ~ en ~ kennen* know a thing thoroughly; *~ en ~ nat* wet through, wet to the skin.

2 door [do:r] *m = dooier*.

dooraderd [do:r'a.dərt] veined.

doorbabbelen ['do:rbʌbələ(n)] *vi* go on talking, talk on.

doorbakken [do:r'bʌkə(n)] well-baked [bread]; *niet ~* slack-baked.

doorberekenen ['do:rbɛrə.kənə(n)] *vt* pass on [the higher prices to the consumer]; *de verhoging ~ in de prijzen* pass the increase on in higher prices.

doorbijten [-'bɛitə(n)] *vt* bite through.

doorbladeren [-bla.dərə(n)] *vt* turn over the leaves of [a book], examine cursorily, skim.

doorboren [do:r'bo:rə(n)] *vt* 1 (met iets puntigs) pierce, perforate; 2 (met een wapen) transfix [with a lance], run through [with a sword], stab [with a dagger]; 3 (met kogels) riddle [with bullets]; 4 (met zijn blikken) transfix [him].

doorbraak ['do:rbra.k] *v* bursting [of a dike]; breach [in a dike]; ⚔ break-through.

doorbraden [-bra.də(n)] *vt* roast well (thoroughly).

doorbranden [-brʌndə(n)] **I** *vi* 1 burn on; 2 burn through; *de lamp is doorgebrand* ⚔ the bulb

---

has burnt out; *de zekering is doorgebrand* ⚔ the fuse has blown; **II** *vt* burn through.

1 doorbreken [-bre.kə(n)] **I** *vt* break [a piece of bread &]; break through [the enemy]; run [a blockade]; **II** *vi* & *va* burst [of a dike, an abscess], break through [of the sun].

2 doorbreken [do:r'bre.kə(n)] *vt* break through.

doorbrengen [do:r'brɛŋə(n)] *vt* pass [one's days], spend [days, money]; run through [a fortune].

doorbrenger [-brɛŋər] *m* spendthrift.

doorbuigen [-bœyɣə(n)] *vi* bend, give way, sag.

doordacht [do:r'dʌxt] well-considered, well thought-out.

doordat [do:r'dʌt] because, on account of; *~ hij niet...* by (his) not having...

1 doordenken [-'dɛŋkə(n)] *vt* consider fully, think out.

2 doordenken [do:r'dɛŋkə(n)] **I** *vt* think out [a thought]; **II** *vi* think things out.

door-de-weeks [do:rdə've.ks] weekday [clothes, morning, name &]; *een ~ dag* a weekday.

doordraaien [-dra.jə(n)] *vi* continue turning.

doordraaier [-dra.jər] *m* F fast fellow.

doordraven [-dra.və(n)] *vi* trot on; *fig* rattle on.

doordraver [-dra.vər] *m* rattle.

doordrijven [-drɛivə(n)] *vt* force through [measures]; *zijn wil (zin) ~* carry one's point, have one's own way.

doordrijver [-vər] *m* self-willed whole-hogger.

doordrijverij [do:rdrɛivə'rɛi] *v* obstinate assertion of one's will.

doordringbaar [-'drınba:r] penetrable [by shot &]; pervious, permeable [to a fluid].

doordringbaarheid [-hɛit] *v* penetrability; perviousness, permeability.

1 doordringen ['do:rdrıŋə(n)] *vi* penetrate [into something]; *het zal niet tot hem ~* he won't be able to realize it.

2 doordringen [do:r'drıŋə(n)] *vt* pierce, penetrate, pervade; zie ook: *doordrongen*.

doordringend [do:r'drıŋənt] penetrating [odour], piercing [cold, wind, looks, cry], searching [cold], strident [sound], permeating [light].

doordringendheid [-hɛit] *v* piercingness; scarchingness; (power of) penetration.

doordrongen [do:r'drɔŋə(n)] in: *~ van* penetrated by [a sense of...]; impressed with [the thruth]; imbued with [his own importance].

doordrukken [do:r'drŭkə(n)] **I** *vt* 1 press through; 2 continue pressing; 3 go on printing; **II** *vt* push through.

dooreen [do:'re.n] pell-mell, in confusion; *~ genomen* on an average.

dooreengooien [-go.jə(n)] *vt* jumble together, F make hay of [papers &].

dooreenhalen [-ha.lə(n)] *vt* zie *dooreengooien* & *dooreenhaspelen*.

dooreenhaspelen [-hʌspələ(n)] *vt* mix up, muddle up.

dooreenlopen [-lo.pə(n)] *vi* 1 flow together; 2 run together; intermingle.

dooreenschudden [-sxŭdə(n)] *vt* shake up; *je wordt dooreengeschud in de trein* one is jolted.

dooreenstrengelen [-strɛŋələ(n)] *vt* intertwine.

dooreenweven [-ve.və(n)] *vt* interweave.

dooreten ['do:re.tə(n)] *vt* continue (go on) eating.

doorgaan [-ga.n] **I** *vi* 1 (verder gaan) go (walk) on; 2 (voortgang hebben) come off, take place; 3 (doorbreken) break [of an abscess]; 4 (blijven gelden) hold (good); *ga (nu) door!* go on!; *de koop gaat niet door* the deal is off; *er ~* pass through [the ring &]; go through, pass [of a ball], be carried [of a motion]; *er van ~* bolt, take to one's heels; *de paarden gingen er vandoor* the horses bolted, ran away; *ik ga er vandoor, hoor!* F I am off!; ~ *met* go on with [his studies]; go on, continue, keep [doing something]; *op (over) iets* ~ pursue the subject; ~ *voor* be considered, be thought (to be), pass for; *zij willen hem laten* ~ *voor de prins* they wanted to pass him off as the prince; **II** *vt* go through [the street, accounts], pass through [the doorway];

doorgaans [-ga.ns] generally, usually, normally, commonly.

doorgang [-gɑŋ] *m* passage, way, thoroughfare; *geen* ~ no thoroughfare; *...zal geen* ~ *hebben ...*will not take place.

doorgeven ['do:rge.vǝ(n)] *vt* pass, pass [it] on.

doorgewinterd [-gǝvɪntǝrt] seasoned [soldier &].

doorgloeien [do:r'glu.jǝ(n)] *vt* inflame, fire.

doorgraven ['do:rgra.vǝ(n)] *vt* dig through, cut (through).

doorgronden [do:r'grɔndǝ(n)] *vt* fathom [a mystery], get to the bottom of [a thing], see into [the future], see through [a person].

doorhakken ['do:rhɑkǝ(n)] *vt* cut (through), cleave.

doorhalen [-ha.lǝ(n)] *vt* 1 (doortrekken) pull through [a cord]; 2 (doorstrepen) strike (cross) out [a word]; 3 (blauwen) blue; (stijven) starch; 4 (over de hekel halen) haul over the coals [a person]; slate, slash, cut up [a book, an author]; *hij zal het er wel* ~ he is sure to pull through; *de dokter kan hem er niet* ~ the doctor can't pull him through; *het wetsvoorstel er* ~ carry the bill

doorhaling [-ha.lɪŋ] *v* erasure, cancellation.

doorhebben [-hɛbǝ(n)] *vt* see through [a person, it], realize [it].

doorheen [do:r'he.n] through; *ik ging er* ~ I went through [the ice].

doorhelpen ['do:rhɛlpǝ(n)] *vt* help (*fig* see) through.

doorhollen [-hɔlǝ(n)] **I** *vi* hurry on; **II** *vt* hurry through [the country], gallop through [a book].

doorkijk [-kɛik] *m* vista.

doorkijken [-kɛikǝ(n)] *vt* look over, look (go) through [a list], glance through [the newspapers].

doorklieven [do:r'kli.vǝ(n)] *vt* cleave.

doorkneed [do:r'kne.t] in: *hij is* ~ *in...* he is versed, well-read in [history], steeped in [the philosophy of...], seasoned in [a science].

doorknippen ['do:rknɪpǝ(n)] *vt* cut (through).

doorkoken [-ko.kǝ(n)] **I** *vt* boil thoroughly; **II** *vi* keep boiling.

doorkomen [-ko.mǝ(n)] **I** *vt* pass, get through[2]; *er was geen* ~ *aan* you couldn't get through [the crowd]; *hij zal er wel* ~ he is sure to pass [his exam]; *zijn tandjes zullen gauw* ~ it will soon cut its teeth; *de zon zal gauw* ~ the sun will soon break through.

doorkrijgen [-krɛigǝ(n)] *vt* get through; pull through [a candidate]; get down [one's food]; carry [a bill].

doorkruipen [-krœypǝ(n)] *vt* creep through.

doorkruisen [do:r'krœysǝ(n)] *vt* cross [the mind], traverse [the streets]; intersect [the country, of railways], scour [the seas, a forest]; *fig* thwart [a person's plans].

doorlaat ['do:rla.t] *m* culvert.

doorlaten [-la.tǝ(n)] *vt* let [one, it] through, pass [a candidate], transmit [the light].

doorlekken [-lɛkǝ(n)] *vt* leak through.

doorleven [do:r'le.vǝ(n)] *vt* go (pass) through [moments of..., dangers &].

doorlezen ['do:rle.zǝ(n)] **I** *vt* read through, go through, peruse; **II** *vi* read on, go on reading.

doorlezing [-le.zɪŋ] *v* reading, perusal.

doorlichten [-lɪxtǝ(n)] *vt* ⚕ X-ray.

doorlichting [-lɪxtɪŋ] *v* ⚕ X-ray examination.

doorloop [-lo.p] *m* passage.

1 **doorlopen** [-lo.pǝ(n)] **I** *vi* go (walk, run) on; keep going (walking, running); ~ *(mensen)!* pass along!, move on!; *loop door!* get along (with you)!; *loop wat door!* hurry up a bit!; **II** *vt* 1 go (walk, run) through [a wood]; 2 go through [a piece of music, accounts]; run over [the contents]; 3 wear out [one's shoes] by walking; *doorgelopen voeten* sore feet.

2 **doorlopen** [do:r'lo.pǝ(n)] *vt* walk through; pass through [a school].

doorlopend ['do:rlo.pǝnt] **I** *aj* continuous [performance]; **II** *ad* ~ *genummerd* consecutively numbered; [do:r'lo.pǝnt] continuously.

doorluchtig [do:r'lʏxtǝx] illustrious; (most) serene.

doorluchtigheid [-hɛit] *v* illustriousness; *Zijne Doorluchtigheid* His Serene Highness.

doormaken [do:r'ma.kǝ(n)] *vt* go (pass) through [a crisis &].

doormidden [do:r'mɪdǝ(n)] in half, [break] in two; [tear] in across.

doorn [do:rn] *m* 1 thorn, prickle, spine; 2 tang [of a knife]; *dat is hem een* ~ *in het oog* it is an eyesore to him, a thorn in his side.

doornachtig ['do:rnɑxtǝx] thorny, spinous.

doornappel [-ɑpǝl] *m* ⚘ thorn-apple.

doornat ['do:rnɑt] wet through, wet to the skin.

doornenkroon ['do:rnǝ(n)kro.n] *v* crown of thorns.

doornhaag ['do:rnha.x] *v* thorn-hedge, hawthorn hedge.

doornig ['do:rnǝx] thorny[2].

Doornroosje ['do:rnro.fǝ] *v* & *o* the Sleeping Beauty.

doornstruik [-strœyk] *m* thorn-bush.

doorploegen [do:r'plu.gǝ(n)] *vt* plough [the sea].

doorpraten ['do:rpra.tǝ(n)] *vi* go on talking, talk on.

doorpriemen [do:r'pri.mǝ(n)] *vt* pierce.

doorprikken ['do:rprɪkǝ(n)] *vt* prick.

doorratelen ['do:rra.tǝlǝ(n)] *vi* rattle on.

doorregen [do:'re.gǝ(n)] *aj* streaked, streaky [bacon].

doorregenen ['do:re.gǝnǝ(n)] *vi* rain on.

doorreis ['do:reis] *v* passage (journey) through; *op mijn* ~ *door A.* on my way through A.

1 **doorreizen** [-reizǝ(n)] *vi* go on.

2 **doorreizen** [do:r'reizǝ(n)] *vt* travel through.

doorrijden [-reidǝ(n)] **I** *vi* ride (drive) on; *wat* ~ ride (drive) faster; **II** *vt* ride (drive) through [the country].

doorrijhoogte [-reiho.xtǝ] *v* headroom.

doorrit [-rɪt] *m* passage.

doorroeren [-ru.rǝ(n)] *vt* stir.

doorroken [-ro.kǝ(n)] **I** *vt* smoke thoroughly; *een pijp* ~ colour a pipe; **II** *vi* go on smoking.

doorrollen [-rɔlǝ(n)] **I** *vi* continue rolling; *er* ~ F escape (pass) by the skin of one's teeth; **II** *vt* roll through.

doorschemeren ['do:rsxe.mǝrǝ(n)] *vi* shine (show) through; *laten* ~ hint, give to understand.

doorscheuren [-sxø:rǝ(n)] *vt* rend, tear (up).

1 **doorschieten** [-sxi.tǝ(n)] **I** *vi* continue to shoot (fire); **II** *vt* shoot through.

2 **doorschieten** [do:r'sxi.tǝ(n)] *vt* 1 riddle [with shot]; 2 interleave [a book].

doorschijnen ['do:rsxɛinǝ(n)] *vi* shine (show) through.

doorschijnend [do:r'sxɛinǝnt] translucent, diaphanous.

doorschijnendheid [-hɛit] *v* translucency.

doorschrappen ['do:rs(x)rɑpǝ(n)] *vt* cross (strike) out, cancel.

doorseinen [-sɛinǝn] *vt* ☨ transmit [a message].

doorsijpelen [-sɛipǝlǝ(n)] *vi* ooze through, percolate.

doorslaan [-sla.n] I *vi* 1 *eig* go on beating; 2 (v. balans) dip; 3 (v. machine) race; 4 ※ (v. zekering) blow (out); 5 *fig* run on [in talking]; 6 S (v. medeplichtige) squeal; *wat ben je aan 't ~!*, ook: how your tongue runs!; *de balans doen ~* turn the scale²; II *vt* sever [something] with a blow; beat up [eggs]; ⚒ punch [a metal plate]; ※ blow [a fuse]; zie ook: *doorschrappen*; III *vr* in: *zich er ~* zie *slaan*.

doorslaand [-sla.nt] in: *~ bewijs*, conclusive proof.

doorslag [-slɑx] *m* 1 (vergiet) colander, strainer; 2 (drevel) punch; 3 (kopie) carbon copy; 4 turn of the scale; *dat gaf de ~* that's what turned the scale.

doorslaggevend [-slɑɣe.vənt] decisive [importance, proof, factor], deciding [factor, voice].

doorslagpapier [-slɑxpa.pi:r] *o* copy(ing) paper.

doorslapen [-sla.pə(n)] *vi* sleep on, sleep without a break.

doorslepen [-sle.pə(n)] *vt* drag (pull) through².

doorslijten [-slɛitə(n)] *vt* & *vi* wear through.

doorslikken [-slɪkə(n)] *vt* swallow (down).

doorsmeren [-sme.rə(n)] *vt* 🚗 grease.

doorsne(d)e [-sne.(də)] *v* [longitudinal, transverse] section; profile; diameter; *in ~* (gemiddeld) on an (the) average.

doorsneeprijs [-sne.prɛis] *m* S average price.

1 **doorsnijden** [-snɛi(d)ə(n)] *vt* cut (through).

2 **doorsnijden** [do:r'snɛi(d)ə(n)] *vt* cut, traverse, intersect, cross; *elkaar ~* intersect.

doorsnuffelen [-'snʊfələ(n)] *vt* ransack, rummage (in).

doorspekken [-'spekə(n)] *vt* lard², *fig* interlard.

doorspelen ['do:rspe.lə(n)] I *vi* play on; II *vt* ♪ play over.

doorspoelen [-spu.lə(n)] *vt* rinse (through) [stockings &]; flush [a drain]; *fig* wash down [one's food].

doorspreken [-spre.kə(n)] *vi* speak on, go on speaking.

doorstaan [do:r'sta.n] *vt* stand [the wear and tear, the test]; sustain [a siege, hardships, a comparison]; go through [many trials], endure [pain]; weather [the storm].

doorstappen ['do:rstɑpə(n)] *vi* zie *aanstappen*

1 **doorsteken** [-ste.kə(n)] *vt* pierce [the dikes], prick [a bubble]; zie ook: *kuart.*

2 **doorsteken** [do:r'ste.kə(n)] *vt* run through, stab, pierce.

doorstoten [do:r'sto.tə(n)] I *vt* thrust (push) through; II *vi* ⚂ play a follow.

doorsturen [-sty:rə(n)] *vt* zie *doorzenden*.

doortasten [-tɑstə(n)] *vi* push on, go ahead, take strong action.

doortastend [do:r'tɑstənt] I *aj* thoroughgoing, energetic; II *ad* energetically.

doortimmerd [do:r'tɪmərt] solidly built.

doortocht [-tɔxt] *m* passage, march through; *zich een ~ banen* force one's way through.

doortrappen [-trɑpə(n)] *vi* pedal on.

doortrapt [do:r'trɑpt] thorough-paced, consummate.

doortraptheid [-'hɛit] *v* wiliness, cunning.

1 **doortrekken** [do:r'trɛkkə(n)] *vt* 1 pull through [a thread in sewing]; 2 pull asunder [a string]; 3 go through, march through [the streets]; 4 continue [a line], extend [a railway]; *de W.C.~* flush the toilet, pull the plug.

2 **doortrekken** [do:r'trekkə(n)] *vt* permeate, pervade, imbue, soak; zie ook: *doortrokken*.

doortrokken [do:r'trɔkkə(n)] permeated [with a smell], imbued [with a doctrine], steeped [in prejudice], soaked [in, with].

doorvaart ['do:rva:rt] *v* passage.

doorvaarthoogte [-ho.xtə] *v* headway, headroom.

doorvaren ['do:rva:rə(n)] I *vi* sail on; pass [under a bridge]; II *vt* pass through.

doorvechten [-vɛxtə(n)] *vi* fight on.

doorvijlen [-veilə(n)] *vt* file through.

doorvlechten [do:r'vlɛxtə(n)] *vt* interweave, intertwine, interlace.

doorvliegen ['do:rvli.ɣə(n)] I *vt* fly through [the country]; run over [the contents]; gallop through [a curriculum]; II *vi* ✈ fly on [to Paris].

doorvoed [do:r'vu.t] well-fed.

doorvoer ['do:rvu:r] *m* S transit.

doorvoeren [-vu:rə(n)] *vt* 1 S convey [goods] in transit; 2 carry through, follow out [a principle].

doorvoerhandel [-vu:rhɑndəl] *m* S transit trade.

doorvoerrechten [-vu:rɛxtə(n)] *mv* S transit duties.

doorvracht [-vrɑxt] *v* S through freight.

doorvreten [-vre.tə(n)] I *vt* eat through; II *vi* go on feeding.

doorwaadbaar [do:r'va.tba:r] fordable.

doorwaaien ['do:rva.jə(n)] in: *zich laten ~* let the wind blow through you.

doorwaden [do:r'va.də(n)] *vt* wade through, ford [a river].

doorwaken [-'va.kə(n)] *vt* watch through [the night]; *doorwaakte nachten* wakeful nights.

doorweekt [do:r've.kt] soaked, sodden, soppy.

doorweken [-'ve.kə(n)] *vt* soak, steep.

doorwerken [do:r'vɛrkə(n)] I *vi* work on, keep working; II *vt* work through.

doorweven [do:r've.və(n)] *vt* interweave [with...].

doorworstelen ['vɔrstələ(n)] *vt* struggle (toil, plough, wade) through [a book].

doorwrocht [-'vrɔxt] elaborate.

doorzagen ['do:rza.ɣə(n)] I *vt* saw through; *iemand ~* F bore a person stiff; II *vi* saw on.

doorzakken [-zɑkə(n)] *vi* sag; *doorgezakte voet* fallen arch.

doorzenden [-zɛndə(n)] *vt* send on [something]; forward [letters]; transmit [a memorial to the proper authority].

doorzetten [-zɛtə(n)] I *vt* carry (see) ...through, see [a thing] out, go on with [it]; II *va* persevere, F carry on, S stick it.

doorzettingsvermogen [-zɛtɪŋsfərmo.ɣə(n)] *o* perseverance.

doorzeven [do:r'ze.və(n)] *vt* riddle [with bullets].

doorzicht ['do:rzɪxt] *o* penetration, discernment, insight.

doorzichtig [do:r'zɪxtəx] transparent.

doorzichtigheid [-hɛit] *v* transparency.

1 **doorzien** [do:r'zi.n] *vt* see through [a man &].

2 **doorzien** ['do:rzi.n] *vt* zie *doorkijken*.

doorzijpelen ['do:rzeipələ(n)] = *doorsijpelen*.

doorzoeken [do:r'zu.kə(n)] *vt* search, go through [a man's pockets], ransack [a house], rummage [a desk].

doos [do.s] *v* box, case; *in de ~* S in quod; *uit de oude ~* antiquated; *dat is er een uit de oude ~* F that is a Joe Miller.

doosvrucht ['do.sfrʊxt] *v* ✿ capsular fruit, capsule.

dop [dɔp] *m* 1 shell [of an egg], husk [of some seeds], pod [of peas], cup [of an acorn]; 2 top, cap [of a fountain-pen]; cover [of a tobacco-pipe]; button [of a foil]; 3 (bolhoed) billycock; *hoge ~* S top-hat; *een advocaat in de ~* F a budding (sucking) lawyer; *hij is pas uit de ~* just out of the shell; *kijk uit je ~pen* S keep your eyes open.

dopeling ['do.pəliŋ] *m* child (person) to be baptized.

dopen [-pə(n)] *vt* 1 baptize, christen [a child, a church bell, a ship]; name [a ship]; 2 dip [bread in water]; *hij werd Jan gedoopt* he was christened John.

doper [-pər] *m* baptizer; *Johannes de D~* John the Baptist.

doperwt ['dɔpər(v)t] *v* ‡ green pea.

dophoed [-hu.t] *m* billycock.

doppen ['dɔpə(n)] **I** *vt* shell [eggs, peas]; husk [corn]; **II** *vi* S in: ~ *voor* cap [= take off one's hat to a man].

dopper ['dɔpər] *m* zie *doperwt*.

dor [dɔr] barren, arid, dry.

doren ['do:rən] = *doorn*.

dorheid ['dɔrhɛit] *v* barrenness, aridity, dryness.

dorp [dɔrp] *o* village.

dorpel ['dɔrpəl] *m* threshold.

dorpeling [-pəlɪŋ] *m* villager.

dorper [-pər] *m* 1 ⊞ villein; 2 rustic, boor.

dorps [dɔrps] countrified, rustic.

dorpsbewoner ['dɔrpsbəvo.nər] *m* villager.

dorpsgeestelijke [-ɡe.stələkə] *m* country parson.

dorpsherberg [-herbɛrx] *v* country inn, village inn.

dorpsjeugd [-jø.xt] *v* youth of the village.

dorpskerk [-kɛrk] *v* village church.

dorpskermis [-kɛrməs] *v* country fair.

dorpspastoor [-pɑsto:r] *m* village priest.

dorpspastorie [-pɑsto:ri.] *v* country rectory.

dorpsplein [-plɛin] *o* village square.

dorpsschool ['dɔrpsxo.l] *v* village school.

dorsen ['dɔrsə(n)] *vt* & *vi* thresh.

dorser [-sər] *m* thresher.

dorsmachine ['dɔrsma.ʃi.nə] *v* threshing machine.

dorst [dɔrst] *m* thirst²; *de* ~ *naar roem* the thirst for glory; ~ *hebben* be thirsty; ~ *krijgen* get thirsty.

dorsten ['dɔrstə(n)] *vi* be thirsty; *fig* thirst (for, after).

dorstig [-stəx] thirsty.

dorstigheid [-hɛit] *v* thirstiness, thirst.

dorstverwekkend [-fərvɛkənt] producing thirst.

dorsvlegel ['dɔrsfle.ɡəl] *m* flail.

dorsvloer [-flu:r] *m* threshing-floor.

dos [dɔs] *m* attire, raiment, dress.

doseren [do.'ze:rə(n)] *vt* dose.

dosering [-rɪŋ] *v* dosage.

dosis ['do.zəs] *v* dose, quantity.

dossier [dɔsi.'e.] *o* dossier, file.

dot [dɔt] *m* 1 *v* knot [of hair, worsted &], tuft [of grass]; *een ~ van een kind (hoedje)* a duck of a child (of a hat); *wat een ~!* what a dear!

dotterbloem ['dɔtərblu.m] *v* ‡ marsh marigold.

douairière [du.ɛ.ri.'ɛ:rə] *v* dowager.

douane [du.'a.nə] *v* customs house, customhouse; *de* ~ ook: the Customs.

douanebeambte [-bəɑmtə] *m* customs officer, custom-house official.

douaneformaliteiten [-fɔrma.li.tɛitə(n)] *mv* customs formalities.

douanekantoor [-kɑnto:r] *o* customs house, custom-house.

douaneloods [-lo.ts] *v* customs shed.

douaneonderzoek [-ɔndərzu.k] *o* customs examination.

douanerechten [-rɛxtə(n)] *mv* customs (duties).

douanetarief [-ta.ri.f] *o* customs tariff.

douane-unie [-y.ni.] *v* customs union.

douaneverklaring [-vərkla:rɪŋ] *v* customs declaration.

douanezegel [-ze.ɡəl] *o* customs seal.

doublé [du.'ble.] *o* gold-(silver-)plated work.

doubleren [-'ble:rə(n)] **I** *vt* 1 double [a part, a rôle]; 2 ~ repeat [a class]; **II** *vi* ◇ double.

doublure [-'bly:rə] *v* understudy [of an actor].

douceurtje [-'sø:rɕə] *o* tip, gratuity.

douche [du.'ʃə] *v* douche, shower(-bath); *een koude ~* a cold douche [*fig*].

douchecel [-sɛl] *v* shower cabinet.

douchen ['du.ʃə(n)] *vi* take a shower, shower.

dove ['do.və] *m-v* deaf man, deaf woman &.

dovekool [-ko.l] dead coal.

doveman [-mɑn] *m* dead man; *je zult aan een ~s deur kloppen* you will find no hearing, your entreaty will fall on deaf ears.

doven ['do.və(n)] *vt* extinguish, put out.

dovenetel [do.və'ne.təl] *v* ‡ dead-nettle.

dovig ['do.vəx] somewhat deaf.

dozijn [do.'zɛin] *o* dozen; *bij het* ~ [sell them] by the dozen; [pack them] in dozens; *drie (vier &)* ~ three (four &) dozen; *enige ~en* some dozens.

draad [dra.t] *m* thread [of cotton, screw & *fig*]; fibre, filament [of plant or root]; wire [of metal]; filament [of electric bulb]; string [of French beans]; grain [of wood]; *een* ~ *in een naald steken* thread a needle; *de (rode)* ~ *die er doorheen loopt* the (leading) thread running through it; *de draden in handen hebben* hold the clue, have got hold of the threads [of the mystery]; *de* ~ *kwijt zijn* have lost the thread (of one's argument &); *geen droge* ~ *aan 't lijf hebben* not have a dry thread (stitch) on one; *de* ~ *weer opvatten* take up the thread (of one's narrative); *alle dagen een draadje, is een hemdsmouw in 't jaar* many a little makes a mickle; *aan een zijden ~(je) hangen* hang by a thread; *(kralen) aan een ~ rijgen* thread beads; *met (op) de* ~ with the grain; *per* ~ ‡ by wire; *tegen de* ~ against the grain²; *versleten tot op de* ~ threadbare; *voor de* ~ *komen* F speak up.

draadharig [-ha:rəx] wire-haired [terrier].

draadloos [-lo.s] ‡ wireless.

draadnagel [-na.ɡəl] *m* wire-nail.

draadomroep [-ɔmru.p] *m* ▨ ‡ wire broadcasting.

draadschaar [-sxa:r] *v* wire-cutter.

draadtang ['dra.tɑŋ] *v* pliers, nippers.

draadtrekker [-trɛkər] *m* wire-drawer. [mill.

draadtrekkerij [dra.trɛkə'rɛi] *v* wire-drawing

draadvormig ['dra.tfɔrməx] thread-like.

draadwerk [-vɛrk] *o* 1 filigree; 2 wire-work.

1 **draagbaar** ['dra.xba:r] *aj* bearable; portable [loads]; wearable [clothes].

2 **draagbaar** ['dra.xba:r] *v* litter, stretcher.

draagbalk ['dra.xbɑlk] *m* beam, girder.

draagband [-bɑnt] *m* strap; sling [for arm].

draagkoets [-ku.ts] *v* palanquin.

draagkracht [-krɑxt] *v* ability to bear [something, also financial loads]; carrying-capacity [of a ship]; range [of guns, of the voice].

draaglijk ['dra.ɡələk] **I** *aj* 1 tolerable [= endurable & fairly good], bearable; 2 passable, rather decent, middling; **II** *ad* tolerably.

draagloon ['dra.xlo.n] *o* porterage.

draagraket [-ra.kɛt] *v* carrier rocket.

draagriem [-ri.m] *m* strap.

draagstoel [-stu.l] *m* ⊞ sedan (chair).

draagvermogen [-fɔrmo.ɡə(n)] *o* zie *draagkracht*.

draagvlak [-flɑk] *o* ⚐ airfoil.

draagwijdte [-vɛitə] *v* 1 ✕ range; 2 *fig* bearing, full significance [of one's words].

draai [dra.i] *m* turn; twist [of a rope], turning, winding [of the road]; ~ *(om de oren)* F box on the ear; *hij gaf er een* ~ *aan* he gave it a twist; *zijn* ~ *hebben* be as pleased as Punch (about it); *zijn* ~ *nemen* execute a right-about [*fig*]; *hij nam zijn* ~ *te kort* he took too short a bend.

draaibaar ['dra.iba:r] *v* revolving.

draaibank ['dra.ibɑŋk] *v* ◇ lathe.

draaiboek [-bu.k] *o* shooting script, continuity.

draaiboom [-bo.m] *m* turnstile.

draaibrug [-brʏk] *v* swing-bridge.

draaideur [-dø:r] *v* revolving door.

draaien ['dra.jə(n)] *vi* 1 *eig* turn [in all

directions], spin [quickly round], whirl [rapidly round and round in orbit or curve], twist [spirally], gyrate [in circle or spiral], revolve, rotate [on axis], shift, veer [from one position to another, round to the East &]; 2 *fig* shuffle, prevaricate, tergiversate; *zitten te ~* wriggle [on a chair]; *het (alles) draait mij, mijn hoofd draait* my head swims; *in deze bioscoop draait de film* this cinema is showing the film; *de fabriek draait (volop, op volle toeren)* the factory is working (to capacity), is running (at full capacity), is in full swing; *blijven~* keep going [*fig*]; *alles draait om dat feit* everything turns (hinges, pivots) on that fact; *om de zaak heen ~* beat about the bush; **II** *vt* turn [the spit, a wheel, ivory &]; roll [a cigarette, pills]; wind [round one's finger]; zie ook: *orgel &; een nummer ~ 📞* dial; *hij weet alles zo te ~ dat...* he gives things a twist so that...; **III** *vr zich ~* turn [to the right, left].

draaier [-jər] *m* 1 turner [in wood, ivory &]; 2 *fig* shuffler, prevaricator; 3 (halswervel) axis.

draaierig [-jərəx] giddy, dizzy.

draaierij [dra.jə'rɛi] *v* 1 turnery, turner's shop; 2 *fig* shuffling, prevarication, tergiversation; *met ~en omgaan* prevaricate, be a shuffler.

draaihek [-hɛk] *o* turnstile.

draaiing ['dra.jɪŋ] *v* turn(ing); rotation.

draaikolk [-kɔlk] *m & v* whirlpool, eddy, vortex[2].

draailicht [-lɪxt] *o* revolving-light.

draaimolen [-mo.lə(n)] *m* roundabout, merry-go-round, whirligig.

draaiorgel [-ɔrgəl] *o* barrel-organ.

draaipunt [-pʉnt] *o* turning-point; centre of rotation.

draaischijf [-sxɛif] *v* 1 turn-table [of a railway; of a gramophone]; 2 📞 dial; 3 (potter's) wheel.

draaispit [-spɪt] *o* spit.

draaisteel [-stu.l] *m* revolving-chair.

draaistroom [-stro.m] *m* ⚡ rotary current. three-phase current; (in samenst.) three-phase [motor &].

draaitol [-tɔl] *m* spinning-top [*fig*].

draaitoneel [-to.ne.l] *o* revolving stage.

draaiziekte [-zi.ktə] *v* (blind) staggers.

draak [dra.k] *m* 1 🐉 dragon[2]; 2 S sensational play; *de ~ steken met* poke fun at [a man], make fun of [the regulations].

drab [drɑp] *v & o* dregs; sediment.

drabbig ['drɑbəx] turbid, dreggy.

drabbigheid [-hɛit] *v* turbidity, dregginess.

dracht [drɑxt] *v* 1 (last) charge, load; 2 (kleerdracht) dress, costume; 3 (etter) matter; 4 (draagwijdte) range; *een ~ slagen* a sound thrashing.

drachtig ['drɑxtəx] pregnant; with young.

drachtigheid [-hɛit] *v* pregnancy.

draconisch [dra.'ko.ni.s] draconian.

drad(er)ig ['dra.d(ə)rəx] thready, stringy; ropy [of liquids].

dradigheid [-hɛit] *v* threadiness &.

1 **draf** [drɑf] *m* trot; *in volle ~* at full trot; *op een ~* at a trot.

2 **draf** [drɑf] *m* (veevoeder) draff, hog-wash.

dragen ['dra.gə(n)] **I** *vt* bear [a load, arms, a name, the cost, interest &], wear [a beard, clothes, spectacles, diamonds, a look of... &], carry [something, arms, a watch, interest, one's head high]; support [the roof, a character, part]; **II** *vi & va* 1 bear [of the ice, a tree]; 2 discharge [of a wound]; 3 🔫 carry [of fire-arms]; *~de vruchtbomen* fruit-trees in (full) bearing.

dragonder [dra.'gòndər] *m* dragoon; *een ~ (van een wijf)* F a virago.

draineerbuis [drɛ'ne:rbœys] *v* drain(age) pipe.

draineren [-'ne:rə(n)] *vt* drain.

drainering [-rɪŋ] *v* drainage, draining.

dralen ['dra.lə(n)] *vi* linger, tarry; dawdle; *zonder ~* without (further) delay.

drama ['dra.ma.] *o* drama.

dramatisch [dra.'ma.ti.s] *aj* (& *ad*) dramatic-(ally).

dramatiseren [-ma.ti.'ze:rə(n)] *vt* dramatize.

dramatisering [-rɪŋ] *v* dramatization.

drang [drɑŋ] *m* pressure, urgency, impulse, urge; *onder de ~ der omstandigheden* under (the) pressure of circumstances.

drank [drɑŋk] *m* 1 drink, beverage; 2 💊 draught, potion; *sterke ~* strong drink, spirits, liquor; *aan de ~ zijn* be given to drink, be addicted to liquor.

drankbestrijder ['drɑŋkbəstrɛidər] *m* teetotaller.

drankbestrijding [-dɪŋ] *v* temperance movement.

drankduivel ['drɑŋkdœyvəl] *m de ~* the demon drink.

drankhuis [-hœys] *o* public house, P pub.

drankje [-jə] *o* medicine, draught, potion.

drankmisbruik [-mɪsbrœyk] *o* excessive drinking.

drankverbod [-fərbɔt] *o* prohibition.

drankverbruik [-fərbrœyk] *o* drink consumption.

drankverkoop [-fərko.p] *m* sale of intoxicants.

drankwet ['drɑŋkvɛt] *v* liquor law.

drankzucht [-sʉxt] *v* dipsomania.

drankzuchtige [drɑŋk'sʉxtəgə] *m-v* dipsomaniac.

draperen [dra.'pe:rə(n)] *vt* drape.

draperie [dra.pə'ri.] *v* drapery.

drasland ['drɑslɑnt] *o* marshland, swamp.

drassig ['drɑsəx] marshy, swampy, boggy.

drastisch ['drɑsti.s] **I** *aj* drastic; **II** *ad* drastic-ally.

draven ['dra.və(n)] *vi* trot.

draverij [dra.və'rɛi] *v* trotting-match.

dreef [dre.f] *v* 1 alley, lane; 2 field, region; *iemand op ~ helpen* help one on; *op ~ komen* get into one's swing, get into one's stride; *op ~ zijn* be in the vein; be in splendid form.

dreg [drɛx] *v* drag, grapnel.

dreganker ['drɛxɑŋkər] *o* grapnel.

dreggen ['drɛgə(n)] *vi* drag (for *naar*).

dreigbrief ['drɛixbri.f] *m* threatening letter.

dreigement ['drɛigə'mɛnt] *o* threat, menace.

dreigen ['drɛigə(n)] *vi & vt* threaten, menace; *hij dreigde in het water te vallen* he was in danger of falling into the water; *het dreigt te regenen* it looks like rain; *er dreigt een onweer* a storm is threatening; *er dreigt oorlog* it threatens war; *er dreigt een staking* a strike is threatened.

dreigend [-gənt] **I** *aj* threatening, menacing [looks, dangers &]; imminent, impending [perils]; lowering [clouds]; ugly [situation]; *de ~e hongersnood (staking &)* the threatened famine (strike &); **II** *ad* threateningly, menacingly.

dreiging [-gɪŋ] *v* threat, menace.

dreinen [-nə(n)] *vi* whine, whimper, pule.

drek [drɛk] *m* dirt, muck; (uitwerpselen) droppings.

drempel ['drɛmpəl] *m* threshold.

drenkbak ['drɛŋkbɑk] *m* watering-trough.

drenkeling ['drɛŋkəlɪŋ] *m* 1 drowned person, 2 drowning person.

drenken [-kə(n)] *vt* water [cattle, horses &]; drench [the earth]; *~ in* steep (soak) in.

drenkplaats ['drɛŋkpla.ts] *v* watering-place.

drentelen [-lə(n)] *vi* saunter.

drenzen ['drɛnzə(n)] *vi* zie **dreinen**.

dresseerder [drɛ'se:rdər] *m* trainer, (v. paard) horse-breaker.

dresseren [-'se:rə(n)] *vt* break (in) [horses], train [dogs], break in [schoolboys]; *gedres-*

seerde olifanten performing elephants.

dresseur [-'sø:r] *m* zie *dresseerder*.

dressoir [-'swa:r] *o & m* sideboard.

dressuur [-'sy:r] *v* breaking in² [of horses, schoolboys], training [of animals].

dreumes ['drø.məs] *m* mite, toddler.

dreun [drø.n] *m* 1 (v. geluid) drone, rumble, roar(ing), boom; 2 (bij opzeggen) singsong, chant; 3 P (opstopper) bash, biff; *op een* ~ in monotone.

dreunen ['drø.nə(n)] *vi* drone, rumble, roar, boom; *(doen)* ~ shake [the house].

drevel ['dre.vəl] *m* ✗ drift, punch.

drevelen [-vələ(n)] *vt* ✗ drift, punch.

dribbelaar ['dribəla:r] *m* toddler.

dribbelen [-bələ(n)] *vi* 1 toddle; trip; 2 *sp* dribble.

dribbelpasjes ['dribəlpɑʃəs] *mv* tripping steps.

drie [dri.] three; zie ook: *ding &.*

driedekker [-dɛkər] *m* 1 ⚓ three-decker; 2 ✈ triplane; 3 *fig* virago.

driedelig [-de.ləx] tripartite; three-piece [suit].

driedubbel [-dûbəl] treble, triple, threefold.

Drieëenheid [dri.'e.nheit] *v* (Holy) Trinity.

drieërlei ['dri.ərlɛi] of three sorts.

driehoek [-hu.k] *m* triangle; (tekengereedschap) set square.

driehoekig [-hu.kəx] triangular, three-cornered.

driehoeksmeting [-hu.ksme.tiŋ] *v* trigonometry.

driehonderdjarig [-hòndərtja:rəx] in: *~e gedenkdag* tercentenary.

driehoofdig [-ho.vdəx] three-headed [monster]; triceps [muscle].

driejaarlijks [-ja:rləks] triennial.

driekant(ig) [-kɑnt(əx)] three-cornered.

driekleur [-klø:r] *v* tricolour.

Driekoningen [dri.'ko.nəŋə(n)] *m* Twelfthnight, Epiphany.

driekwartsmaat ['dri.kʌartsma.t] *v* ♪ three-four time.

drieledig [-le.dəx] threefold.

drielettergrepig [-lɛtərgre.pəx] trisyllabic; *~ woord* trisyllable.

drieling [-lɪŋ] *m* triplets.

drieluik [-lœyk] *o* triptych.

driemaandelijks [-ma.ndələks] quarterly; *een ~ tijdschrift* a quarterly.

driemanschap [-skɑp] *o* triumvirate.

driemaster ['dri.mɑstər] *m* ⚓ three-master.

driemotorig [-mo.to:rex] ✈ three-engined.

driepuntslanding [-pûntslɑndiŋ] *v* ✈ three-point landing.

driespan [-spɑn] *o* team of three horses (oxen).

driesprong [-sprɔ̀ŋ] *m* three-forked road.

driest [dri.st] *aj (& ad)* audacious(ly), bold(ly).

driestemmig ['dri.stɛməx] ♪ for three voices, three-part.

driestheid [dri.stheit] *v* audacity, boldness.

drietal ['dri.tɑl] *o* (number of) three, trio.

drietalig [-ta.ləx] trilingual.

drietand [-tɑnt] *m* trident.

drieversnellingsnaaf [-vərsnɛliŋsna.f] *v* three-speed hub.

drievoet [-vu.t] *m* tripod, trivet.

drievoetig [-vu.təx] three-footed, three-legged.

drievoud [-vout] *o* treble; *in* ~ in triplicate.

drievoudig [-voudəx] triple, threefold.

Drievuldigheid [dri.'vûldəxheit] *v* (Holy) Trinity.

driewerf ['dri.vɛrf] three times, thrice.

driewieler [-vi.lər] *m* tricycle.

driezijdig [-zeidəx] three-sided, trilateral.

drift [drift] *v* 1 drove [of oxen], flock [of sheep]; 2 ⚓ drift [of a ship]; 3 (woede, hartstocht) passion; *in* ~ in ; fit of passion; *in* ~ *geraken* lose one's temper; *op* ~ ⚓ adrift.

driftbui ['driftbœy] *v* fit of temper.

driftig ['driftəx] I *aj* 1 (opvliegend) passionate, quick-tempered, hasty; (woedend) angry; 2 ⚓ adrift; ~ *worden, zich* ~ *maken* fly into a passion; II *ad* passionately; angrily.

driftigheid [-heit] *v* passionateness, quick temper, hastiness of temper.

driftkop ['driftkɔp] *m* hothead, spitfire, F tartar.

drijfas ['drɛifɑs] *v* ✗ driving shaft.

drijfbeitel [-bɛitəl] *m* ✗ chasing-chisel.

drijfhamer [-ha.mər] *m* ✗ chasing-hammer.

drijfhout [-hout] *o* drift-wood.

drijfijs [-ɛis] *o* drift ice, floating ice.

drijfjacht [-jɑxt] *v* drive, battue.

drijfkracht [-krɑxt] *v* 1 ✗ motive power; 2 *fig* driving force, moving power.

drijfnat [-nɑt] soaking wet, sopping wet.

drijfriem [-ri.m] *m* ✗ driving-belt.

drijfstang [-stɑŋ] *v* ✗ connecting-rod.

drijfveer ['drɛife:r] *v* moving spring²; *fig* mainspring, incentive, motive; *wat was zijn* ~ *tot die daad?* by what motive was he actuated?

drijfwerk ['drɛifʋɛrk] *o* 1 chased work, chasing; 2 ✗ driving-gear.

drijfwiel [-vi.l] *o* ✗ driving-wheel.

drijfzand [-sɑnt] *o* quicksand(s).

drijven ['drɛivə(n)] I *vi* 1 float [on or in liquid], swim [on the surface]; 2 (meegevoerd worden) drift; 3 F (nat zijn) be soaking wet; II *vt* 1 drive², propel², impel², *fig* actuate, prompt [to an action]; 2 chase [gold, silver]; *een zaak* ~ run a business, *het te ver* ~ carry it [economy, the thing] too far; *iemand in de engte* ~ press one hard; *het tot het uiterste* ~ push things to the last extremity [to an extreme]; *iemand tot het uiterste* ~ drive one to extremities; III *va* be fanatically zealous [in some cause].

drijver [-vər] *m* 1 driver, drover [of cattle]; 2 beater [of game]; 3 chaser [in metal]; 4 *fig* zealot, fanatic; 5 ✗ & ✈ float.

1 **dril** [dril] *m* (boor) drill.

2 **dril** [dril] *v* (vleesnat) jelly.

3 **dril** [dril] *o* (weefsel) drill.

drilboor ['drilbo:r] *v* drill.

drillen ['drilə(n)] *vt* 1 ✗ drill; 2 drill [soldiers &]; ✍ cram [pupils for an examination].

drilschool [-sxo.l] *v* F cramming-school.

dringen ['driŋə(n)] I *vi* push, crowd, throng; *de tijd dringt* time presses; ~ *door* pierce, penetrate; force (push) one's way through [the crowd]; ~ *in* zie *binnendringen*; II *vt* push, crowd; press [against something]; *wanneer het hart* (u) *tot spreken dringt* when your heart urges (prompts) you to speak; *ze drongen hem de straat op* they hustled him out into the street; III *vr* in: *zich in iemands geheimen* ~ penetrate into a person's secrets.

dringend [-ŋənt] *aj (& ad)* urgent(ly), pressing(ly).

drinkbaar ['driŋkba:r] drinkable.

drinkbak [-bɑk] *m* drinking-trough, watering-trough.

drinkbakje [-jə] *o* (bird's) trough.

drinkbeker ['driŋkbe.kər] *m* cup, goblet.

drinkebroer [-əbru:r] *m* toper, tippler.

drinken ['driŋkə(n)] I *vt* drink [water &]; have, take [a glass of wine with a person]; II *vi* drink; *op iemands gezondheid* ~ drink (to) one's health; *veel (zwaar)* ~ drink heavily; III *va* drink; IV *o* drinking [is bad]; beverage, drink(s).

drinker [-ər] *m* (great) drinker, toper, tippler.

drinkgelag [-gəlɑx] *o* drinking-bout, carousal.

drinkgeld [-gɛlt] *o* 1 ⚒ drink-money; 2 gratuity, tip.

drinkglas [-glɑs] *o* drinking-glass, tumbler.

drinklied [-li.t] *o* drinking-song.

drinkwater [-va.tər] *o* drinking-water.
drinkwatervoorziening [-vo:rzi.nɪŋ] *v* water-supply.
Ⓞ**droef** [dru.f] sad, afflicted.
Ⓞ**droefenis** [ˈdru.fənɪs] *v* grief, sorrow, affliction.
droefgeestig [dru.fˈge.stəx] melancholy, gloomy, wistful.
droefgeestigheid [-hɛit] *v* melancholy, gloominess.
droefheid [ˈdru.fhɛit] *v* sadness, affliction, sorrow.
droesem [ˈdru.səm] *m* dregs, lees.
droevig [-vəx] sad [man]; pitiful, sorry [sight]; mournful, rueful [countenance].
drogbeeld [ˈdroxbe.lt] *o* illusion, phantom.
droge [ˈdro.gə] in: *op het ~* on dry land.
drogen [-gə(n)] I *vt* dry; wipe; II *vi* dry.
drogerij [dro.gəˈrɛi] *v* drying-place; ~*en* drugs.
drogist [-ˈgɪst] *m* druggist, drysalter.
drogisterij [-gɪstəˈrɛi] *v* druggist's (shop).
drogreden [ˈdroxre.də(n)] *v* sophism.
drogredenaar [-dəna:r] *m* sophist.
drom [drɔm] *m* crowd, throng.
dromedaris [dròməˈda:rəs] *m* ♐ dromedary.
dromen [ˈdro.mə(n)] *vi* & *vt* dream[2].
dromer [-mər] *m* dreamer.
dromerig [-mərəx] I *aj* dreamy; II *ad* dreamily.
dromerij [dro.məˈrɛi] *v* day-dreaming, reverie.
drommel [ˈdròməl] *m* deuce, devil; *arme ~* poor devil; *wat ~!* what the deuce!; *om de ~ niet!* not for Joe!; *hij is om de ~ niet dom* he is by no means stupid.
drommels [-s] I *aj* devilish, deuced, confounded; II *ad* < devilish; III *ij* the deuce!
drommen [ˈdròmə(n)] *v* throng, crowd [around a person, to the city].
dronk [drɔŋk] *m* draught, drink [of water &]; *een ~ instellen* propose a toast.
dronkaard [ˈdròŋka:rt] **dronkelap** [ˈdròŋkəlap] *m* drunkard.
dronkemanspraat [ˈdròŋkəmanspra.t] *m* drunken twaddle.
dronkemanswaanzin [-va.nzɪn] *m* delirium tremens.
dronken [-kə(n)] [p‍redikatief] drunk; [attributief] drunken, tipsy.
dronkenschap [ˈdròŋkənsxap] *v* drunkenness, inebriety.
droog [dro.x] I *aj* dry[2] [bread, cough, humour &], arid[2] [ground, subject &]; parched [lips]; *fig* dry-as-dust; *het zal wel ~ blijven* the fine (dry) weather will continue; *geen ~ brood verdienen* not earn enough for one's bread and cheese; *hij is nog niet ~ achter de oren* he is only just out of the shell; *het droge zie droge*; II *ad* drily[2], dryly[2].
droogdoek [ˈdro.xdu.k] *m* rubbing-cloth.
droogdok [-dɔk] *o* ⚓ dry-dock, graving-dock.
droogheid [-hɛit] *v* dryness, aridity.
droogje [-jə] *o* in: *op een ~ zitten* F have nothing to drink.
droogjes [-jəs] zie *droogweg*.
droogkomiek [-ko.ˈmi.k] I *m* man of dry humour; II *aj* full of quiet fun (dry humour); III *ad* with dry humour, drily, dryly.
droogleggen [ˈdro.xlεgə(n)] *vt* 1 drain [a marsh]; reclaim [a lake]; 2 *fig* make [a country] dry.
drooglegging [-lεgɪŋ] *v* draining; reclaiming [of a lake]; *fig* making dry [of a country].
drooglijn [-lεin] *v* clothes-line.
drooglopen [-lo.pə(n)] *vi* run dry.
droogmachine [-ma.ʃi.nə] *v* drying-machine.
droogmaken [-ma.kə(n)] *vt* dry [what is wet]; zie ook: *droogleggen*.
droogoven [-o.vən] *m* (drying-)kiln.
droogpruimer [-prœymər] *m* F dry old stick.
droogrek [-rεk] *o* drying-rack; clothes-horse.

droogscheerapparaat [-sxe:rapa.ra.t] *o* dry shaver.
droogstoppel [-stɔpəl] *m* zie *droogpruimer*.
droogte [-tə] *v* 1 dryness, drought; 2 shoal, sand-bank.
droogvoets [ˈdro.xfu.ts] dry-shod.
droogweg [-vεx] drily, dryly, with dry humour.
droogzolder [-sɔldər] *m* drying-loft.
droom [dro.m] *m* dream; *dromen zijn bedrog* dreams are deceptive; *uit de ~ helpen* undeceive.
droombeeld [ˈdro.mbe.lt] *o* vision.
droomgezicht [-gəzɪxt] *o* vision.
1 **drop** [drɔp] *m* 1 drop; 2 drip(ping) [of water from the roof].
2 **drop** [drɔp] *v* & *o* liquorice, licorice.
dropwater [ˈdrɔpva.tər] *o* licorice-water.
drossen [ˈdrɔsə(n)] *vi* run away.
druïde [dry.ˈi.də] *m* druid.
druif [drœyf] *v* grape; *de druiven zijn zuur* the grapes are sour.
druifluis [-løys] *v* vine-pest, phylloxera.
druilen [ˈdrœylə(n)] *vi* mope, pout.
druiler [-lər] *m* mope, moper.
druilerig [-lərəx] moping [person]; drizzling [weather].
druiloor [-lo:r] *m:-v* mope, moper.
druilorig [ˈdrœylˈo:rəx] *aj* (& *ad*) moping(ly).
druipen [ˈdrœypə(n)] *vi* 1 drip; 2 S be plucked (ploughed) [at an exam]; ~ *van het bloed* drip with blood; *ze hebben hem laten ~* S he has been plucked (ploughed).
druipnat [ˈdrœypnat] dripping (wet).
druipneus [-nø.s] *m* 1 running nose; 2 sniveller.
druipsteen [-ste.n] *m* stalactite [hanging from roof of cave], stalagmite [rising from floor].
druiveblad [ˈdrœyvəblat] *o* vine-leaf.
druivenat [-nat] *o* grape-juice.
druivenkas [ˈdrœyvə(n)kɑs] *v* vinery.
druivenoogst [-o.xst] *m* grape-harvest, vintage.
druiventros [-trɔs] *m* bunch (cluster) of grapes.
druivepit [ˈdrœyvəpɪt] *v* grape-stone.
druivesuiker [-sœykər] *m* grape-sugar, glucose.
1 **druk** [drük] *I aj* 1 (v.plaatsen) busy [street], crowded [meeting], bustling [town], lively [place]; 2 (v. personen) busy, bustling, fussy; lively, noisy [children]; 3 (v. versiering) loud, noisy [patterns]; *een ~ gebruik maken van...*, make a frequent use of...; *een ~ gesprek* a lively conversation; *een ~ke handel* a brisk trade; *de ~ke uren* the busy hours, the rush hours; *~ verkeer* heavy traffic [on the road]; *een ~ke zaak* a well-patronized business; *het is mij hier te ~* things are too lively for me here; *het ~ hebben* be (very) busy; *zij hadden het ~ over hem* he was made the general theme of their conversation; *ze hebben het niet ~ in die winkel* there is not much doing in that shop; *zich ~ maken* get excited; bother (about *om*, *over*); *hij maakt het zich niet ~* he takes things easy; II *ad* busily; ~ *bezochte vergadering* well-attended meeting; ~ *bezochte winkel* well-patronized shop; zie ook: *bezig*.
2 **druk** [drük] *m* 1 pressure[2] [of the hand, of the atmosphere &, also = oppression]; squeeze [of the hand]; *fig* burden [of taxation]; 2 print(ing), [small] print, type; [5th] impression, edition; ~ *uitoefenen op* bring pressure to bear upon [a person]; *in ~ verschijnen* appear in print.
drukfeil [ˈdrükfeil] **drukfout** [-fout] *v* misprint, printer's error, typographical error.
drukinkt [-ɪŋ(k)t] *m* printer's (printing) ink.
drukkajuit [ˈdrükɑjœyt] *v* ✈ pressure cabin.
drukken [ˈdrükə(n)] I *vt* 1 press[2], squeeze, press[2]; weigh (heavy) upon, oppress [one], depress [the market]; 2 print [books, calico &]; *dat drukt hem* (*zeer*) it weighs (heavy) on his

mind; *iemand* *a a n zijn borst (het hart)* ~ press a person to one's breast (heart); *iemand i n zijn armen* ~ clasp a person in one's arms; *de hoed diep in de ogen* ~ pull one's hat over one's eyes; **II** *vi* press; pinch [of shoes]; ~ *op* press (on); *fig* weigh (heavy) upon; *op de knop* ~ press the button; *op een lettergreep* ~ stress a syllable.

drukkend [-kənt] burdensome [load], heavy [air]; oppressive [load, heat], close, stifling [atmosphere], sultry [weather].

drukker [-kər] *m* printer.

drukkerij [drükə'rɛi] *v* printing-office.

drukknoopje ['drükno.pjə] *o* press-button, press-stud.

drukknop [-knɔp] *m* push-button [of bell].

drukkosten [-kɔstə(n)] *mv* cost of printing.

drukkunst [-künst] *v* (art of) printing, typography.

drukletter ['drükletər] *v* 1 type; 2 (tegenover schrijfletter) print letter.

drukpan [-pɑn] *v* pressure-cooker.

drukpers [-pers] *v* printing-press, press.

drukproef [-pruf] *v* proof [for correction].

drukraam [-ra.m] *o* printing-frame.

drukte [-tə] *v* stir, bustle; [seasonal] pressure; fuss; *veel* ~ *over iets maken* make a noise (a great fuss) about a thing.

druktemaker [-təma.kər] *m* F zie *opschepper*.

drukwerk [-vɛrk] *o* printed matter; *een* ~ ⅋ a printed paper; *als* ~ *verzenden* send as printed matter.

druppel ['drüpəl] *m* drop (of water).

druppelen ['drüpələ(n)] *vi* drop; *'t druppelt* drops of rain are falling; *het water druppelt van het dak* the water is dripping (trickling) from the roof.

druppelsgewijs, -gewijze [drüpəlsgə'ʋɛis, -'ʋɛizə] by drops.

Ds. ['do.mi.ne.] *in*: ~ *W. Brown* the Reverend W. Brown, the Rev. W. Brown.

D-trein ['de.trɛin] *m* corridor train.

dubbel ['dübəl] **I** *aj* double; twofold; dual; ~*e bodem* false bottom; *de* ~*e hoeveelheid* double the quantity; *zijn* ~*e natuur* his dual nature; ~*e schroef* twin-screw; **II** *ad* doubly; ~ *en dwars verdiend* more than deserved; ~ *zo groot (lang & als)* twice the size (length &) (of); ~ *zien* see double; **III** *m* in: *een* ~*e* a duplicate [of a stamp], a double [at dominoes].

dubbelganger [-gɑŋər] *m* double.

dubbelhartig [dübəl'hɑrtəx] double-faced, double-hearted.

dubbelhartigheid [-hɛit] *v* double-dealing, duplicity.

dubbelkoolzure soda [dübəlko.lzy:rə so.da.] *m* & *v* bicarbonate of soda.

dubbelloops ['dübəlo.ps] double-barrelled.

dubbelpunt ['dübəlpünt] *v* & *o* colon.

dubbelspel [-spɛl] *o* *sp* double [at tennis]; *dames-* *(heren-)* ~ ladies' (men's) doubles; *gemengd* ~ mixed doubles.

dubbelspoor [-spo:r] *o* double track.

dubbeltje [-cə] *o* twopence; *een* ~ a twopenny bit; *het is een* ~ *op zijn kant* it is a mere toss-up; it will be touch and go; *een* ~ *tweemaal omkeren* look twice at one's money.

dubbelzinnig [dübəl'zinəx] *aj* (& *ad*) ambiguous(ly)), equivocal(ly).

dubbelzinnigheid [-hɛit] *v* ambiguity.

dubieus [dy.bi.'øs] dubious, doubtful; *dubieuze vordering* $ doubtful (bad) debt.

dubio ['dy.bi.o.] *in*: *hij stond in* ~ he was in two minds.

dubloen [dy.'blu.n] *m* doubloon.   [minds.]

duchten ['düxtə(n)] *vt* fear, dread, apprehend.

duchtig [-təx] **I** *aj* fearful, strong; **II** *ad* < fearfully, terribly.

duel [dy.'ɛl] *o* duel, single combat.

---

duelleren [-ɛ'le:rə(n)] *vt* fight a duel, duel.

duet [-'ɛt] *o* ♪ duet.

duf [düf] fusty, stuffy; *fig* fusty, musty.

duffel ['düfəl] *o* duffels [-s] *aj* duffel.

dufheid ['düfhɛit] *v* fustiness, stuffiness; *fig* fustiness, mustiness.

duidelijk ['dœydələk] **I** *aj* clear, plain, distinct, obvious, explicit; **II** *ad* clearly &.

duidelijkheid [-hɛit] *v* clearness, plainness &.

duidelijkheidshalve [dœydələkhɛits'hɑlvə] for the sake of clearness.

duiden ['dœydə(n)] **I** *vi in*: ~ *op iets* point to it; **II** *vt* interpret; *ten kwade* ~ zie *kwalijk nemen*.

duif [dœyf] *v* 🐦 pigeon, dove[2]; *de gebraden duiven vliegen een mens niet in de mond* don't think the plums will drop into your mouth while you sit still.

duig [dœyx] *v* stave; *in* ~*en vallen* drop to pieces; *fig* fall through, miscarry [of plans &]; *in* ~*en doen vallen* stave in; *fig* cause to fall through, make [plans] miscarry.

duik [dœyk] *m* dive.

duikbommenwerper ['dœykbòmə(n)vɛrpər] *m* 💥 dive-bomber.

duikboot [-bo.t] *m* & *v* ⚓ submarine, [German] U-boat.

duikbril [-brɪl] *m* *sp* diving goggles.

duikelaar ['dœykəla:r] *m* 1 diver; 2 (poppetje) tumbler.

duikelen [-lə(n)] *vi* 1 tumble, fall head over heels; 2 *fig* fall flat.

duiken ['dœykə(n)] *vi* dive, plunge, dip; *in elkaar gedoken* huddled (up), hunched (up); *in zijn stoel gedoken* ensconced in his chair; *onder de tafel* ~ duck under the table.

duiker [-kər] *m* 1 diver (ook 🐦); 2 💥 culvert.

duikerklok [-klɔk] *v* diving-bell.

duikerpak [-pɑk] *o* diving-dress, diving-suit.

duikertoestel [-tu.stɛl] *o* diving-apparatus.

duiksport [-spɔrt] *v* *sp* skin-diving.

duikvlucht [-flüxt] *v* 💥 nose dive.

duim [dœym] *m* 1 thumb [of the hand]; 2 inch = 2½ cm; 3 🔩 hook [also of a door]; *ik heb hem onder de* ~ he is under my thumb.

duimafdruk ['dœymɑfdrük] *m* thumb-print.

duimbreed [-bre.t] *o in*: *geen* ~ not an inch.

duimeling ['dœymɑlɪŋ] *m* thumb-stall.

duimelot [-əlɔt] *m* thumb.

duimpje [-pjə] *o* thumb; *iets op zijn* ~ *kennen* have a thing at one's finger-ends.

duimschroef [-s(x)ru.f] *v* thumbscrew; *(iemand) de duimschroeven aanzetten* put on the thumbscrews; *fig* put on the screw.

duimstok [-stɔk] *m* (folding) rule.

duin [dœyn] *v* & *o* dune.

duingrond ['dœyngrònt] *m* dune-soil.

duinwater [-va.tər] *o* water from the dunes.

duinwaterleiding [-lɛidiŋ] *v* water system from the dunes.

duinzand ['dœynzɑnt] *o* sand (of the dunes).

duister ['dœystər] **I** *aj* dark[2], obscure[2], dim[2]; gloomy[2]; *fig* mysterious; **II** *o het* ~ the dark; zie ook: *donker*; **III** *ad* darkly &.

duisterheid [-hɛit] *v* darkness[2], obscurity.

duisterling [-lɪŋ] *m* obscurant(ist).

duisternis [-nɪs] *v* darkness, dark, obscurity.

duit [dœyt] *m* & *v* 🪙 doit; *hij heeft geen* (F *rooie*) ~ he has not a penny to bless himself with; *een hele* ~ *kosten* cost a pretty penny; *ook zoen* ~ *in 't zakje doen* contribute one's mite; *put in a word*; ~*en hebben* F have (the) dibs; *op de* ~*en zijn* F be close-fisted; zie ook: *cent*.

duitblad ['dœytblɑt] *o* 🌿 frog-bit.

duitendief ['dœytə(n)di.f] *m* money-grubber.

Duits [dœyts] **I** *aj* German; 🏰 Teutonic [Order of Knights]; **II** *sb* *het* ~ German; *een* ~*e* a German woman.

Duitser ['dœytsər] *m* German.

Duitsland ['dœytslɑnt] *o* Germany.

duiveboon ['dœyvebo.n] *v* ♣ zie *tuinboon*.

duiveëi [-vai] *o* pigeon's egg.

duivel ['dœyvəl] *m* devil[2] demon fiend; *een arme ~* a poor devil; *de ~ en zijn moer* the devil and his dam; *voor de ~, zul je..?* in the name of thunder, shall you...?; *what ~ is dat nou?* what the deuce have we here?; *de ~ hale me, als...* (the) deuce take me, if...; *het is of de ~ er mee speelt* the devil is in it; *loop naar de ~!* go to hell!; *iemand naar de ~ wensen* wish one at the devil; *de ~ in hebben* F have one's monkey up; *als je van de ~ spreekt, trap je op zijn staart* talk of the devil and he is sure to appear.

duivelachtig [-ɑxtəx] devilish, fiendish, diabolic(al).

duivelbanner ['dœyvəlbɑnər] ~**bezweerder** [-bəzve:rdər] *m* exorcist.

duivels ['dœyvəls] I *aj* devilish, diabolic(al), fiendish; (w o e d e n d) furious; *het is om ~ te worden* it would vex a saint; *het is een ~e kerel* he is a devil of a fellow; *die ~e kerel* that confounded fellow; *het is een ~ werk* it is a devilish business, the devil and all of a job; II *ad* diabolically; < devilish, deuced(ly); III *ij* the deuce, the devil!

duivelskind [-kɪnt] *o* imp, child of Satan.

duivelskunstenaar [-künstəna:r] *m* magician, sorcerer.

duivelskunstenarij [dœyvəlskünstəna:'rɛi] *v* devilish arts, magic.

duivelstoejager [dy.vəls'tu.ja.gər] *m* F factotum.

duivelswerk ['dœyvəlsvɛrk] *o* devilish work.

duiveltje [-vəltɕə] *o* (little) devil, imp; *een ~ in een doosje* a Jack-in-the-box.

duivenhok ['dœyvə(n)hɔk] **duivenkot** [-kɔt] *o* pigeon-house, dovecot.

duivenmelker [-mɛlkər] *m* pigeon-fancier.

duivenpost [-pɔst] *v* pigeon-post.

duivenslag [-slɑx] *o* pigeon-loft.

duiventil [-tɪl] *v* pigeon-house, dovecot.

duizelen ['dœyzələ(n)] *vi* grow dizzy (giddy); *ik duizel* I feel dizzy (giddy); *het (hoofd) duizelt mij* my head swims, my brain reels.

duizelig [-ləx] dizzy, giddy.

duizeligheid [-ləxhɛit] *v* dizziness, giddiness [of persons], swimming of the head.

duizeling [-lɪŋ] *v* vertigo, fit of giddiness, swimming of the head; *een ~ overviel hem* he was seized (taken) with giddiness.

duizelingwekkend [dœyzəlɪŋ'vɛkənt] dizzy, giddy, vertiginous.

duizend ['dœyzənt] *a* (one) thousand.

duizenderhande ['dœyzəndərhɑndə] ~**erlei** [-lɛi] a thousand different sorts of, of a thousand sorts.

duizendjarig ['dœyzəntja:rəx] *a* of a thousand years, millennial; *het ~ rijk* the millennium.

duizendpoot [-po.t] *m* centipede.

duizendschoon [-sxo.n] *v* ♣ sweet william.

duizendste [-stə] thousandth (part).

duizendstemmig [-stɛməx] many-voiced, myriad-voiced.

duizendtal ['dœyzəntɑl] *o* a thousand.

duizendvoud ['dœyzəntfout] *o* multiple of a thousand.

duizendvoudig [dœyzənt'foudəx] a thousandfold.

duizendwerf ['dœyzəntvɛrf] a thousand times.

dukaat [dy.'ka.t] *m* ducat.

dukdalf [dy.k'dɑlf] *m* ♣ dolphin.

duldeloos ['düldəlo.s] unbearable, intolerable.

dulden ['düldə(n)] *vt* bear, suffer, endure [pain]; stand, tolerate [practices, actions]; *het (Jan) niet ~* not tolerate it (John); *zij ~ hem daar, hij wordt geduld, méér niet* he is there on sufferance.

dun [dün] I *aj* thin[2], slender [waists]; small [ale], washy [beer], clear [soup], rare [air]; *het is ~* I it is a poor performance, poor stuff; 2 it is mean; II *ad* thinly [spread, inhabited].

dundoek ['dündu.k] *o* bunting, flag.

dundrukpapier [-drükpa.pi:r] *o* thin paper, India paper.

dunheid [-hɛit] *v* thinness[2]; rareness [of the air].

dunk [dünk] *m* opinion; *een grote (hoge) ~ hebben van...* have a high opinion of...; *geen hoge ~ hebben van...* have but a poor opinion of...; *have no opinion of...*

dunken ['dünkə(n)] *vi* think; *mij dunkt* I think, it seems to me; *mij dacht* I thought; *wat dunkt u?* what do you think?

dunnen ['dünə(n)] I *vt* thin (out); *gedunde gelederen* depleted ranks; II *vi* thin.

dunnetjes [-'dünəcəs] I *ad* thinly; zie ook: *overdoen*; II *aj* in: *het is ~* zie *dun*.

duo ['dy.o.] I *o* ♪ duet || 2 *m* (v. motorfiets) pillion.

duopassagier [-pɑsa.ʒi:r] *m* pillion-rider.

duozitting [-zɪtɪŋ] *v* pillion.

dupe ['dy.pə] *m-v* dupe, victim; *ik ben er de ~ van* I am to suffer for it.

duperen [dy.'pe:rə(n)] *vt* fail, disappoint, trick.

duplicaat [-pli.'ka.t] *o* duplicate.

dupliek [-'pli.k] *v* rejoinder.

duplo ['dy.plo.] in: *in ~* in duplicate; *in ~ opmaken* draw up in duplicate, duplicate.

duren ['dy.rə(n)] *vi* last, endure; *het duurde uren voor hij...* it was hours before...; *dat kan niet blijven ~* this cannot go on (continue) for ever; *wat duurt 't lang voor jij komt* what a time you are!; *het duurde lang eer hij kwam* he was (pretty) long in coming; *het zal lang ~ eer...* it will be long before...; *het duurt mij te lang* it is too long for me; *zo lang als het duurde* while (as long as) it lasted.

durf [dürf] *m* daring, F pluck.

durfal ['dürfɑl] *m* dare-devil.

durfniet [-ni.t] *m* coward.

durven ['dürvə(n)] *vt* dare; *dat zou ik niet ~ beweren* I should not venture (be bold enough) to say such a thing, I wont not prepared to say that.

dus [düs] I *ad* thus, in that way; II *cj* consequently, so, therefore; *we zien ~, dat...* ook: we see, then, that...

dusdanig ['düsda.nəx] I *aj* such; II *ad* in such a way (manner), so.

dusver(re), in: *tot ~* [tə'düsfər] so far, hitherto, up to the present, up to this time, up to now.

dut [düt] *m* doze, snooze, nap.

dutje ['dücə] *o* zie *dut*; *een ~ doen* take a nap.

dutten [-tə(n)] *vi* doze, snooze, take a nap, have forty winks; *zitten ~* doze.

1 **duur** [dy:r] *m* duration; continuance; length [of service, of a visit]; life [of an electric bulb]; *op den ~* in the long run, in the end; *van korte ~* of short duration; short-lived; *van lange ~* of long standing; of long duration; long-lived; *het was niet van lange ~* it did not last long.

2 **duur** [dy:r] I *aj* dear, expensive, costly; *hoe ~ is dat?* how much is it?, what is the price?; *een dure eed zweren* swear a solemn oath; *het is mijn dure plicht* it is my bounden duty; II *ad* dear(ly); *het zal u ~ te staan komen* you shall pay dearly for this; ~ *verkopen* $ sell dear; *fig* sell (one's life) dearly.

duurbaar ['dy:rba:r] = *dierbaar*.

duurkoop [-ko.p] dear.

duurte [-tə] *v* dearness, expensiveness.

duurtetoeslag [-tətu.slɑx] *m* cost-of-living allowance.

duurzaam [-za.m] durable, lasting [peace];

hard-wearing, that wears well [stuff].
duurzaamheid [-hɛit] v durability, durableness.
duvelstoejager [dy.vɔls'tu.jα.ɣər] m F factotum.
duw [dy:u] m push, thrust, shove.
duwen ['dy.və(n)] vt & vi push, thrust, shove.
duwtje [-cə] o nudge, shove, prod; *iemand een ~ geven*, ook: nudge one.
dwaalbegrip ['dʋα.lbəɣrɪp] o false notion, fallacy.
dwaalgeest [-ɣe.st] m wandering (erring) spirit.
dwaalleer ['dʋα.le:r] v false doctrine, heresy.
dwaallicht [-lɪxt] o will-o'-the-wisp.
dwaalspoor ['dʋα.lspo:r] o wrong track; *iemand op een ~ brengen* lead one astray; *op een ~ geraken* go astray.
dwaalster [-stər] v planet.
dwaalweg [-vɛx] m wrong way, zie verder: *dwaalspoor.*
dwaas [dʋα.s] I aj foolish, silly; *~ genoeg heb ik...* I was fool enough to...; zie ook: *aanstellen*; II ad foolishly, in a silly way; III m fool.
dwaasheid ['dʋα.shɛit] v folly, foolishness.
D-wagen ['de.vα.ɣə(n)] m corridor carriage.
dwalen ['dʋα̯.lə(n)] vi 1 roam, wander; 2 (een verkeerd inzicht hebben) err; *~ is menselijk* to err is human.
dwaling [-lɪŋ] v error.
dwang [dʋαŋ] m compulsion, constraint, coercion.
dwangarbeid ['dʋαŋαrbɛit] m compulsory labour; ₸ penal servitude.
dwangarbeider [-arbɛidər] m convict.
dwangbevel [-bəvɛl] o ₸ warrant, writ; distress warrant [for non-payment of rates].
dwangbuis [-bœys] v strait-waistcoat.
dwangmaatregel [-mα.tre.ɣəl] m coercive measure.
dwangmiddel [-mɪdəl] o 1 means of coercion; 2 forcible means.
dwangnagel [-nα.ɣəl] m hang-nail, agnail.
dwangpositie [-po.zi.(t)si.] v 1 ◇ squeeze; 2 fig embarrassing situation.
dwangsom [-sòm] v penal sum.
dwangvoorstelling [-vo:rstɛlɪŋ] v obsession, fixed idea.
dwarrelen ['dʋαrələ(n)] vi whirl.
dwarreling [-lɪŋ] v whirl(ing).
dwarrelwind ['dʋαrəlʋɪnt] m whirlwind.
dwars [dʋαrs] I transverse, (in samenst.) cross...; 2 fig cross-grained, wrong-headed, contrary; *~ door... heen, ~ over* (right) across the...; *~ oversteken* cross [the street]; *iemand de voet~ zetten, iemand~ zitten* cross (thwart) a person; *dat zit hem ~ (in de maag)* that sticks in his gizzard, that annoys him.
dwarsbalk ['dʋαrsbαlk] m cross-beam.
dwarsbomen [-bo.mə(n)] vt cross, thwart.
dwarsdal [-dαl] o transverse valley.
dwarsdoorsne(d)e [-do:rsne.(də)] v cross-section.
dwarsdraads [-drα.ts] cross-grained.
dwarsdrijven [-drɛivə(n)] vi take the opposite course (or view).
dwarsdrijver [-vər] m cross-grained (perverse) fellow.
dwarsfluit ['dʋαrsflœyt] v ♪ German flute.
dwarshout [-hout] o cross-beam.
dwarskijker [-kɛikər] m F spy; *~ bij een examen* second examiner.
dwarslat [-lαt] v 1 cross-lath; 2 sp cross-bar.
dwarsligger [-lɪɣər] m sleeper [under the rails].
dwarslijn [-lɛin] v zie *dwarsstreep.*
dwarsscheeps [dʋαr'sxe.ps] ⚓ abeam.
dwarsschip ['dʋαrsxɪp] o transept [of a church].
dwarssne(d)e [-sne.(də)] v cross-section.
dwarsstraat [-strα.t] v cross-street.
dwarsstreep [-stre.p] v cross-line, transverse line.

dwarsweg ['dʋαrsʋɛx] m cross-road.
dweepziek [-si.k] I 1 fanatical; 2 F gushingly enthusiastic.
dweepzucht [-sʌxt] v fanaticism.
dweil [dʋɛil] m floor-cloth, mop, swab.
dweilen [dʋɛilə(n)] vt mop (up), swab.
dwepen ['dʋe.pə(n)] vi be fanatical; *~ met* be enthusiastic about [poetry], be dotingly fond of [music], gush about [professor X], be a devotee of [Wagner], rave about [a girl].
dweper [-pər] m 1 fanatic; 2 enthusing zealot, devotee, enthusiast.
dweperij [dʋe.pə'rɛi] v 1 fanaticism; 2 F gushing enthusiasm.
dwerg [dʋɛrx] m dwarf, pygmy.
dwergachtig ['dʋɛrxαxtəx] dwarfish, dwarf, pygmean.
dwergvolk [-fɔlk] o pygmean race.
dwingeland ['dʋɪŋəlαnt] m tyrant.
dwingelandij [dʋɪŋəlαn'dɛi] v tyranny.
dwingen ['dʋɪŋə(n)] I vt compel, force, constrain, coerce; *hij laat zich niet ~* he doesn't suffer himself to be forced; *dat laat zich niet ~* you can't force it; II vi be tyrannically insistent [of a child]; *om iets ~* be insistent on getting it; *dat kind kan zo ~* always wants to have its own way.
dwingend [-ŋənt] coercive [measures]; compelling [reasons].
dwinger [-ŋər] m -ster [-stər] v tyrant.
dwingerig [-ŋərəx] tyrannic, insistent.
d.w.z. [dαtʋɪl'zɛɣə(n)] = *dat wil zeggen* that is (to say).
dynamica [di.'nα.mi.kα.] v dynamics.
dynamiet [na.'mi.t] o dynamite.
dynamietpatroon [-pa.tro.n] v dynamite cartridge.
dynamisch [di.'nα.mi.s] dynamic.
dynamo [-mo.] m dynamo.
dynastie [di.nαs'ti.] v dynasty.
dynastiek [-'ti.k] I aj dynastic; II ad dynastically.
dysenterie [di.zɛntə'ri.] v dysentery.

E

eau de cologne [o.dəko.'lòŋə] v eau de Cologne.
eb, ebbe [ɛp, 'ɛbə] v ebb, ebb-tide; *~ en vloed* ebb-tide and flood-tide, ebb and flow.
ebbeboom ['ɛbəbo.m] m ebony tree.
ebbehout [-hout] o ebony.
ebbehouten [-ən] aj ebony.
ebben ['ɛbə(n)] vi ebb, flow back; *de zee ebt* the tide ebbs, is ebbing, is going out.
eboniet [e.bo.'ni.t] o ebonite, vulcanite.
echec [e.'ʃɛk] o check, rebuff, repulse, failure; *~ lijden* 1 (v. persoon) meet with a rebuff; 2 (v. regering &) be defeated; 3 (v. onderneming) fail.
echelon [e.ʃə'lòn] m ⚔ echelon.
echo ['ɛxo.] m echo.
echoën [-ɔ(n)] vi & vt (re-)echo.
echolood [-lo.t] o echo sounder.
1 **echt** [ext] I aj authentic [letters], real [roses &], genuine [butter &], legitimate [children]; true(-born) [Briton]; regular [blackguards]; out-and-out [boys]; *dat is nou ~ eens een man* he is a real man; II ad < really; *hij was ~ kwaad* P he was regular angry; *het is ~ waar* it is really true.
2 **echt** [ext] m marriage, matrimony, wedlock; *in de ~ treden, zich in de ~ begeven* marry; zie ook: *verbinden, verenigen.*
echtbreekster ['ɛxtbre.kstər] v adulteress.
echtbreken [-bre.kə(n)] vi commit adultery.
echtbreker [-bre.kər] m adulterer.
echtbreuk [-brø.k] v adultery.

echtelieden ['ɛxtəli.də(n)] *mv* married people; *de* ~ the married couple.

echtelijk [-lək] conjugal [rights]; matrimonial [happiness]; married [state].

echten ['ɛxtə(n)] *vt* legitimate [a child].

echter ['ɛxtər] however, nevertheless.

echtgenoot ['ɛxtɣəno.t] *m* husband, spouse.

echtgenote [-no.tə] *v* wife, spouse, lady.

echtheid ['ɛxtheit] *v* authenticity [of a picture], genuineness.

echting ['ɛxtɪŋ] *v* legitimation.

echtpaar ['ɛxtpa:r] *o* (married) couple.

echtscheiding [-sxeidɪŋ] *v* divorce.

echtverbintenis ['ɛxtfərbɪntənɪs] echtvereaniging [-fərə.nəɣɪŋ] *v* marriage.

eclatant [e.kla.'tɑnt] signal, striking [case &].

eclips [e.'klɪps] *v* eclipse.

eclipseren [e.klɪp'se:rə(n)] I *vt* eclipse; II *vi* F abscond.

economie [e.ko.no.'mi.] *v* 1 economy; 2 (we t e n s c h a p) economics; zie ook: *leiden*.

economisch [-'no.mi.s] I *aj* 1 economic; 2 (zu i n i g) economical; II *ad* economically.

econoom [-'no.m] *m* economist.

eczeem [ɛk'se.m] eczema [-'se.ma.] *o* eczema.

edel ['e.dəl] I *aj* 1 noble[2] [birth, blood, features, thoughts &]; 2 precious [metals, stones]; 3 vital [parts, organs]; *de* ~*en* the nobility; ⋃ the nobles; II *ad* nobly.

edelaardig [e.dəl'a:rdəx] noble-minded.

edelaardigheid [-heit] *v* noble-mindedness.

edelachtbaar [e.dəl'ɑxtba:r] honourable, worshipful; *Edelachtbare* Your Honour; Your Worship.

edeldenkend [-dəldɛŋkənt] high-minded.

edelgesteente [-ɣəste.ntə] *o* precious stone, gem.

edelheid [-heit] *v* nobleness, nobility; *Hare (Zijne) Edelheid* Her (His) Grace.

edelhert [-hɛrt] *o* ᴢ᷈ red deer.

edelknaap [-kna.p] *m* page.

edellieden [e.dəli.də(n)] *mv* noblemen, nobles.

edelman ['e.dəlmɑn] *m* nobleman, noble.

edelmoedig [e.dəl'mu.dəx] I *aj* generous, noble(-minded); II *ad* generously, nobly.

edelmoedigheid [-heit] *v* generosity, noble-mindedness.

edelsteen [e.dəlste.n] *m* zie *edelgesteente*.

edelvrouw [-vrou] *v* noblewoman.

Eden ['e.də(n)] *o* Eden.

edict, edikt [e.'dɪkt] *o* edict [of Nantes & decree.

Edinburg [e.dənbʏrx] *o* Edinburgh.

editie [e.'di.(t)si.] *v* edition, issue.

edoch [e.'dɔx] but, however, yet, still.

eed [e.t] *m* oath; *de* ~ *afnemen* administer the oath to, swear in [a functionary]; *een* ~ *doen (afleggen)* take (swear) an oath; *een* ~ *doen om...* swear [never] to...; *daarop heeft hij een* ~ *gedaan* 1 he has sworn it; 2 he has affirmed it on his oath; *onder ede* [declared] on oath.

eedaflegging ['e.tɑflɛɣɪŋ] *v* taking an (the) oath.

eedafneming [-ɑfne.mɪŋ] *v* swearing in.

eedbreuk [-brø.k] *v* violation of one's oath, perjury.

eedgenoot [-ɣəno.t] *m* confederate.

eedgenootschap [-sxɑp] *o* confederacy.
○ eega(de) [e.'ɣa.(də)] *m-v* spouse.

eekhoorn, eekhoren ['e.kho:rən] *m* ᴢ᷈ squirrel.

eelt [e.lt] *o* callosity.

eeltachtig ['e.ltɑxtəx] callous, horny [hands].

eeltachtigheid [-heit] *v* callosity.

eeltig ['e.ltəx] callous, horny [hands].

eeltknobbel ['e.ltknɔbəl] *m* callosity.

1 een [ən] a, an; ~ *vijftig* some fifty.

2 een [e.n] I *telw.* one; *het was* ~ *en al modder* all mud; ~ *en ander* the things mentioned; *het* ~ *en ander* a few things; *de ene na de andere...* one... after another; *de (het)* ~ *of*

andere one or other, some; *het* ~ *of ander* 1 *aj* some; 2 *sb* something or other; *in* ~ *of ander vorm* in one shape or another; *die ene dag* 1 (only) that one day; 2 that day of all others; ~*-twee-drie* in two twos, in two shakes; *ze zijn van* ~ *grootte (leeftijd)* they are of a size (of an age); ~ *voor* ~ one by one, one at a time; II *v* one; *drie enen* three ones.

eenakter ['e.nɑktər] *m* one-act play.

eenarmig [-ɑrməx] one-armed.

eend [e.nt] *v* 1 ᴢ᷈ duck; 2 *fig* goose, ass.

eendagsvlieg ['e.ndɑxsfli.x] *v* ephemeron, may-fly.

eendebout ['e.ndəbɔut] *m* leg (wing) of a duck.

eendeëi [-ɛi] *o* duck's egg.

eendejacht [-jɑxt] *v* duck-shooting.

eendekker [e.ndɛkər] *m* ᴢ᷈ monoplane.

eendekroos ['e.ndəkro.s] *o* ᴢ᷈ duckweed.

eendenkooi [-ko:i] *v* decoy.

eender ['e.ndər] I *aj* F equal; the same; *het is mij* ~ F it is all the same (all one) to me; II *ad* equally; ~ *gekleed* dressed alike.

eendracht [-drɑxt] *v* concord, union, unity, harmony; ~ *maakt macht* union is strength.

eendrachtig [e.n'drɑxtəx] I *aj* united [efforts], harmonious, concerted [views]; II *ad* unitedly, as one man, [act] in unity, in concert, [work together] harmoniously.

eendvogel [-ntfo.ɣəl] *m* duck.

eenheid ['e.nheit] *v* 1 (als maat) unit; 2 (als eigenschap) oneness, uniformity [of purpose]; 3 (als deugd) unity; *de drie eenheden* the three (dramatic) unities.

eenheidsfront [-heitsfrɔnt] *o* united front.

eenheidsprijs [-prɛis] *m* unit price.

eenhoofdig [e.nho.vdəx] monarchical; *een* ~ *regering* a monarchy.

eenhoorn, eenhoren [-ho:rən] *m* unicorn.

eenjarig ['e.nja:rəx] 1 of one year, one-year-old [child]; 2 ᴢ᷈ annual; 3 ᴢ᷈ yearling.

eenkennig [e.n'kɛnəx] shy, timid.

eenkennigheid [-heit] *v* shyness, timidity.

eenlettergrepig [e.nlɛtərɡre.pəx] monosyllabic, of one syllable; ~ *woord* monosyllable.

eenling [-lɪŋ] *m* individual.

eenmaal [-ma.l] 1 once; 2 one day; ~, *andermaal, derdemaal!* going, going, gone!; ~ *is geenmaal* once is no custom; zie ook: 1 *zo* I.

eenmotorig [-mo.to:rəx] ᴢ᷈ single-engined.

eenoglg [-o.ɣəx] one-eyed.

eenparig [e.n'pa:rəx] I *aj* 1 unanimous [in opinion]; 2 uniform [velocity]; II *ad* 1 unanimously, with one accord; 2 uniformly [accelerated].

eenparigheid [-heit] *v* 1 unanimity; 2 uniformity.

eenpersoons ['e.npɛrso.ns] for one person, single [room, bed]; single-seater [car, aeroplane].

eenrichtingsverkeer [e.n'rɪxtɪŋsvərke:r] *o* one-way traffic; *straat voor* ~ one-way street.

eens [e.ns] 1 once, one day (evening), once upon a time; 2 one day [you will...]; 3 just [go, fetch, tell me &]; ~ *voor al* once for all; *de* ~ *beroemde schoonheid* the once famous beauty; *hij bedankte niet* ~ he did not so much as (not even) thank us; ~ *zoveel* as much (many) again; *het* ~ *worden* come to an agreement [about the price &]; *wij zijn het* ~ (*met elkaar*) we are at one, we agree; *die twee zijn het* ~ there is an understanding between them; they are hand in glove; *ik ben het met mijzelf niet* ~ I am in two minds about it; *wij zijn het er over* ~ *dat...* we are of one mind as to..., we are agreed that...; *daarover zijn allen het* ~ there is only one opinion about that.

eensdeels ['e.nsde.ls] in: ~...*anderdeels*... partly... partly...; for one thing... for another...

eensgezind [e.nsgə'zɪnt] I *aj* unanimous, of one mind, at one, in harmony; II *ad* unanimously, [act] in harmony, in concert.

eensgezindheid [-hɛit] *v* unanimousness, unanimity, union, harmony.

eensklaps [e.nsklɑps] all at once, suddenly, all of a sudden.

eensluidend [-lœydənt] of the same tenor; ~ afschrift a true copy.

eenstemmig ['e.nstɛməx] I *aj* ♪ for one voice; [e.n'stɛmɑx] *fig* unanimous; ~e liederen unison songs; II *ad* with one voice, unanimously.

eenstemmigheid [e.n'stɛmɔxhɛit] *v* unanimity, harmony.

eentje ['e.ncə] *o* one; je bent me er ~ F you are a one; er ~ pakken F have one; in (op) mijn ~ by myself.

eentonig [en'to.nəx] I *aj* monotonous² [song]: *fig* humdrum, dull [life &]; II *ad* monotonously.

eentonigheid [-hɛit] *v* monotony-; *fig* sameness.

eenvormig [e.n'vɔrmə] uniform.

eenvormigheid [-hɛit] *v* uniformity.

eenvoud ['e.nvɑut] *m* zie eenvoudigheid; in alle ~ without ceremony, in all simplicity.

eenvoudig [e.n'vɑudəx] I *aj* simple [sentence, dress, style, people], plain [food, words]; homely [fare, entertainment &]; II *ad* simply; ik vind het ~ schande I think it a downright shame; ga ~ en zeg niets (just) go and say nothing.

eenvoudigheid [-hɛit] *v* simplicity, plainness, homeliness; in zijn ~ in his simplicity.

eenzaam ['e.nza.m] I *a* solitary, lonely, lone-(some); desolate, retired; het is hier zo ~ 1 it is (one is, one feels) so lonely here; 2 the place is so lonely; een eenzame a solitary; II *ad* solitarily; ~ leven lead a solitary (secluded) life, live in solitude.

eenzaamheid [-hɛit] *v* solitariness, loneliness, solitude; retirement; in de ~ in solitude.

eenzelvig [e.n'zɛlvəx] I *aj* solitary, keeping oneself to oneself, self-contained; II *ad* in: ~ leven lead a solitary (secluded) life.

eenzelvigheid [-hɛit] *v* solitariness.

eenzijdig [e.n'zɛidəx] I *aj* one-sided [views]; partial [judgments]; unilateral [disarmament]; II *ad* one-sidedly, partially; [disarm] unilaterally.

eenzijdigheid [-hɛit] *v* one-sidedness, partiality.

1 eer [e:r] *ad* & *cj* before; rather; ~ dat before; hoe ~ hoe liever the sooner the better.

2 eer [e:r] *v* honour; credit; de ~ aandoen om... do [me] the honour to...; op een manier die hun weinig ~ aandeed (very) little to their honour (credit); een schotel ~ aandoen do justice to a dish; ~ bewijzen do (render) honour to; iemand de laatste ~ bewijzen render the last honours to a person; ik heb de ~ u te berichten... I have the honour to inform you..., I beg to inform you...; ik heb de ~ te zijn I am; je hebt er alle ~ van you have all credit of it; de ~ aan zich houden save one's honour; ~ inleggen met iets gain credit by a thing; dat kwam zijn ~ te na that he felt as a disparagement to his honour; er een ~ in stellen te... make it a point of honour to...; be proud to...; ere wie ere toekomt honour to whom (where) honour is due; ere zij God! glory to God; dat bent u aan uw ~ verplicht you are in honour bound to...; in (alle) ~ en deugd in honour and decency; in ere houden hold a person's memory in esteem; met ere with honour, with credit, honourably, creditably; met militaire ~ begraven bury with military honours; te zijner ere in (to) his honour; ter ere van de dag in honour of the day; ter ere Gods for the glory of God; acceptatie ter ere $ acceptance for honour; tot zijn ~ zij het gezegd to his credit be it said; zich iets tot een ~ rekenen consider it an honour; take credit (to oneself) for ...ing; het zal u tot ~ strekken it will be a credit to you, do you credit, reflect honour on you.

eerbaar ['e:rba:r] chaste, virtuous, modest, honest.

eerbaarheid [-hɛit] *v* chastity, virtue, modesty, honesty.

eerbetoon ['e:rbəto.n] *o* **eerbetuiging** [-tœygɪŋ] *v* (mark of) honour, homage.

eerbewijs [-vɛis] *o* (mark of) honour, homage.

eerbied [-bi.t] *m* respect, reverence.

eerbiedig [e:r'bi.dəx] *aj* (& *ad*) respectful(ly), deferential(ly), reverent(ly).

eerbiedigen [-'bi.dəgə(n)] *vt* respect.

eerbiedigheid [-'bi.dəxhɛit] *v* respect, deference, devotion.

eerbiediging [-'bi.dəgɪŋ] *v* respect.

eerbiedwaardig [e:rbi.t'va:rdəx] respectable, venerable.

eerbiedwekkend [-'vɛkənt] imposing.

eerder ['e:rdər] zie 1 eer; nooit ~ never before.

eergevoel [-gəvu.l] *o* sense of honour.

eergierig [e:r'gi:rəx] *aj* (& *ad*) ambitious(ly).

eergierigheid [-hɛit] *v* ambition.

eergisteren ['e:rgɪstərə(n)] the day before yesterday.

eergisternacht ['e:rgɪstərnɑxt] the night before last.

eerherstel [-hɛrstɛl] *o* rehabilitation.

eerlang ['e:rlɑŋ, e:r'lɑŋ] before long, shortly.

eerlijk ['e:rlək] I *aj* honest [people], fair [fight, dealings], honourable [burial, intentions]; ~! honour bright!; ~ duurt het langst honesty is the best policy; II *ad* honestly, fair(ly); ~ delen! divide fairly!; ~ gezegd... to be honest, honestly [I don't trust him]; ~ spelen play fair; ~ zijn brood verdienen make an honest living; ~ of oneerlijk by fair means or foul; ~ waar it is the honest truth.

eerlijkheid [-hɛit] *v* honesty, probity, fairness.

eerloos ['e:rlo.s] infamous.

eerloosheid [-hɛit] *v* infamy.

eerroof ['e:ro.f] *v* defamation.

eerst [e:rst] I *aj* first [aid, principles, hours, class &]; early [times]; prime [minister]; premier [theatre]; first-rate [singers &]; leading [shops]; initial [difficulties, expenses]; chief [clerk]; een ~e deugniet a downright rascal; de ~de beste jongen the (very) first boy you meet, the next boy; hij is niet de ~e de beste he is not everybody; in de ~e zes maanden niet not for six months yet; de ~e steen the foundation-stone; de ~en van de stad the upper ten of the town; hij is de ~e van zijn klas he is at the top of his class; het ~e dat ik hoor the first thing I hear; de ~e..., de laatste... the former..., the latter...; in het ~ at first; ten ~e first, in the first place; ook: firstly; voor het ~ for the first time; II *ad* first; ook: at first; beter dan ~ better than before (than he used to); ~ was hij zenuwachtig 1 at first [when beginning his speech] he was nervous; 2 [long ago] he used to be nervous; als ik maar ~ eens weg ben, dan... when once away, I...; ~ gisteren is hij gekomen he came only yesterday; ~ gisteren heb ik hem gezien not before (not until) yesterday; ~ in de laatste tijd but (only) recently; ~ morgen not before to-morrow; ~ nu (nu ~) only now [do I see it]; doe dat het ~ do it first thing; hij kwam het ~ he was the first to come, he was first.

eerstaanwezend ['e:rsta.nve.zənt] senior.

eerstbeginnende [e:rstbə'gɪnəndə] *m-v* beginner, tyro.

eerstdaags ['e:rsda.xs, e:rs'da.xs] in a few days, one of these days.

eerstejaars(student) ['e:rstəja:rs(ty.dɛnt)] *m* ⚤ first-year student.

eersteling ['e:rstəlıŋ] *m* first-born [child]; first-ling [of cattle]; *fig* first-fruits; *het is een* ~ it is a "first" book (picture &).

eersterangs [-raŋs] first-rate, first-class.

eerstgeboorterecht [-rɛxt] *o* birthright.

eerstgenoemde [-gə'nu.mdə] in: *(de)* ~ the first-mentioned, the former.

eerstkomend [-'ko.mənt] **eerstvolgend** [-'fɔl-gənt] next, following.

eertijds ['e:rtɛits] formerly, in former times.

eervol [-vól] I *aj* honourable; creditable; II *ad* honourably; creditably.

eerwaard [e:r'va:rt] *aj* reverend; *uw* ~*e* Your Reverence.

eerwaardig [-'va:rdəx] venerable.

eerzaam ['e:rza.m] honourable, honest, modest.

eerzucht [-zŭxt] *v* ambition.

eerzuchtig [e:r'zŭxtəx] *aj* (& *ad*) ambitious(ly).

eetbaar ['e.tba:r] fit to eat, eatable, edible, esculent; *eetbare waren* victuals.

eetbaarheid [-hɛit] *v* eatableness, edibility.

eetgerei ['e.tgərɛi] *o* dinner-things.

eethuis [-hœys] *o* eating-house.

eetkamer [-ka.mər] *v* dining-room.

eetketeltje [-ke.təlcə] *o* ⚔ mess-tin.

eetkeuken [-kə.kə(n)] *v* dining-kitchen.

eetlepel [-le.pəl] *m* table-spoon.

eetlust [-lŭst] *m* appetite; *dat heeft mij* ~ *gegeven* it has given me an appetite.

eetservies [-sɛrvi.s] *o* dinner-set, dinner-service.

eetstokje [-stɔkjə] *o* chopstick.

eettafel ['e.ta.fəl] *v* dining-table.

eetwaren ['e.tva:rə(n)] *mv* eatables, victuals.

eetzaal [-sa.l] *v* dining-room.

eeuw [e:u] *v* century, age; *de gouden* ~ the golden age; *de* ~ *van Koningin Elizabeth* the age of Queen Elizabeth; *in geen* ~ not for ages.

eeuwenheugend ['e.və(n)hø.gənt] **eeuwenoud** ['e.vənout] centuries old, age-old.

eeuwfeest ['e:ufe.st] **eeuwgetij** [-gətɛi] *o* centenary.

eeuwig ['e.vəx] I *a* eternal, everlasting, perpetual; *ten* ~ *en dage, voor* ~ for ever; II *ad* for ever; < eternally; *het is* ~ *jammer* it is a thousand pities.

eeuwigdurend [-dy:rənt] *zie eeuwig*.

eeuwigheid [-hɛit] *v* eternity; *ik heb een* ~ *gewacht* I have been waiting for ages; *nooit in der* ~ never; *ik heb je in geen* ~ *gezien* I have not seen you for ages.

eeuwwisseling ['e:uvısəlıŋ] *v* turn of the century; *bij de* ~ at the turn of the century.

effect [ɛ'fɛkt] *o* 1 effect; 2 ⚬⚬ side; *nuttig* ~ ⚔ efficiency; *een bal* ~ *geven* ⚬⚬ put side on a ball; ~ *hebben* take effect; *dat zal* ~ *maken* that will produce quite an effect; ~ *sorteren* have the desired effect; *zie ook: effecten.*

effecten [ɛ'fɛktə(n)] *mv* stocks, securities.

effectenbeurs [-bø:rs] *v* stock exchange.

effectenhandel [-handəl] *m* stock-jobbing.

effectenhandelaar [-handəla:r] *m* stock-jobber.

effectenmakelaar [-ma.kəla:r] *m* stock-broker.

effectief [ɛfɛk'ti.f] I *aj* effective, real; *in effectieve dienst* on active service; II *ad* really; III *o* in: *het* ~ ⚔ the effective.

effen ['ɛfə(n)] smooth, even, level [ground]; plain [colour, material]; unruffled [countenance]; settled [account].

effenen ['ɛfənə(n)] *vt* smooth (down, over, out), level, make even; *fig* smooth [the way for one]; *zie ook: vereffenen.*

effenheid [-hɛit] *v* smoothness, evenness.

eg [ɛx] *v* harrow, drag.

Egeïsche Zee [e.'ge.i.sə'ze.] *v* Aegean Sea.

egel ['e.gəl] *m* ♐ hedgehog.

egelantier [e.gəlɑn'ti:r] *m* ⚘ eglantine, sweet briar.

eggen ['ɛgə(n)] *vt* & *vi* harrow, drag.

eglantier [e.glɑn'ti:r] *zie egelantier.*

egocentrisch [e.go.'sɛntri.s] self-centred.

egoïsme [-'ısmə] *o* egoism.

egoïst [-'ıst] *m* egoist.

egoïstisch [-'ısti.s] *aj* (& *ad*) selfish(ly), egoistic(ally).

Egypte [e.'gıptə] *o* Egypt.

Egyptenaar [-təna:r] *m* Egyptian.

Egyptisch [-ti.s] Egyptian; ~*e duisternis* Egyptian darkness.

ei [ɛi] *o* egg; *gebakken* ~ fried egg; *het* ~ *van Columbus* the egg of Columbus; *het* ~ *wil wijzer zijn dan de hen!* teach your grandmother to suck eggs!; *een half* ~ *is beter dan een lege dop* half a loaf is better than no bread; *zij kozen eieren voor hun geld* they came down a peg or two.

2 **ei!** [ɛi] *ij* ah!, indeed!

eiderdons ['ɛidərdɔns] *o* eider(-down).

eidereend [-e.nt] **eidergans** [-gɑns] *v* eider (-duck).

eierboer ['ɛiərbu:r] *m* egg-man.

eierdans [-dɑns] *m* egg-dance.

eierdooier [-do.jər] *m* yolk (of egg), egg-yolk.

eierdop [-dɔp] *m* egg-shell.

eierdopje [-dɔpjə] *o* egg-cup.

eierklopper [-klɔpər] *m* egg-whisk, egg-beater.

eierkoek [-ku.k] *m* egg-cake.

eierkolen [-ko.lə(n)] *mv* ovoids.

eierlepeltje [-le.pəlcə] *o* egg-spoon.

eierrekje ['ɛiərɛkjə] *o* egg-rack.

eierschaal [-sxa.l] *v* egg-shell.

eierstok [-stɔk] *m* ovary.

eierwinkel [-vıŋkəl] *m* egg-shop.

eigen ['ɛigə(n)] I (in iemands bezit) own, of one's own, private, separate; 2 (aangeboren) proper to [mankind], peculiar to [that class]; 3 (eigenaardig) peculiar; 4 (intiem) friendly, familiar, intimate; 5 (zelfde) (the very) same, [his] very...; ~ *broeder van...* own brother to...; *zijn* ~ *dood sterven* die one's natural death; *hij heeft een* ~ *huis* a house of his own; *in zijn* ~ *huis* in his own house; *zijn vrouws* ~ *naam* his wife's maiden name; *met de hem* ~ ... with his characteristic...; *ik ben hier al* ~ I am quite at home here; *hij was zeer* ~ *met ons* he was on terms of great intimacy with us; *zich iets* ~ *maken* make oneself familiar with a thing.

eigenaar ['ɛigəna:r] *m* owner, proprietor; *van* ~ *verwisselen* change hands.

eigenaardig [ɛigə'na:rdəx] *aj* (& *ad*) peculiar-(ly), singular(ly).

eigenaardigheid [-hɛit] *v* peculiarity.

eigenares [ɛigəna:'rɛs] *v* owner, proprietress.

eigenbaat ['ɛigə(n)ba.t] *v* self-interest, self-seeking.

eigenbelang [-bəlɑŋ] *o* self-interest, personal interest.

eigendom [-dòm] I *o* (bezitting) property; 2 *m* (recht) ownership [of the means of production]; *bewijs van* ~ title(-deed); *in* ~ *hebben* be in possession of, own.

eigendomsrecht [-dòmsrɛxt] *o* 1 ownership; 2 proprietary right(s) [of an estate]; 3 copyright [of a publisher].

eigendunk [-dŭŋk] *m* self-conceit.

eigengebakken [-gəbɑkə(n)] home-made.

eigengemaakt [-gəma.kt] home-made.

eigengerechtig [-gərɛxtəx] self-righteous.

eigengereid [-gərɛit] opinionated, self-willed, stubborn.

eigenhandig [ɛigə(n)'hɑndəx] [done] with one's

own hands; [written] in one's own hand; [to be delivered] "by hand"; ~ *geschreven brieven aan...* apply in own handwriting to...; ~ *geschreven stuk* autograph.

eigenliefde ['ɛiɡə(n)li.vdə] v self-love, love of self.

eigenlijk [-lək] I aj proper, properly so called; actual, real, true; zie ook: *zin*; II ad properly speaking; really, actually; *wat betekent dit ~?* just what does this mean?; *wat is hij nu ~?* what is he exactly?; *wat wil je nu ~?* what in point of fact do you want?; ~ *niet* not exactly; *kunnen we dat ~ wel tolereren?* can we really tolerate this?

eigenmachtig [ɛiɡə(n)'mɑxtəx] I aj arbitrary, high-handed; II ad arbitrarily, high-handedly.

eigennaam ['ɛiɡəna.m] m proper name.

eigenschap ['ɛiɡə(n)sxɑp] v 1 property [of bodies]; 2 quality [of persons], attribute [of God].

eigentijds [-tɛits] contemporary.

eigenwaan [-va.n] m conceitedness, presumption.

eigenwaarde [-va:rdə] v in: *gevoel van ~* feeling of one's own worth, self-esteem.

eigenwijs [ɛiɡə(n)'vɛis] self-conceited, opinionated.

eigenwijsheid [-hɛit] v self-conceit, opinionatedness.

eigenzinnig [ɛiɡə(n)'zinəx] self-willed, wayward, wilful.

eigenzinnigheid [-hɛit] v self-will, waywardness, wilfulness.

eik [ɛik] m oak.

eikehout [-hɑut] o oak, oak-wood.

eikehouten [-hɑutə(n)] aj oak, oaken.

eikel ['ɛikəl] m ♣ acorn.

⁀ eilaas, eilacie [ɛi'la.s, ɛi'la.si.] ij alas!, alack!

eiland ['ɛilɑnt] o island, isle; *het ~ Wight* the Isle of Wight.

eilandbewoner [-bəvo.nər] m islander.

eilandengroep ['ɛilɑndə(n)ɡru.p] v group of islands.

eilandenrijk [-rɛik] o island empire.

eilandenzee [-ze.] v archipelago.

eind [ɛint] o 1 end² [ook = death]; [happy] ending; close, termination, conclusion; (u i t e i n d e) end, extremity; 2 (s t u k) piece [of wood]; bit [of string]; length [of sausage]; zie ook: *eindje*; 3 in: ~ (*weegs*) part of the way; *het is een heel ~* it is a good distance (off), a long way (off); *maar een klein ~* only a short distance; *dat is het ~ van het lied* that is the end (of it all); *zijn ~ voelen naderen* feel one's end drawing near; *aan het andere ~ van de wereld* miles away; *er komt geen ~ aan* there is no end to it; *komt er dan geen ~ aan?* shall we never see (hear) the last of it?; *er moet een ~ aan komen* it must stop; *hij kwam treurig aan zijn ~* he came to a sad end; *aan alles komt een ~* all things must have an end; *een ~ maken aan iets* make an end of it, put an end (a stop) to it; *aan het kortste (langste) ~ trekken* have the worst (better) end of the staff; *wij zijn nog niet aan het ~* the end is not yet; *het bij het rechte ~ hebben* be right; *iets bij het verkeerde ~ aanpakken* begin at the wrong end; *het bij het verkeerde ~ hebben* have got hold of the wrong end of the stick, be wrong; *in het ~* at last, eventually; *het loopt op een ~* things are coming to an end (drawing to a close); *het loopt op een ~ met hem* his end is drawing near; *te dien ~e* to that end, with that end in view, for that purpose; *tegen het ~* towards the end (close); *ten ~e...* in order to...; *ten ~e brengen* bring to an end (conclusion); *ten ~e lopen* come to an end, draw to an end

(to a close), expire [of a contract]; *ten ~e raad zijn* be at one's wits' (wit's) end; *tot het ~ (toe)* till the end; *tot een goed ~e brengen* bring the matter to a favourable ending, bring [things] to a happy conclusion; *van alle ~en van de wereld* from all parts of the world; *ze stelen, daar is het ~ van weg* there is no end to it; *zonder ~* without end, endless(ly); *het ~ zal de last dragen* the end will bear the consequences; ~ *goed al goed* all's well that ends well.

eindbeslissing ['ɛintbəslɪsɪŋ] v **eindbesluit** ['ɛintbəslœyt] o final decision.

eindcijfer [-sɛifər] o 1 final figure; 2 ⬡ final mark; 3 (t o t a a l) grand total.

einddiploma ['ɛindi.plo.ma.] o (school) leaving certificate, (v. m i d d e l b a r e school) ± General Certificate of Education, G.C.E.

einddoel [-du.l] o final purpose, ultimate object.

eindelijk [-lək] finally, at last, ultimately, in the end, at length.

eindeloos [-lo.s] I aj endless, infinite, interminable; II ad infinitely, without end.

eindeloosheid [ɛində'lo.shɛit] v endlessness, infinity.

einder ['ɛindər] m horizon.

eindexamen ['ɛintɛksa.mə(n)] o final examination, (school) leaving examination.

eindig ['ɛindəx] finite.

eindigen [-dəɡə(n)] I vi end, finish, terminate, conclude; ~ *in* end in; ~ *met te geloven dat...* end in believing that...; ~ *met te zeggen* end with (by) saying that...; ~ *op een k* end in a k; II vt end, finish, conclude, terminate.

eindje ['ɛincə] o end, bit, piece; *een ~ sigaar* a cigar-end, a cigar-stub; *ga je een ~ mee?* will you accompany me part of the way?; *de ~s aan elkaar knopen* make (both) ends meet.

eindoorzaak ['ɛinto:rza.k] v final cause.

eindoverwinning [-o.vərvɪnɪŋ] v final victory.

eindpaal [-pa.l] m sp winning-post.

eindprodukt [-pro.dykt] o finished product, end product.

eindpunt [-pynt] o terminal point, end; [bus, tramway, railway] terminus.

eindresultaat [-re.zylta.t] o (end, final) result, upshot.

eindrijm [-rɛim] o final rhyme.

eindsnelheid [-snɛlhɛit] v final velocity.

eindspel [-spɛl] o end game [at chess].

eindspurt [-spyrt] m sp finishing spurt.

eindstation [-sta.ʃɔn] o terminal station, terminus.

eindstreep [-stre.p] v sp finishing line.

eindwedstrijd [-vɛtstrɛit] m final match, final.

eipoeder, -poeier ['ɛipu.dər, -pu.jər] o & m dried egg(s).

eirond [-rɔnt] egg-shaped, egg-like, oval.

eis [ɛis] m demand, requirement; claim; *de gestelde ~en* the requirements; ~ *tot schadevergoeding* claim for damages; *de ~en voor het toelatingsexamen* the requirements of the entrance examination; *een ~ instellen* ⚖ institute proceedings; *een ~ inwilligen* meet a claim; *hogere ~en stellen* make higher demands (on aan); *hem de ~ toewijzen* ⚖ give judgment in his favour; *aan de gestelde ~en voldoen* come up to (meet) the requirements; *naar de ~* as required, properly.

eisen ['ɛisə(n)] vt demand, require, claim.

eiser [-sər] m ~es [ɛisə'rɛs] v 1 claimant; 2 ⚖ plaintiff.

eivol ['ɛivɔl] crammed.

eiwit [-vɪt] o white of egg, glair; § albumen; protein.

eiwithoudend [-hɑudənt] albuminous.

eiwitstof [-stɔf] v albumen; protein.

e.k. = *eerstkomend.*

ekster ['ɛkstər] *v* 🔔 magpie.
eksteroog [-o.x] *o* corn [on toe].
ekwipage [e.kvi.'pa.ʒə] = *equipage*.
ekwivalent = *equivalent*.
el [ɛl] *v* yard [English]; ell [Dutch].
elan [e.'lã] *o* elan, dash, impetuousness.
eland ['e.lɑnt] *m* 🐄 elk.

elasticiteit [e.lɑsti.si.'tɛit] *v* elasticity, springiness.
elastiek [-'ti.k] *o* elastic.
elastieken [-'ti.kə(n)] *aj* elastic.
elastiekje [-'ti.kjə] *o* (piece of) elastic; (r i n g-v o r m i g) rubber ring.
elastisch [e.'lɑsti.s] I *aj* elastic, springy; II *ad* elastically.
elders ['ɛldərs] elsewhere; *ergens* ~ somewhere else; *nergens* ~ nowhere else; *overal* ~ everywhere (anywhere) else.
elegant [e.lə'gɑnt] *aj* (& *ad*) elegant(ly), stylish-(ly).
elegantie [-'gɑn(t)si.] *v* elegance.
elegie [e.le.'gi.] *v* elegy.
elegisch [e.'le.gi.s] elegiac.
elektricien [e.lɛktri.'ʃɛ̃] *m* electrician.
elektriciteit [-si.'tɛit] *v* electricity.
elektriciteitsvoorziening [-si.'tɛitsfo:rzi.niŋ] *v* electricity supply.
elektrificatie [-fi.'ka.(t)si.] *v* electrification.
elektrisch [e.'lɛktri.s] *aj* (& *ad*) electric(ally).
elektriseermachine [e.lɛktri.'ze:rma.ʃi.nə] *v* electrical machine.
elektriseren [-'ze:rə(n)] *vt* electrify.
elektrisering [-'ze:riŋ] *v* electrification.
elektrode [e.lɛk'tro.də] *v* electrode.
elektromagneet [e.'lɛktro.max'ne.t] *m* electro-magnet.
elektromagnetisch [-max'ne.ti.s] electro-magnetic.
elektromonteur [-mòn'tø:r] *m* electrician.
elektron [e.'lɛktròn] *o* electron.
elektronenmicroscoop, -mikroskoop [e.lɛk-'tro.nə(n)mi.krosko.p] *m* electron microscope.
elektronica, elektronika [-'tro.ni.ka.] *v* electronics.
elektronisch [-'tro.ni.s] electronic.
elektroscoop, elektroskoop [e.lɛktrɔs'ko.p] *m* electroscope.
elektrotechnicus [e.lɛktro.'tɛxni.kŭs] *m* electrical engineer.
elektrotechniek [-tɛx'ni.k] *v* electrical engineering.
elektrotechnisch [-'tɛxni.s] electrical; ~ *ingenieur* electrical engineer.
element [e.lə'mɛnt] *o* 1 element[2]; 2 🔋 cell; *in zijn* ~ *zijn* be in one's element.
elementair [-mɛn'tɛ:r] I *aj* elementary; II *ad* elementarily.
Eleonora [e.le.o.'no:ra.] *v* Eleanor.
elevator [e.lə'va.tɔr] *m* elevator.
1 elf [ɛlf] *v* (n a t u u r g e e s t) elf.
2 elf [ɛlf] eleven.
elfde ['ɛlvdə] eleventh (part).
elfendertigst [ɛlfən'dɛrtəxst] *op zijn* ~ at a snail's pace.
elftal ['ɛlftal] *o* (number of) eleven; *sp* eleven.
eliminatie [e.li.mi.'na.(t)si.] *v* elimination.
elimineren [-'ne:rə(n)] *vt* eliminate.
elite [e.'li.tə] *v* elite, pick, flower (of society).
elixer, elixir [e.'liksər] *o* elixir.
Elizabeth [e.'li.za.bɛt] *v* Elizabeth.
elk [ɛlk] I *aj* every; each; any; II *sb* everybody; ~ *en een iegelijk* one and all.
elkaar, elkander [el'ka:r, -'kɑndər] each other, one another; *achter* ~ 1 one after the other, in succession; 2 at a stretch; *bij* ~ *is het 200 gld.* together; *door* ~ (*genomen*) on an (the) average; *door* ~ *liggen* lie pell-mell; *met* ~ together; *naast* ~ side by side; [four, five,

six] abreast; *onder* ~ zie *onder* I; *op* ~ on top of the other; *met de benen over* ~ (with) legs crossed; *uit* ~ zie *uiteen*; *van* ~ *gaan* separate; *fig* drift apart; *voor* ~ *willen ze 't niet weten* they (are)..., but they won't let it appear; *'t is voor* ~ it's settled; *het voor* ~ *krijgen* manage (it).
elkeen [ɛlk'e.n] every man, everyone, everybody.
elleboog ['ɛləbo.x] *m* elbow; *het achter zijn* ~ *hebben* be a slyboots; *de ellebogen vrij hebben* have elbow-room; *zijn ellebogen hangen erdoor* he is out at elbows.
ellemaat [-ma.t] *v* 1 ell, yard; 2 tape-measure.
ellende [ɛ'lɛndə] *v* misery, miseries, wretchedness.
ellendeling [-dəliŋ] *m* wretch, miscreant.
ellendig [-dəx] I *aj* miserable, wretched [feeling, weather]; II *ad* miserably &.
ellendigheid [-hɛit] *v* miserableness, wretchedness.
ellenlang ['ɛlə(n)lɑŋ] many yards long; *fig* long-drawn.
ellepijp ['ɛləpɛip] *v* ulna.
ellestok [-stòk] *m* yard-stick.
ellewaren [-va:rə(n)] *mv* soft goods.
ellewinkel [-'viŋkəl] *m* draper's shop.
ellips [ɛ'lips] *v* ellipsis [of word]; ellipse [oval].
elliptisch [ɛ'lipti.s] I *aj* elliptic(al); II *ad* elliptically.
elmsvuur ['ɛlmsfy:r] *o* St. Elmo's fire. [cally.
1 els [ɛls] *v* [shoemaker's] awl, bradawl.
2 els [ɛls] *m* 🌳 alder.
Els(je) [ɛls, 'ɛlʃə] *v* (*o*) Elsie.
Elysisch [e.'li.zi.s] Elysian.
Elyzees [e.li.'ze.s] Elysian [fields].
Elzas ['ɛlzas] *m* Alsace.
Elzas-Lotharingen [-'lo.ta:riŋə(n)] *o* Alsace-Lorraine.
Elzasser ['ɛlzasər] *m* Elzassisch [-si.s] *aj* Alsatian. [tian.
elzeboom ['ɛlzəbo.m] *m* alder-tree.
elzehout [-hout] *o* alder-wood.
elzekatje [-kacə] *o* alder-catkin.
elzen ['ɛlzə(n)] *aj* alder.
email [e.'ma.j] *o* enamel.
emailleren [e.mo(l)'je:rə(n)] *vt* enamel.
emailleur [-'jø:r] *m* enameller. [tion.
emancipatie [e.mɑnsi.'pa.(t)si.] *v* emancipation.
emanciperen [-'pe:rə(n)] *vt* emancipate.
emballage [ɑmba'la.ʒə] *v* packing.
emballeren [-'le:rə(n)] *vt* pack (up).
emballeur [-'lø:r] *m* packer.
embargo [ɛm'bargo.] *o* embargo; *onder* ~ *leggen* lay an embargo on, embargo.
embleem [-'ble.m] *o* emblem.
emblemata [-'ble.ma.ta.] *mv* emblems.
embryo ['ɛmbri.o.] *o* embryo.
embryonaal [ɛmbri.o.'na.l] embryonic.
emeritaat [e.me.ri.'ta.t] *o* superannuation; *zijn* ~ *aanvragen* ask for one's pension.
emeritus [e.'me:ri.tŭs] emeritus, retired.
emier = *emir*.
emigrant [e.mi.'grɑnt] *m* 1 (l a n d v e r h u i z e r) emigrant; 2 (u i t g e w e k e n e) [political] exile.
emigrantenregering [-'grɑnta(n)rəɡe:riŋ] *v* government in exile.
emigratie [-'gra.(t)si.] *v* emigration.
emigreren [-'gre.rə(n)] *vi* emigrate.
Emilie [e.mi.'li.] *v* Emily.
eminent [e.mi.'nɛnt] *aj* (& *ad*) eminent(ly).
eminentie [-'nɛn(t)si.] *v* eminence.
emir [e.'mi:r] *m* emir, ameer.
emissie [e.'misi.] *v* issue [of shares].
Emmaüsgangers ['ɛmousɡɑŋərs] *mv* men of Emmaus.
emmer ['ɛmər] *m* pail, bucket.
emolumenten [e.mo.ly.'mɛntə(n)] *mv* emoluments, perquisites, > pickings (of office).
emotie [e.'mo.(t)si.] *v* emotion.
empathie, empatie [ɛmpa.'ti.] *v* empathy.

emplacement [ɑmpla.sə'mɛnt] *o* emplacement [of gun]; railway-yard.

emplooi [ɛm'plo:i] *o* 1 employ, employment; 2 part, rôle.

employé [ɑmplʋa'je.] *m* employé, employee.

emulsie [e.'mülzi.] *v* emulsion.

en [ɛn] and; *èn..., èn...* both... and...

enakskind ['e.nɑkskɪnt] *o* son of Anak.

encadreren [ɑnka.'dre:rə(n)] *vt* 1 frame; 2 ✕ officer [a battalion]; enroll [recruits].

enclave [ɛn'kla.və] *v* enclave.

encycliek [ɛnsi.'kli.k] *v* encyclical (letter).

encyclopedie [ɑn-, ɛnsi.klo.pe.'di.] *v* (en)cyclopaedia.

encyclopedisch [-'pe.di.s] encyclopaedic.

end [ɛnt] = *eind*.

endeldarm ['ɛndəldɑrm] *m* rectum.

endossant [ɑndɔ'sɑnt] *m* $ endorser.

endossement [-sə'mɛnt] *o* $ endorsement.

endosseren [-'se:rə(n)] *vt* $ endorse.

enenmale in: *ten ~* [tɛn'e.nənma.lə] entirely, wholly, utterly, totally, completely, absolutely.

energie [e.nɛr'ʒi.] *v* 1 energy; 2 power [from coal, water].

energiebron [-brɔn] *v* source of power, power source.

energiek [e.nɛr'ʒi.k] *aj* (& *ad*) energetic(ally).

enerlei ['e.nərlɛi] of the same kind; zie ook: *eender*.

enerzijds [-zɛits] on the one side.

enfin [ã'fɛ̃] in short...; *~!* well, ...; *maar ~* anyhow, anyway, but there,...

eng [ɛŋ] 1 (nauw) narrow [passage, street &]; tight [coat &]; 2 (akelig) ✕ creepy, eerie, weird, uncanny; zie ook: *behuisd*.

engagement [ɑŋga.ʒə'mɛnt] *o* engagement [ook: betrothal].

engagementsring [-'mɛntsrɪŋ] *m* engagement ring.

engagementstijd [-'mɛntstɛit] *m* time of one's betrothal.

engageren [ɑŋga.'ʒe:rə(n)] I *vt* engage; II *vr zich ~* become engaged (to *met*).

engel ['ɛŋəl] *m* angel[2]; *mijn reddende ~* my saviour.

engelachtig [-ɑxtəx] *aj* (& *ad*) angelic(ally).

engelachtigheid [-hɛit] *v* angelic nature.

Engeland ['ɛŋəlɑnt] *o* (aardrijksk.) England [m]; (staatk. thans meestal) Britain; ○ Albion.

Engelbert, Engelbrecht ['ɛŋəlbɛrt, -brɛxt] *m* Gilbert.

engelbewaarder [-bəvaːrdər] *m* guardian angel.

engelenbak ['ɛŋələ(n)bɑk] *m* F gallery [of a theatre].

engelengeduld [-gədült] *o* angelic patience.

engelenschaar [-sxaːr] *v* host of angels.

engelenzang [-zɑŋ] *m* hymn of angels.

engels ['ɛŋəls] *aj* angelic (salutation).

Engels ['ɛŋəls] I *aj* English [language, girl]; (staatk. thans meestal) British [army, navy, consul]; (in samenst.) Anglo-Dutch trade]; *de ~e Kerk* the Anglican Church; the Church of England; *~e pleister* court-plaster; *~e sleutel* ✕ monkey-wrench; *~e ziekte* rachitis, rickets; *lijdend aan ~e ziekte* rickety; *~ zout* Epsom salt(s); II *o het ~* English; III *v een ~e* an Englishwoman; *zij is een ~e* ook: she is English; IV *mv de ~en* the English, the British.

Engelsgezind [-gəzɪnt] Anglophil(e).

Engelsman [-mɑn] *m* Englishman, Briton.

engerd ['ɛŋərt] *m* horrible fellow.

engerling ['ɛŋərlɪŋ] *m* grub of the cockchafer.

enghartig [ɛŋ'hɑrtəx] *aj* (& *ad*) narrow-minded(ly).

engheid ['ɛŋhɛit] *v* narrowness, tightness.

en gros [ã'gro.] $ wholesale.

engte ['ɛŋtə] *v* 1 strait[2]; defile, narrow passage; 2 ('t eng zijn) narrowness; zie ook: *drijven*.

enig ['e.nəx] I *aj* sole [heir], single [instance], only [child], unique [specimen]; *een ~e vent* F a fellow of his kind unique; *dat (vaasje) is ~!* F that is something unique; *dat (die) is ~* F that's a good one, that is capital!; *het was ~!* S it was quite too delightful!; *het is ~ in zijn soort* it is (of its kind) unique; *de ~e...* ook: the one and only...; *de ~e die...* the one man who..., the only one to...; *het ~e dat hij zei* the only thing he said; II *pron* some, any; *~en hunner* some of them; *~en zeggen dit..., anderen dat...* some (some people) say this...; some (others, other people) that...; III *ad* in: *~ en alleen omdat...* uniquely because...

eniger lei [e.nəgər'lɛi] any, of some sort.

enigermate [-'ma.tə] in a measure, in some degree.

eniggeboren ['e.nəgəbo:rə(n)] only-begotten.

enigzins [e.nəx'sɪns] somewhat, a little, slightly, rather; *als u ook maar ~ moe bent* if you are tired at all.

1 **enkel** ['ɛŋkəl] *m* ankle; *tot aan de ~s* up to the ankles, ankle-deep.

2 **enkel** [ɛŋkəl] I *aj* single; *~e reis* single (journey); *~e stoomboten* a few steamers; zie ook: *keer &*; II *ad* only, merely.

enkeling ['ɛŋkəlɪŋ] *m* individual.

enkelspel ['ɛŋkəlspel] *o* sp single [at tennis]; *dames- (heren-)~* ladies' (men's) singles.

enkelspoor [-spo:r] *o* single track.

enkelvoud [-vout] *o gram* singular (number).

enkelvoudig [ɛŋkəl'vɑudəx] I 1 singular [number]; 2 simple [tenses].

enorm [e.'nɔrm] *aj* (& *ad*) enormous(ly), huge(ly).

enormiteit [e.nɔrmi.'tɛit] *v* enormity.

enquête [ɑŋ'ke.tə] *v* inquiry, investigation.

enquêtecommissie, -kommissie [-kɔ̀misi.] *v* commission (committee, board) of inquiry.

ensceneren [ɑnsɛ'ne:rə(n)] *vt* stage.

enscenering [-rɪŋ] *v* (abstract) staging[2]; (concreet) setting.

ensemble [ã'sãblə] *o* ensemble, [theatrical] company.

ent [ɛnt] *v* graft.

entameren [ɑnta.'me:rə(n)] *vt* attack, tackle deal with, address oneself to [a task].

enten ['ɛntə(n)] *vt* 1 graft [upon]; 2 zie *inenten*.

enter [-tər] *m* grafter.

enterbijl [-bɛil] *v* ⚓ boarding-axe.

enteren ['ɛntərə(n)] *vt* ⚓ board.

enterhaak ['ɛntərha.k] *m* ⚓ grappling-iron.

entering ['ɛntərɪŋ] *v* ⚓ boarding.

enthousiasme [ɑntu.zi.'ɑsmə] *o* enthusiasm.

enthousiast [-zi.'ɑst] I *m* enthusiast; II *aj* (& *ad*) enthusiastic(ally).

enting ['ɛntɪŋ] *v* grafting.

entmes ['ɛntmɛs] *o* grafting knife.

entree [ɑn'tre.] *v* 1 (toelating) entrance, admittance, admission; 2 (binnentreden) entrance, [ceremonial] entry; 3 (plaats) entrance, (entrance-)hall; 4 (toelatingsprijs) entrance-fee [of a club], admission [of a theatre], *vp* gate-money [received at football match]; 5 (schotel) entrée; *~ betalen* pay for admission; *zijn ~ maken* enter; *fig* make one's bow; *tegen ~* at a charge; *vrij ~* admission free.

entreebiljet [-biljet] *o* (admission) ticket.

entrepot [ɑntrə'po.] *o* $ bonded warehouse; *in ~ opslaan* bond [goods].

entresol [-'sɔl] *m* mezzanine (floor).

envelop(pe) [ɑnvə'lɔp] *v* envelope.

enz., enzovoort(s) [ɛnzo.'vo:rt(s)] etc., and so on.

eolusharp ['e.o.lüsharp] *v* Aeolian harp.

epaulet [e.po.'lɛt] *v* 1 ✕ epaulet(te); 2 shoulder-

knot.
epicentrum [e.pi.'sɛntrũm] o epicentre.
epicurist [e.pi.ky.'rɪst] m epicure, epicurean.
epicuristisch [-'rɪsti.s] epicurean.
epidemie [e.pi.də'mi.] v epidemic.
epilepsie [e.pi.lɛp'si.] v epilepsy.
epilepticus ['lɛpti.kũs] m epileptic.
epiloog ['lo.x] m epilogue.
episch ['e.pi.s] I aj epic; II ad epically.
episcopaat [-'pa.t] o episcopacy.
episode [e.pi.'zo.də] v episode.
episodisch [-'zo.di.s] aj (& ad) episodic(ally).
epistel [e.'pɪstəl] o of m epistle.
epos ['e.pɔs] o epic, epic poem, epopee.
equator [e.'kva.tɔr] m equator.
equatoriaal [e.kva.to.ri.'a.l] equatorial.
equipage [e.ki.'pa.ʒə] v 1 ⚓ crew; 2 carriage;
~ **houden** keep a carriage.
equipe [e.'ki.p] v sp team, side.
equipement [e.ki.pə'mɛnt] o ⚔ equipment.
equivalent [e.kvi.va.'lɛnt] o equivalent.
er [ɛr] there; ~ *zijn* ~ *die nooit...* there are
people who never...; *hoeveel heb ie* ~ how
many have you (got?); *ik heb* ~ *nog twee* I
have (still) two left; *ik ken* ~ *zo* I know some
like that; zie ook: *worden* &.
erbarmelijk [ɛr'barmələk] I aj pitiful, pitiable,
miserable, wretched, lamentable; II ad piti-
fully &.
erbarmen [-mə(n)] vr zich ~ over have pity
(mercy) on.
erbarming [-mɪŋ] v pity, compassion.
erbij [ɛr'bɛi] in addition.
ere ['e:rə] = 2 *eer*.
ereambt, erebaantje ['e.rɔamt, -ba.ncə] o post
of honour.
ereburger [-bûrgər] m freeman.
ereburgerschap [-sxap] o freedom [of a city].
erediensf [-di.nst] m (public) worship.
erediploma [-di.plo.ma.] o award of honour.
erekroon [-kro.n] v crown of honour.
erekruis [-krœys] o cross of merit.
erelid [-lɪt] o honorary member.
eremedaille [-mədaljə] v medal of honour.
eremetaal [-mɔta.l] o medal of honour.
eremiet [e:rɔ'mi.t] = *heremiet*.
eren ['e:rɔ(n)] vt honour, revere.
erepalm ['e:rɔpalm] m palm of honour.
ereplaats [-pla.ts] v place of honour.
erepost [-pɔst] m post of honour.
ereprijs [-prɛis] m prize ‖ ✿ speedwell, veronica.
ereschuld [-sxûlt] v debt of honour².
ereteken [-te.kɔ(n)] o mark (badge) of honour.
eretitel [-ti.təl] m title of honour, honorary
title.
erevoorzitter [-vo:rzɪtər] m honorary president.
erevoorzitterschap [-sxap] o honorary presidency.
erewacht ['e:rɔvaxt] v guard of honour.
erewijn [-vɛin] m cup of honour.
erewoord [-vo:rt] o 1 word of honour; 2 ⚔
parole; *op mijn* ~ upon my word; *op zijn* ~
vrijlaten ⚔ liberate on parole.
erezuil [-zœyl] v column in honour [of...]; *fig*
lasting memorial.
erf [ɛrf] o grounds; premises; *Ind* compound;
(v. boerderij) (farm)yard.
erfdeel ['ɛrfde.l] o portion, heritage.
erfdochter [-daxtər] v heiress.
erfelijk ['ɛrfələk] hereditary; zie ook: *belast*.
erfelijkheid [-hɛit] v heredity.
erfenis ['ɛrfɔnɪs] v inheritance, heritage, legacy
[of the past, of the war].
erfgenaam ['ɛrfgɔna.m] m heir.
erfgename [-gɔna.mɔ] v heiress.
erfgerechtigd [-gɔrɛxtɔxt] heritable.
erfgoed [-gu.t] o inheritance, estate; *vaderlijk*
~ patrimony.

erflaatster [-la.tstɔr] v testatrix.
erfland [-lant] o hereditary land.
erflater [-la.tɔr] m testator.
erflating [-la.tɪŋ] v bequest; legacy.
erfleen [-le.n] o ⚔ hereditary fief.
erfoom [-o.m] m uncle from whom one expects
to inherit.
erfopvolging [-ɔpfɔlgɪn] v succession.
erfpacht [-paxt] v 1 (de verbintenis) hereditary tenure, long lease; 2 (het geld) ground-
rent; *in* ~ on long lease.
erfpachter [-paxtɔr] m long-lease tenant.
erfprins [-prɪns] m hereditary prince.
erfprinses [-prɪnsɛs] v hereditary princess.
erfrecht [-rɛxt] o hereditary law; ~*en* hereditary right(s).
erfschuld [-sxûlt] v debt(s) payable by the heirs.
erfstuk [-stûk] o heirloom.
erftante [-tantɔ] v aunt from whom one expects
to inherit.
erfvijand ['ɛrfɛiant] m hereditary enemy.
erfvijandschap [-sxap] v hereditary enmity.
erfzonde ['ɛrfsɔndɔ] v original sin.
erg [ɛrx] I aj bad, ill, evil; *het is* ~ it is (very)
bad; *de zieke is* ~ *vandaag* he is (very) bad
to-day; II ad badly; < badly, very (much),
sorely [needed], severely [felt]; ~ *denken van
iemand* think evil of a man; *ik heb het* ~
nodig I want it very badly; zie ook: *erger &
ergst*; III o in: *voor ik er* ~ *in had* before I
was aware of it; *hij had er geen* ~ *in* he was
not aware of any harm (of it); *hij deed het
zonder* ~ quite unintentionally.
ergdenkend [ɛrx'dɛŋkənt] suspicious.
ergdenkendheid [-hɛit] v suspiciousness.
ergens ['ɛrgɔns] somewhere; *zo* ~ if anywhere;
~ *bij, op* &, vert. bij, op & iets.
erger ['ɛrgɔr] worse; *al* ~ worse and worse; ~
worden grow worse; *om* ~ *te voorkomen* to
prevent worse following.
ergeren [-gɔrɔ(n)] I vt 1 annoy; 2 scandalize;
B offend; *het ergert mij* it annoys (vexes) me;
zij ergerde iedereen she scandalized the whole
town (village); II vr *zich* ~ take offence [at
something], be indignant [with a person].
ergerlijk [-gɔrlək] I aj 1 annoying, provoking,
irksome, vexatious, aggravating; 2 offensive,
shocking, scandalous; II ad offensively &.
ergernis [-gɔrnɪs] v 1 annoyance, vexation; 2
umbrage, offence, scandal; *tot mijn grote* ~
to my great annoyance; *tot* ~ *van iedereen*
to the great scandal of everybody.
ergo ['ɛrgo.] ergo, therefore, consequently.
ergst [ɛrxst] worst; *op het* ~*e voorbereid* prepared for the worst; *op zijn* ~ at (the) worst,
at its worst; zie ook: *geval*.
erica ['e:ri.ka.] v ✿ heath.
Eriemeer ['e:ri.me:r] o *het* ~ Lake Erie.
erkennen [ɛr'kɛnɔ(n)] vt acknowledge [to be...],
recognize [a government]; admit, own, confess, avow; *een erkende handelaar* a recog-
nized dealer; *een erkende instelling* ook: an
approved institution.
erkenning [-nɪŋ] v acknowledg(e)ment, recognition [of a government]; admission [of a
fact].
erkentelijk [ɛr'kɛntələk] aj (& ad) thankful-
(ly), grateful(ly).
erkentelijkheid [-hɛit] v thankfulness, gratitude.
erkentenis [ɛr'kɛntɔnɪs] v zie *erkenning & erkentelijkheid*.
erker ['ɛrkɔr] m 1 (vierkant) bay-window;
2 (rond) bow-window; 3 (aan bovenverdieping) oriel window.
ermitage [ɛrmi.'ta.ʒə] = *hermitage*.
Ernst [ɛrnst] m Ernest.
ernst [ɛrnst] m earnestness, earnest, serious-
ness, gravity [of the situation]; *is het u* ~?

are you serious?; *het wordt nu* ~ things are getting serious now; *in* ~ in earnest, earnestly, seriously; *in alle (volle)* ~ in good (full, sober) earnest; *u moet het niet in* ~ *opvatten* don't take it seriously.

ernstig ['ɛrnstəx] **I** *aj* earnest [wish, word]; serious [look, matter, rival, wound &], grave [concern, fault, symptom]; serious-minded [persons]; solemn [look]; **II** *ad* earnestly &; badly [wounded].

erop [ɛr'ɔp] on it (them); ~ *of eronder* sink or swim, kill or cure.

erosie [e.'ro.zi.] *v* erosion.

erotisch [e.'ro.ti.s] *aj* (& *ad*) erotic(ally).

erts [ɛrts] *o* ore.

ertsader ['ɛrtsa.dər] *v* mineral vein, lode.

1 **ervaren** [ɛr'va:rə(n)] *vt* experience.

2 **ervaren** [ɛr'va:rə(n)] *aj* experienced, expert, skilled, practised [in...].

ervarenheid [-heit] *v* experience, skill.

ervaring [ɛr'va:rɪŋ] *v* experience; *uit eigen* ~ from one's own experience

erve ['ɛrvə] = *erf*.

1 **erven** ['ɛrvə(n)] *mv* heirs; *de* ~ *X X* heirs.

2 **erven** ['ɛrvə(n)] **I** *vt* inherit; **II** *va* come into money.

erwt [ɛrvt, ɛrt] *v* ♣ pea.

erwtenblazer ['ɛr(v)tə(n)bla.zər] *m* pea-shooter.

erwtensoep [-su.p] *v* pea-soup.

erwtepeul ['ɛr(v)təpøl] *v* pea-pod.

1 **es** [ɛs] *v* ♪ E flat.

2 **es** [ɛs] *m* ♣ ash, ash-tree.

escadrille [ɛska.'dri.(l)jə] *m* & *o* ✈ flight.

escorte [ɛs'kɔrtə] *o* ✕ escort.

escorteren [ɛskɔr'te:rə(n)] *vt* ✕ escort.

esdoorn, -doren ['ɛsdo:rən] *m* ♣ maple (tree).

eskader [ɛs'ka.dər] *o* ⚓ squadron.

eskadron [ɛska.'drɔn] *o* ✕ squadron.

Eskimo ['ɛski.mo.] *m* Eskimo.

Esopus [e.'zo.pʉs] *m* Aesop.

esp [ɛsp] *m* ♣ aspen.

espagnolet [ɛspaɲo.'lɛt] *v* = *spanjolet*.

essen ['ɛsə(n)] *aj* ash.

essence [ɛ'sãsə] *v* essence.

essentieel [ɛsɛnsi.'e.l] **I** *aj* (& *ad*) essential(ly); **II** *o* in: *het essentiële* what is essential; the quintessence, gist [of the matter].

estafette [ɛsta.'fɛtə] 1 *m* courier; 2 *v* (wedstrijd) relay.

estafetteloop [-lo.p] *m sp* relay race.

estheet [ɛs'e.t] *m* aesthete.

esthetica, esthetika [-'te.ti.ka.] *v* aesthetics.

esthetisch [-'te.ti.s] *aj* ('t *and ad*) aesthetic(ally).

etablissement [e.ta.bli.sə'mɛnt] *o* establishment.

etage [e.'ta.ʒə] *v* floor, stor(e)y.

etagère [e.ta.'ʒɛ:rə] *v* what-not, bracket.

etagewoning [e.'ta.ʒəvo.nɪŋ] *v* flat.

etalage [e.ta.'la.ʒə] *v* 1 ('t raam, de ruimte) shop-window, show-window; 2 ('t uitgestalde) display; ~s *kijken* window-shop.

etalagemateriaal [-ma.te:ri.a.l] *o* display material(s).

etalagewedstrijd [-vɛtstreit] *m* window-dressing competition.

etaleren [[-'le:rə(n)] **I** *vt* display; **II** *va* do the window-dressing; **III** *o het* ~ (the) window-dressing.

etaleur [-'løːr] *m* window-dresser.

etappe [e.'tapə] *v* 1 halting-place; 2 stage [in route]; 3 ✕ supply-depot; *in* ~n by stages; *in twee* ~n in two stages.

etappedienst [-di.nst] *m* ✕ supply service, rear service.

etappegebied [-ɣəbi.t] *o* ✕ rear.

eten [e.tə(n)] **I** *vt* eat; *ik heb vandaag nog niets gegeten* I have had no food to-day; *wat* ~ *we vandaag?* what have we got for dinner to-day?; **II** *vi* I eat; 2 have dinner; *je moet komen* ~ come and eat your dinner; *kom je bij ons* ~?

will you come and dine with us?; **III** *o* food; *het* ~ the food; *het* ~ *staat op tafel* dinner (supper) is on the table; *hij laat er* ~ *en drinken voor staan* it is meat and drink to him; *na den* ~ after dinner; *onder den* ~ during dinner; *iemand te(n)* ~ *vragen* invite one to dinner; *hij is hier ten* ~ he is dining with us; *voor den* ~ before dinner; *zonder* ~ *naar bed gaan* go to bed without supper.

etenskast ['e.tənskɑst] *v* store-cupboard, pantry.

etenstijd [-tɛit] *m* dinner-time, meal-time.

etensuur [-y:r] *o* dinner-hour.

etentje ['e.təncə] *o* dinner, F feed, S blow-out.

1 **eter** ['e.tər] *m* eater.

2 **eter** ['e.tər] *m* (stofnaam) zie *ether*.

ether ['e.tər] *m* ether; *door (in, uit) de* ~ ☀ ╪ over (on, off) the air.

etherisch [e.'te:ri.s] *aj* (& *ad*) ethereal(ly).

ethica, ethika ['e.ti.ka.] *v* ethics.

Ethiopië [e.ti.'o.pi.ə] *o* Ethiopia.

Ethiopiër [-pi.ər] *m* Ethiopisch [-pi.s] *aj* Ethiopian.

ethisch ['e.ti.s] **I** *aj* ethical; **II** *ad* ethically.

etiket [e.ti.'kɛt] *o* label [on a bottle, notebook &].

etiketteren [-kɛ'te:rə(n)] *vt* label.

etiquette [-'kɛtə] *v* etiquette.

etmaal ['ɛtma.l] *o* (space of) 24 hours.

etnisch ['ɛtni.s] **I** *aj* ethnic(al); **II** *ad* ethnically.

ets [ɛts] *v* etching.

etsen ['ɛtsə(n)] *vt* & *vi* etch.

etser [-sər] *m* etcher.

etskunst ['ɛtskʉnst] *v* (art of) etching.

etsnaald [-na.lt] *v* etching-needle.

ettelijke ['ɛtələkə] a number of, some, several.

etter ['ɛtər] *m* matter, pus, purulent discharge.

etterachtig [-ɑxtəx] purulent.

etterbuil [-bœyl] *v* abscess, gathering.

etteren ['ɛtərə(n)] *vi* fester, suppurate, ulcerate, run.

ettergezwel ['ɛtərɣəzvɛl] *o* abscess, gathering.

etterig ['ɛtərəx] purulent.

etter(vorm)ing ['ɛtər(vɔrm)ɪŋ] *v* suppuration.

etude [e.'ty.də] *v* ♪ study.

etui [e.'tvi.] *o* case, etui, etwee.

etymologie [e.ti.mo.lo.'ɣi.] *v* etymology.

etymologisch [-'lo.ɣi.s] *aj* (& *ad*) etymological(ly).

etymoloog [-'lo.x] *m* etymologist.

eucharistie [œyɣa:rɪs'ti.] *v* RK Eucharist.

eucharistisch [-'rɪsti.s] RK Eucharistic.

Euclides [œy'kli.dɛs] *m* Euclid.

eufemisme [œyfe.'mɪsmə] *o* euphemism.

eufemistisch [-ti.s] *aj* (& *ad*) euphemistic(ally).

euforie [œyfo.'ri.] *v* euphoria.

Europa [ø:'ro.pa.] *o* Europe.

Europeaan [ø:ro.pe.'a.n] *m* Europees [-'pe.s] *aj* European.

euvel ['ø.vəl] **I** *ad* in: ~ *duiden (opnemen)* take amiss, take in bad part; *duid 't mij niet* ~ don't take it ill of me; ~*e moed* insolence; **II** *o* evil, fault.

euveldaad [-da.t] *v* evil deed, crime.

Eva ['e.va.] *v* Eve.

evacuatie [e.va.ky.'a.(t)si.] *v* evacuation.

evacué(e) [-ky.'e.] *m(-v)* evacuee.

evacueren [-ky.'e:rə(n)] *vt* I evacuate [a place]; 2 invalid home, evacuate home [wounded soldiers].

evangelie [e.vɑn'ɣe.li.] *o* gospel; *het* ~ *van Johannes* the Gospel according to St.John; *het is nog geen* ~ *wat hij zegt* it is not gospel truth what he says.

evangeliedienaar [-di.na:r] *m* minister of the Gospel.

evangelieprediker [-pre.dəkər] *m* evangelist.

evangelieprediking [-pre.dəkɪŋ] *v* preaching of the Gospel.

evangeliewoord [-vo:rt] o gospel.
evangelisatie [e.vɑnge.li.'za.(t)si.] v evangelization, mission work.
evangelisch [e.vɑn'ge.li.s] aj (& ad) evangelic(ally).
evangeliseren [e.vɑnge.li.'ze:rə(n)] vt evangelize.
evangelist [e.vɑnge.'list] m evangelist.
even ['e.və(n)] I aj even [numbers, numbered]; ~ of oneven odd or even; het is mij om het ~ it is all the same (all one) to me; om het ~ wie no matter who; II ad I (gelijk) equally; 2 (eventjes) just; ~... als... as... as...; overal ~ breed of uniform breadth; een ~ groot aantal an equal number; zij zijn ~ groot I they are equally tall; 2 they are of a size; haal eens ~... just go and fetch me...; wacht ~ wait a minute (bit).
evenaar ['e.vəna:r] m I equator; 2 index, tongue [of a balance].
evenals [-ɑls] (just) as, (just) like.
evenaren [e.və'na:rə(n)] vt equal, match, be a match for, come up to.
evenbeeld ['e.və(n)be.lt] o image, picture.
eveneens [e.vən.e.ns] also, likewise, as well.
evenement [e.vənə'mɛnt] o event.
evenknie ['e.və(n)kni.] v equal.
evenmatig [e.və(n)'ma.təx] proportional; ~ deel aliquot part.
evenmens [e.və(n)mɛns] m fellow-man.
evenmin [-mɪn, e.və(n)'mɪn] no more; ~ te vertrouwen als... no more to be trusted than...; en zijn broer ~ nor his brother either.
evennaaste ['e.vəna.stə, e.və'na.stə] m fellowman.
evennachtslijn ['e.vənɑxtslɛin] v equator.
evenredig [e.və(n)'re.dəx] I aj proportional [numbers, representation]; omgekeerd ~ met inversely proportional to; recht ~ met directly proportional to; II ad proportionally.
evenredigheid [-hɛit] v proportion.
eventjes ['e.və(n)cəs] just, only just, (just) a minute.
eventualiteit [e.vɛnty.a.li.'tɛit] v contingency; possibility.
eventueel [-'e.l] I aj contingent [expenses]; possible [defeat]; potential [buyer]; eventuele onkosten worden vergoed any expenses will be made good; de eventuele schade wordt vergoed the damage, if any, will be made good; II ad this being the case; mocht hij ~ weigeren... in the event of his refusing...
evenveel [e.və(n)'ve.l] as much, as many.
evenwel [-'vɛl] nevertheless, however.
evenwicht ['e.və(n)vɪxt] o equilibrium, balance, (equi)poise; het ~ bewaren keep one's balance; het ~ herstellen redress (restore) the balance; het ~ verliezen lose one's balance; het ~ verstoren upset the balance; in ~ in equilibrium, evenly balanced; in ~ brengen bring into equilibrium, equilibrate, balance; in ~ houden keep in equilibrium, balance.
evenwichtig [e.və(n)'vɪxtəx] I well-balanced[2]; 2 fig level-headed.
evenwichtsleer ['e.və(n)vɪxtsle:r] v statics.
evenwijdig [e.və(n)'veidəx] parallel; ~e lijn parallel (line).
evenwijdigheid [-hɛit] v parallelism.
evenzeer [e.və(n)'ze:r] as much.
evenzo [-'zo.] likewise; ~ groot als... (just) as large as...; zijn broer ~ his brother as well, his brother too.
everzwijn ['e.vərzvɛin] o 🐗 wild boar.
evolutie [e.vo.'ly.(t)si.] v evolution.
evolutieleer [-le:r] v theory of evolution.
ex [ɛks] ex, late, past, sometime [president &].
exact [ɛk'sɑkt] exact [sciences]; precise.
examen [ɛk'sa.mə(n)] o examination F exam; ~ afleggen undergo an examination; ~ afnemen examine; ik ga ~ doen I am going in

for an examination; ik moet ~ doen I must go up for (my) examination, take my examination, sit for an examination; voor zijn ~ slagen pass (one's examination).
examencommissie [-kòmisi.] v examining board, examination board.
examengeld [-gɛlt] o examination fee.
examenopgaaf, -opgave [-òbga.f, -ga.və] v examination paper.
examenvak [-vɑk] o examination subject.
examenvrees [-vre.s] v examination fright.
examinandus [ɛksa.mi.'nɑndɵs] m examinee.
examinator [-'na.tər] m examiner.
examineren [e.'ne:ra(n)] vt & vi examine (on in).
excellent [ɛksɛ'lɛnt] aj (& ad) excellent(ly).
excellentie [-'lɛn(t)si.] v excellency; Ja, Excellentie Yes, Your Excellency.
excentriciteit [ɛksɛntri.si.'tɛit] v eccentricity, oddity.
1 excentriek [ɛksɛn'tri.k] aj (& ad) eccentric(ally).
2 excentriek [ɛksɛn'tri.k] o ⚙ eccentric [gear].
exceptie [ɛk'sɛpsi.] v exception; ♯♯ demurrer, bar.
excerperen [ɛksɛr'pe:ra(n)] vt make an abstract of.
excerpt [ɛk'sɛrpt] o abstract.
exces [ɛk'sɛs] o excess.
exclusief [ɛkskly.'zi.f] aj (& ad) I exclusive(ly); 2 (niet inbegrepen) exclusive of..., excluding..., ...not included, ...extra.
excommunicatie [ɛkskòmy.ni.'ka.(t)si.] v excommunication.
excommuniceren [-'se:ra(n)] vt excommunicate.
excursie [ɛks'kɵrzi.] v excursion.
excuseren [ɛksky.'ze:ra(n)] I vt excuse; II vr zich ~ I excuse oneself; 2 send an excuse.
excuus [-'ky.s] o I excuse, apology; 2 pardon; hij maakte zijn ~ he apologized; ik vraag u ~ I beg your pardon.
executant [ɛkse.ky.'tɑnt] m ♪ executant, performer.
executeren [-'te:ra(n)] vt in: iemand ~ I (terechtstellen) execute a person; 2 ♯♯ sell a person's goods under execution.
executeur [-'tø:r] m executor.
executeur-testamentair [-tɛsta.mɛn'tɛ:r] m zie executeur.
executie [ɛksə'ky.(t)si.] v execution°; bij ~ laten verkopen ♯♯ sell under execution.
executiepeloton [-pəlo.tòn] o ✕ firing-party, firing-squad.
executrice [-ky.'tri.sə] v executrix.
exegese [ɛksə'ge.zə] v exegesis.
exemplaar [ɛksəm'pla:r] o specimen; copy [of a book &].
exerceren [ɛksər'se:ra(n)] vi & vt ✕ drill; aan het ~ at drill.
exercitie [-'si.(t)si.] v ✕ drill.
exercitieterrein [-tɛrɛin] o ✕ parade(-ground).
existentialisme [ɛksi.stɛn(t)si.a.'lismə] o existentialism.
existentialist [-'list] m existentialist.
existentialistisch [-'listi.s] existentialist.
existentie [ɛksi.s'tɛn(t)si.] v existence.
existentieel [-tɛn'(t)si.e.l] existential.
exotisch [ɛk'so.ti.s] I aj exotic; II ad exotically.
expansie [ɛks'pɑnzi.] v expansion.
expansief [-pɑn'zi.f] expansive.
expansiepolitiek [-'pɑnzi.po.li.ti.k] v policy of expansion.
expediëren [ɛkspe.di.'e:ra(n)] vt $ forward, send, dispatch, ship [goods].
expediteur [-di.'tø:r] m $ forwarding-agent, shipping-agent.
expeditie [-'di.(t)si.] v I ✕ expedition; 2 $ forwarding, dispatch, shipping [of goods].
expeditiekantoor [-kɑnto:r] o $ forwarding-office.

experiment [ɛkspe:ri.ˈmɛnt] *o* experiment.
experimenteel [-mɛnˈte.l] *aj* (& *ad*) experimental(ly).
experimenteren [-ˈteːrə(n)] *vi* experiment.
expert [ɛksˈpɛːr] *m* expert; (schatter) appraiser; surveyor [of Lloyd's &].
expertise [-perˈti.zə] *v* 1 appraisement, survey; 2 certificate of survey.
exploderen [ɛksploˈdeːrə(n)] *vi* explode.
exploitant [-plvaˈtant] *m* owner [of a mine &], operator [of air service].
exploitatie [-ˈta.(t)si.] *v* exploitation², working, operation [of air service]; *in ~* in working order.
exploitatiekosten [-kɔstə(n)] *mv* working-expenses, operating costs.
exploitatiemaatschappij [-ma.tsxɑpɛi] *v* operating company, development company.
exploiteren [ɛksplvaˈteːrə(n)] *vt* exploit², work [a mine], run [hotel], operate [air service]; *fig* ook: trade on [a man's credulity].
exploot [ɛksˈplo.t] *o* 𝑟𝑎 writ; *iemand een ~ betekenen* serve a writ upon one.
explosie [-ˈplo.zi.] *v* explosion.
explosief [-plo.ˈzi.f] explosive.
exponent [-po.ˈnɛn] *m* exponent, index.
export [-ˈpɔrt] *m* $ export(ation), exports.
exporteren [ɛkspɔrˈteːrə(n)] *vt* $ export.
exporteur [-ˈtøːr] *m* $ exporter.
exporthandel [ɛksˈpɔrthandəl] *m* $ export trade.
exposant [ɛkspo.ˈzant] *m* exhibitor.
exposeren [-ˈzeːrə(n)] *vt* exhibit, show.
expres [ɛksˈprɛs] I *aj* in: *~se bestelling* ꝑ express delivery; II *ad* [do] on purpose; III *m* zie *exprestrein*.
expresgoed [-gu.t] *o* parcels; *als ~* by passenger train.
expresse [-ˈpresə] *v* ꝑ express-delivery letter.
exprestrein [-ˈprɛstrɛin] *m* express (train).
extase [-ˈta.zə] *v* ecstasy, rapture; *in ~* enraptured; *in ~ geraken* go into ecstasies [over a thing]; *in ~ zijn* be in an ecstasy.
extatisch [-ˈta.ti.s] *aj* (& *ad*) ecstatic(ally).
ex-tempore [ɛksˈtɛmpo.rə] *o* extempore recitation &.
extern [-ˈtɛrn] I *aj* non-resident [master]; *~e leerlingen* day-pupils, day-scholars; II *m mv* in: *de ~en* the day-pupils, day-boys.
externaat [-tɛrˈna.t] *o* day-school.
extra [ˈɛkstra.] extra, special, additional.
extraatje [-cə] *o* F extra.
extrablad [-ˈblat] *o* special edition.
extraboot [-ˈbo.t] *m* & *v* special steamer.
extract, extrakt [ɛkˈstrakt] *o* extract.
extranummer [ˈɛkstra.ˈnʏmər] *o* supplement, special number.
extratrein [-ˈtrɛin] *m* special train.
extrawerk [-ˈvɛrk] *o* extra work.
extremist [ɛkstre.ˈmɪst] *m* extremistisch [-ˈmɪs.ti.s] *aj* extremist.
Ezau [ˈe.zɑu] *m* B Esau.
ezel [ˈe.zəl] *m* 1 ♞ ass², donkey; 2 easel [of a painter]; *een ~ stoot zich geen tweemaal aan dezelfde steen* once bitten twice shy, the burnt child dreads the fire.
ezelachtig [-axtəx] asinine², *fig* stupid.
ezelachtigheid [-hɛit] *v* (asinine) stupidity.
ezeldrijver [ˈe.zəldrɛivər] *m* ass-driver.
ezelin [ɛ.zəˈlɪn] *v* she-ass.
ezelinnemelk [-ˈlɪnəmɛlk] *v* ass's milk.
ezelsbrug [ˈe.zəlsbrʏx] *v* aid (in study &).
ezelsdom [-ˈdɔm] zie *ezelachtig*.
ezelskop [-kɔp] *m* 1 ass's head; 2 *fig* dunce, as s
ezelsoor [-oːr] *o* 1 ass's ear; 2 dog's-ear [ofa. book].
ezelsveulen [-vøːlə(n)] *o* 1 ass's foal; 2 *fig* dunce, ass.
ezel(s)wagen [ˈe.zəl(s)va.gə(n)] *m* donkey-cart.

F

fa. = *firma.*
faam [fa.m] *v* fame; reputation [as a scholar].
fabel [ˈfa.bəl] *v* fable²; *fig* myth.
fabelachtig [-axtəx] *aj* (& *ad*) fabulous(ly).
fabeldichter [-dɪxtər] *m* fabulist.
fabelen [ˈfa.bələ(n)] *vi* fable.
fabelleer [-leːr] *v* mythology.
fabricage, fabricatie [fa.bri.ˈka.ʒə, -ˈka.(t)si.] *v* manufacture.
fabriceren [-ˈseːrə(n)] *vt* manufacture; *fig* fabricate [lies &].
fabriek [fa.ˈbri.k] *v* manufactory, factory; works, mill; (*Am*) plant.
fabricken [-ˈbri.kə(n)] *vt* make.
fabrieksarbeider [fa.ˈbri.ksɑrbɛidər] *m* (factory-)hand, factory-worker, mill-hand.
fabrieksarbeidster [-ɑrbɛitstər] *v* woman factory-worker.
fabrieksbaas [fa.ˈbri.ksba.s] *m* foreman.
fabrieksgebouw [-gəbɔu] *o* factory-building.
fabrieksgeheim [-gəhɛim] *o* trade secret.
fabrieksgoed [-gu.t] *o* manufactured goods.
fabrieksjongen [-jɔŋə(n)] *m* factory boy.
fabrieksmeisje [-mɛiʃə] *o* factory girl.
fabrieksmerk [-mɛrk] *o* trade mark.
fabrieksnijverheid [-nɛivərhɛit] *v* manufacturing industry.
fabrieksprijs [-prɛis] *m* manufacturer's price.
fabrieksschip [fa.ˈbri.ksxɪp] *o* ⚓ factory ship.
fabrieksschoorsteen [-sxoːrste.n] *m* factory-chimney.
fabrieksstad [-stat] *v* manufacturing town.
fabrieksterrein [fa.ˈbri.kstɛrɛin] *o* factory site.
fabriekswerk [-vɛrk] *o* machine-made article(s).
fabrikaat [fa.bri.ˈka.t] *o* make; *auto van Frans ~* French-made car.
fabrikant [-ˈkant] *m* 1 manufacturer; 2 factory-owner, mill-owner.
facie [ˈfa.si.] *o* & *v* face, F phiz, P mug.
faciliteit [fa.si.li.ˈtɛit] *v* facility.
factie [ˈfaksi.] *v* faction.
factor [ˈfaktər] *m* factor².
factorij [fakto.ˈrɛi] *v* $ factory, trading-post.
factotum [fɑkˈto.tüm] *o* factotum.
factureren [-ty.ˈreːrə(n)] *vt* $ invoice.
facturist [-ty.ˈrɪst] *m* $ invoice clerk.
factuur [-ˈtyːr] *v* $ invoice.
factuurbedrag [-bədrax] *o* $ invoice amount.
factuurprijs [-prɛis] *m* $ invoice price.
facultatief [fa.kültaˈti.f] facultative, optional [subjects].
faculteit [-ˈtɛit] *v* faculty; *de medische ~* the faculty of medicine.
faecaliën [fe.ˈka.li.ən] *mv* faeces.
fagot [fa.ˈgɔt] *m* ♪ bassoon.
failleren [fa(l)ˈjeːrə(n)] *vi* fail, become a bankrupt.
failliet [faˈji.t] I *o* 1 failure, bankruptcy; *m* 2 bankrupt; II *aj* in: *~e boedel, ~e massa* bankrupt's estate; *~ gaan* zie *failleren*; *~ verklaren* adjudge (adjudicate) bankrupt.
faillietverklaring [-fərkla.rɪŋ] *v* adjudication order.
faillissement [fɑji.sə'mɛnt] *o* failure, bankruptcy; (*zijn*) *~ aanvragen* file one's petition (in bankruptcy); *in staat van ~ (verkerend)* in bankruptcy.
faillissementsaanvraag, -aanvrage [-ˈmɛntsa.n-vra.x, -a.nvra.gə] *v* petition (in bankruptcy).
faillissementswet [-vɛt] *v* Bankruptcy act.
faki(e)r [fa.ki:r] *m* fakir.
fakkel [ˈfakəl] *v* torch; 🌿 flare.
fakkeldrager [-dra.gər] *m* torch-bearer.
fakkelloop [ˈfakəlo.p] *m* torch race.
fakkel(op)tocht [ˈfakəl'(ɔp)tɔxt] *m* torch-light

procession.

falanx ['fa.lɑŋks] v phalanx.

falen ['fa.lə(n)] vi fail, miss, make a mistake, err.

faliekant ['fa.li.kɑnt] wrong; ~ uitkomen go wrong.

falsaris [fɑl'sa:ris] m falsifier, forger.

falset [-'sɛt] m & o ♪ falsetto.

fameus [fa.'mø.s] I aj famous; het is ~! F it is enormous!; een ~ diner a rare dinner, a rattling fine (good) dinner; II ad [enjoy oneself] splendidly, gloriously.

familiaar [fa.mi.li.'a:r] I aj familiar, informal; al te ~ too free (and easy); ~ met iemand zijn be on familiar terms with one; II ad familiarly, informally, in a family way.

familiariteit [-a:ri.'tɛit] v familiarity; zich ~en veroorloven jegens take liberties with [a person].

familie [fa.'mi.li.] v family, relations; de Koninklijke ~ the royal family; de ~ X the X family; zijn ~ his relations; F his people; ik ben ~ van hem I am related to him; van goede ~ of a good family; ~ en kennissen relatives and friends.

familieaangelegenheden [-a.ngə.lə.gənhe.də(n)] mv family affairs; van huis voor ~ away on family business.

familieband [-bɑnt] m family tie.

familieberichten [-bəri.xtə(n)] mv births, marriages and deaths [column].

familiebetrekking [-bɔtrɛkɪŋ] v relationship, kindred; zijn ~en his relations.

familiedrama [-dra.ma.] o domestic drama.

familiegraf [-grɑf] o family vault.

familiekring [-krɪŋ] m family circle, domestic circle.

familiekwaal [-kʋa.l] v family complaint.

familieleven [-le.və(n)] o family life.

familielid [-lɪt] o member of the family, relation, relative.

familienaam [-na.m] m 1 surname; 2 family name.

familieomstandigheden [-òmstɑndəxhe.də(n)] mv family circumstances.

familiepension [-pãsi.õ] o private boarding-house, private hotel.

familiestuk [-stük] o family piece, heirloom.

familiewapen [-ʋa.pə(n)] o ∅ family arms.

familieziek [-zi.k] fond of one's relations.

fanaticus [fa.'na.ti.kûs] m fanatic.

fanatiek [fa.na.'ti.k] I aj fanatical; II ad fanatically.

fanatiekeling [-'ti.kəlɪŋ] m fanatic.

fanatisme [-'tɪsmə] o fanaticism.

fanfare [fã'fa:rə] v ♪ 1 fanfare, flourish; 2 (korps) brass band.

fanfarekorps [-korps] o ♪ brass band.

fantaseren [fɑnta.'ze:rə(n)] I vt 1 invent [things]; 2 ♪ improvise; II vi 1 indulge in fancies, imagine things; 2 ♪ improvise.

fantasie [-'zi.] v phantasy, fancy, (rich) imagination.

fantasieartikel [-ɑrti.kəl] o fancy-article.

fantasiehoed [-hu.t] m felt hat.

fantasiepak [-pɑk] o suit of dittos.

fantasiestof [-stɔf] v dress-material in fancy shades.

fantast [fɑn'tɑst] m fantast, phantast.

fantastisch [-'tɑsti.s] aj (& ad) fantastic(ally).

farao [fa.'ra.o.] m Pharaoh.

farizeeër ['ze.ər] m pharisee, hypocrite.

farizees [-'ze.s] farizeïsch [-'ze.i.s] aj (& ad) pharisaic(ally).

farmaceut [fɑrma.'sœyt] m (pharmaceutical) chemist.

farmaceutisch [-'sœyti.s] aj (& ad) pharmaceutical(ly).

farmacie [-'si.] v pharmacy.

Faröer ['fa:rø:ər] mv Faroes, Faroe Islands.

fascineren [fɑsi.'ne:rə(n)] vt fascinate.

fascisme [fɑ'sɪsmə] o fascism.

fascist [-'sɪst] m fascistisch [-'sɪsti.s] aj fascist.

fase ['fa.zə] v phase; stage; vgl. stadium.

fat [fɑt] m dandy, swell, fop, nut, knut.

fataal [fa.'ta.l] aj (& ad) fatal(ly).

fatalisme [-ta.'lɪsmə] o fatalism.

fatalist [-'lɪst] m fatalist.

fatalistisch [-'lɪsti.s] aj (& ad) fatalistic(ally).

fata morgana [fa.ta.mɔr'ga.na.] v fata morgana, mirage.

fatsoen [fɑt'su.n] o 1 (vorm) fashion, form, shape, make, cut; 2 (decorum) decorum, (good) manners; 3 (naam) respectability; zijn ~ houden behave (decently); zijn ~ ophouden keep up appearances; met (goed) ~ decently; erg op zijn ~ zijn be a great stickler for the proprieties; uit zijn ~ zijn be out of shape; voor zijn ~ for the sake of decency, to keep up appearances.

fatsoeneren [-su.'ne:rə(n)] vt fashion, shape, model.

fatsoenlijk [-'su.nlək] I aj 1 (net) respectable [people]; reputable [neighbourhood]; decent [behaviour]; 2 (would-be aanzienlijk) genteel; ~e armen deserving poor; ~e armoede gilded poverty, shabby gentility; II ad respectably; decently.

fatsoenlijkheid [-hɛit] v 1 respectability; decency; 2 gentility.

fatsoenshalve [fɑt'su.nshɑlvə] for decency's sake.

fatterig ['fɑtərəx] aj (& ad) foppish(ly).

fatterigheid [-hɛit] v dandyism, foppishness.

fatum ['fa.tüm] o fate.

faun [fɔun] m faun.

fauna ['fɑuna.] v fauna.

fausset [fo.'sɛt] = falset.

fauteuil [fo.'tœyj] m 1 arm-chair, easy chair; 2 fauteuil, stall [in theatre].

favoriet [fa.vo.'ri.t] I aj favourite; II m favourite; hij is ~ he is the favourite.

fazant [fa.'zɑnt] m ♠ pheasant.

fazanthaan [fa.'zɑntəha.n] m ♠ cock-pheasant.

fazanthen [-hɛn] v ♠ hen-pheasant.

fazanthok [-hok] o pheasantry.

fazantejacht [-jɑxt] v pheasant shooting.

fazantenpark [fa.'zɑntə(n)pɑrk] o pheasant preserve.

februari [fe.bry.'a:ri.] m February.

federaal [fe.də'ra.l] federal.

federalist [-ra.'lɪst] m federalist.

federatie [-'ra.(t)si.] v federation.

fee [fe.] v fairy.

feeënland ['fe.ə(n)lɑnt] o fairyland.

feeërie [fe.ə'ri.] v fairy play.

feeëriek [-'ri.k] fairy-like.

feeks [fe.ks] v vixen, termagant, shrew, virago.

feest [fe.st] o feast, festival, festivity, fête; (feestje, fuif) party; een waar ~ a treat.

feestartikelen ['fe.stɑrti.kələ(n)] mv articles for fêtes.

feestavond [-a.vɔnt] m festive evening, festive night.

feestcommissie [-kòmisi.] v entertainment committee.

feestdag [-dɑx] m 1 feast-day, festive day, festal day, fête-day; [national, public] holiday; 2 (church) holy-day; roerende ~en movable feasts; op zon- en feestdagen on Sundays and holidays.

feestdis [-dɪs] m festive board.

feestdos [-dos] m festive (festal) attire.

feestdronk [-dròŋk] m toast, sentiment.

feestdrukte [-drüktə] v festive bustle.

feestelijk ['fe.stələk] aj (& ad) festive(ly), festal(ly); dank je ~ thank you very much.

feestelijkheid [-hɛit] v festivity; merry-making,

rejoicings; *met grote* ~ amid much festivity.
feesten ['fe.stə(n)] *vi* feast, make merry, celebrate.
feestgave ['fe.stɡa.və] *v* festive gift.
feestgenoot [-ɡəno.t] *m* guest, feaster.
feestgewaad [-ɡəva.t] *o* festive attire, festal dress.
feestje ['fe.ʃə] *o* little fête, merry-making, (fuif) party.
feestlied ['fe.stli.t] *o* festive song.
feestmaal(tijd) [-ma.l(tɛit)] *o* (& *m*) banquet.
feestneus [-nø.s] *m* false nose.
feestrede [-re.də] *v* speech of the day.
feestredenaar [-re.dəna:r] *m* speaker of the day.
feeststemming [-stɛmɪŋ] *v* festive mood.
feestterrein ['fe.stɛrɛin] *o* festive grounds.
feestvieren ['fe.stfi:rə(n)] *vi* feast, make merry, celebrate.
feestviering [-rɪŋ] *v* feasting, celebration of a (the) feast, feast, festival.
feestvreugde ['fe.stfrø.ɡdə] *v* festive joy, festive mirth.
feil [fɛil] *v* fault, error, mistake.
feilbaar ['fɛilba:r] fallible, liable to error.
feilbaarheid [-hɛit] *v* fallibility.
feilen ['fɛilə(n)] *vi* err, make a mistake.
feilloos [-lo.s] *aj* (& *ad*) faultless(ly).
feit [fɛit] *o* fact.
feitelijk ['fɛitələk] I *aj* actual, real; ~*e gegevens* factual data; II *ad* in point of fact, in fact [you are right]; virtually [the same case].
feitelijkheden [-he.də(n)] *mv* assault and battery.
feitenmateriaal ['fɛitə(n)ma.te:ri.a.l] *o* body of facts, factual material, factual evidence.
fel [fɛl] I *aj* fierce [heat &]; *zij zijn er* ~ *op* they are very keen on it; II *ad* fiercely [burn-].
felheid ['fɛlhɛit] *v* fierceness.   [ing].
felicitatie [fe.li.si.'ta.(t)si.] *v* congratulation.
felicitatiebrief [-bri.f] *m* letter of congratulation.
feliciteren [fe.li.si.'te:rə(n)] I *vt* congratulate (on *met*); II *va* offer one's congratulations.
femelaar ['fe.məla:r] *m* ~**ster** [-stər] *v* canter, canting hypocrite, sniveller.
femelarij [fe.məla:'rɛi] *v* cant(ing), snivel(ling).
femelen ['fe.mələ(n)] *vi* cant, snivel.
feminisme [fe.mi.'nɪsmə] *o* feminism.
feminist [-'nɪst] *m* feminist.
Fenicië [fe.'ni.si.ə] *o* Phoenicia.
Feniciër [-si.ər] = **Fenicisch** [-si.s] *aj* Phoenician.
feniks ['fe.nɪks] *m* phenix, phoenix.
fenol [fe.'nɔl] *o* phenol.
fenomeen [fe.no.'me.n] *o* phenomenon [*mv* phenomena].
fenomenaal [-me.'na.l] *aj* (& *ad*) phenomenal(ly).
feodaal [fe.o.'da.l] = *feudaal*.
ferm [fɛrm] I *aj* 1 (flink, dik) goodly [piece], stout [legs]; 2 (flink, degelijk) sound [drubbing], thorough [overhaul]; fine [boy]; notable [housekeeper]; 3 (v. karakter) energetic; spirited; II *ad* soundly, thoroughly.
festijn [fɛs'tɛin] *o* feast, banquet.
festival ['fɛsti.val] *o* (musical) festival.
festiviteit [fɛsti.vi.'tɛit] *v* festivity.
fêteren [fe.'te:rə(n)] *vt* fête, make much of.
feudaal [fø.'da.l] Ⓤ feudal.
feuilleton [fœyjə'tɔn] *o* & *m* 1 serial (story); 2 feuilleton.
feuilletonist [-tɔ'nɪst] **feuilletonschrijver** [-'tɔns(k)rɛivər] *m* serialist, serial writer.
fez [fɛs] *m* fez, tarboosh.
fiasco, fiasko [fi.'ɑsko.] *o* fiasco; ~ *maken* be a failure.
fiber [fi.bər] *o* & *m* fibre.
fiche ['fi.ʃə] *o* & *v* 1 (penning) counter, fish, marker; 2 (v. kaartsysteem) index card, filing card.

fichesdoos ['fi.ʃəsdo.s] *v* card-index box.
fictie ['fɪksi.] *v* fiction.
fictief [fɪk'ti.f] fictitious [names], fictive [characters, persons], imaginary [profits].
fideel [fi.'de.l] I *aj* jolly, jovial; II *ad* jovially.
fiduciair [fi.dy.si.'ɛ:r] fiduciary.
fiducie [-'dy.si.] *v* confidence, trust; *niet veel* ~ *hebben in* not have much faith in.
fiedel [fi.dəl] *m* F fiddle.
fiedelen ['fi.dələ(n)] *vi* & *vt* F fiddle.
fielt [fi.lt] *m* rogue, rascal, scoundrel.
fieltachtig ['fi.ltɑxtəx] rascally, scoundrelly.
fieltenstreek ['fi.ltə(n)stre.k] *m* & *v* knavish trick, piece of knavery.
fielterig [-tərəx] zie *fieltachtig*.
fier [fi:r] I *aj* proud, high-spirited; II *ad* proudly.
fierheid ['fi:rhɛit] *v* pride.
fiets [fi.ts] *m* & *v* (bi)cycle, F bike.
fietsband ['fi.tsbɑnt] *m* (cycle-)tyre.
fietsbel [-bɛl] *v* bicycle-bell, cycle-bell.
fietsen ['fi.tsə(n)] *vi* cycle, F bike; *wat gaan* ~ F go for a spin.
fietsenhok [-hɔk] *o* bicycle shed.
fietsenrek [-rɛk] *o* bicycle stand.
fietsenstalling [-stɑlɪŋ] *v* cycle-store.
fietser ['fi.tsər] *m* cyclist.
fietshok ['fi.tshɔk] = *fietsenhok*.
fietsketting [-kɛtɪŋ] *m* & *v* bicycle chain.
fietslamp [-lɑmp] **fietslantaarn, -lantaren** [-lɑnta:rən] *v* cycle-lamp.
fietspad [-pɑt] *o* cycling-track, cycle-track.
fietspomp [-pɔmp] *v* inflator, cycle-pump.
fietsrek [-rɛk] = *fietsenrek*.
fietstas [-tɑs] *v* cycle-bag.
fietstocht [-tɔxt] *m* cycling-tour, F spin.
figurant [fi.ɡy.'rɑnt] *m* super, walking gentleman.
figurante [-'rɑntə] *v* super, walking lady.
figuratief [-ra.'ti.f] figurative.
figureren [-'re:rə(n)] *vi* figure.
figuur [fi.'ɡy:r] *v* & *o* figure [of the body, decorative, geometrical, emblematical, historical, in dancing, in grammar, of speech]; [illustrative] diagram; character [in drama, in history]; *een droevig* (*goed*) ~ *maken* (*slaan*) cut (make) a poor (good) figure; *zijn* ~ *redden* save one's face.
figuurlijk [-lək] *aj* (& *ad*) figurative(ly).
figuurzaag [-za.x] *v* fret-saw.
figuurzagen [-za.ɡə(n)] I *vi* do fretwork; II *o* fretwork.
fijn [fɛin] I *aj* 1 (scherp) fine [point, tooth, ear, gold, distinctions], fine-toothed [comb]; 2 (v. kwaliteit) choice [food, wines]; exquisite [taste]; 3 (v. onderscheiding) nice [difference], delicate [ear for music], subtle [distinction], shrewd [remarks]; 4 (orthodox) precise, > godly [people]; 5 (voornaam, chic) smart [people], swell [neighbourhood, clothes]; (*dat is*) ~! good!, F capital!, famous!, S ripping!; *wat ben jij* ~ *vandaag!* what a swell you are to-day!; *een* ~ *heer* 1 a swell gentleman; 2 (ironisch) a nice gentleman; II *o* in: *het* ~*e van de zaak* the ins and outs of the matter; III *ad* finely; *het is* ~ *koud* 1 the cold is biting; 2 it is nice and cold.
fijngebouwd ['fɛinɡəbaut] of delicate build.
fijngevoelig [fɛinɡə'vu.ləx] *aj* (& *ad*) delicate(ly), sensitive(ly).
fijngevoeligheid [-hɛit] *v* delicacy, sensitiveness.
fijnhakken ['fɛinhɑkə(n)] *vt* cut (chop) small, mince.
fijnheid [-hɛit] *v* fineness, choiceness, delicacy, nicety [of taste], subtlety.
fijnigheden ['fɛinxhe.də(n)] *mv* finesses, subtleties, niceties.
fijnkauwen ['fɛinkɑuə(n)] *vt* masticate.

fijnknijpen [-knɛipə(n)] *vt* squeeze.
fijnkorrelig [-kɔrələx] fine-grained.
fijnmaken [-ma.kə(n)] *vt* pulverize, crush.
fijnmalen [-ma.lə(n)] *vt* grind (down).
fijnproever [-pru.vər] *m* gastronomer; *fig* connoisseur.
fijnstampen [-stampə(n)] *vt* crush, bray, pound, pulverize.
fijnstoten [-sto.tə(n)] *vt zie fijnstampen*.
fijntjes [-cəs] smartly, cleverly, [guess] shrewdly, [remark] slyly; zie ook: *fijn* III.
fijnwrijven [-vrɛivə(n)] *vt* rub (grind) down, bray, pulverize.
fijt [fɛit] *v & o* 🜂 whitlow.
fiks [fɪks] I *aj* good, sound; *een ~e klap* a smart (hard) blow; II *ad* well, soundly, thoroughly.
filantroop [fi.lɑn'tro.p] *m* philanthropist.
filantropie [-tro.'pi.] *v* philanthropy.
filantropisch [-'tro.pi.s] *aj* (& *ad*) philanthropic(ally).
filatelie [fi.la.tə'li.] *v* philately.
file ['fi.lə] *v* row, file, line, queue.
fileren [fi.'le:rə(n)] *vt* fillet [fish].
filet [-'lɛ] *m & o* fillet [of fish &], undercut [of beef].
filharmonisch [fɪlhɑr'mo.ni.s] philharmonic.
filiaal [fi.li.'a.l] *o* branch establishment, branch office, branch.
filigraan, filigrein [fi.li.'gra.n, -'grɛin] *o* filigree.
film [fɪlm] *m* film°.
filmacteur, -akteur ['fɪlmɑktø:r] *m* film actor.
filmen ['fɪlmə(n)] *vt* film.
filmindustrie ['fɪlmɪndüstri.] *v* film industry.
filmjournaal [-ʒu:rna.l] *o* newsreel.
filmkeuring [-kø:rɪŋ] *v* 1 film censorship; 2 (de commissie) board of film censors.
filmkunst [-künst] *v* film art.
filmoperateur [-o.para.tø:r] *m* 1 (die opneemt) cameraman; 2 (die vertoont) projectionist.
filmotheek [fɪlmo.'te.k] *v* film library.
filmster ['fɪlmster] *v* film star, screen star.
filmtoestel [-tu.stel] *o* cine-camera.
filologie [fi.lo.lo.'gi.] *v* philology.
filologisch [-'lo.gi.s] *aj* (& *ad*) philological(ly).
filoloog [-'lo.x] *m* philologist.
filosoferen [fi.lo.zo.'fe:rə(n)] *vi* philosophize.
filosofie [-so.'fi.] *v* philosophy.
filosofisch [-'so.fi.s] *aj* (& *ad*) philosophical(ly).
filosoof [-'so.f] *m* philosopher.
filter ['fɪltər] *m & o* filter, percolator.
filtersigaret [-si.ga.rɛt] *v* filter-tip cigarette.
filtraat [fɪl'tra.t] *o* filtrate.
filtreerkan [-'tre:rkɑn] *v* percolator.
filtreermachine [-ma.ʃi.nə] *v* filtering-machine.
filtreerpapier [-pa.pi:r] *o* filter(ing)-paper.
filtreertoestel [-tu.stel] *o* filtering-apparatus.
filtreren [fɪl'tre:rə(n)] *vt* filter, filtrate; (v. koffie) percolate.
Fin [fɪn] *m* Finn.
finaal [fi.'na.l] I *aj* final; complete, total; *finale uitverkoop* wind-up sale; II *ad* quite [impossible].
finale [-'na.lə] *v* 1 ♪ finale; 2 *sp* final.
finalist [-na.'lɪst] *m sp* finalist.
financieel [-nɑnsi.'e.l] *aj* (& *ad*) financial(ly).
financiën [-'nɑnsi.ə(n)] *mv* 1 finances; 2 (financiewezen) finance.
financier [-nɑn'si:r] *m* financier.
financieren [-nɑn'si:rə(n)] *vt* finance.
financiewezen [-'nɑnsi.vezə(n)] *o* finance.
fineer [fi.'ne:r] *o* veneer.
fineren [-'ne:rə(n)] *vt* 1 refine [gold]; 2 veneer [wood].
finesse [-'nɛsə] *v* finesse, nicety; *de ~s (van een zaak)* ook: the ins and outs.
fingeren [fɪŋ'ge:rə(n)] *vt* feign, simulate; zie ook: *gefingeerd*.

finish ['fɪnɪʃ] *m sp* finish.
finishen [-ə(n)] *vi sp* finish.
Finland ['fɪnlɑnt] *o* Finland.
Fins [fɪns] Finnish.
fiool [fi.'o.l] *v* phial; *de fiolen des toorns* the vials of wrath; *hij laat fiolen zorgen* he lets things drift.
firma ['fɪrma.] *v* 1 style [of a firm]; 2 firm, house (of business).
firmament [fɪrma.'mɛnt] *o* firmament, sky.
firmanaam ['fɪrma.na.m] *m* $ firm, style.
firmant [fɪr'mɑnt] *m* $ partner.
fiscaal [fɪs'ka.l] fiscal.
fiscus ['fɪsküs] *m* treasury, exchequer, inland revenue.
fistel ['fɪstəl] *v* fistula.
fitis ['fi.tɪs] *m* 🐦 willow-warbler.
fitter ['fɪtər] *m* (gas-)fitter.
fitting [-tɪŋ] *m* fitting.
fixatief [fi.ksa.'ti.f] *o* 1 fixative; 2 (voor het haar) fixature.
fixeerbad [fi.k'se:rbɑt] *o* fixing-bath.
fixeermiddel [-mɪdəl] *o* fixer.
fixeren [fi.k'se:rə(n)] *vt* 1 fix; 2 fix [a person with one's eyes, stare at her].
fjord [fjɔrt] *m* fiord, fjord.
flacon [fla.'kɔn] *m* 1 flask; 2 scent-bottle.
fladderen ['flɑdərə(n)] *vi* flit [of bats &]; flutter, hover [from flower to flower].
flageolet [flaʒo.'lɛt] *m* ♪ flageolet.
flageolettonen [-'lɛto.nə(n)] *mv* ♪ harmonics.
flagrant [fla.'grɑnt] glaring (error, injustice &].
flair [flɛ:r] *m & o* flair.
flakkeren ['flɑkərə(n)] *vi* flicker, waver.
flambard [flɑm'ba:r] *m* slouch hat, wide-awake.
flambouw [-'bɔu] *v* torch.
flamingant [fla.mɪŋ'gɑnt] *m* Flamingant.
flamingo [fla.'mɪŋgo.] *m* 🐦 flamingo.
flanel(len) [fla.'nɛl, -'nɛlə(n)] *o* (& *aj*) flannel.
flanelletje [-'nɛləcə] *o* flannel vest.
flaneren [-'ne:rə(n)] *vi* stroll, lounge, saunter, laze about.
flaneur [-'nø:r] *m* lounger, saunterer, idler.
flank [flɑŋk] *v* flank, side; *in de ~ vallen* ⚔ take in flank; *rechts (links) uit de ~!* ⚔ by the right (the left).
flankaanval ['flɑŋka.nvɑl] *m* ⚔ flank attack².
flankeren [flɑŋ'ke:rə(n)] *vt* flank².
flankverdediging ['flɑŋkfɔrde.dəgɪŋ] *v* ⚔ flank defence.
flansen ['flɑnsə(n)] *vt in*: *in elkaar ~* F knock together.
flap [flɑp] I *m* slap, box [on the ear]; II *ij* flop!
flaphoed ['flɑphu.t] *m* zie *flambard*.
flappen ['flɑpə(n)] *vi* flap; zie ook: *uitflappen*.
flapuit [flɑ'œyt] *m* F blab(ber).
flarden ['flɑrdə(n)] *mv* rags, tatters; *aan ~ [be] in tatters, in rags, [tear] to rags.
flat [flɛt] *m* flat; zie ook: *flatgebouw*.
flater ['fla.tər] *m* F blunder, S howler.
flatgebouw ['flɛtgəbɔu] *o* apartment building, block of flats.
flatteren [flɑ'te:rə(n)] *vt* flatter; *de balans ~* cook the balance-sheet; *het flatteert u niet* it [the photo] doesn't flatter you; *een geflatteerd portret* a flattering portrait.
flatteus [-'tø:s] *aj* (& *ad*) flattering(ly).
flauw [flɔu] I *aj* 1 faint, weak [resistance, notions, light, of heart, with hunger]; 2 insipid [food, remarks], mild [jokes], vapid [conversation]; 3 dim, pale [outline]; 4 $ flat [of the market]; 5 poor-spirited [fellows]; *hij heeft er geen ~ begrip van* he has not got the faintest notion of it; *ik had er een ~ vermoeden van* I had an inkling of it; *dat is ~ van je* (how) silly!; II *ad* faintly, dimly.
flauwerd, flauwerik ['flɔuərt, -ərɪk] *m* 1 (kinderachtig) silly; 2 (bang) F funk.

flauwigheid, flauwiteit [-əxhɛit, flɔui.'tɛit] v silly thing, silly joke.

flauwte ['flɔutə] v swoon, fainting fit, faint.

flauwtjes [-cəs] faintly.

flauwvallen [-vɑlə(n)] vi go off in a swoon, have a fainting fit, swoon, faint.

fleemkous ['fle.mkɔus] fleemster [-stər] v coaxer.

fleer [fle:r] m box on the ear.

flegma ['flɛxma.] o phlegm, stolidity.

flegmatiek [flɛxma.'ti.k] aj (& ad) phlegmatic(ally), stolid(ly).

flemen ['fle.mə(n)] vi coax.

flemer [-mər] m coaxer.

flemerij [fle.mə'rɛi] v coaxing.

flens [flɛns] m 𝕏 flange.

flensje ['flɛnʃə] o thin pancake.

flenter [-tər] m flake; thin slice; ribbon, strip.

fles [flɛs] v bottle; Leidse ~ Leyden jar; op de ~ gaan S go to pot, come a mucker; (veel) van de ~ houden be fond of the bottle.

flessebier ['flɛsəbi:r] o bottled beer.

flessemand [-mɑnt] v bottle-basket.

flessemelk [-mɛlk] v milk in bottles, bottled milk.

flessenrek ['flɛsə(n)rɛk] o bottle-rack.

flessentrekker [-trɛkər] m S sharper, swindler.

flessentrekkerij [flɛsə(n)trɛkə'rɛi] v S swindle, swindling.

flets [flɛts] pale, faded, washy.

fletsheid ['flɛtshɛit] v paleness, fadedness, washiness.

fleur [flø:r] m & v bloom, flower, prime; in de ~ van zijn leven (zijner jaren) in the prime of life; in volle ~ in full bloom.

fleurig [flø:rəx] blooming; fig bright, gay.

fleurigheid [-hɛit] v bloom; fig brightness, gaiety.

flikflooien ['flɪkflo.jə(n)] vt & vi flatter, cajole, wheedle, fawn on [a man].

flikflooier [-jər] m flatterer, fawner, cajoler, wheedler.

flikflooierij [flɪkflo.jə'rɛi] v cajolery, wheedling, fawning.

flikje ['flɪkjə] o chocolate drop.

flikken ['flɪkə(n)] vt patch, cobble [shoes].

flikker [-kər] m I patcher, cobbler ‖ 2 caper; een ~ slaan cut a caper.

flikkeren [-kərə(n)] vi flicker, glitter, twinkle.

flikkering [-rɪŋ] v flicker(ing), glittering, twinkling.

flikkerlicht ['flɪkərlɪxt] o flash-light.

flink [flɪŋk] I aj I (v. zaken) good [walk, telling-off, number, size &], considerable [sum], substantial [progress]; goodly [size, volumes], sizable [desk, table], generous [piece], thorough [overhaul], sound [drubbing], smart [rap, pace &]; 2 (v. personen) fine [boy, lass, woman]; sturdy, stout, lusty, robust, strapping, stalwart, hardy, doughty [fellows], notable [housekeeper]; hij is niet ~ I he is not strong; 2 he is not energetic enough; hij is nog ~ he is still going strong; wees nou een ~e jongen! be a brave chap now!; II ad soundly, vigorously, thoroughly; iemand ~ aframmelen give one a good (sound) drubbing; ~ eten eat heartily (well); hij kan ~ lopen he is a good walker; het regent ~ it is raining hard; zij zongen er ~ op los they sang lustily; ik heb hem ~ de waarheid gezegd I have given him a piece of my mind, I have taken him up roundly.

flinkgebouwd ['flɪŋkɡəbɔut] strongly built, well set-up.

flinkheid [-hɛit] v thoroughness; spirit.

flinkweg [flɪŋk'vɛx] without mincing matters.

flintglas ['flɪntɡlɑs] o flint-glass.

flirt [flœ:rt] I m-v (persoon) flirt; 2 (handeling) flirtation.

flirten ['flœ:rtə(n)] vi flirt.

flits [flɪts] m flash.

flitsen ['flɪtsə(n)] vi flash.

flitslamp ['flɪtslɑmp] v flash lamp, (klein) flash bulb.

flitslicht [-lɪxt] o flash-light.

flodderbroek ['flɔdərbru.k] v floppy trousers.

flodderen [-dərə(n)] vi I flounder (splash) through the dirt; 2 hang loosely, flop.

flodderig [-rəx] floppy; baggy.

floep [flu.p] ij cloop!, pop!

floers [flu:rs] o (black) crape; fig veil.

flonkeren ['flɔŋkərə(n)] vi sparkle, twinkle.

flonkering [-kərɪŋ] v sparkling, twinkling.

flora ['flo:ra.] v flora.

floreren [-'re:rə(n)] vi flourish, prosper, thrive.

floret [-'rɛt] I v & o (degen) foil ‖ 2 o zie floretzij(de).

floretzij(de) [-sɛi(də)] v floss silk.

florissant [flo:ri.'sɑnt] flourishing, prospering, thriving.

flottielje [flɔ'ti.ljə] v 𝓍 flotilla.

flox [flɔks] m ꬶ phlox.

fluïdum ['fly.i.düm] o aura.

fluisteraar ['flœystəra:r] m whisperer.

fluistercampagne [-tərkɑmpɑɲə] v whispering campaign.

fluisteren [-tərə(n)] vt & vi whisper; het iemand in het oor ~ whisper it in his ear; er wordt gefluisterd dat... it is whispered that...

fluit [flœyt] v flute; op de ~ spelen ♪ play (on) the flute.

fluiten ['flœytə(n)] I vi whistle [on one's fingers, of a bullet, the wind &]; ♪ play (on) the flute; warble, sing [of birds]; hiss [in theatre]; je kan er naar ~ F you may whistle for it; II vt whistle [a tune].

fluitenkruid [-krœyt] o ꬶ cow parsley.

fluiter ['flœytər] m I whistler; 2 𝓍 woodwarbler.

fluitglas ['flœytɡlɑs] o flute(-glass).

fluitist [flœy'tɪst] m ♪ flute-player, flautist, flutist.

fluitje ['flœycə] o whistle.

fluitketel ['flœytke.təl] m whistling kettle.

fluitspeler [-spe.lər] m ♪ flute-player, flautist, flutist.

fluks [flüks] quickly.

fluor ['fly.ɔr] o fluorine.

fluorescentie [fly.o.rɛ'sɛn(t)si.] v fluorescence.

fluoride [fly.o.'ri.də] o fluoride.

fluorideren [-de:rə(n)] vt fluoridate.

fluweel [fly.'ve.l] o velvet.

fluweelachtig [-ɑxtəx] velvety.

fluwelen [fly.'ve.lə(n)] aj velvet; met ~ handschoenen [handle one] with kid gloves.

flux de bouche [fly.də'bu.ʃ] o flow of words, gift of the gab.

fnuiken ['fnœykə(n)] vt clip (the wings of)[2]; iemands trots ~ lower one's pride.

fnuikend [-kənt] pernicious.

foedraal [fu.'dra.l] o case, sheath, cover.

foef [fu.f] v foefje ['fu.fjə] o dodge, trick.

foei! [fu:i] fie!, fy!, for shame!

foelie ['fu.li.] v I mace [of nutmeg]; 2 (tin-)foil [of a looking-glass].

foerage [fu.'ra.ʒə] v 𝓍 forage.

foerageren [-ra.'ʒe:rə(n)] vi 𝓍 forage.

foerier [-'ri:r] m 𝓍 quartermaster-sergeant.

foeteren ['fu.tərə(n)] vi F storm and swear; grumble (at over).

fok [fɔk] v I 𝓙 foresail; 2 specs: spectacles.

fokkemast ['fɔkəmɑst] m 𝓙 foremast.

fokken [-kə(n)] vt breed, rear [cattle].

fokker [-kər] m (cattle-)breeder, stock-breeder.

fokkerij [fɔkə'rɛi] v I (cattle-)breeding, stock-breeding; 2 (stock-)farm.

foksia ['fɔksi.a.] v ꬶ fuchsia.

fokvee ['fɔkfe.] o breeding-cattle.

folder ['fo.ldər] *m* folder.
foliant [fo.li.'ant] *m* folio (volume).
foliëren [-'e:rə(n)] *vt* foliate, page.
folio ['fo.li.o.] *o* folio; *in* ~ in folio; *een gek in* ~ a fool of fools.
folteraar ['foltəra:r]*m* torturer, tormentor.
folterbank [-tərbaŋk] *v* rack.
folteren [-tərə(n)] *vt* put to the rack[2]; *fig* torture, torment.
foltering [-təriŋ] *v* torture, torment.
folterkamer ['foltərka.mər] *v* torture chamber.
foltertuig [-tœyx] *o* instruments of torture.
fond [fõ] *o & m* background; *fig* bottom; *er zit een goed* ~ *in hem* he is an honest fellow at bottom; *à* ~ thoroughly; *au* ~ fundamentally [he is right]; [a nice man] at bottom.
fondament [fõnda.'mɛnt] *o* foundation(s).
fondant [-dɑnt. -'dã] *m* fondant.
fondement [fõndə'mɛnt] = *fondament*.
fonds [fõnts] *o* 1 $ fund, stock; 2 club; *zijn* ~*en zijn gerezen* his shares have risen.
fondsdokter ['fõntsdoktər] *m* panel doctor.
fondsenmarkt ['fõntsə(n)mɑrkt] *v* $ stock-market.
fondspatiënt ['fõntspa.si.ɛnt] *m* panel patient.
fondspraktijk [-prɑktɛik] *v* panel practice.
foneem [fo.'ne.m] *v* phoneme.
fonetiek [-ne.'ti.k] *v* phonetics.
fonetisch [-'ne.ti.s] *aj* (& *ad*) phonetic(ally).
fonkelen ['fõŋkələ(n)] *vi* sparkle, scintillate.
fonkeling [-liŋ] *v* sparkling, scintillation.
fonkelnieuw [fõŋkəl'ni:u] spick-and-span new, bran(d)-new.
fonograaf [fo.no. gra.f] *m* phonograph.
fontein [fõn'tɛin] *v* fountain[2].
fonteintje [-cə] *o* (wall) wash-basin.
fooi [fo:i] *v* tip, gratuity; *fig* pittance; *hem een* ~ *(een shilling* ~*) geven* tip him (a shilling).
fooienstelsel ['fo.jə(n)stelsəl] *o* tipping system.
foppen ['fɔpə(n)] *vt* fool, cheat, gull, hoax.
forceren [fɔr'se:rə(n)] *vt* force [a man, one's voice, a door, locks, defences].
forel [fo.'rɛl] *v* ※ trout.
forens [-'rɛns] *m* non-resident, ± suburban, (*Am*) commuter.
forensentrein [-'rɛnzə(n)trɛin] *m* suburban train, (*Am*) commuter train.
forenzen [-'rɛnzə(n)] I *vi* (*Am*) commute; II = *mv v. forens*.
formaat [fɔr'ma.t] *o* format, size[2]; *...van (groot)* ~ [individuals] of large calibre, of great stature, [problems] of great magnitude, major [figures, problems]; *een denker van Europees* ~ a thinker of European stature.
formaatzegel [-se.gəl] *o* stamped paper.
formaliteit [fɔrma.li.'teit] *v* formality.
formatie [-'ma.(t)si.] *v* 1 formation; 2 ※ establishment; *boven de* ~ ※ supernumerary; *in* ~ *vliegen* ✈ fly in formation.
formeel [-'me.l] I *aj* formal; II *ad* formally; ~ *weigeren* flatly refuse.
formeren [-'me:rə(n)] *vt* form.
formering [-'me:riŋ] *v* formation.
formule [-'my.lə] *v* formula.
formuleren [-my.'le:rən] *vt* formulate [a wish], word [a notion].
formulering [-'le:riŋ] *v* formulation, wording.
formulier [-'li:r] *o* 1 form [to be filled up]; 2 formulary [for belief or ritual].
fornuis [fɔr'nœys] *o* kitchen-range, [electric, gas] cooker.
fors [fɔrs] I *aj* robust [fellows], strong [voice, wind, style], vigorous [style]; II *ad* strongly, vigorously.
forsgebouwd ['fɔrsgəbout] strongly built.
forsheid [-heit] *v* robustness, strength, vigour.
1 **fort** [fɔrt] *o* ※ fort.
2 **fort** [fo:r] [Fr] *o & m* forte, strong point.
fortificatie, fortifikatie [fɔrti.fi.'ka.(t)si.] *v* ※

fortification.
fortuin [-'tœyn] I *v* fortune [goddess]; 2 *o* fortune [= wealth]; ~ *maken* make one's fortune; *zijn* ~ *zoeken* seek one's fortune.
fortuinlijk [-lək] lucky.
fortuintje [-cə] *o* 1 small fortune; 2 piece of good fortune, windfall.
fortuinzoeker [-zu.kər] *m* fortune-hunter, adventurer.
forum ['fo.rūm] *o* forum; *voor het* ~ *der publieke opinie brengen* bring before the bar of public opinion.
fosfaat [fɔs'fa.t] *o* phosphate.
fosfor ['fɔsfɔr] *m & o* phosphorus.
fosforbom [-bõm] *v* ※ phosphoric bomb.
fosforescentie [fɔsfo.re'sɛn(t)si.] *v* phosphorescence.
fosforesceren [-'se:rə(n)] *vi* phosphoresce.
fosforescerend [-'se:rənt] phosphorescent.
fosforzuur [fɔs'fɔrzy:r] *o* phosphoric acid.
fossiel [fɔ'si.l] I *aj* fossil; II *o* fossil.
foto ['fo.to.] *v* photo; (in krant &) picture.
fotoalbum [-ɑlbūm] *o* photograph album.
fotocopie [fo.to.ko.'pi.] *v* photocopy.
fotocopiëren [-pi.'e:rə(n)] *vt* photocopy.
fotogeniek [fo.to.ge.'ni.k] photogenic.
fotograaf [-'gra.f] *m* photographer.
fotograferen [-gra.'fe:rə(n)] *vt & va* photograph; *zich laten* ~ have one's photo taken.
fotografie [-'fi.] *v* 1 (de kunst) photography; 2 (beeld) photo(graph).
fotografisch [fo.to.'gra.fi.s] *aj* (& *ad*) photographic(ally).
fotomodel ['fo.to.mo.dɛl] *o* cover-girl.
fotomontage [-mɔnta.ʒə] *v* 1 (de handeling) photo composing; 2 (het geheel) composite picture.
fototoestel [-tu.stɛl] *o* camera.
fotowedstrijd [-vɛtstreit] *m* photographic competition.
fouilleren [fu.(l)'jɛ:rə(n)] *vt* search [a suspect].
fouillering [-riŋ] *v* search.
fout [fout] I *v* fault; mistake, error, blunder; *(ik kom) zonder* ~ without fail; II *aj* (& *ad*) wrong(ly).
foutief [fɔu'ti.f] *aj* (& *ad*) wrong(ly).
foutloos ['foutlo.s] *aj* (& *ad*) faultless(ly).
foyer [fva'je.] *m* foyer, lobby.
fraai [fra:i] I *aj* beautiful, handsome, pretty, nice, fine; *een* ~*e hand schrijven* write a fair hand; *dat is* ~! (ironisch) that is nice (of you); II *ad* beautifully &.
fraaiheid ['fra:iheit] *v* beauty, prettiness &.
fraaiigheid ['fra.jəxheit] *v* fine thing.
fraaitjes ['fra:icəs] prettily, nicely; (ironisch) properly.
fractie ['frɑksi.] *v* 1 fraction; 2 [political] group; party.
fractioneel [frɑksi.o.'ne.l] fractional.
fragment [frɑx'mɛnt] *o* fragment.
fragmentarisch [-mɛn'ta.ri.s] I *aj* fragmentary, scrappy [knowledge]; II *ad* fragmentarily, scrappily.
frak [frɑk] *m* dress-coat.
framboos [frɑm'bo.s] *v* ⚘ raspberry.
frambozesap ['frɑ.'bo.zəsɑp] *o* raspberry juice.
frambozestruik [-strœyk] *m* raspberry bush.
frame [fre.m] *o* frame.
Française [frɑn'sɛ:zə] *v* Frenchwoman.
Francisca [-'sɪska.] *v* Frances.
franciscaan [-sɪs'ka.n] *m* Franciscan.
franco ['frɑŋko.] I ✉ post-free, post-paid, postage paid; 2 $ carriage paid; free [on board &].
franc-tireur [frãti.'rø:r] *m* ※ franc-tireur, sniper.
franje ['frɑŋə] *v* fringe; *fig* frills.
Frank [frɑŋk] *m* Frank [ook Ⓤ].
1 **frank** [frɑŋk] I *aj* frank; ~ *en vrij* frank and free; II *ad* frankly.

fysisch

2 frank [fraŋk, frã] *m* franc.
frankeerkosten [fraŋ'ke:rkɔstə(n)] *mv* ✻ postage [of a letter], carriage [of a parcel].
frankeermachine [-ma.ʃi.nə] *v* franking machine.
frankeerwaarde [-va:rdə] *v* ✻ postal value.
Frankenland ['fraŋkə(n)lɑnt] *o* Franconia.
frankeren [fraŋ'ke:rə(n)] *vt* ✻ prepay; (postzegels opplakken) stamp [a letter]; *gefrankeerd* post-paid; *gefrankeerde enveloppe* stamped envelope; *onvoldoende gefrankeerd* understamped.
frankering [-rɪŋ] *v* ✻ prepayment, postage; ~ *bij abonnement* ✻ paid.
Frankrijk ['fraŋkreik] *o* France.
1 Frans [frɑns] *m* Francis, Frank; *een vrolijke* ~ F a gay dog.
2 Frans [frɑns] I *aj* French; II *o het* ~ French *daar is geen woordje* ~ *bij* F that is plai English; III *v een* ~*e* a Frenchwoman; I' *mv de* ~*en* the French.
Fransman ['frɑnsman] *m* Frenchman.
Fransoos [frɑn'so.s] *m* F Frenchy.
Franstalig ['frɑnsta.lɔx] French-speaking.
frappant [fra'pɑnt] *aj* (& *ad*) striking(ly).
frapperen [-'pe:rə(n)] *vt* 1 (treffen) strike; 2 (koud maken) ice [drinks].
frase ['fra.zə] *v* phrase.
fraseren [fra.'ze:rə(n)] *vt* & *vi* phrase.
frater ['fra.tər] *m* (Christian) brother, friar.
fratsen ['frɑtsə(n)] *mv* caprices, whims, pranks.
fratsenmaker [-ma.kər] *m* buffoon.
fraude ['froudə] *v* fraud [on the revenue].
frauderen [frou'de:rə(n)] *vi* practise fraud(s).
frauduleus [-dy.'lø.s] *aj* (& *ad*) fraudulent(ly).
frees [fre.s] *v* ✻ (milling) cutter.
freesmachine ['fre.sma.ʃi.nə] *v* ✻ milling machine.
fregat [frə'gɑt] *o* ⚓ frigate. [chine.
fregatvogel [-fo.gəl] *m* 🐦 frigate(-bird).
frequent [fre.'kvɛnt] *aj* (& *ad*) frequent(ly).
frequenteren [-te:rə(n)] *vt* frequent.
frequentie [fre.'kvɛn(t)si.] *v* frequency.
frequentiemodulatie [-mo.dy.la.(t)si.] *v* ▨ ⊹ frequency modulation.
fresco ['fresko.] *o* fresco.
fresia ['fre.zi.a.] *v* ❀ freesia.
fret [fret] 1 *o* ♨ ferret ‖ 2 *m* ♨ auger.
friemelen ['fri.mələ(n)] *vi* fumble.
fries [fri.s] 1 *v* & *o* △ frieze ‖ 2 m (stof) frieze.
Fries [fri.s] I *aj* Frisian; II *o het* ~ Frisian; III *m* Frisian; IV *v een* ~*e* a Frisian woman.
Friesland ['fri.slɑnt] *o* Friesland.
friet [fri.t] *v* = *frites*.
Friezin [fri.'zɪn] *v* Frisian (woman).
frikadel [frɪka.'dɛl] *v* minced-meat ball.
fris [frɪs] I *aj* fresh [morning, complexion, wind &], refreshing [drinks]; cool [room]; *een* ~ *meisje* as girl as fresh as a rose; *ik voel me niet erg* ~ zie *lekker*; *zo* ~ *als een hoentje* F as fit as a fiddle, as fresh as paint; II *ad* freshly, fresh.
frisdrank ['frɪsdrɑŋk] *m* soft drink.
friseerijzer [fri.'ze:reizər] *o* ~*tang* [-tɑŋ] *v* curling-tongs.
friseren [fri.'ze:rə(n)] *vt* crisp, curl, F friz(z).
friseur [-'zø:r] *m* hairdresser.
friseuse ['ze.zø.zə] *v* (lady) hairdresser.
frisheid ['frɪsheit] *v* freshness; coolness.
frisjes ['frɪʃəs] a little fresh.
frites [fri.ts] *mv* French fried potatoes, (potato) chips.
Frits [frɪts] *m* Fritz.
frivoliteit [fri.vo.li.'tɛit] *v* frivolity.
frivool [-'vo.l] *aj* (& *ad*) frivolous(ly).
fröbelen ['frø.bələ(n)] *vi* do kindergarten work.
fröbelschool [-bəlsxo.l] *v* kindergarten.
frommelen ['frɔmələ(n)] *vt* rumple, crumple.
frons [frɔns] *v* frown, wrinkle.
fronsen ['frɔnzə(n)] *vt* in: *het voorhoofd (de*

---

wenkbrauwen) ~ frown, knit one's brows.
front [frɔnt] *o* front, façade; frontage [= 1 front of a building &; 2 extent of front &; 3 exposure]; (in kolenmijn) (coal-)face; ~ *maken naar de straat* front (towards) the street; ~ *maken tegen zijn vervolgers* front one's pursuers; *aan het* ~ ✖ at the front; *met het* ~ *naar...* fronting...; *voor het* ~ ✖ in front of the line (of the troops).
frontaal [frɔn'ta.l] I in: ~ *tegen elkaar botsen* collide head-on; *frontale botsing* head-on collision.
frontaanval ['frɔnta.nvɔl] *m* ✖ frontal attack.
frontispice, frontispies [frɔntɪs'pi.s] *o* frontispiece.
frontje ['frɔncə] *o* front, F dick(e)y.
fruit [frœyt] *o* fruit.
fruiten ['frœytə(n)] *vt* fry.
fruithandel ['frœythɑndəl] *m* fruit trade.
fruithandelaar [-hɑndəla:r] *m* fruiterer.
fruitig ['frœytəx] fruity [wine].
fruitmand ['frœytmɑnt] *v* fruit basket.
fruitmarkt [-mɑrkt] *v* fruit market.
fruitschaal [-sxa.l] *v* fruit dish.
fruitvrouw [-frou] *v* fruit-woman, fruit seller.
fruitwinkel [-vɪŋkəl] *m* fruit shop, fruiterer's shop.
frustratie [fry.s'tra.(t)si.] *v* frustration.
frustreren [-'tre:rə(n)] *vt* frustrate.
fuchsia ['fyksi.a.] = *foksia*.
fuga ['fy.ga.] *v* ♪ fugue.
fuif [fœyf] *v* S spread, spree, beano; *een* ~ *geven* throw a party.
fuik [fœyk] *v* trap; *in de* ~ *lopen* walk (fall) into the trap.
fuiven ['fœyvə(n)] I *vi* feast, celebrate, revel, make merry; II *vt* feast [a person (with *op*)], treat (to *op*).
fulmineren [fûlmi.'ne:rə(n)] *vi* fulminate, thunder; ~ *tegen* declaim (inveigh) against.
functie ['fûŋksi.] *v* function; *in* ~ *treden* enter upon one's duties; *in* ~ *zijn* be in function; *in zijn* ~ *van* in his capacity of.
functionaris [fûŋksi.o.'na:rəs] *m* functionary, office-holder, official.
functioneren [-'ne:rə(n)] *vi* function.
fundament [fûnda.'mɛnt] *o* foundation(s).
fundamenteel [-mɛn'te.l] *aj* (& *ad*) fundamental(ly).
funderen [fûn'de:rə(n)] *vt* found [a debt].
fundering [-rɪŋ] *v* foundation.
funest [fy.'nɛst] fatal, disastrous.
fungeren [fûŋ'ge:rə(n)] *vi* officiate; ~ *als* act as, perform the duties of.
furie ['fy:ri.] *v* fury[2].
furore [fy.'ro:rə] *v* furore; ~ *maken* create a furore.
fusie ['fy.zi.] *v* amalgamation, fusion; *een* ~ *aangaan, een* ~ *tot stand brengen tussen* amalgamate, fuse.
fusilleren [fy.zi.(l)'je:rə(n)] *vt* shoot (down).
fut [fût] *m* & *v* spirit, spunk; *de* ~ *is eruit* he has no kick (snap, pep) left in him.
futiliteit [fy.ti.li.'tɛit] *v* futility.
futloos ['fûtlo.s] spiritless.
futurisme [fy.ty.'rɪsmə] *o* futurism.
futurist [-'rɪst] *m* futurist ‖ futuristisch [-i.s] *aj* futurist.
fuut [fy.t] *m* 🐦 grebe.
fysica ['fi.zi.ka.] *v* physics, natural science.
fysicus [-kûs] *m* physicist.
fysick [fi.'zi.k] I *aj* (& *ad*) physical(ly); II *o* physique, physical structure.
fysiologie [fi.zi.o.lo.'gi.] *v* physiology.
fysiologisch [-'lo.gi.s] *aj* (& *ad*) physiological-(ly).
fysioloog [-'lo.x] *m* physiologist.
fysisch ['fi.zi.s] *aj* (& *ad*) physical(ly).

G

1 **gaaf** [ga.f] *v* = gave.
2 **gaaf** [ga.f] *aj* 1 *eig* sound, whole, entire; 2 *fig* pure, perfect, flawless [technique, work of art &].
gaafheid ['ga.fheit] *v* 1 *eig* soundness, wholeness; 2 *fig* purity, perfectness, flawlessness.
gaai [ga:i] *m* 1 ♃ jay; 2 *sp* popinjay [to shoot at].
gaan [ga.n] I *vi* 1 (in velerlei bet.) go°; 2 (vóór infinitieven) go and..., go to...; *ga hem bezoeken* go and see him; *ik ging hem bezoeken* I went to see him; *hij ging jagen* he went (out) shooting; ~ *liggen* zie liggen; *willen wij ~ lopen?* shall we walk it?; *zij zullen het op prijs ~ stellen* they will come to appreciate it; *wij ~ verhuizen* we are going to move; *hij is ~ wandelen* he has gone for a walk; *ik ga, hoor!* I am off; *ik ga al* I am going; *ze zien hem liever ~ dan komen* they like his room better than his company; *daar ga je!, daar gaat-ie!* F here goes!; *...en hij ging* and off he went, [saying...] he left, he walked away; *hoe gaat het (met u)?* how are you?, how do you do?; *hoe gaat het met uw broer (voet &)?* how is your brother (your foot &)?; *hoe gaat het met uw proces (werk)?* how is your lawsuit (your work) getting on?; *het zal hem niet beter ~* he will fare no better; *het gaat hem goed* he is doing well; *het ging hem niet goed* things did not go well with him; *hoe is het?, het gaat nogal* pretty middling; *hoe is het met je...?* o, *het gaat (wel)* fairly well; *het stuk ging 150 keer* the play had a run of 150 nights; *dat boek zal wel (goed) ~* will sell well; *als alles goed gaat* if everything goes off (turns out) well; *onze handel gaat goed* our trade is going; *deze horloges ~ goed* 1 these watches go well, keep good time; 2 these watches sell well; *de zee ging hoog* there was a heavy sea on; zie ook: **hoog**; *het (dat) gaat niet* that won't do, it can't be done; *het stuk zal wel ~* the play is sure to take on; *zijn zaken ~ niet* he isn't doing well; *het zal niet ~* F no go!, S nothing doing!; *het gaat slecht* things are going badly; *het ging slecht* things went off badly; *het ging hem slecht* he was doing badly; *zij gingen verder* they walked on; *ga verder!* go on!; *het ging verkeerd* things turned out badly; *opdat het u wel ga* that you may do well; *zo gaat het* that's the way of things; *zo is het gegaan* that is how it came about; *het zal wel ~* it will go all right; *het ga zoals het gaat* come what may; ∞ *dat gaat boven alles* that surpasses everything; *that comes first* (of all); *er gaat niets boven...* there is nothing like... [a good cigar &]; *het ging mij door de leden* the shock went through me; zie ook: **doorgaan**; *de weg gaat langs een kanaal* runs along a canal; *met de nieuwe meid gaat het niet* our new servant is no good; *met de pen gaat het nog niet* I (he &) cannot yet manage a (his) pen; *met de trein ~* go by train (by rail); *naar de bioscoop ~* go to the pictures; *waar ~ ze naar toe?* F where are they going?; *daar gaat het (niet) om* that is (not) the question; *daar gaat het juist om* that's just the point; *het gaat om uw toekomst* your future is at stake; *5 gaat 6 keer op 30* 5 into 30 goes 6 times; *6 op de 5 gaat niet 6* into 5 will not go; *er ~ er 12 op een pond* 12 go to a (the) pound; *de kurk gaat niet op de fles* the cork does not fit the bottle; *over Brussel ~* go via (by way of) Brussels; *welke dokter gaat over hem?* under which doctor is he?; *de dok-

ter gaat over vele patiënten the doctor attends many patients; *het gesprek gaat over...* the conversation is about (on) [war, peace &]; *wij ~ tot A.* we are going as far as A.; *zij gingen tot 1000 gulden* they went as high as 1000 guilders; *uit eten ~* dine out; *uit werken ~* go out to work; II *vt* go, zie gang &; III *vr* in: *zich moe ~* tire oneself (out) with walking; IV *o* going, walking; *het ~ valt hem moeilijk* he walks with difficulty; *onder het ~* as he (she, we, they) went; when going.
gaande ['ga.ndə] going; *de ~ en komende man* comers and goers; ~ *houden* keep going; *de belangstelling ~ houden* keep the interest from flagging; ~ *maken* stir, arouse, move [one's pity]; provoke [one's anger]; *wat is er ~?* what is going on?, what is the matter?
gaanderij [ga.ndə'rɛi] *v* gallery.
gaandeweg ['ga.ndəvex] gradually, by degrees, little by little.
gaans [ga.ns] in: *een uur ~* an hour's walk.
gaap [ga.p] *m* yawn; *de* ~ the gapes.
gaar [ga:r] 1 done [meat]; 2 *fig* clever, knowing [fellows]; *juist ~* done to a turn; *niet ~* underdone [meat]; *te ~* overdone.
gaarheid ['ga:rheit] *v* state of being done.
gaarkeuken [-kə.kə(n)] *v* eating-house.
gaarne [-nə] willingly, readily, gladly; with pleasure; ~ *doen* 1 like to...; 2 be quite willing to...; *iets ~ erkennen* admit it frankly; *dat wil ik ~ geloven* I can quite (well) believe it; zie ook: **mogen &, graag II.**
gaas [ga.s] *o* gauze; (kippe~) wire-netting.
gaasachtig ['ga.sɔxtəx] gauzy.
gaatje [ga.cə] *o* (small) hole.
gabardine [ga.bɑr'di.nə] *v* gabardine.
gade ['ga.də] 1 *m* husband, consort; 2 *v* wife, consort.
gadeslaan [-də.sla.n] *vt* observe, watch.
gading [-diŋ] *v* liking; *alles is van hun ~* nothing comes amiss to them; *het is niet van mijn ~* it is not what I want.
gaffel ['gɑfəl] *v* 1 pitchfork, fork; 2 ♃ gaff.
gaffelvormig [-vɔrməx] forked.
gaffelzeil [-zɛil] *o* ♃ trysail.
gage ['ga.ʒə] *v* 1 wage(s); 2 ✗ pay.
gal [gɑl] *v* gall, bile; *zijn ~ uitbraken* vent one's bile (on a person); *de ~ loopt hem over* his blood is up; *iemands ~ doen overlopen* stir (up) one's bile.
gala ['ga.la.] *o* gala; full dress; *in ~* in full dress, [dine] in state.
gala-avond [-a.vɔnt] *m* gala night.
galabal [-bɑl] *o* state ball.
galadiner [-di.ne.] *o* state dinner.
galakleding [-kle.diŋ] *v* full dress.
galakoets [-ku.ts] *v* state coach.
galant [ga.'lɑnt] I *aj* (& *ad*) gallant(ly); II *m* intended, betrothed, fiancé.
galanterie [-lɑntə'ri.] *v* gallantry; ~*ën* fancy-goods.
galanterie(ën)winkel [(-ə(n))viŋkəl] *m* fancy-goods shop.
galantine [ga.lɑn'ti.nə] *v* galantine.
galappel ['gɑlɑpəl] *m* gall-nut.
galavoorstelling ['ga.la.vo:rstɛliŋ] *v* gala performance.
galblaas ['gɑlbla.s] *v* gall-bladder.
galei [ga.'lɛi] *v* ♃ galley.
galeiboef [-bu.f] **galeislaaf** [-sla.f] *m* galley-slave.
galerij [ga.lə'rɛi] *v* gallery°; *Ind* veranda(h).
galg [gɑlx] *v* gallows; gallows-tree; *op moord staat de ~* murder is a hanging matter; *tot de ~ veroordelen* sentence to death on the gallows; *voor ~ en rad (voor de ~) opgroeien* be heading straight for the gallows.
galgeaas ['gɑlgəa.s] *o* gallows-bird; rogue, rascal.

galgebrok [-brɔk] *m* zie *galgeaas.*
galgehumor [-hy.mor] *m* grim humour.
galgemaal [-ma.l] *o* last meal, parting meal.
galgestrop [-strɔp] *m* & *v* zie *galgeaas.*
galgetronie [-tro.ni.] *v* gallows-face.
galjoen [gɑl'ju.n] *o* ♘ galleon.
gallicisme [gɑli.'stsmə] *o* gallicism.
Gallië ['gɑli.ə] *o* Gaul.
Galliër [-li.ər] *m* Gaul.
Gallisch ['gɑli.s] Gallic, Gaulish.
galm [gɑlm] *m* sound, resounding, reverberation.
galmen ['gɑlmə(n)] *vi* 1 sound, resound; 2
bawl, chant [of persons].
galnoot ['gɑlno.t] *v* gall-nut.
galon [ga.'lòn] *o* & *m* (gold or silver) lace,
braid, galloon.
galonneren [-lò'ne:rə(n)] *vt* lace, braid.
galop [ga.'lɔp] *m* 1 gallop; 2 (dans) galop;
korte ~ canter; *in ~* at a gallop; *in volle ~*
(at) full gallop.
galopperen [-lɔ'pe:rə(n)] *vi* 1 gallop [of a
horse]; 2 galop [of a dancer].
galsteen ['gɑlste.n] *m* gall-stone, bile-stone.
galvanisch [gɑl'va.ni.s] galvanic.
galvaniseren [-va.ni.'ze:rə(n)] *vt* galvanize.
galwesp ['gɑlvɛsp] *v* gall-fly.
galziekte [-zi.ktə] -zucht [-zʏxt] *v* bilious complaint.
gambiet [gɑm'bi.t] *o* gambit.
gamma ['gɑma.] *v* & *o* 1 ♪ gamut, scale; 2
(letter) gamma.
gammel ['gɑmǝl] F 1 (vervallen, wrak) ramshackle; 2 (versleten, afgeleefd) worn
out; 3 (slap, lusteloos) seedy.
1 gang [gɑŋ] *m* 1 [subterranean] passage [of a
house], corridor [of a house]; 2 alley [=
narrow street]; 3 gallery [of a mine].
2 gang [gɑŋ] *m* 1 (v. persoon) gait, walk; 2
(v. hardloper, paard) pace; 3 (v. auto,
trein &) speed, rate; 4 (v. zaak) progress; 5
(v. ziekte, geschiedenis) course, march; 6
(v. maaltijd) course; 7 ⚙ (v. machine)
running, working; 8 ⚙ (v. schroef) thread;
9 (in het schermen) pass; *~ van zaken*
course of things; *er zit ~ in (de handeling)* it is
full of go; *ga uw ~!* 1 please yourself!; 2
(toe maar!) go on!; ⚓ S carry on!; *hij gaat*
zijn eigen ~ he goes his own way; *laat hem*
zijn ~ maar gaan let him have his way; *alles*
gaat weer zijn gewone ~ things go on as
usual; *~ maken sp* spurt; *iemands ~en na-*
gaan watch a person; *ik zal u die ~ sparen*
I'll spare you that walk; *zich een ~ sparen* F
save shoe-leather; *aan de ~ blijven* go on,
continue (working &); *aan de ~ brengen*
(helpen, maken) set going, start; *aan de ~*
gaan get going, set to work; *aan de ~ zijn* 1
(v. persoon) be at work; 2 (v. voorstelling &) have started, be in progress; *wat is*
er aan de ~? what is going on?; *hij is weer aan*
de ~ he is at it again; *in volle ~ zijn* be in full
swing²; *op ~ brengen* set going, start; *op ~*
houden keep going; *op ~ komen* get going;
op ~ krijgen get going.
gangbaar ['gɑŋba:r] current; *~ zijn* pass [of
coins]; be still available [of tickets]; $ have a
ready sale [of articles].
gangbaarheid [-heit] *v* currency.
Ganges ['gɑŋɣɛs] *m* Ganges.
gangklok ['gɑŋklɔk] *v* hall-clock.
gangloper [-lo.pər] *m* corridor-carpet.
gangmaker [-ma.kər] *m* *sp* pace-maker.
gangpad [-pɑt] *o* 1 path; 2 gangway.
gangspil [-spil] *o* ♘ capstan.
gangster ['gɛŋstər] *m* gangster.
gannef ['gɑnəf] *m* crook; rogue.
ganneven [-nəvə(n)] *vt* & *vi* S lift, steal.

1 gans [gɑns] *v* ♘ goose²; *Moeder de G~*
Mother Hubbard, Mother Goose; *sprookjes*
van Moeder de G~ Mother Goose's tales.
2 gans [gɑns] I *aj* whole, all; *~ Londen* the
whole of London [was burnt down]; all
London [was at the races]; II *ad* wholly, entirely; *~ niet* not at all.
ganzelever [-le.vər] *v* goose-liver.
ganzenbord ['gɑnzə(n)bɔrt] *o* (royal) game of
goose.
ganzenborden [-bɔrdə(n)] *vi* play the game of
goose.
ganzenhoeder [-hu.dər] *m* gooseherd.
gapen ['ga.pə(n)] *vi* gape [in amazement, also
of oysters, chasms, wounds]; yawn [from
hunger, drowsiness]; *een ~de afgrond* a
yawning abyss (precipice); *er gaapte een diepe*
klove tussen hen a wide gap yawned between
them.
gaper [-pər] *m* gaper, yawner.
gaping [-piŋ] *v* gap, hiatus.
gappen ['gɑpə(n)] *vt* & *vi* S nab, filch, pilfer.
gapper [-pər] *m* S pilferer.
garage [ga.'ra.ʒə] *v* garage.
garagehouder [-houdər] *m* garage keeper,
garage proprietor.
garanderen [-rɑn'de:rə(n)] *vt* warrant, guarantee.
garant [-'rɑnt] *m* guarantor.
garantie [-'rɑn(t)si.] *v* guarantee, warrant,
security.
garantiebewijs [-bəvɛis] *o* warranty.
garantiefonds [-fònts] *o* guarantee fund.
garde ['gɑrdə] *v* guard; *de koninklijke ~* the
Royal Guards; *de oude ~* the old guard.
gardenia [gɑr'de.ni.a.] *v* ✿ gardenia.
garderobe [-də'rɔ:bə] *v* 1 wardrobe; 2 cloak-
room [in a theatre, railway station &].
garderobejuffrouw [-jüfrou] *v* cloak-room attendant.
gareel [ga.'re.l] *o* harness, (horse-)collar; *in*
het ~ in harness².
1 garen ['ga:rə(n)] *o* thread, yarn; *~ en band*
haberdashery; *wollen ~* worsted.
2 garen ['ga:rə(n)] *aj* thread.
3 garen ['ga:rə(n)] *vt* zie *vergaren.*
garen-en-bandwinkel [gɑ:rənən'bɑntʋɪjkəl] *m*
haberdashery.
garf [gɑrf] *v* sheaf; *in garven binden* sheave.
garnaal [gɑr'na.l] *m* shrimp.
garnalenvangst [-vɑŋst] *v* shrimping.
garnalenvisser [-visər] *m* shrimper.
garneersel [gɑr'ne:rsəl] *o* trimming.
garneren [-'ne:rə(n)] *vt* trim [a dress, hat &],
garnish [a dish].
garnering [-riŋ] *v* trimming.
garnituur [gɑrni.'ty:r] *o* 1 trimming [of a
gown]; 2 set of jewels; 3 set of mantelpiece
ornaments.
garnizoen [-'zu.n] *o* ✕ garrison; *~ leggen in*
een plaats garrison a town; *hij lag te G. in ~*
he was garrisoned at G.
garnizoensarts [-'zu.nsɑrts] *m* ✕ regimental
surgeon.
garnizoenscommandant, -kommandant [-kòm-
ɑndɑnt] *m* ✕ town major.
garnizoensleven [-le.və(n)] *o* ✕ life in a garrison.
garnizoensplaats [-pla.ts] *v* ✕ garrison town.
gas [gɑs] *o* gas; *~ geven* open (out) the
throttle, step on the gas.
gasaanval ['gɑsa.nvɑl] *m* ✕ gas attack.
gasachtig [-ɑxtəx] 1 gaseous [body &]; 2 gassy
[smell].
gasbrander [-brɑndər] *m* gas-burner.
gasbuis [-bœys] *v* gas-pipe.
gascokes [-gɔsko.ks] *o* gas-coke.
gasfabriek [-fa.bri.k] *v* gas-works.
gasfitter [-fitər] *m* gas-fitter.
gasfornuis [-fɔrnœys] *o* gas-cooker.

gasgeiser, -geizer [-gɛizər] m gas-heater.
gashaard [-ha:rt] m gas-fire.
gashouder [-hɔudər] m, gas-holder, gasometer.
gaskachel [-kɑɣəl] v gas-stove.
gaskamer [-ka.mər] v gas-chamber [for executing human beings]; lethal chamber [for killing animals].
gaskomfoor [-kɔmfo:r] o gas-ring.
gaskraan [-kra.n] v gas-tap.
gaslaan ['ga.sla.n] = gadeslaan.
gaslamp [ɡɑslɑmp] v gas-lamp.
gaslantaarn, -lantaren [-lɑnta:rən] v gas-light, gas-lamp.
gasleiding [-lɛidiŋ] v 1 gas-main [in the street]; 2 gas-pipes [in the house].
gaslek [-lɛk] o escape of gas.
gaslicht [-lixt] o gas-light.
gaslucht [-lʏxt] v smell of gas, gassy smell.
gasman [-mɑn] m gasman.
gasmasker [-mɑskər] o gas-mask.
gasmeter [-me.tər] m gas-meter.
gasmotor [-mo.tər] m gas-engine.
gasontploffing [-ɔntplɔfiŋ] v gas-explosion.
gaspedaal [-pəda.l] o & m accelerator (pedal).
gaspeldoorn, -doren [-pɛldo:rən] m ♣ whin.
gaspit [-pɪt] v gas-burner; (gasarm) gas-bracket.
gasrekening [-re.kəniŋ] v gas-bill.
gassen ['ɡɑsə(n)] vt ✗ gas.
gasslang [ɡɑslɑn] v gas-tube.
gast [ɡɑst] m guest; visitor; stevige ~ robust fellow; bij iemand te ~ zijn be a person's guest.
gasteren [ɡɑs'te:rə(n)] vi star it, be starring.
gastheer [ɡɑsthe:r] m host.
gashoogleraar [-ho.xle:ra:r] m visiting professor.
gasthuis [-hœys] o hospital.   [sor.
gastmaal [-ma.l] o feast, banquet.
gastrol [ɡɑstrɔl] v star-part.
gastronomie [ɡɑstro.no.'mi.] v gastronomy.
gastronomisch [-'no.mi.s] gastronomic(al).
gastronoom [-'no.m] m gastronomer.
gasturbine [ɡɑsty.rbi.nə] v ✗ gas-turbine.
gastvoorstelling [ɡɑstfo:rstɛliŋ] v starring-performance.
gastvrij [-frɛi] I aj hospitable; II ad hospitably.
gastvrijheid [ɡɑst'frɛiheit] v hospitality.
gastvrouw [ɡɑstfrɔu] v hostess.
gasverbruik [ɡɑsfərbrœyk] o gas-consumption.
gasverlichting [ɡɑsfərlixtiŋ] v gas-lighting.
gasvlam [-flɑm] v gas-flame.
gasvormig [ɡɑsfɔrməx] v gasiform, gaseous.
gasvorming [ɡɑsfɔrmiŋ] v gasification.
gat [ɡɑt] o hole, opening, gap [in a wall &]; een ~ F a dog-hole of a place; een ~ in de dag slapen sleep all the morning; een ~ in de lucht slaan stand aghast; een ~ stoppen stop a gap; een ~ maken om het andere te stoppen rob Peter to pay Paul; zich een ~ in het hoofd vallen break one's head; ergens geen ~ in zien not see a way out of it, not see one's way to... [do something]; iets in de ~en hebben F have got wind of a thing; have twigged it; iemand in de ~en hebben F have found out a person; hem in de ~en houden F keep one's eye on him; in de ~en krijgen F get wind of [a thing]; spot [a person].
gauw [ɡɔu] I aj 1 (v. beweging) quick, swift; 2 (v. verstand) quick; ik was hem te ~ af I was too quick for him; II ad quickly, quick; soon; ~ wat! be quick!; ik kom ~ I'm coming soon; dat zal hij niet zo ~ weer doen he won't do that again in a hurry; zo ~ hij mij zag as soon as he saw me.
gauwdief [ɡɔudi.f] m thief, pilferer, pick-pocket.
gauwdieverij [ɡɔudi.və'rɛi] v thieving.
gauwigheid ['ɡɔuəxheit] v quickness[2], swiftness; in de ~ 1 in a hurry; 2 in my hurry.
gave ['ɡa.və] v gift[2].
gazel(le) [-'zɛl(ə)] v ♠♠ gazelle.
gazen ['ga.zə(n)] aj gauze.
gazeus [ɡa.'zø.s] aerated [drinks], fizzy [lemonade].
gazon [-'zɔn] o lawn, green.
ge [ɡə] zie gij.
geaard °) [ɡə'a:rt] disposed.
geaardheid [-heit] v disposition, temper, nature.
geabonneerde [ɡɑbo'ne:rdə] m-v zie abonnee.
geaccidenteerd [-ɑksi.dɛn'te:rt] uneven, hilly [ground].
geacht [-'ɑxt] respected, esteemed; G~e heer Dear Sir; uw ~ schrijven your esteemed letter, your favour.
geaderd [-'a.dərt] veined [skin, marble &].
geadresseerde [-ɑdrɛ'se:rdə] m-v addressee; consignee [of goods].
geaffecteerd [-ɑfɛk'te:rt] aj (& ad) affected(ly).
geaffecteerdheid [-heit] v affectedness, affectation.
geagiteerd [-a.ʒi.'te:rt] agitated, flustered, fluttered, flurried, nervous, in a flutter.
Geallieerden [-ɑli.'e:rdə(n)] mv Allied Powers.
gearmd ['ɑrmt] arm in arm.
gebaar [-'ba:r] o gesture[2], gesticulation; gebaren maken gesticulate, make gestures.
gebaard [-'ba:rt] bearded.
gebabbel [-'bɑbəl] o prattle, tattle, chit-chat, gossip.
gebak [-'bɑk] o pastry, cake(s), confectionery.
gebakje [-jə] o pastry (ook = ~s), tart(let).
gebalk [-'bɑlk] o braying, bray.
gebaren [-'ba:rə(n)] vi gesticulate.
gebarenspel [-'ba:rə(n)spɛl] o 1 gesticulation, gestures; pantomime, dumb-show.
gebarentaal [-ta.l] v sign-language.
gebazel [-'ba.zəl] o twaddle, balderdash.
gebed [-'bɛt] o prayer; het ~ des Heren the Lord's Prayer; een ~ doen say a prayer, pray.
gebedel [-'be.dəl] o begging.
gebedenboek [-'be.də(n)bu.k] o prayer-book.
gebeente [-'be.ntə] o bones.
gebejer [-'beiər] o chiming, ringing.
gebekt [-'bɛkt] in: goed ~ zijn F have the gift of the gab; zie óók: vogeltje.
gebel [-'bɛl] o ringing.
gebelgd [-'bɛlxt] incensed, offended (at over).
gebelgdheid [-heit] v being incensed &, resentment; anger.
gebenedijd [ɡəbe.nə'dɛit] blessed.
gebergte [-'bɛrxtə] o (chain of) mountains.
gebeten [-'be.tə(n)] in: ~ zijn op iemand have a grudge (spite) against one.
gebeurde [-'bø:rdə] het ~ what (had) happened, the happenings, the occurrence(s).
gebeuren [-'bø:rə(n)] vi happen, chance, occur, come about, come to pass, be; het is me gebeurd, dat... it has happened to me that...; er ~ rare dingen I strange things happen; 2 things come about (so) strangely; wanneer zal het ~? when is it to come about (come off, be)?; dat zal me niet weer ~ that will not happen to me again; wat er ook ~ moge happen (come) what may; het moet ~! it must be done!; wat ermee gebeurde, is onbekend what happened to it is unknown.
gebeurlijkheid [-heit] v possibility, contingency; verdere gebeurlijkheden afwachten await developments.
gebeurtenis [ɡə'bø:rtənis] v event, occurrence;

een blijde ~ a happy event.
gebeuzel [-'bø.zəl] *o* dawdling, trifling.
gebied [-'bi.t] *o* territory, dominion; area; [mining] district, [arctic] region; ✠ jurisdiction; *fig* domain, sphere, department, province, field, range; *op het* ~ *van de kunst* in the domain (field, realms) of art; *dat behoort niet tot mijn* ~ that is not within my province.
gebieden [-'bi.də(n)] **I** *vt* command, order, bid; **II** *vi* command, order; ~ *over* command.
gebiedend [-(dənt] imperious; imperative [necessity]; *de* ~*e wijs gram* the imperative (mood).
gebieder [-dər] *m* ruler, master, lord.
gebiedster [gə'bi.tstər] *v* ruler, mistress, lady.
gebit [-'bɪt] *o* 1 (echt) set of teeth, teeth; 2 (vals) set of artificial teeth, denture; 3 (v. ijzer) bit [of horses].
geblaat [-'bla.t] *o* bleating.
gebladerte [-'bla.dərtə] *o* foliage, leaves.
geblaseerd [-bla.'ze:rt] blasé: cloyed with pleasure.
geblaseerdheid [-heit] *v* satiety.
gebloemd [-'blu.mt] flowered.
geblok [-'blɔk] *o* S plodding, swotting, sapping.
geblokt [-'blɔkt] chequered.
gebluf [-'blœf] *o* boast(ing), brag(ging).
gebocheld [-'bòxəlt] **I** *aj* hunchbacked, humpbacked; **II** *m-v* ~*e* hunchback, humpback.
gebod [-'bɔt] *o* command; *de* ~*en* 1 the (ten) commandments; 2 (huwelijksafkondiging) the banns.
geboefte [-'bu.ftə] *o* riff-raff, rabble.
gebogen [-'bo.gə(n)] bent, zie ook: *buigen*.
gebonden [-'bòndə(n)] bound [books]; tied [hands &]; latent [heat]; thick [porridge]; ~ *stijl* poetic style, verse; *je bent zo* ~ it is such a tie.
gebondenheid [-heit] *v* state of being tied down; latency; thickness.
gebons [gə'bòns] *o* thumping &, zie *bonzen*.
geboomte [-'bo.mtə] *o* trees.
geboorte [-'bo:rtə] *v* birth; *bij de* ~ at birth; *een Fransman van* ~ a Frenchman by birth, [he is] French-born; *een Groninger van* ~ a native of Groningen.
geboorteakte [-ɑktə] *v* birth-certificate.
geboortedag [-dɑx] *m* birthday.
geboortedatum [-da.tüm] *m* date of birth, birth-date.
geboortegrond [-grònt] *m* native soil.
geboortejaar [-ja:r] *o* year of a person's birth.
geboorteland [-lɑnt] *o* native land (country), (officieel) country of birth.
geboortencijfer [gə'bo:rtə(n)sɛifər] *o* birth-rate.
geboortenoverschot [-o.vərsxɔt] *o* excess of births.
geboorteregeling [-re.gəlɪŋ] *v* family planning, birth control.
geboortenregister [-rəgɪstər] *o* register of births.
geboortestad [-stɑt] *v* native town.
geboortig [gə'bo:rtəx] in: ~ *uit A.* born in (at) A., a native of A.
geboren [-'bo:rə(n)] born; *hij is een* ~ *Fransman* he is a Frenchman by birth; *hij is een* ~ *Groninger* he is a native of Groningen; *Mevrouw A.,* ~ *B.* Mrs. A., née B., maiden name B.; ~ *en getogen* born and bred.
geborgen [-'bòrgə(n)] secure.
geborgenheid [-heit] *v* security.
geborneerd [gəbɔr'ne:rt] limited, narrow-minded, narrow.
geborrel [-'bɔrəl] *o* 1 (opborrelen) bubbling; 2 (drinken van borrels) tippling.
gebouw [-'bou] *o* building, edifice[2], structure[2], *fig* fabric.
gebraad [-'bra:t] *o* roast, roast meat.

gebrabbel [-'brɑbəl] *o* gibberish, jabber.
gebraden [-'bra.də(n), -'bra.jə(n)] roasted [potatoes], roast [meat].
gebrand [-'brɑnt] burnt &; zie *branden*; ~ *zijn op* be hot (keen) on [a thing]; be agog [to know...].
gebras [-'brɑs] *o* feasting &.
gebreid [-'breit] knitted; ~*e goederen* knitted goods, knitwear, hosiery.
gebrek [-'brɛk] *o* 1 (tekort) want, lack, shortage (of *aan*); 2 (armoede) want [= poverty]; 3 (fout) defect, fault, shortcoming; 4 (lichaams~) infirmity; ~ *hebben* zie ~ *lijden*; ~ *hebben aan* be in want of, be short of; *aan niets* ~ *hebben* want for nothing; ~ *lijden* suffer want, be in want; *er is* ~ *aan steenkolen* there is a famine in coal; *geen* ~ *aan klachten* no lack (want) of complaints; *bij* ~ ~ *aan...* for want of...; in default of; *bij* ~ *aan iets beters* for lack of something better; *bij* ~ *daaraan* failing that, in the absence of such; *in* ~*e blijven te...* fail to...; *in* ~*e blijven te betalen* default; *uit* ~ *aan* for want of; *hij heeft de* ~*en zijner deugden* he has the defects of his qualities.
gebrekkig [gə'brɛkəx] **I** *aj* 1 (v. personen) invalid [by injury], infirm [through age]; 2 (v. zaken) defective [machines], faulty [English]; **II** *ad* in: ~ *Engels spreken* express oneself badly (imperfectly, poorly); murder the King's English.
gebrekkigheid [-heit] *v* defectiveness, faultiness.
gebroddel [-'brɔdəl] *o* bungling &.
gebroed [-'bru.t] *o* brood.
gebroeders [-'bru.dərs] *mv* brothers; *de* ~ *P.* the P. brothers, $ P. Brothers, P. Bros.
gebroken [-'bro.kə(n)] broken[2]; ~ *getal* fractional number, fraction; ~ *rib* ✠ ook: fractured rib.
gebrom [-'bròm] *o* 1 buzz(ing), humming &; growling [of a dog, of a person]; *fig* grumbling.
gebrouilleerd [-bru.(l)'je:rt] not on the best of terms.
gebruik [-'brœyk] *o* 1 use [of cosmetics, opium &]; 2 employment [of special means]; 3 consumption [of food]; 4 custom, usage, habit, practice [followed in various countries]; ~ *maken van* use, make use of [a thing]; avail oneself of [an offer, opportunity]; *een goed* ~ *maken van* make good use of [a thing], put [it] to good use, turn [one's time] to good account; *veel* ~ *maken van* make a great use of; *buiten* ~ out of use; *in* ~ (hebben) (have) in use; *in* ~ *nemen (stellen)* put into use; *naar aloud* ~ according to time-honoured custom; *ten* ~*e van* for the use of; *voor dagelijks* ~ for everyday use, for daily wear.
gebruikelijk [-'brœykələk] usual, customary.
gebruikelijkheid [-heit] *v* usualness.
gebruiken [gə'brœykə(n)] *vt* 1 use, make use of, employ [means]; 2 partake of, take [food, a drink, the waters]; 3 (verbruiken) consume; *hij kan (van) alles...* he has a use for everything; *ik kan het (hem) niet* ~ I have no use for it (for him); *Gods naam ijdellijk* ~ **B** take God's name in vain; *zal u wat* ~? are you going to take some refreshment?; *wat zal u* ~? what will you have?, F what's yours?
gebruiker [-kər] *m* user.
gebruiksaanwijzing [gə'brœyksa.nvɛizɪŋ] *v* directions for use.
gebruiksvoorwerp [-vo:rvɛrp] *o* article (thing) of use, useful object.
gebruikswaarde [-va:rdə] *v* utility.
gebruind [gə'brœynt] sunburnt, tanned.
gebruis [-'brœys] *o* 1 effervescence; 2 seething, roaring.
gebrul [-'brœl] *o* roaring[2].

gebulder [-'bŭldər] *o* rumbling, booming &; ook: roar.

gebulk [-'bŭlk] *o* lowing, bellowing &.

gecharmeerd [-ʃar'me:rt] in: ~ *zijn op (van)* be taken with.

gecommitteerde [gəkòmi.'te:rdə] *m* delegate.

gecompliceerd [-kòmpli.'se:rt] complicated [affair]; complex [character, problem, situation &]; compound [fracture].

gecompliceerdheid [-hɛit] *v* complexity.

geconsigneerde [gəkònsi.'ɲe:rdə] *m* $ consignee.

gedaagde [-'da.gdə] *m-v* ʒʒ defendant.

gedaan [-'da.n] done, finished; ~ *geven* dismiss; ~ *krijgen* get the sack [of servants]; *ik kan niets van hem* ~ *krijgen* I have no influence with him; *het is met hem* ~ it is all over (P all up) with him; zie ook: *doen.*

gedaante [-tə] *v* shape, form, figure; *in de* ~ *van...* in the shape of...; *zich in zijn ware* ~ *vertonen* show oneself in one's true colours; *onder beiderlei* ~*n* in both kinds; *van* ~ *veranderen* change one's shape; *van* ~ *verwisselen* change one's shape; 2 ook: be subject to metamorphosis [of insects].

gedaanteverwisseling [-vərvisəlɪŋ] *v* metamorphosis.

gedaas [gə'da.s] *F* balderdash, tosh.

gedachte [-'dɑxtə] *v* thought, idea; reflection; notion; ~*n zijn tolvrij* thought is free; *de* ~ *daaraan* the thought of it; *de* ~ *dat ik zo iets zou kunnen doen* the idea of my doing such a thing; *geen* ~ *hebben op iets* have no thought of it; not think of it; *ik had betere* ~*n van u* I had a better opinion of you; *ik heb mijn eigen* ~*n daarover* I have an idea of my own about it; *hoge* ~*n hebben van* have a high idea of; *zijn* ~*n erbij houden* keep one's mind on what one is doing; *zijn* ~*n erover laten gaan* give one's mind to the subject; just give a thought to the matter; *waar zijn uw* ~*n?* what are you thinking of?; *bij de* ~ *aan de dood* when thinking of death; *in* ~*n* in thought; *ik zal het in* ~ *houden* I'll remember it; *in* ~*n verzonken* lost in thought; *in* ~*n* be (deep) in thought; *op de* ~ *komen* hit upon the idea; *hoe is hij op die* ~ *gekomen?* what can have suggested the idea to him?; *tot andere* ~*n komen* come to think differently about the matter; *hij kwam tot betere* ~*n* better thoughts came to him; *dat is mij uit de* ~ *gegaan* it has gone out of my mind; *dat moet je je maar uit de* ~*n zetten* you must put it out of your mind; *van* ~ *veranderen* change one's mind, think better of it; *van* ~ *zijn om...* think of ...ing, mean to...

gedachteloos [-lo.s] *aj* (& *ad*) thoughtless(ly).

gedachteloosheid [gədɑxtə'lo.shɛit] *v* thoughtlessness.

gedachtenassociatie [gə'dɑxtə(n)oso.si.a.(t)si.] *v* association of ideas, thought association.

gedachtengang [-gɑŋ] *m* train (line) of thought.

gedachtenis [-'dɑxtənis] *v* 1 (herinnering) memory, remembrance; 2 (voorwerp ter herinnering) memento, souvenir, keepsake; *ter* ~ *van* in memory of.

gedachtenlezen [-'dɑxtə(n)le.zə(n)] *o* thought-reading.

gedachtenlezer [-le.zər] *m* thought-reader, mind reader.

gedachtenloop [-lo.p] *m* zie *gedachtengang.*

gedachtenoverbrenging [-o.vərbrɛŋɪŋ] *v* thought-transference.

gedachtenwisseling [-visəlɪŋ] *v* exchange of views.

gedachtig [gə'dɑxtəx] mindful (of); *wees mijner* ~ remember me [in your prayers].

gedaver [-'da.vər] *o* booming &.

gedecideerd [-de.si.'de:rt] *aj* (& *ad*) firm(ly), decided(ly), resolute(ly).

gedecolleteerd [-de.kələ'te:rt] low-necked [dress], [woman] in a low-necked dress.

gedeelte [-'de.ltə] *o* part, section; instalment; *bij* ~*n* [pay] in instalments; *voor een groot* ~ largely; *voor het grootste* ~ for the most (greater, better) part.

gedeeltelijk [-lək] **I** *aj* partial; ~*e betaling* part-payment; **II** *ad* partly, in part.

gedegen [gə'de.gə(n)] 1 native [gold]; 2 (grondig) thorough [enquiry]; (degelijk) sound [knowledge]; (wetenschappelijk ~) scholarly [study].

gedegenereerd [-de.gənə're:rt] degenerate; *een* ~*e* a degenerate.

gedelegeerde [-de.lə'ge:rdə] *m* delegate.

gedenkbladen [-'dɛŋkbla.də(n)] *mv* zie *gedenkboeken.*

gedenkboek [-bu.k] *o* memorial book; ~*en* annals, records.

gedenkdag [-dɑx] *m* anniversary.

gedenken [gə'dɛŋkə(n)] *vt* remember [in one's prayers], commemorate.

gedenkjaar [gə'dɛŋkja:r] *o* memorial year.

gedenknaald [-na.lt] *v* memorial needle, obelisk.

gedenkplaat [-pla.t] *v* (memorial) plaque.

gedenkschrift [-s(x)rɪft] *o* memoir.

gedenksteen [-ste.n] *m* memorial tablet (stone).

gedenkteken [-te.kə(n)] *o* monument, memorial.

gedenkwaardig [gədɛŋk'va:rdəx] memorable.

gedenkwaardigheid [-hɛit] *v* memorableness.

gedenkzuil [gə'dɛŋksœyl] *v* commemorative column.

gedeponeerd [-de.po.'ne:rt] registered [trade mark].

gedeporteerde [-de.pɔr'te:rdə] *m* deportee.

gedeputeerde [-de.py.'te:rdə] *m* deputy, delegate.

gedetailleerd [-de.tɑ'je:rt] **I** *aj* detailed; **II** *ad* in detail.

gedetineerde [-de.ti.'ne:rdə] *m* prisoner.

gedicht [-'dɪxt] *o* poem.

gedienstig [-'di:rstə] *o* 1 (dieren) animals, beasts; 2 (ongedierte) vermin.

gedienstig [-'di:nstə] **I** *aj* obliging, > obsequious; ~*e geest* servant; *de een of andere* ~*e geest* F some officious meddler; **II** *ad* obligingly &; **III** *v* in: *onze* ~*e* J our domestic treasure.

gedienstigheid [-hɛit] *v* obligingness, > obsequiousness.

gedijen [-'dɛiə(n)] *vi* thrive, prosper, flourish.

geding [-'dɪŋ] *o* ʒʒ lawsuit, action, cause, case; *fig* controversy; *in het* ~ *zijn* be in question.

gedisponeerd [-dispo.'ne:rt] in: *ik ben er niet toe* ~ I am not in the mood for it.

gedistilleerd [-dɪstɪ'le:rt] *o* spirits.

gedistingeerd [-dɪstɪŋ'ge:rt] distingué, distinguished; refined [taste].

gedocumenteerd [-do.ky.men'te:rt] well-documented [report &]; $ documentary [draft].

gedoe [-'du.] *o* doings, bustle; *het hele* ~*(tje)* F the whole affair, the whole business.

gedogen [-'do.gə(n)] *vt* suffer, permit, allow, tolerate.

gedonder [-'dòndər] *o* 1 *eig* thunder; 2 P trouble, botheration; skylarking.

gedonderjaag [-ja.x] *o* P ballyragging.

gedraaf [gə'dra.f] *o* trotting (about).

gedraai [-'dra:i] *o* turning; wriggling; *fig* shuffling.

gedraal [-'dra.l] *o* lingering, tarrying, delay.

gedrag [-'drɑx] *o* [moral] conduct, behaviour, bearing; [outward] demeanour, deportment [also in chemical expirement].

gedragen [gə'dra.gə(n)] *zich* ~ behave, conduct oneself; *zich netjes* ~ behave (oneself).

gedragingen [-gɪŋə(n)] *mv* zie *gedrag.*

gedragslijn [gə'drɑxslɛin] v line of conduct, line of action, course.

gedragsregel [-re.gəl] m rule of conduct.

gedrang [gə'drɑŋ] o crowd, throng, crush; *in het ~ komen* get in a crowd; *fig* be hard pressed; *suffer, be neglected* [of discipline &].

gedrentel [-'drɛntəl] o sauntering.

gedreun [-'drø.n] o droning &.

gedribbel [-'drɪbəl] o toddling; tripping.

gedrocht [-'drɔxt] o monster.

gedrochtelijk [-'drɔxtələk] aj (& ad) monstrous(ly).

gedrongen [gə'drɔŋə(n)] 1 compact, terse [style]; 2 thick-set [body]; *wij voelen ons ~ te...* we feel prompted to...

gedrongenheid [-hɛit] v compactness, terseness.

gedruis [gə'drœys] o roar, roaring.

gedrukt [-'drŷkt] 1 printed [books, cottons &]; 2 depressed, dejected, in low spirits; 3 $ depressed, weak [of the market].

gedruktheid [-hɛit] v depression, dejection.

geducht [gə'dŷxt] I aj formidable, redoubtable, feared; < tremendous [ook = huge]; II ad fearfully, tremendously.

geduld [-'dŷlt] o patience, forbearance; *~ overwint alles* patience overcomes all things; *~ hebben (oefenen)* have (exercise) patience; *be patient [under trials]; heb nog wat ~ met mij en ik zal...* have patience with me, and I shall...; *wij verloren ons ~* we lost patience; *mijn ~ is op, mijn ~ is ten einde* my patience is at an end; *met ~* with patience, patiently.

geduldig [-'dŷldəx] aj (& ad) patient(ly).

gedupeerde [-dy.'pe:rdə] m-v sufferer, victim.

gedurende [-'dy:rəndə] prep during, for, ook: pending; over; *~ twee dagen* for two days (at a stretch); *~ de laatste vijf jaar* over the last five years; *~ het onderzoek* pending the inquiry; *het gebeurde ~ de vakantie* it happened during the holidays.

gedurig [-'dy:rəx] aj (& ad) continual(ly), incessant(ly).

geduw [-'dy:u] o pushing, hustling, elbowing.

gedwarrel [-'dwɑrəl] o whirling, whirl.

gedwee [-'dve.] I aj pliant, meek, submissive; II ad meekly, submissively.

gedweep [gə'dve.p] o fanaticism; F gushing enthusiasm.

gedwongen [-'dvɔŋə(n)] I aj forced [avowal, laugh, loan &]; enforced [absence, idleness]; constrained [manner]; compulsory [service]; II ad forcedly &; [laugh] in a strained manner; *hij deed het ~* he did it under compulsion.

geef [ge.f] *te ~* for nothing; *het is te ~* it is dirt-cheap.

geel [ge.l] I aj yellow; II sb yellow; *het ~ van een ei* the yolk.

geelkoper [-ko.pər] o brass.

geelkoperen [-ko.pərə(n)] aj brass.

geelzucht [-zŷxt] v jaundice.

geen [ge.n] no, none, not any, not one; *~ ander kan dat* nobody else, no other; *~ cent* not a (red) cent, not a (single) farthing; *~ één* not a (single) one; *hij kent ~ Engels* he doesn't know (any) English; *~ enkel geval* not a single case; *~ geld meer* no money left; *~ geld en ook ~ soldaten* no money nor soldiers either; *hij heet ~ Jan* he isn't called J.; *dat is ~ spelen (vechten &)* that is not playing the game, that is not (what you call) fighting; *~ hunner* none (neither) of them.

geëngageerd [-âgə.'ʒe:rt] engaged; *de ~en* the engaged couple(s).

geenszins [ge.n'sɪns] not at all, by no means.

geest [ge.st] m 1 (tegenover lichaam) spirit², mind, intellect; 2 (geestigheid) wit; 3 (onlichamelijk wezen) spirit, ghost, spectre, phantom, apparition; [good, evil] genius; *de ~ des tijds* the spirit of the age; *~*

van wijn spirit(s) of wine; *boze ~en* evil spirits; *zijn boze ~* his evil genius; *zijn goede ~* his good genius; *er heerste een goede ~* a good spirit prevailed; *een grote ~* a great mind; *hoe groter ~, hoe groter beest* the greater the intellect, the worse the man; *de Heilige G~* the Holy Ghost; *vliegende ~* ammonia; *de ~ geven* breathe one's last, give up the ghost; *in de ~ was ik bij u* in (the) spirit; *in die ~ is het boek geschreven* that is the strain in which the book is written; *in die ~ handelen* act along these lines; *hij maakte nog een paar opmerkingen in deze ~* in the same strain, to the same effect; *naar de ~ zowel als naar de letter* in (the) spirit as well as in (the) letter; *voor de ~ brengen (roepen, halen)* call to mind, call up before the mind (our minds); *het komt mij voor de ~* it comes to my mind; *het staat mij nog voor de ~* it is still present to my mind; *voor de ~ zweven* zie *zweven*; *de ~ is gewillig, maar het vlees is zwak* B the spirit is willing, but the flesh is weak.

geestdodend [ge.s'do.dənt] dull, stupefying.

geestdrift ['ge.sdrɪft] v enthusiasm; *in ~ brengen* rouse to enthusiasm; enrapture; *in ~ geraken* become enthusiastic.

geestdriftig [ge.s'drɪftəx] aj (& ad) enthusiastic(ally).

geestdrijver ['ge.sdrɛivər] m fanatic.

geestdrijverij [ge.sdrɛivə'rɛi] v fanaticism.

geestelijk ['ge.stələk] I aj 1 (niet stoffelijk) spiritual [comfort]; 2 (van het verstand) intellectual, mental [gifts]; 3 (niet werelds) sacred [songs]; religious [orders], clerical, ecclesiastical [duties]; *~e zaken* things spiritual; II ad mentally [handicapped].

geestelijke [-ləkə] m clergyman, divine; *RK* priest.

geestelijkheid [-ləkhɛit] v clergy.

geesteloos [-lo.s] spiritless, insipid, dull.

geestenbezweerder ['ge.stə(n)bəzve:rdər] m exorcist; necromancer.

geestenbezwering [-bəzve:rɪŋ] v exorcism; necromancy.

geestenrijk [-rɛik] o geestenwereld [-ve:rəlt] v spirit world.

geestenziener [-zi.nər] m ghost-seer, visionary.

geestesgaven ['ge.stəsgɑ.və(u)] mv intellectual gifts, mental powers, (mental) parts.

geestesgesteldheid [-gəstelthɛit] v mental condition, state of mind, mentality.

geesteskind [-kɪnt] o brain child.

geestesoog [-o.x] v mind's eye.

geestesprodukt [-pro.dŷkt] o brain child.

geestesrichting [-rɪxtɪŋ] v spiritual bent.

geestestoestand [-tu.stɑnt] m zie *geestesgesteldheid*.

geestesziek ['ge.stəsi.k] mentally sick.

geestezieke [-si.kə] m-v mental patient.

geestesziekte [-si.ktə] v mental sickness, illness (disease) of the mind.

geestgrond(en) ['ge.stgrɔnt(-də(n))] m (mv) grounds along the front of the dunes.

geestig ['ge.stəx] I aj witty, smart; II ad wittily, smartly.

geestigheid [-hɛit] v wit, wittiness; *geestigheden* witty things, witticisms.

geestkracht ['ge.stkrɑxt] v energy, strength of mind.

geestrijk [-rɛik] witty; *~e dranken* spirituous liquors, spirits.

geestverheffend [-fərhefənt] elevating (the mind).

geestvermogens [-fərmo.gəns] mv intellectual faculties, mental powers.

geestverrukking [-fərŷ.kɪŋ] v rapture, trance.

geestverschijning [-fərsxɛinɪŋ] v apparition, phantom.

geestvervoering [-vu:rɪŋ] v exaltation, rapture.
geestverwant [-vɑnt] I aj congenial; II m congenial (kindred) spirit; [political] supporter.
geestverwantschap [-sxɑp] v congeniality of mind.
geeuw [ge:u] m yawn.
geeuwen ['ge.və(n)] vi yawn.
geëvacueerde [gəe.va.ky.'e:rdə] m-v evacuee.
geëxalteerd [-ɛksɑl'te:rt] over-excited, overstrung.
gefingeerd [fɪŋ'ge:rt] fictive, fictitious [name], feigned; ~e factuur $ pro forma invoice.
geflirt ['flœ:rt] o flirting, flirtation.
geflonker [-'flɔŋkər] o sparkling, sparkle, twinkling, twinkle.
gefluister [-'flœystər] o whisper(ing), whispers.
gefluit ['flœyt] o whistling [of a person, an engine]; warbling, singing [of birds]; hissing, catcalls [in theatre &].
geforceerd [-fɔr'se:rt] forced.
gefortuneerd [-fɔrty.'ne:rt] rich, wealthy; de ~en the rich.
gegadigde [-'ga.dəgdə] m-v party interested; intending purchaser; would-be contractor; applicant, candidate.
gegalm ['gɑlm] o 1 sound, resounding; 2 bawling; [monotonous] chant.
gegeneerd [-ʒə'ne:rt] embarrassed, uneasy.
gegeneerdheid [-heit] v embarrassment, uneasiness.
gegeven [gə'ge.və(n)] I aj given; II o datum [mv data]; fundamental idea, subject [of a play &].
gegiechel [-'gi.gəl] o giggling, titter(ing).
gegier [-'gi:r] o scream(ing).
gegil [-'gɪl] o screaming, yelling, screams, yells.
geglaceerd [-gla.'se:rt] 1 glazed [cardboard]; 2 iced [fruits].
gegoed [-'gu.t] well-to-do, well-off, in easy circumstances; de meer ~en those better-off.
gegoedheid [-heit] v wealth, easy circumstances.
gegolfd [gə'gɔlft] 1 undulating [hair]; 2 corrugated [iron].
gegons [-'gɔns] o buzz(ing), hum(ming) [of insects]; whirr(ing) [of wheels &].
gegoochel [-'go.gəl] o juggling².
gegooi [-'go:i] o throwing.
gegoten [-'go.tə(n)] cast [steel, iron].
gegradueerde [-gra.dy.'e:rdə] m-v graduate.
gegrinnik [-'grɪnək] o snigger, chortle.
gegroefd [-'gru.ft] grooved [beams]; fluted [columns].
gegrom [-'grɔm] o grumbling, growling².
gegrond [-'grɔnt] well-grounded, well-founded, just; dit zijn ~e redenen om dankbaar te zijn these are strong reasons for gratitude.
gegrondheid [-heit] v justice; soundness.
gehaaid [gə'ha:it] F knowing, wily.
gehaast [-'ha.st] hurried [work]; ~ zijn be in a hurry.
gehakt [-'hɑkt] o minced meat; bal(letje) ~ minced-meat ball.
gehalte [-'hɑltə] o grade [of ore], alloy [of gold or silver], proof [of alcohol], percentage [of fat], standard²; van degelijk ~ of (sterling) quality; van gering ~ low-grade [ore]; fig of a low standard.
gehamer [-'ha.mər] o hammering.
gehard [-'hɑrt] 1 hardened, hardy [of body]; 2 tempered [steel]; ~ tegen inured to.
gehardheid [-heit] v hardiness, inurement.
geharnast [gə'hɑrnɑst] 1 in armour; 2 fig fierce.
geharrewar [-'hɑrəvɑr] o bickering(s), squabble(s).
gehaspel [-'hɑspəl] o 1 bungling; 2 trouble; zie ook: geharrewar.
gehavend [-'ha.vənt] battered, dilapidated damaged.
gehecht [-'hɛxt] attached; ~ aan attached to.

gehechtheid [-heit] v attachment.
geheel [gə'he.l] I aj whole, entire, complete; ~ Engeland the whole of England, all England; gehele getallen whole numbers; de gehele mens the entire man; de gehele stad the whole town; zie verder heel; II ad wholly; entirely, completely, all [alone, ears &]; ~ (en al) completely, quite; III o whole; een ~ uitmaken (vormen) form a whole; in 't ~... in all...; in 't ~ niet not at all; in 't ~ niets nothing at all; in zijn ~ [the Church &] in its entirety; [swallow it] whole; [look on things] as a whole; over het ~ (genomen) (up)on the whole.
geheelonthouder [-ònthəudər] m total abstainer, teetotaller.
geheelonthouding [-dɪŋ] v total abstinence, teetotalism.
geheim [gə'hɛim] I aj secret [door, session, understanding &]; clandestine [trade]; occult [sciences]; private [ballots &]; het moet ~ blijven it must remain a secret, it must be kept (a) secret; je moet het ~ houden (voor hen) keep it (a) secret (from them); wat ben je er ~ mee! how secret(ive) (mysterious) you are about it!; voor mij is hier niets ~ there are no secrets from me here; II o secret, mystery; publiek ~ open secret; het ~ bewaren keep the secret; in 't ~ in secret, secretly, in secrecy.
geheimhoudend [gə'hɛimhəudənt] secret, secretive, close.
geheimhouding [-həudɪŋ] v secrecy.
geheimschrift [-s(x)rɪft] o cipher, cryptography.
geheimzinnig [gəhɛim'zɪnəx] I aj mysterious; hij is er erg ~ mee he is very mysterious about it; II ad mysteriously.
geheimzinnigheid [-heit] v mysteriousness, mystery.
gehelmd [gə'hɛlmt] helmeted.
gehemelte [-'he.mɑltə] o palate.
geheugen [gə'hø.gə(n)] o memory; iets in het ~ houden keep something in mind.
geheugenwerk [gə'hø.gə(n)vɛrk] o a matter of memory.
gehijg [gə'hɛix] o panting, gasping.
gehinnik [-'lɪnək] o neighing, whinnying.
gehoest [-'hu.st] o coughing.
gehol [-'hɔl] o running.
gehoor [-'ho:r] o 1 (zintuig) hearing; 2 (toehoorders) audience, auditory; 3 (geluid) sound; een goed ~ a good ear for music; geen ~ no ear for music; ~ geven aan de roepstem van... give ear to the call of..., obey the call of...; ~ geven aan een verzoek comply with a request; ~ krijgen get (obtain) a hearing; ik klopte, maar ik kreeg geen ~ 1 I could not make myself heard; 2 ook: there was no answer; ~ verlenen give an audience, receive in audience; ik was onder zijn ~ I sat under him (that clergyman); op het ~ spelen ♪ play by ear; ten gehore brengen ♪ play, sing.
gehoorgang [-gɑŋ] m auditory canal.
gehoornd [gə'ho:rnt] horned.
gehoororganen [-'ho:rorga.nə(n)] mv auditory organs.
gehoorzaal [-za.l] v auditory, auditorium.
gehoorzaam [-za.m] aj (& ad) obedient(ly).
gehoorzaamheid [-za.mheit] v obedience; iemand de ~ opzeggen refuse to obey any longer; tot ~ brengen bring to obedience.
gehoorzamen [-za.mə(n)] I vt obey; niet ~ refuse obedience, disobey; hij weet zich te doen ~ he knows how to enforce obedience; II vi obey; ✕ obey orders; ~ aan obey, be obedient to; ~d aan in obedience to...
gehoorzenuw [-ze.ny:u] v auditory nerve.
gehorig [gə'ho:rəx] noisy, not soundproof.
gehots [-'hɔts] o jolting.

gehouden [-'houdə(n)] in: ~ *zijn om...* be bound to...

gehoudenheid [-hɛit] *v* obligation.

gehucht [gə'hʏxt] *o* hamlet.

gehuichel [-'hœyɣəl] *o* dissembling, hypocrisy.

gehuicheld [-ɣəlt] feigned, sham F put on.

gehuil [gə'hœyl] *o* howling [of dogs &], crying [of a child].

gehuisvest [-'hœysfɛst] lodged, housed.

gehumeurd [-hy.'møːrt] in: *goed* ~ good-tempered; *slecht* ~ ill-tempered.

gehuppel [-'hʏpəl] *o* hopping, skipping, frisking.

gehuwd [-'hyːut] *aj* married; ~*en* married people.

geigerteller ['gɛigərtɛlər] *m* Geiger counter.

geijkt [gə'ɛikt] in: ~*e termen* current (standing) expressions.

geil [gɛil] 1 rank [of the soil]; 2 lascivious, lewd [of persons].

geilheid ['gɛilhɛit] *v* 1 rankness; 2 lasciviousness, lewdness.

geïllustreerd [gɔilʏs'treːrt] illustrated.

gein [gɛin] *m* **P** (grappigheid, plezier) fun; (grap) joke.

geïnteresseerd [-intərɛ'seːrt] interested; [watch something] with interest; *de* ~*en* the persons interested, those concerned.

geïnterneerde [-intɛr'neːrdə] *m* internee; *de* ~*,* ook: the interned.

geintje ['gɛintɕə] *o* **P** joke, lark, prank.

geiser ['gɛizər] *m* geyser°.

geit [gɛit] *v* 1 (soortnaam) goat; 2 (vrouwelijk dier) she-goat.

geitele(d)er ['gɛitələr, -le.dər] *o* goatskin.

geitemelk [-mɛlk] *v* goat's milk.

geitenhoeder ['gɛitə(n)hu.dər] *m* goatherd.

gejaag [gə'ja.x] *o* hunting; *fig* driving, hurrying.

gejaagd [-'ja.xt] **I** *aj* hurried, agitated, nervous; **II** *ad* hurriedly.

gejaagdheid [-hɛit] *v* hurry, agitation.

gejacht [gə'jɑxt] *o* hurry(ing), hustling, hustle.

gejammer [-'jɑmər] *o* lamenting, lamentation(s).

gejank [-'jɑŋk] *o* yelping, whining, whine.

gejodel [-'jo.dəl] *o* yodelling.

gejoel [-'ju.l] *o* shouting, shouts.

gejok [-'jɔk] *o* fibbing, story-telling.

gejouw [-'jou] *o* hooting, booing.

gejubel [-'jy.bəl] **gejuich** [-jœyx] *o* cheering, cheers, shouting, shouts.

1 **gek** [gɛk] **I** *aj* 1 (krankzinnig) mad, crazy, crack-brained, cracked; 2 (onwijs) mad, foolish [pranks], nonsensical, silly [remarks]; 3 (vreemd) odd, funny, queer, curious; 4 (bespottelijk) funny, queer; *dat is* ~ that is funny; that is queer; *het is nog zo* ~ *niet* that's not so dusty; *zo iets* ~*s* such a funny (queer) thing; ~ *genoeg, hij...* oddly enough, he...; *te* ~ *om los te lopen* too ridiculous; *die gedachte maakt je* ~ the thought is enough to drive you mad; ~ *opzien (staan kijken)* look foolish, sit up [at being told that...]; ~ *worden zo* (run) mad; ~ *worden op... run* mad after...; *dat ziet er* ~ *uit* it is awkward; *zich* ~ *zoeken* seek till one is half crazy; *hij is* ~ *met dat kind* he is mad about the child; *hij is* ~ *op zeldzame postzegels* he is mad after (about, on) rare stamps; ~ *van woede* mad with rage; *het* ~*ke (van het geval) is, dat...* the odd thing is, that...; **II** *aj* like a madman; foolishly, oddly, funnily.

2 **gek** [gɛk] *m* 1 (krankzinnige) madman, lunatic: 2 (dwaas) fool; 3 (modegek) fop; 4 (schoorsteenkap) cowl, chimney-cap; *hij is een grote* ~ he is a downright fool; *een halve* ~ a half-mad fellow; *ouwe* ~ old fool; *de* ~ *scheren (steken) met iemand* zie *voor de*

gek houden; *de* ~ *steken met iets* make sport of a thing; poke fun at a thing; *iemand voor de* ~ *houden* make a fool of one; *iemand voor* ~ *laten lopen* I let one walk about like an object; 2 send one on a fool's errand; *voor* ~ *spelen* play the fool; *als een* ~ *staan kijken* look foolish; *ik heb als een* ~ *moeten vliegen* (lopen) I had to run like mad; *de* ~*ken krijgen de kaart* fools have fortune; *één* ~ *kan meer vragen dan honderd wijzen kunnen beantwoorden* one fool can ask more than ten wise men can answer.

gekabbel [gə'kɑbəl] *o* babbling, babble [of a brook]; *het* ~ *der golfjes* the lap of the wavelets.

gekakel [-'ka.kəl] *o* cackling², cackle².

gekamd [-'kɑmt] crested [waves, birds &, ook ☒].

gekanker [-'kɑŋkər] *o* S grousing, grumbling.

gekant [-'kɑnt] in: ~ *tegen* set against, opposed to, hostile to.

gekanteeld [-kan'te.lt] crenellated.

gekarteld [-'kɑrtəlt] 1 milled [coins]; 2 ♣ crenate(d).

gekef [-'kɛf] *o* yapping.

gekeperd [-'ke.pərt] twilled.

gekerm [-'kɛrm] *o* groaning, groans, lamentation(s).

gekeuvel [-'kø.vəl] *o* chat, chit-chat, tattle, gossip.

gekheid ['gɛkhɛit] *v* folly, foolishness, foolery, madness; *Gekheid!* Fiddlesticks!; *het is geen* ~ I am not joking; 2 it is no joke, no jesting matter; *uit* ~ for a joke, in joke; *alle* ~ *op een stokje, zonder* ~ joking apart; ~ *maken* joke; *je moet hier geen* ~ *uithalen!* no foolery here!; *hij verstaat geen* ~ he cannot take a joke; *hij verstaat geen* ~ *op dat punt* he is not to be trifled with as to that.

gekibbel [gə'kibəl] *o* bickering(s), squabbling.

gekken ['gɛkə(n)] *vi* jest, joke.

gekkenhuis [-hœys] *o* madhouse, lunatic asylum.

gekkennummer [-nûmər] *o* eleven.

gekkenpraat [-pra.t] *m* foolish talk, nonsense.

gekkenwerk [-vɛrk] *o* (a piece of) folly.

gekkin [gɛ'kin] *v* foolish woman, fool.

gekko [gɛko.] *m* ♠ gecko.

geklaag [-'kla.x] *o* complaining, complaints.

geklad [-'klɑt] *o* daubing.

geklap [-'klɑp] *o eig* 1 clapping [of hands]; 2 cracking [of a whip]; *fig* prattle, tattle.

geklapper [-'klɑpər] *o* chattering [of the teeth].

geklater [-'kla.tər] *o* splash(ing).

gekleed [-'kle.t] dressed [persons, dolls]; *geklede jas* frock-coat; *dat staat (niet)* ~ it is (not) dressy; *fig* it is (not) the thing.

geklets [-'klɛts] *o* smacking; *fig* twaddle.

gekletter [-'klɛtər] *o* clattering &; zie *kletteren.*

gekleurd [-'klø.rt] coloured; ~ *glas* stained glass; ~*e platen* colour plates.

geklik [-'klik] *o* tale-telling.

geklikklak [-'klikklɑk] *o* click-clack.

geklok [-'klɔk] *o* clucking [of a hen].

geklop [-'klɔp] *o* 1 knocking [at a door]; 2 throbbing [of the pulse].

geklots [-'klɔts] *o* dashing [of the waves].

geknaag [-'kna.x] *o* gnawing.

geknabbel [-'knɑbəl] *o* nibbling, munching.

geknars [-'knɑrs] *o* gnashing [of the teeth], grinding.

geknetter [-'knɛtər] *o* crackling.

gekneusd [-'knø.st] bruised.

gekneveld [-'kne.vəlt] moustached; zie ook: *knevelen.*

geknipt [-'knipt] in: ~ *voor* cut out for [a teacher], tailor-made for [the job].

geknoei [-'knu:i] *o* bungling &; zie ook: *ge-konkel.*

geknor [-'knɔr] o grumbling; grunting, grunt.
geknutsel [-'knŭtsəl] o pottering; zie ook: *knutselwerk*.
gekonkel [-'kònkəl] o intriguing, plotting, intrigues.
gekoppeld [-'kɔpəlt] coupled.
gekout [-'kɔut] o talk, chat(ting).
gekraai [-'kra:i] o crowing².
gekraak [-'kra.k] o creaking; *met een luid ~* with a loud crash.
gekrabbel [-'krɑbəl] o 1 scratching; 2 *zijn ~* his scrawl, his scribbling.
gekrakeel [-kra.'ke.l] o quarrelling, wrangling.
gekras [-'krɑs] o croaking, screeching; scratching [of a pen].
gekreun [-'krø.n] o groaning, groans, moan(ing).
gekrijs [-'kreis] o screeching.
gekrioel [-kri.'u.l] o swarming.
gekroesd [-'kru.st] crisped, crisp, fuzzy.
gekromd [-'kròmt] curved.
gekscheren ['gɛksxe:rə(n)] vi jest, joke, banter; *~ met* poke fun at; *hij laat niet met zich ~* he is not to be trifled with; *zonder ~* joking apart.
gekuch [gə'kŭx] o coughing.
gekuifd [-'kœyft] crested [waves]; tufted [birds].
gekuip [-'kœyp] o zie *gekonkel*.
gekunsteld [-'kŭnstəlt] artificial, mannered, affected.
gekunsteldheid [-heit] v artificiality, mannerism.
gelaagd [-'la.xt] stratified.
gelaagdheid [-heit] v stratification.
gelaarsd [gə'la:rst] booted; *de ~e kat* Puss in Boots.
gelaat [-'la.t] o countenance, face.
gelaatskleur [gə'la.tsklø:r] v complexion.
gelaatstrek [-trek] m feature.
gelaatsuitdrukking [-œytdrŭkiŋ] v facial expression.
gelach [gə'lɑx] o laughter, laughing.
gelag [gə'lɑx] o in: *het ~ betalen* pay for the drinks; *fig* pay the piper; *het is een hard ~* it is hard lines, a hard case, rather a wrench.
gelagkamer [-ka.mər] v bar room, tap-room.
gelang [-'lɑŋ] *naar ~* [their action was] in keeping; *naar ~...* according, as... [we are rich or poor], as... [we grow older, we...]; *naar ~ van* in proportion to, according to; *naar ~ van omstandigheden* according to the circumstances of the case; as circumstances may require.
gelasten [-'lɑstə(n)] vt order, charge, instruct.
gelastigde [-'lɑstəxdə] m proxy, delegate, deputy.
gelaten [-'la.tə(n)] aj (& ad) resigned(ly).
gelatenheid [-heit] v resignation.
gelatine [ʒəla.'ti.nə] v gelatine.
gelatineachtig [-ɑxtəx] gelatinous.
gelatinepudding [-pŭdiŋ] m jelly.
geld [gɛlt] o money; *(bij) gepast ~* zie *afgepast*; *gereed ~* ready money, cash; *klein ~* change, small coin; *slecht ~* bad (base) coin; *de nodige ~en* the necessary moneys; *er is geen ~ onder de mensen* there is no money stirring; *goed ~ naar kwaad ~ gooien* throw good money after bad; *zijn ~ in het water gooien (smijten)* throw away one's money; *het ~ groeit mij niet op de rug* do you think I am made of money?; *~ hebben* have some money, have private means; *~ hebben als water* have tons of money; *dat zal ~ kosten* it will cost a pretty penny; *~ slaan* coin money; *~ slaan uit* make money (capital) out of...; *~ stukslaan* make the money fly; *heb je al ~ terug?* have you got your change?; *~en toestaan voor...* vote money towards...; *~ verdienen als water* coin money; *duizend gulden aan ~*

in cash; *een meisje met ~* a moneyed girl; *zijn... te ~e maken* convert one's... into cash, realize; *van zijn ~ leven* live on one's capital (private means); *voor geen ~ van de wereld* not for the world; *voor ~ of goede woorden* for love or money; *een meisje zonder ~* a moneyless (dowerless) girl; *geen ~ geen Zwitsers* nothing for nothing; *~ is de ziel van de negotie* money is the sinews of war; *het ~ moet rollen* money is round, it will roll; *~ verzoet de arbeid ±* money makes labour(s) sweet.
geldadel ['gɛlta.dəl] m moneyed aristocracy.
geldbelegging [-bəlɛgiŋ] v investment.
geldbeurs [-bø:rs] v purse.
geldboete [-bu.tə] v (money-)fine.
geldduivel [-dœyvəl] m 1 demon of money; 2 (vrek) money-grubber.
geldelijk ['gɛldələk] I aj monetary [matters]; pecuniary [considerations]; financial [support]; money [contributions, reward]; II ad financially.
gelden ['gɛldə(n)] I vi 1 (kosten) cost, be worth; 2 (v. kracht zijn) be in force, obtain, hold (good); 3 (betrekking hebben op) concern, apply to, refer to; *dat geldt niet* that does not count; *dat geldt van ons allen* it holds good with regard to all of us; *het geldt mij méér dan al het andere (dan schatten)* it outweighs all the rest with me; *mijn eerste gedachte gold hem* my first thought was of him; *zulke redenen ~ hier niet* do not hold in this case; *zulke redenen ~ bij mij niet* carry no weight with me; *die wetten ~ hier niet* do not hold (good), cannot be applied here; *zijn invloed doen (laten) ~* assert one's influence, make one's influence felt; *zich doen ~* 1 (v. personen) assert oneself; 2 (v. zaken) assert itself, make itself felt; *dat laat ik ~* I grant (admit) that; II *onpersoonlijk* in: *wie geldt het hier?* who is aimed at?; *het geldt hier te...* the great point is...; *het geldt uw leven* your life is at stake; *als het... geldt* when it is a question of...; *wanneer het u zelf geldt* when you are concerned.
geldgebrek ['gɛltgəbrek] o want of money; *~ hebben* be short of money.
geldhandel [-hɑndəl] m money-trade.
geldhandelaar [-dəla:r] m money-broker.
geldig ['gɛldəx] valid; *~ voor de wet* valid in law; *~ voor een maand na de dag van afgifte* valid (available) for a month after the day of issue.
geldigheid [-heit] v validity.
geldigheidsduur [-heitsdy:r] m period of validity.
geldkist ['gɛltkist] v strong-box.
geldkistje [-kiʃə] o cash-box.
geldkwestie [-kvesti.] v question of money.
geldla(de) [-la.(də)] v cash-drawer, till.
geldlening [-le.niŋ] v loan.
geldmarkt [-mɑrkt] v money-market.
geldmiddelen [-midələ(n)] mv pecuniary resources, means; *zijn ~* ook: his finances.
geldnood [-no.t] m shortage of money; *in ~ zijn* be short of money.
geldsanering [-sa.ne:riŋ] v currency reform.
geldschaarste [-sxa:rstə] v scarcity of money.
geldschieter [-sxi.tər] m money-lender.
geldsom [-sòm] v sum of money.
geldsoort [-so:rt] v kind of money, coin.
geldstuk [-stŭk] o coin.
geldswaarde ['gɛltsva:rdə] v money value, value in money, monetary value.
geldswaardige papieren [gɛlts'va:rdəgəpa.'pi:rə(n)] mv valuable papers, securities.
geldtrommel ['gɛltròməl] v cash-box.
geldverlegenheid ['gɛltfərle.gə(n)heit] v pecuniary embarrassment, pecuniary difficulties.

geldverspilling [-fərspɪlɪŋ] v waste of money.
geldvoorraad [-fo:ra.t] m stock of money.
geldwezen [-ve.zə(n)] o finance.   [prise.
geldwinning [-vɪnɪŋ] v money-making enter-
geldwisselaar [-vɪsəla:r] m money-changer.
geldwolf [-vòlf] m money-grubber.
geldzaak [-sa.k] v money affair; money matter.
geldzak [-sɑk] m money-bag².
geldzending [-sɛndɪŋ] v remittance.
geldzuchtig [gɛlt'sûxtəx] covetous, money-
    grubbing.
geleden [gə'le.də(n), -'le.jə(n)] past; *het is lang*
    ~ it is long since, long ago, a long time ago.
gelederen [-'le.dərə(n)] mv zie **gelid**.
geleding [-'le.dɪŋ] v I articulation, joint [of the
    bones]; 2 ✗ joint; 3 indentation [of coast-
    line]; 4 *fig* section [of the people].
geleerd [-'le:rt] learned; *dat is mij te* ~ that is
    beyond me, beyond my comprehension.
geleerde [-'le:rdə] m-v I learned man, scholar;
    learned woman, scholar; 2 [atomic] scientist.
geleerdheid [-'le:rtheit] v learning, erudition.
gelegen [-'le.gə(n)] v I lying, situated; 2 con-
    venient; *het is er zó mee* ~ that is how mat-
    ters stand; *als het u* ~ *komt* if it suits your
    convenience, at your convenience; *net* ~ at
    an opportune moment, just in time; *het komt
    mij niet* ~ it is not convenient (to me) just
    now; *daar is veel aan* ~ it is of great impor-
    tance; *daar is niets aan* ~ it is of no conse-
    quence; *ik laat mij veel aan hem* ~ *liggen* I
    interest myself in him; *te* ~*er tijd* zie **tijd**.
gelegenheid [-heit] v opportunity; occasion;
    er was ~ *om te dansen* there was a place for
    dancing-purposes; *de* ~ *aangrijpen om...*
    seize the opportunity to... (for..., of ...ing);
    iemand (*de*) ~ *geven om...* give (afford) one an
    opportunity to... (for ...ing); *de* ~ *hebben
    om...* have an opportunity to... (of ...ing);
    (*de*) ~ *krijgen* get, find, be given an oppor-
    tunity (to, of, for); *wanneer hij er de* ~ *toe zag*
    when he saw his opportunity; *een* ~ *voorbij
    laten gaan* miss an opportunity; *als de* ~ *zich
    aanbiedt* when the opportunity offers, when
    occasion arises; *bij* ~ I on occasion, occa-
    sionally [I go there]; 2 at the first opportunity
    [I mean to do it]; *bij een andere* ~ on some
    other occasion; *bij deze* ~ on this occasion;
    bij de een of andere ~ as opportunity occurs;
    bij de eerste ~ at (on) the first opportunity;
    bij de eerste ~ *vertrekken* sail by first steamer,
    leave by the next train; *bij elke* (*iedere*) ~ on
    every occasion, on all occasions; *bij feeste-
    lijke gelegenheden* on festive occasions; *bij
    voorkomende* ~ when opportunity offers,
    when occasion arises; *bij gelegenheden ben ik
    in het zwart* for social events I wear black; *bij
    ~ van zijn huwelijk* on the occasion of his
    marriage; *iemand in de* ~ *stellen om...* give
    one an opportunity to...; *in de* ~ *zijn om...*
    have opportunities to...; *per eerste* ~ zie *bij
    de eerste* ~; *ter* ~ *van* on the occasion of; *de
    ~ maakt de dief* opportunity makes the thief.
gelegenheidsgedicht [-heitsgədɪxt] o occasional
    verses.
gelei [ʒə'lɛi] m & v I (*voor vlees* &) jelly; 2
    (v. vruchten) preserve(s), jelly, jam; *paling
    in* ~ jellied eel(s).
geleiachtig [-ɑxtəx] jelly-like.
geleibiljet [gə'lɛibɪljɛt] o permit.
geleibrief [-bri.f] m safe-conduct.
geleide [-də] o I guidance, care, protection;
    2 ✗ escort; 3 ⚓ convoy; *mag ik u mijn* ~
    aanbieden? may I offer to accompany you (to
    see you home)? *onder* ~ *van* I (v. gasten &)
    escorted by; 2 (v. jongedames) chaperoned
    by.
geleidehond [-hònt] m guide-dog (for the
    blind).

geleidelijk [gə'lɛidələk] I aj gradual; II ad
    gradually, by degrees, little by little.
geleidelijkheid [-heit] v gradualness.
geleiden [gə'lɛidə(n)] vt I lead, conduct, ac-
    company [persons]; 2 conduct [electricity,
    heat].
geleider [-dər] m I leader, conductor, guide; 2
    (warmte, elektr.) conductor.
geleiding [-dɪŋ] v I (abstract) leading, con-
    ducting; conduction [of electricity, heat]; 2
    (concreet) conduit, pipe, ⚡ wire.
geleidingsvermogen [-dɪŋsfarmo.gə(n)] o con-
    ductivity.
geleidraad [gə'lɛidra.t] m ⚡ conducting-wire.
geletterd [gə'lɛtərt] lettered², literary; ~*e man*
    of letters; *de* ~*en* ook: the literati.
geleuter [-'lø.tər] o rot, drivel, twaddle.
gelid [-'lɪt] o I joint [of, in the body]; 2 ✗
    rank, file; *de gelederen der liberalen* the ranks
    of the liberals; *dubbele* (*enkele*) *gelederen* ✗
    double (single) files; *in* ~ *opstellen* ✗ align;
    zich in ~ *opstellen* ✗ draw up; *uit het* ~ *zie
    lid*; *uit het* ~ *treden* leave the ranks, ✗ fall
    out.
geliefd [-'li.ft] I beloved, dear; 2 zie *gelief-
    koosd*.
geliefde [-'li.vdə] m-v sweetheart, beloved,
    [his] lady-love, [her] lover.
geliefhebber [-'li.fhɛbər] o amateurism, dilet-
    tantism, dabbling [in politics &].
geliefkoosd [-ko.st] favourite.
I **gelieven** [gə'li.və(n)] mv lovers.
2 **gelieven** [gə'li.və(n)] vt please; *gelieve mij te
    zenden* please send me; *dat gelief jij te zeggen*
    you are pleased to say so.
gelig ['ge.ləx] yellowish.
gelijk [gə'lɛik] I aj I (hetzelfde) similar,
    identical [things]; [they are] alike, equal, even
    [quantities]; 2 (gelijkwaardig) equivalent;
    3 (effen) even, level, smooth; ~ *en gelijkvor-
    mig* congruent [triangles]; *dat is mij* ~ it is all
    the same to me; *mijn horloge is* ~ my watch
    is right; *bent u* ~? have you got the right
    (exact) time?; *wij zijn* ~ we are even (quits);
    40 ~ *!* forty all!, [bij tennis] deuce!; ~ *spel sp*
    draw; *twee en drie is* ~ *aan vijf* two and three
    equal (make) five; *zich* ~ *blijven* act con-
    sistently; *ze zijn* ~ *in grootte* (*jaren*) they are
    of a size, of an age; ~ *van hoogte* of the same
    height; zie ook: *mate*, *munt* &; II *ad* I
    (evenmatig) equally; 2 (eender) alike,
    similarly; 3 (in gelijke porties) equally,
    evenly; 4 (tegelijkertijd) at the same time;
    III *cj* as, ✎ like; IV o right; *iemand* ~ *geven*
    grant that one is right; ~ *hebben* be right;
    soms: be in the right; *hij heeft groot* ~ *dat hij
    het niet doet* he is quite right not to do it;
    hij wil altijd ~ *hebben* he always wants to
    know better; ~ *krijgen* be put in the right;
    iemand in het ~ *stellen* declare that a person
    is right; decide in his favour; *de uitkomst
    heeft hem in het* ~ *gesteld* has proved him
    right, has justified him; zie ook: *gelijke*.
gelijkbenig [gəlɛik'be.nəx] isosceles [triangle].
gelijkbetekenend [-bə'te.kənənt] synonymous.
gelijke [gə'lɛikə] m-v equal; *hij heeft zijns* ~
    niet there is no one like him, he has no equal;
    van 's ~*n !* (the) same to you!
gelijkelijk [-'lɛikə] equally; zie verder **gelijk** II.
gelijken [-kə(n)] I vt be like, resemble, look
    like; II vi ~ *op* be like &; zie **lijken**.
gelijk- en gelijkvormigheid [gəlɛik en gəlɛik-
    'fòrməxheit] v congruence.
gelijkenis [gə'lɛikənɪs] v I (overeenkomst)
    likeness, resemblance (to *met*), similitude; 2
    parable.
gelijkgerechtigd [gəlɛikgə'rɛxtəxt] having equal
    rights, equal.
gelijkgerechtigdheid [-heit] v equality.

gelijkgezind [gəlɛikgə'zint] of one mind, like-minded.

gelijkheid [gə'lɛikhɛit] v 1 equality; 2 parity [among members of a church]; 3 similarity, likeness; 4 evenness, smoothness [of a path, road]; zie ook: voet.

gelijkhoekig [gəlɛik'hu.kəx] equiangular.

gelijkluidend [gəlɛik'lœydənt] I ♪ consonant; homonymous [words]; 2 of the same tenor, identical [clauses]; ~ afschrift true copy.

gelijkluidendheid [-hɛit] v 1 ♪ consonance; 2 conformity.

gelijkmaken [gə'lɛikma.kə(n)] I vt 1 equalize [quantities]; 2 level [with], raze [to the ground]; II vi sp equalize.

gelijkmaker [-kər] m sp equalizer.

gelijkmaking [-kɪŋ] v equalization; levelling.

gelijkmatig [gəlɛik'ma.təx] I aj equal, equable, even [temper &], uniform [size, acceleration]; II ad equally, equably, evenly, uniformly.

gelijkmatigheid [-hɛit] v equability, equableness, evenness, uniformity.

gelijkmoedig [gəlɛik'mu.dəx] I aj of equable temperament; II ad with equanimity.

gelijkmoedigheid [-hɛit] v equanimity.

gelijknamig [gəlɛik'na.məx] of the same name; having the same denominator [of fractions]; ⚡ similar [poles]; ~ maken reduce to a common denominator [of fractions].

gelijkrichter [gə'lɛikrɪxtər] m ⚡ ‡ rectifier.

gelijkschakelen [-sxa.kələ(n)] vt fig synchronize.

gelijkschakeling [-lɪŋ] v fig synchronization.

gelijksoortig [gəlɛik'so:rtəx] homogeneous, similar.

gelijksoortigheid [-hɛit] v homogeneousness, similarity.

gelijkspelen [gə'lɛikspe.lə(n)] vi sp draw (a game).

gelijkstaan [-sta.n] vi be equal, be on a level; ~ met be equal to, be equivalent to, be tantamount to, amount to [an insult &]; be on a level (on a par) with [a minister &].

gelijkstellen [-stɛlə(n)] vt put on a level (on a par); met Europeanen ~ assimilate [natives] with (to) Europeans.

gelijkstelling [-stɛlɪŋ] v equalization; levelling; assimilation.

gelijkstroom [-stro.m] m ⚡ direct current.

gelijkteken [-te.kə(n)] o sign of equality.

gelijktijdig [gəlɛik'tɛidəx] I aj simultaneous, synchronous; ~e schrijvers contemporary writers; II ad simultaneously.

gelijktijdigheid [-hɛit] v simultaneousness, simultaneity, synchronism.

gelijkvloers [gəlɛik'flu:rs] on the ground floor.

gelijkvormig [-'fɔrməx] of the same form, similar.

gelijkvormigheid [-hɛit] v similarity.

gelijkwaardig [gəlɛik'va:rdəx] equal in value, equivalent; equal [members, partners].

gelijkwaardigheid [-hɛit] v equivalence; equality [between the sexes].

gelijkzetten [gə'lɛiksɛtə(n)] vt in: de klok ~ set the clock (right); ~ met set by; hun horloges met elkaar ~ synchronize their watches.

gelijkzijdig [gəlɛik'sɛidəx] equilateral [triangles].

gelik [gə'lɪk] o licking.

gelinieerd [-li.ni.'e:rt] ruled.

gelofte [-'lɔftə] v vow [of poverty], promise; de ~ afleggen RK take the vow; een ~ doen make a vow.

gelonk [-'lɔŋk] o ogling.

geloof [-'lo.f] o 1 (kerkelijk) faith, belief, creed; 2 (niet kerkelijk) belief, credit, credence; trust; de twaalf artikelen des ~s the Apostles' Creed; het ~ verzet bergen faith will remove mountains; een blind ~ hebben in have an implicit faith in; ~ hechten (slaan) aan give credence to, give credit to, believe; het verdient geen ~ it deserves no credit; ~ vinden be credited; op goed ~ on trust.

geloofsartikel [gə'lo.fsɑrti.kəl] o article of faith.

geloofsbelijdenis [-bəlɛidənɪs] v confession of faith, profession of faith.

geloofsbrieven [-bri.və(n)] mv 1 letters of credence, credentials [of an ambassador]; 2 documentary proof of one's election.

geloofsdwang [-dvɑŋ] m coercion (constraint) in religious matters, religious constraint.

geloofsgenoot [-gəno.t] m co-religionist.

geloofsgeschil [-gəsxɪl] o religious difference.

geloofsijver [-ɛivər] m religious zeal.

geloofsleer [-le:r] v doctrine (of faith).

geloofsovertuiging [-o.vərtœygɪŋ] v religious conviction.

geloofsvervolging [-fərvɔlgɪŋ] v religious persecution.

geloofsverzaker [-fərza.kər] m apostate, renegade.

geloofsverzaking [-kɪŋ] v apostasy.

geloofsvrijheid [gə'lo.fsfrɛihɛit] v religious liberty.

geloofwaardig [gəlo.f'va:rdəx] I a jcredible [of things]; trustworthy, reliable [of persons]; II ad credibly.

geloofwaardigheid [-hɛit] v credibleness, credibility, trustworthiness, reliability.

geloop [gə'lo.p] o running.

geloven [-'lo.və(n)] vi & vt 1 believe; 2 (menen) believe, think, be of opinion; je kunt niet ~ hoe... you can't think (imagine) how...; geloof dat maar! you can take it from me!; dat geloof ik! I should think so!, I dare say; ze ~ het wel they couldn't care less; iemand op zijn woord ~ believe one on his word, take his word for it; ~ aan spoken believe in ghosts; hij moest eraan ~ there was no help for it, he had to...; mijn jas moest er aan ~ my coat had to go; ~ in God believe in God.

gelovig [-vəx] aj 1 believing; 2 earnest [Christian, prayer]; de ~en the faithful, the believers.

gelovigheid [-hɛit] v 1 faith; 2 earnestness.

gelui [gə'lœy] o ringing, tolling, peal of bells, chime.

geluid [-'lœyt] o sound, noise.

geluiddempend [-'lœydɛmpənt] sound-deadening.

geluidsband [gə'lœytsbɑnt] m recording tape.

geluidsbarrière [-bɑri.ɛ:rə] v sound barrier, sonic barrier.

geluidsfilm [-film] m sound film, sound picture.

geluidsgolf [-gɔlf] v sound wave.

geluidsinstallatie [-ɪnstɑla.(t)si.] v sound equipment.

geluidsopname [-ɔpna.mə] v sound recording.

geluidssignaal [gə'lœytsi.ɲa.l] o sound signal.

geluidstrilling [gə'lœytstrɪlɪŋ] v sound vibration.

geluier [gə'lœyər] o idling, lazing, laziness.

geluimd [-'lœymt] in the mood [for...], in the humour [to...]; goed (slecht) ~ in a good (bad) temper.

geluk [-'lʏk] o 1 (als gevoel) happiness, felicity [= intense happiness]; 2 (zegen) blessing; 3 (gunstig toeval) fortune, (good) luck, chance; 4 (succes) success; dat is nu nog eens een ~ that is a piece of good fortune, indeed; ~ ermee! I wish you joy of it!; het ~ dient u you are always in luck; meer ~ dan wijsheid there you were (I was) more lucky than wise; zijn ~ beproeven try one's luck; ~ hebben be fortunate, be in luck; het ~ hebben *om*... have the good fortune to...; *hij mag nog van ~ spreken* he may think himself lucky; *bij ~* by chance; *op goed ~ (af)* at a venture, at random, at haphazard.

gelukje [-jə] *o* piece (stroke) of good fortune, windfall.

gelukken [gə'lükə(n)] *vi* succeed; *alles gelukt hem* he is successful in everything; *als het gelukt* if the thing succeeds; *het gelukte hem...* he succeeded in ...ing; *het gelukte hem niet...* ook: he failed to...

gelukkig [-kəx] I *aj* 1 (v. gevoel) happy; 2 (v. kans) lucky, fortunate; 3 (goed gekozen &) felicitous; *een ~e dag* 1 a happy day; 2 a lucky day; *een ~ gedachte* a happy thought; *een ~ huwelijk* a happy marriage; *~ in het spel, ongelukkig in de liefde* lucky at play (at cards), unlucky in love; *wie is de ~e?* who is the lucky one?; II *ad* 1 (beperkend) [live] happily; 2 (zinsbepalend) zie: *gelukkigerwijze*; *~!* thank goodness!

gelukkigerwijs, -wijze [gəlükəgər'vɛis, -'vɛizə] fortunately, happily, luckily.

geluksdag [gə'lüksdɑx] *m* zie *gelukkige dag*.

gelukspop [-pɔp] *v* mascot.

gelukstelegram [gə'lükste.lɐgrɑm] *o* greetings telegram.

geluksvogel [-fo.gəl] *m* F lucky bird (dog).

gelukwens [gə'lükvɛns] *m* congratulation.

gelukwensen [-vɛnsə(n)] *vt* congratulate (on *met*); wish [a person] good luck; wish [a person] joy (of it *ermee*).

gelukzalig [gəlük'sa.ləx] blessed, blissful; *de ~en* the blessed.

gelukzaligheid [-hɛit] *v* blessedness, bliss, felicity, beatitude.

gelukzoeker [gə'lüksu.kər] *m* adventurer, fortune-hunter.

gemaakt [-'ma.kt] I *aj* 1 made; ready-made, ready-to-wear [clothes]; 2 affected, prim, finical [ways]; II *ad* affectedly, primly.

gemaaktheid [-hɛit] *v* affectation, primness.

1 **gemaal** [gə'ma.l] *o* 1 (het malen) grinding; 2 (in polder) pumping-engine; 3 *fig* F worry, bother.

2 **gemaal** [gə'ma.l] *m* (echtgenoot) consort, spouse.

gemachtigde [-'mɑxtəgdə] *m* proxy, deputy; (v. postwissel) endorsee.

gemak [-'mɑk] *o* 1 (gemakkelijkheid) ease, facility; 2 (rustigheid) ease; 3 (gerief) comfort, convenience; *hou je ~!* I don't move; 2 keep quiet!; *zijn ~ (ervan) nemen* take one's ease; *met ~* easily; *een huis met vele ~ken* a house with many conveniences; *op zijn ~* at ease; *niet op zijn ~* ill at ease; *hij had het op zijn ~ kunnen doen* he might have... and done it easily; *doe het op uw ~* take it easy; take your time; *op zijn ~ gesteld* easy-going; *op zijn ~ winnen* have a walk-over [of a race-horse]; *iemand op zijn ~ zetten* put one at ease; *zit je daar op je ~?* are you quite comfy there?; *van zijn ~ houden* love one's ease, like one's comforts; *van alle moderne ~ken voorzien* fitted with all modern conveniences; *voor 't ~* for convenience (' sake).

gemakkelijk [-'mɑkələk] I *aj* easy [sums, chairs &]; commodious [house]; comfortable [arm-chairs]; *zij hebben het niet ~* they are not having an easy time; *hij is wat ~* he likes to take his ease (to take things easy); *hij is niet ~, hoor!* he is an ugly customer to deal with; he is hard to please; *het zich ~ maken* make oneself comfortable, take one's ease; take things easy; *een van die ~e stoelen* take one of those easy chairs; II *ad* [done] easily, at one's ease, with ease; conveniently [arranged], comfortably [settled]; *~ te bereiken*

van... within easy reach of...; *zit je daar ~?* are you comfortable there?; *die stoel zit ~* that is an easy chair.

gemakkelijkheid [-hɛit] *v* facility, ease, easiness, commodiousness, comfortableness.

gemakzucht [-'mɑksüxt] *v* love of ease.

gemakzuchtig [-mɑk'süxtəx] easy-going.

gemalin [-ma.'lin] *v* consort, spouse, lady.

gemaniëreerd [gəma.ni:'re:rt] mannered.

gemaniëreerdheid [-hɛit] *v* mannerism.

gemarineerd [gəma.ri.'ne:rt] marinaded [herring].

gemarmerd [-'mɑrmərt] marbled.

gemartel [-'mɑrtəl] *o* tormenting, torturing.

gemaskerd [-'mɑskərt] masked; *~ bal* masked ball; *de ~en* the masked persons.

gematigd [-'ma.təxt] I *aj* moderate [claims]; measured [terms, words]; temperate [zones]; *de ~en* the moderates; II *ad* moderately.

gematigdheid [-hɛit] *v* 1 moderation; 2 temperateness.

gemauw [gə'mɑu] *o* mewing.

gember ['gɛmbər] *m* ginger.

gemberbier [-bi:r] *o* ginger ale, ginger beer.

gemeen [gə'me.n] I *aj* 1 (algemeen) common, public; 2 (gemeenschappelijk) common, joint; 3 (gewoon) common, ordinary; 4 (ordinair) common, vulgar, low; 5 (slecht in zijn soort) bad, inferior, vile; 6 (min) mean, base, scurvy; 7 (zedenkwetsend, vuil) obscene, foul, smutty; *een gemene jaap* an ugly gash; *die gemene jongens* 1 those vulgar boys; 2 those mean (bad) boys; *de gemene man* the common man, the man in the street; *een gemene streek* a dirty trick; *gemene taal* foul language, foul talk; *een gemene vent* a shabby fellow, a blackguard, a scamp; *de gemene zaak* the public cause, zie ook: *zaak*; *~ hebben met* have in common with; *iets ~ maken* make it common property; II *ad* basely, meanly &; *~* beastly [cold &]; III *o* rabble, mob.

gemeend [-'me.nt] serious.

gemeengoed [-me.n'ɡu.t] *o* common property.

gemeenheid [-'me.nhɛit] *v*. 1 meanness, baseness &; 2 F mean action, shabby trick.

gemeenlijk [-lək] commonly, usually.

gemeenplaats [-pla.ts] *v* commonplace [expression], platitude.

gemeenschap [-sxɑp] *v* 1 (aanraking) *eig* connection, communication[2], *fig* commerce, intercourse; 2 (maatschap) fellowship, community; communion [of saints]; 3 (gemeenschappelijkheid) community [of interests]; *~ hebben met* have intercourse with [persons]; communicate with [a passage &]; *in ~ van goederen* in community of goods.

gemeenschappelijk [gəme.n'sxɑpələk] I *aj* common [friend, market, room]; joint [property, interests, statement]; *voor ~e kosten (rekening)* on joint account; II *ad* in common, jointly; *~ optreden* act in concert, act together.

gemeente [-'me.ntə] *v* 1 (burgerlijke) municipality; 2 (kerkelijke) parish; 3 (kerkgangers) congregation.

gemeenteambtenaar [-ɑmtəna:r] *m* municipal official.

gemeentebelasting [-bəlɑstiŋ] *v* (town) rates.

gemeentebestuur [-bəsty:r] *o* municipality.

gemeentehuis [-hœys] *o* municipal hall.

gemeentelijk [-lək] municipal.

gemeenteraad [-ra.t] *m* town (municipal) council.

gemeenteraadslid [-ra.tslit] *o* town councillor.

gemeenteraadsverkiezing [-ra.tsfɑrki.ziŋ] *v* municipal election.

gemeentereiniging [-rɛinəgiŋ] *v* municipal scavenging department.

gemeenteschool [-sxo.l] *v* municipal school.

gemeentesecretaris, -sekretaris [-se.krəta:rəs] *m* town clerk.
gemeenteverordening [-vərərdənɪŋ] *v* by-law.
gemeentewerken [-vɛrkə(n)] *mv* municipal works.
gemeenzaam [ɡə'me.nza.m] familiar; ~ *met* familiar with.
gemeenzaamheid [-hɛit] *v* familiarity.
gemeld [ɡə'mɛlt] (above-)said, above-mentioned.
gemelijk ['ge.məlɔk] peevish, sullen, fretful, crusty, morose; *de* ~*e ouderdom* crabbed age.
gemelijkheid [-hɛit] *v* peevishness, sullenness &.
gemenebest [ɡəme.nə'bɛst] *o* commonwealth.
gemengd [-'mɛŋt] mixed, miscellaneous; ~*e berichten,* ~ *nieuws* miscellaneous news; ~ *genot* qualified pleasure; ~ *getal* mixed number; ~ *gezelschap* mixed company; ~ *huwelijk* mixed marriage; *vcor* ~ *koor* ♪ for mixed voices.
gemeubileerd [-mø.bi.'le:rt] furnished.
gemiauw [-mi.'ou] *o* mewing.
gemiddeld [-'mɪdəlt] **I** *aj* average, mean; **II** *ad* on an average, on the average.
gemiddelde [-dəldə] *o* average.
gemijmer [ɡə'mɛimər] *o* reverie, musing, meditation.
gemis [-'mɪs] *o* want, lack; *een* ~ *vergoeden* make up for a deficiency; *het* ~ *aan...* the lack of...
gemodder [-'mɔdər] *o* messing in the mud; *fig* bungling; *wat een* ~*!* what a mess!
gemoed [-'mu.t] *o* mind, heart; *in* ~*e* in (all) conscience; *de* ~*eren waren verhit* feeling was running high.
gemoedelijk [-'mu.dələk] **I** *aj* kind(-hearted), good-natured; heart-to-heart [talk]; **II** *ad* kind-heartedly, kindly, good-naturedly; ~ *met iemand spreken* have a heart-to-heart talk with one.
gemoedelijkheid [-hɛit] *v* kind-heartedness, good nature.
gemoedereerd [ɡəmu.də're:rt] F coolly, serenely.
gemoedsaandoening [-'mu.tsa.ndu.nɪŋ] *v* emotion.
gemoedsbezwaar [-bəzva:r] *o* conscientious scruple.
gemoedsgesteldheid [-ɡəstɛltheit] *v* frame of mind, temper, disposition.
gemoedsleven [-le.və(n)] *o* inner life.
gemoedsrust [-rüst] *v* peace of mind, tranquillity (of mind), serenity.
gemoedsstemming [ɡə'mu.tstɛmɪŋ] *v* mood; zie ook: *gemoedsgesteldheid.*
gemoedstoestand [ɡə'mu.tstu.stɑnt] *m* state of mind, disposition of mind, temper.
gemoeid [ɡə'mu:it] in: *...is er mee* ~ *...is* at stake; *...is involved; daar is veel... mee* ~ it takes a lot of...
gemompel [-'mɔmpəl] *o* mumbling, muttering, murmur.
gemopper [-'mɔpər] *o* grumbling, S grousing.
gemor [-'mɔr] *o* murmuring, grumbling.
gemorrel [-'mɔrəl] *o* fumbling.
gemors [-'mɔrs] *o* messing.
gems [ɡɛms] *v* ♣ chamois.
gemut [-'münt] coined; *op wie heb je het* ~*?* who do you aim at?, who is it meant for?
gemurmel [-'mürməl] *o* purl(ing), gurgling, murmur(ing).
gemutst [-'mütst] in: *goed (slecht)* ~ in a good (bad) temper.
genaamd [ɡə'na.mt] named, called.
genade [-'na.də] *v* grace [of God], mercy [from our fellow-men]; ~ *pardon; geen* ~*!* ✗ no quarter!; *goeie (grote)* ~*!* F good gracious!; *Uwe Genade* Your Grace; ~ *voor recht laten*

gelden temper justice with mercy; *(geen)* ~ *vinden in de ogen van...* find (no) favour in the eyes of...; *aan de* ~ *van... overgeleverd zijn* be at the mercy of..., be left to the tender mercies of...; *door Gods* ~ by the grace of God; *weer in* ~ *aangenomen worden* be restored to grace (to favour); *om* ~ *bidden (smeken)* pray (cry) for mercy; *zich op* ~ *of ongenade overgeven* surrender at discretion; *een kunstenaar van Gods* ~ an artist by the grace of God; *van anderer* ~ *afhangen* be dependent upon the bounty of others; *zonder* ~ without mercy.
genadebrood [-bro.t] *o* bread of charity, bread of dependence; *hij eet het* ~ he eats the bread of charity, he lives upon charity.
genademiddel [-mɪdəl] *o* means of grace; *de* ~*en der Kerk RK* the sacraments.
genadeslag [-slɑx] *m* finishing stroke, deathblow.
genadig [ɡə'na.dəx] **I** *aj* merciful, gracious; *een* ~ *knikje* a gracious (condescending) nod; *God zij ons* ~ God have mercy upon us; *wees hem* ~ be merciful to him; **II** *ad* **1** mercifully; **2** graciously, patronizingly, condescendingly.
genaken [-'na.kə(n)] *vt* & *vi* approach, draw near; *hij is nie: te* ~ he is inaccessible (unapproachable).
gênant [ʒə'nɑnt] embarrassing, awkward.
gendarme [ʒã'dɑrm(ə)] *m* gendarme.
gendarmerie [-dɑrmə'ri.] *v* gendarmerie.
gene ['ge.nə] that, the former; *aan* ~ *zijde van de rivier* beyond the river; *Napoleon en Wellington! —* ~ *de... van Frankrijk, deze de... van Europa* the former..., the latter...
geneesheer [ɡə'ne.she:r] *m* physician, doctor; ~*directeur* medical superintendent.
geneeskracht [-krɑxt] *v* curative power, healing power.
geneeskrachtig [ɡəne.s'krɑxtəx] curative, healing [properties]; medicinal [springs], officinal [herbs].
geneeskunde [ɡə'ne.skündə] *v* medicine, medical science.
geneeskundig [-ne.s'kündəx] *aj* (& *ad*) medical(ly); *(gemeentelijke)* ~ *dienst* public health department; *arts van de (gemeentelijke)* ~*e dienst* medical officer of health.
geneeskundige [-dəɡə] *m* zie *geneesheer.*
geneeslijk [ɡə'ne.səlsk] curable.
geneesmiddel [ɡə'ne.smɪdəl] *o* remedy, medicine, physic.
geneeswijze [-veizə] *v* curative (medical) method.
genegen [ɡə'ne.ɡə(n)] inclined, disposed (to...); *iemand* ~ *zijn* feel favourably (friendly) disposed towards a person.
genegenheid [-hɛit] *v* inclination, affection.
geneigd [ɡə'nɛixt] in: ~ *om te (tot)...* inclined, disposed, apt to..., < prone to...
geneigdheid [-hɛit] *v* inclination, disposition, aptness, proneness, propensity.
1 generaal [ɡe.nə'ra.l] *aj* general; *generale bas* ♪ thoroughbass; zie ook: *repetitie.*
2 generaal [ɡe.nə'ra.l] *m* ✗ general.
generaal-majoor [-ra.lma.'jo:r] *m* ✗ major-general.
generaliseren [-ra.li.'ze:rə(n)] *vi* generalize.
generatie [ɡe.nə'ra.(t)si.] *v* generation.
generator [-tər] *m* generator, [gas] producer.
generatorgas [-ɡɑs] *o* producer gas.
generen [ʒə'ne:rə(n)] **I** *vt* incommode, inconvenience; *geneer ik u?* am I in the way?; **II** *vr zich* ~ feel embarrassed; *geneer je maar niet!* **1** don't be shy! (there's plenty more); **2** don't stand on ceremony; *geneer u maar niet voor mij* never (don't) mind me; *zij generden zich het aan te nemen they* were nice about accepting it; *zij* ~ *zich zo iets te doen* they

think shame of doing a thing like that.

generhande, generlei ['ge.nǝrhɑndǝ, -lɛi] no manner of, no... whatever.

genetica, genetika [ge.'ne.ti.ka.] v genetics.

genetisch [-ti.s] aj (& ad) genetic(ally).

⊙ **geneugte** [gǝ'nø.xtǝ] v pleasure, delight, delectation.

genezen [gǝ'ne.zǝ(n)] I vt cure² [a patient, malaria], heal [wounds, the sick], restore [people] to health; iemand ~ van... cure² one of...; II vi get well again [of persons, wounds]; heal [of wounds]; recover (from van) [of persons].

genezing [-zɪŋ] v cure, recovery, healing.

geniaal [ge.ni.'a.l] I aj [man, stroke, work] of genius; brilliant [idea, general]; II ad with genius; brilliantly.

genialiteit [-a.li.'tɛit] v genius.

1 **genie** [ʒǝ'ni.] o genius; een ~ a man of genius.

2 **genie** [ʒǝ'ni.] v de ~ ⚔ the Royal Engineers.

geniep [gǝ'ni.p] in het ~ in secret, secretly, on the sly, stealthily; > in a sneaky way.

genieperig, geniepig ['ni.pǝrǝx, -pǝx] I aj sneaky, sneaking; II ad zie in het geniep.

geniepigerd [-pǝgǝrt] m sneak.

geniepigheid [-pǝxhɛit] v sneakiness.

geniesoldaat [ʒǝ'ni.sɔlda.t] m ⚔ engineer.

genietbaar [gǝ'ni.tba:r] aj enjoyable.

genieten [-'ni.tǝ(n)] I vt enjoy [a man's favour, poor health]; een goede opvoeding genoten hebben have received a good education; een salaris ~ receive (be in receipt of) a salary; II vi in: ~ van enjoy [one's dinner, the performance]; III va enjoy it.

genieter [-tǝr] m epicurean, sensualist.

genieting [-tɪŋ] v enjoyment.

genietroepen [ʒǝ'ni.tru.pǝ(n)] mv ⚔ engineers.

genitief ['ge.ni.ti.f] m genitive.

genius [-ni.üs] m genius [mv genii].

genodigde [gǝ'no.dǝgdǝ] m-v person invited, guest.

genoeg [-'nu.x] enough, sufficient(ly); ~ hebben van iemand have had enough of a person; ~ hebben van alles have enough of everything; meer dan ~ more than enough, enough and to spare; ~ zijn suffice, be sufficient; zo is het ~ ook: that will do; vreemd ~, hij... oddly enough, he...; het moet u ~ zijn, dat ik... you ought to be satisfied with the assurance that I...; men kan niet voorzichtig ~ zijn one cannot be too careful.

genoegdoening [-du.nɪŋ] v satisfaction, reparation.

genoegen [gǝ'nu.gǝ(n)] o pleasure, delight; satisfaction; u zult er ~ van beleven it (he) will give you satisfaction; dat zal hem ~ doen he will be pleased (with it), be pleased (satisfied) to hear it; dat doet mij ~ I am very glad to hear it; wil je mij het ~ doen bij mij te eten? will you do me the pleasure (the favour) of dining with me?; ~ eten eat one's fill; wij hebben het ~ u mede te delen we have pleasure in informing you...; met wie heb ik het ~ (te spreken)? may I ask whom I have the pleasure of speaking to?; daarmee neem ik ~ your assurance satisfies me; daarmee neem ik geen ~ I won't put up with that; ~ scheppen in, (zijn) ~ vinden in take (a) pleasure in; met ~ with pleasure; met alle ~ I shall be delighted!; was het naar ~? were you satisfied with it (with them)?; neem er van naar ~ take as much (many) as you like; ik kon niets naar zijn ~ doen I couldn't possibly please (satisfy) him in anything; als het niet naar ~ is if it does not give satisfaction; ten ~ van... to the satisfaction of...; adieu, tot ~! F good-bye!; I hope we shall meet again!; tot mijn ~ to my satisfaction;

hij reist voor zijn ~ for pleasure.

genoeglijk [-g(ǝ)lǝk] I aj pleasant, agreeable, enjoyable; contented; II ad pleasantly; contentedly.

genoeglijkheid [-hɛit] v pleasantness, agreeableness; contentedness.

genoegzaam [gǝ'nu.xsa.m] aj (& ad) sufficient.

genoegzaamheid [-hɛit] v sufficiency. [(ly).

genoemd [gǝ'nu.mt] 1 named, called; 2 [the person] mentioned, (the) said person.

genoot [-'no.t] m fellow, companion, associate.

genootschap [-sxɑp] o society, association.

genot [gǝ'nɔt] o 1 joy, pleasure, delight; 2 enjoyment; 3 usufruct; ~ verschaffen afford pleasure; onder het ~ van... while enjoying...

genotmiddel [-mɪdǝl] o luxury.

genotrijk [-rɛik] genotvol [-fól] delightful.

genotziek [-si.k] pleasure-loving.

genotzoeker [-su.kǝr] m pleasure seeker.

genotzucht [-süxt] v love of pleasure.

genre ['ʒã.rǝ] o genre, kind, style.

gentiaan [gɛntsi.'a.n] v ⚘ gentian.

Genua ['ge.ny.a.] o Genoa.

Genuees [ge.ny.'e.s] Genoese [mv Genoese].

geoefend [gǝ'u.fǝnt] practised, trained, expert.

geograaf [ge.o.'gra.f] m geographer.

geografie [-gra.'fi.] v geography.

geografisch [-'gra.fi.s] I aj geographical; II ad geographically.

geologie [-lo.'gi.] v geology.

geologisch [-'lo.gi.s] aj (& ad) geological(ly).

geoloog [-'lo.x] m geologist.

geoorloofd [gǝ'o:rlo.ft] lawful, allowed, permitted, admissible, allowable.

gepaard [gǝ'pa:rt] 1 in pairs, in couples, coupled; 2 ⚘ geminate; dat gaat ~ met... that is attended by..., that is coupled with...; that involves...; en de daarmee ~ gaande... the ... attendant upon it, [old age] and its attendant... [ills].

gepantserd [-'pɑn(t)sǝrt] armoured; ~e vuist mailed fist; ~ tegen proof against.

geparenteerd [-pa.rɛn'te:rt] related (to aan).

gepast [-'pɑst] I aj fit, fitting, proper, suitable, becoming; ~ geld zie afgepast; II ad fitly &.

gepastheid [-hɛit] v fitness, propriety, suitability, becomingness.

gepeins [-'pɛins] o musing, meditation(s), pondering; in diep ~ verzonken absorbed in thought, in a brown study.

gepeld [-'pɛlt] peeled.

gepensioneerde [-pɛnsi.o.'ne:rdǝ] m-v pensioner.

gepeperd [-'pe.pǝrt] peppered, peppery²; fig 1 highly seasoned [stories], spiced [jests]; 2 salt, exorbitant [bills], stiff [prices].

gepeupel [-'pø.pǝl] o mob, populace, rabble.

gepeuter [-'pø.tǝr] o picking; fumbling.

gepieker [-'pi.kǝr] o brooding.

gepiep [-'pi.p] o chirping, squeaking.

gepikeerd [-pi.'ke:rt] I aj piqued (at over); hij is ~ he is in a fit of pique; gauw ~ touchy II ad with a touch of feeling.

gepikeerdheid [-hɛit] v pique.

geplaag [-'pla.x] o teasing &.

geplas [-'plɑs] o splashing, splash.

geploeter [-'plu.tǝr] o splashing; fig drudging.

gepoch [-'pɔx] o boasting, brag(ging).

gepraat [-'pra.t] o talk, tattle.

geprikkeld [-'prɪkǝlt] irritated; ...zei hij ~ ...he said irritably.

geprikkeldheid [-hɛit] v irritation.

gepromoveerde [gǝpro.mo.'ve:rdǝ] m-v graduate.

gepronk [-'prɔŋk] o ostentation.

geprononceerd [-pro.nòn'se:rt] pronounced².

gepruikt [-'prœykt] periwigged.

gepruil [-'prœyl] o pouting, sulkiness.

gepruts [-'prŭts] o pottering.

gepruttel [-'prŭtəl] o 1 simmering [of a kettle]; 2 grumbling [of a person].

geraakt [-'ra.kt] hit, touched; *fig* piqued, offended.

geraaktheid [-heit] v pique, irritation.

geraamte [gə'ra.mtə] o skeleton [of animal or vegetable body]; carcass [of ship]; shell [of a house]; frame, framework [of anything].

geraas [-'ra.s] o noise, din, hubbub, clamour, roar.

geraaskal [-kɑl] o raving(s).

geraden [gə'ra.də(n), -ra.jə(n)] in: *iets ~ achten* think it advisable; *het is je ~* 1 you had better not; 2 you had better do it.

geraffineerd [-rɑfi.'ne:rt] 1 refined[2] [sugar; taste]; 2 (sluw) clever; *een ~e schelm* a consummate, thorough-paced rogue.

geraken [-'ra.kə(n)] *vi* get, come to, arrive, attain; zie ook: *raken; in gesprek ~* get into conversation; *in iemands gunst ~* win a person's favour; *in verval ~* fall into decay; *onder dieven ~* fall among thieves; *te water ~* fall into the water; *tot zijn doel ~* attain one's end.

gerammel [-'rɑməl] o clanking, rattling.

gerand [-'rɑnt] edged [lace]; rimmed [glasses]; bordered [parterres]; milled [coins].

geranium [-'ra.ni.ŭm] *v ǂ* geranium.

gerant [ʒe:'rã] *m* manager.

1 **gerecht** [-'rext] *aj* just, condign [punishment], righteous [ire]; *~e hemel!* good Heavens!

2 **gerecht** [-'rext] o 1 *ı̥* court (of justice), tribunal; 2 course; dish; *voor het ~ dagen* summon; *voor het ~ moeten verschijnen* have to appear in court.

gerechtelijk [-'rextələk] I *aj* judicial [sale, murder]; legal [adviser]; *~e geneeskunde* forensic medicine; II *ad* judicially; legally; *iemand ~ vervolgen* proceed against one, bring an action against one.

gerechtigd [-tɔxt] authorized, qualified, entitled.

gerechtigheid [-təxheit] *v* justice.

gerechtsbode [gə'rextsbo.də] *m* usher.

gerechtsdag [-dɑx] *m* court-day.

gerechtsdienaar [-di.na:r] *m* zie *politieagent*.

gerechtshof [-hof] o court (of justice).

gerechtskosten [-kɔstə(n)] *mv* legal charges; costs.

gerechtszaal [gə'rextsa.l] *v* court-room.

geredelijk [gə're.dələk] readily.

geredeneer [gə.rə.də'ne:r] o reasoning, arguing.

gereed [gə're.t] ready [money, to do something]; *~ houden* hold ready, hold in readiness; *zich ~ houden* hold oneself in readiness, stand by [to assist a person]; *~ leggen* put in readiness, lay out; *~ liggen* be (lie) ready; *(zich) ~ maken* make (get) ready, prepare; *~ staan* be (stand) ready; *~ zetten* put ready, set out [the tea-things], lay [dinner].

gereedheid [-heit] *v* readiness; in *~ brengen* put in readiness, get ready.

gereedschap [-sxɑp] o tools, instruments, implements, utensils.

gereedschapskist [-sxɑpskɪst] *v* tool-box, tool-chest.

gereformeerd [gərə.fɔr'me:rt] Calvinist; *de ~en* the Calvinists.

geregeld [gə're.gəlt] I *aj* regular, orderly, fixed; *~e veldslag* pitched battle; II *ad* regularly.

geregeldheid [-heit] *v* regularity.

gerei [gə'rei] o things for tea &], tackle [for shaving &].

gereis [-'reis] o travelling.

gerekt [-'rekt] long-drawn(-out), long-winded; *ietwat ~ ook*: lengthy.

1 **geren** ['ge:rə(n)] I *vi* slant; II *vt* gore.

2 **geren** [gə'ren] o running.

gerenommeerd [-re.nɔ'me:rt] famous, renowned.

gerepatrieerde [-re.pa.tri.'e:rdə] *m-v* repatriate.

gereserveerd [-re.zɛr've:rt] reserved[2].

gereserveerdheid [-heit] *v* reserve.

gereutel [gə'rø.təl] o [dying man's] death-rattle.

geriatrie [ge.ri.a.'tri.] *v* geriatrics.

geribd [gə'rɪpt] ribbed.

gericht [-'rɪxt] o in: *het jongste ~* judgment-day.

gerief [-'ri.f] o convenience, comfort; *veel ~ bieden* offer many comforts; *ten gerieve van...* for the convenience of...

gerief(e)lijk [-'ri.fələk] *aj* (& *ad*) commodious(ly), convenient(ly), comfortable (comfortably).

gerief(e)lijkheid [-heit] *v* commodiousness, convenience, accommodation.

gerieven [gə'ri.və(n)] *vt* accommodate, oblige [persons].

gerijmel [-'reiməl] o rhyming.

gering [-'rɪŋ] small, scanty, inconsiderable, slight, trifling, low; *van niet ~e bekwaamheid* of no mean ability; *een ~e dunk hebben van* have a poor opinion of; *een ~e kans* a slender chance; *met ~ succes* with scant success.

geringd [-'rɪŋt] ringed.

geringheid [-'rɪŋheit] *v* smallness, scantiness.

geringschatten [-sxɑtə(n)] *vt* hold cheap, have a low opinion of, disparage.

geringschattend [-tɑnt] *aj* (& *ad*) slighting(ly), slight.

geringschatting [-tɪŋ] *v* disdain, disregard, slight.

gerinkel [gə'rɪŋkəl] o jingling.

geritsel [-'rɪtsəl] o rustling, rustle.

Germaan [gɛr'ma.n] *m* Teuton.

Germaans [-'ma.ns] Teutonic, Germanic.

Germanië [-'ma.ni.ə] o Germany.

germanisme [-ma.'nɪsmə] o germanism.

gerochel [gə'rɔxəl] o death-rattle; ruckle.

geroddel [-'rɔdəl] o talk, gossip.

geroep [-'ru.p] o calling, shouting, shouts, call.

geroerd [-'ru.rt] touched; moved [person].

geroezemoes [-'ru.zəmu.s] o bustle; buzz(ing).

geroffel [-'rɔfəl] o roll, rub-a-dub [of a drum].

gerol [-'rɔl] o rolling.

gerommel [-'rɔməl] o rumbling [of a cart, of thunder].

geronk [-'rɔŋk] o snoring [of a sleeper]; snorting [of an engine], drone [of aircraft], zie *ronken*.

geronnen [-'rɔnə(n)] curdled [milk], clotted [blood].

geroutineerd [gəru.ti.'ne:rt] (thoroughly) experienced.

Gerrit ['gɛrət] *m* Gerard.

gerst [gɛrst] *v* barley.

gerstekorrel ['gɛrstəkɔrəl] *m* barleycorn.

gerucht [gə'rŭxt] o rumour, report; noise; *er loopt een ~ dat...* it is rumoured that...; *~ maken* make a noise; *het (een) ~ verspreiden (dat)...* spread a rumour, noise it abroad (that)...; *bij ~e* [know] by (from) hearsay; *in een kwaad ~ staan* be in bad repute; *hij is voor geen klein ~(je) vervaard* he is not easily frightened.

geruchtmakend [-ma.kənt] sensational.

geruim [gə'rœym] in: *een ~e tijd* a long time, a considerable time.

geruis [-'rœys] o noise [of moving thing], rustling, rustle [of a dress, leaf], murmur [of a stream], rushing [of a torrent].

geruisloos [-lo.s] *aj* (& *ad*) noiseless(ly), silent(ly).

geruit [gə'rœyt] checked, chequered.

gerust [-'rŭst] I *aj* quiet; easy; *: kunt er ~ op*

zijn, dat... you may rest assured that...; *wees daar maar ~ op* make your mind easy on that score; **II** *ad* [sleep] quietly; *ik durf ~ beweren, dat...* I venture to say that...; *u kunt er ~ heengaan* without fear; *zij kunnen ~ wegblijven* they may stay away and welcome; *u kunt ~ zeggen, dat...* you may say with a clear conscience that...; *wij kunnen dat ~ zeggen* we may safely say that.

gerustheid [-hɛit] *v* peace of mind, tranquillity.
geruststellen [-stɛlə(n)] *vt* set [a person's mind] at ease, reassure [a man].
geruststellend [-lənt] reassuring.
geruststelling [-lɪŋ] *v* reassurance.
gesar [gə'sar] *o* teasing &.
geschal [-'sxal] *o* shouting, sound [of voices]; clangour [of the winding of a horn].
geschater [-'sxa.tər] *o* burst (shout) of laughter; *hun ~* their peals of laughter.
gescheiden [-'sxɛidə(n)] separated [gardens]; divorced [women]; [living] apart.
geschel [-'sxɛl] *ŏ* ringing.
gescheld [-'sxɛlt] *o* abuse (of *op*).
geschenk [-'sxɛŋk] *o* present, gift; *iets ten ~e geven* make a present of a thing, present (one) with a thing.
geschermutsel [-sxɛr'mʉtsəl] *o* ✕ skirmishing.
gescherts [-'sxɛrts] *o* joking, jesting.
geschetter [-'sxɛtər] *o* flourish, blare; *fig* bragging.
gescheurd [-'sxø:rt] torn [books, clothes &].
geschiedboeken [-'sxi.tbu.kə(n)] *mv* annals, records.
geschieden [-'sxi.də(n)] *vi* happen, come to pass, occur, chance; befall, take place; *Uw wil geschiede* Thy will be done!
geschiedenis [-dənis] *v* history; story; *de hele ~* F the whole affair; *een mooie ~!* a pretty story!, a pretty kettle of fish!; *het is weer de oude ~* it is the old story over again; *een rare ~* a queer story; *het is een saaie (taaie) ~* it is a flat affair, a tedious business; *dat zal spoedig tot de ~ behoren* that will soon be a thing of the past.
geschiedenisboek [-bu.k] *o* history book.
geschiedenisleraar [-le:ra:r] *m* history master.
geschiedenisles [-lɛs] *v* history lesson.
geschiedkunde [gə'sxi.tkʉndə] *v* history.
geschiedkundig [gəsxi.t'kʉndəx] *aj* (& *ad*) historical(ly).
geschiedkundige [-dəgə] *m* historian.
geschiedrol [gə'sxi.trɔl] *v* record, archives.
geschiedschrijver [-s(x)rɛivər] *m* historical writer, historian.
geschift [gə'sxɪft] F dotty, crack-brained.
geschikt [gə'sxɪkt] **I** *aj* fit [person, to do..., to be..., for...]; able, capable, efficient [man, servant &]; suitable, suited [to or for the purpose], appropriate [to the occasion]; eligible [candidate], proper [time, way]; *een ~e baas* F a decent chap; **II** *ad* fitly.
geschiktheid [-hɛit] *v* fitness, capability, ability; suitability.
geschil [gə'sxɪl] *o* difference, dispute, quarrel.
geschilpunt [-'pʉnt] *o* point (matter) at issue, point of difference.
geschimp [gə'sxɪmp] *o* scoffing, abuse.
geschipper [gə'sxɪpər] *o* trimming, time-serving, temporizing, temporization.
geschitter [-'sxɪtər] *o* glitter(ing).
geschok [-'sxɔk] *o* jolting, shaking.
geschommel [-'sxɔməl] *o* swinging &.
geschooi [-'sxo:i] *o* begging.
geschoold [-'sxo.lt] trained [voices &], skilled [labourers].
geschop [-'sxɔp] *o* kicking.
geschraap [-'s(x)ra.p] *o* 1 scraping [on the violin]; 2 throat-clearing; 3 *fig* money-grubbing.
geschreeuw [-'s(x)re:u] *o* cry, cries, shrieks,

shouts; *veel ~ en weinig wol* much ado about nothing.
geschrei [-'s(x)rɛi] *o* weeping, crying.
geschrift [-'s(x)rɪft] *o* writing.
geschrijf [-'s(x)rɛif] *o* scribbling, writing.
geschubd [-'sxʉpt] scaled, scaly.
geschuifel [-'sxœyfəl] *o* shuffling, scraping [of feet].
geschut [-'sxʉt] *o* ✕ artillery, guns, ordnance; *grof ~* heavy artillery, heavy guns[2]; *licht ~* light artillery; *een stuk ~* a piece of ordnance; *het zware ~* the heavy guns.
geschutkoepel [-ku.pəl] *m* ✕ (gun-)turret.
geschutpark [-pɑrk] *o* ✕ artillery park.
geschutpoort [-po:rt] *v* ↓ port-hole.
geschuttoren [gə'sxʉto:rə(n)] *m* ✕ (gun-)turret.
geschutvuur [gə'sxʉtfy:r] *o* ✕ gun-fire.
gesel ['ge.səl] *m* scourge[2] [of war, of God], lash[2] [of satire], whip.
geselaar [-səla:r] *m* scourger[2], lasher[2], whipper.
geselbroeder [-səlbru.dər] *m* flagellant.
geselen [-sələ(n)] *vt* scourge[2], lash[2], flagellate, whip; ✝ flog.
geseling [-səlɪŋ] *v* scourging[2], lashing[2], flagellation, whipping; ✝ flogging.
geselkoord [-səlko:rt] *o* & *v* lash.
geselpaal [-pa.l] *m* whipping-post.
geselroede [-ru.də] *v* scourge[2], lash[2].
gesitueerd [gəsi.ty.'e:rt] in: *goed (beter) ~* well-(better-)off; *een goed ~ gezin* a comfortably placed family.
gesjachel [gə'ʃaxəl] **gesjacher** [-'ʃaxər] *o* bartering; traffic.
gesjouw [-'ʃɔu] *o* toiling &.
geslaagd [-'sla.xt] successful.
1 geslacht [-'slɑxt] *o* 1 (generatie) generation; 2 (familie) race, family [of men], lineage; genus [*mv* genera] [of animals, plants]; 3 (kunne) [male, female] sex; 4 *gram* [masculine, feminine, neuter] gender; *het andere ~* the opposite sex; *het komend ~* the coming race; *het menselijk ~* the human race, mankind; *het opkomend ~* the rising generation; *het schone ~* the fair sex; *het sterke ~* the sterner sex; *het zwakke ~* the weaker sex.
2 geslacht [-'slɑxt] *o* killed meat, butcher's meat.
geslachtelijk [-'slɑxtələk] *aj* (& *ad*) sexual(ly).
geslachtkunde [-'slɑxtkʉndə] *v* genealogy.
geslachtloos [-lo.s] sexless [beings].
geslachtsboom [gə'slɑxtsbo.m] *m* genealogical tree, pedigree.
geslachtsnaam [-na.m] *m* family name.
geslachtsregister [-rəgistər] *o* genealogical register.
geslachtswapen [-va.pən] *o* ∅ family arms.
geslagen [gə'sla.gə(n)] beaten; ~ *goud* beaten gold; ~ *vijanden* open (declared) enemies.
gesleep [-'sle.p] *o* dragging.
geslenter [-'slɛntər] *o* sauntering, lounging.
geslepen [-'sle.pə(n)] **I** *aj* sharp, whetted [knives]; cut [glass]; *fig* cunning, sly; **II** *ad* cunningly, slyly.
geslepenheid [-hɛit] *v* cunning, slyness.
geslof [gə'slɔf] *o* shuffling.
gesloof [-'slo.f] *o* drudgery.
gesloten [-'slo.tə(n)] 1 shut [doors], closed [doors, books, to traffic]; (o p s l o t) locked; 2 ✕ serried [ranks], close [formation]; 3 *fig* uncommunicative, close; ~ *jachttijd* close season, fence-season.
geslotenheid [-hɛit] *v* uncommunicativeness, closeness.
gesluierd [gə'slœyərt] 1 veiled [lady]; 2 fogged [plate].
gesnap [-'snɑp] *o* (tittle-)tattle, prattle, small

talk.
gesnater [-'sna.tər] o chatter(ing).
gesnauw [-'snɔu] o snarling, snubbing.
gesnik [-'snɪk] o sobbing, sobs.
gesnoef [-'snu.f] o boasting, boast, bragging.
gesp [gɛsp] m & v buckle, clasp.
gespannen [gə'spɑnə(n)] bent [of a bow]; ⚓ taut, tight [rope]; strained[2] [relations], tense[2] [situation &]; zie ook: *verwachting & voet.*
gespeend [-'spe.nt] in: ~ *van* deprived of, devoid of, without.
gespen ['gɛspə(n)] vt buckle.
gespierd [gə'spi.rt] muscular, sinewy, brawny; *fig* nervy, nervous [English].
gespierdheid [-hɛit] v muscularity; *fig* nervousness.
gespikkeld [gə'spɪkəlt] speckled.
gesprek [-'sprɛk] o conversation, talk; ☏ call; *fig* dialogue [of the Church with the State]; *in* ~ ☏ number engaged; *een* ~ *voeren* hold a conversation.
gespuis [-'spœys] o rabble, riff-raff, scum.
gestaag, gestadig [-'sta.x, -'sta.dəx] I aj steady, continual, constant; II ad steadily, constantly.
gestadigheid [-'sta.dəxhɛit] v steadiness, constancy.
gestalte [-'stɑltə] v figure, shape, stature, size.
gestamel [-'sta.məl] o stammering.
gestamp [-'stɑmp] o 1 stamping; 2 ⚓ pitching [of a steamer].
gestand [-'stɑnt] in: *zijn woord* ~ *doen* redeem one's promise (word, pledge), keep one's word.
geste ['ʒɛstə] v gesture[2].
gesteen [gə'ste.n] o moaning, groaning.
gesteente [-tə] o 1 (precious) stones; 2 stone, rock; *vast* ~ solid rock.
gestel [gə'stɛl] o system, constitution.
gesteld [-'stɛlt] in: ~ *dat het zo is* supposing it to be the case; *de* ~*e machten (overheid)* the powers that be, the constituted authorities; *het is er zó mee* ~ that's how the matter stands; *op iets* ~ *zijn* be fond of [a good dinner, of a friend]; stand on [getting things well done &]; be a stickler for [ceremony].
gesteldheid [-hɛit] v state, condition, situation [of affairs]; nature [of the soil &].
gestemd [gə'stɛmt] 1 ♪ tuned; 2 *fig* disposed; *ik ben er niet toe* ~ I am not in the vein for it; *gunstig* ~ *zijn jegens* be favourably disposed towards.
gesternte [-'stɛrntə] o star, constellation, stars; *onder een gelukkig* ~ *geboren* born under a lucky star.
gesteun [-'stø.n] o zie *gesteen.*
1 **gesticht** [-'stɪxt] o (in 't alg.) establishment, institution; (voor daklozen &) asylum, home, workhouse.
2 **gesticht** [-'stɪxt] aj 1 founded; 2 *fig* edified; *hij was er niets* ~ *over* he was not pleased at all about it.
gesticulatie [gɛsti.ky.'la.(t)si.] v gesticulation.
gesticuleren [-'le:rə(n)] vi gesticulate.
gestoei [gə'stu:i] o romping.
○ **gestoelte** [-'stu.ltə] o seat, chair.
gestoffeerd [-stə'fe:rt] (partly) furnished [rooms].
gestommel [-'stòməl] o clutter(ing).
gestotter [-'stɔtər] o stuttering, stammering.
gestreept [-'stre.pt] striped.
gestrekt [-'strɛkt] stretched; *in* ~*e draf* (at) full gallop; ~*e hoek* straight angle.
gestreng [-'strɛŋ] zie 2 *streng*
gestroomlijnd [-'stro.mlɛint] streamlined.
gestructureerd, gestruktureerd [-strúkty.'re:rt] structured.
gestudeerd [-sty.'de:rt] college-taught [persons].

gesuf [-'sûf] o day-dreaming, dozing.
gesuis [-'sœys] o soughing &; zie ook: *suizing.*
gesukkel [-'sûkəl] o 1 pottering &; 2 ailing.
getal [-'tɑl] o number; *in groten* ~ in (great) numbers; *ten* ~ *van* to the number of..., ...in number.
getalm [-'tɑlm] o lingering, loitering, dawdling.
getalsterkte [-'tɑlstɛrktə] v numerical strength.
getand [-'tɑnt] 1 toothed; 2 § dentate; 3 ⚒ toothed, cogged.
getapt [-'tɑpt] 1 drawn [beer]; skimmed [milk]; 2 *fig* S popular [with the boys &].
geteem [-'te.m] o drawl(ing), whine, whining.
getekend [-'te.kənt] drawn, signed; ~*e m-v* one marked by nature.
geteut [-'tø.t] o dawdling, loitering.
getier [-'ti:r] o noise, clamour, vociferation.
getij [-'tɛi] o 1 (ebbe en vloed) tide [high or low]; 2 = *getijde; dood* ~ neap tide; zie ook: *baken.*
getijbal [-bɑl] m ⚓ tide-ball.
○ **getijde** [-də] o 1 (tijdruimte) season; 2 = *getij; de* ~*n RK* the hours.
getijdenboek [-də(n)bu.k] o RK breviary.
getijgerd [gə'tɛigərt] spotted, speckled, striped.
getijhaven [gə'tɛiha.və(n)] v tidal harbour.
getijrivier [-ri.vi:r] v tidal river.
getik [gə'tɪk] o ticking [of a clock]; tapping [at a door]; click(ing) [of an engine &].
getikt [-'tɪkt] F a bit cracked, cracky, crackbrained.
getimmer [-'tɪmər] o carpentering.
getiteld [-'ti.təlt] titled [person]; [book &] entitled.
getjilp [-'tjɪlp] o chirping, twitter.
getob [-'tɔp] o 1 bother, worry; 2 toiling, drudgery.
getoet(er) [-'tu.t(ər)] o tooting, tootling, hoot(ing).
getokkel [-'tɔkəl] o ♪ thrumming.
getouw [-'tɔu] o gear, loom; zie ook: *touw.*
getralied [-'tra.li.t] grated, latticed, barred.
getrappel [-'trɑpəl] o stamping, trampling.
getreur [-'trø:r] o pining, mourning.
getreuzel [-'trø.zəl] o dawdling, loitering, lingering.
getroosten [-'tro.stə(n)] *zich* ~ bear patiently, put up with; *zich een grote inspanning* ~ make a great effort; *zich moeite* ~ spare no pains.
getrouw [-'trɔu] zie 1 *trouw, zijn* ~*en* his trusty followers, his stalwarts, his henchmen.
getto ['gɛto.] o ghetto.
getuige [gə'tœyɣə] m & v 1 witness; 2 (bij huwelijk) best man; 3 (bij duel) second; ~ *mijn armoede* witness my poverty; *schriftelijke* ~*n* written references; *ik zal u goede* ~*n geven* I'll give you a good character; *iemand tot* ~ *roepen* call (take) a person to witness; ~ *zijn van* be a witness of, witness.
getuigen [-(n)] 1 vt testify to, bear witness [that...]; II vi appear as a witness, give evidence; *dat getuigt tegen...* that is what testifies against...; ~ *van* attest to..., bear witness to...; *dat getuigt van zijn...* that testifies to his..., that bears testimony to his...; ~ *voor* testify in favour of; *dat getuigt voor hem* that speaks in his favour.
getuigenbank [-bɑŋk] v witness-box.
getuigenis [gə'tœyɣənɪs] o & v evidence, testimony; ~ *afleggen van* bear witness to, give evidence of; ~ *dragen van* bear testimony (evidence) to.
getuigenverhoor [-'tœyɣə(n)vərho:r] o examination (hearing) of the witnesses.
getuigenverklaring [-kla:rɪŋ] v deposition, testimony, evidence.
getuigschrift [gə'tœyxs(x)rɪft] o certificate, testimonial; [servant's] character.
getwist [-'tʋɪst] o quarrelling, wrangling, bickering.

ering(s).

geul [gø.l] *v* gully, channel.

geur [gø:r] *m* smell, odour, fragrance, flavour, aroma, perfume, scent; *in ~en en kleuren* in detail.

geuren ['gø:rə(n)] *vi* 1 smell, be fragrant, give forth scent (perfume); 2 S swank; ~ *met* F show off [one's learning], sport, S flash [a gold watch].

geurig [-rəx] sweet-smelling, odoriferous, fragrant.

geurigheid [-hɛit] *v* perfume, smell, fragrance.

geurmaker ['gø:rma.kər] *m* S swanker.

1 **geus** ['gø.s] *m* Ⓤ Beggar: Protestant.

2 **geus** ['gø.s] *v* ⚓ jack.

geuzenpenning ['gø.zə(n)pɛnɪŋ] *m* Ⓤ Beggars medal.

gevaar [gə'va:r] *o* danger, peril, risk; *het gele ~* the yellow peril; *er-is geen ~ bij* there is no danger; *daar is geen ~ voor* no danger (no fear) of that; *~ voor brand* danger of fire; *een ~ voor de vrede* a danger to peace; *~ lopen om...* run the risk of ...ing; *buiten ~* out of danger [of a patient &]; *in ~ brengen* endanger, imperil; *in ~ verkeren* be in danger (peril); *op ~ af van u te beledigen* at the risk of offending you; *zonder ~* without danger, without (any) risk.

gevaarlijk [-lək] I *aj* dangerous, perilous, risky, hazardous; *het ~e ervan* the danger of it; II *ad* dangerously &.

gevaarlijkheid [-hɛit] *v* dangerousness &.

gevaarte [gə'va:rtə] *o* colossus, monster, leviathan.

gevaarvol [-vɔl] perilous, hazardous.

geval [gə'val] *o* 1 case; 2 J affair; *in ~ van* in case of [need], in the event of [war]; *in allen ~le* in any case, at all events; at any rate, anyhow; *in het ergste ~* if the worst comes to the worst; *in geen ~* in no case, not on any account, on no account; *in uw ~ zou ik...* if it were my case I should...; *van ~ tot ~* individually; *voor het ~ dat...* in case... [you should...].

gevallen [-'valə(n)] *vi* happen; *zich laten ~* put up with.

gevangen [-'vaŋə(n)] captive; zie *geven* II.

gevangenbewaarder [-bəva:rdər] *m* warder, jailer, turnkey.

gevangene [gə'vaŋənə] *m-v* prisoner, captive.

gevangenhouden [gə'vaŋə(n)hɑu(d)ə(n)] *vt* détain.

gevangenhouding [-dɪŋ] *v* detention.

gevangenis [gə'vaŋənɪs] *v* 1 (gebouw) prison, jail, gaol; 2 (straf) imprisonment, gaol; *de ~ ingaan* be sent to prison.

gevangeniskost [-kɔst] *m* prison food.

gevangenisstraf [gə'vaŋənɪstraf] *v* imprisonment.

gevangeniswezen [gə'vaŋənɪsve.zə(n)] *o* prison system.

gevangenkamp [gə'vaŋə(n)kɑmp] *o* prison camp, prisoners' camp.

gevangennemen [gə'vaŋənne.mə(n)] *vt* 1 ⚖ apprehend, capture; 2 ✕ take prisoner, take captive.

gevangenneming [-ne.mɪŋ] *v* apprehension, capture.

gevangenschap [gə'vaŋə(n)sxɑp] *v* captivity, imprisonment.

gevangenvan [-va.gə(n)] *m* prison van.

gevangenzetten [-zɛtə(n)] *vt* put in prison, imprison.

gevangenzetting [-zɛtɪŋ] *v* imprisonment.

gevangenzitten [-zɪtə(n)] *vi* be in prison (in jail).

gevat [-'vat] quick-witted [debater]; ready [answer], clever, smart [retort].

gevatheid [-hɛit] *v* quick-wittedness, ready wit,

quickness at repartee, smartness.

gevecht [gə'vɛxt] *o* ✕ fight, combat, battle, action, engagement; *de ~en duren nog voort* ✕ the fighting still goes on; *buiten ~ stellen* ✕ put out of action, disable.

gevederd [gə've.dərt] feathered.

gevederte [-dərtə] *o* feathers.

geveins [gə'vɛins] *o* dissembling, dissimulation.

geveinsd [-'vɛinst] feigned, simulated, hypocritical.

geveinsdheid [-hɛit] *v* dissembling, dissimulation, hypocrisy.

gevel [ge.vəl] *m* front, façade.

geven ['ge.və(n)] I *vt* give [money, a cry]; make a present of [it], present with [a thing]; afford, yield, produce; give out [heat]; ◊ deal [the cards]; *mag ik u wat kip ~?* may I help you to some chicken?; *geef mij nog een kopje* let me have another cup; *geef mij maar Amsterdam* commend me to Amsterdam; *dat zal wel niets ~* it will be of no avail, it will be no use (no good); *het geeft 50%* it yields 50 per cent.; *rente (interest) ~* bear interest; *welk stuk wordt er gegeven?* what is on (to-night)?; *een toneelstuk ~* produce (put on) a play; *ik gaf hem veertig jaar* I took him to be forty; *het geeft je wat of je al...* it is no use telling him (to tell him); *wat geeft het?* how much does it yield?; *wat geeft het je?* what's the use (the good)?; *wat moet dat ~?* what will be the end of it?; zie ook: *brui, cadeau, gewonnen, les, rekenschap, vuur* &; *God geve dat het niet gebeurt* God grant that it does not happen; *gave God dat ik hem nooit gezien had!* would to God I had never seen him!; *we moesten het er aan ~* we had to give it up; *er een andere uitleg aan ~* put a different construction (up)on it; *niets ~ om* not care for; *veel ~ om* care much for; *weinig ~ om* not mind [privations], make little of [pains]; II *vr zich ~ zoals men is* give oneself in one's true character; *zich gevangen ~* give oneself up [to justice], surrender; zie ook: *gewonnen*; III *vi & va* 1 give; 2 (bij 't kaarten) deal; *~ en nemen* give and take; *u moet ~* ◊ it is your deal, the deal is with you; *er is verkeerd gegeven* ◊ there was a misdeal; *geef hem!* let him have it!; *te denken ~* give food for thought; *wie spoedig geeft, geeft dubbel* he gives twice who gives quickly.

gever [-vər] *m* giver, donor; ◊ dealer.

gevest [gə'vɛst] *o* hilt.

gevestigd [-'vɛstəxt] fixed [opinion]; *zijn ~e reputatie* his (old-, well-)established reputation.

gevierd [-'vi:rt] fêted, made much of.

gevit [-'vɪt] *o* cavilling, fault-finding &.

gevlamd [-'vlɑmt] flamed [tulips]; watered [silk].

gevlei [-'vlɛi] *o* flattering &.

gevlekt [-'vlɛkt] spotted, stained.

gevleugeld [-'vlø.gəlt] winged[2].

gevlij [-'vlɛi] *iemand in 't ~ zien te komen* try to ingratiate oneself with a person.

gevloek [-'vlu.k] *o* cursing, swearing.

gevloekt [-'vlu.kt] accursed, cursed.

gevoeglijk [-'vu.gələk] decently; *wij kunnen nu~...* we may as well...

gevoeglijkheid [-hɛit] *v* decency, propriety.

gevoel [gə'vu.l] *o* 1 (als aandoening) feeling, sensation, sentiment, sense; F feel; 2 (als zin) feeling, touch; *het ~ voor het schone* the sense of beauty; *met ~* with expression, with much feeling; *op het ~* by the feel; [read] by touch; *zacht op het ~* soft to the feel (touch).

gevoelen [-'vu.lə(n)] I *vt* zie *voelen*; II *o* feeling; opinion; *edele ~s* noble sentiments; *naar mijn ~* in my opinion; *wij verschillen van ~* we are of a different opinion [about this], we differ.

gevoelig [-ləx] I *aj* 1 (veel gevoel hebbend) feeling, susceptible, impressionable, sensitive [people]; 2 (lichtgeraakt) touchy; 3 (pijnlijk) tender [feet]; 4 (hard) smart [blow]; severe [cold &]; 5 (in de fotografie) sensitive [plates]; *een ~e nederlaag* a heavy defeat; *~ op het punt van eer* sensitive about honour; *~ voor* sensitive to [kindness]; *~ zijn voor* ook: appreciate [a person's kindness]; *~ maken* sensitize [a plate &]. Zie ook: *snaar*; II *ad* feelingly.

gevoeligheid [-heit] *v* sensitiveness; tenderness; *gevoeligheden kwetsen* wound (offend) susceptibilities.

gevoelloos [gə'vu.lo.s] unfeeling; insensible [to emotion]; *~ maken* anaesthetize.

gevoelloosheid [-heit] *v* unfeelingness; insensibility.

gevoelsleven [gə'vu.lsle.və(n)] *o* emotional (inner) life.

gevoelsmens [-mɛns] *m* emotional man.

gevoelswaarde [-va:rdə] *v* emotional value.

gevoelszenuw [gə'vu.lse.ny:u] *v* sensory nerve.

gevoelvol [gə'vu.lvɔl] *aj* (& *ad*) feeling(ly).

gevogelte [-'vo.ɣəltə] *o* birds, fowl(s), poultry.

gevolg [-'vɔlx] *o* 1 (personen) followers, suite, train, retinue; 2 (uit oorzaak) consequence, result; effect [of the wars on the nations]; *~ geven aan een opdracht* carry an order into effect; *~ geven aan een wens* comply with a wish, carry out (fulfil) a wish; *met goed ~* with success, successfully; *ten ~e hebben* cause [a man's death &], result in [a big profit], bring [misery] in its train; *ten ~e van* in consequence of, as a result of, owing to; *zonder ~* 1 without his suite; 2 without success, unsuccessful(ly).

gevolgaanduidend [-a.ndœydənt] *gram* consecutive.

gevolgtrekking [-'vɔlxtrɛkɪŋ] *v* conclusion, deduction, inference; *een ~ maken* draw a conclusion (from *uit*).

gevolmachtigde [-'vɔlmaxtəɣdə] *m* plenipotentiary [of a country]; proxy [in business].

gevorderd [-'vɔrdərt] advanced, late; *op ~e leeftijd* at an advanced age; *op een ~ uur* at a late hour.

gevraagd [-'vra.xt] asked, requested, $ in request.

gevuld [-'vʉlt] well-lined [purse]; full [figure].

gewaad [-'va.t] *o* garment, dress, garb, attire.

gewaagd [-'va.xt] hazardous, risky.

gewaand [gə'va.nt] supposed, pretended, feigned.

gewaardeerd [-va:r'de:rt] valued [friends, help].

gewaarworden [-'va:rvɔrdə(n)] *vt* become aware of, perceive, notice; find out, discover.

gewaarwording [-dɪŋ] *v* 1 (aandoening) sensation; 2 (vermogen) perception.

gewag [gə'vax] *~ maken van* zie *gewagen*.

gewagen [-'va.ɣə(n)] *vi* in: *~ van* mention, make mention of.

gewapend [-'va.pənt] armed [soldiers, peace, eye].

gewapenderhand [-va.pəndər'hɑnt] by force of arms.

gewapper [-'vapər] *o* fluttering.

gewarrel [-'vɑrəl] *o* whirl(ing).

gewas [-'vas] *o* 1 growth, crop(s); harvest; 2 plant.

gewatteerd [-va'te:rt] wadded [quilt].

gewauwel [-'vouəl] *o* twaddle, drivel, (tommy-)rot.

geweeklaag [-'ve.kla.x] *o* lamentation(s).

geween [-'ve:n] *v* weeping, crying.

geweer [-'ve:r] *o* gun, rifle, ~ musket; *in 't ~* up in arms; *in 't ~ komen* ✗ 1 turn out (of

the guard]; 2 stand to [of a company in the field]; *over... ~!* ✗ slope... arms!; zie ook: *presenteren &*.

geweerkogel [-ko.ɣəl] *m* (rifle) bullet.

geweerkolf [-kɔlf] *v* rifle butt.

geweerloop [-lo.p] *m* (gun-)barrel.

geweermaker [-ma.kər] *m* gunsmith, gunmaker.

geweerschot [gə've:rsxɔt] *o* gun-shot, rifleshot.

geweervuur [-vy:r] *o* rifle-fire, musketry, fusillade.

gewei [gə'vei] *o* (horens) horns, antlers [of a deer].

gewei(de) [gə'vei(də)] 1 (ingewanden) bowels, entrails; 2 (uitwerpselen) droppings.

geweifel [-'veifəl] *o* wavering, hesitation.

geweld [-'vɛlt] *o* 1 (main) force, violence; 2 noise; *~ aandoen* do violence to[2], fig strain, stretch [the truth &]; *zich zelf ~ aandoen* do violence to one's nature (one's feelings); *zich ~ aandoen om* (niet) me... make an effort (not) to...; *~ gebruiken* use force, use violence; *met ~* by (main) force, by violence; *hij wou er met alle ~ heen* he wanted to go by all means; *hij wou met alle ~ voor ons betalen* he insisted on paying for us.

gewelddaad [-'vɛlda.t] *v* act of violence.

gewelddadig [-vɛl'da.dəx] *aj* (& *ad*) violent(ly).

gewelddadigheid [-heit] *v* violence.

geweldenaar [gə'vɛldəna:r] *m* tyrant, oppressor.

geweldenarij [-vɛldəna:'rei] *v* tyranny, oppression.

geweldig [-'vɛldəx] I *aj* violent, powerful, mighty, enormous, < terrible; *ze zijn ~!* F they are wonderful (marvellous, stunning)!; II *ad* < dreadfully, terribly, awfully.

geweldpleging [gə'vɛltple.ɣɪŋ] *v* violence.

gewelf [-'vɛlf] *o* vault, arched roof, archway; *het ~ des hemels* the vault of heaven.

gewelfd [-'vɛlft] vaulted, arched.

gewend [-'vɛnt] accustomed; *~ aan* accustomed to, used to; *~ zijn om*... be in the habit of ...ing; *ben je hier al ~?* do you feel at home here?; *hij is niet veel ~* he is not used to better things; *jong ~, oud gedaan* as the twig is bent the tree is inclined.

gewennen [-'vɛnə(n)] *vt & vi* zie *wennen* en *gewend*.

gewenst [-'vɛnst] wished(-for), desired; desirable.

gewerveld [gə'vɛrvəlt] vertebrate.

gewest [-'vɛst] *o* region, province; *betere ~en* better lands, the fields of heavenly bliss.

gewestelijk [-'vɛstələk] regional, provincial.

geweten [-'ve.tə(n)] *o* conscience; *een rekbaar, ruim ~ hebben* have an elastic conscience; *het met zijn ~ overeenbrengen* reconcile it to one's conscience; *iets op zijn ~ hebben* have something on one's conscience; *heel wat op zijn ~ hebben* have a lot to answer for; *zonder ~* zie *gewetenloos* I.

gewetenloos [-lo.s] I *aj* unscrupulous, unprincipled; II *ad* unscrupulously.

gewetenloosheid [gəve.tə(n)'lo.sheit] *v* unscrupulousness, unprincipledness.

gewetensangst [gə've.tənsaŋst] *m* pangs of conscience.

gewetensbezwaar [-bəzva:r] *o* (conscientious) scruple, conscientious objection.

gewetensdwang [-dvɑŋ] *m* moral constraint.

gewetensgeld [-gɛlt] *o* conscience money.

gewetensvraag [-fra.x] *v* question of conscience.

gewetensvrijheid [-freiheit] *v* freedom of conscience.

gewetenswroeging [-vru.ɣɪŋ] *v* stings (pangs, qualms, twinges) of conscience, compunctition(s).

gewetenszaak [gə′ve.tənsa.k] *v* matter of conscience; *van iets een ~ maken* make something a matter of conscience.

gewettigd [-′vetəxt] justified, legitimate.

geweven [-′ve.və(n)] woven; textile [fabrics].

gewezen [-′ve.zə(n)] late, former, ex-.

gewicht [gə′vIxt] *o* weight², *fig* importance; *dood (eigen)* ~ dead weight; *(geen)* ~ *hechten aan* attach (no) importance (weight) to; ~ *in de schaal leggen* weigh in the scale (in the balance); *zijn* ~ *in de schaal werpen* throw the weight of one's (his) influence into the scale; *bij het* ~ *verkopen* sell by weight; *een man van* ~ a man of weight; *een zaak van groot* ~ a matter of great weight (moment, importance).

gewichtheffen [-hefə(n)] *o sp* weight-lifting.

gewichtig [gə′vIxtəx] weighty, momentous, of weight, important; ~ *doen* assume consequential airs; ~ *doend* consequential, pompous, self-important.

gewichtigheid [-heit] *v* weightiness, importance.

gewichtloosheid [gə′vIxtlo.sheit] *v* weightlessness.

gewiebel [gə′vi.bəl] *o* wobbling.

gewiekst [-′vi.kst] S knowing, sharp, deep.

gewiekstheid [-heit] *v* S knowingness &.

gewijd [gə′veit] consecrated [Host], sacred [music &].

gewijsde [-′veisdə] *o* st final judgment; *in kracht van* ~ *gaan* st become final.

gewild [-′vIlt] I in request, in demand, in favour, much sought after, popular; 2 studied [= affected].

gewillig [-′vIləx] I *aj* willing; II *ad* willingly.

gewilligheid [-heit] *v* willingness.

gewinzucht [gə′vInzüxt] *v zie winzucht.*

gewis [-′vIs] *aj* I (& *ad*) certain(ly), sure(ly).

gewisheid [-heit] *v* certainty, certitude.

gewoel [gə′vu.l] *o* stir, bustle, turmoil.

gewonde [-′vòndə] *m-v* wounded person; *de ~n* the wounded.

gewonnen [-′vònə(n)] won; *zo ~ zo geronnen* light(ly) come, light(ly) go; *het ~ geven* give it up, give up the point; *zich ~ geven* yield the point [in an argument]; own defeat, throw up the sponge; *zie ook: spel.*

gewoon [-′vo.n] I *aj* I (gewend) accustomed; customary, usual, wonted; 2 (niet buitengewoon) common [people, cold]; ordinary [shares, members]; plain [people]; [professor] in ordinary; *het is heel* ~ quite common, nothing out of the common; ~ *raken aan* get accustomed (used) to; ~ *zijn aan* be accustomed (used) to...; ~ *zijn om...* be in the habit of ...ing; *hij was* ~ *om...* ook: he used to...; II *ad* commonly; simply; [everything is going on] as usual; *het was* ~ *verrukkelijk* F it was simply ravishing.

gewoonlijk [-lək] usually, as a rule, normally; *als* ~ as usual.

gewoonte [-tə] *v* I (gebruik) custom, use, usage; 2 (aanwensel) habit, wont; 3 (aangewende handelwijze) practice; *ouder* ~ as usual; *dat is een* ~ *van hem* that is a custom with him, a habit of his; *een* ~ *aannemen* contract a habit; *die* ~ *afleggen* get out of that habit; *zoals de* ~ *is*, als naar ~, *volgens* ~ as usual, according to custom; *tegen zijn* ~ contrary to his wont; *tot een* ~ *vervallen* fall into a habit; *alleen uit* ~ from (sheer force of) habit; ~ *is een tweede natuur* use is a second nature.

gewoonterecht [-rext] *o* common law.

gewoonweg [gə′vo.nʌex] simply.

gewricht [-′vrIxt] *o* joint, articulation.

gewrocht [-′vrɔxt] *o* work, masterpiece, creation.

gewroet [-′vru.t] *o* rooting &; *fig* insidious agitation, intrigues.

gewrongen [-′vrɔŋə(n)] distorted.

gezaag [-′za.x] *o* sawing; *fig* scraping [on a violin].

gezag [-′zax] *o* authority, power; ~ *hebben (voeren) over* command; *op eigen* ~ on one's own authority.

gezaghebbend [-hebənt] authoritative.

gezaghebber [-hebər] *m* director, administrator.

gezagvoerder [-fu:rdər] *m* ♣ master, captain; ✈ chief pilot, captain.

gezakt [gə′zakt] I (in zakken gedaan) bagged; 2 ✿ plucked.

gezalfde [-′zalfdə] *m* [the Lord's] anointed.

gezamenlijk [-′za.mələk] I *aj* joint; aggregate, total [amount]; complete [works of Scott &]; II *ad* jointly, together.

gezang [-′zaŋ] *o* I (het zingen) singing; warbling [of birds]; 2 (het te zingen of gezongen lied) song; 3 (kerkgezang) hymn.

gezangboek [-bu.k] *o* hymn-book.

gezanik [gə′za.nək] *o* bother, botheration.

gezant [-′zant] *m* I minister; 2 (ambassadeur, afgezant) ambassador, envoy; *pauselijk* ~ (papal) nuncio.

gezantschap [-sxap] *o* embassy, legation.

gezegde [-′zɛgdə] *o* I saying, expression, phrase, saw, dictum; 2 *grₐ* predicate.

gezegeld [-′ze.gəlt] I sealed [envelope]; 2 stamped [paper].

gezegend [-′ze.gənt] blessed; ~ *met... ook:* happy in the possession of...

gezeglijk [-′zɛgələk] biddable, docile, amenable.

gezeglijkheid [-heit] *v* docility.

gezel [gə′zɛl] *m* I mate, companion, fellow; 2 workman, journeyman [baker &].

gezellig [-′zɛləx] I *aj* I (v. persoon) companionable, sociable, convivial; 2 (v. vertrek &) snug, cosy; 3 (gezellig levend) social, gregarious [animals]; ~*e bijeenkomst* social meeting; *een ~e boel* a pleasant affair; II *ad* companionably &.

gezelligheid [-heit] *v* companionableness, sociability, conviviality; snugness, cosiness; *voor de* ~ for company.

gezellin [gəzɛ′lIn] *v* companion, mate.

gezelschap [-′zɛlsxap] *o* company°, society; *ons (het Koninklijk &)* ~ *begaf zich naar...* our (the royal &) party went to...; *besloten* ~ private party, club; *iemand* ~ *houden* bear (keep) a person company; *in* ~ *van* in (the) company of, in company with, accompanied by; *wil jij even het* ~ *zijn?* will you be of the party?; *hij is zijn* ~ *waard* he is good company.

gezelschapsbiljet [-sxapsbiljet] *o* party ticket.

gezelschapsdame [-da.mə] *v* (lady-)companion.

gezelschapsreis [-reis] *v* conducted party tour.

gezelschapsspel [gə′zɛlsxapspel] *o* round game.

gezet [gə′zɛt] I set [hours]; 2 corpulent, thickset, stout, stocky.

gezeten [-′ze.tə(n)] in: ~ *boer* well-to-do farmer.

gezetheid [-′zetheit] *v* corpulence, stoutness, stockiness.

gezicht [-′zIxt] *o* I (vermogen) (eye)sight; 2 (aangezicht) face; 3 (uitdrukking) looks, countenance; 4 (het geziene) view, sight; 5 (visioen) vision; ~*en trekken* pull (make) faces (at *tegen*); *bij (op) het* ~ *van...* at sight of; *in het* ~ *van de kust* in sight of the coast; *in het* ~ *komen* heave in sight; *in het* ~ *krijgen* catch sight of, sight; *hem in het* ~ *uitlachen* laugh in his face; *hem in zijn* ~ *zeggen* tell him to his face; *op het eerste* ~ at first sight; *zo op het eerste* ~ *is het...* on the face of it, it is...; *uit het ~ verdwijnen* disappear, vanish (from sight); *uit het ~ verliezen* lose sight of; *uit het ~ zijn* be out of sight; *hem van ~ kennen* know him by sight; *scherp van ~* sharp-sighted.

gezichtsbedrog [gə'zɪxtsbədrɔx] *o* optical illusion.

gezichtseinder [-eindər] *m* horizon.

gezichtshoek [-hu.k] *m* optic (visual) angle.

gezichtsindruk [-ɪndrŭk] *m* visual impression.

gezichtskring [-krɪŋ] *m* horizon, ken.

gezichtsorgaan [-ɔrga.n] *o* organ of sight.

gezichtspunt [-pŭnt] *o* point of view, viewpoint.

gezichtsveld [-fɛlt] *o* field of vision.

gezichtsvermogen [-fərmo.gə(n)] *o* visual faculty, visual power; *zijn ~* his eyesight.

gezichtszenuw [gə'zɪxtse.ny:u] *v* optic nerve.

gezien [gə'zi.n] esteemed, respected; *hij is daar niet ~* he is not liked there; *~...* in view of... [the danger &]; *mij niet ~!* F nothing doing!

gezin [-'zɪn] *o* family, household; *het grote ~* the large family.

gezind [-'zɪnt] inclined, disposed; ...-minded; *iemand goed (slecht) ~ zijn* be kindly (unfriendly) disposed towards a person.

gezindheid [-heit] *v* I inclination, disposition; 2 persuasion.

gezindte [gə'zɪntə] *v* persuasion, sect.

gezinshelpster [-hɛlpstər] *v* home help.

gezinshoofd [-ho.ft] *o* I head of the family; 2 householder.

gezinsleven [-le.və(n)] *o* family life.

gezinsverzorgster [-fərzɔrxstər] *v* homemaker, visiting housekeeper.

gezinsvoogd [-fo.xt] *m* family guardian.

gezocht [gə'zɔxt] I in demand, in request, sought after [articles, wares]; 2 (niet natuurlijk) studied, affected; 3 (vergezocht) far-fetched.

gezoem [-'zu.m] *o* buzz(ing), hum(ming).

gezoen [-'zu.n] *o* kissing.

gezond [-'zònt] I *aj* healthy[2] [having or promoting health, also morally]; wholesome[2] [promoting health, also morally]; sound[2] [body, mind, policy &]; *fig* sane [judgment, views]; [alléén predikatief] [a man] in good health; *uw ~ verstand* your common sense; *de zaak is ~* F the business is safe; *~ en wel* fit and well, safe and sound; *zo ~ als een vis* as fit as a fiddle; *~ naar ziel en lichaam* sound in body and mind; *~ van lijf en leden* sound in life and limb; *~ bidden* heal by prayer; *~ blijven* keep fit; *~ maken* restore to health, cure; *weer ~ worden* recover (one's health); II *ad* [live] healthily; [reason] soundly[2].

gezondheid [-heit] *v* health; healthiness &; *fig* soundness; *~ is de grootste schat* health is better than wealth; *op iemands ~ drinken* drink a person's health; *op uw ~!* your health!; *voor zijn ~* for health.

gezondheidsdienst [-di.nst] *m* public health service, health department.

gezondheidsleer [-le:r] *v* hygiene, hygienics. sanitary science.

gezondheidsmaatregel [-ma.tre.gəl] *m* sanitary measure.

gezondheidsredenen [-re.dənə(n)] *mv* considerations of health; *om ~* I for reasons of health; 2 on the ground of ill health.

gezondheidstoestand [-tu.stɑnt] *m* (state of) health; *de ~ der... is uitstekend* the... are in excellent health.

gezouten [gə'zouta(n)] salt° [food]; [predikatief] salted.

gezucht [-'zŭxt] *o* sighing, sighs.

gezusters [-'zŭstərs] *mv* sisters; *de ~ D.* the D. sisters.

gezwam [-'zvɑm] *o* S vapouring, hot air, tosh.

gezwel [-'zvɛl] *o* swelling, growth, tumour.

gezwendel [-'zvɛndəl] *o* swindling.

gezwets [-'zvɛts] *o* bragging, boasting, S gas.

gezwind [-'zvɪnt] I *aj* swift, quick; *met ~e pas* at the double; II *ad* swiftly, quick(ly).

gezwindheid [-heit] *v* swiftness, quickness, celerity.

gezwoeg [gə'zvu.x] *o* drudging, drudgery, toiling.

gezwollen [-'zvɔlə(n)] swollen [cheeks]; *fig* stilted [language]; bombastic [speech], turgid [style].

gezwollenheid [-heit] *v* swollen state; *fig* turgidity [of style].

gezworen [gə'zvo:rə(n)] sworn [friends, enemies]; *een ~e* a juror, a juryman; *de ~en* the G.G. = *gouverneur-generaal*. [jury.

gids [gɪts] *m* guide[2], (boek) guide-book; *Gids voor Londen* Guide to London.

giechelen ['gi.xələ(n)] *vi* giggle, titter.

giek [gi.k] *m* ⚓ gig.

I **gier** [gi:r] *m* 🦅 vulture.

2 **gier** [gi:r] *v* (mest) liquid manure.

gierbrug ['gi:rbrŭx] *v* flying-bridge.

I **gieren** ['gi:rə(n)] *vi* scream; (v. wind) howl *het was om te ~* F it was screamingly funny.

2 **gieren** ['gi:rə(n)] *vi* ⚓ yaw, sheer.

gierig [-rəx] I *aj* miserly, niggardly, stingy, avaricious, close-fisted; II *ad* stingily, avariciously.

gierigaard [-rəga:rt] *m* miser, niggard.

gierigheid [-rəxheit] *v* avarice, miserliness, stinginess.

gierst [gi:rst] *v* 🌾 millet.

gietbui [-bœy] *v* downpour.

gieteling ['gi.təlɪŋ] *m* 🦉 pig of iron.

gieten [-tə(n)] I *vt* I pour [water]; 2 found [guns], cast [metals &], mould [candles &]; II *vi* in: (het regent dat) het giet it is pouring, it is raining cats and dogs.

gieter [-tər] *m* I watering-can, watering-pot; 2 founder, caster [of metals].

gieterij [gi.tə'rɛi] *v* foundry.

gietijzer [-ti.teizər] *o* cast iron.

gietvorm [-form] *m* casting-mould.

gietwerk [-vɛrk] *o* cast work.

I **gift** [gɪft] *o* I (in 't alg.) poison[2]; 2 (v. dier) venom[2]; 3 (v. ziekte) virus[2].

2 **gift** [gɪft] *v* (geschenk) gift, present, donation, gratuity.

giftand ['gɪftɑnt] = *gifttand*.

giftbeker ['gɪftbe.kər] *m* poisoned cup.

giftblaas [-bla.s] *v* venom bag.

giftgas [-gɑs] *o* poison-gas.

giftig ['gɪftəx] I poisonous, venomous[2]; *fig* virulent; 2 F waxy (= angry).

giftigheid [-heit] *v* I poisonousness, venomousness[2]; *fig* virulence; 2 F anger.

giftklier ['gɪftkli:r] *v* poison-gland, venom gland.

giftmenger [-mɛŋər] *m* ~mengster [-mɛŋstər] *v* poisoner.

giftplant [-plɑnt] *v* poisonous plant.

giftslang [-slɑŋ] *v* poisonous snake.

gifttand ['gɪfttɑnt] *m* poison-fang.

gif(t)vrij ['gɪf(t)frɛi] non-poisonous.

gij [gɛi] you, ⊙ ye; ⊙ [alléén enkelv.] thou.

gijlieden [gɛi'li.də(n)] you, F you fellows, you people.

gijzelaar ['gɛizəla:r] *m* hostage; prisoner for debt.

gijzelen [-lə(n)] *vt* imprison for debt.

gijzeling [-lɪŋ] *v* imprisonment for debt.

gijzelkamer ['gɛizəlka.mər] *v* ⚒ I (v. de staat) debtors' prison; 2 sponging-house.

gil [gɪl] *m* yell, shriek, scream.

gild [gɪlt] *o* **gilde** ['gɪldə] *o* & *v* ⚒ guild, corporation, craft.

gildebroeder ['gɪldəbru.dər] *m* ▢ freeman of a guild.

gildehuis [-hœys] *o* ▢ guildhall.

gillen [gɪlə(n)] *vi* yell, shriek, scream; *het was om te ~!* it was a scream.

ginder ['gɪndər] over there.

ginds [gɪnts] **I** *aj* yonder, ○ yon; *~e boom* the tree over there; *aan ~e kant* on the other side, over the way, over there; **II** *ad* over there.

ginnegappen ['gɪnəgapə(n)] *vi* giggle, snigger.

gips [gɪps] *o* 1 (**mengsel**) plaster (of Paris); 2 (**mineraal**) gypsum; *in ʌet ~ liggen* lie in plaster.

gipsafgietsel ['gɪpsafgi.tsəl] *o* plaster cast.

gipsbeeld [-be.lt] *o* plaster image, plaster figure.

1 **gipsen** ['gɪpsə(n)] *aj* plaster.

2 **gipsen** ['gɪpsə(n)] *vt* plaster.

gipsmodel ['gɪpsmo.dɛl] *o* plaster cast.

gipsverband [-fərbant] *o* plaster of Paris dressing.

gipsvorm [-fɔrm] *m* plaster mould.

giraf(fe) [ʒiːˈraf(ə)] *v* ﹩ giraffe, ✿ camelopard.

gireren [gi:ˈre:rə(n)] *vt* ﹩ transfer.

giro ['gi:ro.] *m* ﹩ clearing.

girobank [-baŋk] *v* ﹩ clearing-bank.

girobiljet [-bɪljɛt] *o* transfer form.

Girondijn [gi:rɔnˈdɛin] *m* ▢ Girondist.

girorekening ['gi:ro.re.kəniŋ] *v* ﹩ transfer account.

gis [gɪs] *v* guess, conjecture; *op de ~* at random.

gispen ['gɪspə(n)] *v* ⚤ blame, censure.

gisping [-pɪŋ] *v* blame, censure.

gissen ['gɪsə(n)] **I** *v* guess, conjecture, surmise; **II** *vi* guess; *~ naar iets* guess at a thing; *~ doet missen* guess twice and guess worse.

gissing [-sɪŋ] *v* guess, conjecture; estimation; *het is maar een ~* F it is mere guesswork; *naar ~* at a rough guess (estimate).

gist [gɪst] *m* yeast, barm.

gisten ['gɪstə(n)] *vi* ferment[2], work; *het had al lang gegist* things had been in a ferment for a long time already.

gisteren [-tərə(n)] yesterday; *hij is niet van ~* he was not born yesterday; *de Times van ~* yesterday's (issue of the) Times; *gister(en)avond* last night, yesterday evening; *gister(en)morgen* yesterday morning.

gisting [-tɪŋ] *v* working, fermentation[2], ferment[2] [ook = agitation, excitement]; *in ~ verkeren* be in a ferment[2].

git [gɪt] *o* & *v* jet.

gitaar [gi.ˈta:r] *v* ♪ guitar.

gitaarspeler [-spe.lər] *m* ♪ guitarist.

gitten ['gɪtə(n)] *aj* (made of) jet.

gitzwart [-svart] jet-black.

glaasje ['gla.ʃə] *o* 1 (small) glass; 2 slide [of a microscope]; *hij heeft te diep in het ~ gekeken* F he has had a drop too much; *een ~ nemen* have a glass.

glacé [gla.ˈse.] **I** *aj* kid; **II** *o* kid (leather).

glacé(handschoen) [gla.ˈse.(hantsxu.n)] *m* kid glove.

glaceren [gla.ˈse:rə(n)] *vt* glaze [tiles]; ice, frost [pastry, cakes].

glad [glat] **I** *aj* *eig* slippery [roads, ground]; sleek [hair]; *eig & fig* smooth [surface, chin, skin, style, verse &]; glib [tongue]; *fig* cunning, cute, clever; *een ~de ring* a plain ring; *dat is nogal ~* F that goes without saying; **II** *ad* smooth(ly); *~ lopen* run smooth(ly); *je hebt het ~ mis* you are quite wrong; *ik ben het ~ vergeten* I have clean forgotten it; *dat was ~ verkeerd* that was quite wrong.

gladakker ['gladakər] *m* 1 *Ind* pariah dog; 2 *fig* (**schurk**) rascal, scamp; 3 (**slimmerd**) sly dog, slyboots.

gladdigheid [-dəxheit] *v* zie *gladheid.*

gladgeschoren ['glatgəsxo:rə(n)] clean-shaven.

gladharig [-ha:rəx] sleek-haired, smooth-haired.

gladheid [-heit] *v* smoothness[2], slipperiness.

gladiator [gladi.ˈa.tər] *m* gladiator.

gladiolus [-ˈo.lüs] **gladiool** [-ˈo.l] *v* ﹩ gladiolus [*mv* gladioli].

gladjanus ['glatja.nüs] *m* P slyboots, artful dodger.

gladloops [-lo.ps] smooth-bore [gun].

gladmaken [-ma.kə(n)] *vt* smooth, polish.

gladschaaf [-sxa.f] *v* ✂ smoothing-plane.

gladstrijken [-strɛikə(n)] *vt* smooth (out)[2].

gladweg [-ˈvɛx] clean [forgotten]; [refuse] flatly.

gladwrijven [-vrɛivə(n)] *vt* polish.

glans [glans] *m* 1 shine [of boots], gloss [of hair], lustre[2]; *fig* gleam [in his eye]; glory, splendour, brilliancy, glamour; 2 polish; *hij is met ~ geslaagd* he has passed with flying colours, with honours.

glansloos [-lo.s] lustreless [stuff], lacklustre [eyes].

glansperiode [-pe:ri.o.də] *v* heyday.

glanspunt [-pünt] *o* acme, height, high light.

glansrijk [-rɛik] **I** *aj* splendid, glorious, radiant, brilliant; **II** *ad* gloriously, brilliantly.

glanzen ['glanzə(n)] **I** *vi* gleam, shine; **II** *vt* gloss [cloth]; glaze [paper]; burnish [steel &]; polish [marble, rice]; brighten [metal].

glanzend [-zənt] gleaming, glossy.

glanzig [-zəx] shining, glossy, glittering.

glas [glas] *o* 1 glass; 2 chimney [of a lamp]; *zes glazen* ⚓ six bells; *zijn eigen glazen ingooien* cut (bite) off one's nose to spite one's face, stand in one's own light, quarrel with one's bread and butter; *onder ~ kweken* grow under glass.

glasachtig ['glasaxtəx] glass-like, glassy, vitreous.

glasblazen ['glasbla.zə(n)] **I** *vi* blow glass; **II** *o* glass-blowing.

glasblazer [-zər] *m* glass-blower.

glasblazerij [glasbla.zə'rɛi] *v* glass-works.

glasdicht ['glasdɪxt] glazed.

glasfabriek [-fa.bri.k] *v* glass-works.

glashandel [-handəl] *m* glass-trade.

glashelder [-hɛldər] clear as glass; *fig* crystal-clear.

glasscherf ['glasxɛrf] *v* piece of broken glass.

glasschilder ['glasxɪldər] *m* stained-glass artist, glass-painter.

glasschilderen [-dərə(n)] *o* glass-painting.

glaslijper ['glasleipər] *m* glass-grinder.

glassnijder [-snɛi(d)ər] *m* glass-cutter.

glasverzekering ['glasfərze.kəriŋ] *v* plate-glass insurance.

glasvezel [-fe.zəl] *v* glass fibre.

glazen ['gla.zə(n)] *aj* (of) glass, glassy; *~ deur* glass door, glazed door; *een ~ oog* a glass eye.

glazenmaker [-ma.kər] *m* 1 (**mens**) glazier; 2 (**insekt**) dragon-fly.

glazenmakersdiamant [-ma.kərsdi.a.mɑnt] *m* & *o* glazier's diamond.

glazenspuit [-spœyt] *v* window-cleaning syringe.

glazenwasser [-vasər] *m* window-cleaner.

glazenwasserij [gla.zə(n)vasə'rɛi] *v* window-cleaning company.

glazig ['gla.zəx] glassy; waxy [potato].

glazuren [gla.ˈzy:rə(n)] *vt* glaze.

glazuur [-ˈzy:r] *o* 1 glaze [of pottery]; 2 enamel [of teeth].

gletsjer ['glɛtʃər] *m* glacier.

gleuf [gløf] *v* groove, slot, slit.

glibberen ['glɪbərə(n)] *vi* slither, slip.

glibberig [-rəx] slithery, slippery.

glibberigheid [-heit] *v* slitheriness, slipperiness.

glijbaan ['glɛiba.n] *v* slide.

glijbank [-baŋk] v sliding-seat [in a gig].
glijden [-(d)ə(n)] vi glide [over the water &]; slide [on ice]; slip [over a patch of oil, from one's hands, off the table]; *zullen we wat gaan ~?* shall we go for a slide?; *laten ~* slide [a drawer &]; slip [a coin into his hand]; run [one's fingers over, one's eyes along...]; *zich laten ~* slip [off one's horse]; slide [down the banisters]; *door de vingers ~* slip through one's fingers; *over iets heen ~* slide over a delicate subject.
glijvlucht [-vlŭxt] v ✈ volplane, glide.
glimlach ['glimlɑx] m smile.
glimlachen [-lɑɣə(n)] vi smile; *~ over (tegen)* smile at.
glimmen ['glimə(n)] vi 1 shine; glimmer, gleam; 2 glow [under the ashes]; *haar neus glimt* her nose is shiny.
glimmend [-mənt] shining, shiny.
glimmer [-mər] o mica.
glimp [glimp] m glimpse; glimmer [of hope &]; *hij gaf er een ~ aan* he varnished it over; *een ~ van waarheid* some colour of truth.
glimworm ['glimvɔrm] m glow-worm, fire-fly.
glinsteren ['glinstərə(n)] vi glitter, sparkle, shimmer, glint.
glinstering [-riŋ] v glittering, glitter, sparkling, sparkle, shimmering, shimmer, glint.
glippen ['glipə(n)] vi slip; *er door ~* slip through.
globaal [glo.'ba.l] I aj rough; broad [picture]; II ad roughly, in the gross.
globe ['glo.bə] v globe.
globetrotter [-trɔtər] m globe-trotter.
gloed [glu.t] m blaze, glow; fig ardour, fervour, verve; *in ~ geraken* warm up [to one's subject].
gloednieuw ['glu.tni:u] brand-new.
gloeidraad ['glu:idra.t] m ✦ filament.
gloeien ['glu.jə(n)] I vi 1 (v. metalen) glow, be red-hot (white-hot); 2 (v. wangen &) burn; *~ van* glow (be aglow) with, burn with, be aflame with; II vt bring to a red (white) heat.
gloeiend [-jənt] I aj glowing; red-hot [iron]; burning [cheeks]; fig ardent; *~e kolen hot* (live) coals; II ad *~ heet* I burning hot; 2 (v. metalen) red-hot; 3 (v. water) scalding hot.
gloeihitte ['glu:ihitə] v red (white) heat; intense heat.
gloeiing ['glu.jiŋ] v glowing, incandescence.
gloeikousje ['glu:ikouʃə] o incandescent mantle.
gloeilamp [-lɑmp] v glow-lamp, bulb.
gloeilicht [-lIxt] o incandescent light.
gloeioven [-o.və(n)] m heating furnace.
glooien ['glo.jə(n)] vi slope.
glooiend [-jənt] sloping.
glooiing [-jiŋ] v slope.
gloren ['glo:rə(n)] vi 1 glimmer; 2 dawn; *bij het ~ van de dag* at peep of day, at dawn.
glorie [-ri.] v glory, lustre, splendour.
glorierijk [-reik] glorieus [glo:ri'ø.s] aj (& ad) glorious(ly).
glos [glɔs] v gloss; *~sen maken op* gloss [a text]; fig comment on, gloss upon.
glossarium [glɔ'sa:ri.ŭm] o glossary.
glucose [gly.'ko.zə] v glucose.
gluipen ['glœypə(n)] vi sneak, skulk.
gluiper(d) [-pər(t)] m sneak, skulking fellow.
gluiperig [-pərəx] aj (& ad) sneaking(ly).
glunder ['glŭndər] I aj genial; buxom [lass]; II ad genially.
glunderen [-dərə(n)] vi F beam (with geniality).
gluren ['gly:rə(n)] vi peep, > leer.
glycerine [gli.sə'ri.nə] v glycerine.
gniffelen ['gnifələ(n)] vi F chuckle.
gnoe [gnu.] m ❀ gnu, wildebeest.
gnuiven ['gnœyvə(n)] vi F chuckle.

goal [go.l] m sp goal.
gobelin [go.bə'lɛ̃] o & m gobelin, Gobelin tapestry.
God [gɔt] m God; *~ betere het!* (God) save the mark!; *~ bewaar me* God forbid!, save us!; *~ weet waar* Heaven (Goodness) knows where; *zo ~ wil* God willing; *~ zij gedankt* thank God.
god [gɔt] m god.
goddank [gɔ'dɑŋk] thank God!
goddelijk ['gɔdələk] aj divine [providence, beauty], heavenly; II ad divinely.
goddelijkheid [-heit] v divineness, divinity.
goddeloos [gɔdə'lo.s] I aj godless, impious, ungodly, wicked, unholy; *een ~ kabaal* a dreadful (infernal) noise; II ad I godlessly, impiously; 2 < dreadfully.
goddeloosheid [gɔdə'lo.sheit] v godlessness, ungodliness, impiety, wickedness.
godendienst ['go.də(n)di.nst] m idolatry.
godendom [-dɔm] o (heathen) gods.
godendrank [-drɑŋk] m nectar.
godenleer [-le:r] v mythology.
godenspijs [-spɛis] v ambrosia.
godgeklaagd [gɔtgə'kla.xt] in: *het is ~* it is a crying shame.
godgeleerd ['gɔtgəle:rt] theological.
godgeleerde [-le:rdə] m theologian, divine.
godgeleerdheid [-le:rtheit] v theology.
godheid ['gɔtheit] v 1 divinity, godhead; 2 deity.
godin [go.'dIn] v goddess.
godloochenaar [-lo.ɣəna:r] m atheist.
godsdienst [-di.nst] m 1 religion; 2 divine worship.
godsdienstig [gɔts'di.nstəx] I aj religious [people]; devotional [literature]; II ad religiously.
godsdienstigheid [-heit] v religiousness, piety.
godsdienstijver ['gɔtsdi.nsteivər] m religious zeal.
godsdienstleraar [-le:ra:r] m religious teacher.
godsdienstoefening [-u.fəniŋ] v divine service.
godsdienstonderwijs [-ɔndərveis] o religious teaching.
godsdienstoorlog [-o:rlɔx] m religious war.
godsdienstvrijheid ['gɔtsdi.nstfreiheit] v religious liberty, freedom of religion.
godsdienstwaanzin [-va.nzin] m religious mania.
godsgericht ['gɔtsgərixt] o 1 judgment of God; 2 zie *godsoordeel.*
godshuis [-hœys] o 1 house of God, place of worship; 2 charitable institution, almshouse.
godslasteraar [gɔts'lɑstəra:r] m blasphemer.
godslastering [-təriŋ] v blasphemy.
godslasterlijk [-tərlək] aj (& ad) blasphemous(ly).
godsnaam ['gɔtsna.m] in: *~ ga heen!* for Heaven's sake go!; *ga in ~* go in the name of God; *in ~ dan maar* all right! [I'll go]; *waar heb je 't in ~ over?* what on earth are you talking about?
godsoordeel ['gɔtso:rde.l] o 𝔘 (trial by) ordeal.
godspenning [-peniŋ] m earnest-money.
godsvrede [-fre.də] m truce of God.
godsvrucht [-frŭxt] v piety, devotion.
godvergeten ['gɔtfərge.tə(n)] I aj God-forsaken [country, place]; graceless [rascal]; II ad < infernally, infamously.
godvrezend ['fre.zənt] God-fearing, pious.
godvruchtig [gɔt'frŭxtəx] aj (& ad) devout(ly), pious(ly).
godvruchtigheid [-heit] v devotion, piety.
godzalig [gɔt'sa.ləx] godly.
I goed [gu.t] I aj 1 (niet slecht) good; 2 (niet verkeerd) right, correct; 3 (goedhartig) kind; *een ~ eind* a goodly distance; *een ~ jaar* 1 a good year [for fruit]; 2 a round (full) year; *een ~ rekenaar* a clever

(good) hand at figures; *een ~ uur* a full (a good) hour; *hij is een ~e veertiger* he is (has) turned forty; *~ volk* honest people; *de Goede Week* Holy Week; *~! good!; die is ~!* that's a good one!; *mij ~!* all right!; *net ~!* serve him (you, them) right!; *nu, ~!* well!, all right!; *ook ~!* just as well!; *al te ~ is buurmans gek* all lay goods on a willing horse; *(alles) ~ en wel* (all) well and good [but...]; *wij zijn ~ en wel aangekomen* safe and sound; *dat is maar ~ ook!* and a (very) good thing (it is), too!; *~ zo!* well done!, good business that!; *het zou ~ zijn als...* it would be a good thing if...; *hij is niet ~* 1 he is not well; 2 he is not in his right mind; *ben je niet ~?* are you mad?; *hij was zo ~ niet of hij moest...* he had to... whether he liked it or not; *wees zo ~ mij te laten weten...* be so kind as to, be kind enough to...; *zou u zo ~ willen zijn mij het zout aan te reiken?* ook: would you mind passing the salt?; *hij is zo ~ als dood* he is as good as (all but) dead, nearly dead; *zo ~ als niemand* next to nobody; *zo ~ als zeker* next to certain, all but certain, almost certain; *ze moeten maar weer ~ worden* make it up (again); *hij is ~ af zie af; hij is ~ in talen zie in; hij is weer ~ op haar* he is friends with her again; *~ voor ...gld.* good for... guilders; *hij is ~ voor zijn evenmens* kind to his fellowmen; *hij is er ~ voor* he is good for it [that sum]; *hij is nergens ~ voor* he is a good-for-nothing sort of fellow, he is no good; *het is ergens (nergens) ~ voor* it serves some (no) purpose; *daar ben ik te ~ voor* I am above that; *hij is er niet te ~ voor* he is not above that; *zich te ~ doen* do oneself well; *zij deden zich te ~ aan mijn wijn* they were having a go at my wine; *nog iets te ~ hebben (van)* 1 have something in store; 2 have an outstanding claim against (one]; *ik heb nog geld te ~* money is owing to me; *ik heb nog geld van hem te ~* he owes me money; *ten ~e be invloed* influenced for good; *verandering ten ~e* change for the better (for the better); *u moet het mij ten ~e houden* you must not take it ill of me; *dat zal u ten ~e komen* it will benefit you; *jullie hebt ~ praten* it is all very well for you to say so; zie ook: *houden, uitzien* &; *ik wens u alles ~s* I wish you well; *niets dan ~s* nothing but good; **II** *ad* well; *~ wat geld* a good deal of money; *zo ~ en zo kwaad als hij kon* as best he might; *het is ~ te zien* it is easily seen; *men kan net zo ~...* one might just as well...; *hij kan ~ leren* he is good at learning; *hij kan ~ rekenen* he is good at sums; *hij kan ~ schaatsen* he is a clever skater; *het smaakt ~* it tastes good; zie ook: *goede*.

2 goed [gu.t] *o* 1 (het goede) good; 2 (kledingstukken) clothes, things; 3 (reisgoed) luggage, things; 4 (gerei) things; 5 (koopwaar) wares, goods; 6 (bezitting) goods, property, possession; 7 (landgoed) estate; 8 (stoffen) stuff, material [for dresses]; *~ en bloed* life and property; *de strijd tussen ~ en kwaad* the struggle between good and evil; *meer ~ dan kwaad* more good than harm; *aardse ~eren* worldly goods; *ik kan geen ~ bij hem doen* I can do no good in his eyes; *gestolen ~ gedijt niet* ill-gotten goods seldom prosper; *het hoogste ~* the highest good; *het kleine ~* F the small fry; *onroerend ~* real property, real estate, immovables; *roerend ~* personal property, movables; *schoon ~* a change of linen; clean things; *vaste ~eren zie onroerend~; vuil ~* dirty linen; *mijn warm ~* my warm things; *dat zoete ~* that (sort of) sweet stuff.

goedaardig [gu.'da:rdəx] **I** *aj* 1 (v. mensen)

good-natured, benignant; 2 (v. ziekten) benign [tumour], mild [form of measles]; **II** *ad* good-naturedly, benignantly.

goedaardigheid [-heit] *v* good nature [of a person, an animal]; benignity, mildness [of a disease].

goedbloed ['gu.tblu.t] *m een (Joris) ~* F a soft Johnny, a nincompoop.

goeddeels ['gu.de.ls] for the greater part.

goeddunken [-dûŋkə(n)] *vi* think fit; **II** *o* approbation ; *naar ~* as you think fit, at discretion; at your own pleasure.

goede [-də, -jə] good; *het ~ doen* do what is right; *te veel van het ~* too much of a good thing.

goedemiddag [gu.də'mɪdɑx] good afternoon!

goedemorgen [gu.də'mɔrɣə(n)] good morning!

goedenacht [gu.də'nɑxt] good night!

goedenavond [gu.dən'a.vɔnt] (bij komst) good evening!; (bij vertrek) good night!

goedendag [gu.dən'dɑx] (bij komst) good day!; (bij afscheid) good-bye!; *~ zeggen* (in het voorbijgaan) say good morning, give the time of day; (bij vertrek) bid farewell, say good-bye.

goederen ['gu.dərə(n)] *mv van* 2 *goed.*

goederenbureau [-by.ro.] *o* goods office.

goederenhandel [-hɑndəl] *m* goods trade.

goederenkantoor [-kɑnto:r] *o* goods office.

goederenloods [-lo.ts] *v* goods shed.

goederenstation [-sta.ʃɔn] *o* goods station.

goederentrein [-trɛin] *m* freight train, goods train.

goederenverkeer [-vərke:r] *o* goods traffic.

goederenvervoer [-vərvu:r] *o* carriage of goods.

goederenvoorraad [-vo:ra.t] *m* stock(-in-trade).

goederenwagen [-va.ɣə(n)] *m* goods van [of a train].

goedertieren [gu.dər'ti:rə(n)] merciful, clement.

goedertierenheid [-heit] *v* mercy, clemency.

goedgeefs [gu.t'ge.fs] liberal, open-handed.

goedgeefsheid [-heit] *v* liberality, open-handedness.

goedgehumeurd [gu.tgəhy.'mø:rt] in a good temper.

goedgelovig [-'lo.vəx] credulous.

goedgelovigheid [-heit] *v* credulity.

goedgezind [gu.tgə'zɪnt] friendly.

goedgunstig [-'gûnstəx] kind.

goedgunstigheid [-heit] *v* kindness.

goedhartig [gu.t'hɑrtəx] **I** *aj* good-natured, kind-hearted; **II** *ad* good-naturedly, kind-heartedly.

goedhartigheid [-heit] *v* good nature, kind-heartedness.

goedheid ['gu.theit] *v* goodness, kindness; *hemelse ~!* good heavens!; *wilt u de ~ hebben...* will you have the kindness to..., would you be so kind as to...

goedig ['gu.dəx] *aj* (& *ad*) good-natured(ly).

goedigheid [-heit] *v* good nature.

goedje ['gu.cə] *o* F in: *dat ~* that (sort of) stuff.

goedkeuren ['gu.tkø:rə(n)] *vt* 1 approve (of) [a measure]; 2 pass [a person, play, film]; ✗ pass [him] fit (for service).

goedkeurend [-rənt] *aj* (& *ad*) approving(ly).

goedkeuring [-rɪŋ] *v* 1 approbation, approval; assent; 2 ☞ good mark; *zijn ~ hechten aan* approve (of); *zijn ~ onthouden (aan)*, not approve (of); *onder nadere ~ van* subject to the approval of; *ter ~ oorleggen* submit for approval.

goedkoop [gu.t'ko.p] **I** *aj cheap²; ~ is duurkoop* cheap goods are dearest in the long run; cheap bargains are dear; **II** *ad* cheap(ly).

goedkoopte [-tə] *v* cheapness.

goedlachs [gu.t'lɑxs] fond of laughter, easily amused; *zij is erg ~* she laughs very easily.

goedleers [-'le:rs] teachable, docile.

goedmaken ['ɣu.tma.kə(n)] *vt* 1 (verbeteren) put right, repair [a mistake]; 2 (aanvullen, inhalen, herstellen) make good, make up for [a loss]; *het weer* ~ make (it) up again.

goedmoedig [ɣu.t'mu.dəx] zie *goedhartig.*

goedpraten ['ɣu.tpra.tə(n)] *vt*: *iets* ~ gloze (varnish) it over, explain it away.

goedschiks [-sxiks] with a good grace, willingly; ~ *of kwaadschiks* willy-nilly.

goedsmoeds [ɣu.ts'mu.ts] 1 with a good courage; 2 of good cheer.

goedvinden ['ɣu.tfɪndə(n)] I *vt* think fit, approve of; *hij zal 't wel* ~ he won't mind; II *o* approval; *met* ~ *van...* with the consent of...; *met onderling* ~ by mutual consent; *doe (handel) naar eigen* ~ use your own discretion.

goedwillig [ɣu.t'vɪləx] I *aj* willing; II *ad* willingly.

goedwilligheid [-hɛit] *v* willingness.

goedzak [ɣu.tsɑk] *m* zie *goedzak.*

goegemeente [ɣu.ɣə'me.ntə] *v* in: *de* ~ the man in the street.

goeierd ['ɣu.jərt] *m* F 1 good fellow; 2 > juggins, simpleton.

gok [ɣɔk] *m* F gamble.

gokken ['ɣɔkə(n)] *vi* F gamble.

gokker [-kər] *m* F gambler.

gokkerij [ɣɔkə'rɛi] *v* F gamble, gambling.

1 **golf** [ɣɔlf] *v* 1 wave° [ook 🎵⚓], billow; stream [of blood]; 2 (inham) bay, gulf.

2 **golf** [ɣɔlf] *o sp* golf.

golfbaan ['ɣɔlfba.n] *v sp* golf-link.

golfbeweging [-bəʋe.ɣɪŋ] *v* undulatory motion, undulation.

golfbreker [-bre.kər] *m* breakwater.

golfdal [-dɑl] *o* trough (of the sea).

golfkarton [-kɑrtɔn] *o* corrugated cardboard.

golflengte [-lɛŋtə] *v* wave-length.

golfslag [-slɑx] *m* dash of the waves.

golfstok [-stɔk] *m sp* golf-club.

Golfstroom [-stro.m] *m* Gulf-stream.

golven ['ɣɔlvə(n)] *vt & vi* wave, undulate.

golvend [-vənt] waving, wavy [hair], undulating [countryside]; § undulatory; rolling [fields]; flowing [robes].

golving [-vɪŋ] *v* waving, undulation.

gom [ɣɔm] *m & o* gum; *Arabische* ~ gum arabic; zie ook: *vlakgom.*

gomachtig ['ɣɔmɑxtəx] gummy.

gombal [-bɑl] *m* gum, gum-drop.

gomboom [-bo.m] *m* gum-tree.

gomelastiek [ɣɔme.lɑs'ti.k] *o* (india-)rubber.

gomelastieken [-'ti.kə(n)] *aj* rubber.

gomhars [ɣɔmhɑrs] *o & m* gum-resin.

gommen ['ɣɔmə(n)] *vt* gum.

Gomorr(h)a [ɣo.'mɔrɑ.] *o* Gomorrah.

gondel ['ɣɔndəl] *v* gondola.

gondelier [ɣɔndə'li:r] *m* gondolier.

gong [ɣɔŋ] *m* gong.

goniometrie [ɣo.ni.o.me.'tri.] *v* goniometry.

gonje ['ɣɔnjə] *m* gunny.

gonzen [-zə(n)] *vi* buzz, hum, drone, whirr; *het gonst van geruchten* the air buzzes with rumours.

goochelaar ['ɣo.ɣəla:r] *m* juggler, conjurer.

goochelarij [ɣo.ɣəla.'rɛi] *v* juggling, jugglery.

goochelen ['ɣo.ɣələ(n)] *vi* juggle², conjure, perform conjuring tricks; ~ *met cijfers* juggle with figures.

goochelkunst ['ɣo.ɣəlkʏnst] *v* 1 juggling art, prestidigitation; 2 zie ook: *goocheltoer.*

goocheltoer [-tu:r] *m* juggling (conjuring) trick.

goochem ['ɣo.ɣəm] F knowing, shrewd, all there.

goochemerd [-ɣəmərt] *m* F slyboots.

gooi [ɣo:i] *m* cast, throw; *een* ~ *naar iets doen* I have a try at it; 2 make a bid for it.

gooien ['ɣo.jə(n)] I *vt* fling, cast, throw; *iets in*

het vuur ~ throw (fling, toss) it into the fire; *iemand met iets* ~ throw (pitch, shy) a thing at a person; *iemand met stenen* ~ pelt one with stones; *iets naar iemand* ~ toss (throw) a thing to a man; *op papier* ~ dash off [an article &]; *het (de schuld) op iemand* ~ lay the blame (for it) on a person; *het op iets anders* ~ turn the talk to something else; zie ook: *balk & boeg*; II *va* throw; *jij moet* ~ it is your turn to throw; *gooi jij ook eens* have a go.
[throw, too.
goor [ɣo:r] dingy; *fig* nasty.

goot [ɣo.t] *v* gutter, gully, kennel, drain.

gootsteen ['ɣo.tste.n] *m* (kitchen) sink.

gootwater [-va.tər] *o* gutter-water; slops.

gordel ['ɣɔrdəl] *m* girdle [round waist], belt² [of leather, of forts], ○ zone.

gordeldier [-di:r] *o* 🦫 armadillo.

gordelriem [-ri.m] *m* belt.

gordelros [-ro.s] *v* 🐛 shingles.

gorden ['ɣɔrdə(n)] I *vt* gird; II *vr zich ten strijde* ~ gird (up) oneself for the fight.

gordiaans [ɣɔrdi.'a.ns] in: *de* ~*e knoop* the Gordian knot; zie ook: *knoop.*

gordijn [-'dɛin] *o & v* curtain [of window, in theatre]; (op rollen) blind; *het ijzeren* ~ the iron curtain.

gordijnkoord [-ko:rt] *o & v* curtain-cord.

gordijnrail [-re.l] *v* curtain-rail.

gordijnring [-rɪŋ] *m* curtain-ring.

gordijnroe(de) [-ru.(də)] *v* curtain-rod, curtain-pole.

gorgeldrank ['ɣɔrɣəldrɑŋk] *m* gargle.

gorgelen [-ɣələ(n)] *vi* gargle.

gorilla [ɣo.'rilɑ.] *m* 🦫 gorilla.

gors [ɣɔrs] *v* 🐦 bunting.

gort [ɣɔrt] *m* groats, grits; (speciaal) barley; (pap) gruel.

gossie(mijne)! ['ɣɔsi.('mɛinə)] *ij* P law!, gee!

Goten ['ɣo.tə(n)] *mv* Goths.

gotiek [ɣo.'ti.k] *v* Gothic (style), Gothicism.

gotisch ['ɣo.ti.s] Gothic; ~*e letter* Gothic letter, black letter.

Gotisch [ɣo.ti.s] *o* Gothic.

goud [ɣɔut] *o* gold; *het is* ~ *waard* it is worth its weight in gold; *het is alles geen* ~ *wat er blinkt* it is not all gold that glitters.

goudachtig ['ɣɔutɑxtəx] gold-like, golden.

goudblond [-blɔnt] golden.

goudbrokaat ['ɣɔutbro.ka.t] *o* gold-brocade.

goudbrons [-brɔns] *o* gold-bronze.

gouddelver ['ɣɔudelvər] *m* gold-digger.

gouddorst [-dɔrst] *m* thirst for (of) gold, lust of gold, gold-thirst.

gouden ['ɣɔudə(n)] gold, golden²; ~ *bril* gold-rimmed spectacles; ~ *standaard* gold standard.

goudenregen [ɣɔu(d)ə(n)'re.ɣə(n)] *m* 🌿 laburnum.

gouderts ['ɣɔuterts] *o* gold-ore.

goudgraver [-ɣra.vər] *m* gold-digger.

goudhoudend [-hɑudənt] gold-bearing, auriferous.

goudkever [-ke.vər] *m* rose-beetle, leaf-beetle.

goudkleur [-klø:r] *v* gold colour.

goudkleurig [-klø:rəx] golden, gold-coloured.

goudklomp [-klɔmp] *m* nugget of gold.

goudkoord [-ko:rt] *o & v* gold-lace.

goudkoorts [-ko:rts] *v* gold-fever.

goudkorrel [-kɔrəl] *m* grain of gold.

goudmijn [-mɛin] *v* gold-mine².

goudsbloem ['ɣɔutsblu.m] *v* 🌼 marigold.

goudsmid [-smit] *m* goldsmith.

goudstuk [-stʏk] *o* gold coin.

goudvink [-fɪŋk] *m & v* 🐦 bull-finch.

goudvis [-fɪs] *m* 1 🐟 goldfish; 2 S ~*(je)* oofy girl.

goudviskom [-fɪskɔm] *v* globe (for goldfish), goldfish bowl.

goudvoorraad [-fo:ra.t] *m* gold stock(s).

goudzoeker [-su.kər] *m* gold-seeker.
gouvernante [gu.vər'nɑntə] *v* governess.
gouvernement [-nə'mɛnt] *o* government.
gouvernementsambtenaar [-'mɛntsɑmtənɑːr] *m* government officer (official, servant).
gouvernementsdienst [-di.nst] *m* government service; *in* ∼ in the government service.
gouverneur [gu.vər'nøːr] *m* I governor; 2 (onderwijzer) tutor.
gouverneur-generaal [-nøːrgə.nə'rɑ.l] *m* governor-general.
gouverneurschap [-'nøːrsxɑp] *o* I governorship; 2 (v. onderwijzer) tutorship.
gouw [ɡɔu] *v* district, province.
gouwe ['ɡɔuə] *v* ⚥ (lesser) celandine; *stinkende (grote)* ∼ greater celandine.
gouwenaar [-nɑːr] *m* long clay, F churchwarden.
Govert ['ɡo.vərt] *m* Geoffrey.
graad [ɡrɑ.t] *m* I degree°; 2 (rang) rank, grade, degree; 3 (van bloedverwantschap) remove; *14 graden vorst* 14 degrees of frost; *een* ∼ *halen* take one's [university] degree; *bij o graden at zero*; *in graden verdelen* graduate; *in zekere* ∼ to a certain degree; *in de hoogste* ∼ to the last (utmost) degree; *lui in de hoogste* ∼ lazy to a degree; *op 52 graden noorderbreedte en 16 graden westerlengte* in latitude 52° north and in longitude 16° west.
graadboog [ɡrɑ.tbo.x] *m* protractor, graduated arc.
graadmeter [-me.tər] *m* graduator.
graadverdeling [-fərde.lɪŋ] *v* graduation.
graaf [ɡrɑ.f] *m* I earl [in England]; 2 count [on the Continent].
graaflijk = *grafelijk*.
graafmachine ['ɡrɑ.fmɑ.ʃi.nə] *v* excavator.
graafschap [-sxɑp] *o* I (gebied) county, shire; 2 countship, earldom.
graafwerk [-fɛrk] *o* digging, excavation(s).
graafwesp [-fɛsp] *v* digger-wasp.
graag [ɡrɑ.x] I *aj* eager; II *ad* gladly, readily, willingly; with pleasure; *hij doet het* ∼ he likes to do it, he likes it; *ik zou niet* ∼ I would not care to; *wil je nog wat...? heel* ∼ thank you!; ∼ *of niet* take it or leave it!; zie ook: *gaarne*.
graagte ['ɡrɑ.xtə] *v* eagerness, appetite.
graaien ['ɡrɑ.jə(n)] *vt & vi* P grab, grabble.
graal [ɡrɑ.l] *m* I (Holy) Grail.
graalridder ['ɡrɑ.lrɪdər] *m* Knight of the Round Table.
graan [ɡrɑ.n] *o* corn, grain; *granen* cereals.
graanbeurs ['ɡrɑ.nbøːrs] *v* corn-exchange.
graanbouw [-bɔu] *m* corn-growing.
graangewassen [-ɡəvɑsə(n)] *mv* cereals.
graanhandel [-hɑndəl] *m* corn-trade.
graanhandelaar [-hɑndəlɑːr] *m* corn-dealer.
graankorrel [-kɔrəl] *m* grain of corn.
graanmarkt [-mɑrkt] *v* corn-market.
graanoogst [-o.xst] *m* grain-crop(s), cereal crop.
graanpakhuis [-pɑkhœys] *o* granary.
graanschuur [-sxy:r] *v* granary².
graanzolder [-zɔldər] *m* corn-loft.
graat [ɡrɑ.t] *v* fish-bone; bone; *rood (niet zuiver) op de* ∼ I not fresh [of fish]; 2 *fig* S not the clean potato; unorthodox [in politics], S not sound on the goose; 3 F *a red* [= a socialist, communist] *van de* ∼ *vallen* I lose flesh; 2 faint; 3 faint with hunger.
grabbel ['ɡrɑbəl] *te* ∼ *gooien* throw [among children] to be scrambled for; *zijn eer te* ∼ *gooien* throw away one's honour; *zijn geld te* ∼ *gooien* make ducks and drakes of one's money [*fig*].
grabbelen [-bələ(n)] *vi* scramble [for a thing], grabble [in...].

gracht [ɡrɑxt] *v* I canal [in a town]; 2 ditch, moat [round a town]; *ik woon op een* ∼ I live in a canal street.
gracieus [ɡrɑ.si.'øːs] *aj* (& *ad*) graceful(ly).
graderen [ɡrɑ.'de:rɑ(n)] *vt* graduate.
gradueel [-dy.'e.l] [difference(s) of (in) degree.
gradueren [ɡrɑ.dy.'e:rə(n)] *vt* I graduate; 2 ∽ confer a degree upon.
graecus ['ɡre.kǔs] *m* Greek scholar, Grecian.
graf [ɡrɑf] *o* grave, ⊙ tomb, sepulchre; *witgepleisterde graven* B whited sepulchres; *het Heilige Graf* the Holy Sepulchre; *zijn eigen* ∼ *graven* dig one's own grave; *een* ∼ *in de golven vinden* find a watery grave; *hij sprak aan het* ∼ he spoke at the graveside; *dat zal hem in het* ∼ *brengen* that will bring him to his grave; *het geheim met zich meenemen in het* ∼ carry the secret with one to the grave; *hij zou zich in zijn* ∼ *omkeren* he would turn in his grave; *ten grave dalen* sink into the grave; *ten grave dragen* bear one to burial; *dit zal hem ten grave slepen* it will bring him to his grave; *tot aan het* ∼ till death.
grafelijk ['ɡrɑ.fələk] I of a count, of an earl; 2 like a count, like an earl; zie *graaf*.
grafheuvel ['ɡrɑfhø.vəl] *m* I grave-mound; 2 ⊡ barrow.
grafiek [ɡrɑ.'fi.k] *v* I (kunst) graphic arts; 2 (voorstelling) graph, diagram.
grafiet [ɡrɑ.'fi.t] *o* graphite, plumbago.
grafisch ['ɡrɑ.fi.s] I *aj* graphic; ∼*e voorstelling* graph, diagram; II *ad* graphically.
grafkapel ['ɡrɑfkɑ.pɛl] *v* mortuary chapel.
grafkelder [-kɛldər] *m* family vault.
grafkrans [-krɑns] *m* (funeral) wreath.
graflucht [-lüxt] *v* sepulchral smell.
grafschennis [-sxɛnəs] *v* desecration of graves (a grave).
grafschrift [-s(x)rɪft] *o* epitaph.
grafsteen [-ste.n] *m* gravestone, tombstone.
grafstem [-stɛm] *v* sepulchral voice.
graftombe [-tɔmbə] *v* tomb.
grafwaarts [-vɑːrts] to the grave.
grafzerk [-sɛrk] *v* zie *grafsteen*.
gram [ɡrɑm] *o* gramme.
grammatica [ɡrɑ'mɑ.ti.kɑ.] *v* grammar.
grammaticaal [-mɑ.ti.'kɑ.l] *aj* (& *ad*) grammatical(ly).
grammofoon [ɡrɑmo.'fo.n] *m* gramophone.
grammofoonplaat [ɡrɑmo.'fo.nplɑ.t] *v* gramophone record.
gramschap ['ɡrɑmsxɑp] *v* anger, wrath.
gramstorig [ɡrɑm'sto:rɑx] angry, wrathful.
¹ granaat [ɡrɑ.'nɑ.t] *m* I (steen) garnet; 2 ⚥ pomegranate.
² granaat [ɡrɑ.'nɑ.t] *v* I ⚔ shell; (hand) grenade; 2 ⚥ pomegranate.
³ granaat [ɡrɑ.'nɑ.t] *o* (stofnaam) garnet.
granaatappel [-ɑpəl] *m* ⚥ pomegranate.
granaatboom [-bo.m] *m* ⚥ pomegranate.
granaatkartets [ɡrɑ.nɑ.tkɑr'tɛts] *v* ⚔ shrapnel.
granaatscherf [-'nɑ.tsxɛrf] *v* splinter of a shell.
granaattrechter [-'nɑ.trɛxtər] *m* ⚔ shell hole, shell crater.
granaatvuur [-'nɑ.tfy:r] *o* ⚔ shell fire.
grandioos [ɡrɑndi.'o.s] grandiose, grand.
graniet [ɡrɑ.'ni.t] *o* granite.
granietblok [-blɔk] *o* block of granite.
granieten [ɡrɑ.'ni.tə(n)] *aj* granite.
granuleren [ɡrɑ.ny.'le:rɑ(n)] *vt* granulate.
grap [ɡrɑp] *v* joke, jest; *een mooie* ∼*!* a pretty go!; *dat zou me een* ∼ *zijn!* I wouldn't that be fun (some fun); 2 that would be a pretty go!; *daar zal je* ∼*pen van beleven* there will be some fun now; *een* ∼ *hebben met hem* play a joke on him; ∼*pen maken* joke, cut jokes; ∼*pen uithalen* play tricks; *je moet hier geen* ∼*pen uithalen* you must not play off your (any) jokes here, don't come your tricks over

me; *hij maakte er een* ~ *(je) van* he laughed it off; *voor de* ~ in (for) fun, by way of a joke.
grapjas ['grapjas] *m zie* grappenmaker.
grappenmaker ['grapə(n)ma.kər] *m* wag, joker, buffoon.
grappenmakerij [grapə(n)ma.kə'rɛi] *v* drollery, waggery.
grappig ['grapəx] I *aj* funny, droll, comic, facetious; jocose, jocular; comical; *het* ~*ste was* the best joke of all was; II *ad* funnily, drolly, comically, facetiously; jocosely, jocularly.
grappigheid [-hɛit] *v* fun, drollery, comicality, facetiousness; jocosity, jocularity.
gras [grɑs] *o* grass; *Engels* ~ ♣ sea-pink, thrift; *hij laat er geen* ~ *over groeien* he doesn't let the grass grow under his feet; *iemand het* ~ *voor de voeten wegmaaien* cut the grass from under a person's feet.
grasboter [-bo.tər] *v* grass-butter, May-butter.
grasduinen [-dœynə(n)] *vi in: ergens in* ~ browse [among books &, in a book].
grasetend [-e.tənt] grass-eating, § herbivorous.
grashalm [-hɑlm] *m* grass-blade, blade of grass.
grasje ['grɑʃə] *o* blade of grass.
grasland ['grɑslant] *o* grass-land.
grasmaaimachine [-ma:ima.ʃi.nə] *v* lawn-mower.
grasperk [-pɛrk] *o* grass-plot, lawn.
graspriet ['grɑspri.t] *m* blade of grass.
grasveld ['grɑsfɛlt] *o* grass-field, greensward; lawn, grass-plot.
grasvlakte [-flɑktə] *v* grassy plain, prairie.
graszode ['grɑso.də] *v* (turf) sod.
gratie ['grɑ.(t)si.] *v* I (genade) pardon, grace; 2 (bevalligheid) grace; ~ *verlenen (aan)*, pardon; *verzoek om* ~ appeal for mercy; *bij de* ~ *Gods* by the grace of God; *weer in de* ~ *komen* be restored to grace; *in de* ~ *trachten te komen bij* ingratiate oneself with; *bij iemand in de* ~ *zijn* be in favour with a person, be in a person's good books; *bij iemand uit de* ~ *zijn* be out of favour with a person, be no longer in his good books.
gratificatie, gratifikatie [-ti.fi.'ka.(t)si.] *v* bonus, gratuity.
gratig ['grɑ.təx] bony.
gratis [-tɑs] I *aj* gratis, free (of charge); ~ *monster* $ free sample; II *ad* gratis, free (of charge).
1 **grauw** [grɔu] *m* growl, snarl.
2 **grauw** [grɔu] *o* rabble, mob.
3 **grauw** [grɔu] *aj* grey; *fig* drab.
grauwachtig ['grouɑxtəx] greyish, grizzly.
grauwen [-ɔ(n)] *vi* snarl; ~ *en snauwen* growl and grumble, snap and snarl.
grauwheid ['grouhɛit] *v* greyness.
grauwtje [-cə] F donkey.
graveel [grɑ.'ve.l] *o* gravel, calculus.
graveerder [-'ve:rdər] *m* engraver.
graveerkunst [-kʏnst] *v* art of engraving.
graveernaald [-na.lt] *v* ~*staal* [-sta.l] *o* ~*stift* [stift] *v* engraving-needle, burin.
graveerwerk [-vɛrk] *o* engraving.
graven ['grɑ.və(n)] I *vt* dig [a hole, pit, well &]; ♨ burrow [a hole]; sink [a mine, a well]; II *vi* dig, ♨ burrow.
s-Gravenhage [s(x)ra.vən'ha.gə] *o* The Hague.
graver ['grɑ.vər] *m* digger.
graveren [grɑ.'ve:rə(n)] *vt & vi* engrave.
graveur [-'vø:r] *m* engraver.
gravin [-'vɪn] *v* countess.
gravure [-'vy:rə] *v* engraving, plate.
grazen ['grɑ.zə(n)] *vi* graze, pasture, feed.
grazig [-zɑx] grassy.
greep [gre.p] *m* I (het grijpen) grip, grasp; > clutch; 2 handful [of salt &]; 3 (handvat) grip [of a weapon &], clutch [of a crane], handle [of a tool &], pull [of a bell], hilt [of a

sword], haft [of a dagger]; *een gelukkige* ~ a lucky hit; *hier en daar een* ~ *doen in...* dip into the subject here and there; *een* ~ *doen naar* make a grab at; *fig* make a bid for [power].
gregoriaans [gre.go:ri.'a.ns] Gregorian.
greintje ['grɛincə] *o* particle, atom, spark; *geen* ~ *ijdelheid* not a grain of vanity; *geen* ~ *verschil* not a bit of difference.
grenadier [grənɑ.'di:r] *m* ✕ grenadier.
grenadine [-'di.nə] *v* grenadine.
grendel ['grɛndəl] *m* bolt [of a door, of a rifle &].
grendelen [-dələ(n)] *vt* bolt.
grenehout ['gre.nəhaut] *o* deal.
grenen [-nə(n)] *aj* deal.
grens [grɛns] *v* I limit, boundary; 2 (beperking) bound; 3 (politieke scheilijn) frontier, border; (natuurlijke scheilijn) border; *alles heeft zijn grenzen* there are limits (to everything); *de grenzen te buiten gaan* go beyond all bounds, exceed all bounds; *... kent geen grenzen* his... knows no bounds; *binnen zekere grenzen* within certain limits; *binnen de grenzen blijven van...* keep within the bounds of...; *op de* ~ *van* on the verge of [*fig*]; *over de* ~ *zetten* conduct across the frontier.
grensbewoner ['grɛnsbəvo.nər] *m* frontier inhabitant, borderer.
grensgebied [-ɣəbi.t] *o* borderland[2], confines[2]; frontier area.
grensgeschil [-ɣəsxɪl] *o* frontier dispute.
grensgeval [-ɣəvɑl] *o* border-line case.
grenskantoor [-kɑnto:r] *o* frontier customhouse.
grensland [-lɑnt] *o* borderland.
grenslijn [-lɛin] *v* frontier line; *fig* boundary line.
grenspaal [-pa.l] *m* boundary post, landmark.
grensrechter [-rɛxtər] *m sp* linesman.
grensstation [-sta.ʃɔn] *o* frontier station.
grenssteen [-ste.n] *m* boundary stone.
grenswaarde [-va:rdə] *v* I ✕ ultimate value; 2 $ marginal utility [of an article].
grenswacht [-vɑxt] *v* ✕ frontier guard.
grenzeloos [ɡrɛnzəlo.s] boundless, unlimited.
grenzen [-zə(n)] *vi in:* ~ *aan* border on, abut on; *fig* border on (upon), verge on (upon); *dit land grenst ten noorden aan...* is bounded on the North by...
greppel ['grɛpəl] *v* trench, ditch, drain.
gretig [gre.təx] I *aj* avid [of], eager [for], greedy [of]; II *ad* avidly, eagerly, greedily.
gretigheid [-hɛit] *v* avidity, eagerness, greediness.
grief [gri.f] *v* grievance; (onrecht) wrong.
Griek [gri.k] *m* Greek[2].
Griekenland ['gri.kə(n)lɑnt] *o* Greece.
Grieks [gri.ks] I *aj* I (echt Grieks) Greek; 2 (naar Grieks model) Grecian; II *o* Greek.
griend [gri.nt] *v* low willow-ground.
grienen ['gri.nə(n)] *vi* F cry, snivel, blubber, whimper.
griep [gri.p] *v* influenza, F flu.
gries [gri.s] *o* middlings.
griesmeel ['gri.sme.l] *o* semolina.
1 **griet** [gri.t] *v* 🐟 brill.
2 **griet** [gri.t] *m* 🐦 godwit.
3 **griet** [gri.t] *v* (meisje) P gal, piece.
4 **griet** [gri.t] *grote* ~ *! F* great Scott!
grieven [-və(n)] *vt* grieve, offend.
grievend [-vənt] grievous, bitter.
griezel [-zəl] *m* I (oorzaak van afkeer) horror; 2 *zie* rilling; 3 *zie ziertje*.
griezelen [-zələ(n)] *vi* shiver, shudder; ~ *bij de gedachte* shiver (shudder) at the thought; *ik griezel ervan* it makes me shudder.
griezelfilm [-zəlfɪlm] *m* horror film.

griezelig [-zləx] gruesome, creepy.
grif [grɪf] readily.
griffel ['grɪfəl] v slate-pencil.
griffeldoos [-do.s] v **griffelkoker** [-ko.kər] m pencil-case.
griffen ['grɪfə(n)] vt grave (on in), inscribe (on in).
griffie [-fi.] v record office; ter ~ deponeren shelve [a proposal &].
griffier [grɪ'fi:r] m: clerk (of the court), recorder, registrar.
griff(i)oen [-f(i.)'u.n] m griffin.
grijns [grɛins] v grin, grimace.
grijnslach ['grɛinslɔx] m grin, sneer.
grijnslachen ['grɛinslɔxə(n)] vi laugh sardonically, grin.
grijnzen ['grɛinzə(n)] vi grin, grimace, make wry faces.
grijpen ['grɛipə(n)] I vt (omvatten) catch, seize, lay hold of, grasp; 2 (naar zich toe) snatch; 3 (in zijn klauw) clutch; II vi in: in elkaar ~ ⚔ gear into one another; ~ naar grab (snatch, grasp) at [it]; reach for [his revolver &]; take up [arms]; om zich heen ~ spread [of flames]; III o in: je hebt ze maar voor het ~ they are as plentiful as blackberries; ze zijn niet voor het ~ they are not found every day.
grijper [-pər] m ⚔ grab.
grijpstuiver [-stœyvər] m trifle.
grijs [grɛis] grey; grey-haired, grey-headed; fig hoary [antiquity]; ~ worden zie grijzen.
grijsaard ['grɛiza:rt] m grey-haired man, old man.
grijsachtig ['grɛisɔxtəx] greyish, grizzly.
grijsheid [-hɛit] v greyness, hoariness².
grijzen ['grɛizə(n)] vi grow (become, go, turn) grey.
gril [grɪl] v caprice, whim, freak, fancy.
grillig ['grɪləx] I aj capricious, whimsical, crotchety, freakish, fitful, fickle; II ad capriciously &.
grilligheid [-hɛit] v capriciousness, caprice, whimsicality, whimsicalness, fitfulness.
grimas [gri.'mɔs] v grimace, wry face; ~sen maken grimace, make wry faces, pull faces.
grime [gri.m] v make-up [of actors].
grimeren [gri.'me:rə(n)] I vt make up; II vr zich ~ make up.
grimlach ['grɪmlɔx] m grin.
grimlachen ['grɪmlɔxə(n)] vi grin.
grimmig ['grɪməx] aj (& ad) grim(ly), truculent(ly).
grimmigheid [-hɛit] v grimness, rage.
grind [grɪnt] o gravel.
grindweg ['grɪntvɛx] m gravel-road, gravelled road.
grinniken ['grɪnəkə(n)] vi snigger; chortle.
grissen ['grɪsə(n)] vt P grab, snatch.
groef [gru.f] = groeve.
groei [gru:i] m growth; in de ~ zijn be growing; op de ~ gemaakt made with a view to growing requirements.
groeien ['gru.ə(n)] vi grow; iemand boven (over) het hoofd ~ 1 outgrow a person; 2 fig get beyond a person's control; ~ in exult in [the misfortunes of others &]; uit zijn kracht ~ outgrow one's strength.
groeikoorts ['gru:iko:rts] v growing-pains.
groeikracht [-kraxt] v vegetative faculty, vigour.
groeisnelheid [-snɛlhɛit] v rate of growth.
groeizaam [-za.m] favourable to vegetation; ~ weer growing weather.
groen [gru.n] I aj green², verdant; het werd hem ~ en geel voor de ogen his head began to swim; II 1 o (als kleur) green; (levend) verdure, greenery; 2 m greenhorn; ☞ freshman, fresher.

groenachtig ['gru.nɑxtəx] greenish.
groenen ['gru.nə(n)] vi grow green.
Groenland ['gru.nlɑnt] o Greenland.
Groenlander [-lɑndər] m Greenlander.
groente [-tə] v 1 (ongekookt) greens, vegetables, green stuff; 2 (gekookt) vegetables.
groenteboer [-bu:r] m greengrocer.
groentemarkt [-mɑrkt] v vegetable market.
groentesoep [-su.p] v vegetable soup.
groentetuin [-tœyn] m kitchen-garden, vegetable garden.
groentevrouw [-vrɔu] v greengrocer('s wife).
groentewinkel [-vɪŋkəl] m greengrocer's (shop).
groentijd ['gru.ntɛit] m ☞ noviciate.
groenvoe(de)r [-vu:r, -vu.dər] o green fodder.
groep [gru.p] v group; zie ook: groepje.
groeperen [gru.'pe:rə(n)] I vt group; II vr zich ~ group themselves.
groepering [-rɪŋ] v grouping.
groepje ['gru.pjə] o (little) group [of people], cluster, clump [of trees]; bij ~s in groups.
groepsgewijs, -gewijze ['gru.psgəvɛis, -vɛizə] in groups.
groet [gru.t] m greeting, salutation, salute; de ~en aan allemaal! best love to all!; hij laat de ~en doen he begs to be remembered to you; he sends his love; met vriendelijke ~en with kind(est) regards.
groeten ['gru.tə(n)] I vt greet, salute; gegroet, hoor! 1 good-bye!; 2 (sarcastisch) good afternoon!; groet hem van mij kindly remember me to him; II va salute, raise (take off) one's hat, touch one's cap.
groeve [-və] v groove, channel, flute [in a column]; furrow² [between two ridges; in the skin]; pit [for marl], quarry [for stones]; bij de (geopende) ~ at the graveside, at the open grave.
groeven [-və(n)] vt groove.
groezelig [-zələx] dingy, grubby.
groezeligheid [-hɛit] v dinginess, dirtiness.
grof [grɔf] I aj 1 (niet fijn) coarse [bread, cloth, hair, salt, features &]; rough [work]; large-toothed [comb]; 2 (niet bewerkt) crude [oar]; 3 (niet glad) coarse [hands], rough [towels]; 4 (laag) deep [voice]; 5 fig coarse [language], rude, abusive [words, terms]; crude [style]; gross [injustice, insult, ignorance], big [lies &]; dadelijk ~ worden become rude (abusive) at once; II ad coarsely &; ~ liegen lie barefacedly; ~ spelen play high; ~ geld verdienen make big money; ~ (geld) verteren spend money like water.
grofgebouwd ['grɔfgəbɔut] large-limbed, large of limb.
grofgrein [-grɛin] o grogram.
grofheid [-hɛit] v coarseness &; grofheden ook: rude things.
grog, grok [grɔk] m grog.
grol [grɔl] v antic.
grom [grɔm] m growl.
grommen ['grɔmə(n)] vi grumble, growl (at tegen).
grompot ['grɔmpɔt] m F grumbler, grumbletonian.
grond [grɔnt] m 1 (aarde) ground, earth, soil; 2 (land) land; 3 (onderste) ground, bottom; 4 (grondslag) ground, foundation, substratum [of truth]; 5 fig (reden) ground, reason; vaste ~ firm ground; vaste ~ onder de voeten hebben be on firm ground; ~ hebben (krijgen, voelen, vinden) feel ground, touch ground; de ~ leggen tot... lay the foundation(s) of...; ~ verliezen lose ground; ik voelde geen ~ I was out of my depth; aan de ~ raken (zitten) ⚓ run (be) aground; boven de ~ above ground; hij had wel door de ~ willen zinken he wished he might sink into

the ground; *iets in de ~ kennen* know a thing thoroughly; *in de ~ is hij eerlijk* he is an honest fellow at bottom; *in de ~ hebt u gelijk* fundamentally you are right; *onder de ~* under ground, underground; *op ~ van...* on the ground of..., on the score of..., on the strength of...; *op ~ van het feit, dat...* on the ground(s) that...; *op goede ~* on good grounds; *op de ~ gooien* throw down; *op de ~ vallen* fall to the ground; *te ~e gaan* go to rack and ruin, be ruined; *te ~e richten* bring to ruin, ruin, wreck; *tegen de ~ gooien* throw (dash) to the ground; *uit de ~ zijns harten* from the bottom of his heart; *van alle ~ ontbloot* without any foundation; *een dichter van de koude ~* a would-be poet; *groenten van de koude ~* open-grown vegetables; *van de ~ komen* get off the ground.

grondbeginsel ['grɔntbəɡɪnsəl] *o* fundamental (basic) principle, root principle; *de ~en* the elements, rudiments, fundamentals.

grondbegrip [-bəɡrɪp] *o* fundamental (basic) idea.

grondbelasting [-bəlɑstɪŋ] *v* land-tax.

grondbezit [-bəzɪt] *o* landed property.

grondbezitter [-bəzɪtər] *m* landed proprietor, landholder.

gronddienst ['grɔndi.nst] *m* ℥ ground organization.   [*ter.*

grondeigenaar ['grɔnteiɡəna:r] zie *grondbezit-*

grondeigendom [-ɛigəndɔm] *o* zie *grondbezit.*

gronden ['grɔndə(n)] *vt* ground [a painting]; *fig* ground, found, base [one's belief &].

grondgebied ['grɔntɡəbi.t] *o* territory.

grondgedachte [-dɑxtə] *v* leading thought, root idea.

grondgesteldheid [-stɛlthɛit] *v* nature (condition) of the soil.

grondig ['grɔndəx] **I** *aj* 1 *fig* thorough [cleaning, overhaul, knowledge]; profound [study]; 2 *eig* earthy [taste]; **II** *ad* thoroughly.

grondigheid [-hɛit] *v* 1 *fig* thoroughness; 2 *eig* earthiness [of taste].

grondijs ['grɔntɛis] *o* ground-ice.

grondkleur [-klø:r] *v* 1 (*verf*) ground-colour, priming; 2 (*kleur*) primary colour.

grondlaag [-la.x] *v* bottom layer.

grondlasten [-lɑstə(n)] *mv* land-tax.

grondlegger [-lɛɡər] *m* founder.

grondlegging [-lɛɡɪŋ] *v* foundation.

grondoorzaak [-o:rza.k] *v* original (first, root cause.

grondpersoneel [-pɛrso.ne.l] *o* ℥ ground staff.

grondregel [-re.ɡəl] *m* fundamental rule, principle, maxim.

grondslag [-slɑx] *m* foundation(s)²; *fig* basis; *ten ~ liggen aan* underlie.

grondsoort [-so:rt] *v* kind of soil.

grondstelling [-stɛlɪŋ] *v* axiom [in geometry]; principle, maxim.

grondstof [-stɔf] *v* raw material; element.

grondtal ['grɔntɑl] *o* base.

grondtoon [-to.n] *m* ♪ keynote².

grondverf ['grɔntfɛrf] *v* ground-colour, priming.

grondverven [-fɛrvə(n)] *vt* ground, prime.

1 **grondvesten** [-fɛstə(n)] *mv* foundations.

2 **grondvesten** [-fɛstə(n)] *vt* found, lay the foundations of.

grondvester [-fɛstər] *m* founder.

grondvesting [-fɛstɪŋ] *v* foundation.

grondvlak [-flɑk] *o* base [of cube].

grondvorm [-fɔrm] *m* primitive form.

grondwater [-va.tər] *o* (under)ground water.

grondwerk [-vɛrk] *o* earthwork.

grondwerker [-vɛrkər] *m* navvy.

grondwet [-vɛt] *v* fundamental law, constitution.

grondwetsherziening [-vɛtshɛrzi.nɪŋ] *v* revision of the Constitution.

grondwettelijk [grɔnt'vɛtələk] **grondwettig** [-'vɛtəx] *aj* (& *ad*) constitutional(ly).

grondwoord ['grɔntvo:rt] *o* radical.

grondzee [-se.] *v* ground-swell.

grondzeil [-sɛil] *o* ground sheet.

groot [gro.t] **I** *aj* 1 (omvang) large, big; (emotioneel) great, big [trees]; 2 (uitgestrekt) great, large, vast; 3 (v. gestalte) tall; 4 (niet meer klein) grown-up; 5 (v. betekenis) great [men, scoundrels]; great [powers, question], grand [entrance, dinner]; major [crisis, operations &]; *een grote eter* a big (great) eater; *een ~ kwartier* a good quarter of an hour; *een ~ man* a great man; *een grote man* a tall man; *de grote mast* ⚓ the mainmast; *de Grote Oceaan* the Pacific (Ocean); *de grote weg* the high road, the highway, the main road; *~ worden* grow (up), grow tall; *wat ben je ~ geworden!* how tall you have grown!; **II** *ad* large; *~ leven* live in grand style; **III** *sb* *de groten* the great ones (of the earth); *het grote* what is great; *~ en klein* big and small; *groot (groten) en klein(en)* great and small; *in het ~* 1 in grand style, on a large scale; in a large way; 2 $ wholesale; *iets ~s* something great (grand), a great thing.

grootbedrijf ['gro.bədrɛif] *o* large-scale industry; *het ~* ook: the big industries.

grootboek [-bu.k] *o* 1 $ ledger; 2 Great Book of the Public Debt.

grootbrengen [-brɛŋə(n)] *vt* bring up, rear.

Groot-Brittannië [gro.tbrɪ'tɑnjə] *o* Great Britain.

grootdoen ['gro.du.n] *vi* give oneself airs, F swagger.

grootdoener [-du.nər] *m* F swaggerer.

grootdoenerij [gro.du.nə'rɛi] *v* F swagger.

grootgrondbezit [gro.t'grɔntbəzɪt] *o* large ownership.

groothandel ['gro.thɑndəl] *m* $ wholesale trade.

groothandelaar [-dəla:r] *m* $ wholesale dealer.

grootheid ['gro.thɛit] *v* greatness, largeness, bigness, tallness, *fig* grandeur, magnitude²; quantity; *~ van ziel* magnanimity; *algebraïsche grootheden* algebraic magnitudes; *een onbekende ~* an unknown quantity².

grootheidswaan(zin) [-hɛitsva.n(zɪn)] *m* megalomania; *lijder aan ~* megalomaniac.

groothertog ['gro.thertɔx] *m* grand duke.

groothertogdom [-dɔm, gro.t'hertɔxdɔm] *o* grand duchy [of Luxembourg].

groothertogin [gro.therto.'gɪn] *v* grand duchess.

groothouden ['hou(d)ə(n)] *zich ~* not let it appear, be brave.

grootindustrie [-ɪndústri.] *v* *de ~* the big industries.

grootindustrieel [-e.l] *m* captain of industry.

grootje ['gro.cə] *o* F granny; *je ~!* Walker!; *maak dat je ~ wijs* F you tell that to your grandmother.

grootkruis ['gro.tkrœys] *o* grand cross.

grootma(ma) [-ma.(ma.)] *v* grandmother.

grootmeester [-me.stər] *m* Grand Master [Mason; of an order of knighthood; of chess]; *fig* past master.

grootmoe(der) ['gro.tmu.(dər)] *v* grandmother.

grootmoedig [gro.t'mu.dəx] magnanimous, generous.

grootmoedigheid [-hɛit] *v* magnanimity, generosity.

grootouders ['gro.toudərs] *mv* grandparents.

grootpa(pa) [-pa.(pa.)] *m* F grandfather, granddad.

groots [gro.ts] 1 grand, grandiose, noble, majestic; ambitious [plans]; 2 (trots) proud, haughty.

grootscheeps [gro.t'sxe.ps] I *aj* grand; ambitious [attempt]; large-scale [programme]; II *ad* in grand style; on a large scale.

grootschrift ['gro.ts(x)rift] *o* text-hand.

grootsheid ['gro.tsheit] *v* 1 grandeur, grandiosity, nobleness, majesty; 2 (trots) pride, haughtiness.

grootspraak ['gro.tspra.k] *v* boast(ing), brag(ging).

grootsprakig [gro.t'spra.kɔx] grandiloquent.

grootspreken ['gro.tspre.ka(n)] *vi* boast, brag.

grootspreker [-kər] *m* boaster, braggart.

grootsteeds [gro.t'ste.ts] in: ~*e manieren* city manners.

grootte ['gro.tə] *v* bigness, largeness, greatness, size, extent; magnitude [of stars, an offer]; *in deze* ~ of this size; *op de ware* ~ full-size(d); *een... ter* ~ *van* ...the size of...; *van dezelfde* ~ *zijn* be of a size; *van de eerste* ~ of the first magnitude[2].

grootvader ['gro.tfa.dər] *m* grandfather.

grootvizier [-fi.zi:r] *m* grand vizier.

grootvorst [-fɔrst] *m* grand duke.

grootvorstendom [-fɔrstə(n)dɔm] *o* grand duchy.

grootvorstin [-fɔrstin] *v* grand duchess.

grootwaardigheidsbekleder [gro.t'va:rdəxheitsbəkle.dər] *m* high dignitary.

grootwinkelbedrijf ['gro.tviŋkəlbədreif] *o* 1 (collectief) multiple shop organization, chain; 2 (één winkel daarvan) multiple shop, chain store.

grootzeil [-seil] *o* ⚓ mainsail.

gros [grɔs] *o* 1 gross [= 12 dozen]; 2 gross, mass, main body; *het* ~ ook: the majority.

grossier [-'si:r] *m* $ wholesale dealer.

grossierderij [-si:rdə'rei] *v* $ 1 wholesale trade; 2 wholesale business.

grossiersprijs [-'si:rspreis] *m* $ wholesale price, trade price.

grot [grɔt] *v* grotto, cave.

grotelijks ['gro.tələks] greatly, in a large measure.

grotendeels [-tənde.ls] for the greater part, for the most part; largely [depend on].

grotesk [gro.'tesk] *aj* (& *ad*) grotesque(ly).

groteske [-'teskə] *v* grotesque.

grovelijk ['gro.vələk] grossly, coarsely, rudely.

gruis [grœys] *o* 1 coal-dust; 2 grit [of stone].

grut [grʏt] *o* in: *het kleine* ~ F the small fry.

grutten ['grʏtə(n)] *mv* groats, grits.

grutter ['grʏtər] *m* grocer.

grutterij ['grʏtə'rei] *v* grocer's (shop).

grutterswaren ['grʏtərsva:rə(n)] *mv* groceries.

grutto ['grʏto.] *m* ♭ godwit.

gruwel ['gry.vel] *m* 1 (gevoel) abomination; 2 (daad) atrocity, horror; *het is mij een* ~ it is my abomination.

gruweldaad [-da.t] *v* atrocity.

gruwelijk ['gry.vələk] I *aj* abominable, horrible, atrocious; II *ad* abominably, horribly, atrociously, < awfully.

gruwelijkheid [-heit] *v* horribleness, atrocity.

gruwelkamer ['gry.vəlka.mər] *v* chamber of horrors.

gruwelstuk [-stʏk] *o* atrocity.

gruwen [-və(n)] *vi* shudder; ~ *bij de gedachte* shudder at the thought; ~ *van iets* abhor a thing.

gruwzaam ['gry:uza.m] horrible.

guerillaoorlog [ge'ril.lja.o:rlɔx] *m* guer(r)illa (warfare).

guerillastrijder [-streidər] *m* guer(r)illa.

guichelheil ['gœyɣəlheil] *o* ♣ (scarlet) pimpernel.

guillotine [gi.(l)jo.'ti.nə] *v* guillotine.

guillotineren [-ti.'ne:rə(n)] *vt* guillotine.

Guinea [gi.'ne.a.] *o* Guinea.

Guineeër [-'ne.ər] *m* Guinean.

Guinees [-'ne.s] Guinean; ~ *biggetje* ['bigəcə] guinea-pig.

guirlande [gi:r'landə] *v* garland, festoon, wreath.

guit [gœyt] *m* rogue[2].

guitenstuk ['gœyta(n)stʏk] *o* **guiterij** [gœytə'rei] *v* roguish trick.

guitig ['gœytəx] *aj* (& *ad*) roguish(ly), arch(ly).

guitigheid [-heit] *v* roguishness, archness.

gul [gʏl] I *aj* 1 open-handed, generous, liberal; 2 frank, open, open-hearted, genial; II *ad* 1 generously, liberally; 2 frankly, genially.

1 **gulden** ['gʏldə(n)] *aj* golden.

2 **gulden** ['gʏldə(n)] *m* guilder, florin.

gulhartig [gʏl'hartəx] zie *gul I* 2.

gulhartigheid [-heit] *v* zie *gulheid* 2.

gulheid ['gʏlheit] *v* 1 open-handedness, generosity, liberality; 2 frankness, openness, openheartedness, geniality.

gulp [gʏlp] *v* gulp [of blood].

gulpen ['gʏlpə(n)] *vi* gush, spout.

gulzig [-zəx] I *aj* gluttonous, greedy; II *ad* gluttonously, greedily.

gulzigaard [-zəga:rt] *m* glutton.

gulzigheid [-zəxheit] *v* gluttony, greediness, greed.

gum [gʏm] = *gom*.

gummi ['gʏmi.] *o* & *m* (india-)rubber.

gummistok [-stɔk] *m* (rubber) truncheon.

gunnen ['gʏnə(n)] *vt* 1 grant; 2 not grudge, not envy; *het is je gegund* you are welcome to it.

gunning [-niŋ] *v* allotment.

gunst [gʏnst] I *v* favour; $ favour, patronage, custom, goodwill; *een* ~ *bewijzen* do a favour; *in de* ~ *komen bij* get into favour with; *weer bij hem in de* ~ *komen* get into his good books again; *in de* ~ *trachten te komen bij* ingratiate oneself with; *in de* ~ *staan bij iemand* be in favour with a person, be in a person's good books; *ten* ~ *van...* 1 in favour of...; 2 in behalf of...; *uit de* ~ *geraken* fall out of favour (with *bij*); *uit de* ~ *zijn* be in disfavour; II *ij* goodness gracious!

gunstbejag ['gʏnstbəjax] *o* favour-hunting.

gunstbetoon [-to.n] *o* marks of favour.

gunstbewijs [-veis] *o* mark of favour, favour.

gunsteling(e) ['gʏnstəliŋ(ə)] *m(-v)* favourite.

gunstig [-stəx] I *aj* favourable, propitious, auspicious; *het geluk was ons* ~ fortune (fate) favoured us; II *ad* favourably; ~ *bekend* enjoying a good reputation.

gut! [gʏt] *ij* zie *gunst* II.

guts [gʏts] *v* ⚒ gouge.

1 **gutsen** ['gʏtsə(n)] *vt* ⚒ gouge.

2 **gutsen** ['gʏtsə(n)] *vi* gush, spout [of blood]; stream, run [of sweat].

guttapercha [gʏta.'pertʃa.] *m* & *o* gutta-percha.

guur [gy:r] bleak, raw, inclement, damp and chilly.

guurheid ['gy:rheit] *v* bleakness, inclemency.

Guyana [gi.'a.na.] *o* Guiana.

gymnasiaal [gimna.zi.'a.l] grammar-school...

gymnasiast [-na.zi'ast] *m* pupil of a grammar-school.

gymnasium [-'na.zi.ʏm] *o* grammar school.

gymnast [-'nɑst] *m* gymnast.

gymnastiek [-nɑs'ti.k] *v* gymnastics, physical training, P.T.

gymnastiekleraar [-le:ra:r] *m* physical training master, P.T. master.

gymnastiekles [-les] *v* gymnastic lesson.

gymnastieklokaal [-lo.ka.l] *o* gymnasium.

gymnastiekschoen [-sxu.n] *m* gymnastic shoe, F gym shoe.

gymnastiekschool [-sxo.l] *v* gymnasium.

gymnastiekuitvoering [-œytfu:riŋ] *v* gymnastic

display.
gymnastiekvereniging [-fǝrǝ.nǝgɪŋ] *v* gymnastic club.
gymnastiekzaal [-sa.l] *v* gymnasium.
gymnastisch [gɪm'nɑsti.s] gymnastic.

H

H. = *heilige.*
ha! [ha.] *ij* ha!, oh!, ah!; ~ *die Jan* hullo John!
Haag, Den ~ [dǝn'ha.x] The Hague.
haag [ha.x] *v* hedge, hedgerow; lane [of people, of soldiers].
haai [ha:i] *m* 🦈 shark; *fig* vulture, kite; *naar de* ~*en gaan* F go to Davy Jones's locker; *hij is voor de* ~*en* F he is going to the dogs.
haak [ha.k] *m* 1 hook [for catching hold or for hanging things upon, also fish-hook &]; 2 cradle [of desk telephone]; 3 picklock [for opening locks &]; 4 (winkel~) square; *haken en ogen* hooks and eyes; *fig* difficulties, squabbles, bickerings; *aan de* ~ *slaan* hook²; *(niet) in de* ~ (not) right.
haakbus ['ha.kbʉs] *v* 🔫 arquebus.
haakgaren [-gɑ:rǝ(n)] *o* crochet cotton.
haakje [-jǝ] *o* (in de drukkerij) bracket, parenthesis: (); *tussen (twee)* ~*s* between brackets; *fig* in parentheses; *tussen twee* ~*s, heb je ook...?* by the way, have you...?
haaknaald, -pen [-na.lt, -pǝn] *v* crochet-hook.
haaks [ha.ks] square; *niet* ~ out of square.
haakvormig ['ha.kfɔrmǝx] hook-shaped, hooked.
haakwerk [-vɛrk] *o* crochet-work, crocheting.
haal [ha.l] *m* stroke [in writing]; *aan de* ~ *gaan* F take to one's heels, run away.
haam [ha.m] *o* collar [of a horse].
haan [ha.n] *m* cock; *daar zal geen* ~ *naar kraaien* nobody will be the wiser; *zijn* ~ *kraait daar koning* he is (the) cock of the walk, he has it all his own way; *de rode* ~ *laten kraaien* set the house & ablaze; *de* ~ *overhalen* cock a gun; *de gebraden* ~ *uithangen* F do the grand.
haantje ['ha.ncǝ] *o* young cock, cockerel; *hij is een* ~ he is a young hotspur; *hij is* ~ *de voorste* he is (the) cock of the walk.
1 **haar** [ha:r] 1 *bez. vnmw.* her; their; 2 *pers. vnmw.* (3de nmv.) (to) her; (to) them; (4de nmv.) them; *het is van* ~ it is hers.
2 **haar** [ha:r] *o* hair [of the head &]; *hij is geen* ~ *beter* he is no whit better; *geen* ~ *op mijn hoofd dat er aan denkt* I don't even dream of doing such a thing; ~ *op de tanden hebben* be able to look after oneself; *het scheelde maar een* ~*, geen* ~ it was a near thing, it was touch and go; *zijn wilde haren verliezen* sow one's wild oats; *elkaar in het* ~ *vliegen* come to loggerheads; *elkaar in het* ~ *zitten* be at loggerheads; *iets met de haren erbij slepen* drag it in; *op een* ~ to a hair; *alles op haren en snaren zetten* leave no stone unturned; *tegen het* ~ against the hair, the wrong way.
haarband ['ha:rbɑnt] *v* fillet, head-band.
haarborstel [-bɔrstǝl] *m* hairbrush.
haarbos [-bɔs] *m* 1 tuft of hair; 2 (haardos) shock of hair.
haarbreed [-bre.t] *o* hair's-breadth, hair-breadth.
haarbuisje [-bœysjǝ] *o* capillary vessel (tube).
haard [ha:rt] *m* 1 hearth, fireside, fireplace; 2 stove; 3 *fig* focus [*mv* foci], seat [of the fire], centre [of resistance]; *eigen* ~ *is goud waard* home is home be it (n)ever so homely, there is no place like home; *aan de huiselijke* ~*, bij de* ~ by (at) the fireside.

haardijzer ['ha:rteizǝr] *o* 1 fender [to keep coals from rolling into room]; 2 fire-dog [for supporting burning wood].
haardkleedje [-kle.cǝ] *o* hearth-rug.
haardos ['ha:rdɔs] *m* (head of) hair.
haardplaat ['ha:rtpla.t] *v* hearth-plate.
haardracht ['ha:rdrɑxt] *v* coiffure, hairdo.
haardroger [-dro.gǝr] *m* hair drier.
haardscherm ['ha:rtsxerm] *o* fire-screen.
haardstede [-ste.dǝ] *v* hearth, fireside.
haardstel [-stɛl] *o* (set of) fire-irons.
haardvuur [-fy:r] *o* fire on the hearth.
haarfijn ['ha:rfein] I *aj* 1 as fine as a hair; 2 *fig* minute [account], subtle [distinction]; II *ad* minutely, [tell] in detail.
haargroei [-gru:i] *m* growth of the hair.
haarkam ['ha:rkɑm] *m* hair-comb.
haarkloven [-klo.vǝ(n)] *vi* split hairs.
haarklover [-vǝr] *m* hair-splitter.
haarkloverij [ha:rklo.vǝ'rei] *v* hair-splitting.
haarknippen ['ha:rknɪpǝ(n)] *o* hair-cutting.
haarlint [-lint] *o* hair-ribbon.
haarlok [-lɔk] *v* lock of hair.
haarloos [-lo.s] hairless, without hair.
haarnetje [-necǝ] *o* hair-net.
haarolie [-o.li.] *v* hair-oil, oil for the hair.
haarpijn [-pein] *v* F a head.
haarspeld [-spɛlt] *v* hairpin.
haarspeldbocht [-bɔxt] *v* hairpin bent.
haarwassing [-vɑsɪŋ] *v* shampoo.
haarwater [-va.tǝr] *o* hair-wash.
haarwortel [-vɔrtǝl] *m* root of a hair.
haas [ha.s] *m* 1 ♈ hare; 2 (stuk vlees) fillet, tenderloin, undercut [of beef].
haasje-over [ha.sjǝ'o.vǝr] *o* leap-frog.
1 **haast** [ha.st] *v* haste, speed, hurry [= undue haste]; *er is* ~ *bij* it is urgent; *er is geen* ~ *bij* there is no hurry; ~ *hebben* be in a hurry; ~ *maken* make haste, be quick; *in* ~ in a hurry; *waarom zo'n* ~? what's the hurry?
2 **haast** [ha.st] *ad* 1 zie *bijna*; 2 *kom je* ~? are you coming soon (yet)?
haasten ['ha:stǝ(n)] I *vt* hurry; II *vr zich* ~ hasten, make haste; *haast u langzaam!* make haste slowly!; *haast je (wat)!* hurry up!; *haast je rep je...* F in a hurry.
haastig [-tǝx] I *aj* hasty, hurried; ~*e spoed is zelden goed* more haste, less speed; II *ad* hastily, in haste, in a hurry, hurriedly.
haastigheid [-heit] *v* hastiness, hurry.
haat [ha.t] *m* hatred [of any]; ⊙ hate.
haatdragend [ha.'dra.gǝnt] resentful, rancorous.
haatdragendheid [-heit] *v* resentfulness, rancour.
habijt [ha.'beit] *o* habit.
habitué [ha.bi.ty.'e.] *m* regular customer (visitor), patron.
Habsburg ['hɑpsbʉrx] *o* Hapsburg.
hachee [ha'ʃe.] *m* & *o* hash [of warmed-up meat].
hachelijk ['hɑgǝlǝk] precarious, critical, dangerous, perilous.
hachelijkheid [-heit] *v* precariousness, critical situation.
hachje ['hɑxjǝ] *o* in: *bang voor zijn* ~ anxious to save one's skin; *zijn* ~ *er bij inschieten* not be able to save one's skin.
haft [hɑft] *o* mayfly, ephemeron.
hagedis [ha.gǝ'dɪs] *v* ♈ lizard.
hagedoorn, -doren ['ha.gǝdo:rǝn] *m* ♣ hawthorn.
hagel ['ha.gǝl] *m* 1 hail; 2 om te schieten (small) shot.
hagelbui [-bœy] *v* shower of hail, hailstorm; *een* ~ *van stenen* a shower of stones.
hagelen ['ha.gǝlǝ(n)] *vi* hail; *het hagelde kogels* volleys of shot pattered down.
hagelkorrel ['ha.gǝlkɔrǝl] *m* 1 hailstone; 2

grain of shot.
hagelsteen [-ste.n] *m* hailstone.
hagelwit [-vɪt] white as snow.
Hagenaar ['ha.gəna:r] *m* inhabitant of The Hague.
hageprediker [-pre.dəkər] *m* ⨃ hedge-priest.
hagepreek [-pre.k] *v* ⨃ hedge-sermon.
1 **hak** [hɑk] *v* 1 hoe, mattock, pickaxe; 2 heel; *schoenen met hoge (lage, platte) ~ken* high-heeled (low-heeled, flat-heeled) shoes.
2 **hak** [hɑk] *m* cut [of wood]; *iemand een ~ zetten* play one a nasty trick; *van de ~ op de tak springen* jump (skip) from one subject to another.
hakbijl ['hɑkbɛil] *v* 1 hatchet; 2 (v. slager) chopper, cleaver.
hakblok [-blɔk] *o* chopping-block.
hakbord [-bɔrt] *o* chopping-board.
haken ['ha.kə(n)] I *vt* 1 hook, hitch [to..., on to...]; 2 (handwerken) crochet; II *va* 1 hook, hitch; 2 (handwerken) do crochet-work; *in een struik blijven ~* be caught in a bush; III *vi* in: *~ naar* hanker after, long for, yearn for (after).
hakenkruis [-krœys] *o* swastika.
hakhout ['hɑkhout] *o* copse, coppice
hakkelaar ['hɑkəla:r] *m* stammerer.
hakkelen [-lə(n)] *vi* stammer, stutter.
hakken ['hɑkə(n)] *vt* & *vi* cut, chop, hack, hew, hash, mince [to pieces]; *op iemand zitten ~* peck, nag at a person; *waar gehakt wordt vallen spaanders* ⊥ you can't make an omelette without breaking eggs; zie ook: *in-hakken, pan* &.
hakketeren [hɑkə'te:rə(n)] *vi* bicker, squabble.
hakmes ['hɑkmes] *o* chopping-knife, cleaver.
haksel, hakstro [-səl, -stro.] *o* chopped straw, chaff.
hal [hɑl] *v* hall; (covered) market.
halen ['ha.lə(n)] I *vt* fetch, draw, pull; get; run [the comb through one's hair, one's pen through the name]; *laten ~* send for; *een akte ~* obtain (secure) a certificate (a diploma); *hij zal de dag niet meer ~* he won't last out the night; *een dokter ~* go for (call in) a doctor; *hij zal het wel ~* he's sure to pull through; *de post ~* 1 fetch the mail; 2 be in time for the post; *het zal nog geen 10 stuivers ~* it will not even fetch 10 pence; *de trein ~* catch the train; *daar is niets te ~* nothing to be got there; *worden jullie (straks) gehaald?* is anybody coming for you?; *een huis tegen de grond ~* pull down a house; *zijn beurs uit de zak ~* pull out one's purse; *waar haalt hij het vandaan?* where does he get it?; zie ook: *hals* &; II *va* 1 ⚓ pull; 2 draw (raise) the curtain; *dat haalt niet bij...* that is not a patch (up)on..., that cannot touch it.
half [hɑlf] I *aj* half; *halve cirkel* semicircle; *~ één* half past twelve; *~ Engeland* one half of England; *~ geld* half the money, half price; *een halve gulden* 1 (waarde) half a guilder; 2 (geldstuk) a half-guilder; *een ~ jaar* half a year, six months; *~ maart* mid-March; *tot ~ maart* until the middle of March; *een halve toon ♪* a semitone; zie ook: *verstaander* &; *het slaat ~* the half-hour is striking; II *o* half; *twee en een ~* two and a half; *twee halven* two halves; *een halve iets doen* do a thing by halves; *ten halve omkeren* turn when half-way; III *ad* half; *~ te geef* half for nothing; *dat is mij maar ~ naar de zin* not altogether to my liking; *iets maar ~ verstaan* understand only half of it; *hij is niet ~ zo...* not half so...
halfbakken [hɑlf'bɑkə(n)] half-baked?.
halfbloed ['hɑlfblu.t] I *aj* half-bred; II *m-v* half-breed, half-caste, half-blood.
halfbroe(de)r [-bru:r, -bru.dər] *m* half-brother.

halfdek [-dɛk] *o* ⚓ quarter-deck.
halfdonker [hɑlf'dɔŋkər] *o* semi-darkness.
halfdood ['hɑlfdo.t] half-dead.
halffabrikaat ['hɑlffa.bri.ka.t] *o* semi-manu-factured article.
halfgaar [-ga:r] half-done, half-baked; *fig* dotty
halfgod [-gɔt] *m* demigod.
halfheid [-hɛit] *v* half-heartedness, irresolution.
halfjaarlijks ['hɑlfja:rlɔks, hɑlf'ja:rlɔks] I *aj* half-yearly, semi-annual; II *ad* every six months.
halfleer [-le:r] *o* half calf; *halfleren band* half binding.
halflinnen [-lɪnə(n)] *o* half cloth.
halfluid [-lœyt] in an undertone, under one's breath.
halfmaandelijks ['hɑlfma.ndələks] I *aj* fort-nightly; II *ad* every fortnight.
halfrond ['hɑlfrɔnt] *o* hemisphere.
halfschaduw [-sxa.dy:u] *o* penumbra.
halfslachtig [hɑlf'slɑxtəx] amphibious; *fig* half-hearted.
halfslachtigheid [-hɛit] *v* half-heartedness, irresolution.
halfstok [hɑlf'stɔk] at half-mast, half-mast high.
halfvasten ['vɑstə(n)] *m* mid-Lent.
halfwas [-vas, hɑlf'vas] *m-v* apprentice.
halfweg ['hɑlfvɛx] halfway.
halfwijs [-vɛis] half-witted.
halfzuster [-sũstər] *v* half-sister.
halleluja [hɑlə'ly.ja.] *o* hallelujah.
hallo [ha'lo.] *ij* hullo!
hallucinatie [hɑly.si.'na.(t)si.] *v* hallucination.
halm [hɑlm] *m* stalk, blade.
hals [hɑls] *m* 1 neck [of body, bottle, garment &]; 2 tack [of a sail]; 3 (*onnozele*) ~ simple-ton; *zijn (de) ~ breken* break one's neck; *dat zal hem de ~ breken* that will be his undoing; *iemand om ~ brengen* make away with a per-son; *iemand om de ~ vallen* fling one's arms round a person's neck, fall upon a person's neck; *zich iets op de ~ halen* bring something on oneself, incur [punishment &], catch [a disease, a cold &]; *~ over kop* head over heels, [rush] headlong [into...], [run] helter-skelter; [in a hurry].
halsader ['hɑlsa.dər] *v* jugular (vein).
halsband [-bɑnt] *m* collar.
halsboord [-bo:rt] *o* & *m* neckband [of a shirt].
halsbrekend [-bre.kənt] breakneck.
halsdoek [-du.k] *m* neckerchief, scarf.
halsketting [-kɛtɪŋ] *m* & *v* neck-chain, neck-lace.
halsklier [-kli:r] *v* jugular gland.
halskraag [-kra.x] *m* collar [of a coat &].
halslengte [-lɛŋtə] *v* [win by a] neck.
halsmisdaad [-mɪsda.t] *v* capital crime.
halssieraad ['hɑlsi:ra.t] *o* neck-ornament.
halsslagader [-slaxa.dər] *v* carotid (artery).
halssnoer [-snu:r] *o* necklace, necklet.
halsstarrig [hɑl'storəx] I *aj* headstrong, stub-born, obstinate; II *ad* stubbornly, obstinately.
halsstarrigheid [-hɛit] *v* stubbornness, obsti-nacy.
halster ['hɑlstər] *m* halter.
halswervel ['hɑlsvɛrvəl] *m* cervical vertebra.
halszaak ['hɑlsa.k] *v* capital crime.
halt [hɑlt] halt; *~ houden* make a halt, halt, make a stand, stop; *~ laten houden* ✕ halt [soldiers]; call a halt [on the march]; *~! 1* ✕ halt!; 2 stop!; *~ ...wie daar!* ✕ stand!, who goes there?
halte ['hɑltə] *v* wayside station [of railway]; stopping-place, stop [of tramway or bus].
halter [-tər] *m* dumb-bell, (lang) bar-bell.
halvemaan [hɑlvə'ma.n] *v* half-moon, crescent.
halvemaantje [-'ma.ncə] *v* crescent roll.

halvemaanvormig [-ma.n'vɔrməx] semilunar, crescent-shaped.
halveren [hɑl've:rə(n)] *vt* halve.
halverhoogte ['hɑlvərho.xtə] halfway up.
halvering [hɑl've:rɪŋ] *v* halving.
halverwege [hɑlvər've.gə] halfway.
ham [hɑm] *v* ham.
hamel ['ha.məl] *m* ☿ wether.
hamer [-mər] *m* hammer, (van hout ook:) mallet; *onder de ~ brengen* bring to the hammer; *onder de ~ komen* come under the hammer, be sold by auction; *tussen ~ en aanbeeld* between the devil and the deep sea.
hameren [-mərə(n)] *vi & vt* hammer.
hamster ['hɑmstər] *m* ☿ hamster.
hamsteraar [-stəra:r] *m* (food-)hoarder.
hamsteren [-rə(n)] *vi & vt* hoard (food).
hand [hɑnt] *v* hand; *de ~en staan hem verkeerd* he is very unhandy; *de vlakke ~* the flat of the hand; *iemand de ~ drukken (geven, schudden)* shake hands with a man; *iemand de ~ op iets geven* shake hands on (over) it; *de ~ hebben in iets* have a hand in it; *de ~ houden aan* enforce [a regulation &]; *iemand de ~ boven het hoofd houden* extend one's protection to a person; *de ~en ineenslaan* clasp one's hands; *fig* join hands; *de ~en ineenslaan van verbazing* throw up one's hands in wonder; *iemand de vrije ~ laten* leave (give, allow) a person a free hand; *de laatste ~ leggen aan het werk* put the finishing touches to the work; *de ~ leggen op* lay hands on; *de ~ lenen tot iets* lend oneself to a thing, be a party to it; *de ~ lichten met* let oneself off lightly from the labour of ...ing; *zijn ~ niet omdraaien voor iets* make nothing of ...ing; *de ~ opheffen tegen iemand* lift (raise) one's hand against a person; *de ~ ophouden* 1 hold out one's hand; 2 *fig* beg; *de ~en aan het werk slaan* set to work; *de ~ aan zich zelf slaan* lay violent hands on oneself; *de ~en uit de mouwen steken* put one's shoulder to the wheel; *geen ~ uitsteken om...* not lift (stir) a finger to...; *de ~ en vol hebben* have (have got) one's hands full, have one's work cut out; *de ~ vragen van een meisje* ask her hand in marriage; *ik wil mijn ~ niet onder dat stuk zetten* I won't put my hand to that paper; *geen ~ voor ogen kunnen zien* not be able to see one's hand before one; *aan de ~ van dezegevens* on the basis of these data; *aan de ~ van voorbeelden* from examples; *~ aan ~* hand in hand; *iemand iets aan de ~ doen* procure (find, get) a thing for a person; *suggest* [a means] to him; *aan de betere ~ zijn* zie *beterhand*; *wat is er aan de ~?* what is up?; *er is iets aan de ~* there is something afoot; *aan ~en en voeten binden* bind hand and foot; *iets achter de ~ hebben* have something up one's sleeve; *iets (altijd) bij de ~ hebben* have it at hand, ready (to hand), handy; *al vroeg bij de ~* up early; *nog niet bij de ~ zijn* not be stirring; zie ook: *bijdehand*; *met de degen in de ~* sword in hand; zie ook: *hoed*; *wij hebben dat niet in de ~* these things are beyond (out of) our control; *~ in ~* hand in hand; *in ~en komen (vallen) van...* fall into the hands of...; *iets in ~en krijgen* get hold of a thing; *in andere ~en overgaan* change hands; *iemand iets in ~en spelen* smuggle it into a man's hands; *iemand in de ~ werken* play the game of a person; *iets in de ~ werken* promote a thing; *iets in ~en zijn van* be in the hands of; *de krant is in ~en* the paper is in hands; *De heer X. in ~en* by hand; *met de ~ gemaakt* hand-made, made by hand; *met de ~en in het haar zitten* be at one's wit's (wits') end; *met de ~en in de schoot zitten* sit with folded hands; *met de ~*

op het hart in all conscience; *hand on heart* [they affirmed]; *met beide ~en aangrijpen* jump at [a proposal], seize [the opportunity] with both hands; *met lege ~en* empty-handed; *met de ~ over het hart strijken* strain a point; *met ~ en tand* tooth and nail; *iemand naar zijn ~ zetten* manage one (at will); *niets om ~en hebben* have nothing to do; *onder de ~* meanwhile; *iets onder ~en hebben* have a work in hand, be at work on a thing; *iemand onder ~en nemen* take one in hand, take one to task; *iemand op de ~en dragen* make much of a person; *het publiek op zijn ~ hebben* have the audience with one; *op iemands ~ zijn* be on a person's side, side with a person; *op ~en zijn* be near at hand, be drawing near; *op ~en en voeten on all fours*; *~ over ~* hand over hand; *~ over ~ toenemen* spread, be rampant; *een voorwerp ter ~ nemen* take it in one's hands; *een werk ter ~ nemen* take (put) it in hand; *iemand iets ter ~ stellen* hand it to a person; *uit de eerste (tweede) ~* (at) first (second) hand; *uit de vrije ~ by hand*; *uit de ~ geschilderd* painted by hand; *iets uit zijn ~en geven* trust it out of one's hands; *uit de ~ verkopen* sell by private contract; *van goeder ~* [learn] on good authority; *van hoger ~* [a revelation] from on high; [an order] from high quarters, from the government; [hear] on high authority; *iets van de ~ doen* dispose of, part with, sell a thing; *goed van de ~ gaan* sell well; *van de ~ wijzen* refuse [a request], decline [an offer], reject [a proposal]; *van ~ tot ~* from hand to hand; *van de ~ in de tand* from hand to mouth; *voor de ~ liggen* be obvious; *het zijn twee ~en op één buik* they are hand in (and) glove; *als de éne ~ de andere wast, worden ze beide schoon* one hand washes another; *veel ~en maken licht werk* many hands make light work.
handappel ['hɑntapəl] *m* eating apple.
handarbeider [-ɑrbeidər] *m* manual worker.
handbagage [-bɑgɑ.ʒə] *v* hand-luggage.
handbal [-bɑl] 1 *m* (bal) handball; 2 *o* (spel) handball.
handboeien [-bu.jə(n)] *mv* handcuffs, manacles.
handboek [-bu.k] *o* manual, handbook, textbook.
handbreed [-bre.t] *o* handbreedte [-bre.tə] *v* hand's breadth.
handdoek ['hɑndu.k] *m* towel; *~ op rol* roller-towel.
handdoekenrek(je) [-du.kə(n)rɛk(jə)] *o* (los) towel-horse, (vast) towel-rail.
handdruk ['hɑndrʏk] *m* hand pressure; handshake; *een ~ wisselen* shake hands.
1 handel ['hɑndəl] *m* 1 trade, commerce; > traffic[2]; 2 (zaak) business; *~ en wandel* conduct, life; *~ drijven* do business, trade [with...]; *in de ~ brengen* put on the market; *in de ~ gaan (zijn)* go into (be in) business; *niet in de ~* 1 [goods] not supplied to the trade; 2 privately printed [pamphlets].
2 handel ['hɑndəl] *o & m* ✺ handle.
handelaar ['hɑndəla:r] *m* merchant, dealer, trader.
handelbaar ['hɑndəlba:r] tractable, manageable, docile.
handelbaarheid [-heit] *v* tractability, manageability, docility.
handeldrijvend ['hɑndəldreivənt] trading.
handelen [-dələ(n)] *vi* 1 (doen) act; 2 (handeldrijven) trade, deal; *~ in hout* deal (trade) in timber; *~ naar (een beginsel)* act on (a principle); *op de Levant ~* trade to the Levant; *over een onderwerp ~* treat of (deal with) a subject.

handeling [-dəlıŋ] *v* 1 action, act; 2 action [of a play]; *H~en der Apostelen* Acts of the Apostles; *de ~en van dit genootschap* the Proceedings (Transactions) of this Society; *Handelingen van het Engels Parlement* Hansard.

handelmaatschappij ['hɑndəlma.tsхɑpɛi] *v* trading-company.

handelsagent [-a.gɛnt] *m* commercial agent.

handelsartikel [-ɑrti.kəl] *o* article of commerce, commodity.

handelsbalans [-bɑlɑns] *v* $ balance of trade, trade balance; *tekort op de ~* trade gap.

handelsbelang [-bəlɑŋ] *o* commercial interest.

handelsberichten [-bərıxtə(n)] *mv* commercial news.

handelsbetrekkingen [-bɔtrɛkıŋə(n)] *mv* commercial relations.

handelsbrief [-bri.f] *m* business letter.

handelscorrespondent [-kɔrɛspòndɛnt] *m* correspondence clerk.

handelscorrespondentie [-dɛn(t)si.] *v* commercial correspondence.

handelscrisis [-kri.zıs] *v* commercial crisis.

handelsgebruik [-gəbrœyk] *o* commercial custom, business practice, trade usage.

handelsgeest [-ge.st] *m* commercial spirit.

handelshaven [-ha.və(n)] *v* commercial port.

handelshogeschool [-ho.gəsxo.l] *v* commercial university.

handelshuis [-hœys] *o* business house, firm.

handelskennis [-kɛnɑs] *v* commercial practice.

handelskrediet ['hɑndəlskrɑdi.t] *o* trade credit.

handelsman [-mɑn] *m* business man.

handelsmerk [-mɛrk] *o* trade mark.

handelsovereenkomst [-o.vəre.nkòmst] *v* commercial agreement, trade agreement.

handelsreiziger [-rɛizəgər] *m* commercial traveller.

handelsschool ['hɑndəlsxo.l] *v* commercial school.

handelsverdrag [-fərdrɑx] *o* treaty of commerce, commercial treaty, trade treaty.

handelsvloot [-flo.t] *v* merchant fleet.

handelswereld [-ve.rəlt] *v* commercial world.

handelswet [-vɛt] *v* commercial law.

handelswetboek [-bu.k] *o* mercantile code.

handelszaak ['hɑndelsza.k] *v* business concern, business.

handelwijs, -wijze [-vɛis, -vɛizə] *v* proceeding, method, way of acting.

handen ['hɑndə(n)] *vi* in: *een spade die mij handt* a spade easy to hand; *een werkje dat mij handt* a job to suit me.

handenarbeid ['hɑndə(n)ɑrbeit] *m* 1 manual labour; 2 sloyd, manual training, handicraft.

handgebaar ['hɑntgəba:r] *o* gesture, motion of the hand.

handgeklap [-gəklɑp] *o* hand-clapping, applause.

handgeld [-gɛlt] *o* earnest-money, handsel.

handgemeen [-gəme.n] I *aj* in: *~ worden* come to blows, engage in a hand-to-hand fight; *~ zijn* be engaged in a hand-to-hand fight; II *o* mêlée, hand-to-hand fight.

handgranaat [-gra.na.t] *v* ✕ (hand-)grenade.

handgreep [-gre.p] *m* 1 (greep) grasp, grip; 2 (handigheid) knack; 3 (truc) trick.

handhaven [-ha.və(n)] I *vt* maintain, vindicate [one's rights]; II *vr* *zich ~* hold one's own, keep one's ground.

handhaver [-vər] *m* maintainer.

handhaving [-vıŋ] *v* maintenance.

handig ['hɑndəx] I *aj* handy, clever, skilful, adroit, deft; II *ad* cleverly, skilfully, adroitly &.

handigheid [-hɛit] *v* handiness, skill, adroitness; *~je* trick.

handje ['hɑncə] *o* (little) hand; *ergens een ~ van hebben* have a little way of ...ing; *een*

~ helpen lend a (helping) hand; *is er iets aan 't ~?* F anything on?

handkar ['hɑntkɑr] *v* barrow, hand-cart, push-cart.

handkijker [-kɛikər] *m* 1 palmist; 2 opera-glass.

handkijkerij [hɑntkɛika'rɛi] *v* palmistry.

handkoffer ['hɑntkòfər] *m* hand bag, portmanteau; (platte) suit-case.

handkus [-kûs] *m* kiss on the hand.

handlanger [-lɑŋər] *m* helper, > accomplice.

handleiding [-lɛidıŋ] *v* manual, guide.

handlichting [-lıxtıŋ] *v* emancipation.

handomdraai [-òmdra:i] *m* in: *in een ~* in a twinkling, off-hand.

handoplegging [-òplɛgıŋ] *v* imposition (laying on) of hands.

handpalm [-pɑlm] *m* palm of the hand.

handpeer [-pe:r] *v* eating pear.

handrem [-rɛm] *v* hand-brake.

handschoen [-sxu.n] *m* & *v* glove; gauntlet [ఱ & also for driving, fencing &]; *de ~ opnemen* take up the gauntlet; *iemand de ~ toewerpen* throw down the gauntlet (the glove); *met de ~ trouwen* marry by proxy.

handschrift ['hɑnts(x)rıft] *o* 1 handwriting; 2 manuscript.

handslag [-slɑx] *m* slap (with the hand); *iets op (met, onder) ~ beloven* slap hands upon it.

handtas ['hɑntɑs] *v* handbag.

handtastelijk [hɑn'tɑstələk] palpable, evident, obvious; *~ worden* become agressive; paw [a girl].

handtastelijkheden [-he.də(n)] *mv* assault and battery, blows.

handtekenen ['hɑnte.kənə(n)] *o* free-hand drawing.

handtekening [-nıŋ] *v* signature.

handvat, -sel ['hɑntfɑt, -səl] *o* handle.

handvest [-fɛst] *o* charter [of the United Nations]; covenant [of the League of Nations].

handvol [-fòl] *v* handful.

handvuurwapenen [-fy:rva.pənə(n)] *mv* ✕ small arms.

handwagen [-va.gə(n)] zie *handkar*.

handwerk [-vɛrk] *o* 1 trade, (handi)craft; 2 (als produkt) hand-made...; *fraaie ~en* fancy-work; *nuttige ~en* plain needlework; *vrouwelijke ~en* needlework.

handwerkje [-jə] *o* (piece of) fancy-work.

handwerksman ['hɑntvɛrksmɑn] *m* artisan.

handwijzer [-vɛizər] *m* signpost, finger-post.

handwortel [-vòrtəl] *m* carpus.

handzaag [-sa.x] *v* hand-saw.

handzaam [-sa.m] tractable, manageable; (te hanteren) handy.

hanebalk ['ha.nɑbɑlk] *m* purlin, tie-beam; *onder de ~en* in the garret.

hanegekraai [-gəkra:i] *o* cock-crow(ing).

hanekam [-kɑm] *m* 1 cock's comb; 2 ✿ cocks; comb; 3 (zwam) chanterelle.

hanengevecht ['ha.nə(n)gəvɛxt] *o* cock-fight(ing).

hanepoot ['ha.nəpo.t] *m* (letter) pot-hook-(slecht schrift) scrawl.

haneveer [-ve:r] *v* cock's feather.

hang(a)ar [hã'ga:r] *m* hangar.

hangbrug ['hɑŋbrûx] *v* suspension bridge.

hangen ['hɑŋə(n)] I *vt* hang; *ik laat me ~ als...* F hang me if...!; II *va* hang; *het was tussen ~ en wurgen* it was a tight squeeze; III *vi* hang; *aan iemands lippen ~*

hang on one's lips; *aan een spijker ~* be hung from a nail; *aan een touw ~* hang by a rope; *hij is daar blijven ~* he has stuck there; *blijven ~ aan* be caught in [a branch &]; *hij is eraan blijven ~* he was stuck with it; *er zal weinig van blijven ~* very little of it will stick in the memory; *het hoofd laten ~* hang one's head; *de lip laten ~* hang its lip [of a child], pout; *sta daar niet te ~* don't stand idling (lazing) there; zie ook: *draad, klok &.*

hangend [-nǝnt] hanging; pending [question]; *~e het onderzoek* pending the inquiry.

hanger [-nǝr] *m* 1 hanger; 2 ear-drop, pendant.

hangerig [-nǝrǝx] listless, languid.

hangkast [-kast] *v* hanging wardrobe.

hangklok [-klɔk] *v* hanging clock.

hanglamp [-lamp] *v* hanging lamp.

hanglip [-lɪp] *v* hanging lip.

hangmat [-mat] *v* hammock.

hangoor [-o:r] *o* lop-ear.

hangop [-ɔp] *m* curds.

hangslot [-slɔt] *o* padlock.

hangsnor [-snɔr] *v* drooping moustache(s).

hangwangen [-vaŋǝ(n)] *mv* baggy cheeks.

hansop [han'sɔp] *m* combination night-dress.

hansworst [hans'vɔrst] *m* buffoon, merry-andrew, Punch.

hansworsterij [-vɔrstǝ'rɛi] *v* buffoonery.

hanteren [han'te:rǝ(n)] *vt* handle [one's tools], ply [the needle], wield [a weapon, the blue pencil].

hap [hap] *m* 1 ('t happen) bite; 2 (mondvol) bite, morsel, bit; *in één ~* at one bite, at one mouthful.

haperen ['ha.pǝrǝ(n)] *vi* 1 (bij 't spreken) falter, stammer; 2 stick; *hapert er iets aan?* anything wrong (the matter)?; *het hapert hem aan geduld* he wants patience; *zonder ~* without a hitch.

hapering [-rɪŋ] *v* 1 hitch; 2 hesitation [in repeating one's lesson].

hapje ['hapjǝ] *o* bit, bite, morsel.

happen ['hapǝ(n)] *vi* snap; bite; *~ in* bite; *~ naar* snap at.

happig [-pǝx] in: (niet erg) *~ op iets zijn* (not) be keen upon a thing, (not) be eager for it.

happigheid [-heit] *v* keenness, eagerness [to do something].

hard [hart] **I** *aj* hard² [stone, winter, fight, work &], harsh [words]; loud [voice]; hard-boiled [eggs]; *het is ~* (voor een mens) als... it is hard lines upon a man if...; **II** *ad* hard, [treat a person] hardly, harshly; [talk] loud; < greatly; *...is ~ nodig* ..is badly needed; *'t gaat ~ tegen ~* it is pull devil, pull baker; *zo ~ zij konden, om het ~st,* as hard (loud, fast &) as they could, they... their hardest (loudest &).

hardboard ['ha.rdbɔ.rt] *o* hardboard.

harddraven ['hartdra.vǝ(n)] *vi* run in a trotting-match; run.

harddraverij [hartdra.vǝ'rɛi] *v* trotting-match.

harden ['hardǝ(n)] *vt* harden², temper [steel]; *het niet kunnen ~* not be able to stick it.

hardhandig [hart'handǝx] *aj* (& *ad*) rough(ly), rude(ly), harsh(ly).

hardhandigheid [-heit] *v* roughness &.

hardheid ['hartheit] *v* hardness, harshness.

hardhorend [hart'ho:rǝnt] **hardhorig** [-rǝx] dull (hard) of hearing.

hardhorendheid, hardhorigheid [-'ho:rǝnheit, -'ho:rǝxheit] *v* dullness (hardness) of hearing.

hardleers [hart'le:rs] dull, unteachable.

hardloopwedstrijd ['hartlo.pvɛtstrɛit] *m* foot-race.

hardlopen [-lo.pǝ(n)] *v* running.

hardloper [-pǝr] *m* runner, racer.

hardnekkig [hart'nɛkǝx] **I** *aj* obstinate, stubborn [people &], persistent; rebellious [diseases]; **II** *ad* obstinately &.

hardnekkigheid [-heit] *v* obstinacy, stubbornness, persistency.

hardop [hart'ɔp] [dream, read, speak, say] aloud.

hardrijden ['hartrɛi(d)ǝ(n)] *o* racing; *~ op de schaats* speed-skating.

hardrijder [-(d)ǝr] *m* racer; *~ op de schaats,* speed-skater.

hardrijderij [hartrɛi(d)ǝ'rɛi] *v* skating-match.

hardsteen ['hartste.n] *o* & *m* freestone, ashlar.

hardstenen [-ste.nǝ(n)] *aj* freestone, ashlar.

hardvallen [-falǝ(n)] *vt* in: *iemand ~ over...* be hard on a man for...; zie ook: *vallen* **I.**

hardvochtig [hart'fɔxtǝx] **I** *aj* hard-hearted, callous; **II** *ad* hard-heartedly, callously.

hardvochtigheid [-heit] *v* hard-heartedness, callousness.

hardzeilerij [hartseilǝ'rɛi] *v* sailing match, (sailing) regatta.

harem ['ha:rǝm] *m* harem, seraglio.

harerzijds ['ha:rǝrzɛits] on her part, on her behalf.

harig ['ha:rǝx] hairy; § pilose.

harigheid [-heit] *v* hairiness; § pilosity.

haring ['ha:rɪŋ] *m* 1 🐟 herring; 2 (v. tent) tent-peg; *als ~en in een ton* F like sardines in a box.

haringhaai [-ha:i] *m* 🐟 porbeagle.

haringkaken [-ka.kǝ(n)] *o* curing of herrings.

haringkaker [-ka.kǝr] *m* herring-curer.

haringvangst [-vaŋst] *v* 1 herring-fishery; 2 catch of herrings.

haringvisser [-vɪsǝr] *m* herring-fisher.

haringvisserij [ha:rɪŋvɪsǝ'rɛi] *v* herring-fishery.

hark [hark] *v* 1 rake; 2 *~ van een vent* stick; muff.

harken ['harkǝ(n)] *vt* & *vi* rake.

harkerig [-kǝrǝx] **I** *aj* stiff, wooden; **II** *ad* stiffly.

harlekijn [harlǝ'kɛin] *m* harlequin, buffoon.

harmonie [harmo.'ni.] *v* 1 harmony°; 2 zie *harmonieorkest.*

harmonieleer [-le:r] *v* ♪ theory of harmony, harmonics.

harmonieorkest [-ɔrkɛst] *o* ♪ wood-wind and brass band.

harmoniëren [harmo.ni.e:rǝ(n)] *vi* harmonize (with *met*).

harmonika [har'mo.ni.ka.] *v* ♪ accordion.

harmonikatrein [-trɛin] *m* corridor-train.

harmonisch [-'mo.ni.s] **I** *aj* 1 harmonious; 2 harmonic [progression &]; **II** *ad* 1 harmoniously; 2 harmonically.

harmonium [-'mo.ni.ǚm] *o* ♪ harmonium.

harnas ['harnas] *o* cuirass, armour; *iemand in het ~ jagen* put a person's back up; *iemand tegen zich in het ~ jagen* set a man against oneself; *hen tegen elkaar in het ~ jagen* set them by the ears.

harp [harp] *v* 1 ♪ harp; 2 riddle (= sieve).

harpij [har'pɛi] *v* harpy².

harpist(e) [-'pɪst(ǝ)] *m* (*v*) ♪ (lady) harpist.

harpoen [-'pu.n] *m* harpoon.

harpoeneren [-pu.'ne:rǝ(n)] *vt* harpoon.

harpoenkanon [har'pu.nka.nòn] *o* harpoon gun, whaling gun.

harpspel [-spɛl] *o* harp-playing.

harpspeler [-spe.lǝr] *m* harpist.

harrewarren ['ha:rǝvarǝ(n)] *vi* bicker, wrangle, squabble.

hars [hars] *o* & *m* resin.

harsachtig ['harsaxtǝx] resinous.

harst [harst] *m* sirloin.

hart [hart] *o* heart², (kern ook:) core; *het ~ hebben om...* have the heart to...; *hij heeft het ~ op de rechte plaats* his heart is in the right place; *het ~ op de tong hebben* wear one's heart upon one's sleeve; *geen ~ hebben voor zijn werk* not have one's heart in the work; *een goed ~ hebben* be kind-hearted; *zijn ~ luchten* give vent to one's feelings, speak one's mind; *zijn ~ ophalen aan iets* eat (enjoy &) one's fill of...; *iemand een ~ onder de riem steken* hearten one; *dat zal hem aan het ~ gaan* it will go to his heart; *dat ligt mij na aan* *het* ~ it is very near my heart; *in zijn* ~ *gaf hij mij gelijk* in his heart (of hearts); *in zijn* ~ *is hij...* at heart he is...; *hij is een... in* ~ *en nieren* he is a... to the backbone; *met* ~ *en ziel* heart and soul; *hij is een man naar mijn* ~ he is a man after my own heart; *het wordt mij wee om het* ~ I am sick at heart; *iemand iets op het* ~ *binden (drukken)* enjoin something upon a person, urge a person to... [do something]; *iets op het* ~ *hebben* have something on one's mind; *zeggen wat men op het* ~ *heeft* speak freely; *hij kon het niet over zijn* ~ *krijgen om...* he could not find it in his heart to...; *uw welzijn gaat mij ter* ~ I have your welfare at heart; *ter* ~*e nemen* lay it to heart; *dat is mij uit het* ~ *gegrepen (gesproken)* this is quite after my heart; *van zijn* ~ *geen moordkuil maken* speak freely; *van* ~*e, hoor!* my heart-felt congratulations; *van gan- ser* ~*e* [love a person] with all one's heart; [thank a person] whole-heartedly, from one's heart; *het* ~ *klopte mij in de keel* my heart was in my mouth; *waar het* ~ *van vol is, vloeit de mond van over* out of the abundance of the heart, the mouth speaketh.

hartaandoening ['hɑrtɑ.ndu.nɪŋ] *v* cardiac affection.

hartaanval [-ɑ.nvɑl] *m* heart attack.

hartader [-ɑ.dər] *v* great artery, aorta; *fig* artery.

hartboezem [-bu.zəm] *m* auricle (of the heart).

hartbrekend [hɑrt'bre.kənt] heart-breaking, heart-rending.

hartebloed ['hɑrtəblu.t] *o* heart's blood, life- [blood].

hartedief [-di.f] *m* darling.

harteleed [-le.t] *o* grief, heartache.

hartelijk [-lək] **I** *aj* hearty, cordial; *de* ~*e groeten van allen* kindest love (regards) from all; **II** *ad* heartily, cordially.

hartelijkheid [-lək̪ɛit] *v* heartiness, cordiality.

harteloos ['hɑrtəlo.s] *aj* (& *ad*) heartless(ly).

harteloosheid [hɑrtə'lo.sɛit] *v* heartlessness.

hartelust ['hɑrtəlʏst] *m* in: *naar* ~ to one's heart's content; *naar* ~ *eten* eat one's fill.

harten ['hɑrtə(n)] *v* ◇ *heart; ~aas* [hɑrtən- 'a.s] &, ace of hearts.

hartepijn ['hɑrtəpɛin] *v* grief, heartache.

hartewens [-vɛns] *m* heart's desire.

hartgrondig [hɑrt'ɣrɔndəx] **I** *aj* whole-hearted, cordial; **II** *ad* whole-heartedly, cordially.

hartig ['hɑrtəx] **I** salt; 2 hearty; *een* ~ *woordje met iemand spreken* have a heart-to-heart talk with a person.

hartigheid [-ɛit] *v* 1 saltness; 2 heartiness.

hartje ['hɑrcə] *o* (little) heart; *mijn* ~*!* dear heart!; *in het* ~ *van Rusland* in the centre of Russia; *in het* ~ *van de winter* in the dead of winter; *in het* ~ *van de zomer* in the height of summer.

hartkamer ['hɑrtka.mər] *v* ventricle (of the heart).

hartklep [-klɛp] *v* 1 cardiac valve; 2 ✿ suction-valve.

hartklopping [-klɔpɪŋ] *v* palpitation (of the heart).

hartkramp [-krɑmp] *v* spasm of the heart.

hartkwaal [-kʋa.l] *v* disease of the heart, heart disease, heart trouble.

hartlijder [-lɛidər] ~*patiënt* [-pa.si.ɛnt] *m* heart sufferer, cardiac patient.

hartroerend [hɑrt'ru.rənt] **I** *aj* pathetic, moving; **II** *ad* pathetically.

hartsgeheim ['hɑrtsɣəhɛim] *o* secret of the heart.

hartslag ['hɑrtslɑx] *m* heart-beat, pulsation of the heart.

hartstocht ['hɑrtstɔxt] *m* passion.

hartstochtelijk [hɑrts'tɔxtələk] *v* passionate(ly).

hartstochtelijkheid [-ɛit] *v* passionateness.

hartstreek ['hɑrtstre.k] *v* cardiac region.

hartsvanger ['hɑrtsfɑŋər] *m* cutlass, hanger.

hartsvriend(in) [-fri.nt, -fri.ndɪn] *m* (*v*) bosom friend.

hartverheffend [hɑrtfər'hɛfənt] uplifting, exalting.

hartverlamming ['hɑrtfərlɑmɪŋ] *v* paralysis of the heart, heart failure.

hartverscheurend [hɑrtfər'sxø.rənt] heart-rending.

hartversterking ['hɑrtfərsterkɪŋ] *v* cordial, **S** pick-me-up.

hartvervetting [-fərvetɪŋ] *v* fatty degeneration of the heart.

hartverwarmend [-fərvɑrmənt] heart-warming.

hartvormig [-fɔrməx] heart-shaped.

hartzakje [-sɑkjə] *o* pericardium.

hartzeer [-se:r] *o* heartache, heart-break, grief.

haspel ['hɑspəl] *m* reel.

haspelaar [-pala:r] *m* reeler, winder; *fig* bungler.

haspelen [-pələ(n)] **I** *vt* reel, wind; **II** *vi* reel, wind; *fig* 1 bungle; 2 bicker, wrangle.

hatelijk ['ha.tələk] **I** *aj* spiteful, invidious, hateful, odious, malicious, ill-natured; **II** *ad* spitefully.

hatelijkheid [-hɛit] *v* spitefulness, invidiousness, hatefulness, spite, malice; *een* ~ a gibe.

haten ['ha.tə(n)] *vt* hate.

hater [-tər] *m* hater.

hausse [ho.s] *v* **$** rise, (sterk, snel) boom; *à la* ~ *speculeren* buy for a rise, **S** bull.

hautain [o.'tɛ̃] **I** *aj* haughty; **II** *ad* haughtily.

haut-reliëf [o:rɔli.'ɛf] *o* high relief.

havannasigaar [ha.'vɑna.si.ɡa:r] *v* Havana.

have ['ha.və] *v* property, goods, stock; ~ *en goed* goods and chattels; *levende* ~ live-stock, cattle; *tilbare* ~ movables, personal property.

haveloos [-lo.s] *aj* (& *ad*) ragged(ly).

haveloosheid [ha.və'lo.shɛit] *v* raggedness.

haven ['ha.və(n)] *v* harbour, port², (meest *fig*) haven; (bassin en omgeving) docks, dock.

havenarbeider [-ɑrbɛidər] *m* dock labourer, docker.

havendam [-dɑm] *m* mole, jetty, pier.

havenen ['ha.vənə(n)] *vt* batter, ill-treat; damage.

havengeld(en) ['ha.və(n)ɡelt, -ɡeldə(n)] *o* (*mv*) harbour dues, dock dues.

havenhoofd [-ho.ft] *o* jetty, pier, mole.

havenmeester [-me.stər] *m* harbour master.

havenstad [-stɑt] *v* seaport town, port town, port.

havenstaking [-sta.kɪŋ] *v* dock strike.

havenwerken [-verkə(n)] *mv* harbour-works.

haver ['ha.vər] *v* oats.

haverklap [-klɑp] *m* in: *om de* ~ at every moment, on the slightest provocation.

havermeel [-me.l] *o* oatmeal.

havermout [-mɔut] *m* 1 rolled oats; 2 (als pap) oatmeal porridge.

havik ['ha.vək] *m* ⚭ hawk, goshawk.

haviksneus [-vəksnø.s] *m* hawk-nose, aquiline nose; *met een* ~ hawk-nosed.

hazardspel [ha.'za:rspɛl] *o* game of chance (of hazard).

hazejacht ['ha.zəjɑxt] *v* hare-hunting, hare-shooting.

hazelaar ['ha.zəla:r] *v* hazel(-tree).

hazelip [-lɪp] *v* harelip.

hazelnoot ['ha.zəlno.t] *v* (hazel-)nut, filbert.

hazelworm [-vɔrm] *m* blind-worm, slow-worm.

hazepad [ha.zəpɑt] *o* in: *het* ~ *kiezen* take to one's heels.

hazepeper [-pe.pər] *m* jugged hare.

hazeslaap [-sla.p] *m* dog-sleep, cat-nap.

hazevel [-vɛl] *o* hare-skin.

hazewind [ha.zə'vɪnt] *m* ⚭ greyhound.

H-bom ['ha.bòm] *v* H-bomb.
he [he.] hey! ha!, ah! oh! o! I say!; ⚓ ahoy!
hebbelijkheid ['hɛbələkhɛit] *v* (bad) habit, trick.
hebben ['hɛbə(n)] I *vt* have; *wij ~ nu Engels, straks Frans* we are doing English now; *ik kan je hier niet ~* I have no use for you here; *daar heb ik je!* I had you there; *daar heb je hem weer!* there he is again!; *daar heb je bijv. XYZ...* there is...; *daar heb je het nou!* there you are!; zie ook: *dorst, gelijk, nodig, spijt &*; *ik heb 't* I've got it; *het gemakkelijk ~* have an easy time of it; *het goed ~* be well off, be in easy circumstances; *het hard ~* have a hard time of it; *hij weet niet hoe hij het heeft* he doesn't know whether he is standing on his head or on his heels; *het rustig ~* be quiet; *het in de buik (in de ingewanden) ~* suffer from intestine troubles; *het over iemand (iets) ~* be talking about a person (thing); *het tegen iemand ~* be talking to a person; *hij zal iets aan zijn voet ~* there will be something the matter with his foot; *je hebt er niet veel aan* it is (they are) not much use; *daar hebt u niets aan* it is nothing for you; 2 it will not profit you; *zijn boeken (stok &) niet bij zich ~* not have... with one; *hij heeft wel iets van zijn vader* he looks (is) somewhat like his father; *hij heeft niets van zijn vader* he is nothing like his father; *het heeft er wel iets van* it looks like it; *hebt u er iets tegen?* have you any objection?; *hij heeft iets tegen mij* he owes me a grudge; *als ma er niets tegen heeft* if ma sees no objection, if ma doesn't mind; *ik heb niets tegen hem* I have nothing against him; *daar moet ik niets van ~* I don't hold with that; *hij moest niets ~ van...* he didn't take kindly to... he didn't hold with... he didn't like...; he wasn't having any (of it), he said; *wat heb je toch?* what is the matter with you?; *je moet wat ~* I you deserve what for; 2 there must be something the matter with you; *wat heb je eraan?* what is the use (the good) of it?; *ik weet niet wat ik aan hem heb* I cannot make him out; *iets niet kunnen ~* not be able to stand it; *ik moet nog geld van hem ~* he is still owing me; *ik wil (moet) mijn...~* I want my...; *ik wil het niet ~* I won't allow it; II *va* have; *~ is ~, maar krijgen is de kunst* possession is nine points of the law; III *o* in: *zijn hele ~ en houden* all his belongings.
hebberig [-bərəx] F zie *hebzuchtig*.
Hebreeër ['he.bre.ər] *m* Hebrew.
Hebreeuws [-'bre:us] *aj & o* Hebrew.
hebzucht ['hɛpsûxt] *v* greed, covetousness, cupidity.
hebzuchtig [hɛp'sûxtəx] greedy, grasping, covetous.
1 **hecht** [hɛxt] *o* 1 handle, haft; 2 hilt; *het ~ in handen hebben* be at the helm.
2 **hecht** [hɛxt] *aj* solid, firm, strong.
hechten ['hɛxtə(n)] I *vt* 1 (vastmaken) attach, fasten, affix; 2 (vastnaaien) stitch up, suture (a wound); 2 *fig* attach (importance, a meaning to...); zie ook: *goedkeuring &*; II *vi & va* in: *~ aan iets* believe in (a method &); *erg ~ aan de vormen* be very particular about forms; III *vr zich ~ aan iemand (iets)* become (get) attached to a person (thing).
hechtenis [-tənis] *v* custody, detention; *in ~ nemen* take into custody, arrest, apprehend; *in ~ zijn* be under arrest; *uit de ~ ontslaan* free from custody.
hechtheid ['hɛxthɛit] *v* solidity, firmness, strength.
hechting ['hɛxtɪŋ] *v* suture.
hechtpleister ['hɛxtplɛistər] *v* sticking-plaster, adhesive plaster.

hectare [hɛk'ta:rə] *v* hectare.
hectograaf [-to.'gra.f] *m* hectograph.
hectograferen [-gra.'fe:rə(n)] *vt* hectograph.
hectogram ['hɛkto.grɑm] *o* hectogramme.
hectoliter [-li.tər] *m* hectolitre.
hectometer [-me.tər] *m* hectometre.
heden ['he.də(n)] I *ad* to-day, this day; *~! F* dear me!; *~ over 8 dagen* this day week; *~ over 14 dagen* this day fortnight; *~ ten dage* nowadays; *tot ~* up to the present, to this day; II *o het ~* the present.
hedenavond [he.də'na.vənt] this evening, to-night.
hedendaags ['he.də(n)da.xs, he.də(n)'da.xs] modern, present, present-day, contemporary; *de ~e dames* the ladies of to-day.
hedenmiddag [he.də(n)'mɪdɑx] this afternoon.
hedenmorgen [-'mɔrgə(n)] this morning.
hedennacht [he.də'nɑxt] to-night.
heel [he.l] I *aj* whole, entire; *dat is een ~ besluit* that is quite a decision; *de hele dag* all day, the whole day; *hij is een hele heer (held &)* he is quite a gentleman (hero &); *langs de hele oever* all along the bank; *het kost hele sommen* large sums, lots of money; *het was een ~ spektakel* a regular row; *hij blijft soms hele weken weg* for weeks together; II *ad* quite; *~ en al* wholly, totally, entirely, altogether, quite; *~ niet* not at all; *~ goed (mooi &)* very good (fine &); *~ iets anders* quite a different thing; *~ in de verte* far, far away; zie ook: *geheel*.
heelal [he.'lɑl] *o* universe.
heelbaar ['he.lba:r] curable; that can be healed.
heelhuids ['he.lhœyts] with a whole skin, unscathed.
heelkunde ['he.lkûndə] *v* surgery.
heelkundig [he.l'kûndəx] *aj (& ad)* surgical(ly).
heelkundige [-dəgə] *m* surgeon.
heelmeester ['he.lme.stər] *m* surgeon; *zachte ~s maken stinkende wonden* desperate ills call for desperate remedies.
heem [he.m] *o* farmyard.
heemkunde ['he.mkûndə] *v* local lore.
heemraad [-ra.t] *m* dike-reeve.
heemraadschap [-sxɑp] *o* office of a dike-reeve.
heen [he.n] away; *~ en terug* there and back; *~ en weer* to and fro; *waar moet dat ~?* 1 where are you going to?; 2 *fig* what are we coming to?; *waar ik ~ wilde* 1 where I wanted to go to; 2 *fig* what I was driving at.
heen- en terugreis [he.nəntə'rüxrɛis] *v* journey there and back, ⚓ voyage out and home.
heengaan [he.nga.n] I *vi* go away, leave, go; pass away [= die]; *daar gaan weken mee heen* it will take weeks (to do it), it will be weeks before...; II *o* departure [also of a minister &]; ○ passing away, death.
heenlopen [-lo.pə(n)] *vi* run away; *ergens over ~* make light of it; scamp one's work &; *loop heen! F* get along with you!
heenreis [-rɛis] *v* outward journey, ⚓ voyage out.
heenrijden [-rɛi'də(n)] *vi* ride (drive) away.
1 **heer** [he.r] *m* 1 (v. stand) gentleman; 2 (gebieder) lord; 3 (meester) master; 4 (cavalier) partner; 5 ◇ king; *de Heer* the Lord; *de ~ S.* Mr. S.; *de heren Kolff & Co.* Messrs. Kolff & Co.; *die heren* those gentlemen; *Heer der Heerscharen* Lord God of Hosts; *de ~ des huizes* the master of the house; *de heren der schepping* the lords of creation; *wel Here, Here!* Lord!, Heavens!; *~ en meester zijn* be master; *de grote ~ uithangen* zie *uithangen*; *met grote heren is het kwaad kersen eten* the weakest always goes to the wall; *zo ~ zo knecht* like master, like man; *nieuwe heren, nieuwe wetten* new lords, new laws; *niemand kan twee heren dienen* nobody can

serve two masters; *strenge heren regeren niet lang* a tyrant never reigns long.
2 **heer** [he:r] *o* in: *dat* ~ > that gent; *een raar* ~ F a queer chap, a rum customer.
3 **heer** [he:r] *o* (**leger**) host.
heerbaan ['he:rba.n] *v* high road.
heerlijk [-lək] **I** *aj* 1 (v. **een heerlijkheid**) manorial, seignorial [rights]; 2 (**prachtig**) glorious; splendid; lovely; 3 (v. **smaak, geur &**) delicious, delightful, divine; **II** *ad* deliciously; gloriously.
heerlijkheid [-hɛit] *v* 1 (**eigendom**) manor, seigniory; 2 (**pracht**) splendour, magnificence, glory, grandeur.
heerschap [-sxɑp] *o* in: *zeg eens, ~...* I say, my man...?; *dat* ~ that gent.
heerschappij [he:rsxɑ'pɛi] *v* mastery, dominion, rule, lordship, empire; *elkaar de* ~ *betwisten* contend (struggle) for mastery; ~ *voeren* bear sway, rule, lord it.
heersen ['he:rsə(n)] *vi* 1 rule, reign; 2 (v. **ziekte &**) reign, prevail, be prevalent; ~ *over* rule (over).
heersend [-sənt] ruling, prevailing, prevalent; *de* ~*e godsdienst* the prevailing religion; *de* ~*e smaak* the reigning fashion; *de* ~*e ziekte* the prevalent (prevailing) disease.
heerser [-sər] *m* **heerseres** [he:rsə'rɛs] *v* ruler°.
heerszucht ['he:rsűxt] *v* ambition for power, lust of power.
heerszuchtig [he:r'sűxtəx] imperious, ambitious of power.
heerszuchtigheid [-hɛit] *v* imperious spirit, ambition for power.
heertje ['he:rcə] *o* dandy, (k)nut, > gent.
heerweg [-vex] *m* high road.
hees [he.s] *aj* (& *ad*) hoarse(ly).
heesheid ['he.shɛit] *v* hoarseness.
heester ['he.stər] *m* ♣ shrub.
heet [he.t] **I** *aj* hot°; torrid [zone]; ~ *van de naald (van de pan)* piping hot; ~ *zijn op iets* be hot (keen) on a thing; *in het* ~*st van de strijd* in the thick of the fight; **II** *ad* hotly; *het zal er* ~ *toegaan* it will be hot work there.
heetgebakerd [he.tgə'ba.kərt] hasty, quick-tempered.
heethoofd ['he.tho.ft] *m-v* hothead.
heethoofdig [he.t'ho.vdəx] hot-headed.
heethoofdigheid [-hɛit] *v* hot-headedness.
hefboom ['hɛf.bo.m] *m* ⚔ lever.
hefbrug [-brűx] *v* lift(ing)-bridge.
heffe ['hɛfə] *v* dregs; scum [of the people].
heffen [-fə(n)] *vt* raise, lift; levy [taxes on].
heffing [-fɪŋ] *v* levying; levy; ~ *ineens* capital levy.
hefschroefvliegtuig ['hɛfs(x)ru.fli.xtœyx] *o* 🖅 helicopter.
heftig ['hɛftəx] *aj* (& *ad*) vehement(ly), violent(ly).
heftigheid [-hɛit] *v* vehemence, violence.
heftruck ['hɛftrűk] *m* lift truck.
hefvermogen ['hɛfərmo.gə(n)] *o* lifting capacity, lifting power.
heg [hɛx] *v* hedge; zie ook: **steg**.
hegemonie [he.gəmo.'ni.] *v* hegemony.
heg(ge)schaar ['hɛx-, 'hɛgəsxa:r] *v* hedge shears, hedge clippers.
1 **hei** [hɛi] *ij* ho!, hey!, hallo!; ~ *daar!* ho!, I say!
2 **hei** [hɛi] *v* ⚔ rammer; pile-driver.
3 **hei** [hɛi] *v* = **heide**.
heibaas ['hɛiba.s] *m* ram-master.
heibezem [-bɛ.zəm] *m* heather broom.
heiblok [-blɔk] *o* rammer, ram, monkey.
heide [-də] *v* 1 (**veld**) heath, moor; 2 ♣ heather.
heideachtig [-ɑxtəx] 1 heathy; 2 ♣ heathery.
heidebrand [-brɑnt] *m* heath fire.
heidegrond [-grɔnt] *m* heath, moor, moorland.
heidehoni(n)g [-ho.nɪŋ] *m* heather honey.

heidekruid [-krœyt] *o* ♣ heather.
heidemaatschappij [-ma.tsxɑpɛi] *v* heath exploitation company.
heiden ['hɛidə(n)] *m* 1 heathen, pagan; (tegenover jood) Gentile; 2 (zigeuner) gipsy.
heidendom [-dòm] *o* heathenism, paganism.
heidens [-dəns] *aj* heathen, pagan; heathenish; *een* ~ *leven* F an infernal noise.
heideontginning [-dəɔntgInIŋ] *v* reclaiming of moorland.
heideveld [-vɛlt] *o* heath, moor.
heien ['hɛiə(n)] *vt* ram, drive (in) [a pile], pile [the ground].
heigrond [-grònt] = **heidegrond**.
heiig [-əx] hazy.
heiigheid [-hɛit] *v* haziness.
heikruid ['hɛikrœyt] = **heidekruid**.
heil [hɛil] *o* welfare, good; (geestelijk) salvation; ~ *u!* hail to thee!; *veel* ~ *en zegen!* a happy New Year!; *ergens geen* ~ *in zien* expect no good from, not believe in...; *zijn* ~ *in de vlucht zoeken* seek safety in flight.
Heiland ['hɛilɑnt] *m* Saviour.
heildronk [-drɔŋk] *m* toast, health; *een* ~ *instellen* propose a toast.
heilgymnastiek [-gImnɑsti.k] *v* Swedish gymnastics.
heilig ['hɛiləx] **I** *aj* 1 (v. **personen & zaken**) holy; 2 (v. **zaken**) sacred; *de H~e Elizabeth* St. (Saint) Elizabeth; *het is mij* ~*e ernst* I am in real earnest; *het H~e Land* the Holy Land; *in de* ~*e overtuiging dat...* honestly convinced that...; *de H~e Stad* the Holy City; *niets is hem* ~ nothing is sacred to (from) him; *haar wens is mij* ~ her wish is sacred with me; *hij (dat) is nog* ~ *bij* he (it) is a paragon in comparison with; ~ *verklaren* canonize; *het Heilige der Heiligen²* the Holy of Holies²; **II** *ad* sacredly; ~ *verzekeren* assure solemnly; *zich* ~ *voornemen om...* make a firm resolution to...
heiligbeen [-be.n] *o* sacrum.
heiligdom [-dòm] *o* 1 (**plaats**) sanctuary; F sanctum [= den]; 2 (**voorwerp**) relic.
heilige ['hɛiləgə] *m-v* saint; *de* ~ *der laatste dagen* the latter-day saints; *de* ~ *spelen (uithangen)* saint it; zie ook: **heilig I**.
heiligdag [-dɑx] *m* saint's day, holy day.
heiligen [-gə(n)] *vt* sanctify [a place, us]; hallow [God's name]; keep holy [the Sabbath &]; consecrate [the host]; *geheiligd zij Uw naam* hallowed be thy name.
heiligenbeeld [-be.lt] *o* image of a saint, holy image.
heiligenverering [-vore:rIŋ] *v* worship of saints.
heiligheid ['hɛiləxhɛit] *v* holiness, sacredness, sanctity; *Zijne Heiligheid (de Paus)* His Holiness.
heiliging [-ləgIŋ] *v* sanctification.
heiligmakend ['hɛiləxma.kənt] sanctifying [grace].
heiligmaking [-ma.kIŋ] *v* sanctification.
heiligschennis [-sxɛnəs] *v* sacrilege, profanation.
heiligverklaring [-forkla:rIŋ] *v* canonization.
heilloos ['hɛilo.s] 1 fatal, disastrous; 2 wicked.
Heilsleger ['hɛilsle.gər] *o* Salvation Army.
heilsoldaat ['hɛilsoldɑ.t] *m* ~**soldate** [-dɑ.tə] *v* Salvationist.
heilstaat [-sta.t] *o* ideal state.
heilwens [-vɛns] *m* congratulation.
heilzaam [-za.m] **I** *aj* beneficial, salutary, wholesome; **II** *ad* salutarily, wholesomely.
heilzaamheid [-hɛit] *v* beneficial influence, salutariness, wholesomeness.
heimachine ['hɛima.ʃi.nə] *v* ⚔ pile-driver.
heimelijk ['hɛimələk] *aj* (& *ad*) secret(ly), clandestine(ly).
heimelijkheid [-hɛit] *v* secrecy.

heimwee ['hɛimve.] *o* home-sickness, nostalgia; ~ **hebben** be home-sick (for *naar*).

heinde ['hɛində] in: ~ **en ver** far and near, far and wide.

heining ['hɛiniŋ] *v* enclosure, fence.

Heintje ['hɛincə] *m* & *o* Harry; ~ **Pik** Old Scratch.

heipaal ['hɛipa.l] *m* pile.

heiwerk [-vɛrk] *o* piling, pile-work.

hek [hɛk] *o* 1 [lath, wire] fence; 2 [iron] railing(s); [level crossing, entrance] gate; 3 [choir] screen; 4 *sp* hurdle; 5 ♣ stern; *het* ~ *is van de dam* it is Liberty Hall.

hekel ['he.kəl] *m* hackle; *fig* dislike; *ik heb een* ~ *aan hem* I dislike (hate) him; *een* ~ *krijgen aan* take a dislike to; *over de* ~ *halen* criticize; satirize.

hekelaar [-kəla:r] *m* ~**ster** [-stər] *v* hackler; *fig* censorious (captious) critic.

hekeldicht ['he.kəldɪxt] *o* satire.

hekeldichter [-dɪxtər] *m* satirist.

hekelen ['he.kələ(n)] *vt* hackle; *fig* criticize; satirize.

hekkesluiter 'hɛkəslœytər] *m* last comer.

heks [hɛks] *v* hag, witch²; *fig* vixen, shrew.

heksen ['hɛksə(n)] *vi* use witchcraft, practise sorcery; *ik kan niet* ~ I am no wizard.

heksendans [-dɑns] *m* witches' dance.

heksenketel [-ke.təl] *m* witches' cauldron.

heksenproces [-pro.ses] *o* trial for witchcraft.

heksensabbat [-sɑbɑt] *m* witches' sabbath.

heksentoer [-tu:r] *m* in: *het was een* ~ it was a devil of a job; *dat is zo'n* ~ *niet* there's nothing very difficult about that.

heksenwerk [-vɛrk] *o* sorcery, witchcraft, witchery; *dat is zo'n* ~ *niet* zie *heksentoer*.

bekserij [hɛksə'rɛi] *v* sorcery, witchcraft, witchery.

1 **hel** [hɛl] *v* hell².

2 **hel** [hɛl] *aj* bright, glaring.

hela! ['he.la.] *ij* hallo!

helaas! [he.'la.s] *ij* alas!; unfortunately.

held [hɛlt] *m* hero; *een* ~ *zijn in* be good at...

heldendaad ['hɛldə(n)da.t] *v* heroic deed, exploit.

heldendicht [-dɪxt] *o* heroic poem, epic, epopee.

heldendichter [-dɪxtər] *m* epic poet.

heldendood [-do.t] *m* & *v* heroic death; *de* ~ *sterven* die heroically.

heldenmoed [-mu.t] *m* heroism; *met* ~ heroically.

heldenrol [-rɔl] *v* heroic part, part of a hero.

heldenschaar [-sxa:r] *v* band of heroes.

heldenstuk [-stʉk] *o* heroic deed, exploit.

heldentenor [-təno:r] *m* heroic tenor.

heldentijd [-tɛit] *m* heroic age.

heldenverering [-vɔre:rɪŋ] *v* hero worship.

heldenzang [-zɑŋ] *m* epic song.

helder ['hɛldər] I *aj* 1 clear, bright, lucid; serene; 2 clean; II *ad* 1 clearly, brightly, lucidly; serenely; 2 cleanly; ~ *rood* bright red.

helderdenkend [-dɛŋkənt] clear-headed.

helderheid [-hɛit] *v* 1 clearness &, clarity, lucidity; 2 cleanness.

helderziend [-hɛldər'zi.nt] 1 clear-sighted; 2 clairvoyant; *een* ~*e* a clairvoyant.

helderziendheid [-hɛit] *v* 1 clear-sightedness; 2 clairvoyance.

heldhaftig [hɛlt'hɑftəx] I *aj* heroic; II *ad* heroically.

heldhaftigheid [-hɛit] *v* heroism.

heldin [hɛl'dɪn] *v* heroine.

helemaal ['he.ləma.l, he.lə'ma.l] wholly, totally, entirely, quite, altogether; ~ *achterin* right at the back; *kom je* ~ *van A.?* have you come all the way from A.?; ~ *niet* not at all.

1 **helen** ['he.lə(n)] *vi* (& *vt*) (*w.* wonden) heal.

2 **helen** ['he.lə(n)] *vt* receive [stolen goods].

heler ['he.lər] *m* receiver; *de* ~ *is net zo goed als de steler* the receiver is as bad as the thief.

helft [hɛlft] *v* half; *zijn betere* ~ his better half; *de* ~ *van 10 is 5* the half of 10 is 5; *voor de* ~ *van het geld* for half the money; *de* ~ *ervan is rot* half of it is rotten, half of them are rotten; *ik verstond niet de* ~ *van wat hij zei* one half (what) he said; *meer dan de* ~ more than one half (of them); *de* ~ *minder* less by half; *maar tot op de* ~ only half.

helihaven ['he.li.ha.və(n)] *v* ♠ heliport.

helikopter [he.li.'koptər] *m* ♠ helicopter.

1 **heling** ['he.lɪŋ] *v* (genezing) healing.

2 **heling** ['he.lɪŋ] *v* receiving [of stolen goods].

heliograaf [he.li.o.'gra.f] *m* heliograph.

heliotroop [-'tro.p] *v* ♣ heliotrope, turnsole.

heliport ['he.li.pɔrt] *m* ♠ heliport.

helium ['he.li.ʉm] *o* helium.

Hellas ['hɛlɑs] *o* Hellas, Greece.

hellebaard ['hɛləba:rt] *v* halberd.

hellebaardier [hɛləba:r'di:r] *m* halberdier.

Helleen [hɛ'le.n] *m* Hellene.

Helleens [-'le.ns] Hellenic.

hellen ['hɛlə(n)] *vi* incline, slant, slope, shelve.

hellend [-lənt] slanting, sloping, inclined, zie ook: 1 *vlak* III.

hellepijn ['hɛləpɛin] *v* torture of hell.

Hellespont [-spɔnt] *m* Hellespont.

helleveeg [-ve.x] *v* hell-cat, termagant, shrew.

helling ['hɛlɪŋ] *v* 1 incline, declivity, slope; 2 gradient [of railway]; 3 ♣ slipway, slips.

hellingshoek [-lɪŋshu.k] *m* gradient.

1 **helm** [hɛlm] *v* ♣ bent-grass.

2 **helm** [hɛlm] *m* 1 helmet, ⊙ casque; 2 (v. duiker) headpiece; 3 (v. distilleerkolf) head; 4 (bij geboorte) caul; *met de* ~ *geboren* born with a caul.

helmdraad ['hɛlmdra.t] *m* ♣ filament.

helpen ['hɛlpə(n)] I *vt* 1 (hulp verlenen) help, aid, assist, succour; 2 (baten) avail, be of avail, be of use; 3 (bedienen) attend to [customers]; *wordt u geholpen?* are you being attended to?; *waarmee kan ik u* ~? what can I do for you? *zo waarlijk helpe mij God almachtig!* so help me God!; *dat zal u niets* ~ that won't be much use, will be of no avail; *wat zal het* ~? of what use will it be? what will be the good (of it)?; *hij kan het niet* ~ it is not his fault; *iemand aan iets* ~ help to, procure, get; *er is geen* ~ *aan* it can't be helped; *iemand (aan) bij zijn sommen* ~ help him to do his sums; *iemand met geld* ~ assist one with money; *iemand uit zijn bed* ~ help one out of bed; II *vi* help; avail, be of avail, be of use; *help!* help!; *het helpt al* it is some good already; *alles helpt* everything is helpful; *het helpt niet* it's no good, it's no use, it is of no avail; *aspirine helpt tegen de hoofdpijn* is good for a headache; III *vr zich* ~ help oneself.

helper [-pər] *m* ~**ster** ['hɛlpstər] *v* helper, assistant.

hels [hɛls] I *aj* hellish, infernal, devilish; *iemand* ~ *maken* F drive one wild; *hij was* ~ F he was in a wax; ~*e machine* infernal machine; ~*e steen* lunar caustic; II *ad* < infernally, devilish(ly).

Helvetië [hɛl've.tsi.ə] *o* Helvetia.

Helvetiër [-tsi.ər] *m* Helvetisch [-ti.s] *aj* Helvetian.

1 **hem** [hɛm] *pers. voornw.* him; *het is van* ~ it is his.

2 **hem!** [hɛm] *ij* hem!

hemd [hɛmt] *o* shirt; chemise [of a woman]; *hij heeft geen* ~ *aan zijn lijf* he has not a shirt to his back; *iemand he: * ~ *van het lijf vragen* pester a person with questions; *het is nader dan de rok* charity begins at home; *in zijn* ~ *staan* cut a sorry figure [*fig*]; *iemand in zijn* ~ *laten staan* make a person look foolish; *tot*

op het ~ toe nat wet to the skin; *iemand tot op het ~ uitkleden* strip one naked.
hemdsknoop ['hɛmtskno.p] *m* shirt-button.
hemdsmouw [-məu] *v* shirt-sleeve; *in zijn ~en* in his shirt-sleeves.
hemel ['he.məl] *m* 1 (der gelukzaligen) heaven; 2 (uitspansel) sky, firmament, heavens; 3 (dak) canopy [of throne]; tester [of bed]; *goeie (lieve) ~!* good heavens!; *de ~ beware ons!* God forbid!; *de ~ geve dat hij...!* would to God he...! *~ en aarde bewegen* move heaven and earth; *de sterren aan de ~* the stars in the sky; *in de ~* in heaven; *in de ~ komen* go to heaven; *tussen ~ en aarde* in mid-air; *als de ~ valt zijn alle mussen dood* if the sky falls pots will be broken; zie ook: *bloot, schreien &*.
hemelbol [-bɔl] *m* celestial globe.
hemelgewelf [-ɡəvɛlf] *o* vault of heaven, firmament.
hemelhoog [-ho.x] **I** *aj* sky-high, reaching (towering) to the skies; **II** *ad* sky-high, to the skies; *iemand ~ verheffen* exal (laud) one to the skies.
hemeling ['ʰe.məliŋ] *m* 1 celestial, inhabitant of Heaven; 2 S Celestial [= Chinaman].
hemellichaam [-məliɡa.m] *o* heavenly body.
hemellicht [-məlɪxt] *o* luminary, celestial light.
hemelpoort [-məlpo:rt] *v* gate of Heaven.
hemelrijk [-reik] *o* kingdom of Heaven.
hemels ['he.məls] **I** *aj* celestial, heavenly [Father &]; *het Hemelse Rijk* the Celestial Empire [China]; **II** *ad* celestially, heavenly; divinely [beautiful &].
hemelsblauw [-blɑu] sky-blue, azure.
hemelsbreed [-bre.t] in: *een ~ verschil* a big difference; *er is een ~ verschil tussen hen* they are as wide asunder as the poles; *~ 100 km* 100 km as the crow flies.
hemelsbreedte [-bre.tə] *v* celestial latitude.
hemeltergend [he.məl'tɛrɡənt] crying to heaven, crying.
hemeltje ['he.məlcə] *ij* good heavens!
hemelvaart [-va:rt] *v* Ascension (of J.C.).
Hemelvaartsdag [-va:rtsdɑx] *m* Ascension Day.
hemelvuur [-vy:r] *o* 1 celestial fire; 2 lightning.
hemelwaarts [-va:rts] heavenward, towards Heaven.
hemmen ['hɛmə(n)] *vi* hem [to call attention], clear one's throat.
1 **hen** [hɛn] *v* ᵀ hen.
2 **hen** [hɛn] them; *~ die* those who.
hendel = 2 *handel.*
Hendrik ['hɛndrək] *m* Henry; *brave ~* smug.
Hendrika [hɛn'dri.ka.] *v* Henrietta, F Harriet.
Henegouwen ['he.nəɡɔuə(n)] *o* Hainault.
Henegouws [-ɡɔus] *of* Hainault.
henen ['he.nə(n)] = *heen.*
hengel ['hɛŋəl] *m* fishing-rod.
hengelaar ['hɛŋəla:r] *m* angler.
hengelen [-lə(n)] **I** *vi* angle; *naar een complimentje ~* be angling (fishing) for a compliment; **II** *o het ~* angling.
hengelroe(de) ['hɛŋəlru.(də)] *v* fishing-rod.
hengelsnoer [-snu:r] *o* fishing-line.
hengsel ['hɛŋsəl] *o* 1 handle, bail; 2 hinge [of a door].
hengselmand [-mɑnt] *v* hand-basket.
hengst [hɛŋst] *m* stallion, stud-horse.
hengsten ['hɛŋstə(n)] *vi* S zie *blokken.*
hennep ['hɛnəp] *m* ᵀ hemp.
hennepbraak [-bra.k] *v* hemp-brake.
hennepen ['hɛnəpə(n)] hempen, hemp.
hennepolie ['hɛnəpo.li.] *v* hempseed oil.
hennepteelt [-te.lt] *v* hemp-growing.
hennepzaad [-sa.t] *o* hempseed.
hens [hɛns] *alle ~ aan dek* ⚓ all hands on deck.
her [hɛr] in: *~ en der* here and there, hither

and thither; *van eeuwen ~* ages old; *jaren ~* ages since.
herademen [hɛr'a.də̃mə(n)] *vi* breathe again.
herademing [-mɪŋ] *v fig* relief.
heraldiek [he:rɑl'di.k] **I** *v* heraldry; **II** *aj* heraldic.
heraldisch [-'rɑldi.s] *aj* heraldic.
heraut [he:'rɔut] *m* herald².
herbarium [hɛr'ba:ri.ũm] *o* herbarium.
herbebossen ['hɛrbəbɔsə(n)] *vt* reafforest.
herbebossing [-sɪŋ] *v* reafforestation.
herbenoemen ['hɛrbənu.mə(n)] *vt* reappoint.
herbenoeming [-mɪŋ] *v* reappointment.
herberg ['hɛrbɛrx] *v* inn, public house, F pub, tavern.
herbergen [-bɛrɡə(n)] *vt* accommodate, lodge.
herbergier [hɛrbɛr'ɡi:r] *m* innkeeper, landlord, host.
herbergierster [-stər] *v* landlady, hostess.
herbergmoeder ['hɛrbɛrxmu.dər] *v ~vader* [-fa.dər] *m* warden (of a youth hostel).
herbewapenen ['hɛrbəwa.pənə(n)] (*zich*) *~* rearm.
herbewapening [-nɪŋ] *v* rearmament.
herboren [hɛr'bo:rə(n)] born again, regenerate.
herbouw ['hɛrbɔu] *m* rebuilding.
herbouwen [hɛr'bɔuə(n)] *vt* rebuild.
Hercules ['hɛrky.lɛs] *m* Hercules.
herculisch [hɛr'ky.li.s] Herculean.
herdenken [hɛr'dɛŋkə(n)] *vt* 1 commemorate; 2 (herinneren aan) recall.
herdenking [-kɪŋ] *v* commemoration; *ter ~ van* in commemoration of.
herdenkingszegel [-se.ɡəl] commemorative stamp.
herder ['hɛrdər] *m* 1 (v. schapen) shepherd, (v. vee) herdsman, (meest in samenst.) [swine-]herd; 2 (geestelijke) shepherd, pastor; 3 zie *herdershond; de Goede Herder* the Good Shepherd.
herderin [hɛrdə'rɪn] *v* shepherdess.
herderlijk ['hɛrdərlək] pastoral; *~ ambt* pastorate, pastorship; *~ schrijven* pastoral (letter).
herdersambt ['hɛrdərsɑmt] *o* pastorship, pastorate.
herdersdicht [-dɪxt] *o* pastoral (poem), bucolic.
herdersfluit [-flœyt] *v* shepherd's pipe.
herdershond [-hònt] *m* shepherd's dog, sheepdog; *Duitse ~* Alsatian.
herdersstaf ['hɛrdərstaf] *m* 1 sheep-hook, [shepherd's] crook; 2 [bishop's] crosier.
herderstasje [-tɑʃə] *o ᵀ* shepherd's-purse.
herdersvolk [-fɔlk] *o* pastoral people.
herderszang ['hɛrdərsɑŋ] *m* pastoral (song), eclogue.
herdoop ['hɛrdo.p] *m* rebaptism.
herdopen [hɛr'do.pa(n)] *vt* rebaptize.
herdruk ['hɛrdrük] *m* reprint, new edition; *in ~* reprinting.
herdrukken [hɛr'drükə(n)] *vt* reprint.
hereboer ['hɛr:rɔbu:r] *m* gentleman-farmer.
heremiet [he:rə'mi.t] *m* hermit.
heremijntijd! [-mə(n)'tɛit] *ij* Good heavens!
herendienst ['he:rə(n)di.nst] *m* forced labour; statute labour.
herenhuis [-hœys] *o* 1 manor-house; 2 gentleman's house.
herenigen ['hɛr.nə̃ɡə(n)] *vt* reunite.
hereniging [-ɡɪŋ] *v* reunion. [clothing.]
herenkleding ['he:rə(n)kle.dɪŋ] *v* gentlemen's
herenleven(tje) [-le.vən(cə)] *o* in: *een ~ hebben* live like a prince, live like fighting-cocks.
herexamen ['hɛrɛksa.mə(n)] *o* re-examination.
herfst [hɛrfst] *m* autumn, *Am* fall.
herfstdraden [-dra.də(n)] *m v* air-threads, gossamer.
herfsttijloos [-tɛilo.s] *v* ᵀ meadow saffron.
hergroeperen ['hɛrɡru.pe:rə(n)] *vt* regroup.

hergroepering [-rɪŋ] v regrouping.
herhaald [hɛr'ha.lt] repeated; ~e malen repeatedly, again and again.
herhaaldelijk [-'ha.ldələk] repeatedly, again and again.
herhalen [-'ha.lə(n)] I vt repeat, say (over) again, reiterate; (kort) recapitulate; II vr zich~ repeat oneself (itself).
herhaling [-lɪŋ] v repetition; bij ~ again and again; repeatedly; in ~en vervallen repeat oneself.
herhalingscursus, -kursus [-lɪŋskɵrzəs] m refresher course.
herhalingsoefening [-u.fənɪŋ] v recapitulatory exercise; ~en ✕ (military) training [of reservists].
herinneren [hɛr'ɪnərə(n)] I vt in: aan iets ~ recall a thing; iemand aan iets ~ remind one of a thing; II vr zich ~ (re)call to mind, recollect, remember, recall; voor zover ik mij herinner to the best of my recollection, as far as I can remember.
herinnering [-rɪŋ] v 1 memory; remembrance, recollection, reminiscence; 2 (aandenken) souvenir, memento, keepsake; 3 (geheugen opfrissing) reminder; iemand iets in ~ brengen remind one of a thing; ter ~ aan in remembrance of.
herinneringsmedaille [-rɪŋsmadaljə] v commemorative medal.
herinneringsvermogen [-fərmo.gə(n)] o memory.
herkansing [hɛr'kɑnsɪŋ] v sp supplementary heat.
herkauwen [hɛr'kɑuə(n)] vt & vi ruminate, chew the cud; fig repeat (the same thing).
herkauwend [-ənt] ~ dier ruminant.
herkauwer [-ər] m ♋ ruminant.
herkauwing [-ɪŋ] v rumination. [able.
herkenbaar [hɛr'kɛnba.r] recognizable, know-
herkennen [-'kɛnə(n)] vt know again, recognize (by aan); ik herkende hem aan zijn stem ook: I knew him by his voice.
herkenning [-nɪŋ] v recognition.
herkenningsmelodie [-nɪŋsme.lo.di.] v ♫ ♯ signature tune.
herkenningsteken [-te.kə(n)] o mark of recognition; identification mark, ✍ marking.
herkeuren [hɛr'kø:rə(n)] vt examine again, reexamine.
herkeuring [-rɪŋ] v (medical) re-examination.
herkiesbaar [hɛr'ki.sba:r] re-eligible, eligible for re-election; zich niet ~ stellen not seek re-election.
herkiezen [-'ki:zə(n)] vt re-elect.
herkiezing [-zɪŋ] v re-election.
herkomst ['hɛrkɔmst] v origin.
herkomstig [hɛr'kɔmstəx] zie afkomstig.
herkrijgen [-'krɛigə(n)] vt get back, recover, regain, recuperate [one's health, vigour].
herkrijging [-gɪŋ] v recovery, recuperation.
herleidbaar [hɛr'lɛitba:r] reducible.
herleidbaarheid [-hɛit] v reducibility.
herleiden [hɛr'lɛidə(n)] vt reduce, convert.
herleiding [-dɪŋ] v reduction, conversion.
herleven [hɛr'le.və(n)] vi revive, return to life, live again; doen ~ revive, bring to life again.
herleving [-vɪŋ] v revival.
herlezen [hɛr'le.zə(n)] vt re-read, read (over) again.
herlezing [-zɪŋ] v re-reading, second reading.
Hermandad [-dɑt] m Hermandad; de heilige ~ fig the police, the law.
hermelijn [hɛrmə'lɛin] 1 m ♋ ermine [white], stoat [red]; 2 o (bont) ermine.
hermelijnen [-'lɛinə(n)] aj ermine. [(ally).
hermetisch [hɛr'me.ti.s] aj (& ad) hermetic-
hermitage [hɛrmi.'ta.ʒə] v hermitage.
hernemen [-'ne.mə(n)] vt 1 take again [something]; ✕ retake, recapture [a fortress], take

up [the offensive] again; 2 resume, reply.
herneming [-mɪŋ] v retaking, recapture.
hernhutter ['hɛrənhütər] m Moravian brother [mv Moravian brethren].
hernia ['hɛrni.a.] v ᵀ (inz. v. tussenwervelschijf) slipped disc; (anders) § hernia.
hernieuwen [hɛr'ni.və(n)] vt renew.
hernieuwing [-vɪŋ] v renewal.
Herodes [he:'ro.des] m Herod.
heroïek [he:ro.'i.k] aj (& ad) heroic(ally).
⑩ heroïne [he:ro.'i.nə] v heroin.
heropenen [hɛr'o.pənə(n)] vt re-open.
heropening [-nɪŋ] v re-opening.
heropvoeden ['hɛrɔpvu.də(n)] vt re-educate.
heroveren [hɛr'o.vərə(n)] vt reconquer, recapture, retake, recover [from the enemy].
herovering [-rɪŋ] v reconquest, recapture.
herrie ['hɛri.] v 1 noise, din, uproar, racket, hullabaloo; 2 row; ~ hebben have a row, be at odds; ~ krijgen get into a row; ~ maken, ~ schoppen kick up a row (a shindy).
herriemaker [-ma.kər] ~schopper [-sxɔ̀pər] m F noisy fellow; rowdy.
herrijzen [hɛ'rɛizə(n)] vi 1 rise again; 2 rise (from the dead).
herroepbaar [-'ru.pba:r] revocable, repealable.
herroepen [-'ru.pə(n)] vt recall, revoke [a decision, errors]; recant [a statement], repeal, annul [a law], retract [a promise].
herroeping [-pɪŋ] v recall, revocation, repeal, recantation, retractation.
herschatten [-'sxɑtə(n)] vt revalue.
herschatting [-tɪŋ] v revaluation.
herscheppen [hɛr'sxɛpə(n)] vt recreate, create anew, regenerate, transform, tur_ (into in).
herschepping [-pɪŋ] v recreation, regeneration, transformation.
herscholen [hɛr'sxo.lə(n)] vt retrain.
herscholing [-lɪŋ] v retraining.
hersenarbeid ['hɛrsənɑrbeit] m brain-work.
hersenbloeding ['hɛrsə(n)blu:dɪŋ] v cerebral haemorrhage.
hersencel [-sɛl] v brain cell.
hersenen ['hɛrsənə(n)] = hersens.
hersengymnastiek ['hɛrsə(n)gɪmnɑsti.k] v mental gymnastics; (vraagspel) quiz.
hersenloos [-lo.s] brainless.
hersenontsteking [-ɔ̀ntste.kɪŋ] v encephalitis.
hersenpan [-pɑn] v brain-pan, § cranium.
hersens ['hɛrsəns] mv brain [as organ], brains [as matter & intelligence]; (grote) ~ § cerebrum; de kleine ~ the cerebellum; hoe krijgt hij het in zijn ~? how does he get it into his head?; dat zal hij wel uit zijn ~ laten he will not even dare to think of doing such a thing.
hersenschim ['hɛrsə(n)sxɪm] v idle fancy, chimera.
hersenschimmig [-sxɪmax] aj (& ad) chimerical(ly).
hersenschors [-sxɔrs] v brain cortex.
hersenschudding [-sxüdɪŋ] v concussion (of the brain).
hersenspoeling [-spu.lɪŋ] v brainwashing.
hersenvlies [-vli.s] o cerebral membrane.
hersenvliesontsteking [-ɔ̀ntste.kɪŋ] v meningitis.
herstel [hɛr'stɛl] o reparation, repair [of what is broken], recovery [after illness, of business, of prices &], restoration [of confidence, of order, of a building], re-establishment [of one's health], $ rally [of shares]; redress [of grievances]; reinstatement [of an official].
herstelbaar [-ba:r] repairable, reparable, remediable, restorable, retrievable.
herstelbetalingen [-bɔta.lɪŋə(n)] mv reparations.
herstellen [hɛr'stɛlə(n)] I vt repair, mend [shoes &], remedy [an evil]; correct [mistakes], right [a wrong], redress [grievances], set [it] right, make good [the damage, the loss &], retrieve [a loss, an error &]; restore

[order, confidence]; re-establish [authority]; reinstate [an official]; *in zijn eer* ~ rehabilitate; *een gebruik in ere* ~ revive a custom; **II** *va* recover [from an illness]; *herstel!* ⚔ as you were!; **III** *vr zich* ~ recover oneself; recover [from].

herstellende [-lǝndǝ] *m-v* convalescent.
hersteller [-lǝr] *m* repairer, restorer.
herstelling [-lɪŋ] *v* repairing, repair, restoration, re-establishment, recovery; *~en doen* make repairs.
herstellingsoord [hɛr'stɛlɪŋsoːrt] *o* (plaats, streek) health-resort; (inrichting) sanatorium; (tehuis voor herstellenden) convalescent home.
herstellingswerkplaats [-vɛrkpla.ts] *v* repair-shop.
herstemmen [hɛr'stɛmǝ(n)] *vi* vote again.
herstemming [-lɪŋ] *v* second ballot.
hert [hɛrt] *o* deer, stag; *vliegend* ~ 🪲 stag-beetle.
hertebout ['hɛrtǝbout] *m* haunch of venison.
hertejacht [-jɔxt] *v* stag-hunting; deer-stalking.
hertenkamp ['hɛrtǝ(n)kɑmp] *m* deer-park.
hertevlees ['hɛrtǝvle.s] *o* venison.
hertog ['hɛrtɔx] *m* duke.
hertogdom [-dɔm] *o* duchy.
hertogelijk [hɛr'to.gǝlǝk] ducal.
's-Hertogenbosch [s(h)ɛrto.gǝn'bɔs] *o* Bois-le-
hertogin [hɛrto.'gɪn] *v* duchess.   [Duc.
heruitzenden ['hɛrœytsɛndǝ(n)] *vt* 📺 ✝ rebroadcast.
heruitzending [-dɪŋ] *v* 📺 ✝ rebroadcast.
hervatten [hɛr'vɑtǝ(n)] *vt* resume [work]; repeat [a visit].
hervatting [-tɪŋ] *v* resumption.
herverkaveling [-vorka.volɪŋ] *v* redistribution.
herverzekering [-rɪŋ] *v* reinsurance.
hervormd [hɛr'vɔrmt] *aj* reformed; *de ~en* the Protestants.
hervormen [-'vɔrmǝ(n)] *vt* reform.
hervormer [-mǝr] *m* reformer.
hervorming [-mɪŋ] *v* I (v. d. maatschappij &) reform; 2 (v. d. kerk) reformation.
herwaarderen ['hɛrva:rdǝ:rǝ(n)] *vt* $ revalue.
herwaardering [-rɪŋ] *v* $ revaluation.
herwaarts ['hɛrva:rts] hither, this way.
herwinnen [hɛr'vɪnǝ(n)] *vt* regain (one's footing, consciousness); win back [money]; recover [a loss, lost ground]; retrieve [a battle].
herwissel ['hɛrvɪsǝl] *m* $ re-exchange, redraft.
herzien [hɛr'zi.n] *vt* revise [a book, a treaty &]; reconsider [a policy]; review [a lawsuit].
herziener [-'zi.nǝr] *m* reviser.
herziening [-nɪŋ] *v* revision [of a book, a treaty &]; reconsideration [of a policy]; review [of a lawsuit].
het [hɛt, ǝt] the, it; he, she; *3 shilling* ~ *pond* 3 sh. a pound; *3 shilling* ~ *stuk* 3 sh. each.
1 heten ['he.tǝ(n)] *vt* heat [= make hot].
2 heten ['he.tǝ(n)] **I** *vt* I name, call; 2 🪨 order, bid; *dat heet ik knap!* that's what I call clever; **II** *vi* be called, be named; *hoe heet het?* what is it called?; *hoe heet hij?* what is his name?; *vraag hem hoe hij heet* go and ask his name; *het heet dat hij...* is it reported (said) that he...; *zoals het heet* as the saying is; *zo waar ik... heet* as truly as my name is...; *hij heet Jan naar zijn vader* he is called John after his father.
heterogeen [he.tǝro.'ge.n] *aj* (& *ad*) heterogeneous(ly).
hetgeen [hɛt-, ǝt'ge.n] that which, what; which.
hetwelk [-'vɛlk] which.
hetzelfde [-'sɛlvdǝ] the same.
hetzij [-'sɛi] *cj* I (nevenschikkend) either... or; 2 (onderschikkend) whether ... or.
heug [hø.x] *tegen* ~ *en meug* reluctantly, against one's wish.

heugel ['hø.gǝl] *m* I pot-hook; 2 🪨 rack.
heugen [-gǝ(n)] in: *het heugt mij* I remember; *dat zal u* ~ you won't forget that in a hurry.
heugenis [-gǝnɪs] *v* remembrance, recollection, memory.
heuglijk [-gǝlǝk] memorable; joyful, pleasant.
heul [hø.l] I *m* 🌿 poppy; 2 *o* comfort.
heulbol ['hø.lbɔl] *m* 🌿 poppy-head.
heulen ['hø.lǝ(n)] *vi* in: ~ *met* be in league with, be in collusion with.
heup [hø.p] *v* hip; *hij heeft 't op de ~en* F he is in one of his tempers.
heupbeen ['hø.pbe.n] *o* hip-bone.
○ **heur** [hø.r] zie I *haar.*
heus [hø.s] **I** *aj* I courteous, kind; 2 real, live; **II** *ad* I (hoffelijk) courteously, kindly; 2 < really; *ik heb het zelf gezien,* ~ ! really, truly; *Heus?* really? have you though?
heusheid ['hø.shɛit] *v* courtesy, kindness.
heuvel ['hø.vǝl] *m* hill.
heuvelachtig [-ɑxtǝx] hilly.
heuveltop [-vɔltɔp] *m* hill top.
hevel ['he.vǝl] *m* siphon.
hevig ['he.vǝx] **I** *aj* vehement, violent [storm &], severe, heavy [fighting], intense [heat, pain]; **II** *ad* vehemently; violently; < greatly; badly [bleeding &].
hevigheid [-hɛit] *v* vehemence, violence, intensity, severity.
hexameter [hɛk'sa.me.tǝr] *m* hexameter.
hiaat [hi.'a.t] *m* & *o* hiatus, gap.
hiel [hi.l] *m* heel; *op de ~en zitten* be close upon his heels; *nauwelijks heb ik de ~en gelicht, of...* no sooner have I turned my back than...; *zijn ~en laten zien* show a clean pair of heels.
hielbeen ['hi.lbe.n] *o* heel-bone.
hiep, hiep, hoera! [hi.phi.phu.'ra.] *ij* hip, hip, hurrah!
hier [hi.r] *aj* and here; ~ *en daar* here and there; *wel* ~ *en daar!* the deuce!, by Jove!; ~ *en daar over spreken* talk about this and that; ~ *te lande* in this country; ~ *ter stede* in this town.
hieraan [hi.r'a.n, 'hi.ra.n] to this; by this &.
hierachter [hi.r'ɑxtǝr, 'hi.rɑxtǝr] I behind (this); 2 hereafter, hereinafter [in deeds &].
hiërarchie [hi.rar'gi.] *v* hierarchy.
hiërarchisch [-'rɑrgi.s] *aj* (& *ad*) hierarchical(ly).
hierbeneden [hi.rbǝ'ne.dǝ(n)] down here, here below.
hierbij [hi.r'bɛi, 'hi.rbɛi] I herewith, enclosed; 2 hard by; 3 hereby, herewith [I declare].
hierbinnen [hi.r'bɪnǝ(n)] within this place or room, within.
hierboven [-'bo.vǝ(n)] up here, above.
hierbuiten [-'bœytǝ(n)] outside (this).
hierdoor [hi.r'do.r, 'hi.rdo.r] I by this; 2 through here.
hierheen [hi.r'he.n, 'hi.rhe.n] I hither, here; 2 this way.
hierin [hi.r'ɪn, 'hi.rɪn] in here, herein, in this.
hierme(d)e [hi.r'me.(dǝ), 'hi.rme.(dǝ)] with this.
hierna [hi.r'na., 'hi.rna.] after this, hereafter.
hiernaar ['hi.rna.r] after this, from this.
hiernaast [hi.r'na.st] next door.
hiernamaals [-'na.ma.ls] I *ad* hereafter, in the beyond; **II** *o* in: *het* ~ the hereafter.
hiernevens [-'ne.vǝns] enclosed, annexed.
hiëroglyfen [hi.ro.'gli.fǝ(n)] *mv* hieroglyphics.
hiëroglyfisch [-fi.s] hieroglyphic.
hierom ['hi.rɔm] I round this; 2 for this reason.
hieromtrent [hi.rɔmtrɛnt, hi.rɔm'trɛnt] I about this, on this subject; hereabout(s).
hieronder ['hi.rɔndǝr, hi.r'ɔndǝr] I underneath, below; 2 at foot [of the page]; 3 among these.

hierop ['hi:ròp, hi:r'óp] upon this, hereupon.

hierover ['hi:ro.vər] 1 opposite, over the way; 2 on (about) this subject, about this.

hiertegen [-te.gə(n), hi:r'te.gə(n)] against this.

hiertoe [-tu., hi:r'tu.] for this purpose; *tot* ~ thus far, so far.

hiertussen [-tûsə(n), hi:r'tûsə(n)] between these.

hieruit [-œyt, hi:r'œyt] from this, hence.

hiervan [-vɑn, hi:r'vɑn] of that, about this, hereof.

hiervoor [-vo:r] 1 for this, in exchange, in return (for this); 2 [hi:r'vo:r] before (this).

hieuwen ['hi.və(n)] *vt* ⚓ heave.

hij [hɛi, i.] he; *is het een* ~ *of een zij?* a he or a she?

hijgen ['hɛigə(n)] *vt* pant, gasp (for breath); ~ *naar* pant for (after) [*fig*].

hijsblok ['hɛisblɔk] *o* pulley-block.

hijsen ['hɛisə(n)] *vt* hoist (a sail, a flag &], pull up; run up [a flag].

hijstoestel ['hɛistu.stɛl] *o* ✂ hoisting apparatus, hoist.

hijstouw [-təu] *o* hoisting rope.

hik [bɪk] *m* hiccup, hiccough.

hikken ['hɪkə(n)] *vi* hiccup, hiccough.

hilariteit [hi.la:ri.'tɛit] *v* hilarity.

hinde ['hɪndə] *v* ⚓ hind, doe.

hinder ['hɪndər] *m* hindrance, impediment, obstacle; *ik heb er geen* ~ *van* it does not hinder me.

hinderen [-dərə(n)] I *vt* hinder, impede, incommode, inconvenience, trouble; *het hindert mij bij mijn werk* it hinders me in my work; *dat hinderde hem* that's what annoyed him; II *v* hinder, be in the way; *dat hindert niet* it does not matter.

hinderlaag [-dərla.x] *v* ambush, ambuscade; *een* ~ *leggen* lay an ambush; *in* ~ *leggen* place in ambush; *in* ~ *liggen* lie in ambush; *in een* ~ *lokken* ambush; *in een* ~ *vallen* be ambushed.

hinderlijk [-lək] annoying, troublesome [persons]; inconvenient [things].

hindernis [-nɪs] *v* hindrance, obstacle; *wedren met* ~ *sen* obstacle race.

hinderpaal [-pa.l] *m* obstacle, impediment, hindrance; *iemand hinderpalen in de weg leggen* put (throw) obstacles in a man's way; *alle hinderpalen uit de weg ruimen* remove all obstacles.

hinderwet [-vɛt] *v* nuisance act.

Hindoe ['hɪndu.] *m* **Hindoes** ['hɪndu.s] *aj* Hindu, Hindoo.

hinkelen [-kələ(n)] *vi* hop, play at hop-scotch.

hinken [-kə(n)] *vi* 1 limp, walk with a limp; 2 hop, play at hop-scotch; ~ *op twee gedachten* halt between two opinions.

hinkspel ['hɪnkspɛl] *o* hop-scotch.

hink-stap-sprong [-stɑpsprɔŋ] *m sp* hop-step-and-jump.

hinniken ['hɪnəkə(n)] *vi* neigh, whinny.

hippisch ['hɪpi.s] equestrian.

historicus [hɪs'to:ri.kûs] *m* historian. [nis.

historie [-'to:ri.] *v* history, story; *zie* **geschiede-**

historieschrijver [-s(x)rɛivər] *m* historiographer.

historisch [hɪs'to:ri.s] I *aj* historical [novel, materialism &], historic [building, event, monument, procession]; *'t is* ~! it actually happened; II *ad* historically.

hit [hɪt] *m* ⚓ pony, nag.

hitte ['hɪtə] *v* heat[2].

hittegolf [-golf] *v* heat-wave.

hittepetit [-pətɪt] *v* F chit.

hobbel ['hɔbəl] *m* knob; bump.

hobbelen [-bələ(n)] *vi* 1 rock (to and fro), jolt [in a cart]; 2 ride on a rocking-horse.

hobbelig [-bələx] rugged, uneven, bumpy.

hobbeligheid [-hɛit] *v* ruggedness, unevenness.

hobbelpaard ['hɔbəlpa:rt] *o* rocking-horse.

hobby ['hɔbi.] *m* hobby.

hobo ['ho.bo.] *m* ♪ oboe, hautboy.

hoboïst [ho.bo.'ɪst] *m* ♪ oboist, oboe-player.

hockey ['hɔki.] *o sp* hockey.

hocus-pocus [ho.kûs'po.kûs] *m* & *o* hocus-pocus, hanky-panky; ~ *pas!* hey presto!

hoe [hu.] how; ~! *ik mijn huis verkopen* what, I sell my house!; ~ *dan ook* anyhow, anyway; ~ *zo?* how so?, what do you mean?; ~ *langer,* ~ *erger* worse and worse; ~ *meer...,* ~ *minder...* the more..., the less...; ~ *rijk hij ook zij* however rich he may be, he may be ever so rich; ~ *het ook zij* however that may be; *zij weet* ~ *de mannen zijn* she knows what men are like; *ik zou gaarne weten* ~ *of wat* I should like to know where I stand; *het* ~ *en wat weet hij niet* he does not know the rights of the case.

hoed [hu.t] *m* 1 (voor heer) hat; 2 (voor dame) hat, bonnet; *hoge* ~ tall hat, top-hat, silk hat; *de* ~ *afnemen (voor iem.)* raise (take off) one's hat (to a person); *daar neem ik mijn (de)* ~ *voor af* I take off my hat to that; *met de* ~ *in de hand* 1 hat in hand; 2 *fig* cap in hand.

hoedanig [hu.'da.nəx] how, what.

hoedanigheid [-hɛit] *v* quality; *in zijn* ~ *van...* in his capacity as..., in his capacity of...

hoede ['hu.də] *v* guard; care, protection; *on-der zijn* ~ *nemen* take under one's protection; *(niet) op zijn* ~ *zijn* be on (off) one's guard (against *voor*).

hoedeborstel [-bòrstəl] *m* hat-brush.

hoeden ['hu.də(n)] I *vt* guard, take care of, tend [flocks], keep, herd, watch, look after [the cattle]; II *vr zich* ~ *voor* beware of, guard against [mistakes].

hoedenfabriek [-fa.bri.k] *v* hat-manufactory.

hoedenfabrikant [-fa.bri.kɔnt] *m* hatter.

hoedenmaakster [-ma.kstər] *v* milliner.

hoedenmaker [-ma.kər] *m* hatter.

hoedenwinkel [-vɪŋkəl] *m* hat-shop.

hoedepen ['hu.dəpən] *v* hat-pin.

hoeder ['hu.dər] *m* keeper[2], *fig* guardian; (v. vee) herdsman; (meest in samenst.) [swine-]herd; *mijns broeders* ~ B my brother's keeper.

hoedje ['hu.cə] *o* (little) hat; *onder één* ~ *spe-len met* be in league with; *nu is hij onder een* ~ *te vangen* he sings small now.

hoef [hu.f] *m* hoof.

hoefbeslag ['hu.fbəslɑx] *o* 1 shoeing; 2 shoes.

hoefgetrappel [-gətrɑpəl] *o* clatter of hoofs.

hoefijzer [-ɛizər] *o* horseshoe, shoe

hoefsmid ['hu.fsmɪt] *m* shoeing-smith, farrier.

hoefstal [-stɑl] *m* frame.

hoegenaamd ['hu.gəna.mt] in: ~ *niets* absolutely nothing, nothing whatever, nothing at all.

hoek [hu.k] *m* 1 angle [between meeting lines or planes], corner [enclosed by meeting walls]; 2 hook, fish-hook; *de Hoek van Holland* the Hook of Holland; *iemand in een* ~ *drijven* drive one into a corner; *een jongen in de* ~ *zetten* put a boy in the corner; *in alle* ~ *en en gaten* in every nook and corner; *om de* ~ round the corner; *ga de* ~ *om* go round the corner; *onder een* ~ *van* at an angle of [40°]; *op de* ~ at (on) the corner; *hij kan zo aardig uit de* ~ *komen* he can come out with a joke (witty remark &) quite unexpectedly; *hij kwam flink uit de* ~ he came down hand-somely; *zie ook: wind*.

hoekhuis ['hu.khœys] *o* corner house.

hoekig ['hu.kəx] angular[2], *fig* rugged. [ness.

hoekigheid [-hɛit] *v* angularity[2], *fig* rugged-

hoekje ['hu.kjə] *o* corner; *bij het* ~ *van de haard* at the fireside; *het* ~ *omgaan* F kick the bucket; *het* ~ *te boven zijn* have turned

the corner.
hoekplaats ['hu.kpla.ts] *v* corner-seat.
hoekpunt [-pŭnt] *o* angular point.
hoeksteen [-ste.n] *m* corner-stone².
hoektand [-tant] *m* canine (tooth), eye-tooth.
hoen [hu.n] *o* ⚥ hen, fowl.
hoenderhok [-hɔk] *o* poultry-house.
hoentje [-cə] *o* chicken, pullet.
hoepel ['hu.pəl] *m* hoop [of a cask].
hoepelen [-pələ(n)] *vi* play with a (the) hoop, trundle a hoop.
hoepelrok ['hu.pəlrɔk] *m* hoop-petticoat, crinoline.
hoepelstok [-stɔk] *m* hoop-stick.
hoera! [hu.'ra.] *ij* hurrah, **F** hurray; *driemaal ~ voor...* three cheers for...
hoes [hu.s] *v* cover, dust sheet; (v. g r a m m o-
f o o n p l a a t) sleeve.
hoest [hu.st] *m* cough.
hoestbui ['hu.stbœy] *v* fit of coughing.
hoestdrankje [-drɑŋkjə] *o* cough mixture.
hoesten ['hu.stə(n)] *vi* cough.
hoestmiddel ['hu.stmɪdəl] *o* cough remedy.
hoestpastille ['hu.st-pɑsti.jə] *v* cough lozenge.
hoeve ['hu.və] *v* farm, farmstead, homestead.
hoeveel ['hu.ve.l, hu.'ve.l] how much [money], how many [books].
hoeveelheid [hu.'ve.lhɛit] *v* quantity, amount.
hoeveelste [-stə] in: *de ~ keer?* how many times (have I told you)?; *de ~ van de maand hebben wij?* what day of the month is it?; *de ~ bent u?* what is your number?
hoeven ['hu.və(n)] zie behoeven.
hoever(re) [hu.'ver(ə)] in: *in ~* how far.
hoewel [-'vɛl] *cj* although, though.
hoezee [-'ze.] *ij* hurrah, huzza!
hoezeer [-'ze:r] however much.
1 **hof** [hɔf] *m* garden.
2 **hof** [hɔf] *o* court [of arbitration, cassation &]; *het ~ maken* pay one's court (addresses) to, make love to; *aan het ~* at court.
hofarts ['hɔfɑrts] *m* court physician.
hofbal [-bɑl] *o* court ball, state ball.
hofbeambte [-bɑɑmtə] *m* court official.
hofdame [-da.mə] *v* court lady, maid of honour.
hofdichter [-dɪxtər] *m* poet laureate.
hofetiquette [-e.ti.ketə] *v* court etiquette.
hoffelijk ['hɔfələk] **I** *aj* courteous; **II** *ad* courteously.
hoffelijkheid [-heit] *v* courteousness, courtesy.
hofhouding ['hɔfhɑudɪŋ] *v* court, household.
hofje [-jə] *o* 1 almshouse; 2 court.
hofkring [-krɪŋ] *m* in: *in ~en* in court circles.
hofleverancier [-le.vərɑnsi:r] *m* purveyor to His (Her) Majesty, by appointment (to His Majesty, to Her Majesty).
hofmaarschalk [-ma:rsxɑlk] *m* court marshal.
hofmeester [-me.stər] *m* ⚓ steward.
hofmeesteres [hɔfme.stə'res] *v* ⚓ stewardess.
hofmeier ['hɔfmeiər] *m* majordomo.
hofnar [-nɑr] *m* court jester, court fool.
hofprediker [-pre.dəkər] *m* court chaplain.
hofrouw [-rɑu] *m* court mourning.
hofstad [-stɑt] *v* court capital, royal residence.
hofste(d)e [-ste.(də)] *v* homestead, farmstead, farm.
hogepriester ['hɔgəpri.stər] *m* high priest, pontiff.
Hogerhuis ['hɔgərhœys] *o* Upper House, House of Lords.
hogerop [ho.gə'rɔp] higher; *~ willen* have higher aspirations, be ambitious.
hogeschool [ho.gə'sxo.l] *v* university; *aan de ~* in the University; *op de ~* at college.
hok [hɔk] *o* kennel [for dogs], sty [for pigs], pen [for sheep, poultry], [pigeon-, poultry-] house, cage [for lions], hutch [for rabbits], shed [for coals &]; **S** den [= room]; quod

[= prison]; *het ~* **S** the shop [= one's school]; *een ~ (van een kamer)* a poky little room, a hole.
hokje ['hɔkjə] *o* compartment; pigeon-hole [for papers]; cubicle [of bathing establishment &].
1 **hokken** ['hɔkə(n)] *vi* come to a standstill; *er hokt iets* there's a hitch somewhere; *het gesprek hokte* the talk hung for a time.
2 **hokken** ['hɔkə(n)] *vi* in: *bij elkaar ~* huddle together; *zij ~ altijd thuis* they are sad stay-at-homes.
hokvast ['hɔkfɑst] in: *hij is (erg) ~* he is a (sad) stay-at-home.
1 **hol** [hɔl] *o* cave [under ground], cavern; hole [of an animal], den, lair [of wild beast]; *fig* hole, den.
2 **hol** [hɔl] *m* in: *op ~ gaan* bolt; *hem het hoofd op ~ brengen* turn his head; *zijn hoofd is op ~* it has turned his head.
3 **hol** [hɔl] **I** *aj* hollow² [stalks, cheeks, phrases, tones], empty² [vessels, phrases], cavernous [eyes], concave [lenses]; *~le weg* sunken road; *~le zee* rough sea; *in het ~le (in het ~st) van de nacht* at dead (in the dead) of night; **II** *ad* hollow.
hola ['ho.la.] holla, hold on, stop!
holbewoner ['hɔlbəvo.nər] *m* cave-dweller, troglodyte.
holderdebolder [hɔldərdə'bɔldər] head over heels, helter-skelter; *~ door elkaar* pell-mell.
holemens ['ho.ləmɛns] *m* cave-man.
holenkunde [-lo.(n)kŭndə] *v* speleology.
holenkunst [-kŭnst] *v* cave-art.
holheid ['hɔlheit] *v* hollowness², emptiness².
holklinkend [-klɪŋkənt] hollow(-sounding).
Holland ['hɔlɑnt] *o* Holland.
Hollander [-lɑndər] *m* Dutchman; *vliegende ~* 1 ⚓ Flying Dutchman; 2 *sp* (boy's) racer; *de ~s* the Dutch.
Hollands [-lɑnts] **I** *aj* Dutch; **II** *o het ~* Dutch; **III** *v een ~e* a Dutchwoman.
bollen ['hɔlə(n)] *vi* run; *het is altijd ~ of stilstaan met hem* he is always running into extremes; *een ~d paard* a runaway horse.
holletje [-ləcə] *v* scamper; *op een ~* at a scamper.
hologig ['ho.lo.gəx] hollow-eyed.
holrond [-rɔnt] concave.
holster ['hɔlstər] *m* holster.
holte [-tə] *v* hollow [of the hand, in the ground &], cavity [in a solid body], socket [of the eye, of the hip], pit [of the stomach].
holwangig [-vɑŋəx] hollow-cheeked.
hom [hɔm] *v* ⚥ milt, soft roe.
homeopaat [ho.me.o.'pa.t] *m* homoeopathist, homoeopath.
homeopathie [-pa.'ti.] *v* homoeopathy.
homeopathisch [-'pa.ti.s] *aj* (& *ad*) homoeopathic(ally).
hommel ['hɔməl] *v* 1 (dɑr) drone; 2 bumble-bee.
hommeles [-mələs] in: *het is ~ tussen hen* **F** there is a row, they are at odds.
homogeen [ho.mo.'ge.n] *aj* (& *ad*) homogeneous(ly).
homogeniteit [-ge.ni.'tɛit] *v* homogeneity, homogeneousness.
homologatie [-lo.'ga.(t)si.] *v* sanction.
homologeren [-lo.'ge:rə(n)] *vt* sanction.
homoniem [-'ni.m] **I** *o* homonym; **II** *aj* homonymous.
homp [hɔmp] *v* hunk, lump, chunk [of bread &].
hompelen ['hɔmpələ(n)] *vi* hobble, limp.
hond [hɔnt] *m* dog², hound²; *jonge ~* puppy, pup; *jij stomme ~!* you mooncalf!; *vliegende ~* flying-fox; *blaffende ~en bijten niet* his bark is worse than his bite; *men moet geen*

slapende ~*en wakker maken* let sleeping dogs lie; *de* ~ *in de pot vinden* go without one's dinner; *wie een* ~ *wil slaan, kan licht een stok vinden* it is easy to find a staff to beat a dog; *veel* ~*en zijn der hazen dood* nobody can hold out against superior numbers.

hondebaantje ['hòndəbɑ.ncə] *o* F dog's job, rotten job.

hondebrood [-bro.t] *o* dog-biscuit.

hon,**dehaar** [-ha:r] *o* dog's hair.

hondehok [-hɔk] *o* (dog-)kennel.

hondekar [-kɑr] *v* cart drawn by dogs.

hondeketting [-kɛtɪŋ] *m* & *v* dog-chain.

hondeleven [-le.və(n)] *o* dog's life.

hondenasiel, -asyl ['hòndə(n)a.zi.l] *o* home for dogs.

hondenbelasting [-bəlɑstɪŋ] *v* dog-tax.

hondententoonstelling [-tɛnto.nstelɪŋ] *v* dog-show.

hondepenning ['hòndəpenɪŋ] *m* dog-licence badge.

honderas [-rɑs] *o* breed of dogs.

honderd ['hòndərt] *a* (one) hundred; *alles is in het* ~ everything is at sixes and sevens; *alles loopt in het* ~ everything goes awry (wrong); *de boel in het* ~ *laten lopen* make a muddle (a mess) of it; *vijf ten* ~ five per cent.; ~ *uit praten* talk nineteen to the dozen.

honderddelig [-de.ləx] 1 of a hundred volumes; 2 centesimal [balance]; centigrade [scale].

honderdduizend [-dœyzənt] *a* (one) hundred thousand; ~*en* hundreds of thousands.

honderderlei ['hòndərdərlɛi] a hundred and one.

honderdjarig ['hòndərtja:rəx] *aj* a hundred years old, centenary, centennial, secular; ~ *bestaan*, ~ *gedenkfeest* centenary; *een* ~*e* a centenarian.

honderdste [-stə] hundredth (part).

honderdtal ['hòndərtɑl] *o* (a, one) hundred.

honderdvoud ['hòndərtfout] *o* centuple.

honderdvoudig [hòndərt'foudəx] a hundredfold, centuple.

hondevel ['hòndəvel] *o* dogskin.

hondevlees [-vle.s] *o* dog's meat.

hondewacht [-vɑxt] *v* ⚓ middle watch.

hondeweer [-ve:r] *o* F beastly weather.

hondewerk [-vɛrk] *o* beastly job.

hondeziekte [-zi.ktə] *v* distemper.

hondezweep [-zve.p] *v* dog-whip.

honds [hònts] I *aj* currish (fellow); brutal [treatment &]; II *ad* brutally.

hondsdagen ['hòntsda.gə(n)] *mv* dog-days.

hondsdolheid [hònts'dòlhɛit] *v* rabies, canine madness; (*bij mens*) hydrophobia.

hondsdraf ['hòntsdrɑf] *v* ⚘ ground-ivy.

hondshaai [-ha.i] *m* ⚲ dog-fish.

hondsheid [-hɛit] *v* currishness; brutality; zie **hondsroos** [-ro.s] *v* ⚘ dog-rose. [*honds-.*

hondsster ['hòntstɛr] *v* ✶ dog-star.

hondsvot ['hòntsfòt] *v* & *o* P rascal, scoundrel, scamp.

honen ['ho.nə(n)] *vt* jeer at, taunt, insult.

honend [-nənt] scornful, contumelious.

Hongaar [hò'ga:r] *m* Hongaars [hò'ga:rs] *aj* & *o* Hungarian.

Hongarije [-ga:'rɛiə] *o* Hungary.

honger ['hòŋər] *m* hunger; ~ *is de beste kok*, ~ *maakt rauwe bonen zoet* hunger is the best sauce; ~ *is een scherp zwaard* a hungry belly has no ears; ~ *hebben* be hungry; *ik heb een* ~ *als een paard* I'm as hungry as a hunter; ~ *krijgen* get hungry; ~ *lijden* starve; *van* ~ *sterven* die of hunger.

hongerdood [-do.t] *m* & *v* death from hunger.

hongeren ['hòŋərə(n)] *vi* hunger, be hungry.

hongerig [-rəx] hungry.

hongerigheid [-hɛit] *v* hungriness.

hongerkunstenaar ['hòŋərkŭnstəna:r] *m* fasting

---

champion.

hongerkuur [-ky:r] *v* hunger cure.

hongerlijder [-lɛi(d)ər] *m* starveling.

hongerloon [-lo.n] *o* starvation wages.

hongersnood ['hòŋərsno.t] *m* famine.

hongerstaking [-kɪŋ] *v* hunger strike; *in* ~ *gaan* go on hunger strike.

honi(n)g ['ho.nɪŋ] *m* honey; *iemand* ~ *om de mond smeren* F butter one up.

honi(n)gachtig [-ɑxtəx] honeyed.

honi(n)gbij [-bɛi] *v* honey-bee.

honi(n)gzoet [-zu.t] as sweet as honey, honey-sweet²; *fig* honeyed, mellifluous [words].

honk [hòŋk] *o* home, *sp* goal, base; *bij* ~ *blijven* I stay near; 2 *fig* keep to the point; *van* ~ *gaan* leave home; *van* ~ *zijn* be absent, be away from home.

honkbal ['hòŋkbɑl] *o* baseball.

honneurs [hò'nø:rs] *mv* honours; *de* ~ *waarnemen* do the honours [of the house].

honorair [ho.no.'rɛ:r] honorary.

honorarium [-'ra:ri.ům] *o* fee.

honoreren [-'re:rə(n)] *vt* 1 pay; 2 $ honour [a bill]; *niet* ~ $ dishonour [a bill].

honoris causa [ho.'no:rɪs'kɔuza.] honorary; *hij werd tot doctor* ~ *benoemd* the honorary degree was conferred upon him, he was given the honorary degree of doctor of laws &.

hoofd [ho.ft] *o* head°; chief, leader; heading [of a paper, an article]; headline(s) [of an article]; ~ *van school* headmaster; *een* ~ *groter* taller by a head; ~ *links (rechts)!* ✕ eyes... left (right)!; *zijn* ~ *is er mee gemoeid* it may cost him his head; *het* ~ *bieden aan* make head against, stand up to [a person], brave, face [dangers &], meet [a difficulty], cope with, deal with [this situation]; bear up against [misfortunes]; *zich het* ~ *breken over* trouble one's head (oneself) about a thing; *een goed* ~ *hebben voor wiskunde* have a good head for mathematics; *het* ~ *vol hebben van...* have one's head full of...; *het* ~ *hoog houden* carry (hold) one's head high; *het* ~ *opsteken* raise its head (their heads); *de* ~*en bij elkaar steken* lay (put) their heads together; *zijn* ~ *stoten* meet with a rebuff [*fig*]; *het* ~ *verliezen* lose one's head; *het* ~ *niet verliezen* keep one's head; *het* ~ *in de nek werpen* bridle up; *veel aan het* ~ *hebben* have lots of things to attend to; *aan het* ~ *staan van* be at the head of; be in charge of [a prison &]; *niet wel bij het (zijn)* ~ *zijn* not be in one's right mind; *wat ons boven het* ~ *hangt* what is hanging over our heads; *dat is mij door het* ~ *gegaan* it has slipped my memory; it has completely gone out of my head; *iets in zijn* ~ *halen* get (take) something into one's head; *iets in zijn* ~ *hebben* have something in one's mind; *hoe kon hij het in zijn* ~ *krijgen?* how could he get it into his head?; *zich een gat in het* ~ *vallen* break one's head; *met opgeheven* ~*e* with head erect; *met het* ~ *tegen de muur lopen* run one's head against a wall; *iemand iets naar het (zijn)* ~ *gooien* throw it at a person's head; *fig* fling it in his teeth; *iemand beledigingen naar het* ~ *slingeren* hurl insults at a person; *het zal op uw* ~ *neerkomen* be it on your head(s); *iets over het* ~ *zien* overlook a thing; *3 gulden per* ~ 3 guilders per head; *uit* ~*e van* on account of, owing to; *uit dien* ~*e* on that account, for that reason; *iets uit zijn* ~ *kennen (leren, opzeggen)* know (learn, say) a thing by heart; *berekeningen uit het* ~ *maken* make calculations in one's head; *uit het* ~ *spelen* play from memory; *van het* ~ *tot de voeten* from head to foot, from top to toe, all over; *van het* ~ *tot de voeten gewapend* armed cap-a-pie (to the teeth); *iemand voor het* ~ *stoten* rebuff a person; ~ *voor* ~

individually; *zoveel ~en, zoveel zinnen* (so) many men, (so) many minds.

hoofdagent ['ho.fta.gɛnt] *m* 1 $ general agent; 2 ± police sergeant.

hoofdakte [-aktə] *v* headmaster's certificate.

hoofdaltaar [-alta:r] *o* & *m RK* high altar.

hoofdambtenaar [-amtəna:r] *m* higher official, senior officer.

hoofdarbeider [-arbɛidər] *m* brain-worker.

hoofdartikel [-arti.kəl] *o* leading article, leader.

hoofdbeginsel [-bəɣinsəl] *o* chief principle.

hoofdbestanddeel [-bəstande.l] *o* main constituent.

hoofdbestuur [-bəsty:r] *o* managing committee, governing body.

hoofdbewoner [-bəvo.nər] *m* principal occupier.

hoofdboekhouder [-bu.khoudər] *m* head bookkeeper.

hoofdbreken [-bre.kə(n)] *o* trouble, care, worry.

hoofdbrekend [-bre.kənt] puzzling.

hoofdbron [-brɔn] *v* head-spring, chief source.

hoofdbuis [-bœys] *v* main (tube).

hoofdbureau [-by.ro.] *o* 1 head-office [of a company]; 2 police office.

hoofdcommissaris [-kɔmisa:rəs] *m* (chief) commissioner (of police).

hoofdconducteur [-kɔndüktø:r] *m* guard.

hoofddader ['ho.fda.dər] *m* chief culprit.

hoofddeksel [-dɛksəl] *o* head-gear.

hoofddoek [-du.k] *m* kerchief, turban [of a native].

hoofddoel [-du.l] *o* main object, principal aim.

hoofdeind(e) [-ɛint, -ɛində] *o* head [of a bed &].

hoofdelijk ['ho.vdələk] *per capita; ~e stemming* voting by roll-call; zie ook: *omslag, onderwijs.*

hoofdeloos [-lo.s] headless.

hoofdfiguur ['ho.ftfi.ɣy:r] *v* principal figure.

hoofdfilm [-film] *m* feature film, main film, big film.

hoofdgebouw [-ɣəbou] *o* main building.

hoofdhaar [-ha:r] *o* hair of the head.

hoofdig ['ho.vdəx] obstinate, headstrong.

hoofdingang ['ho.ftɪŋaŋ] *m* main entrance.

hoofdingenieur [-ɪnʒəni.ø:r, -ɪnɡc.ni.ø:r] *m* chief engineer.

hoofdinspecteur, -inspekteur [-ɪnspɛktø:r] *m* chief inspector.

hoofdkaas [-ka.s] *m* (pork) brawn.

hoofdkantoor [-kanto:r] *o* head-office, headquarters.

hoofdkerk [-kɛrk] *v* cathedral (church).

hoofdknik [-knik] *m* nod of the head.

hoofdkraan [-kra.n] *v* ⚔ main cock.

hoofdkussen [-küsə(n)] *o* pillow.

hoofdkwartier [-kvarti:r] *o* ✕ headquarters; *het grote ~* ✕ general headquarters, G.H.Q.

hoofdleiding [-lɛidɪŋ] *v* 1 general management; 2 (v. gas, water &) main.

hoofdletter [-lɛtər] *v* capital (letter).

hoofdlijn [-lɛin] *v* main line, trunk-line [of a railway]; *de ~en* the main features.

hoofdmaaltijd [-ma.ltɛit] *m* main meal.

hoofdmacht [-maxt] *v* ✕ main body.

hoofdman [-man] *m* chief.

hoofdofficier [-ofi.si:r] *m* ✕ field-officer.

hoofdonderwijzer [-ɔndərʋɛizər] *m* headteacher.

hoofdpersoon [-pərso.n] *m* principal person, central figure; *de hoofdpersonen (van de roman)* the principal characters.

hoofdpijn [-pɛin] *v* headache; *~ hebben (krijgen)* have (get) a headache.

hoofdplaats [-pla.ts] *v* 1 principal town; 2 (hoofdstad) capital.

hoofdpostkantoor [-pɔstkanto:r] *o* ✆ head post office; (in Londen) General Post Office.

hoofdprijs [-prɛis] *m* first prize [in a lottery].

hoofdpunt [-pünt] *o* main point.

hoofdredacteur, -redakteur [-rədaktø:r] *m* chief editor, editor-in-chief.

hoofdregel [-re.ɣəl] *m* principal rule.

hoofdrekenen [-re.kənə(n)] *o* mental arithmetic.

hoofdrol [-rɔl] *v* principal part (rôle), leading part.

hoofdschotel [-sxo.təl] *m* & *v* principal dish; *fig* principal feature.

hoofdschudden [-sxüdə(n)] *o* shaking (shake) of the head.

hoofdschuldige [-sxüldəɣə] *m-v* chief culprit.

hoofdstad [-stat] *v* capital city, capital, metropolis; (v. provincie, graafschap) chief town, county town.

hoofdstel [-stɛl] *o* head-stall.

hoofdstraat [-stra.t] *v* principal street, main street, (main) thoroughfare.

hoofdstuk [-stük] *o* chapter; *eerste (tweede &) ~* chapter the first (the second &), chapter one (two &).

hoofdtooi [-to:i] *m* head-dress.

hoofdtrek [-trɛk] *m* principal trait (characteristic), main feature; *in ~ken* in outline.

hoofdvak ['ho.ftfak] *o* principal subject.

hoofdverkeersweg [-ke:rsʋɛx] *m* arterial road.

hoofdverkenner [-kɛnər] *m* Chief Scout.

hoofdverpleegster [-ple.xstər] *v* head-nurse, sister in charge.

hoofdwassing ['ho.ftʋasɪŋ] *v* washing of the head, shampoo(ing).

hoofdweg [-ʋɛx] *m* main road, main route.

hoofdwond(e) [-ʋɔnt, -ʋɔndə] *v* wound in the head, head wound.

hoofdwortel [-ʋɔrtəl] *m* ⚘ main root, tap-root.

hoofdzaak [-sa.k] *v* main point, main thing; *hoofdzaken* ook: essentials; *in ~* in the main, on the whole, substantially.

hoofdzakelijk [ho.ft'sa.kələk] principally, chiefly, mainly.

hoofdzetel ['ho.ftse.təl] *m* principal seat, headquarters.

hoofdzin [-sɪn] *m gram* principal sentence.

hoofdzonde [-sɔndə] *v* capital sin.

hoofs [ho.fs] courtly.

hoog [ho.x] **I** *aj* high (favour, hills, jump, opinion, temperature, words &]; tall [tree, glass], lofty [roof]; senior [officers]; *een hoge g ♪* a top G; *hoge druk* high pressure; *onder hoge druk* at high pressure; *het hoge noorden* the extreme North; *~ en droog* high and dry; *het is mij te ~* that is above me, above my comprehension; *de sneeuw ligt ~* the snow lies deep; *~ staan* be high [of prices]; *hij woont twee (drie &) ~* two stairs up; **II** *m een hoge* S a bigwig; *God in den hoge* God on high; *uit den hoge* from on high; **III** *ad* [play, sing] high; highly [paid, placed].

hoogachten ['ho.xaxtə(n)] *vt* (hold in high) esteem, respect; *~d, uw dw. dr... * Yours truly...

hoogachting [-axtɪŋ] *v* esteem, respect, regard; *met (de meeste) ~* Yours truly.

hoogaltaar ['ho.xalta:r] *o* & *m* high altar.

hoogbejaard [-bəja:rt] very old, far gone (stricken) in years.

hoogblond [-blɔnt] sandy.

hoogconjunctuur [-kɔnjüŋktv:r] *v* boom.

hoogdravend [-ho.x'dra.vənt] **I** *aj fig* high-sounding, highfalutin(g), high-flown, grandiloquent, pompous; **II** *ad* pompously.

hoogdravendheid [-hɛit] *v* grandiloquence, pompousness.

Hoogduits ['ho.xdœyts] *aj* & *o* (High) German.

hoogfrequent [-fre.kʋɛnt] high-frequency.

hooggaand ['ho.ɣa.nt] high; *~e ruzie hebben* have high words; *~-e zee* heavy sea.

hooggeacht [-gəɑxt] (highly) esteemed; *H~e heer* Dear Sir.
hooggebergte [-bɛrxtə] *o* high mountains.
hooggeboren [-bo:rə(n)] high-born.
hooggeëerd [-e:rt] highly honoured.
hooggeleerd [-le:rt] very learned; *een ~e* a University professor.
hooggelegen [-le.gə(n)] high.
hooggeplaatst [-pla.tst] highly placed, high-placed.
hooggeschat [-sxɑt] (highly) valued.
hooggespannen [-spɑnə(n)] high-strung, high.
hooggestemd [-stɛmt] high-pitched.
hooghartig [ho.x'hɑrtəx] proud, haughty; *op zijn ~e manier* in his highty-tighty (off-hand) manner.
hooghartigheid [-heit] *v* haughtiness.
hoogheid ['ho.xheit] *v* highness; height; grandeur; *Zijne Hoogheid* His Highness.
hooghouden [-hou(d)ə(n)] *vt* uphold, maintain.
Hooglander [-lɑndər] *m* Highlander.
Hooglands [-lɑnts] Highland.
hoogleraar [ho.x'le:ra:r] *m* (University) professor.
hoogleraarsambt [-ra:rsɑmt] *o* professorship.
Hooglied ['ho.xli.t] *o* in: *het ~ van Salomo* the Song of Solomon, the Song of Songs, the Canticles.
hooglijk [-lək] highly, greatly.
hooglopend [-lo.pənt] zie *hooggaand*.
hoogmis [-mɪs] *v RK* high mass.
hoogmoed [-mu.t] *m* pride, haughtiness; *~ komt voor de val* pride will have a fall.
hoogmoedig [ho.x'mu.dəx] **I** *aj* proud, haughty; **II** *ad* proudly, haughtily.
hoogmoedswaan(zin) ['ho.xmu.ts.va.n(zɪn)] *m* zie *grootheidswaan(zin)*.
hoognodig [ho.xno.dəx] very (highly) necessary, urgently needed, much-needed; *het ~e* what is strictly necessary.
hoogoven [-o.və(n)] *m* blast-furnace.
hoogschatten [-sxɑtə(n)] *vt* esteem highly.
hoogschatting [-tɪŋ] *v* esteem.
hoogspanning ['ho.xspɑnɪŋ] *v* high tension.
hoogspannings... [-nɪŋs] high-tension...
hoogspringen ['ho.xsprɪŋə(n)] *o* sp high jump.
hoogst [ho.xst] **I** *aj* highest, supreme; top [class, prices &]; *op zijn (het) ~ zijn* be at its height [of quarrel, storm &]; *op zijn (het) ~* at (the) most; *ten ~e* 1 at (the) most; 2 highly, greatly, extremely; *een boete van ten ~e £ 5* a fine not exceeding £ 5; **II** *ad* highly, very, greatly, extremely.
hoogstaand ['ho.xsta.nt] of high standing, eminent, distinguished, superior, high-minded.
hoogsteigen ['ho.xsteigə(n)] in *~ persoon* in his own proper person.
hoogstens ['ho.xstəns] at (the) most, at the utmost, at the outside, at best.
hoogstwaarschijnlijk [ho.xstva:r'sxeinlək] **I** *a* highly probable; **II** *ad* most probably.
hoogte ['ho.xtə] *v eig* 1 (het hoog zijn) height [of a hill &], altitude [of the stars, above the sea-level]; 2 (verhevenheid) height, elevation, eminence; *fig* height; $ highness [of prices]; ♪ pitch [of the voice]; level [in social, moral & intellectual matters]; *de ~ hebben (krijgen)* F be (get) drunk; *geen ~ van iets hebben* F not understand it; *daar kan ik geen ~ van krijgen* F it is above my comprehension; *de ~ ingaan* rise²; *fig* go up, look up [of prices]; *~ verliezen* lose altitude; *in de ~ steken* cry up [a book &]; *op de ~ van Gibraltar* off Gibraltar; *op dezelfde ~ als...* on a level with, on a par with; *op geringe (grote) ~* at low (high) altitude; *op de ~ blijven* keep oneself posted (up); keep abreast of the times; *iemand op de ~ brengen* post one (up); *iemand op de ~ houden* keep one posted

(informed); *iemand op de ~ stellen van* inform a person of; *zich op de ~ stellen van iets* acquaint oneself with a thing; *op de ~ van zijn tijd zijn* be well abreast of the times; *op de ~ van de Franse taal* familiar with the French language; *goed op de ~ van iets zijn* be well-informed, be well-posted on a subject; *tot op zekere ~* to a certain extent; *iemand uit de ~ behandelen* treat a person loftily, in an off-hand manner; *uit de ~ neerzien og* look down upon; *uit de ~ zijn* be uppish.
hoogtecirkel [-sɪrkəl] *m* zie *breedtecirkel*.
hoogtegrens [-grɛns] *v* 🗲 ceiling.
hoogtelijn [-lɛin] *v* 1 perpendicular [in a triangle]; 2 contour line [in a map].
hoogtemeter [-me.tər] *m* altimeter.
hoogtepunt [-pʉnt] *o* culminating point²; *fig* height, pinnacle, zenith; *op het ~ van zijn roem* at the height of his glory.
hoogterecord, -rekord [-rəko:r, -rəkɔrt] *o* 🗲 altitude record.
hoogteroer [-ru:r] *o* 🗲 elevator.
hoogtevrees [-vre.s] *v* height fear; *~ hebben* be afraid of heights.
hoogtezon [-tezɔn] *v* artificial sunlight; (apparaat) sun-lamp.
hoogtij ['ho.xtɛi] in: *~ vieren* reign supreme, run riot, be rampant.
hoogtijdag [-tɛidɑx] *m* great day [of the Christian year &], holy day [in Islam's calendar &].
hooguit [-œyt] zie *hoogstens*.
hoogveen [-fe.n] *o* peat-moor.
hoogverraad [-fəra.t] *o* high treason.
hoogvlakte ['ho.xflɑktə] *v* plateau, table-land.
hoogvliegend [-fli.gənt] high-flying, soaring.
hoogvlieger [-gər] *m* 1 🐦 high-flying pigeon; 2 *fig* flier.
hoogwaardig [ho.x'va:rdəx] venerable, eminent.
hoogwaardigheid [-heit] *v* eminence. [nent.
hoogwaardigheidsbekleder [-heitsbəkle.dər] *m* dignitary.
hoogwater [ho.x'va.tər] *o* high water, high tide.
hooi [ho:i] *o* hay; *te veel ~ op zijn vork nemen* bite off more than one can chew; have too many irons in the fire; *te ~ en te gras* by fits and starts, occasionally.
hooiberg ['ho:ibɛrx] *m* haystack, hayrick.
hooibouw [-bou] *m* haymaking, hay harvest.
hooien ['ho.jə(n)] *vt* make hay.
hooier [-jər] *m* haymaker.
hooikist ['ho:ikist] *v* haybox.
hooikoorts [-ko:rts] *v* hay fever.
hooimijt [-meit] *v* haystack.
hooischelf [-sxɛlf] *v* haystack.
hooischudder [-sxʉdər] *m* tedder.
hooischuur [-sxy:r] *v* haybarn.
hooitijd [-tɛit] *m* hay(making) time, hay harvest.
hooivork [-vɔrk] *v* hayfork.
hooiwagen [-va.gə(n)] *m* 1 hay cart; 2 🕷 daddy-long-legs.
hooizolder [-zɔldər] *m* hayloft.
hoon [ho.n] *m* contumely, insult, taunt, scorn.
hoongelach ['ho.ngəlɑx] *o* scornful laughter.
1 hoop [ho.p] *m* 1 heap², pile [of things]; 2 heap, crowd, multitude [of people]; F lot [of trouble &]; *de grote ~* the multitude, the masses; *bij hopen* in heaps; *geld bij hopen* heaps (lots) of money; *bij de ~ verkopen* sell in the lump; *te ~ lopen* gather in a crowd.
2 hoop [ho.p] *v* hope, hopes; *weinig ~ geven* hold out little hope; *~ hebben* have a hope, have hopes [of...]; *er is weinig ~ op* there is little hope of this; *in de ~ dat* in the hope that; *op ~ van...* hoping for...; *tussen ~ en vrees* between fear and hope.
hoopvol ['ho.pfɔl] hopeful.

hoorapparaat ['ho:rapa.ra.t] *o* hearing aid, ear aid, deaf-aid.

hoorbaar [-ba:r] **I** *aj* audible; **II** *ad* audibly.

hoorbaarheid [-hɛit] *v* audibleness, audibility.

hoorbuis ['ho:rbœys] *v* ear-trumpet.

hoorder [-dər] *m* hearer, listener, auditor.

1 **hoorn** ['ho:rən] *m* horn [on head of cattle, deer, snails & the moon]; wind-instrument of the hunter &]; ✕ bugle; ☎ (luister∼) receiver; (spreek∼) mouthpiece; ∼ *van overvloed* horn of plenty; *zijn* ∼*s opsteken* show one's teeth.

2 **hoorn** ['ho:rən] *o* (s t o f n a a m) horn.

hoornblazer [-bla.zər] *m* 1 horn-blower; 2 ✕ bugler.

hoornen ['ho:rnə(n)] *aj* horn.

hoorngeschal ['ho:rangəsxal] *o* 1 sound of horns; 2 trumpet sound.

hoornig ['ho:rnəx] horny.

hoornsignaal ['ho:rənsi.ŋa.l] *o* ✕ bugle call.

hoornvee [-ve.] *o* horned cattle, horned beasts.

hoornvlies [-vli.s] *o* cornea.

hoornvliestransplantatie [-transplanta.(t)si.] *v* corneal grafting.

hoos [ho.s] *v* water-spout, wind-spout.

hoosvat [ho.sfat] *o* scoop, bailer.

1 **hop** [hɔp] *v* ♣ hop, hops.

2 **hop** [hɔp] *m* ♣ hoopoe.

3 **hop**! [hɔp] *ij* gee-up!

hopelijk [-lək] *ad* it is to be hoped (that...).

hopeloos [-lo.s] *aj* (& *ad*) hopeless(ly), desperate(ly).

hopeloosheid [ho.pə'lo.shɛit] *v* hopelessness, desperateness.

hopen ['ho.pə(n)] **I** *vt* hope (for); *het beste* ∼ hope for the best; **II** *vi* hope; ∼ *op* hope for.

hopman ['hɔpman] *m* 1 ⅏ chief, captain; 2 (p a d v i n d e r ij) scout-master.

hoppen ['hɔpə(n)] *vi* hop.

hopsa! ['hɔpsa] *ij* hey-day!

hor [hɔr] *v* wire-blind, screen.

horde ['hɔrdə] *v* 1 horde, troop, band ‖ 2 hurdle; *de Gouden H*∼ ⅏ the Golden Horde.

hordenloop [-(n)lo.p] *m sp* hurdle-race, hurdles.

1 **horen** ['ho:rə(n)] **I** *vt* 1 hear; 2 (v e r n e m e n) hear, learn; *ik heb niets meer van hem gehoord* I have not heard from him, I had no news from him; *heb je nog wat van hem gehoord?* heard [any news] about him?; *gaan* ∼ *wat er is* go and hear what is up; *een geluid laten* ∼ utter (produce) a sound; *wie zal zich nu eens laten* ∼? who is going to oblige now?; *dat laat zich* ∼ 1 that is plausible enough, there is something in that; 2 now you're talking!; *het is niet te* ∼ it cannot be heard; *ik heb het* ∼ *zeggen* I have heard it said; *ik heb het van* ∼ *zeggen* I had it from hearsay; **II** *vi* & *va* hear; *je krijgt, hoor!* do you hear!; *hoor eens, wat...?* (I) say, what...?; *hoor eens, dat gaat niet!* look here, that won't do!; ∼ *naar* listen to [advice]; *hij wil er niet van* ∼ he will not hear of it; *wie niet* ∼ *wil, moet voelen* he who will not be taught must suffer; ∼*de doof zijn* be like those who having ears hear not, sham deafness; **III** *o* in: *het was een leven dat* ∼ *en zien je verging* it was a noise fit to raise the dead; ∼ *en zien verging ons* we were bewildered.

2 **horen** ['ho:rə(n)] zie *behoren* **I** & *wat* **II**.

3 **horen** ['ho:rən] *m* = 1 *hoorn*.

horige ['ho:rəgə] *m* ⅏ serf, villain.

horizon(t) ['ho:ri.zòn(t)] *m* horizon, sky-line; *aan(onder)de* ∼ on (below) the horizon.

horizontaal [ho:ri.zòn'ta.l] *aj* (& *ad*) horizontal(ly); (bij k r u i s w o o r d r a a d s e l) across.

horlepijp ['hɔrləpi.p] *v* hornpipe.

horloge [hɔr'lo.ʒə] *o* watch; *3 uur op mijn* ∼ by my watch.

horlogebandje [-banɔə] *o* watch-guard.

horlogeglas [-glas] *o* watch-glass.

horlogekast [-kast] *v* watch-case.

horlogeketting [-kɛtiŋ] *m* & *v* watch-chain.

horlogemaker [-ma.kər] *m* watch-maker

horlogeveer [-ve:r] *v* watch-spring.

horlogezak [-zak] *m* watch-pocket.

hormo(o)n [hɔr'mo.n, -'mən] *o* hormone.

horoscoop, horoskoop [ho:rəs'ko.p] *m* horoscope; *iemands* ∼ *trekken* cast a person's horoscope, cast one's nativity.

horrelvoet ['hɔrəlvu.t] *m* clubfoot.

hort [hɔrt] *m* jerk, jolt, jog, push; *met* ∼*en en stoten* by fits and starts.

horten ['hɔrtə(n)] *vi* jolt, be jerky[2].

hortend [-tənt] jerky[2].

hortensia [-'tenzi.a.] *v* ♣ hydrangea.

hortus ['hɔrtŭs] *m* botanical garden.

horzel ['hɔrzəl] *v* horse-fly, hornet, gad-fly.

hosanna [ho.'zana.] *o* hosanna.

hospes ['hɔspəs] *m* landlord.

hospita [-pi.ta.] *v* landlady.

hospitaal [-pi.ta.l] *o* hospital, infirmary.

hospitaalschip [-sxip] *o* ⚓ hospital ship.

hospitaalsoldaat [-sɔlda.t] *m* ✕ hospital orderly.

hospitaaltrein [-trɛin] *m* ✕ hospital train.

hospitant [hɔspi.'tant] *m* 1 temporary student; 2 gentleman attending a lesson as a visitor.

hospiteren [-'te:rə(n)] *vi* ⟳ attend a lesson as a visitor.

hospitium [-'pi.(t)si.ŭm] *o* hospice, hostel.

hossen ['hɔsə(n)] *vi* jig.

hostie ['hɔsti.] *v* host.

hot [hɔt] *ij* gee-up!; ∼ *en haar* right and left; ∼ *en haar door elkaar* higgledy-piggledy.

hotel [ho.'tɛl] *o* hotel.

hotelbedrijf [-bədrɛif] *o* hotel trade.

hotelhouder [-hou(d)ər] *m* hotel-keeper.

hotelschakelaar [-sxa.kəla:r] *m* ⚡ two-way switch.

hotsen ['hɔtsə(n)] *vi* jolt, bump, shake.

houdbaar ['houtba:r] (v e r d e d i g b a a r) tenable; *boter die (niet)* ∼ *is* butter that will (not) keep.

houdbaarheid [-hɛit] *v* 1 tenability; 2 (v. e e t-w a r e n) keeping qualities.

houden ['hou(d)ə(n)] **I** *vt* 1 (v a s t h o u d e n) hold; 2 (i n h o u d e n) hold, contain; 3 (e r o p n a h o u d e n) keep [pigs, an inn, servants]; 4 (b e h o u d e n) keep [the change]; 5 (v i e r e n) keep, observe, celebrate [a feast]; 6 (n a k o-m e n) keep [a promise]; 7 (u i t s p r e k e n) make, deliver [a speech &], give [an address]; *hij was niet te* ∼ he could not be checked, he could not be kept quiet; *houdt de dief!* stop thief!; *5 ik houd er 3* carry three; zie ook: *bed, kamer, steek* &; *ik houd het met u* I hold with you; *wij moeten het aan de gang* ∼ we must keep the thing going; *het aan zich* ∼ reserve it to oneself; *je moet ze bij elkaar* ∼ you should keep them together; *hen er buiten* ∼ keep them out of it; *ik kan u niet in dienst* ∼ I can't continue you in my service; *in ere* ∼ zie *eer*; *een stuk (brief &) onder zich* ∼ keep it (back); *ik kan ze maar niet uit elkaar* ∼ I can't tell them apart, I can't tell which is which; *u moet die jongens van elkaar* ∼ keep these boys apart; *ik houd hem voor een vriend* I consider him to be a friend; *ik hield hem voor een Amerikaan* I (mis)took him for an American; *ik houd het voor onvermijdelijk* I regard it as inevitable; *ik houd het voor een slecht teken* I consider it a bad sign; *ik houd het ervoor dat...* I take it that...; *waar houdt u mij voor?* what do you take me for?; *zich* ∼ *voor* consider oneself [a better man]; *iets voor zich* ∼ keep it [the money &] for oneself; keep it [the secret] to oneself; *hij kan niets vóór zich* ∼ he can't keep his counsel; II *va & vi* hold; keep; *links (rechts)* ~! keep (to the) left (right)!; *het zal erom* ~ *of...* it will be touch and go whether..; *met iets zitten te* ~ zie *zitten*; *op de favoriet* ~ back the favourite; *van iets* ~ like a thing, be fond of a thing; *veel van iemand* ~ be fond of one, love one; III *vr zich* ~ *alsof...* make as if.., pretend to...; *zich doof* ~ pretend not to hear, sham deafness; *zich goed* ~ 1 (v. personen) keep one's countenance, control oneself; 2 (v. zaken) keep [of apples]; wear well [of clothes]; 3 (v. weer) hold; *zich goed* ~ *(voor zijn leeftijd)* carry one's years well; *hij kon zich niet meer goed* ~ he could not help laughing (crying); *hou je goed!* I keep well!; 2 never say die!; *zich ver* ~ *van* hold aloof from [a question &]; *zich ziek* ~ pretend to be ill; *zich* ~ *aan* stick to [the facts &], abide by [a decision], keep [a strict diet, a treaty &]; *zich aan iemands woord* ~ take one at his word; *ik weet nu waar ik mij aan te* ~ *heb* I now know where I stand; zie ook: *been &*; IV *o* zie *hebben* III.

houder [-dər] *m* holder, keeper, bearer.

houding [-dɪŋ] *v* 1 bearing, carriage, posture, attitude; 2 ✗ position of "attention"; *de* ~ *aannemen* ✗ come to attention; *een (gemaakte)* ~ *aannemen* strike an attitude; *een dreigende (gereserveerde)* ~ *aannemen* assume a threatening (guarded) attitude; *om zich een* ~ *te geven* in order to save his face; *in de* ~ *staan* ✗ stand at attention.

hout [hɔut] *o* wood; timber; piece of wood; *de Haarlemmer Hout* the Haarlem Wood; *alle* ~ *is geen timmerhout* every reed will not make a pipe; *dat snijdt geen* ~ that does not hold good.

houtbewerker [-bəʋerkər] *m* woodworker.
houtduif [-dœyf] *v* wood-pigeon.
houten ['hɔutə(n)] *aj* wooden [shoes, leg &].
houterig [-tərəx] wooden².
houterigheid [-heit] *v* woodenness².
houtgravure ['hɔutɡra.vy:rə] *v* wood engraving.
houthakker [-hakər] *m* wood-cutter.
houthandel [-handəl] *m* timber trade.
houthandelaar [-handəla:r] *m* timber merchant.
houthaven [-ha.və(n)] *v* timber port.
houtje ['hɔucə] *o* bit of wood; *op (zijn) eigen* ~ F on one's own hook, off one's own bat; *we moesten op een* ~ *bijten* F we had nothing (little) to eat.
houtkoper ['hɔutko.pər] *m* timber merchant.
houtlijm [-leim] *m* joiner's glue.
houtloods [-lo.ts] *v* wood-shed.
houtluis [-lœys] *v* wood-louse.
houtmijt [-meit] *v* 1 stack of wood; 2 (brandstapel) pile.
houtskool ['hɔutsko.l] *v* charcoal.
houtskooltekening [-te.kənɪŋ] *v* charcoal drawing.
houtsne(d)e ['hɔutsne.(də)] *v* woodcut.
houtsnijder [-snei(d)ər] *m* 1 wood-cutter; 2 wood-carver.
houtsnijkunst ['hɔutsneikünst] *v* 1 wood-cutting; 2 wood-carving.
houtsnip ['hɔutsnɪp] *v* ✿ woodcock.
houtsoort [-so:rt] *v* kind of wood.
houtspaander [-spa.ndər] *m* chip of wood.
houtteer ['hɔute:r] *m & o* wood tar.
houtveiling ['hɔutfeilɪŋ] **houtverkoping** [-fərko.pɪŋ] *v* timber sale.
houtvester [-fɛstər] *m* forester.
houtvesterij [hɔutfɛstə'rɛi] *v* forestry.
houtvezel [-fe.zəl] *v* wood-fibre.
houtvlot [-flɔt] *o* (timber) raft.
houtvrij [-frɛi] free from wood-pulp.
houtwaren [-va:rə(n)] *mv* wooden ware.
houtwerk [-ʋerk] *o* woodwork.
houtwol [-ʋɔl] *v* wood-wool.

houtworm [-ʋorm] *m* wood-worm.
houtzaagmolen [-sa.xmo.lə(n)] *m* saw-mill.
houtzager [-sa.ɡər] *m* wood-sawyer.
houtzagerij [hɔutsa.ɡə'rɛi] *v* saw-mill.
houtzolder ['hɔutsɔldər] *m* wood-loft.
houvast [hɔu'vast] *o* handhold; *fig* hold; *dat geeft ons enig* ~ that's something to go by (to go on).
houw [hɔu] *m* cut, gash.
houweel [hɔu've.l] *o* pickaxe, mattock.
houwen ['hɔuə(n)] *vi* hew, hack, cut; zie ook: *slaan*.
houwer [-ər] *m* 1 broadsword; 2 hewer.
houwitser [hɔu'vɪtsər] *m* ✗ howitzer.
hovaardig [ho.'va:rdəx] I *aj* proud, haughty; II *ad* proudly, haughtily.
hovaardigheid [-ə.'hɛit] *v* pride, haughtiness.
hovaardij [ho.va:r'dɛi] *v* zie *hovaardigheid*.
hoveling ['ho.volɪŋ] *m* courtier.
hovenier [ho.və'ni:r] *m* gardener.
hozen ['ho.zə(n)] *vi & vt* scoop, bail (out), bale.
hugenoot ['hy.ɡəno.t] *m* Huguenot.
huichelaar ['hœyɡələ:r] *m* —**ster** [-stər] *v* hypocrite, dissembler.
huichelachtig ['hœyɡəlaxtəx] *aj* (& *ad*) hypocritical(ly).
huichelarij [hœyɡəla:'rɛi] *v* hypocrisy, dissembling, dissimulation.
huichelen ['hœyɡələ(n)] I *vt* simulate, feign, sham; II *vi* dissemble, play the hypocrite.
huid [hœyt] *v* skin [of human or animal body], hide [raw or dressed], fell [with the hair]; *een dikke (harde)* ~ *hebben* be thick-skinned; *iemand de* ~ *vol schelden* call one everything under the sun; *men moet de* ~ *van de beer niet verkopen, voordat men hem geschoten heeft* sell not the bear's skin before you have caught him; *zijn* ~ *wagen* risk one's life; *met* ~ *en haar* bodily; *op de blote* ~ next (to) the skin; *iemand op zijn* ~ *geven (komen)* F tan a person's hide.
huidarts ['hœytarts] *m* skin doctor.
huidenkoper ['hœydə(n)ko.pər] *m* fellmonger.
huidig [-dəx] present [age], modern, present-day [difficulties, knowledge, needs]; *ten* ~*en dage* nowadays; *nog ten* ~*en dage* to this day.
huidje ['hœycə] *o* skin, film.
huidkleur ['hœytklø:r] *v* colour, complexion.
huidklier [-kli:r] *v* skin-gland.
huidontsteking [-ȯntste.kɪŋ] *v* inflammation of the skin.
huiduitslag [-œytslax] *m* eruption (of the skin), skin eruption.
huidziekte [-si.ktə] *v* skin disease.
huif [hœyf] *v* 1 (hoofddeksel) coif; 2 (v. wagen) hood, awning, tilt.
huifkar ['hœyfkar] *v* tilt-cart, hooded cart.
huifwagen [-va.ɡə(n)] *m* covered wag(g)on.
huig [hœyx] *v* uvula.
huik [hœyk] *v* ◍ hooded cloak; *de* ~ *naar de wind hangen* (trim to the times and) hang one's cloak to the wind.
huilbui ['hœylbœy] *v* fit of crying (of weeping).
huilebalk ['hœyləbalk] *m* cry-baby.
huilebalken [-balkə(n)] *vi* whimper, whine.
huilen ['hœylə(n)] *vi* 1 (schreien) cry, weep; 2 (v. dier) howl, whine; 3 (v. wind) howl; *het is om (van) te* ~ I could cry!; ~ *met de wolven in het bos* cry with the wolves in the wood; *het* ~ *stond hem nader dan het lachen* he felt like crying.
huilerig [-lərəx] tearful.
huis [hœys] *o* house, home; *het* ~ *des Heren* the house of God; *het* ~ *der Koningin* the Royal Household; *het Koninklijk* ~ the Royal family; *het* ~ *van Oranje* the House of Orange; *men kan huizen op hem bouwen* one can always depend on him; *er is geen* ~

met hem te houden there is no doing anything with him; *ik kom bij hen aan ∼* I am on visiting terms with them; *ik kom veel bij hen aan ∼* I see a good deal of them; *(dicht) bij ∼* near home; *bezigheden in ∼* activities in the home; *er is geen brood in ∼* there is no bread in the house; *wij gaan naar ∼* we are going home; *naar ∼ zenden* send home; *te mijnen huize* at my house; *ten huize van...* at the house of...; *hij is van ∼* he is away from home; *hij is van goeden huize* he comes of a good family; *van ∼ gaan* leave home; *van ∼ komen* come from one's house; *van ∼ tot ∼* from house to house; *van ∼ uit is hij...* originally he is a...; *van ∼ en hof verdreven* driven out of house and home; *elk ∼ heeft zijn kruis* there is a skeleton in every cupboard. [chest.

huisapotheek [-a.po.te.k] *v* (family) medicine

huisarrest [-arɛst] *o* confinement in one's home; *∼ hebben* I ✕ be confined to quarters; 2 be confined to one's house.

huisarts [-arts] *m* family doctor, general practitioner.

huisbaas [-ba.s] *m* landlord.

huisbel [-bɛl] *v* street-door bell.

huisbewaarder [-bəva:rdər] *m* ∼**ster** [-stər] *v* care-taker.

huisbezoek [-bəzu.k] *o* domiciliary visit, home visiting, home visitation.

huisbraak [-bra.k] *v* house-breaking.

huisbrand [-brɑnt] *m* domestic fuel.

huisbrandkolen [-ko.lə(n)] *mv* domestic coal.

huisdeur ['hœysdø:r] *o* street-door.

huisdier [-di:r] *o* domestic animal.

huisdokter [-dɔktər] *m* family doctor.

huiseigenaar [-ɛigəna:r] *m* I house-owner; 2 (huisbaas) landlord.

huiselijk ['hœysələk] I *aj* domestic, household; home, homy; *∼e aangelegenheden* family affairs; domestic affairs; *∼e kring* domestic circle; *het ∼ leven* home life; *∼ man* man of domestic habits, a home-loving man; *∼e plichten* household duties; II *ad* in a homely manner, informally.

huiselijkheid [-heit] *v* domesticity.

huisgenoot ['hœysgəno.t] *m* housemate, inmate; *de huisgenoten* the inmates, the whole family.

huisgewaad [-gəva.t] *o* indoor dress.

huisgezin [-gəzɪn] *o* household, family.

huisgoden [-go.də(n)] *mv* household gods.

huisheer [-he:r] *m* I landlord; 2 master of the house.

huishoudboek [-hɔutbu.k] *o* housekeeping book.

huishoudelijk [hœys'hɑudələk] I economical, thrifty; 2 domestic, household; *zaken van ∼e aard* domestic affairs; *voor ∼ gebruik* for household purposes; *∼e uitgaven* household expenses; *∼e vergadering* private meeting.

huishoudelijkheid [-heit] *v* economy.

huishouden ['hœyshɑudə(n)] I *vi* keep house; *vreselijk ∼ (onder)* make (play) havoc (with, among); II *v* o I household, establishment, family; 2 housekeeping; *een ∼ van Jan Steen* a house where everything is at sixes and sevens; *het ∼ doen* keep house.

huishoudgeld [-hɑutgɛlt] *o* housekeeping money.

huishouding [-hɑudɪŋ] *v* I housekeeping; 2 household, family.

huishoudkunde [-hɑutkündə] *v* domestic economy.

huishoudschool [-sxo.l] *v* domestic science school, school of domestic economy.

huishoudschort [-sxɔrt] *v & o* overall.

huishoudster [-stər] *v* housekeeper.

huishoudzeep [-se.p] *v* household soap.

huishuur ['hœyshy:r] *v* rent.

huisjapon [-ja.pòn] *m* house-frock.

huisjas [-jɑs] *m & v* house-coat, coat for home wear.

huisje ['hœyʃə] *o* I small house, cottage; 2 (v. slak) shell; 3 (v. bril) case.

huisjesmelker ['hœyʃəsmɛlkər] *m* rack-renter.

huiskamer [-ka.mər] *v* sitting-room, living-room.

huiskapelaan [-kapəla.n] *m* domestic chaplain.

huisknecht [-knɛxt] *m* I man-servant, footman; 2 boots (of an hotel).

huismiddel [-mɪdəl] *o* domestic remedy.

huismoeder [-mu.dər] *v* mother of a (the) family.

huismus [-müs] *v* I ✿ (house-)sparrow; 2 *fig* stay-at-home.

huisnummer [-nümər] *o* number (of the house).

huisonderwijs [-òndərvɛis] *o* private tuition.

huisonderwijzer [-vɛizər] *m* private teacher, tutor.

huisraad [-ra.t] *o* (household) furniture, household goods.

huisschilder ['hœysxɪldər] *m* house-painter.

huissleutel [-slø.təl] *m* latchkey, house-key.

huisvader ['hœysfa.dər] *m* father of a (the) family.

huisvesten [-fɛstə(n)] *vt* house, lodge, take in.

huisvesting [-tɪŋ] *v* lodging, accommodation, housing; *∼ verlenen* zie *huisvesten*.

huisvestingsbureau [-tɪŋsby.ro.] *o* housing office.

huisvlijt ['hœysflɛit] *v* I home industry; 2 (uit liefhebberij) home handicrafts.

huisvredebreuk [-fre.dəbrø.k] *v* disturbance of domestic peace.

huisvriend [-fri.nt] *m* family friend.

huisvrouw [-frou] *v* housewife.

huisvuil [-fœyl] *o* household refuse.

huiswaarts [-va:rts] *ad* homeward(s); *∼ gaan* go home.

huiswerk [-vɛrk] *o* I (v. bedienden) housework; 2 ✿ home tasks, homework.

huiszoeking ['hœysu.kɪŋ] *v* house search; *er werd ∼ gedaan* the house was searched.

huiszwaluw [-sva.ly:u] *v* ✿ (house-)martin.

huiveren ['hœyvərə(n)] *vi* shiver (with cold or fear), shudder (with horror); *ik huiverde bij de gedachte* I shuddered to think of it; *hij huiverde er voor* he shrank from it.

huiverig [-rəx] shivery, chilly; *∼ om zo iets te doen* shy of doing such a thing.

huiverigheid [-rəxheit] *v* chilliness; *fig* scruples.

huivering [-rɪŋ] *v* shiver(s), shudder; *een ∼ voer mij door de leden* a shudder went through me.

huiveringwekkend [hœyvərɪŋ'vɛkənt] horrible.

huizehoog ['hœyzəho.x] I *aj* mountainous [seas]; II *ad* in: *∼ springen (van vreugde)* jump (leap) out of one's skin; *∼ uitsteken boven* rise head and shoulders above.

huizen ['hœyzə(n)] *vi* house, live.

hulde ['hüldə] *v* homage; tribute; *∼ brengen* do (pay) homage [to a man]; pay a tribute [to a man of merit].

huldebetoon [-bəto.n] *o* homage.

huldeblijk [-blɛik] *v* tribute, testimonial.

huldigen ['hüldəgə(n)] *vt* do (pay) homage to[2]; hold [an opinion], believe in [a method].

huldiging [-gɪŋ] *v* homage.

hullen ['hülə(n)] I *vt* envelop, wrap (up); *fig* shroud [in mystery]; II *vt zich ∼* wrap oneself (up) [in a cloak].

hulp [hülp] *v* help, aid, assistance; succour, relief; *eerste ∼ bij ongelukken* first aid; *∼ in de huishouding* lady help; *∼ en bijstand* aid and assistance; *te ∼ komen* come (go) to [a man's] aid, come to the rescue [of the crew &]; *te ∼ roepen* call in; *te ∼ snellen* hasten

(run) to the rescue; *zonder* ~ without any-one's help (assistance), unaided, unassisted.
hulpbank ['hŭlpbɑŋk] *v* loan-office.
hulpbehoevend [hŭlpbə'hu.vənt] infirm; *hij is* ~ ook: he is an invalid.
hulpbetoon ['hŭlpbəto.n] *o* assistance; *(dienst van) maatschappelijk* ~ National Assistance (Board).
hulpboek [-bu.k] *o* $ auxiliary book.
hulpbron [-bròn] *v* resource.
hulpdienst [-di.nst] *m telefonische* ~ telephone emergency service [in Britain: (Telephone) Samaritans].
hulpeloos ['hŭlpəlo.s] *aj* (& *ad*) helpless(ly).
hulpeloosheid [hŭlpə'lo.sheit] *v* helplessness.
hulpgebouw ['hŭlpgəbɔu] *o* temporary struc-
hulpgeroep [-gəru.p] *o* cry for help.   [ture.
hulpkantoor [-kɑnto:r] *o* sub-office.
hulpkerk [-kɛrk] *v* chapel of ease.
hulpkruiser [-krœysər] *m* ⚓ auxiliary cruiser.
hulpleger [-le.gər] *o* ✕ auxiliary army.
hulplijn [-lɛin] *v* 1 (meetkunde) auxiliary line; 2 ♪ ledger-line.
hulpmiddel [-mɪdəl] *o* expedient, make-shift; *fotografische* ~*en* photographic aids; *zijn* ~*en* ook: his resources.
hulpmotor [-mo.tər] *m* auxiliary motor, aux-iliary engine; *rijwiel met* ~ motor-assisted bicycle, powered pedal-cycle.
hulppost ['hŭlpɔst] *m* aid post.   [office.
hulppostkantoor [-pɔstkɑnto:r] *o* ⚓ sub-(post)
hulpprediker [-pre.dəkər] *m* curate.
hulpstuk ['hŭlpstŭk] *o* ⚒ accessory; (v. stof-zuiger) attachment; (v. buizen) fitting.
hulptroepen [-tru.pə(n)] *mv* ✕ auxiliaries, auxiliary troops.
hulpvaardig ['hŭlp'fa:rdəx] willing to help, helpful.
hulpvaardigheid [-hɛit] *v* willingness to help.
hulpverlening ['hŭlpførle.nɪŋ] *v* assistance; relief work.
hulpwerkwoord [-vɛrkvo:rt] *o* auxiliary (verb).
hulpwetenschap [-ve.tənsxɑp] *v* auxiliary sci-ence.
huls [hŭls] *v* 1 ❁ pod, husk, shell; 2 ✕ (car-tridge-)case; 3 (straw) case [for bottle]; 4 carton (cardboard) end [of cigarette].
hulsel ['hŭlsəl] *o* zie *omhulsel*.
hulst [hŭlst] *m* ❁ holly.
1 **hum** [hŭm] *o* F zie *humeur*.
2 **hum**! [hŭm] *ij* zie *h'm*.
humaan [hy.'ma.n] *aj* (& *ad*) humane(ly).
humaniora [hy.ma.ni.'o:ra.] *mv* humanities.
humanisme [hy.ma.'nɪsmə] *o* humanism.
humanist [-'nɪst] *m* humanist.
humanistisch [-'nɪstɪ.s] humanistic.   [manity.
humaniteit [hy.ma.ni.'tɛit] *v* humaneness, hu-
humeur [hy.'mœr] *o* humour, mood, temper; *in zijn* ~ in a good humour; *niet in zijn* ~, *uit zijn* ~ out of humour, in a (bad) temper.
humeurig ['-'mœ:rəx] moody, subject to moods, having tempers.
humeurigheid [-hɛit] *v* moodiness.
hummel ['hŭməl] *m hummeltje* [-ə] *o* F (little) tot, mite.
hummen ['hŭmə(n)] = *hemmen*.
humor ['hy.mər] *m* humour.
humoreske [hy.mo:'rɛskə] *v* piece of humorous writing; 2 ♪ humoresque.
humorist [-'rɪst] *m* humorist.
humoristisch [-'rɪstɪ.s] *aj* (& *ad*) comic(ally), humorous(ly).
humus ['hy.mŭs] *m* humus, vegetable mould.
Hun [hŭn] *m* Hun[2].
hun [hŭn] their, them; *het* ~*ne*, *de* ~*nen* theirs.
hunebed ['hy.nəbet] *o* [the Borger] Hunebed, ± dolmen, cromlech.
hunkeren ['hŭŋkərə(n)] *vi* hanker; ~ *naar* hanker after; *ik hunker er naar hem te zien*

I am longing (anxious) to see him.
hunnent ['hŭnənt] in: *te(n)* ~ at their house; ~*halve* for their sake(s); ~*wege* as for them; *van* ~*wege* on their behalf, in their name; *om* ~*wil(le)* for their sake(s).
hunnerzijds ['hŭnərzɛits] on their part, on their behalf.
huppelen ['hŭpələ(n)] *vi* hop, skip.
hups [hŭps] kind; nice.
huren ['hy:rə(n)] *vt* hire, rent [a house &]; hire, engage [servants]; ⚓ charter [a ship].
1 **hurken** ['hŭrkə(n)] *op zijn* ~*en* squatting.
2 **hurken** ['hŭrkə(n)] *vi* squat (down).
hussiet [hŭ'si.t] *m* Hussite.
hut [hŭt] *v* 1 cottage, cot, hut, hovel; 2 ⚓ cabin [of a ship].
hutbagage ['hŭtbaga.ʒə] *v* ⚓ cabin-luggage.
hutjongen [-jòŋə(n)] *m* ⚓ cabin-boy.
hutkoffer [-kòfər] *m* ⚓ cabin-trunk.
huts(e)pot ['hŭts(ə)pɔt] *m* hotchpotch, hodge-podge.
huur [hy:r] *v* 1 rent, rental, hire; 2 (loon) wages; 3 (huurtijd) lease; *in* ~ on hire; *auto's te* ~ cars for hire; *huis te* ~ house to let; *te* ~ *of te koop* to be let or sold.
huurauto ['hy:ro.to., -ɔuto.] *m* hire(d) car.
huurbordje [-bɔrcə] *o* "to let" sign.
huurceel [-se.l] *v* & *o* huurcontract [-kòntrɑkt *o* lease.
huurder [-dər] *m* hirer; (v. huis) tenant, lessee.
huurgeld [-gɛlt] *o* rent.
huurhuis [-hœys] *o* rented house, hired house; house to let.
huurkazerne [-ka.zɛrnə] *v* tenement house.
huurkoetsier [-ka.tsi:r] *m* hackney-coachman, cabman.
huurkoop [-ko.p] *m* hire-purchase (system); *in* ~ on the hire-purchase system.
huurling [-lɪŋ] *m* hireling, mercenary.
huurpenningen [-pɛnɪŋə(n)] *mv* rent.
huurprijs [-prɛis] *m* rent.
huurrijtuig ['hy:rɛitœyx] *o* hackney-carriage, cab.
huurster ['hy:rstər] *v* hirer; (v. huis) tenant.
huurtijd [-tɛit] *m* term of lease, lease.
huurtroepen [-tru.pə(n)] *mv* ✕ mercenary troops, mercenaries.
huurverhoging [-vərho.gɪŋ] *v* rent increase.
huurverlaging [-vərla.gɪŋ] *v* rent reduction.
huurwaarde [-va:rdə] *v* rental (value).
huurwet [-vɛt] *v* Rent Act.
huwbaar ['hy:uba:r] marriageable; nubile.
huwbaarheid [-hɛit] *v* marriageable age; nubil-ity.
huwelijk ['hy.vələk] I *o* marriage, matrimony, wedlock, wedding; *een* ~ *aangaan* (*sluiten*) contract a marriage; *een rijk* ~ *doen* marry a fortune; *in het* ~ *treden* marry; *een meisje ten* ~ *vragen* ask a girl in marriage, propose to a girl; II *aj* in: *de* ~*e staat* the married state.
huwelijksaankondiging ['hy.vələksa.nkòndəgɪŋ] *v* wedding-notice.
huwelijksaanzoek [-a.nzu.k] *o* offer (of mar-riage), proposal.
huwelijksadvertentie [-ɑtfərtɛnsi.] *v* matrimo-nial advertisement.
huwelijksafkondiging [-ɑfkòndəgɪŋ] *v* 1 public notice of (a) marriage; 2 (kerkelijk) banns.
huwelijksband [-bɑnt] *m* marriage bond.
huwelijksbelofte [-bəlòftə] *v* promise of marri-age.
huwelijksbootje [-bo.cə] *o* Hymen's boat; *in het* ~ *stappen* F join in Hymen's bands.
huwelijksbureau [-by.ro.] *o* matrimonial agen-cy, marriage bureau.
huwelijkscontract [-kòntrɑkt] *o* marriage settle-ment, marriage articles.
huwelijksfeest [-fe.st] *o* wedding, wedding-feast,

wedding-party.
huwelijksgeluk [-gəlŭk] *o* wedded happiness.
huwelijksleven [-le.və(n)] *o* married life.
huwelijksplicht [-plɪxt] *m* & *v* conjugal duty.
huwelijksreis [-rɛis] *v* wedding-trip, honeymoon (trip).
huwelijkstrouw [-trou] *v* conjugal fidelity.
huwelijksvoorwaarden [hy.vɔləks'fo:rva:rdə(n)] *mv* marriage settlement.
huwen ['hy.və(n)] *vt* & *vi* marry, wed; ~ *met* marry; *gehuwd met een Duitser* married to a German.
huzaar [hy.'za:r] *m* ✕ hussar.
huzarensla [-'za:rə(n)sla.] *v* Russian salad.
hyacint [hi.a.'sɪnt] *v* ♣ hyacinth.
hybridisch [hi.'bri.di.s] hybrid.
hydraulica, hydraulika [-'drɔuli.ka.] *v* hydraulics.
hydraulisch [-'drɔuli.s] *aj* (& *ad*) hydraulic(ally).
hyena [hi.'e.na.] *v* ᴣ hyena.
hygiëne [-gi.'e.nə] *v* hygiene, sanitary science.
hygiënisch [-ni.s] *aj* (& *ad*) hygienic(ally).
hymne ['hɪmnə] *v* hymn.
hypergevoelig ['hi.pərgəvu.ləx] hypersensitive.
hypermodern [-mo.dɛrn] hypermodern.
hypertensie [hi.pər'tɛnzi.] *v* hypertension.
hypertrofie [hi.pərtro.'fi.] *v* hypertrophy.
hypnose [hɪp'no.zə] *v* hypnosis.
hypnotisch [-'no.ti.s] *aj* (& *ad*) hypnotic(ally)
hypnotiseren [-no.ti.'ze:rə(n)] *vt* hypnotize.
hypnotiseur [-ti.'zø:r] *m* hypnotist.
hypocriet [-'kri.t] *m* hypocrite.
hypotenusa [-tə'ny.za.] *v* hypotenuse.
hypothecair [-te.'kɛ:r] in: ~e *schuld* mortgage debt.
hypotheek [-'te.k] *v* mortgage; *met een* ~ *bezwaard* mortgaged.
hypotheekakte [-ɑktə] *v* mortgage deed.
hypotheekbank [-bɑŋk] *v* mortgage bank.
hypotheekbewaarder [-bəvə:rdər] *m* registrar of mortgages.
hypotheekgever [-ge.vər] *m* mortgagor.
hypotheekhouder, ~nemer [-houdər, -ne.mər] *m* mortgagee.
hypot15ekeren [hi.po.te.'ke:rə(n)] *vt* mortgage.
hypothese [-'te.zə] *v* hypothesis [*mv* hypotheses].
hypothetisch [-'te.ti.s] *aj* (& *ad*) hypothetic(ally).
hysterica [hɪs'te:ri.ka.] *v* hystericus [-kŭs] *M* hysteric.
hysterie [hɪstə'ri.] *v* hysteria.
hysterisch [-'te:ri.s] *aj* (& *ad*) hysterical(ly).

I

ia [i.'a.] (v. ezᵊl) hee-haw.
ibis [i.'bɪs] *m* ♣ ibis.
id. = *idem*.
ideaal [i.de.'a.l] I *aj* ideal; II *ad* ideally; III *o* ideal; *een* ~ *van een echtgenoot* an ideal husband.
idealiseren [-a.li.'ze:rə(n)] *vt* & *va* idealize.
idealisme [-a.'lɪsmə] *o* idealism.
idealist [-a.'lɪst] *m* idealist.
idealistisch [-a.'lɪsti.s] *aj* (& *ad*) idealistic(ally).
idee [i.'de.] *o* & *v* idea, thought, notion; *precies mijn* ~*!* quite my opinion!; ~ *hebben op...* have a fancy for...; *je hebt er geen* ~ *van* you have no notion of it; *een hoog* ~ *hebben van* have a high opinion of; *er niet het minste (flauwste)* ~ *van hebben* not have the least idea; *ik heb zo'n* ~ *dat...* I have a notion that...; *naar mijn* ~ in my opinion; *op 't* ~ *komen om...* get it into one's head to...

ideëel [i.de.'e.l] ideal.
idee-fixe [i.de.'fi.ks] *o* & *v* fixed idea.
idem ['i.dəm] the same, ditto, do.
identiek [i.dɛn'ti.k] identical.
identificatie [-ti.fi.'ka.(t)si.] *v* identification.
identificeren [-fi.'se:rə(n)] I *vt* identify; II *vr zich* ~ prove one's identity.
identiteit [i.dɛnti.'tɛit] *v* identity.
identiteitsbewijs [-'tɛitsbəvɛis] *o* identiteitskaart [-'tɛitska:rt] *v* identity card.
identiteitsplaatje [-pla.cə] *o* ✕ identity disk.
idiomatisch [i.di.o.'ma.ti.s] *aj* (& *ad*) idiomatic(ally).
idioom [-'o.m] *o* idiom.
idioot [-'o.t] I *aj* (& *ad*) idiotic(ally), foolish(ly); II *m* idiot, fool.
idiotisme [-o.'tɪsmə] *o* 1 idiocy; 2 *gram* idiom.
idylle [i.'dɪlə] *v* idyl(l).
idyllisch [-li.s] *aj* (& *ad*) idyllic(ally).
ieder ['i.dər] every; each; any; *een* ~ everyone; anyone.
iedereen [i.də're.n] everybody, everyone.
iemand ['i.mɑnt] somebody, someone; anybody, anyone; a man, one; *zeker* ~ "Somebody".
iemker ['i.mkər] = *imker*.
iep, iepeboom [i.p, 'i.pəbo.m] *m* elm, elm-tree.
iepen ['i.pə(n)] *aj* elm.
iepziekte ['i.psi.ktə] *v* (Dutch) elm disease.
Ier [i:r] *m* Irishman; *de* ~*en* the Irish.
Ierland ['i:rlɑnt] *o* Ireland, ⊙ Hibernia, Erin.
Iers [i:rs] I *aj* Irish; II *o het* ~ Irish; III *v* ~*e* an Irishwoman.
iet [i.t] *zie* 1 *niet* II.
iets [i.ts] I *voornw.* something, anything; *er is* ~, *een zeker* ~ *in zijn stem dat...* there is a (certain) something in his voice; II *ad* 1 (bevestigend) somewhat, a little; 2 (vragend & ontkennend) any.
ietsje ['i.tʃə] *o* in: *een* ~ *beter* a shade better; *een* ~ *korter* a thought shorter; *met een* ~... with something of...
ietwat ['i.tvɑt] *zie iets* en *ietsje*.
iezegrim ['i.zəgrɪm] *m* surly fellow, crab, grumbler.
iezegrimmig [-grɪməx] surly, crabbed.
ijdel ['ɛidəl] I *aj* 1 vain (= empty, useless & conceited]; 2 idle; II *ad* 1 vainly; 2 idly.
ijdelheid [-hɛit] *v* vanity, vainness; ~ *der ijdelheden* B vanity of vanities.
ijdeltuit [-tœyt] *v* F Miss Vain.
ijdeltuiterij [ɛidɛltœytə'rɛi] *v* frivolity.
ijdeltuitig ['ɛidəltœytəx] frivolous.
ijk [ɛik] *m* verification and stamping of weights and measures.
ijken ['ɛikə(n)] *vt* gauge, verify and stamp; *zie ook: geijkt*.
ijker [-kər] *m* gauger; inspector oɪ weights and measures.
ijkkantoor ['ɛikɑnto.r] *o* gauging-office.
ijkmaat ['ɛikma.t] *v* standard measure.
ijkmeester [-me.stər] *m* zie *ijker*.
1 ijl [ɛil] *in aller* ~ at the top of one's speed, with all speed, in hot haste.
2 ijl [ɛil] *aj* thin, rarefied, rare; ~*e lucht* rarefied air; *de* ~*e ruimte* (vacant) space.
ijlbode ['ɛilbo.də] *m* courier, express messenger.
ijlen ['ɛilə(n)] *v* 1 hasten, hurry (on), speed; 2 rave, wander, be delirious; *de patiënt ijlt* the patient is wandering in his (her) mind.
ijlgoed ['ɛilgu.t] *o* in: *als* ~ by fast goods service.
ijlheid [-hɛit] *v* thinness, rarity.
ijlhoofdig [ɛil'ho.vdəx] *v* 1 light-headed; delirious; 2 feather-brained, feather-headed.
ijlhoofdigheid [-hɛit] *v* 1 light-headedness; deliriousness; 2 thoughtlessness.
ijlings ['ɛilɪŋs] hastily, in hot haste.
ijs [ɛis] *o* ice; ice-cream; *het* ~ *breken* break

the ice; *hij waagt zich op glad* ~ he is treading on dangerous ground; *beslagen ten* ~ *komen* be fully prepared (for...); *niet over één nacht* ~ *gaan* not move in too hurried a manner.

ijsafzetting ['εisafsεtɪŋ] *v* icing.

ijsbaan [-ba.n] *v* skating-rink, ice-rink.

ijsbeer [-be:r] *m* ≗ polar bear, white bear.

ijsberen [-be:rə(n)] *vi* S walk (pace) up an down.

ijsberg [-bɛrx] *m* iceberg.

ijsbloemen [-blu.mə(n)] *mv* frostwork.

ijsbreker [-bre.kər] *m* ice-breaker.

ijsclub [-klʏp] *v* skating-club.

ijsco [-ko.] *m* ice.

ijscoman [-ko.mɑn] *m* ice-cream vendor.

ijsdam [-dɑm] *m* ice-dam, ice-jam.

ijselijk ['εisələk] I *aj* horrible, frightful, shocking, terrible, dreadful; II *ad* horribly &.

ijselijkheid [-hεit] *v* horror, enormity; heinousness.

ijsfabriek ['εisfa.bri.k] *v* ice-factory, ice-works.

ijsheiligen [-hεiləgə(n)] *mv* Ice Saints.

ijshockey [-hɔki.] *o sp* ice-hockey.

ijsje ['εiʃə] *o* ice, ice-cream.

ijskast ['εiskɑst] *v* refrigerator, icebox, F fridge; *in de* ~ *zetten* (*leggen, bergen*) keep on ice [*fig*].

ijskegel [-ke.gəl] *m* icicle.

ijskelder [-kɛldər] *m* ice-house.

ijskoud [-kout, -'kout] I *aj* cold as ice, icy-cold², icy², frigid²; *ik werd er* ~ *van* a chill came over me; II *ad* icily², frigidly²; F zie *doodleuk*.

ijskristal ['εiskrɪstɑl] *o* ice crystal.

IJsland [-lɑnt] *o* Iceland.

IJslander [-lɑndər] *m* Icelander.

IJslands [-lɑnts] I *aj* Icelandic; ~ *mos* Iceland moss (lichen); II *o* Icelandic.

ijslolly [-lɔli.] *m* iced lollipop, ice lolly.

ijsmachine [-ma.ʃi.nə] *v* freezing-machine, freezer.

ijspegel [-pe.gəl] *m* icicle.

ijsschol, ijsschots [-sxɔl, -sxɔts] *v* floe (flake) of ice, ice-floe.

ijsspoor [-spo:r] *o* ice-spur, crampon.

ijstijd ['εisteit] *m* ice-age, glacial age.

ijsveld [-fεlt] *o* ice-field.

ijsventer [-fɛntər] *m* ice-cream vendor.

ijsvlakte [-flɑktə] *v* ice-plain, ice-field, sheet of ice.

ijsvogel [-fo.gəl] *m* ≗ kingfisher.   [ice.

ijsvorming [-fɔrmɪŋ] *v* ice formation.

ijsvrij [-frεi] *ice-free.

ijswafel [-va.fəl] *v* ice-cream wafer.

ijswater [-va.tər] *o* iced water, ice-water.

ijszee [-se.] *v* polar sea, frozen ocean; *de Noordelijke IJszee* the Arctic (Ocean); *de Zuidelijke IJszee* the Antarctic (Ocean).

ijver [εivər] *m* diligence, zeal, ardour.

ijveraar [-vəra.r] *m* ~ster [-stər] *v* zealot.

ijveren [-vərə(n)] *vi* be zealous; ~ *tegen* declaim against, preach down; ~ *voor*... be zealous for (in the cause of)...

ijverig [-vərəx] I *aj* diligent, eager, assiduous, fervent; II *ad* zealously &; *hij was* ~ *bezig aan zijn werk* he was intent on his work.

ijverzucht ['εivərzʏxt] *v* jealousy, envy.

ijverzuchtig [εivər'zʏxtəx] *aj* (& *ad*) jealous(ly), envious(ly).

ijzel ['εizəl] *m* glazed frost.

ijzelen [-zələ(n)] in: *het ijzelt* there is a glazed frost.

ijzen [-zə(n)] *vi* shudder, shiver [with fear, horror]; *ik ijsde er van* it sent a shudder through me.

ijzer ['εizər] *o* iron [ook = branding-iron & flat-iron for smoothing]; zie ook: *hoefijzer, oorijzer; men moet het* ~ *smeden, als het heet*

is strike the iron while it is hot; *men kan geen* ~ *met handen breken* you cannot make a silk purse out of a sow's ear.

ijzerdraad [-dra.t] *o & m* (iron) wire.

ijzeren ['εizərə(n)] *aj* iron².

ijzererts ['εizərɛrts] *o* iron ore.

ijzergieterij [εizərgi.tə'rεi] *v* iron foundry, ironworks.

ijzerhandel ['εizərhɑndəl] *m* iron trade, ironmongery.

ijzerhandelaar [-hɑndəla:r] *m* ironmonger.

ijzerhard [-hɑrt] as hard as iron, iron-hard.

ijzerhoudend [-houdənt] ferruginous [earth, water].

ijzerroest ['εizəru.st] *m &* *o* rust (of iron).

ijzersmederij [εizərsme.də'rεi] *v* forge.

ijzersmelterij [-smɛltə'rεi] *v* iron-smelting works.

ijzersterk ['εizərstεrk] strong as iron, iron.

ijzervreter [-vre.tər] *m* fire-eater, swashbuckler.

ijzerwaren [-va:rə(n)] *mv* hardware, ironmongery.

ijzerwerk [-vεrk] *o* ironwork.

ijzerwinkel [-vɪŋkəl] *m* ironmonger's shop.

ijzig ['εizəx] icy; zie ook: *ijzingwekkend*.

ijzing [-zɪŋ] *v* shudder(ing).

ijzingwekkend [εizɪŋ'vεkənt] gruesome, appalling; zie ook: *ijselijk*.

ik [ɪk] I; *het* ~ the ego; *zijn eigen* ~ his own self; *mijn tweede* ~ my other self.

illegaal [ɪle.'ga.l] underground, clandestine.

illegaliteit [-ga.li.'tεit] *v* resistance movement.

illuminatie [ɪly.mi.'na.(t)si.] *v* illumination.

illumineren ['ne:rə(n)] *vt* illuminate.

illusie [i.'ly.zi.] *v* illusion; *hem de* ~ (*zijn* ~*s*) *benemen*, disillusion(ize) him, undeceive him; *zich* ~*s maken over* have illusions about.

illusoir [i.ly.'zva:r] illusory; *dit maakt de ambtelijke voorschriften* ~ this makes official regulations nugatory, this makes nonsense of official regulations.

illuster [i.'ly.stər] illustrious.

illustratie [-'stra.(t)si.] *v* illustration.

illustrator [-'stra.tər] *m* illustrator.

illustreren [-'stre:rə(n)] *vt* illustrate.

imitatie [i.mi.'ta.(t)si.] *v* imitation.

imiteren [i.mi.'te:rə(n)] *vt* imitate.

imker ['i.mkər] *m* bee-keeper, bee-master, [apiarist.

immer ['ɪmər] ever.   [apiarist.

immermeer [ɪmər'me:r] ever, evermore.

immers ['ɪmərs] I *ad ik heb het* ~ *gezien* I have seen it, haven't I?; *hij is* ~ *thuis?* he is in, isn't he?; II *cj* for; *men moet altijd zijn best doen* ~ *vlijt alleen kan*... for it is only industry that...

immigrant [ɪmi.'grɑnt] *m* immigrant.

immigratie [-'gra.(t)si.] *v* immigration.

immigreren [-'gre:rə(n)] *vi* immigrate.

immoraliteit [ɪmo:ra.li.'tεit] *v* immorality.

immoreel [-'re.l] *aj* (& *ad*) immoral(ly).

immuniteit [ɪmy.ni.'tεit] *v* immunity.

immuun [ɪ'my.n] *aj* immune; ~ *maken* render immune [from...], immunize [from...].

impasse [ɪm'pɑsə] *v* deadlock; *in een* ~ at a deadlock; *uit de* ~ *geraken* solve (break, end) the deadlock.

imperatief [ɪmpəra.'ti.f] I *aj* (& *ad*) imperative-(ly); II *m de* ~ the imperative (mood).

imperiaal [-pe:ri.'a.l] I *o & v* imperial [on carriage]; II *aj* imperial, [British] Empire [policy].

imperialisme [-a.'lɪsmə] *o* imperialism.

imperialist [-a.'lɪst] *m* imperialist.

imperialistisch [-a.'lɪsti.s] *aj* (& *ad*) imperialist(ically).

imperium [ɪm'pe:ri.ûm] *o* empire.

imponeren [-po.'ne:rə(n)] *vt* impress (forcibly), awe.

imponerend [-rənt] imposing, impressive.

impopulair [-po.py.'lɛːr] unpopular.

impopulariteit [-la:ri.'tɛit] *v* unpopularity.

import ['ɪmpɔrt] *m* $ import(ation).

importeren [ɪmpɔr'teːrə(n)] *vt* $ import.

importeur [-'tøːr] *m* $ importer.

importhandel [ɪm'pɔrthandəl] *m* $ import trade.

imposant [ɪmpo.'zɑnt] imposing, impressive.

impresario [-prɛ'sa:ri.o.] *m* impresario.

improduktief [-pro.dük'ti.f] unproductive.

improvisatie [-vi.'za.(t)si.] *v* improvisation, impromptu.

improvisator [-'za.tər] *m* improvisator.

improviseren [-'ze:rə(n)] *vt & vi* improvise, extemporize, speak extempore.

impuls [ɪm'püls] *m* impulsion, impulse; ⚡ pulse.

impulsief [-pül'zi.f] *aj* (& *ad*) impulsive(ly).

in [ɪn] *prep* in; into; at; on; ~ *de commissie zitting hebben* be on the committee; ~ *Arnhem* at Arnhem; ~ *Londen* in London; ~ *Parijs* at Paris, in Paris; *twee plaatsen ~ een vliegtuig* [reserve] two seats on a plane; *goed ~ talen* good at languages; *14 km ~ het uur* to the hour; ~ *de veertig* forty odd; *hij is ~ de veertig* he is turned (of) forty; ~ *geen drie weken* not for three weeks; ~ *het Zwaantje* at the sign of the Swan; ~ *zijn* S 1 (in trek) be in; 2 (goed bij) be with it.

in abstracto [ɪnɑp'strɑkto.] in the abstract.

inachtneming [ɪn'ɑxtne.mɪŋ] *v* observance; *met ~ van* having regard to, regard being had to.

inademen ['ɪna.dəmə(n)] *vt* breathe (in), inhale, inspire.

inademing [-mɪŋ] *v* breathing (in), inhalation, inspiration.

inauguratie [ɪnougy:'ra.(t)si.] *v* inauguration.

inaugureel [-'re.l] inaugural [address].

inaugureren [-'re:rə(n)] *vt* inaugurate.

inbaar ['ɪnba:r] collectable [bills, debts].

inbakeren [-ba.kərə(n)] I *vt* swaddle [an infant]; II *vr zich ~* muffle (wrap) oneself up.

inbeelden [-be.ldə(n)] *zich ~* imagine, fancy; *zich heel wat ~* rather fancy oneself.

inbeelding [-dɪŋ] *v* 1 imagination, fancy; 2 (self-)conceit.

inbegrepen ['ɪnbəgre.pə(n)] zie *met inbegrip van...*; *niet ~* exclusive of...

inbegrip [-grɪp] *geen ~ van* including, inclusive of [charges], [charges] included.

inbeslagneming [ɪnbə'slɑxne.mɪŋ] *v* 🏛 seizure, attachment.

inbezitstelling [-stɛlɪŋ] *v* handing over; 🏛 delivery.

inbinden ['ɪnbɪndə(n)] I *vt* bind [books]; *laten ~* have [books] bound; II *vi fig* climb down.

inblazen [-bla.zə(n)] *vt* blow into; *fig* prompt, suggest; *nieuw leven ~* breathe new life into.

inblazer [-zər] *m* prompter, instigator.

inblazing [-zɪŋ] *v* prompting(s), instigation, suggestion.

inblikken ['ɪnblɪkə(n)] *vt* can, tin.

inboedel [-bu.dəl] *m* furniture, household effects.

inboeken [-bu.kə(n)] *vt* $ book, enter.

inboeten [-bu.tə(n)] *vt in*: *veel aan invloed ~* lose much in influence; *er het leven bij ~* pay for it with one's life.

inboezemen [-bu.zəmə(n)] *vt* inspire with [courage], strike [terror] into; *dat kan mij geen belangstelling ~* it does not interest me.

inboezeming [-mɪŋ] *v* inspiration.

inboorling ['ɪnbo:rlɪŋ] *m* native.

inborst [-bɔrst] *v* character, nature, disposition.

inbraak [-bra.k] *v* house-breaking, burglary.

inbraakverzekering [-fərze.kərɪŋ] *v* burglary insurance.

inbreken [-bre.kə(n)] *vi* break into a house,

commit burglary; *er is bij ons ingebroken* our house has been broken into.

inbreker [-kər] *m* house-breaker, burglar.

inbreng ['ɪnbrɛŋ] *m* capital brought in [to undertaking]; dowry [of woman to husband].

inbrengen [-ə(n)] *vt* bring in, gather in [the crops]; bring in [capital]; *je hebt hier niets in te brengen* you have nothing to say here; *daar kan ik niets tegen ~* 1 I can offer no objection; 2 it leaves me without a reply.

inbreuk ['ɪnbrø.k] *v* infringement [of rights], infraction [of the law], encroachment [on rights]; ~ *maken op* infringe [the law, rights], encroach upon [rights].

inbuigen [-bœygə(n)] *vt* bend inward.

inburgeren [-bürgərə(n)] *vt* naturalize; II *vr in*: *hij heeft zich hier ingeburgerd* he has struck root here; *die woorden hebben zich ingeburgerd* these words have found their way into the language.

incarnatie [ɪnkɑr'na.(t)si.] *v* incarnation.

incarneren [-'ne:rə(n)] *vt* incarnate.

incasseerder [ɪnkɑ'se:rdər] *m* collector.

incasseren [-'se:rə(n)] *vt* cash [a bill], collect [debts]; *fig* F take [a blow, a hiding].

incassering [-rɪŋ] *v* encashment, collection.

incasso [ɪn'kɑso.] *o* $ collection [of bills, debts &].

incassobank [-bɑŋk] *v* debt-collecting agency.

incassokosten [-kɔstə(n)] *mv* $ collecting-charges.

incident [ɪnsi.'dɛnt] *o* incident.

incidenteel [-dɛn'te.l] *aj* (& *ad*) incidental(ly).

incluis [ɪn'klœys] included.

inclusief [-kly.'zi.f] inclusive of..., including...

incognito [ɪn'kɔxni.to.] incognito, F incog.

incompleet [-kɔm'ple.t] incomplete.

in concreto [ɪnkɔn'kre.to.] in the concrete.

inconsequent [-kɔnsə'kvɛnt] *aj* (& *ad*) inconsistent(ly).

inconsequentie [-'kvɛn(t)si.] *v* inconsistency.

inconveniënt [ɪnkɔnve.ni.'ɛnt] *o* drawback.

incourant [ɪnku.'rɑnt] $ unsalable, unmarketable [articles]; unlisted [securities].

indachtig [-'dɑxtəx] mindful of...; *wees mijner ~* remember me.

indammen ['ɪndɑmə(n)] *vt* embank, dam.

indecent [ɪnde.'sɛnt] indecent, shocking.

indelen ['ɪnde.lə(n)] *vt* 1 divide; (in klassen) class(ify), group; (in graden) graduate; 2 ✗ incorporate (in, with *bij*).

indeling [-lɪŋ] *v* 1 division; classification, grouping; graduation; 2 ✗ incorporation.

indemniteit [ɪndɛmni.'tɛit] *v* indemnity.

indenken ['ɪndɛŋkə(n)] in: *zich ergens ~* try to realize it, think oneself into the spirit of...; *zich iets ~* imagine it.

inderdaad [ɪndər'da.t] indeed, really.

inderhaast [-'ha.st] in a hurry, hurriedly.

indertijd [-'tɛit] at the time.

indeuken ['ɪndø.kə(n)] *vt* dent, indent [a hat &].

index [-dɛks] *m* index, table of contents; *op de ~ plaatsen* place on the index.

indexcijfer ['ɪndɛksɛifər] *o* $ index figure.

India ['ɪndi.a.] *o* India.

Indiaan [ɪndi.'a.n] *m* (Red) Indian.

Indiaans [-'a.ns] *aj* Indian; *de ~e* the Indian woman.

Indiaas ['ɪndi.a.s] Indian.

indien [ɪn'di.n] if, in case.

indienen ['ɪndi.nə(n)] *vt* present [the bill, a petition to...]; tender [one's resignation]; bring in, introduce [a bill, a motion]; move [an address]; lodge [a complaint]; make [a protest].

indiening [-nɪŋ] *v* presentation [of a petition &]; introduction [of a bill in Parliament].

indiensttreding [ɪn'di.nstre.dɪŋ] *v* entrance upon one's duties; ~ *1 juli* duties (to) commence on July 1.

Indiër ['ɪndi.ər] m Indian.

indigestie [ɪndi.'gɛsti.] v indigestion.

indigo ['ɪndi.go.] m indigo.

indigoblauw [-blɔu] indigo-blue.

indijken ['ɪndɛikə(n)] vt dike, dike (dam) in, embank.

indijking [-kɪŋ] v diking, embankment.

indirect, indirekt ['ɪndi.rɛkt] aj (& ad) indirect-(ly).

Indisch [-di.s] Indian.

Indischgast, ~**man** [-gɑst, -mɑn] m Indian, colonial.

indiscreet [ɪndɪs'kre.t] aj (& ad) indiscreet(ly).

indiscretie [-'kre.(t)si.] v indiscretion

individu [ɪndi.vi.'dy.] o individual: *een min* ~ a bad character; *dat* ~! > that specimen!

individualiteit [-dy.a.li.'tɛit] v individuality.

individueel [-dy.'e.l] aj (& ad) individual(ly).

Indo-europeaan [-ø:ro.pe.'a.n] m 1 (**Indo-germaan**) Indo-European; 2 (**halfbloed**) Eurasian.

Indo-europees [-'pe.s] 1 (**Indogermaans**) Indo-European; 2 (**van gemengd bloed**) Eurasian.

indolent [ɪndo.'lɛnt] aj (& ad) indolent(ly).

indolentie [-'lɛn(t)si.] v indolence.

indommelen ['ɪndɔmələ(n)] vi zie *indutten*.

indompelen [-dɔmpələ(n)] vt plunge in, dip in, immerse.

indompeling [-lɪŋ] v immersion.

Indonesië [ɪndo.'ne.zi.ə] o Indonesia.

Indonesiër [-zi.ər] m **Indonesisch** [-zi.s] aj Indonesian.

indopen ['ɪndo.pə(n)] vt dip in(to).

indos- [ɪndɔs-] = *endos*-.

indraaien ['ɪndra.jə(n)] I vt screw in; *zich ergens* ~ F worm oneself into a post.

indrijven [-drɛivə(n)] I vt drive into; II vi float into.

indringen [-drɪŋə(n)] I vi penetrate (into), enter by force; II vr zich ~ *bij iemand* I obtrude oneself upon a person (upon a man's company); 2 insinuate oneself into a person's favour.

indringer [-nər] m intruder.

indringerig [ɪn'drɪŋərəx] aj (& ad) intrusive-(ly), obtrusive(ly).

indrinken ['ɪndrɪŋkə(n)] vt drink (in), imbibe.

indrogen [-dro.gə(n)] vi dry up.

indroppelen [-drɔpələ(n)] = *indruppelen*.

indruisen [-drœysə(n)] vi in: ~ *tegen* run counter to [all conventions], interfere with [one's interests], clash with [a previous statement], be at variance with [truth], be contrary to [laws, customs &].

indruk [-drŭk] m impression[2]; imprint; ~ *maken* make an impression; *de* ~ *maken van...* give an impression of...; *onder de* ~ *komen* be impressed (by, with *van*); *hij was nog onder de* ~ he had not got over it yet.

indrukken [-drŭkə(n)] vt push in, stave in [something]; impress, imprint [a seal &].

indrukwekkend [ɪndrŭk'vɛkənt] impressive, imposing.

indruppelen ['ɪndrŭpələ(n)] I vi drip in; II vt drip in, instil(l).

induceren [ɪndy.'se.rə(n)] vt induce.

inductie [ɪn'dŭksi.] v induction.

inductief [-dŭk'ti.f] aj (& ad) inductive(ly).

inductieklos [-'dŭksi.klɔs] m & v induction coil.

inductiestroom [-stro.m] m induced current.

inductor [ɪn'dŭktɔr] m inductor.

industrialiseren [ɪndŭstri.a.li.'ze:rə(n)] vt industrialize.

industrie [ɪndŭs'tri.] v industry.

industriearbeider [-ɑrbɛidər] m industria worker.

industriecentrum [-sɛntrŭm] o industrial centre.

industrieel [ɪndŭstri.'e.l] I aj (& ad) industrial-(ly); II m industrialist, manufacturer.

industriegebied [ɪndŭs'tri.gəbi.t] o industrial area.

industrieschool [-sxo.l] v technical school.

industriestad [-stɑt] v industrial town.

industrieterrein [-tɛrɛin] o industrial estate.

indutten ['ɪndŭtə(n)] vi doze off, drop off, go to sleep.

ineendraaien [ɪn'e.ndra.jə(n)] vt twist together.

ineenfrommelen [-frɔmələ(n)] vt crumple up.

ineengedoken [-gədo.kə(n)] zie *duiken*.

ineengrijpen [-grɛipə(n)] vi interlock.

ineenkrimpen .[-krɪmpə(n)] vi writhe, shrink, cringe.

ineenlopen [-lo.pə(n)] vi run into each other [of colours]; communicate [of rooms].

ineens [ɪn'e.ns] all at once; ~ *te betalen* payable in one sum.

ineenschuiven [ɪn'e.nsxœyvə(n)] vt telescope (into each other).

ineenslaan [-sla.n] vt strike together; zie ook: *hand*.

ineenstorten [-stɔrtə(n)] vi collapse[2].

ineenstorting [-stɔrtɪŋ] v collapse[2].

ineenstrengelen [-strɛŋələ(n)] vt intertwine, interlace.

ineenvloeien [-vlu.jə(n)] vi flow together, run into each other [of colours].

ineenzakken [-zɑkə(n)] vi collapse.

inenten ['ɪnɛntə(n)] vt vaccinate, inoculate.

inenter [-tər] m vaccinator, inoculator.

inenting [-tɪŋ] v [smallpox] vaccination, [yellow fever] inoculation.

infaam [ɪn'fa.m] infamous.

infamie [-fa.'mi.] v infamy.

infant [-'fɑnt] m infante.

infanterie ['ɪnfɑntəri.] v ✗ infantry, foot.

infanterist [-rɪst] m ✗ infantryman, foot-soldier.

infecteren [ɪnfɛk'te:rə(n)] vt infect[2].

infectie [-'fɛksi.] v infection[2].

infectieziekte [-zi.ktə] v infectious disease.

inferieur [-fe:ri.'œr] aj inferior (~ lower in rank & of poor quality); *een* ~*e* one of inferior rank, an inferior, a subordinate.

inferioriteit [-o:ri.'tɛit] v inferiority.

infiltrant [ɪnfɪl'trɑnt] m infiltrator.

infiltratie [-'tra.(t)si.] v infiltration.

infiltreren [-'tre:rə(n)] vi & vt infiltrate.

inflatie [-'fla.(t)si.] v inflation.

inflatoir [-fla.'twa:r, -fla.'to:r] inflationary.

influenceren [-i'ly.ɛn'se:rə(n)] vt influence, affect.

influenza [-'ɛnza.] v influenza, F flu.

influisteren ['ɪnflœystərə(n)] vt whisper [in a man's ear], prompt, suggest.

informatie [ɪnfɔr'ma.(t)si.] v 1 information; 2 inquiry; ~*s geven* give information; ~*s inwinnen* make inquiries.

informatiebureau [-by.ro.] o inquiry-office.

informeren [ɪnfɔr'me.rə(n)] vt inquire [after it], make inquiry (inquiries) [about it]; ~ *bij* inquire of [a person].

infrarood ['ɪnfra.ro.t] infra-red.

infrastructuur, -struktuur [-strŭkty:r] v ✗ infrastructure.

infusiediertje [-'fy.zi.di:rcə] o infusorian; ~*s* infusoria.

ingaan ['ɪnga.n] I vi enter, go (walk) into; *dat artikel zal er wel* ~ F is sure to catch on; ~ *op 1 januari* to date (take effect, run) from January 1; *(dieper)* ~ *op* its go into the subject; *op een aanbod* ~ take up an offer; *op een offerte* ~ entertain an offer; *op een verzoek* ~ comply with a request; *ik ging er niet op in* I did not go (enter) into it; I did not press the matter; ~ *tegen* zie *indruisen*; II *vt* enter; *de eeuwigheid* ~ pass into eternity; *zijn zeventigste jaar* ~ enter upon one's seventieth year; *de nacht* ~ enter the night; *de wijde wereld* ~ go out into the world.

ingang [-gɑŋ] *m* entrance, way in, entry; ~ *vinden* find acceptance, F go down (with the public); *met* ~ *van 6 sept.* as from Sept. 6, with effect from Sept. 6.

ingebeeld [-gəbe.lt] I imaginary; 2 (self-)conceited, presumptuous; ~*e zieke (ziekte)* imaginary invalid (illness).

ingeboren [ˈɪngəbo:rə(n)] innate.

ingehouden [-hou(d)ə(n)] subdued [force], pent-up [rage].

ingekankerd [-kɑŋkərt] inveterate [hatred].

ingemaakt [-ma.kt] preserved, potted [foods, vegetables], pickled [pork].

ingemeen [-me.n] vile.

ingenieur [ɪnʒəni.'ø:r, ɪnge.-] *m* engineer.

ingenieus [-ge.ni.'ø.s] *aj* (& *ad*) ingenious(ly).

ingenomen [ˈɪngəno.mə(n)] I taken; 2 in: ~ *met iets zijn* be taken with a thing; *ik ben er zeer mee* ~ I am highly pleased with it; *hij is zeer met zichzelf* ~ he rather fancies himself.

ingenomenheid [ɪngə'no.mənheit] *v* satisfaction; ~ *met zichzelf* self-complacency; *met* ~ *begroeten* welcome (hail) with satisfaction.

ingeschapen [-sxa.pə(n)] innate, inborn.

ingesloten [-slo.tə(n)] enclosed; zie ook: *inbegrepen*.

ingesneden [-sne.də(n)] indented [coast-line].

ingespannen [-spɑnə(n)] I *aj* strenuous [work]; hard [thinking]; intent [gaze]; II *ad* strenuously [working]; [think] hard; intently [listening, looking at].

ingetogen [-to.gə(n)] *aj* (& *ad*) modest(ly).

ingetogenheid [ɪngə'to.gənheit] *v* modesty.

ingeval [ɪngə'vɑl] in case.

ingevallen [ˈɪngəvɑlə(n)] hollow [cheeks], sunken [eyes].

ingeven [-ge.və(n)] *vt* administer [medicine]; *fig* prompt, suggest [a thought, a word]; inspire with [an idea, hope &], dictate [by fear].

ingeving [-vɪŋ] *v* prompting, suggestion, inspiration; *als bij* ~ as if by inspiration; *naar de* ~ *van het ogenblik handelen* act on the spur of the moment.

ingevolge [ɪngə'vɔlgə] in pursuance of, pursuant to, in compliance with, in obedience to.

ingevroren [ˈɪngəvro:rə(n)] ice-bound, frost-bound, frozen in.

ingewand(en) [-vɑnt, -vɑndə(n)] *o* (*mv*) bowels, intestines, entrails.

ingewijd [-ʀeit] initiated; *een* ~*e* an initiate, an insider.

ingewikkeld [ɪngə'vɪkəlt] intricate, complicated, complex.

ingewikkeldheid [-heit] *v* intricacy, complexity.

ingeworteld [ˈɪngəvòrtəlt] deep-rooted, inveterate.

ingezetene [-ze.tənə] *m-v* inhabitant, resident.

ingezonden [-zòndə(n)] sent in; ~ *mededeling* paragraph advertisement; ~ *stuk* letter to the editor (to the press).

ingieten [ˈɪngi.tə(n)] *vt* pour in, infuse.

inglijden [-gleidə(n)] *vi* slide in (into).

inglippen [-glɪpə(n)] *vi* slip in (into).

ingooien [-go.jə(n)] *vt* in: *de glazen* ~ smash (break) the windows; zie ook: *glas*.

ingraven [-gra.və(n)] *zich* ~ ✕ dig (oneself) in; burrow [of a rabbit].

ingrediënt [ɪngre.di.'ɛnt] *o* ingredient.

ingreep [ˈɪngre.p] *m* ✚ operation, surgery.

ingriffen [-grɪfə(n)] *vt* engrave.

ingrijpen [-greipə(n)] *vi* encroach [upon a man's authority]; *de regering moest* ~ had to intervene.

inhakken [-hɑkə(n)] I *vt* hew in, break open; II *vi* in: *op de vijand* ~ pitch into the enemy; *dat zal er* ~ F it will run into a lot of money.

inhalatie [ɪnha.'la.(t)si.] *v* inhalation.

inhalatietoestel [-tu.stɛl] *o* inhaler.

inhalen [ˈɪnha.lə(n)] *vt* I (naar binnen trekken) take in [sails]; haul in [a rope]; get in, gather in [crops]; inhale [smoke, air]; 2 (binnenhalen) receive in state [a prince &]; 3 (achterhalen) come up with, overtake, catch up²; ⚓ overhaul; 4 (bijwerken) make up for [lost time]; *de achterstand* ~ make up arrears, make up leeway; ~ *verboden* ⚓ no overtaking.

inhaleren [ɪnha.'le:rə(n)] *vt* & *va* inhale.

inhalig [ɪn'ha.ləx] greedy, grasping, covetous.

inhaligheid [-heit] *v* greed, covetousness.

inham [ˈɪnhɑm] *m* creek, bay, bight.

inhameren [-ha.mərə(n)] *vt* hammer in, hammer home.

inhechtenisneming [ɪn'hɛxtənɪsne.mɪŋ] *v* apprehension, arrest.

inheems [-'he.ms] native, indigenous [population, products], home-bred [cattle], home [produce, market], endemic [diseases].

inheien [ˈɪnheiə(n)] *vt* drive in [piles].

inhoud [-hout] *m* contents [of a book &]; tenor, purport [of a letter]; content [of a cube], capacity [of a vessel]; *korte* ~ abstract, summary; *een brief van de volgende* ~ ook: to the following effect.

inhouden [-hou(d)ə(n)] I *vt* I (bevatten) contain, hold; 2 (tegenhouden) hold in, rein in [a horse]; hold [one's breath]; check, restrain, keep back [one's anger, tears]; retain [food]; 3 (afhouden) deduct [a month's salary], stop [allowance, pocket-money]; *dit houdt niet in, dat...* this does not imply that...; *de pas* ~ step short; II *vr zich* ~ contain (restrain) oneself.

inhouding [-dɪŋ] *v* retention [of food]; stoppage [of wages], deduction [of salary].

inhoudsmaat [ˈɪnhoutsma.t] *v* measure of capacity.

inhoudsopgaaf, -opgave [-òpga.f, -ga.və] *v* table of contents.

inhuldigen [-hüldəgə(n)] *vt* inaugurate, install.

inhuldiging [-gɪŋ] *v* inauguration, installation.

inhumaan [ɪnhy.'ma.n] inhumane.

inhuren [ˈɪnhy:rə(n)] *vt* hire again.

initiaal [i.ni.(t)si.'a.l] *v* initial.

initiatief [-a.'ti.f] *o* initiative; *het particulier* ~ private enterprise; *geen* ~ *hebben* be lacking initiative; *het* ~ *nemen* take the initiative; *op* ~ *van* at (on) the initiative of; *op eigen* ~ *handelen* act on one's own initiative.

injectie [ɪn'jɛksi.] *v* injection.

injectienaald [-na.lt] *v* hypodermic needle.

injectiespuitje [-spœycə] *o* hypodermic syringe.

inkapselen [-kɑpsələ(n)] *vt* encyst, encapsulate².

inkeer [ˈɪnke:r] *m* repentance; *tot* ~ *komen* repent.

inkepen [-ke.pə(n)] *vt* indent, notch, nick.

inkeping [-ke.pɪŋ] *v* indentation, notch, nick.

inkeren [-ke:rə(n)] *vi* in: *tot zich zelf* ~ retire into oneself; search one's own heart; repent.

inkijken [-keikə(n)] I *vi* look in [at the window]; *mag ik bij u* ~? may I look on with you?; II *vt* glance over [a letter], look into [a book].

inklaren [-kla:rə(n)] *vt* $ clear [goods].

inklaring [-rɪŋ] *v* $ clearance, clearing.

inkleden [ˈɪnkle.də(n)] *vt* I clothe² [ook = word]; 2 *RK* give the habit to [a postulant].

inkleding [-dɪŋ] *v* clothing² [ook = wording].

inklimmen [ˈɪnklɪmə(n)] *vi* climb in(to).

inkoken [ˈɪnko.kə(n)] *vt* & *vi* boil down.

inkomen [-ko.mə(n)] I *vi* enter, come in; ~*de rechten* import duties; *daar kan ik* ~ F I can enter into your feelings, I can see that; *daar* *komt niets van in* F that's out of the question altogether; II *o* income.

inkomst ['ınkɔmst] *v* entry; ~*en* income [of a person]; revenue [of a State]; ~*en en uitgaven* receipts and expenditure.

inkomstenbelasting [-kɔmstə(n)bəlastıŋ] *v* income tax.

inkoop ['ınko.p] *m* purchase; *inkopen doen* make purchases, buy things; *go (be) shopping*.

inkoopboek [-bu.k] *o* $ bought book. [ping.

inkoop(s)prijs ['ınko.p(s)prɛıs] *m* cost price.

inkopen ['ınko.pə(n)] I *vt* I buy, purchase; 2 (terugkopen) buy in; II *vr zich* ~ (*in een zaak*) buy oneself into a business.

inkoper [-pər] *m* purchaser, $ buyer [for business house].

inkorten ['ınkɔrtə(n)] *vt* shorten, curtail.

inkorting [-tıŋ] *v* shortening, curtailment.

inkrijgen ['ınkrɛɪɡə(n)] *vt* get in; *ik kon niets* ~ I could not get down a morsel; *zie ook: water*.

inkrimpen [-krımpə(n)] I *vi* shrink; contract; *het getal... was ingekrompen tot...* had dwindled (down) to...; II *vr zich* ~ retrench (curtail) one's expenses, draw in.

inkrimping [-pıŋ] *v* shrinking [of bodies]; contraction [of credit]; dwindling [of numbers]; curtailment, retrenchment.

inkt [ıŋ(k)t] *m* ink; *Oostindische* ~ Indian ink.

inktfles [ıŋ(k)tflɛs] *v* ink-bottle.

inktgummi [-gǔmi.] *o* & *m* ink-eraser.

inktlap [-lɑp] *m* penwiper.

inktpot [-pɔt] *m* inkpot, ink-well.

inktpotlood [-pɔtlo.t] *o* copying-pencil, indelible pencil.

inktstel [-stɛl] *o* inkstand.

inktvis [-fıs] *m* ink-fish, cuttle-fish, squid.

inktvlek [-flɛk] *v* blot of ink, ink-stain.

inkuilen ['ınkœylə(n)] *vt* ensilage, ensile, clamp [potatoes].

inkwartieren [-kʋɑrti:rə(n)] *vt* ✕ billet, quarter.

inkwartiering [-rıŋ] *v* billeting, quartering; *wij hebben* ~ we have soldiers billeted on us.

inlaat [-la.t] *m* ✕ inlet.

inlaatklep [-klɛp] *v* ✕ inlet valve.

inladen ['ınla.də(n)] *vt* I load [goods]; ⚓ put on board; ship [goods]; 2 ✕ entrain [soldiers].

inlander [-lɑndər] *m* native.

inlands [-lɑnts] home, home-grown, homemade [products], home-bred [cattle]; native, indigenous [tribes]; *een* ~*e* a native woman.

inlassen [-lɑsə(n)] *vt* insert, intercalate.

inlassing [-sıŋ] *v* insertion, intercalation.

inlaten ['ınla.tə(n)] I *vt* let in, admit; II *vr zich* ~ *met iemand* have dealings with a person; *ik wil er mij niet mee* ~ I will have nothing to do with it; *u hoeft u niet met mijn zaken in te laten* you need not concern yourself with (in) my affairs.

inleg [-lɛx] *m* I (v. rok) tuck; 2 (aan geld) entrance money [of member]; stake(s) [wagered]; deposit [in a bank].

inleggen [-lɛɡə(n)] *vt* lay in, put in [something], inlay [wood with ivory &]; preserve [fruit &], pickle [pork]; deposit [money at a bank]; stake [at cards &]; put on [an extra train]; take in [a dress].

inlegger [-ɡər] *m* depositor.

inlegvel ['ınlɛxfɛl] *o* supplementary sheet.

inlegwerk [-vɛrk] *o* inlaid work, marquetry, mosaic.

inleiden [-lɛıdə(n)] *vt* introduce, usher in [a person]; open [the subject].

inleidend [-dənt] introductory, opening, preliminary.

inleider [-dər] *m* speaker appointed (invited) to introduce the discussion (to open the sub-

ject), lecturer of the evening.

inleiding [-dıŋ] *v* introduction; introductory lecture; preamble, exordium.

inleveren ['ınle.vərə(n)] *vt* deliver up [arms]; send in, give in, hand in [documents]; give in [their exercises].

inlevering [-rıŋ] *v* delivery; giving in, handing in.

inlichten ['ınlıxtə(n)] *vt* inform; ~ *over* (*omtrent*) give information about.

inlichting [-tıŋ] *v* information; ~*en geven* give information; ~*en inwinnen* zie *inwinnen*; ~*en krijgen* get (obtain) information.

inlichtingendienst [-tıŋə(n)di.nst] *m* intelligence service.

inliggend ['ınlıɡənt] enclosed.

inlijsten [-lɛıstə(n)] *vt* frame.

inlijven [-lɛıvə(n)] *vt* incorporate (in, with *bij*); annex (to *bij*).

inlijving [-vıŋ] *v* incorporation; annexation.

inlopen ['ınlo.pə(n)] I *vi* I (ingaan) enter [a house]; drop in [(up)on a person *bij iemand*]; turn into [a side-street]; 2 (inhalen, winnen) gain (on *op*); *hij zal er niet* ~ he is not going to walk into the trap; *iemand er laten* ~ take a person in; *hij wilde me er laten* ~ he wanted to catch me; II *vt in: de achterstand* ~ I make up arrears; 2 *sp* gain on one's competitors; *een deur* ~ burst in a door; *een motor* ~ ✕ run in an engine.

inlossen [-lɔsə(n)] *vt* redeem.

inlossing [-sıŋ] *v* redemption.

inluiden ['ınlœydə(n)] *vt* ring in[2].

inmaak [-ma.k] *m* preservation; *onze* ~ our preserves.

inmaakfles [-flɛs] *v* preserving-bottle.

inmaakglas [-ɡlɑs] *o* preserving-jar.

inmaakpot [-pɔt] *m* preserving-jar.

inmaaktijd [-tɛit] *m* preserving-season.

inmaken ['ınma.kə(n)] *vt* I preserve, pickle; 2 F *sp* overwhelm [by 10 goals to 2].

inmenging [-mɛŋıŋ] *v* meddling, interference, intervention.

inmetselen [-mɛtsələ(n)] *vt* wall up, immure.

inmiddels [ın'mıdəls] in the meantime, meanwhile.

innaaien ['ınna.jə(n)] *vt* sew, stitch [books]; *ingenaaid* paper-backed.

innemen [-ne.mə(n)] *vt* I (naar binnen halen) take in [chairs, cargo, sails &]; ship [the oars]; 2 (nemen, gebruiken) take [physic]; 3 (beslaan) take (up), occupy [space, place]; 4 (veroveren) ✕ take, capture [a town]; *fig* captivate, charm; 5 (opzamelen) collect [tickets]; 6 (innaaien) take in [a garment]; *brandstof (benzine)* ~ fuel, fill up; *kolen* ~ coal; *water* ~ water; *de mensen tegen zich* ~ prejudice people against oneself; *de mensen voor zich* ~ prepossess people in one's favour; *zie ook: ingenomen*.

innemend [ı'ne.mənt] taking, winning, prepossessing, engaging, attractive, endearing [ways].

innemendheid [-hɛit] *v* charm, endearing ways.

inneming ['ıne.mıŋ] *v* taking, capture [of a town].

innen ['ınə(n)] *vt* collect [debts, bills], cash [a cheque], get in [debts]; *te* ~ *wissel* bill receivable.

innerlijk [-nərlək] I *aj* inner [life], inward [conviction], internal [feelings], intrinsic [value]; II *ad* inwardly; internally.

innig [-nɑx] I *aj* heartfelt [thanks, words], tender [love], close [co-operation, friendship], earnest, fervent; II *ad* [love] tenderly, dearly; closely [connected], earnestly, fervently.

innigheid [-hɛit] *v* heartfelt affection, tenderness, earnestness, fervour.

inning ['ınıŋ] *v* collection [of debts, bills], cashing [of a cheque].

inningskosten ['ɪnɪŋskɔstə(n)] *mv* $ collecting-charges.

inoogsten ['ɪno.xstə(n)] *vt* reap².

inpakken [-pɑkə(n)] I *vt* pack (up), wrap up; *zal ik het voor u ~?* shall I wrap it up (F do it up) for you?; II *vr zich ~* wrap (oneself) up; III *va* pack; *hij kan wel ~* F he may go home and eat coke!

inpakker [-kər] *m* packer.

inpalmen ['ɪnpɑlmə(n)] *vt* haul in [a rope]; *fig* appropriate [something]; *iemand ~* F get round a person.

inpassen [-pɑsə(n)] *vt* fit in, fit [conditions] into [the framework of a treaty].

inpeperen [-pe.pərə(n)] *vt* pepper; *ik zal het hem ~* I'll make him pay for it.

inperken [-pɛrkə(n)] *vt* I fence in; 2 restrict.

inpersen [-pɛrsə(n)] *vt* press in(to), squeeze in(to).

in petto [ɪn'peto.] in reserve, in store; F up one's sleeve.

inpikken ['ɪnpɪkə(n)] *vt* F I nip up, bag; run in [a man]; 2 *het (iets) ~* set about it, manage it.

inplakken [-plɑkə(n)] *vt* paste in.

inplanten [-plɑntə(n)] *vt* implant², *fig* inculcate.

inplanting [-tɪŋ] *v* implantation², *fig* inculcation.

inpolderen ['ɪnpɔldərə(n)] *vt* reclaim.

inpoldering [-rɪŋ] *v* reclamation.

inpompen ['ɪnpɔmpə(n)] *vt* pump into; *lessen ~* F cram (lessons).

inprenten [-prɛntə(n)] *vt* imprint, impress, stamp, inculcate [something] on [him].

inproppen [-prɔpə(n)] *vt* cram in(to).

inquisiteur [ɪŋkvi.zi.'tø:r] *m* inquisitor.

inquisitie [-'zi.(t)si.] *v* inquisition.

inregenen ['ɪnre.gənə(n)] *vl* rain in.

inrekenen [-re.kənə(n)] *vt* I bank (up) [a fire]; 2 run in [a drunken man].

inrichten ['ɪnrɪxtə(n)] I *vt* I (regelen) arrange; 2 (meubileren) fit up, furnish; *ingericht als... fitted up as a...* [bedroom &]; *een goed ingericht huis* a well-appointed home; *bent u al ingericht?* are you settled in yet?; II *vr zich ~* furnish one's house, set up house.

inrichting [-tɪŋ] *v* I (regeling) arrangement; lay-out; 2 (meubilering) furnishing, fitting up; 3 (meubels) furniture; 4 (stichting, gebouw) establishment, institution; 5 ✕ apparatus, appliance, device.

inrijden [-(d)ɛidə(n)] I *vt* ride (drive) into [a town]; break in [a horse]; ✕ run in [a motor-car]; *~ op* run into, crash into [another train]; *op elkaar ~* collide.

inrijgen ['ɪnrɛigə(n)] I *vt* lace in; II *vr zich ~* lace oneself in; *het zich ~* tight-lacing.

inroepen [-ru.pə(n)] *vt* invoke [one's aid].

inroeping [-pɪŋ] *v* invocation.

inroesten ['ɪnru.stə(n)] *vi* rust; zie ook: *inge-roest.*

inrollen [-rɔlə(n)] *vi* roll in(to).

inruilen [-rœylə(n)] *vt* exchange [for...].

inruiling [-lɪŋ] *v* exchange.

inruimen ['ɪnrœymə(n)] *vt* in: *plaats ~* make room (for).

inrukken [-rûkə(n)] I *vt* ✕ march into [a town]; II *vi* ✕ march back to barracks; (v. brandweer &) withdraw; *laten ~* ✕ dismiss; *ingerukt mars!* ✕ dismiss!; *ruk in!* P hop it!

inschakelen [-sxa.kələ(n)] I *vt* ✕ throw into gear; ⚡ switch on; *fig* bring in [workers], call in [a detective &], include [in the Government]; II *va* ⚡ let in the clutch.

inschenken [-sxɛŋkə(n)] *vt* & *vi* pour out.

inschepen [-sxe.pe(n)] I *vt* embark, ship; II *vr zich ~ (naar)* embark, take ship (for).

inscheping [-pɪŋ] *v* embarkation, embarking.

inscherpen [-sxɛrpə(n)] *vt* in: *iemand iets ~*

inculcate, impress it upon a person.

inscheuren ['ɪnsxø:rə(n)] *vt* & *vi* tear.

inschieten [-sxi.tə(n)] I *vt* put into the oven [loaves]; *er geld bij ~* lose money over it; *er het leven bij ~* lose one's life in the affair; II *vr zich ~* ✕ range.

inschikkelijk [ɪn'sxɪkələk] obliging, compliant, complaisant, accommodating.

inschikkelijkheid [-hɛit] *v* obligingness, complaisance, compliance.

inschikken ['ɪnsxɪkə(n)] *vi* close up, sit or stand closer.

inschrijven [-s(x)rɛivə(n)] I *vt* inscribe; book, enrol(l), register [items, names &]; enter [names, students, horses]; *zich laten ~* enrol(l) oneself, enter one's name; II *vi* send in a tender; *~ op aandelen* apply for shares; *~ op een boek (op een lening)* subscribe for a book (to a loan); *voor de bouw van een nieuwe school ~* tender for a new school.

inschrijver [-vər] *m* subscriber [to a charity, a loan &]; applicant [for shares]; tenderer; *laagste ~* holder of the lowest tender.

inschrijving [-vɪŋ] *v* I enrolment, registration [of names &]; 2 (voor tentoonstelling &) entry; 3 (op lening &) subscription; 4 (op aandelen) application; 5 (bij aanbesteding) (public) tender; *de ~ openen* call for tenders; *bij ~* by tender.

inschrijvingsbiljet [-vɪŋsbɪljet] *o* I tender [for a work]; 2 $ form of application.

inschuiven [-sxœyvə(n)] I *vt* push in, shove in; II *vi* zie *inschikken.*

inscriptie [ɪn'skrɪpsi.] *v* inscription.

insekt [-'sɛkt] *o* insect.

insektenpoeder,   -poeier [ɪn'sɛktə(n)pu.dər, -pu.jər] *o* & *m* insect powder.

insekticide [ɪnsɛkti.'si.də] *v* insecticide.

inseminatie [ɪnse.mi.'na.(t)si.] *v* *kunstmatige ~* artificial insemination.

insgelijks [ɪnsɡə'lɛiks] likewise, in the same manner; *het beste met u! Insgelijks!* (the) same to you!

insigne [ɪn'si.ɲə] *o* badge; *de ~s*, ook: the insignia (of office).

insinuatie [ɪnsi.ny.'a.(t)si.] *v* insinuation, innuendo.

insinueren [-'e:rə(n)] *vt* insinuate.

inslaan ['ɪnsla.n] I *vt* I (slaan in...) drive in [a pole]; 2 (stukslaan) beat in, dash in, smash [the windows]; 3 (opdoen) lay in (up) [provisions]; 4 (betreden) take [a road]; *een vat de bodem ~* stave in a cask; zie ook: *bodem*; *iemand de hersens ~* knock a person's brains out; II *vi* I (v. bliksem, projectiel) strike; 2 *fig* go home [of a remark, speech &]; make a hit [of a play &].

inslag [-slɑx] *m* I woof; zie ook: *schering*; 2 supply, provisions; 3 ✕ (van projectiel) striking; 4 *fig* tendency, strain [of mysticism].

inslapen [-sla.pə(n)] *vi* fall asleep; *fig* pass away.

inslikken [-slɪkə(n)] *vt* swallow.

insluimeren [-slœymərə(n)] *vi* fall into a slumber, doze off.

insluipen [-slœypə(n)] *vi* steal in, sneak in; *fig* slip in, creep in.

insluiping [-pɪŋ] *v* stealing in.

insluiten [-tən] *vt* lock in [oneself, a person], lock up [a thief]; enclose [a meadow, a letter]; hem in, surround [a field &]; invest [a town]; include, involve, comprise, embrace [the costs for..., everything]; *dit sluit niet in, dat...* this does not imply that...

insluiting [-tɪŋ] *v* enclosure, investment; inclusion.

insmeren [-sme:rə(n)] *vt* grease, smear, oil.

insmijten [-smɛitə(n)] *vt* throw in, smash, break.

insneeuwen [-sne.və(n)] *vi* snow in; *inge-sneeuwd zijn* be snowed up, be snow-bound.
insnijden [-snɛi(d)ə(n)] *vt* cut into, incise.
insnijding [-(d)ɪŋ] *v* I incision [with a lancet]; 2 indentation [of the coast-line].
insnuiven ['ɪnsnœyvə(n)] *vt* sniff in, inhale.
inspannen [-spanə(n)] I *vt* put [the horses] to; *fig* exert [one's strength]; strain [every nerve]; II *vr zich* — exert oneself, endeavour, do one's utmost [to do something].
inspannend [ɪn'spanənt] strenuous [work].
inspanning ['ɪnspanɪŋ] *v* exertion; effort; *met* ~ *van alle krachten* using every effort.
inspecteren [ɪnspɛk'te:rə(n)] *vt* inspect, examine.
inspecteur [-'tø:r] *m* inspector.
inspectie [ɪn'spɛksi.] *v* inspection.
inspectiereis [-rɛis] *v* tour of inspection.
inspectrice [ɪnspɛk'tri.sə] *v* woman inspector inspectress.
inspelen ['ɪnspe.lə(n)] I *vt* play [an instrument] for some time; II *vr zich* ~ get one's hand in.
inspiratie [ɪnspi:'ra.(t)si.] *v* inspiration.
inspireren [-'re:rə(n)] *vt* inspire.
inspraak ['ɪnspra.k] *v* dictate, dictates [of the heart].
inspreken [-spre.kə(n)] *vt* in: *moed* ~ inspire with courage, hearten.
inspringen [-sprɪŋə(n)] *vi* I (v. hoek) re-enter; 2 (v. huis) stand back from the street; *voor hem* ~ take his place; *doen* ~ indent [a line].
inspuiten [-spœytə(n)] *vt* inject.
inspuiting [-tɪŋ] *v* injection.
instaan ['ɪnsta.n] *vt* in: ~ *voor de echtheid* guarantee the genuineness; *voor iemand* ~ answer for a man; ~ *voor iets (voor de waarheid)* vouch for it (for the truth).
installatie [-'la.(t)si.] *v* I installation [of a functionary], inauguration, enthronement [of a bishop], induction [of a clergyman]; 2 [electric] installation; 3 plant [in industrial process].
installeren [ɪnsta'le:rə(n)] *vt* I install [an official], enthrone [a bishop], induct [a clergyman], inaugurate [a new governor]; 2 install [electric light].
instampen ['ɪnstampə(n)] *vt* ram in; *het iemand* ~ hammer (drum, pound) it into his head.
instandhouding [ɪn'stanthoudɪŋ] *v* maintenance, preservation, upkeep.
instantie [-stansi.] *v* I *z'z* instance, resort; 2 (overheidsorgaan) [education, civil, military &] authority, [international &] agency; *in eerste (laatste)* ~ in the first instance (in the last resort).
instappen ['ɪnstapə(n)] *vi* step in(to); *de conducteur roept:* ~! (take your) seats, please!; *wij moesten* ~ we had to get in.
insteken [-ste.kə(n)] *vt* put in; *een draad* ~ thread a needle.
instellen [-stɛlə(n)] *vt* I adjust [instruments], focus [a microscope &]; 2 set up [a board]; institute [an inquiry, proceedings &]; establish [a passenger-service]; zie ook: *dronk &*.
instelling [-lɪŋ] *v* I institution; 2 *fig & ps* attitude.
instemmen ['ɪnstɛmə(n)] *vi* in: ~ *met* agree with [an opinion]; approve of [a plan].
instemming [-mɪŋ] *v* agreement; approval [of a plan].
instinct [ɪn'stɪŋkt] *o* instinct.
instinctief [-stɪŋk'ti.f] **instinctmatig** [-stɪŋkt-'ma.təx] I *aj* instinctive; II *ad* instinctively, by instinct.
instituut [ɪnsti.'ty.t] *o* I institute, institution; 2 boarding-school.
instoppen ['ɪnstɔpə(n)] I *vt* tuck in [a child in bed]; stuff [the shawl &] in; *er van alles* ~ put in all sorts of things; *de kinderen er eerst*

~ pack off the children to bed first; II *vr zich* ~ tuck oneself up.
instormen [-stɔrmə(n)] *vi* rush (tear) in (into); ~ *op* rush upon (at).
instorten [-stɔrtə(n)] I *vi* fall (tumble) down, fall in, collapse [of a house]; relapse [of patients]; II *vt* pour into; *fig* infuse [the grace of God].
instorting [-tɪŋ] *v* collapse[2], *fig* downfall; relapse [of patient]; infusion [of grace].
instoten ['ɪnsto.tə(n)] *vt* push in (into), knock in, smash.
instromen [-stro.mə(n)] *vt* flow in, stream in, pour in (into).
instructeur [ɪnstrůk'tø:r] *m* instructor, ✕ drill-sergeant.
instructie [-'strůksi.] *v* I instruction [= teaching & direction]; 2 *z'z* preliminary inquiry into the case; ~ *geven* instruct, direct [him].
instrueren [-stry.'e:rə(n)] *vt* I instruct; 2 *z'z* prepare [a case].
instrument [-'ment] *o* instrument.
instrumentaal [-men'ta.l] ♪ instrumental.
instrumentatie [-men'ta.(t)si.] *v* ♪ instrumentation.
instrumentenbord [-'mentə(n)bɔrt] *o* ✕ instrument panel, dash-board.
instuderen ['ɪnsty.de:rə(n)] *vt* practise [a sonata], study [a rôle], rehearse [a play &]; *ze zijn het stuk aan het* ~ the play is in rehearsal.
instuif [-stœyf] *m* open-house party, get-together; informal reception.
insturen [-sty:rə(n)] *vt* I steer in(to); 2 send in(to).
insubordinatie [-sy.bɔrdi.'na.(t)si.] *v* (act of) insubordination.
Ⓜ **insuline** [ɪnsy.'li.nə] *v* insulin.
intact [ɪn'takt] intact, unimpaired.
integendeel [-'te.gəndə.l] on the contrary.
integraal [-tə'gra.l] integral.
integraalrekening [-re.kənɪŋ] *v* integral calculus.
integratie [ɪntə'gra.(t)si.] *v* integration.
integrerend [ɪntə'gre:rənt] integral.
integriteit [-te.gri.'tɛit] *v* integrity.
intekenaar ['ɪnte.kəna:r] *m* subscriber.
intekenbiljet [-kənbɪljet] *o* subscription form.
intekenen [-kənə(n)] *v* subscribe [to a work]; ~ *voor 50 gulden* subscribe 50 guilders (to *op*).
intekening [-kənɪŋ] *v* subscription.
intekeningslijst [-nɪŋslɛist] = *intekenlijst*.
intekenlijst ['ɪnte.kənlɛist] *v* subscription list.
intellect [ɪntə'lekt] *o* intellect.
intellectueel [-lɛkty.'e.l] I *aj* (& *ad*) intellectual(ly); II *m* intellectual.
intelligent [-li.'gent] *aj* (& *ad*) intelligent(ly).
intelligentie [-'gentsi.] *v* intelligence.
intelligentiequotiënt [-ko.ʃent] *o* intelligence quotient, I.Q.
intelligentietest [-test] *m* intelligence test.
intendance [ɪntɛn'dåsə] *v* ✕ Army Service Corps.
intendant [-'dant] *m* intendant; ✕ A.S.C. officer.
intens [ɪn'tens] *aj* (& *ad*) intense(ly).
intensief [-tɛn'si.f] *aj* (& *ad*) intensive(ly).
intensiteit [-si.'tɛit] *v* intensity.
intensiveren [-'ve:rə(n)] *vt* intensify.
interen ['ɪnte.rə(n)] I *vi* eat into one's capital; II *vt* in: *50 gulden* ~ be 50 guilders to the bad.
interessant [ɪntərə'sant] *aj* (& *ad*) interesting-(ly); *het* ~*e* the interesting part of the case; *iets* ~*s* something interesting; *veel* ~*s* much of interest.
interesse [-'resə] *v* interest.
interesseren [-rə'se:rə(n)] *vt* interest; *er (zwaar) bij geïnteresseerd* (closely, deeply) interested in it; II *vr zich* ~ *voor iemand* interest oneself in a man's behalf; *zich voor iets* ~ take an interest in a thing, feel an interest for a thing; *be*

curious about a thing.

interest ['ɪntərest] *m* interest; *met* ~ *terug-betalen* return with interest²; ~ *op* ~ at compound interest; *op* ~ *plaatsen* put out an interest; *regen* ~ at interest.

interieur [ɪntɛ:ri.'ø:r] *o* interior.

interlandwedstrijd [-'lɑntvɛtstreit] *m* international contest.

interlokaal [-lo.'ka.l] I *aj* in: ~ *gesprek* ☎ trunk call; II *ad* ☎ by trunk call.

intermezzo [-'mɛdzo.] *o* intermezzo².

intermitterend [-mi'te:rənt] intermittent.

intern [ɪn'tɛrn] I *aj* I internal [questions, affairs &]; 2 (inwendig) resident; ~*e leerling* boarder; ~ *onderwijzer* resident master; ~*e patiënt* in-patient; ~ *zijn* live in; II *mv de* ~*en* the boarders.

internaat [-tɛr'na.t] *o* ☞ boarding-school.

internationaal [ɪntərna.(t)si.o.'na.l] international.

Internationale [-'na.lə] *v* International.

internationaliseren, internationalizeren [-na.li.-'ze:rə(n)] *vt* internationalize.

interneren [-'ne:rə(n)] *vt* intern.

internering [-rɪŋ] *v* internment.

interneringskamp [-rɪŋskɑmp] *o* internment camp.

interpellant [ɪntərpə'lɑnt] *m* interpellator, questioner.

interpellatie [-'la.(t)si.] *v* interpellation, question.

interpelleren [-'le:rə(n)] *vt* interpellate, ask a question.

interplanetair [ɪntərpla.ne.'tɛ:r] interplanetary.

interpolatie [ɪntərpo.'la.(t)si.] *v* interpolation.

interpoleren [-'le:rə(n)] *vt* interpolate.

interpretatie [ɪntərprə'ta.(t)si.] *v* interpretation.

interpreteren [-'te:rə(n)] *vt* interpret.

interpunctie [ɪntər'pʉŋksi.] *v* punctuation.

interrumperen [ɪntərʉm'pe:rə(n)] *vt* interrupt.

interruptie [-'rʉpsi.] *v* interruption.

interval ['ɪntərvɑl] *o ♪* interval.

interveniënt [ɪntərve.ni.'ɛnt] *m* intervener; $ acceptor for honour.

interveniëren [-'e:rə(n)] *vi* intervene; $ accept a bill for honour.

interventie [ɪntər'vɛn(t)si.] *v* intervention; $ acceptance for honour.

interview [ɪntər'vju.] *o* interview.

interviewen [-ə(n)] *vt* interview.

interviewer [-ər] *m* interviewer.

interzonaal [ɪntərzo.'na.l] interzonal.

intiem [ɪn'ti.m] I *aj* intimate; ~*e bijzonder-heden* inner details; *zij zijn zeer* ~ (*met elkaar*) they are on very intimate terms; II *ad* intimately.

intijds [-'tɛits] in good time (season).

intimidatie [-ti.mi.'da.(t)si.] *v* intimidation.

intimideren [-'de:rə(n)] *vt* intimidate, browbeat, cow.

intimiteit [ɪnti.mi.'tɛit] *v* intimacy.

intimus ['ɪnti.mʉs] *m* intimate (friend), F chum.

intocht ['ɪntɔxt] *m* entry; *zijn* ~ *houden* make one's entry.

intomen [-to.mə(n)] *vt* curb, rein in [one's horse]; *fig* check, restrain.

intonatie [-to.'na.(t)si.] *v* intonation.

intoneren [-'ne:rə(n)] *vt* intone.

intransitief [ɪntrɑnsi.ti.f] *aj* (& *ad*) intransitive-(ly).

intrappen [-trɑpə(n)] *vt* kick in (open).

intrede [-tre.də] *v* entrance, entry; beginning [of winter].

intreden [-də(n)] *vi* enter; set in [of thaw]; fall [of silence]; *zijn ...ste jaar* ~ enter upon one's ...th year; *de dood is onmiddellijk ingetreden* death was instantaneous.

intree ['ɪntre.] = *intrede*.

intreepreek [-pre.k] *v* first sermon.

intrek ['ɪntrɛk] *m* in: *zijn* ~ *nemen* put up at [a hotel], take up one's abode [somewhere].

intrekbaar [-ba:r] retractable.

intrekken ['ɪntrɛkə(n)] I *vt* I draw in, retract² [claws, horns &]; *fig* withdraw [a grant, a sanction, money], retire [notes, bonds]; revoke [a decree], cancel [a permission]; 2 march into [a town]; II *vi* move in [into a house]; zie ook: *zijn intrek nemen*.

intrekking [-kɪŋ] *v* withdrawal, cancellation, revocation, retractation.

intrest ['ɪntrɛst] = *interest*.

intreurig ['ɪn'trø:rɑx] very sad.

intrigant(e) [ɪntri.'gɑnt(ə)] *m*(-*v*) intriguer, schemer, plotter.

intrige [-'tri.gə] *v* I intrigue; 2 plot [of a drama].

intrigeren [-tri.'ge:rə(n)] I *vt* I intrigue, plot, scheme; II *vt* in: *dat intrigeert mij* that's what puzzles me.

intrinsiek [ɪntrɪn'si.k] *aj* (& *ad*) intrinsic(ally).

introducé [ɪntro.dy.'se.] *m* guest.

introduceren [-dy.'se:rə(n)] *vt* introduce.

introductie, introduktie [-'dʉksi.] *v* introduction.

intuïtie [ɪnty.'i.(t)si.] *v* intuition.

intuïtief [-i.'ti.f] *aj* (& *ad*) intuitive(ly).

intussen [ɪn'tʉsə(n)] meanwhile, in the meantime.

inundatie [i.nʉn'da.(t)si.] *v* inundation.

inunderen [-'de:rə(n)] *vt* inundate.

invaart ['ɪnva:rt] *v* entrance [of a harbour].

inval [-vɑl] *m* I invasion [of a country], irruption, incursion [into a place], [police] raid [on a café]; 2 fancy, sally of wit; *een gelukkige* ~ a happy thought; *wonderlijke* ~ freak, whim; *het is daar de zoete* ~ they keep open house there; *ik kwam op de* ~ it occurred to me, the thought flashed upon me; *een* ~ *doen in* invade [a country]; raid [a café].

invalide [ɪnva.'li.də] I *aj* invalid, disabled [soldier]; II *m* invalid, disabled soldier.

invalidenhuis [-'li.də(n)hœys] *o* army pensioners' home.

invalidenwagentje [-va.gəncə] *o* invalid chair, invalid vehicle.

invaliditeit [ɪnva.li.di.'tɛit] *v* disablement, disability.

invaliditeitswet [-vɛt] *v* disabled pensions act.

invallen ['ɪnvɑlə(n)] *vi* I (v. huis) tumble down, fall in; 2 (v. licht) fall; 3 (v. nacht) fall; 4 (v. vorst &) set in; 5 ♪ join in; 6 (bij spel, in het gesprek) cut in; 7 (in dienst) deputize; 8 (v. gedachten) come into one's head; 9 (v. wangen) fall in; *het viel mij in* it occurred to me, the thought flashed upon me; *het wou mij niet* ~ I could not hit upon it, I could not remember it: ~ *in een land* invade a country; ~ *voor een collega* deputize for a colleague; *bij* ~*de duisternis* at dark; ~*de lichtstralen* incident rays.

invaller [-lər] *m* substitute, *sp* deputizer, reserve.

invalshoek ['ɪnvɑlshu.k] *m* angle of incidence.

invaren [-va:rə(n)] *vi* sail in (into).

invasie [ɪn'va.zi.] *v* invasion.

inventaris [-vɛn'ta:rɑs] *m* inventory; *de* ~ *op-maken* draw up an inventory, take stock.

inventarisatie [-ta:ri.'za.(t)si.] *v* stock-taking.

inventariseren [-'ze:rə(n)] *vt* draw up an inventory of, take stock of.

inventarisuitverkoop [ɪnvɛn'ta:rɑsœytfərko.p] *m* stock-taking sale.

investeren [-vɛs'te:re(n)] *vi* & *vt* $ invest.

investering [-rɪŋ] *v* $ investment.

investituur [ɪnvɛsti.'ty:r] *v* investiture.

invetten ['ɪnvɛtə(n)] *vt* grease, oil.

invitatie [ɪnvi.'ta.(t)si.] *v* invitation.

invité [-vi.'te.] *m* guest.

inviteren [-'te:rə(n)] *vt* invite [to dinner, to tea

&].

invlechten ['invlɛxtə(n)] *vt* plait in, intertwine; entwine; *fig* put in, insert [a few remarks].

invliegen [-vli.gə(n)] I *vt* fly into; fly in; *er* ~ be caught, walk into the trap [*fig*]; II *vt* ≯ test [a machine].

invlieger [-gər] *m* ≯ test pilot.

invloed ['invlu.t] *m* influence; effect [of the war, of the slump], impact [of the war, of western civilization &]; *zijn* ~ *bij* his influence with; *zijn* ~ *aanwenden bij* use one's influence with; ~ *hebben op* 1 have an influence upon (over); 2 affect [the results]; ~ *uitoefenen* exercise (an) influence; *onder de* ~ *staan van* be influenced by; *onder de* ~ *zijn van* be under the influence of; *onder de* ~ *van sterke drank* under the influence of drink.

invloedrijk [-rɛik] influential.

invloedssfeer ['invlu.tsfe:r] *v* sphere of influence.

invochten ['invɔxtə(n)] *vt* damp [the washing].

invoegen ['invu.gə(n)] *vt* put in, insert, intercalate.

invoeging [-gɪŋ] *v* **invoegsel** [-vu.xsəl] *o* insertion.

invoer ['invu:r] *m* $ importation, import; (de goederen) imports; *de* ~ *verlagen en de uitvoer verhogen* reduce imports and increase exports.

invoerartikel [-ɑrti.kəl] *o* article of import, importation; ~*en ook:* imports.

invoeren ['invu.rə(n)] *vt* 1 $ import; 2 introduce.

invoerhandel ['invu.rhɑndəl] *m* import trade.

invoerhaven [-ha.və(n)] *v* import harbour.

invoering ['invu.rɪŋ] *v* introduction.

invoerpremie ['invu.rpre.mi.] *v* $ bounty on importation.

invoerrechten ['invu.rɛxtə(n)] *mv* $ import duties.

invoerverbod ['invu.rvərbɔt] *o* $ import prohibition.

invoervergunning [-gʏnɪŋ] *v* $ import licence.

invorderaar ['invɔrdəra:r] *m* collector.

invorderbaar [ɪn'vɔrdərba:r] collectable.

invorderen ['invɔrdərə(n)] *vt* collect [money].

invordering [-rɪŋ] *v* collection.

invreten ['invre.tə(n)] *vi* eat into, corrode; ~*d* corrosive.

invreting [-tɪŋ] *v* corrosion.

invriezen ['invri.zə(n)] *vt* be frozen in.

invrijheidstelling [ɪn'vrɛihɛitstɛlɪŋ] *v* liberation, release.

invullen ['invʏlə(n)] *vt* fill up [a ballot-paper]; fill in [a cheque &]; *een formulier* ~ *ook:* complete a form.

invulling [-lɪŋ] *v* filling up, filling in.

inwaaien ['inva.jə(n)] *vt* blow in [of snow, rain].

inwaarts [-va:rts] I *aj* inward; II *ad* inward(s).

inwachten ['invɑxtə(n)] *vt* await [a reply]; *sollicitaties worden ingewacht* applications are invited.

inwendig [ɪn'vɛndəx] I *aj* inward, interior, internal [parts]; inner [man]; home [mission]; *voor* ~ *gebruik* to be taken interiorly (inwardly); II *ad* inwardly, internally; on the inside; III *o* *het* ~*e* the interior (part, parts).

inwerken ['invɛrkə(n)] I *vi* in: ~ *op* act (operate) upon, affect, influence; II *vr* in: *ik moet er mij nog* ~ I want to post myself (thoroughly) up.

inwerking [-kɪŋ] *v* action, influence.

inwerkingtreding [ɪn'vɛrkɪŋtre.dɪŋ] *v* coming into force.

inweven [-ve.və(n)] *vt* weave in, interweave.

inwijden [-vɛidə(n)] *vt* consecrate [a church]; inaugurate [a building]; initiate [adepts]; *iemand in 't geheim* ~ initiate one in(to) the secret.

inwijding [-dɪŋ] *v* consecration [of church &];

inauguration [of a public building &]; initiation [of adepts].

inwikkelen ['invɪkələ(n)] *vt* wrap (up).

inwilligen [-vɪləgə(n)] *vt* grant.

inwilliging [-gɪŋ] *v* granting.

inwinnen ['invɪnə(n)] *vt* in: *inlichtingen* ~ (*omtrent*) gather information, make inquiries (about); inquire (of *bij*); zie ook: *raad*.

inwisselen [-vɪsələ(n)] *vt* change; ~ *voor* exchange for.

inwisseling [-lɪŋ] *v* changing, (ex)change.

inwonen ['invo.nə(n)] *vi* live in; ~ *bij* live (lodge) with; ~*d geneesheer* house-physician; *een* ~*d onderwijzer* a resident master.

inwoner [-nər] *m* inhabitant, resident; (huurder) lodger.

inwoning [-nɪŋ] *v* 1 lodging; 2 (door woningtekort) sharing of a house; *plaats van* ~ place of residence; zie ook: *raad*.

inwrijven [-vrɛivə(n)] *vt* rub in(to), rub.

inzage ['inza.gə] *v* inspection; ~ *nemen van* inspect, examine [reports &]; *ter* ~ on approval [of books &]; open to inspection [of letters]; *de stukken liggen ter* ~ *ten kantore van...* the reports may be seen at the office of...

inzake [ɪn'za.kə] in the matter of, on the subject of, re [your letter], concerning, [crisis] over [Korea &].

inzakken ['inzɑkə(n)] *vi* sink down, sag.

inzamelaar [-za.məla:r] *m* collector, gatherer.

inzamelen [-lə(n)] *vt* collect, gather, ⊙ garner.

inzameling [-lɪŋ] *v* collection, gathering; *een* ~ *houden* make a collection.

inzegenen ['inze.gənə(n)] *vt* bless, consecrate.

inzegening [-nɪŋ] *v* blessing, consecration.

inzenden [-zɛndə(n)] *vt* send in.

inzender [-dər] *m* 1 (exposant) exhibitor; 2 contributor, writer [of a letter to the editor]; 3 sender.

inzending [-dɪŋ] *v* 1 exhibit [for a show]; 2 contribution [to a periodical]; entry [for a competition]; 3 sending in.

inzepen ['inze.pə(n)] *vt* soap [before washing], lather [before shaving].

inzet [-zɛt] *m* 1 stake, stakes [in games]; 2 upset price [at auction]; 3 *fig* employment [of troops, workmen]; devoting [of one's life to a cause], devotion.

inzetten [-zɛtə(n)] I *vt* set in [the sleeves of a frock]; put in [window-panes &]; insert [a piston &]; set [diamonds &]; stake [money at cards &]; start [a house at auction for..]; ♪ start [a hymn]; launch [an attack]; *fig* employ [troops, workmen]; devote [one's energies, one's life, oneself to one's country &]; II *vi* & *va* 1 ♪ begin to play (to sing &); 2 *sp* put down one's stake(s), stake one's money, stake [heavily]; *de zomer zet goed in* summer starts well.

inzetter [-tər] *m* first bidder.

inzicht ['inzɪxt] *o* 1 (begrip) insight; 2 (mening) view; 3 (beoordeling) judg(e)ment; *naar mijn* ~ in my view; *naar zijn* ~(*en*) *handelen* act according to one's (own) lights.

inzien [-zi.n] I *vt* look into, glance over [a newspaper, a letter], skim [a book]; see [the danger, one's error]; *'t ernstig* ~ take a grave view of things; II *o* in: *bij nader* ~ on reflection, on second thoughts; *mijns* ~*s* in my opinion (view), to my thinking.

inzinken [-zɪŋkə(n)] *vi* sink² (down), *fig* decline.

inzinking [-kɪŋ] *v* sinking, decline; 𝔉 (wederinstorting) relapse; *ps* [mental, nervous] breakdown.

inzitten ['inzɪtə(n)] *vi* in: *ik zit er erg mee in* I am in an awful fix; *hij zit er niets mee in* he doesn't bother about that; *hij zat er over in*

F he was worried about it; *hij zit er warmpjes in* he is a warm man.

inzittend [-tənt] in: *de* ~*en* the occupants.

inzoet ['ɪn'zu.t] intensely sweet.

inzonderheid [ɪn'zɔndərhɛit] especially.

inzouten ['ɪnzɔutə(n)] *vt* salt.

inzuigen [-zœygə(n)] *vt* suck in, suck up, imbibe.

inzwachtelen [-zvɑxtələ(n)] *vt* swathe, bandage.

inzwelgen [-zvɛlgə(n)] *vt* swallow, gulp down.

ion [i.'ɔn] *o* ion.

ionisatie [i.o.ni.'za.(t)si.] *v* ionization.

ionosfeer [i.o.no.'sfe:r] *v* ionosphere.

Iraaks [i:'ra.ks] Iraqi.

Iraans [-'ra.ns] Iranian.

Irak ['i:rɑk] *o* Iraq.

Irakees [i:ra.'ke.s] *m* Iraqi.

Iran ['i:rɑn] *o* Iran.

Iraniër [i:'ra.ni.ər] *m* Iranian.

iris ['i:rɪs] *v* iris.

ironie [i:ro.'ni.] *v* irony.

ironisch [i:'ro.ni.s] *aj* (& *ad*) ironical(ly).

irreëel [ɪre.'e.l] unreal.

irrigatie [ɪri.'ga.(t)si.] *v* irrigation.

irrigatiekanaal [-ka.na.l] *o* irrigation canal.

irrigatiewerken [-vɛrkə(n)] *mv* irrigation works.

irrigeren [ɪri.'ge:rə(n)] *vt* & *va* irrigate.

irriteren [-'te:rə(n)] *vt* irritate.

ischias ['ɪsxi.ɑs] *v* sciatica.

islam ['ɪslɑm] *m de* ~ Islam.

islamiet [ɪslɑ'mi.t] *m* Islamite.

islamitisch [-'mi.ti.s] Islamitic, Islamic.

isobaar [i.zo.'ba:r] *m* isobar.

isolatie [-'la.(t)si.] *v* 1 isolation; 2 🔧 insulation.

isolatieband, -lint [-bɑnt, -lɪnt] *o* insulating tape.

isolator [-'la.tɔr] *m* insulator.

isolement [-lə'mɛnt] *o* isolation.

isoleren [-'le:rə(n)] *vt* 1 isolate; 2 🔧 insulate.

isolering [-'le:rɪŋ] *v* 1 isolation; 2 🔧 insula-[tion.

isoterm zie *isotherm*.

isotherm [-'tɛrm] *m* isotherm.

isotoop [-'to.p] *m* isotope.

Israël ['ɪsra.ɛl] *o* Israel.

Israëli [ɪsra.'e.li.] *m* Israeli.

Israëliet [ɪsra.e.'li.t] *m* Israelite.

Israëlisch [ɪsra.'e.li.s] Israeli.

Israëlitisch [ɪsra.e.'li.ti.s] Israelitish.

Istrië [ɪstri.ə] *o* Istria.

Italiaan [i.ta.li.'a.n] *m* Italian.

Italiaans [-'a.ns] *I aj* Italian; **II** *o het* ~ Italian; **III** *v een* ~*e* an Italian woman (lady).

Italië [i.'ta.li.ə] *o* Italy.

ivoor [i.'vo:r] *m of o* ivory.

J

ja [ja.] **I** *ad* 1 yes; 2 (versterkend) indeed, nay, ~, yea; 3 (aarzelend) m-yes; ~, ~! yes, yes!, well, well!; *is hij uit?, ik meen (van)* ~ did he go out? I think he did; has he gone out? I think he has; ~ *zeggen* say yes; *hij zei van* ~ he said yes; *op alles* ~ *en amen zeggen* say yes and amen to everything; *met* ~ *beantwoorden* answer in the affirmative; **II** *o* [yes.
jaaglijn [ja.xlɛin] *v* towing-line.

jaagpaard [-pa:rt] *o* towing-horse.

jaagpad [-pɑt] *o* tow-path.

jaap [ja.p] *m* cut, gash, slash.

jaar [ja:r] *o* year; *het* ~ *onzes Heren* the year of our Lord, the year of grace; *de jaren nog niet hebben om...* not be old enough to...; *eens of tweemaal 's* ~*s* once or twice a year; *in het* ~ *nul* F in the year one; ~ *in* ~ *uit* year in year out; *met de jaren* with the years; *na* ~ *en dag* after many years; *om het an-*

dere ~ every other year; ~ *op* ~ year by year; *op jaren komen* be getting on in years; *op jaren zijn* be well on in years; *vandaag over een* ~ this day twelvemonth; *sinds* ~ *en dag* for years and years; *van* ~ *tot* ~ from year's end to year's end; every year; *een jongen van mijn jaren* a boy my age; *nog vele jaren na dezen!* many happy returns of the day!

jaarbeurs ['ja:rbø:rs] *v* industries fair, trade fair, [Leipzig &] fair.

jaarboek [-bu.k] *o* year-book, annual; ~*en* annals.

jaarfeest [-fe.st] *o* annual feast, anniversary.

jaargang [-gɑŋ] *m* 1 set of the year's numbers, file, volume [of a periodical]; 2 vintage [of wine].

jaargeld [-gɛlt] *o* 1 pension; 2 annuity.

jaargetij(de) [-gətɛi(də)] *o* season.

jaarkring [-krɪŋ] *m* 1 annual cycle [in almanac]; 2 🌿 annual ring [of a tree].

jaarlijks [-ləks] **I** *aj* yearly, annual; **II** *ad* yearly, annually, every year.

jaarloon [-lo.n] *o* (annual) salary.

jaarmarkt [-mɑrkt] *v* (annual) fair.

jaarrekening ['ja:re.kənɪŋ] *v* annual account.

jaartal ['ja:rtɑl] *o* year [in chronology], date.

jaartelling [-tɛlɪŋ] *v* era.

jaarverslag [-vərslɑx] *o* annual report.

jaarwedde [-vɛdə] *v* (annual) salary.

jaarwisseling [-vɪsəlɪŋ] *v* turn of the year; *bij de* ~ at the turn of the year.

jabot [ʒa.'bo.] *m* & *o* jabot, frill.

jabroer ['ja.bru:r] *m* man who says yes and amen to everything, *Am* F yes-man.

1 **jacht** [jɑxt] *v* hunting, shooting, chase; pursuit[2]; ~ *maken op* hunt [elephants &]; give chase to [a ship], be in pursuit of[2]; ~ *maken op effect* strain after effect; *op de* ~ *gaan* go (out) shooting (hunting); *op* ~ *naar* on the hunt for.

2 **jacht** [jɑxt] *o* & ⚓ yacht. [licence.

jachtakte ['jɑxtɑktə] *v* shooting-licence, game-

jachtbommenwerper [-bɔmə(n)vɛrpər] *m* ✈ fighter-bomber.

jachtbuis [-bœys] *v* shooting-jacket.

jachtbuks [-bŭks] *v* hunting-rifle.

jachten ['jɑxtə(n)] *vt* & *vi* hurry, hustle.

jachtgeweer ['jɑxtgəve:r] *o* (sporting-)gun.

jachtgrond [-grɔnt] *m* hunting-ground.

jachthond [-hɔnt] *m* sporting-dog, hound.

jachthoorn, -horen [-ho:rən] *m* hunting-horn.

jachthuis [-hœys] *o* hunting-box.

jachtmes [-mes] *o* hunting-knife.

jachtopziener [-ɔpsi.nər] *m* gamekeeper.

jachtpaard [-pa:rt] *o* hunter.

jachtpartij [-pɑrtɛi] *v* 1 hunting-party, hunt; 2 shooting-party, shoot.

jachtrecht [-rɛxt] *o* shooting-rights.

jachtschotel [-sxo.təl] *m* & *v* hotpot.

jachtstoet [-stu.t] *m* hunting-party.

jachtterrein [jɑxtɛrɛin] *o* zie *jachtveld*.

jachttijd [-tɛit] *m* shooting-season.

jachtveld ['jɑxtfɛlt] *o* hunting-field, hunting-ground; *particulier* ~ preserve.

jachtvlieger [-fli.gər] *m* ✈ fighter pilot.

jachtvliegtuig [-fli.xtœyx] *o* ✈ fighter.

jachtwet [-vɛt] *v* game-act.

Jacob ['ja.kɔp] *m* James, B Jacob.

jacquet [ʒa.'ket] *o* & *v* morning-coat, cut-away (coat).

jagen ['ja.ga(n)] **I** *vt* 1 hunt [wild animals, game]; shoot [hares, game]; chase [deer &]; 2 *fig* drive, hurry on [one's servants &]; *zich een kogel door het hoofd* ~ put a bullet through one's head; *de vijanden uit het land* ~ drive the enemy out of the country; **II** *va* & *vi* 1 hunt, shoot; 2 race, rush, tear; *de* ~*de wolken* the scudding clouds; ~ *naar eer* hunt

after honours; ~ *op hazen* hunt the hare; zie
ook: *lijf, vlucht &*.
jager [-gər] *m* I hunter, sportsman; 2 ✗ rifleman; 3 ✈ fighter; 4 driver of a towing-
horse; *de*~*s* ✗ ook: the Rifles.
jagerslatijn [-gɑrslɑ.tein] *o* tall story (stories).
jagerstaal [-tɑ.l] *v* sportsman's language.
jagerstas [-tɑs] *v* game-bag.
jaguar ['ja.gy.ɑr] *m* ♐ jaguar.
1 **jak** [jɑk] *o* jacket; *iemand het* ~ *uitvegen*, *op
zijn* ~ *komen* dust a person's jacket.
2 **jak** [jɑk] *m* ♐ yak.
jakhals ['jɑkhɑls] *m* ♐ jackal.
jakkeren ['jɑkərə(n)] *vi* tear (along), race,
drive furiously.
jakkes! ['jɑkəs] *ij* faugh!, bah!
jakobijn [-ko. bein] *m* **jakobijns** [-'beins] *aj*
Jacobin.
jaloers [jɑ.'lu:rs] I *aj* jealous, envious (of *op*);
II *ad* jealously, enviously.
jaloersheid [-heit] *v* jealousy.
jaloezie [ʒɑ.lu.'zi.] *v* I (jaloersheid) jealous-
y; 2 (blind) Venetian blind, (sun-)blind.
jam [ʒɛm] *m* & *v* jam.
jambe ['jɑmbə] *v* iambus, iamb.
jambisch [-bi.s] iambic.
jammer ['jɑmər] *o* & *m* misery; *het is* ~ it is a
pity; *het is eeuwig* ~ it is a thousand pities;
hoe ~ *!* what a pity!, the pity of it!
jammeren [-mərə(n)] *vi* lament, wail.
jammerklacht ['jɑmərklɑxt] *v* lamentation.
jammerlijk [-lək] I *aj* miserable, pitiable, piteous, pitiful, woeful, wretched; II *ad* miserably, piteously, woefully, wretchedly.
jampot ['ʒɛmpɔt] *m* jam-jar, jam-pot.
Jan [jɑn] *m* John; ~ *(en) alleman* all the world
and his wife; ~ *Compagnie* John Company;
~ *Klaassen* merry-andrew, Jack Pudding; ~
Klaassen en Katrijn Punch and Judy; ~,
Piet en Klaas Tom, Dick, and Harry; ~ *Rap
en zijn maat* tagrag and bobtail; *boven* ~ *zijn*
F have got round the corner.
janboel ['jɑnbu.l] *m* F muddle, mess.
janhagel [jɑn'hɑ.gəl] I *o* rabble; 2 *m* kind of
biscuit.
janhen [-'hɛn] *m* zie *keukenpiet*.
janitsaar [ja.ni.t'sɑ:r] *m* janizary.
janken ['jɑŋkə(n)] *vi* yelp, whine, squeal.
janklaassen [jɑn'klɑ.sə(n)] *m* (gekheid) tomfoolery; (drukte) fuss.
janklaassenspel [-spɛl] *o* Punch and Judy show.
janmaat ['jɑnmɑ.t] *m* S Jack, Jack-tar.
janplezier [jɑnplə'zi:r] *m* char-à-banc.
Jans [jɑns] *v* F Jane.
jansalie [jɑn'sɑ.li.] *m* stick-in-the-mud.
jansalieachtig [-ɑxtɔx] stick-in-the-mud.
Jantje ['jɑncə] *o* F Johnnie, Jack; *de* ~*s* & S
the Jacks, the bluejackets; *zich met een j*~-
van-leiden van iets afmaken shirk the difficulty; *een* ~ *Sekuur* a punctilious fellow.
januari [ja.ny.'ɑ:ri.] *m* January.
Japan [jɑ.'pɑn] *o* Japan.
Japannees [jɑ'pɑ.ne.s] *m* & *aj* Japanese, F Jap,
mv Japanese.
Japans [-pɑns] I *aj* Japanese; II *o het* ~
Japanese; III *v een* ~*e* a Japanese woman
(lady).
japen ['ja.pə(n)] *vt* gash, slash.
japon [jɑ.'pɔn] *m* dress, gown.
japonstof [-stɔf] *v* dress material.
jarenlang ['ja:rə(n)lɑŋ] I *aj* of years, of many
years' standing; II *ad* for years (together).
jargon [ʒɑr'gɔ] *o* jargon.
jarig ['ja:rəx] I *aj* a year old; *zij is vandaag* ~
it is her birthday to-day; II *m-v* in: *de* ~*e* the
person celebrating his (her) birthday.
jarretel(le) [ʒɑrə'tɛl] *v* suspender.
jas [jɑs] *m* & *v* coat; (jasje) jacket.
jaskraag ['jɑskra.x] *m* coat-collar.

jasmijn [jɑs'mein] *v* ♣ I jasmine, jessamine; 2
mock-orange.
jaspanden ['jɑspɑndə(n)] *mv* coat-tails.
jaspis ['jɑspis] *m* & *o* jasper.
1 **jassen** ['jɑsə(n)] *vt* F peel [potatoes].
2 **jassen** ['jɑsə(n)] *vi* ♢ play "jas allemand".
jasses [-səs] zie *jakkes*.
jaszak ['jɑsɑk] *m* coat-pocket.
Java ['ja.va.] *o* Java.
Javaan [ja.'va.n] *m* Javanese, *mv* Javanese.
Javaans [-'va.ns] I *aj* Javanese; II *o het* ~
Javanese; III *v een*~*e* a Javanese woman.
jawel [ja.'vɛl] yes; indeed.
jawoord ['ja.vo:rt] *o* consent; *het* ~ *geven* say
yes; *om het* ~ *vragen* ask in marriage.
J. C., J. Chr. [je.züs'kristüs] = *Jezus Christus*.
je [jə] I *pers. vnmw.* you; II *bez. vnmw.* your;
het is ~ *pudding* it is the pudding; *dat is* ~
van hèt that's absolutely it.
jee [je.] *ij* gee!, oh dear!
jegens ['je.gəns] *prep* towards, to; [honest] with.
Jehova [je.'ho.va.] *m* Jehovah; ~*'s getuigen*
Jehovah's Witnesses.
jekker ['jɛkər] *m* jacket.
jelui [jə'lœy] zie *jullie*.
jenever [jə'ne.vər] *m* gin, Hollands.
jeneverbes [-bes] *v* ♣ juniper berry.
jeneverfles [-fles] *v* gin-bottle.
jeneverlucht [-lüxt] *v* smell of gin.
jenevermoed [-mu.t] *m* pot-valour, Dutch
courage.
jeneverneus [-nø.s] *m* F bottle-nose.
jeneverstoker [-sto.kər] *m* gin-distiller.
jeneverstokerij [jəne.vərsto.kə'rei] *v* gin-
distillery.
jengelen ['jɛŋələ(n)] *vi* whine.
Jeremia [je.rə'mi.a.] *m* Jeremiah.
jeremiade [-mi.'a.də] *v* jeremiad.
Jeremias [-'mi.ɑs] *m* Jeremiah.
jeremiëren [-mi.'e:rə(n)] *vi* lament.
jeugd [jø.xt] *v* youth. [ment.
jeugdbeweging ['jø.xtbəve.gɪŋ] *v* youth move-
jeugdcriminaliteit [-kri.mi.na.li.tɛit] *v* juvenile
delinquency.
jeugdherberg [-hɛrbɛrx] *v* youth hostel.
jeugdig ['jø.gdəx] *aj* (& *ad*) youthful(ly).
jeugdigheid [-heit] *v* youthfulness, youth.
jeugdorganisatie, -organizatie ['jø.xtɔrgʌ.ni.-
za.(t)si.] *v* youth organization.
jeugdvriend ['jø.xtfri.nt] *m* ~**in** [-fri.ndɪn] *v*
friend of one's youth.
jeugdzonde [-sɔndə] *v* youthful indiscretion.
jeuk [jø.k] *m* itching, itch.
jeuken ['jø.kə(n)] *vi* itch; *de handen jeukten mij
(om)* I was itching (to); *mijn maag jeukt* I feel
a gnawing at my stomach.
jeukerig [-kərəx] itchy, itching.
jeukerigheid [-heit] *v* itchiness.
jeukpoeder, -poeier ['jø.kpu.dər, -pu.iər] *o* & *m*
itching-powder.
jeukte [-tə] *v* itch, itching.
jezuïet [je.zy.'i.t] *m* Jesuit.
jezuïetenklooster [-'i.tə(n)klo.stər] *o* Jesuit
convent.
jezuïetenorde [-ɔrdə] *v* order of Jesuits.
jezuïetenpater [-pa.tər] *m* father of the Society
of Jesus.
jezuïtisch [je.zy.'i.ti.s] *aj* (& *ad*) Jesuitical(ly).
jezuïtisme [-'i.tismə] *o* Jesuitism.
Jezus ['je.züs] *m* Jesus; ~ *Christus* Jesus
Christ.
Jhr. = *jonkheer*.
jicht [jixt] *v* gout.
jichtaanval ['jixta.nvɑl] *m* attack (fit) of gout.
jichtig ['jixtəx] gouty.
jichtigheid [-heit] *v* goutiness.
jichtknobbel ['jixtknɔbəl] *m* chalk-stone.
jichtlijder [-leidər] *m* gouty sufferer (patient).
jichtpijnen [-peinə(n)] *mv* gouty pains.

jij [jɛi] you.
jioe-jitsoe [ji.u.'jɪtsu.] o jiu-jitsu.
Jkvr. = jonkvrouw 2.
jl. = jongstleden.
Job [jɔp] m Job.
jobsbode ['jɔpsbo.də] m Job's post.
jobsgeduld [-gədúlt] o the patience of Job.
jobstijding [-tɛidɪŋ] v Job's news.
jobsvriend [-fri.nt] m Job's comforter.
joch [jɔx] jochie ['jɔɡi.] o F boy, kid.
jockey ['dʒɔki.] m jockey.
jodelen ['jo.dələ(n)] vi & vt yodel.
jodenbuurt ['jo.də(n)by.rt] v Jewish quarter,
  Jews' quarter; ghetto.
jodendom [-dòm] o I (de leer) Judaism; 2 (de
  joden) Jews, Jewry.
jodenhaat [-ha.t] m Jew-hatred.
jodenjongen [-jòŋə(n)] m Jew-boy, Jewish boy.
jodenkerk [-kɛrk] v synagogue; het leek wel
  een ∼ there was a frightful row (a terrible
  racket).
jodenkers, ∼kriek [-kɛrs, -kri.k] v ♣ winter-
  cherry.
jodenlijm [-lɛim] m S spittle.
jodentaal [-ta.l] v Jewish jargon, Yiddish.
jodenvervolging [-vərvɔlɡɪŋ] v persecution of
  the Jews, Jew-baiting.
jodide [jo.'di.də] o iodide.
jodin [jo.'dɪn] v Jewess.
jodium ['jo.di.ûm] o iodine.
jodiumtinctuur, -tinktuur [-tɪŋkty:r] v tincture
  of iodine.
jodoform [jo.do.'fɔrm] m iodoform.
Joegoslaaf [ju.ɡo.'sla.f] m Yugoslav.
Joego-Slavië [-'sla.vi.ə] o Yugoslavia.
Joegoslavisch [-vi.s] Yugoslav.
joelen ['ju.lə(n)] vi shout.
jofel ['jo.fəl] F fine, splendid, capital, S topping.
Johannes ['hanəs] m John.
johannesbrood [-bro.t] o ♣ carob.
johannieter [jo.ha'ni.tər] m Knight of St. John.
jok [jɔk] m jest, joke.
joken ['jo.kə(n)] = jeuken.
jokkebrok ['jɔkəbrɔk] m-v fibber, story-teller.
jokken ['jɔkə(n)] vi F fib, tell fibs, tell stories.
jokkentje ['jɔkəncə] o F fib, story.
jokker ['jɔkər] m F fibber, story-teller.
jokkernij [jɔkər'nɛi] v joke, jest.
jokster ['jɔkstər] v zie jokker.
jol [jɔl] v ♣ I yawl, jolly-boat; 2 (kleinere)
  dinghy.
jolig ['jo.ləx] jolly, merry.
joligheid [-hɛit] v jolliness.
jolijt [jo.'lɛit] v & o fun, frolics.
Jonas ['jo.nɑs] m Jonah[2].
jonassen [-nɑsə(n)] vt toss [a person] in a
  blanket.
jong [jɔŋ] I aj young; ∼e kaas new cheese;
  van ∼e datum of recent date; de ∼ste berichten the latest news; de ∼ste gebeurtenissen
  recent events; de ∼ste oorlog the late war;
  ∼ste vennoot junior partner; II o young one,
  [wolf's, bear's &] cub; de ∼en the young
  ones, the young of...; ∼en krijgen (werpen)
  litter.
jongedame [jòŋə'da.mə] v young lady.
jongedochter [-'dɔxtər] v I girl; 2 spinster.
jongeheer [-'ne:r] m young gentleman; (de) ∼
  Karel Master Charles.
jongejuffrouw [-'jûfrou] v young lady; (de) ∼
  Marie Miss Mary; een oude ∼ an old maid.
jongeling ['jòŋəlɪŋ] m young man, youth, lad.
jongelingschap [-sxɑp] v I youth, adolescence;
  2 young men, youths.
jongelui [jòŋə'lœy] mv young people, young
  men.
jongeman [-'mɑn] m young man.
I jongen ['jòŋə(n)] m I boy, lad; 2 (vrijer) boy
  friend, F sweetheart; ∼, ∼! dear, dear!, oh

dear!; zo ouwe ∼! F old boy!
2 jongen ['jòŋə(n)] vi bring forth young (ones),
  litter, kitten [of cat], calve [of cow], foal [of
  mare], lamb [of ewe], whelp [of lion], pig [of
  sow].
jongensachtig [-jòŋənsɑxtəx] aj (& ad) boyish-
  (ly).
jongensgek [-ɡɛk] v girl fond of boys.
jongensjaren [-ja:rə(n)] mv (years of) boy-
  hood.
jongenspak [-pɑk] o boy's suit.
jongensschool ['jòŋənsxo.l] v boys' school.
jongensstreek [-stre.k] m & v boyish trick.
jonger ['jòŋər] I aj younger, junior; II mv de
  ∼en the younger generation; de ∼en van
  Jezus Jesus' disciples.
jongetje ['jòŋəcə] o little boy.
jonggezel [-'ʒɛl] m bachelor, single man.
jongleren [ʒòŋ'le:rə(n)] vi juggle.
jongleur [-'lø:r] m juggler.
jongmaatje [jòŋ'ma.cə] o I apprentice; 2 ship-
  boy.
jongmens [-'mɛns] o young man.
jongs [jòŋs] in: van ∼ af from one's childhood
  up.
jongst [jòŋst] youngest; zie jong; onze ∼e our
  baby.
jongstleden ['jòŋstle.də(n), jòŋst'le.də(n)] last;
  de 12de maart ∼ on March 12th last.
jonk [jòŋk] m ♣ junk.
jonker ['jòŋkər] m (young) nobleman; (coun-
  try-)squire.
jonkheer ['jòŋkhe:r] m "jonkheer".
jonkheid [-hɛit] v youth.
jonkman [-mɑn] m young man; bachelor.
jonkvrouw [-frou] v I maid; 2 (freule) honourable miss (lady).
jonkvrouwelijk [jòŋk'frouələk] maidenlike,
  maiden(ish), maidenly.
I jood [jo.t] m Jew.
2 jood [jo.t] o (jodium) iodine.
joodkali [jo.t'ka.li.] m potassium iodide.
joods [jo.ts] I Jewish [life &]; 2 Judaic [law].
jool [jo.l] m-v F fun, frolic, jollity, jollification;
  ⌐ [students'] rag.
Joost [jo.st] m Just(us); dat mag ∼ weten F
  goodness knows.
jota ['jo.ta.] v iota.
jou [jɔu] I you; 2 your; is het van ∼? is it
  yours?
jour [ʒu:r] m at-home day, at-home; ∼ houden be at home, receive.
journaal [-'na.l] o I journal [ook $]; 2 ♣ log-
  book; 3 (film) newsreel.
journaliseren [-na.li.'ze:rə(n)] vt $ journalize.
journalist [-'lɪst] m journalist, newspaperman,
  pressman.
journalistiek [-lɪs'ti.k] I v journalism; II aj
  journalistic.
jouw [jɔu] bez. voornw. your.
jouwen ['jɔuə(n)] vi hoot, boo.
joviaal [ʒo.vi.'a.l] I aj genial; II ad genially.
jovialiteit [-a.li.'tɛit] v geniality.
Jozef ['jo.zəf] m Joseph[2]; de ware ∼ F Mr.
  Right.
jr. ['jy.ni.ər] = junior.
jubel ['jy.bəl] m jubilation.
jubelen [-bələ(n)] vi jubilate, be jubilant, exult;
  ∼ van vreugde shout for joy.
jubelfeest ['jy.bəlfe.st] o jubilee.
jubeljaar [-ja:r] o jubilee year.
jubelkreet [-kre.t] m shout of joy.
jubeltoon [-to.n] m accent of jubilation.
jubelzang [-zɑŋ] m paean.
jubilaris [jy.bi.'la.rɑs] m person celebrating his
  jubilee; F hero of the feast.
jubileren [-'le.rə(n)] vi I jubilate, be jubilant; 2
  celebrate one's jubilee.
jubileum [-'le.ûm] o jubilee.

juchtle(d)er [-'jŭxtle:r, -le.dər] *o* Russia leather.
Judas, judas ['jy.dɑs] *m* Judas².
judaskus [-kŭs] *m* Judas kiss.
judaspenning [-pɛnɪŋ] *m* ♣ honesty.
judassen ['jy.dɑsə(n)] *vt* tease, nag, badger.
judo ['jy.do.] *o sp* judo.
judoka [-ka.] *m sp* judoka.
juf [jŭf] *v* F zie *juffrouw*; *de* ~ nurse, nannie, nanny.
juffer ['jŭfər] *v* 1 young lady, miss; 2 ♣ pole, beam; 3 paving-beetle, rammer.
jufferachtig [-ɑxtəx] missish.   [beven.
juffershondje [jŭfərs'hɔ̃ncə] *o* toy dog; zie ook:
juffrouw ['jŭfrou] *v* miss, (young) lady; (als aanspreking) 1 miss; 2 madam; ~ *Laps* 1 (ongetrouwd) Miss Laps; 2 (getrouwd) Mrs. Laps; *de* ~ the young lady; *onze* ~ 1 our nurse; 2 our teacher; ~ *van gezelschap* lady-companion.
juichen ['jœygə(n)] *vi* shout, jubilate; ~ *over* exult at (in); *de* ~*de menigte* the cheering crowd.
juichkreet, juichtoon ['jœyxkre.t, -to.n] *m* shout of joy, cheer.
juist [jœyst] I *aj* exact, correct, right, precise; *het* ~*e midden* the happy (golden) mean; *het* ~*e woord* the right word; ~, *dat is het right*, exactly; *zeer* ~ very well; hear! hear! [to an orator]; II *ad* just; exactly; *ik wou* ~... I was just going to...; *zeer* ~ *gezegd* that's it exactly; ~ *wat ik hebben moet* the precise (the very) thing I want; ~ *daarom* for that very reason; *waarom* ~ *zo'n vent?* why he of all people?; *waarom* ~ *hier?* why here of all places?
juistheid ['jœystheit] *v* exactness, exactitude, correctness, precision.
jujube [ʒy.'ʒy.bə] *m* & *v* jujube.
juk [jŭk] *o* yoke; beam [of balance]; *een* ~ *ossen* a yoke of oxen; *het* ~ *afschudden* (*afwerpen*) shake (throw) off the yoke; *onder het* ~ *brengen* bring under the yoke.
jukbeen ['jŭkbe.n] *o* cheek-bone.
juli ['jy.li.] *m* July.
jullie ['jŭli.] you, F you fellows, you people.
jun. = *junior.*
juni ['jy.ni.] *m* June.
junior [-nɪ.ɔr] junior; *P.* ~, ook: the younger P.
juridisch [jy.'ri.di.s] juridical; legal [adviser, aspect, ground].
jurisdictie, jurisdiktie [-rɪs'dɪksi.] *v* jurisdiction.
jurist [-'rɪst] *m* 1 jurist, barrister, lawyer; 2 law-student.
juristerij [jy.rɪstə'rɛi] *v* legal quibbling.
jurk [jŭrk] *v* frock, dress, gown.
jury ['ʒy.ri.] *v* jury.
jurylid [-lɪt] *o* 1 member of the jury; 2 ♂♀ juror.
jus [ʒy.] *m* gravy.
juskom [ʒy.kɔ̃m] *v* gravy-boat.
juslepel [-le.pəl] *m* gravy-spoon.
Justinianus [jŭsti.ni.'a.nŭs] *m* Justinian.
justitie [-'ti.(t)si.] *v* justice; judicature; *de* ~, ook: the law; the police [are after him].
justitieel [-ti.si.'e.l] judicial.
Jut [jŭt] *m* Jutlander, Jute; *hoofd van* ~ [ho.ftfɑn'jŭt], *kop van* ~ [kɔpfɑn'jŭt] try-your-strength machine.
jut [jŭt] *v* mouille-bouche pear.
jute ['jy.tə] *v* jute.
jutefabriek [-fa.bri.k] *v* jute mill.
jutezak [-zɑk] *m* gunny bag.
juweel [jy.'ve.l] *o* jewel², gem²; *een* ~ *van een vrouw* a jewel of a woman.
juwelen [jy.'ve.lə(n)] *aj* jewelled.
juwelenkistje [-kɪʃə] *o* jewel-box, jewel-case.
juwelier [jy.və'li:r] *m* jeweller.
juwelierswinkel [-'li:rsvɪŋkəl] *m* jeweller's (shop).

K

kaai [ka:i] *v* quay, wharf; embankment [along river]; *de menigte op de* ~ the crowd on the quayside.
kaaigeld ['ka:igɛlt] *o* quayage, wharfage.
kaaiman [-mɑn] *m* cayman, caiman, alligator.
kaaimeester [-me.stər] *m* wharfinger.
kaaimuur [-my:r] *m* quay wall.   [porter.
kaaiwerker [-vɛrkər] *m* wharf-labourer, wharf-
kaak [ka.k] *v* 1 jaw, jaw-bone; 2 gill [of fish]; 3 mandible [of an insect]; *aan* (*op*) *de* ~ *stellen* (put into the) pillory, denounce, expose, show up; *met beschaamde kaken* shamefaced.
kaakbeen ['ka.kbe.n] *o* jaw-bone.
kaakje [-jə] *o* biscuit.
kaaksbeen ['ka.ksbe.n] = *kaakbeen.*
kaakslag ['ka.kslɑx] *m* slap in the face.
kaal [ka.l] *eig* 1 (mens) bald; 2 (vogel) callow, unfledged; 3 (boom) leafless, bare; 4 (kleren) threadbare; 5 (velden, hei) barren; 6 (muren) bare, naked; *fig* shabby; *zo* ~ *als een rat* as poor as a church mouse; *er* ~ *afkomen* come away with a flea in one's ear, fare badly; ~ *vreten* eat bare.
kaalgeknipt ['ka.lgəknɪpt]   close-cropped [heads].
kaalheid [-heit] *v* baldness [of head]; bareness [of wall &]; threadbareness, shabbiness² [of a coat]; barrenness [of a tract of land].
kaalhoofdig [ka.l'ho.vdəx] baldheaded.
kaalhoofdigheid [-heit] *v* baldness.
kaan [ka.n] *v* ♣ barge.
kaantjes ['ka.ncəs] *mv* greaves, cracklings.
kaap [ka.p] *v* cape, headland; *de Kaap de Goede Hoop* the Cape of Good Hope; *ter* ~ *varen* ♣ privateer.
Kaapkolonie ['ka.pko.lo.ni.] *v* Cape Colony.
Kaaps [ka.ps] Cape...
Kaapstad ['ka.pstɑt] *v* Cape Town.
kaapstander [-stɑndər] *m* ♣ capstan.
kaapvaarder [-fa:rdər] *m* ♣ privateer.
kaapvaart [-fa:rt] *v* ♣ privateering.
kaar [ka:r] *v* basket.
kaard(e) ['ka:rdə, ka:rt] *v* card.
kaardebol [-dəbɔl] *m* ♣ teasel.
kaardedistel [-dədɪstəl] *m* & *v* ♣ teasel.
kaarden [-də(n)] *vt* card [wool].
kaarder [-dər] *m* **kaardster** ['ka:rtstər] *v* carder.
kaardwol ['ka:rtvɔl] *v* carding wool.
kaars [ka:rs] *v* 1 (tallow, wax) candle; [wɛx] taper; 2 ♣ blowball, (dandelion) clock; *bij de* ~ by candlelight; *in de* ~ *vliegen* burn one's wings.
kaarsenfabriek ['ka:rsə(n)fa.bri.k] *v* candle-factory.
kaarsenmaker [-ma.kər] *m* candle-maker.
kaarsepit ['ka:rsəpit] *v* candle-wick.
kaarsesnuiter [-snœytər] *m* (pair of) snuffers.
kaarslantaarn, -lantaren ['ka:rslɑntɑ:rən] *v* candle-lantern.
kaarslicht [-lɪxt] *o* candlelight; *bij* ~ by candlelight.
kaarsrecht [-rɛxt] bolt upright.
kaarsvet [-ka.rsfɛt] *o* tallow.
kaart [ka:rt] *v* 1 (speelkaart, naamkaart, voor aantekeningen &) card; 2 (zeekaart) chart; 3 (landkaart) map; 4 (toegangskaart) ticket; *een doorgestoken* ~ a put-up job; *goede* ~*en hebben* have a good hand; *iets in handen hebben* hold all the cards; *iemand de* ~ *leggen* tell a person's fortunes by the cards; *de* ~ *van het land kennen* know the lie of the land; ~ *spelen* play (at) cards; *open* ~ *spelen* lay one's cards on the

table; act above-board, be frank; *in* ~ *brengen* map [a region], chart [a coast]; *iemand in de* ~ *kijken* look at a person's cards; *zich in de* ~ *laten kijken* show one's hand; *in iemands* ~ *spelen* play into a person's hands, play his game; *op* ~ *brengen* card-index [addresses &]; *alles op één* ~ *zetten* stake one's all on one (a single) throw, put all one's eggs in one basket.

kaartavondje ['ka:rta.vɔncə] *o* card-party.
kaartclub [-klŭp] *v* card(-playing) club.
kaarten ['ka:rtə(n)] *vi* play (at) cards.
kaartenbakje [-bakjə] *o* card-tray.
kaartenhuis [-hœys] *o* house of cards; *als een* ~ *in elkaar vallen* come down like a house of cards.
kaartenkamer [-ka.mər] *v* ⚓ chart-room.
kaartenkast [-kɔst] *v* card-index cabinet.
kaartje ['ka:rcə] *o* 1 (naam) card; 2 (trein &) ticket; *zijn* ~ *afgeven (bij)* leave one's card (upon); *een* ~ *leggen* F have a game of cards.
kaartlegster ['ka:rtlexstər] *v* fortune-teller (by cards).
kaartspel [-spɛl] *o* 1 ('t spelen) card-playing, cards; 2 (een partij) game at (of) cards; 3 (soort van spel) card game; 4 (pak kaarten) pack of cards.
kaartspeler [-spe.lər] *m* card-player.
kaartsysteem [-si.ste.m] *o* card-index (system).
kaas [ka.s] *m* cheese; *zich de* ~ *niet van het brood laten eten* fight back; *hij heeft er geen* ~ *van gegeten* F he doesn't understand anything about it.
kaasachtig ['ka.saxtəx] cheesy, cheese-like, § caseous.
kaasbereiding [-bəreidiŋ] *v* cheese-making.
kaasboer [-bu:r] *m* 1 cheese-maker; 2 (verkoper) cheesemonger.
kaasbolletje [-bɔləcə] *o* (hoed) bowler, S billycock.
kaasboor [-bo:r] *v* cheese-taster.
kaashandel [-hɑndəl] *m* cheese-trade.
kaashandelaar [-dəla:r] *m* cheesemonger.
kaasjeskruid ['ka.ʃəskrœyt] *o* ⚘ mallow.
kaaskoper ['ka.sko.pər] *m* cheesemonger.
kaaskorst [-kɔrst] *v* cheese-rind, rind of cheese.
kaaslucht [-lŭxt] *v* cheesy smell.
kaasmade [-ma.də] *v* cheese-maggot.
kaasmaker [-ma.kər] *m* cheese-maker.
kaasmarkt [-mɑrkt] *v* cheese-market.
kaasmes [-mes] *o* cheese-cutter.
kaaspakhuis [-pɑkhœys] *o* cheese warehouse.
kaaspers [-pɛrs] *v* cheese-press.
kaasstof ['ka.stɔf] *v* casein.
kaasstolp [-stɔlp] *v* cheese-cover.
kaasvorm [ka.sfɔrm] *m* cheese-mould.
kaaswinkel [-vɪŋkəl] *m* cheese-shop.
Kaatje ['ka.cə] *v* & *o* Kitty, Kate.
kaatsbaan ['ka.tsba.n] *v* Dutch hand-tennis court.
kaatsbal [-bɔl] *m* hand-ball.
kaatsen ['ka.tsə(n)] *vi* play at ball; *wie kaatst moet de bal verwachten* if you play at bowls you must look for rubbers.
kaatser [-sər] *m* hand-tennis player.
kaatsnet ['ka.tsnɛt] *o* racket.
kaatsspel ['ka.tspɛl] *o* Dutch tennis.
kabaai [ka.'ba.i] *m Ind* cabaya, kabaya.
kabaal [ka.'ba.l] *o* noise, din, F hubbub, racket; ~ *maken (schoppen, trappen)* F kick up a row (a shindy).
kabbelen ['kɑbələ(n)] *vi* ripple, babble, purl, lap.
kabbeling [-lɪŋ] *v* rippling, babble, lapping, purl.
kabel ['ka.bəl] *m* ⚓ & ⚓ cable.
kabelballon [-bɑlòn] *m* captive balloon.
kabelbericht [-bərɪxt] *o* ⚓ cable-message, cablegram, cable.

kabelen ['ka.bələ(n)] *vt* ⚓ cable.
kabelgaren ['ka.bəlga:rə(n)] *o* ⚓ rope-yarn.
kabeljauw [kabəl'jɔu] *m* 🐟 cod, cod-fish.
kabeljauwvangst [-vɑŋst] *v* cod-fishing.
kabeljauwvisser [-vɪsər] *m* cod-fisher.
kabeljauwvisserij [-vɪsə'rɛi] *v* cod-fishery.
kabellengte ['ka.bələŋtə] *v* ⚓ cable's length.
kabelschip ['ka.bəlsxɪp] *o* ⚓ cable-ship.
kabelspoorweg [-spo:rvɛx] *m* cable-railway; telpher line.
kabeltelegram [-te.ləgrɑm] *o zie kabelberieht.*
kabeltouw [-tɔu] *o* ⚓ cable.
kabinet [kɑbi.'net] *o* 1 cabinet; closet; 2 water-closet, w.c.; 3 picture-gallery, museum, ⚘ cabinet; 4 cabinet, government.
kabinetformaat [-'fɔrma.t] *o* cabinet-size.
kabinetscrisis [kɑbi.'nɛtskri.zɪs] *v* cabinet crisis.
kabinetsformateur [-'fɔrma.tø:r] *m* cabinet-maker.
kabinetskwestie [-kvɛsti.] *v* cabinet question; *de* ~ *stellen* ask for a vote of confidence.
kabinetsraad [-ra.t] *m* cabinet-council.
kabouter [ka'bɑutər] *m* elf, gnome, brownie.
kachel ['kɑgəl] *v* stove; *elektrisch* ~*tje* electric fire.
kachelpijp [-pɛip] ʌ 1 stove-pipe; 2 S chimney-pot hat.
kadaster [ka.'dɑstər] *o* 1 land registry; 2 Offices of the Land registry.
kadastraal [-dɑs'tra.l] cadastral.
kadaver [ka.'da.vər] *o* (dead) body; ✝ subject.
kade [ka.də] *= kaai.*
kadegeld [-gɛlt] *= kaaigeld.*
kademuur [-my:r] *= kaaimuur.*
kader ['ka.dər] *o* ✕ (regimental) cadre, skeleton [of a regiment]; *fig* framework; *binnen het* ~ *van* within the framework of [this organization]; *in het* ~ *van* in connexion with [the reorganization, the exhibition]; under [this agreement, a scheme].
kaderoefeningen [-u.fəniŋə(n)] *mv* ✕ skeleton drill.
kadetje [ka.'dɛcə] *v* French roll [of bread].
kaduuk [ka'dy.k] used up.
kaf [kɑf] *o* chaff; *het* ~ *van het koren scheiden* separate chaff from wheat, sift the grain from the husk; *als* ~ *voor de wind* like chaff before the wind.
Kaffer ['kɑfər] *m* Kaffir.
kaffer ['kɑfər] boor, lout.
kaft [kɑft] *o* & *v* wrapper, cover, jacket.
kaftan ['kɑftan] *m* caftan.
kaften [-tə(n)] *vt* cover [a book].
kaftpapier ['kɑftpa.pi:r] *o* wrapping-paper.
kajak ['ka.jɑk] *m* kayak.
kajuit [ka.'jœyt] *v* cabin; *eerste* ~ saloon.
kajuitsjongen [-'jœytsjɔŋə(n)] *m* ⚓ cabin-boy.
kakebeen ['ka.kəbe.n] *= kaakbeen.*
kakelaar [-kala:r] *m* cackler, chatterer.
kakelaarster [-stər] *v* cackler, chatterer, chatterbox.
kakelbont ['ka.kəl'bònt] motley, variegated, chequered.
kakelen ['ka.kələ(n)] *vi* cacle[2], *fig* gabble chatter.
kakement [ka.kə'mɛnt] *o* jaw.
kaken ['ka.kə(n)] *vt* cure [herrings].
kaker [-kər] *m* herring-curer.
kaketoe ['ka.katu.] *m* 🦜 cockatoo.
kaki ['ka.ki.] *o* khaki.
kakkerlak ['kɑkərlɑk] *m* 🪳 cockroach, black-beetle.
kakofonie [ka.ko.fo.'ni.] *v* cacophony.
kal(e)bas [ka.lə'bɑs] *v* 🍈 calabash, gourd.
kalender [ka.'lɛndər] *m* calendar.
kalenderjaar [-ja:r] *o* calendar year.
kales [ka.'les] *v* calèche, calash.
kalf [kɑlf] *o* 1 🐄 calf; 2 (bovendrempel)

lintel; 3 *fig* calf; *een ~ van een jongen* a calf, a booby; *als het ~ verdronken is, dempt men de put* when the steed is stolen, the stable door is locked; *het gouden ~ aanbidden* worship the golden calf.

kalfaten [kɑlˈfa.tə(n)] **kalfateren** [-tərə(n)] *vt* ⚓ caulk.

kalfsbiefstuk [ˈkɑlfsbi.fstŭk] *m* veal steak.

kalfsborst [-bɔ̀rst] *v* breast of veal.

kalfsbout [-bout] *m* joint of veal.

kalfsgehakt [-gəhɑkt] *o* minced veal.

kalfskarbonade [-kɑrbo.na.də] *v* veal cutlet.

kalfskop [-kɔp] *m* calf's head.

kalfskotelet [-ko.tələt] *v* veal cutlet.

kalfslapje [-lɑpjə] *o* veal collop.

kalfsle(d)er [-le:r, le.dər] *o* calf, calfskin, calfleather; *in kalfsleren band* bound in calf.

kalfslever [-le.vər] *v* calf's liver.

kalfsnier [-ni:r] *v* calf's kidney.

kalfsoester [-u.stər] *v* veal collop.

kalfsoog [-o.x] 1 calf's eye; 2 poached egg.

kalfsvel [-fɛl] *o* calf's skin, calfskin; *het ~ volgen* follow the drum.

kalfsvlees [-fle.s] *o* veal.

kalfszwezerik [ˈkɑlfsve.zərik] *m* sweetbread.

1 **kali** [ˈka.li.] *m* potassium.

2 **kali** [ˈka.li.] *m Ind* river.

kaliber [ka.ˈli.bər] *o* calibre[2], bore.

kalief [ka.ˈli.f] *m* caliph.

kalifaat [-li.ˈfa.t] *o* caliphate.

kalium [ˈka.li.ŭm] *o* potassium.

kalk [kɑlk] *m* 1 lime; 2 (gebluste) slaked lime; 3 (ongebluste) quicklime; 4 (metsel) mortar; 5 (pleister) plaster.

kalkaarde [ˈkɑlka:rdə] *v* calcareous earth.

kalkachtig [-ɑxtəx] limy, calcareous.

kalkei [ˈkɑlkɛi] *o* preserved egg.

kalken [ˈkɑlkə(n)] *vt* 1 lime {skins &}; roughcast, plaster [a wall]; 2 S chalk, write.

kalkhoudend [ˈkɑlkhoudənt] calcareous, calciferous.

kalklicht [-lɪxt] *o* limelight.

kalkoen [kɑlˈku.n] *m* 🦃 turkey; *~se haan* turkey-cock; *~se hen* turkey-hen.

kalkoven [ˈkɑlko.və(n)] *m* limekiln.

kalkput [-pŭt] *m* lime pit.

kalksteen [-ste.n] *o* & *m* limestone.

kalkwater [-va.tər] *o* lime water.

kalm [kɑlm] I *aj* calm, quiet, composed; *~!* easy!, steady!; *~ en bedaard* calm and quiet, cool and collected; II *ad* calmly &.

kalmeren [kɑlˈme:rə(n)] I *vt* calm, soothe, appease, tranquillize; II *vi* calm down, compose oneself; *~d middel* sedative, tranquillizer.

kalmoes [ˈkɑlmu.s] *m* 🌿 sweet flag.

kalmpjes [ˈkɑlmpjəs] calmly; *~ aan!* easy!, steady!

kalmte [ˈkɑlmtə] *v* calm, calmness, composure.

kalotje [ka.ˈlɔcə] *o* 1 (v. heer) skull-cap; 2 (van geestelijke) calotte.

kalven [ˈkɑlvə(n)] *vi* calve.

kalverachtig [-vərɑxtəx] calf-like.

kalverliefde [-li.vdə] *v* calf-love.

kam [kɑm] *m* comb [for the hair]; crest [of a cock, helmet, hill &]; bridge [of violin]; ✂ cam, cog [of wheel]; de *~ opsteken* elevate (erect) one's crest[2], *fig* bristle up; *allen over één ~ scheren* lump them all together, treat all alike.

kamee zie *camee*.

kameel [ka.ˈme.l] *m* 🐫 camel [also for raising ships].

kameeldrijver [-dreivər] *m* camel-driver.

kameelhaar [-ha:r] *o* camel's hair.

kameleon [ka.me.le.ˈòn] *o* & *m* 🦎 chameleon[2].

kamenier [ka.moˈni:r] *v* (lady's) maid.

kamer [ˈka.mər] *v* 1 room, chamber; 2 chamber [of a gun]; 3 ventricle [of the heart]; *donkere ~* dark room; *de Eerste Kamer* the first chamber; [in England] the Upper House;

gemeubileerde ~s furnished apartments; *de Tweede Kamer* the second chamber; [in England] the Lower House; *de Kamer van Koophandel* the Chamber of Commerce; *de ~ bijeenroepen* convoke the House; *~s te huur hebben* have apartments (rooms) to let; *zijn ~ houden* keep one's room; *de ~ ontbinden* (openen, sluiten) dissolve (open, prorogue) the Chamber; *hij woont op ~s* he lives in lodgings; *ik woon hier op ~s* I am in rooms here; *hij is niet op zijn ~* he is not in his room.

kameraad [ka.məˈra.t] *m* comrade, mate, fellow, companion, F chum, S pal.

kameraadschap [-sxɑp] *v* companionship, (good-)fellowship, comradeship.

kameraadschappelijk [ka.məra.tˈsxɑpələk] I *aj* friendly, F chummy; II *ad* in a friendly manner.

kamerarrest [ˈka.mərɑrɛst] *o* confinement to one's room; *~ hebben* J have to keep one's room.

kamerbewoner [-bəvo.nər] *m* ~**bewoonster** [-vo.nstər] *v* lodger.

kamerdebat [-dəbɑt] *o* Parliamentary debate.

kamerdeur [-dø:r] *v* room-door.

kamerdienaar [-di.na:r] *m* 1 valet, man(-servant); 2 (aan 't hof) groom (of the chamber), chamberlain.

kamergymnastiek [-gɪmnɑsti.k] *v* indoor gymnastics.

kamerheer [-he:r] *m* chamberlain, gentleman in waiting [at court].

kamerhuur [-hy:r] *v* room-rent.

kamerjapon [ˈka.mərja.pòn] *m* ~**jas** [-jɑs] *m* & *v* dressing-gown.

kamerlid [-lɪt] *o* member of the chamber, member of Parliament [in England].

kamermeisje [-meijə] *o* chambermaid.

kamermuziek [-my.zi.k] *v* ♪ chamber music.

kamerontbinding [-òntbɪndɪŋ] *v* dissolution of the chamber(s).

kamerorkest [-ɔrkɛst] *o* ♪ chamber orchestra.

kamerplant [-plɑnt] *v* indoor plant.

kamerpot [-pɔt] *m* chamber (pot).

kamerscherm, **-schut** [-sxɛrm, -sxŭt] *o* draught-screen.

kamertemperatuur [-tɛmpəra.ty:r] *v* room temperature.

kamerverhuurder [-vərhy:rdər] *m* ~**ster** [-stər] *v* lodging-house keeper.

kamerverslag [-vərslɑx] *o* in: *de ~en* the reports of the Parliamentary debates.

kamerzetel [-ze.təl] *m* seat (in Parliament).

kamfer [ˈkɑmfər] *m* camphor.

kamferspiritus [-fərspi:ri.tŭs] *m* camphorated spirits.

kamgaren [ˈkɑmga:rə(n)] *o* & *aj* worsted.

kamille [ka.ˈmɪlə] *v* 🌼 camomile.

kamillethee [-te.] *v* camomile tea.

kamizool [ka.mi.ˈzo.l] *o* camisole.

kammen [ˈkɑmə(n)] I *vt* comb; card [wool]; II *vr zich ~* comb one's hair.

1 **kamp** [kɑmp] *o* ⚔ camp[2].

2 **kamp** [kɑmp] *m* combat, fight, struggle, contest.

3 **kamp** [kɑmp] *aj* in: *~ geven* yield, S throw up the sponge; *zij waren ~* the race (the sports &) ended in a tie (in a draw).

kampanje [kɑmˈpɑɲə] *v* ⚓ poop(-deck).

kampcommandant [ˈkɑmpkòmɑndɑnt] *m* camp commandant.

kampeerder [-ˈpe:rdər] *m* camper.

kampeerterrein [-ˈpe:rtɛrɛin] *o* camping ground, camping site.

kampeerwagen [-va.gə(n)] *m* caravan.

kampement [kɑmpəˈmɛnt] *o* 1 encampment, camp; 2 (kantonnement) cantonment.

kampen [ˈkɑmpə(n)] *vi* fight, combat, struggle, contend, wrestle; *te ~ hebben met* have to

contend with; ~ *om* fight (contend) for.
kamperen [kɑm'pe:rə(n)] I *vt* (en)camp; II *vi* camp, be (lie) encamped, camp out.
kamperfoelie [kɑmpər'fu.li.] v ♣ honeysuckle; *wilde* ~ woodbine.
kampioen [kɑmpi.'u.n] *m* champion°.
kampioenschap [-sxɑp] *o sp* championship.
kampong ['kɑmpɒŋ] *m Ind* kampomp.
kampplaats ['kɑmpla.ts] v field of battle, battle-field, arena.
kamprechter ['kɑmprɛxtər] *m* umpire.
kampstrijd [-strɛit] *m* match; *fig* struggle.
kampvechter [-fɛxtər] *m* fighter, wrestler; champion.
kampvuur [-fy:r] *o* camp-fire.
kampwacht [-vɑxt] v camp guard.
kamrad ['kɑmrɑt] *o* ⚙ cog-wheel.
kamvormig ['kɑmvɔrməx] comb-shaped.
kamwol [-vɒl] v combing-wool.
1 **kan** [kɑn] v 1 jug, can, mug, tankard; 2 litre; *het is in ~nen en kruiken* the matter (everything) is settled, fixed (up).
2 **kan** [kɑ.n] *m* (oostersetitel) khan.
kanaal [ka.'na.l] *o* 1 (gracht) canal; 2 (vaargeul, *TV*, *fig*) channel; *het Kanaal* the Channel.
kanalisatie [ka.na.li.'za.(t)si.] v canalization.
kanaliseren [-'ze:rə(n)] *vt* canalize.
kanarie [ka.'na:ri.] *m* ♣ canary.
kanariegeel [-ge.l] canary-yellow.
kanariekooi [-ko:i] v canary-bird cage.
kanarievogel [-vo.gəl] *m* ♣ canary(-bird).
kanariezaad [-za.t] *o* ♣ canary-seed.
kandeel [kɑn'de.l] v caudle.
kandelaar [kɑndəla:r] *m* candlestick.
kandelaber [kɑndə'la.bər] *m* candelabra.
kandidaat [kɑndi.'da.t] *m* candidate [for appointment or honour]; applicant [for an office]; *iemand ~ stellen* nominate a person, put him up; *zich ~ stellen* I become a candidate; 2 contest a seat in Parliament, stand for [Amsterdam]; ~ *in de letteren* Bachelor of Arts; ~ *in de rechten* Bachelor of Laws.
kandidaatsexamen [-'da.tsɛksa.mə(n)] *o* littlego, smalls.
kandidaatstelling [-stɛlɪŋ] v nomination.
kandidatuur [kɑndi.da.'ty:r] v candidature, candidateship, nomination.
kandij [kɑn'dɛi] v candy.
kandijsuiker [-sœykər] *m* sugar-candy.
kaneel [ka.'ne.l] *m* & *o* cinnamon.
kangoeroe ['kɑŋgu:ru.] *m* ♣ kangaroo.
kanjer ['kɑŋjər] *m* a big one, spanker, whopper.
kanker ['kɑŋkər] *m* ♀ cancer; ♣ canker; *fig* canker.
kankeraar [-kəra:r] *m S* grouser, grumbler.
kankerachtig [-kərɑxtəx] cancerous, cancroid.
kankerbestrijding ['kɑŋkərbəstrɛidɪŋ] v fight against cancer.
kankeren ['kɑŋkərə(n)] *vi* 1 cancer; 2 *fig* canker; 3 *S* grouse, grumble.
kankergezwel ['kɑŋkərgəzvɛl] *o* cancerous tumour, cancerous growth.
kankerlijder [-lɛidər] *m* cancer patient.
kankeronderzoek [-òndərzu.k] *o* cancer research.
kannibaal [kɑni.'ba.l] *m* cannibal.
kannibaals [-'ba.ls] cannibalistic.
kano ['ka.no.] *m* ♣ canoe.
kanoën [-ə(n)] *vi* canoe.
kanon [ka.'nòn] *o* gun, cannon.
kanonnade [ka.nò'na.də] v ✕ cannonade.
kanonneerboot [-'ne:rbo.t] *m* & v ✕ gun-boat.
kanonneren [-nò'ne:rə(n)] *vt* ✕ cannonade.
kanonnevlees [ka.'nònəvle.s] *o* cannon-fodder.
kanonnier [-nò'ni:r] *m* ✕ gunner.
kanonschot [ka.'nònsxɔt] *o* ✕ cannon-shot.

kanonskogel [-'nònsko.gəl] *m* ✕ cannon-ball.
kanonvuur [-'nònvy:r] *o* ✕ gun-fire, cannonade.
kanosport ['ka.no.spɔrt] v canoeing.
kanovaarder [-va:rdər] *m* canoeist.
kans [kɑns] v chance, opportunity; *iemand een ~ geven* give one a chance; ~ *hebben om...* have a chance of ...ing; *hij heeft goede ~en* he stands a good chance; *weinig ~ hebben om...* stand little chance of ...ing; *de ~ krijgen om...* get a chance of ...ing; *de ~ lopen om...* run the risk of ...ing; *de ~ schoon zien om...* see one's chance (opportunity) to...; *de ~ waarnemen* seize the opportunity; *de ~ wagen* take one's chance; *als hij ~ ziet om...* when he sees his chance to...; *ik zie er geen ~ toe* I don't see my way to do it, I can't manage it; *er is alle ~ dat...* there is every chance that...; *daar is geen ~ op* there is no chance of it; *de ~ keerde* (my, his &) luck was turning; *de ~en staan gelijk* the odds are even.
kansel ['kɑnsəl] *m* pulpit; *hij wordt voor de ~ opgeleid* he is intended for the Church.
kanselarij [kɑnsəla:'rei] v chancery, chancellery.
kanselarijstijl [-stɛil] *m* official style.   [lery.
kanselier [kɑnsə'li:r] *m* chancellor.
kanselrede ['kɑnsəlre.də] v pulpit oration, homily.
kanselredenaar [-re.dəna:r] *m* pulpit orator.
kanselstijl [-stɛil] *m* pulpit style.
kansrekening ['kɑnsre.kənɪŋ] v calculus of probabilities.
kansspel ['kɑnspɛl] *o* game of chance.
1 **kant** [kɑnt] *m* 1 side [of a road, of a bed &]; border [of the Thames &]; edge [of the water, of a forest]; brink [of a precipice]; margin [of a printed or written page]; 2 side, direction; 3 aspect [of life]; *dat raakt ~ noch wal* that is neither here nor there; *die ~ moet het uit met...* that way... ought to tend; *een andere ~ uitkijken* look the other way; *aan de ~ van de weg* at the side of the road, by the roadside; *aan de andere ~ moeten wij niet vergeten dat...* on the other hand (but then) we should not forget that...; *aan de veilige ...* on the safe side; *dat is weer aan* — that job is jobbed; *de kamer aan ~ doen* straighten up (do) the room, put things tidy; *de theeboel aan ~ doen* put the tea-things on one side; *zijn zaken aan ~ doen* retire from business; *naar alle ~en uitzien* look in every direction; *een vaatje op zijn ~ zetten* cant (tilt) a cask; *het is een dubbeltje op zijn ~* zie dubbeltje; *veel over zijn ~ laten gaan* not be so very particular (about...); *van alle ~en* on every side, from every quarter; *de zaak van alle (verschillende) ~en bekijken* look at the question from all sides (from different angles); *van die ~ bekeken...* looked at from that point...; *van welke ~ komt de wind?* from which side does the wind blow?; *iemand van~ helpen (maken)* put one out of the way; *zich van~ maken* make away with oneself; zie ook: 1 *zijde.*
2 **kant** [kɑnt] *m* (stofnaam) lace.
3 **kant** [kɑnt] *aj* neat; ~ *en klaar* all ready; cut and dried; ready to hand.
kanteel [kɑn'te.l] *m* crenel, battlement.
kantelen ['kɑntələ(n)] I *vt* (wentelen) turn over, overturn; (op z'n kant zetten) cant, tilt; II *vi* topple over, overturn, turn over; ⚓ capsize; *niet ~!* this side up.
1 **kanten** [-tə(n)] *vt* cant, square; II *vr zich ~ tegen* oppose.
2 **kanten** [-tə(n)] *aj* lace.
kantig ['kɑntəx] angular.
kantine [kɑn'ti.nə] v canteen.
kantinewagen [-va.gə(n)] *m* mobile canteen.
kantje ['kɑncə] *o F* page, side [of note paper]; *het was op het ~ af,* F it was a near (close)

thing, it was touch and go; *op het ~ af geslaagd* got through by the skin of his teeth; *'t was op het ~ van onbeleefd* it was sailing near the wind.
kantklossen ['kɑntklɔsə(n)] *o* pillow lace-making.
kantlijn [-lɛin] *v* 1 marginal line; 2 edge [of a cube &].
kanton [kɑn'tòn] *o* canton.
kantongerecht [-gərɛxt] *o* district court.
kantonnement [kɑntònə'mɛnt] *o* ✕ cantonment.
kantonneren [-'ne:rə(n)] *vt* ✕ canton.
kantonrechter [kɑn'tònrɛxtər] *m* justice of the peace.
kantoor [kɑn'to:r] *o* office; *~ van afzending* forwarding office; *~ van ontvangst* delivery office; *daar ben je aan het rechte (verkeerde) ~* you have come to the right (wrong) shop; *op een ~* in an office; *ten kantore van...* at the office of...
kantoorbediende [-bədi.ndə] *m-v* (office) clerk.
kantoorbehoeften [-bəhu.ftə(n)] *mv* stationery.
kantoorboek [-bu.k] *o* office book.
kantoorboekhandel [-hɑndəl] *m* stationer's (shop).
kantoorboekhandelaar [-hɑndəla:r] *m* stationer.
kantoorklerk [kɑn'to:rklɛrk] *m* clerk [in bank, office &].
kantoorkruk [-krük] *v* office stool.
kantoorloper [-lo.pər] *m* (office) messenger.
kantoormachine [-ma.ʃi.nə] *v* office machine; *~s ook*: office machinery.
kantoorpersoneel [-perso.ne.l] *o* office staff, clerical staff, clerks.
kantoorstoel [-stu.l] *m* office chair.
kantooruren [-y:rə(n)] *mv* office hours.
kantoorwerkzaamheden [-vɛrksa.mhe.də(n)] *mv* office work.
kanttekening ['kɑntə.kənɪŋ] *v* marginal note.
kantwerk ['kɑntvɛrk] *o* lace-work.
kantwerkster [-vɛrkstər] *v* lace-maker.
kanunnik [ka.'nÿnɪk] *m* canon.
kap [kɑp] *v* 1 (hoofdbedekking) coif, cap [of a cloak], hood [of a cowl]; 2 (v. voertuig) hood; 3 (v. schoorsteen) cowl; 4 (v. molen) cap; 5 (v. lamp) shade; 6 (v. laars) top; 7 (v. huis) roof, roofing; 8 (v. muur) coping; 9 ✕ bonnet [of motor-car engine], cowl(ing) [of aircraft engine]; cap, cover.
kapdoos ['kɑpdo.s] *v* dressing-case.
kapel [ka.'pɛl] *v* 1 chapel [house of prayer]; 2 ♩ band; 3 🦋 butterfly.
kapelaan [kɑpə'la.n] *m* chaplain, *RK* curate, assistant priest.
kapelmeester [ka.'pɛlme.stər] *m* (military) bandmaster.
kapen ['ka.pə(n)] *v* 1 ⚓ privateer; 2 S filch, pilfer; II *vt* 1 ⚓ capture; 2 S filch, pilfer.
kaper [-pər] *m* ⚓ privateer, raider; *er zijn ~s op de kust* 1 the coast is not clear; 2 there are rivals in the field.
kaperbrief [-bri.f] *m* letter of marque (and reprisal).
kaperkapitein [-ka.pi.tɛin] *m* ⚓ (captain of a) privateer.
kapership [-sxip] *o* ⚓ privateer, raider.
kapitaal [kɑpi.'ta.l] I *aj* capital [letter]; *een ~ huis* a fine (substantial) house; II *o* capital; *~ en interest* principal and interest.
kapitaalbelegging [-bəlɛgɪŋ] *v* investment (of capital).
kapitaalgoederen [-gu.dərə(n)] *mv* capital goods.
kapitaalheffing [-hɛfɪŋ] *v* capital levy.
kapitaalkrachtig [kɑpi.ta.l'krɑxtəx] with a considerable capital at one's back.
kapitaalmarkt [kɑpi.'ta.lmɑrkt] *v* capital market.

kapitaalvlucht [-vlüxt] *v* flight of capital.
kapitaalvorming [-vɔrmɪŋ] *v* capital formation.
kapitalisatie [kɑpi.ta.li.'za.(t)si.] *v* capitalization.
kapitaliseren [-ta.li.'ze:rə(n)] *vt* capitalize.
kapitalisme [kɑpi.ta.'lɪsmə] *o* capitalism.
kapitalist [-'lɪst] *m* capitalist.
kapitalistisch [-'lɪsti.s] I *aj* capitalist [country, society], capitalistic [production]; II *ad* capitalistically.
kapiteel [kɑpi.'te.l] *o* capital [of a column].
kapitein [-'tɛin] *m* ✕ & ⚓ captain; ⚓ master; *~-luitenant-ter-zee* commander; *~-vlieger* flight-lieutenant.
kapiteinsrang [-'tɛinsrɑŋ] *m* ✕ rank of captain.
kapittel [-'pɪtəl] *o* chapter.
kapittelen [-tələ(n)] *vt* in: *iemand ~* lecture one, read one a lecture.
kapittelheer [-tɛlhe:r] *m* canon.
kapittelkerk [-kɛrk] *v* minster.
kapje ['kɑpjə] *o* 1 little cap; 2 circumflex; 3 crusty end [of a loaf].
kaplaars [-la:rs] *v* top-boot.
kaplaken [-la.kə(n)] *o* ⚓ primage.
kapmantel [-mɑntəl] *m* dressing-jacket.
kapmes [-mɛs] *o* chopper, cleaver.
kapoen [ka.'pu.n] *m* 🐓 capon.
kapok [-'pɔk] *m* kapok.
kapokboom [-bo.m] *m* kapok-tree.
kapot [ka.'pɔt] F broken, out of order, gone to pieces [of a tool &]; in holes [of a coat &]; *ik ben ~* I am fairly knocked up; *ik ben er ~ van* I am dreadfully cut up by it; *~ gaan* go to pieces; *~ gooien* smash; *~ maken* spoil, put out of order, break.
kapotjas [-jɑs] *m* & *v* capote, greatcoat.
kapotje [ka.'pɔcə] *v* (lady's) bonnet.
kappen ['kɑpə(n)] I *vt* 1 chop [wood]; cut (down), fell [trees], mince [meat]; 2 dress [the hair]; II *vi* & *va* 1 chop &; 2 dress the hair; III *vr zich ~* dress one's hair.
kapper [-pər] *m* hairdresser.
kapperswinkel [kɑpərs'vɪŋkəl] *m* hairdresser's shop.
kapseizen ['kɑpsɛizə(n)] *vi* ⚓ capsize.
kapsel [-səl] *o* coiffure, hairdo, hair-style.
kapspiegel [-spi.gəl] *m* toilet-glass.
kapster [-stər] *v* (lady) hairdresser.
kapstok [-stɔk] *m* 1 (aan muur) row of pegs; 2 (in gang) hat-rack, hat-stand, hall-stand; 3 (één haak) peg.
kaptafel [-ta.fəl] *v* dressing-table.
kapucijn [ka.py.'sɛin] *m* Capuchin.
kapucijner [-'sɛinər] *m* 🌿 marrowfat (pea).
kapverbod ['kɑpfərbɔt] *o* felling prohibition.
kar [kɑr] *v* cart [on 2 or 4 wheels]; F (fiets) bike; (auto) car.
kar. = *karaat*.
karaat [ka.'ra.t] *o* carat; *18-~s* 18-carat [gold].
karabijn [ka.ra.'bɛin] *v* carbine.
karabinier [-bi.'ni:r] *m* carabineer.
karaf [ka.'rɑf] *v* 1 water-bottle; 2 decanter [for wine].
karakter [ka.'rɑktər] *o* 1 (aard) character; nature; 2 (letterteken) character.
karaktereigenschappen [-ɛigənsxɑpə(n)] *mv* qualities of character.
karakterfout [-faut] *v* defect of character.
karakteriseren [ka.rɑktəri.'ze:rə(n)] *vt* characterize.
karakteristiek [-rɪsti.k] I *aj* characteristic; II *ad* characteristically; III *v* characterization.
karakterloos [ka.'rɑktərlo.s] characterless.
karakterloosheid [ka.rɑktər'lo.shɛit] *v* lack of character.
karaktertrek [ka.'rɑktərtrɛk] *m* trait of character, feature.

karaktervorming [-vərmɪŋ] v character-building.

karamel [ka.ra.'mɛl] v caramel.

karavaan [ka.ra.'va.n] v caravan.

karbonade [karbo.'na.də] v chop, cutlet.

karbonkel ['bɔŋkəl] m & o carbuncle.

karbouw [kar'bɔu] m ± Ind (water) buffalo.

kardinaal [kardi.'na.l] I m cardinal; II aj cardinal [point, error].

kardinaalschap [-skap] o cardinalship.

kardinaalshoed [kardi.'na.lshu.t] m cardinal's hat.

1 **kardoes** [kar'du.s] m ± poodle.

2 **kardoes** [kar'du.s] v ✕ cartridge.

Karel ['ka.rəl] m Charles; ~ de Grote Charlemagne; ~ de Stoute Charles the Bold.

karig ['ka.rəx] I aj scanty, frugal [meal], sparing [use]; (niet) ~ zijn met (not) be chary (sparing) of; II ad scantily, frugally, sparingly, with a sparing hand.

karigheid [-heit] v scantiness, frugality, sparingness.

karikaturiseren, -zeren [kari.ka.ty:ri.'ze:rə(n)] vt caricature.

karikatuur [kari.ka.'ty:r] v caricature.

karikatuurtekenaar [-te.kəna:r] m caricaturist.

karkas [kar'kas] o & v carcass, carcase, skeleton.

karkiet [kar'ki.t] m ± reed-warbler.

karmeliet [karmə'li.t] m Carmelite (friar).

karmelietes [-məli.'tɛs] v Carmelite (nun).

karmijn [kar'mɛin] o carmine.

karmozijn [-mo.'zɛin] o karmozijnen [-'zɛinə(n)] aj crimson.

karn [karn] v churn.

karnaval zie carnaval.

karnemelk ['karnəmɛlk] v buttermilk.

karnen [-nə(n)] vt churn.

karnpols, karnstok ['karnpɔls, -stɔk] m dasher.

karnton [-tɔn] v churn.

karos [ka.'rɔs] v coach, state carriage.

Karpaten [kar'pa.tə(n)] Carpathians.

karper ['karpər] m 🐟 carp.

karpet [kar'pɛt] o (square of) carpet.

karrepaard ['karəpa:rt] o cart-horse.

karrespoor [-spo:r] o rut, cart track.

karrevracht [-vraxt] v cart-load.

1 **kartel** [kar'tɛl] o cartel.

2 **kartel** ['kartəl] m (kerf) notch.

karteldarm [-darm] m colon.

kartelen ['kartələ(n)] vt notch; mill [coins].

kartelrand [-təlrant] m milled edge.

karteren [kar'te:rə(n)] vt map; (in z. 🖐) survey.

kartering [-rɪŋ] v mapping; (in z. 🖐) survey(ing).

kartets(en) [kar'tɛts, -'tɛtsə(n)] v (mv) ✕ grapeshot.

kartetsvuur [-fy:r] o ✕ grape-shot-fire.

karton [kar'tɔn] o cardboard, pasteboard; een ~ a cardboard box, a carton.

kartonnagefabriek [-tɔ'na.ʒəfa.bri.k] v cardboard factory.

kartonnen [kar'tɔnə(n)] aj cardboard, pasteboard.

kartonneren [-tɔ'ne:rə(n)] vt bind in boards [books]; gekartonneerd (in) boards.

kartonnering [-rɪŋ] v (binding in) boards [of books].

kartuizer [kar'tœyzər] m Carthusian (monk).

karwats [kar'vats] v horsewhip, riding-whip.

karwei [kar'wɛi] v & o job; op ~ gaan go out jobbing; op ~ zijn be on the job.

karweitje [-cə] o job; (allerlei) ~s odd jobs; het is me een ~ F it is a nice job.

karwij [-'vɛi] v 🌿 caraway.

kas [kas] v I (ter invatting) case [of a watch], socket [of a tooth]; 2 (voor druiven &) hothouse, glass-house; 3 $ cash; pay-office; (pay-)desk; 4 [unemployment &] fund; 's lands ~ the exchequer, the coffers of the State; de ~ houden keep the cash; de ~ opmaken make up the cash; wel bij ~ zijn be in cash, be in funds, have plenty of money; slecht (niet) bij ~ zijn be short of cash, be out of funds, be hard up; geld in ~ cash in hand.

kasboek ['kasbu.k] o $ cash-book.

kasdruiven [-drœyva(n)] mv hothouse grapes.

kasgeld [-gɛlt] o $ till-money, cash (in hand).

kasjmier ['kaʃmi:r] o cashmere.

kasjmieren [-mi:ra(n)] aj cashmere.

kasmiddelen ['kasmɪdələ(n)] mv $ cash (in hand).

Kasper [-pər] m Jasper.

Kaspische Zee [kaspi.sə'ze.] v Caspian (Sea).

kasplant ['kasplant] v hothouse plant.

kasregister [-ragɪstər] o $ cash-register.

kassa ['kasa.] v $ 1 cash; 2 cash-desk, (pay-)desk; box-office [of cinema &]; per ~ $ net cash.

kassaldo ['kasaldo.] o cash balance.

kassier [ka'si:r] m 1 cashier, (v. bank ook:) teller; 2 banker.

kassiersboekje [-'si:rsbu.kjə] o $ bank-book, pass-book.

kassierskantoor [-kanto:r] o $ banking-office.

kast [kast] v 1 cupboard [for crockery, provisions &]; wardrobe [for clothes]; chest [for belongings]; book-case [for books]; press [in a wall]; cabinet [for valuables]; 2 $ diggings, room; quod, prison; 3 case [of a watch &]; hem in de ~ zetten $ put him in quod; hem op de ~ jagen $ rile him.

kastanje [kas'taɲə] v 🌰 chestnut; wilde ~ horse-chestnut; voor iemand de ~s uit vuur halen pull the chestnuts out of the firo for one, be made a cat's-paw of.

kaste ['kastə] v caste.

kasteel [kas'te.l] o 1 castle, ✕ citadel; 2 sp castle, rook [in chess].

kastegeest ['kastəge.st] m spirit of caste, caste-feeling.

kastekort ['kastəkɔrt] o $ deficit, deficiency.

kastelein [kastə'lɛin] m innkeeper, landlord, publican.

kastenmaker ['kastə(n)ma.kər] m cabinet-maker.

kastenstelsel [-stɛlsəl] o caste system.

kastijden [kas'tɛi(d)ə(n)] vt chastise, castigate, punish.

kastijding [-dɪŋ] v chastisement, castigation.

kastje ['kaʃə] o (small) cupboard; (sierlijk) cabinet; (v. leerling, voetballer &) locker; van het ~ naar de muur sturen send from pillar to post.

kastkoffer ['kastkòfər] m wardrobe trunk.

kastoor [kas'to:r] o beaver.

kastoren [-'to:rə(n)] aj beaver.

kastpapier ['kastpa.pi:r] o shelf-paper.

kasuaris [ka.zy.'a:ras] m ± cassowary.

kat [kat] v ± cat[2], tabby; de ~ de bel aanbinden bell the cat; als een ~ in een vreemd pakhuis like a fish out of water; een ~ in de zak kopen buy a pig in a poke; de ~ uit de boom kijken see which way the cat jumps, sit on the fence; de ~ in het donker knijpen saint it in public and sin in secret; als de ~ weg is, dansen de muizen when the cat's away the mice will play; zij leven als ~ en hond they live like cat and dog; ~ en muis sp cat and mouse.

katachtig ['kataxtəx] catlike, § feline[2].

katalysator [ka.ta.li.'za.tor] m catalyst.

katapult ['katapʏlt] m catapult.

kater ['ka.tər] m 1 tom cat, tom; 2 $ een ~ hebben have a head, a hang-over.

katheder [ka.'te.dər] m chair.

kathedraal [-te.'dra.l] I aj cathedral; II ~ v cathedral (church).

kathode [ka.'to.də] *v* ✕ cathode.
kathodestraal [-stra.l] *m* & *v* ✕ cathode ray.
kathodestraalbuis [-bœys] *v* ✕ cathode-ray tube.
katholicisme [ka.to.li.'sɪsmə] *o* Roman Catholicism.
katholiek [-'li.k] *m* & *aj* Roman Catholic; *de Katholieke Actie RK* the Catholic Action.
katje ['kɑcə] *o* 1 kitten; 2 ⚹ catkin; *zij is geen ~ om zonder handschoenen aan te pakken* F she can look after herself; *bij nacht zijn alle ~s grauw* in the dark all cats are grey.
katjesspel [-spɛl] *o* kittenish romps; *dat loopt op ~ uit* F it will end in mischief.
katoen [ka.'tu.n] *o* & *m* cotton; *hem van ~ geven* F let oneself go, put some vim into it; *hun van ~ geven* F give them hell.
katoenachtig [-ɑxtəx] cottony.
katoenbaal [-ba.l] *v* bale of cotton.
katoenboom [-bo.m] *m* cotton-tree.
katoenbouw [-bɑu] *m* cotton-growing.
katoendrukker [-drükər] *m* calico-printer.
katoendrukkerij [ka.tu.ndrükə'rɛi] *v* calico-printing factory.
katoenen [ka.'tu.nə(n)] *aj* cotton; *~ stoffen* cotton fabrics, cottons.
katoenfabriek [ka.'tu.nfa.bri.k] *v* cotton-mill.
katoenfabrikant [-fa.bri.kɑnt] *m* cotton manufacturer.
katoenfluweel [-fly.ve.l] *o* cotton velvet, velveteen.
katoenmarkt [-mɑrkt] *v* cotton market.
katoenpitten [-pɪtə(n)] *mv* cotton seeds.
katoenspinner [-spɪnər] *m* cotton-spinner.
katoenspinnerij [ka.tu.nspɪnə'rɛi] *v* cotton-mill.
katoentje [ka.'tu.ncə] *o* print (dress); *~s* cotton prints.
katoenverver [-vɛrvər] *m* cotton-dyer.
katoenwever [-ve.vər] *m* cotton-weaver.
katoenweverij [ka.tu.nve.və'rɛi] *v* cotton-mill.
katrol [-'trɔl] *v* pulley.
katrolschijf [-sxɛif] *v* sheave.
kattebak ['kɑtəbɑk] *m* 1 cat's box; 2 dickey (-seat) [of a carriage].
kattebelletje [-bɛləcə] *o* F (hasty) scribble, scrawl.
Kattegat [-gɑt] *Het* ~ the Cattegat.
kattekwaad [-kʋa.t] *o* naughty tricks, mischief.
kattemuziek [-my.zi.k] *v* 1 caterwauling; 2 ♪ rough music.
kattengeslacht ['kɑtə(n)gəslɑxt] *o* cat tribe.
katterig ['kɑtərəx] S chippy, having a "head".
katterigheid [-hɛit] *v* S chippiness.
kattestaart ['kɑtəsta:rt] *m* 1 ♈ cat's tail; 2 ⚹ purple loosestrife.
kattevel [-vɛl] *o* catskin.
kattig ['kɑtəx] catty, cattish.
katuil ['kɑtœyl] *m* ♈ barn-owl.
katvis [-fɪs] *m* small fry.
katzwijm [-svɛim] *in ~ liggen* be in a fainting fit; *in ~ vallen* faint.
Kaukasiër [kɔu'ka.zi.ər] *m* Kaukasisch [-zi.s] *aj* Caucasian.
Kaukasus ['kɔuka.zũs] *m* Caucasus.
kauw [kɔu] *v* ♈ jackdaw, daw.
kauwen ['kɔuə(n)] I *vi* chew, masticate; *~ op* chew; II *vt* chew, masticate.
kauwgom [-gòm] *m* & *o* chewing gum.
kauwspier [-spi:r] *v* masticatory muscle.
kavel ['ka.vəl] *m* S lot, parcel.
kavelen [-vələ(n)] *vt* S lot (out), parce out, divide into lots.
kaveling [-vəlɪŋ] *v* S 1 lotting (out), parcelling out; 2 lot, parcel.
kaviaar [ka.vi.'a:r] *m* caviar(e).
kazemat [ka.zə'mɑt] *v* ✕ casemate.
kazen ['ka.zə(n)] *vi* curdle.

kazerne [ka.'zɛrnə] *v* ✕ barracks, ook: barrack-square. [rack.
kazerneplein [-plɛin] *o* ✕ barrack-square. [rack.
kazerneren [ka.zɛr'ne:rə(n)] *vt* ✕ barrack.
kazernetaal [ka.'zɛrnəta.l] *v* ✕ barrack-room language.
kazernewoning [-vo.nɪŋ] *v* tenement house.
kazuifel [ka.'zœyfəl] *m RK* chasuble.
K.B. [ka.'be.] = *Koninklijk Besluit.*
kedive [ke.'di.və] *m* khedive.
Kee [ke.] *v* F Cornelia.
keel [ke.l] *v* throat; *een ~ opzetten* set up a cry; *iemand bij de ~ grijpen* seize one by the throat; *het woord bleef mij in de ~ steken* the word stuck in my throat; *iemand naar de ~ vliegen* fly at a person's throat; *het hangt mij de ~ uit* F I am fed up with it.
keelaandoening ['ke.la.ndu.nɪŋ] *v* throat affection.
keelader [-a.dər] *v* jugular vein, jugular.
keelgat [-gɑt] *o* gullet; *het kwam in het verkeerde ~* it went down the wrong way.
keelgeluid [-gəlœyt] *o* guttural sound.
keelholte [-hɔltə] *v* pharynx.
keelklank [-klɑŋk] *m* guttural (sound).
keelontsteking [-òntstə.kɪŋ] *v* inflammation of the throat, quinsy.
keelpijn [-pɛin] *v* pain in the throat; *~ hebben* have a sore throat.
keelspiegel [-spi.gəl] *m* laryngoscope.
keelziekte [-zi.ktə] *v* disease of the throat.
keep [ke.p] *v* notch, nick, indentation.
keeper ['ki.pər] *m sp* goal-keeper.
keer [ke:r] *m* 1 turn; 2 time; *de ziekte heeft een goede (gunstige) ~ genomen* the illness has taken a favourable turn; *(voor) deze ~* this time; *twee ~* twice; *de twee keren dat hij...* the two times that he...; *een ~ of drie* two or three times; *drie ~* three times, thrice; *een enkele ~* once in a while, occasionally; *de laatste ~* (the) last time; *de volgende ~* next time; *in één ~* at one time, at a blow, at a draught &); *op een ~* one day (one evening &); *~ op ~* time after time; *voor deze ene ~* for this once.
keerdam ['ke:rdɑm] *m* barrage, weir.
keerkoppeling [-kəpəlɪŋ] *v* ✕ reverse gear.
keerkring [-krɪŋ] *m* tropic.
keerkringslanden [-krɪŋslɑndə(n)] *mv* tropical countries.
keerpunt [-pũnt] *o* turning-point [in career], crisis.
keervers [-ve:rs] *o* burden [of a song].
keerweer [-ve:r] *m* blind alley.
keerzij(de) [-zɛi(də)] *v* reverse, back; *fig* seamy side; *de ~ van de medaille* the other side of the picture [*fig*]; *aan de ~* on the back.
keeshond [ke.shònt] *m* Pomeranian (dog).
keet [ke.t] *v* 1 salt-works; 2 shed; *~ hebben* P have (great) fun; *~ maken* P kick up a row.
keffen ['kɛfə(n)] *vi* yap[2].
keffer [-fər] *m* yapper[2].
keg [kɛx] *v* wedge.
kegel ['ke.gəl] *m* 1 cone [in geometry]; 2 skittle, ninepin [game]; 3 (ijskegel) icicle.
kegelaar [-gəla:r] *m* player at skittles.
kegelbaan [-gəlba.n] *v* skittle-alley, bowling-alley.
kegelbal [-bɑl] *m* skittle-ball.
kegelen ['ke.gələ(n)] *vi* play at skittles, at ninepins.
kegelsnede [-gəlsne.də] *v* conic section.
kegelspel [-spɛl] *o* (game of) skittles, ninepins.
kegelvormig [-vɔrməx] I *aj* conical; II *ad* conically.
kei [kɛi] *m* 1 boulder; 2 (ter bestrating) paving-stone, [round] cobble(-stone); 3 *fig* zie *bolleboos.*

keihard ['kɛihɑrt] stone-hard; *een ∼ schot* a fierce shot; *een ∼e vrouw* a hard-boiled woman; *de radio stond ∼ aan* the radio was full on, was on at full blast.

keilen ['kɛilə(n)] *vt* fling, pitch; *steentjes over het water ∼* make ducks and drakes.

keisteen [-ste.n] *m* zie *kei* I & 2.

keizer ['kɛizər] *m* emperor; *geeft den ∼, wat des ∼s is* B render unto Caesar the things which are Caesar's; *waar niets is verliest de ∼ zijn recht* the King looseth his right where nought is to be had.

keizerin [kɛizə'rɪn] *v* empress.

keizerlijk ['kɛizərlək] *aj* (& *ad*) imperial(ly).

keizerrijk [-zɛrɛik] *o* empire.

keizerschap ['kɛizərsχɑp] *o* emperorship.

keizerskroon [-zərskro.n] *v* imperial crown.

keker ['ke.kər] *v* chick-pea.

kelder ['kɛldər] *m* cellar; vault [of a bank]; *naar de ∼ gaan* I ⚓ go to the bottom; 2 *fig* go to the dogs.

kelderdeur [-dø:r] *v* cellar-door.

kelderen ['kɛldərə(n)] I *vt* lay up, cellar, store (in a cellar); II *vi* S slump [of shares].

keldergat ['kɛldərɣɑt] *o* air-hole, vent-hole.

keldergewelf [-ɣəvɛlf] *o* cellar-vault.

kelderkeuken [-kø.kə(n)] *v* basement kitchen.

kelderluik [-lœyk] *o* trap-door, cellar-flap.

kelderruimte [-rœymtə] *v* cellarage.

keldertrap ['kɛldərtrɑp] *m* cellar stairs.

kelderwoning [-vo.nɪŋ] *v* basement.

kelen ['ke.lə(n)] *vt* cut the throat of, kill.

kelk [kɛlk] *m* I cup, chalice; 2 ✿ calyx.

kelkblad ['kɛlkblɑt] *o* ✿ sepal.

kelkvormig [-fɔrməχ] cup-shaped.

kelner ['kɛlnər] *m* waiter; ⚓ steward.

kelnerin [kɛlnə'rɪn] *v* waitress.

Kelt [kɛlt] *m* Celt.

Keltisch ['kɛlti.s] Celtic.

kemel ['ke.məl] *m* ♐ camel.

kemelshaar [-məlsha:r] *o* camel's hair.

kemphaan ['kɛmphɑ.n] *m* I ♐ ruff; ('t wijfje) reeve; 2 *fig* fighter, F bantam.

kenbaar ['kɛnba:r] knowable; *∼ maken* make known.

kenbaarheid [-hɛit] *v* knowableness.

kengetal ['kɛnɣətɑl] *o* ✽ distinctive number.

kenmerk [-mɛrk] *o* I distinguishing mark; 2 characteristic, feature.

kenmerken [-mɛrkə(n)] I *vt* characterize, mark; II *vt zich ∼ door* be characterized by.

kenmerkend [-kənt] characteristic (of *voor*).

kennelijk ['kɛnələk] I *aj* obvious; *in ∼e staat van dronkenschap* under the influence of drink, intoxicated, drunk; II *ad* clearly, obviously.

kennen ['kɛnə(n)] *vt* know, be acquainted with; *dat ∼ we!* F I've heard that story before!; *ken u zelven* know thyself; *geen... van... ∼* not know... from...; *zijn lui ∼* know with whom one has to deal; *hij kent geen vrees* he knows no fear; *te ∼ geven* give to understand, hint; *een wens te ∼ geven* intimate a wish; *ik ken hem aan zijn gang (manieren, stem)* I know him by his gait (manners, voice); *iemand niet in iets ∼* act without his knowledge; *ze uit elkaar ∼* know them apart; *zich doen ∼ als...* show oneself a...; *zich laten ∼* show oneself in one's true colours; *laat je nou niet ∼ aan een gulden* don't give yourself away in the matter of a poor guilder; *iemand leren ∼* get acquainted with a person, come (learn) to know a person; *zij wilden hem niet ∼* they cut him.

kenner [-nər] *m* connoisseur, (good) judge (of *van*).

kennersblik [-nərsblɪk] *m* look of a connoisseur; *met ∼* with the eye of a connoisseur.

kennis ['kɛnəs] I *v* [theoretical or practical] knowledge [of a thing]; acquaintance [with persons & things]; 2 *m-v* (**persoon**) acquaintance; *∼ is macht* knowledge is power; *∼ dragen van* have knowledge (cognizance) of; *∼ geven van* give notice of; *∼ hebben aan iemand* be acquainted with a person; (*geen*) *∼ hebben van* have (no) knowledge of; *∼ maken met iemand* make a man's acquaintance; *nader ∼ maken met iemand* improve a man's acquaintance; *∼ maken met iets* get acquainted with a thing; *∼ nemen van* take cognizance (note) of, acquaint oneself with; *bij ∼ zijn* be conscious; *weer bij ∼ komen* regain consciousness; *buiten ∼ zijn* be unconscious, have lost consciousness; *dat is buiten mijn ∼ gebeurd* without my knowledge; *met elkaar in ∼ brengen* make acquainted with each other; *iemand in ∼ stellen met (van)* acquaint one with, inform him of; *met ∼ van zaken* with (full) knowledge; *wij zijn onder ∼en* we are among acquaintances (friends) here; *iets ter (algemene) ∼ brengen* give (public) notice of a thing; *ter ∼ komen van* come to the knowledge of.

kennisgeving [-ge.vɪŋ] *v* notice, [official] notification; *voor ∼ aannemen* lay [a petition] on the table; *het zal voor ∼ aangenomen worden* the Government (the Board &) do not intend (propose) to take notice of it.

kennismaking [-ma.kɪŋ] *v* getting acquainted, acquaintance; *bij de eerste (nadere) ∼* on first (nearer) acquaintance; *op onze ∼!* to our better acquaintance!; *ter ∼* $ on approval.

kennisneming [-ne.mɪŋ] *v* (taking) cognizance, examination, inspection.

kenschetsen ['kɛnsχɛtsə(n)] *vt* characterize.

kenteken ['kɛnte.kə(n)] *o* distinguishing mark, badge, token.

kentekenen [-te.kənə(n)] *vt* characterize.

kentekenplaat [-te.kə(n)pla.t] *v* registration plate.   [*telen*.

kenteren ['kɛntərə(n)] *vi* turn; zie ook: *kan-*

kentering [-tərɪŋ] *v* I turn (of the tide), turning (of the tide); 2 change [of the monsoon(s)]; *er komt een ∼ in de publieke opinie* the tide of popular feeling is on the turn.

kenvermogen ['kɛnvərmo.ɣə(n)] *o* cognition.

kepen ['ke.pə(n)] *vt* notch, nick.

keper [-pər] *m* twill; *op de ∼ beschouwen* examine carefully; *op de ∼ beschouwd* on close inspection.

keperen [-pərə(n)] *vt* twill.

kepie ['ke.pi.] *m* ✗ képi.

kerel ['ke:rəl] *m* fellow, chap.

I keren ['ke:rə(n)] *vt* (*vegen*) sweep, clean.

2 keren ['ke:rə(n)] I *vt* I (**omkeren**) turn [a coat, one's face in a certain direction &]; ◊ turn up [a card]; 2 (**tegenhouden**) stem, stop, arrest; *hooi ∼* make (toss, ted) hay; II *vi* turn; *in zichzelf ∼* retire within oneself; *in zichzelf gekeerd* retiring; *beter ten halve gekeerd, dan ten hele gedwaald* he who stops halfway is only half in error; III *vr zich ∼* turn; *zich tegen iedereen ∼* turn against everybody; *zich ten goede (kwade) ∼* turn out well (badly); *zich tot God ∼* turn to God.

kerf [kɛrf] *v* notch, nick.

kerfmes ['kɛrfməs] *o* cutting-knife.

kerfstok [-stɔk] *m* tally; *hij heeft veel op zijn ∼* his record is none of the best.

kerk [kɛrk] *v* [established] church; [dissenting] chapel; *de ∼ in het midden laten* pursue a give-and-take policy; *hoe laat begint de ∼?* at what o'clock does divine service begin?; *in de ∼* at (in) church; in the church; *na ∼* after church; *naar de ∼ gaan* I (om te bidden) go to church; 2 (als toerist) go to church.

kerkban ['kɛrkbɑn] m excommunication.
kerkbank [-bɑŋk] v pew.
kerkbestuur [-bəsty:r] o church government; *het ~ zie kerkeraad.*
kerkbezoek [-bəzu.k] o church attendance.
kerkboek [-bu.k] o 1 church-book, prayer-book; 2 parish register.
kerkdeur [-dø.r] v church-door.
kerkdief [-di.f] m church-robber.
kerkdienst [-di.nst] m divine service.
kerkelijk ['kɛrkələk] ecclesiastical; *een ~e begrafenis* a religious burial; *een ~ feest* a church festival; *het ~ jaar* the Christian year; *~ recht* zie *kerkrecht; de ~e Staat* the Ecclesiastical States; *de ~e tucht* church discipline.
kerker ['kɛrkər] m dungeon, prison.
kerkeraad [-kərə.t] m church council; consistory [Lutheran].
kerkeren [-kərə(n)] vt imprison, incarcerate.
kerkezakje ['kɛrkəzɑkjə] o collection-bag.
kerkgang ['kɛrkgɑŋ] m going to church.
kerkganger [-gɑŋər] m -gangster [-gɑŋstər] v church-goer.
kerkgebouw [-gəbou] o church(-building).
kerkgenootschap [-gəno.tsxɑp] o communion, denomination.
kerkgeschiedenis [-gəsxi.dənɪs] v ecclesiastical history, church history.
kerkgezang [-gəzɑŋ] o 1 (het zingen) church-singing; 2 (lied) (church-)hymn.
kerkhervorming [-mɪŋ] v reformation.
kerkhof ['kɛrkhɔf] o churchyard, graveyard, cemetery; *op het ~* in the churchyard.
kerkklok [-klɔk] v 1 church-clock; 2 church-bell.
kerklatijn ['kɛrklɑ.tɛin] o RK Church Latin.
kerkleer [-le:r] v doctrine of the church.
kerkleraar [-le:ra:r] RK Doctor of the Church.
kerklied [-li.t] o (church-)hymn.
kerkmeester [-me.stər] m churchwarden.
kerkmuziek [-my.zi.k] v church music.
kerkplechtigheid [-plɛxtəxhɛit] v church ceremony.
kerkportaal [-porta.l] o church-porch.
kerkraam [-ra.m] o church-window.
kerkrecht [-rɛxt] o canon law.
kerkroof [-ro.f] m church-robbery.
kerks [kɛrks] F churchy.
kerktijd [-tɛit] m church-time; *na ~* after church; *onder ~* during the service.
kerktoren [-to:rə(n)] m church-tower, (spitse) church-steeple.
kerkuil [-œyl] m 🐦 barn-owl.
kerkvader [-fa.dər] m Father (of the Church).
kerkvergadering [-fərga.dərɪŋ] v church-meeting, synod.
kerkvervolger [-vɔlgər] m persecutor of the Church.
kerkvervolging [-gɪŋ] v persecution of the Church.
kerkvoogd ['kɛrkfo.xt] m RK prelate; *Prot* churchwarden.
kerkvorst [-fɔrst] m prince of the church.
kermen ['kermə(n)] vi moan, groan.
kermis ['kermǝs] v fair, kermesse, kermis; *het is niet alle dagen ~* Christmas comes but once a year; *het is ~ in de hel* it's rain and shine together; *hij kwam van een koude ~ thuis* F he came away with a flea in his ear.
kermisbed [-bet] o shake-down.
kermisgast [-gɑst] m 1 visitor of the fair; 2 (spullebaas) showman.
kermisklant [-klɑnt] m showman.
kermisspel ['kermǝspel] o show at a fair, booth.
kermistent ['kermǝstent] v booth.
kermisterrein [-tɛrɛin] o fair ground.
kermisvolk [-fɔlk] o showmen.
kermiswagen [-va.gə(n)] m caravan.

kermisweek [-ve.k] v week of the fair.
kern [kɛrn] v kernel [of a nut]; stone [of a peach], § [of atom, cell] nucleus [mv nuclei]; *fig* heart, core, kernel, pith; *een ~ van waarheid* a nucleus of truth; *de ~ van de zaak* the heart (core, pith, kernel) of the matter; *de harde ~ van...* the hard core of...
kernachtig ['kɛrnɑxtəx] I aj pithy, terse; II ad pithily, tersely.
kernachtigheid [-hɛit] v pithiness, terseness.
kernenergie ['kɛrnə.nɛrʒi.] v nuclear energy, nuclear power.
kernenergiecentrale [-sɛntra.lə] v nuclear power-station.
kernfysica ['kɛrnfi.zi.ka.] v nuclear physics.
kernfysicus [-fi.zi.kūs] m nuclear physicist.
kerngezond [-gəzònt] 1 (v. personen) in perfect good health; 2 (v. zaken) thoroughly sound.
kernhout [-hout] o heart-wood.
kernkop [-kɔp] m ⚔ nuclear war-head.
kernkwestie [-kvɛsti.] v central question.
kernprobleem [-pro.ble.m] o central problem.
kernreactor [-reaktor] -reaktor [-re.ɑktər] m nuclear reactor.
kernsplitsing [-splɪtsɪŋ] v nuclear fission.
kernspreuk [-sprø.k] v pithy saying, aphorism.
kernvak [-vɑk] o ⌁ key subject.
kernwapen [-va.pə(n)] o ⚔ nuclear weapon.
kerrie ['kɛri.] m curry, curry-powder.
kers [kɛrs] v 1 (vrucht) cherry; 2 🌿 cress; *~en op brandewijn* cherry brandy.
kersebloesem ['kɛrsəblu.səm] m cherry blossom.
kerseboom [-bo.m] m cherry tree.
kerseboomgaard [-ga:rt] m cherry orchard.
kersehout ['kɛrsəhout] o cherry-wood.
kersehouten [-houtə(n)] aj cherry-wood.
kersenpluk ['kɛrsə(n)plūk] m cherry picking.
kersenplukker [-plūkər] m cherry picker.
kersentijd [-tɛit] m cherry season, cherry time.
kersepit ['kɛrsəpɪt] v 1 cherry stone; 2 S nob: head.
kerspel ['kɛrspəl] o parish.
kerstavond ['kɛrsta.vɔnt] m 1 (24 dec.) Christmas Eve; 2 (25 dec.) Christmas evening.
kerstblok [-blɔk] o yule-log, yule-block.
kerstboom [-bo.m] m Christmas tree.
kerstdag [-dɑx] m Christmas Day; *eerste ~* Christmas Day; *tweede ~* the day after Christmas Day, Boxing Day; *in de ~en* at Christmas, during Christmas time.
kerstenen ['kɛrstənə(n)] vt christianize.
kerstening [-nɪŋ] v christianization.
kerstfeest ['kɛrstfe.st] o Christmas(-feast).
kerstgeschenk [-gəsxɛŋk] o Christmas present, Christmas box.
Kerstkind(je) [-kɪnt, -kɪŋcə] o Christ child, infant Jesus [in the crib].
kerstkribbe [-krɪbə] v Christmas crib.
kerstlied [-li.t] o Christmas carol.
kerstmannetje [-mɑnəcə] o *het ~* Father Christmas, Santa Claus.
Kerstmis [-mɪs] m Christmas, Xmas.
kerstnacht [-nɑxt] m Christmas night.
kerstnummer [-nūmər] o Christmas number
kerstroos [-ro.s] v 🌸 Christmas rose.
kerstspel [-spel] o Nativity play.
kerststalletje [-stɑlǝcǝ] o stable of Bethlehem.
kersttijd ['kɛrstɛit] m Christmas time, yule (tide).
kerstvakantie ['kɛrstfa.kɑn(t)si.] v Christmas holidays.
kerstversiering [-fərsi:rɪŋ] v Christmas decoration.
kerstweek [-ve.k] v Christmas week.
kerstzang [-sɑŋ] m Christmas carol.
kersvers ['kɛrs.'fɛrs] quite new, quite fresh; *~ van school* straight (fresh) from school.

kervel ['kɛrvəl] m ♣ chervil.
kerven [-və(n)] vt carve, cut, notch, slash.
kerver [-vər] m carver, [tobacco] cutter.
ketel ['ke.təl] m I (voor keuken) kettle, ca(u)ldron, copper; 2 ⚒ boiler.
ketelbikker [-bikər] m scaler.
keteldal [-dal] o basin, circus.
ketelhuis [-hœys] o boiler-house, boiler-room.
ketellapper ['ke.təlapər] m tinker.
ketelmaker ['ke.təlma.kər] m boiler-maker.
ketelmuziek [-my.zi.k] v F rough music.
ketelsteen [-ste.n] o & m (boiler-)scale, fur.
keteltrom [-tròm] v ♪ kettledrum.
keten ['ke.tə(n)] v chain², fig bond; in ~en slaan chain.
ketenen [-tənə(n)] vt chain, enchain, shackle.
ketsen ['kɛtsə(n)] vi miss fire, misfire [of a gun].
ketter ['kɛtər] m heretic.
ketteren [-tərə(n)] vi swear, rage.
ketterij [kɛtə'rɛi] v heresy.
ketterjacht ['kɛtərjaxt] v heresy hunt.
ketterjager [-ja.gər] m heresy hunter.
ketters ['kɛtərs] aj heretical.
kettervervolging [-vərvolgiŋ] v persecution of heretics.
ketting ['kɛtiŋ] m & v I chain [of metal links]; 2 warp [in weaving].
kettingbotsing [-bòtsiŋ] v chain crash, pile-up.
kettingbreuk [-brø.k] v continued fraction.
kettingbrief [-bri.f] m chain letter.
kettingbrug [-brûx] v chain bridge.
kettingdraad [-dra.t] v warp.
kettingganger [-gaŋər] m chained convict.
kettingkast [-kast] v gear-case, chain-case.
kettingreactie, -reaktie [-re.aksi.] v chain reaction.
keu [kø.] v (billiard-)cue.
keuken ['kø.kə(n)] v I kitchen; 2 (spijsbereiding) cooking; koude ~ cold dishes.
keukendoek [-du.k] m kitchen-towel.
keukenfornuis [-fòrnœys] o kitchen-range.
keukengerei [-gərɛi] o kitchen-utensils, kitchenware.
keukenkast [-kast] v kitchen-cupboard.
keukenmeid [-mɛit] v cook; tweede ~ kitchenmaid.
keukenpiet [-pi.t] m man interfering in household affairs.
keukenprinses [-prinsɛs] v F cook.
keukenstroop [-stro.p] v molasses.
keukentafel [-ta.fəl] v kitchen-table.
keukenwagen [-va.gə(n)] m kitchen-car.
keukenzout [-zɔut] o kitchen-salt.
Keulen ['kø.lə(n)] o Cologne; ~ en Aken zijn niet op één dag gebouwd Rome was not built in a day.
Keuls [kø.ls] Cologne; ~ aardewerk stoneware, glazed earthenware.
keur [kø:r] v I (keus) choice; selection; 2 (merk) hallmark; 3 (verordening) by-law; eerst in de boot, ~ van riemen first come, first served; ~ van spijzen choice viands (food); zie ook: 2 kust.
keurbende ['kø:rbendə] v picked (body of) men.
keurder [-dər] m zie keurmeester.
keuren ['kø:rə(n)] vt assay [gold, silver]; [medically] examine [recruits]; inspect [food &]; taste [wine &]; hij keurde mij geen blik waardig he didn't deign to look at me.
keurig [-rəx] I aj choice, nice, exquisite, trim; II ad choicely &; het past u ~ it fits (suits) you to a nicety, to a T.
keurigheid [-rəxhɛit] v choiceness, nicety.
keuring [-riŋ] v assay(ing) [of gold &]; (medical) examination; inspection [of food].
keuringsdienst [-riŋsdi.nst] m ~ voor waren food inspection department.
keuringsraad [-ra.t] m medical board.
keurkorps ['kø:rkòrps] o picked (body of) men.

keurmeester [-me.stər] m assayer [of gold &]; inspector [of food &]; judge.
keurslijf ['kø:rslɛif] o bodice, stays; het ~ der vormen the trammels of convention.
keurteken ['kø:rte.kə(n)] o hallmark, stamp.
keurtroepen [-tru.pə(n)] mv picked men.
keurvorst [-vòrst] m elector.
keuterboer ['kø.tərbu:r] m small farmer.
keuvelaar ['kø.vəla:r] m chatterer.
keuvelaarster [-stər] v gossip, chatterbox.
keuvelarij [kø.vəla:'rɛi] v chat.
keuvelen ['kø.vələ(n)] vi chat.
keuze ['kø.zə] v choice, selection; een ruime ~ a large assortment, a wide choice; een ~ doen make a choice; u hebt de ~ the choice lies with you; als mij de ~ gelaten wordt if I am given the choice; iemand de ~ laten tussen... en... leave one to choose between... and...; bij ~ by selection; naar ~ at choice; een leervak naar ~ an optional subject; een... of een..., naar ~ a(n)... or a(n)... to choice; naar (ter) ~ van... at the option of...; uit vrije ~ from choice.
keuzevak [-vak] o ⚭ optional subject.
kever ['ke.vər] m beetle.
kg = kilogram.
kibbelaar ['kibəla:r] m bickerer, wrangler, squabbler.
kibbelachtig [-axtəx] quarrelsome.
kibbelarij [kibəla:'rɛi] v bickering(s), wrangle, squabble.
kibbelen ['kibələ(n)] vi bicker, wrangle, squabble [about].
kibbelpartij ['kibəlpartɛi] v squabble.
kiek [ki.k] m snap(shot).
kiekeboe ['ki.kəbu.] bo-peep; ~! bo!; ~ spelen play (at) bo-peep.
I kieken ['ki.kə(n)] o ♠ chicken.
2 kieken ['ki.kə(n)] vt F snapshot, snap, take.
kiekendief [-di.f] m ♠ harrier, kite.
kiektoestel ['ki.ktu.stɛl] o camera.
I kiel [ki.!] m blouse, smock(-frock).
2 kiel [ki.l] v ⚓ keel; de ~ leggen van een schip lay down a ship.
kielen ['ki.lə(n)] vt & ⚓ keel, careen, heave down.
kielhalen ['ki.lha.lə(n)] vt ⚓ I careen; 2 (als straf) keelhaul.
kielhark [-vlak] o ⚓ fin.
kielzog [-zɔx] o ⚓ wake; in iemands ~ varen follow in his wake.
kiem [ki.m] v germ²; in de ~ smoren nip in the bud.
kiemcel ['ki.msɛl] v germ-cell.
kiemen ['ki.mə(n)] vi germinate².
kieming [-miŋ] v germination.
kiemvrij ['ki.mvrɛi] germ-free.
kien [ki.n] quine [at lotto].
kienen ['ki.nə(n)] vi play at lotto.
kienspel ['ki.nspɛl] o lotto.
kieperen ['ki.pərə(n)] I vt F chuck; II vi F tumble.
kier [ki:r] m & v narrow opening; (reet) chink; op een ~ staan (zetten) be (set) ajar.
I kies [ki.s] v molar (tooth), tooth, grinder.
2 kies [ki.s] o (stofnaam) pyrites.
3 kies [ki.s] I aj delicate [subject]; considerate [man]; II ad [treat a subject] with delicacy; [act] considerately.
kiescollege ['ki.skòlɛ.ʒə] o electoral college.
kiesdeler [-de.lər] m quota.
kiesdistrict, -distrikt [-di.strikt] o constituency, borough; ward.
kiesgerechtigd [-gərextəxt] qualified to vote.
kiesheid [-hɛit] v delicacy, considerateness.
kiesheidshalve [ki.shɛits'halvə] from motives (considerations) of delicacy.
kieskauwen ['ki.skɔuə(n)] vi toy with one's food.
kieskauwer [-ər] m reluctant eater.

kieskeurig [ki.s'kø:rəx] dainty, nice, (over)-particular, fastidious, squeamish.
kieskeurigheid [-heit] v daintiness &.
kieskring ['ki.skrɪŋ] m electoral district.
kiespijn [-pɛin] v toothache.
kiesrecht [-rɛxt] o franchise.
kiesschijf ['ki.sxɛif] v ☎ dial.
kiesstelsel [-stɛlsəl] o electoral system.
kiestoon ['ki.sto.n] m ☎ dialling tone.
kiesvereniging [-fərə.nəɣɪŋ] v electoral association.
kieswet [-vɛt] v electoral law, ballot act.
kiet [ki.t] zie quitte.
kietelen ['ki.tələ(n)] vt & vi tickle.
kieuw [ki:u] v gill.
kievi(e)t ['ki.vi.t] m ☆ lapwing, pe(e)wit.
kievi(e)tsei ['ki.vi.tsɛi] o lapwing's egg, F plover's egg.
1 **kiezel** ['ki.zəl] o & m (stofnaam) gravel.
2 **kiezel** ['ki.zəl] m (steentje) pebble.
kiezelaarde [-a:rdə] v siliceous earth, silica.
kiezelsteen [-ste.n] m pebble.
kiezelweg [-vɛx] m gravelled road.
kiezelzand [-zant] o gravel.
kiezen ['ki.zə(n)] I vt choose, select; elect [as a representative]; pick [one's words]; hij is gekozen tot lid van... he has been elected a member of...; kiest Jansen! vote for J.; zie ook: hazepad, kwaad, partij, zee &; II va I choose; 2 vote; je moet ~ of delen you must make your choice, you will have to do one thing or the other.
kiezentrekker [-trɛkər] m tooth-drawer, dentist.
kiezer ['ki.zər] m constituent, voter, elector.
kiezeres [ki.zə'rɛs] v electress, woman voter.
kiezerscorps, -korps ['ki.zərskɔ:r, -kɔrps] o electorate.
kiezerslijst [-lɛist] v list (register) of voters.
kijf [kɛif] buiten ~ beyond dispute, indisputable.
kijfachtig ['kɛifxaxtəx] quarrelsome. [ably.
kijk [kɛik] m view, outlook; mijn ~ op het leven my outlook on life; zijn ~ op de zaak his view of the case; ik heb daar een andere ~ op I take a different view of the thing; hij heeft een goede ~ op die dingen he is a good judge of such things; er is geen ~ op it is out of the question; hij loopt er mee te ~ he makes a show of it; te ~ zetten place on view; het is te ~ it is on show, on view.
kijkdag ['kɛikdɑx] m show-day, view-day; ~ twee dagen vóór de verkoop on view two days prior to sale.
kijken ['kɛikə(n)] vi I look, F peep; 2 TV view, look in (at TV); kijk, kijk! I (bevelend) look (there)!; 2 (ironisch) ah!, indeed!; kijk eens aan! look here!; wij zullen eens gaan ~ we shall go and have a look; ga eens ~ of... just go and see if...; ik zal eens komen ~ I am coming round one of these days; hij komt pas ~ F he is only just out of the shell; er komt heel wat bij ~ it is rather a bit of a job; alles wat daarbij komt ~ all that is involved; staan ~ stand and look; daar sta ik van te ~ that's a surprise to me; ~ naar I look at [a thing]; 2 look after [the children]; 3 watch [television, a play, the boat-race]; laat naar je ~! P be your age!; laat hem naar zijn eigen ~ let him look at home; ~ op look at [his watch &]; zij ~ op geen gulden of wat they are not particular about a few guilders; de... kijkt hem de ogen uit ...looks through his eyes; ~ staat vrij a cat may look at a king; II vr in: zich blind ~ look till one goes blind.
kijker [-kər] m I (persoon) looker-on, spectator; TV (tele)viewer, television viewer; 2 (kijkglas) spy-glass, telescope; operaglass; (dubbele) binoculars; (veld) field-glasses; een paar heldere ~s a pair of bright

eyes (F peepers).
kijkgat ['kɛikɡɑt] o peep-hole, spy-hole.
kijkgeld [-ɡɛlt] o television licence fee.
kijkgraag [-ɡra.x] curious.
kijkje ['kɛikjə] o look, glimpse, view; een ~ gaan nemen go and have a look.
kijkspel ['kɛikspɛl] o I (op kermis) show at a fair, booth; 2 (spektakelstuk) show-piece; 3 TV television play.
kijven ['kɛivə(n)] vi quarrel, wrangle; ~ op scold.
kijver [-vər] m quarrelsome fellow, wrangler.
kik [kɪk] m in: hij gaf geen ~ he did not utter a sound.
kikhalzen ['kɪkhɑlzə(n)] = kokhalzen.
kikken ['kɪkə(n)] vi in: je hebt maar te ~ en... F you need only say the word, and...; je mag er niet van ~ you must not breathe a word of it to anyone.
kikker ['kɪkər] m ☆ frog.
kikkerdril [-drɪl] v zie kikkerrit.
kikkerland [-lɑnt] o frogland [= Holland].
kikkerrit ['kɪkɔrɪt] o frog-spawn.
kikkervisje [-vɪʃə] o tadpole.
kikvors ['kɪkfɔrs] m ☆ frog.
kikvorsman [-mɑn] m frogman.
1 **kil** [kɪl] v channel.
2 **kil** [kɪl] aj chilly.
kilheid ['kɪlheit] v chilliness.
kilo, kilogram ['ki.lo.(ɡrɑm)] o kilogramme.
kiloliter [-li.tər] m kilolitre.
kilometer [-me.tər] m kilometre.
kilometerteller [-tɛlər] m mileage recorder.
kilometervreter [-vre.tər] m S road-hog.
kilowatt ['ki.lo.vɑt] m ⚡ kilowatt.
kilowattuur [-y:r] o ⚡ kilowatt-hour.
kim [kɪm] v I rim (of a cask]; 2 ⚓ bilge; 3 horizon.
kimono ['kɪ.'mo.no.] m kimono.
kin [kɪn] v chin.
kina [ki.na.] v cinchona, quinquina.
kinawijn [-vɛin] v quinine wine.
kind [kɪnt] o child, babe, baby, infant; mijn papieren ~eren my literary babes (infants); hij is zo onschuldig als een pasgeboren ~ he is as innocent as the babe unborn; ik ben geen ~ meer I'm not a kid any longer; ik ben er als ~ in huis I am treated like one of the family; hij is een ~ des doods he is a dead man; hij werd het ~ van de rekening he had to pay the piper; hij is een ~ van zijn tijd he is the child of his age; hij noemt altijd het ~ bij zijn naam he always calls a spade a spade; ~ noch kraai hebben be alone in the world.
○**kindeke(n)** ['kɪndəkə(n)] o infant; het ~ Jezus the infant Jesus.
kinderachtig ['kɪndəraxtəx] I aj childish, puerile, babyish; II aj childishly.
kinderachtigheid [-heit] v childishness, puerility.
kinderaftrek ['kɪndəraftrɛk] m relief in respect of each child.
kinderarbeid [-arbeit] m child-labour.
kinderarts [-arts] m children's doctor.
kinderbedje [-bɛcə] o child's bed, cot.
kinderbeul [-bøl] m bully.
kinderbewaarplaats [-bəva:rpla.ts] v crèche, day nursery.
kinderbijbel [-bɛibəl] m bible for children.
kinderbijslag [-bɛislɑx] m family allowance.
kinderboek [-bu.k] o children's book.
kinderdief [-di.f] m kidnapper.
kindergoed [-ɡu.t] o child's clothes, babies' clothes.
kinderhand [-hɑnt] v child's hand; een ~ is gauw gevuld small hearts have small desires.
kinderjaren [-ja:rə(n)] mv (years of) childhood, infancy.
kinderjuffrouw [-jүfrɑu] v nursery-governess, F nannie, nanny.

kinderkamer [-ka.mər] v nursery.
kinderliefde [-li:vdə] v 1 love of (one's) children; 2 (voor de ouders) filial love.
kinderlijk [-lək] childlike, childish; filial [love].
kinderlijkheid [-heit] v naïveté.
kinderloos ['kindərlo.s] childless.
kinderloosheid [-heit] v childlessness.
kindermeel ['kindərme.l] o infants' food.
kindermeid [-meit] v ~meisje [-meiʃə] o nursemaid, nurse-girl.
kinderpraat [-pra.t] m childish talk², baby talk².
kinderrechtbank ['kindərəxtbɑŋk] v ɪ̆ɪ̆ juvenile court.
kinderrechter [-rextər] m ɪ̆ɪ̆ juvenile court magistrate.
kinderrijmpje [-reimpjə] o nursery rhyme.
kinderschoen ['kindərsxu.n] o child's shoe; de ~en ontwassen zijn be past a child; nog in de ~en staan (steken) be still in its infancy.
kinderspeelgoed [-spe.lgu.t] o children's toys.
kinderspel [-spel] o child's play²; childhood game, children's game.
kindersprookje [-spro.kjə] o nursery tale.
kinderstem [-stem] v child's voice; ~men children's voices.
kindersterfte [-stɛrftə] v infant mortality.
kinderstoel [-stu.l] m baby-chair, high chair.
kindertaal [-ta.l] v children's talk².
kinderuurtje [-y:rcə] o children's hour.
kinderverlamming [-vərlɑmɪŋ] v ꙮ infantile paralysis, poliomyelitis, F polio.
kinderverzorging [-vərzɔrgɪŋ] v child welfare.
kinderverzorgster [-vərzɔrxstər] v child welfare worker.
kindervoedsel [-vu.tsəl] o infants' food.
kindervriend [-vri.nt] m ~in [-vri.ndɪn] v lover of children.
kinderwagen [-va.gə(n)] m baby-carriage, perambulator, F pram.
kinderweegschaal [-ve.xsxa.l] v baby-balance.
kinderwereld [-ve:rəlt] v children's world.
kinderwerk [-vɛrk] o child's work.
kinderwet [-vet] v Children Act [of 1908].
kinderzegen [-ze.gə(n)] m children, the blessing of parenthood.
kinderziekenhuis [kindər'zi.kə(n)hœys] o children's hospital.
kinderziekte ['kindərzi.ktə] v children's complaint; ~(n) growing pains, teething troubles [fig].
kinderzorg [-zɔrx] v child welfare.
kindje ['kɪncə] o (little) child, baby, babe; het ~ Jezus the infant Jesus.
kindlief ['kintli.f] dear child, my child.
kinds [kɪnts] doting; ~ worden become childish; ~ zijn be in one's dotage.
kindsbeen ['kɪntsbe.n] van ~ af from a child.
kindsdeel [-de.l] kindsgedeelte [kɪntsgə'de.ltə] o (child's) portion.
kindsheid ['kɪntsheit] v 1 (ouderdom) second childhood, dotage; 2 (jeugd) childhood, infancy.
kindskind [-kɪnt] o grandchild; onze ~eren our children's children.
kinine [ki.'ni.nə] v quinine.
kininepil [-pɪl] v quinine pill.
kink [kɪŋk] v twist, kink; er is een ~ in de kabel there is a hitch somewhere.
kinkel ['kɪŋkəl] m lout, clown, bumpkin.
kinkelachtig [-ɑxtəx] aj (& ad) loutish(ly), clownish(ly).
kinketting ['kɪnketɪŋ] m & v curb(-chain).
kinkhoest ['kɪŋkhu.st] m (w)hooping-cough.
kinnebak ['kɪnəbɑk] v mandible, jaw-bone.
kiosk [ki.'ɔsk] v kiosk.
kip [kɪp] v (levend) hen, fowl; (op tafel) chicken; er als de ~pen bij zijn be on it like a bird, be quick to...; met de ~pen op stok

gaan go to bed with the birds.
kipkar ['kɪpkɑr] v tip-car(t), dumping-cart.
kiplekker [-lɛkər] as fit as a fiddle.
kippeboutje [-bɑucə] o drumstick.
kippeëi [-ɛi] o hen's egg.
kippegaas [-ga.s] o wire-netting.
kippenfokkerij [kɪpə(n)fɔkə'rɛi] v 1 poultry farming; 2 poultry farm.
kippenhok ['kɪpə(n)hɔk] o hen-house, poultry house.
kippenloop [-lo.p] m chicken-run, fowl-run.
kippesoep ['kɪpəsu.p] v chicken-broth.
kippevel [-vɛl] o fig goose-flesh; ik krijg er ~ van it makes my flesh creep.
kippevoer [-vu:r] o poultry food.
kippig ['kɪpəx] F short-sighted.
kippigheid [-heit] v F short-sightedness.
kipwagen ['kɪpva.gə(n)] m tip-car(t), dumping-cart.
kirren ['kɪrə(n)] vi coo.   [drakes.
kiskassen ['kɪskɑsə(n)] vi make ducks and
kist [kɪst] v 1 case, chest, box; 2 (doodkist) coffin.
kistdam ['kɪsdɑm] m coffer-dam.
kisten ['kɪstə(n)] vt coffin.
kistje ['kɪʃə] o 1 box [of cigars]; 2 (schoen) S beetle-crusher.
kit [kɪt] v & o lute [clay or cement].
kits [kɪts] v ꙮ ketch.
kittelen ['kɪtələ(n)] vt & vi tickle, titillate.
kittelorig [kɪtə'lo:rəx] touchy, ticklish, thin-skinned.
kittig [-təx] F smart, spruce.
klaaggeschrei ['kla.gəs(x)rei] o lamentation.
klaaglied ['kla.xli.t] o lament, lamentation; ~eren lamentations [of Jeremiah].
klaaglijk ['kla.gələk] plaintive, mournful.
klaagschrift ['kla.xs(x)rɪft] o plaint.
klaagstem [-stem] v plaintive voice.
klaagster [-stər] v 1 complainer; 2 ɪ̆ɪ̆ plaintiff.
klaagtoon [-to.n] m plaintive tone; op een ~ ook: in a querulous tone.
klaagzang [-sɑŋ] m dirge, threnody.
klaar [kla:r] I aj 1 (helder) clear; evident; 2 (gereed) ready; finished; ~! ready!; done!; ~ is Kees! F that's done!, that job is jobbed; en ~ is Kees! and there you are!; ik ben ~ met ontbijten (met eten &) I have finished (my) breakfast, I have finished eating; klare jenever plain (neat, raw) Hollands; dat is zo ~ als een klontje that is as clear as daylight; II ad clearly; ~ wakker broad awake, wide awake.
klaarblijkelijk [kla:r'blɛikələk] I aj clear, evident, obvious; II ad clearly &; ~ had hij niet... he clearly (evidently &) had not...
klaarblijkelijkheid [-heit] v evidence, obviousness.
klaarhebben ['kla:rhebə(n)] vt have (got) ready; altijd een antwoord ~ be always ready with an answer.
klaarheid [-heit] v clearness, clarity; tot ~ brengen clear up.
klaarkomen [-ko.mə(n)] vi klaarkrijgen [-kreigə(n)] vt get ready.
klaarleggen [-lɛgə(n)] vt put in readiness, lay out.
klaarlicht [-lɪxt] in: op ~e dag in broad daylight.
klaarliggen [-lɪgə(n)] vi lie ready.   [light.
klaarmaken [-ma.kə(n)] I vt get ready, prepare; een drankje ~ prepare a potion; iemand ~ voor een examen coach one for an examination; medicijn (een recept) ~ make up a prescription; II v zich ~ get ready.
klaarspelen [-spe.lə(n)] vt in: het ~ manage (it), cope; ook: pull it off.
klaarstaan [-sta.n] vi be ready; altijd voor iemand ~ be at one's beck and call.

klaarstomen [-sto.mə(n)] *vt* S cram [pupils].

Klaartje [-cə] *o* & *v* Clara.

klaarzetten [-zɛtə(n)] *vt* lay [dinner &]; set out [the tea-things].

Klaas [kla.s] *m* Nicholas; ~ *Vaak* [kla.s'fa.k] F the Dustman.

klaas [kla.s] *m* in: *een houten* ~ a stick.

klabak [kla.'bak] *m* S bobby, cop, copper.

klacht [klɑxt] *v* I complaint; lamentation; 2 ⅟₂ indictment, complaint; *een* ~ *tegen iemand inbrengen* (*indienen*) lodge a complaint against one.

klachtenboek ['klɑxtə(n)bu.k] *o* complaint-book.

klad [klɑt] I *v* (vlek) blot, stain, blotch; 2 *o* (ontwerp) rough draught, rough copy; *iemand een* ~ *aanwrijven* put (cast) a slur upon a person; *de* ~ *erin brengen* spoil the trade; *bij de* ~*den krijgen* F catch hold of a person; *in het* ~ *schrijven* make a rough copy.

kladblok ['klɑtblɔk] *o* scribbling-pad.

kladboek [-bu.k] *o* S waste-book.

kladden ['klɑdə(n)] *vi* I stain, blot; 2 *fig* daub.

kladje ['klɑcə] *o* rough draught; rough copy.

kladpapier ['klɑtpa.pi:r] *o* scribbling-paper.

kladschilder [-sxıldər] *m* dauber.

kladschilderen [-dərə(n)] *vi* daub.

kladschilderij [-dərɛi] *v* & *v* daub.

kladschrift ['klɑts(x)rıft] *o* rough-copy book.

kladschrijver [-s(x)rɛivər] *m* scribbler.

kladschuld [-sxület] *v* trifling debt.

kladwerk [-vɛrk] *o* I rough copy; 2 zie *kladschilderij*.

klagen ['kla.gə(n)] *vi* complain; lament; ~ *bij* complain to; ~ *over* complain of; *hij heeft geen* ~ he has no cause for complaint; zie ook: *nood, steen* &.

klagend [-gənt] *aj* (& *ad*) plaintive(ly).

klager [-gər] *m* I complainer; 2 ⅟₂ plaintiff.

klakhoed ['klɑkhu.t] *m* crush-hat, opera-hat.

klakkeloos ['klɑkəlo.s] *aj* (& *ad*) gratuitous-(ly).

klam [klɑm] clammy, damp, moist.

klamboe ['klɑmbu.] *m* Ind mosquito-curtain, mosquito-net.

klamheid ['klɑmhɛit] *v* clamminess, dampness, moistness.

klamp [klɑmp] *m* & *v* clamp, cleat.

klampen ['klɑmpə(n)] *vt* clamp.

klandizie [klɑn'di.zi.] *v* clientele, custom, goodwill.

klank [klɑŋk] *m* sound, ring; *zijn naam heeft een goede* ~ he has a good reputation; *dat zijn maar ijdele* ~*en* idle words.

klankbeeld ['klɑŋkbe.lt] *o* (radio) feature.

klankbodem [-bo.dəm] *m* ♪ sound-board.

klankbord [-bɔrt] *o* sound-board, sounding-board.

klankleer [-le:r] *v* phonetics.

klankloos [-lo.s] toneless.

klanknabootsing [-na.bo.tsıŋ] *v* onomatopoeia.

klankrijk [-rɛik] sonorous, rich [voice].

klankrijkheid [-hɛit] *v* sonorousness, sonority.

klankverandering ['klɑŋkfərɑndərıŋ] *v* sound-change.

klankwet [-vɛt] *v* phonetic law.

klant [klɑnt] *m* customer[2], client.

klap [klɑp] *m* slap, smack, blow; (geluid) clap; *iemand een* ~ *geven, iemand* ~*pen geven* (*om de oren*) strike one a blow, box a person's ears; *iemand een* ~ *in het gezicht geven* give one a slap in the face[2]; ~*pen krijgen* have one's ears boxed, have one's face slapped; *fig* be hard hit, suffer heavy losses; *geen* ~ zie (*geen*) *steek*.

klapband ['klɑbɑnt] *m* blow-out.

klapbankje [-bɑŋkjə] *o* tip-up seat.

klapbes [-bɛs] *v* ♣ gooseberry.

klapbrug [-brüx] *v* leaf-bridge.

klapcamera ['klɑpka.məra.] *v* folding-camera.

klapdeur [-dø:r] *v* swing-door.

klapekster [-ɛkstər] *v* I ♣ grey shrike; 2 *fig* gossip.

klaphek [-hɛk] *o* swing-gate.

klaplopen [-lo.pə(n)] *vi* sponge (on *bij*), cadge.

klaploper [-pər] *m* sponger, cadger, parasite.

klaploperij [klɑplo.pə'rɛi] *v* sponging, cadging.

klappen ['klɑpə(n)] I *vi* I clap, smack; 2 tell (tales); *in de handen* ~ clap one's hands; *met de zweep* ~ crack one's whip; *uit de school* ~ tell tales; II *vi* in: *zijn hakken tegen elkaar* ~ click one's heels; III *o* in: *het* ~ *van de zweep kennen* know the ropes.

1 klapper [-pər] *m* I tattler; telltale; 2 clapper [of a mill]; 3 index; 4 (vuurwerk) cracker; ~*s* ♣ castanets.

2 klapper [-pər] *m* ♣ coco-nut.

klapperboom [-bo.m] *m* ♣ coco-nut tree.

klapperdop [-dɔp] *m* ♣ coco-nut shell.

klapperen ['klɑpərə(n)] *vi* clack, rattle; chatter [of teeth]; flap [of sails, shutters &].

klapperman ['klɑpərmɑn] = *klepperman*.

klappernoot [-no.t] *v* ♣ coco-nut.

klapperolie [-o.li.] *v* ♣ coco-nut oil.

klappertanden [-tɑndə(n)] *vi* in: *hij klappertandt* his teeth chatter.

klaproos ['klɑpro.s] *v* ♣ (corn-)poppy.

Klaproosdag [-dɑx] *m* Poppy Day.

klapstoel [-stu.l] *m* folding chair; tip-up seat.

klapstuk [-stük] *o* rib-piece.

klaptafel [-ta.fəl] *v* folding table.

klapwieken [-vi.kə(n)] *vi* clap (flap) the wings.

klapzoen [-su.n] *m* smack.

Klara ['kla:ra.] *v* Clare.

klare ['kla:rə] *m* in: *een* ~ a glass of Hollands.

klaren ['kla:rə(n)] I *vt* I clear, clarify, fine [liquids]; 2 clear [goods at the custom-house, ⚓ the anchor]; *hij zal 't wel* ~ he'll manage; II *vi* clear; *het begint te* ~ the weather begins to clear up.

klarinet [kla:ri.'nɛt] *v* ♪ clarinet, clarionet.

klarinettist [-nɛ'tıst] *m* ♪ clarinettist.

klaring ['kla:rıŋ] *v* I clearing, clarification [of liquids]; 2 clearance [at custom-house].

klaroen [kla:'ru.n] *v* ♪ clarion.

klasse ['klɑsə] *v* I class [of animals, goods &]; 2 ☞ class, [in secondary schools] form, [in elementary schools] standard; [overcrowded] class-room; *alle* ~*n aflopen* ☞ do all one's classes; *in de* ~ ☞ in class.

klasseboek [-bu.k] *o* ☞ homework book.

klassegenoot [-gəno.t] *m* ☞ class mate, form mate.

klassejustitie [-jüsti.(t)si.] *v* class-justice.

klasseleraar [-le:ra:r] *m* ☞ form master.

klasselerares [-le:ra:rɛs] *v* ☞ form mistress.

klasselokaal [-lo.ka.i] *o* ☞ class-room.

klassement [klɑsə'mɛnt] *o* *sp* [general] classification, classified results.

klassenhaat ['klɑsə(n)ha.t] *m* class-hatred.

klassenloos [-lo.s] classless.

klassenstrijd [-strɛit] *m* class-war(fare).

klasseren [klɑ'se:rə(n)] *vt* classify, class.

klassering [-rıŋ] *v* classification.

klassiek [klɑ'si.k] I *aj* classical [simplicity], classical [music]; II *ad* classically.

klassieken [-'si.kə(n)] *mv* ~ the classics.

klassikaal [-si.'ka.l] I *aj* classical, class; ~ *onderwijs* class-teaching; II *ad* in class.

klateren ['kla.torə(n)] *vi* splash [of water].

klatergoud [-tərgout] *o* tinsel[2], Dutch gold.

klauteraar ['klɑutəra:r] *m* clamberer, climber.

klauteren [-rə(n)] *vi* clamber, scramble.

klauw [klɑu] *m* & *v* I claw [of beast, bird & > man]; talon [of bird of prey]; *fig* clutch, paw; 2 ⚓ fluke [of an anchor].

klauwen ['klɑuə(n)] *vt* & *vi* claw.

klavecimbel [kla.və'sımbəl] *m* & *o* ♪ harpsichord.

klaver ['kla.vər] *v* ♣ clover, trefoil, shamrock; zie ook: *klaveren.*

klaverblad [-blɑt] *o* 1 clover-leaf; 2 *fig* trio; 3 (v o o r v e r k e e r) cloverleaf.

klaveren ['kla.vərə(n)] *v* ◇ clubs; ~*aas* &, ace of clubs.

klaverveld ['kla.vərvɛlt] *o* clover-field.

kla”vervier [kla.vər'vi:r] *v* 1 ◇ four of clubs; 2 ♣ four-leaved clover.

klavier [kla.'vi:r] *o* 1 keyboard; 2 piano.

kleden ['kle.də(n)] I *vt* dress, clothe; *dat kleedt haar (niet) goed* it is (not) becoming; II *vr zich* ~ dress.

klederdracht [-dərdrɑxt] *v* costume.

kledij [kle.'dɛi] *v* clothes.

kleding ['kle.dɪŋ] *v* clothes, dress, attire.

kledingindustrie [-ɪndũstri.] *v* clothing industry.

kledingmagazijn [-ma.ga.zɛin] *o* (ready-made) clothes shop.

kledingstuk [-stũk] *o* article of clothing, article of dress, garment.

kleed [kle.t] *o* 1 garment, garb, dress; 2 carpet [on the floor]; 3 table-cover; *het geestelijk* ~ the cloth.

kleedje ['kle.cə] *o* 1 rug [on the floor]; table-centre; 2 [girl's] frock.

kleedkamer ['kle.tka.mər] *v* dressing-room; changing-room [for football-players &]; robing-room [of judges].

kleefstof [-stɔf] *v* gluten.

kleerborstel ['kle.rbɔrstəl] *m* clothes-brush.

kleerhanger [-hɑŋər] *m* coat-hanger; (v o o r j a p o n) dress-hanger.

kleerkast [-kɑst] *v* wardrobe, clothes-press.

kleerkoop [-ko.p] **kleerkoper** [-ko.pər] *m* old-clothesman.

kleermaker [-ma.kər] *m* tailor.

kleermot [-mɔt] *v* clothes-moth.

kleerscheuren [-sxø:rə(n)] *er zonder* ~ *afkomen* get off with a whole skin.

kleerwinkel [-vɪŋkəl] *m* (ready-made) clothes shop.

klef [klɛf] I (v. b r o o d) doughy; 2 (v. s n e e u w) sticky; 3 (v. h a n d e n) clammy.

klefheid ['klɛfhɛit] *v* doughiness &.

klei [klɛi] *v* clay.

kleiaarde ['klɛia:rdə] *v* clay.

kleiachtig [-ɑxtəx] clayey.

kleiduif [-dœyf] *v sp* clay pigeon.

kleigrond [-grɔnt] *m* clay-soil, clay-ground.

kleilaag [-la.x] *v* clay-layer.

klein [klɛin] I *aj* little, small; petty; (v. g e s t a l t e, a f s t a n d) short; (v a n m i n d e r b e l a n g) minor [accident, officials, strike &]; slight [improvement, mistake &]; *een* ~ *beetje* a tiny bit; *de* ~*ste bijzonderheden* the minutest details; *een* ~*e boer* a small farmer; ~*e druk* small print; ~*e stappen* short steps; ~*e uitgaven* petty expenses; *in een* ~ *uur* in less than an hour; ~ *maar dapper* small but plucky; ~ *maar rein* small but good; II *sb in:* ~ *en groot* zie *groot* III; *de* ~*e* the little one, the baby; *in het* ~ in a small way, on a small scale; [an ocean] in miniature; $ by retail; *de wereld in het* ~ the world in a nutshell; *wie het* ~*e niet eert, is het grote niet weerd* who will not keep a penny shall never have many; III *ad* small; *zich* ~ *voelen* feel small.

Klein-Azië [klɛin'a.zi.ə] *o* Asia Minor.

kleinbedrijf ['klɛinbədrɛif] *o* small-scale industry; *het* ~ ook: the small industries.

kleinbeeldcamera [-be.ltka.məra.] *v* miniature camera.

kleinburgerlijk [klɛin'bũrgərlək] *fig* narrow-minded, low-brow, S square.

kleindochter ['klɛindɔxtər] *v* grand-daughter.

Kleinduimpje [klɛin'dœympjə] *o* Tom Thumb.

kleinduimpje [klɛin'dœympjə] *o* hop-o'-my-thumb.

kleineren [klɛi'ne:rə(n)] *vt* belittle, disparage.

kleinering [-rɪŋ] *v* belittlement, disparagement.

kleingeestig [klɛin'ge.stəx] small-minded, narrow-minded.

kleingeestigheid [-hɛit] *v* small-mindedness, narrow-mindedness.

kleingeld [klɛin'gɛlt, 'klɛingɛlt] *o* (small) change, small coin.

kleingelovig [klɛingə'lo.vəx] of little faith.

kleingelovigheid [-hɛit] *v* little faith.

kleingoed ['klɛingu.t, klɛin'gu.t] *o* 1 small fry [of children]; 2 smalls [at the baker's].

kleinhandel ['klɛinhɑndəl] *m* $ retail trade.

kleinhandelaar [-dəla:r] *m* $ retail dealer, retailer.

kleinhartig [klɛin'hɑrtəx] zie *kleinmoedig.*

kleinheid ['klɛinhɛit] *v* smallness, littleness, minuteness.

kleinigheid ['klɛinəxhɛit] *v* small thing, trifle.

kleinindustrie ['klɛinindũstri.] *v de* ~ the small industries.

kleinkind [-kɪnt] *o* grandchild.

kleinkrijgen [-krɛigə(n)] *vt* in: *iemand* ~ bring one to heel, subdue (tame) one.

kleinmaken [-ma.kə(n)] *vt* chop small; *een bankbiljet* ~ change a banknote.

kleinmoedig [klɛin'mu.dəx] faint-hearted, pusillanimous.

kleinmoedigheid [-hɛit] *v* faint-heartedness, pusillanimity.

kleinood ['klɛino.t] *o* jewel[2], gem[2], trinket.

kleinsteeds [klɛin'ste.ts] provincial, parochial.

kleinsteedsheid [-hɛit] *v* provinciality, parochialism.

kleinte ['klɛintə] *v* smallness, minuteness.

kleintje [-cə] *o* little one, baby; *op de* ~*s passen* take care of the pence [*fig*]; *veel* ~*s maken een geen grote* many a little makes a mickle; *voor geen* ~ *vervaard* zie *geruncht.*

kleinzerig [klɛin'ze:rəx] easily hurt, touchy.

kleinzerigheid [-hɛit] *v* touchiness.

kleinzielig [klɛin'zi.ləx] small-minded, petty [excuse &]; *hoe* ~! how shabby!

kleinzieligheid [-hɛit] *v* small-mindedness, pettiness, shabbiness.

kleinzoon ['klɛinzo.n] *m* grandson.

klelweg ['klɛivex] *m* clay-road.

1 **klem** [klɛm] *v* 1 (v a l) catch, (man)trap; 2 ⚒ bench-clamp; 3 ⚙ terminal; 4 (z i e k t e) lock-jaw; 5 (n a d r u k) stress[2], accent, emphasis; *in de* ~ *zitten* zie *knel* I; *met* ~ *spreken* speak with emphasis; *met* ~ *van redenen* with cogent reasons.

2 **klem** [klɛm] *aj* in: ~ *lopen, raken, zijn, zitten* jam, get jammed; ~ *zetten* jam.

klemmen ['klɛmə(n)] I *vt* pinch [one's finger]; clench, set [one's teeth], tighten [one's lips], clasp [one's arms round..., a person to one's breast]; II *vi* stick, jam [a door].

klemmend [-mɔnt] cogent [reasons]. [screw.

klemschroef ['klɛms(x)ru.f] *v* ⚒ clamping-

klemtoon [-to.n] *m* stress, accent; emphasis.

klemtoonteken [-te.kə(n)] *o* stress-mark.

klep [klɛp] *v* 1 flap [of a pocket]; 2 ⚔ leaf [of a sight]; 3 peak [of a cap]; 4 ⚙ valve; 5 damper [of a stove]; 6 ♪ key [of a horn].

klepel ['kle.pəl] *m* clapper, tongue.

kleppen ['klɛpə(n)] *v* 1 clack, clap; 2 toll [of a bell].

klepper [-pər] *m* 1 watchman; 2 steed; ~*s* ♪ castanets.

klepperen [-pərə(n)] *vi* clack, clap; clatter [of a stork].

klepperman [-pərmɑn] *m* watchman.

kleptomaan [klɛpto.'ma.n] *m* kleptomaniac.

kleptomanie [-ma.'ni.] *v* kleptomania.

klepveer ['klɛpve:r] *v* ⚙ valve-spring.

kleren ['kle:rə(n)] *mv* clothes; *de ~ maken de man (niet)* it is (not) the fine coat makes the fine gentleman; *het raakt mijn koude ~ niet* F it leaves me perfectly cold; *het gaat je niet in je koude ~ zitten* F it takes it out of you; *iemand in de ~ steken* clothe one.

klerikaal [kle:ri.'ka.l] *aj* clerical; *de ~en* the clericalists.

klerikalisme [-ka.'lɪsmə] *o* clericalism.

klerk [klɛrk] *m* clerk.

1 klets [klɛts] *v* smack, slap [in the face]; splash [of water]; *fig* F drivel; *~!* rats!, rot!

2 klets! [klɛts] *ij* slap!, flap!, smack!, bang!

kletsen ['klɛtsə(n)] I *vi* 1 splash [against something]; 2 F talk nonsense (rot'; talk; II *vt* in: *iets in het water ~* dash it into the water.

kletser [-sər] *m* F zie *kletskous & kletsmeier.*

kletskous ['klɛtskous] *v* chatterbox.

kletsmeier [-meiər] *m* F twaddler.

kletsnat [-nat] soaking wet, sopping wet.

kletspraat [-pra.t] *m* zie *klets; ~ verkopen* talk rot.

kletstafel [-ta.fəl] *v* club-table.

kletteren ['klɛtərə(n)] *vi* clatter, pelt, patter [of hail, rain]; clash [of arms].

kleumen ['klø.mə(n)] *vi* feel chilled, shiver.

kleur [klø:r] *v* 1 (in 't alg.) colour, hue; 2 (v. gezicht) complexion; 3 ◊ suit; 4 *fig* colour; *~ bekennen* 1 ◊ follow suit; 2 *fig* show one's colours; *een ~ hebben als een bellefleur* have rosy cheeks; *een ~ krijgen* colour, blush; *met (in) levendige (donkere) ~en afschilderen* paint in bright (dark) colours; *politici van allerlei ~* of all colours.

kleurbad ['klø:rbat] *o* toning-bath.

kleurboek [-bu.k] *o* painting-book.

kleurdoos [-do.s] *v* paint-box, box of paints.

kleurecht [-ɛxt] zie *kleurhoudend.*

kleuren ['klø:rə(n)] I *vi* colour, blush; II *vt* colour; (foto) tone.

kleurenblind [-blɪnt] colour-blind.

kleurenblindheid [-blɪntheit] *v* colour-blindness.

kleurendia [-di.a.] *m* colour transparency, colour slide.

kleurendruk [-drʉk] *m* colour-printing; *in ~* in colour.

kleurenfilm [-fɪlm] *m* colour film, film in colour.

kleurenfoto [-fo.to.] *v* colour photograph.

kleurenpracht [-prɑxt] *v* orgy of colour(s).

kleurenspectrum, -spektrum [-spɛktrʉm] *o* chromatic spectrum.

kleurenspel [-spɛl] *o* play of colours.

kleurentelevisie [-te.ləvi.zi.] *v* colour television.

kleurfilter ['klø:rfɪltər] *m & o* colour filter.

kleurhoudend [-houdənt] fast-dyed.

kleurig ['klø:rəx] colourful, gay.

kleuring [-rɪŋ] *v* colouring, coloration.

kleurkrijt ['klø:rkreit] *o* coloured chalk.

kleurling [-lɪŋ] *m* coloured man, man of colour.

kleurlinge [-lɪŋə] *v* coloured woman.

kleurloos [-lo.s] colourless[2] [cheeks &]; *fig* drab.

kleurpotlood [-potlo.t] *o* coloured pencil.

kleurrijk ['klø:rɛik] coloured, colourful.

kleurschakering ['klø:rsxa.ke:rɪŋ] *v* 1 shade, hue, tinge; 2 colour gradation.

kleursel [-səl] *o* colour(ing).

kleurstof [-stɔf] *v* colouring matter, pigment; *~fen* dye-stuffs.

kleurtje [-cə] *o* colour.

kleuter ['klø.tər] *m* little one, F (tiny) tot, toddler, kid, kiddy.

kleuterklas(se) [-klɑs(ə)] *v* infant class.

kleuterschool [-sxo.l] *v* infant school.

kleuterzorg [-zɔrx] *v* infant welfare.

kleven ['kle.və(n)] *vi* stick, adhere, cling, ✎

cleave; *~ aan* stick & to; *daar kleeft geen schande aan* no disgrace attaches to it; *daar kleeft een smet op* it is blotted with a stain.

kleverig [-vərəx] sticky, gluey, viscous.

kleverigheid [-heit] *v* stickiness, viscosity.

kliek [kli.k] *v* clique, set, coterie, junto.

kliekjes ['kli.kjəs] *mv* scraps, leavings, leftovers.

klier [kli:r] *v* 1 gland; 2 zie *kliergezwel; een ~ (van een vent)* P a rotter.

klierachtig ['kli:rɑxtəx] 1 glandular; 2 scrofulous.

kliergezwel [-gəzvɛl] *o* scrofulous tumour.

klierlijder [-lɛidər] *m* scrofulous patient.

klierziekte [-zi.ktə] *v* scrofulous disease, scrofula.

klieven ['kli.və(n)] *vt* cleave; *de golven ~* cleave (plough) the waves (the waters).

klif [klɪf] *o* cliff.

1 klikken ['klɪkə(n)] I *vi* tell (tales); *van iemand ~* tell upon one; II *vt* tell; *je moet het niet aan moeder ~* you must not tell mother.

2 klikken ['klɪkə(n)] *vi* click [of cameras].

klikker [-kər] *m* telltale, F sneak.

klikklakken [-klɑkə(n)] *vi* clack, click-clack.

klikspaan [-zi.kta] *v* F zie *klikker.*

klim [klɪm] *m* climb; *een hele ~* a bit of a climb.

klimaat [kli.'ma.t] *o* climate.

klimaatregeling [-re.gəlɪŋ] *v* air-conditioning.

klimatologie [kli.ma.to.lo.'gi.] *v* climatology.

klimboon ['klɪmbo.n] *v* ✿ runner(-bean).

klimmen ['klɪmə(n)] *vi* climb, ascend, mount; *in een boom ~* climb (up) a tree; *klim maar op de canapé (op mijn knie)* climb on to the sofa (on to my knee); *bij het ~ der jaren* as we advance in years.

klimmend [-mənt] climbing; *met ~e aandacht* with growing attention.

klimmer [-mər] *m* climber.

klimming [-mɪŋ] *v* climbing.

klimop ['klɪmɔp] *m & o* ✿ ivy.

klimpaal [-pa.l] *m* climbing-pole.

klimpartij [-pɑrtei] *v* climb.

klimplant [-plɑnt] *v* ✿ climbing-plant, climber.

klimroos [-ro.s] *v* ✿ rambler.

klimvogel [-vo.gəl] *m* ✱ climber.

kling [klɪŋ] *v* blade [of a sword]; *over de ~ jagen* put to the sword.

klingelen ['klɪŋələ(n)] *vi* jingle, tinkle.

kliniek [kli.'ni.k] *v* clinic; *ik volgde de ~ aan de hospitalen* I walked the hospitals.

klinisch ['kli.ni.s] clinical.

klink [klɪŋk] *v* latch [of door]; *op de ~* on the latch; *de deur op de ~ doen* latch the door; *de deur van de ~ doen* unlatch the door.

klinkdicht ['klɪŋkdɪxt] *o* sonnet.

klinken ['klɪŋkə(n)] I *vi* 1 (geluid geven) sound, ring; 2 (aanstoten) clink (touch) glasses; *een diner dat (een stem) klonk als een klok* a number one dinner, a voice as clear as a bell; *bekend (in de oren) ~* sound familiar; II *vt* ✂ rivet, clinch[2].

klinkend [-kənt] sounding; resounding [reply, victory]; *~e munt* $ hard cash.

klinker [-kər] *m* 1 vowel [sound or letter]; 2 △ clinker, brick; 3 ✂ riveter.

klinkerbestrating [-bəstra.tɪŋ] *v* brick pavement.

klinkerpad [-pɑt] *o* brick path.

klinkerweg [-vɛx] *m* brick-paved road.

klinkhamer ['klɪŋkha.mər] *m* ✂ riveting-hammer.

klinkklaar ['klɪŋkla.r] *in dat is klinkklare onzin* it is sheer (rank, pure) nonsense; *het was ~ water* it was mere water.

klinkklank [-klɑŋk] *m* clinkum-clankum.

klinknagel ['klɪŋkna.gəl] *m* ✂ rivet.

klip [klɪp] *v* rock, reef; *tegen de ~pen op lie-*

gen F lie as fast as a horse can trot; *tussen de ~pen door zeilen* steer clear of the rocks.

klipgeit [-gɛit] *v* ♨ chamois.

klipper ['klɪpər] *m* ♨ clipper.

klipzout ['klɪpsɑut] *o* rock-salt.

klis [klɪs] *v* 1 ♣ bur(r); 2 tangle; *als een ~ aan iemand hangen* stick to one like a bur(r).

kliskruid ['klɪskrœyt] **klissekruid** ['klɪsəkrœyt] *o* ♣ burdock.

klodder ['klɔdər] *m* clot [of blood], blob, blotch, daub [of paint].

klodderaar [-dəra:r] *m* dauber.

klodderen [-rə(n)] *vt* daub [paint].

1 **kloek** [klu.k] I *aj* brave, stout, bold; *twee ~e delen* two substantial volumes; II *ad* bravely, stoutly, boldly.

2 **kloek** [klu.k] *v* = 2 *klok.*

kloekheid ['klu.khɛit] *v* bravery, **courage,** vigour.

kloekmoedig [klu.k'mu.dəx] **stout-hearted,** valiant, courageous.

1 **klok** [klɔk] *ij* cluck!

2 **klok** [klɔk] *v* zie *klokken.*

3 **klok** [klɔk] *v* 1 (uurwerk) clock; 2 (torenbel) bell; 3 (glazen stolp) bell-jar, bell-glass; *hij heeft de ~ horen luiden, maar hij weet niet waar de klepel hangt* he has heard about it, but he does not know what to make of it; *hij hangt alles aan de grote ~* he noises everything abroad; *hij kan op de ~ kijken* he can tell the clock; *op de ~ af* to the minute; *een man van de ~* a punctual man; *het is betalen wat de ~ slaat* pay(ing)is the order of the day.

klokgelui [-gəlœy] *o* bell-ringing, peals, chiming.

klokhen [-hɛn] *v* ♨ mother hen.

klokhuis [-hœys] *o* ♣ core [of an apple].

klokje [-jə] *o* 1 (uurwerk) small clock; 2 ♣ harebell, bluebell; *het ~ van gehoorzaamheid* time to go to bed; *zoals het ~ thuis tikt, tikt het nergens* there's no place like home.

klokke ['klɔkə] in: *~ zes* on the stroke of six, at six o'clock precisely.

klokkeluider [-lœydər] *m* bell-ringer.

klokken ['klɔkə(n)] *vi* cluck [of hens], gobble [of turkeys], gurgle [of a liquid] ‖ flare [of a skirt]; *een ~de rok* a flared skirt.

klokkengieter [-gi.tər] *m* bell-founder.

klokkengieterij [klɔkə(n)gi.tə'rɛi] *v* 1 ('t gieten) bell-founding; 2 (werkplaats) bell-foundry.

klokkenspel ['klɔkə(n)spɛl] *o* carillon, chimes.

klokkenspeler [-spe.lər] *m* carillon player.

klokketoren ['klɔkətɔ:rə(n)] *m* bell-tower, steeple, belfry.

klokketouw [-tɑu] *o* bell-rope.

klokluider ['klɔklœydər] *m* = *klokkeluider.*

klokrok [-rɔk] *m* flared skirt.

klokslag [-slɑx] *m* in: *met ~ van vieren* on the stroke of four.

klokslot [-slɔt] *o* time-lock.

klokspijs [-spɛis] *v* bell-metal.

klomp [klɔmp] *m* 1 (klodder) lump; 2 (voetbekleding) clog, wooden shoe, sabot; *een ~ goud* a nugget of gold.

klompenmaker ['klɔmpə(n)ma.kər] *m* clog-maker.

klont [klɔnt] *m & v* clod [of earth]; lump [of sugar &].

klonter ['klɔntər] *m* clot [of blood].

klonteren ['klɔntərə(n)] *vi* clot.

klonterig [-rəx] clotted, clotty.

klontje ['klɔncə] *o* lump [of sugar].

klontjessuiker [-sœykər] *m* lump-sugar.

kloof [klo.f] *v* 1 (van de aarde) cleft, chasm, gap; 2 (aan de handen) chap; 3 *fig* gap; *de ~ dempen (overbruggen) tussen hen* bridge (over) the gap (gulf) between them; *de ~*

verbreden widen the gap (gulf).

klooster ['klo.stər] *o* 1 (in 't alg.) cloister; 2 monastery [for men]; 3 convent [for women]; *in het ~ gaan* go into a convent; go into a monastery.

kloosterbroeder [-bru.dər] *m* 1 conventual, friar; 2 lay brother.

kloostercel [-sɛl] *v* convent cell; monastery cell.

kloostergelofte [-gəlɔftə] *v* monastic vow.

kloosterkapel [-ka.pɛl] *v* cloister-chapel.

kloosterkerk [-kɛrk] *v* conventual church, monastic church.

kloosterlatijn [-la.tɛin] *o* Low Latin.

kloosterleven [-le.və(n)] *o* monastic life, convent life.

kloosterling [-lɪŋ] *m* monk; *~en* ook: conventuals.

kloosterlinge [-lɪŋə] *v* nun.

kloostermoeder [-mu.dər] *v* prioress, abbess, Mother (Lady) Superior.

kloosterorde [-ɔrdə] *v* monastic order.

kloosterregel ['klo.stəre.gəl] *m* monastic rule.

kloosterschool ['klo.stərsxo.l] *v* monastic school, convent school.

kloostervader [-va.dər] *m* prior, abbot, Father Superior.

kloosterwezen [-ve.zə(n)] *o* monasticism, monachism.

kloosterzuster [-zûstər] *v* nun.

klop [klɔp] *m* knock, tap, rap; *iemand ~ geven* F give one a flogging (a dressing), beat one, lick one; *~ krijgen* F be beaten.

klopgeest ['klɔpge.st] *m* rapping spirit.

klopjacht [-jɑxt] *v* battue; round-up [by police].

kloppartij ['klɔpɑrtɛi] *v* scuffle, affray, scrap, set-to.

kloppen ['klɔpə(n)] I *vi & va* knock, rap [at a door], tap [on the shoulder], pat [on the head]; beat, throb, palpitate [of the heart]; *er wordt geklopt* there is a knock (at the door); *binnen zonder ~!* please walk in!; *de cijfers ~ niet* the figures do not balance; *dat klopt niet met wat u gisteren zei* that does not tally (square, fit in) with what you said yesterday; *de boel ~d maken* square things; II *vt* beat [a carpet]; beat up [eggs]; break [stones]; *iemand ~* F beat one, lick one; *geld ~ uit* make money out of...; *iemand iets uit de zak ~* do a person out of something.

klopper [-pər] *m* 1 (door-)knocker; 2 (carpet-)beater; 3 ♱ sounder.

klos [klɔs] *m & v* 1 bobbin, spool, reel; 2 ♨ coil.

kloskant ['klɔskɑnt] *m* bobbin lace.

klossen ['klɔsə(n)] *vi* clump.

klots [klɔts] *m* ♂♂ kiss.

klotsen ['klɔtsə(n)] *vi* 1 dash [of the waves]; 2 ♂♂ kiss.

klove ['klo.və] = *kloof.*

kloven ['klo.və(n)] *vt* cleave [diamonds]; chop [wood].

klucht [klûxt] *v* farce.

kluchtig [klûxtəx] I *aj* comical, droll, farcical, odd; II *ad* comically &.

kluchtigheid [-hɛit] *v* comicalness, drollery, oddness, oddity.

kluchtspel ['klûxtspɛl] *o* farce.

kluif [klœyf] *v* bone (to pick); (*als gerecht*) knuckle; *dat is een hele ~* F that is a tough proposition.

kluis [klœys] *v* 1 (v. kluizenaar) hermitage; cell; 2 (van een bank) strong-room, vault, safe-deposit.

kluisgat ['klœysgɑt] *o* ♧ hawse-hole.

kluister ['klœystər] *v* fetter, shackle; *~s* shackles, trammels.

kluisteren [-tərə(n)] *vt* fetter, shackle; *aan het bed gekluisterd* confined to one's bed, bed-ridden; *aan haar ziekenstoel gekluisterd* pinned to her chair.

1 **kluit** [klœyt] *m* & *v* clod, lump; *hij is uit de ~en gewassen* F he is a tall, spanking fellow.

2 **kluit** [klœyt] *m* ♙ avocet.

kluitje ['klœytɕə] *o* (small) clod, lump; *iemand met een ~ in het riet sturen* put one off with fair words, fob one off with promises.

kluiven ['klœyvə(n)] *vt* & *vi* pick, gnaw, nibble; *iets om aan te ~* something to gnaw; *fig* a tough proposition.

kluiver [-vər] *m* ♙ jib.

kluizenaar [-zəna:r] *m* hermit, recluse.

kluizenaarsleven [-na:rsle.və(n)] *o* life of a hermit.

1 **klungel** ['klʏŋəl] *v* zie *lor.*

2 **klungel** ['klʏŋəl] *m-v* F bungler, muff.

klungelen ['klʏŋələ(n)] *vi* F 1 (knoeien) bungle (one's task), muff it; 2 (beuzelen) dawdle.

kluts [klʏts] *v* in: *de ~ kwijt raken* F be put out; *de ~ kwijt zijn* F be at sea, be all abroad.

klutsen ['klʏtsə(n)] *vt* beat up [eggs].

kluwen ['kly.və(n)] *o* ball [of yarn, wool, string], clew.

km = *kilometer.*

knaagdier ['kna.xdi:r] *o* rodent.

knaap [kna.p] *m* 1 (jongen) boy, lad, youth, youngster, fellow; 2 S (kokkerd) whopper.

knabbelen ['knabələ(n)] *vt* nibble, munch; *~ aan* nibble at.

knagen ['kna.ɣə(n)] *vi* gnaw²; *~ aan* gnaw (at)².

knaging [-ɣɪŋ] *v* gnawing; *~en van het geweten* pangs (qualms, twinges) of conscience.

knak [knɑk] *m* crack, snap; *fig* blow, injury, damage; *de handel een ~ geven* cripple (the) trade; *zijn gezondheid heeft een ~ gekregen* his health has received a shock.

knakken ['knɑkə(n)] I *vi* snap [of a flower]; crack [of the finger-joints]; II *vt* break [a flower]; injure, impair, shake [a man's health].

knakworst ['knɑkvɔrst] *v* frankfurter (sausage).

knal [knɑl] *m* crack, bang, pop, detonation, report.

knalbonbon ['knɑlbɔbɔ̃] *m* cracker.

knaleffect, -effekt [-ɛfɛkt] *o* claptrap.

knalfuif [-fœyf] *v* S smashing party.

knalgas [-ɣɑs] *o* detonating gas.

knallen ['knɑlə(n)] *vi* crack [of a rifle, a whip], bang [of a gun], pop [of corks]; fulminate [of gold &].

knalpoeder, -poeier ['knɑlpu.dər, -pu.jər] *o* fulminating powder.

knalpot [-pɔt] *m* silencer.

1 **knap** [knɑp] *m* crack, snap.

2 **knap** [knɑp] I *aj* 1 (v. u i t e r l ij k) handsome, comely, good-looking; smart; 2 (v. v e r s t a n d) clever, able, capable; *een ~ meisje* a pretty girl; *een ~pe vent* 1 a handsome fellow; 2 a clever fellow; *~ in 't Engels* well up in English; II *ad* 1 cleverly, ably; 2 < pretty; *~ donker* pretty dark.

knapheid ['knɑpheit] *v* 1 good looks; 2 cleverness, ability, skill.

knapjes [-jəs] cleverly; *zij kwam ~ voor de dag* she was neatly dressed.

knapkers [-kɛrs] *v* white-heart cherry.

knappen ['knɑpə(n)] I *vi* crack, go crack; (v. vuur) crackle; *het touw zal ~* the string will snap; II *vt* crack [a bottle].

knappend [-pɛnt] crackling [fire]; crunchy, crisp [biscuit].

knapperd [-pɛrt] *m* F clever fellow, clever one.

knapzak [-sɑk] *m* knapsack.

knarpen ['knɑrpə(n)] *vi* crunch.

knarsen [-sə(n)] *vi* creak, grate; grind [also of a door]; *op de tanden ~* gnash one's teeth.

knarsetanden [-sətɑndə(n)] *vi* gnash one's teeth.

knauw [knɔu] *m* F bite; *fig* zie *knak.*

knauwen ['knɔuə(n)] *vi* gnaw, munch.

knecht [knɛxt] *m* man-servant, servant, man.

knechten ['knɛxtə(n)] *vt* enslave.

knechting [-tɪŋ] *v* enslavement.

knechtschap ['knɛxtsxɑp] *o* servitude.

kneden ['kne.də(n)] *vt* knead²; *fig* mould [one like wax].

kneedbaar ['kne.tba:r] kneadable, fictile; *fig* mouldable.

kneedmachine [-ma.ʃi.nə] *v* kneading-machine.

kneep [kne.p] *v* 1 *eig* pinch; mark of a pinch; 2 *fig* dodge, trick; *daar zit 'm de ~* there's the rub; *de kneep kennen* know the tricks of the trade (the ropes).

knekelhuis ['kne.kəlhœys] *o* charnel-house, ossuary.

knel [knɛl] I *v* in: *in de ~ zitten* F be in a scrape; II *aj* in: *~ raken, ~ zitten* jam, get jammed.

knellen ['knɛlə(n)] I *vt* pinch, squeeze; II *va* & *vi* pinch.

knellend [-lənt] *fig* oppressive.

knelpunt ['knɛlpʏnt] *o* bottle-neck².

knerpen ['knɛrpə(n)] *vi* crunch.

knetteren ['knɛtərə(n)] *vi* crackle.

kneu [knø.] *v* ♙ linnet.

kneuterig ['knø.tərəx] *aj* (& *ad*) F snug(ly).

kneuzen ['knø.zə(n)] I *vt* bruise, contuse; II *vr zich ~* get bruised.

kneuzing [-zɪŋ] *v* bruise, contusion.

knevel ['kne.vəl] *m* moustache [of a man]; whiskers [of an animal].

knevelaar [-vəla:r] *m* extortioner.

knevelarij [-vəla.'rɛi] *v* extortion.

knevelen ['kne.vələ(n)] *vt* 1 (met koorden) pinion, tie; 2 *fig* extort money from [people]; gag, muzzle [the press].

knibbelaar *m* ~ster *v* ['knibələ:r(stər)] haggler.

knibbelarij [knibəla:'rɛi] *v* haggling.

knibbelen ['knibələ(n)] *vi* 1 haggle; 2 *sp* play at spillikins.

knibbelspel [-bəlspɛl] *o sp* spillikins.

knie [kni.] *v* knee; *de ~(ën) buigen* bend (bow) the knee(s); *door de ~ën gaan* give way, go down, knuckle under (to *voor*); *iets o n d e r de ~ hebben* have mastered a subject; *op de ~ën vallen* drop on one's knees; *voor iemand op de ~ën vallen* go down on one's knees to a person; *een kind over de ~ leggen* lay a child over one's knee; *tot aan de ~ën* knee-deep [in the water].

kniebroek ['kni.bru.k] *v* knickerbockers, knee-breeches, smalls.

kniebuiging [-bœyɣɪŋ] *v* genuflexion; *diepe ~* deep knee-bend [in gymnastics].

kniegewricht [-ɣəvrɪxt] *o* knee-joint.

kniekous [-kous] *v* knee-length stocking.

knielen ['kni.lə(n)] *vi* kneel, go down on one's knees, bend the knee; *~ voor* kneel to [*fig*]; *geknield* kneeling, on one's knees.

knielkussen ['kni.lkʏsə(n)] *o* hassock.

kniepees ['kni.pe.s] *v* hamstring.

knieschijf [-sxɛif] *v* knee-cap, knee-pan, § patella.

kniesoor ['kni.zo:r] *m-v* mope.

knieval ['kni.vɑl] *m* prostration; *een ~ doen voor* bow the knee before, go down on one's knees to.

kniezen ['kni.zə(n)] *vi* fret, mope; *zich dood ~* fret (mope) oneself to death; *er over ~* fret about it.

knijpbril ['knɛipbrɪl] *m* pince-nez, folders.

knijpen ['knɛipə(n)] I *vt* pinch²; *fig* squeeze; *hij kneep mij in mijn neus* he tweaked my nose; *hij kneep het kindje in de wang* he pinched the child's cheek; II *va* & *vi* pinch.

knijper [-pər] *m* 1 (v o o r w e r p) clip; (voor de

was) clothes-peg, clothes-pin; 2 (**persoon**) niggard, skinflint.

knijptang [-taŋ] v pincers, nippers.

knik [knɪk] m 1 (buiging) nod, bob; 2 (breuk) crack; 3 (kromming) bend.

knikkebollen [ˈknɪkəbɔlə(n)] vi niddle-noddle; doze.

knikken [-kə(n)] vi nod; *hij knikte van ja* he nodded assent; *hij knikte van neen* he shook his head; *zijn knieën knikten* his legs gave way, his knees shook.

knikker [-kər] m marble; *kale ~* bald pate.

knikkeren [-kərə(n)] vi play at marbles; zie ook: *baan*.

knikkerspel [-kərspɛl] o game of marbles.

1 **knip** [knɪp] m 1 (insnijding) cut, snip; 2 fillip (with finger and thumb); flip, flick; *hij is geen ~ voor de neus waard* he is not worth a straw.

2 **knip** [knɪp] v (voorwerp) catch [of a door]; snap [of a bag, of a bracelet]; trap [to catch birds].

knipbeugel [ˈknɪpbø.gəl] m snap [of a purse].

knipmes [-mɛs] o clasp-knife.

knipogen [-o.gə(n)] vi wink, blink; *~ tegen* wink at.

knipoogje [-o.xjə] o F wink (of the eyes); *iemand een ~ geven* wink at a person.

knippatroon [ˈknɪpa.tro.n] o paper pattern.

knippen [-pə(n)] I vt 1 cut [the hair]; cut out [a dress]; punch [tickets]; clip [tickets, coupons]; trim [one's beard]; pare [one's nails]; 2 flip, flick (off) [the ashes]; 3 S pinch, nab [a thief]; *zich laten ~* have one's hair cut; *je moet mijn haar kort ~* crop my hair short; *het uit de Times ~* cut it from the Times; II va cut (out); III vi *met de ogen ~* blink; *met de vingers ~* snap one's fingers.

knipperbol [ˈknɪpərbɔl] m flashing beacon.

knipperen [ˈknɪpərə(n)] vi in: *met de ogen ~* blink.

knipperlicht [ˈknɪpərlɪxt] o flashing light.

knippersignaal [-si.ɲa.l] o intermittent signal.

knipsel [ˈknɪpsəl] o cutting(s), clipping(s).

knobbel [ˈknɔbəl] m bump [on the skull, swelling caused by blow]; knob [at end or surface of a thing]; knot [in animal body], knurl [= knot, knob]; 🕈 tubercle.

knobbelig [-bələx] knotty, knobby.

knobbeligheid [-hɛit] v knottiness, knobbiness.

knoedel [ˈknu.dəl] m 1 (gerecht) dumpling; 2 (knot) knot, bun [of hair].

knoei [knu:i] m muddle; *wij zitten in de ~* F we are in a fine mess! we are in the soup!

knoeiboel [ˈknu:ibu.l] m mess.

knoeien [ˈknu.jə(n)] vi 1 *eig* mess, make a mess; 2 *fig* bungle, blunder [over one's work]; engage in underhand dealings; *~ aan iets* meddle (mess) with a thing; *met as ~* mess ashes about; *~ met de boter* adulterate butter.

knoeier [-jər] m ~**ster** [ˈknu:istər] v bungler, dabbler, botcher; swindler; intriguer.

knoeierij [knu.jəˈrɛi] v eig messing, mess; fig underhand dealings; intrigue(s); jobbery.

knoeiwerk [ˈknu:ivɛrk] o bungling, bungle.

knoest [knu.st] m knot, knag, knurl, gnarl.

knoestig [ˈknu:s.təx] knotty, knaggy, gnarled, gnarly.

knoet [knu.t] m knout.

knoflook [ˈknoflo.k] o & m 🕈 garlic.

knok [knɔk] = *knook*.

knokig [ˈkno.kəx] bony.

knokkel [ˈknɔkəl] m knuckle.

knokken [-kə(n)] vi F scrap, have a scrap.

knokploeg [ˈknɔkplu.x] v strong-arm squad.

knol [knɔl] m 1 🕈 tuber [of potatoes &]; 2 (knolraap) turnip; 3 jade [of a horse]; 4 turnip [= watch]; *iemand ~len voor citroe-*

nen verkopen gull a person, take a person in.

knolraap [ˈknɔlra.p] v Swedish turnip, swede.

knolselderij [-sɛldərɛi] m 🕈 turnip-rooted celery.

knolzaad [-za.t] o 🕈 turnip seed.

knook [kno.k] m & v bone.

knoop [kno.p] m 1 knot; 2 🕈 node, joint; 3 button; stud [of collar &]; *de blauwe ~* the blue ribbon; *de (gordiaanse) ~ doorhakken* cut the (Gordian) knot; *een ~ leggen* tie a knot; *een ~ in zijn zakdoek leggen* make a knot in one's handkerchief; *zoveel knopen lopen* ⚓ run (make) so many knots; *een ~ losmaken* untie (undo) a knot; *daar zit 'm de ~* there's the rub.

knooplaars [ˈkno.pla:rs] v button-boot.

knooppunt [ˈkno.pʏnt] o junction.

knoopsgat [ˈkno.psɣɔt] o buttonhole.

knop [knɔp] m knob [of a stick, door &]; pommel [of a saddle, a sword]; button, push [of an electric bell]; switch [of electric light]; 🕈 bud.

knopehaak [ˈkno.pəha.k] m button-hook.

knopen [ˈkno.pə(n)] vt 1 net [a purse]; make (nets]; 2 knot, tie, button; *het in zijn oor ~* make a mental note of it.

knorhaan [ˈknɔrha.n] m 🕸 gurnet, gurnard.

knorren [ˈknɔrə(n)] vi 1 grunt [of pigs]; 2 fig grumble, growl; 3 scold; *~ op* scold.

knorrepot [-rɔpɔt] m grumbler, growler.

knorrig [-rəx] grumbling, growling, F grumpy.

knorrigheid [-hɛit] v grumbling (growling) disposition, F grumpiness.

knot [knɔt] v knot [of silk, hair].

knots [knɔts] v club, bludgeon.

knotsslag [ˈknɔtslɔx] m bludgeon stroke.

knotsvormig [ˈknɔtsfɔrməx] club-shaped.

knotten [ˈknɔtə(n)] vt 1 pollard [a willow], head down [a tree]; 2 truncate [a cone]; 3 fig curtail [power].

knotwilg [ˈknɔtvɪlx] m 🕈 pollard-willow.

knuffelen [ˈknʏfələ(n)] vt F hug, cuddle.

knuist [knœyst] m & v F fist, paw; *blijf eraf met je ~en!* paws off!

knul [knʏl] m F dolt; booby, mug; *een goeie ~* F a good fellow.

knuppel [ˈknʏpəl] m 1 cudgel, club, bludgeon; 2 ✈ S joy-stick; 3 fig lout; *dat was een ~ in het hoenderhok der Liberalen* that was a bomb-shell thrown into the ranks of the Liberals.

knuppelen [-pələ(n)] vt cudgel.

knus [knʏs] aj (& ad) snug(ly).

knusjes [ˈknʏʃəs] F snugly.

knutselaar [ˈknʏtsəla:r] m handy-man, potterer.

knutselen [-sələ(n)] v 1 potter, do small jobs, do some trifling work; *in elkaar ~* put together.

knutselwerk [-səlvɛrk] o pottering, trifling work.

kobalt [ko.ˈbalt] o cobalt.

kobaltblauw [-blɔu] o & aj cobalt-blue.

koddebeier [ˈkɔdəbɛiər] m gamekeeper.

koddig [ˈkɔdəx] I aj droll, odd, comical; II ad drolly.

koddigheid [-hɛit] v drollery, oddity, comicality.

koe [ku.] v cow; *oude ~ien uit de sloot halen* rake up old stories; *geen oude ~ien uit de sloot halen* let bygones be bygones; *men noemt geen ~ bont of er is een vlekje aan* there is no smoke without fire; *de ~ bij de horens vatten* (pakken) take the bull by the horns, grasp the nettle; *men kan nooit weten hoe een ~ een haas vangt* a cow may catch a hare.

koehandel [ˈku.handəl] m horse-trading, bargaining, jobbery.

koehoorn, -horen [-ho:rən] m cow's horn.

koe(ie)huid [-(jə)hœyt] v cow's hide.

koeiekop [-jəkɔp] m cow's head.

koeieoog [-jɔɔ.x] o cow's eye.

koeiestaart [-jəsta:rt] m cow's tail.

koeiestal [-jəstal] m cowshed, cowhouse, byre.

koeioneren [ku.jò'ne:rə(n)] vt P bully.

koek [ku.k] m 1 cake; 2 gingerbread; *ze gaan als ~* F they sell like hot cakes; *ze zijn ~ en ei* F they are hand and (in) glove; *alles voor zoete ~ opeten* F swallow everything.

koekbakker ['ku.kbɑkər] m confectioner.

koekdeeg [-de.x] o gingerbread paste.

koekeloeren [ku.kə'lu:rə(n)] vi peer; *zitten ~* be day-dreaming, sit and stare.

koeken ['ku.kə(n)] vi cake.

koekenbakker [-bɑkər] = *koekbakker*.

koekepan ['ku.kəpɑn] v frying-pan.

koekje ['ku.kjə] o (sweet) biscuit.

koekjestrommel [-jəstròməl] v biscuit barrel, biscuit tin.

koekkraam ['ku.kra.m] v & o gingerbread stall.

koekoek ['ku.ku.k] m 1 ⚬ cuckoo; 2 △ skylight; *het is altijd ~ één zang met hem* he is always harping on the same string.

koekoeksbloem [-ku.ksblu.m] v ♣ 1 ragged robin; 2 red campion.

koekoeksklok [-klɔk] v cuckoo clock.

koel [ku.l] I aj cool², fig cold [reception]; *in ~en bloede* in cold blood, cold-bloodedly; II ad coolly.

koelbak ['ku.lbɑk] m cooler.

koelbloedig [ku.l'blu.dəx] I aj cold-blooded, cool; II ad cold-bloodedly, in cold blood.

koelbloedigheid [-hɛit] v cold-bloodedness, coolness.

koeldrank ['ku.ldrɑŋk] m cooling-draught, F cooler.

koelen ['ku.lə(n)] I vt cool; zie ook: *woede* &; II vi cool (down).

koelheid ['ku.lhɛit] v coolness²; fig coldness.

koelhuis [-hœys] o cold store.

koelie ['ku.li.] m coolie.

koeliewerk [-vɛrk] o fig donkey work, drudgery.

koelinrichting ['ku.lɪnrɪxtɪŋ] v refrigerator, refrigerating plant.

koelkamer [-ka.mər] v cold store; cooling-room.

koelkast [-kɑst] v refrigerator.

koelkelder [-kɛldər] m cooling-cellar.

koelmiddel [-mɪdəl] o coolant.

koeloven [-o.və(n)] m annealing furnace.

koelschip [-sxɪp] o ⚓ refrigerator ship.

koelte [-tə] v coolness, F cool [of the evening].

koeltje [-cə] o breeze.

koeltjes [-cəs] coolly, coldly.

koelvat [-vɑt] o cooler.

koelwagen [-va.gə(n)] m refrigerator car.

koemelk ['ku.mɛlk] v cow's milk.

koen [ku.n] I aj bold, daring, hardy; II ad boldly.

koenheid ['ku.nhɛit] v boldness, daring, hardihood.

koepel ['ku.pəl] m 1 △ dome, cupola; 2 (tuinhuisje) summer-house.

koepeldak [-dɑk] o dome-shaped roof, dome.

koepelgewelf [-gəvɛlf] o dome-shaped vault, dome.

koepelkerk [-kɛrk] v dome-church.

koepelvormig [-vɔrməx] dome-shaped.

koepokinenting ['ku.pɔkInɛntɪŋ] v vaccination.

koepokken [-pɔkə(n)] mv cowpox.

koepokstof [-pɔkstɔf] v vaccine (lymph).

Koerd [ku:rt] m Kurd.

koeren ['ku.rə(n)] vi coo.

koerier [ku:'ri:r] m courier.

koers [ku:rs] m 1 ⚓ course; 2 $ quotation, price; rate (of exchange); 3 fig course, line of action; *~ zetten naar* shape one's course for, make for; *uit de ~ raken* be driven off one's course; *van ~ veranderen* change course.

koersbericht ['ku:rsbərɪxt] o $ market report.

koersdaling [-da.lɪŋ] v $ fall in prices.

koersen ['ku.rsə(n)] vi ⚓ zie *koers zetten*.

koerslijst ['ku:rslɛist] v $ list of quotations.

koersnotering [-no.te:rɪŋ] v $ (market) quotation.

koersverandering [-fərɑndərɪŋ] v change of course², fig new orientation.

koersverschil [-fərsxɪl] o $ difference in price.

koerswaarde [-va:rdə] v $ market value.

koes(t) [ku.s(t)] quiet; *~! down, dog!*; *zich ~ houden* F be (keep) mum, lie low (and say nothing).

koestaart ['ku.sta:rt] = *koeiestaart*.

koestal [-stɑl] = *koeiestal*.

koesteren ['ku.stərə(n)] I vt cherish [children, plants, feelings, a design to..., &], entertain [feelings &]; II vr *zich ~* bask.

koet [ku.t] m ⚬ coot.

koeterwaals [ku.tər'va.ls] o double Dutch, gibberish, lingo.

koetje ['ku.cə] o (small) cow; *over ~s en kalfjes praten* talk about this and that, about one thing and another, about things in general.

koets [ku.ts] v coach, carriage.

koetshuis ['ku.tshœys] v coach-house.

koetsier [ku.t'si:r] m driver, coachman.

koetspaard [-'pa:rt] o coach-horse.

koetspoort [-po:rt] v carriage gateway.

koevoet ['ku.vu.t] m ✂ crowbar.

koffer ['kòfər] m 1 box [for articles of value], trunk [for travelling], (hand)bag, portmanteau, (suit-)case; 2 ⬟ (~ruimte) boot.

koffergrammofoon [-grɑmo.fo.n] m portable gramophone.

koffie ['kɔfi.] m coffee; *~ drinken* 1 take (have) coffee; 2 lunch; *op de ~ komen* catch it [fig]; *dat is geen zuivere ~* F there is something fishy about it, it looks suspicious.

koffieboon [-bo.n] v coffee-bean, coffee-nib.

koffiebrander [-brɑndər] m coffee-roaster.

koffiebranderij [-brɑndərɛi] v coffee-roasting factory.

koffiedik [-dɪk] o coffee-grounds; *zo helder als ~* as clear as mud.

koffiedrinken [-drɪŋkə(n)] o lunch.

koffie-extract, koffie-extrakt [-ɛkstrɑkt] o coffee essence.

koffiefilter [-fɪltər] m & o coffee-percolator.

koffiehuis [-hœys] v o 1 (zonder vergunning) coffee-house; 2 (met vergunning) (licensed) café.

koffiekamer [-ka.mər] v refreshment-room.

koffiemolen [-mo.lə(n)] m coffee-mill.

koffieplantage [-plɑnta.ʒə] v coffee-plantation.

koffieservies [-sɛrvi.s] o coffee-service, coffee-set.

koffietafel [-ta.fəl] v lunch.

koffiewater [-va.tər] o water for coffee.

kogel ['ko.gəl] m ball [of a cannon & ✕]; bullet [for small arms]; *de ~ is door de kerk* the die is cast; *de ~ krijgen* be shot; *tot de ~ veroordelen* sentence to be shot.

kogelbaan [-ba.n] v ✕ trajectory.

kogelflesje [-flɛʃə] v globe-stoppered bottle.

kogelgat [-gɑt] o bullet hole.

kogelgewricht [-gəvrIxt] o ball-and-socket joint.

kogelkussen [-kûsə(n)] **kogellager** ['ko.gəla.-gər] o ✕ ball-bearing.

kogelregen [-re.gə(n)] m shower (hail) of bullets.

kogelrond [-rònt] globular, spherical.

kogelslingeren [-slɪŋərə(n)] o sp throwing the hammer.

kogelstoten [-sto.tə(n)] o sp putting the weight.

kogelvanger [-vɑŋər] m ✕ butt.

kogelvormig [-vɔrməx] globular, spherical.

kogelvrij [-vrɛi] bullet-proof, shot-proof.

kohier [ko.'hi:r] *o* register.

kok [kɔk] *m* cook; (die maaltijden uitzendt) caterer; *het zijn niet allen ∼s die lange messen dragen* all are not hunters that blow the horn; *veel ∼s bederven de brij* too many cooks spoil the broth.

kokarde [ko.'kardə] *v* cockade.

koken ['ko.kə(n)] I *vi* boil; *∼ van kwaadheid* boil (seethe) with rage; II *va* in: *zij kan goed ∼* she can cook well; *wie kookt voor u?* who does your cooking?; III *vt* boil [water &]; cook [food].

1 **koker** [-kər] *m* boiler.

2 **koker** [-kər] *m* case, sheath; tube; quiver [for arrows]; *dat komt niet uit uw ∼* that bolt came never out of your bag.

kokerij [ko.kə'rɛi] *v* cookery.

kokerjuffer ['ko.kərjʉfər] *v* ✿ caddis-fly.

kokervrucht [-vrʉxt] *v* ✿ follicle.

kokerworm [-vɔrm] *m* ✿ caddis.

koket [ko.'kɛt] *aj* (& *ad*) coquettish(ly).

kokette [-'kɛtə] *v* coquette, flirt.

koketteren [-kɛ'te:rə(n)] *vi* coquette, flirt².

koketterie [-tə'ri.] *v* coquetry.

kokhalzen ['kɔkhalzə(n)] *vi* retch, keck, heave; *tegen iets ∼* keck at it.

Koking ['ko.kɪŋ] *v* boiling, ebullition.

kokker(d) ['kɔkər(t)] *m* F bouncer, spanker, whopper; *een ∼ van een neus* a conk.

kokmeeuw ['kɔkme:u] *v* ✿ black-headed gull.

kokon zie **cocon**.   [mire-crow.

kokosboom ['ko.kɔsbo.m] *m* coco-nut tree.

kokosmat [-mat] *v* coco-nut mat.

kokosnoot [-no.t] *v* coco-nut.

kokosolie [-o.li.] *v* coco-nut oil.

kokospalm [-palm] *m* coco-nut palm.

kokosvezel [-fe.zəl] *v* coco-nut fibre.

kokoszeep ['ko.kɔse.p] *v* coco-soap.

koksjongen ['kɔksjɔŋə(n)] *m* cook's boy.

koksmaat [-ma.t] *m* ♨ cook's mate.

kol [kɔl] I *v* (heks) witch, sorceress; 2 *m* star [of a horse].

kolbak ['kɔlbak] *m* ✕ busby.

1 **kolder** ['kɔldər] *m* (harnas) jerkin.

2 **kolder** ['kɔldər] *m* 1 (paardeziekte) (blind) staggers; 2 (onzin) (wild) nonsense; *hij heeft de ∼ in de kop* the temper is on him; he is in a mad frenzy.

kolen ['ko.lə(n)] *mv* coal, coals; *ik zat op hete ∼* I was kept on thorns, on pins and needles; *vurige ∼ op iemands hoofd stapelen* B heap coals of fire upon a person's head.

kolenaak [-a.k] *m* & *v* coal-barge.

kolenbak [-bak] *m* coal-box.

kolenbedding [-bedɪŋ] *v* coal-seam.

kolenbekken [-bɛkə(n)] *o* coal basin.

kolenbrander [-brandər] *m* charcoal-burner.

kolendamp [-damp] *m* carbon monoxide.

kolendrager [-dra.gər] *m* coal-heaver.

kolenemmer ['ko.lənɛmər] *m* coal-scuttle; zie ook: **kolenbak**.

kolenfront ['ko.lə(n)frɔnt] *o* coal-face.

kolengruis [-grœys] *o* coal-dust.

kolenhandelaar [-handəla:r] *m* coal-merchant, coalmonger.

kolenhok [-hɔk] *o* coal-hole; (schuur) coal-shed.

kolenkit [-kɪt] *v* coal-scuttle.

kolenlaag [-la.x] *v* layer (bed) of coals, coal-stratum.

kolenman [-mɔn] *m* coalman.

kolenmijn [-mɛin] *v* coal-mine, coal-pit, colliery.

kolennood ['ko.ləno.t] *m* coal famine, famine in coal.

kolenschip ['ko.lə(n)sxɪp] *o* ♨ collier.

kolenschop [-sxɔp] *v* coal-shovel, coal-scoop.

kolenschuur [-sxy:r] *v* coal-shed.

kolenstation [-sta.ʃɔn] *o* coaling station.

kolenstof [-stɔf] *o* coal-dust.

kolentip [-tɪp] *m* coal-tip.

kolenvoorraad [-vo:ra.t] *m* coal-supply.

kolenvuur [-vy:r] *o* coal-fire.

kolenwagen [-va.gə(n)] *m* 1 coal-truck; 2 (v. locomotief) tender.

kolenzak [-zak] *m* coal bag.

kolenzeef [-ze.f] *v* coal-screen.

kolf [kɔlf] *v* 1 bat, club; 2 "kolf"-stick; 3 butt(-end) [of a rifle]; 4 receiver [of a retort]; 5 ⚘ spadix [*mv* spadices].

kolfbaan ['kɔlfba.n] *v* sp mall.

kolfbal [-bal] *m sp* "kolf"-ball.

kolfje [-jə] *o* in: *dat is een ∼ naar zijn hand* F that's the very thing he wants.

kolfplaat [-pla.t] *v* ✕ butt-plate.

kolfspel [-spɛl] *o* game of "kolf".

kolibrie [ko.li.'bri., 'ko.li.bri.] *m* ✿ humming-bird.

koliek [ko.'li.k] *o* & *v* colic.

kolk [kɔlk] *m* & *v* 1 pit, pool; abyss, gulf; eddy, whirlpool; 2 chamber [in a canal].

kolken ['kɔlkə(n)] *vi* eddy, whirl.

kolom [ko.'lɔm] *v* column².

kolombijntje [ko.lɔm'bɛinʧə] *o* sponge-cake.

kolonel [ko.lo.'nɛl] *m* ✕ colonel.

kolonelsrang [-'nɛlsraŋ] *m* ✕ colonel's rank.

koloniaal [ko.lo.ni.'a.l] I *aj* colonial; *koloniale waren* colonial produce, groceries; II *m* ✕ colonial soldier.

kolonie [-'lo.ni.] *v* colony, settlement.

kolonisatie [ko.lo.ni.'za.(t)si.] *v* colonization, settlement.

kolonisator [-ni.'za.tɔr] *m* colonizer.

koloniseren [-ni.'ze:rə(n)] *vt* & *vi* colonize, settle.

kolonist [-'nɪst] *m* colonist, settler.

koloriet [ko.lo.'ri.t] *o* coloration, colouring.

kolos [ko.'lɔs] *m* colossus, leviathan.

kolossaal [-lɔ'sa.l] I *aj* colossal; (ironisch) huge, tremendous; II *ad* colossally, < hugely, tremendously.

kolven ['kɔlvə(n)] *vi* play "kolf".

kolver [-vər] *m* "kolf"-player.

kom [kɔm] *v* basin, bowl; *de ∼ van de gemeente* the centre; *bebouwde ∼* built-up area.

komaan! [kɔm'a.n] come!; well.

komaf [-'af] *m* F descent, origin; *van goede ∼* of a respectable family; *van minne ∼* of low descent.

kombuis [kɔm'bœys] *v* ♨ caboose, cook's galley.

komediant [ko.me.di.'ant] *m* comedian; *hij is een echte ∼* he is always acting a part.

komedie [ko.'me.di.] *v* 1 comedy; 2 (gebouw) theatre; *het is allemaal maar ∼* it's all sham, it's mere make-believe, it is mere acting.

komediespel [-spɛl] *o* comedy; *het is maar ∼* zie **komedie**.

komediestuk [-stʉk] *o* (stage-)play.

komeet [ko.'me.t] *v* ✴ comet.

komen ['ko.mə(n)] *vi* come; *och kom!* zie **och**; *ik kom al!* (I'm) coming!; *er komt regen* we are going to have rain; *hij zal er wel ∼* he is sure to get there (to succeed); *wij kunnen er niet ∼* we cannot make both ends meet; *er moge van ∼ wat wil* come what may; *hoe komt het dat...?* how comes it that..., how is it that...?; *hij wist niet hoe het gekomen was* how it had come about; *er kwam maar geen geld* no money was forthcoming; *wij moeten maar afwachten wat er ∼ zal* await (further) developments; *is het zo ver gekomen dat...?* has it come to this (to such a pass) that...?; *wie eerst komt, eerst maalt* first come, first served; *ik zal hem laten ∼* I'll send for him; *ik zal het laten ∼* I'll order it; *∼ te spreken over* get talking about; *als ik zou ∼ te vallen* if I should fall; *fig* if I should (come to) die;

hoe kwam je het boek te verliezen? how did you happen to lose the book?; *kom ze halen* come and fetch them; *ik kom u vertellen dat...* I have come to tell you that...; *wie is dat ~ zeggen?* who has brought word of it?; *u moet ~ zien* come and see, come and have a look (at things); *hij kwam naast me zitten* he sat down by my side; *hij kwam naast mij te zitten* he happened to have his seat next to mine; *dat zal duur ~* it will come expensive; zie ook: 2 *duur* II; *hoe hoog komt dat?* what does it come to?; *hoe hoog komt u dat te staan?* what does it stand you in?; *er mee aan de deur ~* hawk them along the houses; *hoe zal ik aan het geld ~?* how am I to come by (get) the money?; *eerlijk aan iets ~* come by it honestly; *hoe kom je daaraan?* 1 how have you come by it?; 2 how did you get knowledge of it?; *achter iets ~* find it out; *zal je bij me ~?* will you come to me?; *ik kom dadelijk bij je* I'll join you directly; *wij ~ niet meer bij hen* we don't visit at their house any more; *hoe kom je erbij?* what makes you think so?; *bij elkaar ~* come together, meet; *de kleuren ~ niet bij elkaar* don't match; *daarbij komt dat zij...* added to this they...; *er door ~* get through²; *ik kon niet in mijn jas ~* I could not get into my coat; *in de kamer ~* come into the room, enter the room; *hij kwam naar mij toe* he came up to me; *hij komt om iets* he has come for something or other; *op hoeveel komt dat beeldje?* how much is that figure?; *het komt op 5 sh. per persoon* it comes to five shillings per head; *ik kon niet op mijn fiets, mijn paard ~* I could not get on to my bicycle, my horse; *ik kan er niet op ~* I cannot think of it, remember it, recall it; zie ook: *gedachte, idee, inval*; *ik kon er niet toe ~* I could not bring myself to do it; *hoe bent u daartoe gekomen?* how came you to do it?; *tot iemand ~* come to one; *tot zichzelf ~* come to one's senses; *tot een regeling ~* come to, arrive at, reach a settlement; *zij ~ uit een dorp* they are from a village; *die woorden ~ uit het Grieks* are derived from Greek; *dat komt van het vele lezen* that comes of reading so much; *van lezen (werken &) zal vandaag niets ~* there will be no reading (working &) to-day; *wat zal ervan ~?* what is it going to end in?; *er zal niets van ~* nothing will come of it; *waar kom jij vandaan?* 1 where do you come from?; 2 where do you hail from, where are you from?

komenijswinkel [ko.mə'nɛisvınkəl] *m* grocer's shop, grocery, chandler's shop.
komfoor [kɔm'fo:r] *o* chafing-dish, brazier; zie ook: *gaskomfoor* en *theelichtje*.
1 **komiek** [ko.'mi.k] I *aj* comical, funny, droll; II *ad* in a comical (funny) way.
2 **komiek** [ko.'mi.k] *m* (low) comedian, clown, funny-man.
komijn [ko.'mɛin] *m* cum(m)in.
komijnekaas [-'mɛinəka.s] *m* cumin-seed cheese.
komisch ['ko.mi.s] *aj* comic [film, opera], comical; *het ~ e is dat...* the funny part of the matter is that...
komkommer [kɔm'kɔmər] *v* ♄ cucumber.
komkommersla [-sla.] *v* sliced-cucumber salad.
komkommertijd [-tɛit] *m* S dull (dead, silly) season; *de ~* ook: the slack.
komma ['kɔma.] *v* & *o* comma; *0,5 = nul ~ vijf* decimal five.
kommapunt [kɔma.'pûnt] *v* & *o* semicolon.
kommer ['kɔmər] *m* 1 solicitude; 2 trouble, affliction, sorrow, grief.
kommerlijk [-lək] needy, pitiful.
kommerloos [-lo.s] free from cares, untroubled.

kommernis [-nıs] *v* solicitude, anxiety, concern.
kommervol [-vòl] distressful, wretched.
kommetje ['kɔmɔcə] *o* (small) cup, mug.
kompas [kɔm'pas] *o* compass.
kompasbeugel [-bø.gəl] *m* gimbals.
kompashuisje [-hœyʃə] *o* binnacle.
kompasnaald [-na.lt] *v* needle (of a compass).
kompasroos [-ro.s] *v* compass-card.
komplot [kɔm'plɔt] *o* plot, intrigue, conspiracy.
komplotteren [plɔ'te:rə(n)] *vi* plot, intrigue, conspire.
kompres [kɔm'prɛs] I *aj* solid [composition]; II *ad* closely [printed]; III *o* compress.
komst [kɔmst] *v* coming, arrival; ⊙ advent [of Christ; of the motor-car and the aeroplane]; *op ~ zijn* be coming, be drawing near, be on the way.
Kon. = *Koninklijk*.
kond ['kɔnt] in: *~ doen* make known.
kondschap ['kɔntsxap] *v* information, intelligence.
kondschappen [-sxapə(n)] *vt* send word, inform of.
kondschapper [-pər] *m* messenger.
konfijten [kɔn'fɛitə(n)] *vt* preserve, candy.
kongeraal [kɔŋəra.l] *m* 🐟 conger-eel.
Kongo ['kɔŋo.] *o* Congo.
Kongolees [kɔŋɡo.'le.s] I *aj* Congolese; II *m* Congolese; *de Kongolezen* the Congolese.
kongsi(e) ['kɔŋsi.] *v* 1 kongsee, (secret) society; 2 $ combine, ring, trust; 3 clique.
konijn [ko.'nɛin] *o* rabbit, F bunny.
konijnehok [-'nɛinəhɔk] *o* rabbit-hutch.
konijnehol [-hɔl] *o* burrow.
konijnejacht [-jɔxt] *v* rabbit-shooting.
konijnenberg [-'nɛinə(n)bɛrx] *m* (rabbit-) warren.
konijnenplaag [-pla.x] *v* rabbit pest.
konijnevel [ko.'nɛinəvɛl] *o* 1 rabbit's skin, rabbit-skin; (als b o n t) cony.
konijneziekte [-zi.ktə] *v* rabbit disease, § myxomatosis.
koning ['ko.nıŋ] *m* king°; *de ~ der dieren* the king of beasts; *hij is de ~ te rijk* he is very happy.
koningin [ko.nə'ŋın] *v* queen°; *~-moeder* queen mother; *~-regentes* queen regent; *~-weduwe* queen dowager.
koninginnedag [-'ɡınədax] *m* the Queen's feast [in the Netherlands].
koninginnenpage [-na(n)pa.ʒə] *m* 🦋 swallow-tailed butterfly.
koningsarend [ko.nıŋsa:rənt] *m* 🦅 royal eagle.
koningschap ['ko.nıŋsxap] *o* royalty, kingship.
koningsdochter ['ko.nıŋsdɔxtər] *v* king's daughter.
koningsgezind [-ɡəzınt] *aj* royalist; *~e, m-v* royalist.
koningsgezindheid [-hɛit] *v* royalism.
koningshuis ['ko.nıŋshœys] *o* royal house.
koningskaars [-ka:rs] *v* ♄ mullein.
koningskind [-kınt] *o* royal child.
koningskroon [-kro.n] *v* royal crown.
koningsmoord [-mo:rt] *m* & *v* regicide.
koningsmoordenaar [-mo:rdəna:r] *m* regicide.
koningstijger [-tɛigər] *m* royal tiger.
koningstitel [-ti.tal] *m* title of king, regal title.
koningstroon [-tro.n] *m* royal throne.
koningsvaren [-fa:rə(n)] *v* ♄ osmund.
koningszoon ['ko.nıŋso.n] *m* king's son.
koninkje [-nəŋkjə] *o* petty king, kingling, kinglet.
koninklijk ['ko.nəŋklək] I *aj* royal, regal, kingly, kinglike; *van ~e afkomst* ook: royally descended; II *ad* royally, regally, in regal splendour; *in a kyngly way.
koninkrijk ['ko.nıŋkrɛik] *o* kingdom; *het ~*

Denemarken the Kingdom of Denmark; *het ~ der hemelen* the Kingdom of Heaven.
konkelaar ['kòŋkəla:r] *m* ~ster [-stər] *v* plotter, intriguer, schemer.
konkelarij [kòŋkəla'rɛi] *v* plotting, intriguing, scheming, machination(s).
konkelen ['kòŋkələ(n)] *vi* plot, intrigue, scheme.
konsoorten [kòn'so:rtə(n)] = *consorten.*
konterfeiten [kòntər'fɛitə(n)] *vt* portray, picture.
konterfeitsel [-'fɛitsəl] *o* portrait, likeness.
konvooi [kòn'vo:i] *o* convoy.
konvooieren [-vo.'je:rə(n)] *vt* convoy.
kooi [ko:i] *v* 1 cage [for birds, lions &], 2 fold, pen [for sheep]; 3 decoy [for ducks]; 4 ⚓ berth, bunk; *naar ~ gaan* F turn in.
kooieend ['ko:ie.nt] *v* ⚓ decoy-duck.
kooien ['ko:jə(n)] *vt* 1 cage, put into a cage; 2 fold, pen.
kooivogel ['ko:ivo.gəl] *m* cage-bird.
kook [ko.k] *v* in: *aan de ~ brengen* bring to the boil; *aan de ~ zijn* be on the boil; *van de ~ zijn* 1 be off the boil; 2 *fig* be upset.
kookboek ['ko.kbu.k] *o* cookery book.
kookcursus ['ko.kûrzəs] *m* course of cookery, cooking classes.
kookfornuis ['ko.kfornœys] *o* cooking-range, cooker.
kookhitte [-hitə] *v* boiling-heat.
kookkachel [ko.kagəl] *v* cooking-stove.
kookkunst [-kûnst] *v* cookery, art of cooking, culinary art.
kookles ['ko.klɛs] *v* cookery lesson.
kookplaat [-pla.t] *v* (electric) hot-plate.
kookpunt [-pûnt] *o* boiling-point.
kooksel ['ko.ksəl] *o* boiling.
kookster ['ko.kstər] *v* cook, F cooky.
kooktoestel [-tu.stɛl] *o* cooker, cooking-apparatus.
1 kool [ko.l] *v* ⚘ cabbage; *de ~ en de geit sparen* temporize; *iemand een ~ stoven* play one a trick; *het is allemaal ~* S it is all gammon.
2 kool [ko.l] *v* 1 (steenkool) coal; 2 (v. hout) charcoal; 3 (element & ⚙) carbon; *zie ook: kolen.*
koolaak ['ko.la.k] = *kolenaak.*
koolbak [-bak] = *kolenbak.*
koolbekken [-bɛkə(n)] = *kolenbekken.*
koolblad [-blat] *o* ⚘ cabbage-leaf.
koolbrander [-brandər] = *kolenbrander.*
kooldamp [-damp] = *kolendamp.*
kooldraad [-dra.t] *m* ⚙ (carbon) filament.
kooldrager [-dra.gər] = *kolendrager.*
koolemmer [-ɛmər] = *kolenemmer.*
koolgruis [-grœys] = *kolengruis.*
koolhandelaar [-handəla:r] = *kolenhandelaar.*
koolhok [-hòk] = *kolenhok.*
koolhydraat [-hy.dra.t] *o* carbohydrate.
koolkit [-kit] = *kolenkit.*
koollaag [-la.x] = *kolenlaag.*
koolland ['ko.lɑnt] *o* cabbage-field.
koolmees ['ko.lme.s] *v* ⚘ great tit(mouse).
koolmijn [-mɛin] = *kolenmijn.*
koolraap [-ra.p] *v* 1 ⚘ Swedish turnip, swede; 2 (boven de grond) kohlrabi, turnip-cabbage.
koolrabi [ko.l'ra.bi.] *v* zie *koolraap* 2.
koolschip ['ko.lsxip] = *kolenschip.*
koolschop [-sxòp] = *kolenschop.*
koolspits [-spits] *v* ⚙ carbon(-point), crayon.
koolstation [-sta.fòn] = *kolenstation.*
koolstof [-stòf] *v* carbon.
koolstronk [-stròŋk] *m* stalk of cabbage.
koolteer [-te:r] *m* & *o* coal-tar.
kooltip [-up] = *kolentip.*
kooltje-vuur [ko.lcə'vy:r] *o* ⚘ pheasant's eye.
koolwagen ['ko.lva.gə(n)] = *kolenwagen.*
koolwaterstof [ko.l'va.tərstòf] *v* carburetted

hydrogen.
koolwitje ['ko.lvicə] *o* ⚘ cabbage butterfly.
koolzaad [-za.t] *o* rapeseed.
koolzak [-zak] = *kolenzak.*
koolzeef [-ze.f] = *kolenzeef.*
koolzuur [-zy:r] *o* carbonic acid.
koolzwart [-zvart] coal-black.
koon [ko.n] *v* cheek.
koop [ko.p] *m* bargain, purchase; *een ~ sluiten* strike a bargain; *op de ~ toe* into the bargain; *te ~* for sale, on sale; *te ~ bieden* offer for sale; *te ~ lopen met zijn geleerdheid* show off (air) one's learning; *niet met zijn gevoelens te ~ lopen* not wear one's heart upon one's sleeve; *weten wat er in de wereld te ~ is* know what is going on in the world.
koopakte ['ko.paktə] *v* purchase deed.
koopbriefje [-bri.fjə] *o* S bought note.
koopcontract [-kòntrakt] *o* contract of sale.
koophandel [-hɑndəl] *m* trade, commerce.
koopje [-jə] *o* 1 (great) bargain, dead bargain; 2 bad bargain, sell; *iemand een ~ geven (leveren)* S let one in for a bad thing, sell one a pup; *daaraan heb ik een ~* 1 that's a (real) bargain; 2 that's a bad bargain, a sell; *een ~ snappen* S be disappointed; get sold; *op een ~ on the cheap.*
koopkracht [-kraxt] *v* purchasing power, buying power; (v. h. publiek) spending power.
koopkrachtig [ko.p'kraxtəx] with a great purchasing power.
kooplust ['ko.plûst] *m* inclination (desire) to buy.
kooplustig [ko.p'lûstəx] eager to buy, fond of buying.
koopman ['ko.pmɑn] *m* merchant; dealer; (street) hawker.
koopmansboek [-mɑnsbu.k] *o* account book.
koopmanschap [-mɑnsxɑp] *v* trade, business; *~ drijven* carry on trade.
kooppenningen ['ko.pɛniŋə(n)] *mv* purchase money.
koopprijs [-prɛis] *m* purchase price.
koopsom ['ko.psòm] *v* purchase money.
koopstad [-stɑt] *v* commercial town.
koopvaarder [-fa:rdər] *m* zie *koopvaardijschip.*
koopvaardij [ko.pfa:r'dɛi] *v* merchant service.
koopvaardijschip [-sxip] *o* merchantman.
koopvaardijvloot [-vlo.t] *v* merchant fleet, merchant navy.
koopvrouw ['ko.pfrou] *v* tradeswoman; (vegetable &) woman.
koopwaar [-va:r] *v* merchandise, commodities, wares.
koopziek [-si.k] eager to buy.
koopzucht [-sûxt] *v* eagerness to buy.
koor [ko:r] *o* 1 (zangers) choir; 2 (tegenover solo; rel) chorus; 3 (plaats) choir, chancel; *in ~* in chorus.
koorbank ['ko:rbɑŋk] *v* choir-stall.
koord [ko:rt] *o* & *v* cord, string, rope; *de ~en van de beurs in handen hebben* hold the purse-strings; *op het slappe ~ dansen* walk on the slack rope; *op het slappe ~ moeten komen* S have to show one's paces.
koorddanser ['ko:rtdɑnsər] *m* ~es [ko:rtdɑnsə'rɛs] *v* rope-dancer, rope-walker.
koorde ['ko:rdə] *v* chord.
koordirecteur, -direkteur ['ko:rdi.rəktø:r] *m* choirmaster.
koordirigent [-di.ri.'gɛnt] *m* choral conductor.
koordje [-cə] *o* (bit of) string.
koorgezang [-gəzɑŋ] *o* ♪ choral song(s), choral singing.
koorhek [-hɛk] *o* choir-screen.
koorhemd [-hɛmt] *o* RK surplice.
koorkap [-kɑp] *v* RK cope.
koorknaap [-kna.p] *m* RK 1 chorister, choir-boy; 2 (misdienaar) altar-boy.

koorstoel [-stu.l] *m* choir-stall.
koorts [ko:rts] *v* fever; *de gele* ~ yellow fever; *hete* ~ burning ague; *koude* ~ ague; *(de)* ~ *hebben* have (a, the) fever; *de* ~ *krijgen* be taken with the fever.
koortsaanval ['ko:rtsa.nval] *m* attack (fit) of fever.
koortsachtig [-axtəx] I *aj* feverish²; II *ad* fever-ishly².
koortsdrank [-drɑŋk] *m* febrifuge potion.
koortsgloed [-glu.t] *m* fever-heat.
koortsig ['ko:rtsəx] feverish.
koortsigheid [-hɛit] feverishness.
koortslijder ['ko:rtslɛidər] *m* ~es [ko:rtslɛidə-'res] *v* fever patient.
koortsmiddel [-mɪdəl] *o* febrifuge.
koortsthermometer [-tɛrmo.me.tər] *m* clinical thermometer.
koortsvrij [-frɛi] free from fever.
koorwerk ['ko:rvɛrk] *o* ♪ choral work.
koorzang [-zɑŋ] *m* ♪ zie *koorgezang*.
koorzanger [-zaŋər] *m* ♪ chorister.
Koos [ko.s] *m* James, Jim.
Koosje ['ko.ʃə] *v* & *o* Jacqueline.
koosjer ['ko.ʃər] = *kousjer*.
koot [ko.t] *v* I *v* (v. mens) knuckle-bone; 2 (v. paard) pastern.
kootbeen ['ko.tbe.n] *o* knuckle-bone.
kootgewricht [-gəvrɪxt] *o* pastern-joint.
kootje ['ko.cə] *o* phalanx [*mv* phalanges].
kop [kɔp] *m* I head [of a person, a nail &], F knob, pate; *fig* head, brains; headline [of newspaper article]; 2 cup [for coffee, tea]; 3 bowl [of a pipe]; 4 🔔 cupping-glass; 5 litre; 6 crest [of a wave]; 7 ✕ war-head [of rocket, torpedo]; *een schip met 1000* ~*pen* with a thousand souls; *een goede* ~ *hebben* have a good head [for names &]; *geen* ~ *hebben* have no head; *(hou je)* ~ *dicht!* P shut your head!; *iets de* ~ *indrukken* nip it in the bud, stamp out, quell [a rebellion]; *de* ~ *nemen*, *sp* take the lead; *zijn* ~ *tonen* be obstinate; ~*pen zetten* cup [a patient]; *aan de* ~ *liggen*, *sp* lead; *op de* ~ *af* exactly [five]; *iemand op zijn* ~ *geven* F let a person have it; *op zijn* ~ *krijgen* F catch it; *al ging hij op zijn* ~ *staan* though he should do anything; *de wereld staat op zijn* ~ the world has turned top-syturvy; *iets op de* ~ *tikken* I F pick it up [at a sale]; 2 S nab it; *de dingen op hun* ~ *zetten* stand things on their head; *hij laat zich niet op zijn* ~ *zitten* F he doesn't suffer himself to be sat upon; *over de* ~ *gaan* S come a cropper; *over de* ~ *schieten* come a cropper; *zonder* ~ *of staart* without either head or tail; without beginning or end; zie ook: *hoofd*.
kopbal ['kɔpbɑl] *m* *sp* header.
kopeke [ko.'pe.kə] *m* kopeck.
kopen [ko.pə(n)] I *vt* buy²; purchase; *wat koop ik er voor?* F what good can it do me?, what's the good of that?; II *va* buy; *wij* ~ *niet bij hen* we don't deal with them.
Kopenhagen [ko.pən'ha.gə(n)] *o* Copenhagen.
I **koper** ['ko.pər] *m* buyer, purchaser.
2 **koper** *o* copper; *geel* ~ brass; *rood* ~ copper.
koperachtig [-axtəx] coppery; brassy.
koperdraad [-dra.t] *o* & *m* brass-wire.
I **koperen** [ko.pərə(n)] *aj* copper, brass.
2 **koperen** [ko.pərə(n)] *vt* copper.
kopererts ['ko.pərɛrts] *o* copper-ore.
kopergeld [-gɛlt] *o* coppers, copper coin.
kopergieter [-gi.tər] *m* brass-founder.
kopergieterij [ko.pərgi.tə'rɛi] *v* brass-foundry.
kopergoed ['ko.pərgu.t] *o* copper utensils.
kopergravure [-gra.vy:rə] *v* copperplate.
kopergroen [-gru.n] *o* verdigris.
koperkleur [-klø:r] *v* copper colour, brass colour.
koperkleurig [-klø:rəx] copper-coloured, brass-coloured.
kopermijn [-mɛin] *v* copper-mine.
koperpletterij [ko.pərplɛtə'rɛi] *v* copper-mill.
koperrood ['ko.pəro.t] I *aj* copper-coloured; II *o* copperas.
koperslager ['ko.pərsla.gə'rɛi] *m* copper-smith, brazier.
koperslagerij [ko.pərsla.gə'rɛi] *v* brass-shop.
kopersmarkt ['ko.pərsmɑrkt] *v* $ buyers' market.
koperwerk ['ko.pərvɛrk] *o* brass-ware.
koperwiek [-vi.k] *v* 🐦 redwing.
kopie [ko.'pi.] *v* copy [of a letter]; replica [of work of art]; *voor* ~ *conform* a true copy.
kopieboek [-bu.k] *o* $ letter-book.
kopieerinkt [ko.pi.'e:rɪŋ(k)t] *m* copying-ink.
kopieermachine [-ma.ʃi.nə] *v* copying machine.
kopieerpapier [-pa.pi:r] *o* copying-paper.
kopieerpers [-pɛrs] *v* copying-press.
kopiëren [ko.pi.'e:rə(n)] *vt* copy; engross [a deed].
kopiist [ko.pi.'ɪst] *m* transcriber, copyist [of documents]; copying-clerk [in an office &].
kopij [ko.'pɛi] *v* copy; *er zit* ~ *in* it makes good copy, there is a story in it.
kopijrecht [-rɛxt] *o* copyright.
kopje ['kɔpjə] *o* I head; 2 cup; 3 *ZA* kopje [hill]; 4 headline [of an article]; *wat een lief* ~*!* what a sweet face!; ~ *duikelen* turn over and over; ~*-onder doen*, ~*-onder gaan* take a header, get a ducking; *iemand een* ~ *kleiner maken* F behead a person.
kopklep [-klɛp] *v* ✕ overhead valve.
koplamp [-lɑmp] *v* head-lamp.
koplicht [-lɪxt] *o* headlight.
I **koppel** ['kɔpəl] *o* couple [of eggs]; brace [of partridges]; ✕ couple [of forces]; ♪ coupler [of organ].
2 **koppel** ['kɔpəl] *m* belt [of a sword]; leash [for dogs].
koppelen [kɔpələ(n)] *vt* couple [chains &]; leash [hounds]; join [words].
koppeling [-lɪŋ] *v* coupling; (v. auto ook:) clutch.
koppelriem ['kɔpəlri.m] *m* ✕ belt.
koppelstang ['kɔpəlstaŋ] *v* ✕ coupling-rod; connecting-rod [of an engine].
koppelteken [-te.kə(n)] *o* *gram* hyphen.
koppelwerkwoord [-vɛrkvo:rt] *o* copula.
koppelwoord [-vo:rt] *o* *gram* copulative.
koppen ['kɔpə(n)] *vt* I (koppen zetten) cup; 2 (bij voetbal) head [the ball].
koppensnellen [-snɛlə(n)] *o* head-hunting.
koppensneller [-lər] *m* head-hunter.
koppig ['kɔpəx] I *aj* I headstrong, obstinate [people]; 2 heady [of liquors]; II *ad* obstinate-ly.
koppigheid [-hɛit] *v* I obstinacy [of people]; 2 headiness [of liquors].
kopra ['ko.pra.] *v* copra.
kopschuw ['kɔpsxy:u] shy; ~ *worden* jib.
kopspijker [-spɛikər] *m* tack; hobnail [for boots].
kopstation [-sta.ʃòn] *o* terminus [*mv* termini].
kopstuk [-stük] *o* headpiece; *de* ~*en van de partij* F the big men of the party.
Kopt [kɔpt] *m* Copt.
koptelefoon ['kɔpte.ləfo.n] *m* headphone(s), earphone(s).
Koptisch ['kɔpti.s] Coptic.
kopzorg ['kɔpsɔrx] *v* worry; *zich* ~*(en) maken* worry (about *over*).
I **koraal** [ko:'ra.l] *o* ♪ (gezang) choral(e).
2 **koraal** [ko:'ra.l] *o* (de stof) coral.
3 **koraal** [ko:'ra.l] *o* (voorwerp) bead.
4 **koraal** [ko:'ra.l] *m* ♪ (zanger) chorister, choir-boy.

koraalachtig [-ɑxtəx] coralline.
koraalbank [-bɑŋk] v coral-reef.
koraaldier [-di:r] o coral polyp.
koraaleiland [-ɛilɑnt] o coral island.   [song.
koraalgezang [-gəzɑŋ] o ♪ choral song, plain-
koraalmos [-mòs] o coral moss, coralline.
koraalmuziek [-my.zi.k] v ♪ choral music.
koraalrif [-rif] o coral reef.
koraalvisser [-visər] m coral fisher, coral diver.
koralen [ko:'ra.lə(n)] aj coral, coralline.
koran [ˈkoːrɑn] m Koran, Alcoran.
kordaat [kɔrˈda.t] I aj bold, resolute, firm; II
ad boldly &.
kordaatheid [-hɛit] v boldness &.
kordon [kɔrˈdòn] o cordon [of police &].
Korea [ko.ˈre.a.] o Korea.
Koreaan [ko.re.ˈa.n] m Koreaans [ko.re.ˈa.ns]
aj Korean.
koren [ˈkoːrɑ(n)] o corn, grain; het is ∼ op zijn
molen that is just what he wants.
korenaar [-a:r] v ear of corn.
korenbeurs [-bø:rs] v corn-exchange.
korenblauw [-blɑu] cornflower blue.
korenbloem [-blu.m] v ♣ cornflower, bluebottle.
korenhalm [-hɑlm] m corn-stalk.
korenland [-lɑnt] o 1 cornfield; 2 corn-country,
corn-growing country.
korenmaat [-ma.t] v corn-measure; zie ook:
korenmarkt [-mɑrkt] v corn-market.   [2 licht.
korenmolen [-mo.lə(n)] m corn-mill.
korenschoof [-sxo.f] v sheaf of corn.
korenschuur [sxy:r] v granary².
korenveld [-vɛlt] o cornfield.
korenwan [-vɑn] v winnow.
korenwanner [-vɑnər] m winnower.
korenzolder [-zɔldər] m corn-loft, granary.
korf [kɔrf] m basket, hamper; hive [for bees]
korfbal [ˈkɔrfbɑl] o sp [Dutch] "korfbal":
[British] basket-ball.
korhaan [ˈkɔrha.n] m ➤ black-cock.
korhoen [-hu.n] o ➤ grey-hen; korhoenders
grouse.
korist [ko.ˈrist] m ♪ chorus-singer.
koriste [-ˈristə] v ♪ chorus-girl.
1 kornet [kɔrˈnet] m ✕ cornet, ensign.
2 kornet [kɔrˈnet] v ♪ cornet.
kornoelje [-ˈnu.ljə] v ♣ cornel, dogberry.
kornuit [-ˈnœyt] m comrade, companion.
korporaal [kɔrpoːˈra.l] m ✕ corporal.
korps [kɔrps] o (army) corps; zie ook: muziekkorps, politiekorps, studentenkorps &.
korpus [ˈkɔrpüs] o body.
korrel [ˈkɔrəl] m 1 grain; 2 zie vizierkorrel.
korrelen [-rələ(n)] vt grain, granulate.
korrelig [-ləx] granular.
korreling [-lɪŋ] v granulation, graining.
korreltje [ˈkɔrəlcə] o grain, granule; met een ∼
zout with a grain of salt
korset [kɔrˈset] o corset, (pair of) stays.
korst [kɔrst] v crust [of bread]; rind [of cheese];
scab [on a wound].
korstmos [ˈkɔrstmòs] o ♣ lichen.
kort [kɔrt] I aj short, brief; ∼ en bondig short
and concise, short and to the point; clear and
succinct; ∼ en dik thick-set, squat; ∼ en goed
in a word, in short; alles ∼ en klein slaan
smash everything to atoms; om ∼ te gaan to
be brief, to make a long story short; iemand
∼ houden 1 keep a person short (on short
allowance); 2 keep him on a tight rein; het
∼ maken make it short; ik zal ∼ zijn I will be
brief; ∼ van memorie zijn have a short
memory; ∼ van stof zijn be brief, be short-
spoken; in ∼e woorden in a few words; na
∼er of langer tijd sooner or later; sedert ∼
lately, recently; te ∼ doen aan iemands verdiensten derogate from a man's merits;
iemand te ∼ doen wrong one; ik heb hem

nooit een stuiver te ∼ gedaan I never wronged
him of a penny; geld te ∼ komen be short of
money; ik kom een paar gulden te ∼ I am a
few guilders short; er niet bij te ∼ komen
profit by it, get something out of it; te ∼
schieten fall short of the mark; te ∼ schieten
in... be lacking in..., be deficient in...; er is 20
gulden te ∼ there are twenty guilders short;
II o in: in het ∼ in brief, briefly; III ad briefly, shortly; ∼ aangebonden zie aangebonden;
∼ daarna (daarop) shortly after; ∼ geleden
lately, recently.
kortademig [kòrtˈa.dəməx] asthmatic, short of
breath.
kortademigheid [-hɛit] v shortness of breath,
asthma.
kortaf [kòrtˈaf] I aj curt; hij was erg ∼ tegen
me he was very short with me; II ad curtly.
kortegolfontvanger [kòrtəˈgòlfòntfaŋər] m ⚡ ♊
short-wave receiver.
kortegolfzender [-sɛndər] m ⚡ ♊ short-wave
transmitter.
kortelas [kòrtəˈlɑs] v cutlass.   [long ago.
kortelings [ˈkɔrtəlɪŋs] a short time ago, not
korten [ˈkòrtə(n)] I vt shorten [a string, the
hours]; clip, crop [the hair]; deduct from
[wage]; beguile [the time]; II vi grow shorter;
de dagen ∼ the days are shortening (drawing
in).
kortheid [ˈkòrthɛit] v shortness, brevity, succinctness.
kortheidshalve [kòrthɛitsˈhɑlvə] for the sake
of brevity; [called Tom] for short.
korthoornvee [ˈkòrthoːrnve.] o short-horned
cattle, shorthorns.
korting [ˈkòrtɪŋ] v 1 deduction [from wages];
2 $ discount, rebate, allowance; ∼ voor con-
tant $ cash discount.
kortjan [kòrtˈjɑn] m jack-knife.
kortom [kòrtˈòm] in short, in a word, in fine.
kortoren [ˈkòrtoːrə(n)] vt crop the ears of.
kortsluiting [-slœytɪŋ] v ⚡ short-circuit, short-
circuiting.
kortstaarten [-sta:rtə(n)] vt dock (the tail of).
kortstapelig [-sta.pələx] short-stapled.
kortstondig [kòrtˈstòndəx] of short duration,
short-lived.
kortstondigheid [-hɛit] v shortness, brevity.
kortswijl [ˈkòrtsvɛil] v sport, fun, banter; uit ∼
for fun, in jest, in sport.
kortweg [ˈkòrtvɛx] curtly, summarily; ∼, ik wil
niet to make a long story short, I will not.
kortwieken [-vi.kə(n)] vt clip the wings of;
iemand ∼ clip a person's wings.
kortzicht [-sɪxt] o in: wissel op ∼ $ short
(-dated) bill.
kortzichtig [kòrtˈsɪxtəx] near-sighted, short-
sighted².
kortzichtheid [-hɛit] v near-sightedness, short-
sightedness².
korven [ˈkɔrvə(n)] vt put into a basket (bas-
kets); hive [bees]
korvet [kɔrˈvet] v ⚓ corvette.
korzelig [ˈkòrzələx] I aj crabbed, crusty; II ad
crabbedly.
korzeligheid [-hɛit] v crabbedness, crustiness.
kosmetiek [kòsme.ˈti.k] v cosmetic.
kosmisch [ˈkòsmi.s] cosmic [rays].
kosmografie [kòsmo.gra.ˈfi.] v cosmography.
kosmonaut [-mo.ˈnɑut] m cosmonaut.
kosmopoliet [-mo.po.ˈli.t] m cosmopolite, cosmopolitan.
kosmopolitisch [-ˈli.ti.s] cosmopolitan.
kosmos [ˈkòsmɔs] m cosmos.
kost [kɔst] m board, food, fare, victuals; livelihood; ∼ en inwoning board and lodging, bed
and board; degelijke ∼ substantial fare; dat
is oude ∼ that is old news; dat is geen ∼ voor
kinderen no food for children; fig no milk for

babes; *volle* ~ full board; *dat is zware* ~ heavy food; *fig* strong meat; *iemand de* ~ *geven* feed one; *zijn* ~ *verdienen, aan de* ~ *komen* earn one's keep, make a living; *(een jongen) in de* ~ *doen* put out to board; *bij een leraar in de* ~ boarded out with a teacher; *iemand in de* ~ *nemen* take one in to board; *in de* ~ *zijn bij* be boarding with; *wat doet hij voor de* ~? what does he do for a living?; *zonder* ~ without food; zie ook: *koste & 2 kosten*.

kostbaar ['kɔstba:r] I expensive, costly, dear [objects of art]; 2 precious [gems]; 3 valuable [furniture, time]; 4 sumptuous [banquets].
kostbaarheid [-heit] *v* expensiveness; costliness; sumptuousness; *kostbaarheden* valuables.
kostbaas ['kɔstba.s] *m* landlord.
koste ['kɔstə] in: *te mijnen* ~ [he lives] at my expense; [I learned it] to my cost; *ten* ~ *van zijn gezondheid* at the cost of his health; *ten* ~ *leggen aan* spend [money &] on.
kostelijk [-lək] I *aj* exquisite, delicious [food]; splendid, glorious; *die is* ~! that is a good one!; II *ad* splendidly.
kostelijkheid [-heit] *v* exquisiteness &.
kosteloos ['kɔstəlo.s] I *aj* free, gratis; II *ad* free of charge, gratis.
1 **kosten** ['kɔstə(n)] *vt* cost; *wat kost het?* how much is it?, what do you charge for it?; *het kan hem zijn betrekking* ~ it is as much as his place is worth; *het zal mij twee dagen* ~ it will take me two days; *al kost het mij het leven* even if it cost my life; *het kostte vijf personen het leven* it cost the lives of five persons; *het zal u veel moeite* ~ it will give you a lot of trouble; *het koste wat het wil* cost what it may, at any cost (price); *tegen de* ~*de prijs* at cost price.
2 **kosten** ['kɔstə(n)] *mv* expense(s), cost, *rᵗ* costs [of a lawsuit]; *veel (grote)* ~ *besteden aan* spend a good deal of money on; ~ *maken* go to expense, spend money; *op eigen* ~ at his (her) own expense; *op mijn* ~ at my (own) expense; *iemand op (hoge)* ~ *jagen* put one to (great) expense; *op* ~ *van ongelijk* at the loser's risk.
kostenberekening [-bərə.kənɪŋ] *v* calculation of expense; $ cost-accounting, costing.
koster ['kɔstər] *m* verger, sexton.
kostganger ['kɔstɡɑŋər] *m* boarder.
kostgeld [-ɡɛlt] *o* board.
kosthuis [-hœys] *o* boarding-house.
kostjuffrouw [-jœfrɑu] *v* landlady.
kostkind [-kɪnt] *o* boarder.
kostprijs [-prɛis] *m* $ cost-price; prime cost.
kostschool [-sxo.l] *v* boarding-school.
kostschoolhouder [-hɑudər] *m* boarding-school master.
kostumeren [kɔsty.'me:rə(n)] *vt* & *vr* dress up (as a...); *gekostumeerd bal* fancy(-dress) ball.
kostuum [kɔs'ty.m] *o* 1 costume [of a lady]; suit [for a man]; 2 *(voor gekostumeerd bal)* fancy dress.
kostuumnaaister [-na:istər] *v* dressmaker.
kostwinner ['kɔstʋɪnər] *m* bread-winner.
kostwinnersvergoeding [-nərsfərɡu.dɪŋ] *v* separation allowance.
kostwinning [-nɪŋ] *v* livelihood.
kot [kɔt] *o* pen [for sheep]; kennel [for dogs]; sty [for pigs]; S quod (= prison).
kotelet [kɔ.tə'lɛt] *v* cutlet, chop; ~*ten* = *bakkebaarden*) mutton-chop whiskers.
kotter ['kɔtər] *m* ⚓ cutter.
kou [kɔu] *v* cold; *een* ~ *in het hoofd* a cold in the head; ~ *vatten* catch (a) cold; *waar doe je in de* ~? F ± why did (do) you rush in where angels fear to tread?
koud [kɔut] I *aj* cold²; frigid [zone]; *het* ~ *hebben* be cold; *ik werd er* ~ *van* it made my

blood run cold; *hij is er om* ~ he is done for (dead); *het laat mij* ~ it leaves me cold; II *ad* coldly².
koudbloedig ['kɔutblu.dəx] cold-blooded².
koude ['kɔudə] *v* = *kou*.
koudegolf [-ɡɔlf] *v* cold-wave.
koudheid ['kɔutheit] *v* coldness.
koudmakend ['kɔutma.kənt] cooling; ~ *mengsel* freezing mixture.
koudvuur [kɔut'fy:r] *o* gangrene.
koukleum ['kɔuklə.m] *m-v* F chilly person.
kous [kɔus] *v* stocking; zie ook: *kousje*; *een* ~ *maken* S make a stocking; *met de* ~ *op de kop thuiskomen* come away with a flea in one's ear; *op zijn* ~*en* in his stockinged feet.
kouseband ['kɔusəbɑnt] *m* garter.
kousenwinkel [-(n)ʋɪŋkəl] *m* hosier's shop.
kousje ['kɔuʃə] *o* 1 wick [of a lamp]; 2 (incandescent) mantle.
kousjer ['kɔuʃər] kosher².
kout [kɔut] *m* talk, chat.
kouten ['kɔutə(n)] *vi* talk, chat.
1 **kouter** [-tər] *m* talker.
2 **kouter** [-tər] *o* coulter [of a plough].
kouwelijk ['kɔuələk] chilly, sensitive to cold.
kozak [ko.'zɑk] *m* Cossack.
kozijn [ko.'zɛin] *o* window-frame.
kraag [kra.x] *m* collar [of linen, of a coat]; tippet [of fur]; (geplooid) ruff; *bij de* ~ *pakken* seize [one] by the collar, collar [one].
kraagje ['kra.xjə] *o* collaret(te).
kraai [kra:i] *v* 🐦 crow; *bonte* ~ hooded crow; *de* ~*en zullen het uitbrengen* ± murder will out.
kraaien ['kra.jə(n)] *vi* crow.
kraaienest ['kra.jənɛst] *o* crow's nest°.
kraaienmars ['kra.jə(n)mɑrs] *m* & *v* in: *de* ~ *blazen* S go west, kick the bucket.
kraaiepootjes ['kra.jəpo.cəs] *mv* crow's-feet.
kraak [kra.k] *m* crack, cracking.
kraakamandel ['kra.ka.mɑndəl] *v* shell-almond.
kraakbeen [-be.n] *o* gristle, cartilage.
kraakstem [-stɛm] *v* grating voice.
kraakzindelijk [-sɪndələk] spotlessly clean.
1 **kraal** [kra.l] *v* (bolletje) bead.
2 **kraal** [kra.l] *v* (omsloten ruimte) kraal.
kraaloogjes ['kra.lo.xjəs] *mv* beady eyes.
kraam [kra.m] *v* booth, stall, stand; *de hele* ~ F the whole concern; *dat komt niet in zijn* ~ *te pas* that does not suit his book (his purpose, his game).
kraaminrichting ['kra.mɪnrɪxtɪŋ] *v* maternity home, lying-in hospital.
kraampje [-pjə] *o* booth [at a fair].
kraamverpleegster [-vərple.xstər] *v* maternity nurse.
kraamverzorgster [-vərzɔrxstər] *v* monthly nurse.
kraamvrouw [-vrɑu] *v* lying-in woman.
1 **kraan** [kra.n] *v* 1 (aan vat &) tap, cock; 2 ⚒ (om te hijsen) crane, derrick.
2 **kraan** [kra.n] *m* S dab, stunner, nailer; *hij is een* ~ *in...* he is a dab at...
3 **kraan** [kra.n] *m* 🐦 zie *kraanvogel*.
kraandrijver [-drɛivər] *m* crane-driver.
kraanvogel [-vo.ɡəl] *m* 🐦 crane.
kraanwagen [-va.ɡə(n)] *m* breakdown lorry.
krab [krɑp] *v* (schram) scratch.
krab(be) [krɑp, 'krɑbə] *v* (dier) crab.
krabbekat ['krɑbəkɑt] *v* scratch-cat.
krabbel ['krɑbəl] *v* scratch [with the nails]; scrawl, scribble [with a pen]; thumb-nail sketch [by an artist].
krabbelaar [-bəla:r] *m* scratcher; scrawler.
krabbelen [-bələ(n)] I *vi* scratch; scrawl, scribble; II *vt* scratch; scrawl, scribble [a few lines].
krabbelig [-bələx] scrawled, crabbed [writing].
krabbelschrift [-bəls(x)rɪft] *o* crabbed writing;

zijn ~ ook: his scrawl(s).

krabben [-bə(n)] I *vi* scratch [with the nails]; II *vt* scratch; scrape; *iemand in zijn gezicht* ~ scratch a person's face; III *vr zich* ~ scratch (oneself); *zich achter de oren* ~ scratch one's head.

krach [krɔx] *m* $ crash, smash.

kracht [krɑxt] *v* energy, power, strength, force, vigour; ~ *en stof* matter and force; *de* ~ *der gewoonte* the force of habit; *zijn* ~*en beproeven (aan...)* try one's hand (at...); ~ *bijzetten aan...* zie *bijzetten*; ~ *van wet hebben* have the force of law; *Carré heeft goede* ~*en* good artistes; *zijn* ~*en herkrijgen (herstellen)* regain one's strength; *al zijn* ~*en inspannen* exert one's utmost strength; *zijn* ~*en wijden aan* devote one's energy to; *mannen in de* ~ *van hun leven* in their prime, in the prime of life; *met alle* ~ ᵮ ease her!, half speed; *met volle* ~ full speed [ahead!]; *(weer) op* ~*en komen* regain strength, recuperate; *uit* ~ *van* in (by) virtue of; *van* ~ in force; *van* ~ *worden* come into force; *God geeft* ~ *naar kruis* God tempers the wind to the shorn lamb.

krachtbron ['krɑxtbrɔn] *v* source of power.

krachtdadig [krɑx'da.dəx] I *aj* strong, powerful, energetic; efficacious; II *ad* strongly &.

krachtdadigheid [-heit] *v* energy; efficacy.

krachteloos ['krɑxtəlo.s] I (v. persoon) powerless, nerveless, impotent; 2 (v. wet &) invalid; ~ *maken* enervate [of the body]; invalidate, annul, make null and void [of laws &].

krachteloosheid [krɑxtə'lo.sheit] *v* powerlessness, impotence; invalidity.

krachtens ['krɑxtəns] in (by) virtue of.

krachtig [-təx] I *aj* 1 (lichaam) strong, robust; 2 (middelen &) strong, powerful, forceful, potent; 3 (maatregelen &) strong, energetic, vigorous; 4 (taal, stijl) strong, powerful, forcible; 5 (voedsel) nourishing; II *ad* strongly, energetically.

krachtinstallatie ['krɑxtɪnstɑla.(t)si.] *v* (electric) power plant.

krachtlijn [-lɛin] *v* line of force.

krachtoverbrenging [-o.vərbrɛ nɪŋ] *v* transmission of power.

krachtproef [-pru.f] *v* trial of strength.

krachtseenheid ['krɑxtse.nheit] *v* dynamic unit.

krachtsinspanning [-ɪnspɑnɪŋ] *v* exertion, effort.

krachtveld ['krɑxtfelt] *o* field of force.

krachtverspilling [-fərspɪlɪŋ] *v* waste of energy.

krakelen [-'ke.lə(n)] *vi* quarrel, wrangle.

krakeler [-lər] *m* quarreller, wrangler.

krakeling ['kra.kəlɪŋ] *v* cracknel.

kraken [-kə(n)] I *vi* crack [of the ice], creak, squeak [of boots]; II *vt* crack [nuts &].

kralensnoer ['kra.lə(n)snu:r] *o* bead necklace.

kram [krɑm] *v* cramp(-iron), staple; clasp [of a bible].

kramer ['kra.mər] *m* pedlar, hawker.

kramerij [kra.mə'rɛi] *v* small wares.

krammen ['krɑmə(n)] *vt* cramp, clamp.

kramp [krɑmp] *v* cramp, spasm; *hij kreeg de* ~ he was seized with cramp.

krampachtig [krɑm'pɑxtəx] *aj* (& *ad*) spasmodic(ally), convulsive(ly).

kramphoest ['krɑmphu.st] *m* spasmodic cough.

kranig ['kra.nəx] I *aj* brave; *hij is een* ~*e kerel* he is a stunner (a ripper); *een* ~ *soldaat* a dashing soldier; *dat is een* ~ *stukje* that is a fine feat; II *ad* in dashing (gallant) style; ~ *voor de dag komen* make a fine show; *zij hebben zich* ~ *gehouden* they bore themselves splendidly.

krankzinnig [krɑŋk'sɪnəx] I *aj* insane, lunatic, mad, crazy; II *ad* very [expensive, high].

krankzinnige [-nəgə] *m-v* lunatic, madman,

---

mad woman.

krankzinnigengesticht [-nəgə(n)gəstıxt] *o* lunatic asylum, mad-house.

krankzinnigenverpleegster [-vərple.xstər] *v* mental nurse.

krankzinnigheid [krɑŋk'sınəxheit] *v* insanity, lunacy, madness, craziness.

krans [krɑns] *m* wreath, garland, crown; zie ook: *kransje*.

kransje ['krɑnʃə] *o* (v. personen) club, circle

kransslagader ['krɑnslɑxa.dər] *v* coronary artery.

krant [krɑnt] *v* (news)paper.

kranteartikel ['krɑntɔɑrti.kəl] *o* newspaper article.

krantebericht [-bərıxt] *o* newspaper report, (newspaper) paragraph.

kranteknipsel [-knıpsəl] *o* press cutting.

krantenhanger ['krɑntə(n)hɑŋər] *m* newspaper hanger.

krantenjongen [-jɔ̀ŋə(n)] *m* newsboy.

krantenkiosk [-ki.ɔsk] *v* newspaper-kiosk, news-stand.

krantenman [-mɑn] *m* newsman.

krantenpapier [-pa.pi:r] *o* newsprint, newspaper.

krantenverkoper [-vərko.pər] *m* newsvendor, newsman.

1 **krap** [krɑp] *v* 1 (meekrap) madder ‖ 2 clasp [of a book] ‖ 3 pork-cutlet.

2 **krap** [krɑp] I *aj* tight, narrow, skimpy; *het geld is* ~ money is tight; II *ad* tightly, narrowly, skimpily; *zij hebben het maar* ~ they are in straitened circumstances; ~ *meten* give short measure; *wij zitten hier* ~ we are cramped for room.

krapjes ['krɑpjəs] zie 2 *krap* II.

1 **kras** [krɑs] I *aj* 1 (v. persoon & maatregel) strong, vigorous; 2 (v. bewering &) stiff, steep; *dat is (wat al te)* ~ F that's a bit stiff (steep, thick); *hij is nog* ~ *voor zijn leeftijd* he is still hale and hearty (still going strong); II *ad* strongly, vigorously; *dat is nogal* ~ *gesproken* that is strong language.

2 **kras** [krɑs] *v* scratch.

krassen ['krɑsə(n)] I *vi* scratch; scrape [of a pen, on violin]; screech [of owl], croak, caw [of raven]; grate [of voice], jar [of sounds, upon a person's ears]; II *vt* scratch [a name in soft stone].

krat [krɑt] *v* 1 tail-board [of a carriage &]; 2 $ crate, skeleton case.

krater ['kra.tər] *m* crater.

kratermeer [-me:r] *o* crater-lake.

kratervormig [-vɔrməx] crater-shaped, crater-like.

krats [krɑts] *v* F trifle.

krauw [krɔu] *v* scratch.

krauwen ['krɔuə(n)] *vt* scratch.

krediet [krə'di.t] *o* $ credit; *op* ~ on credit.

kredietbank [-bɑŋk] *v* credit bank.

kredietbrief [-bri.f] *m* letter of credit.

kredietinstelling [-ınstelıŋ] *v* credit establishment.

kredietstelsel [-stelsəl] *o* credit system.

kredietwaardig [krədi.t'va:rdəx] solvent, creditworthy.

kredietwaardigheid [-heit] *v* solvency, creditworthiness.

kreeft [kre.ft] *m* & *v* 1 (zoetwater) crayfish, crawfish; 2 (zee) lobster; *de Kreeft* ✱ Cancer.

kreeftegang ['kre.ftəgɑŋ] *m* in: *hij gaat de* ~ he is going backward.

kreeftesla [-sla.] *v* lobster salad.

kreeftskeerkring ['kre.ftske:rkrıŋ] *m* tropic of Cancer.

kreek [kre.k] *v* creek, cove.

kreet [kre.t] *m* cry, scream, shriek.

kregel(ig) ['kre.gəl(əx)] I *aj* peevish; ~ *maken*

irritate; **II** *ad* peevishly.
kregeligheid [-hɛit] *v* peevishness.
krek [krɛk] **P** exactly, quite (so).
krekel ['kre.kəl] *m* (house-)cricket.
kreng [krɛŋ] *o* carrion; *fig* beast [of a master &].
krenken ['krɛŋkə(n)] *vt* hurt, offend, injure; *iemands gevoelens ∼* wound a person's feelings; *geen haar op uw hoofd zal gekrenkt worden* not a hair of your head shall be touched; *iemands goede naam ∼* injure a man's reputation; *zijn geestvermogens zijn gekrenkt* he is of unsound mind; *op gekrenkte toon* in a hurt tone.
krenkend [-kənt] **I** *aj* injurious, offensive, insulting, wounding; **II** *ad* injuriously, offensively.
krenking [-kɪŋ] *v* injury², *fig* mortification.
krent [krɛnt] *v* (dried) currant.
krentenbrood ['krɛntə(n)broːt] *o* currant-bread; *een ∼a* currant-loaf.
krentenbroodje [-bro.cə] *o* currant-bun.
krentenkoek [-ku.k] *m* currant-cake.
krenterig ['krɛntərəx] **I** *aj* F mean, niggling, niggardly; **II** *ad* meanly.
krenterigheid [-hɛit] *v* meanness, niggardliness.
Kreta ['kre.ta.] *o* Crete.
Kretenzer [kre.'tɛnzər] *m* Cretan.
kreuk, ∼el [krø.k, 'krø.kəl] *v* crease, rumple.
kreukelen [-kələ(n)] *vt & vi* crease, rumple, crumple.
kreukelig [-kələx] creased, crumpled.
kreukvrij ['krø.kfrɛi] crease-resistant, wrinkle-proof.
kreunen ['krø.nə(n)] *vi* moan, groan.
kreupel ['krø.pəl] *aj* lame; *∼ lopen* walk with a limp, limp; *een ∼e* a lame person, a cripple.
kreupelbos [-bòs] *o* thicket, brake, underwood.
kreupelheid [-hɛit] *v* lameness.
kreupelhout [-hout] *o* underwood, undergrowth.
krib(be) [krɪp, 'krɪbə] *v* **1** (voederbak) manger, crib; 2 (slaapstee) cot; 3 (waterkering) groyne.
kribbebijter [-bɛitər] *m* crib-biter; *fig* crosspatch.
kribbig ['krɪbəx] **I** *aj* peevish, testy; **II** *ad* peevishly, testily.
kriebel ['kri.bəl] *m* itch(ing); *je krijgt er de ∼ van* F *jij ze wordt er kriebelig van*.
kriebelen [-bələ(n)] *vi & vt* tickle; zie ook: *krabbelen*.
kriebelig [-lax] ticklish; *je wordt er ∼ van* F it irritates you, it gets your dander up; zie ook: *krabbelig*.
kriek [kri.k] *v* black cherry; zie ook: *lachen*.
krieken ['kri.kə(n)] *vi* chirp; *bij het ∼ van de dag* at day-break, at peep of day.
kriel [kri.l] **1** *o* small potatoes (apples); small fry; 2 *m-v* pygmy, midget.
krielen ['kri.lə(n)] *vi* zie *krioelen*.
krielhaan ['kri.lha.n] *m* 🐦 dwarf-cock.
krielhen [-hen] **krielkip** [-kɪp] *v* **krieltje** [-cə] *o* 🐦 dwarf-hen.
◯ **krijg** [krɛix] *m* war; *∼ voeren* make war, wage war (*on tegen*).
krijgen ['krɛixə(n)] *vt* get [something]; receive, obtain [books, money &]; acquire [a reputation]; catch [a thief, measles &]; receive [a hunt]; have [a boy, a girl, a holiday]; have [a beard] coming; put forth, send out [leaves]; *kan ik een boek ∼?* can I have a book?; *hoeveel krijgt u van me?* how much do I owe you?, how much is it?; *∼ ze elkaar?* do they get married (in the end)?; *ik zal je ∼!* I'll make you pay for it!; *ik kan het niet dicht (open) ∼* I cannot shut it (open it); *het koud (warm) ∼* begin to feel cold (hot); *het te ho-*

ren (te zien) ∼ get to hear of it, get to see it; *ik zal trachten hem te spreken te ∼* I'll try to see him; *het uit hem ∼* get it out of him; draw it from him; *het zijne ∼* come by one's own; *er genoeg van ∼* have (got) enough of it; *ik kan hem er niet toe ∼* I cannot get him to do it, make him do it; *het is niet meer te ∼* not to be had any more; zie ook: *benauwd, gelijk, kwaad, lek, doorkrijgen &*.
krijger [-gər] *m* warrior.
krijgertje [-cə] *o* in: *∼ spelen* play tag.
krijgsartikelen ['krɛixsɑrti.kələ(n)] *mv* ✗ articles of war.
krijgsbanier [-ba.niːr] *v* banner of war.
krijgsdienst [-di.nst] *m* military service.
krijgseer [-eːr] *v* [leave a fortress with all] the honours of war.
krijgsgebruik [-gəbrœyk] *o* custom of war.
krijgsgeschreeuw [-s(x)reːu] *o* war-cry, war-whoop(s).
krijgsgevangene [-vɑŋənə] *m* prisoner of war.
krijgsgevangenschap [-vɑŋənsxɑp] *v* captivity.
krijgsgod ['krɛixsgɔt] *m* war-god, god of war [Mars].
krijgsgodin [-go.dɪn] *v* goddess of war [Bellona].
krijgshaftig [krɛixs'hɑftəx] martial, warlike.
krijgshaftigheid [-hɛit] *v* martial spirit, warlike appearance.
krijgsheld ['krɛixshɛlt] *m* military hero.
krijgskans [-kɑns] *v* chance(s) of war.
krijgskas [-kɑs] *v* military chest.
krijgsknecht [-knɛxt] *m* soldier.
krijgskunde [-kʉndə] *v* art of war.
krijgskundig [krɛixs'kʉndəx] *aj* military; *∼e* military expert.
krijgslied ['krɛixsli.t] *o* warlike (military) song.
krijgslist [-lɪst] *v* stratagem, ruse of war.
krijgsmacht [-mɑxt] *v* (military) forces.
krijgsman [-mɑn] *m* warrior, soldier.
krijgsmanseer [-mɑnseːr] *v* **1** [a person's] military honour; 2 [bury with] military honours.
krijgsraad [-ra.t] *m* **1** council of war; 2 ✂️ court-martial; *∼ houden* hold a council of war.
krijgsroem [-ru.m] *m* military fame (glory).
krijgsschool ['krɛixsxo.l] *v* military school (college); *hogere ∼* staff-college.
krijgstocht ['krɛixstɔxt] *m* military expedition, campaign.
krijgstoneel [-to.ne.l] *o* seat (theatre) of war.
krijgstrompet [-tròmpɛt] *v* trumpet of war.
krijgstucht [-tʉxt] *v* military discipline.
krijgsverrichting [-fərɪxtɪŋ] *v* military operation.
krijgsvolk [-fɔlk] *o* soldiers, soldiery, military.
krijgsvoorraad [-fo.ra.t] *m* military stores.
krijgswet [-vɛt] *v* martial law. [ence.
krijgswetenschap [-ve.tənsxɑp] *v* military science.
krijgswezen [-ve.zə(n)] *o* military system.
krijs [krɛis] *m* scream, shriek, screech, cry.
krijsen ['krɛisə(n)] *vi & vt* scream, shriek, screech, cry.
krijt [krɛit] *o* **1** chalk; 2 (om te tekenen) crayon; *in het ∼ staan (bij)* be in debt (to); *in het ∼ treden* enter the lists; *met dubbel ∼ schrijven* charge double.
1 krijten ['krɛitə(n)] **I** *vi* cry, weep; **II** *vt* cry, scream.
2 krijten ['krɛitə(n)] *vt* 🎱 chalk [one's cue].
krijtje ['krɛicə] *v* piece of chalk; zie ook: *balk*.
krijtrots ['krɛitrɔts] *v* chalk-cliff.
krijtstreep [-stre.p] *v* chalk-line.
krijttekening ['krɛite.kənɪŋ] *v* crayon drawing.
krijtwit ['krɛitvɪt] **I** *o* chalk-dust, whiting; **II** *a* as white as chalk, chalk-white.
krik [krɪk] *v* ✗ jack.
Krim [krɪm] *De ∼ v* the Crimea.
1 krimp [krɪmp] *m* in: *geen ∼ hebben* be well-

off; geen ~ geven not yield.

2 **krimp** [krɪmp] *aj* in: ~ *snijden* crimp [fish].

krimpen ['krɪmpə(n)] **I** *vi* 1 (v. stof) shrink; 2 ⚓ (v. wind) back; *van koude* ~ shiver with cold; ~ *van de pijn* writhe with pain; **II** *vt* shrink [cloth].

krimping [-pɪŋ] *v* shrinking; shrinkage.

krimpvis ['krɪmpfɪs] *m* crimped fish.

krimpvrij [-frɛi] unshrinkable.

kring [krɪŋ] *m* circle, ring, ○ orb; *blauwe ~en onder de ogen* dark rings under the eyes; *de hogere ~en* the upper circles.

kringetje ['krɪŋəcə] *o* circlet, ring; ~*s blazen* blow rings of smoke.

kringloop ['krɪŋlo.p] *m* circular course; *fig* circle, cycle [of life and death].

krinkel ['krɪŋkəl] *m* crinkle.

krinkelen [-kələ(n)] *vi* crinkle.

krioelen [kri.'u.lə(n)] *vi* swarm; ~ *van* crawl with, swarm with, bristle with.

krip [krɪp] *o* crape.

1 **kris** [krɪs] *v Ind* chrisom.

2 **kris** [krɪs] in: ~ *en kras door elkaar* higgledy-piggledy; zie ook: *zweren*.

krisma ['krɪsma.] = *chrisma*.

krissen ['krɪsə(n)] *vt Ind* stab with a creese.

kristal [krɪs'tal] *o* crystal.

kristalachtig [-ɑxtəx] crystalline.

kristalhelder [-hɛldər] (as clear as) crystal, crystal-clear.

kristallen, kristallijnen [krɪs'talə(n), -ta'lɛinə(n)] *aj* crystal(line).

kristallisatie [-tɑli.'za.(t)si.] *v* crystallization.

kristalliseren [-'ze:rə(n)] *vt, vi & vr* crystallize (into *tot*).

kristalstelsel [krɪs'talstɛlsəl] *o* system of crystallization.

kristalwater [-va.tər] *o* water of crystallization.

kritiek [kri.'ti.k] **I** *aj* critical; *een ~ ogenblik* a critical (crucial) moment; **II** *v* 1 criticism (of *op*); 2 critique [in art or literature], review [of books]; ~ *hebben op* be critical of [a plan &]; ~ *uitoefenen* (*op*) pass criticism (on...), criticize...; *beneden* ~ below criticism, beneath contempt.

kritiekloos [-lo.s] *aj* (& *ad*) uncritical(ly).

kritisch ['kri.ti.s] *aj* (& *ad*) critical(ly); ~ *staan tegenover* be critical of [a plan &].

kritiseren, kritizeren [kri.ti.'ze:rə(n)] *vt* 1 criticize, censure [= criticize unfavourably]; 2 review [books].

krocht [krɔxt] *v* 1 (crypt) crypt, undercroft [under a church]; 2 (spelonk) cavern.

kroeg [kru.x] *v* public house, pub, pot-house.

kroegbaas, kroeghouder ['kru.xba.s, -həudər] *m* publican.

kroegloper [-lo.pər] *m* pub-loafer.

kroep [kru.p] *m* croup.

1 **kroes** [kru.s] *m* 1 cup, pot, mug, noggin [for drinking]; 2 crucible [for melting].

2 **kroes** [kru.s] *aj* frizzled, frizzy, fuzzy, woolly.

kroeskop ['kru.skɔp] *m* curly-pate, curly-head, fuzzy head, frizzly head.

kroezen ['kru.zə(n)] *vi* curl, friz(z), crisp.

kroken ['kro.kə(n)] = *kreukelen*.

kroket zie 1 *croquet*.

krokodil [-ko.'dɪl] *m & v* crocodile.

krokodillele(d)er [-'dɪlələr], -le.dər] *o* crocodile leather; *tas van* ~ crocodile bag.

krokodilletranen [-tra.nə(n)] *mv* crocodile tears.

krokus ['kro.kŭs] *m* ✿ crocus.

krol [krɔl] = *krul*.

krollen ['krɔlə(n)] *vi* (cater)waul.

krom [krɔm] crooked, curved; ~*me benen* bandy-legs, bow-legs; *een ~me lijn* a curved line, a curve; *een ~me neus* a hooked nose; *een ~me rug* a crooked back, a crook-back; ~ *van de reumatiek* doubled up with rheumatism.

krombenig ['krɔmbe.nəx] bandy-legged, bow-legged.

kromheid [-hɛit] *v* crookedness.

kromhout [-həut] *o* ⚓ knee.

kromliggen [-lɪɡə(n)] *vi* F stint (pinch) oneself.

kromlopen [-lo.pə(n)] *vi* 1 (v. persoon) walk with a stoop, stoop; 2 (v. weg &) curve.

kromme ['krɔmə] *v* curve.

krommen [-mə(n)] *vi, vt & vr* bow, bend, curve.

kromming [-mɪŋ] *v* bend, curve.

krompasser ['krɔmpɑsər] *m* callipers.

krompraten [-pra.tə(n)] *vi* 1 murder the King's English; 2 lisp.

kromstaf [-staf] *m* crosier, crook.

kromte [-tə] *v* crookedness; curve, bend.

kromtrekken [-trɛkə(n)] *vi* warp.

kromzwaard [-zva:rt] *o* 1 scimitar; 2 (kort) falchion.

kronen ['kro.nə(n)] *vt* crown²; *hem tot koning* ~ crown him king.

kroniek [kro.'ni.k] *v* chronicle; (in krant) [sports, theatrical] column, [financial &] news.

kroniekschrijver [-s(x)rɛivər] *m* chronicler; (v. e. krant) reporter.

kroning ['kro.nɪŋ] *v* crowning, coronation.

kroningsdag [-nɪŋsdɑx] *m* coronation day.

kroningseed [-e.t] *m* coronation oath.

kroningsfeest [-fe.st] *o* coronation feast.

kroningsplechtigheid [-plɛxtəxhɛit] *v* coronation ceremony.

kronisch ['kro.ni.s] = *chronisch*.

kronkel ['krɔŋkəl] *m* twist, coil.

kronkeldarm [-dɑrm] *m* ileum.

kronkelen ['krɔŋkələ(n)] *vi & vr* wind, twist; meander [of a river].

kronkelig [-ləx] winding, sinuous, meandering.

kronkeling [-lɪŋ] *v* winding; coil; § convolution.

kronkelpad ['krɔŋkəlpɑt] *o* winding path; *fig* devious (circuitous) way.

kronologie [kro.no.lo.'gi.] = *chronologie*.

kronologisch [-'lo.gi.s] = *chronologisch*.

kronometer ['kro.no.me.tər] = *chronometer*.

kroon [kro.n] *v* 1 (v. vorst) crown; 2 (v. 't hoofd) crown, top; 3 (licht) chandelier, lustre; 4 ✿ corolla; *de ~ neerleggen* abdicate, resign the crown; *iemand de ~ van het hoofd nemen* rob one of his honour; *iemand de ~ opzetten* crown one; *de ~ spannen* bear the palm; *dat spant de ~* that caps everything; *iemand naar de ~ steken* vie with a person; *de ~ op het werk zetten* crown it all.

kroondomein ['kro.ndo.mɛin] *o* demesne of the crown, crown land.

kroonjuwelen [-jy.ve.lə(n)] *mv* crown jewels.

kroonkurk [-kŭrk] *v* crown cork.

kroonlijst [-lɛist] *v* cornice.

kroonluchter [-lŭxtər] *m* chandelier, lustre.

kroonprins [-prɪns] *m* prince royal, crown prince; (in England) Prince of Wales.

kroonprinses [-prɪnsɛs] *v* princess royal, crown princess.

kroonsieraden [-si:ra.d̪ə(n)] *mv* regalia.

kroontje [-cə] *o* ⊘ coronet.

kroonvormig [-vɔrməx] crown-shaped.

kroos [kro.s] *o* ✿ duckweed.

kroost [kro.st] *o* offspring, progeny, issue.

kroot [kro.t] *v* ✿ beetroot.

1 **krop** [krɔp] *m* 1 crop, gizzard, craw; 2 (als ziekte) goitre.

2 **krop** [krɔp] *m* head [of cabbage, lettuce].

kropduif ['krɔpdœyf] *v* 🐦 cropper, pouter.

kropgezwel [-ɡəzvɛl] *o* goitre.

1 **kroppen** ['krɔpə(n)] *vi* head [of salad].

2 **kroppen** ['krɔpə(n)] *vt* cram [a bird]; *hij kan het niet* ~ zie *verkroppen*.

kropper [-pər] *m* zie *kropduif*.

kropsalade, -sla ['krɔpsa.la.də, -sla.] v cabbage-lettuce.

krot [krɔt] o hovel, den; *wat een ~!* what a hole!

krotbewoner ['krɔtbəvo.nər] m slum dweller.

krotopruiming [-ɔprœymɪŋ] v slum clearance.

krotwoning [-vo.nɪŋ] v slum dwelling.

kruid [krœyt] o ⚇ herb; simple [medicinal herb]; *daar is geen ~ voor gewassen* there is no cure for it.

kruidachtig ['krœytaxtəx] herbaceous.

kruidboek [-bu.k] o herbal.

kruiden ['krœydə(n)] vt season[2], spice[2]; *sterk gekruid* highly seasoned[2], spicy[2].

kruidenaftreksel [-aftrɛksəl] o decoction of herbs.

kruidenazijn [-a.zɛin] m aromatic vinegar.

kruidenier [krœydə'ni:r] m grocer.

kruideniersbediende [-'ni:rsbədi.ndə] m grocer's assistant, grocery assistant.

kruideniersvak [-fɑk] o grocer's trade.

kruidenierswaren [-va:rə(n)] mv groceries.

kruidenierswinkel [-vɪŋkəl] m grocer's (shop), grocery shop.

kruidenthee ['krœydə(n)te.] m herb tea.

kruidenwijn [-vɛin] m spiced wine.

kruiderijen [krœydə'rɛiə(n)] mv spices.

kruidig ['krœydəx] spicy.

kruidje-roer-mij-niet [krœycə'ru:rməni.t] o I ⚇ sensitive plant; 2 *fig* touch-me-not.

kruidkoek ['krœytku.k] m spiced gingerbread.

kruidkunde [-kûndə] v botany.

kruidkundige ['krœyt'kûndəgə] m botanist, herbalist.

kruidnagel ['krœytna.gəl] m ⚇ clove.

kruien ['krœyə(n)] I vi 1 trundle a wheelbarrow; 2 drift [of ice]; *de rivier kruit* the river is full of drift-ice; II vt wheel [in a wheelbarrow].

kruier [-ər] m porter.

kruiersloon [-ərslo.n] o porterage.

kruik [krœyk] v stone bottle, jar, pitcher; *warme ~* hot-water bottle; *de ~ gaat zo lang te water tot zij breekt* so often goes the pitcher to the well that it comes home broken at last.

kruim [krœym] v & o crumb [inner part of bread].

kruimel ['krœyməl] m crumb.

kruim(el)en [-m(əl)ə(n)] vi & vt crumble.

kruimelig [-mələx] 1 crumbly; 2 floury, mealy [potatoes].

kruin [krœyn] v (v. berg, hoofd &) crown; top.

kruinschering ['krœynsxe.rɪŋ] v tonsure.

kruipen ['krœypə(n)] vi 1 crawl[2], creep[2]; 2 ⚇ creep, trail; 3 *fig* cringe [to a person].

kruipend [-pɔnt] 1 crawling[2], creeping[2]; 2 ⚇ creeping, trailing; 3 ⚇ reptile, reptilian; 4 *fig* cringing; *~ dier* reptile, reptilian.

kruiper [-pər] m *fig* cringer.

kruiperig [-pərəx] cringing.

kruiperij [krœypə'rɛi] v cringing (to *voor*).

kruippakje ['krœypakjə] o crawlers.

kruis [krœys] o 1 (in het alg.) cross; 2 (lichaamsdeel) small of the back [of man]; croup [of animals], crupper [of horse]; 3 (v. broek) seat; 4 ♪ sharp; 5 ♨ (v. anker) crown; 6 *fig* cross [= trial, affliction, nuisance]; *~ of munt* heads or tails; *~ en mollen ♪* sharps and flats; *een ~ slaan* make the sign of the cross, cross oneself.

kruisafneming ['krœysafne.mɪŋ] v deposition from the Cross, descent from the Cross.

kruisband [-bɑnt] m (postal) wrapper; *onder ~ ℔* by book-post.

kruisbeeld [-be.lt] o crucifix.

kruisbes [-bɛs] v ⚇ gooseberry.

kruisboog [-bo.x] m ⚇ cross-bow.

kruisdood [-do.t] de & v death on the cross.

kruiselings ['krœysəlɪŋs] crosswise, crossways.

kruisen [-sə(n)] I vt 1 cross [the arms]; 2 crucify [a criminal]; 3 cross [animals, plants]; *elkaar ~* cross, cross each other [of letters &]; *gekruist ras* cross-breed; II vi ♨ cruise; III vr *zich ~* cross oneself.

kruiser [-sər] m ♨ cruiser.

kruisgang ['krœysgɔŋ] m △ cloister.

kruisgewijs, -gewijze [-gəvɛis, -vɛizə] crosswise, crossways.

kruisbout [-hout] o cross-beam; *aan het ~* (up)on the cross.

kruisigen ['krœysəgə(n)] vt crucify.

kruisiging [-gɪŋ] v crucifixion.

kruising ['krœysɪŋ] v 1 cross-breeding [of animals]; 2 cross-breed; cross [between... and...]; 3 crossing [of roads].

kruisje ['krœyʃə] o (small) cross, obelisk (†); *zij heeft de drie ~s achter de rug* she is turned (of) thirty.

kruiskerk ['krœyskerk] v cruciform church.

kruispunt [-pûnt] o 1 (point of) intersection; 2 crossing [of a railway &].

kruisraam [-ra.m] o cross-bar window.

kruisridder [-rɪdər] m knight of the Cross.

kruissnede [-sne.də] v crucial incision.

kruissnelheid [-snelhɛit] v cruising speed.

kruisspin [-spɪn] v cross-spider.

kruissteek [-ste.k] m cross-stitch.

kruisteken ['krœyste.kə(n)] o 1 RK sign of the cross.

kruistocht [-tɔxt] m 1 crusade[2]; 2 ♨ cruise.

kruisvaarder [-fa:rdər] m ⚇ crusader.

kruisvaart [-fa:rt] v ⚇ crusade.

kruisverhoor [-fərho:r] o cross-examination.

Kruisvinding [-fɪndɪŋ] v Invention of the Cross.

kruisvormig [-fɔrməx] cross-shaped, cruciform.

kruisvuur [-fy:r] o cross-fire[2].

kruisweg [-vex] m 1 cross-road; 2 RK Way of the Cross; *de ~ bidden* RK do the Stations (of the Cross).

kruiswoorden [-vo:rdə(n)] mv words spoken on the Cross.

kruiswoordraadsel [-vo:rtra.tsəl] o crossword puzzle.

kruit [krœyt] o powder, gunpowder; *hij heeft al zijn ~ verschoten* he has fired his last shot.

kruitdamp ['krœytdamp] m gunpowder smoke.

kruithoorn, -horen [-ho:rən] m powder-horn, powder-flask.

kruithuis [-hœys] o powder-magazine.

kruitmagazijn [-ma.ga.zɛin] o powder-magazine.

kruiwagen ['krœyva.gə(n)] m wheelbarrow; *hij heeft goede ~s* he has powerful patrons (influence).

kruizemunt [krœyzə'mûnt] v ⚇ mint.

1 kruk [krûk] v 1 crutch [for cripples]; 2 handle [of a door]; 3 ✕ crank; 4 perch [for birds]; 5 stool, tabouret.

2 kruk [krûk] m bungler; duffer.

krukas ['krûkas] v ✕ crank-shaft.

krul [krûl] v 1 (haar) curl; 2 (hout) shaving; 3 (bij 't schrijven) flourish, scroll; *er zit geen ~ in dat haar* the hair doesn't curl; *de ~ is er uit* it is out of curl; *~len zetten* make curls.

krulhaar ['krûlha:r] o curly hair.

krulijzer [-ɛizər] o curling-iron.

krullebol ['krûləbɔl] krullekop [-kɔp] m curly-head, curly-pate.

krullen [-lə(n)] I vi curl; II vt curl, crisp, friz(z) [the hair].

krullenjongen ['krûlə-jɔŋə(n)] m 1 carpenter's apprentice; 2 *fig* factotum.

krulletter ['krûlɛtər] v flourished letter.

krullig [-ləx] curly.

krultabak ['krûlta.bɑk] m curly tobacco.

krultang [-taŋ] *v* curling-tongs.

kubiek [ky.'bi.k] cubic; *de ~e inhoud* the solid contents.

kubiekwortel [-vòrtəl] *m* cube root.

kubus ['ky.būs] *m* cube.

kuchen ['kūgə(n)] *vi* cough.

kucher [-gər] *m* cougher.

kudde ['kūdə] *v* herd [of cattle], flock [of sheep].

kuddedier [-di:r] *o fig* herd animal.

kuier ['kœyər] *m* F stroll, walk.

kuieren [-ərə(n)] *v* F stroll, walk.

kuif [kœyf] *v* tuft, crest [on a bird's head]; forelock [on a man's head].

kuifeend ['kœyfe.nt] *v* ♣ tufted duck.

kuifleeuwerik [-le. vərək] *m* ♣ tufted lark.

kuiken ['kœykə(n)] *o* ♣ chicken; *fig* ninny, iimpleton.

kuil [kœyl] *m* 1 pit, hole; [potato] clamp; 2 ⚓ waist; *wie een ~ graaft voor een ander, valt er zelf in* harm watch, harm catch.

kuilen ['kœylə(n)] *v* zie *inkuilen.*

kuiltje ['kœylcə] *o* hole; dimple [in the cheek]; *met ~s in de wangen* with dimpled cheeks.

kuilvoer [-vu:r] *o* ensilage.

kuip [kœyp] *v* tub, vat; zie ook: *vlees.*

kuipbad ['kœypbat] *o* tub-bath.

kuipen ['kœypə(n)] *vi* cooper; *fig* intrigue.

kuiper [-pər] *m* cooper; *fig* intriguer.

kuiperij [kœypə'rɛi] *v* cooper's trade, coopery; *fig* intrigue.

kuiphout ['kœyphout] *o* staves.

kuis [kœys] *aj* (& *ad*) chaste(ly), pure(ly).

kuisen ['kœysə(n)] *vt* chasten, purify.

kuisheid ['kœyshɛit] *v* chastity, purity.

kuit [kœyt] *v* 1 ☒ roe, spawn [female hard roe]; 2 calf [of the leg]; *~ schieten* spawn.

kuitbeen ['kœytbe.n] *o* splint-bone.

kuitbroek [-bru.k] *v* zie *kniebroek.*

kukeleku! [ky.kələ'ky.] cock-a-doodle-doo!

kul [kūl] *m flauwe ~* F nonsense, rot.

kunde ['kūndə] *v* knowledge.

kundig [-dəx] able, clever, skilful.

kundigheid [-hɛit] *v* skill, knowledge, learning; *kundigheden* accomplishments.

kunne ['kūnə] *v* sex.

kunnen ['kūnə(n)] **I** *vi* & *vt* be able; *het kan (niet)* it can(not) be done; *hij kan tekenen* he can draw; *hij kan het gedaan hebben* he may have done it; *hij kan het niet gedaan hebben* he cannot have done it; *hij kan het weten* he ought to know; *tot hij niet meer kon* until he was spent; *zo kon hij uren zitten* thus he would sit for hours; *ik kan er niet bij* I cannot reach it; *fig* that's beyond me (above me); *het kan er mee door* it may pass; *hij kan daar niet tegen* he can't stand it [being laughed at]; it [that food] does not agree with him; **II** *o* [technical] prowess.

kunst [kūnst] *v* 1 art; 2 trick; *beeldende ~en* plastic arts; *de schone ~en* the fine arts; *de vrije ~en* the liberal arts; *de zwarte ~* necromancy, the black art; *geen ~en alsjeblieft!* none of your games!; *~en maken* perform feats; *je moet hier geen ~en uithalen!* none of your tricks here!; *zijn ~en vertonen* show what one can do; *hij verstaat de ~ om... te* he knows how to..., he has a knack of ...ing; *dat is geen ~* that's not difficult; *dat is nu juist de ~* that's the art of it; *met ~ en vliegwerk* by hook or by crook.

kunstarm ['kūnstarm] *m* artificial arm.

kunstbeen [-be.n] *o* artificial leg.

kunstbloem [-blu.m] *v* artificial flower.

kunstboek [-bu.k] *o* art book.

kunstboter [-bo.tər] *v* margarine.

kunstbroeder [-bru.dər] *m* fellow-artist.

kunstcriticus [-kri.ti.kūs] *m* art critic.

kunstdraaier [-dra.jər] *m* (ivory-)turner.

kunstdrukpapier [-drūkpa.pi:r] *o* art paper.

kunsteloos ['kūnstəlo.s] *aj* (& *ad*) artless(ly).

kunstenaar [-na:r] *m* artist.

kunstenmaker ['kūnstə(n)ma.kər] *m* acrobat; (goochelaar) juggler.

kunstgebit ['kūnstgəbit] *o* set of artificial teeth, denture.

kunstgenootschap [-no.tsxɔp] *o* art society.

kunstgenot [-nɔt] *o* artistic pleasure.

kunstgeschiedenis [-sxi.dənis] *v* history of art, art history.

kunstgevoel [-vu.l] *o* artistic feeling.

kunstgewrocht [-vrɔxt] *o* product (work) of art.

kunstgreep ['kūnstgre.p] *m* artifice, trick, knack.

kunsthandel [-hɑndəl] *m* 1 fine-art repository, picture-shop, print-(seller's) shop; 2 dealing in works of art, art trade.

kunsthandelaar [-hɑndəla:r] *m* art dealer.

kunsthars [-hɑrs] *o & m* synthetic resin.

kunstig ['kūnstəx] *aj* (& *ad*) ingenious(ly).

kunstigheid [-hɛit] *v* ingeniousness.

kunstijsbaan ['kūnstɛisba.n] *v* (ice) rink.

kunstje ['kūnʃə] *o* trick, knack, dodge; *~s met de kaart* card-tricks.

kunstkabinet ['kūnstka.bi.nɛt] *o* art gallery.

kunstkenner [-kɛnər] *m* connoisseur.

kunstkoper [-ko.pər] *m* art dealer.

kunstkritiek [-kri.ti.k] *v* art criticism.

kunstle(d)er [-le:r, -le.dər] *o* artificial leather.

kunstlicht [-lɪxt] *o* artificial light.

kunstliefhebber [-li.fhɛbər] *m* lover of art (of the arts), art-lover.

kunstlievend [kūnst'li.vənt] art-loving; *~e leden van een vereniging* paying members.

kunstmaan ['kūnstma.n] *v* earth satellite.

kunstmatig [kūnst'ma.təx] *aj* (& *ad*) artificial-(ly).

kunstmest ['kūnstmɛst] *m* artificial manure, fertilizer.

kunstmeststof [-mɛstɔf] *v* (artificial) fertilizer.

kunstmiddel [-mɪdəl] *o* artificial means.

kunstminnend [kūnst'mɪnənt] art-loving.

kunstnijverheid ['kūnstnɛivərheit, kūnst'nɛivərheit] *v* industrial arts, arts and crafts.

kunstoog ['kūnsto.x] *o* artificial eye.

kunstprodukt [-pro.dūkt] *o* art product, work of art.

kunstrijden [-rɛi(d)ə(n)] *o* in: *~ op de schaats* figure-skating.

kunstrijder [-rɛi(d)ər] *m* 1 (te paard) equestrian, circus-rider, performer; 2 (op schaatsen) figure-skater.

kunstschilder [-sxɪldər] *m* painter, artist.

kunststof ['kūnstɔf] *v* synthetic.

kunststuk [-stūk] *o* tour de force, feat, performance.

kunstvaardig [kūnst'fa:rdəx] *aj* (& *ad*) skilful.

kunstvaardigheid [-hɛit] *v* skill. [ful(ly).

kunstveiling ['kūnstfɛiliŋ] *v* art sale.

kunstverlichting [-fərlɪxtiŋ] *v* artificial lighting.

kunstverzameling [-fərza.məliŋ] *v* art collection.

kunstvezel [-fe.zəl] *v* man-made fibre, synthetic fibre.

kunstvliegen [-fli.gə(n)] **I** *vi* ✈ stunt; **II** *o* ✈ stunt-flying.

kunstvlieger [-fli.gər] *m* ✈ stunter.

kunstvlucht [-flūxt] *v* ✈ stunt.

kunstvoorwerp [-fo:rvɛrp] *o* object of art.

kunstvorm [-fɔrm] *m* form of art, art form.

kunstwaarde [-va:rdə] *v* artistic value.

kunstwerk [-vɛrk] *o* work of art.

kunstwol [-vòl] *v* artificial wool; shoddy.

kunstzij(de) [-sɛi(də)] *v* artificial silk, rayon.

kunstzin [-sɪn] *m* artistic sense.

kunstzinnig [kūnst'sɪnəx] artistic

kunstzinnigheid [-hɛit] *v* artistry.

kuras [ky:'rɑs] *o* ⚔ cuirass.

kurassier [-ra'si:r] *m* ✕ cuirassier.
1 kurk [kŭrk] *o* & *m* (stofnaam) cork.
2 kurk [kŭrk] *v* (voorwerp) cork.
kurkdroog [-dro.x] bone-dry.
kurkeik [-eik] *m* cork-oak.
1 kurken ['kŭrkə(n)] *vt* cork.
2 kurken ['kŭrkə(n)] *aj* cork.
kurketrekker [-kətrekər] *m* corkscrew; ~s F corkscrew curls.
kus [kŭs] *m* kiss.
kushandje ['kŭshɑnɕə] *o* in: *een ~ geven* kiss one's hand to, blow a kiss to.
1 kussen ['kŭsə(n)] *vt* kiss.
2 kussen ['kŭsə(n)] *o* cushion; (beddekussen) pillow; *op het ~ blijven* remain in office; *op 't ~ komen* come into office; *op 't ~ zitten* be in office.
kussensloop [-slo.p] *v* & *o* pillow-case, pillow-slip.
1 kust [kŭst] *v* coast, shore.
2 kust [kŭst] *te ~ en te keur* in plenty, of every description.
kustbatterij ['kŭstbatərɛi] *v* ✕ coastal battery, shore battery.
kustbewoner [-bəvo.nər] *m* inhabitant of the coast.
kustboot [-bo.t] *m* & *v* ⚓ coasting-vessel, cóaster.
kuster ['kŭstər] *m* ⚓ coaster.
kustgebied ['kŭstgəbi.t] *o* littoral, coastal region.
kustlicht [-lıxt] *o* coast-light.
kustlijn [-lɛin] *v* coast-line.
kustplaats [-pla.ts] *v* coastal town.
kuststreek [-stre.k] *v* coastal region.
kuststrook [-stro.k] *v* coast strip.
kustvaarder [-fa:rdər] *m* ⚓ coasting-vessel, coaster.
kustvaart [-fa:rt] *v* ⚓ coasting trade, coast-wise trade.
kustverlichting [-fərlıxtın] *v de ~* the coast-lights.
kustvisser [-fısər] *m* inshore fisherman.
kustvisserij [kŭstfısə'rɛi] *v* inshore fishery.
kustvlakte ['kŭstflɑktə] *v* coastal plain.
kustwacht [-vaxt] *v* coast-guard.
kustwachter [-vaxtər] *m* coast-guard(sman).
kustwateren [-va.tərə(n)] *mv* coastal waters.
kuur [ky:r] *v* 1 whim, freak, caprice; 2 Ⓕ cure; *een ~ doen (volgen)* take a cure; take a course of waters.
kw = *kilowatt*.
kwaad [kva.t] I *aj* 1 (slecht) bad, ill, evil; 2 (boos) angry; *dat is (lang) niet ~* that is not (half) bad; *het te ~ krijgen* feel queer, be on the point of breaking down or fainting; *het te ~ krijgen met...* get into trouble with [the police &]; *zich ~ maken, ~ worden* become (get) angry, fly into a passion; *~ zijn op iemand* be angry with a person; II *ad* in: *het niet ~ hebben* not be badly off; *zij ziet er niet ~ uit* she is not bad to look at; III *o* 1 (wat slecht is) wrong, evil; 2 (nadeel, letsel) harm, wrong, injury; *een noodzakelijk ~* a necessary evil; *~ brouwen* brew mischief; *~ doen* do wrong; *niemand zal u ~ doen* nobody will harm you; *het heeft zijn goede naam veel ~ gedaan* it has done his reputation much harm; *dat kan geen ~* there is no harm in that; *ten kwade beïnvloed* influenced for evil; zie ook: duiden; *van ~ tot erger vervallen* go from bad to worse; *van twee kwaden moet men het minste kiezen* of two evils choose the lesser.
kwaadaardig [kva.'da:rdəx] *v* 1 ill-natured, malicious [people, reports]; 2 malignant [growth, tumour], virulent [diseases].
kwaadaardigheid [-heit] *v* 1 malice, ill-nature; 2 malignancy, virulence.

kwaaddoener ['kva.du.nər] *m* malefactor.
kwaadheid ['kva.theit] *v* anger.
kwaadschiks [-sxıks] unwillingly; zie ook: goedschiks.
kwaadspreekster [-spre.kstər] *v* zie kwaadspreker.
kwaadspreken [-spre.kə(n)] *vi* talk scandal; *~ van* speak ill of, slander.
kwaadsprekend [-kənt] slanderous, backbiting.
kwaadspreker [-kər] *m* backbiter, slanderer, scandal-monger.
kwaadsprekerij [kva.tspre.kə'rɛi] *v* backbiting, slander(ing), scandal.
kwaadwillig [-'vıləx] malevolent, ill-disposed.
kwaadwilligheid [-heit] *v* malevolence.
kwaal [kva.l] *v* complaint, disease, evil, ill.
kwab [kvɑp] *v* lobe; dewlap [of cow].
kwabbig [-bəx] flabby [cheeks].
kwadraat [kva.'dra.t] I *o* square; 2 *duim in het ~* 2 inches square; *een ezel in het ~* a down-right ass; II *aj* square.
kwadraatgetal [-gətal] *o* square number.
kwadrant [kva.'drɑnt] *o* quadrant.
kwadratuur [kva.dra.'ty:r] *v* quadrature; *de ~ van de cirkel* the squaring of the circle.
kwajongen [kva.'jɔŋə(n)] *m* mischievous (naughty) boy.
kwajongensachtig [-'jɔŋənsɑxtəx] boyish, mischievous.
kwajongensstreek [kva.'jɔŋə(n)stre.k] *m* & *v* monkey-trick.
kwak [kvɑk] I *ij* flop!; II *m* 1 (geluid) flop, thud; 2 (hoeveelheid) dab [of soap &].
kwaken ['kva.kə(n)] *vi* quack?; croak [of frogs].
kwaker ['kva.kər] *m* Quaker.
kwakkel ['kvɑkəl] *m* & *v* ⚓ quail.
kwakkelen ['kvɑkələ(n)] *vi* be ailing.
kwakkelwinter ['kvɑkəlvıntər] *m* lingering "off-and-on" winter.
kwakken ['kvɑkə(n)] I *vt* dump, plump, flop, dash (down); II *vi* bump.
kwakzalver ['kvɑksalvər] *m* quack (doctor); *fig* charlatan.
kwakzalverachtig [-ɑxtəx] quackish.
kwakzalverij [kvɑksalvə'rɛi] *v* quackery; charlatanry.
kwakzalversmiddel ['kvɑksalvərsmıdəl] *o* quáck medicine.
kwal [kvɑl] *v* jelly-fish; *een ~ van een vent* P a rotter.
kwalificatie [kva.li.fi.'ka.(t)si.] *v* qualification.
kwalificeren [-'se:rə(n)] *vt* qualify.
kwalijk ['kva.lək] I *aj* bad [joke], ill [effects], evil [consequences], ugly [business]; II *ad* 1 ill, amiss; 2 hardly, scarcely; *iets ~ nemen* take it amiss, take it in bad part; *neem me niet ~* (I) beg (your) pardon; excuse me; sorry!; *neem het hem niet ~* don't take it ill of him; *ik kan 't hem niet ~ nemen* I cannot blame him; *dat zou ik u ~ kunnen zeggen* I could hardly tell you; *~ riekend* evil-smelling; *~ verborgen* ill-concealed.
kwalijkgezind [-gə'zınt] 1 evil-minded; 2 ill-disposed.
kwalitatief [kva.li.ta.'ti.f] *aj* (& *ad*) qualitative(ly).
kwaliteit [-'teit] *v* 1 quality, capacity; 2 $ quality, grade.
kwansuis [kvɑn'sœys] for the look of the thing; *hij kwam ~ eens kijken* for form's sake; *hij deed ~ of hij mij niet zag* he pretended (feigned) not to see me.
kwant [kvɑnt] *m* blade, fellow, chap.
kwantitatief [kvɑnti.ta.'ti.f] *aj* (& *ad*) quantitative(ly).
kwantiteit [-'teit] *v* quantity.
kwart [kvɑrt] I *o* fourth (part), quarter; 2 *v* ♪ (noot) crotchet; (interval) fourth; *~ over*

vieren a quarter past four; ~ *voor vieren* a quarter to four.

kwartaal [kʋɑr'taːl] *o* quarter (of a year), three months; *per* ~ quarterly.

kwartaalstaat [-sta.t] *m* quarterly list.

kwarteeuw [kʋɑrte:u] *v* quarter of a century, quarter-century.

kwartel [kʋɑrtəl] *m* & *v* ⚤ quail.

kwartelkoning [-ko.nɪŋ] *m* ⚤ landrail, corn-crake.

kwartet [kʋɑr'tɛt] *o* ♪ quartet(te).

kwartfinale [kʋɑrtfi.na.lə] *v sp* quarter-final.

kwartier [kʋɑr'tiːr] *o* quarter (of an hour, of the moon, of a town); *geen* ~ *geven* give (grant) no quarter.

kwartiermaker [-ma.kər] *m* ✕ quartermaster.

kwartiermeester [-me.stər] *m* ✕ & ⚓ quartermaster; ~*-generaal* ✕ quartermaster-general.

kwartiermuts [-mûts] *v* ✕ forage-cap.

kwartje [kʋɑrcə] *o* quarter of a guilder.

kwartjesvinder [-cəsfɪndər] *m* S sharper.

kwartnoot [kʋɑrtno.t] *v* ♪ crᴐtchet.

kwarto [kʋɑrto.] *o* quarto; *in* ~ in quarto, **kwarts** [kʋɑrts] *o* quartz. [4to.

kwartslamp [kʋɑrtslɑmp] *v* quartz lamp.

kwasi zie *quasi.*

₁ kwast [kʋɑst] *m* F lemon-squash [a drink].

₂ kwast [kʋɑst] *m* ₁ brush [of a painter]; [dish] mop; tassel [of a curtain, cushion]; ₂ knot [in wood]; ₃ *fig* coxcomb, fop, fool.

kwasterig [ʹkʋɑstərəx] *aj* (& *ad*) foppish(ly), coxcombical(ly).

kwebbel [ʹkʋɛbəl] *v* F chatterbox.

kwebbelen [-bələ(n)] *vi* F chatter.

kwee [kʋe.] *v* **kweeappel** [ʹkʋe.ɑpəl] *m* ⚘ quince.

kweekplaats [-pla.ts] *v* nursery².

kweekschool [-sxo.l] *v* training-college (for teachers), (teachers') seminary; *fig* nursery.

kweepeer [kʋe.pe:r] *v* ⚘ quince.

kwekeling [ʹkʋe.kəlɪŋ] *m* -e [-ə] *v* ₁ pupil; 2 ⚲ pupil-teacher.

kweken [-kə(n)] *vt* grow, cultivate² [plants], raise [vegetables]; *fig* foster, breed [discontent]; *gekweekte champignons* cultivated mushrooms; *gekweekte rente* accrued interest.

kweker [-kər] *m* grower; nurseryman.

kwekerij [kʋe.kəʹrɛi] *v* nursery.

kwelduivel [ʹkʋɛldœyvəl] *m* zie *kweller.*

kwelen [ʹkʋe.lə(n)] *vi* & *vt* warble, carol.

kwelgeest [ʹkʋɛlɡe.st] *m* zie *kweller.*

kwellen [ʹkʋɛlə(n)] I *vt* ₁ vex, tease, torment, plague, trouble; II *vr* *zich* ~ torment oneself.

kweller [-lər] *m* tormentor, teaser.

kwelling [-lɪŋ] *v* vexation (of spirit), torment, trouble.

kwelwater [ʹkʋɛlʋa.tər] *o* seeping water.

kwestie [ʹkʋɛsti.] *v* question, matter; *een* ~ *van smaak* a matter of taste; *een* ~ *van tijd* a question of time; *zij hebben* ~ they have a quarrel; *geen* ~ *van!* that's out of the question!; *buiten de* ~ outside the question; *buiten* ~ beyond (without) question; *de zaak in* ~ the matter in question; the point at issue.

kwestieus [kʋɛsti.ʹøːs] *aj* doubtful, questionable.

kwets [kʋɛts] *v* 🍑 damson.

kwetsbaar [ʹkʋɛtsba:r] *v* vulnerable.

kwetsbaarheid [-hɛit] *v* vulnerability.

kwetsen [ʹkʋɛtsə(n)] *vt* ₁ injure², wound², hurt², *fig* offend.

kwetsing [-sɪŋ] *v* hurt², injury².

kwetsuur [kʋɛt'sy:r] *v* injury, wound, hurt.

kwetteren [ʹkʋɛtərə(n)] *vi* ₁ twitter; 2 (v. personen) chatter.

kwezel [ʹkʋe.zəl] *v* sanctimonious person.

kwezelaar [-zəla:r] *m* sanctimonious person.

kwezelachtig [-zəlɑxtəx] santimonious.

kwezelarij [kʋe.zəla:ʹrɛi] *v* sanctimoniousness.

kwezelen [ʹkʋe.zələ(n)] *vi* be sanctimonious.

kwibus [ʹkʋi.bûs] *m* coxcomb, fool, prig, fop.

kwiek [kʋi.k] F lively, bright, sprightly, spry.

kwijl [kʋɛil] *v* & *o* slaver, slobber.

kwijlen [ʹkʋɛilə(n)] *vi* slaver, slobber, drivel, dribble.

kwijnen [ʹkʋɛinə(n)] *vi* ₁ languish², pine [of persons]; wither, droop [of flowers &]; 2 *fig* flag [of a conversation].

kwijt [kʋɛit] in: *ik ben het* ~ ₁ I have lost it; 2 I am rid of it; 3 it has slipped my memory; *die zijn we lekker* ~ he is (that is) a good riddance; *hij is zijn verstand* ~ he is off his head; ~ *raken* (*worden*) lose; get rid of.

kwijten [ʹkʋɛitə(n)] *vr* in: *zich* ~ *van* acquit oneself of [an obligation, a duty, a task], discharge [a responsibility, a debt].

kwijting [-tɪŋ] *v* discharge.

kwijtschelden [ʹkʋɛitsxɛldə(n)] *vt* remit [punishment, a debt, a fine &]; *iemand het bedrag* ~ let a person off the payment of the amount; *voor ditmaal zal ik het u* ~ I will let you off for this once.

kwijtschelding [-dɪŋ] *v* remission [of sins, debts]; (free) pardon, amnesty.

kwik [kʋɪk] *o* mercury, quicksilver.

kwikbad [ʹkʋɪkbɑt] *o* mercurial bath.

kwikbak [-bɑk] *m* mercury trough.

kwikbarometer [-ba.ro.me.tər] *m* mercurial barometer.

kwikmijn [-mɛin] *v* quicksilver mine.

kwikoxyde [-ɔksi.də] *o* oxide of mercury.

kwikstaart [-sta.rt] *m* ⚤ wagtail.

kwikthermometer [-tɛrmo.me.tər] *m* mercurial thermometer.

kwikzilver [-stɪlvər] *o* mercury, quicksilver.

kwikzilverachtig [-ɑxtəx] mercurial².

kwinkeleren [kʋɪŋkaʹle:rə(n)] *vi* warble, carol.

kwinkslag [ʹkʋɪŋkslɑx] *m* witticism, quip, jest, joke.

kwint [kʋɪnt] *v* ♪ fifth.

kwintessens [ʹkʋɪntɛsɛns] *v* quintessence.

kwintet [kʋɪn'tɛt] *o* ♪ quintet(te).

kwispedoor [kʋɪspəʹdo:r] *o* & *m* spittoon.

kwispel(staart)en [ʹkʋɪspəl(sta:rt)ə(n)] *vi* wag the tail.

kwistig [ʹkʋɪstəx] *aj* (& *ad*) lavish(ly), liberal(ly); ~ *met* lavish of [money]; liberal in [bestowing titles].

kwistigheid [-hɛit] *v* lavishness, prodigality, liberality.

kwitantie [kʋi.ʹtɑn(t)si.] *v* receipt.

kwitantieboekje [-bu.kjə] *o* book of receipts.

kwiteren [kʋi.ʹte:rə(n)] *vt* receipt.

L

₁ la [la.] *v* ♪ la.

₂ la [la.] *v* = *lade.*

laadbak [ʹla.tbɑk] *m* 🚃 body, platform.

laadboom [-bo.m] *m* ⚓ derrick.

laadruim [-rœym] *o* cargo-hold.

laadruimte [-rœymtə] *v* ⚓ cargo-capacity, tonnage.

laadstation [-sta.ʃɔn] *o* ⚡ filling station.

laadvermogen [-fərmo.ɡə(n)] *o* carrying-capacity.

₁ laag [la.x] I *aj* low²; *fig* base, mean; *lage druk* low pressure; II *ad* [sing, fly] low; *fig* basely, meanly; ~ *denken van* think meanly of; ~ *neerzien op* look down upon; ~ *vallen* fall low²; *fig* sink low; zie ook: 1 *lager.*

₂ laag [la.x] *v* ₁ (dikte) layer, § stratum [*mv* strata], bed; course [of bricks]; coat [of paint]; 2 (hinderlaag) ambush, snare; *de vijand de volle* ~ *geven* give the enemy a broadside; *iemand de volle ~ geven* let one have it; *iemand lagen leggen* lay snares for one, set traps for one.

laag-bij-de-gronds [-beidə'grònts] pedestrian.

laaghartig [la.x'hartəx] *aj* (& *ad*) base(ly), vile(ly), mean(ly).

laagland [-lɑnt] *o* lowland.

laagspanning [-spɑnin] *v* ☿ low tension.

laagspannings... [-niŋs] ☿ low-tension...

laagte ['la.xtə] *v* lowness; *in de ~* down below.

laagtij [-tɛi] *o* low tide.

laagveen [la.x'fe.n] *o* bog.

laagvlakte ['la.xflɑktə] *v* low-lying plain.

laagwater [la.x'va.tər] *o* low tide; *bij ~* at low tide.

laai(e) [la:i, 'la.jə] in: *in lichte(r) ~* in a blaze, ablaze.

laakbaar ['la.kba:r] condemnable, blamable, blameworthy, censurable, reprehensible.

laakbaarheid [-hɛit] *v* blamableness &.

laan [la.n] *v* avenue; *iemand de ~ uitsturen* **F** send one about his business, send one packing; *~ in.* [ing.

laantje ['la.ncə] *o* alley.

laars [la:rs] *v* boot; *halve ~* half-boot; *hoge ~* jackboot.

laarzeknecht ['la:rzəknɛxt] *m* bootjack, jack.

laarzenmaker ['la:rzə(n)ma.kər] *m* bootmaker.

laat [la.t] I *aj* late; *hoe ~?* what time?, at what o'clock?; *hoe ~ is het?* what's the time?, what time is it?, what o'clock is it?; *is 't zo ~?* **F** so that's the time of day!, that's your little game!; *is het weer zo ~?* are you (is he) at it again?; *hoe ~ heb je het?* what time do you make it?; *op de late avond* late in the evening; *de trein is een uur te ~* the train is an hour late (overdue); II *ad* late; *u komt te ~* I you are late [I expected you at noon]; 2 you are too late [to be of any help]; *tot ~ in de nacht* to a late hour; *~ op de dag* late in the day; *beter ~ dan nooit* better late than never.

laatdunkend ['la.'dûŋkənt] self-conceited, overweening, overbearing, arrogant.

laatdunkendheid [-hɛit] *v* self-conceit, arrogance.

laatje ['la.cə] *o* (little) drawer; *aan het ~ zitten* **F** handle the cash; *dat brengt geld in het ~* it brings in money.

laatst [la.tst] I *aj* I last, final; 2 (jongst) latest, (most) recent; 3 (van twee) latter [part of May]; *het ~e artikel* I the last article [in this review]; 2 the last-named article [is sold out]; *zijn ~e artikel* I his latest [most recent] article; 2 his last article [before his death]; *in de ~e jaren* of late (of recent) years; *de ~e (paar) maanden* the last few months; *de ~e drie weken* these three weeks; II *sb* in: *de ~e* the last-named, the latter; *dit ~e* this last, the latter [is always a matter of difficulty]; *de ~en zullen de eersten zijn* **B** the last shall be first; *op het ~* at last, finally; *op zijn ~* at (the) latest; *ten (langen) ~e* at last; *tot het ~* to (till) the last; III *ad* lately, the other day; *~ op een middag* the other afternoon.

laatstgeboren [la.tstgəbo:rə(n)] last-born.

laatstgenoemd [-gənu.mt] *aj* last-named, latter; *~e* the latter.

labberdaan [labər'da.n] *m* salt cod.

label ['le.bəl] *m* label.

labiel [la.'bi.l] unstable.

laborant [la.bo.'rant] *m* laboratory worker.

laboratorium [-ra.'to:ri.ûm] *o* laboratory.

laboreren [-'re:rə(n)] *vi* labour (under *aan*).

labyrint [la.bi.'rint] *o* labyrinth, maze.

lach [lɑx] *m* laugh, laughter; *in een ~ schieten* burst out laughing, laugh outright.

lachbui [-bœy] *v* fit of laughter.

lachebek ['lɑgəbɛk] *m* in: *zij is een ~* she laughs very easily.

lachen ['lɑgə(n)] I *vi* laugh; *in zich zelf ~* laugh

to oneself; *~ om iets* laugh at (over) a thing; *ik moet om je ~* you make me laugh; *ik moet erom ~* it makes me laugh; *tegen iemand ~* smile at a person; *het is niet om te ~* it is no laughing matter; *ik kon niet spreken van het ~* I could hardly speak for laughing; *hij lachte als een boer die kiespijn heeft* he laughed on the wrong side of his mouth; *wie het laatst lacht, lacht het best* he laughs best who laughs last; II *vt* in: *zich een zap (bochel, bult, kriek, ongeluk, puist, stuip, tranen, ziek) ~* split one's sides with laughing.

lacher [-gər] *m* in: *de ~s op zijn hand hebben (krijgen)* have the laugh on one's side.

lachgas ['lɑgas] *o* nitrous oxide, laughing-gas.

lachkramp ['lɑxkrɑmp] *v* convulsions of laughter.

lachlust [-lûst] *m* inclination to laugh, risibility; *de ~ opwekken* provoke (raise) a laugh.

lachspier ['lɑxspi:r] *v* in: *op de ~en werken* provoke (raise) a laugh.

lachwekkend [lɑx'vɛkənt] ludicrous, ridiculous, laughable.

laconiek [la.ko.'ni.k] *aj* (& *ad*) laconic(ally).

lacune [-'ky.nə] *v* vacancy, void, gap.

ladder ['lɑdər] *v* ladder.

ladderen ['lɑdərə(n)] *vi* ladder [of stocking].

lade ['la.də] *v* I drawer; till [of a shop-counter]; 2 stock [of a rifle].

laden ['la.də(n)] I *vt* I (wagen) load; 2 (schip) load, lade; 3 (vuurwapen) load, charge; 4 ☿ charge; *de verantwoording op zich ~* undertake the responsibility; II *vi* & *va* load, take in cargo; *~ en lossen* load and discharge, discharge and load.

ladenlichter [-tər] *m* till-sneak.

lader [-dər] *m* loader.

lading [-dɪŋ] *v* I cargo; load [of a waggon]; 2 ✗ & ☿ charge; *~ innemen* take in cargo, load; *het schip is in ~* the ship is (in) loading.

laf [lɑf] I *aj* I (flauw) insipid[2]; 2 (lafhartig) cowardly; II *ad* I insipidly[2]; 2 in a cowardly manner.

lafaard ['lafa:rt] *m* coward, poltroon.

lafbek [-bɛk] *m* I milksop, fool; 2 coward.

lafenis ['la.fənis] *v* refreshment, comfort, relief.

lafhartig [lɑf'hɑrtəx] zie *laf 2*.

lafhartigheid [-hɛit] *v* zie *lafheid 2*.

lafheid ['lɑfhɛit] *v* I insipidity[2]; 2 cowardice, cowardliness.

1 lager ['la.gər] lower, inferior; *de ~e akte* the lower certificate; *een ~e ambtenaar* a minor official; zie ook: *onderwijs*.

2 lager ['la.gər] *o* ⚙ bearing(s).

lager(bier) [(-bi:r)] *o* lager beer, **F** lager.

Lagerhuis [-hœys] *o* Lower House, House of Commons.

lagune [la.'gy.nə] *v* lagoon.

lak [lɑk] *o* & *m* I (verf) lacquer; lac (produced by insect); varnish [for the nails]; 2 (zegel~) sealing-wax; 3 (-zegel) seal; *het is allemaal ~* **F** it's all humbug; *daar heb ik ~ aan!* **P** fat lot I care!; *ik heb ~ aan hem* he can go to the devil.

lakei [la.'kɛi] *m* footman, lackey, > flunkey.

1 laken [la.kə(n)] *vt* blame, censure.

2 laken ['la.kə(n)] *o* I (stof) cloth; 2 (v. bed) sheet; *dan krijg je van hetzelfde ~ een pak* you will be served with the same sauce; *hij deelt de ~s uit* **F** he runs (bosses) the show.

lakenfabrikant [-fa.bri.kant] *m* clothier, cloth manufacturer.

lakenhal(le) [-hɑl(ə)] *v* Cloth Hall.

lakenhandel -hɑndəl] *m* cloth trade.

lakens [-s] *aj* cloth.

lakenverver [-vervər] *m* cloth dyer.

lakenvolder [-vòldər] ~**voller** [-vòlər] *m* fuller.

lakenwever [-ve.vər] *m* cloth weaver.

lakenwinkel ['la.kə(n)viŋkəl] *m* draper's(shop).

lakken ['lɑkə(n)] *vt* 1 seal [a letter &]; 2 lacquer, japan, varnish.
lakmoes ['lɑkmu.s] *o* litmus.
lakmoespapier [-pa.pi:r] *o* litmus paper.
laks [lɑks] lax, slack, indolent.
lakschoen ['lɑksxu.n] *m* patent leather shoe.
laksheid ['lɑksheit] *v* laxness, laxity, slackness, indolence.
lakvernis ['lɑkfərnɪs] *o* & *m* lac varnish, lacquer.
lakwerk [-vɛrk] *o* 1 lacquer; 2 japanned goods, lacquered ware.
1 **lam** [lɑm] *o* lamb; *Lam Gods,* Lamb of God.
2 **lam** [lɑm] *aj* 1 (v e r l a m d) paralysed, paralytic; 2 (o n a a n g e n a a m) tiresome, provoking; *what is dat ~, (een ~me boel, geschiedenis)!* how provoking!; *wat een ~me vent!* what a tiresome fellow!; *de handel ~ slaan* paralyse (cripple) trade; *iemand ~ slaan* beat one to a jelly; *dat is het ~me ervan* that is the mischief of it; *een ~me* a paralytic.
1 **lama** ['la.ma.] *m* lama [priest].
2 **lama** ['la.ma.] *m* ☌ llama, lama.
lambrizeren [lɑmbri.'ze:rə(n)] *vt* wainscot, panel.
lambrizering [-rɪŋ] *v* wainscot(ing), panelling, dado.
lamenteren [la.mən'te:rə(n)] *vi* lament.
lamheid ['lɑmheit] *v* paralysis; *met ~ geslagen* paralysed.
lamlendig [lɑm'lɛndəx] **I** *aj* miserable; **II** *ad* miserably.
lammeling ['lɑmə.lɪŋ] *m* miserable fellow; *jij ~!* **P** (you) son of a gun!, blighter!
lammenadig [lɑmə'na.dəx] **P** 1 (f u t l o o s) weak, limp, spineless; 2 (n i e t w e l) seedy; 3 (b e r o e r d) wretched.
lammeren ['lɑmərə(n)] *vi* lamb.
lammergier [-mərgi:r] *m* ☌ lammergeyer.
lamp [lɑmp] *v* lamp; ☌ bulb; ☌ valve; *lelijk tegen de ~ lopen* F get into trouble, come to grief.
lampeglas ['lɑmpəglɑs] *o* lamp-chimney.
lampekap [-kɑp] *v* lamp-shade.
lampepit ['lɑmpəpɪt] *v* lamp-wick.
lampetkan [lɑm'petkɑn] *v* ewer, jug.
lampetkom [-kòm] *v* wash-basin, wash-hand basin.
lampion [lɑmpi.'òn] *m* Chinese lantern.
lamprei [lɑm'prɛi] *v* ☌ lamprey.
lamsbout ['lɑmsbɑut] *m* leg of lamb.
lamskotelet [-ko.tɑlɛt] *v* lamb cutlet.
lamsvlees [-fle.s] *o* lamb.
lanceerinrichting [lɑn'se:rɪnrɪxtɪŋ] *v* launcher.
lanceerterrein [-tɛrɛin] *o* launching site.
lanceertoren [-to:rə(n)] *m* launching pad.
lanceren [lɑn'se:rə(n)] *vt* launch² [a missile, a torpedo, a new enterprise]; set afloat, float [an affair, a rumour]; start [a report].
lancering [-rɪŋ] *v* [missile, space] launching.
lancet [lɑn'sɛt] *o* lancet.
lancetvisje [-fɪʃə] *o* ☌ lancelet.
land [lɑnt] *o* 1 (t e g e n o v e r z e e) land; 2 (s t a a t) country; nation; 3 (t e g e n o v e r s t a d) country; 4 (a k k e r) field; 5 (l a n d-b e z i t) estate; *~ en volk* land and people; *het ~ van belofte* **B** the promised land; *de Lage Landen* the Low Countries; *een stuk ~* a piece of ground; *een stukje ~* an allotment; *het ~ hebben* **S** I be annoyed; 2 have a fit of the blues; *het ~ hebben aan iemand* **S** hate the fellow; *ik heb er het ~ over* **S** I I am hating myself for it; 2 I cannot stomach it; *het ~ krijgen* **S** become annoyed, get the hump; *het ~ krijgen aan iemand (iets)* **S** come to hate a person (a thing); *iemand het ~ op jagen* **S** give a person the hump, rile a person; *aan ~ komen:* ook: land; *aan~ gaan* go ashore; *aan ~ komen* land, come ashore; *iemand aan ~ zetten* put one ashore;

de zomer is in het ~ summer has come in; *naar ~* to the shore; *op het ~ wonen* live in the country; *over ~* by land, overland; *te ~ en te water* [transportation] by land and sea; *onze strijdkrachten te ~ en te water (ter zee),* our land-forces and naval forces; *de strijdkrachten te ~, ter zee en in de lucht* the armed forces on land, at sea and in the air; *hier te ~e* in this country; *waar zal hij te ~ komen?* what is to become of him?; *een meisje van het ~* a country lass.
landaanwinning ['lɑnta.nvɪnɪŋ] *v* reclamation of land, (land) reclamation.
landaard [-a:rt] *m* 1 national character; 2 nationality.
landadel [-a.dəl] *m* country nobility.
landarbeider [-ɑrbeidər] *m* agricultural labourer (worker).
landauer ['lɑndɑuər] *m* landau.
landaulet(te) [lɑndo.'lɛt(ə)] *v* landaulet(te).
landbouw ['lɑntbɑu] *m* agriculture; *de kleine ~* small farming.
landbouwbank [-bɑŋk] *v* rural bank.
landbouwbedrijf [-bədreif] *o* agriculture.
landbouwconsulent [-kònzy.lɛnt] *m* consulting agriculturist.
landbouwer [-ər] *m* farmer, agriculturist.
landbouwgereedschappen [-gəre.tsxɑpə(n)] *mv* agricultural implements.
landbouwkunde [-kündə] *v* agriculture, husbandry.
landbouwkundig [lɑntbɑu'kündəx] agricultural.
landbouwkundige [-dəgə] *m* agriculturist.
landbouwmachine ['lɑntbɑuma.ʃi.nə] *v* agricultural machine; *~* ook: farm(ing) machinery, agricultural machinery.
landbouwonderneming [-òndərveɪs] *o* agricultural enterprise.
landbouwonderwijs [-òndərveɪs] *o* agricultural education, agricultural instruction.
landbouwprodukten [-pro.düktə(n)] *mv* agricultural produce (products), farm products (produce).
landbouwproefstation [-'pru.fsta.ʃòn] *o* agricultural experiment-station.
landbouwschool [-sxo.l] *v* agricultural college.
landbouwstreek [-stre.k] *v* agricultural district.
landbouwtentoonstelling [-tɛnto.nstɛlɪŋ] *v* agricultural show.
landbouwtractor [-traktor [-tɑktor, -trɛktor] *m* agricultural tractor, farm tractor.
landbouwwerktuig [-vɛrktœyx] *o* agricultural implement, farming implement.
landbouwwerkzaamheden [-sa.mhe.də(n)] *mv* work in the fields.
landdag ['lɑndɑx] *m* diet; *de Poolse ~* the Polish Diet; *een Poolse ~* a regular beargarden [*fig*].
landedelman ['lɑnte.dəlmɑn] *m* country gentleman, squire.
landeigenaar [-ɛigəna:r] *m* landed proprietor.
landelijk ['lɑndələk] 1 (v. h. p l a t t e l a n d) rustic, rural, country...; 2 (v. h. gehele l a n d) national.
landelijkheid [-heit] *v* rusticity. [land.
landen ['lɑndə(n)] **I** *vt* land, disembark; **II** *vi*
landengte ['lɑntɛŋtə] *v* isthmus.
land- en volkenkunde [lɑntɛn'vɔlkə(n)kündə] *v* geography and ethnography.
landenwedstrijd ['lɑndə(n)vɛtstreit] *m* international contest.
land- en zeemacht [lɑntɛn'ze.mɑxt] *v* Army and Navy.
landerig ['lɑndərəx] **F** in the blues, blue.
landerigheid [-heit] *v* **F** blue devils, the blues.
landerijen [lɑndə'rɛiə(n)] *mv* landed estates.
landgenoot ['lɑntgəno.t] *m* (fellow-)countryman, compatriot.
landgenote [-gəno.tə] *v* (fellow-)countrywom-

an.
landgoed ['lɑntɣu.t] *o* country-seat, estate, manor.
landgrens [-ɡrɛns] *v* land-frontier.
landheer [-he:r] *m* landlord, lord of the manor.
landhonger [-hɔŋər] *m* land-hunger.
landhoofd [-ho.ft] *o* abutment.
landhuis [-hœys] *o* country-house, villa, cottage.
landing ['lɑndɪŋ] *v* 1 landing [of troops &]; 2 disembarkation [from ship]; ⚓ landing, descent.
landingsbaan ['lɑndɪŋsba.n] *v* ✈ runway.
landingsbrug [-brʏx] *v* 1 landing-stage; 2 gangway.
landingsgestel [-ɡɛstɛl] *o* ✈ (under-)carriage.
landingsplaats [-pla.ts] *v* landing-place.
landingsstrook ['lɑndɪŋstro.k] *v* ✈ airstrip.
landingstroepen ['lɑndɪŋstru.pə(n)] *mv* ✕ landing-forces.
landingsvaartuig(en) [-fa:rtœyx, -tœyɡə(n)] *o* (*mv*) ⚓ landing-craft.
landjonker ['lɑntjɔŋkər] *m* (country-)squire.
landkaart [-ka:rt] *v* map.
landklimaat [-kli.ma.t] *o* continental climate.
landleger [-le.ɡər] *o* ✕ land-forces.
landleven [-le.və(n)] *o* country-life.
landloper [-lo.pər] *m* vagabond, vagrant, tramp.
landloperij [lɑntlo.pə'rɛi] *v* vagabond .-, vagrancy, tramping.
landmacht ['lɑntmɑxt] *v* ✕ land-forces; *de ~ ook:* the Army.
landman [-mɑn] *m* countryman; (landbouwer) farmer.
landmeten [-me.tə(n)] *o* surveying.
landmeter [-me.tər] *m* surveyor.
landmijn [-mɛin] *v* ✕ land-mine.
landouw [lɑn'dɑu] *v* field, region.
landrat [-rɑt] *v* 1 ⚓ land-rat; 2 *fig* landlubber.
landrente [-rɛntə] *v* land-revenue.
landschap [-sxɑp] *o* landscape.
landschapschilder [-sxɪldər] *m* landscape painter, landscapist.
landschapschilderkunst [-kʏnst] *v* landscape painting.
landschildpad ['lɑntsxɪltpɑt] *v* land tortoise.
landsdienaar ['lɑntsdi.na:r] *m* public servant.
landsdrukkerij [lɑntsdrʏkə'rɛi] *v* government printing-office, H. M. Stationery Office.
landsheer ['lɑntshe:r] *m* sovereign lord, monarch.
landsknecht [-knɛxt] *m* Ⓤ lansquenet.
landsman [-mɑn] *m* (fellow-)countryman.
landstaal [-ta.l] *v* vernacular (language).
landstreek [-stre.k] *v* region, district, quarter.
landstrijdkrachten [-streitkrɑxtə(n)] *mv* ✕ land-forces.
landsverdediging ['lɑntsfərde.dəɡɪŋ] *v* 1 defence of the country, national defence; 2 *de ~* the land defences.
landsvrouwe [-frɑuə] *v* sovereign lady.
landtong [lɑntɔŋ] *v* spit of land.
landverhuizer ['lɑntfərhœyzər] *m* emigrant.
landverhuizing [-hœyzɪŋ] *v* emigration.
landverraad ['lɑntfəra.t] *o* high treason.
landverrader [-ra.dər] *m* traitor to one's country.
landverraderlijk [lɑntfə'ra.dərlək] treasonable.
landvliegtuig ['lɑntfli.xtœyx] *o* ✈ land-plane.
landvolk [-fɔlk] *o* countrypeople.
landvoogd [-fo.xt] *m* governor (of a country).
landwaarts ['lɑntva:rts] landward(s); *meer ~* more inland.
landweer [-ve:r] *v* ✕ territorial army.
landweg [-vɛx] *m* 1 (door een land) country-road, rural road, (country-)lane; 2 (over land en niet over zee) overland route.
landwind [-vɪnt] *m* land-wind, land-breeze.
landwinning [-vɪnɪŋ] *v* zie *landaanwinning*.

landzij(de) [-sɛi(də)] *v* land-side.

lang [lɑŋ] I *aj* long; (v. gestalte) tall, high; *hij is 5 voet ~* he is five feet in height; *de tafel is 5 voet ~* the table is five feet in length; *~ en slank* tall and slim; *zo ~ als hij was viel hij* he fell at full length; *een ~ gezicht (zetten)* (pull) a long face; *hij is nogal ~ van stof* he is rather long-winded; *het is zo ~ als het breed is* it is as broad as it is long, it is six of one and half a dozen of the other; *~ worden* 1 (v. persoon) grow tall; 2 (v. dag) zie *lengen*; II *ad* long; *ik heb het hem ~ en breed verteld* I've told him the whole thing at great length; *hoe ~?* how long [am I to wait]?; *twee jaar ~* for two years; *zijn leven ~* all his life; *ben je hier al ~?* have you been here long?, zie ook: 2 *al*; *dat is ~ niet slecht* not half bad; *~ niet sterk genoeg* not strong enough by a long way; *~ niet zo oud (als je zegt)* nothing like so old; *bij ~ niet zo...* not nearly so; *hoe ~er hoe beter* 1 the longer the better; 2 better and better; *hoe ~er hoe meer* more and more; *waarom heb je in zo ~ niet geschreven?* why have you not written me for so long?; *ik heb hem in ~ niet gezien* I've not seen him for a long time; *op zijn ~st* at (the) most; *sedert ~* for a long time.
langarmig ['lɑŋɑrməx, lɑŋ'ɑrmex] long-armed.
langbenig [lɑŋbe.nəx, lɑŋ'be.nəx] long-legged, leggy.
langdradig [-'dra.dəx] long-winded, prolix.
langdradigheid [-hɛit] *v* long-windedness, prolixity.
langdurig [lɑŋ'dy:rəx] long [illness &], prolonged [applause], protracted; [connection, quarrel &] of long standing.
langdurigheid [-hɛit] *v* long duration, length.
lange-afstandsloper [-lo.pər] *m sp* long-distance runner.
lange-afstandsraket [-ra.kɛt] *v* long-range rocket.
langharig [lɑŋha:rəx, lɑŋ'ha:rəx] long-haired.
langjarig ['lɑŋja:rəx] of many years' standing.
langoor ['lɑŋo:r] *m & m-v* F long-ear(s) [= ass & human being].
langpootmug [-po.tmʏx] *v* crane-fly, daddy-long-legs.
langs [lɑŋs] I *prep* along [the river]; past [the house]; by [this route]; II *ad hij ging ~* he went past, he passed; *er van ~ geven* let one have it, give one what for; *er van ~ krijgen* catch it, get what for.
langslaper ['lɑŋsla.pər] *m* lie-abed.
langspeelplaat [-spe.lpla.t] *v* long-play(ing) record, F long player, L.P.
languit ['lɑŋœyt] (at) full length.
langverwacht [-vərvɑxt] long-expected.
langwerpig [-'vɛrpəx] oblong; *~ rond* oval.
langwerpigheid [-hɛit] *v* oblong form.
langwijlig [lɑŋ'vɛiləx] tedious, long-winded, prolix.
langzaam ['lɑŋza.m] I *aj* slow[2](tardy), lingering; *~ maar zeker* slow and sure; II *ad* 1 slowly; 2 ♩ easy [ahead, astern]; *~ werkend vergif* slow poison; *~ maar zeker* slowly but surely; *~ aan!* easy!, steady!; *~ aan dan breekt het lijntje niet* easy does it; *~-aan-actie (-staking &)* go-slow movement (strike &), F go-slow.
langzaamheid ['lɑŋza.mhɛit] *v* slowness, tardiness.
langzamerhand [lɑŋza.mər'hɑnt] gradually, by degrees, little by little.
lankmoedig [lɑŋk'mu.dəx] *v* long-suffering, patient.
lankmoedigheid [-hɛit] *v* long-suffering, patience.
lans [lɑns] *v* lance; *met gevelde ~* lance in rest; *een ~ breken met* break a lance with; *een ~ breken voor* intercede for [a person]; advocate

[measures &].

lansier [lɔn'si:r] *m* ✕ lancer.

lantaarn [lɑn'ta:rən] *v* 1 (tot verlichting) lantern; 2 (v. fiets &) lamp; 3 (lichtkoepel) skylight.

lantaarnopsteker [-ɔpste.kər] *m* lamplighter.

lantaarnpaal [-pa.l] *m* lamp-post.

lantaarnplaatje [-pla.cə] *o* lantern-slide.

lanterfanten ['lantərfantə(n)] *vi* idle, laze (about), loaf.

lanterfanter [-tər] *m* idler, loafer.

Lap [lɑp] *m* Lapp, Laplander.

lap [lɑp] *m* 1 piece [of woven material]; rag, tatter [of cloth, paper]; 2 (om te verstellen) patch; 3 (om te wrijven) cloth; 4 (overgebleven stuk goed) remnant; 5 (stuk) patch [of arable land]; slice [of meat]; 6 S (klap) lick, slap; box [on the ears]; 7 *sp* (baanronde) lap; *de leren ~* the shammy (leather); *dat werkt op hem als een rode ~ op een stier* it is a red rag to him; *er een ~ op zetten* put a patch upon it, patch it; *de ~pen hangen erbij* it is in rags (in tatters).

lapel [la.'pɛl] *m* lapel.

lapje ['lɑpjə] *o* (small) patch &; *~s* (vlees) collops; *iemand voor het ~ houden* F pull a person's leg.

Lapland [-lɑnt] *o* Lapland.   [Lapp.

Laplander [-lɑndər] *m* Laplander, Lapponian, Laplands [-lɑnts] Lappish, Lapponian.

lapmiddel [-mɪdəl] *o* expedient, palliative.

lappen ['lɑpə(n)] *vt* 1 patch, piece; mend [clothes &]; 2 *sp* lap [a competitor]; *hij zal het hem wel ~* F leave him alone, he'll do (manage) it; *wie heeft mij dat gelapt?* F who has played me that trick?; *dat lap ik aan mijn laars!* P fat lot I care!; *een waarschuwing aan zijn laars ~* ignore a warning; *iemand er bij ~* S cop a man; *hij heeft me er voor 100 gld. bijgelapt* S he has landed me for a hundred guilders; *alles er door ~* F run through a fortune &.

lappendag [-dɑx] *m* remnant day.

lappendeken [-de.kə(n)] *v* patchwork quilt.

lappenmand [-mɑnt] *v* remnant basket; *in de ~ zijn* F be laid up, be on the sick-list.

lapwerk ['lɑpvɛrk] *o* patchwork[2]; *fig* tinkering.

lardeerpriem [lɑr'de:rpri.m] *m* larding-pin.

lardeerspek [-spɛk] *o* lard.

larie ['la:ri.] *v* F nonsense, fudge; fiddlesticks!

lariks(boom) ['la:rɪks(bo.m)] *m* larch.

larve ['lɑrvə] *v* larva [*mv* larvae], grub [of insects].

las [lɑs] *v* ✕ weld, joint, seam, scarf.

lasapparaat ['lɑsapa.ra.t] *o* ✕ welder.

lassen ['lɑsə(n)] *vt* ✕ weld [iron]; joint [a wire]; scarf [timber].

lasser [-sər] *m* ✕ [electric] welder.

lasso [-so.] *m* lasso.

1 **last** [lɑst] *m* 1 (opgeladen vracht) load[2], burden[2]; 2 (zwaartedruk) load[2], burden[2], weight[2]; 3 (lading) load, ✿ cargo; 4 (overlast) trouble, nuisance; 5 (bevel) order, command; *~en* charg.s, rates and taxes; *baten en ~en* assets and liabilities; *~ hebben van* be incommoded by [the neighbourhood of...]; be troubled with, suffer from [a complaint], be subject to [fits of dizziness]; *~ veroorzaken* incommode, cause (give) trouble; *in ~ hebben om...* be charged to...; *op ~ van...* by order of...; *op zware ~en zitten* be heavily encumbered; *ten ~e komen van (de gemeente)* be chargeable to (the parish); *iemand iets ten ~e leggen* charge one with a thing, lay it to his charge; *iemand tot ~ zijn* 1 incommode a person; 2 be a burden on a person; *zich van een ~ kwijten* acquit oneself of a charge.

2 **last** [lɑst] *o* & *m* ✿ last [= 2 tons].

lastbrief ['lɑstbri.f] *m* mandate.

lastdier ['lɑsdi.r] *o* beast of burden, pack-animal.

lastdrager [-dra.ɣər] *m* porter.

laster ['lɑstər] *m* slander, calumny, defamation.

lastercampagne [-tərkɑmpɑɲə] *v* campaign of calumny (of slander), F smear campaign.

lasteren [-rə(n)] *vt* slander, calumniate, defame; *God ~* blaspheme (God).

lastering [-rɪŋ] *v* slander, calumny.

lasterlijk ['lɑstərlək] I *aj* 1 slanderous; defamatory, libellous; 2 blasphemous; II *ad* 1 slanderously; 2 blasphemously.

lasterpraatjes [-pra.cəs] *mv* slanderous talk, **lastertaal** [-ta.l] *v* slander.   [scandal.

lastertong [-tɔŋ] *v* scandal-monger.

lastgever ['lɑstɡe.vər] *m* principal.

lastgeving [-ɡe.vɪŋ] *v* mandate, commission.

lasthebber [-hɛbər] *m* mandatary.

lastig ['lɑstəx] I *aj* 1 (moeilijk uit te voeren) difficult, hard; 2 (moeilijk te regeren) troublesome, unruly; 3 (vervelend) annoying; awkward; 4 (veeleisend) exacting, hard to please; 5 (ongemakkelijk) inconvenient; *wat zijn jullie vandaag weer ~!* what nuisances you are to-day!; *de kinderen zijn helemaal niet ~* the children give no trouble; *een ~ geval* a difficult case; *een ~e vent* 1 a difficile fellow; 2 a troublesome customer; *~ vallen* importune, molest [a person]; *dat zal u niet ~ vallen* it will not be difficult for you; *het spijt mij dat ik u ~ moet vallen, ook:* I am sorry to be a nuisance but...; II *ad* with difficulty; *dat zal ~ gaan* it will hardly be possible.

lastigheid [-heit] *v* troublesomeness &.

lastlijn ['lɑstlein] *v* ✿ loadline, Plimsoll's mark.

lastpost [-pɔst] *m* 1 (v. zaken) nuisance; 2 (v. personen) nuisance; *die ~en van jongens ook:* those troublesome boys.

lat [lɑt] *v* 1 lath; 2 (v. e. jaloezie) slat; 3 ✕ cavalry sword.

latafel ['la.ta.fəl] *v* chest of drawers.

1 **laten** ['la.tə(n)] I *hulpww.* let; *~ we gaan!* let us go!; *laat ik u niet storen* do not let me disturb you; II *zelfst.ww.* 1 (laten in zekere toestand) leave [things as they are]; 2 (nalaten) omit, forbear, refrain from [telling &]; leave off, give up [drinking, smoking]; 3 (toelaten) let [one do a thing], allow, permit, suffer [one to ...]; 4 (toewijzen) let have; 5 (gelasten) make, have [one do a thing]; get, cause [one to...]; *~ bouwen have...* built; *wij zullen het ~ doen* we shall have (get) it done; *het laat zich niet beschrijven* it cannot be described, it defies (beggars) description; *het laat zich denken* it may be imagined; *het laat zich verklaren* it can be explained; *laat dat!* don't!; stop it!; *je had het maar moeten ~* you should have left it undone; *hij kan het niet ~* he cannot desist from it; *als je mij maar tijd wilt ~* if only you allow me time; *ver achter zich ~* leave far behind, outdistance; throw into the shade; *wij zullen het hier bij ~* we'll 'eave it at that; *hij zal het er niet bij ~* he is not going to let the matter rest, to lie down under it; *ik kan het u niet voor minder ~* I can't let you have it for less; *wij zullen dat ~ voor wat het is* we'll let it rest; *ik weet niet waar hij het (al dat eten) laat* I don't know where he puts it; *waar heb ik mijn boek gelaten?* where have I put my book?; *waar heb je het geld gelaten?* what have you been and done with the money?; *zie ook: vallen, weten, zien &.*

2 **laten** ['la.tə(n)] *vt* let blood, bleed.

latent [la.'tɛnt] latent.

later ['la.tər] I *aj* later; II *ad* later; later on.

lateraal [la.tə'ra.l] lateral.
lathyrus ['la.ti:rūs] *m* ♣ sweet pea.
Latijn [la.'tɛin] *o* Latin.
Latijns [-'tɛins] Latin; ~-*Amerika* Latin America; ~-*Amerikaans* Latin-American; ~*e school* grammar-school.
lating ['la.tiŋ] *v* blood-letting, bleeding.
latinisme [la.ti.'nɪsmə] *o* latinism.
latinist [-'nɪst] *m* latinist.
latrine [la.'tri.nə] *v* latrine.
latuw ['la.ty:u] *v* ♣ lettuce.
latwerk ['latʋɛrk] *o* lath-work, lathing; (v. leibomen) trellis.
laurier [lou'ri:r] *m* ♣ laurel, bay.
laurierblad [-blat] *o* ♣ laurel-leaf, bay-leaf.
laurierboom [-bo.m] *m* ♣ laurel(-tree), bay (-tree).
lauw [lou] lukewarm[2]; tepid; *fig* half-hearted.
lauwer ['louər] *m* laurel, bay; ~*en behalen* win (reap) laurels; *op zijn* ~*en rusten* rest on one's laurels.
lauweren [-ərə(n)] *vt* crown with laurels, laurel.
lauwerkrans [-ərkrans] *m* wreath of laurels.
lauwheid ['louhɛit] *v* lukewarmness, tepidness, tepidity; *fig* half-heartedness.
lava ['la.va.] *v* lava.
lavastroom [-stro.m] *m* torrent of lava, lava flow.
laven ['la.və(n)] I *vt* refresh; II *vr zich* ~ refresh oneself; *zich aan de bron* ~ drink from that source.
lavendel [la.'vɛndəl] *v* ♣ lavender.
lavendelolie [-o.li.] *v* oil of lavender.
lavendelwater [-va.tər] *o* lavender water.
laveren [la.'ve:rə(n)] *vi* ♣ tack[2] (about), beat up against the wind; *fig* manoeuvre.
laving ['la.vɪŋ] *v* refreshment.
lawaai [la.'va:i] *o* noise, din, tumult, uproar, hubbub.
lawaaien [la.'va.jə(n)] *vi* make a noise.
lawaai(er)ig [-j(ər)əx] I *aj* noisy, uproarious, loud; II *ad* noisily, uproariously, loudly.
lawaaimaker [la.'va:ima.kər] *m* 1 noisy fellow; 2 blusterer.
lawine [la.'vi.nə] *v* avalanche.
laxeermiddel [lak'se:rmidəl] *o* laxative.
laxeren [lak'se:r(ən)] *vi* open the bowels.
lazaret [la.za.'rɛt] *o* lazaretto.
Lazarus ['la.za.rūs] *m* Lazarus.
lebmaag ['lɛpma.x] *v* rennet-stomach.
lector ['lɛktər] *m* ⇔ (university) lecturer, reader.
lectoraat [lɛkto:'ra.t] *o* ⇔ lectureship, readership.
lectuur [-'ty:r] *v* reading; reading-matter.
ledematen ['le.dəma.tə(n)] *mv* limbs.
ledenlijst ['le.də(n)lɛist] *v* list (register) of members.
ledenpop [-pòp] *v* lay figure, manikin; *fig* puppet.
leder ['le.dər] = 3 *leer.*
lederen ['le.dərə(n)] = 2 *leren.*
ledig ['le.dəx] = *leeg.*
ledigen [-dəgə(n)] *vt* empty.
lediggang [-dagaŋ] *m* idleness.
lediiganger [-dagaŋər] *m* idler.
ledigheid ['le.dəxhɛit] *v* 1 (het ledig zijn) emptiness; 2 (lediggang, nietsdoen) idleness; ~ *is des duivels oorkussen* idleness is the parent of vice.
ledikant [le.di.'kant] *o* bedstead.
leed [le.t] *o* 1 (lichamelijk) harm, injury; 2 (v. de ziel) affliction, grief, sorrow; *het doet mij* ~ I am sorry (for it); *u zal geen* ~ *ge-schieden* you shall suffer no harm.
leedvermaak ['le.tfərma.k] *o* enjoyment of others' mishaps.
leedwezen [-ve.zə(n)] *o* regret; *met* ~ with regret; regretfully; *tot mijn* ~ *kan ik niet...*

I regret not being able to..., to my regret.
leefbaar ['le.fba:r] liveable.
leefregel [-re.gəl] *m* regimen, diet.
leeftijd [-tɛit] *m* lifetime; age; *op die* ~ at that age; *op hoge* ~ at a great age; *op* ~ *komen* be getting on in years; *op* ~ *zijn* be well on in life; *een jongen van mijn* ~ a boy my age; *zij zijn van dezelfde* ~ they are of an age.
leeftijdsgrens [-tɛitsgrɛns] *v* age limit.
leeftocht ['le.ftɔxt] *m* provisions, victuals.
leefwijze [-vɛizə] *v* manner of life, style of living.
leeg [le.x] 1 (niets inhoudend) empty[2]; vacant[2]; 2 (nietsdoend) idle.
leegdrinken ['le.xdrɪŋka(n)] *vt* empty, finish [one's glass].
leegganger [le.gaŋər] = *lediggang er.*
leeghalen ['le.xha.lə(n)] *vt* clear out; (plunderen) strip.
leegheid [-hɛit] *v* emptiness.
leeghoofd [-ho.ft] *o* & *m-v* empty-headed person.
leeglopen [-lo.pə(n)] *vi* 1 idle (about), loaf; 2 empty, become empty; go flat [of a balloon, a tyre]; *laten* ~ empty [a cask]; deflate [a balloon, a tyre]; drain [a pond].
leegloper [-lo.pər] *m* idler, loafer.
leegmaken [-ma.ka(n)] *vt* empty.
leegplunderen [-plündərə(n)] *vt* loot; strip.
leegpompen [-pòmpə(n)] *vt* pump dry; *fig* drain (dry).
leegstaan [-sta.n] *vi* be empty, stand empty, be uninhabited (unoccupied).
leegte [-tə] *v* emptiness[2], *fig* void, blank.
leek [le.k] *m* layman[2]; F outsider [in art &]; *de leken* ook: the laity.
leem [le.m] *o* & *m* loam, clay, mud.
leemachtig ['le.maxtəx] loamy.
leemgrond [-grònt] *m* loamy soil.
leemkuil [-kœyl] *m* loam-pit.
leemte [-tə] *v* gap, lacuna [*mv* lacunae], hiatus, deficiency.
Leen [le.n] *v* Helen, Nell, Nelly.
leen [le.n] *o* ⚒ fief, feudal tenure; *in* ~ *hebben* 1 have it on lent to one; 2 ⚒ hold in feud; *mag ik dat van u te* ~ *hebben?* will you favour me with the loan of it?; *te* ~ *geven* lend; *te* ~ *vragen* ask for the loan of.
leenbank ['le.nbaŋk] *v* loan-office.
leendienst [-di.nst] *m* ⚒ feudal service, vassalage.
leen- en pachtwet [le.nɛn'paxtvɛt] *v* Lend-Lease (Act).
leengoed ['le.ngu.t] *o* ⚒ feudal estate; *vrij* ~ freehold.
leenheer [-he:r] *m* ⚒ feudal lord, liege (lord).
leenman [-mɔn] *m* ⚒ vassal.
leenplicht [-plɪxt] *m* & *v* ⚒ feudal duty.
leenplichtig [le.n'plɪxtəx] ⚒ liege.
leenstelsel [-nstɛlsəl] *o* ⚒ feudal system.
leentjebuur [-cəby:r] in: ~ *spelen* F borrow (right and left).
leep [le.p] I *aj* sly, cunning, shrewd, long-headed; II *ad* slyly, shrewdly, cunningly.
leepheid ['le.phɛit] *v* slyness, cunning.
1 leer [le:r] *v* (ladder) ladder.
2 leer [le:r] *v* 1 (leerstelsel) doctrine; teaching [of Christ]; 2 (theorie) theory; 3 (het leerling zijn) apprenticeship; *dit zij u tot een* ~ let this be a lesson to you; *in de* ~ *doen* bij bind apprentice to; *in de* ~ *zijn* serve one's apprenticeship [with], be bound apprentice [to a goldsmith].
3 leer [le:r] *o* (stofnaam) leather; ~ *om* ~ tit for tat; *van* ~ *trekken* F draw one's sword; *ga at it* (at them); *van een andermans* ~ *is het goed riemen snijden* it is easy to cut thongs out of another man's leather.
leerachtig ['le:raxtəx] leathery.

leerbereider [-bərɛidər] *m* leather-dresser, currier.

leerboek [-bu.k] *o* text-book; lesson-book.

leerdicht [-dɪxt] *o* didactic poem.

leerfilm [-fɪlm] *m* instructional film.

leergang [-ɡɑŋ] *m* course, course of lectures.

leergeld [-ɡɛlt] *o* premium; ~ *betalen* learn it to one's cost [fig].

leergierig [le:r'ɡi:rəx] eager to learn, studious.

leergierigheid [-hɛit] *v* eagerness to learn, studiousness.

leerjongen [-jɔŋə(n)] *m* apprentice.

leerkracht [-krɑxt] *v* teacher.

leerling [-lɪŋ] *m* 1 pupil, disciple; 2 *zie leerjongen.*

leerling-verpleegster [le:rlɪŋvər'ple.xstər] *v* student nurse, probationer.

leerling-vlieger [-'vli.ɡər] *m* ✈ aircraft apprentice.

leerlooien ['le:rlo.jə(n)] *va* tan; *het* ~ tanning.

leerlooier [-jər] *m* tanner.

leerlooierij [le:rlo.jə'rɛi] *v* tannery.

leermeester ['le:rme.stər] *m* teacher, master, tutor.

leermeisje [-mɛiʃə] *o* apprentice.

leermiddelen [-mɪdələ(n)] *mv* educational appliances.

leerplan [-plɑn] *o* curriculum [*mv* curricula].

leerplicht [-plɪxt] *m* & *v* compulsory education.

leerplichtig [le:r'plɪxtəx] liable to compulsory education.

leerrede ['le:re.də] *v* sermon, homily.

leerrijk [-rɛik] instructive, informing.

leerschool ['le:rsxo.l] *v* school; *een harde* ~ *doorlopen* go (pass) through the mill.

leerstellig [le:r'stɛləx] 1 dogmatic; 2 doctrinaire.

leerstelling [le:rstɛlɪŋ] *v* tenet, dogma.

leerstoel [-stu.l] *m* chair [of Greek History &, in college or university].

leerstof [-stɔf] *v* subject-matter of tuition.

leerstuk [-stʉk] *o* dogma, tenet.

leertijd [-tɛit] *m* 1 time of learning; pupil(l)age; 2 (term of) apprenticeship.

leerwijze [-wɛizə] *v* method of teaching.

leerzaam [-za.m] I *aj* 1 (v. persoon) docile, teachable, studious; 2 (v. boek &) instructive; II *ad* instructively.

leerzaamheid [-hɛit] *v* 1 docility, teachableness [of persons]; 2 instructiveness [of books].

leesbeurt [-bø:rt] *v* 1 (op school) turn to read; 2 (lezing) lecture.

leesbibliotheek [-bi.bli.o.te.k] *v* lending-library.

leesboek [-bu.k] *o* reading-book, reader.

leesgezelschap [-ɡəzɛlsxɑp] *o* ~**kring** [-krɪŋ] *m* reading-club.

leesles [-lɛs] *v* reading lesson.

leeslust [-lʉst] *m* eagerness to read.

leesoefening [-u.fənɪŋ] *v* reading exercise.

leesonderwijs [-ɔndərwɛis] *v* instruction in reading.

leesportefeuille [-pɔrtəfœyjə] *m* book and magazine portfolio [of a reading-club].

leesstof [le.stɔf] *v* reading-matter.

leest [le.st] *v* 1 (v. lichaam) waist; 2 (v. schoenmaker) last; (om te rekken) (boot-)tree; *we zullen dat op een andere* ~ *moeten schoeien* we shall have to put it on a new footing; *op dezelfde* ~ *schoeien* cast in the same mould; *op socialistische* ~ *geschoeid* organized on socialist lines; *op de* ~ *zetten* put on the last. Zie ook: *schoenmaker.*

leestafel [le.sta.fəl] *v* reading-table.

leesteken [-te.kə(n)] *o* punctuation mark, stop.

leeswoede [-vu.də] *v* mania for reading.

leeszaal [le.sa.l] *v* reading-room.

leeuw [le:u] *m* ♌ lion[2]; *de Leeuw* ✶ Leo.

leeuwachtig ['le:uɑxtəx] lion-like, leonine.

leeuwebek ['le.vəbɛk] *m* 1 ♌ lion's mouth; 2 ✿ snapdragon.

leeuwedeel [-de.l] *o* lion's share.

Leeuwehart [-hɑrt] *o* in: *Richard* ~ Richard the Lion-hearted.

leeuwehok [-hɔk] *o* lion's cage.

leeuwehuid [-hœyt] *v* lion's skin.

leeuwejacht [-jɑxt] *v* lion-hunt(ing).

leeuwekuil [-kœyl] *m* lions' den.

leeuwentemmer ['le.və(n)tɛmər] *m* lion-tamer.

leeuwerik ['le.vərək] *m* 🐦 (sky)lark.

leeuwin [le.'vɪn] *v* ♌ lioness.

lef [lɛf] *o* & *m* S 1 pluck, courage; 2 swagger; *als je* ~ *hebt* if you dare.

legaat [lə'ɡa.t] 1 *o* legacy, bequest; 2 *m* (v. paus) legate.

legalisatie [le.ɡa.li.'za.(t)si.] *v* legalization, authentication.

legaliseren [-'ze:rə(n)] *vt* legalize, authenticate.

legateren [-'te:rə(n)] *vt* bequeath.

legatie [lə'ɡa.(t)si.] *v* legation.

legen ['le.ɡə(n)] = *ledigen.*

legendarisch [le.ɡən'da:ri.s] legendary, fabled.

legende [lə'ɡɛndə] *v* legend; *fig* myth.

leger ['le.ɡər] *o* 1 ✕ army[2]; 2 bed; form [of a hare]; lair [of wild animals]; haunt [of a wolf]; *Leger des Heils* Salvation Army.

legeraalmoezenier [-a.lmu.zəni:r] *m* ✕ army chaplain, F padre.

legerafdeling [-ɑfde.lɪŋ] *v* ✕ unit.

legerbende [-bɛndə] *v* ✕ band of soldiers.

legerbericht [-bərɪxt] *o* ✕ army bulletin.

legercommandant [-kòmɑndɑnt] *m* ✕ commander-in-chief.

1 **legeren** ['le.ɡərə(n)] *vi* be laid [with storms, of corn-fields].

2 **legeren** ['le.ɡərə(n)] *vt*, *vi* & *vr* ✕ encamp [of troops].

3 **legeren** [lə'ɡe:rə(n)] *vt* alloy [metals].

legerhoofd ['le.ɡərho.ft] *o* ✕ army commander.

1 **legering** [-ɡərɪŋ] *v* ✕ encampment.

2 **legering** [lə'ɡe:rɪŋ] *v* alloy [of metals].

legerkorps ['le.ɡərkɔrps] *o* ✕ army corps.

legerleiding [-lɛidɪŋ] *v* ✕ (army) command.

legermacht [-mɑxt] *v* ✕ army.

legerplaats [-pla.ts] *v* ✕ camp.

legerpredikant [-pre.di.kɑnt] *m* ✕ army chaplain, F padre.

legerscharen [-sxa:rə(n)] *mv* ✕ hosts, army.

○ **legerstede** [-ste.də] *v* couch, bed.

legertent [-tɛnt] *v* ✕ army tent.

legertrein [-trɛin] **legertros** [-tros] *m* ✕ baggage (of an army), train (of an army).

leges ['le.ɡɛs] *mv* legal charges, fee.

leggen ['lɛɡə(n)] I *vt* 1 lay, put, place [a thing somewhere]; lay [eggs]; 2 *sp* throw [in wrestling]; II *va* lay [of hens].

legger [-ɡər] *m* layer.

leghen ['lɛxhɛn] *v* ♌ layer, laying hen.

legio ['le.ɡi.o.] *legion*; *die zijn* ~ their name (number) is legion.

legioen [le.ɡi.'u.n] *o* legion.

legitimatie [le.ɡi.ti.'ma.(t)si.] *v* legitimation.

legitimatiekaart [-ka:rt] *v* identity card.

legitimeren [le.ɡi.ti.'me:rə(n)] I *vt* legitimate; II *vr zich* ~ prove one's identity.

legkaart ['lɛxka:rt] *v* zie *legprent.*

legkip [-kɪp] *v* ♌ laying hen.

legprent [-prɛnt] *v* jigsaw puzzle.

legpuzzel, -puzzle ['lɛxpʉzəl] *m* jigsaw puzzle.

leguaan [le.ɡy.'a.n] *m* 1 ♌ iguana; 2 ♒ pudding.

lei [lɛi] *v* & *o* slate; *met een schone* ~ *beginnen* start with a clean slate.

leiband ['lɛibɑnt] *m* leading-string(s); *aan de* ~ *lopen* be in leading-strings[2].

leiboom [-bo.m] *m* espalier, wall-tree.
leidekker [-dɛkər] *m* slater.
Leiden [-də(n)] *o* Leyden; *toen was ∼ in last* I then there was a great to-do; 2 then we (they &) were in a fix.
leiden [-də(n)] I *vt* lead [a person, a party, a solitary life &]; conduct [visitors, matters, a meeting]; guide [us, the affairs of state &], direct [one's actions, a rehearsal &]; *zich laten ∼ door...* be guided by...; *bij (aan) de hand ∼* lead by the hand; *leid ons niet in verzoeking* (RK in bekoring), lead us not into temptation; *die weg leidt naar...* that road leads (conducts) to...; *dat leidt tot niets* that leads nowhere (to nothing); *geleide economie* planned economy; *geleid projectiel* ⚔ guided missile; II *va sp* lead [by ten points &].
leidend [-dənt] leading persons, principle &]; guiding [motive, ground &]; executive [capacity in business and industry].
leider [-dər] *m* leader [of a party, some movement &]; director [of institution &]; [spiritual] guide; [sales, works] manager.
leiderschap [-sxɑp] *o* leadership.
leiding ['lɛidɪŋ] *v* I (abstract) leadership, conduct, guidance, direction, management; *sp* lead; 2 (concreet) conduit, pipe, ⚡ wire; *∼ geven aan* lead &; *de ∼ hebben* be in control; *sp* lead; *de ∼ (op zich) nemen* take the lead; *ik vertrouw hem aan uw ∼ toe* I entrust him to your guidance; *onder ∼ van...* under the guidance of...; [orchestra] conducted by, [a delegation] led by, [a committee] headed by...
leidingwater [-va.tər] *o* tap water, company's water.
leidmotief ['lɛitmo.ti.f] *o* ♪ Leitmotiv, leading motive[2].
leidraad ['lɛidra.t] *v* guide; guide-book.
Leids [lɛits] (of) Leyden.
leidsel ['lɛitsəl] *o* rein.
leidsman ['lɛitsmɑn] *m* leader, guide[2].
leien ['lɛiə(n)] *aj* slate; *een ∼ dakje* a slate roof; *zie ook: dak.*
leigrauw ['lɛigrɔu] slate-grey.
leigroef, -groeve [-gru.f, -gru.və] *v* slate quarry.
leikleurig [-klø:rɑx] slate-coloured.
lek [lɛk] I *o* leak [in a vessel]; leakage, escape [of gas]; puncture [in a bicycle tire]; *een ∼ krijgen* spring a leak; *een ∼ stoppen* stop a leak[2]; II *aj* leaky; *∼ke band* punctured tire; *∼ zijn* be leaky, leak; ⚓ make water.
lekebroeder ['le.kəbru.dər] *m* lay brother.
lekenapostolaat ['le.kə(n)a.posto.la.t] *o* apostolate of the laity, lay apostolate.
lekezuster ['le.kəzŭstər] *v* lay sister.
lekkage [lɛ'ka.ʒə] *v* leakage, leak.
lekken ['lɛkə(n)] *vi* leak, be leaky, have a leak || lick [of flame]; *de ∼de vlammen* ook: the lambent flames.
lekker ['lɛkər] I *aj* I (v. smaak) nice, delicious, good; 2 (v. reuk) nice, sweet; 3 (v. weer) nice, fine; *ik vind 't niet ∼* I don't like it; *hij was zo ∼ als kip* F he was as pleased as Punch; *ik ben weer zo ∼ als kip* F I am as fit as a fiddle; *ik voel me niet ∼* F I feel out of sorts; *iemand ∼ maken* I butter one up; 2 *set one agog; ∼, dat je nu ook eens straf hebt!* serve you right!; *∼ is maar een vinger lang* what is sweet cannot last long; *geef ons wat ∼s* give us something toothsome (to eat); *het is wat ∼!* a nice job, indeed!; II *ad* nicely; *heb je ∼ gegeten?* I did you enjoy your meal?; 2 did you have a nice meal?; *ik doe het ∼(tjes) niet* catch me doing it; *dat heb je nou eens ∼(tjes) mis* yah, out you are!; *het is hier ∼ warm* it is nice and warm here.
lekkerbeetje [-be.cə] *o* titbit; *∼s* ook: dainties.
lekkerbek [-bɛk] *m* gourmand, epicure, dainty feeder.

lekkernij [lɛkər'nɛi] *v* dainty, titbit.
lekkers ['lɛkərs] *o* sweets, sweetmeats, goodies.
lel [lɛl] *v* I lobe [of the ear]; 2 wattle, gill [of a cock]; 3 uvula [of the throat].
lelie ['le.li.] *v* ⚜ lily.
lelieachtig [-ɑxtəx] lily-like, liliaceous.
lelieblank [-blɑŋk] as white as a lily, lily-white.
lelijk ['le.lək] I *aj* ugly[2] [houses, faces, rumours &]; plain [girls]; nasty [smell &]; *∼ als de nacht* as ugly as sin; *dat is ∼, ik heb mijn sleutel verloren* that's awkward; *dat staat u ∼* it does not become you; *dat ziet er ∼ uit* that's a bad outlook; II *ad* uglily; badly; *∼ vallen* have a bad fall.
lelijkheid ['le.lәkhɛit] *v* ugliness, plainness.
I **lemen** ['le.mə(n)] *vt* loam, cover (coat) with loam. .
2 **lemen** ['le.mə(n)] *aj* loam, mud [hut]; *∼ voeten* feet of clay.
lemmer, lemmet ['lɛmər, 'lɛmət] *o* blade [of a knife].
Lena ['le.na.] *v* Helen, Nell, Nelly.
lende ['lɛndə] *v* loin.
lendepijn [-pɛin] *v* lumbar pain, lumbago.
lendestuk [-stŭk] *o* sirloin [of beef].
lendewervel [-vɛrvəl] *m* lumbar vertebra.
lenen ['le.nə(n)] I *vt* (aan iemand) lend (to), (van iemand) borrow (of, from); II *vr* in: *zich ∼ tot...* lend oneself (itself) to...
lener [-nər] *m* (aan iemand) lender, (van iemand) borrower.
leng [lɛŋ] *m* ⚓ ling || *o* ♪ sling.
lengen ['lɛŋə(n)] *vi* become longer, lengthen, draw out [of the days].
lengte ['lɛŋtə] *v* I length; 2 (v. persoon) height; 3 (aardrijksk.) longitude; *door ∼ van tijd* in course of time; *in de ∼ doorzagen* lengthwise, lengthways; *3 m in de ∼* 3 metres in length; *in zijn volle ∼* (at) full length.
lengteas [-ɑs] *v* longitudinal axis.
lengtecirkel [-stɪrkəl] *m* meridian.
lengtedal [-dɑl] *o* longitudinal valley.
lengtegraad [-gra.t] *m* degree of longitude.
lengtemaat [-ma.t] *v* linear measure.
lenig ['le.nəx] lithe, supple, pliant.
lenigen [-nəgə(n)] *vt* alleviate, relieve, assuage.
lenigheid [-nəxɛit] *v* litheness, suppleness, pliancy.
leniging [-nəgɪŋ] *v* alleviation, relief, assuagement.
lening ['le.nɪŋ] *v* loan; *een ∼ sluiten* contract a loan; *een ∼ uitschrijven* issue a loan; *een ∼ verstrekken* make a loan.
leningfonds [-fõnts] *o* loans fund.
I **lens** [lɛns] *v* lens [of a camera &].
2 **lens** [lɛns] *aj* empty; *de pomp is ∼* the pump sucks; *hij is ∼* S he is cleaned out.
lensvormig ['lɛnsfɔrmәx] lens-shaped, § lenticular.
lente ['lɛntə] *v* spring[2].
lenteachtig [-ɑxtəx] spring-like.
lentebode [-bo.də] *m* harbinger of spring.
lentedag [-dɑx] *m* day in spring, spring-day.
lentelied [-li.t] *o* vernal song, spring-song.
lentelucht [-lŭxt] *v* spring-air.
lentemaand [-ma.nt] *v* month of spring; March; *de lentemaanden* the spring-months.
lentetijd [-tɛit] *m* spring-time.
lentewe(d)er [-ve:r] *o* spring-weather.
lentezang [-zɑŋ] *m* spring-song.
lentezon [-zõn] *v* spring-sun.
lenzen ['lɛnzə(n)] *vi* empty.
lepel ['le.pəl] *m* I (om te eten) spoon; (om op te scheppen) ladle; 2 (volle lepel) spoonful; 3 ear [of a hare].
lepelaar ['le.pəla:r] *m* ⚘ spoonbill.
lepelen ['le.pələ(n)] I *vi* use one's spoon; II *vt* spoon; ladle.

leperd ['le.pərt] *m* slyboots, cunning fellow.

leppen, lepperen ['lεpə(n), -pərə(n)] *vi & vt* sip, lap, lick.

lepra ['le.pra.] *v* leprosy.

lepralijder, leproos [-lεidər, le.'pro.s] *m* leper.

leprozenhuis [le.'pro.zə(n)hœys] *o* leper hospital.

leraar ['le:ra:r] *m* 1 ⇨ teacher; 2 (geestelijke) minister; ~ *in natuur- en scheikunde* science master.

leraarsambt ['le:ra:rsɑmt] *o* 1 ⇨ teachership; 2 (kerkelijk) ministry.

leraarsbetrekking [-bətrɛkiŋ] *v* teaching-post.

leraarskamer [-ka.mər] *v* (masters') common room, staff room.

leraren ['le:ra:rə(n)] *vi & vt* 1 teach; 2 preach.

lerares [le:ra:'rεs] *v* (woman) teacher, mistress; ~ *in natuur- en scheikunde* science mistress.

1 leren ['le:rə(n)] I *vi* learn; II *vt* teach (a person); learn (lessons &); ~ *lezen* learn to read; *iemand ~ lezen* teach one to read; *wacht, ik zal je ~!* I'll teach you!

2 leren ['le:rə(n)] *aj* leather.

lering [-riŋ] *v* 1 instruction; 2 zie *catechisatie*; ~*en wekken, voorbeelden trekken* example is better than precept.

les [lεs] *v* lesson; ~ *geven* give lessons, teach; ⤶ *hebben* be having one's lesson; *de onderwijzer heeft* ~ is in class; *we hebben vandaag geen* ~ no lessons to-day; *iemand de ~ lezen* lecture one; ~ *nemen (bij)...* take lessons (from)...; *onder de* ~ during lessons.

lesgeld ['lεsɣɛlt] *o* lesson-money, fee.

lesje ['lεʃə] *o* lesson; *iemand een* ~ *geven* teach one a lesson.

leslokaal ['lεslo.ka.l] *o* class-room.

lesrooster ['lεsro.stər] *m & o* time-table.

lessen ['lεsə(n)] *vt* quench, slake (one's thirst).

lessenaar ['lεsəna:r] *m* desk; reading-desk, writing-desk.

lessenrooster ['lεsə(n)ro.stər] = *lesrooster*.

lest [lεst] last; ~ *best* the best is at the bottom; *ten langen ~e* at long last.

lestoestel ['lεstu.stɛl] *o* ⚡ trainer.

lesuur [-y:r] *o* lesson; *per ~ betalen* pay by the lesson.

leswagen [-va.ɣə(n)] *m* ⚙ learner car.

Letland ['lεtlɑnt] *o* Latvia.

Lets [lεts] Latvian.

letsel ['lεtsəl] *o* injury, hurt, (bodily) harm; damage; *een ~ krijgen* receive an injury; *zonder ~* unharmed.

1 letten ['lεtə(n)] *vi* in: *let wel!* mind!, mark you!; ~ *op* attend to, mind, pay attention to; *take notice of; op de kosten zal niet gelet worden* the cost is no consideration; *let op mijn woorden* mark my words; *gelet op...* in view of...

2 letten ['lεtə(n)] *vt* in: *wat let me of ik...* what prevents me from...

letter ['lεtər] *v* letter, character, type; *een dode* ~ *blijven* remain a dead letter; *de fraaie ~en* belles lettres; *uw geëerde ~en van...* your favour of... (the 25th inst.); *met grote* ~ in big letters; *kleine* ~ small letter; *met kleine* ~ *(gedrukt)* in small type; *in de ~en studeren* study literature; *naar de* ~ to the letter.

letterdief [-di.f] *m* plagiarist.

lettergieter ['lεtərɣi.tər] *m* type-founder.

lettergieterij [lεtərɣi.tə'rεi] *v* type-foundry.

lettergreep ['lεtərɣre.p] *v* syllable.

letterkast [-kɑst] *v* type-case.

letterknecht [-knεxt] *m* literalist.

letterknechterij [lεtərknεxtə'rεi] *v* literalism.

letterkunde ['lεtərkʏndə] *v* literature.

letterkundig ['lεtərkʏndəx] literary.

letterkundige [-dəɣə] *m* man of letters, literary man.

letterlievend ['lεtərli.vənt] in: ~ *genootschap* literary society.

letterlijk [-lək] I *aj* literal; II *ad* literally, to the letter; *zij werden ~ gedecimeerd* they were literally decimated.

lettermetaal [-məta.l] *o* type-metal.

letterraadsel ['lεtəra.tsəl] *o* word-puzzle.

letterschrift ['lεtərs(x)rift] *o* writing in characters.

letterslot [-slɔt] *o* letter-lock.

lettersoort [-so:rt] *v* (kind of) type.

letterteken [-te.kə(n)] *o* character.

lettertje [-cə] *o* in: *een ~ schrijven* F write a few lines, drop a line.

letterwijs [-vεis] in: *iemand ~ maken* post one up.

letterwoord [-vo:rt] *o* initial word.

letterzetten [-zεtə(n)] *vi* compose; *het ~* ook: type-setting.

letterzetter [-zεtər] *m* compositor, type-setter.

letterzetterij [lεtərzεtə'rεi] *v* composing room.

letterzifterij [lεtərziftə'rεi] *v* hair-splitting.

leugen ['lø.ɣə(n)] *v* lie, falsehood; *dat is een grote (grove)* ~ that is a big lie; *hij is aan de eerste ~ niet gebarsten* that is not his first lie; *al is de ~ nog zo snel, de waarheid achterhaalt haar wel* liars have short memories.

leugenaar ['lø.ɣəna:r] *m* ~*ster* [-stər] *v* liar.

leugenachtig ['lø.ɣənɑxtəx] lying, mendacious, untruthful, false.

leugenachtigheid [-hεit] *v* mendacity, falseness.

leugentaal ['lø.ɣə(n)ta.l] *v* lying, lies.

leugentje [-cə] *o* fib; *onschuldig* ~ white lie.

leuk [lø.k] I *aj* 1 (onbewogen) cool, dry, sly (fellow); 2 (grappig) arch (way of telling &), amusing, funny (story); 3 (aardig, prettig) jolly; *dat zal* ~ *zijn* that will be great fun, won't it be jolly!; *ik vind het erg ~!* (I think it fine!; *het was erg* ~ *!* such fun!; *hij vond het niets* ~ he did not much like it; *die is* ~, *zeg!* that's a good one; *zo* ~ *als wat, zei hij...* with the coolest cheek he said; *het ~ste is dat...* the richest point about the story is that...; *zich* ~ *houden* not let on; II *ad* in a dry way, archly; amusingly.

leuk(a)emie [lœyke.'mi.] *v* 🏥 leuk(a)emia.

leuk(a)emisch [-'ke.mi.s] 🏥 leuk(a)emic.

leukerd ['lø.kərt] *m* funny chap.

leukweg ['lø.kvεx] in his dry (sly) way.

leunen ['lø.nə(n)] *vi* lean (on *op*; against *tegen*).

leuning [-niŋ] *v* 1 rail; banisters, handrail (of a staircase); parapet (of a bridge); 2 back (of a chair); arm(-rest) (of a chair).

leun(ing)stoel ['løn(iŋ)stu.l] *m* arm-chair.

leurder ['lø.rdər] *m* hawker.

leuren ['lø:rə(n)] *vi* hawk; ~ *met* hawk.

leus [lø.s] *v* watchword, catchword, slogan; *voor de* ~ for the look of the thing.

leut(e) [lø.t(ə)] *v* 1 fun; 2 P coffee; *voor de* ~ for fun.

leuteraar ['lø.təra:r] *m* 1 (kletser) twaddler, driveller; 2 (talmer) dawdler.

leuteren [-rə(n)] *vi* 1 (kletsen) twaddle, drivel; 2 (talmen) dawdle.

leuterpraat ['lø.tərpra.t] *m* twaddle, drivel.

1 leven ['le.və(n)] *vi* live; *leve...!* three cheers for... (France); hurrah for... (the holidays &); *leve de koning!* long live the king!; ~ *en laten* ~ live and let live; *wie dan leeft, die dan zorgt* sufficient unto the day is the evil thereof; *van brood alleen kan men niet* ~ we cannot live by bread alone; *van gras* ~ live (feed) on grass; *daar kan ik niet van* ~ I cannot subsist (live) on that; *alleen voor...* ~ live only for...

2 leven ['le.və(n)] *o* 1 life; 2 (levend deel) the quick; 3 (rumoer) noise; *toen kwam er* ~ *in de brouwerij* F then things began to hum; *wat* ~ *in de brouwerij brengen* make things hum;

er komt ~ in de brouwerij things are beginning to hum; *er zit geen ~ in* there is no life (spirit) in it; *wel, al m'n ~!* well I never!; *een ander (nieuw) ~ beginnen* begin a new life, turn over a new leaf; *zijn ~ beteren* mend one's ways; *~ geven aan* give life to, put life into [a statue], zie ook: *schenken*; *geen ~ hebben* lead a wretched life; *het ~ laten* lose one's life; *~ maken* make a noise; *bij zijn ~* during his life, in his lifetime, in life; *bij ~ en welzijn* if I have life; *nog in ~ zijn* be still alive; *in ~ notaris te...* in his lifetime; *Mère..., in het ~ Mej. S.* in the world Miss S.; *in het ~ blijven* remain (keep) alive, live; *in het ~ houden* keep alive; *in het ~ roepen* bring (call) into being (existence), create; *naar het ~ getekend* drawn from (the) life; *om het ~ brengen* kill, do to death; *om het ~ komen* lose one's life, perish; *een strijd op ~ en dood* a fight to the death, a life-and-death struggle; *uit het ~ gegrepen* taken from life; *van mijn ~ heb ik zoiets niet gezien* never in my life; *nooit van mijn ~!* never!; *wel heb je van je ~!* well I never!; *voor het ~ benoemd (gekozen)* for life; *zolang er ~ is,* is er hoop as long as there is life there is hope.

levend [-vənt] alive [alleen predikatief!]; living; quickset [hedge]; *de ~e talen* the modern languages; *de ~en en de doden* the quick and the dead; *~ maken (worden)* bring (come) to life; *iemand ~ verbranden* burn a person alive.

levendbarend [-ba:rənt] viviparous.

levendig [ˈle.vəndəx] I *aj* lively, animated [discussion], vivid [imagination], vivacious [person], keen [interest], $ active [market], brisk [demand]; II *ad* in a lively manner; *ik kan mij ~ voorstellen* I can well imagine.

levendigheid [-dəxhɛit] *v* liveliness, vivacity.

levenloos [ˈle.və(n)lo.s] lifeless, inanimate.

levenmaker [-ma.kər] *m* noisy fellow.

levensadem [ˈle.vənsa.dəm] *m* breath of life, life-breath.

levensader [-a.dər] *v* life-blood artery, fountain of life; *fig* life artery.

levensavond [-a.vɔnt] *m* evening of life.

levensbehoeften [-bəhu.ftə(n)] *mv* necessaries of life.

levensbehoud [-hɔut] *o* preservation of life.

levensbericht [-rɪxt] *o* biographical notice; (v. overledene) obituary (notice).

levensbeschrijving [-s(x)rɛivɪŋ] *v* biography, life.

levensbron [ˈle.vənsbrɔn] *v* source of life, life-spring.

levensdoel [-du.l] *o* aim of life, aim in life.

levensduur [-dy:r] *m* length of life, duration of life, life.

levenselixer, -elixir [-e.lɪksər] *o* elixir of life.

levensgeesten [-ge.stə(n)] *mv* vital spirits; *iemands ~ weer opwekken* bring a person to life again; *de ~ waren geweken* life was extinct.

levensgevaar [-gəva.r] *o* danger (peril) of life; *in ~ zijn* in peril of one's life; *met ~* at the peril (risk) of one's life.

levensgevaarlijk [le.vənsgəˈva:rlək] dangerous to life, involving risk of life, perilous.

levensgezel(lin) [ˈle.vənsgəzɛl(ɪn)] *m(-v)* partner for life.

levensgroot [-gro.t] life-sized, life-size, as large as life; *meer dan ~* larger than life.

levensgrootte [-gro.tə] *v* life size.

levenshouding [-hɔudɪŋ] *v* attitude to life.

levenskracht [-krɑxt] *v* vital power, vitality.

levenskrachtig [le.vənsˈkrɑxtəx] I full of life; 2 zie *levensvatbaar*.

levenskwestie [ˈle.vənskvɛsti.] *v* zie *levensvraag*.

levenslang [-lɑŋ] for life, lifelong; *tot ~e ge-*

vangenschap veroordeeld worden be sentenced to imprisonment for life.

levenslicht [-lɪxt] *o* in: *het ~ aanschouwen* see the light; *hem het ~ uitblazen* put out his light.

levensloop [-lo.p] *m* course of life, career.

levenslot [-lɔt] *o* lot in life, fate.

levenslust [-lŭst] *m* love of life, animal spirits.

levenslustig [le.vənsˈlŭstəx] cheerful, vivacious, sprighty, buoyant.

levensmiddelen [ˈle.vənsmɪdələ(n)] *mv* provisions, victuals; foodstuffs, food(s).

levensmiddelenbedrijf [-bədrɛif] *o* food shop.

levensmoe(de) [ˈle.vənsmu.(də)] life-weary, weary of life.

levensmoeheid [-hɛit] *v* weariness of life.

levensonderhoud [-ɔndərhɔut] *o* livelihood, sustenance; *kosten van ~* cost of living, living costs.

levensopvatting [-ɔpfɑtɪŋ] *v* conception (view) of life.

levensstandaard [ˈle.vənstɑndaːrt] *m* standard of life, standard of living, living standard.

levensteken [ˈle.vənste.kə(n)] *o* sign of life.

levensvatbaar [le.vənsˈfɑtba:r] viable, capable of living.

levensvatbaarheid [-hɛit] *v* viability, vitality.

levensverzekering [le.vənsfərze.kərɪŋ] *v* life-assurance, life-insurance; *een ~ sluiten* take out a life-policy, insure one's life.

levensverzekering(s)maatschappij [-(s)ma.t-sxɑpɛi] *v* life-insurance (life-assurance) company.

levensvoorwaarde [ˈle.vənsfo:rva:rdə] *v* condition of life; *fig* vital condition.

levensvraag [-fra.x] *v* vital question, life-and-death question, question of life and death.

levensvreugde [-frø.gdə] *v* joy of life, delight in life.

levenswandel [-vɑndəl] *m* conduct in life, life.

levensweg [-vɛx] *m* path of life.

levenswerk [-vɛrk] *o* life-work.

levenswijze [-vɛizə] *v* mode of life, way of living; conduct.

levenszee [ˈle.vənse.] *v* ocean of life.

leventje [ˈle.vəncə] *o* F life; *dat was me een ~!* I what a jolly life we had of it!; 2 (ironisch) what a life!; *toen had je het lieve ~ gaande* then there was the devil to pay.

levenwekkend [-vekənt] life-giving, vivifying.

lever [ˈle.vər] *v* liver.

leverancier [le.vərɑnˈsi:r] *m* I furnisher, contractor, supplier, purveyor, dealer; 2 provider, caterer; *de ~s* ook: the tradesmen.

leverantie [-ˈrɑn(t)si.] *v* supply(ing), purveyance.

leverbaar [ˈle.vərba:r] I (af te leveren) deliverable, ready for delivery; 2 (te verschaffen) available; *beperkt ~* in short supply.

leveren [ˈle.vərə(n)] *vt* I (afleveren) deliver; 2 (verschaffen) furnish, supply [goods]; contribute [an article to a newspaper]; *achterhoedegevechten ~* fight rearguard actions; *er zijn hevige gevechten geleverd* there was heavy fighting, heavy fighting took place; *(aan) iemand brandstoffen ~* supply a person with fuel; *het bewijs ~ dat...* prove that...; *stof ~ tot* give rise to; *hij heeft prachtig werk geleverd* he has done splendid work; *hij zal het hem wel ~* F he is sure to manage it; *wie heeft me dat geleverd?* who has played me that trick?

levering [-rɪŋ] *v* I (aflevering) delivery; 2 (verschaffing) supply.

leveringscondities [-rɪŋskòndi.(t)si.s] *mv* zie *leveringsvoorwaarden.*

leveringscontract [-kòntrɑkt] *o* delivery contract.

leveringstermijn [-tɛrmɛin] *m* time (term) of

delivery.

leveringsvoorwaarden [-fo:rva:rdə(n)] *mv* terms of delivery.

leverkleurig ['le.vərklø:rəx] *v* liver-coloured.

leverpastei [-pɑstɛi] *v* liver pie.

leverworst [-vɔrst] *v* liver sausage.

leverziekte [-zi.ktə] *v* liver disease, disease of the liver.

leviet [lə'vi.t] *m* Levite; *iemand de ∼en lezen* read a person a lecture.

levitisch [-'vi.ti.s] Levitical.

lexicograaf [leksi.ko.'gra.f] *m* lexicographer.

lexicografisch [-'gra.fi.s] *aj* (& *ad*) lexicographical(ly).

lexicon ['lɛksi.kòn] *o* lexicon.

lezen ['le.zə(n)] **I** *vi* read [ook = give a lecture]; **II** *vt* I read [books]; 2 glean, gather [ears of corn]; *...stond op zijn gezicht te ∼* ...was depicted in his face; *het boek laat zich gemakkelijk ∼* reads easily, makes easy reading; zie ook: *les*, *mis* &.

lezenaar [-zəna:r] *m* reading-desk, lectern.

lezenswaard(ig) [le.zəns'va:rt(-'va:rdəx)] readable, worth reading.

lezer ['le.zər] *m* **lezeres** [le.zə'res] *v* I reader; 2 gleaner, gatherer [of grapes &].

lezing ['le.zɪŋ] *v* I (v. barometer &) reading; 2 (interpretatie) version; 3 (voorlezing) lecture; *een ∼ houden* give a lecture, lecture (on *over*).

liaan [li.'a.n] **liane** [li.'a.nə] *v* ♣ liana, liane.

liberaal [li.bə'ra.l] **I** *aj* (& *ad*) liberal(ly); **II** *m* liberal.

liberalisme [-ra.'lɪsmə] *o* ⋅iberalism.

liberaliteit [-ra.li.'tɛit] *v* liberality.

libertijn [li.bər'tɛin] *m* libertine.

licentie [li.'sɛn(t)si.] *v* licence; *in ∼ vervaardigd* manufactured under licence.

licentiehouder [-houdər] *m* licensee.

lichaam ['lɪga.m] *o* body², frame; *naar ∼ en ziel* in body and mind.

lichaamsarbeid ['lɪga.msɑrbɛit] *m* bodily labour.

lichaamsbeweging [-bəvə.gɪŋ] *v* (bodily) exercise.

lichaamsbouw [-bəu] *m* build, stature, frame.

lichaamsdeel [-de.l] *o* part of the body.

lichaamsgewicht [-gəvɪxt] *o* body weight.

lichaamskracht [-krɑxt] *v* bodily strength, force.

lichaamsoefening [-u.fənɪŋ] *v* bodily exercise.

lichamelijk [lɪ'ga.mələk] **I** *aj* corporal [punishment], corporeal [being]; bodily [harm &]; physical [culture, education, work]; **II** *ad* corporally, physically.

I **licht** [lɪxt] **I** *aj* I (niet donker) light² [ma·erials], light-coloured [dresses], bright [day]; fair [hair]; 2 (niet zwaar²) light [weight, bread, work, sleep, troops, step]; slight [wound, repast, cold]; mild [beer, tobacco]; *het wordt al ∼* it is getting light; *∼ in het hoofd* light-headed; **II** *ad* I lightly, slightly; 2 easily; zie ook: *allicht*; *∼ gewond* slightly wounded; *het ∼ opnemen* make light of it; *men vergeet ∼ dat...* one is apt to forget that...; *het wordt ∼ een gewoonte* it tends to become a habit.

2 **licht** [lɪxt] *o* light²; *fig* luminary; *∼ en schaduw* light(s) and shade(s)²; *hij is geen ∼* he is no great light (luminary); *je bent me ook een ∼!* what a shining light you are! *er gaat mij een ∼ op* now I begin to see light; *er ging mij een ∼ op* a light burst upon me; *∼ geven* give off light; *iemand het ∼ in de ogen niet gunnen* grudge one the light of his eyes; *wij zullen eens wat ∼ maken* (met lucifers) we'll strike a light; (door lamplicht) we'll have the lamp(s) lighted; (elektrisch) we'll turn (switch) on the light; *het ∼ schuwen* shun the

light; *iemand het ∼ uitblazen* put a person's light out; (*een helder*) ∼ *werpen op* throw (shed) (a bright) light upon; *zijn ∼ onder de korenmaat zetten* hide one's light under a bushel; *het ∼ zien* see the light; *aan het ∼ brengen* bring to light, reveal; *aan het ∼ komen* come (be brought) to light; *een boek in het ∼ geven* publish a book; *zichzelf in het ∼ staan* stand in one's own light; *iets in een gunstig (ongunstig) ∼ stellen* place (put) it in a favourable (unfavourable) light; paint it in bright (dark) colours; *iets in een helder ∼ stellen* throw light upon a subject; *iets in een heel ander ∼ zien* see something in a totally different light; *tegen het ∼ houden* hold (up) to the light; *tussen ∼ en donker* in the twilight, F between the lights; *ga uit het ∼* stand out of my light.

lichtbak ['lɪxtbɑk] *m* I (als reclame) illuminated sign; 2 (van stropers) light.

lichtbeeld [-be.lt] *o* lantern view.

lichtblauw [-blɑu] light blue.

lichtboei [-bu:i] *v* ♣ light-buoy.

lichtboog [-bo.x] *m* ⚡ electric arc.

lichtbron [-bròn] *v* source of light.

lichtdruk ['lɪxdrük] *m* phototype.

lichtecht ['lɪxtext] fast.

lichteffect, -effekt [-ɛfɛkt] *o* effect(s) of light, light-effect(s).

lichtekooi ['lɪxtəko:i] *v* prostitute.

lichtelijk [-lək] somewhat, a little, slightly.

I **lichten** ['lɪxtə(n)] *vt* I (oplichten) lift, raise; 2 ♣ weigh [anchor]; raise [a sunken ship]; 3 ⚙ clear [the letter-boxes]; zie ook: *doopceel*, *hand*, *hiel*, *voet* &.

2 **lichten** ['lɪxtə(n)] *vi* I (licht geven) give light, shine; 2 (licht worden) get light, dawn; 3 (weerlichten) lighten; *het ∼ v. d. zee* the phosphorescence of the sea.

lichtend [-tənt] luminous, shining [example]; phosphorescent.

lichter [-tər] *m* ♣ lighter.

lichtfakkel ['lɪxtfɑkəl] *v* ⚓ flare.

lichtgas [-gɑs] *o* illuminating gas, coal-gas.

lichtgeel [-ge.l] light yellow. [(ly).]

lichtgelovig [lɪxtgə'lo.vəx] *aj* (& *ad*) credulous-**lichtgelovigheid** [-hɛit] *v* credulousness, credulity.

lichtgeraakt [lɪxtgə'ra.kt] quick to take offence, touchy.

lichtgeraaktheid [-hɛit] *v* touchiness.

lichtgevend ['lɪxtge.vənt] luminous.

lichtgevoelig [-gəvu.ləx] light-sensitive.

lichtgewapend [-gəvə.pənt] ⚔ light-armed.

lichtheid ['lɪxtheit] *v* lightness; easiness.

lichting ['lɪxtɪŋ] *v* I ⚙ collection; 2 ⚔ draft, levy; *de ∼ 1955* ⚔ the 1955 class.

lichtinstallatie ['lɪxtɪnstɑla.(t)si.] *v* (electric) light-plant.

lichtjaar [-ja:r] *o* light-year.

lichtkogel [-ko.gəl] *m* ⚔ Very light.

lichtkrans [-krɑns] *m* I wreath of light, halo [round a saint's head, round sun or moon]; 2 [round the sun] corona.

lichtkroon [-kro.n] *v* chandelier, lustre.

lichtmast [-mɑst] *m* light standard, lamp standard.

lichtmatroos [-ma.tro.s] *m* ordinary seaman.

lichtmeter [-me.tər] *m* I photometer; 2 (v. camera) lightmeter.

Lichtmis [-mɪs] *m* (feest) Candlemas.

lichtmis [-mɪs] *m* (persoon) libertine, rake, debauchee.

lichtpistool [-pi.sto.l] *o* flare pistol.

lichtpunt [-pünt] *o* I luminous point; *fig* bright spot; 2 ⚡ connection.

lichtreclame, -reklame [-rəkla.mə] *v* illuminated sign(s).

lichtscherm [-sxɛrm] *o* shade, screen.

lichtschip [-sxɪp] o ⚓ lightship.

lichtschuw [-sxy:u] shunning the light²; ~e elementen shady characters.

lichtspoorkogel [-spo:rko.gəl] m ⚔ tracer bullet.

lichtsterkte [-stərktə] v luminosity, light intensity; de ~ is... the candle-power is...

lichtstraal [-stra.l] m & v ray of light, beam of light.

lichtvaardig [lɪxt'fa:rdəx] aj (& ad) rash(ly).

lichtvaardigheid [-heit] v rashness.

lichtzijde ['lɪxtseidə] v bright side.

lichtzinnig [lɪxt'sɪnəx] aj (& ad) frivolous(ly).

lichtzinnigheid [-heit] v levity, frivolity.

lid [lɪt] o 1 (v. lichaam) limb; (v. vereniging) member; (v. vinger) phalanx [mv phalanges]; (v. stengel) internode; (v. wetsartikel) paragraph; (v. vergelijking) term; 2 (gewricht) joint; 3 (v. verwantschap) degree, generation; 4 (deksel) lid [of the eye]; ~ worden van join [a club]; een arm weer in het ~ zetten reduce; een ziekte onder de leden hebben be sickening for something; over al zijn leden beven tremble in every limb; tot in het vierde ~ to the fourth generation; mijn arm is uit het ~ out (of joint), dislocated; ~ (leden)-staat (staten) member state(s).

lidmaatschap ['lɪtma.tsxɑp] o membership.

lidwoord [-vo:rt] o gram article.

lied [li:t] o song; [church] hymn; ○ lay [of a minstrel].

lieden ['li.də(n)] mv people, folks, men.

liederboek ['li.dərbu.k] o book of songs, song-book.

liederlijk [-lək] I aj dissolute, debauched; F wretched, beastly; ~e taal coarse language; II ad dissolutely; F < abominably, horribly.

liederlijkheid [-ləkheit] v dissoluteness, debauchery.

liedje ['li.cə] o ditty, (street-)ballad, song, tune; het is altijd hetzelfde (oude) ~ it is always the same (old) song; een ander ~ zingen change one's tune [fig]; het ~ van verlangen zingen dawdle at bedtime for a few moments' grace [of children].

liedjeszanger ['li.cəsɑŋər] m ballad-singer.

1 lief [li.f] I aj 1 (bemind) dear, beloved; 2 (beminnelijk) amiable; 3 (aanminnig) F sweet, pretty; 4 (aardig voor anderen) nice; 5 (vriendelijk) kind; 6 (ironisch) nice, fine; maar mijn lieve mensen... but my dear people...; dat is erg ~ van hem very kind (nice) of him; ...meer dan me ~ is ...more than I care for; II ad amiably, sweetly, nicely, kindly; ~ doen do the amiable; iets voor ~ nemen put up with a thing; ik wou net zo ~...; zie ook: liefst en liever.

2 lief [li.f] o (geliefde) love, sweetheart; 's levens ~ en leed the sweets and bitters of life; hun ~ en leed their weal and woe.

liefdadig [li.f'da.dəx] I aj charitable; II ad charitably.

liefdadigheid [-heit] v charity.

liefdadigheidsconcert [-heitskònsɛrt] o charity concert.

liefdadigheidsinstelling [-ɪnstɛlɪŋ] v charitable institution.

liefdadigheidsvoorstelling [-fo:rstɛlɪŋ] v charity performance.

liefde ['li.vdə] v love; (christelijke) charity; kinderlijke ~ filial piety; de ~ voor de kunst the love of art; ~ tot God love of God; uit ~ for (out of, from) love; een huwelijk uit ~ a love-match; oude ~ roest niet old love never dies.

liefdeblijk [-blɛik] o token of love.

liefdeloos [-lo.s] loveless, uncharitable.

liefdeloosheid [li.vdə'lo.sheit] v lovelessness, uncharitableness.

liefderijk ['li.vdərɛik] I aj charitable; II ad charitably.

liefdesbetuiging ['li.vdəsbətœygɪŋ] v profession of love.

liefdesbrief [-bri.f] m love-letter.

liefdesgeschiedenis [-gəsxi.dənɪs] v 1 love-story; 2 love-affair.

liefdesmart ['li.vdəsmɑrt] v pangs of love.

liefde(s)verklaring [-də(s)fərkla:rɪŋ] v declaration (of love).

liefdevol ['li.vdəvòl] full of love, loving.

liefdewerk [-vɛrk] o charitable deed, good work.

liefdezuster [-zûstər] v sister of charity.

liefdoenerij [li.fdu.nə'rɛi] v F demonstrative affection.

liefelijk ['li.fələk] I aj lovely, sweet; II ad in a lovely manner, sweetly.

liefelijkheid [-heit] v loveliness, sweetness; liefelijkheden (feline) amenities.

liefhebben ['li.fhɛbə(n)] vt love, cherish.

liefhebbend [-bənt] loving, affectionate; uw ~e... yours affectionately.

liefhebber [-bər] m -ster ['li.fhɛpstər] v 1 amateur, lover; 2 zie gegadigde; hij is een ~ van roken he is fond of smoking; hij is daar geen ~ van he doesn't like it.

liefhebberen ['li.fhɛbərə(n)] vi do amateur work; dabble [in politics &].

liefhebberij [li.fhɛbə'rɛi] v fad, hobby.

liefheid ['li.fheit] v amiability, sweetness.

liefje [-jə] o sweetheart, beloved one, darling.

liefkozen [-ko.zə(n)] vt caress, fondle.

liefkozing [-ko.zɪŋ] v caress.

liefkrijgen [-krɛigə(n)] vt get (grow) to like, grow fond of.

liefst [li.fst] I aj dearest, favourite; II ad rather; wat heb je 't ~? which do you like best, which do you prefer?; ~ die soort preferably [that sort], ...for preference; ~ niet rather not.

liefste ['li.fstə] I m sweetheart, lover; 2 v sweetheart, beloved.

lieftallig [li.f'tɑləx] I aj sweet, lovable, amiable; II ad sweetly, lovably, amiably.

lieftalligheid [-heit] v sweetness, amiability.

liegen ['li.gə(n)] I vi & va lie, tell lies, tell stories; lieg er nu maar niet om don't lie about it; hij liegt alsof het gedrukt is he lies like a conjurer; als ik lieg, dan lieg ik in commissie if it is a lie, you have the tale as cheap as I; II vt in: dat lieg je, je liegt het that's a lie; iemand iets heten ~ give one the lie.

lier [li:r] v 1 ♪ lyre; ↖ (orgeltje) hurdy-gurdy; 2 ⚓ winch.

lierdicht ['li:rdɪxt] o lyric poem.

lierdichter [-dɪxtər] m lyric poet.

lierzang ['li:rzɑŋ] m lyric poem, lyric.

lies [li.s] v groin.

liesbreuk ['li.sbrø.k] v inguinal hernia.

lieslaars ['li.sla:rs] v thigh boot.

lieveheersbeestje [li.və'he:rsbe.ʃə] o ladybird.

lieveling ['li.vəlɪŋ] m darling, favourite, pet, love.

lievemoederen [li.və'mu.dərə(n)] in: daar helpt geen ~ aan F there is no help for it.

liever ['li.vər] I aj dearer; sweeter &; II ad rather; ik heb dit huis ~ I like this house better, I prefer this house [to that]; hij zou ~ sterven dan... he would rather die than...; ik zou er ~ niet heengaan I had rather not go; je moest maar ~ naar bed gaan you'd (you had) better go to bed; je moest daar ~ niet heengaan you had better not go; niets ~ verlangen (wensen, willen) dan..., want nothing better than...; je kunt stuivers krijgen, als je dat ~ hebt if you'd rather; ~ niet! I'd rather

not!
lieverd [-vərt] *m* darling.
lieverlede [li.vər'le.də] *van* ~ gradually, bv degrees, little by little.
lievevrouwebedstro [li.vəvrəuə'bɛtstro.] *o* ❀ woodruff.
lievigheid ['li.vəxhɛit] *v* (feline) amenity.
liflafje ['liflafjə] *o* kickshaw.
lift [lift] *m* lift, (*Am*) elevator; *een* ~ *geven* (*krijgen*) F give (get) a lift; *een* ~ *vragen* F thumb a lift.
liften ['lɪftə(n)] *vi* F hitch-hike.
lifter [-tər] *m* F hitch-hiker.
liftkoker [-ko.kər] *m* lift-shaft.
liga ['li.ga.] *v* league.
ligdag ['lɪxdɑx] *m* ⚓ lay-day.
liggeld ['lɪgɛlt] *o* ⚓ 1 dock dues; 2 *zie overliggeld.*
liggen [-gə(n)] *vi* lie [also of troops]; be situated; *de lonen* ~ *lager* wages are lower; *dat werk ligt me niet* the job does not suit me, it's not in my line; *altijd* ~ *te zeuren* always be bothering; *blijven* ~ remain; *hij zal enige dagen moeten blijven* ~ he will have to lie up for a couple of days; *morgen vroeg blijf ik wat* (*langer*) ~ F I'll remain in bed a little longer; *hij is gaan* ~ 1 he has gone to bed; 2 he has taken to his bed; *ga daar* ~ lie down there; *de wind is gaan* ~ the wind has abated; *laat dat* ~! leave it there!, leave it alone!; *hij heeft het lelijk laten* ~ he has made a mess of it; *die stad ligt aan een rivier* is situated on a river; *hij ligt al 8 dagen aan* (*met*) *die ziekte* he has been laid up with it for a week; *dat ligt nog maar aan u* the issue lies with you; *als 't aan mij lag* if I had any say in the matter; *aan mij zal het niet* ~ it will be through/no fault of mine; *waar ligt het aan, dat...?* what may be the cause of it?; *in zijn bed* ~ lie (be) in bed; *het huis ligt op een heuvel* stands on a hill; *het huis ligt op het oosten* it has an eastern aspect, it faces east; *de wagen ligt vast op de weg* the car holds the road well; *hij lag te bed* he was in bed; *zie ook: bedoeling &.*
liggend [-gənt] lying, recumbent [position &]; turn-down [collar].
ligging [-gɪŋ] *v* 1 situation, lie [of a house], [geographical] position; 2 bedding [of soldiers &].
lighal ['lɪxhɑl] *v* (open-air) shelter.
ligkuur [-ky:r] *v* rest-cure.
ligplaats [-pla.ts] *v* ⚓ berth.
ligstoel [-stu.l] *m* reclining-chair, lounge-chair.
liguster [li.'gůstər] *m* ❀ privet.
lij [lɛi] *v* ⚓ lee; *aan* ~ alee, on the lee-side.
lijdelijk ['lɛidələk] *aj* (*&ad*) passive(ly).
lijdelijkheid [-hɛit] *v* passiveness, passivity.
lijden ['lɛi(d)ə(n)] I *vt* suffer, endure, bear; *dorst* ~ suffer thirst; *iemand wel mogen* ~ rather like one; *ik mag* ~ *dat hij...* I wish he may...; II *vi* suffer; *nu kan 't wel* ~ we can afford it now; ~ *aan hoofdpijn* suffer from headaches; *erg* ~ *aan*, ook: suffer a great deal from..., be a martyr to...; ~ *onder iets* suffer under something; *zij* ~ *er het meest onder* they are the greatest sufferers; *te* ~ *hebben van* suffer from; III *o* suffering(s); *het* ~ *van Christus* the Passion of Christ; *na* ~ *komt verblijden* after rain comes sunshine; *uit zijn* ~ *verlossen* put out of (his) misery.
lijdend [-dənt] suffering; *gram* passive; *de* ~*e partij* the suffering party, the sufferer; *de* ~*e partij zijn* be the loser; *de* ~*e vorm van het werkwoord* the passive voice.
lijdensbeker [-dənsbe.kər] *m* cup of bitterness; *de* ~ *ledigen* ook: drain the bitter cup.
lijdensgeschiedenis [-gəsxi.dənɪs] *v* Passion [of Christ]; *het is een hele* ~ it is a long tale of misery (of woe).
lijdensweek [-ve.k] *v* Holy Week.
lijdensweg [-vɛx] *m* way of the Cross; *fig* [long] martyrdom.
lijder ['lɛidər] *m* ~es [lɛidə'rɛs] *v* sufferer, patient.
lijdzaam ['lɛitsa.m] I *aj* patient, meek; II *ad* patiently, meekly.
lijdzaamheid [-hɛit] *v* patience, meekness.
lijf [lɛif] *o* body; *het aan den lijve ondervinden* (*voelen*) learn what it feels like, feel it personally; *in levenden lijve* in the flesh; *hier is hij in levenden lijve* here he is as large as life; *niet veel om 't* ~ *hebben* be no great matter, amount to very little; *iemand een schrik* (*de koorts*) *op het* ~ *jagen* give one such a turn; *iemand op het* ~ *vallen* take one unawares; *over zijn hele* ~ *beven* tremble in every limb; *iemand te* ~ *gaan* go at one; *iemand tegen het* ~ *lopen* run up against [a friend], tumble across [a person]; *dat zal je wel uit je* ~ *laten* F you jolly well won't do it; *zich... van het* ~ *houden* keep... at arm's length.
lijfarts ['lɛifɑrts] *m* personal physician, physician in ordinary.
lijfblad [-blat] *o* favourite paper.
lijfeigene [-ɛigənə] *m-v* serf.
lijfeigenschap [-gənsxɑp] *v* bondage, serfage.
lijflijk ['lɛifələk] *in: mijn* ~*e zoon* my own son.
lijfgoed ['lɛifgu.t] *o* body-linen.
lijfje [-jə] *o* bodice.
lijfrente [-rɛntə] *v* (life-)annuity.
lijfsbehoud ['lɛifsbəhout] *o* preservation of life.
lijfsdwang [-dvɑŋ] *m* arrest for debt.
lijfsgevaar [-gəvɑ:r] *o* danger of life.
lijfsieraad ['lɛifsi:ra.t] *o* personal ornament.
lijfspreuk [-sprø.k] *v* motto, favourite maxim.
lijfstraf [-straf] *v* corporal punisment.
lijftocht [-tɔxt] *m* subsistence.
lijfwacht [-vɑxt] *v* bodyguard, life-guard.
lijk [lɛik] *o* 1 corpse, (dead) body; [anatomical] subject; 2 ⚓ leech [of a sail].
lijkachtig ['lɛikɑxtəx] cadaverous.
lijkauto [-ɒuto., -o.to.] *m* motor-hearse.
lijkbidder [-bɪdər] *m* undertaker's man.
lijkdienst [-di.nst] *m* funeral service; service for (the burial of) the dead.
lijkdrager [-dra.gər] *m* bearer [at a funeral].
1 **lijken** ['lɛikə(n)] *vt in: dat kon mij* ~ that's what I should like.
2 **lijken** ['lɛikə(n)] *vi* 1 be (look) like; 2 seem, appear; *het lijkt alsof...* it looks as if...; *het lijkt wel dat ze...* it would appear that they...; *ofschoon het heel wat leek* though it made a great show; *zij zijn niet wat zij* ~ they are not what they appear (to be); *het is niet zo gemakkelijk als het lijkt* it is not so easy as it looks; *dat lijkt maar zo* it only seems so; *het lijkt er niet naar, dat ze...* there is no appearance of their ...ing; *het lijkt naar niets* it is below contempt; *zij* ~ *op elkaar* they look like each other, they resemble each other; *zij* ~ (*niet*) *veel op elkaar* they are (not) very like; *zij* ~ *op elkaar als twee druppels water* they are as like as two peas; *ik lijk wel doof vandaag* I seem to (be) deaf today; *dat portret lijkt goed* (*niet*) it is a good (poor) likeness.
lijkenhuis [-hœys] *o* mortuary.
lijkkist ['lɛikkɪst] *v* coffin.
lijkkleed [-kle.t] *o* 1 (over de kist) pall; 2 (kledingstuk) shroud, winding-sheet.
lijkkleur [-klø:r] *v* livid (cadaverous) colour.
lijkkleurig [-klø.rəx] livid, cadaverous.
lijkkoets [-kut.s] *v* hearse.
lijkrede [-re.də] *v* funeral oration (speech).
lijkschouwer [-sxɒuər] *m* coroner.
lijkschouwing [-sxɒuɪŋ] *v* post-mortem (examination).
lijkverbranding [-fərbrɑndɪŋ] *v* cremation.

lijkwa(de) [-va.(də)] v shroud.
lijkwagen [-va.gə(n)] m hearse, funeral car.
lijkzang [-saŋ] m funeral song, dirge.
lijm [lɛim] m glue; (vogellijm) lime.
lijmen ['lɛimə(n)] vt glue; hij liet zich niet ~ there was no possibility of talking him over.
lijmerig [-mərəx] I sticky, gluey; 2 fig drawling [voice]; ~ spreken speak with a drawl, drawl.
lijmfabriek ['lɛimfa.bri.k] v glue factory.
lijmketel [-ke.təl] m glue-boiler.
lijmkwast [-kvast] m glue-brush.
lijmpot [-pot] m glue-pot.
lijn [lɛin] v 1 line [also of a railway &]; 2 (koord) cord, rope; de ~ trekken S swing the lead; één ~ trekken pull together, take the same line; honden aan de ~ dogs on the leash; in grote ~en broadly outlined; dat ligt niet in mijn ~ that is not in my line; met ~ 3 by number 3 bus, (tram) by number 3 car; op één ~ staan be on a level; op één ~ stellen met bring (put) on a level with; voor de (slanke) ~ for the figure.
lijnbaan ['lɛinba.n] v rope-walk.
lijnboot [-bo.t] m & v ⚓ liner.
lijnen ['lɛinə(n)] vt rule.
lijnkoek ['lɛinku.k] m linseed cake, oilcake.
lijnolie [-o.li.] v linseed oil.
lijnrecht [-rɛxt] I aj straight, perpendicular, diametrical; in ~e tegenspraak met in flat contradiction with; II ad straightly, perpendicularly, diametrically; ~ staan tegenover be diametrically opposed to.
lijnslager [-sla.gər] m rope-maker.
lijntekenen [-te.kənə(n)] o geometrical drawing.
lijntje [-cə] line; ik heb hem aan 't ~ F I have him in my power; iemand aan het ~ houden F keep one on a string; met een zacht (zoet) ~ F with soothing words.
lijntrekken [-trekə(n)] v S swing the lead.
lijntrekker [-kər] m S shirker.
lijntrekkerij [lɛintrskə'rɛi] v S shirking.
lijnvliegtuig ['lɛinvli.xtœyx] o ✈ air liner.
lijnwaad [-va.t] o linen.
lijnwerker [-vɛrkər] m ⚒ & ☏ lineman.
lijnzaad [-za.t] o linseed.
lijs [lɛis] v dawdler, slow-coach; een lange ~ a maypole.
lijst [lɛist] v list, register; frame [of a picture]; △ cornice, moulding; in een ~ zetten frame [a picture]; op de ~ zetten enter on the list.
lijsten ['lɛistə(n)] vt frame [a picture].
lijstenmaker [-ma.kər] m frame-maker.
lijster ['lɛistər] v 🐦 thrush, throstle; grote ~ missel-thrush; zwarte ~ zie merel.
lijsterbes [-bes] v (vrucht) mountain-ash berry, rowan berry.
lijstwerk ['lɛistvɛrk] o framework; △ moulding.
lijvig ['lɛivəx] corpulent; voluminous, bulky, thick.
lijvigheid [-hɛit] v corpulency; voluminousness, bulkiness, thickness.
lijzig ['lɛizəx] drawling, slow.
lijzij(de) ['lɛizɛi(də)] v ⚓ leeside.
lik [lɪk] m 1 lick [with the tongue]; 2 S box on the ears; ~ op stuk geven give tit for tat.
likdoorn ['lɪkdo.rən] m corn.
likeur [li.'kø:r] v liqueur.
likeurglaasje [-gla.ʃə] o liqueur glass.
likeurstoker [-sto.kər] m liqueur distiller.
likeurtje [-cə] o liqueur.
likkebaarden ['lɪkəba:rdə(n)] vi lick one's lips (one's chops).
likkebroer [-bru:r] m gourmand.
likken ['lɪkə(n)] vi & vt lick.
lila ['li.la.] v lilac.
lillen ['lɪlə(n)] vi tremble.
Lilliput ['lɪli.pūt] o Lilliput.

lilliputachtig [-pūtəxtəx] Lilliputian.
Lilliputter, lilliputter [-pūtər] m Lilliputian².
Limburg ['lɪmbūrx] o Limburg.
Limburger [-būrgər] m Limburg man.
Limburgs [-būrxs] Limburg(er); ~e kaas Limburger cheese; ~e klei loess.
limiet [li.'mi.t] v limit; (v. veiling) reserve (price).
limiteren [-mi.'te:rə(n)] vt limit; (op veiling) put a reserve price on.
limoen [-'mu.n] m lemon.
limoenboom [-bo.m] m lemon-tree.
limonade [-li.mo.'na.də] v lemonade.
limousine [li.mu.'zi.nə] v limousine.
linde ['lɪndə] v lime-tree, lime, linden, linden-tree.
lindebloesem [-blu.səm] m lime-tree blossom.
lindeboom [-bo.m] m zie linde.
lindehout [-hout] o lime-wood.
lindenlaan ['lɪndə(n)la.n] v lime-tree avenue, lime avenue.
lindethee ['lɪndəte.] m lime-flower tea.
lingerie [lɛ̃ʒə'ri.] v lingerie.
liniaal [li.ni.'a.l] v & o ruler.   [line.
linie ['li.ni.] v line; de ~ passeren ⚓ cross the
liniëren [-li.ni.'e:rə(n)] vt rule.
linieschip ['li.ni.sxɪp] o ⚓ ship of the line.
linietroepen [-tru.pə(n)] mv ⚔ troops of the line.
linker ['lɪŋkər] left; ⛉ sinister.
linkerhand [-hɑnt] v left hand; de ~ ook: the left.
linkerkant [-kɑnt] m left side; aan de ~ ook: on the left-hand side; naar de ~ to the left.
linkervleugel [-vlø.gəl] m left wing.
linkervoorpoot [lɪŋkər'vo:rpo.t] m near fore-leg.
linkerzij(de) ['lɪŋkərzɛi(də)] v left(-hand) side; de Linkerzijde the (parliamentary) Left.
links [lɪŋks] I aj 1 (tegenover rechts, ook in de politiek) left; 2 (met de linker-hand) left-handed²; 3 (onhandig) fig gauche, awkward, clumsy; een ~e regering a left-wing government; II ad 1 to (on, at) the left; 2 fig in a left-handed way, in a gauche way, awkwardly, clumsily; de... ~ laten liggen leave the... on the left; iemand ~ laten liggen give one the cold shoulder, cold-shoulder one; naar ~ to the left.
linksaf [lɪŋks'ɑf] to the left.
linksbinnen [-'bɪnə(n)] m sp inside left.
linksbuiten [-'bœytə(n)] m sp outside left.
linksheid ['lɪŋkshɛit] v left-handedness²; fig gaucherie, awkwardness, clumsiness.
linksom [lɪŋks'ɔm] to the left; ~...keert! ⚔ left... turn!
linnen ['lɪnə(n)] o & aj linen; ~ (boek)band cloth binding; in ~ (gebonden) (in) cloth.
linnengoed [-gu.t] o linen.
linnenhandel [-hɑndəl] m linen-trade.
linnenjuffrouw [-jūfrou] v linen-maid.
linnenkamer [-ka.mər] v linen-room.
linnenkast [-kɑst] v linen-cupboard.
linnenwinkel ['lɪnə(n)vɪŋkəl] m linen-draper's shop.
linoleum [li.'no.le.ūm] o & m linoleum, F lino.
lint [lɪnt] o ribbon.
lintje ['lɪncə] o ribbon; een ~ krijgen S obtain an order of knighthood.
lintjesregen [-cəsre.gə(n)] m S shower of birthday honours.
lintworm ['lɪntvorm] m tapeworm.
lintzaag [-sa.x] v ⚒ band-saw.
linze ['lɪnzə] v lentil.
lip [lɪp] v lip; aan iemands ~pen hangen zie hangen; zich op de ~pen bijten bite one's lips; het lag mij op de ~pen I I had it on the tip of my tongue; 2 the word was going to escape my lips; over iemands ~pen komen

pass a person's lips.
lipbloemig ['lɪpblu.məx] ‡ labiate; ~*en* la-
liplezen [-le.zə(n)] *o* lip-reading.   [biates.
lippenstift ['lɪpə(n)stɪft] *v* lipstick.
lipvis ['lɪpfɪs] *m* 𝔐 wrasse.
lipvormig [-fɔrməx] lip-shaped, labial.
liquidateur [li.kvi.da.'tø:r] *m* liquidator.
liquidatie [-'da.(t)si.] *v* 1 liquidation, winding-
up; 2 settlement [on Stock Exchange].
liquide [li.'ki.də] liquid.
liquideren [li.kvi.'de:rə(n)] I *vt* liquidate, wind
up [one's affairs]; II *vi* go into liquidation.
liquiditeit [-di.'tɛit] *v* liquidity.
lire ['li:rə] *v* lira.
1 **lis** [lɪs] *m & o* ‡ iris, blue flag, yellow flag.
2 **lis** [lɪs] *v* = *lus.*
lisdodde ['lɪsdɔdə] *v* ‡ reed-mace.
lispelen ['lɪspələ(n)] *vi* lisp.
Lissabon ['lɪsa.bòn] *o* Lisbon.
list [lɪst] *v* 1 (abstract) craft, cunning; 2
(concreet) trick, stratagem, ruse.
listig ['lɪstəx] I *aj* sly, cunning, crafty, wily,
subtle; II *ad* slyly &.
listigheid [-hɛit] *v* slyness, cunning, subtlety.
listiglijk [-lək] slyly &.
litanie [li.ta.'ni.] *v* litany.
liter ['li.tər] *m* litre.
literair [li.tə'rɛ:r] literary.
literator [li.tə'ra.tər] *m* literary man, man of
letters.
literatuur [li.tərə.'ty:r] *v* literature°.
literatuurgeschiedenis [-gɔsxi.dənɪs] *v* literary
history, history of literature.
lithograaf [li.to.'gra.f] *m* lithographer.
lithograferen [-gra.'fe:rə(n)] *v* lithograph.
lithografie [-gra.'fi.] *v* 1 (kunst) lithography;
2 (plaat) lithograph.
lits-jumeaux [li.ʒy.'mo.] *o* double bed, twin
bedstead.
litteken ['lite.kə(n)] *o* scar, cicatrice.
littera- = *litera-.*
liturgie [li.tūr'gi.] *v* liturgy.
liturgisch [-'tūrgi.s] *aj* (& *ad*) liturgical(ly).
Livius ['li.vi.ûs] *m* Livy.
Livorno [li.'vɔrno.] *o* Leghorn.
livrei [li.'vrɛi] *v* livery.
livreibediende [-bədi.ndə] *m* livery servant, man
in livery.
lob [lɔp] *v* ‡ lobe.
lobbes ['lɔbəs] *m goeie* ~ F good-natured
fellow.
lobbesachtig [-axtəx] good-natured.
loco ['lo.ko.] $ (on) spot; ~ *Amsterdam* $ ex
warehouse Amsterdam; ~ *station* $ free
station.
loco-burgemeester ['lo.ko.bûrgəme.stər] *m*
deputy mayor.
locomobiel [lo.ko.mo.'bi.l] *m* portable (movable) engine.
locomotief [-mo.'ti.f] *v* engine, locomotive.
lodderig ['lɔdərəx] drowsy.
1 **loden** ['lo.də(n), 'lo.jə(n)] I *aj* lead, leaden²;
met ~ *schoenen* with leaden feet; II *vt* 1 (in
lood vatten) lead; 2 (in de bouwkunde)
plumb; 3 ‡ (peilen) sound; III *va* ‡ take
soundings.
2 **loden** ['lo.dən] I *m & o* (stofnaam) loden;
II *aj* loden [rain-coat].
Lodewijk ['lo.dəvɛik] *m* Lewis.
loef [lu.f] *v* ‡ luff; *de* ~ *afsteken (afwinnen)* ‡
get to windward of; *fig* outdo.
loefwaarts ['lu.fva:rts] ‡ to windward.
loefzij(de) [-sɛi(də)] *v* ‡ windward side,
weather-side.
loeien ['lu.jə(n)] *vi* 1 low, moo [of cows], bellow [of bulls]; 2 roar [of the wind]; 3 wail
[of sirens].
loens [lu.ns] squint-eyed; ~ *kijken* squint.
loensen ['lu.nzə(n)] *vi* squint.

loep [lu.p] *v* magnifying glass, magnifier, lens;
reading glass; *onder de* ~ *nemen* examine
[*fig*].
loer [lu:r] *v* in: *op de* ~ *liggen* lie in wait, lie on
the look-out, keep a sharp look-out.
loeren ['lu:rə(n)] *vi* peer, spy; ~ *op iemand* lie
in wait for one; *op een gelegenheid* ~ watch
one's opportunity.
loeven ['lu.və(n)] *vi* ‡ luff.
loever(t) ['lu.vər(t)] in: *te* ~ ‡ to windward.
1 **lof** [lɔf] *m* praise, laudation, eulogy; *God* ~ *!*
praise be to God!, thank God!; *eigen* ~
stinkt self-praise is no recommendation; *zijn
eigen* ~ *verkondigen* blow one's own trumpet;
de ~ *verkondigen (zingen) van* sing the praises
of; *boven alle* ~ *verheven* beyond all praise;
met ~ *promoveren* take an honours degree;
zij spraken met veel ~ *over hem* they were
loud in praise of him.
2 **lof** [lɔf] *o* ‡ zie *loof.*
3 **lof** [lɔf] *o RK* benediction, evening service.
lofdicht ['lɔfdɪxt] *o* panegyric, laudatory poem.
loffelijk ['lɔfələk] I *aj* laudable, commendable,
praiseworthy; II *ad* laudably, commendably.
loffelijkheid [-hɛit] *v* laudableness &.
loflied ['lɔfli.t] *o* hymn (song) of praise, ☉
paean.
lofrede [-re.də] *v* laudatory speech, panegyric.
lofredenaar [-re.dəna:r] *m* panegyrist.
lofspraak [-spra.k] *v* praise, commendation.
loftrompet [-trɔmpɛt] *v* in: *de* ~ *steken over*
trumpet forth the praises of..., sing (sound) a
man's praises.
loftuiting [-tœytɪŋ] *v* praise, commendation.
lofwaardig [lɔf'va:rdəx] zie *loffelijk.*
lofzang ['lɔfsaŋ] *m* 1 hymn (song) of praise,
panegyric; 2 doxology.
1 **log** [lɔx] I *aj* heavy [gait], unwieldy [person],
cumbrous, cumbersome [mass]; II *ad* heavi-
2 **log** [lɔx] *v* ‡ log.   [ly.
log. = *logaritme.*
logaritme [lo.ga:'rɪtmə] *v* logarithm.
logaritmentafel [-(n)ta.fəl] *v* table of loga-
rithms.
logboek ['lɔxbu.k] *o* logbook.
loge ['lo:ʒə] *v* 1 lodge [of freemasons]; 2 box
[in a theatre]; *in de* ~ in the masonic hall.
logé [lo.'ʒe.] *m* guest, visitor; *betalend* ~ paying guest.
logeergast [-'ʒe:rgɑst] *m* guest, visitor.
logeerkamer [-'ʒe:rka.mər] *v* spare (bed)room,
visitor's room, guest-room.
logement [-ʒə'mɛnt] *o* inn, hotel.
logementhouder [-hɑudər] *m* innkeeper, hotel-
keeper.
logen ['lo.gə(n)] *vt* steep in lye, § lixiviate.
logenstraffen [-strafə(n)] *vt* give the lie to,
belie [hopes, a statement]; falsify [an as-
sumption].
logeren [lo.'ʒe:rə(n)] I *vi* stay, stop; *ik logeer
bij mijn oom* I am staying at my uncle's (with
my uncle); *u kunt bij ons* ~ you can stay with
us; *ik ben daar te* ~ I am on a visit there; *we
hebben mensen te* ~ ook: we have visitors; *ze
gaan* ~ *in de Zon* they are going to put up at
the Sun hotel; II *vt* put [one] up.
logger [-gər] *m* ‡ lugger.
logheid ['lɔxhɛit] *v* heaviness, unwieldiness &.
logica ['lo.gi.ka.] *v* logic.
logies [lo.'ʒi.s] *o* lodging, accommodation; ‡
quarters; ~ *en ontbijt* bed and breakfast.
logisch ['lo.gi.s] I *aj* logical, logic; *dat is nogal* ~ F
of course, that goes without saying; *het* ~*e
van het geval* the logic of the case; II *ad*
logically.
logopedie [lo.go.pe.'di.] *v* speech-training.
lok [lɔk] *v* lock, curl.
lokaal [lo.'ka.l] I *aj* local; II *o* room, hall.
lokaalspoorweg [-spo:rvɛx] *m* district railway.

lokaaltrein [-trɛin] *m* local (train).
lokaas ['lo:ka.s] *o* bait, allurement, decoy.
lokaliseren ['-'ze:rə(n)] *vt* localize.
lokaliteit [lo.ka.li.'tɛit] *v* locality; (vertrek, zaal) room, hall.
lokeend [-e.nt] *v* ♠ decoy(-duck).
loket [lo.'kɛt] *o* 1 (station) ticket-office, booking-office, ticket-window; 2 (schouwburg) (box-)office, (box-office) window; 3 (postkantoor e.d.) counter; 4 pigeon-hole [of a cabinet]; 5 (safe-deposit) box; *aan het* ~ at the counter, [sell] over the counter.
lokfluitje ['lɔkflœyca] *o* bird-call.
lokken ['lɔkə(n)] *vt* lure, allure, entice, decoy.
lokmiddel ['lɔkmɪdəl] *o* enticement, bait, lure.
lokstem [-stɛm] *v* enticing voice, siren voice.
lokvink [-fɪŋk] *m* & *v* decoy-bird, decoy².
lol [lɔl] *v* P fun, lark(s); ~ *maken* make fun.
lolletje ['lɔlɔcə] *o* P lark; *het was geen* ~ it was no fun.
lollig [-lɔx] 1 *aj* P jolly, funny; *het was zo* ~! it was such fun!; *het is niks* ~ it is not a bit amusing; II *ad* funnily.
lolly ['lɔli.] *m* lollipop.
lommer ['lɔmər] *o* 1 shade; 2 foliage.
lommerd ['lɔmərt] *m* pawnbroker's shop, pawnshop; *in de* ~ at the pawnbroker's; S *at my uncle's*; *in de* ~ *zetten* take to the pawnbroker's.
lommerdbriefje [-bri.fjə] *o* pawn ticket.
lommerdhouder [-hɔudər] *m* pawnbroker.
lommerrijk ['lɔmərɛik] shady, shadowy.
1 lomp [lɔmp] *v* rag, tatter.
2 lomp [lɔmp] I *aj* 1 (van vorm) ungainly; 2 (onhandig) clumsy, awkward; 3 (grof) hulking; 4 (vlegelachtig) rude, unmannerly; II *ad* clumsily &.
lompenkoopman [-ko.pman] *m* ragman, dealer in rags.
lomperd ['lɔmpərt] *m* boor, lout.
lompheid ['lɔmpɛit] *v* 1 ungainliness; 2 clumsiness, awkwardness; 3 rudeness.
Londen ['lɔndə(n)] *o* London.
Londenaar [-dəna:r] *m* Londoner.
Londens [-dəns] London.
lonen ['lo.nə(n)] *vt* pay; *het loont de moeite (niet)* it is (not) worth while.
lonend [-nənt] paying, remunerative.
long [lɔŋ] *v* lung.
longaandoening ['lɔŋa.ndu.nɪŋ] *v* pulmonary affection.
longkanker [-kaŋkər] *m* lung cancer.
longkruid [-krœyt] *o* ♣ lungwort.
longontsteking [-ɔ̀ntste.kɪŋ] *v* pneumonia.
longroom [-ru.m] *m* ♣ ward-room.
longslagader [-sla.xa.dər] *v* pulmonary artery.
longtering [-te:rɪŋ] *v* pulmonary consumption, phthisis.
lonk [lɔŋk] *m* ogle; *iemand* ~*jes toewerpen* ogle a person.
lonken ['lɔŋkə(n)] *vi* ogle.
lont [lɔ̀nt] *v* (slow) match, fuse; ~ *ruiken* smell a rat; *de* ~ *in het kruit steken (werpen)* put the torch to the powder-magazine.
loochenaar ['lo.gəna:r] *m* denier.
loochenen [-na:nə(n)] *vt* deny.
loochening [-nɪŋ] *v* denial.
lood [lo.t] *o* 1 lead; 2 (dieplood) sounding-lead, lead; 3 (schietlood) plumb-line; 4 (gewicht) decagramme; *het is* ~ *om oud ijzer* it is six of one and half a dozen of the other; *in het* ~ plumb, upright: *glas in* ~ *in* ~ *gevatte ruitjes* leaded lights; *met* ~ *in de schoenen* with leaden feet; *uit het* ~ out of plumb; *hij was uit het* ~ *geslagen* he was taken aback; he was thrown off his balance.
loodgieter [-gi.tər] *m* plumber.
loodgieterij [lo.tgi.tə'rɛi] *v* lead-works; plumbery (= plumber's shop ♣ plumbing).

loodglans ['lo.tglɑns] *o* lead glance.
loodhoudend [-hɔudənt] plumbic.
loodje ['lo.cə] *o* 1 small lump of lead; 2 (plombe) lead seal; *de laatste* ~*s wegen het zwaarst* it is the last straw that breaks the camel's back; *hij moest het* ~ *leggen* he had to pay the piper; he got the worst of it.
loodkleur ['lo.tklø:r] *v* lead colour, leaden hue.
loodkleurig [-klø:rəx] lead-coloured, leaden.
loodlijn [-lɛin] *v* 1 perpendicular (line); 2 ♣ sounding-line; *een* ~ *oprichten (neerlaten)* erect (drop) a perpendicular.
loodmijn [-mɛin] *v* lead-mine.
loodrecht [-rɛxt] *aj* (& *ad*) perpendicular(ly).
1 loods [lo.ts] *v* shed; (aangebouwd) lean-to; ﹩ hangar.
2 loods [lo.ts] *m* & ♣ pilot.
loodsboot ['lo.tsbo.t] *m* & *v* ♣ pilot-boat.
loodsen ['lo.tsə(n)] *vt* pilot².
loodsgeld ['lo.tsgɛlt] *o* pilotage (dues).
loodswezen [-ve.zə(n)] *o* pilotage.
loodvergiftiging ['lo.tfərgɪftəgɪŋ] *v* lead poisoning.
loodwit [-vɪt] *o* white lead, § ceruse.
loodwitfabriek [-fa.bri.k] *v* white-lead works.
loodzwaar ['lo.tsva:r] heavy as lead, leaden.
loof [lo.f] *o* foliage, leaves; [potato] tops, (inz. gedroogd als stro) haulm.
loofboom ['lo.fbo.m] *m* foliage tree.
loofhut [-hüt] *v* tabernacle.
Loofhuttenfeest [-hüta(n)fe.st] *o* Feast of Tabernacles.
loofrijk [-rɛik] leafy.
loofwerk [-vɛrk] *o* △ leaf-work, foliage.
loog [lo.x] *v* & *o* lye.
loogwater [-va.tər] *o* lye.
looien ['lo.jə(n)] *vt* tan.
looier [-jər] *m* tanner.
looierij [lo.jə'rɛi] *v* 1 tannery, tan-yard; 2 tanner's trade.
looikuip ['lo.ikœyp] *v* tan vat.
looistof [-stof] *v* tannin.
looizuur [-zy:r] *o* tannic acid.
look [lo.k] *o* & *m* ♣ garlic, leek.
loom [lo.m] slack, dull, slow, heavy; languid; *met lome schreden* with leaden feet.
loomheid ['lo.mhɛit] *v* slackness, dul(l)ness, slowness, heaviness, lassitude, languor.
loon [lo.n] *o* 1 wages, salary, pay; 2 reward, recompense; *hij kreeg* ~ *naar werken* he got his due; *hij heeft zijn verdiende* ~ it serves him right.
loonactie, -aktie ['lo.naksi.] *v* agitation for higher wages.
loonarbeid [-arbɛit] *m* wagework.
loonbelasting [-bələstɪŋ] *v* pay-as-you-earn income-tax, P.A.Y.E.
loondienst [-di.nst] *m* wage-earning; *personen in* ~ employed persons; *werk in* ~ paid labour; *werk in* ~ *verrichten* work for wages.
looneis [-ɛis] *m* wage(s) demand, wage claim, pay claim.
loonlijst [-lɛist] *v* wage(s) sheet.
loonpeil [-pɛil] *o* wage level, level of wages.
loonpolitiek [-po.li.ti.k] *v* wages policy.
loonronde [-rɔ̀ndə] *v* wage round.
loonschaal [-sxa.l] *v* wage scale; *glijdende* ~ sliding scale (of wages).
loonslaaf [-sla.f] *m* wage-slave, drudge, hack.
loonstandaard [-stɑnda:rt] *m* rate of wages, wage rate.
loonstelsel [-stɛlsəl] *o* wage(s) system.
loonstop [-stɔp] *m* wage freeze; *een* ~ *afkondigen* freeze wages.
loonsverhoging ['lo.nsfərho.gɪŋ] *v* rise in wages.
loonsverlaging [-la.gɪŋ] *v* wages reduction.
loontrekker ['lo.ntrekər] *m* wage-earner.
loonwet [-vet] *v* [iron] law of wages.
loonzakje [-zɑkjə] *o* pay-packet.

loop [lo.p] *m* 1 (het lopen) run; 2 (gang v. persoon) walk, gait; 3 (v. zaken) course; trend, march [of events]; 4 (v. geweer) barrel; *'s werelds* ~ the way of the world; *het recht moet zijn* ~ *hebben* the law must take its course; *de vrije* ~ *laten aan...* let... take their (own) course; give free course to...; *een andere* ~ *nemen* take a different turn; *in de* ~ *van de dag* in the course of to-day, during to-day; *in de* ~ *der jaren* over the years; *in de* ~ *der tijden* in the course of ages (of·time); *iets in zijn* ~ *stuiten* arrest (check) ...in its (their) course; *op de* ~ *gaan* cut and run, run for it, take to one's heels; bolt [also of a horse]; *op de* ~ *zijn* be on the run.
loopbaan ['lo.pba.n] *v* career.
loopgraaf [-gra.f] *v* ✠ trench.
loopgravenoorlog [-gra.vəno:rlɔx] *m* trench warfare.
loophek [-hɛk] *o* playpen.
loopje [-jə] 1 run; 2 ♪ run, passage; 3 (kunstgreep) trick; *met iemand een* ~ *nemen* make a fool of one, pull a person's leg.
loopjongen [-jɔŋə(n)] *m* errand-boy, messenger
loopkat [-kat] *v* ✠ crab.   [boy.
loopkraan [-kra.n] *v* ✠ travelling crane.
loopmeisje [-mɛiʃə] *o* errand-girl.
looppas ['lo.pas] *m* ✠ double time; *in de* ~ at the double.
loopplank [-plaŋk] *v* ⚓ gangway.
looprek [-rɛk] *o* playpen.
looptijd [-tɛit] *m* $ currency [of a bill].
loopvlak [-flak] *o* tread [of a tyre].
loopvogel [-fo.gəl] *m* 🐦 walker.
loos [lo.s] 1 (slim) cunning, crafty, wily; 2 (niet echt) dummy (doors &], false (bottom, alarm].
loosheid ['lo.sheit] *v* cunning, craftiness, wiliness.
loot [lo.t] *v* 🌿 shoot; *fig* scion, offspring.
lopen ['lo.pə(n)] I *vi* 1 (gaan) walk; 2 (hard lopen) run; 3 (zich bewegen) go [of machines, clocks &], run [of rivers, wheels &]; 4 (etteren) run; 5 *fig* run [of a contract, lease &]; *zullen we* ~? shall we walk?; *loop!* get along with you!; *die treinen* ~ *niet* these trains are not run; *het liep anders* things turned out differently; *mijn horloge loopt goed* my watch goes well, is a good time-keeper; *de twist liep hoog* the dispute ran high; *gaan* ~ run away [also of visitors]; *zullen we wat gaan* ~? shall we go for a walk?; *hij laat alles maar* ~ he lets things slide (drift); *we zullen hem maar laten* ~ better leave him alone; give him the go-by; *men liet het metaal in een vorm* ~ they ran the metal into a mould; *zijn vingers over de toetsen laten* ~ run one's fingers over the keys; *zij* ~ *te bedelen* they go about begging; *het loopt in de duizenden* it runs into thousands; *het loopt in de papieren* zie *papier*; zie ook: *inlopen*; *het loopt naar twaalven* it is getting on for twelve o'clock; *hij loopt naar de vijftig* he is getting on for fifty; *de gracht loopt om de stad* goes round the town; *op een mijn &* ~ ⚓ strike a mine &; *waar loopt het over* what is it about?; *de weg loopt over A.* goes via A.; *je zult er tegen aan* ~ you will get into trouble; II *vt* run; *zich moe* ~ tire oneself out with walking (with running); III *o* *het is een uur* ~(s) it is an hour's walk; *onder het* ~ while walking; *het op een* ~ *zetten* I break into a run; I take to one's heels.
lopend [-pɔnt] running [dogs, boys, bills &]; current [year]; *de zevende van de* ~*e maand* the seventh inst. (= instant); ~ *schrift* cursive; *zich als een* ~ *vuurtje verspreiden* spread like wild-fire; *de* ~*e zaken* current affairs, the business of the day; *rekeningen*

~*e over de laatste drie jaren* covering the last three years.
loper [-pər] *m* 1 (in 't alg.) runner; 2 (krantenrondbrenger) newsman; 3 (v. bank &) messenger; 4 (schaakspel) bishop; 5 (tapijt) carpet; 6 (tafelkleedje) table-runner; 7 (sleutel) master-key, pass-key.
lor [lɔr] *o* & *v* rag; *het is een* ~ it is a dud; it is mere trash, rubbish; *een* ~ *van een roman* a rubbishy novel; *geen* ~ not a straw.
lorgnet [lɔr'nɛt] *v* & *o* eye-glasses, pince-nez.
lork(eboom) ['lɔrk(əbo.m)] *m* 🌲 larch.
lorrie ['lɔri.] *v* lorry, trolley, truck.
lorrig ['lɔrəx] trashy, rubbishy, trumpery.
1 los [lɔs] I *aj* loose² [screw, dress, money, style, reports &]; detached [sentences]; ~*se aantekeningen* stray notes; ~ *arbeider* casual labourer, odd hand; ~*se bloemen* cut flowers; ~ *kruit* powder; ~*se nummers (v. e. krant)* [I have] occasional (odd) numbers, a few stray copies; single copies [not sold]; *...wordt niet* ~ *verkocht ...is* not sold loose; ~ *werkman* zie ~ *arbeider*; II *ad* loosely²; ~ *!* let go!; *erop* ~ *gaan* go at [them, him]; *erop* ~ *leven* go the pace; live from hand to mouth; *erop* ~ *slaan* hit out, pitch into [them].
2 los [lɔs] *m* 🐾 lynx.
losbandig [-'bandəx] licentious, dissolute, profligate.
losbandigheid [-heit] *v* licentiousness, dissoluteness, profligacy, libertinism.
losbarsten ['lɔsbarstə(n)] *vi* break out, burst, explode; (v. bui, storm) break.
losbarsting [-stiŋ] *v* outbreak, burst, explosion.
losbladig [lɔs'bla.dəx] loose-leaf...
losbol ['lɔsbɔl] *m* loose liver, profligate, rake.
losbranden [-brandə(n)] *vt* fire off, discharge.
losbreken ['lɔsbre.kə(n)] *vi* break loose, break away; (v. bui, storm) break.
losdraaien [-dra.jə(n)] *vt* unscrew, loosen [a screw].
losgaan [-ga.n] *vi* get loose; zie ook: 1 *los* II.
losgeld [-gɛlt] *o* 1 ransom; 2 $ landing-charges.
losgespen [-gɛspə(n)] *vt* unbuckle.
loshaken [-ha.kə(n)] *vt* unhook.
loshangen [-haŋə(n)] *vi* hang loose, dangle; ~*d haar* 1 unloosened hair; 2 (slordig) dishevelled hair
losheid [-heit] *v* looseness².
losjes ['lɔʃəs] loosely.
losknopen ['lɔskno.pə(n)] *vt* 1 unbutton; 2 untie.
loskomen [-ko.mə(n)] *vi* 1 get loose [of a person &]; 2 *fig* come out of one's shell, open out; 3 ✈ get off the ground, take off.
loskopen [-ko.pə(n)] *vt* buy off, ransom, redeem.
loskrijgen [-krɛigə(n)] *vt* 1 get loose; 2 *fig* extract [money, a promise from a person]; *geld zien los te krijgen* try to raise money.
loslaten [-la.tə(n)] I *vt* let loose, let go of [my hand], release; abandon [a policy]; *hij laat niets los* he is very reticent; *de gedachte laat mij niet meer los* the thought haunts me; II *vi* & *va* 1 let go; 2 come off [of paint &]; *laat los !* let go!; *hij laat niet los* he holds on like grim death.
loslating [-tiŋ] *v* release.
loslippig [lɔs'lɪpəx] indiscreet.
loslippigheid [-heit] *v* indiscretion.
losloon [lɔslo.n] *o* landing-charges.
loslopen [-lo.pə(n)] *vi* be at liberty; ~*de honden* unattached dogs; *dat zal wel* ~ F it is sure to come right.
losmaken [-ma.kə(n)] I *vt* loosen, untie, unbind, undo [a knot]; dislodge [a stone &]; *fig* disengage [moneys]; disjoin [what was united]; II *vr* *zich* ~ disengage (free) oneself; *zich* ~ *van...* dissociate oneself from [a com-

pany], break away from.
losplaats [-pla.ts] v ⚓ discharging-berth.
losprijs [-prɛis] m ransom².
losraken [-ra.kə(n)] vi get loose.
losrukken [-rükə(n)] I vt zie *losscheuren*; II vr zich ~ (van) zie *losscheuren*.
losscheuren ['lɔsxør:rə(n)] I vt tear loose; tear (away) from; II vr zich ~ (van) tear oneself away (from), break away (from).
losschroeven [-s(x)ru.və(n)] vt unscrew.
lossen ['lɔsə(n)] I vt I (v. goederen) unload; 2 (v. vuurwapen) discharge; fire [a shot at him]; II vi unload, break bulk.
losser [-sər] m unloader.
lossing [-sɪŋ] v unloading, discharge.
losspringen [-sprɪŋə(n)] vi spring loose (open).
losstormen [-stɔrmə(n)] vi in: ~ op rush upon.
lostornen [-tɔrnə(n)] vt unsew, rip (open).
lostrekken [-trɛkə(n)] vt pull loose, tear loose.
loswerken [-vɛrkə(n)] I vt & vi work loose; II vr zich ~ work loose, disengage oneself.
loswerpen [-vɛrpə(n)] vt ⚓ cast off [ropes].
lot [lɔt] o I (noodlot) fate, destiny, lot; 2 (levenslot) lot; 3 (loterijbriefje) lottery-ticket; *dat is een ~ uit de loterij* F it's a chance in a thousand; *iemand aan zijn ~ overlaten* abandon (leave) one to his fate, leave him to his own devices.
loteling ['lo.təlɪŋ] m conscript.
loten [-tə(n)] vi I draw lots; 2 draw [for the militia].
loterij [lo.tə'rɛi] v lottery.
loterijbriefje [-bri.fjə] o lottery-ticket.
lotgenoot ['lɔtxəno.t] m companion in distress.
lotgeval [-xəval] o adventure.
loting ['lo.tɪŋ] v I drawing of lots; 2 ✕ drawing for the militia; *in de ~ vallen* become a conscript.
Lotje ['lɔcə] v Charlotte; *van lotje getikt* crackbrained.
lotus ['lo.tûs] m ♣ lotus.
louche [lu.ʃ] shady.
louter ['loutər] pure, mere; ~ *leugens* only (nothing but) lies; ~ *onzin* sheer nonsense; *de ~e waarheid* the naked truth, nothing but the truth.
louteren [-tərə(n)] vt purify, refine.
loutering [-rɪŋ] v purification, refining.
loven ['lo.və(n)] vt praise, laud, extol, glorify; ~ *en bieden* haggle, chaffer, bargain.
lover [-vər] o foliage.
lovertje [-vərcə] o spangle.
loyaal [lva'ja.l] aj (& ad) loyal(ly).
loyaliteit [-ja.li.'tɛit] v loyalty.
lozen ['lo.zə(n)] vt I drain, void [water]; 2 heave [a sigh]; 3 get rid of [a person].
lucht [lüxt] v I (gas) air; 2 (uitspansel) sky; 3 (reuk) smell, scent²; ~ *geven aan zijn gevoelens (verontwaardiging)* give vent to one's feelings, vent one's indignation; *de ~ krijgen van iets* get wind (scent) of it, scent it; *er is onweer aan de ~* there is thunder in the air²; there is a storm brewing²; *in de ~* in the air; *dat hangt nog in de ~* it is still (somewhat) in the air; *in de ~ vliegen* be blown up; *het zit in de ~* it is in the air; *in de ~ zitten kijken* stare into the air (into vacancy); *in de open ~* in the open (air); *dat is uit de ~ gegrepen* it is an invention, it is without any foundation; *uit de ~ komen vallen* drop from the skies.
luchtaanval ['lüxta.nval] m ✕ air attack, air raid.
luchtafweer [-afʋe:r] m ✕ I zie *luchtverdediging*; 2 zie *luchtafweergeschut*.
luchtafweergeschut [-xəsxüt] o ✕ anti-aircraft artillery.
luchtalarm ['lüxta.larm] o air-raid warning, alert.

luchtballon [-balòn] m balloon.
luchtband [-bant] m tyre, pneumatic tyre.
luchtbasis [-ba.zəs] v ✕ air base.
luchtbed [-bɛt] o air mattress.
luchtbel [-bɛl] v bubble.
luchtbescherming [-bəsxɛrmɪŋ] v ✕ air-raid precautions, A.R.P., Civil Defence, C.D.
luchtbombardement [-bòmbardəmɛnt] o ✕ aerial bombardment.
luchtbrug [-brûx] v ✕ air-lift.
luchtdoelgeschut [-du.lgəsxüt] o ✕ anti-aircraft artillery.
luchten ['lüxtə(n)] vt air², ventilate²; *fig* vent; *zijn geleerdheid ~* air one's learning; *zijn gemoed (hart) ~* relieve one's feelings; *de kamers ~* air the rooms; *ik kan hem niet ~ of zien* I hate the very sight of him.
luchter [-tər] m I chandelier; 2 candlestick.
luchtfoto ['lüxtfo.to.] v air (aerial) photograph, air (aerial) view.
luchtgat [-gat] o air hole, vent(-hole).
luchtgekoeld [-goku.lt] air-cooled.
luchtgesteldheid [-gəstɛltheit] v I condition of the air; 2 climate.
luchthartig [lüxt'hartəx] aj (& ad) light-hearted(ly).
luchthartigheid [-heit] v light-heartedness.
luchthaven ['lüxtha.və(n)] v airport; *drijvende ~* seadrome.
luchtig ['lüxtəx] I aj I well-aired; 2 (dun, licht) airy² [costumes &]; light [bread]; II ad airily, lightly.
luchtigheid [-heit] v airiness, lightness, levity.
luchtje ['lüxjə] o faint air; breath of air; *er is een ~ aan F* it smells; *fig* it is a bit fishy; *een ~ scheppen* take an airing; *een ~ gaan scheppen* go out for a breath of air.
luchtkartering ['lüxtkarte:rɪŋ] v air (aerial) survey.
luchtkasteel [-kaste.l] o airy castle; *luchtkastelen bouwen* build castles in the air.
luchtklep [-klɛp] v ✕ air valve.
luchtkoeling [-ku.lɪŋ] v air-cooling; *motor met ~* air-cooled engine.
luchtkoker [-ko.kər] m air shaft.
luchtkussen [-küsə(n)] o air-cushion.
luchtkussenvoertuig [-vu:rtœyx] o Ⓜ hovercraft (ook *mv*).
luchtlaag [-la.x] v layer of air.
luchtlandings... [-s] air-borne [troops &].
luchtledig [lüxt'le.dəx] I aj void of air; ~*e ruimte* vacuum; II o vacuum.
luchtlijn ['lüxtlein] v ✈ air line.
luchtmacht [-maxt] v ✈ air force.
luchtnet [-nɛt] o ✈ air network.
luchtoorlog [-o:rlɔx] m ✈ aerial warfare.
luchtpijp [-pɛip] v windpipe, § trachea [mv tracheae].
luchtpomp [-pòmp] v air-pump.
luchtpost [-pɔst] v ✈ air mail.
luchtrecht [-rɛxt] o ✈ air-mail fee.
luchtreiziger [-rɛizəgər] m I ✈ air-traveller; 2 ⚲ zie *luchtschipper*.
luchtruim [-rœym] o I atmosphere; [the conquest of the] air; 2 [national, Dutch &] air space.
luchtschip [-sxip] o airship.   [space.
luchtschipper [-sxipər] m aeronaut, balloonist.
luchtschommel [-sxòməl] m & v swing-boat.
luchtschroef [-s(x)ru.f] v ✈ airscrew, propeller.
luchtspiegeling [-spi.gəlɪŋ] v mirage, fata morgana.
luchtstoringen [-sto:rɪŋə(n)] mv atmospherics.
luchtstreek [-stre.k] v climate, zone.
luchtstrijdkrachten [-strɛitkraxtə(n)] mv ✈ air force.
luchtstroom [-stro.m] m air current.
luchtvaart [-fa:rt] v aeronautics, aviation.
luchtvaartmaatschappij [-ma.tsxapɛi] v air (-line) company, aviation company.
luchtverdediging ['lüxtfərde.dəgɪŋ] v ✕ air

defence.

luchtverkeer [-ke:r] *o* aerial traffic, air traffic.
luchtverschijnsel [-sxɛinsəl] *o* atmospheric phenomenon.
luchtverversing [-vɛrsɪŋ] *v* ventilation.
luchtvervoer [-vu:r] *o* ✈ air transport.
luchtvloot [ˈlʏxtflo.t] *v* air fleet.
luchtwaardig [lʏxtˈvaːrdəx] airworthy.
luchtweerstand [ˈlʏxtvɛːrstɑnt] *m* air resistance.
luchtweg [-vɛx] *m* 1 ✈ air route; 2 air-passage; ~en bronchia.
luchtwortel [-vɔrtəl] *m* ♣ aerial root.
luchtziek [-si.k] air-sick.
luchtziekte [-si.ktə] *v* air-sickness.
lucifer [ˈly.si.fer] *m* match; *Zweedse* ~ safety match.
lucifersdoosje [-fərsdo.ʃə] *o* match-box.
lucratief [ly.kra.ˈti.f] lucrative.
luguber [ly.ˈgy.bər] lugubrious, lurid.
1 **lui** [lœy] I *aj* lazy, idle, slothful; *liever* ~ *dan moe zijn* F be born tired; II *ad* lazily.
2 **lui** [lœy] *mv* F people.
luiaard [ˈlœya.rt] *m* 1 lazy-slugbones, gard; 2 ♠ ai, sloth.
luid [lœyt] I *aj* loud; II *ad* loud(ly).
1 **luiden** [ˈlœydə(n)] I *vi* sound; *hoe luidt de brief?* how does the letter run?; *zoals de uitdrukking luidt* as the phrase has it (goes); II *va* sound, ring, peal, chime [for a birth], toll [for a death]; III *vt* ring, peal, chime, toll.
2 **luiden** [ˈlœydə(n)] *mv* in: *de kleine* ~ the little people, the small fry, the small man.
luidkeels [ˈlœytke.ls] aloud, at the top of one's voice.
luidruchtig [lœytˈrʏxtəx] I *aj* loud, noisy, boisterous; II *ad* loudly, noisily, boisterously.
luidruchtigheid [-heit] *v* loudness, noisiness, boisterousness.
luidspreker [ˈlœytspre.kər] *m* ✻❧ loud-speaker.
luidsprekerinstallatie [-ɪnstaˈla.(t)si.] *v* loudspeaker system, public-address system.
luier [ˈlœyər] *v* clout, diaper, F nappy.
luieren [-ərə(n)] *vi* be idle, idle, laze.
luiermand [ˈlœyərmɑnt] *v* 1 baby-linen basket; 2 layette, baby linen, baby clothes.
luierstoel [-stu.l] *m* easy chair.
luifel [ˈlœyfəl] *v* penthouse; (glass) porch [at hotel door &], awning [over railway platform].
luiheid [ˈlœyheit] *v* laziness, idleness, sloth.
luik [lœyk] *o* 1 (aan raam) shutter; 2 (in vloer) trapdoor; 3 ♣ hatch; 4 (v. schilderij) panel.
luilak [ˈlœylɑk] *m* lazy-bones.
luilakken [-lɑkə(n)] *vi* idle, laze.
luilekkerland [lœyˈlekərlɑnt] *o* land of plenty.
luim [lœym] *v* 1 humour, mood; 2 whim, caprice; freak; *in een goede (kwade)* ~ *zijn* be in a good (bad) temper (humour).
luimig [ˈlœyməx] I *aj* 1 humorous; 2 capricious; II *ad* 1 humorously; 2 capriciously.
luimigheid [-heit] *v* 1 humorousness, humour; 2 capriciousness.
luipaard [ˈlœypa.rt] *m* ♠ leopard.
luis [lœys] *v* louse [*mv* lice].
luister [ˈlœystər] *m* lustre, splendour, resplendence, pomp (and splendour); ~ *bijzetten* grace.
luisteraar [-təra.r] *m* 1 listener; 2 eavesdropper; 3 ✻❧ listener(-in).
luisterapparaat [-tərapa.ra.t] *o* listening apparatus.
luisterbijdrage [-beidra.gə] *v* ✻❧ (listener's) licence fee.
luisteren [ˈlœystərə(n)] *vi* 1 listen; 2 ✻❧ listen (in); 3 obey; *wie luistert aan de wand, hoort zijn eigen schand* listeners hear no good of themselves; *naar iemand* ~ listen to a person; ~*de naar de naam Fox* answering to the name

of Fox; *naar het roer* ~ ♣ answer the helm.
luisterrijk [ˈlœystəreik] I *aj* splendid, magnificent, glorious; II *ad* splendidly, magnificently, gloriously.
luisterspel [ˈlœystərspɛl] *o* ✻❧ radio play.
luistervergunning [-vərgʏnɪŋ] *v* ✻❧ (wireless) receiving licence.
luistervink [-vɪŋk] *m* & *v* eavesdropper.
luit [lœyt] *v* ♪ lute.
luitenant [ˈlœytənɑnt] *m* ✕ lieutenant; ~*-terzee 2e klasse* ♣ sub-lieutenant.
luitenant-generaal [lœytənɑntɡe.nəˈra.l] *m* ✕ lieutenant-general.
luitenant-kolonel [-ko.lo.ˈnɛl] *m* ✕ lieutenant-colonel; ✈ wing commander.
luitjes [ˈlœycəs] *mv* F people, folks.
luitspeler [ˈlœytspe.lər] *m* lute-player.
luiwagen [ˈlœyva.gə(n)] *m* scrubbing-brush.
luiwammes [-vaməs] *m* F zie *luilak*.
lukken [ˈlʏkə(n)] *vi* succeed; zie *gelukken*.
lukraak [ˈlʏkra.k] at random, hit or miss.
lumineus [ly.mi.ˈnø.s] luminous, brilliant, bright.
lummel [ˈlʏməl] *m* lout, lubber.
lummelachtig [-ɑxtəx] loutish, lubberly.
lummelen [ˈlʏ.mələ(n)] *vi* laze (about).
lunapark [ˈly.na.pɑrk] *o* amusement park, fun fair.
lunch [lʏnʃ] *m* lunch(eon).
lunchen [ˈlʏnʃə(n)] *vi* lunch, have lunch.
lunchroom [-ru.m] *m* tea-room(s), tea-shop.
lupine [ly.ˈpi.nə] *v* ♣ lupine.
lupus [ˈlu.pʏs] *m* ♥ lupus.
lurken [ˈlʏrkə(n)] *vi* P suck.
lus [lʏs] *v* 1 (in tram) strap; 2 (v. schoen) tag; 3 (v. touw) noose; 4 (als ornament) loop.
lust [lʏst] *m* 1 inclination, liking, mind; 2 desire, appetite; 3 delight; 4 lust [of the flesh]; *een* ~ *voor de ogen* a feast for the eyes; ~ *hebben...* have a mind to..., feel inclined to...; *ik heb er geen* ~ *in* I have no mind to, I don't feel like it; *het is mijn* ~ *en mijn leven* that is meat and drink to me; *ja, een mens zijn* ~ *is een mens zijn leven* my mind to me a kingdom is; *zij... dat het een* ~ *is* with a will.
lusteloos [ˈlʏstəlo.s] I *aj* listless, apathetic; $ dull [market]; II *ad* listlessly, apathetically.
lusteloosheid [lʏstəˈlo.sheit] *v* listlessness, apathy, dullness.
lusten [ˈlʏstə(n)] I *vt* like; *...gaarne* ~ be a lover of...; *zij* ~ *dat niet* they don't like it; *hij zal ervan* ~ he is going to catch it (hot); II *onpersoonlijk* ww. in: *het lust me niet om...* I do not feel inclined to...
lusthof [ˈlʏsthɔf] *m* pleasure-ground; *fig* (garden of) Eden.
lustig [ˈlʏstəx] I *aj* merry, cheerful; ⊙ blithe, blithesome; II *ad* merrily, cheerfully, ⊙ blithely; < lustily.
lustoord [ˈlʏsto:rt] *o* delightful spot, pleasure-ground.
lustre [ˈly.star] *o* lustre.
lustrum [ˈlʏstrʏm] *o* lustrum, lustre.
Luther [ˈly.tər] *m* Luther.
luthers [ˈly.tərs] *aj* Lutheran.
luttel [ˈlʏtəl] small, little; few.
luwen [ˈly.və(n)] *vi* abate, die down [of a storm, of wind]; calm down, quiet down [of excitement]; cool down [of friendship].
luwte [ˈly:utə] *v* lee.
luxe [ly.ksə] *m* !luxury.
luxeartikel [-ɑrti.kəl] *o* article of luxury; ~*en ook:* luxury goods.
luxeauto [-o.to., -əuto.] *m* luxury car.
luxebrood [-bro.t] *o* fancy bread.
Luxemburg [ˈlʏksəmbʏrx] *o* Luxembourg.
Luxemburger [-bʏrgər] *m* inhabitant of Luxembourg.

Luxemburgs [-bŭrxs] Luxembourg.
luxueus [ly.ksy.'ø.s] *aj* (& *ad*) luxurious(ly).
lyceum [li.'se.ûm *o* 1 ⓤ lyceum; 2 ⏵ secondary school.
lymf(e) [lımf, 'lımfə] *v* lymph.
lynchen ['lınʃə(n)] *vt* lynch.
lynx [lıŋks] *m* ☆ lynx.
lyriek [li.'ri.k] *v* 1 lyric poetry, lyrics; 2 lyricism.
lyrisch ['li:ri.s] I *aj* lyrical [account, verses], lyric [poetry]; II *ad* lyrically.
ⓜ**lysol** [li.'zɔl] *o* & *m* lysol.

M

ma [ma.] *v* mamma.
maag [ma.x] *v* stomach.
maagd [ma.xt] *v* maid(en), virgin; *de H(eilige) Maagd* the (Holy) Virgin; *de Maagd van Orleans* the Maid of Orleans.
maagdelijk ['ma.gdələk] maidenly, maiden; virgin [forest].
maagdelijkheid [-heit] *v* maidenhood, virginity.
maagholte ['ma.xhɔltə] *v* pit of the stomach.
maagkanker [-kɔŋkər] *m* cancer of the stomach.
maagkramp [-krɔmp] *v* stomach cramp, spasm of the stomach.
maagkwaal [-kva.l] *v* stomach complaint.
maagpijn [-pɛin] *v* stomach ache.
maagsap [-sɔp] *o* gastric juice.
maagstreek [-stre.k] *v* gastric region.
maagzweer [-sve:r] *v* stomach ulcer.
maaien ['ma.jə(n)] *vt* & *vi* mow [grass &]; reap [grain]; cut [corn &].
maailand ['ma:ilɔnt] *o* mowing-field.
maaimachine [-ma.ʃi.nə] *v* mowing-machine; reaping-machine [for grain].
maaitijd [-tɛit] *m* mowing-time.
maak [ma.k] *in de(n)* ~ under repair; *ik heb een jas in de(n)* ~ I am having a coat made.
maakloon ['ma.klo.n] *o* charge for making.
maaksel [-səl] *o* make.
1 **maal** [ma.l] *v* & *o* (keer) time; *een*~ once; zie ook: *eenmaal*; *een enkele* ~ once in a while; *twee*~ twice; *drie*~ three times; *vier*~ four times.
2 **maal** [ma.l] *v* ⓦ mail, post-bag.
3 **maal** [ma.l] *o* (maaltijd) meal.
maalstroom ['ma.lstro.m] *m* whirlpool, vortex², maelstrom.
maalteken [-te.kə(n)] *o* multiplication sign.
maaltijd [-tɛit] *m* [hot] meal, repast.
maan [ma.n] *v* moon; *afnemende* ~ waning moon; *nieuwe* ~ new moon; *volle* ~ full moon; *wassende* ~ waxing moon; *naar de* ~ *gaan* F go to the dogs; *loop naar de* ~ go to the devil; *alles is naar de* ~ all is gone (lost).
maanbrief ['ma.nbri.f] *m* dunning-letter.
maand [ma.nt] *v* month.
maandag ['ma.ndɔx] *m* Monday; *een blauwe* ~ F a very short time; ~ *houden* take Monday off.
maandblad ['ma.ntblɔt] *o* monthly (magazine).
maandelijks ['ma.ndələks] I *aj* monthly; II *ad* monthly, every month.
maandgeld ['ma.ntgɛlt] *o* monthly pay, monthly wages, monthly allowance.
maandstaat [-sta.t] *m* monthly returns.
maanlicht ['ma.nlıxt] *o* moonlight.
maansverduistering ['ma.nsfərdœystərıŋ] *v* eclipse of the moon, lunar eclipse.
maanziek [-zi.k] moon-struck, B lunatic.
1 **maar** [ma:r] I *cj* but; II *ad* but, only, merely; *pas* ~ *op* do be careful; *kon ik het* ~ I wish I could; III *o* but; *er komt een* ~ *bij* there is a

but; *geen maren!* no buts!; IV *ij* but!; ~, ~ *hoe heb ik het nou* dear me!
2 **maar** [ma:r] *v* = *mare*.
maarschalk ['ma:rsxɔlk] *m* marshal.
maarschalksstaf [-stɔf] *m* (field-)marshal's baton.
maart [ma:rt] *m* March.
maarts [ma:rts] (of) March; *de* ~*e buien* April showers.
maas [ma.s] *v* mesh [of a net]; stitch [in knitting &]; *hij kroop door de mazen* he slipped through the meshes.
Maas [ma.s] *v* Meuse.   [egg.
maasbal ['ma.sbɔl] *m* darning-ball, darning-
1 **maat** [ma.t] *v* 1 (afemeting) measure, size; 2 (waarmee men meet) measure; 3 ♪ time, measure; (concreet) bar; 4 (verskunst) metre, measure; *maten en gewichten* weights and measures; *de* ~ *aangeven* ♪ mark (the) time; ~ 7 *hebben* take size 7; ~ *houden* 1 keep within bounds; 2 ♪ keep time; *geen* ~ *houden* go beyond all bounds; overdo it; *geen* ~ *weten te houden* not be able to restrain oneself; *iemand de* ~ *nemen* (*voor een jas*) measure a person (take his measure) for a coat; *de* ~ *slaan* ♪ beat time; *dat maakte de* ~ *vol* then the cup was full; F that put the lid on; *bij de* ~ *verkopen* sell by measure; *in de* ~ ♪ *in* time; *in die mate dat*... to the extent that...; *in gelijke mate* in the same measure, equally; *in hoge mate* in a large measure, highly, greatly, extremely; *in de hoogste mate* highly, exceedingly, to a degree; *in mindere mate* to a less extent; *in meerdere of mindere mate* more or less; *in ruime mate* in a large measure, to a large extent; largely, amply; *in zekere mate* in a measure; *met mate* in moderation; *alles met mate* there is a measure in all things; *met twee maten meten* have two weights and measures; *naar* ~ (*gemaakt*) (made) to measure, made to order; *naar de mate van mijn vermogens* as far as lies within my power; *onder de* ~ *blijven* 1 *eig* be undersized [of conscripts]; 2 *fig* fall short of what is expected (required), not be up to (the) standard; *op* ~ to measure; *op de* ~ *van de muziek* in time to the music; *uit de* ~ ♪ out of time.
2 **maat** [ma.t] *m* mate, comrade, companion, partner.
maatafdeling ['ma.tɔfde.lıŋ] *v* bespoke department.
maatglas [-glɔs] *o* measuring glass.
1 **maatje** ['ma.cə] *o* mate; *zij zijn goede* ~*s* they are as thick as thieves; *met iedereen goede* ~*s zijn* be hail-fellow-well-met with everybody.
2 **maatje** ['ma.cə] *o* F mammy.
3 **maatje** ['ma.cə] *o* decilitre.
maatjesharing ['ma.cəsha:rıŋ] *m* ☆ matie.
maatregel ['ma.tre.gəl] *m* measure; *halve* ~*en* half measures; ~*en treffen* take measures.
maatschappelijk [ma.t'sxɔpələk] I *aj* social; ~ *kapitaal* registered capital; ~ *werk* social work; ~ *werk(st)er* social worker; II *ad* socially.
maatschappij [-sxɔ'pɛi] *v* 1 (samenleving) society; 2 (genootschap) society; 3 $ company; ~ *op aandelen* joint-stock company; *in de* ~ in society.
maatstaf [-stɔf] *m* measuring-rod, standard²; *fig* measure; gauge, criterion; *naar deze* ~ (measured) by this standard; *at this rate*; *een andere* ~ *aanleggen* apply another standard.
maatstok [-stɔk] *m* 1 rule; 2 ♪ (conductor's) baton.
maatstreep [-stre.p] *v* 1 ♪ bar; 2 grade mark.
maatwerk [-vɛrk] *o* goods (shoes, clothes) made

to measure (to order).
macaber [ma'ka.bər] macabre.
macaroni [maka.'ro.ni.] *m* macaroni.
machiavellistisch [maki.a.ve'listi.s] Machiavellian.

machinaal [ma.ʃi.'na.l] *aj* (& *ad*) [act] mechanical(ly), automatic(ally); ~ *vervaardigd* machine-made.
machinatie [-'na.(t)si.] *v* machination.
machine [ma.'ʃi.nə] *v* engine, machine²; *de* ~ 1 the (steam-)engine; 2 the (sewing-)machine; ~*s* ook: machinery.
machinebouw [-bɔu] *m* engine building.
machinefabriek [-fa.bri.k] *v* engineering-works.
machinegeweer [-gəve:r] *o* ✕ machine-gun.
machinekamer [-ka.mər] *v* engine-room.
machineolie [-o.li.] *v* machine oil.
machinepistool [-pi.sto.l] *o* ✕ machine pistol.
machinerie(ën) [ma.ʃi.nə'ri., -'ri.ə(n)] *v(mv)* machinery.
machineschrift [ma.'ʃi.nəs(x)rɪft] *o* type-script.
machineschrijven [-s(x)rɛivə(n)] *o* typewriting.
machinetekenen [-te.kənə(n)] *o* mechanical drawing.
machinist [ma.ʃi.'nɪst] *m* 1 engine-driver [of a train]; engineer [of a ship]; 2 scene-shifter [in a theatre]; *eerste* ~ ♩ chief engineer.
macht [maxt] *v* power, might; ✕ force(s); *de hemelse* (*helse*) ~*en* the heavenly (hellish) powers; *vaderlijke* (*ouderlijke*) ~ paternal authority; *de* ~ *der gewoonte* the force of habit; *een* ~ *mensen* a power of people; *geen* ~ *hebben over zich zelf* not be able to control oneself, not be master of oneself; *ik ben niet bij* ~*e dit te doen* I am not able to do it; it does not lie in my power to do it; *het gaat boven mijn* ~, *het staat niet in mijn* ~ it is beyond my power, it is not in my power; *het in zijn* ~ *hebben om...* have the power to... (the power of ...ing); *iemand in zijn* ~ *hebben* have a person in one's power, have him at one's mercy; *18 in de 3de* ~ *verheffen* raise 18 to the third power; *met alle* ~ with all his (their) might; *uit alle* ~ all he (she, they) could, to the utmost of their power, [shout] at the top of one's voice.
machteloos ['maxtəlo.s] powerless, impotent [fury]; ~ *staan tegenover...* be powerless against.
machteloosheid [maxtə'lo.shɛit] *v* powerlessness, impotence.
machthebber ['maxthɛbər] *m* man in power; *de* ~*s* ook: those in power.
machtig ['maxtəx] I *aj* 1 powerful, mighty; 2 (*zwaar te verteren*) rich [food]; *iets* ~ *worden* get hold of a thing; *een taal* ~ *zijn* have mastered a language, have a language at one's command; *dat is mij te* ~ that is too much for me; II *ad* powerfully; < mightily, P mighty; *hij is* ~ *rijk* awfully rich.
machtigen [-təgə(n)] *vt* empower, authorize.
machtiging [-gɪŋ] *v* authorization.
machtspolitiek [maxtspo.li.ti.k] *v* power politics.
machtspreuk ['maxtsprø.k] *v* peremptory sentence.
machtsverheffing ['maxtsfərhɛfɪŋ] *v* involution.
machtsvertoon [-fərto.n] *o* display of power.
machtswellust [-vɛlʊst] *m* lust for power.
made ['ma.də] *v* maggot, grub.
madeliefje [ma.də'li.fjə] *o* ✿ daisy.
madera [ma.'de.ra.] *m* Madeira.
madonna [ma.'dɔna.] *v* madonna.
magazijn [ma.ga.'zɛin] *o* 1 warehouse, storehouse; 2 store(s) [= shop]; 3 magazine [of rifle].
magazijnbediende [-bədi.ndə] *m* warehouseman.
magazijnmeester [-me.stər] *m* storekeeper.

mager ['ma.gər] lean² [body, frame, person, meat, years]; thin² [boy & programme]; gaunt [person]; meagre [fare, soil, wages]; poor [cheese, ore, lime]; *de* ~*e jaren* the lean years.
magerheid [-hɛit] *v* leanness, thinness.
magertjes [-cəs] poorly, scantily.
magie [ma.'gi.] *v* magic art, [black, white] magic.
magiër ['ma.gi.ər] *m* magus [*mv* magi], magician, ✵ mage.
magisch [-gi.s] I *aj* magic [power]; II *ad* magically.
magistraal [ma.gɪs'tra.l] masterly [work].
magistraat [-'tra.t] *m* magistrate.
magistratuur [-tra.'ty:r] *v* magistracy; *de* ~ ook: the robe.
magnaat [max'na.t] *m* magnate.
magneet [-'ne.t] *m* magnet; (v. motor) magneto.
magneetnaald [-na.lt] *v* magnetic needle.
magneetsteen [-ste.n] *m* lodestone.
magnesia [max'ne.zi.a.] *v* magnesia.
magnesium [-zi.ũm] *o* magnesium.
magnesiumlicht [-lɪxt] *o* magnesium light.
magnetisch [max'ne.ti.s] I *aj* magnetic; II *ad* magnetically.
magnetiseren [-ne.ti.'ze:rə(n)] *vt* magnetize.
magnetiseur [-ti.'zø:r] *m* magnetizer.
magnetisme [-'tɪsmə] *o* magnetism.
magnifiek [mɔni.'fi.k] *aj* (& *ad*) magnificent(ly), splendid(ly).
magnolia [max'no.li.a.] *v* ✿ magnolia.
mahonie(hout) [ma.'ho.ni.(hout)] *o* mahogany
mahoniehouten [-houtə(n)] *aj* mahogany.
mail [me.l] *v* ♩ mail.
mailboot ['me.lbo.t] *m* & *v* ♩ mail-steamer.
maillot [ma.'jo.] *m* tights.
maïs, mais [mɑis] *m* ✿ maize, Indian corn.
maïskolf, maiskolf ['mɑiskɔlf] *v* corncob.
ⓜ maizena [mɑi'ze.na.] *v* maizena.
majesteit ['ma.jəstɛit] *v* majesty; *Zijne Majesteit* His Majesty; *Jawel, Majesteit!* Yes, Your Majesty.
majesteitsschennis [-sxɛnəs] *v* lese-majesty.
majestueus [ma.jəsty.'ø.s] I *aj* majestic; II *ad* majestically.
majeur ['ma.jø:r] *v* ♪ major.
majolica, majolika [ma.'jo.li.ka.] *o* & *v* majolica.
majoor [ma.'jo:r] *m* ✕ major. [jolica.
mak [mɔk] tame, gentle, meek, manageable.
makelaar ['ma.kəla:r] *m* $ broker; ~ *in assurantiën* insurance broker; ~ *in effecten* stockbroker; ~ *in vaste goederen* (real) estate agent.
makelaarsloon [-la:rslo.n] *o* $ brokerage.
makelarij [ma.kəla.'rɛi] *v* $ brokerage.
makelij [ma.kə'lɛi] *v* make, workmanship.
maken ['ma.kə(n)] *vt* 1 make [boots &]; 2 (*doen gzn*) make, render [happy], drive [mad]; 3 (*opwerpen*) make, raise [objections &]; 4 (*uitmaken*) make [a difference]; 5 (*doen*) make [a journey &], do; 6 (*repareren*) mend, repair; 7 ☞ do [sums, translations &]; 8 (*vormen*) form [an idea of...]; 9 (*innemen*) make [water]; *hij kan je* ~ *en breken* he can make or mar you; *maak dat je wegkomt!* be off!, get out!; *wat moet ik daarvan* ~? what am I to make (think) of it?; *dat maakt zoveel* that amounts to..., that makes..; *niemand kan mij wat* ~ no one can touch me; *hoe maak je het?* how are you?, how do you do?; *hij maakt het goed* he is (doing) well; *hij zal het niet lang meer* ~ he is not long for this world; *hij maakt het er ook naar* he has (only) himself to thank for it; *dat heeft er niets mee te* ~ that has nothing to do with it, it is neither here nor there; *je hebt hier niets te* ~ you have no business here; *ik wil er niets mee te*

~ *hebben* I will have nothing to do with it, no hand in the matter; *ik wil niet met de vent te ~ hebben* I will have nothing to say to the fellow; I will have no dealings with that fellow; *ik wil niets meer met hem te ~ hebben* I have done with him; *ik heb hem de thema doen ~* I've made him do the exercise; *ik ga mij een jas laten ~* I'm having a coat made; *zij ~ mij aan het lachen* they make me laugh; *zich boos ~* become (get) angry.

maker [-kər] *m* maker, author.

makheid ['makheit] *v* tameness, gentleness, meekness.

makker ['makər] *m* mate, comrade, companion.

makreel [ma.'kre.l] *m* ☒ mackerel.

1 **mal** [mal] *m* model, mould, gauge; stencil.

2 **mal** [mal] I *aj* 1 foolish; silly; 2 fond (of *met, op*); *het is een ~le geschiedenis* 1 it is a funny story; 2 that is queer, it is an awkward affair; *ben je ~?* are you mad?; *iemand voor de ~ houden* make a fool of one; II *ad* foolishly; *doe niet zo ~* don't play the giddy goat; zie ook: *aanstellen*.

malaga ['ma.la.ga.] *m* Malaga (wine).

malaise [ma.'lɛ:zə] *v* $ depression, slump.

malaria [ma.'la:ri.a.] *v* malaria.

malarialijder [-leidər] *m* malaria(l) patient.

malariamug [-mʉx] *v* malaria mosquito, anopheles.

Maleier [ma.'leiər] *m* Malay.

Maleis [-'lɛis] I *aj* Malay; II *o het ~* Malay; III *v een ~e* a Malay woman.

1 **malen** ['ma.lə(n)] *vt* grind [corn, coffee]; crush [sugar-cane].

2 **malen** ['ma.lə(n)] *vi* in: *wat maal ik erom?* F what do I care?, who cares?; *daar maalt hij over* that is what his mind is running on; *hij is ~de* he is mad (crazy); zie ook: *zaniken*.

malheid ['malheit] *v* foolishness.

malheur [ma'lø:r] *o* mishap.

malie ['ma.li.] *v* 1 ring [of a coat of mail]; 2 tag [of a string]; 3 mall [kind of game].

maliebaan [-ba.n] *v* ☒ mall.

maliënkolder ['ma.li.ə(n)kɔldər] *m* ☒ coat of mail, hauberk.

malieveld ['ma.li.velt] *o* ☒ mail.

maling ['ma.lɪŋ] *v* in: ~ *aan iets hebben* F not care (a damn &) about a thing; *iemand in de ~ nemen* F make a fool of one.

mallejan [malə'jan] *m* truck.

mallemolen ['malmo.lə(n), malə'mo.lə(n)] *m* merry-go-round.

mallen ['malə(n)] *vi* fool, dally.

mallepraat ['ma.ləpra.t] *m* nonsense; fiddlesticks!

malligheid ['maləxheit] *v* foolishness, folly; *allerlei malligheden* foolish things.

malrove ['malro.və] *v* ☘ horehound.

mals [mals] tender [meat]; soft, mellow [pears &]; *hij is lang niet ~* he is rather severe.

malsheid ['malsheit] *v* tenderness; softness, mellowness.

malversatie [malvər'za.(t)si.] *v* malversation.

mama [ma'ma.] *v* mamma.

mammoet ['mamu.t] *m* ☒ mammoth.

mammon ['mamɔn] *m de ~* mammon.

man [man] *m* 1 man; 2 (echtgenoot) husband; *een ~ van zijn woord zijn* be as good as one's word; *een ~ van zaken* a business man; *zes ~ en een korporaal* ☒ six men and a corporal; *duizend ~* ☒ a thousand troops; *1000 ~ infanterie* ☒ a thousand foot; *de kleine ~* the little man[2], *fig* the small man; *een stuiver de ~* a penny a head; *als één ~* to a man, as one man; *hij is er de ~ niet naar om...* he is not the man to..., it is so unlike him...; ~ *en paard noemen* give chapter and verse; ~ *en vrouw* husband and wife; *zijn ~*

staan be able to hold one's own; *zijn ~ vinden* meet (find) one's match; *aan de ~ brengen* sell [goods]; marry off [daughters]; *met ~ en macht* werken work all out; *met ~ en muis vergaan* ⚓ go down with all hands (on board); *op de ~ af* iemand iets vragen point-blank; *per ~* [so much] a head; *een gevecht van ~ tegen ~* a hand-to-hand fight; *tot op de laatste ~* to the last man; *een ~ een ~,* *een woord een woord* an honest man's word is as good as his bond; zie ook: *mans*.

manachtig ['manaxtəx] mannish, masculine.

manche [manʃ] *v sp* heat [of a contest, match]; game [at whist, bridge].

manchet [man'ʃet] *v* 1 cuff; 2 (vast) wristband.

manchetknoop [-kno.p] *m* cuff-link.

manco ['maŋko.] *o* $ shortage; short delivery.

mand [mant] *v* basket, hamper; *hij viel door de ~* he had to own up.

mandaat [man'da.t] *o* 1 mandate; 2 power of attorney, proxy; 3 warrant to pay; *zijn ~ neerleggen* resign one's seat [in Parliament].

mandaatgebied [-gəbi.t] *o* mandated territory.

mandarijn [manda.'rein] *m* mandarin.

mandarijntje [-cə] *o* ☘ tangerine.

mandataris [manda.'ta:rəs] *m* mandatary, mandatory.

mandefles ['mandəfləs] *v* 1 wicker-bottle; 2 carboy [for acids]; 3 demijohn.

mandement [mandə'ment] *o RK* pastoral letter (from the bishop(s)).

mandenmaken ['mandə(n)ma.kə(n)] *o* basket-making.

mandenmaker [-ma.kər] *m* basket-maker.

mandewerk ['mandəwɛrk] *o* basket-ware, wicker-work.

mandoline [mando.'li.nə] *v* ♪ mandolin(e).

mandvol ['mantfɔl] *v* basketful, hamperful.

manege [ma.'ne.ʒə] *v* manege, riding-school.

manegepaard [-pa:rt] *o* riding-school horse.

1 **manen** ['ma:nə(n)] *vt* dun [a debtor for payment].

2 **manen** ['ma.nə(n)] *mv* mane [of horse].

maner [-nər] *m* dun(ner).

maneschijn ['ma.nəsxein] *m* moonlight.

maneuver = *manoeuvre*.

maneuvreren = *manoeuvreren*.

manga ['maŋga.] * * mango.

mangaan [maŋ'ga.n] *o* manganese.

mangaanerts [-ɛrts] *o* manganese ore.

mangat ['maŋgat] *o* ⚙ manhole.

1 **mangel** ['maŋəl] *o* want, default.

2 **mangel** ['maŋəl] *v* mangling-machine, mangle.

1 **mangelen** ['maŋələ(n)] *vt* mangle [linen].

2 **mangelen** ['maŋələ(n)] *vi* zie *ontbreken*.

mangelkamer ['maŋəlka.mər] *v* mangling-room.

mangelwortel [-vɔrtəl] *m* ☘ mangel-wurzel.

mango ['maŋgo.] = *manga*.

manhaftig [man'haftəx] I *aj* virile, manful, manly, brave; II *ad* manfully.

manhaftigheid [-heit] *v* manliness, courage.

maniak [ma.ni.'ak] *m* 1 maniac; 2 (zonderling) faddist, crank.

maniakaal [-a.'ka.l] maniacal.

1 **manicure** [-'ky:rə] I *m-v* (persoon) manicure, manicurist; 2 *v* (de handeling) manicure; (stel werktuigen) manicure set.

manicuren [-'ky:rə(n)] *vt* manicure.

manie [ma.'ni.] *v* mania, craze, rage, fad.

manier [ma.ni:r] *v* manner, fashion, way; *goede ~en* good manners; *wat zijn dat voor ~en?* where are your manners?; *dat is geen ~ (van doen)* that is not as it should be; *hij kent geen ~en* ook: his manners are bad; *bij ~ van spreken* in a manner of speaking; *op deze ~* in this manner (way); after this fashion; *op de een of andere* ∼ (in) one way or another; *op alle (mogelijke)* ∼*en* in every possible way.

maniërisme [-ni:ˈrɪsmə] *o* mannerism.

manifest [ma.ni.ˈfɛst] **I** *o* manifesto; ⚓ manifest; **II** *aj* manifest, evident, palpable [error].

manifestant [-fɛsˈtɑnt] *m* demonstrator.

manifestatie [-ˈta.(t)si.] *v* manifestation, demonstration.

manifesteren [-ˈte:rə(n)] *vi* manifest, demonstrate.

manilla [ma.ˈnɪla.] *v* manilla.

manillahennep [-hɛnəp] *m* ⚥ Manil(l)a hemp.

maniok [ma.ni.ˈɔk] *m* manioc.

manipel [ma.ˈni.pəl] *m RK* maniple.

manipulatie [ma.ni.py.ˈla.(t)si.] *v* manipulation.

manipuleren [-ˈle:rə(n)] *vt* manipulate.

mank [mɑŋk] lame, crippled; ∼ *gaan* limp; *aan een euvel* ∼ *gaan* have a defect.

mankement [mɑŋkəˈment] *o* defect, trouble.

mankeren [-ˈke:rə(n)] *vi* fail; *hij mankeert nooit* he never fails to put in an appearance; *er* ∼ *er vijf* I five are wanting (missing); 2 five are absent; there are five absentees; *wat mankeert je?* what's the matter with you?; *wat possesses you?*; *er mankeert wat aan* there is something wrong; *ik mankeer niets* I'm all right; *ik zal niet* ∼ *u bericht te zenden* I shall not fail to send you word; *zonder* ∼ without [fail.

mankracht [mɑŋkrɑxt] *v* man-power.

manlief [-li.f] **F** hubby; ∼ ! my dear!

manlijk(heid) [-lək(hɛit)] = *mannelijk(heid)*.

manmoedig [mɑnˈmu.dəx] **I** *aj* manful, manly, brave; **II** *ad* manfully.

manmoedigheid [-hɛit] *v* manliness, bravery, courage.

manna [ˈmɑna.] *o* manna.

mannelijk [ˈmɑnələk] 1 male; masculine [ook *gram*]; 2 (m o e d i g) manly.

mannelijkheid [-hɛit] *v* manliness, masculinity, manhood.

mannenklooster [ˈmɑnə(n)klo.stər] *o* monastery.

mannenkoor [-ko:r] *o* 1 male voice choir; 2 male choir, men's choral society.

mannenkracht [-krɑxt] *v* manly strength.

mannenmoed [-mu.t] *m* manly courage.

mannenstem [-stɛm] *v* male voice, man's voice.

mannentaal [-ta.l] *v* manly (virile) language.

mannequin [mɑnəˈkɛ̃] *v* mannequin, (fashion) model.

mannetje [ˈmɑnəcə] *o* 1 little man, manikin; 2 male, ⚥ cock; ∼ *en wijfje* male and female.

mannetjesolifant [ˈmɑnəcəso.li.fɑnt] *m* ♐ bull-elephant.

mannetjesputter [-pʏtər] *m* **F** 1 ⚥ male goldfinch; 2 *fig* whopper, plucky fellow.

manoeuvre [ma.ˈnœ.vər] *v* & *o* manoeuvre[2].

manoeuvreren [ma.nø.ˈvre:rə(n)] *vi* manoeuvre[2].

manometer [ma.no.ˈme.tər] *m* manometer, pressure gauge.

mans [mɑns] *hij is* ∼ *genoeg* he is man enough; *hij is heel wat* ∼ he is very strong.

manschap [ˈmɑnsxɑp] *v* ⚓ (bemanning) crew; *de* ∼*pen* ⚔ the men.

manshoogte [ˈmɑnsho.xtə] *v* man's height.

manskleding [-kle.dɪŋ] *v* male attire, man's dress.

manslag [ˈmɑnslɑx] *m* homicide; manslaughter [through negligence].

manslengte [ˈmɑnslɛŋtə] *v zie* manshoogte.

manspersoon [-pərso.n] *m* male person, male, man.

mansvolk [-fɔlk] = *manvolk*.

mantel [ˈmɑntəl] *m* 1 (in 't alg. en kort of zonder m o u w e n) cloak, mantle; 2 (v. v r o u w e n en lang) coat; 3 $ (v. effect) cer-

tificate; 4 ⚒ jacket; *iets met de* ∼ *der liefde bedekken* cover it with the cloak of charity, draw a veil over it.

mantelpak [-pɑk] *o* coat and skirt.

manufacturen [-fɑkˈty:rə(n)] *mv* drapery, soft goods, (linen-)draper's goods.

manufacturier [-fɑkty:ˈri:r] *m* (linen-)draper.

manuscript [ma.nüsˈkrɪpt] *o* manuscript.

manusje-van-alles [ˈma.nüʃəvɑnˈɑləs] *o* **F** general utility man, Jack-of-all-trades.

manuur [ˈmɑny:r] *o* man-hour.

manvolk [-vɔlk] *o* menfolk, men.

map [mɑp] *v* 1 (o m s l a g v o o r p a p i e r e n) folder; 2 (t e k e n p o r t e f e u i l l e) portfolio.

maquette [ma.ˈkɛtə] *v* model.

maraboe [ˈma.ra.bu.] *m* ⚑ marabou.

maraskijn [mɑrəsˈkɛin] *m* maraschino.

marathonloop, maratonloop [ˈma.ra.tònlo.p] *m sp* Marathon (race).

Marc. = *Marcus*.

marchanderen [mɑrʃɑnˈde:rə(n)] *vi* bargain, chaffer, haggle.

marche [mɑrʃ] = 2 *mars*.

marcheren [mɑrˈʃe:rə(n)] *vi* march; *goed* ∼ *go* well [fig].

marconist [mɑrko.ˈnɪst] *m* ⚓ wireless operator.

Marcus [ˈmɑrküs] *m* Mark.

○ **mare** [ˈma.rə] *v* news, tidings, report.

marechaussee [mɑrəʃo.ˈse.] 1 *v* constabulary; 2 *m* member of the constabulary.

maretak(ken) [ˈma.rətɑk, -takə(n)] *m(mv)* ⚑ mistletoe.

Margaretha [mɑrgɑ.ˈre.ta.] *v* Margaret.

margarine [-rˈi.nə] *v* margarine.

margarinefabriek [-fa.bri.k] *v* margarine factory.

marge [ˈmɑrʒə] *v* margin.

marginaal [mɑrgi.ˈna.l] marginal.

Margriet [mɑrˈgri.t] *v zie Margaretha*.

margriet [mɑrˈgri.t] *v* ⚑ ox-eye (daisy).

Maria [ma.ˈri.a.] *v* Mary, Maria.

Maria-altaar [-ɑlta:r] *o RK* Lady-altar.

Mariabeeld [-be.lt] *o* image of the Virgin (Mary).

Maria-Boodschap [ma.ri.a.ˈbo.tsxɑp] *v* Lady Day, Annunciation Day [March 25th].

mariadistel [ma.ˈri.a.dɪstəl] *m* & *v* ⚑ milk-thistle.

Maria-Hemelvaart [ma.ri.a.ˈhe.məlva:rt] *v RK* Assumption.

Maria-Lichtmis [-ˈlɪxtmɪs] *m* Candlemas.

marihuana [mɑri.hy.ˈa.na.] *v* marijuana.

marine [ma.ˈri.nə] *v* ⚓ navy; *bij de* ∼ in the navy.

marineblauw [-blɑu] *o* navy blue.

marineren [ma.ri.ˈne:rə(n)] *vt* marinade, pickle.

marinewerf [ma.ˈri.nəvɛrf] *v* naval dockyard.

marinier [-ri.ˈni:r] *m* ⚓ marine.

marionet [ma.ri.o.ˈnɛt] *v* puppet[2], marionette.

marionettentheater [-te.a.tər] *o* puppet theatre.

maritiem [ma.ri.ˈti.m] naval.

marjolein [mɑrjo.ˈlɛin] *v* ⚑ marjoram.

mark [mɑrk] *m* (m u n t) mark.

markant [mɑrˈkɑnt] striking [case], outstanding [example].

markeren [mɑrˈke:rə(n)] **I** *vt* mark; *de pas* ∼ mark time[2]; **II** *vi* feather, mark [of a dog].

marketentster [-kəˈtɛntstər] *v* ⚒ sutler, canteen-woman.

markeur [-ˈkø:r] *m* (billiard-)marker.

1 **markies** [-ˈki.s] *m* marquis, marquess.

2 **markies** [-ˈki.s] *v* (z o n n e s c h e r m) awning, sunshade.

markiezin [-ki.ˈzɪn] *v* 1 marchioness; 2 [French] marquise.

markizaat [-ˈza.t] *o* marquisate.

markt [mɑrkt] *v* 1 market; 2 (p l a a t s) market (place); *aan de* ∼ *komen* come into the market; *aan de* ~ *zijn* be upon the market; *naar de* ~ *gaan* go to market; *onder de* ~ *verkopen* sell below market-price, undersell; *op de* ~ in the market place [*eig*]; *op de* ~ *brengen* (F *gooien*) put (throw) on the market; *ter* ~ *brengen* put on the market, market; *van alle* ~*en thuis zijn* be an all-round man; be for all waters.

marktanalyse ['mɑrktɑna.li.zə] *v* market research.

marktbericht [-bərɪxt] *o* $ market report.

marktdag ['mɑrkdɑx] *m* market day.

markten [-tə(n)] *vi* go to market, go marketing.

marktgeld ['mɑrktɡɛlt] *o* market dues.

marktkoopman [-ko.pmɑn] *m* market trader.

marktkraam [-kra.m] *v* & *o* market stall, booth.

marktplaats [-pla.ts] *v* 1 market place, market; 2 market town.

marktplein [-plein] *o* market square.

marktprijs [-preis] *m* market price, ruling price; market quotation [of stocks].

marktvrouw [-frou] *v* market-woman.

marmelade [mɑrmə'la.də] *v* marmalade.

marmer ['mɑrmər] *o* marble.

marmerachtig [-ɑxtəx] marbly.

1 **marmeren** ['mɑrmərə(n)] *aj* marble[2] [halls, arms &]; marbly [cheeks]; marble-tiled [floor]; marble-topped [table &].

2 **marmeren** ['mɑrmərə(n)] *vt* marble.

marmergroef, **-groeve** ['mɑrmərɡru.f, -ɡru.və] *v* marble-quarry.

marmerslijper [-sleipər] *m* marble polisher.

marmot [mɑr'mɔt] *v* ⚤ 1 marmot; 2 (cavia) guinea-pig.

marokijn [ma:ro.'kεin] *o* morocco(-leather).

marokijnen [ma:ro.'kεinə(n)] *aj* morocco.

Mars [mɑrs] *m* Mars.

1 **mars** [mɑrs] *v* 1 (v. marskramer) (pedlar's) pack; 2 ⚓ top; *grote* ~ ⚓ main-top; *hij heeft heel wat in zijn* ~ he is a man of great parts.

2 **mars** [mɑrs] *m* & *v* ✕ march; ~, *de deur uit!* begone!; *op* ~ on the (their) march.

Marseille [mɑr'sεijə] *o* Marseilles.

marsepein ['mɑrsəpεin] *m* & *o* marchpane, marzipan.

marsgast ['mɑrsɡɑst] *m* ⚓ topman.

marskramer [-kra.mər] *m* pedlar, hawker.

marsorde ['mɑrsɔrdə] *v* ✕ order of march.

marsorder [-dər] *v* ✕ marching orders.

marssteng ['mɑrstɛŋ] *v* ⚓ topmast.

marstempo ['mɑrstεmpo.] *o* 1 ✕ rate of march; 2 ♪ march-time.

marstenue [-təny.] *o* & *v* ✕ marching-kit, marching-order.

marsvaardig [mɑrs'fa:rdəx] ✕ ready to march.

marszeil ['mɑrsεil] *o* ⚓ topsail.

martelaar ['mɑrtəla:r] *m* martyr.

martelaarschap [-la:'rsxɑp] *o* martyrdom.

marteldood ['mɑrtəldo.t] *m* & *v* martyrdom; *de* ~ *sterven* die a martyr.

martelen [-tələ(n)] *vt* torment, torture, martyr.

marteling [-lɪŋ] *v* torture, [one long] martyrdom.

marteltuig ['mɑrtəltœyx] *o* instrument(s) of torture.

marter ['mɑrtər] *m* ⚤ marten.

Martha ['mɑrta.] *v* Martha.

martiaal [mɑrtsi.'a.l] *aj* (& *ad*) martial(ly).

Martinus [mɑr'ti.nũs] *m* Martin.

marxisme [mɑrk'sɪsmə] *o* Marxism.

marxist(isch) [-'sɪst(i.s)] *m* (& *aj*) Marxist.

mascotte [mɑs'kɔtə] *v* mascot.

masker ['mɑskər] *o* 1 mask[2]; 2 (v. insekt) larva (*mv* larvae), grub; *iemand het* ~ *afrukken* unmask a person; *het* ~ *afwerpen* throw off (drop) the mask; *onder het* ~ *van vroomheid* under the show of piety.

maskerade [mɑskə'ra.də] *v* masquerade, pag-

---

eant.

1 **maskeren** ['mɑskərə(n)] *vt* mask.

2 **maskeren** [mɑs'ke:rə(n)] *vt* mask.

massa ['mɑsa.] *v* 1 mass; crowd; 2 $ bankrupt's estate; *de grote* ~ the masses [the lower orders]; *bij* ~'s in heaps; *in* ~ *produceren* mass-produce; *in* ~ *verkopen* sell by the lump.

massaal [mɑ'sa.l] mass..., wholesale.

massa-artikel ['mɑsa.ɑrti.kəl] *o* mass-produced article.

massacommunicatie [-kòmy.ni.ka.(t)si.] *v* mass communication.

massacommunicatiemiddel [-mɪdəl] *o* mass medium [*mv* mass media].

massage [mɑ'sa.ʒə] *v* massage.

massagraf ['mɑsa.ɡrɑf] *o* mass grave, common grave.

massaproduktie ['mɑsa.pro.dũksi.] *v* mass production.

massapsychologie [-psi.ɡo.lo.ɡi.] *v* mass psychology.

masseren [mɑ'se:rə(n)] *vt* massage.

masseur [-'sø:r] *m* masseur.

masseuse [-'sø.zə] *v* masseuse.

massief [mɑ'si.f] solid [gold, silver], massive [building].

mast [mɑst] *m* 1 ⚓ & ✕ mast; 2 ⚡ [power] pylon; 3 (gymnastiek) pole.

mastbos ['mɑstbɔs] *o* fir-wood; *de haven is een* ~ a forest of masts (and yards).

masten ['mɑstə(n)] *vt* ⚓ mast.

mastiek [mɑs'ti.k] *m* & *o* mastic.

mastklimmen ['mɑstklɪmə(n)] *o* pole-climbing.

mastodont [mɑsto.'dònt] *m* ⚤ mastodon.

1 **mat** [mɑt] *v* mat; *zijn* ~*ten oprollen* F pack up.

2 **mat** [mɑt] *m* Spanish piastre.

3 **mat** [mɑt] *aj* tired, faint, weary [patient, voice &]; dead, dull [tone, colour]; mat [gold], spent [cannon-ball].

4 **mat** [mɑt] *v* checkmate.

matador [ma.ta.'dɔ:r] *m* matador; *fig* dab (at in).

mate ['ma.tə] *v* zie 1 *maat*.

mateloos ['ma.tolo.s] I *aj* measureless, boundless, immense; II *ad* immensely.

materiaal [ma.te:ri.'a.l] *o* material(s); *rollend* ~ rolling-stock.

materialisme [-a.'lɪsmə] *o* materialism.

materialist [-a.'lɪst] *m* materialist.

materialistisch [-a.'lɪsti.s] *aj* (& *ad*) materialistic(ally).

materie [ma.'te:ri.] *v* matter.

materieel [-te:ri.'e.l] I *aj* material; II *ad* materially; III *o* material(s); *rollend* ~ rolling-stock.

matglas ['mɑtɡlɑs] *o* ground glass.

matheid [-heit] *v* weariness, dul(l)ness, languor.

mathematicus [ma.te.'ma.ti.kũs] *m* mathematician.

mathematisch [-'ma.ti.s] *aj* (& *ad*) mathematical(ly).

matig ['ma.təx] I *aj* moderate [sum, income & smoker]; moderate, temperate, sober, abstemious, frugal [man]; reasonable [prices]; II *ad* moderately &; ~ *gebruiken* make a moderate use of; *maar* ~ *tevreden* not particularly pleased.

matigen [-təɡə(n)] I *vt* moderate, temper, modify; zie ook: *gematigd*; II *vr* in: *kunt u u niet wat* ~? can't you restrain yourself, keep your temper a bit?

matigheid ['ma.təxheit] *v* moderation, temperance, soberness, abstemiousness, frugality.

matigheidsgenootschap [-heitsɡəno.tsxɑp] *o* temperance society.

matiging ['ma.təɡɪŋ] *v* moderation, modification.

matinee [ma.ti.'ne.] *v* matinée, afternoon performance.
matineus [-'nø.s] in: ~ *zijn* be an early riser.
matras [ma.'tras] *v* & *o* mattress.
matrassenmaker [-trɑsɔ(n)ma.kɔr] *m* mattress-maker.
matriarchaat [ma.tri.ɑr'ga.t] *o* matriarchy.
matrijs [ma.'treis] *v* matrix.
matrone [ma.'tro:nə] *v* matron.
matroos [ma.'tro.s] *m* sailor.
matrozenkraag [-'tro.zə(n)kra.x] *m* sailor collar.
matrozenlied [-li.t] *o* sailor's song, chanty, shanty.
matrozenpak(je) [-pɑk(jə)] *o* sailor suit.
matteklopper [ˈmɑtəklɔpɔr] *m* carpet-beater.
matten [ˈmɑtə(n)] *vt* mat, rush [chairs].
mattenbies [-bi.s] *v* ♣ bulrush.
mattenmaker [-ma.kɔr] *m* mat-maker.
matwerk [ˈmɑtvɛrk] *o* matting.
Mauretanië [mourə'ta.ni.ə] *o* Mauretania.
Maurits [ˈmɔurɪts] *mv* Maurice.
mausoleum [mouzo.'le.ûm] *o* mausoleum.
mauve [ˈmo.və] mauve.
mauwen [ˈmɔuə(n)] *vi* mew.
m.a.w. [mɛtɑndərɑ'vo:rdə(n)] = *met andere woorden* in other words.
maximaal [mɑksi.'ma.l] maximum [use &].
maximum [ˈmɑksi.mûm] *o* maximum.
maximumprijs [-preis] *m* maximum price.
maximumsnelheid [-snɛlheit] *v* 1 speed limit [for motor-cars &]; 2 ✗ top speed.
mayonaise [ma.jo.'nɛ:zə] *v* mayonnaise.
mazelen [ˈma.zələ(n)] *mv* measles.
mazen [ˈma.zə(n)] *vt* darn.
mazurka [ma.'zûrka.] *m* & *v* ♪ mazurka.
me [mə] (to) me.
mecanicien [me.ka.ni.si.'ɛ̃] *m* mechanic.
mecenaat [me.se.'na.t] *o* patronage.
mecenas [me.'se.nɑs] *m* Maecenas.
mechanica [me.'ga.ni.ka.] *v* mechanics.
mechaniek [me.ga.'ni.k] *v* & *o* mechanism; action, works [of a watch]; *een treintje met* ~ a clockwork train.
mechanisch [-'ga.ni.s] *aj* (& *ad*) mechanical(ly).
mechaniseren [-ga.ni.'ze:rə(n)] *vt* mechanize.
mechanisering [-rɪŋ] *v* mechanization.
mechanisme [me.ga.'nɪsmə] *o* zie *mechaniek*.
medaille [mɑ'dɑl)jə] *v* medal.
medailleur [-dɑ(l)'jø:r] *m* medallist.
medaillon [-'jõn] *o* 1 △ medallion; 2 (h a l s s i e-r a a d) locket; 3 (i l l u s t r a t i e) inset.
1 **mede** [ˈme.də] *v* = 1 *mee*.
2 **mede** [ˈme.də] = 2 *mee*.
medeaansprakelijk [-a.nspra.kələk] jointly liable (responsible).
medearbeider [-ɑrbeidər] *m* fellow-worker.
medeburger [-bûrgər] *m* fellow-citizen.
mededeelbaar [me.də'de.lba:r] communicable.
mededeelhebber [-'de.lhɛbər] *m* copartner.
mededeelzaam [-'de.lza.m] 1 (i n h e t g e v e n) open-handed, liberal; 2 (i n h e t z e g g e n) communicative, expansive.
mededeelzaamheid [-heit] *v* 1 liberality; 2 communicativeness.
mededelen [ˈme.də.de.lə(n)] *vt* announce, state; *hem iets* ~ communicate it to him, impart it to him, inform him of it.
mededeling [-de.lɪŋ] *v* communication, information, announcement, statement; *een* ~ *doen* make a communication (a statement).
mededingen [-dɪŋə(n)] *vi* compete; ~ *naar* compete for.
mededinger [-ŋər] *m* rival, competitor.
mededinging [-ŋɪŋ] *v* competition, rivalry.
mededirecteur, -direkteur [ˈme.dədi.rɛktø:r] *m* joint manager, joint director, co-director.
mededogen [ˈme.dədo.gə(n)] *o* compassion,

pity.
medeëigenaar [ˈme.dɛeigəna:r] *m* joint owner, part-owner.
medeërfgenaam [-ɛrfgɔna.m] *m* joint heir.
medeërfgename [-ɛrfgɔna.mə] *v* joint heiress.
medefirmant [-fɪrmɑnt] *m* copartner.
medegaan [-ga.n] = *meegaan*.
medegevangene [ˈme.dəgəvɑŋɔnə] *m-v* fellow-prisoner.
medegevoel [ˈme.dəgəvu.l] *o* sympathy, fellow-feeling.
medehelper [ˈme.dəhɛlpər] *m* ~ster [-stər] *v* assistant.
medeklinker [-klɪŋkər] *m* consonant.
medeleerling [ˈme.dəle:rlɪŋ] *m* school-fellow, fellow-student.
medeleven [-le.və(n)] = *meeleven*.
medelid [-lɪt] *o* fellow-member.
medelijden [-lɛidə(n)] *o* compassion, pity; ~ *hebben met* have (take) pity on, feel pity for, pity; *het* ~ *opwekken* rouse a man's pity; *uit* ~ 1 out of pity [for him]; 2 in pity [of his misery].
medelijdend [me.də'lɛidənt] *aj* (& *ad*) compassionate(ly).
medelijdendheid [-hɛit] *v* compassionateness.
medemens [ˈme.dəmɛns] *m* fellow-man.
medeminnaar [-mɪna:r] *m* ~ares [me.dəmɪna:-'rɛs] *v* rival.
Meden [ˈme.də(n)] *mv de* ~ the Medes.
medeondertekenaar [ˈme.dəòndərte.kəna:r] *m* co-signatory.
medepassagier [-pɑsa.ʒi:r] *m* fellow-passenger.
medeplichtig [[me.də'plɪxtɑx] accessory; ~ *aan* accessory to; *hij is eraan* ~ he is an accomplice.
medeplichtige [-təgə] *m-v* accomplice, accessory.
medeplichtigheid [-təxhɛit] *v* complicity (in *aan*).
medereiziger [ˈme.dərɛizəgər] *m* fellow-passenger, fellow-traveller.
medeschepsel [ˈme.dəsxɛpsəl] *o* fellow-creature.
medeschuldeiser [-sxûltɛisər] *m* fellow-creditor.
medeschuldige [-sxûldəgə] *m-v* accomplice.
medespeler [-spe.lər] *m* fellow-player, partner.
medestander [-stɑndər] *m* supporter, partisan.
medestudent [-sty.dɛnt] *m* fellow-student.
medevennoot [-vɛno.t] *m* copartner.
medewerken [-vɛrkə(n)] = *meewerken*.
medewerker [-vɛrkər] *m* 1 co-operator, co-worker; 2 [author's] collaborator, part-author; contributor [to a periodical].
medewerking [-vɛrkɪŋ] *v* co-operation; *zijn* ~ *verlenen* co-operate, contribute; *met* ~ *van...* with the co-operation of.
medeweten [-ve.tə(n)] *o* knowledge; *met* ~ *van...* with the knowledge of...; *zonder zijn* ~ without his knowledge, unknown to him.
medezeggenschap [me.də'zɛgənsxɑp] *v* & *o* right of say; participation [in industrial enterprise], (workers') co-management; ~ *hebben* have a say [in the matter].
medicament [me.di.ka.'mɛnt] *o* medicament, medicine.
medicijn [-'sɛin] *v* medicine, physic; ~*en ge-bruiken* take physic; *in de* ~*en studeren* study medicine; *student in de* ~*en* medical student.
medicijnflesje [-flɛʃə] *o* medicine bottle.
medicijnkastje [-kɑʃə] *o* medicine cupboard.
medicus [ˈme.di.kûs] *m* 1 medical man, physician, doctor; 2 medical student.
medisch [ˈme.di.s] *aj* (& *ad*) medical(ly).
mediteren [-'te:rə(n)] *vi* meditate.
meditatie [me.di.'ta.(t)si.] *v* meditation.
medium [ˈme.di.ûm] *o* medium.
1 **mee** [me.] *v* 1 ♣ (m e e k r a p) madder; 2 (h o-n i n g d r a n k) mead.
2 **mee** [me.] also, likewise, as well; ~ *van de*

partij zijn make one, too; *hij is ~ van de rijksten* among the richest; *alles ~ hebben* have everything in one's favour.

meebrengen ['me.brɛŋə(n)] *vt* bring along with one; bring²; *fig* entail; carry [responsibilities].

meedoen ['me.du.n] *vi* join [in the game, in the sport &], take part [in *aan*]; *doe je mee?* will you make one?; *daar doe ik niet aan mee* I will be no party to that.

meedogend [me.'do.gənt] *aj* (& *ad*) compassionate(ly).

meedogenloos [me.'do.gənlo.s] *aj* (& *ad*) pitiless(ly), merciless(ly), ruthless(ly), relentless(ly).

meegaan ['me.ga.n] *vi* go (along) with [one], accompany [one]; *ik ga met u mee* I I'll accompany you; 2 I concur in what you say, I agree with you; *met zijn tijd ~* move with the times; *deze schoenen gaan langer mee* these shoes last longer.

meegaand [me.'ga.nt] yielding, accommodating, pliable, compliant.

meegaandheid [-hɛit] *v* compliance, complaisance, pliability.

meegeven ['me.ge.və(n)] I *vt* give (along with); II *vi* yield, give way, give.

meegevoel [-gəvu.l] = *medegevoel*.

meehelpen [-hɛlpə(n)] *vi* assist, bear a hand.

meekomen [-ko.mə(n)] *vi* come along [with one].

meekrijgen [-me.krɛigə(n)] *vt* in: *zij zal veel ~* she will get a fair dowry; *wij konden hem niet ~ he* could not be persuaded to join us.

meekunnen [-künə(n)] *vi* in: *hij kan niet mee met de anderen* he can't keep up with the others; *deze schoenen kunnen lang mee* these shoes last long.

meel [me.l] *o* 1 meal; 2 (gebuild) flour.

meelachen ['me.laxə(n)] *vi* join in the laugh.

meelachtig ['me.laxtəx] mealy, farinaceous.

meeldauw [-dou] *m* mildew.

meeldraad [-dra.t] *m* ☿ stamen.

meeleven ['me.le.və(n)] I *va* enter into the feelings &. of..., sympathize with... [you]; II *o* sympathy.

meelfabriek ['me.lfa.bri.k] *v* flour mill.

meelkost ['me.lkəst] *m* farinaceous food.

meelopen [-lo.pə(n)] *vi* walk (run) along with; *het loopt hem altijd mee* he is always lucky (in luck).

meeloper [-lo.pər] *m* hanger-on; fellow-traveller [of a political party].

meelzak [-zak] *m* meal-bag, meal-sack.

meemaken ['me.ma.kə(n)] *vt* in: *veel ~* go through a great deal; *hij heeft zes veldtochten meegemaakt* he has been through six campaigns.

meenemen [-ne.mə(n)] *vt* take away, take (along) with; *dat is altijd meegenomen* F that is so much gained.

meepraten [-pra.tə(n)] *vi* join in the conversation; *hij wil ook ~* he wants to put in his oar too (to put in a word); *daar kan ik van ~* I know something about it.

1 **meer** [me.r] more; *iets ~* something more; *iets ~ dan...* a little upward of...; *niemand ~ (dan 100 gulden)?* any advance (on a hundred guilders)?; *niet ~* no more, no longer; *hij is niet ~* he is no more; *zij is niet jong ~* she is not young any longer, she is not so young as she was; *niet ~ dan drie* no more than three; *het is niet ~ dan natuurlijk* it is only natural; *niets ~ of niets minder dan...* neither more nor less than...; *er is niets ~* there is nothing left; *te ~ daar...* the more so as...; *een reden te ~* all the more reason, an added (additional) reason; *wat ~ is* what is more; *~ en ~* more and more; *zie ook: dies, geen, onder,*

woord &.

2 **meer** [me.r] *o* lake.

meerboei ['me.rbu:i] *v* ⚓ mooring-buoy.

meerder [-dər] more, greater, superior; *~e* (= verscheidene) several; *mijn ~en* my betters, ⚔ my superiors.

meerderen [-dərə(n)] *vi* increase.

meerderheid [-hɛit] *v* I majority; 2 (geestelijk) superiority.

meerderjarig [me.rdər'ja.rəx] of age; *~ worden* come of age, attain one's majority; *~ zijn* be of age.

meerderjarigheid [-hɛit] *v* majority.

meerekenen ['me.re.kənə(n)] *vt* count (in); include (in the reckoning); *...niet meegerekend* exclusive of...

meerijden [-rɛi(d)ə(n)] *vi* drive (ride) along with; *iemand laten ~* give one a lift.

meerkoet ['me.rku.t] *m* ⚊ coot.

meermaals ['me.rma.ls] **meermalen** [-ma.lə(n)] more than once, repeatedly.

meerman ['me.rman] *m* merman.

meermin [-mɪn] *v* mermaid.

meerschuim [-sxœym] *o* **meerschuimen** [-sxœymə(n)] *aj* meerschaum.

meerstemmig ['me.rstɛməx] ♪ (to be) sung in parts; *~ gezang* part-singing; *~ lied* part-song, glee.

meervoud [-vout] *o* gram plural.

meervoudig [-voudəx, me.r'voudəx] plural.

meervoudsuitgang ['me.rvoutsœytgaŋ] *m* plural ending.

meervoudsvorm [-fərm] *m* plural form.

meerwaarde ['me.rva.rdə] *v* surplus value.

mees [me.s] *v* ⚊ titmouse, tit.

meeslepen ['me.sle.pə(n)] *vt* drag (carry) along (with one); *meegesleept door...* carried away by [his feelings &].

meeslepend ['me.sle.pə.nt] stirring [speech &].

meesmuilen ['me.smœylə(n)] *vi* smirk, laugh with one's tongue in one's cheek.

meespelen [-spe.lə(n)] *vi* I play too; 2 join in the game; *deze acteur speelt niet mee* this actor is not in the cast.

meespreken [-spre.kə(n)] *vi* zie *meepraten*.

meest [me.st] I *aj* most; *de ~e vergissingen* most mistakes; II *sb* in: *de ~en* I most of them; 2 most people; *hij heeft het ~* he has got most; *op zijn ~* at (the) most; III *ad* I mostly; 2 most-[hated man, widely read book]; *hij schrijft het ~* he writes most; *waarvan hij het ~ hield* which he liked best.

meestal [me.s'tal] mostly, usually.

meestbegunstiging [me.stbə'günstəgiŋ] *v* most-favoured-nation treatment.

meestbiedende [me.st'bi.dəndə] *m-v* highest bidder.

meestentijds [-tɛits] most times, mostly.

meester ['me.stər] *m* master°; *~e* timmerman & master carpenter &; *Meester in de rechten* ± doctor juris, (in Eng., zonder proefschrift) LL.B., Bachelor of Laws; *Mr. Luns* Dr. Luns; *hij is een ~ in dat vak* he is a master of his craft (of his trade); *men kon de brand niet ~ worden* they could not get the fire under control; *de toestand ~ zijn* have the situation (well) in hand; *de bestuurder was de wagen niet meer ~* the driver had lost control of the car; *hij is het Engels (volkomen) ~* he has a thorough command of English; *hij is zich zelf geen ~* he has no control over himself; *zich van iets ~ maken* take possession of a thing; *zijn ~ vinden* meet one's master, meet more than one's match.

meesteres [me.stə'rɛs] *v* mistress.

meesterhand ['me.stərhant] *v* master('s) hand.

meesterknecht ['me.stər'knɛxt] *m* foreman.

meesterlijk ['me.stərlək] I *aj* masterly; II *ad* in a masterly way.

meesterschap [-sxɑp] o mastership, mastery.

meesterstuk [-stük] o masterpiece.

meesterwerk [-vɛrk] o masterpiece.

meesterzanger [-zɑŋər] m master-singer.

meestijds [me.s'tɛits] = *meestentijds*.

meet [me.t] v in: *van* ~ *af* from the beginning.

meetbaar ['me.tba:r] measurable, mensurable.

meetbaarheid [-ba:rhɛit] v measurableness, mensurability.

meetband [-bɑnt] m measuring-tape.

meetellen ['me.tɛlə(n)] I vt count (in), include; ...*niet meegeteld* exclusive of...; II vi count; ~ *voor pensioen* count towards pension; *hij telt niet mee* he does not count.

meetinstrument ['me.tinstry.mɛnt] o measuring-instrument.

meetkunde [-kündə] v geometry.

meetkundig [me.t'kündəx] aj (& ad) geometrical(ly).

meetkundige [-dəgə] m geometrician.

meetronen ['me.tro.nə(n)] vt coax along, lure on.

meetstok ['me.tstɔk] m measuring-rod.

meeuw [me:u] v 🐦 (sea-)gull, seamew.

meevallen ['me.vɑlə(n)] vi turn out (end) better than was expected, exceed expectations; *het valt niet mee* it is rather more difficult & than one expected; *hij valt erg mee* he improves on acquaintance.

meevaller [-lər] m F piece of good luck, windfall.

meevechten [me.vɛxtə(n)] vi join in the fight.

meevieren [-vi:rə(n)] vt join in the celebration of.

meevoelen [-vu.lə(n)] vi in: *met iemand* ~ sympathize with a man, share his feelings.

meevoeren [-vu:rə(n)] vt carry along.

meewarig [me.'va:rəx] aj (& ad) compassionate(ly).

meewarigheid [-hɛit] v compassion.

meewerken ['me.vɛrkə(n)] vi co-operate; contribute [to a paper].

megafoon [me.ga.'fo.n] m megaphone.

mei [mɛi] m May.

meiboom ['mɛibo.m] m maypole.

meid [mɛit] v 1 (maid-)servant, servant-girl, maid; 2 F girl; ...*dan ben je een beste* ~ there's a good girl; *tweede* ~ parlour maid; ~ *alleen* maid-of-all-work, F general.

meidenpraatjes ['mɛidə(n)pra.cəs] mv servants' gossip.

meidoorn, -doren ['mɛido:rən] m 🌸 hawthorn.

meikers ['mɛikərs] v May cherry.

meikever [-ke.vər] m cockchafer, May-bug.

meimaand [-ma.nt] v month of May.

meinedig [mɛin'e.dəx] perjured, forsworn.

meinedige [-dəgə] m-v perjurer.

meinedigheid [-dəxhɛit] v perjury.

meineed [mɛin.e.t] m perjury; *een* ~ *doen* perjure (forswear) oneself, commit perjury.

meisje ['mɛiʃə] o 1 girl; 2 (bediende) servant-girl, girl; 3 (verloofde) fiancée, F sweetheart.

meisjesachtig ['mɛiʃəsɑxtəx] girlish.

meisjesgek [-gɛk] m boy (man) fond of girls.

meisjesnaam [-na.m] m 1 girl's name; 2 (v. getrouwde vrouw) maiden name.

meisjesschool ['mɛiʃəsxo.l] v girls' school; *middelbare* ~ ± girls' high school.

meisjesstem [-stɛm] v girlish (girl's) voice.

meisjesstudent [-sty.dɛnt] v girl student.

meistreel ['mɛistre.l] = *minstreel*.

mej. = *mejuffrouw*.

mejuffrouw [mɛ'jYfrou] zie *juffrouw*.

mekaniek [me.ka.'ni.k] = *mechaniek*.

mekanisme [-'nismə] = *mechanisme*.

melaats [me.'la.ts] leprous.

melaatse ['-'la.tsə] m-v leper.

melaatsheid [-'la.tshɛit] v leprosy.

melancholie [me.lɑŋko.'li.] v melancholy.

melancholiek [-ko.'li.k] melancholy.

melange [me.'lã3ə] m & o blend.

melasse [mə'lɑsə] v molasses.

melden ['mɛldə(n)] I vt mention, make mention of; inform of, state, report; II vr *zich* ~ report (oneself); *zich ziek* ~ report sick; *zich* ~ *bij de politie* report to the police.

melding [-dɪŋ] v mention; ~ *maken van* make mention of, mention; report [70 arrests].

mêleren [mɛ'le:rə(n)] vt 1 mix [goods, ingredients]; blend [coffee, tea &]; 2 ◊ shuffle [cards].

melig ['me.ləx] 1 mealy [potatoes]; 2 woolly [pears].

meligheid [-hɛit] v mealiness.

meliniet [me.li.'ni.t] o melinite.

melk [mɛlk] v milk; *hij heeft niets in de* ~ *te brokken* he doesn't command any influence.

melkboer [-bu:r] m 1 milkman; 2 zie *zuivel-melkbus* [-bûs] v milk-churn, milk-can. [*boer*.

melkchocola(de) [-ʃo.ko.la.(də)] m milk chocolate.

melken ['mɛlkə(n)] vi & vt milk.

melker [-kər] m milker.

melkerij [mɛlkə'rɛi] v dairy, dairy-farm.

melkfles ['mɛlkflɛs] v milk-bottle.

melkhuis [-hœys] o dairy, milk-house.

melkinrichting [-ɪnrɪxtɪŋ] v dairy.

melkkan ['mɛlkɑn] v milk-jug.

melkkoe [-ku.] v milch-cow[2], [good, bad] milker.

melkmachine ['mɛlkma.ʃi.nə] v milking machine.

melkmeid [-mɛit] v ~*meisje* [-mɛiʃə] o milkmaid.

melkmuil [-mœyl] m milksop, greenhorn.

melkpoeder, -poeier [-pu.dər, -pu.jər] o & m powdered milk, milk-powder.

melksalon [-sa.lòn] m & o milk bar, creamery.

melkspijs [-spɛis] v milk-food.

melkster [-stər] v milker.

melktand [-tɑnt] m milk-tooth.

melkvee [-fe.] o milch cattle, dairy cattle.

melkweg [-vɛx] m ★ Milky Way, § galaxy.

melkwegstelsel [-stɛlsəl] o ★ galaxy.

melkwit ['mɛlkvɪt] milk-white.

melkzuur [-sy:r] o lactic acid.

melodie [me.lo.'di.] v melody, tune, ○ strain.

melodieus, melodisch [-di.'ø.s, me.'lo.di.s] aj (& ad) melodious(ly), tuneful(ly).

melodrama [me.lo.'dra.ma.] o melodrama.

melodramatisch [-dra.'ma.ti.s] aj (& ad) melodramatic(ally).

meloen [mə'lu.n] m & v 🍈 melon.

memoires [me.'mva:rəs] mv memoirs.

memorandum [me.mo.'rɑndəm] o memorandum.

memoreren [-'re:rə(n)] vt recall (to mind).

memorie [me.'mo:ri.] v 1 (geheugen) memory; 2 (geschrift) memorial; ~ *van antwoord* memorandum in reply; ~ *van toelichting* explanatory memorandum, explanatory statement; *pro* ~ pro memoria.

memoriseren, memorizeren [-mo:ri.'ze:rə(n)] vt 1 commit to memory; 2 memorize.

men [mɛn] one, people, man, a man, they, we, you, F a fellow; ~ *hoort we hear*; ~ *zegt* they say, it is said; ~ *zegt dat hij...* he is said to...; ~ *heeft het mij gezegd* I was told so; *wat zal* ~ *ervan zeggen?* what will the world say?; *wat* ~ *er ook van zegge* in spite of anything people may say; ~ *leeft daar zeer goedkoop* it is very cheap living there.

menage [mə'na.3ə] v ✕ messing, mess.

menageketel [-ke.təl] m ✕ mess-kettle.

menagemeester [-me.stər] m ✕ mess sergeant.

menagerie [me.na.3ə'ri.] v menagerie.

meneer [mə'ne:r] m F zie *mijnheer*.

menen ['me.nə(n)] *vt* 1 (bedoelen) mean (to say); 2 (denken) think, feel, suppose; *hoe meent u dat?, wat meent u daarmee?* what do you mean (by that)?; *dat zou ik ~!* I should think so!; *zo heb ik het niet gemeend!* no offence (was) meant!, I didn't mean it thus!; *hij meent het* he is in earnest, he is quite serious; *hij meent het goed* he means well; *het goed (eerlijk) met iemand ~* mean well by a man, be well-intentioned towards a person.

menens [-nəns] *het is ~* it is serious.

menestreel ['me.nəstre.l] = *minstreel*.

mengbak ['mɛŋbɑk] *m* mixing-basin.

mengeling ['mɛŋəlɪŋ] *v* mixture.

mengelmoes ['mɛŋəlmu.s] *o* & *v* medley, mish-mash, hodge-podge, jumble.

mengelwerk [-vɛrk] *o* miscellany.

mengen ['mɛŋə(n)] I *vt* mix, blend [tea], alloy [metals], mingle, intermingle; II *vr* *zich ~ in* meddle with, interfere in; *meng u er niet in* don't interfere; *zich in het gesprek ~* join in the conversation; *zich onder de menigte ~* mix with the crowd.

menger ['mɛŋər] *m* mixer.

menging ['mɛŋɪŋ] *v* mixing, mixture, blending.

mengsel ['mɛŋsəl] *o* mixture.

menie ['me.ni.] *v* red lead.

meniën [-ə(n)] *vt* red-lead, paint with red lead.

menig ['me.nəx] many (a).

menigeen ['me.nəxe.n] many a man, many a one.

menigerhande [-nəgər'hɑndə] **~lei** [-'lɛi] of many kinds, various.

menigmaal ['me.nəxma.l] many a time, re-peatedly, often.

menigte ['me.nəxtə] *v* multitude, crowd; *een ~ feiten* a great number (a host) of facts.

menigvuldig [me.nəx'fʏldəx] I *aj* manifold, fre-quent, multitudinous; II *ad* frequently.

menigvuldigheid [-hɛit] *v* multiplicity, frequen-cy, abundance.

menigwerf ['me.nəxvɛrf] *zie menigmaal*.

mening ['me.nɪŋ] *v* opinion; *de openbare ~* public opinion; *de openbare ~ in Frankrijk* French opinion; *als zijn ~ te kennen geven dat...,* give it as one's opinion that...; *zijn ~ zeggen* 1 give one's opinion; 2 speak one's mind; *bij zijn ~ blijven* stick to one's opinion; *in de ~ dat...* in the belief that...; *in de ~ ver-keren dat...* be under the impression that...; *naar mijn ~,* in my opinion, to my mind; *naar mijn bescheiden ~* in my humble opinion; *van ~ zijn dat...* be of opinion that...; *ik ben van ~ dat... ook:* it is my opinion that...; *van dezelfde ~* zijn be of the same opinion; *ik ben van een andere ~* I am of a different opinion, I think differently.

meningitis [me.nɪŋ'gi.tɪs] *v* ▼ meningitis.

meningsverschil ['me.nɪŋsfərsxɪl] *o* difference (of opinion).

menist [mə'nɪst] *m* Mennonite.

mennen ['mɛnə(n)] *vt* & *vi* drive.

menner [-nər] *m* driver.

mennoniet [mɛno.'ni.t] *m* Mennonite.

mens [mɛns] *m* 1 man; 2 *o* > woman; *de ~ man; ~ en dier* man and beast; *half ~, half dier* half human, half animal; *geen ~* no-body, no one, not anybody; *Maar ~!* but my good soul!; *de ~en* people, mankind; *er wa-ren maar weinig ~en* there were but few people; *wij ~en* we men (and women); *wees ~!* be human!; *leraren zijn ook ~en* 1 teachers are men too; 2 even teachers are but human; *wij zijn allemaal ~en* we are all human; *de grote ~en* the grown-ups; *als de grote ~en spreken, moeten de kinderen zwijgen* children should be seen and not heard; *dat ~!* that person!; *het oude ~* the old woman; *zo'n goed ~* such a good soul; *de oude ~ afleggen*

put off the old man; *wij krijgen ~en* we are going to have company; *de inwendige ~ ver-sterken* refresh one's inner man; *(niet) onder de ~en komen* (not) mix in society, (not) go into company.

mensaap ['mɛnsa.p] *m* anthropoid (ape).

mensdom [-dòm] *o het ~* mankind.

menselijk ['mɛnsələk] human.

menselijkerwijs, -wijze [mɛnsələkər'veis, -'veizə] in: *~ gesproken* humanly speaking.

menselijkheid ['mɛnsələkhɛit] *v* humanity.

menseneter [-səne.tər] *m* man-eater, cannibal.

mensengedaante ['mɛnsə(n)gəda.ntə] *v* human shape.

mensenhaat [-ha.t] *m* misanthropy.

mensenhater [-ha.tər] *m* misanthrope.

mensenheugenis [-høgənɪs] *v* in: *bij (sedert, sinds) ~* within living memory.

mensenkenner [-kɛnər] *m* judge of men.

mensenkennis [-kɛnəs] *v* knowledge of men.

mensenkind [-kɪnt] *o* human being.

mensenleeftijd [-le.ftɛit] *m* lifetime.

mensenliefde [-li.vdə] *v* philanthropy; human-ity.

mensenoffer [-ɔfər] *o* human sacrifice.

mensenras [-rɑs] *o* human race.

mensenschuw [-sxy:u] shy, unsociable.

mensenschuwheid [-sxy:uhɛit] *v* shyness.

mensenvlees [-vle.s] *o* human flesh.

mensenvrees [-vre.s] *v* fear of men.

mensenvriend [-vri.nt] *m* philanthropist.

mensheid ['mɛnshɛit] *v* 1 mankind; 2 human nature.

menslievend [mɛns'li.vənt] *aj* (& *ad*) philan-thropic(ally), humane(ly).

menslievendheid [-hɛit] *v* philanthropy, hu-manity.

menswaardig [mɛns'va.rdəx] fit for a human being; *een ~ loon* a living wage.

menswording ['mɛnsvɔrdɪŋ] *v* incarnation.

mentaliteit [mɛnta.li.'tɛit] *v* mentality.

menthol, mentol [mɛn'tɔl] *m* menthol.

mentor ['mɛntər] *m* mentor.

menu [mə'ny.] *o* & *m* menu, bill of fare.

menuet [me.ny.'ɛt] *o* & *m* ♪ minuet.

mep [mɛp] *m* & *v* F blow, slap.

meppen ['mɛpə(n)] *vt* F slap, smack, strike.

Mercurius [mɛr'ky:ri.ʉs] *m* Mercury.

merel ['me:rəl] *m* & *v* ▲ blackbird.

meren ['me:rə(n)] *vt* ⚓ moor [a ship].

merendeel [-de.l] *o het ~* the greater part, the majority [of countries], most of them.

merendeels [-de.ls] for the greater part, mostly.

merg [mɛrx] *o* 1 marrow [in bones]; 2 ⚘ pith; 3 *fig* pith; *dat gaat door ~ en been* it pierces you to the very marrow, it sets one's teeth on edge; *een vrijhandelaar in ~ en been* a free-trader to the backbone.

mergel ['mɛrgəl] *m* marl.

mergelachtig [-ɑxtəx] marly.

mergelgroef, -groeve [-gru.f, -gru.və] *v* marl-pit.

mergelsteen [-ste.n] *o* & *m* marlstone.

mergpijp ['mɛrxpɛip] *v* marrow-bone.

meridiaan [me:ri.di.'a.n] *m* meridian.

meridiaanshoogte [-di.'a.nsho.xtə] *v* meridian altitude.

merk [mɛrk] *o* mark; brand [of cigars]; [reg-istered] trade mark; make [of a bicycle, motor-car &]; hall-mark [on metals]; *een fijn ~* a choice brand; *fig* a specimen.

merkbaar [-ba:r] I *aj* perceptible, noticeable, appreciable, marked [difference]; II *ad* per-ceptibly, noticeably, appreciably, markedly [different].

merkelijk ['mɛrkələk] I *aj* considerable; II *ad* considerably.

merken [-kə(n)] I *vt* 1 (met een merk) mark [goods]; 2 (bemerken) perceive, notice; *je*

moet niets laten ~ don't let it appear that you know anything.
merkinkt [-ɪŋ(k)t] *m* marking-ink.
merknaam [-na.m] *m* brand name.
merkteken [-te.kə(n)] *o* mark, sign, token.
merkwaardig [mɛrk'va:rdəx] **I** *aj* remarkable noteworthy, curious; **II** *ad* remarkably, curiously.
merkwaardigheid [-hɛit] *v* remarkableness, curiosity; *de merkwaardigheden van de stad* the sights of the town.
merkzij(de) ['mɛrksɛi(də)] *v* marking-silk.
merrie ['mɛri.] *v* mare.
merrieveulen [-vø.lə(n)] *o* filly.
mes [mɛs] *o* knife; *zijn ~ snijdt aan beide (twee) kanten* he reaps a twofold advantage from it; *iemand het ~ op de keel zetten* put a knife to a person's throat; *hij was juist onder het ~ S* he was just being examined.
mesalliance [me.zali.'ãsə] *v* misalliance.
mesje ['mɛʃə] *o* (small) knife; blade [of a safety-razor].
messelegger ['mɛsəlɛgər] *m* knife-rest.
messenmaker ['mɛsə(n)ma.kər] *m* cutler.
messenmakerij ['mɛsə(n)ma.kə'rɛi] *v* cutlery.
messenslijper ['mɛsə(n)slɛipər] *m* knife-grinder.
Messiaans [mɛsi.'a.ns] Messianic.
Messias [mɛ'si.as] *m* Messiah.
messing ['mɛsɪŋ] *o* brass.   [thrust.
messteek ['mɛste.k] *m* cut with a knife, knife-
mest [mɛst] *m* dung, manure, dressing, fertilizer.
mesten ['mɛstə(n)] *vt* 1 (land) dung, dress, manure; 2 (dieren) fatten.
mesthoop ['mɛstho.p] *m* dunghill.
mesties [mɛs'ti.s] *m-v* mestizo.
mestkever ['mɛstke.vər] *m* dung-beetle.
mestput [-pʏt] *m* dung-pit.
meststof [-stɔf] *v* manure, fertilizer.
mestvaalt [-fa.lt] *v* dunghill.
mestvarken [-fɑrkə(n)] *o* fattening pig.
mestvee [-fe.] *o* fat cattle.
mestvork [-fɔrk] *v* dung-fork.
mestwagen [-va.gə(n)] *m* dung-cart.
met [mɛt] **I** *prep* with; (*u spreekt*) ~ X 🔆 X speaking; ~ *dat al* for all that; ~ *de boot, de post, het spoor* by steamer, by post, by rail; ~ *inkt*, ~ *potlood* [written] in ink, in pencil; ~ *de dag* every day; *de man* ~ *de hoge hoed* the man in the top-hat; ~ *de hoed in de hand* hat in hand; *de man* ~ *de lange neus* he of the long nose; ~ *1 januari* on January 1st; ~ *Pasen zal ik komen* at Easter; ~ *10% toenemen* increase by 10%; *wij waren* ~ *ons vijven* there were five of us, we were five; ~ *ons allen hadden we één...* between us we had one...; **II** *ad* at the same time, at the same moment.
metaal [me.'ta.l] *o* metal.
metaalachtig [-ɑxtəx] metallic.
metaalbewerker [-bəvɛrkər] *m* metal-worker.
metaaldraad [-dra.t] *o & m* 1 🔆 metallic wire; 2 🔆 metal filament.
metaaldraadlamp [-dra.tlɑmp] *v* metal filament lamp
metaalgieter [-gi.tər] *m* founder.
metaalgieterij [me.ta.lgi.tə'rɛi] *v* foundry.
metaalglans [me.'ta.lglɑns] *m* metallic lustre.
metaalhoudend [-həudənt] metalliferous.
metaalindustrie [-ɪndʏstri.] *v* metallurgical industry.
metaalwaren [-va:rə(n)] *mv* metalware.
metafoor [me.ta.'fo:r] *v* metaphor.
metaforisch [-'fo:ri.s] *aj* (& *ad*) metaphorical-(ly).
metafysica, metafysika [-'fi.zi.ka.] *v* metaphysics.
metafysisch [-'fi.zi.s] *aj* (& *ad*) metaphysical-(ly).
metalen [me.'ta.lə(n)] *aj* metal.

metamorfose, metamorfoze [me.ta.mər'fo.zə] *v* metamorphosis.
meteen [mɛ'te.n] 1 at the same time; 2 mmediately; presently; *tot* ~ *!* so long!
meten ['me.tə(n)] **I** *vi* measure, gauge; *iemand met de ogen* ~ measure a person with one's eyes; zie ook: 1 *maat*; **II** *vr* in: *zich met iem.* ~ measure one's strength (oneself) against one; *zich niet kunnen* ~ *met...* be no match for.
meteoor [me.te.'o:r] *m* meteor.
meteoorsteen [-ste.n] *m* meteoric stone.
meteorologie [me.te.o:ro.lo.'gi.] *v* meteorology.
meteorologisch [-'lo.gi.s] *aj* (& *ad*) meteorological(ly).
meteoroloog [-'lo.x] *m* meteorologist.
1 **meter** ['me.tər] *m* 1 metre; 2 (gas) meter; 3 (persoon) measurer.
2 **meter** ['me.tər] *v* godmother.
meterhuur [-hy:r] *v* meter-rent.
meteropnemer [-òpne.mər] *m* meter-reader.
metgezel ['mɛtgəzɛl] *m* ~lin [mɛtgəzɛ'lɪn] *v* companion, mate.
methode [me.'to.də] *v* method.
methodisch [-'to.di.s] *aj* (& *ad*) methodical-(ly).
methodist [-to.'dɪst] *m* Methodist.
methodistisch [-'dɪsti.s] Methodist.
Methusalem [me.'ty.za.lɛm] *m* Methuselah.
meting ['me.tɪŋ] *v* measuring, measurement.
metriek [me.'tri.k] **I** *aj* metric; *het* ~*e stelsel* the metric system; **II** *v* metrics, prosody.
metrum ['me.trʏm] *o* metre.
metselaar ['mɛtsəla:r] *m* bricklayer.
metselen ['mɛtsələ(n)] **I** *vi* lay bricks; **II** *vt* lay the bricks of, build [a wall &].
metselkalk ['mɛtsəlkɑlk] *m* ~specie [-spe.si.] *v* mortar.
metselsteen [-ste.n] *o & m* brick.
metselwerk [-vɛrk] *o* brickwork, masonry.
metten ['mɛtə(n)] *mv* matins; *donkere* ~ *RK* tenebrae; *korte* ~ *maken met...* make short work of. .
metterdaad [mɛtər'da.t] actually.
mettertijd [-'tɛit] in course of time.
metterwoon [-'vo.n] in: *zich* ~ *vestigen* take up (fix) one's abode, establish oneself, settle.
metworst ['mɛtvòrst] *v* German sausage.
meubel ['mø.bəl] *o* piece (article) of furniture; *onze* ~*en* our furniture.
meubelen [-bələ(n)] *vt* furnish.
meubelfabriek ['mø.bəlfa.bri.k] *v* furniture factory.
meubelfabrikant [-fa.bri.kɑnt] *m* furniture manufacturer.
meubelmagazijn [-ma.ga.zɛin] *o* furniture store.
meubelmaker [-ma.kər] *m* furniture-maker, joiner.
meubelmakerij [mø.bəlma.kə'rɛi] *v* furniture-making (works).
meubelstuk ['mø.bəlstʏk] *o* piece (article) of furniture.
meubilair [mø.bi.'lɛ:r] *o* furniture.
meubileren [-'le:rə(n)] *vt* furnish, fit up.
meubilering [-rɪŋ] *v* 1 furnishing; 2 furniture.
meug [mø.x] *m* liking; *elk zijn* ~ everyone to his taste; zie ook: *heug*.
meute ['mø.tə] *v* pack [of hounds].
mevr. = *mevrouw*.
mevrouw [mə'vrɔu] *v* 1 lady; 2 (als aanspreking zonder naam) madam; ~ *L.* Mrs. L.; *mijn* ~, *zei de meid, is...* P my missus; *ja* ~ *!* yes, madam!; *Is* ~ *thuis?* Is your mistress at home?, is Mrs... in?
Mexicaan(s) [mɛksi.'ka.n(s)] Mexican.
Mexico ['mɛksi.ko.] *o* Mexico.
m.h.d. 1 [mɛthɑrtələkə'dɑŋk] = *met hartelijke*

dank with thanks; 2 [mɛthɑrtələkə'de.lne.-mɪŋ] = *met hartelijke deelneming* with sympathy.
1 mi [mi.] *v* ♪ mi.
2 mi [mi.] *m* (spijs) noodles.
miauwen [-ɔ(n)] *vi* miaow, mew, miaul.
mica ['mi.ka.] *o & m* mica.
Michaël ['mi.ga.ɛl] Michel [mi'ʃɛl] Michiel [mi.'gi.l] *m* Michael.
microbe [mi.'kro.bə] *v* microbe.
microfoon [-kro.'fo.n] *m* microphone; *voor de* ~ *spreken* speak on the radio (on the wireless, on the air); *voor de* ~ *treden*, go (come) to the microphone.
microscoop [-krɔs'ko.p] *m* microscope.
microscopisch [-'ko.pi.s] *aj* (& *ad*) microscopic(ally).
middag ['mɪdɑx] *m* 1 midday, noon; 2 (na ~) afternoon; *na de* ~ in the afternoon; *voor de* ~ before noon, in the morning; *'s (des)* ~s 1 at noon; 2 in the afternoon; *om vier uur 's* ~s, ook: at 4 p.m.
middagdienst [-di.nst] *m* afternoon service.
middagdutje [-dûcə] *o* zie *middagslaapje*.
middageten [-e.tə(n)] *o* midday-meal, dinner.
middaghoogte [-ho.xtə] *v* meridian altitude.
middaglijn [-lɛin] *v* meridian.
middagmaal [-ma.l] *o* midday-meal, dinner.
middagmalen [-ma.lə(n)] *vi* dine.
middagrust [-rüst] *v* afternoon-rest.
middagslaapje [-sla.pjə] *o* afternoon nap, siesta.
middagvoorstelling [-fo:rstɛlŋ] *v* afternoon performance.
middel ['mɪdəl] *o* 1 (v. h. lichaam) waist, middle; 2 (voor een doel) means, expedient; medium [*mv* media]; 3 (tot genezing) remedy; *ruime* ~*en* ample funds; ~*en van bestaan* means of subsistence; *door* ~ *van* 1 by means of; 2 through [the post &]; *het* ~ *is erger dan de kwaal* the remedy is worse than the disease.
middelaar ['mɪdəla:r] *m* mediator.
middelaarschap [-sxɑp] *o* mediatorship.
middelares [mɪdəla:'res] *v* mediatrix.
middelbaar ['mɪdəlba:r] middle, medium; average; *middelbare grootte* middling size; *van middelbare grootte* medium-sized, middle-sized; *op middelbare leeftijd* in middle life, in middle age; *van middelbare leeftijd* middle-aged; zie ook: *middelbare, tijd &*.
middeleeuwen [-e.və(n)] *mv* middle ages.
middeleeuwer [-e.vər] *m* mediaeval man; *de* ~*s* the mediaevals.
middeleeuws [-e:us] mediaeval.
middelerwijl [mɪdələr'vɛil] meanwhile, in the meantime.
middelevenredig ['mɪdələ.vənre.dəx] in: *de* ~*e* the mean proportional.
middelgewicht [-gəvɪxt] *o sp* middle-weight.
middelgroot [-gro.t] medium(-sized).
middelkleur [-klø:r] *v* intermediate colour.
Middellandse Zee ['mɪdəlɑntsə'ze.] *v* Mediterranean.
middellijk ['mɪdələk] *aj* (& *ad*) indirect(ly), mediate(ly).
middellijn [-lɛin] *v* 1 central line; 2 diameter.
middelmaat ['mɪdəlma.t] *v* medium size; *de gulden* ~ the golden mean.
middelmatig [mɪdəl'ma.təx] I *aj* moderate; middling; mediocre, indifferent; II *ad* moderately; in a mediocre way; indifferently.
middelmatigheid [-hɛit] *v* mediocrity.
middelpunt ['mɪdəlpûnt] *o* centre².
middelpuntvliedend [mɪdəlpûnt'fli.dənt] centrifugal.
middelpuntzoekend [-'su.kənt] centripetal.
middelschot ['mɪdəlsxɔt] *o* partition [in a room].
middelsoort [-so:rt] *v* medium (quality, size &).

middelste [-stə] middle, middlemost.
middelstuk [-stük] *o* middle piece.
middelvinger [-vɪŋər] *m* middle finger.
middelvoet [-vu.t] *m* metatarsus.
middelvoetsbeentje [-vu.tsbe.ncə] *o* metatarsal bone.
midden ['mɪdə(n)] I *o* middle [of the day, month, of summer], midst [of dangers], centre [of the town]; *het* ~ *houden tussen...* keep the happy mean between...; be something between... and...; *iets in het* ~ *brengen* put something forward; *iets in het* ~ *laten* leave it as it is; *hij is niet meer in ons* ~ he is no longer in our midst; *te* ~ *van* I in the midst of [pleasures]; 2 among [friends]; *iemand uit ons* ~ one from our own number; one of ourselves; *zij kozen iemand uit hun* ~ they selected one from among themselves; II *ad* in: ~ *in de kamer* in the middle of the room; ~ *in de winter* in the depth of winter; ~ *onder mijn werk* in the middle of my work.
Midden-Amerika [mɪdənɑ.'me:ri.ka.] *o* Central America.
middendekker ['mɪdə(n)dɛkər] *m* ✈ mid-wing monoplane.
middendoor [mɪdə(n)'do:r] 1 [go] down the middle; 2 in two, [tear it] across.
Midden-Europa [-ø:'ro.pa.] *o* Central Europe.
middengewicht ['mɪdə(n)gəvɪxt] = *middelgewicht*.
middengolf [-golf] *v* ▨▤ medium wave.
middenpad ['mɪdə(n)pɑt] *o* (in bus &) gangway; (in kerk) aisle; (in tuin) central path.
middenrif [-rɪf] *o* midriff, diaphragm.
middenstand ['mɪdə(n)stɑnt] *m* middle class(es); (winkeliers) tradespeople, shopkeepers.
middenvoor [mɪdə(n)'vo:r] *m sp* centre forward.
middenweg ['mɪdə(n)vɛx] *m* middle course, middle way; *de gulden* ~ the golden mean; *de* ~ *bewandelen* tread the middle way, steer a middle course.
middenzwaard [-zva:rt] *o* ⚓ centreboard.
middenzwaardjacht [-jaxt] *o* ⚓ centreboard yacht.
middernacht [mɪdər'nɑxt] *m* midnight.
middernachtelijk [-'nɑxtələk] midnight.
middernacht(s)mis [-'nɑxt(s)mɪs] *v* RK midnight mass.
midhalf [mɪt'ha.f] *m sp* centre half.
midscheeps [-'sxe.ps] ⚓ amidships.
mier [mi:r] *v* ant; *rode* ~ red ant.
miereneter ['mi:rə(n)e.tər] *m* ≋ ant-eater.
mierenhoop [-ho.p] *m* ant-hill.
mierenleeuw [-le:u] *m* ant-lion.
mierennest ['mi:rənɛst] *o* ants' nest, ant-hill.
miezerig ['mi.zərəx] dull (weather); measly, scrubby.
migraine [mi.'grɛ:nə] *v* migraine, sick headache.
migrainestift [-stɪft] *v* menthol cone.
mij [mɛi] (to) me; *dat is van* ~ it is mine.
mijden ['mɛidə(n)] *vt* shun, avoid, fight shy of.
mijl [mɛil] *v* mile (1609 metres); league (on land: 4827, at sea: 5700 metres); *de* ~ *op zeven* a roundabout way.
mijlpaal ['mɛilpa.l] *m* milestone², milepost; *fig* landmark.
mijmeraar ['mɛimə.ra:r] *m* (day-)dreamer, muser.
mijmeren [-rə(n)] *vi* dream, muse; brood (on over).
mijmering [-rɪŋ] *v* musing; day-dream.
1 mijn [mɛin] my; *de (het)* ~*e* mine; *ik en de* ~*en* I and mine; *ik wil er het* ~*e van hebben* I want to know what is what; *het* ~ *en dijn* mine and thine; zie ook: *denken &*.
2 mijn [mɛin] *v* mine.
mijnaandeel ['mɛina.nde.l] *o* $ mining-share.

mijnarbeid [-ɑrbɛit] *m* miner's work, mining.
mijnbouw [-bɔu] *m* **mijnbouwkunde** [-bɔukůndə] *v* mining.
mijnbouwkundig [mɛinbɔu'kůndəx] mining.
mijnbouwmaatschappij ['mɛinbɔuma.tsxɑpɛi] *v* mining-company.
mijnen ['mɛinə(n)] *vt* buy at a public sale.
mijnenlegger [-lɛgər] *m* ♏ mine layer.
mijnent ['mɛinənt] in: *te(n)* ~ at my house; ~*halve* for my sake; ~*wege* as for me; *van* ~*wege* on my behalf, in my name; *om* ~*wil(le)* for my sake.
mijnenveger ['mɛinə(n)ve.gər] *m* ♏ mine sweeper.
mijnenveld [-vɛlt] *o* mine field.
mijnerzijds ['mɛinərzɛits] on my part.
mijngang ['mɛingɑn] *m* gallery of a mine.
mijngas [-gɑs] *o* fire-damp.
mijnheer [mə'ne:r] *m* 1 gentleman; 2 (aanspreking zonder naam) sir; (met naam) Mr.; *Is* ~ *thuis?* is Mr... (your master) at home?
mijningenieur [-ɪnʒəni.ø:r, -ɪnge.ni.ø:r] *m* mining-engineer.
mijnlamp [-lɑmp] *v* safety-lamp, Davy.
mijnramp [-rɑmp] *v* mining-disaster.
mijnschacht [-sxɑxt] *v* shaft [of a mine].
mijnwerker [-vɛrkər] *m* miner.
mijnwezen [-ve.zə(n)] *o* mining.
1 **mijt** [mɛit] *v* mite [insect].
2 **mijt** [mɛit] *v* stack [of hay &].
mijten ['mɛ:tə(n)] *vt* stack.
mijter ['mɛitər] *m* mitre.
mikken ['mɪkə(n)] *vi* take aim, aim (at *op*).
mikpunt ['mɪkpünt] *o* aim; fig butt, target; *het* ~ *van hun aardigheden* their laughing-stock.
mild [mɪlt] **I** *aj* 1 (zacht) soft, genial [weather &]; 2 (niet streng) lenient [sentence]; 3 (vrijgevig) liberal, generous, free-handed, open-handed; 4 (overvloedig) bountiful; *de* ~*e gever* the generous donor; ~ *met* free of, liberal of; *met* ~*e hand* lavishly; **II** *ad* liberally, generously.
milddadig [mɪl'da.dəx] **I** *aj* charitable; liberal, generous; **II** *ad* charitably; liberally, generously.
milddadigheid [-hɛit] *v* charity; liberality, generosity.
mildheid ['mɪlthɛi] *v* 1 liberality, generosity; 2 leniency [of a sentence].
milicien [mi.li.'ʃɛ] *m* ♐ conscript, recruit.
milieu [mi.l'jø.] *o* milieu, environment, surroundings.
militair [mi.li.'tɛ:r] **I** *aj* military [profession, service &]; ~*e luchtvaart* & service aviation &; **II** *m* military man, soldier; serviceman; *de* ~*en* the military, the troops.
militarisme [-ta.'rɪsmə] *o* militarism.
militaristisch [-ta.'rɪstɪs] militarist.
militie [mi.'li.(t)si.] *v* ♐ militia.
miljard [mɪl'jɑrt] *o* milliard, thousand million; *(Am)* billion.
miljardair [mɪljɑr'dɛ:r] *m* multimillionaire; *(Am)* billionaire.
miljoen [mɪl'ju.n] *o a* (one) million.
miljoenennota [-'ju.nəno.ta.] *v* F budget.
miljoenenrede [-'ju.nə(n)re.də] *v* F budget speech.
miljonair [-jo.'nɛ:r] *m* millionaire.
millibar ['mɪli.bɑr] *m* millibar.
milligram [-grɑm] *o* milligramme.
millimeter [-me.tər] *m* millimetre.
millimeteren [-me.tərə(n)] *vt* crop (close).
milt [mɪlt] *v* spleen.
miltvuur ['mɪltfy:r] *o* anthrax.
miniek [mi.'mi.k] *v* mimicry, mimic art.
1 ○**min** [mɪn] *v* (liefde) love.
3 **min** [mɪn] **I** *aj* mean, base; *dat is* (erg) ~ *van*

hem that is very mean (shabby) of him; *het examen was* ~ a poor performance; *de zieke is* ~ the patient is very poorly, very low; *hij is mij te* ~ beneath contempt for me; *zo* ~ *mogelijk* as little as possible; **II** *ad* less; ~ *of meer* more or less; somewhat; 7 ~ 5, 7 less 5, 7 minus 5.
minachten ['mɪnɑxtə(n)] *vt* hold in contempt, disdain.
minachting [-tɪŋ] *v* contempt, disdain.
minaret [mi.na:'rɛt] *v* minaret.
minder ['mɪndər] **I** *aj* less, fewer; inferior [quantity]; *de* ~*e goden* the lesser gods; *de* ~*e man* the small man; *de* ~*e stand* the lower orders; *dat is* ~ that is of less importance; ~ *worden* grow less; *de zieke wordt* ~ is getting low; *ik heb ze wel voor* ~ *verkocht* I've sold them for less; **II** *ad* less.
mindere ['mɪndərə] *m* inferior; *hij is de* ~ *van zijn broer* he is inferior to his brother; *een* ~ ♐ a private; *de* ~*n* ♐ the rank and file.
minderen [-rə(n)] *vi* 1 diminish, decrease; 2 (bij breien) narrow.
minderheid ['mɪndərhɛit] *v* 1 minority; 2 (geestelijk) inferiority.
mindering [-dərɪŋ] *v* diminution, diminishing; *in* ~ *van de hoofdsom* to be deducted from the principal; *in* ~ *brengen* deduct.
minderjarig [mɪndər'ja:rəx] under age.
minderjarige [-rəgə] *m-v* one under age, minor; ♐ infant.
minderjarigheid [-rəxhɛit] *v* minority, nonage; ♐ infancy.
minderwaardigheid [mɪndər'va:rdəx] inferior.
minderwaardigheid [-hɛit] *v* inferiority.
minderwaardigheidscomplex [-hɛitskòmplɛks] *o* inferiority complex.
minderwaardigheidsgevoel [-gəvu.l] *o* sense of inferiority.
mineraal [mi.nə'ra.l] *o* mineral.
mineraalwater [-va.tər] *o* mineral water.
mineur [mi.'nø:r] 1 *m* ♐ miner; 2 *v* ♪ minor; *in* ~ ♪ in a minor key.
miniatuur [mi.ni.a.'ty:r] *v* miniature.
miniatuurschilder [-sxɪldər] *m* miniature painter.
miniem [mi.'ni.m] small, trifling, negligible.
minimaal [mi.ni.'ma.l] minimum.
minimum ['mi.ni.mům] *o* minimum; *in een* ~ *van tijd* in less than no time.
minirok [-rɔk] *m* miniskirt.
minister [mi.'nɪstər] *m* minister, secretary; *Eerste* ~ Prime Minister, Premier; ~ *van Binnenlandse Zaken* Secretary of State for Home Affairs, Home Secretary [in Eng.]; Minister of the Interior; ~ *van Buitenlandse Zaken* Secretary of State for Foreign Affairs, Foreign Secretary [in Eng.]; Minister for Foreign Affairs, Foreign Minister; [U.S.] Secretary of State; [Australian] Minister of External Affairs; ~ *van Defensie* Minister of Defence; ~ *van Financiën* Chancellor of the Exchequer [in Eng.]; Minister of Finance; ~ *van (Landbouw, Nijverheid en) Handel* President of the Board of Trade [in Eng.]; Minister of (Agriculture, Industry and) Commerce; ~ *van Justitie* Lord High Chancellor [in Eng.]; Minister of Justice; ~ *van Koloniën* ▥ Secretary of State for the Colonies [in Eng.]; ~ *van Luchtvaart* Air Minister; ~ *van Marine* First Lord of the Admiralty [in Eng.]; Minister of Marine; ~ *van Onderwijs* Minister of Education; ~ *van Oorlog* Secretary of State for War, War Secretary [in Eng.]; Minister of War; ~ *van Staat* Minister of State; ~ *van Waterstaat* First Commissioner of Works [in Eng.]; Minister of Public Works.
ministerie [mi.ni.s'te:ri.] *o* ministry, depart-

ment, Office; ~ van Binnenl. Zaken Home Office [in Eng.]; Ministry (Department) of Home Affairs (the Interior); ~ van Buitenlandse Zaken Foreign Office [in Eng.]; Ministry of Foreign Affairs; [U.S.] State Department; ~ van Defensie Ministry of Defence; ~ van Financiën the Treasury [in Eng.]; Finance Department; ~ van (Landbouw, Nijverheid en) Handel Board of Trade; ~ van Justitie Department of Justice; ~ van Koloniën ⚕ Colonial Office [in Eng.]; ~ van Luchtvaart Air Ministry; ~ van Marine the Admiralty [in Eng.]; Ministry (Department) of the Navy; ~ van Onderwijs Ministry of Education; ~ van Oorlog War Office [in Eng.]; Ministry of War; ~ van Waterstaat Board of Works [in Eng.]; Ministry of Public Works; het ~ Drees the Drees government; het Openbaar ~ the Public Prosecutor.

ministerieel [-te.ri.'e.l] ministerial.
minister-president [mi.'nistərpre.zi.'dɛnt] m prime minister, premier.
ministerraad [-təra.t] m cabinet council.
minnaar ['mina:r] m lover.   [tress.
minnares [mina:'res] v love, paramour, mis-
minnarij [-'rɛi] v amour, love-affair, intrigue.
1 minne ['minə] v = 1 min; het in der ~ schikken settle the matter amicably.
2 minne ['minə] v = 2 min.
minnebrief [-brif] m love-letter.
minnedicht [-dixt] o love-poem.
minnedichter [-dixtər] m lover-poet.
minnedrank [-drɑŋk] m love-potion, philtre.
minnekozen [-ko.zə(n)] vi bill and coo.
minnelied [-li.t] o love-song.
minnelijk [-lək] amicable, friendly; bij ~e schikking amicably.
minnen ['minə(n)] vt & vi love.
minnenijd ['minənɛit] m jealousy.
minnepijn [-pɛin] v love pains, tender woes.
minnetjes [-cəs] poorly.
minst [minst] I aj least, fewest; smallest; slightest; niet de ~e moeite not the least trouble; II ad least; de ~ gevaarlijke plaats the least dangerous place; III sb in: de ~e zijn yield; het ~(e) (the) least; waar men ze het ~ verwacht where you least expect them; het ~ the least [you can expect &]; hij eet het ~ he eats least (of all); als u ook maar in het ~ vermoeid bent if you are tired at all; in het ~ niet not in the least, not at all, by no means; op zijn ~ 1 at the least; 2 at least [he might have...]; ten ~e at least.
minstens ['minstəns] at least; at the least; ~ even... als... at least as... as...; ~ tien ten at the least; zij is ~ veertig she is forty if she is a day; Moet ik er heen? Minstens! that's the (very) least (thing) you can do.
minstreel ['minstre.l] m minstrel.
minteken [-te.kə(n)] o × minus sign.
minus ['mi.nŭs] minus.   [tiny.
minuscuul, minuskuul [mi.nŭs'ky.l] very small,
minutieus [mi.ny.(t)si.'ø.s] I aj minute; II ad minutely.
1 minuut [mi.'ny.t] v minute; het is 3 minuten vóór half zeven it is 27 minutes pas six; het is 3 minuten over half zeven it is 27 minutes to seven; op de ~ to the minute.
2 minuut [mi.'ny.t] v minute [= draft].
minuutwijzer [-vɛizər] m minute-hand.
minvermogend [minvər'mo.gənt] poor, indigent.
minzaam ['minza.m] I aj affable, friendly, suave; II ad affably.
minzaamheid [-hɛit] v affability, friendliness, suavity.
mirabel(pruim) [mi:ra.'bɛl(prœym)] v mirabelle (plum).
miraculeus [mi:ra.ky.'lø.s] aj (& ad) miraculous(ly).
mirakel [-'ra.kəl] o miracle.
mirre ['mirə] v myrrh.
mirtekrans ['mirtəkrans] m myrtle wreath.
1 mis [mis] v 1 RK mass; 2 (jaarmarkt) fair; stille ~ low mass; de ~ bijwonen attend mass; de ~ (be)dienen serve the mass; de ~ doen celebrate mass; de ~ horen hear mass; de ~ lezen (opdragen) read (say) mass, celebrate mass.
2 mis [mis] ad (& aj) amiss, wrong; het ~ hebben be wrong, be mistaken; je hebt het ~ als je dat denkt you are under a mistake; je hebt het niet zo ver ~ you are not far out; dat heb je ~! that's your mistake!; ~ poes! out you, are!; dat is ~ that's a miss; dat was gisteren niet ~ that was some yesterday; het is weer ~ met hem things are going wrong again with him; dat was lang niet ~ that was not half bad; hij is lang niet ~ he is all there.
misbaar [-'ba:r] o uproar, clamour, hubbub.
misbaksel ['misbɑksəl] o fig monster.
misboek [-bu.k] o RK missal.
misbruik [-brœyk] o abuse, misuse; ~ maken van take (an unfair) advantage of, abuse [kindness]; trespass on [a person's time]; ~ maken van sterke drank indulge too freely in liquor; ~ van macht abuse of power; ~ van vertrouwen breach of trust.
misbruiken [mis'brœykə(n)] vt misuse, make a bad use of [time], take (an unfair) advantage of, abuse [a person's kindness].
misdaad ['misda.t] v crime, misdeed, misdoing, offence.
misdadig [mis'da.dəx] I aj criminal, guilty; II ad criminally.
misdadiger ['misda.dəgər] m criminal, malefactor.
misdadigheid [mis'da.dəxhɛit] v criminality.
misdeeld [-'de.lt] in: niet ~ zijn van... not be wanting in...; de ~en the poor, the dispossessed.
misdienaar ['misdi.na:r] m RK server, acolyte.
misdoen [mis'du.n] I vi offend, sin; II vt: wat heb ik misdaan? what wrong have I done?
misdragen [-'dra.gə(n)] zich ~ misbehave, misconduct oneself.
misdrijf ['misdrɛif] o misdemeanour, crime, offence.
misdrijven [mis'drɛivə(n)] vt do wrong.
mise-en-scène [mi.zã'se:nə] v setting, staging, get-up.
miserabel [mi.zə'ra.bəl] I aj miserable, wretched, rotten; II ad miserably, wretchedly.
misère [mi.'ze:rə] v misery.
misgaan ['misga.n] vi go wrong; het gaat mis met hem he is going to the dogs.
misgewas [-gəvɑs] o bad crop, failure of crops.
misgooien [-go.jə(n)] vi miss [in throwing].
misgreep [-gre.p] m mistake, error, slip.
misgrijpen [-grɛipə(n)] vi miss one's hold.
misgunnen [mis'günə(n)] vt in: iemand iets ~ grudge (envy, begrudge) one a thing.
mishagen [-'ha.gə(n)] I vi displease; II o displeasure.
mishandelen [-'hɑndələ(n)] vt ill-treat, ill-use, maltreat, mishandle.
mishandeling [-lɪŋ] v ill-treatment, ill-usage.
miskelk ['miskɛlk] m RK chalice.
miskennen [mis'kɛnə(n)] vt fail to appreciate; een miskend genie an unrecognized genius.
miskenning [-nɪŋ] v lack of appreciation.
misleiden [mis'lɛidə(n)] vt mislead, deceive, impose on.
misleidend [-dənt] misleading, deceptive.
misleider [-dər] m deceiver, impostor.
misleiding [-dɪŋ] v deception, deceit, imposture.
mislopen ['mislo.pə(n)] I vi 1 miss one's way; go wrong; 2 fig go wrong, fail, miscarry, turn

out badly; **II** *vt* miss; *zijn carrière ~ miss one's vocation*; *dat ben ik net misgelopen* I just missed it; *zij zijn elkaar misgelopen* they missed each other.

mislukkeling [mɪsˈlükəlɪŋ] *m* social misfit, failure, wastrel.

mislukken [-kə(n)] *vi* miscarry, fail; *het mislukte haar...* she did not succeed... (in ...ing); *doen ~* wreck [a plan &]; zie ook: *mislukt.*

mislukking [-kɪŋ] *v* failure, miscarriage.

mislukt [mɪsˈlükt] *unsuccessful, abortive [attempt &].

mismaakt [-ˈma.kt] mis-shapen, deformed, disfigured.

mismaaktheid [-ˈma.ktheit] *v* deformity.

mismaken [-ˈma.kə(n)] *vt* disfigure, deform.

mismoedig [-ˈmu.dəx] **I** *aj* discouraged, disheartened, dejected, despondent, disconsolate; *~ maken* discourage, dishearten; **II** *ad* dejectedly, despondently, disconsolately.

mismoedigheid [-heit] *v* discouragement, despondency, dejection.

misnoegd [mɪsˈnu.xt] **I** *aj* displeased, discontented, dissatisfied; *de ~en* the malcontents; **II** *ad* discontentedly.

* **misnoegdheid** [-heit] *v* discontentedness, dissatisfaction, discontent, displeasure.

misnoegen [mɪsˈnu.ɡə(n)] *o* displeasure.

misoffer [ˈmɪsɔfər] *o* RK sacrifice of the Mass.

misoogst [-o.xst] *m* crop failure, failure of crops.

mispel [-pəl] *v* ♣ medlar.

misplaatst [mɪsˈpla.tst] [thing] out of place; misplaced [faith, confidence], mistaken [zeal].

mispunt [ˈmɪspünt] *o* **I** ⚬⚬ miss; **2 S** (deugniet) good-for-nothing fellow, rotter; (onaangenaam mens) beast.

misraden [-ra.də(n)] *vi* guess wrong; *misgeraden!* your guess is wrong.

misrekenen [-re.kənə(n)] **I** *vi* miscalculate; **II** *vr* *zich ~* [mɪsˈre.kənə(n)] be out in one's calculations.

misrekening [ˈmɪsre.kənɪŋ] *v* miscalculation.

missaal [mɪˈsa.l] *o* RK missal.

misschien [mɪˈsxi.n] perhaps, maybe.

misschieten [ˈmɪsxi.tə(n)] *vi* miss, miss the mark, miss one's aim.

misschot [-sxot] *o* miss.

misselijk [ˈmɪsələk] **I** *aj* sick, queasy, qualmish, squeamish; *fig* sickening, disgusting, loathsome; *je wordt er ~ van* it makes you sick; **II** *ad* disgustingly, loathsomely.

misselijkheid [-heit] *v* nausea, sickness, queasiness, squeamishness; *fig* loathsomeness.

missen [ˈmɪsə(n)] **I** *vi* miss; *dat kan niet ~* it is bound to happen, you can't fail to see it, hit it &;**II** *vt* **I** (niet hebben) miss; lack [the courage]; **2** (niet nodig hebben) dispense with, do without; *ik mis mijn boek (mijn bril &)* my book & is missing; *zijn doel ~* zie *doel*; *wij kunnen dat niet ~* we can't spare it; **2** we cannot do without it; *zij kunnen hem ~ als kiespijn* they prefer his room to his company; *zij kunnen het slecht ~* they can't well afford it; *het kan niet gemist worden* they can't do without it; *de trein (de boot) ~* miss the train (the steamer); *het zal zijn uitwerking niet ~* it will not fail to produce its effect.

missie [ˈmɪsi.] *v* mission.

missiehuis [-hœys] *o* mission-house.

missiewerk [-werk] *o* missionary work.

missionair [mɪsi.oˈnɛ:r] missionary.

missionaris [-ˈna:rəs] *m* missionary.

missioneren [-ˈne:rə(n)] *vi* missionize.

missive [mɪˈsi.və] *v* missive.

misslaan [ˈmɪsla.n] *vt* & *vi* miss; zie ook: **I** *bal.*

misslag [-slax] *m* miss; *fig* error, fault.

misstaan [mɪˈsta.n] *vi* suit ill, be unbecoming.

misstand [ˈmɪstant] *m* abuse.

misstap [-stɑp] *m* wrong step, false step, misstep; slip; *een ~ begaan (doen)* make a false step[2].

misstappen [-stɑpə(n)] *vi* make a false step, miss one's footing.

misstoot [-sto.t] *m* miss; ⚬⚬ miss, miscue.

misstoten [-sto.tə(n)] *vi* miss one's thrust; ⚬⚬ give a miss.

mist [mɪst] *m* fog; (nevel) mist.

mistasten [ˈmɪstɑstə(n)] *vi* fail to grasp; *fig* make a mistake.

mistbank [ˈmɪstbɑŋk] *v* fog bank.

misten [ˈmɪstə(n)] *vi* be foggy, be misty.

misthoorn, -horen [ˈmɪstho:rən] *m* fog-horn, siren.

mistig [ˈmɪstəx] foggy, misty.

mistigheid [-heit] *v* fogginess, mistiness.

mistlamp [ˈmɪstlɑmp] *v* ⚙ fog lamp.

mistroostig [mɪsˈtro.stəx] disconsolate, dejected, sad.

mistroostigheid [-heit] *v* disconsolateness dejection, sadness.

mistsignaal [ˈmɪstsi.ɲa.l] *o* fog-signal.

misvatting [ˈmɪsfɑtɪŋ] *v* misconception, misunderstanding, misapprehension.

misverstaan [-fərsta.n] *vt* misunderstand, misapprehend, misconstrue.

misverstand [-fərstɑnt] *o* misunderstanding, misapprehension.

misvormd [mɪsˈfɔrmt] mis-shapen, deformed, disfigured.

misvormen [mɪsˈfɔrmə(n)] *vt* deform, disfigure.

misvorming [-ˈfɔrmɪŋ] *v* deformation, disfigurement.

mitaine [mi.ˈtɛ:nə] *v* mitten, mitt.

mitrailleren [mi.trɑ(l)ˈje:rə(n)] *vt* machine-gun.

mitrailleur [-ˈjø:r] *m* machine gun.

mits [mɪts] *cj* provided (that).

mitsdien [-ˈdi.n] therefore, consequently.

mitsgaders [ˈɡa.dərs] together with.

mobiel [mo.ˈbi.l] mobile; *~ maken* ✕ mobilize.

mobilisatie [mo.bi.li.ˈza.(t)si.] *v* ✕ mobilization.

mobiliseren [-ˈze:rə(n)] *vt* & *vi* mobilize.

mobilofoon [mo.bi.lo.ˈfo.n] *m* radiotelephone.

modaal [mo.ˈda.l] *aj* (& *ad*) modal(ly).

modaliteit [-dɑ.li.ˈteit] *v* modality.

modder [ˈmòdər] *m* mud, mire, ooze.

modderbad [-bɑt] *o* mud-bath.

modderen [ˈmòdərə(n)] *vi* dig in the mud; *fig* muddle.

modderpoel [ˈmòdərpu.l] *m* slough, quagmire, puddle.

moddersloot [-slo.t] *v* muddy ditch.

mode [ˈmo.də] *v* fashion, mode; *de ~ aangeven* set the fashion; *~ worden* become the fashion; *in de ~ komen* come into fashion, become the vogue; *in de ~ zijn* be the fashion, be in fashion; *het is erg in de ~* it is all the fashion, F it is quite the go; *naar de laatste ~ gekleed*, dressed in (after) the latest fashion; *uit de ~ raken* (zijn) go (be) out of fashion.

modeartikel [-ɑrti.kəl] *o* **I** fancy-article; **2** fashionable article; *~en* fancy-goods.

modeblad [-blɑt] *o* fashion paper.

modegek [-ɡek] *m* fop, dandy.

modejournaal [-ʒu:rna.l] *o* fashion paper.

model [mo.ˈdel] **I** *o* model, pattern, cut; (v. pijp &) shape; (v. sigaret) size; **II** *aj* model...; ✕ regulation...

modelactie, -aktie [-ɑksi.] *v* *een ~* a work-to-rule; *een ~ voeren* work to rule.

modelboerderij [-bu:rdərei] *v* model farm.

modelflat [-flɛt] *m* show-flat.

modelkamer [-ka.mər] *v* show-room.

modeplaat [ˈmo.dəpla.t] *v* fashion-plate, fashion-sheet.

modepop [-pòp] *v* (vrouw) doll; (man) fop, dandy.

modern [mo.'dɛrn] modern; > modernist.

moderniseren [mo.dɛrni.'ze:rə(n)] *vt* modernize.

modernisering [-rɪŋ] *v* modernization.

modeshow ['mo.doʃo.] *m* fashion (dress, mannequin) parade, fashion show, dress show.

modevak [-vɑk] *o* millinery.

modezaak [-za.k] *v* fashion business, fashion house.

modieus [mo.di.'ø.s] I *aj* fashionable; II *ad* fashionably; ~ *gekleed* dressed in the height of fashion.

modiste [mo.'dɪstə] *v* milliner, modiste; dressmaker.

modulatie [mo.dy.'la.(t)si.] *v* modulation.

moduleren [-'le:rə(n)] *vi* & *vt* modulate.

1 **moe** [mu.] *aj* tired, fatigued, weary; *ik ben* ~ I'm tired; *zo* ~ *als een hond* dog-tired; *ik ben het werken* ~ I am tired of work; *ik ben* ~ *van het werken* I am tired with working; ~ *maken* tire, fatigue.

2 **moe** [mu.] *v* F zie *moeder*.

moed [mu.t] *m* courage, heart, spirit; *de* ~ *der wanhoop* the courage of desperation; *iemand* ~ *geven* put some heart into a man; *goede* ~ *hebben* be of good heart; *de treurige* ~ *hebben om...* have the conscience to...; ~ *houden* keep (a good) heart; *de* ~ *opgeven, verliezen of laten zinken* lose courage, lose heart; ~ *scheppen (vatten)* take (pluck up) courage, take heart; *je kunt begrijpen, hoe het mij te* ~*e was* how I felt; *wel te* ~*e* of good cheer, cheerful; *in arren* ~*e* in anger.

moedeloos [-lo.s] out of heart, without courage, spiritless, despondent, dejected.

moedeloosheid [mu.də'lo.sheit] *v* despondency, dejectedness, dismay.

moeder ['mu.dər] *v* 1 mother; 2 (v. gesticht) matron; (v. jeugdherberg) warden; ~ *natuur* dame nature; *de Moeder Gods* Our Lady; ~ *de vrouw* F the wife, P the missus, my old Dutch.

moederaarde [mu.dər'a:rdə] *v* mother earth.

moederdag ['mu.dərdɑx] *m* Mother's Day.

moederhart [-hɑrt] *o* mother's heart.

moederkerk [-kɛrk] *v* mother church.

moederklok [-klɔk] *v* master clock.

moederland [-lɑnt] *o* mother country.

moederliefde [-li.vdə] *v* maternal love.

moederlijk [-lək] I *aj* maternal, motherly; II *ad* maternally.

moederloos [-lo.s] motherless.

Moedermaagd [-ma.xt] *v* Virgin Mother, Holy Virgin.

moedermoord(enaar) [-mo:rt, -mo:rdəna:r] *m* matricide.

moedernaakt [-na.kt] stark naked.

moederschap [-sxɑp] *o* motherhood, maternity.

moederschip [-sxɪp] *o* ⚓ mother ship, parent ship; ✈ (aircraft, seaplane) carrier.

moederskant ['mu.dərskɑnt] zie *moederszijde*.

moederskindje ['mu.dərskɪɲcə] *o* F mother's darling, molly-coddle.

moederszijde ['mu.dərseidə] *van* ~ [related] on the (one's) mother's side; maternal [grandfather].

moedertaal ['mu.dərta.l] *v* mother tongue, native tongue.

moedervlek [-vlɛk] *v* mole, birth-mark.

moederziel [-zi.l] ~ *alleen* quite alone.

moedig ['mu.dəx] *aj* (& *ad*) courageous(ly), brave(ly); spirited(ly).

moedwil ['mu.tvɪl] *m* wantonness, petulance; *uit* ~ wantonly, wilfully.

moedwillig [mu.t'vɪləx] *aj* (& *ad*) mischievous(ly), wanton(ly).

moedwilligheid [-heit] *v* wantonness, wilfulness.

moeheid ['mu.heit] *v* 1 fatigue, weariness, lassitude.

moei [mu:i] *v* aunt.

moeien ['mu.jə(n)] *vt* trouble, give trouble; *moei mij er niet in* don't mix me up in it; zie ook: *gemoeid & bemoeien*.

moeilijk ['mu:ilək] I *aj* difficult, hard, troublesome; *een* ~*e taak* a difficult (arduous) task; ~*e toestand* trying situation; ~*e tijden* hard (trying) times; II *ad* with difficulty, hardly; not easily; *het zal* ~ *gaan om...* it will be difficult to...; *ik kan* ~ *anders* I can hardly do otherwise.

moeilijkheid [-heit] *v* difficulty, trouble, scrape; *in* ~ *(in moeilijkheden) komen* get into trouble; *in moeilijkheden verkeren* be in trouble, be in a scrape; $ be involved.

moeite ['mu:itə] *v* 1 (moeilijkheid) trouble; difficulty; 2 (inspanning) trouble, pains, labour; *'t was vergeefse* ~ it was labour lost; ~ *doen* take pains, exert oneself, try; *alle* ~ *doen om...* do one's utmost to...; *doet u maar geen (verdere)* ~ don't give yourself any trouble, please don't trouble; ~ *geven (veroorzaken)* give trouble; *zich* ~ *geven* I take trouble [to do something]; 2 take pains, exert oneself, try; *zich (veel)* ~ *geven om...* trouble (oneself) to...; *ook:* be at (great) pains to...; *zich de* ~ *geven om...* take the trouble to...; *zich niet eens de* ~ *geven om...* not even trouble to...; ~ *hebben om te leren* learn with difficulty; *de* ~ *nemen zie zich de* ~ *geven*; *het gaat in één* ~ *door, het is één* ~ it is all in the day's work; *met (de grootste)* ~ with (the utmost) difficulty; *hoeveel is 't voor de* ~? how much for your trouble?; *zonder veel* ~ without much difficulty; zie ook: 3 *waard &*.

moeizaam [-za.m] I *aj* laborious, wearisome, hard; II *ad* laboriously.

moer [mu:r] *v* 1 mother, dam [of animals]; 2 ⚙ nut, female screw; 3 lees, dregs, sediment [of liquids].

moeras [mu:'rɑs] *o* marsh, morass², swamp, fen, bog.

moeraskoorts [-ko:rts] *v* paludal fever, malaria.

moerbei ['mu:rbɛi] *v* ♣ mulberry.

moerbeiboom [-bo.m] *m* mulberry-tree.

1 **moes** [mu.s] *v* F zie *moesje* 2.

2 **moes** [mu.s] *o* 1 stewed greens or fruit; 2 mash, pulp; *tot* ~ *maken* squash; *iemand tot* ~ *slaan* beat one to a jelly, make mincemeat of one.

moesappel ['mu.sɑpəl] *m* cooking-apple.

moeselien [mu.sə'li.n] zie *mousseline*.

moesje ['mu.ʃə] *o* 1 patch, beauty-spot [of woman]; spot [on dress materials] ‖ 2 (moeder) mummy, mammy.

moesson ['mu.sòn] *m* monsoon.

moestuin ['mu.stœyn] *m* kitchen garden.

moeten ['mu.tə(n)] *vi* & *vt* be compelled, be obliged, be forced; *wat moet je?* what do you want?; *ik moet gaan* I have to go, I must go; *hij moest gaan* 1 he had to go; 2 he should go, he ought to go; *ik zal* ~ *gaan* I shall have to go; *ze* ~ *het zien* they can't fail to see it; *we moesten wel lachen* we could not help laughing; *de cholera moet er heersen* the cholera is said to reign there; *hij moet gezegd hebben, dat...* he is reported to have said that...; *daar moet je... voor zijn* it takes a... to...; *als het moet* if it cannot be helped, if there is no help for it, if it has to be done; *under pressure of necessity*; *het moet!* it has to be done!; ~ *is dwang* must is for the king.

moetje ['mu.cə] *in: het is een* ~ F it is a case of [must.

Moezel ['mu.zəl] *v* Moselle.

moezel(wijn) ['mu.zəl(vɛin)] *m* moselle.

1 **mof** [mɔf] *v* 1 (voor de handen) muff; 2 ⚙ sleeve, socket.

2 **mof** [mòf] *m* (scheldnaam) S Jerry.
moffelen ['mòfələ(n)] *vt* enamel.
moffeloven ['mòfəlo.və(n)] *m* ✗ muffle-furnace.
mogelijk ['mo.gələk] **I** *aj* possible, eventual;
alle ~e dingen all sorts of things; *alle ~e
hulp* all the assistance possible; *op alle ~e
manieren* in every possible way; *alle ~ middelen* all means possible, all possible means;
alle ~e moeite every possible effort; *met de
grootst ~e strengheid* with the utmost possible severity; *zo slecht ~* as bad as bad can
be; *het is mij niet ~* I cannot possibly do it;
II *sb* in: *ik heb al het ~e gedaan* all that is
possible; all my possible; all I can do (could
do); **III** *ad* possibly; *zo ~...* if possible; *zo
spoedig ~* as soon as possible; *~ weet hij het*
it is possible that he knows it.
mogelijkheid ['mo.gələkheit] *v* possibility;
eventuality; *de ~ bestaat* there is a possibility; *met geen ~ kunnen wij...* we cannot
possibly...
mogen ['mo.gə(n)] **I** *hulpww.* be allowed, be
permitted; *zij ~ komen* they may come; *ze
zullen niet ~ komen* they will not be allowed
to come; *als zij komen mochten* if they should
come; *dat mag niet* that is not allowed; *...het
mocht wat!* ...not they!, nothing doing!; **II** *vt*
like; *zij ~ hem niet* they don't like him; *ik
mag hem gaarne (wel)* I like him very much,
I rather like him.
mogendheid ['mo.gəntheit] *v* power; *de grote
mogendheden* the great powers.
mogol [mo.'gol] *m* Mogul.
mohair [mo.'hɛ:r] *o* mohair.
Mohammed ['mo.hɑmet, mo.'hɑmet] *m* Mohammed.
mohammedaan(s) [mo.hɑmə'da.n(s)] *m* (& *aj*)
Mohammedan.
moker ['mo.kər] *m* maul, sledge.
mokeren [-kərə(n)] *vt* hammer, strike with a
maul.
Mokerhei [mo.kər'hɛi] *v* Mook heath; *ik wou
dat hij op de ~ zat* I wish he were at (in)
Jericho.
mokka(koffie) ['mokka.(kofi.)] *m* Mocha coffee,
mokken ['mokə(n)] *vi* sulk.   [mocha.
1 **mol** [mol] *m* ♠ mole.
2 **mol** [mol] *v* ♪ flat, minor key; *b~* B flat.
moleculair [mo.ləky.'lɛ:r] molecular.
molecule [-'ky.lə] **molekuul** [-'ky.l] *v* & *o* molecule.
molen ['mo.lə(n)] *m* 1 mill; 2 ✗ (voor beton
e.d.) mixer.
molenaar ['mo.lənɑ:r] *m* miller.
molenbeek ['mo.lə(n)be.k] *v* mill-race.
molenpaard [-pɑ:rt] *o* mill-horse.
molenrad [-rɑt] *o* mill-wheel.
molensteen [-ste.n] *m* millstone.
molentje [-cə] *o* 1 little mill; 2 (kinderspeelgoed) paper wheel; *hij loopt met ~s* he has
bats in the belfry.
molenvliegtuig [-vli.xtœyx] *o* ✈ autogiro.
molenwiek [-vi.k] *v* wing of a mill, sail, vane.
molest [mo.'lɛst] *o* war risks ‖ *~ aandoen*
molest.
molestatie [mo.lɛs'ta.(t)si.] *v* molestation.
molesteren [-'te:rə(n)] *vt* molest.
molestrisico [mo.'lɛstri.zi.ko.] *o* $ war risk.
molestverzekering [-fərze.kəriŋ] *v* war-risk insurance.
molière [mo.li.'ɛ:rə] *m* lace-up shoe.
molleval ['moləval] *v* mole-trap.
mollevel [-vɛl] *o* moleskin.
mollig ['moləx] 1 plump [arms, legs], chubby
[cheeks]; 2 ♪ mellow [tones].
molligheid [-heit] *v* 1 plumpness, chubbiness; 2
♪ mellowness.
molm [molm] *m* & *o* 1 mould; 2 (v. turf) peat
dust.

molmachtig ['molmɑxtəx] worm-eaten.
molmen ['molmə(n)] *vi* moulder.
molshoop ['molsho.p] *m* mole-hill.
molsla ['molsla.] *v* ✿ dandelion.
molton ['moltòn] *o* swanskin.
Molukken [mo.'lûkə(n)] *de ~* the Moluccas.
mom [mòm] *v* & *o* mask; *onder de (het) ~ van*
under the show (mask, cloak) of.
mombakkes ['mòmbɑkəs] *o* mask.
moment [mo.'mɛnt] *o* moment*.*
momenteel [-mɛn.te.l] **I** *aj* momentary; **II** *ad* at
the moment.
momentopname [mo.'mɛntòpna.mə] *v* instantaneous photograph, snapshot.
mommelen ['mòmələ(n)] = *mummelen*.
mompelen ['mòmpələ(n)] *vi* & *vt* mutter,
mumble.
monarch [mo.'nɑrx] *m* monarch.
monarchaal [-nɑr'ga.l] *aj* (& *ad*) monarchical-
(ly).
monarchie [-'gi.] *v* monarchy.
monarchist [-'gist] *m* monarchist.
monarchistisch [-'gisti.s] monarchist [party].
mond [mònt] *m* mouth; orifice; muzzle [of a
gun]; *een grote ~ hebben* talk big; *de (zijn) ~
houden* hold one's tongue; *hij kan zijn ~ niet
houden* he can't keep his (own) counsel [*fig*];
geen ~ opendoen not open one's lips; *een
grote ~ opzetten tegen iemand* give one lip;
iemand de ~ snoeren stop a person's mouth,
silence him; *iedereen heeft er de ~ vol van*
they talk of nothing else; *bij ~e van* by
(through) the mouth of; *iemand woorden in
de ~ leggen* put words into a person's
mouth; *met open ~ staan kijken* stand open-
mouthed, stand gaping (at naar); *met de ~
vol tanden staan* have nothing to say for oneself, be dumbfounded; *met twee ~en spreken*
blow hot and cold; *iemand naar de ~ praten*
toady to a man; *uit zijn eigen ~* from his
own mouth; *als uit één ~* unanimously;
iemand de woorden uit de ~ nemen take the
words out of a man's mouth; *hij zegt alles
wat hem voor de ~ komt* he says whatever
comes uppermost; *zijn ~ staat nooit stil* he
never stops talking.
mondain [mòn'dɛ:n] mundane; fashionable
[hotel &].
mondbehoeften ['mòntbəhu.ftə(n)] *mv* provisions, victuals.
mondeling ['mòndəliŋ] **I** *aj* oral, verbal; *~e afspraak* verbal agreement; *~ bericht* verbal
message; *~ examen* oral examination; *~e
getuigen* verbal references; **II** *als o* in: *mijn
~* my viva voce; **III** *ad* orally, verbally, by
word of mouth.
mond- en klauwzeer [mòntən'klɔuze:r] *o* foot-
and-mouth disease.
mondharmonika ['mòntharmo.ni.ka.] *v* ♪
mouth-organ.
mondhoek [-hu.k] *m* corner of the mouth.
mondholte [-hòltə] *v* cavity of the mouth.
mondig ['mòndəx] of age; zie verder: *meerder-*
mondigheid [-heit] *v* majority.   [*jarig.*
monding ['mòndiŋ] *v* mouth.
mondje ['mòncə] *o* (little) mouth; *~ dicht!*
mum's the word!; *niet op zijn ~ gevallen zijn*
have a ready tongue; have plenty to say for
oneself.
mondjesmaat ['mòncəsma.t] *v* scanty measure;
het is ~ we are on short commons; *~ toebedelen* dole out in driblets.
mondjevol ['mòncəvòl] *o* in: *hij kent een ~
Frans* he has a smattering of French.
mondkost ['mòntkɔst] *m* provisions, victuals.
mondspoeling [-spu.liŋ] *v* mouth-wash.
mondstuk [-stûk] *o* mouthpiece; chase [of a
gun]; tip [of a cigarette]; *met kurken ~* cork-
tipped [cigarette]; *zonder ~* plain [cigarette].

mondvol [-fòl] *m* mouthful.

mondvoorraad [-fo:ra.t] *m* provisions.

mondwater [-va.tər] *o* mouth-wash.

monetair [mo.ne.'te:r] *monetary.

monitor ['mo.ni.tər] *m* monitor.

monnik ['mònək] *m* monk, friar; *gelijke ~en, gelijke kappen* what is sauce for the goose is sauce for the gander.

monnikenklooster ['mònəkə(n)klo.stər] *o* monastery.

monnikenleven [-le.və(n)] *o* monastic life.

monnikenorde [-ordə] *v* monastic order.

monnikenwerk [-vɛrk] *o* monkish work; *~ doen* flog a dead horse.

monnikskap ['mònəskɑp] *v* 1 cowl, monk's hood; 2 ✿ monk's-hood, aconite.

monnikspij [-pɛi] *v* (monk's) frock.

monocle [mo.'nɔkəl] *m* (single) eye-glass, monocle.

monografie [mo.no.gra.'fi.] *v* monograph.

monogram [-'grɑm] *o* monogram, cipher.

monoliet [-'li.t] *m* monolith.

monoloog [-'lo.x] *m* monologue.

monopolie [-'po.li.] *o* monopoly.

monseigneur [mõsɛ'nø:r] *m* RK monsignor.

monster ['mònstər] *o* 1 monster; 2 $ sample; pattern; *~ zonder waarde* $ sample of no value (without value); *als ~ verzenden* $ send by sample post; *volgens ~* $ up to sample, as per sample.

monsterachtig [-ɑxtəx] *aj* (& *ad*) monstrous(-ly).

monsterachtigheid [-hɛit] *v* monstrosity.

monsterboek ['mònstərbu.k] *o* $ pattern-book, book of samples.

monsterbriefje [-bri.fjə] *o* $ sampling order.

monsteren ['mònstərə(n)] *vt* 1 (inspecteren) muster; 2 *zie* **aanmonsteren**.

monsterkaart ['mònstərka:rt] *v* $ sample-card, pattern-card.

monsterkamer [-ka.mər] *v* sample-room.

monsterkoffer [-kòfər] *m* $ sample-case.

monsterrol [-stərol] *v* 1 ⚓ & ⚓ muster-roll; 2 ⚓ list of the crew, ship's articles.

monsterzakje [-stərzɑkjə] *o* $ sample-bag.

montage [mòn'ta.ʒə] *v* 1 ✗ mounting, fitting up, erecting, assembly; 2 (v. film) editing, (v. drukwerk &) montage, (v. foto) composing.

montagelijn [-lɛin] *v* assembly line.

montagewerkplaats [-vɛrkpla.ts] *v* assembly room.

montagewoning [-vo.nɪŋ] *v* prefabricated house, ✗ prefab.

monter ['mòntər] I *aj* brisk, lively, cheerful; II *ad* briskly, cheerfully.

monteren [mòn'te:rə(n)] *vt* mount [a picture]; fit up, erect [apparatus], assemble [a motor-car &]; stage [a play].

montering [-'te:rɪŋ] *v* mounting [of a picture, a play]; staging [of a play]; *zie ook: montage*.

monteur [-'tø:r] *m* mounter; erector, fitter [of machine]; (in garage &) mechanic.

montuur [-'ty:r] *o* & *v* frame, mount; setting [of a jewel]; *bril met hoornen ~* horn-rimmed glasses, glasses with horn rims.

monument [mo.ny.'ment] *o* monument.

monumentaal [-men'ta.l] monumental.

mooi [mo:i] I *aj* handsome, fine, beautiful, pretty; *een ~e hand schrijven* write a fair hand; *een ~e jongen!* a fine fellow!; *mijn ~e pak* my Sunday best; *~ zo!* good!; *dat is niet ~ van u* it is not nice of you; *daar ben je ~ mee!* a lot of good that will do you!; *wat ben je ~!* what a swell you are!; *wel, nu nog ~er!* well I never!; *dat is wat ~s!* a pretty kettle of fish!, fine doings these!, here is a nice go!; *ze hebben wat ~s van je verteld!* fine things they

say of you!; II 1 *als m in: je bent me een ~e!* you are a nice one!; 2 *als o in: het ~ste van alles is...* the best of it all is that...; III *ad* handsomely, finely, beautifully; < pretty, badly; *hij heeft u ~ beetgehad* he had you there, and no mistake; *ze hebben hem niet ~ behandeld* he has been unhandsomely treated; *zich ~ maken* prink (smarten) oneself up; *dat staat u niet ~* it does not become you[2]; *~ zitten* beg [of a dog].

mooiheid ['mo:ihɛit] *v* handsomeness, fineness, beauty, prettiness.

mooiprater [-pra.tər] *m* coaxer, flatterer.

mooipraterij [mo:ipra.tə'rɛi] *v* coaxing, flattery.

Moor [mo:r] *m* Moor, blackamoor.

moord [mo:rt] *m* & *v* murder (of *op*); *~ en brand schreeuwen* cry blue murder.

moordaanslag ['mo:rta.nslɑx] *m* attempt upon a person's life, attempted murder.

moorddadig [mo:r'da.dəx] murderous.

moorddadigheid [-hɛit] *v* murderousness.

moorden ['mo:rdə(n)] *vi* kill, commit murder(s).

moordenaar [-dəna:r] *m* murderer.

moordenares [mo:rdəna:'rɛs] *v* murderess.

moordend ['mo:rdənt] murderous, deadly; *~e concurrentie* cut-throat competition.

moordgeroep, ~geschrei ['mo:rtgəru.p, -gəs(x)rɛi] *o* cry of murder.

moordhol [-hòl] *o* cut-throat den.

moordkuil [-kœyl] *m* cut-throat place; *zie* hart.

moordpartij [-pɑrtɛi] *v* massacre.

moordtoneel ['mo:rto.ne.l] *o* scene of murder.

moordtuig [-tœyx] *o* instrument(s) of murder.

moordwapen ['mo:rtva.pə(n)] *o* murderous weapon.

Moors [mo:rs] Moorish, Moresque.

moot [mo.t] *v* slice [of meat &], fillet [of fish].

1 **mop** [mòp] *m* 🐾 pug(-dog).

2 **mop** [mòp] *v* joke; *een ouwe ~, een ~ met een baard* a stale joke, F a hoary chestnut, a Joe Miller; *dat is nu juist de ~* that's the joke (the funny part) of it; *voor de ~* for a lark.

3 **mop** [mòp] *v* 1 blob [of ink]; 2 brick; 3 biscuit; *~pen hebben* S have the dibs (the dumps).

mopje ['mòpjə] *o* F ♪ tune.

mopneus [-nø.s] *m* pug-nose.

moppentapper ['mòpə(n)tɑpər] *m* F joker.

mopperaar ['mòpəra:r] *m* grumbler, S grouser.

mopperen [-rə(n)] *vi* grumble, S grouse; *zonder ~* without grumbling, without a murmur.

mopperig ['mòpərəx] grumbling, grumpy.

moppig ['mòpəx] F funny.

mops(hond) ['mòps(hònt)] *m* pug(-dog).

moquette [mo.'ketə] *v* moquette.

moraal [mo.'ra.l] *v* 1 (zedenles) moral; 2 (zedenleer) morality, ethics; 3 (zedelijke beginselen) morals.

moraliseren [-ra.li.'ze:rə(n)] *vi* moralize, point a moral.

moralist [-'lɪst] *m* moralist.

moraliteit [-li.'tɛit] *v* morality.

moratorium [-'to:ri.ûm] *o* moratorium.

moreel [-'re.l] I *aj* (& *ad*) moral(ly); II *o* ✗ morale.

morel [-'rel] *v* ✿ morello.

morene [mo:'re.nə] *v* moraine.

mores ['mo:rəs] *iemand ~ leren* teach one.

Morfeus ['mòrfœys] *m in: in ~' armen* in the arms of Morpheus.

morfine [mòr'fi.nə] *v* morphine, morphia.

morfinist [-fi.'nɪst] *m* morphine addict, morphi(n)omaniac.

morganatisch [mòrga.'na.ti.s] *aj* (& *ad*) morganatic(ally).

1 **morgen** ['mòrgə(n)] *m* & *o* 2¼ acre [of land].

2 **morgen** ['mòrgə(n)] *m* morning; *in de vroege ~* early in the morning; *op een ~* one morn-

ing; *van de ~ tot de avond* from morning till
night; *'s (des) ~s* in the morning.
3 **morgen** ['mɔrɡə(n)] *ad* to-morrow; *~avond*
to-morrow evening; *~ochtend* to-morrow
morning; *~ komt er nog een dag* to-morrow
is another day; *hij betalen? ~ brengen!*
nothing doing!, not likely!; *~ over acht da-*
gen to-morrow week.
morgenland [-lɑnt] *o* Orient.
morgenrood [-ro.t] *o* red of dawn.
morgenschemering [-sxe.marɪŋ] *v* morning
twilight.
morgenster [-stɛr] *v* ✸ morning star.
morgenstond [-stɔnt] *m* morning time; *de ~*
heeft goud in de mond the early bird catches
the worm.
morgenuur [-y:r] *o* morning hour.
Moriaan [mo:ri.'a.n] *m* blackamoor; *het is de*
~ gewassen it is labour lost.
morille [mo:'ri.ljə] *v* morel [mushroom].
mormel ['mɔrməl] *o* monster.
mormoon(s) [mɔr'mo.n(s)] *m* (& *aj*) Mormon.
morrelen ['mɔrələ(n)] *vi* fumble; *~ aan* monkey with.
morren ['mɔrə(n)] *vi* grumble, murmur.
morrig [-rəx] grumbling, peevish.
morsdood ['mòrsdo.t] stone-dead.
morsebel ['mòrsəbəl] *v* slut, slattern.
morsen ['mòrsə(n)] I *vi* mess, make a mess; II
vt spill [tea].
morsepot ['mòrsəpot] = **morspot**.
morseschrift [-s(x)rɪft] *o* ✝ Morse code.
morsesleutel [-slø.təl] *m* ✝ Morse key.
morsig ['mòrsəx] dirty, untidy.
morsigheid [-heit] *v* dirtiness, untidiness.
morspot ['mòrspot] *m* dirty boy (girl &).
mortel ['mɔrtəl] *m* mortar.
mortelbak [-bɑk] *m* hod.
mortelmolen [-mo.lə(n)] *m* mortar mixer.
mortier [mɔr'ti:r] *m* & *o* mortar [vessel & ✕].
mortierstamper [-stɑmpər] *m* pestle.
mos [mòs] *o* ✿ moss.
mosachtig ['mòsɑxtəx] mossy, moss-like.
mosgroen [-ɡru.n] moss-green.
moskee [mɔs'ke.] *v* mosque.
Moskou ['mɔskɔu] *o* Moscow.
Moskous [-s] Moscow.
Moskovië [mɔs'ko.vi.ə] *o* Muscovy.
Moskoviet [-ko.'vi.t] *m* Muscovite.
Moskovisch [-'ko.vi.s] Muscovite; *~ gebak*
sponge-cake.
moslem ['mɔsləm] **moslim** ['mɔslɪm] *m* Moslem, Muslim.
mosroos ['mòsro.s] *v* ✿ moss-rose.
mossel ['mòsəl] *v* mussel.
mosselvrouw [-vrɔu] *v* ~**wijf** [-vɛif] *o* mussel-
mossig ['mòsəx] mossy.　　　　　　　[woman.
most [mòst] *m* must.
mostaard ['mòsta:rt] = **mosterd**.
mosterd ['mòstərt] *m* mustard; *'t is ~ na de*
maaltijd it is too late to be of any use; it is a
day after the fair; *ik zal je tot ~ slaan* F I'll
beat you to a jelly.
mosterdpot [-pot] *m* mustard pot.
mosterdzaad [-sa.t] *o* mustard seed; B & *fig*
grain of mustard seed.
mot [mòt] *v* (clothes-)moth; *de ~ zit in die*
japon that dress is moth-eaten.
motel [mo.'tɛl] *o* motel.
motet [-'tɛt] *o* ♪ motet.
motie ['mo.(t)si.] *v* motion; *~ van afkeuring*
vote of censure; *een ~ van vertrouwen aanne-*
men pass a vote of confidence; *~ van wan-*
trouwen vote of no-confidence.
motief [mo.'ti.f] *o* I (reden) motive [=
ground]; 2 (in de kunst) motif.
motiveren [-ti.'ve:rə(n)] *vt* motivate, motive,
state the grounds for, account for.
motor ['mo.tɔr] *m* motor; engine; (motor-

fiets) motor cycle.
motoragent [-a.ɡɛnt] *m* motor-cycle policeman, police motor-cyclist.
motorbarkas [-bɑrkɑs] *v* ⚓ motor-launch.
motorboot [-bo.t] *m* & *v* ⚓ motor-boat,
motor-launch.
motorbril [-brɪl] *m* motoring goggles.
motordefect, -defekt [-dəfɛkt] *o* engine trouble.
motorficts [-fi.ts] *m* & *v* motor (bi)cycle.
motorhandschoen [-hɑntsxu.n] *m* & *v* motoring gauntlet.
motorisch [mo.'to:ri.s] motor [nerve &].
motoriseren [mo.to:ri.'ze:rə(n)] *vt* motorize.
motorjacht ['mo.tɔrjɑxt] *o* ⚓ motor yacht.
motorkap [-kɑp] *v* I ⚙ bonnet; ✈ cowling,
cowl; 2 (hoofddeksel) motoring helmet.
motorordonnans [-ɔrdɔnɑns] *m* ✕ dispatch-
rider.
motorpech [-pɛx] *m* engine trouble.
motorploeg [-plu.x] *m* & *v* motor plough.
motorpolitie [-po.li.(t)si.] *v* motor-cycle police.
motorrijder [mo.tɔrɛi(d)ər] *m* motor-cyclist.
motorrijtuig [-tœyx] *o* motor vehicle.
motorrijwiel [-vi.l] *o* zie **motorfiets**.
motorschip ['mo.tɔrsxɪp] *o* ⚓ motor-ship,
motor-vessel.
motorwagen [-va.ɡə(n)] *m* motor-car.
motregen ['mo.tre.ɡə(n)] *m* drizzling rain,
drizzle.
motregenen [-ɡənə(n)] *vi* drizzle.
mottig ['mòtəx] I (pokdalig) pock-marked;
2 (door de mot aangetast) moth-eaten; 3
(van het weer) drizzly.
motto ['mòto.] *o* motto, device.
motzak ['mòtsɑk] *m* moth-proof storage bag.
mousseline [mu.sə'li.nə] *v* & *o* muslin.
mousseren [mu.'se:rə(n)] *vi* effervesce; *~de*
wijn sparkling (effervescent) wine.
mout [mɔut] *o* & *m* malt.
mouw [mɔu] *v* sleeve; *ze achter de ~ hebben*
be a slyboots; *iemand iets op de ~ spelden*
make one believe something, gull a person;
iets uit de ~ schudden knock off, throw off
[verses, articles &]; *ergens een ~ aan passen*
arrange matters, find a way out.
mouwvest ['mɔuvɛst] *o* sleeved waistcoat.
mozaïek [mo.za.'i.k] *o* mosaic work, mosaic.
mozaïekvloer [-flu:r] *m* mosaic floor.
M.T.S. [mɪdəlba:rtɛxni.sə'sxo.l] = *middelbaar*
technische school senior technical school.
mud [mʏt] *o* & *v* hectolitre.
muf(fig) ['mʏf(əx)] musty, fusty.
muffigheid, mufheid [-heit] *v* mustiness, fustiness.
mug [mʏx] *v* gnat; midge; *van een ~ een olifant*
maken make mountains of molehills.
muggebeet ['mʏɡəbe.t] *m* gnat-bite; midge-
muggeziften [-zɪftə(n)] *vi* split hairs.　　[bite.
muggezifter [-tər] *m* hair-splitter.
muggezifterij [mʏɡəzɪftə'rɛi] *v* hair-splitting.
muil [mœyl] *m* mouth, muzzle || *v* (pantoffel)
slipper.
muilband ['mœylbɑnt] *m* muzzle.
muilbanden [-bɑndə(n)] *vt* muzzle².
muildier [-di:r] *o* ♨ mule.
muildierdrijver [-drɛivər] *m* muleteer.
muilezel ['mœyle.zəl] *m* ♨ hinny.
muilezeldrijver [-drɛivər] *m* muleteer.
muilkorf ['mœylkɔrf] *m* muzzle.
muilkorven [-kɔrvə(n)] *vt* muzzle.
muilpeer [-pe:r] *v* F box on the ear, cuff, slap.
muis [mœys] *v* ♨ mouse [*mv* mice].
muisje ['mœyʃə] *o* (little) mouse; *dat ~ zal een*
staartje hebben ✿ there will be some consequences, the matter will not end there.
muisjes [-ʃəs] *mv* sugared caraway seeds.
muiskat ['mœyskɑt] *v* monouser.
muisstil ['mœystɪl] mouse-still, mouse-quiet, as
still as mice.

muiteling ['mœytəliŋ] *m* mutineer, rebel.
muiten [-tə(n)] *vi* mutiny, rebel; *aan het* ~ *slaan* mutiny; *de* ~*de troepen* the mutinous troops.
muiter [-tər] *m* mutineer, rebel.
muiterij [mœytə'rɛi] *v* mutiny, rebellion.
muitziek ['mœytsi.k] mutinous.
muizegat, ~**hol** ['mœyzəgɑt, -həl] *o* mouse-hole.
muizen ['mœyzə(n)] *vi* 1 mouse; 2 F feed.
muizenest ['mœyzənɛst] *o* mouse-nest.
muizengif(t) ['mœyzə(n)ɣif(t)] *o* rat-poison.
muizenissen ['mœyzənɪsə(n)] *mv* in: *haal je geen* ~ *in het hoofd* don't worry.
muizentarwe ['mœyzə(n)tɑrvə] *v* rat-poison.
muizeval ['mœyzəvɑl] *v* mousetrap.
1 **mul** [mʉl] *aj* loose; sandy.
2 **mul** [mʉl] *v & o* mould [= loose earth].
3 **mul** [mʉl] *m* 🐟 red mullet.
muloschool ['my.lo.sxo.l] *v* higher-grade school.
multilateraal [mʉlti.la.tə'ra.l] multilateral.
multimiljonair [-miljo.'nɛːr] *m* multimillionaire.
multiplicator, multiplikator [-pli.'ka.tər] *m* multiplier.
mummelen ['mʉmələ(n)] *vi* mumble.
mummie ['mʉmi.] *v* mummy.
munitie [my.'ni.(t)si.] *v* (am)munition.
munitiewagen [-va.gə(n)] *m* ✕ ammunition wagon.
munster ['mʉnstər] *o* ~**kerk** [-kɛrk] *v* minster.
munt [mʉnt] *v* 1 (stuk) coin; (geld) mint-coin; (geld) currency; 2 (gebouw) mint ‖ 3 🌿 mint; *iemand met gelijke* ~ *betalen* pay one (back) in his own coin, repay in kind, give tit for tat; *hij neemt alles voor goede* ~ *aan* he swallows everything; ~ *slaan* coin (mint) money; ~ *slaan uit* make capital out of; zie ook: *kruis.*
muntbiljet ['mʉntbɪljɛt] *o* currency note.
munteenheid [-ɛ.nhɛit] *v* monetary unit.
munten ['mʉntə(n)] *vt* coin, mint; *het gemunt hebben op* zie *gemunt.*
muntkabinet [-ka.bi.nɛt] *o* numismatic cabinet.
munter ['mʉntər] *m* minter, coiner.
muntgas ['mʉntgɑs] *o* slot-meter gas.
munthervorming [-hɛrvɔrmɪŋ] *v* currency reform.
muntloon [-lo.n] *o* mintage.
muntmeester [-me.stər] *m* mint-master, Master of the Mint.
muntmeter [-me.tər] *m* slot-(gas)meter.
muntspecie [-spe.si.] *v* specie.
muntstelsel [-stɛlsəl] *o* monetary system.
muntstempel [-stɛmpəl] *m* stamp, die.
muntstuk [-stʉk] *o* coin.
muntteken ['mʉntə.kə(n)] *o* mint-mark.
muntunie ['mʉnty.ni.] *v* monetary union.
muntvervalsing [-fɛrfɑlsɪŋ] *v* debasement of coinage
muntvoet [-fu.t] *m* standard.
muntwet [-vɛt] *v* coinage act.
muntwezen [-ve.zə(n)] *o* monetary system, coinage.
murmelen ['mʉrmələ(n)] *vi* murmur, purl, gurgle.
murmureren [mʉrmy.'re:rə(n)] *vi* murmur, grumble.
murw [mʉrv] soft, tender, mellow; *iemand* ~ *beuken* beat one to a jelly.
murwheid ['mʉrvhɛit] *v* softness, tenderness, mellowness.
mus [mʉs] *v* 🐦 sparrow; zie ook: *blij.*
museum [my.'ze.ʉm] *o* museum.
museumstuk [-stʉk] *o* museum piece.
musiceren [my.zi.'se:rə(n)] *vt* make music; have some music.

musicoloog [-'lo.x] *m* musicologist.
musicus ['my.zi.kʉs] *m* musician.
muskaat [mʉs'ka.t] 1 v & 🌿 nutmeg; 2 *m* (wijn) muscadel.
muskaatnoot [-no.t] *v* nutmeg.
muskaatwijn [-vɛin] *m* muscadel.
muskadel, ~**druif** [mʉska.'dɛl, -drœyf] *v* muscatel.
musket [mʉs'kɛt] *o* ⚔ musket.
musketier [-kə'ti:r] *m* ⚔ musketeer.
muskiet [-'ki.t] *m* mosquito.
muskietengaas [-'ki.tə(n)ga.s] *o* mosquito-netting.
muskietennet [-'ki.tənɛt] *o* mosquito-net.
muskus ['mʉskʉs] *m* musk.
muskusdier [-di:r] *o* 🦌 musk-deer.
muskusrat [-rɑt] *v* 🐀 musk-rat, musquash.
mutatie [my.'ta.(t)si.] *v* mutation; ~*s (bij het departement* &*)* changes.
muts [mʉts] *v* cap; bonnet; *daar staat mij de* ~ *niet naar* I am not in the vein for it; *er met de* ~ *naar gooien* have a shot at it.
mutsaard, mutserd ['mʉtsa:rt, -ərt] *m* faggot.
1 **muur** [my:r] *m* wall; *de muren hebben oren* walls have ears; *tussen vier muren* in prison.
2 **muur** [my:r] *v* 🌿 zie *sterremuur.*
muuranker ['my:rɑŋkər] *o* △ cramp-iron, brace.
muurbloem [-blu.m] *v* 🌿 wallflower; zie ook ↓.
muurbloempje [-blu mpjə] *o fig* wallflower.
muurfonteintje [-fɔntɛincə] *o* wall wash-basin.
muurkast [-kɑst] *v* wall cupboard.
muurplaat [-pla.t] *v* wall-plate.
muurschildering [-sxɪldəriŋ] *v* mural painting, wall-painting.
muurtegel [-te.gəl] *m* wall-tile.
muurvast [-vɑst] as firm as a rock.
muurversiering [-vərsi:riŋ] *v* mural decoration.
muurvlakte [-vlɑktə] *v* wall space.
muze ['my.zə] *v* muse.
muzelman ['my.zɑlmɑn] *m* Mussulman.
muziek [my.'zi.k] *v* music; ~ *maken* make music; *have some music;* *met* ~ F to the sound of music, with the band playing; *fig* in style; [win] gloriously; [fail] ignominiously; *op de* ~ to the music; *op* ~ *zetten* set to music.
muziekavondje [-a.vəncə] *o* musical evening.
muziekboek [-bu.k] *o* music-book.
muziekcriticus [-kri.ti.kʉs] *m* music critic.
muziekdoos [-do.s] *v* musical box, music-box.
muziekhandel [-hɑndəl] *m* music-house.
muziekhandelaar [-hɑndəla:r] *m* music-seller.
muziekinstrument [-ɪnstry.mɛnt] *o* musical instrument.
muziekkastje [my.'zi.kɑʃə] *o* music cabinet.
muziekkorps [-kɔrps] *o* band (of musicians).
muziekkritiek [-kri.ti.k] *v* music criticism.
muziekleraar [my.'zi.kle:ra:r] *m* music-master.
muziekles [-lɛs] *v* music-lesson.
muzieklessenaar [-lɛsəna:r] *m* music-desk.
muziekliefhebber [-li.fhɛbər] *m* music-lover.
muziekmeester [-me.stər] *m* music-master.
muziekonderwijs [-ɔndərvɛis] *o* musical instruction.
muziekschool [-sxo.l] *v* school of music.
muziekstander [-stɑndər] *m* music-stand.
muziekstuk [-stʉk] *o* piece of music.
muziektent [-tɛnt] *v* bandstand.
muziekuitvoering [-œytfu:riŋ] *v* musical performance.
muziekvereniging [-fəre.nəgiŋ] *v* musical society, musical club.
muziekwinkel [-vɪŋkəl] *m* music-shop.
muziekzaal [-sa.l] *v* concert-room.
muzikaal [my.zi.'ka.l] musical; *hij is zeer* ~ 1 he has a fine ear for music; 2 he is very fond of music.
muzikant [-'kɑnt] *m* musician, bandsman.

myriade [mi:ri.'a.də] *v* myriad.
mysterie [mɪ'ste:ri.] *o* mystery.
mysteriespel [-spɛl] *o* 🕮 mystery (play).
mysterieus [mi.ste:ri.'ø.s] *aj* (& *ad*) mysterious-(ly).
mysticisme [mɪstɪ.'sɪsmə] *o* mysticism.
mysticus ['mɪsti.kũs] *m* mystic.
mystiek [mɪs'ti.k] **I** *aj* mystical [body, experience, union], mystic [life, rose, vision, way]; **II** *ad* mystically; **III** *v* mysticism; **IV** *mv de* ~*en* the mystics.
mystificatie [-ti.fi.'ka.(t)si.] *v* mystification.
mystificeren [-'se:rə(n)] *vt* mystify.
mythe ['mi.tə] *v* myth.
mythisch ['mi.ti.s] *aj* (& *ad*) mythical(ly).
mythologie [mi.to.lo.'gi.] *v* mythology.
mythologisch [-'lo.gi.s] *aj* (& *ad*) mythological(ly).
mytholoog [-'lo.x] *m* mythologist.
myxomatose [mɪkso.ma.'to.zə] *v* myxomatosis.

N

na [na.] **I** *prep* after; ~ *elkaar* one after the other, in succession; *twee keer* ~ *elkaar* twice running; ~ *u!* After you!; ~ *u heb ik alles aan hem te danken* next to you; ~ *vijven* after five o'clock; **II** *ad* near, ○ nigh; *dat lag hem* ~ *aan het hart* zie *hart*; *je moet hem niet te* ~ *komen* 1 you must not come too near him; 2 *fig* you must not offend him; *dat kwam zijn eer te* ~ zie *eer*; *op mijn broer* ~ except my brother; *op één* ~ one excepted; *de laatste op één* ~ the last but one; *neem wat pudding* ~ take some pudding to top up with.
naad [na.t] *m* 1 seam; 2 (v. wo nd) suture; *nylons met* ~ seamed nylons.
naadje ['na.cə] *o* in: *hij wil graag het* ~ *van de kous weten* he wants to know the ins and outs of it.
naadloos ['na.tlo.s] seamless.
naaf [na.f] *v* nave, hub.
naafdop ['na.fdɔp] *m* hub-cap.
naaicursus [na.ikũrzəs] *m* sewing-class.
naaidoos [-do.s] *v* sewing-box.
naaien ['na.jə(n)] **I** *vt* sew; *een knoop aan een...* ~ sew a button on; **II** *vi* & *va* sew, do needle-work.
naaigaren ['na:iga:rə(n)] *o* sewing-thread.
naaigerei [-gɔrci] *v* sewing-things.
naaikamer [-ka.mər] *v* sewing-room.
naaikistje [-kɪʃə] *o* sewing-box.
naaikrans [-krɑns] *m* sewing-circle.
naaimachine [-ma.ʃi.nə] *v* sewing-machine.
naaimand [-mɑnt] *v* work-basket, sewing-basket.
naaimeisje [-mɛiʃə] *o* sewing-girl.
naaischool [-sxo.l] *v* sewing-school.
naaister [-stər] *v* seamstress, needlewoman.
naaitafel [-ta.fəl] *v* (tailor's) work-table.
naaiwerk [-vɛrk] *o* needlework.
naakt [na.kt] naked², bare²; nude [figure]; *de* ~*e waarheid* the bare (naked, plain) truth; *hij werd* ~ *uitgeschud* he was stripped of the skin.
naaktheid ['na.ktheit] *v* nakedness, bareness [of the walls &], nudity.
naald [na.lt] *v* needle°.
naaldboom ['na.ltbo.m] *m* 🌲 conifer.
naaldbos [-bɔs] *o* pine forest, conifer forest.
naaldenkoker ['na.ldə(n)ko.kər] *m* needle-case.
naaldhak [-hak] *v* stiletto heel; *schoen met* ~ stiletto-heeled shoe.
naaldhout [-hout] *o* 🌲 softwood.
naam [na.m] *m* name; appellation, designation; *hoe is uw* ~? what's your name?; *zijn* ~ *met ere dragen* not belie one's name; *het moet*

een ~ *hebben* it must have a name; *het mag geen* ~ *hebben* it is not worth mentioning; *een goede* ~ *hebben* have a good name, enjoy a good reputation; *een slechte* ~ *hebben* have an ill name (a bad reputation); *hij heeft nu eenmaal de* ~ *van...* he has the name of..., he has a name for [honesty &]; ~ *maken* make a name for oneself; *geen namen noemen* mention no names; *iemand bij zijn* ~ *noemen* call a man by his name; *in* ~ *is hij...* in name (nominally) he is...; *in* ~ *der wet* in the name of the law; *noemen met* ~ *en toenaam* mention by name; *onder een aangenomen* ~ under an assumed name; *onder een vreemde* ~ in another name, not in their real names; *bekend staan onder de* ~ (*van*)... go by the name of...; *op een andere* ~ *overschrijven zie overschrijven*; *aandelen op* ~ zie *aandeel*; *op* ~ *van* in the name of; *te goeder* ~ (*en faam*) *bekend staand* enjoying a good reputation, of good standing and repute; *uit* ~ *van mijn vader* from my father, on behalf of my father; *iemand van* ~ *kennen* know one by name; *een ... van* ~ a distinguished...; *zonder* ~ without a name, nameless.
naambord(je) ['na.mbɔrt, -bɔrcə] *o* name-plate.
naamdag [-dɑx] *m* saint's day, name-day.
naamdicht [-dɪxt] *o* acrostic.
naamgenoot [-gəno.t] *m* namesake.
naamkaartje [-ka.rcə] *o* visiting-card, card.
naamlijst [-lɛist] *v* 1 list of names, (nominal) roll, register; 2 ☞ panel [of jury, doctors &].
naamloos [-lo.s] without a name, nameless, anonymous; zie ook: *vennootschap*.
naamplaatje [-pla.cə] *o* door-plate, name-plate.
naamval [-vɑl] *m gram* case; *eerste* ~ nominative; *tweede* ~ genitive; *derde* ~ dative; *vierde* ~ accusative.
naamwoord [-vo:rt] *o gram* noun.
naäpen ['na.a.pə(n)] *vi* ape, imitate, mimic.
naäper [-pər] *m* ape, imitator, mimic.
naäperij [na.a.pə'rɛi] *v* aping, imitation.
1**naar** [na:r] **I** *prep* to; according to; after; by; ~ *boven* & zie *boven*; *hij heet* ~ *zijn vader* he is called after his father; ~ *huis gaan* go home; *hij kwam* ~ *me toe* he came up to me; ~ *de natuur schilderen* paint from nature; **II** *ad* in: *dat is er* ~ that depends; *ja maar het is er ook* ~ but then it is no better than it should be; *hij is er de man niet* ~ *om...* zie *man*; **III** *cj* ~ *men zegt* it is said.
2**naar** [na:r] *aj* disagreeble, unpleasant, sad, dismal; *een nare jongen* an unpleasant (nasty) boy; *die nare jongen!* that wretched boy!; *een nare smaak* a nasty taste; ~ *weer* sour weather; *ik voel me zo* ~ I feel so queer (unwell); *hij is er* ~ *aan toe* he is in a bad way; *ik word er* ~ *van* it makes (turns) me sick.
naarmate [na:r'ma.tə] according as, as.
naarstig ['na:rstəx] **I** *aj* assiduous, diligent, industrious, sedulous; **II** *ad* assiduously &.
naarstigheid [-heit] *v* assiduity, diligence, industry, sedulity.
naast [na.st] **I** *aj* nearest, next; *mijn* ~*e buurman* my next-door neighbour; *mijn* ~*e bloedverwant* my nearest relation, next of kin; *de* ~*e prijs* $ the lowest (utmost) price; *de* ~*e toekomst* the near future; *ten* ~*e bij* approximately, about; *ieder is zichzelf het* ~ near is my shirt, but nearer is my skin; **II** *prep* next (to); *het is niet* ~ *de deur* it is not next door; ~ *God heb ik hem alles te danken* next to God; *hij zat* ~ *haar* beside her, by her side; ~ *ons wonen Fransen* next-door to us; *je bent er* ~ you are beside the mark (wrong).
naastbestaande(n) [na.stbə'sta.ndə(n)] *m-v* (*mv*) next of kin, nearest relation(s).
naastbijzijnd [-'bɛizɛint] nearest.

naaste ['na.stə] *m-v* neighbour, fellow-creature.
naasten [-tə(n)] *vt* I nationalize, take over; 2 confiscate, seize.
naastenliefde [-li.vdə] *v* love of one's neighbour.
naasting ['na.stɪŋ] *v* I nationalization; 2 confiscation, seizure.
nabauwen [-bɔuə(n)] *vt* repeat [something] parrot-like, echo, parrot [what one has heard].
nabehandeling [-bəhandəlɪŋ] *v* aftertreatment, follow-up.
nabeschouwing [-sxɔuɪŋ] *v* zie nabetrachting.
nabestaande [-sta.ndə] *m* relation, relative; *de* ∼*n* ook: the next of kin.
nabestellen [-stelə(n)] I *vt* $ give a repeat order for, order a fresh supply of; II *vi* $ repeat an order.
nabestelling [-stelɪŋ] *v* $ repeat order, F repeat.
nabetalen [-ta.lə(n)] *vi* pay afterwards.
nabetaling [-ta.lɪŋ] *v* subsequent payment.
nabetrachting [-traxtɪŋ] *v* afterthought; ∼*en houden over...* consider... in retrospect.
nabeurs ['na.bøːrs] *v* $ (bourse of the) closing hours: the Street.
nabij [na.'bei] near, close to; *de dag is* ∼ the day is near at hand; *van* ∼ from close by; *van* ∼ *bekeken* seen at close quarters; *iemand van* ∼ *kennen* know a person intimately; *het raakt ons van* ∼ it concerns us nearly, it touches us very closely; *de dood* ∼ near death.
nabijgelegen [-gələ.gə(n)] neighbouring, adjacent.
nabijheid [-heit] *v* neighbourhood, vicinity, proximity; *er was niemand in de* ∼ there was nobody near.
nabijkomen [-ko.mə(n)] *vt* come near to [one's ideal], come near [the mark], run [one] hard; *wie komt hem nabij in...?* who can approach him in...?, who can touch him at...?
nablijven [-bleivə(n)] *vi* I remain, stay on; 2 ∽ be kept in, be detained (at school).
nablijver [-vər] *m* boy kept in (after school hours).
nabloeden ['na.blu.də(n)] *vi* in: *de wond bleef* ∼ *kept on bleeding.*
nabloeien [-blu.jə(u)] *vi* bloom later.
nabloeier [-jər] *m* ⚘ late flowerer.
nabootsen ['na.bo.tsə(n)] *vt* imitate, mimic.
nabootser [-sər] *m* imitator, mimic.
nabootsing [-stŋ] *v* imitation.
nabrengen ['na.brεŋə(n)] *vt* bring after [one], carry after.
naburig [na.'byːrəx] neighbouring.
nabuur ['na.byːr] *m* neighbour.
nabuurschap [-sxɑp] *v* neighbourhood, vicinity.
nacht [nɑxt] *m* night; *'s (des)* ∼*s* [12 o'clock] at night, [work] by night, in the night-time, ⚘ of nights; *de* ∼ *van maandag op dinsdag* the night from Monday to Tuesday; *bij* ∼ by night, in the night-time; *bij* ∼ *en ontij* at unseasonable hours; *in de* ∼ at night, during the night; *van de* ∼ *een dag maken* turn night into day; *de hele* ∼ all night (long), the whole night; *'t wordt* ∼ night is falling.
nachtarbeid ['nɑxtɑrbeit] *m* night-work.
nachtasiel, -asyl [-a.zi.l] *o* night-shelter.
nachtbel [-bell] *v* night-bell.
nachtboot [-bo.t] *m* ⚘ night-boat.
nachtbraken [-bra.kə(n)] *vi* make a night of it.
nachtbraker [-kər] *m* night-reveller.
nachtdienst ['nɑxdi.nst] *m* I night-service; 2 night-duty; ∼ *hebben* be on night-duty.
nachtegaal ['nɑxtəga.l] *m* ⚘ nightingale.
nachtelijk ['nɑxtə·ɔk] nocturnal (visit), night [attack &], (disorder) by night; *de* ∼*e stilte* the silence of the night.
nachtevening ['nɑxte.venɪŋ] *v* equinox.
nachtgewaad [-gəva.t] *o* night-attire.

nachtgoed [-gu.t] *o* night-clothes, night-things.
nachthemd [-hεmt] *o* night-shirt.
nachtjager [-ja.gər] *m* ✈ night-fighter.
nachtjapon [-ja.pòn] *m* night-gown, F nightie.
nachtkaars [-ka:rs] *v* night-light; *als een* ∼ *uitgaan* fizzle out.
nachtkastje [-kɑʃə] *o* pedestal cupboard.
nachtlampje [-lɑmpjə] *o* night-lamp.
nachtleven [-le.və(n)] *o* night-life.
nachtlichtje [-lixjə] *o* night-light.
nachtlucht [-lûxt] *v* night-air.
nachtmerrie [-meri.] *v* nightmare.
nachtmis [-mɪs] *v* RK midnight mass.
nachtpitje [-pɪcə] *o* rushlight, floating wick.
nachtploeg [-plu.x] *v* night-shift.
nachtrust [-rûst] *v* night's rest.
nachtschade [-sxa.də] *v* ⚘ nightshade.
nachtschuit [-sxœyt] *v* night-boat; *met de* ∼ *komen* be late; come a day after the fair.
nachtslot [-slɔt] *o* double lock; *op het* ∼ *doen* double-lock.
nachttrein [-trein] *m* night-train.
nachtuil ['nɑxtœyl] *m* ⚘ screech-owl.
nachtvlinder ['nɑxtflɪndər] *m* (night-)moth.
nachtvlucht [-flûxt] *v* ✈ night flight.
nachtvogel [-fo.gəl] *m* night-bird[2].
nachtvorst [-fɔrst] *m* night-frost.
nachtwacht [-vɑxt] *m* night watchman; *de Nachtwacht (van Rembrandt)* the Midnight Round, (Rembrandt's) Night Watch.
nachtwerk [-verk] *o* night-work, lucubration; *er* ∼ *van maken* make a night of it.
nachtzoen [-su.n] *m* good-night kiss.
nachtzwaluw [-sva.ly:u] *v* ⚘ nightjar.
nadat [na.'dɑt] *cj* after [we had seen it].
nadeel ['na.de.l] *o* disadvantage; injury, harm, hurt; loss; *dat is het* ∼ *van zo'n betrekking* that is the drawback of such a place; *in uw* ∼ against you; *ten nadele van* at the cost (expense) of, to the detriment (prejudice) of; *hij kan niets te mijnen nadele zeggen* he can say nothing against me; *tot zijn eigen* ∼ to his cost.
nadelig [na.'de.ləx] disadvantageous; hurtful, detrimental, prejudicial; ∼ *zijn voor,* ∼ *werken op* be detrimental to; ∼ *voor* detrimental to, hurtful to, harmful to, injurious to.
nadenken ['na.deŋkə(n)] I *vi* think [about], reflect ([up)on]; *ik moet er eens over* ∼ I must think about it; II *o* reflection; *bij* ∼ on reflection; *tot* ∼ *brengen* make [one] think (reflect), set [one] thinking; *tot* ∼ *stemmen* furnish food for thought; *zonder* ∼ without thinking, unthinkingly.
nadenkend [na.'deŋkənt] I *aj* pensive, meditative, thoughtful; thinking; II *ad* pensively, meditatively.
nader ['na.dər] I *aj* nearer [road]; further [information]; *hebt u al iets* ∼*s vernomen?* have you got any further information (news)?; II *ad* nearer; *je zult er* ∼ *van horen* you will hear of this; ∼ *aanduiden* indicate more precisely; ∼ *op iets ingaan* I enter into the details of it; 2 make further inquiries; zie ook: *ingaan*; *ik zal u* ∼ *schrijven* I'll write you more fully; ∼ *verwant (aan)* more nearly allied (to); zie ook: *inzien, kennis, verklaren &*.
naderbij [na.dər'bei] nearer.
naderen [na.dərə(n)] I *vi* approach, draw near; ∼ *tot...* go to [Holy Communion]; II *vt* approach, draw near to [of persons, things]; *we* ∼ *het doel* ook: we are nearing the goal.
naderhand [na.dər'hɑnt] afterwards, later on.
nadering ['na.dərɪŋ] *v* approach.
nadien [-'di.n] since.
nadoen ['na.du.n] *vt* imitate, mimic.
nadragen [-dra.gə(n)] *vt* carry after.
nadraven [-dra.və(n)] *vt* trot after.
nadruk [-drŭk] *m* I (klem) emphasis, stress,

accent; 2 (het nagedrukte of nadrukken) reprint; pirated copy; piracy; *de* ~ *leggen op* stress[2], *fig* lay stress on, accentuate, emphasize; ~ *verboden* all rights reserved.

nadrukkelijk [na.'drükələk] *aj* (& *ad*) emphatic(ally).

nadrukken ['na.drükə(n)] *vt* reprint; pirate [a book].

naëten ['na.e.tə(n)] *vt* eat after the others; *wat eten we na?* what are we going to finish with?

nafluiten [-flœytə(n)] *vt* 1 whistle after; 2 hoot.

nafta ['nafta.] *m* naphtha.

naftaline [nafta.'li.nə] *v* naphthalene.

nagaan ['na.ga.n] I *vt* 1 (volgen) follow; 2 (het oog houden op) keep an eye on, look after; 3 (onderzoeken) trace; *de rekeningen* ~ look into (check) the notes; *het verleden* ~ retrace the past; *we worden nagegaan* we are watched; *als ik dat naga, dan...* when considering that...; *je kunt* ~ *hoe...* you can easily imagine how...; *voor zover we kunnen* ~ as far as we can ascertain; *dat kan je* ~! not likely!; II *vi* be slow [of a watch].

nagalm [-galm] *m* resonance, echo.

nagalmen [-galmə(n)] *vi* resound, echo.

nagedachtenis [-gədaxtənɪs] *v* memory, remembrance; *gewijd aan de* ~ *van* sacred to the memory of; *ter* ~ *van* in commemoration of.

nagekomen [-gəko.mə(n)] in: ~ *berichten* stop-press news.

nagel ['na.gəl] *m* nail°; (kruidnagel) clove; *dat was een* ~ *aan zijn doodkist* it was a nail in his coffin.

nagelbijten [-beitə(n)] *o* nail-biting.

nagelbijter [-tər] *m* nail-biter.

nagelborstel ['na.gəlbörstəl] *m* nail-brush.

nagelen ['na.gələ(n)] *vt* nail; *aan de grond genageld* rooted to the ground (to the spot).

nagellak ['na.gəlak] *o* & *m* nail varnish.

nagelriem ['na.gəlri.m] *m* cuticle.

nagelschaartje [-sxa:rcə] *o* nail-scissors.

nagelvijltje [-veilcə] *o* nail-file.

nagemaakt ['na.gəma.kt] counterfeit, forged, faked.

nagenoeg [-nu.x] almost, nearly, all but.

nagerecht [-rext] *o* dessert.

nageslacht [-slaxt] *o* posterity, progeny, issue.

nageven ['na.ge.və(n)] *vt* in: *dat moet hem(tot zijn eer) worden nagegeven* that must be said to his honour (credit).

nagewas [-gəvas] *o* after-crop.

nagluren [-gly:rə(n)] *vt* peep after.

nagras [-gras] *o* after-grass, aftermath.

nahouden [-hou(d)ə(n)] *vt* keep in (at school); *er op* ~ keep (articles for sale); *fig* hold [theories]; *er geen bedienden op* ~ not keep (any) servants.

naïef ['na.'i.f] *aj* (& *ad*) naive(ly), artless(ly), ingenuous(ly).

naijver [-eivər] *m* emulation; jealousy; envy.

naijverig [na.'eivərəx] emulous, jealous, envious (of *op*).

naïveteit, naïviteit [na.i.və'teit, -vi.'teit] *v* naïveté.

najaar ['na.ja:r] *o* autumn.

najaarsbeurs [-ja:rsbø:rs] *v* autumn fair.

najagen [-ja.gə(n)] *vt* chase, pursue[2] [game, a plan, pleasures]; hunt for [a job], hunt (strain) after [effect].

najaging [-ja.gɪŋ] *v* pursuit[2].

najouwen [-jɔuə(n)] *vt* hoot after.

naklank [-klaŋk] *m* resonance, echo[2].

naklinken [-klɪŋkə(n)] *vi* continue sounding, resound.

nakomeling [-ko.məlɪŋ] *m* descendant.

nakomelingschap [-sxap] *v* posterity, progeny, offspring, issue.

nakomen ['na.ko.mə(n)] I *vi* come afterwards, come later (on), arrive afterwards, follow; II

vt 1 (volgen) come after, follow; 2 (volbrengen) perform, fulfil [a promise], meet, honour [an obligation].

nakoming [-mɪn] *v* performance, fulfilment.

nalaten [-la.tə(n)] *vt* 1 (achterlaten, blijven overlijden) leave (behind); 2 (niet meer doen) leave off; 3 (niet doen) omit, fail; neglect [one's duties]; *ik kan niet* ~ *te... I* cannot help (forbear, refrain from) ...ing.

nalatenschap [na.'la.tənsxap] *v* inheritance; (boedel) estate.

nalatig [-'la.təx] negligent, neglectful, remiss, careless; *een* ~*e betaler* a bad payer.

nalatigheid [-heit] *v* 1 negligence, remissness, carelessness; 2 dereliction of duty.

nalating ['na.la.tɪŋ] *v* omission.

naleven [-le.və(n)] *vt* live up to [a principle]; observe [certain rules], fulfil [instructions].

naleveren [-le.varə(n)] *vt* deliver subsequently.

nalevering [-rɪŋ] *v* subsequent delivery.

naleving ['na.le.vɪŋ] *v* living up to [principles &], observance [of rules], fulfilment.

nalezen [-le.zə(n)] *vt* 1 peruse, read over; 2 glean[2] [a field &].

nalezing [-le.zɪŋ] *v* 1 perusal; 2 gleaning [of a field]; gleaning [from books].

nalopen [-lo.pə(n)] I *vt* run after[2], follow[2]; *ik kan niet alles* ~ *F* I can't attend to everything; II *vi* be slow [of a watch]; *mijn horloge loopt iedere dag een minuut na* my watch loses one minute a day.

namaak ['na.ma.k] *m* imitation, counterfeit, forgery; *wacht U voor* ~ beware of imitations.

namaaksel [-səl] *o* imitation.

namaken ['na.ma.kə(n)] *vt* 1 copy, imitate [a model]; 2 counterfeit, forge [a signature].

namelijk [-lək] namely, viz., to wit; (want, immers) for; *ik wist* ~ *niet...* the fact is that I didn't know...

nameloos [-lo.s] nameless, unutterable, unspeakable. inexpressible: zie ook: *naamloos.*

namens [-məns] in the name of, on behalf of.

nameten ['na.me.tə(n)] *vt* measure again, check.

namiddag [na.'mɪdax] *m* afternoon; *des* ~ in the afternoon; *om 3 uur in de* ~ ook: at 3 p.m.

naogen ['na.o.gə(n)] *vt* follow with one's eyes, watch.

naontsteking [-òntste.kɪŋ] *v* ⚙ retarded ignition.

naoogst [-o.xst] *m* after-crop.

naoorlogs [-o:rlɔxs] post-war.

nap [nap] *m* cup, bowl, basin, porringer.

napluizen ['na.plœyzə(n)] *vt* ferret into, investigate.

Napoleontisch [-po.le.'ònti.s] Napoleonic.

Napolitaan(s) [-li.'ta.n(s)] *m* (& *aj*) Neapolitan.

napraten ['na.pra.tə(n)] I *vt* parrot [a man], echo [a man's words], repeat [his words]; II *vi* in: *nog wat* ~ remain talking, have a talk after the meeting (the session &).

napret [-pret] *v* jollification after the feast.

nar [nar] *m* fool, jester.

narcis ['narsɪs] *v* 🌷 narcissus, daffodil.

narcisme [nar'sɪsmə] *o* *ps* narcissism.

narcose [nar'ko.zə] *v* narcosis, anaesthesia; *onder* ~ *brengen* narcotize, anaesthetize; *onder* ~ *zijn* be under the anaesthetic.

narcoticum [-'ko.ti.küm] *o* narcotic.

narcotisch [-'ko.ti.s] narcotic; ~ *middel* narcotic.

narcotiseren [-ko.ti.'ze:rə(n)] narcotize, anaesthetize.

narcotiseur [-ti.'zø:r] *m* anaesthetist.

narede ['na.re.də] *v* epilogue.

narekenen [-re.kənə(n)] *vt* 1 check; 2 (berekenen) calculate.

narennen [-rεnə(n)] *vt* run (gallop) after.

narigheid ['na.rəxheit] *v* trouble, misery.

narijden ['na.rɛi(d)ə(n)] *vt* ride (drive) after; *iemand (flink)* ~ keep one on a tight rein, keep him well up to his work.

naroepen [-ru.pə(n)] *vt* 1 call after; 2 (uitschelden) call names.

narrenpak [-pak] *o* motley, fool's dress.

narwal ['nɑrʋal] *m* ♒ narwhal.

nasaal [na.'za.l] I *aj* nasal; II *ad* nasally; III *v* nasal.

naschetsen ['na.sxɛtsə(n)] *vt* sketch, copy.

naschilderen [-sxɪldərə(n)] *vt* copy.

naschreeuwen [-s(x)re.və(n)] *vt* cry (bawl) after; *iemand* ~ hoot at a person.

naschrift [-s(x)rɪft] *o* postscript.

naschrijven [-s(x)rɛivə(n)] *vt* copy [a model], plagiarize [an author].

naschrijver [-vər] *m* copyist; plagiarist.

naslaan ['na.sla.n] *vt* look up [a word]; consult [a book].

naslagboek [-slɑxbu.k] ~**werk** [-vɛrk] *o* book of reference, reference book, work of reference, reference work.

nasleep [-sle.p] *m* train (of consequences); *de* ~ *van de oorlog* war's aftermath.

nasluipen [-slœypə(n)] *vt* steal after.

nasmaak [-sma.k] *m* after-taste, tang; *een bittere* ~ *hebben* leave a bitter taste.

nasnellen [-snɛlə(n)] *vt* run (hasten) after.

nasnuffelen [-snǔfələ(n)] *vt* pry into [a secret]; ferret in [one's pockets].

naspel [-spɛl] *o* 1 (v. toneelstuk) afterpiece; 2 ♪ (concluding) voluntary; 3 *fig* sequel, aftermath.

naspellen [-spɛlə(n)] *vt* spell after; spell again.

naspeuren [-spø:rə(n)] *vt* trace, track, investigate.

nasporen [-spo:rə(n)] *vt* trace, investigate.

nasporing [-rɪŋ] *v* investigation; *zijn* ~*en* ook: his researches.

naspreken ['na.spre.kə(n)] *vt* repeat [my words]; > echo, parrot.

naspringen [-sprɪŋə(n)] *vt* leap (jump) after.

nastaren [-sta:rə(n)] *vt* gaze (stare) after.

nastreven [-stre.və(n)] *vt* strive after, pursue [happiness, wealth &]; emulate [a person]; *het* ~ the pursuit [of a policy &].

nasynchronisatie [-sɪngro.ni.'za.(t)si.] *v* dubbing.

nasynchroniseren [-'ze:rə(n)] *vt* dub [a film].

nat [nɑt] I *aj* wet; (vochtig) moist, damp; *zo* ~ *als een kat* as wet as a fish; ~ *van transpiratie* wet with perspiration; *hij is* (een broeder) *van de* ~*te gemeente* he is a tippler; ~ *maken* wet; II *o* wet, liquid; *het is een pot* ~ zie potnat.

natafelen ['na.ta.fələ(n)] *vi* remain at table after dinner is over.

natekenen [-te.kənə(n)] *vt* copy, draw [from a model].

natellen [-tɛlə(n)] *vt* count over, count again, check.

natheid ['nɑthɛit] *v* wetness, moistness, dampness.

natie ['na.(t)si.] *v* nation.

natievlag [-vlɑx] *v* ⚓ ensign.

nationaal [na.(t)si.o.'na.l] national.

nationalisatie [-na.li.'za.(t)si.] *v* nationalization.

nationaliseren [-li.'ze:rə(n)] *vt* nationalize.

nationalisme [-'lɪsmə] *o* nationalism.

nationalist [-'lɪst] *m* nationalist.

nationalistisch [-'lɪsti.s] nationalistic [state of mind], [they are very] nationalistic; nationalist [party, press].

nationaliteit [-li.'tɛit] *v* nationality.

nationaliteitsbewijs [-'tɛitsbəvɛis] *o* certificate of nationality.

nationaliteitsgevoel [-gəvu.l] *o* national feeling.

natrekken ['na.trɛkə(n)] *vt* 1 go after, march after [the enemy &]; 2 trace, copy [a drawing].

natrillen [-trɪlə(n)] *vi* continue to vibrate.

natrium ['na.tri.ûm] *o* sodium.

nattig ['nɑtəx] wet(tish).

nattigheid [-hɛit] *v* wetness, wet, damp.

natura [na.'ty:ra.] in: *in* ~ in kind.

naturalisatie [-ra.li.'za.(t)si.] *v* naturalization.

naturaliseren [-'ze:rə(n)] *vt* naturalize; *zich laten* ~ take out letters of naturalization.

naturalistisch [na.ty:ra.'lɪsti.s] *aj* (& *ad*) naturalistic(ally).

natuur [na.'ty:r] *v* 1 nature; 2 (natural) scenery; 3 disposition, temper; *de* ~ *is er erg mooi* the scenery is very beautiful there; *er zijn van die naturen die*... there are natures who...; *in de vrije* ~ in the open air; *naar de* ~ from nature; *overeenkomstig de* ~ according to nature; *tegen de* ~ against nature; *van nature* by nature, naturally; *dat is bij hem een tweede* ~ *geworden* it has become a second nature with him; *de* ~ *is sterker dan de leer* nature passes nurture.

natuurbad [-bɑt] *o* lido.

natuurbescherming [-bəsxɛrmɪŋ] *v* protection of nature.

natuurbeschrijving [-bəs(x)rɛivɪŋ] *v* description of nature.

natuurboter [-bo.tər] *v* natural butter.

natuurgetrouw [-gətrou] 1 true to nature; 2 true to life.

natuurhistorisch [na.ty:rhɪs'to:ri.s] natural-historical, natural history [society].

natuurkenner [na.'ty:rkɛnər] *m* naturalist, natural philosopher.

natuurkennis [-kɛnəs] *v* natural history; zie ook: natuurkunde.

natuurkracht [-krɑxt] *v* force of nature.

natuurkunde [-kůndə] *v* physics, (natural) science.

natuurkundig [na.ty:r'kůndəx] *aj* (& *ad*) physical(ly); ~ *laboratorium* physics laboratory; ~*e* natural philosopher physicist.

natuurlijk [na.'ty:rlək] I *aj* natural; ~*e aanleg* natural bent; ~*e historie* natural history; ~ *kind* 1 natural (artless) child; 2 natural child, child born out of wedlock; II *ad* naturally; ~! of course!

natuurlijkerwijs, -wijze [na.ty:rləkər'vɛis, -'vɛizə] naturally.

natuurlijkheid [na.'ty:rləkhɛit] *v* naturalness, artlessness.

natuurmens [na.'ty:rmɛns] *m* natural man.

natuurmonument [-mo.ny.mɛnt] *o* place of natural beauty.

natuuronderzoeker [-òndərzu.kər] *m* naturalist.

natuurreservaat [-re.zɛrva.t] *o* nature reserve.

natuurschoon [na.'ty:rsxo.n] *o* (beautiful) scenery; *ons* ~ our beauty spots.

natuurstaat [-sta.t] *m* original state; *in de* ~ in a state of nature; *tot de* ~ *terugkeren* return to a state of nature.

natuursteen [-ste.n] *o* & *m* natural stone.

natuurtafereel [-ta.fre.l] *o* scene of natural beauty.

natuurverschijnsel [-vərsxɛinsəl] *o* natural phenomenon [*mv* natural phenomena].

natuurvorser [-vorsər] *m* naturalist.

natuurwet [-vɛt] *v* law of nature, natural law.

natuurwetenschap(pen) [-ve.tənsxɑp(ə(n))] *v* (*mv*) (natural) science.

nauw [nou] I *aj* 1 (eng) narrow [road &]; tight [dress]; 2 *fig* close [friendship &]; II *ad* narrowly; tightly; closely [related]; ~ *bij elkaar* close together; ~ *merkbaar* scarcely perceptible; *hij neemt het* (kijkt) *zo* ~ *niet* he is not so very particular; ~ *sluitend* tight, 2 *fig* scrape; *het N*~ *van Calais* the Straits of Dover; *in het* ~ *zitten* be in a scrape, be in a

(tight) corner, be hard pressed; *iemand in het*
~ *brengen* press a person hard, drive one
into a corner.
nauwelijks [ˈnɔuələks] scarcely, hardly, barely; ~... *of*... scarcely (hardly)... when...; no
sooner... than...
nauwgezet [nɔugəˈzɛt] I *aj* conscientious;
painstaking; punctual; II *ad* conscientiously;
punctually.
nauwgezetheid [-hɛit] *v* conscientiousness;
punctuality.
nauwheid [ˈnɔuhɛit] *v* narrowness; tightness.
nauwkeurig [nɔuˈkøːrəx] *aj* (& *ad*) exact(ly),
accurate(ly), close(ly).
nauwkeurigheid [-hɛit] *v* exactness, accuracy.
nauwlettend [nɔuˈlɛtənt] I *aj* close, exact, accurate, strict, particular; ~*e zorg* anxious
care; II *ad* closely, exactly, accurately, strictly.
nauwlettendheid [-hɛit] *v* exactness, accuracy.
nauwsluitend [ˈnɔuslœytənt] close-fitting.
nauwte [-tə] *v* ⚓ strait(s), narrows.
nauwziend [-zi.nt] particular.
navel [ˈna.vəl] *m* navel, § umbilicus.
navenant [na.vəˈnɑnt] zie *naar gelang*.
navertellen [ˈna.vərtɛlə(n)] *vt* repeat.
naverwant [-vərvɑnt] I *aj* closely related; II *sb*
~*en* relations.
navigatie [na.vi.ˈɤa.(t)si.] *v* navigation.
navigator [-ˈɤa.tər] *m* navigator [look ⚓].
navliegen [-ˈna.vli.ɤə(n)] *vt* fly after.
navolgbaar [na.ˈvɔlxba.r] imitable.
navolgen [ˈna.vɔlɤə(n)] *vt* follow, imitate.
navolger [ˈna.vɔlɤər] *m* follower, imitator.
navolging [-ɤɪŋ] *v* imitation.
navordering [ˈna.vɔrdərɪŋ] *v* (v. belasting)
additional assessment.
navorsen [-vɔrsə(n)] *vt* investigate, search
(into).
navorser [-sər] *m* investigator.
navorsing [-sɪŋ] *v* investigation; *zijn* ~*en* ook:
his researches.
navraag [ˈna.vra.x] *v* inquiry; $ demand; *er is*
veel ~ *naar* $ it is in great demand; ~ *doen*
naar inquire after; *bij* ~ on inquiry.
navragen [-vra.ɤə(n)] *vt* inquire.
navrant [na.ˈvrɑnt] harrowing, sickening.
naweeën [ˈna.ve.ə(n)] *mv fig* after-effects, aftermath.
nawerken [-vɛrkə(n)] *vi* produce after-effects.
nawerking [-kɪŋ] *v* after-effect(s).
nawijzen [ˈna.vɛizə(n)] *vt* point after (at); zie
ook: *vinger*.
nawinter [-vɪntər] *m* latter part of the winter.
○ **nazaat** [-za.t] *m* descendant.
Nazarener [na.za.ˈre.nər] *m* Nazarene.
Nazaret [ˈna.za.rɛt] *o* Nazareth.
nazeggen [ˈna.zɛɤə(n)] *vt* repeat.
nazenden [-zɛndə(n)] *vt* send (on) after, for-
nazetten [-zɛtə(n)] *vt* pursue, chase.   [ward.
nazi [ˈna.tsi.] *m & aj* Nazi.
nazien [ˈna.zi.n] *vt* 1 (naogen) look after,
follow with one's eyes [a person]; 2 (kritisch nagaan) examine; ⚓ overhaul [a
machine, a bicycle &]; go over [one's les-
sons]; 3 (verbeteren) correct [exercises]; *ik*
zal het eens ~ I'll look it up [in the dic-
tionary].
nazitten [-zɪtə(n)] I *v in: moeten* ~ be kept in
[at school]; II *vt* pursue; zie ook: *narijden*.
nazomer [-zo.mər] *m* latter part of the summer; *mooie* ~ Indian summer, St. Martin's
summer.
nazorg [-zɔrx] *v* after-care.
necessaire [ne.sɛˈsɛːrə] *m* 1 (met toiletbenodigdheden) dressing-case, toilet-case, hold-
all; 2 (met naaigerei) housewife.
necrologie [ne.kro.lo.ˈɤi.] *v* necrology.
nectar [ˈnɛktɑr] *m* nectar.

neder [ˈne.dər] = *neer*.
Nederduits [ˈne.dərdœyts] *o*, *aj* Low German.
nederig [ˈne.dərəx] I *aj* humble, lowly; II *ad*
humbly.
nederigheid [-hɛit] *v* humility, humbleness,
lowliness.
nederlaag [ˈne.dərla.x] *v* ⚔ defeat, reverse,
overthrow; *de* ~ *lijden* suffer defeat, be defeated; *de vijand een zware* ~ *toebrengen*
inflict a heavy defeat upon the enemy.
Nederland [-lɑnt] *o* the Netherlands; *de* ~*en*
the Netherlands.
Nederlander [-lɑndər] *m* Dutchman.
Nederlanderschap [-lɑndərsxɑp] *o* Dutch nationality.
Nederlands [-lɑnts] I *aj* Dutch, Netherlands;
II *o het* ~ Dutch.
nederzetting [ˈne.dərzɛtɪŋ] *v* settlement.
nee [ne.] = *neen*.
neef [ne.f] *m* 1 (broeders- of zusterszoon)
nephew; 2 (ooms- of tanteszoon) cousin;
ze zijn ~ *en nicht* they are cousins.
neen [ne.n] no; ~ *maar!* well I never!; ~ *zeg-*
gen say no, refuse; *hij zei van* ~ he said no;
met ~ *beantwoorden* answer in the negative.
neer [ne:r] down.
neerbuigen [ˈne:rbœyɤə(n)] I *vi* bend (bow)
down; II *vt* bend down; III *vr zich* ~ bow
(kneel) down.
neerbuigend [ne:rˈbœyɤənt] condescending.
neerbuigendheid [-hɛit] *v* condescension.
neerdalen [ˈne:rda.lə(n)] *vi* come down, descend.
neerdaling [-lɪŋ] *v* descent.
neerdoen [ˈne:rdu.n] *vt* let down.
neerdraaien [-dra.jə(n)] *vt* turn down.
neerdrukken [-drʏkə(n)] *vt* press down, weigh
down, oppress[2].
neergooien [-ɤo.jə(n)] *vt* throw (fling) down
[something]; throw up [one's cards, *fig* one's
berth]; *de boel er bij* ~ F chuck the whole
thing.
neerhalen [-ha.lə(n)] *vt* pull down, haul down
[a flag], lower; bring down [aircraft].
neerhangen [-hɑŋə(n)] *vi* hang down, droop.
neerkomen [-ko.mə(n)] *vi* come down; ~ *op*
een tak alight on a branch; *daar komt het op*
neer it comes (amounts) to this; *het komt*
alles op hetzelfde neer it comes to the same
thing, it works out the same in the end; *alles*
komt op hem neer all falls on his shoulders
(on him).
neerkwakken [-kvɑkə(n)] *vt* dump down.
neerlaten [ˈne:rla.tə(n)] *vt* 1 let down, lower [a
blind]; 2 drop [a perpendicular, a parachut-
ist].
neerleggen [-lɛɤə(n)] I *vt* lay down, put down;
zijn ambt ~ resign (one's office); *zijn betrek-*
king ~ lay down (vacate) one's office; *het*
commando ~ relinquish the command; *ik*
moest 25 gulden ~ I had to put down 25
guilders; *zijn hoofd* ~ lay down one's head[2];
de kroon ~ abdicate (the throne); *de praktijk*
~ retire from practice; *veel vijanden* ~ shoot
(kill) many enemies; *de wapens* ~ lay down
one's arms; *het werk* ~ 1 (gewoon) cease
(stop) work; 2 (bij staking) strike work,
strike; *zoveel stuks wild* ~ bring down (kill)
so many head of game; *in dit boek heb ik...*
neergelegd this book embodies...; *naast zich*
~ disregard, ignore, take no notice of; II *vr*
in: *zich bij iets* ~ acquiesce in it; accept the
fact; *men moet er zich maar bij* ~ one can
only resign oneself to it; *zich* ~ *bij het vonnis*
defer to the verdict.
neerploffen [-plɔfə(n)] I *vt* dash down; II *vi* fall
down (come down) with a thud.
neersabelen [-sa.bələ(n)] *vt* cut down, put to the
sword.

neerschieten [-sxi.tə(n)] I *vt* shoot down [a bird &]; shoot [a man]; bring down [aircraft]; II *vi* dart down, dash down [upon...]; ~ *op* ook: pounce upon.

neerschrijven [-s(x)reivə(n)] *vt* write down.

neerslaan [-sla.n] I *vt* strike down [a person]; cast down [the eyes]; let down [a flap &]; lower [a hood]; precipitate [a substance]; *fig* dishearten; beat down [resistance]; II *vi* 1 be struck down; 2 (in scheikunde) precipitate.

neerslachtig [ne:r'slaxtəx] dejected, low-spirited, depressed.

neerslachtigheid [-heit] *v* dejection, low spirits depression of spirits.

neerslag ['ne:rslax] 1 *m* ♪ down-beat; (regen &) precipitation; 2 *m* & *o* (in de scheikunde) precipitation; precipitate; (bezinksel) deposit; *radioactieve* ~ fall-out.

neersmijten [-smeitə(n)] *vt* throw down, fling down.

neerstorten [-stərtə(n)] I *vi* 1 fall down; 2 ✈ crash; II *vt* fling down.

neerstrijken ['ne:rstreikə(n)] *vi* alight [on a branch &].

neertellen [-tɛlə(n)] *vt* count down.

neertuimelen [-tœymələ(n)] *vi* tumble down.

neervallen [-valə(n)] *vi* fall down, drop.

neervellen [-vɛlə(n)] *vt* fell, strike down, lay low.

neervlijen [-vleiə(n)] I *vt* lay down; II *vr zich* ~ lie down.

neerwaarts ['ne:rva:rts] I *aj* downward; II *ad* downward(s).

neerwerpen [-vɛrpə(n)] I *vt* cast (throw, fling, hurl) down; ✈ drop, parachute; II *vr zich* ~ throw oneself down.

neerzetten [-zɛtə(n)] I *vt* set (put) down; II *vr zich* ~ 1 sit down; 2 settle [in India &].

neerzien [-zi.n] *vi* look down (upon *op*).

neerzijgen, neerzinken [-zeigə(n), -ziŋkə(n)] *vi* sink down; ~ *in* sink into [an armchair &].

neerzitten [-zitə(n)] *vi* sit down.

negatief [ne.ga.'ti.f] I *aj* negative; II *ad* negatively; III *o* negative.

negen ['ne.gə(n)] nine; *alle* ~ *gooien* throw all nine.

negende ['ne.gəndə] ninth (part).

negenoog [-o.x] *v* 1 ⚕ lamprey; 2 ⚕ carbuncle.

negental [-tɑl] *o* nine.

negentien [-ti.n] nineteen.

negentiende [-ti.ndə] nineteenth (part).

negentig [-təx] ninety.

negentigjarig [-ja:rəx] of ninety years; *een* ~*e* a nonagenarian.

negentigste [-stə] ninetieth (part).

negenvoud ['ne.gə(n)vɑut] *o* multiple of nine.

negenvoudig [-vɑudəx] ninefold.

neger ['ne.gər] *m* negro, > nigger.

negerbevolking [-bəvɔlkiŋ] *v* negro population.

negerbloed [-blu.t] *o* negro blood.

1 **negeren** ['ne.gərə(n)] *vt* bully, dragoon, hector.

2 **negeren** [nə'ge:rə(n)] *vt* ignore [a thing, a person]; cut [a person].

negerij [ne.gə'rɛi] *v* in: *zo'n* ~ F such a doghole of a place.

negerin [-'rin] *v* negress.

negertaal [ne.gərta.l] *v* negro language.

negligé [ne.gli.'ʒe.] *o* undress, dishabille; *in* ~ in undress.

negotie [nə'go.(t)si.] *v* trade; *zijn* ~ his wares.

negrito [ne.'gri.to.] *m*-*v* negrito.

neigen ['nɛigə(n)] I *vi* incline, bend; *ter kimme* ~ decline; *ten val* ~ totter to its ruin; *geneigd tot...* zie *geneigd*; II *vt* incline, bend [one's head].

neiging [-giŋ] *v* leaning (towards *to*), propensity, tendency, bent, inclination; ~ *voelen om...* feel inclined to...

nek [nɛk] *m* back of the neck, nape of the neck; *hij heeft een stijve* ~ he has got a stiff neck; ~ *aan* ~ *sp* neck and neck; *zij zien hem met de* ~ *aan* they give him the cold shoulder; *iemand de* ~ *breken* break a person's neck; *dat zal hem de* ~ *breken* that will be his undoing; *iemand in de* ~ *zien* F do one in the eye.

nekken ['nɛkə(n)] *vt* kill; *een voorstel* ~ S kill (wreck) a proposal; *dat heeft hem genekt* that has been his undoing.

nekkramp ['nɛkrɑmp] *v* cerebro-spinal meningitis.

nekschot ['nɛksxɔt] *o* shot in the back of the neck.

nekslag [-slɑx] *m* stroke in the neck; *fig* death-blow.

nekspier [-spi:r] *v* cervical muscle.

nekvel [-fɛl] *o* scruff of the neck.

nemen ['ne.mə(n)] *vt* 1 take [something]; 2 (bij het schaken &) take, capture [a piece]; 3 ⚔ take, carry [a fortress]; 4 (springen over) take, negotiate [the hurdles]; 5 (bespreken) take, engage, book [seats]; 6 (iemand voor de gek houden) F fool-[a person], pull a person's leg; 7 (bedotten) F take in, do, cheat [a person]; *dat neem ik niet!* F I am not having this; *ik zou 't niet* ~ S I wouldn't stand for it; *het* ~ *zoals het valt* take things just as they come; *iets op zich* ~ undertake to do it; *het bevel op zich* ~ take command [of a ship]; *een taak op zich* ~ shoulder a task; *tot zich* ~ 1 take [food]; 2 adopt [an orphan]; *een horloge uit elkaar* ~ take a watch to pieces; *het er goed van* ~ do oneself well; zie ook: *aanvang &*.

nemer [-mər] *m* 1 taker; 2 $ (afnemer) buyer; (v. wissel) payee.

neologisme [ne.o.lo.'gismə] *o* neologism.

neon ['ne.ɔn] *o* neon.

neonbuis [-bœys] *v* neon tube.

nepotisme [ne.po.'tismə] *o* nepotism.

nerf [nɛrf] *v* rib, nerve, vein; grain [of wood].

nergens ['nɛrgəns] nowhere; ~ *toe dienen* zie *dienen*; ~ *om geven* care for nothing; *het is* ~ *goed voor* it is good for nothing.

nering ['ne:riŋ] *v* $ 1 trade, retail trade; 2 custom, goodwill; ~ *doen* keep a shop; *drukke* ~ *hebben* do a roaring trade.

neringdoende [-du.ndə] *m* tradesman, shopkeeper.

nerts [nɛrts] 1 *m* ♣ mink; 2 *o* (bont) mink.

nerveus [-'vø.s] I *aj* nervous, F nervy; II *ad* nervously.

nest [nɛst] *o* 1 nest [of birds &]; eyrie [of a bird of prey]; 2 litter [of pups], set [of kittens]; 3 > dog-hole, hole [of a place]; 4 F bed; 5 *fig* minx, proud little thing.

nestel ['nɛstəl] *m* lace, shoulder-knot, tag.

nestelen ['nɛstələ(n)] I *vt* nest, make its (their) nest; II *vr zich* ~ nestle [*fig*]; *de vijand had zich daar genesteld* ⚔ the enemy had lodged himself there.

nestharen ['nɛstha:rə(n)] *mv* first hair, down.

nestkuiken [-kœykə(n)] *o* ♣ nestling.

nestveren ['nɛstfe:rə(n)] *mv* first feathers, down.

nestvol [-fɔl] *o* nestful; *een* ~ *kinderen* a quiverful of children.

1 **net** [nɛt] *o* 1 net [of a fisherman &]; 2 string bag [for shopping]; 3 rack [in railway carriage]; 4 network [of railways], [railway, electricity, telephone &] system; *zijn* ~*en uitwerpen* cast one's nets[2]; *achter het* ~ *vissen* come a day after the fair, be too late; *zij heeft hem in haar* ~*ten gelokt* she has netted him; *in het* ~ *vallen* be netted[2], *fig* fall into the trap.

2 **net** [nɛt] I *aj* 1 (net gemaakt) neat; 2 (aar-

dig) smart, trim; 3 (proper) tidy, clean; 4
(fatsoenlijk) decent, nice [girls], respectable [boys, quarters]; II o fair copy; *in het ~
schrijven* copy fair, make a fair copy of; III
ad 1 neatly, decently; 2 < just; ~ *genoeg*
just enough; *hij is ~ vertrokken* he has juss
left, he left this minute; *het is ~ zes uur* it is
just six o'clock; ~ *mijn idee* precisely my
idea; *zij is ~ een jongen* quite a boy; *dat is ~
wat (iets) voor hem* 1 the very thing for him;
2 that is just like him; ~ *zo* in exactly the
same manner; ~ *zo lang tot...* until (at last)...;
hij is er nog ~ door he has got through by the
skin of his teeth; *het kan er ~ in* it just fits in;
ik heb hem ~ nog gezien I saw him just now.

netel ['ne.təl] *v* ✲ nettle.
neteldoek [-du.k] *o & m* muslin.
neteldoeks [-du.ks] *aj* muslin.
netelig ['ne.təlɔx] thorny, knotty, ticklish
[situation].
neteligheid [-heit] *v* thorniness, ticklishness.
netheid ['netheit] *v* 1 neatness, tidiness; 2 cleanness; 3 respectability.
netjes ['necəs] I *ad* neatly; nicely; prettily; *ik
moest ~ betalen* there was nothing for it but
to pay; ~ *eten* eat prettily; *een kamer ~ houden* keep a room tidy (clean); *zich ~ kleden*
dress neatly; II *aj in: dat is (staat) niet ~* that
is not becoming, not good form; *dat is niet ~
van hem* it is not nice of him; zie ook: 2 *net* I.
netschrift ['nets(x)rɪft] *o* fair copy; ⇔ fair-
copy book.
nettenboeter ['netə(n)bu.tər] *m* mender of nets.
nettenknoper [-kno.pər] *m* net-maker.
netto ['neto.] $ net; ~ *à contant* net cash; ~
gewicht net weight; ~*opbrengst* (~*provenu*)
net proceeds.
netvleugelig ['netflø.gələx] net-winged.
netvlies [-fli.s] *o* retina.
netvormig [-formǝx] reticular.
netwerk [-vɛrk] *o* network[2].
neuriën ['nø:ri.ə(n)] *vt & vi* hum.
neurologie [nø:ro.lo.'gi.] *v* neurology.
neurose [nø:'ro.zə] *v* neurosis [*mv* neuroses].
neurotisch [-'ro.ti.s] neurotic.
neus [nø.s] *m* nose [of man, a ship &]; nozzle
[of a spout &]; toe-cap [of boot]; *dat is een
wassen ~* that's a blind, a nose of wax; *zijn ~
buiten de deur steken* stick one's nose out of
doors; *een lange ~ maken tegen iemand* make
a long nose at a person, cock a snook at one;
zijn ~ nagaan follow one's nose; *de ~ voor
iets ophalen (optrekken)* turn up one's nose at
it; *een fijne ~ hebben* have a fine nose; *zijn ~
overal in steken* poke (thrust) one's nose into
everything; *de ~ in de wind steken* carry it
high; *de neuzen tellen* count noses; *iem. bij
de ~ nemen* take one in; *door zijn (de) ~
praten* speak through one's nose; *ik zei het
zo langs mijn ~ weg* in my innocent way;
hij zit altijd met zijn ~ in de boeken he is always poring over his books; *hij moet overal
met zijn ~ bij zijn* he wants to be present a
everything; *iemand iets onder zijn (de) ~
wrijven* cast it in one's teeth, rub it in; *op zijn
~ (staan) kijken* look blank (foolish); *iemand
iets vóór zijn ~ wegnemen* take it away from
under his (very) nose; *het ligt vóór je ~* it is
under your (very) nose; *iemand de deur voor
de ~ dichtdoen* shut the door in a man's face;
dat gaat zijn ~ voorbij that is not for him;
hij ziet niet verder dan zijn ~ lang is he does
not see beyond his nose.
neusbeen ['nø.sbe.n] *o* nasal bone.
neusbloeding [-blu.dɪŋ] *v* bleeding at (from)
the nose.
neusgat [-gat] *o* nostril [of man & beast].
neusgeluid [-gəlœyt] *o* nasal sound, nasal
twang.

neusholte [-hɔltə] *v* nasal cavity.
neushoorn, -horen [-ho:rən] *m* ♒ rhinoceros.
neusje ['nø.ʃə] *o* (little) nose; *het ~ van de zalm*
the pick of the basket.
neuskegel ['nøske.gəl] *m* nose cone.
neusklank [-klɔŋk] *m* nasal sound.
neusvleugel [-flø.gəl] *m* wing of the nose.
neuswarmer [-vɔrmər] *m* F nose-warmer, cutty.
neuswijs [-vɛis] conceited, pert, cocky.
neutraal [nø.'tra.l] I *aj* neutral; *de neutrale
school* the undenominational (unsectarian,
secular) school; II *ad* neutrally.
neutraliseren [-tra.li.'ze:rə(n)] *vt* neutralize.
neutraliteit [-'tɛit] *v* neutrality.
neutron ['nœytròn] *o* neutron.
neuzen ['nø:zə(n)] *vi* nose.
nevel ['ne.vəl] *m* mist, haze.
nevelachtig [-əxtəx] nebulous[2], misty[2], hazy[2].
nevelachtigheid [-heit] *v* nebulosity[2], mistiness[2], haziness[2].
nevelen ['ne.vələ(n)] *vi in: het nevelt* it is misty.
nevelig [-ləx] misty, hazy.
nevelvlek ['ne.vəlvlek] *v* nebula [*mv* nebulae].
nevengeschikt ['ne.və(n)gəsxɪkt] co-ordinate.
nevenindustrie [-ɪndŭstri.] *v* ancillary industry.
nevens ['ne.vəns] zie *naast & benevens.*
nevenschikkend ['ne.və(n)sxɪkənt] *gram* co-
ordinative.
nevenschikking [-kɪŋ] *v gram* co-ordination.
nevensgaand ['ne.vɔnsga.nt] accompanying,
enclosed.
nevenstaand ['ne.və(n)sta.nt] adjoining.
nicht [nɪxt] *v* 1 (broeders- of zustersdoch-
ter) niece; 2 (ooms- of tantesdochter)
cousin.
nicotine [ni.ko.'ti.nə] *v* nicotine.
nicotinevergiftiging [-vərgɪftəgɪŋ] *v* nicotine
poisoning.
niemand ['ni.mɔnt] nobody, no one, none; ~
anders dan... none other than...; ~ *minder
dan...* no less a person than...; ~ *niet?* no one
better?
niemandsland [-mɔntslɔnt] *o* no man's land.
niemendal [ni.mən'dɑl] nothing at all.
niemendalletje [-'dɑləcə] *o* F nothing, trifle.
nier [ni:r] *v* kidney.
nierlijder ['ni:rlɛi(d)ər] *m* nephritic patient.
nierontsteking [-ɔntstɛ.kɪŋ] *v* nephritis.
nierpijn [-pɛin] *v* nephritic pain.
niersteen [-ste.n] *m* 1 ♒ renal calculus, stone
in the kidney; 2 (geologie) jade.
nieskruid ['ni.skrœyt] *o* ✲ hellebore.
1 **niet** [ni.t] I *ad* not; ~ *eens* zie *eens;* ~ *langer*
no longer; ~ *te veel* not too much, none too
many; ~ *dat ik...* not that I...; *geloof dat
maar ~!* don't you believe it!; *dat is ~ onaardig* that's rather nice; II 1 *o* nothingness;
2 *m* blank; *in het ~ verzinken* 1 sink into
nothingness; 2 pale (sink) into insignificance
(beside *bij*); *om ~* for nothing, gratis; *om ~
spelen* play for love; *te ~ doen* nullify, annul,
cancel, abolish; bring (reduce) to naught
[plans, a fortune], dash [one's hopes]; *te ~
gaan* come to nothing, perish; *uit het ~ te
voorschijn roepen* call up from nothingness;
een ~ trekken draw a blank; *als ~ komt tot
iet kent iet zichzelf ~* set a beggar on horseback and he'll ride to the devil.
2 **niet** [ni.t] *m* ♒ staple [for papers].
nieten ['ni.tə(n)] *vt* ♒ staple.
nietig [-təx] 1 (niets betekenend) insignificant; 2 (onbeduidend) miserable, paltry
[sums]; 3 (ongeldig) (null and) void; ~
verklaren declare null and void, annul, nullify.
nietigheid [-heit] *v* 1 (onbeduidendheid)
insignificance; 2 (ongeldigheid) nullity;
zulke nietigheden such futilities (nothings, trifles).

nietigverklaring [-fərkla:rɪŋ] *v* nullification, annulment.
nietje ['ni.cə] *o* ✄ staple.
niet-leden ['ni.t'le.də(n)] *mv* non-members.
nietmachine ['ni.tma.ʃi.nə] *v* stapler.
niet-nakoming [-'na.ko.mɪŋ] *v* non-fulfilment.
niets [ni.ts] I *pron* nothing; ~ *anders dan...* nothing (else) than, nothing (else) but, zie ook: *anders*; ~ *dan lof* nothing but praise; ~ *minder dan...* nothing less than; ~ *nieuws* nothing new; *het is* ~! it is nothing!; *of het zo* ~ *is* without more ado; *...is er* ~ *bij* ...is nothing to this, S ...is not in it; *het is* ~ *gedaan* it's no good; *om (voor)* ~ for nothing; *hij had niet voor* ~ *in Duitsland gewerkt* not for nothing had he...; ~ *voor* ~ nothing for nothing; *zij moet* ~ *van hem hebben* she will have none of him; II *ad* nothing; ~ *bang* nothing afraid; *ik heb er* ~ *geen lust in* I've no mind at all to...; *een man van* ~ a good-for-nothing, F a rotter; III *o* nothingness.
nietsbeduidend, ~betekenend ['ni.tsbədœydənt, -te.kənənt] insignificant.
nietsdoen [du.n] *o* idleness.
nietsdoend [-du.nt] idle.
nietsdoener [-du.nər] *m* idler, do-nothing.
nietsnut [-nʉt] *m* good-for-nothing.
nietswaardig [-'va:rdəx] worthless.
nietszeggend ['ni.tsɛɣənt] uninforming, meaningless [look], non-committal [words]; inexpressive [features].
niettegenstaande [ni.te.ɣən'sta.ndə] I *prep* notwithstanding, in spite of; II *cj* although, though.
niettemin [ni.tə'mɪn] nevertheless, for all that.
nieuw [niːu] I *aj* new; fresh [butter, courage, evidence &]; recent [news]; novel [idea]; modern [history, languages &]; ~*ste mode* latest fashion; II *ad* in: *de* ~ *aangekomene* the new-comer, the new arrival.
nieuwbakken ['niːubakə(n)] new [bread]; *fig* newfangled [theories].
nieuwbouw [-bɔu] *m* new building; new buildings.
nieuweling ['ni.vəlɪŋ] *m* I novice, new-comer; beginner, tyro; 2 ⚓ new boy.
nieuwerwets [niːuər'vɛts] new-fashioned, novel, > newfangled.
nieuwheid ['niːuhɛit] *v* newness.
nieuwigheid [ni.vəxhɛit] *v* novelty, innovation.
nieuwjaar [niːu'ja:r] *o* new year; *een gelukkig (RK zalig)* ~ I wish you a happy New Year.
nieuwjaarsdag [-ja:rs'dɑx] *m* New Year's Day.
nieuwjaarskaart [-ka:rt] *v* New Year's card.
nieuwjaarswens [-vɛns] *m* New Year's wish.
nieuwmodisch [niːu'mo.di.s] new-fashioned, fashionable, stylish.
Nieuwpoort ['niːupo:rt] *o* Nieuport.
nieuws [niːus] *o* news, tidings, piece of news; *geen* ~? any news?; *dat is geen* ~ that is no news; *dat is wat* ~! that's something new (indeed!); *geen* ~ *goed* ~ no news good news; *het laatste* ~ the latest intelligence; *laatste* ~ (in *krant*) stop-press; *oud* ~ ancient history; *wat voor* ~? what's the news?; *het* ~ *van de dag* the news of the day; *niets* ~ *onder de zon* nothing new under the sun.
nieuwsbericht ['niːusbərɪxt] *o* news item.
nieuwsblad [-blɑt] *o* newspaper.
nieuwsgierig [niːus'ɣi:rəx] I *aj* inquisitive, curious; *ik ben* ~ *te horen...* I am anxious to know...; II *ad* inquisitively, curiously.
nieuwsgierigheid [-hɛit] *v* inquisitiveness, curiosity.
nieuwstijding ['niːustɛidɪŋ] *v* news, tidings.
nieuwtje ['niːucə] *o* I novelty; 2 piece of news; *het* ~ *is eraf* the gilt is off the gingerbread; *als het* ~ *eraf gaat* when the novelty wears off.

Nieuw-Zeeland [niːu'ze.lɑnt] *o* New Zealand.
niezen ['ni.zə(n)] *vi* sneeze.
nihil ['ni.hil] nil.
nihilisme [ni.hi.'lɪsmə] *o* nihilism.
nihilist [-'lɪst] *m* nihilistisch [-'lɪsti.s] *aj* nihilist.
nijd [nɛit] *m* envy.
nijdas ['nɛidɑs] *m* crosspatch.
nijdig [-dəx] I *aj* angry; ~ *worden* get angry, fly into a passion; II *ad* angrily.
nijdigaard ['nɛidəɣa:rt] *m* crosspatch.
nijdigheid ['nɛidəxhɛit] *v* anger.
nijdnagel ['nɛitna.ɣəl] = *nijnagel*.
nijgen ['nɛiɣə(n)] *vi* bow, make a bow, drop a curtsy, curtsy.
nijging [-ɣɪŋ] *v* bow, curtsy.
Nijl [nɛil] *m* Nile.
Nijldal ['nɛildɑl] *o* Nile valley.
nijlpaard [-pa:rt] *o* 🐘 hippopotamus.
nijnagel ['nɛi.na.ɣəl] *m* hang-nail, agnail.
nijpen ['nɛi.pə(n)] *vi* & *vt* pinch; *als het nijpt* when it comes to the pinch.
nijpend [-pənt] biting [cold]; dire [poverty]; acute [shortage, crisis].
nijptang ['nɛiptɑŋ] *v* (pair of) pincers.
nijver ['nɛivər] *aj* (& *ad*) industrious(ly), diligent(ly).
nijverheid [-hɛit] *v* industry.
nijverheidsschool [-hɛitsxo.l] *v* lagere ~ technical school.
nikkel ['nɪkəl] *o* nickel.
nikkelen ['nɪkələ(n)] nickel.
nikker ['nɪkər] *m* I (*geest*) imp, fiend; 2 (*neger*) nigger.
Nikolaas ['ni.ko.la.s] *m* Nicholas, F Nick.
niks [nɪks] P nothing, zie *niets*.
nimbus ['nɪmbʉs] *m* nimbus.
nimf [nɪmf] *v* nymph.
nimmer ['nɪmər] never.
nimmermeer [-me:r] nevermore, never again.
nippel ['nɪpəl] *m* ⚙ nipple.
nippen [-pə(n)] *vi* sip.
nippertje [-pərcə] *o* in: *op het* ~ in the (very) nick of time; *het was net op het* ~ it was touch and go, it was a near thing.
nis [nɪs] *v* niche; recess [in a wall], embrasure [of a window].
nitraat [ni.'tra.t] *o* nitrate.
niveau [ni.'vo.] *o* level; *op hetzelfde* ~ *als...* on a level with...; *op universitair* & ~ at university & level.
niveauverschil [-vɑrsxɪl] *o* difference in levels.
nivelleren [ni.vɛ'le:rə(n)] *vt* level (up, down).
nivellering [-rɪŋ] *v* levelling.
Nizza ['nɪdza.] *o* Nice.
nl. = *namelijk*.
n.m. = (*des*) *namiddag(s)*.
nobel ['no.bəl] I *aj* noble; II *ad* nobly.
Nobelprijs [no.'bɛlprɛis] *m* Nobel prize.
noch [nɔx] neither... nor.
nochtans [-'tɑns] nevertheless, yet, still.
nocturne [nɔk'tyːrnə] *v* ♪ nocturne.
node ['no.də] reluctantly; *van* ~ *hebben (zijn)* zie *nodig hebben (zijn)*.
nodeloos [-lo.s] *aj* (& *ad*) needless(ly).
nodeloosheid [-hɛit] *v* needlessness.
noden ['no.də(n)] *vt* invite; *zij laat zich niet* ~ she does not need much pressing.
nodig [-dəx] I *aj* necessary, requisite, needful; ~ *hebben* be in want of, want, be (stand) in need of, need; *je hebt er niet mee* ~ it is no business of yours; ~ *maken* necessitate; ~ *zijn* be necessary, be needed; *blijf niet langer dan* ~ *is* than you need, than you can help; *daarvoor is...* ~ there needs... for that; *meer dan* ~ *is* more than is necessary; *er is heel wat voor* ~ *om...* it takes a good deal to...; *zo* ~ if needs be, if necessary; II *ad* necessarily, needs; III *o* in: *het* ~*e* what is necessary; the necessaries of life; *het* ~*e verrichten* $ do

the needful; *het éne ~e* the one thing needful.
nodigen [-dəgə(n)] *vt* invite; zie ook: *noden*.
noemen ['nu.mə(n)] I *vt* name: call, style, term, denominate; *zij is naar haar moeder genoemd* she is named after her mother; *hoe noemt u dit?* what do you call this?; *feiten en cijfers ~* cite facts and figures; *om maar eens iets te ~* say [fifty guilders]; just to mention one; II *vr zich ~* call oneself.
noemenswaard(ig) [nu.məns'va:rt, -'va:rdəx] worth mentioning; *niets ~s* nothing to speak of.
noemer ['nu.mər] *m* denominator [of a fraction].
noen [nu.n] *m* noon.
noenmaal ['nu.nma.l] *o* midday-meal, lunch.
noest [nu.st] I *aj* diligent, industrious; *zijn ~e vlijt* his unflagging industry; II *ad* diligently, industriously.
noestheid ['nu.stheit] *v* diligence, industry.
nog [nɔx] yet, still, besides, further; *als 't A. ~ was* if it was A. now!; ~ *een appel* another apple; ~ *enige* a few more; ~ *eens* once more, (once) again; ~ *eens zoveel* as much (many) again; *dat is ~ eens een hoed* that's something like a hat, S some hat!; ~ *erger* still worse, even worse; ~ *iets?* anything else?; ~ *geen maand geleden* less than a month ago; ~ *geen tien* not (quite) ten, under ten; ~ *(maar) vijf* only five (left); ~ *meer* [give me] (some) more; *wat ~ meer?* what besides?; *een ~ moeilijker taak* a yet more difficult task; ~ *niet* not yet; ~ *wat* some more; *wacht ~ wat* stay a little longer; *hij zal ~ wel komen* he is sure to turn up yet; *en ~ wel... and...* too; *en zijn beste vriend ~ wel* and that his best friend; *en dat ~ wel op kerstdag* and that on Christmas of all days; *dat weet ik ~ zo net niet* I am not quite sure about that; *ik moet het vandaag (vanniddag) ~ hebben* I must have it to-day (this very afternoon); ~ *in de 16e eeuw* as late as the 16th century.
noga ['no.ga.] *m* nougat.
nogal ['nɔxal] rather, fairly; ~ *gezet* pretty stout.
nogmaals [-ma.ls] once more, once again.
nok [nɔk] *v* 1 ridge; 2 ⚓ yard-arm; 3 ⚙ cam.
nokbalk ['nɔkbalk] *m* ridge-pole.
nokkenas ['nɔkə(n)as] *v* ⚙ camshaft.
nolens volens [no.lens'fo.lens] willy-nilly.
nomaden [no.'ma.də(n)] *mv* nomads.
nomadenleven [-le.və(n)] *o* nomadic life.
nomadenstam [-stam] *m* nomadic tribe.
nomadenvolk [-vɔlk] *o* nomad people.
nomadisch [no.'ma.di.s] nomadic.   [ture.
nomenclatuur [nomenkla.'ty:r] *v* nomenclature.
nominaal [no.mi.'na.l] *aj* (& *ad*) nominal(ly).
nominatie [-'na.(t)si.] *v* nomination; *nummer één op de ~* first on the short list.
nominatief ['no.mi.na.ti.f] *m gram* nominative.
non [nɔn] *v* nun.
non-acceptatie [nɔnaksep'ta.(t)si.] *v* non-acceptance.
non-actief [nɔnak'ti.f] 1 not in active service; 2 [put] on half-pay.
non-activiteit [-ti.vi.'teit] *v* being put on half-pay.
nonchalance [nõʃa.'lãsə] *v* nonchalance, carelessness.
nonchalant [-lant] *aj* (& *ad*) nonchalant(ly), careless(ly).
non-combattant [nɔnkɔmbɑ'tant] *m* non-combatant.
non-figuratief [-fi.gy.ra.'ti.f] non-figurative [painting].
nonnenklooster ['nɔnə(n)klo.stər] *o* convent, nunnery.
nonnetje ['nɔnəcə] *o* 🐦 smew.
nonsens ['nɔnsɛns] *m* nonsense; S rot; *och ~!*

fiddlesticks!
nonsensicaal, nonsensikaal [nɔnsensi.'ka.l] nonsensical, absurd.
nonvlinder ['nɔnvlindər] *m* 🦋 nun.
nood [no.t] *m* need, necessity, want, distress; *geen ~!* no fear!; *zijn ~ klagen* disclose one's troubles; complain, lament; *door de ~ gedrongen* compelled by necessity; *in (geval van) ~* 1 at need, in an emergency; 2 in distress [a ship]; *in de ~ leert men zijn vrienden kennen* a friend in need is a friend indeed; *uit ~* compelled by necessity; *iemand uit de ~ helpen* get one out of a scrape, help him out; *van de ~ een deugd maken* make a virtue of necessity; ~ *breekt wet* necessity has (knows) no law; ~ *leert bidden*, ~ *maakt vindingrijk* necessity is the mother of invention; *als de ~ aan de man komt* in case of need; *als de ~ het hoogst is, is de redding nabij* the darkest hour is before the dawn.
noodadres ['no.ta.drɛs] *o* $ address in case of need.
noodanker [-aŋkər] *o* ⚓ sheet-anchor.
noodbrug [-brʏx] *v* temporary bridge.
nooddeur ['no.dø:r] *v* emergency door.
nooddruft [-drʏft] *m* & *v* 1 necessaries of life; 2 want; 3 indigence, distitution, poverty.
nooddruftig [no.'drʏftəx] *aj* needy, indigent, destitute; *de ~en* the needy, the destitute.
noodgedrongen, ~**gedwongen** [-gədrõŋə(n), -gə-dvõŋə(n)] compelled by necessity, perforce.
noodhaven [-ha.və(n)] *v* & port of refuge.
noodhulp [-hʏlp] *v* 1 (persoon) emergency worker, temporary help; 2 (zaak) makeshift, stop-gap.
noodklok [-klɔk] *v* alarm-bell, tocsin.
noodkreet [-kre.t] *m* cry of distress.
noodlanding [-landiŋ] *v* forced landing.
noodleugen [-lø.gə(n)] *v* white lie.
noodlijdend [no.'leidənt] 1 distressed [provinces]; 2 indigent, poor, destitute [people].
noodlot ['no.tlɔt] *o* fate, destiny.
noodlottig [no.'lɔtəx] *aj* (& *ad*) fatal(ly).
noodlottigheid [-heit] *v* fatality.
noodmaatregel ['no.tma.tre.gəl] *m* emergency measure.
noodmast [-mast] *m* ⚓ jury-mast.
noodrem [-rɛm] *v* safety-brake; (in *spoor-rijtuigen*) communication cord.
noodschot [-sxɔt] *o* distress-gun.
noodsein [-sein] *o* distress-signal, distress-call, SOS (message).
noodtoestand ['no.tu.stant] *m* (state of) emergency.
nooduitgang ['no.tœytgaŋ] *m* emergency exit.
noodverband ['no.tfərbant] *o* first dressing.
noodvlag [-flax] *v* flag of distress.
1 **noodweer** [-ve:r] *o* heavy weather.
2 **noodweer** [-ve:r] *v* self-defence; *uit ~* in self-defence.
noodwendig(heid) [no.t'vendəx(heit)] zie *noodzakelijk(heid)*.
noodwoning ['no.tvo.niŋ] *v* temporary house, emergency dwelling.
noodzaak [-sa.k] *v* necessity.
noodzakelijk [no.t'sa.kələk] I *aj* necessary; II *ad* necessarily, of necessity, needs.
noodzakelijkheid [-'sa.kələkheit] *v* necessity; *in de ~ verkeren om...* be under the necessity of ...ing.
noodzaken ['no.tsa.kə(n)] *vt* oblige, compel, constrain, force; *zich genoodzaakt zien om...* be (feel) obliged to...
nooit [no:it] never; ~ *ofte nimmer* never in all my born days; *dat ~!* never!
Noor [no:r] *m* Norwegian.
noord [no:rt] north.
Noord-Amerika [-a.'me:ri.ka.] *o* North America.

noordelijk ['no:rdələk] **I** *aj* northern, northerly; *de* ~*en* the Northerners; **II** *ad* northerly.

noorden [-də(n)] *o* north; *op het* ~ with a northern aspect; *ten* ~ *van* (to the) north of...

noordenwind [-'vɪnt] *m* north wind.

noorderbreedte ['no:rdərbre:tə] *v* North latitude.

noorderlicht [-lɪxt] *o* northern lights, aurora borealis.

noorderzon [-zòn] *v* in: *met de* ~ *vertrekken* shoot the moon, abscond.

noordoostelijk [-'o.stələk] **I** *aj* north-easterly, north-eastern; **II** *ad* towards the north-east.

noordoosten [-'o.stə(n)] *o* north-east.

noordpool ['no:rtpo.l] *v* north pole.

noordpoolreiziger [-'po.lreizəgər] *m* arctic explorer.

noords [no:rts] Nordic [race].

noordster ['no:rtstɛr] *v* North Star, polar star.

noordwaarts [-va:rts] **I** *aj* northward; **II** *ad* northward(s).

noordwestelijk [no:rt'vɛstələk] **I** *aj* northwesterly; **II** *ad* towards the north-west.

noordwesten [-'vɛstə(n)] *o* north-west.

Noordzee [-'se.] *v* North Sea.

Noorman ['no:rmən] *m* Northman, Norseman, Dane.

Noors, Noorweegs [no:rs, 'no:rve.xs] *aj* & *o* Norwegian.

Noorwegen ['no:rve.gə(n)] *o* Norway.

noot [no.t] *v* **1 ♫** nut, (walnoot) walnut ‖ **2 ♪** note ‖ (aantekening) note; *achtste* ~ ♪ quaver; *halve* ~ ♪ minim; *hele* ~ ♪ semibreve; *tweeëndertigste* ~ ♪ demi-semiquaver; *zestiende* ~ ♪ semiquaver; *ik heb een lelijke* ~ *met hem te kraken* I have a nut to crack with him; *ik heb kwade noten over u horen kraken* I have heard them pass censure on you, they have been pecking at you; *hij heeft veel noten op zijn zang* he is very exacting.

nootjeskolen ['no.cəsko.lə(n)] *mv* nuts.

nop [nòp] *v* burl; pile [of carpet].

nopen ['no.pə(n)] *vt* induce, urge, compel; *zich genoopt zien te* be obliged [to...].

nopens [-pəns] concerning, as to, with regard to.

nopjes ['nòpjəs] *in zijn* ~ *zijn* be in high feather be as pleased as Punch.

nor [nòr] *v* **S** jug; *in de* ~ in quod.

norm [nòrm] *v* norm, rule, standard.

normaal [nòr'ma.l] **I** *aj* normal; *hij is niet* ~ **1** he is not his usual self; **2** he is not right in his head; **II** *ad* normally.

normaalschool [-sxo.l] *v* normal school.

normalisatie [nòrma.li.'za.(t)si.] *v* standardization, normalization; regulation [of a river].

normaliseren [-'ze.rə(n)] *vt* standardize, normalize; regulate [a river].

normalisering [-'ze.rɪŋ] *v* standardization, normalization; regulation [of a river].

normaliter [nòr'ma.li.tər] normally.

Normandië [nòr'mɑndi.ə] *o* Normandy.

Normandiër [-di.ər] *m* Norman.

Normandisch [-di.s] Norman; *de* ~*e Eilanden* the Channel Islands; *de* ~*e kust* the Normandy coast.

nors [nòrs] **I** *aj* gruff, surly; **II** *ad* gruffly, surlily.

norsheid ['nòrsheit] *v* gruffness, surliness.

nostalgie [nòstal'gi.] *v* nostalgia.

nostalgisch [-'tɑlgi.s] *aj* (& *ad*) nostalgic(ally).

nota ['no.ta.] *v* **1** [tradesman's] bill, account; **2** [diplomatic] note, [official] memorial; ~ *nemen van* take (due) note of, note.

notabel [no.'ta.bəl] **I** *aj* notable; **II** *m* ~*e* notable man; *de* ~*en* the notabilities, F the big (great) guns, bigwigs.

notariaat [no.ta:ri.'a.t] *o* profession of notary.

notarieel [-ri.'e.l] *aj* (& *ad*) notarial(ly).

notaris [no.'ta:rəs] *m* notary (public).

notarisambt [-ɑmt] *o* profession of notary.

notariskantoor [-kɑnto:r] *o* notary's office.

notatie [no.'ta.(t)si.] *v* notation.

notebomen [-bo.mə(n)] *aj* walnut.

notedop [-dòp] *m* **1** nutshell; **2** *fig* ↓ cockleshell

notekraker [-'kra.kər] *m* **1** (pair of) nutcrackers; **2** 🐿 nutcracker.

notemuskaat [no.təmüs'ka.t] *v* nutmeg.

notenbalk ['no.tə(n)bɑlk] *m* ♪ staff [*mv* staves], stave.

noteren [no.'te:rə(n)] *vt* **1** note, jot (note) down, make a note of [a word &]; put [a person] down [for...]; **2 $** quote [prices].

notering [-rɪŋ] *v* **1** noting &; **2 $** quotation.

notie ['no.(t)si.] *v* notion; *hij heeft er geen* ~ *van* he has not got the faintest notion of it.

notitie [no.'ti.(t)si.] *v* **1** (aantekening) note, jotting; **2** (aandacht) notice; *geen* ~ *van iets nemen* not take notice of it, not heed it.

notitieboek(je) [-bu.k(jə)] *o* notebook, memorandum book.

notoir [no.'to:r] notorious.

notulen [no.ty.lə(n)] *mv* minutes; *de* ~ *arresteren* confirm the minutes; *de* ~ *lezen en goedkeuren* read and approve the minutes; *het in de* ~ *opnemen* enter it on the minutes.

notulenboek [-bu.k] *o* minute-book.

notuleren [no.ty.'le:rə(n)] *vt* take down, minute.

nou [nəu] **F** now; zie *nu*.

nouveauté [nu.vo.'te.] *v* novelty; ~*s* fancy-goods.

novelle [no.'velə] *v* short story, novelette.

novellist [-ve'lɪst] *m* writer of short stories.

november [no.'vɛmbər] *m* November.

novice [no.'vi.sə] *m-v* novice.

noviciaat [no.vi.si.'a.t] *o* novitiate.

noviet, novitius [-'vi.t, -'vi.tsi.üs] *m* 🖙 freshman.

nozem ['no.zəm] *m* **S** teddy boy.

nu [ny.] **I** *ad* now, at present; *by this time, by now* [he will be ready]; *van* ~ *af* from this moment, henceforth; *wat* ~? what next?; ~ *eens..., dan weer...* now... now...; *at one time... at another...;* ~ *en dan* now and then, occasionally, at times; ~ *niet* not now; ~ *of nooit* now or never; ~, *hoe gaat het?* well, how are you?; ~ *ja!* well!; **II** *cj* now that (soms: now).

nuance [ny.'ɑsə] *v* nuance, shade.

nuanceren [ny.ɑ'se:rə(n)] *vt* shade².

nuchter ['nüxtər] sober²; *fig* hard-headed [man]; down-to-earth; *hij is nog* ~ he has not yet breakfasted; *hij is mij te* ~ he is too matter-of-fact for me; *hij is nog zo* ~! he is so green yet!; ~ *kalf* newly born calf; *fig* greenhorn; *op de* ~*e maag* on an empty stomach.

nuchterheid [-heit] *v* sobriety; soberness².

nucleair [ny.kle.'ɛ:r] nuclear.

nuf [nüf] *v* Miss Pert.

nuffig ['nüfəx] prudishly proud, prim.

nuffigheid [-heit] *v* primness.

nuk [nük] *v* freak, whim, caprice.

nukkig ['nükəx] freakish, whimsical, capricious.

nukkigheid [-heit] *v* freakishness, whimsicality, capriciousness.

nul [nül] *v* nought, naught, cipher, zero; ⚙ O; *hij is een* ~ he is a nonentity, a mere cipher, a nobody; *zijn invloed is gelijk* ~ is nil; ~ *op het rekest krijgen* meet with a rebuff; *tien graden boven (onder)* ~ ten degrees above (below) zero; *op* ~ at zero.

nulpunt ['nülpünt] *o* zero; *het absolute* ~ the absolute zero; *tot op het* ~ *dalen* fall to zero².

numeriek [ny.mə'ri.k] *aj* (& *ad*) numerical(ly).

numero ['ny.mɔro.] o number.
nummer ['nûmər] o 1 number; 2 size [of gloves]; 3 item [of programme, catalogue]; turn [of music-hall artist], [circus] act; [sporting] event; 4 lot [at auction]; 5 [Christmas] number, issue [of a newspaper]; ook een ~! S a fine specimen!; ~ één zijn ⍉ be at the top of one's form; sp be first[2]; ~ honderd J the w.c.; hij moet op zijn ~ gezet worden he wants to be put in his place.
nummerbord [-bɔrt] o 1 ☿ annunciator (board); 2 zie nummerplaat.
nummeren ['nûmərə(n)] I vt number; II vr zich ~ number (off).
nummering [-rɪŋ] v numbering.
nummerplaat ['nûmərpla.t] v number plate.
nummerschijf [-sxɛif] v ☿ dial.
nuntiatuur [nûnsi.a.'ty:r] v nunciature.
nuntius ['nûn(t)si.ûs] m nuncio.
nurks [nûrks] I aj peevish, pettish; II m grumbler.
nurksheid ['nûrkshɛit] v peevishness, pettishness.
nut [nût] o use, benefit, profit; usefulness [of an inquiry]; praktisch ~ practical utility; ~ trekken uit derive profit from; ten ~te van for the use of; ten algemenen ~te for the general good; zich ten ~te maken turn to good advantage, avail oneself of; tot ~ van (het algemeen) for the benefit of (the community); het is tot niets ~ it is good for nothing; van ~ zijn be useful; van geen (groot) ~ zijn be of no (great) use.
nutsbedrijf ['nûtsbədreif] o public utility.
nutteloos ['nûtəlo.s] I aj useless; zijn... waren ~ his... were in vain; II ad uselessly; in vain.
nutteloosheid [nûtə'lo.shɛit] v uselessness.
nutten ['nûtə(n)] vt be of use, avail.
nuttig [-təx] I aj useful [ook ☿ effect &], profitable; II ad usefully, profitably.
nuttigen [-təɣə(n)] vt take, partake of, eat or drink.
nuttigheid [-təxhɛit] v utility, profitableness.
nuttiging [-təɣɪŋ] v eating or drinking; RK de Nuttiging the Communion.

O

o.a. [òndər'andərə(n)] = onder andere(n).
oase, oaze [o.'a.zə] v oasis [mv oases].
obelisk ['o.be.nə(n)] m obelisk.
o-benen ['o.be.nə(n)] mv bandy-legs, bowlegs.
ober ['o.bər] m head-waiter.
object [ɔp'jɛkt] o object, thing; (d o e l, o o k ☿) objective.
objectglas [-glɑs] o slide [of a microscope].
objectie [ɔp'jɛksi.] v objection.
objectief [-jɛk'ti.f] I aj (& ad) objective(ly), detached(ly); II o (v. verrekijker, camera) object-lens, object-glass.
objectiviteit [-jɛkti.vi.'tɛit] v objectivity, objectiveness.
obligatie [o.bli.'ga.(t)si.] v bond, debenture.
obligatiehouder [-houdər] m bondholder.
obligatielening [-le.nɪŋ] v debenture loan.
obligatieschuld [-sxûlt] v bonded debt.
obligo ['o.bli.ɡo.] o in: zonder ~ without prejudice.
obsceen [ɔp'se.n] aj (& ad) obscene(ly).
obsceniteit [-se.ni.'tɛit] v obscenity.
obscuur [ɔp'sky:r] I aj obscure; een ~ type (zaakje) a shady character (business); II ad obscurely.
obsederen [ɔpse.'de:rə(n)] vt obsess.
obsederend [-'de:rənt] obsessive [idea &].
observatie [ɔpsɛr'va.(t)si.] v observation; in ~

under observation; ter ~ opgenomen taken in for observation.
observatiehuis [-hœys] o remand home.
observatiepost [-pɔst] m ⚔ observation post.
observator [ɔpsɛr'va.tor] m observer.
observatorium [-va.'to:ri.ûm] o observatory.
observeren [-'ve:rə(n)] vt observe.
obsessie [ɔp'sɛsi.] v obsession.
obstinaat [ɔpsti.'na.t] aj (& ad) obstinate(ly).
obstructie, obstruktie [ɔp'strûksi.] v obstruction; ~ voeren practise obstruction.
occasioneel [ɔka.zi.o.'ne.l] aj (& ad) occasional(ly).
occult [ɔ'kûlt] occult.
occultisme [ɔkûl'tɪsmə] o occultism.
oceaan [o.se.'a.n] m ocean; de Grote Oceaan, de Stille Oceaan the Pacific (Ocean).
Oceanië [-'a.ni.ə] o Oceania.
och [ɔx] oh!, ah!; ~ arme poor woman, poor thing!; ~ kom! 1 (bij twijfel) why, indeed!; 2 (bij verbazing) you don't say so!; ~, waarom niet? (well,) why not?; ~ wat! nonsense!
ochtend ['ɔxtənt] m morning; des ~s, 's ~s in the morning.
ochtendblad [-blɑt] o morning paper.
ochtendjapon [-ja.pòn] m morning gown.
ochtendjas [-jɑs] m & v house-coat.
ochtendstond [-stònt] m morning time.
octaaf [ɔk'ta.f] o & v octave.
octaan [ɔk'ta.n] o octane.
octaangetal [-ɣətɑl] o octane number; benzine met een hoog ~ high-octane petrol.
octrooi [ɔk'tro:i] o 1 patent; 2 $ charter.
octrooibrief [-bri.f] m 1 letters patent; 2 $ charter.
octrooieren [ɔktro.'je:rə(n)] vt 1 patent; 2 $ charter (a company).
octrooiraad [-'tro:ira.t] m patent office.
oculatie [o.ky.'la.(t)si.] v inoculation, grafting.
oculeren [-'le:rə(n)] vt inoculate, graft.
ode ['o.də] v ode.
odeur [-'dø:r] m odeurtje [-ə] o perfume, scent.
Odyssee, odyssee [o.di'se.] v Odyssey.
oecumenisch [œyky.'me.ni.s] oecumenical [council, movement].
oedeem [œy'de.m] o ☿ oedema.
oef [u.f] ugh!
oefenen ['u.fənə(n)] I vt exercise, practise; train [the ear, soldiers &]; zie ook: geduld, wraak; II v zich ~ practise, train; zich ~ in practise; III va practise, train.
oefening [-nɪŋ] v 1 exercise, practice; 2 [religious] prayer-meeting; een ~ an exercise; vrije ~en free exercises; ~ baart kunst practice makes perfect.
oefenkamp ['u.fənkɑmp] o training-camp.
oefenmeester [-me.stər] m sp trainer, coach.
oefenschool -sxo.l] v training-school.
oefenterrein [-tɛrɛin] o training-ground.
oefenvlucht [-vlûxt] v ✈ practice flight, training-flight.
oefenwedstrijd [-vɛtstreit] m sp practice match.
oekaze [u.'ka.zə] v ukase.
Oekraïne [u.kra.'i.nə] v Ukraine.
Oeral [u:rɑl] m de ~ the Ural(s).
oermens ['u:rmɛns] m primitive man.
oertekst [-tɛkst] m original text.
oertijd [-tɛit] m primeval age(s).
oertype [-ti.pə] o archetype.
oerwoud [-vout] o primeval forest, virgin forest.
oester ['u.stər] v oyster.
oesterbank [-bɑŋk] v oyster-bank.
oesterhandelaar [-hɑndəla:r] m oyster dealer.
oesterkweker [-kve.kər] m oyster breeder.
oesterkwekerij [-kve.kərɛi] v 1 oyster culture; 2 oyster farm.
oesterpark [-pɑrk] o oyster park.
oesterplaat [-pla.t] v oyster-bank.

oesterput [-pŭt] *m* oyster-pond.
oesterschelp [-sxelp] *v* oyster-shell.
oesterteelt [-te.lt] *v* oyster culture. [soning.
oestervergiftiging [-vərgɪftɪgɪŋ] *v* oyster poi-
oestervisser [-vɪsər] *m* oyster fisher.
oestervisserij [-vɪsərɛi] *v* oyster fishery.
oeuvre [ˈœ.vrə] *o* [Rembrandt's] works, [an author's] writings.
oever [ˈu.vər] *m* 1 shore [of the sea]; 2 bank [of a river]; *de rivier is buiten haar ~s getreden* the river has overflowed its banks.
of [ɔf] 1 (nevenschikkend) *wit ~ zwart* white or black; *~ hij ~ zijn broer* either he or his brother; *ja ~ neen* (either) yes or no; *een dag ~ drie* two or three days; *een man ~ twee* a man or two; *een minuut ~ tien* ten minutes or so; 2 (onderschikkend) if, whether; (vóór onderwerpszinnen) *het duurde niet lang ~ hij...* he was not long in ...ing; (vóór voorwerpszinnen) *ik weet niet ~ hij trouweloos is, ~ dom* I don't know whether he is faithless or stupid; (vóór bijv. bijzinnen) *er is niemand ~ hij zal dat toejuichen* there is nobody but ('he) will applaud this measure; *hij is niet zo gek ~ hij weet wel wat hij doet* he is not such a fool but (but that, but what) he knows what he is about; (vóór bijw. bijzinnen) *ik kom vanavond ~ ik moet belet krijgen* I'll come to-night unless something should prevent me; *ik kan hem niet zien ~ ik moet lachen* I cannot see him without being compelled to laugh; *ik zie hem nooit ~ hij heeft een stok in de hand* I never see him but he has a stick in his hand; (vóór vergelijkingen) *het is net ~ hij mij voor de gek houdt* it is just as if he is making a fool of me; *Hou je daarvan? Nou, ~ ik! En ~!* Rather!; *~ ze 't weten* don't they just know it!; *~ ik 't me herinner?! Do I remember?
offensief [ɔfɛnˈsi.f] I *aj* ✗ offensive; II *ad* offensively; *~ optreden* act on the offensive; III *o* offensive.
offer [ˈɔfər] *o* 1 offering, sacrifice²; 2 (slachtoffer) victim; *een ~ brengen* make a sacrifice; *hij viel als het ~ van zijn driften* he fell a victim to his passions; *zij zijn gevallen als ~ van...* they have been the victims of [their patriotism]; *ten ~ brengen* sacrifice.
offeraar [ˈɔfəra:r] *m* offerer, sacrificer.
offerande [ˈɔfərandə] *v* offering, sacrifice, oblation; *RK* offertory.
offerblok [ˈɔfərblɔk] *o* —**bus** [-bŭs] *v* alms-box, poor-box.
offerdier [-di:r] *o* sacrificial animal, victim.
offeren [ˈɔfərə(n)] *vt* offer as a sacrifice, sacrifice, offer up.
offergave [ˈɔfərga.və] *v* offering.
offerkelk [-kɛlk] *m* sacrificial cup, chalice.
offerlam [-lɑm] *o* sacrificial lamb, Lamb of God.
offermaal [-ma.l] *o* sacrificial repast.
offerplechtigheid [-plɛxtəxhɛit] *v* sacrificial ceremony.
offerpriester [-pri.stər] *m* sacrificer.
offerte [ɔˈfɛrtə] *v* $ offer.
offertorium [ɔfərˈto:ri.um] *o RK* offertory.
offervaardig [ɔfərˈva:rdəx] *aj* willing to make sacrifices; liberal.
offervaardigheid [-hɛit] *v* willingness to make sacrifices; liberality.
officieel [ɔfi.si.ˈe.l] *aj* (& *ad*) 1 (ambtelijk) official(ly); 2 (plechtig) formal(ly).
officier [ɔfi.ˈsi:r] *m* (military) officer; *eerste ~* ⚓ chief officer; *~ van administratie* paymaster; *~ van de dag* ✗ orderly officer; *~ van gezondheid* army (military) surgeon, medical officer; *~ van justitie* Public Prosecutor; *~ van de wacht* ⚓ officer of the watch.
officiersrang [-ˈsi:rsrɑŋ] *m* ✗ officer's rank.

officieus [ɔfi.si.ˈø.s] *aj* (& *ad*) semi-official(ly).
offreren [ɔˈfre:rə(n)] *vt* offer.
ofschoon [ɔfˈsxo n] although, though.
% ofte [ˈɔftə] or.
ogenblik [ˈo.ɣə(n)blɪk] *o* moment, instant, twinkling of an eye; *een ~!* one moment!; *heldere ~ken* lucid moments; *in een ~* in a moment, in the twinkling of an eye, before you can say Jack Robinson; *in een onbewaakt ~* in an unguarded moment; *op het ~* at the moment, at present, just now; *op het juiste ~* at the right moment; *in the very nick of time; *voor een ~* for a moment; *voor het ~* for the present, for the time being; *zonder een ~ na te denken* without a moment's thought; zie ook: ondeelbaar, verloren, zwak.
ogenblikkelijk [o.ɣə(n)ˈblɪkələk] I *aj* momentary [impression]; immediate [danger]; II *ad* immediately, directly, instantly, on (the spur of)the moment.
ogendienst [-di.nst] *m* base flattery.
ogenschijnlijk [o.ɣə(n)ˈsxɛinlək] *aj* (& *ad*) apparent(ly).
ogenschouw [ˈo.ɣə(n)sxɔu] *in ~ nemen* inspect, examine, take stock of, review, survey.
ogief [o.ˈɡi.f] *o* △ ogive.
ogivaal [o.ɡi.ˈva.l] △ ogival.
oker [ˈo.kər] *m* ochre.
okkernoot [ˈɔkərno.t] *v* walnut.
oksel [ˈɔksəl] *m* armpit.
okshoofd [ˈɔksho.ft] *o* hogshead.
oktober [ɔkˈto.bər] *m* October.
olie [ˈo.li.] *v* oil; *Heilige ~ RK* holy oil, chrism; *dat is ~ in het vuur* that is pouring oil on the flames, adding fuel to the fire; *~ op de golven gieten* pour oil on the waters.
olieachtig [-ɑxtəx] oily.
olieachtigheid [-hɛit] *v* oiliness.
oliebol [ˈo.li.bɔl] *m* oil-dumpling.
oliedom [-dɔm] F very stupid, asinine.
olie-en-azijnstel [o.li.ɛna.ˈzɛinstel] *o* cruet-stand, set of castors.
oliehoudend [-houdənt] oily, oil-bearing [seeds].
oliejas [-jɑs] *m* & *v* oilskin.
oliekoek [-ku.k] *m* 1 (voor de tafel) doughnut; 2 (voor het vee) oilcake.
oliekruik [-krœyk] *v* oil-jar.
olielamp [-lɑmp] *v* oil-lamp.
olieman [-mɑn] *m* 1 ⚙ oiler, greaser; 2 (verkoper) oilman.
oliemolen [-mo.lə(n)] *m* oil-mill.
oliemotor [-mo.tər] *m* ⚙ oil-engine.
oliën [ˈo.li.ə(n)] *vt* 1 oil; 2 ⚙ lubricate.
olienootje [ˈo.li.no.cə] *v* peanut.
oliepak [-pɑk] *o* oilskins.
oliepalm [-pɑlm] *m* ♣ oil-palm.
oliereservoir [-re.zervwa:r] *o* oil-tank.
oliesel [-səl] *o RK* extreme unction; *het laatste ~ ontvangen (toedienen) RK* receive (give, administer) extreme unction.
olieslager [-sla.ɣər] *m* oilman.
olieslagerij [o.li.sla.ɣəˈrɛi] *v* oil-mill.
oliespuitje [ˈo.li.spœycə] *o* oil-squirt.
oliesteen [-ste.n] *m* oilstone.
oliestook(inrichting) [ˈo.li.sto.k(ɪnrɪxtɪŋ] *v* oil-heating (apparatus), oil-fired heating system.
olieverf [-verf] *v* oil-paint, oil-colour; *in ~* in oils.
olieverfportret [-pɔrtrɛt] *o* oil-portrait.
olieverfschilderij [-sxɪldərɛi] *o* & *v* oil-painting.
oliezaad [-za.t] *o* oil-seed.
olifant [ˈo.li.fɑnt] *m* ♠ elephant.
olifantejacht [-fɑntəjɑxt] *v* elephant-hunt(ing).
olifantshuid [-fɑntshœyt] *v* elephant's skin; *een ~ hebben* be thick-skinned.
olifantssnuit [-fɑntsnœyt] *m* elephant's trunk.
olifantstand [-fɑntstɑnt] *m* elephant's tooth.
oligarchie [o.li.ɡɑrˈɡi.] *v* oligarchy.

oligarchisch [-'gɑrgi.s] I *aj* oligarchic(al); II *ad* oligarchically.

olijf [o.'lɛif] v ♃ olive.

olijfachtig [-ɑxtəx] olivaceous.

Olijfberg [-bɛrx] *m* Mount of Olives.

olijfboom [-bo.m] *m* olive-tree.

olijfgroen [-gru.n] olive-green.

olijfkleurig [-klø:rəx] olive-coloured, olive.

olijfolie [-o.li.] v oil of olives, olive-oil.

olijftak [-tɑk] *m* olive-branch.

olijk ['o.lək] *aj* (& *ad*) roguish(ly), arch(ly).

olijkerd ['o.ləkərt] *m* rogue.

olijkheid ['o.ləkhɛit] v roguishness, archness.

Olivier ['o.li.vi:r] *m* Oliver, F Noll.

olm, olmeboom [ɔlm, 'ɔlməbo.m] *m* ♃ elm.

olympiade [o.lɪmpi.'a.də] v ⚇ olympiad.

olympisch [o.'lɪmpi.s] Olympian [detachment]; Olympic [games].

om [ɔm] I *prep* 1 (om... heen) round [the table, the world &]; 2 (omstreeks) about [Easter &]; 3 (te) at [three o'clock]; 4 (periodiek na) every [fortnight &]; 5 (voor, tegen) for [money &]; at [sixpence]; 6 (wegens) for, because of, on account of [the trouble &]; 7 (wat betreft) for [me]; ~ *de andere dag* & every other (every second) day; ~ *de andere vrijdag* on alternate Fridays; ~ *te* in order to, to; *hij is bereid* ~ *u te helpen* he is willing to help you; *het was niet* ~ *uit te houden* you couldn't stand it; *hij is* ~ *en bij de vijftig* he is round about fifty; *zij schreeuwden* ~ *het hardst* they cried their loudest; II *ad* in: *de hoek* ~ round the corner; *wij doen dat* ~ *en* ~ turn and turn about; *het jaar is* ~ the year is out; *de tijd is* ~ time is up; *mijn tijd is* ~ my time has expired; *mijn verlof is* ~ my leave is up; *eer de week* ~ *is* before the week is out.

O.M. = *Openbaar Ministerie* zie *ministerie*.

o.m. [ɔndər'me:r] = *onder meer*.

oma ['o.ma.] v F grandmother.

omarmen [ɔm'ɑrmə(n)] *vt* embrace.

omarming [-mɪŋ] v embrace.

omblazen [-bla.zə(n)] *vt* blow down.

omboorden [ɔm'bo:rdə(n)] *vt* border, hem, edge.

omboordsel [-'bo:rtsəl] *o* border, edging.

ombrengen ['ɔmbrɛŋə(n)] *vt* kill, destroy, dispatch, do to death; *zijn tijd* ~ kill one's time.

ombuigen [-bœygə(n)] I *vt* bend; II *vi* bend.

omdat [ɔm'dɑt] because, as.

omdoen ['ɔmdu.n] *vt* put on [clothes]; put [a cord] round...

omdopen [-do.pə(n)] *vt* rename.

omdraaien [-dra.jə(n)] I *vt* turn (over); *het hoofd* ~ turn (round) one's head; *iemand de nek* ~ wring a person's neck; *zijn polsen* ~ twist his wrists; II *va* (v. d. wind) turn; (in politiek &) veer round; *het hart draait mij om in mijn lijf* it makes me sick (to see...); III *vr zich* ~ 1 (staande) turn round; 2 (liggende) turn over [on one's face &].

omdraaiing [-jɪŋ] v turning, rotation.

omega ['o.maga.] v omega.

omelet [ɔmə'lɛt] v omelet(te).

omfloersen [ɔm'flu:rsə(n)] *vt* muffle [a drum]; *fig* veil.

omgaan ['ɔmga.n] I *vi* 1 (rondgaan) go about, go round; 2 (voorbijgaan) pass; *dat gaat buiten mij om* I have nothing to do with it; *er gaat veel om in die zaak* they are doing a roaring business; *er gaat tegenwoordig niet veel om in de handel* there is not much doing in trade at present; *hij kon niet zeggen wat er in hem omging* what were his feelings, what was going on in his mind &; ~ *met* 1 (v. personen) hold intercourse with, associate (assort) with; 2 (v. gereedschap &) handle; *ik ga niet veel met hen om* I don't see much

of them; *vertrouwelijk met iemand* ~ be on familiar terms with a person; *ik weet (niet) met hem om te gaan* I (don't) know how to manage him; *met leugens* ~ deal in lies; *per* ~*de* by return (of post); II als *vt in: een heel eind* ~ go a long way about; *een hoek* ~ turn a corner; zie ook: *hoekje*.

omgang [-gɑŋ] *m* 1 (social) intercourse, association [with other people]; 2 round; procession; 3 (v. wiel) rotation; 4 (v. toren) gallery; ~ *hebben met iemand* zie *omgaan met iemand*.

omgangstaal [-gɑŋsta.l] v colloquial language; *in de* ~ in common parlance.

omgekeerd [-gəke:rt] I *aj* turned, turned up [card], turned upside down [box &]; turned over [leaf]; [coat] inside out; reversed; reverse [order]; inverted [commas &]; inverse [proportion]; *precies* ~ F the other way round, just (quite) the reverse; *in het* ~*e geval* in the opposite case; II *o het* ~*e* the reverse; *het* ~*e van beleefd* the reverse of polite; *het* ~*e van een stelling* the converse of a proposition; III *ad* reversely, conversely; *en* ~ ...and conversely, vice versa; zie ook: *evenredig*.

omgelegen [-gəle.gə(n)] surrounding, neighbouring.

omgespen [-gɛspə(n)] *vt* buckle on.

omgeven [ɔm'ge.və(n)] *vt* surround, encircle, encompass.

omgeving [-'ge.vɪŋ] v 1 surroundings, environs, environment [of a town]; 2 surroundings; entourage [of a person].

omgooien ['ɔmgo.jə(n)] *vt* knock over, upset, overturn [a thing]; 2 ♘ reverse; 3 throw on [a cloak &].

omgorden [ɔm'gɔrdə(n)] *vt* gird²; gird on [a sword].

omhaal [-ha.l] *m* ceremony, fuss; *waartoe al die* ~? 1 why this roundabout?; 2 why all this fuss?; ~ *van woorden* verbiage; *met veel* ~ with much circumstance; *zonder veel* ~ 1 without much ado; 2 straight away.

omhakken [-hɑkə(n)] *vt* cut down, chop down, fell.

omhalen [-ha.lə(n)] *vt* pull down [walls]; break up [earth]; pull about [things].

1 omhangen [-hɑŋə(n)] I *vt* 1 put on, wrap round one; 2 hang otherwise; ✕ sling [arms]; II *vi* hang about, loll about.

2 omhangen [ɔm'hɑŋə(n)] *vt* hang; ~ *met* hung with.

omheen [-'he.n] about, round about.

omheinen [-'hɛinə(n)] *vt* fence in, fence round, hedge in, enclose.

omheining [-nɪŋ] v fence, enclosure.

omhelzen [ɔm'hɛlzə(n)] *vt* embrace²; F hug.

omhelzing [-zɪŋ] v embrace; *fig* embracement.

omhoog [ɔm'ho.x] on high, aloft; *de handen* ~! hands up!; *met zijn voeten* ~ feet up.

omhooggaan [ɔm'ho.ga.n] *vi* go up².

omhooggooien [-go.jə(n)] *vt* throw up.

omhoogheffen [ɔm'ho.xhɛfə(n)] *vt* lift (up).

omhooghouden [-hou(d)ə(n)] *vt* hold up.

omhoogtrekken [-trɛkə(n)] *vt* pull up.

omhouden ['ɔmhou(d)ə(n)] *vt* keep on.

omhouwen [-houə(n)] *vt* zie *omhakken*.

omhullen [ɔm'hülə(n)] *vt* envelop, wrap round, enwrap.

omhulsel [-'hülsəl] *o* wrapping, wrapper, envelope, cover; *stoffelijk* ~ mortal remains.

omissie [o.'mɪsi.] *o* omission.

omkeer [-ke:r] *m* change, turn; reversal, revolution; revulsion [of feeling]; *een hele* ~ *teweegbrengen in* ook: revolutionize.

omkeerbaar [ɔm'ke.rba:r] reversible [order, motion &]; convertible [terms].

omkeerbaarheid [-hɛit] v reversibility; convertibility.

omkeerfilm ['ömke:rfɪlm] *m* reversible film.

omkeren ['ömke:rə(n)] **I** *vt* turn [a card, one's coat]; turn over [hay, a leaf]; turn up [a card]; turn upside down [a box &]; turn out [one's pockets]; invert [commas &]; reverse [a motion, the order], convert [a proposition]; zie ook: *omgekeerd*; **II** *vt* turn back; **III** *vr zich ∼* turn (round).

omkering [-rɪŋ] *v* 1 inversion [of order of words, a ratio]; conversion [of a proposition]; 2 reversal, revolution.

omkijken ['ömkɛikə(n)] *vi* look back, look round; *∼ naar iets* 1 turn to look at a thing; 2 look about for a situation; *hij kijkt er niet meer naar om* he will not so much as look at it.

omkippen [-kɪpə(n)] *vt* F tip over.

1 **omkleden** [-kle.də(n)] *zich ∼* change (one's dress).

2 **omkleden** [öm'kle.də(n)] *vt in: ∼ met* clothe with², invest with² [power]; *met redenen omkleed* motivated.

omklemmen [-'klɛmə(n)] *vt* clench, clasp in one's arms, hug (in close embrace), grasp tightly.

omknellen [-'knɛlə(n)] *vt* clench, hold tight (in one's grasp), hold as in a vice.

omkomen ['ömko.mə(n)] **I** *vi* 1 come to an end [of time]; 2 perish [of people]; *van honger & ∼* perish with (from, by) hunger &; **II** *vt in: een hoek ∼* get (come) round a corner.

omkoopbaar [öm'ko.pba:r] bribable, corruptible, venal.

omkoopbaarheid [-hɛit] *v* corruptibility, venality.

omkopen ['ömko.pə(n)] *vt* buy, bribe, corrupt [officials].

omkoper [-pər] *m* briber, corrupter.

omkoperij [ömko.pə'rɛi] *v* bribery, corruption.

omkransen [-'krɑnsə(n)] *vt* wreathe.

omkrijgen ['ömkrɛigə(n)] *vt* get through [time].

omkruipen [-krœypə(n)] *vi* creep, drag (on) [of time].

omkuieren [-kœyərə(n)] *vt & vi* walk round (about).

omlaag [öm'la.x] below, down; *naar ∼* down.

omleggen [-lɛgə(n)] *vt* 1 shift [the helm, railway points]; careen [a ship]; 2 divert [a road, traffic].

omlegging [-gɪŋ] *v* diversion [of road, traffic].

omleiden ['ömlɛidə(n)] *vt* divert [traffic, a road].

omleiding [-dɪŋ] *v* diversion [of traffic, a road].

omliggend ['ömlɪgənt] surrounding.

omlijnen [öm'lɛinə(n)] *vt* outline; *duidelijk (scherp) omlijnd* clear-cut.

omlijning [-nɪŋ] *v* outline.

omlijsten [öm'lɛistə(n)] *vt* frame.

omlijsting [-tɪŋ] *v* 1 framing; 2 frame, framework², *fig* setting.

omloop ['ömlo.p] *m* 1 revolution [of the earth]; 2 rotation [of a wheel]; 3 circulation [of the blood; of money]; 4 gallery [round a tower]; *aan de ∼ onttrekken* withdraw from circulation; *in ∼ brengen* 1 circulate [money], put into circulation; 2 spread [a rumour]; *in ∼ zijn* 1 be in circulation [of notes, money]; 2 be abroad, be current [of a story].

omloop(s)tijd [-lo.p(s)tɛit] *m* time of revolution.

omlopen ['ömlo.pə(n)] **I** *vi* 1 go (run) round, shift [to the North]; 2 walk about [in a town]; 3 be about [of rumours]; *het hoofd loopt mij om* my head is in a whirl, my head reels; **II** *vt* walk round [the town]; *een straatje ∼* go for a stroll.

ommekomst [-kömst] *v* expiration, expiry.

ommezien [-zi.n] *o in: in een ∼* in a trice, in the

twinkling of an eye.

ommezij(de) [-zɛi(də)] *v* back; *aan ∼* overleaf; *zie ∼* please turn over, P.T.O.

ommuren [ö'my:rə(n)] *vt* wall in.

omnevelen [öm'ne.vələ(n)] *vt* wrap in mist, shroud in a fog; *fig* cloud, befog.

omnibus ['ömni.büs] *m & v* omnibus, bus.

omnivoor [ömni.'vo:r] *m* omnivorous animal.

omploegen ['ömplu.gə(n)] *vt* plough (up).

ompraten [-pra.tə(n)] *vt* talk round, talk over; *hij wou me ∼* he wanted to talk me into doing it (talk me out of it).

omranden [öm'rɑndə(n)] *vt* border, edge.

omrasteren [-'rɑstərə(n)] *vt* fence (rail) in.

omrastering [-rɪŋ] *v* railing.

omrekenen ['ömre.konə(n)] *vt* convert.

omrekening [-nɪŋ] *v* conversion.

omrijden ['ömrɛi(d)ə(n)] **I** *vt* ride down, knock over; **II** *vi in: het rijdt om* it is a roundabout way.

omringen [öm'rɪŋə(n)] *vt* surround, encircle, encompass.

omroep ['ömru.p] *m* ☷ ‡ broadcast(ing).

omroepen ['ömru.pə(n)] *vt* cry; ☷ ‡ broadcast.

omroeper [-pər] *m* (town) crier, common crier; ☷ ‡ *TV* announcer.

omroeporkest ['ömru.pörkɛst] *o* ☷ ‡ broadcasting orchestra.

omroepstation [-sta.ʃön] *o* ☷ ‡ broadcasting station.

omroepster [-stər] *v* ☷ ‡ *TV* lady announcer.

omroepvereniging [-fərə.nəgɪŋ] *v* ☷ ‡ broadcasting society.

omroeren [ömru:rə(n)] *vt* stir [a cup of tea, porridge].

omruilen [-rœylə(n)] *vt* exchange, change, P swop.

omschakelaar [-sxa.kəla:r] *m* ☷ change-over switch.

omschakelen [-lə(n)] *vi & vt* ☷ change over².

omschakeling [-lɪŋ] *v* ☷ change-over².

omschrift [-s(x)rɪft] *o* legend [of a coin].

omschrijven [öm's(x)rɛivə(n)] *vt* 1 (in taal) define; paraphrase; 2 (in meetkunde) circumscribe; 3 (beschrijven) describe.

omschrijving [-vɪŋ] *v* 1 definition; paraphrase; 2 circumscription; 3 description.

omsingelen [öm'sɪŋələ(n)] *vt* surround, encircle; invest [a fortress]; round up [criminals].

omsingeling [-lɪŋ] *v* encircling; investment [of a fortress]; round-up [of criminals].

omslaan ['ömsla.n] **I** *vt* 1 (omver) knock down; 2 (néér) turn down [a collar &]; turn up [one's trousers]; 3 (omkeren) turn over [a leaf], turn [the pages]; 4 (om lichaam) throw on [a cloak &], wrap [a shawl] round one: 5 (gelijkelijk verdelen) apportion, divide (among over); *de hoek ∼* turn (round) the corner; **II** *vi* 1 (omvallen) be upset, upset, capsize [of a boat]; be blown inside out [of an umbrella]; 2 (veranderen) change, break [of the weather]; *links (rechts) ∼* turn to the left (to the right); *het rijtuig sloeg om* the carriage was upset; *het weer is omgeslagen* the weather has broken.

omslachtig [öm'slɑxtəx] cumbersome; zie ook: *omstandig*.

omslachtigheid [-hɛit] *v* cumbersomeness.

omslag ['ömslax] *m & o* 1 (aan kleding) cuff [of a sleeve]; turn-up [of trousers]; 2 (v. boek) cover, wrapper, (stof∼) jacket; envelope [of a letter]; 3 💥 compress; 4 ☄ brace [of a drill]; 5 *m fig* ceremony, fuss, ado; 6 *m* (v. h. weer) break (in the weather); 7 *m* (verdeling) apportionment; *hoofdelijke ∼* poll-tax; *zonder veel ∼* without much ado.

omslagboor [-bo:r] *v* ☄ brace and bit.

omslagdoek [-du.k] *m* shawl, wrap.
omsluieren [-'slœyərə(n)] *vt* veil.
omsluiten [-'slœytə(n)] *vt* enclose, encircle, surround.
omsmelten ['òmsmɛltə(n)] *vt* remelt, melt down.
omsmijten [-smeitə(n)] *vt* knock down, overturn, upset.
1 omspannen [òm'spanə(n)] *vt* span.
2 omspannen ['òmspanə(n)] *vt* change [the horses].
omspitten ['òmspitə(n)] *vt* dig (up).
1 omspoelen [-spu.lə(n)] *vt* rinse (out), wash up.
2 omspoelen [òm'spu.lə(n)] *vt* wash, bathe [the shores].
omspringen ['òmspriŋə(n)] *vi* jump about; *laat mij er mee ~* let me manage it; *...met de jongens ~* manage the boys...; *royaal (zuinig) met iets ~* use something freely (sparingly).
omstanders [-standərs] *mv* bystanders.
omstandig [òm'standəx] I *aj* circumstantial, detailed; II *ad* circumstantially, in detail.
omstandigheid [-heit] *v* 1 (in 't alg.) circumstance; 2 (uitvoerigheid) circumstantiality; *zijn omstandigheden* his circumstances in life: *zijn geldelijke omstandigheden* his financial position; *in alle omstandigheden des levens* in all circumstances of life; *in de gegeven omstandigheden* in (under) the circumstances; *naar omstandigheden wel* very well, considering; *onder geen enkele ~* on no account.
omstreeks ['òmstre.ks] about [fifty, ten o'clock]; in the neighbourhood of [5000].
omstreken ['òmstre.kə(n)] *mv* environs.
omstrengelen [òm'strɛŋələ(n)] *vt* entwine, wind (twine) about, wind [a child] in one's arms.
omstuwen [-'sty.və(n)] *vt* surround.
omtrek [-trɛk] *m* 1 circumference [of a circle]; contour, outline [of a figure]; 2 neighbourhood, environs, vicinity; *in ~* in circumference; *in de ~* in the neighbourhood; *...mijlen in de ~* for... miles around, within... miles; *in ~ schetsen* outline; *in ~ken* in outline.
omtrekken [-trɛkə(n)] *vt* 1 (omver) pull down [a wall]; 2 (ommarcheren) ✕ march about; 3 (omsingelen) ✕ turn, outflank [the enemy]; *een ~de beweging* ✕ a turning movement.
omtrent [òm'trɛnt] I *prep* 1 (ten opzichte van) about, concerning, with regard to, as to; 2 (ongeveer) about; 3 (in de buurt van) about; II *ad* about, near.
omtuimelen ['òmtœymələ(n)] *vi* tumble down, topple over.
omvallen ['òmvalə(n)] *vi* fall down, be upset, upset, overturn; *zij vielen haast om van het lachen* F they almost split their sides with laughter; *je valt om van de prijzen* F the prices are staggering; *ik val om van de slaap* F I can hardly stand for sleep.
omvang ['òmvaŋ] *m* girth [of a tree]; extent, compass, circumference, range [of voice], size [of a book]: latitude [of an idea]; ambit [of meaning].
omvangen [òm'vaŋə(n)] *vt* surround, encompass.
omvangrijk [-'vaŋrɛik] voluminous, bulky, extensive.
1 omvaren ['òmva:rə(n)] I *vi* sail by a roundabout way; II *vt* sail down.
2 omvaren [òm'va:rə(n)] *vt* sail about, circumnavigate; double, round [a cape].
omvatten [-'vatə(n)] *vt* span; embrace[2]; *fig* comprise, encompass, include; grasp [an idea].
omvattend [-tənt] embracing; ✕ turning

[movement]; *fig* comprehensive.
omver [òm'ver] down, over.
omverblazen [-bla.zə(n)] *vt* blow down.
omverduwen [-dy.və(n)] *vt* push over.
omvergooien [-go.jə(n)] *vt zie omverwerpen*.
omverhalen [-ha.lə(n)] *vt* pull down.
omverpraten [-pra.tə(n)] *vt* talk down.
omverwaaien [-va.jə(n)] I *vt* blow down; II *vi* be blown down.
omverwerpen [-vɛrpə(n)] *vt* upset[2] [a glass, a plan]; overthrow [the government].
omverwerping [-piŋ] *v* upsetting; *fig* overthrow.
omvlechten [òm'vlɛxtə(n)] *vt* twine about, entwine.
omvliegen ['òmvli.gə(n)] *vi* fly about; *fig* fly, fleet.
omvormen [-vɔrmə(n)] *vt* transform, remodel.
omvouwen [-vouə(n)] *vt* fold down, turn down.
omwassen [-vasə(n)] *vt* wash (up).
omweg [-vɛx] *m* roundabout way, circuitous route; detour; *een hele ~* a long way about; *een ~ maken* go about (a long way), make a detour (a circuit); *langs een ~* by a circuitous route, by a roundabout way; *langs ~en* by devious ways; *zonder ~en* without beating about the bush; point-blank.
omwenden [-vɛndə(n)] I *vt* turn; II *vr zich ~* turn.
omwentelen [-vɛntələ(n)] *vi* revolve, rotate, gyrate.
omwenteling [-liŋ] *v* revolution, rotation, gyration; *fig* revolution; *een ~ teweegbrengen in* revolutionize.
omwentelingsas [-liŋsas] *v* axis of rotation.
omwentelingssnelheid [-liŋsnɛlheit] *v* velocity of rotation.
omwentelingstijd [-liŋstɛit] *m* time of revolution.
omwentelingsvlak [-flak] *o* surface of revolution.
omwerken [òm'vɛrkə(n)] *vt* remould, remodel, refashion, recast [a book], rewrite [an article &].
omwinden [-'vində(n)] *vt* entwine, envelop.
omwindsel [-'vintsəl] *o* wrapper.
omwisselen [òm'visələ(n)] *vt* & *vi* change.
omwonenden [-vo.nəndə(n)] *mv* neighbours.
omwroeten [-vru.tə(n)] *vt* root up.
omzagen [-za.gə(n)] *vt* saw down.
1 omzeilen ['òmzɛilə(n)] *zie* 1 *omvaren*.
2 omzeilen [òm'zɛilə(n)] *vt zie* 2 *omvaren*; *een moeilijkheid ~* evade, get round a difficulty.
omzendbrief ['òmzɛntbri.f] *m* circular letter.
omzet [-zɛt] *m* $ turnover; sales; *er is weinig ~ $* there is little doing; *kleine winst bij vlugge ~* small profits and quick returns.
omzetbelasting [-bəlastiŋ] *v* turnover tax, ± purchase tax.
1 omzetten ['òmzɛtə(n)] *vt* 1 (anders zetten) arrange (place) differently [of things]; transpose [letters, numbers &]; 2 ✕ reverse [an engine]; 3 $ turn over, sell; *hij kwam de hoek ~* he came (driving &) round the corner; *~ in* convert into; *...in daden ~* translate... into action.
2 omzetten [òm'zɛtə(n)] *vt in: ~ met* set with.
omzetting ['òmzɛtiŋ] *v* transposition [of a term, a word]; conversion, inversion [of the order of words]; translation [into action]; ✕ reversal [of an engine].
omzichtig [òm'zixtəx] *aj* (& *ad*) circumspect-(ly), cautious(ly).
omzichtigheid [-heit] *v* circumspection, cautiousness, caution.
1 omzien ['òmzi.n] *vi* look back; *~ naar* look back at; look out for [another servant]; *niet ~ naar* not attend to [one's business], be negligent of [one's affairs], neglect [the

children|; *hij ziet er niet naar om* he doesn't care for it.

2 omzien ['òmzi.n] *o = ommezien.*

omzomen ['òmzo.mən] *vt* hem; [òm'zo.mə(n)] *fig* border, fringe.

omzwachtelen [-'zvɑxtələ(n)] *vt* swathe, bandage; swaddle [a baby].

omzwerven ['òmzvɛrvə(n)] *vi* rove (ramble, wander) about.

omzwerving [-vɪŋ] *v* wandering, roving, rambling.

onaandoenlijk [òna.n'du.nlək] impassive, apathetic, stolid.

onaandoenlijkheid [-hɛit] *v* impassiveness, apathy, stolidity.

onaangedaan [òn'a.ngəda.n] unmoved, untouched.

onaangemeld [-mɛlt] unannounced.

onaangenaam [-na.m] I *aj* disagreeable, offensive [smell], unpleasant[2]; *fig* unwelcome [truths]; II *ad* disagreeably, offensively, unpleasantly.

onaangenaamheid [-na.mhɛit] *v* disagreeableness, unpleasantness; *onaangenaamheden krijgen met iemand* fall out with one.

onaangepast [-pɑst] maladjusted.

onaangepastheid [-pɑsthɛit] *v* maladjustment.

onaangeroerd [-ru:rt] untouched, intact; *~ laten* leave untouched[2]; *fig* not touch upon.

onaangetast [-tɑst] untouched.

onaangevochten [-vòxtə(n)] unchallenged.

onaannemelijk [òna.'ne.mələk] unacceptable [conditions]; inadmissibile [grounds].

onaannemelijkheid [-hɛit] *v* unacceptableness; inadmissibility [grounds].

onaantastbaar [òna.n'tɑstba:r] unassailable[2].

onaantastbaarheid [-hɛit] *v* unassailableness[2].

onaantrekkelijk [òna.n'trɛkələk] *aj* (& *ad*) unattractive(ly).

onaanvaardbaar [-'va:rtba:r] unacceptable.

onaanvechtbaar [-'vɛxtba:r] unassailable[2].

onaanzienlijk [-'zi.nlək] inconsiderable; insignificant.

onaanzienlijkheid [-hɛit] *v* inconsiderableness; insignificance.

onaardig [òn'a:rdəx] I *aj* unpleasant; unkind; *het is ~ van je* it is not nice of you; II *ad* unpleasantly: unkindly.

onaardigheid [-hɛit] *v* unpleasantness; unkindness.

onachtzaam [òn'ɑxtsa.m] *aj* (& *ad*) inattentive(ly), negligent(ly), careless(ly).

onachtzaamheid [-hɛit] *v* inattention, negligence, carelessness.

onafbetaald [òn'ɑfbəta.lt] unpaid.

onafgebroken [-gəbro.kə(n)] *aj* (& *ad*) uninterrupted(ly), continuous(ly).

onafgedaan [-gəda.n] 1 unfinished [work]; 2 unpaid, outstanding [debts]; 3 $ not sold.

onafgehaald [-gəha.lt] unclaimed [goods, prizes].

onafgewerkt [-gəvɛrkt] unfinished.

onafhankelijk [ònɑf'hɑŋkələk] *aj* (& *ad*) independent(ly).

onafhankelijkheid [-hɛit] *v* independence.

onafhankelijkheidsverklaring [-hɛitsfərkla:rɪŋ] *v* declaration of independence.

onaflosbaar [ònɑf'lòsba:r] irredeemable.

onafscheidelijk [-'sxeidələk] I *aj* inseparable; II *ad* inseparably.

onafscheidelijkheid [-hɛit] *v* inseparability.

onafwendbaar [ònɑf'vɛntba:r] not to be averted, inevitable.

onafzetbaar [-'sɛtba:r] irremovable.

onafzetbaarheid [-hɛit] *v* irremovability.

onafzienbaar [ònɑf'si.nba:r] immense, endless.

onattent [ònɑ'tɛnt] *aj* (& *ad*) inattentive(ly).

onbaatzuchtig [ònba.t'sûxtəx] *aj* (& *ad*) disinterested(ly), unselfish(ly).

onbaatzuchtigheid [-hɛit] *v* disinterestedness, unselfishness.

onbarmhartig [ònbɑrm'hɑrtəx] *aj* (& *ad*) merciless(ly), pitiless(ly).

onbarmhartigheid [-hɛit] *v* mercilessness.

onbeantwoord [ònbə'ɑntvo:rt] unanswered [letters]; unreturned [love].

onbebouwd ['ònbəbəut] uncultivated, untilled [soil]; unbuilt on [spaces], waste [ground].

onbedaarlijk [ònbə'da:rlək] uncontrollable, inextinguishable [mirth].

onbedacht(zaam) [-'dɑxt(sa.m)] *aj* (& *ad*) thoughtless(ly), rash(ly), inconsiderate(ly).

onbedachtzaamheid [-hɛit] *v* thoughtlessness rashness, inconsiderateness.

onbedekt [ònbə'dɛkt] uncovered, bare, open.

onbedorven [-bə'dòrvə(n)] unspoiled, unsophisticated, innocent; sound; undepraved, incorrupted.

onbedorvenheid [-hɛit] *v* innocence.

onbedreven [ònbə'dre.və(n)] unskilled, inexperienced.

onbedrevenheid [-hɛit] *v* inexperience, unskilfulness.

onbedrieglijk [ònbə'dri.gələk] unmistakable [signs]; [instinct, memory] never at fault.

onbeduidend [ònbə'dœydənt] I *aj* insignificant [people]; trivial, trifling [sums]; *niet ~* not inconsiderable; II *ad* insignificantly.

onbeduidendheid [-hɛit] *v* insignificance; triviality.

onbedwingbaar [ònbə'dvɪŋba:r] I *aj* uncontrollable, indomitable; II *ad* uncontrollably, indomitably.

onbedwingbaarheid [-hɛit] *v* uncontrollableness &.

onbeëdigd ['ònbəe.dəxt] unsworn.

onbegaanbaar [ònbə'ga.nba:r] impassable, impracticable.

onbegonnen ['ònbəgònə(n)] in: *het is een ~ werk* it is an endless task.

onbegrensd [ònbə'grɛnst] unlimited, unbounded.

onbegrijpelijk [ònbə'-'grɛipələk] I *aj* inconceivable, incomprehensible, unintelligible; II *ad* inconceivably.

onbegrijpelijkheid [-hɛit] *v* inconceivableness, incomprehensibility, unintelligibility.

onbegrip ['ònbəgrɪp] *o* incomprehension.

onbehaaglijk [ònbə'ha.gələk] unpleasant, disagreeable; uncomfortable, uneasy.

onbehaaglijkheid [-hɛit] *v* unpleasantness &, discomfort.

onbehaard [ònbə'ha:rt] hairless.

onbeheerd [-'he:rt] without an owner, unowned, ownerless; (v. auto, fiets &) unattended.

onbeholpen [-'hòlpə(n)] I *aj* awkward, clumsy; II *ad* awkwardly, clumsily.

onbeholpenheid [-hɛit] *v* awkwardness, clumsiness.

onbehoorlijk [ònbə'ho:rlək] I *aj* unseemly, improper, indecent, unconscionable; II *ad* improperly.

onbehoorlijkheid [-hɛit] *v* unseemliness, impropriety, indecency.

onbehouwen ['ònbəhəuə(n)] unhewn [blocks]; [ònbə'həuə(n)] *fig* ungainly, unwieldy; unmannerly.

onbehouwenheid [ònbə'həuə(n)hɛit] *v* ungainliness, unwieldiness; unmannerliness.

onbehuisd [ònbə'hœyst] homeless; *de ~en* the homeless.

onbehulpzaam [ònbə'hülpsa.m] unwilling to help, disobliging.

onbehulpzaamheid [-hɛit] *v* unwillingness to help, disobligingness.

onbekend [ònbə'kɛnt] unknown; *dat is hier ~* that is not known here; *ik ben hier ~* I am a stranger here; *hij is nog* ~ he is still unknown; *dat was mij* ~ it was unknown to me, I was not aware of the fact; ~ *met* unacquainted with, ignorant of; ~ *maakt onbemind* unknown, unloved.

onbekende [-'kɛndə] *m-v* stranger; *de* ~ ook: the unknown; *het* ~ the unknown; *twee* ~*n* I two unknown people, two strangers; 2 two unknowns [in algebra].

onbekendheid [-'kɛntheit] *v* I unacquaintedness, unacquaintance; 2 obscurity; *zijn* ~ *met...* his unacquaintance (unfamiliarity) with, his ignorance of...

onbekommerd [ònbə'kòmərt] I *aj* unconcerned; *een* ~ *leven leiden* lead a care-free life; II *ad* unconcernedly.

onbekommerdheid [-heit] *v* unconcern.

onbekookt [ònbə'ko.kt] *aj* (& *ad*) inconsiderate(ly), thoughtless(ly), rash(ly).

onbekrompen [-'kròmpə(n)] I *aj* I unstinted, unsparing, lavish; 2 liberal, broad-minded; II *ad* I unsparingly, lavishly; 2 liberally; ~ *leven* be in **easy** circumstances.

onbekrompenheid [-heit] *v* liberality.

onbekwaam [ònbə'kva.m] incapable, unable, incompetent.

onbekwaamheid [-heit] *v* incapacity, inability, incompetence.

onbelangrijk [ònbə'lɑŋrɛik] I *aj* unimportant, insignificant, trifling, inconsequential, immaterial; II *ad* unimportantly &.

onbelangrijkheid [-heit] *v* unimportance, insignificance, triflingness.

onbelast ['ònbəlɑst] I unburdened, unencumbered; 2 untaxed; 3 ⚒ without load.

onbeleefd [ònbə'le.ft] I *aj* impolite, uncivil, ill-mannered, rude; II *ad* impolitely, uncivilly, rudely.

onbeleefdheid [-heit] *v* impoliteness, incivility, rudeness.

onbelemmerd [ònbəlemmərt] unimpeded, unhampered, free.

onbelezen [ònbə'le.zə(n)] illiterate, unread.

onbeloond [-'lo.nt] unrewarded [pupils &]; unrequited [toil]; *dat zal niet* ~ *blijven* that shall not go unrewarded; [craft].

onbemand ['ònbəmɑnt] unmanned [space-**onbemiddeld** [ònbə'midəlt] without means.

onbemind [-'mint] unloved, unbeloved.

onbenullig [ònbə'nÿləx] I *aj* fatuous, dull-headed; II *ad* fatuously.

onbenulligheid [-heit] *v* fatuousness, fatuity.

onbepaalbaar [ònbə'pa.lba:r] indeterminable.

onbepaald ['ònbəpa.lt] unlimited; indefinite; uncertain; vague; *voor* ~*e tijd* indefinitely; ~*e wijs* infinitive.

onbepaaldheid [ònbə'pa.ltheit] *v* unlimitedness, indefiniteness; uncertainty; vagueness.

onbeperkt ['ònbəperkt] I *aj* unlimited, unrestrained, boundless, unbounded; II *ad* unlimitedly.

onbeproefd [ònbə'pru.ft] untried²; *niets* ~ *laten* leave nothing untried, leave no stone unturned.

onberaden [ònbə'ra.də(n)] I *aj* inconsiderate, ill-advised; II *ad* inconsiderately.

onberadenheid [-heit] *v* inconsiderateness.

onberedeneerd [ònbərədə'ne:rt] I *aj* I unreasoned [fear]; 2 inconsiderate [behaviour]; II *ad* inconsiderately.

onbereikbaar [-'reikba:r] inaccessible; *fig* unattainable.

onbereisd ['ònbəreist] untravelled [country, people].

onberekenbaar [ònbə're.kənba:r] incalculable², *fig* unpredictable.

onberispelijk [-'rispələk] I *aj* irreproachable, blameless, immaculate, faultless, flawless; II *ad* irreproachably, faultlessly.

onberispelijkheid [-heit] *v* irreproachableness &.

onberoerd ['ònbəru:rt] untouched, unmoved.

onbeschaafd [ònbə'sxa.ft] I ill-bred, unmannerly, uneducated, unrefined; 2 uncivilized [nations].

onbeschaafdheid [-heit] *v* I ill-breeding, unmannerliness; 2 want of civilization.

onbeschaamd [ònbə'sxa.mt] I *aj* unabashed, impudent, impertinent, bold; ~*e leugen* bare-faced lie; ~*e kerel* impudent fellow; II *ad* impudently.

onbeschaamdheid [-heit] *v* impudence, impertinence.

onbeschadigd [ònbəsxa.dəxt] undamaged.

onbescheiden [ònbə'sxɛidə(n)] *aj* (& *ad*) indiscreet(ly), immodest(ly).

onbescheidenheid [-heit] *v* indiscretion, immodesty.

onbeschermd [ònbə'sxɛrmt] unprotected, undefended.

onbeschoft [-'sxɔft] *aj* (& *ad*) impertinent(ly), insolent(ly), impudent(ly), rude(ly).

onbeschoftheid [-heit] *v* impertinence, insolence, impudence, rudeness.

onbeschreven ['ònbəs(x)re.və(n)] not written upon, blank [paper]; unwritten [laws]; undescribed.

onbeschrijf(e)lijk [ònbə's(x)reif(ə)lək] I *aj* indescribable; II *ad* indescribably, < very.

onbeschroomd [-'s(x)ro.mt] I *aj* undaunted, fearless; II *ad* undauntedly, fearlessly.

onbeschroomdheid [-heit] *v* undauntedness, fearlessness.

onbeschut [ònbə'sxÿt] unsheltered, unprotected.

onbeslist [ònbə'slist] undecided; ~ *spel* drawn game; *het spel bleef* ~ the game ended in a tie, in a draw.

onbeslistheid [-heit] *v* undecidedness.

onbesmet ['ònbəsmet] undefiled.

onbesproken ['ònbəspro.kə(n)] undiscussed [subjects]; unbooked, free [seat]; *fig* blameless, irreproachable [conduct].

onbestaanbaar [ònbə'sta.nba:r] impossible; ~ *met* inconsistent (incompatible) with.

onbestaanbaarheid [-heit] *v* impossibility; inconsistency, incompatibility [with].

onbestelbaar [ònbə'stɛlba:r] undeliverable; *een onbestelbare brief* ⚑ a dead letter.

onbestemd ['ònbəstemt] indeterminate, vague.

onbestendig [ònbə'stendəx] unsettled, unstable, inconstant; fickle.

onbestendigheid [-heit] *v* unsettled state, instability, inconstancy; fickleness.

onbestuurbaar [ònbə'sty:rba:r] unmanageable, out of control.

onbesuisd [ònbə'sœyst] I *aj* rash, hot-headed, foolhardy; II *ad* rashly.

onbesuisdheid [-heit] *v* rashness, foolhardiness.

onbetaalbaar [ònbə'ta.lba:r] I unpayable [debts]; 2 *fig* priceless, invaluable; *een onbetaalbare grap* a capital joke.

onbetaald ['ònbəta.lt] unpaid, unsettled; ~*e rekeningen* outstanding accounts.

onbetamelijk [ònbə'ta.mələk] I *aj* unbecoming, improper, unseemly, indecent; II *ad* unbecomingly.

onbetamelijkheid [-heit] *v* unbecomingness, impropriety, unseemliness, indecency.

onbetekenend [ònbə'te.kənənt] insignificant, unimportant, inconsiderable, trifling.

onbetreurd ['ònbə'trø:rt] unlamented, unwept.

onbetrouwbaar [ònbə'trouba:r] unreliable.

onbetrouwbaarheid [-heit] *v* unreliableness.

onbetuigd [ònbə'tœyxt] in: *hij liet zich niet* ~ he rose to the occasion.

onbetwist ['ònbətvist] undisputed, uncontested.

onbetwistbaar [ònbə'tvistba:r] I *aj* indisputa-

ble; II *ad* indisputably.
onbevaarbaar [-'va:rba:r] innavigable.
onbevaarbaarheid [-hɛit] *v* innavigableness.
onbevangen ['ònbəvɑŋə(n)] 1 unprejudiced, unbiassed; 2 unconcerned.
onbevangenheid [ònbə'vɑŋə(n)hɛit] *v* 1 impartiality; 2 unconcern(edness).
onbevattelijk [ònbə'vɑtələk] 1 slow [pupil]; 2 incomprehensible [thing].
onbevattelijkheid [-hɛit] *v* 1 slowness; 2 incomprehensibility.
onbevlekt ['ònbəvlɛkt] unstained, undefiled; immaculate; *de Onbevlekte Ontvangenis RK* the Immaculate Conception.
onbevoegd [ònbə'vu.xt] I *aj* incompetent, unqualified [teacher]; II *ad* incompetently.
onbevoegdheid [-hɛit] *v* incompetence.
onbevooroordeeld [ònbəvo:r'o:rde.lt] unprejudiced, unbiassed.
onbevredigd [-'vre.dəxt] unsatisfied, ungratified.
onbevredigend [-'vre.dəgənt] I *aj* unsatisfactory; II *ad* unsatisfactorily.
onbevreesd ['ònbəvre.st] I *aj* undaunted, unafraid, fearless; II *ad* undauntedly, fearlessly
onbewaakt [-va.kt] unguarded; zie ook: *ogenblik*, 1 *overweg*.
onbeweeglijk [ònbə've.gələk] I *aj* motionless, immovable, immobile; II *ad* immovably.
onbeweeglijkheid [-hɛit] *v* immobility.
onbewijsbaar [ònbə'vɛisba:r] unprovable.
onbewimpeld ['ònbəvɪmpəlt] I *aj* undisguised, frank; II *ad* frankly, without mincing matters.
onbewogen [ònbə'vo.gə(n)] unmoved, untouched, unruffled, impassive, placid.
onbewolkt ['ònbəvòlkt] unclouded, cloudless.
onbewoonbaar [-'vo.nba:r] uninhabitable [country]; [dwelling] unfit for habitation; ~ *verklaren* condemn.
onbewoond ['ònbəvo.nt] uninhabited [region, place &]; unoccupied, untenanted [house]; ~ *eiland* desert island.
onbewust [ònbə'vűst] I *aj* unconscious [act]; unwitting [hope]; *mij* ~ *hoe* (*of*, *waar* &) not knowing how (if &); ~ *van...* unaware of...; *het* ~*e* the unconscious; II *ad* unwittingly, unconsciously.
onbewustheid [-hɛit] *v* unconsciousness.
onbezeerd [ònbə'ze:rt] unhurt, uninjured.
onbezet ['ònbəzɛt] unoccupied [chair], vacant [post].
onbezield [-zi.lt] inanimate, lifeless.
onbezoedeld [-zu.dəlt] undefiled, unsullied.
onbezoldigd [ònbə'zəldəxt] unsalaried, unpaid; *een* ~ *politieagent* a special constable.
onbezonnen [-'zònə(n)] I *aj* inconsiderate, thoughtless, unthinking, rash; II *ad* inconsiderately &.
onbezonnenheid [-hɛit] *v* inconsiderateness, thoughtlessness, rashness.
onbezorgd [ònbə'zərxt] I *aj* free from care, care-free [old age]; unconcerned; ✉ undelivered; II *ad* care-free; unconcernedly.
onbezorgdheid [-hɛit] *v* freedom from care; unconcern.
onbezwaard [ònbə'zva:rt] 1 unencumbered [property]; 2 unburdened [mind].
onbillijk [òn'bɪlək] I *aj* unjust, unfair, unreasonable; II *ad* unjustly, unfairly, unreasonably.
onbillijkheid [-hɛit] *v* injustice, unfairness, unreasonableness.
onblusbaar [òn'blűsba:r] inextinguishable, unquenchable.
onbrandbaar [òn'brɑntba:r] incombustible, uninflammable.
onbrandbaarheid [-hɛit] *v* incombustibility.
onbreekbaar [òn'bre.kba:r] unbreakable.
onbruik ['ònbrœyk] *in* ~ *geraken* go out of use [of words], fall into disuse, into desuetude.
onbruikbaar [òn'brœykba:r] unfit for use, useless, unserviceable [things]; impracticable [roads]; inefficient [persons].
onbruikbaarheid [-hɛit] *v* uselessness, unserviceableness; impracticability; inefficiency.
onbuigbaar [òn'bœyxba:r] inflexible.
onbuigzaam [-sa.m] inflexible[2]; *fig* unbending, unyielding, rigid.
onbuigzaamheid [-hɛit] *v* inflexibility, rigidity.
ondank ['òndɑŋk] *m* thanklessness, ingratitude; *zijns* ~*s* in spite of him; ~ *is 's werelds loon* the world's wages are ingratitude.
ondankbaar [òn'dɑŋkba:r] I *aj* ungrateful, unthankful, thankless; *een ondankbare rol* an unthankful part; II *ad* thanklessly.
ondankbaarheid [-hɛit] *v* ingratitude, thanklessness, unthankfulness.
ondanks ['òndɑŋks] in spite of, notwithstanding.
ondeelbaar [òn'de.lba:r] indivisible; *één* ~ *ogenblik* one split second.
ondeelbaarheid [-hɛit] *v* indivisibility.
ondegelijk [òn'de.gələk] unsubstantial, flimsy.
onder ['òndər] I *prep* 1 under[2], ○ underneath; 2 (te midden van) among; 3 (gedurende) during; ~ *Amsterdam* under the smoke of A.; ~ *andere(n)* 1 (v. zaken) among other things; 2 (v. personen) among others; ~ *elkaar* between them [they had a thousand pounds]; [discuss, quarrel, marry] among themselves; ~ *meer* zie ~ *andere(n)*; ~ *ons* between you and me, between ourselves; *iets* ~ *zich hebben* have a thing in one's keeping; ~ *een glas wijn* over a glass of wine; ~ *het eten* during meals; at dinner; ~ *het lezen* while (he was) reading; ~ *het lopen* as he went; ~ *de preek* during the sermon; ~ *de toejuichingen van de menigte* amid the cheers of the crowd; ~ *de regering van Koningin Wilhelmina* during (in) the reign of Queen Wilhelmina; ~ *vrienden* among friends; ~ *vijanden* amid(st) enemies; II *ad* below; *de zon is* ~ the sun is set (is down); *er is een kelder* ~ underneath there is a cellar; ~ *aan de bladzijde* (*de trap*) at the foot of the page (the stairs); ~ *in de fles* at the bottom of the bottle; *naar* ~ down, below; *ten* ~ *brengen* subjugate, overcome; *ten* ~ *gaan* go to rack and ruin, be ruined; *van* ~*!* below there!; *van* ~ *op* from below; *fig* [start] from the bottom; *derde regel van* ~ 3rd line from the bottom.
onderaan [òndə'ra.n] I *prep* at the bottom of; II *ad* at the bottom, at (the) foot.
onderaannemer [-a.ne.mər] *m* sub-contractor.
onderaards [òndər'a:rts] subterranean, underground.
onderafdeling ['òndərɑfde.lɪŋ] *v* 1 subdivision; 2 subsection.
onderarm [-ɑrm] *m* fore-arm.
onderbelicht [-bəlɪxt] under-exposed.
onderbevelhebber [-bəvɛlhɛbər] *m* second in command.
onderbewust [-bəvűst] *aj* (& *ad*) subconscious(ly).
onderbewustzijn [-sɛin] *o* subconsciousness, subconscious.
onderbinden [-bɪndə(n)] *vt* tie on [skates].
onderbouw [-bɔu] *m* substructure.
onderbreken [òndər'bre.kə(n)] *vt* interrupt, break off, break [a journey, holidays].
onderbreking [-kɪŋ] *v* interruption, break.
onderbrengen ['òndərbrɛŋə(n)] *vt* shelter, house, place[2].
onderbroek [-bru.k] *v* (pair of) pants, drawers.
onderbuik [-bœyk] *m* abdomen.
onderdaan [-da.n] *m* subject; *onderdanen* na-

tionals [of a country, when abroad]; *mijn onderdanen* J my pins [= legs].

onderdak ['òndərdak] *o* shelter; *geen ~ hebben* have no shelter (no home, no accommodation).

onderdanig [òndər'da.nəx] I *aj* submissive; humble; *Uw ~e dienaar* Yours obediently; II *ad* submissively; humbly.

onderdanigheid [-heit] *v* submissiveness; humility.

onderdeel ['òndərde.l] *o* 1 lower part; 2 inferior part; 3 ✕ accessory, part; 4 ✕ unit; *dat is maar een ~* that's only part of it, a fraction; *voor een ~ van een seconde* for a fraction of a second, one split second.

onderdirecteur, **-direkteur** [-di.rəktø:r] *m* submanager; ✍ assistant, vice-principal.

onderdoen [-du.n] I *vt* tie on [skates]; II *vi in: niet ~ voor...* in... not yield to... in...; *voor niemand ~ (in)...* be second to none, yield to none in...

onderdompelen [-dòmpələ(n)] *vt* submerge, immerse.

onderdompeling [-lɪŋ] *v* submersion, immersion.

onderdoor [òndər'do:r] underneath.

onderdrukken [-'drükə(n)] *vt* keep down [one's anger], oppress [a nation]; suppress [a rebellion, a groan, a yawn &], stifle [a sigh], smother [a laugh, a yawn]; quell [a revolt].

onderdrukker [-kər] *m* oppressor [of people]; suppressor [of revolt].

onderdrukking [-kɪŋ] *v* 1 oppression [of the people]; 2 suppression [of a revolt].

onderduiken ['òndərdœykə(n)] *vi* 1 dive, duck [of birds &]; sink below the horizon [of the sun]; 2 (zich verbergen) F go into hiding; *ondergedoken zijn* F be in hiding.

onderduiker [-kər] *m* F person in hiding.

ondereind(e) [òndər'eint, -eində] *o* lower end.

1 ondergaan [òndər'ga.n] *vi* 1 (v. schip) go down, sink; 2 (v. zon) set, go down; 3 (bezwijken) go down, perish.

2 ondergaan [òndər'ga.n] *vt* undergo, suffer, endure; *hij onderging zijn lot* he underwent his fate; *een verandering ~* undergo (suffer) a change; *wat ik ~ heb* what I have undergone (gone through, suffered).

ondergang ['òndərgaŋ] *m* setting [of the sun], *fig* (down)fall, ruin, destruction; ○ doom; *dat was zijn ~* that was the ruin of him, that was his undoing.

ondergeschikt [òndərgə'sxɪkt] I *aj* subordinate [person]; subservient [position]; inferior [rôle]; *van ~ belang* of minor importance; *~ maken aan* subordinate to; II *m-v ~e* subordinate, inferior; *zijn ~en* those under him, his inferiors.

ondergeschiktheid [-heit] *v* subordination, inferiority.

ondergetekende [òndərgə'te.kəndə] *m-v* undersigned; J yours truly; *ik ~ verklaar* I the undersigned declare; *wij ~n verklaren* we the undersigned declare.

ondergoed ['òndərgu.t] *o* underwear, underclothes.

ondergraven [òndər'gra.və(n)] *vt* undermine, sap.

ondergrond ['òndərgrònt] *m* subsoil²; *fig* foundation.

ondergronds [òndər'grònts] underground² [railway; movement]; subterranean.

onderhandelaar [-'handəla:r] *m* negotiator.

onderhandelen [-lə(n)] *vi* negotiate, treat.

onderhandeling [-lɪŋ] *v* negotiation; *in ~ treden met...* enter into negotiations with...; *in ~ met iemand zijn over...* be negotiating with one for...

onderhands [òndər'hants] 1 underhand [in-

trigues]; 2 $ [sale] by private contract; private [arrangement, contract, sale].

onderhavig [-'ha.vəx] in: *in het ~e geval* in the present case.

onderhevig [-'he.vəx] in: *~ aan* subject to [fits of...]; liable to [error]; admitting of [doubt].

onderhorig [-'ho:rəx] I *aj* dependent, subordinate, belonging to; II *m-v ~e* subordinate.

onderhorigheid [-heit] *v* dependence, subordination; (gebied) dependency.

onderhoud ['òndərhout] *o* 1 (het in stand houden) upkeep [of the roads &]; 2 (levensonderhoud) maintenance, support, sustenance; 3 (gesprek) conversation, interview, talk; *in zijn (eigen) ~ voorzien* support oneself, be self-supporting, provide for oneself.

1 onderhouden [-hou(d)ə(n)] *vt* keep under; *de jongens er ~* keep the boys in hand.

2 onderhouden [òndər'hou(d)ə(n)] I *vt* 1 (in orde houden) keep in repair [a house &]; 2 (aan de gang houden) keep up [the firing, a correspondence, one's French &], maintain [a service]; 3 (in 't leven houden) support, provide for [one's family &]; 4 (bezighouden) amuse, entertain [people]; 5 keep [God's commandments]; *u moet hem daarover eens ~* you ought to remonstrate (expostulate) with him about that; *het huis is goed (slecht) ~* the house is in good (bad) repair; *een goed (slecht) ~ tuin* a well-(badly) kept garden; II *vr zich ~* support (provide for) oneself; *zich ~ over...* converse about.

onderhoudend [-dənt] entertaining, amusing.

onderhouder [-dər] *m* maintainer, supporter.

onderhoudskosten ['òndərhoutskòstə(n)] *mv* cost of upkeep, maintenance cost(s).

onderhuids [-hœyts] subcutaneous; hypodermic [syringe].

onderhuren [-hy:rə(n)] *vt* sub-rent.

onderhuur [-hy:r] *v* subtenancy.

onderhuurder [-dər] *m* subtenant.

onderin [òndər'ɪn] at the bottom [of the cupboard].

onderjurk ['òndərjürk] *v* (under)slip.

onderkaak [-ka.k] *v* lower jaw.

onderkant [-kant] *m* bottom.

onderkennen [òndər'kenə(n)] *vt* discern, perceive; (onderscheiden) distinguish.

onderkin ['òndərkɪn] *v* double chin.

onderkleren [-klə.rə(n)] *mv zie ondergoed*.

onderkomen [-ko.mə(n)] I *vi* find shelter (a lodging); II *o in: een ~ vinden* find shelter, find accommodation.

onderkoning [-ko.nɪŋ] *m* viceroy.

onderkrijgen [-kreigə(n)] *vt* get the better of, subdue.

onderkruipen [-krœypə(n)] *vt* S 1 $ undercut, spoil a person's trade; 2 (bij staking) blackleg.

onderkruiper [-pər] *m* S 1 $ underseller; 2 (bij staking) blackleg, scab.

onderkruiping [-pɪŋ] *v* S 1 $ undercutting; 2 (bij staking) playing the blackleg.

onderlaag [òndər'la.x] *v* substratum [*mv* substrata].

onderlangs [òndər'laŋs] along the bottom (the foot).

onderlegd [-'lext] in: *goed ~ (in alle vakken)* well-grounded (all-round).

onderlegger ['òndərlegər] *m* blotting-pad, (writing-)pad.

onderliggen [-lɪgə(n)] *vi* lie under; *fig* be worsted; *de ~de partij* F the underdog.

onderlijf [-leif] *o* belly, abdomen.

onderlijfje [-jə] *o* (under-)bodice.

onderling ['òndərlɪŋ] I *aj* mutual; *~e verzekeringsmaatschappij* mutual insurance company; II *ad* 1 mutually; 2 together, between

them; ~ *verdeeld* divided among themselves.
onderlip [-lɪp] *v* lower lip.
ondermijnen [-'mɛinə(n)] *vt* undermine[2], sap[2].
ondermijning [-'mɛinɪŋ] *v* undermining[2], sapping[2].
ondernemen [-'ne.mə(n)] *vt* undertake, attempt.
ondernemend [-mənt] enterprising.
ondernemer [-mər] *m* 1 undertaker; 2 $ proprietor, owner, entrepreneur, enterpriser.
onderneming [-mɪŋ] *v* 1 undertaking, enterprise; venture; 2 (business) concern; 3 (plantage) estate, plantation.
ondernemingsgeest [-mɪŋsge.st] *m* (spirit of) enterprise.
onderofficier [ˈɔndərɔfi.si:r] *m* 1 ✗ noncommisioned officer, N.C.O.; 2 ⚓ petty officer.
onderonsje [ɔndər'ɔnʃə] *o* F 1 private business; 2 small sociable party, informal gathering.
onderontwikkeld [ˈɔndərɔntvɪkəlt] underdeveloped [areas; negative].
onderpand [ˈɔndərpant] *o* pledge, guarantee, security; *op* ~ on security; *in* ~ *geven* pledge.
onderregenen [ˈɔndərə.gənə(n)] *vi* be swamped with rain.
onderricht [-rɪxt] *o* instruction, tuition.
onderrichten [ɔndə'rɪxtə(n)] *vt* 1 instruct, teach; 2 inform (of *van*).
onderrichting [-tɪŋ] *v* 1 instruction; 2 information.
onderrok [ˈɔndərɔk] *m* petticoat.
onderschatten [ɔndər'sxatə(n)] *vt* undervalue underestimate, underrate.
onderschatting [-tɪŋ] *v* undervaluation, underestimation.
onderscheid [ˈɔndərsxɛit] *o* difference; distinction, discrimination; *de jaren des* ~s the years of discretion [in England: 14]; ~ *maken tussen... en...* distinguish (discriminate) between... and...; *dat maakt een groot* ~ that makes all the difference; *allen zonder* ~ all without exception; zie ook: *oordeel*.
1 **onderscheiden** [ɔndər'sxɛidə(n)] I *vt* distinguish, discern; *fig* distinguish, single out; ~ *in...* distinguish into...; ~ *van...* distinguish from, tell...; *apart from*; II *vr* zich ~ distinguish oneself.
2 **onderscheiden** [ɔndər'sxɛidə(n)] *aj* different, various, distinct.
onderscheidenlijk [-lək] respectively [called A, B, C].
onderscheiding [ɔndər'sxɛidɪŋ] *v* distinction; ~en 1 [New Year's &] honours; 2 (civil, war) decorations; 3 awards [at a show].
onderscheidingsteken [-dɪŋste.kə(n)] *o* distinguishing mark, badge.
onderscheidingsvermogen [-fərmo.gə(n)] *o* discrimination, discernment.
onderscheppen [ɔndər'sxɛpə(n)] *vt* intercept.
onderschepper [-pər] *m* interceptor.
onderschepping [-pɪŋ] *v* interception.
onderschrift [ˈɔndərs(x)rɪft] *o* 1 subscription, signature [of a letter]; 2 caption, letterpress [under a picture].
onderschrijven [ɔndərs'(x)rɛivə(n)] *vt in: het* ~ subscribe to that [statement], endorse the statement.
onderschuiving [ˈɔndərsxœyvɪŋ] *v* substitution.
ondershands [ɔndərs'hants] privately, by private contract.
onderspit [-spɪt] *o in: het* ~ *delven* be worsted, have the worse, get the worst of it.
onderstaand [-sta.nt] subjoined, undermentioned.
onderstand [-stant] *m* relief, assistance, maintenance.
onderstandig [-standəx] ⚥ inferior.
onderste [-stə] lowest, lowermost, undermost,

bottom; ~*boven* upside down, wrong side up; ~*boven gooien* overthrow, overturn, upset; *het* ~ the bottom part; *wie het* ~ *uit de kan wil hebben, valt het lid op de neus* much would have more and lost all.
onderstel [-stɛl] *o* (under-)carriage, underframe.
onderstellen [ɔndər'stɛlə(n)] *vt* suppose.
onderstelling [-lɪŋ] *v* supposition; hypothesis; zie ook: *veronderstelling*.
ondersteunen [ɔndər'stø.nə(n)] *vt* support.
ondersteuning [-nɪŋ] *v* support, relief.
ondersteuningsfonds [-nɪŋsfɔnts] *o* relief fund.
onderstrepen [ɔndər'stre.pə(n)] *vt* underline[2].
onderstroom [ˈɔndərstro.m] *m* undercurrent.
onderstuk [-stœk] *o* lower part, bottom piece.
ondertand [-tant] *m* lower tooth.
ondertekenaar [ɔndər'te.kəna:r] *m* signer, subscriber; signatory [to a convention].
ondertekenen [-nə(n)] *vt* sign, affix one's signature to.
ondertekening [-nɪŋ] *v* signature, subscription; (de handeling) signing; *ter* ~ for signature.
ondertoon [-to.n] *m* undertone.
ondertrouw [-trɑu] *m* betrothal.
ondertrouwen [-'trɑuə(n)] *vi* have their names entered at the registry-office.
ondertussen [-'tʏsə(n)] meanwhile, in the meantime.
ondervangen [-'vaŋə(n)] *vt* obviate [criticism], anticipate, meet [objections].
onderverdelen [ˈɔndərvərde.lə(n)] *vt* subdivide.
onderverdeling [-lɪŋ] *v* subdivision.
onderverhuren [ˈɔndərverhy:rə(n)] *vt* sublet.
onderverhuurder [-hy:rdər] *m* sublessor.
ondervinden [ɔndər'vɪndə(n)] *vt* experience, meet with [difficulties].
ondervinding [-dɪŋ] *v* experience; ~ *is de beste leermeester(es)* experience is the best of all schoolmasters; *bij (door)* ~ [know] by (from) experience.
ondervoed [ɔndər'vu.t] underfed, under-nourished.
ondervoeding [-dɪŋ] *v* underfeeding, malnutrition.
ondervoorzitter [ˈɔndərvo:rzɪtər] *m* vice-chairman.
ondervragen [ɔndər'vra.gə(n)] *vt* interrogate, examine, question.
ondervrager [-gər] *m* interrogator, examiner.
ondervraging [-gɪŋ] *v* interrogation, examination.
onderwatersport [ɔndər'va.tərsport] *v* sp skin-diving, underwater-swimming.
onderweg [-'vex] on the way; *hij was* ~ he was on his way.
onderwereld [ˈɔndərve:rəlt] *v* underworld.
onderwerp [-vɛrp] *o* 1 subject, topic; theme; 2 *gram* subject.
onderwerpelijk [ɔndər'vɛrpələk] [the matter] in question.
onderwerpen [-'vɛrpə(n)] I *vt* subject, subdue; ~ *aan* submit to [an examination], subject to [a test]; II *vr* zich ~ submit; *zich aan een examen* ~ go in for an examination; *zich aan zijn lot* ~ resign oneself to one's fate; *zich* ~ *aan Gods wil* resign oneself to the will of Heaven.
onderwerping [-pɪŋ] *v* subjection, submission.
onderwijl [ɔndər'vɛil] meanwhile, the while.
onderwijs [ˈɔndərvɛis] *o* instruction, tuition; education, schooling; *bijzonder* ~ denominational education; *hoofdelijk* ~ individual teaching; *hoger* ~ university education, higher education; *lager* ~ primary (elementary) education; *middelbaar* ~ secondary education; *openbaar* ~ public education; *technisch* ~ technical education; *het* ~ *in geschiedenis* history teaching, the teaching

of history; ~ geven (in) teach; bij het ~ zijn
be a teacher.
onderwijsinrichting [-ɪnrɪxtɪŋ] v teaching institution.
onderwijskracht [-krɑxt] v teacher.
onderwijzen [òndər'vɛizə(n)] I vt instruct [per-
sons], teach [persons, a subject]; het ~d personeel the teaching staff; II va teach.
onderwijzer [-'vɛizər] m teacher.
onderwijzeres [-vɛizə'rɛs] v (woman) teacher.
onderworpen [-'vɔrpə(n)] I aj submissive; ~
aan subject to [stamp-duty &]; II ad submissively.
onderworpenheid [-hɛit] v subjection, submission, submissiveness.
onderzeeboot [òndər'ze.bo.t] m & v ⚓ submarine.
onderzeeës [-'ze.s] submarine.
onderzoek [-zu.k] o inquiry, investigation,
examination; [scientific] research; ~ doen
naar iets inquire into it; een ~ instellen make
inquiries, inquire into the matter, investigate;
bij (nader) ~ upon (closer) inquiry; de zaak
is in ~ the matter is under investigation
(examination).
onderzoeken [òndər'zu.kə(n)] vt inquire (look)
into, investigate, examine; make [scientific]
researches into; ~ op test for, examine for;
een ~de blik a searching look.
onderzoeker [-kər] m investigator; research-
worker.
onderzoeking [-kɪŋ] v exploration [of unknown
regions], zie onderzoek.
ondeskundig [òndɛs'kûndəx] inexpert.
ondeugd [òndø.xt] v 1 (tegenover deugd)
vice; 2 (ondeugendheid) naughtiness,
mischief; 3 (persoon) naughty boy (girl).
ondeugdelijk [òn'dø.gdələk] unsound, faulty,
defective.
ondeugend [-'dø.gənt] I aj naughty, mischievous [children &]; bad, wicked [people]; vicious [animals]; (guitig) naughty; II ad
naughtily.
ondeugendheid [-hɛit] v naughtiness, mischief.
ondienst [-di.nst] m bad (ill) service, bad (ill)
turn; iemand een ~ doen ook: do one a dis-
service.
ondienstig [òn'di.nstəx] unserviceable, useless.
ondiep [òn'di.p] shallow.
ondiepte ['òndi.ptə] v 1 ('t ondiep zijn) shallowness; 2 (ondiepe plaats) shallow, shoal.
ondier [òndi:r] o brute², monster².
onding [-ɪŋ] o 1 absurdity; 2 zie prul.
ondoelmatig [òndu.l'ma.təx] I aj unsuitable,
inexpedient; II ad unsuitably, inexpediently.
ondoelmatigheid [-hɛit] v unsuitability, inex-
pediency.
ondoenlijk [òn'du.nlək] unfeasible, impracticable.
ondoordacht [òndo:r'dɑxt] aj (& ad) incon-
siderate(ly), thoughtless(ly), rash(ly).
ondoordachtheid [-'dɑxtheit] v inconsiderateness, thoughtlessness, rashness.
ondoordringbaar [-'drɪŋba:r] impenetrable, impervious; ~ voor... impervious to...
ondoordringbaarheid [-hɛit] v impenetrability,
imperviousness.
ondoorgrondelijk [òndo:r'gròndələk] inscrutable, unsearchable, unfathomable, impenetrable.
ondoorgrondelijkheid [-hɛit] v inscrutability,
unsearchableness, unfathomableness.
ondoorschijnend [òndo:r'sxɛinənt] opaque.
ondoorschijnendheid [-hɛit] v opacity.
ondoorzichtig [òndo:r'zɪxtəx] untransparent.
ondoorzichtigheid [-hɛit] v untransparency.
ondraaglijk [òn'dra.gələk] I aj unbearable, not
to be borne, intolerable, insupportable, insufferable; II ad unbearably, intolerably, in-

supportably, insufferably.
ondraaglijkheid [-hɛit] v unbearableness, intolerableness, insupportableness, insufferableness.
ondubbelzinnig [-dûbəl'zɪnəx] aj (& ad) un-
ambiguous(ly), unequivocal(ly).
onduidelijk [-'dœydələk] I aj indistinct [utter-
ance, outlines &]; obscure; het is mij ~ it is
not clear to me; II ad indistinctly; not clearly.
onduidelijkheid [-hɛit] v indistinctness; obscurity.
onduldbaar [òn'dûltba:r] I aj unbearable, intolerable; II ad unbearably, intolerably.
onduleren [òndy.'le:rə(n)] vt wave [of the hair].
onecht [òn'ɛxt] not genuine; false, imitation
[jewellery]; forged, unauthentic [letters],
spurious [coin, MS], improper [fractions];
illegitimate [children]; fig sham [feelings],
mock [sympathy].
onedel [òn'e.dəl] I aj ignoble, base, mean; base
[metals]; II ad basely, meanly.
onedelmoedig [-e.dəl'mu.dəx] aj (& ad) un-
generous(ly).
oneens [òn'e.ns] in: zij zijn het ~ they disagree,
they are at variance; ik ben het met mezelf ~
I am in two minds about it.
oneer ['òne:r] v dishonour, disgrace.
oneerbaar [òn'e:rba:r] immodest, immodest.
oneerbaarheid [-hɛit] v indecency, immodesty.
oneerbiedig [òne:r'bi.dəx] aj (& ad) disrespect-
ful(ly), irreverent(ly).
oneerbiedigheid [-hɛit] v disrespect, irreverence.
oneerlijk [òn'e:rlək] aj (& ad) unfair(ly), dis-
honest(ly).
oneerlijkheid [-hɛit] v dishonesty, improbity.
oneervol [òn'e:rvòl] dishonourable.
oneetbaar [òn'e.tba:r] uneatable, inedible.
oneetbaarheid [-hɛit] v uneatableness, inedi-
bility.
oneffen [òn'ɛfə(n)] uneven, rugged.
oneffenheid [-hɛit] v unevenness, ruggedness.
oneindig [òn'ɛindəx] I aj infinite, endless; het
~e the infinite; tot in het ~e ad infinitum, indefinitely; II ad infinitely; ~ klein infinites-
imally small.
oneindigheid [-hɛit] v infinity.
onenig [òn'e.nəx] disagreeing, at variance.
onenigheid [-hɛit] v discord, disagreement, dissension; onenigheden krijgen fall out.
onervaren [òner'va:rə(n)] inexperienced.
onervarenheid [-hɛit] v inexperience.
oneven [òn'e.və(n)] (v. getal) odd; ~ genummerd odd numbered.
onevenredig [òne.vən're.dəx] I aj dispropor-
tionate, out of (all) proportion; II ad dis-
proportionately, out of (all) proportion.
onevenredigheid [-hɛit] v disproportion.
onevenwichtig [òne.vən'vɪxtəx] unbalanced, un-
poised.
onfatsoenlijk [ònfɑt'su.nlək] aj (& ad) in-
decent(ly), improper(ly).
onfatsoenlijkheid [-hɛit] v indecency, impropriety.
onfeilbaar [òn'fɛilba:r] I aj unfailing, infallible;
II ad unfailingly, infallibly.
onfeilbaarheid [-hɛit] v infallibility.
onfortuinlijk [ònfər'tœynlək] unlucky luckless.
ongaarne [-'ga:rnə] unwillingly, with a bad
grace.
ongastvrij [-'gɑstfrɛi] inhospitable.
ongeacht ['òngəɑxt] I aj unesteemed; II prep
irrespective of [race or creed]; in spite of,
notwithstanding.
ongebaand [-ba.nt] unbeaten, untrodden.
ongeblust [-blûst] unquenched [of fire]; un-
slaked, quick [of lime].
ongebonden [òngə'bòndə(n)] I aj 1 unbound,
in sheets; 2 fig dissolute, licentious, loose; ~
stijl prose; II ad dissolutely, licentiously.

ongebondenheid [-ɛit] *v* dissoluteness, licentiousness.

ongebreideld ['òngǝbreidǝlt] unbridled, unchecked, uncurbed.

ongebroken [-bro.kǝ(n)] unbroken.

ongebruikelijk [òngǝ'brœykǝlǝk] unusual.

ongebruikt [òngǝ'brœykt] unused, unemployed, idle.

ongebuild ['òngǝbœylt] whole [meal].

ongedaan [òngǝ'da.n] undone, unperformed; ~ *maken* 1 undo [it]; 2 **S** cancel [a bargain].

ongedeerd ['òngǝdeːrt] unhurt, uninjured, unscathed.

ongedierte [-diːrtǝ] *o* vermin.

ongedrukt [-drŭkt] unprinted [essays &].

ongeduld [-dŭlt] *o* impatience.

ongeduldig [òngǝ'dŭldǝx] *aj* (& *ad*) impatient(ly).

ongeduldigheid [-ɛit] *v* impatience.

ongedurig [òngǝ'dy.rǝx] inconstant, restless [person]; *hij is een beetje* ~ he is rather fidgety; *zij is erg* ~ she is a regular fidget.

ongedurigheid [-ɛit] *v* inconstancy, restlessness.

ongedwongen [òngǝ'dvòngǝ(n)] unconstrained, unrestrained, unforced.

ongedwongenheid [-ɛit] *v* unconstraint, abandon.

ongeëvenaard [òngǝe.vǝ'na:rt] unequalled, matchless, unparalleled [success].

ongefortuneerd [-fǝrty.'neːrt] without means.

ongefrankeerd [-fraŋ'keːrt] *&* not prepaid, unpaid; unstamped [letter]; **S** carriage forward.

ongegeneerd [-ʒǝ'neːrt] *aj* (& *ad*) unceremonious(ly); ~ *weg* without ceremony, in his free-and-easy way.

ongegeneerdheid [-ɛit] *v* unceremoniousness, free-and-easy way.

ongegrond [òngǝ'grònt] groundless, unfounded, without foundation, baseless.

ongegrondheid [-ɛit] *v* groundlessness, unfoundedness, baselessness.

ongehavend ['òngǝha.vǝnt] undamaged.

ongehinderd [-hɪndǝrt] unhindered, unhampered.

ongehoopt [-ho.pt] unhoped for.

ongehoord [òngǝ'ho:rt] unheard (of), unprecedented; *iets* ~ a thing unheard-of.

ongehoorzaam [-'ho:rza.m] *aj* (& *ad*) disobedient(ly).

ongehoorzaamheid [-ɛit] *v* disobedience.

ongehuwd ['òngǝhy:ut] unmarried; *de* ~*e staat* celibacy, single life.

ongekamd [-kǝmt] uncombed, unkempt.

ongekend [-kɛnt] unprecedented.

ongekleed [-kle.t] 1 unclothed, undressed; 2 in undress, in dishabille.

ongekunsteld [òngǝ'kŭnstǝlt] I *aj* artless, ingenuous, unaffected; II *ad* artlessly, ingenuously.

ongekunsteldheid [-ɛit] *v* artlessness, ingenuousness &.

ongeladen ['òngǝla.dǝ(n)] ✗ unloaded [gun]; ⚓ unladen [ships]; 🔫 uncharged.

ongeldig [òn'gɛldǝx] not valid, invalid; ~ *maken* render null and void, invalidate, nullify; ~ *verklaren* declare null and void, annul.

ongeldigheid [-ɛit] *v* invalidity, nullity.

ongeldigverklaring [-fǝrkla:rɪŋ] *v* annulment, nullification, invalidation.

ongelegen [òngǝ'le.gǝ(n)] inconvenient, unseasonable, inopportune; *op een* ~ *uur* at an unseasonable hour; *kom ik u* ~? am I intruding?; *het bezoek kwam mij* ~ the visit came at an inopportune moment.

ongelegenheid [-ɛit] *v* inconvenience; *geldelijke* ~ pecuniary difficulties; *in* ~ *brengen* inconvenience; *in* ~ *geraken* get into a scrape,

get into trouble.

ongeletterd [òngǝ'lɛtǝrt] unlettered, illiterate

ongelezen ['òngǝle.zǝ(n)] unread. [[savages].

1 **ongelijk** ['òngǝleik, òngǝ'leik] *aj* (& *ad*) uneven(ly), unequal(ly); ~ *van lengte* of unequal lengths.

2 **ongelijk** ['òngǝleik] *o* wrong; ~ *bekennen* acknowledge oneself to be wrong; *iemand* ~ *geven* put one in the wrong, give it against one; *ik kan hem geen* ~ *geven* I can't blame him; ~ *hebben* be (in the) wrong; ~ *krijgen* be put in the wrong, be proved wrong. [gle].

ongelijkbenig [òngǝleik'be.nǝx] scalene [triangle].

ongelijkheid [-'lɛikheit] *v* unevenness; inequality [of surface, rank &]; dissimilarity, disparity.

ongelijkmatig [òngǝleik'ma.tǝx] I *aj* unequal [climate]; uneven [temper &]; II *ad* unequally; unevenly.

ongelijkmatigheid [-ɛit] *v* inequality; unevenness.

ongelijksoortig [-'so:rtǝx] dissimilar, heterogeneous.

ongelijksoortigheid [-ɛit] *v* dissimilarity, heterogeneity.

ongelijkvloers [òngǝleik'fluːrs] in: ~*e* (*weg*)*kruising* fly-over.

ongelikt [-lĭkt] unlicked; *een* ~*e beer* an unlicked cub², ook: quite a bear.

ongelinieerd [-li.ni.e:rt] unruled [paper].

ongelofelijk [òngǝ'lo.fǝlǝk] I *aj* not to be believed, unbelievable, incredible, past (all) belief; II *ad* unbelievably, incredibly.

ongelofelijkheid [-ɛit] *v* incredibility.

ongelogen ['òngǝlo.gǝ(n)] in: *het water was* ~ *een voet gestegen* the water had risen one foot without exaggeration.

ongeloof ['òngǝlo.f] *o* unbelief, disbelief.

ongelooflijk(heid) [òngǝ'lo.flǝk(heit)] = *ongelofelijk(heid).* [ing belief.

ongeloofwaardig [òngǝlo.f'va:rdǝx] not deserv-

ongelovig [òngǝ'lo.vǝx] I *aj* unbelieving, incredulous; II *ad* incredulously.

ongelovige [-vǝgǝ] *m-v* unbeliever, infidel.

ongelovigheid [-vǝxheit] *v* incredulity.

ongeluk [òngǝ'lŭk] *o* 1 (door omstandigheden) misfortune; 2 (gemoedstoestand) unhappiness; 3 (ongelukkige gebeurtenis) accident, mishap; 4 (toeval) bad luck; *dat* ~ *van een...* that wretch of a...; *dat was zijn* ~ that was his undoing; *dat zal zijn* ~ *zijn* that will be his ruin; *een* ~ *begaan aan iemand* do one a mischief; *zich een* ~ *eten* eat till one bursts; *een* ~ *krijgen* meet with an accident; *bij* ~ by accident, accidentally; *zonder* ~*ken* without accidents; *een* ~ *komt zelden alleen* misfortunes never come single; *een* ~ *zit in een klein hoekje* great accidents spring from small causes; *geen* ~ *zo groot of er is een gelukje bij* it is an ill wind that blows nobody good.

ongelukkig [òngǝ'lŭkǝx] I *aj* unhappy [marriage]; unfortunate, unlucky; ill-starred [attempt]; *diep* ~ miserable, wretched; II *ad* unfortunately; [married] unhappily.

ongelukkigerwijs, -wijze [òngǝlŭkǝgǝr'veis, -'veizǝ] unfortunately.

ongeluksbode ['òngǝlŭksbo.dǝ] *m* messenger of bad news.

ongeluksdag [-dax] *m* 1 ill-fated (fatal) day; 2 unpropitious day.

ongelukskind [-kɪnt] *o* unlucky person.

ongeluksprofeet [-pro.fe.t] *m* prophet of woe.

ongeluksvogel [-fo.gǝl] *m* 1 bird of ill omen; 2 *fig* unlucky person.

ongemak ['òngǝmak] *o* 1 inconvenience, discomfort; 2 (kwaal, gebrek) trouble, infirmity.

ongemakkelijk [òngǝ'makǝlǝk] I *aj* not easy,

difficult, uneasy, uncomfortable; **II** *ad* 1 not easily; uncomfortably; 2 < properly; *ik heb hem ~ de waarheid gezegd* I have given him a piece of my mind; *hij heeft er ~ van langs gehad* he has had a sound thrashing.

ongemanierd [òngəma.'ni:rt] unmannerly, ill-mannered.

ongemanierdheid [-hɛit] *v* unmannerliness.

ongemeen [òngə'me.n] **I** *aj* uncommon, out of the common, singular, extraordinary; **II** *ad* < uncommonly, extraordinarily, passing.

ongemeenheid [-hɛit] *v* uncommonness.

ongemengd [òngə'mɛnt] unmixed.

ongemerkt [-'mɛrkt] **I** *aj* 1 unperceived [approach]; 2 unmarked [linen]; **II** *ad* without being perceived, imperceptibly.

ongemeubileerd [òngəmø.bi.'le:rt] unfurnished.

ongemoeid [-'mu:it] undisturbed, unmolested; *hem ~ laten* leave him alone.

ongemotiveerd [-mo.ti.'ve:rt] not motived, unwarranted, uncalled for, gratuitous.

ongenaakbaar [-'na.kba:r] unapproachable, inaccessible [of mountains &, also of persons].

ongenaakbaarheid [-hɛit] *v* unapproachableness, inaccessibility.

ongenade ['òngəna.də] *v* disgrace, disfavour; *in ~ vallen bij iemand* fall out of favour with a person; *in ~ zijn* be in disgrace (with *bij*).

ongenadig [òngə'na.dəx] **I** *aj* merciless, pitiless; **II** *ad* mercilessly; < severely, tremendously; *hij heeft er ~ van langs gehad* he has been mercilessly thrashed.

ongeneeslijk [-'ne.sələk] incurable [illness], past recovery; *een ~e zieke* an incurable.

ongeneeslijkheid [-hɛit] *v* incurableness.

ongenegen [òngə'ne.gə(n)] disinclined, unwilling.

ongenegenheid [-hɛit] *v* disinclination.

ongeneigd [òngə'nɛixt] disinclined, unwilling.

ongeneigdheid [-hɛit] *v* disinclination.

ongeneselijk(heid) [òngə'ne.sələk(hɛit)] = *ongeneeslijk(heid)*.

ongenietbaar [òngə'ni.tba:r] disagreeable.

ongenoegen ['òngənu.gə(n)] *o* 1 displeasure; 2 tiff; *zij hebben ~* they are at variance; *~ krijgen* fall out.

ongeoefend [òngə'u.fənt] untrained, unpractised, inexperienced.

ongeoefendheid [-hɛit] *v* want of practice, inexperience.

ongeoorloofd [òngə'o:rlo.ft] unallowed, illicit, unlawful.

ongeoorloofdheid [-hɛit] *v* unlawfulness.

ongeopend ['òngəo.pənt] unopened.

ongepaard [-pa:rt] unpaired; odd [glove &].

ongepast [òngə'pɑst] **I** *aj* unseemly, improper; **II** *ad* improperly.

ongepastheid [-hɛit] *v* unseemliness, impropriety.

ongepeld ['òngəpɛlt] rough [rice].

ongerechtigheid [òngə'rɛxtəxhɛit] *v* iniquity.

ongeredde [òngə're.də] *in het ~ raken* 1 (zoek) get lost, be mislaid; 2 (onbruikbaar) get out of order, go wrong.

ongeregeld [-'re.gəlt] **I** *aj* irregular, disorderly; **II** *ad* irregularly.

ongeregeldheid [-hɛit] *v* irregularity; *ongeregeldheden* disorders, disturbances, riots.

ongerekend [òngərе.kənt] uncounted; *(nog) ~... * not including..., apart from....

ongeremd [òngə'rɛmt] uninhibited.

ongerept [-'rɛpt] untouched; virgin [forests]; *fig* undefiled, pure.

ongerief ['òngəri.f] *o* inconvenience, trouble; *~ veroorzaken* put to inconvenience.

ongerief(e)lijk [òngə'ri.f(ə)lək] *aj* (& *ad*) inconvenient(ly); incommodious(ly).

ongerief(e)lijkheid [-hɛit] *v* inconvenience, incommodiousness.

ongerijmd [òngə'rɛimt] *aj* absurd, preposterous, nonsensical; *het ~e van...* the absurdity (preposterousness) of...; *tot het ~e herleiden* reduce to an absurdity; *uit het ~e bewijzen* prove by negative demonstration.

ongerijmdheid [-hɛit] *v* absurdity.

ongerust [òngə'rȳst] uneasy; *~ over iemana* anxious about a person; *zich ~ maken, ~ zijn* be worried, worry (about *over*); *zich ~ maken over iets* be uneasy about something, become anxious about something.

ongerustheid [-hɛit] *v* uneasiness, anxiety.

ongeschikt [òngə'sxɪkt] unfit, inapt, unsuitable, improper; *~ maken voor...* render unfit for...

ongeschiktheid [-hɛit] *v* unfitness, inaptness, inaptitude, unsuitability, impropriety.

ongeschoold [-sxo.lt] untrained [new-comers]; unskilled [labourer].

ongeschoren [-sxo:ra(n)] unshaved, unshaven [faces]; unshorn [lambs].

ongeschreven [-s(x)re.və(n)] unwritten.

ongeslagen [-sla.gə(n)] *sp* unbeaten.

ongestadig [òngə'sta.dəx] **I** *aj* unsteady, unsettled, inconstant; **II** *ad* unsteadily.

ongestadigheid [-hɛit] *v* unsteadiness, nconstancy.

ongesteld [òngə'stɛlt] indisposed, unwell.

ongesteldheid [-hɛit] *v* indisposition, illness.

ongestempeld [òngəstɛmpəlt] unstamped.

ongestild [-stɪlt] unappeased.

ongestoord [òngə'sto:rt] **I** *aj* undisturbed, uninterrupted; **II** *ad* undisturbedly &.

ongestraft [-'strɑft] **I** *aj* unpunished; *~ blijven* go unpunished; **II** *ad* with impunity.

ongetekend [òngəte.kənt] not signed, unsigned.

ongetrouwd [-'trɑut] unmarried, single.

ongetwijfeld [òngə'twɛifəlt] undoubtedly, doubtless(ly), without doubt, no doubt.

ongeval ['òngəval] *o* accident, mishap.

ongevallenverzekering [-vɑlə(n)vərze.kərɪŋ] *v* accident insurance.

ongeveer [-ve:r, òngə've:r] about, some, approximately, something like [ten pounds, five years &].

ongeveinsd [òngə'vɛinst] **I** *aj* unfeigned, sincere; **II** *ad* unfeignedly, sincerely.

ongeveinsdheid [òngə'vɛinsthɛit] *v* unfeignedness, sincerity.

ongevoelig [-'vu.ləx] **I** *aj* unfeeling, impassive, insensible (to *voor*); **II** *ad* unfeelingly, impassively, insensibly.

ongevoeligheid [-hɛit] *v* unfeelingness, impassiveness, insensibility.

ongevraagd [-vra.xt] unasked, unasked for, unrequested [things], unsolicited [scripts]; uninvited, unbidden [guests]; uncalled for [remarks &].

ongewapend [òngə'va.pənt] unarmed.

ongewenst ['òngəvɛnst, òngə'vɛnst] unwished for, undesirable [person].

ongewerveld ['òngəvɛrvəlt] invertebrate; *~e dieren* invertebrates.

ongewettigd [-vɛtəxt] 1 unauthorized [proceedings]; 2 unfounded [claims].

ongewijd [-vɛit] unhallowed, unconsecrated.

ongewijzigd [-vɛizəxt] unchanged, unaltered.

ongewild [-'vɪlt] 1 unintentional; 2 $ not in demand.

ongewillig [òngə'vɪləx] *aj* (& *ad*) unwilling(ly).

ongewoon [òngə'vo.n] unusual, uncommon, unfamiliar, unwonted; *iets ~s* something uncommon; *niets ~s* nothing out of the common.

ongewoonte [òngəvo.ntə] *v* unwontedness; *dat is maar ~* it comes from my [your &] not being used (accustomed) to it.

ongezegeld ['òngəze.gəlt] unsealed [letters]; unstamped [paper].

ongezeglijk [òngə'zɛglək] unbiddable, intractable, indocile.

ongezeglijkheid [-hɛit] v intractability, indocility.

ongezellig [òngə'zɛləx] I aj unsociable; not cosy [of a room]; II ad unsociably.

ongezien ['òngəzi.n] I unseen, unooserved, unperceived; 2 fig unesteemed, not respected.

ongezond [òngə'zònt] unhealthy [climate]; unwholesome [food]; insalubrious [air].

ongezondheid [-hɛit] v unhealthiness; unwholesomeness, insalubrity.

ongezouten ['òngəzoutə(n)] I aj unsalted, fresh; ~ taal blunt speaking; II ad in: hem ~ de waarheid zeggen tell him the truth without mincing matters.

ongezuiverd [-zɛyvərt] unpurified, unrefined.

ongodsdienstig [òngots'di.nstəx] aj (& ad) irreligious(ly).

ongodsdienstigheid [-hɛit] v irreligiousness.

ongrondwettig [òngrònt'vɛtəx] aj (& ad) unconstitutional(ly).

ongunst ['òngÿnst] v disfavour.

ongunstig [òn'gÿnstəx] I aj unfavourable; adverse [balance, effect on prices]; II ad unfavourably; adversely [affected].

onguur [-'gÿ:r] I inclement, rough [weather]; 2 sinister [air, countenance, forest]; unsavoury [business, story]; coarse [language]; een ~ element, een ongure klant a rough, a hooligan; een ~ type a bad character, an ugly customer.

onhandelbaar [òn'handəlba:r] unmanageable, intractable.

onhandelbaarheid [-hɛit] v unmanageableness, intractability.

onhandig [òn'handəx] I aj clumsy, awkward [man]; II ad clumsily, awkwardly.

onhandigheid [-hɛit] v clumsiness, awkwardness.

onhartelijk [òn'hartələk] I aj not cordial, unkind; II ad not cordially, unkindly.

onhartelijkheid [-hɛit] v lack of cordiality, unkindness.

onhebbelijk [òn'hebələk] unmannerly, rude; wat een ~ stuk vlees I what an enormous piece you take; 2 fig P what a rude hulking piece of humanity!

onhebbelijkheid [-hɛit] v unmannerliness, rudeness.

onheelbaar [òn'he.lba:r] incurable. [ness.

onheil ['ònhɛil] o calamity, disaster, mischief; ~ stichten make mischief.

onheilspellend [ònhɛil'spɛlənt] ominous.

onherbergzaam [-hɛr'bɛrxsa.m] inhospitable

onherbergzaamheid [-hɛit] v inhospitality.

onherkenbaar [ònhɛr'kenba:r] unrecognizable; tot ~ wordens toe [change] out of recognition, beyond (all) recognition.

onherroepelijk [ònhɛ'ru.pələk] I aj irrevocable [resolution]; II ad irrevocably.

onherroepelijkheid [-hɛit] v irrevocableness.

onherstelbaar [ònhɛr'stɛlba:r] I aj irreparable, irremediable, past remedy, past redress, irretrievable, irrecoverable [loss]; II ad irreparably &, [damaged] beyond repair.

onheuglijk [òn'hø.gələk] immemorial; sedert ~e tijden from time immemorial, time out of mind.

onheus [-'hø.s] aj (& ad) ungracious(ly), discourteous(ly), disobliging(ly).

onheusheid [-hɛit] v ungraciousness, discourtesy, disobligingness.

onhoffelijk [òn'hòfələk] zie onheus.

onhoffelijkheid [-hɛit] v zie onheusheid.

onhoorbaar [òn'ho:rba:r] I aj inaudible; II ad inaudibly.

onhoudbaar [òn'houtba:r] untenable [position, theory]; unbearable; het onhoudbare van de toestand the untenable state of affairs.

onhoudbaarheid [-hɛit] v untenableness.

onhygiënisch [ònhi.gi.'e.ni.s] insanitary.

oningevuld ['ingəvÿlt] not filled up, blank.

oningewijd [-vɛit] uninitiated; de ~en the uninitiated, F the outsiders.

onjuist [òn'jœyst] aj (& ad) inaccurate(ly), inexact(ly), erroneous(ly), incorrect(ly).

onjuistheid [-hɛit] v inaccuracy, erroneousness, misstatement, error, incorrectness.

onkenbaar [òn'kenba:r] 1 unknowable; 2 unrecognizable; zie ook: onherkenbaar.

onkies [-'ki.s] aj (& ad) indelicate(ly), immodest(ly).

onkiesheid [-hɛit] v indelicacy, immodesty.

onklaar ['ònkla:r] 1 (niet helder) not clear; 2 ⚔ out of order; ⚓ fouled [anchor].

onkosten ['ònkostə(n)] mv charges, expenses; algemene ~ overhead charges (expenses), F overhead(s); met de ~ charges included; zonder ~ free of charge.

onkostennota [-no.ta.] v $ note of charges.

onkreukbaar [òn'krø.kba:r] 1 fig unimpeachable; 2 eig zie kreukvrij.

onkreukbaarheid [-hɛit] v integrity.

onkruid ['ònkrœyt] o weeds; ~ vergaat niet ill weeds grow apace.

onkuis [-kœys] aj (& ad) unchaste(ly), impure(ly), lewd(ly).

onkuisheid [òn'kœyshɛit] v unchastity, impurity, lewdness.

onkunde ['ònkÿndə] v ignorance.

onkundig [òn'kÿndəx] ignorant; ~ van ignorant of, not aware of; iemand ~ laten van keep a person in ignorance of.

onkwetsbaar [-'kvɛtsba:r] invulnerable.

onkwetsbaarheid [-hɛit] v invulnerability.

onlangs [-lɑŋs] the other day, lately, recently; ~ op een middag the other afternoon.

onledig [òn'le.dəx] in: zich ~ houden met busy oneself with.

onleesbaar [-'le.sba:r] I aj 1 illegible [writing]; 2 unreadable [novels &]; II ad illegibly.

onleesbaarheid [-hɛit] v illegibility.

onlogisch [-'lo.gi.s] aj (& ad) illogical(ly).

onloochenbaar [-'lo.gənba:r] undeniable.

onlosmakelijk [ònlos'ma.kələk] I aj indissoluble; II ad indissolubly.

onlusten ['ònlÿstə(n)] mv troubles, disturbances, riots.

onmaatschappelijk [ònma.t'sxɑpələk] antisocial.

onmacht ['ònmɑxt] v 1 impotence, inability; 2 (bezwijming) swoon, fainting fit; in ~ vallen faint (away), swoon.

onmachtig [òn'mɑxtəx] impotent, unable.

onmatig [-'ma.təx] aj (& ad) immoderate(ly), intemperate(ly).

onmatigheid [-hɛit] v immoderateness, intemperance, insobriety.

onmeedogend [ònme.'do.gənt] aj (& ad) merciless(ly), pitiless(ly), ruthless(ly).

onmeetbaar [òn'me.tba:r] immeasurable; onmeetbare getallen irrationals, surds.

onmens ['ònmɛns] m brute, monster.

onmenselijk [òn'mɛnsələk] aj (& ad) inhuman(ly), brutal(ly).

onmenselijkheid [-hɛit] v inhumanity, brutality.

onmerkbaar [òn'mɛrkba:r] I aj imperceptible; II ad imperceptibly.

onmetelijk [òn'me.tələk] I aj immeasurable, immense; II ad immeasurably, immensely.

onmetelijkheid [-hɛit] v immeasurableness, immensity.

onmiddellijk [òn'mɪdələk] I aj immediate; II ad directly, immediately, at once.

onmin ['ònmɪn] v discord, dissension; in ~ geraken fall out; in ~ leven be at variance.

onmisbaar [òn'mɪsba:r] indispensable.

onmisbaarheid [-hɛit] v indispensableness.

onmiskenbaar [ònmıs'kɛnba:r] undeniable, unmistakable.

onmogelijk [òn'mo.gǝlǝk] I *aj* impossible°; *een ~e hoed (vent)* an impossible hat (fellow); *het was mij ~ om...* it was not possible (impossible) for me to...; *het ~e* what is impossible, the impossible; *het ~e vergen* demand an impossibility (impossibilities); II *ad* not... possibly; *die plannen kunnen ~ verwezenlijk worden* these plans cannot possibly be realized; *niet ~* not impossibly; *een ~ lange naam* an impossibly long name.

onmogelijkheid [-hɛit] *v* impossibility.

onmondig [òn'mòndǝx] zie *minderjarig.*

onmondigheid [-hɛit] *v* zie *minderjarigheid.*

onnadenkend [òna.'dɛŋkǝnt] I *aj* unreflecting, unthinking, thoughtless; II *ad* thoughtlessly.

onnadenkendheid [-hɛit] *v* want of thought.

onnaspeurlijk [òna.'spø:rlǝk] inscrutable, unsearchable, untraceable.

onnaspeurlijkheid [-hɛit] *v* inscrutableness, unsearchableness, inscrutability, untraceableness.

onnatuurlijk [òna.'ty:rlǝk] I *aj* not natural, unnatural; II *ad* unnaturally.

onnatuurlijkheid [-hɛit] *v* unnaturalness.

onnauwkeurig [ònɔu'kø:rǝx] *aj* (& *ad*) inaccurate(ly), inexact(ly).

onnauwkeurigheid [-hɛit] *v* inaccuracy, inexactitude.

onnavolgbaar [òna.'vòlxba:r] inimitable.

onnavolgbaarheid [-hɛit] *v* inimitability.

onneembaar [ò'ne.mba:r] impregnable.

onnet [ò'nɛt] I *eig* untidy; 2 *fig* improper.

onnodig [ò'no.dǝx] I *aj* needless, unnecessary; II *ad* needlessly, unnecessarily.

onnoem(e)lijk [ò'nu.mǝlǝk] I unmentionable, unnameable, unutterable, inexpressible; 2 (veel) innumerable, numberless, countless.

onnozel [ò'no.zǝl] I *aj* I (dom) silly, simple, stupid; 2 (argeloos) innocent; 3 (lichtgelovig) gullible; *een ~e bloed* a simpleton; *een ~e jongen* a silly boy, a simpleton; *een ~e tien gulden* a paltry ten guilders; II *ad* I in a silly way, stupidly; 2 innocently.

onnozelheid [ò'no.zǝlhɛit] *v* I silliness, simplicity; 2 innocence.

onnut [ò'nʏt] useless, needless.

onomatopee [o.no.ma.to.'pe.] *v* onomatopoeia.

onomkoopbaar [ònòm'ko.pba:r] not to be bribed, incorruptible.

onomkoopbaarheid [-hɛit] *v* incorruptibility.

onomstotelijk [ònòm'sto.tǝlǝk] irrefutable, irrefragable.

onomwonden [-'vòndǝ(n)] *aj* (& *ad*) explicit(ly), plain(ly), without mincing matters, forthright.

onontbeerlijk [ònònt'be:rlǝk] indispensable.

onontgonnen [-'gònǝ(n)] uncultivated, unworked [coal], undeveloped [areas].

onontkoombaar [-'ko.mba:r] ineluctable, inescapable, inevitable.

onontwarbaar [-'vɑrba:r] inextricable.

onontwijkbaar [-'vɛikba:r] inevitable, unescapable.

onontwikkeld [-'vɪkǝlt] undeveloped; uneducated.

onooglijk [òn'o.gǝlǝk] unsightly.

onooglijkheid [-hɛit] *v* unsightliness.

onoorbaar [òn'o:rba:r] improper, indecent.

onoordeelkundig [òno:rde.l'kʏndǝx] *aj* (& *ad*) injudicious(ly).

onopgehelderd [òn'òpgǝhɛldǝrt] unexplained, uncleared-up; *de moord bleef ~* the murder remained unsolved.

onopgelost [-lòst] undissolved, *fig* unsolved.

onopgemerkt [-mɛrkt] unobserved, unnoticed, unnoted; *dat is niet ~ gebleven* this has not gone unnoted.

onopgesmukt [-smʏkt] unadorned, uncoloured, unvarnished, plain [tale]; bald [reports &].

onopgevoed [-vu.t] ill-bred.

onophoudelijk [ònòp'hɔudǝlǝk] *aj* (& *ad*) incessant(ly).

onoplettend [-'lɛtǝnt] *aj* (& *ad*) inattentive(ly).

onoplettendheid [-hɛit] *v* inattention.

onoplosbaar [ònòp'lɔsba:r] insoluble[2] [matter]; unsolvable [problems].

onoprecht [-'rɛxt] *aj* (& *ad*) insincere(ly).

onoprechtheid [-hɛit] *v* insincerity.

onopzettelijk [ònòp'sɛtǝlǝk] *aj* (& *ad*) unintentional(ly).

onordelijk [òn'ordǝlǝk] disorderly; unruly.

onordelijkheid [-hɛit] *v* disorderliness; unruliness.

onoverdekt [òno.vǝr'dɛkt] uncovered.

onovergankelijk [-'gɑŋkǝlǝk] *aj* (& *ad*) gram intransitive(ly).

onoverkomelijk [-'ko.mǝlǝk] insurmountable, insuperable.

onoverkomelijkheid [-hɛit] *v* insuperability.

onovertrefbaar [òno.vǝr'trɛfba:r] unsurpassable.

onovertroffen [-'tròfǝ(n)] unsurpassed.

onoverwin(ne)lijk [-'vın(ǝ)lǝk] unconquerable, invincible.

onoverzichtelijk [-'zıxtǝlǝk] badly arranged [matter]; [the position is] difficult to survey.

onparlementair [ònpɑrlǝmǝn'tɛ:r] unparliamentary.

onpartijdig [-pɑr'tɛidǝx] *aj* (& *ad*) impartial-(ly).

onpartijdigheid [-hɛit] *v* impartiality.

onpas ['ònpɑs] *te ~* unseasonably, out of season; *te ~ gemaakte opmerkingen* ook: un called-for remarks.

onpasselijk [òn'pɑsǝlǝk] sick.

onpasselijkheid [-hɛit] *v* sickness.

onpedagogisch [ònpe.da.'go.gi.s] *aj* (& *ad*) unpedagogical(ly).

onplezierig [-plǝ'zi:rǝx] unpleasant, disagreeable.

onpractisch zie *onpraktisch.*   [(ly).

onpraktisch [-'prɑkti.s] *aj* (& *ad*) unpractical-

onraad [ònra.t] *o* trouble, danger; *daar is ~* there is something wrong, I smell a rat.

onraadzaam [òn.ra.tsa.m] unadvisable.

onrecht ['ònrɛxt] *o* injustice, wrong; *iemand ~ aandoen* wrong one, do him an injustice (a wrong); *ten ~e* unjustly, wrongly; *zij protesteren ten ~e* they are wrong to protest (in protesting).

onrechtmatig [ònrɛxt'ma.tǝx] *aj* (& *ad*) unlawful(ly).

onrechtmatigheid [-hɛit] *v* unlawfulness.

onrechtvaardig [ònrɛxt'fa:rdǝx] *aj* (& *ad*) unjust(ly).

onrechtvaardigheid [-hɛit] *v* injustice.

onredelijk [òn're.dǝlǝk] I *aj* unreasonable; II *ad* unreasonably.

onredelijkheid [-hɛit] *v* unreasonableness.

onregelmatig [ònre.gǝl'ma.tǝx] *aj* (& *ad*) irregular(ly).

onregelmatigheid [-hɛit] *v* irregularity.

onrein [òn'rɛin] I *aj* unclean, impure; II *o* vermin.

onreinheid [-hɛit] *v* uncleanness, impurity.

onrijp [òn'rɛip] unripe, immature[2].

onrijpheid [-hɛit] *v* unripeness, immaturity[2].

onroerend ['ònru:rǝnt] immovable; zie ook: 2 *goed.*

onrust [-rʏst] *v* I restlessness, unrest, disquiet, commotion; 2 restless person, restless child; 3 ☆ fly, balance [of watches].

onrustbarend [ònrʏst'ba:rǝnt] *aj* (& *ad*) alarming(ly).

onrustig [-'rʏstǝx] I *aj* unquiet, restless, turbulent; troubled [areas, days, sleep, world];

uneasy [night]; **II** *ad* restlessly.
onrustigheid [-hɛit] *v* unrest, restlessness.
onruststoker, ~**zaaier** [ˈɔnrŭststo.kər, -sa.jər] *m* mischief-maker.
1 **ons** [ɔns] **I** *pers. vnmw.* us; **II** *bez. vnmw.* our; ~ *land* ook: this country; zie ook: *volk*; *de onze* ours; *de onzen* ours.
2 **ons** [ɔns] *o* ounce; hectogram(me).
onsamenhangend [ɔnsa.mən'hɑŋənt] disjointed [speech]; incoherent, disconnected, rambling [talk]; scrappy [discourse].
onsamenhangendheid [-hɛit] *v* disjointedness, incoherence.
onschadelijk [ɔnˈsxa.dələk] harmless, innocuous, inoffensive; ~ *maken* render harmless; *hij werd* ~ *gemaakt* he was made away with.
onschadelijkheid [-hɛit] *v* harmlessness.
onschatbaar [ɔnˈsxɑtba:r] inestimable, invaluable, priceless; *van onschatbare waarde* invaluable.
onscheidbaar [-ˈsxɛitba:r] **I** *aj* inseparable; **II** *ad* inseparably.
onscheidbaarheid [-hɛit] *v* inseparability.
onschendbaar [ɔnˈsxɛntba:r] inviolable.
onschendbaarheid [-hɛit] *v* inviolability.
onschuld [ˈɔnsxŭlt] *v* innocence; *de verdrukte* ~ injured innocence; *ik was mijn handen in* ~ I wash my hands of it.
onschuldig [ɔnˈsxŭldəx] **I** *aj* innocent, guiltless; harmless; *ik ben er* ~ *aan* I am innocent of it; *zo* ~ *als een lam* as innocent as a lamb; **II** *ad* innocently.
onsmakelijk [-ˈsma.kələk] unsavoury, unpalatable.
onsolide, onsolied [ɔnso.ˈli.də, -ˈli.t] **I** *aj* not strong [furniture &]; unsubstantial [building]; *fig* unsteady [livers]; unsound [business]; **II** *ad* unsubstantially; unsteadily.
onsplinterbaar [ɔnˈsplintərba:r] unsplinterable.
onstandvastig [-stɑntˈfɑstəx] unstable, inconstant.
onstandvastigheid [-hɛit] *v* instability, inconstancy.
onsterfelijk [ɔnˈstɛrfələk] immortal. [stancy.
onsterfelijkheid [-hɛit] *v* immortality.
onstoffelijk [ɔnˈstɔfələk] immaterial, spiritual.
onstuimig [ɔnˈstœyməx] **I** *aj* tempestuous; boisterous, turbulent; *fig* impetuous [man]; **II** *ad* tempestuously &.
onstuimigheid [-hɛit] *v* tempestuousness; boisterousness, turbulence; *fig* impetuosity.
onsympathiek, onsympatiek [ɔnsimpa.ˈti.k] uncongenial.
ontaard [ɔntˈa:rt] degenerate; unnatural [mother].
ontaarden [-ˈa:rdə(n)] *vi* degenerate [into], deteriorate.
ontaarding [-diŋ] *v* degeneration, degeneracy.
ontastbaar [ɔnˈtɑstba:r] impalpable, intangible.
ontastbaarheid [-hɛit] *v* impalpability, intangibility.
ontberen [ɔntˈbe:rə(n)] *vt* be in want of; do without; *wij kunnen het niet* ~ we can't do without it.
ontbering [-riŋ] *v* want, privation; *allerlei* ~*en* all sorts of hardships.
ontbieden [ɔntˈbi.də(n)] *vt* summon, send for.
ontbijt [ɔntˈbɛit] *o* breakfast.
ontbijten [-ˈbɛitə(n)] *vi* breakfast (on *met*), have breakfast.
ontbinden [ɔntˈbində(n)] *vt* untie, undo [a knot, fetters &]; *fig* disband [troops]; decompose [the body, light, a substance]; dissolve [a marriage, Parliament, a partnership]; resolve [forces &]; separate [numbers into factors].
ontbinding [-diŋ] *v* untying &; *fig* dissolution, [of a marriage &]; decomposition; resolution [of forces]; disbandment [of troops]; in

staat van ~ in a state of decomposition; *tot* ~ *overgaan* become decomposed, decay.
ontbladeren [ɔntˈbla.dərə(n)] *vt* strip of the leaves.
ontbloot [-ˈblo.t] naked, bare; ~ *van* destitute of, devoid of, without; zie ook: *grond*.
ontbloten [-ˈblo.tə(n)] *vt* bare [the sword]; uncover [the head]; ~ *van* denude of, strip of.
ontboezeming [ɔntˈbu.zəmiŋ] *v* effusion, outpouring.
ontbolsteren [ɔntˈbɔlstərə(n)] *vt* shell, husk, hull; *fig* polish [a man].
ontbossen [-ˈbɔsə(n)] *vi* disafforest.
ontbossing [-ˈbɔsiŋ] *v* disafforestation.
ontbrandbaar [-ˈbrɑntba:r] inflammable, combustible.
ontbrandbaarheid [-hɛit] *v* inflammability, combustibility.
ontbranden [ɔntˈbrɑndə(n)] *vi* take fire, ignite; (v. strijd, oorlog) break out; *doen* ~ kindle, ignite.
ontbranding [-diŋ] *v* ignition, combustion.
ontbreken [ɔntˈbre.kə(n)] **I** *vi* 1 be absent; 2 be wanting (missing); *er* ~ *er vijf* 1 five are absent; 2 five are wanting (missing); *er ontbreekt nog wel iets aan* something is wanted still; *dat ontbreekt er nog maar aan* that's the last straw; **II** *onpers. ww. het ontbreekt hem aan geld* he wants money; *het ontbreekt hem aan moed* he is lacking (wanting) in courage; *laat het hem aan niets* ~ let him want for nothing; *het zou mij daartoe aan tijd* ~ time would fail me (to do that); *het* ~*de* the deficiency; the balance; **III** *o* absence.
ontcijferen [-ˈsɛifərə(n)] *vt* decipher [a man's writing]; decode [a telegram].
ontcijfering [-riŋ] *v* decipherment; decoding [of a telegram].
ontdaan [ɔntˈda.n] disconcerted, upset; *geheel* ~ quite taken aback; ~ *van* stripped of [details &].
ontdekken [-ˈdɛkə(n)] *vt* discover [a country]; find out [the truth]; detect [an error, a criminal].
ontdekker [-kər] *m* discoverer.
ontdekking [-kiŋ] *v* discovery; *tot de* ~ *komen, dat...* discover, find (out) that...
ontdekkingsreis [-kiŋsrɛis] *v* voyage of discovery.
ontdekkingsreiziger [-rɛizəgər] *m* explorer.
ontdoen [ɔntˈdu.n] **I** *vt* in: *iemand* ~ *van* strip one of; **II** *vr zich* ~ *van* get rid of, dispose of, part with; *ontdoe u van hoed en mantel* take off your hat and cloak (your things).
ontdooien [-ˈdo.jə(n)] **I** *vi* thaw[2]; *fig* melt; **II** *vt* thaw[2]; *de waterleiding* ~ thaw out the water-pipe(s).
ontduiken [-ˈdœykə(n)] *vt* elude [a blow]; *fig* get round [the regulations], elude [the laws], evade [a difficulty]; dodge [arguments, conditions, a tax &].
ontduiking [-kiŋ] *v* elusion, evasion; ⚖ fraud.
ontegensprekelijk, ~**zeglijk** [ɔnte.gɔnˈspre.kə.lək, -ˈzegələk] **I** *aj* incontestable, undeniable, unquestionable; **II** *ad* incontestably, undeniably, unquestionably.
onteigenen [ɔntˈɛigənə(n)]*vt* expropriate.
onteigening [-niŋ] *v* expropriation.
ontelbaar [ɔnˈtɛlba:r] **I** *aj* countless, innumerable, numberless; **II** *ad* innumerably.
ontembaar [-ˈtɛmba:r] untamable, indomitable.
ontembaarheid [-hɛit] *v* untamableness, indomitableness.
onteren [ɔntˈe:rə(n)] *vt* dishonour.
ontering [-riŋ] *v* dishonouring.
onterven [ɔntˈɛrvə(n)] *vt* disinherit.
onterving [-viŋ] *v* disinheritance.
ontevreden [ɔntəˈvre.də(n)] discontented; ~

over discontented (dissatisfied, displeased) with; *de ~en* the malcontents.

ontevredenheid [-hɛit] *v* discontent(edness); dissatisfaction (with *over*), displeasure (at *over*).

ontfermen [ònt'fɛrmə(n)] in: *zich ~ over* take pity on, have mercy on.

ontferming [-mɪŋ] *v* pity.

ontfutselen [ònt'fütsələ(n)] *vt* in: *iemand iets ~* filch (pilfer) something from a person.

ontgaan [-'ga.n] *vi* escape, elude; *het is mij ~* 1 it has slipped my memory; 2 I have failed to notice it; *de humor ontging hem* the humour was lost upon him; *het kampioenschap ontging hem* he missed the championship.

ontgelden [-'gɛldə(n)] *vt* in: *het moeten ~* have to pay (suffer) for it.

ontginnen [-'gɪnə(n)] *vt* reclaim [land], break up [a field]; work exploit [a mine], develop [a region].

ontginning [-nɪŋ] *v* reclamation; working, exploitation, development.

ontglippen [ònt'glɪpə(n)] *vi* slip from one's grasp [of an eel &]; slip from one's tongue [of words].

ontgoochelen [-'go.gɔlə(n)] *vt* disenchant, disillusion(ize), undeceive.

ontgoocheling [-lɪŋ] *v* disenchantment, disillusionment.

ontgrendelen [-'grɛndələ(n)] *vt* unbolt.

ontgroeien [-'gru.jə(n)] *vi* in: *~ (aan)* outgrow, grow out of.

ontgroenen [-'gru.nə(n)] *vt* ⇨ rag [a fellow-student]; *fig* put [a person] wise.

onthaal [ònt'ha.l] *o* treat, entertainment; *fig* reception; *een goed ~ vinden* meet with a kind reception.

onthalen [-'ha.lə(n)] *vt* treat, entertain, feast, regale; *~ op* treat [one] to, entertain [one] with.

onthand [-'hɑnt] inconvenienced.

ontharen [-'ha:rə(n)] *vt* depilate.

ontharing [-rɪŋ] *v* depilation.

ontharingsmiddel [-rɪŋsmɪdəl] *o* depilatory.

ontheemde [ònt'he.mdə] *m-v* displaced person.

ontheffen [-'hɛfə(n)] in: *iemand ~ van zijn ambt* relieve one of his office; *iemand van het commando ~* ⇨ & ⇩ relieve one of (remove from) his command; *iemand van een verplichting ~* zie *ontslaan*.

ontheffing [-fɪŋ] *v* exemption, dispensation, exoneration, of; (v. ambt, commando) discharge, removal.

ontheiligen [ònt'hɛiləgə(n)] *vt* desecrate, profane.

ontheiliging [-gɪŋ] *v* desecration, profanation.

onthoofden [ònt'ho.vdə(n)] *vt* behead, decapitate.

onthoofding [-dɪŋ] *v* decapitation.

onthouden [ònt'hou(d)ə(n)] I *vt* 1 (niet geven) withhold, keep from; 2 (niet vergeten) remember, bear in mind; *onthoud dat wel!* don't forget that!; II *wz zich ~ van* abstain from, refrain from.

onthouding [-dɪŋ] *v* 1 abstinence, abstemiousness; 2 (bij stemming &) abstention.

onthullen [ònt'hülə(n)] *vt* unveil [a statue]; *fig* reveal, disclose.

onthulling [-lɪŋ] *v* unveiling; *fig* revelation, disclosure.

onthutsen [ònt'hütsə(n)] *vt* disconcert, bewilder.

ontijde ['òntɛidə] *te(n) ~* at an unseasonable hour (time).

ontijdig [òn'tɛidəx] I *aj* unseasonable, untimely, premature; II *ad* unseasonably, untimely, prematurely.

ontijdigheid [-hɛit] *v* unseasonableness, untimeliness, prematurity.

ontkennen [ònt'kɛnə(n)] I *vt* deny [that it is so &]; II *va* deny the charge.

ontkennend [-nənt] I *aj* negative; II *ad* negatively, [reply] in the negative.

ontkenning [-nɪŋ] *v* denial, negation.

ontketenen [ònt'ke.tənə(n)] *vt* unchain; launch [an attack].

ontkiemen [-'ki.mə(n)] *vi* ⚡ germinate.

ontkleden [ònt'kle.də(n)] *vt & vr* undress.

ontknopen [-'kno.pə(n)] *vt* unbutton; untie; *fig* unravel.

ontknoping [-pɪŋ] *v* dénouement, unravelling.

ontkolen [ònt'ko.lə(n)] *vt* ⚒ decarbonize [a cylinder].

ontkomen [-'ko.mə(n)] *vi* escape; *hij wist te ~* he managed to escape; *daaraan kunnen wij niet ~* we cannot escape that; *zij ontkwamen aan de vervolging* they eluded pursuit.

ontkoming [-mɪŋ] *v* escape.

ontkoppelen [ònt'kopələ(n)] I *vt* 1 ⚒ uncouple, ungear; 2 unleash [hounds]; II *vi* ⚙ declutch.

ontkoppelingspedaal [-'kopəlɪŋspeda.l] *o & m* ⚙ clutch pedal.

ontkurken [-'kürkə(n)] *vt* uncork.

ontladen [-'la.də(n)] *vt* unload; ⚡ discharge.

ontlading [-dɪŋ] *v* 1 ⚓ unloading; 2 ⚡ discharge.

ontlasten [ònt'lɑstə(n)] I *vt* unburden[2]; *iemand van... ~* relieve one of...; II *vr zich ~* discharge (itself), disembogue [of a river].

ontlasting [-tɪŋ] *v* 1 discharge, relief; 2 (uitwerpselen) stools; *~ hebben* go to stool, have a movement; *voor goede ~ zorgen* keep the bowels open.

ontleden [ònt'le.də(n)] *vt* 1 analyse; 2 (anatomie) dissect, anatomize; 3 (redekundig) analyse; 4 (taalkundig) parse.

ontleding [-dɪŋ] *v* 1 analysis [*mv* analyses]; 2 (in de anatomie) dissection; 3 (redekundige) analysis; 4 (taalkundige) parsing.

ontleedkunde [ònt'le.tkündə] *v* anatomy.

ontleedmes [ònt'le.tmɛs] *o* ⚡ dissecting-knife.

ontleedtafel [-'le.ta.fəl] *v* ⚡ dissecting-table.

ontlenen [ònt'le.nə(n)] *vt* in: *~ aan* borrow from, adopt from, derive from, take [one's name] from.

ontlening [-nɪŋ] *v* borrowing, adoption.

ontloken [ònt'lo.kə(n)] full-blown [flower, talent].

ontlokken [-'lokə(n)] *vt* draw (elicit, coax) from.

ontlopen [-'lo.pə(n)] *vt* run away from, escape, avoid; *ik tracht hem zoveel mogelijk te ~* I always give him a wide berth; *ze ~ elkaar niet veel* there is not much difference between them.

ontluiken [-'lœykə(n)] *vi* open, expand; *een ~de liefde* a nascent love; *een ~d talent* a budding talent; zie ook: *ontloken*.

ontmantelen [-'mɑntələ(n)] *vt* dismantle.

ontmanteling [-lɪŋ] *v* dismantling.

ontmaskeren [ònt'mɑskərə(n)] I *vt* unmask[2], *fig* show up, expose; II *vr zich ~* unmask.

ontmaskering [-rɪŋ] *v* unmasking, *fig* exposure.

ontmoedigen [-dəgə(n)] *vt* discourage.

ontmoeten [ònt'mu.tə(n)] *vt* 1 (toevallig) meet with, meet [a person]; chance upon [an expression]; 2 (niet toevallig) meet; 3 *fig* encounter [resistance].

ontmoeting [-tɪŋ] *v* 1 meeting; 2 (hostile) encounter.

ontnemen [-'ne.mə(n)] *vt* take (away) from, deprive of.

ontnuchteren [ònt'nüxtərə(n)] *vt* sober[2]; *fig* disenchant, disillusion.

ontnuchtering [-rɪŋ] *v fig* disenchantment, disillusionment.

ontoegankelijk [òntu.'gɑŋkələk] unapproachable, inaccessible.

ontoegankelijkheid [-hɛit] *v* unapproachableness, inaccessibility.

ontoelaatbaar [òntu.'la.tba:r] inadmissible.

ontoepasselijk [-'pasələk] inapplicable.

ontoereikend [òntu.'rɛikənt] insufficient, inadequate.

ontoereikendheid [-hɛit] *v* insufficiency, inadequacy.

ontoerekenbaar [òntu.'re.kənba:r] not imputable [crimes]; irresponsible [for one's actions]; *je bent* ∼ **F** you are out of your senses.

ontoerekenbaarheid [-hɛit] *v* irresponsibility.

ontoonbaar [òn'to.nba:r] not fit to be shown [of things], not fit to be seen [of persons].

ontplofbaar [ònt'plòfba:r] explosive; *ontplofbare stoffen* explosives.

ontploffen [-'plòfə(n)] *vi* explode, detonate.

ontploffing [-fɪŋ] *v* explosion, detonation; *tot* ∼ *brengen* explode; *tot* ∼ *komen* explode.

ontplooien [ònt'plo.jə(n)] *vt & vr* unfurl, unfold².

ontplooiing [-jɪŋ] *v* unfolding.

ontpoppen [ònt'pòpə(n)] *vr* in: *zich* ∼ *als*... turn out to be..., show oneself a...

ontraadselen [-'ra.tsələ(n)] *vt* unriddle, unravel.

ontraden [-'ra.də(n)] *vt* dissuade from, advise against.

ontredderen [-'rɛdərə(n)] *vt* put out of joint, throw out of gear, disable, shatter.

ontreddering [-'rɛdərɪŋ] *v* disorganization, general collapse [of society].

ontrieven [-'ri.və(n)] *vt* in: *als ik u niet ontrief* if I don't put you to inconvenience.

ontroeren [-'ru:rə(n)] I *vt* move, affect; II *vi* be moved.

ontroering [-'ru:rɪŋ] *v* emotion.

ontrollen [-'rolə(n)] *vt & vr* unroll, unfurl, unfold; *iemand iets* ∼ pilfer something from a person.

ontroostbaar [òn'tro.stba:r] not to be comforted, disconsolate, inconsolable.

ontrouw [òntrou] I *aj* unfaithful [husband, wife], disloyal, false [to oneself]; II *v* unfaithfulness, disloyalty, [marital] infidelity.

ontroven [ònt'ro.və(n)] *vt* rob of, steal from.

ontruimen [-'rœymə(n)] *vt* ✕ evacuate, vacate [the premises, a house], clear [the park &].

ontruiming [-mɪŋ] *v* evacuation, vacation, clearing.

ontrukken [ònt'rükə(n)] *vt* tear from, snatch (away) from.

ontschepen [-'sxe.pə(n)] I *vt* unship [cargo], disembark [passengers]; II *vr zich* ∼ disembark.

ontscheping [-'sxe.pɪŋ] *v* disembarkation; unshipping [of cargo].

ontschieten [-'sxi.tə(n)] *vi* slip from; *het is mij ontschoten* it has slipped my memory.

ontsieren [-'si:rə(n)] *vt* disfigure, deface, mar.

ontsiering [-rɪŋ] *v* disfigurement, defacement.

ontslaan [ònt'sla.n] *vt* discharge, dismiss; ∼ *uit zijn betrekking* discharge, dismiss; ∼ *uit de gevangenis* release from gaol; ∼ *van* discharge from, release from, free from; *iemand van een belofte* ∼ let one off his promise; *iemand van een verplichting* ∼ relieve one from (absolve him from) an obligation; *we zijn van hem ontslagen* we have got rid of him.

ontslag [-'slax] *o* discharge, dismissal; resignation; release [from gaol]; *hem zijn* ∼ *geven* discharge (dismiss) him; *zijn* ∼ *indienen* (*aanvragen*) tender one's resignation, send in (give in) one's papers; *zijn* ∼ *krijgen* be dismissed; ∼ *nemen* resign.

ontslagbriefje [-bri.fjə] *o* discharge certificate.

ontslapen [ònt'sla.pə(n)] *vi* pass away; *in de Heer* ∼ *zijn* sleep in the Lord.

ontslapene [-'sla.pənə] *m-v* in: *de* ∼ the (dear) deceased, the (dear) departed.

ontsluieren [-'slœyərə(n)] *vt* unveil²; *fig* disclose, reveal.

ontsluiten [-'slœytə(n)] I *vt* unlock; open²; II *vr zich* ∼ open.

ontsmetten [-'smɛtə(n)] *vt* disinfect.

ontsmetting [-tɪŋ] *v* disinfection.

ontsmettingsmiddel [-tɪŋsmɪdəl] *o* disinfectant.

ontsnappen [ònt'snapə(n)] *vt* escape, make one's escape; ∼ *aan* escape from [a person]; escape [one's vigilance]; *je kunt er niet aan* ∼ there is no escape (from it).

ontsnapping [-pɪŋ] *v* escape.

ontspannen [ònt'spanə(n)] I *vt* unbend [a bow, the mind]; relax [the muscles]; release [a spring]; ease [the situation]; II *vr zich* ∼ unbend, relax.

ontspanner [-nər] *m* (fotogr.) release.

ontspanning [-nɪŋ] *v* relaxation²; *fig* I (verminderde spanning) relief; [international] détente, easing (of the political situation); 2 (uitspanning) diversion, distraction; *hij neemt nooit* ∼ he never unbends.

ontspinnen [ònt'spɪnə(n)] *vi* in: *er ontspon zich een belangrijke discussie* this led to an interesting discussion.

ontsporen [-'spo:rə(n)] *vi* run off the metals (rails), be derailed, derail.

ontsporing [-'spo:rɪŋ] *v* derailment.

ontspringen [-'sprɪŋə(n)] *vi* rise [of a river]; zie ook: *dans*.

ontspruiten [-'sprœytə(n)] *vi* spring, sprout; *fig* ∼ *uit* arise from, spring from, proceed from.

ontstaan [-'sta.n] I *vi* come into existence (into being), originate; start [of a fire]; develop [of a crisis, fever &]; *doen* ∼ give rise to, cause, create; start [a fire]; ∼ *uit* arise from; II *o* origin.

ontsteken [-'ste.kə(n)] I *vt* kindle, light, ignite, blast off [a rocket]; *iemand in toorn doen* ∼ kindle a person's wrath; II *vi* become inflamed [of a wound]; *in toorn* ∼ fly into a passion.

ontsteking [-kɪŋ] *v* I kindling [of fire], 🜚 ignition, blast-off [of a rocket]; 2 (v. wonden) inflammation.

ontsteld [ònt'stɛlt] alarmed, frightened.

ontstelen [-'ste.lə(n)] *vt* steal from; *zij hebben het hem ontstolen* they have stolen it from him.

ontstellen [-'stɛlə(n)] I *vt* startle, alarm, frighten; II *vi* be startled, become alarmed.

ontsteltenis [-'stɛltənɪs] *v* consternation, alarm, dismay.

ontstemd [-'stɛmt] ♪ out of tune; *fig* put out, displeased.

ontstemmen [-'stɛmə(n)] *vt* ♪ put out of tune; *fig* put out, displease.

ontstemming [-mɪŋ] *v* displeasure, dissatisfaction, soreness, heartburning.

ontstentenis [ònt'stɛntənɪs] *v* in: *bij* ∼ *van* in default of, in the absence of, failing...

ontstichten [-'stɪxtə(n)] *vt* offend, give offence.

ontstoken [-'sto.kə(n)] inflamed [of a wound].

onttakelen [òn'ta.kələ(n)] *vt* ♃ unrig, dismantle.

onttrekken [òn'trɛkə(n)] I *vt* withdraw (from *aan*); *aan het oog* ∼ hide; II *vr zich* ∼ *aan* withdraw from; shirk [a duty]; back out of [an obligation].

onttrekking [-'trɛkɪŋ] *v* withdrawal.

onttronen [-'tro.nə(n)] *vt* dethrone.

onttroning [-'tro.nɪŋ] *v* dethronement.

ontucht [òntüxt] *v* lewdness, prostitution.

ontuchtig [òn'tüxtəx] *aj* (& *ad*) lewd(ly).

ontuig [ʼòntœyx] *o* riff-raff.

ontvallen [ònt'falə(n)] *vi* drop (fall) from [one's hands]; *zich geen woord laten* ∼ not drop a single word; *het is mij* ∼ it escaped me; *zijn kinderen ontvielen hem* he lost his children.

ontvangbewijs [ònt'faŋbəvɛis] o receipt.
ontvangdag [-dɑx] m at-home (day).
ontvangen [ònt'faŋə(n)] I vt receive°, $ take
delivery of [the goods]; de vijand werd warm
~ the enemy was given a warm reception; II
va receive; wij ~ vandaag niet we are not at
home to-day.
ontvangenis [-'faŋənıs] v conception.
ontvanger [-'faŋər] m 1 recipient, $ consignee;
2 (ambtenaar) tax-collector; 3 ⚡ ⚓ (ontvangtoestel) receiver.
ontvangst [-'faŋst] v receipt; reception [of a
person & ⚡ ⚓]; de ~en van één dag $ the
takings of one day; de ~ berichten (bevestigen, erkennen) van... acknowledge receipt
of...; de ~ weigeren van... $ refuse to take
delivery of...; bij de ~ van... on receiving...;
in ~ nemen receive, $ take delivery of; na ~
van... on receipt of...
ontvangstbewijs [-'faŋstbəvɛis] o receipt.
ontvangtoestel [-'faŋtu.stɛl] o ⚡ ⚓ receiver, receiving set.
ontvankelijk [ònt'faŋkələk] receptive, susceptible; ~ voor accessible to, amenable to; zijn
eis werd ~ verklaard he was entitled to proceed with his claim; zijn eis werd niet ~ verklaard it was decided that the action would
not lie.
ontvankelijkheid [-heıt] v receptivity, susceptibility.
ontveinzen [ònt'fɛinzə(n)] vt in: wij ~ het ons
niet we fully realize it; wij kunnen ons niet ~
dat... we cannot disguise from ourselves the
fact that (the difficulty & of...).
ontvellen [-'fɛlə(n)] vt excoriate, graze, bark
[one's knee &]; ik heb mij ontveld I have got
an abrasion.
ontvelling [-'fɛlıŋ] v abrasion, excoriation.
ontvlambaar [-'flɑmba:r] inflammable.
ontvlammen [ònt'flɑmə(n)] vi inflame, kindle².
ontvlekken [ònt'flɛkə(n)] vt remove stains
from.
ontvluchten [-'flʏxtə(n)] I vi fly, flee, escape,
make good one's escape; II vt fly (from), flee
(from).
ontvluchting [-tıŋ] v flight, escape.
ontvoerder [ònt'fu:rdər] m abductor, kidnapper.
ontvoeren [-'fu:rə(n)] vt carry off, abduct, kidnap.
ontvoering [-rıŋ] v abduction, kidnapping.
ontvolken [ònt'fɔlkə(n)] vt depopulate.
ontvolking [-kıŋ] v depopulation.
ontvoogden [ònt'fo.gdə(n)] vt emancipate.
ontvouwen [ònt'fouə(n)] vt & vr unfold².
ontvreemden [ònt'fre.mdə(n)] vt steal, embezzle.
ontvreemding [-dıŋ] v theft, embezzlement.
ontwaken [ònt'va.kə(n)] vi awake², wake up²,
get awake; uit zijn droom ~ awake from a
dream.
ontwaking [-kıŋ] v awakening.
ontwapenen [ònt'va.pənə(n)] vt & vi disarm.
ontwapening [-nıŋ] v 1 disarming [of a sol-
dier]; 2 disarmament [movement].
ontwaren [ònt'va:rə(n)] vt perceive, descry.
ontwarren [-'vɑrə(n)] vt disentangle, unravel.
ontwarring [-'vɑrıŋ] v disentanglement, unravelling.
ontwennen [-'vɛnə(n)] vt zie afwennen.
ontwerp [-'vɛrp] o project, plan, (rough) draft,
design; (wetsontwerp) bill.
ontwerpen [-'vɛrpə(n)] vt draft, draw up, frame,
design, project, plan [towns].
ontwerper [-pər] m draftsman [of a docu-
ment], designer, framer, planner, projector.
ontwijden [ònt'vɛidə(n)] vt desecrate, profane,
defile.
ontwijder [-dər] m desecrator, profaner, defiler.

ontwijding [-dıŋ] v desecration, profanation,
defilement.
ontwijfelbaar [ònt'tvɛifəlba:r] I aj indubitable,
unquestionable, unquestioned, doubtless; II
ad indubitably &, indisputably.
ontwijfelbaarheid [-heıt] v indubitableness,
doubtlessness.
ontwijken [ònt'vɛikə(n)] vt evade, dodge [a
blow]; avoid, shun [a man, a place]; fight
shy of [a person]; fig blink, evade, elude,
fence with [a question], shirk [the main
point].
ontwijkend [-kɑnt] aj (& ad) evasive(ly).
ontwijking [-kıŋ] v evasion.
ontwikkelaar [ònt'vıkəla:r] m (foto) developer.
ontwikkeld [-'vıkəlt] (fully) developed; fig
educated.
ontwikkelen [-'vıkələ(n)] I vt develop; II vr
zich ~ develop² (into tot).
ontwikkeling [-lıŋ] v development; aigemene ~
general education.
ontwikkelingsland [-lıŋslɑnt] o developing
country.
ontwoekeren [ònt'vu.kərə(n)] vt in: ~ aan
wrest from; ontwoekerd aan de baren re-
claimed from the sea, wrested from the waves.
ontworstelen [-'vɔrstələ(n)] vt wrest from.
ontwortelen [-'vɔrtələ(n)] vt uproot.
ontwricht [-'vrıxt] dislocated, out of joint; dis-
rupted.
ontwrichten [-'vrıxtə(n)] vt dislocate², disjoint;
disrupt [society; transport¹.
ontwrichting [-tıŋ] v dislocation² [also of af-
fairs]; disruption [of society; of postal serv-
ices].
ontwringen [ònt'vrıŋə(n)] vt wrest from, extort
from.
ontzag [ònt'sɑx] o awe, respect, veneration;
~ inboezemen inspire with awe, (over)awe;
~ hebben voor stand in awe of.
ontzaglijk [-'sɑgələk] I aj awful, enormous,
tremendous [quantity], vast [number]; II ad
< awfully.
ontzaglijkheid [-heıt] v enormousness.
ontzagwekkend [òntsɑx'vɛkənt] awe-inspiring.
ontzeggen [-'sɛgə(n)] I vt deny; mijn benen ~
mij de dienst my legs fail me; hij zag zich zijn
eis ontzegd his suit was dismissed; iemand
zijn huis ~ forbid one the house; ik ontzeg u
het recht om... I deny to you the right to...;
de toegang werd hem ontzegd he was denied
admittance; II vr in: zich iets ~ deny oneself
something.
ontzegging [-'sɛgıŋ] v denial.
ontzenuwen [-'se.ny.və(n)] vt 1 enervate, un-
nerve; 2 fig invalidate [grounds, arguments].
ontzenuwing [-vıŋ] v enervation; fig invalidation.
1 ontzet [ònt'sɛt] aj aghast, appalled.
2 ontzet [ònt'sɛt] o ⚔ relief [of a besieged
town]; rescue [of a person]; tot ~ komen opdagen ⚔ advance to the relief [of the town];
come to a person's rescue.
ontzetten [-'sɛtə(n)] vt 1 ⚔ relieve; rescue [by
the police]; 2 (afzetten) dismiss; 3 (met
ontzetting vervullen) appal; 4 (ontwrichten, verbuigen) buckle [metal, a
wheel], warp [wood]; iemand uit zijn ambt ~
deprive one of his office.
ontzettend [-'sɛtənt] I aj appalling, dreadful,
terrible; (het is) ~! it is awful!; II ad dreadfully, < awfully, terribly.
ontzetting [-'sɛtıŋ] v 1 ⚔ relief [of a town];
rescue [of a person]; 2 deprivation [of office],
dismissal [of functionary]; 3 horror.
ontzield [-'si.lt] inanimate, lifeless.
ontzien [-'si.n] I vt respect, stand in awe of;
spare [a person], consider [a person's feelings); hij moet ~ worden he must be dealt

with gently; *geen moeite ~ om...* spare no pains to...; *geen (on)kosten ~d* regardless of expense; II *vr zich ~* spare oneself; take care of oneself (of one's health); *zich niet ~ om...* not scruple to...; *hij ontzag zich nota bene niet om...* he had the conscience to [smoke my cigars &].

ontzind [-'sɪnt] distracted.

ontzinken [-'sɪŋkə(n)] *vi* in: *de moed ontzonk mij* my courage gave way.

onuitblusbaar [ònœyt'blüsba:r] inextinguishable, unquenchable.

onuitgemaakt [-ma.kt] unsettled, not settled, open [question].

onuitgesproken [-spro.kə(n)] unspoken.

onuitputtelijk [ònœyt'pütələk] I *aj* inexhaustible, unfailing.

onuitputtelijkheid [-hεit] *v* inexhaustibleness.

onuitroeibaar [ònœyt'ru:iba:r] ineradicable.

onuitspreekbaar [-'spre.kba:r] unpronounceable.

onuitsprekelijk [-'spre.kələk] I *aj* unspeakable, inexpressible, unutterable, ineffable [joy]; II *ad* unspeakably, inexpressibly, unutterably, ineffably; ~ *gelukkig* ook: too happy for words, happy beyond words.

onuitstaanbaar [-'sta.nba:r] I *aj* insufferable, intolerable, unbearable; II *ad* insufferably, intolerably, unbearably.

onuitstaanbaarheid [-hεit] *v* insufferableness, intolerableness, unbearableness.

onuitvoerbaar [ònœyt'fu:rba:r] impracticable, impossible.

onuitvoerbaarheid [-hεit] *v* impracticability, impossibility.

onuitwisbaar [ònœyt'vɪsba:r] I *aj* indelible, ineffaceable; II *ad* indelibly, ineffaceably.

onvast [òn'vɑst] unstable, unsteady [gait, character &]; unsettled, uncertain [state of things]; loose [soil]; light [sleep].

onvastheid [-hεit] *v* instability, unsteadiness &.

onvatbaar [òn'vɑtba:r] in: ~ *voor* immune from [a disease]; insusceptible of [pity].

onvatbaarheid [-hεit] *v* immunity [from disease]; insusceptibility [of pity].

onveilig [òn'vεilx] unsafe, insecure; ~*!* danger!; ~ *maken* make unsafe, infest [the roads]; ~ *sein* danger signal; *het sein staat op* ~ the signal is at danger.

onveiligheid [-hεit] *v* unsafeness, insecurity.

onveranderd [ònvər'ɑndərt] unchanged, unaltered.

onveranderlijk [-'ɑndərlək] I *aj* unchangeable, unalterable, immutable [decision &]; invariable [behaviour &]; immovable [feasts as Christmas &]; II *ad* unchangeably &.

onveranderlijkheid [-hεit] *v* unchangeableness, immutability, invariableness.

onverantwoord [ònvər'ɑntvo:rt] I *aj* (v. handeling) unjustified, unwarranted; 2 (v. geld) not accounted for.

onverantwoordelijk [-ɑnt'vo:rdələk] I not responsible, irresponsible; 2 unwarrantable, unjustifiable.

onverantwoordelijkheid [-hεit] *v* 1 irresponsibility; 2 unwarrantableness, unjustifiableness.

onverbasterd [ònvər'bɑstərt] undegenerate.

onverbeterlijk [ònvər'be.tərlək] I *aj* 1 incorrigible [child &]; 2 (voortreffelijk) excellent, perfect; II *ad* 1 incorrigibly; 2 (voortreffelijk) excellently, perfectly, [sing &] to perfection.

onverbiddelijk [-'bɪdələk] inexorable.

onverbiddelijkheid [-hεit] *v* inexorability.

onverbloemd [ònvərblu.mt] I *aj* undisguised, unvarnished; II *ad* [tell me] in plain terms, bluntly.

onverbreekbaar, **~brekelijk** [ònvər'bre.kba:r,

-'bre.kələk] unbreakable, indissoluble.

onverbuigbaar [ònvər'bœyxba:r] *gram* indeclinable.

onverdedigbaar [-'de.dəxba:r] indefensible.

onverdeeld [ònvərde.lt] undivided, whole, entire; unqualified [praise, success].

onverdiend [ònvər'di.nt] I *aj* unearned [money]; undeserved [reproach], unmerited [praise]; II *ad* undeservedly.

onverdienstelijk [ònvər'di.nstələk] in: *niet* ~ not without merit.

onverdraaglijk(heid) [-'dra.gələk(hεit)] zie *ondraaglijk(heid).*

onverdraagzaam [-'dra.xsa.m] intolerant.

onverdraagzaamheid [-hεit] *v* intolerance.

onverdroten [ònvərdro.tə(n)] I *aj* indefatigable, unwearying, unflagging [zeal]; sedulous [care]; II *ad* indefatigably; sedulously.

onverenigbaar [ònvər'e.naxba:r] not to be united; *onverenigbare begrippen* irreconcilable ideas; ~ *met* incompatible with, inconsistent with.

onverenigbaarheid [-hεit] *v* incompatibility, inconsistency.

onverflauwd [ònvərflout] undiminished, unabated [energy], unrelaxing [diligence], unremitting [attention], unflagging [zeal].

onvergankelijk [ònvər'gɑŋkələk] imperishable, undying.

onvergankelijkheid [-hεit] *v* imperishableness.

onvergeeflijk, **onvergefelijk** [ònvər'ge.fələk] unpardonable, unforgivable.

onvergeeflijkheid, **onvergefelijkheid** [-hεit] *v* unpardonableness.

onvergelijkelijk [ònvərgə'lεikələk] I *aj* incomparable, matchless, peerless; II *ad* incomparably.

onverhoeds [-'hu.ts] I *aj* unexpected, sudden; *een ~ aanval* a surprise attack; II *ad* unawares, unexpectedly, suddenly; [attack] by surprise.

onverholen [ònvərho.lə(n)] I *aj* unconcealed [disgust], undisguised [contempt]; II *ad* frankly, openly, without mincing matters.

onverhoopt [ònvər'ho.pt] unexpected, unlooked-for.

onverklesbaar [ònvər'kl.sba:r] ineligible.

onverkiesbaarheid [-hεit] *v* ineligibility.

onverkies(e)lijk [ònvər'ki.sələk] undesirable.

onverklaarbaar [-'kla:rba:r] inexplicable.

onverklaarbaarheid [-hεit] *v* inexplicableness.

onverkocht [ònvər'kɔxt] unsold; *mits* ~ **S** if unsold.

onverkoopbaar [-'ko.pba:r] unsal(e)able, unmarketable.

onverkort [ònvərkòrt] unabridged, uncurtailed.

onverkwikkelijk [ònvər'kvkkələk] unpleasant, unpalatable, unsavoury [case &].

onverlaat [ònvərla.t] *m* miscreant, vile wretch.

onverlet [ònvər'lεt] unhindered, unimpeded.

onvermeld [-'mεlt] unmentioned, unrecorded; *(niet) ~ blijven* (not) go unrecorded.

onvermengd [-'mεŋt] unmixed, unalloyed, unqualified, pure.

onvermijdelijk [-'mεidələk] I *aj* inevitable, unavoidable; *het ~e* the inevitable; II *ad* inevitably, unavoidably.

onvermijdelijkheid [-hεit] *v* unavoidableness, inevitability.

onverminderd [ònvərmɪndərt] I *aj* undiminished, unabated; II *prep* without prejudice [to.

onvermoeibaar [ònvər'mu:iba:r] I *aj* indefatigable; II *ad* indefatigably.

onvermoed [ònvərmu.t] unsuspected.

onvermogen [ònvərmo.gə(n)] *o* 1 impotence, inability; 2 impecuniosity; 3 indigence; ~ *om te betalen* insolvency; *in staat van* ~ insolvent.

onvermogend [ònvər'mo.gənt] 1 (machte-loos) unable; 2 (geldeloos) impecunious; 3 (behoeftig) indigent.

onvermurwbaar [-'mūrvba:r] unrelenting, inexorable.

onverpoosd [ònvər'po.st] I *aj* uninterrupted, unremitting; II *ad* uninterruptedly, unceasingly.

onverricht ['ònvərɪxt] undone, unperformed; ~*er zake* without having attained one's end, [return] without success.

onversaagd [ònvər'sa.xt] I *aj* undaunted, intrepid; II *ad* undauntedly, intrepidly.

onversaagdheid [-heit] *v* undauntedness, intrepidity.

onverschillig [ònvər'sxɪləx] I *aj* indifferent, careless [person]; [air, tone &] of indifference; ~ *door welk middel* no matter by what means; ~ *of we... dan wel...* whether... or...; ~ *voor...* indifferent to...; ~ *wat (wie)* no matter what (who); *het is mij* ~ it is all the same (all one) to me; II *ad* indifferently, carelessly, insouciantly.

onverschilligheid [-heit] *v* indifference, insouciance.

onverslijtbaar [ònvər'slɛitba:r] not to be worn out, imperishable, everlasting.

onversneden ['ònvərsne.də(n)] undiluted, unqualified [wine &].

onverstaanbaar [ònvər'sta.nba:r] I *aj* unintelligible; II *ad* unintelligibly.

onverstaanbaarheid [-heit] *v* unintelligibleness, unintelligibility.

onverstand ['ònvərstant] *o* unwisdom.

onverstandig [ònvər'standəx] I *aj* unwise; *het* ~*e ervan* the unwisdom of it; II *ad* unwisely.

onverstoorbaar [-'sto:rba:r] I *aj* imperturbable; II *ad* imperturbably.

onverstoorbaarheid [-heit] *v* imperturbability.

onverstoord [ònvər'sto:rt] undisturbed; *fig* unperturbed.

onvertaalbaar [-'ta.lba:r] untranslatable.

onverteerbaar [-'te:rba:r] indigestible[2].

onverteerd [-'te:rt] undigested[2].

onvertogen [-'to.gə(n)] unseemly.

onvervaard [-'va:rt] I *aj* fearless, undaunted; II *ad* fearlessly, undauntedly.

onvervalst [-'valst] unadulterated, unalloyed, genuine, unsophisticated; *een* ~*e schurk* an unmitigated blackguard.

onvervangbaar [-'vaŋba:r] irreplaceable.

onvervreemdbaar [-'vre.mtba:r] inalienable [goods, property], indefeasible [rights].

onverwacht [ònvər'vaxt] I *aj* unexpected, unlooked for; II *ad zie onverwachts*.

onverwachts [-'vaxts] unexpectedly, unawares.

onverwarmd ['ònvərvarmt] unheated [room], unwarmed.

onverwelkbaar [-'vɛlkba:r] unfading[2].

onverwijld [-'veilt] *aj* (& *ad*) immediate(ly), without delay.

onverwoestbaar [-'vu.stba:r] indestructible.

onverwoestbaarheid [-heit] *v* indestructibility.

onverzadelijk [ònvər'za.dələk] I *aj* insatiable II *ad* insatiably.

onverzadelijkheid [-heit] *v* insatiability.

onverzadigd [ònvər'za.dəxt] unsatiated, unsatisfied.

onverzegeld [-'ze.gəlt] unsealed.

onverzettelijk [-'zɛtələk] immovable[2]; *fig* unyielding, inflexible, stubborn, obstinate.

onverzettelijkheid [-heit] *v* inflexibility, stubbornness, obstinacy.

onverzoend [ònvər'zu.nt] unreconciled.

onverzoenlijk [-'zu.nlək] irreconcilable, implacable.

onverzoenlijkheid [-heit] *v* irreconcilability, implacability.

onverzorgd ['ònvərzɔrxt] 1 (niet opgepast)

not attended to; 2 (niet gesoigneerd) uncared-for, unkempt [gardens]; untidy [nails]; slovenly [style]; 3 (zonder middelen) unprovided for.

onvoldaan [ònvòl'da.n] unsatisfied, dissatisfied [people]; unpaid, unsettled [bills].

onvoldaanheid [-heit] *v* dissatisfaction.

onvoldoend [ònvòl'du.nt] *aj* (& *ad*) insufficient(ly).

onvoldoende [ònvòl'du.ndə] *v* & *o* ⇔ insufficient mark; *hij heeft vier* ~*s*, ~*n* he is insufficient in four branches.

onvoleind(igd) [ònvòl'eint, -'eindəxt] unfinished, uncompleted.

onvolkomen [-'ko.mə(n)] *aj* (& *ad*) imperfect(ly), incomplete(ly).

onvolkomenheid [-heit] *v* imperfection, incompleteness.

onvolledig [ònvò'le.dəx] *aj* (& *ad*) incomplete(ly), defective(ly).

onvolledigheid [-heit] *v* incompleteness, defectiveness.

onvolmaakt [ònvòl'ma.kt] *aj* (& *ad*) imperfect(ly), defective(ly).

onvolmaaktheid [-heit] *v* imperfection, deficiency.

onvolprezen [ònvòl'pre.zə(n)] that cannot be praised enough.

onvoltallig [-'taləx] incomplete.

onvoltooid [-'to:it] 1 unfinished, incomplete; 2 *gram* imperfect [tense].

onvolvoerd [-'vu:rt] unperformed, unfulfilled.

onvolwaardig [-'va:rdəx] [physically] unfit, [mentally] deficient; ~*e arbeidskrachten* partially disabled workers.

onvolwassen [-'vasə(n)] half-grown, not full-grown.

onvoorbereid [òn'vo:rbəreit] unprepared.

onvoordelig [ònvo:r'de.ləx] I *aj* unprofitable; II *ad* unprofitably.

onvoordeligheid [-heit] *v* unprofitableness.

onvoorspoedig [ònvo:r'spu.dəx] unsuccessful.

onvoorwaardelijk [-'va:rdələk] *aj* (& *ad*) unconditional(ly); implicit(ly); *onvoorwaardelijke overgave* unconditional surrender.

onvoorzichtig [-'zɪxtəx] I *aj* imprudent; II *ad* imprudently.

onvoorzichtigheid [-heit] *v* imprudence.

onvoorzien [ònvo:r'zi.n] unforeseen, unexpected.

onvriendelijk [òn'vri.ndələk] I *aj* unkind; II *ad* unkindly.

onvriendelijkheid [-heit] *v* unkindness.

onvriendschappelijk [ònvri.nt'sxapələk] I *aj* unfriendly; II *ad* in an unfriendly way.

onvrij [-'vrei] not free; *het is hier erg* ~ we are not free here.

onvrijheid [-heit] *v* want of freedom, constraint.

onvrijwillig [ònvrei'vɪləx] I *aj* involuntary, unwilling; II *ad* involuntarily, unwillingly.

onvruchtbaar [-'vrüxtba:r] infertile [land]; unfruitful[2], sterile[2], barren[2].

onvruchtbaarheid [-heit] *v* infertility, unfruitfulness, sterility, barrenness.

onwaar [òn'va:r] untrue, not true, false.

onwaarachtig [-va:'raxtəx] untrue, false.

onwaarachtigheid [-heit] *v* untruth; duplicity.

onwaarde ['ònva:rdə] *v* invalidity, nullity; *van* ~ *verklaren* declare null and void; *van* ~ *zijn* be null and void.

onwaardig [òn'va:rdəx] I *aj* unworthy; undignified [spectacle]; *het is uwer* ~ it is unworthy of you; II *ad* unworthily.

onwaardigheid [-heit] *v* unworthiness.

onwaarheid [òn'va:rheit] *v* untruth, falsehood, lie.

onwaarschijnlijk [ònva:r'sxeinlək] improbable, unlikely.

onwaarschijnlijkheid [-hɛit] *v* improbability, unlikeliness.

onwankelbaar [ɔ̀n'vɑŋkəlba:r] unshakable, unwavering [decision], unswerving [resolution].

onwankelbaarheid [-hɛit] *v* unshakableness.

onwe(d)er ['ɔ̀nve:r, -ve.dər] *o* thunderstorm, storm.

onweerachtig [-ɑxtəx] thundery.

onweerlegbaar [ɔ̀nve:r'lɛxba:r] irrefutable, unanswerable, irrefragable.

onweerlegbaarheid [-hɛit] *v* irrefutableness.

onweersbui ['ɔ̀nve:rsbœy] *v* thunderstorm.

onweerslucht [-lʏxt] *v* thundery sky.

onweerstaanbaar [ɔ̀nve:r'sta.nba:r] I *aj* irresistible; II *ad* irresistibly.

onweerstaanbaarheid [-hɛit] *v* irresistibility.

onweerswolk ['ɔ̀nve:rsvɔlk] *v* thunder-cloud, storm-cloud.

onwel [ɔ̀n'vɛl] indisposed, unwell.

onwelkom [-'vɛlkɔ̀m] unwelcome. *[*(ly).

onwellevend [ɔ̀nvɛ'le.vənt] *aj* (& *ad*) impolite-

onwellevendheid [-hɛit] *v* impoliteness.

onwelluidendheid [ɔ̀nvɛ'lœydənt] *aj* (& *ad*) unharmonious(ly).

onwelluidendheid [-hɛit] *v* want of harmony.

onwelvoeglijk [ɔ̀nvɛl'vu.ɣələk] *aj* (& *ad*) indecent(ly).

onwelvoeglijkheid [-hɛit] *v* indecency.

onwelwillend [ɔ̀nvɛl'vilənt] *aj* (& *ad*) unkind-(ly).

onwelwillendheid [-hɛit] *v* unkindness.

onwennig [ɔ̀n'vɛnəx] *zich* ~ *voelen* feel strange.

onweren ['ɔ̀nve:rə(n)] *vi* in: *het zal* ~ there will be a thunderstorm.

onwerkelijk [ɔ̀n'vɛrkələk] unreal.

onwerkzaam [ɔ̀n'vɛrksa.m] inactive.

onwetend [ɔ̀n've.tənt] ignorant; *iemand volkomen* ~ *laten van* leave a person in complete ignorance of.

onwetendheid [-hɛit] *v* ignorance.

onwetenschappelijk [ɔ̀nve.tən'sxɑpələk] *aj* (& *ad*) unscientific(ally).

onwettelijk [ɔ̀n'vɛtələk] illegal.

onwettig [-'vɛtəx] *aj* (& *ad*) unlawful(ly), illegal(ly); (v. kind) illegitimate(ly).

onwettigheid [-hɛit] *v* unlawfulness, illegality; illegitimacy.

onwijs [-'vɛis] *aj* (& *ad*) unwise(ly), foolish(ly).

onwijsheid [-hɛit] *v* unwisdom, folly.

onwil ['ɔ̀nvil] *m* unwillingness.

onwillekeurig [ɔ̀nvilə'kœːrəx] I *aj* involuntary; II *ad* involuntarily; *ik moest* ~ *lachen* I could not help laughing.

onwillig [-'vIləx] I *aj* unwilling; ~*e manslag* homicide by misadventure; *met* ~*e honden is het kwaad hazen vangen* one man may lead a horse to water, but fifty cannot make him drink; II *ad* unwillingly, with a bad grace.

onwilligheid [-hɛit] *v* unwillingness.

onwrikbaar [ɔ̀n'vrikba:r] immovable[2], *fig* unshakable [conviction], unflinching.

onzacht [ɔ̀n'zɑxt] I *aj* ungentle, rude; II *ad* rudely.

onzedelijk [ɔ̀n'ze.dələk] *aj* (& *ad*) immoral(ly).

onzedelijkheid [-hɛit] *v* immorality.

onzedig [ɔ̀n'ze.dəx] *aj* (& *ad*) immodest(ly).

onzedigheid [-hɛit] *v* immodesty.

enzeewaardig [ɔ̀nze.'va:rdəx] ⚓ unseaworthy.

onzegbaar, onzeglijk [ɔ̀n'zexba:r, -'zɛɣələk] zie **onuitsprekelijk**.

onzeker [ɔ̀n'ze.kər] I *aj* uncertain; insecure [ice, foundation]; unsafe [ice, people]; precarious [income, living]; unsteady [hand, voice, steps]; *het is nog* ~ it is still uncertain; *het* ~*e* what is uncertain; *iemand in het* ~*e laten* leave one in uncertainty; *in het* ~*e omtrent iets verkeren* (*zijn*) be in uncertainty as to...; II *ad* uncertainly &.

onzekerheid [-hɛit] *v* uncertainty; insecurity;

in ~ *verkeren* be in uncertainty.

onzelfstandig [ɔ̀nzɛlf'stɑndəx] dependent on others.

onzelfstandigheid [-hɛit] *v* dependency on others.

onzelfzuchtig [ɔ̀nzɛlf'sʏxtəx] *aj* (& *ad*) unselfish(ly).

onzelfzuchtigheid [-hɛit] *v* unselfishness.

onze-lieve-heersbeestje [-'he:rsbe.ʃə] *o* ladybird.

onze-lieve-vrouwebedstro [-vrəuə'bɛtstro.] *o* 🌼 woodruff.

onzent in: *te(n)* ~ [tə-, tɛn'ɔ̀nzənt] at our house, at our place; ~*halve* for our sake(s); ~*wege* as for us; *van* ~*wege* on our behalf, in our names; *om* ~*wil(le)* for our sake(s).

onzerzijds ['ɔ̀nzərzɛits] on our part, on our behalf.

onzevader [ɔ̀nzə'va.dər] *o* Our Father, Lord's prayer.

onzichtbaar [ɔ̀n'zixtba:r] I *aj* invisible; II *ad* invisibly; ~ *stoppen* repair by invisible mending.

onzichtbaarheid [-hɛit] *v* invisibility.

onzijdig [-'zɛidəx] I *aj* 1 neutral; 2 *gram* neuter; *zich* ~ *houden* remain neutral; II *ad* neutrally.

onzijdigheid [-hɛit] *v* neutrality.

onzin ['ɔ̀nzin] *m* nonsense; ~ *uitkramen* (*verkopen*) talk (stuff and) nonsense.

onzindelijk [ɔ̀n'zindələk] uncleanly, dirty.

onzindelijkheid [-hɛit] *v* uncleanliness, dirtiness.

onzinnig [ɔ̀n'zinəx] *aj* (& *ad*) nonsensical(ly), absurd(ly), senseless(ly).

onzinnigheid [-hɛit] *v* absurdity, nonsense, senselessness.

onzuiver [ɔ̀n'zœyvər] impure; unjust [scales], ♪ out of tune, false; (bruto) gross [profit &]; ~ *in de leer* unsound in the faith, heterodox.

onzuiverheid [-hɛit] *v* impurity.

ooft [o.ft] *o* fruit.

ooftboom ['o.ftbo.m] *m* fruit-tree.

oog [o.x] *o* 1 eye°; 2 (op dobbelsteen &) point, spot; *goede* (*slechte*) *ogen* [have] good (bad) eyesight; *geheel* ~ *zijn* be all eyes; *hij kon er zijn ogen niet afhouden* he could not keep his eyes off it; *een* ~ *dichtdoen* zie *oogje*; *geen* ~ *dichtdoen* not sleep a wink [all night]; *het* ~ *laten gaan over* cast one's eye over; *hij kon zijn ogen niet geloven* he could not believe his eyes; *een* (*goed*) ~ *op haar hebben* zie *oogje*; *geen* ~ *voor iets hebben* have no eye for it; *een open* ~ *hebben voor* be (fully) alive to [the requirements of...]; *heb je geen ogen in je hoofd?* have you no eyes (in your head)?; *het* ~ *wil ook wat hebben* the eye has its claims too; *hij heeft zijn ogen niet in zijn zak* 🏴 he has all his eyes about him; *het* ~ *op iets houden* keep an eye on something; *ik kan er geen* ~ *op houden* I can't keep track of them; *een* ~ *in het zeil houden* keep an eye upon [him, them]; *zijn ogen de kost geven* look about one; *iemand de ogen openen* open a person's eyes; *grote ogen opzetten* open one's eyes wide; *het* ~ *slaan op...* cast a look (a glance) at...; *de ogen sluiten voor...* shut one's eyes to...; *een* ~ *toedoen* zie *oogje*; *geen* ~ *toedoen* not sleep a wink [all night]; *het* ~ *treffen* meet the eye; *iemand de ogen uitsteken* zie *uitsteken*; *iets* ~ *erop laten vallen* cast a glance at it; *mijn* ~ *viel erop* it caught my eye; *iets in het* ~ *houden* keep an eye upon it; *fig* not lose sight of; *iemand in het* ~ *houden* keep an eye on a man's movements; *iets* (*iemand*) *in het* ~ *krijgen* catch sight of; *in het* ~ *lopen* (*vallen*) strike the eye; *in het* ~*lopend* (*vallend*) conspicuous, striking, obvious; *in het* ~ *springen* zie *springen*; *in mijn oog* (*ogen*) in my eyes; *in zijn eigen ogen* in his own conceit; *iets in het* ∼ *vatten* fix one's eyes upon a thing; *met de ogen volgen* follow with one's eyes; *ik zag het met mijn eigen ogen* I saw it with my own eyes; *met open ogen* with one's eyes open; *een man met een open* ∼ *voor onze noden* a man (fully) alive to our needs; *het met schele (lede) ogen aanzien* view it with a jealous eye, with regret; *met het* ∼ *op...* I with a view to..., with an eye to...; 2 in view of...; *iemand naar de ogen zien* read a person's wishes; *zij behoeven niemand naar de ogen te zien* they are not dependent upon anybody; they can hold up their heads with the best; ∼ *om* ∼, *tand om tand* an eye for an eye, a tooth for a tooth; *onder vier ogen* in private, privately; *een gesprek onder vier ogen* a private talk; *iemand iets onder het* ∼ *brengen* remonstrate with a person on a thing; *iemand onder de ogen komen* come under a person's eye, under his notice; *kom me niet meer onder de ogen* let me never set eyes on you again; *iets onder de ogen krijgen* set eyes upon it; *de dood onder de ogen zien* look death in the face; *de feiten (het gevaar) onder de ogen zien* face the facts (the danger); *de mogelijkheid onder het* ∼ *zien* envisage the possibility; *op het* ∼ *is het...* when looked at; *iets op het* ∼ *hebben* have something in view; *iemand op het* ∼ *hebben* have one's eye on a man [as a fit candidate]; have one in mind [when making an allusion]; *(ga) uit mijn ogen!* out of my sight!; *te lui om uit zijn ogen te kijken* too lazy to open his eyes; *(goed) uit zijn ogen zien* use one's eyes; *uit het* ∼, *uit het hart* out of sight, out of mind; *iets (hem) uit het* ∼ *verliezen* lose sight of it (of him); *het is alles voor het* ∼ for show; *God voor ogen houden* keep God in view; *met dat doel voor ogen* with that object in view; *met de dood voor ogen* in the face of certain death; *voor het* ∼ *van de wereld* for the world; *het staat mij nog voor ogen* I have a vivid recollection of it; *het* ∼ *des meesters maakt het paard vet* the eye of the master makes the cattle thrive.

oogappel ['o.xapəl] *m* apple of the eye[2], eyeball.

oogarts [-arts] *m* oculist.

oogbadje [-bacə] *o* eye-bath.

oogdruppels [-drüpəls] *mv* eye-drops.

ooggetuige ['o.gətœygə] *m-v* eye-witness.

ooggetuigeverslag [-vərslax] *o* eye-witness's account; *fig* ∼ running commentary.

ooghaar ['o.xha:r] *o* eyelash.

ooghoek [-hu.k] *m* corner of the eye.

oogholte [-holtə] *v* orbit, socket of the eye eye-socket.

oogje ['o.xjə] *o* (little) eye; ∼*s geven* make eyes at; *een (goed)* ∼ *hebben op een meisje* keep an eye on a girl; *een* ∼ *houden op* keep an eye on; *een* ∼ *toedoen (dichtdoen)* turn a blind eye (on *voor*), wink at.

oogkleppen [-klepə(n)] *mv* blinkers.

ooglid [-lit] *o* eyelid.

ooglijder [-leidər] *m* eye-patient.

ooglukkend [o.x'lœykant] *in*: ∼ *toelaten* connive at.

oogmerk [-mɛrk] *o* object in view, aim, intention, purpose; *met het* ∼ *om...* with a view to ...ing; *m̃ with intent to...

oogontsteking [-òntstè.kɪŋ] *v* inflammation of the eye, ophthalmia.

oogopslag [-òpslax] *m* glance, look; *met één* ∼, *bij de eerste* ∼ at a glance, at the first glance.

oogpunt [-pûnt] *o* point of view, view-point; *uit een* ∼ *van...* from the point of view of...; *uit dat* ∼ *beschouwd* viewed from that angle.

oogspiegel [-spi.gəl] *m* ophthalmoscope.

oogst [o.xst] *m* harvest[2], crop(s).

oogsten ['o.xstə(n)] *vt* reap[2], gather, harvest.

oogster [-stər] *m* reaper, harvester.

oogstfeest ['o.xstfe.st] *o* harvest home.

oogstlied [-li.t] *o* harvest-song.

oogstmaand [-ma.nt] *v* harvest month = August.

oogstmachine [-ma.ʃi.nə] *v* harvester.

oogsttijd ['o.xstɛit] *m* reaping-time, harvest time.

oogtand ['o.xtant] *m* eye-tooth.

oogverblindend [o.xfər'blindənt] dazzling.

oogvlies ['o.xfli.s] *o* tunic of the eye.

oogwater [-va.tər] *o* eye-wash.

oogwenk [-vɛŋk] *m* wink; *in een* ∼, *zie ogenblik*.

oogwit [-vɪt] *o eig* white of the eye; *fig* aim, end.

oogzalf [-salf] *v* eye-salve.

oogzenuw [-se.ny:u] *v* optic nerve.

oogziekte [-si.ktə] *v* disease of the eyes, eye-trouble.

ooi [o:i] *v* ♀ ewe.

ooievaar ['o.jəva:r] *m* ♂ stork.

ooit [o:it] ever; *heb je* ∼ *(van je leven)* did you ever?, well I never!

ook [o.k] also, too, likewise, as well; *je bent me* ∼ *een groentje!* you are a green one, you are!; *het gebeurde* ∼ and so it happened; *het gebeurde* ∼ *niet* nor did it happen; *hij kon het dan* ∼ *niet vinden* nor could he find it, as was to be expected; *ik lees dan* ∼ *geen moderne romans* that's why I don't read modern novels; *maar waarom lees je dan* ∼ *geen moderne romans?* but then why don't you read modern novels?; *Was het dan* ∼ *te verwonderen dat...?* Now was it to be wondered at that...?; *ik houd veel van roeien en hij* ∼ I am fond of boating and so is he; *ik houd niet van roken en hij (zijn broer)* ∼ *niet* I do not like smoking, neither (no more) does he, nor does his brother either; *wat zei hij* ∼ *weer?* what did he say?; *hoe heet hij* ∼ *weer?* what's his name again?; *zijn er* ∼ *schulden?* are there any debts?; *al is 't* ∼ *nog zo lelijk* though it be (n)ever so ugly; *kunt u mij* ∼ *zeggen waar...?* can (could) you tell me where...?; *zie ook: waar, want, wie &.*

oom [o.m] *m* uncle; *hoge ome*, **S** bigwig, *bij ome Jan* **S** at my uncle's, up the spout.

oomzegger ['o.mzegər] *m* nephew.

oomzegster [-zɛxstər] *v* niece.

oor [o:r] *o* ear [*ook* = handle]; dog's ear [in book]; *geheel* ∼ *zijn* be all ears; *iemand de oren van het hoofd eten* eat one out of house and home; *iemands* ∼ *hebben* have a person's ear; *wel oren naar iets hebben* lend a willing ear to it; *ik heb er wel oren naar* I don't decline the invitation &; *hij had er geen oren naar* he would not hear of it; *geen* ∼ *hebben voor muziek* have no ear for music; *leen mij het* ∼ lend me your ears; *het* ∼ *lenen aan* give ear to, lend (an) ear to; *de oren spitsen* prick (up) one's ears[2]; *fig* cock one's ears; *een open* ∼ *vinden* find a ready ear; *iemand de oren wassen* warm a person's ears; *iemand over iets aan de oren malen (zaniken, zeuren)* din it into his ears; *hem aan zijn oren trekken* pull his ears; *het gaat het ene* ∼ *in het andere uit* it goes in at one ear and out at the other; *met een half* ∼ *luisteren* listen with half an ear; *iemand om zijn (de) oren geven* box a person's ears; *om zijn oren krijgen* have one's ears boxed; *met de hoed op één* ∼ his hat cocked on one side; *hij ligt nog op één* ∼ **F** he is still in bed; *het is mij ter ore gekomen* it has come to (reached) my ear; *tot over de oren in de schulden* up to his ears in debt; *tot over de oren blozend* blushing up to the ears; *tot over de oren verliefd* over head and ears in love; *ik zit tot over de oren in het werk* up to

the eyes; *wie oren heeft om te horen, die hore B* he that hath ears to hear let him hear.
oorarts ['o:rarts] *m* aurist, ear-doctor.
oorbaar [-ba:r] decent, proper; *het ~ achten om...* see (think) fit to...
oorbel [-bel] *v* ear-drop.
oorbiecht [-bi.xt] *v* auricular confession.
oord [o:rt] *o* place, region, [holiday] resort.
oordeel [o:rde.l] *o* I *z̃* judgment, sentence, verdict; 2 (**mening**) judgment, opinion; *het laatste ~* the last judgment, the day of judgment; *~ des onderscheids* discernment, discrimination; *een leven als een ~* a clamour (noise) fit to wake the dead; *zijn ~ opschorten* reserve (suspend) one's judgment; *zijn ~ uitspreken* give one's judgment, pass judgment; *een ~ vellen over* pass judgment on; *dat laat ik aan uw ~ over* I leave that to your judgment; *naar (volgens) mijn ~* in my opinion (judgment); *van ~ zijn dat...* be of opinion that..., hold that...; *volgens het ~ der kenners* according to the best opinion.
oordeelkundig [o:rde.l'kündəx] *aj* (& *ad*) judicious(ly).
oordeelvelling ['o:rde.lveliŋ] *v* judgment.
oordelen [-de.lə(n)] *vi* I judge; 2 think, deem [it necessary &]; *te ~ naar...* judging from (by); *~ over* judge of; *oordeelt niet, opdat ge niet geoordeeld wordt* B judge not that ye be not judged.
oorhanger [-haŋər] *m* ear-pendant, ear-drop.
oorijzer [-eizər] *o* (gold or silver) casque, gilt casque.
oorklep [-klep] *v* ear-flap.
oorknopje [-knɔpjə] *o* ear-drop.
oorkonde [-kɔndə] *v* I charter, deed, document, instrument [of ratification]; 2 [illuminated] address.
oorkussen [-küsa(n)] *o* pillow; zie ook: *ledigheid.*
oorlam [-lɑm] *m* ♣ allowance of gin, dram.
oorlel [-lel] *v* lobe of the ear, ear-lobe.
oorlijder [-leidər] *m* ear patient.
oorlog ['o:rlɔx] *m* war, [naval, aerial, gas &] warfare; *de koude ~* the cold war; *er is ~* there is a war on; *de ~ aandoen* make (declare) war on; *de ~ voeren* carry on war, make (wage) war; *~ voeren tegen* make (wage) war against (on); *in de ~* in war; *in ~ zijn met* be at war with; *ten ~ trekken* go to war.
oorlogshaven [-ha.və(n)] *v* ♣ naval port.
oorlogsinvalide [-invа.li.də] *m-v* war cripple.
oorlogskerkhof [-kerkhɔf] *o* war cemetery.
oorlogskreet [-kre.t] *m* war cry, war whoop.
oorlogslening [-le.niŋ] *v* war loan.
oorlogsmateriaal [-ma.te:ri.a.l] *o* war material.
oorlogsmisdaad [-misda.t] *v* war crime.
oorlogsmisdadiger [-misda.dəgər] *m* war criminal.
oorlogspad [-pat] *o* war path.
oorlogsrisico [-ri.zi.ko.] *o* war risk(s).
oorlogsschade ['o:rlɔxsxa.də] *v* war damage.
oorlogsschatting [-sxatiŋ] *v* war contribution.
oorlogsschip [-sxip] *o* ♣ man-of-war, war-ship, war-vessel.
oorlogssterkte [-sterktə] *v* war strength.
oorlogstijd ['o:rlɔxsteit] *m* time of war, war time.
oorlogstoestand [-tu.stant] *m* state of war.
oorlogstoneel [-to.ne.l] *o* theatre (seat) of war.
oorlogsverklaring [-fərkla:riŋ] *v* declaration of war.
oorlogsvloot [-flo.t] *v* navy, (war) fleet.
oorlogswapen [-va.pə(n)] *o* weapon of war.
oorlogswinst [-vinst] *v* war profit; *~ maken* profiteer.
oorlogszuchtig [o:rlɔx'süxtəx] eager for war, warlike, bellicose; *een ~e geest* a bellicose

spirit.
oorlogvoerend ['o:rlɔxfu:rənt] *aj* belligerent, waging war, at war; *de ~en* the belligerents.
oorlogvoering [-riŋ] *v* conduct (prosecution) of the war [against...]; [modern, economic, naval &] warfare.
oormerk ['o:rmerk] *o* earmark.
oormerken [-kə(n)] *vt* earmark.
oorontsteking ['o:rɔntste.kiŋ] *v* inflammation of the ear.
oorpijn [-pein] *v* ear-ache.
oorring ['o:riŋ] *m* ear-ring.
oorschelp ['o:rsxelp] *v* auricle.
oorspiegel [-spi.gəl] *m* otoscope.
oorsprong [-sprɔŋ] *m* origin, fountain-head, source; *zijn ~ vinden in...* have its origin in..., originate in...
oorspronkelijk [o:r'sprɔŋkələk] I *aj* original° [works, remarks, people]; II *o in: het ~e* the original; *Don Quichotte in het ~e* Don Quixote in the original; III *ad* originally.
oorspronkelijkheid [-heit] *v* originality.
oortje ['o:rcə] *v* ⑫ farthing; *het is geen ~ waard* it is not worth a fig (a button); *hij ziet er uit of hij zijn laatste ~ versnoept heeft* he looks blue (dejected).
oortuil [-œyl] *m* ♣ eared owl.
oorveeg [-ve.x] *v* box on the ear.
oorverdovend [o:rvər'do.vənt] deafening.
oorverscheurend [-'sxø:rənt] ear-splitting.
oorvijg ['o:rveix] *v* box on the ear.
oorworm, -wurm ['o:rvɔrm, -vürm] *m* earwig; *een gezicht als een ~* zetten look glum.
oorzaak [-za.k] *v* cause [and effect], origin [of the fire]; *kleine oorzaken hebben grote gevolgen* little strokes fell great oaks; *ter oorzake van* on account of.
oorzakelijk [o:r'za.kələk] causal; *~ verband* causality, causal relation.
oost [o.st] east; *~, west, thuis best* east, west, home's best, home is home, be it (n)ever so
Oost [o.st] *v in: de ~* the East. [homely.
oostelijk ['o.stələk] eastern, easterly; *~ van Amsterdam* (to the) east of A.
oosten ['o.stə(n)] *o* east, *het O~* the East, the Orient; *het Nabije O~* the Near East; *het Verre O~* the Far East; *ten ~ van* (to the) east of.
Oostenrijk ['o.stənreik] *o* Austria. [east of.
Oostenrijker [-reikər] *m* Austrian.
Oostenrijks [-reiks] *aj* Austrian; *een ~e* an Austrian woman.
oostenwind [o.stə(n)'vint] *m* east wind. [zon.
oosterkim(me) [o.stərkim(ə)] *v* eastern horizon.
oosterlengte [-lentə] *v* East longitude.
oosterling [-liŋ] *m* Oriental, Eastern, native of the East; *vreemde ~en* ⑫ foreign Asiatics.
oosters ['o.stərs] *aj* Eastern, Oriental.
Oost-Indië [o.st'indi.ə] *o* the East Indies.
Oostindisch [-di.s] East-Indian; *de ~e Compagnie* the East India Company; *~e kers* ♣ nasturtium; zie ook: *doof, inkt.*
oostkust ['o.stküst] *v* east coast.
oostwaarts [o.stva:rts] I *aj* eastward; II *ad* eastward(s).
Oostzee [o.st'se.] *v de ~* the Baltic.
oostzij(de) [o.stsei(də)] *v* east side.
ootje ['o.cə] *iemand in het ~ nemen* make a fool of a person, chaff a person.
ootmoed [o.tmu.t] *m* meekness, humility.
ootmoedig [o.t'mu.dəx] I *aj* meek, humble; II *ad* meekly, humbly.
ootmoedigheid [-heit] *v* meekness, humility.
op [ɔp] I *prep* on, upon, at, in; *~ het dak* (*de tafel* &) on the roof (the table &); *~ het dak klimmen* climb upon the roof; *~ het dak springen* jump on to the roof; *~ een eiland* in an island; *de bloemen ~ haar hoed* the flowers in her hat; *~ Java* in Java; *~ zijn kamer* in his room; *~ school* at school, zie

ook: *school;* ~ *straat* in the street, zie ook: *straat;* ~ *de wereld* in the world: ~ *zee* at sea, zie ook: *zee;* ~ *zijn Engels* 1 in (after) the English fashion; 2 in English; ~ *zijn hoogst* at (the) most; *een antwoord* ~ *een brief* a reply to a letter; *brief* ~ *brief* letter after letter; ~ *een avond* one evening; *twee keer* ~ *een avond* twice in one evening; *één inwoner* ~ *de vijf* one inhabitant in every five [owns a bicycle]; *één inwoner* ~ *de vierkante mijl* one inhabitant to the square mile; II *ad* up; ~...! up!: *de trap* ~ up the stairs: *zijn geld is* ~ his money is spent (all gone); *onze suiker is* ~ we are out of sugar; *de wijn is* ~ the wine is out; *de zon was* ~ the sun had risen (was up); *het is* ~ there is nothing left, it has all been eaten; *hij is* ~ 1 he is out of bed; F he is up; 2 he is quite knocked up, done up, spent, finished; *hij is weer* ~ (*na zijn ziekte*) he is about again; *vraag maar* ~! ask away!; ~ *en af,* ~ *en neer* up and down.

opa ['o.pa.] *m* F grandad, grandfather.

opaal [o.'pa.l] *m* & *o* opal.

opbakken ['ɔbakə(n)] *vt* bake again, fry again.

opbaren [-ba:rə(n)] *vt* place upon a bier; *opgebaard liggen* lie in state.

opbellen [-bɛlə(n)] *vt* ring up [at night]; *telefonisch* ~ ring [one] up, (automatisch) dial.

opbergen [-bɛrɣə(n)] *vt* put away, pack up, stow away, store [furniture].

opbeuren [-bø:rə(n)] *vt* lift up; *fig* cheer (up), comfort.

opbiechten ['ɔbi.xtə(n)] *vt* confess; *eerlijk* ~ make a clean breast of it.

opbieden [-bi.də(n)] *vi* make a higher bid; *tegen elkaar* ~ try to outbid each other.

opbinden [-bində(n)] *vt* tie (bind) up.

opblazen ['ɔbla.zə(n)] *vt* 1 blow up, inflate, puff up; 2 blow up [a bridge &]; 3 *fig* magnify, exaggerate [an incident].

opblijven [-blɛivə(n)] *vi* sit up, stop up, stay up.

opbloei [-blu:i] *m* revival [of interest &].

opbloeien [-blu.jə(n)] *vi* revive.

opbod [-bɔt] *o* in: *bij* ~ *verkopen* sell by auction.

opborrelen [-bɔrələ(n)] *vi* bubble up.

opborstelen ['ɔbɔrstələ(n)] *vt* brush (up), give a brush.

opbouw [-bɔu] *m* building up; *fig* edification.

opbouwen [-ə(n)] *vt* build up; ~*de kritiek* constructive criticism.

opbranden ['ɔbrandə(n)] I *vt* burn, consume; II *vi* be burnt.

opbreken [-bre.kə(n)] I *vt* in: *het beleg* ~ raise the siege; *zijn huishouden* ~ break up one's home; *het kamp* (*de tenten*) ~ break (strike) camp, strike the tents; *de straat* ~ tear up the pavement; *de straat is opgebroken* the street is up (for repair); II *vi* & *va* break camp; break up [of a meeting, of the company]; *dat zal je* ~! you shall smart for it.

opbrengen [-brɛŋə(n)] *vt* 1 (hoger) raise; 2 (opdoen) bring in, bring up [dinner]; 3 (inrekenen) take to the police-station, run in [a thief]; seize [ships]; 4 (aanbrengen) apply [colours &]; 5 (grootbrengen) bring up, rear; 6 (opleveren) bring in [much money], realize, fetch [big sums, high prices]; yield [profit]; 7 (betalen) pay [taxes]; *dat kan ik niet* ~ I cannot afford it.

opbrengst [-brɛŋst] *v* yield, produce, proceeds [from the sale of...].

opbruisend [-sɑnt] effervescent; *fig* hot-headed.

opcenten ['ɔpsɛntə(n)] *mv* additional percentage.

opdagen [-da.ɣə(n)] *vi* turn up, come along, appear.

opdat [ɔp'dɑt] that; ~ *niet* lest.

opdelven ['ɔpdɛlvə(n)] *vt* dig up; *fig* unearth

[a book &].

opdienen [-di.nə(n)] *vt* serve up, dish up.

opdiepen [-di.pə(n)] *vt fig* unearth.

opdirken [-dirkə(n)] I *vt* dress up, prink up; II *vr zich* ~ prink oneself up.

opdissen [-disə(n)] *vt* serve up², dish up².

opdoeken [-du.kə(n)] I *vt eig* furl [sails]; II *va fig* shut up shop.

opdoemen [-du.mə(n)] *vi* loom (up).

opdoen [-du.n] I *vt* 1 (opdienen) serve up, bring in [the dinner]; 2 (krijgen) get, gain, acquire, obtain; 3 (inslaan) lay in [provisions]; *kennis* & ~ gather, acquire knowledge; *een nieuwtje* ~ pick up a piece of news; *een ziekte* ~ catch (get, take) a disease; *waar heb je dat opgedaan?* where did you get that (come by that)?, where did you pick it [your English &] up?; II *vr zich* ~ arise; *er deed zich geen gelegenheid op* no opportunity offered (presented itself); *er deden zich nieuwe moeilijkheden op* new difficulties arose (cropped up); *als er zich eens wat opdoet* when (if) something turns up.

opdoffen [-dɔfə(n)] I *vt* F polish, clean; II *vr zich* ~ F dress up.

opdokken ['ɔpdɔkə(n)] *vi* & *vt* S shell (fork) out.

opdraaien [-dra.jə(n)] I *vt* turn up [the lamp]; wind up [a gramophone &]; II *vi* in: *dan moet ik ervoor* ~ F I have to pay the piper.

opdracht [-drɑxt] *v* 1 (toewijding) dedication; 2 (last) charge, mandate, commission, instruction; mission; 3 (aan kunstenaar) commission; *wie heeft u die* ~ *gegeven?* who has instructed you?; *een kunstenaar een* ~ *geven* commission an artist [to paint, to write...]; *een* ~ *hebben* be instructed to...; *in* ~ *van* by order of.

opdragen [-dra.ɣə(n)] *vt* 1 carry up; 2 (opdienen) serve up, put on the table; 3 (lezen) celebrate [mass]; 4 (toewijden) dedicate; *iem. iets* ~ charge a man with a thing; instruct him to...; *ik draag u mijn belangen op* I consign my interests to your care.

opdreunen [-drø.nə(n)] *vt* rattle off, chant.

opdrijven [-drɛivə(n)] *vt* force up [prices].

opdringen ['ɔpdrɪŋə(n)] I *vt* press on; II *vt* in: *iemand iets* ~ thrust, force [a present, goods &] upon (on) a person, force [one's views] down a man's throat; III *vr zich* ~ obtrude oneself [upon other people], intrude; *die gedachte drong zich aan mij op* the thought forced itself upon me.

opdringerigheid [-hɛit] *v* obtrusiveness, intrusiveness.

opdrinken ['ɔpdrɪŋkə(n)] *vt* drink (up), empty, finish, drink off.

opdrogen [-dro.ɣə(n)] *vt* dry up, desiccate.

opdrogend [-ɣɔnt] ~ (*middel*) desiccative.

opdruk ['ɔpdrʏk] *m* overprint, surcharge [on postage stamp]; *met* ~ surcharged.

opdrukken [-drʏkə(n)] *vt* (im)print upon.

opduikelen [-dœykələ(n)] *vt* F unearth [a book &].

opduiken [-dœykə(n)] I *vi* emerge, turn up, crop up, F pop up; ⚓ surface; ~ *uit* emerge from; II *vt* F unearth [a book &].

opdweilen [-dvɛilə(n)] *vt* mop up.

opeen [ɔp'e.n] one upon another, together, in a heap.

opeendringen [-drɪŋə(n)] *vi* crowd together.

opeenhopen [-ho.pə(n)] I *vt* heap up, pile up, accumulate; II *vr zich* ~ pile up.

opeenhoping [-ho.pɪŋ] *v* accumulation, congestion.

opeenpakken [-pɑkə(n)] *vt* pack together.

opeens [ɔp'e.ns] all at once.

opeenstapelen [ɔp'e.nsta.pələ(n)] I *vt* heap up, pile up, accumulate; II *vr zich* ~ pile up,

accumulate.
opeenvolgen [òp'e.nvolgə(n)] *vi* succeed (follow) each other.
opeenvolgend [-gənt] successive, consecutive.
opeenvolging [-gɪŋ] *v* succession, sequence.
opeisbaar [òp'ɛisba:r] claimable.
opeisen ['òpɛisə(n)] *vt* claim, demand, summon.
opeising [-sɪŋ] *v* summons.
open ['o.pə(n)] I *aj* open [door &, credit, letter, knee, question, weather, face, heart, carriage, car, city, tuberculosis], vacant [situation]; *is de kruidenier nog ~?* is the grocer's open yet?; *het ligt daar ~ en bloot* open to everybody; II *ad* openly; *~ met iemand spreken* be open with one.
openbaar [o.pən'ba:r] I *aj* public; *~ maken* make public, publish, disclose, make known; *in openbare vijandschap* at open enmity; *in het ~* in public, publicly; II *ad* publicly, in public.
openbaarheid [-hɛit] *v* publicity; *~ aan iets geven* make it public.
openbaarmaking [-ma.kɪŋ] *v* publication, disclosure.
openbaren [o.pən'ba:rə(n)] I *vt* 1 reveal, disclose; divulge; 2 (in hogere zin) reveal; *geopenbaarde godsdienst* revealed religion; II *vr zich ~* reveal itself, manifest itself.
openbaring [-rɪŋ] *v* revelation, disclosure; *de O~ van Johannes* the Apocalypse, Revelations.
openbreken ['o.pə(n)bre.kə(n)] *vt* burst, break (force) open.
opendoen [-du.n] *vt* open [a door].
opendraaien [-dra.jə(n)] *vt* open, turn on [the gas &].
openen ['o.pənə(n)] I *vt* open° [a door, the debate, a credit &]; II *vr zich ~* open.
opengaan ['o.pə(n)ga.n] *vi* open.
opengewerkt [-gəverkt] open-work [stockings].
openhartig [o.pən'hartəx] I *aj* open-hearted, frank, ingenuous, outspoken; II *ad* openheartedly, frankly, ingenuously, outspokenly.
openhartigheid [-hɛit] *v* open-heartedness, frankness, ingenuousness, outspokenness.
openheid ['o.pənhɛit] *v* openness, frankness, candour.
opening ['o.pənɪŋ] *v* opening° [also at chess]; aperture; interstice.
openingskoers ['o.pənɪŋsku:rs] *m* $ opening price.
openingsrede [-re.də] *v* inaugural address.
openlaten [-la.tə(n)] *vt* leave [a door, the possibility] open; *ruimte ~* leave a blank.
openleggen [-lɛgə(n)] *vt* lay open; *fig* disclose, reveal; *de kaarten ~* lay one's cards on the table.
openliggen [-lɪgə(n)] *vi* lie open.
openlijk [-lək] I *aj* open; public; II *ad* openly, publicly.
openluchtschool [-sxo.l] *v* open-air school.
openluchtspel [-spɛl] *o* 1 (v. kinderen) outdoor game; 2 (toneelspel) open-air play.
openmaken ['o.pə(n)ma.kə(n)] *vt* open.
openslaan [-sla.n] *vt* open [a book]; *~d* folding [door], [window] opening outwards; French [window, down to the ground].
opensperren [-spɛrə(n)] *vt* open wide, distend.
openspringen [-sprɪŋə(n)] *vi* burst (open); crack [of skin], chap [of hands].
openstaan [-sta.n] *vi* be open, be vacant; *voor allen ~* be open to all; *er stond mij geen andere weg open* there was no other way open to me *~de rekening* unpaid account.
opensteken [-ste.kə(n)] *vt* pick [a lock]; prick [a boil].
openstellen [-stɛlə(n)] *vt* open, throw open [to the public].
op-en-top ['òpəntop] in: *~ een gentleman*

every inch a gentleman, a gentleman all over; *~ een gek* a downright fool.
opentrappen ['o.pə(n)trapə(n)] *vt* kick in.
opentrekken [-trɛkə(n)] *vt* open, draw back [the curtains]; uncork, open [a bottle].
openvallen [-valə(n)] *vi* fall open; *fig* fall vacant.
openvouwen [-vouə(n)] *vt* unfold.
openzetten [-zɛtə(n)] *vt* open [a door]; turn on [the cock].
opera ['o.pəra.] *m* opera; (gebouw) opera-house.
operateur [o.pəra.'tø:r] *m* 1 operator; 2 (film~, die opneemt) cameraman; (film~, die vertoont) projectionist.
operatie [o.pə'ra.(t)si.] *v* operation²; *een ~ ondergaan* undergo an operation, be operated upon.
operatiebasis [-ba.zəs] *v* ✕ base of operations.
operatief [o.pəra.'ti.f] ✝ operative [surgery]; *slechts ~ ingrijpen kan...* only a surgical operation can...
operatiekamer [o.pə'ra.(t)si.ka.mər] *v* operating room.
operazanger ['o.pəra.zaŋər] *m ~es* [-zaŋərəs] *v* opera(tic) singer.
opereren [o.pə're:rə(n)] I *vi* ✕ & ✝ operate; II *vt* ✝ operate on.
operette [o.pə'rɛtə] *v* [Viennese] operetta; musical comedy.
operment [o.pər'mɛnt] *o* orpiment.
opeten ['òpe.tə(n)] *vt* eat up, eat.
opfleuren [-flø:rə(n)] *vi* & *vt* brighten (up).
opfokken [-fòkə(n)] *vt* breed, rear [cattle].
opfrissen [-frɪsə(n)] I *vi* freshen; II *vt* refresh, revive; *iemands geheugen eens ~* refresh (jog, rub up) a man's memory; *zijn kennis wat ~* rub up (brush up, touch up) one's knowledge; *van die rekening zal hij ~ F* that will make him sit up; III *vr zich ~* have a wash.
opfrissing [-frisɪŋ] *v* refreshment.
opgaan [-ga.n] I *vi* 1 (de hoogte in) rise [of the sun, a kite, the curtain]; go up [of a clamour, cries]; 2 (geen rest laten) leave no remainder [of a division sum]; 3 (juist zijn) hold (good) [of a comparison]; 4 (voor examen) go up, go in; 5 (opraken) run out, give out; *het eten gaat schoon op* nothing will be left; *dat gaat niet op hier* that won't do here; *hij gaat dit jaar niet op* he is not going to present himself for the exam this year; *7 gaat niet op in de 34* 7 does (will) not go into 34; *~ in rook* vanish into smoke; *~ in zijn vrouw* be wrapped up in one's wife; *~ in zijn werk* be absorbed in one's work; II *vt* ascend, mount [a hill]; go up [the stairs].
opgang [-gaŋ] *m* 1 rise; 2 entrance [of house]; *~ maken* catch on [of a fashion]; *het maakte (veel) ~* it achieved (a great) success, it made a great hit; *het maakte geen ~* it fell flat.
opgave [-ga.və] *v* 1 (mededeling) statement [of reasons], [official] returns; 2 (taak) task; ✍ exercise, problem; *de schriftelijke ~n* the written work, the papers.
opgeblazen [-gəbla.zə(n)] blown up; puffed; *fig* bumptious; puffed up, inflated [with pride].
opgeblazenheid [-hɛit] *v fig* bumptiousness.
opgebruiken ['òpgəbrœykə(n)] *vt* use up.
opgeld ['òpgɛlt] *o* in: *margarine doet nu ~* margarine is in great demand now.
opgelegd [-gəlɛxt] 1 laid-up [ship], [ship] in ordinary; 2 veneered [table].
opgepropt [-pròpt] in: *~ met* crammed with.
opgeruimd [-rœymt] I *aj* in high spirits, cheerful; II *ad* cheerfully.
opgeruimdheid [òpgə'rœymthɛit] *v* high spirits, cheerfulness.
opgescheept ['òpgəsxe.pt] in: *met iemand ~ zijn* have a person on one's back, be saddled with one; *nu zitten we met dat goed ~* we have the stuff on our hands now.

opgeschoten [-sxo.tǝ(n)] half-grown [youths].
opgeschroefd [-s(x)ru.ft] screwed up; *fig* stilted [language], unnatural [enthusiasm].
opgesmukt [-smükt] ornate, embellished.
opgetogen ['ɔpgǝto.gǝ(n)] ravished, elated [with].
opgetogenheid [ɔpgǝ'to.gǝnhɛit] *v* ravishment, elation.
opgeven ['ɔpge.vǝ(n)] I *vt* 1 (afgeven) give up [what one holds]; 2 (toereiken) hand up; 3 (vermelden) give, state [one's name &]; 4 (braken) expectorate, spit [blood]; 5 (als taak) set [a task, a sum]; ask [riddles], propound [a problem]; 6 (laten varen) give up, abandon [hope]; 7 **𝍖** give up [a patient]; *mijn benen gaven het op* gave out; *ik geef het op* I give it up; *hij geeft het niet'op* he is not going to yield, he will stick it out; II *va* expectorate; *hoog (breed) ~ van iets* speak highly of something, make much of a thing; III *vr* zich ~ enter one's name, apply [for a situation].
opgewassen ['ɔpgǝvasǝ(n)] in: ~ *zijn tegen* be a match for [a person], be equal to [the task].
opgewekt [-vɛkt] I *aj* 1 (v. personen) cheerful, in high spirits; 2 (v. gesprekken &) animated; II *ad* cheerfully.
opgewektheid [ɔpgǝ'vɛkthɛit] *v* cheerfulness, buoyancy, high spirits.
opgewonden ['ɔpgǝvɔndǝ(n)] excited; heated [debate].
opgewondenheid [ɔpgǝ'vɔndǝ(n)hɛit] *v* excitement.
opgezet ['ɔpgǝzɛt] 1 stuffed [birds]; 2 bloated [face]; 3 swollen [vein].
opgieten ['ɔpgi.tǝ(n)] *vt* pour upon.
opgooien [-go.jǝ(n)] *vt* throw up, toss (up); *zullen wij erom ~?* shall we toss (up) for it?
opgraven [-gra.vǝ(n)] *vt* 1 (zaken) dig up, unearth; 2 (lijken) disinter, exhume.
opgraving [-gra.vɪŋ] *v* 1 digging up, excavation [at Pompeii]; 2 disinterment, exhumation.
opgroeien [-gru.jǝ(n)] *vi* grow up.
ophaal [-ha.l] *m* upstroke, hair-line [of a letter].
ophaalbrug [-brüx] *v* drawbridge, lift-bridge.
ophakken ['ɔphakǝ(n)] *vi* F brag.
ophakker [-kǝr] *m* F braggart, swaggerer.
ophakkerij [ɔphakǝ'rɛi] *v* F brag(ging).
ophalen ['ɔpha.lǝ(n)] I *vt* 1 (in de hoogte) draw up [a bridge], pull up [blinds], raise [the curtain]; hitch up [one's trousers]; weigh [anchor]; shrug [one's shoulders]; turn up [one's nose]; 2 (herhalen) bring up again [a sermon &]; 3 (inzamelen) collect [money, rubbish, the books]; 4 (verdiepen) brush up, rub up [one's French]; *ladders ~* mend ladders [in a stocking]; *kan ik het nog ~?* can I make good yet?; *u moet zo iets (dat) niet weer ~* let bygones be bygones; II *va* regain health (lost ground &).
ophanden [ɔp'handǝ(n)] at hand; *het ~ zijnde feest* the approaching festivity.
ophangen ['ɔphaŋǝ(n)] I *vt* hang [a man, a picture &]; hang up [one's coat &]; suspend [a lamp &]; *de schilderij werd opgehangen* the picture was hung; *hij werd opgehangen* he was hanged (ook: hung); II *vr* zich ~ hang oneself.
ophanging [-ŋɪŋ] *v* 1 hanging; 2 **𝍖** [frontwheel] suspension.
ophebben ['ɔphɛbǝ(n)] *vt* have on [one's head]; have eaten [one's meal]; ⟿ have got to do; *veel ~ met* be taken with [a person]; *ik heb niet veel op met...* I can't say I care for (I fancy)..., I don't hold with...
ophef [-hɛf] *m* fuss.
opheffen [-hɛfǝ(n)] *vt* 1 (in de hoogte) lift (up), raise [something], elevate [the Host]; 2

raise [one's eyes]; 3 (zedelijk) raise, lift up [the mind], elevate, level up [the fourth estate]; 4 (te niet doen) abolish [a law], do away with [abuses], remove [doubts], close [a school, a meeting], adjourn [a meeting], call off [a strike], discontinue [a branchoffice], raise [an embargo, blockade &], annul [a bankruptcy]; *het ene heft het andere op* one neutralizes (cancels) the other.
opheffing [-fɪŋ] *v* 1 elevation, raising; 2 (afschaffing) abolition [of a law], removal [of doubts], closing [of a school], discontinuance [of a branch-office], raising [of an embargo], annulment [of a bankruptcy]; *de ~ van de inboorling* the levelling up (lifting up, elevation) of the native.
ophelderen ['ɔphɛldǝrǝ(n)] I *vt* clear up, explain, elucidate; II *vi* zie *opklaren* I.
opheldering [-rɪŋ] *v* explanation, elucidation; clearing up.
ophemelen [-he.mǝlǝ(n)] *vt* extol, praise (to the skies), cry [write, preach, crack] up.
ophijsen [-hɛisǝ(n)] *vt* hoist up, hoist.
ophitsen [-hɪtsǝ(n)] *vt* set on [a dog]; *fig* set on stir up, egg on, incite, instigate [people].
ophitser [-sǝr] *m* instigator, inciter.
ophitsing [-sɪŋ] *v* setting on, incitement, instigation.
ophoepelen ['ɔphu.pǝlǝ(n)] *vi* S beat it, hop it.
ophogen [-ho.gǝ(n)] *vt* heighten, raise.
ophopen [-ho.pǝ(n)] I *vt* heap up, pile up, bank up, accumulate; II *vr* zich ~ accumulate.
ophoping [-pɪŋ] *v* accumulation.
ophoren ['ɔpho.rǝ(n)] *vi* in: *er vreemd van ~* be surprised to hear it.
ophouden -hou(d)ǝ(n)] I *vt* 1 (in de hoogte) hold up [one's head]; 2 hold out [one's hand]; 3 (afhouden van bezigheid) detain, keep [a person]; 4 (tegenhouden) hold up; 5 (niet afzetten) keep on [one's hat]; 6 (niet verkopen) withdraw [a house]; 7 *fig* (hooghouden) keep up [appearances], uphold [the honour of...]; II *vi* cease, stop, come to a stop; *houd op!* stop (it)!; ~ *te bestaan* cease to exist; ~ *lid te zijn* discontinue one's membership; ~ *met* cease (from) ..ing, stop ...ing; ~ *met vuren* ✕ cease fire; ~ *met werken* stop work; III *vr* zich ~ stay, live [somewhere]; *zich onderweg ~* stop on the road; *houd u daar niet mee op, met hem niet op* have nothing to do with it, with him; IV *o* in: *zonder ~* continuously, incessantly; *het heeft drie dagen zonder ~ geregend* it has been raining for three days at a stretch.
opinie [o.'pi.ni.] *v* opinion; *naar mijn ~* in my opinion.
opinieonderzoek [-ɔndǝrzu.k] *o* (public) opinion poll.
opium ['o.pi.üm] *m* & *o* opium.
opiumkit [-kɪt] *v* opium den.
opiumpijp [-pɛip] *v* opium pipe.
opiumschuiver [-sxœyvǝr] *m* opium smoker.
opjagen ['ɔpja.gǝ(n)] *vt* rouse [a stag], start [a hare &], flush [birds], spring [a partridge], dislodge [the enemy]; *fig* force up, send up, run up [prices].
opjager [-ja.gǝr] *m* 1 (op jacht) beater; 2 (bij verkoping) runner-up, puffer.
opkammen [-kamǝ(n)] *vt* comb (up); *iemand ~* extol a person, F crack him up.
opkijken ['ɔpkɛikǝ(n)] *vi* look up; *vreemd ~* stare, sit up [at being told].
opkikkeren [-kɪkǝrǝ(n)] *vi* & *vt* F perk up.
opklapbed [-klabɛt] *o* folding bed.
opklaren [-kla:rǝ(n)] I *vi* clear up, brighten up [of the weather]; *fig* brighten [of the face, prospect]; II *vt* make clear² [what we see or what is hidden]; *fig* elucidate [the matter].
opklaring [-kla:rɪŋ] *v* in: *met tijdelijke ~en*

[rainy weather] with bright intervals.
opklauteren [-klɔutərə(n)] vt clamber up.
opklimmen [-klɪmə(n)] vi climb (up), mount, ascend; fig rise [to be a captain &, to a high position].
opkloppen [-klɔpə(n)] vt I knock up, call up [a person]; 2 beat up [cream, eggs].
opknappen [-knɑpə(n)] I vt I (netjes maken) tidy up [a room]; smarten up [the children]; do up [the garden, an old house]; 2 (beter maken) put right [a patient]; patch up [a thing]; hij zal 't alleen wel ~ he'll manage it quite well by himself; hij zal het wel voor je ~ he will fix it up for you; II va regain strength, recuperate, pick up; het weer knapt wat op the weather is looking up; III vr zich ~ smarten oneself up.
opknopen [-kno.pə(n)] vt tie up; string up, hang [a man].
opkoken [-ko.kə(n)] I vi boil up [of milk]; II vt reboil [syrup]; cook again.
opkomen [-ko.mə(n)] vi I (opstaan) get up (again), recover one's legs; 2 ⚇ come up; 3 (uitkomen) come out [of pox]; 4 (rijzen) rise [of dough]; 5 (verschijnen) rise [of the sun]; come on [of actor; of thunderstorm; of fever]; present oneself [of candidates]; ⚔ join the colours; ⚖ appear; 6 fig (zich voordoen) arise, crop up [of questions]; het getij komt op the ebb makes; de koning (met zijn gevolg) komt op enter king (and attendants); de leden zijn flink opgekomen the members turned up in (good) force; het eten zal wel ~ they are sure to eat it all up; laat ze maar ~! let them come on!; die gedachte kwam bij mij op that idea crossed my mind; het komt niet bij mij op I don't even dream of it; ~ tegen iets take exception to it, protest against it; wij konden tegen de wind niet ~ we could not make head against the wind; ~ voor zijn rechten make a stand for one's rights; ~ voor zijn vrienden stand up for one's friends.
opkomend [-ko.mənt] rising² [sun, author &].
opkomst [-kɔmst] v I rise; 2 (v. vergadering &) attendance; turn-out [on election day].
opkopen [-ko.pə(n)] vt buy up.
opkoper [-ko.pər] m buyer-up; second-hand dealer.
opkrabbelen [-krɑbələ(n)] vi scramble to one's legs (feet); fig pick up.
opkrassen [-krɑsə(n)] vi I (weggaan) skedaddle; make oneself scarce; 2 (doodgaan) peg out.
op krijgen [-krɛigə(n)] I vt get on [the head]; ik kan het niet ~ I can't eat all that; veel werk ~ be set a great task; II vi in: met hem ~ begin to like him.
opkrikken [-krɪkə(n)] vt ⚔ jack up.
opkroppen [-krɔpə(n)] vt F bottle up [one's anger]; zijn opgekropte woede his pent-up wrath.
opkruipen [-krœypə(n)] vi creep up [of insects].
op kunnen [-kʏnə(n)] I vt in: ik zou het niet ~ I could not eat all that; II vi in: niet ~ tegen... be no match for...
opkweken [-kʋe.kə(n)] vt breed, bring up, rear.
opwikken [-kʋɪkə(n)] v refresh.   [nurse.
oplaaien [-la.jə(n)] vi blaze up; hoog ~ run high [of excitement, passions &].
opladen [-la.də(n)] vt load.
oplage [-la.ɣə] v impression [of a book]; circulation [of a newspaper]; de ~ is slechts honderd exemplaren edition limited to 100 copies.
oplappen [-lɑpə(n)] vt patch up², piece up² [old shoes &, a play]; fig tinker up [a patient].
oplaten [-la.tə(n)] vt fly [a kite, pigeons], launch [a balloon].
opleggen [-lɛɣə(n)] vt I (leggen op) lay on,

impose [one's hands]; 2 (belasten met) charge with [a thing], impose [a thing, one's will upon a person], set [one a task]; 3 (gelasten) lay [an obligation] upon [one], impose [silence], enjoin [secrecy upon one]; 4 ⚓ (vastleggen) lay up; 5 ⚒ (inleggen met) veneer; er een gulden ~ I raise the price by one guilder; 2 bid another guilder [at an auction]; een (grammofoon)plaat ~ put on a record; hem werd een zware straf opgelegd he had a heavy punishment inflicted on him.
oplegger [-ɣər] m (semi-)trailer [of a tractor].
oplegging [-ɣɪŋ] v laying on, imposition [of hands].
opleiden [-lɛidə(n)] vt lead up; fig bring up, educate, train; iemand voor een examen ~ prepare (coach) one for an examination; voor geestelijke opgeleid bred for the Church.
opleiding [-dɪŋ] v training, education.
opleidingsschool [-sxo.l] v training-school.
oplepelen ['ɔple.pələ(n)] vt ladle out².
opletten [-lɛtə(n)] vi attend, pay attention.
oplettend [ɔp'lɛtənt] aj (& ad) attentive(ly).
oplettendheid [-hɛit] v attention, attentiveness.
opleven ['ɔple.və(n)] vi revive; doen ~ revive.
opleveren [-le.vərə(n)] vt I (opbrengen) produce, yield, bring in, realize [big sums]; present [difficulties]; 2 (afleveren) deliver (up) [a house].
oplevering [-rɪŋ] v delivery [of a work].
opleving ['ɔple.vɪŋ] v revival.
oplezen [-le.zə(n)] vt read out.
I **oplichten** [-lɪxtə(n)] vt lift (up); fig I (wegvoeren) carry off; 2 (bedriegen) swindle; iemand ~ voor... swindle a person out of...
2 **oplichten** [-lɪxtə(n)] vi light up [of face, eyes].
oplichter [-tər] m swindler, sharper.
oplichterij [ɔplɪxtə'rɛi] v swindle, swindling, fraud.
oploeven ['ɔplu.və(n)] vi ⚓ luff up, haul to the wind.
oploop [-lo.p] m I tumult, riot, row; 2 (menigte) crowd.
oplopen [-lo.pə(n)] I vi eig rise; fig I (hoger worden) rise, advance [of prices]; mount up [of bills]; 2 (opzwellen) swell (up); samen (een eindje) ~ go part of the way together; even komen ~ bij iemand drop in, step round; ~ tegen zie aanlopen tegen; een rekening laten ~ run up a bill; II vt in: straf ~ incur punishment; de trap ~ go up the stairs; verwondingen ~ receive injuries; een ziekte ~ catch a disease.
oplosbaar [ɔp'lɔsba:r] soluble [substance]; solvable [problem].
oplosbaarheid [-hɛit] v solubility [of a substance]; solvability [of a problem].
oplosmiddel ['ɔplɔsmɪdəl] o solvent.
oplossen ['ɔplɔsə(n)] I vt I dissolve [in a liquid]; resolve [an equation]; solve [a problem, a riddle]; II vi dissolve.
oplossing [-sɪŋ] v solution [of a solid or gas, of a problem, sum]; resolution [of an equation]; de juiste ~ van het vraagstuk ook: the right answer to the problem.
opluchten ['ɔplʏxtə(n)] vt in: het zal u ~ you will be relieved [to hear that...].
opluchting [-tɪŋ] v relief.
opluisteren ['ɔplœystərə(n)] vt add lustre to, grace, adorn.
opluistering [-tɪŋ] v adornment.
opmaak ['ɔpma.k] m make-up.
opmaken [-ma.kə(n)] vt I (verteren) use up [one's tea], spend [one's money], < squander [one's money]; 2 (in orde maken &) make [a bed]; trim [hats]; get up² [dress, a programme]; do up], dress [her hair]; make up [one's face, the type]; make out [a bill], draw up [a report]; daaruit moeten wij ~ dat...

from that we must conclude that..., we gather from this...; II *vr zich* ~ 1 set out (for *naar*); 2 make up [of a woman]; *zich* ~ *voor de reis* get ready for the journey.

opmaker [-ma.kər] *m* 1 (v. geld) spendthrift; 2 (v. zetsel &) maker-up.

opmarcheren [-marʃɛːrə(n)] *vi* march (on); *dan kun je* ~ F you may skedaddle, you can hop it.

opmars [-maːs] *m* & *v* ✕ advance, march (on *naar*).

opmerkelijk [òp'mɛrkələk] I *aj* remarkable, noteworthy; II *ad* remarkably.

opmerken [ˈòpmɛrkə(n)] *vt* 1 (waarnemen) notice, observe; 2 (commenterend zeggen) remark, observe; *mag ik u doen~ dat...?* may I point out to you that...?; *wat heeft u daarover op te merken?* what have you to remark upon that?

opmerkenswaard(ig) [òpmɛrkəns'vaːrt, -'vaːrdəx] remarkable, noteworthy.

opmerker [ˈòpmɛrkər] *m* observer.

opmerking [-kɪŋ] *v* remark, observation.

opmerkzaam [òpˈmɛrksa.m] *aj* (& *ad*) attentive(ly); observant(ly); ~ *maken op* draw attention to.

opmeten [ˈòpme.tə(n)] *vt* 1 measure [one's garden &]; 2 survey [a country &].

opmeting [-me.tɪŋ] *v* 1 measurement; 2 survey.

opmonteren [-mòntərə(n)] *vt* F cheer up, hearten up.

opmontering [-rɪŋ] *v* cheering up, heartening

opnaaisel [ˈòpnaːisəl] *o* tuck. [up.

opname [-na.mə] *v* [documentary] record; ('t opnemen) recording [of music]; shooting [of a film]; *een fotografische* ~ a photo, a view, a picture; (v. film) a shot; zie verder *opneming.*

opnemen [-ne.mə(n)] I *vt* 1 (in handen nemen) take up [a newspaper]; 2 (optillen) take up, lift [a weight]; 3 (hoger houden) gather up [one's gown]; 4 (een plaats geven) pick up [passengers], insert [an article], include [in a book, in the Government]; take in [straying travellers]; admit [patients]; 5 (tot zich nemen) take [food], assimilate² [material or mental food]; 6 $ take up [money at a bank], borrow [money]; 7 (ophalen) collect [the papers, votes]; 8 (wegnemen) take up, take away [the carpet]; 9 (opvegen) mop up [a puddle]; 10 (meten) take [one's temperature]; 11 (in kaart brengen) survey [a property &]; 12 (voor grammofoon) record; 13 (voor bioscoop) shoot [a film, a scene]; 14 (stenografisch) take down [a letter]; 15 *fig* receive [something favourably]; survey [one], take stock of [him], measure [him] with one's eyes; *het gemakkelijk* ~ take things easy; *u moet het in de krant laten* ~ you must have it inserted; *het kunnen* ~ *tegen iemand* be able to hold one's own against a person; *het* ~ *voor iemand* stand up for a person; *hoe zullen zij het* ~? how are they going to take it?; *iemand* ~ *van top tot teen* take stock of one; *hij werd in die orde opgenomen* he was received into that order; *iemand* ~ *in een vennootschap* take one into partnership; *iemand* ~ *in een (het) ziekenhuis* admit a person to hospital; *iets goed (slecht)* ~ take it in good (bad) part; *iets hoog* ~ resent it; *iets verkeerd* ~ take it ill (amiss); *de gasmeter* ~ read the gas-meter; *een gevallen steek* ~ take up a dropped stitch; *iemands tijd* ~ time a person; II *vi* catch on, meet with success.

opnemer [-mər] *m* (landmeter) surveyor.

opneming [-mɪŋ] *v* taking &, zie *opnemen*; (opmeting) survey; (in krant) insertion; *zijn* ~ *in het ziekenhuis* his admission to (the) hospital.

opnieuw [òp'niːu] anew, again, a second time.

opnoemen [ˈòpnu.mə(n)] *vt* name, mention, enumerate; *te veel om op te noemen* too numerous to mention; *en noem maar op* F or what have you.

opoe [ˈo.pu.] *v* F granny.

opofferen [ˈòpɔfərə(n)] *vt* sacrifice, offer up.

opoffering [-rɪŋ] *v* sacrifice; *met* ~ *van* at the sacrifice of.

oponthoud [ˈòpònthout] *o* stop(page); (gedwongen) detention; (vertraging) delay.

oppakken [ˈòpakə(n)] *vt* 1 (opnemen) pick up, take up [a book]; 2 (inrekenen) run in [a thief].

oppassen [ˈòpasə(n)] I *vt* (verzorgen) take care of; nurse, tend [a patient]; II *vi* take care, be careful; zie ook: *zich gedragen*; *je moet voor hem* ~ be careful of him, beware of him.

oppassend [ò'pasənt] well-behaved.

oppasser [ˈòpasər] *m* 1 (v. dierentuin &) keeper, attendant (of a museum); 2 ✕ batman; 3 (lijfknecht) valet; 4 zie *ziekenoppasser*.

opper [ˈòpər] *m* (hay)cock; *aan* ~s *zetten* cock [hay].

opperbest [ˈòpərbɛst] *aj* (& *ad*) excellent(ly); *je weet* ~... you know perfectly well...

opperbestuur [ˈòpərbəstyːr] *o* supreme direction; *het* ~ ook: the government.

opperbevel [-bəvɛl] *o* supreme command, [Russian &] High Command, [British] Higher Command.

opperbevelhebber [-hɛbər] *m* commander-in-chief; supreme commander [of the Allied Forces].

opperen [ˈòpərə(n)] *vt* propose, suggest, put forward, advance [a plan]; raise [objections, a question].

oppergezag [ˈòpərgəzax] *o* supreme authority.

opperheerschappij [-he:rsxɑpɛi] *v* sovereignty.

opperhoofd [-ho.ft] *o* chief, head.

opperhuid [-hœyt] *v* scarf-skin, epidermis, cuticle.

opperkamerheer [-'ka.mərhe:r] *m* Lord Chamberlain.

oppermacht [ˈòpərmaxt] *v* supreme power, supremacy.

oppermachtig [òpər'maxtəx] supreme.

opperman [ˈòpərman] *m* hodman.

opperofficier [-ɔfi.si:r] *m* ✕ general officer.

oppersen [ˈòpɛrsə(n)] *vt* press [one's trousers &].

opperste [ˈòpərstə] uppermost, supreme.

oppertoezicht [ˈòpərtu.zɪxt] *o* supervision, superintendence.

oppervlakkig [òpər'vlakəx] I *aj* superficial²; *fig* shallow; II *ad* superficially.

oppervlakkigheid [-hɛit] *v* superficiality, shallowness.

oppervlakte [ˈòpərvlaktə] *v* surface; (grootte) area, superficies.

Opperwezen [-ve.zə(n)] *o* Supreme Being.

oppeuzelen [ˈòpə.zələ(n)] *vt* munch.

oppikken [ˈòpɪkə(n)] *vt* pick up.

opplakken [ˈòplakə(n)] *vt* paste on; mount [photographs].

oppoetsen [ˈòpu.tsə(n)] *vt* rub up, clean, polish.

oppoken [ˈòpo.ko.kə(n)] *vt* poke (up), stir [the fire].

oppompen [ˈòpòmpə(n)] *vt* pump up [water]; blow out, inflate [the tyres of a bicycle].

opponent [òpo.'nɛnt] *m* opponent, objector.

opporren [ˈòpòrə(n)] *vt* stir [the fire]; *fig* shake up.

opportunisme [òpɔrty.'nɪsmə] *o* opportunism.

opportunist [-'nɪst] *m* opportunist.

opportunistisch [-'nɪsti.s] opportunist.

opportuun [-'ty.n] opportune, timely, well-timed.

opposant [ɔpo.'zɑnt] *m* opponent.

oppositie [-'zi.(t)si.] *v* opposition.

oppositiepartij [-pɑrtɛi] *v* opposition party.

oppotten ['ɔpɔtə(n)] *vt* F save, hoard [money].

opprikken ['ɔprikə(n)] *vt* 1 (v. insekten) pin (up); 2 (v. personen) dress up, prink up.

oprakelen ['ɔpra.kələ(n)] *vt* poke (up) [the fire]; *fig* rake up, dig up [old disputes &]; *rakel dat nu niet weer op* don't bring up by-gones.

opraken [-ra.kə(n)] *vi* run low, give out, run out.

oprapen [-ra.pə(n)] *vt* pick up, take up; *je hebt ze maar voor het ~* F they are as plentiful as blackberries.

oprecht [ɔp'rɛxt] I *aj* sincere, straightforward; II *ad* sincerely.

oprechtheid [-hɛit] *v* sincerity, straightforwardness.

opredderen ['ɔprɛdərə(n)] *vt* straighten up, tidy up.

oprichten [-rixtə(n)] I *vt* 1 raise, set up²; erect [a statue]; establish [a business], found [a college]; form [a company]; II *vr* zich ~ rise.

oprichter [-tər] *m* erector [of a statue]; founder [of a business].

oprichtersaandelen [-tɑrsa.ndə.lə(n)] *mv* founder's shares.

oprichting [-tɪŋ] *v* erection [of a statue]; establishment, foundation, formation.

oprichtingskapitaal [-tɪŋskɑpi.ta.l] *o* foundation capital.

oprichtingskosten [-kɔstə(n)] *mv* formation expenses.

oprijden ['ɔprɛi(d)ə(n)] *vt* ride (drive) up [a hill]; *het trottoir ~* mount the pavement [of a motor-car]; ~ *tegen* run (crash) into.

oprijlaan [-rɛila.n] *v* drive, sweep.

oprijzen [-rɛizə(n)] *vi* rise, arise.

oprispen [-rispə(n)] *vi* belch.

oprisping [-pɪŋ] *v* belch, eructation.

oprit ['ɔprɪt] *m* 1 ascent, slope; 2 (laan) drive, sweep.

oproep [-ru.p] *m* summons; *fig* call.

oproepen ['ɔpru.pə(n)] *vt* call up [soldiers]; summon, convoke [members]; conjure up, raise [spirits]; call up, evoke [the past &].

oproeping [-ru.pɪŋ] *v* call, summons; convocation; ✕ call-up [of soldiers]; (biljet) notice (of meeting); ✕ calling-up notice.

oproer [-ru:r] *o* revolt, rebellion, insurrection, mutiny; sedition; ~ *kraaien* preach sedition; ~ *verwekken* stir up a revolt.

oproerig [ɔp'ru:rəx] *aj* (& *ad*) rebellious(ly), mutinous(ly); seditious(ly).

oproerigheid [-hɛit] *v* rebelliousness; seditiousness.

oproerkraaier ['ɔpru:rkra.jər] *m* preacher of revolt, agitator.

oproerling [-lɪŋ] *m* insurgent, rebel.

oproken ['ɔpro.kə(n)] *vt* smoke [another man's cigars]; finish [one's cigar]; *een half opgerookte sigaar* a half-smoked cigar.

oprollen [-rɔlə(n)] *vt* roll up² [also ✕]; *fig* break up [a gang, an organization]; *een opgerolde paraplu* a rolled umbrella.

opruien [-rœyə(n)] *vt* incite, instigate; ~*de artikelen* seditious articles; ~*de woorden* inflammatory (incendiary) words.

opruier [-ər] *m* agitator, inciter, instigator.

opruiing [-ɪŋ] *v* incitement, instigation; sedition.

opruimen ['ɔprœymə(n)] I *vt* 1 (wegruimen) clear away [the tea-things &]; 2 (uitverkopen) sell off, clear (off) [stock]; 3 *fig* remove [obstacles]; put [a person] out of the way [by poison]; make a clean sweep [of crim-

inals]; *de kamer ~* tidy up the room; *de tafel ~* clear the table; II *va* put things straight; *dat ruimt op!* (it, he, she is) a good riddance!

opruiming [-mɪŋ] *v* 1 clearing away; 2 $ selling-off, clearance(-sale), [January] sales; ~ *houden* clear away things; *fig* make a clean sweep (of *onder*).

oprukken ['ɔprʏkə(n)] *vi* advance; *je kunt ~!* hop it!; ~ *naar* march upon, advance upon [a town]; ~ *tegen* march against, advance against [the enemy].

opscharrelen [-sxɑrələ(n)] *vt* ferret (rout) out, rummage out.

opschepen [-sxe.pə(n)] *vt* saddle with; zie ook: *opgescheept*.

opscheppen [-sxepə(n)] I *vt* ladle out, serve out; *de boel ~* 1 kick up a dust; 2 paint the town red; *het geld ligt er opgescheept* they are simply rolling in money; *die heb je maar voor het ~* zie *oprapen*; II *vi* brag, swank.

opschepper [-pər] *m* braggart, swanker

opscheperig [ɔp'sxepərəx] swanky.

opschepperij [ɔpsxepə'rɛi] *v* swank.

opschieten ['ɔpsxi.tə(n)] *vi* shoot up; *fig* make headway, get on; *schiet op!* 1 (haast je) hurry up!, do get a move on!; 2 (ga weg) hop it!; (goed) *met elkaar ~* pull together; *je kan niet met hem ~* you can't get on (along) with him; *wat schiet je ermee op?* where does it get you?; *je schiet er niets mee op* it does not get you anywhere, it gets you nowhere.

opschik [-sxɪk] *m* finery, trappings.

1 **opschikken** [-sxɪkə(n)] *vi* move up, close up.

2 **opschikken** [-sxɪkə(n)] I *vt* dress up, trick out, prink up; II *vr* zich ~ prink oneself up.

opschommelen [-sxɔmələ(n)] *vt* F dig up, unearth.

opschorten [-sxɔrtə(n)] *vt* tuck up [one's sleeves]; *fig* reserve [one's judgment]; suspend [hostilities, judgment &].

opschorting [-tɪŋ] *v* suspension.

opschrift ['ɔpsxrɪft] *o* heading [of an article &]; inscription [on a coin]; direction [on a letter].

opschrijfboekje [-s(x)rɛifbu.kjə] *o* notebook.

opschrijven ['ɔps(x)rɛivə(n)] *vt* write down, take down; *wilt u het maar voor mij ~?* will you put that down to me?; *voor hoeveel mogen we u ~?* what may we put you down for?

opschrikken [-s(x)rɪkə(n)] *vt* start, be startled.

opschroeven [-s(x)ru.və(n)] *vt* screw up; *fig* cry (puff) up; zie ook: *opgeschroefd*.

opschrokken [-s(x)rɔkə(n)] *vt* bolt, devour.

opschudden [-sxʏdə(n)] *vt* shake, shake up.

opschudding [-dɪŋ] *v* bustle, commotion, tumult; ~ *veroorzaken* create a sensation, cause (make) a stir.

opschuiven ['ɔpsxœyvə(n)] I *vt* push up; II *vi* move up.

opschuiving [-vɪŋ] *v* moving up.

opsieren ['ɔpsi:ra.(n)] *vt* embellish, adorn.

opsiering [-rɪŋ] *v* embellishment, adornment.

opslaan ['ɔpsla.n] I *vt* 1 (omhoog doen) turn up [one's collar &]; put up, raise [the hood of a motor-car]; raise [the eyes]; 2 (openslaan) open [a book], turn up [a page]; 3 (opzetten) pitch [camp, a tent]; 4 (prijzen) put [a penny] on, raise [the price]; 5 (inslaan) lay in [potatoes &]; 6 (in entrepot) store, warehouse [goods]; II *vi* go up, advance, rise [of prices]; *de suiker is 1 sh. opgeslagen* ook: sugar is up a shilling.

opslag [-slax] *m* 1 ⤷ upbeat; 2 (prijs-, loonsverhoging) advance, rise; 3 facing [of a uniform], cuff [of a sleeve]; 4 (in pakhuis &) storage; *de ~ van de goederen* the storage (storing) of the goods; *het dienstmeisje ~*

geven raise the servant's wages.

opslagplaats [-pla.ts] *v* storage building, store, depot, [ammunition] dump.

opslagruimte [-rœymtə] *v* storage space (accommodation).

opslokken ['òpslòkə(n)] *vt* swallow, gulp down.

opslorpen [-slɔrpə(n)] *vt* lap up; absorb.

opslorping [-pɪŋ] *v* absorption.

opsluiten ['òpslœytə(n)] I *vt* lock (shut) up [things, persons]; confine [a thief &]; ✕ close [the ranks]; *daarin ligt opgesloten...* it implies... (that...); II *vr zich* ~ shut oneself up (in one's room); III *vi* ✕ close the ranks, close up.

opsluiting [-tɪŋ] *v* locking up, confinement, incarceration; *eenzame* ~ solitary confinement.

opsmuk [-smʉk] *m* finery, trappings.

opsmukken [-smʉkə(n)] *vt* trim, dress up, embellish[2].

opsnijden [-snɛi(d)ə(n)] I *vt* cut up, cut open, cut, carve; II *vi fig* F brag, swank.

opsnijder [-snɛi(d)ər] *m* F braggart, swanker.

opsnijderig [-snɛi(d)ərəx] F swanky.

opsnijderij [òpsnɛi(d)ə'rɛi] *v* F bragging, swank.

opsnorren [-òpsnɔrə(n)] *vt* F rout out, ferret out, unearth.

opsnuiven [-snœyvə(n)] *vt* sniff (up), inhale.

opsommen [-sòmə(n)] *vt* enumerate, sum up.

opsomming [-ɪŋ] *v* enumeration.

opsouperen [-su.pe:rə(n)] *vt* spend, use up.

opsparen [-spa:rə.k] *v* save up, lay by, put by.

opspelen [-spe.lə(n)] *vi* I play first, lead [at cards]; 2 *fig* kick up a row, cut up rough.

opsporen [-spo:rə(n)] *vt* F trace, track (down), find out.

opsporing [-rɪŋ] *v* tracing; exploration [of ore &]; ~ *verzocht* wanted by the police.

opspraak ['òpspra.k] *v* scandal; *in* ~ *brengen* compromise; *in* ~ *komen* get talked about.

opspreken [-spre.kə(n)] *vi* speak out; *spreek op!* speak!

opspringen [-sprɪŋə(n)] *vi* jump (leap, start) up, jump to one's feet; (v. bal) bounce; *van vreugde* ~ leap for joy.

opstaan [-sta.n] *vi* I get up, rise; 2 (uit bed) rise; 3 (in verzet komen) rise, rebel, revolt (against *tegen*); *het eten staat op* dinner is cooking; *het water staat op* the kettle is on; *als je hem te pakken wil nemen, moet je vroeg(er)* ~ you have to be up early to be even with him; zie ook : *dood, tafel.*

opstand [-stant] *m* I △ (vertical) elevation; 2 (v. winkel) fixtures; 3 (verzet) rising, insurrection, rebellion, revolt; *in* ~ *komen tegen iets* revolt against (at, from) it; *in* ~ *zijn* be in revolt.

opstandeling [-stɑndəlɪŋ] *m* insurgent, rebel.

opstandig [òp'stɑndəx] insurgent, rebel; mutinous.

opstanding ['òpstɑndɪŋ] *v* resurrection.

opstapelen [-sta.pələ(n)] I *vt* stack (up), heap up, pile up, accumulate; II *vr zich* ~ accumulate [dirt, capital &], pile up [snow].

opstapeling [-lɪŋ] *v* piling up, accumulation.

opstappen ['òpstɑpə(n)] *vi* F go (away).

opsteken [-ste.kə(n)] I *vt* I (in de hoogte) hold up, lift [one's hand]; put up [one's hair]; prick up [one's ears]; put up [an umbrella]; 2 (openmaken) broach [a cask]; 3 (aansteken) light [a cigar &]; 4 (insteken) pocket [money]; put up [a sword]; *hij zal er niet veel van* ~ he will not profit much by it; *stemmen met het* ~ *der handen* by show of hands; II *vi* light up; *wilt u eens* ~? will you light up?; have a smoke; III *vi* rise [of a storm].

opstel [-stɛl] *o* composition, theme, F paper;

---

een ~ *maken over* write (do) a paper on.

opstellen [-stɛlə(n)] I *vt* I (opzetten) fit up [poles]; mount [an instrument]; set up [a hypothesis]; 2 ✕ (plaatsen) post, draw up [soldiers]; 3 (in positie brengen) mount [guns]; 4 (in elkaar zetten) mount [machinery]; 5 *fig* (redigeren) draft, draw up [a deed]; frame [a treaty]; redact [a paper]; II *vr zich* ~ I take up a (one's) position; 2 ✕ form up, line up; 3 line up [of a football team].

opsteller [-lər] *m* drafter [of a deed], framer [of a treaty].

opstelling [-lɪŋ] *v* drawing up &; line-up [of a football team].

opstijgen ['òpstɛigə(n)] *vi* ascend, mount, go up, rise; ✈ take off; ~ ! to horse!

opstijging [-gɪŋ] *v* ascent; ✈ take-off.

opstoken ['òpsto.kə(n)] *vt* I poke (up), stir (up); 2 *fig* set on, incite, instigate; 3 burn [all the fuel].

opstoker [-kər] *m* inciter, instigator.

opstootje [-sto.cə] *o* disturbance, riot.

opstoppen [-stòpə(n)] *vt* stop up, fill.

opstopper [-pər] *m* F cuff, slap.

opstopping [-pɪŋ] *v* stoppage, congestion [of traffic]; [traffic] block, jam.

opstormen ['òpstɔrmə(n)] *vt* tear up [the stairs].

opstrijken [-strɛikə(n)] *vt* I (gladstrijken) iron [clothes]; twirl up [one's moustache]; 2 *fig* pocket, rake in [money].

opstropen [-stro.pə(n)] *vt* tuck up, roll up [sleeves].

opstuiven [-stœyvə(n)] *vi* fly up; *fig* fly out, flare up.

optakelen [-ta.kələ(n)] *vt* ⚓ rig up.

optekenen [-te.kənə(n)] *vt* note (write, jot) down, note, record.

optellen [-tɛlə(n)] *vt* cast up, add (up), S tot up.

optelling [-lɪŋ] *v* casting up, addition.

optelsom ['òptɛlsòm] *v* addition sum, sum in addition.

I opteren [-te:rə(n)] *vt* eat up, consume.

2 opteren [òp'te:rə(n)] *vi* in: ~ *voor* decide in favour of, choose.

optica ['òpti.ka.] *v* optics.

opticien [òpti.si.'ɛ̃] *m* optician.

optie ['òpsi.] *v* option; *in* ~ *geven (hebben)* give (have) the refusal of...

optillen ['òptɪlə(n)] *vt* lift up, raise.

optimisme [òpti.'mɪsmə] *o* optimism.

optimist [-'mɪst] *m* optimist.

optimistisch [-'mɪsti.s] *aj* (& *ad*) optimistic-(ally), sanguine(ly).

optisch ['òpti.s] *v* optical.

optocht ['òptɔxt] *m* procession, [historical] pageant.

optooien [-to.jə(n)] *vt* deck out, adorn, decorate.

optooiing [-jɪŋ] *v* adornment, decoration.

optornen ['òptɔrnə(n)] *vi* rip up, rip open; ~ *tegen* struggle against[2].

optreden [-tre.də(n)] I *vi* make one's appearance [as an actor], appear (on the stage), enter; perform [in night clubs &]; *fig* take action, act; ~ *als* act as...; *hij durft niet* ~ he dare not assert himself; ~ *tegen* take action against, deal with; *strenger* ~ adopt a more rigorous action; II *o* appearance [on the stage]; *fig* [military, defensive] action; [disgraceful] proceedings; [reckless, aggressive] behaviour; *eerste* ~ first appearance, debut[2]; *gezamenlijk* ~ joint action.

optrekje [-trɛkjə] *o* cottage.

optrekken [-trɛkə(n)] *vt* I (omhoog) draw up [a blind], pull up [a load, 💪 one's machine &]; raise [the curtain, one's eyebrows]; turn up [one's nose]; shrug [one's shoulders];

hitch up [one's trousers]; 2 (bouwen) raise [a building]; II *vr zich* ~ pull oneself up; III *vi* I (wegtrekken) lift [of a fog]; 2 (marcheren) march (against *tegen*); 3 ⚔ accelerate [of a motor-car].

optrommelen [-tròmələ(n)] *vt* zie *bijeentrommelen.*

optuigen [-tœygə(n)] I *vt* ⚓ rig [a ship]; caparison, harness [a horse]; II *vr zich* ~ F rig oneself up.

opvallen ['ɔpfɑlə(n)] *vi* attract attention; *het zal u* ~ it will strike you.

opvallend [ɔp'fɑlənt] *aj* (& *ad*) striking(ly).

opvangcentrum ['ɔpfɑŋsɛntrʉm] *o* reception centre.

opvangen ['ɔpfɑŋə(n)] *vt* catch [a ball, a sound, a thief, the water]; snap up [a piece of bread]; ⚒ ✝ pick up [a station, a transmission]; receive [the sword-point with one's shield]; meet[2] [an attack, the difference, a loss &]]; intercept [a telegram]; overhear [what is said].

opvaren [-fa:rə(n)] I *vt* ⚓ go up, sail up; II *vi* ascend (to heaven); *de* ~*den* ⚓ those on board.

opvatten [-fɑtə(n)] *vt* I (opnemen) take up[2] [a book, the pen, the thread of the narrative]; 2 (krijgen) conceive [a hatred against, love for, a dislike to]; 3 (maken) conceive [a plan]; 4 (begrijpen) understand; *iets somber* ~ take a gloomy view (of things); *u moet het niet verkeerd* ~ 1 you must not take it in bad part; 2 you must not misunderstand me; *het als een belediging* ~ take it as an insult; *zijn taak weer* ~ resume one's task.

opvatting [-fɑtɪŋ] *v* conception, idea, view, opinion.

opvegen [-fe.gə(n)] *vt* sweep, sweep up.

opveren [-fe:rə(n)] *vi* rise buoyantly [from one's seat].

opverven [-fɛrvə(n)] *vt* paint up.

opvijzelen [-fɛizələ(n)] *vt* jack up, lever up, screw up; *fig* cry up, crack up.

opvissen [-fɪsə(n)] *vt* fish up; fish out; *als ik het kan* ~ if I can unearth it.

opvliegen [-fli.gə(n)] *vi* fly up; *fig* fly out, flare up.

opvliegend [ɔp'fli.gənt] short-tempered, quick-tempered, irascible, F peppery.

opvliegendheid [-hɛit] *v* quick temper, irascibility.

opvoeden ['ɔpfu.də(n)] *vt* educate, bring up, rear.

opvoedend [-dənt] educative.

opvoeder [-dər] *m* educator.

opvoeding [-dɪŋ] *v* education.

opvoedingsgesticht [-dɪŋsgəstɪxt] *o* approved school.

opvoedkunde ['ɔpfu.tkʉndə] *v* pedagogy, pedagogics.

opvoedkundig [ɔpfu.t'kʉndəx] I *aj* pedagogic(al) [books]; educative [value]; II *ad* pedagogically.

opvoedkundige [-'kʉndəgə] *m* education(al)ist, pedagogue.

opvoeren ['ɔpfu.rə(n)] *vt* I (hoger brengen) carry up; 2 (hoger maken) raise [the price, their demands]; increase [the speed], step up [production]; 3 (ten tonele voeren) I put on the stage; 2 perform, give [a play].

opvoering [-rɪŋ] *v* I performance [of a play]; 2 raising [of prices], increase, stepping up [of production].

opvolgen ['ɔpfɔlgə(n)] *vt* succeed [one's father]; obey [a command], act upon, follow [advice].

opvolger [-gər] *m* successor; *benoemd* & *als* ~ *van* in succession to.

opvolging [-gɪŋ] *v* succession.

opvorderbaar [ɔp'fɔrdərba:r] claimable; *direct* ~ $ on call.

opvorderen ['ɔpfɔrdərə(n)] *vt* claim.

opvouwbaar [ɔp'fɔuba:r] foldable [music stand], collapsible [boat], folding [bicycle].

opvouwen ['ɔpfɔuə(n)] *vt* fold (up).

opvragen [-fra.gə(n)] *vt* I call in, withdraw [money from the bank]; 2 claim [letters].

opvreten [-fre.tə(n)] I *vt* F devour, eat up; II *vr zich* ~ F fret away one's life, eat one's heart out.

opvrolijken [-fro.lòkə(n)] *vt* brighten, cheer (up), enliven.

opvullen [-fʉlə(n)] *vt* fill up, stuff [a cushion], pad.

opwaaien [-va.jə(n)] I *vt* blow up; II *vi* be blown up.

opwaarts [-va:rts] I *aj* upward; II *ad* upward(s).

opwachten [-vɑxtə(n)] *vt* I wait for; 2 waylay.

opwachting [-tɪŋ] *v* in: *zijn* ~ *maken bij* pay one's respects to [a person], wait upon.

opwarmen ['ɔpvɑrmə(n)] *vt* warm up [broken victuals].

opwegen [-ve.gə(n)] *vi* in: ~ *tegen* (counter)balance.

opwekken [-vɛkə(n)] *vt* awake[2], rouse[2]; resuscitate, raise [the dead]; *fig* excite [feelings &], stimulate [functional reaction, the appetite], provoke [fermentation, indignation &]; generate [electricity]; *iemand tot iets* ~ 1 rouse a person to something; 2 invite him to do something.

opwekkend [ɔp'vɛkənt] exciting, stimulating; ~ *middel* tonic, cordial, stimulant.

opwekking ['ɔpvɛkɪŋ] *v* excitement, stimulation; generation [of electricity]; resuscitation; B raising [of Lazarus]; (aansporing) exhortation.

opwellen [-vɛlə(n)] *vi* well up; *fig* well up (forth).

opwelling [-vɛlɪŋ] *v* ebullition, outburst; flush [of joy], access [of anger]; *in de eerste* ~ on the first impulse.

opwerken [-vɛrkə(n)] I *vt* work up, touch up; II *vr zich* ~ work one's way from the ranks; *zich* ~ *tot...* work oneself up to...

opwerpen [-vɛrpə(n)] I *vt* throw up; put up [barricades]; *een vraag* ~ raise a question; zie ook: 1 *dam*; II *vr* in: *zich* ~ *tot...* set up for..., constitute oneself the...

opwinden [-vɪndə(n)] I *vt eig* wind up; *fig* excite; II *vr zich* ~ get excited.

opwinding [-vɪndɪŋ] *v eig* winding up; *fig* excitement, agitation.

opwrijven [-vreivə(n)] *vt* rub up, polish.

opzadelen [-sa.dələ(n)] *vt* saddle (up).

opzegbaar [ɔp'sɛxba:r] terminable; ~ *kapitaal* capital redeemable at notice.

opzeggen ['ɔpsega(n)] *vt* I (uit het hoofd) say, repeat, recite [a lesson]; 2 (intrekken) terminate [a contract], denounce [a treaty], recall [moneys]; *iemand de dienst (de huur)* ~ give a person notice; *de krant* ~ withdraw one's subscription; *met drie maanden* ~*s* at three months' notice.

opzegging [-sɛgɪŋ] *v* termination [of a contract], denunciation [of a treaty]; withdrawal; notice, warning.

opzeilen [-seilə(n)] *vi* sail up.

opzenden [-sɛndə(n)] *vt* send, ⚓ forward [a letter]; offer (up) [a prayer].

1 **opzet** [-sɛt] *o* design, intention; *boos* ~ malice (prepense), malicious intent; *met* ~ on purpose, purposely, intentionally, designedly; *zonder* ~ unintentionally, undesignedly.

2 **opzet** [-sɛt] *m* framework [of a play]; plan [of a novel].

opzettelijk [òp'sɛtələk] **I** *aj* intentional, wilful, premeditated; deliberate [lie]; **II** *ad* zie *met opzet*.

opzetten [ˈòpsɛtə(n)] **I** *vt* 1 (zetten op) put on [one's hat &]; 2 (overeind) place upright [a plank], put up, set up [skittles], turn up [one's collar]; 3 (op het spel zetten) stake [money]; 4 (opslaan) erect [booths]; 5 (oprichten) set up, establish [a business], start [a shop]; 6 (doen staan) spin [a top]; 7 (spannen) brace [one's biceps]; 8 (openspannen) put up, open [an umbrella]; 9 (prepareren) stuff [birds, a dead lion &]; 10 *fig* (ophitsen) set on [people]; *de bajonet-(ten)* ~ ✕ fix bayonets; *de mensen tegen elkaar* ~ set people against each other, set persons by the ears; *de mensen tegen de regering* ~ set people against the government; **II** *vi* swell; *er komt een onweer* ~ a storm is coming on; *toen kwam hij* ~ F then he came along.

opzicht ['òpsɪxt] *o* supervision; *in ieder* ~, *in alle* ~*en* in every respect, (in) every way; *in dit* ~ in this respect; *in financieel* ~ financially [a disappointing year]; *in zeker* ~ in a way; *te dien* ~*e* in this respect; *ten* ~*e van* with respect (regard) to.

opzichter [-sixtər] *m* 1 overseer, superintendent; 2 (bouw~) clerk of the works.

opzichtig [òp'sixtəx] **I** *aj* showy, gaudy, loud [dress]; **II** *ad* showily, gaudily, loudly.

opzichtigheid [-heit] *v* showiness, gaudiness, loudness.

opzichzelfstaand [òpsix'selfsta.nt] isolated.

opzien [ˈòpsi.n] **I** *vi* look up [to one]; *tegen iets* ~ shrink from the task, the difficulty &; *ik zie er tegen op* I dread having to do it; *tegen geen moeite* ~ not think any trouble too much; **II** *o* ~ *baren* make (cause, create) a sensation, make a stir.

opzienbarend [òpsi.n'ba:rənt] sensational.

opziener ['òpsi.nər] *m* overseer, inspector.

opzitten [-sitə(n)] *vt* sit up; mount (one's horse); ~! to horse!; ~, *Fidel!* beg!; *er zit niets anders op dan...* there is nothing for it but to...; *er zal een standje voor je* ~ you will be in for a scolding.

opzoeken [-su.kə(n)] *vt* 1 (zoeken) seek, look for [something]; look up [a word]; 2 (bezoeken) call on [a person].

opzuigen [-sœygə(n)] *vt* suck (in, up), absorb.

opzwellen [-svɛlə(n)] *vi* swell; *doen* ~ swell.

opzwepen [ˈòpsve.pə(n)] *vt* whip up[2], *fig* work up.

orakel [o.ˈra.kəl] *o* oracle[2].

orakelen [o.ˈra.kələ(n)] *vi* talk like an oracle.

orakelspreuk [-kəlsprø.k] *v* oracle.

orakeltaal [-ta.l] *v* oracular language.

orang-oetan(g) [ˈo:raŋ'u.tan, -'u.taŋ] *m* ♨ orang-utan.

oranje [o.ˈraŋə] orange; *O~ boven!* three cheers for Orange!

oranjebloesem [-blu.səm] *m* ♣ orange blossom.

Oranjehuis [-hœys] *o* House of Orange.

Oranje Vrijstaat [o.raŋə'vreista.t] *m* Orange Free State.

oratie [o.ˈra.(t)si.] *v* oration.

oratorisch [o.ra.ˈto:ri.s] *aj* (& *ad*) oratorical-(ly).

oratorium [-ri.ûm] *o* ♪ oratorio.

orchidee [òrgi.ˈde.] *v* ✿ orchid.

orde ['òrdə] *v* order°; orderliness; *de* ~ *handhaven* maintain order; *de* ~ *herstellen* restore order; ~ *houden* keep order; ~ *scheppen in de chaos* zie *chaos*; ~ *stellen op zijn zaken* put one's affairs in order, settle one's affairs; *aan de* ~ *komen* come up for discussion; *aan de* ~ *stellen* put on the order-paper; *aan de* ~ *zijn* be under discussion; *aan de* ~ *van de dag*

zijn be the order of the day; *dat onderwerp is niet aan de* ~ that question is out of order; *buiten de* ~ out of order; *in* ~! all right!; *in* ~ *brengen* put right, set right; *het zal wel in* ~ *komen* it's sure to come right; *iets in* ~ *maken* zie *in* ~ *brengen*; *het is nu in* ~ it is all right now; *het is niet in* ~ it is out of order; *that is not as it should be*; *ik ben niet goed in* ~ I don't feel quite well; *in goede* ~ in good order; *we hebben uw brief in goede* ~ *ontvangen* we duly received your letter; *in verspreide* ~ ✕ in extended order; *wij konden niet op* ~ *komen* we could not get straight; *als jullie (helemaal) op* ~ *zijn* when you are straight; *when you are settled in*; *gaat over tot de* ~ *van de dag* passes to the order of the day; *iemand tot de* ~ *roepen* call a person to order; *voor de goede* ~ for the sake of good order.

ordebroeder [-bru.dər] *m* brother, friar.

ordelievend [òrdə'li.vənt] orderly; law-abiding [citizens].

ordelievendheid [-heit] *v* love of order.

ordelijk ['òrdələk] **I** *aj* orderly; **II** *ad* in good order.

ordelijkheid [-heit] *v* orderliness.

ordeloos [-lo.s] disorderly.

ordeloosheid [òrdə'lo.sheit] *v* disorderliness.

ordenen [ˈòrdənə(n)] *vt* 1 (in orde schikken) order, arrange, marshal [facts, data &]; regulate [industry], plan [economy]; 2 (wijden) ordain.

ordener [-nər] *m* file.

ordening [-nɪŋ] *v* 1 arrangement, regulation [of industry], planning [of economy]; 2 (wijding) ordination.

ordentelijk [òr'dɛntələk] **I** *aj* decent [people]; fair [share &]; **II** *ad* decently; fairly.

ordentelijkheid [-heit] *v* decency; fairness.

order ['òrdər] *v* & *o* order, command; $ order; *gelieve te betalen aan... of* ~ $ or order; *aan eigen* ~ $ to my own order; *aan de* ~ *van...* $ to the order of...; *op* ~ *van...* by order of...; *tot uw* ~*s* at your service; *tot nader* ~ until further orders, until further notice; *wat is er van uw* ~*s?* what can I do for you?

orderboek [-bu.k] *o* $ order-book.

orderbriefje [-bri.fjə] *o* $ 1 note (of hand); 2 order form.

orderportefeuille [-pòrtəfœyjə] *m* $ order-book.

ordeteken [ˈòrdəte.kə(n)] *o* badge, *mv* ook: insignia.

ordinair [òrdi.ˈnɛːr] **I** *aj* 1 low, vulgar, common; 2 inferior [quality]; *een* ~*e vent* a vulgarian; **II** *ad* 1 vulgarly, commonly; 2 inferiorly.

ordonnans [òrdò'nans] *m* ✕ [officer's] orderly; ~*officier* aide-de-camp.

ordonnantie [-ˈnan(t)si.] *v* order, decree, ordinance.

ordonneren [òrdò'ne:rə(n)] *vt* order, decree, ordain.

oreren [o:ˈre:rə(n)] *vi* orate, declaim hold forth.

orgaan [òr'ga.n] *o* organ[2].

organisatie [òrga.ni.ˈza.(t)si.] *v* organization.

organisator [-tər] *m* organizer.

organisch [òr'ga.ni.s] **I** *aj* organic; **II** *ad* organically.

organiseren [òrga.ni.ˈze:rə(n)] *vt* organize; arrange [an exhibition &].

organisme [òrga.ˈnismə] *o* organism.

organist [-ˈnist] *m* ♪ organist.

orgel ['òrgəl] *o* ♪ organ; *een (het)* ~ *draaien* grind an (the) organ.

orgeldraaier [-dra.jər] *m* organ-grinder.

orgelpijp [-pɛip] *v* ♪ organ-pipe.

orgelspel [-spɛl] *o* ♪ organ-playing.

orgie [òr'gi.] *v* orgy; *fig* riot [of colours].

oriënteren [o.ri.ɛn'te:rə(n)] *zich* ~ take one's

bearings; *hij kon zich niet meer* ~ he had lost his bearings; *zich weten te* ~ know the geography of a place; *fascistisch* (*internationaal, links &*) *georiënteerd* fascist (internationally, left &) -minded.
oriëntering [-rɪŋ] *v* orientation; *te uwer* ~ for your information.
originaliteit [o.ri.gi.-, o.ri.ʒi.na.li.'tɛit] *v* originality.
origineel [-'ne.l] I *aj* (& *ad*) original(ly); II *o, m* original.
orkaan [ɔr'ka.n] *m* hurricane.
orkest [ɔr'kɛst] *o* orchestra, band; *klein* ~ small orchestra; *groot* ~ full orchestra.
orkestdirigent, -leider, -meester [-di.ri.gɛnt, -leidər, -me.star] *m* orchestra(l) conductor.
orkestratie [ɔrkɛs'tra.(t)si.] *v* ♪ orchestration, scoring.
orkestreren [-'tre:rə(n)] *vt* ♪ orchestrate, score.
ornaat [ɔr'na.t] *o* official robes; (v. geestelijke) pontificals, vestments; *in vol* ~ in full pontificals (of a bishop &); in state (of a king &); ⇔ in full academicals.
ornament [ɔrna.'mɛnt] *o* ornament.
orthodox [ɔrto.'dɔks] orthodox.
orthodoxie [-dɔk'si.] *v* orthodoxy.
os [ɔs] *m* ox [*mv* oxen], bullock; *wat een* ~ what an ass!
ossedrijver [-drɛivər] *m* ox-driver, drover.
ossehaas [-ha.s] *m* fillet of beef.
ossestaart [-sta:rt] *m* ox-tail.
ossetong [-tɔŋ] *v* 1 *eig* neat's tongue, ox-tongue; 2 ♣ bugloss.
ossevlees [-vle.s] *o* beef.
otter ['ɔtər] *m* otter.
oud [aut] I *aj* (bejaard) old, aged; 2 (v. d. oude tijd) antique [furniture], ancient [history]; *hoe* ~ *is hij?* how old is he?, what age is he?; *hij is twintig jaar* ~ he is twenty (years old), twenty years of age; ~ *maken* age; ~ *worden* grow old, age; *hij zal niet* ~ *worden* he will not live to be old; ~ *brood* stale bread; *een* ~*e firma* an old-established firm; ~*e kaas* ripe cheese; ~ *nummer* back number [of a periodical]; ~ *papier* waste paper; *de* ~*e schrijvers* the ancient writers, the classics; *de* ~*e tijden* the olden times; *een* ~*e zondaar* an old sinner, a hardened sinner; II *sb* ~ *en jong* old and young; ~ *en nieuw vieren* see the old year out, see the new year in; *alles bij het* ~*e laten* leave things as they are [as they were]; *de* ~*e* S 1 the governor [= my father]; 2 the old man [at the office &], the boss; *ik ben weer de* ~*e* I am my usual (old) self again; *de Ouden* the ancients; (*de*) ~*en van dagen* the aged, old people; zie ook: *ouder & oudst*.
oud-... [aut] former, late, ex-, retired.
oudachtig ['ɔutaxtəx] oldish, elderly.
oudbakken [aut'bakə(n)] stale.
onde ['aud(ə)] *m* zie *oud* II.
oudejaar [-'ja:r] *o* last day of the year.
oudejaarsavond [-ja:rs'a.vənt] *m* New Year's Eve.
oudemannenhuis [-'manə(n)hœys] *o* old men's home.
ouder ['ou(d)ər] I *aj* older; elder; *hij is twee jaar* ~ two years older, my elder by two years; *een* ~*e broer* an elder brother; *hoe* ~ *hoe gekker* there's no fool like an old fool; *wij* ~*en* we oldsters; II *m* parent; *van* ~ *op* (*tot*) ~ from generation to generation.
ouderdom ['oudərdɔm] *m* age, old age; *hoge* ~ great age; *in de ge:egende* ~ *van...* at the good old age of.
ouderdomskwaal [-dɔmskva.l] *v* infirmity of old age.
ouderdomspensioen [-pɛnʃu.n] *o* old-age pension.

ouderdomsverzekering [-fərze.kərɪŋ] *v* old-age insurance.
ouderhuis ['oudərhœys] *o* parental home.
ouderlijk [-lək] parental.
ouderling [-lɪŋ] *m* elder.
ouderloos ['oudərlo.s] parentless.
ouderpaar ['oudərpa:r] *o* parents.
ouderwets [oudər'vɛts] I *aj* old-fashioned, old-fangled; II *ad* in an old-fashioned way.
oudevrouwenhuis [ou(d)ə'vrouə(n)hœys] *o* old women's home.
oudewijvenpraatje [-'vɛivə(n)pra.cə] *o* old woman's tale; ~*s* gossip.
oudgediende [outgə'di.ndə] *m* old campaigner, old hand.
oudheid ['outheit] *v* antiquity, oldness; *Griekse oudheden* Greek antiquities; *koopman in oudheden* antiquary.
oudheidkunde [-kūndə] *v* antiquarian science, archaeology.
oudheidkundig [outheit'kūndəx] antiquarian, archaeological.
oudheidkundige [-dəgə] *m* antiquarian, archaeologist.
oudje ['oucə] *o* old man, old woman; *de* ~*s* the old folks.
oud-leerling [out'le:rlɪŋ] *m* 1 ex-pupil; 2 old boy.
oudoom ['outo.m] *m* great-uncle.
oudroest [out'ru.st] *o* scrap-iron.
ouds(her) *van* ~ [van'outs(hɛr)] of old.
oudst [outst] oldest, eldest; *de* ~*e boeken* the oldest books; *zijn* ~*e broer* his eldest brother; ~*e vennoot* senior partner.
oudtijds ['outɛits] in olden times.
ontillage [u.ti.(l)'ja.ʒə] *v* equipment.
outilleren [-'je:rə(n)] *vt* equip.
ouverture [u.vər'ty:rə] *v* ♪ overture.
ouvreuse [u.'vrø.zə] *v* usherette.
ouwel ['ouəl] *m* 1 wafer [for letter]; 2 ♣ cachet.
ouwelijk ['ouələk] oldish.
ovaal [o.'va.l] I *aj* (& *ad*) oval(ly); II *o* oval.
ovatie [o.'va.(t)si.] *v* ovation; *een* ~ *brengen* (*krijgen*) give (have) an ovation.
oven [o.'və(n)] *m* 1 oven, furnace; 2 (kalk-oven) kiln.
over ['o.vər] I *prep* 1 (zich bewegende op of langs een oppervlakte) along [a good road we sped...]; 2 (boven) over [the meadow]; 3 (over... heen) over [the brook, the hedge], across [the river]; on top of [his cassock he wore...]; 4 (aan de overzijde van) beyond [the river]; 5 (méér dan) above, upwards of, over (of fifty]; 6 (via) by way of, via [Paris]; 7 (na) in [a week &]; 8 (tegenover) opposite [the church &]; *een boek* ~ *Afrika* a book on (about) Africa; ~ *een dag of acht* in a week or ten days; *zondag* ~ *acht dagen* Sunday week; ~ *een maand, een paar jaar* a month, a few years hence; ~ *land zie land*; *het is* ~ *vieren* it is past four (o'clock); *hij is* ~ *de zestig* he is turned (of) sixty; *hij heeft iets* ~ *zich* he has certain ways, there is something about him (that...); II *ad over*; *ik heb er één* ~ I have one left; *hij is* ~ 1 he has got across; 2 he is staying with us; 3 ⇔ he has been removed; *mijn pijn is* ~ my pain is over (better); ~ *en weer* mutually; *geld* (*tijd &*) *te* ~ plenty of money (time &).
overal [o.'vərəl] everywhere; ~ *waar* wherever.
overal(l) [o.və'rəl] *m* overalls.
overbekend ['o.vərbəkent] generally known; notorious.
overbelasten [-lastə(n)] *vt* 1 overburden; 2 ✕ overload²; 3 overtax.
overbeleefd [-le.ft] too polite, (over-)officious.
overbelicht [-o.vərbəlixt] over-exposed.
overbelichting [-lixtɪŋ] *v* over-exposure.

overbevolking [ˈo.vərbəvɔlkɪŋ] v 1 surplus population; 2 overcrowding [in dwellings &].
overbevolkt [-bəvɔlkt] 1 overpopulated; 2 overcrowded [hospitals &].
overbezet [-bəzɛt] overcrowded [buses, ⌒ forms]; (d o o r p e r s o n e e l) overstaffed.
overblijfsel [-blɛifsəl] o remainder, remnant, relic, remains, rest.
overblijven [-blɛivə(n)] I vi be left, remain; X. blijft vannacht over X. remains for the night (will stay the night); er bleef me niets anders over dan... nothing was left to me (remained for me) but to...; II vt in: een boot ⌒ stay over one steamer.
overbluffen [o.vərˈblʏfə(n)] vt bluff; overbluft put out of countenance, bewildered.
overbodig [-ˈbo.dəx] superfluous.
overbodigheid [-hɛit] v superfluity, superfluousness.
overboeken [ˈo.vərbu.kə(n)] vt $ transfer.
overboeking [-kɪŋ] v $ transfer.
overboord [o.vərˈbo:rt] ⚓ overboard; zie ook: boord.
overbrengen [ˈo.vərbrɛŋə(n)] vt carry [a thing to another place]; transfer, transport, remove [a piece of furniture &]; transmit [a parcel, a disease, news, heat, electricity &]; convey [a parcel, a letter, sound]; translate [into another language], transpose [algebraic values]; repeat [a piece of news, tales]; de zetel van de regering naar A. ⌒ transfer the seat of government to A.
overbrenger [-brɛŋər] m carrier, conveyer; fig telltale, informer.
overbrenging [-brɛŋɪŋ] v carrying, transport, conveyance [of goods]; transfer [of a business, sums]; transmission [of power &]; translation [of a document]; [thought] transference.
overbrieven [-bri.və(n)] vt tell, repeat [things heard].
overbriever [-vər] m telltale.   [heard].
overbruggen [o.vərˈbrʏgə(n)] vt bridge (over).
overbrugging [-gɪŋ] v bridging.
overcompleet [-kɔmple.t] surplus.
overdaad [-da.t] v excess, superabundance; in ⌒ leven live in luxury; ⌒ schaadt too much of a thing is good for nothing.
overdadig [o.vərˈda.dəx] I aj superabundant; excessive; II ad superabundantly, to excess.
overdag [o.vərˈdax] by day, in the day-time; during the day.
overdekken [-ˈdɛkə(n)] vt cover (up, in).
overdenken [-ˈdɛŋkə(n)] vt consider, meditate (on).
overdenking [-kɪŋ] v consideration, reflection.
overdoen [ˈo.vərdu.n] vt 1 (n o g e e n s) do [it] over again; 2 (a f s t a a n) part with, make over, sell, dispose of; het dunnetjes ⌒ F repeat the thing.
overdonderen [o.vərˈdɔndərə(n)] vt zie overbluffen.
overdracht [ˈo.vərdraxt] v transfer, conveyance.
overdrachtelijk [o.vərˈdraxtələk] aj (& ad) metaphorical(ly).
overdragen [ˈo.vərdra.gə(n)] vt carry over; fig convey, make over, hand over, transfer [property], assign [a right]; delegate [power], depute [a task]; het bestuur (de leiding, de zaak &) ⌒ hand over.
overdreven [o.vərˈdre.və(n)] I aj exaggerated [statements]; excessive, immoderate [claims]; II ad exaggeratedly; excessively, immoderately.
1 overdrijven [ˈo.vərdrɛivə(n)] vi blow over[2].
2 overdrijven [o.vərˈdrɛivə(n)] I vt exaggerate, overdo; II vi exaggerate.
overdrijving [-vɪŋ] v exaggeration.
1 overdruk [ˈo.vərdrʏk] m 1 off-print, separate (reprint) [of an article &]; 2 overprint [on

postage stamps]; 3 ⚒ overpressure.
2 overdruk [ˈo.vərˈdrʏk] aj too much occupied, over-busy.
overdrukken [ˈo.vərdrʏkə(n)] vt reprint; overprint [stamps].
overdwars [o.vərˈdvɑrs] athwart, across.
overeenbrengen [o.vərˈe.nbrɛŋə(n)] vt conciliate [discrepant theories]; dat is niet overeen te brengen met it cannot be reconciled with, it is not consistent with; zie ook: geweten.
overeenkomen [-ko.mə(n)] I vi agree [with a person, on a thing], harmonize; ⌒ met agree with; zoals met uw afkomst overeenkomt in keeping with your birth; II vt agree on [a price &].
overeenkomst [-kɔmst] v 1 (g e l ij k h e i d) resemblance, similarity, conformity, agreement; 2 (v e r d r a g) agreement.
overeenkomstig [o.vəre.nˈkɔmstəx] I aj conformable; corresponding, similar [period]; ⌒e hoeken corresponding angles; een ⌒e som an equivalent sum; II ad correspondingly; ⌒ het bepaalde agreeably (conformably) to the provisions; ⌒ uw wensen in accordance with (in compliance with, in conformity with) your wishes.
overeenkomstigheid [-hɛit] v conformableness, conformity, similarity.
overeenstemmen [o.vərˈe.nstɛmə(n)] vi agree, concur, harmonize; ⌒ met agree & with, be in accordance (in harmony) with; dat stemt niet overeen met wat hij zei that does not tally with what he said.
overeenstemming [-mɪŋ] v harmony; consonance; agreement, concurrence; gram concord; in ⌒ brengen (met) bring into line (with); dat is niet in ⌒ met de feiten that is not in accordance with the facts; in ⌒ met de omgeving in harmony with the surroundings; tot ⌒ geraken of komen (omtrent) come to an agreement (about).
overeind [o.vərˈɛint] on end, upright, up, erect; nog ⌒ staan be still standing[2]; hij ging ⌒ staan he stood up; ⌒ zetten set up; hij ging ⌒ zitten he sat up; hij krabbelde ⌒ he scrambled to his feet.
overerfelijk [-ˈɛrfələk] hereditary, inheritable.
overerfelijkheid [-hɛit] v heredity.
overerven [ˈo.vərɛrvə(n)] I vt inherit; II vi be hereditary [of a disease].
overerving [-vɪŋ] v heredity, inheritance.
overeten [o.vərˈe.tə(n)] zich ⌒ overeat oneself, overeat.
overgaan [-ga.n] I vi 1 (a a n s l a a n) go [of a bell]; 2 (b e v o r d e r d w o r d e n) be removed, get one's remove [at school]; 3 (o p h o u d e n) pass off, wear off [of suffering &]; in iets anders ⌒ change into something different; in elkaar ⌒ become merged, merge [of colours]; de leiding gaat over van... op... the leadership passes from... to...; alvorens wij daartoe ⌒ before passing on to that; ⌒ [van...] tot... change over [from one system] to [another]; tot daden ⌒, tot handelen ⌒ proceed to action; tot liquidatie ⌒ go into liquidation; tot stemming ⌒ proceed to the vote; II vt go across, cross [the street &].
overgang [-gɑŋ] m transition, change; changeover [to another system].
overgangsbepaling [-gɑŋsbəpa.lɪŋ] v temporary provision.
overgangsexamen [-ɛksa.mə(n)] o ⌒ promotion trial.
overgangstijdperk [-tɛitpɛrk] o transition(al) period.
overgangstoestand [-tu.stɑnt] m state of transition.
overgankelijk [o.vərˈgɑŋkələk] aj (& ad) gram transitive(ly).

overgave ['o.vərga.və] v handing over, delivery [of parcels]; giving up; surrender [of fortress, to God's will].

overgeven [-ge.və(n)] I vt 1 (aanreiken) hand over, hand, pass [something]; 2 (afstaan) deliver up, give over (up), yield, surrender [a town]; 3 (braken) vomit [blood]; II vi vomit, be sick; *moet je ~?* do you feel sick?; III vr *zich ~* surrender; *zich ~ aan*... abandon oneself to..., indulge in...; *zich aan smart, wanhoop ~* surrender (oneself) to grief, to despair.

overgevoelig [-gəvu.ləx] over-sensitive [people].

overgevoeligheid [-hɛit] v over-sensitiveness.

1 **overgieten** [-gi.tə(n)] vt pour (into *in*), transfuse, decant.

2 **overgieten** [o.vər'gi.tə(n)] vt in: ~ *met* pour on, cover with², suffuse with².

overgooier ['o.vərgo.jər] m pinafore (dress), *Am* jumper.

overgordijn [-gordɛin] o curtain.

overgroot [-gro.t] immense, huge.

overgrootmoeder [-gro.tmu.dər] v great-grandmother.

overgrootvader [-fa.dər] m great-grandfather.

overhaast [o.vər'ha.st] I aj rash; hurried; II ad rashly, hurriedly, in a hurry.

overhaasten [-'ha.stə(n)] vt & vr hurry.

overhaasting [-'ha.stɪŋ] v precipitation, precipitancy.

overhalen ['o.vərha.lə(n)] vt 1 (met veerpont) ferry over; 2 (omtrekken) pull [a bell]; cock [a rifle]; 3 (distilleren) distil [spirits]; 4 *fig* (overreden) talk round, persuade, gain over.

overhand [-hant] v in: *de ~ hebben* have the upper hand (of *op*); predominate (over *op*), prevail; *de ~ krijgen* get the upper hand, get the better (of *op*).

overhandigen [o.vər'hɑndəgə(n)] vt hand (over), deliver.

overhandiging [-gɪŋ] v handing over, delivery.

overhangen ['o.vərhɑŋə(n)] vi hang over, incline, beetle.

overhebben [-hɛbə(n)] vt 1 have left; *daar heeft hij alles voor over* he is willing to give anything for it; *ik heb er een pond voor over* I am willing to pay a pound for it; *wij hebben iemand over* we have somebody staying with us.

overheen [o.vər'he.n] over, across; [she wore a jumper] on top; *daar is hij nog niet ~* he has not (quite) got over it yet.

overheersen [-'he:rsə(n)] I vt domineer over, dominate; II vi predominate.

overheersing [-sɪŋ] v rule, domination.

overheid ['o.vərhɛit] v in: *de ~* the authorities; the Government.

overheidspersoneel [-pɛrso.ne.l] o public servants.

overheidswege [-ʋe.gə] van ~ by the authorities; *van ~ bekendmaken* announce officially.

overhellen ['o.vərhɛlə(n)] vi hang over, lean over, incline, ⚓ list, ⚖ bank; ~ *naar* incline to(wards), have a leaning to, lean towards [*fig*].

overhelling [-hɛlɪŋ] v inclination², leaning²; ⚓ list.

overhemd [-hɛmt] o shirt.

overhevelen [-he.və lə(n)] vt transfer².

overhoop [o.vər'ho.p] in a heap, pell-mell, in a mess, topsyturvy; ~ *halen* turn over, put in disorder; ~ *liggen met* be a variance (at odds) with; ~ *schieten* shoot down; ~ *steken* stab; ~ *werpen* overthrow, upset.

overhoren [-'ho:rə(n)] vt hear [a boy a lesson].

overhouden [o.vərhou(d)ə(n)] vt save [money].

overig ['o.vərəx] I aj remaining; *het ~e Europa* the rest of Europe; II sb *het ~e* the remainder;

voor het ~e for the rest; *de ~en* the others, the rest.

overigens ['o.vərəgəns] apart from that [all is well, he is quite sane], after all, moreover [I don't know...]; [he] incidentally [looked quite the gentleman].

overijlen ['ɛilə(n)] *zich ~* hurry.

overijling [-lɪŋ] v precipitation, precipitancy.

overjas [o.vərjas] m & v overcoat, greatcoat, top-coat.

overkant [-kɑnt] m opposite side, other side; *aan de ~ van*: beyond [the river, the Alps], across [the Channel]; *hij woont aan de ~* he lives over the way, he lives opposite.

overkappen [o.vər'kapə(n)] vt roof in.

overkijken ['o.vərkɛikə(n)] vt look over, go through.

overkleed ['o.vərkle.t] o upper garment [of a priest &].

overkoepelen [o.vər'ku.pələ(n)] vt co-ordinate.

overkoken ['o.vərko.kə(n)] vi boil over.

1 **overkomen** ['o.vərko.mə(n)] vi come over; *ik kan maar eens in de week ~* I can come to see (him, her, them) but once a week.

2 **overkomen** [o.vər'ko.mə(n)] vt befall, happen to; *er is hem een ongeluk ~* he has met with an accident; *dat is mij nog nooit ~* I never yet had that happen to me; *wat overkomt je?* what has got you?

overkomst ['o.vərkòmst] v coming, visit.

overkropt [-'krɔpt] overburdened; *haar overkropt gemoed* her overburdened heart.

overlaat ['o.vərla.t] m overflow.

1 **overladen** [-la.də(n)] vt 1 tranship [goods]; transfer [from one train into another]; 2 (opnieuw) reload.

2 **overladen** [o.vər'la.də(n)] vt overload², overburden²; *fig* overstock [the market]; *iemand met geschenken (verwijten &) ~* shower presents upon a person, heap reproaches upon a person; *zich de maag ~* surfeit one's stomach, overeat (oneself).

1 **overlading** ['o.vərla.dɪŋ] v 1 transhipment, transfer; 2 reloading.

2 **overlading** [o.vər'la.dɪŋ] v surfeit [of the stomach]; *fig* overburdening, overloading.

overland [o.vər'lɑnt] by land.

overlangs [o.vər'lɑŋs] I aj longitudinal; II ad lengthwise, longitudinally.

overlast ['o.vərlɑst] m annoyance, nuisance; ~ *aandoen* annoy; *tot ~ van* to the inconvenience of.

overlaten [-la.tə(n)] vt leave; *dat laat ik aan u over* I leave that to you; *laat dat maar aan hem over* let him alone to do it; *aan zich zelf overgelaten* left to himself; *zie ook: lot.*

overleden [o.vər'le.də(n)] aj deceased, dead; *de ~e* the dead man (woman); *de ~e(n)* the deceased, the departed, the defunct.

overleg [o.vər'lɛx] o 1 deliberation, forethought, judg(e)ment, management; 2 (be-raadslaging) deliberation, consultation; ~ *is het halve werk* a stitch in time saves nine; ~ *plegen* consult together; ~ *plegen met* consult; *in ~ met*... in consultation with...; *met ~* with deliberation; *zonder ~* without (taking) thought.

1 **overleggen** ['o.vərlɛgə(n)] vt 1 (aanbieden) hand over, produce [a document]; 2 (besparen) lay by, put by [money].

2 **overleggen** [-'lɛgə(n)] vt deliberate, consider; *je moet het maar met hem ~* you should consult with him about it.

1 **overlegging** ['o.vərlɛgɪŋ] v production; *na (onder) ~ der stukken* upon (against) presentation and surrender of the documents.

2 **overlegging** [o.vər'lɛgɪŋ] v consideration, deliberation.

overleren ['o.vərle:rə(n)] vt learn over, learn

again.

overleven [o.vər'le.və(n)] *vt* survive, outlive.

overlevende [-vəndə] *m-v* survivor, longest liver.

overleveren ['o.vərle.vərə(n)] *vt* transmit, hand down; ~ *aan* give up to, deliver up to; *overgeleverd aan...* at the mercy of [impostors, swindlers &].

overlevering [-rɪŋ] *v* tradition.

overlezen ['o.vərle.zə(n)] *vt* read over, go through.

overligdag [-lɪxdɑx] *m* $ day of demurrage.

overliggeld [-lɪɣɛlt] *o* $ demurrage.

overlijden [o.vər'lɛidə(n)] **I** *vi* die, ○ pass away, depart this life, decease; *aan de bekomen verwondingen* ~ die of injuries; **II** *o* death, ○ decease, demise; *bij* ~ in the event of death.

overloop ['o.vərlo.p] *m* 1 (bij huis) corridor; 2 (van trap) landing; 3 (van rivier) overflow.

overlopen [-lo.pə(n)] **I** *vi* 1 run over, overflow; 2 go over, desert, defect [to the West, to the East]; *naar de vijand* ~ go over to the enemy; *hij loopt over van vriendelijkheid* he is all kindness; **II** *vt* cross [a road].

overloper [-lo.pər] *m* deserter, turncoat, defector [to capitalism, to communism].

overluid [o.vər'lœyt] aloud.

overmaat ['o.vərma.t] *v* over-measure; *fig* excess; *tot* ~ *van ramp* to make matters (things) worse, to top all.

overmacht [-mɑxt] *v* 1 superior power, superior forces; 2 🚂 force majeure; 3 ⚓ the Act of God; *voor de* ~ *bezwijken* succumb to superior numbers.

overmachtig [-mɑxtəx] stronger, superior (in numbers).

overmaken [-ma.kə(n)] *vt* 1 (opnieuw maken) do over again [one's work]; 2 (overzenden) make over. remit [money].

overmaking [-kɪŋ] *v* remittance.

overmannen [o.vər'mɑnə(n)] *vt* overpower, overcome; *overmand door slaap* overcome by sleep.

overmatig [-'ma.təx] *aj* (& *ad*) excessive(ly).

overmeesteren [-'me.stərə(n)] *vt* overmaster, overpower, conquer.

overmeestering [-ɪŋ] *v* conquest.

overmoed ['o.vərmu.t] *m* recklessness; (aanmatiging) presumption.

overmoedig [o.vər'mu.dəx] *aj* (& *ad*) reckless(ly); (aanmatigend) presumptuous(ly).

overmorgen ['o.vərmɔrɣə(n)] *m* the day after to-morrow.

overnachten [o.vər'nɑxtə(n)] *vi* stop (during the night), pass the night, stay overnight [at a hotel].

overnachting [-tɪŋ] *v* overnight stay [at a hotel].

overname ['o.vərna.mə] *v* taking over; adoption; purchase; *ter* ~ *aangeboden... ...for sale.*

overnemen [-ne.mə(n)] *vt* take over [something] from; take over [a business, command &], adopt [a word from another language], borrow, copy [something from an author]; take up [the refrain]; buy [books &]; *de dienst* (*de wacht, de zaak* &) ~ take over; *gewoonten* ~ adopt habits.

overpeinzen [o.vər'pɛinzə(n)] *vt* meditate, reflect upon.

overpeinzing [-zɪŋ] *v* meditation, reflection.

overpennen ['o.vərpɛnə(n)] *vt* F copy, crib.

overplaatsen [-pla.tsə(n)] *vt* remove; *fig* transfer [an officer &].

overplaatsing [-sɪŋ] *v* removal; transfer [of a officer].

overproduktie ['o.vərpro.dúksi.] *v* overproduction.

overreden [o.və're.də(n)] *vt* persuade, prevail upon [a man], talk [one] round; *hij wou mij* ~ *om...* he wanted to persuade me to..., to persuade me into ...ing; *hij was niet te* ~ he was not to be persuaded.

overredend [-dənt] *aj* (& *ad*) persuasive(ly).

overreding [-dɪŋ] *v* persuasion.

overredingskracht [-dɪŋskrɑxt] *v* persuasiveness, power of persuasion, persuasive powers.

overreiken ['o.vərreikə(n)] *vt* hand, reach, pass.

overrijden [o.və'rei(d)ə(n)] *vt* run over [a person, a dog].

overrompelen [o.və'rɔmpələ(n)] *vt* surprise, take by surprise.

overrompeling [-lɪŋ] *v* surprise attack, surprise[2].

overschaduwen [o.vər'sxa.dy.və(n)] *vt* shade, overshadow; *fig* throw into the shade, eclipse.

overschakelen ['o.vərsxa.kələ(n)] *vi* switch over[2], change over[2] [from... to...]; 🚗 change gear; *we schakelen* (*u*) *over naar de concertzaal* 🎵 ✝ we are taking you over to the concert hall; ~ *op de tweede* 🚗 change into second.

overschatten [o.vər'sxɑtə(n)] *vt* overrate, overestimate.

overschatting [-tɪŋ] *v* overestimation, overrating.

overschepen [-sxe.pə(n)] *vt* tranship.

overscheping [-pɪŋ] *v* transhipment.

overschieten ['o.vərski.tə(n)] *vi* remain, be left.

overschoen [-sxu.n] *m* overshoe, galosh, golosh.

overschot [-sxot] *o* remainder, rest; surplus; zie ook: *stoffelijk.*

overschreeuwen [o.vər's(x)re.və(n)] **I** *vt* cry down, shout down, roar down; *hij kon ze niet* ~ *ook*: he could not make himself heard; **II** *vr zich* ~ overstrain one's voice.

overschrijden [-'s(x)reidə(n)] *vt* step across, cross; *fig* overstep [the bounds], exceed [one's powers, the speed limit &].

overschrijven ['o.vərs(x)reivə(n)] *vt* write out (fair), copy (out) [a letter &]; $ transfer; *iets op iemands naam laten* ~ have a property transferred; *je hebt dat van mij overgeschreven* you have copied that from me.

overschrijving [-vɪŋ] *v* transcription, $ transfer.

overseinen ['o.vərseinə(n)] *vt* ✝ transmit, telegraph, wire.

overslaan [-sla.n] **I** *vt* 1 (geen beurt geven) pass [one] over; 2 (niet lezen &) omit, skip [a line], jump [some pages], miss [a performance]; 3 ⚓ tranship [goods]; **II** *vi* ...*zei zij, terwijl haar stem oversloeg* with a catch in her voice; ~ *op* 1 spread to [of a fire]; 2 infect [of laughter &].

overslag [-slɑx] *m* 1 (aan kledingstuk) turnup; 2 (v. enveloppe) flap; 3 (raming) estimate; 4 ⚓ transhipment.

overslaghaven [-ha.və(n)] *v* ⚓ port of transhipment, transhipment harbour.

1 **overspannen** [o.vər'spɑnə(n)] **I** *vt* span [a river &]; overstrain; **II** *vr zich* ~ overexert oneself.

2 **overspannen** [o.vər'spɑnə(n)] *aj* overstrung, overstrained, overwrought [nerves, imagination].

overspanning [-nɪŋ] *v* 1 span [of a bridge]; 2 overstrain, overexertion, overexcitement.

overspel [-spɛl] *o* adultery.

overspelig [o.vər'spe.ləx] *aj* (& *ad*) adulterous(ly).

overspringen ['o.vərsprɪŋə(n)] **I** *vi* 1 leap over, jump over; 2 🎵 jump over; **II** *vt* jump [ten lines &].

overstaan [-sta.n] *ten* ~ *van* in the presence of, before.

overstaand [-sta.nt] opposite.

overstag [o.vər'stɑx] in : ~ *gaan* ⚓ tack (about), go about, change one's tack².

overstapje ['o.vərstɑpjə] -**kaartje** [-ka:rcə] *o* correspondence ticket, transfer (ticket).

overstappen ['o.vərstɑpə(n)] *vt* 1 cross, step over; 2 change (into another train), transfer [to an open car].

overste ['o.vərstə] *m* 1 ✕ lieutenant-colonel; 2 *RK* prior, Father Superior; ~ *v* prioress, Mother Superior.

oversteekplaats ['o.vərste.kpla.ts] *v* crossing place, pedestrian crossing, crossing.

oversteken [-ste.kə(n)] I *vi* cross (over); *gelijk* ~ swop at the same time; II *vt* cross.

overstelpen [o.vər'stɛlpə(n)] *vt* overwhelm³; *we worden overstelpt met aanvragen* we arswamped (inundated, flooded) with applications.

overstelping [-pɪŋ] *v* overwhelming.
1 **overstemmen** ['o.vərstɛmə(n)] I *vt* tune again [a piano]; II *vi* vote again.
2 **overstemmen** [o.vər'stɛmə(n)] *vt* drown [a man's voice]; outvote [a man].
1 **overstromen** ['o.vərstro.mə(n)] *vi* overflow.
2 **overstromen** [o.vər'stro.mə(n)] *vt* inundate², flood; *overstroomd door dagjesmensen* overrun by cheap trippers; *de markt* ~ *met...* flood, glut (deluge) the market with...

overstroming [-mɪŋ] *v* inundation, flood.

oversturen ['o.vərsty:rə(n)] zie *overzenden*.

overstuur [o.vər'sty:r] out of order, upset; *zij was helemaal* ~ she was quite upset.

overtallig [-'tɑləx] supernumerary.
1 **overtekenen** [-te.kənə(n)] *vt* redraw [a drawing].
2 **overtekenen** [o.vər'te.kənə(n)] *vt* oversubscribe [a loan].

overtocht [o.vərtɔxt] *m* passage, crossing.

overtogen [o.vər'to.ɡə(n)] in: *met...* ~ suffused with...

overtollig [-'tɔləx] *aj* (& *ad*) superfluous(ly), redundant(ly).

overtolligheid [-hɛit] *v* superfluity, superfluousness, redundancy .

overtreden [-'tre.də(n)] *vt* contravene, transgress, infringe [the law]; break (through) [rules].

overtreder [-dər] *m* transgressor, breaker [of rules], trespasser.

overtreding [-dɪŋ] *v* contravention, transgression, infringement, breach [of the rules], trespass.

overtreffen [o.vər'trɛfə(n)] *vt* surpass, excel, outdo, outvie; *zich zelf* ~ surpass (excel) oneself; *de vraag overtreft het aanbod* demand exceeds supply.

overtrek [o.vərtrɛk] *o* m case, casing, co⸳ er.
1 **overtrekken** [-trɛkə(n)] I *vt* 1 (trekken over) pull across; 2 (overhalen) pull [the trigger]; 3 (gaan over) cross [a river &]; 4 (natrekken) trace [a drawing]; II *vi* blow over [of a thunderstorm].
2 **overtrekken** [o.vər'trɛkə(n)] *vt* 1 cover, upholster [furniture]; recover [an umbrella]; 2 $ overdraw [one's account]; *overtrokken raken* 🦅 stall; *een overtrokken antithese* an overdrawn antithesis.

overtrekpapier ['o.vərtrɛkpa.pi:r] *o* tracing-paper.

overtroeven [o.vər'tru.və(n)] *vt* overtrump; *fig* go one better than [a person].

overtuigen [-'tœyɡə(n)] I *vt* convince; II *vr zich* ~ convince oneself; III *va* carry conviction.

overtuigend [-ɡənt] *aj* (& *ad*) convincing(ly).

overtuiging [-ɡɪŋ] *v* conviction; *de* ~ *hebben dat...* be convinced that; *tot de* ~ *komen dat...* come to the conviction that...; *uit* ~ from conviction; *stuk van* ~ 🏛 exhibit.

overuren [o.vər:y:rə(n)] *mv* overtime, hours of

overtime; ~ *maken* work overtime.

overvaart [-va:rt] *v* passage, crossing.

overval [-vɑl] *m* raid.

overvallen [o.vər'vɑlə(n)] *vt* 1 (v. onweer &) overtake; 2 surprise; *door de regen* ~ caught in the rain.
1 **overvaren** ['o.vərva:rə(n)] I *vi* cross (over); II *vt* cross [a river]; take [a person] across.
2 **overvaren** [o.vər'va:rə(n)] *vt* run down [a vessel].

oververhitten ['o.vərvərhɪtə(n)] *vt* overheat; superheat [steam].

oververtellen [o.vərvərtɛlə(n)] *vt* repeat, tell.

oververzadigen [-vərza.də.ɡə(n)] *vt* 1 supersaturate; 2 *fig* surfeit.

oververzadiging [-ɡɪŋ] *v* 1 supersaturation; 2 *fig* surfeit.

overvleugelen [o.vər'vlø.ɡələ(n)] *vt* 1 surpass; 2 ✕ outflank.

overvloed [-vlu.t] *m* abundance, plenty; ~ *hebben van* abound in; *...in* ~ *hebben* have plenty of...; *ten* ~ *e* moreover.

overvloedig [o.vər'vlu.dəx] *aj* (& *ad*) abundant(ly), plentiful(ly), copious(ly), profuse(ly).

overvloedigheid [-hɛit] *v* abundance, plentifulness, profusion.

overvloeien ['o.vərvlu.jə(n)] *vi* overflow; ~ *van* abound in, brim with; ~ *van melk en honig* B flow with milk and honey.
1 **overvoeren** ['o.vərvu:rə(n)] *vt* carry over, transport.
2 **overvoeren** [o.vər'vu:rə(n)] *vt* overfeed; *fig* overstock, glut.

overvol ['o.vərvɔl] full to overflowing, overcrowded, crowded [house].

overvracht [-vrɑxt] *v* excess luggage, excess.

overvragen [o.vər'vra.ɡə(n)] *vt* ask too much, overcharge.

overwaaien ['o.vərva.jə(n)] *vi* blow over.

overwaard [-va:rt] well worth (the trouble, a visit &).

overwaarde [-va:rdə] *v* surplus value.
1 **overweg** [-vɛx] *m* level crossing; *onbewaakte* ~ unguarded level crossing.
2 **overweg** [o.vər'vɛx] in: *met iets* ~ *kunnen* know how to manage something; *ik kan goed met hem* ~ I can get on with him very well; *zij kunnen niet met elkaar* ~ they don't hit it off.
1 **overwegen** ['o.vərve.ɡə(n)] *vt* reweigh, weigh again.
2 **overwegen** [o.vər've.ɡə(n)] *vt* weigh, consider.

overwegend [-ɡənt] preponderant; *dat is van* ~ *belang* of paramount importance; ~ *droog weer* dry on the whole; *de bevolking is* ~ *Duits* predominantly German.

overweging [-ɡɪŋ] *v* consideration; *iemand iets in* ~ *geven* suggest a thing to a person, recommend it to him; *in* ~ *nemen* take into consideration; *ter* ~ for reflection; *uit* ~ *van* in consideration of...

overwegwachter [o.vərvɛxvɑxtər] *m* gateman, crossing keeper.

overweldigen [o.vər'vɛldəɡə(n)] *vt* overpower [a person]; usurp [a throne].

overweldigend [-ɡənt] overwhelming.

overweldiger [-ɡər] *m* usurper.

overweldiging [-ɡɪŋ] *v* usurpation.

overwelfsel [o.vər'vɛlfsəl] *o* vault.

overwelven [-'vɛlvə(n)] *vt* overarch, vault.

overwerk ['o.vərvɛrk] *o* extra work, overwork, overtime.
1 **overwerken** [-vɛrkə(n)] *vi* work overtime.
2 **overwerken** [o.vər'vɛrkə(n)] *zich* ~ overwork oneself.

overwicht [-vɪxt] *o* overbalance; *fig* preponderance, ascendancy; *het* ~ *hebben* preponderate.

overwinnaar [o.vər'vɪna:r] *m* conqueror, victor.

overwinnen [-'vɪnə(n)] I *vt* conquer, vanquish, overcome (the enemy); *fig* conquer, overcome, surmount [difficulties]; II *va* conquer, vanquish, be victorious.

overwinnend [-nənt] victorious, conquering.

overwinning [-nɪŋ] *v* victory; *de ~ behalen op* gain the victory over; *het heeft mij een ~ gekost* it has been an effort to me.

overwinst ['o.vərvɪnst] *v* $ surplus profit, excess profit.

overwinteren [o.vər'vɪntərə(n)] *vi* winter.

overwintering [-rɪŋ] *v* wintering.

overwippen [o.vərvɪpə(n)] I *vi* pop over; *kom eens ~* just slip across, step round; *naar A. ~* pop over to A.; II *vt* pop across [the road].

overzees [-'ze.s] oversea(s), transmarine.

overzeilen ['o.vərzɛilə(n)] I *vi* sail over, sail across; II *vt* sail across, sail [the seas].

overzenden [-zɛndə(n)] *vt* send, forward, dispatch; transmit [a message]; remit [money].

overzetboot ['o.vərzɛtbo.t] *m & v* ferry-boat.

overzetgeld [-gɛlt] *o* fare [for ferrying one over].

overzetten ['o.vərzɛtə(n)] *vt* 1 (overvaren) ferry over, take across; 2 (vertalen) translate.

overzetter [-tər] *m* 1 ⚓ ferryman; 2 translator.

overzetting [-tɪŋ] *v* translation.

overzicht ['o.vərzɪxt] *o* survey, synopsis, [general] view, review [of foreign affairs &].

overzichtelijk [o.vər'zɪxtələk] I *aj* clear [arrangement of the matters]; II *ad* clearly [arranged].

overzichtelijkheid [-hɛit] *v* clarity [of the arrangement].

1 **overzien** ['o.vərzi.n] *vt* look over, go through.

2 **overzien** [o.vər'zi.n] *vt* overlook, survey; *alles met een blik ~* take in everything at a glance; *niet te ~* immense, vast²; incalculable [consequences].

overzij(de) ['o.vərzɛi(də)] *v* zie *overkant*.

overzwemmen [-zvɛmə(n)] *vt* swim across, swim [the Channel].

oweeër [o.ve.ær] *m* war-profiteer.

oxydatie [ɔksi.'da.(t)si.] *v* oxidation.

oxyde [ɔk'si.də] *o* oxide.

oxyderen [ɔksi.'de.rə(n)] *vt & vi* oxidize.

ozon [o.'zòn] *o & m* ozone.

P

pa [pa.] *m* pa(pa), dad(dy).

paadje [-cə] *o* foot-path, walk.

paai [pa:i] *m* gaffer; *ouwe ~* ook: old fog(e)y.

1 **paaien** ['pa.jə(n)] *vt* appease, soothe.

2 **paaien** ['pa.jə(n)] *vi* spawn [of fish].

paaitijd ['pa:itɛit] *m* spawning season.

paal [pa.l] *m* 1 pile [driven into ground]; pole [rising out of ground]; stake, ✕ palisade; 2 ⌘ pale; *~ en perk stellen aan* check [a disease], put a stop to, stop [abuses]; *dat staat als een ~ boven water* that's a fact, that is unquestionable.

paaldorp ['pa.ldɔrp] *o* lake-village, lacustrine settlement.

paaltje [-cə] *o* picket, peg.

paalwerk [-vɛrk] *o* pilework, palisade.

paalwoning [-vo.nɪŋ] *v* pile-dwelling, lake-dwelling.

paap [pa.p] *m* papist.

paapje ['pa.pjə] *o* 🐦 whinchat.

paaps [pa.ps] papistic, popish.

paar [pa.r] *o* pair [of shoes &]; couple, brace [of partridges &]; *een ~ dagen* a day or two; a few days; *een gelukkig ~* a happy pair

(couple); *verliefde paren* couples of lovers; *zij vormen geen ~* they don't match; *~ aan ~* two together; *bij paren, bij het ~ verkopen* in pairs.

paard [pa:rt] *o* 1 ♞ horse; 2 (schaakspel) knight; 3 (gymnastiek) (vaulting-)horse; *~ en rijtuig houden* keep a carriage; *~ rijden* ride (on horseback); *(de) ~en die de haver verdienen krijgen ze niet* desert and reward seldom keep company; *het beste ~ struikelt wel eens* it is a good horse that never stumbles; *men moet een gegeven ~ niet in de bek zien* you must not look a gift horse in the mouth; *het ~ achter de wagen spannen* put the cart before the horse; *iemand op het ~ helpen* give one a leg up [*fig*]; *hij wordt hier over het ~ getild* he is made too much of here; *te ~* on horseback, mounted; *te ~!* to horse!; zie ook: *stijgen &*.

paardebloem ['pa:rdəblu.m] *v* 🌱 dandelion.

paardehaar [-ha:r] *o* horsehair.

paardeharen [-ha:rə(n)] *aj* horsehair.

paardehoef [-hu.f] *m* hoof (of a horse).

paardehorzel [-hɔrzəl] *v* horse-fly, gad-fly.

paardeknecht [-knɛxt] *m* groom.

paardekracht [-krɑxt] *v* horse-power, h.p.

paardemiddel [-mɪdəl] *o* horse-physic; *fig* kill or cure remedy.

paardenfokker ['pa:rdə(n)fɔkər] *m* horse-breeder.

paardenfokkerij [pa:rdə(n)fɔkə'rɛi] *v* 1 horse-breeding; 2 stud; stud-farm.

paardenkoper [-ko.pər] *v* horse-dealer.

paardenmarkt [-mɑrkt] *v* horse-fair.

paardenslachter [-slɑxtər] ~**slager** [-sla.gər] *m* horse-butcher.

paardenspel ['pa:rdə(n)spɛl] *o* circus.

paardenstoeterij [pa:rdə(n)stu.tə'rɛi] *v* stud; stud-farm.

paardenvolk ['pa:rdə(n)vɔlk] *o* ✕ cavalry, horse.

paardepoot ['pa:rdəpo.t] *m* horse's foot.

paarderas [-rɑs] *o* breed of horses.

paardesport [-spɔrt] *v* equestrianism.

paardestaart [-sta:rt] *m* 1 horse-tail (ook 🌿); 2 (haardracht) pony tail.

paardetram, -trem [-trɛm] *v* horse-tramway.

paardetuig [-tœyx] *v* harness.

paardevijg [-vɛix] *v* ball of horse-dung; ~*en* horse-manure.

paardevlees [-vle.s] *o* horseflesh, (als gerecht) horse meat; *hij heeft ~ gegeten* J he has got the fidgets.

paardevlieg [-vli.x] *v* horse-fly.

paardrijden [-rri(d)ə(n)] *o* riding (on horseback), horse riding; (als kunst) horsemanship; *zij gingen ~* they went out riding.

paardrijder [-rɛi(d)ər] *m* rider, horseman, equestrian.

paardrijdster [-rɛitstər] *v* horsewoman, lady equestrian.

paarlemoer [pa:rlə'mu:r] *o* mother-of-pearl, nacre.

paarlemoerachtig [-'mu:rɑxtəx] nacr(e)ous.

paarlemoeren [-'mu:rə(n)] *aj* mother-of-pearl [buttons &].

paars [pa:rs] *aj & o* (~rood) purple, (~blauw) violet.

paarsgewijs, -gewijze [pa:rsgə'vɛis, -'vɛizə] in pairs, two and two.

paartijd ['pa:rtɛit] *m* pairing-time, mating-time.

paartje [-cə] *o* couple [of lovers].

paasbest ['pa.sbɛst] *o* Easter best, Sunday best.

paasbrood [-bro.t] *o* 1 Easter loaf [of the Christians]; 2 Passover bread [of the Jews].

paasdag [-dɑx] *m* Easter day.

paasei [-ɛi] *o* Easter egg.

paasfeest [-fe.st] *o* 1 Feast of Easter; 2 Pass-

over [of the Jews].
paaslam [-lɑm] o paschal lamb. [day.
Paasmaandag [pa.sˈma.ndɑx] m Easter Mon-
paasplicht [ˈpa.splɪxt] m & v RK Easter duties.
paastijd [-tɛit] m Easter time.
paasvakantie [-fa.kɑnsi.] v Easter holidays.
paasweek [-ʋe.k] v Easter week.
Paaszondag [pa.ˈsòndɑx] m Easter Sunday.
paatje [ˈpa.cə] o F daddy.
pacht [pɑxt] v I (ʼt pachten) lease; 2 (geld)
rent; in ~ geven let out, farm out; in ~ hebben hold on lease, rent; in ~ nemen take on
lease, rent; zie ook: wijsheid.
pachtboer [ˈpɑxtbo.r] m tenant farmer.
pachtcontract [-kòntrɑkt] o lease.
pachten [ˈpɑxtə(n)] vt rent; ⚹ farm [a mo-
nopoly].
pachter [-tər] m tenant, tenant farmer [of a
farm]; lessee, leaseholder [of a theatre &];
⚹ farmer [of a monopoly].
pachtgeld [ˈpɑxtgɛlt] o rent.
pachthoeve [-hu.və] v farm.
pachtsom [-sòm] v rent.
pacificatie [pa.si.fi.ˈka.(t)si.] v pacification.
pacificeren [-ˈseˈrə(n)] vt pacify.
pact [pɑkt] o pact.
1 **pad** [pɑt] o path² [of virtue &], walk; (tussen zitplaatsen) gangway, aisle; op ~ gaan
set out; op het ~ zijn be about.
2 **pad** [pɑt] v ≛ toad.
paddestoel [ˈpɑdəstu.l] m I toadstool; 2 (eetbare) mushroom; eetbare ~en ook: edible
fungi; als ~en verrijzen spring up like mushrooms.
paddestoelwolk [-ròlk] v mushroom cloud.
padvinder [ˈpɑtfɪndər] m I (boy) scout; 2
(baanbreker) pathfinder.
padvinderij [pɑtfɪndəˈrɛi] v (boy-)scout movement, scouting.
padvindster [ˈpɑtfɪn(t)stər] v girl guide.
paf [pɑf] ij puff!; bang!; hij stond er ~ van F
he was staggered, he was flabbergasted.
paffen [ˈpɑfə(n)] vi I puff [at a pipe]; 2 pop
[with a gun].
pafferig [ˈpɑfərəx] puffy, bloated.
pag. = pagina.
pagaai [pa.ˈga:i] m paddle.
pagaaien [-ˈga.jə(n)] vi & vt paddle.
page [ˈpa.ʒə] m page; foot-boy, buttons.
pagekop [-kɔp] m bobbed hair.
pagina [pa.gi.na.] v page [of a book].
pagineren [pa.gi.ˈne:rə(n)] vt page, paginate.
paginering [-rɪŋ] v paging, pagination.
pagode [pa.ˈgo.də] v pagoda.
pair [pɛ:r] m peer.
pairschap [ˈpɛ:rsxɑp] o peerage.
pak [pɑk] o I package, parcel, packet [of
matches], bundle; (pedlar's) pack; fig load;
2 suit [of clothes]; een ~ slaag a thrashing, a
hiding, a flogging, a drubbing; een ~ voor de
broek a spanking; wij kregen een nat ~ we
got wet through; ik ben niet bang voor een nat
~ I don't fear a wetting; mij viel een ~ van
het hart that was a load off my mind; bij de
~ken neerzitten sit down in despair, give it
up as a bad job; met ~ en zak (with) bag and
baggage.
pakezel [ˈpɑke.zəl] m pack-mule.
pakgaren [-ˈga:rə(n)] o packthread.
pakhuis [-hœys] o warehouse.
pakhuishuur [-hy:r] v warehouse rent, storage.
pakken [ˈpɑkə(n)] I vt I (grijpen) seize,
clutch, grasp, take hold of [a man's hands];
2 (omhelzen) hug, cuddle [a child &]; 3
(inpakken) pack [one's trunk]; 4 fig fetch
[one's public], grip [the reader]; pak ze! sick
him!; er eentje ~ F have a wet; het te ~ hebben have caught a cold; hij heeft het erg
(zwaar) te ~ F it's hit him very hard; hij zal

het gauw te ~ hebben he will soon get the
trick of it; je hebt de koorts te ~ you have
got fever (on you); als ik hem te ~ krijg I
[I'll tell him] if I can get hold of him; 2 [I'll
smash him] if he ever falls into my clutches;
ze kunnen hem niet te ~ krijgen I they can't
get hold of him; 2 they can't catch him;
iemand te ~ nemen I make a fool of one; S
pull a man's leg; 2 take him in; II va ball,
bind [of snow]; het stuk pakt niet the play does not
catch on; de zaag pakt niet the saw doesn't
bite.
pakkend [-kənt] fetching, taking [manner];
gripping [story]; catchy [melodies, songs];
telling [device].
pakker [-kər] m packer.
pakker(d) [-kər(t)] m F hug, squeeze.
pakkerij [pɑkəˈrɛi] v packing-room.
pakket [pɑˈkɛt] o parcel, packet.
pakketboot [-bo.t] m & v packet-boat.
pakketpost [-pòst] v 📨 parcel post.
pakketvaart [-fa:rt] v ⚓ packet service.
pakking [ˈpɑkɪŋ] v ⚒ packing; gasket.
pakkingring [-rɪŋ] m ⚒ gasket-ring.
pakkist [ˈpɑkɪst] v (packing-)case.
pakmand [-mɑnt] v hamper.
pakpaard [-pa:rt] o pack-horse.
pakpapier [-pa.pi:r] o packing-paper.
paktouw [-tɑu] o twine.
pakzadel [-sa.dəl] m & o pack-saddle.
pakzolder [-sòldər] m storage loft.
1 **pal** [pɑl] m click, ratchet, pawl [of a watch].
2 **pal** [pɑl] I aj firm; ~ staan stand firm; II ad I
firmly [fixed &]; 2 right [in the middle]; ~
noord due north.
paladijn [pa.la.ˈdɛin] m paladin.
paleis [pa.ˈlɛis] o palace; ten paleize at the
palace; at court.
paleisrevolutie [-re.vo.ly.(t)si.] v palace revolution.
paleiswacht [-vɑxt] v palace guard.
palen [ˈpa.lə(n)] vi in: ~ aan confine upon.
Palestijns [pɑlesˈtɛins] Palestinian.
Palestina [-ˈti.na.] o Palestine.
palet [pa.ˈlɛt] o palette, pallet.
paletot [pa.lə.ˈto.] m paletot, overcoat.
palfrenier [pɑlfrəˈni:r] m groom.
paling [ˈpa.lɪŋ] m eel.
palissade [pɑli.ˈsa.də] v palisade, paling.
palissaderen [-sa.ˈde:rə(n)] vt palisade.
palissadering [-rɪŋ] v I palisading; 2 palisade.
palissanderhout [pa.li.ˈsɑndərhɑut] o rose-
wood.
paljas [pɑlˈjɑs] m I clown, buffoon, merry-
andrew; 2 paillasse, pallet [= straw mat-
tress].
palm [pɑlm] m I palm [of the hand]; decimetre; 2 (boom, tak) palm; de ~ wegdragen bear (win, carry off) the palm.
palmblad [ˈpɑlmblɑt] o palm-leaf.
palmboom [-bo.m] m palm-tree.
palmbos [-bòs] o palm-grove.
palmhout [-hɑut] o box-wood, box.
palmolie [-o.li.] v palm-oil.
Palmpaas [pɑlmˈpa.s] **Palmpasen** [-ˈpa.sə(n)]m
Palm Sunday.
Palmzondag [pɑlmˈzòndɑx] m Palm Sunday.
paltsgraafschap [-sxɑp] o palatinate.
pamflet [pɑmˈflɛt] o I libel, lampoon, broad-
sheet; (brochure) pamphlet.
pan [pɑn] v I pan, frying-pan; 2 (v. dak) tile;
3 S (herrie) row; wat een ~! S what a go!;
in de ~ hakken cut up, cut to pieces, wipe
out.
panacee [pa.na.ˈse.] v panacea, cure-all, heal-
all.
panama(hoed) [ˈpa.na.ma.(hu.t)] m Panama
hat, panama.

pand [pɑnt] 1 *o* pledge, security, pawn, *sp* forfeit; 2 *o* h u i s e n e r f) premises; 3 *m* & *o* (v. j a s) flap, tail, skirt; ~ *verbeuren* zie *ver-beuren*; in ~ *geven* offer in pawn, give as (a) security; *t e g e n* ~ on security.
pandbrief ['pɑntbri.f] *m* mortage bond.
pandgever ['pɑntge.vər] *m* pawner.
pandhouder [-hɑudər] *m* pawnee.
pand(jes)huis [-hœys, 'pɑŋcəshœys] *o* pawn-shop.
pandjesjas [-jɑs] *m* & *v* tail-coat.
pandoer [pɑn'du:r] *o* & *m* ◇ "pandoer".
pandrecht ['pɑntrɛxt] *o* lien.
pandverbeuren [-fərbø:rə(n)] *o* (game of) for-feits.
paneel [pa.'ne.l] *o* panel.
paneermeel [pa.'ne:rme.l] *o* bread-crumbs.
paneren [pa.'ne:rə(n)] *vt* (bread-)crumb.
panfluit ['pɑnflœyt] = *pansfluit.*
paniek [pa.'ni.k] *v* panic; [war] scare.
panisch [pa.ni.s] panic; ~*e* schrik panic.
panklaar ['pɑnkla:r] ready for the frying-pan.
panne ['pɑnə] *v* ✹ breakdown.
pannekoek ['pɑnəku.k] *m* pancake.
pannelap [-lɑp] *m* 1 (om te reinigen) (pot) scourer; 2 (om a a n t e v a t t e n) pot-holder.
pannenbakker ['pɑnə(n)bɑkər] *m* tile-maker.
pannenbakkerij [pɑnə(n)bɑkə'rɛi] *v* tile-works.
pannendak ['pɑnə(n)dɑk] *o* tiled roof.
pannendekker [-dɛkər] *m* tiler.
pannespons ['pɑnəspòns] *v* (pot) scourer.
panopticum [pa.'nɔpti.kŭm] *o* zie *wassenbeel-denspel.*
panorama [pa.no:'ra.ma.] *o* panorama.
pansfluit ['pɑnsflœyt] *v* Pan-pipe, Pandean pipes.
pantalon [pɑnta.'lòn] *m* [man's] trousers, **F** pants; (s p o r t~v o o r d a m e s, h e r e n) slacks; (d a m e s o n d e r k l e d i n g) knickers, panties.
panter ['pɑntər] *m* ♨ panther.
pantheïsme [pɑnte.'ɪsmə] *o* pantheism.
pantheïst [-'ɪst] *m* pantheist.
pantheïstisch [-'ɪsti.s] *aj* (& *ad*) pantheistic-(ally).
pantheon ['pɑnte.òn] *o* pantheon.
pantoffel [pɑn'tòfəl] *v* slipper; *onder de* ~ *staan* (*zitten*) be henpecked (by *van*), be under petticoat government.
pantoffelheld [-hɛlt] *m* henpecked husband.
pantoffelparade [-pa.ra.də] *v* **S** parade; (n a k e r k) church-parade.
pantomime [pɑnto.'mi.mə] *v* pantomime, dumb show.
pantser ['pɑn(t)sər] *o* 1 (h a r n a s) cuirass, (suit of) armour; 2 (b e k l e d i n g) armour-plating.
pantserauto [-ɑuto., -o.to.] *m* ⚔ armoured car.
pantserdek [-dɛk] *o* ⚓ armoured deck.
pantseren ['pɑn(t)sərə(n)] *vt* armour-plate, armour; zie ook: *gepantserd.*
pantserkruiser ['pɑn(t)sərkrœysər] *m* ⚓ ar-moured cruiser.
pantserschip [-sxɪp] *o* ⚓ iron-clad.
pantserwagen [-va.gə(n)] *m* ⚓ armoured car.
pap [pɑp] *v* 1 (om te eten) porridge [thick, made of oatmeal or cereals]; pap [soft food for infants or invalids]; 2 ⚕ poultice; 3 (in de nijverheid) dressing [for textiles]; [paper] pulp; 4 (stijfsel) paste; 5 (v. sneeuw, modder) slush.
papa [pa.'pa.] *m* papa.
papaver [pa.'pa.vər] *v* ✿ poppy.
papaverachtig [-ɑxtəx] ✿ papaverous.
papaverbol [-bòl] *m* ✿ poppy-head.
papaverzaad [-za.t] *o* poppy-seed.
papegaai [pa.pə'ga:i] *m* 1 ♜ parrot; 2 *sp* popinjay.
papegaaieziekte [-'ga.jəzi.ktə] *v* psittacosis.
paperassen [pa.pə'rɑsə(n)] *mv* 1 waste paper: 2 > papers.

paperclip ['pe.pərklɪp] *m* paper-clip.
papier [pa.'pi:r] *o* paper; ~*en* papers; *zijn* ~*en rijzen* his stock is going up[2]; *goede* ~*en heb-ben* have good testimonials; *het zal in de* ~*en lopen* it will run into a lot of money; *op* ~ on paper; *op* ~ *brengen* (*zetten*) put on paper; commit to paper; *het* ~ *is geduldig* anything may be put on paper.
papieren [pa.'pi:rə(n)] *aj* paper; ~ *geld* paper money, paper currency.
papierfabriek [pa.'pi:rfa.bri.k] *v* paper-mill.
papierfabrikant [-fa.bri.kɑnt] *m* paper-maker.
papierhandel [-hɑndəl] *m* paper-trade.
papierhandelaar [-hɑndəla:r] *m* paper-seller.
papierindustrie [-ɪndŭstri.] *v* papermaking in-dustry.
papier-maché [pa.pi.e.ma.'ʃe.] *o* papier mâché.
papiermand [pa.'pi:rmɑnt] *v* waste-paper basket.
papiermolen [-mo.lə(n)] *m* paper-mill.
papiertje [-cə] *o* bit of paper.
papierwinkel [-vɪŋkəl] *m* stationer's shop.
papillot [pa.pɪl'jòt] *v* curl-paper; *met* ~*ten in het haar* with her hair in papers.
papisme [pa.'pɪsmə] *o* papistry, popery.
papist [pa.'pɪst] *m* papist.
papkindje ['pɑpkɪncə] *o* **F** mollycoddle.
paplepel [-le.pəl] *m* pap-spoon; *het hun met de* ~ *ingeven* explain it over and over again until they need only swallow it; '*t is hem met de* ~ *ingegeven* he has sucked it in with his mother's milk.
pappen ['pɑpə(n)] *vt* 1 poultice (a wound); 2 ✂ dress.
pappenheimers ['pɑpə(n)hɛimərs] *mv* in: *hij kent zijn* ~ he knows his people, his men.
pappig ['pɑpəx] pappy.
pappot ['pɑpɔt] *m* pap-pot; *bij moeders* ~ *blij-ven* **F** be a sad stay-at-home.
papyrus [pa.'pi:rŭs] *m* papyrus.
paraaf [pa.'ra.f] *m* initials [of one's name].
paraat [pa.'ra.t] ready, prepared, in readiness; *parate kennis* ready knowledge.
paraatheid [-hɛit] *v* readiness, preparedness.
parabel [pa.'ra.bəl] *v* parable.
parabolisch [pa.ra.'bo.li.s] *aj* (& *ad*) para-bolic(ally).
parabool [-'bo.l] *v* parabola.
parachuteren [-ʃy.'te:rə(n)] *vt* parachute.
parachutesprong [-'ʃy.təspròŋ] *m* parachute jump.
parachutetroepen [-'ʃy.tru.pə(n)] *mv* ⚔ para-chute troops, paratroops.
parachutist [-ʃy.'tɪst] *m* parachutist, ⚔ para-trooper.
parade [pa.'ra.də] *v* 1 ⚔ parade, review; 2 parade, parry [in fencing]; 3 *fig* parade, show; *de* ~ *afnemen* take the salute; ~ *hou-den* hold a review; ~ *maken* parade.
paradepaard [-pa:rt] *o* state-horse.
paradepas [-pɑs] *m* ⚔ parade step, > goose-step.
paradeplaats [-pla.ts] *v* ⚔ parade ground.
paraderen [pa.ra.'de:rə(n)] *vi* 1 ⚔ parade; 2 *fig* parade, show off.
paradigma [pa.ra.'dɪxma.] *o* paradigm.
paradijs [pa.ra.'dɛis] *o* paradise[2].
paradijsachtig [-ɑxtəx] paradisiac(al).
paradijsvogel [-fo.gəl] *m* ♜ bird of paradise.
paradox [pa.ra.'dɔks] *m* paradox.
paradoxaal [-dɔk'sa.l] *aj* (& *ad*) paradoxical-(ly).
paraferen [-'fe:rə(n)] *vt* initial [a document &].
parafering [-'fe:rɪŋ] *v* initial(l)ing.
paraffine [-'fi.nə] *v* 1 (w a s a c h t i g e s t o f) par-affin wax; 2 (b e p a a l d e k o o l w a t e r s t o f) paraffin.
parafrase [pa.ra.'fra.zə] *v* paraphrase.
parafraseren [-fra.'ze:rə(n)] *vt* paraphrase.

paragnostisch [-'nɔsti.s] extrasensory.
paragraaf [pa.ra.'gra.f] *m* paragraph, section; (**teken**) section-mark: §.
parallel [pa.ra'lɛl] *aj*, *v* parallel; *een ~ trekken* draw a parallel.
paraplu [pa.ra.'ply.] *m* umbrella.
paraplustandaard, -stander [-standa:rt, -dər] *m* umbrella-stand.
parapsychologie ['pa:ra.psi.go.lo.gi.] *v* parapsychology.
parasiet [pa.ra.'si.t] *m* parasite².
parasitair [-si.'te:r] *aj* parasitic [disease].
parasiteren [-si.'te:rə(n)] *vi* be parasitic(al).
parasol [pa.ra.'sɔl] *m* sunshade, parasol; (**tuin~**) umbrella.
paratyfus ['pa:ra.ti.fʏs] *m* 𝔉 paratyphoid.
parcours [par'ku:rs] *o sp* circuit, course.
pardoes [par'du.s] bang, plump, slap.
pardon [par'dɔn] *o* pardon; ~, *mijnheer!* I sorry!, beg pardon, sir!; 2 excuse me, sir, could you...; *geen ~ geven* give no quarter.
parel ['pa:rəl] *v* pearl²; *~en voor de zwijnen werpen* B cast pearls before swine.
parelachtig [-ɑxtəx] pearly, pearl-like.
parelduiker [-dœykər] *m* I (**visser**) pearl-diver, pearl-fisher; 2 🐦 black-throated diver.
parelen ['pa:rələ(n)] *vt* pearl, sparkle, bead; *het zweet pareldde hem op het voorhoofd* the perspiration stood in beads on his brow.
parelgrijs [-greis] pearl-grey.
parelhoen [-hu.n] *o* 🐦 guinea-fowl.
parelmoer(-) [pa:rəl'mu:r] = *paarlemoer(-)*.
pareloester ['pa:ralu.stər] *v* pearl-oyster.
parelschelp [-sxɛlp] *v* pearl-shell.
parelsnoer [-snu:r] *o* pearl-necklace.
parelvisser [-vIsər] *m* pearl-fisher.
parelvisserij [pa:rəlvIsə'rei] *v* pearl-fishery, pearling.
paren ['pa:rə(n)] I *vt* pair, couple, match; unite; *...~ aan* combine... with; II *vi* pair, mate [of animals]; zie ook: *gepaard*.
parenthese [pa.rɛn'te.zə] parenthesis [pa.'rɛn-te.zIs] *v* parenthesis; *in ~* within parentheses.
pareren [pa.'re:rə(n)] *vt* parry, ward off [a blow].
parfum [par'fʏm] *o* & *m* perfume, scent.
parfumeren [parfy.'me:rə(n)] *vt* perfume, scent.
parfumerie [-mə'ri.] *v* I perfume, scent; 2 perfumery [shop or trade].
pari ['pa:ri] $ par; *à ~* at par; *beneden ~* below par, at a discount; *boven ~* above par, at a premium; *~ staan* be at par.
paria ['pa:ri.a.] *m-v* pariah.
Parijs [pa.'reis] I *o* Paris; II *aj* Parisian, Paris.
Parijzenaar [pa.'reizəna:r] *m* Parisian.
pariteit [pa.ri.'teit] *v* $ parity.
park [park] *o* park, (pleasure) grounds.
parkeergeld [par'ke:rgɛlt] *o* parking fee.
parkeerhaven [-ha.və(n)] *v* lay-by, parking bay.
parkeerlicht [-lIxt] *o* parking light.
parkeermeter [-me.tər] *m* parking meter.
parkeerplaats [-pla.ts] *v ~terrein* [-tɛrɛin] *o* parking place, car park.
parkeerverbod [-vərbɔt] *o* parking ban.
parkeren [par'ke:rə(n)] *vi* & *vt* park; *niet ~* no parking.
parket [par'kɛt] *o* I parquet; 2 🐦 (**bureau**) Public Prosecutor's Office; (**ambtenaar**) Public Prosecutor; *iemand in een lastig ~ brengen* put (place) one in an awkward predicament (position), embarrass a person; *hij zat in een lelijk ~* he was in an awful scrape (fix).
parketvloer [par'kɛtflu:r] *m* parquet floor(ing).
parkiet [par'ki.t] *m* 🐦 parakeet, paroquet.
parkoers = *parcours*.
parlement [parlə'mɛnt] *o* parliament.
parlementair [-mɛn'tɛ:r] I *aj* parliamentary; *de ~e vlag* the flag of truce; II *m* bearer of a flag of truce.

parlementeren [-mɛn'te:rə(n)] *vi* (hold a) parley.
parlementslid [-'mɛntslIt] *o* member of parliament, M.P.
parlementszitting [-'mɛntsItIŋ] *v* session of parliament.
parlevinken [-'vIŋkə(n)] *vi* (**koeteren**) jabber, talk gibberish.
parmant(ig) [par'mant(əx)] *aj* (& *ad*) pert(ly), perky (perkily).
parmantigheid [-hɛit] *v* pertness, perkiness.
parochiaal [parogi.'a.l] parochial.
parochiaan [-gi.'a.n] *m* parishioner.
parochie [pa'rogi.] *v* parish.
parochiekerk [-kɛrk] *v* parish church.
parodie [pa.ro.'di.] *v* parody, travesty, skit.
parodiëren [-di.'e:rə(n)] *vt* parody, travesty, take off.
parool [pa.'ro.l] *o* I (**erewoord**) parole; 2 (**wachtwoord**) parole, password; 3 *fig* watchword.
1 **part** [part] *o* part, portion, share; *ik had er ~ noch deel aan* I had neither part nor lot in it; *voor mijn ~* as for me, as far as I am concerned...
2 **part** [part] *v* in: *iemand ~en spelen* play a trick on one, play one false.
parterre [par'tɛ:rə] *o* & *m* I pit [in a theatre]; 2 ground floor [of a house]; 3 (**bloemperk**) parterre.
particulier [parti.ky.'li:r] I *aj* private; *~e school* private school; *~e weg* occupation road; *~e woning* private house; II *ad* private-ly; III *m* private person.
particel [par(t)si.'e.l] *aj* (& *ad*) partial(ly).
partij [par'tɛi] *v* I party°; 2 game [of billiards &]; 3 $ parcel, lot [of goods]; 4 *J* part; *een goede ~* a good match, an eligible parti; *een goede ~ doen* make a good match; *een ~ geven* give a party; *~ kiezen* take sides; *~ kiezen tegen* take part against, side against; *~ kiezen voor* take part with, side with; *de wijste ~ kiezen* choose the wisest course; *een ~ maken* have a game of billiards [whist &]; *zijn ~ meeblazen* F keep one's end up; *zijn ~ spelen* play one's part, do one's duty; *zich ~ stellen* take a side; *~ trekken van* take advantage of; *bij ~en verkopen* sell in lots; *van ~ veranderen* change sides; *van de ~ zijn* make one.
partijdig [-dəx] *aj* (& *ad*) partial(ly), biassed (in a biassed way).
partijdigheid [-dəxheit] *v* partiality, bias.
partijganger [-gaŋər] *m* partisan.
partijgeest [-ge.st] *m* party spirit.
partijgenoot [-gəno.t] *m* party member.
partijleider [-leidər] *m* party leader.
partijleus, -leuze [-lø.s, -lø.zə] *v* party cry, slogan.
partijstrijd [-streit] *m* party battle, party warfare.
partijtje [-cə] *o* I party; 2 $ lot; 3 (**spelletje**) game.
partijzucht [-zʏxt] *v* party spirit.
partituur [parti.'ty:r] *v* *J* score.
partizaan [parti.'za.n] *m* partisan.
partje [parcə] *o* slice, section, small piece [of an orange].
partner [par'tnər] *m* partner.
parvenu [parvə'ny.] *m* parvenu, upstart, mushroom.
parvenuachtig [-ɑxtəx] I *aj* parvenu..., mushroom, shoddy; II *ad* like a parvenu.
1 **pas** [pas] *m* I (stap) pace, step; 2 (berg-weg) pass; defile; 3 (paspoort) passport; *gewone ~* quick time; *gewone ~!* quick march!; *de ~ aangeven* set the pace; *iemand de ~ afsnijden* I forestall a person; 2 cut a person short; *daarvoor is mij de ~ afgesneden* I find my way barred to that; *iets de ~ af-*

snijden put a stop to [abuses &]; *er de ~ in houden* keep up a smart pace; *er de ~ in zetten* step out; *~ op de plaats maken* mark time²; *in de ~ in* step; *in de ~ blijven met* keep pace (step) with; *in de ~ komen* catch step; *bij hem in de ~ zien te komen* curry favour with him; *in de ~ lopen* keep step; *bij iemand in de ~ staan (zijn)* be in a person's good books; *op tien ~ (afstands)* at ten paces; *uit de ~ raken* get (fall) out of step; *uit de ~ zijn* be out of step.

2 pas [pɑs] *o in: waar het ~ geeft* where proper; *een woordje op zijn ~* a word in season; *te ~ en te onpas* in season and out of season; *iets te ~ brengen* work in [a quotation &]; *het zal u nog te ~ komen* it will come in handy; *dat komt niet te ~, dat geeft geen ~* that is not becoming; *hij is lelijk te ~ gekomen* he has been badly handled, he has come in for some very rough treatment (usage); *er aan te ~ komen* enter into it [the question]; *hij moest er aan te ~ komen* he had to step in; *je komt er van ~* as if you had been called; *dat kwam mij net van ~* that came in very opportunely.

3 pas [pɑs] *ad* scarcely, hardly; just (now); new-[born], newly-[married]; *~ gisteren* not before (not until) yesterday, only yesterday; *~... of...* zie *nauwelijks.*

Pasen ['pɑ.sə(n)] *m* 1 Easter: 2 (bij de joden) Passover; *zijn ~ houden RK* take the Sacrament at Easter.

pasfoto ['pɑsfo.to.] *v* passport photo.
pasgeld [-ɡɛlt] *o* change, small money.
pasja ['pɑʃɑ.] *m* pasha.
pasje ['pɑʃə] *o* transfer (ticket).
paskamer ['pɑskɑ.mər] *v* fitting-room.
pasklaar [-klɑ:r] ready for trying on; *fig* cut and dried [methods]; *het ~ maken voor...* adapt it to... [*fig*].
paskwil [pɑs'kʋil] *o* 1 lampoon; 2 *fig* mockery, farce.
paslood ['pɑslo.t] *o* plummet.
pasmunt [-mʏnt] *v* change, small money.
paspoort [-po:rt] *o* passport.
passaat(wind) [pɑ'sɑ.twint] *m* trade wind.
passage [pɑ'sɑ.ʒə] *v* 1 (doorgang) passage; 2 (galerij) arcade; 3 (gedeelte) passage [of a book]; 4 *~* passage; 5 zie *passagegeld; ~ bespreken* book [by the "Queen Mary" &]; *we hebben hier veel ~* we've many people passing   [here.
passagebiljet [-biljet] *o* ticket.
passagebureau [-by.ro.] *o* booking-office.
passagegeld [-ɡɛlt] *o* passage-money, fare.
passagier [pɑsɑ.'ʒi:r] *m* passenger.
passagieren [-'ʒi:rə(n)] *vi* ♣ go on shore-leave.
passagiersboot [-'ʒi:rsbo.t] *m & v* ♣ passenger-ship.
passagiersgoed [-'ʒi:rsɡu.t] *o* passenger's luggage.
passagierslijst [-'ʒi:rslɛist] *v* list of passengers, passenger-list.
passagierstrein [-'ʒi:rstrɛin] *m* passenger-train.
passagiersverkeer [-'ʒi:rsfərke:r] *o* passenger-traffic.
1 passant [pɑ'sɑnt] *m* 1 (voorbijganger) passer-by; 2 (doorreizende) passing traveller; 3 (schouderbedekking) shoulder-knot.
2 passant in: *en ~* [ɑ̃pɑ'sɑ̃] by the way, in passing.
passement [pɑsə'mɛnt] *o* passementerie, lace, galloon.
passementwerker [-vɛrkər] *m* lace-maker.
passen ['pɑsə(n)] *I vi* 1 (v. kleren) fit; 2 (bij kaartspel) pass; *het past me niet* 1 it [the suit &] does not fit; 2 it [the buying &] is not convenient, I can't afford it; 3 it is not for me

[to tell him]; *het past u niet om...* it does not become you to..., it is not (not fit) for you to...; *deze kleren ~ mij precies* these clothes fit me to a nicety; *dat past er niet bij* it does not go (well) with it, it doesn't match it; *kunt u mij zijde geven die bij deze past?* can you match me this silk?; *ze ~ (niet) bij elkaar* they are (not) well matched; *de steel past niet in de opening* the handle doesn't fit the opening; *~ op iets* mind it; *op de kinderen ~* look after the children; *die kurk past op deze kruik* that cork [stopper] fits this jar; *op zijn woorden ~* be careful of one's words; *ik pas* I pass; *ik pas er voor* that's what I won't put up with; *~ en meten* cut and contrive; *II vt* fit on, try on [a coat]; *kunt u het niet ~?* haven't you got the exact money?; *wanneer kunt u mij ~?* when can you fit me?

passend ['pɑsənt] suitable, fit; appropriate, fitting [coat].
passer ['pɑsər] *m* (pair of) compasses; *krommue ~* callipers.
passerdoos [-do.s] *v* case of mathematical instruments.
passeren [pɑ'se:rə(n)] *I vi* 1 (voorbijgaan) pass, pass by; 2 (gebeuren, overkomen) happen, occur; *u mag dat niet laten ~* you should not let that pass; *II vt* pass [a person, the frontier, the time &]; pass [a dish]; *fig* 1 pass over [a man who ought to be promoted]; 2 execute [a deed].
passie ['pɑsi.] *v* 1 (hartstocht) passion; 2 (manie) mania, craze; zie ook: *vos.*
passiebloem [-blu.m] *v* ♣ passion-flower.
passief [pɑ'si.f] *I aj* passive; *passieve handelsbalans* ook: $ adverse trade balance; *II ad* passively; *III o in: het ~ en actief* $ the liabilities and assets.
passiespel [-spel] *o* passion-play.
passietijd [-tɛit] *m* Passiontide.
passieweek [-ʋe.k] *v* Passion Week, Holy Week.
passiva [pɑ'si.vɑ] *mv* $ liabilities.
passiviteit [pɑsi.vi.'tɛit] *v* passiveness, passivity.
pasta ['pɑstɑ.] *m & o* paste.
pastei [pɑs'tɛi] *v* pie, pasty.
pasteibakker [-bɑkər] *m* pastry-cook.
pasteitje [-cə] *o* patty.
pastel [pɑs'tɛl] 1 *o* (krijt) pastel; 2 *v* ♣ pastel, woad.
pastelschilder [-sxildər] *m* pastel(l)ist.
pasteltekening [-te.kəniŋ] *v* pastel drawing.
pasteltint [-tint] *v* pastel shade.
pasteurisatie [pɑstø.ri.'zɑ.(t)si.] *v* pasteurization.
pasteuriseren [-'ze:rə(n)] *vt* pasteurize.
pastille [pɑs'ti.jə] *v* pastil(le), lozenge.
pastoor [pɑs'to:r] *m* (parish) priest, rector; *ja ~ yes,* Father.
pastoraal [-to:'rɑ.l] pastoral [theology, psychology, Epistles].
pastorie [pɑsto:'ri.] 1 *RK* presbytery; 2 (v. dominee) rectory, vicarage, parsonage; [Nonconformist] manse.
pasvorm ['pɑsfɔrm] *m* fit.
1 pat [pɑt] stalemate [in chess]; *~ zetten* stalemate.
2 pat [pɑt] *v* tab [on uniform].
1 patent [pɑ.'tɛnt] *I aj* capital, first-rate; *A* 1; *een ~e jongen* $ a brick; *er ~ uitzien* look (very) fit; *II ad* capitally.
2 patent [pɑ.'tɛnt] *o* 1 patent [for an invention]; 2 licence [to carry on some business]; *~ nemen op iets* take out a patent for something; *~ verlenen* grant a patent.
patenteren [pɑ.tɛn'te:rə(n)] *vt* patent.
patenthouder [pɑ.'tɛnthʌudər] *m* patentee.
patentolie [-o.li.] *v* patent oil.

patentrecht [-rɛxt] o patent right.
patentsluiting [-slœytɪŋ] v patent lock, patent fastening.
pater ['pa.tər] m father [of a religious order]; Witte P~ RK White Father.
paternoster [pa.tər'nostər] o paternoster; ~s S bracelets.
patertje ['pa.tərcə] o in: ~ langs de kant ± kiss-in-the-ring.
pathetisch [pa.'te.ti.s] aj (& ad) pathetic(ally).
pathologie [pa.to.lo.'gi.] v pathology.
pathologisch [-'lo.gi.s] aj (& ad) pathologic-al(ly).
patholoog [-'lo.x] m pathologist.
pathos ['pa.tos] o pathos.
patience(spel) [pa.si.'ãsə(spel)] o ◊ patience.
patiënt [pa.si.'ɛnt] m patient.
patriarch [pa.tri.'arx] m patriarch.
patriarchaal [-ar'ga.l] aj (& ad) patriarchal-(ly).
patriarchaat [-'ga.t] o 1 patriarchate; 2 (ge-zinsverband) patriarchy.
patriciër [pa.'tri.si.ər] m patrician.
patricisch [-si.s] patrician.
patrijs [pa.'treis] m & v & o ☙ partridge.
patrijshond [-hònt] m pointer, setter.
patrijspoort [-po:rt] v ⚓ port-hole.
patriot [pa.tri.'ot] m patriot.
patriottisch [-'oti.s] aj (& ad) patriotic(ally).
patriottisme [-ɔ'tɪsmə] o patriotism.
patronaat [pa.tro.'na.t] o 1 patronage; 2 (Church) club.
patrones [-'nɛs] v 1 (heilige) patron saint; 2 (beschermvrouw) patroness.
1 patroon [pa.'tro.n] m 1 (baas) employer, master, principal; 2 (heilige) patron saint; 3 (beschermheer) patron.
2 patroon [pa.'tro.n] v cartridge; losse ~ blank cartridge; scherpe ~ ball cartridge.
3 patroon [pa.'tro.n] o pattern, design.
patroonhuls [-hûls] v ✶ cartridge-case.
patroontas [-tɑs] v ✶ cartridge-l ox.
patrouille [pa.'tru.(l)jə] v ✶ patrol.
patrouilleren [pa.tru.(l)je:rə(n)] vi ✶ patrol; ~ door (in) de straten patrol the streets.
pats [pɑts] I v smack, slap; II ij slap!, bang!
patser ['pɑtsər] m F bounder, cad.
patserig ['pɑtsərəx] F caddish.
pauk [pɔuk] v ♪ kettledrum.
paukenist [pɔukə'nist] m ♪ kettledrummer.
Paulus ['pɔulûs] m (St.) Paul.
pauper ['pɔupər] m pauper.
paus [pɔus] m pope.
pausdom ['pɔusdòm] o papacy.
pauselijk ['pɔusələk] papal.
pausgezind ['pɔusɡəzint] aj papistic(al); ~e papist.
pausschap ['pɔusxɑp] o papacy.
pauw [pɔu] m ☙ peacock².
pauwachtig ['pɔuɑxtəx] fig peacockish.
pauwestaart [-sta:rt] m peacock's tail.
pauweveer [-ve:r] v peacock's feather.
pauwoog ['pɔuo.x] m ✿ peacock butterfly.
pauwstaart [-sta:rt] m ☙ fantail.
pauze ['pɔuzə] v 1 pause; 2 interval, wait [between the acts of a play]; ↩ break; 3 ♪ rest.
pauzeren [pɔu'ze:rə(n)] vi make a pause, pause, stop.
pauzering [-rɪŋ] v pause, stop.
paviljoen [pa.vil'ju.n] o pavilion.
pavoiseren [pa.vvɑ'ze:rə(n)] vt dress [with flags].
pct. = percent, procent.
pech [pɛx] m bad luck; ~ hebben be down on one's luck, have a run of bad luck.
pechvogel ['pɛxfo.ɡəl] m unlucky person.
pedaal [pə'da.l] o & m pedal [of a piano, bicycle &].

pedagogie(k) [pe.da.go.'gi.(k)] v pedagogics, pedagogy.
pedagogisch [-'go.gi.s] I aj pedagogic(al); II ad pedagogically.
pedagoog [-'go.x] m pedagogue.
pedant [pə'dɑnt] I m pedant; II aj (& ad) pedantic(ally).
pedanterie [pə'dɑntə'ri.] v pedantry.
peddel ['pedəl] m paddle.
peddelen ['pedələ(n)] vi (fietsen) pedal ‖ (roeien) paddle.
pedel [pə'dɛl] m mace-bearer, beadle.
pedestal [pe.də'stɑl] o & m pedestal.
pedicure [pe.di.'ky:rə] 1 m-v (persoon) chiropodist; 2 v (de handeling) chiropody.
peen [pe.n] v ✶ carrot; witte ~ parsnip.
peenhaar ['pe.nha:r] o carroty hair.
peer [pe:r] v 1 pear²; 2 (v. lamp) reservoir, pear [of a lamp], (electric) bulb; iemand met de gebakken peren laten zitten F leave one in the lurch.
peervormig ['pe:rvɔrməx] pear-shaped.
pees [pe.s] v tendon, sinew, string.
peet [pe.t] m-v sponsor, godfather, godmother.
peetdochter ['pe.tdɔxtər] v goddaughter.
peetoom [-o.m] m godfather.
peetschap [-sxɑp] o sponsorship.
peettante ['pe.tɑntə] v godmother.
peetzoon ['pe.tso.n] m godson.
Pegasus ['pe.ɡa.zûs] m Pegasus.
peignoir [pɛn'va:r] v peignoir, morning wrapper.
peil [pɛil] o gauge, water-mark; fig standard; het ~ verhogen raise the level; beneden ~ below the mark, not up to the mark; beneden (boven) Amsterdams ~ below (above) Amsterdam water-mark; op ~ brengen level up, bring up to the required standard; op het-zelfde ~ brengen put on the same level; op ~ houden keep up (to the mark), maintain [exports, stocks &]; op een laag zedelijk ~ staan stand morally low; op hem is geen ~ te trekken he can't be relied upon.
peilen ['pɛilə(n)] vt gauge² [the depth of liquid content, the mind]; sound² [the sea, a pond, a man, one's sentiments on...], fathom² [the sea, depth of water, the heart &]; probe [a wound]; plumb² [depth, misery]; fig search [the hearts].
peiler [-lər] m gauger.
peilglas ['pɛilɡlɑs] o gauge-glass, (water-)gauge.
peiling ['pɛilɪŋ] v gauging; ⚓ sounding.
peillood ['pɛilo.t] o sounding-lead.
peilloos [-lo.s] fathomless, unfathomable.
peilschaal ['pɛilsxa.l] v tide-gauge.
peinzen ['pɛinzə(n)] vi ponder, meditate, muse (upon over).
peinzend [-zɑnt] aj (& ad) meditative(ly), pensive(ly).
peinzer [-zər] m muser.
pek [pek] o & m 1 pitch; 2 (cobbler's) wax; wie met ~ omgaat, wordt er mee besmet they that touch pitch will be defiled.
pekdraad ['pekdra.t] = pikdraad.
pekel ['pe.kəl] m pickle, brine.
pekelen ['pe.kələ(n)] vt brine, pickle [a her-ring], salt [meat].
pekelharing ['pe.kəlha:rɪŋ] m salt herring.
pekelnat [-nɑt] o brine; het ~ ook: the briny [= the sea].
pekelvlees [-vle.s] o salt(ed) meat.
pekinees [pe.ki.'ne.s] m ☙ Pekinese.
pelgrim ['pɛlɡrɪm] m pilgrim, palmer.
pelgrimsstaf, ~stok ['pɛlɡrɪmstɑf, -stək] m pil-grim's staff.
pelgrimstas ['pɛlɡrɪmstɑs] v pilgrim's scrip.
pelgrimstocht [-tɔxt] m pilgrimage.
pelikaan [pe.li.'ka.n] m ☙ pelican.
pellen ['pɛlə(n)] vt peel [an egg], shell [nuts],

scale [almonds], hull, husk.
pelmolen ['pelmo.lə(n)] *m* peeling-mill.
peloton [polo.'tòn] *o* 1 ⚔ platoon [= half company]; 2 *sp* (v. wielrenners &) bunch.
pels [pels] *m* 1 fur; 2 fur coat, fur.
pelsdier ['pelsdi:r] *o* furred animal.
pelshandelaar [-hɑndəla:r] *m* furrier.
pelsjager [-ja.ɣər] *m* (fur-)trapper.
pelsjas [-jɑs] *m* & *v* fur coat, F fur.
pelterij [peltə'rɛi] *v* furriery.
peluw ['pe.ly:u] *v* bolster.
pen [pen] *v* 1 (in het alg.) pen; 2 (losse pen) nib; 3 (veren pen) feather, quill; 4 (naald om te breien &) needle; 5 zie *pin*; *de ~ er door halen* run one's pen through it, cancel it; *de ~ voeren* wield the pen; *iemand de ~ op de neus zetten* 1 put pressure on a person; 2 ook: pull him up a bit; *'t is in de ~ gebleven* it never came off; *in de ~ geven* dictate; *het is in de ~* it is in preparation; *het is mij uit de ~ gevloeid* it was a slip of the pen; *van zijn ~ leven* live by one's pen; zie ook: *welversneden &*.
penant [pə'nɑnt] *o* pier [between two windows].
penantspiegel [-spi.ɣəl] *m* pier-glass.
penanttafel [-'nɑnta.fəl] *v* pier-table.
penarie [pə'na:ri.] *in de ~ zitten* be in a scrape, be in the soup.
pendant [pã'dã] *o* & *m* pendant, companion picture (portrait, piece), counterpart².
pendelaar ['pendəla:r] *m* commuter.
pendeldienst ['pendəldi.nst] *m* shuttle service.
pendule [pen'dy.lə] *v* clock, timepiece.
penhouder ['penhɑu(d)ər] *m* penholder.
penibel [pe.'ni.bəl] painful, embarrassing, awkward.
penicilline [pe.ni.si.'li.nə] *v* penicillin.
penitentie [pe.ni.'ten(t)si.] *v* 1 penance; 2 *fig* vexation, trial.
pennehouder ['penəhɑu(d)ər] = *penhouder*.
pennelikker [-lɪkər] *m* quill-driver.
pennemes [-mes] *o* penknife.
pennen ['penə(n)] *vt* pen, write [a letter].
pennestrijd [-strɛit] *m* paper war.
pennevrucht [-vrʏxt] *v* writing.
penning ['penɪŋ] *m* 1 penny, farthing; 2 medal; 3 (metalen plaatje) badge; *op de ~ zijn* be close-fisted.
penningkruid [-krœyt] *o* ♣ moneywort.
penningkunde [-kʏndə] *v* numismatics.
penningkundige [penɪŋ'kʏndəɣə] *m* numismatist.
penningmeester ['penɪŋme.stər] *m* treasurer.
penningmeesterschap [-sxɑp] *o* treasurership.
pens [pens] *v* paunch; (als gerecht) tripe.
pensee [pã'se.] *v* ♣ pansy, heart's-ease.
penseel [pen'se.l] *o* paint-brush, brush, pencil.
penseelstreek [-stre.k] *v* stroke of the brush.
penselen [pen'se.lə(n)] *vt* 1 (aanstrijken) pencil; 2 (schilderen) paint.
pensioen [pen'ʃu.n] *o* (retiring, retirement) pension; ⚔ retired pay; *~ aanvragen* apply for one's pension; *~ krijgen* be pensioned off; ⚔ be placed on the retired list; *~ nemen, met ~ gaan* take one's pension, retire (on pension), ⚔ go on retired pay.
pensioenbijdrage [-beidra.ɣə] = *pensioensbijdrage*.
pensioenfonds [-fònts] *o* pension fund.
pensioengerechtigd [-ɣərextəxt] pensionable, entitled to a pension.
pensioensbijdrage [pen'ʃu.nsbeidra.ɣə] *v* contribution towards pension.
pension [pãsi.'òn] *o* boarding-house; *in ~ zijn* be living at a boarding-house; *met volledig ~* with full board.
pensionaat [pensi.o.'na.t] *o* boarding-school.
pensionaire [pãsi.ò'nε:rə] *v* boarder [at a school].

pensionaris [pensi.o.'na:rəs] *m* 🕮 pensionary.
pensioneren [-'ne:rə(n)] *vt* pension off, ⚔ place on the retired list; *een gepensioneerd generaal* ⚔ a retired general.
pensionering [-rɪŋ] *v* retirement, superannuation.
pensiongast [pãsi.'òngɑst] *m* boarder.
pensionhoud(st)er [-hɑudər, -hɑutstər] *m* (*v*) boarding-house keeper.
pentekening ['pentə.kənɪŋ] *v* pen-drawing.
peper ['pe.pər] *m* pepper; *Spaanse ~* red pepper.
peperachtig [-ɑxtəx] peppery.
peperbus [-bʏs] *v* pepperbox, pepper-castor.
peperduur [-dy:r] high-priced, stiff [prices].
peperen ['pe.pərə(n)] *vt* pepper; zie ook: *gepeperd*.
peper-en-zoutkleurig [pe.pər'ɛn'zoutklø:rəx] pepper-and-salt.
peperhuisje ['pe.pərhœyʃə] *o* cornet, screw.
peperig [-pərəx] peppery.
peperkoek ['pe.pərku.k] *m* gingerbread.
peperkorrel [-kɔrəl] *m* peppercorn.
pepermunt [pe.pər'mʏnt] *v* 1 ♣ peppermint; 2 zie *pepermuntje*.
pepermuntje [-'mʏncə] *o* peppermint lozenge.
pepernoot ['pe.pərno.t] *v* gingerbread cube.
pepertuin [-tœyn] *m* pepper plantation.
pepervreter [-vre.tər] *m* 🐦 toucan.
peppel ['pepəl] *m* ♣ poplar.
per [per] by [train &, the dozen &]; *~ dag* a day, per day; *135 inwoners ~ vierkante kilometer* 135 inhabitants to the square kilometre; *er worden 5000 auto's ~ week gemaakt* ook: motor-cars are being manufactured at the rate of 5000 a week.
perceel [per'se.l] *o* 1 plot [of ground]; lot [at auction]; 2 premises; *een lastig ~* F rather a handful, a troublesome customer.
perceelsgewijs, -gewijze ['-se.lsɣəveis, -veizə] in lots.
percent [per'sent] *o* per cent; *~en* percentage; *~en als schrijver* royalty; *voor honderd ~* F a hundred per cent.
percentage [-sen'ta.ʒə] *o* percentage.
percentsgewijs, -gewijze [per'sentsɣəveis, -veizə] proportionally.
perceptie [per'sepsi.] *v* perception.
percussie [per'kʏsi.] *v* percussion.
pereboom [pe'rə.bo.m] *m* pear-tree.
perfect [per'fɛkt] *aj* (& *ad*) perfect(ly).
perfectie [-'fɛksi.] *v* perfection; *in de ~* perfectly, to perfection.
perfectioneren [-fɛksi.o.'ne:rə(n)] *vt* perfect.
perfide [per'fi.də] perfidious.
perforeren [perfo.'re:rə(n)] *vt* perforate.
periode [pe:ri.'o.də] *v* period; spell [of rain, sunshine &]; *in deze ~* 1 in this period; 2 at this stage.
periodiek [pe:ri.o.'di.k] I *aj* (& *ad*) periodical(ly); II *v* & *o* periodical.
periscoop, periskoop [pe:rɪs'ko.p] *v* periscope.
perk [perk] *o* (flower-)bed; *binnen de ~en blijven* remain within the bounds of decency (of the law); *alle ~en te buiten gaan* go beyond all bounds.
perkament [perka.'ment] *o* parchment, vellum.
perkamentachtig [-'mentɑxtəx] parchment-like.
perkamenten [-'mentə(n)] *aj* parchment.
permanent [perma.'nent] permanent [wave &], lasting [peace], standing [committee].
permanenten [-'nentə(n)] *zich laten ~* have one's hair permed.
permissie [per'mɪsi.] *v* 1 permission; 2 ⚔ leave (of absence), furlough [of soldiers]; *met ~ with your leave; *hij is met ~ een...* he is a... God save the mark!
permitteren [-mɪ'te:rə(n)] I *vt* permit; II *vr zich*

~ permit oneself; *ik kan mij die weelde niet* ~ I cannot afford it.
perplex [per'pleks] perplexed, taken aback.
perron [pε'ròn, pə'ròn] o platform.
perronkaartje [-ka:rɔ] o platform ticket.
1 **pers** [pεrs] v press; *hij is bij de* ~ he is on the press; *ter* ~*e* at press, in the press; *ter* ~*e gaan* go to press; *ter* ~*e zijn* be in the press.
2 **pers** [pεrs] m (tapijt) Persian carpet.
Pers [pεrs] m Persian.
persauto ['pεrso.to., -ɔuto.] m press car.
persbericht [-bərıxt] o press report.
persbureau [-by.ro.] o press bureau.
perscampagne [-kɑmpɑɲə] v press campaign.
persconferentie [-kònfərən(t)si.] v press conference.
persdelict, -delikt [-de.lıkt] o press offence.
per se [per'se.] by all means, [he must] needs [go]; *een... is nog niet* ~ *een geleerde* is not per se (not on that account, not necessarily) a scholar.
persen ['pεrsə(n)] vt press, squeeze.
persfotograaf ['pεrsfo.to.gra.f] m press photographer, cameraman.
persgesprek [-gəsprεk] o interview.
persiflage [pεrsi.'fla.ʒə] v persiflage, banter.
persifleren [-'fle:rə(n)] vt & vi banter.
persijzer ['pεrsεizər] o (tailor's) goose.
persing ['pεrsıŋ] v pressing, pressure.
perskaart [-'pεrska:rt] v press-ticket, (press) pass
persklaar [-kla:r] ready for (the) press.
persman [-mɑn] m pressman, journalist.
personage [pεrso.'na.ʒə] o & v personage, person; character.
personalia [-'na.li.a.] mv personal notes; *zijn* ~ *opgeven* give one's name and birth-date [to a policeman].
personaliteit [-na.li.'tεit] v personality.
personeel [pεrso.'ne.l] I *aj* personal; *personele belasting* duty or tax on houses, property &; II o personnel, staff, servants.
personenauto [pər'so.nənɔuto., -o.to.] m passenger (motor-)car.
personentrein [-nə(n)trεin] m passenger train.
personificatie [pεrso.ni.fi.'ka.(t)si.] v personification.
personifiëren [-'e:rə(n)] vt personify.
persoon [pər'so.n, pεr'so.n] m person; *mijn* ~ I, myself; *publieke personen* public characters; *in (hoogst eigen)* ~ in (his own) person, personally; *hij is de goedheid in* ~ he is kindness personified, he is kindness itself; *...per* ~ *drie gulden* three guilders a head, three guilders each; *ik voor mijn* ~ I, for one; personally.
persoonlijk [-lək] I *aj* personal; *ik wil niet* ~ *worden (zijn)* I don't want to be personal; II *ad* personally, in person.
persoonlijkheid [-hεit] v personality; *persoonlijkheden* personal remarks.
persoonsbewijs [pər'so.nsbəvεis] o identity card.
persoontje [pər'so.ncə] o (little) person; *mijn* ~ I, my unworthy self, yours truly.
persorgaan ['pεrsɔrga.n] o organ of the press.
perspectief [pεrspεk'ti.f] v & o perspective[2].
perstribune [-tri.by.nə] v reporters' gallery, press gallery.
persverslag [-fɔrslɑx] o press account.
persvrijheid [-frεihεit] v liberty (freedom) of the press, press freedom.
pertinent [pεrti.'nεnt] I *aj* categorical, positive; *een* ~*e leugen* a downright lie; II *ad* categorically, positively.
Peru ['pe:ry.] o Peru.
Peruaan [pe:ry.'a.n] m Peruvian.
perubalsem ['pe:ry.bɑlsəm] m balsam of Peru.
Peruviaans [pe:ry.vi.'a.ns] Peruvian.

pervers [per'vεrs] *aj* (& *ad*) perverse(ly).
perversiteit [perverzi.'tεit] v perversity.
Perzië ['pεrzi.ə] o Persia.
perzik ['pεrzık] v ‡ peach.
perzik(e)boom ['pεrzık(ə)bo.m] m peach-tree.
Perzisch ['pεrzi.s] I *aj* Persian; II o Persian.
pessimisme [pεsi.'mısmə] o pessimism.
pessimist [pεsi.'mıst] m pessimist.
pessimistisch [-'mısti.s] *aj* (& *ad*) pessimistic-(ally).
pest [pεst] v plague, pestilence[2]; *fig* pest; *de* ~ *aan iets gezien hebben* hate and detest it; *de* ~ *in hebben* be in a wax; *dat is de* ~ *voor de zenuwen* it plays the devil with one's nerves.
pestbacil ['pεstbɑsıl] m plague bacillus.
pesten ['pεstə(n)] vt tease, nag.
pesterij [pεstə'rεi] v teasing, nagging.
pestkop ['pεstkɔp] m teaser, beast, bully.
pestlijder [-lεidər] m plague patient.
pestlucht [-lûxt] v pestilential air.
pestvogel [-fo.gəl] m 🐦 waxwing.
pestziekte [-si.ktə] v pestilence, plague.
pet [pεt] v (v. stof, slap) (cloth) cap, (met klep) peaked cap; (decoratief, stijf) hat; zie ook: *petje*.
petekind ['pe.təkınt] o godchild.
petemoei [-mu:i] v godmother.
peter ['pe.tər] m godfather.
peterselie [pe.tər'se.li.] v ‡ parsley.
petitie [pə'ti.(t)si.] v petition, memorial.
petitioneren [-ʃó'ne:rə(n)] vt petition.
petitionnement [-fònə'mεnt] o petition.
petje ['pεcə] o cap; *dat gaat boven mijn* ~ F it is beyond me, it beats me.
petoet [pə'tu.t] m ✗ S clink, jug; *in de* ~ in quod.
Petrarca [pe.'trɑrka.] m Petrarch.
petroleum [pe.'tro.le.ûm] m petroleum, oil; (gezuiverd) kerosene.
petroleumblik [-blık] o oil-tin.
petroleumboer [-bu:r] m kerosene peddler.
petroleumbron [-bròn] v oil-well.
petroleumkachel [-kɑgəl] v oil-stove, oil-heater.
petroleumlamp [-lɑmp] v paraffin-lamp.
petroleummaatschappij [-ma.tsxɑpεi] v oil company.
petroleumraffinaderij [-rɑfi.na.dərεi] v oil refinery.
petroleumstel [-stεl] o oil-stove. [refinery.
petroleumveld [-vεlt] o oil-field.
Petrus ['pe.trûs] m St.) Peter.
peuk [pø.k] m F zie *peuter* 2 & *peukje*.
peukje ['pø.kjə] o F [candle-, cigarette-, cigar-] end, stub.
peul [pø.l] v husk, shell, pod; ~*en* zie *peultjes*.
peul(e)schil ['pø.l(ə)sxıl] v pea-pod; *dat is maar een* ~*letje voor hem* that is a mere flea-bite to him; that is nothing to him.
peultjes ['pø.lcəs] mv podded peas.
peulvrucht [-vrûxt] v ‡ pulse, leguminous plant; ~*en* pulse.
peuter ['pø.tər] m 1 pipe-cleaner; 2 F (klein persoon) hop-o'-my-thumb, little nipper, tot, chit.
peuteraar ['pø.təra:r] m niggler.
peuteren [-rə(n)] vi fumble, niggle; *wie heeft daaraan gepeuterd?* who has tampered with it?; *in zijn neus (tanden &)* ~ pick one's nose (teeth).
peuterig [-rəx] finical, niggling, pernickety.
peuterwerk ['pø.tərwεrk] o niggling work.
peuzelen ['pø.zələ(n)] vi & vt munch.
pjama(-) = *pyjama(-)*.
pianino [pi.a.'ni.no.] v ♪ pianino, upright piano, cottage piano.
pianist [-'nıst] m ~e [-'nıstə] v ♪ pianist.
piano [pi.'a.no.] v ♪ piano; ~ *spelen* play the piano.
pianobegeleiding [-bəgələidıŋ] v ♪ piano(forte) accompaniment.

pianoconcert, -koncert [-kònsert] o ♪ 1 (uitvoering) piano recital; 2 (muziekstuk) piano(forte) concerto.

pianokruk [-krŭk] v (revolving) piano-stool.

pianoleraar [-le:ra:r] m ♪ piano-teacher.

pianoles [-les] v ♪ piano-lesson.

pianoloper [-lo.pər] m piano-cover.

piano-orgel [-orgəl] o ♪ piano-organ.

pianospel [-spel] o ♪ piano-playing.

pianospeler [-spe.lər] m ♪ pianist.

pianostemmer [-stemər] m ♪ piano-tuner.

pias [pi.ˈas] m > clown, buffoon, merryandrew.

piaster [pi.ˈastər] m piastre.

piccolo [ˈpi.ko.lo.] m 1 ♪ (fluit) piccolo; 2 (bediende) page, buttons.

picknick [ˈpɪknɪk] m picnic.

picknicken [ˈpɪknɪkə(n)] vt picnic.

piëdestal [pje.dəˈstal] = *pedestal*.

pief, in: ~, *paf, poef!* [pi.pɑfˈpu.f] bang, pop!

piek [pi.k] v 1 pike [weapon]; 2 (top) peak; *een* ~ *haar* a wisp of hair.

piekeren [ˈpi.kərə(n)] vi F think, brood, reflect; *hij zat er altijd over te* ~ he was worrying it out in his mind.

piekfijn [ˈpi.kfɛin] I aj F A 1, spick and span; II ad in: ~ *gekleed* dressed up to the knocker.

piekuur [-y:r] o peak hour.

Piëmont [pi.e.ˈmònt] o Piedmont.

Piëmontees [-mòn'te.s] m & aj Piedmontese.

pienter [ˈpi.ntər] I aj F clever, smart, bright; II ad cleverly &.

pienterheid [-hɛit] v F cleverness &.

piep [pi.p] ij peep!, chirp, squeak.

piepen [ˈpi.pə(n)] vi peep, chirp, squeak [of birds, mice &]; creak [of a hinge].

pieper [-pər] m 1 squeaker; 2 P spud: potato.

pieperig [-pərəx] squeaking, squeaky.

piepjong [ˈpi.pjòŋ] very young.

piepkuiken [ˈpi.pkœykə(n)] o ♀ springchicken.

piepzak in *de(n)* ~ [ɪndə(n)ˈpi.psɑk] P in a blue funk.

1 **pier** [pi:r] m earthworm; *voor de* ~*en zijn* be food for worms.

2 **pier** [pi:r] m pier, jetty.

pierement [pi.rəˈment] o S zie *straatorgel*.

pierenverschrikker [ˈpi:rə(n)vərs(x)rɪkər] m S wet, dram, drink.

pierewaaien [ˈpi.rəvə.jə(n)] vi be on the spree.

pierewaaier [-jər] m F man about town, rake.

pierrot [pi.eˈro.] m pierrot.

Piet [pi.t] m Peter; ~ *de Smeerpoes* Shockheaded Peter.

piet [pi.t] m in: *een hele* ~ 1 ('n hele meneer) a toff; 2 ('n kraan) a dab (at *in*); *een hoge* (*grote*) ~ a bigwig; *een rijke* ~ a rich Johnnie; *een saaie* ~ a dull dog.

piëteit [pi.eˈtɛit] v piety, reverence.

pietepeuterig [pi.təpəˈtərəx] I aj fussy; II ad fussily.

pietepeuterigheid [-hɛit] v fussiness.

pieterman [-mɑn] m 🐟 weever.

pietluttig [pi.tˈlütəx] niggling.

pij [pɛi] v frock, habit.

pijjekker [-jekər] m pea-jacket.

pijl [pɛil] m arrow; bolt, dart; *fig* shaft; ~ *en boog* bow and arrow; *hij heeft al zijn* ~*en verschoten* he has shot all his bolts; *als een* ~ *uit een boog* as swift as an arrow, [be off] like a shot; *meer* ~*en op zijn boog hebben* have more strings to one's bow.

pijler [ˈpɛilər] m pillar, column; (v. e. brug) pier.

pijlkoker [ˈpɛilko.kər] m quiver.

pijlkruid [-krœyt] o ♣ arrow-head.

pijlsnel [-snel] (as) swift as an arrow.

pijlstaartvlinder [-flɪndər] m ✺ hawk-moth.

pijlvormig [ˈpɛilvorməx] arrow-shaped.

pijlwortel [-vòrtəl] m ♣ arrowroot.

pijn [pɛin] m ♣ pine, pine-tree.

pijn [pɛin] v pain, ache; ~ *doen* zie *zeer doen*; *ik heb* ~ *in mijn borst* I have a pain in my chest; *ik heb* ~ *in mijn keel* I have a sore throat.

pijnappel [ˈpɛinɑpəl] m ♣ fir-cone, pine-cone.

pijnbank [-bɑŋk] v rack; *iemand op de* ~ *leggen* put a person to the rack.

pijnboom [-bo.m] m ♣ pine-tree, pine.

pijnigen [ˈpɛinəgə(n)] vt torture, rack, torment.

pijniger [-gər] m torturer, tormentor.

pijniging [-gɪŋ] v torture.

pijnlijk [ˈpɛinlək] aj (& ad) painful(ly); *het is* ~ ook: it hurts; ~*e voeten* aching feet, tender feet.

pijnlijkheid [-hɛit] v painfulness.

pijnloos [ˈpɛinlo.s] aj (& ad) painless(ly).

pijnstillend [-stɪlənt] soothing, § anodyne; ~ *middel* anodyne, F pain-killer.

pijp [pɛip] v 1 pipe [for gas, of an organ, for smoking]; 2 nose, nozzle [of bellows]; 3 socket [of a candlestick]; 4 leg [of a pair of trousers]; 5 (buis) pipe, tube, spout; funnel [of a steamer]; 6 (plooisel) flute; 7 ♪ fife; *een* ~ *lak* a stick of sealing-wax; *een lelijke* ~ *roken* F come in for something unpleasant.

pijpaarde [ˈpɛipa:rdə] v pipe-clay.

pijpekop [ˈpɛipəkɔp] m bowl (of a pipe).

pijpen [ˈpɛipə(n)] vi & vt ♪ pipe, fife.

pijpenla(de) [-la.(də)] v 1 pipe-box; 2 F long, narrow room.

pijpenrek [-rek] o pipe-rack.

pijper [ˈpɛipər] m ♪ piper, fifer.

pijpkaneel [ˈpɛipka.ne.l] m & o cinnamon (in sticks).

pijpleiding [-lɛidɪŋ] v pipe-line.

1 **pik** [pɪk] o & m (stofnaam) = *pek*.

2 **pik** [pɪk] m peck || pique, grudge; *hij heeft de* ~ *op mij* F he owes me a grudge.

3 **pik** [pɪk] v (houweel) pick, pickax(e).

pikant [pi.ˈkɑnt] piquant, seasoned, spicy, pungent; *dat gaf het gesprek iets* ~*s* that's what gave a piquancy to the conversation.

pikanterie [pi.kɑntəˈri.] v piquancy[2]; *fig* spiciness.

pikbroek [ˈpɪkbru.k] m F (Jack-)tar [sailor].

pikdonker [-dòŋkər] I aj pitch-dark; II o pitch-darkness.

pikdraad [-dra.t] o & m wax-end, waxed end.

pikeren [pi.ˈke:rə(n)] vt nettle; *hij was erover gepikeerd* he was nettled at it; zie ook: *gepikeerd*.

piket [pi.ˈket] o 1 (kaartspel) piquet; 2 ⚒ picket.

piketpaal [-pa.l] m picket.

pikeur [pi.ˈkø:r] m 1 riding-master; 2 (v. circus) ringmaster; 3 (jager) huntsman.

pikhouweel [ˈpɪkhouve.l] o pickaxe.

pikkedonker [ˈpɪkədòŋkər] = *pikdonker*.

1 **pikken** [ˈpɪkə(n)] vt (besmeren met pek) = *pekken*.

2 **pikken** [ˈpɪkə(n)] I vi 1 pick, peck; 2 S sew II vt peck.

pikol [ˈpi.kɔl] m Ind picul.

pikzwart [ˈpɪksvɑrt] coal-black, pitchy (black).

pil [pɪl] v pill; ~*len draaien* roll pills; *een bittere* ~ *slikken* swallow a bitter pill; *de* ~ *vergulden* gild the pill.

pilaar [pi.ˈla:r] m pillar, post.

pilaster [pi.ˈlastər] m pilaster.

Pilatus [pi.ˈla.tŭs] m Pilate.

pillendoos [ˈpɪlə(n)do.s] v pill-box[2].

pillendraaier [-dra.jər] m pill-roller.

pilo [ˈpi.lo.] o corduroy.

piloot [pi.ˈlo.t] m pilot.

pils(ener) [pɪls, ˈpɪlsənər] & o Pilsen(er).

pimpelaar [ˈpɪmpəla:r] m F bibber, tippler, toper.

pimpelen [-lə(n)] *vi* F bib, tipple.
pimpelmees ['pımpəlme.s] *v* ↓ blue tit(mouse).
pimpelpaars [-pa:rs] purple.
pin [pɪn] *v* peg, pin; zie ook: *pen*.
pinakel [pi.'na.kəl] *m* pinnacle.
pince-nez [pɛ̃sə'ne.] *m* pince-nez.
pincet [pın'sɛt] *o & m* (pair of) tweezers.
pinda ['pɪnda.] *v* peanut.
pindakaas [-ka.s] *m* peanut butter.
pindaman [-mɑn] *m* peanut vendor.
pingelaar ['pɪŋəla:r] *m* ~ster [-stər] *v* haggler.
pingelen ['pɪŋələ(n)] *vi* haggle.
pinguïn ['pɪŋɣɪn] *m* ↓ penguin.
1 **pink** [pɪŋk] *m* little finger; zie ook: 1 *pinken*.
2 **pink** [pɪŋk] *m* ↓ pink, fishing-boat.
1 **pinken** ['pɪŋkə(n)] *bij de* ~ *zijn* be all there, have one's wits about one.
2 **pinken** ['pɪŋkə(n)] I *vi* wink, blink; II *vt in: een traan uit de ogen* ~ brush away a tear.
pinksterbloem ['pɪŋkstərblu.m] *v* ✿ cuckoo-flower.
pinksterdag [-dɑx] *m* Whit Sunday; *tweede* ~ Whit Monday.
Pinksteren ['pɪŋkstərə(n)] *m* Whitsun(tide), Pentecost.
pinksterfeest ['pɪŋkstərfe.st] *o* 1 Whitsuntide; 2 [Jewish] Pentecost.
pinkstertijd [-tɛit] *m* Whitsuntide.
pinkstervakantie [-va.kɑnsi.] *v* Whitsun(tide) holidays.
pinksterweek [-ʋe.k] *v* Whit(sun) week.
Pinksterzondag [pɪŋkstər'zɔndɑx] *m* Whit Sunday.
pinnen ['pɪnə(n)] *vt* pin, peg, fasten with pins.
pint [pɪnt] *v* pint.
pioen(roos) [pi.'u.n(ro.s)] *v* ✿ peony.
pion [pi.'ɔn] *m* pawn [at chess].
pionier [pi.o.'ni:r] *m* pioneer[2].
pionierswerk [-'ni:rsʋerk] *o* pioneering; *fig* spadework.
pip [pɪp] *v* pip [disease of birds].
pipet [pi.'pɛt] *v & o* pipette.
pips [pɪps] 1 having the pip; 2 peaked, drawn.
piqué [pi.'ke.] *o* piqué.
piraat [pi:'ra.t] *m* pirate.
piramidaal [pi:ra.mi.'da.l] pyramidal; *het is* ~ it is enormous.
piramide [-'mi.də] *v* pyramid.
pirouette [pi:ru.'ɛtə] *v* pirouette.
pissebed ['pɪsəbɛt] *v* sow-bug.
pistache [pi.s'tɑʃ] *v* 1 ✿ pistachio; 2 (knalbonbon) cracker.
piste ['pi.stə] *v* 1 (v. circus) ring; 2 (voor wielrenners) track.
piston [pi.s'tɔn] *m* ♪ cornet.
1 **pistool** [pi.s'to.l] *o* pistol [weapon]; *iemand het* ~ *op de borst zetten* clap a pistol to a man's breast.
2 **pistool** [pi.s'to.l] *o* pistole [coin].
pistoolschot [-sxɔt] *o* pistol-shot.
pit [pɪt] *v* 1 kernel [of nut]; pip [of an apple, orange], seed [of apple, grape, orange, raisin], stone [of grapes &]; fig pith, spirit; body [of wine, a novel]; 2 wick [of a lamp]; burner [of a gas-cooker]; *er zit geen* ~ *in die vent* he has no grit in him.
pittig ['pɪtəx] I *aj* pithy[2] [style &], lively, stirring [music]; [beer, wine] of a good body; II *ad* pithily.
pittigheid [-hɛit] *v* pithiness[2].
pitvrucht ['pɪtfrʏxt] *v* ✿ pome.
pk [pe.'ka.] = *paardekracht*.
plaag [pla.x] *v* plague, vexation, nuisance; pest.
plaaggeest ['pla.ge.st] *m* teaser, tease.
plaagziek ['pla.xsi.k] fond of teasing, teasing.
plaagzucht [-sʏxt] *v* teasing disposition.
plaat [pla.t] *v* 1 (ijzer) sheet, plate [also of glass]; 2 (marmer) slab; 3 (wijzerplaat) dial; 4 (gravure) picture, engraving, print;

5 (grammofoon~) record; 6 (ondiepte) shoal, sands; *de* ~ *poetsen* F beat it, bolt.
plaatijzer ['pla.tɛizər] *o* sheet-iron.
plaatje ['pla.cə] *o* 1 (afbeelding) picture; 2 (v. ijzer &) plate.
plaats [pla.ts] *v* 1 (in 't alg.) place; 2 (ruimte) room, place; [enclosed] court, yard; 3 (hofstede) farm; 4 (zitplaats) seat; 5 (betrekking) place, situation, post, office; [clergyman's] living; 6 (in boek) place; 7 (toneel) scene [of the crime, of the disaster]; ~ *daar!* make room there!; *het is hier niet de* ~ *om...* the present (this) is not a place for ...ing; *de* ~ *innemen van...* take the place of...; *neemt uw* ~ *in* take your places; *een eervolle* ~ *innemen* hold an honoured place; *het neemt te veel* ~ *in* it takes up too much room; ~ *maken* make room; make way [for others]; ~ *nemen* sit down, take a seat; *in de* ~ *van de heer H., benoemd tot...* in (the) place of...; *in (op) de allereerste* ~ first and foremost; *in (op) de eerste* ~ in the first place, first of all, firstly; primarily [intended for pupils, students &]; *in (op) de laatste* ~ last of all, lastly; *wat had u in mijn* ~ *gedaan?* in my place; *in uw* ~ — if I were (had been) in your place; *ik zou niet graag in zijn* ~ *zijn* I should not like to stand in his shoes; *in* ~ *van* instead of; *in* ~ *daarvan* instead; *in de* ~ *komen van (voor)* take the place of; *in de* ~ *stellen van* substitute for; *op de* ~ *(dood) blijven* be killed on the spot; *op de* ~ *rust!* ✗ stand easy!; *op alle* ~*en* in all places, everywhere; *daar is hij op zijn* ~ he is in his element there; *dat woord is hier niet op zijn* ~ is out of place, is not in place; *iemand op zijn* ~ *zetten* put one in his (proper) place; *ter* ~*e* on the spot; *daar ter* ~*e* there, at that place; *wij zijn ter* ~*e* we have reached our destination; *niet van de* ~ *komen* not move from the spot; *de schoenmaker van de* ~ the local shoemaker.
plaatsbeschrijving ['pla.tsbəs(x)rɛiviŋ] *v* topography.
plaatsbespreking [-bəspre.kɪŋ] *v* (advance) booking.
plaatsbewijs [-bəʋɛis] *o* ticket.
plaatscommandant [-kɔmɑndɑnt] *m* ✗ town major.
plaatselijk ['pla.tsələk] *aj* (& *ad*) local(ly).
plaatsen [-sə(n)] *vt* 1 (zetten) put, place; 2 (een plaats geven) seat [guests &]; 3 (stationeren) station, post; 4 (opstellen) put up [a machine]; 5 (opnemen) insert [an advertisement]; 6 (aan de man brengen) dispose of [articles &]; 7 *sp* place [a horse]; 8 (uitzetten) invest [money]; *hij heeft zijn zoons goed weten te* ~ he has got his sons into good situations.
plaatsgebrek ['pla.tsɡəbrɛk] *o* want of space.
plaatsgrijpen [-grɛipə(n)] *vi* take place.
plaatshebben [-hɛbə(n)] *vi* take place.
plaatsing ['pla.tsɪŋ] *v* 1 placing &; 2 insertion [of advertisements]; 3 investment [of capital]; 4 appointment [of servants].
plaatsje ['pla.tʃə] *o* 1 place; 2 yard [of a house]; 3 (zitplaats) seat; *in die kleine* ~*s* in those small towns.
plaatskaart ['pla.tska:rt] *v* ticket.
plaatsnaam [-na.m] *m* place name.
plaatsruimte [-rœymtə] *v* space, room; ~ *aanbieden (hebben) voor* have (provide) accommodation for.
plaatsvervanger [-fəɳər] *m* 1 (in het alg.) substitute; 2 (met volmacht) deputy; 3 (dokter) locum tenens, deputy; 4 (acteur) understudy; 5 (bisschop) surrogate.
plaatsvervanging [-fɑŋɪŋ] *v* substitution.
plaatsvinden [-fɪndə(n)] *vi* take place.

plafon(d) [pla.'fõ] *o* ceiling.

plagen ['pla.gə(n)] I *vt* 1 tease; 2 (uit boosaardigheid) vex; 3 zie *kwellen*; *zij* ∼ *hem ermee* they chaff him about it; *mag ik u even* ∼? excuse my disturbing you; II *va* tease.

plager [-gər] *m* teaser, tease.

plagerij [pla.gə.'rɛi] *v* teasing; vexation; zie *plagen*.

plagge ['plaɣə] *v* sod (of turf).

plagiaat [pla.gi.'a.t] *o* plagiarism, plagiary; ∼ *plegen* commit plagiarism, plagiarize.

plagiaris [pla.gi.'a:rəs] **plagiator** [pla.gi.'a.tər] *m* plagiarist.

plaid [ple.d] *m* 1 (Schotse mantel) plaid; 2 (reisdeken) (travelling-)rug.

plak [plɑk] *v* slice [of ham &]; slab [of cake, chocolate &]; 2 ⵉ [schoolmaster's] ferule; *onder de* ∼ *van zijn vrouw zitten* be henpecked [by one's wife]; *flink onder de* ∼ *houden* keep a tight hand over.

plakband ['plɑkbɑnt] *o* 1 (v. cellofaan) adhesive tape; 2 (v. papier) gummed paper.

plakkaat [plɑ'ka.t] *o* 1 placard, poster; 2 ⵉ edict.

plakken ['plɑkə(n)] I *vt* paste, stick, glue; II *vi* stick, be sticky; *blijven* ∼ stay on and never know when to go away.

plakker [-kər] *m* 1 paster, sticker²; 2 ⵉ gipsymoth; *hij is een echte* ∼ F he is a sticker.

plakkerig [-kərəx] sticky².

plakplaatje ['plɑkpla.cə] *o* pasting-in picture.

plakpleister [-pleistər] *v* 1 zie *hechtpleister*; 2 *fig* (plakker) sticker; (liefje) sweetheart.

plakzegel [-se.gəl] *m* receipt-stamp.

plan [plɑn] *o* 1 (voornemen) plan, design, project, intention; 2 (voorbereiding) plan, design, scheme, project; 3 (tekening) plan; *dat is zijn* ∼ *niet* that is not his intention, that is not part of his plan; ∼*nen beramen* make plans, lay schemes; *zijn* ∼*nen blootleggen* (*ontvouwen*) unfold one's plans; *een* ∼ *ontwerpen* (*opmaken*) draw up a plan; *het* ∼ *opvatten om...* conceive the project of ...ing; ∼*nen smeden* forge plots; *zijn* ∼ *vaststellen* lay down one's plan; *een* ∼ *vormen* form a scheme; *met het* ∼ *om...* with the intention to; *op een hoger* ∼ on a higher plane, at a higher level; *van* ∼ *zijn* (*om*) intend, mean to, think of...; *we zijn niet van* ∼ *te werken voor anderen* we are not prepared (are not going) to work for others.

planbureau ['plɑnby.ro.] *o* planning office.

plan de campagne [plɑndəkɑm'pɑɲə] *o* plan of campaign.

planeet [pla.'ne.t] *v* planet.

planeetbaan [-ba.n] *v* orbit of a planet.

planetenstelsel [pla.'ne.tə(n)stɛlsəl] *o* planetary system.

planimetrie [pla.ni.me.'tri.] *v* plane geometry.

plank [plɑŋk] *v* 1 plank [2 to 6 inches thick], board [under 2¹/₂ in.]; shelf [in book-case &]; *dat was de* ∼ *mis* that was beside (wide of) the mark; *hij komt op de* ∼*en* he will appear on the stage; *van de bovenste* ∼ A 1, top-hole; *hij is er een van de bovenste* ∼ he is a first-rate fellow.

planken ['plɑŋkə(n)] *aj* made of boards, wooden; *een* ∼ *vloer* a boarded floor.

plankenkoorts [-ko:rts] ∼**vrees** [-vre.s] *v* stage-fright.

plankier [plɑŋ'ki:r] *o* 1 foot-board; 2 platform.

plankton ['plɑŋktòn] *o* plankton.

planmatig [plɑn'ma.təx] planned [economy].

plannenmaker ['plɑnə(n)ma.kər] *m* planner, schemer, projector.

planologie [pla.no.lo.'gi.] *v* planning.

planologisch [-'lo.gi.s] planning [problems &].

planoloog [-'lo.x] *m* planner.

plant [plɑnt] *v* plant.

plantaardig [-'a:rdəx] vegetable; ∼ *voedsel* a vegetable diet.

plantage [plɑn'ta.ʒə] *v* plantation, estate.

planteboter ['plɑntəbo.tər] *v* vegetable butter.

planteleven [-le.və(n)] *o* plant life, vegetable life; *een* ∼ *leiden* vegetate.

planten ['plɑntə(n)] *vt* plant [potatoes &, the flag].

plantenetend [-e.tənt] plant-eating, § herbivorous.

plantengroei [-gru:i] *m* vegetation; plant-growth.

plantenkenner [-'kɛnər] botanist.

plantenkweker [-kʋe.kər] *m* nurseryman.

plantenkwekerij [plɑntə(n)kʋe.kə'rɛi] *v* nursery (-garden).

plantenleer ['plɑntə(n)le:r] *v* botany.

plantenrijk [-reik] *o* vegetable kingdom.

plantentuin [-tœyn] *m* botanical garden.

plantenwereld [-ve:rəlt] *v* vegetable world.

planter ['plɑntər] *m* planter.

plantevezel ['plɑntəve.zəl] *v* vegetable fibre.

planteziekte [-zi.ktə] *v* plant disease.

plantkunde ['plɑntkʏndə] *v* botany.

plantkundig [plɑnt'kʏndəx] botanical.

plantkundige [-'kʏndəɣə] *m* botanist.

plantluis ['plɑntlœys] *v* plant-louse, green fly, aphid, aphis [*mv* aphides].

plantsoen [plɑnt'su.n] *o* 1 plantation; 2 (park) public garden, pleasure grounds, park.

plas [plɑs] *m* puddle, pool; *de Friese* ∼*sen* the Frisian "meers" (lakes); *de grote* ∼ the briny [= the sea]; *een* ∼ *doen* make water.

plasma ['plɑsma.] *o* [blood] plasma.

plasregen ['plɑsre.gən] *m* splashing rain, downpour.

plasregenen [-re.gənə(n)] *vi* rain cats and dogs.

plassen ['plɑsə(n)] *vi* 1 splash; 2 (urineren) make water.

1 **plastiek** [plɑs'ti.k] *v* (kunst) plastic art.

2 **plastiek** [plɑs'ti.k] *o* (kunststof) plastic.

plastieken [-'ti.kə(n)] *aj* plastic.

plastisch ['plɑsti.s] I *aj* 1 plastic [art; materials; nature; surgery]; 2 (aanschouwelijk) graphic [description]; II *ad* 1 plastically; 2 graphically [told &].

plastron [plɑs'tròn] *o* & *m* plastron.

plat [plɑt] 1 *aj* plat [roof &]; *fig* broad [accent], coarse, vulgar [language]; *een* ∼*te beurs* an empty purse; ∼*te knoop* ⚓ reef-knot; ∼ *maken* (*worden*) flatten; II *ad* flat; *fig* vulgarly, coarsely; III *o* 1 flat [of a sword &]; 2 flat, leads [of a roof]; 3 cover [of a book]; *continentaal* ∼ continental shelf.

plataan(boom) [pla.'ta.n(bo.m)] *m* 🌲 plane (-tree).

platbodemd, platboomd ['plɑtbo.dəmt, -bo.mt] ⚓ flat-bottomed.

platbranden [-brɑndə(n)] *vt* burn down.

Platduits [-dœyts] *o* Low German.

plateau [pla.'to.] *o* plateau, tableland.

plateel [pla.'te.l] *o* Delft ware, faience.

plateelbakker [-bɑkər] *m* Delft-ware maker.

platenspeler [-spe.lər] *m* record player.

platenwisselaar ['pla.tə(n)ʋisəla:r] *m* record changer.

plateren [pla.'te.rə(n)] *vt* plate [metals].

plateschijf ['pla.təsxeif] *v* turn-table.

platform ['plɑtfɔrm] *o* 1 platform; 2 ✈ apron [of airfield].

platgetreden [-gətre.də(n)] downtrodden; *fig* beaten [track].

platheid [-heit] *v* flatness; *fig* coarseness, vulgarity.

platina [pla.ti.na.] *o* platinum.

platinablond [-blònt] platinum blonde.

Plato [pla.to.] *m* Plato.

platonisch [pla.'to.ni.s] I *aj* platonic; II *ad* platonically.

plattegrond [platə'grònt] *m* ground-plan [o a building]; plan, map [of the town].
platteland [-'lɑnt] *o* country.
plattelandsbewoner [-'lɑntsbəvo.nər] *m* rural resident.
platvis ['plɑtfɪs] *m* 🐟 flatfish.
platvoet [-fu.t] *m* flat-foot; flat-footed person.
platweg [-vɛx] flatly.
platzak [plɑt'sɑk] in: ~ *thuiskomen* return with an empty bag (*fig* empty-handed); ~ *zijn* have an empty purse, be hard up.
platzitten ['plɑtsɪtə(n)] *vt* sit upon, crush [a cat &].
plaveien [pla.'vɛiə(n)] *vt* pave.
plaveisel [-səl] *o* pavement.
plaveisteen [-ste.n] *m* paving-stone.
plebejer [ple.'be.jər] *m* plebeian.
plebejisch [-ji.s] plebeian.
plebisciet [ple.bɪ'si.t] *o* plebiscite.
plebs [plɛps] *o* rabble, riff-raff.
plecht [plɛxt] *v* ⚓ fore-deck, after-deck.
plechtanker ['plɛxtɑŋkər] *o* ⚓ sheet-anchor[2].
plechtig ['plɛxtəx] I *aj* solemn, ceremonious, stately; formal [opening of Parliament]; ~*e communie RK* solemn communion; II *ad* solemnly, ceremoniously, in state; formally [opened].
plechtigheid [-hɛit] *v* solemnity, ceremony, rite; *een* ~ ook: a function.
plechtstatig [plɛxt'sta.təx] I *aj* solemn, stately, ceremonious; II *ad* solemnly, ceremoniously.
plechtstatigheid [-hɛit] *v* solemnity, stateliness, ceremoniousness.
pleegbroe(de)r ['ple.xbru.dər, -bru:r] *m* foster-brother.
pleegdochter [-dɔxtər] *v* foster-daughter.
pleeggezin [-ɣə.ɣəzɪn] *o* foster-home.
pleegkind [-ple.xkɪnt] *o* foster-child.
pleegmoeder [-mu.dər] *v* foster-mother.
pleegouders [-oudərs] *mv* foster-parents.
pleegvader [-fa.dər] *m* foster-father.
pleegzoon [-so.n] foster-son.
pleegzuster [-sʏstər] *v* 1 foster-sister; 2 sick-nurse, nursing sister.
pleet [ple.t] *o* electroplate.
pleetwerk ['ple.tvɛrk] *o* plated articles plated ware.
plegen ['ple.ɣə(n)] *vt* commit, perpetrate; *men pleegt te vergeten dat...* one is apt to forget that...; *hij placht te drinken* he used to drink; *vaak placht hij 's morgens uit te gaan* he often would go out in the morning.
pleidooi [plɛi'do:i] *o* pleading, plea, defence; *een* ~ *houden voor* make a plea for.
plein [plɛin] *o* square; (rond) circus.
1 **pleister** ['plɛistər] *v* plaster; *een* ~ *op de wond* a salve for his wounded feelings.
2 **pleister** [plɛistər] *o* plaster, stucco.
1 **pleisteren** [-tərə(n)] *vt* plaster, stucco.
2 **pleisteren** [-tərə(n)] *vi* fetch up, stop [at an inn]; *de paarden laten* ~ bait the horses.
pleisterkalk [-tərkɑlk] *m* parget.
pleisterplaats [-pla.ts] *v* baiting place, stage.
pleisterwerk [-vɛrk] *o* plastering, stucco.
pleit [plɛit] *o* ⚖ plea, (law)suit; *toen was het* ~ *beslecht (voldongen)* then their fate was decided, then the battle was over; *zij hebben het* ~ *gewonnen* they have gained the day.
pleitbezorger ['plɛitbəzɔrɣər] *m* ⚖ solicitor, counsel; *fig* advocate.
pleiten ['plɛitə(n)] *vi* ⚖ plead; ~ *tegen u* tell against you; ~ *voor* plead in favour of you, defend; *fig* advocate; *dat pleit voor je* that speaks for you, that tells in your favour.
pleiter [-tər] *m* ⚖ pleader.
pleitrede ['plɛitre.də] *v* pleading, plea, defence.
plek [plɛk] *v* 1 (plaats) spot, place; patch; 2 (vlek) stain, spot; *kale* ~ bald patch.
plekken ['plɛkə(n)] *vi* & *vt* stain.

plempen ['plɛmpə(n)] *vt* fill up [with earth, rubbish &].
plenair [ple.'nɛ:r] plenary, full.
plengen ['plɛŋə(n)] *vt* shed [tears, blood]; pour out [wine].
plenging [-ŋɪŋ] *v* shedding; pouring out.
plengoffer ['plɛŋɔfər] *o* libation.
pleonasme ['pli:ənɑzm] pleonasm.
plethamer ['pletha.mər] *m* flatt(en)ing-hammer.
pletten ['pletə(n)] *vt* flatten, roll [metal].
pletter [-tər] in: *te* ~ *slaan* smash; *te* ~ *vallen* smash, be smashed, crash.
pletterij [pletə'rɛi] *v* ⚙ rolling-mill, flatting-mill.
pleuris ['plø:rɑs] *v* & *o* pleurisy.
plevier [ple.'vi:r] = *pluvier*.
plezier [plə'zi:r] *o* pleasure; *veel* ~! enjoy yourself!, have a good time!; *het zal hem* ~ *doen* it will please him, be a pleasure to him; *iemand een* ~ *doen* do one a favour; ~ *hebben* have a good time, enjoy oneself; ~ *hebben in iets* find, take (a) pleasure in; ~ *hebben van iets* derive pleasure from something, enjoy it; *hij had niet veel* ~ *van zijn zoons* his sons never did anything to give him pleasure; ~ *maken* take one's pleasure(s), make merry; *zijn* ~ *wel opkunnen* have a bad time; ~ *vinden in iets* find, take (a) pleasure in; *met* ~! with pleasure!; *ten* ~*e van...* to please...; *voor (zijn)* ~ for pleasure.
plezierboot [-bo.t] *m* & *v* excursion steamer, pleasure steamer.
plezieren [plə'zi:rə(n)] *vt* please.
plezierig [-rəx] *aj* (& *ad*) pleasant(ly).
pleziertochtje [plə'zi:rtɔxjə] *o* pleasure trip, jaunt.
plicht [plɪxt] *m* & *v* duty, obligation; *zijn* ~ *doen* do one's duty; play one's part; *zijn* ~ *verzaken* neglect (fail in) one's duty; *volgens zijn* ~ *handelen* act up to one's duty.
plichtbesef ['plɪxtbəsɛf] *o* sense of duty.
plichtbetrachting [-bətrɑxtɪŋ] *v* devotion to duty.
plichtgetrouw, plichtmatig [-ɣətrəu, plɪxt'ma.təx] *aj* (& *ad*) dutiful(ly).
plichtpleging ['plɪxtple.ɣɪŋ] *v* compliment; *geen* ~*en* no ceremony.
plichtsverzuim ['plɪxtsfɑrzœym] *o* neglect of duty.
plint [plɪnt] *v* skirting-board [of a room &]; plinth [of a column].
plissé [pli.'se.] *o* pleating.
plisseren [-'se:rə(n)] *vt* pleat.
1 **ploeg** [plu.x] *m* & *v* (werktuig) plough; *de hand aan de* ~ *slaan* put one's hand to the plough.
2 **ploeg** [plu.x] *v* (groep) [day, night] shift, gang [of workmen]; [rescue &] party, F batch; team[2] [of footballers], crew [of rowing-boat].
ploegbaas ['plu.xba.s] *m* ganger, foreman.
ploegboom [-bo.m] *m* plough-beam.
ploegen ['plu.ɣə(n)] *vt* 1 plough; 2 ⚙ groove [a board].
ploegenstelsel [-stɛlsəl] *o* shift system; *volgens het* ~ on the shift system.
ploeger ['plu.ɣər] *m* ploughman, plougher.
ploegijzer, ~kouter ['plu.xɛizər, -kəutər] *o* coulter.
ploegland [-lɑnt] *o* land under the plough, ploughland.
ploegos [-ɔs] *m* plough-ox.
ploegrister [-rɪstər] *o* mouldboard.
ploegschaar [-sxa:r] *v* ploughshare.
ploert [plu:rt] *m* cad; ⇒ S 1 landlord; 2 snob; *de koperen* ~ S the sun.
ploertachtig ['plu:rtɑxtəx] I *aj* 1 caddish; 2 snobbish; II *ad* 1 caddishly; 2 snobbishly.
ploertendoder ['plu:rtə(n)do.dər] *m* bludgeon,

life-preserver.

ploertenstreek [-stre.k] *m* & *v* mean (scurvy) trick.

ploertin [plu:r'tɪn] *v* ⇨ S landlady.

ploeteraar ['plu.təra:r] *m* plodder.

ploeteren [-rə(n)] *vi* splash, dabble; *fig* toil (and moil), drudge, plod; ～ *aan* plod at.

plof [plɔf] I *ij* plop!, flop!; II *m* thud.

ploffen ['plɔfə(n)] *vi* plump (down), flop, plop.

plombe ['plɔmbə] *v zie plombeerloodje* & *plombeersel*.

plombeerloodje [plɔm'be:rlo.cə] *o* S lead seal, lead.

plombeersel [-səl] *o* stopping, filling, plug.

plomberen [plɔm'be:rə(n)] *vt* I plug, stop, fill [a tooth]; 2 S lead [goods].

1 **plomp** [plɔmp] I *ij* plump!, flop!; II *m* flop.

2 **plomp** [plɔmp] I *aj* I clumsy; 2 (grof) rude; II *ad* I clumsily; 2 rudely.

3 **plomp** [plɔmp] *v* ✲ (white, yellow) water-lily.

plompen ['plɔmpə(n)] *vi* plump, flop, plop.

plompheid ['plɔmpheit] *v* I clumsiness; 2 (grofheid) rudeness; rude thing.

plompverloren [-fərlo:rə(n)] plump.

plompweg [-vɛx] *zie botweg*.

plons [plɔns] I *ij* plop!; II *m* splash.

plonzen ['plɔnzə(n)] *vi* I flop, plop; 2 splash.

plooi [plo:i] *v* fold, pleat [in cloth]; crease [of trousers]; wrinkle [in the forehead]; *een goede* ～ *aan iets geven* smooth matters over; *zijn gezicht in de* ～ *zetten* compose one's countenance; *hij komt nooit uit de* ～ he never unbends.

plooibaar [plo:iba:r] pliable, pliant.

plooibaarheid [-heit] *v* pliability, pliancy.

plooien ['plo.jə(n)] *vt* fold, crease; pleat; wrinkle [one's forehead]; *fig* arrange [things].

plooirok ['plo:irɔk] *m* pleated skirt.

plotseling ['plɔtsəlɪŋ] I *aj* sudden; II *ad* suddenly, all of a sudden.

pluche [ply.ʃ] *o* & *m* plush.

pluchen ['ply.ʃə(n)] *aj* plush.

plug [plʏx] *v* plug.

pluim [plœym] *v* plume, feather, crest.

pluimage [plœy'ma.ʒə] *v* plumage, feathers.

pluimbal ['plœymbɑl] *m* shuttlecock.

pluimen ['plœymə(n)] *v* plume.

pluimpje ['plœympjə] *o* little feather; *fig* compliment; *dat is een* ～ *voor u* that is a feather in your cap.

pluimstaart ['plœymsta:rt] *m* bushy tail.

pluimstrijken [-streikə(n)] *vt* wheedle, fawn upon, toady.

pluimstrijker [-kər] *m* wheedler, fawner, toady.

pluimstrijkerij [plœymstreikə'rɛi] *v* wheedling, fawning, toadyism.

pluimvaren ['plœymva:rə(n)] *v* ✲ *zie konings-varen*.

pluimvee [-ve.] *o* poultry.

pluimveehouder [-hou(d)ər] *m* poultry keeper, poultry farmer.

pluimveeteelt [-te.lt] *v* poultry farming.

pluimveetentoonstelling [-tɛnto.nstɛlɪŋ] *v* poultry show.

1 **pluis** [plœys] *o* fluff; zie ook: *pluisje*.

2 **pluis** [plœys] *aj* in: *het is er niet* ～ it is not as it ought to be; *het is bij hem niet* ～ he is not right in his head.

pluisje ['plœyʃə] *o* bit of fluff.

pluizen ['plœyzə(n)] I *vi* become fluffy; II *vt* pick [oakum].

pluizer [-zər] *m* picker; *fig* Paul Pry.

pluizig [-zəx] fluffy.

pluk [plʏk] *m* I gathering, picking [of fruit]; 2 *fig* handful.

plukharen ['plʏkha:rə(n)] *vi* have a tussle, tussle.

plukken ['plʏkə(n)] I *vt* pick, gather, cull[2]

[flowers &]; pluck [birds]; *fig* fleece [a player, a customer]; II *vi* in: ～ *aan* pick at, pull at.

plukker [-kər] *m* picker, gatherer, reaper.

pluksel ['plʏksəl] *o* lint.

pluktijd [-teit] *m* picking-season.

plumeau [ply.'mo.] *m* feather-duster, feather-brush.

plunderaar ['plʏndəra:r] *m* plunderer, pillager, robber.

plunderen [-rə(n)] I *vt* plunder, pillage, loot, sack [a town], rifle [a house], rob [a man]; II *vi* plunder, pillage, loot, rob.

plundering [-rɪŋ] *v* plundering, pillage, looting; sack [of Magdeburg].

plunje ['plʏnjə] *v* F togs, toggery.

plunjezak [-zɑk] *m* kit.

plus [plʏs] plus.

plusminus [plʏs'mi.nʏs] about.

plusteken ['plʏste.kə(n)] *o* plus sign.

Plutarchus [ply.'tɑrgʏs] *m* Plutarch.

Pluto ['ply.to.] *m* Pluto.

plutocraat [ply.to.'kra.t] *m* plutocrat.

plutocratie [-kra.'(t)si.] *v* plutocracy.

plutocratisch [-'kra.ti.s] *aj* (& *ad*) plutocratic(-ally).

plutonium [ply.'to.ni.ʏm] *o* plutonium.

pluvier [ply.'vi:r] *m* ✲ plover.

pneumatisch [pnø.'ma.ti.s] pneumatic.

po [po.] *m* chamber (pot).

pochen ['pogə(n)] *vi* boast, brag; ～ *op* boast of.

pocher [-gər] *m* boaster, braggart.

pocheren [pɔ'ʃe:rə(n)] *vt* poach [eggs].

pocherij [pogə'rɛi] *v* boasting, boast, brag(ging).

pochet [pɔ'ʃɛt] *v* fancy handkerchief.

pochhans ['pɔxhɑns] *m zie pocher*.

pocketboek ['pɔkətbu.k] *o* paperback.

podium ['po.di.ʏm] *o* platform, dais.

poedel ['pu.dəl] *m* I ✲ poodle; 2 S miss [at ninepins].

poedelen ['pu.dələ(n)] I *vi* miss [at ninepins]; II *vt* ✲ puddle.

poedelnaakt ['pu.dəlna.kt] stark naked.

poedelprijs [-preis] *m* consolation prize.

poeder ['pu.dər, 'pu.jər] *o* & *m* powder.

poederchocola(de) [-ʃo.ko.la.(də)] *m* chocolate powder.

poederdons [-dɔns] *m* & *o* powder-puff.

poederdoos [-do.s] *v* powder-box.

poederen ['pu.dərə(n), -jərə(n)] *vt* powder, strew with powder.

poederig [-dərəx, -jərəx] powdery, powder-like.

poederkoffie ['pu.dər-, -jərkɔfi.] *m* powdered coffee.

poederkwast [-kvɑst] *m* powder-puff.

poedersneeuw [-sne:u] *v* powder snow.

poedersuiker [-sœykər] *m* powdered sugar.

poëet [po.'e.t] *m* poet.

pocha [pu.'ha.] *o* & *m* F I (drukte) fuss; 2 (opschepperij) swank.

poehamaker [-ma.kər] *m* F zie *opschepper*.

pocier(-) [pu.'jər] *m = poeder*(-).

poel [pu.l] *m* puddle, pool, slough.

poelier [pu.'li:r] *m* poulterer.

poema ['pu.ma.] *m* ✲ puma.

poen [pu.n] *m* I F vulgarian, > snob, bounder, cad; 2 S (geld) tin, rhino, dust.

poes [pu.s] *v* cat, puss(y); *hij is voor de* ～ F it's all up with him, he's finished; *ze is niet voor de* ～ F she is not to be trifled with; *dat is niet voor de* ～ F that's some!

poesje ['pu.ʃə] *o* pussy-cat; *mijn* ～! F my kitten.

poeslief ['pu.sli.f] bland, suave, ～ sugary.

poesmooi [-mo:i] as sweet as a nut.

poespas ['pu.spɑs] *m* I (rommel) hotch-potch, hodge-podge; 2 (omhaal) fuss.

poëtisch [po.'e.ti.s] I *aj* poetic(al); II *ad* poetically.

poets [pu.ts] *v* trick, prank; *iemand een ~ spelen (bakken)* play a trick upon one.

poetsdoek ['pu.tsdu.k] *m* polishing cloth, cleaning rag.

poetsen ['pu.tsə(n)] *vt* polish, clean; *hem ~* F beat it, bolt.

poetser [-sər] *m* polisher, cleaner.

poetsgerei, poetsgoed ['pu.tsgərɛi, -gu.t] *o* cleaning things.

poetskatoen [-ka.tu.n] *o & m* cotton waste.

poetslap [-lap] *m* polishing cloth, cleaning rag.

poetspoeder, -poeier [-pu.dər, -pu.jər] *o & m* polishing-powder.

poetspommade [-pòma.də] *v* polishing paste.

poezelig ['pu.zələx] plump, chubby.

poëzie [po.e.'zi.] *v* poetry²; [Latin &] verse.

pof [pòf] *m* thud; *op de(n) ~ kopen* S buy (go) on tick.

pofbroek ['pòfbru.k] *v* knickerbockers, plus fours.

poffen ['pòfə(n)] I *vi* (schieten) pop; II *vt* S (op krediet kopen) buy on tick; (krediet geven) give credit; sell on tick ‖ roast [chestnuts].

poffertje ['pòfərcə] *o* "poffertje".

poffertjeskraam [-cəskra.m] *v & o* booth where "poffertjes" are sold.

pofmouw ['pòfmɑu] *v* puff sleeve.

pogen ['po.gə(n)] *vt* endeavour, attempt, try.

poging [-ɣiŋ] *v* endeavour, attempt, effort; *een ~ doen om...* make an attempt at ...ing; *geen ~ doen om...* make no attempt to...; *een ~ tot moord* attempted murder.

pointe ['pwɛ̃tə] *v* point [of a joke].

pokdalig [pɔk'da.ləx] pock-marked.

poken ['po.kə(n)] *vi* poke (stir) the fire.

pokeren ['po.kərə(n)] *vi* play poker.

pokken ['pɔkə(n)] *mv* smallpox.

pokkenbriefje [-bri.fjə] *o* vaccination certificate.

pokstof ['pɔkstɔf] *v* vaccine lymph, vaccine.

pol [pɔl] *m* tussock [of grass].

polder ['pɔldər] *m* polder.

polderjongen [-jòŋə(n)] *m* navvy.

polderland [-lɑnt] *o* polder-land.

polemiek [po.le.'mi.k] *v* polemic, controversy; polemics.

polemisch [-'le.mi.s] I *aj* polemic(al), controversial; II *ad* polemically, controversially.

polemiseren [-le.mi.'ze:rə(n)] *vi* carry on a controversy; be engaged in a paper war; *ik wil niet met u ~* I'm not going to contest the point with you.

polemist [-le.'mist] *m* polemic writer, polemic, controversialist.

Polen ['po.lə(n)] *o* Poland.

polichinel [po.li.ʃi.'nɛl] *m* punchinello, Punch.

poliep [po.'li.p] *v* 1 (dier) polyp; 2 (gezwel) polypus [*mv* polypi].

polijsten [po.'lɛistə(n)] *vt* polish, burnish.

polijster [-tər] *m* polisher, burnisher.

polikliniek [po.li.kli.'ni.k] *v* policlinic, out-patients' department.

polio ['po.li.o.] *v* polio.

polis ['po.ləs] *v* (insurance) policy.

politicus [po.'li.ti.kŭs] *m* politician.

politie [po.'li.(t)si.] *v* police.

politieagent [-a.ɣɛnt] *m* policeman, constable, police officer.

politiebureau [-by.ro.] *o* 1 police station; 2 (hoofdbureau) police office.

politiehond [-hònt] *m* police dog.

politiek [po.li.'ti.k] I *aj* 1 political; 2 politic; *de ~ gaf* then the political parties; *dat is niet ~* it is bad policy, it would not be politic; II *v* 1 (staatkundige beginselen) politics; 2 (gedragslijn) policy, line of policy; 3 (burgerkleding) plain clothes; *zijn ~* his policy;

in ~ in plain clothes, S in mufti; *in de ~* in politics; *uit ~* from policy, for political reasons.

politiekorps [po.'li.(t)si.kɔrps] *o* police force.

politiemacht [-mɑxt] *v* body of police, police force.

politieman [-mɑn] *m* police officer, policeman.

politiemuts [-mŭts] *v* ⚔ forage-cap.

politiepost [-pɔst] *m* station-house, police post.

politierapport [-raport] *o* police report.

politierechter [-rɛxtər] *m* police magistrate.

politietoezicht [-tu.zixt] *o* police supervision.

politieverordening [-vərordəniŋ] *v* police regulation.

politiewezen [-ve.zə(n)] *o in : het ~* the police.

politoer [po.li.'tu:r] *o & m* (French) polish.

politoeren [-'tu:rə(n)] *vt* (French-)polish.

pollepel ['pole.pəl] *m* ladle.

polo ['po.lo.] *o sp* polo.

polohemd [-hɛmt] *o* polo shirt.

polonaise [po.lo.'nɛ:zə] *v* 1 polonaise; 2 ♪ polonaise; *de ~ doen (met)* walk a polonaise (with).

1 pols [pɔls] *m* pole, leaping-pole.

2 pols [pɔls] *m* 1 (ader) pulse; 2 (gewricht) wrist; *iemand de ~ voelen* feel a person's pulse²; zie ook : *polsen.*

polsen ['pɔlsə(n)] *vt iemand ~* sound a person; *iemand over iets ~* sound one (up)on something.

polshorloge ['pɔlshɔrlo.ʒə] *o* wrist(let) watch.

polsslag ['pɔlslɑx] *m* pulsation.

polsstok [-stɔk] *m* leaping-pole, jumping-pole.

polsstokspringen [-spriŋə(n)] *o* pole-jump, pole-vault.

polytechnisch [po.li.'tɛxni.s] polytechnic; *~e school* polytechnic (school).

pomerans [pòmə'rɑns] *v* 1 ⚜ bitter orange; 2 ⚬⚬ (aankeu) (cue-)tip.

pomeransbitter [-bitər] *o & m* orange bitters.

pommade [pò'ma.də] *v* pomade, pomatum.

pommaderen [-ma.'de:rə(n)] *vt* pomade.

Pommeren ['pòmərə(n)] *o* Pomerania.

pomp [pòmp] *v* pump; *loop naar de ~ !* go to blazes!

pompbediende ['pòmpbədi.ndə] *m* (petrol) pump attendant.

pompelmoes ['pòmpəlmu.s] *v* ⚜ pomelo, shaddock; (kleiner) grape-fruit.

pompen ['pòmpə(n)] *vi & vt* pump; *~ of verzuipen* F sink or swim.

pompeus [pòm'pø.s] *aj* (& *ad*) pompous(ly).

pompoen [-'pu.n] *m* ⚜ pumpkin, gourd.

pompon [-'pòn] *m* pompon, tuft.

pompstation ['pòmpsta.ʃòn] *o* pumping station.

pompwater [-va.tər] *o* pump-water.

pond [pònt] *o* pound; *het volle ~ eisen* exact one's pound of flesh; *in (Engelse) ~en betalen* ook : pay in sterling.

pondspondsgewijs, -gewijze [pòntspòntsgə'vɛis, -'vɛizə] pro rata, proportionally.

ponjaard [pò'nja:rt] *m* poniard, dagger.

1 pons [pòns] *m* (drank) punch.

2 pons [pòns] *m* ⚒ punch.

ponsen ['pònsə(n)] *vt* ⚒ punch.

ponskaart ['pònska:rt] *v* punched card.

ponsmachine [-ma.ʃi.nə] *v* ⚒ punching machine.

pont [pònt] *v* ferry-boat.

pontifical, pontifikaal [pònti.fi.'ka.l] pontifical; *in ~* in full pontificals, in full regalia.

ponton [pòn'tòn] *m* pontoon.

pontonbrug [-brŭx] *v* pontoon-bridge.

pontonnier [pòntò'ni:r] *m* ⚔ pontoneer.

pontveer ['pòntfe:r] *o* ferry.

pony ['pòni.] *m* 1 ⚒ pony; 2 zie *ponyhaar.*

ponyhaar [-ha:r] *o* fringe, bang.

pook [po.k] *m & v* poker.

Pool [po.l] *m* Pole.

1 **pool** [po.l] v pole.

2 **pool** [po.l] v pile [of velvet].

3 **pool** [pu.l] m (overjas) greatcoat.

4 **pool** [pu.l] m (v. kolen, staal, voetbal &) pool.

poolcirkel ['po.lsırkəl] m polar circle.

poollicht ['po.lıxt] o polar lights.

Pools [po.ls] I aj Polish; II o het ~ Polish; III v een ~e a Polish woman; zie ook: landdag.

poolshoogte ['po.lsho.xtə] v ✶ elevation of the pole, latitude; ~ nemen see how the land lies.

poolster ['po.lstєr] v polar star, pole-star.

poolstreek [-stre.k] v polar region.

pooltocht [-toxt] m polar expedition.

poolvos [-vɔs] m ㅿ arctic fox.

poolzee [-ze.] v polar sea.

poon [po.n] m 🐟 gurnard.

poort [po:rt] v gate, doorway, gateway.

poorter ['po:rtər] m 🏛 citizen, freeman.

poortwachter ['po:rtvaxtər] m gate-keeper.

poos [po.s] v while, time, interval.

poosje ['po.ʃə] o little while; een ~ for a while.

poot [po.t] m 1 (v. dier) paw, foot, leg; 2 (v. meubel) leg; wat een ~ schrijft hij! what a fist he writes!; op hoge poten in high dudgeon; op zijn ~ spelen zie opspelen 2; op zijn achterste poten gaan staan 1 eig rear [of a horse]; 2 fig (zich verzetten) jib; (opstuinen) flare up; die brief staat op poten that letter says what it ought to say; op zijn poten terechtkomen fall on one's legs; de zaak op poten zetten arrange the thing.

pootaardappel ['po.ta:rdapəl] m seed-potato.

pootje ['po.cə] o 1 paw; 2 🦶 podagra; met hangende ~s F with one's tail between one's legs, crestfallen; zie ook: poot.

pootjebaden [-ba.də(n)] vi F paddle.

pootvijver ['po.tfεivər] m nurse-pond.

pootvis [-fıs] m fry.

pop [pɔp] v 1 doll; puppet [in a show]; [tailor's] dummy; 2 (v. insekt) pupa [mv pupae], chrysalis, nymph; 3 (v. vogels) hen; 4 (in 't kaartspel) picture-card, court-card; 5 (kind) darling; 6 S guilder; toen had men de ~pen aan 't dansen F then there was the devil to pay, the fat was in the fire.

popelen ['po.pələ(n)] vt quiver, throb; zijn hart popelde his heart went pit-a-pat; ~ om te zien be itching to see.

popeline [po.pə'li.nə] o & m poplin.

poppegezicht ['pɔpəgəzıxt] o doll's face.

poppegoed [-gu.t] o doll's clothes.

poppenhuis ['pɔpə(n)hœys] o doll's house.

poppenkast [-kast] v Punch-and-Judy show, puppet-show; fig tomfoolery.

poppenspel [-spєl] o puppet-show.

poppenwinkel [-vıŋkəl] m doll-shop.

popperig ['pɔpərəx] doll-like, dollish, dolly.

poppetje ['pɔpəcə] o little doll, dolly; teer ~ sugar baby; ~s tekenen draw figures.

poppewagen [-va.gən] m doll's carriage, doll's perambulator.

populair [po.py.'lε:r] aj (& ad) popular(ly).

populariseren [-la.ri.'ze:rə(n)] vt popularize.

populariteit [-'tεit] v popularity.

populier [po.py.'li:r] m 🌳 poplar.

por [pɔr] m thrust, dig [in one's side], poke, jab.

poreus [po:'rø.s] porous.

poreusheid [-hεit] v porosity.

porfier [pɔr'fi:r] o porphyry.

porie ['po:ri.] v pore.

pornograaf [pɔrno.'gra.f] m pornographer.

pornografie [-gra.'fi.] v pornography.

pornografisch [-'gra.fi.s] pornographic.

porren ['pɔrə(n)] vt 1 poke, stir [the fire]; 2 prod [one's man]; jab [one in the leg &]; 3 (wekken) knock up, call up; 4 zie aanporren.

porselein [pɔrsə'lεin] o china, china-ware, porcelain.

porseleinaarde [-a:rdə] v china-clay, kaolin.

porseleinen [pɔrsə'lεinə(n)] aj china, porcelain.

porseleinfabriek [-'lεinfa.bri.k] v china (porcelain) factory.

porseleinkast [-kast] v china-cabinet.

porseleinwinkel [-vıŋkəl] m china shop.

1 **port** [pɔrt] o & m 🐎 postage.

2 **port** [pɔrt] m zie portwijn.

portaal [pɔr'ta.l] o 1 landing [of stairs]; 2 porch, hall.

portefeuille [pɔrtə'fœyjə] m 1 (v. minister, schilder &) portfolio; 2 (voor zak) pocket-book, note-case, wallet; de ~ aanvaarden accept office; de ~ neerleggen (ter beschikking stellen) resign office, lay down the ministry; aandelen in ~ $ unissued shares; minister zonder ~ minister without portfolio.

porte-manteau [pɔrtman'to.] m hall-stand.

portemonnaie, portemonnee [pɔrtmo'ne.] m purse.

portglas ['pɔrtglɑs] o port-wine glass.

portie ['pɔrsi.] v portion, share [of something]; helping [at meals]; fig dose [of patience]; een ~ ijs an ice.

portiek [pɔr'ti.k] v 1 (met zuilen) portico; 2 (uitgebouwd) porch; 3 (overwelfde deurtoegang) doorway.

1 **portier** [pɔr'ti:r] m 1 door-keeper; 2 hotel-porter, hall-porter, porter.

2 **portier** [pɔr'ti:r] o (carriage-)door.

portierswoning ['ti:rsvo.nıŋ] v porter's lodge.

porto ['pɔrto.] o & m 🐎 postage.

portret [pɔr'tret] o portrait, likeness, photo-(graph); ik heb mijn ~ laten maken I have had my photo taken.

portretalbum [-ɑlbȳm] o photograph album.

portretlijstje [-lεisjə] o photo-frame.

portretschilder [-sxıldər] m portrait-painter.

portretteren [pɔrtrε'te:rə(n)] vt portray[2], take a photo.

Portugal ['pɔrty.gɑl] o Portugal.

Portugees [pɔrty.'ge.s] aj (& sb) Portuguese; de Portugezen the Portuguese.

portuur [pɔr'ty:r] v & o match.

portvrij ['pɔrtfrεi] 🐎 post-paid, free.

portwijn [-vεin] m port(-wine).

pose ['po.zə] v posture, attitude, pose.

poseren [po.'ze:rə(n)] vi pose, sit [to a painter]; fig pose [as...], attitudinize, strike an attitude.

poseur [-'zø:r] m poseur.

positie [po.'zi.(t)si.] v 1 (houding &) position; 2 (betrekking) position, situation; 3 (rang in de maatschappij) status.

positief [po.zi.'ti.f] I aj positive; hij is altijd zo ~ he is always so cocksure; II ad 1 decidedly; 2 § positively [charged particles]; dat weet ik ~ I am quite sure about it; III o 1 (v. foto) positive; 2 m gram positive (degree).

positieve(n) ['ti.və(n)] m: weer bij zijn ~ komen come to one's senses; bij zijn ~ zijn have all one's faculties; hij is niet wel bij z'n ~ he is not right in his head.

1 **post** [pɔst] m post [as support].

2 **post** [pɔst] m 1 (standplaats) 🎖 post[2] [also place of duty], station; 2 (betrekking) post; office; 3 🐎 postman; 4 $ item, entry [in a book]; 5 (schildwacht) sentry; 6 (bij staking) picket; ~ van vertrouwen position of confidence; enige ~en afdoen $ sell a few lots; ~ vatten take up one's station; de mening heeft ~ gevat, dat... it is the prevailing opinion that...; op zijn ~ blijven 🎖 remain at one's post; op ~ staan 🎖 stand sentry; daar op ~ staand posted there; op ~ zetten 🎖 post [sentries]; op zijn ~ zijn be (present) at one's post; ik moet om 4 uur op mijn ~ zijn I am on

at four o'clock.

3 **post** [post] v & 1 post, mail; 2 post office, post; *hij is bij de ~* he is in the post office; *met deze, de eerste, laatste ~* by this mail, by first (last) post; *een brief op de ~ doen* post a letter, take a letter to the post; *over (met) de ~* through the post; *per ~* by post, through the post; *per kerende ~* by return of post.

4 **post** [post] o note-paper, letter-paper.

postambtenaar ['postamtəna:r] m & post-office official.

postauto [-o.to., -ooto.] m & post-office van.

postbeambte [-bəamtə] m-v & post-office servant.

postbestelling [-bəstelɪŋ] v & postal delivery.

postbewijs [-bəveis] o & postal order.

postbode [-bo.də] m & postman. [boat.

postboot [-bo.t] m & v ⚓ mail-steamer, mail-

postbus [-büs] v & post-office box, box.

postcheque [-ʃek] v & postal cheque.

postdateren [posta.'te:rə(n)] vt post-date.

postdienst ['postdi.nst] m & postal service.

postdirecteur, -direkteur [-di.rəktø:r] m & postmaster.

postduif [-dœyf] v ⚘ carrier-pigeon, homing pigeon.

postelein [postə'lein] m ⚘ purslane.

posten ['postə(n)] vt i & post [a letter]; 2 (bij staking) picket [of workmen].

posteren [pos'te:rə(n)] vt post, station.

poste-restante [postres'tant] & to be (left till) called for.

posterijen [postə'rɛiə(n)] mv & *de ~* the Post Office.

postgids ['postgits] m & post-office guide.

posthoorn, -horen [-ho:rən] m & post-horn.

postiljon [postil'jòn] m postilion, post-boy.

postkantoor ['postkanto:r] o & post office.

postkwitantie [-kvi.tan(t)si.] v & postal collection order.

postmerk [-mɛrk] o & postmark; *datum ~* date as per postmark.

postorder [-ərdər] v & o $ mail-order.

postpakket [-paket] o & parcel, postal parcel; *als ~ verzenden* send by parcel post.

postpapier [-pa.pi:r] o note-paper, letter-paper.

postrekening [-re.kənɪŋ] v & postal cheque account.

postrijtuig [-reityəx] o & mail-van, travelling post-office.

postscriptum [post'skriptüm] o postscript.

postspaarbank ['postspa:rbaŋk] v post-office savings-bank.

postspaarbankboekje [post'spa:rbaŋkbu.kjə] o P.O. savings-bank book.

poststempel ['poststempəl] o & m & postmark.

poststuk [-stük] o & postal article.

posttarief ['posta:ri.f] o & postal rate(s), postage rates, rates of postage.

posttijd [-teit] m & post-time, mail-time.

posttrein [-trein] m & mail train.

postulaat [posty.'la.t] o postulate.

postulant [-'lant] m postulant.

postuleren [-'le:rə(n)] vt postulate.

postunie ['posty.ni.] v & postal union.

postuum [pos'ty.m] aj (& ad) posthumous(ly).

postuur [pos'ty:r] o shape, figure, build; *zich in ~ stellen (zetten)* draw oneself up.

postverbinding ['postfərbindɪŋ] v & postal communication.

postverkeer [-fərke:r] o & postal traffic.

postvliegtuig [-fli.xtœyx] o ✈ mailplane

postvlucht [-flüxt] v & (air-)mail flight.

postwagen [-va.gə(n)] m 1 stage-coach [between two places]; 2 & mail van.

postweg [-vex] m & post-road.

postwezen [-ve.zə(n)] o & in: *het ~* the Post Office.

postwissel [-vɪsəl] m & post-office order, [foreign, international] money-order.

postwisselformulier [-fərmy.li:r] o & money-order form.

postzak ['postsak] m & post-bag, mail-bag.

postzegel [-se.gəl] m & (postage) stamp.

postzegelalbum [-albüm] o stamp album.

postzegelautomaat [-o.to.-, oouto.ma.t] m stamp machine.

postzegelbevochtiger [-bəvòxtəgər] m stamp damper.

postzegelveiling [-veilɪŋ] v stamp auction.

postzegelverzamelaar [-vərza.məla:r] m stamp collector.

postzegelverzameling [-lɪŋ] v stamp collection.

pot [pot] m 1 (om in te maken &) pot; jar [also for tobacco]; 2 (om te drinken) pot, mug; 3 (po) chamber (pot); 4 (inzet) stakes, pool; *~ten en pannen* pots and pans; *een gewone (goede) ~* plain (good) cooking; *de ~ verteren* spend the pool; *u moet voor lief nemen wat de ~ schaft* you must take pot-luck; *de ~ verwijt de ketel dat hij zwart is* the pot calls the kettle black.

potas ['potas] v potash.

potdeksel [-deksəl] o pot-lid.

potdicht ['pòdixt] tightly closed, close(-shut); *fig* very close.

potdoof [-do.f] stone-deaf.

poten ['po.tə(n)] vt plant [potatoes &], set [fish].

potentaat [po.tən'ta.t] m potentate.

potentiaal [po.tən(t)si.'a.l] m potential.

potentie [po.'tɛn(t)si.] v potency.

potentieel [po.tən(t)si.'e.l] I aj (& ad) potential(ly); II o potential.

potig [-təx] strong, robust, strapping.

potje ['pocə] o (little) pot; *~ bier* glass of beer; *een ~ biljarten* have a game of billiards; *hij kan een ~ breken* they connive at his doings; *zijn eigen ~ koken* do one's own cooking; *een ~ maken* lay by something against a rainy day; *kleine ~s hebben grote oren* little pitchers have long ears.

potjeslatijn ['pocəsla.tein] o dog Latin.

potkachel ['potkagəl] v pot-bellied stove.

potkijker [-krikər] = *pottekijker*.

potloden [-lo.də(n)] vt black-lead.

potlood [-lo.t] o 1 (om te schrijven) (lead-pencil; 2 (smeersel) black lead.

potloodslijper [-sleipər] m pencil sharpener.

potloodtekening [-te.kənɪŋ] v pencil drawing.

potnat [pot'nat] o in: *'t is één ~* F it is six of one and half a dozen of the other.

potplant ['potplant] v pot-plant.

potpourri [-pu.ri.] m & o ♪ potpourri, medley2. [ley2

pots [pots] v prank.

potscherf ['potsxerf] v potsherd.

potsenmaker ['potsə(n)ma.kər] m wag, buffoon, clown.

potsierlijk [pot'si:rlək] I aj ludicrous, comical; II ad ludicrously, comically.

potspel ['potspel] o pool.

pottekijker ['potəkeikər] m 1 zie *keukenpiet*; 2 (bemoeial) snooper.

potten ['potə(n)] I vt o pot [plants]; *fig* hoard (up) [money]; II va salt down money.

pottenbakker [-bakər] m potter.

pottenbakkerij [potə(n)bakə'rɛi] v pottery, potter's workshop.

pottenwinkel ['potə(n)vɪŋkəl] m earthenware shop.

potter ['potər] m F hoarder.

potverteren ['potfərte:rə(n)] o spending of the pool for a treat to all.

potvis [-fis] m ⚮ cachalot.

pousseren [pu.'se:rə(n)] vt push, push on [a man].

pover ['po.vər] poor, shabby.

poverheid [-hɛit] v poorness.

povertjes [-cəs] poorly.

praaien ['pra.jə(n)] vt ⚓ hail, speak [ships].

praal [pra.l] v pomp, splendour, magnificence.

praalbed ['pra.lbɛt] o bed of state; op een ~ liggen lie in state.

praalgraf [-ɣraf] o mausoleum.

praalhans [-hɑns] m braggart, boaster.

praalkoets [-ku.ts] v coach of state.

praalvertoon [-vɑrto.n] o pomp, ostentation.

praalwagen [-va.ɣə(n)] m float.

praalziek [-zi.k] fond of display, ostentatious.

praalzucht [-zʏxt] v love of display, ostentation.

praam [pra.m] v ⚓ pram.

praat [pra.t] m talk, tattle; veel ~s hebben talk big; iemand aan de ~ houden hold (keep) one in talk.

praatachtig, **praatgraag** ['pra.tɑxtəx, -ɡra.x] zie praatziek.

praatje ['pra.cə] o talk; het is maar een ~, dat zijn maar ~s (voor de vaak) it's all idle talk; natuurlijk het gewone ~ the usual cheap talk; een ~ maken (met) have a chat (with); och wat, ~s! fiddlesticks!; het ~ gaat dat... there is some talk of...; zoals het ~ gaat as the talk goes; er liepen ~s (over haar) people were talking (about her); u moet niet alle ~s geloven you should not believe all that is told; ~s vullen geen gaatjes fair words butter no parsnips.

praatjesmaker [-cəsma.kər] m braggart, vapourer.

praatster ['pra.tstər] v talker, chatterer, gossip.

praatstoel [-stu.l] m in: op zijn ~ zitten F 1 be in the talking vein; 2 be talking nineteen to the dozen.

praatvaar [-fa:r] m great talker.

praatziek [-si.k] talkative, loquacious, garrulous.

praatzucht [-sʏxt] v talkativeness, loquacity, garrulity.

pracht [prɑxt] v splendour, magnificence, pomp; ~ en praal pomp and splendour.

prachtband ['prɑxtbɑnt] m amateur binding.

prachtig [prɑxtəx] I aj magnificent, splendid, superb, sumptuous; dat zou ~ zijn that would be grand (splendid); ~, hoor! capital!; II ad magnificently A.

prachtstuk ['prɑxtstʏk] o beauty.

prachtuitgave [-œytɡa.və] o de luxe edition.

prachtwerk [-vɛrk] o drawing-room book, table-book.

practicum ['prɑkti.kʏm] o practical work.

practicus [-kʏs] m practical person.

praeses ['prɛ.zəs] m chairman, president.

prairie ['prɛ:ri.] v prairie.

prairiehond [-hònt] m prairie-dog.

prairiewolf [-vòlf] m prairie-wolf, coyote.

prak m in: een auto in de ~ rijden smash up a car.

prakkezeren, **prakkizeren** [prɑkə-, prɑki.'ze:rə(n)] I vi F think; II vt F contrive.

praktijk [prɑk'tɛik] v practice; (v. personeel, leerkrachten &) experience; kwade ~en evil practices; die dokter heeft een goede ~ has a large practice; de ~ uitoefenen practise [of a doctor]; in de ~ in practice [not in theory]; in ~ brengen put in practice; zonder ~ [doctor] without practice; briefless [barrister].

praktisch ['prɑkti.s] I aj practical; ~e bekwaamheid practical skill; ~e kennis working knowledge; ~ plan practicable (workable) plan; II ad practically.

praktizeren [-ti.'ze:rə(n)] vi practise; be in practice; ~d geneesheer medical practitioner, general practitioner; ~d katholiek practising Roman Catholic.

pralen ['pra.lə(n)] vi 1 be resplendent, shine, glitter; 2 flaunt; ~ met show off...

praler [-lər] m showy fellow, swaggerer.

pralerij [pra.lə'rɛi] v ostentation, showing off, show.

praline [pra.'li.nə] v praline.

prat [prɑt] proud; ~ gaan (zijn) op pride oneself on...

praten ['pra.tə(n)] vi talk, chat; > prate; u moet hem aan het ~ zien te krijgen I make him talk; 2 try to draw him; hij heeft gepraat 1 he has talked; 2 he has told tales; kan de kleine al ~? can the little one talk yet?; hij kan mooi ~ he has a smooth tongue; hij heeft mooi ~ it is all very well for him to say so; er valt met hem te ~ he is a reasonable man; er valt niet met hem te ~ there is no reasoning with him; er om heen ~ talk round a subject, beat about the bush; zij waren over de kunst aan het ~ they were talking art; ze zitten altijd over hun vak te ~ they are always talking shop; praat me daar niet over don't talk to me of that; u moet hem dat uit het hoofd ~ talk him out of it; daar weet ik van mee te ~ zie meepraten.

prater [-tər] m talker.

prauw [prou] v Ind ⚓ proa.

preadvies ['pre.atvi.s] o preliminary advice, report.

precair [pre.'kɛ:r] aj (& ad) precarious(ly).

precedent [pre.se.'dɛnt] o precedent.

precies [prə'si.s] I aj precise; II ad precisely, exactly; om 5 uur ~ at five precisely (sharp); ze passen ~ zie passen I.

preciosa [pre.si.'o.za.] mv valuables.

preciseren [-'ze:rə(n)] vt define, state precisely, specify.

predestinatie [pre.dɛsti.'na.(t)si.] v predestination.

predestineren [-'ne:rə(n)] vt predestine.

predikaat [pre.di.'ka.t] o 1 (gezegde) predicate; 2 (titel) title; 3 (cijfer) mark [at school].

predikambt ['pre.dəkɑmt] o ministry.

predikant [pre.di.'kɑnt] m 1 zie dominee; (v. leger, vloot, gevangenis &) chaplain; 2 RK zie kanselredenaar.

predikantsplaats ['kɑntspla.ts] v living.

predikantswoning [-vo.niŋ] v rectory, vicarage, parsonage.

predikatie [pre.di.'ka.(t)si.] v sermon, homily.

predikatief [-ka.'ti.f] aj (& ad) predicative(ly).

predikbeurt ['pre.dəkbø:rt] v turn to preach; preaching-engagement.

prediken [pre.dəkə(n)] vt & vi preach.

prediker [-kər] m preacher; P~ B Ecclesiastes.

predikheer [pre.dəkhe:r] m Dominican (friar).

prediking ['pre.dəkiŋ] v preaching.

preek [pre.k] v sermon [ook >].

preekstoel [-stu.l] m pulpit.

preektoon [-to.n] m preachy tone.

preferent [pre.fə'rɛnt] preferential; ~e schuldeiser preferential creditor; ~e schulden preferred debts; zie ook: aandeel.

preferentie [pre.fə'rɛn(t)si.] v preference; de ~ op een huis hebben have the (first) refusal of a house.

prefereren [-'re:rə(n)] vt prefer (to boven).

prehistoricus [pre.his'to:ri.kʏs] m prehistorian.

prehistorie ['pre.histo:ri.] v prehistory.

prehistorisch [pre.his'to:ri.s] prehistoric.

prei [prɛi] v 🍃 leek.

preken ['pre.kə(n)] vi & vt preach[2].

prekerig [-kərəx] > preachy.

prelaat [pre.'la.t] m prelate.

prelaatschap [-skɑp] o prelacy.

premie ['pre.mi.] v premium[2]; (boven het loon) bonus; (voor uitvoer) bounty; (v. AOW &) contribution.

premielening [-le.niŋ] *v* lottery loan.
premier [prəmi.'e.] *m* prime minister, premier.
première [prəmi.'ɛ:rə] *v* première, first night [of a play], first showing [of a film].
premiestelsel ['pre.mi.stɛlsəl] *o* premium (bounty) system.
premievrij [-vrɛi] paid-up [policy], non-contributory [pension].
premisse [pre.'misə] *v* premise, premiss.
prenataal [-na.'ta.l] antenatal.
prent [prɛnt] *v* print, engraving, picture.
prentbriefkaart ['prɛntbri.fka:rt] *v* picture post-card.
prenten ['prɛntə(n)] *vt* imprint; *het (zich iets) in het geheugen ~* imprint it on the memory.
prentenboek [-bu.k] *o* picture-book.
prentenkabinet [-ka.bi.nɛt] *o* print-room.
prentje ['prɛncə] *v* picture; *~s kijken* look at the pictures [in a book].
preparaat [pre.pa.'ra.t] *o* preparation.
prepareren [-'re:rə(n)] I *vt* 1 prepare; 2 dress [skins]; II *v zich ~* get ready, make ready.
presbyteriaan(s) [prɛsbi.te:ri.'a.n(s)] *m* (& *aj*) Presbyterian.
presenning [pre.'sɛnɪŋ] *v* ♭ tarpaulin.
1 **present** [prə'zɛnt] *o* present; *~ geven* make a present of; *~ krijgen* get it as a present.
2 **present** [prə'zɛnt] *aj* present; *~!* here!
presentabel [prəzɑn'ta.bəl] presentable.
presenteerblad [prəzən'te:rblɑt] *o* salver, tray.
presenteren [prəzɑn'te:rə(n)] I *vt* offer [something]; present [a bill &]; *het geweer ~* ♭ present arms; *iets ~* offer (hand round) some refreshments; *het is me gepresenteerd* they have made me an offer of it; *iemand ~* introduce a person [to another]; II *v zich ~* 1 introduce oneself [of persons]; 2 present itself [of an opportunity].
presentexemplaar [prə'zɛntɛksəmpla:r] *o* presentation copy, complimentary copy, free copy.
presentie [-'zɛn(t)si.] *v* presence.
presentiegeld [-gɛlt] *o* attendance money.
presentielijst [-lɛist] *v* list of members present; attendance register.
president [pre.zi.'dɛnt] *m* 1 president [of a meeting, republic, a board], chairman [of a meeting]; 2 foreman [of a jury]; *Mijnheer de ~* Mr. Chairman.
president-commissaris [-dɛntkòmə'sa:rəs] *m* chairman of directors [of a company].
presidente [-'dɛntə] *v* chairwoman.
presidentschap [-'dɛntsxɑp] *o* presidency[2], chairmanship.
presidentsverkiezing [-'dɛntsfərki.zɪnl *v* presidential election.
presidentszetel [-'dɛntse.təl] *m* (presidential) chair.
presideren [-'de:rə(n)] I *vt* preside over, preside at [a meeting]; II *va* preside, be in the chair.
presidium [pre.'zi.di.ûm] *o* presidentship, chairmanship.
pressant [prɛ'sɑnt] pressing, urgent.
pressen [prɛ'sə(n)] *vt* press [into the service].
presse-papier [prɛspa.pi.'e.] *m* paper-weight.
presseren [prɛ'se:rə(n)] *v* press, hurry [a person]; *presseert het?* is it very urgent?; *het presseert niet* there is no hurry.
pressie ['prɛsi.] *v* pressure; *~ uitoefenen op* bring pressure to bear upon.
pressiegroep [-gru.p] *v* pressure group.
pressing ['prɛsɪŋ] *v* ✕ & ♭ impressment.
prestatie [prɛs'ta.(t)si.] *v* performance [also ✖, ✚], achievement [of our industry], [physical &] feat.
presteren [-'te:rə(n)] *vt* achieve; *wat hij ~ kan* what he can do.
prestige [-'ti.ʒə] *o* prestige; *zijn ~ ophouden* maintain one's prestige; *zijn ~ redden* save

one's face.
prestigekwestie [-kvɛsti.] *v* matter of prestige.
pret [prɛt] *v* pleasure, fun; *dat was me een ~* it was great fun; *ik heb dolle ~ gehad* I had great fun, I've had a rare old time; *~ hebben over iets* revel in a thing; *~ maken* enjoy oneself.
pretendent [pre.tɛn'dɛnt] *m* pretender [to the throne], claimant [of right]; suitor [for girl's hand].
pretenderen [-'de:rə(n)] *vt* pretend.
pretentie [prə'tɛn(t)si.] *v* 1 pretension; 2 pretension, claim [to merit]; *vol ~s* pretentious; *zonder ~* unpretentious, unassuming.
pretentieus [pre.tɛnsi.'ø.s] pretentious.
pretje ['prɛcə] *o* bit of fun, frolic, lark; *'t is me nogal een ~!* a nice job, indeed!
pretmaker ['prɛtma.kər] *m* merry-maker, reveller.
prettig ['prɛtəx] I *aj* amusing, pleasant, nice, agreeable; *het ~ vinden* like it; II *ad* pleasantly, agreeably.
preuts [prø.ts] *aj* (& *ad*) prudish(ly), prim(ly), demure(ly), squeamish(ly).
preutsheid ['prø.tshɛit] *v* prudishness, prudery, primness, demureness, squeamishness.
prevelen ['pre.vələ(n)] *vi* & *vt* mutter, mumble.
preventief [pre.vɛn'ti.f] preventive; *in preventieve hechtenis houden* keep [him] under remand; *~ middel* preventive (means).
prieel [pri.'e.l] *o* bower, arbour, summer-house.
priem [pri.m] *m* 1 pricker, piercer, awl; 2 stiletto, bodkin, dagger.
priemen ['pri.mə(n)] *vt* prick, pierce.
priemgetal ['pri.mgətɑl] *o* prime number.
priester ['pri.stər] *m* priest.
priesterambt [-ɑmt] *o* priestly office.
priesteres [pri.stə'rɛs] *v* priestess.
priestergewaad ['pri.stərgəva.t] *o* sacerdotal garments, clerical garb.
priesterkaste [-kɑstə] *v* priestly caste.
priesterlijk [-lək] priestly.
priesterschap [-sxɑp] *o* priesthood.
priesterwijding [-vɛidɪŋ] *v* ordination.
prijken ['prɛikə(n)] *vi* shine, glitter, blaze; *...prijkte in al zijn schoonheid* ...was in the pride of its beauty.
prijs [prɛis] 1 *m* (waarde) price; (kaartje met prijsaanduiding) price ticket; 2 *m* (beloning) prize; award [for the best book of the year]; 3 *v* ♭ (buit) prize; *speciale prijzen* (in hotel &) special terms [March to May]; *de eerste ~ behalen* win (gain, carry off) the first prize; *~ maken* ♭ make a prize of [a ship], prize, capture, seize [a ship]; *goede prijzen maken* ♭ command (fetch) good prices [of things]; obtain (make) good prices [of a seller, for his articles]; *~ stellen op* 1 appreciate, value [your friendship]; 2 be anxious to [do something]; *voor goede ~ verklaren* declare lawful prize, prize [a ship]; *een ~ zetten op iemands hoofd* set a prize on a man's head; *beneden (onder) de ~ verkopen* $ sell below the market; *op ~ houden* keep up the price (of...); *op ~ stellen* appreciate, value; *tegen elke ~* at any price[2]; *tegen lage ~* at a low price, at low prices; *tot elke ~* at any cost, at all costs, at any price; *voor geen ~* not at any price; *voor die ~* at the price.
prijsbeheersing ['prɛisbəhe:rsɪŋ] *v* price control.
prijsbepaling [-bəpa.lɪŋ] *v* fixing (fixation) of prices.
prijsbinding [-bɪndɪŋ] *v* price maintenance.
prijscourant [-ku:rɑnt] *m* $ price-list, price-current.
prijsdaling [-da.lɪŋ] *v* $ fall in prices.
prijsgeven [-ge.və(n)] *vt* abandon [to the

waves]; commit [to the flames]; zie ook: *be-spotting, vergeteldheid* &.

prijshoudend [prɛis'hɔudent] $ firm.
prijsindex ['prɛisindɛks] *m* price-index.
prijskamp [-kɑmp] *m* competition.
prijsklas(se) [-klɑs(ə)] *v* price-range.
prijslijst ['prɛislɛist] *v* $ price-list.
prijsniveau [-ni.vo.] *o* price-level.
prijsnotering [-no.te:riŋ] *v* $ quotation (of prices).
prijsopdrijving [-ɔpdrɛiviŋ] *v* $ inflation (of prices).
prijsopgaaf, -opgave [-ɔpga.f, -ga.və] *v* $ quotation.
prijspeil [-pɛil] *o* price-level.
prijspolitiek [-po.li.ti.k] *v* price-policy.
prijsschieten [-sxi.tə(n)] *o* shooting-match.
prijsstijging ['prɛistɛigiŋ] *v* rise (in prices).
prijsstop [-stɔp] *m* price freeze; *een ~ afkondigen* freeze prices.
prijsuitdeling ['prɛisœytde.liŋ] *v* distribution of prizes.
prijsverhoging [-ho.giŋ] *v* increase, rise (in prices).
prijsverlaging [-la.giŋ] *v* reduction, abatement, price-cutting; *grote ~!* sweeping reductions.
prijsvraag ['prɛisfra.x] *v* competition; *een ~ uitschrijven* offer a prize [for the best...].
prijswinnaar [-vɪnaːr] *m* prize-winner.
prijzen ['prɛizə(n)] *vt* I (loven) praise, commend, extol; 2 $ price; *iemand gelukkig ~* call one happy; *zich gelukkig ~* deem oneself happy; *zijn waren ~* I praise one's wares; 2 price one's wares [in guilders &].
prijzenhof [-hɔf] *o* ⚓ prize court.
prijzenswaard(ig) [prɛizəns'vaːrt, -'vaːrdəx] praiseworthy, laudable, commendable.
prijzig ['prɛizəx] $ commanding a good price, expensive.

prik [prɪk] *m* prick, stab, sting ‖ 🐟 lamprey.
prikje ['prɪkjə] *o* prick; *voor een ~* for a song.
prikkel ['prɪkəl] *m* I (prikstok) goad; 2 (stekel) sting; 3 *fig* stimulus, spur, incentive.
prikkelbaar [-ba:r] irritable, excitable.
prikkelbaarheid [-ba:rhɛit] *v* irritability, excitability.
prikkeldraad [-dra.t] *o* & *m* barbed wire.
prikkeldraadversperring [-fərspɛriŋ] *v* (barbed) wire entanglement.
prikkelen ['prɪkələ(n)] I *vt* I *eig* prickle; tickle [the palate]; 2 (opwekken) stimulate, excite, spur on; 3 (irriteren) irritate [the nerves], provoke [a person]; *de nieuwsgierigheid ~* pique (prick) one's curiosity; II *va* prickle; *fig* stimulate; irritate.
prikkelend [-lənt] prickling, prickly; *fig* stimulating; irritating; provoking.
prikkeling [-liŋ] *v* prickling; tickling; *fig* stimulation; irritation; provocation.
prikkellectuur, -lektuur ['prɪkəlɛkty:r] *v* lurid literature.
prikken ['prɪkə(n)] *vt* & *vi* prick.
prikklok ['prɪklɔk] *v* time clock.
priksle(d)e ['prɪksle.(də)] *v* pricker-moved sledge.
prikstok [-stɔk] *m* pricker.
priktol [-tɔl] *m* pegtop.
pril [prɪl] in: *in zijn ~le jeugd* in his early youth.
prima ['pri.ma.] I *aj* first-class, first-rate, prime, A I; II *v* $ first of exchange.
primaat [pri.ma.t] *m* primate.
primair [pri.'mɛ:r] I *aj* primary; II *ad* primarily.
primeur [-'mø:r] *v* in: *~s* early fruit, early vegetables; *de ~ van iets hebben* be the first to use it, to hear it &.
primitief [-mi.'ti.f] *aj* (& *ad*) primitive(ly); crude(ly).
primula ['pri.my.la.] *v* 🌿 primrose.
I primus ['pri.müs] *m* first.

2 ⓜprimus ['pri.müs] *m* (kooktoestel) primus.
princiep [prɪn'si.p] = *principe*.
principaal [-si.'pa.l] *m* master, employer; '$ principal.
principe ['si.pə] *o* principle; *in ~* in principle; *uit ~* on principle.
principieel [-si.pi.'e.l] I *aj* fundamen al [differences]; *een ~ akkoord* an agreement in principle; *een principiële kwestie* a question of principle; *een ~ tegenstander* an opponent on principle; II *ad* fundamentally, on principle; *~ uitmaken* decide the question on principle.
prins [prɪns] *m* prince; *van de ~ geen kwaad weten* F be as innocent as the babe unborn; *leven als een ~* lead a princely life.
prinsdom ['prɪnsdɔm] *o* principality.
prinselijk ['prɪnsələk] princely.
prinses [prɪn'sɛs] *v* princess.
prins-gemaal [prɪnsgə'ma.l] *m* Prince Consort.
prins-regent [prɪnsrə'gɛnt] *m* Prince Regent.
prior ['pri.ɔr] *m* prior.
prioraat [pri.o:'ra.t] *o* priorship, priorate.
priores [-'rɛs] *v* prioress.
priorij [-'rɛi] *v* priory.
prioriteit [-ri.'tɛit] *v* priority.
prisma ['prɪsma.] *o* prism.
prismakijker [-kɛikər] *m* prism(atic) binoculars.
prismatisch [prɪs'ma.ti.s] *aj* (& *ad*) prismatic(ally).
privaat [pri.'va.t] I *aj* private; II *o* privy, w.c.
privaatdocent [-do.sɛnt] *m* private University teacher.
privaatles [-lɛs] *v* private lesson.
privaatleven [-le.və(n)] *o* private life.
privaatrecht [-rɛxt] *o* private law; *internationaal ~* private international law.
privaatrechtelijk [pri.va.t'rɛxtələk] of private law; *~ lichaam* private corporation.
privé [pri.'ve.] private, personal; *voor mijn ~* $ for my own account.
privé-gebruik [-gəbrœyk] *o* personal use.
privé-kantoor [-kɑnto:r] *o* $ private office.
privé-secretaresse, privé-sekretaresse [pri.ve.sikrəta:'rɛsə] *v* private (confidential, personal) secretary.
privilege [pri.vi.'le.ʒə] *o* privilege.
privilegiëren [-le.ʒi.'e:rə(n)] *vt* privilege.
pro [pro.] pro; *het ~ en contra* the pros and cons.
probaat [pro.'ba.t] efficacious, approved, sovereign [remedy].
probeersel [-'be:rsəl] *o* experiment.
proberen [-'be:rə(n)] I *vt* try [it]; attempt [to do it]; *je moet het maar eens ~* just try; *dat moet je niet met mij ~* you must not try it on with me; *we zullen het eens met u ~* we shall give you a trial; II *va* try; *probeer maar!* (just) try!, have a try!
probleem [-'ble.m] *o* problem.
problematisch [pro.ble.'ma.ti.s] *aj* (& *ad*) problematical(ly).
procédé [pro.se.'de.] *o* process.
procederen [-'de:rə(n)] *vi* be at law; go to law [with].
procedure [-'dy:rə] *v* I (werkwijze) procedure; 2 ⚖ (proces) action, lawsuit.
procent [pro.'sɛnt] *o* zie *percent*.
proces [-'sɛs] *o* I ⚖ lawsuit, action; [criminal] trial, [divorce] case; 2 (reactie) process; *iemand een ~ aandoen* bring an action against a person, take the law of one; *in ~ liggen* be engaged in a lawsuit, be at law [with...].
proceskosten [-kɔstə(n)] *mv* costs.
processie [pro.'sɛsi.] *v* procession.
processtukken [pro.'sɛstükə(n)] *mv* documents

in the case.

proces-verbaal, procesverbaal [pro.sɛsfər'ba.l] *o* 1 (**verklaring**) (official) report, record (of evidence); minutes [of proceedings]; 2 (**bekeuring**) warrant; ~ *opmaken tegen hem* take his name, summons him.

proclamatie [pro.kla.'ma.(t)si.] *v* proclamation.

proclameren [-'me:rə(n)] *vt* proclaim; *hem tot...* ~ proclaim him...

procuratie [pro.ky:'ra.(t)si.] *v* $ power of attorney, proxy, procuration.

procuratiehouder [-hɔudər] *m* $ confidential clerk, proxy.

procureur [pro.ky:'rø:r] *m* solicitor, attorney.

procureur-generaal [-rø:rge.nə'ra.l] *m* Attorney General.

producent [pro.dy.'sɛnt] *m* producer.

produceren [-'se:rə(n)] *vt* produce, turn out.

produkt [pro.'dŭkt] *o* product; ~*en* ook: [natural, agricultural] produce.

produktie [-'dŭksi.] *v* production, output.

produktieapparaat [-apa.ra.t] *o* productive machine.

produktief [pro.dŭk'ti.f] productive; *iets* ~ *maken* make it pay.

produktiviteit [pro.dŭkti.vi.'tɛit] *v* productivity, productive capacity.

proef [pru.f] *v* proof [of photo]; trial, test, experiment [of something]; specimen, sample; *de* ~ *op de som* the proof[2]; *dat is de* ~ *op de som* that is proof enough; *de* ~ *op de som maken* prove the sum; *proeven van bekwaamheid afleggen* give proof of one's ability; *proeven doen* make experiments; *een zware* ~ *doorstaan* stand a severe test; *er eens een* ~ *mee nemen* give it a trial; *proeven nemen* (*met*) make experiments (on), experiment (on); *op* ~ [he is there] on probation; $ on trial; on approval; *op de* ~ *stellen* put to the test, try, tax [one's patience]; *het stelde mijn geduld erg op de* ~ my patience was severely tried.

proefbalans ['pru.fba.lɑns] *v* $ trial balance.

proefbank [-bɑŋk] *v* ⚡ test bench.

proefbestelling [-bəstelɪŋ] *v* $ trial order.

proefdier [di:r] *o* laboratory animal, experimental animal.

proefdraaien [-drɑ.jə(n)] *vt* run on trial.

proefdruk [-drŭk] *m* proof.

proeﬄesje [-flɛʃə] *o* trial bottle.

proefhoudend [pru.f'hɔudənt] proof; ~ *blijken* stand the test.

proefje ['pru.fjə] *o* sample, specimen.

proefkonijn(tje) [-ko.nɛin(cə)] *o* experimental rabbit; *fig* guinea-pig.

proeﬂes [-lɛs] *v* test lesson.

proeﬂokaal [-lo.ka.l] *o* wine-vaults, bar.

proefmonster [-mònstər] *o* $ testing samp e.

proefnemer [-ne.mər] *m* experimenter.

proefneming [-ne.mɪŋ] *v* 1 (**handeling**) experimentation; 2 (*afzonderlijk geval*) experiment; ~*en doen* make experiments, experimentalize.

proefnummer [-nŭmər] *o* specimen copy.

proefondervindelijk [pru.fóndər'vɪndələk] *aj* (& *ad*) experimental(ly).

proefpersoon ['pru.fpərso.n] *m* experimental subject.

proefproces [-pro.sɛs] *o* ⚖ test case. [person.

proefrit ['pru.frɪt] *m* trial run.

proefschrift [-s(x)rɪft] *o* thesis [*mv* theses]; *een* ~ *verdedigen* uphold a thesis.

proefstation [-sta.ʃòn] *o* experiment(al) station, research station.

proefsteen [-ste.n] *m* touchstone.

proefstomen [-sto.mə(n)] I *vi* ⚓ make a (her) trial trip; *fig* make a trial; II *o* trial trip, trials.

proefstuk [-stŭk] *o* specimen.

proeftijd [-tɛit] *m* period (time) of probation, probation, probationary period, apprentice-

ship, noviciate.

proeftocht [-tɔxt] *m* trial trip.

proefvel ['pru.fɛl] *o* proof(-sheet).

proefveld [-fɛlt] *o* trial field, experimental plot.

proefvlucht [-flŭxt] *v* ✈ trial flight, test flight.

proefwerk ['pru.fvɛrk] *o* ⚗ (test) paper.

proefzending [-sɛndɪŋ] *v* $ trial consignment.

proesten ['pru.stə(n)] *vi* sneeze; ~ *van het lachen* burst out laughing.

proeve ['pru.və] *v* specimen.

proeven [-və(n)] I *vt* 1 taste [food, drinks &]; 2 $ sample [wine]; *je proeft er niets van* it does not taste; II *vi* taste; *proef maar eens* just taste (at) it; III *va* drink.

proever [-vər] *m* taster.

prof [prɔf] *m* F 1 professor; 2 *sp* pro (= professional).

profaan [pro.'fa.n] *aj* (& *ad*) profane(ly).

profanatie [-fa.'na.(t)si.] *v* profanation.

profaneren [-'ne:rə(n)] *vt* profane.

profeet [pro.'fe.t] *m* prophet; *hij is een* ~ *die brood eet* he can better than prophesy; *een* ~ *is niet geëerd in zijn eigen land* a prophet has no honour in his own country.

professen [pro.'fɛsə(n)] *vi* profess.

professie [-'fɛsi.] *v* profession.

professor [pro.'fɛsər] *m* professor; ~ *in de...* professor of...

professoraal [pro.fɛso:'ra.l] *aj* (& *ad*) professorial(ly).

professoraat [-'ra.t] *o* professorship, professorate.

profeteren [pro.fe.'te:rə(n)] *vt* prophesy.

profetes [-'tɛs] *v* prophetess.

profetie [pro.fe.'(t)si.] *v* prophecy.

profetisch [-'fe.ti.s] *aj* (& *ad*) prophetic(ally).

proficiat! [pro.'fi.si.ɑt] *ij* congratulations (on *met*).

profiel [pro.'fi.l] *o* profile [esp. of face]; sideview, section [of a building]; *in* ~ in profile.

profijt [pro.'fɛit] *o* profit, gain.

profijtelijk [-'fɛitələk] I *aj* profitable; II *ad* profitably.

profileren pro.fi.'le:rə(n) *vt* profile.

profiteren [-'te:rə(n)] *v* in: *van iets* ~ 1 (**gunstig**) profit by; 2 (**ongunstig**) take advantage of.

profiteur [-'tø:r] *m* profiteer. [vantage of.

pro forma [pro.'fɔrma.] for form's sake; ~ *rekening* $ pro forma account.

prognose [prɔx'no.zə] *v* prognosis.

program(ma) [pro.'grɑm(a.)] *o* 1 (in 't alg.) program(me); 2 (v. schouwburg) playbill, bill; 3 ⚗ curriculum; syllabus [of a course, of examinations]; *het staat op het* ~ it is on the programme[2].

programmeren [-grɑ'me:rə(n)] *vt* programme.

programmeur [-grɑ'mø:r] *m* programmer.

progressief [pro.grɛ'si.f] I *aj* progressive, graduated [tax]; forward [policy], advanced [intellectuals]; II *ad* progressively.

project [pro.'jɛkt] *o* project, scheme.

projecteren [-jɛk'te:rə(n)] *vt* project.

projectie [-'jɛksi.] *v* projection.

projectiel [pro.jɛk'ti.l] *o* projectile, missile.

projectielamp [-'jɛksi.lɑmp] *v* projector.

projectielantaarn, -lantaren [pro.jɛksi.lɑnta:rə(n)] *v*—**toestel** [-tu.stɛl] *o* projector.

proleet [pro.'le.t] *m* cad, vulgarian.

proletariaat [-lətə.ri.'a.t] *o* proletariat.

proletariër [-'ta.ri.ər] *m* proletarian.

proletarisch [-'ta:ri.s] proletarian.

prolongatie [pro.lòn'ga.(t)si.] *v* continuation: *op* ~ $ on security.

prolongatierente [-rɛntə] *v* $ contango.

prolongeren [pro.lòn'ge:rə(n)] *vt* continue [an engagement, a film]; $ renew [a bill].

proloog [pro.'lo.x] *m* prologue, proem.

promenade [pro.mə'na.də] *v* promenade, walk.

promenadedek [-dɛk] *o* ⚓ promenade-deck.

promesse [pro.'mɛsə] v $ promissory note, note of hand.

promotie [pro.'mo.(t)si.] v promotion, rise, advancement, preferment; ☞ graduation (ceremony); ∼ maken be promoted.

promotiediner [-di.ne.] o ☞ graduation dinner.

promotielijst [-lɛist] v list of promotions.

promotor [pro.'mo.tər] m $ promoter, company promoter; wie is zijn ∼? ☞ by whom is he going to be presented [for his degree]?

promoveren [-mo.'ve:rə(n)] I vi graduate, take one's degree; II vt confer a doctor's degree on.

prompt [prɔmpt] I aj prompt [delivery &], ready [answer]; II ad promptly [paid]; het ∼ kennen have it pat.

promptheid ['prɔmpthɛit] v promptitude, promptness, readiness.

pronk [prɔŋk] m ɪ (abstract) show, ostentation; 2 (concreet) finery; te ∼ staan ɪ be exposed to view; 2 stand in the pillory.

pronkboon ['prɔŋkbo.n] v ☘ scarlet runner.

pronken ['prɔŋkə(n)] vi strut (about), show off; (v. pauw) spread its tail; ∼ met make a show of, show off.

pronker [-kər] m showy fellow; beau.

pronkerig [-kərəx] I aj showy, ostentatious; II ad showily, ostentatiously.

pronkerij [prɔŋkə'rɛi] v show, parade.

pronkerwt ['prɔŋkɛr(v)t] v ☘ sweet pea.

pronkjuweel [jy.ve.l] o jewel, gem.

pronkstuk [-stük] o show-piece.

pronkziek [-si.k] showy, ostentatious.

pronkzucht [-süxt] v ostentatiousness, ostentation.

prooi [pro:i] v prey²; ten ∼ aan a prey to; ten ∼ vallen aan fall a prey to.

proosdij [pro.z'dɛi] v deanery.

1 proost [pro.st] m dean.

2 proost! [pro.st] ij cheers!, your health!, here is to you!

prop [prɔp] v ɪ stopple, stop(per) [of a bottle]; 2 cork [of a bottle]; 3 bung [of a cask]; 4 wad [of a gun, of cotton-wool]; 5 gag [for the mouth]; 6 lump [in the throat]; 7 [antiseptic] plug; 8 pellet [made by schoolboys]; 9 fig roly-poly, dump [of a person]; op de ∼pen komen F turn up; hij durft er niet mee op de ∼pen komen F he dare not come out with it; hij is weer op de ∼pen F he is on his legs again.

propaedeuse [pro.pe.'dœyzə] propaedeutica [-'dœyti.ka.] v propaedeutics.

propaedeutisch [-ti.s] propaedeutic(al), preliminary [examination].

propaganda [pro.pa.'ganda.] v propaganda; ∼ maken make propaganda, propagandize; ∼ maken voor ook: agitate for [shorter hours &], propagate [ideas].

propagandist [-gan'dɪst] m propagandist.

propagandistisch [-gan'dɪsti.s] propagandist.

propageren [-'ge:rə(n)] vt propagate.

propeller [pro.'pɛlər] m propeller.

proper ['pro.pər] tidy, clean.

properheid [-hɛit] v tidiness, cleanness.

propertjes [-tjəs] tidily.

proportie [pro.'pɔrsi.] v proportion.

proportioneel [-pɔrsi.o.'ne.l] aj (& ad) proportional(ly).

proppen ['prɔpə(n)] vt cram.

proppeschieter ['prɔpəsxi.tər] m popgun.

propvol ['prɔpfɔl] crammed, chock-full, cramfull.

proseliet [pro.zə'li.t] m proselyte.

prosit! ['pro.zɪt] ij zie 2 proost !

prostitueren [prɔsti.ty.'e:rə(n)] I vt prostitute; II vr zich ∼ prostitute oneself.

prostitutie [-'ty.(t)si.] v prostitution.

prot. = protestants.

protectie [pro.'tɛksi.] v protection; > patronage, favouritism, interest, influence.

protectionisme [-tɛksi.o.'nɪsmə] o protectionism.

protectionist [-'nɪst] m protectionist.   [ism.

protectionistisch [-'nɪsti.s] protectionist.

protectoraat [pro.tɛkto.'ra.t] o protectorate.

protégé [pro.te.'ʒe.] m protégé.

protégée [-'ʒe.] v protégée.

protegeren [-'ʒe:rə(n)] vt protect, patronize.

proteïne [pro.te.'i.nə] v protein.

protest [pro.'tɛst] o protest, protestation; ∼ aantekenen tegen... protest against; onder ∼ under protest; uit ∼ in protest.

protestant [-təs'tant] m Protestant.

protestantisme [-təstən'tɪsmə] o Protestantism.

protestants [-təs'tants] Protestant.

protesteren [-tɛs'te:rə(n)] I vi protest, make a protest; ∼ bij protest to [the Government]; ∼ tegen protest against; II vt $ protest [a bill].

proteststaking [-'tɛststa.kɪŋ] v strike of protest, protest strike.

prothese [pro.'te.zə] v prosthesis; (concreet) artificial part (leg, teeth &).

protocol, protokol [pro.to.'kɔl] o protocol.

proton ['pro.tɔn] o proton.

protoplasma [-'plasma.] o protoplasm.

prototype [-'ti.pə] o prototype.

protsen ['prɔtsə(n)] vi S swank.

protser [-sər] m S swanker.

protserig [-sərəx] S swanky.

proviand [pro.vi.'ant] m & o provisions, victuals, stores.

provianderen [-ən'de:rə(n)] vt provision, victual.

proviandering [-ən'de:rɪŋ] v provisioning, victualling.

proviandschip [-'antsxɪp] o ⚓ store-ship.

provinciaal [pro.vɪnsi.'a.l] I aj provincial; II m ɪ provincial; 2 RK provincial [of a religious order].

provincialisme [-a.'lɪsmə] o provincialism.

provincie [pro.'vɪnsi.] v province.

provinciestad [-stat] v provincial town.

provisie [pro.'vi.zi.] v ɪ (voorraad) stock, supply, provisions; 2 $ (loon) commission.

provisiekamer [-ka.mər] v pantry, larder.

provisiekast [-kɑst] v pantry, larder.

provisioneel [pro.vi.zi.o.'ne.l] aj (& ad) provisional(ly).

provocatie [pro.vo.'ka.(t)si.] v provocation.

provoceren [-'se:rə(n)] vt provoke.

provocerend [-'se:rənt] aj (& ad) provocative(ly).

1 provoost [pro.'vo.st] m ✕ provost.

2 provoost [pro.'vo.st] v ✕ detention-room.

proza ['pro.za.] o prose.

prozaïsch [pro.'za.i.s] I aj prosaic; II ad prosaically.

pruik [prœyk] v wig, periwig, peruke; F shock (of hair); een oude ∼ F an old fogey.

pruikenmaker ['prœykə(n)ma.kər] m wigmaker.

pruikentijd [-tɛit] m in: de ∼ the periwig period.

pruikerig ['prœykərəx] antiquated.

pruilen ['prœylə(n)] vi pout, sulk, be sulky.

pruiler [-lər] m sulky person.

pruim [prœym] v ɪ ☘ plum; 2 (gedroogd) prune; 3 (tabak) quid, plug.

pruimeboom ['prœyməbo.m] m plum-tree.

pruimedant ['prœymə'dant] v prune.

pruimemondje ['prœymə'mɔncə] o in: een ∼ zetten make a pretty mouth.

pruimen ['prœymə(n)] I v ✕ chew [tobacco]; II va ɪ chew tobacco; 2 F munch [= eat].

pruimentaart [-ta:rt] v plum-tart.

pruimepit ['prœyməpɪt] v plum-stone.

pruimer [-mər] m tobacco-chewer.

pruimtabak ['prœymta.bɔk] *m* chewing-tobacco.

Pruis [prœys] *m* Prussian.

Pruisen ['prœysa(n)] *o* Prussia.

Pruisisch [-si.s] Prussian; ~ *blauw* Prussian blue; ~ *zuur* prussic acid.

prul [prʏl] *o* bauble, rubbishy stuff; *het is een* ~ it is trash; *wat een* ~ *(van een vent)!* what a dud!; *allerlei* ~*len* all sorts of gewgaws.

pruldichter ['prʏldɪxtər] *m* poetaster, paltry poet.

prullaria [prʏ'la:ri.a.] *mv* rubbish, gewgaws.

prulleboel ['prʏləbu.l] *m* trashy stuff, trash.

prullenmand [-lə(n)mant] *v* waste-paper basket; *naar de* ~ *verwijzen* condemn to the basket.

prullig ['prʏləx] rubbishy, trumpery, trashy.

prulroman ['prʏlro.mɑn] *m* trashy novel.

prulschrijver [-s(x)rɛivər] *m* scribbler, paltry writer.

prulwerk [-vɛrk] *o* trash, rubbish.

prutsding ['prʏtsdɪŋ] *o* trifle, knick-knack.

prutsen ['prʏtsə(n)] *vi* potter, tinker (at, with *aan*).

prutser [-sər] *m* potterer, tinkerer.

prutserij [prʏtsə'rɛi] *v* pottering (work).

prutswerk ['prʏtsvɛrk] *o* pottering work.

pruttelaar ['prʏtəla:r] *m* grumbler.

pruttelen [-lə(n)] *vi* simmer; *fig* grumble.

psalm [psɑlm] *m* psalm.

psalmboek ['psɑlmbu.k] *o* psalm-book, psalter.

psalmdichter [-dɪxtər] *m* psalmist.

psalmgezang [-gəzɑŋ] *o* psalm-singing.

pseudo... ['psøydo.] pseudo..., false.

pseudoniem [psøydo.'ni.m] **I** *o* pseudonym, pen-name; *onder* ~ over a pseudonym; **II** *aj* pseudonymous.

pst! [pst] *ij* (hi)st!

psyche ['psi.ge.] *v* psyche.

psyché ['psi.ge.] *m* (spiegel) cheval-glass.

psychiater [psi.gi.'a:tər] *m* psychiatrist.

psychiatrie [-a.'tri.] *v* psychiatry.

psychiatrisch [-'a.tri.s] psychiatric; ~ *ziekenhuis* mental hospital.

psychisch ['psi.gi.s] **I** *aj* psychic(al); **II** *ad* psychically.

psychoanalyse [psi.go.a.na.'li.zə] *v* psychoanalysis.

psychoanalytisch [-ti.s] psychoanalytic(al).

psychologie [psi.go.lo.'gi.] *v* psychology.

psychologisch [-'lo.gi.s] *aj* (& *ad*) psychological(ly).

psycholoog [-'lo.x] *m* psychologist.

psychopaat [-'pa.t] *m* psychopath.

psychopathisch, **psychopatisch** [-'pa.ti.s] psychopathic.

psychose [psi.'go.zə] *v* psychosis [*mv* psychoses].

publiceren [-'se:rə(n)] *vt* publish, bring before the public, make public, issue.

publicist [-'sɪst] *m* publicist.

publiciteit [-si.'tɛit] *v* publicity; *er* ~ *aan geven* make it public.

publiek [py.'bli.k] **I** *aj* public; ~ *engagement* open engagement; *iets* ~ *maken* give publicity to something, publish it; ~ *worden* be made public, be published; **II** *ad* publicly, in public; **III** *o* public; *in het* ~ in public, publicly; *het grote* ~ the general public; *het stuk trok veel* ~ the play drew a full house (a large audience).

publiekrecht [py.'bli.krɛxt] *o* public law.

publiekrechtelijk [py.bli.k'rɛxtələk] of public law; ~ *lichaam* public corporation.

publikatie [py.bli.'ka.(t)si.] *v* publication.

pudding ['pʏdɪŋ] *m* pudding.

puddingvorm [-vɔrm] *m* pudding mould.

puf [pʏf] *v* in: *ik heb er niet veel* ~ *in* F I have no great mind to do it.

puffen ['pʏfə(n)] *vi* puff.

pui [pœy] *v* 1 lower front of a building, shop front; 2 flight of steps, steps.

puik [pœyk] **I** *aj* choice, excellent, prime, first-rate; **II** *ad* beautifully, to perfection; **III** *o* choice, best, pick (of...).

puikje ['pœykjə] *o* zie *puik* III.

puilen ['pœylə(n)] *vi* protrude, bulge; *zijn ogen puilden uit hun kassen* his eyes started from their sockets.

puimen ['pœymə(n)] *vt* pumice.

puimsteen ['pœymste.n] *m* & *o* pumice (-stone).

puin [pœyn] *o* rubbish, debris, wreckage, (brick) rubble; ~ *storten* shoot rubbish; *in* ~ *gooien* (leggen) lay in ruins, reduce to rubble; *in* ~ *liggen* be (lie) in ruins; *in* ~ *vallen* fall in ruins.

puinhoop ['pœynho.p] *m* 1 heap of rubbish; 2 heap of ruins, ruins; heap of rubble, rubble heap.

puist [pœyst] *v* pimple, pustule, tumour.

pukkel ['pʏkəl] *v* pimple.

pul [pʏl] *v* jug, vase.

pulken ['pʏlkə(n)] *vi* pick; *in zijn neus* ~ pick one's nose.

pulp [pʏlp] *v* pulp (of beetroots).

puls [pʏls] *m* ⚓ pulse.

⚓ pulver ['pʏlvər] *o* 1 powder, dust; 2 gunpowder.

pummel ['pʏməl] *m* boor, lout, yokel, bumpkin.

pummelig ['pʏməlax] boorish.

punaise [py.'nɛ:zə] *v* drawing-pin, thumbtack.

punch [pʏnʃ] *m* punch.

punctualiteit [pʏŋkty.a.li.'tɛit] *v* punctuality.

punctuatie [-'a.(t)si.] *v* punctuation.

punctueel [-'e.l] *aj* (& *ad*) punctual(ly).

1 punt [pʏnt] *m* 1 point (of a pen, pin &); 2 tip (of a cravat, the nose &); corner (of an apron); 3 toe (of shoe); 4 top (of asparagus); 5 wedge (of tart, cake); 6 ⚓ peak (of anchor); *daar kan jij een* ~(*je*) *aan zuigen* F that leaves you nowhere.

2 punt [pʏnt] *o* point (of intersection); *fig* point (of discussion &); item (on the agenda); ~ *van aanklacht* count (in an indictment); *hoeveel* ~*en heb je?* 1 ☞ what marks have you got?; 2 *sp* what's your score?; *10* ~*en maken* score ten; *op het* ~ *van...* in point of...; *op het* ~ *van te...* on the point of ...ing, about to...; *op dit* ~ *geeft hij niet toe* on this point he will never yield; *op het dode* ~ at a deadlock; *op het dode* ~ *komen* come to a deadlock; *hen over het dode* ~ *heen helpen* lift them from the deadlock; *verslaan (winnen) op* ~*en sp* beat (win) on points; ~ *voor* ~ point by point.

3 punt [pʏnt] *v* & *o* (leesteken) 1 dot (on i); 2 full stop (after sentence); *dubbele* ~ colon; ~*!* (basta) enough!, that's that!

puntbaard ['pʏntba:rt] *m* pointed beard.

puntboord [-bo:rt] *o* & *m* butterfly collar, wing collar.

puntdicht [-dɪxt] *o* epigram.

puntdichter [-dɪxtər] *m* epigrammatist.

punten ['pʏntə(n)] *vt* point, sharpen (a pencil); trim (the hair).

punteslijper ['pʏntəsli:pər] *m* pencil sharpener.

puntgevel ['pʏntge.vəl] *m* gable.

punthelm [-helm] *m* ✗ spiked helmet.

puntig ['pʏntəx] pointed, sharp; *fig* pointed.

puntigheid [-heit] *v* pointedness[2], sharpness.

puntje ['pʏncə] *o* point (of a pencil &); tip (cigar, nose, tongue); dot (on i); *de* ~*s op de i zetten* dot one's i's and cross one's t's; *als* ~ *bij paaltje komt* when it comes to the point; *alles was in de* ~*s* everything was shipshape

(in apple-pie order); **hij zag er in de ~s uit** he looked very trim (spick and span); zie ook: I *punt*.
puntkomma [pŭnt'kò:ma.] *v* & *o* semicolon.
puntschoen ['pŭntsxu.n] *m* pointed shoe.
pupil [py.'pɪl] I *m* pupil, ward; 2 *v* pupil [of the eye].
puree [py:'re.] *v* purée [of tomatoes &]; (v. aardappelen) mashed potatoes, S mash.
purgatie [pŭr'ga.(t)si.] *v* purge.
purgeren [-'ge:ra(n)] *vi* purge oneself, take a purgative.
Purim ['py:rɪm] *o* Purim.
purisme [py:'rɪsma] *o* purism.
purist [-'rɪst] *m* purist.
puristisch [-'rɪsti.s] puristic.
puritein [py:ri.'tɛin] *m* Puritan.
puriteins [-'tɛins] puritanical.
purper ['pŭrpər] *o* purple.
purperachtig [-ɑxtəx] purplish.
I **purperen** ['pŭrpərə(n)] *vt* purple.
2 **purperen** ['pŭrpərə(n)] *aj* purple.
purperkleurig ['pŭrpərklø:rəx] purple
purperreiger ['pŭrpərɛigər] *m* ♁ purple heron.
purperrood [-ro.t] I *aj* purple; II *o* purple.
pus [pŭs] *o* & *m* pus.
pussen ['pŭsə(n)] *vi* suppurate.
put [pŭt] *m* I (waterput) well; 2 (kuil) pit; *in de ~* F in the dumps.
puthaak ['pŭtha.k] *m* bucket-hook.
putje ['pŭcə] *o* I little hole [in the ground]; 2 dimple [in the chin].
putjesschepper ['pŭcəsxɛpər] *m* scavenger.
puts(e) [pŭts, 'pŭtsə] *v* (canvas) bucket.
putten ['pŭtə(n)] *vt* draw [water, comfort, strength & from...]; *uit zijn eigen ervaringen ~* draw upon one's personal experiences; *waaruit heeft hij dat geput?* what has been his source?
puur [py:r] I *aj* pure[2]; (v. sterke drank) neat, raw, short; *pure chocolade* plain chocolate; *het is pure onzin* it is pure (sheer) nonsense; II *ad* purely; *~ uit baldadigheid* out of pure mischief.
puzzel ['pŭzəl] *m* puzzle.
pygmee [pɪg'me.] *m-v* pygmy.
pyjama [pi.'ja.ma.] *m* pyjamas, pyjama suit; *een ~* a set of pyjamas.
pyjamabroek [-bru.k] *v* pyjama trousers.
pyjamasje [-jəʃə] *o* pyjama jacket.
Pyreneeën [pi:rə'ne.ə(n)] *mv de ~* the Pyrenees.
Pyrenees ['-'ne.s] Pyrenean.
pyriet [pi:'ri.t] *o* pyrites.
pyrometer ['pi:ro.me.tər] *m* pyrometer.
Pyrrus ['pɪrŭs] *m* Pyrrhus.
Pyrrusoverwinning [-o.vərvɪnɪŋ] *v* Pyrrhic victory.
python, pyton ['pi.tòn] *m* python.

Q

qua [kva.] qua, in the capacity of.
quantum ['kvɑntŭm] *o* quantum, amount.
quarantaine [ka.rɑn'tɛ:nə] *v* quarantine.
quarantainehaven [-ha.və(n)] *v* ⚓ quarantine station.
quarantainevlag [-vlɑx] *v* quarantine flag.
quasi ['kva.zi.] quasi, seeming [friends], miscalled [improvements], pretended [interest].
quatre-mains [katrə'mɛ̃] *m* ♪ duet (for piano); *~ spelen* play duets.
querulant [kve:ry.'lɑnt] *m* querulous person, grumbler.
queue [kø.] *v* queue, line; *~ maken* stand in a queue, wait in the queue, queue up, line up.
quitte [ki.t] quits; *nu zijn we ~* we are quits.
qui-vive [ki.'vi.və] *o* in: *op zijn ~ zijn* be on the

qui vive (on the alert).
quiz [kvɪs] *m* quiz.
quota ['kvo.ta.] *v* quota.
quotiënt [ko.'ʃɛnt] *o* quotient.
quotum ['kvo.tŭm] *o* quota, share.

R

ra [ra.] *v* ⚓ yard; *grote ~* ⚓ mainyard.
raad [ra.t] *m* I advice, counsel; 2 (redmiddel) remedy, means; 3 (raadgevend lichaam) council; 4 (raadgevend persoon) counsellor, counsel; 5 (lid v. raadgevend lichaam) councillor; *dat is een goede ~* that is a good piece of advice; *goede ~ was duur* there was a dilemma; *hoge ~* ⚖ Supreme court; *daar is wel ~ op* I'm sure a way may be found; *~ van arbeid* board of labour; *~ van beheer* board of directors; *~ van beroep* board of appeal; *~ van beroerten* ⚖ council of troubles; *~ van commissarissen* $ board of directors, directorate; *~ van State* Council of State; *~ van toezicht* supervisory board; *neem mijn ~ aan* take my advice; *iemand ~ geven* advise one; *~ inwinnen* ask [a man's] advice; *zij moeten ~ schaffen* they must find ways and means; *iemands ~ volgen* follow a person's advice; *hij weet altijd ~* he is sure to find a way (out); *hij wist geen ~ meer* he was at his wit's end; *met zijn... geen ~ weten* not know what to do with one's...; *overal ~ voor weten* be never at a loss for an expedient; *in de ~ zitten* be on the (town) council; *iemand met ~ en daad bijstaan* assist a man by word and deed; *iemand om ~ vragen* ask a man's advice; *op zijn ~* at (on) his advice; *met hem te rade gaan* consult him; *iemand van ~ dienen* advise a person. Zie ook: *eind*.
raadgevend ['ra.tge.vənt] advisory, consultative [body].
raadgever [-vər] *m* adviser, counsellor.
raadgeving [-vɪŋ] *v* advice, counsel; *een ~* a piece of advice.
raadhuis ['ra.tœys] *o* town hall.
raadkamer [-ka.mər] *v* council chamber.
raadpensionaris [-pɛnsi.o.na:rəs] *m* ⚖ Grand Pensionary.
raadplegen [-ple.ga(n)] *vt* consult.
raadpleging [-gɪŋ] *v* consultation.
raadsbesluit ['ra.tsbəslœyt] *o* I decision of the town council; 2 *fig* ordinance, decree [of God].
raadsel ['ra.tsəl] *o* riddle, enigma; *...is mij een ~* ...is a mystery to me; *in ~en spreken* speak in riddles; *voor een ~ staan* be puzzled.
raadselachtig [-ɑxtəx] *aj* (& *ad*) enigmatic(-ally), mysterious(ly).
raadselachtigheid [-hɛit] *v* enigmatic character, mysteriousness.
raadselboek ['ra.tsəlbu.k] *o* book of riddles (conundrums).
raadsheer ['ra.tshe:r] *m* I (persoon) councillor; senator; ⚖ justice; 2 (schaakstuk) bishop.
raadslid [-lɪt] *o* councillor, town councillor.
raadslieden [-li.də(n)] *mv* advisers, counsellors; *de ~ van de Kroon* His Majesty's government.
raadsman [-mɑn] *m* adviser, counsellor; (advocaat) counsel.
raadsvergadering [-fərga.dərɪŋ] *v* council meeting.
raadsverkiezing [-ki.zɪŋ] *v* municipal election.
raadsverslag [-slɑx] *o* report of the meeting.
raadszetel ['ra.tse.təl] *m* seat on the (town) council.
raadszitting [-sɪtɪŋ] *v* session of the town

council.
raadzaal [-sa.l] *v* council hall.
raadzaam [-sa.m] advisable.
raadzaamheid [-heit] *v* advisableness, advisability.
raaf [ra.f] *v* ♣ raven; *witte* ~ white crow; *de raven zullen het uitbrengen* murder will out.
raagbol ['ra.xbɔl] *m* Turk's-head; *fig* mop (of hair), mop-head.
raak [ra.k] telling [blow, effect]; *een* ~ *antwoord* a reply that went home; *een rake beschrijving* an effective description; *maar* ~ *kletsen* F talk at random; ~ *slaan* hit home; *wat hij zegt, is* ~ what he says gets there; *die was* ~, *zeg !* that shot told!, he had you there!
raaklijn ['ra.klɛin] *v* tangent.
raakpunt [-pʌnt] *o* point of contact.
raakvlak [-flɑk] *o* tangent plane.
raam [ra.m] *o* 1 (v. h u i s) window; 2 (v. fi e t s &) frame; *uit het* ~ *kijken* look out of the window; *er hangen gordijnen voor het* ~ curtains hang at the window; *hij keek voor het* ~ it was in the window.
raamkozijn ['ra.mko.zɛin] *o* window-frame.
raap [ra.p] *v* ♣ 1 turnip; 2 rape [for cattle].
raapkoek ['ra.pku.k] *m* rapeseed cake, rapecake.
raapkool [-ko.l] *v* kohlrabi, turnip-cabbage.
raapolie [-o.li.] *v* rapeseed oil, colza oil.
raapstelen [-ste.lə(n)] *mv* turnip-tops.
raapzaad [-sa.t] *o* rapeseed.
raar [ra.r] I *aj* strange, queer, odd; *hij is een rare* (*Chinees, sijs*) he is a queer (rum) customer, a queer fish; *ik voel me zo* ~ I feel so queer; *ben je* ~? F are you mad?; II *ad* strangely.
raaskallen ['ra.skɑlə(n)] *vt* rave, talk nonsense.
raat [ra.t] *v* honeycomb.
rabarber [ra.'bɑrbər] *v* ♣ rhubarb.
rabat [ra.'bɑt] *o* 1 $ reduction, discount, rebate; 2 (r a n d) border.
rabbi, rabbijn ['rɑbi, rɑ'bɛin] *m* rabbi, rabbin.
rabbijns, rabbinaal [rɑ'bɛins, -bi.'na.l] rabbinical.
rabbinaat [-bi.'na.t] *o* rabbinate.
race [re.s] *m* race.
raceauto ['re.so.to., -ʌuto.] *m* racing-car, racer.
racebaan ['re.sba.n] *v* race-course, race-track.
raceboot [-bo.t] *m* & *v* speed-boat.
racefiets [-fi.ts] *m* & *v* racing-bicycle, racer.
racen ['re.sə(n)] *vi* race.
racepaard [re.spa:rt] *o* race-horse, racer.
raceterrein [-tɛrɛin] *o* race-track, turf.
racewagen [-va.gə(n)] *m* racing-car, racer.
Rachel ['ra.gəl] *v* Rachel.
rachitis [ra.'gi.tis] *v* ♣ rachitis, rickets.
rachitisch [-ti.s] ♣ rickety.
1 **rad** [rɑt] *o* wheel; *het* ~ *van avontuur, het* ~ *der fortuin* the wheel of fortune; *iemand een* ~ *voor de ogen draaien* throw dust in a person's eyes; *het vijfde* ~ *aan de wagen* the fifth wheel to the coach; ~ *slaan* turn cart-wheels (Catherine wheels).
2 **rad** [rɑt] I *aj* quick, nimble; glib [tongue]; ~ *van tong zijn* have the gift of the gab; II *ad* quickly, nimbly; glibly.
radar [ra.dɑr] *m* radar.
radbraken ['rɑtbra.kə(n)] *vt* break upon the wheel [a convict]; *fig* murder [a language]; *ik voel me geradbraakt* I am dead-beat.
raddraaier ['rɑdra.jər] *m* ringleader.
radeermesje [ra.'de:rmɛʃə] *o* eraser, erasing-knife.
radeloos ['ra.dəlo.s] desperate, at one's wit's end.
radeloosheid [rɑ.də'lo.sheit] *v* desperation.
raden ['ra.də(n)] I *vt* 1 (r a a d geven) counsel, advise; 2 (g o e d gissen) guess; *iemand iets* ~ advise one to do a thing; *te* ~ *geven* leave

to guess; *laat je* ~ ! be advised!; *dat zou ik je* ~, *het is je geraden* you will be well advised to do it; II *vi* & *va* guess; *nou raad eens !* (just) give a guess!; *naar iets* ~ guess at (make a guess at) a thing.
raderboot ['ra.dərbo.t] *m* & *v* ♣ paddle-boat.
raderen [ra.'de:rə(n)] *v* erase.
radering [-riŋ] *v* erasure.
raderkast ['ra.dərkɑst] *v* paddle-box.
raderwerk [-vɛrk] *o* wheel-work, wheels[2].
radheid ['rɑtheit] *v* quickness, nimbleness; ~ *van tong* volubleness, volubility, glibness.
radiator [ra.di.'a.tər] *m* radiator.
radicaal [ra.di.'ka.l] I *aj* radical; *een radicale hervorming* a sweeping reform; II *ad* radically; III *m* radical.
radicalisme [-ka.'lismə] *o* radicalism.
radijs [ra'dɛis] *v* ♣ radish.
radio ['ra.di.o.] *m* ◯ ☼ radio; sound broadcasting [and television broadcasting]; *over de* ~ over the radio, over the wireless, over the air; *voor de* ~ on the radio, on the wireless, on the air.
radioactief [ra.di.o.ɑk'ti.f] radioactive.
radioactiviteit [-ti.vi.'tɛit] *v* radioactivity.
radiobaken [ra.di.o.ba.kə(n)] *o* radio beacon.
radiobuis [-bœys] *v* radio valve.
radiocentrale [-sɛntra.lə] *v* relay exchange, relay company.
radiodistributie [-distri.by.(t)si.] *v* wire broadcasting, wired transmission.
radiografie [ra.di.o.gra.'fi.] *v* radiography.
radiografisch [-'gra.fi.s] *aj* (& *ad*) radiographic(ally).
radiogram [-'grɑm] *o* radiogram; radiotelegram.
radiogrammofoon ['ra.di.o gramo.fo.n] *m* radiogram(ophone).
radiokast [-kɑst] *v* radio cabinet.
radiolamp [-lɑmp] *v* radio valve.
radiorede [-re.də] *v* broadcast (speech).
radioreportage [-rəpɔrta.ʒə] *v* (running) commentary.
radioreporter [-rəpɔrtər] *m* (radio) commentator.
radiospreker [-spre.kər] *m* broadcaster.
radiostation [-sta.ʃɔn] *o* wireless station.
radiotechnicus [-tɛxni.kʌs] *m* radio engineer.
radiotechniek [-ni.k] *v* radio engineering.
radiotechnisch [-ni.s] radio-engineering.
radiotelefonie [ra.di.o.te.ləfo.'ni.] *v* radio-telephony.
radiotelegrafie [-gra.'fi.] *v* radiotelegraphy.
radiotelegrafist [-'fist] *m* wireless operator.
radiotelegram ['ra.di.o.te.ləgrɑm] *o* wireless message.
radiotoestel [-tu.stɛl] *o* wireless set.
radiozender [-zɛndər] *m* radio transmitter.
radium ['ra.di.ūm] *o* radium.
radius ['ra.di.ūs] *m* radius [*mv* radii].
radja ['rɑtja.] *m* rajah.
rafel ['ra.fəl] *v* ravel.
rafelen ['ra.fələ(n)] *vi* & *vt* fray, unravel, ravel out.
rafelig [-ləx] frayed.
raffinaderij [rɑfi.na.də'rɛi] *v* refinery.
raffinadeur [-'də:r] *m* refiner.
raffineren [rɑfi.'ne:rə(n)] *vt* refine.
rag [rɑx] *o* cobweb.
rage ['ra.ʒə] *v* rage, craze, mania.
ragebol ['ra.gəbɔl] = *raagbol*.
ragfijn ['rɑxfɛin] gossamer, filmy.
ragoût [ra.'gu.] *m* ragout.
rail [re.l] *v* rail; *uit de* ~*s lopen* leave the metals.
rak [rɑk] *o* 1 (v o o r boeken &) rack; 2 (v. rivier) reach.
rakelings [-liŋs] in: *de kogel ging mij* ~ *voorbij* the bullet brushed past me (grazed my shoulder &).

raken ['ra.kə(n)] I *vt* 1 (treffen) hit; 2 (aan-raken) touch; 3 (aangaan) affect; concern; *deze cirkels ~ elkaar* these circles touch; *wanneer het onze eer raakt* when our honour is concerned; II *vi* get; zie *geraken*; *gevangen ~* become a prisoner; *~ aan* touch²; *aan de drank ~* take to drink(ing), become addicted to drink; *hoe aan mijn geld te ~* how to come by my money; *aan het malen ~* begin to wander in one's mind; *aan de praat ~* get talking; *in oorlog ~ met* become involved in a war with.

1 **raket** [ra.ˈkɛt] *o* & *v sp* 1 racket; 2 battledore.
2 **raket** [ra.ˈkɛt] *v* rocket [firework].
raketbasis [-ba.zəs] *v* ✕ rocket base.
raketmotor [-mo.tɔr] *m* rocket engine.
raketspel [-spɛl] *o* (game of) battledore and shuttlecock.
raketten [ra.ˈkɛtə(n)] *vi* play at battledore and shuttlecock.
raketvliegtuig [ra.ˈkɛtfli.tœyx] *o* ✈ rocket plane.
rakker ['rakər] *m* rascal, rogue, scapegrace.
rally [ˈrɛli.] *m* rally.
ram [rɑm] *m* 1 ♈ ram, tup; 2 ⚏ (battering-) ram; *de Ram* ✳ Aries.
ramen ['ra.mə(n)] *vt* estimate (at *op*).
raming ['ra.mɪŋ] *v* estimate.
rammeien [-ə(n)] *vt* ram.
rammel ['rɑməl] *m* 1 rattle; 2 zie *rammeling*.
rammelaar ['rɑmə.la:r] *m* 1 (speelgoed & persoon) rattle; 2 (konijn) buck(-rabbit), (haas) buck(-hare).
rammelen [-lə(n)] I *vi* rattle, clatter, clash, clank; *fig* rattle; *~ met...* rattle (clatter, clank) ...; *ik rammel van de honger* F I am sharp-set; II *vt* in: *hem door elkaar ~* F give him a good shaking.
rammeling [-lɪŋ] *v* F drubbing, dusting.
rammelkast ['rɑməlkɑst] *v* 1 (v. rijtuig) rattle-trap; ramshackle motor-car & ; 2 F (piano) old piano.
rammen ['rɑmə(n)] *vt* ram.
rammenas [rɑmə'nɑs] *v* ✿ black radish.
ramp [rɑmp] *v* disaster, calamity; catastrophe.
rampenfonds ['rɑmpə(n)fɔnts] *o* [national] disaster fund.
rampgebied ['rɑmpɣəbi.t] *o* disaster area.
rampspoed [-spu.t] *m* adversity.
rampspoedig [rɑmp'spu.dəx] I *aj* disastrous, hapless, calamitous; II *ad* disastrously.
rampzalig [-'sa.ləx] I *aj* 1 miserable, wretched; 2 fatal; II *ad* 1 miserably, wretchedly; 2 fatally.
rampzaligheid [-heit] *v* misery, wretchedness.
rancune [rɑŋ'ky.nə] *v* rancour, grudge.
rancunemaatregelen [-ma.tre.ɣələ(n)] *mv* penal action, victimization.
rancuneus [rɑŋky.'nø.s] vindictive, spiteful.
rand [rɑnt] *m* brim [of a hat]; rim [of a bowl]; margin [of a book]; [black, grass] border; edge [of a table, a bed, a wood]; edging [of a towel]; brink [of a precipice]; fringe [of a wood]; *fig* verge [of ruin].
randgemeente [-ɣəme.ntə] *v* satellite town.
randschrift [-s(x)rɪft] *o* legend [of a coin].
randstaat [-sta.t] *m* border state.
randsteen [-ste.n] *m* curbstone [of a well].
randversiering [-fərsi.rɪŋ] *v* ornamental border.
rang [rɑŋ] *m* rank, degree, grade; *~ en stand* rank and station; *in ~ staan boven* rank above...; *met de ~ van kapitein* holding the rank of a captain; *wij zaten op de eerste ~* we had seats in the first row (in the stalls); *van de eerste ~* first-rate [man], first-class [restaurant].
rangeerder [rɑn'ʒe:rdər] *m* shunter, yardman.
rangeerlocomotief, -lokomotief [-'ʒe:rlo.ko.-mo.ti.f] *v* shunting engine.

rangeerterrein [-tɛrɛin] *o* marshalling yard, shunting yard.
rangeerwissel [-vɪsəl] *m* & *o* shunting switch.
rangeren [rɑn'ʒe:rə(n)] *vt* & *vi* shunt.
ranggetal ['rɑŋɣətɑl] *o* ordinal number.
ranglijst [-lɛist] *v* 1 ✕ army list [of officers]; ⚓ navy list; 2 list [of candidates].
rangnummer [-nʊmər] *o* number.
rangorde [-ɔrdə] *v* order.
rangschikken [-sxɪkə(n)] *vt* arrange, range [things]; *fig* marshal [the facts]; *~ onder* class with.
rangschikkend [-kənt] *gram* ordinal.
rangschikking [-kɪŋ] *v* arrangement, classification.
rangtelwoord ['rɑŋtɛlvo:rt] *o* ordinal number.
1 **rank** [rɑŋk] *v* ✿ tendril.
2 **rank** [rɑŋk] *aj* slender [of persons]; ⚓ crank(y).
ranken ['rɑŋkə(n)] *vi* ✿ twine, shoot tendrils.
rankheid ['rɑŋkheit] *v* slenderness; ⚓ crank(i)-ness.
ranonkel [ra.ˈnɔ̀ŋkəl] *v* ✿ ranunculus.
rans [rɑns] rancid.
ransel ['rɑnsəl] *m* 1 ✕ knapsack, pack; 2 ⚍ satchel; 3 (slaag) F flogging, drubbing.
ranselen ['rɑnsələ(n)] *vt* F wallop, whop, drub.
ransheid ['rɑnsheit] *v* rancidness, rancidity.
ransig ['rɑnsəx] rancid.
ransigheid [-heit] *v* rancidness, rancidity.
rantsoen [rɑnt'su.n] *o* ration, allowance; *op ~ stellen* put on rations, ration.
rantsoeneren [-su.'ne:rə(n)] *vt* ration, put on rations.
rantsoenering [-rɪŋ] *v* rationing.
ranzig ['rɑnzəx] rancid.
ranzigheid [-heit] *v* rancidness, rancidity.
rap [rɑp] I *aj* nimble, agile, quick; II nimbly.
rapaille [ra.ˈpɑljə] *v* rabble, riff-raff.
rapen ['ra.pə(n)] *vt* & *vi* pick up, gather; glean [ears of corn]; *~ en schrapen* pinch and pare.
rapheid ['rɑpheit] *v* nimbleness, agility, quick-ness.
rapier [ra.ˈpi:r] *o* rapier; foil [to fence with].
rapport [rɑ'pɔrt] *o* statement, account; report [ook ⚭]; *~ uitbrengen over* report on...
rapporteren [rɑpɔr'te:rə(n)] *vt* & *vi* report (on *over*).
rapporteur [-'tø:r] *m* reporter.
rapsodie [rɑpso.'di.] *v* rhapsody².
rarigheid ['ra.rəxheit] *v* queerness, oddness, oddity, curiosity.
rariteit [ra.ri.ˈtɛit] *v* curiosity, curio; *~en* curios.
rariteitenkamer [-'tɛitə(n)ka.mər] *v* museum of curiosities.
1 **ras** [rɑs] *o* race [of men]; breed [of cattle]; *gekruist ~* cross-breed; *van zuiver ~* thor-oughbred.
2 **ras** [rɑs] I *aj* quick, swift, speedy; II *ad* soon, quickly.
rasdiscriminatie ['rɑsdɪskri.mi.na.(t)si.] *v* racial discrimination.
rasecht [-ɛxt] thoroughbred, true-bred.
raseren [ra.ˈze:rə(n)] *vt* raze (to the ground), level with the ground.
rasheid ['rɑsheit] *v* quickness, speed, swiftness.
rashoenders [-hu.ndərs] *mv* ⚐ pedigree fowls.
rashond [-hɔnt] *m* true-bred dog.
rasp [rɑsp] *v* grater, [wood] rasp.
raspaard ['rɑspa:rt] *o* thoroughbred, blood-horse.
raspen ['rɑspə(n)] *vt* grate [cheese], rasp [wood].
rassehaat ['rɑsəha.t] *m* racial hatred, race-hatred.
rassenstrijd ['rɑsə(n)strɛit] *m* racial conflict.
rassentheorie [-te.o.ri.] *v* racialism.
rassenvermenging [-vərmɛnɪŋ] *v* mixture of

races, racial mixture.
rassenverschil [-vɔrsxil] *o* racial difference.
raster ['rɑstər] *o* & *m* 1 (lat) lath; 2 (hekwerk) zie *rastering*; 3 (netwerk van lijnen) screen.
rastering ['rɑstərɪŋ] *v* **rasterwerk** [-tərvɛrk] *o* trellis-work, lattice, grill, railing.
rasvooroordeel [-fo:ro:rde.l] *o* racial prejudice, racialism.
raszuiver ['rɑsœyvər] thoroughbred, true-bred.
rat [rɑt] *v* rat; *oude* ∼ old hand, old stager; *een oude* ∼ *loopt niet zo gemakkelijk in de val* an old bird is not caught with chaff.
rata ['ra.ta.] in: *naar* ∼ in proportion (to *van*), pro rata.
rataplan ['rɑta.plɑn] 1 *o* rataplan, sound (rub-a-dub) of drums; 2 *m* in: *de hele* ∼ F the whole show.
ratel ['ra.təl] *m* rattle[2]; clack [= tongue]; *hou je* ∼ *!* F shut up!
ratelaar ['ra.təla:r] *m* (persoon) rattler, rattle.
ratelen [-lə(n)] *vi* rattle; ∼*de donderslagen* rattling peals of thunder.
ratelslang ['ra.təlslɑŋ] *v* rattlesnake.
ratificatie [ra.ti.fi.'ka.(t)si.] *v* ratification.
ratificeren [-'se:rə(n)] *vt* ratify.
rationalisatie [ra.(t)si.o.na.li.'za.(t)si.] *v* rationalization.
rationaliseren [-li.'ze:rə(n)] *vt* rationalize.
rationalisme [-'lɪsmə] *o* rationalism.
rationalist [-'lɪst] *m* rationalist.
rationalistisch [-'lɪsti.s] I *aj* rationalist, rationalistic; II *ad* rationalistically.
rationeel [ra.(t)si.o.'ne.l] *aj* (& *ad*) rational(ly).
ratjetoe ['rɑcətu.] *m* & *o* ⚓ soldiers' hodgepodge; *fig* olla podrida, olio, farrago, hotchpotch.
rato ['ra.to.] in: *naar* ∼ zie *rata*.
rattenkruit ['rɑtə(n)krœyt] *o* arsenic.
rattenplaag [-pla.x] *v* rat plague.
rattenvanger [-vɑŋər] *m* rat-catcher; (hond) ratter; *de* ∼ *van Hameln* the pied piper of Hameln.
ratteval ['rɑtəvɑl] *v* rat-trap.
rauw [rɔu] raw, uncooked [food]; raucous, hoarse [voice], harsh [of sounds]; *fig* crude [statements].
rauwheid ['rɔuhɛit] *v* rawness; *fig* crudity.
ravage [ra.'va.ʒə] *v* 1 (verwoesting) ravage [of the war]; havoc, devastations; 2 (overblijfselen) wreckage [of a motor-car &], debris, shambles [of a building]; *een* ∼ *aanrichten* make havoc (of *onder*, in).
ravezwart [-zvɑrt] raven-black; ∼*e haren* raven locks.
ravijn [ra.'vɛin] *o* ravine.
ravotten [-'vɔtə(n)] *vi* romp.
ravotter [-tər] *m* romping boy.
rayon [rɛi'ɔn] *o* & *m* 1 radius [of a circle]; 2 shelf [of a bookcase]; 3 department [in a shop]; 4 (gebied) area; $ [commercial traveller's] territory; 5 (stofnaam) rayon [artificial silk].
rayongaren [-ga:rə(n)] *o* rayon yarn.
rayonvezel [-ve.zəl] *v* rayon staple.
razeil ['ra.zɛil] *o* ⚓ square sail.
razen ['ra.zə(n)] *vi* rage, rave; ∼ *en tieren* rage and rave, storm and swear; *over de weg* ∼ tear along the road; *het water raast in æ ketel* the water sings in the kettle.
razend [-zənt] I *aj* raving, mad, wild, F savage; ∼*e honger* ravenous hunger; ∼*e vaart* tearing pace; *ben je* ∼*?* F are you mad?; *het is om* ∼ *te worden* it is enough to drive you mad; *het maakt me* ∼ it makes me wild; *je maakt me* ∼ *met je...* you drive me mad with your...; *hij is* ∼ *op mij* he is furious with me; *hij... als een* ∼*e* like mad; II *ad* in: *hij heeft* ∼ *veel*

geld he has a mint of money; *wij hebben* ∼ *veel plezier gehad* we have enjoyed ourselves immensely; *hij is* ∼ *verliefd op haar* he is madly in love with her.
razernij [ra.zər'nɛi] *v* rage; frenzy, madness.
razzia ['rɑdzi.a.] *v* razzia, raid, round-up [of suspects]; *een* ∼ *houden in een café* raid a café; *een* ∼ *houden op verdachten* round up suspects.
re [re.] *v* ♪ re.
reaal [re.'a.l] *m* real [silver coin].
reactie [re.'ɑksi.] *v* reaction[2] (to *op*).
reactionair [-ɔksi.o.'nɛ:r] *aj* & *m* reactionary.
reactor [-'ɑktər] *m* reactor.
reageerbuis [re.a.'ge:rbœys] *v* test-tube, test-glass.
reageerpapier [-pa.pi:r] *o* test-paper.
reagens ['re.a.ɡɛns] *o* reagent, test.
reageren [re.a.'ge:rə(n)] *vi* react (to *op*), *fig* respond (to *op*).
realisatie [re.a.li.'za.(t)si.] *v* realization.
realiseren [-li.'ze:rə(n)] I *vt* 1 (in 't alg.) realize; 2 $ realize, cash, convert into money, sell; II *vt* $ realize, sell; III *vr zich* ∼ realize [that...].
realisme [-'lɪsmə] *o* realism.
realist [-lɪst] *m* realist.
realistisch [-'lɪsti.s] I *aj* realistic; II *ad* realistically.
realiteit [-ii.'tɛit] *v* reality.
rebel [rə'bɛl] *m* rebel, mutineer.
rebelleren [-bɛ'le:rə(n)] *vi* rebel, revolt [against...].
rebellie [-bɛ'li.] *v* rebellion, mutiny.
rebels [-'bɛls] rebellious, mutinous.
rebus ['re.bʏs] *m* rebus, picture-puzzle.
recalcitrant [re.kɑlsi.'trɑnt] recalcitrant.
recapitulatie [-ka.pi.ty.'la.(t)si.] *v* recapitulation.
recapituleren [-'le:rə(n)] *vi* & *vt* recapitulate.
recensent [rəsɛn'zɛnt] *m* reviewer, critic.
recenseren [-'ze:rə(n)] I *vt* review [an author, a book]; II *vi* review, write a review.
recensie [rə'sɛnzi.] *v* review, critique, (kort) notice; *ter* ∼ for review.
recensie-exemplaar [-ɛksəmpla:r] *o* review copy.
recent [re.'sɛnt] recent.
recepis [re.sə'pɪs] *o* & *v* $ scrip (certificate).
recept [rə'sɛpt] *o* 1 (voor keuken &) recipe, receipt; 2 ⚕ prescription.
receptenboek [-'sɛptə(n)bu.k] *o* 1 (household) recipe book; 2 ⚕ prescription book.
receptie [rə'sɛpsi.] *v* reception.
receptionist [rəsɛpsi.o.'nɪst] *m* receptionist.
reces [rə'sɛs] *o* recess, adjournment; *op* ∼ *gaan* (uiteengaan) rise, adjourn; *op* ∼ *zijn* be in recess.
recessie [rə'sɛsi.] *v* $ recession.
recette [rə'sɛtə] *v* takings, receipts.
recherche [rə'ʃɛrʃə] *v* detective force, Criminal Investigation Department, C.I.D.
rechercheur [-ʃər'ʃø:r] *m* detective.
1 **recht** [rɛxt] I *aj* right [side, word, angle &]; straight [line]; *wat* ∼ *en billijk is* what is just and fair; *zo* ∼ *als een kaars* as straight as an arrow; *de* ∼*e man op de* ∼*e plaats* the right man in the right place; *te* ∼*er tijd* zie *tijd*; II *als sb* in: *ik weet er het* ∼*e niet van* I do not know the rights of the case; III *ad* rightly; < right, quite; straight; ∼ *door zee gaand* straightforward, straight; *hij is niet* ∼ *bij zijn verstand* he is not quite right in his head; ∼ *op hem af* straight at him; ∼ *toe*, ∼ *aan* straight on.
2 **recht** [rɛxt] *o* 1 (ongeschreven natuurwet) right; 2 (rechtspraak) law, justice; 3 (bevoegdheid) right, title, claim [to a pension]; 4 (geheven recht) poundage [on

money-orders]; duty, custom [on goods]; [registration] fee; *burgerlijk* ~ civil law; *het gemene (gewone)* ~ common law; *het geschreven* ~ statute law; *ongeschreven* ~ unwritten law; *Romeins* ~ Roman law; *verkregen* ~*en* vested rights; ~. *van bestaan* reason for existence; ~ *van eerstgeboorte* (right of) primogeniture; ~ *van gratie* prerogative of pardon; ~ *van initiatief* initiative; ~ *van opstal* building rights; ~ *van opvoering* performing rights; ~ *van spreken hebben* have a right to speak; ~ *van de sterkste* right of the strongest; ~ *van vergadering* right of public meeting; ~*en en plichten* rights and duties; *onze* ~*en en vrijheden* our rights and liberties; ~ *doen* administer justice; *er moet* ~ *geschieden* justice must be done; *iemand het* ~ *geven om...* entitle one to...; *het* ~ *hebben om...* have a (the) right to..., be entitled to...; *het volste* ~ *hebben om...* have a perfect right to...; ~ *hebben op iets* have a right to something; *het* ~ *aan zijn zijde hebben* have right on one's side; *zich* ~ *verschaffen* right oneself; take the law into one's own hands; *iedereen* ~ *laten wedervaren* do justice to everyone; *iemand* ~ *laten wedervaren* do one right, give one his due; *in zijn* ~ *zijn* be within one's rights, be in the right; *iemand in* ~*en aanspreken* take legal proceedings against one, have (take) the law of one, sue one [for damages]; *met* ~ rightly, justly; *met welk* ~? by what right? *tot zijn* ~ *komen* show to full advantage; *beter tot zijn* ~ *komen* show to better advantage.

rechtaan [rext'a.n] straight on.

rechtbank ['rextbaŋk] v court of justice, lawcourt, tribunal; *fig* bar [of public opinion]; zie ook: 2 *gerecht*.

rechtdoor [rext'do:r] straight on.

rechtdraads [rex'dra.ts] with the grain.

rechtens ['rextəns] by right(s), in justice.

1 **rechter** [-tər] m judge, justice; ~ *van instructie* examining magistrate.

2 **rechter** [-tər] aj right [hand &], right-hand [corner &].

rechter-commissaris ['rextərkòmsəsa:rəs] m judge presiding at criminal preparatory examinations, at meetings of creditors in insolvency &.

rechterhand ['rextərhont] v right hand; *fig* right-hand man, right hand.

rechterkant [-kont] m right side.

rechterlijk [-lək] judicial; *de* ~*e macht* the judiciary.

rechtersambt ['rextərsamt] o judgeship.

rechterstoel ['rextərstu.l] m judgment seat[2], tribunal[2].

rechtervleugel [-vlø.gəl] m right wing.

rechterzij(de) ['rextərzei(də)] v right side, right; *de* ~ the Right [in Parliament].

rechtgeaard ['rextgəa:rt] right-minded, upright, honest.

rechtgelovig [rextgə'lo.vəx] orthodox.

rechtgelovigheid [-heit] v orthodoxy.

rechthebbende ['rexthəbəndə] m-v rightful claimant.

rechthoek [-hu.k] m rectangle.

rechthoekig [-hu.kəx, rext'hu.kəx] right-angled, rectangular; ~*e driehoek* right-angled triangle; ~ *op* at right angles to.

rechthoekszijde ['rexthu.kseidə] v base or perpendicular.

rechtlijnig [-lεinəx, rext'lεinəx] rectilinear [figure], linear [drawing].

rechtmaken ['rextma.kə(n)] vt straighten (out).

rechtmatig [rext'ma.təx] rightful, lawful, legitimate.

rechtmatigheid [-heit] v lawfulness, legitimacy.

rechtop [rext'òp] upright, erect.

rechtopstaand [-sta.nt] vertical, upright, erect.

rechts [rexts] I aj 1 right; 2 right-handed, dextrous; 3 of the Right [in politics]; right-wing [parties]; *de* ~*en*, ~ the Right [in politics]; *een* ~*e regering* a right-wing government; II *ad* to (on, at) the right.

rechtsaf [-'af] to the right.

rechtsbegrip ['rextsbəgrip] o sense of justice.

rechtsbijstand [-beistant] m legal assistance.

rechtsbinnen [rexts'binə(n)] m sp inside right.

rechtsbuiten [-'bœytə(n)] m sp outside right.

rechtschapen [rext'sxa.pə(n)] aj (& ad) upright(ly), honest(ly).

rechtschapenheid [-heit] v honesty, rectitude.

rechtscollege ['rextskole.ʒə] o court.

rechtsgebied [-gəbi.t] o jurisdiction.

rechtsgebruik [-gəbrœyk] o legal usage, form of law.

rechtsgeding [-gədiŋ] o lawsuit.

rechtsgeldig [rexts'geldəx] valid in law, legal.

rechtsgeldigheid [-heit] v validity, legality.

rechtsgeleerdheid [-heit] v jurisprudence.

rechtsgelijkheid ['rextsgəlεikheit] v equality (of rights).

rechtsgevoel [-gəvu.l] o sense of justice.

rechtsgrond [-grònt] m legal ground.

rechtsingang [-iŋgaŋ] m in: ~ *verlenen tegen iemand* send a person to trial.

rechtskundig [rexts'kündəx] legal [adviser, aid &], juridical.

rechtsmiddel ['rextsmidəl] o legal remedy.

rechtsom ['rexts'òm] to the right; ~! ⚔ righ turn!; ~ ... *keert!* ⚔ about ... turn!

rechtsomkeer(t) [rextsòm'ke:r(t)] ~ *maken* ⚔ turn about; *fig* F turn tail.

rechtspersoon ['rextspərso.n] m corporate body, corporation.

rechtspersoonlijkheid [-ləkheit] v incorporation; ~ *aanvragen* apply for a charter of incorporation; ~ *verkrijgen* be incorporated.

rechtspleging ['rextsple.giŋ] v administration of justice.

rechtspositie [-po.zi.(t)si] v legal status.

rechtspraak ['rextspra.k] v jurisdiction, administration of justice.

rechtspraktijk ['rextsproktεik] v legal practice.

rechtspreken ['rextspre.kə(n)] vi administer justice.

rechtsstaat ['rextssta.t] m constitutional state.

rechtstaal ['rextssta.l] v legal language.

rechtstandig [rext'stondəx] perpendicular, vertical.

rechtsterm ['rextstεrm] m law-term.

rechtstoestand [-tu.stont] m legal position.

rechtstreeks ['rextstre.ks] I aj direct; II *ad* [send, order, buy] direct, directly.

rechtsverdraaiing ['rextsfardra.jiŋ] v chicanery.

rechtsverkrachting [-fərkraxtiŋ] v violation of right.

rechtsvervolging [-fərvolgiŋ] v prosecution; *van* ~ *ontslaan* discharge.

rechtsvordering [-fordəriŋ] v action, (legal) claim.

rechtswege [-ve.gə] *van* ~ in justice, by right.

rechtswetenschap [-ve.tənsxap] v jurisprudence.

rechtswezen [-ve.zə(n)] o judicature.

rechtszaak ['rextsa.k] v lawsuit, cause.

rechtszaal [-sa.l] v court-room.

rechtszekerheid [-se.kərheit] v legal security.

rechtuit [-œyt, rext'œyt] straight on; *fig* frankly.

rechtvaardig [rext'fa:rdəx] aj (& ad) righteous(ly), just(ly).

rechtvaardigen [-'fa:rdəgə(n)] vt justify.

rechtvaardigheid [-'fa:rdəxheit] v righteousness, justice.

rechtvaardiging [-'fa:rdəgiŋ] v justification; *ter* ~ *van...* in justification of...

rechtverkrijgende ['rextfərkreigəndə] m-v assign.

rechtzetten [-sɛtə(n)] *vt* 1 straighten, put straight, adjust [one's hat]; 2 *fig* correct, rectify.

rechtzinnig [rɛxt'sɪnəx] *aj* (& *ad*) orthodox(ly).

rechtzinnigheid [-hɛit] *v* orthodoxy.

recidivist [-di.'vɪst] *m* recidivist, old offender.

recipiëren [-pi. e:rə'(n)] *vt* entertain, receive.

recitatief [-ta.'ti.f] *o* recitative.

reciteren [-'te:rə(n)] I *vt* recite, declaim; II *vi* recite.

reclamant [re.kla.'mɑnt] *m* claimant.

reclame [rə'kla.mə] *v* 1 (in krant &) advertising, publicity, advertisement; [advertisement, illuminated] sign; 2 (protest) claim; complaint, protest; *een ~ indienen* put in a claim; *~ maken* advertise; *~ maken voor* advertise, publicize F puff, boom.

reclameartikel [-arti.kəl] *o* $ article that is being sold cheap (as an advertisement).

reclamebiljet [-bɪljɛt] *o* (advertising) poster.

reclamebord [-bɔrt] *o* advertisement-board.

reclamebureau [-by.ro.] *o* publicity agency.

reclameplaat [-pla.t] *v* (advertising) poster.

reclameren [re.kla.'me:rə(n)] I *vi* put in a claim; complain (about *over*); II *vt* claim.

reclamezuil [rə'kla.məzœyl] *v* advertising-pillar.

reclasseren [re.kla'se:rə(n)] *vt* reclaim, assist in finding employment [an offender].

reclassering [-rɪŋ] *v* after-care of discharged prisoners; *ambtenaar van de ~* probation officer.

recommandatie [rəkɔmɑn'da.(t)si.] *v* recommendation.

recommanderen [-'de:rə(n)] *vt* recommend.

reconstructie [re.kɔn'strʉksi.] *v* reconstruction.

reconstrueren [-stry.'e:rə(n)] *vt* reconstruct.

record [rə'kɔːr, rə'kɔrt] I *o* record; *het ~ slaan (verbeteren) sp* beat (raise) the record; II als *aj* record [figure, number, speed]; bumper [crop, harvest, season], peak [figure, year].

recordhouder [-hɑudər] *m ~ster* [-hɑutstər] *v* recordholder.

recreatie [rɑkre.'a.(t)si.] *v* recreation.

recreatiezaal [-za.l] *v* recreation hall.

rectificatie [rɛkti.fi.'ka.(t)si.] *v* rectification.

rectificeren [-'se:rə(n)] *vt* rectify, put right.

rector ['rɛktər] *m* 1 ↳ headmaster, principal [of a grammar school]; 2 rector [of a religious institution]; ~ *magnificus* Vice-Chancellor.

rectoraat [rɛkto.'ra.t] *o* rectorship; zie *rector*.

reçu [rə'sy.] *o* 1 (luggage-)ticket; 2 receipt [for something received]; 3 ↳ certificate.

redacteur [rədɑk'tøːr] *m* editor.

redactie [rə'dɑksi.] *v* 1 (v. krant) editorship; editorial staff, the editors; 2 (v. zin &) wording; *onder ~ van* edited by.

redactiebureau [-by.ro.] *o* editorial office.

redactioneel [rədɑksi.o.'ne.l] editorial.

redactrice [-'tri.sə] *v* editress.

reddeloos ['rɛdəlo.s] I *aj* not to be saved, past recovery, irrecoverable, irretrievable; II *ad* irrecoverably, irretrievably.

redden ['rɛdə(n)] I *vt* save, rescue, retrieve; *iemand het leven ~* save a man's life; *we zijn gered!* we are safe!; *de geredde* the rescued person; *de geredden* those saved; *iemand uit de nood ~* help one out of distress; *iemand ~ van...* save (rescue) one from; *er was geen ~ aan* saving was out of the question; II *vr* clear; *je moet je zelf maar ~* you ought to manage for yourself; *met 50 gulden kan ik me ~* I can manage with 50 guilders, 50 guilders will do (for me); *hij weet zich wel te ~* leave him alone to shift for himself; *niet weten, hoe zich er uit te ~* how to get out of this.

redder [-dər] *m* saver, rescuer, deliverer, preserver; *de R~* the Saviour.

redderen [-dərə(n)] *vi* put in order, arrange, clear, do [a room].

redding [-dɪŋ] *v* saving, rescue, deliverance; salvation[2]; *fig* retrieval [of situation].

redding(s)boei [-dɪŋ(s)bu:i] *v* lifebuoy.

redding(s)boot [-bo.t] *m* & *v* lifeboat.

redding(s)brigade [-bri.ga.də] *v* rescue party.

redding(s)gordel [-gɔrdəl] *m* lifebelt.

redding(s)lijn [-lɛin] *v* life-line.

redding(s)maatschappij [-ma.tsxɑpɛi] *v* Humane Society; Lifeboat Association.

redding(s)medaille [-mədɑljə] *v* medal for saving (human) life.

redding(s)poging [-po.gɪŋ] *v* attempt at a rescue, rescue attempt.

redding(s)toestel [-tu.stɛl] *o* life-saving apparatus.

redding(s)werk [-vɛrk] *o* rescue work.

1 **rede** ['re.də] *v* 1 (taal) speech, discourse; 2 (hoogste vermogen v. d. geest) reason, sense; ~ *verstaan* listen to reason; *het ligt in de ~* it stands to reason; *in de ~ vallen* interrupt; *naar ~ luisteren* listen to reason; *tot ~ brengen* bring to reason.

2 **rede** ['re.də] *v* ⚓ roads, roadstead; *op de ~ liggen* lie in the roads.

rededeel [-de.l] *o gram* part of speech.

redekavelen [-ka.vələ(n)] *vi* argue, talk, reason.

redekaveling [-lɪŋ] *v* reasoning.

redekunde [re.də'kʉndə] *v* rhetoric.

redekundig [re.də'kʉndəx] zie *ontleden* en *ontleding*.

redekunst ['re.dəkʉnst] *v* rhetoric.

redelijk ['re.dələk] I *aj* 1 (met rede begaafd) rational [being]; [be] reasonable; 2 (niet overdreven) reasonable, moderate [charges, prices]; 3 (tamelijk) passable; II *ad* 1 reasonably, in reason; 2 (als graadaanduiding) moderately; passably.

redelijkerwijs, -wijze [re.dələkər'vɛis, -'vɛizə] reasonably, in reason.

redelijkheid ['re.dələkhɛit] *v* reasonableness.

redeloos [-lo.s] irrational, void of reason; ~ *dier* brute beast, brute; *de redeloze dieren* the brute creation.

redeloosheid [re.də'lo.shɛit] *v* irrationality.

reden ['re.də(n)] *v* 1 reason, cause, motive, ground; 2 (verhouding) ratio; ~ *van bestaan* reason for existence; ~ *hebben om...* have reason to...; *daar had hij ~ voor* he had his reasons; *in ~ van 1 tot 5* in the ratio of one to five; *in omgekeerde (rechte) ~* in inverse (direct) ratio; *om ~ dat...* because...; *om ~ van* by reason of, on account of; *om die ~* for that reason; *zonder (enige) ~* without reason.

redenaar ['re.dəna:r] *m* orator.

redenaarstalent [-na:rsta.lent] *o* oratorical talent.

redenatie [rədə'na.(t)si.] *v* reasoning.

redeneren [-'ne:rə(n)] *vi* reason, argue (about *over*); discourse.

redenering [-rɪŋ] *v* reasoning.

redengevend [re.də(n)ge.vənt] *gram* causal.

reder ['re.dər] *m* ⚓ (ship-)owner.

rederij [re.də'rɛi] *v* ⚓ ship-owners' society, shipping company; *de ~* the shipping trade.

rederijker ['re.dərɛikər] *m* 1 Ⓤ rhetorician; 2 member of a dramatic club.

rederijkerskamer [-kɔrska.mər] *v* 1 Ⓤ society of rhetoricians, "rhetorical chamber"; 2 dramatic club.

rederijkerskunst ['-kʉnst] *v* rhetoric.

redetwist ['re.dətvɪst] *m* dispute, controversy.

redetwisten [-'tvɪstə(n)] *vi* dispute (about *over*).

redevoeren [-vu:rə(n)] *vi* orate, speak.

redevoering [-rɪŋ] *v* oration, speech, address, harangue; *een ~ houden* make a speech.

redigeren [re.di.'ge:rə(n)] *vt* 1 edit, conduct [a

paper]; 2 draw up, redact [a note].

redmiddel ['rɛtmɪdəl] *o* remedy, expedient, [last] resource.

redres [rə'drɛs] *o* redress.

redresseren [rədrɛ'se:rə(n)] *vt* redress, right.

reduceren [re.dy.'se:rə(n)] *vt* reduce.

reductie,reduktie [re'dŭksi.] *v* reduction.
1 ree [re.] *v* & *o* ♁ roe, hind.
2 ree [re.] *v* ♁. = 2 *rede*.

reebok ['re.bòk] *m* ♁ roebuck.

reebout [-bout] *m* haunch of venison.

reeds [re.ts] already; ~ *in...* as early as...; ~ *de gedachte...* the mere idea; zie verder: 2 *al*.

reëel [re.'e.l] 1 real [value]; 2 $ sound [business].

reef [re.f] *o* ♁ reef; *een ~ inbinden* take in a reef².

reegeit ['re.geit] *v* ♁ roe.

reekalf [-kalf] *o* ♁ fawn.

reeks [re.ks] *v* 1 series, sequence [of things]; train [of consequences &]; 2 progression [in mathematics].

reep [re.p] *m* rope, line, string; strip; *een ~ chocolade* a bar of chocolate.

reet [re.t] *v* cleft, crack, chink, crevice.

referaat [rəfə'ra.t] *o* report.

referendaris [-rɛn'da:rəs] *m* referendary.

referendum [-'rendŭm] *o* referendum.

referentie [-'rɛn(t)si.] *v* (inlichting) reference, (persoon) referee.

refereren [-'re:rə(n)] *vt* refer; ~*de aan uw schrijven* referring to your letter &.

referte [rə'fɛrtə] *v* reference; *Onder ~ aan mijn schrijven ...* Referring to...

reflectant [rəflɛk'tɑnt] *m* zie *gegadigde*.

reflecteren [-'te:rə(n)] I *vt* (weerkaatsen) reflect; II *vi in:* ~ *op* consider [an application]; answer [an advertisement]; entertain [an offer, a proposal]; *er zal alleen gereflecteerd worden op...* only... will be considered.

reflectie [rə'flɛksi.] *v* reflection.

reflector [-'flɛktər] *m* reflector.

reflex [rə'flɛks] *m* reflex; *voorwaardelijke ~* conditioned reflex.

reflexbeweging [-bəve.gɪŋ] *v* reflex action, reflex.

reformatie [re.fɔr'ma.(t)si.] *v* reformation.

refrein [rə'frɛin] *o* burden [of a song], chorus, refrain.

regeerder [rə'ge:rdər] *m* ruler.

regeerkunst [-kŭnst] *v* art of governing.

regel ['re.gəl] *m* 1 (lijn) line; 2 *fig* rule; *de ~ van drieën* the rule of three; *nieuwe ~!* new line!; *in de ~* as a rule; *tegen alle ~ in*, *in strijd met de ~* against the rule(s), contrary to all rules; *zich tot ~ stellen* make it a rule; *tussen de ~s* between the lines; *volgens de ~ according* to rule; *volgens de ~en der kunst* in the approved manner; *geen ~ zonder uitzondering* no rule without exception.

regelaar [re.gola:r] *m* regulator.

regelbaar ['re.gəlba:r] adjustable.

regelen ['re.gələ(n)] I *vt* 1 arrange, order, settle [things]; 2 regulate, adjust [a clock &]; 3 control [the traffic]; II *vr zich ~ naar* be regulated (ruled) by, conform to.

regeling [-lɪŋ] *v* 1 arrangement, **settlement**; [pension &] scheme; order; 2 **regulation**, adjustment.

regelmaat [re.gəlma.t] *v* regularity.

regelmatig [re.gəl'ma.təx] *aj* (& *ad*) regular-

regelmatigheid [-hɛit] *v* regularity.   [(ly).

regelrecht ['re.gəlrext] straight.

regeltje [-cə] *o* line; *schrijf me een ~* write (F drop) me a line.

regen ['re.gə(n)] *m* rain; *na ~ komt zonneschijn* after rain comes sunshine; *van de ~ in de drop komen* fall out of the frying pan into the fire.

regenachtig ['re.gənɑxtəx] rainy, wet.

regenbak ['re.gə(n)bɑk] *m* cistern, tank.

regenboog [-bo.x] *m* rainbow.

regenbui [-bœy] *v* shower of rain, rain-shower.

regendag [-dɑx] *m* rainy day; day of rain, rain day.

regendroppel, -druppel [-drɔpəl, -drŭpəl] *m* drop of rain, raindrop.

regenen ['re.gənə(n)] *onp. ww.* rain; *het regende granaten* (rozen) it rained shells (roses); *het regent dat het giet* (*bakstenen, oude wijven*) zie *gieten* II.

regenjas [-jɑs] *m* & *v* rain-coat, mackintosh.

regenmantel [-mɑntəl] *m* rain-cloak, waterproof.

regenscherm [-sxɛrm] *o* umbrella.

regent [rə'gɛnt] *m* 1 (v. vorst) regent; 2 (v. inrichting) governor; (v. weeshuis &) trustee.

regentes [rəgən'tɛs] *v* 1 (v. vorst) regent; 2 (v. inrichting) lady governor.

regentijd ['re.gə(n)tɛit] *m* rainy season.

regenton [-tòn] *v* water-butt.

regentschap [rə'gɛntsxɑp] *o* regency.

regenval ['re.gə(n)vɑl] *m* rainfall, fall of rain.

regenvlaag [-vla.x] *v* squall of rain.

regenwolk [-vòlk] *v* rain-cloud.

regenworm [-vɔrm] *m* earthworm.

regeren [rə'ge:rə(n)] I *vt* reign over, rule, govern; control, manage [a horse &]; II *vi* & *va* reign, rule, govern; ~ *over* reign over.

regering [-rɪŋ] *v* reign [of Queen Victoria], rule, [the British, the Drees &] government; *aan de ~ komen* come to the throne [of a king &]; come into power [of a cabinet &]; *onder de ~ van* in (during) the reign of.

regeringloos [-lo.s] anarchical.

regeringloosheid [rəge:rɪŋ'lo.shɛit] *v* anarchy.

regeringsalmanak [rə'ge:rɪŋsɑlma.nɑk] *m* Government Year-book.

regeringsbeleid [-bəlɛit] *o* (government) policy.

regeringsbesluit [-bəslœyt] *o* decree, ordinance.

regeringscommissaris, -kommissaris [-kòmɑsa:rəs] *m* government commissioner.

regeringskringen [-krɪŋə(n)] *mv* governmen circles.

regeringspersoon [-pərso.n] *m* member of the government.

regeringsstelsel [-stɛlsəl] *o* system of government.

regeringstroepen [-tru.pə(n)] *mv* government troops.

regeringsvorm [-fɔrm] *m* form of government.

regeringswege [-ve.gə] *van ~* from the government, officially.

regeringszaak [rə'ge:rɪŋsa.k] *v* affair of the government.

regie [re.'ʒi.] *v* 1 régie, state monopoly [of tobacco, salt &]; 2 stage-management [in a theatre], staging [of a play]; direction [of a film].

regime [re.'ʒi.m] *o* regime, régime; regimen [= diet].

regiment [re.ʒi.-, re.gi.'ment] *o* ✕ regiment.

regimentsvaandel [-'mentsfa.ndəl] *o* ✕ regimental colours.

regionaal [re.gi.o.'na.l] regional.

regionen [re.gi.'o.nə(n)] *mv eig* regions; *in de hogere ~ der diplomatie* in the higher reaches of diplomacy.

regisseren [re.ʒi.'se:rə(n)] *vt* stage [a play]; direct [a film].

regisseur [-'sø:r] *m* stage-manager; [film] director.

register [rə'gɪstər] *o* 1 (boek & v. stem) register; 2 (index) index [of a book]; 3 ♪ (organ-)stop; ~ *van de burgerlijke stand* register of births, marriages and deaths; *alle ~s uithalen* pull out all the stops².

registerton [-tòn] v ♩ register ton.
registratie [re.gis'tra.(t)si.] v registration.
registratiekantoor [-kanto:r] o registry office.
registratiekosten [-kɔstə(n)] mv registration fee.
registreren [re.gis'tre:rə(n)] vt register, record.
reglement [re.glə'ment] o regulation(s), rules; ~ van orde standing orders.
reglementair [-men'tɛ:r] I aj regulation, prescribed; II ad according to the regulations.
reglementeren [-'te:rə(n)] vt regulate.
reglementering [-'te:rɪŋ] v regulation.
regularisatie [re.gy.la:ri.'za.(t)si.] v regularization.
regulariseren [-'ze:rə(n)] vt regularize.
regulateur [re.gy.la.'tø:r] m 1 (uurwerk) regulator; 2 ✕ (regelaar) governor, regulator.
reguleren [-'le:rə(n)] vt regulate, adjust.
regulier [-'li:r] I aj RK regular (clergy); II m RK regular [monk ♣].
rehabilitatie [re.ha.bi.li.'ta.(t)si.] v rehabilitation; $ discharge [of bankrupt].
rehabiliteren [-'te:rə(n)] I vt rehabilitate; $ discharge [a bankrupt]; II vr zich ~ rehabilitate oneself.
rei [rɛi] m 1 chorus; 2 (round) dance.
reidans ['rɛidɑns] m round dance.
reiger ['rɛigər] m ⚘ heron.
reiken ['rɛikə(n)] I vi reach, stretch, extend; zover het oog reikt as far as the eye can reach; zover reikt mijn inkomen niet I cannot afford it; ik kan er niet aan ~ I can't reach (up to) it, it is beyond my reach; ~ naar reach (out) for; II vt reach; de hand ~ aan extend one's hand to; iemand de (behulpzame) hand ~ lend one a helping hand; elkaar de hand ~ join hands.
reikhalzen ['rɛikhɑlzə(n)] vi in: ~ naar long for.
reilen ['rɛilə(n)] vi in: zoals het reilt en zeilt with everything belonging thereto; lock, stock, and barrel.
rein [rɛin] I aj pure, clean, chaste; dat is je ~ste onzin that is unmitigated (rank) nonsense; in het ~e brengen set right; II ad purely, cleanly, chastely.
reincarnatie [re.ɪnkɑr'na.(t)si.] v reincarnation.
reinheid ['rɛinhɛit] v purity, cleanness, chastity.
reinigen ['rɛinəgə(n)] vt clean, cleanse, purify.
reiniging [-gɪŋ] v cleaning, cleansing, purification.
reinigingsdienst [-gɪnsdi.nst] m cleansing department.
reinigingsmiddel [-gɪnsmɪdəl] o cleanser, detergent.
reis [rɛis] v journey [by land or by sea, by air]; voyage [by sea, by air]; [pleasure] trip, tour [round the world]; Gullivers reizen Gulliver's travels; goede ~! a pleasant journey!, God speed you!; een ~ maken make a journey; een ~ ondernemen undertake a journey; op ~ on a journey, on a voyage; op ~ gaan go (away) on a journey, set out on one's journey; op ~ gaan naar... be leaving for...; hij is op ~ he is (away) on a journey; als ik op ~ ben when (I am) on a journey.
reisapotheek ['rɛisa.po.te.k] v traveller's medicine-chest.
reisavontuur [-a.vònty:r] o travel adventure.
reisbenodigdheden [-bəno.dəxthe.də(n)] mv travelling requisites.
reisbeschrijving [-bəs(x)rɛivɪŋ] v book of travel(s), itinerary, account of a journey (voyage).
reisbiljet [-bɪljɛt] o ticket.
reisbureau [-by.ro.] o travel agency, tourist agency.
reischeque [-ʃɛk] m traveller's cheque.
reisdeken [-de.kə(n)] v travelling rug.

reis- en verblijfkosten [rɛisənvər'blɛifkɔstə(n)] mv hotel and travelling expenses.
reisgeld ['rɛisgɛlt] o travelling-money, journey-money.
reisgelegenheid [-gəle.gənhɛit] v (travelling) opportunity.
reisgenoot [-gəno.t] m fellow-traveller, travelling-companion.
reisgezelschap [-gəzɛlsxɑp] o party of travellers, travelling party; mijn ~ my fellow-traveller(s), my travelling-companion(s).
reisgids [-gɪts] m 1 guide, guide-book; 2 (dienstregeling) time-table.
reisgoed [-gu.t] o luggage.
reisindrukken [-ɪndrükə(n)] mv impressions of travel.
reiskoffer [-kòfər] m (travelling-)trunk.
reiskosten [-kɔstə(n)] mv travelling-expenses.
reiskostuum [-kɔsty.m] o 1 travelling costume, travelling dress; 2 (v. bruid) going-away dress.
reiskredietbrief [-krədi.tbri.f] m circular letter of credit.
reisleider [-lɛidər] m conductor.
reislust [-lüst] m love of travel(ling).
reislustig [rɛis'lüstəx] travel-minded.
reismakker ['rɛismɑkər] m travelling-companion.
reisnecessaire [-ne.sesɛːrə] m dressing-case.
reisplan [-plɑn] o travelling-plan (design).
reisroute [-ru.tə] v route (of travel), itinerary.
reistas [-tɑs] v travelling-bag.
reisvaardig [rɛis'fa:rdəx] ready to set out.
reisvereniging ['rɛisfore.nəgɪŋ] v travel association.
reisverhaal [-fɛrha.l] o zie reisbeschrijving.
reiswekker [-vɛkər] m travel alarm.
reiswieg [-vi.x] v carry-cot.
reizen ['rɛizə(n)] vi travel, journey.
reiziger [-zəgər] m traveller; (inzittende) passenger.
reizigersverkeer [-zəgərsfərke:r] o passenger traffic.
1 rek [rɛk] m (in elastiek) elasticity, spring; een hele ~ a long distance.
2 rek [rɛk] o 1 rack; 2 (v. kleren) clothes-horse; 3 (v. handdoek) towel-horse; 4 (v. kippen) roost; 5 (in gymnastiek) horizontal bar.
rekbaar ['rɛkba:r] elastic[2], extensible.
rekbaarheid [-hɛit] v elasticity[2], extensibility.
rekel ['re.kəl] m dog; die kleine ~! the little rascal!
rekelachtig [-ɑxtəx] currish.
rekenaar ['re.kəna:r] m reckoner, calculator, arithmetician.
rekenboek ['re.kənbu.k] o ciphering-book, arithmetic book.
rekenen ['re.kənə(n)] I vi count, cipher, calculate, reckon; reken maar! F you bet!; we hebben ~ vandaag we have a ciphering lesson to-day; we ~ hier met guldens we reckon by guilders here; ~ op depend upon [a person]; count upon [good weather]; je kunt er vast op ~ you may rely (depend) on it; II vt reckon, count; charge; door elkaar gerekend on an average; we ~ hen onder onze vrienden we reckon them among our friends; wij ~ het aantal op... we compute the number at...; wat ~ ze er voor? what do they charge for it?
rekenfout ['re.kənfout] v mistake (error) in calculation.
rekening ['re.kənɪŋ] v 1 (concreet) bill, account; 2 (abstract) calculation, reckoning, computation; ~ en verantwoording $ [treasurer's] accounts; ~ en verantwoording afleggen (doen) render an account [of one's deeds]; ~ houden met take into account; take into consideration; geen ~ houden met take no ac-

count of; *in* ~ *brengen* charge; *op* ~ *kopen* buy on credit; *op* ~ *ontvangen* receive on account; *op nieuwe* ~ *overbrengen (boeken)* carry forward (to new account); *het op* ~ *stellen van* put it down to the account of; *fig* impute it to, ascribe it to, put it down to [negligence &]; *zet het op mijn* ~ charge it in the bill, put it down to my account; *voor* ~ *van...* for account of; *voor eigen* ~ on one's own account; *wanneer zal hij voor eigen* ~ *beginnen?* when is he going to set up for himself?; *voor gezamenlijke (halve)* ~ $ on joint account; *dat is voor mijn* ~ put that down to my account; *dat laat ik voor* ~ *van de schrijver* I leave the author responsible for that; *dat neem ik voor mijn* ~ 1 I'll make myself answerable for that; 2 I undertake to negotiate that, I'll account for that; *effen* ~ *maakt goede vrienden, korte* ~ *maakt lange vriendschap* short reckonings make long friends.

rekening-courant [re.kəniŋku.'rɑnt] *v* $ account current; *in* ~ *staan met* have a current account with.

rekeninghouder ['re.kəniŋhaudər] *m* current account customer, account holder.

rekenkamer ['re.kənka.mər] *v* audit office.

rekenkunde [-kündə] *v* arithmetic.

rekenkundig [re.kən'kündəx] *aj* (& *ad*) arithmetical(ly).

rekenlat ['re.kənlɑt] *v* slide-rule.

rekenles [-les] *v* arithmetic lesson.

rekenliniaal [-li.ni.a.l] *v* & *o* slide-rule.

rekenmachine [-ma.ʃi.nə] *v* calculating-machine, calculator, [electronic] computer.

rekenmunt [-münt] *v* money of account.

rekenschap [-sxɑp] *v* account; ~ *geven van* render an account of, account for; *zich* ~ *geven van* realize..., form an idea of...; *iemand* ~ *vragen* call a person to account.

rekensom [-sòm] *v* problem (sum) in arithmetic.

rekest [rə'kɛst] = *rekwest*.

rekestreren [rəkes'tre:rə(n)] = *rekwestreren*.

rekken ['rɛkə(n)] I *vt* 1 (v. draad) draw out; 2 (v. goed) stretch [cloth]; 3 *fig* draw out [one's words]; spin out [a speech]; protract [the proceedings, the time]; II *vi* stretch [of boots &]; III *vr zich* ~ stretch oneself.

rekruteren [rakry.'te:rə(n)] *vt* recruit [soldiers, sailors]; *nieuwe leden* ~ *uit* draw new members from [all classes].

rekrutering [-riŋ] *v* recruitment.

rekruut [rə'kry.t] *m* ✗ recruit.

rekverband ['rɛkfərbɑnt] *o* 🜊 extension apparatus.

rekwest [rə'kvɛst] *o* petition, memorial; *een* ~ *indienen* zie *rekwestreren*.

rekwestrant [rə.kvɛs'trɑnt] *m* petitioner, memorialist.

rekwestreren [rə.kvɛs'tre:rə(n)] *vi* petition; ~ *bij* petition, memorialize.

rekwireren [re.kvi.'re:rə(n)] *vt* 1 requisition, commandeer; 2 🜊 demand [a sentence of...].

rekwisiet [-'zi.t] *o* (stage-)property.

rekwisitie [-'zi.(t)si.] *v* requisition.

rekwisitoor = *requisitoir*.

rel [rɛl] *m* F row.

relaas [rə'la.s] *o* account, story, tale, relation.

relais [rə'lɛ] *o* 🜊 ✠ relay.

relatie [rə'la.(t)si.] *v* relation; ~*s aanknopen met* enter into relations with.

relatief [rəla.'ti.f] *aj* (& *ad*) relative(ly), comparative(ly).

relativiteit [-ti.vi.'tɛit] *v* relativity.

relativiteitstheorie [-'tɛitstə.o.ri.] *v* theory of relativity, relativity theory.

relayeren [re.la.'je:rə(n)] *vt* 🜊 ✠ relay.

releveren [rələ've:rə(n)] *vt* call attention to,

point out.

reliëf [rəli.'ɛf] *o* relief; *en* [ã] ~ in relief, embossed.

reliëfkaart [-ka:rt] *v* relief map.

religie [rə'li.gi.] *v* religion.

religieus [rəli.ʒi.'ø.s, -gi.'ø.s] I *aj* (& *ad*) religious(ly); II *sb de religieuzen* the religious, **relikwie** [rəli.'kvi.] *v* relic.   [the nuns.

relikwieënkastje [-'kvi.ə(n)kɑʃə] *o* reliquary.

reling ['re.liŋ] *v* ⚓ rail(s).

relletje ['rɛləcə] *o* disturbance, riot, F row.

relmuis ['rɛlmœys] *v* 🐁 dormouse.

rem [rɛm] *v* brake², drag²; *fig* (inz. psychisch) inhibition.

remblok ['rɛmblɔk] *o* brake-block, drag, skid.

rembours [rɑm'bu:rs] *o* $ cash on delivery; *onder* ~ cash on delivery.

remedie [rə'me.di.] *v* & *o* remedy.

remise [rə'mi.zə] *v* 1 $ remittance; 2 *sp* draw, drawn game; 3 (koetshuis) coach-house; [engine] shed; [tramway] depot.

remmen ['rɛmə(n)] I *vt* brake [a train &]; *fig* (inz. psychisch) inhibit; *iemand wat* ~ check him; *de produktie* ~ put a brake on production; *het remt* (= *werkt remmend op*) *de produktie* it acts as a brake on production; II *vi* & *va* put on the brake(s); *fig* go slow.

remmer [-mər] *m* brakesman.

remonstrant(s) [rəmòn'strɑnt(s)] *m* (& *aj*) Remonstrant.

remplaçant [rɑmpla.'sɑnt] *m* substitute.

remraket ['rɛmra.kɛt] *v* retro-rocket.

remschoen [-sxu.n] *m* brake-shoe, drag, skid.

remspoor [-spo:r] *o* skid mark.

remsysteem [-si.ste.m] *o* braking system.

remtoestel [-tu.stɛl] *o* brake(s).

remweg [-vex] *m* 1 braking path; 2 (lengte) braking distance.

1 **ren** [rɛn] *m* race, run, gallop, trot; *in volle* ~ (at) full gallop, (at) full speed.

2 **ren** [rɛn] *v* chicken-run, fowl-run.

renaissance [rənɛ'sãsə] *v* Renaissance, renascence, revival.

renbaan ['rɛnba.n] *v* race-course, race-track.

renbode [-bo.də] *m* courier.

rendabel [rɛn'da.bəl] paying, remunerative.

rendement [rɛndə'mɛnt] *o* yield, output; ✗ efficiency, output.

renderen [-'de:rə(n)] *vi* pay (its way).

renderend [-'de:rənt] paying, remunerative.

rendez-vous [rɑ̃dɛ.'vu.] *o* rendezvous, ⭕ tryst; *elkaar* ~ *geven* make an appointment.

rendier ['rɛndi:r] *o* 🦌 reindeer.

rendiermos [-mòs] *o* 🌿 reindeer-moss.

renegaat [re.nə'ga.t] *m* renegade.

renet [rə'nɛt] *v* rennet.

rennen ['rɛnə(n)] *vi* race, run, gallop.

renner [-nər] *m* racer.

renpaard [-'rɛnpa:rt] *o* race-horse.

rensport [-spɔrt] *v* (horse-)racing, the turf.

renstal [-stɑl] *m* racing-stable.

rentabiliteit [rɛnta.bi.li.'tɛit] *v* remunerativeness, productiveness.

rente ['rɛntə] *v* interest; ~ *op* ~ at compound interest; *op* ~ *zetten* put out at interest; *van zijn* ~*n leven* zie *rentenieren*.

renteberekening [-bərə.kəniŋ] *v* calculation of interest.

rentegevend [-ge.vənt] interest-bearing.

rentekaart [-ka:rt] *v* insurance card.

renteloos [-lo.s] bearing no interest; idle [capital]; ~*voorschot* interest-free loan.

renten ['rɛntə(n)] *vt* yield interest; ~*de 5%* bearing interest at 5%.

rentenier [rɛntə'ni:r] *m* rentier, man of (independent) means, retired tradesman.

rentenieren [-ni.rə(n)] *vi* live upon the interest of one's money, live on one's means.

rentestandaard ['rɛntəstɑnda:rt] *m* rate of in-

terest, interest rate.
rentetrekker [-trɛkər] *m* (v. ouderdomsrente) (retirement) pensioner.
rentevergoeding [-vərgu.dɪŋ] *v* interest payment.
renteverlaging [-vərlα.gɪŋ] *v* lowering of the rate of interest.
renteverlies [-vərli.s] *o* loss of interest.
renteverschil [-vərsxɪl] *o* difference in the rate of interest, interest difference.
rentevoet [-vu.t] *m* rate of interest, interest rate.
rentezegel [-ze.gəl] *m* insurance stamp.
rentmeester ['rɛntme.stər] *m* steward, (land) agent, bailiff.
rentmeesterschap [-sxαp] *o* stewardship.
reorganisatie [re.ɔrgα.ni.'za.(t)si.] *v* reorganization.
reorganiseren [-'ze:rə(n)] *vt* reorganize.
rep [rɛp] in: *alles was in ~ en roer* the whole town & was in a commotion; *in ~ en roer brengen* throw into confusion.
reparateur [re.pa.ra.'tø:r] *m* repairer.
reparatie [-'ra.(t)si.] *v* repair(s), reparation; *in ~ zijn* be under repair.
reparatiekosten [-kɔstə(n)] *mv* cost of repair.
repareren [re.pa.'re:rə(n)] *vt* repair, mend.
repatriëren [re.pa.tri.'e:rə(n)] I *vi* repatriate, go (return) home; II *vt* repatriate.
repatriëring [-rɪŋ] *v* repatriation.
repertoire [rəpər'tvα:r] *o* repertoire, repertory.
repertoirestuk [-stŭk] *o* stock-piece, stock-play.
repeteergeweer [rəpə'te:rgəvə:r] *o* repeating rifle.
repeteren [-'te:rə(n)] *vt* repeat [a word &]; go over [lessons]; rehearse [a play].
repetitie [-'ti.(t)si.] *v* I repetition [of a word, a sound &]; 2 ☞ test-paper(s); 3 (van een stuk &) rehearsal [of a play]; *algemene ~* full rehearsal; *generale ~* final rehearsal [of a concert]; dress rehearsal [of a play].
repetitiehorloge [-hɔrlo.ʒə] *o* repeater.
repetitor [rəpə'ti.tor] *m* private tutor, coach.
repliceren [re.pli.'se:rə(n)] *vt & vi* rejoin, reply, retort.
repliek [ˌ·ɔ'pli.k] *v* counter-plea, rejoinder; *van ~ dienen* reply, make a reply [to a person].
reportage [rəpɔr'tα.ʒə] *v* reporting, reportage; (v. radio) commentary.
reportagewagen [-va.gə(n)] *m* recording van.
reporter [rə'pɔrtər] *m* reporter; (v. radio) commentator.
reppen ['repə(n)] I *vi* in: *~ van* mention, make mention of; *er niet van ~* not breathe a word of it; II *vr zich ~* bestir oneself, hurry.
represaille [rəpre.'zαjə] *v* reprisal; *~s nemen* make reprisals, retaliate (upon *tegen*).
represaillemaatregel [-ma.tre.gəl] *m* reprisal, retaliatory measure.
representant [rəpre.zɛn'tαnt] *m* representative.
representatief [-ta.'ti.f] representative (of *voor*).
reprimande [rəpri.'mαndə] *v* reprimand, rebuke.
reprise [rə'pri.zə] *v* I revival [of a play]; 2 ♪ repeat.
reproduceren [-'se:rə(n)] *vt* reproduce.
reproductie [-'dŭksi.] *v* reproduction.
reptiel [rɛp'ti.l] *o* reptile.
republiek [re.py.'bli.k] *v* republic⁵.
republikein(s) [-bli.'kɛin(s)] *m* (& *aj*) republican.
reputatie [re.py.'ta.(t)si.] *v* reputation; *een goede ~ genieten* have a good reputation; *hij heeft de ~ van...* te zijn he has a reputation for... [courage &], he is reputed to be... [brave &].
requiem ['re.kvi.ɛm] *o* RK requiem.
requiemmis [-mɪs] *v* RK requiem mass.

requisitoir [re.kvi.zi.'to:r] *o* ⚖ requisitory.
rescontre [rɛs'kɔntrə] *v* $ settlement.
rescontredag [-dαx] *m* $ settling-day.
reseda ['re.zəda.] *v* ⚘ mignonette.
reservaat [re.zər'va.t] *o* [Indian &] reservation, reserve [for wild animals], [bird] sanctuary.
reserve [rə'zɛrvə] *v* $ reserve; ⚔ reserve (troops), reserves; *in ~ hebben (houden)* hold in reserve, keep in store; *onder ~ iets aannemen* accept it with some reserve.
reservefonds [-fɔnts] *o* $ reserve fund.
reservekapitaal [-ka.pi.ta.l] *o* $ reserve capital.
reserveofficier [-ɔfi.si:r] *m* ⚔ reserve officer.
reserverekening [-re.kənɪŋ] *v* $ reserve account.
reserveren [re.zər've:rə(n)] *vt* reserve.
reservering [-rɪŋ] *v* [room, table] reservation.
reservetroepen [rə'zɛrvətru.pə(n)] *mv* ⚔ reserve troops, reserves.
reservist [re.zər'vɪst] *m* reservist.
reservoir [-'vva:r] *o* reservoir, tank, container.
resident [re.zi.'dɛnt] *m* resident.
residentie [-'dɛn(t)si.] *v* (royal) residence, court-capital.
resideren [-'de:rə(n)] *vi* reside.
resoluut [re.zo.'ly.t] *aj* (& *ad*) resolute(ly), determined(ly).
resonantie [re.zo.'nαn(t)si.] *v* resonance.
resoneren [-'ne:rə(n)] *vi* resound.
resp. = *respectievelijk*.
respect [rɛs'pɛkt] *o* respect.
respectabel [-pɛk'ta.bəl] respectable.
respecteren [-'te:rə(n)] *vt* respect.
respectief [-'ti.f] respective, several.
respectievelijk [-'ti.vələk] *aj* (& *ad*) respective(ly); or.
respijt [rɛs'pɛit] *o* $ respite, delay.
respijtdag [-dαx] *m* $ day of grace.
ressort [rɛ'sɔrt] *o* jurisdiction, department, province; *dat is buiten mijn ~* outside (not within) my province; *in het hoogste ~* in the last resort.
ressorteren [rɛsɔr'te:rə(n)] *vi* in: *~ onder* come within, fall under.
rest [rɛst] *v* rest, remainder.
restant [rɛs'tαnt] *o* remainder, remnant.
restaurant [rɛsto:'rā] *o* restaurant.
restaurateur [-ra.'tø:r] *m* I restaurateur, restaurant keeper; 2 restorer [of monuments &].
restauratie [-'ra.(t)si.] *v* I (herstel) restoration, renovation; 2 (eethuis) restaurant; refreshment room [of railway station].
restauratiewagen [-va.gə(n)] *m* restaurant car, dining-car.
restauratiezaal [-za.l] *v* refreshment room.
restaureren [rɛsto:'re:rə(n)] *vt* restore, renovate.
resten, resteren ['rɛstə(n), rɛs'te:rə(n)] *vi* remain, be left; *mij rest alleen...* it only remains for me to...
restitueren [rɛsti.ty.'e:rə(n)] *vt* repay; return.
restitutie [-'ty.(t)si.] *v* restitution, repayment.
restorno [rɛs'tɔrno.] *m* ⚓ return of premium.
restrictie, restriktie [rɛs'trɪksi.] *v* restriction.
resultaat [re.zŭl'ta.t] *o* result, outcome; *geen ~ hebben* fail; *tot een ~ komen* arrive at a result; *zonder ~* without result, to no effect.
resultante [-'tαntə] *v* resultant.
resulteren [-'te:rə(n)] *vi* result.
resumé [re.zy.'me.] *o* résumé, summary, abstract, précis, synopsis; *~ summing-up.
resumeren [-'me:rə(n)] *vt* sum up, summarize.
reticule [re.ti.'ky.l] *m* reticule.
retirade [re.ti.'ra.də] *v* w.c., lavatory.
retireren [-'re:rə(n)] *vi* retire, retreat.
retorica [re.'to:ri.ka.] *v* rhetoric.
retoriek [-to.'ri.k] *v* rhetoric.

riempje

retorisch [re.'to:ri.s] *aj* (& *ad*) rhetorical(ly).
retort [rə'tɔrt] *v* retort.
retoucheren [rətu.'ʃe:rə(n)] *vt* retouch, touch up.
retour [rə'tu:r] *o* return.
retourbiljet [-bɪljɛt] *o* return ticket.
retourkaartje [-ka:rcə] *o* return ticket.
retourneren [rətu:r'ne:rə(n)] *vt* return.
retourtje [rə'tu:rcə] *o* zie *retourbiljet*.
retourvlucht [-vlʉxt] *v* ✈ return flight.
retourvracht [-vrɑxt] *v* return freight.
retourwissel [-vɪsəl] *m* S redraft.
retraite [rə'trɛ.tə] *v* RK retreat; *een ~ geven* give a retreat; *~ hebben (houden)* be in retreat; *in ~ gaan* go into retreat.
retrospectief, retrospektief [re.tro.spɛk'ti.f] retrospective [exhibition].
reu [rø] *m* ♨ (male) dog.
reuk [rø.k] *m* smell, odour, scent; *de ~ van iets hebben* get wind of a thing, S smell a rat; *in een goede (slechte) ~ staan* be in good (bad) odour; *in de ~ van heiligheid* in the odour of sanctity.
reukeloos [ˈrø.kəlo.s] odourless.
reukflesje [ˈrø.kflɛʃə] *o* smelling-bottle.
reukorgaan [-orga.n] *o* organ of smell.
reukwater [-va.tər] *o* perfumed water.
reukwerk [-vɛrk] *o* perfume(s).
reukzenuw [-se.ny:u] *v* olfactory nerve.
reukzin [-sɪn] *m* (sense of) smell.
reuma [ˈrø.ma.] *o* rheumatism.
reumatiek [rø.ma.'ti.k] *v* rheumatism.
reumatisch [-'ma.ti.s] rheumatic.
reünie [re.y.'ni.] *v* reunion, rally.
reüniediner [-di.ne.] *o* reunion dinner.
rens [rɛ.s] *m* giant, colossus.
reusachtig [rø.'zaxtɪər] **I** *aj* gigantic, huge, colossal; **II** *ad* gigantically; < hugely, enormously, awfully; zie ook: *reuze & reuzen...*
reusachtigheid [-heit] *v* gigantic stature (size).
reutelen [ˈrø.tələ(n)] *vi* rattle; *hij reutelde* there was a rattle in his throat; *het ~ van de dood* the death-rattle.
reuze [ˈrø.zə] F topping; *het was ~!* F it was awfully funny!
reuzel [ˈrø.zəl] *m* lard.
reuzen [ˈrø.zə(n)] giant..., monster..., mammoth...
reuzenarbeid [-arbɛit] *m* gigantic task.
reuzengeslacht [-gəslɑxt] *o* giant race.
reuzenschrede [-s(x)re.də] *v* giant's stride; *met ~n vooruitgaan* advance with giant strides.
reuzenslang [-slɑŋ] *v* python, boa constrictor.
reuzenstrijd [-strɛit] *m* battle of giants.
reuzentaak [-ta.k] *v* ~werk [-vɛrk] *o* gigantic task.
reuzenzwaai [-zva:i] *m* grand circle.
reuzin [rø.'zɪn] *v* giantess.
revalidatie [re.va.li.'da.(t)si.] *v* rehabilitation.
revalideren [-'de:rə(n)] *vt* rehabilitate.
revanche [rə'vɑ̃ʃə] *v* revenge; *~ nemen* have (take) one's revenge.
revanchepartij [-partɛi] *v sp* return match.
reveil [re.'vɛij] *o* revival [of religious feeling].
reveille [rə'vɛijə] *v* ✕ reveille; *de ~ blazen* sound the reveille.
reven [ˈre.və(n)] *vt* ⚓ reef [a sail].
révérence [re.ve.'rãsə] *v* curtsy.
revers [rə'vɛ:r] *m* revers, facing, lapel.
revideren [re.vi.'de:rə(n)] *vt* revise.
reviseren [re.vi:'ze:rə(n)] *vt* ✕ overhaul [engines].
revisie [rə'vi:zi.] *v* **I** (in 't alg.) revision; 2 *t̸s* review (of a sentence); 3 (v. drukwerk) revise; 4 ✕ overhaul(ing) [of engines].
revolutie [re.vo.'ly.(t)si.] *v* revolution.
revolutiebouw [-bou] *m* **I** ('t bouwen) jerry-building; 2 ('t gebouwde) jerry-built houses.
revolutionair [re.vo.ly (t)si.o.'nɛ:r] *aj* & *m*

revolutionary.
revolver [rə'vɔlvər] *m* revolver.
revolverdraaibank [-dra:ibɑŋk] *v* ✕ turret lathe, capstan lathe.
revue [rə'vy.] *v* **I** ✕ review[2]; 2 (op toneel) revue; *de ~ passeren* pass in review; *de ~ laten passeren* pass in review[2].
Rhodus [ˈro.dûs] *o* Rhodes.
rib [rɪp] *v* **I** rib [in body, of a leaf &]; 2 edge [of a cube]; *de valse (ware) ~ben* the false (true) ribs.
ribbel [ˈrɪbəl] *v* rib.
ribbelen [ˈrɪbələ(n)] *vt* rib.
ribbenkast [-bə(n)kɑst] *v* F body, carcass.
ribstuk [ˈrɪpstʉk] *o* rib (of beef).
richel [ˈrɪɣəl] *v* ledge, border, edge.
richten [ˈrɪxtə(n)] **I** *vt* direct, aim, point; *zijn schreden ~ naar* direct (turn, bend) one's steps towards; *zijn oog ~ op* fix one's eye upon; *aller ogen waren gericht op hem* all eyes were turned towards him; *het kanon ~ op* aim (point) the gun at; *de motie was gericht tegen...* the motion was directed against (aimed at)...; *een brief ~ tot...* address a letter to...; **II** *va* in: *~!*, *richt u!* ✕ dress!; *rechts... richt u!* ✕ right... dress!; **III** *vr* in: *zich ~ naar iemand* take one's cue from one; *zich ~ tot iemand* address oneself to a person.
richtig [-təx] *aj* (& *ad*) right(ly), correct(ly), exact(ly).
richting [-tɪŋ] *v* **I** direction, trend; 2 persuasion, creed; *in de goede ~* in the right direction; *van onze ~* I of our school of thought; 2 of our persuasion.
richtingaanwijzer [-a.nvɛizər] *m* direction indicator, traffic indicator.
richtlijn [ˈrɪxtlɛin] *v* directive, line of action.
richtsnoer [-snu:r] *o* line of action.
ricochetteren [-ʃe'nezə(n)] *vi* ricochet.
ridder [ˈrɪdər] *m* knight; *dolende ~* knight errant; *~ van de el* draper's assistant; *~ van de droevige figuur* knight of the rueful countenance; *~ van de Kouseband* knight of the Garter; *tot ~ slaan* dub [one] a knight, knight [a person].
ridderdienst [-di.nst] *m* knight service.
ridderen [ˈrɪdərə(n)] *vt* knight.
riddergoed [ˈrɪdərgu.t] *o* manor, manorial estate.
ridderkasteel [-kaste.l] *o* knight's castle.
ridderkruis [-krœys] *v* cross of an order of knighthood.
ridderlijk [-lək] **I** *aj* knightly, chivalrous; **II** *ad* chivalrously.
ridderlijkheid [-ləkheit] *v* chivalrousness, chivalry.
ridderorde [-ɔrdə] *v* order of knighthood.
ridderroman [ˈrɪdəro.mɑn] *m* romance of chivalry.
ridderschap [ˈrɪdərsxɑp] *v* & *o* knighthood.
ridderslag [-slɑx] *m* accolade; *de ~ ontvangen* be dubbed a knight; *de ~ geven* give the accolade.
ridderspel [-spɛl] *o* tournament.
ridderspoor [-spo:r] *v* ♣ larkspur.
ridderstand [-stɑnt] *m* knighthood.
riddertijd [-tɛit] *m* age of chivalry.
ridderverhaal [-vərha.l] *o* tale of chivalry.
ridderwezen [-ve.zə(n)] *o* chivalry.
ridderzaal [-za.l] *v* hall (of the castle); *de R~* the Knights' Hall [of the Binnenhof Palace at the Hague].
riek [ri.k] *m* three-pronged fork.
rieken [ˈri.kə(n)] *vi* smell; zie *ruiken*.
riem [ri.m] *m* **I** (v. leer) strap; 2 (om 't lijf) belt, girdle; sling [of a rifle]; 3 (roeiriem) oar; 4 (papier) ream; *de ~en binnenhalen* ⚓ ship the oars; *de ~en strijken* ⚓ back the oars, back water.
riempje [ˈri.mpjə] *o* leather thong.

riemslag [-slax] *m* ♪ stroke of oars.
riet [ri.t] *o* 1 ♣ reed, (bamboe) cane; 2 ♣ (bies) rush; 3 (v. daken) thatch.
rietdekker [-dekər] *m* thatcher.
rieten ['ri.tə(n)] *aj* 1 reed (pipe); 2 thatched [roof]; 3 cane [chair, trunk].
rietgors [-gors] *v* ♣ reed-bunting.
rietgras [-gras] *o* ♣ sword-grass, reed-grass.
rietje ['ri.cə] *o* 1 reed, cane; 2 (om te drinken) straw; 3 ♪ reed.
rietsuiker ['ri.tsœykər] *m* cane-sugar.
rietveld ['ri.tfɛlt] *o* 1 reed-land; 2 *Ind* cane-field.
rietvink [-fiŋk] *m* & *v* ♣ reed-bunting.
rietvoorn, -voren [-fo:rən] *m* 𝔖 rudd.
rietzanger [-saŋər] *m* ♣ reed-warbler.
1 **rif** [rif] *o* 1 (rots) reef; 2 (geraamte) carcass, skeleton.
2 **rif** [rif] *o* ♪ (v. zeil) = reef.
rij [rɛi] *v* row, range, series, file, line, queue [of shoppers, visitors &]; *aan ~en* in rows; *in de ~ staan* queue, be (stand) in the queue; *in de ~ gaan staan* queue up; *met één ~ (twee ~en) knopen* single-(double-)breasted [coat]; *op een ~* in a row.
rijbaan ['rɛiba.n] *v* 1 (voor ruiters) riding-track; 2 (voor schaatsenrijders) skating-rink; 3 (voor voertuigen) carriage-way.
rijbewijs [-bəvɛis] *o* (driving) licence.
rijbroek [-bru.k] *v* riding-breeches.
rijden ['rɛi(d)ə(n)] I *vi* ride [on horseback, on a bicycle]; drive [in a carriage, in a car]; travel [at 50 miles an hour, motor-car &]; *een ~de auto* a moving car; *een ~de tentoonstelling* a mobile exhibition; *een ~de trein* a running train; *St.-Nicolaas heeft goed gereden* St. Nicholas has brought lots of presents; (te) *hard ~* ♣➛ speed; *gaan ~* 1 go (out) for a ride (for a drive); 2 go by carriage (by car &); *ik zal zelf wel ~* I'm going to drive myself; *op een paard ~* ride a horse, ride on horseback; *hoe lang rijdt de trein er over?* how long does it take the train?; II *vt* drive [a person to a place]; wheel [a person in a chair, a child in a perambulator]; *een paard kapot ~* override a horse, ride a horse to death.
rijder [-(d)ər] *m* 1 rider, horseman; 2 skater.
rijdier [-di:r] *o* riding-animal, mount.
rijexamen ['rɛiksa.mə(n)] *o* driving-test.
rijgdraad ['rɛixdra.t] tacking-thread, basting-thread.
rijgen ['rɛigə(n)] *vt* lace [shoes, stays]; string [beads], thread [on a string]; tack [with pins]; baste [a garment]; file [papers]; *hem aan de degen ~* run him through with one's sword.
rijgnaald, rijgpen [-na.lt, -pɛn] *v* bodkin.
rijglaars ['rɛixla:rs] *v* lace-up boot.
rijgschoen [-sxu.n] *m* laced shoe.
rijgsteek [-ste.k] *m* baste.
rijhandschoenen ['rɛihantsxu.nə(n)] *mv* riding-gloves.
rijinstructeur, -instrukteur [-ɪnstrŭktø:r] *m* driving-instructor.
1 **rijk** [rɛik] I *aj* rich[2], wealthy [people], copious [meals]; *hij is geen cent ~* he is not worth a red cent; *~ aan* rich in [gold &]; *~ maken* enrich; *de ~en* the rich man; *de ~en* the rich; *vele ~en* many rich people; *~en en armen, ~ en arm* rich and poor; II *ad* richly.
2 **rijk** [rɛik] *o* empire[2], kingdom[2], realm[2]; *het ~ der Verbeelding* the realm of fancy; *zijn ~ is uit* his reign is at an end; *we hebben nu het ~ alleen* we have it (the place) all to ourselves now.
rijkaard ['rɛika:rt] *m* rich fellow; *de ~* the rich man.
rijkdom [-dòm] *m* 1 riches, wealth[2]; 2 *fig* copiousness, richness; *natuurlijke ~men* natural resources [of a country].

rijke ['rɛikə] *m* zie 1 *rijk* I.
rijkelijk [-lək] I *aj* zie 1 *rijk* 1; II *ad* richly, copiously, amply, abundantly; *~ voorzien van... abundantly* provided with...
rijkelui [rɛikə'lœy] *mv* rich people, rich folks.
rijkheid ['rɛikhɛit] *v* richness.
rijkleed ['rɛikle.t] *o* (riding-)habit.
rijknecht [-knɛxt] *m* groom.
rijkostuum [-kosty.m] *o* riding-suit, riding-dress.
rijksadel ['rɛiksa.dəl] *m* nobility of the Empire.
rijksadelaar [-a.dəla:r] *m* imperial eagle.
rijksadvocaat, -advokaat [rɛiksatvo.'ka.t] *m* ± counsel for the Government.
rijksambtenaar ['rɛiksāmtəna:r, rɛiks'amtəna:r] *m* government official, civil servant.
rijksappel ['rɛiksapəl] *m* orb, globe.
rijksarchief [-argi.f, rɛiksar'gi.f] *o* Public Record Office, State Archives.
rijksarchivaris [rɛiksargi.'va:rəs] *m* Master of the Rolls.
rijksbetrekking ['rɛiksbətrɛkɪŋ] *v* government office.
rijksdaalder [rɪks'da.ldər] *m* rixdollar.
rijksgebied [-gəbi.t] *o* territory (of the empire).
rijksgrens [-grɛns] *v* frontier (of the empire).
rijksinstelling [-ɪnstɛlɪŋ] *v* government institution.
rijkskanselier [-kansəli:r] *m* Chancellor of the Empire.
rijkskweekschool [-kʋe.ksxo.l, rɛiks'kʋe.ksxo.l] *v* government training-college [for teachers].
rijksmerk [-merk] *o* government stamp.
rijksmunt [-mŭnt, rɛiks'mŭnt] *v* coin of the realm; *de R~* the Mint.
rijksopvoedingsgesticht [rɛiks'òpfu.dɪŋsgəstɪxt] *o* reformatory school.
rijkssubsidie ['rɛiksüpsi.di.] *v* & *o* state aid.
rijkswapen ['rɛiksva.pə(n)] *o* ⊘ government arms.
rijksweg [-vex] *m* (national) highway.
rijkunst ['rɛikŭnst] *v* horsemanship.
rijlaars [-la:rs] *v* riding-boot.
rijles [-lɛs] *v* 1 riding-lesson; 2 (auto~) driving-lesson.
1 **rijm** [rɛim] *m* hoar-frost, ◯ rime.
2 **rijm** [rɛim] *o* rhyme [in verse]; *slepend (staand) ~* feminine (masculine) rhyme; *op ~* in rhyme; *op ~ brengen* put into rhyme.
rijmelaar ['rɛiməla:r] *v* paltry rhymer, poetaster.
rijmelarij [rɛiməla:'rɛi] *v* doggerel.
rijmelen ['rɛiməla(n)] *v* write doggerel.
rijmen ['rɛimə(n)] I *vi* rhyme; *~ met (op)* rhyme with, rhyme to; *deze woorden ~ niet met elkaar* these words do not rhyme; *dat rijmt niet met wat u anders altijd zegt* that does not tally with what you are always saying; II *vt* rhyme; *hoe is dat te ~ met...?* how can you reconcile that with...?
rijmkunst [-kŭnst] *v* art of rhyming.
rijmloos [-lo.s] rhymeless, blank.
rijmpje [-pjə] *o* short rhyme.
rijmwoord [-vo:rt] *o* rhyme, rhyming word.
Rijn [rɛin] *m* Rhine.
rijnaak ['rɛina.k] *m* & *v* ♪ Rhine barge.
Rijnland [-lant] *o* Rhineland.
Rijnvaart ['rɛinva:rt] *v de ~* navigation on the Rhine.
rijnwijn [-vɛin] *m* Rhine-wine, hock.
1 **rijp** [rɛip] *m* hoar-frost, ◯ rime.
2 **rijp** [rɛip] *aj* ripe, mature; *de tijd is er nog niet ~ voor* the time is not yet ripe for it; *hij is ~ voor het gekkenhuis (Meerenberg &)* he ought to be shut up; *vroeg ~ vroeg rot* soon ripe, soon rotten; *~ maken, ~ worden* ripen, mature.
rijpaard ['rɛipa:rt] *o* riding-horse, mount.
1 **rijpen** ['rɛipə(n)] *vi* & *vt* ripen[2], mature[2].

2 **rijpen** ['rɛipə(n)] vi in: *het heeft vannacht ge-*
rijpt there was a hoar-frost last night.
rijpheid ['rɛiphɛit] v ripeness, maturity.
rijproef ['rɛipru:f] v driving-test; *een ~ af-*
leggen (met goed succes) pass a driving-test
rijpwording [-ɔrdɪŋ] v ripening, maturation.
rijs [rɛis] o twig, sprig, osier.
rijsbezem ['rɛisbe.zəm] m birch-broom.
rijschool ['rɛisxo.l] v 1 riding-school; 2 (auto~)
driving-school, school of motoring.
rijshout ['rɛishaut] o osiers, twigs, sprigs.
Rijssel ['rɛisəl] o Lille.
rijst [rɛist] m rice.
rijstbaal ['rɛistba.l] v rice-bag.
rijstbouw [-bau] m cultivation of rice, rice-
growing.
rijstebrij [rɛista'brɛi] m **rijstepap** ['rɛistəpap] v
rice-milk.
rijstkorrel ['rɛistkərəl] m grain of rice, rice-
grain.
rijstland [-lɑnt] o rice-plantation, rice-field.
rijstlepel [-le.pəl] m rice-ladle.
rijstoogst [-o.xst] m rice-crop.
rijstpapier [-pa.pi:r] o rice-paper.
rijstpellerij [rɛistpelə'rɛi] v rice-mill.
rijsttafel ['rɛista.fəl] v *Ind* "rice-table", tiffin.
rijsttafelen [-fələ(n)] v *Ind* tiffin.
rijstveld ['rɛistfɛlt] o rice-field, paddy-field.
rijstvogel [-fo.gəl] m ♀ rice-bird.
rijswerk ['rɛisvɛrk] o banks of osier and earth.
rijten ['rɛitə(n)] v tear.
rijtoer ['rɛitu:r] m drive, ride; *een ~ doen* take
a drive (a ride). go for a drive (a ride).
rijtuig ['rɛitœyx] o carriage; *een ~ met vier*
(zes) paarden a coach-and-four (six); *een ~*
nemen take a cab.
rijtuigfabriek [-fa.bri.k] v coach-builder's
workshop.
rijtuigmaker [-ma.kər] m coach-builder.
rijtuigverhuurder [-fərhy:rdər] m livery-stable
keeper.
rijvaardigheid [rɛi'va:rdəxhɛit] v efficient driving.
rijverkeer ['rɛivərke:r] o vehicular traffic.
rijweg [-vɛx] m carriage-way.
rijwiel ['rɛivi.l] o bicycle, cycle, F bike.
rijwielhersteller [-herstelər] m cycle repairer.
rijwielpad [-pɑt] o cycle-track.
rijzen ['rɛizə(n)] vi 1 (v. personen &, de zon,
het water &) rise; 2 (v. deeg, barometer
&) rise; 3 (v. prijzen) rise, go up; 4 (v.
moeilijkheden &) arise; *~ en dalen* rise
and fall.
rijzig [-zəx] tall.
rijzweep [-zve.p] v horsewhip, riding-whip.
rikketik ['rɪkətik] in: *van ~* F pit-a-pat.
riksja ['rɪkʃa.] m rickshaw, jinricksha.
rillen ['rɪlə(n)] vt shiver [with], shudder [at]; *ik*
ril ervan, het doet me ~ it gives me the shud-
ders.
rillerig [-lərəx] shivery.
rilling [-lɪŋ] v shiver, shudder.
rimboe ['rɪmbu.] v *Ind* jungle.
rimpel ['rɪmpəl] m wrinkle [of the skin];
rumple [ɪn garment, leaf, fabric &]; ruffle
[of water].
rimpelen [-pələ(n)] vi & vt wrinkle [the skin];
ruffle [water, the brow]; pucker [a material,
the brow, a seam]; *het voorhoofd ~ ook:*
knit one's brow.
rimpelig [-pələx] wrinkled, wrinkly.
rimpeling [-pəlɪŋ] v ripple, ruffle [especially of
water]; wrinkling, puckering.
ring [rɪŋ] m ring.
ringbaard ['rɪŋba:rt] m fringe (of whisker).
ringdijk [-dɛik] m ring-dike, circular embankment.
ringeloren ['rɪŋəlo:rə(n)] vt F bully, order
about.

ringen ['rɪŋə(n)] vt 1 ring [a pig, migratory
birds]; 2 girdle [a tree].
ringetje ['rɪŋəcə] o little ring; *je kan hem wel*
door een ~ halen he looks as if he came out
of a bandbox.
ringrijden [-rɛi(d)ə(n)] vi tilt at the ring.
ringrups [-rʊps] v ring-streaked caterpillar.
ringslang [-slɑŋ] v ring-snake, grass-snake.
ringsteken [-ste.kə(n)] vi tilt at the ring.
ringvaart [-va:rt] v circular canal.
ringvinger [-vɪŋər] m ring-finger.
ringvormig [-vɔrməx] ring-shaped, annular.
ringwerpen [-vɛrpə(n)] o quoits.
ringworm [-vɔrm] m 1 ♀ ringworm; 2 annelid.
rinkelen ['rɪŋkələ(n)] vi jingle, tinkle, chink;
~ met jingle [one's money]; rattle [one's
sabre].
rinkinken [rɪŋ'kɪŋkə(n)] vi tinkle, jingle.
rinoceros [ri.'no.sərɔs] m ♑ rhinoceros.
rins [rɪns] sourish.
riolenstelsel [ri.'o.lə(n)stɛlsəl] = *rioolstelsel.*
rioleren [ri.o.'le:rə(n)] vt sewer.
riolering [-rɪŋ] v sewerage.
riool [ri.'o.l] o & v sewer, drain.
rioolbuis [-bœys] v sewer-pipe.
rioolstelsel [-stɛlsəl] o sewerage.
rioolwater [-va.tər] o sewage.
rioolwerker [-vɛrkər] m sewerman.
ris [rɪs] = *rist.*
risico ['ri.zi.ko.] o & m risk; *op uw ~* at your
risk; *op ~ van* at the risk of.
riskant [ri.s'kɑnt] risky, hazardous.
riskeren [-'ke:rə(n)] vt risk, hazard.
rissen ['rɪsə(n)] vt = *risten.*
rist [rɪst] v bunch [of berries]; rope, string [of
onions]; *fig* string.
risten ['rɪstə(n)] vt string [onions].
rister [-tər] o mouldboard [of a plough].
1 **rit** [rɪt] m ride, drive; run.
2 **rit** [rɪt] o (v. kikkers) frog-spawn.
ritme ['rɪtma] o rhythm.
ritmeester ['rɪtme.stər] m ✗ cavalry captain.
ritmiek [rɪt'mi.k] v rhythmics.
ritmisch ['rɪtmi.s] *aj* (& *ad*) rhythmic(ally).
ritmus [-mʊs] m rhythm.
ritselen ['rɪtsələ(n)] v rustle.
ritseling [-lɪŋ] v rustle, rustling.
ritssluiting ['rɪtslœytɪŋ] v zip fastening, zip
fastener.
ritueel [ri.ty.'e.l] *aj* (& *ad*) ritual(ly).
ritus [ri.tʊs] m rite.
rivaal [ri.'va.l] m rival.
rivaliteit [ri.va.li.'tɛit] v rivalry.
rivier [ri.'vi:r] v river; *aan de ~* on the river;
de ~ op (af) varen go up (down) the river.
rivierarm [-ɑrm] m branch of a river.
rivierbedding [-bedɪŋ] v river-bed.
rivierklei [-klɛi] v river-clay.
rivierkreeft [-kre.ft] m & v crayfish.
riviermond [-mɔnt] m river-mouth.
rivieroever [-u.vər] m riverside, bank.
rivierwater [-va.tər] o river-water.
rob [rɔp] m ♑ seal.
robbedoes ['rɔbədu.s] m-v F romping boy
(girl), (v. meisje) hoyden, tomboy.
robbejacht [-jɑxt] v seal-hunting, sealing.
robber ['rɔbər] m rubber [at whist, bridge].
robbetraan [rɔbətra.n] v seal-oil.
robbevel [-vel] o sealskin.
robijn [ro.'bɛin] m & o ruby.
robijnen [-'bɛinə(n)] *aj* ruby.
robot ['ro.bɔt] m robot.
robuust [ro.'by.st] robust.
rochade zie *rokade.*
rochelen ['rɔgələ(n)] vi 1 ruckle, expectorate;
2 zie *reutelen.*
rocheren zie *rokeren.*
rococo ['ro.ko.ko.] o rococo.
roddelaar ['rɔdəla:r] m ~ster [-stər] v P talker,

gossip(er).
roddelen [ro.də(n)] *vi* P talk, gossip.
rodehond [ro.jə'hònt] *m* 🜨 (Europese) German measles.
rodelbaan ['ro.dəlba.n] *v* toboggan slide.
rododendron [ro.do.'dɛndròn] *m* ♣ rhododendron.
roebel ['ru.bəl] *m* rouble.
roede ['ru.də] *v* 1 rod; 2 wand [of a conjurer]; 3 birch [for flogging]; 4 verge [as emblem of office]; 5 (lengtemaat) decametre; *met de* ~ *krijgen* be birched; *wie de* ~ *spaart, bederft zijn kind* spare the rod and spoil the child.
roedeloper [-lo.pər] *m* dowser, water-diviner.
roef [ru.f] *v* ⚓ deck-house: cuddy [of a barge].
roeibank ['ru:ibɑŋk] *v* thwart, bench.
roeiboot [-bo.t] *m* & *v* rowing-boat, row-boat.
roeidol [-dəl] *m* thole(-pin).
roeien [ru.jə(n)] *vi* & *vt* 1 ⚓ row, pull; 2 (peilen) gauge; *men moet* ~ *met de riemen die men heeft* one must make the best of things.
roeier [-jər] *m* 1 ⚓ oarsman, rower; 2 (peiler) gauger.
roeiklamp ['ru:iklɑmp] *m* & *v* rowlock.
roeipen [-pen] *v* thole(-pin).
roeiriem [-ri.m] *v* ~**spaan** [-spa.n] *v* oar, scull.
roeistok [-stək] *m* gauging-rod.
roeitochtje [-toxjə] *v* row; *een* ~ *gaan maken* go for a row.
roeivereniging [-vərə.nəgɪŋ] *v* rowing-club.
roeiwedstrijd [-vɛtstreit] *m* rowing-match, boat-race.
roek [ru.k] *m* 🐦 rook.
roekeloos ['ru.kələ.os] *aj* (& *ad*) rash(ly), reckless(ly).
roekeloosheid ['ru.kə'lo.sheit] *v* rashness, recklessness.
roem [ru.m] *m* glory, renown, fame; ~ *behalen* reap glory; *eigen* ~ *stinkt* zie 1 *lof*.
Roemeen(s) [ru.'me.n(s)] *aj* & *sb* Roumanian.
roemen ['ru.mə(n)] I *vt* praise; II *vi* boast; ~ *op iets* boast of a thing; *onze stad kan* ~ *op...* our town can boast...
Roemenië [ru.'me.ni.ə] *o* Roumania.
1 **roemer** ['ru.mər] *m* (persoon) boaster, braggart.
2 **roemer** ['ru.mər] *m* (glas) rummer.
roemrijk, roemrucht(ig) ['ru.mreik, ru.m'rûxt-(əx)] *aj* illustrious, famous, famed, glorious, renowned.
roemzucht ['ru.mzûxt] *v* vainglory.
roemzuchtig [ru.m'zûxtəx] *aj* (& *ad*) vainglorious(ly).
roep [ru.p] *m* call, cry; *er is maar één* ~ *over hem* they have nothing but unqualified praise for him; *in kwade* ~ *brengen* bring into disrepute.
roepen ['ru.pə(n)] I *vi* call, cry; shout; *om hulp* ~ *cry (call)* for help; *iedereen roept er over* everybody is praising it; *het is nu niet om er (zo) over te* ~ it is no better than it should be; II *vt* call; *een dokter (erbij)* ~ call in a doctor; *wie heeft mij laten* ~? who has sent for me?; *u komt als geroepen* you come as if you had been sent for; *ik voel me niet geroepen om...* I don't feel called upon to...; *velen zijn geroepen, maar weinigen uitverkoren* B many are called, but few are chosen.
roeping [-pɪŋ] *v* call, calling, vocation; *hij heeft zijn* ~ *gemist* he has mistaken his vocation; *ik voel er geen* ~ *toe om...* I don't feel called upon to...; ~ *voelen voor* feel a vocation for [...teaching &]; *zijn* ~ *volgen* follow one's vocation; *een toneelspeler uit* ~ an actor by vocation.
roepstem [ru.pstɛm] *v* call, voice.
roer [ru:r] *o* 1 ⚓ (blad) rudder, (stok) helm, (rad) wheel; 2 (v. pijp) stem; 3 🔫 (geweer)

firelock; *het* ~ *omleggen* ⚓ shift the helm; *het* ~ *recht houden* manage things well; *hou je* ~ *recht* F keep straight, steady!; *aan het* ~ *komen* take the reins (of government); *aan het* ~ *staan* be at the helm[2].
roerdomp ['ru:rdòmp] *m* 🐦 bittern.
roereieren [-ɛiərə(n)] *mv* scrambled eggs.
roeren ['ru:rə(n)] I *vt* stir; *je moet er niet aan* ~ you must not touch it; II *vt* stir [one's tea &], *fig* stir, touch [the heart]; move [a man to tears]; *zijn mondje* ~ be talking away; *de trom* ~ beat the drum; III *vr* *zich* ~ stir, move; *zich* ~ *in een zaak* bestir oneself in a cause; *hij kan zich goed* ~ he is in easy circumstances.
roerend [-rənt] moving, touching [words &].
roerganger ['ru:rgɑŋər] *m* ⚓ helmsman, man at the helm, man at the wheel.
roerig ['ru:rəx] 1 active, stirring, lively; 2 unruly; > turbulent.
roerigheid [-heit] *v* activity, liveliness [of a person]; > unrest [among the population].
roering ['ru:rɪŋ] *v* (beweging) motion, stir.
1 **roerloos** ['ru:rlo.s] motionless; *fig* impassive.
2 **roerloos** ['ru:rlo.s] ⚓ rudderless.
roerpen [-pen] *v* ⚓ tiller, helm.
roersel [-səl] *o* motive; *de* ~*en des harten* ☉ the stirrings of the heart.
roerspaan [-spa.n] *v* stirrer; spatula.
1 **roes** [ru.s] *m* drunken fit, intoxication[2]; ~ *der vrijheid* intoxication of liberty; *hij is in een* ~ he is intoxicated.
2 **roes** [ru.s] *m* in: *in (bij) de* ~ in the lump.
1 **roest** [ru.st] *m* & *o* perch, roost [of birds].
2 **roest** [ru.st] *m* & *o* rust, *in het koren* rust, blight, smut; *oud*~ zie *oudroest*.
1 **roesten** ['ru.stə(n)] *vi* perch, roost [of birds].
2 **roesten** ['ru.stə(n)] *vi* rust.
roestigheid [-heit] *v* rustiness.
roestkleurig ['ru.stklør.rəx] rust-coloured.
roestvlek [-flɛk] *v* rust-stain; (in wasgoed) iron-mould.
roestvrij [-frɛi] rust-proof, stainless [steel].
roet ['ru.t] *o* soot; ~ *in het eten gooien* spoil the game.
roetachtig [-ɑxtəx] sooty.
roetdeeltjes [-də.lcəs] *mv* particles of soot.
roetig ['ru.təx] sooty.
roetigheid [-heit] *v* sootiness.
roetkleur ['ru.tklør.r] *v* sooty colour.
roetsjbaan ['ru.tʃba.n] *v* switchback (railway), roller-coaster.
roetvlek ['ru.tʃlɛk] *v* smut.
roetzwart [-svart] (as) black as soot.
roezemoezen ['ru.zəmu.zə(n)] *vi* F bustle, buzz.
roez(emoez)ig [-z(əmu.z)əx] boisterous.
roffel ['ròfəl] *m* ✗ roll [of drums].
roffelen ['ròfələ(n)] *vi* ✗ roll [the drum].
roffelvuur ['ròfəlvy:r] *o* ✗ drum-fire.
rog [rɔx] *m* 🐟 ray, thornback.
rogge ['rɔɡə] *v* 🌾 rye.
roggebrood [-bro.t] *o* rye-bread, black bread.
roggemeel [-me.l] *o* rye-flour.
roggeveld [-vɛlt] *o* rye-field.
rok [rɔk] *m* 1 dress-coat [for gentlemen]; 2 (outer, short) skirt; [under or outer] petticoat [for ladies]; *in* ~ [gentlemen] in evening-dress, in dress-coats.
rokade [rɔ'ka.də] *v* castling [in chess].
roken [rɔ.kə(n)] I *vi* smoke; II *vt* 1 smoke [tobacco]; 2 smoke [ham &].
roker [-kər] *m* smoker.
rokeren [rɔ'ke:rə(n)] *vi* castle [in chess].
rokerig ['ro.kərəx] smoky.
rokerij [ro.kə'rɛi] *v* smoke house.
rokje ['rɔkjə] *o* zie *rok* 2; ~ *der Bergschotten* kilt; *zijn*~ *omkeren* turn one's coat.
rokkostuum ['rɔkɔsty.m] *o* dress-suit.
1 **rol** [rɔl] *v* 1 (in het alg.) roll; 2 ✗ roller, cylinder; 3 (v. deeg) rolling-pin; 4 (v. toneelspeler) part, rôle, character; 5 🜨

calendar, (cause-)list; ~ papier scroll; de ~len zijn omgekeerd the tables are turned; een ~ spelen act (play) a part; een voorname (grote) ~ spelen play an important par.; de ~len verdelen assign the parts; in zijn ~ blijven follow out the character; op de ~ staan 𝕫̷𝕒 appear in the calendar for trial; uit de ~ vallen act out of character.

2 rol [rɔl] aan de(n) ~ zijn S be on the spree (on the loose).

rolblind ['rɔlblɪnt] o zie rolluik.

roldak [-dɑk] o sliding-roof.

rolgordijn [-gordɛin] o roller-blind.

rolhanddoek [-hɑndu.k] m roller-towel.

roljaloezie [-ʒa.lu.zi.] v rolling-shutter.

rollade [rɔ'la.də] v collared beef, collar of brawn &.

rollager ['rɔla.ɡər] o ⚒ roller-bearing.

rollen ['rɔlə(n)] I vi roll; tumble; ~ met de ogen roll one's eyes; van de trappen ~ tumble down the stairs; II vt roll [paper &]; S pick [a man's pockets].

rolletje ['rɔlɛcə] o 1 (los) (small) roll [of paper, of sovereigns, tobacco &]; 2 (onder iets) roller [of roller-skate]; castor, caster [of leg of a chair]; het ging als op ~s it all went on wheels, without a hitch.

rolluik ['rɔlœyk] o rolling-shutter.

rolmops ['rɔlmɔps] m collared herring.

rolpens [-pɛns] v minced beef in tripe.

rolprent [-prɛnt] v [cinema] film.

rolroer [-ru:r] o ✈ aileron.

rolschaats [-sxa.ts] v roller-skate.

rolschaatsen [-sxa.tsə(n)] o roller-skating.

rolstoel ['rɔlstu.l] m wheel-chair, Bath chair.

roltabak [-ta.bɑk] m twist (tobacco).

roltrap [-trɑp] m moving staircase, escalator.

rolvast [-vɑst] letter-perfect [of an actor].

rolverdeling [-vərde.lɪŋ] v cast [of a play].

rolwagen [-va.ɡə(n)] m truck.

Romaans [ro.'ma.ns] 1 Romance [languages, philology], Romanic; 2 Romanesque [architecture, sculpture].

roman [ro.'mɑn] m 1 novel; 2 fig & 𝕎 romance [of the Rose]; een ~netje, o > a novelette; ~ ook: fiction.

romance [ro.'mãsə] v romance.

romanheld [ro.'mɑnhɛlt] m book hero, novel hero.

romankunst [-kũnst] v art of fiction.

romanlezer [-le.zər] m novel reader, fiction reader.

romanlit(t)eratuur [-li.təra.ty:r] v (prose) fiction.

romanschrijfster [-s(x)rɛifstər] v (lady, woman) novelist, fiction writer.

romanschrijver [-s(x)rɛivər] m novelist, fiction writer.

romanticus [-ti.kŭs] m romanticist.

romantiek [ro.mɑn'ti.k] v 1 (kunstrichting) romanticism; 2 ('t romantische) romance.

romantisch [ro.'mɑnti.s] aj (& ad) romantic(ally).

Rome ['ro.mə] o Rome.

romein [ro.'mɛin] v Roman type.

Romein(s) [ro.'mɛin(s)] m (& aj) Roman.

rommel ['rɔməl] m lumber, rubbish; de hele ~ the whole lot; ouwe ~ (old) junk; koop geen ~ don't buy trash; maak niet zo'n ~ don't make such a mess.

rommelen [-mələ(n)] vi 1 rumble [of the thunder]; 2 rummage [among papers &].

rommelig [-ləx] untidy, disorderly.

rommelkamer ['rɔmɑlka.mər] v lumber-room.

rommelzo(oi) [-zo:(i)] v zie rommel.

romp [rɔmp] m 1 trunk [of the body]; 2 ⚓ hull; 3 ✈ fuselage.

rompslomp ['rɔmpslɔmp] m F bother.

rond [rɔnt] I aj round; rotund; circular; een ~

jaar a full year; ~e som round sum; ~e vent straight fellow; de ~e waarheid the plain truth; II ad zie ronduit II, ongeveer, uitkomen; III prep round [the table &]; IV o round; in het ~ around, round about; een E. mijl in het ~ for a mile around.

rondbazuinen [-ba.zœyna(n)] vt trumpet forth, blazon abroad.

rondboemelen [-bu.mələ(n)] vi F knock (loaf) about.

rondboog [-bo.x] m △ round arch.

rondborstig [rɔnt'bɔrstəx] I aj candid, frank, open-hearted; II ad candidly, frankly.

rondborstigheid [-hɛit] v candour, frankness, open-heartedness.

rondbrengen ['rɔntbrɛŋə(n)] vt take round; de kranten ~ ook: deliver the papers.

rondbrieven [-bri.və(n)] vt rumour about.

ronddansen [-dɑnsə(n)] vi dance about.

ronddelen [-de.lə(n)] vt distribute, hand round.

ronddienen [-di.nə(n)] vt serve round [tea &], hand round [cakes &].

ronddobberen [-dɔbərə(n)] vi drift about.

ronddolen [-do.lə(n)] vi wander about, rove about.

ronddraaien [-dra.jə(n)] I vi turn, turn about, turn round, rotate, gyrate; II vt turn (round).

ronddraaiend [-dra.jənt] rotary, rotatory.

ronddraven [-dra.və(n)] vi trot about.

ronddrentelen [-drɛntələ(n)] vi lounge about.

ronddrijven [-drɛivə(n)] vi float about, drift about.

ronddwalen [-dva.lə(n)] vi wander, roam (about).

ronde ['rɔndə] v 1 round; 2 ✕ round; 3 [postman's &] round; beat [of policeman]; 4 sp round [in boxing &]; lap [in cycle-racing]; de ~ doen I make (go) one's rounds; 2 fig go round [of rumours]; het verhaal doet de ~ the story goes the round; het verhaal deed de ~ door het dorp the story went the round of the village.

rondedans [-dɑns] m round dance.

rondeel [rɔn'de.l] o 1 rondeau, rondel [song]; 2 ✕ round bastion.

ronden ['rɔndə(n)] vt round, make round; round off.

rondfladderen ['rɔntfladərə(n)] vi flutter about.

rondgaan [-ga.n] vi go about (round); laten ~ hand about, send (pass) [the hat] round, circulate.

rondgaand [-ga.nt] in: ~e brief circular letter.

rondgang [-ɡɑŋ] m circuit, tour; een ~ maken door de fabriek make a tour of the factory.

rondgeven [-ge.və(n)] vt pass round, hand about.

rondheid [-hɛit] v roundness, rotundity; fig frankness, candour.

rondhout [-hout] o ⚓ spar.

ronding ['rɔndɪŋ] v 1 rounding; 2 ⚓ camber.

rondje ['rɔncə] o round; hij gaf een ~ F he stood drinks (all round).

rondkijken ['rɔntkeikə(n)] vi look about.

rondkomen [-ko.mə(n)] vi make (both) ends meet.

rondkuieren [-kœyərə(n)] vi stroll about.

rondleiden [-lɛidə(n)] vt lead about; iemand ~ show one over the place, take him round.

rondleiding [-lɛidɪŋ] v guided tour.

rondlopen [-lo.pə(n)] vi walk about, F knock about, gad about; de dief loopt nog rond is still at large; hij loopt weer rond he is about again [after recovery]; loop rond! P get along with you; ~ met plannen go about with plans.

rondneuzen [-nø.zə(n)] vi nose about.

rondom [rɔnt'ɔm] I ad round about, all round; ~ behangen met... hung round with...; II prep round about [the house &], around [us].

rondreis ['rɔntrɛis] v (circular) tour, round trip.

rondreisbiljet [-bɪljɛt] o circular ticket.
rondreizen ['rɔ̀ntreɪzə(n)] vi travel about; ~d strolling, itinerant [player], touring [company].
rondrijden [-rɛi(d)ə(n)] I vi ride about, drive about; II vt drive [him] about; tour [the town &].
rondrit [-rɪt] m tour.
rondscharrelen [-sxɑrələ(n)] vi F potter (poke) about; ~ in... poke about in..., rummage in...
rondschrijven [-s(x)rɛivə(n)] o circular, circular letter.
rondslingeren [-slɪŋərə(n)] I vt fling about; II vi lie about [of books &].
rondsluipen [-slœypə(n)] vi steal about.
rondsnuffelen [-snʏfələ(n)] vi nose about.
rondstrooien [-stro.jə(n)] vt strew about; fig put about.
rondtasten ['rɔ̀ntɑstə(n)] vi grope about, grope one's way: in het duister ~ grope one's way in the dark; fig be in the dark (about omtrent).
rondte ['rɔ̀ntə] v circle, circumference; in de ~ draaien turn round, zie ook: rond IV & ronde.
rondtrekken ['rɔ̀ntrekə(n)] vi go about, wander about.
ronduit ['rɔ̀ntœyt] I aj frank, plain-spoken; II ad roundly, bluntly, frankly, plainly; spreek ~ speak your mind; hem ~ de waarheid zeggen tell him some home truths; ~ gezegd... frankly...
rondvaart ['rɔ̀ntfa:rt] v zie rondreis, ook: (circular) cruise.
rondventen ['rɔ̀ntfɛntə(n)] vt hawk (about).
rondvertellen [-fərtɛlə(n)] vt spread [it]; je moet het niet ~ ook: you must not tell.
rondvliegen [-fli.ɡə(n)] vi fly about, fly round; ~ boven circle over [a town].
rondvlucht [-flʏxt] v circuit.
rondvraag [-fra.x] v in: iets in ~ brengen put the question.
rondwandelen [-vɑndələ(n)] vi walk about.
rondwaren [-va:rə(n)] vi walk (about); er waren hier spoken rond ook: the place is haunted.
1 rondweg [-vɛx] ad roundly; zie ook: ronduit II.
2 rondweg [-vɛx] m by-pass (road).
rondwentelen [-vɛntələ(n)] vi revolve.
rondzenden [-sɛndə(n)] vt send round, send out.
rondzwalken [-svɑlkə(n)] vi 1 drift about, scour the seas; 2 lollop about.
rondzwerven [-svɛrvə(n)] vi wander (roam, rove) about.
rondzwieren [-svi:rə(n)] vi glide about [on the ice].
ronken ['rɔ̀ŋkə(n)] vi 1 snore; 2 (v. machine) snort, whirr, hum, drone.
ronselaar ['rɔ̀nsəla:r] m crimp.
ronselen [-lə(n)] vt & vi crimp [sailors &].
röntgenen ['rœntɡənə(n)] vt X-ray.
röntgenfoto ['rœntɡənfo.to.] v X-ray photograph, radiograph.
röntgenoloog [rœntɡənо.'lo.x] m X-ray specialist, radiographer.
röntgenonderzoek ['rœntɡənɔndərzu.k] o X-ray examination.
röntgenstralen [-stra.lə(n)] mv X-rays.
rood [ro.t] I aj red; ~ maken make red, redden; ~ worden grow red, redden, blush; zo ~ als een kreeft as red as a lobster; II o red.
roodaarde ['ro.ta:rdə] v ruddle.
roodachtig [-ɑxtəx] reddish, ruddy.
roodbont [-bɔ̀nt] red and white.
roodborstje [-bɔ̀rʃə] o 🐦 (robin) redbreast, robin.
roodgloeiend [-ɡlu.jənt] red-hot.

roodharig [-ha:rəx] red-haired.
roodheid [-hɛit] v redness.
roodhout [-hout] o redwood, Brazil wood.
roodhuid [-hœyt] m redskin, red Indian.
Roodkapje [ro.t'kɑpjə] v Little Red Riding-Hood.
roodkoper [-'ko.pər] o copper.
roodkoperen [-pərə(n)] aj copper.
roodvonk [-fɔ̀ŋk] v & o scarlet fever, scarlatina.
roodwangig [-vɑŋəx] red-cheeked, ruddy.
1 roof [ro.f] v scab, slough [on wound].
2 roof [ro.f] m robbery, plunder; op ~ uitgaan 1 go plundering; 2 (v. dier) go in search of prey.
roofachtig ['ro.fɑxtəx] rapacious.
roofbouw [-bou] m excessive cultivation.
roofdier [-di:r] o beast of prey.
roofhol, ~nest ['ro.fhɔl, -nɛst] o den of robbers, robbers' den.
roofoverval [-o.vərvɑl] m hold-up.
roofridder [-rɪdər] m robber baron, robber knight.
roofschip [-sxɪp] o pirate ship.
rooftocht [-tɔxt] m predatory expedition.
roofvis [-ro.fɪs] m fish of prey.
roofvogel [-fo.ɡəl] m bird of prey.
roofziek ['ro.fsi.k] aj (& ad) rapacious(ly).
roofzucht [-sʏxt] v rapacity.
roofzuchtig [ro.f'sʏxtəx] zie roofziek.
rooien ['ro.jə(n)] vt lift, dig (up) [potatoes]; pull up [trees].
rooilijn ['ro.ilɛin] v building-line, alignment; op de ~ staan range with the street [of a house].
1 rook [ro.k] v (hay)stack.
2 rook [ro.k] m smoke; geen ~ zonder vuur no smoke without fire; onder de ~ van under the smoke of...
rookartikelen ['ro.kɑrti.kələ(n)] mv smokers' requisites.
rookbom [-bɔ̀m] v smoke-bomb.
rookcoupé ['ro.ku.pe.] m smoking-compartment, F smoker.
rookgat ['ro.kɡɑt] o smoke-hole.
rookgordijn [-ɡordɛin] o smoke-screen.
rookkamer ['ro.ka.mər] v smoking (smoke)-[room.
rookkanaal ['ro.ka.na.l] o flue.
rooklucht [-lʏxt] v smoky smell.
rookpluim [-plœym] v wreath of smoke.
rooksalon [-sa.lɔ̀n] m & o smoking-room, smoke-room.
rookscherm [-sxɛrm] o smoke screen.
rookspek [-spɛk] o smoked bacon.
rooktabak [-ta.bɑk] m smoking-tobacco.
rooktafeltje [-ta.fəlcə] o smoker's table.
rookvlees [ro.k'fle.s] o smoked beef.
rookwaren ['ro.kva:rə(n)] mv smoking-materials.
rookwolk [-vɔlk] v cloud of smoke, smoke cloud.
rookworst [-vɔrst] v smoked sausage.
rookzolder [-sɔldər] m smoking-loft.
room [ro.m] m cream[2].
roomachtig ['ro.mɑxtəx] creamy.
roomboter [-bo.tər] v creamery butter.
roomhoorn, -horen [-ho:rən] m cream horn.
roomijs [-ɛis] o ice-cream.
roomkaas [-ka.s] m cream cheese.
rooms [ro.ms] Roman, Roman Catholic; de ~en mv the Roman Catholics.
rooms-katholiek, rooms-katoliek [-ka.to.'li.k] Roman Catholic; de ~en mv the Roman Catholics.
roomsoes ['ro.msu.s] v cream puff.
roomtaart [-ta:rt] v cream tart.
roomvla [-vla.] v cream custard.
roos [ro.s] v 1 🌹 rose; 2 (op hoofd) dandruff; 3 (huidziekte) erysipelas, St. Anthony's fire; 4 ✕ bull's-eye [of a target]; 5 🎴 (com-

pass-)card; *rozen op de wangen hebben* have a complexion of milk and roses; *in de ~ treffen* score a bull's-eye; *onder de ~* under the rose, in secret; *hij gaat niet op rozen* his path is not strewn with roses, he is not on a bed of roses; *geen rozen zonder doornen* no rose without a thorn.

rooskleurig [ro.s'klø:rəx] rose-coloured[2], rosy[2], *fig* bright [of prospects, the future &]; zie ook: *bril*.

roosten ['ro.stə(n)] *vt* zie *roosteren*.

rooster ['ro.stər] *m & o* 1 (om te braden) gridiron, grill; 2 (in de kachel) grate; 3 (afsluiting) grating; 4 (lijst) rota; *~ van werkzaamheden* time-table; *volgens ~ aftreden* go out by rotation.

roosteren ['ro.stərə(n)] *vt* broil, roast, grill; toast [bread]; *geroosterd brood* toast.

roosterwerk ['ro.stərvɛrk] *o* grating.

1 ⊙ **ros** [rɔs] *o* steed [= horse].

2 **ros** [rɔs] *aj* reddish [hair], ruddy [glow].

Rosa ['ro.za.] *v* Rose.

rosarium [ro.'za:ri.ûm] *o* rosary.

rosbief ['rɔsbi.f] *m* roast beef.

rosharig ['rosha:rəx] red-haired.

roskam [-kɑm] *m* curry-comb.

roskammen [-kɑmə(n)] *vt* 1 curry; 2 *fig* criticize severely.

rossig ['rɔsəx] reddish, sandy [hair], ruddy [glow].

rossinant [rɔsi.'nɑnt] *m* Rosinante, hack.

1 **rot** [rɔt] *o* ⚔ file [consisting of two men], squad [of soldiers]; *een ~ geweren* a stack of arms; *de geweren werden aan ~ten gezet* ⚔ the arms were stacked; *met ~ten rechts (links)* ⚔ right (left) file.

2 **rot** [rɔt] I *aj* rotten, putrid, putrefied; bad [fruit, tooth &]; *wat ~!* P how provoking!; II *ad* in: *zich ~ vervelen* P be bored to death; III *o* rot.

3 **rot** [rɔt] *v* zie *rat*.

rotan ['rotɑn] *o & m* rattan.

rotatiepers [ro.'ta.(t)si.pɛrs] *v* rotary press.

rotonde [ro.'tɔndə] *v* ∆ rotunda.

rotor ['ro.tər] *m* rotor.

rots [rɔts] *v* 1 rock; 2 cliff [= high steep rock].

rotsachtig ['rɔtsɑxtəx] rocky.

rotsachtigheid [-hɛit] *v* rockiness.

rotsblok ['rɔtsblɔk] *o* boulder.

Rotsgebergte [-gəbɛrxtə] *het ~* the Rocky Mountains.

rotskloof [-klo.f] *v* chasm.

rotskristal [-krɪstɑl] *o* rock-crystal.

rotspartij [-pɑrtɛi] *v* rockery.

rotsschildering ['rɔtsxɪldərɪŋ] *v* cave-painting.

rotstekening ['rɔtste.kənɪŋ] *v* cave-drawing.

rotsvast [-fɑst] firm as a rock.

rotswand [-vɑnt] *m* rock-face; precipice; bluff [of coast].

rotswoning [-vo.nɪŋ] *v* rock-dwelling.

rotten ['rɔtə(n)] *vi* rot, putrefy.

rottig [-tɛx] zie 2 *rot*.

1 **rotting** [-tɪŋ] *v* putrefaction.

2 **rotting** [-tɪŋ] *m* cane.

roulette [ru.'lɛtə] *v* roulette.

roulettetafel [-ta.fəl] *v* roulette-table.

route ['ru.tə] *v* route, way.

routine [ru.'ti.nə] *v* routine.

rouw [rɑu] *m* mourning; *lichte (zware) ~* half (deep) mourning; *de ~ aannemen* go into mourning; *~ dragen (over)* mourn (for); *in de ~ gaan* go into mourning; *in de ~ zijn* be in mourning; *uit de ~ gaan* go out of mourning.

rouwband ['rɑubɑnt] *m* mourning-band.

rouwbeklag [-bəklɑx] *o* condolence; *verzoeke van ~ verschoond te blijven* no calls of condolence.

rouwbrief [-bri.f] *m* notification of death.

roudienst [-di.nst] *m* memorial service.

roudrager [-dra.gər] *m* mourner.

rouwen ['rɑuə(n)] *vi* go into (be in) mourning, mourn (for *over*); zie ook: *berouwen*.

rouwfloers ['rɑuflu:rs] *o* crape.

rouwgewaad, ~goed [-gɔva.t, -gu.t] *o* mourning garb.

rouwig ['rɑuəx] sorry; *ik ben er helemaal niet ~ om* I am not at all sorry.

rouwklacht ['rɑuklɑxt] *v* lamentation.

rouwkleed [-kle.t] *o* mourning-dress; *rouwkleren* mourning-clothes.

rouwkoets [-ku.ts] *v* mourning-coach.

rouwkoop [-ko.p] *m* smart-money; *~ hebben* repent one's bargain.

rouwrand [-rɑnt] *m* mourning-border, black border.

rouwsluier [-slœyər] *m* crape veil, weeper.

rouwstoet [-stu.t] *m* funeral procession.

rouwtijd [-tɛit] *m* period of mourning.

roven ['ro.və(n)] I *vi* rob, plunder; II *vt* steal.

rover ['ro.vər] *m* robber, brigand.

roverbende [-bɛndə] *v* gang of robbers.

roverhoofdman [-ho.ftmɑn] *m* robber-chief.

roverij [ro.və'rɛi] *v* robbery, brigandage.

rovershol [-hɔl] *o* den of robbers, robbers' den.

rovertje ['ro.vərcə] *o* in: *~ spelen* play at brigands.

royaal [rɑ-, ro.'ja.l] I *aj* liberal [man, tip &]; free-handed, open-handed, munificent [man]; handsome, generous [reward &]; *hij is erg ~ (met zijn geld)* he is very free of his money; II *ad* liberally.

royalist(isch) [-ja.'lɪst(i.s)] *m* (& *aj*) royalist.

royaliteit [-ja.li.'tɛit] *v* liberality, munificence, generosity.

royement [rvɑjə'mɛnt] *o* expulsion [from a party]; cancellation [of a contract].

royeren [-'je:rə(n)] *vt* remove from (strike off) the list; expel [from a party]; cancel [a contract].

roze ['ro.zə] pink.

rozeblad ['ro.zəblɑt] *o* 1 (van de struik) rose-leaf; 2 (bloemblad) rose-petal.

rozeboom [-bo.m] *m* rose-tree.

rozebottel [-bɔtəl] *v* rose-hip.

rozegeur [-gø:r] *m* scent of roses; *het is (was) niet alles ~ en maneschijn* life is not all honey, it was not all roses and raptures.

rozehout [-hɑut] *o* rose-wood.

rozeknop [-knɔp] *m* rose-bud.

rozelaar [-la:r] *m* rose-bush, rose-tree.

rozemarijn [ro.zəma:'rɛin] *m* rosemary.

rozenbed ['ro.zə(n)bɛt] *o* bed of roses.

rozenhoedje [-hu.cə] *o RK* chaplet.

rozenkrans [-krɑns] *m* 1 garland of roses; 2 *RK* rosary; *zijn ~ bidden* tell one's beads.

rozenkweker [-kve.kər] *m* rose-grower.

rozenolie [-o.li.] *v* oil (attar) of roses.

rozentuin [-tœyn] *m* rose-garden, rosary.

rozenwater [-va.tər] *o* rose-water.

rozerood [ro.zəro.t] rose-red.

rozestruik [-strœyk] *m* rose-bush.

rozet [ro.'zɛt] *v* rosette.

rozig ['ro.zəx] rosy, roseate.

rozijn [ro.'zɛin] *v* raisin.

rubber ['rʏbər] *m & o* rubber.

rubberboot [-bo.t] *m & v* (rubber) dinghy.

rubriek [ry.'bri.k] *v* heading, head; column, section [of newspaper].

ruchtbaar ['rʏxtba:r] in: *~ maken* make public, make known, spread abroad; *~ worden* become known, get abroad, be noised abroad.

ruchtbaarheid [-hɛit] *v* publicity; *~ geven aan iets* make it public, disclose it, divulge it.

rudimentair [ry.di.mɛn'tɛ:r] rudimentary, rudimental.

rug [rʏx] *m* 1 back; 2 ridge [of mountains]; 3 back [of a book]; 4 bridge [of the nose]; *ik* *heb een brede* ~ I have broad shoulders; *iemand de* ~ *smeren* (*meten*) give one a good hiding; *iemand de* ~ *toedraaien* (*toekeren*) turn one's back upon one; ~ *aan* ~ back to back; *hij deed het achter mijn* ~ behind my back²; *de veertig achter de* ~ *hebben* be turned (of) forty; *dat hebben wij goddank achter de* ~ thank God it's finished, it's over now; *de vijand in de* ~ (*aan*)*vallen* attack the enemy in the rear, from behind; *iemand met de* ~ *aanzien* give one the cold shoulder; *hij stond met de* ~ *naar ons toe* he stood with his back to us.

ruggegraat ['rūgəgra.t] *v* vertebral column, backbone², spine.

ruggelings [-liŋs] backward(s); back to back.

ruggemerg [-merx] *o* spinal marrow.

ruggemergstering [-merxste:riŋ] *v* spinal consumption.

ruggespraak ['rūgəspra.k] *v* consultation; ~ *houden met iemand* consult a person.

ruggesteun [-stø.n] *m* backing, support.

rugleuning ['rūxlø.niŋ] *v* back (of a chair).

rugpijn [-pein] *v* back-ache, pain in the back.

rugschild [-sxilt] *o* carapace.

rugslag [-slax] *m* back-stroke [in swimming].

rugvin [-fin] *v* 🐟 dorsal fin.

rugwaarts [-va:rts] I *aj* backward; II *ad* backward(s).

rugwervel [-vervəl] *m* dorsal vertebra.

rugzak [-sak] *m* rucksack.

rugzwemmen [-svemə(n)] *o* swimming on the back.

rui [rœy] *m* moulting(-time).

ruien ['rœyə(n)] *vi* moult.

ruif [rœyf] *v* rack.

ruig [rœyx] 1 hairy, shaggy; 2 rough; rugged.

ruigharig ['rœyxha:rəx] shaggy.

ruiken ['rœykə(n)] I *vt* smell, scent; *hij ruikt wat, hij ruikt lont* he smells a rat; *dat kon ik toch niet* ~? how could I know?; II *vi* smell; *het ruikt goed* it smells good; *ze* ~ *lekker* they have a sweet (nice) smell; *ruik er eens aan* smell (at) it; *hij zal er niet aan* ~ he won't even get a smell of it; *daar kan hij niet aan* ~ F he cannot touch it; *het* (*hij*) *ruikt naar cognac* it (he) smells of brandy; *dat ruikt naar ketterij* that smells of heresy.

ruiker [-kər] *m* nosegay, bouquet, bunch of flowers.

ruil [rœyl] *m* exchange, barter; *een goede* ~ *doen* make a good exchange; *in* ~ *voor* in exchange for.

ruilartikel ['rœylarti.kəl] *o* article for barter.

ruilen ['rœylə(n)] I *vt* exchange, barter, truck; ~ *tegen* exchange [it] for; ~ *voor* exchange for, barter for, truck for; II *va* & *vi* exchange; *ik zou niet met hem willen* ~ I wouldn't be in his shoes; *zullen we van plaats* ~? shall we (ex)change places?

ruilhandel [-handəl] *m* barter.

ruilmiddel ['rœylmidəl] *o* medium of exchange.

ruilobject, ~**objekt** [-ɔpjekt] *o* object in exchange.

ruilverkaveling [-vərka.vəliŋ] *v* re-allotment.

ruilverkeer [-vərke:r] *o* exchange.

ruilwaarde [-va:rdə] *v* exchange value.

1 **ruim** [rœym] I *aj* large, wide, spacious, roomy; ample; *zijn* ~*e blik* his breadth of outlook, *een* ~ *gebruik van iets maken* use it freely; ~*e kamer* spacious room; *in* ~*e kring* in wide circles; ~*e voorraad* ample stores; *het niet* ~ *hebben* be in straitened circumstances, not be well off; II *ad* largely, amply, plentifully; ~ *30 jaar geleden* a good thirty years ago; *hij is* ~ *30 jaar* he is past thirty; ~ *30 pagina's* well over thirty pages; ~ *40 pond* upwards of £ 40; *hij sprak* ~ *een uur* he spoke for more than an hour; ~ *meten*

measure liberally; ~ *uit elkaar* well apart; ~ *voldoende* amply sufficient; ~ *voorzien van...* amply provided with...

2 **ruim** [rœym] *o* 1 🚢 hold [of a ship]; 2 nave [of a church].

ruimen ['rœymə(n)] I *vt* 1 empty, evacuate; 2 clear (away) [the snow, rubble &]; zie *veld* &; II *vi* 🚢 veer aft, veer [of wind].

ruimschoots ['rœymsxo.ts] *fig* amply, largely, plentifully; ~ *de tijd hebben* have ample (plenty of) time; ~ *zeilen* 🚢 sail large.

ruimte [-tə] *v* room, space, capacity; *de* ~ 🚢 the offing; *de oneindige* ~ (infinite) space; ~ *van beweging* elbow-room; ~ *van blik* breadth of outlook; ~ *maken* make room.

ruimtelijk ['rœymtələk] *v* spatial.

ruimtemaat [-ma.t] *v* measure of capacity.

ruimteschip [-sxip] *o* space ship.

ruimtevaarder [-va:rdər] *m* space traveller, astronaut.

ruimtevaart [-va:rt] *v* space travel, astronautics.

ruin [rœyn] *m* 🐴 gelding.

ruïne [ry.'i.nə] *v* ruins; *hij is een* ~ he is a mere wreck.

ruïneren [-i.'ne:rə(n)] I *vt* ruin; *hij is geruïneerd ook*: he is a ruined man; II *vr* zich ~ 1 (financieel) ruin oneself, bring ruin on oneself; 2 (fysiek) make a wreck of oneself.

ruïneus [-'nø.s] ruinous.

ruisen ['rœysə(n)] *vi* rustle; murmur [of a stream].

ruisvoorn, -voren ['rœysfo:rən] *m* 🐟 rudd.

ruit [rœyt] *v* 1 diamond; lozenge; rhomb [in mathematics]; 2 pane [of a window]; 3 square [of draught-board]; 4 🌿 rue; zie ook: *ruitje*.

1 **ruiten** ['rœytə(n)] *vt* chequer; zie ook: *geruit*.

2 **ruiten** ['rœytə(n)] *v* ◇ diamonds; ~*zes* six of diamonds.

ruiter ['rœytər] *m* 1 rider, horseman; 2 ⚔ trooper; *Spaanse* (*Friese*) ~*s* chevaux-de-frise.

ruiterbende [-bendə] *v* troop of horse.

ruiterij [rœytə rei] *v* ⚔ cavalry, horse.

ruiterlijk [-lək] (*aj* & *ad*) frank(ly).

ruiterpad [-pat] *o* bridle-path, bridle-way.

ruiterstandbeeld [-stantbe.lt] *o* equestrian statue.

ruitesproeier ['rœytəspru.jər] *m* windscreen washer.

ruitewisser [-visər] *m* (wind)screen wiper.

ruitijd ['rœyteit] *m* moulting-time, moulting-season.

ruitje ['rœycə] *o* 1 (v. raam) pane; 2 (op goed) check.

ruitjesgoed [-cəsgu.t] *o* chequered material, check.

ruitvormig ['rœytforməx] lozenge-shaped, diamond-shaped.

ruk [rūk] *m* pull, tug, jerk, wrench.

rukken ['rūkə(n)] I *vt* pull, tug, jerk, snatch; *uit de handen* ~ snatch out of a person's hands; *iets uit het verband* ~ wrest (tear) a phrase from its context; II *vi* pull, tug, jerk; *aan iets* ~ pull at it, give it a tug.

rukwind ['rūkvint] *m* gust of wind, squall.

rum [rūm] *m* rum.

rumboon ['rūmbo.n] *v* rum bonbon.

rumoer [ry.'mu:r] *o* noise, uproar; ~ *maken* (*verwekken*) make a noise.

rumoeren [-'mu:rə(n)] *vi* make a noise.

rumoerig [-rəx] noisy, tumultuous, uproarious.

rumpunch ['rūmpūnʃ] *m* rum punch, (rum) shrub.

run [rūn] *v* tan, bark.

rund [rūnt] *o* cow, ox.

runderlapje ['rūndərlapjə] *o* beefsteak.

rundvee ['rūntfe.] *o* (horned) cattle.

rundveestamboek [-stambu.k] *o* herd-book.
rundvet ['rûntfɛt] *o* beef suet; (gesmolten) beef dripping.
rundvlees [-fle.s] *o* beef.
rune ['ry.nə] *v* rune, runic letter.
runenschrift ['ry.nə(n)s(x)rɪft] *o* runic writing.
rups [rûps] *v* caterpillar.
rupsband ['rûpsbɑnt] *m* caterpillar; *met ~en* tracked [vehicles].
rupswiel [-vi.l] *o* ✶ caterpillar wheel.
Rus [rûs] *m* Russian.
Rusland ['rûslɑnt] *o* Russia.
Russisch ['rûsi.s] I *aj* Russian; ~ *leer* Russia leather; II *o het ~* Russian; III *v een ~e* a Russian woman (lady).
rust [rûst] *v* I rest, repose [after exertion], quiet, tranquillity [of mind], calm; 2 ♪ rest; 3 ✶ safety-notch [of a revolver]; 4 *sp* half-time, interval; ~ *en vrede* peace and quiet; ~ *geven* give a rest, rest; *zich geen ogenblik ~ gunnen* not give oneself a moment's rest; *geen ~ hebben vóórdat...* not be easy till...; *hij is een van die mensen die ~ noch duur hebben* who cannot rest for a moment; *hij moet ~ houden* take a rest; *hij is de eeuwige ~ ingegaan* he has entered into his rest; *wat ~ nemen* take a rest, rest oneself; *predikant in ~e* zie *rustend*; *al in diepe ~ zijn* be fast asleep; *iemand met ~ laten* leave one in peace, leave (let) one alone; *zich ter ~e begeven* go to rest, retire for the night; *tot ~ brengen* set at rest, quiet; *tot ~ komen* quiet down, settle down, subside; ~ *roest* rest makes rusty.
rustbank ['rûstbɑŋk] *v* rustbed [-bɛt] *o* couch.
rustdag [-dɑx] *m* day of rest, holiday.
rusteloos ['rûstəlo.s] *aj* (& *ad*) restless(ly).
rusteloosheid [rûstə'lo.sheit] *v* restlessness.
rusten ['rûstə(n)] *vi* rest, repose; *hier rust... here lies...; hij ruste in vrede* may he rest in peace; *zijn as(se) ruste in vrede* peace (be) to his ashes; *wel te ~!* good night!; *ik moet wat ~* I must take a rest; *laten ~* let rest[2]; *de paarden laten ~* rest one's horses; *we zullen dat punt (die zaak) maar laten ~* drop the point, let the matter rest; *er rust geen blaam op hem* no blame attaches to him; *zijn blik rustte op...* his gaze rested on...; *op u rust de plicht om...* on you rests the duty to...; *de verdenking rust op hem* it is on him that suspicion rests, suspicion points to him.
rustend [-tənt] retired [official]; ~ *predikant* emeritus minister.
rusthuis ['rûsthœys] *o* home of rest, rest home.
rustiek [rûs'ti.k] rustic [bridge &]; rural [simplicity &].
rustig ['rûstəx] I *aj* quiet, still, tranquil, restful, reposeful, placid, calm; II *ad* quietlʸ, calmly.
rustigheid [-heit] *v* quietness, stillness, restfulness, tranquillity, placidity, calmness, calm.
rustiges [-jəs] quietly, calmly.
rusting ['rûstɪŋ] *v* ⱳ (suit of) armour.
rustkuur ['rûstky:r] *v* rest-cure.
rustoord [-o:rt] *o* retreat.
rustplaats [-pla.ts] *v* resting-place.
rustpunt [-pûnt] *o* rest, pause; stopping place.
ruststand [-stɑnt] *m* position of rest.
ruststoel [-stu.l] *m* rest-chair.
rustteken ['rûstə.kə(n)] *o* ♪ rest.
rusttijd [-tɛit] *m* (time of) rest, resting-time.
rustuur ['rûsty:r] *o* hour of rest.
rustverstoorder [-fərsto:rdər] *m* disturber of the peace, peace-breaker.
rustverstoring [-sto:rɪŋ] *v* disturbance, breach of the peace.
ruw [ry:u] I *aj* 1 raw [materials, silk], rough [diamonds &], crude [oil]; 2 (grof) rough, coarse[2], crude[2], rude[2]; 3 (oneffen) rugged; ~ *ijzer* pig-iron; *in het ~e* in the rough, roughly; II *ad* roughly[2].

ruwaard ['ry.va:rt] *m* ⱳ regent, governor.
ruwharig ['ry:uha:rəx] shaggy, wire-haired [terrier].
ruwheid [-heit] *v* roughness, coarseness, rudeness, ruggedness, crudity.
ruzie ['ry.zi.] *v* quarrel, brawl, squabble, fray; ~ *hebben* be quarrelling, be at odds; ~ *hebben over...* quarrel about...; ~ *krijgen* quarrel, fall out (over *over*); ~ *maken* quarrel; ~ *stoken* make mischief, make trouble; ~ *zoeken* pick a quarrel.
ruziemaker [-ma.kər] *m* brawler, quarrelsome fellow.

S

1 **saai** [sa:i] *o & m* serge.
2 **saai** [sa:i] I *aj* dull, slow, tedious; II *ad* tediously.
saaien ['sa.jə(n)] *aj* serge.
saaiheid ['sa:iheit] *v* dullness &.
saam [sa.m] = *samen*.
saamhorigheid [sa.m'ho:rəxheit] *v* solidarity, unity.
Saar(tje) ['sa:r(cə)] *v & o* F Sal(ly).
sabbat ['sɑbɑt] *m* Sabbath.
sabbatdag [-dɑx] *m* Sabbath-day.
sabbat(s)schender [-sxɛndər] *m* Sabbath-breaker.
sabbat(s)stilte [-stɪltə] *v* silence of the Sabbath.
sabbelen ['sɑbələ(n)] *vi* drivel, slaver; ~ *(aan)* suck (at).
1 **sabel** ['sa.bəl] *o* sable.
2 **sabel** ['sa.bəl] *m* ✕ sabre, sword.
sabelbajonet [-ba.jo.nɛt] *v* ✕ sword-bayonet.
sabelbont [-bònt] *o* sable (fur).
sabeldier [-di:r] *o* sable.
sabelgekletter [-gəklɛtər] *o* sabre-rattling[2].
sabelhouw [-hou] *m* 1 sabre-thrust, cut (stroke) with a sabre; 2 sabre-cut [wound].
sabelkoppel [-kɔpəl] *m & v* ✕ sword-belt.
sabelschede [-sxe.də] *v* ✕ scabbard.
sabelschermen [-sxɛrmə(n)] *o* ✕ sword exercise.
sabeltas [-tɑs] *v* ✕ sabretache. [cise.
sabotage [sa.bo.'ta.ʒə] *v* sabotage.
saboteren [-'te:rə(n)] *vt* sabotage.
saboteur [-'tø:r] *m* saboteur.
sacharine [sɑga:'ri.nə] *v* saccharin.
sacrament [sa.kra.'mɛnt] *o* sacrament; *de laatste ~en toedienen* RK administer the last sacraments.
sacramenteel [-mɛn'te.l] sacramental.
Sacramentsdag [-'mɛntsdɑx] *m* Corpus Christi.
sacristie [sa.krɪs'ti.] *v* sacristy, vestry.
sadisme [sa.'dɪsmə] *o* sadism.
sadist [-'dɪst] *m* sadist.
sadistisch [-'dɪsti.s] sadistic.
safeloket ['se.flo.kɛt] *o* safe-deposit box.
saffiaan [sɑfi.'a.n] *o* zie *marokijn*.
saffier [sɑ'fi:r] *m & o* **saffieren** [-'fi:rə(n)] *aj* sapphire.
saffraan [sɑ'fra.n] *m* saffron.
saffraangeel [-ge.l] saffron.
sage ['sa.gə] *v* legend, tradition, myth.
sago ['sa.go.] *m* sago.
Sahara [sa.'ha:ra.] *v* Sahara.
sajet [sa.'jɛt] *m* **sajetten** [-jɛtə(n)] *aj* worsted.
sakkerloot [sɑkər'lo.t] zie *sapperloot*.
Saks [sɑks] *m* Saxon.
Saksen ['sɑksə(n)] *o* Saxony.
Saksisch ['sɑksi.s] Saxon; ~ *porselein* Dresden china.
salade [sa.'la.də] = *sla*.
salamander [sa.la.'mɑndər] *m* salamander.
salariëren [sa.la.ri.'e:rə(n)] *vt* salary, pay.
salaris [sa.'la:rəs] *o* salary, pay.
salarisregeling [-re.gəlɪŋ] *v* scale of salary (pay).

salarisverhoging [-fərho.gın] v rise, salary increase.

salarisverlaging [-fərla.gın] v cut, salary reduction.

salderen [sɑl'de:rə(n)] vt $ balance.

saldo ['sɑldo.] o $ balance; batig ~ credit balance, surplus, balance in hand, balance in one's favour; nadelig ~ deficit; ~ in kas balance in hand; per ~ $ on balance.

saletjonker [sa.'letjɔnkər] m beau, fop, carpet-knight.

salicielzuur zie salicylzuur. [knight.

salicylzuur [sa.li.'si.lzy:r] o salicylic acid.

salie ['sa.li.] v ♣ sage.

salmiak [sɑlmi.'ɑk] m sal-ammoniac.

Salomo(n) ['sa.lo.mo., -mòn] m Solomon.

salon [sa.'lòn] m & o 1 drawing-room; 2 [hairdresser's] saloon.

salonameublement [-a.mø.bləmɛnt] o drawing-room furniture.

salonboot [-bo.t] m & v saloon-steamer.

salonheld [-hɛlt] m zie saletjonker.

salonwagen [-va.gə(n)] m saloon-car.

salpeter [sɑl'pe.tər] m & o saltpetre, nitre.

salpeter(acht)ig [-(ɑxt)əx] nitrous.

salpeterzuur [-zy:r] o nitric acid.

salto-mortale [sɑlto.mɔr'ta.lə] m somersault.

salueren [sa.ly.'e:rə(n)] v & vt salute.

saluut [sa.'ly.t] o ✕ salute; greeting; ~! goodbye!; het ~ geven 1 ✕ give the salute, salute; 2 ⚓ fire a salute.

saluutschot [-sxɔt] o salute; er werden 21 ~en gelost a salute of 21 guns was fired.

salvo ['sɑlvo.] o ✕ volley, round, salvo.

salvovuur [-vy:r] o ✕ volley-firing.

Samaritaan [sa.ma:ri.'ta.n] m Samaritan; de barmhartige ~ the Good Samaritan.

Samaritaans [-'ta.ns] aj Samaritan.

samen ['sa.mə(n)] together.

samenbinden [-bındə(n)] vt bind together.

samenbrengen [-brɛŋə(n)] vt bring together.

samendoen [-du.n] I vt put together; II vi be partners, act in common, go shares.

samendrukbaar [sa.mə(n)'drůkba:r] compressible.

samendrukbaarheid [-hɛit] v compressibility.

samendrukken ['sa.mə(n)drůkə(n)] vt press together, compress.

samenflansen [-flɑnzə(n)] vt knock (patch) together, patch up.

samengaan [-ga.n] I vi go together[2], fig agree; ~ met go with[2].

samengesteld [-gəstɛlt] compound [leaf, interest &]; complex [sentence].

samengesteldheid [sa.mə(n)gə'stɛlthɛit] v complexity.

samengroeien ['sa.mə(n)gru.jə(n)] vi grow together.

samengroeiing [-jıŋ] v growing together.

samenhang ['sa.mə(n)hɑŋ] m 1 (in 't alg.) coherence, cohesion, connection; 2 (v. zin) context.

samenhangen [-hɑŋə(n)] vi cohere, be connected; dat hangt samen met that is connected with.

samenhangend [-hɑŋənt] coherent [discourse &]; connected [text, whole &].

samenhokken [-hɔkə(n)] vi F pig it.

samenklank ['sa.mə(n)klɑŋk] m concord.

samenlinken [-klıŋkə(n)] I vi ♪ chime together, harmonize; II vt ✕ rivet together.

samenknopen [-kno.pə(n)] vt tie together.

samenkomen [-ko.mə(n)] vi 1 come together, meet, assemble, gather, ☉ forgather [of persons]; 2 come together, meet [of lines].

samenkomst [-kòmst] v meeting.

samenkoppelen [-kɔpələ(n)] vt couple.

samenleving [-le.vıŋ] v society.

samenlijmen [-leimə(n)] vt glue together.

samenloop [-lo.p] m concourse [of people],

confluence [of rivers], concurrence; ~ van omstandigheden coincidence, conjunction of circumstances.

samenlopen [-lo.pə(n)] vi meet, converge [of lines]; concur [of events].

samenpakken [-pɑkə(n)] I vt pack up (together); II vt zich ~ gather [of a storm].

samenpersen [-pɛrsə(n)] vt press together, compress.

samenpersing [-pɛrsıŋ] v compression.

samenplakken [-plɑkə(n)] I vt paste together; II vi stick.

samenraapsel [-ra.psəl] o hotchpotch; ~ van leugens pack of lies.

samenroepen [-ru.pə(n)] vt call together, convoke, convene [a meeting].

samenscholen [-sxo.lə(n)] vi assemble, gather.

samenscholing [-sxo.lıŋ] v (riotous, unlawful) assembly, gathering.

samensmelten [-smɛltə(n)] vt & vi melt together; fig amalgamate.

samensmelting [-smɛltıŋ] v melting together; fig amalgamation.

samenspannen [-spɑnə(n)] vi conspire, plot.

samenspanning [-spɑnıŋ] v conspiracy, plot.

samenspel [-spɛl] o 1 ♪ ensemble playing; 2 ensemble acting; 3 sp team-work.

samenspraak [-spra.k] v conversation, dialogue

samenspreking [-spre.kıŋ] v conference, conversation.

samenstel [-stɛl] o structure, system, fabric [logical &].

samenstellen [-stɛlə(n)] vt compose, compile, make up; ~d component [parts].

samensteller [-lər] m compiler.

samenstelling [-lıŋ] v composition [of forces]; gram compound word, compound.

samenstemmen ['sa.mə(n)stɛmə(n)] vt harmonize, chime together; ~ met agree with.

samenstemming [-stɛmıŋ] v harmony.

samenstromen [-stro.mə(n)] vi flow together; fig flock together [of people].

samenstroming [-stro.mıŋ] v 1 confluence; 2 fig concourse [of people].

samentrekken [-trɛkə(n)] I vt contract [one's brow]; ✕ concentrate [troops]; II vr zich ~ contract; ✕ concentrate; gather [of a storm]; III vi contract.

samentrekkend [-kənt] astringent, constringent.

samentrekking [-kıŋ] v contraction; ✕ concentration [of troops].

samentrekkingsteken [-kıŋste.kə(n)] o circumflex.

samenvallen ['sa.mə(n)vɑlə(n)] I vi coincide [of events, dates, triangles]; II o het ~ the coincidence.

samenvatten [-vɑtə(n)] vt take together; fig sum up.

samenvatting [-vɑtıŋ] v résumé, précis, summing up.

samenvloeien [-vlu.jə(n)] vi flow together.

samenvloeiing [-vlu.jıŋ] v confluence.

samenvoegen [-vu.gə(n)] vt join, unite.

samenvoeging [-vu.gıŋ] v junction.

samenvouwen [-vouə(n)] vt fold up [a newspaper], fold [one's hands].

samenweefsel [-ve.fsəl] o contexture, texture, web, tissue; fig tissue [of lies].

samenwerken [-vɛrkə(n)] vi act together, work together, co-operate.

samenwerking [-vɛrkıŋ] v 1 co-operation; 2 concerted action; in ~ met in co-operation with.

samenwonen [-vo.nə(n)] vi live together; (wegens woningschaarste) share a house.

samenwoning [-vo.nıŋ] v living together; (wegens woningschaarste) shared accom-

modation.
samenzijn [-zɛin] o gathering.
samenzweerder [-zve:rdər] m conspirator, plotter.
samenzweren [-zve:rə(n)] vi conspire, plot.
samenzwering [-rɪŋ] v conspiracy; een ~ smeden lay a plot.
sanatorium [sa.na.'to:ri.ûm] o sanatorium, health-resort.
sanctie [sɑŋksi.] v sanction.
sanctioneren [sɑŋksi.o.'ne:rə(n)] vt sanction.
sandaal [sɑn'da.l] v sandal.
sandelhout ['sɑndəlhout] o sandalwood.
Sander ['sɑndər] m F Sandy.
saneren [sa.'ne:rə(n)] vt reorganize [the finances].
sanering [-rɪŋ] v reorganization.
sanitair [sa.ni.'te:r] I aj sanitary; II o sanitary fittings, sanitation, plumbing.
Sanskriet ['sɑnskri.t] o Sanskrit.
santé, santjes [sã'te., 'sɑncəs] F your health!
sap [sɑp] o sap [of plants]; juice [of fruit].
sapperloot! [sɑpər'lo.t] ij F the deuce!, by Jove!
sappeur [sɑ'pø:r] m ⚔ sapper.
sappig ['sɑpəx] sappy; juicy, succulent [fruit].
sappigheid [-heit] v juiciness, succulence.
Saraceen [sɑːra.'se.n] m Saraceens [sɑːra.'se.ns] Saracen.
sarcasme [sɑr'kɑsmə] o sarcasm.
sarcastisch [-ti.s] aj (& ad) sarcastic(ally).
sarcofaag [sɑrko.'fa.x] m sarcophagus [mv sarcophagi].
sardine [-'di.nə] v 🐟 sardine.
Sardinië [sɑr'di.ni.ə] o Sardinia.
Sardiniër [-ni.ər] m Sardinisch [-ni.s] aj Sardinian.
sardonisch [sɑr'do.ni.s] I aj sardonic; II ad sardonically.
sarong ['sɑ:rôŋ] m Ind sarong.
sarren ['sɑrə(n)] vt tease, nag, bait.
satan [sɑ.tɑn] m satan, devil.
satanisch [sa.'ta.ni.s] I aj satanic; II ad satanically.
satans ['sa.tɑns] aj (& ad) satanic(ally).
satanskind [-kɪnt] o imp, little devil.
satelliet [sa.tɛ'li.t] m satellite².
satellietstaat [-sta.t] m satellite country.
sater [sa.tər] m satyr.
satijn [sa.'tein] o satin.
satijnachtig [-ɑxtəx] satiny.
satijnen [sa.'teinə(n)] aj satin.
satijnhout [sa.'teinhout] o satinwood.
satineren [sa.ti.'ne:rə(n)] vt satin, glaze; gesatineerd papier glazed paper.
satinet [-'nɛt] o & m satinet(te), sateen.
satire [sa.'ti:rə] v satire.
satiricus [-'ti:ri.kûs] m satirist.
satiriek [-ti:'ri.k] satirisch [-'ti:ri.s] aj (& ad) satirical(ly).
saucijs [so.'sɛis] v sausage.
saucijzebroodje [-'sɛizəbro.cə] o sausage-roll.
sauna ['sɑunə.] v sauna.
saus [sɔus] v I (als toespijs) sauce²; 2 (voor tabak) flavouring; 3 (voor muren &) distemper; 4 F (regen) rain.
sausen ['sɑusə(n)] I vt flavour [tobacco]; distemper [ceilings]; sauce² [food, a person &]; II vt F rain.
sauskom ['sɑuskòm] v sauce-boat.
savanne [sa.'vɑnə] v savanna(h).
savooi(e)kool [sa.'vo.jəko.l] v ✿ savoy (cabbage).
sawa ['sa.va.] m Ind paddy-field, rice-field.
saxofonist [sɑkso.fo.'nɪst] m ♪ saxophonist.
saxofoon [-'fo.n] v ♪ saxophone.
scalp [skɑlp] m scalp.
scalpeermes [skɑl'pe:rmɛs] o scalping knife.
scalperen [-'pe:rə(n)] vt scalp.

scanderen [skɑn'de:rə(n)] vt scan [verses].
Scandinavië [skɑndi.'na.vi.ə] o Scandinavia.
Scandinaviër [-vi.ər] m Scandinavian.
Scandinavisch [-vi.s] Scandinavian.
scansie ['skɑnzi.] v scansion.
scapulier [ska.py.'li:r] o & m RK scapulary, scapular.
scenario [se.'na:ri.o.] o scenario; (inz. v. film) script.
scenarioschrijver -s(x)reivər] m scenarist, scenario writer; (inz. v. film) script-writer.
scène ['sɛ:nə] v I scene; 2 (unpleasant) scene.
scepter ['sɛptər] m sceptre; de ~ zwaaien wield (sway) the sceptre, bear (hold) sway.
scepticisme [s(k)ɛpti.'sɪsmə] o scepticism.
scepticus ['s(k)ɛpti.kûs] m sceptic.
sceptisch [-ti.s] aj (& ad) sceptical(ly).
scha [sxa.] = schade.
schaaf [sxa.f] v plane.
schaafbank ['sxa.fbɑŋk] v joiner's (carpenter's) bench.
schaafbeitel [-bɛitəl] m schaafmes [-mɛs] o plane-iron.
schaafsel [-səl] o shavings.
schaafwond(e) [-vònt, -vòndə] v gall.
schaak [sxa.k] o check; ~ spelen play (at) chess; ~ staan (zijn) be in check.
schaakbord ['sxa.kbɔrt] o chess-board.
schaakclub ['sxa.klûp] v chess-club.
schaakkampioenschap [-sxɑp] o chess-championship.
schaakmat [sxa.k'mɑt] checkmate; hij werd ~ gezet I sp he was mated; 2 fig he was checkmated.
schaakmeester ['sxa.kme.stər] m chess master, master of chess.
schaakpartij [-pɑrtei] v game of chess.
schaakspel [-spɛl] o I (game of) chess; 2 set of chess-men.
schaakspeler [-spe.lər] m chess-player.
schaakstuk [-stûk] o chess-man, piece.
schaakto(e)rnooi [-tu.rno:i, -tərno:i] o chess-tournament.
schaakwedstrijd [-vɛtstreit] m chess-match.
schaal [sxa.l] v I (v. schaaldier) shell; 2 (dop) shell [in one piece], valve [as half of a shell]; 3 (schotel) dish, bowl; 4 (om rond te gaan) plate [at church]; 5 (v. weegschaal) scale; 6 (weegschaal) (pair of) scales; 7 (verhouding) scale; 8 fig scale; dat doet de ~ overslaan that's what turns the scale; met de ~ rondgaan make a plate-collection; op ~ tekenen draw to scale; op grote (kleine) ~ on a large (small) scale; zie ook: gewicht & zwaard.
schaaldier [-di:r] o crustacean.
schaalverdeling [-vərde.lɪŋ] v graduation-scale.
schaamachtig ['sxa.mɑxtəx] shamefaced, bashful, coy.
schaamachtigheid [-heit] v bashfulness, coyness, shame.
schaamrood ['sxa.mro.t] I aj blushing with shame; zij werd ~ she blushed with shame; II o blush of shame; haar het ~ op de kaken jagen bring a blush to her cheeks.
schaamte [-tə] v shame; alle ~ afgelegd hebben be lost to all sense of shame.
schaamtegevoel [-gəvu.l] o sense of shame; geen ~ hebben be lost to all sense of shame.
schaamteloos [-lo.s] I aj shameless, barefaced, impudent, brazen, unblushing; II ad shamelessly, impudently, brazenly.
schaamteloosheid [sxa.mtə'lo.sheit] v shamelessness, impudence, brazenness.
schaap [sxa.p] o sheep²; verdoold ~ lost sheep²; de schapen van de bokken scheiden separate the sheep and the goats; er gaan veel makke schapen in één hok heart-room makes

house-room; *als er één ~ over de dam is volgen er meer* one sheep follows another.

schaapachtig ['sxa.paxtəx] I *aj* sheep-like, sheepish²; II *ad* sheepishly².

schaapachtigheid [-heit] *v* sheepishness².

schaapherder ['sxa.pherdər] *m* shepherd.

schaapherderin [sxa.pherdə'rɪn] *v* shepherdess.

schaapje ['sxa.pjə] *o* (little) sheep; *zijn ~s op het droge hebben* be a made man.

schaapjeshemel [-jəshe.məl] *m* fleecy sky.

schaapskooi ['sxa.psko:i] *v* sheep-fold.

schaapskop [-kəp] *m* sheep's head; *fig* blockhead.

1 **schaar** [sxa:r] *v* 1 (om te knippen) scissors, pair of scissors; 2 (om te snoeien) shears, pair of shears; 3 (v. ploeg) share; 4 pincer, nipper, claw [of a lobster].

2 **schaar** [sxa:r] *v* (menigte) = *schare*.

3 **schaar** [sxa:r] *v* (kerf) = *schaard(e)*.

schaard(e) [sxa:rt, 'sxa:rdə] *v* notch [in a saw, a knife &].

schaars [sxa:rs] I *aj* scarce, scanty; II *ad* 1 scarcely, scantily; 2 seldom.

schaarsheid ['sxa:rsheit] *v* scarcity, scantiness, dearth.

schaarste [-tə] *v* scarcity [of teachers &], dearth [of money &], shortage, famine [in glass].

schaats [sxa.ts] *v* skate.

schaatsen ['sxa.tsə(n)] *vi* skate.

schaatsenrijden ['sxa.tsə(n)rɛi(d)ə(n)] I *vi* skate; II *v* skating.

schaatsenrijder [-(d)ər] *m ~ster* [-stər] *v* skater.

schacht [sxaxt] *v* shank [of an anchor]; leg [of a boot]; stem [of an arrow]; quill [of a feather]; shaft [of a mine, an oar].

schade ['sxa.də] *v* damage, harm; detriment; *materiële ~* material damage; *~ aanrichten (doen)* cause (do) damage, do harm; *~ lijden* sustain damage, be damaged; suffer a loss, lose; *~ toebrengen* do damage to, inflict damage on; zie ook: *verhalen*; *door ~ en schande wordt men wijs* live and learn; *tot ~ van zijn gezondheid* to the detriment (to the prejudice) of his health.

schadelijk [-lək] harmful, hurtful, injurious, detrimental, noxious; (onvoordelig) unprofitable.

schadelijkheid [-heit] *v* harmfulness &.

schadeloos ['sxa.dələ.s] in: *iemand ~ stellen* indemnify (compensate) a person; *zich ~ stellen* indemnify (recoup) oneself.

schadeloosstelling [-lo.stɛlɪŋ] *v* indemnification, compensation.

schaden ['sxa.də(n)] I *vt* damage, hurt, harm; II *va* do harm, be harmful.

schadepost ['sxa.dəpəst] *m* $ loss.

schadevergoeding [-vərgu.dɪŋ] *v* indemnification, compensation; *~ eisen (van iemand)* claim damages (from one), *⚖ sue* (one) for damages.

schadeverhaal [-vərha.l] *o* $ redress.

schadevordering [-vərdərɪŋ] *v* $ claim (for damages).

schaduw ['sxa.dy:u] *v* 1 (zonder bepaalde omtrek) shade; 2 (met bepaalde omtrek) shadow [of a man &]; *een ~ van wat hij geweest was* the shadow of his former self; *de ~ des doods* the shadow of death; *iemand als zijn ~ volgen* follow a man like his shadow; *een ~ werpen op* cast (throw) a shadow on; *fig* cast a shade (a gloom) over; *in de ~ lopen* walk in the shade; *je kunt niet in zijn ~ staan* you are not fit to hold a candle to him; *in de ~ stellen* put in (throw into) the shade, eclipse.

schaduwbeeld [-be.lt] *o* silhouette.

schaduwen ['sxa.dy.və(n)] *vt* shade; *fig* shadow [a criminal].

schaduwrijk [-rɛik] shady, shadowy.

schaduwzijde [-zɛidə] *v* shady side; *fig* drawback.

schaffen ['sxafə(n)] *vt* give, procure; *is hier niets te ~?* F no grub here?

schaft [sxaft] *v* zie *schacht* ‖ zie *schafttijd*.

schaften ['sxaftə(n)] *vi* eat; *de werklui zijn gaan ~* have gone (home) for their meal.

schaftlokaal ['sxaftlo.ka.l] *o* canteen.

schafttijd ['sxafteit] *m ~uur* [-y:r] *o* meal-time.

schakel ['sxa.kəl] *m & v* link²; *de ontbrekende ~* the missing link.

schakelaar ['sxa.kəla:r] *m* ⚡ switch.

schakelarmband ['sxa.kəlarmbant] *m* link-bracelet.

schakelbord [-bərt] *o* ⚡ switch-board.

schakelen ['sxa.kələ(n)] *vt* link; ⚡ connect, switch.

schakeling [-lɪŋ] *v* linking; ⚡ connection.

1 **schaken** ['sxa.kə(n)] *vi sp* play (at) chess.

2 **schaken** ['sxa.kə(n)] *vt* run away with, abduct [a girl].

schaker [-kər] *m* (vrouwenrover) abductor ‖ (schaakspeler) chess-player.

schakeren [sxa.'ke:rə(n)] *vt* variegate, chequer.

schakering [-rɪŋ] *v* variegation, nuance, shade.

schaking ['sxa.kɪŋ] *v* elopement, abduction.

schalk [sxalk] *m* wag, rogue.

schalks [sxalks] *aj* (& *ad*) arch(ly), roguish-(ly), waggish(ly).

schalksheid ['sxalksheit] *v* archness, roguishness &.

schallen ['sxalə(n)] *vi* sound, resound; *laten ~* sound [the horn].

schamel ['sxa.məl] I *aj* poor, humble; II *ad* poorly, humbly.

schamelheid [-heit] *v* poverty, humbleness.

schamen ['sxa.mə(n)] *zich ~* be (feel) ashamed, feel shame; *zich dood ~*, *zich de ogen uit het hoofd ~* not know where to hide for shame; *schaam u wat!* for shame!; *je moest je ~* you ought to be ashamed of yourself; *zich ~ over* be ashamed of; *zich ~ voor iemand* 1 be ashamed for a person; 2 be ashamed in the presence of a person.

schampen ['sxampə(n)] *vt* graze.

schamper [-pər] *aj* (& *ad*) scornful(ly), sarcastic(al)y.

schamperheid [-heit] *v* scorn, sarcasm.

schampschot ['sxampsxət] *o* grazing shot, graze.

schandaal [sxan'da.l] *o* scandal, shame, disgrace.

schandalig [-'da.ləx] I *aj* disgraceful, scandalous, shameful; *~*, *zeg!* for shame!, shame!; II *ad* scandalously; disgracefully, shamefully; < shockingly [bad, dear].

schandaliseren, schandalizeren [sxanda.li.'ze:-rə(n)] *vt* scandalize.

schanddaad ['sxanda.t] *v* infamous deed, infamy, outrage.

schande ['sxandə] *v* 1 shame, disgrace, infamy, ignominy; 2 scandal; *het is (bepaald) ~!* it is a (downright) shame; *~ aandoen* bring shame upon, disgrace; *er ~ over roepen* cry shame upon it; *met ~ overladen* utterly disgraced; *te ~ maken* 1 disgrace [a person]; 2 zie *logenstraffen*; *het zal u tot ~ strekken* it will be a disgrace to you; *tot mijn ~...* to my shame [I must confess].

schandelijk [-lək] I *aj* shameful, disgraceful, infamous, outrageous, ignominious; II *ad* shamefully &, < scandalously, disgracefully, infamously, outrageously.

schandelijkheid [-heit] *v* shamefulness, ignominy, infamy.

schandpaal ['sxantpa.l] *m* pillory.

schandvlek [-flɛk] *v* stain, blemish, stigma; *de ~ der familie* the disgrace of the family.

schandvlekken [-flɛkə(n)] *vt* disgrace, dishonour.

schans [sxɑns] *v* ✕ entrenchment, field-work, redoubt.

schapebout ['sxa.pəbɑut] *m* leg of mutton.

schapekaas [-ka.s] *m* sheep-cheese.

schapele(d)er [-le:r, -le.dər] *o* sheepskin.

schapenfokkerij [sxa.pə(n)fɔkə'rɛi] *v* 1 sheep-farming; 2 sheep-farm.

schapenscheerder ['sxa.pə(n)sxe:rdər] *m* sheep-shearer, clipper.

schapestal ['sxa.pəstɑl] *m* sheep-fold.

schapevacht [-vɑxt] *v* fleece.

schapevet [-vɛt] *o* mutton fat.

schapevlees [-vle.s] *o* mutton.

schapewol [-vɔl] *v* sheep's wool.

schapewolkjes [-vɔlkjəs] *mv* fleecy clouds.

schappelijk ['sxɑpələk] **I** *aj* fair, tolerable, moderate, reasonable [prices &]; decent [fellow]; **II** *ad* fairly, tolerably, moderately, reasonably; decently.

schappelijkheid [-hɛit] *v* fairness, tolerableness &.

schapulier [sxa.py.'li:r] = *scapulier*.

schar [sxɑr] *v* 𝕏 dab.

○ **schare** ['sxa:rə] *v* crowd, multitude.

scharen ['sxa:rə(n)] **I** *vt* range, draw up; **II** *vr* zich ~ range oneself; zich ~ aan de zijde van... range oneself on the side of, range oneself with...; zich om de haard ~ draw round the hearth; zich om de leider ~ rally round the chief; zich onder de banieren ~ van range oneself under the banners of...

scharenslijper [-slɛipər] *m* scissors-grinder.

scharlaken [sxɑr'la.kə(n)] **I** *aj* scarlet; **II** *o* scarlet.

scharminkel [sxɑr'mɪŋkəl] *o* & *m* 𝕗 scrag, skeleton.

scharnier [sxɑr'ni:r] *o* hinge.

scharniergewricht [-gəvrɪxt] *o* hinge-joint.

scharrelaar [-la:r] *m* 𝕗 1 potterer [on skates &]; bungler; 2 $ petty dealer.

scharrelen [-lə(n)] *vi* scrape, rout [among debris &]; potter about [on skates]; bungle; fumble [at a thing]; bij elkaar ~ get together; er door ~ muddle through; ~ in rummage in [a drawer &]; fig deal in [second-hand books &].

schat [sxɑt] *m* treasure; mijn ~! my darling!; een ~ van kennis a wealth of information.

schateren ['sxa.tərə(n)] *vi in*: ~ van lachen roar with laughter.

schaterlach ['sxa.tərlɑx] *m* loud laugh, burst of laughter.

schaterlachen [-lɑgə(n)] *vt* roar with laughter.

schatgraver ['sxɑtgra.vər] *m* treasure-seeker.

schatkamer [-ka.mər] *v* treasure-chamber, treasury; fig treasure-house, storehouse.

schatkist [-kɪst] *v* (public) treasury, exchequer.

schatkistbiljet [-biljet] *o* exchequer bill.

schatplichtig [sxɑt'plɪxtəx] tributary.

schatrijk ['sxɑtrɛik] very rich, wealthy.

schattebout ['sxɑtəbɑut] *m* 𝕗 tootsy-wootsy.

schatten ['sxɑtə(n)] *vt* appraise, assess, value [for taxing purposes]; estimate, value; gauge [distances]; hoe oud schat je hem? how old do you take him to be?; op hoeveel schat u het? what is your valuation?; ik schat het geheel op een miljoen I value (estimate) the whole at a million; (naar waarde) ~ appreciate; hij schat het niet naar waarde he does not estimate it at its true value; te hoog ~ overestimate, overvalue; te laag ~ underestimate, undervalue.

schatter [-tər] *m* appraiser, valuer [of furniture &]; assessor [of taxes].

schattig [-təx] 𝕗 sweet.

schatting [-tɪŋ] *v* 1 valuation, estimate, estimation; 2 (cijns) tribute, contribution; naar

~ at a rough estimation.

schaven ['sxa.və(n)] *vt* plane [a plank]; zijn knie ~ graze one's knee; zijn vel ~ abrade (graze) one's skin.

schavot [sxa.'vɔt] *o* scaffold.

schavuit [-'vœyt] *m* rascal, rogue, knave.

schavuitenstuk [-'vœytə(n)stük] *o* roguish trick.

schede ['sxe.də] *v* sheath, scabbard [of a sword]; 𝕓 sheath; in de ~ steken sheathe [the sword]; uit de ~ trekken unsheathe.

schedel ['sxe.dəl] *m* skull, cranium, brain-pan; hij heeft een harde ~ he is thick-skulled.

schedelbasisfractuur, -fraktuur [-ba.zəsfrɑkty:r] *v* fractured skull.

schedelboor [-bo:r] *v* trepan.

schedelholte [-hɔltə] *v* cranial cavity.

scheef [sxe.f] **I** *aj* on one side; oblique [angle]; slanting, sloping [mast]; wry [neck, face]; hij is wat ~ (gebouwd) he is a little on one side; scheve positie false position; de scheve toren te Pisa the leaning tower of Pisa; scheve verhouding false position; scheve voorstelling misrepresentation; **II** *ad* obliquely &; awry, askew; iets ~ houden slant it; zijn hoofd ~ houden hold the head sidewise; zijn schoenen ~ lopen wear one's boots on one side; de zaken ~ voorstellen misrepresent things.

scheefheid ['sxe.fhɛit] *v* obliqueness, wryness.

scheel [sxe.l] squinting, squint-eyed, cross-eyed; schele hoofdpijn migraine, bilious headache; de schele nijd the green-eyed monster; ~ zien squint; hij ziet erg ~ he has a fearful squint; ~ zien naar squint at.

scheelheid ['sxe.lhɛit] *v* squint(ing).

scheelogig [-o.gəx] zie *scheel*.

scheeloog [-o.x] *m-v* 𝕗 squint-eye, squinter.

scheelzien [-zi.n] **I** *o* squint(ing); **II** *vi* squint.

scheen [sxe.n] *v* shin.

scheenbeen ['sxe.nbe.n] *o* shin-bone, 𝕓 tibia.

scheepsaandeel ['sxe.psa.nde.l] *o* share in a ship; zie ook: scheepvaartaandeel.

scheepsagent [-a.gɛnt] *m* shipping agent.

scheepsagentuur [-a.gɛnty:r] *v* shipping agency.

scheepsbehoeften [-bəhu.ftə(n)] *mv* ship's provisions.

scheepsbemanning [-mɑnɪŋ] *v* ship's crew.

scheepsberichten [-rɪxtə(n)] *mv* shipping intelligence.

scheepsbeschuit [-sxœyt] *v* ship's biscuit.

scheepsbevrachter [-vrɑxtər] *m* chartering-broker.

scheepsbouw ['sxe.psbɑu] *m* ship-building.

scheepsbouwkunde [-kündə] *v* naval architecture.

scheepsbouwkundige [sxe.psbɑu'kündəgə] *m* naval architect.

scheepsdokter [-dɔktər] *m* (ship's) surgeon.

scheepsgelegenheid [-gəle.gənhɛit] *v* shipping-opportunity; ik zond het met ~, per ~ I sent it by ship; met de eerste ~ by first steamer.

scheepsgeschut [-gəsxüt] *o* naval guns.

scheepshelling [-hɛlɪŋ] *v* slip(s), slipway.

scheepsjongen [-jɔŋə(n)] *m* ship-boy, cabin-boy.

scheepsjournaal [-ʒu:rna.l] *o* log(-book), ship's journal.

scheepskapitein [-ka.pi.tɛin] *m* (ship-)captain.

scheepskok [-kɔk] *m* ship's cook.

scheepslading [-la.dɪŋ] *v* shipload, cargo.

scheepslantaarn, -lantaren [-lɑnta:rən] *v* ship's lantern.

scheepslengte [-lɛŋtə] *v* ship's length.

scheepsmaat [-ma.t] 1 *v* ship's measure ‖ 2 *m* shipmate.

scheepsmacht [-mɑxt] *v* naval forces, navy.

scheepspapieren [-pa.pi:rə(n)] *mv* ship's papers.

scheepsraad [-ra.t] *m* council of war (on board a ship).

scheepsramp [-rɑmp] *v* shipping disaster.

scheepsrecht [-rɛxt] *o* maritime law; *driemaal is ~ to* be allowed to try three times running is but fair.

scheepsreder [-re.dər] *m* ship-owner.

scheepsroeper [-ru.pər] *m* speaking-trumpet, megaphone.

scheepsrol [-rɔl] *v zie monsterrol.*

scheepsruim [-rœym] *o* ship's hold.

scheepsruimte [-rœymtə] *v* tonnage, shipping (space).

scheepstijdingen [-tɛidɪŋə(n)] *mv* shipping intelligence.

scheepstimmerman [-tɪmərmɑn] *m* 1 shipcarpenter; 2 (bouwer) shipwright.

scheepstimmerwerf [-vɛrf] *v* 1 ship-building yard; ship-yard; 2 (v. d. marine) dockyard.

scheepsvolk ['sxe.psfɔlk] *o* 1 ship's crew; 2 sailors.

scheepsvracht [-frɑxt] *v* shipload.

scheepswerf [-vɛrf] *v zie scheepstimmerwerf.*

scheepvaart ['sxe.pfa:rt] *v* navigation; shipping.

scheepvaartaandeel [-a.nde.l] *o* $ shipping share.

scheepvaartkanaal [-ka.na.l] *o* ship-canal.

scheepvaartmaatschappij [-ma.tsxɑpɛi] *v* shipping company.

scheerapparaat ['sxe:rapa.ra.t] *o elektrisch ~* electric shaver, electric razor.

scheerbakje [-bɑkjə] *o* shaving-bowl.

scheercrème [-krɛ:m] *v* shaving-cream.

scheerder [-dər] *m* 1 shaver; 2 (sheep) shearer.

scheergereedschap [-gərə.tsxɑp] *~gerei* [-gərɛi] *o* shaving-tackle.

scheerkwast [-kvɑst] *m* shaving-brush.

scheerlijn [-lɛin] *v* guy-rope [of a tent].

scheermes [-mɛs] *o* razor.

scheermesje [-mɛʃə] *o* blade [of a safety-razor].

scheerriem [-ri.m] *m* (razor-)strop.

scheersalon ['sxe:rsa.lòn] *m & o* barber's saloon.

scheerwater [-va.tər] *o* shaving-water.

scheerwinkel [-vɪŋkəl] *m* barber's shop.

scheerwol [-vɔl] *v* shorn wool.

scheerzeep [-ze.p] *v* shaving-soap.

scheidbaar ['sxɛitba:r] separable.

scheidbaarheid [-hɛit] *v* separableness, separability.

scheiden ['sxɛidə(n)] I *vt* 1 (in 't alg.) separate, divide, sever, disconnect, disjoin, disunite, sunder; 2 (het haar) part; 3 (v. huwelijk) divorce; *het hoofd van de romp ~* sever the head from the body; *de vechtenden ~* separate the combatants; *hij liet zich van haar ~* he divorced her; II *vi* part; *als vrienden ~* part friends; *uit het leven ~* depart this life; *zij konden niet (van elkaar) ~* they could not part (from each other); *zij konden niet van het huis ~* 1 they could not take leave of the house; 2 they could not part with the house; *hier ~ (zich) onze wegen* here our roads part; *bij het ~ van de markt leert men de kooplui kennen* one cannot judge of the flour before the bread is made.

scheiding [-dɪŋ] *v* 1 separation, division, disjunction; 2 partition [between rooms]; 3 parting [of the hair]; 4 divorce [of a married couple]; *~ van kerk en staat* separation of Church and State, disestablishment.

scheidingslijn [-dɪŋslɛin] *v* dividing line; (grenslijn) boundary line, demarcation line, line of demarcation.

scheidsgerecht ['sxɛitsgərɛxt] *o* court of arbitration; *aan een ~ onderwerpen* refer to arbitration.

scheidsman [-mɑn] *m* arbiter, arbitrator.

scheidsmuur [-my:r] *m* partition-wall; *fig* barrier.

scheidsrechter [-rɛxtər] *m* 1 arbiter, arbitrator;

2 *sp* umpire, referee.

scheidsrechterlijk [sxɛits'rɛxtərlək] I *aj* arbitral; *~e uitspraak* arbitral award; II *ad* by arbitration.

scheikunde ['sxɛikʊndə] *v* chemistry.

scheikundig [sxɛi'kʊndəx] *aj* (& *ad*) chemical-(ly); *~ laboratorium* chemistry laboratory.

scheikundige [-'kʊndəgə] *m* chemist.

1 **schel** [sxɛl] *v* bell; *de ~len vielen hem van de ogen* the scales fell from his eyes.

2 **schel** [sxɛl] I *aj* 1 (v. geluid) shrill, strident; 2 (v. licht) glaring; II *ad* 1 shrilly, stridently; 2 glaringly.

Schelde ['sxɛldə] *v* Scheldt.

schelden [-də(n)] *vi* call names, use abusive language; *~ als een viswijf* scold like a fishwife; *~ op* abuse, revile.

scheldnaam ['sxɛltna.m] *m* nickname, sobriquet.

scheldpartij [-pɑrtɛi] *v* slanging match, exchange of abuse.

scheldwoord [-vo:rt] *o* term of abuse; *~en ook:* abusive language, abuse.

schelen ['sxe.lə(n)] *vt* 1 (verschillend zijn) differ; 2 (ontbreken) want; *zij ~ niets* they don't differ; *dat scheelt veel* that makes a great difference; *zij scheelden veel in leeftijd* there was a great disparity of age between them; *wat scheelt eraan (u)?* what is the matter with you?, what's wrong?; *hij scheelt wat aan zijn voet* there is something the matter with his foot; *het scheelde maar een haartje* it was a near thing; *het scheelde niet veel of hij was in de afgrond gestort* he had a narrow escape from falling into the abyss, he nearly fell, he almost fell into the abyss; *wat kan dat ~?* what does it matter?; *wat kan hun dat ~?* what do they care?; *wat kan u dat ~?* what's that to you?; *het kan me geen zier ~* I don't care a rap (a button &).

schelf [sxɛlf] *v* stack, rick [of hay].

schelheid ['sxɛlhɛit] *v* 1 (v. geluid) shrillness; 2 (v. licht) glare.

schellak ['sxɛlɑk] *o & m* shellac.　[*bellen.*

schellen ['sxɛlə(n)] *vi* ring the bell, ring, zie

schelling [-lɪŋ] *m* sixpence.

schellinkje [-lɪŋkjə] *o* F *het ~* the gallery, the gods; *op het ~* among the gods.

schelm [sxɛlm] *m* rogue, knave, rascal.

schelmachtig ['sxɛlmɑxtəx] roguish, knavish, rascally.

schelmenroman ['sxɛlmə(n)ro.mɑn] *m* picaresque novel.

schelp [sxɛlp] *v* 1 shell, valve [of a mollusc]; 2 (bijdiner) scallop.

schelpdier ['sxɛlpdi:r] *o* shell-fish, § testacean.

schelvis ['sxɛlvɪs] *m* ⓈⒼ haddock.

schema ['sxe.ma.] *o* diagram, skeleton, outline(s).

schematisch [sxe.'ma.ti.s] ın diagram, in outline; *~voorstelling* diagram.

⌐ **schemel** ['sxe.məl] *m* footstool.

schemer ['sxe.mər] *m* twilight; dusk.

schemerachtig [-ɑxtəx] dim², dusky.

schemeravond [-a.vɔnt] *m* twilight.

schemerdonker [-dònkər] *o* twilight².

schemeren ['sxe.mərə(n)] *vi* 1 dawn [in the morning]; grow dusk [in the evening]; 2 sit without a light; 3 glisten, gleam [of a light]; *er schemert mij zo iets voor de geest* I have a sort of dim recollection of it; *het schemerde mij voor de ogen* my eyes grew dim, my head was swimming.

schemerig [-rax] dim², dusky.

schemering [-rɪŋ] *v* twilight², gloaming, dusk; *in de ~* at twilight.

schemerlamp ['sxe.mərlɑmp] *v* shaded lamp, (kleine, op tafel) table-lamp; (grote, staande) floor-lamp.

schemerlicht [-lɪxt] *o* 1 twilight; 2 dim light.
schemeruurtje [-y:rcə] *o* twilight (hour).
schenden ['sxɛndə(n)] *vt* disfigure [one's face &]; damage [a book]; deface [a statue &]; *fig* violate [one's oath, a treaty, a law, a sanctuary]; outrage² [law, morality].
schender [-dər] *m* violator, transgressor.
schending [-dɪŋ] *v* disfigurement, defacement; *fig* violation, infringement.
schenkblaadje, schenkblad ['sxɛŋkbla.cə, -blɑt] *o* tray.
schenkel ['sxɛŋkəl] *m* shank, § femur.
schenken ['sxɛŋkə(n)] I *vt* 1 (gieten) pour; 2 (geven) give, grant, present with; *ik schenk u het lesgeld* I let you off the fee; *iemand het leven* ∼ grant one his life; *een kind het leven* ∼ give birth to a child; *ik schenk u de rest* never mind the rest, I'll excuse you the rest; *wilt u (de) thee* ∼? will you kindly pour out the tea?; *wijn* ∼ 1 retail wine; 2 serve wine; II *va* serve drinks.
schenker [-kər] *m* 1 (die inschenkt) cup-bearer; 2 (die geeft) donor.
schenking [-kɪŋ] *v* donation, gift; benefaction.
schenkkan ['sxɛŋkan] *v* flagon, tankard.
schenkkurk [-kûrk] *v* cork for pouring out.
schennis ['sxɛnəs] *v* violation; outrage.
schep [sxɛp] I *v* (werktuig) scoop, shovel; 2 *m* (hoeveelheid) spoonful, shovelful; *een* ∼ *mensen* F lots of people.
schepel ['sxe.pəl] *o & m* bushel, decalitre.
schepeling ['sxe.pəlɪŋ] *m* member of the crew [of a ship]; sailor; *de* ∼*en* the crew.
schepnet ['sxɛpnét] *o* landing-net.
1 **scheppen** ['sxɛpə(n)] *vt* scoop, ladle; shovel [coal, snow]; zie ook: adem, luchtje &.
2 **scheppen** ['sxɛpə(n)] *vt* create, make.
scheppend [-pənt] creative.
schepper [-pər] *m* 1 (voortbrenger) creator, maker ‖ 2 (werktuig) scoop.
schepping [-pɪŋ] *v* creation.
scheppingsdrang [-pɪŋsdraŋ] *m* creative urge.
scheppingskracht [-krɑxt] *v* creative power.
scheppingsverhaal [-fɔrha.l] *o* creation story.
scheppingsvermogen [-fɔrmo.gə(n)] *o* creative power.
scheppingswerk [-vɛrk] *o* (work of) creation.
scheprad ['sxɛprɑt] *o* paddle-wheel.
schepsel [-səl] *o* creature.
scheren ['sxe.rə(n)] I *vt* shave [men]; shear [sheep & cloth]; clip [a hedge]; skim [stones over the water, the waves]; ⚓ reeve [a rope]; ✂ warp [linen &]; *fig* fleece [customers]; II *vr zich* ∼ shave; *zich laten* ∼ get shaved, have a shave; *scheer je weg!* be off!, begone!, get you gone! III *vi* in: *de zwaluwen* ∼ *langs het water* the swallows skim the water.
scherf [sxɛrf] *v* potsherd [of a pot]; fragment, splinter [of glass, of a shell].
schering ['sxe:rɪŋ] *v* 1 shearing [of sheep]; 2 warp [of cloth]; ∼ *en inslag* warp and woof; *dat is hier* ∼ *en inslag* that is of common (everyday) occurrence here.
scherm [sxɛrm] *o* 1 screen [for the hearth, for moving or televised pictures]; 2 curtain [on the stage]; 3 ⚘ umbel [of a flower]; 4 awning [of a shop &]; *achter de* ∼*en* in the wings, behind the scenes; *fig* behind the scenes; *wie zit er achter de* ∼*en*? who is at the back of it, who is the wire-puller?
schermbloem ['sxɛrmblu.m] *v* ⚘ umbellifer.
schermen ['sxɛrmə(n)] *vi* fence; *in 't wild* ∼ talk at random; *met de armen in de lucht* ∼ flourish one's arms; *met woorden* ∼ fence with words.
schermer [-mər] *m* fencer.
schermhandschoen ['sxɛrmhɑntsxu.n] *m & v* fencing-glove.
schermkunst [-kûnst] *v* art of fencing, swords-manship.
schermmasker [-mɑskər] *o* fencing-mask.
schermmeester [-me.stər] *m* fencing-master.
schermutselen [sxɛr'mûtsələ(n)] *vi* ✕ skirmish.
schermutseling [-lɪŋ] *v* ✕ skirmish.
schermzaal ['sxɛrmza.l] *v* fencing-room, fencing-hall.
scherp [sxɛrp] I *aj* sharp² [in de meeste betekenissen]; keen² [eyes, smell, intellect &]; trenchant² [sword, language]; acute² [angles, judgement]; poignant² [taste, hunger]; *gram* hard [consonant]; *fig* pungent [pen]; keen [competition]; sharp-cut [features]; acrid [temper]; caustic [tongue]; tart [reply]; brisk [trot]; live [cartridge]; strict, close, searching [examination]; ∼ *maken* sharpen; II *ad* sharply, keenly &; III *o* edge [of a knife]; *met* ∼ *schieten* ✕ use ball ammunition; *een paard op* ∼ *zetten* calk a horse.
scherpen ['sxɛrpə(n)] *vt* sharpen² [a pencil, faculties, the appetite &].
scherpheid ['sxɛrphɛit] *v* sharpness, keenness, acuteness, pungency, trenchancy.
scherprechter [-rɛxtər] *m* executioner.
scherpschutter [-sxûtər] *m* sharpshooter, [good] marksman; (verdekt opgesteld) sniper.
scherpsnijdend [-snɛidənt] sharp, keen-edged.
scherpte [-tə] *v* sharpness², edge.
scherpziend [-si.nt] sharp-sighted, keen-sighted, eagle-eyed, perspicacious, penetrating.
scherpzinnig [sxɛrp'sɪnəx] I *aj* acute, sharp (-witted); II *ad* acutely, sharply.
scherpzinnigheid [-hɛit] *v* acumen, penetration.
scherts [sxɛrts] *v* pleasantry, raillery, banter; jest, joke; *het is maar* ∼ he is only joking; ∼ *terzijde* joking apart; *hij kan geen* ∼ *verstaan* he cannot take a joke.
schertsen ['sxɛrtsə(n)] *vi* jest, joke; *met hem valt niet te* ∼ he is not to be trifled with.
schertsenderwijs, ∼wijze [sxɛrtsəndər'vɛis, -'vɛizə] jokingly, jestingly, by way of a joke, in jest.
schervengericht ['sxɛrvə(n)gərɪxt] *o* ostracism.
schets [sxɛts] *v* sketch, draught, (sketchy) out-line; *een ruwe* ∼ *geven van* draw (sketch) in outline.
schetsboek ['sxɛtsbu.k] *o* sketch-book.
schetsen ['sxɛtsə(n)] *vt* sketch, draw, outline.
schetskaart ['sxɛtska:rt] *v* sketch-map.
schetsmatig [sxɛts'ma.təx] I *aj* sketchy; II *ad* sketchily.
schetteraar ['sxɛtəra:r] *m* braggart, swaggerer.
schetteren [-rə(n)] *vi* 1 *v* (v. trompet &) bray, blare; 2 (opsnijden) brag, swagger.
scheur [sxø:r] *v* tear, rent [in clothes], slit, split, crack, cleft.
scheurbuik ['sxø:rbœyk] *m & o* scurvy.
scheuren ['sxø:rə(n)] I *vt* 1 (aan stukken) tear up [a letter]; rend [one's garments]; 2 (een scheur maken in) tear [a dress &]; break up, plough up [grass-land]; *in stukken* ∼ tear to pieces; II *va & vi* tear; (v. ijs) crack; *het scheurt licht* it tears easily.
scheuring [-rɪŋ] *v* breaking up [of grass-land]; *fig* rupture, split, disruption, schism.
scheurkalender ['sxø:rka.lɛndər] *m* tear-off calendar.
scheurpapier [-pa.pi:r] *o* waste-paper.
scheut [sxø.t] *m* 1 ⚘ shoot, sprig; 2 (kleine hoeveelheid) dash [of vinegar &]; 3 (v. pijn) twinge, shooting pain.
scheutig ['sxø.təx] I *aj* open-handed, liberal; (niet) ∼ *met...* (not) lavish of...; II *ad* liberally.
scheutigheid [-hɛit] *v* open-handedness, liberality.
schicht [sxɪxt] *m* dart, bolt, flash [of lightning].
schichtig ['sxɪxtəx] I *aj* shy, skittish; ∼ *worden* shy (at *voor*); II *ad* shyly.

schichtigheid [-hɛit] *v* shyness, skittishness.
schielijk ['sxi.lək] I *aj* quick, rapid, swift, sudden; II *ad* quickly, rapidly, swiftly, suddenly.
schier [sxi:r] almost, nearly, all but.
schiereiland ['sxi:rɛilɔnt] *o* peninsula.
schietbaan ['sxi.tba.n] *v* rifle-range, range.
schieten ['sxi.tə(n)] I *vi* fire [with a gun]; shoot [of persons, pain & **ʒ**]; *dat schoot mij door het hoofd* (*in de gedachte*) it flashed upon me; *in de aren* ~ come into ear, ear; *de bloemen* ~ *in de hoogte* the trees are shooting up; *hij schoot in de kleren* he slipped (huddled) on his clothes; *de tranen schoten hem in de ogen* the tears started (in)to his eyes; *er naast* ~ miss the mark; *onder een brug door* ~ shoot a bridge; *onder iemands duiven* ~ poach on a person's preserves; ~ *op* fire at; *t. it de grond* ~ spring up; *iemand laten* ~ F drop a person, give him the go-by; *iets laten* ~ let it go; II *vt* shoot [an animal]; *geld* ~ provide funds; *netten* ~ shoot nets; *een schip in de grond* ~ send a ship to the bottom; *vuur* ~ shoot (flash) fire; *de zon* ~ take the sun's altitude; *zich voor de kop* ~ blow out one's brains.
schietgat ['sxi.tgɑt] *o* ✕ loop-hole.
schietgebed [-gəbɛt] *o* ejaculatory prayer.
schietkatoen [-ka.tu.n] *o* & *m* gun-cotton.
schietlood [-lo.t] *o* plummet, plumb.
schietoefeningen [-u.fənɪŋə(n)] *mv* ✕ target-practice; ♴ gunnery practice.
schietpartij [-pɑrtɛi] *v* shooting.
schietschijf [-sxɛif] *v* target, mark.
schietschool [-sxo.l] *v* 1 ✕ musketry school; 2 ♴ gunnery school.
schietspoel [-spu.l] *v* shuttle.
schietstoel [-stu.l] *m* ✈ ejection seat.
schiettent ['sxi.tɛnt] *v* shooting-gallery, rifle-booth.
schietterrein [-tɛrɛin] *o* ✕ practice-ground, range.
schietvereniging ['sxi.tfərə.nəgɪŋ] *v* rifle-club.
schietwedstrijd [-vɛtstrɛit] *m* shooting-match, shooting-competition.
schiften ['sxiftə(n)] I *vt* sort, separate; (zorgvuldig onderzoeken) sift; II *vi* curdle.
schifting [-tɪŋ] *v* 1 sorting; (zorvuldig onderzoek) sifting; 2 curdling [of milk].
schijf [sxɛif] *v* 1 slice [of ham &]; 2 (v. damspel) man; 3 (schietschijf) target, mark; 4 (v. wiel &) disc, disk; 5 ☼ sheave [of a pulley]; 6 (v. telefoon &) dial; *dat loopt over veel schijven* there are wheels within wheels.
schijfje ['sxɛifjə] *o* thin slice [of meat &]; round [of lemon &].
schijfrem [-rɛm] *v* disc brake.
schijfschieten [-sxi.tə(n)] I *o* ✕ target-practice; II *vi* fire at a target.
schijn [sxɛin] *m* glimmer, shine; *fig* seeming, appearance, semblance [of truth]; show, pretence, pretext; *het was alles maar* ~ it was all show; *geen* ~ *van kans* not the ghost of a chance; *zonder* ~ *of schaduw van bewijs* without a shred of evidence; ~ *en wezen* the shadow and the substance; ~ *bedriegt* appearances are deceptive; *de* ~ *is tegen hem* appearances are against him; *het heeft de* ~ *alsof...* it looks as if...; *de* ~ *redden* save appearances; *in* ~ in appearance, seemingly; *naar alle* ~ to all appearance; *onder de* ~ *van* under the pretence (pretext) of; *voor de* ~ for the sake of appearances.
schijnaanval ['sxɛina.nvɑl] *m* feigned attack, feint.
schijnbaar [-ba:r] *aj* (& *ad*) seeming(ly), apparent(ly).
schijnbeeld [-be.lt] *o* phantom.
schijnbeweging [-bəvə.gɪŋ] *v* feint.
schijndood [-do.t] apparently dead, in a state of suspended animation.

schijnen ['sxɛinə(n)] *vi* 1 (licht geven) shine; glimmer; 2 (lijken) seem, look; *naar het schijnt* it would seem, it appears, to all appearance.
schijngeleerde ['sxɛingə.lə:rdə] *m* would-be scholar.
schijngeleerdheid [-le:rthɛit] *v* would-be learning.
schijngeluk [-lŭk] *o* false happiness. [ing.
schijngestalte [-stɑltə] *v* phase (of the moon).
schijnheilig [sxɛin'hɛilɔx] *aj* (& *ad*) hypocritical(ly).
schijnheilige [-'hɛilɔgə] *m-v* hypocrite.
schijnheiligheid [-hɛilɔxhɛit] *v* hypocrisy.
schijnsel ['sxɛinsɔl] *o* glimmer.
schijntje [-cə] *o* in: ~ *een* ~ F very little, a trifle.
schijnwerper ['sxɛinvɛrpər] *m* searchlight, spotlight, projector.
schik [sxik] *m* in: ~ *hebben* amuse oneself; *veel* ~ *hebben* enjoy oneself immensely; *have a rare old time*; *in zijn* ~ *zijn* be pleased, be in high spirits; *in zijn* ~ *zijn met iets* be pleased (delighted) with a thing.
schikgodinnen ['sxikgo.dɪnə(n)] *mv* *de* ~ the fatal Sisters.
schikkelijk ['sxikələk] *zie* schappelijk.
schikken ['sxikə(n)] I *vt* arrange, order [books &]; *we zullen het wel zien te* ~ we'll try and arrange matters; *de zaak* ~ settle the matter; II *onpers. ww.* in: *het schikt nogal!* pretty middling; *als het u schikt* when it is convenient to you; *het schikt me niet* it is not convenient; *zodra het u schikt* at your earliest convenience; III *vi* in: *wilt u wat deze kant uit* ~? move up a little; IV *vr zich* ~ come right; *het zal zich wel* ~ it is sure to come right; *zich in alles* ~ resign oneself to everything; *hoe schikt hij zich in zijn nieuwe betrekking?* how does he take to his new berth?; *zich in het onvermijdelijke* ~ resign oneself to the inevitable; *zich naar iemand* ~ conform to a person's wishes; *zich om de tafel* ~ draw up round the table.
schikking [-kɪŋ] *v* arrangement, settlement; *een* ~ *treffen* come to an arrangement (with met); ~*en treffen* make arrangements.
schil [sxil] *v* peel [of an orange]; skin [of a banana or potato]; rind [of cheese]; ~*len* (als afval) parings [of apples], peelings [of potatoes]; *aardappelen met de* ~ potatoes in their jackets.
schild [sxilt] *o* 1 shield²; buckler; 2 ⊘ escutcheon; 3 (v. schildpad) shell; 4 (v. insekt) *zie vleugelschild*; *iets in het* ~ *voeren* aim at (drive at) something; *ik weet niet wat hij in zijn* ~ *voert* what he's up to.
schilddrager ['sxiltdra.gər] *m* 1 shield-bearer; 2 ⊘ supporter.
schilder ['sxildər] *m* 1 (kunstenaar) painter; 2 (ambachtsman) (house-)painter.
schilderachtig [-ɑxtəx] *aj* (& *ad*) picturesque(ly).
schilderachtigheid [-hɛit] *v* picturesqueness.
1 **schilderen** ['sxildərə(n)] I *vt* paint²; *fig ook*: picture, portray, delineate, depict; *naar het leven* ~ paint from life; II *va* paint.
2 **schilderen** ['sxildərə(n)] *vt* ✕ & *do* sentry-go, stand sentry; *ik heb hier al een uur staan* ~ F I've been cooling my heels for an hour.
schilderes [sxildə'rɛs] *v* paintress, woman painter.
schilderij [sxildə'rɛi] *o* & *v* painting, picture.
schilderijenkabinet [-'rɛiə(n)kɑbi.nɛt] *o* picture-gallery.
schilderijententoonstelling [-tɛnto.nstɛlɪŋ] *v* art exhibition, picture show.
schildering ['sxildərɪŋ] *v* depiction, picture, portrayal.
schilderkunst ['sxildərkŭnst] *v* (art of) painting.
schilderles [-lɛs] *v* painting-lesson; ~ *krijgen*

take lessons in painting.
schilderschool [-sxo.l] *v* I school of painting; 2 school of painters.
schildersezel ['sxɪldərse.zəl] *m* (painter's) easel.
schilderskwast [-kvɑst] *m* paint-brush.
schilderstok ['sxɪldərstok] *m* maulstick.
schilderstuk [-stûk] *o* painting, picture.
schilderswerkplaats ['sxɪldərsʋɛrkpla.ts] *v* ~ **winkel** [-ʋɪŋkəl] *m* house-painter's workshop.
schilderwerk ['sxɪldərʋɛrk] *o* painting.
schildklier ['sxɪltkli:r] *v* thyroid gland.
schildknaap [-kna.p] *m* I ⨳ squire, shield-bearer; 2 *fig* lieutenant.
schildluis [-lœys] *v* scale insect.
schildpad [-pɑt] I *v* ⬥ tortoise; (zeedier) turtle; 2 *o* (stofnaam) tortoise-shell; [dark] turtle-shell.
schildpadden [-pɑdə(n)] *aj* tortoise-shell.
schildpadsoep [-pɑtsu.p] *v* (mock) turtle soup.
schildwacht [-vɑxt] *m* ⨳ sentinel, sentry; *op* ~ *staan* ⨳ stand sentry.
schildwachthuisje [-hœyʃə] *o* ⨳ sentry-box.
schilfer ['sxɪlfər] *m* scale; flake; ~*s op het hoofd* dandruff.
schilferen ['sxɪlfərə(n)] *vi* scale (off), peel [off], come off.
schilferig [-rəx] scaly.
schillen ['sxɪlə(n)] I *vt* pare [apples &]; peel [oranges, potatoes &]; II *vi* peel.
schilmesje ['sxɪlmɛʃə] *o* paring-knife, peeling-knife.
schim [sxɪm] *v* shadow, shade; ghost; *Chinese* ~*men* Chinese shades.
1 **schimmel** ['sxɪməl] *m* (paard) grey horse, F grey.
2 **schimmel** ['sxɪməl] *m* (uitslag) mould.
schimmelen ['sxɪmələ(n)] *vi* grow mouldy, mould.
schimmelig [-ləx] mouldy.
schimmenrijk ['sxɪmə(n)rɛik] *o het* ~ the land of shadows.
schimp [sxɪmp] *m* contumely, taunt, scoff.
schimpdicht ['sxɪmpdɪxt] *o* satire.
schimpen ['sxɪmpə(n)] *vi* scoff; ~ *op* scoff at, revile.
schimpnaam ['sxɪmpna.m] *m* nickname, sobriquet.
schimprede [-re.də] *v* invective, diatribe.
schimpscheut [-sxø.t] *m* gibe, taunt, jeer.
schinkel ['sxɪŋkəl] = **schenkel**.
schip [sxɪp] *o* I ⬥ ship, vessel; [canal] barge, boat; 2 nave [of a church]; *het* ~ *van staat* the ship of state; *schoon* ~ *maken* make a clean sweep (of it); settle accounts; *zijn schepen achter zich verbranden* burn one's boats; *een* ~ *op strand een baken in zee* ± one man's fault is another man's lesson.
schipbreuk ['sxɪpbrø.k] *v* shipwreck; ~ *lijden* I be shipwrecked; 2 *fig* fail; *zijn plannen hebben* ~ *geleden* his plans have miscarried, his plans were wrecked.
schipbreukeling [-brø.kəlɪŋ] *m* shipwrecked person, castaway.
schipbrug [-brûx] *v* bridge of boats, floating-bridge.
schipper ['sxɪpər] *m* bargeman, boatman; (gezagvoerder) master.
schipperen [-pərə(n)] *vi* temporize, tergiversate, trim; *hij zal het wel* ~ he is sure to arrange it.
schippersbaard [-pərsba:rt] *m* Newgate frill (fringe).
schippersbeurs [-bø:rs] *v* shipping-exchange.
schippershaak [-ha.k] *m* boat-hook.
schipperskind [-kɪnt] *o* bargeman's child; ~*eren* ook: barge children, boat children.
schippersknecht [-knɛxt] *m* bargeman's mate.
schisma ['sxɪsma.] *o* schism.
schitteren ['sxɪtərə(n)] *vi* shine [of light],

glitter [of the eyes], sparkle [of diamonds]; ~ *door afwezigheid* be conspicuous by one's absence.
schitterend [-rənt] I *aj fig* brilliant, glorious, splendid; II *ad* brilliantly &.
schittering [-rɪŋ] *v* glittering, sparkling; lustre; splendour.
schizofreen [sxi.dzo.'fre.n] *aj* & *m-v* schizophrenic.
schizofrenie [-fre.'ni.] *v* schizophrenia.
schlager ['ʃla.gər] *m* hit.
schmink [ʃmi.ŋk] *m* grease-paint; make-up.
schminken ['ʃmi.ŋkə(n)] *vt* & *vr* make up.
schobbejak ['sxòbəjɑk] *m* scalawag, scamp, rogue.
schoeien ['sxu.jə(n)] *vt* shoe; zie ook: **leest**.
schoeisel ['sxu:isəl] *o* shoes, ⨳ foot-wear.
schoelje ['sxu.ljə] *m* P rascal, scamp.
schoen [sxu.n] *m* I (in 't alg. & laag) shoe; 2 (hoog) boot; *de stoute* ~*en aantrekken* pluck up courage; *ik zou niet graag in zijn* ~*en staan* I should not like to be in his shoes; *vast in zijn* ~*en staan* stand firm in one's shoes; *met loden* ~*en* zie *loden*; *wie de* ~ *past, trekke hem aan* whom the cap fits, let him wear it; *men moet geen oude* ~*en weggooien vóór men nieuwe heeft* one should not throw away old shoes before one has got new ones.
schoenborstel ['sxu.nbòrstəl] *m* shoe-brush, blacking-brush.
schoenenwinkel [-ʋɪŋkəl] = **schoenwinkel**.
schoener ['sxu.nər] *m* ⬥ schooner.
schoengesp [-gɛsp] *m* & *v* shoe-buckle.
schoenhoorn, **-horen** [-ho:rən] *m* shoe-horn.
schoenlapper [-lɑpər] *m* cobbler.   [shoe-lift.
schoenlepel [-le.pəl] *m* zie *schoenhoorn*.
schoenmaker [-ma.kər] *m* shoemaker; ~ *blijf bij je leest* let the cobbler stick to his last.
schoenmakerij [sxu.nma.kə'rɛi] *v* I shoemaking, shoemaker's trade; 2 shoemaker's shop.
schoenpoetser ['sxu.npu.tsər] *m* (op straat) shoe-black, boot-black; (in een hotel) boots.
schoensmeer [-sme:r] *o* & *m* blacking, boot-polish.
schoenveter [-ve.tər] *m* boot-lace, shoe-lace.
schoenwinkel [-ʋɪŋkəl] *m* shoe-shop.
schoenzool [-zo.l] *v* sole of a shoe.
schoep [sxu.p] *v* I paddle-board, paddle; 2 **schoffel** ['sxòfəl] *v* hoe.   [blade.
schoffelen [-fələ(n)] *vt* hoe.
1 **schoft** [sxoft] *m* scoundrel, rascal, scamp.
2 **schoft** [sxoft] *v* withers [of a horse].
schoftachtig ['sxoftɑxtəx] zie *schofterig*.
schofterig [-tərəx] scoundrelly, rascally.
schoftje ['sxofjə] *o* street arab.
schok [sxok] *m* I (in 't alg.) shock; 2 (v. rijtuig) jolt, jerk; 3 (hevig) impact; concussion, convulsion; *het heeft hem een* ~ *gegeven* it has shaken his health; *een* ~ *krijgen* receive a shock[2].
schokbreker ['sxokbre.kər] *m* ⚒ shock-absorber.
schokbuis [-bœys] *v* ⨳ percussion-fuse.
schokken ['sxokə(n)] I *vt* shake[2], convulse[2], jerk; *zijn krediet (vertrouwen) is geschokt* his credit (faith) is shaken; *de zenuwen* ~ shatter the nerves; *een* ~*de gebeurtenis* a startling event; II *v* shake, jolt, jerk.
schokschouderen ['sxòksxoudərə(n)] *vi* shrug one's shoulders.
schol [sxol] I *m* ⟨✺⟩ plaice ‖ 2 *v* floe [of ice].
scholastiek [sxo.lɑs'ti.k] I *v* scholastic theology, scholasticism; 2 *m RK* scholastic.
scholekster ['sxolɛkstər] *v* ⟨✺⟩ oyster-catcher.
scholen ['sxo.lə(n)] *vt* I *vi* shoal [of fish]; flock together ‖ *vt* train; zie ook: *geschoold*.
scholengemeenschap [-gəme.nsxɑp] *v* compre-

hensive school.
scholier [sxo.'li:r] *m* pupil, schoolboy.
scholierster [-stər] *v* pupil, schoolgirl.
scholing ['sxo.lɪŋ] *v* training.
schommel ['sxòməl] *m* & *v* swing.
schommelen ['sxòmələ(n)] I *vi* 1 (op schommel) swing; 2 (v. slinger) swing, oscillate; 3 (op schommelstoel) rock; 4 (v. schip) roll; 5 (met het lichaam) wobble, waddle; 6 *fig* (v. prijzen) fluctuate; *met de benèn* ~ swing one's legs; II *vt* swing, rock [a child].
schommeling [-lɪŋ] *v* swinging, oscillation, fluctuation.
schommelstoel ['sxòmməlstu.l] *m* rocking-chair.
schoof [sxo.f] *v* sheaf; *aan schoven zetten, in schoven binden* sheave.
schooien ['sxo.jə(n)] *vi* beg.
schooier [-jər] *m* 1 ragamuffin; 2 beggar, tramp, vagrant; ~! rascal!
school [sxo.l] *v* 1 school; academy, college; 2 shoal [of herrings]; *de* ~ ook: the schoolhouse; *bijzondere* ~ 1 private school; 2 denominational school; *lagere* ~ primary (elementary) school; *middelbare* ~ secondary school; *militaire* ~ military academy (college); *neutrale* ~ secular (unsectarian) school; *openbare* ~ State primary school; *de Parijse* (*schilder*)~ the school of Paris; ~ *met de Bijbel* denominational school for orthodox Protestants; ~ *gaan* go to school; *toen ik nog* ~ *ging* when I was at school; *we hebben geen* ~ *vandaag!* no school to-day!; ~ *houden* keep in [a pupil]; *een* ~ *houden* have a school; *naar* ~ *gaan* go to school; *op* ~ at school; *waar ben je op* ~? where are you going to school?; *een jongen op* ~ *doen* put a boy to school; *daarvoor moet je bij hem ter* ~ *gaan* for that you have to go to school to him; *van* ~ *gaan* leave school.
schoolarts ['sxo.larts] *m* school medical officer, school doctor.
schoolatlas [-atlas] *m* school atlas.
schoolbank [-baŋk] *v* form [long, without back]; desk [for one or two, with back].
schoolbehoeften [-bəhu.ftə(n)] *mv* school necessaries.
schoolbestuur [-bəsty:r] *o* school management.
schoolbezoek [-bəzu.k] *o* 1 (v. d. leerlingen) school attendance; 2 (v. d. overheid) inspection, visit.
schoolbibliotheek [-bi.bli.o.te.k] *v* school library.
schoolblijven [-blɛivə(n)] *vi* stay in (after hours), be kept in; *het* ~ detention; *twee uur* ~ two hours' detention.
schoolboek [-bu.k] *o* school-book, class-book.
schoolbord [-bort] *o* blackboard.
schooldag [-dax] *m* school-day.
schoolexamen [-ɛksa.mə(n)] *o* school examination.
schoolgebouw [-gəbou] *o* schoolhouse.
schoolgeld [-gɛlt] *o* school fee.
schoolgeleerdheid [-gələ:rthɛit] *v* book-learning.
schoolhoofd [-ho.ft] *o* head of a school, headmaster.
schooljaar [-ja:r] *o* scholastic year, school-year; *in mijn schooljaren* in my school-days (school-time).
schooljeugd [-jə.xt] *v de* ~ the school-children.
schooljongen [-jòŋə(n)] *m* schoolboy.
schooljuffrouw [-jûfrou] *v* school-mistress, teacher.
schoolkameraad [-ka.məra.t] *m* zie *schoolmakker*.
schoolkennis [-kɛnəs] *v* scholastic knowledge.
schoolkind [-kɪnt] *o* school-child.
schoollokaal ['sxo.lo.ka.l] *o* class-room.
schoolmakker ['sxo.lmakər] *m* school-fellow,

schoolmate.
schoolmeester [-me.stər] *m* schoolmaster; *fig* pedant.
schoolmeesterachtig [-axtəx] *aj* (& *ad*) pedantic(ally).
schoolmeesterachtigheid [-hɛit] *v* pedantry.
schoolmeisje ['sxo.lmɛiʃə] *o* schoolgirl.
schoolonderwijs [-òndərvɛis] *o* school-teaching.
schoolopziener [-òpsi.nər] *m* school-inspector.
schoolplicht [-plɪxt] *m* & *v* compulsory school attendance.
schoolplichtig [sxo.l'plɪxtəx] in: ~*e leeftijd* compulsory school age; *verhoging van de* ~*e leeftijd* raising of the school-leaving age.
schoolreisje ['sxo.lrɛiʃə] *o* school journey.
schools [sxo.ls] scholastic; ~*e geleerdheid* book-learning.
schoolschrift ['sxo.ls(x)rɪft] *o* exercise-book.
schoolslag [-slax] *m* breast-stroke [in swimming].
schooltas [-tas] *v* (school-)satchel.
schooltijd [-tɛit] *m* school-time; *buiten* ~ out of school; *na* ~ when school is over; *onder* ~ during lessons.
schoolverzuim [-vərzœym] *o* non-attendance, absenteeism.
schoolvos [-vos] *m* pedant, pedagogue.
schoolvosserij [sxo.lvòsə'rɛi] *v* pedantry.
schoolwerk ['sxo.lvɛrk] *o* task for school, home tasks.
schoolwezen [-ve.zə(n)] *o* public education.
schoolziek [-zi.k] in: ~ *zijn* sham illness.
schoolziekte [-tə] *v* sham illness, feigned illness.
1 schoon [sxo.n] I *aj* 1 (zindelijk) clean; pure; 2 (mooi) beautiful, handsome, fair, fine; II *sb* in: *een schone* a belle, a beauty, a fair one, a beautiful woman &; *het schone* the beautiful; III *ad* 1 clean(ly); 2 beautifully; *het is* ~ *op* it is all gone, clean gone.
2 schoon [sxo.n] *cj* though, although.
schoonbroeder [-broer ['sxo.nbru.(də)r] *m* brother-in-law.
schoondochter [-dòxtər] *v* daughter-in-law.
schoonheid [-hɛit] *v* beauty.
schoonheidsinstituut [-ɪnsti.ty.t] *o* beauty parlour.
schoonheidskoningin [-ko.nəŋɪn] *v* beauty queen.
schoonheidsleer [-le:r] *v* aesthetics.
schoonheidsmiddel [-mɪdəl] *o* cosmetic.
schoonheidssalon [-hɛitsa.lòn] *m* & *o* beauty parlour.
schoonheidswedstrijd [-hɛitsvɛtstrɛit] *m* beauty competition, beauty contest.
schoonheidszin [-hɛitsɪn] *m* aesthetic sense, sense of beauty.
schoonhouden [-hou(də)n] *vt* keep clean.
schoonklinkend [-klɪŋkənt] fine-sounding.
schoonmaak [-ma.k] *m* clean-up, (house-)cleaning; (*de*) *grote* ~ (*in het voorjaar*) spring-cleaning; *grote* ~ *houden* 1 *eig* spring-clean; 2 *fig* make a clean sweep.
schoonmaakster [-stər] *v* charwoman, cleaning woman.
schoonmaaktijd [-tɛit] *m* cleaning-time.
schoonmaken ['sxo.nma.kə(n)] *vt* clean.
schoonmoeder [-mu.dər] *v* mother-in-law.
schoonouders [-oudərs] *mv* parents-in-law.
schoonrijden [-rɛidə(n)] *o* (op schaatsen) figure-skating.
schoonschijnend [-sxɛinənt] specious, plausible.
schoonschrift ['sxo.ns(x)rɪft] *o* 1 calligraphic writing; 2 copy-book.
schoonschrijver [-s(x)rɛivər] *m* calligrapher, penman.
schoonvader [-va.dər] *m* father-in-law.
schoonvegen [-ve.gə(n)] *vt* sweep clean; clear [the streets, by the police].
schoonwassen [-vasə(n)] *vt* wash; *fig* white-

wash.

schoonzoon [-zo.n] *m* son-in-law.

schoonzuster [-zûstər] *v* sister-in-law.

schoor [sxo:r] *m* △ buttress, stay, strut, prop, support.

schoorbalk ['sxo:rbɑlk] *m* summer.

schoorsteen [-ste.n] *m* 1 chimney, (chimney-)stack [of a house]; 2 funnel [of a steamer]; *daar kan de ~ niet van roken* that won't keep the pot boiling.

schoorsteenmantel [-mɑntəl] *m* mantelpiece.

schoorsteenplaat [-pla.t] *v* hearth-plate.

schoorsteenveger [-ve.gər] *m* chimney-sweeper, sweep.

schoorsteenwissel [-vɪsəl] *m* ⚓ accommodation bill.

schoorvoetend ['sxo:rvu.tənt] reluctantly, hesitatingly.

schoot [sxo.t] *m* 1 lap; *fig* womb; 2 ⚓ sheet [of a sail]; 3 ✕ bolt [of a lock]; 4 ⚘ shoot, sprig; *de ~ der Kerk* the bosom of the Church; *de handen in de ~ leggen* fold one's arms; *het hoofd in de ~ leggen* give in, submit; *met de handen in de ~ zitten* sit with folded hands; *het wordt hun in de ~ geworpen* it is lavished upon them; *in de ~ der aarde* in the bowels of the earth; *zij had een boek op haar ~* she sat with a book on her lap; *het kind op moeders ~* the child in its mother's lap.

schoothondje ['sxo.thɔ̀ncə] *o* lap-dog, toy dog.

schootkindje [-kɪncə] *o* 1 baby; ◊ 2 favourite child, pet.

schootsafstand ['sxo.tsɑfstɑnt] *m* ✕ range.

schootsvel [-fɛl] *o* leather(n) apron.

schootsveld [-fɛlt] *o* ✕ field of fire.

1 **schop** [sxɔ̀p] *v* 1 shovel, spade; 2 (v. koren &) scoop.

2 **schop** [sxɔ̀p] *m* kick.

1 **schoppen** ['sxɔ̀pə(n)] I *vi* kick; *~ naar* kick at; II *vt* in: *herrie (lawaai) ~* kick up a row; *iemand een standje ~* zie *standje*.

2 **schoppen** ['sxɔ̀pə(n)] *v* ◊ spades; *~aas* ace of spades.

schor [sxɔr] hoarse, husky.

schorem ['sxo:rəm] I *o* zie *schorr(i)emorrie*; II *aj* shabby.

schoren ['sxo:rə(n)] *vt* shore up, buttress, support, prop.

schorheid ['sxorhɛit] *v* hoarseness.

schorpioen [sxɔrpi.'u.n] *m* ✶ scorpion.

schorr(i)emorrie ['sxɔri.məri., 'sxɔrəməri.] *o* rabble, riff-raff, tagrag and bobtail.

schors [sxɔrs] *v* bark.

schorsen ['sxɔrsə(n)] *vt* suspend [the sitting, an official], suspend [a lawyer] from practice.

schorseneel, schorseneer [sxɔrsə'ne.l, -'ne:r] *v* ❀ black salsify, scorzonera.

schorsing ['sxɔrsɪŋ] *v* suspension [of a meeting, an official].

schort [sxɔrt] *v* & *o* apron, [child's] pinafore.

schorten ['sxɔrtə(n)] *onp. ww.* in: *wat schort eraan?* what is the matter?

schot [sxɔt] *o* 1 shot, report [of a gun]; 2 partition [in room]; 3 bulkhead; *er komt ~ in* we are making headway; *een ~ doen* fire a shot; *~ geven* veer [a cable]; *~ en lot betalen* pay scot and lot; *binnen ~* within range; *buiten ~* out of range; *trachten buiten ~ te blijven* try to keep out of harm's way; *onder ~ krijgen* get within range; *ze zijn onder ~* they are within range; *geen ~ kruit waard* not worth powder and shot.

Schot [sxɔt] *m* Scotchman, Scotsman, Scot; *de ~ten* the Scotch, the Scots.

schotel ['sxo.təl] *m* & *v* dish; *vliegende ~* flying saucer.

schoteltje [-cə] *o* 1 (voor kop) saucer; 2 (eten) dish.

Schotland ['sxɔtlɑnt] *o* Scotland, ◯ Caledonia.

1 **schots** [sxɔts] *v* floe [of ice].

2 **schots** [sxɔts] *o* in: *~ en scheef door elkaar* higgledy-piggledy.

Schots [sxɔts] I *aj* Scotch, Scottish; II *o het ~* Scotch, Scots; III *v een ~e* a Scotchwoman.

schotschrift ['sxɔts(x)rɪft] *o* libel, lampoon.

schotwond(e) [-vὸnt, -vὸndə] *v* shot-wound, bullet-wound.

schouder ['sxoudər] *m* shoulder; *breed van ~s* broad-shouldered; *de ~s ophalen* shrug one's shoulders, give a shrug; *~ aan ~ staan* stand shoulder to shoulder; *over de ~ aanzien* give a person the cold shoulder.

schouderband [-bɑnt] *m* -bandje [-bɑncə] *o* shoulder-strap.

schouderbedekking [-bədεkɪŋ] *v* ✕ shoulder-strap.

schouderblad [-blɑt] *o* shoulderblade, § scapula [*mv* scapulae].

schoudergewricht ['sxoudərgəvrɪxt] *o* shoulder-joint.

schouderophalen [-ὸpha.lə(n)] *o* shrug (of the shoulders).

schout [sxout] *m* ⟨⟩ bailiff, sheriff.

schout-bij-nacht [-bεi'nɑxt] *m* ⚓ rear-admiral.

1 **schouw** [sxou] *v* chimney.

2 **schouw** [sxou] *m* inspection, survey.

3 **schouw** [sxou] *v* ⚓ scow.

schouwburg ['sxoubûrx] *m* theatre.

schouwburgbezoeker [-bəzu.kər] *m* theatregoer.

schouwburgpubliek [-py.bli.k] *o* theatre-going public.

schouwen ['sxɔuə(n)] *vt* inspect; ◯ view, behold; *een lijk ~* hold an inquest.

schouwing [-ɪŋ] *v* inspection.

schouwspel [-spεl] *o* spectacle, scene, sight, view.

schouwtoneel [-to.ne.l] *o* stage, scene, theatre.

schoven ['sxo.və(n)] *vt* sheave.

schraag ['s(x)ra.x] *v* trestle; support.

schraagpijler [-pεilər] *m* buttress.

schraal [s(x)ra.l] I *aj* 1 (personen) thin, gaunt; 2 (inkomen) slender [salary]; lean [purse]; 3 (spijs &) meagre [diet], poor, scanty, spare, slender; 4 (grond) poor; 5 (wind) bleak; II *ad* poorly, scantily.

schraalhans ['s(x)ra.lhɑns] *m* in: *hier is ~ keukenmeester* we are on short commons here.

schraalheid [-hεit] *v* poverty, thinness, scantiness &.

schraapijzer [-εizər] *o* scraper.

schraapsel [-səl] *o* scrapings.

schraapzucht [-sûxt] *v* stinginess, covetousness.

schraapzuchtig [s(x)ra.p'sûxtəx] scraping, stingy, covetous.

schrab [s(x)rɑp] *v* scratch.

schrabben ['s(x)rɑbə(n)] *vt* scratch, scrape [carrots].

schrabber [-bər] *m* **schrabijzer** ['s(x)rɑpεizər] *~mes* [-mes] *o* scraper.

schragen ['s(x)ra.gə(n)] *vt* support, prop, stay.

schram [s(x)rɑm] *v* scratch.

schrammen ['s(x)rɑmə(n)] I *vt* scratch, graze; II *vr* *zich ~* scratch oneself, graze one's skin.

schrander ['s(x)rɑndər] I *aj* clever, intelligent, sagacious, discerning; II *ad* cleverly, intelligently, sagaciously.

schranderheid [-hεit] *v* cleverness, intelligence, sagacity.

schransen ['s(x)rɑnsə(n)] *vi* gormandize; *zij waren aan het ~* they were stoking up (stuffing, cramming).

1 **schrap** [s(x)rɑp] *v* scratch; *er een ~ door halen* strike it out.

2 **schrap** [s(x)rɑp] *o* in: *zich ~ zetten* take a firm stand.

schrapen ['s(x)ra.pə(n)] *vt* scrape; *zich de keel*

~ clear one's throat.
schraper [-pər] *m* scraper.
schraperig [-pərəx] scraping, stingy, covetous.
schrappen ['s(x)rapə(n)] *vt* scrape [carrots &]; scale [fish]; strike out [a name]; cancel [a debt]; delete [a name, a passage]; *iemand van de lijst* ~ strike one off the list.
schrapping [-pɪŋ] *v* striking out [of a name]; deletion [of a passage, word]; cancellation [of a debt].
schrapsel ['s(x)rapsəl] *o* scrapings.
schrede ['s(x)re.də] *v* pace, step, stride; *de eerste* ~ *doen* take the first step; *zijn* ~*n wenden naar...* turn (bend) one's steps to...; *met rasse* ~*n* with rapid strides, fast.
schreef [s(x)re.f] *v* line, scratch; *buiten de* ~ *gaan* go over the line, exceed the bounds; *hij heeft een* ~*je vóór* he is the favourite.
schreeuw [s(x)re:u] *m* cry, shout, screech; *een* ~ *geven* give a cry.
schreeuwen ['s(x)re.və(n)] *vi* cry, shout, bawl; ~ *als een mager varken* F squeal like a (stuck) pig; (*er*) *om* ~ ook: clamour for it; *hij schreeuwt voordat hij geslagen wordt* he cries out before he is hurt; *zich hees* ~ cry oneself hoarse.
schreeuwend [-vənt] crying² [injustice]; ~*e kleuren* loud colours.
schreeuwer [-vər] *m* bawler; *fig* braggart.
schreeuwerig [-vərəx] screaming [voice &]; *fig* clamorous [persons]; loud [colours]; vociferous [speeches].
schreeuwlelijk ['s(x)re:ule.lək] *m* 1 bawler; 2 (huilebalk) cry-baby.
schreien ['s(x)reiə(n)] *vi* weep, cry; ~ *om...* weep for...; *ten hemel* ~ cry (aloud) to Heaven; *tot* ~*s toe bewogen* moved to tears; ~ *van...* weep for (with) [joy].
schreier [-ər] *m* —**ster** [-stər] *v* weeper, crier.
schriel [s(x)ri.l] I *aj* (gierig) stingy, mean, niggardly; II *ad* stingily, meanly, niggardly; zie ook: **schraal**.
schrielhannes ['s(x)ri.lhanəs] *m* niggard, skin-flint.
schrielheid [-heit] *v* (gierigheid) stinginess, meanness, niggardliness; zie ook: **schraalheid**.
schrift [s(x)rɪft] *o* 1 (het geschrevene) writing; [Arabic, Latin] script; 2 (schrijfboek) exercise-book; (voor schoonschrift) copybook; *op* ~ in writing; *op* ~ *brengen* put [it] in writing.
Schrift [s(x)rɪft] *v de (Heilige)* ~ Holy Writ, (Holy) Scripture, the Scriptures.
schriftelijk ['s(x)rɪftələk] I *aj* written, in writing; ~*e cursus* correspondence course; II *ad* in writing; by letter; III *o* in: *het* ~ the written work (of an examination).
schriftgeleerde ['s(x)rɪftʃəle:rdə] *m* scribe.
schriftuur [s(x)rɪf'ty:r] *v* writing, document; *de S*~ Scripture.
schriftuurlijk [-lək] scriptural.
schrijden ['s(x)reidə(n)] *vi* stride.
schrijfbehoeften ['s(x)reifbəhu.ftə(n)] *mv* writing-materials, stationery.
schrijfblok [-blok] *o* writing-block.
schrijfboek [-bu.k] *o* exercise-book; (voor schoonschrift) copy-book.
schrijfbureau [-by.ro.] *o* desk, writing-table.
schrijffout ['s(x)reifout] *v* clerical error, slip of the pen.
schrijfgerei ['s(x)reifgərei] *o* writing-materials.
schrijfinkt [-ɪŋ(k)t] *m* writing-ink.
schrijfkramp [-kramp] *v* writer's cramp.
schrijfles [-les] *v* writing-lesson.
schrijfletter [-lɛtər] *v* written character; ~*s* script.
schrijfmachine [-ma.ʃi.nə] *v* typewriter.
schrijfmachinelint [-lɪnt] *o* typewriter ribbon.

schrijfmap ['s(x)reifmap] *v* writing-case.
schrijfpapier [-pa.pi:r] *o* writing-paper.
schrijfster [-stər] *v* (woman) writer, authoress.
schrijftaal [-ta.l] *v* written language.
schrijftafel [-ta.fəl] *v* writing-table.
schrijfwerk ['s(x)reifverk] *o* clerical work, writing.
schrijfwijs, -wijze [-veis, -veizə] *v* manner (style) of writing.
schrijfwoede [-vu.də] *v* mania for scribbling.
schrijlings ['s(x)reilɪŋs] astride [his father's knee], astraddle (of *op*); [stand] straddle-legged.
schrijn [s(x)rein] *o* & *m* chest, cabinet; (v. relikwieën) shrine.
schrijnen ['s(x)reinə(n)] *vt* graze, abrade [the skin]; ~*d leed* bitter grief; ~*de pijn* smarting pain; ~*de tegenstelling*, ~*d verhaal* poignant contrast (story).
schrijnwerker [-verkər] *m* joiner.
schrijven ['s(x)reivə(n)] I *vt* write; *dat kan je op je buik* ~ P you may whistle for it; II *vi* & *va* write; ~ *aan* write to; *hij schrijft in de krant* he writes in a paper (for the papers); ~ *op een advertentie* answer an advertisement; *hij schrijft over de oorlog* he writes about the war; *hij heeft over Byron geschreven* he has written on Byron; *er staat geschreven* it is written; III *vr zich* ~ sign oneself [John Jones]; IV *o* in: *ons laatste* ~ our last letter; *uw* ~ *van de 20ste* your letter, your favour of the 20th inst.
schrijver [-vər] *m* writer [of a letter, books &]; author [of a treatise, books &]; clerk, copyist [in an office].
schrijverij [s(x)reivə'rei] *v* writing, scribbling.
schrik [s(x)rɪk] *m* fright, terror; *de* ~ *'t dorp* the terror of the village; *iemand* ~ *aanjagen* give one a fright, terrify one; *er de* ~ *inbrengen* put the fear of God into them; *een* ~ *krijgen* get a fright; *met* ~ *vervullen* strike terror into; *met* ~ *wakker worden* start from one's sleep; *het van* ~ *besterven* be frightened to death.
schrikaanjagend ['s(x)rɪka.nja.gənt] terrifying.
schrikachtig [-axtəx] easily frightened, F jumpy.
schrikachtigheid [-heit] *v* jumpiness.
schrikbarend [s(x)rɪk'ba:rənt] I *aj* frightful, fearful, dreadful, F awful; II *ad* frightfully, fearfully, dreadfully, F awfully.
schrikbeeld ['s(x)rɪkbe.lt] *o* terror, bogy.
schrikbewind [-bəvɪnt] *o* (Reign of) Terror.
schrikdraad [-dra.t] *m* electric (wire) fence.
schrikkeldag ['s(x)rɪkəldax] *m* intercalary day.
schrikkeljaar [-ja:r] *o* leap-year.
schrikkelmaand [-ma.nt] *v* February.
schrikken ['s(x)rɪka(n)] I *vi* be frightened; (*op* ~) start, give a start; *iemand doen* ~ give one a fright, frighten one, startle one; *hij ziet eruit om van te* ~ his looks simply frighten you; ~ *voor...* take fright at; II *vr* in: *zich dood (een aap &)* ~ F be frightened to death.
schrikwekkend [s(x)rɪk'vekənt] terrifying, terrific, appalling.
schril [s(x)rɪl] I *aj* shrill, strident [sounds]; glaring [light, colours, contrast]; II *ad* shrilly, stridently; glaringly.
schrobben ['s(x)robə(n)] *vt* scrub, scour [the floor].
schrobber [-bər] *m* scrubbing-brush, scrubber.
schrobbering [s(x)rò'be:rɪŋ] *v* F dressing-down, scolding, trimming.
schroef [s(x)ru.f] *v* 1 screw; 2 (bank)~ vice; 3 ♩ screw, (screw) propeller; 4 ✈ airscrew, propeller; 5 ♪ peg [of a violin]; ~ *van Archimedes* Archimedean screw; ~ *zonder eind* endless screw; ~ *en moer* male and female screw; *de* ~ *wat aandraaien* turn the screw²; *alles staat op losse schroeven* everything is un-

settled.
schroefas ['s(x)ru.fɑs] *v* ⚙ propeller-shaft.
schroefbank [-bɑŋk] *v* ⚒ vice-bench.
schroefblad [-blɑt] *o* propeller-blade.
schroefboor [-bo:r] *v* ⚒ screw-auger.
schroefboot [-bo.t] *m* & *v* screw steamer.
schroefbout [-bɑut] *m* ⚒ screw-bolt.
schroefdraad [-dra.t] *m* ⚒ screw-thread.
schroefmoer [-mu:r] *v* ⚒ nut, female screw.
schroefsleutel ['s(x)ru.fslø.təl] *m* ⚒ monkey-wrench, spanner.
schroefsluiting [-slœytɪŋ] *v* screw-cap; *fles met* ~ screw-stoppered bottle.
schroefvliegtuig ['s(x)ru.fli.xtœyx] *o* 🛪 propeller plane.
schroeien ['s(x)ru.jə(n)] I *vt* scorch [the grass &]; singe [one's dress, one's hair]; scald [a pig]; cauterize [a wound]; II *vi* get singed.
schroevedraaier ['s(x)ru.vədra.jər] *m* ⚒ screwdriver, turnscrew.
schroeven [-və(n)] *vt* screw.
schrokken ['s(x)rɔkə(n)] I *vi* eat gluttonously, bolt (wolf down) one's food, guzzle; II *vt het naar binnen* ~ bolt it down.
schrokker(d) [-kər(t)] *m* glutton.
schrokk(er)ig [-k(ər)əx] I *aj* gluttonous, greedy; II *ad* gluttonously, greedily.
schrokk(er)igheid [-heit] *v* gluttony, greediness.
schromelijk ['s(x)ro.mələk] I *aj* gross [exaggeration &], < frightful, awful; II *ad* grossly [exaggerated &], greatly, grievously, sorely [mistaken], < frightfully, awfully.
schromen [-mə(n)] *vt* fear, dread, hesitate.
schrompelen ['s(x)rɔmpələ(n)] *vi* shrivel (up).
schrompelig [-ləx] shrivelled, wrinkled.
schroom [s(x)ro.m] *m* diffidence, fear, dread, scruple.
schroomvallig [s(x)ro.m'vɑləx] *aj* (& *ad*) diffident(ly), timorous(ly).
schroomvalligheid [-heit] *v* diffidence, timidity, timorousness.
schroot [s(x)ro.t] *o* 1 ✕ grape-shot; ⚒ case-shot; 2 ⚒ (ijzerafval) scrap.
schub(be) [sxʉp, 'sxʉbə] *v* scale [of a fish].
schubben ['sxʉbə(n)] *vt* scale [a fish].
schubbig [-bəx] scaly.
schuchter ['sxʉxtər] I *aj* timid, timorous, shy, bashful, coy; II *ad* timidly &.
schuchterheid [-heit] *v* timidity, timorousness, shyness, bashfulness, coyness.
schuddebollen ['sxʉdəbɔlə(n)] *vi* nid-nod, niddle-noddle.
schudden ['sxʉdə(n)] I *vt* shake [one's head, a bottle, hands with a person]; shuffle [the cards]; *iemand door mekaar* ~ F shake a person up, give him a good shaking; II *vi* 1 (in 't alg.) shake; 2 (v. rijtuig) jolt; ~ *vóór het gebruik* to be shaken before taking it; *hij schudde met het hoofd (van neen)* he shook his head; *dat deed het hele huis* ~ it shook the house; *hij schudde van het lachen* he was convulsed with laughter; *het gebouw schudde op zijn grondvesten* the building shook to its foundations.
schuier ['sxœyər] *m* brush.
schuieren [-ərə(n)] *vt* brush.
schuif [sxœyf] *v* slide; sliding-lid [of a box]; bolt [of a door]; slide [of a magic lantern &]; damper [of a stove].
schuifblad ['sxœyfblɑt] *o* extra leaf [of a table].
schuifdak [-dɑk] *o* sliding-roof.
schuifdeur [-dø:r] *v* sliding-door.
schuifelen ['sxœyfələ(n)] *vi* 1 shuffle, shamble; 2 (v. slang) hiss.
schuifgordijn ['sxœyfɡɔrdɛin] *o* curtain.
schuifklep [-klep] *v* ⚒ slide-valve.
schuifladder [-lɑdər] *v* extending ladder, extension ladder.
schuifla(de) [-la.(də)] *v* drawer.

schuifraam [-ra.m] *o* sash-window.
schuiftrompet [-trɔmpet] *v* ♪ trombone.
schuilen ['sxœylə(n)] *vi* 1 take shelter, shelter (from *voor*); 2 hide; *daar schuilt wat achter* there is something behind it, something at the bottom; *de moeilijkheid schuilt in...* the difficulty lies (consists, rests) in...; *onder een boom* ~ flee for shelter under a tree.
schuilevinkje [-ləvɪŋkjə] *o* hide-and-seek; ~ *spelen* play at hide-and-seek.
schuilgaan ['sxœylɡa.n] *vi* hide [of the sun].
schuilhoek [-hu.k] *m* hiding-place.
schuilhouden [-hɑudə(n)] *zich* ~ hide, be in hiding, keep in the shade, S lie low.
schuilkelder [-keldər] *m* underground shelter.
schuilnaam [-na.m] *m* (inz. v. schrijver) pen-name, pseudonym; (v. spion &) assumed name.
schuilplaats [-pla.ts] *v* hiding-place; shelter; refuge, asylum; *bomvrije* ~ ✕ dug-out; bombproof shelter; *een* ~ *zoeken bij...* take shelter with, flee for shelter to... '
schuim [sxœym] *o* foam [of liquid in fermentation or agitation], of saliva or perspiration]; froth [of liquid, beer &]; lather [of soap]; dross [of metals]; scum[2] [of impurities rising to the surface in boiling]; *fig* offscourings, scum, dregs [of the people]; *het* ~ *staat hem op de mond* he foams at the mouth.
schuimbekken ['sxœymbekə(n)] *vi* foam at the mouth; ~*d van woede* foaming with rage.
schuimblusser [-blʉsər] *m* foam extinguisher.
schuimen ['sxœymə(n)] I *vi* 1 foam [of water, the mouth &]; froth [of beer]; lather [of soap]; 2 (klaplopen) sponge; *op zee* ~ scour the seas; II *vt* skim [soup &].
schuimig [-məx] foamy, frothy.
schuimkop ['sxœymkɔp] *m* crest [of waves].
schuimpje [-pjə] *o* meringue.
schuimplastiek [-plɑsti.k] *o* foam(ed) plastic.
schuimrubber [-rʉbər] *m* & *o* foam rubber.
schuimspaan [-spa.n] *v* skimmer.
schuin [sxœyn] I *aj* slanting, sloping [wall &]; oblique [bearing, course, line, winding &]; inclined [plane]; bevel [edge]; *fig* broad, obscene [stories, song, jokes]; *de* ~*e zijde (van een driehoek)* the hypotenuse; II *ad* aslant, slantingly &; awry; askew; ~ *aanzien* look askance at[2]; *het* ~ *houden* tilt it, slant it, slope it; ~ *tegenover* nearly opposite.
schuinheid ['sxœynheit] *v* obliqueness, obliquity; *fig* obscenity.
schuinschrift ['sxœyns(x)rɪft] *o* sloping (slanting) writing.
schuinte [-tə] *v* obliquity, slope; *in de* ~ aslant.
schuit [sxœyt] *v* boat, barge; zie ook: *schuitje*.
schuitje ['sxœycə] *o* 1 ⚓ (little) boat; 2 (v. ballon) car, basket; 3 ⚒ pig, sow [of tin]; *we zitten in 't* ~ *en moeten meevaren* in for a penny in for a pound; *we zitten allemaal in hetzelfde* ~ we are all in the same boat.
schuitjevaren [-va:rə(n)] *vi* boat, be boating.
schuitvormig ['sxœytfɔrməx] boat-shaped.
schuiven ['sxœyvə(n)] I *vt* shove, push [a chair &]; slip [a ring off one's finger]; opium ~ smoke opium; *de grendel op de deur* ~ shoot the bolt; *de schuld op een ander* ~ lay the guilt at another man's door, lay the blame on someone else; *iets van zijn hals* ~ shift the responsibility & upon another man's shoulders, rid oneself of something; II *vi* slide, slip.
schuiver [-vər] *m* F lurch; *een* ~ *maken* give a lurch || zie ook: *opiumschuiver*.
schuld [sxʉlt] *v* 1 (in geld) debt; 2 (fout) fault, guilt; *achterstallige* ~ arrears; *kwade* ~*en* bad debts; *lopende* ~ outstanding (running, current) debt; *het is mijn* ~ *(niet)* it is (not) my fault, the fault is (not) mine; *wiens*

~ *is het?* whose fault is it?, who is to blame?; *het weer was ~ dat...* it was owing to the weather that...; ~ *bekennen* plead guilty; ~ *belijden* confess one's guilt; *iemand de ~ van iets geven* lay (throw) the blame on a person, blame a person for a thing; ~ *hebben* 1 (s c h u l d i g z ij n) be guilty; 2 (v e r s c h u l d i g d z ij n) owe (money); *wie heeft ~?* who is to blame?; ~ *hebben aan iets* be a party to it; *gewoonlijk krijg ik de ~* usually I am blamed; *~en maken* contract debts, run into debt; *de ~ op zich nemen* take the blame upon oneself; *vergeef ons onze ~en* B forgive us our trespasses; *buiten mijn ~* through no fault of mine; *door uw ~* through your fault.

schuldbekentenis ['sxŭltbəkεntənıs] v 1 confession of guilt; 2 S I O U, bond.

schuldbelijdenis [-lεidənıs] v confession of guilt.

schuldbesef [-sεf] o sense of guilt, consciousness of (his, her) guilt.

schuldbewijs [-vεis] o zie *schuldbekentenis* 2.

schuldbewust [-vŭst] I aj guilty; II ad guiltily.

schuldbrief ['sxŭltbri.f] m S debenture.

schulddelging [-dεlɣıŋ] v S debt redemption.

schuldeiser [-εisər] m S creditor.

schuldeloos ['sxŭldəlo.s] guiltless, innocent.

schuldeloosheid [sxŭldə'lo.shεit] v guiltlessness, innocence.

schuldenaar ['sxŭldəna:r] m ~nares [sxŭldəna:'rεs] v S debtor.

schuldgevoel ['sxŭltɣəvu.l] o guilt feeling, feeling of guilt.

schuldig ['sxŭldəx] I aj guilty (of *aan*), culpable; *zijn~e plicht* his bounden duty; ~ *zijn* 1 (s c h u l d h e b b e n) be guilty; 2 (t e b e t a l e n h e b b e n) owe; *ik ben u nog wat ~* I owe you a debt; *ik ben niemand iets ~* I owe no one any money; *ik ben u nog enige lessen ~* I still owe you for a few lessons; *het antwoord ~ blijven* not make an answer; *het antwoord niet ~ blijven* be ready with an answer; *het bewijs ~ blijven* fail to prove that...; *zich ~ maken aan* render oneself guilty of; *hij is des doods ~* he deserves death; *het ~ uitspreken over* condemn, find [one] guilty; II sb in: *de ~e* the guilty party, the culprit.

schuldvernieuwing ['sxŭltfərni.vıŋ] v S renewal of a debt.

schuldvordering [-fordərıŋ] v claim.

schulp [sxŭlp] v shell; *in zijn ~ kruipen* draw in one's horns.

schulpen ['sxŭlpə(n)] vt scallop.

schunnig ['sxŭnəx] I aj mean, shabby, shady, scurvy; II ad meanly &.

schunnigheid [-hεit] v meanness.

schuren ['sxy:rə(n)] I vt 1 scour [a kettle &]; 2 chafe [the skin]; II va scour; III vi in: *over het zand ~* grate over the sand.

schurft [sxŭrft] v & o scabies, itch [of man]; scab [of sheep]; mange [of horses].

schurftig ['sxŭrftəx] scabby, mangy.

schuring ['sxy:rıŋ] v friction.

schurk [sxŭrk] m rascal, rogue, scoundrel, scamp, knave, villain.

schurkachtig ['sxŭrkaxtəx] rascally, scoundrelly, knavish, villainous.

schurkachtigheid [-hεit] v rascality, villainy, knavishness.

schurkenstreek ['sxŭrkə(n)stre.k] m & v ~stuk [-stŭk] o schurkerij [sxŭrkə'rεi] v roguery, (piece of) villainy, piece of knavery, knavish trick.

schut [sxŭt] o (s c h e r m) screen; (s c h u t t i n g) fence; (s c h o t) partition.

schutblad ['sxŭtblat] o 1 (v. b o e k) fly-leaf; endpaper; 2 ‡ bract.

schutbord [-bort] o ⇒ ⇛ dash-board.

schutdeur [-dø:r] v lock-gate, floodgate.

schutgeld [-ɣεlt] o 1 (v o o r v e e) poundage; 2 (v o o r s c h e p e n) lockage.

schutkleur(en) [-klø:r(ə(n))] v (mv) protective coloration.

schutkolk [-kolk] v lock-chamber.

schutsengel ['sxŭtsεŋəl] m guardian angel.

schutsheer [-he:r] m patron.

schutsluis ['sxŭtslœys] v lock.

schutspatroon ['sxŭtspa.tro.n] m ~patrones [-pa.tro.nεs] v patron saint.

schutstal ['sxŭtstal] m pound.

schutsvrouw ['sxŭtsfrou] v patroness.

schutten ['sxŭtə(n)] vt 1 (v a n v e e) pound; 2 (v. s c h e p e n) lock (through).

schutter [-tər] m 1 marksman; ✕ [air-, machine-]gunner; 2 ⑩ soldier of the Civic guard; *de Schutter* ✳ Sagittarius.

schutterig [-tərəx] aj (& ad) awkward(ly).

schutting ['sxŭtıŋ] v fence; hoarding [in the street, for advertisement].

schuur [sxy:r] v 1 barn [for corn]; 2 shed.

schuurborstel ['sxy:rbɔrstəl] m scouring-brush.

schuurlap [-lap] m scouring-cloth.

schuurlinnen [-lınə(n)] o emery-cloth.

schuurmiddel [-mıdəl] o abrasive.

schuurpapier [-pa.pi:r] o emery-paper.

schuurzand [-zant] o scouring-sand.

schuw [sxy:u] aj (& ad) shy(ly), timid(ly), bashful(ly).

schuwen ['sxy.və(n)] vt shun [a man, bad company &]; eschew [action, kind of food &]; *iets ~ als de pest* shun (avoid) it like the plague.

schuwheid ['sxy:uhεit] v shyness, timidity, bashfulness.

scooter ['sku.tər] m (motor) scooter.

scorebord [-bort] o score-board.

scoren ['sko:rən] vi & vt score.

scribent [skri.'bεnt] m scribbler.

scrupule [skry.'py.lə] v scruple.

scrupuleus [-py.'lø.s] scrupulous.

seance [se.'ãsə] v séance.

Sebastiaan [se.'basti.a.n] m Sebastian.

secondair [səkõn'dε:r] secondary.

secondant [-'dant] m 1 assistant master [in a boarding-school]; 2 second [in a duel]; 3 bottle-holder [at a prize-fight].

secondante [-'dantə] v assistant teacher.

seconde [sə'kõndə] v second.

seconderen [səkõn'de:rə(n)] vt second.

secondewijzer [sə'kõndəvεizər] m second(s) hand.

secretaire [səkre.'tε:rə] m writing-desk, secretary.

secretaresse [sıkrətɑ.'rεsə] v (lady) secretary.

secretariaat [-ri.'a.t] o secretaryship, secretariat.

secretarie [-'ri.] v 1 secretary's office, Secretariat; 2 (v. d. g e m e e n t e) town clerk's office.

secretaris [sıkrə'ta.rəs] m 1 (in 't a l g.) secretary; 2 (v. d. g e m e e n t e) town clerk.

secretaris-generaal [-ta:rəsgə.nə'ra.l] m 1 permanent under-secretary [of a ministry]; 2 secretary-general [of UNO &].

sectie ['sεksi.] v 1 section; 2 (v. lijk) dissection, post-mortem (examination); 3 ✕ platoon.

sector ['sεktər] m sector.

seculair [se.ky.'lε:r] secular.

secularisatie [-la:ri.'za.(t)si.] v secularization.

seculariseren [-'ze:rə(n)] vt secularize.

secundair [səkŭn'de:r] = *secondair*.

securiteit [səky.ri.'tεit] v security; *voor alle ~* to be on the safe side, for safety's sake.

secuur [sə'ky:r] I aj accurate, precise; II ad accurately, precisely; *het ~ weten* know it positively.

sedert ['se.dərt] I prep since; ~ *enige dagen*

for some days past; ~ mijn komst since my arrival; II ad since; ik heb hem ~ niet meer gezien I have not seen him since; III cj since.
sedertdien [se.dər'di.n] since.
segment [sɛx'mɛnt] o segment.
segrijn [sə'grɛin] o shagreen.
segrijnen [sə'grɛinə(n)] aj shagreen.
segrijnle(d)er [sə'grɛinle:r, -le.dər] o shagreen.
sein [sɛin] o signal; dat was het ~ tot... that was the signal for...; ~en geven make signals; hun het ~ geven om stil te houden signal to them to stop.
seinen ['sɛinə(n)] vt & vi 1 (seinen geven) signal; 2 ‡ telegraph, wire.
seiner [-nər] m signaller, signalman.
seinfluit ['sɛinflœyt] v signal-whistle.
seinfout [-fout] v ‡ telegraphic error.
seinhuisje [-hœysjə] o signal-box.
seinpaal [-pa.l] m signal-post, semaphore.
seinpost [-post] m signal-station.
seinstation [-sta.ʃõn] o signalling-station.
seintoestel [-tu.stɛl] o 1 signalling-apparatus; 2 ‡ transmitter.
seinvlag [-vlɑx] v ⚓ signal(ling)-flag.
seinwachter [-vɑxtər] m signalman.
seismograaf [sɛismo.'gra.f] m seismograph.
seizoen [sɛi'zu.n] o season.
seizoenarbeider [-ɑrbɛidər] m seasonal worker.
sekse ['sɛksə] v sex; de (schone) ~ the fair sex.
seksualiteit [sɛksy.a.li.'tɛit] v sexuality, sex.
seksueel [-sy.'e.l] I aj sexual (organs); sex [education, factor, life, problem]; II ad sexually.
sektariër [sɛk'ta:ri.ər] m sectarian.
sektarisme [sɛkta.'rismə] o sectarianism.
sekte ['sɛktə] v sect.
sektegeest [-ge.st] m sectarianism.
sekwester [se.'kvɛstər] I m sequestrator; 2 o sequestration.
sekwestratie [-kvɛs'tra.(t)si.] v sequestration.
sekwestreren [-'tre:rə(n))] sequester, sequestrate.
selderie, selderij [sɛldəri., -rɛi] m ☘ celery.
selecteren [se.lɛk'te:rə(n)] vt select.
selectie [se.'lɛksi.] v selection.
selectief [-lɛk'ti.f] selective.
selectiviteit [-ti.vi.'tɛit] v selectivity.
semafoor [se.ma.'fo:r] m semaphore.
semester [sə'mɛstər] o semester.
Semiet [sə'mi.t] m Semite.
seminarie [se.mi.'na:ri] o seminary.
seminarist [-na.'rist] m seminarist.
Semitisch [sə'mi.ti.s] Semitic.
senaat [sə'na.t] m 1 senate; 2 ☞ committee of senior students.
senator [-'na.tər] m senator.
seniel [se.'ni.l] senile; ~e aftakeling senile decay.
senior ['se.ni.ɔr] senior.
sensatie [sɛn'sa.(t)si.] v sensation, stir [among audience &]; [personal] thrill; ~ maken (veroorzaken) create a sensation, cause a stir; op ~ belust sensation-hungry.
sensatieroman [-ro.mɑn] m sensational novel, S shocker, thriller.
sensatiestuk [-stük] o sensational play, thriller.
sensationeel [sɛnsa.(t)si.o.'ne.l] aj (& ad) sensational(ly).
sensueel [sɛnsy.'e.l] aj (& ad) sensual(ly).
sententie [sɛn'tɛn(t)si.] v sentence.
sentimentaliteit [sɛnti.mɛnta.li.'tɛit] v sentimentality.
sentimenteel [-'te.l] I aj sentimental; II ad sentimentally.
sepia ['se.pi.a.] v (dier & kleur) sepia.
september [sɛp'tɛmbər] m September.
septet [sɛp'tɛt] o ♪ septet(te).
septiem, septime [sɛp'ti.m] v ♪ seventh; ~ akkoord seventh chord.

seraf, serafijn ['se:rɑf, se:ra.'fɛin] m seraph [mv seraphim].
serail [se:'rɑj] o seraglio.
serenade [se:rə'na.də] v ♪ serenade; iemand een ~ brengen serenade a person.
serge ['sɛrʒə] v serge.
sergeant [sɑr'ʒɑnt] m ✕ sergeant.
sergeant-majoor [-ʒɑntma.'jo:r] m ✕ sergeant-major.
sergeantsstrepen [-'ʒɑntstre.pə(n)] mv ✕ sergeant's stripes.
serie ['se:ri.] v 1 (in het alg.) series; 2 ⚙ break.
serieus [se:ri.'ø.s] aj (& ad) serious(ly); serieuze aanvragen genuine inquiries.
sering [sə'rin] v ☘ lilac.
seringeboom [-'rinəbo.m] m ☘ lilac-tree.
sermoen [sɛr'mu.n] o sermon[2], fig lecture.
serpent [sɛr'pɛnt] o serpent; fig shrew.
serpentine [-pɛn'ti.nə] v (paper) streamer.
serre ['sɛrə] v 1 (losstaand of uitgebouwd) conservatory; hothouse, greenhouse, greenery; 2 (als achterkamer) closed veranda(h).
serum ['se:rüm] o serum.
serveren [sɛr've:rə(n)] vt serve.
servet [sɛr'vɛt] o napkin, table-napkin, [paper] serviette; te groot voor ~ en te klein voor tafellaken at the awkward age.
servetring [-rin] m napkin ring, serviette ring.
Servië ['sɛrvi.ə] o Serbia.
Serviër [-vi.ər] m Serbian.
servies [sɛr'vi.s] o 1 dinner-set; 2 tea-set.
Servisch ['sɛrvi.s] aj o Serbian.
servituut [sɛrvi.'ty.t] o easement, charge.
sextant [sɛks'tɑnt] m sextant.
sextet [sɛks'tɛt] o ♪ sextet(te).
sfeer [sfe:r] v 1 (celestial, social) sphere; 2 [cordial, cosy, home] atmosphere; dat gaat boven mijn ~ that is beyond me; dat ligt buiten mijn ~ that is out of my domain (my province); hij was in hoger sferen he was in the clouds.
sfinx [sfins] m sphinx.
shag [ʃɛg] m shag, cigarette tobacco.
shamponeren [ʃɑmpo.'ne:rə(n)] vt shampoo.
shampoo [ʃɑmpo.] m shampoo.
shantoeng ['ʃɑntu.ŋ] o & m shantung.
sherry ['ʃɛri.] m sherry.
Siberië [si.'be:ri.ə] Siberia.
Siberisch [-ri.s] Siberian.
sibille, sibylle [si.'bilə] v sibyl.
siccatief [sika.'ti.f] o siccative.
Siciliaan(s) [si.si.li.'a.n(s)] sb & aj Sicilian.
Sicilië [si.'si.li.ə] o Sicily.
sidderaal ['sidəra.l] m 🐟 electric eel.
sidderen ['sidərə(n)] vi quake, shake, tremble, shudder; ~ va.1... quake & with.
siddering [-rin] v shudder, trembling.
sidderrog [-rɔx] m 🐟 electric ray.
sier [si:r] v in: goede ~ maken make good cheer.
sieraad ['si:ra.t] o ornament[2].
sieren [-rə(n)] I v adorn, ornament, decorate; II vr zich ~ adorn oneself.
sierheester ['si:rhe.stər] m ornamental shrub.
sierkunst [-künst] v decorative art.
sierlijk [-lək] aj (& ad) graceful(ly), elegant(ly).
sierlijkheid [-ləkhɛit] v gracefulness, elegance.
sierpalm [-pɑlm] m ornamental palm.
sierplant [-plɑnt] v ornamental plant.
siësta [si.'ɛsta.] v siesta, nap.
sifon [si.'fõn] m siphon.
sigaar [si.'ga:r] v cigar.
sigareaansteker [-'ga:rɑa.nste.kər] m cigar-lighter.
sigareas [-ɑs] v cigar-ash.
sigarebandje [-bɑɲcə] o cigar-band.
sigareknipper [-knipər] m cigar-cutter.

sigarenfabriek [si.'ga:rə(n)fa.bri.k] v cigar-factory, cigar-works.

sigarenhandelaar [-hōndəla:r] m tobacconist, dealer in cigars.

sigarenkistje [-kɪʃə] 1 cigar-box; 2 (schoen) S beetle-crusher.

sigarenkoker [-ko.kər] m cigar-case.

sigarenmagazijn [-ma.ga.zɛin] o cigar-store.

sigarenmaker [-ma.kər] m cigar-maker.

sigarenwinkel [-vɪŋkəl] m tobacconist's shop, cigar-shop.

sigarepijpje [si.'ga:rəpeipjə] o cigar-holder.

sigaret [si.ga:'ret] v cigarette.

sigaretteaansteker [-'retəa.nste.kər] m cigarette-lighter.

sigarettenautomaat [-'retə(n)o.to.ma.t, -əuto.-ma.t] m cigarette-machine.

sigarettendoos [-do.s] v cigarette-box.

sigarettenkoker [-ko.kər] m cigarette-case.

sigarettenpapier [-pa.pi:r] o cigarette-paper.

sigarettentabak [-ta.bɑk] m cigarette-tobacco.

sigarettenvloei [-vlu:i] o cigarette-paper.

sigarettepijpje [-'retəpeipjə] o cigarette-holder, cigarette-tube.

sigaretteroller [-rɔlər] m [leather] cigarette-machine.

signaal [si.'na.l] o 1 (in 't alg.) signal; 2 ✕ bugle-call, call; 3 🚢 pipe, call.

signalement [-na.lə'mɛnt] o description.

signaleren [-na.'le:rə(n)] vt call attention to, point out [a fact]; describe, give a description of [a man wanted by the police].

signatuur [-'ty:r] v signature.

signeren [si.'ɲe:rə(n)] vt sign.

signet [-'ɲet] o signet, seal.

sijpelen ['seipələ(n)] vi ooze, trickle.

sijs [seis] v 🐦 siskin.

sik [sɪk] v 1 (dier) goat; 2 (baard) goat's beard [of a goat]; goatee, chin-tuft [of a man].

1 sikkel ['sɪkəl] v sickle, reaping-hook.

2 sikkel ['sɪkəl] m shekel [Jewish weight & silver coin].

sikkepit ['sɪkəpɪt] v F bit; geen ~ not the least bit.

silhouet [si.lu.'et] v silhouette.

silhouetteren [-ɛ'te:rə(n)] vt silhouette.

silo ['si.lo.] m silo; (graanpakhuis) elevator.

Simon ['si.mōn] m Simon.

simonie [si.mo.'ni.] v simony.

simpel ['sɪmpəl] simple, mere; (onnozel) silly.

simpelheid [-heit] v simplicity; silliness.

simplistisch [sɪm'plɪsti.s] (over-)simplified.

Simson ['sɪmsōn] m Samson.

simulant [si.my.'lɑnt] m simulator; ✕ malingerer.

simulatie [-'la.(t)si.] v simulation; ✕ malingering.

simuleren [-'le:rə(n)] I vt simulate; II va simulate; ✕ malinger.

simultaanseance [si.mūl'ta.nse.ãsə] v simultaneous game.

sinaasappel ['si.na.sɑpəl] m orange.

sinaasappelkist [-kɪst] v orange box.

sinaasappelsap [-sɑp] o orange juice.

sinds [sɪnts] zie sedert.

sindsdien [sɪnts'di.n] zie sedertdien.

sinecure, sinecuur [si.nə'ky:(rə)] v sinecure.

Singalees [sɪŋɡa.'le.s] aj & m Cingalese, Singhalese.

singel ['sɪŋəl] m 1 (voor paard) girth; 2 RK girdle [of priest's alb]; 3 (om stad) moat; ook: 4 ± boulevard; ~s (weefsel) webbing.

singelen ['sɪŋələ(n)] vt girth.

sinjeur [si.'ɲø:r] m fellow.

sinjo ['sɪŋo.] m Ind half-caste.

sint [sɪnt] saint; de goede ~ F St. Nicholas [Dec. 6th].

sint-bernhardshond [-'bɛrnɑrtshònt] m 🐕 St. Bernard dog.

sintel ['sɪntəl] m cinder.

sintelbaan [-ba.n] v sp cinder track; (voor motorfietsen) dirt track.

sint-elmsvuur [sɪnt'elmsfy:r] o St. Elmo's fire.

sinterklaas [sɪntər'kla.s] St. Nicholas [Dec. 6th].

sinterklaasavond [-kla.s'a.vənt] m St. Nicholas' Eve.

Sint-Jan [sɪnt'jɑn] m 1 St. John; 2 (feestdag) Midsummer (day).

sint-jut(te)mis [-'jūt(ə)mɪs] met ~ (als de kalveren op het ijs dansen) at latter Lammas, tomorrow come never.

Sint-Maarten [-'ma:rtə(n)] m 1 St. Martin; 2 (feestdag) Martinmas.

Sint-Nicolaas [-'ni.ko.la.s] m St. Nicholas.

sint-veitsdans, sint-vitusdans [-'feits-, -'fi.tūsdans] m St. Vitus's dance.

sinus ['si.nūs] m sine.

sip [sɪp] in: ~ kijken look blue.

Sire ['si:rə] m sire, your Majesty.

sirene [si.'re.nə] v 1 siren, syren; 2 (fluit) siren, [factory] hooter.

sirenenzang [si.'re.nə(n)zɑŋ] m siren song.

sirih ['si:ri.] m ➰ Ind sirih, betel.

sirocco [si:'rɔko.] m sirocco.

sisklank ['sɪsklɑŋk] m hissing sound, hiss, § sibilant.

sissen ['sɪsə(n)] vi hiss; sizzle [in the pan].

sisser [-sər] m (vuurwerk) squib; met een ~ aflopen fizzle out.

sits [sɪts] o sitsen ['sɪtsə(n)] aj chintz.

situatie [si.ty.'a.(t)si.] v situation.

Sixtijns [sɪks'teins] Sixtine.

sjaal [ʃa.l] m 1 shawl; 2 scarf.

sjablone, sjabloon [ʃa.'blo.n(ə)] v stencil.

sjacheraar ['ʃɑɡəra:r] m barterer, huckster.

sjacheren [-rə(n)] vi barter.

sjah [ʃa.] m shah.

sjako [ʃa.'ko.] m ✕ shako.

sjalot [ʃa.'lɔt] v ➰ shallot.

sjamberloek [ʃɑmbər'lu.k] m dressing-gown.

sjees [ʃe.s] v gig, tilbury.

sjeik [ʃeik] m sheik(h).

sjerp [ʃɛrp] m sash, scarf.

sjezen ['ʃe.zə(n)] vi S be plucked [in an examination].

sjilpen ['ʃɪlp(ə(n)] vi chirp, cheep.

sjirpen ['ʃɪrpə(n)] vi chirr.

sjoelbakspel ['ʃu.lbɑkspel] o shovelboard.

sjofel ['ʃo.fəl] shabby, seedy.

sjofelheid [-heit] v shabbiness, seediness.

sjofeltjes [-cəs] shabbily, seedily.

sjokken ['ʃɔkə(n)] vi jog, trudge.

sjorren ['ʃɔrə(n)] vt ⚓ lash, seize.

sjouw [ʃou] m job, grind, piece of difficult work; het is een hele ~ it is a hard pull.

sjouwen ['ʃouə(n)] I vt carry; II vi (zwaar werken) toil and moil.

sjouwer(man) [-ər(mɑn)] m porter; dock-hand.

skelet [skə'let] o skeleton.

ski [ski., ʃi.] m ski.

skiën ['ski.ə(n), 'ʃi.ə(n)] I vi ski; II o skiing.

skiër ['ski.ər, 'ʃi.ər] m skier.

skipak ['ski.-, 'ʃi.pɑk] o ski-suit.

skisport [-spɔrt] v skiing.

skiterrein [-terein] o ski-run.

sla [sla.] v (gerecht) salad; (plantensoort) lettuce.

Slaaf [sla.f] m Slav.

slaaf [sla.f] m slave, bondman, thrall.

slaafs [sla.fs] aj slavish [copy of...], servile.

slaafsheid [sla.fsheit] v slavishness, servility.

slaag [sla.x] een pak ~ a beating.

slaags [sla.xs] in: ~raken come to blows; ✕ join battle; ~ zijn be fighting.

slaan [sla.n] I vi 1 (bij herhaling) beat[2]; 2 (één enkele maal) strike; 3 (leggen) put [one's arm round...]; pass [a rope round...];

4 (verslaan) beat [the enemy]; 5 (v. klok) strike [the hours, twelve]; *een brug* ~ build a bridge; *een gedenkpenning* ~ strike a medal; *hij heeft mij geslagen* he has struck (hit) me; *u moet mij (die schijf)* ~ you ought to take me (to capture that man); *olie* ~ make oil; *touw* ~ lay (make) ropes; *de trommel* ~ beat the drum; *vuur* ~ strike fire (a light); *daar slaat het tien uur!* there goes ten o'clock!, it is striking ten; zie ook: *klok*; *hem aan het kruis* ~ nail him to the cross; *zich er door heen* ~ fight one's way through[2], *fig* pull through, carry it off; *hij sloeg de spijker in de muur* he drove the nail into the wall; *hij sloeg zich op de borst* he beat his breast; *hij sloeg zich op de dijen* he slapped his thighs; *hij sloeg de armen (benen) over elkaar* he crossed his arms (legs); zie ook: *acht, alarm, beleg &*; **II** *vi* 1 strike [of a clock]; 2 beat [of the heart]; 3 warble, sing [of a bird], jug [of nightingale]; 4 kick [of a horse]; 5 flap [of a sail]; *aan het muiten* ~ zie *muiten*; *de bliksem sloeg in de toren* the lightning struck the steeple, the steeple was struck by lightning; *met de deuren* ~ slam the doors; *hij sloeg met de vuist op tafel* he struck his fist on the table; *hij sloeg naar mij* he struck (hit out) at me; *dat slaat op u* that refers to you, that's meant for you; *erop* ~ hit out, lay into them; *de golven sloegen over de zeewering* the waves broke over the sea-wall; *het water sloeg tegen de dijk* the water beat against the embankment; *hij sloeg tegen de grond* he fell down with a thud; *de vlammen sloegen uit het dak* the flames burst from the roof.

slaap [sla.p] *m* 1 (het slapen) sleep; 2 (v. het hoofd) temple; ~ *hebben* be (feel) sleepy; *zijn* ~ *uit hebben* have slept one's fill; ~ *krijgen* get sleepy; *ik heb de* ~ *niet kunnen vatten* I could not get to sleep; *in* ~ *vallen* fall asleep; *in* ~ *wiegen* rock asleep; *fig* put [doubts] to sleep, lull [suspicions] to sleep; *zich in* ~ *wiegen* lull oneself to sleep.

slaapbeen ['sla.pbe.n] *o* temporal bone.
slaapcoupé [-ku.pe.] *m* sleeping-compartment.
slaapdrank [-drɑŋk] *m* sleeping-draught.
slaapdronken ['sla.pdrɔ̀ŋkǝ(n)] hardly able to keep one's eyes open.
slaapgelegenheid [-gǝle.gǝnhɛit] *v* sleeping-accommodation.
slaapkamer [-ka.mǝr] *v* bedroom.
slaapkop [-kɔp] *m* sleepy-head.
slaapmiddel [-midǝl] *o* opiate, narcotic, soporific.
slaapmuts [-müts] *v* 1 night-cap; 2 zie *slaapkop*.
slaapmutsje [-mütʃǝ] *o* 1 (borrel) night-cap; 2 **⚘** California poppy.
slaapplaats ['sla.pla.ts] *v* sleeping-place, sleeping-accommodation.
slaapste(d)e ['sla.pste.(dǝ)] *v* lodging-house, S doss-house.
slaapster [-stǝr] *v* sleeper; *de schone* ~ the Sleeping Beauty.
slaapvertrek [-fǝrtrɛk] *o* sleeping-apartment.
slaapwagen [-va.gǝ(n)] *m* sleeping-car, F sleeper.
slaapwandelaar [-vɑndǝla:r] *m* ~**ster** [-stǝr] *v* sleep-walker.
slaapwandelen [-vɑndǝlǝ(n)] *o* sleep-walking, walking in one's sleep.
slaapwekkend [-vɛkǝnt] soporific, sleep-inducing.
slaapzaal [-sa.l] *v* dormitory.
slaapzak [-sɑk] *m* sleeping-bag.
slaapziekte [-si.ktǝ] *v* 1 sleeping-sickness [of Africa]; 2 [European] sleepy sickness.
slaatje ['sla.cǝ] *o* salad; *ergens een* ~ *uit slaan* S get something out of it.

slabak ['sla.bɑk] *m* salad-bowl.
slabakken [sla.'bɑkǝ(n)] *vi* slacken (in one's zeal), slack off; idle; dawdle.
slabbetje [-bǝcǝ] *o* bib.
slaboontjes ['sla.bo.ncǝs] *mv* **⚘** French beans.
slachtbank ['slɑxtbɑŋk] *v* butcher's board, shambles[2]; *ter* ~ *leiden* lead to the slaughter.
slachtbeest [-be.st] *o* beast to be killed; ~*en* ook: stock for slaughter, slaughter cattle.
slachten ['slɑxtǝ(n)] *vt* kill, slaughter.
slachter [-tǝr] *m* butcher[2].
slachterij [slɑxtǝ'rɛi] *v* butcher's shop.
slachthuis ['slɑxthœys] *o* abattoir, slaughter-house.
slachting ['slɑxtɪŋ] *v* slaughter, butchery; massacre; *een* ~ *aanrichten (houden) onder hen* slaughter them, do great execution among them.
slachtmaand ['slɑxtma.nt] *v* November.
slachtoffer [-ɔfǝr] *o* victim; *het* ~ *worden van* fall a victim (victims) to.
slachtplaats [-pla.ts] *v* butchery, shambles.
slachtvee [-fe.] *o* slaughter cattle.
sladood [sla.'do.t] *m* F in: *een lange* ~ a tall lanky individual.

1 **slag** [slɑx] *m* 1 (met stok &) blow, stroke hit; 2 (met hand) blow, slap, cuff, box [on the ears]; 3 (met zweep) stroke, lash, cut; 4 (v. hart) beat, beating, pulsation; 5 (v. klok) stroke; 6 (v. roeier, zwemmer) stroke; 7 (v. vogels) warble [of birds], jug [of nightingale]; 8 (v. donder) clap; 9 (geluid) bang; crash, thump; thud; 10 **⚒** stroke [of piston], turn [of wheel]; 11 (winding) turn [of a rope]; 12 **⚓** (bij laveren tack); 13 ◇ trick; 14 (veldslag) battle; 15 (aan zweep) lash; 16 *fig* blow [of misfortune]; knack [of doing something]; *vrije* ~ free style [in swimming]; *het is maar een* ~ it is only a knack; *een zware* ~ *voor hem* a heavy blow to him; *een* ~ *in het gezicht* a slap in the face[2]; *de* ~ *aangeven bij het roeien* stroke the boat; *hij heeft geen* ~ *gedaan* he has not done a stroke of work; *alle* ~*en halen* ◇ make all the tricks; ~ *van iets hebben* have the knack of it; *de* ~ *van iets beethebben* F have got the hang of it; *een* ~ *van de molen hebben* have a tile off; ~ *houden* keep stroke; *een* ~ *om de arm houden* not commit oneself, hedge; *de* ~ (*van iets*) *kwijt zijn* have lost the knack of it; ~ *leveren* ⚔ give battle; *zijn* ~ *slaan* seize the opportunity; make one's coup; *een goede* ~ *slaan* do a good stroke of business; *hij sloeg er maar een* ~ *naar* he had (made) a shot at it; *iemand een* ~ *toebrengen (geven)* deal (strike, fetch) one a blow; *de* ~ *winnen* 1 ◇ make the trick; 2 ⚔ gain the battle[2]; *aan de* ~ *gaan* get going, get busy, set (get) to work; *ik kon niet meer aan* ~ *komen* ◇ [having no hearts] I could not regain the lead; *bij de eerste* ~ at the first blow (stroke); *met één* ~ at one (a) stroke, at one (a) blow; *met één* ~ *van zijn zwaard* with one stroke of his sword; *met de Franse* ~ *iets doen* do something perfunctorily; *op* ~ at once; *op* ~ *gedood* killed on the spot, outright, instantly; *op* ~ *van drieën* on the stroke of three; *ik kon niet op* ~ *komen* I could not get my hand in; ~ *op* ~ blow upon blow, at every stroke; *de klok is van* ~ the clock is off strike; *de roeiers waren van* ~ the oarsmen were off their stroke; *zonder* ~ *of stoot* without (striking) a blow.

2 **slag** [slɑx] *o* kind, sort, class, description; *het gewone* ~ *mensen* the common run of people; *iemand van dat* ~ a man of that kidney; *mensen van allerlei* ~ all sorts and conditions of men.

slagader ['slɑxa.dǝr] *v* artery; *grote* ~ aorta.

slagaderbreuk [-brø.k] *v* rupture of an artery.
slagaderlijk [-lǝk] arterial.
slagboom ['slɑxbo.m] *m* barrier[2].
slagen ['sla.gǝ(n)] *vi* succeed; *ben je goed geslaagd?* have you succeeded in finding what you wanted?; *hij slaagde er in om...* he succeeded in ...ing; *hij is voor (zijn) Frans geslaagd* he has passed his French examination.
slager [-gǝr] *m* butcher.
slagerij [sla.gǝ'rɛi] *v* 1 butcher's shop; 2 butcher's trade.
slagersjongen [-gǝrs'jòŋǝ(n)] *m* butcher's boy.
slagersknecht [-'knɛxt] *m* butcher's man.
slagersmes ['sla.gǝrsmɛs] *o* butcher's knife.
slagerswinkel [-vɪŋkǝl] *m* butcher's shop.
slaghamer ['slɑxha.mǝr] *m* mallet.
slaghoedje [-hu.cǝ] *o* percussion-cap.
slaghout [-hout] *o sp* bat.
slaginstrument [-ɪnstry.mɛnt] *o ♪* percussion instrument.
slaglinie [-li.ni.] *v* ✕ line of battle.
slagorde [-ordǝ] *v* ✕ order of battle, battle-array; *in ~ geschaard* ✕ drawn up in battle-array.
slagpen [-pɛn] *v* quill-feather.
slagregen [-re.gǝ(n)] *m* downpour, heavy shower, driving rain.
slagroeier [-ru.jǝr] *m* stroke.
slagroom [-ro.m] *m* 1 whipping cream; 2 whipped cream.
slagschaduw [-sxa.dy:u] *v* cast shadow.
slagschip [-sxɪp] *o ⚓* battleship.
slagtand [-tɑnt] *m* tusk, fang.
slagvaardig [slɑx'fa:rdǝx] ready for battle; *fig* quick at repartee, quick-witted.
slagvaardigheid [-hɛit] *v* readiness for battle; *fig* quickness at repartee, quick-wittedness.
slagveer ['slɑxfe:r] *v* 1 ✕ main spring; 2 ⚖ flight feather.
slagveld [-fɛlt] *o* battle-field, field of battle.
slagwerk [-vɛrk] *o* 1 striking-parts [of a clock], striking-work; 2 ♪ percussion instruments.
slagwerker [-vɛrkǝr] *m ♪* drummer.
slagzij(de) [slɑx'(dǝ)] *v ⚓* list; *~ maken* ⚓ list; *~* bank.
slagzin [-sɪn] *m* slogan.
slagzwaard [-sva:rt] *o* broadsword.
slak [slɑk] *v* 1 snail [with a shell]; 2 slug [without a shell] ‖ 3 ✕ slag [*mv* slag], scoria [*mv* scoriae] [of metal].
slaken ['sla.kǝ(n)] *vt* in: *iemands boeien ~* loosen one's fetters; *een kreet ~* utter a cry; *een zucht ~* heave (utter) a sigh.
slakkegang ['slɑkǝgɑŋ] *m* in: *de ~ gaan* go at a snail's pace, go snail-slow.
slakkehuis(je) [-hœys, -hœyʃǝ] *o* 1 snail-shell; 2 § cochlea [of the ear].
slampamper [-pǝr] *m P* scalawag.
slang [slɑŋ] *v* 1 (dier) snake, serpent; 2 hose [of a fire-engine]; (rubber) tube; worm [of a still]; 3 *fig* serpent, viper.
slangachtig ['slɑŋɑxtǝx] snaky, serpentine.
slangebeet ['slɑŋǝbe.t] *m* snake-bite.
slangegif(t) [-gɪf(t)] *o* snake-poison.
slangekruid [-krœyt] *o ♣* viper's bugloss.
slangemens [-mɛns] *m* contortionist.
slangenbezweerder ['slɑŋǝ(n)bǝzwe:rdǝr] *m* snake-charmer.
slangevel [-vɛl] *o* snake-skin, slough.
slank [slɑŋk] I *aj* slender, slim; *~ blijven* keep slim; II *ad* slenderly, slimly.
slankheid ['slɑŋkhɛit] *v* slenderness, slimness.
slaolie ['sla.o.li.] *v* salad-oil.
slap [slɑp] I *aj* soft [nib, collar], supple [limbs], flaccid [flesh]; slack[2] [rope, tires, season, trade], limp[2] [binding of a book, cravat, rhymes], flabby[2] [cheeks, character, language]; thin[2] [brew, style]; unsubstantial [food]; *fig* lax [discipline]; weak-kneed 'at-

titude]; spineless [fellow]; $ dull [market], weak [market, tea]; II *ad* flabbily, limply; *~ neerhangen* flag, droop.
slapeloos ['sla.pǝlo.s] sleepless.
slapeloosheid [sla.pǝ'lo.shɛit] *v* sleeplessness, insomnia.
slapen ['sla.pǝ(n)] I *vi* sleep, be asleep[2]; *mijn been slaapt* my leg has gone to sleep, I've pins and needles in my leg; *gaan ~* go to bed, go to sleep; *zit je weer te ~?* are you asleep again?; *ik zal er nog eens op ~* I'll sleep upon it; *~ als een os* sleep like a log; *~ als een roos* sleep like a top; II *vt* sleep; *de slaap des rechtvaardigen ~* sleep the sleep of the just.
slaper [-pǝr] *m* 1 (slapend persoon) sleeper; 2 (slaapgast) lodger.
slaperig [-pǝrǝx] sleepy, drowsy.
slaperigheid [-hɛit] *v* sleepiness, drowsiness.
slapheid ['slɑphɛit] *v* slackness, weakness &, zie *slap.*
slapte [-tǝ] *v* slackness [of a rope]; $ slack.
slaven ['sla.vǝ(n)] *vi* drudge, slave, toil; *~ en zwoegen* toil and moil.
slavenarbeid [-ɑrbɛit] *m* slavery, slave labour; *fig* drudgery.
slavendrijver [-drɛivǝr] *m* slave-driver[2].
slavenhandel [-hɑndǝl] *m* slave trade.
slavenhandelaar [-hɑndǝla:r] *m* slave-trader.
slavenhouder [-houdǝr] *m* slave-owner.
slavenjuk [-jûk] *o* yoke of bondage.
slavenketenen [-ke.tǝnǝ(n)] *mv* slave's chains.
slavenleven [-le.vǝ(n)] *o* slavery, life of toil.
slavenmarkt [-mɑrkt] *v* slave-market.
slavenopstand [-òpstɑnt] *m* slave rebellion.
slavenschip [-sxɪp] *o ⚓* slave-ship, slaver.
slavernij [sla.vǝr'nɛi] *v* slavery, bondage, servitude.
slavin [-'vɪn] *v* (female) slave, bondwoman.
Slavonië [sla.'vo.ni.ǝ] *v* Slavonia.
Slavoniër [-ni.ǝr] *o* Slavonian.
Slavonisch [-ni.s] *aj o* Slavonian.
slecht [slɛxt] I *aj* bad; evil [thoughts]; < wicked [person]; poor [quality, stuff &]; *hij is ~ van gezicht* his eye-sight is bad; *de zieke is ~er vandaag* the patient is worse to-day; *op zijn ~st* at one's (its) worst; II *ad* badly; ill-[tempered &].
slechten ['slɛxtǝ(n)] *vt* level (with the ground, to the ground), raze (to the ground), demolish.
slechtheid, slechtigheid ['slɛxt-, 'slɛxtǝxhɛit] *v* badness; (v. karakter) ook: < wickedness.
slechting ['slɛxtɪŋ] *v* levelling, razing, demolition.
slechts [slɛxts] only, but, merely.
slede ['sle.dǝ] *v* 1 (voertuig) sledge, sleigh; sled [for dragging loads]; 2 ⚙ (v. sleephelling) cradle.
sleden [-dǝ(n)] *vi & vt* sledge.
sledetocht [-dǝtoxt] *m* sleigh-ride, sledge-drive.
slee [sle.] *= slede*; *'n ~ (van een auto)* a big car, a swell car.
sleedoorn, -doren ['sle.do:rǝn] *m* ♣ blackthorn, sloe.
sleeën [sle.ǝ(n)] *= sleden.*
sleep [sle.p] *m* train; *fig* train [of followers &].
sleepboot ['sle.pbo.t] *m & v* ⚓ tug-(boat).
sleepdienst [-di.nst] *m* towing-service.
sleepdrager [-dra.gǝr] *m ~-draagster* [-dra.xstǝr] *v* train-bearer.
sleephelling [-hɛlɪŋ] *v* ⚓ slipway.
sleepjapon [-ja.pòn] *m* train-gown.
sleepkabel [-ka.bǝl] *m* towing-line.
sleeploon [-lo.n] *o* 1 cartage; 2 ⚓ towage.
sleepnet [-nɛt] *o* drag-net, trailing-net, trail-net.
sleeptouw [-tɔu] *o* 1 tow-rope; 2 guide-rope [of a balloon]; *op ~ hebben* have in tow[2]; *~ houden* keep [a person] on a string; *op ~*

nemen take in tow².
sleeptros [-tros] *m* ⚓ tow-rope, hawser.
sleepvaart [-fa:rt] *v* towing-service.
sleets [sle.ts] wearing out one's clothes (things) very quickly.
slempen ['slɛmpə(n)] *vi* carouse, feast, banquet.
slemper [-pər] *m* carouser, feaster.
slempmaal ['slɛmpma.l] *o* **slemppartij** ['slɛmpɑrtɛi] *v* carousal.
slenteraar ['slɛntəra:r] *m* saunterer, lounger.
slenteren [-rə(n)] *vi* saunter, lounge; *langs straat* ~ knock about the streets.
slentergang ['slɛntərgɑŋ] *m* sauntering gait, saunter.
slepen ['sle.pə(n)] I *vi* drag; trail; *zijn* ~*de gang* his shuffling gait; *een* ~*de ziekte* a lingering disease; *iets* ~*de houden* keep the thing dragging; *hij sleept met zijn voeten* he drags his feet; II *vt* I drag, haul; 2 ⚓ tow; *er bij* ~ drag in [*fig*]; *dat zal lelijke gevolgen na zich* ~ bring... in its train, draw on; III *vr* in: *zij moesten zich naar een hut* ~ they had to drag themselves along to a hut.
sleper [-pər] *m* I carter; 2 ⚓ tug(-boat).
sleperij [sle.pə'rɛi] *v* carter's business.
sleperspaard [sle.pərs'pa:rt] *o* dray-horse.
sleperswagen [-'va.gə(n)] *m* dray.
slet [slɛt] *v* slut, trollop.
sleuf [slø.f] *v* groove, slot, slit.
sleur [slø:r] *m* routine, rut; *de oude* ~ the old humdrum way; *met de* ~ *breken* get out of the old groove.
sleuren ['slø:rə(n)] *vt & vi* trail, drag.
sleurmens ['slø:rmɛns] *m* routineer.
sleurwerk [-vɛrk] *o* routine work.
sleutel ['slø.təl] *m* I key² [of a door, watch &; to success]; 2 regulator, damper, register [of a stove]; 3 ♪ clef.
sleutelbeen [-be.n] *o* collarbone, clavicle.
sleutelbloem [-blu.m] *v* ♣ primula, cowslip, primrose.
sleutelbos [-bòs] *m* bunch of keys.
sleutelgat [-gɑt] *o* keyhole.
sleutelgeld [-gɛlt] *v* key money.
sleutelpositie [-po.zi.(t)si.] *v* key position.
sleutelring [-rɪŋ] *m* key-ring.
slib [slɪp] *o* ooze, slime, mud, silt.
slibberen ['slɪbərə(n)] *vi* slip, slither.
slibberig [-rəx] slippery.
sliert [sli:rt] *m* string [of words, children &].
slijk [slɛik] *o* mud, mire, dirt; ooze; *aards* ~ filthy lucre; *iemand door het* ~ *sleuren* drag a person (his name) through the mud (through the mire); *zich in het* ~ *wentelen* wallow in the mud.
slijkerig ['slɛikərəx] muddy, miry.
slijm [slɛim] *o & m* [nasal] mucus, phlegm; slime [of snail &]; (plantaardig) mucilage.
slijmerig ['slɛimərəx] slimy.
slijmerigheid [-hɛit] *v* sliminess.
slijmklier ['slɛimkli:r] *v* mucous gland.
slijmvlies [-vli.s] *o* mucous membrane.
slijpen ['slɛipə(n)] *vt* grind, whet, sharpen; cut [glass], polish [diamonds]; *een potlood* ~ sharpen a pencil.
slijper [-pər] *m* I (messen &) grinder; 2 (v. glas) cutter, (v. diamant) polisher.
slijperij [slɛipə'rɛi] *v* grinding-shop.
slijpmachine ['slɛipma.ʃi.nə] *v* grinding-machine.
slijpmiddel [-mɪdəl] *o* abrasive.
slijpmolen [-mo.lə(n)] *m* grinding-mill.
slijpplank ['slɛiplɑŋk] *v* knife-board.
slijpsteen ['slɛipste.n] *m* grindstone, whetstone.
slijtage [slɛi'ta.ʒə] *v* wear (and tear), wastage.
slijten ['slɛitə(n)] I *vi* wear out, wear away²; *dat goed slijt niet gauw* that stuff wears well; *dat leed zal wel* ~ it will soon wear off; II *vt* I wear out [clothes]; 2 sell over the counter,

retail [spirits &]; 3 spend [days, time]; *zijn dagen* ~ pass one's days.
slijter [-tər] *m* I $ retailer, retail dealer; 2 (v. dranken) licensed victualler.
slijterij [slɛitə'rɛi] *v* licensed victualler's shop, gin-shop.
slik [slɪk] = *slijk*.
slikken ['slɪkə(n)] I *vt* swallow² [food, insults, stories &]; *dat belief ik niet te* ~ that won't go down with me; *heel wat moeten* ~ have to put up with a lot; II *vi* swallow.
slim [slɪm] I *aj* I astute [= sag... -us & crafty]; sly, cunning, crafty, artful; 2 *prov* bad; *hij was mij te* ~ *af* he was one too many for me; II *ad* astutely; slyly, cunningly, craftily, artfully.
slimheid ['slɪmhɛit] *v* slyness, cunning, craft, craftiness.
slimmerd ['slɪmərt] *m* slyboots, sly dog.
slimmigheid [-məxhɛit] *v* I zie *slimheid*; 2 piece of cunning, dodge.
slinger ['slɪŋər] *m* I (v. uurwerk) pendulum; 2 (zwengel) handle; 3 (draagband) sling; 4 (werptuig) sling; 5 (guirlande) festoon.
slingeraap [-a.p] *m* ♠ spider-monkey.
slingeren ['slɪŋərə(n)] I *vi* I (v. slinger) swing, oscillate; 2 (als een slinger) swing, dangle, oscillate; 3 (v. schip) roll; 4 (v. rijtuig) lurch; 5 (v. dronkaard) reel; 6 (v. pad) wind; 7 (ordeloos liggen) lie about; *laten* ~ leave about; II *vt* fling, hurl; *heen en weer* ~ toss to and fro; III *vr zich* ~ I fling oneself [of a person]; 2 wind [of a river &].
slingering [-rɪŋ] *v* swinging, oscillation.
slingerplant ['slɪŋərplɑnt] *v* ♣ climber, trailer.
slingeruurwerk [-y:rvɛrk] *o* pendulum-clock.
slinken ['slɪŋkə(n)] *vi* shrink; *in het koken* ~ boil down; *tot op...* ~ dwindle down to...
slinking [-kɪŋ] *v* shrinkage; dwindling.
slinks [slɪŋs] I *aj* crooked, artful, cunning; *door* ~*e middelen* by underhand means; *op* ~*e wijze* in an underhand way; II *ad* crookedly, artfully, cunningly.
slinksheid [-hɛit] *v* crookedness, false dealings.
slip [slɪp] *v* lappet; tail, flap² [of a coat].
slipgevaar ['slɪpgəva:r] *o* danger of skidding; *weg met* ~ slippery road.
slipdrager ['slɪpdra.gər] *m* pall-bearer.
slippen ['slɪpə(n)] *vi* I (v. personen) slip; 2 (v. auto) skid.
slobberen [-bərə(n)] *vi* drink (eat) noisily.
slobkousen ['slòpkousə(n)] *mv* I gaiters; 2 spats [= short gaiters].
sloddervos ['slòdərvos] *m* sloven.
sloep [slu.p] *v* ⚓ (ship's) boat, sloop, shallop, longboat.
sloependek ['slu.pə(n)dɛk] *o* ⚓ boat-deck.
sloeproeier ['slu.pru.jər] *m* rower of a boat.
sloerie ['slu:ri.] *v* F slut, trollop, trapes.
slof [slòf] *m* I slipper, mule; 2 ♪ nut [of a violin bow]; 3 (v. sigaretten) carton; 4 (v. aardbeien) basket; *ik kan het op mijn* ~*fen* (*slofjes*) *af* with my socks down; *uit zijn* ~ *schieten* F bestir oneself, make a sudden display of energy.
sloffen ['slòfə(n)] *vi* shuffle, shamble.
sloffig [-fəx] slack, careless, negligent.
slof(fig)heid ['slòf(əx)hɛit] *v* slackness, carelessness, negligence.
slok [slòk] *m* draught; *in één* ~ at a draught.
slokdarm ['slòkdɑrm] *m* gullet, § oesophagus.
slokje [-jə] *o* I (small) draught; 2 F dram, drop.
slokken ['slòkə(n)] *vi* guzzle, swallow.
slokker [-kər] *m* guzzler, glutton; *arme* ~ poor devil.
slokop ['slòkòp] *m* gobbler, glutton.
slons [slòns] *v* slut, sloven, slattern.
slonsachtig ['slònsɑxtəx] slovenly.
slonzig ['slònzəx] slovenly.

slonzigheid [-hɛit] v slovenliness.
sloof [slo.f] I (voorschoot) apron; 2 (persoon) drudge.
I **sloop** [slo.p] v & o (v. kussen) pillow-slip, pillow-case.
2 **sloop** [slo.p] m zie *sloping*.
sloot [slo.t] v ditch.
slop [slɔp] o slum, blind alley.
slopen ['slo.pə(n)] vt demolish [a fortification], pull down [a house], break up [a ship]; *fig* sap, undermine [health &].
sloper [-par] m I ship-breaker; 2 house-breaker, demolisher.
sloperij [slo.pə'rɛi] v breaking-up yard.
sloping ['slo.pɪŋ] v demolition.
slordig ['slɔrdəx] I aj slovenly, sloppy, careless; untidy [hair]; *een ~e duizend pond* a cool thousand pounds; II *ad* carelessly.
slordigheid [-hɛit] v slovenliness &.
slorpen ['slɔrpə(n)] vt sip, gulp; suck [an egg].
slot [slɔt] o I (aan deur &) lock; 2 (aan boek &) clasp; 3 (kasteel) castle; 4 (besluit, eind) conclusion, end; *batig ~* zie *batig*; *~ volgt* to be concluded; *iemand een ~ op de mond doen* shut a person's mouth; *achter ~ houden* keep under lock and key; *achter ~ en grendel* under lock and key; *de deur op ~ doen* lock the door; *per ~ van rekening* in the end, ultimately; *per ~ van rekening is hij nog zo'n kwaje vent niet* he is not a bad fellow after all; *ten ~te* I finally, lastly; in the end, eventually; 2 (tot besluit) to wind up with, in conclusion; *zonder ~ noch zin* without rhyme or reason.
slotakkoord ['slotako:rt] o ♪ final chord.
slotalinea [-a.li.ne.a.] v concluding paragraph.
slotbedrijf [-bɑdrɛif] v final act.
slotenmaker ['slo.tə(n)ma.kər] m locksmith.
slotnotering [-no.te:rɪŋ] v $ closing price.
slotrede [-re.də] v peroration, conclusion.
slotsom [-sɔm] v conclusion, result; *tot de ~ komen dat...* come to the conclusion that...
slottoneel ['slo.to.ne.l] o closing scene, final scene.
slottoren [-to:rən] m donjon, keep.
slotvoogd ['slotfo.xt] m governor (of a castle).
slotwoord [-vo:rt] o last word, concluding words.
slotzang [-saŋ] m concluding song, last canto.
sloven ['slo.və(n)] vi drudge, toil, slave.
Slowaak(s) [slo.'va.k(s)] m (& aj) Slovak.
Slowakije [slo.va.'kɛiə] o Slovakia.
Sloween [slo.'ve.n] m Slovene, Slovenian.
Sloweens [slo.'ve.ns] Slovenian.
sluier ['slœyər] m I veil²; 2 (op foto) fog; *de~ aannemen* take the veil.
sluieren [-ərə(n)] vt veil.
sluik [slœyk] lank [hair].
sluiken ['slœykə(n)] vi & vt smuggle.
sluiker [-kər] m smuggler.
sluikhandel ['slœykhɑndəl] m smuggling; *~ drijven* smuggle.
sluikharig [-ha:rəx] lank-haired.
sluimeren ['slœymərə(n)] vi slumber², doze; *fig* lie dormant.
sluimerend [-rənt] slumbering²; *fig* dormant.
sluimering [-rɪŋ] v slumber, doze.
sluipen ['slœypə(n)] vi steal, slink, sneak; slip.
sluiper [-pər] m sneak(er).
sluipmoord ['slœypmo:rt] m & v assassination.
sluipmoordenaar [-mo:rdəna:r] m assassin.
sluipschutter [-sxütər] m sniper.
sluipwesp [-vɛsp] v ichneumon(-fly).
sluis [slœys] v sluice, lock; *de sluizen des hemels* the floodgates of heaven; *de sluizen der welsprekendheid* the floodgates of eloquence.
sluisdeur ['slœysdø:r] v lock-gate, floodgate.
sluisgeld [-gɛlt] o lock dues, lockage.
sluiskolk [-kɔlk] v lock-chamber.

sluiswachter [-vɑxtər] m lock-keeper.
sluitboom ['slœytbo.m] m I (v. deur &) bar; 2 (v. een spoorweg) gate.
sluiten ['slœytə(n)] I vt I (dichtdoen) shut [the hand, the eyes, a book, a door &]; 2 (op slot doen) lock [a door, a drawer &]; 3 (tijdelijk gesloten verklaren) close [a shop, the Exchange]; 4 (voor goed gesloten verklaren) shut up [a shop], close down [a factory, school]; 5 (beëindigen) conclude [speech]; close [a controversy]; 6 (tot stand brengen) close, strike [a bargain], conclude [an alliance], contract [a marriage, a loan]; make [peace]; effect [an insurance]; *de gelederen ~* ⚔ close the ranks; *een kind in zijn armen ~* clasp a child in one's arms; II *va* shut; lock up (for the night), close [for a week]; *de begroting sluit niet* the budget doesn't balance; *de deur sluit niet* the door does not shut; *de jas sluit goed* is an exact fit; *de redenering sluit niet* the argument halts; *die rekening sluit met een verlies van...* the account shows a loss of...; *wij moeten sluiten (tijdelijk of voorgoed) ~* we must close down; III *vr zich ~* close [of a wound]; ♣ shut [of flowers]. Zie ↓.
sluitend [-tənt] tight-fitting [coat &]; balanced [budget]; *niet ~e begroting* unbalanced budget; *de begroting ~ maken* balance the budget.
sluiter [-tər] m (in fotografie) shutter.
sluiting [-tɪŋ] v I shutting, closing, locking; 2 lock, fastener, fastening.
sluitrede [-re.də] v syllogism.
sluitring [-rɪŋ] m ⚙ washer.
sluitsteen [-ste.n] m keystone.
sluitstuk [-stük] o ⚔ breech-block [of a gun].
sluitzegel [-se.gəl] m poster stamp.
slungel ['slüŋəl] m lout, hobbledehoy.
slungelachtig [-ɑxtəx] loutish, gawky.
slungelen ['slüŋələ(n)] vi slouch; *wat loop je hier te ~?* what are you mooning about for?
slungelig [-ləx] loutish, gawky.
slurf [slürf] v I trunk [of an elephant]; 2 proboscis [of insects].
slurpen ['slürpə(n)] = *slorpen*.
sluw [sly:u] I aj sly, cunning, crafty, astute; II *ad* slyly &.
sluwheid ['sly:uhɛit] v slyness, cunning, craftiness, astuteness.
smaad [sma.t] m revilement, contumely, obloquy, opprobrium; ✝½ libel.
smaadrede ['sma.tre.də] v invective, diatribe.
smaadschrift [-s(x)rɪft] o lampoon, libel.
smaadwoord [-vo:rt] o opprobrious word.
smaak [sma.k] m I taste²; relish; savour, flavour; 2 (zin) liking; *ieder zijn ~* everyone to his taste; *er is geen ~ aan* it has no taste (no relish); *er de ~ van beethebben, ~ hebben in iets* have a liking for something; *een fijne ~ hebben* I (v. spijzen &) taste deliciously; 2 (v. personen) have a fine palate; *fig* have a fine taste; *~ krijgen in...* acquire a taste for...; get a liking for [it]; *ik kan er geen ~ in vinden* I cannot relish it; *dat viel niet in zijn ~* that was not to his taste (not to his liking); *algemeen in de ~ vallen* hit the popular fancy; *erg in de ~ vallen bij* appeal strongly to, make a strong appeal to; *met ~* I with gusto²; 2 tastefully; *met ~ eten* eat with great relish; *met ~ uitgevoerd* done in good taste, tastefully executed; *dit is niet naar mijn ~* this is not to my liking; *naar de laatste ~* after the latest fashion; *over de ~ valt niet te twisten* there is no accounting for tastes; *hij is een man van ~* a man of taste; *zonder ~* tasteless.
smaakvol [-fɔl] I aj tasteful, in good taste; II *ad* tastefully, in good taste.

smachten ['smɑxtə(n)] *vi* languish; ~ *naar* pine after (for), yearn for.

smadelijk ['sma.dələk] *aj* (& *ad*) opprobrious(ly), contumelious(ly), ignominious(ly), scornful(ly).

smadelijkheid [-hɛit] *v* contumeliousness, ignominy, scorn.

smaden ['sma.də(n)] *vt* revile, defame, vilipend.

1 smak [smɑk] *m* 1 smacking [of the lips]; 2 heavy fall, thud, thump.

2 smak [smɑk] *v* ♣ (fishing-)smack.

3 smak [smɑk] *m* (heester, stofnaam) = sumak.

smakelijk ['sma.kələk] **I** *aj* savoury, tasty, toothsome; **II** *ad* savourily, tastily; ~ *eten* enjoy one's dinner; ~ *lachen* have a hearty laugh.

smakelijkheid [-hɛit] *v* savouriness, tastiness, toothsomeness.

smakeloos ['sma.kələ.s] **I** *aj* 1 tasteless; 2 *fig* lacking taste, in bad taste; **II** *ad* tastelessly.

smakeloosheid [sma.kə'lo.shɛit] *v* tastelessness.

smaken ['sma.kə(n)] **I** *vi* taste; *hoe smaakt het?* how does it taste?; *dat smaakt goed* it tastes good; *smaakt het* (*u*)? do you like it?, is it to your taste?; *het eten smaakt mij niet* I cannot relish my food; *die erwtjes* ~ *lekker* these peas taste nice; *het ontbijt zal mij* ~ I shall enjoy my breakfast; *zich de maaltijd laten* ~ enjoy one's dinner; *dat smaakt als...* it tastes (eats, drinks) like...; ~ *naar* taste of, have a taste of, have a smack of [the cask &], smack of[2]; *naar de kurk* ~ taste of the cork; *dat smaakt naar meer* F that tastes moreish; **II** *vt* in: *de dood* ~ taste (of) death; *genoegens* ~ enjoy pleasures.

smakken ['smɑkə(n)] **I** *vi* 1 fall with a thud; 2 smack; *met de lippen* ~ smack one's lips; **II** *vt* dash, fling.

smal [smɑl] **I** *aj* narrow; *de* ~*le gemeente* the lower (poorer) classes; **II** *ad* narrowly.

smalbladig ['smɑlbla.dəx] ♣ narrow-leaved.

smaldeel [-de.l] *o* ♣ squadron.

smalen [sma.lə(n)] *vi* rail; ~ *op* rail at.

smalend [-lənt] scornful, contumelious.

smalfilm ['smɑlfilm] *m* sub-standard film, narrow(-gauge) film, 16 mm film.

smalheid [-hɛit] *v* narrowness.

smalletjes ['smɑləcəs] smallish; *er* ~ *uitzien* look peaky.

smalspoor ['smɑlspo:r] *o* narrow-gauge (line).

smaragd [sma.'rɑxt] *o* & *m* emerald.

smaragden [-'rɑgdə(n)] *aj* emerald.

smaragdgroen [-'rɑxtgru.n] emerald-green.

smart [smɑrt] *v* pain, grief, sorrow; *wij verwachten u met* ~ we have been anxiously waiting for you.

smartegeld ['smɑrtəgɛlt] *o* ♣ & ⚔ smart-money.

smartelijk [-lək] *aj* (& *ad*) painful(ly), grievous(ly).

1 smarten ['smɑrtə(n)] *vt* give (cause) pain, grieve; *het smart mij* it pains me, it is painful to me.

2 smarten ['smɑrtə(n)] *vt* ♣ parcel.

smeden ['sme.də(n)] *vt* forge, weld; *fig* forge [a lie], coin [new words]; devise, contrive [a plan]; lay [a plot]; zie ook: *ijzer*.

smeder [-dər] *m* forger[2], *fig* deviser.

smederij [sme.də'rɛi] *v* smithy, forge.

smeedbaar ['sme.tba:r] malleable.

smeedijzer ['sme.tɛizər] *o* wrought iron.

smeekbede ['sme.kbe.də] *v* supplication, entreaty.

smeekschrift ['sme.ks(x)rıft] *o* petition.

smeer [sme:r] *o* & *m* grease, fat, tallow; *om der wille van de* ~ *likt de kat de kandeleer* from love of gain.

smeerboel ['sme:rbu.l] *m* beastly mess.

smeerder [-dər] *m* greaser.

smeerlap [-lɑp] *m* 1 (oorspronkelijk) greasing-clout; 2 *fig* dirty fellow; blackguard, skunk, blighter.

smeerlapperij [sme:rlɑpə'rɛi] *v* dirt, filth.

smeermiddel ['sme:rmıdəl] *o* lubricant.

smeerolie [-o.li.] *v* lubricating oil.

smeerpoe(t)s *v* dirty person.

smeersel [-səl] *o* 1 ointment, unguent; 2 (vloeibaar) embrocation, liniment; 3 (voor de boterham) paste.

smekeling ['sme.kəlıŋ] *m* suppliant.

smeken [-kə(n)] *vt* entreat, beseech, supplicate, implore; *ik smeek er u om* I beseech you.

smeltbaar ['smɛltba:r] *v* fusible, liquefiable.

smeltbaarheid [-hɛit] *v* fusibility.

smelten ['smɛltə(n)] **I** *vi* melt, fuse; *fig* melt [into tears]; *ze* ~ *in je mond* they melt in your mouth; **II** *vt* melt, fuse; smelt [ore]; *gesmolten boter* melted butter; *gesmolten lood* molten lead.

smelterij [smɛltə'rɛi] *v* smelting-works.

smeltkroes ['smɛltkru.s] *m* melting-pot, crucible.

smeltmiddel [-mɪdəl] *o* flux.

smeltoven [-o.və(n)] *m* smelting-furnace.

smeltpunt [-pŭnt] *o* melting-point.

smeren ['sme:rə(n)] *vt* grease, oil; lubricate; smear [with paint &]; spread [butter]; (zich) *een boterham* ~ butter one's bread; *iemand de handen* ~ grease a man's palm; *de keel* ~ wet one's whistle; *de ribben* ~ thrash; *'m* ~ S beat it, scram; *het gaat als gesmeerd* F it runs on wheels.

smerig [-rəx] **I** *aj* greasy, dirty; messy, squalid; grubby; *fig* dirty, nasty; sordid [trick]; *een* ~*e jongen* a dirty boy; ~ *weer* rotten (dirty, foul) weather; **II** *ad* dirtily.

smerigheid [-hɛit] *v* dirtiness, dirt.

smeris ['sme:rəs] *m* S cop.

smet [smɛt] *v* spot, stain[2]; blot[2]; taint[2]; *fig* blemish; slur; *iemand een* ~ *aanwrijven* cast a slur on a person.

smetstof ['smɛtstɔf] *v* infectious matter, virus.

smetteloos ['smɛtələ.s] stainless, spotless, immaculate[2].

smetten ['smɛtə(n)] *vt* & *vi* stain, soil.

smeulen ['sme.lə(n)] *vt* smoulder[2]; *er smeult iets* there is some mischief smouldering.

smid [smıt] *m* smith.

smidse ['smıtsə] *v* forge, smithy.

smijten ['smɛitə(n)] **I** *vt* throw, fling, dash, hurl; **II** *vi* in: *met het* (*zijn*) *geld* ~ throw (one's) money about.

smoesje ['smu.ʃə] *o* F dodge, pretext, poor excuse; ~*s, zeg !* all eyewash, it's all dope; *een* ~ *bedenken* find a pretext; *dat* ~ *kennen we !* we know that stunt.

smoezelig ['smu.zələx] dingy, smudgy, grimy.

smoezen [-zə(n)] *vi* F whisper; talk.

smoking [-kıŋ] *m* dinner-jacket, *Am* tuxedo.

smokkelaar ['smɔkəla:r] *m* smuggler.

smokkelarij [smɔkəla:'rɛi] *v* smuggling.

smokkelen ['smɔkələ(n)] **I** *vt* smuggle; **II** *vi* & *va* smuggle; F cheat [at play &].

smokkelhandel [-kəlhɑndəl] *m* smuggling, contraband trade.

smokkelwaar [-va:r] *v* contraband (goods).

smook [smo.k] *m* smoke.

smoordronken ['smo:rdrɔŋkə(n)] dead drunk.

smoorheet [-he.t] sweltering, suffocating, broiling.

smoorhitte [-hɪtə] *v* sweltering heat.

smoorklep [-klɛp] *v* ⚒ throttle(-valve).

smoorlijk [-lək] in: ~ *verliefd* over head and ears in love, dead in love.

smoren ['smo:rə(n)] **I** *vi* stifle; *om te* ~ stifling hot; **II** *vt* smother, throttle, suffocate; ⚒ throttle (down) [the engine]; stew [meat]; *fig*

smother up, burke [the discussion]; smother [a curse]; stifle [a sound, the voice of conscience]; choke [the revolution in blood]; *met gesmoorde stem* in a strangled voice.

smous [smɔus] *m* (h o n d) griffon.

smout [smɔut] *o* grease, lard.

smouten ['smɔutə(n)] *vt* grease.

smuk [smŭk] *m* finery.

smulbaard ['smŭlba:rt] **smulbroer** [-bru:r] *m* free-liver, gastronomist, gastronomer, epicure.

smullen ['smŭlə(n)] *vi* feast (upon *van*), banquet; *zij smulden ervan (toen ze 't hoorden)* they simply "ate it".

smulpaap ['smŭlpa.p] *m zie* smulbaard.

smulpartij [-pɑrtɛi] *v* banquet.

snaak [sna.k] *m* wag; *een rare* ~ a queer fellow, a queer chap.

snaaks [sna.ks] I *aj* droll, waggish; II *ad* drolly, waggishly.

snaaksheid ['sna.kshɛit] *v* drollery, waggishness.

snaar [sna:r] *v* string, chord; *een gevoelige* ~ *aanroeren* touch upon a tender string; *je hebt de verkeerde* ~ *aangeroerd* you did not sound the right chord.

snakken ['snɑkə(n)] *vi in:* ~ *naar adem* pant for breath, gasp; ~ *naar een kop thee* be dying for a cup of tea; ~ *naar lucht* gasp for air; ~ *naar het uur van de...* languish for the hour of...

snaphaan ['snɑpha.n] *m* ▥ firelock.

snappen ['snɑpə(n)] I *vt* snap, snatch, catch; *hij kan geen aardigheid* ~ he does not see a joke; *een bui* ~ be caught in the rain; *snap je het?* do you get me?, see?; *hij snapte er niets van* F he did not grasp it, he did not understand it at all, he did not tumble to anything [when the joke was made]; *hij zal er toch niets van* ~ I he will never get the hang of it [e.g. mathematics]; 2 he will never twig [our doings]; *men heeft hem gesnapt* he has been caught; *ik snapte dadelijk dat hij geen Hollander was* I spotted him at once as being no Dutchman; II *vi* chat, tattle, prattle.

snarenspel ['sna:rə(n)spɛl] *o* ♪ string music.

snars [snɑrs] *geen* ~ not a bit; zie verder: *(geen) steek.*

snater ['sna.tər] *m in: hou je* ~! P hold your jaw!, shut up!

snateraar ['sna.təra:r] *m* chatterer.

snateren [-rə(n)] *vi* chatter.

snauw [snɔu] *m* snarl.

snauwen ['snɔuə(n)] *vi* snarl, snap; ~ *tegen* snarl at, snap at.

snauwerig [-ərəx] snarling, snappish.

snavel ['sna.vəl] *m* bill, (k r o m) beak.

snede ['sne.də] *v* I (snijwond) cut [with a knife]; 2 (schijf) slice [of bread], rasher [of bacon]; 3 (scherp) edge [of a knife, razor &]; 4 (in de prosodie) caesura, section [of a verse]; *ter* ~ to the point, just to the purpose.

snedig [-dəx] witty; *een* ~ *antwoord* a smart reply.

snedigheid [-hɛit] *v* smartness [of repartee].

snee [sne.] = *snede.*

sneeuw [sne:u] *v* snow; *als* ~ *voor de zon verdwijnen* disappear like snow before the sun.

sneeuwachtig ['sne:uɑxtəx] snowy.

sneeuwbal [-bɑl] *m* I snowball; 2 ❋ snowball, guelder rose; *met* ~*len gooien* throw snowballs; *iemand met* ~*len gooien* pelt a person with snowballs.

sneeuwballen [-bɑlə(n)] *vi* throw snowballs.

sneeuwbank [-bɑŋk] *v* snow-bank.

sneeuwblind [-blɪnt] snow-blind.

sneeuwblindheid [-blɪntheit] *v* snow blindness.

sneeuwbril [-brɪl] *m* snow-goggles.

sneeuwbui [-bœy] *v* snow-shower, snow-squall.

sneeuwen ['sne.və(n)] *onpers. ww.* snow; *het sneeuwde bloempjes* flowers were snowing down [from the tree]; *het sneeuwde briefkaarten* there was a shower of postcards.

sneeuwgrens ['sne:ugrɛns] *v* snow-line.

sneeuwjacht [-jɑxt] *v* snow-drift, driving snow.

sneeuwketting [-kɛtɪŋ] *m* & *v* non-skid chain.

sneeuwklokje [-klɔkjə] *o* ❋ snowdrop.

sneeuwlucht [-lŭxt] *v* snowy sky.

sneeuwman [-mɑn] *m* snow-man.

sneeuwploeg [-plu.x] *m* & *v* snow-plough.

sneeuwpop [-pɔp] *v* snow-man.

sneeuwschoen [-sxu.n] *m* snow-shoe.

sneeuwstorm [-stɔrm] *m* snow-storm.

sneeuwval [-vɑl] *m* I snow-fall, fall(s) of snow; 2 (lawine) avalanche, snow-slide.

sneeuwvlok [-vlɔk] *v* snow-flake, flake of snow.

sneeuwwit ['sne.vɪt] snow-white, snowy white. Sneeuwwitje [sne.'vicə] *o* Little Snow White.

snel [snɛl] I *aj* swift, quick, fast, rapid; II *ad* swiftly, quickly, fast, rapidly.

snelbuffet ['snɛlby.fɛt] *o* snack-bar.

sneldicht [-dɪxt] *o* epigram.

snelheid [-hɛit] *v* swiftness, rapidity, speed, velocity; *met een* ~ *van ook:* at the rate of... [50 miles an hour].

snelheidsmaniak [-hɛitsma.ni.ɑk] *m* S roadhog.

snelheidsmeter [-me.tər] *m* tachometer, speedometer.

snelkoker ['snɛlko.kər] *m* quick heater.

snelkookpan [-ko.kpɑn] *v* pressure-cooker.

snellen ['snɛlə(n)] *vi* hasten, rush.

snelschrift ['snɛls(x)rɪft] *o* shorthand, stenography.

snelschrijver [-s(x)rɛivər] *o* shorthand writer, stenographer.

sneltekenaar [-te.kəna:r] *m* lightning cartoonist.

sneltrein [-trɛin] *m* fast train, express (train).

snelverkeer [-vərke:r] *o* fast traffic.

snelvoetig [-vu.təx] swift-footed, nimble, fleet.

snelvuur [-vy:r] *o* ✗ rapid fire.

snelwerkend [-vɛrkənt] rapid, speedy [poison].

snep [snɛp] = *snip.*

snerpen ['snɛrpə(n)] *vi* bite, cut; *een* ~*de koude* a biting cold; *een* ~*de wind* a cutting wind.

snert [snɛrt] *v* pea-soup; *fig* trash; *het lijkt wel* ~! (it is) a rotten show!

snertkerel ['snɛrtke:rəl] ~**vent** [-fɛnt] *m* F good-for-nothing, rotter, dud.

sneu [snø.] F disappointing, mortifying; ~ *kijken* look blue.

sneuvelen, sneven ['snø.vələ(n), 'sne.və(n)] *vi* be killed (in action, in battle), be slain, perish, fall.

snib(be) [snɪp, 'snɪbə] *v* shrew, vixen.

snibbig ['snɪbəx] *aj* (& *ad*) snappish(ly).

snibbigheid [-hɛit] *v* snappishness.

snijbloemen ['snɛiblu.mə(n)] *mv* cut flowers.

snijboon [-bo.n] *v* ❋ French bean, haricot bean; *een rare* ~ F a queer fish, a queer card.

snijbrander [-brɑndər] *m* ✗ [oxygen] cutter.

snijden ['snɛi(d)ə(n)] I *vi* I cut; 2 ⬌ cut in; 3 ◇ finesse; II *vt* I cut [one's bread, hair &]; cut (up), carve [meat]; carve [figures in wood, stone &]; 2 *fig* (afzetten) fleece, shear [customers]; *ze* ~ *je daar lelijk ook:* they make you pay through the nose; *die lijnen* ~ *elkaar* those lines cut each other, they intersect; *je kon de rook wel* ~ the smoke could be cut with a knife; *het snijdt je door de ziel* it cuts you to the heart; *aan (in) stukken* ~, *stuk*~ cut to pieces, cut up; III *vr zich* ~ cut oneself; *ik heb mij in mijn (de) vinger gesneden* I have cut my finger (with a knife); *je zult je (lelijk) in de vingers* ~ you'll burn your fingers.

snijdend ['snɛidənt] I cutting², *fig* sharp, biting; 2 (in de meetkunde) secant.

snijder ['snɛi(d)ər] *m* I cutter, carver; 2 tailor.

snijdervogel ['snɛidərvo.gəl] *m* ✻ tailor-bird.

snijding [-dɪŋ] *v* I cutting, section; 2 (in prosodie) caesura; 3 (in de meetkunde) intersection; ~e ʌ (*in het lijf*) gripes.

snijdsel ['snɛi(d)səl] *o* clippings, cuttings.

snijkamer ['snɛika.mər] *v* dissecting-room.

snijlijn [-lɛin] *v* secant, intersecting line.

snijmachine [-ma.ʃi.nə] *v* I cutting-machine; cutter; [bread, vegetable &] slicer; 2 (op de drukkerij) guillotine, plough.

snijpunt [-pʏnt] *o* (point of) intersection.

snijtand [-tɑnt] *m* cutting tooth, incisor.

snijwerk [-vɛrk] *o* carved work, carving.

snijwond(e) [-vɔnt, -vɔndə] *v* cut, incised wound.

1 snik [snɪk] *m* gasp, sob; *laatste ~* last gasp; *de laatste ~ geven* zie *geest*.

2 snik [snɪk] *aj* in: *hij is niet goed ~* S he is not quite right in his head, a bit cracked.

snikheet ['snɪkhe.t] suffocatingly hot, stifling.

snikken ['snɪkə(n)] *vi* sob.

snip [snɪp] *v* ✻ snipe.

snipper [-pər] *m* cutting, clipping; scrap, shred, snip, snippet, chip.

snipperdag [-dɑx] *m* extra day off.

snipperen ['snɪpərə(n)] *vt* snip, shred.

snipperjacht [-pərjɑxt] *v* paper-chase.

snippermand [-mɑnt] *v* waste-paper basket.

snippertje [-cə] *o* scrap, shred, snippet, chip.

snipperuurtje [-y:rcə] *o* spare hour, leisure hour; *in mijn ~ s* at odd times.

snipverkouden [snɪpfər'kɔu(d)ə(n)] suffering from a bad cold.

snit [snɪt] *m* & *v* cut [of grass, a coat]; *het is naar de laatste ~* it is after the latest fashion.

snoeien ['snu.jə(n)] *vt* lop [trees]; prune [fruit-tree]; 2 clip [money, a hedge].

snoeier [-jər] *m* lopper, pruner [of trees]; clip per [of coin, hedges].

snoeimes ['snu:iməs] *o* pruning-knife, bill.

snoeischaar [-sxa:r] *v* pruning-shears.

snoek [snu.k] *m* ✻ pike.

snoekbaars ['snu.kba:rs] *m* ✻ pike-perch.

snoep [snu.p] *m* F zie *snoeperij*.

snoepachtig ['snu.pɑxtəx] fond of eating sweets.

snoepen ['snu.pə(n)] *vi* eat sweets; *wilt u eens ~?* have a sweet?; *wie heeft van de suiker gesnoept?* who has eaten of (who has been at) the sugar?

snoeper [-pər] *m* ~ster ['snu.pstər] *v* een ~ zijn have a sweet tooth.

snoeperig [-pərəx] I *aj* F nice, pretty, sweet; II *ad* nicely, prettily, sweetly.

snoeperij [snu.pə'rɛi] *v* sweets, sweeties, goodies, sweet stuff.

snoepertje ['snu.pərcə] *o* F duck of a child.

snoepgoed ['snu.pgu.t] *o* zie *snoeperij*.

snoepkraampje [-kra.mpjə] *o* sweet-stall.

snoeplust [-lʏst] *m* fondness for sweets.

snoepreisje [-rɛiʃə] *o* trip.

snoepwinkel [-vɪŋkəl] *m* sweet-(stuff) shop.

snoer [snu:r] *o* I string [of beads]; 2 cord; 3 line [for fishing]; 4 ⚡ flex.

snoeren ['snu:rə(n)] *vt* string, tie, lace; zie ook: *mond*.

snoes [snu.s] *m-v* F darling, duck.

snoeshaan ['snu.sha.n] *m* in: *zo'n vreemde ~* F a foreign bloke, a stranger.

snoet [snu.t] *m* snout, muzzle [of an animal]; *zijn ~ > S* his mug.

snoetje ['snu.cə] *o* F mug; *een aardig ~* a pretty face.

snoeven ['snu.və(n)] *vi* brag, boast, bluster, vapour; *~ op...* brag (boast) of..., vaunt.

snoever [-vər] *m* boaster braggart, blusterer.

snoeverij [snu.və'rɛi] *v* boast, brag(ging), braggadocio.

snoezig ['snu.zəx] I *aj* F sweet, ducky; II *ad* sweetly.

snood [sno.t] I *aj* base [ingratitude]; heinous [crime]; wicked, iniquitous, nefarious [practices]; II *ad* basely.

snoodaard ['sno.da:rt] *m* villain, rascal, miscreant.

snoodheid ['sno.thɛit] *v* baseness, wickedness.

snor [snɔr] *v* moustache; [of a cat] whiskers.

snorder [-dər] *m* crawler [plying for customers], crawling taxi

snorken [-kə(n)] *vi* I snore; 2 *fig* brag, boast.

snorker [-kər] *m* I snorer; 2 *fig* braggart, boaster.

snorren [-rə(n)] *vi* I drone, whir [of engine]; buzz [of fly]; purr [of cat]; roar [of stove]; whiz [of bullet]; 2 (om een vrachtje) crawl, ply for hire; *het rijtuig snorde langs de weg* the carriage whirred along the road.

snorrepijperij [snɔrəpɛipə'rɛi] *v* knick-knacks, trifles.

snot [snɔt] *o* & *m* mucus.

snotaap, ~jongen ['snɔta.p, -jɔŋə(n)] *m* F whipper-snapper.

snotneus [-nø.s] *m* I F snivelling nose; 2 zie *snotaap*.

snotolf [-ɔlf] *m* ✻ lumpfish.

snotteren ['snɔtərə(n)] *vi* snivel.

snotterig [-rəx] F snivelling.

snuffelaar ['snʏfəla:r] *m* ferreter, Paul Pry.

snuffelen [-lə(n)] *vi* nose, ferret, mouse, browse, rummage [in something].

snuffelen ['snʏfjə] *o* in: *het nieuwste ~* the latest thing.

snugger ['snʏgər] I *aj* F bright, clever, sharp, smart; II *ad* brightly, cleverly.

snuggerheid [-hɛit] *v* brightness, cleverness &.

snuif [snœyf] *m* snuff.

snuifdoos ['snœyfdo.s] *v* snuff-box.

snuifje [-jə] *o* pinch of snuff.

snuiftabak [-ta.bɑk] *m* snuff.

snuisterij [snœystə'rɛi] *v* knick-knack.

snuit [snœyt] *m* snout, muzzle; trunk [of an elephant]; proboscis [of insects]; *zijn ~ S* his mug.

snuiten ['snœytə(n)] I *vt* snuff [a candle]; *zijn neus ~* blow one's nose; II *va* blow one's nose.

snuiter [-tər] *m* I zie *kaarsesnuiter*; 2 F chap.

snuitje [-cə] *o* zie *snoetje*.

snuiven [-və(n)] *vi* I sniff, snuffle, snort; 2 take snuff; *~ van woede* snort with rage.

snuiver [-vər] *m* I snuffer; 2 snuff-taker.

snurken ['snʏrkə(n)] *vi* snore.

sober ['so.bər] I *aj* sober, frugal, scanty; austere [life, building]; II *ad* soberly, frugally, scantily; [live] austerely.

soberheid [-hɛit] *v* soberness, sobriety, frugality, scantiness; austerity [of life].

sobertjes [-cəs] zie *sober* II.

sociaal [so.si.'a.l] I *aj* social; ~ *werk* social work; *sociale werkster* social worker; II *ad* socially.

sociaal-democraat, sociaal-demokraat [so.si.-a.lde.mo.'kra.t] *m* social democrat.

sociaal-democratisch, sociaal-demokratisch [-'kra.ti.s] social democratic.

socialisatie [so.si.a.li.'za.(t)si.] *v* socialization.

socialiseren [-'ze:rə(n)] *vt* socialize.

socialisme [so.si.a.'lɪsmə] *o* socialism.

socialist [-'lɪst] *m* socialist.

socialistisch [-'lɪsti.s] I *aj* socialist [party], socialistic; II *ad* socialistically.

sociëteit [so.si.'tɛit] *v* club-house, club; *de Sociëteit van Jezus RK* the Society of Jesus.

sociologie [so.si.o.lo.'gi.] *v* sociology.

sociologisch [-'lo.gi.s] *aj* (& *ad*) sociologic-

al(ly).
socioloog [-'lo.x] *m* sociologist.
soda ['so.da.] *m* & *v* soda.
sodawater [-va.tər] *o* soda-water.
Sodom ['so.dòm] *o* Sodom.
soebatten ['su.bata(n)] *vi* & *vt* implore, treat.
Soedan ['su.dɑn] *m de* ~ the S(o)udan.
Soedanees [su.da.'ne.s] *sb* & *aj* S(o)udanese, *mv* S(o)udanese.
˅ soelaas [su.'la.s] *o* solace, comfort.
soep [su.p] *v* soup; broth; *het is niet veel* ~*s* it is not up to much; *in de* ~ *rijden* smash up; *in de* ~ *zitten* F be in the soup.
soepachtig ['su.pɑxtəx] soupy.
soepballetje [-bɑləcə] *o* force-meat ball.
soepbord [-bɔrt] *o* soup-plate.
soepel ['su.pəl] supple, flexible.
soepelheid [-hɛit] *v* suppleness, flexibility.
soeperig ['su.pərəx] soupy²; *fig* watery.
soepgroente ['su.pgru.ntə] *v* soup greens.
soepketel [-ke.təl] *m* soup-kettle.
soepkom [-kòm] *v* soup-bowl.
soepkommetje [-kòməcə] *o* porringer.
soeplepel [-le.pəl] *m* 1 (om te eten) soup-spoon; 2 (om op te scheppen) soup-ladle.
soepterrine [-tɛri.n] *v* soup-tureen.
soesa ['su.za.] *m* F bother; trouble(s), worry, worries.
soeverein [su.və'rɛin] I *aj* sovereign; ~*e min-achting* supreme contempt; II *m* 1 sovereign 2 sovereign [coin].
soevereiniteit [-rɛini.'tɛit] *v* sovereignty.
soezen ['su.zə(n)] *vi* doze.
soezerig [-zərəx] dozy, drowsy.
soezerigheid [-hɛit] *v* drowsiness.
sofa ['so.fa.] *m* sofa, settee.
1 **Sofia** ['so.fi.a.] *o* Sofia [in Bulgaria].
2 **Sofia, Sofie** [so.'fi.a., so.'fi.] *v* Sophia, Sophy
sofisme [so.'fìsmə] *o* sophism.
sofist [-'fìst] *m* sophist.
sofisterij [-fìstə'rɛi] *v* sophistry.
sofistisch [-'fìsti.s] I *aj* sophistic(al); II *ad* sophistically.
soiree [sva.'re.] *v* evening party, soirée.
soit! [sva] *ij* let it he!, let it pass!, all right!
soja [so.ja.] *m* soy.
sojaboon [-bo.n] *v* ♣ soya bean.
sok [sɔk] *m* 1 sock; 2 ♋ socket; 3 F (old) fog(e)y; *er de* ~*ken in zetten* F run; *een held op* ~*ken* F a hero who is afraid of his own shadow; *iemand van de* ~*ken slaan* F knock him down; *van de* ~*ken vallen* F zie *stokje*.
sokkel ['sɔkəl] *m* socle.
sokophouder ['sɔkòphəuər] *m* sock-suspender.
soldaat [sɔl'da.t] *m* ⚔ soldier; *gewoon* ~ private (soldier); *de Onbekende S*~ the Unknown Warrior; ~ *eerste klasse* lance-corporal; ~ *worden* become a soldier, enlist.
soldaatje [-'da.cə] *o* little soldier; ~ *spelen* play (at) soldiers.
soldatenleven [-'da.tə(n)le.və(n)] *o* military life.
soldatesk [sɔlda.'tɛsk] soldier-like.
soldateska [-'teska.] *v* soldiery.
soldeer [sɔl'de:r] *o* & *m* solder.
soldeerbout [-bout] *m* soldering-iron, soldering-bit.
soldeerder [-dər] *m* solderer.
soldeersel [-səl] *o* solder.
solderen [sɔl'de:rə(n)] *vt* solder.
soldij [sɔl'dɛi] *v* ⚔ pay.
solfer ['sɔlfər] = *sulfer*.
solidair [so.li.'de:r] solidary; ~ *aansprakelijk* jointly and severally liable; *zich* ~ *verklaren met* solidarize with.
solidariteit [-da:ri.'tɛit] *v* 1 solidarity; 2 $ joint liability; *uit* ~ in sympathy.
solidariteitsgevoel [-'tɛitsɣəvu.l] *o* feeling of

solidarity.
solidariteitsstaking [-'tɛitsta.kɪŋ] *v* sympathetic strike.
solide [so.'li.də] I *aj* 1 (v. ding) solid, strong, substantial; 2 *fig* (v. persoon) steady; 3 $ respectable [dealers, firms]; sound, safe [investments]; II *ad* solidly, strongly &.
soliditeit [so.li.di.'tɛit] *v* 1 solidity; 2 steadiness; 3 $ solvability, solvency, stability; soundness.
solist [so.'lɪst] *m* ~ e [-'lɪstə] *v* ♪ soloist.
solitair [so.li.'tɛ:r] I *aj* solitary; II *m* 1 solitary; 2 (spel & steen) solitaire.
sollen ['sɔlə(n)] I *vt* toss; II *vi* in: ~ *met* 1 romp with; 2 *fig* make a fool of; *hij laat niet met zich* ~ he doesn't suffer himself to be trifled with.
sollicitant [sɔli.si.'tɑnt] *m* candidate, applicant.
sollicitatie [-'ta.(t)si.] *v* application.
solliciteren [-'te:rə(n)] *vi* apply (for *naar*).
solo ['so.lo.] *m* & *o* solo.
solozanger [-zaŋər] *m* ♪ solo vocalist.
solsleutel ['sɔlslø.təl] *m* ♪ G clef, treble clef.
solutie [so.'ly.(t)si.] *v* solution.
solvabel [sɔl'va.bəl] $ solvent.
solvabiliteit [sɔlva.bi.li.'tɛit] *v* $ ability to pay, solvency.
som [sòm] *v* 1 (totaalbedrag) sum, total amount; 2 (vraagstuk) sum, problem; *een* ~ *geld*(s) a sum of money; *een* ~ *ineens* a lump sum; ~*men maken* do sums.
somber ['sòmbər] I *aj* gloomy, sombre²; *fig* cheerless, sad, dark, black; II *ad* gloomily.
somberheid [-hɛit] *v* gloom², sombreness², cheerlessness.
somma ['sòma.] *v* sum total, total amount.
sommatie [sò'ma.(t)si.] *v* summons.
sommeren [-'me:rə(n)] *vt* summon, call upon; *t½* summon.
sommige ['sòməɣə] some; ~*n* some.
somnambule [sòmnɑm'by.lə] *m* somnambulist.
soms [sòms] sometimes; ~ *goed* &, ~ *slecht* & now..., now..., at times..., at other times...; *kijk eens of hij daar* ~ *is* if he is there perhaps; *hij mocht* ~ *denken dat*... he might think that...; *als je hem* ~ *ziet* if you should happen to see him.
somtijds, somwijlen [sòm'tɛits, -'vɛilə(n)] sometimes; zie ook: *soms*.
sonate [so.'na.tə] *v* ♪ sonata.
sonnet [sò'nɛt] *o* sonnet.
sonnettenkrans [sò'nɛtə(n)krɑns] *m* sonnet sequence.
sonoor [so.'no:r] *aj* (& *ad*) sonorous(ly).
sonoriteit [-no:ri.'tɛit] *v* sonority.
soort [so:rt] *v* & *o* 1 (in *t* alg.) sort, kind; 2 (biologie) species; *het is* ~, *hoor!* they are a nice sort!; *hij is een goed* ~ he is a good sort; ~ *zoekt* ~ like draws to like, birds of a feather flock together; *zo'n* ~ *schrijver* he is a kind (a sort) of author, an author of sorts; *enig in zijn* ~ zie *enig*; *mensen van allerlei* ~ people of all kinds, all sorts and conditions of men; *van dezelfde* ~ of the same kind, of a kind, $ of the same description.
soortelijk ['so:rtəlɪk] specific; ~ *gewicht* specific gravity.
soortgelijk ['so:rtɣəlɛik] similar, suchlike.
soortnaam [-na.m] *m* 1 *gram* common noun; 2 ♣ ♣ generic name.
soos [so.s] *v* F club.
sop [sɔp] *o* 1 broth; 2 (v. zeep) suds; *het ruime* ~ the open sea, the offing; *het ruime* ~ *kiezen zie zee* (begrip); *met iemand in zijn eigen* ~ *gaar koken* zie 1 *vet*; *met hetzelfde* ~ *overgoten* tarred with the same brush; *het* ~ *is de kool niet waard* the game is not worth the candle.

soppen ['sɔpə(n)] *vi* sop, dip, steep, soak.
sopperig [-pərəx] sloppy, soppy.
sopraan [so.'pra.n] *v ♪* soprano, treble.
sopraanstem [-stɛm] *v ♪* soprano voice.
sopraanzangeres [-zaŋərɛs] *v ♪* soprano singer.
sorbet [sɔr'bɛt] *m* sorbet, sherbet.
sorteerder [sɔr'te:rdər] *m* sorter.
sorteren [-'te:rə(n)] *vt* (as)sort; *onze winkel is goed gesorteerd* is well-stocked; zie ook: *effect.*
sortering [-'te:rɪŋ] *v* sorting; assortment.
sortie [-'ti.] *v* 1 (mantel) opera-cloak; 2 (controlebiljet) pass-out check.
souche ['su.ʃə] *v* counterfoil.
souffleren [su.'fle:rə(n)] *vi & vt* prompt.
souffleur [-'flø:r] *m* prompter.
souffleurshok [-'flø:rshɔk] *o* prompter's box.
souper [su.'pe.] *o* supper.
souperen [su.'pe:rə(n)] *vi* sup, take supper.
sourdine [su.r'di.nə] *v ♪* mute.
soutane [su.'ta.nə] *v RK* soutane.
souterrain ['su.tɛrɛ̃] *o* basement(-floor).
souvenir [su.və'ni:r] *o* souvenir, keepsake.
sovjet, sowjet ['sɔvjɛt] *m* soviet.
Sovjetunie, Sowjetunie [-y.ni.] *v* Soviet Union.
spa [spa.] = *spade.*
1 **spaak** [spa.k] *v* spoke; *een ~ in het wiel steken* put a spoke in the wheel.
2 **spaak** [spa.k] ~ *lopen* go wrong.
spaakbeen ['spa.kbe.n] *o* radius.
spaan [spa.n] *v* 1 chip [of wood]; 2 scoop [for butter].
spaander ['spa.ndər] *m* chip.
Spaans [spa.ns] I *aj* Spanish; ~ *riet* rattan; ~*e vlieg* cantharides, Spanish fly; II *o het* ~ Spanish; III *v een* ~*e* a Spanish woman (lady).
spaarbank ['spa:rbaŋk] *v* savings-bank.
spaarbankboekje [-bu.kjə] *o* savings-bank book, deposit book.
spaarbrander ['spa:rbrandər] *m* economical burner.
spaarder [-dər] *m* saver; (inlegger) depositor.
spaarduitjes [-dœycɔs] *mv* savings.
spaargeld [-ɣɛlt] *o* savings.
spaarkas [-kɑs] *v* savings-bank.
spaarpot [-pɔt] *m* money-box; *een ~je maken* lay by (some) money.
spaarvarken [-vɑrkə(n)] *o* piggy bank.
spaarzaam [-za.m] I *aj* saving, economical, thrifty; ~ *zijn met* be economical of; be chary of [praise &]; II *ad* economically.
spaarzaamheid [-hɛit] *v* economy, thrift.
spaarzegel ['spa:rze.ɣəl] *m* savings-stamp.
spaarzin [-zɪn] *m* thrift spirit.
spaat [spa.t] *o* spar.
spade ['spa.də] *v* spade; *de eerste ~ in de grond steken* cut the first sod.
spalk [spɑlk] *v* ＋ splint.
spalken ['spɑlkə(n)] *vt* ＋ splint, put in splints.
span [spɑn] 1 *v* (v. hand) span; 2 *o* (dieren) yoke [of bullocks]; team [of oxen]; pair, set [of horses]; *een aardig ~* F a nice couple.
spanbeton ['spɑnbətɔn] *o* prestressed concrete.
spanbroek [-bru.k] *v* tight trousers, tights.
spandoek [-du.k] *o & m* banner.
Spanjaard ['spɑnja:rt] *m* Spaniard.
Spanje [-jə] *o* Spain.
spanjolet [spɑnjo.'lɛt] *v* espagnolette.
Spanjool [-jo.l] *m* Spaniard.
spankracht ['spɑnkrɑxt] *v* tensile force; tension [of gases].
○ **spanne** ['spɑnə] *v* span; *een ~ tijds* a brief space of time, a brief while, a (short) spell.
spannen ['spɑnə(n)] I *vt* stretch [a cord]; tighten [a rope]; draw, bend [a bow]; strain[2] [every nerve; the attention]; brace [a drum]; span [a distance]; spread [a net]; lay [snares],

put [a horse] to [a carriage &]; *de haan* ~ cock a gun; zie ook: *boog* &; II *vr* in: *zich ervóór* ~ zie *voorspannen*; III *vi* be (too) tight [of clothes]; *als het er spant* when it comes to the pinch; *het zal er* ~ there will be hot work; *het begint te* ~ things are getting lively; *het heeft er om gespannen* it was a near thing.
spannend [-nənt] 1 (nauw) tight; 2 (boeiend) exciting [scene], thrilling [story], tense [moment].
spanning [-nɪŋ] *v* stretching; tension[2], strain[2]; span [of bridge]; ✗ stress; ☇ tension, voltage; pressure [of steam]; *fig* tension, strain, suspense; *in angstige* ~ in anxious suspense; *iemand in* ~ *houden* keep one in suspense.
spanraam ['spɑnra.m] *o* tenter.
spant [spɑnt] *o* 1 △ rafter; 2 ⚓ frame, timber.
spanwijdte ['spɑnvɛitə] *v* span.
1 **spar** [spɑr] *m* ♣ spruce-fir.
2 **spar** [spɑr] *m* (v. dak) rafter.
sparappel ['spɑrɑpəl] *m* ♣ fir-cone.
sparen ['spa:rə(n)] I *vt* 1 (overleggen) save [money]; 2 (ontzien) spare [a friend, no pains]; *spaar mij uw klachten* spare me your complaints; *u kunt u die moeite* ~ you may save yourself the trouble; spare yourself the effort; *moeite noch kosten* ~ spare neither pains nor expense; *zij zijn gespaard gebleven voor de vernietiging* they have been spared from destruction; II *vr zich* ~ spare oneself, husband one's strength; III *vi* save, economize.
sparreboom ['spɑrəbo.m] *m* spruce-fir.
sparrehout [-hɑut] *o* fir-wood.
sparrekegel [-ke.ɣəl] *m* fir-cone.
sparrenbos ['spɑrə(n)bɔs] *o* fir-wood.
spartelen ['spɑrtələ(n)] *vi* sprawl, flounder.
spastisch ['spɑsti.s] ＋ spastic.
spat [spɑt] *v* 1 (vlek) spot, speck, stain; 2 (v. paard) spavin. .
spatader ['spɑta.dər] *v* ＋ varicose vein.
spatbord [-bɔrt] *o* splash-board [of vehicle]; mudguard [of motor-car, bicycle], ✈ wing.
spatel ['spa.təl] *v* spatula, slice.
spatie ['spa.(t)si.] *v* space.
spatiëren [spa.si.'e:rə(n)] *vt* space.
spatiëring [-rɪŋ] *v* spacing.
spatlap ['spɑtlɑp] *m* mud-flap.
spatten ['spɑtə(n)] I *vi* splash, spatter [of liquid]; spirt [of a pen]; *uit elkaar* ~ zie *uiteenspatten*; II *vt* in: *vonken* ~ emit sparks, spark.
specerij [spe.sə'rɛi] *v* spice; spices.
specerijhandel [-hɑndəl] *m* spice-trade.
specht [spɛxt] *m* ⚘ woodpecker; *blauwe* ~ nuthatch; *bonte* ~ pied woodpecker; *groene* ~ green woodpecker.
speciaal [spe.si.'a.l] *aj* (& *ad*) special(ly).
specialiseren [-a.li.'ze:rə(n)] *vt* specialize.
specialisering [-rɪŋ] *v* specialization.
specialist [spe.si.a.'lɪst] *m* specialist.
specialiteit [-li.'tɛit] *v* 1 (iets speciaals) speciality; 2 (persoon) specialist; *...is onze* ~ we specialize in..., ...a speciality.
specie ['spe.si.] *v* 1 $ specie, cash, ready money; 2 △ mortar.
specificatie [spe.si.fi.'ka.(t)si.] *v* specification.
specificeren [-'se:rə(n)] *vt* specify.
specifiek [spe.si.'fi.k] I *aj* specific; ~ *gewicht* specific gravity; II *ad* specifically.
spectaculair [spɛkta.ky.'lɛ:r] *aj* (& *ad*) spectacular(ly).
spectrum ['spɛktrŭm] *o* spectrum.
speculaas [spe.ky.'la.s] *m & o* ± parliament cake.
speculant [-'lɑnt] *m* $ speculator, bull [à la hausse], bear [à la baisse].
speculatie [-'la.(t)si.] *v* $ speculation, stock-

jobbing.
speculatief [-la.'ti.f] *speculative.*
speculeren [-'le:rə(n)] *vi* $ speculate; ~ *op* trade upon; hope for...
speech [spi.tʃ] *m* speech.
speechen ['spi.tʃə(n)] *vi* speechify.
speeksel ['spe.ksəl] *o* spittle, saliva, sputum.
speekselklier [-kli:r] *v* salivary gland.
speelbal ['spe.lbɑl] *m* playing ball; *fig* plaything, toy, sport; *een ~ van de golven zijn* be at the mercy of the waves.
speeldoos [-do.s] *v* musical box.
speelduivel [-dœyvəl] *m* demon of gambling.
speelfilm [-film] *m* feature film.
speelgenoot [-gəno.t] *m* playmate, playfellow.
speelgoed [-gu.t] *o* toys, playthings.
speelgoedwinkel [-vɪŋkəl] *m* toy-shop.
speelhol ['spe.lhɔl] *o* gambling-den.
speelhuis [-hœys] *o* gambling-house.
speelkaart [-ka:rt] *v* playing-card.
speelkameraad [-ka.məra.t] *m* zie *speelmakker.*
speelkwartier [-kʋɑrti:r] *o* ☞ break, recess.
speelmakker [-mɑkər] *m* playmate, playfellow.
speelplaats [-pla.ts] *v* playground.
speelruimte [-rœymtə] *v* ⚔ play; *fig* elbow-room, scope, latitude, margin.
speels [spe.ls] playful, sportive.
speelschuld ['spe.lsxʏlt] *v* gaming-debt, play-debt.
speelseizoen [-sɛizu.n] *o* theatrical season.
speelsheid ['spe.lsheit] *v* playfulness, sportiveness.
speelster ['spe.lstər] *v* 1 gamester, player; 2 actress.
speeltafel [-ta.fəl] *v* 1 (in huis) card-table; 2 (in speelhol) gaming-table; 3 ♪ (v. orgel) console.
speelterrein [-tɛrɛin] *o* playground, recreation-ground, playing-field.
speeltijd [-tɛit] *m* playtime.
speeltuig [-tœyx] *o* ♪ (musical) instrument.
speeltuin [-tœyn] *m* recreation-ground.
speeluur [-y:r] *o* play-hour, playtime.
speelveld [-velt] *o* playing-field.
speelzaal [-za.l] *v* gaming-room, gambling-room.
speen [spe.n] *v* teat, nipple; (fopspeen) comforter.
speenkruid ['spe.nkrœyt] *o* 🌢 pilewort.
speenvarken [-vɑrkə(n)] *o* sucking-pig.
speer [spe:r] *v* spear; *sp* javelin.
speerwerpen [-vɛrpə(n)] *o sp* javelin throwing.
spek [spɛk] *o* 1 (gezouten of gerookt) bacon; 2 (vers) pork [of swine]; blubber [of a whale]; *dat is geen ~ voor iouw bek* F that is not for you; *met ~ schieten* draw the long bow; *voor ~ en bonen meedoen* sit mum.
spekbokking ['spɛkbɔkɪŋ] *m* fat bloater.
spekken ['spɛkə(n)] *vt* lard [meat]; *een welgespekte beurs* a well-lined purse; zie ook: *doorspekken.*
speknek ['spɛknɛk] *m* fat neck. [cake.
spekpannekoek [-pɑnəku.k] *m* larded pan-
spekslager [-sla.gər] *m* pork-butcher.
speksteen [-ste.n] *o & m* soap-stone, steatite.
spektakel [spɛk'ta.kəl] *o* racket, hubbub; ~ *maken* make a noise, kick up a row.
spekzool ['spɛkso.l] *v* (thick) crepe sole.
spel [spɛl] *o* 1 (tegenover werk) play; 2 (volgens regels) game; 3 (om geld) gaming, gambling; 4 pack [of cards], set [ef dominoes]; 5 (kaarten van één speler) hand; 6 (tent) booth, show; *het ~ van deze actrice* the acting of this actress; *zijn* (*piano*)~ *is volmaakt* his playing is perfect; *gewonnen ~ hebben* have the game in one's own hands; *vrij ~ hebben* enjoy free play, have free scope; *iemand vrij ~ laten* allow one full play [to...], allow one a free hand; *dubbel ~ spe-*

len play a double game; *eerlijk ~ spelen* play the game; *een gewaagd ~ spelen* play a bold game; *buiten ~ blijven* remain out of it; *u moet mij buiten ~ laten* leave me out of it; *er is een dame in het ~* there is a lady in it; *als... in het ~ komt* when... comes into play; *op het ~ staan* be at stake; *op het ~ zetten* stake; *alles op het ~ zetten* stake one's all.
spelbederver, spelbreker ['spɛlbədɛrvər, -bre.-kər] *m* spoil-sport, kill-joy, wet blanket.
speld [spɛlt] *v* pin; *er was geen ~ tussen te krijgen* 1 you could not get in a word edge-ways; 2 there was not a single weak spot in his reasoning; *men had een ~ kunnen horen vallen* you might have heard a pin drop.
speldeknop, speldekop ['spɛldəknɔp, -kɔp] *m* pin's head.
spelden [-də(n)] *vt* pin; zie ook: *mouw*[2].
speldeprik ['spɛldəprɪk] *m* pin-prick[2].
speldjesdag ['spɛlcəsdɑx] *m* ± flag-day.
spelen ['spe.lə(n)] I *vi* 1 (in 't alg.) play; 2 (om geld) gamble; *het geschut laten ~* play the guns; *dat speelt hem door het hoofd* that is running through his head; *het stuk speelt in Parijs* the scene (of the play) is laid in Paris; *de roman* (*het verhaal*) *speelt in...* the novel (the story) is set in...; *met iemand ~* play with one [*fig*]; *hij laat niet met zich ~* he is not to be trifled with, he will stand no nonsense; *zij speelde met haar waaier ook:* she was trifling (toying) with her fan; *om geld ~* play for money; *een glimlach speelde om haar lippen* a smile was playing about her lips; *~ tegen sp* play [a team]; *voor bediende ~* act the servant; *hij speelt meestal voor Hamlet* he plays the part of Hamlet; II *vt* play; *de beledigde ~* play the injured one; *biljart & ~* play (at) billiards &; *viool ~* play (on) the violin; *kun je dat allemaal naar binnen ~?* F can you put away all that?
spelenderwijs, -wijze ['spe.ləndərʋeis, -ʋeizə] 1 in sport; 2 with playful ease; *~ vechten* play at fighting.
speler ['spe.lər] *m* player, fiddler, musician, performer, actor; gamester, gambler.
spelevaren [-ləva.rə(n)] I *vi* be boating; II *o* boating.
spelfout ['spɛlfɑut] *v* spelling-mistake.
speling ['spe.lɪŋ] *v* 1 ⚔ play; 2 *~ der natuur* freak (of nature); *~ hebben* have play; zie ook: *speelruimte.*
spelkunst ['spɛlkʏnst] *v* orthography.
spelleider ['spɛlleidər] *m* 1 *sp* games-master; 2 (toneel) stage-manager.
spellen ['spɛlə(n)] *vt & vi* spell.
spelletje [-ləcə] *o* game; *het is het oude ~* they are still at the old game; *een ~ doen* have a game; *hetzelfde ~ proberen* (*uit te halen*) try the same game.
spelling [-lɪŋ] *v* spelling, orthography.
spelonk [spə'lɔŋk] *v* cave, cavern, grotto.
spelregel ['spɛlre.gəl] *m* 1 spelling-rule; 2 *sp* rule of the game[2].
spelt [spɛlt] *v* 🌢 spelt.
spenen ['spe.nə(n)] *vt* wean; *ik moet mij daarvan ~* I must fast from it; zie ook: *gespeend.*
sperballon ['spɛrbalɔn] *m* barrage balloon.
sperren ['spɛrə(n)] *vt* bar, block up.
spervuur ['spɛrvy:r] *o* ⚔ barrage.
sperwer ['spɛrʋər] *m* ⚔ sparrow-hawk.
sperzieboon ['spɛrzi.bo.n] *v* ⚔ French bean.
speurder ['spø:rdər] *m* detective, F sleuth, S tec.
speuren ['spø:rə(n)] *vt* trace, track.
speurhond ['spø:rhɔnt] *m* sleuth(-hound)[2].
speurtocht [-tɔxt] *m* search [for rare books truth].
speurzin [-zɪn] *m* flair.
spichtig ['spɪxtəx] lank, weedy; *een ~ meisje*

a wisp (a slip) of a girl.

spichtigheid [-heit] *v* lankness, weediness.

spie [spi.] *v* 1 ⚒ pin, peg, cotter; 2 S [Dutch] cent; (*mv*, **geld**) dibs.

spieden ['spi.də(n)] *vi* & *vt* spy.

spiegel ['spi.gəl] *m* 1 looking-glass, mirror, glass; 2 ⚑ [doctor's] speculum; 3 ⚓ stern; escutcheon [with name]; 4 surface; *boven de ~ van de zee* above the level of the sea; *in de ~ kijken* look (at oneself) in the mirror.

spiegelbeeld [-be.lt] *o* (reflected) image, reflection.

spiegelblank [-blɑŋk] as bright as a mirror.

spiegelei [-ɛi] *o* ± fried egg.

spiegelen ['spi.gələ(n)] *zich ~* look in a mirror; *zich ~ aan* take warning from, take example by; *die zich aan een ander spiegelt, spiegelt zich zacht* one man's fault is another man's lesson; *zie ook: weerspiegelen*.

spiegelgevecht [-gəlgəvɛxt] *o* ⚔ sham fight.

spiegelglad [-glɑt] as smooth as a mirror..

spiegelglas [-glɑs] *o* plate-glass.

spiegelkast [-gɔlkɑst] *v* mirror wardrobe.

spiegelruit [-gəlrœyt] *v* plate-glass window.

spieken ['spi.kə(n)] *vi* & *vt* ⚲ S crib.

spier [spi:r] *v* 1 muscle [of the body]; 2 ❀ spire, shoot, blade [of grass]; 3 ⚓ boom, spar; *geen ~ not a bit*; *zie ook: vertrekken* II.

spierbundel ['spi:rbʌndəl] *m* muscular bundle.

spiering ['spi:rɪŋ] *m* ⚒ smelt; *een ~ uitwerpen om een kabeljauw te vangen* throw a sprat to catch a whale.

spierkracht ['spi:rkrɑxt] *v* muscular strength, muscle.

spierkramp [-krɑmp] *v* muscular spasm.

spiernaakt [-na.kt] stark naked.

spierpijn [-pɛin] *v* muscular pain(s), muscular ache.

spierstelsel [-stɛlsəl] *o* muscular system.

spierverrekking [-vərɛkɪŋ] *v* sprain.

spiervezel [-ve.zəl] *v* muscle fibre.

spierweefsel [-ve.fsəl] *o* muscular tissue.

spierwit [-vɪt] as white as a sheet, snow-white.

spies, spiets [spi.s, spi.ts] *v* spear, pike, javelin, dart.

spietsen ['spi.tsə(n)] *vt* spear [fish]; pierce [a man]; impale (a criminal).

spijbelaar ['spɛibəla:r] *m* ~ster [-stər] *v* S truant.

spijbelen [-lə(n)] *vi* S play truant.

spijgat ['spɛigɑt] = spuigat.

spijker ['spɛikər] *m* nail; *de ~ op de kop slaan* hit the nail on the head, hit it; *~s met koppen slaan* come down to brass tacks; *~s op laag water zoeken* try to pick holes in a man's coat, split hairs.

spijkerbak [-bɑk] *m* nail-box.

spijkerbroek [-bru.k] *v* American pants.

spijkeren ['spɛikərə(n)] *vt* nail.

spijkerschrift [-s(x)rɪft] *o* cuneiform characters (writing).

spijkertje [-cə] *o* tack.

spijl [spɛil] *v* spike [of a fence]; bar [of a grating]; baluster [of stairs].

spijs [spɛis] *v* food; *~ en drank* meat and drink; *de spijzen* the viands, the dishes, the food.

spijskaart ['spɛiska:rt] *v* menu, bill of fare.

spijsvertering [-fərte.rɪŋ] *v* digestion; *slechte ~* indigestion, dyspepsia.

spijsverteringskanaal [-rɪŋska.na.l] *o* alimentary canal.

spijt [spɛit] *v* regret; *~ hebben van iets* be sorry for it, regret it; *ten ~ van* in spite of; *tot mijn (grote) ~* (much) to my regret; I am sorry...

spijten ['spɛitə(n)] in: *het spijt me (erg)* I am (so) sorry; *het spijt mij, dat...* I am sorry..., I regret...; *het speet me voor de vent* I felt sorry

for the fellow.

spijtig [-təx] spiteful; *het is ~ dat...* it is a pity that...

spijtigheid [-heit] *v* spitefulness.

spijzen ['spɛizə(n)] I *vi* eat; dine; II *vt* feed, give to eat.

spijzigen [-zəgə(n)] *vt* feed, give to eat.

spijziging [-gɪŋ] *v* feeding.

spiksplinternieuw ['spɪksplɪntərni:u] zie *splinternieuw*.

1 **spil** [spɪl] *v* 1 ⚒ spindle, pivot; 2 axis, axle; 3 *sp* (**bij voetbal**) centre half; *de ~ waarom alles draait* the pivot on which everything hinges (turns).

2 **spil** [spɪl] *o* ⚓ capstan.

spillebeen ['spɪlobe.n] *o* spindle-leg.

spillen ['spɪlə(n)] *vt* spill, waste.

spilziek ['spɪlzi.k] prodigal, wasteful.

spilzucht [-zʉxt] *v* prodigality.

spin [spɪn] *v* spider; *zo nijdig als een ~* as cross as two sticks.

spinazie [spi.'na.zi.] *v* ❀ spinach.

spinet [spi.'nɛt] *o* ♪ spinet.

spinhuis ['spɪnhœys] *o* ⚘ spinning-house; house of correction.

spinklier [-kli:r] *v* spinneret.

spinmachine [-ma.ʃi.nə] *v* spinning-machine, spinning-jenny.

spinnekop ['spɪnəkɔp] *v* spider.

spinnen [-nə(n)] I *vi* 1 (op de spinmachine) spin; 2 purr [of cats]; II *vt* spin.

spinner [-nər] *m* spinner.

spinnerij [spɪnə'rɛi] *v* spinning-mill.

spinneweb ['spɪnəvɛp] *o* cobweb.

spinnewiel [-vi.l] *o* spinning-wheel.

spinrag ['spɪnrɑx] *o* cobweb.

spinrokken [-rɔkə(n)] *o* distaff.

spinsel [-səl] *o* 1 (v. spinnerij) spun yarn; 2 (v. zijderups) cocoon.

spint [spɪnt] *o* ❀ sap-wood, alburnum.

spion [spi.'ɔn] *m* 1 (persoon) spy; 2 (spiegeltje) (Dutch) spy-mirror, window-mirror.

spionage [spi.ɔ'na.ʒə] *v* spying, espionage.

spioneren [-'ne:rə(n)] *vi* spy, play the spy.

spionne [-'ɔnə] *v* woman spy.

spionnetje [-'ɔnəcə] *o* zie *spion* 2.

spiraal [spi.'ra.l] *v* spiral.

spiraallijn [-'ra.lɛin] *v* spiral line.

spiraalmatras ['ra.lma.trɑs] *v* & *o* wire mattress.

spiraalveer ['ra.lve:r] *v* ⚒ coil-spring.

spiraalvormig [-vɔrməx] spiral.

spiritisme [spi.ri.'tɪsmə] *o* spiritualism.

spiritist [-'tɪst] *m* spiritualist.

spiritistisch [-'tɪsti.s] spiritualistic.

spiritualiën [-ty.'a.li.ə(n)] *mv* spirits, spirituous liquors.

spiritus ['spi:ri.tʉs] *m* spirits; *op ~ zetten* put into spirits.

spirituslampje [-lɑmpjə] *o* spirit-lamp.

spit [spɪt] *o* 1 (stang) spit; 2 (pijn) lumbago; *aan het ~ steken* spit.

spitdraaier ['spɪtdra.jər] *m* turnspit.

1 **spits** [spɪts] *aj* 1 pointed, sharp, peaky; 2 (scherpzinnig, pienter) clever, cute; *~e baard* pointed beard; *~ gezicht* peaky face; *~e toren* steeple; *~ maken* point, sharpen; *zie ook: toelopen*.

2 **spits** [spɪts] *de (het) ~ afbijten* bear the brunt (of the battle, of the onset); *de vijanden de (het) ~ bieden* make head against the enemy.

3 **spits** [spɪts] *v* point [of a sword]; spire [of a steeple]; ⚔ vanguard [of an army], [armoured] spear-head; peak, top, summit [of a mountain]; *aan de ~ van het leger* at the head of the army; *aan de ~ staan* hold pride of place [*fig*]; *het op de ~ drijven* push things to extremes; *op de ~ gedreven* carried to an extreme.

4 **spits** [spɪts] *m* ♔ spitz [dog].
Spitsbergen ['spɪtsbɛrɣə(n)] *o* Spitzbergen.
spitsboef [-bu.f] *m* rascal, rogue.
spitsboog [-bo.x] *m* △ pointed arch.
spitsen ['spɪtsə(n)] I *vt* point, sharpen [a pencil &]; prick³ (up) [one's ears]; II *vr zich ~ op* set one's heart on, look forward to.
spitsheid ['spɪtshɛit] *v* 1 sharpness, pointedness; 2 (pienterheid) cleverness.
spitshond [-hɔnt] *m zie* 4 *spits*.
spitsmuis [-mœys] *v* ♔ shrew-mouse, shrew.
spitsneus [-nø.s] *m* pointed nose.
spitsroede [-ru.də] *v* in: *door de ~n lopen* run the gauntlet.
spitsuren [-y:rə(n)] *mv* rush hours, peak hours.
spitsvondig [spɪts'fɔndəx] I *aj* subtle, captious; II *ad* subtly.
spitsvondigheid [-hɛit] *v* subtleness, subtlety; *spitsvondigheden* subtleties.
spitten ['spɪtə(n)] *vt* & *vi* dig, spade [the ground].
spitter [-tər] *m* digger.
spleet [sple.t] *v* cleft, chink, crack, fissure crevice, slit.
spleetogig ['sple.to.ɣəx] slit-eyed.
splijtbaar ['splɛitba:r] I cleavable [rock, wood]; 2 (in de kernfysica) fissionable, fissile.
splijten ['splɛitə(n)] I *vi* split; II *vt* split, cleave.
splijting [-tɪŋ] *v* 1 cleavage; 2 (in de kernfysica) fission.
splijtstof [-stɔf] *v* fissionable (fissile) material.
splijtzwam [-svam] *v* fission fungus; *fig* disintegrating influence.
splinter ['splɪntər] *m* splinter, shiver; *de ~ zien in het oog van een ander, maar niet de balk in zijn eigen oog* see the mote in one's brother's eye and not the beam in one's own.
splinteren [-tərə(n)] *vi* splinter, shiver, go to shivers.
splinterig [-tərəx] splintery.
splinternieuw ['splɪntərni:u] bran(d)-new.
split [splɪt] *o* 1 (opening) slit; 2 (v. jas) slit; 3 (v. vrouwenrok) placket.
spliterwten ['splɪter(v)tə(n)] *mv* split peas.
splitsen [-sə(n)] I *vt* 1 split (up) [a lath, peas &], divide; 2 ♣ splice [a rope]; II *vr zich ~* split (up), divide; bifurcate [of a road].
splitsing [-sɪŋ] *v* 1 splitting (up), division, § fission [of atoms]; bifurcation [of a road]; *fig* split, disintegration; 2 ♣ splicing [of a rope].
spoed [spu.t] *m* 1 (haast) speed, haste; 2 ⚘ pitch [of screw]; *~!* immediate [on letter]; *~ bijzetten* hurry up; *~ maken* make haste; *~ vereisen* be urgent; *met (bekwame) ~* with all (due) speed; *met de meeste ~* with the utmost speed; full speed; *zie ook: haastig* I.
spoedbehandeling ['spu.tbəhandəlɪŋ] *v* 1 speedy despatch [of a business]; 2 ☩ emergency treatment.
spoedbestelling [-bəstelɪŋ] *v* 1 ✆ express delivery; 2 $ rush order.
spoedcursus [-kūrzəs] *m* intensive course.
spoedeisend [-ɛisənt] urgent.
spoeden ['spu.də(n)] I *vi* speed, hasten; II *vr zich ~* make haste; speed, hasten (to *naar*).
spoedgeval ['spu.tɣəval] *o* emergency; ☩ emergency case.
spoedig ['spu.dəx] I *aj* speedy quick; early; II *ad* speedily, quickly, soon, before long.
spoedorder ['spu.tərdər] *v* & *o* $ rush order.
spoedstuk [-stūk] *o* urgent document.
spoedtelegram [-te.ləgram] *o* urgent telegram.
spoedvergadering [-fərgə.dərɪŋ] *v* emergency meeting.
spoedzending [-sɛndɪŋ] *v* parcel sent by fast train.
spoel [spu.l] *v* spool, bobbin, shuttle; ⚡ coil; reel [of magnetic tape].

spoelbak ['spu.lbɑk] *m* washing-tub, rinsing-tub.
1 **spoelen** ['spu.lə(n)] *vt* spool [yarn].
2 **spoelen** ['spu.lə(n)] *vt* wash, rinse; *iemand de voeten ~* ♣ make a person walk the plank.
spoeling [-lɪŋ] *v* hog-wash, draff.
spoeltje [-cə] *o* spool, bobbin, shuttle.
spoken ['spo.kə(n)] *vi* haunt, walk [of ghosts]; *het spookt in het huis* the house is haunted; *je bent al vroeg aan het ~* F you are stirring early; *het kan geducht ~ in de Golf van Biscaje* the Bay of Biscay is apt to be rough at times; *het heeft vannacht weer erg gespookt* the night has been boisterous.
spongat ['spòngat] *o* bung-hole.
sponning ['spònɪŋ] *v* rabbet, groove, slot; (v. schuifraam) runway.
spons [spòns] *v* sponge; *de ~ halen over* pass the sponge over.
sponsen ['spònsə(n)] *vt* sponge, clean with a sponge.
spontaan [spòn'ta.n] *aj* (& *ad*) spontaneous(-ly).
spontaneïteit [-ta.ne.i.'tɛit] *v* spontaneity.
sponzen ['spònzə(n)] *vt* sponge, clean with a sponge.
spook [spo.k] *o* ghost, phantom, spectre²; *zo'n ~!* the minx!
spookachtig ['spo.kɑxtəx] ghostly.
spookdier(tje) [-di:r(cə)] *o* ♔ tarsier.
spookgeschiedenis [-gəsxi.dənɪs] *v* ghost-story.
spookgestalte [-gəstɑltə] *v* spectre.
spookhuis [-hœys] *o* haunted house.
spookschip [-sxɪp] *o* ghost-ship.
spooksel [-səl] *o* spectre, ghost, phantom.
spookverschijning [-fərsxɛinɪŋ] *v* apparition, phantom, ghost, spectre.
1 **spoor** [spo:r] *v* 1 spur of a horseman]; 2 ⚘ spur [of a flower]; 3 = *spore*; *de sporen geven* spur, clap (put) spurs to, set spurs to; *hij heeft zijn sporen verdiend* he has won his spurs.
2 **spoor** [spo:r] *o* 1 foot-mark, trace, track, trail; slot [of deer]; spoor [of an elephant]; prick [of a hare]; scent [of a fox]; 2 (v. wagen) rut; 3 (overblijfsel) trace, vestige, mark; 4 (trein) track, rails, railway; 5 (spoorwijdte) gauge; *dubbel ~* double track; *enkel ~* single track; *niet het minste ~ van...* not the least trace (vestige) of...; *het ~ kwijtraken* get off the track; *sporen nalaten* leave traces; *het ~ volgen* follow the track; *iemands ~ volgen* follow in a person's wake; *bij het ~ zijn* be a railway employee; *als alles weer in het rechte ~ is* in the old groove again; *op het ~ brengen* put on the scent; *de dief op het ~ zijn* be on the track of the thief; *het wild op het ~ zijn* be on the track of the game; *het toeval bracht ons op het rechte ~* put us on to the right scent; *op het verkeerde ~ on the wrong track; *per ~* by rail(way); *uit het ~ raken* run (get) off the metals; *iemand van het ~ brengen* put one off the track, throw one off the scent.
spoorbaan ['spo:rba.n] *v* railroad, railway.
spoorboekje [-bu.kjə] *o* (railway) time-table, railway guide.
spoorboom [-bo.m] *m* gate.
spoorbrug [-brūk] *v* railway bridge.
spoordijk [-dɛik] *m* railway embankment.
spoorkaartje [-ka:rcə] *o* railway ticket.
spoorkogel [-ko. gəl] *m* ⚔ tracer bullet.
spoorlijn [-lɛin] *v* railway (line).
spoorloos [-lo.s] I *aj* trackless; II *ad* without leaving a trace, without (a) trace.
spoorraadje ['spo:ra.cə] *o* rowel [of a spur].
spoorslag ['spo:rslax] *m* spur, incentive, stimulus.
spoorslags [-slɑxs] at full gallop, full speed.
spoorstaaf [-sta.f] *v* rail.

spoorstudent [-sty.dɛnt] *m* travelling home student.

spoortijd [-tɛit] *m* railway time.

spoortrein [-trɛin] *m* train, railway train.

spoorverbinding [-vərbɪndɪŋ] *v* railway connection.

spoorwagen [-va.gə(n)] *m* railway carriage.

spoorweg [-spo:rvɛx] *m* railway.

spoorwegaandeel [-a.nde.l] *o* railway share.

spoorwegbeambte [-bɔɑmtə] *m* railway official. railway employee.

spoorwegkaart [-ka:rt] *v* railway map.

spoorwegmaatschappij [-ma.tsxɑpɛi] *v* railway company.

spoorwegnet [-nɛt] *o* railway system, network of railways.

spoorwegongeluk [-òngəlük] *o* railway accident.

spoorwegovergang [-o.vərgɑŋ] *m* level crossing.

spoorwegpersoneel [-pɛrso.ne.l] *o* railwaymen.

spoorwegstation [-sta.ʃòn] *o* railway-station.

spoorwegverkeer [-fərke:r] *o* railway traffic.

sporadisch [-di.s] *aj* (& *ad*) sporadic(ally).

spore ['spo:rə] *v* ⚇ spore.

sporen ['spo:rə(n)] *vi* go (travel) by rail, **F** train it.

sporeplant ['spo:rəplɑnt] *v* ⚇ cryptogam.

1 **sport** [spɔrt] *v* sport.

2 **sport** [spɔrt] *v* rung [of a chair, ladder &]; *tot de hoogste ~ in de maatschappij opklimmen* climb up (go) to the top of the social ladder.

sportartikelen ['spɔrtɑrti.kələ(n)] *mv* sports goods.

sportberichten [-bərɪxtə(n)] *mv* sporting news.

sporthemd [-hɛmt] *o* sports shirt.

sportief [spɔr'ti.f] sporting, sportsmanlike.

sportiviteit [-ti.vi.'tɛit] *v* sportsmanship.

sportkostuum [-kɔsty.m] *o* sports suit, sporting dress.

sportman [-mɑn] *m* sporting man.

sportnieuws [-ni:us] *o* sporting news.

sportterrein ['spɔrtərɛin] *o* sports ground.

sportvliegtuig ['spɔrtfli.xtœyx] *o* ⍫ private plane.

spot [spɔt] *m* mockery, derision, ridicule; *de ~ drijven met* mock at, scoff at, make game of.

spotachtig ['spɔtɑxtəx] mocking, scoffing.

spotdicht [-dɪxt] *o* satirical poem, satire.

spotgoedkoop [-gu.tko.p] dirt-cheap.

spotlach [-lɑx] *m* jeering laugh, jeer, sneer.

spotlust [-lüst] *v* love of mockery.

spotnaam [-na.m] *m* nickname, sobriquet.

spotprent [-prɛnt] *v* caricature, [political] cartoon.

spotprijs [-prɛis] *m* nominal price; *voor een ~* at a ridiculously low price, dirt-cheap.

spotrede [-re.də] *v* diatribe.

spotschrift [-s(x)rɪft] *o* lampoon, satire.

spotten ['spɔtə(n)] *vi* mock, scoff; *~ met* mock at; scoff at, ridicule, deride; make light of; *dat spot met alle beschrijving* it beggars description; *~ met het heiligste* trifle with what is most sacred; *hij laat niet met zich ~* he is not to be trifled with.

spottenderwijs, -wijze ['spɔtəndərvɛis, -vɛizə] mockingly.

spotter ['spɔtər] *m* mocker, scoffer.

spotternij [spɔtər'nɛi] *v* mockery, derision, taunt, jeer(ing).

spotvogel ['spɔtfo.gəl] *m* ⍅ mocking-bird; *fig* mocker, scoffer.

spotziek [-si.k] mocking, scoffing.

spotzucht [-süxt] *v* love of scoffing.

spraak [spra.k] *v* speech, language, tongue; zie ook: *sprake*.

spraakgebrek ['spra.kgəbrɛk] *o* speech-defect.

spraakgebruik [-gəbrœyk] *o* usage; *in het gewone ~* in common parlance.

spraakgeluid [-gəlœyt] *o* speech-sound.

spraakklank ['spra.klɑŋk] *m* speech-sound.

spraakkunst [-künst] *v* grammar.

spraakorgaan ['spra.kɔrga.n] *o* organ of speech.

spraakvermogen [-fərmo.gə(n)] *o* power of speech.

spraakverwarring [-fərvɑrɪŋ] *v* confusion of tongues.

spraakzaam [-sa.m] loquacious, talkative.

spraakzaamheid [-hɛit] *v* loquacity, talkativeness.

sprake ['spra.kə] in: *er was ~ van* there has been some talk of it; *als er ~ is van betalen, dan...* when it comes to paying...; *geen ~ van!* not a bit of it! that's out of the question!; *ter ~ brengen* moot, raise [a subject]; *ter ~ komen* come up for discussion, be mentioned, be raised.

sprakeloos [-lo.s] speechless, dumb, tongue-tied.

sprakeloosheid [spra.kə'lo.shɛit] *v* speechlessness.

sprank [sprɑŋk] *v* spark. [ness.

sprankel ['sprɑŋkəl] *v* spark, sparkle.

sprankelen [-kələn] *vt* sparkle.

sprankje ['sprɑŋkjə] *o* spark².

spreekbeurt ['spre.kbø:rt] *v* turn to speak; *een ~ vervullen* deliver a lecture.

spreekbuis [-bœys] *v* 1 *eig* speaking-tube; 2 *fig* mouthpiece.

spreekcel [-sɛl] *v* ☎ call-box.

spreekgestoelte [-gəstu.ltə] *o* pulpit, (speaker's) platform, tribune, rostrum.

spreekkamer ['spre.ka.mər] *v* 1 parlour [in private house]; 2 consulting-room [of a doctor]; 3 parlour [in convent].

spreekkoor [-ko:r] *o* chorus, chant; *spreekkoren vormen* shout slogans.

spreekoefening ['spre.ku.fənɪŋ] *v* conversational exercise.

spreekster [-stər] *v* speaker.

spreektaal [-ta.l] *v* spoken language.

spreektrant [-trɑnt] *m* manner of speaking.

spreekuur [-y:r] *o* consulting hour [of a doctor]; office-hour [of a headmaster &]; *~ houden* ⚕ take surgery; *op het ~ komen* ⚕ attend surgery.

spreekwijs, -wijze [-vɛis, -vɛizə] *v* phrase, locution, expression, saying.

spreekwoord [-vo:rt] *o* proverb, adage.

spreekwoordelijk [spre.k'vo:rdələk] *aj* (& *ad*) proverbial(ly); *zijn onwetendheid is ~* he is ignorant to a proverb.

spreeuw [spre:u] *m* & *v* ⍅ starling.

sprei [sprɛi] *v* bedspread, counterpane, coverlet.

spreiden ['sprɛidə(n)] *vt* spread°; disperse [industry]; stagger [holidays]; *een bed ~* make a bed.

spreiding [-dɪŋ] *v* spread [of payments]; dispersal [of industry]; staggering [of holidays].

spreken ['spre.kə(n)] **I** *vt* speak, say [a word]; *wij ~ elkaar iedere dag* we see each other every day; *wij ~ elkaar niet meer* we are not on speaking terms; *wij ~ elkaar nog wel, ik zal je nog wel ~!* I'll have it out with you!; *Frans ~* talk (speak) French; *ik moet mijnheer X ~, kan ik mijnheer X ~?* 1 I want to see Mr. X, can I see Mr. X?; 2 ☎ can I speak to Mr. X?; *kan ik u even ~?* can I have a word with you?; *als je nog een woord spreekt, dan...* if you say another word; *een woordje ~* speak a word; say something, make a speech; **II** *vi & va* speak, talk; *dat spreekt (vanzelf)* it goes without saying, that is a matter of course; *dat spreekt als een boek* that's a matter of course; *in het algemeen gesproken* generally speaking; *...niet te na gesproken* with all due deference to...; *met iemand ~*

speak to a person, talk to a person (with a person); *met wie spreek ik?* 1 (tegen onbekende) whom have I the honour of addressing?; 2 ✆ is that ... [X]?; *spreekt u mee* ✆ speaking; *spreek op!* speak out!; say away!; *wij ~ over u* we are talking of you (about you); *daar wordt niet meer over gesproken* there is no more talk about it; *zij spraken over de kunst* they were talking art; *is mijnheer te ~?* can I see Mr. X?; *hij is slecht over u te ~* he has not a good word to say for you; *~ tot iemand* speak to a person; *tot het hart ~* appeal to the heart; *daaruit sprak de vrouw* that spoke the woman; *van... gesproken* talking of..., what about...?; *om nog maar niet te ~ van...* to say nothing of..., not to speak of..., not to mention...; *u moet van u af ~* speak out for yourself; *hij heeft van zich doen ~* he has made a noise in the world; *~ voor...* speak for...; *goed voor iemand ~* go bail for a person; *voor zich zelf ~* speak for oneself (themselves); III *o* in: *~ is zilver, zwijgen is goud* speech is silvern, silence is golden; *onder het ~* while talking; zie ook ↓.

sprekend [-kɔnt] speaking; *een ~ bewijs* eloquent evidence; a telling proof; *~e film* talking film; *~e gelijkenis* speaking likeness; *~e ogen* talking eyes; *het lijkt ~* it is a speaking likeness, the portrait speaks; *hij lijkt ~ op zijn vader* he is the very image of his father; *sterk ~e trekken* (strongly) marked features.

spreker [-kɔr] *m* 1 (in 't alg.) speaker; 2 (redenaar) orator.

sprenkelen ['sprɛŋkɔlɔ(n)] *vt* sprinkle [with water].

sprenkeling [-lɪŋ] *v* sprinkling.

spreuk [sprø.k] *v* motto, apophthegm, aphorism, maxim, (wise) saw; *het Boek der Spreuken* B the Book of Proverbs.

spriet [spri.t] *m* 1 ♣ sprit; 2 ♣ blade [of grass]; 3 ✶ feeler [of an insect]; 4 ♣ landrail.

sprietig ['spri.tɔx] 1 spiky [hair]; 2 zie *spichtig*.

springen ['sprɪŋɔ(n)] *vi* 1 spring, jump, leap; bound [also of a ball]; skip, gambol; 2 (v. granaat &) explode, burst; 3 (v. snaren) snap; 4 (v. huid) chap; 5 (v. glas) crack; 6 (v. luchtband, leidingbuis) burst; 7 (v. fontein) spout; 8 *fig* S go smash; *het huis (hij) staat op ~* S it (he) is on the verge of bankruptcy; *de bank laten ~* break the bank; *de bruggen laten ~* blow up the bridges; *de fonteinen laten ~* let the fountains play; *een mijn laten ~* spring (explode) a mine; *een rots laten ~* blast a rock; *het springt in het oog* it leaps to the eye; *de tranen sprongen hem in de ogen* tears started to his eyes; *hij sprong in het water* he jumped into the water; *op het paard ~* vault on to his horse, jump (vault) into the saddle; *over een heg ~* leap over a hedge; *over een hek ~* take a fence; *over een sloot ~* clear a ditch; *~ van vreugde* jump (leap) for joy; *of je hoog springt of laag* whether you like it or not.

springer ['sprɪŋɔr] *m* jumper, leaper.

spring-in-'t-veld [-ɪnɔtfɛlt] *m* F harum-scarum.

springlevend ['sprɪŋ'le.vɔnt] fully alive, alive and kicking.

springmiddelen ['sprɪŋmɪdɔlɔ(n)] *mv* explosives.

springoefeningen [-u.fɔnɪŋɔ(n)] *mv* jumping-exercises.

springplank [-plɑŋk] *v* spring-board.

springstof [-stɔf] *v* ⚔ explosive; *~fen* explosives.

springtij [-tɛi] *o* spring-tide.

springtouw [-tɔu] *o* skipping-rope.

springveer [-ve:r] *v* spiral metallic spring.

springveren matras [-ve:rɔ(n)ma.'trɔs] *v* & *o* spring-mattress.

springvloed [-vlu.t] *m* zie *springtij*.

springzaad [-za.t] *o* ♣ noli-me-tangere.

springzeil [-zɛil] *o* jumping-sheet.

sprinkhaan ['sprɪŋkha.n] *m* grasshopper, locust.

sproeien ['spru.jɔ(n)] *vt* sprinkle, water; (in land- en tuinbouw) spray.

sproeier [-jɔr] *m* sprinkler [on the lawn]; rose [of watering-can]; ✶ jet [of carburettor].

sproeimiddel [-mɪdɔl] *o* spray.

sproeiwagen [-va.gɔ(n)] *m* water(ing)-cart, sprinkler.

sproet [spru.t] *v* freckle.

sproeterig, sproetig ['spru.t(ɔr)ɔx] freckled.

sprokkelaar [-kɔla:r] *m* gatherer of dry sticks; gleaner[2].

sprokkelen [-kɔlɔ(n)] *vi* gather dry sticks.

sprokkelhout [-kɔlhɔut] *o* dead wood, dry sticks.

sprokkelmaand [-kɔlma.nt] *v* February.

sprong [sprɔŋ] *m* spring, leap, jump, bound, caper, gambol; ♪ skip; *dat is een hele ~* that is quite a jump[2]; *fig* that is a far cry; *een ~ doen* take a leap (a spring); *een ~ in het duister doen* take a leap in(to) the dark; *de ~ wagen* take the plunge [*fig*]; *in (met) één ~* at a leap; *met een ~* with a bound; *met ~en* by leaps and bounds.

sprookje ['spro.kjɔ] *o* fairy-tale[2], nursery tale.

sprookjesachtig [-jɔsɑxtɑx] fairy-like.

sprookjesprinses [-prɪnsɛs] *v* fairy-tale princess.

sprot [sprɔt] *m* ✶ sprat.

1 **spruit** [sprœyt] *v* sprout, sprig, offshoot; scion.

2 **spruit** sprœyt] *m-v* (afstammeling(e)) sprig, offshoot; scion; *een adellijke ~* a sprig of the nobility; *mijn ~en* F my offspring.

spruiten ['sprœytɔ(n)] *vi* sprout; *uit een oud geslacht gesproten* sprung from an ancient race.

spruitjes ['sprœycɔs] *mv* spruitkool ['sprœytko.l] *v* ✶ (Brussels) sprouts.

spruw [spry:u] *v* ✶ thrush; *Indische ~* sprue.

spugen ['spy.gɔ(n)] *vi* & *vt* zie *spuwen*.

spui [spœy] *o* sluice.

spuien ['spœyɔ(n)] I *vi* sluice[2]; *wij moeten eens ~* F ventilate; II *vt* unload [goods, shares &].

spuigat [-gɑt] *o* ✶ scupper, scupper-hole; *het loopt de ~ uit* it goes beyond all bounds, it is too bad.

spuit [spœyt] *v* 1 syringe, squirt; 3 (brandspuit) fire-engine; 3 (voor lak, verf &) sprayer, gun.

spuiten ['spœytɔ(n)] *vi* & *vt* 1 spirt, spurt, spout, squirt; 2 spray [the paint on a surface].

spuitfles ['spœytflɛs] *v* siphon.

spuitgast [-gɑst] *m* hoseman.

spuitwater ['spœytva.tɔr] *o* aerated water, soda-water.

spul [spɵl] *o* F 1 (goedje) stuff; 2 (kermisspel) booth, show; 3 (equipage) turn-out; 4 (last) trouble; *ze hebben eigen ~* F they have their own carriage; *dat is goed ~* F good stuff that!; *slecht ~* F bad stuff; *zijn ~en* S 1 his togs, his duds; 2 his traps, his things; *zondagse ~len* Sunday togs.

spullebaas ['spɵlɔba.s] *m* showman.

spulletjes [-cɔs] *mv* 1 (kleren) S duds, togs; 2 (meubeltjes &) traps, things.

spurrie ['spɵri.] *v* ✶ spurry.

spurten ['spɵrtɔ(n)] *vi* spurt.

sputteren ['spɵtɔrɔ(n)] *vi* sputter, splutter [of speakers].

spuwen ['spy.vɔ(n)] *vi* & *vt* 1 (uitspuwen) spit; 2 (braken) vomit; zie ook: *vuur*.

ss = *stoomschip*.

s(s)t! [st] hush!, sh!

staaf [sta.f] *v* 1 (van ijzer) bar; 2 (van goud) ingot; 3 (niet van metaal) stick.

staafgoud ['sta.fɣɔut] *o* gold in bars, bar-gold.
staag [sta.x] *zie gestadig.*
staak [sta.k] *m* stake, pole, stick.
1 **staal** [sta.l] *o* 1 (model) sample, pattern, specimen.
2 **staal** [sta.l] *o* 1 (metaal) steel²; 2 ⚕ (medicijn) steel; ~ *innemen* take steel.
staalachtig ['sta.lɑxtəx] like steel, steely.
staalblauw [-blɔu] steely blue.
staalboek [-bu.k] *o* $ sample-book, pattern-book.
staaldraad [-dra.t] *o & m* steel-wire.
staaldraadtouw [-dra.tɔu] *o* steel wire-rope.
staalfabriek [-fa.bri.k] *v* steel-works.
staalhard [-hɑrt] (as) hard as steel.
staalkaart [-ka:rt] *v* sample-card, pattern-card.
staaltje ['sta.lcə] *o* sample² [of goods &; of his proceedings]; specimen² [of the mass, of his skill]; *fig* piece [of impudence]; *dat is niet meer dan een ~ van uw plicht* it is your duty.
staalwaren [-va:rə(n)] *mv* steel goods.
staalwerk [-vɛrk] *o* steel-work.
staalwerker [-vɛrkər] *m* steelworker.
staalwijn [-vɛin] *m* steel wine.
staan [sta.n] I *vi* 1 stand, be [of persons, things]; sleep [of a top]; 2 (passen) become; 3 (zijn) be; *staat!* ⚔ (eyes) front!; *wat staat daar (te lezen)?* what does it say?; *er stond een zware zee* there was a heavy sea on; *het koren staat dun* is thin; *de hond staat* the dog points; *het staat goed* it is very becoming; *zwart staat haar zo goed* black suits her so well; *dat staat niet* it is not becoming; *hiermee staat of valt de zaak* with this the matter will stand or fall; *dat staat te bewijzen (te bezien)* it remains to be proved (to be seen); *wat mij te doen staat* what I have to do; (met infinitief) *zij ~ daar te praten* they are talking there; *sta daar nu niet te redeneren* don't stand arguing there; (onpers. w.w.) *hoe staat het ermee?* how are things?; *hoe staat het met je geld?* how are you (off for money?); *hoe staat 't met ons eigen land?* what about our own country?; *als het er zo mee staat* if the matter stands thus; (na infinitieven) *blijven ~* 1 remain standing; 2 stop; *de stoel blijft zo niet ~* will not stand; *dat moet zo blijven ~* the passage must stand; *zeg hem dat hij moet gaan ~* tell him to get (stand) up; *ergens gaan ~* (go and) stand somewhere, take one's stand somewhere; *komen ~* come and stand, stand [here]; (na 't w.w. laten) *alles laten ~* leave everything on the table &; *zijn baard laten ~* grow a beard; *zijn eten laten ~* not touch one's food; *hij kan niet eens..., laat ~...* let alone...; *laat (dat) ~* leave it alone!; *weten waar men ~ moet* know one's place; ∽ *de zon staat hoog aan de hemel* the sun is high in the sky; *het staat aan u om...* it lies with you to..., it is for you to...; *hij staat boven mij* he is above me in rank, he is my superior; *het staat zo in de Bijbel* it says so in the Bible; *het staat in de krant* it is in the paper; *iemand naar het leven ~* attempt a person's life; *daar staat mijn hoofd niet naar* I am in no mood for it (to do it); *hij staat onder de kapitein* he is under the captain; *de thermometer staat op...* the thermometer stands at..., marks...; *daar staat boete op* it is liable to a fine; *daar staat de doodstraf op* it is punishable with (by) death; *daar staat drie jaar op* it is liable to three years' imprisonment; *zij ~ erop dat je komt* they insist upon your coming; *3 staat tot 9 als 4 tot 12* 3 is to 9 as 4 is to 12; *de machine tot ~ brengen* bring the machine to a stand; *de vijand tot ~ brengen* check the progress of the enemy, stop the enemy; *het is tot ~ gekomen* it has come to a stand; *daar sta ik voor!* that's beyond me!;

hij staat er goed voor all is well with him; *wij ~ voor een crisis* we are faced with a crisis; *hij staat voor niets* he sticks (stops) at nothing; II *vt* in: *hem ~* stand up to him; *zie ook* ↓.
staand [sta.nt] standing [person, army]; stand-up [collar]; upright [writing]; ~*e hond* setter, pointer; ~*e klok* 1 mantelpiece clock; 2 grandfather's clock; ~*e de vergadering* pending the meeting; *iemand* ~*e houden* stop one [in the street]; ~*e houden* maintain, assert; *zich* ~*e houden* keep on one's feet²; *fig* hold one's own; *zich* ~*e houden tegen* bear up against.
staangeld ['sta.ngɛlt] *o* 1 (op markt) stallage; 2 (waarborg) deposit.
staanplaats [-pla.ts] *v* stand; ~*(en)* standing-room.
staar [sta:r] *v* cataract; *grauwe* ~ cataract.
staart [sta:rt] *m* 1 tail [of an animal, a kite, a comet]; 2 pigtail [of a Chinaman]; *met de* ~ *tussen de benen weglopen* go off with one's tail between one's legs.
staartbeen ['sta:rtbe.n] *o* coccyx.
staartster [-ster] *v* comet.
staartstuk [-stük] *o* 1 rump [of an ox]; 2 ♪ tail-piece [of a violin].
staartvin [-fɪn] *v* tail-fin.
staartvlak [-flɑk] *o* ✈ tail-plane.
staat [sta.t] *m* 1 (toestand) state, condition; 2 (rang) rank, status; 3 (geordende gemeenschap) state; 4 (lijst) statement, list; *burgerlijke* ~ civil status; *de* ~ *van beleg afkondigen, in* ~ *van beleg verklaren* ⚔ proclaim martial law, proclaim a state of siege [in a town]; ~ *van dienst* record (of service); *de* ~ *van zaken* the state of affairs (things); ~ *maken op...* rely on..., depend upon...; *een grote* ~ *voeren* live in state; *iemand tot iets in* ~ *achten* think one capable of a thing; *iemand in* ~ *stellen om...* enable one to...; *in* ~ *zijn om...* be able to..., be capable of ...ing, be in a position to...; *niet in* ~ *om...* not able to..., not capable of ...ing, not in a position to...; *hij is tot alles in* ~ he is capable of anything; he sticks at nothing; *ik was er niet toe in* ~ I was not able to do it; *in goede* ~ in (a) good condition; *in treurige* ~ in a sad condition; ~ *van oorlog* in a state of war; *een stad in* ~ *van verdediging brengen* put a town into a state of defence.
staathuishoudkunde [sta.t'hœyshɔutkündə] *v* political economy.
staathuishoudkundige [-hœyshɔut'kündəgə] *m* political economist.
staatkunde ['sta.tkündə] *v* 1 (politieke leer) politics; 2 (bepaald politiek beleid) policy; *in de* ~ in politics.
staatkundig [sta.t'kündəx] I *aj* political; ~ *evenwicht* balance of power; II *ad* politically.
staatkundige [-'kündəgə] *m* politician.
staatloos ['sta.tlo.s] stateless; *staatlozen* stateless persons.
staatsalmanak ['sta.tsɑlma.nɑk] *m* state directory.
staatsambt [-ɑmt] *o* public office.
staatsambtenaar [-ɑmtəna:r] *m* public servant.
staatsbankroet [-bɑŋkru.t] *o* state bankruptcy.
staatsbedrijf [-bədrɛif] *o* government undertaking.
staatsbegroting [-gro.tɪŋ] *v* budget.
staatsbeheer [-he:r] *o* state management.
staatsbelang [-lɑŋ] *o* interest of the state.
staatsbeleid [-lɛit] *o* policy.
staatsbemoeiing [-mu.jɪŋ] *v* state interference, controls.
staatsbestel [-stɛl] *o* régime.
staatsbestuur [-sty:r] *o* government of the state.
staatsbetrekking [-trɛkɪŋ] *v* government office.
staatsbewind [-vɪnt] *o* zie *staatsbestuur.*

staatsblad ['sta.tsblɑt] *o* official collection of the laws, decrees &; Statute-Book.
staatsburger [-bûrgər] *m* ~es [-gərəs] *v* subject; citizen.
staatsburgerschap [-sxɑp] *o* citizenship.
staatscommissie ['sta.tskòmɪsi.] *o* government commission.
staatscourant [-ku:rɑnt] *v* Gazette.
staatsdienaar [di.na:r] *m* servant of the state; *hoge staatsdienaren* high officials.
staatsdienst [-di.nst] *m* public service.
staatsdomein [-do.mɛin] *o* state demesne.
staatseigendom [-ɛigəndòm] 1 *o* state property; 2 *m* state ownership [of the means of production].
staatsexamen [-ɛksa.mə(n)] *o* government examination; *het* ~ matriculation [for such as have not gone through a grammar-school curriculum].
staatsexploitatie [-ɛksplvata.(t)si.] *v* government exploitation.
staatsgelden [-gɛldə(n)] *mv* public funds.
staatsgevangene [-gavɑŋənə] *m* state prisoner.
staatsgevangenis [-nɪs] *v* state prison.
staatsgreep ['sta.tsgre.p] *m* coup (d'état).
staatshoofd [-ho.ft] *o* Chief of a (the) state.
staatshulp [-hûlp] *v* state aid, state grant.
staatsie ['sta.(t)si.] *v* state, pomp, ceremony; *met* ~ in (great) state, with great pomp.
staatsiebed [-bɛt] *o* bed of state.
staatsiebezoek [-bazu.k] *o* state visit.
staatsiekleed [-kle.t] *o* robes of state, court-dress.
staatsiekoets [-ku.ts] *v* state coach, state carriage.
staatsinkomsten ['sta.tsɪnkòmstə(n)] *mv* public revenue.
staatsinrichting [-ɪnrɪxtɪŋ] *v* 1 polity, form of government; 2 zie *staatswetenschappen*.
staatsinstelling [-ɪnstɛlɪŋ] *v* public institution.
staatskas [-kɑs] *v* public treasury (exchequer).
staatskerk [-kɛrk] *v* established church, state church.
staatslening [-le.nɪŋ] *v* government loan.
staatslichaam [-lɪga.m] *o* body politic.
staatsloterij [-lo.tərɛi] *v* state lottery.
staatsman [-mɑn] *m* statesman.
staatsmanswijsheid [-mɑnsvɛishɛit] *v* statesmanship, statecraft.
staatspapieren [-pa.pi:rə(n)] *mv* government stocks.
staatsraad [-ra.t] *m* 1 (instelling) council of state, Privy Council; 2 (persoon) Councillor of state, Privy Councillor.
staatsrecht [-rɛxt] *o* constitutional law.
staatsrechtelijk [sta.ts'rɛxtələk] constitutional.
staatsregeling ['sta.tsre.gəlɪŋ] *v* constitution.
staatsschuld ['sta.tsxûlt] *v* national (public) debt.
staatssecretaris, -sekretaris [-sɪkrəta:rəs] *m* minister of state.
staatsspoorweg [-spo:rvɛx] *m* state railway.
staatstoezicht ['sta.tstu.zɪxt] *o* government supervision.
staatsvorm [-form] *m* form of government.
staatswege ['sta.tsve.gə] *van* ~ from the government, by authority, [organized] by the State.
staatswetenschappen [-ve.tənsxɑpə(n)] *mv* political science.
staatszaak ['sta.tsa.k] *v* affair of state, state affair.
staatszorg [-sɔrx] *v* government care.
stabiel [sta.'bi.l] stable.
stabilisatie [sta.bi.li.'za.(t)si.] *v* stabilization.
stabilisator [-'za.tor] *m* stabilizer.
stabiliseren [-'ze:rə(n)] *vt* stabilize.
stabiliteit [-'tɛit] *v* stability, stableness, firmness.

stad [stɑt] *v* 1 (in 't alg.) town; 2 (bisschops-

zetel of grote stad) city; ~ &* local [on letters]; *de* ~ *Londen* the town of London, London town; *de* ~ *door* through the town; *het is de* ~ *door* it is all over the town; *in de* ~ 1 (door of tot bewoner gezegd) in town; 2 (door vreemdeling) in the town; *naar* ~ to town; *naar de* ~ to the town; *hij is uit de* ~ he is out of town; *de* ~ *uit* out of town.
stadbewoner ['stɑtbəvo.nər] = *stadsbewoner*.
stade ['sta.də] *in: te* ~ *komen* be serviceable, be useful, come in handy, stand [a person] in good stead.
stadhouder [-hɔudər] *m* ⬤ stadtholder.
stadhouderlijk [-lək] ⬤ stadtholder's.
stadhouderloos [-lo.s] ⬤ without a stadtholder.
stadhouderschap [-sxɑp] *o* ⬤ stadtholdership.
stadhuis [stɑt'hœys] *o* town hall.
stadhuistaal [-ta.l] *v* official language.
stadhuiswoord [-vo:rt] *o* official term.
stadion ['sta.di.òn] *o* stadium.
stadium ['sta.di.ûm] *o* stage, phase; *in dit (een later)* ~ at this (a later) stage; *in het eerste* ~ in the first stage.
stadsbestuur ['statsbəsty:r] *o* the municipality.
stadsbewoner [-bəvo.nər] *m* town-dweller, city-dweller.
stadsgezicht [-gəzɪxt] *o* town-view, townscape.
stadsgracht [-grɑxt] *v* 1 ⬤ city moat; 2 town canal.
stadskern [-kern] *v* town-centre, city-centre.
stadsleven [-le.və(n)] *o* town-life.
stadslicht [-lɪxt] *o* in: *met* ~(*en*) *rijden* ⬤ drive on sidelights.
stadsmensen [-mɛnsə(n)] *mv* townsfolk.
stadsmuur [-my:r] *m* town-wall.
stadsreiniging [-rɛinəgɪŋ] *v* municipal scavenging.
stadsschool ['statsxo.l] *v* municipal school.
stadsschouwburg [stɑt'sxɔubûrx] *m* municipal theatre.
stadswal [-vɑl] *m* rampart. [town.
stadswapen [-va.pə(n)] *o* city-arms, arms of a
stadwaarts ['stɑtva:rts] towards the town, in the direction of the town, townward(s), city-ward(s).
staf [stɑf] *m* staff°; mace [= staff of office]; B rod; *de generale* ~ ✕ the general staff; *de* ~ *breken over* pass censure on; *bij de* ~ ✕ on the staff.
stafdrager ['stɑfdra.gər] *m* mace-bearer, verger.
stafkaart [-ka:rt] *v* ✕ ordnance map.
stafmuziek [-my.zi.k] *v* ✕ regimental band.
stafmuzikant [-my.zi.kɑnt] *m* ✕ bandsman.
stafofficier [-ɔfi.si:r] *m* ✕ staff-officer.
stafrijm [-rɛim] *o* alliteration.
stag [stɑx] *o* ↓ stay.
stagnatie [stɑx'na.(t)si.] *v* stagnation; [traffic] hold-up.
stagneren [-'ne:rə(n)] *vi* stagnate.
sta-in-de(n)-weg ['sta.indəvɛx] *m* F obstacle, impediment.
staken ['sta.kə(n)] I *vt* suspend, stop [payment]; discontinue [one's visits]; strike [work]; cease [fire]; *een* ~ *van het vuren* ✕ a cease-fire; *wij zullen het werk* ~ 1 (om te rusten) cease work, knock off; 2 (in economische strijd) we are going to strike, we shall go on strike; II *vi* & *va* 1 cease, leave off, stop; 2 go on strike, strike; be out (on strike); *de stemmen* ~ the votes are equally divided.
staker [-kər] *m* striker, man out on strike.
staket [-kət] *o*, ~sel [sta.'kɛt(səl)] *o* fence, railing.
staking ['sta.kɪŋ] *v* 1 stoppage, cessation [of work]; suspension [of payment, hostilities]; discontinuance [of a suit, visits &]; 2 strike; *wilde* ~ lightning (unofficial) strike; *bij* ~ *van stemmen* in case of equality (of votes); in

~ *gaan* (*zijn*) go (be out) on strike.
stakingbreker ['sta.kɪŋbre.kər] *m* strike-breaker.
stakingscomité [-kɪŋskòmi.te.] *o* strike committee.
stakingsgolf [-gɔlf] *v* wave of strikes.
stakingskas [-kɑs] *v* strike fund.
stakingsleider [-lɛidər] *m* strike-leader.
stakingsrecht [-rɛxt] *o* right to strike.
stakingsuitkering [-œytke:rɪŋ] *v* strike pay.
stakker(d) ['stɑkər(t)] *m* F poor wretch (thing).

stal [stɑl] *m* stable [for horses, less usual for cattle]; cowshed, cowhouse [for cattle]; sty [for pigs]; mews [round an open yard]; *de koninklijke ~len* the royal mews; *op ~ zetten* stable [horses]; house [cattle]; *hij werd op ~ gezet* S he was shelved; *van ~ halen* trot out again [old arguments]; dig out [retired generals &]; *te hard van ~ lopen* rush matters, overdo it.
stalactiet [sta.lɑk'ti.t] *m* stalactite.
stalagmiet [-lɑx'mi.t] *m* stalagmite.
staldeur ['stɑldø:r] *v* stable door.
1 **stalen** ['sta.lə(n)] *aj* steel; *fig* iron [constitution, nerves, will]; steely [glance]; ~ *gebouwen* steel-framed buildings]; *met een ~ gezicht* as bold as brass; *een ~ pen* (= (*heren*)*rok*) S a claw-hammer; *het ~ ros* F the iron horse; *een ~ voorhoofd* a brazen face.
2 **stalen** ['sta.lə(n)] *vt* steel².
stalgeld ['stɑlgɛlt] *o* stabling-money. [ter.
stalhouder [-hɑudər] *m* stablekeeper, jobmas-
stalhouderij [stɑlhɑudə'rɛi] *v* livery-stable.
staljongen ['stɑljòŋə(n)] *m* stable-boy.
stalknecht [-knɛxt] *m* stableman, (h)ostler, groom.
stallen ['stɑlə(n)] *vt* stable [horses &]; house [cattle]; put up [a motor-car].
stalles ['stɑlɑs] *mv* stalls [in theatre].
stalletje ['stɑləcə] *o* [market] stall, stand; bookstall.
stalling [-lɪŋ] *v* 1 (het stallen) stabling &, zie *stallen*; 2 (de plaats) stable, stabling; [motor] garage, [bicycle] shelter.
stam [stɑm] *m* 1 (in 't alg.) stem² [of a tree, shrub, verb]; trunk, bole [of a tree]; 2 (afstamming) stock, race, tribe, *Sc* clan; *de twaalf ~men* the twelve tribes [of Israel]; *wilde ~men* wild tribes.
stamboek ['stɑmbu.k] *o* 1 (v. personen) book of genealogy, register; 2 (v. paarden) studbook; 3 (v. vee) herd-book.
stamboekvee [-bu.kfe.] *o* pedigree cattle.
stamboom [-bo.m] *m* family tree, pedigree.
stamelaar ['sta.məla:r] *m* stammerer.
stamelen [-lə(n)] I *vi* stammer; II *vt* stammer (out).
stamgast ['stɑmgɑst] *m* regular customer.
stamhoofd [-ho.ft] *o* tribal chief, chieftain.
stamhouder [-hɑudər] *m* son and heir.
stamhuis [-hœys] *o* dynasty.
stamkapitaal [-ka.pi.ta.l] *o* S original capital.
stammen ['stɑmə(n)] *vi* ~ *van* zie *afstammen*; *dit stamt nog uit de tijd toen...* it dates from the time when...
stammoeder ['stɑmu.dər] *v* first mother.
stamouders ['stɑmɑudərs] *mv* ancestors, progenitors.
stampen ['stɑmpə(n)] I *vi* 1 (met voeten) stamp, stamp one's feet; 2 ⚓ (v. schip) pitch; 3 (v. machine) thud; II *vt* pound [chalk &]; crush [ore]; *fijn~* ook: bray; *zich iets in het hoofd ~* drum a thing into one's brains; *gestampte aardappelen* mashed potatoes; *gestampte pot* zie *stamppot*.
stamper [-pər] *m* 1 ⚒ stamper; rammer [of a gun]; pounder, pestle [of a mortar]; [potato] masher; 2 ❀ pistil.

stamppot ['stɑmpɔt] *m* mashed food, hotch-potch.
stampvoeten ['stɑmpfu.tə(n)] *vi* stamp one's feet.
stampvol [-fòl] crowded, chock-full.
stamvader ['stɑmva.dər] *m* ancestor, progenitor.
stamverwant [-vərvɑnt] I *aj* cognate; II *m* congener.
stamverwantschap [-vərvɑntsxɑp] *v* racial or tribal affinity.
stamwoord [-vo:rt] *o* primitive word, stem.
stand [stɑnt] *m* 1 (houding) attitude, posture; pose [before a sculptor &]; stance [in playing golf, billiards]; 2 (hoogte) height [of the barometer]; 3 (ligging) position [of a shop &]; 4 (maatschappelijk) status, social status, standing, position, station [in life]; 5 (toestand) situation, position, condition, state [of affairs]; 6 *sp* score; 7 (op tentoonstelling) stand; *de betere ~* the better-class people; (*het bureau van*) *de burgerlijke ~* the registrar's office; *de hogere* (*lagere*) ~*en* the higher (lower) classes; *de vierde ~* the working classes; *de ~ van zaken* the state of affairs; *zijn ~ ophouden* keep up one's rank, live up to one's station; *een meisje beneden* (*boven*) *zijn ~* a girl below (above) his social position; *beneden* (*boven*) *zijn ~ trouwen* marry beneath (above) one; *boven zijn ~ leven* live beyond one's means; *in ~ blijven* last; *in ~ houden* maintain, keep up [a custom]; keep going [a business]; *een winkel op goede ~* a shop in a good situation; *tot ~ brengen* bring about, accomplish, achieve; effect [a sale]; negotiate [a treaty]; *tot ~ komen* be brought about; *een... uit de gegoede ~* a better-class...; *mensen van ~* people of a good social position, people of high rank; *van lage ~* of humble condition; *iemand van zijn ~* a man of his social position.
standaard ['stɑnda:rt] *m* standard [= flag; support; model].
standaardisatie [stɑnda:rdi.'za.(t)si.] *v* standardization.
standaardiseren [-'ze:rə(n)] *vt* standardize.
standaardloon ['stɑnda:rtlo.n] *o* standard wage.
standaardwerk [-vɛrk] *o* standard work.
standbeeld ['stɑntbe.lt] *o* statue.
stander ['stɑndər] *m* stand [for umbrellas &]; tripod, stand [of a camera &]; △ post, upright [of a roof]; clothes-horse.
standgenoot ['stɑntgəno.t] *m* man in one's own class.
standhouden [-hɑudə(n)] *vi* ⚔ 1 make a stand; 2 stand firm, hold one's own, hold out; *zij hielden dapper stand* they made a gallant stand; *het hield geen stand* it did not last.
standje ['stɑncə] *o* 1 (berisping) scolding, wigging; 3 (herrie) row, shindy; *een ~ krijgen* get a scolding; *iemand een ~ maken* (*schoppen*) scold a person; *het is een opgewonden~* he (she) is quick-tempered.
standplaats ['stɑntpla.ts] *v* 1 standing-place, stand; 2 (v. ambtenaar) station, post; *zij keerden naar hun ~ terug* they returned to their stations.
standpunt [-pʉnt] *o* standpoint, point of view, attitude (towards, to *tegenover*); *een duidelijk ~ innemen* take a clear stand [on this issue]; *een nieuw ~ innemen ten opzichte van...* take a new attitude towards...; *zij stellen zich op het ~, dat...* they take the view that...; *van zijn ~* from his point of view.
standrecht [-rɛxt] *o* ⚔ summary justice.
standsverschil ['stɑntsfərsxɪl] *o* class distinction.
standvastig [stɑnt'fɑstəx] *aj* (& *ad*) steadfast-

(ly), firm(ly), constant(ly).

standvastigheid [-heit] *v* steadfastness, firmness, constancy.

standvogel ['stantfo.ɡəl] *m* resident bird.

stang [stɑŋ] *v* 1 ✗ bar, rod; 2 bit [for horses].

stank [stɑŋk] *m* bad smell, stench, stink; *hij kreeg ~ voor dank* he was rewarded with ingratitude.

stap [stɑp] *m* step, pace; *fig* step, move; *dat is een ~ achteruit (vooruit)* that is a step backward (forward); *dat is een gewaagde ~* that is a risky step (to take); *dat is een hele ~ tot...* that is a long step towards...; *een stoute ~* a bold step; *het is maar een paar ~pen* it is but a step; *de eerste ~ doen (tot)* take the first step (towards); *~pen doen bij de regering* approach the Government; *~pen doen om...* take steps to...; *een ~ verder gaan* go a step further²; *grote ~pen nemen (maken)* take great strides; *bij de eerste ~* at the first step; *bij elke ~* at every step; *in twee ~pen* in two strides; *met één ~* at a (one) stride; *met afgemeten ~pen* with measured steps; *op ~ gaan* F go for a walk; *u bent al vroeg op ~* you are on the wander at an early hour; *~ voor ~* step by step; *zich hoeden voor de eerste ~* beware of the thin end of the wedge.

stapel ['sta.pəl] *m* 1 pile, stack, heap; 2 ♣ stocks; 3 ♪ sound-post [of a violin]; 4 (stapelplaats) staple; *aan ~s zetten* pile; *op ~ staan* ♣ be on the stocks²; *op ~ zetten* ♣ put on the stocks²; *van ~ lopen* ♣ leave the stocks, be launched; *goed van ~ lopen* go off well [*fig*]; *te hard van ~ lopen* rush matters, overdo it; *van ~ laten lopen* ♣ launch [a ship].

stapelen ['sta.pələ(n)] *vt* pile, heap, stack.

stapelgek ['sta.pəlɡek] *v* stark (raving) mad, clean mad.

stapelgoederen [-ɡu.dərə(n)] *mv* $ staple goods.

stapelplaats [-pla.ts] *v* staple-town, emporium.

stappen ['stɑpə(n)] *vi* step, stalk; *deftig ~* strut; *in het vliegtuig & ~* board the plane &; *op zijn fiets ~* mount one's bike; *uit* zie *uitstappen*; *~ van* zie *afstappen*.

stapvoets ['stɑpfu.ts] 1 at a foot-pace, at a walk; 2 step by step.

1 ○ **star** [stɑr] *v* zie *ster*.

2 **star** [stɑr] *aj* stiff; fixed [gaze]; rigid [prejudices, system].

staren ['sta.rə(n)] *vi* stare, gaze (at *naar*).

starheid ['stɑrheit] *v* stiffness; fixedness [of gaze]; rigidity [of a system].

start [stɑrt] *m* start, ✈ ook: take-off; *staande (valse, vliegende) ~* sp standing (false, flying) start.

starthaan ['stɑrtba.n] *o* ✈ runway.

startblok [-blɔk] *o* ✗ chock.

starten ['stɑrtə(n)] *vi* start, ✈ ook: take off; *goed ~* sp get away (off) to a good start².

starter [-tər] *m* ✗ & *sp* starter.

startklaar ['stɑrtkla:r] ready to start.

startschot [-sxɔt] *o* in: *het ~ lossen* fire the starting gun.

statenbijbel ['sta.tə(n)beibəl] *m* Authorized Version [of the Bible].

statenbond [-bɔnt] *o* confederation (of States).

Staten-Generaal [sta.tə(n)ɡe.nə'ra.l] *mv* States General.

statie ['sta.(t)si.] *v RK* Station of the Cross.

statief [sta.'ti.f] *o* stand, support, tripod.

statiegeld ['sta.(t)si.ɡelt] *o* deposit.

statig ['sta.təx] I *aj* stately, grave; II *ad in* a stately manner, gravely.

statigheid [-heit] *v* stateliness, gravity.

station [sta.'ʃɔn] *o* (railway) station; *~ van afzending* forwarding station.

stationair [sta.ʃɔ'nɛ:r] stationary; *~ draaien* ✗ tick over, idle.

stationeren [-'ne:rə(n)] *vt* station, place.

stationsboekhandel [sta.'ʃɔnsbu.khɑndəl] *m* railway bookstall.

stationschef [-'ʃɔnʃef] *m* station-master.

stationskruier [-'ʃɔnskrœyer] *m* railway porter.

statisticus [sta.'tisti.kʉs] *m* statistician, statist.

statistiek [-tıs'ti.k] *v* statistics; *de ~* ook: the returns; *de ~ opmaken van...* take statistics of...; *Centraal Bureau voor de S~* Central Statistical Office.

statistisch [sta.'tısti.s] *aj* (& *ad*) statistical(ly).

status ['sta.tʉs] *m* status.

status-quo [sta.tʉs'kwo.] *m* & *o* status quo.

statutair [-'ty.t] *o* statute; *de statuten van een maatschappij (vereniging)* $ the articles of association of a trading-company; the regulations, the constitution of a society.

stavast [sta.'vɑst] in: *een man van ~* a resolute man.

staven ['sta.və(n)] *vt* substantiate [a charge, claim], support, bear out [a statement].

staving [-vıŋ] *v* substantiation; *tot ~ van* in support of.

stearine [ste.a:'ri.nə] *v* stearin.

stearinekaars [-ka:rs] *v* stearin candle.

○ **stede** ['ste.də] *v* stead, place, spot; *te dezer ~* in this town; *in ~ van* instead of.

stedebouw(kunde) [-bou(kʉndə)] *m* (*v*) town (and country) planning.

stedebouwkundige [-'kʉndəɡə] *m* town-planner, town-planning consultant.

stedehouder ['ste.dəhʌudər] *m* vicegerent, governor, lieutenant; *~ Christi* Vicar of Christ.

stedelijk [-lək] municipal, of the town, town.

stedeling [-lıŋ] *m* townsman, town-dweller; *~e* townswoman; *~en* townspeople.

stee [ste.] *v* stead, place, spot; zie ook: *stede*.

1 **steeds** [ste.ts] *ad* always, for ever, ever, continually; *nog ~* still; *~ meer* more and more.

2 **steeds** [ste.ts] *aj* (stɑds) town..., > townish.

steeg [ste.x] *v* lane, alley, passage.

steek [ste.k] *m* 1 stitch [of needlework]; stab [of a dagger]; thrust [of a weapon]; sting [of a wasp]; stitch, twitch [of pain]; 2 three-cornered hat, cocked hat; 3 *fig* (sly) dig; *een ~ in de zijde* a stitch in the side; *dat was een ~ (onder water) op mij* that was a dig at me; *~ houden* hold water; *die regel houdt geen ~* that rule does not hold (good); *een ~ laten vallen* drop a stitch; *hij heeft er geen ~ van begrepen* he hasn't understood one iota of it; *het kan me geen ~ schelen* I don't care a rap (a fig, a pin); *ze hebben geen ~ uitgevoerd* they have not done a stroke of work; *je kan hier geen ~ zien* you can't see at all here; *hij kan geen ~ meer zien* he is stone-blind; *hij heeft ons in de ~ gelaten* he has left us in the lurch, he deserted us; *zijn geheugen & liet hem in de ~* his memory failed him; *zij hebben het werk in de ~ gelaten* they have abandoned the work.

steekbeitel [ste.kbeitəl] *m* ✗ paring-chisel.

steekhoudend [ste.k'hʌudənt] valid, sound [arguments].

steekpenning [-penıŋ] *m* bribe, illicit commission.

steekproef [-pru.f] *v* sample taken at random; *steekproeven nemen* test at random.

steekspel [-spel] *o* ⊞ tournament, tilt, joust.

steekvlam [-flɑm] *v* 1 ✗ blow-pipe flame; 2 (bij ontploffing) flash.

steekwond(e) [-vɔnt, -vɔndə] *v* stab-wound.

steel [ste.l] *m* stalk [of a flower, fruit]; stem [of a flower, a wine-glass, a pipe]; handle [of a tool]; *de ~ naar de bijl werpen* throw the helve after the hatchet.

steelpan ['ste.lpɑn] *v* saucepan.

steels [ste.ls] stealthy [look].

steels(ge)wijs, steels(ge)wijze ['ste.ls(gə)vɛis, -vɛizə] stealthily, by stealth.

1 **steen** [ste.n] *m* 1 (in 't alg.) stone [for building, playing dominoes &, of fruit, hail &]; 2 (**baksteen**) brick; *een ~ des aanstoots* a stone of offence, a stumbling-block; *de ~ der wijzen* the philosopher's stone; *er bleef geen ~ op de andere* no stone remained upon another; *iemand stenen voor brood geven* give one a stone for bread; *~ en been klagen* complain bitterly; *de eerste ~ leggen* lay the foundation-stone; *de eerste ~ op iemand werpen* cast the first stone at one; *met stenen gooien (naar)* throw stones (at).

2 **steen** [ste.n] *o* & *m* (**stofnaam**) 1 (in 't alg.) stone; 2 (**baksteen**) brick.

steenachtig ['ste.naxtəx] stony.

steenachtigheid [-heit] *v* stoniness.

steenarend [ste.na:rənt] *m* ♐ golden eagle.

steenbakker [-bakər] *m* brick-maker.

steenbakkerij [ste.nbakə'rɛi] *v* brick-works, brick-yard.

steenbokskeerkring [-bòkske:rkrɪŋ] *m* tropic of Capricorn.

steendruk [-drük] *m* lithography.

steendrukker [-drükər] *m* lithographer.

steendrukkerij [ste.ndrükə'rɛi] *v* lithographic printing-office.

steengroef, -groeve [-gru.f -gru.və] *v* quarry, stone-pit.

steengruis [-grœys] *o* stone-dust.

steenhard [-hart] stone-hard, stony, as hard as (a) stone (as rock), flinty.

steenhoop [-ho.p] *m* heap of stones (bricks).

steenhouwer [-ər] *m* stone-cutter, stone-mason.

steenhouwerij [ste.nhɔuə'rɛi] *v* stone-cutter's yard.

steenkolenmijn & ['ste.nko.lə(n)mɛin] *zie* **kolenmijn** &.

steenkool [-ko.l] *v* pit-coal, coal.

steenkoud [-kout] stone-cold.

steenoven [-o.və(n)] *m* brick-kiln.

steenpuist [-pœyst] *v* boil.

steenrood [-ro.t] brick-red.

steenslag [-slax] *o* broken stones, stonechippings, road-metal.

steentijdperk [-tɛitpɛrk] *o* stone age.

steentje ['ste.ncə] *o* (small) stone, pebble; flint [for a lighter]; *ook een ~ bijdragen* contribute one's mite.

steenuil ['ste.nœyl] *m* ♐ little owl.

steenvalk [-vɑlk] *m* & *v* ♐ stone-falcon, merlin.

steenworp [-vorp] *m* stone's throw, stone-cast.

steevast [ste.vast] *aj* (& *ad*) regular(ly).

steg [stɛx] in: *over heg en ~* up hill and down dale, across country; *weg (heg) noch ~ weten* zie 1 *weg*.

steiger ['stɛigər] *m* 1 (aan huis) scaffolding, scaffold, stage; 2 ⚓ pier, jetty, landing-stage; *in de ~s* in scaffolding [of a building].

steigeren ['stɛigərə(n)] *vi* rear, prance [of a horse].

steil [stɛil] 1 (naar boven) steep; 2 (naar beneden) bluff; 3 (loodrecht) sheer; 4 (loodrecht en vlak) precipitous; 5 *fig* rigid [Calvinist].

steilheid ['stɛilheit] *v* steepness.

steilschrift ['stɛils(x)rɪft] *o* upright writing.

steilte [-tə] *v* steepness; (steile kant) precipice.

stek [stɛk] *m* ♥ slip, cutting.

stekeblind ['ste.kəblɪnt] stone-blind².

stekel ['ste.kəl] *m* prickle, prick, sting [of a thistle; an insect &]; spine, quill [of a hedgehog].

stekelbaars [-ba:rs] *m* 🐟 stickleback.

stekelig ['ste.kələx] prickly, spinous, spiny, thorny; poignant²; *fig* stinging, sarcastic,

barbed [discussion, words].

stekeligheid [-heit] *v* prickliness, spinosity, poignancy²; *fig* sarcasm.

stekelvarken [-vɑrkə(n)] *o* 🐗 porcupine.

steken ['ste.kə(n)] 1 *vi* 1 sting [of insects], prick [of nettle &]; 2 smart [of a wound]; 3 burn [of the sun]; *blijven ~* stick fast, stick [in the mud]; *in zijn rede blijven ~* break down in one's speech; *daar steekt iets (wat) achter* there is something behind it, there is something at the back of it, there is something at the bottom of it; *daar steekt meer achter* more is meant than meets the eye; *in de schuld ~* be in debt; *de sleutel steekt in het slot* the key is in the lock; *daar steekt geen kwaad in* there is no harm in it; *hij stak naar mij* he thrust (stabbed) at me; zie ook: *wal, zee*; II *vt* 1 (iemand) sting, prick [with a pin, sting &]; thrust [with a sword]; stab [with a dagger]; 2 (iets ergens in) put [...in one's pocket]; stick [a pencil behind one's ear]; poke [a finger in water, one's nose into a man's affairs]; 3 (ergens uit) put, stick [one's head out of the window]; *aal ~* spear eels; *asperges ~* cut asparagus; *gaten ~* prick holes; *monsters ~* uit sample; *plaggen (zoden) ~* cut sods; *de bij stak mij* stung me; *dat steekt hem* that sticks in his throat, he is nettled at it; *hij wilde de ring aan haar vinger ~* he was going to put the ring on her finger; *steek die brief bij je* put that letter in your pocket; *steek je arm door de mijne* put your arm through mine; *geld in een onderneming ~* put (invest, sink) money in an undertaking; III *vr* in: *zich in gala ~* put on full dress; *zich in schulden ~* run into debt; zie ook: *stokje* &.

stekend [-kənt] stinging.

stekken ['stɛkə(n)] *vt* ♥ slip.

stekker [-kər] *m* ⚡ plug.

stel [stɛl] *o* set [of cups, fire-irons &]; *het is me een ~* F a nice lot they are!; *op ~ en sprong* then and there.

stelen ['ste.lə(n)] 1 *vt* steal² [money &, a kiss, a person's heart]; *een kind om te ~* a duck of a child; *hij kan me gestolen worden!* F he may go to blazes!; *zij ~ wat los en vast is* they steal all they can lay their hands on; II *vi* 1 steal, pick and steal; *~ als de raven* steal like magpies.

steler [-lər] *m* stealer, thief. [magpies.

stelkunde ['stɛlkündə] *v* algebra.

stelkundig [stɛl'kündəx] *aj* (& *ad*) algebraic(ally).

stellage [stɛ'la.ʒə] *v* scaffolding, scaffold, stage.

stellen ['stɛlə(n)] 1 *vt* 1 (plaatsen) place, put; 2 ♠ (regelen) adjust; focus [a lens]; 3 (redigeren) compose; 4 (veronderstellen) suppose; 5 $ (vaststellen) fix [prices]; 6 (beweren, verklaren) state; *stel eens dat...* put the case that...; suppose he...; *het goed kunnen ~* be in easy circumstances; *het goed kunnen ~ met* get on with; *een rustig gesteld pleidooi* a calmly worded plea; *strafbaar (verplichtend &) ~* make punishable (obligatory &); *ik heb heel wat te ~ met die jongen* he is rather a handful; *...~ boven rijkdom* place [put]... above riches; *ik kan het buiten (zonder) u ~* I can do without you; *de prijs ~ op...* fix the price at; *iemand voor een voldongen feit ~* present a person with an accomplished fact; *iemand voor de keus ~* put a person to the choice; *voor de keus gesteld...* faced with the choice of... [they...]; II *vr zich ~* put oneself; *stel u in mijn plaats* put yourself in my place; *zich iets tot plicht ~* make it one's duty to...; *zich iets tot taak ~* make it one's task to..., set oneself the task; zie ook: *borg, kandidaat* &; III *va* compose; *hij kan goed ~* he is a good stylist.

steller [-lər] *m* writer, author; ~ *dezes* the present writer.

stellig [-ləx] I *aj* positive [answer &]; explicit [declaration]; II *ad* 1 (v. verklaring) positively; explicitly; 2 (als verzekering) positively, decidedly; *u kunt er* ~ *op aan* you may be quite sure as to that; *hij zal* ~ *ook komen* he is sure to come too; *kom je?* ~ *!* surely!; *je moet* ~ *komen* come by all means; *dat weet ik* ~ I am quite positive as to that.

stelligheid [-ləxhɛit] *v* positiveness.

stelling [-lɪŋ] *v* 1 (stellage) scaffolding; 2 (opstelling) ⊠ position; 3 (bewering) theorem, thesis [*mv* theses]; 4 × proposition; *een sterke* ~ *innemen* ⊠ take up a strong position; ~ *nemen* take up a position [regarding a question]; ~ *nemen tegen* make a stand against; *in* ~ *brengen* ⊠ place in position.

stellingoorlog [-o:rlɔx] *m* ⊠ war of positions.

stelpen ['stɛlpə(n)] *vt* sta(u)nch [the bleeding], stop [the blood].

stelregel ['stɛlrəɣəl] *m* maxim, precept.

stelsel ['stɛlsəl] *o* system.

stelselloos [-sələ.s] *aj* (& *ad*) unsystematic(ally), unmethodical(ly).

stelselmatig [stɛlsəl'ma.təx] *aj* (& *ad*) systematic(ally).

stelselmatigheid [-hɛit] *v* systematicalness.

stelt [stɛlt] *v* stilt; *op* ~*en lopen* go (walk) upon stilts; *alles op* ~*en zetten* throw everything in (a state of) confusion.

stem [stɛm] *v* 1 voice; 2 (bij stemming) vote; 3 ♪ part [of a musical composition]; *eerste (tweede)* ~ ♪ first (second) part; *er waren 30* ~*men vóór* there were 30 votes in favour; *de* ~ *eens roependen in de woestijn* B a voice crying in the wilderness; *de meeste* ~*men gelden* the majority have it; *iemand zijn* ~ *geven* vote for a person; ~ *in het kapittel hebben* have a voice in the matter; *hij had de meeste* ~*men* he (had) polled most votes; *zij is haar* ~ *kwijt* she has lost her voice; *de* ~*men opnemen* collect the votes; *zijn* ~ *uitbrengen* record one's vote; *zijn* ~ *uitbrengen op...* vote for...; *bijna alle* ~*men op zich verenigen* receive nearly all the votes; *zijn* ~ *verheffen* raise one's voice (against *tegen*); *de tweede* ~ *zingen* ♪ sing a second; *bij* ~ *zijn* ♪ be in (good) voice; *met algemene* ~*men* unanimously; *met luider* ~ in a loud voice; *met één* ~ *tegen* with one dissentient vote; *met de* ~*men van... tegen* [rejected] by the adverse votes of...; *met tien* ~*men voor en vier tegen* by ten votes to four; *voor drie* ~*men* ♪ [song] in three parts.

stembanden ['stɛmbandə(n)] *mv* vocal chords.

stembiljet, ~**briefje** [-bɪljɛt, -bri.fjə] *o* voting-paper, ballot-paper.

stembuiging [-bœyɣɪŋ] *v* modulation, intonation.

stembureau [-by.ro.] *o* 1 (lokaal) polling-booth, polling-station; 2 (personen) polling-committee.

stembus [-bɵs] *v* ballot-box; *ter* ~ *gaan* go to the poll.

stemdag [-dax] *m* polling-day.

stemgeluid [-ɡəlœyt] *o* sound of [one's] voice, voice.

stemgerechtigd [-ɡərɛxtəxt] entitled to a (the) vote, qualified to vote, enfranchised.

stemhamer [-ha.mər] *m* ♪ tuning-hammer.

stemhebbend [-hɛbənt, stɛm'hɛbənt] voiced [consonant].

stemhokje [-hɔkjə] *o* cubicle.

stemlokaal [-lo.ka.l] *o* polling-booth, polling-station.

stemloos [-lo.s] dumb, mute, voiceless; *stemloze medeklinker* voiceless consonant.

stemmen ['stɛmə(n)] I *vt* 1 vote [a candidate]; 2 ♪ tune [a violin &], voice [organ-pipes]; (*op*) *links* ~ vote Left; II *va* 1 vote, poll; 2 ♪ tune up [of performers]; be in tune; *ze zijn aan 't* ~ ♪ they are tuning up; III *vi* vote, poll; *er is druk gestemd* voting (polling) was heavy; ~ *op iemand* vote for a person; ~ *over* vote upon; divide on... [in Parliament]; *we zullen er over* ~ we'll put it to the vote; ~ *tegen* vote against; ~ *tot dankbaarheid &* inspire one to gratitude; ~ *tot vrolijkheid* dispose the mind to gaiety; ~ *vóór iets* vote for (in favour of) it; *ik stem vóór* I'm for it.

stemmencijfer [-sɛifər] *o* poll.

stemmenwerver [-vɛrvər] *m* canvasser.

stemmer ['stɛmər] *m* 1 voter; 2 ♪ tuner.

stemmig [-məx] I *aj* demure, sedate, grave [person, manner]; sober, quiet [colours, dress]; II *ad* demurely, sedately, gravely; soberly, quietly.

stemmigheid [-məxhɛit] *v* demureness, sedateness, gravity; sobriety, quietness.

stemming [-mɪŋ] *v* 1 voting, vote; ballot; division [in Parliament]; 2 ♪ tuning; 3 *fig* (v. één persoon) frame of mind; (v. publiek) feeling; (v. omgeving) atmosphere; $ (v. beurs &) tone; ~ *houden* ♪ keep in tune; ~ *maken tegen* rouse popular feeling against; ~ *verlangen* challenge a division; *het aan* ~ *onderwerpen* put it to the vote; *bij* ~ *on a division*; *bij de eerste* ~ at the first ballot; *iets in* ~ *brengen* put it to the vote; *in de beste* ~ *zijn* be in the very best of spirits; *ik ben niet in een* ~ *om...* I am in no mood for ...ing, not disposed to...; *in* ~ *komen* be put to the vote; *zonder* ~ [motion carried] without a division.

stemopnemer ['stɛmɔpnə.mər] *m* 1 polling-clerk, scrutineer; 2 teller [in House of Commons].

stemopneming [-mɪŋ] *v* counting of the votes.

stempel ['stɛmpəl] 1 *m* (werktuig) stamp; die [for striking coins]; 2 *o & m* (afdruk) stamp[2] [on document]; impress, imprint; hallmark [of gold and silver]; ⅋ postmark; 3 *m* ♣ stigma; *de* ~ *dragen van...* bear the stamp (hallmark) of...; *de* ~ *der waarheid dragen* bear the impress of truth; *zijn* ~ *drukken op* put one's stamp on...; *van de oude* ~ of the old stamp.

stempelaar [-pəla:r] *m* stamper.

stempelband ['stɛmpəlbant] *m* cloth binding.

stempelen [-pələ(n)] I *vt* stamp[2], mark; hallmark [gold and silver]; ⅋ postmark; *dat zou hem tot een verrader* ~ stamp him (as) a traitor; II *vi* (v. werklozen) sign on (for the dole).

stempelinkt ['stɛmpəlɪŋ(k)t] *m* ink for rubber stamps.

stempelkussen [-kɵsə(n)] *o* stamp pad.

stemplicht ['stɛmplɪxt] *m & v* compulsory voting.

stemrecht [-rɛxt] *o* right to vote; suffrage, franchise; $ voting rights [of shareholders]; *het* ~ *ook*: the vote; *algemeen* ~ universal suffrage; *aandelen zonder* ~ $ non-voting shares.

stemsleutel [-slø.təl] *m* ♪ tuning-key.

stemspleet [-sple.t] *v* glottis; ~*...* glottal.

stemverheffing [-vərhɛfɪŋ] *v* raising of the voice.

stemvork [-vɔrk] *v* ♪ tuning-fork.

stemvorming [-vɔrmɪŋ] *v* ♪ voice production.

stencil ['stɛnsəl] *o & m* stencil.

stencilen [-sələ(n)] *vt* stencil, duplicate, mimeograph.

stencilmachine [-sɔlma.ʃi.nə] *v* stencil machine, duplicator, mimeograph.

1 **stenen** ['ste.nə(n)] *vi* moan, groan.

2 **stenen** ['ste.nə(n)] *aj* of stone, stone; (baksteen en) brick; *een* ~ *hart* a heart of stone.

stengel ['stɛŋəl] *m* stalk, stem [of plants].
stenig ['ste.nəx] stony.
stenigen [-nəgə(n)] *vt* stone (to death).
steniging [-nəgɪŋ] *v* stoning.
stenograaf [ste.no.'gra.f] *m* stenographer, shorthand writer.
stenograferen [-gra.'fe:rə(n)] I *vi* write shorthand; II *vt* take down in shorthand.
stenografie [-gra.'fi.] *v* stenography, shorthand.
stenografisch [-'gra.fi.s] *aj* (& *ad*) stenographic(ally), in shorthand.
stenogram [-'grɑm] *o* shorthand writer's notes, shorthand report.
stenotypist(e) [-ti.'pɪst(ə)] *m(-v)* shorthand typist.
stentorstem ['stɛntɔrstɛm] *v* stentorian voice.
steppe ['stɛpə] *v* steppe.
ster [stɛr] *v* star²; *met ~ren bezaaid* starry; ○ star-spangled.
stereofonie [ste:re.o.fo.'ni.] *v* stereophony.
stereometrie [ste:re.o.me.'tri.] *v* solid geometry.
stereoplaat ['ste:re.o.pla.t] *v* stereo record.
stereoscoop [ste:re.ɔs'ko.p] *m* stereoscope.
stereoscopisch [-ɔs'ko.pi.s] *aj* (& *ad*) stereoscopic(ally).
stereotiep [ste:re.o.'ti.p] stereotype; *fig* stereotyped, stock [phrase, saying].
sterfbed ['stɛrfbɛt] *o* death-bed, dying-bed.
sterfdag [-dɑx] *m* day of one's death.
sterfelijk ['stɛrfələk] mortal.
sterfelijkheid [-hɛit] *v* mortality.
sterfgeval ['stɛrfgəvɑl] *o* death; *wegens ~* owing to a bereavement.
sterfhuis [-hœys] *o* house of the deceased.
sterfkamer [-ka.mər] *v* death-room, death-chamber.
sterflijk(heid) ['stɛrflək(hɛit)] = *sterfelijk-*
sterfte ['stɛrftə] *v* mortality.   [(*heid*).
sterftecijfer [-təsɛifər] *o* (rate of) mortality, death-rate.
steriel [ste.'ri.l] sterile, barren.
sterilisatie [-ri.li.'za.(t)si.] *v* sterilization.
sterilisator [-'za.tɔr] *m* sterilizer.
steriliseren [-'ze:rə(n)] *vt* sterilize.
sterk [stɛrk] I *aj* 1 strong²; powerful [microscope]; $ sharp [rise, fall]; 2 (r a n z i g) strong; *een ~ geheugen* a retentive memory; *een ~ verhaal* a tall story; *~e werkwoorden* strong verbs; *dat is ~, zeg!* that's what I call steep!; *ik maak me ~ het binnen korter tijd te doen* I undertake to...; *een leger 100.000 man ~* an army 100.000 strong; *hij is ~ in het Frans* he is strong (well up) in French; *daarin is hij ~* that's his strong point; *daar ben ik niet ~ in* I am not good at that; *hij (zijn zaak) staat ~* he has a strong case; *zo ~ als een paard* as strong as a horse; II *ad* strongly; *dat is ~ gezegd* that is a strong thing to say; *~ overdreven* wildly exaggerated; *~ vergroot* much enlarged.
sterken ['stɛrkə(n)] *vt* strengthen, fortify, invigorate.
sterking [-kɪŋ] *v* strengthening.
sterkte [-tə] *v* 1 strength; 2 (f o r t) fortress.
sterkwater [stɛrk'va.tər] *o* nitric acid, aqua fortis; *op ~ zetten* zie *spiritus*.
sterrebaan ['stɛrəba.n] *v* orbit of a star.
sterremuur [-my:r] *v* ♣ chickweed.
sterrenbeeld ['stɛrə(n)be.lt] *o* constellation.
sterrenhemel [-he.məl] *m* starry sky.
sterrenkaart [-ka.rt] *v* star-map.
sterrenkijker [-keikər] *m* star-gazer.
sterrenkunde [-kʉndə] *v* astronomy.
sterrenkundige [stɛrə(n)'kʉndəgə] *m* astronomer.
sterrenlicht [stɛrə(n)lɪxt] *o* star-light, light of the stars.
sterrenregen [-re.gə(n)] *m* meteoric shower.

sterrenwacht [-vɑxt] *v* (astronomical) observatory.
sterrenwichelaar [-vɪgəla:r] *m* astrologer.
sterrenwichelarij [stɛrə(n)vɪgəla:'rei] *v* astrology.
sterretje ['stɛrəcə] *o* 1 little star; 2 star, asterisk (*); 3 [film] starlet; *een klap dat je de ~s voor de ogen dansen* a blow that will make you see stars.
sterrit ['stɛrɪt] *m* [Monte Carlo]rally.
sterveling ['stɛrvəlɪŋ] *m* mortal; *geen ~* not a (living) soul; *gelukkige ~!* happy mortal!
sterven ['stɛrvə(n)] I *vi* die; *ik mag ~ als...* I wish I may die if; *~ aan een ziekte* die of a disease; *van honger ~* die of hunger; *~ van ouderdom* die of old age; *~ van verdriet* die of a broken heart; *op ~ na dood* all but dead; *op ~ liggen* be dying, be at the point of death; II *vt* in: *de dood ~* die the death; *duizend doden ~* taste death a thousand times; *een ellendige dood ~* die a dog's death.
stervensuur [-vənsy:r] *o* dying-hour.
stervormig ['stɛrvɔrməx] star-shaped, stellate(d).
stethoscoop, stethoskoop, stetoscoop, stetoskoop [ste.tɔs'ko.p] *m* stethoscope.
steun [stø.n] *m* support², prop², *fig* stay; *de ~ van zijn oude dag* the support of his old age; *de enige ~ van het ministerie* the only support (backing) of the ministry; *(van de) ~ trekken* P be on the dole; *~ verlenen aan* support; *met ~ van...* aided by...; *tot ~ van...* in support of...
steuncomité ['stø.nkòmi.te.] *o* relief committee.
1 **steunen** ['stø.nə(n)] *vi* zie 1 *stenen*.
2 **steunen** ['stø.nə(n)] I *vt* support, prop (up); *fig* support [a cause, an institution, a candidate]; back (up); countenance [a movement]; uphold [a practice, a person]; second [a motion]; II *vi* lean; *~ op* lean on; *fig* lean upon [a person]; *waarop steunt dat?* what is it founded on?, what does it rest upon?; *~ tegen* lean against.
steunfonds ['stø.nfònts] *o* relief fund.
steunmuur ['stø.nmy:r] *m* supporting wall.
steunpilaar [-pi.la:r] *m* pillar².
steunpunt [-pʉnt] *o* 1 point of support; 2 ⚔ fulcrum [of a lever]; 3 ✗ base.
steunsel [-səl] *o* stay, prop, support.
steuntje [-cə] *o* rest.
steuntrekker [-trɛkər] *m* recipient of (unemployment) relief.
steunzool [-zo.l] *v* arch support.
steur [stø:r] *m* 🐟 sturgeon.
steven ['ste.və(n)] *m* ⚓ prow, stem; *de ~ wenden* ⚓ go about; *de ~ wenden naar* ⚓ head for ..., make for...
stevig ['ste.vəx] I *aj* 1 (v. zaken) solid, strong [furniture, ropes &]; substantial [meal &]; firm [post]; 2 (v. persoon) strong, sturdy; *een ~e bries* a stiff breeze; *een ~ eter* a hearty eater; *een ~ glaasje* a stiff glass; *een ~e handdruk* a firm shake of the hand; *~e kost* substantial food; *een ~e meid* a strapping lass; *een ~ uur* a stiff hour, one solid hour; II *ad* solidly &; *~ doorstappen* walk at a stiff pace; *~ geboeid* firmly fettered; *~ gebouwd* firmly built [houses]; well-knit [lads]; *hem ~ vasthouden* hold him tight.
stevigheid [-hɛit] *v* solidity, substantiality, firmness, sturdiness.
stewardess [stju.ər'dɛs] *v* ✈ air hostess.
sticht [stɪxt] *o* bishopric; *het Sticht* Ⓤ (the bishopric of) Utrecht.
stichtelijk ['stɪxtələk] I *aj* edifying; *een ~ boek* a devotional book; II *ad* edifyingly; *dank je ~!* F thank you very much!
stichtelijkheid [-hɛit] *v* edification.

stichten ['stɪxtə(n)] **I** *vt* 1 found [a business, colonies, a hospital, a church, a religion, an empire &]; establish [a business]; raise [a fund]; 2 edify [people at church]; *vrede* ~ make peace; *hij is er niet over gesticht* zie 2 *gesticht*; **II** *va* edify.

stichter [-tər] *m* founder.

stichting [-tɪŋ] *v* 1 (**oprichting**) foundation; 2 (**inrichting**) institution, almshouse; 3 (**in de kerk &**) edification.

stiefbroe(de)r ['sti.fbru.dər, -bru:r] *m* stepbrother.

stiefdochter [-dɔxtər] *v* step-daughter.

stiefkind [-kɪnt] *o* step-child².

stiefmoeder [-mu.dər] *v* step-mother².

stiefmoederlijk [sti.f'mu.dərlək] step-motherly; *wij zijn altijd ~ bedeeld geweest* we have always been the poor cousins; *de natuur heeft hem ~ bedeeld* nature has not lavished her gifts upon him.

stiefvader ['sti.fa.dər] *m* step-father.

stiefzoon ['sti.fso.n] *m* step-son.

stiefzuster [-süstər] *v* step-sister.

stiekem ['sti.kəm] **I** *aj* underhand; **II** *ad* on the sly, on the q.t., secretly; *zich ~ houden* lie low.

stiekemerd ['sti.kəmərt] *m* sneak.

stier [sti:r] *m* ♉ bull; *de Stier* ✳ Taurus.

stieregevecht ['sti:rəgəvext] *o* bull-fight.

stierlijk [-lək] F *in*: ~ *het land hebben* be as humpy as anything; *zich ~ vervelen* be bored to death.

1 **stift** [stɪft] *v* pin.

2 **stift** [stɪft] *o* = *sticht*.

stifttand ['stɪftant] *m* pivot tooth.

stigma ['stɪxma.] *o* stigma.

stigmatiseren [-'ze:rə(n)] *vt* stigmatize.

stijf [stɛif] **I** *aj* stiff² [collar, leg, neck, breeze; manners, attitude, bow]; rigid [balloon]; *fig* F starchy; *zo ~ als een paal* as stiff as a poker; *~ van de kou* stiff with cold; *u moet het ~ laten worden* leave it to stiffen; *de geldprijs wordt stijver* $ money begins to stiffen; **II** *ad* stiffly; *iets ~ en strak volhouden* stoutly maintain it.

stijfheid ['stɛifhɛit] *o* stiffness², rigidity, F starch.

stijfhoofdig, ~koppig [stɛif'ho.vdəx, -'kopəx] **I** *aj* obstinate, headstrong; **II** *ad* obstinately.

stijfhoofdigheid, ~koppigheid [-hɛit] *v* obstinacy.

stijfkop ['stɛifkɔp] *m* obstinate person.

stijfsel ['stɛifsəl] *m & o* 1 starch [from corn, for stiffening]; 2 paste [of the bill-sticker].

stijfselkwast [-kvɑst] *m* paste-brush.

stijfte ['stɛiftə] *v* stiffness.

stijgbeugel ['stɛixbø.gəl] *m* stirrup.

stijgen ['stɛigə(n)] *vi* 1 (in de hoogte) rise, mount [of a road], mount [of blood], ✈ ook: climb; 2 (hoger worden) rise [of a river, prices, of the barometer], go up, advance [of prices]; *naar het hoofd ~* go to one's head [of wine &]; mount (rush) to one's head [of the blood]; *te paard ~* mount one's horse; *van het paard ~* alight from one's horse, dismount.

stijging [-gɪŋ] *v* rise², rising, advance.

stijl [stɛil] *m* 1 △ post [of door &]; 2 ♟ style; 3 (schrijfwijze, trant) style; 4 (tijdrekening) style; *oude ~* old style; *in verheven ~* in elevated style.

stijlbloempje ['stɛilblu.mpjə] *o* flower of speech.

stijloefening ['stɛilu.fənɪŋ] *v* stylistic exercise.

stijlvol [-vɔl] stylish.

stijven ['stɛivə(n)] **I** *vt* 1 stiffen [the back of a book &]; 2 starch [linen]; *de kas ~* swell the fund (the treasury); *iemand in het kwaad ~* egg him on, set him on; **II** *vi* stiffen.

stikdonker ['stɪkdòŋkər] **I** *aj* pitch-dark; **II** *o* pitch-darkness.

stikgas [-gɑs] *o* 1 ⚗ asphyxiating gas; 2 (in mijnen) choke-damp.

1 **stikken** ['stɪkə(n)] *vi* stifle, be stifled, choke, be suffocated, suffocate; *ik stik!* I am choking; *ze mogen voor mijn part ~ P* they may go to hell!; *als ik jou was liet ik de hele boel ~ I* should cut the whole concern; *het was om te ~ I* it was suffocatingly hot; 2 it was screamingly funny; *~ van het lachen* split one's sides with laughter; *hij stikte van woede* he choked with rage.

2 **stikken** ['stɪkə(n)] *vt* stitch [a garment &]; *gestikte deken* quilt.

stiknaald ['stɪknɑ.lt] *v* stitching-needle.

stiksel [-səl] *o* stitching.

stikster [-stər] *v* stitcher.

stikstof [-stɔf] *v* nitrogen.

stikstofhoudend [-stɔf'hɑudənt] nitrogenous.

stikvol [-fɔl] crammed, chock-full.

stikwerk [-vɛrk] *o* stitching.

stil [stɪl] **I** *aj* still, quiet; silent; ~*!* hush!; ~ *daar!* silence there!; *tabak* ~ $ tobacco quiet; ~*le diender* detective; ~ *spel* stage business, by-play [of actor]; *de ~le week* Holy Week; *zo* ~ *als een muis(je)* as silent as a mouse; *zo* ~ *als de muisjes* as mum as mice; zie ook: *vennoot* &; **II** *ad* quietly; silently; ~ *leven* have retired from business; ~ *toeluisteren* listen in silence.

stileren [sti.'le:rə(n)] *vt & vi* 1 compose [a letter &]; 2 stylize [a dress], conventionalize [flowers &].

stilhouden [-hɑu(d)ə(n)] **I** *vi* stop, come to a stop; *de wagen hield stil voor de deur* pulled (drew) up at the door; **II** *vt* in: *iets* ~ keep it dark, hush it up; **III** *vr zich* ~ 1 keep quiet, be quiet, keep still; 2 keep silent.

stilleggen ['stɪlɛgə(n)] *vt* stop [work]; close down, shut down [a factory].

stillen ['stɪlə(n)] *vt* quiet, hush [a crying child]; still [fears &]; allay, alleviate [pain]; appease [one's hunger]; quench [one's thirst].

stilletjes ['stɪlɔcəs] 1 silently; 2 secretly, F on the quiet.

stilleven ['stɪlle.və(n)] *o* still life [painting].

stilliggen [-lɪgə(n)] *vi* lie still [in bed &]; lie idle [a harbour]; have closed down [a factory].

stilstaan ['stɪlstɑ.n] *vi* stand still; stop; *hij bleef* ~ he stopped; *alle handel staat stil* trade is at a standstill; *de klok staat stil* the clock has stopped; *de klok laten* ~ stop the clock; *er wat langer bij* ~ dwell on it a little longer; zie ook: *mond, verstand*.

stilstaand [-stɑ.nt] standing, stagnant [waters]; standing, stationary [train].

stilstand [-stɑnt] *m* standstill; cessation; stagnation, stagnancy [of business]; stoppage [in factory, of work]; *tot* ~ *komen* come to a standstill.

stilte [-tə] *v* stillness, quiet, silence; *de* ~ *voor de storm* the lull before the storm; *in* ~ silently; secretly, privately [married]; *in* ~ *lijden* suffer in silence; *de menigte nam twee minuten* ~ *in acht* the crowd stood in silence for two minutes.

stilzetten [-zɛtə(n)] *vt* zie *stopzetten*.

stilzitten [-zɪtə(n)] *vi* sit still; *fig* do nothing [of a minister &]; *we hebben niet stilgezeten* we have not been idle.

stilzwijgen [-zvɛigə(n)] *o* silence; *het* ~ *bewaren* keep (preserve, observe, maintain) silence; be (keep) silent (about *over*).

stilzwijgend [-zvɛigənt] **I** *aj* silent, taciturn [person]; tacit [agreement]; implied [condition]; **II** *ad* tacitly [understood]; [pass

over] in silence.
stilzwijgendheid [stIl'zvɛigɔnthɛit] *v* silence, taciturnity.
stimulans ['sti.my.lɑns] *m* stimulant; *fig* stimulus.
stimuleren [sti.my.'le:rə(n)] *vt* stimulate.
stinkbom ['stɪŋkbɔm] *v* stink-bomb.
stinkdier [-di:r] *o* ⚥ skunk.
stinken ['stɪŋkə(n)] *vi* stink, smell, reek (of *naar*).
stinkend [-kɔnt] stinking, reeking, fetid, mephitic; ~*e gouwe* ⚥ greater celandine.
stinkstok ['stɪŋkstɔk] *m* S cheap cigar.
stip [stɪp] *v* point, dot (on the i).
stipendium [sti.'pɛndi.ûm] *o* stipend, ⟳ scholarship.
stippel ['stɪpəl] *v* speck, dot.
stippelen ['stɪpələ(n)] *vt* dot, speckle, stipple.
stippellijn [-lein] *v* dotted line.
stippen ['stɪpə(n)] *vt* point, prick.
stipt [stɪpt] *aj* (& *ad*) punctual(ly), precise(ly); ~ *eerlijk* strictly honest; ~ *op tijd* punctually to time.
stiptheid ['stɪpthɛit] *v* punctuality, precision.
stoeien ['stu.jə(n)] *vi* romp, have a game of romps.
stoeier [-jər] *m* romp, romping boy.
stoeierij [stu.jə'rɛi] *v* romp(ing).
stoeipartij ['stu:ipɑrtɛi] *v* romping, romp, game of romps.
stoel [stu.l] *m* 1 (meubel) chair; 2 (v. plant) stool; *de Heilige S*~ the Holy See; *neem een* ~ take a seat; *een* ~ *in de hemel verdienen* deserve a front-seat in Heaven; *het niet onder* ~*en of banken steken* make no secret of it, make no bones about it; *tussen twee* ~*en in de as zitten* have come down between two stools; *voor* ~*en en banken spelen* (*spreken*) play (lecture) to empty benches.
stoelendans ['stu.lə(n)dɑns] *m* "musical chairs".
stoelenmaker [-ma.kər] *m* chair-maker.
stoelenmatter [-mɑtər] *m* ~**ster** [-mɑtstər] *v* chair-bottomer.
stoelgang ['stu.lgɑn] *m* movement, stool(s); zie verder: *ontlasting*.
stoelkussen [-kûsə(n)] *o* chair-cushion.
stoeltjeslift ['stu.lcɔslɪft] *m* chair-lift.
stoep [stu.p] *m* & *v* 1 (flight of) steps; 2 (trottoir) pavement, footway.
stoer [stu:r] *aj* sturdy, stalwart, stout.
stoerheid ['stu:rhɛit] *v* sturdiness.
stoet [stu.t] *m* cortege, procession; train, retinue
stoeterij [stu.tə'rɛi] *v* stud(-farm).
1 **stof** [stɔf] *o* dust; ~ *afnemen* dust; ~ *opjagen* make a dust; *dat heeft heel wat* ~ *opgejaagd* that has raised a good deal of dust; *het* ~ *van zijn voeten schudden* shake the dust off one's feet; *in het* ~ *vernederen* humble to the dust; *onder het* ~ *zitten* be covered with dust; *iemand uit het* ~ *verheffen* raise one from the dust.
2 **stof** [stɔf] *v* 1 matter²; 2 (zelfstandigheid) [radioactive] substance; 3 *fig* subject-matter, theme [of a book, for an essay]; 4 (goed) [dress] material, stuff, [silk, woollen] fabric; ~ *en geest* matter and mind; *dat geeft* ~ *tot nadenken* that will give food for reflection (thought).
stofblik ['stɔfblɪk] *o* dustpan.
stofbril [-brɪl] *m* goggles.
stofdoek [-du.k] *m* duster.
stoffeerder ['fe:rdər] *m* upholsterer.
stoffeerderij [stɔfe:rdə'rɛi] *v* upholstery (business).
stoffel ['stɔfəl] *m* F blockhead, duffer, ninny.
stoffelijk ['stɔfələk] material; ~*e belangen* material interests; ~*e bijvoeglijke naamwoor-*

den names of materials used as adjectives; *zijn* ~ *overschot* his mortal remains.
stoffelijkheid [-hɛit] *v* materiality.
1 **stoffen** ['stɔfə(n)] *vt* (stof afnemen) dust.
2 **stoffen** ['stɔfə(n)] *vi* (bluffen) boast (of *op*).
3 **stoffen** ['stɔfə(n)] *aj* Denmark satin [shoes].
stoffer ['stɔfər] *m* duster, brush; ~ *en blik* (dust)pan and brush.
stofferen [stɔ'fe:rə(n)] *vt* upholster, furnish.
stoffering [-rɪŋ] *v* upholstering, furnishing.
stoffig ['stɔfəx] dusty.
stoffigheid [-hɛit] *v* dustiness.
stofgoud ['stɔfgout] *o* gold-dust.
stofjas [-jɑs] *m* & *v* dust-coat.
stofje [-jə] *o* speck of dust ‖ zie 2 *stof* 4.
stofkam [-kɑm] *m* fine-tooth comb.
stofnaam [-na.m] *m* gram name of a material.
stofnest [-nest] *o* dust-trap.
stofomslag [-ɔmslɑx] *m* & *o* dust jacket.
stofregen [-re.gə(n)] *m* drizzling rain, drizzle.
stofregenen [-re.gənə(n)] *vi* drizzle.
stofvrij ['stɔfrɛi] free from dust.
stofwisseling ['stɔfvɪsəlɪŋ] *v* metabolism.
stofwolk [-vɔlk] *v* dust cloud, cloud of dust.
stofzuigen [-sœygə(n)] *vi* & *vt* vacuum.
stofzuiger [-sœygər] *m* (vacuum) cleaner.
stoïcijn [sto.i.'sɛin] *m* stoic.
stoïcijns [-'sɛins] I *aj* stoical [serenity], stoic [doctrines]; II *ad* stoically.
stok [stɔk] *m* 1 (in 't alg.) stick; 2 (wandelstok) walking-stick, cane, stick; 3 (zitstok) perch, roost [for birds]; 4 (bij batonneren) quarterstaff; 5 (van agent) truncheon; 6 (v. vlag) pole; 7 ⚓ stock [of anchor]; *de* ~ *achter de deur* the big stick; *het met iemand aan de* ~ *hebben* be at loggerheads with a person; *het met iemand aan de* ~ *krijgen* get into trouble with a person; *op* ~ *gaan* go to roost²; *op* ~ *zijn* be at roost.
stokdoof ['stɔkdo.f] stone-deaf.
stokebrand ['sto.kəbrɑnt] *m* firebrand.
stoken ['sto.kə(n)] I *vt* burn [coal, wood]; stoke [a furnace &], fire [a boiler, an engine &]; distil [spirits]; *fig* stir up [trouble]; brew [mischief]; *het vuur* ~ feed the fire; *een vuurtje* ~ 1 make a fire; 2 *fig* blow the coals, stir up trouble; II *vi* & *va* make a fire, have a fire [in a room]; stoke; *fig* blow the coals, stir up trouble.
stoker [-kər] *m* 1 stoker, fireman [of steamengine]; 2 distiller [of spirits]; 3 *fig* firebrand.
stokerij [sto.kə'rɛi] *v* distillery.
stokje ['stɔkjə] *o* (little) stick; *daar zullen wij een* ~ *voor steken* we shall stop it; *van zijn* ~ *vallen* F faint, swoon; zie ook: *gekheid*.
stokken ['stɔkə(n)] *vi* cease to circulate [of the blood]; break down [in a speech]; flag [of conversation]; *haar adem stokte* her breath failed her; *zijn stem stokte* there was a catch in his voice.
stokoud ['stɔkout] very old.
stokpaard, ~**je** [-pa:rt, -pa:rcə] *o* hobbyhorse; *fig* fad; *op zijn* ~ *zitten* (*zijn*) be on one's pet subject.
stokroos [-ro.s] *v* ⚥ hollyhock.
stokslag [-slɑx] *m* stroke with a stick.
stokstijf [-stɛif] as stiff as a poker; ~ *volhouden* maintain obstinately.
stokstil [-stɪl] stock-still. [cod.
stokvis [-fɪs] *m* (gedroogd) stockfish, dried
stola ['sto.la.] *v* stole.
stollen ['stɔlə(n)] *vi* (ook: *doen* ~) congeal, coagulate, curdle, clot, fix, set; *het bloed stolde mij in de aderen* my blood froze (ran cold); *het doet het bloed* ~ it makes one's blood run cold, it curdles one's blood.
stolling [-lɪŋ] *v* congelation, coagulation.
stolp [stɔlp] *v* cover, glass bell, shade.
stom [stɔm] I *aj* 1 (niets zeggend) dumb,

mute, speechless; silent [film, part]; 2 (d o m)
stupid, dull; 3 (n i e t v e r s t a n d i g) foolish;
een ~*me* h a mute h; ~*me personen* mutes;
hij sprak (*zei*) *geen* ~ *woord* he never said a
word; ~ *van verbazing* speechless with amazement; *hij is te* ~ *om voor de duivel te dansen*
F he is as stupid as an owl; *zo* ~ *als een vis*
as mute as a fish; II *ad* 1 mutely; 2 stupidly;
stomdronken ['stòmdrònkə(n)] F dead drunk.
stomen ['sto.mə(n)] I *vi* steam; *de lamp stoomt*
the lamp is smoking; ~*d verkopen* $ sell on
steaming terms; II *vt* 1 steam [rice &]; 2
(c h e m i s c h r e i n i g e n) dry-clean.
stomerij [sto.mə'rɛi] *v* dry-cleaning establishment; *mijn pak is in de* ~ my suit is at the
(dry-)cleaner's.
stomheid ['stòmhɛit] *v* 1 dumbness; 2 stupidity;
met ~ *geslagen* struck dumb.
stommelen ['stòmələ(n)] *vi* clutter.
stommeling [-lɪŋ] *m* F *zie* stommerik.
stommerik [-rɪk] *m* F blockhead, dullard,
duffer; (*jij*) ~! you stupid!
stommetje ['stòməcə] *wij moesten* ~ *spelen* we
had to sit mum.
stommigheid, stommiteit ['stòməxhɛit, stòmi.-
'tɛit] *v* 1 (a b s t r a c t) stupidness, stupidity; 2
(c o n c r e e t) stupidity, blunder.
1 **stomp** [stòmp] *m* thump, punch, push, dig.
2 **stomp** [stòmp] *m* stump [of a tree &].
3 **stomp** [stòmp] *aj* 1 blunt [pencil], dull; 2 *fig*
obtuse; ~*e hoek* obtuse angle; ~*e neus* flat
nose.
stompen ['stòmpə(n)] *vt* pummel, thump,
punch, push.
stompheid ['stòmphɛit] *v* bluntness, dullness;
fig obtuseness.
stomphoekig [-hu.kəx] obtuse-angled.
stompje [-jə] *o* stump [of branch, tree, limb,
cigar, pencil], stub [of dog's tail].
stompzinnig [stòmp'sɪnəx] obtuse.
stompzinnigheid [-hɛit] *v* obtuseness.
stomverbaasd ['stòmvərba.st] stupefied.
stomverveland [-vərve.lant] awfully slow.
stond [stònt] *m* time, hour, moment; *te dezer*
~ at this moment (hour); *terzelfder* ~ at the
same moment; *van* ~*en aan* henceforward,
from this very moment.
stoof [sto.f] *v* foot-warmer, foot-stove.
stoofpan [-pɑn] *v* stew-pan.
stoofpeer [-pe:r] *v* cooking-pear, stewing-pear.
stookgat [sto.kɑt] *o* fire hole.
stookgelegenheid [-gəle.gənhɛit] *v* fireplace.
stookolie [-o.li.] *v* oil fuel, liquid fuel.
stookoven [-o.və(n)] *m* furnace.
stookplaats [-pla.ts] *v* 1 fireplace, hearth; 2 🔥
stoke-hold, stoke-hole.
stool [sto.l] *m* stole.
stoom [sto.m] *m* steam; *we hebben* ~ *op* steam
is up; ~ *houden* keep up steam; ~ *maken* get
up (raise) steam; *er* ~ *achter zetten* put steam
on²; *het gaat met* (*volle*) ~ it goes full steam;
onder ~ 💧 with steam up; *onder eigen* ~
💧 under her own steam.
stoombarkas ['sto.mbɑrkɑs] *v* 💧 steam launch.
stoomboot [-bo.t] *m & v* 💧 steamboat
steamer steamship.
stoombootmaatschappij [-bo.tma.tsxɑpɛi] *v*
steam navigation company, steamship company.
stoombrandspuit [-brɑntspœyt] *v* steam fire-
engine.
stoomcursus [-kûrzəs] *m* intensive course,
short course.
stoomfluit [-flœyt] *v* steam-whistle.
stoomgemaal [-gəma.l] *o* steam pumping-
station.
stoomjacht [-jɑxt] *o* 💧 steam-yacht.
stoomketel [-ke.təl] *m* 🔥 steam-boiler, boiler.
stoomkraan [-kra.n] *v* 🔥 1 (heftoestel)

steam-crane; 2 steam-cock.
stoommachine ['sto.ma.ʃi.nə] *v* steam-engine.
stoomschip [-sxɪp] *o* 💧 steamship, steamer.
stoomtractie, -traktie [-trɑksi.] *v* steam traction.
stoomtram, -trem [-trɛm] *m* steam-tram.
stoomvaart [-va:rt] *v* steam navigation.
stoomvaartlijn [-lɛin] *v* steamship line.
stoomvaartmaatschappij [-ma.tsxɑpɛi] *v* steam
navigation company, steamship company.
stoomwals ['sto.mvɑls] *v* steam-roller.
stoornis ['sto:rnɪs] *v* disturbance, disorder.
stoorzender [-zɛndər] *m* jamming transmitter,
jamming station.
stoot [sto.t] *m* 1 push [with the elbow &];
punch [in boxing]; thrust [with a sword];
lunge [in fencing]; stab [with a dagger]; shot,
stroke [at billiards]; impact [of colliding
bodies]; kick [of a rifle]; gust [of wind]; 2
blast [on a horn]; *de* (*eerste*) ~ *tot* (*aan*) *iets*
geven give the impulse to something; *wie*
heeft er de eerste ~ *aan* (*toe*) *gegeven*? who
has been the prime mover?; *dat zal hem de*
laatste ~ *geven* that will be the end of him,
that will be the finishing stroke; *dat heeft*
hem een lelijke ~ *gegeven* that has dealt him a
severe blow; *wie is aan* ~? ♟ who is in play?
stootblok ['sto.tblɔk] *o* buffer; 🚂 chock.
stootje ['sto.cə] *o* push; *hij kan wel een* ~ *velen*
he is not easily hurt, F he can take it.
stootkussen [-kûsə(n)] *o* buffer.
stoottroepen ['sto.tru.pə(n)] *mv* ✕ shock-
troops.
stop [stɔp] *m* 1 stopper [of a bottle]; darn [in a
stocking]; ⚡ (s t e k k e r) plug; ⚡ (s m e l t-
s t o p) fuse; (v. b a d k u i p &) plug; 2 (v.
h u u r, l o o n, p r ij z e n) freeze.
stopbord ['stɔpbɔrt] *o* halt sign.
stopcontact [-kòntakt] *o* ⚡ point; (c o n t a c t-
d o o s) socket.
stopfles [-flɛs] *v* stoppered bottle, (glass) jar.
stopgaren [-gɑːrə(n)] *o* darning cotton, mending cotton.
stoplap [-lɑp] *m* sampler; *fig* stop-gap.
stoplicht [-lɪxt] *o* stop-light; *door het* ~ *rijden*
jump the (traffic) lights.
stopnaald [-na.lt] *v* darning-needle.
stoppage [stɔ'pa.ʒə] *v* invisible mending.
stoppel ['stɔpəl] *m* stubble; ~*s* stubble.
stoppelbaard [-ba:rt] *m* stubbly beard.
stoppelig ['stɔpələx] stubbly.
1 **stoppen** ['stɔpə(n)] *vt* 1 (d i c h t m a k e n) stop
[a hole, a leak &]; darn [stockings]; 2
(d i c h t h o u d e n) stop [one's ears]; 3 (v o l-
s t o p p e n) fill [a pipe &]; 4 (i n b r e n g e n,
w e g b e r g e n) put [something in a box, one's
fingers in one's ears &]; *een bal* ~ ♟ pocket
a ball; *iemand de handen* ~ grease a person's
palm, bribe him; *de kinderen in bed* ~ 1 put
the children to bed; 2 bundle the children off
to bed; *iemand iets in de handen* ~ foist it off
upon a person; *hij laat zich alles in de hand*-
en(*en*) ~ you can foist (palm off) anything
upon him; *het in zijn mond* (*zak*) ~ put it in
one's mouth (pocket); *de kleine er lekker o n*-
der ~ tuck the baby up in bed; *iemand onder*
de grond ~ put to bed with a shovel.
2 **stoppen** ['stɔpə(n)] I *vi* stop, come to a stop,
halt; *de trein stopt hier niet* the train does not
stop here; *de trein gaat door tot A. zonder* ~
without a stop; II *vt* stop.
stopplaats ['stɔpla.ts] *v* stopping-place, stop.
stopsein ['stɔpsɛin] *o* stop signal.
stoptrein [-trɛin] *m* stopping train.
stopverf [-fɛrf] *v* (glazier's) putty.
stopwoord [-vo:rt] *o* expletive.
stopzetten [-sɛtə(n)] *vt* stop; close down, shut
down [a factory]; shut (cut) off [the engine].
stopzetting [-sɛtɪŋ] *v* stoppage; closing down

&.

stopzij(de) [-sɛi(də)] v darning silk.

storen ['sto:rə(n)] **I** vt disturb, derange, interrupt, interfere with; ✖ ♱ jam [broadcasts]; *stoor ik (u) soms?* am I intruding?; **II** vr *hij stoort zich aan alles* he minds everything; *hij stoort zich aan niets* he does not mind; *waarom zou ik mij daaraan ~?* why should I mind?; *zonder zich te ~ aan wat zij zeiden* heedless (regardless) of what they said.

storing [-rɪŋ] v disturbance, interruption, ✖ trouble, failure, breakdown; ✖ ♱ interference; ♀ disorder.

storm [stɔrm] m storm² [also of applause, cheers, indignation]; tempest, gale; *een ~ in een glas water* a storm in a tea-cup.

stormaanval ['stɔrma.nval] m ✖ assault.

stormachtig [-axtəx] **I** aj stormy, tempestuous, tumultuous, boisterous; **II** ad stormily &.

stormband ['stɔrmbɑnt] m ✖ chin-strap.

stormen ['stɔrmə(n)] vi storm; *het stormt* it is blowing a gale; *het zal er ~* there will be ructions [fig]; *hij kwam uit het huis ~* he came tearing (dashing, rushing) out of the house.

stormenderhand [stɔrməndər'hɑnt] ✖ by storm; *~ innemen* take by storm².

stormklok ['stɔrmklɔk] v alarm-bell, tocsin.

stormlamp [-lɑmp] v hurricane lamp.

stormloop [-lo.p] m rush²; ✖ assault.

stormlopen [-lo.pə(n)] vi *in: ~ op (tegen)* storm, rush, assault [a fortified town].

stormram [-rɑm] m Ⓦ battering-ram.

stormsein [-sɛin] o **1** storm-signal; **2** storm-drum.

stormtroepen [-tru.pə(n)] mv ✖ storm troops.

stormvogel [-vo.gəl] m ✪ stormy petrel.

stormwe(d)er [-ve:r] o stormy (tempestuous) weather.

stormwind [-vɪnt] m stormy wind, storm-wind.

stortbad ['stɔrtbɑt] o shower-bath.

stortbak [-bɑk] m **1** ✖ shoot; **2** (v. W.C.) cistern.

stortbui [-bœy] v heavy shower, downpour.

storten ['stɔrtə(n)] **I** vt spill [milk]; shed [tears, blood]; shoot, dump [rubbish]; pay in [money]; contribute [towards one's pension]; *elk 10 gulden ~* deposit 10 guilders each; *het geld moet gestort worden bij een bank (op een rekening)* the money must be paid into a bank (into an account); **II** vr *zich ~ in de armen van...* throw oneself into the arms of...; *de rivier stort zich in zee bij...* falls (pours itself) into the sea near...; *zich in een oorlog ~* plunge into a war; *zich ~ op* fall upon, swoop down on [the enemy]; **III** vi & va in: *het stort* it is pouring.

stortgoederen ['stɔrtgu.dərə(n)] mv ♻ goods laden in bulk.

storting ['stɔrtɪŋ] v **1** spilling, shedding, pouring [of a liquid]; **2** payment, deposit, contribution [of money].

stortkar ['stɔrtkɑr] v tip-cart, tumbril, tumbrel.

stortkoker [-ko.kər] m chute, shoot.

stortplaats [-pla.ts] v dumping-ground, (rubbish) shoot, (rubbish) tip.

stortregenen [-re.gənə(n)] vi pour (with rain), rain cats and dogs.

stortvloed [-flu.t] m flood, torrent, deluge.

stoten ['sto.tə(n)] **I** vi **1** (in 't alg.) push; **2** (met horens) butt; **3** (v. geweer) recoil, kick; **4** (v. schip) touch the ground; **5** (v. spoortrein) bump; ✪⚬ play; *aan iets ~* push it, give it a push; *~ naar* thrust at; *op iets ~* stumble upon something, come across it; meet with [difficulties]; *het schip stootte op een ijsberg* struck an iceberg; *tegen iets ~* bump against [a wall &]; push [the table]; *tegen elkaar ~* bump (knock) against each other; **II** vt **1** (aankomen tegen) stub [one's toes]; bump [one's head against a wall]; nudge [one with one's elbow]; **2** (duwen) push [me &]; poke [a hole in a thing]; thrust [a person from his rights]; **3** (fijnstampen) pound; **4** fig shock, scandalize [people]; *iemand van zich ~* repudiate a person; *iemand voor het hoofd ~* offend a person; *zie ook: bezit &*; **III** vr *zich ~* bump against something; *zich aan iemands gedrag ~* be shocked at a person's conduct.

stotend [-tɔnt] pushing, thrusting; fig shocking, offensive.

stotteraar ['stɔtəra:r] m *~ster* [-stər] v stammerer, stutterer.

stotteren [-rə(n)] vt stammer, stutter.

1 stout [stɔut] m & o stout.

2 stout [stɔut] **I** aj **1** (moedig) bold, daring, audacious [behaviour]; sanguine [expectations]; **2** (ondeugend) naughty; **II** ad **1** boldly; **2** naughtily.

stouterd ['stɔutərt] m F naughty child (boy, girl).

stoutheid ['stɔuthɛit] v **1** (moed) boldness, audacity; **2** (ondeugendheid) naughtiness.

stoutmoedig [stɔut'mu.dəx] aj (& ad) bold-(ly), daring(ly), undaunted(ly).

stoutmoedigheid [-hɛit] v courage, daring, boldness.

stouwage [stɔu'va.ʒə] = *stuwage*.

stouwen ['stɔuvə(n)] vt ♻ stow [goods].

stoven ['sto.və(n)] **I** vt stew; **II** vr *zich ~* bask [in the sun].

straal [stra.l] m **1** v **1** ray, beam [of light], gleam, ray [of hope]; flash [of lightning]; **2** spout, jet [of water &]; **3** radius [mv radii] [of a circle].

straalaandrijving ['stra.la.ndrɛivɪŋ] v ✖ jet propulsion; *met ~* jet-propelled.

straalbreking [-bre.kɪŋ] v refraction.

straaljager [-ja.gər] m ✈ jet fighter.

straalmotor [-mo.tɔr] m ✖ jet engine.

straalsgewijs, -gewijze ['stra.lsgəvɛis, -gəvɛizə] radially.

straalturbine ['stra.ltúrbi.nə] v turbojet (engine).

straalvliegtuig [-vli.xtœyx] o jet(-propelled) plane, jet.

straat [stra.t] v **1** (v. stad) street; **2** (zeestraat) straits; *langs de ~ slingeren* knock (gad) about the streets; *op ~* in the street(s); *op ~ lopen* walk (run) about the streets; *op ~ staan* be on the streets; *iemand op ~ zetten* turn one into the street; *hij is niet van de ~ opgeraapt* he was not picked out of the gutter.

straatarm ['stra.tɑrm] very poor, as poor as Job.

straatcollecte [-kɔlɛktə] v street collection.

straatdeur [-dø:r] v street-door, front door.

straatjongen [-jɔŋə(n)] m street-boy, street arab, gutter-snipe.

straatkei [-kɛi] m cobble(-stone).

straatlantaarn, -lantaren [-lɑnta:rən] v street-lamp.

straatlied(je) [-li.t, -li.cə] o street-song, street-ballad.

straatmaker [-ma.kər] m road-maker, paviour.

straatmuzikant [-my.zi.kɑnt] m street-musician.

straatnaam [-na.m] m street-name. [cian.

straatnaambordje [-bɔrcə] o street-sign.

straatorgel ['stra.tɔrgəl] o street-organ, barrel-organ.

straatroof [-ro.f] m street-robbery. [organ.

straatrover [-ro.vər] m street-robber.

straatschender ['stra.tsxɛndər] m street rough, hooligan.

straatschenderij [stra.tsxɛndə'rɛi] v disorderliness in the street(s), hooliganism.

straatslijper [-slɛipər] m street-lounger, loafer.

straatveger ['stra.tfe.gər] m **1** (man) road-sweeper, street-sweeper, scavenger; 2 (ma-chine) road-sweeper, street-sweeper.

straatventer [-fɛntər] m street-vendor, hawker.

straatverlichting [-fərlɪxtɪŋ] v street-lighting.

straatvuil [-fœyl] o street-refuse.

straatweg [-vɛx] m high road.

1 **straf** [straf] v punishment, penalty; ∼ krij-gen be (get) punished; het brengt zijn eigen ∼ mee it carries its own punishment; voor zijn ∼ as a punishment, for punishment, by way of punishment; de ∼ volgt op de zonde punish-ment follows sin.

2 **straf** [straf] I aj severe, stern [looks]; stiff [drink]; strong [tea]; II ad [look] severely, sternly.

strafbaar ['strafbaːr] punishable; penal [of-fences].

strafbepaling [-bəpa.lɪŋ] v penal provision; penalty clause [in contract].

strafexpeditie [-ekspədi.(t)si.] v ✕ punitive ex-pedition.

straffeloos [-lo.s] unpunished, with impunity.

straffeloosheid [strafə'lo.sheit] v impunity.

straffen ['strafə(n)] vt punish; met boete ∼ punish by a fine; met de dood ∼ punish with death.

strafgevangenis ['strafgəvaŋənis] v (convict) prison.

strafheid [-heit] v severity, stiffness.

strafkolonie [-ko.lo.ni.] v penal (convict) settle-ment, penal (convict) colony.

strafmaatregel [-ma.tre.gəl] m punitive meas-ure.

strafmiddel [-mɪdəl] o means of punishment.

strafoefening [-u.fənɪŋ] v execution.

strafport [-port] o & m ℗ additional postage, extra postage, surcharge.

strafpreek [-pre.k] v lecture, F talking-to.

strafpunt [-pʏnt] o sp in: een mededinger 10 ∼en geven penalize a competitor 10 points.

strafrecht [-rext] o criminal law.

strafrechtelijk [straf'rextələk] of criminal law, criminal.

strafrechter ['strafrextər] m criminal judge.

strafregels [-re.gəls] mv ↝ lines.

strafregister [-rəgɪstər] o ₍ℓ₎ police record, criminal record; een schoon ∼ hebben have a clean record.

strafschop [-sxɔp] m sp penalty kick.

strafschopgebied [-gəbi.t] o sp penalty area.

straftijd ['strafteit] m term of imprisonment.

strafwerk [-vɛrk] o ⇆ imposition, detention

strafwet [-vɛt] v penal law. [work.

strafwetboek [-vɛtbu.k] o penal code.

strafwetgeving [-vɛtgə.vɪŋ] v penal legislation.

strafzaak [-sa.k] v criminal case.

strak [strak] I aj tight, taut, stiff; fig fixed [looks], set [face]; een ∼ touw a taut (tight) rope; II ad in: ∼ aanhalen tighten, tauten [a rope]; ∼ aankijken look fixedly at.

strakheid ['strakheit] v tightness, stiffness; fixedness [of his gaze].

strak(je)s [straks, 'strakjəs] I presently, by and by; 2 just now, a little while ago; tot ∼ ! so long!

stralen ['stra.lə(n)] vi beam, shine, radiate²; voor een examen ∼ zie druipen.

stralenkrans [-lə(n)krans] m aureole, nimbus, halo.

straling [-lɪŋ] v radiation.

stralingsgevaar [-lɪŋsgəva.r] o radiation dan-ger.

stram [stram] stiff, rigid.

stramheid ['stramheit] v stiffness, rigidity.

stramien [stra.'mi.n] o canvas.

strand [strant] o beach; (kust) shore; het ∼ (inz. als uitspanningsoord) the sands; op het ∼ lopen run aground; op het ∼ zetten run ashore.

strandboulevard [-bu.ləva:r] m marine parade, sea-front.

stranddief [-di.f] m zie strandjut(ter).

stranden ['strandə(n)] vi strand, run aground; fig come to grief (upon op).

strandjut(ter) ['strantjʏt(ər)] m wrecker, beach-comber.

strandloper [-lo.pər] m ⚥ sanderling.

strandschoenen [-sxu.nə(n)] mv sand-shoes.

strandstoel [-stu.l] m beach chair, (gevloch-tēn) beehive chair.

strateeg [stra.'te.x] m strategist.

strategie [stra.te.'ʒi., -'ʒi.] v strategy, strategics.

strategisch [stra.'te.gi.s] aj (& ad) strategic-(ally).

stratosfeer [stra.to.'sfe:r] v stratosphere.

streefcijfer ['stre.fsɛifər] o target figure, target.

streefdatum [-da.tʏm] m target date.

streek [stre.k] I v stroke [with the pen &]; tract; district, region, part of the country; point [of the compass]; 2 m & v (list, poets) trick; dat is net een ∼ voor hem it is just like him; gekke streken foolish pranks; een gemene (smerige) ∼ a dirty trick; we zul-len hem die streken wel afleren we shall teach him; lange streken maken (bij het schaatsen) skate with long strokes; een ∼ uithalen play a trick; in deze ∼ in this region, in these parts; in de ∼ van de lever in the region of the liver; weer op ∼ komen get into one's stride again; goed op ∼ zijn be in splendid form; morgen zijn we weer op ∼ to-morrow we shall be in the old groove again; een ∼ door de rekening zie streep; hij was helemaal van ∼ he was quite upset; mijn maag is van ∼ my stomach is out of order; dat heeft hem van ∼ gebracht that's what has upset him.

streekplan ['stre.kplan] o regional plan.

streekroman [-ro.man] m regional novel.

streektaal [-ta.l] v dialect.

streep [stre.p] v stripe, streak, stroke, dash, line; A— [gelezen: A ∼] A— A dash; dat was voor hem een ∼ door de rekening there he was out in his calculations; er loopt bij hem een ∼ door he has a tile loose; er maar een ∼ door halen strike it out, cancel it²; de strepen hebben ✕ have got the stripes.

streepje ['stre.pjə] o dash; een ∼ vóór hebben be the favourite.

streepjesgoed [-jəsgu.t] o $ striped material.

strekdam ['strɛkdam] m breakwater.

strekken ['strɛkə(n)] I vi stretch, reach, extend; per ∼de meter per running meter; ∼ om... serve to...; ∼de tot het welslagen van de onder-neming tending (conducive) to the success of the enterprise; zie ook: eer, schande &; II vt stretch, extend; III vr zich ∼ stretch oneself [in the grass &].

strekking [-kɪŋ] v tendency, purport, drift; de ∼ hebbend om... purporting to...; van dezelfde ∼ of the same tenor; in the same vein.

strekspier ['strɛkspi:r] v (ex)tensor.

strelen ['stre.lə(n)] vt stroke, caress; fig flatter; dat streelt zijn eigenliefde it tickles his ego-tism; de zinnen ∼ gratify the senses.

strelend [-lənt] fig flattering.

streling [-lɪŋ] v stroking, caress.

stremmen ['stremə(n)] I vi congeal, coagulate [of blood]; curdle [milk]; II vt I congeal, coagulate; curdle; 2 stop, obstruct, block [the traffic].

stremming [-mɪŋ] v I congelation, coagula-tion; curdling; 2 obstruction, stoppage.

stremsel ['stremsəl] o (v. kaas) rennet.

1 **streng** [strɛŋ] v strand [of rope], skein [of yarn]; trace [for horse].

2 **streng** [strɛŋ] I aj I (in 't alg.) severe [look, discipline, sentence, master, winter &]; 2 (uiterlijk) severe, stern [countenance], aus-

tere [mien]; 3 (opvatting) stern [ruler, treatment, rebuke, virtue, father]; rigid [justice, Catholics]; strict [parents, masters, discipline]; stringent [rules]; austere [morals]; rigorous [winter, execution of the law, definition]; close [examination]; **II** *ad* severely &; strictly [scientific]; closely [guarded].

strengel ['strɛŋəl] *m* strand [of hair].

strengelen ['strɛŋələ(n)] *vt* & *vr* twine, twist [about, round].

strengeling [-lɪŋ] *v* twining, twisting.

strengheid ['strɛŋhɛit] *v* severity, rigour, sternness.

strepen ['stre.pə(n)] *vt* stripe, streak.

streven ['stre.və(n)] **I** *vi* strive; ~ *naar* strive after (for), strain after, aim at, aspire after (to); *er naar* ~ *om...* strive to..., endeavour to...; *op zijde* ~ emulate; **II** *o* in: *zijn* ~ his ambition, his study, his endeavours; *het zal mijn* ~ *zijn om...* it will be my study (my endeavour) to...

striem [stri.m] *v* stripe, wale, weal.

striemen ['stri.mə(n)] *vt* lash[2].

strijd [strɛit] *m* fight, combat, battle, conflict, contest, struggle; contention, ○ strife; *inwendige* ~ inward struggle; *de* ~ *om het bestaan* the struggle for life; *de* ~ *aanbinden met* join issue with; *de* ~ *aanvaarden (met)* accept battle, join issue (with); *dat heeft een zware* ~ *gekost* it has been a hard fight; *de* ~ *opgeven* abandon the contest, F throw up the sponge; ~ *voeren (tegen)* wage war (against); *in* ~ *met de afspraak (met de regels)* contrary to our agreement (the rules); *in* ~ *met de waarheid* at variance with the truth; *die verklaringen zijn met elkaar in* ~ these statements clash; *o m* ~ *boden zij hun diensten aan* they vied with each other as to who should be the first to...; *zich ten* ~*e aangorden* gird oneself for war; *ten* ~*e trekken* go to war; *op, ten* ~*e! on!*

strijdbaar ['strɛitba:r] capable of bearing arms, warlike; *fig* fighting, militant [spirit].

strijdbaarheid [-ba:rhɛit] *v* fighting spirit, militancy.

strijdbijl [-bɛil] *v* battle-axe, broad-axe; *de* ~ *begraven* bury the hatchet.

strijden ['strɛidə(n)] **I** *vi* I fight, combat, battle, struggle, contend, 2 dispute; ~ *met* fight against (with); *fig* clash with, be contrary to...; ~ *tegen* fight against; ~ *voor* fight for; **II** *vt* in: *de goede strijd* ~ fight the good fight.

strijder [-dər] *m* fighter, combatant, warrior.

strijdgewoel [-vu.l] *o* turmoil of battle.

strijdig ['strɛidəx] conflicting[2], *fig* discrepant, contradictory, contrary; ~ *met* contrary to, incompatible with.

strijdigheid [-hɛit] *v* contrariety.

strijdkrachten ['strɛitkraxtə(n)] *mv* armed forces.

strijdkreet [-kre.t] *m* war-cry, war-whoop, slogan.

strijdleus, -leuze [-lø.s, -lø.zə] *v* battle-cry; zie ook: *strijdkreet.*

strijdlust [-lʏst] *m* combativeness, pugnacity.

strijdlustig [strɛit'lʏstəx] combative, pugnacious, militant.

strijdmakker ['strɛitmakər] *m* comrade in arms.

strijdmiddel [-mɪdəl] *o* weapon.

strijdperk [-pɛrk] *o* lists, arena; *in het* ~ *treden* enter the lists.

strijdvaardig [strɛit'fa:rdəx] ready to fight.

strijdvaardigheid [-hɛit] *v* readiness to fight.

strijdvraag ['strɛitfra.x] *v* question at issue, issue.

strijk [strɛik] in: ~ *en zet* every moment, again and again; invariably [at 7 o'clock].

strijkage [strɛi'ka.ʒə] *v* bow; ~*s maken* make bow and scrape (to *voor*).

strijkbout ['strɛikbɔut] *m* heater.

strijkconcert [-kɔnsɛrt] *o* concert for strings.

strijken ['strɛikə(n)] **I** *vi* in: ~ *langs...*, brush past...; skim [the water]; *hij is met alle koopjes (prijzen) gaan* ~ he has snapped up all the bargains, the prizes were all scooped up by him; *hij is met de winst gaan* ~ he has scooped up the profits; *wij hebben gekaart, hij is alweer met de winst gaan* ~ he has swept the board; *de wind streek over de velden* the wind swept the fields; *hij streek met de hand over het voorhoofd* he passed his hand across his brow; **II** *va* iron; **III** *vt* smooth [cloth]; iron [linen]; stroke [with the hand]; *een boot* ~ ⚓ lower (get out) a boat; *de vlag* ~ strike the flag (one's colours); zie ook: *riem* & *vlag*; *een zeil* ~ ⚓ lower a sail; *de zeilen* ~ ⚓ strike sail; *het haar naar achteren* ~ smooth back one's hair; *hij streek haar onder de kin* he chucked her under the chin; *kalk op een muur* ~ spread plaster on a wall; *kreukels uit het papier* ~ smooth out creases; *hij streek de ring van zijn vinger* he slipped the ring off his finger.

strijker [-kər] *m* in: *de* ~*s* ♪ the strings.

strijkgoed ['strɛikgu.t] *o* linen (clothes) to be ironed.

strijkijzer [-ɛizər] *o* flat-iron, iron; *elektrisch* ~ electric iron.

strijkinstrument [-ɪnstry.mɛnt] *o* ♪ stringed instrument; *voor* ~*en* ook: for strings.

strijkje [-jə] *o* ♪ F string-band.

strijkkwartet [-kvartɛt] *o* ♪ string(ed) quartet(te).

strijkmuziek ['strɛikmy.zi.k] *v* ♪ string-music.

strijkorkest [-ɔrkɛst] *o* ♪ string-orchestra, string-band.

strijkplank [-plaŋk] *v* ironing-board.

strijkster [-stər] *v* ironer.

strijkstok [-stɔk] *m* I ♪ bow, fiddlestick; 2 (bij maten) strickle, strike; *er blijft heel wat aan maat- en* ~ *hangen* much sticks to the fingers [of the officials].

strik [strɪk] *m* I (om te vangen) snare[2], noose, gin, springe [to catch birds†]; 2 (op japon & van lint) knot, bow, favour; 3 (dasje) bow(-tie); *een* ~ *maken* make a knot; ~*ken spannen* lay snares[2]; *iemand een* ~ *spannen* lay a snare for a person; *in zijn eigen* ~ *gevangen raken* be caught in one's own trap; *hij haalde bijtijds zijn hoofd uit de* ~ he got his head out of the noose in time.

strikdas ['strɪkdas] *v* bow(-tie).

strikje [-jə] *o* bow; *(allerlei)* ~*s en kwikjes* gewgaws, fal-lals.

strikken ['strɪka(n)] *vt* I tie; 2 (vangen) snare[2] [birds, gullible people].

strikt [strɪkt] **I** *aj* strict, precise, rigorous; **II** *ad* strictly; ~ *genomen* strictly speaking.

striktheid ['strɪktheit] *v* strictness, precision.

strikvraag ['strɪkfra.x] *v* catch.

stripverhaal ['strɪpfərha.l] *o* (picture, comic) strip.

stro [stro.] *o* straw. [strip.

stroachtig ['stro.axtəx] strawy.

strobloem [-blu.m] *v* ⚘ immortelle.

strobos [-bòs] *m* bundle of straw.

strodak [-dak] *o* thatched roof.

strodekker [-dekər] *m* thatcher.

stroef [stru.f] **I** *aj* stiff[2] [hinge, piston & translation]; harsh [features]; stern [countenance]; jerky [verse]; **II** *ad* stiffly[2].

strofe ['stro.fə] *v* strophe.

strofisch [-fi.s] strophic.

strogeel ['stro.ge.l] straw-yellow, straw-coloured.

strohalm [-halm] *m* straw; *zich aan een* ~ *vasthouden* catch at a straw.

strohoed [-hu.t] *m* straw hat, F straw.

strokarton [-kartòn] *o* straw-board.

stroken ['stro.ka(n)] *vi* in: ~ *met* be in keeping with.

stroman [-mɑn] *m* man of straw, dummy.

stromatras [-ma.trɑs] *v* & *o* straw mattress.

stromen ['stro.mə(n)] *vi* stream, flow; ~ *naar* flock to [*fig*]; *het stroomt er naar toe* they are flocking to the place; *de tranen stroomden haar over de wangen* the tears streamed down her cheeks.

stromend [-mənt] streaming [rain], running [water].

stroming [-mɪŋ] *v* current[2], *fig* trend.

strompelen ['stròmpələ(n)] *vi* stumble, hobble, totter.

stronk [strɔŋk] *m* 1 (v. boom) stump, stub; 2 (v. kool) stalk; 3 (v. andijvie) head.

strooibiljet ['stro:ibɪljɛt] *o* handbill, leaflet.

1 **strooien** ['stro.jə(n)] *aj* straw; *een* ~ *hoed* a straw hat.

2 **strooien** ['stro.jə(n)] I *vt* strew, scatter [things], sprinkle [salt], dredge [sugar &]; II *va* throw [nuts, apples &] to be scrambled for [on St. Nicholas' Eve].

strooier [-jər] *m* (voorwerp) dredger, sprinkler, castor.

strooisel ['stro:isəl] *o* litter; *chocolade* ~ powdered chocolate.

strook [stro.k] *v* strip [of cloth, paper, territory]; slip [of paper]; band, flounce [of a dress]; counterfoil [of receipt &]; label [indicating address]; ‡ tape [of recording telegraph].

stroom [stro.m] *m* 1 (het stromen) stream[2], current [of a river]; 2 ⚡ current; 3 (rivier) stream, river; 4 *fig* flow [of words]; *een* ~ *van mensen* (tranen) a stream of people (tears); *de* ~ *van zijn welsprekendheid* the tide of his eloquence; *bij stromen* in streams, in torrents; *met de* ~ *meegaan* go with the stream; *onder* ~ ⚡ live [wire], charged; *niet onder* ~ ⚡ dead; *op* ~ *liggen* ⚓ be in mid-stream; *tegen de* ~ *inroeien* row against the stream; *vele gezinnen zaten zonder* ~ many homes were without power.

stroomaf(waarts) [-'ɑf(va:rts)] down the river, downstream.

stroomgebied [-gəbi.t] *o* (river-)basin.

stroomkring [-krɪŋ] *m* ⚡ circuit.

stroomlevering [-le.vərɪŋ] *v* ⚡ current supply.

stroomlijn [-lɛin] *v* streamline.

stroomlijnen [-lɛinə(n)] *vt* streamline.

stroomop(waarts) [stro.m'òp(va:rts)] up the river, upstream.

stroomsterkte [-stɛrktə] *v* ⚡ strength of current.

stroomverbruik [-vərbrœyk] *o* ⚡ consumption of current, current consumption.

stroomversnelling [-vərsnɛlɪŋ] *v* rapid.

stroomwisselaar [-vɪsəla:r] *m* ⚡ commutator.

stroop [stro.p] *v* 1 treacle [made of beetroot]; 2 syrup [of fruits]; *iemand* ~ *om de mond smeren* zie *honi(n)g.*

stroopkwast [-kvɑst] *m* in: *met de* ~ *lopen* butter up people.

strooplikken [-lɪkə(n)] *vi* F toady.

strooplikker [-lɪkər] *m* F lickspittle, toady.

stroopikkerij [stro.plɪka'rɛi] *v* F toadyism.

strooppot ['stro.pɔt] *m* treacle-pot; *met de* ~ *lopen* butter up people.

strooptocht ['stro.tɔxt] *m* predatory incursion, raid.

strootje ['stro.cə] *o* 1 straw; 2 *Ind* straw cigarette; ~ *trekken* draw straws; *over een* ~ *vallen* stumble at a straw.

strop [strɔp] *m* & *v* 1 (om iemand op te hangen) halter, rope; 2 (voor wild) snare; 3 (aan laars) strap; 4 ⚓ strop; 5 (strop-

das) stock; *een* ~ *van een jongen* a (little) rascal; *daar heb ik een* ~ *aan* S I am out of pocket by the transaction; *dat is een* ~ S (geldelijk nadeel) it is a bad bargain; ('n tegenvaller) bad luck!; *iemand de* ~ *om de hals doen* put the halter round a man's neck; *hij werd veroordeeld tot de* ~ he was condemned to be hanged, he was sentenced to death by hanging.

stropapier ['stro.pa.pi:r] *o* straw-paper.

stropdas ['strɔpdɑs] *v* 1 (ouderwets) stock; 2 (zelfbinder) knotted tie.

stropen ['stro.pə(n)] I *vi* (v. wilddieven) poach; 2 (v. andere dieven) maraud, pillage; II *vt* 1 strip [a branch of its leaves, a tree of its bark]; skin [an eel, a hare]; 2 poach [game].

stroper [-pər] *m* 1 poacher [of game]; 2 marauder.

stroperij [stro.pə'rɛi] *v* 1 poaching [of game]; 2 marauding.

stropop ['stro.pòp] *v* zie *stroman.*

strot [strɔt] *m* & *v* throat; *hij heeft zich de* ~ *afgesneden* he has cut his throat; *alles door de* ~ *jagen* eat oneself out of hearth and home.

strottehoofd ['strɔtəho.ft] *o* larynx.

strovuurtje ['stro.vy:rcə] *o* straw fire.

strozak [-zɑk] *m* straw mattress.

strubbeling ['strûbəlɪŋ] *v* difficulty, trouble; *dat zal ~en geven* there will be trouble.

structuur [strûk'ty:r] *v* 1 structure [of organism]; texture[2] [of skin, a rock, a literary work].

struif [strœyf] *v* omelet(te).

struik [strœyk] *m* bush, shrub.

struikelblok ['strœykəlblɔk] *o* stumbling-block, obstacle.

struikelen [-kələ(n)] *vi* stumble, trip[2]; *wij* ~ *allen wel eens* we are all apt to trip; ~ *over een steen* be tripped up by a stone; ~ *over zijn eigen woorden* stumble over one's own words; *iemand doen* ~ trip one up[2].

struikgewas ['strœykgəvɑs] *o* shrubs, bushes, brushwood, scrub.

struikhei(de) [-hɛi(də)] *v* ⚘ ling.

struikrover [-ro.vər] *m* highwayman.

struikroverij [strœykro.və'rɛi] *v* highway robbery.

1 **struis** [strœys] *v* ceruse, white lead.

2 **struis** [strœys] *m* ⚘ zie *struisvogel.*

struisveer ['strœysfe:r] *v* ostrich feather, ostrich plume.

struisvogel [-fo.gəl] *m* ⚘ ostrich.

strychnine [strɪx'ni.nə] *v* strychnine.

stuc [sty.k] *o* stucco.

studeerkamer [sty.'de:rka.mər] *v* study.

studeerlamp [-lɑmp] *v* reading-lamp.

studeervertrek [-vərtrɛk] *o* zie *studeerkamer.*

student [sty.'dɛnt] *m* student, undergraduate.

studentencorps [sty.'dɛntə(n)kɔ:r] *o* corporation of students.

studentenhaver [-ha.vər] *v* S almonds and raisins.

studentenjaren [-ja:rə(n)] *mv* college years.

studentenkorps [-kɔ:r] = *studentencorps.*

studentenleven [-le.və(n)] *o* college life.

studentensociëteit [-so.si.tɛit] *v* students' club.

studentikoos [sty.dɛnti.'ko.s] student-like.

studeren [sty.'de:rə(n)] *vi* 1 study; read [for an examination, a degree]; be at college; 2 ♪ practise; *heeft hij aan de universiteit gestudeerd?* is he a University man?; *wij kunnen hem niet laten* ~ we cannot send him to college; (*in*) *talen* ~ study languages; *in de rechten* (*wiskunde &*) ~ study law (mathematics &); *erop* ~ *om...* study to...; *op de piano* ~ practise the piano.

studie ['sty.di.] *v* 1 (in 't alg.) study [also in

painting & ♪]; 2 ⟷ preparation [of lessons]; ~ maken van make a study of...; in ~ nemen study [a proposal]; put [a play] in rehearsal; op ~ zijn ⟷ be at college (at school); een man van ~ a man of studious habits, a student.

studiebeurs [-bø:rs] *v* scholarship, exhibition.
studieboek [-bu.k] *o* text-book.
studiefonds [-fònts] *o* foundation.
studiejaar [-ja:r] *o* year of study; *ik ben in het eerste ~* I am in the first standard (form).
studiekop [-kɔp] *m* 1 [painter's] study of a head; 2 head for learning.
studiekosten [-kɔstə(n)] *mv* college expenses.
studiereis [-rεis] *v* study tour.
studietijd [-tεit] *m* years of study, college days.
studio ['sty.di.o.] *m* studio.
stuf [stüf] *o* ⟷ (india-)rubber, [ink-]eraser.

stug [stüx] I *aj* 1 stiff; 2 surly; II *ad* 1 stiffly; 2 surlily.
stugheid ['stüxhεit] *v* 1 stiffness; 2 surliness.
stuifmeel ['stœyfme.l] *o* ⚘ pollen.
stuifzand [-sɑnt] *o* drift sand.
stuifzwam [-svɑm] *v* ⚘ puff-ball.
stuip [stœyp] *v* convulsion, fit; *fig* whim; *~en* fits of infants; *zich een ~ lachen* be convulsed with laughter; *iemand de ~en op het lijf jagen* give a person a fit.
stuipachtig ['stœypɑxtəx] convulsive.
stuiptrekken [-trεkə(n)] *vi* be (lie) in convulsions.
stuiptrekkend [-kɑnt] convulsive.
stuiptrekking [-kiŋ] *v* convulsion, twitching.
stuit(been) ['stœyt(bε.n)] *v* (*o*) coccyx.
stuiten ['stœytə(n)] I *vt* 1 stop, check, arrest, stem; 2 *fig* shock, offend; *het stuit me (tegen de borst)* it goes against the grain with me; II *vi* bounce [of a ball]; ~ *op moeilijkheden* meet with difficulties; ~ *tegen een muur* strike a wall.
stuitend [-tɑnt] *aj* (& *ad*) offensive(ly), shocking(ly).
stuiter [-tər] *m* big marble, taw.
stuiven ['stœyvə(n)] *vi* fly about; dash; *het stuift* there is a dust; *hij stoof de kamer in* he dashed into the room; *hij stoof de kamer uit* he ran out of the room.
stuiver ['stœyvər] *m* penny; ⚒ stiver; *ik heb geen ~* I have not got a stiver; *hij heeft een aardige (mooie) ~ verdiend* he has earned a pretty penny; zie ook: *stuivertje*.
stuiverstuk [-stük] *o* penny.
stuivertje [-cə] *o* penny; ~ *wisselen* (play) puss in the corner.

stuk [stük] I *o* 1 (v. geheel) piece, part, fragment; 2 (lap) piece; 3 (vuurmond) gun, piece (of ordnance); 4 (schaakstuk) piece, (chess-)man; 5 (damschijf) (draughts)man; 6 (schriftstuk) paper, document; article [in a periodical]; $ security; 7 (toneelstuk) play, piece; 8 (schilderstuk) piece, picture; 9 (aantal) head [of cattle]; *ingezonden ~* zie *ingezonden*; *een stout ~* a bold feat; *een ~ artiest* a bit of an artist; *een ~ neef van me* F a sort of cousin of mine; *vijftig ~s* fifty; *vijftig ~s vee* fifty head of cattle; *een mooi ~ werk* a fine piece of work; *een ~ wijn* a piece of wine; *een ~ zeep* a piece (a cake) of soap; *vijf gulden het ~* five guilders apiece; five guilders each; *een ~ of vijf (tien)* four or five; nine or ten; *~ken en brokken* odds and ends; *een ~ in hebben (in zijn kraag)* F be in one's cups; *zijn ~ken inzenden* send in one's papers; *aan één ~* of one piece; *uren aan één ~ (door)* for hours at a stretch, on end; *aan het ~* in the piece; *aan ~ken breken (scheuren &)* break (tear) to pieces; *bij ~en en brokken* piecemeal, bit by bit, piece by piece; *in één ~ dóór* at a stretch; *het schip sloeg in*

~ken was dashed to pieces; *op ~ werken* work by the piece; *op geen ~ken na* not by a long way; *het is op geen ~ken na genoeg om te...* it is nothing like enough to...; *op het ~ van politiek* in point of (in the matter of) politics; *op ~ van zaken* after all; when it came to the point; *op zijn ~ blijven staan* keep (stick) to one's point; *zoveel per ~* so much apiece, each; *per ~ verkopen* sell by the piece (singly, in ones); *uit één ~* of one piece; *hij is een man uit één ~* he is a plain, downright fellow; *iemand van zijn ~ brengen* upset a person; *van zijn ~ raken* be upset; *hij is klein van ~* he is of a small stature, short of stature; ~ *voor* ~ one by one; II *aj* broken; out of order, in pieces, gone to pieces.
stukadoor [sty.ka.'do:r] *m* plasterer, stuccoworker.
stukadoorswerk [-'do:rsvεrk] *o* plastering, stucco(-work).
stukadoren [-'do:rə(n)] I *vt* plaster, stucco; II *vi* & *va* work in plaster.
stukbreken ['stükbre.kə(n)] *vt* break [it] to pieces.
stukgaan [-ga.n] *vi* break, go to pieces.
stukgoederen [-gu.darə(n)] *mv* 1 $ [textile] piece-goods; 2 ⚓ (lading) general cargo.
stukgooien [-go.ja(n)] *vt* smash.
stukje [-jə] *o* bit; *een kranig ~* a fine feat; *bij ~s en beetjes* bit by bit; zie ook: *stuk* I.
stukloon [-lo.n] *o* piece-wage.
stukmaken [-ma.kə(n)] *vt* break, smash.
stukscheuren [-sxə:rə(n)] *vt* tear to pieces, tear up.
stuksgewijs, -gewijze [stüksgə'vεis, -'vεizə] piecemeal.
stukslaan ['stüksla.n] *vt* smash, knock to pieces; *geld ~* make the money fly.
stukvallen [-fɑlə(n)] *vi* fall to pieces.
stukwerk [-vεrk] *o* piece-work.
stukwerker [-vεrkər] *m* piece-worker.
stulp [stülp] *v* hut, hovel; zie ook: *stolp*.
stumperd ['stümpərt] *m* bungler; *arme ~!* poor wretch; poor thing.
stumperig [-pərəx] *aj* (& *ad*) 1 bungling(ly); 2 wretched(ly).
stuntelig ['stüntələx] I *aj* clumsy; II *ad* clumsily.
sturen ['sty.rə(n)] I *vt* 1 (zenden) send; 2 (besturen) steer [a ship, a motor-car], drive [a car]; *iemand om iets ~* send one for it; II *vi* & *va* ⚓ steer; drive; *wij stuurden naar Engeland* we steered (our course) for England; *om de dokter ~* send for the doctor; *ik zal er om ~* I'll send for it.
stut [stüt] *m* prop, support[2], stay[2].
stutten ['stütə(n)] *vt* prop, prop up, shore (up), support, buttress up, underpin[2].
stuur [sty:r] *o* 1 helm, rudder [of a ship]; 2 handle-bar [of a bicycle]; 3 wheel [of a motor-car]; *links (rechts) ~* ⊷ left-hand (right-hand) drive.
stuuras ['sty:rɑs] *v* ⚙ steering shaft.
stuurboord [-bo:rt] *o* ⚓ starboard; zie ook: *bakboord*.
stuurhut [-hüt] *v* ⚙ cockpit.
stuurinrichting [-ɪnrɪxtɪŋ] *v* steering-gear.
stuurloos [-lo.s] out of control.
stuurman [-mɑn] *m* ⚓ 1 steersman, mate [chief, second]; man at the helm; 2 coxswain [of a boat]; *de beste stuurlui staan aan wal* bachelors' wives and maidens' children are well taught.
stuurmanskunst [-mɑnskünst] *v* (art of) navigation.
stuurrad ['sty:rɑt] *o* steering-wheel.
stuurreep [-re.p] *m* ⚙ tiller-rope, wheel-rope.
stuurs [sty:rs] surly, sour.
stuursheid ['sty:rshεit] *v* surliness, sourness.

stuurstang ['sty:rstɑŋ] v ɪ (v. fiets) handle-
bar; 2 ⬤ drag link; 3 ⅗ Ⓢ joy-stick.
stuurstoel [-stu.l] m ɪ ↧ stern-sheets; 2 ⅗
pilot's seat.
stuw [sty:u] m weir, dam, barrage.
stuwadoor [sty.va.'do:r] m ↧ stevedore.
stuwage [-'va.ʒə] v ↧ stowage.
stuwdam ['sty:udɑm] m zie stuw.
stuwen ['sty.və(n)] vt ɪ ↧ stow [the cargo]; 2
(voortbewegen) propel; 3 (tegenhouden) dam up [the water].
stuwer [-vər] m ↧ stower, stevedore.
stuwkracht ['sty:ukrɑxt] v propulsive (im-
pulsive) force; fig driving power.
Styx [stiks] m Styx; van de ~ Stygian.
subagent ['sũpa.gɛnt] m sub-agent.
subaltern [sy.bɑl'tɛrn] subaltern.
subcommissie ['sũpkòmisi.] v subcommittee.
subcontinent [-kònti.nɛnt] o subcontinent.
subiet [sy.'bi.t] I aj sudden; II ad suddenly; at
once.
subject ['sũbjɛkt] o subject.
subjectief [sũbjɛk'ti.f] aj (& ad) subjective(ly).
subjectiviteit [-ti.vi.'teit] v subjectivity.
subliem [sy.'bli.m] sublime.
sublimaat [-bli.'ma.t] o sublimate.
sublimeren [-bli.'me:rə(n)] vt sublimate.
subsidiair [sũpsi.di.'ɛ:r] in the alternative, with
the alternative of.
subsidie [sũp'si.di.] v & o subsidy, subvention
grant.
subsidiëren [-si.di.'e:rə(n)] vt subsidize.
subsidiëring [-rɪŋ] v subsidization.
subsoon ['sũpso.n] subsonic.
substantie [sũp'stan(t)si.] v substance.
substantief ['sũpstɑnti.f] o substantive, noun.
substitueren [sũpsti.ty.'e:rə(n)] vt substitute.
substitutie [-'ty.(t)si.] v substitution.
substituut [-'ty.t] m substitute; ⚖ Deputy
Prosecutor; ~-griffier ⚖ Deputy Clerk.
subtiel [sũp'ti.l] subtle.
subtiliteit [-ti.li.'teit] v subtlety.
subtropen ['sũptro.pə(n)] mv subtropics.
subtropisch [sũp'tro.pi.s] subtropical.
succes [sũk'sɛs] o success; veel ~! good luck!;
~ hebben score a success, be successful; geen
~ hebben meet with no success, be unsuccessful, fail, fall flat; veel ~ hebben score a great
success, be a great success; met ~ with good
success, successfully.
successnummer [-nũmər] o hit.
successie [sũk'sɛsi.] v succession.
successief [sũksɛ'si.f] successive.
successieoorlog [sũk'sɛsi.o:rlɔx] m war of succession.
successierechten [-rɛxtə(n)] mv death duties.
successievelijk [sũksɛ'si.vəlᵊk] successively.
successtuk [sũk'sɛstũk] o hit.
succesvol [-'sɛsfòl] aj (& ad) successful(ly).
sudderen ['sũdərə(n)] vi simmer; laten ~ sim-
suède [sy.'ɛ.də] o & v suède. [mer.
Suez ['sy.ɛs] o Suez; ~kanaal Suez Canal.
suf [sũf] dazed [in the head]; muzzy [look];
dull, sleepy [boys].
suffen ['sũfə(n)] vi dote; (soezen) doze; zit je
daar te ~? are your wits wool-gathering?
suffer(d) [-fər(t)] m dotard; fig duffer, muff,
dullard.
sufferig [-fərəx] doting.
sufheid ['sũfheit] v dullness.
suggereren [sũgə're:rə(n)] vt suggest [some-
thing].
suggestie [-'gɛsti.] v suggestion.
suggestief [-gɛs'ti.f] aj (& ad) suggestive(ly).
suiker ['sœykər] m sugar; gesponnen ~ candy
suikerachtig [-ɑxtəx] sugary. [floss.
suikerbakker [-bɑkər] m confectioner.
suikerbeet, -biet [-be.t, -bi.t] v ⚘ sugar-beet.
suikerboon [-bo.n] v ɪ ⚘ French bean; 2

(snoep) sugar-plum.
suikerbrood [-bro.t] o sugar-loaf.
suikercultuur [-kũlty:r] v sugar-culture.
suikerfabriek [-fa.bri.k] v sugar factory.
suikergehalte [-gəhɑltə] o sugar content.
suikergoed [-gu.t] o confectionery, sweetmeats.
suikerlepeltje ['sœykɑrle.pɔlcə] o sugar-spoon.
suikeroogst [-o.xst] m sugar-crop.
suikeroom [-o.m] m F rich uncle, zie ook: erfoom.
suikerplantage [-plɑnta.ʒə] v sugar-plantation,
sugar-estate.
suikerpot [-pɔt] m sugar-basin.
suikerraffinaderij [-rɑfi.na.dɑrei] v sugar-
refinery.
suikerriet ['sœykɑri.t] o sugar-cane.
suikerspin [-spɪn] v candy floss.
suikerstrooier [-stro.jɑr] m sugar-caster.
suikertante [-tɑntə] v F rich aunt, zie ook: erf-
suikertje [-cə] o sugar-plum. [tante.
suikerwater [-va.tər] o sugar and water.
suikerziekte [-zi.ktə] v diabetes; lijder aan ~
diabetic.
suikerzoet [-zu.t] as sweet as sugar; sugary[2].
suite ['svi.tə] v ɪ suite of rooms; 2 ◇ sequence
[of cards]; 3 ♪ suite.
suizebollen ['sœyzəbolə(n)] vi in: de klap deed
hem ~ the blow made his head reel.
suizelen [-lə(n)] vi rustle [of trees].
suizeling [-lɪŋ] v rustling.
suizen ['sœyzə(n)] vi buzz, sough; sing, ring,
tingle [of ears]; whisk (along, past &) [of
motor-cars].
suizing [-zɪŋ] v buzzing, tingling; ~ in de oren
singing (ringing) in the ears.
suja! ['sy.ja.] hush!
sujet [sy.'ʒɛt] o individual, person, fellow; een
gemeen ~ a scalawag, a mean fellow.
sukade [sy.'ka.də] v candied peel.
sukkel ['sũkəl] ɪ m crock; 2 v poor soul; aan
de ~ zijn be ailing; arme ~! poor wretch!
sukkelaar [-kəla:r] m ɪ (t. o. v. gezondheid)
valetudinarian; 2 zie sukkel.
sukkeldraf ['sũkɑldrɑf] m in: op een ~je at a
jog-trot.
sukkelen [-kələ(n)] vi ɪ be ailing; 2 (lopen)
jog; hij was al lang aan het ~ he had been in
indifferent health for a long time; hij sukkelde
achter zijn vader aan he pottered in his
father's wake; ~ met zijn been suffer from
his leg; die jongen sukkelt met rekenen that
boy is weak in arithmetic.
sukkelend [-kələnt] ailing.
sukkelgangetje [-kɑlgɑŋəcə] o jog-trot; het
gaat zo'n ~ we are jogging along.
sul [sũl] o noodle, muff, simpleton, dunce,
dolt, ninny, softy, juggins, flat.
sulfaat [sũl'fa.t] o sulphate.
sulfer ['sũlfər] o & m sulphur, brimstone.
sullig [-sũlɑx] soft, goody-goody.
sultan ['sũltɑn] m sultan.
sultanaat [sũltɑ.'na.t] o sultanate.
sultane [sũl'ta.nə] v sultana, sultaness.
sumak [sy.'mɑk] m sumac(h).
superfosfaat [-fɔsfa.t] o superphosphate.
superieur [sy.pe:ri.'ø:r] I aj superior; II m
superior; ~e v Mother Superior [of a con-
vent]; zijn ~en his superiors.
superioriteit [-o:ri.'teit] v superiority.
superlatief ['sy.pɛrla.ti.f] m superlative.
supersonisch [sy.pɛr'so.ni.s] supersonic.
supplement [sũplə'mɛnt] o supplement.
suppleren [sũ'ple:rə(n)] vt supplement, make
up the deficiency.
suppletie [-'ple.(t)si.] v supplementary payment; completion.
suppletoir, suppletoor [-ple.'to:r] in: ~e begroting supplementary estimates.

suppoost [sŭ'po.st] *m* 1 door-keeper, usher; attendant [of a museum]; 2 (v. gevangenis) turnkey, warder.
supporter [sŭ'portǝr] *m sp* supporter.
suprematie [sy.pre.ma.'(t)si.] *v* supremacy.
Surinaams [sy:ri.'na.ms] Surinam.
Suriname [-'na.mǝ] *o* Surinam.
surnumerair [sy:rny.mǝ'rɛ:r] *m* supernumerary.
surplus [sy:r'ply.s] *o* surplus, excess; $ margin, cover.
surprise [sy:r'pri.zǝ] *v* 1 surprise; 2 surprise packet &.
surrogaat [sŭro.'ga.t] *o* substitute.
surséance [sy:rse.'ansǝ] *v* delay; ~ *van betaling* $ letter of licence.
surveillance [-vɛi'ansǝ] *v* surveillance, supervision; (bij examen) invigilation.
surveillant [-'ant] *m* 1 overseer; 2 ⟨ master on duty; (bij examen) invigilator.
surveilleren [-'e:rǝ(n)] I *vt* keep an eye on, watch (over) [boys, students]; II *va* be on duty; (bij examen) invigilate.
sussen ['sŭsǝ(n)] *vt* hush [a child], soothe [a person]; *fig* bush up [an affair], pacify [one's
Suzanna [sy.'zɑna.] *v* Susanna.   [conscience].
suzerein [sy.zǝ'rein] *m* suzerain.
suzereiniteit [-reini.'teit] *v* suzerainty.
swastika ['svɑsti.ka.] *v* swastika, fylfot.
syllabe [si.'la.bǝ] *v* syllable.
syllabus ['sila.bŭs] *m* syllabus.
symboliek [simbo.'li.k] *v* symbolism.
symbolisch [-'bo.li.s] I *aj* symbolic(al); ~*e betaling* token payment; II *ad* symbolically.
symboliseren [-bo.li.'ze:rǝ(n)] *vt* symbolize.
symbolisme [-bo.'lismǝ] *o* symbolism.
symbool [-'bo.l] *o* symbol, emblem.
symfonie [simfo.'ni.] *v ♪* symphony.
symfonieorkest [-ɔrkɛst] *o ♪* symphony orchestra.
symfonisch [sim'fo.ni.s] *♪* symphonic.
symmetrie [sime.'tri.] *v* symmetry.
symmetrisch [-'me.tri.s] *aj* (& *ad*) symmetric(ally).
sympathie [simpa.'ti.] *v* fellow-feeling; sympathy (with *voor*); ~*ën en antipathieën* ook: likes and dislikes.
sympathiek [-'ti.k] I *aj* congenial [surroundings]; F likable [fellow], nice [man], attractive [woman]; engaging [trait]; soms: sympathetic; II *ad* sympathetically.
sympathiseren, sympathizeren [-ti.'ze:rǝ(n)] *vi* sympathize; ~ *met* sympathize with, be in sympathy with.
symptoom [-'to.m] *o* symptom.
synagoge, synagoog [si.na.'go.gǝ, -'go.x] *v* synagogue.
synchronisatie [sɪngro.ni.'za.(t)si.] *v* synchronization.
synchroniseren [-'ze:rǝ(n)] *vt* synchronize.
synchroon [sɪn'gro.n] synchronous.
syncoperen [sɪnko.'pe:rǝ(n)] *vt ♪* syncopate.
syndicaat, syndikaat [sɪndi.'ka.t] *o* syndicate, pool.
syndroom [-'dro.m] *o ⚕* syndrome.
synkroniseren [-'ze:rǝ(n)] = *synchroniseren.*
synoniem [si.no.'ni.m] *aj* (& *ad*) synonymous(ly); II *o* synonym.
syntaxis [sin'tɑksis] *v* syntax.
synthese [sin'te.zǝ] *v* synthesis.
synthetisch [-'te.ti.s] I *aj* synthetic [rubber, food &]; II *ad* synthetically.
Syrië ['si:ri.ǝ] *o* Syria.
Syriër ['si:ri.ǝr] *m* Syrian.
Syrisch ['si:ri.s] I *aj* Syrian; II *o* Syriac.
systeem [si.'ste.m] *o* system.
systematisch [si.ste.'ma.ti.s] *aj* (& *ad*) systematic(ally).
systematiseren, systematizeren [-ma.ti.'ze:rǝ(n)] *vt* systematize.

T

taai [ta:i] tough [beefsteak, steel, clay &]; *fig* tough [fellow], tenacious [memory], dogged [determination]; (saai) dull; *het is een* ~ *boek* it is dull reading; *hij is* ~ 1 he is a wiry fellow; 2 he is a tough customer; *hou je* ~! 1 keep hearty!; 2 bear up!, never say die!; *een* ~ *gestel* a tough constitution; *het is een* ~ *werkje* it is a dull job; *zo* ~ *als leer* as tough as leather.
taaiheid ['ta:iheit] *v* toughness; wiriness; *fig* tenacity.
taaitaai [ta:i'ta:i] *m* & *o* tough gingerbread.
taak [ta.k] *v* task; *een* ~ *opleggen* (*opgeven*) set [a man] a task; *zich iets tot* ~ *stellen* zie *stellen* II.
taakomschrijving ['ta.kòms(x)rɛiviŋ] *v* terms of reference.
taal [ta.l] *v* language, speech, tongue; ~ *noch teken* neither word nor sign; *hij gaf* ~ *noch teken* he neither spoke nor moved; *zonder* ~ *of teken te geven* ·without (either) word or sign; *wel ter tale zijn* be a fluent speaker.
taalboek ['ta.lbu.k] *o* language-book, grammar.
taaleigen [-ɛigǝ(n)] *o* idiom.
taalfout [-fout] *v* mistake against the language.
taalgebruik [-gǝbrœyk] *o* usage.
taalgeleerde [-gǝle:rdǝ] *m* philologist, linguist.
taalgevoel [-gǝvu.l] *o* language-sense.
taalgrens [-grɛns] *v* language boundary.
taalkenner [-kɛnǝr] *m* linguist, philologist.
taalkunde [-kŭndǝ] *v* knowledge of languages, philology.
taalkundig [-dǝx] I *aj* grammatical, philological; ~*e ontleding* parsing; II *ad* in: ~ *juist* grammatically correct; ~ *ontleden* parse.
taalkundige [ta.l'kŭndǝgǝ] *m* linguist, philologist.
taaloefening ['ta.lu.fǝniŋ] *v* grammatical exercise.
taalonderwijs [-òndǝrʋeis] *o* language teaching.
taalregel [-re.gǝl] *m* grammatical rule.
taalschat [-sxɑt] *m* vocabulary.
taalstrijd [-streit] *m* language struggle.
taalstudie [-sty.di.] *v* study of language(s).
taaltje [-cǝ] *o* F lingo, jargon, gibberish.
taalwet [-ʋɛt] *v* linguistic law.
taalwetenschap [-ʋe.tǝnsxɑp] *v* science of language, linguistics, philology.
taalzuiveraar [-zœyvǝra:r] *m* purist.
taalzuivering [-riŋ] *v* purism.
taan [ta.n] *v* tan.   [colour.
taankleur ['ta.nklø:r] *v* tan-colour, tawny
taankleurig [-klø:rǝx] tan-coloured, tawny.
taart [ta.rt] *v* cake, tart.
taartenbakker ['ta:rtǝ(n)bɑkǝr] *m* confectioner.
taart(e)schaal ['ta:rt(ǝ)sxa.l] *v* tart-dish.
taart(e)schep [-(ǝ)sxɛp] *v* tart-server.
taartje ['ta:rcǝ] *o* pastry, tartlet; ~*s* ook: fancy pastry.
tabak [ta.'bɑk] *m* tobacco.   [tax.
tabaksbelasting [ta.'bɑksbǝlɑstiŋ] *v* tobacco
tabaksblad [-blɑt] *o* tobacco-leaf.
tabaksbouw [-bou] *m* ~*cultuur* [-kŭlty:r] *v* tobacco-culture, tobacco-growing.
tabaksdoos [-do.s] *v* tobacco-box.
tabaksfabriek [-fa.bri.k] *v* tobacco-factory.
tabakshandel [-hɑndǝl] *m* tobacco-trade.
tabaksonderneming [-òndǝrne.miŋ] *v* tobacco-plantation.
tabakspijp [-pɛip] *v* tobacco-pipe.
tabaksplant [-plɑnt] *v ♣* tobacco-plant.
tabaksplantage [-plɑnta.ʒǝ] *v* tobacco-plantation.
tabaksplanter [-plɑntǝr] *m* tobacco-planter.
tabakspot [-pɔt] *m* tobacco-jar.

tabakspruim [-prœym] v quid.
tabaksveiling [-fεiliŋ] v sale of tobacco.
tabaksverkoper [-fərko.pər] m tobacconist.
tabakswinkel [-viŋkəl] m tobacco-shop, tobacconist's (shop).
tabakszak [ta.'baksak] m tobacco-pouch.
tabbaard, tabberd [taba:rt, 'tabərt] m tabard, gown, robe; iemand op zijn ~ komen dust one's jacket.
tabel [ta.'bεl] v table, schedule, index, list.
tabellarisch [ta.be'la:ri.s] I aj tabular, tabulated; II ad in tabular form.
tabernakel [ta.bər'na.kəl] o & m tabernacle; het feest der ~en the Feast of Tabernacles; ik zal je op je ~ komen, je krijgt op je ~ F I'll dust your jacket.
tableau [ta.'blo.] o scene; ~!, tableau!, curtain!: ~ vivant [vi.'vã] living picture.
tablet [ta.'blεt] v & o 1 (p l a k) tablet; 2 (k o e k-je) lozenge, square.
taboe [ta.'bu.] taboo; ~ verklaren taboo.
taboeret, tabouret [ta.bu.'rεt] m tabouret, stool; (v o o r de v o e t e n) footstool.
tachtig ['taxtəx] eighty; ook: four score [years].
tachtiger [-təgər] m octogenarian, man of eighty; de Tachtigers the writers of the eighties.
tachtigjarig ['taxtəxja:rəx] of eighty years; de ~e oorlog the eighty years' war.
tachtigste [-stə] eightieth (part).
tact [takt] m tact.
tacticus ['takti.kûs] m tactician.
tactiek [tak'ti.k] v tactics.
tactisch [takti.s] I aj tactical; II ad tactically.
tactloos ['taktlo.s] aj (& ad) tactless(ly).
tactvol [-fôl] aj (& ad) tactful(ly).
taf [taf] m & o taffeta.
tafel [ta.fəl] v table [ook = index]; ○ board; de groene ~ 1 sp the green table, the gaming-table; 2 (b e s t u u r s t a f e l) the board-table; hij deed de hele ~ lachen he set the table in a roar; de Ronde ~ the Round Table; de ~ des Heren the Lord's Table; de ~s (van vermenigvuldiging) the multiplication tables; de ~en der wet the tables of the law; de ~ afnemen (afruimen) clear the table, remove the cloth; de ~ dekken lay the cloth, set the table; een goede ~ houden keep a good table; van een goede ~ houden like a good dinner; open ~ houden keep open table; aan ~ gaan go to table; aan ~ zijn (zitten) be at table; aan de ~ gaan zitten sit down at the table; na ~ after dinner; onder ~ during dinner; iemand onder de ~ drinken drink a person under the table; iets ter ~ brengen bring something on the carpet (on the tapis), introduce something; ter ~ liggen lie on the table; tot de ~ des Heren naderen RK go to Communion; van ~ opstaan rise from table; gescheiden (scheiding) van ~ en bed separated (separation) from bed and board; vóór ~ before dinner.
tafelberg [-bεrx] m table mountain.
tafelblad [-blat] o table-leaf, table-top.
tafelbuur [-by:r] m neighbour at table.
tafeldame [-da.mə] v partner at table.
tafeldans [-dɑns] m table-tipping, table-turning.
tafeldekken [-dεkə(n)] o het ~ laying the table.
tafeldienen [-di.nə(n)] o waiting at table.
tafeldrank [-drɑŋk] m table-drink.
tafelen ['ta.fələ(n)] v/sit (be) at table.
tafelgast ['ta.fəlgɑst] m dinner guest.
tafelgeld [-gεlt] o table-money, messing-allowance.
tafelgesprek(ken) [-gəsprεk(ə(n))] o(mv) table-talk.
tafelgoed [-gu.t] o table-linen, ⚲ napery.

tafelheer [-he:r] m partner (at table).
tafelkleed [-kle.t] o table-cover.
tafellaken [ta.fəla.kə(n)] o table-cloth.
tafelland [-lɑnt] o table-land, plateau.
tafelloper [-lo.pər] m (table-)runner.
tafelmatje ['ta.fəlmɑcə] o table-mat.
tafelpoot [-po.t] m table-leg.
Tafelronde [ta.fəl'ròndə] v de ~ the Round Table.
tafelschuimer [-sxœymər] m sponger.
tafeltennis [-tεnəs] o table-tennis.
tafeltoestel [-tu.stεl] o ☎ desk telephone.
tafelwater [-wa.tər] o table-water.
tafelwijn [-vεin] m table-wine.
tafelzilver [-zɪlvər] o plate, silverware.
tafelzout [-zɔut] o table-salt.
tafereel [tɑ'fre.l] o picture, scene; een... ~ van iets ophangen give a... picture of it, paint in... colours.
taffen ['tɑfə(n)] aj taffeta.
tafzij(de) ['tɑfsεi(də)] v taffeta silk.
taifoen [ta:i'fu.n] = tyfoon.
taille [tɑ(l)jə] v 1 waist; 2 (l i j f j e) bodice.
tailleren [tɑ(l)'je:rə(n)] vt shape [a coat] to the figure; getailleerd ook: well-cut.
tailleur [ta.'jø:r] m 1 (persoon) tailor; 2 (k o s t u u m) tailored dress.
tailleuse [ta.'jø.zə] v dressmaker.
taillewerkster ['tɑ(l)jəvεrkstər] v bodice-hand.
tak [tɑk] m 1 (v. b o o m) bough; branch² [of a tree springing from bough; also of a river, of a science &]; 2 (v. 't g e w e i) tine; ~ van dienst branch of (the) service; ~ van sport sport.
takel ['ta.kəl] m & o ⚓ pulley, tackle.
takelage [ta.kə'la.ʒə] v ⚓ tackle, rigging.
takelblok ['ta.kəlblɔk] o ⚓ tackle.
takelen ['ta.kələ(n)] vt 1 ⚓ rig; 2 (o p h i j s e n) hoist (up).
takelwagen ['ta.kəlva.gə(n)] n· breakdown lorry.
takelwerk [-vεrk] o ⚓ tackling, rigging.
takje ['tɑkjə] o twig, sprig.
takkenbos ['tɑkə(n)bòs] m faggot.
takkig ['tɑkəx] branchy.
1 taks [tɑks] m ⚑ (German) badger-dog, dachshund.
2 taks [tɑks] m & v share, portion.
tal [tɑl] o number; zonder ~ numberless, countless, without number; ~ van (quite) a number of, numerous, many.
talen ['ta.lə(n)] vi in: hij taalt er niet naar he does not show the slightest wish for it.
talent [ta.'lεnt] o talent [= gift & weight, money]; zijn ~en ook: his parts, his accomplishments.
talentvol [-fôl] talented, gifted.
talg [tɑlx] m sebum.
talgklier ['tɑlxkli:r] v sebaceous gland.
talie ['ta.li.] v ⚓ tackle.
taling ['ta.lɪŋ] m ⚑ teal.
talisman ['ta.ləsmɑn] m talisman.
talk [tɑlk] m 1 (d e l f s t o f) talc; 2 (s m e e r) tallow.
talkachtig ['tɑlkɑxtəx] 1 talcous; 2 tallowy, tallowish.
talkpoeder, -poeier [-pu.dər, -pu.jər] o & m talcum powder.
talksteen [-ste.n] m talc.
talloos ['talo.s] numberless, countless, without number.
talmen ['tɑlmə(n)] vi loiter, linger, dawdle, delay.
talon [ta.'lòn] m talon; counterfoil [of cheque].
talrijk ['tɑlrεik] numerous, multitudinous.
talrijkheid [-hεit] v numerousness.
talstelsel ['tɑlstεlsəl] o notation.
tam [tɑm] I aj tame, tamed, domesticated, domestic; fig tame; ~ maken domesticate

[wild beast], tame² [a wild beast, a person]; II ad tamely².

tamarinde [ta.ma:'rɪndə] v ♣ tamarind.

tamarisk [ta.ma:'rɪsk] m ♣ tamarisk.

tamboer [tɑm'bu:r] m ⚔ drummer.

tamboeren [-'bu:rə(n)] vi in: ~ op iets insist on something being done; lay stress on a fact.

tamboerijn [-bu:'rεin] m ♪ tambourine.

tamboer-majoor [-bu:rma.'jo:r] m ⚔ drum-major.

tamelijk ['ta.mələk] I aj fair, tolerable, passable; II ad fairly, tolerably, passably; ~ wel pretty well.

tamheid ['tɑmhɛit] v tameness².

tampon [tɑm'pòn] m tampon, plug.

tamponneren [-pò'ne:rə(n)] vt tampon, plug.

tamtam [tɑm'tɑm] m tamtam; met veel ~ with a lot of noise.

tand [tɑnt] m tooth [of the mouth, a wheel, saw, comb, rake]; cog [of a wheel]; prong [of a fork]; de ~ des tijds the tooth of time; ~en krijgen cut its teeth, be teething; de ~en laten zien show one's teeth; iemand aan de ~ voelen F put one through his paces; met lange ~en eten trifle with one's food; tot de ~en gewapend zijn be armed to (up to) the teeth; zie ook: hand, mond &.

tandarts ['tɑntɑrts] m dentist, dental surgeon.

tandbeen [-be.n] o dentine.

tandeloos ['tɑndəlo.s] toothless [woman].

tandem ['tɑndəm] m tandem.

tanden ['tɑndə(n)] vt ⚔ tooth, indent, cog.

tandenborstel [-bòrstəl] m tooth-brush.

tandenstoker ['tɑndəsto.kər] m toothpick.

tandheelkunde [-tɑnd.heːl'kʉndə] v dental surgery, dentistry.

tandheelkundig [-dəx] dental.

tandheelkundige [tɑnthe.l'kʉndəgə] m dentist, dental surgeon.

tandkas ['tɑntkɑs] v socket (of a tooth).

tandpasta [-pɑsta.] m & o tooth-paste.

tandpijn [-pεin] v toothache.

tandpoeder, -poeier [-pu.dər, -pu.jər] o & m tooth-powder.

tandrad [-rɑt] o ⚔ cog-wheel, toothed wheel.

tandradbaan [-rɑtba.n] v rack-railway.

tandsteen [-ste.n] o & m scale, tartar.

tandstelsel [-stεlsəl] o dentition.

tandvlees [-fle.s] o gums.

tandvulling [-fʉlɪŋ] v filling, stopping, plug.

tandwiel [-vi.l] o ⚔ cog-wheel, toothed wheel.

tandwortel [-vòrtəl] m root of a tooth.

tandzenuw [-se.ny:u] v dental nerve.

tanen ['ta.nə(n)] I vi tan; fig fade, pale, tarnish, wane; aan het ~ zijn be fading, [renown] on the wane; doen ~ tarnish; II v tan.

tang [tɑŋ] v 1 (pair of) tongs; 2 (k n ij p t a n g) pincers; nippers; wat een ~! what a shrew!; dat sluit (slaat) als een ~ op een varken there's neither rhyme nor reason in it; ze ziet er uit om met geen ~ aan te pakken you wouldn't touch her with a pair of tongs.

tangens ['tɑŋəns] v tangent.

tango ['tɑŋgo.] m tango.

tanig ['ta.nəx] tawny.

tank [tεŋk] m tank⁶.

tanken ['tεŋkə(n)] vi fill up.

tanker ['tεŋkər] m ⚓ tanker.

tankgracht ['tεŋkɣrɑxt] v ⚔ antitank ditch.

tankschip [-sxɪp] o ⚓ tank-steamer, tanker.

tankstation [-sta.ʃòn] o filling station.

tantaluskwelling [-kvεlɪŋ] v torment of Tantalus; tantalization.

tante ['tɑntə] v aunt; een oude ~ an old woman; och wat, je ~! F your grandmother!

tantième [tɑnti.'ɛ:mə] o bonus, royalty, percentage.

tap [tɑp] m 1 (k r a a n) tap; 2 (s p o n) bung; 3

⚔ tenon; 4 ⚒ & ⚔ trunnion [of a gun, in steam-engine].

tapijt [ta.'pεit] o carpet; op het ~ brengen bring on the tapis (carpet).

tapir ['ta.pi:r] m ♣ tapir.

tapisserie [ta.pi.sə'ri.] v tapestry.

tapissière [-si.'ε:rə] v furniture-van, pantechnicon.

tappelings ['tɑpəlɪŋs] in: ~ lopen langs... trickle down...

tappen ['tɑpə(n)] I vt tap [beer, rubber]; draw [beer]; aardigheden (moppen) ~ crack jokes; II va keep a public house.

tapper [-pər] m publican.

tapperij [tɑpə'rεi] v public house, ale-house.

taps [tɑps] tapering, conical; ~ toelopen taper.

taptemelk ['tɑptəmεlk] v skim-milk.

taptoe ['tɑptu.] m ⚔ tattoo; de ~ slaan beat the tattoo.

tapuit [ta.'pœyt] m ♣ wheatear, chat.

tapverbod ['tɑpfərbòt] o prohibition.

tarantula [ta.'rɑnty.la.] v tarantula.

tarbot ['tɑrbòt] m ♋ turbot.

tarief [ta.'ri.f] o tariff; rate; (legal) fare [for cabs].

tarievenoorlog [-'ri.vəno:rlòx] m tariff war, war of tariffs.

tarra ['tɑra.] v $ tare.

Tartaar(s) [tɑr'ta:r(s)] m (& aj) Tartar.

tarten ['tɑrtə(n)] vt challenge, defy; het tart alle beschrijving it beggars description.

tartend [-tənt] aj (& ad) defiant(ly).

tarwe ['tɑrvə] v ♣ wheat.

tarwebloem [-blu.m] v flour of wheat.

tarwebrood [-bro.t] o wheaten bread; een ~ a wheaten loaf.

tarwemeel [-me.l] o wheaten flour.

1 tas [tɑs] m (s t a p e l) heap, pile.

2 tas [tɑs] v bag, pouch, satchel.

Tasmanië [tɑs'ma.ni.ə] o Tasmania.

tassen [tɑsə(n)] vt heap (up), pile (up).

tast [tɑst] m in: op de ~ zijn weg zoeken grope one's way.

tastbaar ['tɑstba:r] tangible, palpable [lie].

tastbaarheid [-hεit] v palpableness, palpability, tangibleness, tangibility.

tasten ['tɑstə(n)] I vi feel, grope, fumble (for naar); in de zak ~ put one's hand into one's pocket, dive into one's pocket; II vt touch; iemand in zijn eer ~ I cast a slur on a man's honour; 2 appeal to his sense of honour; iemand in zijn gemoed ~ work on a man's feelings; iemand in zijn zwak ~ zie zwak III.

taster [-tər] m feeler.

tastorgaan ['tɑstòrga.n] o tentacle.

tastzin [-sɪn] m (sense of) touch.

Tataar(s) [ta.'ta:r(s)] = Tartaar(s).

tatoeëren [ta.tu.'e:rə(n)] vt tattoo.

tatoeëring [-rɪŋ] v 1 (d e h a n d e l i n g) tattooing; 2 (h e t g e t a t o e ë e r d e) tattoo.

tautologie [tauto.lo.'gi.] v tautology.

tautologisch [-'lo.gi.s] aj (& ad) tautological-(ly).

taxameter ['tɑksa.me.tər] m taximeter.

taxateur [tɑksa.'tø:r] m (official) appraiser, valuer.

taxatie [tɑk'sa.(t)si.] v appraisement, appraisal, valuation.

taxatieprijs [-prεis] m valuation price; tegen ~ at a valuation.

taxatiewaarde [-va:rdə] v a. praised value.

taxe zie 2 taks.

taxeren [tɑk'se:rə(n)] vt appraise, assess, value (at op).

taxi ['tɑksi.] m taxi-cab, taxi.

taxichauffeur [-ʃo.fø:r] m taxi-driver.

taxistandplaats [-stɑntpla.ts] v cab-rank, taxi-rank.

taxus(boom) ['tɑksʉs(bo.m)] m ♣ yew-tree.

tbc [te.be.′se.] = *tuberculose.*

te [tə] I (vóór plaatsnaam) at, in; 2 (vóór bijv. nmw.) too; 3 (vóór infinitief) to; ~ *A.* at A.; ~ *Londen* in London; ~ *middernacht* at midnight; *zie verder bed, des* &.

technicus [′tɛxni.kûs] *m* 1 technician, technicist; 2 (voorbepaald vak) engineer.

techniek [tɛx′ni.k] *v* 1 (wetenschap) technics; 2 (bedrevenheid) technique [of an artist, of piano-playing &]; 3 (als tak van nijverheid) [heat, illuminating, refrigerating &] engineering.

technisch [′tɛxni.s] I *aj* technical; *een prachtige* ~*e prestatie* ook: a magnificent engineering achievement; ~*e hogeschool* technical college; *middelbaar* ~*e school* senior technical school; II *ad* technically.

technologie [tɛxno.lo.′gi.] *v* technology.

technologisch [-′lo.gi.s] *aj* (& *ad*) technological(ly).

teder [′te.dər] I *aj* tender [heart, subject], delicate [child, question]; II *ad* tenderly; ~ *bemind* dearly loved.

tederheid [-heit] *v* tenderness; delicacy.

teef [te.f] *v* (v. hond) bitch.

teelt [te.lt] *v* cultivation, culture; breeding [of stock].

1 **teen** [te.n] *v* osier, twig, withe.

2 **teen** [te.n] *m* toe; *grote (kleine)* ~ big (little) toe; *op de tenen lopen* walk on tiptoe; tiptoe; *iemand op de tenen trappen* tread on a person's toes[2] (*fig* corns); *hij is gauw op zijn tenen getrapt* he is quick to take offence, he is touchy; *hij was erg op zijn tenen getrapt* he was very much huffed.

teenganger [′te.ngaŋər] *m* ≞ digitigrade.

teentje [′te.ncə] *o* in: *een* ~ *knoflook* a clove of garlic.

1 **teer** [te:r] *aj* & *ad zie teder.*

2 **teer** [te:r] *m* & *o* tar.

teerachtig [′te:rɑxtəx] tarry.

teergevoelig [te:rgə′vu.ləx] I *aj* tender, delicate, sensitive; II *ad* tenderly.

teergevoeligheid [-heit] *v* tenderness, delicacy, sensitiveness.

teerhartig [te:r′hɑrtəx] tender-hearted.

teerhartigheid [-heit] *v* tender-heartedness.

teerkleed [-kle.t] *o* ⅃ tarpaulin.

teerkost [-kɔst] *m* provisions.

teerkwast [-kvɑst] *m* tar-brush.

teerling [-lɪŋ] *m* die; *de* ~ *is geworpen* the die is cast.

teerpot [-pɔt] *m* tar-pot.

teerspijze [-speizə] *v zie teerkost;* *RK* viaticum.

teerton [-tòn] *v* tar-barrel.

teerwater [-va.tər] *o* tar-water.

teerzeep [-ze.p] *v* tar-soap.

tegel [′te.gəl] *m* tile.

tegelbakker [-bɑkər] *m* tile-maker.

tegelbakkerij [te.gəlbɑkə′rɛi] *v* tile-works.

tegelijk [təgə′lɛik] *ad* at the same time, at a time, at once; together; *niet allemaal* ~ not all together; *hij is* ~ *de ...ste en de ..ste* ook: he is both the ...st and the ...st.

tegelijkertijd [təgəlɛikər′tɛit] at the same time, zie ook: *tegelijk.*

tegeltje [′te.gəlcə] *o* (small) tile; *blauwe* ~*s* Dutch tiles.

tegelvloer [-vlu:r] *m* tiled pavement, tiled floor.

tegelwerk [-vɛrk] *o* tiles.

tegemoetgaan [təgə′mu.tga.n] *vt* go to meet; *zijn ondergang (ongeluk)* ~ be heading for ruin (disaster).

tegemoetkomen [-ko.mə(n)] *vt* come to meet; *fig* meet (half-way).

tegemoetkomend [-ko.mənt] accommodating.

tegemoetkoming [-ko.mɪŋ] *v* 1 accommodating spirit; 2 aid, gratuity; 3 compensation.

tegemoetlopen [-lo.pə(n)] *vt* go to meet.

tegemoettreden [-′mu.tre.də(n)] *vt* 1 go to meet; 2 meet [difficulties &].

tegemoetzien [-′mu.tsi.n] *vt* look forward to [the future with confidence], await [your reply].

tegen [′te.gə(n)] I *prep* 1 *eig* & *fig* against [the door &, the law &]; 2 (omstreeks) towards [the close of the week, evening &]; by [nine o'clock]; 3 (voor) at [the price]; 4 (in ruil voor) for; 5 (tegenover) to, against; 6 (contra) ≞ & *sp* versus; *het is goed* ~ *brandwonden* it is good for burns; *er is* ~ *dat...* there is this against it that...; *wie is er* ~? who is against it?; *zijn ouders waren er* ~ his parents were opposed to it; *hij is niets* ~ *zijn broer* he is nothing beside (compared with) his brother; *hij spreekt niet* ~ *mij* he does not speak to me; *tien* ~ *één* ten to one; *5000* ~ *verleden jaar 5000* 5000 as against 5000 last year; ~*... in* against...; zie ook: *hebben;* II *aj* in: (ik ben) ~ I'm against it; *de wind is* ~ the wind is against us; *ze zijn erg* ~ *bescherming* they are strongly opposed to protection; III *ad* in: *de wind* ~ *hebben* have the wind against one; IV *cj against;* ~ *dat wij terugkomen* F against we come back; V *o* in: *het vóór en* ~ the pros and cons.

tegenaan [te.gən′a.n] against.

tegenaanval [′te.gəna.nvɑl] *m* ⚔ counter-attack; *een* ~ *doen* counter-attack.

tegenbericht [-bərɪxt] *o* message to the contrary, $ advice to the contrary; *als wij geen* ~ *krijgen* unless we hear to the contrary, $ if you don't advise us to the contrary.

tegenbeschuldiging [-bəsxûldəgɪŋ] *v* counter-charge, recrimination.

tegenbevel [-bəvɛl] *o* counter-order, countermand.

tegenbewijs [-bəvɛis] *o* counter-proof, counter-evidence.

tegenbezoek [-bəzu.k] *o* return visit, return call; *een* ~ *brengen* return a visit (a call).

tegenbod [-bɔt] *o* counter-bid.

tegendeel [-de.l] *o* contrary.

tegendraads [te.gən′dra.ts] against the grain.

tegendruk [′te.gəndrûk] *m* counter-pressure; reaction.

tegeneis [-ɛis] *m* counter-claim.

tegeneten [-e.tə(n)] in: *zich iets* ~ begin to loathe some food by eating too much of it.

tegengaan [-ga.n] *vt* go to meet; *fig* oppose, check.

tegengesteld [-gəstɛlt] *aj* opposite, contrary; *het* ~*e* the opposite, the contrary, the reverse.

tegengif(t) [-gɪf(t)] *o* antidote[2].

tegenhanger [-hɑŋər] *m* counterpart[2].

tegenhouden [-hɑudə(n)] *vt* stop, hold up [a horse &], arrest, retard, check [the progress of].

tegenkandidaat [-kɑndi.da.t] *m* rival candidate, candidate of the opposition; *zonder* ~ unopposed.

tegenkanting [-kɑntɪŋ] *v* opposition; ~ *vinden* meet with opposition.

tegenklacht [-klɑxt] *v* counter-charge.

tegenkomen [-ko.mə(n)] *vt* meet [a person]; come across [a word &], encounter [a difficulty &].

tegenlachen [-lɑgə(n)] *vt* smile upon, smile at.

tegenligger [-lɪgər] *m* ⅃ meeting ship; ⚘ oncoming car.

tegenlist [-lɪst] *v* counter-stratagem.

tegenlopen [-lo.pə(n)] *vt* go to meet; *alles loopt hem tegen* everything goes against him.

tegenmaatregel [-ma.tre.gəl] *m* counter-measure.

tegenmaken [-ma.kə(n)] *vt* in: *iemand iets* ~ give one a loathing for something.

tegenmijn [-mɛin] *v* ✕ countermine.

tegennatuurlijk [te.gəna.'ty:rlək] against nature, contrary to nature; unnatural.

tegenoffensief ['te.gənɔfɛnsi.f] *o* ✕ counter-offensive.

tegenofferte [-ɔfɛrtə] *v* $ counter-offer.

tegenorder [-ɔrdər] *v & o* counter-order.

tegenover [te.gə'no.vər] opposite (to), over against, facing [each other, page 5]; *onze plichten ~ elkander* our duties towards each other; *~ mij gedraagt hij zich fatsoenlijk* with me; *hier ~* opposite, over the way; *schuin ~*, zie *schuin* II; *vlak (recht, dwars) ~... * right opposite...

tegenovergesteld [-gəstɛlt] *aj* opposed [characters]; opposite [directions]; *zij is het ~e* she is the opposite; *precies het ~e* quite the contrary.

tegenoverstaand [-sta.nt] opposite.

tegenoverstellen [-stɛlə(n)] *vt* set [advantages] against [disadvantages].

tegenpartij ['te.gə(n)pɑrtɛi] *v* antagonist, adversary, opponent, other party, other side.

tegenpool [-po.l] *v* antipole.

tegenpraten [-prɑ.tə(n)] *vi* contradict, answer back.

tegenprestatie [-prɛsta.(t)si.] *v* (service in) return.

tegenpruttelen [-prϋtələ(n)] *vi* grumble.   [turn.

tegenrekening [-re.kənɪŋ] *v* contra account.

tegenslag [-slɑx] *m* reverse, set-back.

tegenspartelen [-spɑrtələ(n)] *vi* struggle, kick; *fig* jib.

tegensparteling [-lɪŋ] *v* resistance.

tegenspeler ['te.gə(n)spe.lər] *m* opponent; *fig* opposite number.

tegenspoed [-spu.t] *m* adversity; bad luck.

tegenspraak [-sprɑ.k] *v* contradiction; *bij de minste ~* at the least contradiction; *in ~ met ...* in contradiction with; *in ~ komen met zichzelf* contradict oneself; *zonder ~* I without (any) contradiction; 2 incontestably, indisputably.

tegenspreken [-spre.kə(n)] I *vt* 1 contradict; 2 answer back; *het bericht wordt tegengesproken* the report is contradicted; *elkaar ~* contradict each other, be contradictory; II *vr* *zich ~* contradict oneself.

tegensputteren [-spϋtərə(n)] *vi* protest.

tegenstaan [-sta.n] *vt* in: *het staat mij tegen* I loathe it²; *fig* it is repugnant to me.

tegenstand [-stɑnt] *m* resistance, opposition; *~ bieden* offer resistance, resist; *geen ~ bieden* make (offer) no resistance.

tegenstander [-stɑndər] *m* opponent, antagonist, adversary.

tegenstelling [-stɛlɪŋ] *v* contraposition [in logic]; contrast, antithesis, contradistinction, opposition; *in ~ met* as opposed to, as distinct from, in contrast with, contrary to [his habit, received ideas].

tegenstem [-stɛm] *v* 1 dissentient vote, adverse vote; 2 ♪ counterpart.

tegenstemmen [-stɛmə(n)] *vi* vote against.

tegenstemmer [-stɛmər] *m* voter against [a motion &].

tegenstoot [-sto.t] *m* counterstroke²; *fig* retort.

tegenstreven [-stre.və(n)] I *vt* resist, oppose; II *vi* resist.

tegenstribbelen [-strɪbələ(n)] *vi* struggle, kick; *fig* jib.

tegenstrijdig [te.gə(n)'strɛidəx] contradictory [reports, feelings]; conflicting [opinions]; clashing [interests].

tegenstrijdigheid [-hɛit] *v* contrariety, contradiction, discrepancy.

tegenstroom ['te.gə(n)stro.m] *m* 1 countercurrent; 2 ⚡ reverse current.

tegenvallen [-vɑlə(n)] *vi* not come up to expectations; *het zal u ~* you will be disap-

pointed; you may find yourself mistaken; *je valt me lelijk tegen* I am sorely disappointed in you.

tegenvaller [-vɑlər] *m* disappointment, F comedown.

tegenvergif(t) [-vərgɪf(t)] *o* zie *tegengif(t)*.

tegenvoeter [-vu.tər] *m* antipode².

tegenvoorstel [-vo:rstɛl] *o* counter-proposal.

tegenwaarde [-va:rdə] *v* equivalent, counter-value.

tegenwerken [-vɛrkə(n)] *vt* work against, counteract, oppose, cross, thwart.

tegenwerking [-vɛrkɪŋ] *v* opposition.

tegenwerpen [-vɛrpə(n)] *vt* object.

tegenwerping [-vɛrpɪŋ] *v* objection.

tegenwicht [-vɪxt] *o* counterpoise², counterweight², counterbalance²; *een ~ vormen tegen...* counterbalance...

tegenwind [-vɪnt] *m* adverse wind, head wind.

tegenwoordig [te.gə(n)'vo:rdəx] I *aj* present; present-day [readers &], [the girls] of to-day; *~ zijn bij...* be present at...; *onder de ~e omstandigheden* under existing circumstances; II *ad* at present, nowadays.

tegenwoordigheid [-hɛit] *v* presence; *~ van geest* presence of mind; *in ~ van...* in the presence of...

tegenzin ['te.gə(n)zɪn] *m* antipathy, aversion, dislike (of, for *in*); *een ~ hebben in...* dislike...; *een ~ krijgen in* take a dislike to; *met ~* with a bad grace, reluctantly.

tegoed [tə'gu.t] *o* $ [bank] balance.

tehuis [tə'hœys] *o* home.

teil [tɛil] *v* basin, pan, tub.

teint [tɛ̃.] *v & o* complexion.

teisteren ['tɛistərə(n)] *vt* harass, ravage, visit.

tekeergaan [tə'ke:rga.n] *vi* go on, take on; storm (at a person *tegen iemand*).

teken ['te.kə(n)] *o* 1 sign, token, mark; symptom [of a disease]; 2 (signaal) signal; *het ~ des kruises* the sign of the cross; *een ~ des tijds* a sign of the times; *een slecht ~* a bad omen; *iemand een ~ geven om...* make him a sign to..., motion him to...; *~ van leven geven* give a sign of life; *in het ~ van...* ✳ in the sign of [Gemini]; *alles komt in het ~ van de bezuiniging te staan* retrenchment is the order of the day; *de organisatie staat in het ~ van de vrede* the keynote of the organization is peace; *op een ~ van...* at (on) a sign from...; *ten ~ van...* in token of..., as a token of... [mourning, respect &].

tekenaar ['te.kəna:r] *m* drawer, designer, draughtsman; (van spotprenten) cartoonist.

tekenacademie ['te.kəna.ka.de.mi.] *v* drawing-academy.

tekenbehoeften [-bəhu.ftə(n)] *mv* drawing-materials.

tekenboek [-bu.k] *o* drawing-book, sketch-book.

tekendoos [-do.s] *v* box of drawing-materials.

tekenen ['te.kənə(n)] I *vt* 1 (natekenen) draw², delineate²; 2 (ondertekenen) sign; 3 (intekenen) subscribe; 4 (merken) mark; *dat tekent hem* that's characteristic of him, that's just like him; *fijn getekende wenkbrauwen* delicately pencilled eyebrows; II *vi & va* 1 draw; 2 sign; *naar het leven ~* draw from (the) life; *voor gezien ~* visé, visa; *voor zes jaar ~* ✳ sign on for six years; *voor de ontvangst ~* sign for the receipt (of it); *voor hoeveel heb je getekend?* how much have you subscribed?; III *vr* *zich ~* sign oneself [X]; *ik heb de eer mij te ~* I remain, yours respectfully, X.

tekenend [-nənt] characteristic (of *voor*).

tekenfilm ['te.kənfɪlm] *m* cartoon (picture, film).

tekengereedschap [-gǝre.tsxɑp] *o* drawing-instruments.

tekenhaak [-ha.k] *m* (T-)square.

tekening ['te.kǝnıŋ] *v* 1 (voorlopige schets) design [for a picture, of a building]; 2 (eigenaardige streping &) marking(s) [of a dog]; 3 (getekend beeld, landschap &) drawing; 4 (het ondertekenen) signing [of a letter &]; 5 (ondertekening) signature; *het hem ter ~ voorleggen* submit it to him for signature; *er begint ~ in te komen* things are taking shape.

tekeninkt ['te.kǝnıŋ(k)t] *m* drawing-ink.

tekenkamer [-ka.mǝr] *v* drawing-office.

tekenkrijt [-krɛit] *o* crayon, drawing-chalk.

tekenkunst [-kŭnst] *v* art of drawing.

tekenleraar [-le:ra:r] *m* drawing-master.

tekenpapier [-pa.pi:r] *o* drawing-paper.

tekenpen [-pen] *v* 1 (houder) crayon-holder, portcrayon; 2 (pen) drawing-nib.

tekenpotlood [-pǝtlo.t] *o* drawing-pencil.

tekenschool [-sxo.l] *v* drawing-school.

tekentafel [-ta.fǝl] *v* drawing-table.

tekenvoorbeeld [-vo:rbe.lt] *o* drawing-copy.

tekort [tǝ'kòrt] *o* shortage (of *aan*), deficit, deficiency.

tekortkoming [-ko.mıŋ] *v* shortcoming, failing, deficiency, imperfection.

tekst [tɛkst] *m* 1 text; (samenhang) context; 2 letterpress [to a print, an engraving]; 3 ♪ words; 4 ⚑ ✝ script; 5 (v. reclame) copy; *~ en uitleg geven* give chapter and verse (for *van*); *bij de ~ blijven* stick to one's text; *van de ~ raken* lose the thread of one's speech &.

tekstboekje ['tɛkstbu.kjǝ] *o* libretto, book (of words).

tekstschrijver [-s(x)rɛivǝr] *m* 1 (v. reclame) copy writer; 2 ⚑ ✝ script writer.

tekstverklaring [-kla:rıŋ] *v* exposition.

tekstvervalsing [-vɑlsıŋ] *v* falsification of a text.

tel [tɛl] *m* count; *de ~ kwijt zijn* have lost count; *in geen ~ zijn* be of no account; *hij is niet meer in ~* he is out of the running now; *in twee ~len* in two twos, F in a jiffy; *op zijn ~len passen* mind one's P's and Q's; *als hij niet op zijn ~len past ook*: if he is not careful.

telaatkomer [tǝ'la.tko.mǝr] *m* late-comer.

telastlegging [tǝ'lɑstlɛgıŋ] *v* charge, indictment.

telecommunicatie [te.lɛ.kòmy.ni.'ka.(t)si.] *v* telecommunication.

telefoneren [te.lǝfo.'ne:rǝ(n)] *vt* & *vi* telephone, F phone, dial.

telefonie [-fo.'ni.] *v* telephony.

telefonisch [te.lǝ'fo.ni.s] I *aj* telephonic; telephone [bookings, calls &]; II *ad* telephonically, by (over) the telephone.

telefonist(e) [-fo.'nıst(ǝ)] *m(-v)* telephone operator, (female) telephonist.

telefoon [-'fo.n] *m* telephone, F phone; *wij hebben ~* we are on the telephone; *de ~ aannemen* answer the telephone; *de ~ aan de haak hangen* hang up the receiver; *de ~ neerleggen* lay down the receiver; *de ~ van de haak nemen, de ~ opnemen* take off (unhook) the receiver; *aan de ~* [she is] on the telephone; *aan de ~ blijven* hold the line, hold on; *per ~ by* telephone, over the telephone.

telefoonaansluiting [-a.nslœytıŋ] *v* telephonic connection.

telefoonboek [-bu.k] *o* telephone directory, telephone book.

telefooncel [-sɛl] *v* call-box, telephone kiosk.

telefooncentrale [-sɛntra.lǝ] *v* (telephone) exchange.

telefoondraad [-dra.t] *m* telephone wire.

telefoongesprek [-gǝsprɛk] *o* telephone call; conversation over the telephone, telephonic conversation, telephone conversation.

telefoongids [-gıts] *m zie telefoonboek.*

telefoonjuffrouw [-jŭfrǝu] *v* telephonist, telephone girl.

telefoonkantoor [-kɑnto:r] *o zie telefooncentrale.*

telefoonnet [te.lǝ'fo.nɛt] *o* telephone system.

telefoonnummer [-nŭmǝr] *o* telephone number.

telefoonpaal [te.lǝ'fo.npa.l] *m* telephone pole.

telefoontje [-cǝ] *o* F (telephone) call.

telefoontoestel [-tu.stɛl] *o* telephone set.

telegraaf [te.lǝ'gra.f] *m* telegraph; *per ~ by* wire.

telegraafdraad [-dra.t] *m* telegraph wire.

telegraafkabel [-ka.bǝl] *m* telegraph cable.

telegraafkantoor [-kɑnto:r] *o* telegraph office.

telegraafnet [-nɛt] *o* telegraph system.

telegraferen [te.lǝgra.'fe:rǝ(n)] *vt* & *vi* telegraph, wire, cable.

telegrafie [-gra.'fi.] *v* telegraphy.

telegrafisch [-'gra.fi.s] I *aj* telegraphic; II *ad* telegraphically, by wire.

telegrafist(e) [-gra.'fıst(ǝ)] *m(-v)* telegraphist, (telegraph) operator.

telegram [-'grɑm] *o* telegram, wire, cablegram; *~ met betaald antwoord* reply-paid telegram.

telegramadres [-a.drɛs] *o* telegraphic address.

telegrambesteller [-bǝstelǝr] *m* telegraph messenger, telegraph boy.

telegramformulier [-fǝrmy.li:r] *o* telegraph form.

telegramstijl [-stɛil] *m* telegraphese.   [form.

telelens ['te.le.lens] *v* telelens.

telen ['te.lǝ(n)] *vt* 1 breed, rear, raise [animals]; 2 grow, cultivate [plants].

telepaat [te.lǝ'pa.t] *m* telepathist.

telepathie [-pa.'ti.] *v* telepathy.

telepathisch [-'pa.ti.s] *aj* (& *ad*) telepathic(ally).

teler ['te.lǝr] *m* 1 (v. vee) breeder; 2 (v. planten) grower.

telescoop [te.lǝs'ko.p] *m* telescope.

telescopisch [-'ko.pi.s] *aj* (& *ad*) telescopic(ally).

teleurstellen [tǝ'lø:rstelǝ(n)] *vt* disappoint [a person, hope &]; *teleurgesteld over* disappointed at (with).

teleurstelling [-lıŋ] *v* disappointment (at, with *over*).

televisie [te.lǝ'vi.zi.] *v* television, S telly; *per ~ voor de ~* on television; *per ~ overbrengen (uitzenden)* televise.

televisiekijker [-kɛikǝr] *m* television viewer, televiewer.

televisieomroepster [-òmru.pstǝr] *v* television announcer.

televisiescherm [-sxɛrm] *o* television screen.

televisietoestel [-tu.stɛl] *o* television set.

televisieuitzending [-œytsɛndıŋ] *v* television broadcast.

televisiezender [-zɛndǝr] *m* television transmitter.

telex ['te.lɛks] *m* teleprinter.

telg [tɛlx] *m-v* descendant, scion, shoot; *zijn ~en ook*: his offspring.

telgang ['tɛlgɑn] *m* ambling gait, amble.

telganger [-gǝnǝr] *m* ambling horse, ambler.

telkenmale ['tɛlkǝnma.lǝ] *zie telkens.*

telkens ['tɛlkǝns] 1 (voortdurend) again and again, at every turn; 2 (iedere keer) every time, each time; *~ als, ~ wanneer* every time.

tellen ['tɛlǝ(n)] I *vt* 1 count; 2 (ten getale zijn van) number; *dat telt hij niet* he makes no account of it; *iets licht ~* make little account of it, make light of a thing; *hij ziet er uit of hij geen tien kan ~* he looks as if he could not

say bo to a goose; *wij* ∼ *hem onder onze vrienden* we count (number, reckon) him among our friends; *hij wordt niet geteld* he doesn't count; *zijn dagen zijn geteld* his days are numbered; **II** *vi* & *va* count; *dat telt niet* that does not count; *that goes for nothing*; *dat telt bij mij niet* that does not count (weigh) with me; *tot 100* ∼ count up to a hundred; *voor twee* ∼ count as two.

teller [-lər] *m* I (persoon) counter, teller; 2 (v. breuk) numerator.

telling [-lɪŋ] *v* count(ing).

telmachine ['tɛlma.ʃi.nə] *v* adding machine.

teloorgaan [tə'lo:rga.n] *vi* be lost, get lost.

telraam ['tɛlra.m] *o* counting-frame.

telwoord [-vo:rt] *o* numeral.

temen ['te.mə(n)] *vi* drawl, whine.

temer ['te.mər] *m* drawler, whiner.

temerig ['te.mərəɣ] drawling, whining.

temerij [te.mə'rɛi] *v* drawling, whining.

temmen ['tɛmə(n)] *vt* tame[2].

temmer [-mər] *m* tamer.

temming [-mɪŋ] *v* taming.

tempel ['tɛmpəl] *m* temple, ○ fane.

tempelbouw [-bɔu] *m* building of a (the) temple.

tempeldienst [-di.nst] *m* temple service.

tempelier [tɛmpə'li:r] *m* Knight Templar, templar; *hij drinkt als een* ∼ he drinks like a fish.

tempelridder ['tɛmpəlrɪdər] *m* Knight Templar.

temperament [tɛmpəra.'mɛnt] *o* temperament, temper.

temperamentvol [-fɔl] temperamental.

temperatuur [tɛmpəra.'ty:r] *v* temperature; *zijn* ∼ *opnemen* take his temperature.

temperatuurverhoging [-vərho.ɣɪŋ] *v* rise of temperature.

temperatuurverschil [-vərsxɪl] *o* difference in temperature.

temperen ['tɛmpərə(n)] *vt* I (matigen) temper[2] [the heat, one's austerity &]; deaden[2] [the sound, brightness]; damp[2] [fire, zeal]; soften [light, colours]; tone down[2] [the colouring, an expression]; dim [the headlights]; 2 (de brosheid ontnemen) temper [steel].

tempering [-rɪŋ] *v* tempering, softening.

tempo ['tɛmpo.] *o* I ♪ time; 2 pace; *in een snel* ∼ at a quick rate; *in zes* ∼*'s* ♪ in six movements; *het* ∼ *aangeven* set the pace.

temptatie [tɛm'ta.(t)si.] *v* I (verzoeking) temptation; 2 (kwelling) vexation.

ten [tɛn] at, to &; ∼ *zesde*, ∼ *zevende* & sixthly, in the sixth place, seventhly, in the seventh place &; zie verder *aanzien* &.

tendens [tɛn'dɛns] *v* tendency, purpose.

tendensroman [-ro.man] *m* novel with a purpose, purpose novel.

tendentie [tɛn'dɛn(t)si.] *v* tendency.

tendentieus [-dɛnsi.'ø.s] tendentious.

tender ['tɛndər] *m* tender.

tenen ['te.nə(n)] *aj* osier, wicker [basket].

tengel ['tɛŋəl] *m* lath.

tenger ['tɛŋər] slight, slender; ∼ *gebouwd* slightly built.

tenminste [tɛn'mɪnstə] at least.

tennis ['tɛnəs] *o* (lawn-)tennis.

tennisbaan [-ba.n] *v* tennis-court.

tennisbal [-bɑl] *m* tennis-ball.

tennissen [tɛnəsə(n)] *vi* play (lawn-)tennis.

tennisveld ['tɛnəsfɛlt] *o* tennis-ground.

tenor [tə'no:r] *m* ♪ tenor.

tenorstem [-stɛm] *v* tenor voice, tenor.

tenorzanger [-zɑŋər] *m* ♪ tenor(-singer).

tent [tɛnt] *v* I (⚔ & van Indianen &) tent; 2 (op kermis) booth; 3 ⚓ awning [on a ship]; 4 (v. rijtuig) tilt; 5 F (café, dancing &) joint; *de* ∼ *en opslaan* pitch tents; *ergens zijn* ∼*en opslaan* pitch one's tent somewhere; *in* ∼*en (ondergebracht)* ook: under canvas;

hem uit zijn ∼ *lokken* draw him.

tentamen [tɛn'ta.mə(n)] *o* preliminary examination.

tentbewoner ['tɛntbəvo.nər] *m* tent dweller.

tentdak [-dɑk] *o* pavilion roof.

tentdek [-dɛk] *o* ⚓ awning-deck.

tentdoek [-du.k] *o* & *m* canvas.

tentenkamp ['tɛntə(n)kɑmp] *o* camp of tents, tented camp.

tentoonspreiden [tɛn'to.nspreidə(n)] *vt* display.

tentoonspreiding [-spreidɪŋ] *v* display.

tentoonstellen [-stɛlə(n)] *vt* exhibit, show.

tentoonstelling [-lɪŋ] *v* exhibition, show.

tentoonstellingsterrein [-lɪŋstərɛin] *o* exhibition ground(s).

tenue [tə'ny.] *o* & *v* ⚔ dress, uniform; *in groot* ∼ ⚔ in full dress, in full uniform; *in klein* ∼ ⚔ in undress.

tenuitvoerbrenging, ∼legging [tɛn'œytfu:r-brɛnɪŋ, -lɛgɪŋ] *v* execution.

tenware [tɛn'va:rə] unless.

tenzij [tɛn'zɛi] unless.

tepel ['te.pəl] *m* nipple; teat [of udder].

ter [tɛr] at (in, to) the; zie ook: *aarde* &.

teraardebestelling [tɛr'a:rdəbəstelɪŋ] *v* burial, interment.

terdege, terdeeg [-'de.ɣə, -'de.x] properly, thoroughly, vigorously.

terdoodbrenging [-'do.tbrɛŋɪŋ] *v* execution.

terecht [tə'rɛxt] rightly, justly, with justice; *zij protesteren* ∼ they are right to protest (in protesting); ∼ *of ten onrechte* rightly or wrongly; ∼ *zijn* be found; *het is weer* ∼ it has been found; *ben ik hier* ∼? am I right here?; *ben ik hier* ∼ *bij X?* does X live here?

terechtbrengen [-brɛŋə(n)] *vt* I: *het* ∼ arrange matters; *ik kan hem niet* ∼ I cannot "place" him; *een zondaar* ∼ reclaim a sinner; *er niets van* ∼ make a mess of it; *er (heel) wat van* ∼ make a success of it.

terechthelpen [-hɛlpə(n)] *vi* help on, set right.

terechtkomen [-ko.mə(n)] *vi* be found (again); *het zal wel* ∼ it is sure to come right; *het zal van zelf wel* ∼ it is sure to right itself; *het boek zal wel weer* ∼ the book is sure to turn up some day; *de brief is niet terechtgekomen* the letter has not come to hand; *wat de betaling betreft, dat zal wel* ∼ never mind about the payment, that will be all right; *hij zal wel* ∼ he will make his way (in the world); he is sure to "make good" after all; *in een moeras* ∼ land in a bog; ∼ *in de zakken van...* go to the pockets of...; *er komt niets van hem terecht* he will come to no good; *daar komt niets van terecht* it will come to nothing.

terechtstaan [-sta.n] *vi* be committed for trial, stand one's trial, be on (one's) trial.

terechtstellen [-stɛlə(n)] *vt* execute.

terechtstelling [-stɛlɪŋ] *v* execution.

terechtwijzen [-vɛizə(n)] *vt* I set right [one who has lost his way]; 2 reprimand, reprove [a naughty child &].

terechtwijzing [-vɛizɪŋ] *v* reprimand, reproof.

terechtzitting [-sɪtɪŋ] *v* session, sitting.

I **teren** ['te.rə(n)] *vt* I tar.

2 **teren** [te.rə(n)] *vi* in: *achteruit* ∼ be eating into one's capital; ∼ *op* live on; *op eigen kosten* ∼ pay one's way; zie ook: *boom*.

tergen ['tɛrɣə(n)] *vt* provoke, irritate, aggravate, tease, torment.

tergend [-ɣənt] provocative, provoking &; exasperating.

terging [-ɣɪŋ] *v* provocation &.

terhandstelling [tɛr'hɑntstelɪŋ] *v* handing over, delivery.

tering ['te.rɪŋ] *v* I (uitgaven) expense; 2 (ziekte) (pulmonary) consumption, phthisis; *de* ∼ *hebbend* in consumption, consumptive; *de* ∼ *krijgen* go into consumption; *de* ∼

naar de nering zetten cut one's coat according to one's cloth; zie ook: *vliegend.*
teringachtig [-axtəx] consumptive.
teringlijder [-lɛidər] *m* consumptive.
terloops [tɛr'lo.ps] in passing, incidentally; ~ *gemaakte opmerkingen* incidental remarks.
term [tɛrm] *m* term [= limit & word]; *er zijn geen ~en voor* there are no grounds for it; *in de ~en vallen om* be liable to...; *in bedekte ~en* in veiled terms; *volgens de ~en van de wet* within the meaning of the law.
termiet [tɛr'mi.t] *m* & *v* termite, white ant.
termijn [tɛr'mɛin] *m* 1 (tijdruimte) term; 2 (afbetalingssom) instalment; *de uiterste ~* $ the latest time, the latest date (for delivery, for payment); *een ~ vaststellen* fix a time; *binnen de vastgestelde ~* within the time fixed; *in ~en betalen* pay by (ook: in) instalments; *op ~* $ [securities] for the account; [goods] for future delivery; *op korte ~* $ at short notice; *krediet op korte (lange) ~* short (long)-term credit.
termijnaffaires [-afɛ:ras] *mv* $ futures.
termijnbetaling [-bətə.lɪŋ] *v zie afbetaling.*
termijnhandel [-handəl] *m* $ (dealing in) futures.
termijnmarkt [-mɑrkt] *v* $ futures market.
terminologie [tɛrmi.no.lo.'gi.] *v* terminology, nomenclature.
ternauwernood [tɛr'nɔuərno.t] scarcely, barely, hardly, [escape] narrowly.
terneergeslagen [tɑr'ne:rgəsla.gə(n)] cast down, dejected, low-spirited.
terneerslaan [-sla.n] *vt* cast down, dishearten, depress.
terp [tɛrp] *m* mound, hill.
terpentijn [tɛrpən'tɛin] *m* 1 (hars) turpentine; 2 (olie) oil of turpentine, turpentine, F turps.
terra ['tɛra.] terra-cotta.
terracotta [tɛra.'kɔta.] I *v* & *o* terra cotta; II *aj* terra-cotta.
terrarium [tɛ'ra:ri.ûm] *o* terrarium.
terras [tɛ'rɑs] *o* 1 terrace; 2 (v. café) pavement.
terrasvormig [-fɔrmɔx] terraced.
terrein [tɛ'rɛin] *o* ground, plot [of land]; (building-)site; ⚔ terrain; fig domain, province, field; *open ~* open ground²; *het ~ kennen* be sure of one's ground; *het ~ verkennen* ⚔ reconnoitre; fig see how the land lies; *~ verliezen* lose ground; *~ winnen* gain ground²; *op bekend ~ zijn* be on familiar ground; *daar was je op gevaarlijk ~* you were on dangerous ground; *op internationaal ~* in the international field.
terreingesteldheid [-gəstɛlthɛit] *v* nature of the ground.
terreur [tɛ'rø:r] *v* (reign of) terror; *de T~* the (Reign of) Terror; *daden van ~* acts of terrorism, terrorist acts.
terriër ['tɛri.ər] *m* ⚹⚹ terrier.
terrine [tɛ'ri.nə] *v* tureen.
territoriaal [tɛri.to:ri.'a.l] territorial.
territorium [-'to:ri.ûm] *o* territory.
terrorisatie [tɛro:ri.'za.(t)si.] *v* terrorization.
terroriseren [-'ze:rə(n)] *vt* terrorize.
terrorisme [tɛro:'rismə] *o* terrorism.
terrorist(isch) [-'rist(i.s)] *m* (& *aj*) terrorist.
tersluiks [tɛr'slœyk(s)] stealthily, by stealth, on the sly.
terstond [tɛr'stɔnt] directly, immediately, at once, forthwith.
tertia ['tɛrtsi.a.] *v* $ third of exchange.
tertiair [tɛrtsi.'ɛ:r] tertiary.
terts [tɛrts] *v* ♪ third; *grote (kleine)* ♪ major (minor) third.
terug [tə'rûx] back, backward; ~! *stand back!, back there!; 30 jaar ~* thirty years back, thirty years ago; *ze zijn ~* they have returned, they are back (again).

terugbegeven [-bəgə.və(n)] *zich ~* return.
terugbekomen [-bəko.mə(n)] *vt* get back.
terugbellen [-belə(n)] *vt* ☎ ring back.
terugbetalen [-bətə.lə(n)] *vt* pay back, repay, refund.
terugbetaling [-bətə.lɪŋ] *v* repayment [to a person]; withdrawal [from a bank].
terugblik [-blɪk] *m* look(ing) backward, retrospective view, retrospection; retrospect; *een ~ werpen op* look back on. [past].
terugblikken [-blɪkə(n)] *vi* look back [into the past].
terugbrengen [-brɛŋə(n)] *vt* bring (take) back; *tot op...* ~ reduce to...
terugdeinzen [-dɛinzə(n)] *vi* shrink back; *(niet) ~ voor...* (not) shrink from...; *voor niets ~* ook: stick (stop) at nothing.
terugdenken [-dɛŋkə(n)] I *vi* in: ~ *aan* recall (to mind); II *vr zich ~ in die toestand* think oneself back into that state.
terugdoen [-du.n] *vt* in: *iets ~* do something in return.
terugdraaien [-dra.jə(n)] *vt* turn back, put back.
terugdrijven [-drɛivə(n)] *vt* drive back, repulse repel.
terugdringen [-drɪŋə(n)] *vt* drive back, push back, repel; force back [tears].
terugeisen [-ɛisə(n)] *vt* reclaim, demand back.
teruggaaf [tə'rûga.f] = *teruggave.*
teruggaan [-ga.n] *vi* 1 go back, return; 2 recede, go down [prices]; *enige jaren ~* go back a few years.
teruggang [-gɑŋ] *m* 1 going back; 2 (verval) decay; 3 $ fall [in prices].
teruggave [-ga.və] *v* return, restitution.
teruggetrokken [-gətrɔkə(n)] retiring, keeping oneself, to oneself, retired [life].
teruggetrokkenheid [-hɛit] *v* reserve, restraint.
teruggeven [-'rûgə.və(n)] I *vt* give back, return, restore; II *va* in: *kunt u van een gulden ~?* can you let me have my change out of a guilder?
teruggroeten [-gru.tə(n)] *vt* & *vi* return a salute (salutation, greeting); acknowledge a person's bow; ⚔ acknowledge (return) a salute.
terughalen [tə'rûxha.lə(n)] *vt* fetch back.
terughebben [-hɛbə(n)] I *vt* in: *iets ~* have got it back; II *va* in: *ik heb niet terug (van een gulden)* I have no change (out of a guilder).
terughouden [-hɑudə(n)] *vt* retain, hold back [wages]; *iemand van iets ~* restrain a person (hold a person back) from doing something.
terughoudend [tərûx'hɑudənt] reserved.
terughoudendheid [-hɛit] *v* reserve, restraint.
terughouding [tə'rûxhɑudɪŋ] *v* reserve.
terugkaatsen [-ka.tsə(n)] I *vt* strike back [a ball &]; throw back, reflect [sound, light, heat]; reverberate [sound, light]; (re-)echo [sound]; II *vi* rebound [of a ball]; be thrown back, be reflected; reverberate; (re-)echo.
terugkaatsing [-ka.tsɪŋ] *v* reflection, reverberation.
terugkeer [-ke:r] *m* coming back, return.
terugkeren [-ke:rə(n)] *vi* return, turn back; *op zijn schreden ~* retrace one's steps.
terugkomen [-ko.mə(n)] *vi* return, come back; *~ op iets* return to the subject; *~ van een besluit* go back on a decision; *ik ben ervan teruggekomen* I don't hold with it any longer.
terugkomst [-kɔmst] *v* coming back, return.
terugkopen [-ko.pə(n)] *vt* 1 buy back, repurchase; 2 (inlossen) redeem.
terugkoppeling [-kɔpəlɪŋ] *v* ⚙ feed-back.
terugkrabbelen [-krɑbələ(n)] *vi* F go back on it (on the bargain), back out of it, cry off.
terugkrijgen [-krɛigə(n)] *vt* get back.
teruglopen [-lo.pə(n)] *vi* 1 (in 't alg.) run (walk) back; 2 (v. water) run (flow) back; 3 $ (v. prijzen) recede; 4 ⚔ (v. kanon) recoil.

terugnemen [-ne.mə(n)] *vt* take back [something]; *fig* withdraw, retract; *zijn woorden* ~ ook: eat one's words.

terugreis [-rɛis] *v* return-journey, journey back, ♗ return-voyage, ♗ voyage back.

terugreizen [-rɛizə(n)] *vi* travel back, return.

terugrijden [-rɛi(d)ə(n)] *vi* ride (drive) back.

terugroepen [-ru.pə(n)] *vt* call back, recall; *te-ruggeroepen worden* I (in 't alg.) be called back; 2 (v. acteur) get a "recall"; *in het ge-heugen* ~ recall (to mind).

terugroeping [-ru.pɪŋ] *v* recall.

terugschakelen [-sxa.kalə(n)] *vi* ⚙ change down [from fourth to third].

terugschrijven [-s(x)rɛivə(n)] *vi & vt* write in reply, write back.

terugschrikken [-s(x)rɪkə(n)] *vi* start back, recoil; *(niet)* ~ *voor* (not) shrink from.

terugslaan [-sla.n] I *vi* I strike (hit) back; 2 ⚔ back-fire [of an engine]; II *vt* strike back, return [the ball &]; beat back, repulse [the enemy].

terugslag [-slɑx] *m* I repercussion [after impact]; 2 back-fire [of an engine]; back-stroke [of a piston]; 3 *fig* reaction, revulsion, repercussion.

terugstoot [-sto.t] *m* rebound, recoil; ⚔ recoil [of a gun], kick [of a rifle].

terugstoten [-sto.tə(n)] I *vt* push back; *fig* repel; II *vi* ⚔ recoil [of a gun], kick [of a rifle].

terugstuiten [-stœytə(n)] *vi* rebound, recoil.

terugtocht [-tɔxt] *m* I retreat; 2 zie *terugreis*.

terugtrappen [-trɑpə(n)] I *vi* I kick [him] back; 2 back-pedal [on bike]; II *vt* kick back.

terugtraprem [-trɑprɛm] *v* back-pedalling brake, coaster-brake [of a bicycle].

terugtreden [-tre.də(n)] *vi* step back.

terugtrekken [-trɛkə(n)] I *vt* pull back, draw back, withdraw² [one's hand, troops, a candidature, a remark]; retract² [its claws, a promise]; II *va* ⚔ retire, retreat, withdraw; ~ *op* ⚔ fall back on; III *vr zich* ~ retire [also: from business], withdraw.

terugtrekking [-trɛkɪŋ] *v* retirement [from business], withdrawal [of troops]; retraction [of claws]; *fig* retractation [of a promise].

terugvallen [-fɑlə(n)] *vi* fall back².

terugvaren [-fa:rə(n)] *vi* sail back, return.

terugverlangen [-fərlɑŋə(n)] I *vi* long to go back [to India &]; II *vt* want back.

terugvinden [-fɪndə(n)] *vt* find again, find.

terugvoeren [-fu:rə(n)] *vt* carry back.

terugvorderen [-fɔrdərə(n)] *vt* claim back ask back.

terugvordering [-fɔrdərɪŋ] *v* reclamation.

terugweg [-vɛx] *m* way back.

terugwerken [-vɛrkə(n)] *vi* react.

terugwerkend [-vɛrkənt] retroactive, reacting; ~*e kracht* retrospective (retroactive) effect; *een bepaling* ~*e kracht verlenen* make a provision retroactive; *salarisverhogingen* ~*e kracht verlenen* back-date salary increases.

terugwerking [-vɛrkɪŋ] *v* reaction, retroaction.

terugwerpen [-vɛrpə(n)] *vt* throw back².

terugwijken [-vɛikə(n)] *vi* I (in 't alg.) recede; 2 ⚔ retreat, fall back.

terugwijzen [-vɛizə(n)] *vt* refer back [the reader to page...]; zie ook: *afwijzen*.

terugwinnen [-vɪnə(n)] *vt* win back, regain.

terugzenden [-sɛndə(n)] *vt* send back [a person, thing], return [a book &].

terugzetten [-sɛtə(n)] *vt* put back².

terwijl [tɛr'vɛil] I *cj* I (v. tijd) while, whilst; as; 2 (tegenstellend) whereas; II *ad* meanwhile.

terzet [tɛr'zɛt] *o* ♪ terzetto.

terzijde [tɛr'zɛidə] *o* aside.

terzijdestelling [-stɛlɪŋ] *v* putting aside, neglect,

disregard; *met* ~ *van* putting aside; in disregard of.

test [tɛst] *v* I chafing-dish; 2 S nob, sconce ‖ *m* (proef) test.

testament [tɛsta.'mɛnt] *o* I will, last will (and testament); 2 Testament; *het Oude en Nieu-we* ~ the Old and New Testament; *zijn* ~ *maken* make one's will; *bij* ~ *vermaken aan* bequeath to, will away to; *iemand in zijn* ~ *zetten* remember a person in one's will; *zonder* ~ *na te laten* intestate.

testamentair [-mɛn'tɛ:r] testamentary.

testen ['tɛstə(n)] *vt* test (for *op*).

testimonium [tɛsti.'mo.ni.ûm] *o* testimonial, ⇔ testamur.

tête-à-tête [tɛ:ta.'tɛ:t] *o* tête-à-tête.

teug [tø.x] *m & v* draught; pull; *in één* ~ at a draught; *met volle* ~*en* taking deep draughts.

teugel ['tø.gəl] *m* rein, bridle; *de* ~*s van het bewind in handen hebben (nemen)* hold (assume, seize, take over) the reins of government; *de* ~ *strak houden* hold the rein tight, drive him (them) on a tight rein; *de vrije* ~ *laten* give [a horse] the reins; give free rein, give rein (the reins) to [one's imagination], give a loose to [one's passions]; *de* ~ *vieren aan* give full rein to, give a loose to; *met losse* ~ with a loose rein; *met strakke* ~ with tightened rein(s).

teugelen ['tø.gələ(n)] *vt* bridle [a horse].

teugelloos [-gəlo.s] unbridled, unrestrained.

teugelloosheid [tø.gə'lo.sheit] *v* unrestrainedness, unbridled passion.

teugje ['tø.xjə] *o* sip; *met* ~*s drinken* sip.

teut ['tø.t] *m-v* slow-coach, dawdler.

teutachtig ['tø.tɑxtəx] dawdling.

teuten ['tø.tə(n)] *vi* dawdle.

teutkous ['tø.tkous] *v* slow-coach, dawdler.

teveel [tə've.l] *o* surplus.

tevens ['te.vəns] at the same time; *de ...sten en* ~ *de ...ste* both the ...st and the ...st.

tevergeefs [təvər'ge.fs] in vain, vainly.

tevoren [-'vo:rə(n)] zie 2 *voren*.

tevreden [-'vre.də(n)] I *aj* I (predicatief) content; 2 (attributief) contented; ~ *stellen* content, satisfy *zich* ~ *stellen met*... content oneself with...; ~ *met* content with; ~ *zijn over* be satisfied with; II *ad* contentedly.

tevredenheid [-heit] *v* contentedness, contentment, content, satisfaction; *tot zijn (volle)* ~ to his (entire) satisfaction.

tewaterlating [tə'va.tərla.tɪŋ] *v* ♗ launch, luanching.

teweegbrengen [-'ve.xbrɛŋə(n)] *vt* bring about, cause.

tewerkstelling [-'vɛrkstɛlɪŋ] *v* employment.

textiel [tɛks'ti.l] I *aj* textile; II *m & o* textiles.

textielindustrie [-'indûstri.] *v* textile industry.

thans [tɑns] at present, now; by this time.

theater [te.'a.tər] *o* theatre.

theatraal [te.a.'tra.l] I *aj* theatrical, stag(e)y, histrionic; II *ab* theatrically, stagily, histrionically.

Thebaan(s) [te.'ba.n(s)] *m (& aj)* Theban.

Thebe ['te.bə] *o* Thebes.

thee [te.] *m* tea; ~ *drinken* have (take) tea, tea; *ze zijn aan het* ~*drinken* they are at tea; *komt u op de* ~? will you come to tea (with us)?; *kunnen we op de* ~ *komen?* can we have us to tea?

theeblad ['te.blɑt] *o* I ❧ tea-leaf; 2 tea-tray.

theebus [-bûs] *v* tea-canister.

theecultuur [-kúlty:r] *v* tea-culture, tea-grow-

theedoek [-du.k] *m* tea-cloth. [ing.

theefabriek [-fa.bri.k] *v* tea-works, tea-factory.

theegerei, theegoed [-gərɛi, -gu.t] *o* tea-things.

theehandel [-hɑndəl] *m* tea-trade.

theehandelaar [-hɑndəla:r] *m* tea-merchant, tea-dealer.

theehuis [-hœys] o tea-house.
theeketel [-ke.təl] m tea-kettle.
theekistje [-kıʃə] o tea-caddy.
theekopje [-kɔpjə] o tea-cup.
theelepeltje [-le.pəlcə] o 1 tea-spoon; 2 tea-spoonful.
theelichtje [-lıxjə] o spirit-stove.
Theems [te.ms] v Thames.
theemuts ['te.müts] v tea-cosy.
theeoogst [-o.xst] m tea-crop.
theepauze [-pauzə] v tea break.
theeplantage [-plɑnta.ʒə] v tea-plantation, tea-estate.
theepot [-pɔt] m tea-pot.
theeroos [-ro.s] v ✿ tea-rose.
theesalon [-sa.lòn] m & o tea-room(s).
theeschoteltje [-sxo.təlcə] o saucer.
theeservies [-servi.s] o tea-service, tea-set.
theestoof [-sto.f] v tea-kettle stand.
theetafel [-ta.fəl] v tea-table.
theetante [-tɑntə] v F gossip.
theevisite [-vi.zi.tə] v five o'clock visit; tea-party.
theewagen [-va.gə(n)] m tea-trolley.
theewater [-va.tər] o water for tea; hij is boven zijn ~ F he is in his cups.
theezeefje [-ze.fjə] o tea-strainer.
theïsme [te.'ısmə] o theism.
theïst [te.'ıst] m theist.
theïstisch [te.'ısti.s] I aj theistic(al); II ad theistically.
thema ['te.ma.] I v & o ∾ exercise; 2 o theme.
theocraat [te.o.'kra.t] m theocrat.
theocratie [-kra.'(t)si.s] theocracy.
theologie [-'gi.] v theology.
theologisch [te.o.'lo.gi.s] aj (& ad) theological(ly).
theoloog [-'lo.x] m 1 theologian; 2 F student of theology, divinity student.
theorema [-'re.ma.] o theorem.
theoreticus [-'re.ti.kűs] m theorist; > theory-monger.
theoretisch [-'re.ti.s] I aj theoretical; II ad theoretically, in theory.
theoretiseren, theoretizeren [-re.ti.'ze.rə(n)] vi theorize.
theorie [-'ri.] v theory; ⚔ theoretical instruction.
theosofie [-zo.'fi.] v theosophy.
theosofisch [-'zo.fi.s] aj (& ad) theosophical(ly).
theosoof [-'zo.f] m theosophist.
therapeut [te.ra.'pœyt] m therapeutist.
therapeutisch [-'pœyti.s] aj (& ad) therapeutic(ally).
therapie [-'pi.] v 1 (onderdeel der geneeskunde) therapeutics; 2 (behandeling) therapy.
Theresia [te.'re.zi.a.] v Theresa.
thermometer ['termo.me.tər, termo.'me.tər] m thermometer.
thermometrisch [termo.'me.tri.s] aj (& ad) thermometric(ally).
thermonucleair [termo.ny.kle.'ɛ:r] thermonuclear.
Thermopylae [tɛr'mo.pi.le.] mv Thermopylae.
Ⓜ thermosfles ['tɛrmɔsfles] v thermos (flask).
thermostaat [termo.'sta.t] m thermostat.
thesaurie [te.zo:'ri.] v treasury.
thesaurier [-'ri:r] m treasurer.
these ['te.zə] v thesis [mv theses].
thesis ['te.zıs] v thesis [mv theses].
Thomas ['to.mɑs] m Thomas; ongelovige ~ doubting Thomas.
Thracië ['tra.tsi.ə] o Thrace.
thuis [tœys] I ad at home; (terug) home; ~ blijven (zijn) stay (be) at home; is... ~? ook: is... in?; ergens goed ~ in zijn be at home with (on) a subject; doe of je ~ waart (was, bent)
make yourself at home; handen ∾ ! hands off!; niemand (niet) ~ nobody (not) at home, nobody (not) in; niet ~ geven not be at home [to visitors]; II o home.
thuisbezorgen ['tœysbəzɔrgə(n)] vt send to a person's house.
thuisbrengen [-brɛŋə(n)] vt 1 see home [a friend]; 2 fig place [a man].
thuisclub [-klűp] v sp home team.
thuisfront [-frònt] o home front.
thuishaven [-ha.və(n)] ⚓ home port.
thuishoren [-ho:ra(n)] vi in: daar ~ belong there; die opmerkingen horen hier niet thuis are out of place; ik geloof dat ze in Haarlem ~ I think they belong to H.
thuiskomen [-ko.mə(n)] vi come (get) home.
thuiskomst [-kòmst] v home-coming, return (home).
thuisreis [-reis] v homeward journey, journey home; ⚓ homeward passage, voyage home; op de ~ homeward bound.
thuisvlucht [-flűxt] v ✈ flight home.
thuiswedstrijd [-vɛtstreit] m sp at home game, home match.
thuiswerker [-verkər] m ∾ster [-stər] v homeworker, outworker.
tiara [ti.'a:ra.] v tiara.
Tiber ['ti.bər] m Tiber.
Tibet ['ti.bɛt] o Tibet.
Tibetaan(s) [ti.be'ta.n(s)] m (& aj) Tibetan.
tichel ['tıgəl] m tile, brick.
tichelaarde [-a:rdə] v brick-clay.
tichelbakker [-bɑkər] m tile-maker, brickmaker.
tichelbakkerij [tigəlbɑkə'rɛi] v brick-works.
ticheloven ['tıgəlo.və(n)] v tile-kiln.
tichelsteen [-ste.n] m tile, brick.
tichelwerk [-verk] o tile-work, brick-work.
tien [ti.n] ten.
tiend [ti.nt] m & o tithe.
tiendaags ['ti.nda.xs] of ten days, ten-days'...
tiende ['ti.ndə] I aj tenth; II o 1 tenth part, tenth; 2 tithe; de ∾n heffen levy tithes.
tiendelig [-de.ləx] consisting of ten parts; decimal [fraction].
tiendubbel ['ti.ndűbəl] tenfold.
tienduizend [-dœyzənt] ten thousand; ∾en tens of thousands.
tiener ['ti.nər] m teen-ager.
tienjarig [-ja:rəx] 1 decennial; 2 of ten years, ten-year-old.
tienkamp [-kɑmp] m sp decathlon.
tiental [-tɑl] o (number of) ten, decade; het ~ the ten (of them); twee ∾len two tens.
tientallig [-tɑləx] decimal.
tientje [-cə] o 1 (bedrag) ten guilders; (gouden) gold ten-guilder piece; (papieren) ten-guilder note; 2 RK decade (of the rosary); 3 tenth of a lottery-ticket.
tienvoud [-vout] o decuple.
tienvoudig [-vaudəx] tenfold.
tienwerf [-verf] ten times.
tierelantijntje [ti:rəlan'tɛincə] o flourish; ∾s scrolls and flourishes.
tierelieren ['ti:rə'li:rə(n)] vi warble, sing.
1 tieren ['ti:rə(n)] vi (welig groeien) thrive [of a plant, a tree]; fig flourish; de ondeugd tiert daar vice is rampant (rife) there.
2 tieren ['ti:rə(n)] vi (razen) rage, rant, bluster, zie ook: razen.
tij [tɛi] o tide; zie ook: getij.
tijd [tɛit] m 1 (in 't alg.) time; 2 (periodiek) period; season; 3 gram tense (of a verb); de goede oude ~ the good old times, the good old days; de hele ~ all the time; een hele (lange) ~ (was hij ziek) for a long time; dat is een hele ~ that's quite a long time; wel, lieve ~! dear me!; middelbare ~ mean time; plaatselijke ~ local time; vrije ~ leisure

(time), spare time; *zijn zwarte* ~ his black years; *het zal mijn* ~ *wel duren* it will last my time; *het is* ~ time is up; *het is hoog* ~ it is high time; *er was een* ~ *dat...* time was when...; *het wordt* ~ *om...* it is getting time to...; (*geen*) ~ *hebben* have (no) time; *alles heeft zijn* ~ there is a time for everything; *het heeft de* ~ there is no hurry; *ik heb de* ~ *aan mijzelf* my time is my own; *hij heeft zijn* ~ *gehad* he has had his day; *als men maar* ~ *van leven heeft* if only one lives long enough; *de* ~ *niet klein weten te krijgen* have time on one's hands; ~ *maken* make time; *er de* ~ *voor nemen* take one's time (for...); ~ *winnen* gain time; ~ *trachten te winnen* ook: play for time; *wij zijn aan geen* ~ *gebonden* we are not tied down to time; *bij* ~ *en wijle* in due time; *bij* ~*en* at times, sometimes; occasionally; *gedurende de* ~ *dat...* during the time that..., while, whilst; *in* ~ *van nood* in time of need; *in* ~ *van oorlog* in times of war; *in de* ~ *van een maand* in a month's time, within a month; *in de* ~ *toen (dat)...* at the time when; *in mijn* ~ in my time (day); *in mijn jonge* ~ in my young days; *in geen* ~ *heb ik...* I have not... for ever so long; *in de laatste* ~ of late; *in lange* ~ for a long time past; *in minder dan geen* ~ in (less than) no time; *in onze* ~ in our days; *in de goede oude* ~ in the good old times; *in vroeger* ~ in former times; *met zijn* ~ *meegaan* zie meegaan; *na die* ~ after that time; *na korter of langer* ~ sooner or later; *morgen om deze* ~ this time to-morrow; *omtrent deze* ~ about this time; *op* ~ in time; *hij kwam net op* ~ in the nick of time; *de trein kwam precies op* ~ punctually to (schedule) time; *op* ~ *kopen* $ buy for forward delivery; *een woord op* ~ a word in season; *op de bepaalde* ~ at the appointed time, at the time fixed; *op gezette* ~*en* at set times; *alles op zijn* ~ all in good time; *op welke* ~ *ook* (at) any time; *hij is over zijn* ~ he is behind (his) time; *het schip (de trein) is over zijn* ~ the ship (the train) is overdue; *sedert die* ~ from that time, ever since; *te allen* ~ at all times; *te bekwamer* ~ in due time; *te dien* ~ at that time; *te eniger* ~ at some time (or other); *zo hij te eniger* ~*...* if at any time he...; *te gelegener (rechter)* ~ in due time; *te zijner* ~ in due time; *ten* ~*e dat...* at the time of...; *ten* ~*e van dat* (in) the time of...; *terzelfder* ~ at the same time; *tegen die* ~ by that time; *tot* ~ *en wijle dat...* till...; *dat is uit de* ~ it is out of date, it has had its day; *hij is uit de* ~ he has had his day; *dichters van deze (van onze)* ~ contemporary poets; *van de laatste (nieuwere)* ~ recent; *van die* ~ *af* from that time forward; *van* ~ *tot* ~ from time to time; *voor de* ~ *van 6 maanden* for a period of six months; *voor de* ~ *van het jaar* for the time of year; *dat was heel mooi voor die* ~ as times went; *voor enige* ~ 1 for some time; for a time; 2 some time ago; *voor korte (lange)* ~ for a short (long) time; *vóór zijn* ~ (*werd hij oud*) prematurely; ~ *is geld* time is money; *de* ~ *zal het leren* time will show (tell); *de* ~ *is de beste heelmeester* time heals all; *andere* ~*en*, *andere zeden* other times other manners; *komt* ~, *komt raad* with time comes counsel; *er is een* ~ *van komen en een* ~ *van gaan* to everything there is a season and a time to every purpose.

tijdaffaire [-afɛːrə] *v* $ time bargain.
tijdbal [-bɔl] *m* ⚓, time-ball.
tijdbepaling [-bəpɑ.lɪŋ] *v* gram adjunct of time.
tijdbesparing [-spa:rɪŋ] *v* saving of time.
tijdbom [-bòm] *v* delayed-action bomb, time bomb.

tijdelijk ['tɛidələk] **I** *aj* temporary; (wereldlijk) temporal; *het* ~*e met het eeuwige verwisselen* depart this life; **II** *ad* temporarily.
tijdeloos [-dɔlo.s] timeless.
tijdens [-dəns] *prep* during.
tijdgeest ['tɛitgə.st] *m* spirit of the age (of the time).
tijdgenoot ['tɛitgəno.t] *m* contemporary.
tijdig ['tɛidəx] **I** *aj* timely [help &], seasonable; **II** *ad* in good time, betimes.
tijdigheid [-hɛit] *v* timeliness, seasonableness.
tijding(en) ['tɛidɪŋ(ən)] *v(mv)* tidings, news, intelligence.
tijdingzaal ['tɛidɪŋza.l] *v* news-room.
tijdje ['tɛicə] *o* (little) while.
tijdmeter [-me.tər] *m* chronometer, time-keeper.
tijdnood [-no.t] *m* time shortage, time trouble [of a chess-player]; *in* ~ *verkeren* be short of time, be under time pressure.
tijdopname [-òpna.mə] *v* 1 *sp* timing; 2 (foto) time exposure.
tijdopnemer [-òpne.mər] *m* *sp* timekeeper, timer.
tijdpassering [-pase:rɪŋ] *v* zie tijdverdrijf.
tijdperk [-pɛrk] *o* period; [stone &] age; [a new] era.
tijdrekening [-re.konɪŋ] *v* chronology; [Christian] era; [Julian &] calendar.
tijdrit [-rɪt] *m* *sp* race against time.
tijdrovend [tɛit'ro.vənt] taking up much time, time-consuming.
tijdruimte ['tɛitrœymtə] *v* space of time, period.
tijdsbeeld ['tɛitsbe.lt] *o* image of the time.
tijdsbestek [-stɛk] *o* space of time.
tijdschakelaar ['tɛitsxa.kəla:r] *m* ⚡ time switch.
tijdschema [-sxe.ma.] *o* time-table.
tijdschrift [-s(x)rɪft] *o* periodical, magazine, review.
tijdsein [-sɛin] *o* time-signal.
tijdsgewricht ['tɛitsgəvrɪxt] *o* period.
tijdslimiet ['tɛitsli.mi.t] *v* time-limit.
tijdsomstandigheid [-òmstɑndəxhɛit] *v* circumstance.
tijdsorde [-ərdə] *v* chronological order.
tijdstip ['tɛitstɪp] *o* moment; date.
tijdsverloop ['tɛitsfərlo.p] *o* course of time; *na een* ~ *van...* after a lapse of...
tijdtafel ['tɛita.fəl] *v* chronological table.
tijdvak ['tɛitfɑk] *o* period.
tijdverdrijf [-fərdrɛif] *o* pastime; *tot (uit)* ~ as a pastime.
tijdverlies [-li.s] *o* loss of time.
tijdverspilling [-spɪlɪŋ] *v* waste of time.
○ **tijgen** ['tɛigə(n)] *vi* go; *aan het werk* ~ set to work; *ten oorlog* ~ go to war.
tijger ['tɛigər] *m* 🐅 tiger.
tijgerachtig [-ɑxtəx] tig(e)rish.
tijgerin [tɛigə'rɪn] *v* 🐅 tigress.
tijgerjacht ['tɛigərjɑxt] *v* tiger-hunt(ing).
tijgerkat [-kɑt] *v* 🐅 tiger-cat.
tijgerlelie [-le.li.] *v* 🌷 tiger-lily.
tijgervel [-vɛl] *o* tiger's skin.
tijhaven ['tɛiha.va(n)] *v* tidal harbour.
tijk [tɛik] 1 *m* tick; 2 *o* (de stof) ticking.
tijm [tɛim] *m* 🌿 thyme.
tik [tɪk] *m* touch, pat, rap, flick; *een* ~ *om de oren* a box on the ears.
tikje [-jə] *o* 1 (klapje) pat, tap; 2 (beetje) bit; *fig* dash, tinge, touch [of malice &]; *een* ~ *arrogantie* a touch of arrogance; *een* ~ *beter* a shade better; *een* ~ *korter* a thought shorter.
tikken ['tɪkə(n)] **I** *vi* tick [of a clock], click; *aan de deur* ~ tap at the door; *aan zijn pet* ~ touch one's cap; *iemand op de schouder* ~ tap one on the shoulder; *iemand de vingers* ~ rap a person's knuckles[2]; **II** *va* F type-(write); **III** *vt* 1 touch [a person]; 2 type-

(write) [a letter &].

tikker [-kər] *m* ticker [ook: **F** = watch].

tiktak ['tɪktɑk] 1 *m* (geluid) tick-tack; 2 *o* (spel) backgammon.

til [tɪl] 1 *m* lift; 2 *v* zie *duiventil*; *op ~ zijn* be drawing near, be at hand; *er is iets op ~* ook: there is something in the wind.

tilbaar ['tɪlba:r] movable.

tillen ['tɪlə(n)] *vt* lift, heave, raise.

timbre ['tɛbrə] *o* timbre.

timmeren ['tɪmərə(n)] I *vi* carpenter; *hij timmert niet hoog* he will not set the Thames on fire; *er op ~* pitch into him (into them), lay about one; *men moet er op blijven ~* one ought to keep harping on the subject; II *vt* construct, build, carpenter; *in elkaar ~* frame (up) [a story &].

timmergereedschap ['tɪmərgərə.tsxɑp] *o* carpenter's tools.

timmerhout [-hɑut] *o* timber.

timmerman [-mɑn] *m* carpenter.

timmerwerf ['tɪmərvɛrf] *v* (carpenter's) yard.

timmerwerk [-vɛrk] *o* carpentry, carpenter's work; carpentering.

tin [tɪn] *o* tin, (legering van tin en lood) pewter.

tinctuur [tɪŋk'ty:r] *v* tincture.

tinerts ['tɪnɛrts] *o* tin-ore.

tinfoelie [-fu.li.] *v* (tin-)foil.

tingelen ['tɪŋələ(n)] *vi* tingle, jingle.

tingeltangel ['tɪŋəltɑŋəl] *m* S café-chantant.

tinkelen ['tɪŋkələ(n)] *vi* tinkle.

tinmijn ['tɪnmɛin] *v* tin-mine.

tinne ['tɪnə] *v* battlements, crenel.

tinnegieter ['tɪnəgi.tər] *m* tinman, pewterer; *politieke ~* pot-house politician, political upholsterer.

tinnen ['tɪnə(n)] *aj* pewter.

tint [tɪnt] *v* tint, tinge, hue. shade.

tintelen [-tələ(n)] *vi* twinkle; *~ van* 1 sparkle with [wit]; 2 tingle with [cold].

tinteling [-təlɪŋ] *v* 1 twinkling; sparkling; 2 tingling.

tinten ['tɪntə(n)] *vi* tinge, tint; *getint papier* toned paper; *blauw getint* tinged with blue.

tintje ['tɪncə] *o* tinge².

tinwinning ['tɪnʋɪnɪŋ] *v* tin-mining.

1 **tip** [tɪp] *m* tip [of finger]; corner [of a handkerchief &]; *een ~ van de sluier oplichten* lift a corner of the veil.

2 **tip** [tɪp] *m* tip [information].

tippel ['tɪpəl] *m* F tramp; *op de ~* F on the trot.

tippelen ['tɪpələ(n)] *vi* F trot, tramp.

tippen ['tɪpə(n)] I *vt* clip, trim; II *vi* in: *...kan er niet aan ~* F ...cannot touch it, ...is not a patch on it.

tiptop ['tɪptɔp] F tiptop, first-rate, A 1.

tirade [ti.'ra.də] *v* tirade.

tiran [ti.'rɑn] *m* tyrant.

tirannie [ti.rɑ'ni.] *v* tyranny.

tiranniek [-'ni.k] *aj* (& *ad*) tyrannical(ly).

tiranniseren, tiranniseren [-ni.'ze:rə(n)] *vt* tyrannize over.

titanisch [ti.'ta.ni.s] titanic.

titel [ti.təl] *m* title [of a poem, book &, of a person]; heading [of a column, chapter].

titelblad [-blɑt] *o* title-page.

titelhouder [-hɑudər] *m sp* holder of the title.

titelplaat [-pla.t] *v* frontispiece.

titelrol [-rɔl] *v* title-rôle, title-part, name-part.

tittel ['tɪtəl] *m* tittle, dot; *geen ~ of jota* not one jot or tittle.

titulair [ti.ty.'lɛ:r] titular; *majoor ~ brevet* major.

titularis [-'la:rəs] *m* holder (of an office, of a title); office-bearer; incumbent [of a parish].

titulatuur [-la.'ty:r] *v* style, titles; forms of address.

tituleren [-'le:rə(n)] *vt* style, title; *hoe moet ik u ~?* what is your style (and title)?

tjalk [tjɑlk] *m* & *v* ♫ tjalk.

tjiftjaf ['tjɪftjɑf] *m* ♫ chiff-chaff.

tjilpen ['tjɪlpə(n)] *vi* chirp, cheep, twitter.

tjokvol ['tjɔkfɔl] chock-full, cram-full, crammed.

tobbe ['tɔbə] *v* tub.

tobben ['tɔbə(n)] *vi* toil, drudge; *met iemand ~* have a lot of trouble with a person; *over iets ~* worry about something.

tobber [-bər] *m* 1 toiler, drudge; 2 worrier.

tobberij [tɔbə'rei] *v* 1 trouble, difficulty; 2 worrying.

toch [tɔx] 1 (niettegenstaande dat) yet, still, for all that, in spite of (all) that, nevertheless; 2 (werkelijk) really; 3 (zeker) surely, to be sure; 4 (ongeduld uitdrukkend) ever; 5 (verzoekend, gebiedend) do..., pray...; 6 (niet vertaald) in: *wat is ~ jammer!* what a pity it is!; *je moest nu ~ klaar zijn* you should be ready by this time; *het is ~ te erg* it really is too bad; *je komt ~?* you are coming, to be sure?; *een ... is ~ een mens* a ... is a man for all that; *wat wil hij ~?* what ever does he want?; *what does he want?*; *wie kan het ~ zijn?* who ever can it be?; *welke Jan bedoel je ~?* which ever John do you mean?; *maar Jan ~!* I say, John!, John! Really, you know!; *wat mankeert hij ~?* what is the matter with him, anyhow?; *hoe (waar, waarom, wanneer) ~?* how (where, why, when) ever...?; *wij gaan morgen — Neen ~?* Not really?; *waar zou hij ~ zijn?* I (nieuwsgierig) where may he be?; 2 (verbaasd) where *can* he be?; 3 (ongeduldig) where ever is he?; *wees ~ stil!* do be quiet, please!; *ja ~, nu herinner ik het me* yes indeed, now I remember; *het is ~ al moeilijk* it is difficult as it is (anyhow); *hij komt ~ niet* he will never turn up; *antwoord ~ niet* (pray) don't answer; *hij heeft de hele kip opgegeten. — Toch niet?* Never!, you don't say so!; *hij is ~ wel knap* he is a clever fellow though.

tocht [tɔxt] *m* 1 (reis) march, expedition, journey; voyage [by sea]; 2 (trekwind) draught; *op de ~ zitten* sit in a draught.

tochtband ['tɔxtbɑnt] *o* & *m* list.

tochtdeken [-de.kə(n)] *v* draught-rug.

tochtdeur [-dø:r] *v* swing-door.

tochten ['tɔxtə(n)] In: *het tocht hier* there is a draught here.

tochtgat ['tɔxtgɑt] *o* vent-hole, air-hole.

tochtgenoot [-gəno.t] *m* fellow-traveller, companion.

tochtig ['tɔxtəx] (w a a r h e t t o c h t) draughty.

tochtje ['tɔxjə] *o* excursion, trip.

tochtlat ['tɔxtlɑt] *v* strip.

tochtraam [-ra.m] *o* double window.

toe [tu.] to; *~, jongens, nu stil!* I say, boys, do be quiet now!; *~, kom nou toch!* Oh, do come!; *~ maar!* 1 (aanmoedigend tot daad) go it!; 2 (aanm. tot spreken) fire away!; 3 (uiting v. verwondering) never!, good gracious!; *deur ~!* shut the door!; *de deur is ~* the door is shut; *~ nou!* F do, now!; *ik ben er nog niet aan ~* I've not got so far yet; *nu weet ik waar ik aan ~ ben* now I know where I am (where I stand); *hij is er slecht aan ~* 1 he is badly off; 2 he [the patient] is in a bad way; *naar de stad ~* 1 in the direction of the town; 2 F to (the) town.

toebedelen ['tu.bədə.lə(n)] *vt* allot, assign, apportion, deal out, dole (parcel, mete) out.

toebehoren [-ho:rə(n)] I *vi* belong to; II *o* in: *met ~* with appurtenances, with accessories.

toebereiden [-rɛidə(n)] *vt* 1 prepare; 2 (kruiden) season.

toebereiding [-rɛidɪŋ] v 1 (k l a a r m a k e n) preparation [of food]; 2 (k r u i d e n) seasoning.

toebereidselen [-rɛitsəlɐ(n)] mv preparations, preparatives; ~ maken voor... make preparations for, get ready for.

toebijten ['tu.bɛitɐ(n)] I vi bite²; hij zal niet ~ F he won't take the bait; II vi in: „weg", beet hij mij toe he snarled (snapped) at me.

toebrengen [-brɛŋɐ(n)] vt inflict [a wound, a loss, a defeat upon]; deal, strike [one a blow], do [harm].

toedekken [-dɛkɐ(n)] vt cover (up) [something]; tuck in [a child in bed].

toedenken [-dɛŋkɐ(n)] vt in: iemand iets ~ destine it, intend it for him.

toedichten [-dɪxtɐ(n)] vt ascribe, impute [it to him].

toedienen [-di.nɐ(n)] vt administer [remedies, the sacraments]; give [a blow].

toediening [-di.nɪŋ] v administration [of remedies, sacraments].

1 **toedoen** [-du.n] vt shut; zie ook: oog(je).

2 **toedoen** [-du.n] o in: het geschiedde b u i t e n mijn ~ I had no part in it; d o o r zijn ~ through him; z o n d e r uw ~ zou ik niet... but for you.

toedraaien [-dra.jɐ(n)] vt close (by turning), turn off [a tap]; zie ook: rug.

toedracht [-drɑxt] v de ~ the way it happened; de (ware) ~ der zaak how it all came to pass, the ins and outs of the affair.

toedragen [-dra.ɣɐ(n)] I vt in: achting ~ esteem, hold in esteem; iemand een goed hart ~ be kindly disposed towards a person, wish a person well; iemand geen goed hart ~ be ill-affected towards a person; ze dragen elkaar geen goed hart toe there is no love lost between them; II vt zich ~ happen; hoe heeft het zich toegedragen? how did it come to pass?

toedrinken [-drɪŋkɐ(n)] vt in: iemand ~ drink a person's health.

toeëigenen [-ɛiɣɐnɐ(n)] vt in: zich iets ~ appropriate something.

toeëigening [-nɪŋ] v appropriation.

toefluisteren ['tu.flœystərɐ(n)] vt in: iemand iets ~ whisper something in a person's ear, whisper it to him.

toegaan [-ɡa.n] vi 1 (d i c h t g a a n) close, shut; 2 (zich toedragen) happen, come to pass; het gaat er raar toe there are strange happenings there; zo is het toegegaan thus the matter went; ~ naar go (up) to [him], make for [the door &].

toegang [-ɡɑŋ] m 1 ingress, entrance, way in; approach [to a town]; 2 access, entrance; 3 admission, admittance; verboden ~ private, no admittance; trespassers will be prosecuted; vrije ~ admission free; vrije ~ hebben tot ook: have the run of [a library &]; be free of [the house]; ~ geven tot give access to [another room]; iemand ~ verlenen admit a person; zich ~ verschaffen tot get into, force an entrance into [a house]; de ~ weigeren deny [one] admittance.

toegangsbewijs ['tu.ɡɑŋsbəvɛis] o ~biljet [-bɪljɛt] o ~kaart [-ka:rt] v admission ticket.

toegangsweg [-vɛx] m approach, access road, access route.

toegankelijk [tu.ɡɑŋkələk] accessible, approachable, F get-at-able; moeilijk ~ [sources] difficult of access; hij is voor iedereen ~ he is a very approachable man; niet ~ voor het publiek not open to the public.

toegankelijkheid [-hɛit] v accessibility.

toegedaan ['tu.ɡəda.n] in: ik ben hem zeer ~ I am very much attached to him; ik ben die mening ~ I hold that opinion; de vrede oprecht ~ zijn be sincerely devoted to peace.

toegeeflijk [tu.'ɡe.fələk] aj (& ad) indulgent-

toegeeflijkheid [-hɛit] v indulgence. [(ly).

toegenegen ['tu.ɡəne.ɣɐ(n)] affectionate, devoted to; Uw ~ X Yours affectionately X.

toegenegenheid [-hɛit] v affectionateness, affec-

toegepast ['tu.ɡəpɑst] applied. [tion.

toegespen ['tu.ɡɛspɐ(n)] vt buckle.

toegeven [-ɡe.vɐ(n)] I vt give into the bargain; fig concede, admit, grant; dat geef ik u toe I grant you that; toegegeven dat u gelijk hebt granting you are right; de zangeres gaf nog wat toe gave an extra; ze geven elkaar niets toe they are well matched; men moet kinderen wat ~ children should be humoured (indulged) a little; zij geeft hem te veel toe she is too indulgent; II vi give in [to a person], give way [to grief, one's emotions &], yield; hij wou maar niet ~ he could not be made to yield the point; zoals iedereen ~ zal as everybody will readily admit; ~ a a n zijn hartstochten indulge one's passions; je moet maar niet in alles ~ not give way in everything.

toegevend [tu.'ɡe.vənt] indulgent; gram concessive.

toegevendheid [-hɛit] v indulgence.

toegewijd ['tu.ɡəvɛit] devoted [friend], dedicated [fighter].

toegift ['tu.ɡɪft] v makeweight; extra; als ~ into the bargain.

toegooien [-ɡo.jɐ(n)] vt throw to, slam [a door]; fill up [a hole]; throw [me that book].

toegrendelen [-ɡrɛndələ(n)] vt bolt. [thing].

toegrijpen [-ɡrɛipɐ(n)] vi make a grab [at a

toehalen [-ha.lɐ(n)] vt draw closer, draw tighter.

toehappen [-hɑpɐ(n)] vi snap at it; swallow the bait²; gretig ~ jump at a proposal (an offer).

toehoorder [-ho:rdər] m auditor, hearer, listener.

toehoren [-ho:rɐ(n)] vi 1 listen to; 2 zie toebehoren.

toehouden [-hɑudɐ(n)] vt 1 (t o e r e i k e n) hand to; 2 (d i c h t h o u d e n) keep shut.

toejuichen [-jœyɣɐ(n)] vt applaud, cheer; fig welcome [a measure &].

toejuiching [-ɣɪŋ] v applause, shout, cheer.

toekennen ['tu.kɛnɐ(n)] vt adjudge, award [a prize, punishment]; give [marks in examination &]; een grote waarde ~ aan... attach great value to...

toekenning [-nɪŋ] v granting, award.

toekeren ['tu.ke:rɐ(n)] vt turn to; zie ook: rug.

toekijken [-kɛikɐ(n)] vi look on.

toekijker [-kɛikər] m looker-on, onlooker.

toeknikken [-knɪkɐ(n)] vi nod to [a person].

toeknopen [-kno.pɐ(n)] vt button up.

toekomen [-ko.mɐ(n)] vi in: zij kunnen niet ~ they can't make both ends meet; dat komt ons toe that is our due, it is due to us, we have a right to it; iemand iets doen ~ send a person something; zult u er mee ~? will that be sufficient?; ik kan er lang mee ~ it goes a long way with me.

toekomend [-ko.mənt] future, next; ~e tijd gram future tense, future; ~ hem ~e his due.

toekomst [-kɔmst] v future; in de ~ in (the) future; in de ~ lezen look into the future.

toekomstdroom [-dro.m] m dream of the future.

toekomstig [tu.'kɔmstəx] future.

toekomstmuziek ['tu.kɔmstmy.zi.k] v fig dreams of the future.

toekomstplan [-plɑn] o plan for the future

toekrijgen ['tu.krɛiɣɐ(n)] vt 1 get shut, succeed in shutting; 2 get into the bargain.

toelaatbaar ['tu.la.tba:r] admissible.

toelaatbaarheid [-hɛit] v admissibility.

toelachen ['tu.lɑɣɐ(n)] vt smile at; fig smile on; het lacht me niet toe it doesn't appeal to me, it doesn't commend itself to me.

toelage [-la.gə] *v* allowance, gratification; grant [for students]; bonus; extra pay (salary, wages).

toelaten [-la.tə(n)] *vt* 1 (dulden) permit, allow, suffer, tolerate; 2 (toegang verlenen) admit; 3 (dóórlaten) pass [a candidate]; *...kunnen niet toegelaten worden no... admitted; het laat geen twijfel (geen andere verklaring) toe* it admits of no doubt (of no other interpretation).

toelating [-tɪŋ] *v* 1 permission, leave; 2 admission, admittance.

toelatingsexamen [-tɪŋseksa.mə(n)] *o* 1 entrance examination; 2 matriculation [at the university].

toeleg ['tu.lɛx] *m* attempt, design, purpose, intention, plan.

toeleggen [-legə(n)] I *vt* cover up; *er geld op* ∼ be a loser by it; *er 10 gulden op* ∼ be ten guilders out of pocket; *het erop* ∼ *om... be bent upon ...ing; het op iemands ondergang* ∼ be out to ruin him; II *vr zich* ∼ *op de studie van...* apply oneself to [mathematics &].

toelichten [-lɪxtə(n)] *vt* clear up, elucidate, explain; *het met voorbeelden* ∼ illustrate it.

toelichting [-lɪxtɪŋ] *v* explanation, elucidation.

toelonken [-lɔŋka(n)] *vt* ogle [a girl].

toeloop [-lo.p] *m* concourse.

toelopen [-lo.pə(n)] *vi* come running on; *u moet maar* ∼ you just walk on; *op iemand* ∼ go up to a person; *hij kwam op mij* ∼ 1 he came up to me; 2 he came running towards me; *spits* ∼ taper, end in a point.

toeluisteren [-lœystərə(n)] *vi* listen.

toemaken [-ma.kə(n)] *vt* close, shut [a door &]; fold up [a letter]; button up [one's coat].

toemeten [-me.tə(n)] *vt* measure out, mete out.

toen [tu.n] I *ad* then, at that time; *van* ∼ *af* from that time, from then; II *cj* when, as.

toenaaien [tu.na.jə(n)] *vt* sew up.

toenaam [-na.m] *m* 1 surname, nickname; 2 family name, surname.

toenadering [-na.dərɪŋ] *v* approach[2]; *fig* rapprochement.

toename [-na.mə] *v* increase, rise.

toendra ['tu.ndra.] *v* tundra.

toenemen ['tu.ne.mə(n)] *vi* increase, grow.

toeneming [-mɪŋ] *v* increase, rise.

toenmaals ['tu.nma.ls] then, at the (that) time.

toenmalig [tu.n'ma.ləx] then, of the (that) time; *de* ∼ *e voorzitter* the then president.

toentertijd [tu.ntər'tɛit] at the (that) time.

toepasselijk [tu.'pasələk] apposite, appropriate, suitable, bearing upon the matter; ∼ *op* applicable to, pertinent to, relevant to.

toepasselijkheid [-hɛit] *v* applicability; appropriateness, relevancy.

toepassen ['tu.pasə(n)] *vt* apply [rules & to].

toepassing [-sɪŋ] *v* application; *in* ∼ *brengen* put into practice; *dat is ook van* ∼ *op...* it is also applicable to..., it also applies to...

toer [tu:r] *m* 1 (omdraaiing) turn [of a wheel &], revolution [of an engine, of a long-play record]; 2 (tocht) tour, trip; 3 (wandeling) turn [= stroll, drive, run, ride]; 4 (kunststuk) feat, trick; 5 (van kapsel) front [of false hair]; 6 (v. halssnoer) string [of pearls]; 7 (bij het breien) round; *een* ∼ *doen* take a turn [in the garden]; ∼*en doen* perform tricks; *S* do stunts; *het is een hele* ∼ it is quite a job; *het is zo'n* ∼ *niet* there is nothing very difficult about it.

toerauto ['tu:ro.to., -əuto.] *m* touring-car.

toerbeurt [-bə:rt] *v* turn; *bij* ∼ by (in) rotation; by turns.

toereiken ['tu.rɛikə(n)] I *vt* reach, hand [something to a person]; II *vi* suffice, be sufficient.

toereikend [tu.'rɛikənt] sufficient, enough; ∼

zijn ook: suffice.

toerekenbaar [tu.'re.kənba:r] accountable, responsible [for one's actions].

toerekenbaarheid [-hɛit] *v* accountability responsibility.

toeren ['tu:rə(n)] *vi* take a drive (a ride &).

toerental [-tɔl] *o* ⚙ number of revolutions.

toerenteller [-tɛlər] *m* ⚙ revolution-counter.

toerisme [tu:'rɪsmə] *o* tourism; tourist industry.

toerist [-'rɪst] *m* tourist.

toeristenklas(se) [-'rɪstə(n)klɑs(ə)] *v* tourist class.

toeristenseizoen [-sɛizu.n] *o* tourist season.

toeristisch [tu:'rɪsti.s] tourist [traffic &].

toernooi [tu.r'no:i] *o* tournament, tourney, joust.

toeroepen ['tu.ru.pə(n)] *vt* call to, cry to.

toerusten ['tu.rʏstə(n)] I *vt* equip, fit out; II *vr zich* ∼ *voor* equip oneself for, prepare for.

toerusting [-tɪŋ] *v* equipment, fitting out, preparation.

toeschietelijk [tu.'sxi.tələk] 1 friendly; 2 (inschikkelijk) obliging.

toeschietelijkheid [-hɛit] *v* 1 friendliness; 2 obligingness.

toeschieten ['tu.sxi tə(n)] *vi* (toesnellen) dash forward; ∼ *op* rush at [a person]; pounce upon [its prey].

toeschijnen [-sxɛinə(n)] *vi* seem to, appear to.

toeschouwen [-sxɔuə(n)] *vi* look on.

toeschouwer [-sxɔuər] *m* spectator, looker-on, onlooker.

toeschreeuwen [-s(x)re.və(n)] *vt* cry to.

toeschrijven [-s(x)rɛi.və(n)] *vt* ascribe, attribute, impute [it to, put [it] down to.

toeslaan [-sla.n] I *vi* 1 (dichtslaan) slam (to) [of a door]; 2 (er op slaan) lay about one, hit out; 3 (een slag toebrengen) strike; *sla toe!* 1 pitch into them!, go it!; 2 (bij koop) shake (hands on it)!; II *vt* 1 (dichtslaan) slam, bang [a door]; shut [a book]; 2 (bij veiling) knock down to.

toeslag [-slɑx] *m* 1 (in geld) extra allowance (pay); [war] bonus; (prijsvermeerdering) extra charge; extra fare, excess fare [on railways &]; 2 (bij veiling) knocking down.

toesnauwen [-snɔuə(n)] *vt* snarl at.

toesnellen [-snɛlə(n)] *vi* rush forward; ∼ *op* rush to.

toespeling [-spe.lɪŋ] *v* allusion, insinuation, hint; *een* ∼ *maken op* allude to, hint at.

toespijkeren [-spɛikərə(n)] *vt* nail up.

toespijs [-spɛis] *v* 1 side-dish; 2 dessert.

toespitsen [-spɪtsə(n)] I *vt* exacerbate [the position, relations &]; II *vr zich* ∼ grow worse [of a situation].

toespraak [-spra.k] *v* address, harangue, allocution; *een* ∼ *houden* give an address.

toespreken [-spre.kə(n)] *vt* speak to [a person]; address [a meeting].

toespringen [-sprɪŋə(n)] *vi* spring forward; *komen* ∼ come bounding on; ∼ *op* spring at.

toestaan [-sta.n] *vt* 1 (toelaten) permit, allow; 2 (verlenen) grant, accord, concede.

toestand [-stɑnt] *m* state of affairs, position, situation, condition, state; *in hachelijke* ∼ in a precarious situation; in a sorry plight.

toesteken [-ste.kə(n)] *vt* in: *iemand de hand* ∼ put (hold) out one's hand to a person; *de toegestoken hand* the proffered hand.

toestel [-stɛl] *o* appliance, contrivance, apparatus; ⚙ machine; [wireless, TV] set; (foto∼, film∼) camera; ∼ *13* ☎ extension 13.

toestemmen [-stɛmə(n)] I *vt* in: *dat wil ik u gaarne* ∼ I readily grant you that; II *vi* consent; ∼ *in iets* consent to, agree to; grant it; accede to it.

toestemming [-stɛmɪŋ] v consent, assent; *met (zonder)* ~ *van* with (without) the permission of.

toestoppen [-stɔpə(n)] vt stop up [a conduit]; stop [one's ears]; tuck in [a child]; *iemand iets* ~ slip it into his hand.

toestromen [-stro.mə(n)] vi flow (stream, rush) towards, flock in, come flocking to [a place].

toesturen [-sty:rə(n)] vt send, forward; remit [money].

toetakelen [-ta.kələ(n)] I vt 1 (uitdossen) accoutre [a child]; 2 (mishandelen) S knock about [a person]; damage [a thing]; *hij werd lelijk toegetakeld* he was awfully knocked about; II vr *zich (gek)* ~ accoutre oneself.

toetasten [-tɑstə(n)] vi help oneself, fall to [at dinner].

toeten ['tu.tə(n)] vi toot(le), hoot; *hij weet van* ~ *noch blazen* he knows nothing at all.

toeter ['tu.tər] m tooter, hooter, horn.

toeteren ['tu.tərə(n)] vi toot, tootle, hoot; sound (the one's) horn.

toetje ['tu.cə] o 1 sweet, a bit of dessert; 2 knot [of hair]; 3 pretty face.

toetreden ['tu.tre.də(n)] vi in: *op iemand* ~ walk up to a man; ~ *tot* join [a club, union &], accede to [a treaty].

toetreding [-dɪŋ] v accession, joining.

toets [tu.ts] m 1 (penseelstreek) touch; 2 (proef) test[2], assay; 3 key [of a piano; of a typewriter]; *de* ~ *(der kritiek) kunnen doorstaan* stand the test, pass muster.

toetsen ['tu.tsə(n)] vt try, test, put to the test [a person, thing, quality]; assay [metals]; ~ *aan* test by [the original].

toetsenbord [-bɔrt] o keyboard.

toetsnaald ['tu.tsna.lt] v touch-needle.

toetssteen ['tu.tste.n] m touchstone[2].

toeval [tu.vɑl] o 1 accident, chance; 2 m & o ꝼ fit of epilepsy; *het* ~ *wilde dat...* it so happened that..., it chanced that...; *aan* ~ *len lijden* be epileptic; *bij* ~ by chance, by accident, accidentally; *bij* ~ *ontmoette ik hem ook*: I happened to meet him; *door een gelukkig* ~ by some lucky chance.

toevallen [-vɑlə(n)] vi fall to; *hem* ~ fall to his share; accrue to him [of interest].

toevallig [tu.'vɑlɑx] I aj accidental, casual, fortuitous; *een* ~*e ontmoeting* ook: a chance meeting; II ad by chance, by accident, accidentally; ~ *zag ik het* ook: I happened to see it.

toevalligheid [tu.'vɑlɑxhɛit] v 1 (abstract) casualness, fortuitousness, fortuity; 2 (concreet) fortuity, coincidence, accident.

toeven ['tu.və(n)] vi 1 tarry; 2 stay.

toeverlaat [tu.vərla.t] m refuge, shield.

toevertrouwen [-trouə(n)] vt in: *iemand iets* ~ entrust a person with a thing, entrust a thing to a person; confide something [a secret] to him; commit (consign) it to his charge.

toevloed [-vlu.t] m affluence; concourse [of people].

toevloeien [-vlu.jə(n)] vi flow to; accrue to.

toevlucht [-vlŭxt] v refuge; recourse; *zijn* ~ *nemen tot* have recourse to, resort to.

toevluchtsoord [-vlŭxtso:rt] o (haven of) refuge.

toevoegen ['tu.vu.gə(n)] vt 1 add, join [something] to; 2 address [words] to; *,,zwijg!"* *voegde hij mij toe* "silence!" he said to me; *wat heeft u daaraan toe te voegen?* what have you to add to that?

toevoeging [-gɪŋ] v addition.

toevoegsel ['tu.vu.xsəl] o supplement.

toevoer ['tu.vu:r] m supply.

toevoerbuis [-bœys] v supply-pipe.

toevoeren ['tu.vu:rə(n)] vt supply.

toevouwen [-vɔuə(n)] vt fold up.

toevriezen [-vri.zə(n)] vi freeze over (up).

toewenken [-vɛŋkə(n)] vt beckon to.

toewensen [-vɛnsə(n)] vt wish.

toewerpen [-vɛrpə(n)] vt cast [a glance &] at, throw, fling [it] to; *de deur* ~ slam the door.

toewijden [-vɛidə(n)] I vt consecrate, dedicate [a church & to God]; dedicate [a book to a friend]; devote [one's time & to]; II vr *zich* ~ *aan* devote oneself to.

toewijding [-dɪŋ] v devotion [to duty].

toewijzen ['tu.vɛizə(n)] vt allot, assign, award [a prize to...], allocate [sugar, fats &]; knock down [to the highest bidder].

toewijzing [-zɪŋ] v allotment, assignment, award, allocation [for sugar, fats &].

toewuiven ['tu.vœyvə(n)] vt wave to; *zich koelte* ~ *met zijn strooien hoed* fan oneself with one's straw hat.

toezeggen [-zɛgə(n)] vt promise.

toezegging [-gɪŋ] v promise.

toezenden ['tu.zɛndə(n)] vt send, forward; remit [money].

toezending [-dɪŋ] v sending, forwarding; remittance [of money].

toezicht ['tu.zɪxt] o surveillance, supervision, superintendence, inspection; ~ *houden op de jongens* keep an eye on the boys; *wie moet* ~ *houden?* who is charged with the surveillance?; *het* ~ *uitoefenen over...* be charged with the supervision over..., supervise..., superintend...; *onder* ~ *van...* under the supervision of...

toezien [-zi.n] vi 1 (toekijken) look on; 2 (oppassen) take care, be careful; *u moet goed* ~ be careful; see to it that...; *wij mochten* ~ we were left out in the cold; ~ *op zie toezicht houden op, het toezicht uitoefenen over*; ~*d voogd* co-guardian.

toezwaaien [-zva.jə(n)] vt wave to; *lof* ~ praise.

toga ['to.ga.] v gown, robe, toga; ~ *en bef* bands and gown.

toilet [tvɑ'lɛt] o 1 toilet; dress; 2 toilet-table, dressing-table; 3 (W.C.) lavatory; ~ *maken* make one's toilet, dress; *een beetje* ~ *maken* smarten oneself up a bit; *in groot* ~ in full dress.

toiletbenodigdheden [-bəno.dəxthe.də(n)] mv toilet requisites.

toiletdoos [-do.s] v dressing-case.

toiletemmer [-ɛmər] m slop-pail.

toiletpapier [-pa.pi:r] o toilet-paper.

toiletspiegel [-spi.gəl] m toilet-mirror; cheval-glass.

toilettafel [tvɑ'lɛta.fəl] v toilet-table, dressing-table.

toiletzeep [tvɑ'lɛtse.p] v toilet soap.

tokkelen ['tɔkələ(n)] I vt pluck, touch [the strings], touch [the harp &], twang [a guitar], thrum [a banjo]; II va thrum.

tol [tɔl] m 1 (speelgoed) top ‖ 2 (schatting) toll[2], tribute; (bij in- en uitvoer) customs, duties; (bij doortocht) toll; 3 (tolboom) turnpike; 4 (tolhuis) toll-house; ~ *betalen* pay toll; *hij betaalde de* ~ *aan de natuur* he paid the debt of (to) nature; ~ *heffen van...* levy toll on.

tolbaas ['tɔlba.s] ~**beambte** [-bɔɑmtə] m toll-collector, turnpike-keeper.

tolboom [-bo.m] m turnpike, toll-bar.

tolbrug [-brŭx] v toll-bridge.

tolereren [to.lə're:rə(n)] vt tolerate.

tolgeld [-gɛlt] o toll.

tolhek [-hɛk] o toll-gate.

tolhuis [-hœys] o toll-house.

tolk [tɔlk] m interpreter; *fig* mouthpiece.

tolkantoor ['tɔlkɑnto:r] o zie *tolhuis*.

tollen ['tɔlə(n)] vi spin a top, play with a top; *in het rond* ~ tumble about; *iemand in het rond doen* ~ send one spinning.

tollenaar ['tɔlənɑ:r] *m* B publican.
tolplichtig [tɔl'plɪxtəx] subject to toll.
tolunie ['tɔly.ni.] *v* **tolverbond** [-vərbònt] *o* customs union.
tolvlucht [-vlŭxt] *v* ♱ spin.
tolvrij [-vrɛi] toll-free, free of duty, duty-free.
temaat [to.'ma.t] *v* ✿ tomato.
tomatensoep [-'ma.tə(n)su.p] *v* tomato-soup.
tombe ['tòmbə] *v* tomb.
tombola ['tòmbo.la.] *m* tombola.
tomeloos ['to.məlo.s] unbridled, unrestrained, ungovernable.
tomeloosheid [to.mə'lo.sheit] *v* licentiousness.
tomen ['to.mə(n)] *vt* bridle, check².
tompoes, tompouce [tòm'pu.s] *m* 1 Tom Thumb (umbrella); 2 cream pastry.
ton [tòn] *v* 1 (vat) cask, barrel; 2 (maat) ton; 3 ⚓ buoy; 4 a hundred thousand guilders.
tondel ['tòndəl] *o* tinder.
tondeldoos [-do.s] *v* tinder-box.
tonder ['tòndər] = *tondel.*
tondeuse [tòn'dø.zə] *v* (pair of) clippers.
toneel [to.'ne.l] *o* 1 stage; 2 scene [of an act]; 3 *fig* theatre, scene; *het Nederlands* ~ the Dutch stage; ~ *spelen* act²; *het* ~ *van de oorlog* the theatre (seat) of war; *bij het* ~ on the stage; *bij het* ~ *gaan* go on the stage; *ten tonele verschijnen* appear on the stage, come on; *fig* appear on the scene²; *ten tonele voeren* put upon the stage; *van het* ~ *verdwijnen* make one's exit², disappear from the stage², make one's bow².
toneelaanwijzing [-a.nʋeizɪŋ] *v* stage-direction.
toneelachtig [-ɑxtəx] theatrical, stagy.
toneelbenodigdheden [-bəno.dəxthe.də(n)] *mv* stage-properties.
toneelbewerking [-bəwɛrkɪŋ] *v* stage version.
toneelcriticus [-kri.ti.kŭs] *m* dramatic critic.
toneeleffect, ~effekt [-ɛfɛkt] *o* stage-effect.
toneelgezelschap [-gəzɛlsxap] *o* theatrical company.
toneelkijker [-kɛikər] *m* opera-glass, binoculars.
toneelknecht [-knɛxt] *m* stage-hand.
toneelkritiek [-kri.ti.k] *v* dramatic criticism.
toneelkunst [-kŭnst] *v* dramatic art, stage-craft.
toneelmatig [to.ne.l'ma.təx] theatrical.
toneelschool [-sxo.l] *v* school of acting, academy of dramatic art.
toneelschrijver [-s(x)rɛivər] *m* playwright, dramatist.
toneelspeelster [-spe.lstər] *v* (stage-)actress.
toneelspel [-spɛl] *o* 1 acting; 2 zie *toneelstuk.*
toneelspeler [-spe.lər] *m* (stage-)actor, player.
toneelstuk [-stŭk] *o* (stage-)play.
toneelvoorstelling [-vo:rstelɪŋ] *v* theatrical performance.
tonen ['to.nə(n)] I *vt* show; II *vr zich* ~ show oneself; III *va* make a show; *zó* ~ *ze meer* they make a better show.
tong [tòŋ] *v* 1 tongue; 2 ⚓ sole [a fish]; *hij heeft een gladde* ~ he has got a glib tongue; *een kwade* ~ *hebben* have an evil tongue; *hij heeft een lange (scherpe)* ~ he has a long (a sharp) tongue; *zijn* ~ *laten gaan (roeren)* be talking away; *zijn* ~ *uitsteken* put out (stick out) one's tongue (at *tegen*); *steek uw* ~ *uit* put out your tongue, show me your tongue; *zijn* ~ *slaat dubbel* he speaks thickly; *op de* ~ *rijden, over de* ~ *gaan* be the talk of the town.
tongbeen ['tòŋbe.n] *o* tongue-bone.
tongriem [-ri.m] *m* string of the tongue; *van de* ~ *gesneden zijn* have a ready tongue.
tongval [-vɑl] *m* 1 accent; 2 dialect.
tonicum ['to.ni.kŭm] *o* ♱ tonic.
tonijn [to.'nɛin] *m* ♱ tunny.
tonnage [tò'na.ʒə] *v* ⚓ tonnage.
tonnegeld ['tònəgelt] *o* ⚓ tonnage.

tonnen ['tònə(n)] *vt* barrel.
tonsuur [tòn'zy:r] *v* tonsure.
toog [to.x] *m* cassock [of a priest].
tooi [to:i] *m* attire, array, trimmings.
tooien [to.jə(n)] I *vt* adorn, decorate, array, (be)deck; II *vr zich* ~ adorn & oneself.
tooisel ['to:isəl] *o* finery, ornament.
toom [tð.m] *m* bridle, reins; *een* ~ *kippen* a brood of hens; *in* ~ *houden* keep in check, check², *fig* bridle, curb [one's tongue &].
1 **toon** [to.n] *m* 1 tone; 2 (toonhoogte) pitch; 3 (klank) sound; 4 (klemtoon) accent, stress; 5 *fig* tone [of a letter, debate &, also of a picture &]; *de goede* ~ good form; *de* ~ *aangeven* give the tone²; *fig ook:* set the tone; set the fashion; *een* ~ *aanslaan* strike a note; *fig* take a high tone; *u hoeft tegen mij niet zo'n* ~ *aan te slaan* you need not take this tone with me; *een andere* ~ *aanslaan* change one's tone; *in zijn brieven slaat hij een andere* ~ *aan* his letters are in a different strain; *een hoge* ~ *aanslaan* take a high tone; (*goed*) ~ *houden* ♪ keep tune [of singer]; keep in tune [of instrument]; *de juiste* ~ *treffen* strike the right note; *op bevelende (gebiedende)* ~ in a tone of command; *op hoge (zachte)* ~ in a high (low) tone; *op de tonen van de muziek* to the strains of the music; *het is tegen de goede* ~ it is bad form.
2 **toon** [to.n] *m* zie 2 *teen.*
toonaangevend ['to.na.nge.vənt] leading.
toonaard [-a:rt] *m* ♪ key [major or minor].
toonbaar [-ba:r] presentable, fit to be shown, fit to be seen.
toonbank [-bɑŋk] *v* counter.
toonbeeld [-be.lt] *o* model, pattern, paragon.
toondemper [-dɛmpər] *m* ♪ mute.
toonder [-dər] *m* $ bearer; *betaalbaar aan* ~ (*dezes*) $ payable to bearer.
toondicht [-dɪxt] *o* ♪ (musical) composition.
toondichter [-dɪxtər] *m* ♪ (musical) composer.
toonhoogte [-ho.xtə] *v* ♪ pitch.
toonkamer [-ka.mər] *v* show-room.
toonkunst [-kŭnst] *v* ♪ music.
toonkunstenaar [-kŭnstənɑ:r] *m* ~**kunstenares** [to.nkŭnstənɑ:'res] *v* ♪ musician.
toonladder ['to.nlɑdər] *v* ♪ gamut, scale; ~*s spelen* practise scales.
toonloos [-lo.s] 1 toneless [voice]; 2 unaccented, unstressed [syllable].
toonschaal [-sxa.l] *v* scale, gamut.
toontje [-cə] *o* in: *een* ~ *lager zingen* sing small, climb down; *iemand een* ~ *lager doen zingen* make one sing another tune, take him down a peg or two.
toonvast [-vɑst] ♪ keeping tune.
toonzaal [-za.l] *v* show-room.
toonzetter [-zɛtər] *m* ♪ (musical) composer.
toonzetting [-tɪŋ] *v* ♪ (musical) composition.
toorn [to:rn] *m* anger, wrath, choler, ⊙ ire.
toornen [to:rnə(n)] *vi* be angry (wrathful).
toornig [-nəx] I *aj* angry, wrathful, irate; II *ad* angrily, wrathfully.
toorts [to:rts] *v* 1 torch, link; 2 ✿ mullein.
toortsdrager ['to:rtsdra.gər] *m* torch-bearer.
toortslicht [-lɪxt] *o* torch-light.
toost [to.st] *m* toast [to the health of...]; *een* ~ *instellen (uitbrengen)* give (propose) a toast.
toosten ['to.stə(n)] *vi* give (propose) a toast.
1 **top** [tɔp] *m* 1 top, summit [of a mountain]; 2 tip [of the finger]; 3 apex [of a triangle]; *de van de mast* the mast-head; *met de vlag in* ~ the flag flying at the mast-head; *ten* ~ *stijgen* rise to a climax; *van* ~ *tot teen* from top to toe, from head to foot.
2 **top** [tɔp] *ij* 1 done!, it's a go!, I'm on!; 2 (bij weddenschap) taken!
topaas [to.'pa.s] *m* & *o* topaz.
topconditie ['tɔpkòndi.(t)si.] *v* zie *topvorm.*

toplicht ['tɔplɪxt] o ⚓ mast-head light.
topograaf [to.po.'gra.f] m topographer.
topografie [-gra.'fi.] v topography.
topografisch [-'gra.fi.s] aj (& ad) topograph-
ical(ly).
toppen ['tɔpə(n)] v top [a tree].
topprestatie ['tɔprɛsta.(t)si.] v record; ⚔
maximum performance; maximum output
[of a factory].
toppunt ['tɔpʏnt] o 1 (in 't alg.) top², summit²;
2 (in meetk.) vertex, apex; 3 (in sterrenk.)
culminating point; 4 fig top, culminating
point, acme, pinnacle, zenith, climax; dat is
het ~! F that's the limit!, that puts the lid
on!, that beats all!; het ~ van mijn eerzucht
the top of my ambition; het ~ van onbeschaamdheid the height of insolence; het ~
van volmaaktheid the summit (the acme) of
perfection; het ~ bereiken reach its acme,
reach a climax; op het ~ van zijn (haar) roem
at the height of his (her) fame.
topsnelheid ['tɔpsnɛlheit] v top speed.
topvorm [-fɔrm] m in: in ~ zijn be at the top of
one's form, be in top form.
topzwaar [-sva:r] top-heavy².
tor [tɔr] v beetle; gouden ~ rose-chafer.
toren ['to:rə(n)] m tower [not tapering]; steeple
[with a spire]; turret [for guns]; hoog van de
~ blazen boast.
torenflat [-flɛt] m tower-block of flats.
torenhoog [-ho.x] as high as a steeple, towering.
torenklok [-klɔk] v 1 tower-clock church-
clock; 2 church-bell.
torenspits [-spɪts] v spire.
torenspringen [-sprɪŋə(n)] o (v. zwemmers
high diving.
torentje [-cə] o turret; van ~s voorzien turreted.
torenuil [-œyl] m u ie kerkuil.
torenvalk [-valk] m & v ⚓ kestrel, windhover.
tornado [tɔr'na.do.] v tornado.
tornen ['tɔrnə(n)] I vt rip (up); II vi come un-
sewn; daar valt niet aan te ~ that is irrevocable, unshakable; niet ~ aan not meddle
with, not tamper with [rights].
torpederen [tɔrpe.'de:rə(n)] vt torpedo.
torpedo [tɔr'pe.do.] v torpedo.
torpedoboot [-bo.t] m & v ⚓ torpedo-boat.
torpedojager [-ja.gər] m ⚓ (torpedo-boat)
destroyer.
torpedolanceerbuis [-lanse:rbœys] v ⚓ torpedo-
tors [tɔrs] m = torso.   [tube.
torsen ['tɔrsə(n)] vt carry [a bag, on the back],
bear [a heavy burden].
torsie ['tɔrsi.] v torsion.
torso ['tɔrso.] m torso.
tortel ['tɔrtəl] m & v ⚓ turtle(-dove).
tortelduif [-dœyf] v ⚓ turtle-dove.
tot [tɔt] I prep 1 (v. afstand) to, as far as; 2
(v. tijd) till, until, to; 3 (bij bepaling v.
gesteldheid) as, for & onvertaald; benoemd ~ gouverneur appointed governor; ~
vriend kiezen choose [one] for (as) a friend;
die woorden ~ de zijne maken make those
words his own; ~ 1848 till (up to) 1848; [go]
as far back as 1848; van 8 ~ 12 from 8 to
(till) twelve o'clock; ~ de laatste cent to the
last farthing; ~ aan de armen up to their
arms; ~ aan de borst (de knieën) breast-high,
knee-deep; ~ aan de top as high as the top;
up to the top; ~ boven 32° to above 32°; ~
in de dood (getrouw) (faithful) (un)to death;
~ in zijn laatste regeringsjaar down to the
last year of his reign; ~ op de bodem as low
down as the bottom; down to the bottom; ~
op een stuiver to within a penny; ~ voor
enkele jaren up to a few years ago; dat is nog
~ daar aan toe! well, let it go at that!; ~ dan
toe until then; ~ hier(toe) thus far; ~ nu toe

(nog toe) till now, up to now; so far; ~ en
met... up to and including [May 15], as far as
[page 50] inclusive; II cj till, until.
totaal [to.'ta.l] I aj (& ad) total(ly); II o
total (amount), sum total; in ~ in all, total-
ling [1500 persons].
totaalbedrag [-bədrɑx] o sum total, total
amount.
totaalindruk [-ɪndrʏk] m general impression.
totalisator [to.ta.li.'za.tɔr] m totalizator, total-
totalitair [-'tɛ:r] totalitarian.   [izer, F tote.
totalitarisme [-ta.'rɪsmə] o totalitarianism.
totdat [tɔt'dɑt] till, until.
totebel ['to.tɔbɛl] v 1 eig square net; 2 fig
draggle-tail, slattern; ouwe ~ old frump.
totem ['to.təm] m totem.
toto ['to.to.] m 1 (sport~, voetbal~) pool;
2 (bij wedren) zie totalisator.
totstandkoming [tɔt'stantko.mɪŋ] v realization,
completion.
touringcar ['tu:rɪŋka:r] m & v (motor-)coach.
tournee [tu:r'ne.] v tour (of inspection); een ~
maken (in) tour; op ~ gaan go on tour.
tourniquet [tu:rni.'ke(t)] m turnstile.
touw [tɔu] o 1 (voorwerp) rope [over one inch
thick]; cord [= thin rope]; string [= thin
cord]; 2 (stof) rope; ~ pluizen pick oakum;
er is geen ~ aan vast te knopen you can make
neither head nor tail of it; ik ben de hele dag
in ~ geweest I have been in harness all day;
op ~ zetten undertake [something]; get up
[a show]; engineer [a war]; launch [a scheme].
touwladder [-ladər] v rope-ladder.
touwslager [-sla.gər] m rope-maker.
touwslagerij [-tousla.gə'rɛi] v rope-walk.
touwtje ['tɔucə] o (bit of) string.
touwtjespringen [-sprɪŋə(n)] I vi skip; II o
skipping.
touwtrekken ['tɔutrɛkə(n)] o sp tug-of-war.
tovenaar ['to.vəna:r] m sorcerer, magician,
wizard, enchanter.
tovenares [to.vəna:'rɛs] v sorceress, witch, en-
tovenarij [-'rɛi] v zie toverij.   [chantress.
toverachtig ['to.vərɑxtəx] I aj fairy-like, magic-
(al), charming, enchanting; II ad magically.
toverboek [-bu.k] o conjuring-book.
toverdrank [-drɑŋk] m magic potion.
toveren ['to.vərə(n)] I vi practise sorcery; F
conjure, juggle; ik kan niet ~ I am no
wizard; II vt conjure (up)²; een ei uit een hoed
~ conjure (juggle) an egg out of a hat.
toverfluit ['to.vərflœyt] v magic flute.
toverformule [-fɔrmy.lə] v toverformulier
[-fɔrmy.li:r] o magic formula, spell, charm,
incantation.
tovergodin [-go.dɪn] v fairy.
toverheks [-hɛks] v witch.
toverij [to.və'rɛi] v sorcery, witchcraft, magic.
toverkol [to.vərkɔl] v witch, hag.
toverkracht [-krɑxt] v witchcraft, spell.
toverkunst [-kʏnst] v sorcery, magic (art); ~en
magic tricks, tricks of magic, witchcraft.
toverlantaarn, -lantaren [-lɑnta:rən] v magic
lantern.
tovermiddel [-mɪdəl] o charm, spell, magic
means.
toverpaleis [-pa.lɛis] o enchanted palace.
toverring ['to.vərɪŋ] m magic ring.
toverroede [-ru.də] v magic wand.
toverslag ['to.vərslɑx] m in: als bij ~ as if (as
by magic.
toverspreuk [-sprø.k] v incantation, spell,
charm.
toverstaf [-stɑf] m magic wand.
toverwoord [-vo:rt] o magic word, spell, charm.
traag [tra.x] I aj slow, tardy, indolent, sluggish,
slothful, inert; II ad slowly, tardily &.
traagheid ['tra.xheit] v 1 (in 't alg.) slowness,
indolence, inertness, sluggishness, slothful-

ness; 2 (in natuurk.) inertia.

1 **traan** [tra.n] *m* & *v* tear; *de tranen stonden hem in de ogen* tears were in his eyes; *hij zal er geen ~ om laten* he will not shed a tear over it; *tranen met tuiten schreien, hete tranen schreien* cry one's heart out, cry bitterly; *tot tranen geroerd zijn* be moved to tears.

2 **traan** [tra.n] *m* train-oil.

traanachtig ['tra.naxtəx] zie *tranig*.

traanbom [-bòm] *v* ✕ tear(-gas) bomb.

traanbuis [-bœys] *v* tear-duct.

traangas [-gɑs] *o* ✕ tear-gas.

traanklier [-kli:r] *v* lachrymal gland.

traankoker [-ko.kər] *m* train-oil boiler.

traankokerij [tra.nko.kə'rɛi] *v* try-house; *drijvende ~* ⚓ factory-ship.

traanogen ['tra.no.gə(n)] *vi* have watering eyes.

traanzak [-zɑk] *m* lachrymal sac.

tracé [tra.'se.] *o* (ground-)plan, trace.

traceren [tra.'se:rə(n)] *vt* trace, trace out [a plan].

trachten ['trɑxtə(n)] *vt* try, attempt, endeavour; *~ naar* zie *streven naar*.

tractie ['trɑksi.] *v* traction, haulage.

tractor ['trak-, 'trɛktər] *m* tractor.

traditie [tra.'di.(t)si.] *v* tradition.

traditioneel [-di.(t)si.o.'ne.l] I (in 't alg.) traditional; time-honoured; 2 F customary, stock...

tragedie [tra.'ge.di.] *v* tragedy.

tragiek [-'gi.k] *v* tragedy [of life].

tragikomedie [-gi.ko.'me.di.] *v* tragi-comedy.

tragikomisch [-gi.'ko.mi.s] *aj* tragi-comic.

tragisch ['tra.gi.s] I *aj* tragic(al); II *ad* tragically.

trainen ['tre.nə(n)] I *vt* train, coach; II *vr* zich *~* train.

trainer [-nər] *m* trainer, coach.

traineren [trɛ'ne:rə(n)] I *vi* hang fire, drag (on); *~ met* delay; II *vt* drag out.

training ['tre.nɪŋ] *v* training.

trainingsbroek [-nɪŋsbru.k] *v* track-suit trousers.

trainingspak [-pɑk] *o* track suit.

trait d'union [trɛdy.ni.'ồ] *o* hyphen.

traite ['tre.tə] *v* $ draft.

traject, trajekt [tra.'jɛkt] *o* way, distance, stretch; section [of railway line]; stage [of bus &].

traktaat [trɑk'ta.t] *o* treaty.

traktaatje [-'ta.cə] *o* tract.

traktatie [-'ta.(t)si.] *v* treat.

traktement [-tə'mɛnt] *o* salary, pay.

traktementsdag [-'mɛntsdɑx] *m* pay-day.

traktementsverhoging [-fərho.gɪŋ] *v* rise, increase (of salary).

trakteren [trɑk'te:rə(n)] I *vt* (onthalen) treat, regale [one's friends]; 2 (behandelen) deal with [the matter]; *hen op een fles ~* stand them a bottle, treat them to a bottle, regale them with a bottle; II *va* & *vi* stand treat, stand drinks.

tralie ['tra.li.] *v* bar; *~s* ook: lattice, trellis, grille; *achter de ~s* inside, behind prison bars, under lock and key.

traliedeur [-dø:r] *v* grated door.

traliën [-ə(n)] *vt* grate, lattice, trellis.

tralievenster [-vɛnstər] *o* 1 (met tralies, v. gevangenis &) barred window; 2 (van latwerk) lattice-window.

traliewerk [-vɛrk] *o* lattice-work, trellis-work.

tram [trɛm] *v* tramway, tram-car.

tramconducteur ['trɛmkòndǔktø:r] *m* tram(way) conductor.

tramhalte [-hɑltə] *v* stopping-place, (tram-) stop.

tramhuisje [-hœyʃə] *o* (tram) shelter.

tramkaartje [-ka:rcə] *o* tramway ticket, tram ticket.

tramlijn [-lɛin] *v* tram(way) line.

trammen ['trɛmə(n)] *vi* (& *vt*) go by tram, F tram it.

tramwagen [-va.gə(n)] *m* tram-car.

tramweg [-vɛx] *m* tramway.

trance ['trãsə] *v* trance.

tranche ['trãʃə] *v* $ instalment [of a loan].

tranen ['tra.nə(n)] *vi* water; *~de ogen* watering eyes.

tranendal [-dɑl] *o* vale of tears.

tranenvloed [-vlu.t] *m* flood of tears.

tranig ['tra.nồx] like train-oil, train-oil...

trans [trɑns] *m* 1 (omgang v. toren) gallery; 2 (rand) battlements.

transactie, transaktie [trɑns'ɑksi.] *v* transaction, deal.

transatlantisch [-ɑt'lɑnti.s] transatlantic.

transcendentaal [trɑnsɛndən'ta.l] transcendental.

transformator [trɑnsfər'ma.tər] *m* ⚡ transformer.

transformeren [-'me:rə(n)] *vt* transform.

transfusie [trɑns'fy.zi.] *v* transfusion.

transistor [trɑn'sɪstər] *m* transistor.

transistorradio [-'sɪstɔra.di.o.] *m* transistor radio.

transistortoestel [-'sɪstɔrtu.stɛl] *o* transistor set.

transitief ['trɑnsi.ti.f] *aj* (& *ad*) transitive(ly).

transito [trɑn'si.to.] $ transit.

transitohandel [-hɑndəl] *m* $ transit-trade.

transparant [-pa.'rɑnt] I *aj* transparent; II *o* 1 transparency [picture]; 2 black lines [for writing].

transpiratie [trɑnspi.'ra.(t)si.] *v* perspiration.

transpireren [-'re:rə(n)] *vi* perspire.

transplantatie [trɑnsplɑn'ta.(t)si.] *v* 🜪 transplantation.

transplanteren [-'te:rə(n)] *vt* 🜪 transplant.

transport [trɑns'pɔrt] *o* 1 (vervoer) transport, conveyance, carriage; 2 (in rekeningen) amount carried forward; *per ~* $ carried forward.

transportarbeider [-ɑrbɛidər] *m* transport worker.

transportband [-bɑnt] *m* ⚙ conveyor.

transporteren [trɑnspɔr'te:rə(n)] *vt* 1 transport, convey; 2 $ carry forward [in book-keeping].

transporteur [-'tø:r] *m* 1 (persoon) transporter; 2 (instrument) protractor.

transportfiets [trɑns'pɔrtfi.ts] *m* & *v* carrier cycle.

transportkabel [-ka.bəl] *m* telpher.

transportkosten [-kɔstə(n)] *mv* cost of transport.

transportschip [-sxɪp] *o* transport(-ship), ⚓ troop-ship.

transportvliegtuig [-fli.xtœyx] *o* 🛬 transport plane.

transportwezen [-ve.zə(n)] *o* transport.

trant [trɑnt] *m* manner, way, fashion, style; *in de ~ van* after the manner of; *naar de oude ~* in the old style.

1 **trap** [trɑp] *m* 1 (schop) kick; 2 (trede) step; 3 (graad) degree, step; 4 (v. raket) stage; *de ~pen van vergelijking* the degrees of comparison; *stellende ~* positive (degree); *vergrotende ~* comparative (degree); *overtreffende ~* superlative (degree); *iemand een ~ geven* give one a kick; *op een hoge ~ van beschaving* at a high degree of civilization; *op de laagste ~ van beschaving* on the lowest plane of civilization.

2 **trap** [trɑp] *m* 1 ('t geheel van treden) stairs, staircase, flight of stairs; 2 (trapladder) step-ladder, (pair of) steps; *de ~ af* down the stairs, downstairs; *de ~ op* up the stairs, upstairs; *~ op, ~ af* up and down the stairs, upstairs and downstairs; *iemand van de ~pen gooien* kick a person downstairs.

trapeze [tra.'pe.zə] v trapeze.
trapezium [-'pe.zi.ûm] o 1 (meetk.) trapezium; 2 (gymnastiek) trapeze.
trapgans ['trapgɑns] v ♀ bustard.
trapgevel [-ge.vəl] m stepped gable.
trapladder, trapleer [-lɑdər, -le:r] v step-ladder, (pair of) steps.
trapleuning [-lø.nıŋ] v banisters, handrail.
traploper [-lo.pər] m stair-carpet.
trap(naai)machine [-(na:i)ma.ʃi.nə] v treadle sewing-machine.
trappehuis ['trapəhœys] o staircase hall, well.
trappelen ['trapələ(n)] vi trample, stamp [with impatience].
trappen ['trapə(n)] I vi 1 kick (at naar); 2 (op fiets) F pedal; erin ~ F fall for it; ~ op step (tread) on; II vt tread; kick; het orgel ~ blow the organ; ik laat me niet ~ I won't suffer myself to be kicked; ze moesten zulke... eruit ~ they ought to kick them out of the service; hij werd eruit getrapt 1 he got the boot, he was fired [from his billet]; 2 ☞ he was chucked out; zie ook: 2 teen.
trapper ['trapər] m treadle [of organ, lathe, bicycle &]; pedal [of bicycle].
trapportaal ['trapɔrta.l] o landing.
traproe(de) ['trapru.(də)] v stair-rod.
trapsgewijs, -gewijze [trapsgə'vɛis, -'vɛizə] gradually, by degrees.
trauma ['trɔuma.] v trauma.
traumatisch [trɔu'ma.ti.s] traumatic.
travesteren [tra.vɛs'te:rə(n)] vt travesty.
travestie [tra.vɛs'ti.] v travesty.
trawant [tra.'vɑnt] m satellite.
trechter ['trɛxtər] m 1 funnel; 2 (v. molen) hopper; 3 (v. granaat) crater.
trechtervormig [-vɔrmɔx] funnel-shaped.
tred [trɛt] m tread, step, pace; gelijke ~ houden met keep step (pace) with; met vaste ~ with a firm step.
trede ['tre.də] v 1 (bij 't lopen) step, pace; 2 (v. trap, rijtuig) step; 3 (v. ladder) rung; 4 (trapper) treadle [of a sewing-machine].
treden ['tre.də(n)] I vi tread, step, walk; daarin kan ik niet ~ I cannot accede to that; I can't fall in with the proposal; in bijzonderheden ~ enter into detail(s); in dienst ~ & zie dienst &; nader ~ approach; naar voren ~ come to the front; ~ uit withdraw from [a club], leave [the Church, a party &]; II vt tread.
tredmolen ['trɛtmo.lə(n)] m treadmill[2]; fig jog-tree [tre.] = trede. [trot.
treeft [tre.ft] v trivet.
treeplank ['tre.plɑŋk] v foot-board [of railway carriage].
tref [trɛf] m chance; wát een ~! how lucky!; het is een ~ als je... it is a mere chance if...
treffen ['trɛfə(n)] I vt 1 (raken) hit, strike[2]; fig touch; 2 (aantreffen) meet (with); het doel ~ hit the mark[2]; hem trof een ongeluk he met with an accident; hem treft geen schuld no blame attaches to him; regelingen ~ make arrangements; personen aie door dit verbod getroffen worden persons affected by this prohibition; u heeft de gelijkenis goed getroffen you have hit off the likeness; je treft het, dat... lucky for you that...; je treft het niet bad luck for you; we hebben het goed getroffen we have been lucky; dat treft u ongelukkig bad luck for you; ik heb het die dag slecht getroffen I was very unlucky that day; iemand thuis ~ find a person at home; waar kan ik je ~? where can I find you?; we troffen hem toevallig te S., we came across him (chanced upon him) at S.; II vi in: dat treft goed nothing could have happened more to the purpose, that's lucky; III o encounter, engagement, fight.
treffend ['trɛfənt] aj (& ad) striking(ly);

touching(ly).
treffer [-fər] m ✕ hit[2]; fig lucky hit.
trefpunt ['trɛfpûnt] o 1 ✕ point of impact; 2 (v. personen) meeting place.
trefwoord [-vo:rt] o reference, entry, catch-word.
treil [trɛil] m 1 tow-line; 2 trawl(-net).
treilen ['trɛilə(n)] vi 1 tow; 2 trawl [with a net].
treiler [-lər] m ⚓ trawler.
trein [trɛin] m 1 (railway) train; 2 retinue, suite; 3 ✕ train.
treinbeambte ['trɛinbɑɑmtə] m railway official.
treinbotsing [-bɔtsıŋ] v train collision, train crash.
treinconducteur [-kòndûktø:r] m (railway) guard.
treinenloop ['trɛinə(n)lo.p] m train-service.
treiteraar ['trɛitəra:r] m tease, teaser, pesterer.
treiteren ['trɛitərə(n)] vt vex, nag, tease, pester.
trek [trɛk] m 1 (ruk) pull, tug, haul; 2 (aan pijp) pull; 3 (v. schoorsteen) draught; 4 (tocht) draught; 5 (het trekken) migration [of birds]; (ZA) trek [journey by ox-wagon]; 6 (haal met de pen &) stroke; dash; 7 ◊ trick; 8 (in geweerloop) groove; 9 (gelaatstrek) feature, lineament; 10 (karaktertrek) trait; 11 (lust) mind, inclination; 12 (eetlust) appetite; een paar ~ken (aan zijn pijp) doen have a few whiffs; alle ~ken halen ◊ make all the tricks; (geen) ~ hebben have an (no) appetite; ~ hebben in iets have a mind for something; ik zou wel ~ hebben in een kop thee I should not mind a cup of tea; (geen) ~ hebben om te... have a (no) mind to..., (not) feel like ...ing; zijn ~ken thuis krijgen have the tables turned on one, have one's chickens come home to roost; er is geen ~ in de kachel the stove doesn't draw; in ~ zijn be in demand (request); ze zijn erg in ~ bij they are in great request with, very popular with; in brede ~ken in broad outline; in korte ~ken in brief outline, briefly; in vluchtige ~ken in broad outline; in grote ~ken aangeven outline [a plan]; met één ~ with one stroke; op de ~ zitten sit in a draught.
trekbal ['trɛkbal] m ⚲ twister.
trekbank [-bɑŋk] v ⚒ draw-bench.
trekbeest, trekdier [-be.st, -di:r] o draught-animal.
trekhond [-hònt] m draught-dog.
trekkas ['trɛkɑs] v hothouse, forcing-house.
trekkebekken ['trɛkəbɛkə(n)] vi bill and coo.
trekken ['trɛkə(n)] I vi 1 (rukken) draw, pull, tug; 2 (v. scheermes) pull; 3 (gaan, reizen) go, march; go hike; ZA trek [of people]; migrate [of birds]; 4 (kromtrekken) warp, become warped; 5 (van thee &) draw; 6 (v. schoorsteen &) draw; 7 fig draw [customers &]; 't trekt hier there is a draught here; er op uit ~ set out, ○ set forth; zij ~ heen en weer they go up and down the country; de thee laten ~ let the tea draw; de thee staat te ~ the tea draws; ~ aan pull (tug, tear) at; pull, tug; aan de bel ~ pull the bell; ~ aan zijn haar ~ pull one's hair; hij trok aan zijn pijp, maar zijn pijp trok niet he pulled at his pipe, but his pipe didn't draw; aan zijn sigaret ~ draw on one's cigarette; met zijn linkerbeen trekt hij he has a limp in his left leg; met de mond trekt hij his mouth twitches; zij trokken naar het westen they moved (marched) west; op iemand ~ $ draw on a man; wij zullen uit dit huis ~ move out of this house; zij ~ van de ene plaats naar de andere they move from place to place; als dat niet trekt, trekt niemendal if that doesn't fetch them, I don't know what will; II vt 1 draw[2] [a load, a line,

a revolver, his sword, many people, customers &]; pull [something]; tow [a ship, motorcar]; 2 force [plants]; *een bal ~ ⚬⚬ twist a ball; draad ~ draw wire; een prijs ~ draw a prize; een mooi salaris & ~ draw a handsome salary &; een tand ~ draw a tooth; een tand laten ~ have a tooth drawn; een wissel ~ (op) $ draw a bill (on); hij trok mij aan mijn haar he pulled my hair; hij trok mij aan mijn mouw he pulled (at) my sleeve; iemand aan de (zijn) oren ~ pull his ears; hij trok zijn hoed in de ogen he pulled his hat over his eyes; hem op zij ~ draw him aside; zich de haren uit het hoofd ~ tear one's hair; iemand uit het water ~ draw (pull, haul) one out of the water; een les ~ uit draw a lesson from; we moesten hen van elkaar ~ we had to pull them apart; zij trokken hem de kleren van het lijf they tore the clothes from his back.*

trekker ['trekər] m 1 drawer [of a bill]; 2 sp hiker; 3 trigger [of fire-arms]; 4 tab, tag [of a boot]; 5 (tractor) tractor.

trekking [-kɪŋ] v 1 (in 't alg.) drawing; 2 (v. loterij) drawing, draw; 3 (in schoorsteen) draught; 4 (v. zenuwen) twitch, convulsion.

trekkingslijst [-kɪŋsleist] v list of prizes.

trekkracht ['trekrɑxt] v tractive power.

treknet ['treknet] o drag-net, seine.

trekpaard [-pa:rt] o draught-horse.

trekpen [-pen] v drawing-pen.

trekpleister [-pleistər] v vesicatory; fig attraction, F draw; (liefje) sweetheart.

trekpot [-pɔt] m tea-pot.

trekschroef [-s(x)ru.f] v tractor screw.

trekschuit [-sxœyt] v tow-boat.

treksel [-səl] o infusion, brew [of coffee].

treksluiting [-slœytɪŋ] v slide fastener.

trektocht [-tɔxt] m sp hike; een ~ maken hike.

trekvaart [-fa:rt] v ship-canal.

trekvogel [-fo.gəl] m 🦅 bird of passage, migratory bird, migrant.

trekzaag [-sa.x] v ⚒ cross-cut saw, whip-saw.

trema ['tre.ma.] o diaeresis [mv diaereses].

tremmer [-mər] m trimmer.

trepaneren [-'ne:rə(n)] vt & vi trepan.

tres [tres] v braid.

treurboom ['trø:rbo.m] m 🌳 weeping tree [weeping beech &].

treurdicht [-dɪxt] o elegy.

treuren ['trø:rə(n)] vi be sad, grieve; fig languish [of plants &]; ~ om mourn for, mourn over [a loss²]; ~ over grieve over, mourn for.

treurig ['trø:rəx] I aj sad, sorrowful, mournful, pitiful; II ad sadly &.

treurigheid [-heit] v sadness.

treurkleed ['trø:rkle.t] o mourning-dress.

treurlied [-li.t] o elegy, dirge.

treurmars [-mɑrs] m & v ♪ funeral march, dead march.

treurmuziek [-my.zi.k] v funeral music.

treurspel [-spɛl] o tragedy.

treurspeldichter [-dɪxtər] m tragic poet.

treurspelspeler [-spe.lər] m tragedian.

treurwilg ['trø:rvɪlx] m 🌳 weeping willow.

treurzang [-zɑŋ] m elegy, dirge.

treuzel, ~aar ['trø.zəl, -zəla:r] m ~ster [-stər] slow-coach, dawdler, loiterer, slacker.

treuzelachtig ['trø.zəlɑxtəx] dawdling.

treuzelen [-zələ(n)] vi dawdle, loiter, linger.

treuzelkous [-zəlkous] v F zie treuzelaar(ster).

triangel [tri.'aŋəl] m ♪ triangle.

tribunaal [tri.by.'na.l] o tribunal, court of justice.

tribune [tri.'by.nə] v tribune, rostrum, [speaker's] platform; [reporters' &] gallery; sp (grand)stand; publieke ~ public gallery, [in

House of Parliament] strangers' gallery.

tribuun [tri.'by.n] m tribune.

tricot ['tri.ko.] 1 o tricot [woollen fabric], stockinet; 2 m & o jersey [for children &]; tights [for acrobats &].

triest(ig) ['tri.st(əx)] dreary, dismal, melancholy, sad.

trigonometrie [tri.go.no.me.'tri.] v trigonometry.

trigonometrisch [-'me.tri.s] aj (& ad) trigonometric(ally).

trijp [trɛip] o mock-velvet.

trijpen ['trɛipə(n)] aj mock-velvet.

triktrak ['trɪktrɑk] o sp backgammon.

triktrakbord [-bɔrt] o sp backgammon board.

triljoen [trɪl'ju.n] o trillion [1000.000⁴].

trillen ['trɪlə(n)] vi 1 (v. personen, stem &) tremble; 2 (v. stem) vibrate, quaver, quiver; 3 (v. gras) quake, dither; 4 (in de natuurk.) vibrate; ~ van tremble with [anger].

triller [-lər] m ♪ trill, shake.

trilling [-lɪŋ] v vibration, quivering, quiver.

trilogie [tri.lo.'gi.] v trilogy.

trimester [-'mɛstər] o term, three months.

trio ['tri.o.] o trio².

triolet [tri.o.'let] v & o triolet.

triomf [tri.'ɔmf] m triumph; ~en vieren achieve great triumphs.

triomfantelijk [tri.ɔm'fɑntələk] I aj triumphant; triumphal [entry]; II ad triumphantly.

triomfator [-'fa.tər] m triumpher.

triomfboog [tri.'ɔmfbo.x] m triumphal arch.

triomferen [tri.ɔm'fe:rə(n)] vi triumph (over over).

triomfpoort [-po:rt] v triumphal arch.

triomftocht [-tɔxt] m triumphal procession.

triomfzuil [-sœyl] v triumphal column.

triplexhout ['tri.plɛkshout] o three-ply wood, plywood.

triplo ['tri.plo.] in: in ~ in triplicate.

trippelen [-lə(n)] vi trip (along).

trippelpas [-pɑs] m tripping-step, trip.

trippen ['trɪpə(n)] vi trip.

triptiek [trɪp'ti.k] v 1 triptych; 2 triptyque [for international travel].

trits [trɪts] v set of three, trio, triplet.

triumviraat [tri.ũmvi.'ra.t] o triumvirate.

triviaal [tri.vi.'a.l] aj (& ad) trivial(ly), trite(ly), banal(ly).

trivialiteit [-a.li.'teit] v triviality, triteness, banality.

trochee [trɔ'ge.] zie trocheus.

trocheus [trɔ'ge.ũs] m trochee.

troebel ['tru.bəl] troubled, turbid, thick, cloudy.

troebelen [-bələ(n)] mv disturbances.

troebelheid [-bəlheit] v troubled condition, turbidity, turbidness, thickness, cloudiness.

troef [tru.f] v trump, trumps; harten is ~ hearts are trumps; ~ bekennen follow suit; ~ draaien turn up trumps; iemand ~ geven take one up roundly; ~ maken declare trumps; er zijn ~ opleggen put on a trump, trump; ~ uitspelen play a trump, play trumps; zijn laatste ~ uitspelen play one's last trump; ~ verzaken fail to follow suit; zie ook: armoe(de).

troefaas [tru.f'a.s] m & o ace of trumps.

troefkaart ['tru.fka:rt] v trump-card².

troefkleur [-klø:r] v trumps.

troep [tru.p] m troupe [of actors], (theatrical) company; band, gang [of robbers]; flock [of cattle]; herd [of sheep, geese]; drove [of cattle]; pack [of dogs, wolves]; troop [of people]; > pack [of kids: children]; ✕ body of soldiers; ~en ✕ troops, forces; bij ~en in troops; de hele ~ the whole crowd, the whole set; zie ook: zooi.

troepenconcentratie, -koncentratie ['tru.pə(n)-

kònsɛntra.(t)si.] *v* concentration of troops, troop concentration.

troepenmacht [-maxt] *v* force.

troepenvervoer [-vǝrvu:r] *o* ✕ transport of troops.

troepsgewijs, -gewijze ['tru.psgǝvɛis, -vɛizǝ] in troops.

troetelen ['tru.tǝlǝ(n)] *vt* pet, coddle.

troetelkind [-tǝlkɪnt] *o* darling, pet, spoiled child; ~ *der fortuin* minion of fortune.

troetelnaam [-na.m] *m* pet name.

troeven ['tru.vǝ(n)] I *vt* I trump, overtrump; 2 (bij whist) ook: ruff; *ik zal hem* ~ I'll give him a set-down [fig]; II *vi* play trumps.

trofee [tro.'fe.] = *tropee.*

troffel ['trɔfǝl] *m* trowel.

trog [trɔx] *m* trough.   [dweller.

troglodiet [tro.glo.'di.t] *m* troglodyte, cave-

Trojaan [tro.'ja.n] *m* Trojan.

Trojaans [-'ja.ns] Trojan; *het* ~*e paard binnenhalen* drag the Trojan horse within the walls.

Troje ['tro.jǝ] *o* Troy.

trolleybus ['trɔli.bʉs] *m & v* trolley-bus.

trom [trɔm] *v* drum; *de grote* ~ *roeren* beat the big drum²; *kleine* ~ ✕ snare-drum; *de Turkse* ~ the big drum; *met slaande* ~ *en vliegende vaandels* ✕ with drums beating and colours flying; *met stille* ~ ✕ with silent drums; *met stille* ~ *vertrekken* shoot the moon, take French leave.

trombone [trɔm'bo:nǝ] *v* ♪ trombone.

trombonist [-bo.'nɪst] *m* ♪ trombonist.

trombose [-'bo.zǝ] *v* 𝔉 thrombosis.

tromgeroffel [trɔmgǝrɔfǝl] *o* roll of drums.

trommel ['trɔmǝl] *v* I ♪ drum; 2 ✕ drum; barrel; 3 box, case, tin.

trommelaar ['trɔmǝla:r] *m* drummer.

trommelen [-lǝ(n)] *vi* I drum [on a drum, table &]; 2 strum, drum [on a piano].

trommelholte ['trɔmǝlhɔltǝ] *v* tympanic cavity.

trommelslag [-slɑx] *m* drum-beat, beat of drum; *bij* ~ by beat of drum.

trommelslager [-sla.gǝr] *m* drummer.

trommelstok [-stɔk] *m* drumstick.

trommelvlies [-vli.s] *o* tympanum, ear-drum, tympanic membrane.

trommelvliesontsteking [-vli.sòntstǝ.kɪŋ] *v* tympanitis.

trommelvuur [-vy:r] *o* ✕ drum fire.

tromp [trɔmp] *v* I mouth, muzzle [of a fire-arm]; 2 trunk [of an elephant].

trompet [trɔm'pɛt] *v* ♪ trumpet; (*op*) *de* ~ *blazen* blow (sound) the trumpet.

trompetblazer [-bla.zǝr] *m* trumpeter.

trompetgeschal [-gǝsxɑl] *o* sound (flourish, blast) of trumpets.

trompetsignaal [-si.ɲa.l] *o* ✕ trumpet-call.

trompetten [trɔm'pɛtǝ(n)] *vi* trumpet.

trompetter [-tǝr] *m* trumpeter.

trompettist [trɔmpǝ'tɪst] *m* ♪ trumpet-player.

trompetvogel [trɔm'pɛtfo.gǝl] *m* 🐦 trumpeter.

1 **tronen** [tro.nǝ(n)] *vi* sit enthroned, throne.

2 **tronen** ['tro.nǝ(n)] *vt* allure, entice.

tronie ['tro.ni.] *v* face, F phiz, P mug.

tronk [trɔŋk] *m* stump [of a tree].

troon [tro.n] *m* throne; *de* ~ *beklimmen* mount (ascend) the throne; *op de* ~ *plaatsen* enthrone, place on the throne; *van de* ~ *stoten* dethrone.

troonopvolger [-òpfɔlgǝr] *m* heir to the throne.

troonopvolging [-òpfɔlgɪŋ] *v* succession to the throne.

troonrede [-re.dǝ] *v* speech from the throne, King's (Queen's) speech, royal speech.

troonsafstand ['tro.nsafstɑnt] *m* abdication.

troonsbestijging [-bǝstɛigɪŋ] *v* accession to the throne.

troonstoel ['tro.nstu.l] *m* chair of state.

troonzaal [-za.l] *v* throne-room.

troost [tro.st] *m* comfort [= consolation & person who consoles], consolation, solace; *een kommetje* ~ J a cup of coffee; *dat is tenminste één* ~ that's a (one, some) comfort; *een schrale* ~ cold comfort; *dat zal een* ~ *voor u zijn* it will afford you some consolation; ~ *vinden in...* find comfort in...; *zijn* ~ *zoeken bij...* seek comfort with...

troostbrief ['tro.stbri.f] *m* consólatory letter.

troosteloos ['tro.stǝlo.s] disconsolate, cheer-.less, desolate.

troosteloosheid [tro.stǝ'lo.shɛit] *v* disconsolateness.

troosten ['tro.stǝ(n)] I *vt* comfort, console; II *vr* *zich* ~ console oneself; *zich* ~ *met de gedachte dat...* take comfort in the thought that...

trooster [-tǝr] *m* comforter.

troostprijs ['tro.stprɛis] *m* consolation prize.

troostrijk, troostvol [-rɛik, -fòl] comforting, consoling, consolatory.

troostwoord [-vo:rt] *o* word of comfort.

tropee [tro.'pe.] *v* trophy.

tropen ['tro.pǝ(n)] *mv* tropics.

tropenhelm [-hɛlm] *m* tropical helmet, pith helmet.

tropenuitrusting [-œytrʉstɪŋ] *v* tropical outfit.

tropisch ['tro.pi.s] tropical.

troposfeer [tro.pos'fe:r] *v* troposphere.

tros [trɔs] *m* I bunch [of grapes]; cluster [of fruits]; string [of currants]; (bloeiwijze) raceme; 2 ✕ train; 3 ⚓ hawser; *aan* ~*sen* in bunches, in clusters.

trots [trɔts] I *m* pride; *ten* ~ *van* = II *prep* in spite (defiance) of, notwithstanding; ~ *de beste* with the best; III *aj* proud, haughty; ~ *zijn op* be proud of; *zo* ~ *als een pauw* as proud as a peacock (as Lucifer); IV *ad* proudly, haughtily.

trotsaard ['trɔtsa:rt] *m* proud person.

trotseren [trɔt'se:rǝ(n)] *vt* defy, set at defiance, dare, face, brave [death].

trotsering [-rɪŋ] *v* defiance.

trotsheid ['trɔtshɛit] *v* pride, haughtiness.

trottoir [trɔ'tva:r] *o* pavement, footway, *Am* sidewalk.

trottoirband [-bɑnt] *m* kerb(stone), curb-(stone).

troubadour [tru.ba.'du:r] *m* troubadour.

1 **trouw** [trɔu] I *aj* I (v. mens & dier) faithful; 2 (v. onderdanen) loyal; 3 (v. vrienden) true, trusty; *een* ~ *afschrift* a true copy; ~ *bezoeker* regular attendant; ~ *aan* loyal to, ook: true to; II *ad* faithfully, loyally.

2 **trouw** [trɔu] I *v* (getrouwheid) loyalty, fidelity, faithfulness, faith; 2 *m* (huwelijk) marriage; *beproefde* ~ tried faithfulness, staunch loyalty; *goede* (*kwade*) ~ good (bad) faith; ~ *zweren aan* swear fidelity (allegiance) to; *in* ~*e* in faith, honestly; *te goeder* (*kwader*) ~ in good (bad) faith; *te goeder* (*kwader*) ~ zijn be quite sincere (insincere).

trouwakte ['trɔuaktǝ] *v* marriage certificate.

trouwbelofte [-bǝlɔftǝ] *v* promise of marriage.

trouwbreuk [-brø.k] *v* breach of faith.

trouwdag [-dɑx] *m* I wedding-day; 2 wedding-anniversary.

trouweloos ['trɔuǝlo.s] *aj* (& *ad*) faithless(ly), disloyal(ly), perfidious(ly).

trouweloosheid [trɔuǝ'lo.shɛit] *v* faithlessness, disloyalty, perfidy, perfidiousness.

trouwen ['trɔuǝ(n)] I *vi* I marry, wed; ~ *met* marry; *getrouwd met een Duitser* married to a German; II *vt* marry; *hij heeft veel geld getrouwd* he has married a fortune; *zo zijn we niet getrouwd* J that was not in the bargain; *wanneer zijn ze getrouwd?* when were they married?, when did they get married?

trouwens [-əns] indeed, for that matter.
trouwfeest [-fe.st] o wedding, wedding-feast.
trouwgewaad [-gəva.t] o wedding-dress.
trouwhartig [trɔu'hɑrtəx] true-hearted, candid, frank.
trouwhartigheid [-hɛit] v true-heartedness, candour.
trouwjapon ['trɔuja.pɔn] m wedding-dress.
trouwpak [-pɑk] o wedding-suit.
trouwpartij [-pɑrtɛi] v wedding-party.
trouwplechtigheid [-plɛxtəxhɛit] v wedding-ceremony.
trouwring [-rɪŋ] m wedding-ring.
trouwzaal [-za.l] v wedding-room.
truc [try.k] m trick, dodge, S stunt.
truck [trʏk] m truck.
truffel l'trʏfəll v truffle.
trui [trœy] v jersey, sweater.
trust [trʏst] m $ trust.
tsaar [tsa.r] m Czar, Tsar.
Tsjech [tʃɛx] m Czech.
Tsjechisch ['tʃɛgi.s] I aj Czech; II o Czech.
Tsjechoslowaak(s) [tʃɛgo.slo.'va.k(s)] m (& aj) Czechoslovak.
Tsjechoslowakije [-va.'kɛiə] o Czechoslovakia.
tuba ['ty.ba.] m ♪ tuba.
tube ['ty.bə] v (collapsible) tube.
tuberculeus [ty.bɛrky.'lø.s] tuberculous, tubercular.
tuberculose [-'lo.zə] v tuberculosis.
tuberculosebestrijding [-bəstrɛidɪŋ] v fight against tuberculosis.
tuberculoselijder [-lɛidər] m tubercular patient.
tucht [tʏxt] v discipline; onder ~ staan be under discipline.
tuchteloos ['tʏxtəlo.s] 1 undisciplined, indisciplinable, insubordinate; 2 dissolute.
tuchteloosheid [tʏxtə'lo.shɛit] v 1 insubordination; indiscipline; 2 dissoluteness.
tuchthuis ['tʏxthœys] o house of correction.
tuchthuisboef [-hœysbu.f] m convict, jail-bird.
tuchthuisstraf [-hœystrɑf] v imprisonment.
tuchtigen ['tʏxtəgə(n)] vt chastise, punish.
tuchtiging [-gɪŋ] v chastisement, punishment.
tuchtmeester ['tʏxtme.stər] m disciplinarian.
tuchtmiddel [-mɪdəl] o means of correction.
tuchtroede [-ru.də] v rod, birch.
tuchtschool [-sxo.l] v ± reformatory; (in Eng. thans) approved school.
tuf [tʏf] o tuff.
tuffen ['tʏfə(n)] vi F motor.
tufsteen ['tʏfste.n] o & m tuff.
tuier ['tœyər] m tether.
tuig [tœyx] o 1 (gereedschap) tools; 2 ⚓ rigging [of a ship]; 3 harness [of a horse]; 4 ~ (van goed) stuff, trash, rubbish; ~ (van volk) riff-raff, rabble, vermin.
tuigage [tœy'ga.ʒə] v ⚓ rigging.
tuigen ['tœygə(n)] 1 ⚓ rig; 2 harness [a horse].
tuighuis ['tœyxhœys] o ✗ arsenal.
tuil [tœyl] m 1 bunch [of flowers], nosegay; 2 posy [of verse].
tuimelaar ['tœyməla.r] m 1 (persoon) tumbler; 2 ♃ (duif) tumbler; 3 (bruinvis) porpoise; 4 ✗ tumbler [of a lock]; 5 (glas) tumbler.
tuimelen [-lə(n)] vi tumble, topple, topple over.
tuimeling [-lɪŋ] v tumble; een ~ maken have a spill [from one's bicycle, horse].
tuin [tœyn] m garden; hangende ~en hanging gardens [of Babylon]; iemand om de ~ leiden hoodwink (dupe, gull) a person.
tuinaarde ['tœyna.rdə] v vegetable mould.
tuinarchitect, -architekt [-ɑrgi.tɛkt, -ɑrʃi.tɛkt] m landscape gardener.
tuinarchitectuur, -architektuur [-tɛkty.r] v landscape gardening.
tuinbaas ['tœynba.s] m gardener, head-gardener.

tuinbank [-bɑŋk] v garden-seat.
tuinbed [-bɛt] o garden-bed.
tuinbloem [-blu.m] v ♣ garden-flower.
tuinboon [-bo.n] v ♣ broad bean.
tuinbouw [-bɔu] m horticulture.
tuinbouwonderwijs [-òndərvɛis] o horticultural teaching.
tuinbouwschool [-sxo.l] v horticultural college.
tuinbouwtentoonstelling [-tɛnto.nstɛlɪŋ] v horticultural show.
tuinder ['tœyndər] m horticulturist, market-gardener.
tuindeur [-dø.r] v garden-door.
tuinfeest [-fe.st] o garden-party, garden-fête.
tuinfluiter [-flœytər] m ♣ garden-warbler.
tuingereedschap [-gərə.tsxɑp] o garden(er's) tools.
tuingewassen [-gəvɑsə(n)] mv garden-plants.
tuinhuis [-hœys] o summer-house.
tuinier [tœy'ni:r] m gardener.
tuinieren [-'ni:rə(n)] vi garden.
tuinman [-mɑn] m gardener.
tuinmanswoning ['tœynmɑnsvo.nɪŋ] v gardener's lodge.
tuinparasol ['tœynpa.ra.sɔl] m umbrella.
tuinschuurtje [-sxy:rcə] o garden-shed, potting-shed.
tuinslak [-slɑk] v garden-slug.
tuinslang [-slɑŋ] v garden-hose.
tuinstad [-stɑt] v garden-city.
tuinstoel [-stu.l] m garden-chair.
tuinvrucht [-vrʏxt] v garden-fruit.
tuinwerk [-vɛrk] o garden-work, gardening.
tuit [tœyt] v spout, nozzle.
tuiten ['tœytə(n)] vi tingle.
tuithoed ['tœythu.t] m poke-bonnet.
tuk [tʏk] in: ~ op keen on, eager for.
tukje ['tʏkjə] o nap; een ~ doen F take a nap.
tulband ['tʏlbɑnt] m 1 turban; 2 sponge-cake.
tule ['ty.lə] v tulle.
tulen ['ty.lə(n)] aj tulle.
tulp [tʏlp] v ♣ tulip.
tulpebol ['tʏlpəbɔl] m tulip-bulb.
tulpenbed [-pə(n)bɛt] o bed of tulips.
tulpenkweker [-kve.kər] m tulip-grower.
tumbler ['tʏmblər] m tumbler.
tumor ['ty.mər] m tumour.
tumult [ty.'mʏlt] o tumult.
Tunesië [ty.'ne.zi.ə] o Tunisia.
Tunesiër [-zi.ər] m Tunesisch [-zi.s] aj Tunisian.
tunica ['ty.ni.ka.] v tunic; RK tunicle.
tuniek [ty.'ni.k] v tunic.
tunnel ['tʏnəl] m 1 (in 't alg.) tunnel; 2 (v. station, onderstraat) subway.
turbine [tʏr'bi.nə] v turbine.
turbinestraalmotor [-stra.lmo.tər] m ✈ turbojet engine.
tureluur ['ty:rəly:r] m ♣ redshank.
tureluurs [ty:rə'ly:rs] wild, mad; het is om ~ te worden F it's enough to drive you mad.
turen ['ty:rə(n)] vi peer; ~ naar peer at.
turf [tʏrf] m peat; ook: (dry) turf; een ~ a block (a square, a lump) of peat; (van een boek) a bulky book.
turfachtig ['tʏrfɑxtəx] peaty.
turfboer [-bu:r] m peat-man.
turfbriket [-bri.kɛt] v peat-briquette.
turfgraver [-gra.vər] m peat-digger.
turfhok [-hɔk] o peat-hole.
turfschip [-sxɪp] o ~schuit [-sxœyt] v peat-boat.
turfschuur [-sxy:r] v shed for peat.
turfsteker [-ste.kər] m peat-cutter.
turfstrooisel [-stro:isəl] o peat-litter, moss-litter.
turfveen ['tʏrfe.n] o peat-bog.
Turk [tʏrk] m Turk♀.
Turkije [tʏr'kɛiə] o Turkey.
turkoois [-'ko:is] m & o turquoise.

Turks [türks] I *aj* Turkish; II *o het* ~ Turkish; III *v een* ~ e a Turkish woman.
turnen ['türnə(n)] *vi* do gymnastics.
turner [-nər] *m* gymnast.
turngebouw ['türngəbou] *o* gymnasium.
turven ['türvə(n)] *vi* in: *erop* ~ F hit out.
tussen ['tüsə(n)] 1 between; 2 among [of more than two]; *dat blijft* ~ *ons* that is between you and me, between ourselves; *er is iets* ~ *gekomen* something has come between; *ie-mand er* ~ *nemen* pull a man's leg; *ze hebben je er* ~ *genomen* they had you there, you have been had.
tussenbedrijf [-bədrɛif] *o* interval.
tussenbeide [tüsə(n)'bɛidə] between-whiles; ~ *komen* intervene, interpose, step in; *er is iets* ~ *gekomen* something has come between.
tussendek ['tüsə(n)dɛk] *o* ⚓ between-decks, 'tween-decks; (*voor passagiers*) steerage.
tussendekspassagier [-pasə.ʒi:r] *m* ⚓ steerage passenger.
tussendeur ['tüsə(n)dø:r] *v* communicating door.
tussending [-diŋ] *o* [not a..., and not a..., but] something between the two.
tussengelegen ['gələ.gə(n)] interjacent, inter-mediate.
tussengerecht [-gərɛxt] *o* entremets, side-dish.
tussengevoegd [-gəvu.xt] interpolated, inter-calary.
tussenhandel [-handəl] *m* intermediate trade, commission business.
tussenhandelaar [-handəla:r] *m* commission-agent, intermediary, middleman.
tussenhaven [-ha.və(n)] *v* intermediate port.
tussenin [tüsən'in] (*er* ~) in between.
tussenkomst ['tüsə(n)kòmst] *v* intervention, in-terposition, intercession, intermediary, agen-cy; *door* ~ *van* through.
tussenlanding [-landiŋ] *v* ✈ stop; *zonder* ~(*en*) non-stop [flight].
tussenlassen [-lasə(n)] *vt* insert, intercalate, interpolate.
tussenliggend [-ligənt] interjacent, intermedi-ate.
tussenmuur [-my:r] *m* partition-wall.
tussenpersoon [-pərso.n] *m* agent, intermedi-ary, middleman; go-between; *tussenpersonen komen niet in aanmerking* $ only principals dealt with.
tussenpoos [-po.s] *v* interval, intermission; *bij tussenpozen* at intervals.
tussenregering [-rəge:riŋ] *v* interregnum.
tussenruimte [-rœymtə] *v* intervening space, interspace, interstice, interval.
tussenschot [-sxɔt] *o* 1 partition; 2 ♒ & ♗ septum [of the nose &].
tussensoort [-so:rt] *v* medium sort.
tussenspel [-spɛl] *o* interlude.
tussenstation [-sta.ʃôn] *o* intermediate station.
tussentijd [-tɛit] *m* interim, interval; *in die* ~ in the meantime, meanwhile.
tussentijds [tüsən'tɛits, 'tüsəntɛits] I *aj* interim [dividend]; ~*e verkiezing* by-election; II *ad* between times.
tussenuit [-'œyt] in: *er* ~ *gaan* zie *uitknijpen* II.
tussenuur [tüsəny:r] *o* intermediate hour, odd hour.
tussenvoegen [-vu.gə(n)] *vt* intercalate, insert, interpolate.
tussenvoeging [-vu.giŋ] *v* intercalation, inser-tion, interpolation.
tussenvoegsel [-vu.xsəl] *o* insertion, interpola-tion.
tussenvorm [-vɔrm] *m* intermediate form.
tussenwerpsel [-vɛrpsəl] *o gram* interjection.
tussenzin [-zin] *m* parenthetic clause, paren-thesis [*mv* parentheses].
tutoyeren [ty.tva'je:rə(n)] *vt* be on familiar terms with.

t.w. = *te weten* zie *weten* IV.
twaalf [tva.lf] twelve.
twaalfde ['tva.lfdə] twelfth (part).
twaalfhoek [-hu.k] *m* dodecagon.
twaalftal [-tal] *o* twelve, dozen.
twaalfuurtje [tva.lf'y:rcə] *o* lunch.
twaalfvoudig [-foudəx] twelvefold.
twee [tve.] *v* two; *sp* deuce; ~ *a's* two a's; *met* ~ *a's* [to be written] with double a; ~ *aan* ~ two and two, by (in) twos; ~ *naast elkaar* two abreast; ~ *weten meer dan één* two heads are better than one; *in* ~*ën snijden* cut in halves, in half, in two.
tweearmig ['tve.arməx] two-armed.
tweebenig [-be.nəx] two-legged.
tweedaags [-da.xs] of two days, two-days'...
tweede [-də] second; *maar ... dat is een* ~ that is another matter; *ten* ~ secondly.
tweedehands [tve.də'hants] second-hand.
tweedekker ['tve.dɛkər] *m* ✈ biplane, two-decker.
tweedelig [-de.ləx] bipartite.
tweederangs [-dərans] second-rate.
tweedraads [-dra.ts] two-ply.
tweedracht [-drɑxt] *v* discord; ~ *zaaien* sow dissension.
tweeërhande, tweeërlei [-ərhandə, -ərlɛi] of two kinds.
tweegevecht [-gəvɛxt] *o* duel, single combat.
tweehandig [-handəx] two-handed.
tweehonderdjarig [-hòndərtja:rəx] two hundred years old; ~*e gedenkdag* bicentenary.
tweehoofdig [-ho.vdəx] two-headed.
tweeklank [-klaŋk] *m gram* diphthong.
tweeledig [-le.dəx] double, binary, binomial; twofold [purpose].
tweelettergrepig [-lɛtərgre.pəx] dissyllabic; ~ *woord* dissyllable.
tweeling [-liŋ] *m* twin, pair of twins.
tweelingbroe(de)r [-bru.dər, -bru:r] *m* ~*zuster* [-züstər] *v* twin-brother, twin-sister.
tweemaandelijks ['tve.ma.ndələks] bimonthly; *een* ~ *tijdschrift* a bimonthly.
tweemaster [-mastər] *m* ⚓ two-masted ship.
tweemotorig [-mo.to:rəx] ✈ twin-engined [plane].
tweepersoons [-pərso.ns] for two; double [bed-stead, room]; ~*auto* two-seater.
tweeslachtig ['tve.slaxtəx] 1 amphibious; 2 bisexual.
tweesnarig [-sna:rəx] ♪ two-stringed.
tweesnijdend [-snɛidənt] two-edged, double-edged.
tweespalt [-spalt] *v* discord, dissension.
tweespan [-span] *o* two-horse team.
tweesprong [-sprò:ŋ] *m* cross-way, cross-road, bifurcation; *op de* ~ at the cross-roads.
tweestemmig [-stɛməx] ♪ for two voices.
tweestrijd [-strɛit] *m* nward struggle; *in* ~ *staan* be in two minds.
tweetaktmotor [-taktmo.tər] *m* two-stroke engine.
tweetal [-tal] *o* two, pair.
tweetalig [-ta.ləx] bilingual.
tweetallig [-taləx] binary.
tweevoetig [-vu.təx] two-footed; ~ *dier* biped.
tweevoud [-vout] *o* double; *in* ~ in duplicate.
tweevoudig [-voudəx] twofold, double.
tweezijdig [-zɛidəx] two-sided, bilateral.
twijfel ['tvɛifəl] *m* doubt; *zijn bange* ~ his mis-givings; ~ *koesteren* have one's doubts [about...], entertain doubts [as to...]; *het lijdt geen* ~ (*of...*) there is no doubt (that...); *iemands* ~ *wegnemen* remove a person's doubts; ~ *wekken* create doubts (a doubt); *daar is geen* ~ *aan* there is no doubt of it; *er is geen* ~ *aan of hij...* there is no doubt that he...; *het is aan geen* ~ *onderhevig* that ad-

mits of no doubt, it is beyond doubt; *het is boven alle ~ verheven* it is beyond all doubt; *hij is buiten~...* he is without doubt (doubtless, undoubtedly) the...; *in ~ staan (zijn)* doubt, be in doubt [whether...]; be in two minds about the matter; *in ~ trekken* call in question, question; *zonder ~!* without (any) doubt; *hij is zonder ~...* he is undoubtedly (doubtless)...

twijfelaar ['tvɛifəla:r] *m* —ster [-stər] *v* doubter, sceptic.

twijfelachtig ['tvɛifəl'ɔxtəx] I *aj* doubtful, dubious, questionable; II *ad* doubtfully, dubiously, questionably.

twijfelachtigheid [-hɛit] *v* doubtfulness, dubiousness, questionableness.

twijfelen ['tvɛifələ(n)] *vi* doubt; ~ *aan* doubt (of); *ik twijfel er niet aan* I have no doubt about it, I make no doubt of it; *wij ~ of...* we doubt whether (if)...; *wij ~ niet of...* we do not doubt (but) that...

twijfeling [-lɪŋ] *v* 1 hesitation; 2 (twijfel) doubt.

twijfelmoedig [tvɛifəl'mu.dəx] vacillating, wavering, irresolute.

twijfelmoedigheid [-hɛit] *v* irresolution.

twijfelzucht ['tvɛifəlzゆxt] *v* doubting disposition; scepticism.

twijfelzuchtig [tvɛifəl'zゆxtəx] of a doubting disposition, given (prone) to scepticism.

twijg [tvɛix] *v* twig.

twijn [tvɛin] *m* twine, twist.

twijnder ['tvɛindər] *m* twiner, twister.

twijnderij [tvɛində'rɛi] *v* twining-mill.

twijnen ['tvɛinə(n)] *vt* twine, twist.

twintig ['tvɪntəx] twenty.

twintiger [-təgər] *m* person of twenty (years).

twintigjarig [-təxja:rəx] of twenty years.

twintigste [-stə] twentieth (part).

twintigtal [-tal] *o* twenty, score.

twintigvoud [-fout] *o* multiple of twenty.

twintigvoudig [-foudəx] twentyfold.

1 **twist** [tvɪst] *m* 1 (concreet) quarrel, dispute, altercation, brawl; 2 (abstract) dispute, discord, ○ strife; *binnenlandse ~en* internal strife; *een ~ beslechten (bijleggen)* settle a dispute; ~ *krijgen* fall out; ~ *stoken (tussen)* stir up strife, make mischief (between); ~ *zaaien* sow discord, sow (stir up) dissension; ~ *zoeken* pick a quarrel.

2 **twist** [tvɪst] *o* twist [kind of yarn].

3 **twist** [tvɪst] *m* twist [dance].

twistappel ['tvɪstapəl] *m* apple of discord, bone of contention.

1 **twisten** ['tvɪstə(n)] *vi* quarrel, dispute; *met iemand ~* quarrel (wrangle) with one, dispute with a person; ~ *om iets* quarrel about something; *daar kunnen we nog lang over ~* that is a point we could quarrel (dispute) about for a long time; *ik wil niet met u daarover ~* I'm not going to contest the point with you.

2 **twisten** ['tvɪstə(n)] *vi* (dansen) twist.

twistgeschrijf [-gəs(x)rɛif] *o* controversy, polemics.

twistgesprek [-gəsprɛk] *o* dispute, disputation.

twistpunt [-pünt] *o* (point at) issue, disputed point, controversial question.

twiststoker [-sto.kər] *m* firebrand, mischiefmaker.

twistvraag [-fra.x] *v* (question at) issue, controversial question.

twistziek [-si.k] quarrelsome, cantankerous, contentious, disputatious.

twistzoeker [-su.kər] *m* quarrelsome fellow.

tyfeus [ti.'fə.s] typhoid, typhous; *tyfeuze koorts* zie *tyfus* I.

tyfoon [ti.'fo.n] *m* typhoon.

tyfus [ti.'füs] *m* 1 (buik) typhoid (fever), en-

teric fever; 2 (vlek) typhus (fever).

tyfuslijder [-leidər] *m* typhoid patient.

type ['ti.pə] *o* type [also in printing]; *zij is 'n ~* she is quite a character; *wat een ~!* what a specimen!

typen ['ti.pə(n)] *vt* type(write); *het document beslaat wel 300 getypte pagina's* the document runs to 300 pages of type-script.

typeren [ti.'pe:rə(n)] *vt* characterize, typify; ~*d voor* typical of..., characteristic of...

typering [-rɪŋ] *v* characterization, typification.

typisch ['ti.pi.s] *aj* (& *ad*) typical(ly).

typist(e) [ti.'pɪst(ə)] *m(-v)* typist.

typograaf [ti.po.'gra.f] *m* typographer.

typografie [-gra.'fi.] *v* typography.

typografisch [-'gra.fi.s] *aj* (& *ad*) typographical(ly).

U

1 **u** [y.] *v* u.

2 **U, u** [y.] *pron* you.

ui [œy] *m* 1 ♣ onion; 2 *fig* (grap) joke, jest.

uiensaus ['œyə(n)səus] *v* onion-sauce.

uier ['œyər] *m* udder.

uiig ['œyəx] I *aj* F funny, facetious; II *ad* funnily, facetiously.

uil [œyl] *m* 1 ♣ owl; 2 ⚘ moth; 3 *fig* zie *uilskuiken*; ~*en naar Athene dragen* send (carry) owls to Athens; *elk meent zijn ~ een valk te zijn* everone thinks his own geese swans.

uilskuiken ['œylskœykə(n)] *o* owl, goose, dolt, ninny.

uiltje ['œyltʃə] *o* 1 ♣ owlet; 2 ⚘ moth; *een ~ knappen (vangen)* F take forty winks.

uit [œyt] I *prep* 1 (plaatselijk) out of, from; 2 (emotioneel) from, out of, for [joy &]; 3 (oorzakelijk) from; ~ *achteloosheid* ook: through carelessness; *hij is ~ Amsterdam* he is of A., he hails from A.; ~ *ervaring* by (from) experience; *de goedheid sprak ~ haar gelaat* goodness spoke in her face; zie ook: *armoede*, *ervaring* &; II *ad* out; *het is ~ met zijn meisje* his engagement is off; *het boek is ~* 1 the book is out (has appeared); 2 I have finished the book; *als de kerk ~ is* when church is over; *Mijnheer X is ~* Mr. X is out, has gone out; *hier is het verhaal ~* here the story ends; *het vuur is ~* the fire is out; *daarmee is het ~* there's an end of the matter; *en daar was het mee ~!* and that was all; *en daarmee ~!* so there!; *het moet nu ~ zijn met de ruzies* these quarrels must stop; *er ~!* out with him (with you)! get out!; *ik ben er een beetje ~* I'm rather out of it, my hand is out; *er eens helemaal ~ willen zijn* want to get away from it all; *hij is er altijd op ~ om...* he is bent (intent) upon ...ing; *zij is op mijn geld ~* she is after my money; ~ *en thuis* out and home.

uitademen ['œyta.də mə(n)] I *vi* & *va* expire; II *vt* expire, breathe out[2], exhale[2].

uitademing [-mɪŋ] *v* expiration, breathing out, exhalation.

uitbaggeren ['œytbagərə(n)] *vt* dredge.

uitbalanceren [-ba.lɑnse:rə(n)] *vt* balance.

uitbannen [-bɑnə(n)] *vt* 1 banish[2] [fear &], expel [people]; 2 exorcise [spirits].

uitbanning [-bɑnɪŋ] *v* 1 banishment; 2 exorcism.

uitbarsten [-bɑrstə(n)] *vt* burst out, break out, explode; erupt [of volcano]; *in lachen ~* burst out laughing; *in tranen ~* burst into tears.

uitbarsting [-bɑrstɪŋ] *v* eruption [of volcano], outburst[2] [of feeling], outbreak[2] [of anger]; explosion[2], burst[2] [of flame, anger &]; *het zal wel tot een ~ komen* there will be an

explosion.
uitbazuinen [-ba.zœyna(n)] *vt* trumpet forth.
uitbeelden [-be.lda(n)] *vt* personate, represent.
uitbeelding [-lɪŋ] *v* personation, representation.
uitbeitelen [ˈœytbɛitala(n)] *vt* 1 (in steen &) chisel (out); 2 (in hout) carve.
uitbenen [-be.na(n)] *vt* bone; *fig* exploit.
uitbesteden [-bəste.da(n)] *vt* 1 put out to nurse [a child], put out to board, board out, farm out; 2 (v. werk) put out to contract.
uitbetalen [-bəta.la(n)] *vt* pay (down), pay out.
uitbetaling [-lɪŋ] *v* payment.
uitbijten [ˈœytbɛita(n)] I *vt* bite out; corrode; II *vi* corrode.
uitblazen [-bla.za(n)] I *vt* blow out [a candle]; puff out [smoke]; *de laatste adem* ∼ breathe one's last, expire; II *va* in: *even* ∼ breathe, have a breathing-spell; *laten* ∼ breathe [a horse], give a breathing-spell.
uitblijven [-blɛivə(n)] *vi* stay away; stop out [all night]; hold off [of rain &]; *een verklaring bleef uit* a statement was not forthcoming; *het kan niet* ∼ it is bound to come (happen &).
uitblinken [-blɪŋka(n)] *vi* shine, excel; ∼ *boven zijn mededingers* outshine (eclipse) one's rivals.
uitblinker [-kər] *m* one who excels.
uitbloeien [ˈœytblu.ja(n)] *vi* cease blossoming; *uitgebloeid zijn* ⚡ be off flowering.
uitblussen [-blÿsə(n)] *vt* extinguish, put out.
uitboren [-bo.rə(n)] *vt* bore out, drill.
uitbotten [-bòtə(n)] *vi* ⚡ bud (forth), put forth buds.
uitbouw [-bou] *m* annex(e) [to a building].
uitbouwen [-bouə(n)] *vt* enlarge, extend.
uitbraaksel [-bra.ksəl] *o* vomit.
uitbraken [-bra.ka(n)] *vt* vomit[2] [one's food, fire, smoke]; *fig* belch forth [smoke &, blasphemous or foul talk]; disgorge [waters, people].
uitbranden [-brɑndə(n)] I *vt* 1 burn out; 2 cauterize [a wound]; II *vi* be burnt out; *het huis was geheel uitgebrand* the house was completely gutted; *een uitgebrande vulkaan* an extinct volcano.
uitbrander [-dər] *m* F scolding, wigging; *ik kreeg een* ∼ *van hem* he gave it me hot.
uitbreiden [ˈœytbrɛidə(n)] I *vt* 1 spread [one's arms]; 2 enlarge [the number of..., a business, a work &], increase [the staff]; extend [a domain]; II *v zich* ∼ 1 (v. oppervlakte) extend, expand; 2 (v. ziekten of brand) spread; zie ook: *uitgebreid*.
uitbreiding [-dɪŋ] *v* 1 spreading[2], *fig* spread; 2 enlargement, extension, expansion.
uitbreidingsplan [-dɪŋsplɑn] *o* plan for the extension.
uitbreken [ˈœytbre.ka(n)] I *vi* 1 break out [of disease, a fire, war &]; 2 break out (of prison); *het koude zweet brak hem uit* a cold sweat came over him; the cold sweat started on his brow; *er een dagje* ∼ manage to have a holiday (a day off); II *vt* break out [a tooth &]; III *o het* ∼ the outbreak.
uitbreker [-kər] *m* prison-breaker.
uitbrengen [ˈœytbrɛŋə(n)] *vt* bring out [words], emit [a sound]; disclose, divulge, reveal [a secret]; ⚓ run out [a cable], get out [a boat]; *advies* ∼ *over*... report on...; ...*bracht hij stamelend uit* ook: ...he faltered; *wie heeft het uitgebracht?* who has told about it?; zie ook: *rapport, stem, toost &*.
uitbroeden [-bru.də(n)] *vt* hatch[2] [birds, a plot].
uitbrullen [-brÿla(n)] *vt* roar (out); *het* ∼ *(van lachen, pijn)* roar (with laughter, with pain).
uitbuiten [-bœytə(n)] *vt* exploit.

uitbuiting [-tɪŋ] *v* exploitation.
uitbulderen [ˈœytbÿldərə(n)] I *vt* bellow (out), roar (out); II *vi* cease blustering.
uitbundig [œyt'bÿndəx] I *aj* exuberant; II *ad* exuberantly.
uitbundigheid [-hɛit] *v* exuberance, excess.
uitdagen [-da.gə(n)] *vt* challenge[2], *fig* defy; ∼ *tot een duel* challenge (to a duel).
uitdagend [œyt'da.gənt] I *aj* defiant; II *ad* defiantly.
uitdager [ˈœytda.gər] *m* challenger.
uitdaging [-gɪŋ] *v* challenge.
uitdampen [ˈœytdɑmpə(n)] I *vi* evaporate; II *vt* evaporate [water], exhale [fumes]; air [linen].
uitdamping [-pɪŋ] *v* evaporation, exhalation.
uitdelen [ˈœytde.la(n)] *vt* distribute, dispense, dole (deal) out [money &]; measure out, mete out [punishment]; deal [blows]; give out, hand out, share out.
uitdeler [-lər] *m* distributor; dispenser.
uitdeling [-lɪŋ] *v* 1 distribution; 2 (bij faillissement) dividend.
uitdenken [-dɛŋkə(n)] *vt* devise, contrive, invent.
uitdienen [-di.nə(n)] I *vt* serve [one's time]; II *vi* in: *dat heeft uitgediend* that has had its day.
uitdiepen [-di.pə(n)] *vt* deepen.
uitdijen [-dɛiə(n)] *vi* expand, swell.
uitdoen [-du.n] *vt* 1 (uitdoven) put out, extinguish [a light]; 2 (wegmaken) take out [a stain]; 3 (doorhalen) cross out [a word]; 4 (afleggen) put (take) off [a coat].
uitdossen [-dosə(n)] I *vt* attire, array, dress up; II *vt zich* ∼ attire oneself.
uitdoven [-do.və(n)] I *vt* extinguish[2] [fire, faculty]; quench, put out [a fire, light]; II *vi* go out; *een uitgedoofde vulkaan* an extinct volcano.
uitdoving [-vɪŋ] *v* extinction.
uitdraaien [-dra.ja(n)] I *vt* turn out [the gas], switch off [the electric light]; *er zich netjes* ∼ wriggle (shuffle) out of it; II *vi* in: *op niets* ∼ come to nothing; *waar zal dat op* ∼*?* what is it to end in?
uitdragen [-dra.gə(n)] *vt* carry out; *fig* propagate.
uitdrager [-gər] *m* second-hand dealer, old-clothes man.
uitdragerij [œytdra.gəˈrɛi] *v* **uitdragerswinkel** [-gərsˈvɪŋkəl] *m* second-hand shop.
uitdrijven [ˈœytdrɛivə(n)] *vt* drive out, expel [people]; cast out [of devils].
uitdrijving [-vɪŋ] *v* expulsion [of people]; casting out [of devils].
uitdrinken [-drɪŋkə(n)] *vt* drink off, empty, finish [one's glass].
uitdrogen [-dro.gə(n)] I *vi* dry up, become dry; II *vt* dry up, desiccate.
uitdrukkelijk [œyt'drÿkələk] I *aj* express, explicit, formal; II *ad* expressly, explicitly.
uitdrukkelijkheid [-hɛit] *v* explicitness.
uitdrukken [ˈœytdrÿkə(n)] I *vt* squeeze out, press out, express [juice &]; *fig* express [feelings]; II *vt zich* ∼ express oneself.
uitdrukking [-kɪŋ] *v* 1 expression, term, locution, phrase; 2 expression, feeling; *tot* ∼ *komen* find expression; *vol* ∼ expressive; *zonder* ∼ expressionless.
uitduiden [ˈœytdœydə(n)] *vt* point out, show.
uitdunnen [ˈœytdÿnə(n)] *vt* thin (out).
uitduwen [-dy.və(n)] *vt* push out, shove out.
uiteen [œyt'e.n] asunder, apart.
uiteendrijven [-drɛivə(n)] *vt* disperse.
uiteengaan [-ga.n] *vi* part, separate, disperse; *de vergadering ging om 5 uur uiteen* rose at five, broke up at five.
uiteenjagen [-ja.gə(n)] *vt* disperse.
uiteenlopen [-lo.pə(n)] *vi* diverge[2], *fig* differ, be different.

uiteenlopend [-lo.pənt] divergent[2], *fig* different.

uiteenrukken [-rūkə(n)] *vt* tear asunder.

uiteenspatten [-spatə(n)] *vi* burst (asunder); *fig* break up.

uiteenvallen [-valə(n)] *vi* fall apart, fall to pieces; *fig* break up.

uiteenzetten [-zɛtə(n)] *vt* explain, expound, set out.

uiteenzetting [-tɪŋ] *v* explanation, exposition.

uiteinde [ˈœytɛində] *o* end[2], extremity; *zijn ~* his end.

uiteindelijk [œytˈɛindələk] I *aj* ultimate, final [aim &], eventual [ruin]; II *ad* ultimately, in the end, finally, eventually, in the event.

uiten [ˈœytə(n)] I *vt* utter, give utterance to, express; II *vr zich ~* express oneself.

uitentreuren [œytən'trø:rə(n)] continually, for ever.

uiteraard [œytər'a:rt] naturally.

uiterlijk [ˈœytərlək] I *aj* outward, external; II *ad* I outwardly, externally; looked at from the outside; 2 at the utmost, at the latest; III *o* (outward) appearance, aspect, exterior, looks; *hij doet alles voor het ~* for the sake of appearance.

uiterlijkheid [-hɛit] *v* exterior; *uiterlijkheden* externals.

uitermate [œytər'ma.tə] extremely, excessively.

uiterst [ˈœytərst] I *aj* utmost, utter, extreme; *uw ~e prijzen* $ your lowest prices, your outside prices; *zie ook: wil &;* II *ad* in the extreme, extremely, highly; *een ~ rechtse partij* an extreme right-wing party.

uiterste [ˈœytərstə] *o* extremity, extreme; *de vier ~n* the four last things; *de ~n raken elkaar* extremes meet; *in ~n vervallen* rush to extremes; *op het ~ liggen* be in the last extremity; *t en ~* in the extreme, exceedingly; *tot het ~* to the utmost (of one's power); [go &] to the limit; *tot het ~ brengen* drive to distraction; *tot het ~ gaan* go to the limit, carry matters to an extreme, go (to) all lengths; *zich tot het ~ verdedigen* defend oneself to the last; *van het ene ~ in het andere vervallen* rush from one extreme to the other, rush (in)to extremes; *zie ook: drijven.*

uiterwaard [ˈœytərva:rt] *v* foreland.

uitflappen [ˈœytˈflapə(n)] *vt* blurt out [everything, the truth], blab [a secret].

uitfluiten [-flœytə(n)] *vt* hiss, catcall [an actor].

uitgaaf [-ga.f] *v* I (geld) expenditure, expense; 2 (v. boek &) publication; [first &] edition.

uitgaan [-ga.n] *vi* go out [of persons, light, fire]; *het gebouw ~* leave (go out of) the building; *de kerk gaat uit* church is over; *die schoenen gaan makkelijk uit* come off easily; *de vlekken gaan er niet uit* the spots won't come out; *wij gaan niet veel uit* we don't go out (go into society) much; *vrij ~ be* free from blame; *er eens op ~ om...* set out to...; *~ op een klinker* end in a vowel; *het gaat uit van...* it originates with..., it emanates from ..; *hij gaat uit van 't idee dat...* his starting point is that...; *~de van...* starting from... [this principle &]; *er gaat niet veel van hem uit* he is not a man of light and leading.

uitgaand [ˈœytga.nt] theatre-going, concert-attending, café-frequenting [public]; outward [cargo], outward-bound [ships]; *~e rechten* export duties; *~e stukken* outgoing letters (correspondence).

uitgaansdag [-ga.nsdɑx] *m* day out, off-day, outing.

uitgaansverbod [-fərbɔt] *o* curfew.

uitgalmen [ˈœytˈgalmə(n)] *vt* sing out, bawl out.

uitgang [-gaŋ] *m* I (v. huis &) exit, way out, issue, outlet, egress; 2 (v. woord) ending, termination.

uitgangspunt [-gaŋspŭnt] *o* starting point.

uitgave [-ga.və] = *uitgaaf.*

uitgebreid [-gəbrɛit] I *aj* extensive, comprehensive, wide [knowledge, powers, choice]; *~ lager onderwijs* advanced elementary education; *~e voorzorgsmaatregelen* elaborate precautions; II *ad* extensively, comprehensively.

uitgebreidheid [œytgə'brɛithɛit] *v* extensiveness, extent.

uitgedroogd [ˈœytgədro.xt] dried up[2], shrivelled.

uitgehongerd [-hòŋərt] famished, starving, ravenous.

uitgelaten [-la.tə(n)] elated; exuberant; rollicking [fun]; *~ van vreugde* elated with joy.

uitgelatenheid [œytgə'la.tənhɛit] *v* elation; exuberance.

uitgeleefd [ˈœytgələ.ft] decrepit, worn out.

uitgeleerd [-le:rt] in: *~ zijn* I (v. leerjongen) have served one's apprenticeship; 2 (v. scholier) have done learning; *men is nooit ~* live and learn.

uitgeleide [-lɛidə] *o* in: *~ doen* show [one] out; see [one] off [the premises, by the Mauretania]; give [one] a send-off.

uitgelezen [-le.zə(n)] I (gelezen) read, finished [books]; 2 (uitgezocht) select [party of friends]; choice [cigars]; picked [troops].

uitgelezenheid [œytgə'le.zənhɛit] *v* choiceness, excellence.

uitgemaakt [-ma.kt] in: *dat is een ~e zaak* that's a settled thing; that is an established truth; *ook: that's* a foregone conclusion.

uitgerekend [-re.kənt] calculating [man, woman].

uitgeslapen [-sla.pə(n)] *fig* F wide-awake, long-headed, knowing.

uitgesloten [-slo.tə(n)] in: *dat is ~* it is out of the question, it is quite impossible.

uitgesproken [-spro.kə(n)] I *aj fig* avowed [purpose, fascist &]; II *ad fig* avowedly [democratic].

uitgestorven [-stɔrvə(n)] extinct [animals]; deserted [of a place].

uitgestreken [-stre.kə(n)] smug, demure; *met een ~ gezicht* smooth-faced.

uitgestrekt [-strɛkt] extensive, vast.

uitgestrektheid [œytgə'strɛkthɛit] *v* extensiveness, extent; expanse, stretch, reach [of water &].

uitgestudeerd [ˈœytgəsty.de:rt] I having finished one's studies; 2 *fig* cunning, sly.

uitgeteerd [-te:rt] emaciated, wasted.

uitgeven [ˈœytge.və(n)] I *vt* I (afgeven) give out, distribute [provisions]; 2 (verteren) spend [money on...]; 3 (uitvaardigen) issue [a proclamation]; 4 (publiceren) publish [a book &]; 5 $ issue [bank-notes &]; 6 (voor de druk bezorgen) edit [memoirs &]; *een boek ~ bij Harpers* publish a book with H.; II *vr zich ~ voor...* give oneself out as [a swindler &]; pass oneself off as (for) [a...], set up for a...

uitgever [-vər] *m* publisher.

uitgeverij [œytge.və'rɛi] *v* F publishing business.

uitgeversfirma [ˈœytge.vərsfirma.] *v* publishing firm.

uitgeverszaak [ˈœytge.vərsa.k] *v* publishing business.

uitgewekene [ˈœytgəve.kənə] *m-v* refugee.

uitgewerkt [-vɛrkt] I elaborate [plan]; 2 worked [example]; 3 extinct [volcano].

uitgezocht [-zɔxt] excellent; zie ook: 2 *uitgelezen.*

uitgezonderd [-zòndərt] except, excepted, barring, save; *dat ~* barring this; *niemand ~* not excepting anybody, nobody excepted.

uitgieren [ˈœytgi:rə(n)] *vt* in: *het ~* scream with [laughter.

uitgieten [-gi.tə(n)] *vt* pour out. [laughter.

uitgifte [-gɪftə] v issue.

uitgillen [-gɪlə(n)] vt scream out; *het ~ van pijn* scream with pain.

uitglijden [-glɛi(d)ə(n)] vi slip; *~ over* slip on.

uitgooien [-go.jə(n)] vt throw out; throw off [clothes].

uitgraven [-gra.və(n)] vt dig out, dig up, disinter; exhume [a corpse]; excavate [a buried city &]; deepen [a ditch].

uitgraving [-vɪŋ] v excavation.

uitgroeien [ˈœytgru.jə(n)] vi grow, develop (into *tot*); *hij is er uitgegroeid* he has outgrown it.

uithalen [-ha.lə(n)] I vt 1 pull out, draw out [something]; root out [weeds]; ♪ draw out [a tone]; 2 (schoonmaken) clean [a pipe]; gut [fish]; turn out [a room]; 3 (uitvoeren) do [some devilry], play [pranks]; *nestjes ~* go bird('s)-nesting; *het zal niet veel ~* it will not be of much avail; *er ~ zoveel als men kan* use it for all it is worth; get as much as possible out of it; II vi (uitwijken) pull out [to the left].

uithangbord [-hɑŋbɔrt] o sign-board, (shop) sign.

uithangen [-hɑŋə(n)] I vt hang out [the wash, a flag &]; *de grote heer ~* do the grand; *de brave Hendrik ~, de vrome ~* play the saint, saint it; II vi in: *waar zou hij ~?* where can he hang out?

uithebben [-hɛbə(n)] vt have finished.

uitheems [œyt'he.ms] foreign [produce]; exotic [plants].

uithelpen [ˈœythɛlpə(n)] vt help out.

uithoek [-hu.k] m remote corner, out-of-the-way corner.

uithollen [-hɔlə(n)] vt hollow (out), scoop out, excavate.

uitholling [-lɪŋ] v 1 hollowing (out), excavation; 2 (holte) hollow, excavation.

uithongeren [ˈœythɔŋərə(n)] vt famish, starve (out).

uithongering [-rɪŋ] v starvation.

uithoren [ˈœythoːrə(n)] vt draw, pump [a person].

uithouden [-hɔu(d)ə(n)] vt hold out; *fig* bear, suffer, stand; *het ~* hold out; stand it, stick it (out); *je hebt het uitgehouden!* what a time you have been!

uithoudingsvermogen [-hɑudɪŋsfɜrmo.gə(n)] o staying-power(s), (power of) endurance, stamina.

uithouwen [-hɔuə(n)] vt carve, hew (from *uit*).

uithozen [-ho.zə(n)] vt bail out, bale out.

uithuilen [-hœylə(n)] vt weep oneself out; *eens ~ ook:* have a good cry.

uithuizig [œyt'hœyzəx] in: *hij is erg ~* he is never at home.

uithuwelijken, uithuwen [ˈœythy.vələkə(n), -hy.-və(n)] vt give in marriage, marry off [daughters].

uiting [ˈœytɪŋ] v 1 utterance, expression; *~ geven aan* give expression to, give utterance to, give voice to; *tot ~ komen* find expression.

uitje [ˈœycə] o (small) onion ‖ F outing.

uitjouwen [ˈœytjɔuə(n)] vt hoot (at, after), boo.

uitkammen [-kɑmə(n)] vt comb out.

uitkeren [-ke:rə(n)] vt pay.

uitkering [-rɪŋ] v 1 payment; 2 (v. faillissement) dividend; 3 (bij ziekte &) benefit; 4 (v. staking) strike-pay; 5 (v. werklozen) unemployment benefit, F dole.

uitkermen [ˈœytkɛrmə(n)] vt in: *het ~ van pijn* groan with pain.

uitkiezen [-ki.zə(n)] vt choose, select, single out, pick out.

uitkijk [-kɛik] m 1 look-out; 2 (persoon) look-out (man); *op de ~* on the look-out.

uitkijken [-kɛikə(n)] I vi 1 look out, be on the

look-out; *goed ~* keep a good look-out; *~ naar* look out for; *ik kijk wel uit!* I know better (than that); II vt in: *zich de ogen ~* stare one's eyes out.

uitkijkpost [ˈœytkɛikpɔst] m observation post.

uitkijktoren [-to:rə(n)] m watch-tower.

uitklaren [ˈœytkla:rə(n)] vt $ clear.

uitklaring [-rɪŋ] v $ clearance.

uitkleden [ˈœytkle.də(n)] I vt undress, strip; *naakt ~* strip to the skin; II vr *zich ~* undress.

uitkloppen [-klɔpə(n)] vt knock out [the ashes, a pipe]; beat [carpets].

uitknijpen [-knɛipə(n)] I vt press (squeeze) out, squeeze; *een uitgeknepen citroen* a squeezed orange [*fig*]; II vi S 1 (stilletjes weggaan) decamp, clear out, sling one's hook; 2 (doodgaan) pop off.

uitknippen [-knɪpə(n)] vt cut out.

uitknipsel [-knɪpsəl] o cutting, scrap.

uitkoken [-ko.kə(n)] vt boil.

uitkomen [-ko.mə(n)] vi 1 (ergens uit komen) come out; 2 ⚘ (uitlopen) come out, bud; 3 ⚘ hatch, come out of the shell [of chickens]; 4 (eerst uitspelen) ◇ lead; (opkomen) sp turn out; compete [in a tournament &]; 5 *Ind* (uit Europa komen) come out; 6 (afsteken) stand out; 7 (in 't oog vallen) show; *fig* 1 (aan 't licht komen) come out, be brought to light [of crimes]; 2 (bekend worden) become known [of secrets, plots &]; 3 (uitvallen) turn out; 4 (bewaarheid worden) come true; 5 (verschijnen) come out, appear, be published [of books &]; 6 (goed komen) work out [of sums]; 7 (toekomen, rondkomen) make both ends meet; *dat komt uit* that's correct; *wat komt er uit (die som)?* what is the result?; *de krant komt niet meer uit* the paper has ceased to appear; *ik zal er wel ~* [don't trouble] I can find my way out; *je komt er niet uit* you shan't leave the house; *het kwam anders uit* things turned out differently; *zo komt het beter uit* 1 that's a better arrangement; 2 (in) this way it will be brought out to better advantage, it shows better; *dat kwam duidelijk uit* that was very evident; *dat komt goed uit* that is very opportune; how lucky!; *die kleur doet het borduursel goed ~* brings out (sets off) the embroidery to advantage; *u moet dat eens goed doen ~* do bring it out very clearly, underline it properly; *het komt mij niet goed uit* it doesn't suit me; *het kwam net zo uit* things turned out exactly that way; *dat komt goedkoper uit* it comes cheaper, it is cheaper in the end; *dat zal wel ~* that goes without saying; *wie moet ~?* ◇ whose turn is it to play?; *u moet ~* ◇ your lead!; *~ met goede spelers* sp turn out good players; *ik kan met die som (gelds) niet ~* this sum is not enough for me; *~ op* open on (on to, into) [a garden &]; debouch on [the beach]; *ik kwam op de weg uit* I emerged into the road; *~ tegen* stand out against [the sky]; sp play (against); *dat beeldje komt goed uit tegen die achtergrond* the statuette stands out well against that background; *hij kwam er voor uit* he admitted it; (bekende schuld) he owned up; *hij kwam ervoor uit* he made no secret of it; (rond) *~ voor zijn mening* speak one's mind.

uitkomst [-kɔmst] v 1 (uitslag) result, issue; (van som) result; 2 (redding) relief, deliverance, help; *een ~ voor iedere huisvrouw* a boon and a blessing to every housewife.

uitkopen [-ko.pə(n)] vt buy out, buy off.

uitkraaien [-kra.jə(n)] vt in: *het ~* crow.

uitkrabben [-krɑbə(n)] vt scratch out.

uitkramen [-kra.mə(n)] vt in: *zijn geleerdheid*

~ show off one's learning; *onzin* ~ talk nonsense, say silly things.

uitkrijgen [-krɛigə(n)] *vt* get off [his boots &]; *ik kan het boek niet* ~ I can't get through the book.

uitkrijten [-krɛitə(n)] *vt* in: *iemand* ~ *voor* decry one as a..., denounce him as a...

uitkunnen [-künə(n)] *vi* in: *je zult er niet* ~ you won't be able to get out; *mijn schoenen kunnen niet uit* won't come off.

uitlaat [-la.t] *m* ⚒ exhaust.

uitlaatklep [-klɛp] *v* ⚒ exhaust-valve.

uitlachen [ˈœytlaɣə(n)] I *vt* laugh at; II *vi* laugh one's fill.

uitladen [-la.də(n)] *vt* unload, discharge.

uitlaten [ˈœytla.tə(n)] I *vt* I let out [a dog, a hidden person &]; see out [a visitor]; let off [fumes]; 2 (*weglaten*) leave out, omit [a word &]; 3 (*wijder maken*) let out [a garment]; 4 (*niet meer dragen*) leave off [one's coat]; leave off wearing [Jaeger &]; II *vr zich* ~ *over iets* speak about it.

uitlating [-tiŋ] *v* I (*weglaten*) letting out, omission; 2 (*gezegde*) utterance; statement.

uitleenbibliotheek [ˈœytle.nbi.bli.o.te.k] *v* lending-library.

uitleg [ˈœytlɛx] *m* I (*aanbouw*) extension [of a town]; 2 (*verklaring*) explanation, interpretation [of a person's words].

uitleggen [-lɛɣə(n)] *vt* eig I (*gereedleggen*) lay out [articles of dress, books &]; 2 (*wijder maken*) let out [a garment]; extend [a town]; 3 *fig* explain, interpret.

uitlegger [-ɣər] *m* explainer, expounder.

uitlegging [-ɣiŋ] *v* explanation, interpretation [of words, a text]; exegesis [of Scripture].

uitlekken [-lɛkə(n)] *vi* leak out²; *fig* trickle out, filter through, ooze out; transpire.

uitlenen [-le.nə(n)] *vt* lend (out).

uitleveren [-le.vərə(n)] *vt* ⚖ extradite [a person].

uitlevering [-riŋ] ⚖ extradition [of a person].

uitleveringsverdrag [-riŋsfərdrɑx] *o* ⚖ extradition treaty.

uitlezen [ˈœytle.zə(n)] *vt* I read through (to the end), finish [a book]; 2 pick out, select.

uitlichten [-lɪxtə(n)] *vt* lift out.

uitlokken [-lɔkə(n)] *vt* provoke [action &]; elicit [an answer]; invite [criticism]; evoke [a smile]; call forth [protests]; ask for [trouble]; court [comparison].

uitloop [-lo.p] *m* (v. water) outlet.⸙

uitlopen [ˈœytlo.pə(n)] *vi* I (v. personen) run out; go out; (v. bevolking) turn out; 2 (v. schepen) put out to sea, sail; 3 (uitbotten) bud, shoot; sprout [of potatoes]; *hij loopt veel uit* he is always gadding about; *heel Parijs liep uit om hem toe te juichen* all Paris turned out to cheer him; ~ *in een baai* run into a bay; *het is op niets uitgelopen* it has come to nothing; *waar moet dat op* ~? what is it to end in?

uitloper [-pər] *m* I (persoon) gadabout; 2 (v. planten) runner, offshoot, sucker; 3 (v. berg) spur; 4 *fig* offshoot.

uitloten [ˈœytlo.tə(n)] *vt* draw out, draw.

uitloting [-tiŋ] *v* drawing [for the prizes &].

uitloven [ˈœytlo.və(n)] *vt* offer [a reward, a prize], promise.

uitluchten [ˈœytlʏxtə(n)] *vt* (luchten) air, ventilate.

uitluiden [-lœydə(n)] *vt* ring out. [ventilate.

uitmaken [-ma.kə(n)] *vt* I finish [a book, a game]; break off [an engagement]; 2 (uitdoven) put out [fire]; 3 (wegmaken) take out [stains]; 4 (beslechten) decide, settle [a dispute]; 5 (vormen) form, constitute [the board, the government], make up [the greater part of]; 6 (uitschelden) call [one] names; *dat moeten zij samen maar* ~ they should

settle that between themselves; *dat maakt niet(s) uit* it does not matter, it is immaterial; *wat maakt dat uit?* what does it matter?; *dat is een uitgemaakte zaak* zie *uitgemaakt*; *dat is nu uitgemaakt* that is settled now; *iemand voor leugenaar* ~ call one a liar; *iemand* ~ *voor al wat lelijk is* call one all sorts of names.

uitmalen [-ma.lə(n)] *vt* I (water) drain; 2 (meel) extract.

uitmergelen [-mɛrɣələ(n)] *vt* exhaust.

uitmergeling [-liŋ] *v* exhaustion.

uitmesten [ˈœytmɛstə(n)] *vt* muck out.

uitmeten [-me.tə(n)] *vt* measure (out); *breed* ~ exaggerate [one's grievances].

uitmiddelpuntig [œytmɪdəlˈpʏntəx] eccentric.

uitmiddelpuntigheid [-heit] *v* eccentricity.

uitmonden [ˈœytmɔndə(n)] *vi* in: ~ *in* debouch into.

uitmonding [-diŋ] *v* mouth.

uitmoorden [ˈœytmo:rdə(n)] *vt* massacre.

uitmunten [-mʏntə(n)] *vi* in: ~ *boven* excel, surpass; ~ *in* excel in (at).

uitmuntend [œytˈmʏntənt] I *aj* excellent; II *ad* excellently.

uitmuntendheid [-heit] *v* excellence.

uitnemen [ˈœytne.mə(n)] *vt* take out.

uitnemend [œytˈne.mənt] zie *uitmuntend*.

uitnemendheid [-heit] *v* excellence; *bij* ~ preeminently, par excellence.

uitnoden, uitnodigen [ˈœytno.də(n), -dəɣə(n)] *vt* invite.

uitnodiging [-no.dəɣiŋ] *v* invitation; *op* ~ *van* at (on) the invitation of.

uitoefenen [ˈœytu.fənə(n)] *vt* exercise [a profession, a right &]; practise, carry on [a trade].

uitoefening [-niŋ] *v* exercise [of a right], discharge [of a function], practice [of an art]; prosecution [of a trade].

uitpakken [-pɑkə(n)] I *vt* unpack; II *vi* F (aflopen, uitkomen) work out; *als hij aan 't* ~ *gaat* when he begins to pour forth; ~ *over een onderwerp* F let out on a subject; ~ *tegen* inveigh against.

uitpersen [-pɛrsə(n)] *vt* express, press out, squeeze.

uitpiekeren [-pi.kərə(n)] *vt* F puzzle out [something].

uitpikken [-pɪkə(n)] *vt* I eig peck out; 2 (uitkiezen) pick out, select, single out.

uitpluizen [-plœyzə(n)] *vt* I pick; *fig* sift out, sift.

uitplunderen [-plʏndərə(n)] *vt* plunder, pillage, ransack, sack, rob.

uitpompen [ˈœytpɔmpə(n)] *vt* pump (out).

uitpraten [-pra.tə(n)] *vi* finish talking; *laat mij* ~ let me have my say; *daarover raakt hij nooit uitgepraat* that is a theme of which he never tires.

uitproesten [-pru.stə(n)] *vt* in: *het* ~ burst out laughing.

uitpuilen [-pœylə(n)] *vi* protrude, bulge.

uitpuilend [-lənt] protuberant; ~*e ogen* bulging eyes; *met* ~*e ogen* I goggle-eyed; 2 with eyes starting from their sockets.

uitputten [ˈœytpʏtə(n)] I *vt* exhaust; II *vr zich* ~ exhaust oneself.

uitputting [-tiŋ] *v* exhaustion.

uitputtingsoorlog [-tɪŋso:rlɔx] *m* war of attrition.

uitrafelen [ˈœytra.fələ(n)] *vt* ravel out, fray.

uitrazen [-ra.zə(n)] *vi* I (v. storm) rage itself out, spend itself; 2 (v. personen) vent one's fury; *de jeugd moet* ~ youth will have its fling; *hij is nu uitgeraasd* he has sown his wild oats.

uitredden [-rɛdə(n)] *vt* in: *er* ~ help out, deliver; *vr zich er* ~ get out of it.

uitredding [-dɪŋ] *v* deliverance, (means of) escape.

uitreiken [ˈœytrɛikə(n)] *vt* distribute, deliver,

give, issue [tickets].

uitreiking [-kıŋ] v distribution, delivery, issue [of tickets].

uitreis ['œytrɛis] v outward journey; ⚓ voyage out; *op de ∼* ⚓ outward bound.

uitrekenen ['œytre.kənə(n)] vt calculate, compute, figure out, reckon up; *een som ∼* work out a sum; zie ook: *uitgerekend & vinger.*

uitrekening [-nıŋ] v calculation, computation.

uitrekken ['œytrɛkə(n)] I vt stretch (out), draw out; II vr *zich ∼* stretch oneself.

uitrichten [-rıxtə(n)] vt do; *wat heb jij hier uitgericht?* what have you done?; *er is niet veel mee uit te richten* it is not much good.

uitrijden [-rɛi(d)ə(n)] vi ride out, drive out; *de stad ∼* ride (drive) out of the town; *de trein reed het station uit* the train was moving out of the station.

uitroeien [-ru.jə(n)] vt root out² [trees]; weed out², extirpate², eradicate² [weed, an error]; exterminate [a tribe, a nation, vice].

uitroeiing [-jıŋ] v extirpation, extermination, eradication.

uitroep ['œytru.p] m exclamation, shout, cry.

uitroepen [-ru.pə(n)] vt cry (out), exclaim; declare [a strike &]; *∼ tot (koning &)* proclaim [one] king.

uitroep(ings)teken ['œytru.p(ıŋs)te.kə(n)] o note of exclamation.

uitroken ['œytro.kə(n)] vt 1 (ten einde roken) smoke out [pipe]; finish [a pipe, cigar]; 2 (om te ontsmetten &) smoke, fumigate; 3 (door rook verdrijven) smoke out [animals].

uitrukken [-rűkə(n)] I vt pull out, pluck out [something]; tear [one's own hair]; tear out [weeds]; II vi 1 ✗ march (out); 2 (v. brandweer) turn out; *de stad ∼* ✗ march out of the town; *je kunt ∼!, ruk uit!* clear out!; hop it!, beat it!; *de politie moest ∼* the police were called out.

1 **uitrusten** [-rűstə(n)] vi rest, take rest; *bent u nu helemaal uitgerust?* are you quite rested?; *ik heb de mannen laten ∼* I have given the men a rest, I have rested them; *∼ van* rest from [one's labours].

2 **uitrusten** [-rűstə(n)] vt equip [an army, a ship, a person]; fit out [a fleet]; rig [cabin as operating-room].

uitrusting [-tıŋ] v equipment.

uitrustingsstukken [-tıŋstűkə(n)] mv ✗ equipment.

uitschakelen ['œytsxa.kələ(n)] vt ⚡ cut out, switch off; *fig* eliminate, leave out, rule out.

uitschakeling [-lıŋ] v ⚡ putting out of circuit; *fig* elimination.

uitschateren ['œytsxa.tərə(n)] vt in: *het ∼* burst out laughing.

uitscheiden [-sxɛi(d)ə(n)] I vi stop, leave off; *er ∼* 1 (tijdelijk) stop working; 2 (voorgoed) shut up shop; *schei uit!* stop (it)!; *Schei uit met dat geklets!* stop that jawing!; II vt excrete.

uitschelden [-sxɛldə(n)] vt abuse, call [a person] names; *∼ voor* call; zie ook: *uitmaken.*

uitschenken [-sxɛŋkə(n)] vt pour out.

uitscheppen [-sxɛpə(n)] vt bail out, bale out, scoop out.

uitscheuren [-sxø:rə(n)] I vt tear out; II vi tear.

uitschieten [-sxi.tə(n)] I vt 1 shoot out, throw out [a cable]; shoot [rays]; 2 whip off [one's coat]; *er werd hem een oog uitgeschoten* he had one of his eyes shot out; II vi slip; *de boot kwam de kreek ∼* the boat shot out from the creek; zie ook: *schieten* ⚡, *opschieten* ⚡ & *voorschieten.*

uitschilderen [-sxıldərə(n)] vt paint, portray.

uitschoppen [-sxòpə(n)] vt kick out²; kick off [one's shoes].

uitschot [-sxɔt] o refuse, offal, trash; off-scourings, riff-raff, dregs [of the people].

uitschreeuwen [-s(x)re.rə(n)] vt cry out; *het ∼* cry out.

uitschrijven [-s(x)rɛivə(n)] vt write out, make out [an invoice &]; zie ook: *lening, prijsvraag, vergadering &.*

uitschudden [-sxűdə(n)] vt shake (out) [a carpet]; strip [a person] to the skin.

uitschuiven [-sxœyvə(n)] vt push out; draw out [a table].

uitschulpen [-sxűlpə(n)] vt scallop.

uitschuren [-sxy:rə(n)] vt scour (out).

uitslaan [-sla.n] I vt beat out, strike out; drive out [a nail]; knock out [a tooth &]; hammer, beat (out) [metals]; shake out [carpets], unfold [a map]; throw out [one's legs]; put forth [one's claws]; stretch, spread [one's wings]; *mallepraat ∼* talk nonsense; *de taal die zij ∼!* the language they use!; II vi break out [of flames, measles]; sweat [of a wall]; grow mouldy [of bread].

uitslaand [-sla.nt] aj in: *∼e brand* blaze; *∼e plaat* folding picture (plate).

uitslag [-slɑx] m 1 outcome, result, issue, event, success; 2 (schimmel) mouldiness; 3 (puistjes) eruption, rash; *stille ∼* $ draft; *de ∼ van de verkiezing* the result of the poll; *de bekendmaking van de ∼* van de verkiezing the declaration of the poll; *wat is de ∼ van uw examen?* what is the result of your examination?; *met goede ∼* with good success, successfully.

uitslapen [-sla.pə(n)] vt & vi sleep one's fill; *zijn roes ∼* sleep off one's debauch, sleep it off.

uitslijten [-slɛitə(n)] vi wear out, wear away; wear off.

uitsloven [-slo.və(n)] vt in: *zich ∼* do one's best, drudge, toil, work oneself to the bone [for one's livelihood, for others]; lay oneself out [to please a person].

uitsluiten [-slœytə(n)] vt shut (lock) out; *fig* exclude; lock out [workmen].

uitsluitend [œyt'slœytənt] aj (& ad) exclusive(ly).

uitsluiting ['œytslœytıŋ] v 1 exclusion; 2 lockout [workmen]; *∼ van* exclusive of.

uitsluitsel [-slœytsəl] o decisive answer.

uitsmeren [-sme:rə(n)] vt spread [over a longer period].

uitsmijten [-smɛitə(n)] vt chuck out, throw out.

uitsmijter [-smɛitər] m 1 chucker-out; 2 slice of bread with veal & and a fried egg on top, ± ham and eggs.

uitsnellen [-snɛlə(n)] vi in: *de deur ∼* rush out.

uitsnijden [-snɛi(d)ə(n)] vt cut out, carve out, excise.

uitsnikken [-snıkə(n)] I vt sob out; II vi sob till one is calmed down.

uitspannen [-spɑnə(n)] I vt 1 (uitstrekken) stretch out, extend [one's fingers &]; spread [a net]; 2 (uit het tuig halen) take out, unharness [the horses], unyoke [oxen]; II vr *zich ∼* unbend, take some recreation.

uitspanning [-nıŋ] v 1 baiting-place; 2 garden-restaurant, tea-garden; 3 *fig* recreation, relaxation.

uitspansel ['œytspɑnsəl] o firmament, heavens, sky.

uitsparen [-spa.rə(n)] vt save, economize, zie ook: *besparen.*

uitsparing [-rıŋ] v saving, economy.

uitspatting ['œytspɑtıŋ] v dissipation, debauchery; excess; *zich aan ∼en overgeven* indulge in dissipation (in excesses).

uitspelen [-spe.lə(n)] vt play; *ze tegen elkaar ∼* play them off against each other.

uitspinnen [-spınə(n)] vt spin out².

uitspoelen [-spu.lə(n)] *vt* rinse (out); wash away.

uitspraak [-spra.k] *v* 1 pronunciation; 2 (oordeel) pronouncement, utterance, statement; 3 (arbitraal) award; ⚡ finding, sentence, verdict; ~ *doen* pass judg(e)ment, pass (pronounce) sentence.

uitspreiden [-sprɛidə(n)] *vt* spread (out).

uitspreken [-spre.kə(n)] **I** *vt* pronounce [a word, judg(e)ment, a sentence]; deliver [a message]; express [thanks, the hope]; **II** *vi* finish.

uitspringen [-spriŋə(n)] *vi* project, jut out; *je kunt er niet ~* you can't jump out.

uitspruiten ['œytsprœytə(n)] *vi* ⚡ sprout, shoot.

uitspruitsel [-sprœytsəl] *o* ⚡ sprout, shoot.

uitspugen, uitspuwen [-spy.gə(n), -spy.və(n)] *vt* spit out.

uitstaan ['œytsta.n] **I** *vt* endure, suffer. bear; *ik kan hem niet ~* I cannot stand the fellow, I have no patience with him; *wat ik moest ~* what I had to suffer (bear, endure); *ik heb niets met hen uit te staan* I have nothing to do with them; *dat heeft er niets mee uit te staan* that has nothing to do with it; **II** *vi* 1 stand out; 2 be put out at interest; *mijn geld staat uit tegen 4%* my money is put out at 4%; *~de schulden* outstanding debts.

uitstalkast [-stalkɑst] *v* show-case.

uitstallen [-stɑlə(n)] *vt* expose for sale, display.

uitstalling [-lɪŋ] *v* display (in the shop-window), (shop-)window display.

uitstalraam ['œytstalra.m] *o* show-window.

uitstapje [-stɑpjə] *o* excursion, tour, trip, outing, jaunt; *een ~ doen* (*maken*) make an excursion, make (take) a trip.

uitstappen [-stɑpə(n)] *vi* get out [of tram-car &]; step out, alight [from a carriage]; *allen ~!* all get out here.

uitstedig [œyt'ste.dəx] absent from town.

uitstedigheid [-hɛit] *v* absence from town.

uitsteeksel ['œytste.ksəl] *o* projection; protuberance.

uitstek [-stɛk] *o* projection; *bij ~* pre-eminently.

uitsteken [-ste.kə(n)] **I** *vt* stretch out, hold out [one's hand], put out [the tongue, the flag]; *iemand de ogen ~* put out a man's eyes; *dat zal hun de ogen ~* that will make them jealous; zie ook: *hand* &; **II** *vi* 1 (in elke richting) stick out; 2 (horizontaal) jut out, project, protrude; *hoog ~ boven...* rise far above..., ○ tower above...; *hoog boven de anderen ~* rise (head and shoulders) above the others, tower above one's contemporaries; *boven anderen ~ in...* excel others in...

1 **uitstekend** [-kɑnt] **I** *aj* protruding &, prominent.

2 **uitstekend** [œyt'ste.kɑnt] **I** *aj* excellent, first-rate, eminent; **II** *ad* excellently, extremely well, splendidly; very well!

uitstekendheid [-hɛit] *v* excellence.

uitstel ['œytstɛl] *o* postponement, delay, respite; *~ van betaling* extension of time for payment; *het kan geen ~ lijden* it admits of no delay; *~ van executie* stay of execution; *~ geven* (*verlenen*) grant a delay; *~ vragen* ask for a delay; *van ~ komt dikwijls afstel* delays are often dangerous, ± procrastination is the thief of time; *~ is geen afstel* forbearance is no acquittance; all is not lost that is delayed; *zonder ~* without delay.

uitstellen [-stɛlə(n)] *vt* delay, defer, postpone, put off; *stel niet uit tot morgen, wat ge heden doen kunt* don't put off till to-morrow what you can do to-day.

uitsterven [-stɛrvə(n)] *vi* die out[2], become extinct.

uitsterving [-vɪŋ] *v* extinction.

uitstijgen ['œytstɛigə(n)] *vi* get out.

uitstippelen [-stɪpələ(n)] *vt* dot [a line]; *fig* outline [a policy], lay down [lines, a programme].

uitstomen [-sto.mə(n)] **I** *vt* 1 clean by steam; 2 zie *stomen* II 2; **II** *vi* steam away; *het schip ~ stoomde uit* the ship steamed out to sea.

uitstorten ['œytstɔrtə(n)] **I** *vt* pour out, pour forth; *zijn gemoed, zijn hart ~* pour out one's heart, unbosom oneself; **II** *vr* *zich ~* discharge itself [of a river, into the sea].

uitstorting [-tɪŋ] *v* effusion; *de ~ van de Heilige Geest* the outpouring of the Holy Ghost.

uitstoten ['œytsto.tə(n)] *vt* thrust out; *fig* expel [a person]; *kreten ~* utter cries.

uitstoting [-tɪŋ] *v* expulsion.

uitstralen ['œytstra.lə(n)] *vt* radiate, beam forth.

uitstraling [-lɪŋ] *v* radiation, emanation.

uitstralingswarmte [-vɑrmtə] *v* radiant heat.

uitstrekken ['œytstrɛkə(n)] **I** *vt* stretch, stretch forth, extend; stretch out, reach out [one's hand]; **II** *vr* *zich ~* 1 (v. levende wezens) stretch oneself; 2 (v. dingen) stretch, extend, reach; *zich ~ naar het oosten* stretch away to the east.

uitstromen [-stro.mə(n)] *vi* stream forth; *~ in* flow into.

uitstrooien [-stro.jə(n)] *vt* strew, spread[2], disseminate[2]; *fig* spread [rumours], put about [lies &].

uitsturen [-sty.rə(n)] *vt* send out.

uittanden ['œytɑndə(n)] *vt* indent, tooth, jag.

uittarten [-tɑrtə(n)] *vt* defy, challenge, provoke.

uittarting [-tɑrtɪŋ] *v* defiance, challenge, provocation.

uittekenen [-te.kənə(n)] *vt* draw, delineate, portray, picture.

uittellen [-tɛlə(n)] *vt* count out.

uitteren [-te:rə(n)] *vi* pine (waste) away, waste.

uittering [-te:rɪŋ] *v* emaciation.

uittocht [-tɔxt] *m* exodus[2].

uittrappen [-trɑpə(n)] *vt* stamp out [a fire]; kick off [one's shoes]; kick [you] out [of the job].

uittreden [-tre.də(n)] *vi* step out; (*uit de firma*) ~ retire (from partnership); zie ook: *treden uit* & *aftreden*.

uittrekken [-trɛkə(n)] **I** *vt* draw out [a nail &]; pull off [boots]; take off [one's coat]; pull out, extract [a tooth, herbs &]; *een som ~ voor* earmark £... for...; **II** *vi* ⚔ 1 march out; set out, ○ set forth; 2 move out [of a house].

uittreksel [-trɛksəl] *o* 1 (afkooksel) extract; 2 (korte inhoud) abstract; (v. d. burgerl. stand) [birth, marriage &] certificate; $ (v. rekening) statement; 3 (het ontleende) extract.

uitvaagsel ['œytfa.xsəl] *o* sweepings, scum, dregs, offscourings [of society].

uitvaardigen [-fa:rdəgə(n)] *vt* issue [an order]; promulgate [a law].

uitvaardiging [-gɪŋ] *v* issue; promulgation.

uitvaart ['œytfa:rt] *v* funeral; obsequies.

uitval [-fɑl] *m* 1 ⚔ sally[2], sortie; 2 (bij 't schermen) thrust, lunge, pass; 3 *fig* outburst, sudden fit of passion; *een ~ doen* 1 ⚔ make a sally (a sortie); 2 (bij 't schermen) make a pass, lunge.

uitvallen [-fɑlə(n)] *vi* 1 fall out, come out [hair]; 2 ⚔ make a sally; 3 ⚔ fall out [while on the march]; 4 (bij 't schermen) make a pass, lunge; 5 (bij 't spel) drop out; 6 (v. el. licht, stroom &) fail; 7 *fig* fly out (at *tegen*), cut up rough; *goed* (*slecht*) ~ turn out well (badly); *tegen iemand ~* fly out at a man; *hij kan lelijk tegen je ~* he is apt to cut up rough; *die trein is uitgevallen* that train has been cancelled; *het ~ van de stroom (een transformator)* a power (a transformer) failure.

uitvaller [-fɑlər] *m* ✗ straggler; *er waren 2 ~s sp* two competitors dropped out.

uitvaren [-fa:rə(n)] *vi* I ⚓ sail (out); put to sea; *2 fig* storm, fly out; *~ tegen* fly out at, inveigh against, declaim against.

uitvechten [-fɛxtə(n)] *vt* in: *het onder elkaar maar ~* fight (have) it out among themselves.

uitvegen [-fe.ɣə(n)] *vt* I sweep out; *2* (met gummi &) wipe out, rub out, efface; *iemand de mantel ~* haul a person over the coals, give a person a bit of one's mind.

uitverkocht [-fərkɔxt] out of print [book]; sold out, out of stock [goods]; *de druk was gauw ~* the edition was exhausted in a very short time; *~e zaal* full house.

uitverkoop [-fərko.p] *m* $ selling-off, clearance sale, sale(s).

uitverkoopprijs [-fərko.prɛis] *m* sale price.

uitverkopen ['œytfərko.pə(n)] *vt & va* sell off, clear.

uitverkoren [-ko:rə(n)] *aj* chosen, elect; *het ~ Volk* the Chosen People (Race); *~e* favourite; *zijn ~e* his sweetheart; *de ~en* the chosen.

uitvieren ['œytfi:rə(n)] *vt* veer out, pay out [a cable]; *een kou ~* nurse one's cold.

uitvinden [-fɪndə(n)] *vt* invent [a machine &]; find out [the secret &].

uitvinder [-dər] *m* inventor.

uitvinding [-dɪŋ] *v* invention.

uitvindsel ['œytfɪntsəl] *o* invention.

uitvissen ['œytfɪsə(n)] *vt* I fish out², *fig* ferre out.

uitvlakken [-flɑkə(n)] *vt* blot out, wipe out; (met gummi) rub out; *dat moet je niet ~!* S it is not to be sneezed at.

uitvliegen [-fli.ɣə(n)] *vi* fly out.

uitvloeien [-flu.jə(n)] *vi* flow out.

uitvloeisel ['œytflu:isəl] *o* consequence, outcome, result.

uitvloeken [-flu.kə(n)] I *vt* swear at, curse [a man]; II *vi* have a good swear.

uitvlucht [-flʏxt] *v* I loop-hole; *2* (voorwendsel) evasion, pretext, subterfuge, excuse; *~en zoeken* prevaricate, shuffle.

uitvoer [-fu:r] *m* $ export, exportation; *(de goederen)* exports; *de ~ verhogen en de invoer verlagen* increase exports and reduce imports; *ten ~ brengen (leggen)* carry into effect, execute, carry out [a threat].

uitvoerartikel [-ɑrti.kəl] *o* $ article of export; *~en ook:* exports.

uitvoerbaar ['œyt'fu:rba:r] practicable, feasible.

uitvoerbaarheid [-hɛit] *v* practicability, practicableness, feasibility.

uitvoeren [-fu:rə(n)] *vt* I carry out [harbourworks &]; execute [an order, a plan, a sentence &]; perform [an operation, a task, tricks &]; carry into effect, carry out [a resolution]; *2* $ fill [an order]; export [goods]; *hij heeft weer niets uitgevoerd* he has not done a stroke of work; *wat voer jij daar uit?* what are you doing?; *wat heb jij toch uitgevoerd, dat je...?* what ever have you been doing?; *wat heb je vandaag uitgevoerd?* what have you done to-day?; *wat moet ik daarmee ~?* what am I to do with it?; *de ~de macht* the Executive; *de ~de Raad* the Executive Council.

uitvoerhandel ['œytfu:rhɑndəl] *m* $ export trade.

uitvoerhaven [-ha.və(n)] *v* harbour of exportation.

uitvoerig [œyt'fu:rəx] I *aj* ample [discussion]; full [particulars], copious [notes], detailed, circumstantial, minute [account]; II *ad* am-

---

ply &, in detail; *ik zal ~er schrijven ook:* I'll write more fully.

uitvoerigheid [-hɛit] *v* ampleness, copiousness.

uitvoering ['œytfu:rɪŋ] *v* I execution [of an order &]; get-up [of a book]; *2* (voorstelling) performance; *~ geven aan* carry into effect, carry out.

uitvoerpremie [-fu:rpre.mi.] *v* $ export bounty, bounty on exportation.

uitvoerrechten ['œytfu:rɛxtə(n)] *mv* $ export duties.

uitvoerverbod [-fu:rvərbɔt] *o* $ export prohibition.

uitvoervergunning [-vərɣʏnɪŋ] *v* $ export licence.

uitvorsen ['œytfɔrsə(n)] *v* find out, ferret out.

uitvragen ['œytfra.ɣə(n)] *vt* question, catechize, F pump; *ik ben uitgevraagd* I I have been asked out [to dinner &]; *2* I have no more questions to ask.

uitvreten [-fre.tə(n)] *vt* eat out, corrode.

uitwaaien [-va.jə(n)] I *vt* blow out; II *vi* be blown out [of a candle]; *het is nu uitgewaaid* the wind (gale) has spent itself.

uitwaarts [-va:rts] I *aj* outward; II *ad* outward(s).

uitwas [-vɑs] *m & o* outgrowth, excrescence, protuberance.

uitwasemen [-va.səmə(n)] I *vi* evaporate; II *vt* exhale.

uitwaseming [-mɪŋ] *v* evaporation, exhalation.

uitwassen ['œytvɑsə(n)] *vt* wash (out).

uitwateren [-va.tərə(n)] *vi* in: *~ in* discharge itself into..., flow into...

uitwatering [-rɪŋ] *v* discharge [of a stream].

uitwedstrijd ['œytvɛtstrɛit] *m sp* away game.

uitweg [-vɛx] *m* way out², outlet.

uitwegen [-ve.ɣə(n)] *vt* weigh out.

uitweiden [-vɛidə(n)] *vi* in: *~ over* enlarge upon, expatiate on, dwell upon, digress upon.

uitweiding [-dɪŋ] *v* expatiation, digression.

uitwendig [œyt'vɛndəx] I *aj* external, exterior; *voor ~ gebruik* for outward application; *zijn ~ voorkomen* his outward appearance; II *ad* externally, outwardly.

uitwerken ['œytvɛrkə(n)] I *vt* I work out [a plan &]; elaborate [a scheme]; work [a sum]; labour [a point]; *2* (tot stand brengen) effect, bring about; *niets ~* be ineffective; II *vi* work; *dit geneesmiddel heeft uitgewerkt* this medicine has lost its efficacy; *zie ook: uitgewerkt.*

uitwerking [-kɪŋ] *v* I working-out; *2* (gevolg) effect; *~ hebben* be effective, work; *geen ~ hebben* produce no effect, be ineffective.

uitwerpen ['œytvɛrpə(n)] *vt* throw out [ballast], cast out; eject; ✈ drop [bombs, arms], parachute [a man, troops]; (spuwen) vomit; *duivelen ~* cast out devils.

uitwerpsel [-vɛrpsəl] *o* excrement.

uitwieden [-vi.də(n)] *vt* weed out.

uitwijken [-vɛikə(n)] *vi* I (op zij) draw aside, step aside, make way, make room; pull out [of a motor-car]; *2* (uit het land) go into exile, leave one's country; *~ naar* emigrate to, take refuge in [a country]; *~ voor* make way for, get out of the way of, avoid [a dog on the road].

uitwijzen ['œytvɛizə(n)] *vt* I show; *2* expel [person].

uitwijzing [-zɪŋ] *v* expulsion.

uitwinnen ['œytvɪnə(n)] *vt* save.

uitwippen [-vɪpə(n)] *vi* F nip out.

uitwisselen [-vɪsələ(n)] *vt* exchange.

uitwisseling [-lɪŋ] *v* exchange.

uitwissen ['œytvɪsə(n)] *vt* wipe out, blot out, efface.

uitwoeden [-vu.də(n)] *vi* spend itself [of a storm].

uitwonend [-vo.nənt] non-resident [masters &];

☆ non-collegiate [students].

uitwrijven [-vrɛivə(n)] *vt* rub out; *zich de ogen* ~ rub one's eyes[2].

uitwringen [-vrɪŋə(n)] *vt* wring out.

uitzaaien [-sa.jə(n)] *vt* sow[2], disseminate[2].

uitzeilen [-sɛilə(n)] *vi* ♥ sail out, sail.

uitzenden [-sɛndə(n)] *vt* send out, dispatch; ▤ ♯ broadcast; transmit; *iemand* ~ I send one on an errand; 2 send one out to the colonies.

uitzending [-dɪŋ] *v* sending out, dispatch; ▤ ♯ broadcast, broadcasting; transmission.

uitzet ['œytsɛt] *m & o* (bride's) trousseau; ~ *voor de tropen* zie *tropenuitrusting*; zie ook: *babyuitzet*.

uitzetbaar [œyt'sɛtba:r] expansible, dilatable.

uitzetbaarheid [-hɛit] *v* expansibility, dilatability.

uitzetten ['œytsɛtə(n)] **I** *vi* I (in 't alg.) expand, dilate, swell; 2 (in de natuurkunde) expand; **II** *vr zich* ~ expand [of metals &]; **III** *vt* I (vergroten) expand; 2 (doen zwellen) distend, inflate; 3 set out [a rectangle]; mark out [distances]; ♥ put out, get out [a boat]; ✃ post [a sentinel]; put out [a post]; throw out [a line of sentinels]; ✚ evict, eject [a tenant]; turn [a person] out [of the room]; $ invest [money], put out [at 4% interest]; *iemand het land* ~ expel, banish one from the country.

uitzetting [-tɪŋ] *v* expansion; dilat(at)ion; inflation; expulsion, ✚ eviction, ejection.

uitzettingscoëfficiënt, -koëfficiënt [-tɪŋsko.-ɛfi.si.ɛnt] *m* coefficient of expansion.

uitzettingsvermogen [-fərmo.gə(n)] *o* power of expansion, expansive power, dilatability.

uitzicht ['œytsɪxt] *o* view, prospect, outlook; *het* ~ *hebben op*... command a (fine) view of..., overlook [the Thames]; ...*in* ~ *stellen* hold out a prospect that...

uitzichttoren [-sɪxto:rə(n)] *m* belvedere.

uitzieken ['œytsi.ka(n)] *vi* nurse one's illness.

uitzien [-zi.n] **I** *vi* look out; *er* ~ look; *je ziet er goed uit* you look well; *zij ziet er goed* (= *knap*) *uit* she is good-looking; *zij ziet er niet goed uit* she doesn't look well; *dat ziet er mooi uit!* a fine prospect!, a pretty state of affairs!; *hoe ziet hij (het) eruit?* what does he (it) look like?, what is he (it) like?; *wat zie jij eruit!* what a state you are in!; *ziet het er zó uit?* I does it look like this?; 2 is it thus that matters stand?; *het ziet eruit alsof het wil gaan regenen* it looks like rain; *naar een betrekking* ~ look out for a situation; *naar iemand* ~ look out for a person; ~ *naar zijn komst* look forward to his coming; ~ *op een plein* look out upon a square; ~ *op de Theems* overlook the Thames; ~ *op het zuiden* look (face) south; **II** *vt in*: *zijn ogen* ~ stare one's eyes out.

uitzingen [-sɪŋə(n)] *vt* sing out, sing [the chorus &] to the finish; *als we het maar kunnen* ~ F if we can hold out, stick it [until...].

uitzinnig [œyt'sɪnəx] beside oneself, distracted, demented, mad, frantic.

uitzinnigheid [-hɛit] *v* distraction, madness.

uitzitten ['œytsɪtə(n)] *vt* sit out; *zijn tijd* ~ serve one's time [in prison], do time.

uitzoeken [-su.kə(n)] *vt* select [an article, seeds &], choose [an article]; look out [the wash], sort out[2].

uitzonderen [-sòndərə(n)] *vt* except.

uitzondering [-rɪŋ] *v* exception; *een* ~ *op de regel* an exception to the rule; ~*en bevestigen de regel* the exception proves the rule; *bij* ~ by way of exception; *bij hoge* ~ very rarely; *bij* ~ *voorkomend* exceptional; *met* ~ *van*... with the exception of...; *zonder* ~ without exception; *allen zonder* ~ *hadden*

handschoenen aan they one and all wore gloves.

uitzonderingsgeval [-rɪŋsgəvəl] *o* exceptional case.

uitzonderlijk [œyt'sòndərlək] **I** *aj* exceptional (ability), outstanding (merit); **II** *ad* exceptionally [large], outstandingly [important].

uitzuigen ['œytsœygə(n)] *vt* I *eig* suck (out); 2 *fig* extort money from [a person]; sweat [labour].

uitzuiger [-gər] *m* extortioner; sweater [of labour].

uitzuinigen ['œytsœynəgə(n)] *vt* economize, save (on *op*).

uitzwermen [-svɛrmə(n)] *vi* I swarm off [of bees]; 2 ♛ disperse.

uitzweten [-sve.tə(n)] *vt* exude, ooze out, sweat.

uitzweting [-tɪŋ] *v* exudation. [out.

ukkepuk ['ũkəpũk] *m* **ukkie** ['ũki.] *o* F little nipper, tiny tot.

ulaan [y.'la.n] *m* ♛ uhlan.

ulevel ['y.ləvɛl] *v* motto-kiss.

U.L.O. = *uitgebreid lager onderwijs* zie *uitgebreid*.

uloschool ['y.lo.sxo.l] *v* higher-grade school.

ulster ['ũlstər] *m* ulster.

ultimatum [-'ma.tũm] *o* ultimatum; *een* ~ *stellen* issue an ultimatum (to *aan*).

ultimo ['ũlti.mo.] *in*: ~ *januari* at the end of January.

ultra ['ũltra.] **I** *m* extremist; **II** *ad* extremely, ultra [short wave].

umlaut ['u.mlout] *m* Umlaut, (vowel) mutation; *a*~ modified a.

unaniem [y.na.'ni.m] *aj* (& *ad*) unanimous(-ly).

unciaal [ũnsi.'a.l] *v* uncial.

unie ['y.ni.] *v* union.

uniek [y.'ni.k] unique.

unificatie, unifikatie [y.ni.fi.'ka.(t)si.] *v* unification.

uniform [-'fòrm] **I** *aj* uniform; **II** *o & v* (in 't alg.) uniform; ♛ (ook:) regimentals.

uniformiteit [-fòrmi.'tɛit] *v* uniformity.

uniformjas [-'fòrmjəs] *m & v* ♛ tunic.

uniformpet [-pɛt] *v* uniform cap.

universeel [-vɛr'ze.l] universal, sole; ~ *erfgenaam* sole heir, residuary legatee.

universitair [-zi.'tɛ:r] **I** *aj* university...; **II** *ad in*: ~ *opgeleid* college-taught.

universiteit [-'tɛit] *v* university, zie *hogeschool*.

universiteitsbibliotheek [-'tɛitsbi.bli.o.te.k] *v* university library.

universiteitsgebouw [-gəbou] *o* university building.

uranium [ũ'ra.ni.ũm] *o* uranium.

urbaan [ũr'ba.n] *aj* (& *ad*) urbane(ly).

urbaniteit [ũrba.ni.'tɛit] *v* urbanity.

urgent [ũr'gɛnt] *aj* (& *ad*) urgent(ly).

urgentie [ũr'gɛnsi.] *v* urgency.

urgentieverklaring [-vərkla:rɪŋ] *v* declaration of urgency.

urine [y.'ri.nə] *v* urine.

urineren [y.ri.'ne:rə(n)] *vi* urinate, make (pass) water

urinoir [-'nva:r] *o* urinal.

urmen ['ũrmə(n)] *vi* F worry (about *over*).

urn(e) [ũrn, 'ũrnə] *v* urn.

usance [y.'zãsə] **usantie** [y.'zan(t)si.] *v* custom, usage.

usurpatie [y.zũr'pa.(t)si.] *v* usurpation.

usurpator [-'pa.tər] *m* usurper.

usurperen [-'pe:rə(n)] *vt* usurp.

utiliteit [y.ti.li.'tɛit] *v* utility.

utiliteitsbeginsel [-'tɛitsbəgɪnsəl] *o* utilitarian principle.

Utopia [y.'to.pi.a.] *o* Utopia.

utopie [y.to.'pi.] *v* utopian scheme, Utopia.

utopisch [y.'to.pi.s] utopian.

utopist [y.to.'pɪst] *m* Utopian.

uur [y:r] *o* hour; *een* ~ *gaans* an hour's walk; *alle uren* every hour; *uren lang* for hours (together, on end); *aan geen* ~ *gebonden* not tied down to time; *binnen het* ~ within an hour; *in het* ~ *van het gevaar* in the hour of danger; *om drie* ~ at three (o'clock); *om het* ~ every hour; *op elk* ~ every hour; at any hour; *op elk* ~ *van de dag* at all hours of the day, at any hour; *op een vast* ~ at a fixed hour; *over een* ~ in an hour; *zoveel per* ~ so much per hour (an hour); *een rijtuig per* ~ *nemen* by the hour; *te goeder (kwader) ure* in a happy (an evil) hour; *ter elfder ure* at the eleventh hour; *tegen drie* ~ by three o'clock; *van* ~ *tot* ~ from hour to hour, hourly.

uurloon [-lo.n *o* hourly wage.

uurwerk [-vɛrk] *o* 1 clock, timepiece; 2 (raderwerk) clockwork.

uurwerkmaker [-vɛrkma.kər] *m* clock-maker, watchmaker.

uurwijzer [-vɛizər] *m* hour-hand, short hand.

uw [y:u] your, ⊙ thy; *de, het* ~*e* yours, ⊙ thine; *geheel de* ~*e...* Yours truly...

uwent ['y.vənt] in: *te(n)* ~ at your house; ~*halve* for your sake; ~*wege* as for you; *van* ~*wege* on your behalf, in your name; *om* ~*wil(le)* for your sake.

uwerzijds ['y.vərzɛits] on your part, on your behalf.

V

vaag [va.x] **I** *aj* vague, hazy; indefinite; **II** *ad* vaguely.

vaagheid ['va.xhɛit] *v* vagueness.

1 **vaak** [va.k] *m* sleepiness; ~ *hebben* be sleepy; zie ook: *praatje*.

2 **vaak** [va.k] *ad* often, frequently.

vaal [va.l] sallow; *fig* drab.

vaalbruin ['va.lbrœyn] dun, drab.

vaalgrijs [-grɛis] greyish.

vaalheid [-hɛit] *v* sallowness.

vaalt [va.lt] *v* dunghill.

vaam [va.m] = *vadem*.

vaan [va.n] *v* flag, banner, standard; *de* ~ *des oproers opheffen* raise the standard of revolt.

vaandel ['va.ndəl] *o* flag, standard, ensign, colours; *met vliegende* ~*s* with colours flying; *onder het* ~ *van...* [fight] under the banner of...

vaandeldrager [-dra.gər] *m* standard-bearer[2].

vaandrig ['va.ndrɪx] *m* 1 standard-bearer; 2 𝕌 (voetvolk) ensign; (ruiterij) cornet.

vaantje ['va.ncə] *o* 1 vane; 2 weathercock.

vaardig ['va.rdəx] **I** *aj* 1 skilled, skilful, adroit, clever, proficient; 2 fluent [speech]; 3 ready; *hij is* ~ *met de pen* he has a ready pen; *de geest werd* ~ *over hem* the spirit moved him; ~ *in... zijn* be clever at...; **II** *ad* adroitly, cleverly &.

vaardigheid [-hɛit] *v* 1 skill, cleverness, proficiency; 2 fluency [of speech]; 3 readiness; *zijn* ~ *in...* his proficiency in...

vaargeul ['va.rgø.l] *v* channel; fairway, lane.

vaars [va.rs] *v* heifer.

vaart [va.rt] *v* 1 (de scheepvaart) navigation; 2 (reis te water) zie *reis*; 3 (snelheid) speed (of a vessel &]; 4 (voortgang) career [of a horse &]; 5 (kanaal) canal; *de grote* ~ foreign trade; *de kleine* ~ coastwise trade; ~ *hebben* have speed; *een* ~ *hebben van ...kno-* *pen run* ...knots; ~ *krijgen* gather way, 𝕌 gain headway; *het zal zo'n* ~ *niet lopen (niet nemen)* things won't take that turn; ~ *ver-*

minderen slacken speed, slow down; ~ *achter iets zetten* put on steam, speed up the thing; *in de* ~ *brengen* put into service [ships]; *in dolle* ~ at breakneck speed, in mad career; *in volle* ~ (at) full speed; *met een* ~ *van...* at the rate of...; *uit de* ~ *nemen* withdraw from service.

vaartuig ['va:rtœyx] *o* 𝕌 vessel.

vaarwater [-va.tər] *o* 𝕌 fairway, channel; *iemand in het* ~ *zitten* thwart a person; *ze zitten elkaar altijd in het* ~ they are always at cross-purposes; *je moet maar uit zijn* ~ *blijven* you had better give him a wide berth.

vaarwel [va:r'vɛl] **I** *ij* farewell, adieu, good-bye!; **II** *o* farewell, valediction; *hun een laatst* ~ *toewuiven* wave them a last adieu; ~ *zeggen* say good-bye, bid farewell (to), take leave (of), leave; *de studie* ~ *zeggen* give up studying; *de wereld* ~ *zeggen* retire from the world.

vaas [va.s] *v* vase.

vaat [va.t] *v* in: *de* ~ *wassen* wash up.

vaatdoek ['va.du.k] *m* dish-cloth.

vaatje ['va.cə] *o* small barrel, cask, keg; *uit een ander* ~ *tappen* change one's tune.

vaatstelsel [-stɛlsəl] *o* vascular system.

vaatwerk [-vɛrk] *o* 1 casks; 2 plates and dishes; 3 vessels [in dairy-factory].

vacant [va.'kɑnt] vacant.

vacatie [va.'ka.(t)si.] *v* 𝕌 sitting.

vacatiegeld [-gɛlt] *o* fee.

vacature [va.ka.'ty:rə] *v* vacancy, vacant place, vacant post; *bij de eerste* ~ on the occurrence of the next vacancy.

vaccin [vak'sɛ̃] *o* vaccine.

vaccinatie [-'na.(t)si.] *v* vaccination.

vaccinatiebewijs [-bəvɛis] *o* vaccination certificate.

vaccine [vɑk'si.nə] *v* (stof) vaccine.

vaccineren [-si.'ne:rə(n)] *vt* vaccinate.

vacht [vɑxt] *v* fleece, pelt, fur.

vacuüm ['va.ky.ũm] *o* vacuum.

vadem ['va.dəm] *m* fathom; *een* ~ *hout* a cord of wood.

vader ['va.dər] *m* 1 father; 2 (v. weeshuis e. d.) master; (v. jeugdherberg) warden; *(de) Heilige V*~ (the) Holy Father; *Onze Hemelse V*~ Our Heavenly Father; *de V*~ *des Vaderlands* the father of his country; *van* ~ *op zoon* from father to son; *zo* ~, *zo zoon* like father like son; *tot zijn* ~*en verzameld worden* be gathered to one's fathers.

vaderhand [-hɑnt] *v* hand of a father, father's hand.

vaderhart [-hɑrt] *o* father's heart.

vaderhuis [-hœys] *o* paternal home.

vaderland [-lɑnt] *o* (native) country, ⊙ fatherland; home.

vaderlander [-lɑndər] *m* patriot.

vaderlands ['va.dərlɑnts] patriotic [feelings]; national [history, songs]; native [soil].

vaderlandsliefde [-lɑntsli.vdə] *v* love of (one's) country, patriotism.

vaderlandslievend [va.dərlɑnts'li.vənt] *aj* (& *ad*) patriotic(ally).

vaderliefde ['va.dərli.vdə] *v* a father's love, paternal love.

vaderlijk [-lək] **I** *aj* fatherly, paternal; **II** *ad* in a fatherly way.

vaderloos [-lo.s] fatherless.

vadermoord [-mo:rt] *m* & *v* parricide.

vaderschap [-sxɑp] *o* paternity, fatherhood.

vaderskant ['va.dərskɑnt] zie *vaderszijde*.

vaderstad ['va.dərstɑt] *v* native town.

vaderszijde [-sɛidə] *v* van [related] on the (one's) father's side; paternal [grandfather].

vadsig ['vɑtsəx] **I** *aj* lazy, indolent, slothful; **II** *ad* lazily, indolently, slothfully.

vadsigheid [-hɛit] *v* laziness, indolence, sloth.

vagebond ['va.gəbònt] *m* vagabond, tramp.
vagebonderen [va.gəbòn'de:rə(n)] *vi* vagabond, tramp.
vagevuur ['va.gəvy:r] *o* purgatory²; *in het ~* in purgatory.
vak [vɑk] *o* 1 (v. kast &) compartment, partition, pigeon-hole; 2 (v. geruit veld) square, pane; 3 (v. muur) bay; 4 (v. deur &) panel; 5 (v. studie) branch, subject; 6 (beroep) line [of business]; trade [of a carpenter &]; profession [of a teacher &]; *zijn ~ verstaan* understand (know) one's job; *dat is mijn ~ niet* that is not my line of business (not in my line); *ik ben in een ander ~* I am in another line of business; *een man van het ~* a professional; *hij praat altijd over zijn ~* he is always talking shop.
vakantie [va.'kɑnsi.] *v* holiday(s), vacation; *grote ~* summer holidays; [of University] long vacation; *een dag ~* a holiday, a day off; *een maand ~* a month's holiday; *~ nemen* take a holiday; *in de ~* during the holidays; *met ~ gaan* go (away) on holiday; *met ~ naar huis gaan* go home for the holidays; *waar ga je met de ~ naar toe?* where are you going for your holidays?; *met ~ zijn* be (away) on holiday.
vakantieadres [-a.dres] *o* holiday address.
vakantiecursus [-kůrzəs] *m* holiday course.
vakantiedag [-dɑx] *m* holiday.
vakantieganger [-gəŋər] *m* holiday-maker.
vakantiekolonie [-ko.lo.ni.] *v* holiday camp.
vakantieoord [-o:rt] *o* holiday resort.
vakantiereisje [-reiʃə] *o* holiday trip.
vakantiespreiding [-spreidŋ] *v* staggering of holidays, staggered holidays.
vakantietijd [-tɛit] *m* holidays, holiday season.
vakarbeider ['vɑkɑrbɛidər] *m* skilled worker.
vakbekwaam ['vɑkbəkva.m] skilled.
vakbekwaamheid [-hɛit] *v* professional skill.
vakbeweging ['vɑkbəvə.gŋ] *v* trade-unionism, trade-union movement.
vakblad [-blɑt] *o* professional journal, trade journal, technical paper.
vakbond [-bònt] *m* trade-union.
vakgenoot [-gəno.t] *m* colleague.
vakgroep [-gru.p] *v* trade association.
vakkennis ['vɑkənəs] *v* professional knowledge.
vakkundig [vɑ'kůndəx] I *aj* expert, skilled; II *ad* expertly.
vakkundigheid [-hɛit] *v* (professional) skill.
vakman ['vɑkmɑn] *m* professional man, professional, craftsman, expert, specialist; *geschoolde ~* skilled tradesman.
vakmanschap [-sxɑp] *o* craftsmanship; skill.
vakonderwijs ['vɑkòndərʋeis] *o* vocational education.
vakopleiding [-òplɛidŋ] *v* vocational (professional) training.
vakstudie [-sty.di.] *v* professional studies.
vakterm [-term] *m* technical term.
vakvereniging [-fərə.nagŋ] *v* trade-union.
1 val [vɑl] *m* 1 fall²; *fig* ook: overthrow [of a minister]; *vrije ~* free fall; *een ~ doen* have a fall; *ten ~ brengen* ruin [a man]; overthrow [the ministry], bring down [the government].
2 val [vɑl] *v* 1 (om te vangen) trap; 2 (strook) valance [round a chimney]; *een ~ opzetten* set a trap; *in de ~ lopen* walk (fall) into the trap².
3 val [vɑl] *o* ⚓ halyard.
valbijl ['vɑlbɛil] *v* guillotine.
valbrug [-brůx] *v* draw-bridge.
valdeur [-dø:r] *v* 1 trapdoor, trap; 2 (v. sluis) penstock.
valeriaan [va.le:ri.'a.n] I *v* ⚕ valerian; 2 *v* & *o* (stofnaam) valerian.
valgordijn ['vɑlgərdein] *o* blind.

valhelm [-helm] *m* crash-helmet.
valhoogte [-ho.xtə] *v* fall.
valide [va.'li.də] 1 valid; 2 able-bodied [men].
validiteit [-di.'tɛit] *v* validity.
valies [va.'li.s] *o* portmanteau, carpet-bag.
valk [vɑlk] *m* & *v* ⚕ falcon, hawk.
valkejacht ['vɑlkəjɑxt] *v* falconry, hawking.
valkenier [vɑlkə'ni:r] *m* falconer.
vallei [va'lei] *v* valley, ○ vale; (kleiner) dale [cultivated or cultivable], dell [with tree-clad sides]; *Sc* glen.
vallen ['vɑlə(n)] I *vi* fall² [ook = be killed]; drop, go down, come down; *de avond valt* night is falling; *het gordijn valt* the curtain drops; *de minister is gevallen* the minister fell; *de motie (het voorstel) is gevallen* the motion (the proposal) was defeated; *velen zijn in die slag gevallen* many fell; *het kleed valt goed* sits (hangs) well; *het zal hem hard ~* he'll find it a great wrench; zie ook: *hardvallen*; *de tijd valt mij lang* time hangs heavy on my hands; *dat valt me moeilijk (zwaar)* it is difficult for me; I find it difficult; *het valt zo het valt* come what may; *er zullen klappen (slagen) ~* there will be blows; *er vielen woorden* there were high words; *er valt met hem te praten* zie *praten*; *daar valt niet mee te spotten* that is not to be trifled with; *wat valt daarvan te zeggen?* what can be said about it?; *doen ~* trip up [a man]; bring about the fall of [the ministry], *laten ~* drop [something]; let [it] fall; *wij kunnen niets van onze eisen laten ~* we cannot bate a jot of our claims; *wij kunnen niets van de prijs laten ~* we cannot knock off anything; *zich laten ~* drop [into a chair]; *aan stukken ~* fall to pieces; *het huis viel aan mijn broeder* the house fell to my brother; *al naar het valt* as the case may be; *dat valt hier niet onder* it does not fall (come) under this head; *de klem valt op de eerste lettergreep* falls on the first syllable; *het valt op een maandag* it falls on Monday; *de keuze is op u gevallen* their choice has fallen on you; *hij valt over elke kleinigheid* he stumbles at every trifle; *ik ken hem niet, al viel ik over hem* I don't know him from Adam; *van zijn paard ~* fall from one's horse; II *o in*: *het ~ van de avond* nightfall; *bij het ~ van de avond* at nightfall.
vallend [-lənt] *in*: *~e ster* falling star; *~e ziekte* epilepsy; *lijdend (lijder) aan ~e ziekte* epileptic.
vallicht [-lɪxt] *o* skylight.
valluik [-lœyk] *o* trapdoor.
valorisatie, valorizatie [va.lo:ri.'za.(t)si.] *v* valorization.
valreep [-re.p] *m* ⚓ gangway; *een glaasje op de ~* a stirrup-cup, a parting cup.
vals [vɑls] I *aj* 1 (niet echt) false [coin, hair, teeth &, ideas, gods, pride, shame; ♪ note], forged [writings, cheque, Rembrandt]; 2 (niet oprecht) false, guileful, perfidious, treacherous; 3 (boosaardig) vicious; 4 F (woedend) wild; *~ geld* base coin, counterfeit money; *een ~e handtekening* a forged signature; *een ~e hond* a vicious dog; *~e juwelen* imitation jewels; *~e speler* (card-)sharper; II *ad* falsely; *iemand ~ aankijken* look viciously at somebody; *~ klinken* have a false ring; *~ spelen* ♪ play out of tune; 2 *sp* cheat [at cards]; *~ zingen* sing false (out of tune); *~ zweren* swear falsely, forswear oneself, perjure oneself.
valsaard ['vɑlsa:rt] *m* false (perfidious) person.
valscherm ['vɑlsxerm] *o* parachute.
valselijk ['vɑlsələk] falsely.
valsemunter [vɑlsə'můntər] *m* coiner.
valsheid ['vɑlshɛit] *v* falseness, falsity, treachery, perfidy; *~ in geschrifte* forgery.

valstrik ['valstrɪk] *m* gin, springe; snare², trap².

valuta [va.'ly.ta.] *v* $ value; 2 (koers) rate of exchange; 3 (munt) currency; *vreemde* ~ foreign currency.

vampier ['vɑmpi:r] *m* vampire-bat, vampire².

van [vɑn] **I** *prep* 1 (bezit aanduidend) of [ook uitgedrukt door 's]; 2 (oorzakelijk) from, with, for; 3 (scheiding aanduidend) from; 4 (afkomst) of [noble blood]; 5 (voor stofnamen) of [gold]; 6 (voor tijdsaanduiding) zie beneden; 1 *het boek* ~ *mijn vader* my father's book; *dat boek is* ~ *mij* that book is mine; *een vriend* ~ *mij* a friend of mine; *zij was een eigen nicht* ~ *de Koningin* ook: she was own niece to the Queen; *de stijging* ~ *prijzen en lonen* the rise in prices and wages; 2 ~ *kou omkomen* perish with cold; ~ *vreugde schreien* weep with (for) joy; 3 ~ *A tot B* from A to B.; ~ *de morgen tot de avond* from morning till night; *het is een uur* ~ *A.* it is an hour's walk from A.; *hij viel* ~ *de ladder* (~ *de trappen*) he fell off the ladder (down the stairs); *negen* ~ *de tien* 1 nine out of (every) ten [have a...]; 2 × nine from ten [leaves one]; 4 *dat heeft hij niet* ~ *mij* it is not me he takes it from; *een roman* ~ *Dickens* a novel by Dickens; *een schilderij* ~ *Rembrandt* a picture of Rembrandt's; *het was dom* ~ *hem* it was stupid of him; 5 *een kam* ~ *zilver* a comb of silver, a silver comb; 6 ~ *de week* this week; ∞ *de schurk* ~ *een kruidenier* that rascal of a grocer; *de sneltrein* ~ *3 uur 16* the 3.16 express; *hij zegt* ~ *ja* he says yes; *ik vind* ~ *wel* I think so; **II** *m* & *o* in: *zijn* ~ F his family name.

vanaf [vɑn'ɑf] from.

vanavond [-'a.vɔnt] this evening, to-night.

vandaag [-'da.x] to-day.

vandaal [-'da.l] *m* vandal.

vandaan [-'da.n] in: *ik kom daar* ~ from that place; *waar kom jij* ~? 1 where do you come from?; 2 where do you hail from?

vandaar [-'da:r] hence, that's why; *ik kom* ~ I come from that place.

vandalisme [vɑnda.'lɪsmə] *o* vandalism.

vandehands [vɑndə'hɑnts] in: *het* ~*e paard* the off horse.

vaneen [vɑn'e.n] asunder, apart.

vaneenrukken [-rûka(n)] *vt* tear asunder.

vaneenscheuren [-sxø:rə(n)] *vt* tear up.

vang [vɑŋ] *v* stay [of a mill].

vangarm ['vɑŋɑrm] *m* tentacle.

vangen ['vɑŋə(n)] *vt* catch, capture; *zich niet laten* ~ not walk into the trap.

vanger [-ŋər] *m* catcher.

vanglijn ['vɑŋlɛin] *v* ♪ painter.

vangnet [-nɛt] *o* safety net.

vangrail [-re.l] *v* guard-rail.

vangst [vɑŋst] *v* catch, capture; bag, taking; *een goede* ~ a fine bag, a large take, a big vanhier [vɑn'hi:r] from here. [haul.

vanille [va.'ni.(l)jə] *v* ♣ vanilla.

vanille-ijs [-ɛis] *o* vanilla ice.

vanmiddag [vɑn'mɪdɑx] this afternoon.

vanmorgen [-'mɔrgə(n)] this morning.

vannacht [vɑ'nɑxt] 1 (toekomstig) to-night; 2 (verleden) last night.

vanouds [vɑn'ɔuts] of old.

vanwaar [-'va:r] from what place, from where, whence; *we weten niet* ~ *wij komen noch waarheen wij gaan* we know neither our whence nor our whither.

vanwege [-'ve.gə] 1 on account of, because of; 2 on behalf of, in the name of.

vanzelf [-'zɛlf] [fall, happen) of itself, [come) of its own accord; zie ook: *spreken* **II.**

vanzelfsprekend [vɑnzɛlf'spre.kənt] **I** *aj* self-evident; *het is* ~ it goes without saying; *als* ~

aannemen take it for granted; **II** *ad* naturally, as a matter of course.

vaporisator, vaporizator [va.po:ri.'za.tər] *m* vaporizer, spray.

1 **varen** ['va.rə(n)] *v* ♣ fern, bracken, brake.

2 **varen** ['va.rə(n)] **I** *vi* navigate, sail; *hoe vaart u?* how are you?, how do you do?; *om hoe laat vaart de boot?* what time does the steamer leave (sail)?; *gaan* ~ go to sea; *zullen we wat gaan* ~? shall we go for a sail?; *zij hebben dat plan laten* ~ they have abandoned (relinquished, given up, dropped) the plan; *wel bij iets* ~ have cause for satisfaction; *u zult er niet slecht bij* ~ you will be none the worse for it; *de duivel is in hem gevaren* the devil has taken possession of him; *wij voeren om de Kaap* we went via the Cape; *zij* ~ *op New York* they trade to New York; *ten hemel* ~ ascend to Heaven; *ter helle* ~ go to hell; **II** *vt* row, take [a person across &l.

varensgezel, ~man ['va:rənsgəzɛl, -mɑn] *m* sailor.

varia ['va:ri.a.] *mv* miscellanies, miscellanea.

variant [va:ri.'ɑnt] *v* variant.

variatie [va:ri.'a.(t)si.] *v* variation; *voor de* ~ for a change.

variëren [va:ri.'e:rə(n)] **I** *vi* vary; ~*d tussen de 10 en 20 gulden* ranging from 10 to 20 guilders (between 10 and 20 g.); **II** *vt* vary.

variété [va:ri.e.'te.] *v* variety theatre, music-hall.

variëteit [-'tɛit] *v* variety.

varken ['vɑrkə(n)] *o* ♣ pig², hog², swine²; *wild* ~ (wild) boar; *we zullen dat* ~ *wel wassen!* we'll deal with it!; *het* ~ *is op één oor na gevild* everything is almost over.

varkensblaas ['vɑrkənsbla.s] *v* hog's bladder.

varkensfokker ['vɑrkəns-fɔkər] *m* pig-breeder.

varkensfokkerij [-fɔkərɛi] *v* 1 pig-breeding; 2 pig-farm.

varkenshaar [-ha:r] *o* hog's bristles.

varkenshok [-hɔk] *o* pigsty², piggery².

varkenskarbonade [-kɑrbo.na.də] *v* pork-chop.

varkenskost [-kɔst] *m* food for swine, hog's meat.

varkenskot [-kɔt] *o* pigsty², piggery².

varkenskotelet [-ko.tɔlɛt] *v* pork-cutlet.

varkenslapjes [-lɑpjəs] *mv* pork-collops.

varkensmarkt [-mɑrkt] *v* pig-market.

varkenspoot [-po.t] *m* 1 (v. levend dier) pig's leg; 2 (v. geslacht) pig's trotter; ~*jes* pettitoes.

varkensslager [-sla.gər] *m* pork-butcher.

varkensstaart [-sta:rt] *m* pig's tail.

varkensstal [-stɑl] *m* pigsty², piggery².

varkensvlees [-fle.s] *o* pork.

varkensvoer [-fu:r] *o* zie *varkenskost*.

varkentje ['vɑrkəncə] *o* F piglet, pigling, piggy.

ⓜ **vaseline** [va.zə'li.nə] *v* vaseline.

vast [vɑst] **I** *aj* fast, f: m, fixed, steady; *olie-waarden* ~ $ oil shares were a firm market; ~*e aardigheden* stock jokes; ~*e arbeider* regular workman; ~*e avondjes* set evenings; *zijn* ~*e benoeming* his permanent appointment; ~*e betrekking* permanent situation; ~*e bezoeker* regular visitor, patron; ~*e brandstoffen* solid fuel; ~*e brug* fixed bridge; ~*e goederen* fixed property, immovables; ~*e halte* compulsory stop; ~*e hand* (steady) hand; ~ *inkomen* a fixed income; ~*e inwoners* resident inhabitants; ~*e klanten* regular customers; ~ *kleed* fitted carpet; ~*e kleuren* fast colours; ~*e lichamen* solid bodies, solids; *een* ~*e massa* a solid mass; *een* ~ *nummer* F a fixture; ~*e offerte* $ firm offer; ~*e overtuiging* firm conviction; ~*e positie* stable position; ~*e prijzen* fixed prices; no discount given!; ~ *salaris* fixed salary; *onze* ~*e schotel op zondag* our standing Sunday-dish; ~e slaap sound sleep; ~e spijzen solid food; ~e ster fixed star; ~e uitdrukking stock phrase; ~ voornemen firm (fixed, set) intention; ~e wal shore; ~e wastafel fitted wash-basin; ~ weer settled weather; ~ werk regular work (employment); ~e woonplaats fixed abode; het is ~ en zeker it is quite certain; ~ worden congeal [of liquids], solidify [of cheese &], set [of custard]; settle [of the weather]; ~er worden $ firm up, stiffen [of prices]; II ad 1 (ferm) fast, firmly, $ [offer] firm; 2 (alvast) as well, in the meantime; 3 (zeker) certainly; wij zullen maar ~ beginnen we'll begin meanwhile; ~ slapen be sound asleep, sleep soundly.

vastbakken ['vɑstbɑkə(n)] vi stick to the pan.

vastberaden [vɑstbə'ra.də(n)] aj (& ad) resolute(ly), firm(ly), determined(ly).

vastberadenheid [-heit] v resoluteness, resolution, firmness, determination.

vastbinden ['vɑstbɪndə(n)] vt bind fast, fasten, tie up.

vastdraaien [-dra.jə(n)] vt turn on, screw down.

vasteland ['vɑstə'lɑnt] o continent, mainland.

1 **vasten** ['vɑstə(n)] m Lent; in de ~ in Lent.

2 **vasten** ['vɑstə(n)] vi fast; het ~ fasting, the fast.

vastenavond [vɑstən'a.vɔnt] m Shrove Tuesday, Shrovetide.

vastenavondgek [-gɛk] m carnival reveller.

vastenavondgrap [-grɑp] v carnival joke.

vastenavondpret [-prɛt] v carnival fun.

vastendag [-dɑx] m fast-day, fasting-day.

vastenpreek [-pre.k] v Lenten sermon.

vastentijd [-teit] m time of fasting; de ~ Lent.

vaster ['vɑstər] m faster.

vastgespen ['vɑstɣɛspə(n)] vt buckle.

vastgrijpen [-grɛipə(n)] vt seize, catch hold of, grip.

vasthaken [-ha.kə(n)] vt hook (on to aan).

vasthechten [-hɛxtə(n)] I vt attach, fasten, fix, affix [something to...]; II vr zich ~ (aan) attach itself (themselves) to...²; fig become (get) attached to...

vastheid [-heit] v firmness, fixedness, solidity.

vasthouden [-hou(d)ə(n)] I vt hold fast, hold [something], retain [facts]; detain [the accused]; II va in: ~ aan be tenacious of [one's rights &]; stick to [one's opinion, old fashions &]; III vr zich ~ hold fast, hold on; zich ~ aan de leuning hold on to the banisters.

vasthoudend [vɑst'houdənt] 1 tenacious; 2 (gierig) stingy, tight-fisted.

vasthoudendheid [-heit] v 1 tenacity; 2 (gierigheid) stinginess.

vastigheid ['vɑstəxheit] v 1 fixedness, fixity, stability; 2 fixed property, real property; 3 certainty.

vastketenen ['vɑstke.tənə(n)] vt chain up.

vastklampen [-klɑmpə(n)] in: zich ~ aan cling to²; clutch at [a straw].

vastklemmen [-klɛmə(n)] in: zich ~ aan hold on to [the banisters]; zie ook: vastklampen.

vastkleven ['vɑstkle.və(n)] vi & vt stick (to aan).

vastklinken [-klɪŋkə(n)] vt rivet.

vastkluisteren [-klœystərə(n)] vt fetter², shackle².

vastkoppelen [-kɔpələ(n)] vt couple².

vastleggen [-lɛgə(n)] vt fasten, tie up, chain up [a dog]; ⚓ moor [a ship]; fig tie up, lock up [capital]; record [by photography &]; het geleerde ~ fix what one has learned; het resultaat van het onderzoek ~ in... embody (record) the result of the investigation in.

vastliggen [-lɪgə(n)] vi lie firm [of things]; be chained up [of a dog]; be tied (locked) up [of a capital]; be moored [of a ship].

vastlijmen [-leimə(n)] vt glue.

vastlopen [-lo.pə(n)] I get stuck²; ✗ jam [of a machine]; 2 ⚓ run aground; 3 fig come to a deadlock [of conference &].

vastmaken [-ma.kə(n)] vt fasten, make fast, tie, bind, secure [something]; ⚓ furl [sails]; die.blouse kan je van achteren ~ this blouse fastens at the back.

vastmeren [-me:rə(n)] vt ⚓ moor [a ship].

vastnaaien [-na.jə(n)] vt sew together, sew (on to aan).

vastnagelen [-na.gələ(n)] vt nail (down).

vastpakken [-pɑkə(n)] vt seize, take hold of, grip; het goed ~ take fast hold of it.

vastplakken [-plɑkə(n)] I vi stick; ~ aan stick to; II vt stick; het ~ aan... paste it on to...

vastpraten [-pra.tə(n)] I vr in: iemand ~ corner him; II vr zich ~ be caught in one's own words.

vastraken [-ra.kə(n)] vi get stuck²; ⚓ run aground.

vastrecht [-rɛxt] o flat rate.

vastrijgen [-rɛigə(n)] vt lace (up).

vastroesten [-ru.stə(n)] vi in: ~ aan... rust on to...

vastschroeven [-s(x)ru.və(n)] vt 1 screw tight, screw home; 2 screw down, screw up.

vastsjorren [-ʃɔrə(n)] vt 1 (v. touwen) lash, belay; 2 secure [something].

vastslaan [-sla.n] vt fasten, nail down.

vastspijkeren [-speikərə(n)] vt nail (down).

vaststaan [-sta.n] vi stand firm; dat staat vast! that's a fact!; zijn besluit stond vast his resolution was fixed.

vaststampen [-stɑmpə(n)] vt ram down.

vaststellen [-stɛlə(n)] vt establish, ascertain [a fact]; determine [the amount &]; 🩺 diagnose [ulceration]; lay down [rules], draw up [a programme]; assess [the damages]; appoint [a time, place]; settle, fix [a day &]; state [that...]; vastgesteld op 1 mei fixed for May 1st.

vaststelling [-lɪŋ] v establishment; determination, fixation; settlement, appointment.

vastvriezen ['vɑstfri.zə(n)] vi be frozen in (up); ~ aan freeze on to.

vastzetten [-sɛtə(n)] vt fasten [something]; secure [a cask &]; fig check [one at draughts]; tie up [money]; commit [one] to prison; geld ~ op iemand settle a sum of money upon a person; iemand ~ 1 pose (nonplus, corner) him; 2 commit him to prison.

vastzitten [-sɪtə(n)] vi 1 (v. dingen) stick fast, stick; ⚓ be aground; 2 (v. personen) be in prison; fig be stuck; be at a nonplus; wij zitten hier vast we are marooned here; daar zit meer aan vast 1 more belongs to that; 2 more is meant than meets the ear (the eye); nu zit hij eraan vast he can't back out of it now; ik zit er niet aan vast I am not wedded to it; ~ in het ijs be ice-bound.

1 **vat** [vɑt] m hold, grip; ~ op zich geven lay oneself open to criticism (reproaches &); give a handle to one's enemies; ik heb geen ~ op hem I have no hold on (over) him; ...heeft geen ~ op hem ...has no hold upon him, he is proof against...; niets had ~ op hem it was all lost upon him; ik kon geen ~ op hem krijgen I could not get at him.

2 **vat** [vɑt] o 1 cask, barrel, tun, butt, vat; 2 ⚗ & ⚕ vessel; de heilige ~en the holy vessels; een uitverkoren ~ B a chosen vessel; h.. zwakke ~ B the weaker vessel; de ~en w.. sen wash up (the plates and dishes); wat in het ~ is verzuurt not forbearance is no ac quittance; holle ~en klinken het hardst the empty vessel makes the greatest sound; bier van het ~ on draught, draught ale; wijn van het ~ wine from the wood.

vatbaar ['vɑtbɑːr] in: ~ *voor* capable of [improvement], open to, accessible to, amenable to, susceptible to [reason &]; susceptible to [cold]; susceptible of [impressions]; ~ *voor indrukken* impressionable.

vatbaarheid [-hɛit] *v* capacity, accessibility. susceptibility; ~ *voor indrukken* impressionability.

vatenkwast [-kvɑst] *m* dish-mop.

Vaticaan [va.ti.'ka.n] *o* Vatican.

Vaticaans [-'ka.ns] Vatican [Council &].

Vaticaanstad [-'ka.nstɑt] *v* Vatican City.

vatten ['vɑtə(n)] I *vt* catch[2], seize[2], grasp[2] [a thing]; *fig* understand [something, the meaning], see [a joke]; zie ook: *kou, moed,* 3 *post* &; *in goud* ~ mount in gold; *in lood* ~ set in lead, frame with lead, lead; II *va* in: *vat je?* F (you) see?

vazal [va.'zɑl] *m* vassal.

vazalstaat [-sta.t] *m* vassal state.

vechten ['vɛxtə(n)] *vi* fight; F have a scrap; ~ *met de stadsjongens* fight (with) the townboys; ~ *om iets* fight for something; ~ *tegen* fight against, fight; *ik heb er altijd voor gevochten* I've always fought in behalf of it, stood up for it.

vechter [-tər] *m* fighter, combatant.

vechterij [vɛxtə'rɛi] *v* fighting.

vechtersbaas ['vɛxtərsba.s] *m* fighter, F bantam.

vechtjas [-jɑs] *m* S scrapper, soldier.

vechtlust [-lüst] *m* pugnacity, combativeness.

vechtlustig [vɛxt'lüstəx] pugnacious, combative.

vechtpartij ['vɛxtpɑrtɛi] *v* fight, F scrap, scuffle.

vedel ['ve.dəl] *v* fiddle.

vedelaar ['ve.dəla:r] *m* fiddler.

vedelen ['ve.dələ(n)] *vi* fiddle.

veder ['ve.dər] = 1 *veer.*

vederbos [-bɔs] *m* tuft, crest, plume; panache.

vedergewicht [-gəvixt] *o sp* featherweight.

vee [ve.] *o* cattle[2].

veearts ['ve.ɑrts] *m* veterinary surgeon, F vet.

veeartsenijkunde [ve.ɑrtsə'nɛikündə] *v* veterinary science, veterinary surgery.

veeartsenijschool [-sxo.l] *v* veterinary college.

veeboer ['ve.bu:r] *m* cattle-breeder, stock-farmer.

veeboot [-bo.t] *m & v ⚓* cattle-boat.

veedief [-di.f] *m* cattle-stealer, cattle-lifter.

veedrijver ['ve.drɛivər] *m* cattle-drover, drover.

veefokker [-fɔkər] *m* cattle-breeder, stock-breeder.

veefokkerij [ve.fɔkə'rɛi] *v* 1 cattle-breeding, cattle-raising; 2 stock-farm.

1 **veeg** [ve.x] *aj* in: *het vege lijf redden* get off with one's life; *een* ~ *teken* an ominous sign.

2 **veeg** [ve.x] *m & v* wipe [with a cloth]; whisk [with a broom]; slap [in the face], box [on the ear]; (*vette*) ~ smear; *iemand een* ~ *uit de pan geven* have a smack (a fling) at one; *hij kreeg ook een* ~ *uit de pan* he got a smack as well.

veegsel [ve.xsəl] *o* sweepings.

veehandel ['ve.hɑndəl] *m* cattle-trade.

veehandelaar [-dəla:r] *m* cattle-dealer.

veekoek [-ku.k] *m* oil-cake.

1 **veel** [ve.l] I *aj* 1 (voor enkelvoud) much; a great deal; 2 (voor meervoud) many; *vele* many; *de velen die...* the many that...; *heel* ~ zie *zeer* ~; *te* ~ 1 too much; 2 too many; *ben ik hier te* ~? am I one too many?; *niets is hem te* ~ he thinks nothing too much trouble; *te* ~ *om op te noemen* too numerous to mention; ~ *te* ~ 1 far too much; 2 far too many; *zeer* ~ 1 very much, a great deal; 2 very many, a great many; *zo* ~ 1 so much; 2 so many; *zo* ~ *je wilt* as much (as many) as you like; ~ *hebben van...* be much like; II *ad*

much [better &]; ~ *te mooi* much too fine, a good (great) deal too fine; *hij komt er* ~ he often goes there.

2 **veel** [ve.l] *v* = *vedel.*

veelal ['ve.lɑl, ve.l'ɑl] often, mostly.

veelbelovend ['ve.lbəlo.vənt] full of promise, promising; *het* ~ *zoontje* Young Hopeful.

veelbesproken [-spro.kə(n)] much-discussed.

veelbetekenend [ve.lbə'te.kənənt] I *aj* significant, meaning; II *ad* significantly, meaningly.

veelbewogen ['ve.lbəvo.gə(n)] very agitated, eventful [life, times], chequered [life].

veeleer [ve.l'e:r] rather, sooner.

veeleisend [-'ɛisənt] exacting, exigent.

veeleisendheid [-hɛit] *v* exactingness.

veelgeprezen ['ve.lgəpre.zə(n)] much-belauded.

veelgodendom [ve.l'go.dəndòm] *o* **veelgoderij** [ve.lgo.də'rɛi] *v* polytheism.

veelheid ['ve.lhɛit] *v* multiplicity, multitude.

veelhoek [-hu.k] *m* polygon.

veelhoekig [-hu.kəx] polygonal.

veelhoofdig [ve.l'ho.vdəx] many-headed; ~*e regering* polyarchy.

veeljarig [-'ja:rəx] of many years.

veelkleurig ['ve.lklø:rəx] multi-coloured, variegated.

veelomstreden ['ve.lòmstre.də(n)] much disputed, vexed [question].

veelomvattend [ve.lòm'vatənt] comprehensive, wide [programme].

veelprater ['ve.lpra.tər] *m* ~**praatster** [-pra.tstər] *v* voluble person.

veelschrijver [-s(x)rɛivər] *m* voluminous writer.

veelsoortig [ve.l'so:rtəx] manifold, multifarious.

veelstemmig [-'stɛməx] ♪ many-voiced.

veeltalig [-'ta.ləx] polyglot.

veelvermogend [-vərmo.gənt] powerful, influential.

veelvoud ['ve.lvout] *o* multiple; *kleinste gemene* ~ least common multiple.

veelvoudig [ve.l'voudəx] manifold, multifarious.

veelvraat ['ve.lvra.t] *m* 1 🐾 wolverene; 2 *fig* glutton.

veelvuldig [ve.l'vüldəx] *aj* (& *ad*) frequent(ly); zie ook: *veelvoudig.*

veelvuldigheid [-hɛit] *v* frequency.

veelwijverij [ve.lvɛivə'rɛi] *v* polygamy.

veelzeggend [ve.l'zegənt] significant.

veelzijdig [-'zɛidəx] multilateral[2]; *fig* many-sided, versatile [mind]; wide [knowledge]; catholic [taste].

veelzijdigheid [-hɛit] *v* many-sidedness, versatility; catholicity [of taste].

veem [ve.m] *o* $ dock company; warehouse company; (gebouw) warehouse.

veemarkt ['ve.mɑrkt] *v* cattle-market.

veen [ve.n] *o* peat-moor, peat-bog, peat.

veenachtig ['ve.nɑxtəx] boggy, peaty.

veenboer [-bu:r] *m* 1 peat-maker; 2 peat-dealer.

veenbrand [-brɑnt] *m* peat-moor fire.

veenderij [ve.ndə'rɛi] *v* 1 peat-digging; 2 peatery.

veengrond [ve.ngrònt] *m* peat-moor, peat.

veenkolonie [-ko.lo.ni.] *v* fen-colony, peat-colony.

veepest ['ve.pɛst] *v* cattle-plague, rinderpest.

1 **veer** [ve:r] *v* 1 feather [of a bird]; 2 spring [of a watch &]; *hij kan geen* ~ *van de mond blazen* he can't blow away a feather; *hij heeft een* ~ *moeten laten* he has suffered a loss (a defeat); *hij is nog niet uit de veren* F he is still between the sheets; *elkaar in de veren zitten* be at loggerheads.

2 **veer** [ve:r] *o/m* 1 ferry; ferry-boat.

veerboot [-bo.t] *m & v ⚓* ferry-boat, ferry-steamer.

veerdienst [-di.nst] *m* ferry-service.

veergeld [-gɛlt] *o* passage-money, ferriage.

veerhuis [-hœys] *o* ferryman's house, ferry-station.

veerkracht [-krɑxt] *v* elasticity², resilience², spring².

veerkrachtig [ve:r'krɑxtəx] elastic², resilient², springy.

veerman [-mɑn] *m* ferryman.

veerpont [-pònt] *v* ferry-boat.

veertien ['ve:rti.n] fourteen; ∼ *dagen* a fortnight.

veertiendaags [-da.xs] fortnightly. [night.

veertiende [-də] fourteenth (part).

veertig ['ve:rtəx] forty.

veertiger [-təɣər] *m* person of forty (years).

veestal ['ve.stɑl] *m* cow-house, byre.

veestapel [-sta.pəl] *m* live-stock, stock of cattle.

veeteelt [-te.lt] *v* cattle-breeding, stock-breeding.

veetentoonstelling [-tento.nstɛliŋ] *v* cattle-show.

veevoe(de)r [-vu.dər, -vu:r] *o* cattle-fodder, forage.

veewagen [-va.ɡə(n)] *m* cattle-truck.

veeziekte [-zi.ktə] *v* cattle-plague.

vegen ['ve.ɡə(n)] *vt* sweep [a floor, a room, a chimney]; wipe [one's feet, one's hands]; *ze ∼ hem!* how they tear along.

veger [-ɡər] *m* 1 (persoon) sweeper, wiper; 2 (borstel) brush.

vegetariër [ve.ɡə'ta:ri.ər] *m* vegetarisch [-ri.s *aj* vegetarian.

vegetarisme [-ta:'rɪsmə] *o* vegetarianism.

vegetatie [-'ta.(t)si.] *v* vegetation.

vegeteren [-'te:rə(n)] *vi* vegetate.

vehikel [ve.'hi.kəl] *o* vehicle.

1 veil [vɛil] *aj* venal, corruptible, mercenary; *zijn leven ∼ hebben* be ready to sacrifice one's life.

2 veil [vɛil] *o* ❦ ivy.

veilen ['vɛilə(n)] *vt* sell by auction, bring to the hammer, auction.

veilig ['vɛiləx] I *aj* safe, secure; ∼! all clear!; *een ∼e plaats* ook: a place of safety; *de (spoor)lijn is ∼* the line is clear; ∼ *voor* safe from, secure from; II *ad* safely.

veiligheid [-hɛit] *v* 1 safety, security; 2 🔫 fuse; *collectieve ∼* collective security; *openbare ∼* public safety; *in ∼ brengen* put (place) in safety; *voor de ∼* for safety('s sake).

veiligheidsdienst ['vɛiləxhɛitsdi nst] *m* security service.

veiligheidsgordel [-ɡòrdəl] *m* 🚗 💺 safety belt, seat belt.

veiligheidsklep ['vɛiləxhɛitsklɛp] *v* safety valve.

veiligheidslamp [-lɑmp] *v* safety lamp.

veiligheidsmaatregel [-ma.tre.ɡəl] *m* precautionary measure, safety measure.

Veiligheidsraad [-ra.t] *m* Security Council.

veiligheidsscheermes ['vɛiləxhɛitsxe:rmɛs] *o* safety-razor.

veiligheidsspeld [-spɛlt] *v* safety-pin.

veiligstellen ['vɛiləxstɛlə(n)] make safe [the currency]; safeguard [our interests].

veiling ['vɛiliŋ] *v* public sale, auction; *in ∼ brengen* put up for auction (for sale), sell by auction, bring to the hammer.

veilingprijs [-prɛis] *m* sale price.

veilingzaal [-liŋza.l] *v* auction-room.

veine ['ve:nə] *v* luck, run of luck; *hij heeft altijd ∼* he is always in luck.

veinzen [-zə(n)] I *vi* dissemble, feign; simulate; II *vt* feign, simulate; ∼ *doof te zijn* feign that one is deaf, feign (sham) deafness.

veinzer [-zər] *m* dissembler, hypocrite.

veinzerij [vɛinzə'rɛi] *v* dissimulation, hypocrisy.

vel [vɛl] *o* 1 skin [of the body], (v. dieren)

ook: hide; skin, film [on milk]; 2 sheet [of paper]; *niet meer dan ∼ over been zijn* be only skin and bone; *iemand het ∼ over de oren trekken* fleece a person, skin one; *hij steekt in een slecht ∼* he is delicate; *ik zou niet graag in zijn ∼ steken* I should not like to be in his skin; *uit zijn ∼ springen* be beside oneself; *het is om uit je ∼ te springen* it is enough to drive you wild.

veld [vɛlt] *o* field; *het ∼ van eer* the field of honour; *een ruim ∼ van werkzaamheid* a wide field (sphere) of activity; *het ∼ behouden* hold the field²; *het ∼ ruimen* retire from the field, abandon (leave) the field²; ∼ *winnen* gain ground; *in het open (vrije) ∼* in the open field; *hoeveel mannen kunnen zij in het ∼ brengen?* can they put into the field?; *op het ∼ werken* work in the fields; *de te ∼e staande gewassen* the standing crops; *de te ∼e staande legers* the armies in the field; *te ∼e trekken* take the field; *te ∼e trekken tegen* fight [*fig*]; *uit het ∼ geslagen zijn* be discomfited, be put out (of countenance).

veldarbeid [-ɑrbɛit] *m* labour in the fields.

veldartillerie [-ɑrtiləri.] *v* 🔫 field artillery.

veldbed [-bɛt] *o* 🔫 field-bed, camp-bed.

veldbloem [-blu.m] *v* ❦ field-flower, wild flower.

velddienst [-di.nst] *m* 🔫 field service, field duty.

veldfles [-flɛs] *v* case-bottle, 🔫 water-bottle, canteen.

veldgewas [-ɣəvɑs] *o* ❦ field crop.

veldheer [-he:r] *m* 🔫 general.

veldheerschap [-sxɑp] *o* generalship.

veldhospitaal ['vɛlthɔspi.ta.l] *o* 🔫 field hospital, ambulance.

veldkeuken [-kø.kə(n)] *v* 🔫 field-kitchen.

veldkijker [-kɛikər] *m* 🔫 field-glass(es).

veldleger [-le.ɡər] *o* 🔫 field army, army in the field.

veldloop [-lo.p] *m* *sp* cross-country.

veldmaarschalk [-ma:rsxɑlk] *m* 🔫 field-marshal.

veldmuis ['vɛltmœys] *v* ♫ field-mouse, vole.

veldpost [-pòst] *v* 🔫 field-post, field-post office.

veldprediker [-pre.dəkər] *m* 🔫 army chaplain.

veldsalade [-sa.la.də] veldsla [-sla.] *v* ❦ corn-salad.

veldslag [-slɑx] *m* 🔫 battle.

veldspaat [-spa.t] *o* feldspar.

veldtenue [-təny.] *o* & *v* 🔫 field-service uniform, battle-dress.

veldtocht [-tɔxt] *m* 🔫 campaign.

velduitrusting ['vɛltœytrüstiŋ] *v* 🔫 field-kit.

veldvruchten [-früxtə(n)] *mv* produce of the fields.

veldwacht [-vɑxt] *v* 🔫 picket.

🔫 veldwachter [-vɑxtər] *m* county constable, village policeman.

1 velen ['ve.lə(n)] *aj* (to) many; zie ook: *veel* I.

2 velen ['ve.lə(n)] *vt in: hij kan het niet ∼* he cannot stand it; *ik kan hem niet ∼* I can't stand him, I can't bear the sight of him; *hij kan niets ∼* he is very touchy.

velerhande, ∼lei ['ve.lərhɑndə, -lɛi] of many kinds, of many sorts, various, sundry, many.

velg [vɛlx] *v* rim, felly, felloe.

velgrem ['vɛlxrɛm] *v* rim-brake.

velijn [və'lɛin] *o* 1 vellum; 2 vellum-paper.

vellen ['vɛlə(n)] *vt* 1 fell, cut down [trees]; 2 lay in rest [a lance], couch [arms]; 3 *fig* pass [judgment, a sentence]; zie ook: *bajonet*.

velletje [-lətʃə] *o* skin, film, membrane; *een ∼ postpapier* a sheet of note-paper.

velours [və'lu:r] *o* & *m* velours.

ven [vɛn] *o* fen.

vendel ['vɛndəl] *o* 1 🅦 company; 2 zie *vaandel*.

venduhouder [vɛn'dy.hɑudər] *m* auctioneer.

venduhuis, **∼lokaal** [-hœys, -lo.ka.l] *o* auction-room.

vendumeester [-me.stər] *m* auctioneer.

Venetiaan(s) [ve.ne.(t)si.'a.n(s)] *m* (& *aj*) Venetian.

Venetië [ve.'ne.(t)si.ə] *o* Venice.

Venezuela [ve.ne.zy.'e.la.] *o* Venezuela.

venijn [və'nɛin] *o* venom[2].

venijnig [və'nɛinəx] *aj* (& *ad*) 1 venomous(ly); 2 virulent(ly), vicious(ly).

venijnigheid [-hɛit] *v* 1 venomousness; 2 virulence, viciousness.

venkel ['vɛŋkəl] *v* ♣ fennel.

vennoot [vɛ'no.t, 'vɛno.t] *m* ♣ partner; *beherend ∼* managing partner; *commanditaire ∼* limited partner; *stille ∼* silent (sleeping) partner; *werkend ∼* active partner.

vennootschap [-sxɑp] *v* ♣ partnership, company; *commanditaire ∼* limited partnership; *naamloze ∼* limited liability company; *een ∼ aangaan* enter into partnership.

vennootschapsbelasting [-sxɑpsbəlɑstɪŋ] *v* company tax.

venster ['vɛnstər] *o* window.

vensterbank [-bɑŋk] *v* window-sill, window-ledge; (brede zitplaats) window-seat.

vensterglas [-glɑs] *o* 1 window-pane; 2 (glas voor vensters) window-glass.

vensterraam ['vɛnstərɑ.m] *o* window-frame.

vensterruit [-rœyt] *v* window-pane.

vent [vɛnt] *m* fellow, chap; (aanspreking) sonny, little man [to a boy]; *een beste ∼* a good fellow; *een goeie ∼* a good sort; *geen kwaaie ∼* not a bad sort; *een rare ∼* a queer fellow (customer).

venten ['vɛntə(n)] *vt* hawk, peddle.

venter ['vɛntər] *m* hawker, pedlar; (v. fruit, vis &) costermonger.

ventiel [vɛn'ti.l] *o* 1 ♛ valve; 2 ♪ ventil [in organ].

ventilatie [vɛnti.'la.(t)si.] *v* ventilation.

ventilator [-'la.tɔr] *m* ventilator, fan.

ventileren [-'le:rɑ(n)] *vt* ventilate[2], air[2].

ventje ['vɛɲcə] *o* little fellow, little man.

Venus ['ve.nʉs] *v* Venus.

venushaar [-ha:r] *o* ♣ maidenhair.

ver [vɛr] I *aj* 1 far [way &]; distant [ages, past, connection, likeness]; remote [ages]; 2 (verwantschap) distant, remote [kinsman &]; II *ad* far; *het is ∼* it is far, a long way (off); *het is mijlen ∼* it is miles and miles away (off); *nu ben ik nog even ∼* I'm no further forward than before; *dat is nog heel∼* that is very far off yet; *het ∼ brengen* zie *brengen*; *∼ gaan* go far; *te ∼ gaan* go too far[2]; *zo∼ gaan wij niet* we shall not go so far[3]; *het te ∼ laten komen* let things go too far; *∼ beneden mij* far beneath me; *∼ van hier* far away; *∼ van rijk* far from being rich; zie ook: *verder & verst*.

veraangenamen [vər'a.ŋəna.mə(n)] *vt* make agreeable, make pleasant.

veraanschouwelijken [vərɑ.n'sxɔuələkə(n)] *vt* illustrate.

verachtelijk [-'ɑxtələk] 1 despicable, contemptible; 2 contemptuous; *∼e blik* contemptuous look: *∼e kerel* contemptible fellow.

verachten [vər'ɑxtə(n)] *vt* despise, have a contempt for, hold in contempt, scorn; *de dood ∼* scorn death.

verachting [vər'ɑxtɪŋ] *v* contempt; scorn; *iemand aan de ∼ prijsgeven* hold one up to scorn.

verademen [vər'a.dəmə(n)] *vt* breathe again.

verademing [-mɪŋ] *v* 1 (opluchting) relief; 2 (tijd) breathing-time, breathing-spell.

veraf ['vɛrɑf] at a great distance, far (away).

verafgoden [vər'ɑfgo.də(n)] *vt* idolize.

verafgoding [-dɪŋ] *v* idolization.

verafschuwen [vər'ɑfsxy.və(n)] *vt* abhor, loathe.

veralgemenen [-ɑlgə'me.nə(n)] *vt* generalize.

veranda [və'rɑnda.] *v* veranda(h).

veranderen [vər'ɑndərə(n)] I *vi* change, alter; *het weer verandert* the weather changes; *∼ in* change into; *∼ van gedachte* zie *gedachte*; *van godsdienst (mening, toon) ∼* change one's religion (one's opinion, one's tone); *ik kon haar niet van mening doen ∼* I could not get her to change her mind; II *vt* 1 (in 't alg.) change; 2 (wijzigen) alter; convert [a motor-car &]; 3 (tot iets geheel anders maken) transform; *dat verandert de zaak* that alters the case; *dat verandert niets aan de waarheid* that does not alter the truth; *...in... ∼ change* (alter, convert, turn, transform) *...into...*; *♫ commute* [death-sentence] to [imprisonment]; *hij is erg veranderd* he has altered a good deal, a great change has come over him.

verandering [-rɪŋ] *v* change, alteration, transformation, conversion, *♫* commutation; *∼ ten goede (ten kwade)* change for the better (for the worse); *∼ van weer* a change in the weather (of weather); *∼ van woonplaats* change of residence; *∼en aanbrengen* make alterations, alter things; *∼ in iets brengen* change something; *∼ ondergaan* undergo a change; *voor de ∼* for a change; *alle ∼ is geen verbetering* let well alone; *∼ van spijs doet eten* a change of food whets the appetite.

veranderlijk [vər'ɑndərlək] changeable, variable; (wispelturig) inconstant, fickle.

veranderlijkheid [-hɛit] *v* changeableness, variability; (wispelturigheid) inconstancy, fickleness.

verankeren [vər'ɑŋkərə(n)] *vt* 1 ⚓ anchor, moor [a ship]; 2 △ brace, tie, stay [a wall]; 3 *fig* root.

verantwoordelijk [-ɑnt'vo:rdələk] responsible, answerable, accountable; *∼ stellen voor* hold responsible for; *zich ∼ stellen voor* accept responsibility for; *∼ zijn voor...* be (held) responsible for..., have to answer for...

verantwoordelijkheid [-hɛit] *v* responsibility; *de ∼ van zich afschuiven* shift the responsibility upon another; *de ∼ op zich nemen* take the responsibility [of...], accept responsibility [for...]; *buiten ∼ van de redactie* the editor not being responsible; *op eigen ∼* on his (her) own responsibility.

verantwoordelijkheidsgevoel [-hɛitsgəvu.l] *o* sense of responsibility.

verantwoorden [vər'ɑntvo:rdə(n)] I *vt* answer for, account for; justify; *hij zegt niet meer dan hij ∼ kan* he doesn't like to say more than he can stand to; *het hard te ∼ hebben* be hard put to it; *heel wat te ∼ hebben* have a lot to answer for; *ik ben niet verantwoord* I am not justified; II *vr zich ∼* justify oneself.

verantwoording [-dɪŋ] *v* 1 justification; 2 responsibility; *op eigen ∼* on one's own responsibility; *ter ∼ roepen* call to account.

verarmen [vər'ɑrmə(n)] I *vt* impoverish, reduce to poverty, pauperize; II *vi* become poor.

verarming [-mɪŋ] *v* impoverishment, pauperization, pauperism.

verassen [vər'ɑsə(n)] *vt* cremate, incinerate.

verassing [-sɪŋ] *v* cremation, incineration.

verbaasd [vər'ba.st] I *aj* surprised, astonished, amazed; *∼ staan (over)* be surprised (at), be astonished (at), be amazed (at); II *ad* wonderingly, in wonder, in surprise.

verbaasdheid [-hɛit] *v* surprise, astonishment, amazement.

verbabbelen [vər'bɑbələ(n)] I *vt* waste [one's time] chattering; II *vr zich ∼* let one's tongue run away with one.

verbaliseren, verbalizeren [vərba.li.'ze:rə(n)] *vt* in: *iemand ~* take a person's name, summons him.

verband [var'bɔnt] *o* 1 ☞ bandage, dressing; 2 (v. a d e r) ligature; 3 (s a m e n h a n g) connection; 4 (b e t r e k k i n g) relation [between smoking and cancer]; 5 (z i n s v e r b a n d) context; 6 (v e r p l i c h t i n g) charge, obligation; *hypothecair ~* mortgage; *~ houden met...* be connected with...; *een ~ leggen* apply a dressing; *een ~ leggen op een wond* dress a wound; *in ~ brengen met* connect with; *iets met iets anders in ~ brengen* put two and two together; *zijn arm in een ~ dragen* carry one's arm in a sling; *dat staat in ~ met...* it is connected with...; *dat staat in geen ~ met...* it is in no way connected with...; *it does not bear upon...; in ~ hiermee...* in this connection; *in ~ met uw vraag* in connection with your question.

verbandcursus [-kɪrzəs] *m* ambulance class(es).

verbandgaas [-ɡa.s] *o* sterilized gauze.

verbandkist [-kɪst] *v* (surgeon's) first-aid kit; dressing-case.

verbandlinnen [-lɪnə(n)] *o* rolls of bandage.

verbandplaats [-pla.ts] *v* ⚔ dressing-station.

verbandstoffen [-stɔfə(n)] *mv* wound-dressing requisites.

verbandwatten [-vɑtə(n)] *mv* medicated cotton-wool.

verbannen [var'bɑnə(n)] *vt* exile, banish, expel; *~ naar* exile & to; relegate to [the past]; *~ uit het land* banish from the country.

verbanning [-nɪŋ] *v* exile, banishment, expulsion.

verbasteren [vər'bɑstərə(n)] *vi* 1 degenerate; 2 be corrupted [of words].

verbastering [-rɪŋ] *v* 1 degeneration; 2 corruption [of words].

verbazen [vər'ba.zə(n)] I *vt* surprise, astonish; amaze; *het verbaast me dat...* it surprises me that..., what astonishes me is that...; *dat verbaast me niet* I am not surprised (astonished) at it; *dat verbaast mij van je* I am surprised at you; II *vr zich ~* be astonished & (at *over*).

verbazend [-zənt] *aj* (& *ad*) surprising(ly), astonishing(ly); prodigious(ly), marvellous(ly); *wel ~!* F By Jove!; good gracious!; *~ veel...* ook: no end of...; *~ weinig* I precious little; 2 surprisingly & few.

verbazing [-zɪŋ] *v* surprise, astonishment, amazement; ○ amaze; *één en al ~ zijn* look all wonder; *vol ~* all astonishment; *in ~ brengen* astonish, amaze; *met ~* zie *verbaasd* II; *tot mijn ~* to my astonishment; *tot niet geringe ~ van...* to the no small astonishment of...

verbazingwekkend [vərba.zɪŋ'vɛkənt] *o* astounding, stupendous.

verbedden [vər'bedə(n)] *vt* put on (into) another bed.

verbeelden [-'be.ldə(n)] I *vt* represent; *dat moet...* that's meant for...; II *vr zich ~* imagine, fancy; *verbeeld je!* Fancy!; *wat verbeeld je je wel?* who do you think you are?; *verbeeld je maar niet dat...* don't fancy that...; *verbeeld je maar niets!* don't you presume!; *hij verbeeldt zich heel wat* he fancies himself; *hij verbeeldt zich een dichter te zijn* he fancies himself a poet.

verbeelding [-dɪŋ] *v* 1 imagination; fancy; 2 (e i g e n w a a n) conceit, conceitedness; *dat is maar ~ van je* that is only your fancy; *hij heeft veel ~ van zich zelf* he is very conceited.

verbeeldingskracht [-dɪŋskrɑxt] *v* imagination. ○ **verbeiden** [vər'bɛidə(n)] *vt* wait for, await. **verbenen** [vər'be.nə(n)] *vi* ossify.

verbening [-nɪŋ] *v* ossification.

verbergen [vər'bɛrɡə(n)] I *vt* hide, conceal; *iets ~ voor* hide (conceal) it from; *je verbergt toch niets voor mij?* you are not keeping anything from me?; II *vr zich ~* hide, conceal oneself; *zich ~ achter...* screen oneself behind... [fig].

verbeten [vər'be.ta(n)] in: *~ strijd* grim struggle; *~ woede* pent-up rage.

verbetenheid [-hɛit] *v* grimness.

verbeteraar [vər'be.təra:r] *m* improver, mender, corrector, reformer.

verbeteren [vər'be.tərə(n)] I *vt* 1 make better [things & men], better [the condition of..., men], improve [land, one's style &]; ameliorate [the soil, the condition of...]; mend [the state of...]; amend [a law]; 2 (c o r r i g e r e n) correct [work, mistakes &]; rectify [errors]; 3 (z e d e l i j k b e t e r m a k e n) reform, reclaim [people]; *dat kunt u niet ~* you cannot improve upon that; II *va* correct; III *vr zich ~* 1 (v. g e d r a g) reform, mend one's ways; 2 (v. c o n d i t i e) better one's condition.

verbeterhuis [-tərhœys] *o* house of correction.

verbetering [-tərɪŋ] *v* 1 change for the better, improvement, amelioration; amendment; betterment; 2 correction, rectification; 3 reformation, reclamation; *~en aanbrengen* make corrections; effect improvements; zie *verbeteren.*

verbeteringsgesticht [-tərɪŋsɡəstɪxt] *o* reformatory; (t h a n s) approved school.

verbeurdverklaren [vər'bøːrtvərkla:rə(n)] *vt* confiscate, seize, declare forfeit.

verbeurdverklaring [-rɪŋ] *v* confiscation, seizure, forfeiture.

verbeuren [vər'bøːrə(n)] *vt* 1 (v e r l i e z e n) forfeit; 2 (v e r b e u r d v e r k l a r e n) confiscate; *die...,verbeurt een pand* must pay a forfeit; *pand ~* play (at) forfeits; *er is niets aan verbeurd* it is no great loss.

verbeuzelen [-'bø.zələ(n)] *vt* trifle away, fritter away, dawdle away; fiddle away [one's time].

verbidden [-'bɪdə(n)] in: *zich niet laten ~* be inexorable.

verbieden [-'bi.də(n)] *vt* forbid, prohibit [by law], interdict, veto; *een boek (film &) ~* ban a book (a film &); ten strengste verboden strictly forbidden; *verboden in te rijden* no thoroughfare; *verboden te roken* no smoking (allowed); *verboden hier vuilnis neer te werpen* no rubbish (to be) shot here; *verboden (toegang) voor militairen* ⚔ out of bounds [to British troops], *Am* off limits; *,,verboden toegang''* zie *toegang.*

verbijsterd [-'bɛistərt] bewildered, perplexed, dazed.

verbijsteren [-stərə(n)] *vt* bewilder, perplex, daze.

verbijstering [-rɪŋ] *v* bewilderment, perplexity.

verbijten [-'bɛitə(n)] in: *zich ~* bite one's lip, bite one's tongue, set one's teeth; *zich ~ van woede* chafe with rage; zie ook: *verbeten.*

verbinden [-'bɪndə(n)] I *vt* 1 join [two things, persons]; connect [two things, points, places]; link, link up [two places], tie [two rafters]; combine [elements]; 2 ☞ bind up, bandage, tie up, dress [a wound]; 3 ☎ connect, put through; 4 (a n d e r s b i n d e n) tie (bind) otherwise; *er is wel enig gevaar aan verbonden* it involves some danger; *de moeilijkheden verbonden aan...* the difficulties with which... is attended; *er is een salaris van £ 500 aan verbonden* it carries a salary of £ 500; *het daaraan verbonden salaris* the salary that goes with it; *welke voordelen zijn daaraan verbonden?* what advantages does it offer?; *er is een voorwaarde aan verbonden* there is a condition attached to it; *hen in de* *echt* ~ join (unite) them in marriage; *wilt u mij* ~ *met nummer...?* ✆ put me through to number...; *na een uur was ik verbonden met onze firma* ✆ I was through to our firm; **II** *vr zich* ~ 1 (v. personen) enter into an alliance; 2 (v. stoffen, elementen) combine; *zich* ~ *om...* pledge oneself to...; *hij had zich verbonden om...* he was under an engagement to...; *zich* ~ *tot iets* bind oneself (commit oneself, undertake, pledge oneself) to do it; *zich tot niets* ~ not commit oneself to anything; zie ook: *verbonden*.

verbinding [-dɪŋ] *v* 1 (gemeenschap) communication; 2 connection [of two points]; junction [of railways]; union [of persons]; 𝟛 dressing, bandaging [of a wound]; *deze scheikundige* ~ 1 (abstract) this combination; 2 (concreet) this compound; *de* ~ *tot stand brengen* (*verbreken*) ☎ make (break) the connection; *in* ~ *staan met...* be in communication with..., have connection with...; *zich in* ~ *stellen met...* communicate with [the police &], get into touch with...; *kunt u mij in* ~ *stellen met...?* can you put me in communication with..?; *in* ~ *treden met...* zie: *zich in* ~ *stellen met...*; *zonder* ~ $ without engagement.

verbindingsdienst [-dɪŋsdi.nst] *m* ✗ Signals.
verbindingslijn [-lɛin] *v* line of communication.
verbindingsofficier [-ofi.sir] *m* ✗ 1 liaison officer; 2 (technisch) Signals officer.
verbindingsteken [-dɪŋste.kə(n)] *o gram* hyphen.
verbindingstroepen [-tru.pə(n)] *mv* ✗ (Corps of) Signals.
verbindingsweg [-vɛx] *m* connecting road; zie ook: *verbindingslijn*.
verbintenis [vər'bɪntənɪs] *v* engagement, undertaking; alliance [ook = marriage]; bond; contract; *bestaande* ~*sen* existing commitments; *een* ~ *aangaan* 1 enter into an engagement; 2 enter into an alliance.
verbitterd [-'bɪtərt] I embittered, exasperated; 2 fierce, furious [battle]; ~ *op...* embittered against...; ~ *over...* exasperated at...
verbitterdheid [-hɛit] *v* bitterness, embitterment, exasperation.
verbitteren [vər'bɪtərə(n)] *vt* embitter, exasperate.
verbittering [-rɪŋ] *v* zie *verbitterdheid*.
verbleken [vər'ble.kə(n)] *vi* 1 (v. personen) grow (turn) pale; 2 (v. personen & kleuren) pale²; 3 (v. kleuren) fade; *doen* ~ pale².
verblijd [-'blɛit] zie *verheugd*.
verblijden [-'blɛidə(n)] **I** *vt* rejoice, gladden; **II** *vr zich* ~ (*over*) rejoice (at).
verblijf [vər'blɛif] *o* 1 (plaats) abode, residence; 2 (ruimte om in te verblijven) [crew's, emigrants'] quarters; 3 (het verblijven) residence, stay, sojourn; ~ *houden* reside.
verblijfkosten [-kostə(n)] *mv* hotel expenses, lodging expenses.
verblijfplaats [-pla.ts] *v* (place of) abode; *zijn tegenwoordige* ~ *is onbekend* his present whereabouts are unknown.
verblijven [vər'blɛivə(n)] *vi* stay, remain, ✎ abide; *hiermee verblijf ik Uw dw. dr.* I remain yours truly...
verblinden [-'blɪndə(n)] *vt* blind², dazzle²; ~ *voor...* blind to...
verblindheid [-'blɪnthɛit] *v* blindness; infatuation.
verbloemen [-'blu.mə(n)] *vt* disguise [the fact that...]; palliate, veil, gloze over [unpleasant facts].
verbluffen [vər'blüfə(n)] *vt* put out of countenance, dumbfound, baffle, bewilder; ~*d* startling.

verbod [-'bɔt] *o* prohibition, interdiction; ban [on a book &]; *een* ~ *uitvaardigen* issue a prohibition.
verboden [-'bo.də(n)] forbidden; zie ook: *verbieden*.
verbodsbepaling [-'bɔtsbəpa. ɪŋ] *v* prohibitive regulation.
verbolgen [-'bɔlgə(n)] angry, incensed, wrathful.
verbolgenheid [-hɛit] *v* anger, wrath.   [ful.
verbond [vər'bɔnt] *o* alliance; league; union; (verdrag) pact; covenant; *het drievoudig* ~ the triple alliance; *het Nieuwe* (*Oude*) ~ the New (Old) Testament.
verbonden [-'bɔndə(n)] allied; *de* ~ *mogendheden* the allied powers.
verborgen [-'bɔrgə(n)] concealed, hidden [things, treasure &]; secret [sin, place, influence, life]; occult [qualities]; *in het* ~(*e*) in secret, secretly.
verborgenheid [-hɛit] *v* secrecy; *de verborgenheden van Parijs* the mysteries of Paris.
verbouw [vər'bau] *m* zie *verbouwing*.
verbouwen [-ə(n)] *vt* 1 (ombouwen) newbuild, rebuild [a house], convert [a bank building into...]; 2 (telen) cultivate, raise, grow [potatoes].
verbouwereerd [vərbauə're:rt] perplexed, dumbfounded.
verbouwereerdheid [-hɛit] *v* perplexity.
verbouwing [vər'bauɪŋ] *v* 1 (ombouwing) rebuilding [of a house]; structural alterations; 2 (teelt) cultivation, culture, growing.
verbranden [-'brandə(n)] **I** *vt* 1 burn [papers &]; burn to death [martyrs]; 2 (verassen) cremate [a body], incinerate; *zijn door de zon verbrand gezicht* his sunburnt (tanned) face; **II** *vi* 1 be burnt (to death); 2 (door de zon) get sunburnt, tan.
verbranding [-dɪŋ] *v* 1 burning, combustion; 2 (v. lijken) cremation.
verbrandingsmotor [-dɪŋsmo.tɔr] *m inwendige* ~ internal combustion engine.
verbrandingsoven [-o.və(n)] *m* incinerator.
verbrandingsproces [-pro.sɛs] *o* process of combustion.
verbrandingsprodukt [-pro.dükt] *o* product of combustion.
verbrassen [vər'brasə(n)] *vt* squander.
verbreden [-'bre.də(n)] **I** *vt* widen, broaden; **II** *vr zich* ~ widen, broaden (out).
verbreding [-dɪŋ] *v* widening, broadening.
verbreiden [vər'brɛidə(n)] **I** *vt* spread [malicious reports]; propagate [a doctrine]; **II** *vr zich* ~ spread [of rumours &].
verbreiding [-dɪŋ] *v* spread(ing), propagation.
verbreken [vər'bre.kə(n)] *vt* break [a contract, a promise &]; break off [an engagement]; sever [diplomatic relations]; cut [communications]; burst [one's chains]; violate [vows].
verbreking [-kɪŋ] *v* breaking; severance; violation.
verbrijzelen [vər'brɛizələ(n)] *vt* break (smash) to pieces, smash, shatter².
verbrijzeling [-lɪŋ] *v* smashing, shattering².
verbroederen [-'bru.dərə(n)] in: *zich* ~ fraternize.
verbroedering [-rɪŋ] *v* fraternization.
verbrokkelen [vər'brɔkələ(n)] *vi & vt* crumble.
verbruien [-'brœyə(n)] *vt* in: *het bij iemand* ~ incur a man's displeasure; zie ook: *vertikken*.
verbruik [-'brœyk] *o* 1 consumption [of foodstuffs, petrol &]; expenditure [of energy, time]; 2 (verspilling) wastage, waste.
verbruiken [-'brœykə(n)] *vt* consume [food, time], use up [coal, wood &]; one's strength], spend [money, time &].
verbruiker [-kər] *m* consumer.
verbruiksartikel [vər'brœyksarti.kəl] *o* article

of consumption.

verbruiksbelasting [-bɔlɑstɪŋ] *v* consumer tax, consumption tax.

verbruiksgoederen [-gu.dərə(n)] *mv* consumer goods, consumption goods.

verbuigbaar [vər'bœyxba:r] *gram* declinable.

verbuigen [-'bœygə(n)] *vt* 1 bend (out of shape); 🗙 buckle; 2 *gram* decline.

verbuiging [-gɪŋ] *v gram* declension.

verchroomd [vər'gro.mt] chromium-plated.

verdacht [-'dɑxt] **I** *aj* suspected [persons]; suspicious [circumstances]; (alléén predikatief) suspect; ~*e personen* suspicious characters; suspected persons, suspects; *iemand ~ maken* make one suspected; *er ~ uitzien* have a suspicious look; *er ~ uitziend* suspicious-looking; *dat komt me ~ voor* I think it suspicious; *op iets ~ zijn* be prepared for it; *eer ik erop ~ was* before I was prepared for it, before I knew where I was; *hij wordt van... he is suspected of...; **II** *sb* in: *de ~e* 1 the suspected party, the person suspected; 2 🜨 the accused; the defendant, the prisoner; ~*en* suspected persons, suspects; **III** *ad* suspiciously.

verdachtmaking [-ma.kɪŋ] *v* insinuation.

verdagen [vər'da.gə(n)] *vt* adjourn, prorogue.

verdaging [-gɪŋ] *v* adjournment, prorogation.

verdampen [vər'dɑmpə(n)] *vi & vt* evaporate.

verdamping [-pɪŋ] *v* evaporation.

verdedigbaar [vər'de.dəxba:r] defensible.

verdedigbaarheid [-heit] *v* defensibility.

verdedigen [vər'de.dəgə(n)] **I** *vt* defend [a town]; stand up for [one's rights]; *wie zal u ~?* 🜨 who will defend you?; *een ~de houding aannemen* stand (act) on the defensive; *een ~d verbond* a defensive alliance; **II** *vr zich ~* defend oneself.

verdediger [-gər] *m* 1 defender [of liberty &]; 2 🜨 defending counsel, counsel for the defendant (for the defence).

verdediging [-gɪŋ] *v* defence⁰; *ter ~ van* in defence of.

verdedigingslinie [-gɪŋsli.ni.] *v* 🗙 line of defence, defence line.

verdedigingsmiddel [-mɪdəl] *o* means of defence.

verdedigingsoorlog [-o.rlɔx] *m* war of defence.

verdedigingswapen [-va.pə(n)] *o* defensive weapon.

verdedigingswerken [-vɛrkə(n)] *mv* 🗙 defences, defensive works.

verdeeld [vər'de.lt] divided.

verdeeldheid [-heit] *v* dissension, discord [between...], division, disunity.

verdeemoedigen [vərde.'mu.dəgə(n)] *vt* humble, humiliate.

verdeemoediging [-gɪŋ] *v* humbling, humiliation.

verdek [vər'dɛk] *o* ♪ deck.

verdekt [vər'dɛkt] 🗙 under cover; ~ *opgesteld zijn* 🗙 be under cover.

verdelen [-'de.lə(n)] *vt* 1 divide, share out, distribute; **II** *va* divide [and rule]; ~ *in* divide into [...parts]; ~ *onder* divide (distribute) among; ~ *over* spread over [a period of...]; **III** *vr zich ~* divide.

verdelgen [-'dɛlgə(n)] *vt* destroy, exterminate.

verdelging [-gɪŋ] *v* destruction, extermination.

verdelgingsoorlog [-gɪŋso:rlɔx] *m* war of extermination.

verdeling [vər'de.lɪŋ] *v* division [of labour], distribution [of food], partition [of Palestine].

verdenken [-'dɛŋkə(n)] *vt* suspect; *iemand van iets ~* suspect one of a thing; zie ook: *verdacht*.

verdenking [-kɪŋ] *v* suspicion; *een aantal personen op wie de ~ rustte* to whom suspicion

pointed; *de ~ viel op hem* suspicion fell on him; *boven ~* above suspicion; *in ~ brengen* cast suspicion on; *in ~ komen* incur suspicion; *in ~ staan* be under suspicion, be suspected; *onder ~ van...* on suspicion of...

verder ['vɛrdər] **I** *aj* 1 (meer verwijderd) farther, further; 2 (bijkomend, later) further; **II** als *sb het ~e* the rest; **III** *ad* farther, further; ~ *op* further on; ~ *gaan* 1 go farther; 2 proceed; 3 go on; *we zouden al veel ~ zijn als...* we should be much farther² if...

verderf [vər'dɛrf] *o* ruin, destruction, undoing, perdition; *in zijn ~ lopen* go to meet one's doom; *in het ~ storten* bring ruin upon; *ten verderve voeren* lead to perdition.

verderfelijk [-'dɛrfələk] pernicious, baneful, noxious, ruinous.

verderfelijkheid [-heit] *v* perniciousness.

verderven [vər'dɛrvə(n)] *vt* ruin, pervert, corrupt.

verderver [-vər] *m* perverter, corrupter.

verdicht [vər'dɪxt] 1 assumed [names]; fictitious [names &]; 2 condensed [vapour].

verdichten [-'dɪxtə(n)] **I** *vt* 1 condense [steam]; 2 invent [a name, a story]; **II** *vr zich ~* condense.

verdichting [-tɪŋ] *v* 1 (v. gassen) condensation || 2 (verzinnen) invention, fiction.

verdichtsel [-'dɪxtsəl] *o* fabrication, fable, fiction, story, figment, invention.

verdienen [vər'di.nə(n)] *vt* earn [money, one's bread]; deserve [praise &]; merit [a reward, punishment]; *hoeveel verdien je?* how much do you earn?; *zij ~ niet beter* they don't deserve any better; *het verdient de voorkeur* it is preferable; *dat heb ik niet aan u verdiend* that I have not deserved at your hands; *een verdiende overwinning* a deserved victory; *er is niets aan (mee) te ~* there is no money in it; *daar zul je niet veel aan (op) ~* you will not make much out of it.

verdienste [-'di.nstə] *v* 1 (loon) earnings, wages; 2 (winst) profit, gain; 3 (verdienstelijkheid) merit, desert; *naar ~* according to merit, [punish] condignly; *zich iets tot een ~ (aan)rekenen* take merit to oneself for something; *een man van ~* a man of merit.

verdienstelijk [-lək] deserving, meritorious; *hij heeft zich jegens zijn land ~ gemaakt* he has deserved well of his country.

verdienstelijkheid [-heit] *v* deservingness, meritoriousness, merit.

verdiepen [vər'di.pə(n)] **I** *vt* deepen²; **II** *vr zich ~ in* lose oneself in; *verdiept in gedachten* deep (absorbed) in thought, in a brown study; *zich in allerlei gissingen ~* lose oneself in conjectures [as to...]; *in zijn krant verdiept* engrossed in his newspaper.

verdieping [-pɪŋ] *v* 1 deepening²; 2 stor(e)y, floor; *eerste & ~* first floor, second stor(e)y; *hoog van ~* high-pitched; *laag van ~* low-pitched; *op de eerste & ~ op* (in) the first floor.

verdierlijken [vər'di:rləkən] **I** *vt* brutalize; **II** *vi* become a brute.

verdierlijking [-kɪŋ] *v* brutalization.

verdierlijkt [vər'di:rləkt] brutalized, brutish.

verdietsen [-'di.tsə(n)] *vt* zie *verhollandsen*.

verdikken [-'dɪkə(n)] *vi & vt* thicken.

verdikking [-dɪkɪŋ] *v* thickening.

verdisconteerbaar [vərdiskɔn'te:rba:r] $ negotiable.

verdisconteren [-'te:rə(n)] *vt* $ negotiate [bills].

verdiscontering [-rɪŋ] *v* $ negotiation.

verdobbelen [vər'dɔbələ(n)] *vt* dice away, gamble away.

verdoemd [-'du.mt] **I** *aj* damned; **P** damn; *die*

~e...! that cursed...!; de ~en (in de hel) the damned; II ad < damn, deuced(ly); wel ~! the deuce!

verdoemelijk ['du.məlǝk] damnable.

verdoemeling [-məlıŋ] m reprobate.

verdoemen [-mə(n)] vt damn.

verdoemenis [-mǝnıs] v damnation.

verdoeming [vǝr'du.mıŋ] v damnation.

verdoen [vǝr'du.n] I vt dissipate, squander, waste; II vr zich ~ make away with oneself.

verdoezelen [-'du.zǝlǝ(n)] vt blur, obscure [a fact], disguise [the truth].

verdolen [-'do.lǝ(n)] vi lose one's way, go astray.

verdomd [-'dɔmt] = verdoemd.   [ast'ay.

I **verdommen** [-'dɔmǝ(n)] vt (dom maken) dull the mind(s) of, render stupid.

2 **verdommen** [-'dɔmǝ(n)] vt zie vertikken.

verdonkeremanen [-dɔŋkǝrǝ'ma.nǝ(n)] vt spirit away, embezzle [money]; purloin [letters].

verdoofd [vǝr'do.ft] benumbed, numb; torpid, (door slag) stunned.

verdord [-'dɔrt] withered.

verdorren [vǝr'dǝrǝ(n)] vi wither.

verdorven [vǝr'dɔrvǝ(n)] depraved, corrupt, wicked, perverse.

verdorvenheid [-heit] v depravity, depravation, corruption, perverseness, perversity.

verdoven [vǝr'do.vǝ(n)] vt I deafen, make deaf; 2 (geluid) deafen, deaden, dull [sound]; 3 (ledematen, gevoel) benumb [with cold], numb; 4 (personen) stupefy, stun; 5 (pijn) 𝔐 anaesthetize.

verdovend [-vǝnt] I deafening; 2 stupefying; 𝔐 anaesthetic; ~middel 𝔐 anaesthetic, narcotic, (inz. als genotmiddel) drug.

verdoving [-vıŋ] v stupefaction, stupor, torpor; numbness; 𝔐 anaesthesia.

verdovingsmiddel [-vıŋsmıdǝl] o zie verdovend.

verdraaglijk [vǝr'dra.gǝlǝk] bearable, endurable, tolerable.

verdraagzaam [-'dra.xsa.m] tolerant, forbearing.

verdraagzaamheid [-heit] v tolerance, forbearance, toleration.

verdraaid [vǝr'dra:it] I aj distorted, disfigured, deformed [features]; met een ~e hand geschreven written in a disguised hand; II ad < deuced; ~ knap deuced clever; wel ~! the deuce!

verdraaien [-'dra.jǝ(n)] vt spoil [a lock]; distort², contort², twist² [features, facts, motives, statements, the truth &]; fig pervert [words, facts, a law]; de ogen ~ roll one's eyes; iemands woorden ~ ook: twist a person's words; ik verdraai het om... F I just won't...; zie ook: verdraaid.

verdraaiing [-jıŋ] v distortion, contortion, twist, perversion [of fact].

verdrag [vǝr'drax] o treaty, pact; een ~ aangaan (sluiten) conclude (make, enter into) a treaty.

verdragen [-'dra.gǝ(n)] vt I (dulden) suffer, bear, endure, stand; 2 (wegdragen) remove; ik kan geen bier ~ beer does not agree with me; men moet elkander leren ~ you must try to put up with each other; zo iets kan ik niet ~ I can't stand it; ik heb heel wat van hem te ~ I have to suffer (to put up with) a good deal at his hands.

verdragend ['verdra.gǝnt] ♪ carrying; 𝔐 long-range [guns].

verdraghaven [vǝr'draxha.vǝ(n)] v treaty port.

verdriedubbelen [-dri.'dúbǝlǝ(n)] vt treble, triple.

verdriet [-'dri.t] o grief, sorrow; ~ aandoen cause sorrow, give pain.

verdrietelijk [-'dri.tǝlǝk] vexatious, irksome.

verdrietelijkheid [-heit] v vexatiousness, irksomeness, vexation; verdrietelijkheden vexa-

tions.

verdrieten [vǝr'dri.tǝ(n)] vt vex, grieve; het verdriet mij dat te horen I'm grieved to hear this.

verdrietig [-tǝx] sad, sorrowful.   [triple.

verdrievoudigen [vǝrdri.'voudǝgǝ(n)] vt treble.

verdrijven [-'dreivǝ(n)] vt drive away, drive out, chase away; dissipate, dispel [clouds, fears, suspicion]; oust, expel [from a place]; dislodge [the enemy from his position]; pass (while) away [the time].

verdringen [vǝr'drıŋǝ(n)] I vt push away, crowd out², fig oust, supplant, supersede, cut out; ps repress [desires, impulses]; elkaar ~ (dringen) jostle (each other); ~ van de markt oust from the market; II vr zich ~ crowd (round one).

verdringing [-ŋıŋ] v ousting, supplanting [of a rival]; ps repression [of desires, impulses].

verdrinken [-'drıŋkǝ(n)] I vt I drown [a young animal]; 2 spend on drink [one's money], drink [one's wages], drink away [one's fortune]; 3 drink down [one's sorrow], drown [one's sorrow in drink]; 4 inundate [a field]; II vi be drowned; III vr zich ~ drown oneself.

verdrinking [-kıŋ] v drowning; dood door ~ death from drowning.

verdrogen [vǝr'dro.gǝ(n)] vi dry up; wither [of plants &].

verdromen [-'dro.mǝ(n)] vt dream away.

verdronken [-'drɔnkǝ(n)] I drowned [person]; 2 submerged [fields].

verdrukken [-'drúkǝ(n)] vt oppress.

verdrukker [-kǝr] m oppressor.

verdrukking [-kıŋ] v oppression; tegen de ~ in groeien prosper in spite of opposition.

verdubbelen [vǝr'dúbǝlǝ(n)] I vt double [a letter &]; fig redouble [one's efforts]; zijn schreden ~ quicken one's pace; II vr zich ~ double.

verdubbeling [-lıŋ] v I doubling, duplication; fig redoubling; 2 gram reduplication.

verduidelijken [vǝr'dœydǝlǝkǝ(n)] vt elucidate, explain.

verduidelijking [-kıŋ] v elucidation, explanation.

verduisteren [vǝr'dœystǝrǝ(n)] I vt I (donker maken) darken², obscure²; cloud² [the sky, the mind, eyes with tears]; * eclipse [the sun, the moon]; (tegen luchtaanval) black out; 2 (ontvreemden) embezzle [money], misappropriate [funds]; II vi darken, grow dark.

verduistering [-rıŋ] v I obscuration²; * eclipse [of sun and moon]; (tegen luchtaanval) black-out; 2 embezzlement [of money], misappropriation [of funds].

verduitsen [vǝr'dœytsǝ(n)] vt I Germanize; 2 translate into German.

verduiveld [-'dœyvǝlt] I aj devilish, deuced; II ad < devilish, deuced; wel ~! the deuce!

verduizendvoudigen [vǝrdœyzǝnt'foudǝgǝ(n)] vt multiply by a thousand.

verdunnen [vǝr'dúnǝ(n)] vt I thin; 2 (vloeistof) dilute; 3 (lucht) rarefy.

verdunning [-nıŋ] v I thinning; 2 dilution; 3 rarefaction.

verduren [vǝr'dy.rǝ(n)] vt bear, endure.

verduurzamen [-'dy.rza.mǝ(n)] vt preserve; verduurzaamde levensmiddelen tinned food, (Am) canned food.

verduurzaming [-mıŋ] v preservation.

verduwen [-'dy.vǝ(n)] vt push away; fig digest [foods]; swallow [an insult].

verdwaald [vǝr'dva.lt] lost [child, traveller, sheep], stray [bullet]; ~ raken lose one's way; ~ zijn have lost one's way.

verdwaasd [-'dva.st] infatuated, foolish.

verdwaasdheid [-hcit] *v* infatuation, folly.

verdwalen [vər'dva.lə(n)] *vi* lose one's way, go astray².

verdwazen [-'dva.zə(n)] *vt* infatuate.

verdwazing [-zɪŋ] *v* infatuation.

verdwijnen [vər'dvɛinə(n)] *vi* disappear, vanish [suddenly or gradually]; fade away; *verdwijn (uit mijn ogen)!* out of my sight!, be off!; *deze regering (minister &) moet ~* must go.

verdwijning [-nɪŋ] *v* disappearance, vanishing.

veredelen [vər'e.dələ(n)] *vt* improve [fruit]; *fig* ennoble, elevate [the feelings], refine [manners, morals, the taste].

veredeling [-lɪŋ] *v* improvement; *fig* ennoblement, elevation [of the feelings], refinement.

vereelt [vər'e.lt] callous², horny [hands].

vereelten [-'e.ltə(n)] I *vt* make callous, make horny; II *vi* become callous, become horny.

vereenvoudigen [vərə.n'vɔudəgə(n)] *vt* simplify; × reduce [a fraction].

vereenvoudiging [-gɪŋ] *v* simplification; × reduction [of a fraction].

vereenzamen [vər'e.nza.mə(n)] *vi* grow lonely.

vereenzaming [-mɪŋ] *v* isolation.

vereenzelvigen [vərə.n'zɛlvəgə(n)] *vt* identify.

vereenzelviging [-gɪŋ] *v* identification.

vereerder [vər'e:rdər] *m* worshipper, admirer, [her] adorer.

vereeuwigen [-'e.vəgə(n)] *v* perpetuate, immortalize.

vereeuwiging [-gɪŋ] *v* perpetuation, immortalization.

vereffenen [vər'ɛfənə(n)] *vt* balance, settle [an account]; square [a debt]; adjust, settle [a difference, dispute].

vereffening [-nɪŋ] *v* settlement, adjustment; *ter ~ van* in settlement of.

vereisen [vər'ɛisə(n)] *vt* require, demand.

vereist [-'ɛist] required.

vereiste [-'ɛistə] *o & v* requirement, requisite.

I **veren** ['ve:rə(n)] *vi* be elastic, be springy, spring; *~d* elastic, springy, resilient; *~d zadel* spring-mounted saddle; *ze ~ niet* they have no spring in them.

2 **veren** ['ve:rə(n)] *aj* feather; *~ bed* feather-bed.

verenen [vər'e.nə(n)] *vt zie vereningen; met vereende krachten* with united efforts, unitedly

verengelsen [-'ɛŋəlsə(n)] I *vt* Anglicize; II *vi* become Anglicized.

verengen [-'ɛŋə(n)] *vt & vr* narrow.

verenigbaar [-'e.nəxba:r] in: *(niet) ~ met* (not) compatible (consistent, consonant) with...

verenigd [-nəxt] united; *de V~e Naties* the United Nations [Organization]; *~ optreden* united action; *de V~e Staten* the United States; *~e vergadering* joint meeting.

verenigen [-nəgə(n)] I *vt* I unite, join [their efforts, two nations]; combine [data]; 2 (verzamelen) collect; *hen in de echt ~* join (unite) them in marriage, join A to B in marriage; *die belangen zijn niet met elkaar te ~* these interests are not consistent with each other; *voor zover het te ~ is met...* in so far as is consistent (compatible, reconcilable) with ...; *~ tot...* unite into...; II *vr zich ~* I unite; 2 (zich verzamelen) assemble; *zich ~ met* join [also of rivers]; join hands (forces) with [a person in doing something]; *ik kan mij met die mening niet ~* I cannot agree with (concur in) that opinion; *ik kan mij met het voorstel niet ~* I cannot agree to the proposal.

vereniging [vər'e.nəgɪŋ] *v* I (handeling of resultaat) joining, junction, combination, union; 2 (genootschap) union, society, association, club; *recht van ~ en vergadering* right of association and of assembly.

verenigingsleven [-gɪŋsle.və(n)] *o* corporate life.

verenigingslokaal [-lo.ka.l] *o* club-room.

verenigingspunt [-pŭnt] *o* junction; rallying-point.

vereren [vər'e:rə(n)] *vt* honour, revere, worship, venerate; *iemand iets ~* present a person with a thing; *~ met* honour with; grace with [one's presence, a title &].

verergeren [vər'ɛrgərə(n)] I *vi* grow worse, change for the worse, worsen, deteriorate; II *vt* make worse, worsen, aggravate.

verergering [-rɪŋ] *v* worsening, growing worse, change for the worse, aggravation, deterioration.

verering [vər'e:rɪŋ] *v* veneration, worship, reverence.

veretteren [vər'ɛtərə(n)] *vi* fester, suppurate.

verf [vɛrf] *v* I paint; 2 (v. kunstschilder) colour, paint; 3 (voor stoffen &) dye.

verfdoos ['vɛrfdo.s] *v* box of colours, paint-box.

verfhandelaar [-handəla:r] *m* colourman.

verfijnen [vər'fɛinə(n)] *vt* refine.

verfijning [-nɪŋ] *v* refinement.

verfilmen [vər'filmə(n)] *vt* film.

verfilming [-mɪŋ] *v* I (handeling) filming; 2 (resultaat) film version, screen version.

verfkwast [-kvast] *m* paint-brush.

verflaag [-la.x] *v* coat of paint.

verflauwen [vər'flɔuə(n)] *vi* I (v. kleuren &) fade; 2 (v. wind) abate; 3 (v. ijver &) flag, slacken; 4 $ flag.

verflensen [vər'flɛnsə(n)] *vi* fade, wither.

verfoeien [vər'fu.jə(n)] *vt* detest, abhor, abominate.

verfoeiing [-jɪŋ] *v* detestation, abomination.

verfoeilijk [vər'fu:ilk] detestable, abominable.

verfomfaaid [vər'fɔmfa:it] crumpled &; ook: **verfomfaaien** [-fa.jə(n)] *vr* crumple, rumple.

verfraaien [vər'fra.jə(n)] *vt* embellish, beautify.

verfraaiing [-jɪŋ] *v* embellishment, beautifying.

verfrissen [-'frɪsə(n)] I *vt* refresh; II *vr zich ~* I refresh oneself; 2 (iets gebruiken) take some refreshment.

verfrissing [-sɪŋ] *v* refreshment.

verfrommelen [vər'frɔmələ(n)] *vt* crumple (up), rumple, crush.

verfstoffen ['vɛrfstɔfə(n)] *mv* dye-stuffs, dyes, colours.

verfwaren [-va:rə(n)] *mv* oils and colours.

verfwinkel [-vɪŋkəl] *m* colour shop.

vergaan [vər'ga.n] *vi* I (v. al'taardse) perish, pass away; decay; 2 ⚓ founder, be wrecked, be lost [a vessel]; *'t verging hun slecht* they fared badly; *het zal je er naar ~* you will meet with your deserts; *~ van afgunst* be consumed (eaten up) with envy; *~ van kou* be perishing with cold; *vergane glorie* departed glory.

vergaarbak [-'ga:rbak] *m* reservoir, receptacle.

vergaderen [-'ga.dərə(n)] I *vt* gather, assemble, collect; II *vi* assemble, meet, hold their meetings.

vergadering [-rɪŋ] *v* assembly, meeting; *geachte ~!* (ladies and) gentlemen!; *~ met debat* discussion meeting; *een ~ bijeenroepen (houden)* call (hold) a meeting; *de ~ openen* open the meeting; *de ~ opheffen (sluiten)* close the meeting; *een ~ uitschrijven* convene a meeting.

vergaderplaats [vər'ga.dərpla.ts] *v* meeting-place, place of meeting.

vergaderzaal [-za.l] *v* meeting-room, meeting-hall.

vergallen [vər'galə(n)] *vt* break the gall-bladder of [a fish]; *iemand het leven ~* embitter a man's life; *iemands vreugde ~* spoil (mar) a person's pleasure.

vergalopperen [-ga.lə'pe:rə(n)] in: *zich ~ com-*

mit oneself, put one's foot in it.

vergankelijk [-'gɑŋkələk] perishable, transitory, transient, fleeting.

vergankelijkheid [-hɛit] v perishableness, transitoriness, instability.

vergapen [vər'ga.pə(n)] in: *zich ~ aan een meisje* become infatuated with a girl; *zich aan de schijn ~* take the shadow for the substance.

vergaren [-'ga:rə(n)] vt gather, collect, hoard.

vergassen [-'gɑsə(n)] vt 1 gasify [solids]; 2 gas [people].

vergasser [-sər] m paraffin stove.

vergassing [-sɪŋ] v 1 gasification [of solids]; 2 gassing [of people].

vergasten [vər'gɑstə(n)] I vt treat, regale; *iemand ~ op...* treat one to..., regale one with...; II vr *zich ~ aan* feast upon, take delight in.

vergeeflijk [-'ge.fələk] pardonable, forgivable, excusable [fault]; venial [sin].

vergeefs [vər'ge.fs] I aj vain, useless, fruitless; II ad in vain, vainly, to no purpose.

vergeestelijken [-'ge.stələkə(n)] vt spiritualize.

vergeestelijking [-kɪŋ] v spiritualization.

vergeetachtig [vər'ge.tɑxtəx] apt to forget, forgetful.

vergeetachtigheid [-hɛit] v aptness to forget, forgetfulness.

vergeetal [vər'ge.tɑl] m forgetful person.

vergeetboek [-bu.k] o in: *het raakte in het ~* it was forgotten, it fell into oblivion.

vergeet-mij-niet [-məni.t] v ℔ forget-me-not.

vergelden [vər'gɛldə(n)] vt repay, requite; *goed met kwaad ~* return evil for good; *God vergelde het u!* God reward you for it!

vergelding [-dɪŋ] v requital, retribution; *de dag der ~* the day of reckoning; *ter ~ van...* in return for...

vergeldingsmaatregel [-dɪŋsma.tre.gəl] m retaliatory measure; reprisal.

vergelen [vər'ge.lə(n)] vi yellow.

vergelijk [vərgə'lɛik] o agreement, accommodation, compromise; *een ~ treffen, tot een ~ komen* come to an agreement.

vergelijkbaar [-'lɛikba:r] comparable.

vergelijken [-'lɛikə(n)] vt compare; *~ bij...* compare to, liken to; *~ met* compare with; *u kunt u niet met hem ~* you can't compare with him; *vergeleken met...* in comparison with..., as compared with...

vergelijkend [-kənt] comparative; *~ examen* competitive examination.

vergelijkenderwijs, -wijze [vərgələikəndər'vɛis, -'vɛizə] by comparison.

vergelijking [vərgə'lɛikɪŋ] v 1 comparison; 2 equation [in mathematics]; 3 simile [in stylistics]; *~ van de eerste graad met een onbekende* simple equation with one unknown quantity; *~ van de tweede (derde) graad* quadratic (cubic) equation; *de ~ doorstaan kunnen met...* bear (stand) comparison with; *een ~ maken (trekken)* make a comparison, draw a parallel; *in ~ met...* in comparison with..., as compared with...; *dat is niets in ~ met wat ik heb gezien* that is nothing to what I have seen; *ter ~* for (purposes of) comparison.

vergemakkelijken [vərgə'mɑkələkə(n)] vt make easy (easier), facilitate.

vergen ['vɛrgə(n)] vt require, demand, ask; *te veel ~ van* ook: overtax [one's strength].

vergenoegd [vərgə'nu.xt] contented, satisfied.

vergenoegdheid [-hɛit] v contentment, satisfaction.

vergenoegen [vɛrgə'nu.gə(n)] I vt content, satisfy; II vr *zich ~ met te...* content oneself with ...ing.

vergetelheid [vər'ge.təlhɛit] v oblivion; *aan de*

~ *ontrukken* save (rescue) from oblivion; *der* ~ *prijsgeven* consign (relegate) to oblivion; *in* ~ *raken* fall (sink) into oblivion.

vergeten [-'ge.tə(n)] I vt forget; *ik ben ~ hoe het moet* I forget how to do it; *...niet te ~* not forgetting...; *ik ben zijn adres ~* I forget his address; *ik heb de courant ~!* I have forgotten the newspaper; *hebt u niets ~?* haven't you forgotten something?; *(het) ~ en vergeven* forget and forgive; II vr *zich ~* forget oneself; III aj forgotten.

vergeven [-'ge.və(n)] vt 1 (weggeven) give away [a situation]; 2 (vergiffenis geven) forgive, pardon; 3 (verkeerd geven) misdeal [cards]; 4 (vergiftigen) poison; *vergeef (het) mij!* forgive me!; *vergeef me dat ik u niet gezien heb* forgive me for not having seen you; *dat zal ik u nooit ~* I'll never forgive you for it; *(alles) ~ en vergeten* forgive and forget; *wie heeft die betrekking te ~?* in whose gift is the place?

vergevensgezind [vərge.vənsgə'zɪnt] forgiving.

vergevensgezindheid [-hɛit] v forgivingness.

vergeving [vər'ge.vɪŋ] v 1 pardon, remission [of sins]; 2 collation [of a living].

vergevorderd ['vergəvordərt] (far) advanced[2].

vergewissen [vərgə'vɪsə(n)] in: *zich ~ van iets* make sure of a thing; ascertain [the facts].

vergezellen [-'zɛlə(n)] vt accompany [equals]; attend [superiors]; *vergezeld gaan van* be attended with; *vergezeld doen gaan van* accompany with [a threat].

vergezicht ['vergəzɪxt] o view, prospect, perspective, vista.

vergezocht [-zɔxt] far-fetched.

vergiet [vər'gi.t] o & v strainer, colander.

vergieten [-'gi.tə(n)] vt shed [blood, tears].

vergif [vər'gɪf] = vergift.

vergiffenis [-'gɪfənɪs] v pardon, ○ forgiveness; remission [of sins]; *iemand ~ schenken* forgive one; *~ vragen* beg one's pardon, ○ ask (one's) forgiveness.

vergift [-'gɪft] o poison[2], venom [of animals].

vergiftig [vər'gɪftəx] poisonous[2], venomous[2].

vergiftigen [-təgə(n)] vt poison[2], envenom[2]; *ze wilden hem ~* they wanted to poison him.

vergiftiging [-təgɪŋ] v poisoning[2].

vergissen [vər'gɪsə(n)] in: *zich ~* mistake, be mistaken; commit a mistake (an error): *als ik me niet vergis* if I am not mistaken; *of ik zou me zeer moeten ~* unless I am greatly mistaken; *u vergist u als u...* you are under a mistake if...; *zich ~ in...* be mistaken in; *ik had mij in het huis vergist* I had mistaken the house; *u hebt u lelijk in hem vergist!* you have mistaken your man!

vergissing [-sɪŋ] v mistake, error; *bij ~* by mistake, in mistake; unintentionally.

verglazen [-'gla.zə(n)] vt 1 (v. buiten) glaze, enamel; 2 (door en door) vitrify.

vergoden [vər'go.də(n)] vt deify; idolize.

vergoding [-dɪŋ] v deification; idolization.

vergoeden [vər'gu.də(n)] vt make good [cost, damages, losses], compensate; reimburse [the cost]; pay [interest]; *iemand iets ~* indemnify a person for a loss (expenses); *dat vergoedt veel* that goes to make up for a lot.

vergoeding [-dɪŋ] v compensation, indemnification, reimbursement; *tegen een (kleine) ~* for a consideration.

vergoelijken [vər'gu.ləkə(n)] vt gloze over, smooth over [faults], palliate, extenuate [an offence], excuse [weakness], explain away [wrong done &].

vergoelijking [-kɪŋ] v glozing over, palliation, extenuation, excuse.

vergokken [-'gɔkə(n)] vt gamble away.

vergooien [-'go.jə(n)] I vt throw away; *een kans ~* throw (chuck) away a chance; II vr

zich ~ throw oneself away (on *aan*).
vergrijp [-'grɛip] *o* transgression; offence [against decency and morals]; outrage [on virtue].
vergrijpen [-'grɛipə(n)] in: zich ~ *aan* lay hands upon.
vergrijsd [-'grɛist] grown grey [in the service],· grizzled.
vergrijzen [-'grɛizə(n)] *vi* grow grey.
vergroeien [-'gru.jə(n)] *vi* 1 grow together; 2 grow out of shape; become crooked [of persons]; 3 disappear [of cicatrices].
vergrootglas [-'gro.tglɑs] *o* magnifying-glass.
vergroten [-'gro.tə(n)] *vt* enlarge [a building, a portrait &]; increase [one's stock, their number]; add to [his wealth]; magnify [the size with a lens &].
vergroting [-tɪŋ] *v* enlargement; increase; magnifying.
vergroven [vər'gro.və(n)] *vt & vi* coarsen.
verguizen [-'gœyzə(n)] *vt* revile, abuse.
verguizing [-zɪŋ] *v* revilement, abuse.
verguld [vər'gʏlt] gilt; ~ *op snee* gilt-edged.
vergulden [-'gʏldə(n)] *vt* gild; zie ook: *pil.*
verguldsel [vər'gʏltsəl] *o* gilding, gilt.
vergunnen [-'gʏnə(n)] *vt* permit, allow; grant [privileges].
vergunning [-nɪŋ] *v* 1 permission, allowance, leave; permit; 2 licence [for the sale of drinks]; 3 concession; *herberg met* ~ licensed public house; *met* ~ *van...* by permission of...; *zonder* ~ 1 without permission; 2 without a licence, unlicensed.
vergunninghouder [-nɪŋhɑudər] *m* licensee; (v. *herberg*) licensed victualler.
verhaal [vər'ha.l] *o* 1 story, tale, narrative, account, recital, relation, narration; 2 ዠ (legal) remedy, redress; *het korte* ~ the short story; *een* ~ *doen* tell a story; *allerlei verhalen doen* (*opdissen*) *over...* pitch yarns about; *er is geen* ~ *op* there is no redress; *hij kwam weer op zijn* ~ he collected himself, he picked himself up again.
verhaalbaar [-ba:r] ዠ recoverable (from *op*).
verhaaltrant [-trɑnt] *m* narrative style.
verhaasten [vər'ha.stə(n)] *vt* hasten, accelerate, quicken [one's steps &]; expedite [the process].
verhalen [vər'ha.lə(n)] *vt* 1 tell, relate, narrate 2 ዠ (wegtrekken) shift [a ship]; *men heeft hem bedrogen en nu wil hij het op mij* ~ he wants to recoup the loss on me; *hij wil het op mij* ~ he wants to take it out of me; *de schade* ~ *op een ander* recoup oneself out of another man's pocket.
verhalend [-lənt] narrative.
verhaler [-lər] *m* relater, narrator, story-teller.
verhandelbaar [vər'hɑndəlba:r] negotiable.
verhandelen [vər'hɑndələ(n)] *vt* 1 deal in [goods]; negotiate [a bill], transact [business]; 2 (bespreken) discuss.
verhandeling [-lɪŋ] *v* treatise, essay, discourse, dissertation.
verhard [vər'hɑrt] hardened²; metalled [road]; *fig* (case-)hardened, indurated, obdurate, hard-hearted.
verharden [-'hɑrdə(n)] I *vt* harden², indurate²; *een weg* ~ metal a road; II *vi* become hard [mortar &]; harden², indurate².
verhardheid [-hɑrtheit] *v* hardness, obduracy.
verharen [-'ha.rə(n)] *vi* lose (shed) one's hair; (v. dieren ook:) moult.
verhaspelen [-'hɑspələ(n)] *vt* spoil, botch; mangle [a word, a quotation].
verheerlijken [-'he:rləkə(n)] *vt* glorify.
verheerlijking [-kɪŋ] *v* glorification.
verheffen [vər'hɛfə(n)] I *vt* lift [one's head], raise [one's eyes], lift up [the soul], elevate [one's voice, eyes, the mind, a person above

the mass]; exalt, extol [a person]; *een getal tot de 2de macht* (*in het kwadraat*) ~ raise a number to the second power (square it); zie ook: *stem* &; II *vr zich* ~ rise (above *boven*); *zich* ~ *op* pride oneself on, glory in [*fig*].
verheffend [-fənt] elevating, uplifting.
verheffing [-fɪŋ] *v* raising; elevation, exaltation; ~ *in* (*tot*) *de adelstand* ennoblement, [in England] raising to the peerage; *met* ~ *van stem* raising his voice.
verheimelijken [vər'hɛiməlokə(n)] *vt* secrete [goods], zie verder: *verbergen* I.
verhelderen [-'hɛldərə(n)] I *vi* brighten² [of sky, face, eyes &]; clear up [of weather]; II *vt* clarify [liquids, a question]; brighten, light up , lighten [a person's face]; *fig* enlighten [the mind].
verheldering [-rɪŋ] *v* clearing, clarification; brightening; *fig* enlightenment.
verhelen [vər'he.lə(n)] *vt* conceal, hide, keep secret; *iets voor iemand* ~ conceal (hide, keep back) something from one; *hij verheelt 't niet* he makes no secret of it; *wij* ~ *het ons niet* we fully realize this; *wij kunnen ons niet* ~, *dat...* we cannot disguise from ourselves the fact that... (the difficulty & of...).
verheling [-lɪŋ] *v* concealment.
verhelpen [vər'hɛlpə(n)] *vt* remedy, redress, correct.
verhemelte [vər'he.məltə] *o* palate [of the mouth]; *het* ~ ook: the roof (of the mouth); *zacht* ~ soft palate, § velum.
verheugd [-'hø.xt] I *aj* glad, pleased; ~ *over* glad of, pleased at; II *ad* gladly.
verheugen [-'hø.gə(n)] I *vt* gladden, rejoice, delight; *dat verheugt mij* I am glad of that; *het verheugt ons te horen, dat...* we are glad to hear that...; II *vr zich* ~ rejoice, be glad; *zich* ~ *in* rejoice in; *zich in een goede gezondheid* ~ enjoy good health; *daar verheug ik mij* (*nu reeds*) *op* I am looking forward to it; *zich* ~ *over iets* rejoice at a thing, be rejoiced at it.
verheugend [-gənt] I *aj* welcome [sign, example, announcement &]; *het is* ~ *te weten, dat...* it is gratifying to know that...; II *ad* gratifyingly [high numbers].
verheugenis, verheuging [-gənıs, -gıŋ] *v* joy.
verheven [vər'he.və(n)] I *aj* 1 *fig* elevated, exalted, lofty, sublime; 2 (v. beeldwerk) raised, embossed, in relief; ~ *zijn boven* be above; II *ad* loftily, sublimely.
verhevenheid [-heit] *v* elevation², *fig* loftiness, sublimity; *een kleine* ~ a slight elevation (eminence, height).
verhevigen [vər'he.vəgə(n)] *vt* intensify.
verheviging [-gıŋ] *v* intensification.
verhinderen [vər'hındərə(n)] *vt* prevent, hinder; *dat zal mij niet* ~ *om te...* that will not prevent me from ...ing; *dat zal hem misschien* ~ *te schrijven* this may prevent him from writing; *hij zal verhinderd zijn* he will have been prevented (from coming); *iemand* ~ *in de uitoefening van zijn beroep* obstruct one in the execution of his duty.
verhindering [-rɪŋ] *v* 1 ('t verhinderen) prevention; 2 (beletsel) hindrance, obstacle, impediment; *ik kreeg* ~ *om te komen* I was prevented from coming; *bij* ~ in case of prevention.
verhitten [-'hıtə(n)] I *vt* heat² [iron, the blood]; *fig* heat, fire [the imagination]; II *vr zich* ~ (over)heat oneself.
verhitting [-tɪŋ] *v* heating².
verhoeden [vər'hu.də(n)] I *vt* prevent, avert; *dat verhoede God!* God forbid!, ☉ God forfend!
verhogen [vər'ho.gə(n)] I *vt* 1 heighten² [a wall &, the illusion]; raise² [a platform, a man, prices, salary &]; ♪ raise [a tone]; *fig* ad-

vance, put up [the charges]; enhance [their prestige]; increase, add to [the beauty of...]; 2 (bevorderen) promote [in rank]; ☞ move up to a higher form; *hij werd niet verhoogd ook:* he missed his remove; ∼ *met* raise (increase) by; II *vr zich* ∼ exalt oneself.

verhoging [-ɣɪŋ] *v eig* 1 dais, (raised) platform; 2 elevation, eminence, height [of ground]; *fig* 1 rise, increase, advance [of salary, of prices]; 2 heightening², raising², enhancement; promotion [in rank]; ☞ remove [of pupils]; *jaarlijkse* ∼ 1 annual increment [of salary]; 2 ☞ yearly promotion; *hij heeft wat* ∼ he has a rise of temperature.

verholen [vər'ho.lə(n)] concealed, hidden, secret.

verhollandsen [vər'hɔlɑntsə(n)] I *vt* 1 Dutchify, make Dutch; 2 turn into Dutch; II *vi* become Dutch.

verhonderdvoudigen [-hòndərt'fɑudəɣə(n)] *vt* increase a hundredfold, centuple.

verhongeren [-'hòŋərə(n)] *vi* be starved to death, starve (to death), die of hunger; *doen (laten)* ∼ starve (to death).

verhongering [-rɪŋ] *v* starvation.

verhoor [vər'ho:r] *o* hearing, examination [before the magistrate], interrogatory; *wie zal het* ∼ *afnemen?* who is going to examine?; *een* ∼ *ondergaan* be under examination; *in* ∼ *nemen* hear, interrogate; *in* ∼ *zijn* be under examination.

verhoren [-'ho:rə(n)] *vt* hear [a prayer]; hear [a lesson]; hear, examine [a witness].

verhouden [vər'hɑudə(n)] in: *zij* ∼ *zich als... en...* they are in the proportion of... to...; *2 verhoudt zich tot 4 als 3 tot 6* 2 is to 4 as 3 is to 6.

verhouding [-dɪŋ] *v* 1 (tussen getallen) proportion; ratio; 2 (tussen personen) relation(s); relationship [of master and servant, with God]; 3 (minnarij) (love-)affair; *een gespannen* ∼ strained relations; *buiten* ∼ *tot...* out of proportion to...; *in* ∼ *tot* in proportion to; *in geen* ∼ *staan tot...* be out of (all) proportion to...; *naar* ∼ proportionally, proportionately; comparatively, relatively; *naar* ∼ *van hun...* in proportion to **verhoudingsgetal** [-dɪŋsɣətɑl] *o* ratio. [their...

verhovaardigen [vərho.'vɑ:rdəɣə(n)] *zich* ∼ *(op)* pride oneself (on), be proud (of).

verhovaardiging [-ɣɪŋ] *v* pride.

verhuisboel [vər'hœysbu.l] *m* furniture in course of removal.

verhuisdag [-dɑx] *m* moving-day.

verhuisdrukte [-drŭktə] *v* worry and trouble of (re)moving.

verhuiskosten [-kɔstə(n)] *mv* expenses of (re)-moving.

verhuiswagen [-va.ɣə(n)] *m* furniture van, pantechnicon (van).

verhuizen [vər'hœyzə(n)] I *vi* remove, move (into another house), move house; II *vt* remove.

verhuizer [-zər] *m* (furniture) remover, removal contractor.

verhuizing [-zɪŋ] *v* removal, move.

verhuren [vər'hy:rə(n)] I *vt* let [apartments]; let out (on hire) [things]; hire (out) [motorcars, bicycles]; II *vr zich* ∼ go into service.

verhuring [-rɪŋ] *v* letting (out), hiring (out).

verhuur [vər'hy:r] *m* [car, dress] hire; zie verder: *verhuring.*

verhuurder [-dər] *m* letter, lessor, landlord; hirer out [of bicycles].

verhuurkantoor [vər'hy:rkɑnto:r] *o* employment agency, (servants') registry office.

verhypothekeren [-hi.po.te.'ke:rə(n)] *vt* mortgage.

verificateur [ve:ri.fi.ka.'tø:r] *m* verifier.

verificatie [-'ka.(t)si.] *v* verification.

verifiëren [ve:ri.fi.'e:rə(n)] *vt* verify, check [figures, a reference &], audit [accounts].

verijdelen [vər'ɛidələ(n)] *vt* frustrate, foil, baffle, baulk, defeat [attempts &]; upset [a scheme]; *dat verijdelde hun verwachtingen* that confounded their hopes.

verijdeling [-lɪŋ] *v* frustration.

vering ['ve:rɪŋ] *v* 1 (het veren) spring action; 2 (de veren) springs.

verjaard [vər'ja:rt] superannuated, statute-barred [debts]; prescriptive [rights].

verjaardag [-'ja:rdɑx] *m* anniversary [of a victory, marriage &]; birthday [of a person].

verjaar(s)feest [vər'ja:r(s)fe.st] *o* birthday feast.

verjaar(s)partij [-partɛi] *v* birthday party.

verjagen [vər'ja.ɣə(n)] *vt* drive (chase, frighten, shoo) away [birds &]; expel [a person]; drive out [the enemy]; dispel [fear].

verjaging [-ɣɪŋ] *v* chasing away, expulsion.

verjaren [vər'ja:rə(n)] *vi* 1 celebrate one's birthday; 2 become superannuated, become statute-barred; *ik verjaar vandaag* it is my birthday to-day.

verjaring [-rɪŋ] *v* 1 *r̃* superannuation; 2 zie *verjaardag.*

verjaringsrecht [-rɪŋsrɛxt] *o* *r̃* statute of limitations.

verjaringstermijn [-tɛrmɛin] *m* *r̃* term of limitation.

verjongen [vər'jòŋə(n)] I *vi* grow young again, rejuvenate; II *vt* make young again, rejuvenate.

verjonging [-ŋɪŋ] *v* rejuvenescense, rejuvenation.

verjongingskuur [-ŋɪŋsky:r] *v* rejuvenation cure.

verkalken [vər'kɑlkə(n)] *vi* & *vt* calcine, calcify.

verkalking [-kɪŋ] *v* calcination, calcification; ∼ *van de bloedvaten* arteriosclerosis.

verkapt [-'kɑpt] disguised; veiled [threat].

verkavelen [-'ka.vələ(n)] *vt* lot (out), parcel out.

verkaveling [-lɪŋ] *v* lotting (out), parcelling out.

verkeer [vər'ke:r] *o* 1 traffic; 2 (omgang) intercourse; *gezellig (huiselijk)* ∼ social (family) intercourse; *veilig* ∼ road safety.

verkeerd [-'ke:rt] I *aj* wrong, bad; *de* ∼*e kant* the wrong side; zie ook: *been, kantoor, wereld* &; II *m* in: *de* ∼*e voorhebben* mistake one's man; *dan heb je de* ∼*e voor, mannetje!* then you have come to the wrong shop!; III *ad* wrong(ly), ill, amiss; *zijn kousen* ∼ *aantrekken* put on one's stockings the wrong way; *iets* ∼ *uitleggen* misinterpret it; *iets* ∼ *verstaan* misunderstand it.

verkeerdheid [-'ke:rtheit] *v* perversity; *verkeerdheden* faults.

verkeersader [-'ke:rsa.dər] *v* (traffic) artery.

verkeersagent [-a.ɣɛnt] *m* policeman on point-duty, pointsman, traffic policeman, F traffic cop.

verkeersbord [-bɔrt] *o* road sign.

verkeersheuvel [-hø.vəl] *m* island, refuge.

verkeerslicht [-lɪxt] *o* traffic light.

verkeersongeval [-òŋɡɔvɑl] *o* road accident.

verkeersopstopping [-òpstɔpɪŋ] *v* traffic congestion, traffic jam, traffic block.

verkeersovertreding [-o.vərtre.dɪŋ] *v* road offence.

verkeersregeling [-re.ɣəlɪŋ] *v* traffic regulation.

verkeerstoren [-to:rə(n)] *m* ✈ control tower.

verkeersveiligheid [-feiləxhɛit] *v* road safety.

verkeersvliegtuig [-fli.xtœyx] *o* ✈ air liner.

verkeersvoorschriften [-fo:rs(x)rɪftə(n)] *mv*

traffic regulations.
verkeersweg [-vɛx] *m* thoroughfare; (handelsweg) trade route.
verkeerswezen [-ʋe.zə(n)] *o* traffic; *minister van het* ~ minister of transport.
verkeerszuil [-zœyl] *v* guard-post.
verkennen [vər'kɛnə(n)] *vt* ✕ reconnoitre, scout.
verkenner [-nər] *m* 1 ✕ scout; 2 ✵ zie *verkenningsvliegtuig*.
verkenning [-nɪŋ] *v* ✕ reconnoitring, scouting; *een* ~ a reconnaissance; *op* ~ *uitgaan* make a reconnaissance.
verkenningspatrouille [vər'kɛnɪŋspa.tru.(l)jə] *v* ✕ reconnoitring patrol.
verkenningstocht [-tɔxt] *m* ✕ reconnoitring expedition.
verkenningsvliegtuig [-f'li.xtœyx] *o* ✕ scouting-plane, scout.
verkenningsvlucht [-flʏxt] *v* ✕ reconnaissance flight.
verkeren [vər'ke.rə(n)] *vi* ✎ (veranderen) change; *het kan* ~ (zei Breeroo) things may change; *aan het hof* ~ move in court-circles; *vreugd kan in droefheid* ~ joy may turn to sadness; *in twijfel* ~ be in doubt; ~ *met iemand* associate with (have intercourse with) a person; *hij verkeert met ons dienstmeisje* he keeps company with our servant.
verkering [-rɪŋ] *v* courtship; *hij heeft* ~ *met ons dienstmeisje* he keeps company with our servant; *zij heeft* ~ she is walking out with a fellow; *zij hebben* ~ they are walking out; *vaste* ~ *hebben* go steady.
verkerven [vər'kɛrvə(n)] *vt in: het bij iemand* ~ incur a person's displeasure.
verketteren [-'kɛtərə(n)] *vt* charge with heresy; *fig* decry, denounce.
verkiesbaar [-'ki.sba:r] eligible; *zich* ~ *stellen* accept to stand for an election (an office &).
verkiesbaarheid [-hɛit] *v* eligibility.
verkies(e)lijk [vər'ki.sələk] preferable (to *boven*).
verkiezen [-'ki.zə(n)] *vt* 1 choose; elect; return [a member of Parliament]; 2 (de voorkeur geven) prefer; *wij* ~ *naar de schouwburg te gaan* I we choose to go to the theatre; 2 we prefer to go to the theatre; *hij verkoos niet te spreken* he did not choose to speak; *ik verkies niet dat je... you must not...; verkiest u nog iets anders?* 1 $ anything else (in our line)?; 2 will you have any more?; *zoals u verkiest* just as you like, please yourself; ~ *tot boven* prefer to; *iemand* ~ *tot president* choose him for a president, elect him president.
verkiezing [-zɪŋ] *v* 1 (keus) choice; 2 (politiek) election; *een* ~ *uitschrijven* issue writs for an election; *bij* ~ for choice; for (by, in) preference; *naar* ~ at choice, at pleasure, at will; *u kunt naar* ~ *òf..., of* the choice lies with you whether... or...; *meen je dat naar eigen* ~ *te kunnen doen?* at your own sweet will?; *handel naar eigen* ~ use your own discretion; please yourself; *uit eigen* ~ of one's own free will.
verkiezingscampagne [-kɑmpaɲə] *v* electioneering campaign, election campaign.
verkiezingsdag [-dax] *m* election day, polling-day.
verkiezingsleus [-lø.s] *v* election cry, slogan.
verkiezingsprogram [-pro.grɑm] *o* election programme.
verkiezingsrede [-re.də] *v* election speech.
verkijken [vər'kɛikə(n)] I *vt in: hij heeft zijn kans verkeken* he has lost his chance; II *vr zich* ~ be mistaken.
verkikkerd [-'kikərt] *in:* ~ *op iets* keen on something; ~ *op een meisje* F gone on a girl.
verklaarbaar [-'kla:rba:r] explicable, explain-

able; *om verklaarbare redenen* for obvious reasons.
verklaard [-'kla:rt] declared, avowed [enemy].
verklappen [-'klɑpə(n)] I *vt* blab; *de boel* ~ give the game (the show) away: *iemand* ~ peach upon a person; II *vr zich* ~ let one's tongue run away with one, give oneself away.
verklapper [-pər] *m* telltale.
verklaren [vər'kla:rə(n)] I *vt* 1 explain, elucidate, interpret [a text]; 2 (zeggen) declare [that..., one to be a...], (officieel) certify; ♂ depose, testify [that...]; 3 (aanzeggen) declare [war]; *hoe kunt u het gebruik van dit woord hier* ~? can you account for the use of this word?; *het onder ede* ~ declare it upon oath; II *vr zich* ~ declare oneself: *verklaar u nader !* explain yourself; *zich* ~ *tegen (vóór)...* declare against (in favour of)...
verklarend [-rənt] explanatory [notes].
verklaring [-rɪŋ] *v* 1 explanation; 2 declaration, statement; [doctor's] certificate; ♂ deposition, evidence. *beëdigde* ~ sworn statement; (schriftelijk) affidavit.
verkleden [vər'kle.də(n)] I *vt* (vermommen) disguise; *een kind* ~ (= anders kleden) change a child's clothes; II *vr zich* ~ 1 change (one's clothes, [of woman] one's dress); 2 dress up, disguise oneself.
verkleding [-dɪŋ] *v* 1 change of clothes; 2 (vermomming) disguise. [*aan*.]
verkleinbaar [vər'klɛinba:r] reducible.
verkleinen [vər'klɛinə(n)] *vt* make smaller, reduce [a design &], diminish [weight, pressure]; lessen [the number, the value &]; minimize [an incident]; belittle, disparage [merits]; *een breuk* ~ reduce a fraction.
verkleining [-nɪŋ] *v* reduction, diminution; disparagement, belittlement [of merits &]; reduction [of fractions].
verkleinwoord [vər'klɛinvo:rt] *o* diminutive.
verkleumd [-'klø.mt] benumbed, numb.
verkleumen [vər'klø.mə(n)] *vi* grow numb, be benumbed (with cold).
verkleuren [-'klø:rə(n)] *vi* lose (its) colour, discolour, fade.
verklikken [-'klɪkə(n)] *vt* 1 (iets) tell, disclose; 2 (iemand) peach upon.
verklikker [-kər] *m* ~ster [-'klɪkstər] *v* 1 (persoon) teltale; 2 ✕ (instrument) teltale [of an air-pump], indicator; *stille* ~ police spy.
verkneukelen, **verkneuteren** [vər'knø.kələ(n), -'knø.tərə(n)] *in: zich* ~ chuckle, hug oneself (rub one's hands) with joy; *zich* ~ *in* revel in.
verkniezen [-'kni.zə(n)] *in: zich* ~ fret (mope) oneself to death.
verknippen [-'knɪpə(n)] *vt* 1 cut up; 2 spoil in cutting.
verknocht [-'knɔxt] attached, devoted (to *aan*).
verknochtheid [-hɛit] *v* attachment, devotion.
verknoeien [vər'knu.jə(n)] *vt* 1 spoil, bungle [some work]; 2 (slecht besteden) waste [food, paper &]; *de boel* ~ make a mess of it.
verkoelen [-'ku.lə(n)] I *vt* cool², refrigerate, chili; II *vi* cool².
verkoeling [-lɪŋ] *v* cooling²; *fig* chill [between two persons].
verkoken [vər'ko.kə(n)] *vi* boil away.
verkolen [-'ko.lə(n)] I *vt* carbonize, char; *een verkoold lijk* a charred body; II *vt* become carbonized, char [wood].
verkond(ig)en [vər'kɔnd(əg)ə(n)] *vt* proclaim [the name of the Lord]; preach [the Gospel]; enunciate [a theory].
verkondiger [vər'kɔndəgər] *m* proclaimer; preacher.
verkondiging [-gɪŋ] *v* proclamation; preaching [of the Gospel].
verkoop [ʋɛr'ko.p, vər'ko.p] *m* sale; *ten* ~ *aan-*

bieden offer for sale; ~ *bij afslag* Dutch auction; ~ *bij opbod* sale by auction, auction-sale.

verkoopafdeling ['verko.pafde.lıŋ] *v* sales department.

verkoopakte [-aktə] *v* deed of sale.

verkoopbaar [vər'ko.pba:r] sal(e)able, market-able, vendible.

verkoopbaarheid [-hɛit] *v* sal(e)ability, vendibility.

verkoopboek ['verko.pbu.k] *o* S sales-book.

verkoopdag [vər'ko.pdɑx] *m* day of sale.

verkoophuis [-hœys] *o* auction-room.

verkoopkunde ['verko.pkʏndə] *v* salesmanship.

verkoopleider [-lɛidər] *m* sales manager, sales executive.

verkooplokaal [vər'ko.plo.ka.l] *o* auction-room.

verkoopprijs ['verko.preis] *m* S selling price.

verkooprekening ['verko.pre.kənıŋ] *v* S account sales.

verkoopster [vər'ko.pstər] *v* saleswoman; *eerste (tweede)* ~ first (second) saleswoman.

verkopen [vər'ko.pə(n)] I *vt* sell [goods]; dispose of [a house, horses]; *grappen* ~ crack jokes; *leugens* ~ tell lies; *in het groot (klein)* ~ sell wholesale (by retail); *in het openbaar of onderhands* ~ sell by public auction or by private contract; II *vr zich* ~ sell oneself.

verkoper [-pər] *m* seller, vendor; S salesman [of a firm].

verkoping [-'ko.pıŋ] *v* sale, auction, public sale; *op de* ~ *doen* put up for auction.

♦ **verkoren** [-'ko.rə(n)] chosen, elect.

verkorten [vər'kɔrtə(n)] *v* shorten[2]; abridge[2] [a novel &]; abbreviate [a word]; *iemand in zijn rechten* ~ abridge a person of his rights.

verkorting [-tıŋ] *v* shortening[2]; abridg(e)ment[2]; abbreviation.

verkouden [vər'kɑu(d)ə(n)] having a cold, with a cold; *je zult* ~ *worden* you'll catch cold; *als... dan ben je* ~ F you are in for it.

verkoudheid [-'kɑuthɛit] *v* cold (in the head); *een* ~ *opdoen* (F *oplopen*) catch (a) cold; *ik kan niet van mijn* ~ *afkomen* I cannot get rid of my cold.

verkrachten [-'krɑxtə(n)] *vt* violate [a law].

verkrachting [-tıŋ] *v* violation (of the law).

verkreuk(el)en [vər'krø.k(ə)lə(n)] *vt* rumple, crumple (up).

verkrijgbaar [-'krɛixba:r] obtainable, available, to be had; *niet meer* ~ sold out, out of stock, no longer to be had.

verkrijgen [-'krɛixə(n)] *v* obtain, acquire, gain, get; *hij kon het niet van zich* ~ he cold not find it in his heart.

verkrijging [-tıŋ] *v* obtaining, acquisition.

verkroopen [vər'kro.pə(n)] *vt* swallow[2] [one's anger]; *hij kan het niet* ~ it sticks in his throat; *verkropte gramschap* pent-up anger.

verkruimelen [-'krœymələ(n)] *vt* & *vi* crumble.

verkwanselen [-'kvɑnsələ(n)] *vt* barter (bargain) away; fritter away [one's time, money].

verkwijnen [-'kvɛinə(n)] *vi* pine away, languish.

verkwikkelijk [-'kvıkələk] refreshing; comforting.

verkwikken [-'kvıkə(n)] *vt* refresh; comfort.

verkwikking [-kıŋ] *v* refreshment; comfort.

verkwisten [vər'kvıstə(n)] *vt* waste, dissipate, squander; *...~ aan* waste... on.

verkwistend [-tənt] wasteful, extravagant, prodigal; ~ *met* lavish of.

verkwister [-tər] *m* spendthrift, prodigal.

verkwisting [-tıŋ] *v* waste, wastefulness, dissipation, prodigality.

verladen [-'la.də(n)] *vt* ⚓ ship.

verlading [-dıŋ] *v* ⚓ shipment.

verlagen [vər'la.ɣə(n)] I *vt* lower[2]; reduce

[prices]; cut [prices, wages]; ♪ flatten [a note]; ↷ put [a boy] in a lower form; *fig* debase, degrade; ~ *met* reduce (cut, lower) by; II *vr zich* ~ lower (degrade, debase) one-self; *ik wil me tot zo iets niet* ~ I refuse to stoop to such a thing.

verlaging [-ɣıŋ] *v* lowering[2]; reduction [of prices]; cut [in wages]; *fig* debasement, degradation.

verlak [vər'lɑk] *o* lacquer, varnish.

verlakken [-'lɑkə(n)] *vt eig* lacquer, varnish, japan; *iemand* ~ S bamboozle a person.

verlakker [-kər] *m* S bamboozler.

verlakkerij [vərlɑkə'rɛi] *v* S bamboozlement, spoof; *'t was maar* ~ it was all a do, all gammon.

verlakt [vər'lɑkt] lacquered, japanned [boxes]; patent-leather [shoes].

verlamd [-'lɑmt] paralyzed[2], palsied; *een* ~*e* a paralytic.

verlammen [-'lɑmə(n)] I *vt* paralyze[2]; *fig* cripple; II *vi* become paralyzed[2].

verlamming [-mıŋ] *v* paralysis[2], palsy.

verlangen [vər'lɑŋə(n)] I *vt* desire. want; *ik verlang dat niet te horen* I don't want to hear it; *ik verlang (niet), dat je..* I (do not) want you to...; *verlangt u, dat ik...?* do you want (wish) me to...?; *ik verlang niets liever* I'd ask nothing better, I shall be delighted (to...); *dat is alles wat men* ~ *kan* it is all that can be desired; *wat zou men meer kunnen* ~? what more could one ask for?; *verlangt u nog iets?* S anything else (in our line)?; *verlangd salaris* salary required; II *vi* long, be longing; ~ *naar* long for [his arrival]; *er naar* ~ *om...* long to..., be anxious to...; *wij* ~ *er niet naar om...* ook: we have no desire to...; III *o* desire: longing; *zijn* ~ *naar* his longing for; *op* ~ [to be shown] on demand; *op* ~ *van...* at (by) the desire of...; *op speciaal* ~ *van...* at the special desire of...

verlangend [-nənt] longing (for *naar*); ~ *naar* desirous of, eager for; ~ *om...* desirous of ...ing, eager (anxious) to...

verlanglijst [vər'lɑŋlɛist] *v* list of the presents one would like to get [at Christmas &]; *u moet maar eens een* ~ *opmaken* draw up a list of the things you would like to have.

verlangzamen [-'lɑŋza.ma(n)] *vt* slow down.

verlanterfanten [-'lɑntərfɑntə(n)] *vt* idle away.

1 **verlaten** [-'la.tə(n)] I *vt* leave, quit, abandon, forsake, desert; *de dienst* ~ quit the service; *iemand* ~ I (bij bezoek) leave a person; 2 (in de steek laten) abandon (desert) a person; *zijn post* ~ desert one's post; *de stad* ~ leave the town; *de wereld* ~ 1 give up the world; 2 depart this life; II *vr zich* ~ *op* trust to [Providence], rely (depend) upon; *dan kunt u zich op* ~ depend upon it, you may rely upon it.

2 **verlaten** [-'la.tə(n)] in: *ik heb mij verlaat* I am late.

3 **verlaten** [-'la.tə(n)] *aj* 1 (niet bewoond) abandoned, deserted [islands, villages &]; 2 (afgelegen) lonely.

verlatenheid [-hɛit] *v* abandonment, desertion, forlornness, loneliness.

verlating [vər'la.tıŋ] *v* 1 abandonment, desertion || 2 retardation, delay.

verleden [-'le.də(n)] I *aj* past, last; ~ *tijd gram* past tense; ~ *vrijdag* last Friday; II *ad* the other day, lately, recently; III *o* past; *zijn* ~ his past, his record, his antecedents; *dat behoort tot het* ~ that's a thing of the past.

verlegen [-'le.ɣə(n)] I *aj* 1 (bedorven) shop-worn, shop-soiled [articles]; stale [wine]; 2 (beschroomd) shy, timid, bashful; self-conscious [through inability to forget one-self]; 3 (beschaamd) confused, embarrassed, perplexed; *u maakt me ~* you make me blush; *dat maakte hem ~* that put him out of countenance, embarrassed him; *~ met iets zijn* not know what to do with it; *hij was met zijn persoon ~* he was self-conscious, embarrassed; *~ zijn om* stand in need of [it], want [it] badly; be at a loss for [a reply]; *om geld ~ zijn* ook: be hard up; **II** *ad* shyly &.

verlegenheid [-hɛit] *v* 1 shyness, timidity, bashfulness; self-consciousness [in speech &]; 2 confusion, embarrassment, perplexity; *in ~ brengen* 1 embarrass; 2 get into trouble; *in ~ geraken* get into difficulties; *uit de ~ redden* help out of a difficulty.

verleggen [vər'lɛgə(n)] *vt* remove, shift, lay otherwise [things]; divert [a road, a river].

verlegging [-gɪŋ] *v* removal; shifting [of things]; diversion [of a road, a river].

verleidelijk [vər'lɛidələk] I *aj* alluring, tempting, seductive; **II** *ad* alluringly &.

verleidelijkheid [-hɛit] *v* allurement, seductiveness.

verleiden [vər'lɛidə(n)] *vt* 1 (tot het slechte) seduce [inexperienced youths, girls]; 2 (tot iets lokken) allure, tempt; *kan het mooie weer u niet ~?* can't the fine weather tempt you?; *hij liet zich door zijn... ~ tot een daad van...* by his... he was betrayed into an act of...; *tot zonde ~* tempt (entice) to sin.

verleider [-dər] *m* seducer; tempter.

verleiding [-dɪŋ] *v* seduction; temptation; *de ~ weerstaan om...* resist the temptation to...; *in de ~ komen om...* be tempted to...

verleidster [vər'lɛitstər] *v* seductress; temptress.

verlekkerd [-'lɛkərt] *bn*: *~ op* keen on.

verlenen [vər-'le.nə(n)] *vt* grant [a pension, credit &]; give [permission, support, help]; confer [an order, full powers &] upon [him]; *hulp ~* render (lend, give) assistance.

verlengen [vər'lɛŋə(n)] *vt* make longer, lengthen, prolong [in space, in time]; produce [a line: in geometry]; renew [bills, passports, a subscription]; extend [a contract, ticket &]; *de pas ~* step out.

verlenging [-'lɛŋɪŋ] *v* lengthening, prolongation; production [of a line: in geometry]; renewal [of a bill, a passport, a subscription]; extension [of leave].

verlengsnoer [vər'lɛŋsnu:r] *o* ⚡ extension cord.

verlengstuk [-stuk] *o* lengthening-piece; extension².

verlening [vər'le.nɪŋ] *v* granting; conferment.

verleppen [-'lɛpə(n)] *vi* wither, fade; *een verlepte schoonheid* a faded beauty.

verleren [-'le.rə(n)] *vt* unlearn.

verlet [-'lɛt] *o* 1 delay; 2 loss of time; *zonder ~* without delay.

verleuteren [-'lø.tərə(n)] *vt* trifle (idle, fritter) away.

verlevendigen [-'le.vəndəgə(n)] *vt* revive [trade], quicken, enliven [the conversation].

verlevendiging [-gɪŋ] *v* revival [of trade], quickening, enlivening [of a conversation].

verlicht [vər'lɪxt] 1 (minder donker) lighted (up), illuminated; *fig* enlightened; 2 (minder zwaar) lightened; *fig* relieved; *zich ~ voelen* feel relieved; *onze ~e eeuw* our enlightened age; *met een ~ gevoel* with a sense of relief.

verlichten [-'lɪxtə(n)] *vt eig* 1 light, light up, illuminate [a building]; 2 (minder zwaar maken) lighten [a ship]; *fig* 1 enlighten [the mind]; 2 lighten [a burden]; relieve, ease, alleviate [pain]; *zie* ook: *verlicht*.

verlichting [-tɪŋ] *v eig* 1 lighting, illumination [of a town]; 2 lightening; *fig* 1 enlightenment [of the mind]; 2 alleviation [of pain]; relief [of pain, from anxiety].

verliederlijken [vər'li.dərləkə(n)] *vi* become a debauchee, go to the bad.

verliefd [-'li.ft] enamoured, in love; amorous [look]; *~ op* in love with; *~ worden op* fall in love with; *een ~ paar* a couple of lovers.

verliefdheid [-hɛit] *v* (state of) being in love, amorousness; *dwaze ~* infatuation.

verlies [vər'li.s] *o* loss; bereavement; *ons ~ op de tarwe* our loss(es) on the wheat; *het was een groot ~* it was a great loss; *hun groot ~ door zijn dood* their sad bereavement; *iemand een ~ berokkenen* inflict a loss upon a person; *een ~ goedmaken* make good (make up for, recoup) a loss; *met ~ verkopen (werken)* sell (work) at a loss; *niet tegen zijn ~ kunnen* be a bad loser.

verlieslijst [-lɛist] *v* ⚡ casualty list, list of casualties.

verliezen [vər'li.zə(n)] I *vt* lose [a thing, a battle, one's life &]; *u zult er (niet) bij ~* you will (not) lose by it, you will (not) be a loser by it (by the bargain); *zie* ook: *verloren*; **II** *vr* *zich ~* lose oneself (itself).

verliezer [-zər] *m* loser.

verlof [vər'lɔf] *o* 1 (vergunning) leave, permission; 2 (vakantie) leave (of absence); ⚡ ook: furlough; 3 (tapvergunning) licence for the sale of beer; *groot ~* ⚡ long furlough; *klein ~* ⚡ short leave; *onbepaald ~* ⚡ unlimited furlough; *~ aanvragen* apply for leave; *~ geven* grant leave; *~ geven om...* give (grant) permission to...; *alle ~ intrekken* ⚡ cancel all leave; *~ nemen* go on leave; *met ~* on leave; *met ~ gaan* go on leave; *met ~ zijn* be on leave; *met uw ~* excuse me; *zonder ~* without permission.

verlofganger [-gaŋər] *m* ⚡ soldier on leave; 2 person (official) on leave.

verlofpas [-pas] *m* leave pass.

verlofsaanvrage [vər'lɔfsa.nvra.gə] *v* application for leave.

verloftijd [vər'lɔftɛit] *m* (time of) leave.

verlokkelijk [-'lɔkələk] alluring, tempting, seductive.

verlokken [vər'lɔkə(n)] *vt* allure, tempt, entice, seduce; *zij heeft mij er toe verlokt* ook: she wiled me into doing it.

verlokking [-kɪŋ] *v* temptation, allurement, enticement.

verloochenaar [vər'lo.gəna:r] *m* denier.

verloochenen [-na(n)] I *vt* deny [God], disown [a friend, an opinion], disavow [an action], repudiate [an opinion, a promise], renounce [one's faith, the world], belie [one's words]; **II** *vr* *zich ~* 1 belie one's nature; 2 deny oneself, practise self-denial; *zijn... verloochende zich niet* his... did not belie itself.

verloochening [-nɪŋ] *v* denial, repudiation, disavowal, renunciation.

verloofd [vər'lo.ft] engaged (to *met*), engaged to be married.

verloofde [-'lo.vdə] *m-v* fiancé(e), betrothed, affianced; *de ~n* the engaged couple.

verloop [-'lo.p] *o* 1 course, progress [of an illness]; course, lapse, expiration [of time]; 2 (achteruitgang) decline; wastage [among married women in industry]; 3 (wisseling van personeel) turnover; *het moet zijn ~ hebben* it must take its normal course; *het gewone ~ hebben* take the accustomed course; *een noodlottig ~ hebben* end fatally; *de vergadering had een rustig ~* the meeting passed off quietly; *de besprekingen hebben een vlot ~* the conversations are proceeding smoothly; *een gunstig ~ nemen* take a favourable turn; *na ~ van drie dagen* after a lapse of three days; *na ~ van tijd* in course (in process) of time.

1 **verlopen** [-'lo.pə(n)] *vi* 1 ♂♀ run into the

pocket; 2 (v. tijd) pass, pass away, elapse, go by; 3 (v. biljet, paspoort &) expire; 4 (v. zaak) go down, run to seed; *het getij verliep* the tide was ebbing; *de staking verliep* the strike collapsed; *de demonstratie verliep zonder incidenten* the demonstration passed off without incident; zie ook: *verloop*.

2 **verlopen** [-'lo.pǝ(n)] *aj* seedy-looking, seedy [man].

verloren [-'lo:rǝ(n)] lost; *een ~ man* a lost man, a dead man; *~ moeite* labour lost; *het V~ Paradijs van Milton* Milton's Paradise Lost; *~ ogenblikken* spare moments, odd moments; *de ~ zoon* the prodigal son; *~ gaan (raken)* be (get) lost; *er zou niet veel aan ~ zijn* it would not be much (of a) loss.

verloskunde [-'lɔskŭndǝ] *v* obstetrics, midwifery.

verloskundig [-lɔs'kŭndǝx] obstetric(al).

verloskundige [-dǝgǝ] *m-v* obstetrician; *v* (vroedvrouw) midwife.

verlossen [-'lɔsǝ(n)] *vt* deliver, rescue, release [a prisoner], free [from...]; (v. Christus) redeem [mankind].

verlosser [-sǝr] *m* liberator, deliverer; *de Verlosser* the Redeemer.

verlossing [-sɪŋ] *v* deliverance, rescue; redemption [of mankind].

verloten [vǝr'lo.tǝ(n)] *vt* dispose of [a thing] by lottery, raffle.

verloting [-tɪŋ] *v* raffle, lottery.

verloven [vǝr'lo.vǝ(n)] *zich ~* become engaged.

verloving [-vɪŋ] *v* betrothal, engagement (to *met*).

verlovingsfeest [-vɪŋsfe.st] *o* engagement party.

verlovingskaart [-ka:rt] *v* engagement card.

verlovingsring [-rɪŋ] *m* engagement ring.

verluchten [vǝr'lŭxtǝ(n)] *vt* illuminate [a manuscript].

verluchting [-tɪŋ] *v* illumination ‖ (opluchting) relief.

verluiden [vǝr'lœydǝ(n)] *vi* in: *naár verluidt* it is understood that...; *wat men hoort ~* what one hears; *niets laten ~* not breathe a word about it.

verluieren [-'lœyǝrǝ(n)] *vt* idle away.

verlummelen [-'lŭmǝlǝ(n)] *vt* laze away [one's time].

verlustigen [-'lŭstǝgǝ(n)] **I** *vt* divert; **II** *vr zich ~* disport oneself; *zich ~ in* take delight in, delight in, take (a) pleasure in.

vermaak [vǝr'ma.k] *o* pleasure, diversion, amusement; *~ scheppen in* take (a) pleasure in, find pleasure in, take delight in; *tot ~ van...* to the amusement of...; *tot groot ~ van...* much to the amusement of...

vermaan [-'ma.n] *o* admonition, warning.

vermaard [-'ma:rt] famous, renowned, celebrated, illustrious.

vermaardheid [-heit] *v* fame, renown, celebrity; *een van de vermaardheden van de stad* one of the celebrities of the town.

vermageren [vǝr'ma.gǝrǝ(n)] **I** *vi* grow lean (thin); **II** *vt* make lean (thin), emaciate.

vermagering [-rɪŋ] *v* emaciation; (slank maken) slimming.

vermageringskuur [-rɪŋsky:r] *v* reducing cure, slimming course.

vermakelijk [vǝr'ma.kǝlǝk] **I** *aj* amusing, entertaining; **II** *ad* amusingly.

vermakelijkheid [-heit] *v* amusingness; *publieke vermakelijkheden* public amusements.

vermakelijkheidsbelasting [-heitsbǝlɑstɪŋ] *v* amusement tax, entertainment tax.

vermaken [vǝr'ma.kǝ(n)] **I** *vt* 1 (veranderen) alter [a coat &]; 2 (amuseren) amuse, divert; 3 (nalaten) bequeath [it]; will away [money]; **II** *vr zich ~* enjoy (amuse) oneself;

zich ~ met... amuse oneself with something, amuse oneself (by) doing something.

vermaking [-kɪŋ] *v* ('t nalaten) bequest.

vermaledij(d)en [vǝrma.lǝ'dɛiǝ(n)] *vt* curse, damn.

vermalen [-'ma.lǝ(n)] *vt* grind [corn &]; crush [sugar-cane].

vermanen [-'ma.nǝ(n)] *vt* admonish, exhort, warn.

vermaning [-nɪŋ] *v* admonition, exhortation, warning, F talking-to.

vermannen [vǝr'mɑnǝ(n)] in: *zich ~* take heart, nerve oneself, pull oneself together.

vermeend [-'me.nt] fancied, pretended; supposed [culprit, thief], reputed [father].

vermeerderen [-'me:rdǝrǝ(n)] **I** *vt* increase, augment, enlarge; *(het getal) ~ met 10* add 10 (to the number); *het aantal inwoners is vermeerderd met...* has increased by...; *vermeerderde uitgave* enlarged edition; **II** *vi* grow, increase (by *met*); **III** *vr zich ~* 1 (v. dingen, getallen &) increase; 2 (v. mens en dier) multiply.

vermeerdering [-rɪŋ] *v* increase, augmentation.

vermeesteren [vǝr'me.stǝrǝ(n)] *vt* master [one's passions]; capture [a town], conquer [a province], seize [a fortress &].

vermeien [vǝr'mɛiǝ(n)] in: *zich ~* amuse oneself, disport oneself, enjoy oneself; *zich ~ in...* revel in...

vermelden [-'mɛldǝ(n)] *vt* mention, state; (boekstaven) record.

vermeldenswaard(ig) [vǝr'mɛldǝns'va:rt, -'va:rdǝx] worth mentioning, worthy of mention.

vermelding [-'mɛldɪŋ] *v* mention; *eervolle ~* 1 (op tentoonstelling) honourable mention; 2 ✗ being mentioned in dispatches; *met ~ van...* mentioning..., stating...

vermenen [-'me.nǝ(n)] *vt* be of opinion, opine.

vermengen [-'mɛŋǝ(n)] **I** *vt* mix, mingle [substances or groups]; blend [tea, coffee]; alloy [metals]; **II** *vr zich ~* mix, mingle, blend.

vermenging [-ŋɪŋ] *v* mixing, mixture, blending.

vermenigvuldigbaar [vǝrme.nǝx'fŭldǝxba:r] multipliable.

vermenigvuldigen [-dǝgǝ(n)] **I** *vt* multiply; *~ met...* multiply by...; **II** *vr zich ~* multiply.

vermenigvuldiger [-dǝgǝr] *m* multiplier.

vermenigvuldiging [-dǝgɪŋ] *v* multiplication; *~en maken* do sums in multiplication.

vermenigvuldigtal [-dɑxtɑl] *o* multiplicand.

vermetel [vǝr'me.tǝl] **I** *aj* audacious, bold, daring; **II** *ad* audaciously, boldly, daringly.

vermetelheid [-heit] *v* audacity, boldness, daring.

vermeten [vǝr'me.tǝ(n)] in: *zich ~* 1 (durven) dare, presume, make bold; 2 (verkeerd meten) measure wrong.

vermicelli [vɛrmǝ'sɛli.] *m* vermicelli.

vermicellisoep [-su.p] *v* vermicelli soup.

vermijdbaar [vǝr'mɛitba:r] avoidable.

vermijden [-'mɛidǝ(n)] *vt* avoid; (schuwen) shun.

vermijding [-dɪŋ] *v* avoidance, avoiding.

vermiljoen [vɛrmɪl'ju.n] *o* vermilion, cinnabar.

verminderen [vǝr'mɪndǝrǝ(n)] **I** *vi* lessen, diminish, decrease [of strength &]; abate [of pain &]; fall off [of numbers]; **II** *vt* lessen, diminish, decrease, reduce; *verminder a met b* from *a* take *b*; *ik zal zijn verdienste niet ~* I am not going to detract from his merit.

vermindering [-rɪŋ] *v* diminution, decrease, falling-off [of the receipts &]; abatement [of pain &]; reduction [of price], cut [in wages].

verminken [vǝr'mɪŋkǝ(n)] *vt* maim, mutilate[2].

verminking [-kɪŋ] *v* mutilation[2].

verminkt [vǝr'mɪŋt] maimed, mutilated[2]; crippled, disabled [soldier]; *de in de oorlog ~en* ook: the war cripples.

vermissen [-'mɪsə(n)] *vt* miss; *hij wordt vermist* he is missing; *de vermisten* the (number of) missing.

vermits [-'mɪts] whereas, since.

vermoedelijk [-'mu.dələk] I *aj* presumable, probable; supposed [thief]; [heir] presumptive; II *ad* presumably, probably; ~ *wel* ook: most likely.

vermoeden [-'mu.də(n)] I *vt* suspect; suppose, presume, surmise, conjecture; guess; *je hebt...*, *vermoed ik* I suppose, I guess; *geen kwaad* ~*d* unsuspecting(ly); II *o* suspicion; surmise, supposition, presumption; ~*s hebben* have one's suspicions; ~*s hebben dat...* suspect that...; ~ *hebben op iemand* suspect a person; ~ *krijgen op iemand* begin to suspect a person; *het* ~ *wekken dat...* suggest that...; *kwade* ~*s wekken* arouse suspicion.

vermoeid [-'mu:it] tired, weary, fatigued; ~ *van* tired with.

vermoeidheid [-hɛit] *v* tiredness, weariness, fatigue.

vermoeien [vər'mu.jə(n)] I *vt* tire, weary, fatigue; II *vr zich* ~ tire oneself; get tired.

vermoeienis [-jənɪs] *v* weariness, fatigue, lassitude.

vermogen [vər'mo.ɣə(n)] I *vt* be able; *dat zal niets* ~ it will be to no purpose; *veel bij iemand* ~ have great influence with a person; *niets* ~ *tegen* be of no avail against; II *o* 1 (macht) power; 2 (geschiktheid) ability; 3 (fortuin) fortune, wealth, riches; 4 (werkvermogen) capacity; *zijn* ~*s* his (intellectual) faculties; *geen* ~ *hebben* have no fortune; *goede* ~*s hebben* be naturally gifted; *ik zal doen al wat in mijn* ~ *is* all in my power; *naar mijn beste* ~ to the best of my ability.

vermogend [-ɣənt] 1 (machtig) influential [friends]; 2 (rijk) wealthy, rich.

vermogensbelasting [-ɣənsbəlɑstɪŋ] *v* property tax.

vermolmen [vər'mɔlmə(n)] *vi* moulder.

vermommen [-'mɔmə(n)] I *vt* disguise; II *vr zich* ~ disguise oneself.

vermomming [-mɪŋ] *v* disguise.

vermoorden [vər'mo:rdə(n)] *vt* murder, kill.

vermoording [-dɪŋ] *v* murder(ing).

vermorsen [vər'mɔrsə(n)] *vt* waste, squander [money].

vermorzelen [-'mɔrzələ(n)] *vt* crush, pulverize.

vermout [vɑr'mu.t, 'vermu.t] *m* vermouth.

vermurwen [vər'mürvə(n)] *v* soften, mollify.

vernagelen [-'na.ɣələ(n)] *vt* ⅔ spike [a gun].

vernauwen [vər'nɔuə(n)] I *vt* narrow; II *vr zich* ~ narrow.

vernauwing [-ɪŋ] *v* 1 narrowing; 2 ⅔ stricture.

vernederen [vər'ne.dərə(n)] I *vt* humble, humiliate, mortify, abase; II *vr zich* ~ humble (humiliate) oneself; *zich in het stof* ~ humble oneself in the dust (to the dust); *zich voor zijn God* ~ humble oneself before one's Maker.

vernederend [-rənt] humiliating.

vernedering [-rɪŋ] *v* humiliation, mortification, abasement.

verneembaar [vər'ne.mba:r] to be heard.

vernemen [-'ne.mə(n)] I *vt* hear, understand, learn; II *vi* in: *naar wij* ~ we learn [that...].

vernielal [vər'ni.lɑl] *m* destroyer, smasher.

vernielen [-lə(n)] *vt* 1 wreck [a car, machinery]; 2 (verwoesten) destroy; *die jongen vernielt alles* that boy smashes everything.

vernielend [-lənt] destructive.

vernieler [-lər] *m* destroyer, smasher.

vernieling [-lɪŋ] *v* destruction.

vernielzucht [vər'ni.lzüxt] *v* love of destruction, destructiveness, vandalism.

vernielzuchtig [vərni.l'züxtəx] destructive.

vernietigen [vər'ni.təɣə(n)] *vt* 1 (stuk maken) destroy, annihilate, wreck; 2 (nietig verklaren) nullify, annul, quash, reverse [a verdict]; *het leger werd totaal vernietigd* the whole army was annihilated (wiped out).

vernietigend [-ɣənt] destructive [fire, acids]; *fig* smashing [victory], crushing [review], withering [phrases, look], slashing [criticism].

vernietiging [-ɣɪŋ] *v* destruction, annihilation [of matter, credit &]; ⅔ annulment, nullification, quashing [of a verdict].

vernieuwen [vər'ni.və(n)] *vt* renew, renovate.

vernieuwer [-vər] *m* renewer, renovator.

vernieuwing [-vɪŋ] *v* renewal, renovation.

vernikkelen [vər'nɪkələ(n)] *vt* (plate with) nickel, nickel-plate.

vernis [vər'nɪs] *o* & *m* varnish[2]; *fig* veneer.

vernissen [-'nɪsə(n)] *vt* varnish[2]; *fig* veneer.

vernisser [-'nɪsər] *m* varnisher.

vernuft [-'nüft] *o* 1 ingenuity, genius; 2 wit; *vals* ~ would-be wit.

vernuftig [-'nüftəx] I *aj* ingenious [heads]; witty [saying]; II *ad* ingeniously; wittily.

vernuftigheid [-hɛit] *v* ingenuity.

veronaangenamen [vərɔn'a.nɣənə.mə(n)] *vt* make unpleasant.

veronachtzamen [-'ɑxtsa.mə(n)] *vt* disregard [warning &], neglect [one's duty &]; slight [one's wife].

veronachtzaming [-mɪŋ] *v* neglect, negligence, disregard; *met* ~ *van...* neglecting.

veronderstellen [vərɔndər'stɛlə(n)] *vt* suppose; *veronderstel dat...* suppose, supposing (that)...

veronderstelling [-lɪŋ] *v* supposition; *in de* ~ *dat...* in (on) the supposition that...; *wij schrijven in de* ~ (*van de* ~ *uitgaand*) *dat...* we are writing on the assumption that...

veroogelijken [vər'ɔnɣəlɛikə(n)] *vt* wrong, do [a person] wrong.

verongelukken [vər'ɔnɣəlükə(n)] *vi* 1 (v. personen) meet with an accident; perish, come to grief; 2 (v. schepen &) be wrecked, be lost.

verontheiligen [vərɔnt'hɛiləɣə(n)] *vt* 1 desecrate [a tomb]; 2 profane [the name of God].

verontheiliging [-ɣɪŋ] *v* 1 desecration; 2 profanation.

verontreinigen [vərɔnt'rɛinəɣə(n)] *vt* defile, pollute.

verontreiniging [-ɣɪŋ] *v* defilement, pollution.

verontrusten [vərɔnt'rüstə(n)] I *vt* alarm, disturb, perturb; II *vr zich* ~ (*over*) be alarmed (at).

verontrustend [-tənt] alarming, disquieting, disturbing.

verontrusting [-tɪŋ] *v* alarm, perturbation, disturbance.

verontschuldigen [vərɔnt'sxüldəɣə(n)] I *vt* excuse; *dat is niet te* ~ that is inexcusable; II *vr zich* ~ apologize (to by; for *wegens*); excuse oneself [on the ground that...].

verontschuldiging [-ɣɪŋ] *v* excuse, apology; *zijn* ~*en aanbieden* apologize; *vermoeidheid als* ~ *aanvoeren* plead fatigue; *ter* ~ by way of excuse [he said that...]; *ter* ~ *van zijn...* in excuse of his... [bad temper &].

verontwaardigd [vərɔnt'va:rdəxt] indignant; ~ *over* indignant at [something]; indignant with [a person].

verontwaardigen [-dəɣə(n)] I *vt* make indignant; *het verontwaardigde hem* it roused his indignation; II *vr zich* ~ be (become) indignant, be filled with indignation.

verontwaardiging [-dəɣɪŋ] *v* indignation.

veroordeelde [vər'o:rde.ldə] *m-v* condemned man (woman), convicted person.

veroordelen [-de.lə(n)] *vt* 1 ⅔⅔ give judgment against, condemn, sentence, convict; 2 (in 't alg.) condemn; 3 (afkeuren) condemn;

iemand in de kosten ∼ order one to pay costs; *ter dood* ∼ condemn to death; *de ter dood veroordeelden* those under sentence of death; *tot 3 maanden gevangenisstraf* ∼ sentence to three months(' imprisonment); ∼ *wegens* convict of (drunkenness &].

veroordeling [-lɪŋ] *v* I condemnation°; 2 *r's* conviction (for *wegens*).

veroorloofd [vər'o:rlo.ft] allowed, allowable; permitted.

veroorloven [-lo.və(n)] I *vt* permit, allow, give leave; II *vr zich* ∼ *om...* take the liberty to..., make bold to...; *zij* ∼ *zich heel wat* they take great liberties; *zij kunnen zich dat* ∼ they can afford it.

veroorloving [-lo.vɪŋ] *v* leave, permission.

veroorzaken [-za.kə(n)] *vt* cause, occasion, bring about.

veroorzaker [-za.kər] *m* cause, author.

verootmoedigen [vəro.t'mu.dəgə(n)] *vt* humble, humiliate.

verootmoediging [-gɪŋ] *vt* humiliation.

verorberen [vər'ɔrbərə(n)] *vt* F dispose of.

verordenen [-'ɔrdənə(n)] *vt* order, ordain, decree.

verordening [-nɪŋ] *v* regulation; (gemeente lijke) by-law; *volgens* ∼ by order.

verordineren [vərɔrdi.'ne:rə(n)] *vt* order, ordain, prescribe.

verouderd [vər'oudərt] out of date, antiquated, archaic, obsolete [word]; inveterate [diseases, habits].

verouderen [-'oudərə(n)] I *vi* I (v. personen) grow old, age; 2 (v. woorden &) become obsolete; II *vt* make older, age; *hij is erg verouderd* he has aged very much.

veroveraar [vər'o.vəra:r] *m* conqueror.

veroveren [-rə(n)] *vt* conquer, capture², take (from *op*).

verovering [-rɪŋ] *v* conquest², capture².

veroveringsoorlog [-rɪŋso:rlɔx] *m* war of conquest.

verpachten [vər'pɑxtə(n)] *vt* lease [land]; farm out [taxes].

verpachter [-tər] *m* lessor.

verpachting [-tɪŋ] *v* leasing [of land]; farming out [of taxes].

verpakken [vər'pɑkə(n)] *vt* pack, put up [... in tins].

verpakker [-kər] *m* packer.

verpakking [-kɪŋ] *v* packing°.

verpanden [vər'pɑndə(n)] *vt* pawn [at a pawnbroker's shop]; pledge [one's word]; mortgage [one's house].

verpanding [-dɪŋ] *v* pawning; pledging; mortgaging.

verpersoonlijken [vərpər'so.nləkə(n)] *vt* personify, impersonate.

verpersoonlijking [-kɪŋ] *v* personification, impersonation.

verpesten [vər'pestə(n)] *vt* infect² [the air &]; *fig* poison [the mind].

verpestend [-tənt] pestilential, pestiferous.

verpesting [-tɪŋ] *v* infection²; *fig* poisoning.

verplaatsbaar [vər'pla.tsba:r] movable, removable.

verplaatsen [-'pla.tsə(n)] I *vt* move, remove, transpose, displace [things, persons]; transfer [persons]; II *vr zich* ∼ move; *zich in iemands toestand* ∼ put oneself in his place; *zich* ∼ *in de toestand van iemand, die...* put (place) oneself in the position of a man who...

verplaatsing [-sɪŋ] *v* I movement; removal [of furniture]; displacement [of water]; transposition [of words]; 2 (overplaatsing) transfer [of officials].

verplanten [vər'plɑntə(n)] *vt* transplant, plant out.

verpleegde [vər'ple.gdə] *m-v* patient; inmate [of an asylum].

verpleegster [-'ple.xstər] *v* nurse.

verplegen [-'ple.gə(n)] *vt* nurse, tend.

verpleger [-gər] *m* male nurse, (hospital) attendant.

verpleging [-gɪŋ] *v* I (v. zieken, gewonden) nursing; 2 (onderhoud) maintenance; 3 (inrichting) nursing-home.

verplegingskosten [-gɪŋskɔstə(n)] *mv* I charge for board and lodging; 2 nursing fees.

verpletteren [vər'pletərə(n)] *vt* crush, smash, shatter, dash to pieces; ∼*de meerderheid* overwhelming (crushing) majority; *een* ∼*de tijding* crushing news.

verplettering [-rɪŋ] *v* crushing, smashing, shattering.

verplicht [vər'plɪxt] due (to *aan*); compulsory [subject, branch, insurance], obligatory; *ik ben u zeer* ∼ I am much obliged to you; *iets* ∼ *zijn aan iemand* be indebted to a person for a thing; owe it to him; ∼ *zijn om...* be obliged to, have to; zie ook: *verplichten*.

verplichten [-'plɪxtə(n)] I *vt* oblige, compel; *daardoor hebt u mij (aan u) verplicht* by this you have (greatly) obliged me, you have put me under an obligation; II *vr zich* ∼ *tot* bind oneself to; zie ook: *verplicht*.

verplichting [-tɪŋ] *v* obligation; commitment; *mijn* ∼*en* ook: my engagements; ∼*en aangaan* enter into obligations; *grote* ∼*en aan iemand hebben* be under great obligations to a person; *zijn* ∼*en nakomen* I (in t alg.) meet one's obligations, meet one's engagements; 2 (geldelijk) meet one's liabilities; *de* ∼ *op zich nemen om...* undertake to...

verpoppen [vər'pɔpə(n)] *vt* in: *zich* ∼ pupate.

verpopping [-pɪŋ] *v* pupation.

verpoten [vər'po.tə(n)] *vt* transplant, plant out.

verpotten [-'pɔtə(n)] *vt* repot.

verpozen [-'po.zə(n)] *vt* in: *zich* ∼ take a rest, rest.

verpozing [-zɪŋ] *v* rest.

verpraten [vər'pra.tə(n)] I *vt* waste [one's time] talking, talk away [one's time]; II *vr zich* ∼ let one's tongue run away with one, give oneself away.

verprutsen [-'prütsə(n)] zie *verknoeien*.

verpulveren [-'pülvərə(n)] *vt & vi* pulverize.

verraad [və'ra.t] *o* treason, treachery, betrayal; ∼ *plegen* commit treason; ∼ *plegen jegens*

verraadster [-stər] *v* traitress.   [betray.

verraden [və'ra.də(n)] I *vt* betray², F give away; *fig* show, bespeak; *dat verraadt zijn gebrek aan beschaving* that betrays his want of good-breeding; II *vr zich* ∼ betray oneself, give oneself away.

verrader [-dər] *m* betrayer, traitor [to his country].

verraderij [vəra.də'rei] *v* treachery, treason.

verraderlijk [və'ra.dərlək] I *aj* treacherous, traitorous, perfidious; insidious [disease]; *een* ∼ *blosje* a telltale blush; II *ad* treacherously, perfidiously.

verraderlijkheid [-heit] *v* treacherousness.

verrassen [və'rɑsə(n)] *vt* surprise, take by surprise; *uw bezoek & verraste ons* ook: your visit was a (pleasant) surprise, came as a surprise, took us unawares; *zij willen u eens* ∼ they intend to give you a surprise; *door de regen verrast worden* be caught in the rain.

verrassend [-sənt] surprising, startling [news]; *een* ∼*e aanval* ⚔ a surprise attack.

verrassing [-sɪŋ] *v* surprise; *iemand een* ∼ *bereiden* prepare a surprise for a man, give him a surprise; *bij* ∼ ⚔ by surprise; *tot mijn grote* ∼ to my great surprise.

verregaand [-ga.nt] I *aj* extreme, excessive [cruelty &]; II *ad* < extremely, excessively.

verreizen [-'rɛizə(n)] *vt* spend in travelling.

verrekenen [-'re.kənə(n)] I *vt* settle; clear [cheques]; II *vr zich* ~ miscalculate, make a mistake in one's calculation.

verrekening [-nɪŋ] *v* 1 settlement; clearance; 2 miscalculation.

verrekenkantoor [və're.kənkanto:r] *o* $ clearing-house.

verrekenpakket [-pakɛt] *o* ♉ C.O.D. parcel.

verrekijker ['vɛrəkɛikər] *m* telescope, spyglass, glass.

verrekken [və'rɛkə(n)] I *vt* strain [a muscle], wrench, dislocate [one's arm], sprain [one's ankle], crick [one's jaw]; II *vr zich* ~ strain oneself.

verreweg ['vɛrəvɛx] by far, far and away; ~ *te verkiezen boven* much to be preferred to, infinitely preferable to.

verrichten [və'rɪxtə(n)] *vt* do, perform, execute, make [arrests].

verrichting [-tɪŋ] *v* action, performance, operation, transaction.

verrijken [və'rɛikə(n)] I *vt* enrich; II *vr zich* ~ enrich oneself.

verrijking [-kɪŋ] *v* enrichment.

verrijzen [və'rɛizə(n)] *vi* rise [from the dead]; arise [of difficulties &]; *doen* ~ raise; zie ook: *paddestoel*.

verrijzenis [-zənɪs] *v* resurrection.

verroeren [və'ru:rə(n)] *vt & vr* stir, move, budge.

verroest [-'ru.st] I rusty; 2 P zie *verduiveld*.

verroesten [-'ru.stə(n)] *vi* rust.

verroken [-'ro.kə(n)] *vt* spend on cigars, tobacco &.

verrot [-'rɔt] rotten, putrid, putrefied.

verrotheid [-hɛit] *v* rottenness.

verrotten [və'rɔtə(n)] *vi* rot, putrefy.

verrotting [-tɪŋ] *v* rotting, putrefaction; *tot* ~ *overgaan* rot, putrefy.

verruilen [və'rœylə(n)] *vt* exchange, barter (for *tegen*, *voor*).

verruimen [və'rœymə(n)] *vt* enlarge, widen[2]; *fig* enlarge, broaden [one's outlook].

verruiming [-mɪŋ] *v* enlargement[2], widening[2], broadening[2].

verrukkelijk [və'rŭkələk] I *aj* delightful, enchanting, charming, ravishing; delicious [food]; II *ad* delightfully &; ook: < wonderfully.

verrukkelijkheid [-hɛit] *v* delightfulness, charm.

verrukken [və'rŭkə(n)] *vt* delight, ravish, enchant, enrapture; zie ook: *verrukt*.

verrukking [-kɪŋ] *v* delight, ravishment, transport, rapture, ecstasy.

verrukt [və'rŭkt] I *aj* delighted &, zie *verrukken*; ook: rapturous [smile]; *zij waren er* ~ *over* they were in raptures about it; *zij zullen er* ~ *over zijn* they will be delighted at (with) it; II *ad* rapturously, in raptures.

verruwen [-'ry.və(n)] *vt & vi* coarsen.

verruwing [-ɪŋ] *v* coarsening.

1 **vers** [vɛrs, ve:rs] *o* 1 (regel) verse; 2 (couplet) stanza; 3 (tweeregelig) couplet; 4 (v. Bijbel) verse; 5 (gedicht) poem.

2 **vers** [vɛrs] I *aj* fresh, new, new-laid [eggs], green [vegetables]; *het ligt nog* ~ *in het geheugen* it is fresh in men's minds; II *ad* freshly.

versagen [vər'sa.gə(n)] *vi* grow faint-hearted, quail, despair, despond.

versbouw ['vɛ(:)rsbou] *m* metrical construction.

verschaffen [vər'sxafə(n)] I *vt* procure [something for a person], provide, furnish, supply [a person with something]; *wat verschaft mij het genoegen om...?* what gives me the pleasure of ...ing?; II *vr zich* ~ procure; zie ook: 2 *recht*.

verschaffing [-fɪŋ] *v* furnishing, procurement,

provision [of food and clothing].

verschalen [vər'sxa.lə(n)] *vi* grow (go) flat (stale, vapid).

verschalken [-'sxalkə(n)] *vt* outwit; *er eentje* ~, *een glaasje &* ~ S have one; *een vogel* ~ catch a bird.

verschansen [vər'sxansə(n)] I *vt* entrench [a town &]; II *vr zich* ~ ☓ entrench oneself[2].

verschansing [-sɪŋ] *v* 1 ☓ entrenchment [of a fortress]; 2 ⚓ bulwarks, (reling) rails [of a ship].

1 **verscheiden** [vər'sxɛidə(n)] I *vi* depart this life, pass away; II *o* passing (away), death, decease.

2 **verscheiden** [vər'sxɛidə(n)] 1 several; 2 (verschillend) various, diverse, different, sundry.

verscheidenheid [-hɛit] *v* diversity, variety; difference; range [of colours, patterns &].

verschepen [-'sxe.pə(n)] *vt* ship.

verscheper [-pər] *m* shipper.

verscheping [-pɪŋ] *v* shipment.

verschepingsdocumenten, -dokumenten [-pɪŋsdo.ky.məntə(n)] shipping documents.

verscherpen [vər'sxɛrpə(n)] *vt* sharpen[2]; *de wet* ~ stiffen (tighten up) the law.

verscherping [-pɪŋ] *v* sharpening[2]; *fig* stiffening, tightening up [of the law].

verscheuren [-'sxøːrə(n)] *vt* 1 tear, tear up [a letter], tear to pieces; 2 (stuk scheuren) ☉ rend [one's garments]; 3 (verslinden) lacerate, mangle [its prey]; ~*de dieren* ferocious animals.

verschiet [-'sxi.t] *o* distance; perspective[2]; *fig* prospect; *in het* ~ in the distance; *fig* ahead.

verschieten [-'sxi.tə(n)] I *vt* 1 (afschieten) shoot; use up, consume [ammunition]; 2 (voorschieten) advance [money]; 3 (omzetten) stir [grain]; zie ook: *kruit & pijl*; II *vi* 1 (v. sterren) shoot; 2 (v. kleuren) fade; 3 (v. stoffen) lose colour; *ik zag hem (van kleur)* ~ I saw him change colour; *niet* ~*d* unfading, sunproof [dress-materials].

verschijnen [-'sxɛinə(n)] *vi* 1 (v. hemellichamen, personen &) appear; 2 (v. zaken, personen) make one's appearance; put in an appearance; 3 (v. termijn) fall (become) due; *de verdachte was niet verschenen* ⅍ had not entered an appearance; *het boek zal morgen* ~ is to come out to-morrow; *bij wie laat je het boek* ~? through whom are you going to publish your book?; *voor de commissie* ~ attend before the Board.

verschijning [-nɪŋ] *v* 1 (het verschijnen) appearance; publication [of a book]; 2 (geest) apparition, phantom, ghost; 3 (persoon) figure; 4 (ommekomst) falling due [of a term]; *het is een mooie* ~ she has a fine presence (a magnificent figure).

verschijnsel [vər'sxɛinsəl] *o* 1 phenomenon [of nature], *mv* phenomena; 2 symptom.

verschikken [-'sxɪkə(n)] I *vt* arrange differently, shift; II *vi* move (higher) up.

verschil [vər'sxɪl] *o* difference [ook = remainder after subtraction & disagreement in opinion], disparity; distinction; ~ *van gevoelen*, ~ *van mening* difference of opinion; ~ *in leeftijd* difference in age, disparity in years; *het* ~ *delen* split the difference; *dat maakt een groot* ~ that makes a big difference (all the difference); *dat maakt geen groot (niet veel)* ~ *of...* it is not much odds whether...; ~ *maken tussen...* make a difference between, differentiate (distinguish) between...; *met dit* ~ *dat...* with the (this) difference that...; zie ook: *geschil & hemelsbreed*.

verschillen [-'sxɪlə(n)] *vi* differ, be different, vary; ~ *van* differ from; ~ *van mening* differ (in opinion).

verschillend [-lənt] **I** *aj* different, various; differing; ~ *van...* different from...; ~*e personen* various persons, several persons; *ik heb het van ~e personen gehoord* ook: I've heard the story from several different people; **II** *ad* differently.

verschilpunt [vər'sxɪlpʉnt] *o* point of difference, point of controversy.

verschimmelen [-'sxɪmələ(n)] *vi* grow mouldy.

verscholen [-'sxo.lə(n)] hidden.

verschonen [-'sxo.nə(n)] **I** *vi eig* put clean sheets on [a bed]; change [the baby's clothes, sheets]; *fig* excuse [misconduct &]; *verschoon mij!* excuse me!; *verschoon mij van die praatjes* spare me your talk!; *van iets verschoond blijven* be spared something; *ik wens van uw bezoeken verschoond te blijven* spare me your visits; **II** *vr zich ~* **1** change one's linen; **2** *fig* excuse oneself.

verschoning [-nɪŋ] *v* **1** *eig* clean linen, change of linen; **2** *fig* excuse; *waar is mijn ~?* where are my clean things?; ~ *vragen* apologize.

verschoonbaar [vər'sxo.nba:r] excusable.

verschoppeling [-'sxòpəlɪŋ] *m* outcast, pariah.

verschot [-'sxɔt] *o* **1** assortment, choice; **2** ~*ten* out-of-pocket expenses, disbursements.

verschoten [-'sxo.tə(n)] faded [dresses &].

verschrijven [-'sx)rɛivə(n)] **I** *vt* use up in writing; **II** *vr zich ~* make a mistake in writing.

verschrijving [-vɪŋ] *v* slip of the pen.

verschrikkelijk [vər'sf(x)rɪkələk] **I** *aj* frightful, dreadful, terrible; **II** *ad* frightfully &, < awfully.

verschrikken [vər's(x)rɪkə(n)] **I** *vt* frighten, terrify [persons &]; scare [birds]; **II** *vi* zie *schrikken*.

verschrikking [-kɪŋ] *v* **1** (het schrikken) fright, terror; **2** (het verschrikkende) horror.

verschroeien [vər's(x)ru.jə(n)] **I** *vt* scorch, singe; **II** *vi* be scorched, be singed; *de tactiek der verschroeide aarde* scorched earth tactics.

verschrompeld [vər's(x)ròmpəlt] shrivelled, wizened.

verschrompelen [-pələ(n)] *vi* shrivel (up), shrink, wrinkle.

verschuilen [vər'sxœylə(n)] *vr* in: *zich ~* hide (from *voor*), conceal oneself; *zich ~ achter het ambtsgeheim* shelter oneself behind professional secrecy.

verschuiven [-'sxœyvə(n)] **I** *vt* **1** *eig* move, shift; **2** (uitstellen) put off; **II** *vi* shift.

verschuiving [-ŋ] *v* **1** shifting; **2** putting off.

verschuldigd [vər'sxɵldəxt] indebted, due; *met ~e eerbied* with due respect; *wij zijn hem alles ~* we are indebted to him for everything we have; we owe everything to him; *het ~e* the money due; *het hem ~e* his dues.

versheid ['vɛrsheit] *v* freshness.

versie ['vɛrzi.] *v* version.

versieren [-'si:rə(n)] *vt* adorn [with jewels], beautify, embellish [with flowers], ornament, decorate, deck [with flags, flowers &].

versiering [-rɪŋ] *v* adornment, decoration, ornament; ~*en ♪* grace notes.

versiersel [vər'si:rsəl] *o* ornament.

versjacheren [vər'ʃaɣərə(n)] *vt* barter away.

verslaafd [vər'sla.ft] in: ~ *aan...* a slave to...; addicted to [drink]; *hij is ~ aan verdovende middelen* (*cocaïne, morfine &*) he is a drug (cocaine, morphine &) addict.

verslaafdheid [-heit] *v* addictedness, addiction.

verslaan [vər'sla.n] *vt* **1** beat, defeat [an army, a man &]; **2** (lessen) quench [thirst]; **3** (verslag uitbrengen over) report [a match], cover [a meeting], review [a book]; **II** *vi* **1** (v. warme dranken) cool; **2** (v. koude dranken) have the chill taken off.

verslag [-'slɑx] *o* account, report; *officieel statistisch ~* returns; *schriftelijk ~* written account; *woordelijk ~* verbatim report; ~ *doen van...* give an account of...; *een ~ opmaken van* draw up a report on; ~ *uitbrengen* deliver a report, report (on *over*); ~ *uitbrengen* (*over de gang van zaken, over de vorderingen van een zaak*) report progress.

verslagen [-'sla.ɣə(n)] *aj* beaten, defeated; *fig* dejected, dismayed; *de ~e* the person killed.

verslagenheid [-heit] *v* consternation, dismay, dejection.

verslaggever [vər'slɑxɣe.vər] *m* reporter.

verslapen [vər'sla.pə(n)] **I** *vt* sleep away; **II** *vr zich ~* oversleep oneself.

verslappen [-'slɑpə(n)] **I** *vi* slacken² [of a rope, one's zeal], relax² [of muscles, discipline]; *fig* flag [of zeal, interest]; **II** *vt* slacken², relax²; enervate [of climate].

verslapping [-pɪŋ] *v* slackening, relaxation; flagging; enervation.

verslecht(er)en [vər'slɛxt(ər)ə(n)] **I** *vt* make worse, worsen, deteriorate; **II** *vi* grow worse, worsen, deteriorate.

verslechtering [-'slɛxtərɪŋ] *v* worsening, deterioration.

versleten [-'sle.tə(n)] the worse for wear, worn (out)²; threadbare².

verslijten [-'slɛitə(n)] **I** *vi* wear out, wear off, wear away; **II** *vt* wear out [a coat &]; *iemand ~ voor...* F take one for...

verslikken [-'slɪkə(n)] *vr* in: *zich ~* choke [on something], swallow something the wrong way.

verslinden [vər'slɪndə(n)] *vt* devour²; *fig* swallow up [much money &]; *een boek ~* devour a book; *zijn eten ~* bolt (wolf down) one's food; *iets met de ogen ~* devour it with one's eyes.

verslonzen [-'slònzə(n)] *vt* spoil (through carelessness).

versmaat ['vɛrs-, 've:rsma.t] *v* metre.

versmachten [vər'smɑxtə(n)] *vi fig* languish, pine away; ~ *van dorst* be parched with thirst.

versmaden [-'sma.də(n)] *vt* disdain, despise, scorn; *dat is niet te ~* that is not to be despised.

versmallen [vər'smɑlə(n)] *vt & vr* narrow.

versmelten [-'smɛltə(n)] **I** *vt* melt [butter, metals], smelt [ore], fuse [metals]; *zijn zilverwerk ~* melt down one's plate; **II** *vi* melt², melt away.

versmelting [-tɪŋ] *v* melting, smelting, fusion; melting down.

versnapering [vər'sna.pərɪŋ] *v* titbit, dainty, refreshment.

versnellen [-'snɛlə(n)] *vi & vt* accelerate; *de pas ~* mend (quicken) one's pace; *met versnelde pas* ✕ at the double-quick.

versneller [-lər] *m* accelerator.

versnelling [-lɪŋ] *v* **1** acceleration [of movement]; **2** ✗ gear, speed.

versnellingsbak [-lɪŋsbɑk] *m* change(-speed) gear.

versnellingshandel [-hɑndəl] *o & m* gear-lever.

versnijden [vər'snɛidə(n)] *vt* **1** (aan stukken) cut up [a loaf]; cut [something] to pieces; **2** (door snijden bederven) spoil in cutting; **3** (mengen) dilute [wine].

versnipperen [vər'snɪpərə(n)] *vt* **1** cut into bits; cut up; **2** *fig* fritter away [one's time].

versnippering [-rɪŋ] *v* cutting up &.

versnoepen [vər'snu.pə(n)] *vt* spend on dainties.

verspelen [-'spe.lə(n)] *vt* play away, lose in playing; *iemands achting ~* lose a person's esteem.

versperren [-'spɛrə(n)] *vt* obstruct [the way], barricade [a street], block up [a road], block² [a passage, the way]; bar [the entrance].

versperring [-rɪŋ] v blocking up, obstruction [of the way &]; ✕ barricade; [barbed wire] entanglement; [balloon &] barrage.

versperringsballon [-rɪŋsbɑlɔn] m barrage balloon.

verspieden [vər'spi.də(n)] vt spy out, scout.

verspieder [-dər] n: spy, scout.

verspillen [vər'spɪlə(n)] vt waste [one's time], dissipate [one's strength]; squander [one's money]; er geen woord meer over ~ not waste another word upon it.

verspiller [-lər] m spendthrift.

verspilling [-lɪŋ] v waste, dissipation.

versplinteren [vər'splɪntərə(n)] I vt splinter, shiver; II vi splinter, break up into splinters.

verspreid [-'sprɛit] scattered² [houses, showers, writings]; sparse [population]; ✕ extended [order].

verspreiden [-'sprɛidə(n)] I vt disperse [a crowd]; spread² [a smell, a report, a rumour]; scatter² [seed, people]; distribute [pamphlets]; fig disseminate [doctrines]; diffuse [happiness]; propagate [the Christian religion]; II vr zich ~ spread² [of odour, disease, fame, rumour, people]; disperse [of a crowd].

verspreider [-dər] m spreader, propagator; distributor [of pamphlets].

verspreiding [-dɪŋ] v spreading [of reports &]; dispersion [of a crowd]; spread [of knowledge]; distribution [of animals on earth, of pamphlets]; dissemination [of doctrines &]; propagation [of a creed].

verspreken [vər'spre.kə(n)] in: zich ~ make a mistake in speaking, make a slip of the tongue; zie ook: zich vergaloppeeren.

verspreking [-kɪŋ] v slip of the tongue.

1 **verspringen** [vər'sprɪŋə(n)] vi shift; een dag ~ move up one day.

2 **verspringen** [ˈversprɪŋə(n)] o sp long jump.

versregel [ˈvers-, ˈveːrsre.gəl] m verse, line of verse.

versnede [ˈve(ː)rsne.də] v caesura. [poetry.

verst [verst] I aj farthest, furthermost; in de ~e verte niet zie verte; II ad in: het ~ farthest, ook: furthest.

verstaan [vər'staːn] I vt understand, know; dat versta ik niet 1 I don't understand; 2 I won't stand it; ik heb het niet ~ I did not understand; versta je? you understand?; men verstaa mij wel be it (distinctly) understood; wel te ~ that is to say; iemand iets te ~ geven give one to understand that...; iemand verkeerd ~ misunderstand a person; onder pasteurisatie ~ wij... by p. is meant...; wat verstaat u daaronder? what do you understand by that?; II vr zich ~ met... come to an understanding with...; zich ~ op understand, be a clever hand at.

verstaanbaar [-baːr] I aj understandable, intelligible; zich ~ maken make oneself understood; II ad intelligibly.

verstaanbaarheid [-baːrhɛit] v intelligibility.

verstaander [-dər] m in: een goed ~ heeft maar een half woord nodig a word to the wise is enough.

verstand [vər'stɑnt] o understanding, mind, intellect, reason; gezond ~ common sense; zijn ~ gebruiken 1 use one's brains; 2 listen to reason; ~ genoeg hebben om... have sense enough (the wits) to...; hij spreekt naar hij ~ heeft according to his lights; ~ van iets hebben understand about a thing; heeft u ~ van schilderijen? do you know about pictures?; het (zijn) ~ verliezen lose one's reason (one's wits); heb je je ~ verloren? have you taken leave of your senses?; daar staat mijn ~ bij stil it is beyond my comprehension how...; dat zal ik hem wel aan zijn ~ brengen I'll

bring it home to him; je kunt hun dat maar niet aan 't ~ brengen you can't make them understand it; hij is niet bij zijn ~ he is not in his right mind; hij is nog altijd bij zijn volle ~ he is still in full possession of his faculties; he is still quite sane; dat gaat boven mijn ~ (mijn ~ te boven) it is beyond (above) my comprehension, it passes my comprehension, it is beyond me; met ~ lezen understandingly, intelligently; met dien ~ dat... on the understanding that...; tot goed ~ van de zaak for the right understanding of the thing.

verstandelijk [vər'stɑndələk] intellectual; ~e leeftijd mental age.

verstandeloos [-lo.s] senseless, stupid.

verstandhouding [vər'stɑnthɑudɪŋ] v understanding; geheime ~ secret understanding, ✟ collusion; in ~ staan met have an understanding with, ✟ be in collusion with; have dealings with, be in league with [the enemy]; in goede ~ staan met be on good terms with [one's neighbours].

verstandig [-'stɑndəx] I aj intelligent, sensible, wise; wees nu ~! do be sensible!; hij is zo ~ om... he has the good sense to...; het ~ste zal zijn, dat je... the wisest thing you can (could) do will be to...; II ad sensibly, wisely; je zult ~ doen met... you will be wise to...; hij zou ~ gedaan hebben, als... he would have been well-advised if...; ~ praten talk reason; het ~ vinden om... judge it wise to...

verstandskies [vər'stɑntski.s] v wisdom-tooth; hij heeft zijn ~ nog niet he has not cut his wisdom-teeth yet.

verstandsverbijstering [-fərbɛistərɪŋ] v mental derangement, insanity.

verstarren [vər'stɑrə(n)] I vt 1 stiffen [limbs, the body]; 2 fig petrify, fossilize; II vi 1 stiffen; 2 fig become petrified, become fossilized.

verstarring [-rɪŋ] v 1 stiffening [of limbs, the body]; 2 fig petrifaction, fossilization.

verstek [vər'stɛk] o ✟ default; ~ laten gaan make default; hij werd bij ~ veroordeeld he was sentenced by default (in his absence).

verstekeling [-'ste.kəlɪŋ] m stowaway.

verstelbaar [-'stɛlbaːr] adjustable [instrument].

versteld [-'stɛlt] 1 mended, repaired, patched ‖ 2 in: ~ staan be taken aback, be dumb-founded; ik stond er ~ van I was quite taken aback, it staggered me; hem ~ doen staan take him aback, stagger him; de wereld ~ doen staan stagger humanity.

verstelgoed [vər'stɛlgu.t] o mending.

verstellen [-'stɛlə(n)] vt 1 (herstellen) mend, repair [clothes], patch [a coat]; 2 (anders stellen) adjust [apparatus].

versteller [-lər] m mender.

verstelling [-lɪŋ] v 1 mending; 2 ✕ adjustment.

verstelnaaister [vər'stɛlnaːistər] v needlewoman.

verstelster [-stər] v mender.   [woman.

verstelwerk [-vɛrk] o mending.

verstenen [vər'ste.nə(n)] vi & vt petrify; fossilize.

verstening [-nɪŋ] v petrifaction; ~en ook: fossils.

versterf [vər'stɛrf] o 1 (dood) death; 2 (erfenis) inheritance; bij ~ in case of death.

versterfrecht [-rɛxt] o right of succession.

versterken [vər'stɛrkə(n)] vt strengthen [the body, memory, the evidence &]; invigorate [the energy, the body, mind &]; fortify [the body, a town, a statement]; corroborate [a statement]; reinforce [a person with food, an army, a party, the orchestra]; consolidate [a position, power]; intensify [light]; ♫ ♯ amplify; ~de middelen restorative food, restoratives; met versterkt orkest ♪ with an increased orchestra; zie ook: mens.

versterker [-kɔr] m ※ ✝ amplifier.
versterking [-kɪŋ] v strengthening, reinforcement, consolidation; intensification; ※ ✝ amplification; ✕ ɪ (troepen) reinforcement(s); 2 (werk) fortification.
versterkingswerken [-kɪŋsvɛrkə(n)] mv ✕ fortifications.
verstevigen [vər'ste.vəgə(n)] vt strengthen.
verstijven [vər'stɛivə(n)] I vi stiffen; grow numb [with cold]; II vt ɪ stiffen; 2 benumb.
verstijving [-vɪŋ] v stiffening; numbness.
verstikken [vər'stɪkə(n)] I vt suffocate, stifle, choke, smother, asphyxiate; II vi zie ɪ stikken.
verstikkend [-kɔnt] suffocating, stifling, choking.
verstikking [-kɪŋ] v suffocation, asphyxiation, asphyxia.
ɪ **verstoken** [-'sto.kə(n)] in: ~ van destitute of, deprived of, devoid of.
2 **verstoken** [-'sto.kə(n)] vt burn, consume.
verstokt [-'stɔkt] obdurate [heart], hardened [sinner], confirmed [bachelors &], seasoned [gamblers], case-hardened [malefactors].
verstoktheid [-hɛit] v obduracy, hardness of heart.
verstomd [vər'stɔmt] struck dumb, speechless; ~ staan zie versteld 2.
verstommen [-'stɔmə(n)] I vt strike dumb, silence; II vi be struck dumb, become speechless; alle geluid verstomde every sound was hushed.
verstompen [-'stɔmpə(n)] I vt blunt, dull; fig blunt, dull, stupefy [the mind]; deaden [the senses]; II vi become dull[2].
verstoord [vər'sto:rt] disturbed; fig annoyed, cross, angry.
verstoorder [-'sto:rdər] m disturber.
verstoordheid [-'sto:rthɛit] v annoyance, crossness, anger.
verstoppen [-'stɔpə(n)] vt ɪ (dichtstoppen) clog [the nose]; choke (up), stop up [a drainpipe]; 2 (verbergen) put away, conceal, hide.
verstoppertje [-pərcə] o in: ~ spelen play at hide-and-seek.
verstopping [-pɪŋ] v stoppage.
verstopt [vər'stɔpt] stopped up [pipes, drains]; clogged [nose]; ~ raken become clogged, be choked up (stopped up); ~ (in 't hoofd) zijn have (got) the snuffles (a clogged nose).
verstoren [-'sto:rə(n)] vt ɪ disturb [one's rest, the peace]; interfere with [one's plans]; 2 annoy, make angry.
verstoring [-rɪŋ] v disturbance, interference.
verstoten [-tə(n)] vt repudiate [one's wife]; disown [a child].
verstouten [vər'stɔutə(n)] in: zich ~ pluck up courage; zij zullen zich niet ~ om... they won't make bold to...
verstouwen [-'stɔuə(n)] vt stow away.
verstrakken [-strɔkə(n)] vi set [of the face].
verstrekken [-'strɛkə(n)] vt furnish, procure; hun al het nodige ~ furnish (provide) them with the necessaries of life; gelden ~ supply moneys; inlichtingen ~ give information; levensmiddelen ~ serve out provisions.
verstrekkend [ˈvɛrstrɛkɔnt] far-reaching.
verstrijken [vər'strɛikə(n)] vi expire, elapse, go by; de termijn is verstreken has expired.
verstrikken [vər'strɪkə(n)] I vt ensnare, trap, entrap, enmesh, entangle; II vr zich ~ get entangled[2] [in a net, in a dispute], be caught [in one's own words].
verstrooid [vər'stro.it] ɪ scattered, dispersed; 2 (v. geest) absent-minded, distrait.
verstrooidheid [-hɛit] v absent-mindedness, absence of mind.
verstrooien [vər'stro.jə(n)] I vt scatter, disperse, rout [an army]; II vr zich ~ ɪ disperse; 2 seek amusement, unbend.
verstrooiing [-jɪŋ] v ɪ dispersion; 2 diversion.
verstuiken [vər'stœykə(n)] I vt sprain [one's ankle]; II vr zich ~ sprain one's ankle.
verstuiven [vər'stœyvə(n)] I vi be blown away [of dust]; be dispersed (scattered); doen ~ scatter, disperse; II vt pulverize, spray.
verstuiving [-vɪŋ] v ɪ dispersion; 2 pulverization; 3 zie zandverstuiving.
verstuwen [vər'sty.və(n)] = verstouwen.
versuffen [-'sʉfə(n)] I vi grow dull, grow stupid; II vt dream away [one's time].
versuftheid [-hɛit] v stupor; (v. ouderdom) dotage.
vertaalbaar [vər'ta.lba:r] translatable.
vertaalrecht [-rɛxt] o right of translation, translation rights.
vertaalwerk [-vɛrk] o translations, translation work.
vertalen [vər'ta.lə(n)] I vt translate; ~ in translate (render, turn) into [English &]; ~ uit het... in het... translate from [Persian] into [Turkish]; II vi translate.
vertaler [-lər] m translator.
vertaling [-lɪŋ] v translation, ook: version [of the Bible]; ~ uit het... in het... translation from... into...
vertalingsrecht [-lɪŋsrɛxt] o right of translation, translation rights.
verte [ˈvɛrtə] v distance; in de ~ in the distance; heel in de ~ far away (in the distance); in de verste ~ niet not in the least; ik heb er in de verste ~ niet aan gedacht om... I have not had the remotest idea of ...ing, nothing could be further from my thoughts; uit de ~ from afar, from a distance.
vertederen [vər'te.dərə(n)] vt soften, mollify.
vertedering [-rɪŋ] v softening, mollification.
verteerbaar [vər'te:rba:r] digestible; licht ~ easily digested, easy to digest.
verteerbaarheid [-hɛit] v digestibility.
vertegenwoordigen [vərte.gən'vo:rdəgə(n)] vt represent, ook: be representative of; ~d representative; representative of, representing.
vertegenwoordiger [-gər] m representative; $ ook: agent.
vertegenwoordiging [-gɪŋ] v representation; $ ook: agency.
vertellen [vər'tɛlə(n)] I vt tell, relate, narrate; men vertelt van hem dat... he is said to...; vertel me (er) eens... F just tell me...; ik heb horen ~ dat... I was told that...; vertel het niet verder don't let it get about; II va tell a story; hij kan aardig ~ he can tell a story well; III vr zich ~ miscount, make a mistake in adding up.
verteller [-lər] m narrator, relater, story-teller.
vertelling [-lɪŋ] v tale, story, narration.
verteIsel [vər'tɛlsəl] o tale, story.
verteren [vər'te:rə(n)] I vt ɪ (voedsel) digest; 2 (geld) spend; 3 fig (v. vuur &) consume; (v. hartstocht) eat up, devour [a man]; de afgunst verteert hem he is consumed (eaten up) with envy; de roest verteert het ijzer rust corrodes iron; II vi digest; het verteert gemakkelijk it is easy of digestion; dat verteert niet goed it does not digest well; het hout verteert the wood wastes away.
vertering [-rɪŋ] v ɪ (v. voedsel) digestion; 2 (verbruik) consumption; 3 (gelag) expenses; wat is mijn ~? how much am I to pay for what I have had?; grote ~en maken spend largely.
verteuten [vər'tø.tə(n)] vt fritter (dawdle, idle) away.
verticaal [vɛrti.'ka.l] aj (& ad) vertical(ly); (bij kruiswoordraadsel) down.

vertienvoudigen [vərti.n'vɔudəgə(n)] *vt* decuple.

vertier [vər'ti:r] *o* 1 (verkeer) traffic; 2 (drukte) bustle; 3 (vermaak) amusement.

vertikken [-'tɪkə(n)] *vt* in: *het ~* F refuse; *hij vertikte het* he just wouldn't do it.

vertillen [-'tɪlə(n)] I *vt* lift, move; II *vr zich ~* strain oneself in lifting.

vertimmeren [-'tɪmərə(n)] *vt* make alterations in.

vertimmering [-rɪŋ] *v* alterations.

vertoeven [-'tu.və(n)] *vi* sojourn, stay.

vertolken [-'tɔlkə(n)] *vt* interpret; *fig* voice [the feelings of...]; ♪ interpret, render, read.

vertolker [-kər] *m* interpreter²; *fig* exponent.

vertolking [-kɪŋ] *v* interpretation².

vertonen [vər'to.nə(n)] I *vt* 1 show [one's card]; exhibit [signs of..., a work of art]; display [the beauty of...]; 2 (opvoeren) produce, present [said of the theatrical manager]; perform [a play]; show, present [a film]; II *vr zich ~* show, appear [of buds, flowers &]; show oneself [in public]; *hij vertoonde zich niet* ook: he did not put in an appearance, he did not show up (turn up).

vertoner [-nər] *m* shower; producer; performer.

vertoning [-nɪŋ] *v* 1 show, exhibition; 2 (opvoering) performance, representation; *stichtelijke ~* edifying spectacle.

vertoog [vər'to.x] *o* remonstrance, representation; expostulation; *vertogen richten tot* make representations to.

vertoon [-'to.n] *o* 1 show; 2 (praal) show, ostentation, > parade; *~ van geleerdheid* parade of learning; (*veel*) *~ maken* 1 (v. mensen) make a show; 2 (v. dingen) make a fine show; *~ maken met* show off, parade; *op ~* on presentation; *zonder ~ van geleerdheid* without showing off one's learning.

vertoornd [vər'to:rnt] incensed, wrathful, angry; *~ op* angry with.

vertoornen [-'to:rnə(n)] I *vt* make angry, anger, incense; II *vr zich ~* become angry.

vertragen [-'tra.gə(n)] *vt* retard, delay, slacken, slow down [the pace, movement]; *vertraagde film* slow-motion picture, slow-motion film; *vertraagd telegram* belated telegram.

vertraging [-gɪŋ] *v* slackening, slowing down [of the pace, a movement]; delay [in replying to a letter]; *de trein heeft 20 minuten ~* the train is 20 minutes late (overdue).

vertrappen [vər'trapə(n)] *vt* trample (tread) upon².

vertreden [-'tre.də(n)] I *vt* tread upon; *in het stof ~* trample under foot; II *vr* in: *ik moet mij eens ~* I want to stretch my legs.

vertrek [-'trɛk] *o* 1 departure, ♣ sailing; 2 room, apartment; *bij zijn ~* at his departure, when he left.

vertrekken [-'trɛkə(n)] I *vt* depart, start, leave, go away (off); ♣ sail; *je kunt ~!* you may go now!; *~ van Parijs naar Londen* leave Paris for London; II *vt* distort [one's face]; *hij vertrok geen spier* he did not move a muscle.

vertreuzelen [vər'trø.zələ(n)] *vt* trifle away, loiter away.

vertroebelen [-'tru.bələ(n)] *vt* make cloudy (thick, muddy); *fig* cloud [the issue]; trouble [relations, the atmosphere].

vertroetelen [-'tru.tələ(n)] *vt* coddle, pamper, pet.

vertroosten [-'tro.stə(n)] *vt* comfort, console, solace.

vertroosting [-tɪŋ] *v* consolation, comfort, solace.

vertrouwd [vər'trɑut] reliable, trusted, trustworthy, trusty; safe; *~ vriend* 1 intimate friend; 2 trusted friend; *~ met* conversant

(familiar) with; *zich ~ maken met* make oneself familiar with [a subject]; *~ raken met* become conversant with.

vertrouwdheid [-'troutheit] *v* familiarity [with the subject].

vertrouwelijk [-'trɑuələk] I *aj* confidential; *~e omgang* familiar intercourse; *streng ~!* strictly private!; II *ad* confidentially, in confidence; *~ omgaan met* zie *omgaan*.

vertrouwelijkheid [-heit] *v* confidentialness; familiarity.

vertrouweling(e) [vər'trɑuəlɪ(ŋ)] *m(-v)* confidant(e).

vertrouwen [-'trɑuə(n)] I *vt* trust; *iemand iets ~ zie toevertrouwen*; *wij ~ dat...* we trust that...; *zij ~ hem niet* they don't trust him; *hij vertrouwde het zaakje niet* he did not trust the business; *hij is niet te ~* he is not to be trusted; II *vi* in: *~ op God* trust in God; *ik vertrouw erop* I rely upon it; *kunnen wij op u ~?* can we rely upon you?; *op de toekomst (het toeval) ~* trust to the future (to luck); III *o* confidence, trust, faith; *zijn ~ op...* his reliance on..., his faith in...; *het ~ beschamen* betray a man's confidence; *het volste ~ genieten* enjoy one's entire confidence; *~ hebben* have confidence, be confident; *geen ~ meer hebben in...* have lost confidence in...; *~ hebben op* zie *~ stellen in*; *iemand zijn ~ schenken* admit (take) him into one's confidence; *~ stellen in* put trust in, repose (place, have) confidence in, put one's faith in; *zijn ~ is geschokt* his confidence has been shaken; *~ wekken* inspire confidence; *in ~* in (strict) confidence; *iemand in ~ nemen* take a person into one's confidence; *in ~ op* relying upon; *met ~* with confidence, confidently; *met het volste ~* with the utmost confidence, with every confidence; *op goed ~ on* trust; *goed van ~ zijn* be of a trustful nature.

vertwijfeld [-'tvɛifəlt] desperate.

vertwijfelen [-fələ(n)] *vi* despair; *~ aan* despair of.

vertwijfeling [-fəlɪŋ] *v* despair, desperation.

vervaard [vər'va:rt] alarmed, frightened.

vervaardigen [vər'va:rdəgə(n)] *vt* make, manufacture.

vervaardiger [-gər] *m* maker, manufacturer.

vervaardiging [-gɪŋ] *v* making, manufacture.

vervaarlijk [vər'va:rlək] I *aj* frightful, awful; huge, tremendous; II *ad* frightfully, awfully.

vervagen [vər'va.gə(n)] *vi* fade, grow blurred, become indistinct.

verval [-'val] *o* fall [difference in the levels of a river]; *fig* 1 (achteruitgang) decay, decline, deterioration; 2 (ommekomst) maturity [of a bill of exchange]; 3 (fooien) perquisites; *~ van krachten* senile decay; *in ~ geraken* fall into decay.

vervaldag [-dax] *m* $ day of payment, due date; *op de ~* $ at maturity, when due.

1 **vervallen** [vər'valə(n)] *vi* 1 decay, fall into decay, go to ruin; fall into disrepair [of a house]; 2 (niet langer lopen) expire [of a term]; fall (become) due, mature [of bills]; 3 (wegvallen) be taken off [of a train]; be cancelled [of a service]; 4 (niet langer gelden) lapse [of a right], be abrogated [of a law]; *~ aan de Kroon* fall to the Crown; *in boete ~* incur a fine; *in zijn oude fout ~* fall into the old mistake; *in herhalingen ~* repeat oneself; *in onkosten ~* incur expenses; *tot zonde ~* lapse into sin; zie ook: *armoede, uiterste &*.

2 **vervallen** [vər'valə(n)] *aj* 1 (v. gebouwen &) ruinous, out of repair, dilapidated, ramshackle [house &]; worn (out), broken down [person]; 2 (v. wissels) due; 3 (v. recht) lapsed; 4 (v. termijn, polis) expired; *van de*

troon ~ *verklaard* deposed.

vervalsen [-'valsə(n)] *vt* falsify [a text], forge [a document], cook [the accounts]; adulterate [food], debase [coin &], counterfeit [banknotes], load [dice], doctor [wine], F fake.

vervalser [-sər] *m* falsifier, adulterator, forger, F faker.

vervalsing [-sɪŋ] *v* 1 falsification [of a document]; 2 adulteration [of food]; F fake.

vervaltijd [vər'valtɛit] *m* $ due date; *op de* ~ $ at maturity, when due.

vervangen [-'vaŋə(n)] *vt* 1 take (fill, supply) the place of, replace, be used instead of; 2 (aflossen) relieve; *wie zal u* ~? who is going to take your place?, who is going to stand in for you?; *iets* ~ *door iets anders* replace it by something else, substitute something else for it.

vervanging [-ŋɪŋ] *v* replacement, substitution; *ter* ~ *van* in (the) place of, in substitution for.

vervangingsmiddel [-ŋɪŋsmɪdəl] *o* substitute.

vervangingswaarde [-va:rdə] *v* replacement value.

vervelen [-'ve.lə(n)] I *vt* bore, tire, weary; (ergeren) annoy; *hij zal je dood* ~ he will bore you stiff; *het zal je dood* ~ you will be bored to death; *het begint me te* ~ I am beginning to get tired of it (bored with it); II *va* tire, bore, become a bore; *tot* ~*s toe* over and over again, ad nauseam; III *vr zich* ~ be bored, feel bored.

vervelend [-lənt] I *aj* tiresome, boring [fellow &]; dull [book, play, town &], tedious [speech &]; irksome [task]; (ergerlijk) annoying; *hè, hoe* ~ *is dat nou!* how provoking!, how annoying!; Oh bother!; *wat is dat* ~ what a bore it is!; *wat is die vent* ~*!* what a bore!; *het wordt* ~ it becomes wearisome; II *ad* boringly, tediously.

verveling [-lɪŋ] *v* tiresomeness, tedium, boredom, weariness, ennui.

vervellen [vər'vɛlə(n)] *vi* cast its skin [of a snake], slough; *mijn neus begint te* ~ begins to peel.

vervelling [-lɪŋ] *v* sloughing [of a snake]; peeling.

verveloos ['vervəlo.s] colourless; discoloured.

verveloosheid [vervə'lo.sheit] *v* colourlessness.

verven ['vervə(n)] *vt* 1 paint [a door, one's face &]; 2 dye [clothes, one's hair].

verversen [vər'vɛrsə(n)] I *vt* refresh, renew; II *vr zich* ~ take some refreshment.

verversing [-sɪŋ] *v* refreshment.

vervetten [vər'vɛtə(n)] *vi* turn into fat.

vervliegen [-'vli.gə(n)] *vi* 1 (wegvliegen) fly [of time]; 2 (vervluchtigen) evaporate, volatilize [of liquids, salt &]; 3 *fig* evaporate; zie ook: *vervlogen*.

vervloeien [-'vlu.jə(n)] *vi* flow away; run [of ink], met [of colours].

vervloeken [-'vlu.kə(n)] *vt* 1 curse, damn, execrate; 2 (met banvloek) anathematize.

vervloeking [-kɪŋ] *v* 1 curse, imprecation, malediction; 2 anathema.

vervloekt [vər'vlu.kt] I *aj* cursed, damned, execrable; *die* ~*e...!* damn the...!; *een* ~*e last* a damned nuisance; (wel) ~*!* damn it!; II *ad* < d—d, deuced, confoundedly [difficult &].

vervlogen [-'vlo.gə(n)] gone; *in* ~ *dagen* in days gone by; ~ *hoop* hope gone; ~ *roem* departed glory.

vervluchtigen [-'vlʏxtəgə(n)] *vi & vt* volatilize, evaporate[2].

vervoegen [vər'vu.gə(n)] I *vt* conjugate [verbs]; II *vr zich* ~ *bij* apply to.

vervoeging [-gɪŋ] *v gram* conjugation.

vervoer [vər'vu:r] *o* transport, conveyance, carriage; transit; ~ *te water* water-carriage.

vervoerbaar [-ba:r] transportable.

vervoerbiljet [-bɪljɛt] *o* $ permit.

vervoerd [vər'vu:rt] *fig* enraptured, in raptures.

vervoeren [-'vu:rə(n)] *vt* transport, convey, carry; zie ook: *vervoerd*.

vervoering [-rɪŋ] *v* transport, rapture, ecstasy; *in* ~ *raken* go into raptures [over it], be carried away [by these words].

vervoerkosten [vər'vu:rkɔstə(n)] *mv* transport charges, cost of carriage.

vervoermiddel [-mɪdəl] *o* (means of) conveyance, means of transport.

vervolg [vər'vɔlx] *o* continuation, sequel; (toekomst) future; ~ *op bl.* 12 continued on page 12; *in het* ~ in future, henceforth; *Ten* ~*e van mijn brief van...* $ Further to my letter of..., Following up my letter of...; *ten* ~*e van...* in continuation of...

vervolgbaar [-ba:r] *t²* actionable, indictable [offence]; (civiel) suable, (crimineel) prosecutable [persons].

vervolgen [vər'vɔlgə(n)] *vt* 1 continue [a story, a course &]; proceed on [one's way]; 2 (achternazetten) pursue [the enemy]; 3 persecute [for political or religious reasons]; 4 *t²* prosecute [a man]; sue [a debtor]; proceed against, have the law of [a person]; *...vervolgde hij* ...he went on, ...he continued, ...he went on to say; *wordt vervolgd* to be continued (in our next); *die gedachte (herinnering) vervolgt mij* the thought (memory) haunts me; *door pech vervolgd* dogged by ill-luck.

vervolgens [-gəns] then, further, next; afterwards; *hij vroeg* ~... ook: he went on (he proceeded) to ask...

vervolger [-gər] *m* 1 pursuer; 2 persecutor.

vervolging [-gɪŋ] *v* 1 pursuit; 2 persecution; 3 *t²* prosecution; *een* ~ *instellen tegen hem* bring an action against him; *aan* ~ *blootstaan* be exposed to persecution. ~

vervolgingswaanzin [-gɪŋsva.nzɪn] *m* persecution mania.

vervolgklas(se) [vər'vɔlxklas(ə)] *v* continuation class.

vervormen [-'vɔrmə(n)] *vt* 1 transform, refashion; 2 deform.

vervorming [-mɪŋ] *v* 1 transformation, refashioning; 2 deformation.

vervreemden [vər'vre.mdə(n)] I *vt* alienate [property]; ~ *van* alienate (estrange) from; *zijn familie van zich* ~ alienate one's relations; II (*vr &) vi (zich)* ~ *van* become estranged from, become a stranger to.

vervreemding [-cɪŋ] *v* alienation, estrangement.

vervroegen [vər'vru.gə(n)] *vt* fix at an earlier time (hour), advance, move forward [the date by a week]; *vervroegde betaling* accelerated payment.

vervroeging [-gɪŋ] *v* anticipation.

vervuild [vər'vœylt] filthy.

vervuilen [vər'vœylə(n)] I *vi* grow filthy; II *vt* make filthy.

vervuiling [-ɪŋ] *v* filthiness.

vervullen [vər'vʏlə(n)] *vt* fill[2] [a room with..., a part, a place, a rôle]; fulfil [a prophecy, a promise]; occupy, fill [a place]; perform, carry out [a duty], accomplish [a task]; comply with [a formality]; *hij zag zijn hoop (zijn wensen) vervuld* his hopes (his wishes) were realized, his desires were fulfilled; *iemands plaats* ~ ta'e a man's place; ~ *met* fill with; *van angst vervuld* full of anxiety.

vervulling [-lɪŋ] *v* fulfilment, performance; realization; *in* ~ *gaan* be realized; (v. droom) come true.

verwaaid [vər'va:it] blown about; er ~ uitzien F look tousled (ruffled).

verwaand [-'va.nt] conceited, arrogant, stuck-up, bumptious, cocky.

verwaandheid [-heit] v conceitedness, conceit, arrogance, bumptiousness, cockiness.

verwaardigen [vər'va:rdəgə(n)] I vt in: iemand met geen blik ~ not deign to look at a person; II vr zich ~ om... condescend to..., deign to...

verwaarlozen [-'va:rlo.zə(n)] vt neglect; te ~ negligible.

verwaarlozing [-zɪŋ] v neglect; met ~ van... to the neglect of...

verwachten [vər'vɑxtə(n)] vt expect [people, events]; look forward to, anticipate [an event]; wij ~ dat ze komen zullen we expect them to come; dat had ik niet van hem verwacht I had not expected it of him (at his hands); zoals te ~ was as was to be expected.

verwachting [-tɪŋ] v expectation; blijde ~ joyful anticipation; grote ~en hebben van... entertain great hopes of...; de ~ koesteren dat... cherish a hope that..., expect that...; zonder de minste ~(en) te koesteren dienaangaande without entertaining any expectation on that score; zijn ~ hoog spannen pitch one's expectations high; de ~en waren hoog gespannen expectation ran high; vol ~ in expectation, expectantly; het beantwoordde niet aan de ~en it did not come up to my (their &) expectations, it fell short of my (his &) expectations; boven ~ beyond expectation; buiten ~ contrary to expectation; in gespannen ~ on the tiptoe of expectation; zij is in ~ she is expecting (a baby); tegen alle ~ against all expectations, contrary to expectation.

verwant [vər'vɑnt] allied, related, kindred, congenial [spirits]; cognate [words]; (alléén predikatief) akin; ~ aan allied (related, akin) to; het naast ~ aan most closely allied to; die hem het naast ~ zijn his next of kin, next in blood.

verwant(e) [-'vɑnt(ə)] m(-v) relative, relation; zijn ~en his relations, his relatives.

verwantschap [-'vɑntsxɑp] v relationship, kinship, consanguinity, affinity [of blood]; geniality [of character &]; relation.

verward [-'vɑrt] I aj 1 entangled, tangled [threads, hair, mass &]; tousled [hair]; confused [mass], disordered [things]; fig confused [thoughts, talk]; 2 (ingewikkeld) entangled, intricate [affair]; ~ raken in get entangled in; II ad confusedly².

verwardheid [-heit] v confusion².

verwarmen [vər'vɑrmə(n)] vt warm, heat.

verwarming [-mɪŋ] v warming, heating; centrale ~ central heating.

verwarmingsbuis [-mɪŋsbœys] v (central-)heating pipe.

verwarren [vər'vɑrə(n)] I vt eig entangle, tangle [threads &]; fig confuse [names &]; confound, mix up [facts]; muddle up [things]; II vr zich ~ get entangled.

verwarring [-ɪŋ] v entanglement; confusion², muddle; ~ stichten create confusion; in ~ brengen throw into disorder [things]; confuse, confound [a man]; in ~ raken get confused².

verwaten [vər'va.tə(n)] I aj arrogant, overbearing, overweening, presumptuous; II ad arrogantly.

verwatenheid [-heit] v arrogance, presumption.

verwaterd [vər'va.tərt] spoiled by the addition of too much water; fig watered (down).

verwateren [-tərə(n)] vt dilute too much, water [the milk]; fig water [the capital], water down [the truth &].

verwedden [vər'vɛdə(n)] vt 1 bet, wager; 2 (door wedden verliezen) lose in betting; ik verwed er 10 gulden onder I bet you ten guilders; ik verwed er mijn hoofd onder I'll stake my life on it.

verweer [-'ve:r] o 1 resistance; 2 defence.

verweerd [-'ve:rt] weathered [stone &]; weather-beaten [pane, face].

verweerder [-'ve:rdər] m defender, rₜ defendant.

verweermiddel [-mɪdəl] o means of defence.

verweerschrift [-s(x)rɪft] o (written) defence, apology.

verwekelijken [-'ve.kələkə(n)] I vt enervate; II vi become effeminate (enervated).

verwekelijking [-kɪŋ] v enervation, effeminacy.

verwekken [vər'vɛkə(n)] vt procreate, beget [children]; fig raise, cause [discontent]; rouse [feelings of...]; stir up [dissatisfaction, a riot]; breed [disease, strife]; RK make [an act of contrition].

verwekker [-kər] m procreator, begetter, author, cause.

verwekking [-kɪŋ] v procreation, begetting; raising.

verwelken [-'vɛlkə(n)] vi fade, wither²; doen ~ fade, wither².

verwelkomen [vər'vɛlko.mə(n)] vt welcome, bid [one] welcome; hartelijk ~ extend a hearty welcome to...

verwelkoming [-mɪŋ] v welcome.

verwennen [-'vɛnə(n)] I vt spoil, indulge (too much) [a child]; II vr zich ~ coddle oneself.

verwensen [-'vɛnsə(n)] vt curse.

verwensing [-sɪŋ] v curse.

1 verweren [-'ve:rə(n)] I vt defend; II vr zich ~ defend oneself.

2 verweren [-'ve:rə(n)] vi weather, become weather-beaten.

1 verwering [-rɪŋ] v 1 defence; 2 zie ook: verweer.

2 verwering [-rɪŋ] v weathering. [weerschrift.

verwerkelijken [vər'vɛrkələkə(n)] vt realize.

verwerkelijking [-kɪŋ] v realization.

verwerken [vər'vɛrkə(n)] vt work up [materials]; digest², assimilate² [food, what is taught]; fig cope with [the demand, the rush, a record number of passengers]; ~ tot make into.

verwerking [-kɪŋ] v working up; assimilation², digestion² [of food, of what is taught].

verwerpelijk [vər'vɛrpələk] objectionable.

verwerpen [vər'vɛrpə(n)] vt reject [an offer]; reject, negative, defeat [a bill &]; repudiate the authority of...]; het amendement werd verworpen the amendment was lost (defeated); het beroep werd verworpen rₜ the appeal was dismissed.

verwerping [-pɪŋ] v rejection, repudiation; rₜ dismissal [of an appeal].

verwerven [vər'vɛrvə(n)] vt obtain, acquire, win, gain.

verwerving [-vɪŋ] v obtaining, acquiring, acquisition.

verwezen [vər've.zə(n)] dazed, dumb-founded; hij stond als ~, als een ~ he seemed to be in a daze.

verwezenlijken [-'ve.zə(n)ləkə(n)] vt realize.

verwezenlijking [-kɪŋ] v realization.

verwijden [vər'vɛidə(n)] I vt widen; II vr zich ~ widen; dilate [of eyes].

verwijderd [-'vɛidərt] remote, distant; van elkaar ~ raken drift apart².

verwijderen [-dərə(n)] I vt remove [things, a stain, a tumour, an official from office &]; get [a person, something] out of the way; expel [a boy from school]; de mensen van elkaar ~ alienate (estrange) people; II vr zich ~ withdraw, retire, go away [of persons]; move away, move off [of ships &]; grow fainter [of sounds]; mag ik mij even ~? excuse me one moment?; ⇨ may I leave the room?

verwijdering [-dərɪŋ] *v* 1 removal; expulsion [of a boy from school]; 2 (tussen personen) estrangement, alienation.

verwijding [-dɪŋ] *v* widening, § dila(ta)tion.

verwijfd [vər'vɛift] *aj* (& *ad*) effeminate(ly).

verwijfdheid [-hɛit] *v* effeminacy, effeminateness.

verwijl [vər'vɛil] *o* delay; *zonder* ~ without delay.

verwijlen [-'vɛilə(n)] *vi* stay, sojourn, abide; ~ *bij* dwell on [a subject].

verwijt [-'vɛit] *o* reproach, blame, reproof; *iemand een* ~ *van iets maken* reproach one with a thing; *ons treft geen* ~ no blame attaches to us, we are not to blame.

verwijten [-'vɛitə(n)] *vt* reproach, upbraid; *iemand iets* ~ reproach one with a thing; *zij hebben elkaar niets te* ~ they are tarred with the same brush; *ik heb mij niets te* ~ I have nothing to reproach myself with.

verwijtend [-tənt] *aj* (& *ad*) reproachful(ly).

verwijven [vər'vɛivə(n)] I *vt* render effeminate; II *vi* become effeminate.

verwijzen [-'vɛizə(n)] *vt* refer; *hij werd in de kosten verwezen* ℟ he was cast in costs.

verwijzing [-zɪŋ] *v* reference; (cross-)reference [in a book]; *onder* ~ *naar...* referring to..., with reference to...

verwikkeld [vər'vɪkəlt] intricate, complicated; ~ *zijn in* be mixed up in.

verwikkelen [-'vɪkələ(n)] *vt* make intricate; *iemand* ~ *in* implicate a person in [a plot], mix him up in [it].

verwikkeling [-lɪŋ] *v* 1 entanglement, complication; 2 (v. roman, toneelstuk) plot; ~*en* complications.

verwikken [vər'vɪkə(n)] *vt* in: *het was niet te* ~ *of te verwegen* it could not be moved.

verwilderd [-'vɪldərt] *eig* 1 (v. dier, kind, plant) run wild; 2 (tuin) overgrown, neglected; *fig* haggard [looks]; *hij keek* ~ he looked haggard; *wat zien die kinderen er* ~ *uit!* how unkempt these children look!; *de* ~*e jeugd* lawless youth.

verwilderen [-'vɪldərə(n)] *vi* run wild² [also of children]; *fig* sink back into savagery.

verwildering [-rɪŋ] *v* running wild; *fig* sinking back into savagery; lawlessness [of youth, morals].

verwisselbaar [vər'vɪsəlba:r] interchangeable.

verwisselen [-sələ(n)] I *vt* (inter)change; exchange [things]; *u moet ze niet met elkaar* ~ you should not mistake one for the other; you should not confound them; ~ *tegen* exchange for; II *vi* in: *van kleren* ~ change one's dress, II F change; ~ *van kleur* change colour; *van paarden* ~ change horses; *van plaats* ~ change places.

verwisseling [-lɪŋ] *v* (inter)change; exchange; mistake; ~ *van plaats* change of place.

verwittigen [vər'vɪtəɣə(n)] *vt* inform, tell; *iemand van iets* ~ inform one of a thing.

verwittiging [-ɣɪŋ] *v* notice, information.

verwoed [vər'vu.t] I *aj* furious, fierce, grim; keen [sportsman]; II *ad* furiously, fiercely, grimly.

verwoedheid [-hɛit] *v* rage, fury, fierceness, grimness.

verwoesten [-'vu.stə(n)] *vt* destroy, lay waste, devastate, ruin.

verwoestend [-tənt] destructive, devastating.

verwoester [-tər] *m* destroyer, devastator.

verwoesting [-tɪŋ] *v* destruction, devastation, ravage, havoc; ~*en* ravages; (*grote*) ~*en aanrichten* (*onder*) work (great) havoc, make havoc (among).

verwonden [vər'vòndə(n)] *vt* wound, injure,

hurt.

verwonderd [-dərt] I *aj* surprised, astonished (at *over*); II *ad* wonderingly, in wonder, in surprise.

verwonderen [-dərə(n)] I *vt* surprise, astonish; *wat mij verwondert is dat...* what surprises me is that...; *het verwondert me alleen dat...* the only thing that astonishes me is...; *dat verwondert mij niet* I am not surprised at that; *het zou me niets* ~ *als...* I should not wonder, I should not be at all surprised if...; *het is niet te* ~ *dat...* no wonder that...; *is het te* ~ *dat...?* is it any wonder that...?; II *vr zich* ~ (*over*) be surprised (at), be astonished (at), marvel (at), wonder (at).

verwondering [-dərɪŋ] *v* astonishment, wonder, surprise; ~ *baren* cause a surprise; *tot mijn grote* ~ to my great surprise.

verwonderlijk [-dərlək] *aj* (& *ad*) astonishing(ly), surprising(ly), wonderful(ly); *het* ~*ste is dat...* the queer thing about it is that...

verwonding [vər'vòndɪŋ] *v* wound, injury.

verwonen [-'vo.nə(n)] *vt* pay for rent.

verworden [-'vòrdə(n)] *vi* degenerate (into *tot*).

verwording [-dɪŋ] *v* degeneration.

verworpeling [vər'vòrpəlɪŋ] *m* outcast, reprobate.

verworvenheid [vər'vòrvə(n)hɛit] *v* achievement.

verwrikken [-'vrɪkə(n)] *vt* move (with jerks).

verwringen [-'vrɪŋə(n)] *vt* twist, distort².

verwringing [-ɪŋ] *v* twisting, distortion².

verzachten [vər'zaxtə(n)] *vt* soften² [the skin, colours, light, voice]; *fig* soothe; mitigate, palliate, alleviate, allay, assuage, relieve [pain]; relax [the law].

verzachtend [-tənt] softening, mitigating; ~ *middel* emollient, palliative; ~*e omstandigheden* extenuating circumstances.

verzachting [-tɪŋ] *v* softening [of the skin &]; mitigation, alleviation [of pain]; relaxation [of a law].

verzadigd [-daxt] 1 (v. eten) satisfied, satiated; 2 (chemisch) saturated.

verzadigdheid [-daxthɛit] *v* 1 satiety; 2 (chemisch) saturation.

verzadigen [-daɣə(n)] I *vt* 1 satisfy, satiate; 2 (chemisch) saturate; *niet te* ~ insatiable; II *vr zich* ~ eat one's fill, satisfy oneself.

verzadiging [-ɣɪŋ] *v* 1 satiation; 2 (chemisch) saturation.

verzaken [vər'za.kə(n)] *vt* renounce, forsake; *kleur* ~ ◊ revoke; zie ook: *plicht*.

verzaking [-kɪŋ] *v* renunciation, forsaking; neglect [of duty]; 2 ◊ revoke.

verzakken [vər'zakə(n)] *vi* sag, sink, subside, settle.

verzakking [-kɪŋ] *v* sagging, sag [of a door], sinking, subsidence.

verzamelaar *m* ~**ster** [vər'za.məla:r, -stər] *v* collector, gatherer, compiler.

verzamelen [-lə(n)] I *vt* gather [honey &]; collect [things]; store up [energy, power &]; assemble [one's adherents]; rally [troops]; compile [stories]; *zijn gedachten* ~ collect one's thoughts; *zijn krachten* ~ gather one's strength; *zijn moed* ~ muster one's courage; ~ *blazen* ✕ sound the assembly; *fig* sound the rally; II *vr zich* ~ 1 (v. personen, dieren) congregate, come together, gather, meet, assemble, rally; 2 (v. stof &) collect; *zich* ~ *om...* gather (rally) round...

verzameling [-lɪŋ] *v* 1 collection; 2 gathering; 3 compilation.

verzamelnaam [vər'za.məlna.m] *m* collective noun.

verzamelplaats [-pla.ts] *v* 1 meeting-place, trysting-place, meet; 2 ✕ rallying-place.

verzanden [vər'zɑndə(n)] *vi* silt up.

verzanding [-dɪŋ] v silting up.

verzegelen [vər'ze.gələ(n)] vt seal (up); *ɪ̆* put under seal, put seals upon.

verzegeling [-lɪŋ] v sealing (up); *ɪ̆* putting under seal.

verzeilen [vər'zɛilə(n)] vi in: *hoe kom jij hier verzeild?* what brings you here?; *ik weet niet waar hij verzeild is* I don't know where he has got to.

verzekeraar [vər'ze.kəra:r] m 1 assurer; 2 insurer; *⚓* underwriter.

verzekerd [-kərt] 1 (zeker) assured, sure; 2 (geassureerd) insured; *u kunt ~ zijn van...*, *houd u ~ van...* you may rest assured of...; *de ~e* the insurant, the insured; zie ook: *bewaring*.

verzekeren [-kərə(n)] I vt 1 assure [person of a fact]; 2 (waarborgen) assure, ensure [success]; 3 (assureren) insure [property], assure, insure [one's life]; 4 (vastmaken) secure [windows &]; *dat ~ wij u* we assure you; *niets was verzekerd* there was no insurance; II vr zich tegen... ~ insure against..., take out an insurance against...; zich van iemands hulp ~ secure a man's help; *ik zal er mij van ~* I am going to make sure of it.

verzekering [-kərɪŋ] v 1 assurance; 2 assurance, insurance; *~ tegen glasschade* plate-glass insurance; *~ tegen inbraak* burglary insurance; *~ tegen ongelukken* accident insurance; *~ tegen ziekte en invaliditeit* health insurance; *sociale ~* social security; *ik geef je de ~ dat...* I assure you that...; *een ~ sluiten* effect an insurance.

verzekeringsagent [-kərɪŋsa.'ɡɛnt] m insurance agent.

verzekeringskantoor [-kanto:r] o insurance office.

verzekeringsmaatschappij [-ma.tsxɑpɛi] v insurance company.

verzekeringspolis [vər'ze.kərɪŋspo.ləs] v insurance policy.

verzekeringspremie [-pre.mi.] v insurance premium.

verzekeringswet [-vɛt] v insurance act.

verzenden [vər'zɛndə(n)] vt send (off), dispatch, forward, ship.

verzender [-dər] m sender; shipper.

verzending [-'zɛndɪŋ] v sending, forwarding, dispatch; shipment [of goods].

verzendingskosten [-dɪŋskɔstə(n)] mv forwarding-charges.

verzengen [-'zɛŋə(n)] vt singe, scorch, parch.

verzenging [-'zɛŋɪŋ] v singeing &.

verzenmaker ['vɛ(:)rzə(n)ma.kər] m > poetaster.

verzet [vər'zɛt] o 1 (tegenstand) opposition, resistance; 2 (uitspanning) distraction, diversion, recreation; *gewapend (lijdelijk) ~* armed (passive) resistance; *~ aantekenen* enter a protest, protest (against *tegen*); *in ~ komen* offer resistance; *fig* protest; *in ~ komen tegen* offer resistance to, resist, oppose; *fig* oppose; protest against [a measure &]; stand up against [tyranny &]; *in ~ komen tegen een vonnis* *⚖* appeal against a sentence.

verzetje ['zɛcə] o F distraction, diversion, recreation.

verzetsbeweging [-'zɛtsbəve.ɣɪŋ] v resistance movement.

verzetsman [-mɑn] m resister.

verzetten [vər'zɛtə(n)] I vt 1 move, shift; 2 (uitspanning geven) distract, divert; *bergen ~* B remove mountains; *de klok ~* put the clock forward (back); *heel wat werk ~* get through (put in, do) a lot of work; *zij kan 't niet ~* she cannot get over it, it sticks in her throat; II vr zich ~ 1 (zich schrap zetten) recalcitrate, kick against the pricks, kick; 2

(weerstand bieden) resist, offer resistance; 3 (zich ontspannen) take some recreation, unbend; *zich krachtig ~* offer (make) a vigorous resistance; *zich niet ~* make (offer) no resistance; *zich ~ tegen* resist; oppose[2] [a measure &]; stand up against [tyranny &]; stand out against [a demand].

verziend ['vɛrzi.nt] far-sighted, long-sighted, presbyopic.

verziendheid [-hɛit] v far-sightedness, long-sightedness, presbyopia.

verzilveren [vər'zɪlvərə(n)] vt eig silver; fig $ convert into cash, cash [a banknote]; *verzilverd* ook: silver-plated [wares].

verzilvering [-rɪŋ] v eig silvering; fig $ cashing.

verzinken [vər'zɪŋkə(n)] vt sink (down, away); *verzonken in gedachten* absorbed (lost) in thought; *in dromen verzonken* lost in dreams; *in slaap verzonken* deep in sleep.

verzinnen [-'zɪnə(n)] vt invent, devise, contrive; *dat verzin je maar* you are making it up; *ik wist niemand te ~ die...* I could not think of anybody who...

verzinsel [-'zɪnsəl] o invention.

verzoek [-'zu.k] o request; petition; *een ~ doen* make a request; *op ~* [cars stop] by request, [samples sent] on request; *op dringend ~ van* at the urgent request of...; *op speciaal ~* by special request; *op ~ van...* *ten ~e van...* at the request of...; *op zijn ~* at his request.

verzoeken [-'zu.kə(n)] vt 1 beg, request; 2 (uitnodigen) ask, invite; 3 (in verzoeking brengen) tempt; *verzoeke antwoord*, *antwoord verzocht* the favour of an answer is requested, an answer will oblige; *verzoeke niet te roken* please do not smoke; *mag ik u ~ de deur te sluiten?* may I trouble you to close the door?; *~ om* ask for; *mogen wij u om de klandizie ~?* may we solicit your custom?; *hem op de bruiloft ~* invite him to the wedding.

verzoeking [-kɪŋ] v temptation; *in ~ brengen* tempt; *in ~ komen om...* be tempted to...

verzoekschrift [vər'zu.ks(x)rɪft] o petition; *een ~ indienen* present a petition.

verzoenbaar [-'zu.nba:r] reconcilable.

verzoendag [-'zu.ndɑx] m day of reconciliation; *Grote ~* Day of Atonement.

verzoenen [-'zu.nə(n)] I vt 1 reconcile, conciliate; 2 placate, propitiate; *~ met* reconcile with (to); *ik kan daar niet mee verzoend raken* I cannot reconcile myself to it; II vr zich ~ become reconciled; *ik kan me daar niet mee ~* I cannot reconcile myself to it.

verzoenend [-nənt] conciliatory, propitiatory.

verzoener [-nər] m conciliator.

verzoening [-nɪŋ] v reconciliation, reconcilement; atonement.

verzoeningsgezind [-nɪŋsɡəzɪnt] conciliatory.

verzoeten [vər'zu.tə(n)] vt sweeten[2].

verzolen [vər'zo.lə(n)] vt resole.

verzorgd [-'zɔrxt] 1 (bezorgd) provided for; 2 (gesoigneerd) well-groomed [men &]; well-trimmed [nails]; well cared-for [baby]; well got-up [book].

verzorgen [-'zɔrɣə(n)] I vt take care of, attend to, look after, provide for; II vr zich ~ take care of oneself.

verzorger [-ɡər] m 1 provider; 2 fosterer [of a child].

verzorging [-ɡɪŋ] v care; provision.

verzorgingshuis [-ɡɪŋshœys] o home for the aged, old people's home.

verzorgingsstaat [-ɡɪnsta.t] m welfare state.

verzot [vər'zɔt] in: *~ op* very fond of, infatuated with, mad on.

verzuchten [-'zʉxtə(n)] vt sigh.

verzuchting [-tɪŋ] v sigh; lamentation; *een ~*

slaken heave a sigh.
verzuim [vər'zœym] *o* 1 neglect, oversight, omission; 2 non-attendance [at school], absenteeism [from work]; ⚓ default.
verzuipen [-'zœypə(n)] **P** I *vt* 1 drown; 2 spend on drink; II *vi* be drowned, drown.
verzuren [-'zy:rə(n)] I *vi* grow sour, sour²; turn [of milk]; II *vt* make sour, sour².
verzuurd [-'zy:rt] soured².
verzwakken [-'zwɑkə(n)] I *vt* weaken [the body, the mind, a solution, the force of argument]; enfeeble [the mind, a country &]; debilitate [the constitution]; enervate [a man physically]; II *vi* weaken, grow weak.
verzwakking [-kɪŋ] *v* weakening, enfeeblement, debilitation.
verzwaren [vər'zva:rə(n)] *vt* make heavier; *fig* aggravate [a crime]; stiffen [an examination]; increase, augment [a penalty]; ∼*de omstandigheden* aggravating circumstances.
verzwelgen [-'zvɛlɣə(n)] *vt* swallow (up).
verzwelging [-ɡɪŋ] *v* swallowing (up).
verzweren [vər'zve:rə(n)] *vi* fester, ulcerate.
verzwering [-rɪŋ] *v* festering, ulceration.
verzwijgen [vər'zvɛiɣə(n)] *vt* in: *iets* ∼ not tell, keep it a secret, conceal it, suppress it; *je moet het voor hem* ∼ keep it from him.
verzwijging [-ɡɪŋ] *v* suppression [of the truth], concealment.
verzwikken [vər'zvɪkə(n)] I *vt* sprain [one's ankle]; II *vr zich* ∼ sprain one's ankle.
verzwikking [-kɪŋ] *v* sprain.
vesper ['vɛspər] *v* vespers, evensong.
vesperdienst [-di:nst] *m* vespers.
vesperklokje [-klɔkjə] *o* vesper-bell, evening-bell.
vespertijd [-tɛit] *m* vesper-hour, evening-time.
1 **vest** [vɛst] *o* 1 waistcoat; 2 (in winkeltaal)
2 **vest** [vɛst] *v zie verz.*   [vest.
Vestaals [vɛs'ta.ls] Vestal.
⚓ **veste** ['vɛstə] *v* 1 fortress, stronghold; 2 rampart, wall; 3 moat.
vestiaire [vɛsti.'ɛ:rə] *m* cloak-room.
vestibule [vɛsti.'by.lə] *m* hall, vestibule.
vestigen ['vɛstɪɣə(n)] I *vt* establish, set up; *de blik, de ogen* ∼ *op* fix one's eyes upon; *zijn geloof* ∼ *op* place one's faith in; *zijn hoop* ∼ *op* set one's hopes on; *waar is hij gevestigd?* where is he living?; *waar is die maatschappij gevestigd?* where is the seat of that company?; II *vr zich* ∼ settle, settle down, establish oneself, take up one's residence; *zich* ∼ *als dokter* set up as a doctor.
vestiging [-ɡɪŋ] *v* establishment, settlement.
vesting ['vɛstɪŋ] *v* ✗ fortress.
vestingartillerie [-ɑrtɪləri.] *v* ✗ garrison artillery.
vestingwerken [-vɛrkə(n)] *mv* ✗ fortifications.
1 **vet** [vɛt] *o* 1 (in 't alg.) fat; 2 grease [of game, or dead animals when melted and soft]; *dierlijke en plantaardige* ∼*ten* animal and vegetable fats; *iemand zijn* ∼ *geven* **F** give him his gruel; *we hebben nog wat in het* ∼ there is something in store for us; *ik heb voor jou nog wat in 't* ∼ **F** I have a rod in pickle for you; *laat hem in zijn eigen* ∼ *gaar koken* let him stew in his own grease (juice); *we zullen het in het* ∼ *zetten* grease; *op zijn* ∼ *leven* live on one's own fat.
2 **vet** [vɛt] *aj* fat [people, coal, clay, lands, type, benefices &]; greasy [fingers, skin &, wool]; *een* ∼ *baantje* a fat job; ∼*te druk* ook: heavy (bold) type; ∼ *gedrukt* printed in heavy (bold) type; *daar ben je* ∼ *mee* **F** a lot of good that will do you!; *het* ∼*te der aarde genieten* **B** live upon the fat of the land.
vetachtig ['vɛtɑxtəx] fatty, greasy.
vete ['ve.tə] *v* feud, enmity.
veter ['ve.tər] *m* 1 boot-lace, shoe-lace; 2 (v.

korset) stay-lace.
veteraan [ve.tə'ra.n] *m* veteran.
veterband ['ve.tərbɔnt] *o* & *m* tape.
vetgehalte ['vɛtɡəhɑltə] *o* fat-content, percentage of fat.
vetgezwel [-ɡəzvɛl] *o* fatty tumour.
vetheid [-hɛit] *v* fatness; greasiness.
vetkaars [-ka:rs] *v* tallow-dip, dip.
vetle(d)er [-le:r, le.dər] *o* greased leather.
vetleren [-le:rə(n)] (of) greased leather.
vetmesten [-mɛstə(n)] I *vt* fatten²; II *vr zich* ∼ *met* fatten on [*fig*].
veto ['ve.to.] *o* veto; *zijn* ∼ *uitspreken* interpose one's veto; *zijn* ∼ *uitspreken over*... put one's (a) veto upon, veto.
vetorecht [-rɛxt] *o* right of veto.
vetplant [-plɔnt] *v* ⚘ succulent.
vetpotje [-pɔcə] *o* lampion, fairy-lamp.
vettig ['vɛtəx] fatty, greasy.
vetvlek ['vɛtflɛk] *v* grease-spot, greasy spot.
vetvrij [-frɛi] greaseproof [paper].
vetweiden [-vɛidə(n)] *vt* fatten [cattle].
vetweider [-vɛidər] *m* grazier.
vetzucht [-sʏxt] *v* fatty degeneration.
veulen ['vø.lə(n)] *o* 1 (in 't alg.) colt; 2 (mannetje) foal; 3 (wijfje) filly.
vezel ['ve.zəl] *v* fibre, filament, thread.
vezelig [-ləx] fibrous, filamentous; stringy
vezeligheid [-hɛit] *v* fibrousness &.   [beans].
vezelstof [-stɔf] *v* fibrin.
via ['vi.a.] via, by way of.
viaduct, viadukt [vi.a.'dʏkt] *m* & *o* viaduct; ⚌ fly-over.
vibreren [-'bre:rə(n)] *vi* vibrate, quaver, undulate.
vicaris [vi.'ka:rəs] *m* vicar; *apostolisch* ∼ vicar apostolic.
vicaris-generaal [-ɡe.nə'ra.l] *m* vicar general.
vice-admiraal ['vi.sɑdmi:ra.l] *m* ⚓ vice-admiral.
vice-consul, vice-konsul [-kɔnsʏl] *m* vice-consul.
vice-president [-pre.zi.dɛnt] *m* vice-president.
vice-voorzitter ['vi.səvo:rzɪtər] *m* vice-president, deputy chairman.
vicieus [vi.t(j)sl.'ø.s] vicious [circle].
victorie [-ri.] *v* victory; ∼ *kraaien* shout victory, triumph.
vief [vi.f] lively, smart.
vier [vi:r] four; *met* ∼*en!* ✗ form fours!
vierbenig [-be.nəx] four-legged.
vierdaags [-da.xs] of four days, four days'.
vierde [-də] fourth (part); ∼ *man zijn sp* make a fourth; *ten* ∼ fourthly, in the fourth place.
vierdelig [-de.ləx] divided into (consisting of) four parts, quadripartite; four-section [screen].
vieren ['vi.rə(n)] *vt* 1 celebrate, keep [Christmas]; observe (keep holy) [the Sabbath]; 2 (laten schieten) veer out, pay out, ease off [a rope]; zie ook: *teugel*; *hij wordt daar erg gevierd* he is made much of there.
vierendeel [-de.l] *o* quarter [of weights and measures, of a year].
vierendelen [-de.lə(n)] *vt* quarter [something, ⊘ a shield, ⊡ a traitor's body].
vierhoek [-hu.k] *m* quadrangle.
vierhoekig [-hu.kəx] quadrangular.
viering ['vi:rɪŋ] *v* celebration [of a feast]; observance [of the Sunday].
vierkant [-kɔnt] I *aj* 1 (v. figuren) square; 2 (v. getallen) square; *een* ∼*e kerel* 1 a square-built fellow; 2 *fig* a blunt fellow; *drie* ∼*e meter* three square metres; ∼ *maken* square; II *o* 1 (figuur) square; 2 (getal) square; *3 meter in het* ∼ 3 metres square; III *ad* squarely; ∼ *brassen* ⚓ square the yards; *hem* ∼ *de deur uitgooien* **F** bundle him out without ceremony; *het* ∼ *tegenspreken* con-

tradict it flatly; *het ~ weigeren* refuse flatly; *~ tegen iets zijn* be dead against it.
vierkantsvergelijking [-kantsfərgəlɛikiŋ] *v* quadratic equation.
vierkantswortel [-vòrtəl] *m* square root.
vierkwartsmaat [-kʋartsma.t] *v*, *♪* quadruple time.
vierledig [-le.dəx] consisting of four parts, quadripartite.
vierling [-lıŋ] *m* quadruplets.
viermotorig [-mo.to:rɔx] *♂* four-engined.
vierpersoonsauto [-pərso.nso.to., -ɔuto.] *m* four-seater.
vierpotig [-po.təx] four-legged.
vierregelig [ˈviːre.gələx] of four lines; *~ gedicht* quatrain.
vierschaar [ˈviːrsxa:r] *v* tribunal, court of justice; *de ~ spannen* sit in judgment (upon over).
viersnarig [-sna:rəx] *♪* four-stringed.
vierspan [-span] *o* four-in-hand.
viersprong [-spròn] *m* cross-way; *op de ~* at the cross-roads (at the parting of the ways) [*fig*].
vierstemmig [-stɛməx] *♪* for four voices, four-part.
viertaktmotor [-taktmo.tər] *m* four-stroke engine.
viertal [-tal] *o* (number of) four; *het ~* the four (of them); *ons ~* the four of us, our quartet(te).
viertalig [-ta.ləx] quadrilingual.
viervoeter [-vu.tər] quadruped.
viervoetig [-təx] four-footed, quadruped.
viervoud [ˈviːrvʋut] *o* quadruple; *in ~* in quadruplicate.
viervoudig [-vʋudəx] fourfold, quadruple.
vierwielig [-vi.ləx] four-wheeled.
vierzijdig [-zɛidəx] four-sided, quadrilateral.
vies [vi.s] I *aj* 1 dirty, grubby [hands]; nasty² [smell, weather &]; filthy [stories]; 2 (kieskeurig) particular, fastidious, dainty, nice; *hij valt niet ~* he is not over-particular; *~ zijn op p ijn eten* be very nice about one's food, be fastidious; *ik ben er ~ van* it disgusts me; II *ad* in: *~ kijken* make a wry face; *~ ruiken* have a nasty smell.
viesheid [ˈvi.shɛit] *v* dirtiness, nastiness, filthiness.
viezerik [ˈvi.zərık] *m* F dirty Dick, dirty pig.
viezigheid [ˈvi.zəxhɛit] *v* 1 (abstract) dirtiness, nastiness; 2 (concreet) dirt, filth.
vigeren [vi.ˈge:rə(n)] *vi* be in force.
vigilante [vi.ʒi.ˈlantə] *v* cab.
vigilie [vi.ˈʒi.li] *v* vigil [~ = eve of a festival].
vignet [vi.ˈɲet] *o* vignette, (kop~) head-piece, (sluit~) tail-piece.
vijand [ˈvɛiant] *m* enemy, ○ foe.
vijandelijk [vɛiˈandələk] 1 ✕ (van een vijand) enemy('s) [fleet], hostile; 2 (als van een vijand) hostile [to...].
vijandelijkheid [-hɛit] *v* hostility.
vijandig [vɛiˈandəx] *aj* (& *ad*) hostile(ly), inimical(ly); *hun ~ gezind* unfriendly disposed towards them; *hun niet ~ gezind zijn* bear them no enmity.
vijandigheid [-hɛit] *v* enmity, hostility.
vijandin [vɛianˈdın] *v* enemy, ○ foe.
vijandschap [ˈvɛiantsxap] *v* enmity; *in ~* at enmity.
vijf [vɛif] five; *geef mij de ~* F shake, shake hands; *een van de ~ is op de loop* F he has a screw loose.
vijfde [-də] fifth (part); *ten ~* fifthly, in the fifth place.
vijfdelig [-de.ləx] quinquepartite.
vijfhoek [-hu.k] *m* pentagon.
vijfhoekig [-hu.kəx] pentagonal.
vijfjarenplan [vɛifˈja:rə(n)plan] *o* five-year plan.

vijfkamp [-kamp] *m sp* pentathlon.
vijfling [-lıŋ] *m* quintuplets.
vijfstemmig [-stɛməx] *♪* for five voices.
vijftal [-tal] *o* (number of) five; quintet(te); *het ~* the five (of them).
vijftien [-ti.n] fifteen.
vijftiende [-ti.ndə] fifteenth (part).
vijftig [-təx] fifty.
vijftiger [-təgər] *m* person of fifty (years).
vijftigjarig [ˈvɛiftəxja:rəx] of fifty years; *de ~e* the quinquagenarian.
vijftigste [-stə] fiftieth (part).
vijfvoetig [ˈveifu.təx] five-footed; *~ vers* pentameter.
vijfvoud [-fout] *o* quintuple.
vijfvoudig [-foudəx] fivefold, quintuple.
vijg [vɛix] *v* fig.
vijgeblad [ˈvɛigəblat] *o* fig-leaf².
vijgeboom [-bo.m] *m* fig-tree.
vijl [vɛil] *v* file; *er de ~ over laten gaan* polish it [*fig*].
vijlen [ˈvɛilə(n)] *vt* file; *fig* polish.
vijlsel [ˈvɛilsəl] *o* filings.
vijver [ˈvɛivər] *m* pond.
1 **vijzel** [ˈvɛizəl] *m* (stampvat) mortar.
2 **vijzel** [ˈvɛizəl] *v* (hefschroef) jack.
vijzelen [-zələ(n)] *vt* screw up, jack (up).
viking [ˈvi.kıŋ] *m* viking.
vilder [ˈvıldər] *m* skinner, flayer, (horse-) knacker.
villa [ˈvi.la.] *v* villa, country-house, (klein) cottage.
villapark [-park] *o* villa park.
villen [ˈvılə(n)] *vt* flay², fleece², skin²; *ik laat me ~ als...* F I am dashed if...
vilt [vılt] *o* felt.
1 **vilten** [ˈvıltə(n)] *aj* felt.
2 **vilten** [ˈvıltə(n)] *vt* felt.
vin [vın] *v* 1 fin [of a fish]; 2 acne [on the human body]; *hij verroerde geen ~* he did not stir (move) a finger; he didn't move hand or foot.
vinden [ˈvındə(n)] I *vt* 1 find, soms: meet with, come across; 2 think [it fair &]; feel [that they should be abolished]; *hoe ~ ze het?* how do they like it?; *hoe vind je onze stad?* what do you think of our town?; *ik vind het niets aardig* I don't think it nice; *ik vind het niet erg* I don't mind; *ik vind niet dat het zo koud is als gisteren* I don't find it so cold as yesterday; *wij kunnen het goed met elkaar ~* we get on very well together; *zij kunnen het niet goed met elkaar ~* somehow they don't hit it off; *het niets ~ om...* think nothing of ...ing; *ik zal hem wel ~* he shall smart for this!; he shall not go unpunished; *dat zullen wij wel ~* we'll make it all right, get it settled; *wat ~ ze daar nu aan?* what can they see in it (in him)?; *er iets op ~ om...* find (a) means to; *daar is hij altijd voor te ~* he is always game for it; *daar is hij niet voor te ~* he will not be found willing to do it, he does not lend himself to that sort of thing; II *vr hij vond zich door iedereen verlaten* he found himself left by everybody; *dat zal zich wel ~* it is sure to come all right.
vinder [-dər] *m* finder; (uitvinder) inventor.
vinding [-dıŋ] *v* invention, discovery.
vindingrijk [-rɛik] inventive [mind], ingenious, resourceful [person].
vindingrijkheid [-hɛit] *v* ingeniousness, ingenuity, inventiveness, resourcefulness.
vindplaats [ˈvıntpla.ts] *v* place where something has been found; deposit [of ore]; habitat [of animal, plant].
vinger [ˈvıŋər] *m* finger; *middelste ~* middle finger; *voorste ~* forefinger, index; *de ~ Gods* the finger of God; *als men hem een ~ geeft, neemt hij de hele hand* give him an

inch, and he will take an ell; *lange* ∼*s hebben, zijn* ∼*s niet thuis kunnen houden* be light-fingered; *de* ∼*s jeuken mij om...* my fingers itch to...; *de* ∼ *op de wond leggen* put one's finger on the spot, touch the sore; *zijn* ∼ *opsteken* show (put up) one's finger; *hij zal geen* ∼ *uitsteken om...* he will not lift (stir) a finger to...; *als je een* ∼ *naar hem uitsteekt* if you wag a finger at him; *iets door de* ∼*s zien* overlook it; *met zijn* ∼*s ergens aan komen (zitten)* finger it, meddle with it; *als je hem maar met de* ∼ *aanraakt* if you lay a finger on him; *iemand met de* ∼ *nawijzen* point (one's finger) at him; *iemand om de* ∼ *winden* twist (turn) a person round one's (little) finger; *iemand op de* ∼*s kijken* keep an eye on one; *dat kun je op je* ∼*s natellen (narekenen, uitrekenen)* you can count it on your fingers; zie ook: *snijden* III, *tikken* II &.

vingerafdruk [-afdrŭk] *m* finger-print.
vingerbreed [-bre.t] I *aj* of a finger's breath; II *o* finger's breadth.
vingerdoekje [-du.kjə] *o* doily.
vingergewricht [-gəvrıxt] *o* finger-joint.
vingerhoed [-hu.t] *m* 1 thimble; 2 centilitre.
vingerhoedskruid [-hu.tskrœyt] *o* ♣ foxglove.
vingerkommetje [-kòmɔcə] *o* finger-bowl.
vingerlid [-lıt] *o* finger-joint.
vingerling [-lıŋ] *m* finger-stall.
vingeroefening [-u.fənıŋ] *v* ♪ (five-)finger exercise.
vingerspraak [ˈvıŋərspra.k] *v* finger-and-sign language.
vingertop [-təp] *m* finger-tip.
vingerwijzing [-wɛizıŋ] *v* hint, indication.
vingerzetting [-zɛtıŋ] *v* ♪ fingering; *met* ∼ *van...* ♪ fingered by.
vink [vıŋk] *m* & *v* ♥ finch.
vinnig [ˈvınəx] I *aj* sharp, fierce; biting [cold, wind]; smart [blow]; keen [fight]; cutting [remarks]; II *ad* sharply &.
vinnigheid [-hɛit] *v* sharpness, fierceness &.
vinvis [ˈvınvıs] *m* ♒ rorqual.
violet [vi.oˈlɛt] *aj* & *o* violet.
violier [-ˈli:r] *v* ♣ stock-gillyflower.
violist [-ˈlıst] *m* *v* violinist, violin-player.
violoncel [-lòn'sɛl] *v* ♪ violoncello, F 'cello
viool [vi.ˈo.l] *v* 1 ♪ violin, F fiddle; 2 ♣ violet; *hij speelt de eerste* ∼ he plays first fiddle; *op de* ∼ *spelen* play (on) the violin.
vioolconcert [-kònsɛrt] *o* 1 (uitvoering) violon recital; 2 (muziekstuk) violin concerto.
vioolkam [-kɑm] *m* bridge.
vioolkist [-kıst] *v* violin-case.
vioolles [vi.ˈo.lɛs] *v* violin lesson.
vioolmuziek [vi.ˈo.lmy.zi.k] *v* violin music.
vioolpartij [-pɑrtɛi] *v* violin part.
vioolsleutel [-sløˈtəl] *m* treble clef.
vioolsnaar [-sna:r] *v* violin-string.
vioolspeler [-spe.lər] *m* violinist, violin-player.
viooltje [-cə] *o* ♣ violet; *driekleurig* ∼ pansy; *Kaaps* ∼ African violet.
Virginiaans [-gi.ni.ˈa.ns] Virginian.
Virginië [-ˈgi.ni.ə] *o* Virginia.
Virginiër [-ər] *m* Virginian.
virtuoos [vırtyˈo.s] I *m* virtuoso [*mv* virtuosı]; *een piano* ∼ a virtuoso pianist; II *aj* masterly; III *ad* in a masterly way.
virtuositeit [-o.zi.ˈtɛit] *v* virtuosity.
virus [ˈvi:rɔs] *o* virus.
virusziekte [ˈvi:rɔsi.ktə] *v* virus disease.
vis [vıs] *m* fish; ∼ *noch vlees* neither fish nor flesh; *als een* ∼ *op het droge* like a fish out of water.
visaas [ˈvısa.s] *o* fish-bait.
visachtig [-ɑxtəx] fish-like, fishy.
visakte [-ɑktə] *v* fishing-licence.
visangel [-ɑŋəl] *m* fish-hook.

visboer [ˈvısbu:r] *m* fish-man, fish-hawker.
visgraat [ˈvısgra.t] *v* fish-bone.
vishandelaar [-hɑndəla:r] *m* fishmonger.
visie [ˈvi.zi.] *v* 1 [prophetic] vision; 2 (kijk) outlook [on art], view [of the problem]; *ter* ∼ *liggen* zie *ter inzage liggen*.
visioen [vi.zi.ˈu.n] *o* vision.
visionair [-ò'nɛ:r] *aj* & *m* visionary.
visitatie [vi.zi.ˈta.(t)si.] *v* 1 visit [of a ship], search; customs examination, [customs] inspection; 2 *RK* Visitation.
visite [vi.ˈzi.tə] *v* 1 (handeling) visit, call; 2 (v. personen) visitor(s); *er is* ∼, *wij hebben* ∼ we have visitors; *een* ∼ *maken* pay a visit (call), make a call; *een* ∼ *maken bij* pay a visit to, call on, give a call to, visit.
visitekaartje [-ka:rcə] *o* visiting-card, card.
visiteren [vi.zi.ˈte:rə(n)] *vt* examine, search, [inspect.
viskaar [ˈvıska:r] *v* fish-basket.
vislucht [-lŭxt] *v* fishy smell.
vismarkt [-mɔrkt] *v* fish-market.
vismes [-mɛs] *o* fish-knife.
visnet [-nɛt] *o* fishing-net.
visotter [-ɔtər] *m* ♒ common otter.
visrijk [-rɛik] abounding in fish.
visschotel [ˈvısxo.təl] *m* & *v* 1 fish-strainer; 2 (gerecht) fish-dish.
visschub [-sxŭp] *v* scale [of fish].
vissen [ˈvısə(n)] I *vi* fish; *naar een complimentje* ∼ fish (angle) for a compliment; II *va* fish; *uit* ∼ *gaan* go out fishing.
visser [-sər] *m* 1 (hengelaar) angler; 2 (van beroep) fisherman; ♒ fisher.
visserij [vısəˈrɛi] *v* fishery.
vissersboot [ˈvısərsbo.t] *m* & *v* fishing-boat.
vissersdorp [-dɔrp] *o* fishing-village.
vissershaven [-ha.və(n)] *v* fishing-port.
vissershut [-hŭt] *v* fisherman's cottage.
vissersleven [-le.və(n)] *o* fisherman's life.
vissersschuit [ˈvısərsxœyt] *v* fishing-boat.
vissersvloot [ˈvısərsflo.t] *v* fishing-fleet.
vissersvolk [-fòlk] *o* nation of fishermen.
vissersvrouw [-frou] *v* fisherman's wife.
vissmaak [ˈvısma.k] *m* fishy taste.
vistijd [-tɛit] *m* fishing-season.
vistuig [-tœyx] *o* fishing-tackle.
visueel [vi.zy.ˈe.l] visual.
visum [ˈvi.zŭm] *o* visa.
visvangst [ˈvısfɔŋst] *v* fishing; *de wonderdadige* ∼ B the miraculous draught of fishes.
visvijver [-fɛivər] *m* fish-pond.
visvrouw [-frou] *v* fish-woman, fishwife.
viswater [-va.tər] *o* fishing-water, fishing-ground.
viswijf [-vɛif] *o* fish-woman, fishwife.
viswinkel [-vıŋkəl] *m* fish-shop.
vitaal [vi.ˈta.l] vital.
vitaliteit [vi.ta.li.ˈtɛit] *v* vitality.
vitamine [vi.ta.ˈmi.nə] *v* vitamin.
vitrage [vi.ˈtra.ʒə] 1 *v* (gordijn) lace curtain, net curtain; 2 *v* & *o* (stof) lace, net.
vitrine [vi.ˈtri.nə] *v* (glass) show-case, show-window.
vitriool [vi.tri.ˈo.l] *o* & *m* vitriol.
vitten [ˈvıtə(n)] *vi* find fault, cavil, carp; ∼ *op* find fault with, carp at.
vitter [-tər] *m* fault-finder, caviller.
vitterig [-tərəx] fault-finding, cavilling, censorious, captious.
vitterigheid, vitterij [-tərəxhɛit, vıtəˈrɛi] *v* fault-finding, cavilling, censoriousness; carping criticism.
vitzucht [ˈvıtsŭxt] *v* censoriousness.
vivat [ˈvi.vɑt] *o* long live [the King!], three cheers [for the King].
vivisectie, vivisektie [vi.vi.ˈsɛksi.] *v* vivisection; ∼ *toepassen op* vivisect [animals].
1 **vizier** [vi.ˈzi:r] *m* vizi(e)r.
2 **vizier** [vi.ˈzi:r] *o* 1 visor [of a helmet]; 2 ✂

(back-)sight [of a gun]; *in het ∼ krijgen* catch sight of; *met open ∼* with visor raised; *fig* openly.
vizierklep [-klεp] *v* ✕ leaf.
vizierkorrel [-kɔrəl] *m* ✕ bead, foresight.
vizierlijn [-lεin] *v* ✕ line of sight.
vla [vla.] *v* 1 (crème) custard; 2 (baksel) tart.
vlaag [vla.x] *v* shower [of rain], gust [of wind]; *fig* fit [of anger, insanity &]; access [of generosity]; *bij vlagen* by fits and starts.
Vlaams [vla.ms] I *aj* Flemish; *∼e gaai* ✿ jay; II *o het ∼* Flemish; III *v een ∼e* a Flemish woman.
Vlaanderen ['vla.ndərə(n)] *o* Flanders.
vlade ['vla.də] = *vla*.
vlag [vlɑx] *v* 1 flag, ✕ colours; *fig* standard; 2 vane, web [of a feather]; *de witte ∼* the white flag, the flag of truce; *dat staat als een ∼ op een modderschuit* it suits you as a saddle suits a sow; *de ∼ hijsen* hoist the flag; *de ∼ neerhalen* lower the flag; *de ∼ strijken voor...* lower one's flag to...; *de ∼ uitsteken* put out the flag; *de Engelse ∼ voeren* fly the English flag; *met ∼ en wimpel* with flying colours; *onder Franse ∼ varen* fly the French flag; *onder valse ∼ varen* sail under false colours², *fig* wear false colours; *de ∼ dekt de lading* the flag covers the cargo; *free flag makes free bottom; de ∼ dekt de lading niet ±* more cry than wool.
vlaggen [-gə(n)] *vi* put out (fly, hoist, display) the flag (flags); *de stad vlagde* the town was beflagged.
vlaggendoek [-du.k] *o* & *m* bunting.
vlaggeschip ['vlɑgəsxɪp] *o* ♦ flag-ship.
vlaggestok [-stɔk] *m* flagstaff, flag-pole.
vlaggetouw [-tou] *o* flag-line.
vlagofficier ['vlɑxɔfi.si:r] *m* ♦ flag-officer.
vlagvertoon [-fərto.n] *o* ♦ showing the flag.
1 vlak [vlɑk] I *aj* flat, level; § plane; *∼ land* flat (level) country; *∼ke meetkunde* plane geometry; *∼ke tint* flat tint; *∼ke zee* smooth sea; II *ad* flatly²; right [in the centre &]; *∼ oost* due east; *∼ achter elkaar* close after one another, in close succession; *∼ achter hem* close behind him, close upon his heels, *∼bij* close by; *het huis is ∼ bij de kerk* the house is close to the church; *ik sloeg hem ∼ in zijn gezicht* I hit him full in the face; *ik zei 't hem ∼ in zijn gezicht* I told him so to his face; *∼ vóór je* right in front of you; *∼ voor de start* just before the start; III *o* 1 plane, level; 2 face [of a cube]; 3 flat [of the hand, sword]; 4 sheet [of ice, water &]; *hellend ∼ inclined plane; wij zijn op een hellend ∼* we are on a slippery slope.
2 vlak [vlɑk] *v* zie 2 *vlek*.
vlakgom ['vlɑkgɔm] *m* & *o* india-rubber, [ink-] eraser.
vlakheid [-hεit] *v* flatness.
1 vlakken ['vlɑkə(n)] *vt* flatten, level.
2 vlakken ['vlɑkə(n)] *vt* & *vi* zie *vlekken*.
vlakte ['vlɑktə] *v* plain, level; *hem tegen de ∼ slaan* ✕ knock him down.
vlaktemaat [-ma.t] *v* superficial measure.
vlam [vlɑm] *v* flame², blaze; *een oude ∼ van hem* ✕ an old flame of his; *∼men schieten* flash fire; *∼ vatten* catch fire²; *fig* fire up; *in ∼men opgaan* go up in flames; *in (volle) ∼ staan* be ablaze (in a blaze).
Vlaming ['vla.mɪŋ] *m* Fleming.
vlammen ['vlɑmə(n)] *vi* flame, blaze, be ablaze.
vlampijp ['vlɑmpεip] *v* ⚒ fire-tube.
vlas [vlɑs] *o* ✿ flax.
vlasachtig ['vlɑsɑxtəx] flaxy [plants]; flaxen [hair].
vlasakker [-ɑkər] *m* flax-field.
vlasbaard [-ba.rt] *m* 1 flaxen (downy) beard; 2

beardless boy, milksop.
vlasbouw [-bou] *m* flax-growing.
vlashaar [-ha:r] *o* flaxen hair; *met ∼* flaxen-haired.
vlaskleur [-klø:r] *v* flaxen colour.
vlaskleurig [-klø:rəx] flaxen.
1 vlassen ['vlɑsə(n)] *aj* flaxen.
2 vlassen ['vlɑsə(n)] *vi ∼ op* F look forward to, be keen on...
vlasspinner *m ∼ster* ['vlɑspɪnər, -stər] *v* flax-spinner.
vlasspinnerij [vlɑspɪnə'rεi] *v* flax-mill.
vlasstengel ['vlɑstəŋəl] *m* flax stalk.
vlasvink ['vlɑsfɪŋk] *m* & *v* ✿ linnet.
vlaszaad ['vlɑsa.t] *o* flax-seed, linseed.
vlecht [vlεxt] *v* braid, plait, tress; *valse ∼* false plait; *haar ∼* her [i. e. the girl's] pigtail; *in een (neerhangende) ∼* in a pigtail.
vlechten ['vlεxtə(n)] *vt* twist [thread, rope]; twine [strands of hemp &]; plait [hair, ribbon, straw, mats]; braid [the hair]; wreathe [a garland]; wattle [a hedge]; make [baskets]; *een opmerking in zijn rede ∼* weave a remark into one's speech.
vlechter [-tər] *m* twister, plaiter, braider.
vlechtwerk ['vlεxtvεrk] *o* wicker-work, basket-work.
vleermuis ['vle:rmœys] *v* bat.
vleermuisbrander [-brɑndər] *m* batwing burner.
vlees [vle.s] *o* 1 flesh; 2 meat [when cooked]; 3 pulp [of fruit]; *∼ in bussen* tinned beef; *het levende ∼* the quick; *wild ∼* proud flesh; *zijn eigen ∼ en bloed* his own flesh and blood; *ik weet wat voor ∼ ik in de kuip heb* I know with whom I have to deal; *in het ∼ snijden* cut to the quick; *goed in zijn ∼ zitten* be in flesh; *het gaat hem naar den vleze* he is doing well; *hij bijt zijn nagels af tot op het ∼* he bites his nails to the quick.
vleesetend [-e.tənt] flesh-eating, § carnivorous; *∼e dieren* carnivores, carnivora.
vleesextract, -extrakt [-εkstrɑkt] *o* meat extract.
vleesgerecht [-gərεxt] *o* meat-course.
vleeshal(le) [-hɑl(ə)] *v* meat-market, shambles.
vleeshouwer [-hɑuər] *m* butcher.
vleeshouwerij [vle.shɑu'rεi] *v* butcher's shop.
vleeskleur ['vle.sklø:r] *v* flesh colour.
vleeskleurig [-klø:rəx] flesh-coloured.
vleesloos [-lo.s] meatless.
vleesmes [-mεs] *o* carving-knife; butcher's knife.
vleesmolen [-mo.lə(n)] *m* mincing-machine, mincer.
vleesnat [-nɑt] *o* broth.
vleespastei [-pɑstεi] *v* meat-pie.
vleespasteitje [-cə] *o* meat-patty.
vleespin ['vle.spɪn] *v* skewer.
vleespot [-pɔt] *m* flesh-pot; *verlangen naar de ∼ten van Egypte* be sick for the flesh-pots of Egypt.
vleesschotel ['vle.sxo.təl] *m* & *v* meat-dish; meat-course.
vleesspijs *v ∼spijzen* [-spεis, -spεizə(n)] *mv* meat.
vleeswaren [-va:rə(n)] *mv* meats.
vleeswond(e) [-vɔnt, -vɔndə] *v* flesh-wound.
vleeswording [-vɔrdɪŋ] *v* incarnation.
1 vleet [vle.t] *v* herring-net; *bij de ∼* lots of..., plenty of..., galore.
2 vleet [vle.t] *v* 🐟 skate.
vlegel ['vle.gəl] *m* 1 flail; 2 *fig* lout, cur, boor.
vlegelachtig [-ɑxtəx] *aj* (& *ad*) loutish(ly), currish(ly), boorish(ly).
vlegelachtigheid [-hεit] *v* loutishness, currishness, boorishness; *een ∼* a piece of impudence; *zijn vlegelachtigheden* his impudence.
vlegeljaren [-le.goljɑ:rə(n)] *mv* years of indiscretion, awkward age.

vleien ['vlɛiə(n)] **I** *vt* flatter, coax, cajole, wheedle; **II** *vr zich* ~ *dat...* flatter oneself that...; *zich* ~ *met de hoop dat...* indulge a hope that..., flatter oneself with the belief that...; *zich* ~ *met ijdele hoop* delude oneself with vain hopes; *zich gevleid voelen door...* feel flattered by...

vleier [-ər] *m* flatterer, coaxer.

vleierij [vlɛiə'rɛi] *v* flattery.

vleinaam ['vlɛina.m] *m* endearing name, pet name.

vleister [-stər] *v* flatterer, coaxer.

vleitaal [-ta.l] *v* flattering words, flattery.

1 **vlek** [vlɛk] *o* small market-town.

2 **vlek** [vlɛk] *v* 1 spot², stain², blot², blemish²; 2 speck [in fruit]; *een* ~ *op zijn naam* a blot on his reputation.

vlekkeloos ['vlɛkəlo.s] spotless, stainless, speckless.

vlekkeloosheid [vlɛkə'lo.shɛit] *v* spotlessness.

vlekken ['vlɛkə(n)] **I** *vt* blot, soil, stain, spot; **II** *vi* soil; get spotted; *het vlekt gemakkelijk* it soils easily.

vlekkenwater [-va.tər] *o* stain remover.

vlekkig ['vlɛkəx] spotted, full of spots.

vlektyfus ['vlɛkti.füs] *m* typhus (fever).

1 **vlerk** [vlɛrk] *v* wing; *fig* S paw [= hand]; *iemand bij zijn* ~*en pakken* P collar one.

2 **vlerk** [vlɛrk] *m* P churl, boor.

vleselijk ['vle.sələk] carnal, fleshy; *mijn* ~*e broeder* my own brother; ~*e lusten* carnal desires.

vlet [vlɛt] *v* & flat, flat-bottomed boat.

vleug [vlø.x] *v* (last) flicker.

vleugel ['vlø.gəl] *m* 1 wing² [of a bird, the nose, a building, an army]; ○ pinion; 2 leaf [of a door]; 3 (v. molen) wing, vane; 4 ♪ grand piano; *kleine* ~ ♪ baby grand; *de* ~*s laten hangen* droop one's wings; *iemand de* ~*s korten* clip a man's wings; *met de* ~*s slaan* beat its wings [of a bird]; *iemand onder zijn* ~*en nemen* take a person under one's wing.

vleugeldeur [-dø.r] *v* folding-door(s).

vleugelklep [-klɛp] *v* & wing-flap.

vleugellam ['vløgəlɑm] winged.

vleugelloos [-lo.s] wingless.

vleugelman ['vløgəlmɑn] *m* ✕ guide, leader of the file.

vleugelmoer [-mu.r] *v* ✗ butterfly-nut, wing-nut.

vleugelpiano [-pi.a.no.] *v* grand-piano; *kleine* ~ baby grand.

vleugelslag [-slɑx] *m* wing-beat.

vleugelspeler [-spe.lər] *m* wing.

vlezig [-zəx] 1 fleshy [arms &, women, tumours, ✿ leaves]; meaty [cattle]; 2 pulpy [fruits].

vlezigheid [-hɛit] *v* fleshiness &.

vlieden ['vli.də(n)] **I** *vi* flee, fly [from...]; **II** *vt* flee, fly, shun, eschew [dangers &].

vlieg [vli.x] *v* fly; *iemand een* ~ *afvangen* steal a march upon a person; *geen* ~ *kwaad doen* not hurt a fly; *twee* ~*en in één klap slaan* kill two birds with one stone; *je bent niet hier gekomen om* ~*en te vangen* you are not here to sit idle.

vliegbereik ['vli.xbərɛik] *o* & radius of action.

vliegbiljet [-biljɛt] *o* air ticket.

vliegboot [-bo.t] *m* & *v* & flying-boat.

vliegbrevet [-brəvɛt] *o* flying certificate.

vliegdek [-dɛk] *o* & flight-deck.

vliegdekschip [-sxip] *o* & (aircraft) carrier.

vliegdienst ['vli.xdi.nst] *m* & flying-service, air service.

vliegen ['vli.gə(n)] *vi* fly² [of birds, aviators, time]; *hij ziet ze* ~ he has a bee in his bonnet; *in brand* ~ catch (take) fire; *zij vloog naar de deur* she flew to the door; *iemand naar de keel* ~ fly at a person's throat; *de kogels*

vlogen ons om de oren the bullets were flying about our ears; *wij vlogen over het ijs* we were simply flying over the ice; *hij vloog de kamer uit* he flew (tore) out of the room; *hij vliegt voor haar* he is at her beck and call; *ze* ~ *voor je* they will fly to serve you.

vliegend [-gənt] flying; ~ *blaadje* pamphlet; ~*e bom* ✕ fly(ing)-bomb; *in* ~*e haast* in a great hurry; ~*e jicht* wandering gout; ~*e tering* galloping consumption; ~*e vis* ✗ flying fish; ~*e winkel* travelling shop; zie ook: *geest, Hollander* &.

vliegenier [vli.gə'ni.r] *m* ✗ zie *vlieger* 2.

vliegensvlug ['vli.gənsflüx] as quick as lightning.

vliegenvanger ['vli.gə(n)vɑŋər] *m* 1 fly-catcher; fly-paper; 2 ✿ fly-trap; 3 ✦ fly-catcher.

vlieger ['vli.gər] *m* 1 kite; 2 ✗ airman, flyer, flier, flying-man, aviator; *een* ~ *oplaten* fly a kite; *die* ~ *gaat niet op* that cock won't fight.

vlieghaven ['vli.xha.və(n)] *v* ✗ airport.

vliegkunst [-künst] *v* ✗ aviation.

vliegmachine [-ma.ʃi.nə] *v* ✗ zie *vliegtuig*.

vliegongeluk [-òngəlük] *o* ✗ flying-accident.

vliegpost [-pòst] *v* ✗ air mail.

vliegterrein [-tɛrɛin] *o* ✗ flying-ground, aerodrome.

vliegtuig [-tœyx] *o* ✗ plane, airplane, aeroplane, flying-machine; ~*(en)* ook: aircraft; *per* ~ ook: by air.

vliegtuigbemanning [-bəmɑnıŋ] *v* ✗ air crew.

vliegtuigfabriek [-fa.bri.k] *v* aircraft factory.

vliegtuigindustrie [-ındüstri.] *v* aircraft industry.

vliegtuigmoederschip [vli.xtœyx'mu.dərsxıp] *o* ⚓ sea-plane carrier.

vliegtuigmonteur ['vli.xtœyxmɔntø.r] *m* ✗ air mechanic.

vliegveld ['vli.xfɛlt] *o* ✗ airfield.

vliegwedstrijd [-vɛtstrɛit] *m* ✗ air race.

vliegweer [-ve.r] *o* ✗ flying weather.

vliegwerk [-vɛrk] *o* in: *iets met kunst en* ~ *doen* zie *kunst*.

vliegwezen [-ve.zə(n)] *o* ✗ flying.

vliegwiel [-vi.l] *o* ✗ fly-wheel.

vliem [vli.m] = *vlijm*.

vlier [vli.r] *m* ✿ elder.

vlierboom ['vli.rbo.m] *m* ✿ elder-tree.

vliering ['vli.rıŋ] *v* loft, garret, attic; *op de* ~ under the leads.

vlieringkamertje [-ka.mərcə] *o* garret-room, attic.

vlierpit ['vli.rpıt] *v* elder-pith. [attic.]

vlierstruik [-strœyk] *m* elder-bush.

vlierthee [-te.] *m* elder-tea.

vlies [vli.s] *o* film [of any material]; ⚕ & ✿ 1 membrane [in body]; 2 ✿ cuticle; pellicle [= film & membrane]; 3 fleece [= woolly covering of sheep &]; *het Gulden Vlies* .ie Golden Fleece.

vliesachtig ['vli.sɑxtəx] filmy, membranous.

vliet [vli.t] *m* brook, rill.

vliezig ['vli.zəx] membranous, filmy.

vlijen ['vlɛiə(n)] **I** *vt* lay down, stow; **II** *vr zich* ~ *in het gras* nestle down in the grass; *zich tegen iemand aan* ~ nestle up to a person.

vlijm [vlɛim] *v* lancet.

vlijmen ['vlɛimə(n)] *vt* open with a lancet.

vlijmend [-mənt] sharp², biting².

vlijmscherp ['vlɛimsxɛrp] (as) sharp as a razor, razor-sharp.

vlijt [vlɛit] *v* industry, diligence, assiduity, application.

vlijtig ['vlɛitəx] *aj* (& *ad*) industrious(ly), diligent(ly), assiduous(ly).

vlinder ['vlındər] *m* butterfly²; *fig* ook: philanderer.

vlinderbloemigen [-blu.məgə(n)] *mv* ✿ papilionaceous flowers.

vlinderslag [-slɑx] *m* butterfly stroke [in swimming].

vlo [vlo.] v flea.

vloed [vlu.t] m 1 (getij) flood-tide, flux, flood, tide; 2 (rivier) stream, river; 3 (overstroming) flood; 4 *fig* flood [of tears, of words], flow [of words]; *een ~ van scheldwoorden* a torrent of abuse.

vloedgolf [-golf] v tidal wave², bore.

vloei [vlu:i] o zie *vloeipapier* & *vloeitje*.

vloeibaar ['vlu:iba:r] liquid, fluid; *~ maken (worden)* ook: liquefy.

vloeibaarheid [-heit] v liquidity, fluidity.

vloeibaarmaking, ~wording [-ma.kıŋ, -vordıŋ] v liquefaction.

vloeiblok ['vlu:iblɔk] o blotting-pad, blotter.

vloeien ['vlu.jə(n)] I vi 1 flow; 2 (in 't papier trekken) run; blot [of blotting-paper]; *die verzen ~ (goed)* those lines flow well; *er vloeide bloed* 1 there was bloodshed; 2 (bij duel) blood was drawn; II vt (met vloeipapier) blot.

vloeiend [-jənt] I aj flowing, fluent²; *een ~e stijl* a smooth style; *~ verzen* flowing verse; II ad (speak) fluently, (run) smoothly.

vloeipapier ['vlu:ipa.pi:r] o 1 blotting-paper; 2 (zijdepapier) tissue-paper.

vloeistof [-stɔf] v liquid.

vloeitje [-cə] o cigarette paper.

vloek [vlu.k] m 1 oath, swear-word; 2 (vervloeking) curse, malediction, imprecation; *er rust een ~ op* a curse rests upon it; *in een ~ en een zucht* in two shakes of a lamb's tail, in the twinkling of an eye.

vloeken ['vlu.kə(n)] I vi swear, curse (and swear); *~ als een ketter* swear like a trooper; *~ op* swear at; *die kleuren ~ (tegen elkaar)* these colours clash (with each other); II vt curse [a person &].

vloeker [-kər] m swearer.

vloekwaardig [vlu.kˈva:rdəx] damnable, execrable.

vloer [vlu:r] m floor; *altijd over de ~ zijn* be always about the house.

vloerbedekking ['vlu:rbədɛkıŋ] v floor-covering.

vloeren ['vlu:rə(n)] vt floor.

vloerkleed ['vlu:rkle.t] o carpet.

vloerkleedje [-kle.cə] o rug.

vloermat [-mɑt] v floor-mat.

vloersteen [-ste.n] m paving-tile, flag(-stone).

vloertegel [-te.gəl] m floor-tile, paving-tile.

vloerverwarming [-vərvɑrmıŋ] v floor heating.

vloerzeil [-zɛil] o floor-cloth.

vlok [vlɔk] v 1 flock [of wool]; 2 flake [of snow, soap &]; 3 tuft [of hair].

vlokken ['vlɔkə(n)] vi flake.

vlokkig ['vlɔkəx] flocky, flaky.

vlonder ['vlɔndər] m plank-bridge.

vlooiebeet ['vlo.jəbe.t] m flea-bite.

vlooien [-jə(n)] vt clean of fleas [a dog &].

vlooienspel [-spɛl] o tiddly-winks.

vlooientheater [-te.a.tər] o flea circus, performing fleas.

vloot [vlo.t] v fleet, navy.

vlootaalmoezenier ['vlo.ta.lmu.zəni:r] m *RK* naval chaplain, F padre.

vlootbasis [-ba.zəs] v naval base.

vlootje ['vlo.cə] o butter-dish.

vlootpredikant ['vlo.tpre.di.kɑnt] m naval chaplain, F padre.

vlootvoogd [-fo.xt] m commander of the fleet, admiral.

1 **vlot** [vlɔt] o raft.

2 **vlot** [vlɔt] I aj 1 (drijvend) ⚓ afloat; 2 (vlug) fluent [speaker]; smooth [journey, landing &]; 3 (niet stroef) easy [manner, style, to live with], flowing [style]; *een ~ hoedje* a smart little hat; *zijn ~te pen* his facile pen; *een schip ~ krijgen* ⚓ get a ship afloat, float her; *~ worden* ⚓ get afloat; II ad

fluently; *het gaat ~* it goes smoothly; *de... gaan ~ weg* $ there is a brisk sale of..., ...are a brisk sale; *~ opzeggen* get off pat [a lesson].

vlotheid [-heit] v fluency; smoothness.

vlotten ['vlɔtə(n)] I vi float; *fig* go smoothly; *het gesprek vlotte niet* the conversation dragged; *het werk wil maar niet ~* I can't make headway; *het werk vlot goed* we are making headway; *~de bevolking* floating population; *~d kapitaal* circulating capital; *~de middelen* liquid resources; *~de schuld* $ floating debt; II vt raft [wood, timber].

vlotter [-tər] m 1 (persoon) raftsman, rafter; 2 ⚙ float.

vlucht [vlʏxt] v 1 (het vluchten) flight, escape; 2 (het vliegen) flight; 3 (afstand van vleugeluiteinden) wing-spread; 4 flight, flock [of birds]; bevy [of larks, quails]; covey [of partridges]; *de ~ nemen* flee, take to flight, take oŋ one's heels; *zijn ~ nemen* take wing [of birds]; *een hoge ~ nemen* fly high, soar; *fig* soar high, take a high (lofty) flight; *een te hoge ~ nemen* fly too high; *een vogel in de ~ schieten* shoot a bird on the wing; *op de ~ drijven (jagen)* put to flight, put to rout, rout; *op de ~ gaan (slaan)* zie *de ~ nemen*; *op de ~ zijn* be on the run.

vluchteling ['vlʏxtəlıŋ] m 1 fugitive; 2 refugee.

vluchtelingenkamp [-lıŋə(n)kɑmp] o refugee camp.

vluchten ['vlʏxtə(n)] I vi fly, flee; *~ naar* flee (fly) to; *uit het land ~* flee (from) the country; *~ voor* flee from, fly from, fly before; II vt fly, flee, shun [dangers &].

vluchthaven ['vlʏxtha.və(n)] v port (harbour) of refuge.

vluchtheuvel [-hø.vəl] m island, refuge.

vluchtig ['vlʏxtəx] I aj volatile [oils, persons]; cursory [reading], hasty [glance, sketch]; fleeting, transient [pleasure]; II ad cursorily.

vluchtigheid [-heit] v volatility; cursoriness; hastiness.

vlug [vlʏx] I aj 1 quick² [trot & walk; to act, perceive, learn, think, or invent]; nimble² [in movement, of mind]; agile² [frame, arm, movements &]; 2 (kunnende vliegen) fledged [birds]; *~ in het rekenen* quick at figures; *~ met de pen zijn* have a ready pen; *~ van begrip* quick(-witted); *hij behoort niet tot de ~gen* he is none of the quickest; II ad quickly, quick; *~ (wat)!* (be) quick!, look sharp!; *hij kan ~ leren* he is a quick learner.

vlugheid ['vlʏxheit] v quickness, nimbleness, rapidity, promptness.

vlugschrift [-s(x)rıft] o pamphlet.

vlugzout [-sout] o sal volatile.

1 **vocaal** [vo.ˈka.l] aj (& ad) vocal(ly).

2 **vocaal** [vo.ˈka.l] v vowel.

vocabulaire [vo.ka.by.ˈlɛ:rə] o vocabulary.

vocatief ['vo.ka.ti.f] m gram vocative.

vocht [vɔxt] I o (vloeistof) fluid, liquid; 2 o & v (condensatie) moisture, damp, wet.

vochten ['vɔxtə(n)] vt moisten, wet, damp.

vochtgehalte ['vɔxtgəhɑltə] o percentage of moisture, moisture content.

vochtig ['vɔxtəx] moist, damp, dank, humid; *~ maken* moisten, wet, damp; *~ worden* become moist &, moisten.

vochtigheid [-heit] v moistness, dampness, humidity; (het vocht) moisture, damp.

vochtigheidsmeter [-heitsme.tər] m hygrometer.

vochtvlek [-flɛk] v damp-stain.

vod [vɔt] o & v rag, tatter; *een of ander ~ van een boek* some rubbishy book; *iemand achter de ~den zitten* F keep him hard at it; *hem bij de ~den krijgen* F catch hold of him.

vodde ['vɔdə] v rag, tatter.

voddeboel [-bu.l] m **voddegoed** [-gu.t] o trash,

rubbish, trumpery things.

voddenhandel ['vɔdə(n)hɑndəl] *m* rag-trade.

voddenkoper [-ko.pər] *m* dealer in rags, ragman.

voddenkraam [-kra.m] *v* & *o* trash, rubbish.

voddenmarkt [-mɑrkt] *v* rag-market.

voddenraper [-ra.pər] *m* ~raapster [-ra.pstər] *v* rag-picker.

voddig ['vɔdəx] ragged; *fig* trashy.

vodje ['vɔcə] *o* rag; *fig* scrap [of paper].

vodka = *wodka.*

voeden ['vu.də(n)] I *vt* feed [a man, a pump &]; nourish[2] [one's family, a hope &]; *fig* foster, nurse, cherish [a hope]; II *va* be nourishing [of food]; III *vr* zich ~ feed; *zich* ~ *met...* feed on...

1 **voeder** [-dər] *m* feeder.

2 **voeder** [-dər] *o* fodder, forage, provender.

voederbak [-bɑk] *m* manger.

voederen ['vu.dərə(n)] *vt* feed.

voederzak [-zɑk] *m* nose-bag.

voeding ['vu.dɪŋ] *v* 1 (handeling) feeding, nourishment, alimentation; 2 (voedsel) food, nourishment; 3 (voedingswijze) diet; *een gebalanceerde* ~ a balanced diet.

voedingsbodem [-dɪŋsbo.dəm] *m* 1 *eig* (culture) medium [of bacteria]; matrix [of fungus]; 2 *fig* breeding ground.

voedingsmiddel [-mɪdəl] *o* article of food; ~*en* foodstuffs.

voedingsstoffen [-dɪŋstɔfə(n)] *mv* nutritious matter.

voedingswaarde [-dɪŋsva:rdə] *v* food value.

voedsel ['vu.tsəl] *o* food, nourishment; ~ *geven aan* encourage.

voedselschaarste [-sxa:rstə] *v* food shortage.

voedselvoorraad [-vo:ra.t] *m* food supply.

voedselvoorziening [-vo:rzi.nɪŋ] *v* food supply.

voedster ['vu.tstər] *v* nurse, foster-mother.

voedzaam [-sa.m] nourishing, nutritious, nutritive.

voedzaamheid [-heit] *v* nutritiousness, nutritiveness.

voeg [vu.x] *v* joint, seam; *uit zijn* ~*en rukken* put out of joint, disrupt; *dat geeft geen* ~ that is not seemly, it is not the proper thing (to do).

voege ['vu.gə] *in dier* ~ in this manner; *in dier* ~ *dat...* so as to..., so that...

1 **voegen** ['vu.gə(n)] I *vi* (& *onpers. ww.*) (betamen) become; *die toon voegt u niet* that tone is not fitting for you; *zoals het een ware vrouw voegt* as beseems a true woman; *het voegt mij te zwijgen* decency bids me be silent; *het voegt ons niet om...* it is not for us to...; II *vr* zich ~ *naar...* conform to..., comply with...

2 **voegen** ['vu.gə(n)] I *vt* 1 (bijdoen) add; 2 (dichtvullen) △ point, joint, flush; 3 (onpersoonlijk) suit [one]; *dat voegt mij niet* it doesn't suit me; ~ *bij* add to; zie ook: *daad;* II *vr* zich ~ *bij iemand* join a person.

voegijzer ['vu.xeizər] *o* △ pointing-trowel.

voegwoord [vu:rt] *o* gram conjunction.

voegzaam [-sa.m] suitable, becoming, (be)fitting, seemly, fit, proper.

voegzaamheid [-heit] *v* suitableness, becomingness, seemliness, propriety.

voelbaar ['vu.lba:r] to be felt; palpable; perceptible.

voelen ['vu.lə(n)] I *vt* feel, ook: be sensible of [shame]; be alive to [an insult]; *ik voel mijn benen* my legs are aching; *ik zal het hem laten* ~ he shall be made to feel it; *ik voel daar niet veel voor* I don't sympathize with the idea, I don't care for it, it does not appeal to me; I don't care to... [be kept waiting &]; II *va* in: *het voelt zacht* it is soft to the touch; III *vr* zich... ~ feel [ill], feel oneself...; *hij begint*

zich te ~ he is getting above himself; *hij voelt zich nogal* he rather fancies himself; *zich thuis* ~ feel at home[2].

voelhoorn, -horen ['vu.lho:rən] *m* feeler, antenna [*mv* antennae]; *zijn* ~*s uitsteken* feel one's ground [*fig*].

voeling ['vu.lɪŋ] *v* feeling; touch; ~ *hebben met* be in touch with; ~ *houden met* keep (in) touch with; ~ *krijgen met* come into touch with.

voelspriet ['vu.lspri.t] *m* zie *voelhoorn.*

voer [vu:r] *o* 1 fodder, forage, provender; 2 cartload; 3 zie *voering.*

voerbak ['vu:rbɑk] *m* manger.

1 **voeren** ['vu:rə(n)] *vt* zie *voederen.*

2 **voeren** ['vu:rə(n)] *vt* 1 carry, convey, take, bring, lead; 2 (hanteren) wield [the sword &]; 3 conduct [negotiations], carry on [propaganda]; *dat zou ons te ver* ~ that would carry us too far; *wat voert u hierheen?* what brings you here?; *een adelaar in zijn wapen* ~ have an eagle in one's coat of arms.

3 **voeren** ['vu:rə(n)] *vt* line [a coat].

voering [-rɪŋ] *v* lining.

voeringstof [-rɪŋstɔf] *v* (material for) lining.

voerloon ['vu:rlo.n] *o* cartage.

voerman [-mɑn] *m* 1 (koetsier) driver, coachman; 2 (vrachtrijder) wagoner, carrier; 3 * Waggoner.

voertaal [-ta.l] *v* official language, vehicle.

voertuig [-tœyx] *o* carriage, vehicle[2].

voet [vu.t] *m* foot [of man, hill, ladder, page &]; *fig* foot, footing; *zes* ~ *lang* six feet long; *je moet hem daarin geen* ~ *geven* you should not indulge him too much, you should not encourage him; *dat gaat zover als het* ~*en heeft* that's all right as far as it goes; *de* ~ *in de stijgbeugel hebben* be in the saddle [*fig*]; *het heeft heel wat* ~*en in de aarde* it takes (will take) some doing; ~ *bij stuk houden* 1 keep to the point; 2 stick to one's guns; *vaste* ~ *krijgen* obtain a foothold, obtain a firm footing; *iemand de* ~ *lichten* supplant (oust) one; *geen* ~ ~*verzetten* not move hand or foot; *geen* ~ *kunnen verzetten* not be able to stir; *ik zet daar geen* ~ *meer* I'll never set foot there again; *iemand de* ~ *op de nek zetten* put one's foot upon his neck; ~ *aan wal zetten* set foot on shore; *geen* ~ *buiten de deur zetten* not stir out of the house; *een nieuwe* ~ *aan een kous zetten* new-foot a stocking; *aan de* ~ *van de bladzijde, van de brief* at the foot of the page, at foot; *met het geweer bij de* ~ with arms at the order; *met de* ~*en bij elkaar* with joined feet; *met één* ~ *in het graf staan* have one foot in the grave; *iemand met* ~*en treden* trample under foot, tread under foot[2]; *fig* set at naught, override [laws]; *onder de* ~ *geraken* be trampled on; *een land onder de* ~ *lopen* overrun a country; *onder de* ~ *vertrappen* tread (trample) under foot; *op de* ~ *van 5 ten honderd* at the rate of five per cent.; *iemand (de tekst) op de* ~ *volgen* closely follow a person (the text); *op die* ~ at that rate; *op bescheiden* ~ on a modest footing; *op dezelfde* ~ on the old footing; in the old way; *on the same lines; op gelijke* ~ on an equal footing, on a footing of equality, on the same footing; *zij staan op gespannen* ~ relations are strained between them; *op goede* ~ *staan met* be on good terms with, stand well with; *op grote* ~ *leven* live in (grand) style; *op de oude* ~ on the old footing; *op staande* ~ off-hand, at once, on the spot, then and there; *op vertrouwelijke* ~ on familiar terms; *op vrije* ~*en* at liberty, at large; *op* ~ *van gelijkheid* on a footing of equality, on equal terms; *op* ~ *van oorlog* on a war footing; *op ~ van vrede* on a peace footing; *te ~* on foot; *te ~ gaan* go on foot, walk; *iemand te ~ vallen* throw oneself at a man's feet; *ten ~en uit geschilderd* full-length [portrait]; *zich uit de ~en maken* take to one's heels, make off; *~ voor ~* foot by foot, step by step; *iemand iets voor de ~en gooien* cast (fling, throw) it in his teeth.

voetangel ['vu.taŋəl] *m* mantrap; ✗ caltrop; *hier liggen ~s en klemmen* beware of mantraps; *fig* it is full of pitfalls, there are snakes in the grass.

voetbad [-bɑt] *o* foot-bath.

voetbal [-bɑl] 1 *m* (bal) football; 2 *o* (spel) football, F soccer; *~ spelen* play football, F play soccer.

voetballen ['vu.tbɑlə(n)] *vi* play football, F play soccer.

voetballer, voetbalspeler [-bɑlər, -bɑlspe.lər] *m* football-player.

voetbalveld [-bɑlvɛlt] *o* football ground, football field.

voetbank ['vu.tbɑŋk] *v* footstool.

voetboog [-bo.x] *m* cross-bow.

voetbreed [-bre.t] *geen ~ wijken* not budge an inch.

voetbrug [-brʏx] *v* foot-bridge.

voete.neind(e) ['vu.tənɛində, -ɛint] *o* foot-end, foot [of a bed].

voetganger ['vu.tgɑŋər] *m ~ster* [-gɑŋstər] *v* pedestrian.

voetgangerstunnel [-gɑŋərstʏnəl] *m* pedestrian tunnel.

voetje ['vu.cə] *o* small foot; *een wit ~ bij iemand hebben* be in a person's good graces; *een wit ~ bij iemand zien te krijgen* insinuate oneself into a person's good graces; *~ voor ~ step by step.

voetknecht [-knɛxt] *m* ⚔ foot-soldier.

voetkussen [-kʏsə(n)] *o* hassock.

voetlicht [-lɪxt] *o* footlights; *voor het ~ brengen* put on the stage; *voor het ~ komen* appear before the footlights.

voetmat [-mɑt] *v* foot-mat.

voetnoot [-no.t] *v* foot-note.

voetpad [-pɑt] *o* foot-path, footway.

voetpomp [-pɔmp] *v* foot-pump, inflator.

voetreis [-rɛis] *v* journey (excursion) on foot, pedestrian tour, walking-tour, *sp* hike.

voetreiziger [-rɛizəɣər] *m* foot-traveller, pedestrian, wayfarer.

voetrem [-rɛm] *v* foot-brake.

voetspoor [-spo.r] *o* foot-mark, footprint, track; *het ~ volgen van* follow in the track of.

voetstap [-stɑp] *m* step, footstep; *iemands ~pen drukken, in zijn ~pen treden* follow (tread, walk) in a person's (foot)steps.

voetstoots [-sto.ts] 1 $ [buy, sell] outright, as it is (as they are); 2 off-hand, out of hand.

voetstuk [-stʏk] *o* pedestal.

voetval [-vɑl] *m* prostration; *een ~ doen voor...* prostrate oneself before...

voetveeg [-fe.x] *m* & *v* door-mat[2].

voetvolk [-fɔlk] *o* ✗ foot-soldiers; *het ~* the foot, the infantry.

voetwortelbeentje [-be.ncə] *o* tarsal bone.

voetzoeker [-su.kər] *m* squib, cracker.

voetzool [-so.l] *m* sole of the foot.

vogel ['vo.gəl] *m* bird, ⊙ fowl; *de ~en des hemels* the fowls of the air; *een slimme ~* a sly dog, a wily old bird; *beter één ~ in de hand dan tien in de lucht* a bird in the hand is worth two in the bush; *de ~ is gevlogen* the bird is flown.

vogelaar ['vo.gəla:r] *m* fowler, bird-catcher.

vogelbekdier ['vo.gəlbɛkdi:r] *o* duckbill, § platypus.

vogelei [-ɛi] *o* bird's egg.

vogelfluitje [-flœycə] *o* bird-call.

vogelhandelaar [-hɑndəla:r] *m* bird-seller, bird-fancier.

vogeljacht [-jɑxt] *v* fowling.

vogelkers [-kers] *v* ♣ bird-cherry.

vogelkooi [-ko:i] *v* bird-cage.

vogelliefhebber [-li.fhɛbər] *m* bird-fancier.

vogellijm [-lɛim] *m* 1 bird-lime; 2 ♣ mistletoe.

vogelmarkt ['vo.gəlmɑrkt] *v* bird-market; poultry-market.

vogelnest [-nɛst] *o* 1 bird's nest; 2 (eetbaar) edible bird's nest.

vogeltje [-cə] *o* little bird, F dicky-bird, dicky; *~s die zo vroeg zingen krijgt 's avonds de poes* sing before breakfast (and you'll) cry before night; *ieder ~ zingt zoals het gebekt is* is if better were within, better would come out; every one talks after his own fashion.

vogelverschrikker [-vərs(x)rɪkər] *m* scarecrow[2]; *er uitzien als een ~* look a perfect fright.

vogelvlucht [-vlʏxt] *v* bird's-eye view; *...in ~* bird's-eye view of...

vogelvrij [-vrɛi] outlawed; *iemand ~ verklaren* outlaw one.

vogelvrijverklaarde [-vərkla:rdə] *m-v* outlaw.

vogelvrijverklaring [-kla:rɪŋ] *v* outlawry.

vogelzaad ['vo.gəlza.t] *o* bird-seed.

Vogezen [vo.'ge.zə(n)] *mv de ~* the Vosges.

voile ['vva.lə] 1 *m* (voorwerpsnaam) veil; 2 *o* & *m* (stofnaam) voile.

vol [vɔl] full, filled; *de autobus, tram & is ~ ook:* is full up; *hij was er ~ van* he was full of it; *~ (van) tranen* full of tears; *hij was ~ verontwaardiging* he was filled with indignation; *een boek ~ wetenswaardigheden ook:* packed with interesting facts; *~le broeder* full brother; *een ~le dag* a full day; *~le leerkracht* full-time (whole-time) teacher; *~ matroos* able seaman; *~le melk* full-cream milk, whole milk; *~le neef (nicht)* cousin german, first cousin; *~le stem* rich (full) voice; *een ~ uur* a full hour, a solid hour; *een ~le winkel (met mensen)* a crowded shop; *gij willen hem niet voor ~ aanzien* they don't take him seriously; *ten ~le* to the full, fully, [pay] in full. [full.

volaarde ['vòla:rdə] *v* fuller's earth.

volautomatisch ['vòlo.to.-, -outo.ma.ti.s] fully automatic.

volbloed ['vòlblu.t] thoroughbred, full-blooded [horses &]; *fig* out-and-out [radical].

volbloedig [vòl'blu.dəx] full-blooded, plethoric.

volbloedigheid [-hɛit] *v* full-bloodedness, plethora.

volbrengen [vòl'brɛŋə(n)] *vt* fulfil, execute, accomplish, perform, achieve; *het is volbracht* B it is finished.

volbrenging [-ŋɪŋ] *v* fulfilment, performance, accomplishment.

voldaan [vòl'da.n] 1 satisfied, content; 2 $ (betaald) paid, received; *voor ~ tekenen* $ receipt [a bill].

voldaanheid [-hɛit] *v* satisfaction, contentment.

volder ['vòldər] = *voller*.

1 voldoen ['vòldu.n] *vt* fill (up).

2 voldoen [vòl'du.n] I *vt* 1 satisfy, give satisfaction to, content, please [people]; 2 (betalen) pay [a bill]; II *va* (& *vi*) satisfy, give satisfaction; *wij kunnen niet aan alle aanvragen ~* we cannot cope with the demand; *aan een belofte ~* fulfil a promise; *aan een bevel ~* obey a command; *aan het examen ~* satisfy the examiners; *aan zijn plicht ~* fulfil one's duty; *aan zijn verplichtingen ~* meet one's obligations ($ one's liabilities); *(niet) aan de verwachting ~* (not) answer expectations; *aan een verzoek ~* comply with a request; *aan een voorwaarde ~* satisfy (fulfil) a condition; *aan iemands wens ~* satisfy a person's wish; *zie ook: eis.*

voldoend(e) [vòl'du.nt, -'du.ndə] I *aj* satisfactory [proof]; sufficient [amount, number, provisions &]; *dat is* ~*e* ook: that will do; II *ad* satisfactorily; sufficiently.

voldoende [-'du.ndə] *v* & *o* ⟷ sufficient mark; *ik heb* ~ I have got sufficient (marks).

voldoendheid [-'du.ntheit] *v* satisfactoriness; sufficiency.

voldoening [-'du.nıŋ] *v* 1 satisfaction; 2 $ settlement, payment; 3 atonement [by Christ]; *zijn* ~ *over...* his satisfaction at or with [the results &]; ~ *geven* (*schenken*) give satisfaction; *ter* ~ *aan...* in compliance with [regulations]; *ter* ~ *van...* in settlement of [a debt].

voldongen [-'dòŋə(n)] in: ~ *feit* accomplished fact.

voleind(ig)en [-'eind(əg)ə(n)] *vt* finish, complete.

voleind(ig)ing [-d(əg)ıŋ] *v* completion.

volgaarne [vòlga:rnə] right willingly.

volgbriefje ['vòlxbri.fjə] *o* $ delivery order.

volgeboekt ['vòlgəbu.kt] booked up (to capacity), fully booked [aircraft &].

volgefourneerd [-fu:rne:rt] zie *volgestort.*   [ry.

volgeling(e) ['vòlgəliŋ(ə)] *m(-v)* follower, votavolgen ['vòlgə(n)] I *vt* follow [a person, a path, a speaker, an argument, the fashion, an admonition, a command &]; follow up [a clue]; pursue [a policy]; watch [the course of events, a football match &]; attend [a series of concerts, lectures]; take [a course of training]; *zijn eigen hoofd* ~ go one's own way; *een verdachte* ~ shadow (dog) a suspect; *ik heb* (*het verhaal*) *niet gevolgd* I have not followed it up; *hij liet deze verklaring* ~ *door...* he followed up this explanation by...; II *va* follow; *hij kan niet* ~ (*in de klas*) he can't keep up with his form; *je hebt weer niet gevolgd* you have not attended [to your book &]; II *vi* follow, ensue; *ik volg* I am next; *Nederland en België* ~ *met 11%* the Netherlands and Belgium come next with 11 per cent.; *slot volgt* zie *slot*; *wie* (*die*) *volgt?* next, please; *hij schrijft als volgt* as follows; ~ *op* follow (on); *op de p volgt de q p is* followed by q; *de ene ramp volgde op de andere* disaster followed disaster; *de op haar* ~*de zuster* the sister next to her [in years]; *hieruit volgt dat...* it follows that...; *wat volgt daaruit?* what follows?

volgend ['vòlgənt] *aj* following, ensuing, next; *de* ~*e week* 1 next week; 2 the next (the ensuing) week; *het* ~*e* the following.

volgens ['vòlgəns] according to; ~ *paragraaf zoveel* under such and such a paragraph; ~ *de directe methode* by the direct method; ~ *factuur* $ as per invoice.

volger [-gər] *m* follower.

volgestort ['vòlgəstərt] $ paid-up (in full).

volgieten [-gi.tə(n)] *vt* fill.

volgkoets ['vòlxku.ts] *v* mourning-coach.

volgnummer [-nûmər] *o* serial number.

volgooien ['vòlgo.jə(n)] *vt* fill.

volgorde ['vòlxərdə] *v* order (of succession), sequence.

volgrijtuig [-reitœyx] *o* mourning-coach.

volgroeid [vòl'gru:it] full-grown.

volgtrein ['vòlxtrein] *m* relief train.

volgwagen [-va.gə(n)] *m* 1 (rouwkoets) mourning-coach; 2 zie *aanhangwagen.*

volgzaam [-sa.m] docile, tractable.

volgzaamheid [-heit] *v* docility, tractability.

volharden [vòl'hardə(n)] *vi* persevere, persist; ~ *bij zijn besluit* stick to one's resolution; ~ *bij zijn weigering* persist in one's refusal; ~ *in de boosheid* persevere in one's evil courses.

volhardend [-dənt] persevering, persistent.

volharding [-dıŋ] *v* perseverance, persistency;

tenacity (of purpose).

volhardingsvermogen [-dıŋsfərmo.gə(n)] *o* perseverance, persistency.

volheid ['vòlheit] *v* ful(l)ness; *uit de* ~ *van zijn kennis* out of a plenitude of knowledge.

volhouden [-hou(d)ə(n)] I *vt* maintain [a war, statement &]; keep up [the fight]; sustain [a character, rôle]; *zelfs een... kan dat niet lang* ~ even a... won't last long at that; *het* ~ hold on, hold out, S stick it (out); *hij bleef maar* ~ *dat...* he (stoutly) maintained that..., he insisted that..., he was not to be talked out of his conviction that...; II *va* persevere, persist, hold on, hold out, S stick it out (to the end); ~ *maar!* never say die!

volière [vo.li.'ε:rə] *v* aviary.

volijverig ['vòleivərəx] zealous, full of zeal, assiduous.

volk [vòlk] *o* 1 people, nation; 2 ⚔ troops; (*er is*) ~ *!* Shop!; *het* ~ 1 the people; 2 ⚓ the crew; *ons* ~ 1 our nation, this nation, the people of this country; 2 our servants; *er was veel* ~ there were many people; *zulk* ~ such people; *de* ~*en van Europa* the nations (peoples) of Europe; *het gemene* ~ the mob, the vulgar; *wij krijgen* ~ we expect people [to-night]; *bij groot* ~ *dienen* serve with the quality; *een man uit het* ~ a man of the people; *voor het* ~ for the many, for the people.

volkenbond ['vòlkə(n)bònt] *m* League of Nations.

volkenkunde [-kûndə] *v* ethnology.

volkenrecht [-rεxt] *o* law of nations, international law, public law.

volkje ['vòlkjə] *o* people; *het jonge* ~ the young folk; *dat jonge* ~*!* those youngsters.

volkomen [vòl'ko.mə(n)] I *aj* perfect [circle, ✿ flower]; complete [victory &]; II *ad* perfectly [happy &]; completely [satisfied].

volkomenheid [-heit] *v* perfection, completeness.

volkorenbrood [vòl'ko:rə(n)bro.t] *o* wholemeal bread.

volkrijk ['vòlkreik] populous.

volkrijkheid [-heit] *v* populousness.

volksaard ['vòlksa:rt] *m* national character.

volksbelang [-bəlaŋ] *o* matter of national concern; *het* ~ the interest of the nation.

volksbestaan [-bəsta.n] *o* existence as a nation.

volksbeweging [-bəve.gıŋ] *v* popular movement.

volksblad [-blat] *o* popular paper.

volksbuurt [-by:rt] *v* popular neighbourhood, > low quarter.

volksconcert [-kònsεrt] *o* popular concert.

volksdans [-dəns] *m* folk dance.

volksdemocratie, **-demokratie** [-de.mo.kra.-(t)si.] *v* people's democracy.

volksdichter [-dıxtər] *m* popular poet; *onze* ~ our national poet.

volksdracht [-draxt] *v* national dress, national costume.

volksetymologie [-e.ti.mo.lo.gi.] *v* popular etymology.

volksfeest [-fe.st] *o* 1 national feast; 2 public amusement; ~*en* public rejoicings.

volksgebruik [-gəbrœyk] *o* popular custom, national custom; ~*en* ook: folk-customs.

volksgezondheid [-gəzòntheit] *v* public health.

volksgunst [-gûnst] *v* public favour, popularity; *de* ~ *trachten te winnen* make a bid for popularity.

volkshogeschool [-ho.gəsxo.l] *v* people's college.

volksklasse(se) [-klas(ə)] *v* lower classes.

volkskunde [-kûndə] *v* folklore.

volksleider [-leidər] *m* leader of the people; > demagogue.

volkslied [-li.t] *o* national song, national an-

them; ~*eren* popular songs, folk-songs.
volksmenigte [-me.nɔxtə] *v* crowd, multitude.
volksmenner [-mɛnər] *m* demagogue.
volksmond [-mònt] *m* in: *in de* ~ in the language of the people; *zoals het in de* ~ *heet*, as it is popularly called.
volksonderwijs [-òndərʋeis] *o* national (popular) education.
volksoproer [-òpru:r] *o* popular rising.
volksopstand [-òpstɑnt] *m* insurrection, riot.
volksoverlevering [-o.vərle.vərıŋ] *v* popular tradition.
volksplanting [-plɑntıŋ] *v* colony, settlement.
volksredenaar [-re.dəna:r] *m* popular orator.
volksregering [-rage:rıŋ] *v* government by the people, popular government.
volksrepubliek [-re.py.bli.k] *v* people's republic [of China].
volksstemming [-stɛmıŋ] *v* 1 plebiscite; 2 popular feeling.
volkstaal [ˈvolkstɑ.l] *v* 1 language of the people, popular language, vulgar tongue; 2 national idiom, vernacular.
volkstelling [-telıŋ] *v* census (of population); *een* ~ *houden* take a census.
volkstribuun [-tri.by.n] *m* tribune of the people.
volkstuintje [-tœyncə] *o* allotment (garden).
volksuitdrukking [-œytdrükıŋ] *v* popular expression.
volksvergadering [-ga.dərıŋ] *v* national assembly.
volksverhuizing [-hœyzıŋ] *v* migration (wandering) of the nations.
volksvermaak [-ma.k] *o* public (popular) amusement.
volksvertegenwoordiger [-te.gənvo:rdǝgǝr] *m* representative of the people, member of Parliament.
volksvertegenwoordiging [-gıŋ] *v* representation of the people; *de* ~ Parliament.
volledig [vòˈle.dəx] **I** *aj* complete [set, work &]; full [confession, details, report]; plenary [session]; **II** *ad* completely, fully.
volledigheid [-heit] *v* completeness, ful(l)ness.
volledigheidshalve [vòle.dəxheitsˈhɑlvə] for the sake of completeness.
volleerd [vòˈle:rt] finished, proficient; ~ *zijn* have done learning, have left school; *een* ~*e schurk* a consummate scoundrel.
volleman [vòləˈma.n] *v* full-moon.
vollemaansgezicht [-ˈma.nsgəzıxt] *o* full-moon face.
vollen [ˈvòlǝ(n)] *v* full.
voller [-lǝr] *m* fuller.
volleybal [ˈvòli.bɑl] *m* & *o* volleyball.
vollopen [ˈvòlo.pə(n)] *vi* fill[2].
volmaakt [vòlˈma.kt] *aj* (& *ad*) perfect(ly).
volmaaktheid [-heit] *v* perfection.
volmacht [ˈvòlmɑxt] *v* full powers, power of attorney; procuration, proxy; *iemand* ~ *verlenen* confer full powers upon one; *hem* ~ *verlenen om...* authorize, empower him to... [do something]; *bij* ~ by proxy.
1 **volmaken** [-ma.kə(n)] *vt* fill.
2 **volmaken** [vòlˈma.kə(n)] *vt* perfect.
volmaking [-kıŋ] *v* perfection.
volmondig [vòlˈmòndǝx] **I** *aj* frank, unqualified [yes &]; **II** *ad* frankly.
volontair [vo.lònˈtɛ:r] *m* 1 × volunteer; 2 improver, learner; unsalaried clerk.
volop [ˈvòlòp] plenty of..., ...in plenty; *we hebben* ~ *genoten van ons uitstapje* we thoroughly enjoyed our trip.
volproppen [ˈvòlprɔpə(n)] *vt* stuff, cram [with food, knowledge].
volschenken [-sxɛŋkə(n)] *vt* fill (to the brim).
volslagen [vòlˈsla.gə(n)] *aj* (& *ad*) complete(ly), total(ly), utter(ly).
volstaan [-ˈsta.n] *vi* suffice; *daar kunt u mee*

~ that will do; *daar kan ik niet mee* ~ it's not enough; *wij kunnen* ~ *met te zeggen dat...* suffice it to say that...
volstoppen [ˈvòlstɔpə(n)] *vt* zie *volproppen*.
volstorten [-stɔrtə(n)] *vt* \$ pay up (in full).
volstorting [-tıŋ] *v* \$ payment in full.
volstrekt [vòlˈstrɛkt] **I** *aj* absolute; **II** *ad* absolutely; ~ *niet* not at all, by no means.
volstrektheid [-heit] *v* absoluteness.
volt [vòlt] *m* ⚡ volt.
voltage [vòlˈta.ʒə] *v* & *o* ⚡ voltage.
voltallig [vòlˈtɑlǝx] complete [set of...]; full [meeting]; plenary [assembly]; *zijn we* ~? all present?; ~ *maken* make up the number, complete.
voltalligheid [-heit] *v* completeness.
1 **volte** [ˈvòltə] *v* 1 (volheid) ful(l)ness; 2 (gedrang) crowd; 3 pass [of a juggler]; *de* ~ *slaan* make the pass.
2 **volte** [ˈvòltə] *v* (zwenking) volt.
voltigeren [vɑlti.ˈʒe:rə(n)] *vi* vault.
voltigeur [-ˈʒø:r] *m* 1 vaulter; 2 × rifleman.
voltmeter [ˈvoltme.tər] *m* ⚡ voltmeter.
voltooien [vòlˈto.jə(n)] *vt* complete, finish.
voltooiing [-jıŋ] *v* completion; *zijn* ~ *naderen* be nearing completion.
voltreffer [ˈvòltrefər] *m* × direct hit.
voltrekken [vòlˈtrekə(n)] *vt* execute [a sentence]; solemnize [a marriage].
voltrekking [-kıŋ] *v* execution [of a sentence]; solemnization [of a marriage].
volu[1]t [ˈvòlœyt] *m* volt.
volume [vo.ˈly.mə] *o* volume, size, bulk.
volvet [ˈvòlvet] in: ~*te kaas* fat cheese.
volvoeren [vòlˈvu:rə(n)] *vt* perform, fulfil, accomplish.
volvoering [-rıŋ] *v* performance, fulfilment, accomplishment.
volwaardig [vòlˈva:rdəx] able-bodied, (mentally, physically) fit; *fig* full-fledged [partner]; worthwhile [product].
volwassen [-ˈvɑsə(n)] full-grown, grown-up, adult; *half* ~ half-grown.
volwassene [-ˈvɑsənə] *m-v* adult, grown-up [man, woman]; ~*n* grown people, F grownups; *school voor* ~*n* adult school.
volzin [ˈvòlzın] *m gram* sentence, period.
vondel [ˈvòndǝl] = *vonding*.
vondeling [ˈvòndəlıŋ] *m* foundling; *een kind te* ~ *leggen* expose a child. [hospital.
vondelingenhuis [-lıŋə(n)hœys] *o* foundling-
vonder [ˈvòndər] *m* plank-bridge, foot-bridge.
vondst [vòn(t)st] *v* find, discovery; *een* ~ *doen* make a find.
vonk [vòŋk] *v* spark. [make a find.
vonken [ˈvòŋkə(n)] *vi* spark, sparkle.
vonkje [ˈvòŋkjə] *o* sparklet, scintilla[2].
vonkvrij [ˈvòŋkfrei] non-sparking.
vonnis [ˈvònəs] *o* sentence, judg(e)ment; ~ *bij versiek* judg(e)ment by default; *een* ~ *uitspreken* pronounce (give) a verdict; *een* ~ *vellen* pass (pronounce) sentence; *toen was zijn* ~ *geveld* then his doom was sealed.
vonnissen [ˈvònəsə(n)] *vt* sentence, condemn.
vont [vònt] *v* font.
voogd *m* ~*es* [vo.xt, vo.gˈdɛs] *v* guardian.
voogdij [vo.gˈdei] *v* 1 guardianship, tutelage; 2 trusteeship [of the United Nations]; *onder* ~ [child] in tutelage [of the U.N.].
voogdijraad [-ra.t] *m* 1 ± Guardians' Supervisory Board; 2 Trusteeship Council [of the United Nations].
voogdijschap [-sxɑp] *o* guardianship, tutelage.
1 **voor** [vo:r] *v* furrow.
2 **voor** [vo:r] **I** *prep* 1 (ten behoeve van) for [soms: to]; 2 (in plaats van) for; 3 (voor de duur van) for; 4 (niet achter) before, in front of [the house]; at [the gate]; off [the coast]; 5 (tegenover na) before, prior to; 6 (eerder dan) before; 7 (geleden) [weeks

&] ago; 8 (**ter ontkoming**) [hide, shelter] from; 9 *fig* for, in favour of [a measure &]; *ik ~ mij* I for one, I for my part; *dat is niets ~ hem* i it's not in his line; 2 it's not like him to...; *het doet mij genoegen ~ hem* for him I am glad; *hij is een goed vader ~ hem geweest* he has been a good father to him; *hij werkte ~ de vooruitgang* he worked in the cause of progress; *vijf minuten ~ vijf* five minutes to five; *kom ~ vijven* come before five o'clock; *gisteren ~ een week* yesterday week; *hij had een paard ~ zich alleen* he had a horse all to himself; *mijn cijfers ~ algebra* my marks in algebra; *~ en achter mij* in front of me and behind me; II *aa* in front; *~ in de tuin* in the front of the garden; *het is pas 1 uur, u bent (uw horloge is) ~* your watch is fast; *er is iemand ~* there is somebody in the hall; *het rijtuig is ~* the carriage is at the door; *er is veel ~* there is much to be said in favour of it; *ik ben er ~* I am for it (in favour of it); *wij waren hun ~* 1 we were ahead[2] of them; 2 we had got beforehand with them, we had got the start of them; *wij wonen ~* we live in the front of the house; *de een ~ de ander* na one after another; *~ en achter* in front and at the back; *~ en na* again and again; *het was ,,beste vriend" ~ en na* it was "dear friend" here, there, and everywhere; *van ~ tot achter* from front to rear; *♫ from stem to stern*; III *o* in: *het ~ en tegen* the pros and cons; IV *cj* before, ○ ere.

vooraan [vo:'ra.n] in front; *~ in het boek* at the beginning of the book; *~ in de strijd* in the forefront of the battle; *hij is ~ in de dertig* he is in the (his) early thirties; *~ onder de... stond X* pre-eminent among the... was X [*fig*].

vooraanstaand [-sta.nt] standing in front; *fig* prominent, leading.

vooraanzicht ['vo:ra.nziɤt] *o* front view.

vooraf [vo:r'af] beforehand, previously.

voorafgaan [-ga.n] *vt & vi* go before, precede; *...laten ~ door...* precede... by...

voorafgaand [-ga.nt] foregoing, preceding [word]; prefatory [remarks]; previous [knowledge]; *het ~e* what precedes.

vooral [vo:'ral] especially, above all things; *ga er ~ heen* do go by all means.

vooralsnog [vo:rals'nɔx] for the present, for the time being.

voorarm ['vo:rarm] *m* forearm.

voorarrest [-arest] *o* detention under remand; *in ~* under remand.

vooras [-ɑs] *v* front-axle.

vooravond [-a.vɔnt] *m* 1 first part of the evening; 2 eve; *aan de ~ van de slag* on the eve of the battle; *wij staan aan de ~ van grote gebeurtenissen* we are on the eve (on the threshold) of important events.

voorbaat [-ba.t] *bij ~* in advance, in anticipation; *bij ~ dank* thanking you in anticipation, thanking you in advance.

voorbalkon [-bɑlkɔn] *o* 1 front-balcony [of a house]; 2 driver's platform [of a tram-car].

voorband [-bɑnt] *m* front-tyre.

voorbarig [vo:r'ba:rəx] *1 a)* premature, rash, (over-)hasty; *je moet niet zo ~ zijn* you should not anticipate; *dat is nog wel wat ~* it is early days yet to...; II *ad* prematurely, rashly.

voorbarigheid [-hɛit] *v* prematureness, rashness, (over-)hastiness.

voorbedacht ['vo:rbədɑxt] premeditated; *met ~en rade* of malice prepense, of (with) malice aforethought.

voorbeding [-bədɪŋ] *o* condition, stipulation, proviso; *onder ~ dat...* on condition that...

voorbeeld ['vo:rbe.lt] *o* 1 example, model; 2 (geval) example, instance; 3 ☞ (in schrijf-boek) copy-book heading; *~en aanhalen van...* cite instances of...; *een ~ geven* set an example; *kunt u een ~ geven?* can you give an instance?; *een goed ~ geven* set a good example; *het ~ geven* give the example, set the example; *een ~ nemen aan* take example by, follow the example of...; *een ~ stellen* make an example of one; *iemands ~ volgen* follow a person's example; take a leaf out of (from) his book; follow suit; *bij ~* for instance, for example; e.g.; *tot ~ dienen* serve as a model; *zonder ~* without example.

voorbeeldig [-dəx] exemplary.

voorbeeldigheid [-hɛit] *v* exemplariness.

voorbehoedmiddel ['vo:rbəhu.tmɪdəl] *o* preservative.

voorbehoud [-hɔut] *o* reserve, reservation; proviso; *geestelijk ~* mental reservation; *onder ~ dat...* with a (the) proviso that; *het onder ~ aannemen* accept it [the statement] with reservations, with all proper reserve; *onder alle ~* with all reserve; *onder gewoon ~* $ under usual reserve; *onder het nodige ~* with due reserve; *onder zeker ~* with reservations, with some reserve; *zonder ~* [state] without reserve; [agree] unreservedly.

voorbehouden [-hɔudə(n)] *vt* reserve; *zich het recht ~* reserve to oneself the right [of...].

voorbereiden ['vo:rbərɛidə(n)] I *vt* prepare; *iemand ~ op* prepare one for [something, some news, the worst]; II *vr zich ~* prepare (oneself); *zich ~ voor een examen* read for an examination.

voorbereidend [-dənt] preparatory [school &].

voorbereider [-dər] *m* preparer.

voorbereiding [-dɪŋ] *v* preparation.

voorbereidingsschool [-dɪŋsxo.l] *v* preparatory school.

voorbereidsel ['vo:rbərɛitsəl] *o* preparative.

voorbericht [-rɪxt] *o* preface; foreword [esp. by another than the author].

voorbeschikken [-sxɪkə(n)] *vt* preordain [of God]; predestinate, predestine [to greatness &].

voorbeschikking [-sxɪkɪŋ] *v* predestination.

voorbestaan [-sta.n] *o* pre-existence.

voorbestemmen [-stemə(n)] *vt* predestine, predestinate; foreordain [to any fate].

voorbestemming [-stemɪŋ] *v* predestination.

voorbij [vo:r'bɛi] I *prep* beyond, past; II *ad* past; *het huis ~* past the house; *het is ~* it is over now, it is at an end; III *aj* past.

voorbijdrijven [-drɛivə(n)] I *vi* float past (by); II *vt* drive past.

voorbijgaan [-ga.n] I *vi* 1 (v. personen) go by, pass by, pass; 2 (v. tijd &) go by, pass; *het zal wel ~* it is sure to pass off; *hemel en aarde zullen ~* heaven and earth shall pass away; II *vt* pass (by) [a house, person &]; *iemand ~* pass a person; *fig* pass one over; *met stilzwijgen ~* pass over in silence; III *o* in: *in 't ~* in passing[2]; *fig* by the way.

voorbijgaand [-ga.nt] passing, transitory, transient; *...is slechts van ~e aard* ...is but temporary.

voorbijganger [-gɑŋər] *m* passer-by.

voorbijkomen [-ko.mə(n)] I *vi* pass (by); II *vt* pass (by).

voorbijlaten [-la.tə(n)] *vt* let [one] pass.

voorbijlopen [-lo.pə(n)] *vt & vi* pass.

voorbijmarcheren [-mɑrʃe:rə(n)] *vi & vt* march past.

voorbijpraten [-pra.tə(n)] *vt* in: *zijn mond ~* let one's tongue run away with one.

voorbijrijden [-rɛidə(n)] *vi & vt* ride (drive) past, pass.

voorbijschieten [-sxi.tə(n)] I *vi* dash past; II *vt* shoot past, *fig* overshoot [the mark].

voorbijsnellen [-snɛlə(n)] *vi & vt* pass by in a

hurry.
voorbijstreven [-stre.və(n)] *vt* outstrip; zie ook: *doel*.
voorbijtrekken [-trɛkə(n)] *vi* march past [of an army]; pass over [of a thunderstorm].
voorbijvaren [-va:rə(n)] I *vt* outsail; II *vi* pass.
voorbijzien [-zi.n] *vt* overlook; *wij moeten niet ~ dat...* not overlook the fact that...
voorbode [-bo.də] *m* forerunner², precursor², ⊙ harbinger.
voordat [-dɑt] before; ⊙ ere.
voordeel [vo:rde.l] *o* 1 advantage, benefit; 2 (winst) profit, gain; *zijn ~ doen met* take advantage of, profit by, turn to (good) account; *dat heeft zijn ~* there is an advantage in that; *~ bij iets hebben* derive advantage from it, profit by it; *wat voor ~ zal hij daarbij hebben?* what will it profit him?; *~ opleveren* yield profit; *~ trekken van* turn to (good) account, profit by, take advantage of; *zijn ~ zoeken* seek one's own advantage; *in het ~ zijn van* be an advantage to; *is het in uw ~?* is it in your favour?, to your advantage?; *in zijn ~ veranderd* changed for the better; *met ~* with advantage; $ *at a profit*; *ten (tot) ~ strekken* be to a person's advantage, benefit, be beneficial to [trade]; be all to the good; *ten voordele van* for the benefit of; *zonder ~* without profit.
voordeeltje [-de.lcə] *o* windfall.
voordek [ˈvo:rdɛk] *o* ♨ foredeck.
voordelig [vo:rˈde.lax] I *aj* 1 profitable, advantageous; 2 (in het gebruik) economical, cheap; *dat is ~er in het gebruik* ook: that goes farther; II *ad* profitably, advantageously, to advantage; *zij kwamen niet op hun ~st uit* ook: they did not show at their best.
voordeur [ˈvo:rdø:r] *v* front door, street-door.
voordoen [-du.n] I *vt* 1 show [a person] (how to..); 2 put on [an apron]; II *vr* *zich ~* present itself, offer [of an opportunity]; arise, crop up, occur [of a difficulty]; *zich ~ als...* set up for a..., pass oneself off as a...; *hij weet zich goed voor te doen* he has a good address; *ik wil me niet beter ~ dan ik ben* I don't want to make myself out better than I am.
voordracht [-drɑxt] *v* 1 (wijze v. voordragen) utterance, diction, delivery; elocution; ♪ execution, rendering, playing; 2 (het voorgedragene) recitation, recital [of a poem]; discourse, lecture, address; 3 (kandidatenlijst) select list; nomination; 4 (domineesaanbeveling) presentation; *nummer één op de ~* first in the select list; *op ~ van* on the recommendation of; *een ~ indienen* submit (present) a list of names; *een ~ opmaken* make out a select list.
voordrachtkunstenaar [-drɑxtkŭnstəna:r] *m* elocutionist, reciter.
voordragen [-dra.ɤə(n)] *vt* 1 (iemand) propose, nominate [a candidate]; present [a clergyman]; 2 (een gedicht &) recite; *ik zal voor die betrekking voorgedragen worden* I shall be recommended for that post.
voorcerst [vo:rˈe.rst] 1 in the first place, to begin with; 2 (voorlopig) for the present, for the time being; *~ niet* not just yet, not yet awhile.
voorgaan [ˈvo:rga.n] *vi* 1 go before, precede; *fig* set an example; 2 (voorbidden) lead in prayer, say the prayers; 3 (v. uurwerk) be fast, gain [5 minutes a day]; 4 (de voorrang hebben) take precedence; *gaat u voor!* after you!; *dames gaan voor!* ladies first!; *zal ik maar ~?* shall I lead the way?; *dat gaat voor* that comes first; *de generaal gaat voor* the general takes precedence; *de majoor liet de generaal ~* the major yielded the *pas* to the general; *goed ~ doet goed volgen* example

does the whole.
voorgaand [-ga.nt] preceding [century &]; antecedent [term]; *het ~e* the foregoing; *in het ~e* in the preceding pages.
voorganger [-gɑŋər] *m* 1 (in ambt) predecessor; 2 (predikant) pastor.
voorgebergte [-gəbɛrxtə] *o* promontory, headland.
voorgenomen [-no.mə(n)] intended, proposed, contemplated.
voorgerecht [-rɛxt] *o* entrée.
voorgeschiedenis [-sxi.dənɪs] *v* 1 (v. e. zaak) (previous) history; 2 (v. e. persoon) antecedents; 3 (prehistorie) prehistory.
voorgeschreven [-s(x)re.və(n)] prescribed, regulation...
voorgeslacht [-slɑxt] *o* in: *ons ~* our ancestors.
voorgevel [ˈvo:rɤe.vəl] *m* front, forefront, façade.
voorgeven [-ɤe.və(n)] I *vt* 1 pretend, profess [to be a lawyer &]; 2 *sp* give odds; II *o* in: *volgens zijn ~* according to what he pretends (to what he says).
voorgevoel [-ɤəvu.l] *o* presentiment; *mijn angstig ~* ook: my misgiving(s).
voorgift [-gɪft] *v* odds (given); handicap.
voorgoed [vo:rˈɤu.t] for good (and all).
voorgrond [-ɤrɔnt] *m* foreground; *zich op de ~ plaatsen* put oneself forward; *op de ~ staan* be in the foreground; *fig* be to the fore; *dat staat op de ~* that is a conditio sine qua non; *dat moeten wij op de ~ stellen* that's what we should emphasize; *op de ~ treden* come to the front, come (be) to the fore.
voorhamer [-ha.mər] *m* ⚒ sledge-hammer.
voorhand [-hɔnt] *v* 1 front part of the hand; 2 forehand [of a horse]; *aan de ~ zitten* have the lead, play first.
voorhanden [vo:rˈhɔndə(n)] I *on* hand, in stock, in store, to be had, available; 2 existing, extant; *de ~ gegevens* the data on hand; *niet ~* sold out, exhausted.
voorhang [ˈvo:rhɑŋ] *m* ᛒ veil [of the temple].
voorhangen [-hɑŋə(n)] I *vt* 1 (iets) hang in front; 2 (iemand als lid) put one up, propose for membership; II *va* be put up, be proposed for membership.
voorhaven [-ha.və(n)] *v* ♨ outport.
voorhebben [-hɛbə(n)] *vt* have before one; *fig* intend, be up to, drive at, purpose; *een boezelaar ~d* wearing an apron; *weet je wie je voorhebt?* do you know whom you are talking to?; *het goed met iemand ~* mean well by a person; *wat zouden ze met hem ~?* what do they intend to do with him?; *wat ~ op* have an advantage (F the pull) over [a person].
voorheen [vo:rˈhe.n] formerly, before, in the past; *Smith & Co. ~ Jones* $ Smith & Co., late Jones; *~ en thans* past and present.
voorhistorisch [ˈvo:rhi.sto:ri.s] prehistoric.
voorhoede [-hu.də] *v* ⚔ advance(d) guard², van², vanguard²; *fig* forefront; *de ~ sp* the forwards.
voorhoedespeler [-spe.lər] *m* *sp* forward.
voorhof [ˈvo:rhɔf] *o* forecourt.
voorhoofd [-ho.ft] *o* forehead, ⊙ front.
voorhouden [-hɔudə(n)] *vt* 1 (iets) keep on [an apron]; 2 (iemand iets) hold [a book &] before; hold up [a mirror] to...; *fig* remonstrate with [one] on [something], expostulate with [one] about.
voorhuis [-hœys] *o* hall, vestibule.
voorin [-ɪn] in front; at the beginning [of the book].
vooringenomen [vo:rˈɪnɤəno.mə(n)] prepossessed, prejudiced, bias(s)ed.
vooringenomenheid [vo:rˈɪnɤəˈno.mə(n)hɛit] *v* prepossession, prejudice, bias.

voorjaar ['vo:rja:r] *o* spring.
voorjaarsbloem [-blu.m] *v* spring-flower.
voorjaarsopruiming [-òprœymɪŋ] *v* $ spring sale(s).
voorjaarsregen [-re.gə(n)] *m* vernal rain.
voorjaarsschoonmaak ['vo:rja:rsxo.nma.k] *m* spring-cleaning.
voorjaarswe(d)er ['vo:rja:rsvɛ:r, -ve.dər] *o* spring weather.
voorkamer ['vo:rka.mər] *v* front room.
voorkant [-kant] *m* zie *voorzij(de).*
voorkauwen [-kɔuə(n)] *w* in: *40 jaar heb ik het hun voorgekauwd* for 40 years I have repeated it over and over again to them.
voorkennis [-kɛnəs] *v* prescience, (fore)knowledge; *met ~ van...* with the (full) knowledge of; *zonder ~ van* without the knowledge of, unknown to.
voorkeur [-kə:r] *v* preference; *de ~ genieten* 1 be preferred [of applicants, goods &]; 2 $ have the preference [for a certain amount]; *de ~ geven aan* give preference to, prefer; *de ~ geven aan... boven* prefer... to; *de ~ hebben* 1 enjoy (have) the preference, be preferred; 2 $ have the (first) refusal [of a house &]; *bij ~* for preference, preferably.
1 **voorkomen** ['vo:rko.mə(n)] **I** *vi* 1 (bij hardlopen &) get ahead²; 2 (v. rijtuig) come round; 3 ⚓ (v. zaak) come on, come up for trial; (v. persoon) appear; 4 (gevonden worden) occur, be found, be met with [of instances &]; appear, figure [on a list]; 5 (gebeuren) happen, occur; 6 (lijken) appear to, seem to; *het komt vaak voor* it frequently occurs, ook: it is of frequent occurrence; *het komt mij voor dat...* it appears (seems) to me that...; *laat het rijtuig ~* order the carriage round; *het laten ~ alsof...* make it appear as if...; **II** *vt* get ahead of [a man], outstrip, outdistance [one]; **III** *o* appearance, mien, aspect, look(s), air; *het ~ van dit dier* 1 the appearance of this animal; 2 the occurrence of this animal.
2 **voorkomen** [vo:r'ko.mə(n)] *vt* 1 anticipate, forestall [a man's wishes]; 2 (verhinderen) prevent, preclude; *~ is beter dan genezen* prevention is better than cure.
1 **voorkomend** ['vo:rko.mənt] *aj* occurring; zie ook: *gelegenheid.*
2 **voorkomend** [vo:r'ko.mənt] *aj* (& *ad*) obliging(ly), complaisant(ly).
voorkomendheid [-hɛit] *v* obligingness, complaisance.
voorkoming [vo:r'ko.mɪŋ] *v* prevention [of crime]; anticipation [of wishes]; *ter ~ van...* in order to prevent..., for the prevention of...
voorlaatst [-la.tst] last [page &] but one; penultimate [syllable].
voorlader [-la.dər] *m* muzzle-loader.
voorleggen [-lɛgə(n)] *vt* put before, place before, lay before, submit [the papers to him]; propound [a question to a person]; *iemand de feiten ~* lay the facts before one; *hem die vraag ~* put the question to him.
voorleiden [-lɛidə(n)] *vt* bring up [the accused].
voorletter [-lɛtər] *v* initial.
voorlezen [-le.zə(n)] *vt* read to [a person]; read out [a message].
voorlezing [-zɪŋ] *v* reading; lecture.
voorlichten ['vo:rlɪxtə(n)] *vt* carry a light before [us &], see out with the light; *fig* enlighten [public opinion], advise [the government on...]; inform [a person of..., on...].
voorlichting [-tɪŋ] *v* enlightenment, [vocational, marriage] guidance, [marital] advice; information [on...].
voorlichtingsdienst [-tɪŋsdi.nst] *m* information service, ± Public Relations (Department).
voorliefde ['vo:rli.vdə] *v* predilection, par-

tiality, liking; *(een zekere) ~ hebben voor* be partial to...
voorliegen [-li.gə(n)] *vt* in: *iemand (wat) ~* lie to a person.
voorlijk [-lək] precocious, forward [plant, child].
voorlopen ['vo:rlo.pə(n)] *vi* 1 (v. persoon) lead the way; 2 (v. uurwerk) be fast, gain [5 minutes a day].
voorloper [-pər] *m* forerunner, precursor, ○ harbinger.
voorlopig [vo:r'lo pəx] **I** *aj* provisional; *~e cijfers (conclusie* &) ook: tentative figures (conclusion &); *~ dividend* $ interim dividend; *~e hechtenis* zie *voorarrest*; **II** *ad* provisionally; for the present, for the time being.
voormalig [-'ma.ləx] former, late, sometime, one-time, ex-[enemy].
voorman ['vo:rman] *m* 1 (onderbaas) foreman; 2 ✕ front-rank man; 3 $ preceding holder; *de ~nen der beweging* the leaders, the leading men.
voormast [-mast] *m* ⚓ foremast.
voormeld [vo:r'mɛlt] above-mentioned, aforesaid; *~e...* ook: the above...
voormiddag ['vo:rmɪdɑx] *m* morning, forenoon; *om 10 uur des ~s* at 10 o'clock in the morning, at 10 a.m.
voorn = 1 *voren.*
1 **voornaam** ['vo:rna.m] *m* Christian name, first name.
2 **voornaam** [vo:r'na.m] *aj* 1 distinguished [appearance]; prominent [place]; 2 (belangrijk) important.
voornaamheid [-hɛit] *v* distinction.
voornaamste [-stə] chief, principal, leading; *het ~* the principal (main) thing.
voornaamwoord ['vo:rna.mvo:rt] *o* gram pronoun.
voornacht ['vo:rnɑxt] *m* first part of the night.
voornamelijk [vo:r'na.mələk] chiefly, principally, mainly.
voornemen ['vo:rne.mə(n)] **I** *vr zich ~* resolve, make up one's mind [to do something]; zie ook: *voorgenomen*; **II** *o* 1 (bedoeling) intention; 2 (besluit) resolution; *het ~ hebben om* intend to; *het ~ opvatten om...* make up one's mind to..., resolve to...; *~s zijn (om)* intend (to), propose (to); *het ligt in het ~ van de directie om...* it is the intention of the management to...
voornoemd [vo:r'nu.mt] zie *voormeld.*
vooronder [-'òndər] *o* ⚓ forecastle.
voorondersteilen ['vo:ròndərstelə(n)] *vt* presuppose.
vooronderstelling [-lɪŋ] *v* presupposition.
vooronderzoek ['vo:ròndərzu.k] *o* preliminary examination.
voorontsteking [-òntste.kɪŋ] *v* ✕ advanced ignition.
vooroordeel [-o:rde.l] *o* prejudice, bias (*against* tegen).
vooroorlogs [vo:r'o:rlɔxs] pre-war.
voorop [vo:'ròp] in front.
vooropgezet [-gəzɛt] preconceived [opinion].
vooropstellen [-stelə(n)] *vt* premise; *vooropgesteld dat het verhaal waar is* assuming the truth of the story: *ik stel voorop dat..., het zij vooropgesteld dat...* I wish to point out that...
voorouderlijk ['vo:roudərlək] ancestral.
voorouders [-dərs] *mv* ancestors, forefathers.
voorover [vo:'ro.vər] forward, bending forward, prone, face down.
vooroverhangen [-hɑŋə(n)] *vi* hang forward.
vooroverhellen [-helə(n)] *vi* incline forward.
vooroverleunen [-lø.nə(n)] *vi* lean forward.
vooroverliggen [-lɪgə(n)] *vi* lie prostrate.
vooroverliggend [-lɪgənt] prostrate, prone.

vooroverlopen [vo:'ro.vərlo.pə(n)] *vi* stoop, walk with a stoop.

vooroverzitten [-zɪtə(n)] *vi* bend forward.

voorpagina [-pa.gi.na.] *v* front page.

voorpand [-pant] *o* front.

voorplecht [-plɛxt] *v* ♣ forecastle.

voorplein [-plɛin] *o* forecourt, castle-yard.

voorpoot [-po.t] *m* foreleg, front paw.

voorportaal [-porta.l] *o* porch, hall.

voorpost [-pɔst] *m* ✕ outpost.

voorpostengevecht [-pɔstə(n)gəvɛxt] *o* ✕ outpost skirmish.

voorproefje [-pru.fje] *o* foretaste, taste.

voorprogram(ma) [-pro.gram(a.)] *o* supporting programme.

voorraad [vo:ra.t] *m* store, stock, supply [of books, wares &]; *zolang de ~ strekt* $ subject to stock being available (being unsold); *nieuwe ~ opdoen* (*in ~ opslaan*) lay in a fresh supply; *in ~* on hand, in stock, in store; *uit ~ leveren* $ supply from stock.

voorraadkamer [-ka.mər] *v* store-room.

voorraadkelder [-kɛldər] *m* store-cellar.

voorraadschuur [-sxy:r] *v* storehouse, granary.

voorradig [vo:ra.dəx] $ in stock, on hand, available; *niet meer ~* out of stock, sold out.

voorrang [vo:raŋ] *m* precedence, priority; (v. auto &) right of way; *iemand de ~ betwisten* contend for the mastery with a person; *de ~ hebben* (*boven*) take precedence (of), have priority (over); *om de ~ strijden* contend for the mastery; (*de*) *~ verlenen* *i* ⇌ give (right of) way to [another car]; 2 yield precedence to [a man]; 3 give priority to [a good cause].

voorrangsweg [-raŋsvɛx] *m* major road.

voorrecht [vo:rɛxt] *o* privilege, prerogative.

voorrede [-re.də] *v* preface; foreword [esp. by another than the author].

voorrekenen [-re.kənə(n)] *vt v*: *iemand iets ~* show one how it works out.

voorrijder [-dər] *m* outrider; postilion.

voorruit [vo:rœyt] *v* ⇌ windscreen.

voorschieten [vo:rsxi.tə(n)] *vt* advance [money].

voorschieter [-tər] *m* money-lender.

voorschijn [vo:rsxɛin] *te ~ brengen* produce, bring out, bring to light; *te ~ halen* produce [a key, revolver &]; take out [one's purse]; *te ~ komen* appear, make one's appearance, come out; *te ~ roepen* call up.

voorschoot [-sxo.t] *m* & *o* apron.

voorschot [-sxɔt] *o* advanced money, advance, loan; *~ten* out-of-pocket expenses; (*geen*) *~ geven op...* advance (no) money upon...; *~ nemen* obtain an advance.

voorschotelen [vo:rsxo.tələ(n)] *vt* dish up, serve up.

voorschrift [-s(x)rɪft] *o* prescription [of a doctor]; precept [respecting conduct]; instruction, direction [what or how to do]; [traffic, safety] regulation; *op ~ van de dokter* by medical orders.

voorschrijven [-s(x)rɛivə(n)] *vt eig* write for, show how to write; *fig* prescribe [a medicine, a line of conduct]; dictate [conditions]; *de dokter zal het u ~* the doctor will prescribe it for you; *hij zal u wat* (*een recept*) *~* he will write you out a prescription; *de dokter schreef me volkomen rust voor* the doctor ordered me a complete rest.

voorshands [vo:rs'hɑnts] for the time being, for the present.

voorslaan [vo:rsla.n] *vt* propose, suggest.

voorslag [vo:rslax] *m* first stroke; warning [of clock]; ♪ grace (note); *fig* proposal; *een ~ doen* make a proposal.

voorsnijden [-snei(d)ə(n)] *vt* carve.

voorsnijmes [-snɛimes] *o* carving-knife, carver.

voorsorteren [vo:rsɔrte:rə(n)] *vi* (in het ver-

keer) filter.

voorspannen [-spanə(n)] **I** *vt* put [the horses] to; **II** *vr in*: *zich ergens ~* undertake it.

voorspel [-spɛl] *o* 1 ♪ prelude; overture; 2 prologue, introductory part [of a play]; *dat was het ~ van...* it was the prelude to... [*fig*].

voorspelden [-spɛldə(n)] *vt* pin on.

voorspelen [-spe.lə(n)] *vt* 1 show how to play, play [it to you]; 2 play first, have the lead [at cards].

1 **voorspellen** [-spɛlə(n)] *vt* spell [a word] to.

2 **voorspellen** [vo:r'spɛlə(n)] *vt* predict, foretell, prophesy, presage, prognosticate; forebode, portend, bode [evil], spell [rain]; *dat heb ik je wel voorspeld* I told you beforehand, **F** I told you so!; *het voorspelt niet veel goeds voor de toekomst* it bodes ill for the future.

voorspeller [-lər] *m* predictor, prophet.

voorspelling [-lɪŋ] *v* prediction, prophecy, prognostication, [weather] forecast.

voorspiegelen [vo:rspi.gələ(n)] *vt in*: *iemand iets ~* hold out hope, promises & to a person, hold out to him the prospect that...; *zich iets ~* delude oneself with the belief that...; *hij had zich van alles daarvan voorgespiegeld* he had deluded himself with all manner of vain hopes about it.

voorspiegeling [-lɪŋ] *v* false hope, delusion.

voorspoed [vo:rspu.t] *m* prosperity; *~ hebben* be prosperous; *~ en tegenspoed* ups and downs; *in ~ en tegenspoed* in storm or shine; for better for worse.

voorspoedig [vo:r'spu.dəx] **I** *aj* prosperous [in affairs], successful; **II** *ad* prosperously, successfully.

voorspraak [vo:rspra.k] *v* 1 intercession, mediation; 2 (persoon) intercessor, advocate.

voorspreken [-spre.kə(n)] *vt* speak in favour of.

voorsprong [vo:rsprɔŋ] *m* start, lead; *hem een ~ geven sp* give him a start; *een ~ hebben van 5 km* have a lead of 5 km; *een ~ hebben op* have a lead over; *een ~ krijgen op* gain a lead over.

voorstaan [-sta.n] **I** *vt* advocate [pacifism &]; champion [a cause]; *hij laat zich daarop (heel wat) ~* he prides himself on it; **II** *vi* be present to one's mind; *het staat mij voor* I think I remember; *het staat mij nog duidelijk voor* it still stands out clearly before me; *er staat mij nog zo iets van voor* I have a hazy recollection of it.

voorstad [-stat] *v* suburb.

voorstander [-standər] *m* advocate, champion, supporter.

voorste [-stə] foremost, first; *~ rij* ook: front row.

voorstel [-stɛl] *o* 1 proposal; (wetsvoorstel) bill; (motie) motion; 2 (v. wagen) forecarriage; *een ~ aannemen* accept (agree to) a proposal; *een ~ doen* make a proposal [to a person]; *een ~ indienen* move (put, hand in) a motion [in an assembly]; *op ~ van...* 1 on the proposal of..., on a (the) motion of...; 2 on (at) the suggestion of...

voorstellen [-stɛlə(n)] **I** *vt* 1 represent; 2 (op toneel) represent [a forest, a king], (im)personate [Hamlet &]; 3 (een voorstel doen) propose, move, suggest [a scheme]; 4 (ter kennismaking) present, introduce; *mag ik u mijnheer X.~?* allow me to introduce to you Mr. X.; *ik heb ze aan elkaar voorgesteld* I introduced them; *hij werd aan de koning voorgesteld* he was presented to the King; *een amendement ~* move an amendment; *ik stel voor dat wij heengaan* I move we go, **F** I vote we go; *de feiten verkeerd ~* misrepresent the facts; **II** *vr* 1 (zich ~) introduce oneself; *zich iets ~* 1 (zich verbeelden) figure (picture) to oneself, imagine, fancy,

conceive (of); 2 (zich **voornemen**) intend, propose, purpose; *stel u voor!* F (just) fancy!
voorsteller [-lər] *m* 1 proposer; 2 (in **vergadering**) mover.
voorstelling [-lɪŋ] *v* 1 idea, notion, image; 2 representation; 3 performance [of a play]; 4 introduction [of people], presentation [at court]; *een verkeerde ~ van de feiten* a misrepresentation of the facts; *zich een verkeerde ~ maken van...* form a mistaken notion of...; *u kunt u er geen ~ van maken hoe...* you can't imagine how...
voorstellingsvermogen [-lɪŋsfərmo.gə(n)] *o* imaginative faculty.
voorstemmen ['vo:rstemə(n)] *vi* vote for it.
voorstemmers [-mərs] *mv* ayes.
voorsteven ['vo:rste.və(n)] *m* ⚓ stem.
voorstuk [-stûk] *o* 1 front-piece; front [of a shoe]; 2 (to**neel**) curtain-raiser.
voort [vo:rt] 1 (ver**der**) forward, onwards, on, along; 2 (weg) away; 3 (ter**stond**) at once, directly.
voortaan [vo:r'ta.n] henceforward, henceforth, in future.
voortand ['vo:rtɑnt] *m* front tooth.
voortbestaan ['vo:rtbəsta.n] I *vi* continue to exist, survive; II *o* survival, continued existence.
voortbewegen [-bəve.gə(n)] I *vt* move (forward), propel; II *vr* *zich ~* move, move on.
voortbeweging [-gɪŋ] *v* propulsion; ('t zich ver**plaatsen**) locomotion.
voortbouwen [-bɔuə(n)] *vi* go on building; *~ op* build on[2].
voortbrengen [-breŋə(n)] *vt* produce, bring forth, generate, breed.
voortbrenger [-ŋər] *m* producer, generator.
voortbrenging [-ŋɪŋ] *v* production, generation.
voortbrengsel ['vo:rtbreŋsəl] *o* product, production; *~(en)* (v. d. na**tuur**) ook: produce.
voortdrijven [-dreivə(n)] I *vt* drive on, drive forward, spur on, urge on; II *vi* float along.
voortduren [-dy:rə(n)] *vi* continue, last, go on.
voortdurend [vo:rt'dy:rɑnt] I *aj* continual [lasting & very frequent]; continuous [lasting], constant, lasting; II *ad* continually; continuously.
voortduring ['vo:rtdy:rɪŋ] *v* continuance, continuation; *bij ~* continuously.
voortduwen [-dy.və(n)] *vt* push on [forward].
voorteken ['vo:rte.kə(n)] *o* sign, indication, omen, portent, presage; *de ~en van een ziekte* the precursory symptoms.
voortgaan ['vo:rtga.n] *vi* go on, continue, proceed.
voortgang [-gɑŋ] *m* progress; *~ hebben* proceed; *het had geen ~* it didn't come off.
voortgezet [-gəzet] prolonged [investigations]; continued [education].
voortglijden [-gleidə(n)] *vi* glide on.
voorthelpen [-helpə(n)] *vt* help on, give a lift.
voortijd ['vo:rteit] *m* prehistoric times.
voortijdig [-teidəx] *aj* (& *ad*) premature(ly).
voortkomen [-ko.mə(n)] *vi* get on, get along; *~ uit* proceed from, originate from, arise from, spring from, result from, emanate from.
voortkunnen [-kûnə(n)] *vi* be able to go on[2]
voortleven [-le.və(n)] *vi* live on. [(get on).
voortmaken [-ma.kə(n)] *vi* make haste *maak wat voort!* hurry up!, get a move on!; *~ met het werk* press on with the work, speed up the work.
voortoneel ['vo:rto.ne.l] *o* proscenium.
voortplanten ['vo:rtplɑntə(n)] I *vt* carry on [the race]; propagate, spread [the gospel, faith]; transmit [sound]; II *vr* *zich ~* breed, propagate; ♂ & ♀ propagate itself; travel [of sound & light].
voortplanting [-tɪŋ] *v* propagation [of the race,

a plant, vibrations &; *fig* of the faith]; [human] reproduction; transmission [of sound].
voortreffelijk [vo:r'trefələk] *aj* (& *ad*) excellent(ly).
voortreffelijkheid [-heit] *v* excellence.
voortrein ['vo:rtrein] *m* relief train.
voortrekken [-trekə(n)] *vt* in: *iemand ~* treat one with marked preference, favour a person.
voortrekker [-kər] 1 ZA voortrekker; 2 *fig* pioneer; 3 rover [boy scout].
voorts [vo:rts] further, moreover, besides; then; *en zo ~* and so on, et cetera.
voortschrijden [-s(x)reidə(n)] *vi* proceed; *een gestadig ~de techniek* a constantly advancing technology; *een ~de vermindering* a progressive diminution.
voortsjokken [-ʃɔkə(n)] *vi* trudge along, jog along.
voortslepen [-sle.pə(n)] *vt* drag along [a thing]; drag out [a miserable life].
voortsluipen [-slœypə(n)] *vi* steal along, sneak along.
voortspoeden [-spu.də(n)] *vi* in: *zich ~* hasten away.
voortspruiten [-sprœytə(n)] *vi* in: *~ uit* proceed (spring, arise, result) from.
voortstuwen [-sty.və(n)] *vt* propel, drive.
voortstuwing [-ɪŋ] *v* propulsion.
voortsukkelen ['vo:rtsûkələ(n)] *vi* 1 trudge on; 2 potter along.
voortvarend [vo:rt'fa:rɑnt] I *aj* energetic, F go-ahead; II *ad* energetically.
voortvarendheid [-heit] *v* energy, drive.
voortvloeien [-flu.jə(n)] *vi* flow on; *~ uit* result (follow) from.
voortvluchtig [vo:rt'flûxtəx] fugitive; *de ~e* the fugitive.
voortwoekeren ['vo:rtvu.kərə(n)] *vi* spread.
voortzeggen [-segə(n)] *vt* make known; *zegt het voort!* tell your friends!
voortzetten [-setə(n)] *vt* continue [a business, story &], proceed on [one's journey], go on with [one's studies], carry on.
voortzetting [-tɪŋ] *v* continuation.
voortzeulen ['vo:rtsœ.lə(n)] *vt* drag along.
voortzwepen [-sve.pə(n)] *vt* whip on.
voortzwoegen [-svu.gə(n)] *vi* toil on.
vooruit [vo:'rœyt] 1 (v. **plaats**) forward; 2 (v. **tijd**) before, beforehand, in advance; *~ maar, ~ met de geit!* F go it!; fire away! [= say it!]: *borst ~!* chest out!; *zijn tijd ~ zijn* be ahead of his time(s).
vooruitbepalen [-bəpa.lə(n)] *vt* determine beforehand.
vooruitbestellen [-bəstelə(n)] *vt* order in advance.
vooruitbestelling [-lɪŋ] *v* advance order.
vooruitbetalen [vo:'rœytbəta.lə(n)] *vt* prepay, pay in advance.
vooruitbetaling [-lɪŋ] *v* prepayment, payment in advance; *bij ~ te voldoen* payable in advance; $ cash with order.
vooruitbrengen [vo:'rœytbreŋə(n)] *vt* bring forward [something]; advance [a cause, the line]; help forward.
vooruitgaan [-ga.n] *vi* go first, walk on before; *fig* make progress, improve; rise [of barometer]; *de zieke gaat goed vooruit* the patient is getting on well.
vooruitgang [-gɑŋ] *m* 1 progress, improvement; 2 $ advance [of prices].
vooruithelpen [-helpə(n)] *vt* help on.
vooruitkomen [-ko.mə(n)] *vi* get on[2], make headway[2]; *~ (in de wereld)* get on (in the world).
vooruitlopen [-lo.pə(n)] *vi* go first, walk on before; *~ op...* anticipate [events].
vooruitrijden [-rei(d)ə(n)] *vi* ride (drive) on be-

fore [you &]; sit with one's face to the engine (to the driver).

vooruitschieten [-sxi.tə(n)] *vi* shoot forward.

vooruitschuiven [-sxœyvə(n)] I *vt* shove (push) forward, advance; II *vi* shove along.

vooruitspringend [-spriŋənt] jutting out, projecting.

vooruitsteken [-ste.kə(n)] I *vt* put forward, advance; II *vi* jut out, project.

vooruitstrevend [vo:rœyt'stre.vənt] progressive.

vooruitstrevendheid [-heit] *v* progressiveness.

vooruitzetten [-sɛtə(n)] *vt* advance, put [the clock] forward (ahead).

vooruitzicht [-sIxt] *o* prospect, outlook; *de ∼en van de oogst* the crop prospects; *geen prettig ∼* not a cheerful outlook; *geen ∼en hebben* have no prospects in life; *goede ∼en hebben* have good prospects; *iets in het ∼ hebben* have something in prospect; *met dit ∼* with this prospect in view.

vooruitzien [-si.n] I *vt* foresee; II *va* look ahead.

vooruitziend [-si.nt] far-seeing; *zijn ∼e blik* his foresight; *mensen met ∼e blik* far-sighted people; *hij had een ∼e blik* he was far-sighted.

voorvader ['vo:rva.dər] *m* forefather, ancestor; *onze ∼en ook:* our forbears.

voorvaderlijk [-lək] ancestral.

voorval ['vo:rval] *o* incident, event, occurrence.

voorvallen [-valə(n)] *vi* occur, happen, pass.

voorvechter [-vɛxtər] *m* champion, advocate [of women's rights &].

voorvergadering [-vərga.dəriŋ] *v* preliminary meeting.

voorvertrek [-vərtrɛk] *o* front-room. [meeting.

voorvoegsel [-vu.xsəl] *o gram* prefix.

voorvoet [-vu.t] *m* forefoot.

voorwaar [vo:r'va:r] truly, indeed, in truth, ☉ of a truth, B verily.

voorwaarde [vo:r'va:rdə] *v* condition, stipulation; *∼n ook:* terms; *∼n stellen* make (one's) conditions; *onder ∼ dat...* on (the) condition that...; *onder de bestaande ∼n* under existing conditions; *onder geen enkele ∼* not on any account; *onder zekere ∼n* on conditions; *op deze ∼* on this condition.

voorwaardelijk [vo:r'va:rdələk] *aj* (& *ad*) conditional(ly); *∼e veroordeling* ï½ suspended sentence.

voorwaarts ['vo:rva:rts] *aj* & *ad* forward, onward; *∼ mars!* ✕ quick march.

voorwenden [-vɛndə(n)] *vt* pretend, feign, affect, simulate, sham; *voorgewend ook:* put on.

voorwendsel [-vɛntsəl] *o* pretext, pretence, blind; *onder ∼ van...* on (under) the pretext of..., on (under) pretence of...

voorwereldlijk [vo:r've:rəltlək] I prehistoric; 2 *fig* antediluvian.

voorwerp ['vo:rvɛrp] *o* I (ding) object, thing, article; 2 *gram* object; *gevonden ∼en* lost property; *lijdend ∼ gram* direct object; *medewerkend ∼ gram* indirect object; *∼ van spot* object of ridicule, laughing-stock.

voorwiel ['vo:rvi.l] *o* front-wheel.

voorwinter [-vintər] *m* beginning of the winter.

voorwoord [-vo:rt] *o* preface; foreword [esp. by another than the author].

voorzaal [-za.l] *v* I front room; 2 ante-chamber, ante-room.

voorzaat [-za.t] *m* ancestor, forefather; *onze voorzaten ook:* our forbears.

voorzanger [-zaŋər] *m* precentor, cantor, clerk.

1 **voorzeggen** ['vo:rzɛgə(n)] *vt* prompt.

2 **voorzeggen** ['vo:r'zɛgə(n)] *vt* predict, presage, prophesy.

voorzegging [-gIŋ] *v* prediction, prophecy.

voorzeker [vo:r'ze.kər] certainly, surely, assuredly, to be sure.

voorzet ['vo:rzɛt] *m sp* centre.

voorzetsel [-zɛtsəl] *o gram* preposition.

voorzetten [-zɛtə(n)] *vt* I (iets) put [something] before [a person]; 2 (de klok) put [the clock] forward, put [the clock an hour] ahead; 3 *sp* centre [the ball].

voorzichtig [vo:r'zIxtəx] I *aj* prudent, careful, cautious; *∼ / !* be careful!; look out!; mind the paint (the steps &); 2 (op kist &) with care!; II *ad* prudently, carefully, cautiously.

voorzichtigheid [-heit] *v* prudence, care, caution; *∼ is de moeder van de porseleinkast* safety first!

voorzichtigheidshalve [vo:rzIxtəxheits'halvə] by way of precaution.

voorzien [vo:r'zi.n] I *vt* foresee [evil &]; *het was te ∼* it was to be expected; *wij zijn al ∼* we are suited; *∼ van (met)* provide with, supply with, furnish with; *fit with [shelves &]; van etiketten ∼* labelled; II *vi in:* ∼ *in* supply, meet, fill [a deficiency]; *in een (lang gevoelde) behoefte ∼* supply a (long-felt) want; *∼ in de behoeften van...* supply (provide for) the wants of...; *de wet heeft daarin (in een dergelijk geval) niet ∼* the law makes no provision for a case of the kind; *daarin moet worden ∼* that should be seen to; *in de vacature is ∼* the vacancy has been filled; *het niet op iemand ∼ hebben* have a down on a person; *het wel op iemand ∼ hebben* be begrijpen (begrepen); III *vr zich ∼* suit oneself; *zich ∼ van* provide oneself with.

voorzienigheid [-'zi.nəxheit] *v* providence; *de V∼* Providence.

voorziening [-'zi.niŋ] *v* provision, supply.

voorzij(de) ['vo:rzɛi(də)] *v* front [of a house &], face.

voorzingen [-ziŋə(n)] I *vt* sing to [a person]; II *vi* lead the song.

voorzitten [-zItə(n)] I *vi* preside, be in the chair; *dat heeft bij hem voorgezeten* that has been his main consideration (his motive); II *vt* preside over, at [a meeting].

voorzitter [-tər] *m* I chairman, president; 2 Speaker [of the House of Commons]; *Mijnheer de ∼* Mr. Chairman.

voorzitterschap [-tərsxɑp] *o* chairmanship, presidency; *onder ∼ van...* presided over by..., under the chairmanship of...

voorzomer [-zo.mər] *m* beginning of the summer.

voorzorg [-zɔrx] *v* precaution, provision; *uit ∼* by way of precaution.

voorzorgsmaatregel [-zɔrxsma.tre.gəl] *m* precautionary measure, precaution.

voos [vo.s] spongy, woolly [radish].

voosheid ['vo.sheit] *v* sponginess, woolliness.

1 **vorderen** ['vordərə(n)] *vi* advance, make headway, make progress, progress.

2 **vorderen** ['vordərə(n)] *vt* I demand, claim; 2 requisition [for war purposes].

vordering [-rIŋ] *v* I (voortgang) advance, progress, improvement ‖ 2 (eis) demand, claim; 3 requisitioning [of buildings for war purposes]; *∼en maken* make progress.

1 **voren** ['vo:rən] *m* ⚮ roach.

2 **voren** ['vo:rə(n)] *ad in: naar ∼* to the front; *naar ∼ brengen* put forward, advance [a claim &]; *naar ∼ komen* I be put forward, be advanced [of plans &]; 2 emerge [from the discussion]; *te ∼* I (eerder) before, previously; 2 (vooraf) beforehand, [pay, book] in advance; *nooit te ∼* never before; *drie dagen te ∼* three days earlier; *van ∼* in front; *van ∼ af (aan)* from the beginning; *van te ∼ zie te ∼/.*

vorenstaand [-sta.nt] mentioned before, above-mentioned, above-said; *het ∼e ook:* the above.

vorig ['vo:rəx] former, previous; *in ∼e dagen* in former days; *de ∼e maand* last month; *de*

~e oorlog (*regering*) m the late war (government).

vork [vɔrk] v fork; *hij weet hoe de ~ aan* (*in*) *de steel zit* he knows the ins and outs of it.

vorkheftruck [-hɛftrʏk] m fork lift (truck).

vorm [vɔrm] m 1 (gestalte) form, shape; 2 ✸ (gietmal) mould, matrix; 3 *gram* [strong, weak] form; [active, passive] voice; 4 (plichtpleging) form, formality; ceremony; *vaste ~ aannemen* take definite form, take shape; *de ~en in acht nemen* observe the forms; *hij heeft* (*kent*) *geen ~en* he has no manners; *in de ~ van* in the shape (form) of; *in welke ~ ook* in any shape or form; *in ~ zijn sp* be in (good) form; *naar de ~* in form; *voor de ~* for form's sake, as a matter of form; *formal* [invitation]; *zonder ~ van proces* without trial; *fig* without ceremony, without more ado.

vormelijk ['vɔrməlɔk] *aj* (& *ad*) formal(ly), ceremonious(ly).

vormelijkheid [-hɛit] v formality, ceremoniousness.

vormeling ['vɔrməliŋ] m RK confirmee.

vormen ['vɔrmə(n)] I vt 1 form, fashion, shape, model, mould [something]; 2 form, constitute, make up [the committee &], build up [stocks, reserves]; 3 RK confirm; II vr zich ~ form.

vormend [-mənt] forming &, formative [influences]; *fig* educative [methods], informing [books].

vormer [-mər] m framer, moulder, modeller.

vormgever ['vɔrmgevər] m designer.

vormgeving [-ge.viŋ] v design.

vorming ['vɔrmiŋ] v formation, forming, shaping, moulding; *fig* education, cultivation, culture.

vormleer [-le:r] v 1 elementary geometry; 2 *gram* accidence.

vormloos [-lo:s] shapeless, formless.

vormloosheid [vɔrm'lo:shɛit] v shapelessness, formlessness.

vormsel [-səl] o RK confirmation; *het ~ toedienen* confirm, administer confirmation.

vormverandering [-vərɑndəriŋ] v transformation, metamorphosis.

vors [vɔrs] m ♨ frog. [into.

vorsen ['vɔrsə(n)] vi in: *naar iets ~* inquire

1 **vorst** [vɔrst] v △ ridge [of a roof].

2 **vorst** [vɔrst] m ('t vriezen) frost.

3 **vorst** [vɔrst] m sovereign, monarch, king, emperor; prince; *de ~ der duisternis* the prince of darkness.

vorstelijk ['vɔrstələk] I *aj* princely [salary], royal, lordly; II *ad* in a princely way, royally.

vorstelijkheid [-hɛit] v princely state, royalty.

vorstendom ['vɔrstə(n)dɔm] o principality.

vorstengunst [-gʏnst] v royal favour.

vorstenhuis [-hœys] o dynasty.

vorstin [vɔr'stin] v sovereign, monarch, queen, empress; princess.

vort! [vɔrt] F hop it!, off with you!

vos [vɔs] m 1 fox²; 2 (halsbont) fox fur; 3 (paard) sorrel (horse); 4 ❀ tortoise-shell (butterfly); *zo'n slimme ~!* the slyboots!; *een ~ verliest wel zijn haren maar niet zijn streken* Reynard is still Reynard though he put on a cowl; what is bred in the bone will not come out of the flesh; *als de ~ de passie preekt, boer pas op je ganzen* when the fox preaches beware of your geese.

vosaap ['vɔsa.p] m ♨ lemur.

vossehol ['vɔsəhɔl] o fox-hole.

vossejacht [-jɑxt] v fox-hunt(ing).

vossen ['vɔsə(n)] vi & vt S swot, mug.

vosser ['vɔsər] m S swot, mug, sap.

vosseval ['vɔsəvɑl] v fox-trap.

vossevel [-vɛl] o fox-skin.

voteren [vo.'te:rə(n)] vt vote.

votum ['vo.tʏm] o vote; *een ~ van vertrouwen* (*wantrouwen*) a vote of (want of) confidence.

vouw [vɑu] v fold [in paper &]; crease, pleat [in cloth &].

vouwbaar ['vɑuba:r] foldable, pliable.

vouwbeen [-be.n] o paper-knife.

vouwblad [-blɑt] o folder.

vouwen ['vɑuə(n)] vt fold; *de handen ~* fold one's hands; *in vieren ~* fold in four.

vouwscherm [-sxɛrm] o folding-screen.

vouwstoel [-stu.l] m folding-chair, camp-stool.

vraag [vra.x] v 1 question; query; 2 $ request, demand; *~ en aanbod* supply and demand; *~ en antwoord* question and answer; *een ~ doen* ask [a man] a question; put a question to [a person]; *vragen stellen* ask questions; *de ~ stellen is haar beantwoorden* the question is answered by being asked; *een ~ uitlokken* invite a question; *er is veel ~ naar...* $ ...is much in demand, it is in great request, there is a great demand for...; *dat is nog de ~* that's a question; *het is de ~ of...* it is a question whether...; *de ~ doet zich voor of...* the question arises whether...

vraagal [-ɑl] m inquisitive person.

vraagbaak [-ba.k] v (boek) vade-mecum; (persoon) oracle.

vraaggesprek ['vra.gəsprɛk] o interview.

vraagstuk [-stʏk] o problem.

vraagteken [-te.kə(n)] o note (point) of interrogation, question-mark, query; *daar zullen we een ~ achter moeten zetten* we shall have to put a note of interrogation to it².

vraagwoord [-vo:rt] o interrogative word.

vraagziek, ~zuchtig [-si.k, vra.x'sʏxtəx] inquisitive.

vraat [vra.t] m glutton.

vraatzucht ['vra.tsʏxt] v gluttony, gluttonousness, voracity.

vraatzuchtig [vra.t'sʏxtəx] gluttonous, voracious.

vracht [vrɑxt] v 1 load; ♨ cargo; 2 (prijs) fare [for passengers]; carriage; ♨ freight.

vrachtauto ['vrɑxto.to., -ʌuto.] m motor-lorry, motor-truck, motor-van.

vrachtboot [vrɑxtbo.t] m & v ♨ cargo-boat, freighter.

vrachtbrief [-bri.f] m $ 1 [railway] consignment note; 2 ♨ bill of lading.

vrachtdienst [-di.nst] m cargo service.

vrachtgoed ['vrɑxtgu.t] o goods; *als ~ zenden* send by goods-train.

vrachtlijst [-lɛist] v $ manifest.

vrachtloon o vrachtprijs [-lo.n, -prɛis] m zie *vracht* 2.

vrachtrijder [-rɛi(d)ər] m carrier, wagoner.

vrachtschip [-sxip] o ♨ cargo-boat, freighter.

vrachttarief ['vrɑxta:ri.f] o 1 railway rates, tariff; 2 ♨ freight rates.

vrachtvaarder ['vrɑxtfa:rdər] m 1 zie *vrachtschip*; 2 (schipper) carrier.

vrachtvaart [-fa:rt] v carrying-trade.

vrachtvliegtuig [-fli.xtœyx] o ✈ freight plane, freighter.

vrachtvrij [-frɛi] carriage paid; ♨ freight paid; ✉ post-paid.

vrachtwagen [-va.gə(n)] m truck, van.

vragen ['vra.gə(n)] I vt ask; *gevraagd: een 2de bediende* & Wanted; *wij ~ een tekenaar* we require a draughtsman; *mij werd gevraagd of...* I was asked if...; *zij is al tweemaal gevraagd* she has had two proposals; *zult u haar ~?* 1 are you going to propose to her (to ask her hand in marriage)?; 2 shall you invite her?; 3 are you going to question her (to hear her lesson)?; *iemand iets ~* ask a thing of a person; *je moet het hem maar ~* (you had better) ask him; *vraag het maar aan hem* 1 ask him (about it); 2 ask him for it; *hoeveel vraagt hij ervoor?* 1 how much does he ask for it?; 2 what makes he [the tailor &] charge for it?; *waarom vraagt u dat?* what makes you ask that?; *hoe kunt u dat ~?* how can you ask the question?; *iemand op een feestje ~* invite him to a party; *iemand ten eten ~* ask him to dinner; **II** *vi* & *va* ask; *nu vraag ik u!* I ask you!; *...als ik ~ mag* if I may ask the question; *~ naar iemand* ask after (inquire for) a person; *~ naar iets* inquire after a thing; *vraag er uw broer maar eens naar* ask your brother (about it); *~ naar die waren* inquire for these commodities; *er wordt veel naar gevraagd* there is a great demand for it (them); *naar uw mening wordt niet gevraagd* your opinion is not asked; *(iemand) naar de weg ~* ask one's way (of a person), ask (a person) the way; *daar ~ ze niet naar* they never care about that; *~ om iets* ask for a thing; *je hebt ze maar voor het ~* they may be had for the asking.

vragenboek ['vra.gə(n)bu.k] *o* 1 question-book; 2 catechism.

vragend [-gənt] **I** *aj* inquiring, questioning [eyes]; [look] of inquiry, of interrogation; interrogatory [tone]; *gram* interrogative; **II** *ad* inquiringly; *gram* interrogatively.

vragenderwijs, -wijze [vra.gəndər'vɛis, -'vɛizə] interrogatively.

vragenlijst ['vra.gə(n)lɛist] *v* questionnaire.

vrager ['vra.gər] *m* interrogator, questioner, inquirer.

vrede ['vre.də] *m* & *v* peace; *ik heb er ~ mee* I don't object, all right!; *wij kunnen daar geen ~ mee hebben* we can't put up with that; *ga in ~* go in peace; *in ~ leven met iedereen* live at peace with all men; *laat mij met ~* let me alone; *om de lieve ~* for the sake of peace.

vredebreuk [-brø.k] *v* breach of the peace.

vredelievend [vre.də'li.vənt] **I** *aj* peace-loving, peaceable, peaceful; **II** *ad* peaceably, peacefully.

vredelievendheid [-hɛit] *v* love of peace, peaceableness, peacefulness.

vrederechter [-rɛxtər] *m* justice of the peace.

vredesaanbod ['vre.dəsa.nbɔt] *o* peace offer.

vredesapostel [-a.pɔstəl] *m* apostle of peace.

vredesbeweging [-bə.ʁə.ɣɪŋ] *v* peace movement.

vredesconferentie [-kɔnfərən(t)si.] *v* peace conference.

vredescongres [-kɔŋgrɛs] *o* peace congress.

vredesduif [-dœyf] *v* dove of peace, peace dove.

vredesonderhandelingen [-ɔndərhandəliŋə(n)] *mv* peace negotiations.

vredespaleis [-pa.lɛis] *o* palace of peace, peace-palace.

vredespijp [-pɛip] *v* pipe (calumet) of peace.

vredessterkte ['vre.dəstɛrktə] *v* ✗ peace establishment; *~ 25.000 man* ook: 25.000 men on a peace footing.

vredestichter [-stixtər] *m* peacemaker.

vredestijd ['vre.dəstɛit] *m* time of peace, peace-time.

vredesverdrag [-fərdrɑx] *o* treaty of peace, peace treaty.

vredesvoorstel [-fo:rstəl] *o* peace proposal.

vredesvoorwaarden [-fo:rva:rdə(n)] *mv* conditions of peace, peace terms.

vredig ['vre.dəx] *aj* (& *ad*) peaceful(ly), quiet-(ly).

vreedzaam ['vre.tsa.m] **I** *aj* peaceable; peaceful [citizen]; **II** *ad* peaceably; peacefully.

vreedzaamheid [-hɛit] *v* peaceableness; peacefulness.

vreemd [vre.mt] **I** *aj* 1 (niet bekend) strange; 2 (buitenlands) foreign [persons, interference]; alien [enemy]; 3 exotic [plants]; 4

(raar) strange, queer, odd; *~ geld* foreign money; *~e goden* strange gods; *~e hulp* hired assistance; *een ~e taal* 1 a foreign language; 2 a strange (queer) language; *ik ben hier ~* I am a stranger here; *dat is toch ~* that is strange, it is a strange thing; *het is (valt) mij ~* it is strange to me; *hij is me ~* he is a stranger to me; *afgunst is mij ~* envy is foreign to my nature; *alle vrees is hem ~* he is an utter stranger to fear; *het werk is mij ~* I am strange to the work; *~ zijn aan iets* have nothing to do with it; *hoe ~!* how strange (it is); *ik voel me hier zo ~* I feel so strange here; *het ~e van de zaak is, dat...* the strange thing about the matter is; **II** *ad* strangely; *er ~ uitziend* strange-looking.

1 **vreemde** ['vre.mdə] *m-v* (onbekende) stranger; *dat heeft hij van geen ~* it runs in the family.

2 **vreemde** ['vre.mdə] *in den ~* in foreign parts, abroad.

vreemdeling [-lɪŋ] *m* 1 (onbekende) stranger; 2 (buitenlander) foreigner, alien; *een ~ in Jeruzalem* a stranger in Jerusalem (in the place, to the place).

vreemdelingenboek [-lɪŋə(n)bu.k] *o* arrival book, (hotel) register, visitors' book.

vreemdelingenbureau [-by.ro.] *o* intelligence bureau for tourists.

vreemdelingendienst [-di.nst] *m* Aliens Branch (of the Home Office).

vreemdelingenlegioen [-le.gi.u.n] *o* Foreign Legion.

vreemdelingenverkeer [-vərke:r] *o* tourist traffic; *Vereniging voor ~* ± Travel Association.

vreemdheid ['vre.mthɛit] *v* strangeness, queerness, oddness, oddity.

vreemdsoortig [vre.mt'so:rtəx] strange, odd; quaint.

vreemdsoortigheid [-hɛit] *v* strangeness, oddity; quaintness.

vrees [vre.s] *v* fear, fears, dread [= great fear], apprehension; *zijn ~ voor...* his fear of...; *~ aanjagen* intimidate; *heb daar geen ~ voor!* no fear!; *~ koesteren voor* be afraid of, stand in fear of, fear; *uit ~ dat...* for fear (that)..., for fear lest [he should...], lest...; *uit ~ voor...* for fear of...; *de ridder zonder ~ of blaam* without fear and without reproach; zie ook: *vreze*.

vreesaanjaging ['vre.sa.nja.gɪŋ] *v* intimidation.

vreesachtig [vre.s'ɑxtəx] timid, timorous.

vreesachtigheid [-hɛit] *v* timidity, timorousness.

vreeswekkend [vre.s'vɛkənt] fear-inspiring, frightful.

vrek [vrɛk] *m* miser, niggard, skinflint.

vrekachtig, vrekkig ['vrɛkɑxtəx, 'vrɛkəx] miserly, stingy.

vrekkigheid [-hɛit] *v* miserliness, stinginess .

vreselijk ['vre.sələk] **I** *aj* dreadful, frightful, terrible; < ook: tremendous; **II** *ad* fearfully &; ook: < awfully.

vreselijkheid [-hɛit] *v* dreadfulness, terribleness.

vreten ['vre.tə(n)] **I** *vt* (v. dier) eat, feed on; **II** *va* 1 (v. dier) feed; 2 (v. mens) feed, stuff, gorge.

vreter [-tər] *m* glutton.

vreugd(e) ['vrø.gdə, vrø.xt] *v* joy, gladness; *Vreugde der Wet* Rejoicing of the Law; *~ scheppen in het leven* enjoy life.

vreugdedronken [-drɔŋkə(n)] drunk with joy, elated with joy.

vreugdeloos [-lo.s] joyless, cheerless.

vreugdetraan [-tra.n] *m* & *v* tear of joy.

vreugdevol [-vɔl] full of joy, joyful, joyous.

vreugdevuur [-vy:r] *o* bonfire, balefire.

vreugdezang [-zɑŋ] *m* song of joy.

○ **vreze** ['vre.zə] *v* fear; *de ~ des Heren* the fear of the Lord.

vrezen ['vre.zə(n)] I *vt* fear, dread; *God* ∼ fear God; *iemand* ∼ fear (be afraid of) a person; *iets* ∼ dread it; *niets te* ∼ *hebben* have nothing to fear; *het is te* ∼ it is to be feared; II *vi* be afraid; ∼ *voor zijn leven* fear for his life.

vriend [vri.nt] *m* friend; *een* ∼ *van de natuur* a lover of nature; *een* ∼ *van orde* a friend of order; *even goede* ∼*en, hoor!* we'll not quarrel for that; *goede* ∼*en zijn met* be friends with; *kwade* ∼*en worden* fall out; *kwade* ∼*en zijn* be on bad terms; *iemand te* ∼ *hebben* be friends with a man, have him for a friend; *iemand te* ∼ *houden* keep friends with a person, keep on good terms with one; ∼ *noch maag* neither kith nor kin; ∼ *en vijand* friend and foe; ∼*en in de nood, honderd in een lood* ± a friend in need is a friend indeed; *God bewaar me voor mijn* ∼*en* God save me from my friends.

vriendelijk ['vri.ndələk] I *aj* 1 kind, friendly, affable; 2 (v. huis, stadje) pleasant; II *ad* kindly, affably, in a friendly way.

vriendelijkheid [-hɛit] *v* kindness, friendliness, affability; *vriendelijkheden* kindnesses.

vriendendienst ['vri.ndə(n)di.nst] *m* kind turn, good office.

vriendenkring [-krɪŋ] *m* circle of friends.

vriendin [vri.n'dɪn] *v* (lady, woman) friend.

vriendinnetje [-'dɪnəcə] *o* girl friend.

vriendje ['vri.ncə] *o* (little) friend; boy friend.

vriendschap ['vri.ntsxɑp] *v* friendship; ∼ *sluiten met* contract (form, strike up) a friendship with, make friends with; *uit* ∼ out of friendship, for the sake of friendship.

vriendschappelijk [vri.nt'sxɑpələk] I *aj* friendly, amicable; II *ad* in a friendly way, amicably.

vriendschappelijkheid [-hɛit] *v* friendliness, amicableness.

vriendschapsband ['vri.ntsxɑpsbɑnt] *m* tie (bond) of friendship.

vriendschapsbetuiging [-bətœygɪŋ] *v* profession (protestation) of friendship.

vriendschapsverdrag [-fərdrɑx] *o* treaty of friendship.

vriespunt [-pʉnt] *o* freezing-point; *boven* (*onder, op*) *het* ∼ above (below, at) freezing-point.

vriesweder [-ve:r, -ve.dər] *o* frosty weather.

vriezen ['vri.zə(n)] *vi* freeze; *het vriest hard* (*dat het kraakt*) it is freezing hard.

vrij [vrɛi] I *aj* 1 (niet slaaf, onbelemmerd) free; 2 (zonder belet of werk) free, at liberty, at leisure, disengaged; 3 (niet bezet of besproken) not engaged, vacant [seats]; ∼*e arbeid* free labour; ∼*e avond* evening (night) out; ∼ *bovenhuis* self-contained flat; *een* ∼*e dag* a free day, a day off; ∼ *kwartier* ☞ break, recess; *een* ∼*e middag* a free afternoon, a half-holiday; ∼*e ogenblikken* leisure (spare) moments; ∼ *uitzicht* free view; *een* ∼ *uur* a spare (leisure, idle) hour, an off-hour; *het* ∼*e woord* free speech; *mijn* ∼*e zondag* my Sunday out; *zo* ∼ *als een vogeltje in de lucht* as free as air (as a bird); *60 gld. per maand en alles* ∼ and everything found; *goed loon en veel* ∼ and liberal outings; ∼ *hebben* be off duty, have a holiday; ∼ *krijgen* get a holiday, be free [3 times a week]; ∼ *vragen* ask for a (half-)holiday; ∼ *zijn* be free; *mag ik zo* ∼ *zijn?* may I take the liberty?; *zij is nog* ∼ she is still free; *de lijn is* ∼ the line is clear; ∼ *van accijns* free (exempt) from excise; ∼ *van dienst* 1 off duty, free, disengaged; 2 exempt from duty; ∼ *van sterke drank* free from drinking; ∼ *van port & post-free; II *ad* 1 (vrijelijk) freely; 2 (gratis) free (of charge); 3 (tamelijk) rather, pretty; ∼ *goed* pretty good; ∼ *veel* rather much (many); ∼ *wat...* a good deal of...; ∼ *wat meer* much more; ∼ *zonnig* fairly sunny [weather].

vrijaf [vrɛi'ɑf] a holiday, a day (evening) off; ∼ *nemen* take a holiday.

vrijage [vrɛi'a.ʒə] *v* courtship, ☉ wooing.

vrijbiljet ['vrɛibiljɛt] *o* zie *vrijkaart*.

vrijblijven [-blɛivə(n)] *vi* remain free. [ment.

vrijblijvend [vrɛi'blɛivənt] $ without engage-

vrijbrief ['vrɛibri.f] *m* passport; charter, licence, permit.

vrijbuiter [-bœytər] *m* freebooter.

vrijbuiterij [vrɛibœytə'rɛi] *v* freebooting.

vrijdag ['vrɛidɑx] *m* Friday; *Goede Vrijdag* Good Friday.

vrijdenker [-dɛŋkər] *m* free-thinker.

vrijdenkerij [vrɛidɛŋkə'rɛi] *v* free-thinking, free thought.

vrijdom ['vrɛidɔm] *m* freedom, exemption.

vrije ['vrɛiə] *m* freeman.

vrijelijk ['vrɛiələk] freely.

vrijen ['vrɛiə(n)] I *vi* 1 court; 2 make love, bill and coo, spoon; *gaan* ∼ go courting; *hij vrijt met onze dienstbode* he keeps company with our servant; ∼ *met een meisje* court a girl, make love to her; ∼ *om* (*naar*) *een meisje* court a girl, ☉ woo a girl; II *vt* court, ☉ woo.

vrijer ['vrɛiər] *m* suitor, lover, sweetheart, ☉ wooer; *oude* ∼ bachelor; *haar* ∼ F ook: her young man, her chap.

vrijerij [vrɛiə'rɛi] *v* love-making, courtship.

vrije-tijd(s)besteding [vrɛiə'tɛit(s)bəstə.dɪŋ] *v* use (employment) of leisure, leisure activity.

vrijgelatene ['vrɛigəla.tənə] *m-v* freedman, freed woman.

vrijgeleide [-gəlɛidə] *o* safe-conduct; *onder* ∼ under a safe-conduct.

vrijgeven ['vrɛige.və(n)] *vt* set at liberty [a man]; release, free, decontrol [government butter &]; manumit, emancipate [a slave]; give a holiday [to boys &].

vrijgevig [vrɛi'ge.vəx] I *aj* liberal, open-handed; II *ad* liberally.

vrijgevigheid [-hɛit] *v* liberality, open-handedness.

vrijgevochten ['vrɛigəvɔxtə(n)] in: *het is een* ∼ *land* it is Liberty Hall there.

vrijgezel [vrɛigə'zɛl] *m* bachelor.

vrijhandel ['vrɛihɑndəl] *m* free trade.

vrijhandelaar [-dəla:r] *m* free-trader.

vrijhaven ['vrɛiha.və(n)] *v* free port.

vrijheid ['vrɛihɛit] *v* liberty, freedom; *dichterlijke* ∼ poetic licence; *persoonlijke* ∼ personal freedom; ∼ *van drukpers* (*van gedachte, van geweten*) liberty (freedom) of the press (of thought, of conscience); ∼ *van vergadering* freedom of association; ∼ *van het woord* freedom of speech; *geen* ∼ *hebben om ..* not be at liberty to...; *de* ∼ *nemen om...* take the liberty to..., make bold to..., make free to...; *zich vrijheden veroorloven* take liberties; *ik vind geen* ∼ *om...* I don't see my way to...; *in* ∼ free, at liberty; *in* ∼ *stellen* release, set at liberty, set free.

vrijheidlievend [vrɛihɛit'li.vənt] fond of liberty, liberty-loving, freedom-loving [people].

vrijheidsberoving ['vrɛihɛitsbəro.vɪŋ] *v* deprivation of liberty.

vrijheidsliefde [-li.vdə] *v* love of liberty.

vrijheidsoorlog [-o:rlɔx] *m* war of independence.

vrijheidsstraf ['vrɛihɛitstrɑf] *v* 🔒 imprisonment.

vrijheidsvaan ['vrɛihɛitsfa.n] *v* flag (standard) of liberty.

vrijheidszin ['vrɛihɛitsɪn] *m* spirit of liberty.

vrijhouden ['vrɛihɑudə(n)] *vt* 1 (letterlijk) keep free; 2 defray a man's expenses; *ik zal je* ∼ I'll stand treat.

vrijkaart [-ka:rt] *v* free ticket, complimentary

ticket; (v. schouwburg, spoor &) free pass.

vrijkomen [-ko.mə(n)] *vi* get off; come out [of prison]; be released [of forces]; be liberated [in chemistry]; ~ *met de schrik* get off with a fright.

vrijkopen [-ko.pə(n)] *vt* buy off, ransom, redeem.

vrijlaten [-la.tə(n)] *vt* set at liberty, release [a prisoner], let off [their victim]; emancipate, manumit [a slave]; release, free, decontrol [government butter &]; leave [a country] free [to determine its own future]; *iemand de handen* ~ leave (allow) him a free hand.

vrijlating [-la.tıŋ] *v* release; emancipation, manumission [of a slave].

vrijloop [-lo.p] *m* free wheel.

vrijloten [-lo.tə(n)] *vi & vr* ✗ draw an exempting number.

vrijmaken [-ma.kə(n)] I *vt* emancipate [a slave]; free [a person]; liberate [a nation]; free [the mind]; disengage, free [one's arm]; clear [the way]; II *vr zich* ~ disengage (extricate, free) oneself; *zich* ~ *van* get rid of.

vrijmaking [-kıŋ] *v* liberation, emancipation.

vrijmetselaar [vrɛi'metsəla:r] *m* freemason, mason.

vrijmetselaarsloge [-la:rslo:ʒə] *v* 1 masonic lodge; 2 (gebouw) masonic hall.

vrijmetselarij [-metsələ:'rɛi] *v* freemasonry.

vrijmoedig [vrɛi'mu.dəx] *aj* (& *ad*) outspoken(ly), frank(ly), free(ly), bold(ly).

vrijmoedigheid [-hɛit] *v* frankness, outspokenness, boldness.

vrijplaats ['vrɛipla.ts] *v* sanctuary, refuge, asylum.

vrijpleiten [-plɛitə(n)] I *vt* exculpate, exonerate, clear [from blame]; II *vr zich* ~ exculpate oneself, clear oneself.

vrijpostig [vrɛi'postəx] I *aj* bold, free, forward, pert; II *ad* boldly.

vrijpostigheid [-hɛit] *v* boldness, forwardness, pertness; *vrijpostigheden* liberties.

vrijspraak ['vrɛispra.k] *v* 🏃 acquittal.

vrijspreken [-spre.kə(n)] *vt* 🏃 acquit; ~ *van* acquit of.

vrijstaan [-sta.n] *vi* be permitted; *het staat u vrij om...* you are free to...; ~*d* detached [villa]; self-supporting [wall].

vrijstaat [-sta.t] *m* free state.

vrijstad [-stat] *v* free city, free town.

vrijstellen [-'stɛlə(n)] *vt* exempt (from *van*).

vrijstelling [-lıŋ] *v* exemption, freedom (from *van*).

vrijster ['vrɛistər] *v* sweetheart; *oude* ~ old maid, spinster.

vrijuit [vrɛi'œyt] freely, frankly; *hij spreekt altijd* ~ he is very free-spoken; *spreek* ~*!* ook: speak out!

vrijverklaren ['vrɛivərkla:rə(n)] *vt* declare free.

vrijwaren [-va:rə(n)] *vt* in: ~ *voor* (*tegen*) guarantee from, safeguard against, protect from, secure from, guard from (against).

vrijwaring [-rıŋ] *v* safeguarding, protection.

vrijwel ['vrɛivel] in: *hij is* ~ *genezen* practically cured; ~ *alles wat men kan wensen* pretty well everything that could be wanted; ~ *hetzelfde* much the same (thing); ~ *iedereen* almost everybody; ~ *niets* next to nothing; ~ *nooit* hardly ever; ~ *onmogelijk* well-nigh impossible; *ik ben er* ~ *zeker van* I am all but certain of it.

vrijwillig [vrɛi'vIlax] I *aj* voluntary, free; ~*e brandweer* volunteer fire-brigade; II *ad* voluntarily, freely, of one's own free will.

vrijwilliger [-'vIləgər] *m* volunteer.

vrijwilligheid [-'vIləxhɛit] *v* voluntariness.

vrijzinnig [vrɛi'zInəx] I *aj* liberal; *een* ~*e* a liberal; II *ad* liberally.

vrijzinnigheid [-hɛit] *v* liberalism, liberality.

vroed [vru.t] *aj* wise, prudent; *de* ~*e vaderen* the City Fathers.

vroedschap ['vru.tsxɑp] *v* town-council; *de* ~ ook: the City Fathers.

vroedvrouw [-frɑu] *v* midwife.

vroeg [vru.x] I *aj* early; *zijn* ~*e dood* his untimely (premature) death; II *ad* early; *at an early hour*; *het is nog* ~ it is still early; *niets te* ~ none too early, none too soon; *een uur te* ~ an hour early (before one's time); *al* ~ *in maart* early in March; *'s morgens* ~ early in the morning; *te* ~ *komen* come too early, be early; ~ *opstaan* rise early; zie ook: *opstaan*; ~ *en laat* early and late; ~ *of laat* sooner or later; *van* ~ *tot laat* from early in the morning till late at night; zie ook: *vroeger* & *vroegst*.

vroegdienst ['vru.xdi.nst] *m* early service.

vroeger ['vru.gər] I *aj* former [friends, years &]; earlier [documents]; previous [statements]; past [sins]; late, ex- [president &]; II *ad* [come] earlier; [an hour] sooner; formerly, in former days (times), in times gone by, on former occasions, previously, before now; *daar stond* ~ *een molen* there used to be a mill there.

vroegmis [-mıs] *v* RK early mass.

vroegrijp ['vru.xrɛip] early-ripe, precocious [child].

vroegrijpheid [vru.x'rɛiphɛit] *v* precocity.

vroegst [vru.xst] earliest; *op zijn* ~ at the earliest.

vroegte ['vru.xtə] *v* in: *in de* ~ early in the morning.

vroegtijdig [vru.x'tɛidəx] I *aj* early, untimely, premature [death]; II *ad* 1 early, betimes, at an early hour; 2 prematurely, before one's time.

vrolijk ['vro.lək] I *aj* merry, gay, cheerful; *zich* ~ *maken over* make merry over; II *ad* merrily, gaily, cheerfully.

vrolijkheid [-hɛit] *v* mirth, merriment, gaiety, cheerfulness; *grote* ~ *onder het publiek* great hilarity.

vrome ['vro.mə] *m-v* pious man or woman.

vroom [vro.m] *aj* (& *ad*) devout(ly), pious(ly); *vrome wens* pious wish.

vroomheid ['vro.mhɛit] *v* devoutness, devotion, piety.

vrouw [vrɑu] *v* 1 woman; 2 (echtgenote) wife, lady, ○ spouse; 3 ◇ queen; *de* ~ *des huizes* the lady (mistress) of the house; ~ *van de wereld* woman of the world; ~ *Hendriks* Mrs. H.; *hoe is het met je* ~? how is Mrs. H.?; *Maar* ~*!* I But woman!; 2 I say, wife!; *haar tot* ~ *nemen* take her to wife.

vrouwachtig ['vrɑuɑxtəx] effeminate, womanish.

vrouwelijk ['vrɑuələk] I *aj* 1 female [animal, plant, sex &]; feminine [virtues, rhyme &]; womanly [conduct, modesty &], womanlike; 2 *gram* feminine; ~*e kandidaat* (*kandidaten*) woman candidate, women candidates; II *o* in: *het* ~*e in haar* the woman in her.

vrouwelijkheid [-hɛit] *v* womanliness, femininity.

vrouwenaard ['vrɑuə(n)a:rt] *m* woman's nature, female character.

vrouwenarbeid [-arbɛit] *m* women's labour.

vrouwenbeweging [-bəve.gıŋ] *v* woman's rights movement.

vrouwenbond [-bònt] *m* woman's league.

vrouwengek [-gɛk] *m* ladies' man, philanderer.

vrouwenhaar [-ha:r] *o* 1 woman's hair; 2 ⚘ maidenhair.

vrouwenhater [-ha.tər] *m* woman-hater, misogynist.

vrouwenkiesrecht [-ki.srɛxt] *o* woman suffrage, votes for women.

vrouwenkleding [-kle.dɪŋ] *v* woman's (women's) dress.

vrouwenklooster [-klo.stər] *o* nunnery, convent for women.

vrouwenkoor [-ko:r] *o* ♪ choir for female voices.

vrouwenrechten [-rɛxtə(n)] *mv* women's rights.

vrouwenrok [-rɔk] *m* woman's skirt.

vrouwlief [ˈvrouli.f] *my* dear, dear wife; ~ *wil het hebben* my wife wants it so.

vrouwmens [-mɛns] ~**spersoon** [ˈvrouspərso.n] *o* woman.

vrouwtje [ˈvrouɕə] *o* 1 little woman; 2 wif(e)y; *wie zijt ge*, ~? who are you, my good woman?

vrouwvolk [ˈvrouvɔlk] *o* women, womenfolk.

vrucht [vrŭxt] *v* fruit²; *deze* ~*en* these fruit; *de* ~*en der aarde (van zijn vlijt)* the fruits of the earth (of his industry); *verboden* ~ *is zoet* forbidden fruit is sweet; ~*en afwerpen*, ~ *dragen (opleveren)* bear fruit; *de* ~*(en) plukken van...* reap the fruits of...; *aan hun* ~*en zult gij ze kennen* B by their fruits ye shall know them; *aan de* ~ *kent men de boom* a tree is known by its fruit; *met* ~ with success, successfully; profitably, with profit, usefully; *zonder* ~ without avail, fruitless-(ly).

vruchtbaar [ˈvrŭxtba:r] fruitful² [fields, minds, collaboration &]; fertile² [soil, inventions]; < prolific² [females, brain, writer &]; ~ *in* fruitful in [great events &]; fertile in, fertile of [great men]; prolific in; prolific of [offspring, honey &].

vruchtbaarheid [-hɛit] *v* fruitfulness², fertility².

vruchtbeginsel [ˈvrŭxtbəɣinsəl] *o* ♀ ovary.

vruchtboom [-bo.m] *m* fruit-tree.

vruchtdragend [vrŭxtˈdra.ɣənt] fruit-bearing; *fig* fruitful.

vruchteloos [ˈvrŭxtəlo.s] I *aj* fruitless, vain, futile, unavailing; II *ad* fruitlessly, vainly, in vain, to no purpose, without avail.

vruchteloosheid [vrŭxtəˈlo.shɛit] *v* fruitlessness, futility .

vruchtemesje [ˈvrŭxtəmɛʃə] *o* fruit-knife.

vruchtengelei [ˈvrŭxtə(n)ɣəlɛi] *m* & *v* 1 jam; 2 fruit-jelly.

vruchtenijs [-ɛis] *o* fruit ice.

vruchtenschaal [-sxa.l] *v* fruit-dish.

vruchtentaart [-ta:rt] *v* fruit tart, fruit pie.

vruchtenwijn [-rɛin] *m* fruit wine.

vruchtesap [-sɑp] *o* fruit juice.

vruchtgebruik [ˈvrŭxtɣəbrœyk] *o* usufruct.

vruchtgebruiker [-ɣəbrœykər] *m* usufructuary.

vruchtvlees [-fle.s] *o* ♀ pulp.

vruchtvorming [-fɔrmɪŋ] *v* fructification.

vuig [vœyx] *aj* (& *ad*) vile(ly), sordid(ly), base-(ly).

vuigheid [ˈvœyxhɛit] *v* vileness, sordidness, baseness.

vuil [vœyl] I *aj* dirty², filthy², grimy, grubby [hands]; *fig* nasty, smutty, obscene; (*er*) ~ (*uitziend*) dingy; ~*e borden* soiled plates; *een* ~ *ei* an addled egg; ~*e taal* obscene language; *het* ~*e wasgoed* the soiled linen; II *ad* dirtily²; III *o* dirt².

vuilbek [ˈvœylbɛk] *m* foul-mouthed fellow.

vuilbekken [-bɛkə(n)] *v* talk smut.

vuilbekkerij [vœylbɛkəˈrɛi] *v* smutty talk, smut.

vuilheid [ˈvœylhɛit] *v* dirtiness, filthiness²; *fig* obscenity.

vuiligheid [ˈvœyləxhɛit] *v* filth, filthiness, dirt, dirtiness.

vuilik [-lək] *m* 1 dirty fellow; 2 *fig* skunk.

vuilmaken [ˈvœylma.ka(n)] I *vt* make dirty, dirty, soil; *ik zal mijn handen niet* ~ *aan die vent* I am not going to mess my hands with

such a fellow; *ik wil er geen woorden over* ~ I will waste no words over the affair; II *vr zich* ~ dirty oneself.

vuilnis [ˈvœylnɪs] *v* & *o* [household] refuse, dirt, rubbish.

vuilnisauto [-o.to., -ǒuto.] *m* refuse collector.

vuilnisbak [-bɑk] *m* dustbin, refuse bin.

vuilnisbelt [-bɛlt] *m* & *v* refuse dump.

vuilnisblik [-blɪk] *o* dustpan.

vuilnisemmer [-ɛmər] *m* dustbin, refuse bin.

vuilnishoop [-ho.p] *m* refuse heap, dust heap.

vuilniskar [-kɑr] *v* dust-cart, refuse cart.

vuilnisman [-mɑn] *m* dustman, scavenger.

vuilnisvat [-fɑt] *o* refuse bin.

vuilpoes [ˈvœylpu.s] *v* dirty woman (girl &).

vuist [vœyst] *v* fist; *op de* ~ *gaan* take off the gloves, resort to fisticuffs; *voor de* ~ off-hand, extempore, without notes; *hij lachte in zijn* ~*je* he laughed in his sleeve.

vuistgevecht [ˈvœystɣəvɛxt] *o* boxing-match, F set-to.

vuistrecht [-rɛxt] *o* fist-law, club-law.

vuistslag [-slɑx] *m* blow with the fist.

vuistvechter [-fɛxtər] *m* boxer, prize-fighter.

vulcanisatie [vŭlka.ni.ˈza.(t)si.] *v* vulcaniza-tion.

vulcaniseren [-ˈze.rə(n)] *vt* vulcanize.

vulgair [vŭlˈgɛ:r] *aj* (& *ad*) vulgar(ly).

vulgariseren [-ˈze.rə(n)] *vt* vulgarize.

vulgariteit [-ˈtɛit] *v* vulgarity.

vulkaan [vŭlˈka.n] *m* volcano.

vulkachel [ˈvŭlkɑɣəl] *v* base-burner.

vulkanisch [vŭlˈka.ni.s] volcanic.

vullen [ˈvŭlə(n)] I *v* 1 fill [a glass, the stomach &]; stuff [chairs, birds]; pad [sofas]; fill, stop [a hollow tooth]; inflate [a balloon]; ✂ charge [an accumulator]; II *vr zich* ~ fill.

vulling [-lɪŋ] *v* 1 (in 't alg.) filling; 2 (v. opge-zette dieren & in de keuken) stuffing; 3 (v. sofa) padding; 4 (v. bonbon) centre; 5 (v. ballon) inflation.

vulpen [ˈvŭlpen] *v* fountain-pen.

vulpenhouder [-hou(d)ər] *m* fountain-pen.

vulpeninkt [-ɪŋ(k)t] *m* fountain-pen ink.

vulpotlood [ˈvŭlpotlo.t] *o* propelling pencil.

vulsel [-səl] *o* stuffing; filling, stopping [of a tooth].

vuns [vŭns] musty, fusty.

vunsheid [ˈvŭnshɛit] *v* mustiness, fustiness.

vunzig(heid) [ˈvŭnzəx(hɛit)] zie *vuns(heid)*.

vurehout [ˈvy:rəhout] *o* deal.

1 **vuren** [ˈvy:rə(n)] I *vi* ✗ fire; ~ *op* fire at, fire on; II *o* firing.

2 **vuren** [ˈvy:rə(n)] *aj* deal.

vurig [ˈvy:rəx] I *aj* 1 fiery² [coals, eyes, horses &]; ardent² [rays, love, zeal]; *fig* fervent [hatred, prayers]; fervid [wishes]; 2 red, in-flamed [of the skin]; II *ad* fierily, ardently, fervently, fervidly.

vurigheid [-hɛit] *v* 1 fieriness²; *fig* fervency [of prayer]; ardour [to do something]; spirit [of a horse]; 2 redness, inflammation [of the skin].

vuur [vy:r] *o* 1 fire; *fig* ardour; 2 (in hout) dry rot; ~ *en licht* fuel and light; *het* ~ *was niet van de lucht* the lightning was continuous; ~ *commanderen* ✗ command fire; ~ *geven* ✗ fire; *geef me eens wat* ~ just give me a light; *heeft u wat* ~ *voor me?* have you got a light for me?; *iemand het* ~ *na aan de schenen leggen* make it hot for one, press one hard; ~ *maken* light a fire; *een goed onderhouden* ~ ✗ [keep up] a well-sustained fire; ~ *spuwen* spit fire; ~ *en vlam spuwen* boil over with rage; ~ *vatten* catch fire²; *fig* flare up; *bij het* ~ *zitten* sit near (close to) the fire; *hij het dichtst bij het* ~ *zit, warmt zich het best* the horse next the mill carries all the grist; *voor iemand door het* ~ *lopen* go through fire (and water) for a person; *in ~ (ge)raken* catch fire²; *fig warm* (up) [to one's subject]; *de troepen zijn nog nooit in het ~ geweest* ✕ the troops have never been under fire; *in het ~ van het gesprek* in the heat of the conversation; *in ~ en vlam zetten* set [Europe] ablaze; *met ~ spelen* play with fire; *iemand met ~ verdedigen* defend him spiritedly; *onder ~* ✕ under fire; *onder ~ nemen* ✕ subject to fire; *te ~ en te zwaard verwoesten* destroy by fire and sword; *tussen twee vuren* ✕ [enclose the enemy] between two fires; *fig* between the devil and the deep sea; *ik heb wel voor heter vuren gestaan* I have been up against a stiffer proposition.

vuuraanbidder ['vy:ra.nbɪdər] *m* fire-worshipper.

vuuraanbidding [-dɪŋ] *v* fire-worship.

vuurbaak ['vy:rba.k] *v* beacon-light.

vuurbol [-bɔl] *m* fire-ball.

vuurdoop [-do.p] *m* ✕ baptism of fire.

vuureter [-e.tər] *m* fire-eater.

vuurgloed [-glu.t] *m* glare, blaze.

vuurhaard [-ha:rt] *m* hearth, fireplace.

vuurkolom [-ko.lòm] *v* pillar of fire.

vuurlijn [-lɛin] *v* ✕ firing-line, line of fire.

vuurlinie [-li.ni.] *v* ✕ zie *vuurlijn*.

vuurmond [-mònt] *m* ✕ (muzzle of a) gun; *tien ~en* ten guns.

vuurpeloton [-pəlo.tòn] *o* ✕ firing-party, firing-squad.

vuurpijl [-pɛil] *m* rocket.

vuurplaat [-pla.t] *v* hearth-plate.

vuurproef [-pru.f] *v* fire-ordeal; *fig* crucial (acid) test; *het heeft de ~ doorstaan* it has stood the test.

vuurrood [-ro.t] as red as fire, fiery red; scarlet [blush, cheeks].

vuurschip [-sxɪp] *o* ✕ fire-ship; ⚓ lightship.

vuurslag [-slax] *o* (flint and) steel.

vuurspuwend [-spy.vənt] fire-spitting, spitting fire; *~de berg* volcano.

vuursteen [-ste.n] *o & m* flint.

vuurtoren [-to:rə(n)] *m* lighthouse.

vuurtorenwachter [-vaxtər] *m* lighthouse keeper.

vuurvast ['vy:rvɑst] fire-proof [dish], incombustible; *~e klei* fire-clay; *~e steen* fire-brick, refractory brick.

vuurvlieg [-vli.x] *v* fire-fly.

vuurvreter [-vre.tər] *m* fire-eater².

vuurwapen [-va.pə(n)] *o* fire-arm.

vuurwerk [-vɛrk] *o* fireworks; pyrotechnic display, display of fireworks; *~ afsteken* let off fireworks.

vuurzee [-ze.] *v* sea of fire; *het was één ~* it was one sheet of fire, one blaze.

vuurzuil [-zœyl] *v* pillar of fire.

W

waadbaar ['va.tba:r] fordable *waadbare plaats* ford.

waadvogel [-fo.gəl] *m* 🐦 wading-bird, wader.

1 **waag** [va.x] *v* 1 balance; 2 weighing-house.

2 **waag** [va.x] *m* in: *dat is een hele ~* that is a risky thing.

waaghals ['va.xhɑls] *m* dare-devil, reckless fellow.

waaghalzerig [-hɑlzərəx] venturesome, reckless.

waaghalzerij [va.xhɑlzə'rɛi] *v* recklessness.

waagmeester ['va.xme.stər] *m* weigh-master.

waagschaal [-sxa.l] in: *zijn leven in de ~ stellen* risk (venture, stake) one's life.

waagstuk [-stûk] *o* risky undertaking, venture, piece of daring.

waaien ['va.jə(n)] I *vi* 1 (v. wind) blow; 2 (v. vlag &) flutter in the wind; *laten ~* hang out [a flag]; *hij laat de boel maar ~* he lets things slide; *laat hem maar ~!* give him the go-by; *laat maar ~!* blow the letter (the thing &)!; *de appels ~ van de bomen* the apples are blown from the trees; *het waait* it is blowing; *het waait hard* it is blowing hard, there is a high wind, it is blowing great guns; II *vt* in: *iemand met een waaier ~* fan a person; III *vr zich ~* fan oneself.

waaier ['va.jər] *m* fan.

waaierpalm [-pɑlm] *m* 🌴 fan-palm.

waaiervormig [-vɔrməx] I *aj* fan-shaped; II *ad* fan-wise.

waakhond ['va.khònt] *m* watch-dog, house dog.

waaks [va.ks] zie *waakzaam*.

waakzaam ['va.ksa.m] vigilant, watchful, wakeful.

waakzaamheid [-hɛit] *v* vigilance, watchfulness, wakefulness.

1 **Waal** [va.l] *v* Waal [river].

2 **Waal** [va.l] *m* Walloon.

Waals [va.ls] I *aj* Walloon; II *o* Walloon.

waan [va.n] *m* erroneous idea, delusion, *in de ~ brengen* lead to believe; *hem in de ~ laten dat...* leave him under the impression that...; *in de ~ verkeren dat...* be under a delusion that...; *uit de ~ helpen* undeceive.

waandenkbeeld ['va.ndɛŋkbe.lt] *o* fallacy.

waanvoorstelling [-vo:rstelɪŋ] *v* delusion.

waanwijs [-vɛis] self-conceited, opinionated.

waanwijsheid [va.n'vɛsheit] *v* self-conceit.

waanzin ['va.nzɪn] *m* insanity, madness, dementia.

waanzinnig [va.n'zɪnəx] insane, demented, mad, distracted, deranged; *als ~* like mad.

waanzinnige [-'zɪnəgə] *m-v* madman, mad woman, maniac, lunatic.

waanzinnigheid [-'zɪnəkheit] *v* madness; lunacy.

1 **waar** [va:r] *v* ware(s), commodity, stuff; *alle ~ is naar zijn geld* you only get value for what you spend; *~ voor zijn geld krijgen* get (good) value for one's money, get one's money's worth; *goede ~ prijst zichzelf* good wine needs no bush.

2 **waar** [va:r] *aj* true²; *een ware weldaad ook:* a veritable boon; *het is ~, het zou meer kosten* (it is) true, it would cost more; *het is ~ ook, heb je...?* that reminds me, have you...?; well, now I come to think of it, have you...?; *dat zal wel ~ zijn!* I should think so!; *dat zal je mij ~ maken* you'll have to prove that to me; *daar is niets van ~* there is not a word of truth in it; *niet ~?* isn't it?; *jij hebt het gezegd, niet ~?* didn't you?; *jij hebt het, niet ~?* haven't you?; *wij zijn er, niet ~?* aren't we? &; *zo ~ ik leef (ik hier voor je sta)* as I live (as I stand here); *daar is iets ~s in* there is some truth in that; *hij is daarvoor de ware niet* he is not the right man for it; *dat is je ware* F that is the real thing, that is it it!

3 **waar** [va:r] I *ad* where; *~ ga je naar toe?* where are you going?; *~ het ook zij* wherever it be; *~ vandaan* zie *vandaan*; II *cj* 1 where; 2 (aangezien) since, as.

waaraan [va:'ra.n] on which, to which &; *de persoon, ~ ik gedacht heb* of whom I have been thinking (I have been thinking of); *~ denk je?* what are you thinking of?

waarachter [-'rɑxtər] 1 (v. zaken) behind which; 2 (v. personen) behind whom.

waarachtig [ra:'rɑxtəx] I *aj* true, veritable; II *ad* truly, really; *~!* surely, certainly; *~?* is it true?; *~ niet!* 1 certainly not; 2 indeed I won't!; *en daar ging hij me ~ weg!* and he actually went away; *ik weet het ~ niet!* (I am) sure I don't know!; *daar is hij ~!* sure enough, there he is.

waarachtigheid [-heit] *v* truth, veracity.

waarbij [va:r'bɛi] by which, by what, whereby, whereat &; on which occasion, [accident] in which [people were killed].

waarborg ['va:rbɔrx] *m* guarantee, warrant, security.

waarborgen [-bɔrɤə(n)] *vt* guarantee, warrant; ~ *tegen* secure against.

waarborgfonds [-bɔrxfɔnts] *o* guarantee fund.

waarborgkapitaal [-ka.pi.'ta.l] *o* guarantee capital.

waarborgmaatschappij [-ma.tsxɑpɛi] *v* insurance company.

waarborgsom [-sòm] *v* security.

waarboven [va:r'bo.və(n)] above (over) which, above (over) what, above (over) whom.

1 **waard** [va:rt] *m* 1 innkeeper, landlord, host ‖ 2 ♂ drake; *zoals de ~ is, vertrouwt hij zijn gasten* you (they) measure other people's cloth by your (thetr) own yard; *buiten de ~ rekenen* reckon without one's host.

2 **waard** [va:rt] *v* 1 holm; 2 polder.

3 **waard** [va:rt] I *aj* worth; *het is geen antwoord ~* it is not worthy of a reply; *het aanzien niet ~* not worth looking at; *het is de moeite niet ~* it is not worth (your, our) while, it is not worth it (the trouble); *dank u! — het is de moeite niet ~!* it is no trouble (at all), don't mention it!; *het is niet veel ~* it is not worth much; *het is niets ~* it is worth nothing; *dat is al heel wat ~* that's worth a good deal; *ik geef die verklaring voor wat ze ~ is* for what it may be worth; *hij was haar niet ~* he was not worthy of her; *~e vriend* dear friend; *W~e heer* Dear Sir; II *m* in: *mijn ~e !* (my) dear friend.

waarde ['va:rdə] *v* 1 worth, value; 2 (*bedrag v. onderdeel*) denomination [of coins, stamps]; *~n* $ stocks and shares, securities; *aangegeven ~* declared value; *belastbare ~* ratable value; *~ in rekening* $ value in account; *~ genoten* $ value received; *~ geven aan* give value to [a book]; *~ hebben* be of value; *veel (weinig) ~ hebben* have much (little) value; *~ hechten aan* set value on, attach (great) value to; *zijn ~ ontlenen aan...* owe its value to...; *in ~ houden* value; *in ~ verminderen* 1 fall in value; 2 (v. geld) depreciate; *onder de ~ verkopen* sell for less than its value; *ter ~ van, tot een ~ van* to the value of; *van ~* of value, valuable; *dingen van ~* things of value, valuables; *van geen ~* of no value, valueless, worthless; *van gelijke ~* of the same value; *van grote ~* of great value, valuable; *van nul en gener ~* null and void; *van weinig ~* of little value.

waardebepaling [-bəpa.lɪŋ] *v* valuation.

waardeerbaar [va:r'de:rba:r] valuable, appreciable.

waardeloos ['va:rdəlo.s] worthless.

waardeloosheid [va:rdə'lo.sheit] *v* worthlessness.

waardemeter ['va:rdəme.tər] *m* standard of value.

waardeoordeel [-o:rde.l] *o* value judg(e)ment.

waarderen [va:r'de:rə(n)] *vt* value (at its true worth), appreciate (at its proper value), esteem; value, estimate, appraise [by valuer].

waarderend [-rənt] *aj* (& *ad*) appreciative(ly).

waardering [-rɪŋ] *v* valuation, estimation, appraisal [by valuer]; appreciation [of a man's worth &]; esteem; (*geen, weinig*) ~ *meet with (no, little) appreciation; *met ~ spreken van* speak appreciatingly of.

waardevermeerdering [-vərme:rdərɪŋ] *v* 1 increase in value; 2 [tax on] increment.

waardevermindering [-vərmɪndərɪŋ] *v* depreciation, fall in value.

waardevol [-vòl] valuable, of (great) value.

waardig ['va:rdəx] I *aj* worthy, dignified; *een ~ zwijgen* a dignified silence; ~ *zijn* be worthy of; II *ad* [conduct oneself] with dignity.

waardigheid [-heit] *v* 1 (het waard zijn) worthiness; 2 (v. houding &) dignity; 3 (ambt) dignity; *de menselijke ~* human dignity; *het is beneden zijn ~* it is beneath his dignity, it is beneath him; *in al zijn ~* in all his dignity; *met ~* with dignity.

waardigheidsbekleder [-heitsbəkle.dər] *m* dignitary.

waardin [va:r'dɪn] *v* landlady, hostess.

waardoor [va:r'do:r] 1 through which; 2 by which, by which means, whereby.

waarheen [va:'he.n] where, where... to, to what place, ↖ whither.

waarheid ['va:'rheit] *v* 1 truth; *de zuivere ~* the truth and nothing but the truth; *een ~ als een koe* a truism; *de ~ spreken* speak the truth; *de ~ zeggen* tell the truth, be truthful; *iemand (vierkant) de ~ zeggen* tell one some home truths, give him a piece of one's mind; *om de ~ te zeggen* to tell the truth; *dat is dichter bij de ~* that is nearer the truth; *naar ~* truthfully; truly.

waarheidlievend, *~minnend* [va:rheit'li.vənt, -'mɪnənt] truth-loving, truthful, veracious.

waarheidsliefde ['va:rheitsli.vdə] *v* love of truth, veracity.

waarheidszin [-sɪn] *m* sense of truth.

waarin [va:'rɪn] in which, ○ wherein.

waarlangs [va:r'lɔŋs] past which, along which.

waarlijk ['va:rlɔk] truly, indeed, sure enough, upon my word, ○ in truth, ↖ of a truth.

waarmaken [-ma.ka(n)] *vt* prove.

waarme(d)e [va:r'me.(də)] with which; with whom.

waarmerk ['va:rmɛrk] *o* stamp; hallmark [on metal objects].

waarmerken [-mɛrkə(n)] *vt* stamp, authenticate, attest, certify, validate; hallmark [metal objects].

waarmerking [-kɪŋ] *v* stamping, authentication.

waarna [va:r'na.] after which, whereupon, ↖ whereafter.

waarnaar [-'na:r] to which, at which.

waarnaast [-'na.st] beside which, by the side of which, next to which &.

waarneembaar [-'ne.mba:r] perceptible.

waarneembaarheid [-heit] *v* perceptibility.

waarnemen ['va:rne.mə(n)] I *vt* 1 (met het oog &) observe, perceive; 2 (gebruik maken van) avail oneself of, take [the opportunity]; 3 (uitvoeren) perform [one's duties]; *hij neemt de betrekking waar* he fills the place temporarily; II *va* 1 observe; 2 fill a place temporarily; act as a locum tenens, stand in [for a doctor or clergyman].

waarnemend [-mənt] acting, deputy, temporary.

waarnemer [-mər] *m* 1 (die waarneemt) observer; 2 (plaatsvervanger) deputy, locum tenens [of doctor or clergyman], substitute.

waarneming [-mɪŋ] *v* 1 observation; perception; 2 performance [of duties].

waarnemingsvermogen [-mɪŋsfərmo.ɤə(n)] *o* 1 perceptive faculty; 2 power(s) of observation.

waarom [va:'ròm] I *cj* why, ○ wherefore; II *o het*~ the why (and wherefore).

waaromtrent ['va:ròmtrɛnt, va:ròm'trɛnt] about which.

waaronder [va:'ròndər] 1 under which; 2 among whom; including...

waarop [-'ròp] 1 on which; 2 upon which, after which, whereupon.

waarover [-'ro.vər] across which; *fig* about which.

waarschijnlijk [va:r'sxɛinlək] **1** *aj* probable, likely; **II** *ad* probably; *hij zal ~ niet komen* ook: he is not likely to come.

waarschijnlijkheid [-hɛit] *v* probability, likelihood; *naar alle ~ zal hij... in* all probability (likelihood) he will...

waarschijnlijkheidsrekening [-hɛitsre.kənɪŋ] *v* theory (calculus) of probabilities.

waarschuwen ['va:rsxy.və(n)] **I** *vt* warn, admonish, caution; *~ voor (tegen)* caution against, warn of [a danger], warn against [person or thing]; *wees gewaarschuwd!* take my warning!, let this be a warning to you!; **II** *va* warn.

waarschuwing [-vɪŋ] *v* **1** warning, admonition, caution; **2** [tax-collector's] summons for payment.

waarschuwingsbord [-vɪŋsbərt] *o* notice-board, danger-board.

waarschuwingscommando, -kommando [-vɪŋskòmɔndo.] *o* cautionary word of command.

waarschuwingsschot [-vɪŋsxɔt] *o* warning shot.

waartegen [va:r'te.gə(n)] against which.

waartoe [-'tu.] for which; *~ dient dat?* what's the good?

waarvoor [-'vo:r] for what; *~?* what for?, for what purpose?

waarzeggen ['va:rzɛgə(n)] *vi* tell fortunes; *iemand ~* tell a person's fortune; *zich laten ~* have one's fortune told.

waarzegger [-gər] *m* fortune-teller, soothsayer.

waarzeggerij [va:rzɛgə'rɛi] *~zegging* ['va:rzɛgɪŋ] *v* fortune-telling, soothsaying.

waas [va.s] *o* **1** haze [in the air]; **2** bloom [of fruit]; **3** mist [before one's eyes]; **4** *fig* air [of secrecy].

wacht [vɑxt] *v* **1** watch, guard; **2** cue [of an actor]; *de ~ aflossen* ⚔ relieve guard; ⚓ relieve the watch; *de ~ betrekken* ⚔ mount guard; ⚓ go on watch; *de ~ hebben* ⚔ be on guard; ⚓ be on watch; *de ~ houden* keep watch; *de ~ overnemen* ⚔ take over guard; ⚓ take over the watch; *de ~ in 't geweer roepen* ⚔ turn out the guard; *in de ~ slepen* S walk away with, spirit away; *op ~ staan* ⚔ be on duty, stand guard.

wachtdienst ['vɑxtdi.nst] *m* ⚔ guard-duty; ⚓ watch.

wachten ['vɑxtə(n)] **I** *vi* wait; *wacht (even), je vergeet dat...* wait a bit! you forget that...; *dat kan ~* it can wait; *iemand laten ~* keep him waiting; > leave him to cool his heels; *give him a long wait; staan ~* be waiting; *wat u te ~ staat* what awaits you, what is in store for you; *~ met iets tot...* wait to... till..., plaag ...ing till...; *~ met het eten op vader* wait dinner for father; *~ met schieten* wait to fire; *~ op* wait for; *hij laat altijd op zich ~* he always has to be waited for; *u hebt lang op u laten ~* you have given us a long wait; *u moet maar ~ tot het mij convenieert* wait my convenience; **II** *vt* wait for [letter, visitors &]; *zij heeft geld te ~ van een oom* she has expectations from an uncle of hers; *wat u wacht* what awaits you, what is in store for you; **III** *vr zich ~* be on one's guard; *zich wel ~ om...* know better than to...; *zich ~ voor iets* be on one's guard against something; *wacht u voor zakkenrollers!* beware of pickpockets!

wachter ['vɑxtər] *m* **1** watchman, keeper; **2** satellite [of a planet].

wachtgeld ['vɑxtgɛlt] *o* half-pay.

wachtgelder [-gɛldər] *m* official on half-pay.

wachthebbend [-hɛbənt] on duty.

wachthuisje [-hœyʃə] *o* **1** ⚔ sentry-box; **2** [tram, bus] shelter.

wachtkamer [-ka.mər] *v* **1** waiting-room; ook:

[a doctor's] ante-room; **2** ⚔ guard-room [for soldiers].

wachtlijst [-lɛist] *v* waiting-list.

wachtlokaal [-lo.ka.l] *o* ⚔ guard-room.

wachtmeester [-me.stər] *m* ⚔ sergeant.

wachtparade [-pa:ra.də] *v* ⚔ guard-mounting, parade for guard.

wachtpost [-pɔst] *m* guard-post.

wachtschip [-sxɪp] *o* ⚓ guard-ship.

wachttijd ['vɑxtɛit] *m* waiting time, waiting period.

wachtwoord ['vɑxtvo:rt] *o* ⚔ password, word, countersign, parole; watchword, *fig* catchword; *het ~ uitgeven* ⚔ give the word.

wad [vɑt] *o* shoal, mud-flat; *de Wadden* the Dutch Wadden shallows.

waden ['va.də(n)] *vi* wade.

waf (waf) [[vaf('vaf)] bow-wow!

wafel ['va.fəl] *v* waffle; (dun) wafer; *hou je ~* P shut your head!, shut up!

wafelbakker [-bakər] *m* waffle-baker.

wafelijzer [-ɛizər] *o* waffle-iron.

wafelkraam [-kra.m] *v* & *o* waffle-baker's booth.

1 wagen ['va.gə(n)] **I** *vt* risk, hazard, venture; *het ~* venture [to go &]; *er alles aan ~* risk one's all; *er een gulden aan ~* venture a guilder on it; *hij durft alles ~* he is ready for any venture; *daar waag ik het op* I'll take my chance of it; *hij zal het niet ~* he won't venture (up)on doing it (to do it); *hoe durft u 't ~?* how dare you (do it)?; *wie het waagt hem tegen te spreken* who should venture upon contradicting him; *ze zijn aan elkaar gewaagd* they are well matched, it is diamond cut diamond; *zijn leven ~* risk (venture) one's life; **II** *vr zich ~ aan iets* venture on a thing; *zich aan een voorspelling ~* venture on a prophecy; *zich op het ijs ~* venture upon the ice, zie ook: *ijs*; **III** *va* in: *die niet waagt, die niet wint* nothing venture, nothing have.

2 wagen ['va.gə(n)] *m* (voertuig) vehicle; (rijtuig) [railway] carriage, [state] coach; (vrachtwagen) waggon, wagon, [delivery, goods] van, [flat, open] truck; (kar) [milk-, hand-] cart; [tram-, motor-] car; ⚓ & ⚒ chariot; (v. schrijfmachine) carriage; *de Wagen* ✱ Charles's Wain; *krakende ~s duren (lopen) het langst* creaking doors hang longest.

wagenas [-as] *v* axle-tree.

wagenbestuurder [-bəsty:rdər] *m* driver.

wagenhuis [-hœys] *o* cart-shed, coach-house.

wagenmaker [-ma.kər] *m* **1** cartwright, wheelwright; **2** coach-builder.

wagenmakerij [va.gə(n)ma.kə'rɛi] *v* **1** cartwright's shop; **2** coach-builder's shop.

wagenmenner ['va.gə(n)mɛnər] *m* driver, ☉ charioteer.

wagenpark [-pɑrk] *o* **1** zie *autopark*; **2** (rollend materiaal) rolling-stock, (plaats daarvoor) rolling-stock depot; **3** ⚔ artillery park, wagon park.

wagenrad [-rɑt] *o* carriage-wheel, cartwheel.

wagenschot [-sxɔt] *o* wainscot.

wagensmeer [-sme:r] *o* & *m* cart-grease.

wagenspoor [-spo:r] *o* rut.

wagenvol [-vòl] *m* -vracht [-vrɑxt] *v* cart-load, wagon-load.

wagenwijd [-vɛit] (very) wide.

wagenziek [-zi.k] train-sick.

waggelen ['vɑgələ(n)] *vi* stagger, totter, reel; waddle [like a duck]; *een ~de tafel* a rickety table.

wagon [va.'gòn] *m* carriage [for passengers]; van [for luggage, goods], wag(g)on, truck [for cattle, open or flat].

wagonlading [-la.dɪŋ] *v* wagon-load, truck-load.

wajang ['va.jɑŋ] *m Ind* wayang.

wak [vɑk] *o* blow-hole in the ice.

wake ['va.kə] *v* watch, vigil.

waken ['va.kə(n)] *vi* wake, watch; ~ *bij* watch by, watch over, sit up with, watch with [the sick]; ~ *over* watch over, look after; ~ *tegen* (be on one's) guard against; ~ *voor* watch over, look after [a man's interests]; *ervoor* ~ *dat...* take care that..., see to it that...

wakend [-kənt] I wakeful, watchful; vigilant; 2 waking; *een* ~ *oog houden op...* keep a wakeful (watchful) eye on...

waker [-kər] *m* watchman, watcher.

wakker ['vɑkər] I *aj* I (wakend) awake, waking; 2 (waakzaam) awake, vigilant; 3 (flink) smart; spry; brisk; ~ *liggen* lie awake; ~ *maken* wake², awake², waken², wake up²; ~ *roepen* wake (up), call up² [a person, an image, memories]; *fig* evoke [feelings &]; ~ *schrikken* start from one's sleep; ~ *schudden* shake up², rouse²; *hem* ~ *schudden uit zijn droom* rouse him from his dream²; ~ *worden* wake up², awake²; II *ad* smartly; briskly.

wakkerheid [-hɛit] *v* spryness; briskness.

wal [vɑl] *m* I ⚓ bank, coast; shore; quay, embankment; 2 ✗ rampart; ~*len onder de ogen* bags under the eyes; *aan* (*de*) ~ ashore, on shore; *aan* ~ *brengen* land; *aan* ~ *gaan* go ashore; *aan lager* ~ *geraken* ⚓ get on a lee-shore; *fig* be thrown on one's beam ends; *aan lager* ~ *zijn* be in low water [*fig*]; *van de* ~ **S** ex quay; *van de* ~ *in de sloot* out of the frying-pan into the fire; *van* ~ *steken* ⚓ push off, shove off; *fig* start, launch out; *steek maar eens van* ~ *!* fire away!

walbaas ['vɑlba.s] *m* wharfinger, super-intendent.

waldhoorn, -horen ['vɑltho:rən] *m* ♪ French horn.

Walenland ['va.lə(n)lɑnt] *o* Walloon country.

walg [vɑlx] *m* loathing, disgust, aversion; *een* ~ *hebben van* loathe; *het is mij een* ~ I loathe it, it makes me sick.

walgelijk ['vɑlɡələk] = *walglijk*.

walgelijkheid [-hɛit] = *walglijkheid.*

walgen [-ɡə(n)] *vi in: ik walg ervan* I loathe it, I am disgusted at (with) it; *tot je ervan walgt* till you become nauseated (disgusted) with it; *ik walg van mezelf* I loathe myself; *iemand doen* ~ fill a person with disgust, turn his stomach; *tot* ~*s toe* to loathing.

walging [-ɡɪŋ] *v* loathing, disgust, nausea.

walglijk [-ɡələk] I *aj* loathsome, nauseating, nauseous, disgusting; II *ad* disgustingly &; ~ *braaf* F nauseatingly good.

walglijkheid [-hɛit] *v* loathsomeness &.

walm [vɑlm] *m* smoke.

walmen ['vɑlmə(n)] *vi* smoke.

walnoot ['vɑlno.t] *v* walnut.

walrus [-rûs] *m* ♋ walrus, morse, sea-horse.

wals [vɑls] I *m & v* (dans) waltz ‖ 2 *v* ✗ roller, cylinder.

1 walsen ['vɑlsə(n)] *vi* ♪ waltz.

2 walsen ['vɑlsə(n)] *vt* ✗ roll.

walserij [vɑlsə'rɛi] *v* ✗ rolling-mill.

walsmachine ['vɑlsma.ʃi.nə] *v* ✗ rolling-machine.

walstempo [-tɛmpo.] *o* ♪ waltz-time.

walvis [-vɪs] *m* ♋ whale.

walvisbaard [-ba:rt] *m* whalebone.

walvisspek [-vɪspɛk] *o* (whale-)blubber.

walvistraan [-vɪstra.n] *m* whale-oil, train-oil.

walvisvaarder [-fa:rdər] *m* ⚓ whaler.

walvisvangst [-fɑŋst] *v* whale-fishery, whaling.

wambuis ['vɑmbœys] *v* jacket, ⊞ doublet.

wan [vɑn] *v* winnow, fan.

wanbedrijf ['vɑnbədrɛif] *o* crime(s).

wanbegrip [-ɡrɪp] *o* false notion.

wanbeheer [-he:r] *o* mismanagement.

wanbeleid [-lɛit] *o* mismanagement.

wanbestuur [-sty:r] *o* misgovernment.

wanbetaler [-ta.lər] *m* defaulter.

wanbetaling [-lɪŋ] *v* non-payment; *bij* ~ in default of payment.

wanbof ['vɑnbɔf] *m* bad luck.

wanboffen [-bɔfə(n)] *vi* be down on one's luck.

wanboffer [-bɔfər] *m* unlucky fellow.

wand [vɑnt] *m* wall.

wandaad ['vɑnda.t] *v* crime, outrage.

wandbekleding ['vɑntbəkle.dɪŋ] *v* wall-lining.

wandel ['vɑndəl] *m fig* conduct, behaviour; *aan* (*op*) *de* ~ *zijn* be out for a walk.

wandelaar [-dəla:r] *m* ~*ster* [-stər] *v* walker.

wandeldek ['vɑndəldɛk] *o* ⚓ promenade deck.

wandeldreef [-dre.f] *v* walk.

wandelen ['vɑndələ(n)] *vi* walk, take a walk; ~*d blad* leaf-insect; *de W~de Jood* the Wandering Jew; ~*de nier* wandering kidney; ~*de tak* stick-insect.

wandelgang ['vɑndəlɡɑŋ] *m* lobby.

wandeling ['vɑndəlɪŋ] *v* walk, stroll; *in de* ~ commonly, usually; *in de* ~ ... *genoemd* popularly called...; *een* ~ *doen* take a walk; *een* ~ *gaan doen* (*maken*) go for a walk.

wandelkaart ['vɑndəlka:rt] *v* tourist's map.

wandelkostuum [-kɔsty.m] *o* walking-dress [of a lady]; lounge-suit [of a gentleman].

wandelpad [-pɑt] *o* foot-path.

wandelpier [-pi:r] *m* promenade pier.

wandelplaats [-pla.ts] *v* promenade.

wandelsport [-spɔrt] *v* pedestrianism, hiking.

wandelstok [-stɔk] *m* walking-stick.

wandeltocht [-tɔxt] *m* walking tour, hike.

wandelweg [-vɛx] *m* walk.

wandgedierte ['vɑntɡədi:rtə] *o* bugs.

wandkaart [-ka:rt] *v* wall-map.

wandkalender [-ka.lɛndər] *m* wall-calendar.

wandluis [-lœys] *v* bug.

wandschildering [-sxɪldərɪŋ] *v* mural painting, mural, wall-painting.

wandtapijt ['vɑnta.pɛit] *o* tapestry.

wandversiering ['vɑntfərsi:rɪŋ] *v* mural decoration.

wanen ['va.nə(n)] *vt* fancy, think. [tion.

wang [vɑŋ] *v* cheek.

wangbeen ['vɑŋbe.n] *o* check-bone.

wangedrag ['vɑŋɡədrɑx] *o* bad conduct, misconduct, misbehaviour.

wangedrocht [-drɔxt] *o* monster.

wangunst ['vɑnɡûnst] *v* envy.

wangunstig [vɑn'ɡûnstəx] envious.

wangzak ['vɑŋzɑk] *m* cheek-pouch.

wanhoop ['vɑnho.p] *v* despair; *uit* ~ in despair.

wanhoopsdaad [-ho.psda.t] *v* act of despair.

wanhoopskreet [-kre.t] *m* cry of despair.

wanhopen ['vɑnho.pə(n)] *vi* despair; ~ *aan* despair of.

wanhopig [vɑn'ho.pəx] *aj* (& *ad*) desperate(ly), despairing(ly); *iemand* ~ *maken* drive one to despair; ~ *worden* give way to despair; ~ *zijn* be in despair.

wankel ['vɑŋkəl] unstable, unsteady; rickety [chairs &].

wankelbaar [-ba:r] unstable, unsteady, changeable; ~ *evenwicht* unstable equilibrium.

wankelbaarheid [-hɛit] *v* instability, unsteadiness, changeableness.

wankelen ['vɑŋkələ(n)] *vi* totter², stagger², shake²; *fig* waver, vacillate; *een slag die hem deed* ~ a staggering blow; *aan het* ~ *brengen* stagger², shake² [the world, his resolution]; *fig* make [him] waver; *aan het* ~ *raken* (begin to) waver².

wankelmoedig [vɑŋkəl'mu.dəx] wavering, vacillating, irresolute.

wankelmoedigheid [-hɛit] *v* wavering, vacillation, irresolution.

wanklank ['vɑnklɑŋk] *m* discordant sound, dissonance; *fig* jarring note.

wanmolen ['vɑnmo.lə(n)] *m* winnowing-mill.

wanneer [vɑ'ne:r] I *ad* when; II *cj* when; (in. dien) if.

wannen ['vɑnə(n)] *vt* winnow, fan.

wanner [-nər] *m* winnower.

wanorde ['vɑnɔrdə] *v* disorder; *in ~ brengen* throw into disorder, disarrange; *in ~ terugtrekken* retreat in disorder.

wanordelijk [vɑn'ɔrdələk] disorderly.

wanordelijkheid [-hɛit] *v* disorderliness; *wanordelijkheden* disturbances.

wanschapen [vɑn'sxa.pə(n)] misshapen, deformed, monstrous.

wanschapenheid [-hɛit] *v* deformity, monstrosity.

wansmaak ['vɑnsma.k] *m* bad taste.

wanstaltig [vɑn'stɑltəx] misshapen, deformed.

wanstaltigheid [-hɛit] *v* deformity.

1 **want** [vɑnt] *v* (vuisthandschoen) mitten.

2 **want** [vɑnt] *o* 1 ♻ rigging; 2 (vis~) nets; *lopend ~* running rigging; *staand ~* standing rigging.

3 **want** [vɑnt] *cj* for.

wantoestand ['vɑntu.stɑnt] *m* abuse.

wantrouwen [-trɔuə(n)] I *vt* distrust; suspect; II *o* distrust (of *in*); suspicion; zie ook: *motie*.

wantrouwend [vɑn'trɔuənt] zie *wantrouwig*.

wantrouwig [-əx] I *aj* distrustful; suspicious; II *ad* distrustfully; suspiciously.

wantrouwigheid [-hɛit] *v* distrustfulness; suspiciousness.

wants [vɑnts] *v* 🐞 bug.

wanverhouding ['vɑnvərhɔudiŋ] *v* disproportion; ~en abuses.

wapen ['va.pə(n)] *o* 1 weapon, arm; 2 arm of service, arm; 3 ✪ arms, coat of arms; *het ~ der infanterie, artillerie* ook: the infantry, artillery arm; *de ~s dragen* bear arms; *de ~s (~en) opnemen of opvatten* take up arms; *bij welk ~ dient hij?* in what arm is he?; *hoog in zijn ~ zijn* carry it high; *onder de ~s komen* ✪ join the army; *onder de ~s roepen* ✪ call up; *onder de ~s staan (zijn)* ✪ be under arms; *te ~!* to arms!; *te ~ snellen* spring to arms.

wapenbroeder [-bru.dər] *m* brother in arms, companion in arms, comrade in arms, fellow-soldier.

wapendrager [-dra.gər] *m* ⬚ armour-bearer, squire.

wapenen ['va.pənə(n)] I *vt* arm; II *vr* zich ~ arm oneself, arm; *zich ~ tegen* arm against[2].

wapenfabriek ['va.pə(n)fa.bri.k] *v* arms factory.

wapenfabrikant [-fa.bri.kɑnt] *m* arms manufacturer.

wapenfeit [-fɛit] *o* feat of arms.

wapengekletter [-gəklɛtər] *o* clash (clang, din) of arms.

wapengeweld [-gəvɛlt] *o* force of arms.

wapenhandel [-hɑndəl] *m* 1 ✪ use of arms; 2 $ trade in arms, > arms traffic.

wapening ['va.pəniŋ] *v* ✪ arming, armament, equipment.

wapenkamer ['va.pə(n)ka.mər] *v* armoury.

wapenkoning [-ko.niŋ] *m* ✪ king-of-arms.

wapenkreet [-kre.t] *m* ✪ call to arms.

wapenkunde [-kûndə] *v* ✪ heraldry.

wapenkundige [-'kûndəgə] *m* ✪ heraldist.

wapenmagazijn ['va.pə(n)ma.ga.zɛin] *o* ✪ arsenal.

wapenrek [-rɛk] *o* ✪ arm-rack.

wapenrok [-rɔk] *m* 1 ✪ tunic; 2 ⬚ coat of mail.

wapenrusting [-rûstiŋ] *v* ⬚ (suit of) armour.

wapenschild [-sxɪlt] *o* ✪ escutcheon, scutcheon,

armorial bearings, coat of arms.

wapenschouwing [-sxɔuiŋ] *v* ✪ review.

wapensmid [-smɪt] *m* armourer.

wapenspreuk [-sprø.k] *v* ✪ device.

wapenstilstand [-stɪlstɑnt] *m* ✪ armistice.

wapenstok [-stɔk] *m* (policeman's) truncheon.

wapentuig [-tœyx] *o* weapons, arms.

wapenzaal [-za.l] *v* armoury.

wapperen ['vɑpərə(n)] *v* wave, float, fly, flutter, stream.

war [vɑr] *in de ~* tangled, in a tangle, in confusion, confused; *iemand in de ~ brengen* put him out, confuse him; *in de ~ gooien (sturen)* derange [plans]; upset, spoil [everything]; *de boel in de ~ gooien* ook: make a mess of it; *in de ~ maken* 1 (personen) put out, confuse; 2 (dingen) disarrange [things]; tangle [threads, hair]; tumble, rumple [clothes, hair]; *in de ~ raken* 1 (v. personen) be put out; 2 (v. dingen) get entangled [of thread &], get mixed up, be thrown into confusion [of things]; *in de ~ zijn* 1 (v. personen) be put out, be at sea; be (mentally) deranged; 2 (v. dingen) be in confusion, be in a tangle, be at sixes and sevens; *uit de ~ maken* disentangle.

warande [va'rɑndə] *v* park, pleasure-grounds.

warboel ['vɑrbu.l] *m* confusion, muddle, mess, tangle, mix-up.

warempel [va'rɛmpəl] zie *waarachtig* II.

1 **waren** ['va:rə(n)] *mv* wares, goods, commodities.

2 **waren** ['va:rə(n)] *vi* zie *rondwaren*.

warenhuis [-hœys] *v* department store(s), stores.

wargeest ['vɑrge.st] *m* warhoofd [-ho.ft] *o* & *m-v* muddle-head.

warhoop [-ho.p] *m* confused heap.

warm [vɑrm] I *aj* warm[2] [food &, friend, partisan, thanks, welcome], hot[2] [water &]; *~e baden* 1 hot baths; 2 thermal baths; *~e bron* thermal spring; *je bent ~!* sp you are warm (hot)!; *het wordt ~* 1 it is getting warm; 2 the room is warming up; *het ~ hebben* be warm; *het eten ~ houden* keep dinner warm; *het iemand ~ maken* make things hot for one; II *ad* warmly[2], hotly[2]; *~ aanbevelen* recommend warmly; *~ lopen* 🏃 run hot, heat; *fig* warm up; *het zal er ~ toegaan* it will be hot work.

warmbloedig ['vɑrmblu.dəx] warm-blooded.

warmen ['vɑrmə(n)] I *vt* warm, heat; II *vr* zich ~ (aan) warm oneself (at); *warm je eerst eens* have a warm first.

warmoezenier [vɑrmu.zə'ni:r] *m* market-gardener.

warmpjes ['vɑrmpjəs] zie *warm* II & *inzitten*.

warmte ['vɑrmtə] *v* warmth[2], heat, ardour[2]; *gebonden ~* latent heat; *bij zulk een ~* in such hot weather, in such a heat; *met ~* (*verdedigen* &) warmly.

warmtebron [-brɔn] *v* source of heat.

warmteëenheid [-e.nhɛit] *v* thermal unit, calorie.

warmtegeleider [-gəlɛidər] *m* conductor of heat.

warmtegeleiding [-diŋ] *v* conduction of heat.

warmtegraad [-gra.t] *m* degree of heat.

warmteleer [-le:r] *v* theory of heat.

warmtemeter [-me.tər] *m* thermometer; calorimeter.

warmwaterkraan [vɑrm'va.tɔrkra.n] *v* hot-water tap (cock).

warnet ['vɑrnɛt] *o* maze, labyrinth.

warrelen ['vɑrələ(n)] *vi* whirl.

warreling [-liŋ] *v* whirl(ing).

warrelwind ['vɑrəlvɪnt] *m* whirlwind.

wars [vɑrs] *in: ~ van* averse to (from).

wartaal ['vɑrta.l] *v* incoherent talk, gibberish.

warwinkel ['vɑrwɪŋkəl] *m* zie *warboel*.

1 **was** [vɑs] *m* rise [of a river].

2 **was** [vɑs] *m* & *o* wax; *slappe* ~ ✗ dubbin(g).

3 **was** [vɑs] *m* wash, laundry; *schone* ~ clean linen; *vuile* ~ soiled linen; *zij doet zelf de* ~ she does the washing herself; *het blijft goed in de* ~ it will wash; it doesn't shrink in the wash; *goed in de* ~ *doen* send linen to the wash.

wasachtig ['vɑsɑxtəx] waxy. [wash.

wasafdruk [-ɑfdrŭk] *m* impression in wax.

wasautomaat [-o.to.-, ɔuto.ma.t] *m* (automatic) washing-machine.

wasbaar [-ba:r] zie *wasecht*.

wasbaas [-ba.s] *m* washerman, laundryman.

wasbak [-bɑk] *m* 1 wash-bowl; 2 trough [for washing ore].

wasbeer [-be:r] *m* ᴁᴁ raccoon.

wasdag [-dɑx] *m* washing-day, wash-day.

wasdoek [-du.k] *o* & *m* oilcloth.

wasdom [-dòm] *m* growth.

wasecht [-ɛxt] washable, fast-dyed, fast [colours], washing [silk, frock]; *fig* true-blue; *is het* ~? does it wash?

wasem ['va.sɔm] *m* vapour, steam.

wasemen ['va.sɔmə(n)] *vi* steam.

wasgeld [-gɛlt] *o* 1 laundry charges, washing-money; 2 laundry allowance; 2 gld. ~ *per week* 2 guilders for washing.

wasgoed [-gu.t] *o* things for the wash.

washandje [-hɑnçə] *o* washing-glove.

washok, washuis [-hɔk, -hœys] *o* wash-house.

wasinrichting [-ɪnrɪxtɪŋ] *v* laundry(-works).

waskaars [-ka:rs] *v* wax candle, taper.

waskan [-kɑn] *v* ewer, jug.

wasketel [-ke.təl] *m* wash-boiler.

waskleur [-klø:r] *v* wax colour.

waskleurig [-klø:rəx] wax-coloured.

wasknijper [-knɛipər] *m* clothes-peg, clothes-pin.

waskom [-kòm] *v* wash-basin, wash-hand basin.

waskuip [-kœyp] *v* washing-tub, wash-tub.

waslicht [-lɪxt] *o* wax-light.

waslijn [-lɛin] *v* clothes-line.

waslijst [-lɛist] *v* wash-list, laundry list.

waslucifer [-ly.si.fɛr] *m* wax-match, (wax-) vesta.

wasmachine [-ma.ʃi.nə] *v* washing-machine.

wasman [-mɑn] *m* washerman, laundryman.

wasmand [-mɑnt] *v* laundry-basket.

wasmiddel [-mɪdəl] *o* detergent.

waspitje [-pɪcə] *o* night-light.

waspoeder, -poeier [-pu.dər, -pu.jər] *o* & *m* washing-powder.

1 **wassen** ['vɑsə(n)] *vi* 1 (groeien) grow; 2 rise [of a river]; *de maan is aan het* ~ the moon is on the increase (is waxing).

2 **wassen** ['vɑsə(n)] *vt* wax.

3 **wassen** ['vɑsə(n)] I *vt* 1 wash [one's hands, dirty linen &]; 2 wash up [plates]; 3 shuffle [cards, dominoes]; II *va* wash [for a living], take in washing; III *vr zich* ~ wash oneself; wash [before dinner &].

4 **wassen** ['vɑsə(n)] *aj* wax(en).

wassenbeeld [vɑsən'be.lt] *o* wax figure, dummy.

wassenbeeldenspel [-be.ldə(n)spɛl] *o* waxwork show, waxworks.

wasser ['vɑsər] *m* washer.

wasserij [vɑsə'rɛi] *v* laundry(-works); *automatische* ~ launderette.

wasstel ['vɑstɛl] *o* toilet-service, toilet-set.

wastafel ['vɑsta.fəl] *v* wash-stand, wash-hand stand.

wastobbe [-tòbə] *v* washing-tub, wash-tub.

wasvrouw [-frou] *v* washerwoman, laundress.

waswater [-va.tər] *o* wash-water, washing-water.

wat [vɑt] I *vragend vnmw* 1 (in vragende zinnen) what; ~ *is er?* what is the matter?; ~ *zegt hij?* what does he say?; *mooi,* ~? F fine, what?; ~ *nieuws?* what news?; ~ *voor*

---

een man is hij? what man (what sort of man) is he?; *ik weet* ~ *voor moeilijkheden er zijn* I know what difficulties there are; ~, *meent u het?* what, do you really mean it?; *wel,* ~ *zou dat?* well, what of it?, what's the odds?; *en al zijn we arm,* ~ *zou dat?* what though we are poor?; *en* ~ *al niet* and what not; 2 (in uitroepende zinnen) what; ~ *een mooie bomen!* what fine trees!; ~ *een idee!* what an idea!; ~ *was ik blij!* how glad I was!; ~ *liepen ze!* how they did run!; ~ *mooi & !* how fine!; *hij liep & van* ~ *ben je me* all he could; II *onbep. vnmw.* something; *het is me* ~ ! it is something dreadful!; *ja, jij weet* ~ ! F fat lot you know!; ~ *hij zegt* what he says; *hij zei* ~ he said something; ~ *hij ook zei, ik...* whatever he said I...; *voor* ~ *hoort* ~ nothing for nothing; ~ *nieuws* something new; ~ *papier* some paper; III *betr. vnmw.* what; which; that; *alles* ~ *ik heb* all (that) I have); *doe* ~ *ik zeg* do as I say; *hij zei dat hij 't gezien had,* ~ *een leugen was* he said he had seen it, which was a lie; IV *ad* 1 (een beetje) a little; 2 (heel erg) very, quite; *hij was* ~ *beter* a little better; *hij was* ~ *blij* he was very glad, F that pleased; *het is* ~ *leuk* awfully funny; *heel* ~ *last* a good deal (a lot) of trouble; *heel* ~ *mensen* a good many (quite a few) people; *dat is heel* ~ that is quite a lot, that is saying a good deal; *het scheelt heel* ~ it makes quite a difference; *hij kent vrij* ~ he knows a pretty lot of things.

watblief [vɑ(t)'bli.f] 1 (bij niet verstaan) beg pardon?; 2 (bij verbazing) what did you say?, what?, F how much?

water ['va.tər] *o* water; (waterzucht) dropsy; *de* ~*en van Nederland* the waters of Holland; *stille* ~*s hebben diepe gronden* still waters run deep; *het* ~ *komt je ervan in je mond* it makes your mouth water; *Gods* ~ *over Gods akker laten lopen* let things drift, let things take their course; *er zal nog heel wat* ~ *door de Rijn lopen, eer het zover is* much water will have to flow under the bridge; *er valt* ~ it is raining; ~ *en melk* milk and water [*fig*]; *ze zijn als* ~ *en vuur* they are at daggers drawn; ~ *in zijn wijn doen* water one's wine; *fig* climb down; ~ *naar (de) zee dragen* carry coals to Newcastle; *het* ~ *hebben* suffer from dropsy; *het* ~ *in de knieën hebben* have water on the knees; ~ *inkrijgen* 1 (drenkeling) swallow water; 2 ⚓ (schip) make water; ~ *maken* ⚓ make water; ~ *treden* tread water; *bij laag* ~ at low water, at low tide; *het hoofd (zich) boven* ~ *houden* keep one's head above water; *hij is weer boven* ~ he is above water again; *weer boven* ~ *komen* turn up again; *in het* ~ *vallen* fall into the water; *fig* fall to the ground, fall through; *in troebel* ~ *vissen* fish in troubled waters; *onder* ~ *lopen* be flooded; *onder* ~ *staan* be under water, be flooded; *onder* ~ *zetten* inundate, flood; *op* ~ *en brood zetten (zitten)* put (be) on bread and water; *te* ~ *gaan, zich te* ~ *begeven* take the water; *een schip te* ~ *laten* ⚓ launch a vessel; *het verkeer te* ~ by water; *te* ~ *en te land* by sea and land; *een diamant (een schurk) van het zuiverste* ~ a diamond (a rascal) of the first water.

waterachtig ['va.tərɑxtəx] watery[2], § aqueous.

waterafvoer [-ɑfu:r] *m* water-drainage.

waterbak [-bɑk] *m* 1 cistern, tank; water-trough [for horses]; 2 urinal.

waterbloem [-blu.m] *v* ⚘ aquatic flower.

waterbouwkunde [-bɒukŭndə] *v* hydraulics, hydraulic engineering.

waterbouwkundig [va.tərbɒu'kŭndəx] *aj* (& *ad*) hydraulic(ally).

waterbouwkundige [-dəgə] *m* hydraulic engi-

neer.
waterchocola(de) ['va.tərʃo.ko.la.(də)] m chocolate prepared with water.
watercloset [-klo.zɛt] o water-closet.
waterdamp [-damp] m (water-)vapour.
waterdeeltje [-de.lcə] o water-particle, particle of water.
waterdicht [-dɪxt] 1 impermeable to water; 2 (v. kleren) waterproof; 3 (v. beschotten &) watertight; ~ (be)schot watertight bulk-head.
waterdier [-di:r] o aquatic animal.
waterdrager [-dra.gər] m water-carrier.
waterdruk [-drūk] m water-pressure.
waterdruppel [-drŭpəl] m drop of water, water-drop.
wateremmer [-ɛmər] m water-pail.
wateren ['va.tərə(n)] I vt water; II vi make water, urinate.
watergekoeld [-gəku.lt] water-cooled.
watergeus [-gø.s] m ⊛ Water-Beggar; de watergeuzen ook: the Beggars of the Sea.
waterglas [-glas] o 1 (om uit te drinken) drinking-glass, tumbler; (voor urine)urinal; 2 (stof) water-glass, soluble glass.
watergod [-gɔt] m water-god.
watergodin [-go.dɪn] v naiad, nereid.
watergolf [-gɔlf] v water-wave.
watergolven [-gɔlvə(n)] vt water-wave.
waterhoen [-hu.n] o ⅋ water-hen.
waterhoofd [-ho.ft] o hydrocephalus; hij heeft een ~ he has water on the brain.
waterhoudend [-houdənt] aqueous.
waterig ['va.tərəx] watery², § aqueous.
waterigheid [-hɛit] v wateriness².
waterjuffer ['va.tərjŭfər] v dragon-fly.
waterkan [-kan] v ewer, jug.
waterkant [-kant] m water's edge, water-side.
waterkaraf [-ka.raf] v water-bottle.
waterkering [-ke:rɪŋ] v weir, dam.
waterkers [-kɛrs] v ⅋ watercress.
waterketel [-ke.təl] m water-kettle.
waterkoeling [-ku.lɪŋ] v water-cooling; motor met ~ water-cooled engine.
waterkraan [-kra.n] v water-tap, water-cock.
waterkrachtcentrale [-sɛntra.lə] v hydro-electric power-station.
waterkruik ['va.tərkrœyk] v pitcher.
waterlanders [-landərs] mv F tears; de ~ kwamen voor de dag he turned on the water-works.
waterleiding [-leidɪŋ] v waterworks; aqueduct; er is geen ~ (in huis) there is no piped water, no water-supply; zie ook ↓.
waterleidingbuis [-lɛidɪŋbœys] v conduit-pipe.
waterlelie [-le.li.] v ⅋ water-lily.
waterlinie [-li.ni.] v ⅃, & ⚓ water-line.
waterloop [-lo.p] m watercourse.
waterloos [-lo.s] waterless. [tion.
waterlozing [-lo.zɪŋ] v 1 drain(age); 2 urina-
waterman [-man] m waterman; de Waterman ✱ the Water-bearer, Aquarius.
watermassa [-masa.] v mass of water.
watermeloen [-məlu.n] m & v ⅋ water-melon.
watermerk [-mɛrk] o watermark, water-line.
waternimf [-nimf] v water-nymph, naiad.
waterpas [-pas] I o water-level; II aj level.
waterpeil [-peil] o 1 watermark; 2 (werktuig) water-gauge.
waterplaats [-pla.ts] v 1 urinal; 2 horse-pond; 3 watering-place [for ships].
waterplant [-plant] v aquatic plant, water-plant.
waterplas [-plas] m puddle.
waterpokken [-pɔkə(n)] mv chicken-pox.
waterpolo [-po.lo.] o sp water-polo.
waterproef, waterproof [-pru.f] I aj water-proof; II o waterproof.
waterrat ['va.tərat] v 1 ⅋ water-vole; 2 fig water-dog.

waterreservoir ['va.tərə.zɛrvva:r] o water-tank.
waterrijk [-rɛik] watery, abounding with water.
watersalamander ['va.tərsa.la.mandər] m ⅋ newt.
waterschade [-sxa.də] v damage caused by water.
waterschap [-sxap] o 1 body of surveyors of the dikes; 2 jurisdiction of the water-board.
waterscheiding [-sxeidɪŋ] v watershed, water-parting.
waterschouw [-sxou] m inspection of canals.
waterschuw [-sxy:u] afraid of water.
waterschuwheid [-hɛit] v hydrophobia.
waterski ['va.tərski.] 1 m (een ski) water ski; 2 o (de sport) water-skiing.
waterskiën [-ski.ə(n)] vi water-ski.
waterskiër [-ski.ər] m water-skier.
waterslang [-slaŋ] v water-snake.
watersnip [-snɪp] v ⅋ snipe.
watersnood ['va.tərsno.t] m inundation, flood(s).
waterspiegel ['va.tərspi.gəl] m water-level.
waterspin [-spɪn] v water-spider.
watersport [-sport] v aquatic sports.
waterspuwer [-spy.vər] m gargoyle.
waterstaat [-sta.t] m ± Department of Build-ings and Roads.
waterstand [-stant] m height of the water, level of the water, water-level; bij hoge (lage) ~ at high (low) water.
waterstof [-stɔf] v hydrogen.
waterstofbom [-stɔfbɔm] v hydrogen bomb.
waterstofgas [-stɔfgas] o hydrogen gas.
waterstraal [-stra.l] m & v jet of water.
watertanden [-tandə(n)] vi in: het doet mij ~, ik watertand ervan it makes my mouth water.
watertaxi [-taksi.] m taxi-boat, water taxi.
watertje [-cə] o 1 streamlet; 2 (eye-, hair-) wash.
watertocht [-tɔxt] m trip by water, water-excursion.
waterton [-tɔn] v water-cask. [excursion.
watertoren [-to:rə(n)] m water-tower.
waterval [-val] m (water)fall; cataract; (klein) cascade.
waterverf [-vɛrf] v water-colour(s).
watervlak [-vlak] o sheet of water.
watervlek [-vlɛk] v water-stain.
watervliegtuig [-vli.xtœyx] o ✈ sea-plane, hydroplane.
watervlo [-vlo.] v water-flea.
watervloed [-vlu.t] m great flood, inundation.
watervogel [-vo.gəl] m water-bird, aquatic bird.
watervoorziening [-vo:rzi.nɪŋ] v water supply.
watervrees [-vre.s] v hydrophobia.
watervrij [-vrei] free from water.
waterweg [-vɛx] m waterway, water-route; de Nieuwe Waterweg the New Waterway.
waterwerken [-vɛrkə(n)] mv 1 bridges, canals, sluices &; 2 fountains, ornamental waters.
waterwilg [-vɪlx] m ⅋ water-willow.
waterzak [-zak] m water-bag.
waterzucht [-zŭxt] v dropsy.
waterzuchtig [va.tər'zŭxtəx] dropsical.
waterzuil ['va.tərzœyl] v column of water.
watje ['vacə] o wad of cotton-wool.
watjekouw [-kou] m F box on the ear, cuff.
1 watten ['vatə(n)] mv 1 wadding [for padding]; 2 cotton-wool [for medical purposes]; met ~ voeren wad, quilt.
2 watten ['vatə(n)] aj cotton-wool [beard].
watteren [va'te:rə(n)] vt wad, quilt.
wauwelaar ['vouəla:r] m ~ster [-stər] v twad-dler, driveller; chatterbox.
wauwelen [-lə(n)] vi twaddle, drivel; chatter.
wazig ['va.zəx] hazy.
wazigheid [-hɛit] v haziness.
W.C. [ve.'se.] v lavatory, w.c.
we [və] zie wij.

web [vɛp] *o* web.
weck [vɛk] *m* 1 preservation; 2 (het geweckte) preserves.
wecken ['vɛkə(n)] *vt* preserve.
weckfles ['vɛkflɛs] *v* preserving-bottle.
weckglas [-glɑs] *o* preserving-jar.
wed [vɛt] *o* 1 (waadplaats) ford; 2 (drinkplaats) (horse-)pond, watering-place.
wed. = *weduwe.*
wedde ['vɛdə] *v* salary, pay.
wedden ['vɛdə(n)] *vi* bet, wager, lay a wager; *durf je met me ~?* will you wager anything?; *ik wed met je om tien tegen één* I'll bet you ten to one; *ik wed met je om 100 pop dat...* I bet you a hundred guilders; *ik wed om wat je wil, dat...* I'll bet you anything that...; *~ op* bet on [a horse &]; *ik zou er niet op durven ~* I should not like to bet on it; *op het verkeerde paard ~* put one's money on the wrong horse²; *ik wed van ja* I bet you it is; *ik wed dat de hele straat het weet* I bet the whole street knows it.
weddenschap [-sxɑp] *v* wager, bet; *een ~ aangaan* lay a wager, make a bet; *de ~ aannemen* take the bet, take the odds.
wedder ['vɛdər] *m* better, bettor, betting-man.
wede ['ve.də] *v* ♣ (& verfstof) woad.
1 **weder** ['ve.dər] *o* = 2 *weer.*
2 **weder** ['ve.dər] *ad* = 4 *weer.*
wederantwoord [-ɑntvo:rt] *o* reply.
wederdienst [-di.nst] *m* service in return; *iemand een ~ bewijzen* do one a service in return; (*gaarne*) *tot ~ bereid* ready to reciprocate.
wederdoper [-do.pər] *m* anabaptist.
wederga(de) [-ga.(də)] *v* zie *weerga.*
wedergeboorte [-gəbo:rtə] *v* re-birth, regeneration.
wederhelft [-hɛlft] *v* **J** better half.
wederhoor [-ho:r] *o* in: *het hoor en ~ toepassen* hear both sides.
wederik ['ve.dərɪk] *m* ♣ loosestrife.
wederkeren ['ve.dərke:rə(n)] = *weerkeren.*
wederkerend [ve.dər'ke:rənt] *gram* reflexive.
wederkerig [-'ke:rəx] *aj* (& *ad*) mutual(ly), reciprocal(ly)²; *~ voornaamwoord gram* reciprocal pronoun.
wederkerigheid [-hɛit] *v* reciprocity.
wederom [ve.də'ròm] 1 (nog eens, opnieuw) again, once again, anew, once more, a second time; 2 (terug) back.
wederopbouw [ve.dər'òpbɔu] *m* rebuilding², reconstruction².
wederopbouwen [-ə(n)] *vt* rebuild², reconstruct².
wederopstanding [ve.dər'òpstɑndɪŋ] *v* resurrection.
wederrechtelijk [ve.də'rɛxtələk] *aj* (& *ad*) illegal(ly), unlawful(ly).
wederrechtelijkheid [-hɛit] *v* illegality, unlawfulness.
1 **wedervaren** [ve.dər'va:rə(n)] *vi* befall; *wat mij is ~* what has befallen me, my experiences; zie ook: 2 *recht.*
2 **wedervaren** [-'va:rə(n)] *o* adventure(s), experience(s); *zijn ~* ook: what has (had) befallen him.
wederverkoper ['ve.dərvərko.pər] *m* $ retail dealer, retailer.
wedervraag [-vra.x] *v* counter-question.
wederwaardigheid [ve.dər'va:rdəxhɛit] *v* vicissitude.
wederwoord ['ve.dərvo:rt] *o* answer, reply.
wederzijds ['ve.dərzɛits] *aj* (& *ad*) mutual(ly).
wedijver ['vɛtɛivər] *m* emulation, competition, rivalry.
wedijveren [-vərə(n)] *vi* vie, compete; *~ met* vie with, compete with, emulate, rival.
wedloop ['vɛtlo.p] *m* running-match, race².
wedr. = *weduwnaar.*
wedren [-rɛn] *m* race.
wedstrijd [-strɛit] *m* match, [athletic, beauty] contest, competition; [tennis] tournament; [sailing, ski, sprint] race.
weduwe ['ve.dy.və] *v* widow; *onbestorven ~* grass widow.
weduwenpensioen [-pɛnsi.u.n] *o* widow's pension.
weduwgift ['ve.dy:ugɪft] *v* jointure.
weduwnaar [-na:r] *m* widower; *onbestorven ~* grass widower.
weduwnaarschap [-na:rsxɑp] *o* widowerhood.
weduwschap [-sxɑp] *o* **-staat** [-sta.t] *m* widowhood.
weduwvrouw [-vrɔu] *v* widow(-woman).
wee [ve.] **I** *o* & *v* woe; **II** *aj* sickly [smell]; *~ zijn* feel bad, feel sick; be faint [with hunger]; **III** *ij ~ mij!* woe is me!; *~ u!* woe be to you!; *~ je gebeente als...!* unhappy you, if...!; *o ~!* o dear!
weefgetouw ['ve.fgətɔu] *o* weaving-loom, loom.
weefkunst [-kűnst] *v* textile art.
weefsel [-səl] *o* tissue, texture, fabric, weave.
weefspoel [-spu.l] *v* shuttle.
weefster [-stər] *v* weaver.
weefstoel [-stu.l] *m* loom.
weegbree ['ve.xbre.] *v* ♣ plantain.
weegs [ve.xs] in: *ga uws ~* go thy ways; *hij ging zijns ~* he went his way; *elk ging zijns ~* they went their separate ways; *een eind ~ vergezellen* accompany part of the way.
weegschaal ['ve.xsxa.l] *v* (pair of) scales, balance; *de Weegschaal* ✱ Libra.
weegstoel [-stu.l] *m* weighing-chair.
1 **week** [ve.k] *v* week; *de volgende ~* next week; *de vorige ~* last week; *witte ~* $ white sale; *de ~ hebben* be on duty for the week; *door de ~, in de ~* during the week; *om de ~* every week; *om de andere ~* every other week; *over een ~* a week hence, in a week; *vandaag* (*vrijdag* &) *over een ~* to-day (Friday) week; *voor een ~* 1 for a week; 2 a week ago.
2 **week** [ve.k] *aj* soft, *fig* soft, tender, weak; *~ maken* soften²; *~ worden* soften².
3 **week** [ve.k] *v* in: *in de ~ staan* lie in soak; *in de ~ zetten* put in soak.
weekblad [-blɑt] *o* weekly (paper).
weekdier [-di:r] *o* mollusc.
weekend ['vi.kɛnt] *o* week end.
weekgeld ['ve.kgɛlt] *o* 1 weekly allowance; 2 weekly pay, weekly wages.
weekhartig [ve.k'hɑrtəx] soft-hearted, tender-hearted.
weekhartigheid [-hɛit] *v* soft-heartedness, tender-heartedness.
weekheid [-hɛit] *v* softness.
weekhuur [-hy:r] *v* weekly rent.
weeklacht ['ve.klɑxt] *v* lamentation, lament, wailing.
weeklagen [-kla.gə(n)] *vi* lament, wail; *~ over* lament, bewail.
weekloon ['ve.klo.n] *o* weekly wages.
weekmarkt [-mɑrkt] *v* weekly market.
weekstaat [-sta.t] *m* weekly report, weekly return.
weelde ['ve.ldə] *v* 1 (luxe) luxury; 2 (overvloed) affluence, abundance, opulence, wealth; 3 luxuriance [of vegetation]; 4 (dartelheid) wantonness; *er was een ~ van bloemen* a wealth of flowers; *...is een ~ voor een moeder* ...is the highest bliss to a mother; *ik kan mij die ~* (*niet*) *veroorloven* I can(not) afford it.
weeldeartikel [-ɑrti.kəl] *o* article of luxury; *~en* ook: luxuries.
weeldebelasting [-bəlɑstɪŋ] *v* luxury tax.
weelderig [-rəx] 1 (luxueus) luxurious; 2 (we-

lig tierend) luxuriant; 3 (dartel) wanton.
weelderigheid [-heit] v 1 luxuriousness, luxury; 2 luxuriance [of vegetation]; 3 wantonness.
weemoed ['ve.mu.t] m sadness, melancholy.
weemoedig [ve.'mu.dəx] I aj sad, melancholy; II ad sadly.
weemoedigheid [-heit] v sadness, melancholy.
Weens [ve.ns] Vienna, Viennese.
1 weer [ve:r] v defence, resistance; in de ~ zijn be busy; be on the go [the whole day]; zich te ~ stellen defend oneself.
2 weer [ve:r] o weather; mooi ~ spelen van zijn geld F do the grand at his expense; aan ~ en wind blootgesteld exposed to wind and weather; bij gunstig ~ weather permitting; in ~ en wind, ~ of geen ~ in all weathers, wet or fine.
3 weer [ve:r] m ≈ wether.
4 weer [ve:r] ad again.
weerbaar ['ve:rba:r] defensible [stronghold]; [men] capable of bearing arms, able-bodied.
weerbarstig [ve:r'barstəx] unruly, refractory.
weerbarstigheid [-heit] v unruliness, refractoriness.
weerbericht [-heit] o weather-report.
weerga ['ve:rga.] v equal, match, peer; hun ~ is niet te vinden they can't be matched; als de ~! like blazes!, (as) quick as lightning!; loop naar de ~! go to hell (to blazes)!; om de ~ niet! deuce a bit!; wat ~! (what) the deuce!; zonder ~ matchless, unequalled, unrivalled, unparalleled.
weergaas [-ga.s] aj (& ad) devilish(ly), deuced-(ly).
weergalm [-galm] m echo.
weergalmen [ve:r'galmə(n)] vi resound, re-echo, reverberate; ~ van resound (ring, echo) with.
weergaloos ['ve:rga.lo.s] matchless, peerless, unequalled, unrivalled, unparalleled.
weergave [-ga.və] v reproduction; rendering.
weergeven [-ge.və(n)] vt return, restore; fig render [the expression, poetry in other words &]; reproduce [in one's own words, a sound &]; voice [feelings].
weerglas [-glas] o weather-glass, barometer.
weerhaak [-ha.k] m barb, barbed hook.
weerhaan [-ha.n] m weather-vane, weather-cock[2], fig time-server.
weerhouden [ve:r'houdə(n)] I vt keep back, restrain, check, stop; dat zal mij niet ~ om that will not keep me from ...ing; II vr zich ~ restrain oneself; zich van lachen ~ forbear laughing; ik kon mij niet ~ het te zeggen I could not refrain from saying it.
weerhuisje ['ve:rhœysjə] o weather-house.
weerkaart [-ka:rt] vweather map, weather chart.
weerkaatsen [ve:r'ka.tsə(n)] I vt reflect [light, sound, heat]; reverberate [sound, light]; (re-)echo [sound]; II vi be reflected; reverberate; (re-)echo.
weerkaatsing [-sɪŋ] v reflection.
weerkeren [ve:rke:rə(n)] vi return, come back.
weerklank ['ve:rklaŋk] m echo[2]; ~ vinden meet with a wide response.
weerklinken [ve:r'klɪŋkə(n)] vi ring again, re-sound, re-echo, reverberate; schoten weer-klonken shots rang out.
weerkrijgen [-krɛigə(n)] vt get back, recover.
weerkunde [-kûndə] v meteorology.
weerkundig [ve:r'kûndəx] aj (& ad) meteor-ological(ly).
weerkundige [-'kûndəgə] m meteorologist.
weerlegbaar [-'lexba:r] refutable.
weerleggen [-'lɛgə(n)] vt refute.
weerlegging [-gɪŋ] v refutation.
weerlicht ['ve:rlɪxt] o & m sheet lightning, heat lightning, summer lightning; als de ~ zie weerga.

weerlichten [-lɪxtə(n)] vi lighten [on the horizon].
weerloos [-lo.s] defenceless.
weerloosheid [-heit] v defencelessness.
weermacht ['ve:rmaxt] v armed forces.
weermiddelen [-mɪdələ(n)] mv means of defence.
weerom [ve:'ròm] back; zie ook: wederom.
weeromstuit [-stœyt] m rebound; van de ~ lachen laugh again.
weerprofeet ['ve:rpro.fe.t] m weather-prophet.
weersatelliet [-sa.teli.t] m weather satellite.
weerschijn [-sxein] m reflex, reflection; lustre.
weerschijnen [-sxeinə(n)] vi reflect.
weerschip [-sxip] o weather ship.
weersgesteldheid ['ve:rsgsteltheit] v state of the weather; de ~ (van dit land) the weather conditions; bij elke ~ in all weathers.
weerskanten [-kantə(n)] aan ~ on both sides, on either side; aan ~ van on either side of...; van ~ from both sides, on both sides.
weerspannig [ve:r'spanəx] recalcitrant, rebellious, refractory.
weerspannigheid [-heit] v recalcitrance, rebelliousness, refractoriness.
weerspiegelen [ve:r'spi.gələ(n)] I vt reflect, mirror; II vr zich ~ be reflected, be mirrored.
weerspiegeling [-ɪŋ] v reflection, reflex. [ken.
weerspreken [ve:r'spre.kə(n)] vt zie tegenspre-
weerstaan [-'sta.n] vt resist, withstand, oppose.
weerstand ['ve:rstant] m resistance [of steel, air &, of person to...]; opposition; ~ bieden offer resistance; ~ bieden aan resist; krachtig ~ bieden make (put up) a stout resistance.
weerstandskas [-stantskas] v fighting-fund.
weerstandsvermogen [-fɔrmo.gə(n)] o (power of) resistance, endurance, staying power, stamina [of body, a horse].
weerstreven [ve:r'stre.və(n)] vt oppose, resist, struggle against, strive against.
weersverandering ['ve:rsfərandərɪŋ] v change of weather.
weersverwachting [-fərvaxtɪŋ] v weather-fore-cast.
weerszij(den) ['ve:rsɛi(də(n))] zie weerskanten.
weervoorspelling [-lɪŋ] v weather-forecast.
weerwil [-vɪl] in ~ van in spite of, notwith-standing, despite, despite of.
weerwolf [-vòlf] m wer(e)wolf.
weerwraak [-vra.k] v retaliation, revenge.
weerzien [-zi.n] I vt see again; II o meeting again; tot ~s till we meet again, F so long.
weerzin [-zɪn] m aversion, reluctance, repug-nance; ~ tegen aversion to.
weerzinwekkend [ve:rzɪn'vekənt] revolting, repugnant, repulsive.
wees [ve.s] m-v orphan.
weesgegroet(je) [ve.sgə'gru.t (-'gru.cə)] o RK Hail Mary.
weeshuis ['ve.shœys] o orphan-house, orphan-age.
weesjongen [-jòŋə(n)] m orphan-boy.
weeskind [-kɪnt] o orphan (child).
weesmeisje [-meisjə] o orphan-girl.
weesmoeder [-mu.dər] v matron of an orphan-age.
weesvader [-fa.dər] m master of an orphanage.
weet [ve.t] v in: ~ van iets hebben be in the know; het kind heeft al ~ van een en ander the child takes notice already; geen ~ van iets hebben not be aware of a thing; het aan de ~ komen find out.
weetgierig [ve.t'gi:rəx] desirous of knowledge, inquiring.
weetgierigheid [-heit] v desire of knowledge.
weetje ['ve.cə] o in: zijn ~ weten know what's what.
1 weg [vex] m way, road, path, route; fig way, road, course, channel, path, avenue; de ~

afleggen cover the distance; *de ∼ van alle vlees gaan* go the way of all flesh; *zijn eigen ∼ gaan* go one's own way; *deze ∼ inslaan* take this road; *een andere ∼ inslaan* take another road; *fig* take another course; *fig opgaan* go [morally] wrong; ook: go to the bad; *dezelfde ∼ opgaan* go the same way[2]; *fig* follow the rest; *het zal zijn ∼ wel vinden* it is sure to find its way; *hij zal zijn ∼ wel vinden* he is sure to make his way (in the world); *u kunt de ∼ wel vinden, niet?* 1 you know your way, don't you?; 2 you know your way out, don't you?; *∼ noch steg weten* not know one's way at all; *hij weet ∼ met zijn eten, hoor!* he can shift his food!; *geen ∼ weten met zijn geld* not know what to do with one's money; *de ∼ wijzen* show the way; *fig* point the way; *aan de ∼ gelegen* skirting the road, by the roadside; *aan de ∼ timmeren* make oneself conspicuous; *wie aan de ∼ timmert, vindt veel berechts* he that buildeth in the street many masters hath to meet; *altijd bij de ∼ zijn* be always gadding about; be always on the road [of commercial travellers]; *iemand in de ∼ komen* get in a person's way, cross a man's path; *als niets in de ∼ komt* if nothing interferes; *iemand iets in de ∼ leggen* thwart a person; *ik heb hem niets (geen strobreed) in de ∼ gelegd* I have never given him cause for resentment; *een zaak moeilijkheden in de ∼ leggen* put obstacles in the way; *ir de ∼ staan* be in a man's way; *fig* stand in a man's light; stand in the way of a scheme &; *langs de ∼* along the road; by the roadside; *langs dezelfde ∼* by the same way; *langs deze ∼* 1 in this way [*fig*]; 2 through the medium of this paper; *langs diplomatieke ∼* through diplomatic channels; *naar de bekende ∼ vragen* ask what one knows already; *op ∼* on his (her) way; *zich op ∼ begeven, op ∼ gaan* set out (for *naar*); *iemand op ∼ helpen* give one a start; help him on; *het ligt niet op mijn ∼* it is out of my way; *fig* it is not my business; *het ligt niet op mijn ∼ om...* it is not for me to...; *op de goede (verkeerde) ∼ zijn* be on the right (wrong) road; *mooi op ∼ zijn om...* be in a fair way to...; be well on the road to...; *uit de ∼!* out of the way there!, *je moet hem uit de ∼ blijven* keep out of his way, give him a wide berth; *uit de ∼ gaan* make way; *voor iemand uit de ∼ gaan* get out of a person's way, make way for him; *daarin ga ik voor niemand uit de ∼* in this I don't yield to anybody; *iemand uit de ∼ ruimen* make away with a person, put him out of the way [by poison &]; *moeilijkheden uit de ∼ ruimen* remove obstacles, smooth over (away) difficulties; *van de goede ∼ afgaan* stray from the right path; *de ∼ naar de hel is geplaveid met goede voornemens* the road to hell is paved with good intentions; *alle ∼en leiden naar Rome* all roads lead to Rome.

2 **weg** [vɛx] I *ad* 1 (niet meer aanwezig) away; 2 (verloren) gone, lost; 3 (vertrokken) gone; *ik ben ∼* I'm off; *hij was helemaal ∼* 1 he was quite at sea; 2 he was unconscious; *dan ben je ∼* then you are done for; *mijn horloge is ∼* my watch is gone; *∼ van iets zijn* be crazy about a thing; II *ij* in: *∼ jullie!* be off! get out!; *∼ daar!* make way there!, *get away!; ∼ ermee!* away with it!; *∼ met die gedachte!* a truce to such thought!; *∼ met die verraders!* down with those traitors!; *∼ van hier!* get away!, get out!

wegbereider ['vɛxbərɛidər] *m fig* pioneer.

wegbergen [-bɛrɣə(n)] *vt* put away, lock up.

wegblazen [-bla.zə(n)] *vt* blow away.

wegblijven [-blɛivə(n)] *vt* stay away.

wegbreken [-bre.kə(n)] *vt* pull down [a wall &].

wegbrengen [-brɛŋə(n)] *vt* take (carry) away [something]; see off [a person]; remove, march off [a prisoner].

wegcijferen [-sɛifərə(n)] I *vt* eliminate, set aside; leave out of account; II *vr zich (zelf) ∼* sink oneself, sink one's own interests.

wegdek [-dɛk] *o* road surface.

wegdenken [-dɛŋkə(n)] *vt* think away, eliminate.

wegdoen [-du.n] *vt* 1 (wegleggen) put away; 2 (van de hand doen) dispose of, part with.

wegdragen [-dra.ɣə(n)] *vt* carry away; *de goedkeuring ∼ van* meet with the approval of..., be approved by...; *de prijs ∼* bear away the prize.

wegdrijven [-drɛivə(n)] I *vt* drive away; II *vi* float away.

wegdringen [-drɪŋə(n)] *vt* push away, push aside.

wegduiken [-dœykə(n)] *vi* dive, duck (away); *weggedoken in zijn fauteuil* ensconced in his arm-chair.

wegduwen [-dy.və(n)] *vt* push aside, push away.

wegen ['ve.ɣə(n)] I *vt* weigh[2] [luggage, 6 tons, one's words]; scale [100 pounds]; poise [on the hand]; II *vi* weigh; *hij weegt niet zwaar* he doesn't weigh much; *fig* he is a light-weight; *dat weegt niet zwaar bij hem* that point does not weigh (heavy) with him; *wat het zwaarst is moet het zwaarst ∼* first things come first.

wegenaanleg [-a.nlɛx] *m* zie *wegenbouw*.

wegenbelasting [-bəlɑstɪŋ] *v* road-tax.

wegenbouw [-bɔu] *m* road-making, road-building, road-construction.

wegennet [-nɛt] *o* road-system, network of roads.

wegens ['ve.ɣəns] on account of, because of; for [lack of evidence, the murder &].

wegenwacht ['ve.ɣə(n)vɑxt] I *v* ± road patrol, (Automobile Association) Scouts; 2 *m* (persoon) ± (Automobile Association) scout.

wegfladderen ['vɛxflɑdərə(n)] *vt* flutter away, flit away.

weggaan ['vɛɣa.n] *vi* go away, leave.

weggebruiker [-ɣəbrœykər] *m* road-user.

weggeven [-ɣe.və(n)] *vt* give away.

weggooien [-ɣo.jə(n)] I *vt* throw away, chuck away [something]; throw away, waste [money on...]; discard [the eight of clubs &]; *fig* pooh-pooh [an idea]; II *vr zich ∼* throw oneself away.

weggraven [-ɣra.və(n)] *vt* dig away.

weghaasten ['vɛxha.stə(n)] in: *zich ∼* hasten away, hurry away.

weghalen [-ha.lə(n)] *vt* take (fetch) away, remove.

weghebben [-hɛbə(n)] *vt* in: *veel van iemand ∼* look much like a person; *het heeft er veel van weg, alsof...* it looks like... [rain &].

weghollen [-hɔlə(n)] *vi* run away, scamper away.

wegijlen [-ɛilə(n)] *vi* hurry (hasten) away.

weging ['ve.ɣɪŋ] *v* weighing.

wegjagen ['vɛxja.ɣə(n)] *vt* drive away [beggars, beasts, a visitor &]; turn [people] out [of doors]; expel [from office]; send about one's business [of people]; shoo away [birds].

wegkant [-kɑnt] *m* roadside, wayside.

wegkapen [-ka.pə(n)] *vt* snatch away, pilfer, filch.

wegkappen [-kɑpə(n)] *vt* chop away, cut off.

wegkijken [-kɛikə(n)] *vt* in: *iemand ∼* F freeze one out.

wegknippen [-knɪpə(n)] *vt* 1 (met schaar) cut off; 2 (door vingerbeweging) flick away [the ash of a cigar &].

wegkomen [-ko.mə(n)] *vt* get away; *ik maak dat ik wegkom* I'm off; *ik maakte dat ik wegkwam* I made myself scarce; *maak dat je weg-*

komt ! take yourself off!, clear out!
wegkrijgen [-krɛiɣə(n)] *vt* get away; *ik kon hem niet* ~ I couldn't get him away; *de vlekken* ~ get out the spots.
wegkruipen [-krœypə(n)] *vi* creep away.
wegkruising [-krœysɪŋ] *v* intersection, cross-roads.
wegkunnen [-kûnə(n)] *vi* in: *het kan weg* it may be left out, it may go; *niet* ~ not be able to get away.
wegkwijnen [-kʋɛinə(n)] *vi* languish, pine away.
weglaten [-la.tə(n)] *vt* leave out, omit.
weglating [-tɪŋ] *v* leaving out, omission; *met* ~ *van...* leaving out..., omitting...
weglatingsteken [-tɪŋste.kə(n)] *o* apostrophe.
wegleggen [ʹʋɛxlɛɣə(n)] *vt* lay by, lay aside; *dat was niet voor hem weggelegd* that was not reserved for him.
wegleiden [-lɛidə(n)] *vt* lead away, march off.
wegligging [-lɪɣɪŋ] *v* ✹ road-holding qualities.
weglokken [-lɔkə(n)] *vt* entice away, decoy.
weglopen [-lo.pə(n)] *vi* run away (off); *make off*; *hij loopt niet zo hoog weg met dat idee* he is not in favour of the idea; *ze lopen erg met die man weg* they are greatly taken with him, he is a great favourite; *met iemand (hoog)* ~ make much of one, think much of one; *het loopt niet weg, hoor !* there is no hurry!, it can wait; *het werk loopt niet weg* the work can wait.
wegmaaien [ʹʋɛxma.jə(n)] *vt* mow down[2].
wegmaken [-ma.kə(n)] I *vt* (ie t s) make away with, mislay [something]; remove, take out [grease-spots]; 2 (ie m a n d) anaesthetize [a patient]; II *vr zich* ~ make off.
wegmoffelen [-mòfələ(n)] *vt* spirit away.
wegnemen [-ne.mə(n)] *vt* I take away, remove [something, apprehension, doubt]; *fig* do away with [a nuisance &]; obviate [a difficulty]; 2 steal, pilfer; *dat neemt niet weg, dat...* that does not alter the fact that...
wegomlegging [ʹʋɛxòmlɛɣɪŋ] *v* diversion.
wegopzichter [-òpsɪxtər] *m* road-surveyor.
wegpakken [-pakə(n)] I *vt* snatch away; II *vr zich* ~ take oneself off; *pak je weg !* be off!
wegpesten [-pɛstə(n)] *vt* get away.
wegpinken [-pɪŋkə(n)] *vt* in: *een traan* ~ brush away a tear.
wegpiraat [-pi:ra.t] *m* S road-hog.
wegraken [-ra.kə(n)] *vi* be (get) lost.
wegredeneren [-re.dənə:rə(n)] *vt* reason (explain) away.
wegrenner [-rɛnər] *m sp* road-racer.
wegrestaurant [-resto:rã] *o* road house.
wegrijden [-rɛi(d)ə(n)] *vi* ride away, drive away.
wegroepen [-ru.pə(n)] *vt* call away.
wegroesten [-ru.stə(n)] *vi* rust away.
wegrotten [-rɔtə(n)] *vi* rot off.
wegruimen [-rœymə(n)] *vt* remove, clear away.
wegruiming [-mɪŋ] *v* removal.
wegrukken [ʹʋɛxrûkə(n)] *vt* snatch away[2].
wegschenken [-sxɛŋkə(n)] *vt* give away; ~ *aan* make [one] a present of.
wegscheren [-sxe:rə(n)] I *vt* shave (shear) off; II *vr zich* ~ make oneself scarce, decamp.
wegschieten [-sxi.tə(n)] I *vt* shoot away; II *vi* dart off.
wegschoppen [-sxòpə(n)] *vt* kick away.
wegschuilen [-sxœylə(n)] *vi* hide (from *voor*).
wegschuiven [-sxœyvə(n)] *vt* shove away, push aside.
wegslaan [-sla.n] *vt* beat (strike) away; *de brug werd weggeslagen* the bridge was swept away.
wegslepen [-sle.pə(n)] *vt* drag away; ⚓ tow away.
wegslingeren [-slɪŋərə(n)] *vt* fling (hurl) away.
wegsluipen [-slœypə(n)] *vi* steal (sneak) away.
wegsluiten [-slœytə(n)] *vt* lock up.

wegsmelten [-smɛltə(n)] *vi* melt away, melt [into tears].
wegsmijten [-smɛitə(n)] *vt* fling (throw) away.
wegsnellen [-snɛlə(n)] *vi* hasten away, hurry away.
wegsnijden [-snɛi(d)ə(n)] *vt* cut away.
wegsnoeien [-snu.jə(n)] *vt* prune away, lop off.
wegspoelen [-spu.lə(n)] I *vt* wash away; II *vi* be washed away.
wegsteken [-ste.kə(n)] *vt* put away.
wegstelen [-ste.lə(n)] *vt* steal, pilfer.
wegsterven [-stɛrvə(n)] *vi* die away, die down.
wegstevenen [-ste.vənə(n)] *vi* sail away,
wegstoppen [-stɔpə(n)] *vt* put away, tuck away, hide.
wegstuiven [-stœyvə(n)] *vi* fly away [of dust &]; dash away [persons].
wegsturen [-sty:rə(n)] *vt* send away [something]; dismiss [a servant]; send [one] away; ☞ expel [a boy from school].
wegteren [-te:rə(n)] *vi* waste away.
wegtoveren [-to.vərə(n)] *vt* spirit away, conjure away.
wegtrekken [-trɛkə(n)] I *vt* pull (draw) away; II *vi* I march away, march off [of troops]; 2 blow over [of clouds]; lift [of a fog]; disappear [of a headache].
wegvagen [-fa.ɣə(n)] *vt* sweep away[2]; wipe out, blot out [memories &].
wegvak [-fûk] *o* section of a (the) road.
wegval'en [-fûlə(n)] *vi* fall off; *fig* be left out (omitted); *tegen elkaar* ~ cancel one another.
wegverkeer [-fərke:r] *o* road traffic.
wegvernauwing [-fərnɑuɪŋ] *v* road narrowing.
wegversperring [-fərspɛrɪŋ] *v* ✕ road-block.
wegvervoer [-fərvu:r] *o* (road) haulage.
wegvliegen [ʹʋɛxfli.ɣə(n)] *vi* fly away; *ze vliegen weg* they [the goods, the tickets] are going (are being snapped up) like hot cakes.
wegvloeien [-flu.jə(n)] I *vi* flow away; II *o het* ~ the outflow.
wegvoeren [-fu:rə(n)] *vt* I carry off, lead away [a prisoner]; 2 abduct, kidnap [persons].
wegvreten [ʹʋɛxfre.tə(n)] *vt* eat away, corrode.
wegwedstrijd [-vɛtstrɛit] *m* road-race.
wegwerken [-vɛrkə(n)] *vt* I (in de algebra) eliminate; 2 (v. personen) get rid of [a minister &]; manoeuvre [an employee] away.
wegwerker [-kər] *m* road-maker; (bij 't spoor) surface-man.
wegwerpen [ʹʋɛxvɛrpə(n)] *vt* throw away.
wegwijs [-vɛis] in: *iemand* ~ *maken* put one up to the ropes, post him up; ~ *zijn* know one's way; *fig* know the ropes.
wegwijzer [-vɛizər] *m* I (persoon) guide; 2 signpost, finger-post; 3 handbook, guide.
wegzetten [-sɛtə(n)] *vt* put away.

1 **wei** [vɛi] *v* I whey [of milk]; 2 serum [of 2 wei [vɛi] *v* = **weide**. [blood].
weide [ʹvɛidə] *v* meadow; *koeien in de* ~ *doen (sturen)* put (send, turn out) cows to grass; *in de* ~ *lopen* be at grass.
weidegrond [-grònt] *m zie* **weiland**.
weiden [ʹvɛidə(n)] I *vi* graze, feed; *zijn ogen (de blik) laten* ~ *over* pass one's eyes over; II *vt* tend [flocks]; *zijn ogen* ~ *aan* feast one's eyes on.
weids [vɛits] stately, grandiose [name].
weidsheid [ʹvɛitsheit] *v* stateliness, grandiosity.
weifelaar [ʹvɛifəla:r] *m* waverer.
weifelen [-fələ(n)] *vi* waver, vacillate, hesitate.
weifelend [-lənt] wavering, vacillating, hesitating.
weifeling [-lɪŋ] *v* wavering, vacillation, hesitation.
weifelmoedig [ʹvɛifəlʹmu.dəx] wavering, vacillating, irresolute.
weifelmoedigheid [-hɛit] *v* wavering, vacilla-

tion, irresolution.

weigeraar ['vɛigəra:r] *m* refuser.

weigerachtig [-gəraxtəx] unwilling to grant a request; *een ~ antwoord ontvangen* meet with a refusal; *~ blijven* persist in one's refusal; *~ zijn te...* refuse to...

weigeren ['vɛigərə(n)] **I** *vt* 1 (niet willen) refuse [to do something, duty]; 2 (niet aannemen) refuse, reject [an offer], decline [an invitation]; 3 (niet toestaan) refuse [a request], deny [a person a thing, a thing to a person]; **II** *vi* refuse [of persons]; refuse its office [of things], fail [of brakes], misfire [of fire-arms, of an engine].

weigering [-rɪŋ] *v* 1 refusal, denial; < rebuff; 2 failure [of brakes], misfire [of fire-arms]; *ik wil van geen ~ horen* I will take no denial.

weiland [-lɑnt] *o* meadow-land, grass-land, pasture.

weinig ['vɛinəx] 1 (enkelv.) little; 2 (meerv.) few; *~ goeds* little good (that is good); *~ of niets* little or nothing; *~ maar uit een goed hart* little but from a kind Heart; *een ~* a little; *het ~e dat ik heb* what little (money) I have; *maar ~* but little; *niet ~* not a little; *6 stuiver te ~* sixpence short; *al te ~* too little; *veel te ~* 1 much too little; 2 far too few; *~en few; maar ~en* only a few.

weit [vɛit] *v* wheat.

weitas ['vɛitɑs] *v* game-bag.

wekelijk ['ve.kələk] *aj* (& *ad*) soft(ly), tender-(ly), weak(ly), effeminate(ly).

wekelijkheid [-hɛit] *v* weakness, effeminacy.

wekelijks ['ve.kələks] **I** *aj* weekly; **II** *ad* weekly, every week.

wekeling [-lɪŋ] *m* weakling.

weken ['ve.kə(n)] **I** *vt* soak [bread in coffee &], put in soak, steep, soften, macerate; **II** *vi* be soaking, soak, soften.

wekken ['vekə(n)] *vt* (a)wake², awaken², (a)rouse²; *fig* ook: evoke, call up [memories]; create [an impression]; raise [expectations]; cause [surprise]; provoke [indignation]; *wek me om 7 uur* call me (knock me up) at seven o'clock.

wekker [-kər] *m* 1 (persoon) caller-up; 2 (wekkerklok) alarm(-clock).

1 **wel** [vɛl] *v* spring, well.

2 **wel** [vɛl] **I** *ad* 1 (goed) well; rightly; *zij danst (heel) ~* she dances (very) well; *als ik het mij ~ herinner* if I remember right(ly); 2 (zeer) very (much); *dank u ~* thank yɔ̃ 1 very much; *u is ~ vriendelijk* it is very kind of you, indeed; 3 (versterkend) indeed, truly; *~ een bewijs dat...* a proof, indeed, that...; *~ ja!* yes, indeed!; *~ neen!* Oh no!, certainly not!; *~ zeker* yes, certainly, to be sure (I do, I have &); *hij moet ~ rijk zijn om...* he must needs be rich to...; *hij zal ~ moeten* he will jolly well have to; 4 (niet minder dan) no less (no fewer) than, as many as; *er zijn er ~ 50* no fewer (no less) than 50, as many as 50; 5 (vermoeden uitdrukkend of geruststellend) surely; *hij zal ~ komen* he is sure to come, I daresay he will come; *ik behoef ~ niet te zeggen...* I need hardly say...; 6 (toegevend) (indeed); *zij is ~ mooi, maar niet...* handsome she is (indeed), but not...; 7 (tegenover ontkenning) ...is, ...has, &; *Jan kan het niet, ~ maar* Peter can; *ik heb mijn les ~ geleerd* I did learn my lesson; *vandaag niet, morgen ~* not to-day, but to-morrow; 8 (als beleefdheidswoord) kindly; *zoudt u me dat boek ~ willen aangeven?* would you kindly hand me that book?; would you mind handing me that book?; 9 (vragend) are you, have you? &; *je gaat niet uit, ~?* you aren't going out, are you?; 10 (uitroepend) why, well; *~, heb ik je dat niet gezegd?* why,

didn't I tell you?; *~ van me leven!*, *~ nu nog mooier!* well, I never!; *~, wat is er?* why, what is the matter?· *~, waarom niet?* well, why not?; *~! — !* well, well!, well, to be sure!; *~ zo!* well!; *er is nog wat mooiers, en ~...* and it is this...; *zijn beste vriend nog ~* and that his best friend, his best friend of all people; *ik heb 't ~ gedacht!* I thought so (as much); *je moet... of ~...* you must either... or...; *~ eens* now and again; *hebt u ~ eens...* have you ever...?; **II** *als aj* well; *alles ~ aan boord* all well on board; *hij is niet ~* he does not feel well, he is unwell; *het is mij ~!* all right!, I have no objection; *hij is niet ~ bij het hoofd* zie *hoofd*; **III** *als o* well-being; *~ hem die...* happy he who...; *het ~ en wee* the weal and woe [of his subjects].

welaan [vɛl'a.n] well then.

welbedacht ['vɛlbədɑxt] well-considered, well thought-out.

welbegrepen [-gre.pə(n)] well-understood.

welbehagen [-ha.gə(n)] *o* pleasure, complacency.

welbekend [-kɛnt] well-known. [cency.

welbemind [-mɪnt] well-beloved, beloved.

welbespraakt [vɛlbə'spra.kt] fluent.

welbespraaktheid [-hɛit] *v* eloquence, fluency.

welbesteed ['vɛlbəste.t] well-used, well-spent.

welbewust [-vüst] *aj* (& *ad*) deliberate(ly).

weldaad ['vɛlda.t] *v* benefit, benefaction; *een ~ voor iedereen* a boon to everybody; *een ~ bewijzen* confer a benefit [upon a person].

weldadig [vɛl'da.dəx] 1 beneficent, benevolent, (liefdadig) charitable; 2 (heilzaam) beneficial.

weldadigheid [-hɛit] *v* beneficence, benevolence, (liefdadigheid) charity.

weldadigheidsbazaar [-hɛitsba.zɑr, -za:r] *m* (charity) bazaar.

weldadigheidszegel, weldadigheidzegel [-hɛitse.gəl] *m* charity-stamp.

weldenkend ['vɛldɛŋkɑnt] right-thinking, right-minded.

weldoen [-du.n] *vi* 1 (goed doen) do good; 2 (liefdadig zijn) give alms; be charitable [to the poor]; *doe wel en zie niet om* zie *doen* II.

weldoener [-du.nər] *m* benefactor.

weldoenster [-du.nstər] *v* benefactress.

weldoordacht [-do:rdɑxt] well thought-out, well-considered.

weldra [-dra.] soon, before long, shortly.

weledel [vɛl'e.dəl] **-geboren** [-gəbo:rə(n)] **-gestreng** [-gəstrɛŋ] in: *W~e heer* Dear Sir; *de W~e heer J. Botha* J. Botha Esq.

weleer [vɛl'e:r] formerly, in olden times, of old.

weleerwaard [vɛle:r'va:rt] reverend; *zeker, ~e!* certainly, your Reverence; *de W~e heer A. B.* (the) Reverend A. B., the Rev. A. B.

welfboog ['vɛlfbo.x] *m* vaulted arch.

welfsel [-səl] *o* vault.

welgedaan ['vɛlgəda.n] well-fed, portly.

welgedaanheid [vɛlgə'da.nhɛit] *v* portliness.

welgekozen ['vɛlgəko.zə(n)] well-chosen.

welgelegen [-le.gə(n)] well-situated.

welgemaakt [-ma.kt] well-made [person, thing]; well-built [man], shapely [figure].

welgemanierd [-gəma.'ni:rt] well-bred, well-mannered, mannerly.

welgemanierdheid [-hɛit] *v* good breeding, good manners.

welgemeend ['vɛlgəme.nt] well-meant [advice &]; heartfelt [thanks].

welgemoed [-gəmu.t] cheerful.

welgeschapen [-gɔsxa.pə(n)] well-made.

welgesteld [vɛlgə'stɛlt] well-to-do, in easy circumstances, well off, substantial [man].

welgesteldheid [-hɛit] *v* easy circumstances.

welgevallen ['vɛlgəvɑlə(n)] **I** *vi* in: *zich iets laten ~* put up with a thing; **II** *o* pleasure;

met ~ with pleasure, with satisfaction; *naar* ~ at will, at (your) pleasure.

welgevallig [wɛlgə'valəx] pleasing [to God], agreeable [to the Government].

welgevormd ['wɛlgəvɔrmt] well-made, well-shaped, shapely.

welgezind [-zɪnt] well-disposed [man]; well-affected, friendly [tribes].

welhaast [wɛl'ha.st] I (weldra) soon; 2 (bijna) almost, nearly; ~ *niets (niemand)* hardly anything (anybody).

welig ['ve.ləx] luxuriant, < rank; ~ *groeien* thrive².

weligheid [-heit] *v* luxuriance.

welingelicht ['wɛlɪŋgəlɪxt] well-informed.

weliswaar [wɛlɪs'va:r] it is true, true.

welk [wɛlk] I *vragend vnmw* which, what; ~*e jongen (van de zes)?* which boy?; ~*e jongen zal zo iets doen?* what boy?; II *uitroepend* what; ~ *een schande!* what a shame!; III *betr. vnmw.* 1 (v. personen) who, that; 2 (niet **v.** personen) which, that; *het Polyolbion,* ~ *boek ik niet had* which book I hadn't got; ~ *ook* which(so)ever, what(so)ever.

welken ['wɛlkə(n)] *vi* wither, fade.

welkom ['wɛlkɔm] I *aj* welcome; *wees* ~! welcome!; ~ *in Amsterdam* Welcome to A.!; ~ *thuis* welcome home; *iemand* ~ *heten* bid one welcome, welcome him; *iemand hartelijk* ~ *heten* extend a hearty welcome to one, give him a hearty welcome; *iets* ~ *heten* welcome it; II *o* welcome.

welkomst ['wɛlkɔmst] *v* welcome.

welkomstgeschenk [-gəsxɛŋk] *o* welcoming-gift.

welkomstgroet [-gru.t] *m* welcome.

1 **wellen** ['wɛlə(n)] *vi* well.
2 **wellen** ['wɛlə(n)] *vt* ⚒ weld.
3 **wellen** ['wɛlə(n)] *vt* draw [butter].

welletjes ['wɛləcəs] in: *het is zo* ~ F 1 that will do; 2 we have had enough of it.

wellevend [wɛ'le.vənt] polite, well-bred.

wellevendheid [-heit] *v* politeness, good breeding.

wellicht [wɛ'lɪxt] perhaps.

welluidend [-'lœydənt] melodious, harmonious.

welluidendheid [-heit] *v* melodiousness, harmony.

wellust ['wɛlʏst] *m* 1 (gunstig) delight; 2 (ongunstig) voluptuousness, lust, sensuality.

wellusteling [wɛ'lʏstəlɪŋ] *m* voluptuary, sensualist.

wellustig [-'lʏstəx] I *aj* sensual, voluptuous, lustful, lascivious; II *ad* sensually &.

wellustigheid [-heit] *v* voluptuousness, sensuality, lasciviousness.

welmenend ['wɛlme.nənt] well-meaning, well-intentioned.

welnemen ['wɛlne.mə(n)] *o* in: *met uw* ~ by your leave.

welopgevoed [-'ɔpgəvu.t] well-bred.

weloverwogen [wɛlo.vərvo.gə(n)] well-considered, deliberate.

welp [wɛlp] I *m* & *o* cub, whelp; 2 *m* (bij de padvinderij) cub.

welriekend [wɛl'ri.kənt] sweet-smelling, sweet-scented, fragrant, odoriferous.

welriekendheid [-heit] *v* fragrance, odoriferousness.

welslagen ['wɛlsla.gə(n)] *o* success.

welsprekend [wɛl'spre.kənt] eloquent.

welsprekendheid [-heit] *v* eloquence.

welstand ['wɛlstant] *m* 1 welfare, well-being; 2 health; *in* ~ *leven* be well off [in easy circumstances]; *naar iemands* ~ *informeren* inquire after a person's health.

welste ['wɛlstə] *van je* ~ F with a vengeance; *een klap van je* ~ a spanking blow; *een ruzie van je* ~ a regular row.

welvaart ['wɛlva:rt] *v* prosperity.

welvaartsstaat [-sta.t] *m* 1 affluent society; 2 (verzorgingsstaat) welfare state.

welvaren [-va:rə(n)] I *vi* 1 prosper, thrive, be prosperous; 2 be in good health; II *o* zie *welstand.*

welvarend [wɛl'va:rənt] 1 (voᴄᴛspoedig) prosperous, thriving; 2 (gezond) healthy.

welvarendheid [-heit] *v* 1 prosperity; 2 good health.

welven ['wɛlvə(n)] I *vt* vault, arch; II *vr* zich ~ vault, arch.

welverdiend ['wɛlvərdi.nt] well-deserved.

welving ['wɛlvɪŋ] *v* vaulting, vault.

welvoeglijk [wɛl'vu.gələk] becoming, seemly, decent, proper.

welvoeglijkheid [-heit] *v* seemliness, decency, propriety.

welvoeglijkheidshalve [wɛlvu.gələkheits'halvə] for decency's sake.

welvoorzien ['wɛlvo:rzi.n] well-provided [table]; well-loaded [table]; well-stocked [shop &].

welwater ['wɛlva.tər] *o* spring water.

welwillend [wɛl'vɪlənt] *aj* (& *ad*) benevolent(-ly), kind(ly); sympathetic(ally).

welwillendheid [-heit] *v* benevolence, kindness, sympathy.

welzijn ['vɛlzɛin] *o* welfare, well-being; *naar iemands* ~ *informeren* inquire after a person's health; *op iemands* ~ *drinken* drink a person's health; *voor uw* ~ for your good.

wemelen ['ve.mələ(n)] *vi* in: ~ *van* swarm (teem) with [flies, people, spies &]; crawl with [vermin]; bristle with [mistakes].

wendbaar ['vɛntba:r] ⚓ manoeuvrable.

wendbaarheid [-heit] *v* ⚓ manoeuvrability.

wenden ['vɛndə(n)] I *vt* 1 turn; ⚓ go about, put about; II *vt* turn; ⚓ put about [ship]; III *vr* zich ~ turn; *je kunt je daar niet* ~ *of keren* there is hardly room enough to swing a cat; *ik weet niet hoe ik mij* ~ *of keren moet* which way to turn; *zich* ~ *tot* apply to, approach [the minister]; turn to [God].

wending [-dɪŋ] *v* turn; *het gesprek een andere* ~ *geven* give another turn to the conversation, turn the conversation; *een gunstige* ~ *nemen* take a favourable turn.

wenen ['ve.nə(n)] *vi* weep, cry; ~ *over iets* weep for it, weep over it.

Wenen ['ve.nə(n)] *o* Vienna.

Wener [-nər] I *aj* Viennese; ~ *meubelen* Austrian bentwood furniture; II *m* Viennese.

wenk [vɛŋk] *m* wink, nod, hint; *de* ~ *begrijpen (opvolgen)* take the hint; *iemand een* ~ *geven* 1 beckon to a person; 2 *fig* give a person a hint; *hem op zijn* ~*en bedienen* be at his beck and call.

wenkbrauw ['vɛŋkbrɑu] *v* eyebrow.

wenkbrauwstift [-stɪft] *v* eyebrow pencil.

wenken ['vɛŋkə(n)] *vt* beckon.

wennen ['vɛnə(n)] I *vt* accustom, habituate [a person to something]; II *vi* in: ~ *aan iets* accustom oneself to a thing; *men went aan alles* one gets used to everything; *het zal wel* ~, *u zult er wel aan* ~ you will get used to it; *hij begint al goed te* ~ *bij hen* he begins to feel quite at home with them; zie ook: *gewend.*

wens [vɛns] *m* wish, desire; *mijn* ~ *is vervuld* I have my wish; *naar* ~ according to our wishes; *tegen de* ~ *van...* against the wishes of [his parents].

wensdromen ['vɛnsdro.mə(n)] *mv* wishful dreams; *fig* wishful thinking.

wenselijk ['vɛnsələk] desirable; *al wat* ~ *is!* my best wishes!; *het* ~ *achten* think it desirable.

wenselijkheid [-heit] *v* desirableness, desirability.

wensen ['vɛnsə(n)] *vt* 1 wish; 2 desire, want; *wij* ~ *te gaan* we wish to go: *ik wenste* *u te spreken* I should (would) wish to have a word with you; *ik wens dat hij dadelijk komt* I wish (want) him to come at once; *ik wens ji alle geluk* I wish you every joy; *wat wenst u?* I (in 't alg.) what do you wish?; 2 (in winkel) what can I do for you?; *het is te ∼ dat...* it is to be wished that...; *niets (veel) te ∼ overlaten* leave nothing (much) to be desired; *iemand naar de maan ∼ wish* one at the devil; *ja, als men 't maar voor 't ∼ had* if wishes were horses, beggars might ride.

wentelen ['vɛntələ(n)] I *vt* turn over, roll; II *vi* revolve; III *vr zich ∼* welter, roll, wallow [in mud], revolve; *de planeten ∼ zich om de zon* the planets revolve round the sun.

wenteling [-lɪŋ] *v* revolution, rotation.

wentelteefjes ['vɛntəltə.fjəs] *mv* pain perdu.

wenteltrap [-trap] *m* winding staircase.

wereld ['ve:rəlt] *v* world, universe; *de ∼ is een schouwtoneel* all the world is a stage; *wat zal de ∼ ervan zeggen?* what will the world (what will Mrs. Grundy) say?; *de andere ∼* the other world, the next world; *de boze ∼* the wicked world; *de geleerde ∼* the learned (the scientific) world; *de grote ∼* society, the upper ten; *de hele ∼* the whole world, all the world [knows]; *de nieuwe (oude) ∼* the New (Old) World; *de verkeerde ∼* the world turned upside down; *de vrije ∼* the free world; *de wijde ∼* the wide world; *iets de ∼ in sturen* launch [a manifesto], give it to the world; *zijn ∼ kennen (verstaan)* have manners; *de ∼ verzaken* renounce the world; *zich door de ∼ slaan* fight one's way through the world; *in de ∼* in the world; *zo gaat het in de ∼* so the world wags, such is the way of the world; *naar de andere ∼ helpen* dispatch; *naar de andere ∼ verhuizen* go to kingdom come; *reis om de ∼* voyage round the world; *op de ∼, ter ∼* in the world; *ter ∼ brengen* bring into the world, give birth to [a child &]; *ter ∼ komen* come into the world, see the light; *voor alles ter ∼* [I would not do it] for the world; *hij zou alles ter ∼ willen geven om...* he would give the world to...; *niets ter ∼ nothing* on earth, no earthly thing; *voor niets ter ∼* not for the world; *wat ter ∼ moest hij...* what in the world should he...; *hoe is 't Gods ter ∼ mogelijk!* how in the world is it possible; *een zaak uit de ∼ helpen* settle a business; *die zaak is uit de ∼* that business is done with; *een leven van de andere ∼* a noise fit to raise the dead; *een man van de ∼* a man of the world; *wat van de ∼ zien* see the world; *alleen voor de ∼ leven* live for the world only, be worldly-minded.

wereldberoemd [-bəru.mt] world-famed, world-famous.

wereldbeschouwing [-bəsxəuɪŋ] *v* view (conception) of the world; philosophy.

wereldbewoner [-bəvo.nər] *m* inhabitant of the world.

wereldbol [-bɔl] *m* globe. [world.

wereldbrand [-brant] *m* world conflagration.

wereldburger [-bʉrgər] *m* citizen of the world, cosmopolitan, cosmopolite; *de nieuwe ∼ J* the little stranger, the new arrival.

werelddeel ['ve:rəlde.l] *o* part of the world, continent.

wereldgebeurtenis ['ve:rəltgəbø:rtənıs] *v* world event.

wereldgeschiedenis [-gəsxi.dənıs] *v* world history.

wereldheerschappij [-he:rsxapɛi] *v* world dominion.

wereldhervormer [-hɛrvɔrmər] *m* world reformer.

wereldkaart [-ka:rt] *v* map of the world. [er.

wereldkampioen [-kɑmpi.u.n] *m* world champion.

wereldkampioenschap [-sxɑp] *o* world championship.

wereldkundig [ve:rəlt'kʉndəx] universally known; *iets ∼ maken* spread it abroad, make it public.

wereldlijk ['ve:rəltlək] worldly; secular [clergy], temporal [power]; *∼ maken* secularize.

wereldling [-lɪŋ] *m* worldling.

wereldmacht [-mɑxt] *v* world power.

wereldmarkt [-mɑrkt] *v* world market.

wereldomvattend [-ɔ̀mvɑtənt] world-wide; global [warfare].

wereldoorlog [-o:rlɔx] *m* world war; *de W∼* the Great War [of 1914—'18].

wereldrecord [-rəkɔ:r, -rəkɔrt] *o* world record.

wereldreis [-rɛis] *v* world tour.

wereldreiziger [-rɛizəgər] *m* world traveller, globe-trotter.

wereldruim [-rœym] *o* het ∼ space.

werelds ['ve:rɑlts] I (voor de wereld levend, van de wereld) worldly; 2 (tijdelijk) secular, temporal [power].

wereldschokkend [ve:rəlt'sxɔkənt] world-shaking.

wereldstad ['ve:rəltstɑt] *v* metropolis.

wereldstelsel [-stɛlsəl] *o* cosmic system, cosmos.

wereldtaal ['ve:rəlta.l] *v* universal language.

wereldtentoonstelling [-tɛnto.nstɛlɪŋ] *v* international exhibition, world('s) fair.

wereldtoneel [-to.ne.l] *o* stage of the world.

wereldverkeer ['ve:rəltfɑrke:r] *o* world traffic, international traffic.

wereldvrede [-fre.də] *m* & *v* world peace.

wereldwonder [-vɔ̀ndər] *o* wonder of the world.

wereldzee [-se.] *v* ocean.

weren ['ve:rə(n)] I *vt* prevent, avert [mischief]; keep out [a person]; *we kunnen hem niet ∼* we cannot keep him out; II *vr zich ∼* I (zijn best doen) exert oneself; 2 (zich verdedigen) defend oneself.

werf [vɛrf] *v* I ship-yard, ship-building yard; 2 (v. d. marine) dockyard; 3 (houtwerf) timber-yard.

werfbureau ['vɛrfby.ro.] -kantoor [-kɑnto:r] *o* recruiting-office.

wering ['ve:rɪŋ] *v* prevention; *tot ∼ van* for the prevention of.

I **werk** [vɛrk] *o* tow, oakum; *∼ pluizen* pick oakum.

2 **werk** [vɛrk] *o* work [= task; employment; piece of literary or musical composition &]; labour; *de ∼en van Vondel* the works of Vondel, Vondel's works; *het ∼ van een horloge* the works of a watch; *een ∼ van Gods handen* (of) God's workmanship; *het ∼ van een ogenblik* the work (the business) of an instant; *dat is uw ∼* that is your work (your doing); *het is mooi ∼* it is a fine piece of work, a fine achievement; *er is ∼ aan de winkel* there's much work to be done, he (you) will find his (your) work cut out for him (you); *een goed ∼ doen* do a work of mercy; *geen half ∼ doen* not do things by halves; *honderd mensen ∼ geven* employ a hundred people; *dat geeft veel ∼* it gives you a lot of work; *∼ hebben* have a job, be in work; *geen ∼ hebben* I ☞ have no work; 2 be out of work (out of employment); *lang ∼ hebben om* be long about ...ing; *zijn ∼ maken* do one's work; *er dadelijk ∼ van maken* see to it at once; *er veel ∼ van maken* take great pains over it; *hij maakt (veel) ∼ van haar* he is making up to her; *ik maak er geen ∼ van (van die zaak)* I'll not take the matter up; *∼ verschaffen* give employment; *∼ vinden* find work (employment); *∼ zoeken* be looking for work; *aan het ∼!* to work!; *aan het ∼ gaan, zich aan het ∼ begeven* set to work; *weer aan het ∼ gaan* resume work; *iemand aan het ∼ zetten* set a person to work; *aan*

het ~ *zijn* be at work, be working, be engaged; *aan het* ~ *zijn aan* be engaged (at work) on [a dictionary &]; *hoe gaat dat in zijn* ~? how is it done?; *hoe is dat in zijn* ~ *gegaan?* how did it come about?; *alles in het* ~ *stellen om...* leave no stone unturned (do one's utmost) in order to...; *pogingen in het* ~ *stellen* make efforts (attempts); *naar zijn* ~ *gaan* go to one's work; *onder het* ~ while at work, while working; *goed (verkeerd) te* ~ *gaan* set about it the right (wrong) way; *voorzichtig te* ~ *gaan* proceed cautiously; *te* ~ *stellen* employ, set to work; *zonder* ~ out of work.

werkbaas ['vɛrkba.s] *m* foreman.
werkbank [-baŋk] *v* (work-)bench.
werkbij [-bɛi] *v* working-bee, worker.
werkbroek [-bru.k] *v* overalls.
werkdag ['vɛrkdax] *m* work-day, week-day; [eight-hours'] working day.
werkelijk ['vɛrkələk] I *aj* real, actual; ~*e dienst* active service; *ik heb het niet gedaan,* ~! really!, fact!; II *ad* really.
werkelijkheid [-hɛit] *v* reality; *in* ~ in reality, in point of fact, in fact, really.
werkelijkheidszin [-hɛitsɪn] *m* realism.
werken ['vɛrkə(n)] I *vi* 1 (werk doen) work; 2 (uitwerking hebben) work, act, operate, take effect, be effective [of medicine &]; 米 work, function [of an engine]; 3 (stampen en slingeren) labour [of a ship]; 4 (verschuiven) shift [of cargo]; 5 (trekken) get warped [of wood]; *de rem werkt niet* the brake doesn't act; *het schip werkte vreselijk* the ship laboured heavily; *hij heeft nooit van* ~ *gehouden* he never liked work; *hij laat hen te hard* ~ he makes them too hard, he overworks them; *hij moet hard* ~ he has to work hard; *aan een boek* & ~ be at work (engaged) on a book; *nadelig* ~ *op* have a bad effect upon; *op iemands gemoed* ~ work on a man's feelings; *het werkt op de zenuwen* it affects the nerves; *voor Engels* ~ be reading for English; II *vt* in: *iets naar binnen* ~ get [food] down; *hij kan heel wat naar binnen* ~ he can negotiate a lot of food; *ze* ~ *elkaar eronder* they are cutting each other's throats.
werkend ['vɛrkənt] I working; active; 2 efficacious; ~ *lid* active member; *de* ~*e stand* the working classes.
werker [-kər] *m* worker.
werkezel ['vɛrke.zəl] *m* drudge; *hij is een echte* ~ he is a glutton for work.
werkgelegenheid [-gəle.gənhɛit] *v* employment; *volledige* ~ full employment.
werkgever [-ge.vər] *m* employer; ~*s en werknemers* employers and employed.
werkhuis [-hœys] *o* 1 workhouse; 2 (v. werkvrouw) place.
werking ['vɛrkɪŋ] *v* working, action, operation; (uitwerking) effect; *die bepaling is buiten* ~ has ceased to be operative; *buiten* ~ *stellen* suspend; *in* ~ in action; *in* ~ *stellen* put in operation, set going, work; *in* ~ *treden* come into operation (into force); *in* ~ *zijn* be working; be operative; *in volle* ~ *zijn* be working; *in volle* ~ full operation, in full swing.
werkinrichting ['vɛrkɪnrɪxtɪŋ] *v* labour colony.
werkje [-jə] *o* piece of work, (little) work, job.
werkkamer ['vɛrka.mər] *v* study.
werkkiel [-ki.l] *m* overalls.
werkkracht [-kraxt] *v* 1 energy; 2 hand, workman; *de Europese* ~*en* European labour.
werkkring [-krɪŋ] *m* sphere of activity (of action).
werklieden ['vɛrkli.də(n)] *mv* work-people, workers, operatives.
werkloon [-lo.n] *o* wage(s), pay.
werkloos ['vɛrkə.lo.s] 1 inactive, idle; 2 out of

work, out of employment, unemployed; ~ *maken* throw out of work.
werkloosheid [vɛrkə'lo.shɛit] *v* 1 inactivity, idleness, inaction; 2 unemployment.
werkloosheidsuitkering [-hɛitsœytke:rɪŋ] *v* unemployment benefit, (unemployment) dole.
werkloosheidsverzekering [-fərze.kərɪŋ] *v* unemployment insurance.
werkloze ['vɛrkə.lo.zə] *m* out-of-work; *de* ~*n* the unemployed.
werklozenkas [vɛrk'lo.zə(n)kɑs] *v* unemployment fund.
werklust ['vɛrklʌst] *m* zest for work.
werkman [-mɑn] *m* workman, labourer, operative, mechanic.
werkmandje [-mɑncə] *o* work-basket.
werkmeid [-mɛit] *v* work-maid, housemaid.
werkmier [-mi:r] *v* worker (ant).
werknemer [-ne.mər] *m* employee, employed man.
werkpaard [-pa:rt] *o* work-horse.
werkpak [-pɑk] *o* working-clothes, overalls.
werkplaats [-pla.ts] *v* workshop, shop, work-room.
werkrooster [-ro.stər] *m* & *o* time-table.
werkstaking [-sta.kɪŋ] *v* strike.
werkster [-stər] *v* 1 (female) worker; 2 charwoman, daily woman.
werkstudent [-sty.dɛnt] *m* working student.
werkstuk [-stʏk] *o* 1 piece of work; 2 (in de meetk.) proposition, problem.
werktafel [-ta.fəl] *v* work-table.
werktijd [-tɛit] *m* working-hours; (v. e. ploeg) shift; *lange* ~*en hebben* work long hours; *verkorting der* ~*en* short-time working.
werktuig [-tœyx] *o* 1 tool², instrument², implement; 2 organ [of sight]; ~*en* (voor gymnastiek) apparatus.
werktuigbouwkunde [-bɑukʏndə] *v* mechanical engineering.
werktuigkunde [-kʏndə] *v* mechanics.
werktuigkundig [vɛrktœyx'kʏndəx] I *aj* mechanical [action, drawing, engineer &]; II *ad* mechanically.
werktuigkundige [-'kʏndəgə] *m* mechanician, instrument-maker.
werktuiglijk [vɛrk'tœygələk] *aj* (& *ad*) mechanical(ly)², automatic(ally)².
werktuiglijkheid [-hɛit] *v* mechanicalness.
werkuur ['vɛrky:r] *o* working-hour.
werkvergunning [-fərgʏnɪŋ] *v* working permit.
werkverschaffing [-fərsxɑfɪŋ] *v* the procuring of employment; relief work(s).
werkvolk [-fɔlk] *o* work-people, workmen, labourers.
werkvrouw [-frɑu] *v* charwoman.
werkweek [-ve.k] *v* working week.
werkwijze [-vɛizə] *v* (working) method.
werkwillige [vɛrk'vɪləgə] *m* willing worker, non-striker.
werkwoord [-vo:rt] *o* gram verb.
werkzaam [-sa.m] I *aj* active, laborious, industrious; *hij is* ~ *op een fabriek* he is employed at a factory, he works in a factory; II *ad* actively, laboriously, industriously.
werkzaamheid [-hɛit] *v* activity, industry; *mijn talrijke werkzaamheden* my numerous activities; *de verschillende werkzaamheden* the various proceedings.
werpen ['vɛrpə(n)] I *vt* throw, cast, fling, hurl, toss; *iemand met stenen* ~ zie *gooien*; II *vr* *zich* ~ throw oneself; *zich in de armen* ~ *van...* fling oneself into the arms of...; *zich op iemand* ~ fall on him, set upon him; *zich op de knieën* ~ go down on one's knees, prostrate oneself [before a person]; *zich op de studie van...* ~ apply oneself to the study of... with a will; *zich te paard* ~ fling oneself into the saddle.

werpnet ['vɛrpnɛt] *o* casting-net.
werpspeer ['vɛrpspe:r] **-spies, -spiets** [-spi.s, -spi.ts] *v* javelin.
wervel ['vɛrvəl] *m* vertebra [*mv* vertebrae].
wervelen [-vələ(n)] *vi* whirl.
wervelkolom ['vɛrvəlko.lòm] *v* spinal column, **wervelstorm** [-stɔrm] *m* tornado.   [spine.
wervelwind [-vɪnt] *m* whirlwind.
werven ['vɛrvə(n)] *vt* recruit, enlist, enrol; canvass for [customers].
werver [-vər] *m* ✕ recruiter, recruiting-officer.
werving [-vɪŋ] *v* recruitment, enlistment, enrolment; canvassing [for customers].
werwaarts ['vɛrvaːrts] whither.   [reason.
weshalve [vɛs'halvə] wherefore, for which
wesp [vɛsp] *v* wasp.
wespennest [-pənɛst] *o* wasps' nest, vespiary; *fig* hornet's nest[2]; *zich in een* ∼ *steken* bring a hornet's nest about one's ears.
wespesteek [-ste.k] *m* wasp-sting.
wespetaille [-tɑ(l)jə] *v* wasp-waist.
west [vɛst] west.
West-Duitsland [vɛst'dœytslɑnt] *o* West Ger
westelijk ['vɛstələk] western, westerly.   [many.
westen ['vɛstə(n)] *o* west; *het W*∼ the West, the Occident; *buiten* ∼ F unconscious; *ten* ∼ *van* (to the) west of.
westenwind [-vɪnt] *m* westwind.
westerlengte [-lɛŋtə] *v* West longitude.
westerling [-lɪŋ] *m* Westerner.
westers ['vɛstərs] western, occidental.
West-Europa ['vɛstˌrɔ.pa.] *o* Western Europe.
Westeuropees [vɛstøˌro.'pe.s] Western European.
Westfaals [vɛst'faːls] Westphalian.   [pean.
Westfalen [-fa.lə(n)] *o* Westphalia.
Westgoten ['vɛstɡo.tə(n)] *mv* Visigoths.
Westgotisch [-ti.s] Visigothic.
West-Indië [vɛst'ɪndi.ə] *o* the West Indies.
Westindisch [-di.s] West-Indian.
westkant ['vɛstkɑnt] *m* west side.
westkust [-kûst] *v* west coast, western coast.
Westromeins [-ro.mɛins] in: *het* ∼*e Rijk* the Western Empire, the Empire of the West.
westwaarts [-vaːrts] I *aj* westward; II *ad* westward(s).
wet [vɛt] *v* 1 (in 't alg.) law; 2 (in 't bijzonder) act; ∼ *op het Lager Onderwijs* Elementary Education Act; *de Mozaïsche* ∼ the Mosaic Law; *een* ∼ *van Meden en Perzen* a law of the Medes and Persians; *korte* ∼*ten maken met* make short work of; *iemand de* ∼ *stellen* (*voorschrijven*) lay down the law for one; ∼ *worden* become law; *boven de* ∼ *staan* be above the law; *buiten de* ∼ *stellen* outlaw; *door de* ∼ *bepaald* fixed by law, statutory; *tegen de* ∼ against the law; *tot* ∼ *verheffen* put [a bill] on the Statute Book; *volgens de* ∼ by law; *volgens de Franse* ∼ 1 according to French law [you are right]; 2 [married &] under French law; *voor de* ∼ in the eye of the law; [equality] before the law; *zie ook: volgens de* ∼; *voor de* ∼ *niet bestaan* not exist in law; *voor de* ∼ *getrouwd* married at the registrar's office.
wetboek ['vɛtbu.k] *o* code; ∼ *van koophandel* commercial code; ∼ *van privaatrecht*, *burgerlijk* ∼ civil code; ∼ *van strafrecht* penal code, criminal code.
weten ['ve.tə(n)] I *vt* 1 (in 't alg.) know; 2 (kennis dragen van) be aware of; *doen* (*laten*) ∼ let [one] know, send [one] word, inform [one] of; *wie weet of hij niet zal... who knows but he may...; God weet het! God knows!; dat weet ik niet I don't know; hij is mijn vriend moet je* ∼ (*weet je*) he is my friend, you know; *wel te* ∼ ... that is to say...; *het te* ∼ *komen* get to know it; find out, learn; *hij wist te ontkomen* he managed to escape; *hij weet zich te verdedigen* he

knows how to defend himself; *er iets op* ∼ know a way out; *het uit de krant* ∼ know it from the paper(s); *van wie weet je het?* whom did you hear it from?, who told you?; *eer je 't weet* before you know where you are; *zij* ∼ *het samen* they are as thick as thieves; they are hand and glove; *hij weet er alles van* he knows all about it; *hij weet er niets van* he doesn't know anything about it; *dat moeten zullie maar* ∼ that's their look-out; *zij willen er niet(s) van* ∼ they will have none of it; *zij wil niets van hem* ∼ she will not have anything to say to him; *dat moet je zelf* ∼ that's your look-out; *wat niet weet, wat niet deert* what one does not know causes no woe; *weet je wat?, we gaan naar ...* I'll tell you what, we'll go to...; *zij weet wat zij wil* she knows what she wants, she knows her own mind; *hij weet zelf niet wat hij wil* he doesn't know his own mind; *daar weet jij wat van!* fat lot you know about it!; *ik weet wat van je* I know something about you; *dat schoonmaken dat weet wat!* what a nuisance!; *hij wil het wel* ∼ (*dat hij knap is* &) he needn't be told that he is clever; *hij wil het niet* ∼ he never lets it appear; *zonder het zelf te* ∼ unwittingly; ∼ *waar Abraham de mosterd haalt* know what's what; II *va* know; *wie weet?* who knows?; *men kan nooit* ∼ you never can tell; *hij weet niet beter* he doesn't know any better; *hij weet wel beter* he knows better (than that); *niet dat ik weet* not that I know of; III *o* knowledge; *niet bij mijn* ∼ not to my knowledge; *buiten mijn* ∼ without my knowledge, unknown to me; *met mijn* ∼ with my knowledge; *naar mijn beste* ∼ to the best of my knowledge; *tegen beter* ∼ *in* against one's better judgment; *zonder mijn* ∼ without my knowledge; IV *ad* in: *te* ∼ *appels, peren... viz., namely*, ⊙ *to wit*.
wetens ['ve.təns] zie *willens*.
wetenschap ['ve.tənsxɑp] *v* 1 science; learning; 2 (kennis) knowledge; *er geen* ∼ *van hebben* know nothing about it, not be in the know.
wetenschappelijk [ve.tən'sxɑpələk] I *aj* scientific; learned; II *ad* scientifically.
wetenschappelijkheid [-hɛit] *v* scientific character.
wetenswaardig [ve.təns'vaːrdəx] worth knowing.
wetenswaardigheid [-hɛit] *v* thing worth knowing.
wetering ['ve.tərɪŋ] *v* watercourse.
wetgeleerde ['vɛtɡəle:rdə] *m* one learned in the law, jurist.
wetgevend ['vɛtɡe.vənt] law-making, legislative; *de* ∼*e macht* the legislature; ∼*e vergadering* Legislative Assembly.
wetgever [-vər] *m* law-giver, legislator.
wetgeving [-vɪŋ] *v* legislation.
wethouder ['vɛthoudər] *m* alderman.
wetsartikel ['vɛtsɑrti.kəl] *o* article of a (the) law.
wetsbepaling [-bəpa.lɪŋ] *v* provision of a (the) law.
wetsherziening [-hɛrzi.nɪŋ] *v* revision of the (a) law.
wetsontduiking [-ɔndœykɪŋ] *v* evasion of the law.
wetsontwerp [-ɔntvɛrp] *o* bill.
wetsovertreding [-o.vərtre.dɪŋ] *v* breach of the law.
1 wetstaal ['vɛt-sta.l] *o* (sharpening) steel.
2 wetstaal ['vɛts-ta.l] *v* legal language.
wetsverkrachting ['vɛtsfərkrɑxtɪŋ] *v* violation of the law.
wetsvoorstel [-fo:rstəl] *o* bill.
wettelijk ['vɛtələk] I *ai* legal; statutory; II *ad* legally.

wettelijkheid [-hɛit] *v* legality.
wetteloos ['vɛtəlo.s] lawless.
wetteloosheid [vɛtə'lo.sheit] *v* lawlessness.
wetten ['vɛtə(n)] *vt* whet, sharpen.
wettig ['vɛtəx] I *aj* legitimate, legal, lawful; *een* ~ *kind* a legitimate child; II *ad* legitimately, legally, lawfully.
wettigen ['vɛtəɣə(n)] *vt* legitimate, legalize; *fig* justify; sanction [by usage].
wettigheid ['vɛtəxheit] *v* legitimacy.
wettiging ['vɛtəɣɪŋ] *v* legitimation, legalization.
weven ['ve.və(n)] *vt* & *vi* weave.
wever [-vər] *m* 1 weaver; 2 ♣ weaver-bird.
weverij [ve.və'rɛi] *v* 1 weaving; 2 weaving-mill.
wezel ['ve.zəl] *v* ♣ weasel.
wezen ['ve.zə(n)] I *vi* be; *ik ben hem ~ opzoeken* I have been to see him; *hij mag er ~* he is all there; *dat mag er ~* that is not half bad, that is *some*; II *o* 1 (persoon) being, creature, [human, social] animal; 2 (bestaan) being, existence; 3 (aard) nature; 4 (wezenlijkheid) essence, substance; 5 (voorkomen) countenance, aspect; *geen levend ~* not a living being (soul).
wezenfonds ['ve.zə(n)fɔnts] *o* orphans' fund.
wezenlijk [-lək] I *aj* real, essential; substantial; *het ~e* the essence; II *ad* 1 essentially; substantially; 2 < really.
wezenlijkheid [-ləkheit] *v* reality.
wezenloos [-lo.s] vacant, vacuous, blank [stare].
wezenloosheid [-lo.sheit] *v* vacancy, vacuity.
whisky ['vɪski.] *m* whisky, whiskey.
whiskysoda [vɪski.'so.da.] *v* whisk(e)y and soda.
whist [vi.st] *o* whist.
whisten ['vi.stə(n)] *vi* play (at) whist.
wichelaar ['vɪɣəla:r] *m* ~ster [-stər] *v* augur, soothsayer.
wichelarij [vɪɣəla:'rɛi] *v* augury, soothsaying.
wichelroede ['vɪɣəlru.də] *v* divining-rod, dowsing-rod.
1 **wicht** [vɪxt] *o* (k i n d) baby, child, babe, mite; *arm ~!* poor thing!; *een of ander mal ~* some foolish creature; *mal ~!* you fool!
2 **wicht** [vɪxt] *o* (g e w i c h t) weight.
wichtig ['vɪxtəx] weighty[2].
wichtigheid [-heit] *v* weight[2].
wichtnota ['vɪxtno.ta.] *v* $ weight note.
wie [vi.] I *betr. vnmw.* he who, ✎ who; ~ *ook* who(so)ever; II *vragend vnmw.* who?; ~ *van hen?* which of them?; ~ *daar?* ✕ who goes there?
wiebelen ['vi.bələ(n)] *vi* wobble, waggle.
wiebelend [-lənt] wobbly.
wieden ['vi.də(n)] *vt* & *va* weed.
wieder [-dər] *m* weeder.
wiedes ['vi.dəs] in: *dat is nogal ~* it goes without saying.
wieg [vi.x] *v* cradle; *voor dichter in de ~ gelegd* a born poet; *hij was voor soldaat in de ~ gelegd* he was cut out for a soldier; *hij is niet voor soldaat in de ~ gelegd* he will never make a soldier; *voor dat werk was hij niet in de ~ gelegd* he was not fitted by nature for that sort of work; *van de ~ af* from the **cradle.**
wiegelen ['vi.ɣələ(n)] *vt* rock.
wiegelied [-li.t] *o* cradle-song, lullaby.
wiegen ['vi.ɣə(n)] *vt* rock; *zie ook: slaap.*
wiek [vi.k] *v* (vleugel) wing; (lampeka-toen) wick; (v. molen) sail, wing, vane; *hij was in zijn ~ geschoten* F he was crestfallen; he was stung to the quick; *op eigen ~en drijven* stand on one's own legs, shift for oneself.
wiel [vi.l] *o* wheel ‖ (plas) pool; *het vijfde ~* zie 1 *rad; iemand in de ~en rijden* put a spoke in a man's wheel.

wielbasis [-ba.zəs] *v* wheel-base.
wieldop [-dɔp] *m* ⊛ hub-cap.
wielerbaan ['vi.lərba.n] *v* cycle-(cycling-) track.
wielersport [-spɔrt] *v* cycling.
wielerwedstrijd [-vɛtstreit] *m* bicycle race.
wielewaal ['vi.ləva.l] *m* ♣ golden oriole.
wielrennen ['vi.lrɛnə(n)] *o* cycle-racing.
wielrenner [-nər] *m* racing cyclist.
wielrijden ['vi.lrɛidə(n)] *vi* cycle, wheel.
wielrijder [-dər] *m* cyclist.
wielrijdersbond [-dərsbɔnt] *m* cyclists' union.
wier [vi.r] *o* seaweed, § alga [*mv* algae].
wierook [vi.ro.k] *m* incense[2], frankincense.
wierookgeur [-gø:r] *m* -lucht [-lüxt] *v* smell of incense.
wierookvat [-fat] *o* censer, thurible, incensory.
wig [vɪx] ~ge ['vɪɣə] *v* wedge; *een ~ drijven tussen* drive a wedge between.
wigvormig ['vɪxfɔrməx] wedge-shaped [thing]; cuneiform [inscription].
wij [vɛi] we.
wijd [vɛit] I *aj* wide, ample, large, broad, spacious; II *ad* wide(ly); *de ramen ~ openzetten* open the windows wide; ~ *en zijd* far and wide; ~ *en zijd bekend* widely known.
wijdbeens ['vɛitbe.ns] straddle-legged.
wijden ['vɛidə(n)] I *vt* ordain [a priest]; consecrate [a church, churchyard, a bishop &]; ~ *aan* dedicate to [God, some person &]; *fig* consecrate to [some purpose]; *zijn tijd & ~ aan...* devote one's time & to...; *hem tot priester ~* ordain him priest; II *vr zich ~ aan iets* devote oneself to it.
wijding [-dɪŋ] *v* 1 ordination, consecration; 2 devotion; *hogere (lagere) ~en RK* major (minor) orders.
wijdlopig [vɛit'lo.pəx] prolix, diffuse, verbose.
wijdlopigheid [-heit] *v* prolixity, diffuseness, verbosity.
wijdte ['vɛita] *v* 1 width, breadth, space; 2 gauge [of a railway].
wijdvertakt ['vɛitfərtakt] wide-spread [plot].
wijf [vɛif] *o* woman, female; > mean woman, rago, vixen, shrew; *een oud ~* an old woman[2].
wijfje ['vɛifjə] *o* 1 female [of animals]; 2 (als aanspreking) wifey, little wife.
wijk [vɛik] *v* quarter, district, ward; beat [of policeman], round [of milkman], walk [of postman]; *de ~ nemen naar Amerika* fly (flee) to America, take refuge in America.
wijken ['vɛikə(n)] *vi* give way, give ground, yield; *geen voet ~* not budge an inch; ✕ not yield an inch of ground; *niet van iemand ~* not budge from his side; ~ *voor niemand* not yield to anybody; *moet ik voor hem ~?* should I make way for him?; ~ *voor de overmacht* yield to superior numbers; *het gevaar is geweken* the danger is over; *de pijn is geweken* the pain has gone.
wijkhoofd ['vɛikho.ft] *v* chief (air-raid) warden.
wijkplaats [-pla.ts] *v* asylum, refuge.
wijkverpleegster [-fərple.xstər] *v* district nurse.
wijkverpleging [-fərple.ɣɪŋ] *v* district nursing.
wijkzuster [-süstər] *v* district nurse.
1 **wijl** [vɛil] *cj* since, because, as.
2 **wijl(e)** [vɛil, 'vɛilə] *v* while, time.
1 **wijlen** ['vɛilə(n)] *aj* in: ~ *Willem I* the late William I; ~ *mijn vader* my late father.
2 **wijlen** [vɛilə(n)] *vi* zie *verwijlen.*
wijn [vɛin] *m* wine; *rode* ~ red wine, claret; *witte* ~ white wine; *klare* ~ *schenken* speak frankly, be frank; *er moet klare* ~ *geschonken worden!* plain language wanted!; *goede* ~ *behoeft geen krans* good wine needs no bush.
wijnachtig ['vɛinaxtəx] vinous.
wijnappel [-apəl] *m* wine-apple.

wijnazijn [-a.zɛin] *m* wine-vinegar.
wijnberg [-bɛrx] *m* vineyard.
wijnbouw [-bau] *m* viniculture, wine-growing.
wijnbouwer [-bauər] *m* wine-grower.
wijndruif [-drœyf] *v* grape.
wijnfles [-fles] *v* wine-bottle.
wijngaard [-ga:rt] *m* vineyard.
wijngaardslak ['vɛinga:rtslɔk] *v* edible snail.
wijngeest [-ge.st] *m* spirit of wine, alcohol.
wijnglas [-glɑs] *o* wine-glass.
wijnhandel [-hɑndəl] *m* 1 wine-trade; 2 wine-business; wine-shop.
wijnhandelaar [-hɑndəla:r] *m* wine-merchant.
wijnhuis [-hœys] *o* wine-house.
wijnjaar [-ja:r] *o* vintage [of 1910], vintage year.
wijnkaart [-ka:rt] *v* wine-list.
wijnkan [-kɑn] *v* wine-jug.
wijnkaraf [-ka.rɑf] *v* wine-decanter.
wijnkelder [-kɛldər] *m* wine-cellar, wine-vault.
wijnkenner [-kɛnər] *m* judge of wine.
wijnkleur [-klø:r] *v* wine colour.
wijnkleurig [-klø:rəx] wine-coloured.
wijnkoper [-ko.pər] *m* wine-merchant.
wijnkuip [-kœyp] *v* wine-vat.
wijnlucht [-lũxt] *v* winy smell, vinous smell.
wijnmerk [-mɛrk] *o* brand of wine.
wijnoogst [-o.xst] *m* vintage.
wijnoogster [-o.xstər] *m* vintager.
wijnpers [-pɛrs] *v* winepress.
wijnrank [-rɑŋk] *v* ♣ vine-tendril.
wijnrood [-ro.t] wine-red.
wijnsaus [-sɔus] *v* wine-sauce.
wijnsmaak [-sma.k] *m* vinous (winy) taste.
wijnsoort [-so:rt] *v* kind of wine.
wijnsteen [-ste.n] *m* wine-stone, tartar.
wijnsteenzuur [-ste.nzy:r] *o* tartaric acid.
wijnstok [-stɔk] *m* ♣ vine.
wijnvat [-vɑt] *o* wine-cask.
wijnvlek [-vlek] *v* 1 wine-stain [in napkin &]; 2 strawberry mark [on the skin].

1 wijs [vɛis] *v* 1 (m a n i e r) manner, way; 2 *gram* mood; 3 ♪ tune, melody; zie ook: 2 *wijze*; *de* ~ *niet kunnen houden* ♪ not be able to keep tune; *op de* ~ *van...* ♪ to the tune of...; *op die* ~ in this manner, in this way; *van de* ~ ♪ out of tune; *hem van de* ~ *brengen* put him out [*fig*]; *zich niet van de* ~ *laten brengen* 1 not suffer oneself to be put out; 2 not suffer oneself to be misled [by idle gossip]; *van de* ~ *raken* ♪ get out of tune; *fig* get flurried; *ik ben geheel van de* ~ I am quite at sea [*fig*]; *'s lands* ~, *'s lands eer* when you are at Rome, do as Rome does.

2 wijs [vɛis] I *aj* wise; *ben je (wel)* ~? are you in your right senses?, where are your senses?; *nu ben ik nog even* ~ I am just as wise as (I was) before, I am not any the wiser; *hij is niet goed (niet recht)* ~ he is not in his right senses (not quite in his senses); *ze zijn niet wijzer* they know no better; *hij zal wel wijzer zijn* he will know better (than to do that); ~ *worden* learn wisdom; *ik kan er niet uit* ~ *worden* I can make neither head nor tail of it; I cannot make it out; *ik kan niet* ~ *uit hem worden* I don't know what to make of him; II *ad* wisely; *die hoed staat het kind te* ~ makes the child look older.
wijsbegeerte ['vɛisbəge:rtə] *v* philosophy.
wijselijk ['vɛisələk] wisely.
wijsgeer ['vɛisge:r] *m* philosopher. [al(ly).]
wijsgerig [vɛis'ge:rəx] (*aj* & *ad*) philosophic-
wijsheid ['vɛisheit] *v* wisdom; *alsof zij de* ~ *in pacht hebben* as if they had a monopoly of wisdom, as if they were the only wise people in the world.
wijsmaken [-ma.ka(n)] *vt* in: *iemand iets* ~ make one believe something; *zich (zelf)* ~ *dat...* delude oneself into the belief that...;

maak dat anderen wijs tell that story somewhere else; *dat maak je mij niet wijs* I know better; *maak dat de kat wijs* tell that to the horse-marines; *ik laat me niets* ~ I don't suffer myself to be imposed upon; *hij laat zich alles* ~ he will swallow anything.
wijsneus [-nø.s] *m* wiseacre, pedant; *een* ~*je* a young precocity.
wijsneuzig [vɛis'nø.zəx] conceited, pedantic.
wijsvinger ['vɛisfɪŋər] *m* forefinger, index.
wijten ['vɛitə(n)] *vt* in: *iets* ~ *aan* impute something to; blame [a person] for a thing; *het was te* ~ *aan...* it was owing to...; *dat heeft hij zichzelf te* ~ he has no one to thank for it but himself, he has only himself to blame for it.
wijting [-tɪŋ] *m* 🐟 whiting.
wijwater ['vɛiva.tər] *o* holy water.
wijwaterbakje [-bɑkjə] *o* holy-water font (basin).
wijwaterkwast [-kvɑst] *m* holy-water sprinkler.
1 wijze ['vɛizə] *m* sage, wise man; *de Wijzen uit het Oosten* the Wise Men, the Magi.
2 wijze ['vɛizə] *v* manner, way; zie 1 *wijs*; *bij* ~ *van proef* by way of trial; *bij* ~ *van spreken* in a manner of speaking, so to speak, so to say; *naar mijn* ~ *van zien* in my opinion; *op die* ~ in this manner, in this way; *op de een of andere* ~ somehow or other; *op generlei* ~ by no manner of means, in no way.
wijzen ['vɛizə(n)] I *vt* 1 show, point out [something]; 2 ⚖ pronounce [sentence]; *dat zal ik u eens* ~ I'll show you; *dat wijst (ons) op...* this points to...; *iemand op zijn ongelijk* ~ point out to him where he is wrong; II *vi* point: *ik zou erop willen* ~ *dat...* I should like to point out the fact that...; *alles wijst erop dat...* everything points to the fact that...
wijzer ['vɛizər] *m* 1 🧭 indicator; 2 hand [of a watch]; 3 (h a n d w ij z e r) finger-post; *grote* ~ minute-hand; *kleine* ~ hour-hand.
wijzerplaat [-pla.t] *v* dial(-plate), face [of a clock].
wijzertje [-ə] *o* hand [of a watch]; *het* ~ *rond slapen* sleep the clock round.
wijzigen ['vɛizəɣə(n)] *vt* modify, alter, change.
wijziging [-gɪŋ] *v* modification, alteration, change; *een* ~ *aanbrengen (in)* make a change (in); *een* ~ *ondergaan* undergo a change, be altered.
wik [vɪk] *v* ♣ vetch.
wikke ['vɪkə] *v* ♣ vetch.
wikkel ['vɪkəl] *m* wrapper; (v. s i g a a r) filler.
wikkelen ['vɪkələ(n)] I *vt* wrap (up) [in brown paper &]; envelop [person, thing in]; swathe [in bandages]; wind [on a reel]; involve² [person in difficulties &]; II *vr zich* ~ *in...* wrap [a shawl] about [her].
wikkeling [-lɪŋ] *v* ⚡ winding.
wikken ['vɪkə(n)] *vt* weigh² [goods, one's words]; poise [on the hand]; ~ *en wegen* weigh the pros and cons; weigh one's words; *de mens wikt, maar God beschikt* man proposes, (but) God disposes.
wil [vɪl] *m* will, desire; *zijn uiterste* ~ his last will (and testament); *de vrije* ~ free will; *het is zijn eigen* ~ he has willed it himself; ~ *van iets hebben* derive satisfaction from it; *u zult er veel* ~ *van hebben* it will prove very serviceable; *de* ~ *voor de daad nemen* take the will for the deed; *zijn goede* ~ *tonen* show one's willingness; *buiten mijn* ~ without my will and consent; *met de beste* ~ *van de wereld* with the best will in the world; *met mijn* ~ *gebeurt het niet* not with my consent, not if I can help it; *om 's hemels* ~ for Heaven's sake; F goodness gracious!; *tegen mijn* ~ against my will; *tegen* ~ *en dank* against his will, in spite of himself, willy-

nilly; *iemand ter ~le zijn* oblige a person; *ter ~le van mijn gezin* for the sake of my family; *ter ~le van de vrede* for peace's sake; *(niet) uit vrije ~* (not) of my own free will; *voor elk wat ~s* something for everyone, all tastes are catered for; *waar een ~ is, is een weg* where there's a will there's a way.

wild [vɪlt] I *aj* 1 (in 't wild groeiend) wild [flowers]; 2 (in 't wild levend) wild [animals], savage [tribes]; 3 (niet kalm) wild, unruly; 4 (woest kijkend) haggard [looks]; *~e boot ⚓* tramp (steamer); *in 't ~* at random, wildly; *in het ~ groeien* grow wild; *in het ~ opgroeien* run wild; *in het ~(e) redeneren* reason at random; *in het ~ schieten* shoot at random; fire random shots; II *ad* wildly; III *o* 1 game, quarry; 2 (gebraden) game; *grof (klein) ~* big (small) game; zie *wilde*.
wildbraad [ˈvɪltbraːt] *o* game.
wilddief [-diːf] *m* poacher.
wilde [ˈvɪldə] *m* savage; wild man; *de ~n* 1 the savages; 2 S the wild men [in Parliament].
wildebras [-brɑs] *m-v* 1 (jongen) wild monkey; 2 (meisje) tomboy, romp.
wildeman [-mɑn] *m* wild man.
wildernis [ˈvɪldərnɪs] *v* wilderness, waste.
wildheid [ˈvɪltheit] *v* wildness, savageness.
wildpastei [-pɑsteɪ] *v* game-pie.
wildrijk [-rɛik] *aj* gamy, abounding in game.
wildvreemd [-freːmt] in: *ik ben hier ~* I am a perfect stranger here.
wildzang [-sɑŋ] *m* 1 wild notes, untaught song; 2 *m-v* zie *wildebras*.
wilg [vɪlx] *m* 🌳 willow.
wilgeboom [ˈvɪlɣəboːm] *m* willow-tree.
wilgeroos [-roːs] *v* 🌿 willowherb.
willekeur [ˈvɪləkøːr] *v* arbitrariness; *naar ~* at will.
willekeurig [vɪləˈkøːrəx] I *aj* arbitrary [actions &]; *een ~ getal* any (given) number; II *ad* arbitrarily.
willekeurigheid [-heit] *v* arbitrariness.
willen [ˈvɪlə(n)] I *vi & va* will; be willing; *ik wil* I will; *ik wil niet* I will not, I won't; *hij kan wel, maar hij wil niet* but he will not; *hij wil wel* he is willing; *of hij wil of niet* willy-nilly; *hij moge zijn wie hij wil* whoever he may be; *zij ~ er niet aan* they won't hear of it; *dat wil er bij mij niet in* that won't go down with me; II *vt* will; *vóór* inf. 1 (zich niet verzetten) be willing [to go &]; 2 (wensen) wish, want [to go, write &]; 3 (nadrukkelijk wensen) insist [on being obeyed &]; 4 (beweren) say [something to have occurred]; *wilt u het zout aangeven?* would you pass the salt?; *hij was zieker dan hij wel wilde bekennen* than he was willing to own; *zij ~ hebben dat wij...* they want us to...; *hij zal hard moeten werken, wil hij slagen* if he wants to succeed; *wil je wel eens zwijgen!* keep quiet, will you?; *als ik iets wilde* 1 if I willed a thing; 2 whenever I wanted anything; *zij ~ het zo* it is their pleasure; *dat zou je wel ~, he?* wouldn't you like it?; *ik zou wel een glaasje bier ~* I should not mind a glass of beer; *ik zou hem wel om de oren ~ slaan* I should like to box his ears; *ik wilde liever sterven dan...* I would rather die than...; *zij ~ het niet (hebben)* 1 they don't want it, they will have none of it; 2 they don't allow it; *zij ~ dat u...* they want (wish) you to...; *ik wou dat ik het kon* I wish I could; *hij kan niet ~ dat ik...* he cannot want us to...; *als God wil dat ik...* if God wills me to...; *het toeval wilde dat...* zie *toeval*; *wat wil je?* what do you want?; what is your desire?; *wat ze maar ~* anything they like; *men kan niet alles doen wat men maar wil* a man cannot do all he pleases; *hij mag (ervan) zeggen wat hij wil,*

maar... he may say what he will, but...; *wat wil hij er voor?* what does he ask for it?; III *o* volition; *~ is kunnen* where there's a will there's a way; *het is maar een kwestie van ~* it is but a question of willing.
willens [ˈvɪləns] on purpose; *~ of onwillens* willy-nilly; *~ en wetens* (willingly and) knowingly; *~ zijn* intend [to...].
willig [-ləx] *aj* 1 willing; 2 $ firm.
willigheid [-ləxheit] *v* 1 willingness; 2 $ firmness [of the market].
willoos [ˈvɪloːs] will-less.
willoosheid [-heit] *v* will-lessness.
wilsbeschikking [ˈvɪlsbəsxɪkɪŋ] *v* last will (and testament), will.
wilskracht [-krɑxt] *v* will-power, energy.
wimpel [ˈvɪmpəl] *m* pennant, streamer; *de blauwe ~* the blue ribbon.
wimper [ˈvɪmpər] *v* (eye)lash.
wind [vɪnt] *m* 1 wind; 2 🌱 flatulence; *dat is maar ~* that is mere gas; *~ en weder dienende* weather permitting; *zien uit welke hoek de ~ waait* find out how the wind lies; *waait de ~ uit die hoek?* sits the wind in that quarter?; *de ~ waait uit een andere hoek* the wind blows from another quarter; *ga & als de ~!* like the wind!; *iemand de ~ van voren geven* take him up roundly; *de ~ van achteren hebben* go down the wind; *toen wij de ~ mee hadden* when the wind was with us; *er de ~ onder hebben* have them well in hand; *de ~ tegen hebben* sail against the wind; *de ~ van iets krijgen* zie *lucht*; *de ~ van voren krijgen* catch it; *~ maken* cut a dash; *bij de ~ zeilen ⚓* sail near the wind; *scherp bij de ~ zeilen ⚓* sail close-hauled; *de Eilanden boven de ~* the Windward Islands; *in de ~ praten* be talking to the winds; *zijn raad in de ~ slaan* fling his advice to the winds; *een waarschuwing in de ~ slaan* disregard a warning; *met alle ~en draaien (waaien)* trim one's sails to every wind; *met de ~ mee* down the wind; *de Eilanden onder de ~* the Leeward Islands; *tegen de ~ in* against the wind; *vlak tegen de ~ in* in the teeth of the wind; *van de ~ kan men niet leven* you cannot live on air; *het gaat hem vóór de ~* he is sailing before the wind, he is thriving; *vóór de ~ zeilen ⚓* sail before the wind; *wie ~ zaait, zal storm oogsten* sow the wind and reap the whirlwind; *zoals de ~ waait, waait zijn jasje* he hangs his cloak to the wind.
windas [ˈvɪntɑs] *o* 🔧 windlass, winch.
windbuil [-bœyl] *v* windbag, gas-bag, braggart, braggadocio.
windbuks [-bûks] *v* air-gun, air-rifle.
winddruk [-drûk] *m* wind-pressure.
winde [ˈvɪndə] *v* 🌿 bindweed, convolvulus.
windei [ˈvɪnteɪ] *o* wind-egg; *het zal hem geen ~eren leggen* he will do well out of it.
winden [ˈvɪndə(n)] I *vt* 1 wind, twist [yarn &]; 2 (ophijsen) hoist (up); ⚓ heave [an anchor &]; *het op een klos ~* wind it on a reel, reel it; II *vr zich ~* wind, wind itself [round a pole &].
winderig [-dərəx] windy².
winderigheid [-heit] *v* windiness².
windhandel [-hɑndəl] *m* speculation, stock-jobbery, gambling.
windhond [-hònt] *m* 🐕 greyhound.
windhondenrennen [-hòndə(n)rɛnə(n)] *mv* greyhound races.
windhoos [-ho.s] *v* wind-spout, tornado.
winding [-dɪŋ] *v* winding, coil [of a rope]; § convolution.
windjak [ˈvɪntjɑk] *o* windproof jacket.
windje [ˈvɪncə] *o* breath of wind.
windkant [ˈvɪntkɑnt] *m* zie *windzij(de)*.
windkussen [-kûsə(n)] *o* air-cushion.

windmeter [-me.tər] *m* wind-gauge, anemometer.

windmolen [-mo.lə(n)] *m* windmill; *tegen ~s vechten* tilt at (fight) windmills.

windrichting [-rɪxtɪŋ] *v* direction of the wind.

windroos [-ro.s] *v* & compass-card.

windscherm [-sxɛrm] *o* windscreen.

windsel [-səl] *o* bandage, swathe; *~s* swaddling clothes.

windstil [-stɪl] calm.

windstilte [-stɪltə] *v* calm.

windstoot [-sto.t] *m* gust of wind.

windstreek [-stre.k] *v* point of the compass.

windtunnel [ˈvɪntûnəl] *m* wind-tunnel.

windvaan [ˈvɪntfa.n] *v* weather-vane.

windvlaag [-fla.x] *v* gust of wind, squall.

windwijzer [-veizər] *m* weathercock, weather-vane.

windzak [-sɑk] *m* & wind-sock, drogue.

windzij(de) [-sɛi(də)] *v* wind-side, windward side, weather-side.

wingerd [ˈvɪŋərt] *m* I (wijngaard) vineyard; 2 ♣ (wijnstok) vine; *wilde ~* ♣ Virginia(n) creeper.

wingewest [ˈvɪŋəvɛst] *o* conquered country, province.

winkel [ˈvɪŋkəl] *m* I shop; 2 (v. ambachtsman) workshop, shop; *een ~ doen (houden)* keep a shop; *de ~ sluiten* close the shop, shut up shop.

winkelbediende [-bədi.ndə] *m-v* shop-assistant.

winkelcentrum [-sɛntrûm] *o* shopping-centre.

winkelchef [-ʃef] *m* shopwalker.

winkeldief [-di.f] *m* shoplifter.

winkelen [ˈvɪŋkələ(n)] *vi* go (be) shopping.

winkelgalerij [-ga.ləreij *v* arcade.

winkelhaak [ˈvɪŋkalha.k] *m* I (v. timmerman) square; 2 (scheur) tear.

winkelier [-vɪŋˈli:r] *m* shopkeeper, shopman.

winkeljuffrouw [ˈvɪŋkəljûfrou] *v* shop-girl, saleswoman.

winkelkast [-kɑst] *v* show-window.

winkelopstand [-òpstɑnt] *m* shop-fittings, fixtures.

winkelprijs [-prɛis] *m* retail-price.

winkelpui [-pœy] *v* shop-front.

winkelraam [-ra.m] *o* shop-window.

winkelsluiting [-slœytɪŋ] *v* closing of shops.

winkelstand [-stɑnt] *m* I shopping quarter; 2 community of shopkeepers.

winkelstraat [-stra[t] *v* shopping street.

winkelvereniging [-vərə.nəgɪŋ] *v* co-operative store(s).

winkelwaar [-va:r] *v* shop-wares.

winkelwijk [-veik] *v* shopping-quarter.

winnaar [ˈvɪna:r] *m* winner.

winnen [ˈvɪnə(n)] I *vt* I win [money, time, a prize, a battle &]; gain [a battle, a lawsuit &]; 2 (verkrijgen) make [hay &]; ook: win [hay, ore &]; *het ~* win, be victorious, carry the day; *het van iemand ~* get the better of him; *het in zeker opzicht ~ van...* have the pull over...; *u hebt 10 pond (de weddenschap) van me gewonnen* you have won £ 10 of me, you have won the bet from me; *het glansrijk van iemand ~* beat a person hollow; *iemand voor de goede zaak ~* win him over to the (good) cause; *iemand voor zich ~* win a person over (to one's side); II *va* win, gain; *aan (in) duidelijkheid ~* gain in clearness; *bij iets ~* gain by it; *bij nadere kennismaking ~* improve upon acquaintance; *op iemand ~* gain (up)on him; *Oxford wint van Cambridge* O. wins from C., O. beats C.; *zo gewonnen, zo geronnen* ill gotten, ill spent [eig. zie gewonnen].

winner [ˈvɪnər] *m* winner.

winst [vɪnst] *v* gain, profit, winnings, return(s); *~ behalen (maken) op* make a profit on; *grote ~en behalen* make big profits; *~ geven (op-*

leveren) yield profit; *met ~ verkopen* sell at a profit; *~ en verlies* $ profits and losses.

winstaandeel [ˈvɪnsta.nde.l] *o* share in the profit(s).

winstbejag [-bəjɑx] *v* pursuit (love) of gain, profiteering.

winstbelasting [-bəlɑstɪŋ] *v* profits tax.

winstcijfer [-sɛifər] *o* profit.

winstderving [-dɛrvɪŋ] *v* loss of profit.

winst- en verliesrekening [vɪnstɛnvər'li.sre.-kənɪŋ] *v* profit and loss account.

winstgevend [vɪnst'ge.vənt] profitable, lucrative.

winstje [ˈvɪnʃə] *o* (little) profit; *met een zoet ~* with a fair profit.

winstmarge [ˈvɪnstmarʒə] *v* profit margin, margin of profit.

winstsaldo [-sɑldo.] *o* $ balance of profit(s).

winstuitkering [-œytke:rɪŋ] *v* $ distribution of profits.

winter [ˈvɪntər] *m* I winter; 2 (zwelling) chilblain(s).

winterachtig [-ɑxtəx] wintry.

winteravond [vɪntər'a.vənt] *m* winter evening.

winterdag [vɪntər'dɑx] *m* winter-day.

winterdienst [ˈvɪntərdi.nst] *m* I winter-service; 2 winter time-table.

winteren [ˈvɪntərə(n)] I in: *het wintert* it is freezing, it is winter.

wintergoed [-gu.t] *o* winter-clothes.

winterhanden [-hɑndə(n)] *mv* chilblained hands.

winterhiel [-hi.l] *m* chilblained heel. [hands.

winterjas [-jɑs] *m* & *v* winter overcoat.

winterkleed [-kle.t] *o* winter-dress; ♣ winter-plumage.

winterkleren [-kle:rə(n)] *mv* winter-clothes.

winterkoninkje [-ko.nəŋkjə] *o* ♣ wren.

winterkoren [-ko:rə(n)] *o* ♣ winter-corn.

winterkost [-kost] *m* winter-fare.

winterkwartier [-kvarti:r] *o* winter quarters.

winterlandschap [-lɑntsxɑp] *o* wintry landscape.

wintermaand [-ma.nt] *v* December; *de ~en* the winter-months.

wintermantel [-mɑntəl] *m* winter-coat.

wintermorgen [vɪntər'morgə(n)] *m* winter-morning.

winters [ˈvɪntərs] *aj* wintry.

winterseizoen [ˈvɪntərseizu.n] *o* winter-season.

winterslaap [-sla.p] *m* winter sleep, § hibernation; *de ~ doen* hibernate.

wintersport [-sport] *v* winter sport(s).

wintertijd [-tɛit] *m* winter-time.

wintertuin [-tœyn] *m* winter garden.

winterverblijf [-vərblɛif] *o* winter-resort, winter-residence.

wintervermaak [-vərma.k] *o* winter-amusement.

wintervoe(de)r [-vu:r, -vu.dər] *o* winter-fodder.

wintervoeten [-vu.tə(n)] *mv* chilblained feet.

wintervoorraad [-vo:ra.t] *m* winter-store.

winterwe(d)er [-ve:r, -ve.dər] *o* winter-weather, wintry weather.

winzucht [ˈvɪnzûxt] *v* love of gain, covetousness.

I **wip** [vɪp] *v* I (plank) seesaw; 2 (wipgalg) ᴬᴸ strappado; 3 (v. brug) bascule; *op de ~ zitten* hold the balance [in politics]; *hij zit op de ~* his position is shaky [fig].

2 **wip** [vɪp] *m* skip; *in een ~* in a trice, in a jiffy, in the turn of a hand, before you can (could) say Jack Robinson, in the twinkling of an eye; *en ~ was hij weg!* pop went the weasel!

wipbrug [ˈvɪpbrûx] *v* drawbridge, bascule-bridge.

wipneus [-nø.s] *m* turned-up nose.

wippen [ˈvɪpə(n)] I *vi* I seesaw, move up and down; 2 skip, whip, nip; *naar binnen ~* skip into the house; *de hoek om* ~ whip round the corner; *de straat over* ~ nip across the street; II *vt* F turn out [an official, a Liberal &].

wipplank [-plɑŋk] *v* seesaw.

wipstaart ['vɪpsta:rt] *m* ⅍ wagtail.

wipstoel [-stu.l] *m* rocking-chair.

wirwar ['vɪrvɑr] *m* tangle.

1 **wis** [vɪs] *aj* certain, sure; *van een* ~*se dood redden* save from certain death; ~ *en zeker* yes, to be sure!

2 **wis** [vɪs] *v* wisp.

wiskunde ['vɪskʉndə] *v* mathematics.

wiskundeleraar [-le:ra:r] *m* mathematics master.

wiskundig [vɪs'kʉndəx] *aj* (& *ad*) mathematical(ly).

wiskundige [-dəgə] *m* mathematician.

wispelturig [vɪspəl'ty:rəx] I *aj* inconstant, fickle; II *ad* inconstantly.

wispelturigheid [-hɛit] *v* inconstancy, fickleness.

wissel ['vɪsəl] I *m* & *o* (v. spoor) switch, points [of a railway]; 2 *m* $ bill of (exchange), draft; *de* ~ *omzetten* shift the points.

wisselaar ['vɪsəla:r] *m* $ money-changer.

wisselagent ['vɪsəla.gɛnt] *m* $ exchange-broker.

wisselbank [-bɑŋk] *v* $ discount-bank.

wisselbeker [-be.kər] *m* challenge cup.

wisselboek [-bu.k] *o* $ bill-book.

wisselbouw [-bɔu] *m* rotation of crops, crop rotation.

wisselbrief [-bri.f] *m* $ bill of exchange.

wisselen ['vɪsələ(n)] I *vt* 1 change, give change for [a guilder &]; 2 (tanden) shed [one's teeth]; 3 exchange [glances, words &]; bandy [jests]; *zij hebben een paar schoten met elkaar gewisseld* they have exchanged a few shots; II *va* change, give [one] change; *ik kan niet* ~ I have no change; *dat kind is aan 't* ~ it is shedding its teeth; *zijn stem is aan het* ~ his voice is turning; *die trein moet nog* ~ must shunt; III *vi* change; *de a wisselt met de o a* varies with *o*; *van gedachten* ~ *over...* exchange views about...; *van paarden* ~ change horses.

wisselgeld ['vɪsəlgɛlt] *o* (small) change.

wisselhandel [-hɑndəl] *m* $ exchange business.

wisseling ['vɪsəlɪŋ] *v* 1 (verandering, afwisseling) change; 2 turn [of the century, of the year]; 3 (ruil) exchange.

wisselkantoor ['vɪsəlkɑnto:r] *o* $ exchange-office.

wisselkoers [-ku:rs] *m* $ rate of exchange, exchange rate.

wisselloon [-lo.n] *o* $ bill-brokerage.

wisselmakelaar [-ma.kəla:r] *m* $ bill-broker.

wisselspoor [-spo:r] *o* siding.

wisselstand [-stɑnt] *m* position of the points.

wisselstroom [-stro.m] *m* ⚡ alternating current.

wisselstroomdynamo [-di.na.mo.] *m* ⚡ alternator.

wisseltand ['vɪsəltɑnt] *m* permanent tooth.

wisselvallig ['vɪsəl'vɑləx] precarious, uncertain.

wisselvalligheid [-hɛit] *v* precariousness, uncertainty; *de wisselvalligheden des levens* the vicissitudes of life.

wisselwachter [-vɑxtər] *m* pointsman.

wisselwerking [-vɛrkɪŋ] *v* interaction.

wissen ['vɪsə(n)] *vt* wipe [plates &]; ⚔ sponge [a gun].

wisser [-sər] *m* wiper, mop; ⚔ sponge.

wiswasje ['vɪsvɑʃə] *o* trifle; ~*s* fiddle-faddle.

wit [vɪt] I *aj* white; *Witte Donderdag* Maundy Thursday; ~ *maken* whiten, blanch; ~ *worden* 1 (v. dingen) whiten, go (turn) white; 2 (v. personen) turn pale; *zo* ~ *als een doek* as white as a sheet; II *o* white; *het* ~ *van een ei* the white of an egg; *het* ~ *van de ogen* the

white(s) of the eye(s); *het* ~ *van de schijf* the white; *in het* ~ (*gekleed*) (dressed) in white.

witachtig ['vɪtɑxtəx] whitish.

witbont [-bɔnt] black with white spots.

witgloeiend [-glu.jənt] white-hot.

witharig [-ha:rəx] white-haired.

witheid [-hɛit] *v* whiteness.

witje ['vɪcə] *o* ⅍ white (cabbage butterfly).

witjes ['vɪcəs] in: ~ *lachen* smile sweetly.

witkalk ['vɪtkɑlk] *m* whitewash.

witkiel [-ki.l] *m* railway-porter.

witkwast [-kʋɑst] *m* whitewash brush.

witlo(o)f [-lɔf, -lo.f] *o* ♣ chicory.

witsel [-səl] *o* whitewash.

wittebrood ['vɪtəbro.t] *o* white bread; *een* ~ a white loaf.

wittebroodskind [-bro.tskɪnt] *o* Sunday child.

wittebroodsweken [-ve.kə(n)] *mv* honeymoon.

witten ['vɪtə(n)] *vt* whitewash.

witter [-tər] *m* whitewasher.

witvis ['vɪtfɪs] *m* ⅍ whiting, whitebait.

Wodan ['vo.dɑn] *m* Wotan, Odin.

wodka ['vɔtka.] *m* vodka.

woede ['vu.də] *v* rage, fury; *machteloze* ~ impotent rage; *zijn* ~ *koelen op* wreak one's fury on, vent one's rage on.

woeden [-də(n)] I *vi* rage[2] [of the sea, wind, passion, battle, disease]; II *o* raging; *het* ~ *der elementen* ook: the fury of the elements.

woedend [-dənt] I *aj* furious; *iemand* ~ *maken* put one in a passion, infuriate a person; *zich* ~ *maken* fly into a passion, fly into a rage; ~ *zijn* be in a rage, be furious; ~ *zijn op* be furious with; ~ *zijn over* be furious at (about), be in a rage at (about); II *ad* furiously.

woef! [vu.f] woof!

woeker ['vu.kər] *m* usury; ~ *drijven* practise usury.

woekeraar ['vu.kəra:r] *m* usurer.

woekeren ['vu.kərə(n)] *vi* 1 practise usury; 2 v. onkruid) be rampant; ~ *met zijn tijd* make the most of one's time; ~ *op* be parasitic on.

woekergeld ['vu.kərgɛlt] *o* money got by usury.

woekerhandel [-hɑndəl] *m* usurious trade.

woekerplant [-plɑnt] *v* ♣ parasitic plant, parasite.

woekerrente ['vu.kərɛntə] *v* usurious interest, usury.

woekerwinst ['vu.kərvɪnst] *v* exorbitant profit; ~ *maken* profiteer.

woelen ['vu.lə(n)] I *vi* 1 (in de slaap) toss (about), toss in bed; 2 (in de grond) burrow, grub; *zit niet in mijn papieren te* ~ stop rummaging in my papers; II *vt* in: *zich bloot* ~ kick the bed-clothes off; *gaten in de grond* ~ burrow holes in the ground; *iets uit de grond* ~ grub it up.

woelgeest ['vu.lge.st] *m* turbulent spirit, agitator.

woelig ['vu.ləx] turbulent; *de kleine is erg* ~ *geweest* has been very restless; *het is erg* ~ *op straat* the street is in a tumult; *in* ~*e tijden* in turbulent times.

woeligheid [-hɛit] *v* turbulence, unrest.

woeling ['vu.lɪŋ] *v* turbulence, agitation; ~*en* disturbances.

woelwater ['vu.lva.tər] *m-v* fidget.

woelziek [-zi.k] turbulent.

woensdag ['vu.nsdɑx] *m* Wednesday.

woensdags [-dɑxs] I *aj* Wednesday; II *ad* on Wednesdays.

woerd [vu.rt] *m* ⅍ drake.

woest [vu.st] I *aj* 1 (onbebouwd) waste [grounds]; 2 (onbewoond) desolate [island]; 3 (wild) savage [scenery]; wild [waves]; fierce [struggle]; furious [speed]; reckless [driver, driving]; 4 F (nijdig) savage, wild;

hij werd ~ F he got wild; *hij was* ~ *op ons* F he was wild with us; ~*e gronden* waste lands; II *ad* 1 wildly &; 2 < awfully.

woestaard, **woesteling** ['vu.sta:rt, -təlıŋ] *m* brute.

woestenij [vu.stə'nɛi] *v* waste (land), wilderness.

woestheid ['vu.stheit] *v* wildness, savagery.

woestijn [vu.s'tɛin] *v* desert. [fierceness.

wol [vòl] *v* wool; *een in de* ~ *geverfde schurk* an engrained rogue, a double-dyed villain; *ik ging vroeg onder de* ~ I turned in early; *onder de* ~ *zijn* be between the sheets.

wolachtig ['vòlaxtəx] woolly.

wolbaal ['vòlba.l] *v* bale of wool, woolsack.

wolbereiding [-dıŋ] *v* wool-dressing.

wolf [vòlf] *m* 1 ♏ wolf; 2 caries [in the teeth]; *een* ~ *in schaapskleren* B a wolf in sheep's clothing; ~ *en schapen* sp fox and geese; *wee de* ~ *die in een kwaad gerucht staat* give a dog a bad name and hang him; *eten als een* ~ eat ravenously; *een honger hebben als een* ~ be as hungry as a hunter.

wolfabriek ['vòlfa.bri.k] *v* wool mill.

wolfabrikant [-bri.kɑnt] *m* woollen manufacturer.

wolfra(a)m ['vòlfrɑm, -fra.m] *o* wolfram, tungsten.

wolfsangel ['vòlfsɑŋəl] *m* trap (for wolves).

wolfshond [-hònt] *m* ♏ wolf-dog, wolf-hound.

wolfsklauw [-klɔu] *m* ♏ v 1 wolf's claw; 2 ♣ club-moss.

wolfsmelk [-mɛlk] *v* ♣ spurge.

wolfsvel [-fɛl] *o* wolfskin.

wolgras ['vòlgrɑs] *o* ♣ cotton-grass.

wolhandel [-hɑndəl] *m* wool-trade.

wolhandelaar [-hɑndala:r] *m* wool-merchant.

wolk [vòlk] *v* cloud; *een* ~ *van insekten* a cloud of insects; *een jongen als een* ~ F the baby (boy) is a picture of health; *er lag een* ~ *op zijn voorhoofd* there was a cloud on his brow; *hij is in de* ~*en* he is beside himself with joy; *iemand tot in de* ~*en verheffen* extol one to the skies.

wolkaarder ['vòlka:rdər] *m* wool-carder.

wolkbreuk ['vòlkbrø.k] *v* cloud-burst, torrential rain.

wolkenbank ['vòlkə(n)bɑŋk] *v* cloud bank.

wolkenkrabber [-krɑbər] *m* sky-scraper.

wolkig ['vòlkəx] cloudy, clouded.

wolkje ['vòlkjə] *o* cloudlet [in the sky]; *zodra er het minste* ~ *aan de lucht is* as soon as there is ever so small a cloud in the sky[2].

wollen ['vòlə(n)] *aj* woollen; ~ *goederen* woollens.

wollig ['vòləx] woolly.

wolligheid [-heit] *v* woolliness.

wolspinnerij ['vòlspınə'rɛi] *v* wool mill.

wolverver ['vòlvervər] *m* wool-dyer.

wolververij [vòlvervə'rɛi] *v* 1 wool-dyeing; 2 dye-works.

wolvin [vòl'vın] *v* ♏ she-wolf.

wolwever ['vòlve.vər] *m* wool-weaver.

wolzak [-zɑk] *m* woolsack.

1 **wond** [vònt] *aj* sore; *de* ~*e plek* the sore spot.

2 **wond** [vònt] *v* wound; *oude* ~*en openrijten* rip up (reopen) old sores; *diepe* ~*en slaan* inflict deep wounds.

wonden [-də(n)] *vt* wound, injure, hurt.

wonder ['vòndər] *o* wonder, miracle, marvel; prodigy; *de* ~*en in de Bijbel* the miracles in the Bible; ~*en van dapperheid* prodigies of valour; *een* ~ *van geleerdheid* a prodigy of learning; *de zeven* ~*en van de wereld* the seven wonders of the world; *de* ~*en zijn de wereld nog niet uit* wonders will never cease; live and learn; *(het is) geen* ~ *dat...* (it is) no wonder that..., small wonder that...; ~*en doen* work wonders, perform miracles; *en* ~

boven ~, *hij...* miracle of miracles, he..., and for a wonder, he...

wonderbaar [-ba:r] wonderful, miraculous.

wonderbaarlijk [vòndər'ba:rlək] I *aj* miraculous, marvellous; II *ad* miraculously, marvellously.

wonderbaarlijkheid [-heit] *v* wonderfulness, marvellousness.

wonderdoend [-du.nt] wonder-working.

wonderdoener [-du.nər] *m* wonder-worker.

wonderdokter [-dòktər] *m* quack (doctor).

wonderkind [-kınt] *o* wonder-child, infant prodigy.

wonderkracht [-krɑxt] *v* miraculous power.

wonderlijk [-lək] *aj* (& *ad*) wonderful(ly), strange(ly).

wonderlijkheid [-ləkheit] *v* wonderfulness, strangeness.

wondermacht [-mɑxt] *v* miraculous power.

wondermens [-mɛns] *o* human wonder, prodigy.

wondermiddel [-mıdəl] *o* wonderful remedy.

wonderolie [-o.li.] *v* castor-oil.

wonderteken [-te.kə(n)] *o* miraculous sign.

wondkoorts ['vòntko:rts] *v* wound-fever, § traumatic fever.

wondroos [-ro.s] *v* ⚕ erysipelas.

wonen ['vo.nə(n)] *vi* live, reside, dwell; *hij woont bij ons* he lives in our house (with us); *in de stad* ~ live in town; *op kamers* ~ zie *kamer; op het land* ~ live in the country.

woning ['vo.nıŋ] *v* house, dwelling, residence, ⊙ mansion; *vrij* ~ *hebben* have free housing (free quarters), have free-rent.

woningbouw [-bou] *m* house-building, house construction, housing.

woningbureau [-by.ro.] *o* house-agent's office.

woninggids [-gıts] *m* directory.

woningnood [-no.t] *m* house famine; zie ook *woningtekort.*

woningruil [-rœyl] *m* exchange of houses.

woningtekort [-təkòrt] *o* housing shortage.

woningtoestanden [-tu.stɑndə(n)] *mv* housing conditions.

woningvraagstuk [-vra.xstǔk] *o* housing problem.

woningwet [-vɛt] *v* housing act. [lem.

woonachtig [vo.n'ɑxtəx] resident, living.

woonhuis ['vo.nhœys] *o* dwelling-house.

woonkamer [-ka.mər] *v* sitting-room, living-room.

woonlaag [-la.x] *v* storey.

woonplaats [-pla.ts] *v* dwelling-place, home, residence, domicile; ♏ & ♣ habitat.

woonruimte [-rœymtə] *v* housing accommodation, living accommodation, living space.

woonschip [-sxıp] *v* **woonschuit** [-sxœyt] *v* house-⊙ **woonste(d)e** [-ste.(də)] *v* home. [boat.

woonvertrek [-vərtrɛk] *o* zie *woonkamer.*

woonwagen [-va.gə(n)] *m* caravan.

woonwijk [-vɛik] *v* housing estate; (deftig) residential quarter (district).

1 **woord** [vo:rt] *m* ♏ = 1 *waard* 2 = *woerd.*

2 **woord** [vo:rt] *o* word, term; *grote* ~*en* big words; *hoge* ~*en* high words; *het hoge* ~ *is er uit* at last the truth is out; *het hoge* ~ *kwam er uit* he owned up; *het Woord* (*Gods*) God's Word, the Word (of God); *het Woord is vlees geworden* B the Word was made flesh; *een* ~ *van dank* a word of thanksgiving; ~*en en daden* words and deeds; *geen* ~ *meer!* not another word!; *er is geen* ~ *van waar* there is not a word of truth in it; *zijn* ~ *breken* break one's word; *een* ~ *van lof brengen aan...* pay a tribute to...; *het* ~ *doen* act as spokesman; *hij kan heel goed zijn* ~ *doen* he is never at a loss what to say, F he has the gift of the gab; *een goed* ~ *voor iemand doen bij...* put in a word for one with...; *iemand het* ~ *geven* call upon a person to speak (to say a few words); *(iemand) zijn* ~ *geven* give (a person) one's

word; *het éne ~ haalt* (lokt) *het andere uit, van het éne ~ komt het andere* one word leads to another; *het ~ hebben* be speaking; be on one's feet, have the floor; *het ~ alléén hebben* have all the talk to oneself; *ik zou graag het ~ hebben* I should like to say a word; *~en met iemand hebben* have words with a person; *het hoogste ~ hebben* do most of the talking; *hij wil het laatste ~ hebben* he wants to have the last word; (zijn) *~ houden* keep one's word, be as good as one's word; *het ~ vrees & kent hij niet* fear & is a word that has no place in his vocabulary; *het ~ krijgen zie aan het ~ komen; men kon er geen ~ tussen krijgen* you could not get in a word; *ik kan geen ~ uit hem krijgen* I cannot get a word out of him; *~en krijgen met iemand* come to words with a person; *het ~ nemen* begin to speak, rise, take the floor; *hem het ~ ontnemen* ask the speaker to sit down; *het ~ richten tot iemand* address one; *hij kon geen ~ uitbrengen* he could not bring out a word; *men kon zijn eigen ~en niet verstaan* you couldn't hear your own words; *ik kan geen ~en vinden om...* I have no words to...; *het ~ bij de daad voegen* suit the action to the word; *het ~ voeren* act as spokesman; *de heer A. zal het ~ voeren* Mr. A. will speak; *een hoog ~ voeren* talk big; *het ~ vragen* I ask leave to speak; 2 try to catch the Speaker's eye; *wenst iemand het ~?* does any one desire to address the meeting?; *geen ~ zeggen* not say a word; *ik heb er geen ~ in te zeggen* I have no say in the matter; *het ~ is aan u* the word is with you; *het ~ is nu aan onze tegenstander* it is for our antagonist to speak now; *wie is aan het ~?* who is speaking?; *iemand aan zijn ~ houden* take a person at his word; *ik kon niet aan het ~ komen* I could not get in a word; *2* I could not catch the Speaker's eye; *bij het ~ des meesters zweren* zie *zweren* I; *in één ~* in a word, in one word; *de oorlog in ~ en beeld* the war in words and pictures; *hetzelfde met andere ~en* in other words; *het zelfde met andere ~en* the same thing though differently worded; *met deze ~en* with these words; *met een paar ~en* in a few words; *met zoveel ~en* in so many words; *iets onder ~en brengen* put it into words; *op één ~ van u* on a word from you; *op dat ~* on the word, with the word; *op mijn ~* I at this word of mine; *2* upon my word; *op mijn ~ van eer* upon my word (of honour); *iemand te ~ staan* give one a hearing, listen to him; *~ voor ~* [repeat] word for word; *een goed ~ vindt een goede plaats* a good word is never out of season; *~en wekken, voorbeelden trekken* example is better than precept.

woordbreker [-bre.kər] *m* promise-breaker.
woordbreuk [-brø.k] *v* breach of promise (faith).
woordelijk ['voːrdələk] I *aj* verbal, literal; verbatim [report]; II *ad* verbally, literally, word for word, verbatim.
woordenboek ['voːrdə(n)buk] *o* dictionary, lexicon.
woordenkraam [-kra.m] *v* verbiage.
woordenlijst [-lɛist] *v* word-list, vocabulary.
woordenpraal [-pra.l] *v* pomp of words, bombast.
woordenrijk [-rɛik] I rich in words; 2 wordy, verbose, voluble [speaker].
woordenschat ['voːrdə(n)sxat] *m* stock of words, vocabulary.
woordenspel [-spɛl] *o* play upon words, pun.
woordenstrijd [-strɛit] *m* zie **woordentwist**.
woordentwist [-tvɪst] *m* verbal dispute, altercation.

woordenvloed [-vlu.t] *m* flow (torrent) of words.
woordenwisseling [-vɪsəlɪŋ] *v* altercation, dispute.
woordenzifter [-zɪftər] *m* word-catcher, verbalist.
woordenzifterij [voːrdə(n)zɪftə'rɛi] *v* word-catching, verbalism.
woordje ['voːrcə] *o* (little) word; *een ~, alstublieft!* just a word, please!; *doe een goed ~ voor me* put in a word for me; *een ~ meespreken* put in a word.
woordkunst ['voːrtkʉnst] *v* (art of) word-painting.
woordkunstenaar [-kʉnstənaːr] *m* artist in words.
woordmerk [-mɛrk] *o* brand name.
woordontleding [-ɔntle.dɪŋ] *v* gram parsing.
woordschikking [-sxɪkɪŋ] *v* gram order of words.
woordsoorten [-soːrtə(n)] *mv* gram parts of speech.
woordspeling [-spe.lɪŋ] *v* play upon words; pun; *~en maken* pun.
woordverdraaiing [-jɪŋ] *v* perversion of words.
woordvoerder ['voːrtfuːrdər] *m* spokesman, mouthpiece.
woordvorming [-fɔrmɪŋ] *v* gram formation of words, word formation.
worden ['vɔrdə(n)] *vi* become, get, go, grow, turn, fall; *~ wax; arm ~* become poor; *bleek ~ turn pale; blind ~* go blind; *dronken ~* get drunk; *geel ~* go mad; *hij is gisteren* (vandaag) *80 geworden* he was eighty yesterday (he is eighty to-day); *hij is bijna honderd jaar geworden* he lived to be nearly a hundred; *nijdig ~* get angry; *oud ~* grow old; *soldaat ~* become a soldier; *hij zal een goed soldaat ~* he will make a good soldier; *wat wil je later ~?* what do you want to be when you grow up?; *ijs wordt water* ice turns into water; *ziek ~* be taken ill, fall ill; *wanneer 't lente wordt* when spring comes; *het wordt morgen een week* to-morrow it will be a week; *wat is er van hem geworden?* what has become of him?; *er zal gedanst ~* there is to be dancing.
wording ['vɔrdɪŋ] *v* origin, genesis; *in ~ zijn* be in process of formation.
wordingsgeschiedenis [-dɪŋsɡəsxi.dənis] *v* genesis.
worgen ['vɔrɡə(n)] *vt* strangle, throttle; *~de greep* stranglehold.
worger [-ɡər] *m* strangler.
worging [-ɡɪŋ] *v* strangulation.
worm [vɔrm] *m* 1 worm; 2 (made) grub, maggot.
wormig [-məx] wormy, worm-eaten.
wormstekig [-ste.kəx] worm-eaten, wormy.
wormvormig [-vɔrməx] vermiform.
worp [vɔrp] *m* throw [of dice &]; litter [of pigs].
worst [vɔrst] *v* sausage.
worstebroodje ['vɔrstəbroːcə] *o* sausage-roll.
worstelaar ['vɔrstəlaːr] *m* wrestler.
worstelen [-lə(n)] *vi* wrestle; *~ met* wrestle with², *fig* struggle with, grapple with; *tegen de wind ~* struggle with the wind.
worsteling [-lɪŋ] *v* wrestling², wrestle; *fig* struggle.
worstelperk ['vɔrstəlpɛrk] *o* ring, arena.
worstelstrijd [-strɛit] *m* struggle.
worstelwedstrijd [-vɛtstrɛit] *m* wrestling-match.
worstmachine ['vɔrstma.ʃi.nə] *v* sausage-machine.
wortel ['vɔrtəl] *m* 1 root²; 2 (peen) carrot; 3 (v. getal) root; *gele ~ ☙* carrot; *witte ~ ☙* parsnip; *~ schieten* take (strike) root²; *~ trekken* extract the root of a number; *met ~ en tak uitroeien* root out, cut up root and

branch.
wortelboom [-bo.m] *m* ♣ mangrove.
wortelen [ˈʋɔrtələ(n)] *vi* take root; ~ *in* be rooted in [*fig*].
wortelknol [-knɔl] *m* ♣ tuber.
wortelstok [-stɔk] *m* ♣ root-stock, § rhizome.
wortelteken [-te.kə(n)] *o* radical sign.
worteltje [-cə] *o* ♣ 1 rootlet, radicle; 2 ~*s* carrots.
worteltrekking [-trekiŋ] *v* extraction of roots.
wortelwoord [-vo:rt] *o gram* root-word, radical.
woud [ʋɔut] *o* forest.   [(word).
woudduif [ˈʋɔudœyf] *v* ♣ wood-pigeon.
woudloper [-lo.pər] *m* bushranger.
woudreus [-rø.s] *m* giant of the forest.
Wouter [ˈʋɔutər] *m* Walter.
1 **wouw** [ʋɔu] *m* ♣ kite.
2 **wouw** [ʋɔu] *v* ♣ weld.
wraak [vra.k] *v* revenge, vengeance; *de* ~ *is zoet* sweet is revenge; ~ *ademen* breathe vengeance; *zijn* ~ *koelen* wreak one's vengeance; ~ *nemen op* take revenge on, revenge oneself on, be revenged on; ~ *nemen over iets* take revenge [on one] for something; ~ *oefenen* take revenge; ~ *zweren* swear vengeance; *o m* ~ *roepen* cry for vengeance; *uit* ~ in revenge.
wraakgierig [vra.kˈgi:rəx] vindictive, revengeful.
wraakgierigheid [-hɛit] *v* vindictiveness, revengefulness, thirst for revenge.
wraakgodin [ˈvra.kgo.dɪn] *v* avenging goddess; *de* ~*nen* the Furies.
wraakneming, **-oefening** [-ne.mɪŋ, -u.fənɪŋ] *v* retaliation, (ac. of) revenge.
wraakzucht [-sûxt] *v* zie *wraakgierigheid*.
wraakzuchtig [vra.kˈsûxtəx] zie *wraakgierig*.
1 **wrak** [vrɔk] *aj* crazy, unsound, rickety; ♣ cranky.
2 **wrak** [vrɑk] *o* wreck.
○ **wrake** [ˈvra.kə] = *wraak; mij is de* ~*l* B vengeance is mine!
1 **wraken** [ˈvra.kə(n)] *vt* 1 challenge, rule out of court [a witness]; 2 denounce [abuses &].
2 **wraken** [ˈvra.kə(n)] *vi* ♣ make leeway.
wrakgoederen [ˈvrɑkgu.dərə(n)] *mv* wreck, wreckage, flotsam and jetsam.
wrakheid [-hɛit] *v* craziness, unsound condition, ricketiness; ♣ crankiness.
wrakhout [-hɔut] *o* ♣ wreckage.
wraking [ˈvra.kɪŋ] *v* ♣ challenge.
wrang [vrɑŋ] sour, acid, tart, harsh [in the mouth]; *de* ~*e vruchten van zijn luiheid* the bitter fruit of his idleness.
wrangheid [ˈvrɑŋhɛit] *v* sourness, acidity, tartness, harshness.
wrat [vrɑt] *v* wart.
wreed [vre.t] I *aj* cruel, ferocious; grim [scenes]; II *ad* cruelly.
wreedaard [ˈvre.da:rt] *m* cruel man.
wreedaardig [vre.ˈda:rdəx] *aj* (& *ad*) cruel(ly).
wreedheid [ˈvre.thɛit] *v* cruelty, ferocity
wreef [vre.f] *v* instep.
wreken [ˈvre.kə(n)] I *vt* revenge [an offence, a person]; avenge (a person, an offence]; II *vr zich* ~ revenge oneself, avenge oneself, be avenged; *het zal zich wel* ~ it is sure to avenge itself; *zich* ~ *op* revenge oneself (up)on; *zich* ~ *over... op...* revenge oneself for... (up)on...
wreker [-kər] *m* avenger, revenger.
wrevel [ˈvre.vəl] *m* peevishness, spite.
wrevelig [-vələx] I *aj* peevish, crusty, testy; II *ad* peevishly, crustily, testily.
wreveligheid [-hɛit] *v* peevishness, crustiness, testiness.
wriemelen [ˈvri.mələ(n)] *vi* wriggle; ~ *van* crawl with...
wrijfdoek, **-lap** [ˈvrɛifdu.k, -lɑp] *m* rubbing

cloth, rubber.
wrijfpaal [-pa.l] *m eig* rubbing-post; *fig* butt.
wrijfwas [-vɑs] *m* & *o* beeswax.
wrijven [ˈvrɛivə(n)] I *vt* 1 rub [chairs &, things against each other]; 2 bray [colours]; *het* ~ *over...* rub it over; *ze tegen elkaar* ~ rub them together; *het tot poeder* ~ rub it to powder; *zich de handen (de ogen)* ~ rub one's hands (one's eyes); II *vi* rub; ~ *tegen iets* rub (up) against something.
wrijving [-vɪŋ] *v* rubbing, friction[2]; *de* ~ *tussen hen* the friction between them.
wrijvingselektriciteit [-vɪŋs-e.lɛktri.si.tɛit] *v* ⚡ frictional electricity.
wrikken [ˈvrɪkə(n)] I *vi* jerk [at something]; II *vt* ♣ scull [a boat].
wrikriem [ˈvrɪkri.m] *m* ♣ scull.
wringen [ˈvrɪŋə(n)] I *vt* wring [one's hands]; wring out, wring [wet clothes]; *iemand iets uit de handen* ~ wrest it from him; *daar wringt hem de schoen* that's where the shoe pinches; II *vr zich* ~ twist oneself; *zich* ~ *als een worm* writhe like a worm; *zich door een opening* ~ worm oneself through a gap; *zich in allerlei bochten* ~ wriggle, twist and turn; *zich in allerlei bochten* ~ *van pijn* writhe with pain.
wringmachine [ˈvrɪŋma.ʃi.nə] *v* wringing-machine, wringer.
wroeging [ˈvru.gɪŋ] *v* compunction, remorse, contrition.
wroeten [ˈvru.tə(n)] I *vi* root, rout [= turn up the earth], grub[2] [in the earth, *fig* for a livelihood]; *in de grond* ~ root (rout) up the earth; II *vt in: een gat in de grond* ~ burrow a hole.
wrok [vrɔk] *m* grudge, rancour, resentment; *een* ~ *tegen iemand hebben (jegens iemand koesteren)* bear (owe) a person a grudge, have a spite against him, bear him ill-will; *geen* ~ *koesteren* bear no malice.
wrokken [ˈvrɔkə(n)] *vi* chafe, sulk; ~ *over* chafe at; ~ *tegen* have a spite against [him].
wrong [vrɔŋ] *m* 1 (ruk) wrench, twist; 2 (v. krans) wreath; 3 (v. haar) coil; 4 (tulband) turban; 5 Ⓩ wreath; *een* ~ *sajet* a skein of worsted.
wrongel [ˈvrɔŋəl] *v* curdled milk, curds.
wuft [vûft] I *aj* fickle, frivolous; II *ad* frivolously.
wuftheid [ˈvûfthɛit] *v* fickleness, frivolity.
wuiven [ˈvœyvə(n)] *vi* wave; ~ *met de hand* wave one's hand.
wulp [vûlp] *m* ♣ curlew.
wulps [vûlps] *aj* (& *ad*) wanton(ly), lascivious-(ly), lewd(ly).
wulpsheid [ˈvûlpshɛit] *v* wantonness, lasciviousness, lewdness.
wurgen [ˈvûrgə(n)] = *worgen*.
wurm [vûrm] 1 *m* worm; 2 *o het* ~ the poor mite.
wurmen [ˈvûrmə(n)] I *vi* worm, wriggle; *fig* drudge, toil; II *vr in: zich er uit* ~ wriggle out of it.

X

x-benen [ˈɪksbe.nə(n)] *mv* turned-in (knock-kneed) legs; *iemand met* ~ a knock-kneed person.
x-stralen [ˈɪkstra.le(n)] *mv* X-rays.

Y

yankee [ˈjɛŋki.] *m* Yankee, F Yank.

yen [jɛn] *m* yen.
yoga ['jo.ga.] *v* yoga.
yoghurt ['jɔɣərt] *m* yogurt.
yogi ['jo.ɡi.] *m* yogi.

Z

zaad [za.t] *o* seed² [of plants &, of strife, vice]; sperm [of mammalia]; *het ~ van Abraham* B the seed of Abraham; *het ~ der tweedracht* the seed(s) of dissension (of discord); *in het ~ schieten* run (go) to seed; *op zwart ~ zitten* F be hard up.
zaadbakje ['za.tbakjə] *o* seed-box [of a bird-cage].
zaaddoos [-do.s] *v* 🌿 capsule.
zaadhandel [-handəl] *m* seed-trade.
zaadhandelaar [-handələ:r] *m* seedsman
zaadhuid [-hœyt] *v* 🌿 seed-coat.
zaadkiem [-ki.m] *v* 🌿 germ.
zaadkorrel [-kɔrəl] *m* 🌿 grain of seed.
zaadlob [-ləp] *v* 🌿 seed-lobe, § cotyledon.
zaadrok [-rɔk] *m* 🌿 tunic.
zaag [za.x] *v* 1 🪚 saw; 2 (men s) bore.
zaagbok ['za.xbɔk] *m* trestle, saw-horse.
zaagmachine [-ma.ʃi.nə] *v* sawing-machine.
zaagmeel [-me.l] *o* sawdust.
zaagmolen [-mo.lə(n)] *m* saw-mill.
zaagsel [-səl] *o* sawdust.
zaagvijl [-fɛil] *v* saw-file.
zaagvis [-fɪs] *m* 🐟 sawfish.
zaaien ['za.jə(n)] *vt* sow²; *wat gij zaait zult gij oogsten* you must reap what you have sown.
zaaier [-jər] *m* sower.
zaaigoed [za:igu.t] *o* seeds for sowing.
zaailand [-lɑnt] *o* sowing-land.
zaaimachine [-ma.ʃi.nə] *v* sowing-machine.
zaaisel [-səl] *o* seed (sown).
zaaitijd [-tɛit] *m* sowing-time, sowing-season.
zaaizaad [-za.t] *o* seed for sowing.
zaak [za.k] *v* 1 (din g) thing; 2 (aangelegen-heid) business, affair, matter, concern, cause; 3 🕿 case, (law)suit; 4 (bedrijf) business, concern, trade; *zaken* $ 1 business; 2 *zijn twee zaken te A.* his two businesses at A.; *zaken zijn zaken* business is business; *gedane zaken nemen geen keer* what is done cannot be undone; *de goede ~* the good cause; *de ~ is dat ik de ~ niet vertrouw* the fact is that I don't trust the thing; *dat is de hele ~* that is the whole matter; *het is ~ dat te bedenken* it is essential for us to consider that; *dat is uw ~* that's your look-out; that's your affair; *het is mijn ~ niet* it is not my business, it is no concern of mine; *niet veel ~s* not much of a thing, not up to much, not worth much; *eens zien hoe de zaken staan* how things stand; *zoals de ~ nu staat* as matters (things) stand at present; *een ~ beginnen* start a business, set up in business, open a shop; *zaken doen* do (carry on) business; *zaken doen met iemand* do business (have dealings) with a person; *goede zaken doen* do good business; do a good trade [in ice-creams &]; *zijn advocaat de ~ in handen geven* place the matter in the hands of one's solicitor; *gemene ~ maken met...* make common cause with; *er een ~ van maken* 🕿 take proceedings; *hoe staat het met de zaken?* how's things?; *ter zake!* 1 to the point!; 2 (parlementair) Question!; *dat doet niets ter zake* 1 (that is) no matter; 2 it is not to the purpose, it is neither here nor there; *laat ons ter zake komen* let us come (get) to business (to the point); *het is niet ter zake dienende* it is not to the point; *ter zake van...* on account of...; zie ook: *inzake*; *hij is*

uit de ~ he has retired from business; *voor een goede ~* in a good cause; *voor zaken op reis* away on business; *suiker & zonder zaken* $ without any transactions.
zaakbezorger ['za.kbəzɔrɡər] *m* man of business, solicitor, agent, proxy.
zaakgelastigde [-ɡəlɑstəɡdə] *m* agent, proxy; [diplomatic] chargé d'affaires.
zaakkundig [za.'kúndəx] expert; *een ~e* an expert.
zaakregister ['za.krəɡɪstər] *o* subject-index.
zaakwaarnemer ['za.kva:rnе.mər] *m* solicitor.
1 zaal [za.l] *v* hall, room; ward [in hospital]; auditorium [of a theatre]; *een volle ~* a full house [of theatre &].
2 zaal [za.l] *o* zie *zadel*.
zacht [zɑxt] I *aj* 1 (niet hard) *eig* soft [bed, cushion, bread, butter, fruit, palate, steel]; *fig* gentle [rebuke, treatment]; mild [punishment]; 2 (niet ruw) *eig* soft, smooth [skin]; *fig* soft, mild [weather]; mild [climate]; 3 (niet luid) soft [whispers, music, murmurs]; low [voice]; gentle [knock]; mellow [tones]; 4 (niet hevig) soft [rain]; gentle [breeze]; slow [fire]; 5 (niet streng) soft, mild [winter]; 6 (niet schel) soft [hues]; 7 (niet scherp) soft [air, letters, water, wine]; 8 (niet geprononceerd) gentle [slope]; 9 (niet drastisch) mild, gentle [medicine]; 10 (niet pijnlijk) easy [death]; *~ van aard* of a gentle disposition, gentle; *zo ~ als een lammetje* as gentle (meek) as a lamb; II *ad* softly &; *~ wat!* gently!, 🐾 softly!; *~ spreken* speak below (under) one's breath, whisper; *~er spreken* lower (drop) one's voice; *de radio ~er zetten* turn down the radio; *op zijn ~st genomen* to put it mildly, to say the least (of it).
zachtaardig [zɑxt·a:rdəx] gentle, mild; 🌿 benign.
zachtaardigheid [-hɛit] *v* gentleness, mildness; 🌿 benignity.
zachtgekookt ['zɑxtɡəko.kt] soft-boiled.
zachtheid ['zɑxthɛit] *v* softness, smoothness &.
zachtjes ['zɑxjəs] softly, gently; in a low voice; *~! hush!*
zachtmoedig [zɑxt'mu.dəx] I *aj* gentle, meek; II *ad* gently, meekly.
zachtzinnig [zɑxt'sɪnəx] I *aj* gentle, meek; II *ad* gently, meekly.
zachtzinnigheid [-hɛit] *v* gentleness, meekness.
zadel ['za.dəl] *m* & *o* saddle; *iemand in het ~ helpen* help one into the saddle, give one a leg up²; *in de ~ springen* vault into the saddle; *in het ~ zitten* be in the saddle; *vast in het ~ zitten* have a firm seat; *uit de (het) ~ lichten (werpen)* unseat (unhorse) one; *fig* oust one.
zadelboog [-bo.x] *m* saddle-bow.
zadeldek [-dek] *o* saddle-cloth.
zadelen ['za.dələ(n)] *vt* saddle.
zadelknop [-knɔp] *m* pommel.
zadelmaker [-ma.kər] *m* saddler.
zadelmakerij [za.dəlma.kə'rɛi] *v* 1 saddler's shop; 2 saddlery.
zadelpijn [-pɛin] *v* saddle-soreness; *~ hebben* be saddle-sore.
zadelriem [-ri.m] *m* (saddle-)girth.
zadeltas [-tɑs] *v* 1 saddle-bag; 2 (aan fiets) tool-bag.
zagen ['za.ɡə(n)] *v* 1 *vt* saw; II *vi* > scrape [on a violin]; zie ook: *zaniken*.
zager [-ɡər] *m* 1 sawyer; 2 > scraper [on a violin]; 3 (vervelend mens) bore.
zagerij [za.ɡə'rɛi] *v* 1 sawing; 2 saw-mill.
zak [zɑk] *m* 1 bag [for money &]; sack [for corn, coal, potatoes, wool &]; 2 (aan kledingstuk) pocket; 3 (kleiner of los te maken) pouch [for tobacco]; 4 (v. papier) bag; 5 👒 pocket; 6 🌿 & 🔬 sac; *de ~ geven*

(*krijgen*) give (get) the sack; *in* ~*ken doen* bag, sack; *iemand in zijn* ~ *hebben* know the length of a person's foot; *steek het in je* ~ put it in your pocket; *steek die in je* ~ put that in your pipe and smoke it; *een bal in de* ~ *stoten* ♋ pocket a ball; *in* ~ *en as zitten* B be in sackcloth and ashes; *ik heb niets op* ~ I have no money with me (about me); *met geen* (*zonder een*) *cent op* ~ penniless; *op iemands* ~ *lopen* sponge on a man; *uit eigen* ~ *betalen* pay out of one's own pocket.

zakagenda ['zak.agɛnda.] *v* pocket-diary.
zakbijbeltje [-bɛibəlcə] *o* pocket-bible.
zakboekje [-bu.kjə] *o* 1 notebook; 2 ✕ pay-book.
zakdoek [-du.k] *m* (pocket-)handkerchief; ~*je leggen* drop the handkerchief.
zakelijk ['za.kələk] I *aj* 1 essential [differences]; real [tax]; matter-of-fact [statement &]; objective [judgment]; business-like [management]; 2 (z a a k r i j k) full of matter, matterful [paper, study &]; *een* ~*e aangelegenheid* a matter of business; ~*e inhoud* sum and substance, gist; ~ *onderpand* collateral security; ~ *blijven* (*zijn*) keep to the point, not indulge in personalities; II *ad* in a matter-of-fact way, without indulging in personalities, objectively; in a business-like way.
zakelijkheid [-hɛit] *v* 1 business-like character; objectivity; 2 (z a a k r ij k h e i d) matterfulness.
zakenbrief ['za.kə(n)bri.f] *m* business letter.
zakenman [-man] *m* business man.
zakenreis [-rɛis] *v* business tour.
zakenrelatie [-rəla.(t)si.] *v* business relation.
zakenvriend [-vri.nt] *m* business friend.
zakenwereld [-ve:rəlt] *v* business world.
zakformaat ['zakforma.t] *o* pocket-size; *een... in* ~ a pocket...
zakgeld [-gɛlt] *o* pocket-money.
zakje [-jə] *o* 1 small pocket (bag, &); 2 paper bag; *met het* ~ *rondgaan* take up the collection [in church].
zakkammetje ['zakamɔcə] *o* pocket-comb.
1 **zakken** ['zakə(n)] *vi* 1 (b a r o m e t e r) fall; 2 (m u u r &) sag; 3 (w a t e r) fall; *fig* 1 (a a n d e-l e n) fall; 2 (w o e d e) subside; 3 (b ij e x a-m e n s) be plucked (ploughed), fail; 4 (b ij 't z i n g e n) go flat; *door het ijs* ~ go (fall) through the ice; *in de modder* ~ sink in the mud; ~ *v o o r* fail [one's driving test &]; *het gordijn laten* ~ let down the curtain; *het hoofd laten* ~ hang one's head; *een leerling laten* ~ pluck (plough) a pupil, fail a pupil; *de moed laten* ~ lose courage, lose heart; *de stem laten* ~ lower one's voice; *zich laten* ~ let oneself down.
2 **zakken** ['zakə(n)] *vt* bag, sack.
zakkendrager [-dra.gər] *m* porter.
zakkengoed [-gu.t] *o* bagging.
zakkenroller [-rɔlər] *m* pickpocket.
zaklantaarn, -lantaren ['zaklanta:rə(n)] *v* electric torch.
zaklopen [-lo.pə(n)] *o* sack-race.
zakmes [-mɛs] *o* pocket-knife, penknife.
zakpotloodje [-pɔtlo.cə] *o* pocket-pencil.
zakuitgave [-œytga.və] *v* pocket-edition.
zakwoordenboek [-vo:rdə(n)bu.k] *o* pocket dictionary.
zalf [zalf] *v* ointment, unguent, salve.
zalfpot [-pɔt] *m* gallipot.
zalig ['za.ləx] I 1 (in de hemel) blessed, blissful; 2 F (heerlijk) lovely, heavenly, divine, delicious; ~ *maken* save [a sinner]; ~ *verklaren RK* beatify [a dead person], declare [him] blessed; *wat moet ik doen om* ~ *te worden?* what am I to do to be saved?; ~ *zijn de bezitters* B possession is nine points of the law; *het is* ~*er te geven dan te ontvangen* B it is more blessed to give than to receive;

de ~*en* the blessed.
zaligen ['za.ləgə(n)] *vt RK* beatify.
zaliger [-gər] late, deceased; ~ *gedachtenis* of blessed memory; *mijn vader* ~ my late father ‚F my poor father, my sainted father.
zaligheid ['za.ləxhɛit] *v* salvation, bliss, beatitude; *wat een* ~! F how delightful!
zaligmakend [-ma.kənt] beatific, (soul-)saving.
Zaligmaker [-kər] *m* Saviour.
zaligmaking [-kɪŋ] *v* salvation.
zaligverklaring ['za.ləxfərkla:rɪŋ] *v RK* beatification.
zalm [zalm] *m* 🐟 salmon.
zalmkleurig [-klø:rəx] salmon(-coloured), salmon-pink.
zalmteelt [-te.lt] *v* salmon-breeding.
zalmvisserij [zalmvisə'rɛi] *v* salmon-fishing.
zalven ['zalvə(n)] *vt* 1 🐟 rub with ointment; 2 (ceremonieel) anoint.
zalvend [-vənt] I *aj fig* unctuous, oily, soapy [words &]; II *ad* unctuously.
zalving [-vɪŋ] *v* anointing; *fig* unction, unctuousness.
zand [zant] *o* sand; *iemand* ~ *in de ogen strooien* throw dust in a person's eyes; *op* ~ *bouwen* build on sand.
zandachtig ['zantaxtəx] sandy.
zandbak [-bak] *m* sand-box.
zandbank [-baŋk] *v* sand-bank [ook: the sands], sand-bar; flat(s), shallow, shoal [showing at low water].
zandblad [-blat] *o* sand-leaf [of tobacco].
zandduin ['zandœyn] *v* & *o* sand-dune.
zanderig ['zandərəx] sandy; gritty.
zanderigheid [-hɛit] *v* sandiness; grittiness.
zanderij, zandgroef, -groeve [zandə'rɛi, 'zant-gru.f, -gru.və] *v* sand-pit.
zandgrond ['zantgrònt] *m* sandy soil, sandy ground.
zandheuvel [-hø.vəl] *m* sand-hill.
zandhoop [-ho.p] *m* heap of sand.
zandkever ['zantke.vər] *m* tiger-beetle.
zandkoekje [-ku.kjə] *o* (kind of) shortbread.
zandkorrel [-kɔrəl] *m* grain of sand; ~*s* ook: sands.
zandkuil [-kœyl] *m* sand-pit.
zandloper [-lo.pər] *m* hour-glass, sand-glass; zie ook: *strandloper* & *zandkever*.
zandman [-man] *m* 1 sand-hawker; 2 *het zandmannetje* the sandman, the dustman.
zandplaat [-pla.t] *v* sand-bank, flat(s), shoal.
zandruiter [-rœytər] *m* J unseated horseman.
zandsteen [-ste.n] *o* & *m* sandstone.
zandsteengroef, -groeve [-ste.ngru.f, -gru.və] *v* sandstone quarry.
zandstorm [-storm] *m* sand-storm.
zandstrooier [-stro.jər] *m* sand-box.
zandverstuiving ['zantfərstœyvɪŋ] *v* sand-drift, shifting sand.
zandvlakte [-flaktə] *v* sandy plain.
zandweg [-vɛx] *m* sandy road.
zandwoestijn [-vu.stɛin] *v* sandy desert.
zandzak [-sak] *m* sandbag.
zandzuiger [-sœygər] *m* suction-dredger.
zang [zaŋ] *m* 1 (het zingen) singing, song; 2 (gezang, lied) song; 3 (in de poëzie) stave [of a poem]; canto [of a long poem].
zangboek [-bu.k] *o* book of songs, song-book.
zangcursus [-kürzəs] *m* singing-class.
zanger ['zaŋər] *m* 1 *eig* singer, vocalist; 2 (dichter) singer, songster, bard, poet; *onze gevederde* ~*s* our feathered songsters.
zangeres [zaŋə'rɛs] *v* (female) singer, vocalist.
zangerig ['zaŋərəx] melodious.
zangerigheid [-hɛit] *v* melodiousness.
zangkoor [-ko:r] *o* choir.
zangkunst [-künst] *v* art of singing.
zangles [-lɛs] *v* singing-lesson.
zanglijster [-lɛistər] *v* 🐦 song-thrush.

zangmuziek [-my.zi.k] v vocal music.
zangnoot [-no.t] v musical note.
zangnummer [-nûmər] o vocal number.
zangonderwijs [-òndərveis] o singing-lessons; het ~ the teaching of singing.
zangpartij [-pɑrteij] v voice part.
zangschool [-sxo.l] v singing-school.
zangstem [-stem] v 1 singing-voice; 2 zie zangpartij.
zanguitvoering [-œytfu:riŋ] v vocal concert.
zangvereniging [-vərə.nəgiŋ] v choral society.
zangvogel [-vo.gəl] m singing-bird, song-bird.
zangwedstrijd [-vetstreit] m singing-contest.
zanik ['za.nək] m-v bore.
zaniken ['za.nəkə(n)] vi nag, bother; lig toch niet te ~ don't keep nagging (bothering).
zaniker [-kər] m bore.
zat [zɑt] 1 satiated; 2 prov drunk; (oud en) der dagen ~ B full of days; hij heeft geld ~ he has plenty of money; ik ben het ~ I am fed up with it; zich ~ eten eat one's fill.
zaterdag ['za.tərdɑx] m Saturday.
zatheid ['zɑtheit] v satiety; weariness.
ze [zə] I she, her; 2 they, them; ~ zeggen, dat hij... they say he..., he is said to..., people say he....
zebra ['ze.bra.] m 1 ♙ zebra; 2 (oversteekplaats) zebra crossing.
zede ['ze.də] v custom, usage, zie ook: zeden.
zedelijk ['ze.dələk] aj (& ad) moral(ly); een ~ lichaam a corporate body, a body corporate.
zedelijkheid [-heit] v morality.
zedelijkheidsgevoel [-heitsgəvu.l] o moral sense.
zedeloos ['ze.dəlo.s] aj (& ad) immoral(ly), profligate(ly).
zedeloosheid [ze.də'lo.sheit] v immorality, profligacy.
zeden ['ze.də(n)] mv 1 morals; 2 manners; hun ~ en gewoonten their manners and customs.
zedenbederf [-bədɛrf] o demoralization, corruption (of morals), depravity.
zedenkunde [-kûndə] v ethics, moral philosophy.
zedenkundig [ze.də(n)'kûndəx] moral, ethical.
zedenkwetsend ['ze.də(n)kvetsənt] shocking, immoral.
zedenleer [-le:r] v morality, ethics.
zedenles [-les] v moral, moral lesson.
zedenmeester [-me.stər] m moralist, moralizer.
zedenpreek [-pre.k] v moralizing sermon.
zedenpreker [-pre.kər] m moralizer, moralist.
zedenwet [-vɛt] v moral law.
zedig ['ze.dəx] aj (& ad) modest(ly), demure(ly).
zedigheid [-heit] v modesty, demureness.
zee [ze.] v sea², ocean², O main; een ~ van bloed (licht, rampen) a sea of blood (light, troubles); ~ kiezen put to sea; ~ winnen get sea-room; aan ~ at the seaside; aan ~ gelegen on the sea, situated by the sea; recht door ~ gaan zie 1 recht III; in ~ steken 1 ⚓ put to sea; 2 fig launch forth, go ahead; in open ~, in volle ~ on the high seas, in the open sea; in the offing; naar ~ gaan 1 (als matroos) go to sea; 2 (voor genoegen) go to the seaside; op ~ at sea; hij is (vaart) op ~ he is a seafaring man (a sailor), he follows the sea; over ~ gaan go by sea; in de landen van over ~ in the countries beyond the seas, overseas, in oversea countries; hij kan niet tegen de ~ he is a bad sailor; ter ~ varen follow the sea; de oorlog ter ~ the war at sea.
zeeaal ['ze.a.l] m 𝕾 sea-eel, conger.
zeeanemoon [-a.nəmo.n] v sea-anemone.
zeearend [-a:rənt] m 𝕾 white-tailed eagle.
zeearm [-ɑrm] m arm of the sea, estuary, firth.
zeeassurantie [-ɑsy.rɑn(t)si.] v marine insurance.

zeebaars [-ba:rs] m 𝕾 sea-perch.
zeebad [-bɑt] o sea-bath.
zeebadplaats [-bɑtpla.ts] v seaside resort.
zeebaken [-ba.kə(n)] o sea-mark.
zeebanket [-bɑŋket] o herring.
zeebenen [-be.nə(n)] mv sea-legs.
zeebeving [-be.viŋ] v sea-quake.
zeebewoner [-bəvo.nər] m inhabitant of the sea.
zeebodem [-bo.dəm] m bottom of the sea, sea-bottom.
zeeboezem [-bu.zəm] m gulf, bay.
zeebonk [-bòŋk] m (Jack-)tar; een oude ~ an old salt.
zeebreker [-bre.kər] m breakwater.
zeebrief [-bri.f] m certificate of registry.
zeedienst [-di.nst] m naval service.
zeedier [-di:r] o marine animal.
zeedijk [-dεik] m sea-bank, sea-dike.
zeeduivel [-dœyvəl] m 𝕾 sea-devil. ·
zeeëgel [-e.gəl] m sea-urchin.
zeeëngte [-εŋtə] v strait(s), narrows.
zeef [ze.f] v sieve, strainer; riddle, screen [for gravel &].
zeefauna ['ze.fɔuna.] v marine fauna.
zeefkring [-kriŋ] m ✠𝕋 filter(-circuit).
zeegat ['ze.gɑt] o ⚓ mouth of a harbour or river, outlet to the sea, het ~ uitgaan put to sea.
zeegevecht [-gəvεxt] o sea-fight, naval combat.
zeegezicht [-zixt] o seascape, sea-piece.
zeegras [-grɑs] o 🌿 seaweed.
zeegroen [-gru.n] sea-green.
zeehandel [-hɑndəl] m oversea(s) trade.
zeehaven [-ha.və(n)] v seaport.
zeeheld [-hɛlt] m naval hero.
zeehond [-hònt] m ♙ seal.
zeehondevel [-hòndəvɛl] o sealskin.
zeehoofd [-ho.ft] o pier, jetty.
zeekaart [-ka:rt] v (sea-)chart.
zeekant [-kɑnt] m seaside.
zeekapitein [-ka.pi.tεin] m sea-captain; (bij de marine) captain in the navy.
zeekasteel [-kɑste.l] o sea-castle.
zeeklaar [-kla:r] ⚓ ready for sea.
zeeklimaat [-kli.ma.t] o marine (maritime) climate.
zeekoe [-ku.] v ♙ sea-cow, manatee.
zeekreeft [-kre.ft] m & v lobster.
zeekust [-kûst] v sea-coast, sea-shore.
zeel [ze.l] o strap, trace.
zeeleeuw [-le:u] m ♙ sea-lion.
zeelieden [-li.də(n)] mv seamen, sailors, mariners.
zeelt [ze.lt] v 𝕾 tench.
zeelucht ['ze.lûxt] v sea-air.
1 zeem [ze.m] o zie zeemle(d)er.
2 zeem [ze.m] m & o zie zeemlap.
zeemacht ['ze.mɑxt] v naval forces, navy.
zeeman [-mɑn] m seaman, sailor, mariner.
zeemanschap [-mɑnsxɑp] o seamanship; ~ gebruiken steer cautiously.
zeemanshuis ['ze.mɑnshœys] o sailors' home.
zeemanskunst [-kûnst] v art of navigation, seamanship.
zeemansleven [-le.və(n)] o seafaring life, sailor's life.
zeemeermin ['ze.me:rmin] v mermaid.
zeemeeuw [-me:u] v ♙ (sea-)gull, seamew drietenige ~ kittiwake.
zeemijl [-mεil] v sea-mile, nautical mile, league.
zeemijn [-mεin] v sea-mine.
zeemlap ['ze.mlɑp] m shammy leather, washleather.
zeemle(d)er [-le:r, -le.dər] o chamois leather, shammy.
zeemleren [-le:rə(n)] aj shammy (leather); een ~ lap a (chamois) leather.
zeemogendheid ['ze.mo.gəntheit] v maritime

(naval, sea) power.
zeemonster [-mɔ̀nstər] *o* 1 sea-monster; 2 **S** shipping-sample.
zeen [ze.n] *v* tendon, sinew.
zeenimf ['ze.nimf] *v* sea-nymph.
zeeofficier [-ofi.si:r] *m* naval officer.
zeeoorlog [-o:rlɔx] *m* naval war.
zeep [ze.p] *v* soap; *groene* ~ soft soap; *om* ~ *brengen* **S** kill; *hij ging om* ~ **S** he went west.
zeepaard ['ze.-pa:rt] *o* sea-horse [of Neptune].
zeepaardje ['ze.-pa:rcə] *o* 🐟 sea-horse.
zeepachtig ['ze.p-axtəx] soapy, § saponaceous.
zeepaling ['ze.-pa.lɪŋ] *m* 🐟 sea-eel, conger.
zeepbakje ['ze.p-bɑkjə] *o* soap-dish.
zeepbel [-bɛl] *v* soap-bubble, bubble.
zeepfabriek [-fa.bri.k] *v* soap-works.
zeepfabrikant [-fa.bri.kɑnt] *m* soap-maker, soap-boiler.
zeepkist ['ze.p-kɪst] *v* soap-box.
zeepolis [-po.lɑs] *v* marine policy.
zeepost [-pɔst] *v* oversea(s) mail.
zeeppoeder, -poeier ['ze.p-pu.dər, -pu.jər] *o* & *m* soap-powder.
zeepsop ['ze.p-sɔp] *o* soap-suds.
zeepzieden [-si.də(n)] *o* soap-boiling.
zeepzieder [-dər] *m* soap-boiler.
zeepziederij [ze.psi.də'rɛi] *v* soap-works.
1 **zeer** [ze:r] *m* sore, ache; ~ *doen* ache, hurt²; *fig* pain; *heb je je erg* ~ *gedaan?* were you much hurt?; *het doet geen* ~ it doesn't hurt; *zich* ~ *doen* hurt oneself; *iemand in zijn* ~ *tasten* touch a man on the raw, touch the tender spot.
2 **zeer** [ze:r] *aj* sore [arm &]; *ik heb een zere voet* my foot is sore.
3 **zeer** [ze:r] *ad* 1 very; 2 (vóór deelwoord) much, greatly [astonished &]; ↘ sorely [needed &]; *al te* ~ overmuch.
zeeraad ['ze.-ra.t] *m* maritime court.
zeeramp [-rɑmp] *v* catastrophe at sea.
zeerecht [-rɛxt] *o* maritime law.
zeereerwaard ['ze:r-e:rva:rt] in: *de* ~ *eer heer A. B.* the Reverend A. B., Rev. A. B.
zeereis ['ze.-rɛis] *v* (sea-)voyage; *ook:* sea-journey.
zeergeleerd ['ze:rɡəle:rt] very learned; *een* ~*e* a doctor.
zeerob ['ze.-rɔp] *m* 1 🦭 seal; 2 *fig* (Jack-)tar, sea-dog; *een oude* ~ an old salt.
zeeroof [-ro.f] *m* piracy.
zeerover [-ro.vər] *m* pirate, corsair.
zeeroverij [ze.ro.və'rɛi] *v* piracy.
zeerst [ze:rst] in: *om het* ~ as much as possible; *ten* ~*e* very much, highly, greatly.
zeeschade ['ze.sxa.də] *v* sea-damage.
zeeschelp [-sxɛlp] *v* sea-shell.
zeeschildpad [-sxɪltpɑt] *v* turtle.
zeeschip [-sxɪp] *o* sea-going vessel.
zeeschuimen [-sxœyma(n)] *vi* practise piracy.
zeeschuimer [-dər] *m* pirate, corsair.
zeeslag ['ze.slɑx] *m* sea-battle, naval battle.
zeeslang [-slɑŋ] *v* sea-serpent.
zeespiegel [-spi.ɡəl] *m* sea-level, level of the sea; *beneden (boven) de* ~ below (above) sea-level.
zeester [-stər] *v* starfish.
zeestraat [-stra.t] *v* strait(s).
zeestrand [-strɑnt] *o* beach; *het* ~ *ook:* the sands.
zeestroming [-stro.mɪŋ] *v* ocean current.
zeeterm [-tɛrm] *m* nautical term.
zeetijdingen [-tɛidɪŋə(n)] *mv* shipping intelligence.
zeetje [-cə] *o* sea; *een* ~ *overkrijgen* ship a sea.
zeetocht [-tɔxt] *m* voyage.
zeetransport [-trɑnspɔrt] *o* sea-carriage, sea-transport.
Zeeuw [ze:u] *m* inhabitant of Zealand (Zeeland).

Zeeuws [ze:us] I *aj* Zealand; II *v* Zealand dialect.
Zeeuws-Vlaanderen -'fla.ndərə(n)] *o* Dutch Flanders.
zeevaarder ['ze.va:rdər] *m* navigator; (zeeman) seafarer.
zeevaart ['ze.va:rt] *v* navigation.
zeevaartkunde [-kündə] *v* art of navigation.
zeevaartkundig [ze.va:rt'kündəx] nautical.
zeevaartschool ['ze.va:rtsxo.l] *v* school of navigation.
zeevarend [-va:rənt] seafaring [nation].
zeeverkenner [-vərkɛnər] *m* sea-scout.
zeeverzekering [-vərze.kərɪŋ] *v* marine insurance.
zeevis [-vɪs] *m* sea-fish.
zeevogel [-vo.ɡəl] *m* sea-bird.
zeevolk [-vɔlk] *o* seamen, sailors.
zeevracht [-vrɑxt] *v* **S** freight.
zeewaardig [ze.'va:rdəx] seaworthy.
zeewaardigheid [-hɛit] *v* seaworthiness.
zeewaarts ['ze.va:rts] seaward.
zeewater [-va.tər] *o* sea-water.
zeeweg [-vɛx] *m* sea-route.
zeewering [-ve:rɪŋ] *v* sea-wall.
zeewezen [-ve.za(n)] *o* maritime (nautical) affairs.
zeewier [-vi:r] *o* 🌿 seaweed.
zeewind [-vɪnt] *m* sea-wind, sea-breeze.
zeewolf [-vòlf] *m* 🐟 sea-wolf.
zeeziek [-zi.k] seasick.
zeeziekte [-zi.ktə] *v* seasickness.
zeezout [-zɔut] *o* sea-salt.
zefier ['ze.fi.r, ze.'fi:r] *m* zephyr.
zege ['ze.ɡə] *v* victory, triumph.
zegeboog [-bo.x] *m* triumphal arch.
zegel ['ze.ɡəl] 1 *o* (v. document) seal; 2 (papier) stamped paper; 3 (instrument) seal, stamp; 4 *m* (v. belasting, post &) stamp; *zijn* ~ *drukken op een document* affix one's seal to a document; *zijn* ~ *aan iets hechten* set one's seal to it; *aan* ~ *onderhevig* liable to stamp-duty; *alles is onder* ~ everything is under seal; *onder het* ~ *van geheimhouding* under the seal of secrecy; *alle stukken moeten op* ~ all documents must be written on stamped paper; *vrij van* ~ exempt from stamp-duty.
zegelbelasting [-bəlɑstɪŋ] *v* stamp-duty.
zegelbewaarder [-bəva.rdər] *m* Keeper of the Seal.
zegeldoosje [-do.ʃə] *o* seal-box.
zegelen ['ze.ɡələ(n)] *vt* 1 seal; 2 (stempelen) stamp; *gezegeld papier* stamped paper.
zegelkantoor ['ze.ɡəlkɑnto:r] *o* stamp-office.
zegelkosten [-kɔstə(n)] *mv* stamp-duties.
zegellak ['ze.ɡəlɑk] *o* & *m* sealing-wax.
zegelmerk ['ze.ɡəlmɛrk] *o* impression of a seal.
zegelrecht [-rɛxt] *o* stamp-duty.
zegelring [-rɪŋ] *m* seal-ring, signet-ring.
zegelwet [-vɛt] *v* stamp-act.
1 **zegen** ['ze.ɡə(n)] *m* blessing, benediction; *welk een* ~! what a blessing!, what a godsend!
2 **zegen** ['ze.ɡə(n)] *v* seine, drag-net.
zegenen ['ze.ɡənə(n)] *v* bless.
zegening [-nɪŋ] *v* blessing [of civilization], benediction.
zegenrijk ['ze.ɡə(n)rɛik] 1 salutary, beneficial; 2 most blessed.
zegenwens [-vɛns] *m* blessing.
zegepoort ['ze.ɡəpo:rt] *v* triumphal arch.
zegepraal [-pra.l] *v* triumph.
zegepralen [-pra.lə(n)] *vi* triumph; ~ *over* triumph over.
zegeteken [-te.kə(n)] *o* trophy.
zegetocht [-tɔxt] *m* triumphal march.
zegevaan [-va.n] *v* victorious banner.

zegevieren [-vi:rə(n)] *vi* triumph; ~ *over* triumph over.

zegevierend [-vi:rənt] victorious, triumphant.

zegewagen [-va.ɣə(n)] *m* triumphal chariot, triumphal car.

zegge ['zɛɣə] *v* ✿ sedge.

zeggen ['zɛɣə(n)] I *vt* say [to him]; tell [him]; *wat een prachtstuk, zeg!* I say, what a beauty!; *zegge vijftig gulden* $ say fifty guilders; *u zei...?* you were saying ...?; *doe dat, zeg ik je* I tell you; *nu u het zegt* now you mention it; *zeg eens!* I say!; *al zeg ik het zelf* though I say it who shouldn't, though I do say myself; *goede nacht* ~ say (bid) good night; *dat zegt (meer dan) boekdelen* that speaks volumes; *en dat zegt wat!, dat wil wat* ~! which is saying a good deal, and that is saying a lot; *ik heb gezegd!* I have had my say; *hij zegt niets maar denkt des te meer* he says nothing but thinks a lot; *de mensen* ~ *zóveel* people will say anything; *ik heb het wel gezegd* I told you so; *heb ik het niet gezegd?* didn't I tell you?; *daarmee is alles gezegd* that's all you can say of him (them &); (basta!) and there's an end of it; *dat is gauw (gemakkelijk) gezegd* it is easy (for you) to say so; *dat is gauwer gezegd dan gedaan* that is sooner said than done; *zo gezegd, zo gedaan* no sooner said than done; *dat behoef ik u niet te* ~ I need not tell you; *wat heeft u te* ~? what have you got to say?; *alle leden hebben evenveel te* ~ all the members have an equal say; *ik heb er ook iets in te* ~ I have some say in the matter; *ga het hem* ~ go and tell him; *dat kan ik u niet* ~ I cannot tell you; *dat zou ik u niet kunnen* ~ I could not say; *ze hebben het laten* ~ they have sent word; *laten we* ~ *tien* (let us) say ten; *dat mag ik niet* ~ I must not tell (you), that would be telling; *hij is..., dat moet ik* ~ I cannot but say that; *wij hadden het eerder moeten* ~ we should have spoken sooner; *dat wil* ~ that is (to say); *rechts..., ik wil* ~, *links* right, I mean, left; *dat wil nog niet* ~ *dat...* that is not to say that..., that does not mean (imply) that...; *dat zeg ik* he says so, so he says; *zeg dat niet* don't say so; *zegt u dat wel!* you may well say sol; *dat zeg je nu wel, maar...* you are pleased to say so, but...; *wat zegt dat nog?* well, what of it?; *mag ik ook eens iets* ~? may I say something?; *hij zeit wat!* P listen to him!, garn!; *niets* ~, *hoor!* keep quiet (F keep mum) about it!; *hij zegt niet veel* he is a man of few words; *dat zegt niet veel* that doesn't mean much; *die naam zegt mij niets* this name means nothing to me; *wat zegt u?* I what did you say?; 2 (bij verbazing) you don't say so!; *wat u zegt!* you don't say so!; *...wat ik je zeg* I tell you; *doe wat ik je zeg* do as I tell you; *het is wat te* ~ it is awful; *als ik wat te* ~ *had* if I could work my will; *wat ik* ~ *wil (wou)...* à propos, that reminds me...; *wat wou ik ook weer* ~? what was I going to say?; *daar zeg je zo iets* that's not a bad idea; *iemand* ~ *waar het op staat* give him a piece of one's mind; *wat is er op hem te* ~? what is there to be said against him?; *wat heb je daarop te* ~? what have you got to say to that?; *je hebt niets over mij te* ~ you have no authority over me; *om ook iets te* ~ by way of saying something; *om zo te* ~ so to say, so to speak; *daar is alles (veel) voor te* ~ there is everything (much) to be said for it; *zonder iets te* ~ without a word; *zonder er iets van te* ~ without saying anything about it; II *o* saying; ~ *en doen zijn twee* to promise is one thing to perform another; *naar zijn* ~, *volgens zijn* ~ according to what he says; *als ik het voor het* ~ *had* if I

---

had my say in the matter; *je hebt het maar voor het* ~ you need only say the word.

zeggenschap ['zɛɣənsxɑp] *v* & *o* right of say; control; ~ *hebben* have a say (in the matter).

zeggingskracht ['zɛɣɪŋskrɑxt] *v* expressiveness, eloquence.

zegsman ['zɛxsman] *m* informant, authority; *wie is uw* ~? who is your informant?, who told (it) you?

zegswijs, -wijze [-vɛis, -vɛizə] *v* saying, expression, phrase.

zeil [zɛil] *o* I ✿ sail; 2 (v. winkel &) awning; 3 (tot dekking) tarpaulin; tilt [of cart]; 4 (v. vloer) floor-cloth; 5 zie *zeildoek*; ~ *bijzetten* set more sail; *alle* ~*en bijzetten* crowd on all sail; *fig* leave no stone unturned, do one's utmost; ~*(en) minderen* take in sail, shorten sail; *met een opgestreken* ~ in high dudgeon; *met volle* ~*en* (in) full sail, all sails set; *onder* ~ *gaan* ✿ get under sail, set sail; *fig* F drop off (to sleep), doze off; *onder* ~ *zijn* I ✿ be under sail; 2 *fig* F be away in the land of Nod; *een vloot van 20* ~*en* a fleet of twenty sail.

zeilboot ['zɛilbo.t] *m* & *v* sailing-boat.

zeildoek [-du.k] *o* & *m* sailcloth, canvas; (wasdoek) oilcloth.

zeilen ['zɛilə(n)] *vi* sail; *gaan* ~ go for a sail; ~*d(e)* $ sailing, floating [goods]; ~*de verkopen* $ sell on sailing terms, sell to arrive; *een uur* ~*s* an hour's sail.

zeiler [-lər] *m* I (persoon) yachtsman; 2 (schip) sailing-ship.

zeiljacht ['zɛiljɑxt] *o* ✿ sailing-yacht.

zeiljekker [-jekər] *m* jacket.

zeilklaar [-kla:r] ready to sail, ready for sea.

zeilmaker [-ma.kar] *m* sail-maker.

zeilmakerij [zɛilma.kə'rɛi] *v* sail-loft.

zeilpet ['zɛilpet] *v* yachting cap.

zeilschip [-sxip] *o* sailing-vessel, sailing-ship.

zeilsport [-sport] *v* yachting.

zeiltocht [-tɔxt] *m* sailing-trip, F sail.

zeilvereniging [-vərə.naɣɪŋ] *v* yacht-club.

zeilwedstrijd [-vɛtstrɛit] *m* sailing-match, regatta.

zeis [zɛis] *v* scythe.

zeker ['ze.kər] I *aj* attributief I (vaststaand) certain [event &]; 2 (betrouwbaar) sure [proof]; 3 (niet nader aan te duiden) certain [gentleman, lady of a certain age]; 4 (enige) a certain, some [reluctance &]; *predikatief* I (met persoons-onderwerp) certain, sure, assured, positive, confident; 2 (met ding-onderwerp) sure, certain; *(een)* ~*e dinges* a certain Mr. Thingumbob, a Mr. Th., one Th.; *een* ~*e wrijving tussen hen* a certain friction (a certain amount of friction, some friction) between them; *ik ben* ~ *van hen* I can depend on them; ~ *van zijn zaak zijn* be sure of one's ground; *ben je er* ~ *van?* are you (quite) sure?, are you quite positive?; *ik ben er* ~ *van dat...* I am sure (that)..., I am sure of his (her, their)...; *je kunt er* ~ *van zijn dat...* ook: you may feel (rest) assured that...; *men is er niet* ~ *van zijn leven* a man's life is not safe there; *iets* ~*s* something positive; *niets* ~*s* nothing certain; *zo* ~ *als 2 × 2 (4 is)* as sure as two and two make four, as sure as eggs is eggs; II *o het* ~*e* what is certain; *het* ~*e voor het onzekere nemen* take a certainty for an uncertainty; prefer the one bird in the hand to the two in the bush; III *ad* I (woordbepaling) for certain; for a certainty, positively; 2 (zinsbepaling) certainly, surely &; *(wel)* ~! I (bevestigend) certainly; 2 (afwijzend) why not!; *ik weet het* ~ I know it for certain (for a certainty, for a fact); ~ *weet jij dat ook wel* surely you know it too; *jij weet dat* ~ *ook wel, he?* I daresay (I suppose) you know it too; *hij komt ~ als hij het weet* he is sure to come if he knows; *we kunnen ~ op hem rekenen* we can safely count on him; *Kunnen wij op hem rekenen? Zeker!* Certainly! To be sure you can!

zekerheid ['ze.kərhεit] *v* 1 certainty; 2 (**veiligheid**) safety; 3 (**borg**) security; ~ *bieden dat...* hold out every certainty that...; *voldoende ~ geven dat...* guarantee that...; ~ *hebben* be certain; ~ *stellen* give security; *niet met ~ bekend* not certainly known; *we kunnen niet met ~ zeggen of...* we cannot say with certainty (for certain).

zekerheidshalve [ze.kərhεits'halvə] for safety('s sake).

zekerheidstelling ['ze.kərhεitstεliŋ] *v* security.

zekering ['ze.kəriŋ] *v* ⚡ fuse.

zelden ['zεldə(n)] seldom, rarely; *niet ~ not* unfrequently.

zeldzaam ['zεltsa.m] I *aj* rare [= *seldom found & of uncommon excellence*]; scarce [books, moths]; II *ad* uncommonly, exceptionally [beautiful].

zeldzaamhcid [-hεit] *v* rarity, scarceness; *zeldzaamheden* rarities, curiosities; *een van de grootste zeldzaamheden* one of the rarest things; *het is een grote ~ als...* it is a rare thing for him to...; *het is geen ~ dat...* it is no rare thing to [find them &].

zelf [zεlf] self; *ik ~* I myself; *u, jij ~* you yourself; *de man ~* the man himself; *de vrouw ~* the woman herself; *het kind ~* the child itself; *zij hebben ~...* they have... themselves; *zij kunnen niet ~ denken* they cannot think for themselves; *wees u ~* be thyself; *hij is de beleefdheid ~* he is politeness itself; zie ook: *zich, zichzelf* &.

zelfbediening ['zεlf bədi.niŋ] *v* self-service.

zelfbedieningswinkel, -zaak [-niŋsviŋkəl, -niŋsa.k] *v* self-service shop, self-service store.

zelfbedrog [-bədrɔx] *o* self-deceit, self-deception.

zelfbegoocheling [-go.gəliŋ] *v* self-delusion.

zelfbehagen [-ha.gə(n)] *o* self-complacency.

zelfbeheersing [-he:rsiŋ] *v* self-control, self-command, self-possession, restraint; *zijn ~ herkrijgen* regain one's self-control, collect oneself.

zelfbehoud [-haut] *o* self-preservation.

zelfbeschikkingsrecht [-sxikiŋsrεxt] *o* right of self-determination.

zelfbestuur ['zεlf bəsty:r] *o* self-government.

zelfbewust [zεlf bə'vũst] self-assertive.

zelfbewustheid [-hεit] *v* **zelfbewustzijn** [-sεin] *o* self-assertion.

zelfbinder ['zεlf bindər] *m* 1 (**landbouwmachine**) self-binder; 2 (**das**) knotted tie.

zelfde [-də] same, similar.

zelfgenoegzaam [zεlfgə'nu.xsa.m] self-sufficient.

zelfgevoel ['zεlfgəvu.l] *o* self-esteem.

zelfkant [-kant] *m* selvage, selvedge, list; *aan de ~ der maatschappij* [live] on the fringe of society.

zelfkastijding [-kəstεidiŋ] *v* self-chastisement.

zelfkennis [-kεnəs] *v* self-knowledge.

zelfkritiek [-kri.ti.k] *v* self-criticism.

zelfmoord [-mo:rt] *m & v* suicide, self-murder.

zelfmoordenaar [-mo:rdəna:r] *m* ~ares [zεlfmo:rdəna:'res] *v* suicide, self-murderer.

zelfonderricht ['zεlfóndərixt] *o* self-tuition.

zelfontbranding [-ɔntbrandiŋ] *v* spontaneous combustion.

zelfoutsteking [-ɔntstε.kiŋ] *v* ⚡ self-ignition.

zelfopoffering [-òpəfəriŋ] *v* self-sacrifice.

zelfoverwinning [-o.vərviniŋ] *v* self-conquest.

zelfportret [-pɔrtrεt] *o* self-portrait.

zelfrijzend [-rεizənt] self-raising [flour].

zelfs [zεlfs] even; ~ *zijn vrienden* ook: his very friends; *zij klommen ~ tot op de daken* ook: on to the very roofs.

zelfstandig [zεlf'standəx] I *aj* independent; ~ *naamwoord* substantive, noun; II *ad* 1 [act] independently; 2 [used] substantively.

zelfstandigheid [-hεit] *v* 1 independence; 2 (**stof**) substance.

zelfstrijd ['zεlfstrεit] *m* inward struggle.

zelfstudie [-sty.di.] *v* self-tuition.

zelftucht [-tũxt] *v* self-discipline.

zelfverblinding [-fərblindiŋ] *v* infatuation.

zelfverdediging [-de.dəgiŋ] *v* self-defence; *uit (ter) ~* in self-defence.

zelfverheerlijking [-he:rləkiŋ] *v* self-glorification.

zelfverheffing [-hεfiŋ] *v* self-exaltation. [tion.

zelfverloochening [-lo.gəniŋ] *v* self-denial.

zelfvertrouwen [-trouə(n)] *o* self-confidence, self-reliance.

zelfverwijt [-vεit] *o* self-reproach.

zelfvoldaan ['zεlf-fòlda.n] self-complacent.

zelfvoldaanheid [zεlf-fòl'da.nhεit] *v* self-complacency.

zelfvoldoening [zεlf-fòldu.niŋ] *v* self-satisfaction.

zelfwerkend ['zεlfvεrkənt] self-acting, automatic.

zelfzuchtig [zεlf'sũxtəx] I *aj* selfish, egoistic, egotistic, self-seeking; *een ~e* an egoist, an egotist; II *ad* selfishly, egoistically, egotistically.

zeloot [ze.'lo.t] *m* zealot.

zemelen ['ze.mələ(n)] *mv* bran.

1 **zemen** ['ze.mə(n)] *aj* shammy; *een ~ lap* a leather.

2 **zemen** ['ze.mə(n)] *vt* 1 clean [windows] with a leather; 2 taw.

zendbrief [-bri.f] *m* pastoral letter; B epistle.

zendeling ['zεndəliŋ] *m* missionary.

zenden ['zεndə(n)] *vt* send [something, a man &]; forward, dispatch [a parcel &], ship, consign [goods &]; ~ *om* send for.

zender [-dər] *m* sender; ⚡ transmitter; *over de Moskouse ~* over Moscow radio; *over een Nederlandse ~* on a Dutch transmitter; *over alle ~s* over all radio stations.

zending [-diŋ] *v* 1 (**het zenden**) sending, forwarding, dispatch; 2 (**het gezondene**) shipment, consignment; parcel; 3 (**roeping, opdracht**) mission; 4 (**zendingswerk**) mission.

zendingsgenootschap [-diŋsgəno.tsxɑp] *o* missionary society.

zendingsschool ['zεndiŋsxo.l] *v* missionary school.

zendingsstation [-sta.fòn] *o* mission station.

zendingswerk ['zεndiŋsvεrk] *o* missionary work.

zendmast [-mɑst] *m* ⚡† transmitter mast.

zendstation [-sta.fòn] *o* ⚡† transmitting station.

zendtijd ['zεntεit] *m* ⚡† transmission time, broadcast(ing) time.

zendtoestel [-tu.stεl] *o* ⚡† transmitting set, transmitter.

zendvergunning [-fərgüniŋ] *v* ⚡† transmitting licence.

zengen ['zεŋə(n)] *vt & vi* singe [hair], scorch [grass &].

zenig ['ze.nəx] stringy, sinewy.

zenit ['ze.nit] *o* zenith.

zenuw ['ze.ny:u] *v* nerve; *de ~ van de oorlog* the sinews of war; ~*en als kabeltouwen* iron nerves; *hij was één en al ~en* he was a bundle of nerves; *het op de ~en hebben* be in a nervous fit, have a fit of nerves; *het op de ~en krijgen* go into hysterics.

zenuwaandoening [-a.ndu.niŋ] *v* affection of the nerves.

zenuwachtig [-ɑxtəx] I *aj* nervous, nervy, F

jumpy; *iemand ~ maken* ook: get on a person's nerves; II *ad* nervously.
zenuwachtigheid [-heit] *v* nervousness.
zenuwarts ['ze.ny:uɑrts] *m* nerve doctor, neurologist.
zenuwbundel [-bûndəl] *m* nerve-bundle.
zenuwcel [-sɛl] *v* nerve cell.
zenuwenoorlog ['ze.ny.vəno:rlɔx] *m* war of nerves.
zenuwgestel ['ze.ny:ugəstɛl] *o* nervous system.
zenuwinrichting [-ɪnrɪxtɪŋ] *v* mental home.
zenuwinzinking [-ɪnzɪŋkɪŋ] *v* nervous breakdown.
zenuwknoop [-kno.p] *m* nerve-knot, ganglion; *fig* bundle of nerves.
zenuwkwaal [-kva.l] *v* -**lijden** [-lɛidə(n)] *o* nervous disease.
zenuwlijder [-lɛidər] *m* nervous sufferer.
zenuwpijn [-pɛin] *v* neuralgia, nerve pains.
zenuwschok [-sxɔk] *m* nervous shock.
zenuwslopend [-slo.pənt] nerve-racking.
zenuwstelsel [-stɛlsəl] *o* nervous system; *het centrale ~* the central nervous system.
zenuwtoeval [-tu.vɑl] *m* & *o* nervous attack.
zenuwtrekking [-trɛkɪŋ] *v* nervous twitch.
zenuwziek [-zi.k] suffering from nerves.
zenuwziekte [-zi.ktə] *v* nervous disease.
zepen ['ze.pə(n)] *vt* soap; lather [before shaving].
zerk [zɛrk] *v* slab, tombstone.
zes [zɛs] six; *dubbele ~* double six; *hij is van ~sen klaar* he is an all-round man; he is for all waters; *ze hadden pret voor ~* they were having no end of fun.
zesdaagse [-'da.xsə] *v sp* six-day bicycle-race.
zesde ['zɛsdə] sixth (part).
zeshoek [-hu.k] *m* hexagon.
zeshoekig [-hu.kəx] hexagonal.
zeskantig [-kɑntəx] hexagonal.
zestal [-tɑl] *o* six, half a dozen; *het ~* the six of
zestien [-ti.n] sixteen. [them.
zestiende [-ti.ndə] sixteenth (part).
zestig [-təx] sixty; *ben je ~!* F are you mad?
zestiger [-təgər] *m* person of sixty (years).
zestigjarig [-təxja:rəx] of sixty years; *de ~e* the sexagenarian.
zestigste [-təxstə] sixtieth (part).
zesvoud [-fout] *o* multiple of six.
zesvoudig [-foudəx] sixfold, sextuple.
zet [zɛt] *m* 1 (duw) push, shove; 2 (**sprong**) leap, bound; 3 *sp* move[2] [at draughts, chess &]; *een domme ~* a stupid move[2]; *een fijne ~* I a cunning move; 2 a sly hit; *een geestige ~* a stroke of wit; *een gelukkige ~* a happy move; *een handige ~* a clever move (stroke); *een verkeerde ~* a wrong move; *een ~ doen sp* make a move; *iemand een ~ geven* give one a shove.
zetbaas ['zɛtba.s] *m* manager; *fig* agent, hired man.
zetel ['ze.təl] *m* I seat, chair; 2 (**verblijf**) see [of a bishop]; 3 seat [in parliament, on a committee, of government, of a company].
zetelen ['ze.tələ(n)] *vi* sit, reside; *~ te Amsterdam* have its seat at A.
zetfout ['zɛtfout] *v* typographical error, misprint.
zethaak [-ha.k] *m* (v. letterzetters) composing-stick.
zetlijn ['zɛtlɛin] *v* I set-line, night-line [for fishing]; 2 ✂ [compositor's] setting-rule.
zetloon [-lo.n] *o* compositor's wages.
zetmachine [-ma.ʃi.nə] *v* type-setting machine.
zetmeel [-me.l] *o* starch, farina.
zetsel [-səl] *o* I brew [of tea]; 2 ✂ matter [of compositors].
zetten ['zɛtə(n)] I *vt* I set, put; 2 (**op de drukkerij**) set up, compose; 3 (**laten trekken**) make [tea, coffee]; *een arm & ~ set an

arm [a bone, a fracture]; *een ernstig gezicht ~* put on a serious face; *zijn handtekening (naam) ~ (onder)* sign (one's name), put one's name to [a document], set one's hand to [a deed &]; *ze kunnen elkaar niet ~* they can't get on (get along) together; *ik kan hem niet ~ I* can't stick the fellow; *ik kon 't niet ~ I* could not stomach it; *het glas aan de mond ~* put the glass to one's mouth; *iets in elkaar ~* put something together; *een stukje in de krant ~* put a notice (a paragraph) in; *op muziek ~* zie muziek; *de wekker op 5 uur ~* set the alarum for five o'clock; *waar zal jij op ~?* what are you going on?; *hij schijnt het erop gezet te hebben om mij te plagen* he seems to be bent upon teasing me; *een ladder tegen de muur ~* put a ladder against the wall; *iemand uit het land ~* expel him from the country; *een ambtenaar eruit ~* turn out (S fire) an official; *ik kan de gedachte niet van mij ~ I* can't dismiss the idea; *gezet voor piano en viool ♪* arranged for the piano and the violin; II *vr zich ~* I (v. personen) sit down; 2 (v. **vruchten**) set; *zich iets in het hoofd ~* take (get) it into one's head; *zich over iets heen ~* get over it; *als hij er zich toe zet* when he sets himself to do it; *zet u dat maar uit het hoofd* put (get) it out of your head.
zetter ['zɛtər] *m* I (**drukkerij**) type-setter, compositor; 2 (**belasting**) assessor.
zetterij [zɛtə'rɛi] *v* composing room.
zetting ['zɛtɪŋ] *v* I setting [of a bone &]; 2 (v. **belasting**) assessment; 3 ♪ arrangement.
zetwerk ['zɛtvɛrk] *o* type-setting.
zeug [zø.x] *v* ♨ sow.
zeulen ['zø.lə(n)] *vt* drag.
zeur [zø:r] *v* bore.
zeuren ['zø:rə(n)] *vi* worry; tease; *hij zeurde om het boek* he was teasing me to get the book (for the book); *hij zit daar altijd over te ~* he is always worrying about it; he is always harping on the subject.
zeurkous ['zø:rkous] *v* **zeurpiet** [-pi.t] *m* bore.
1 **zeven** ['ze.və(n)] 7, seven.
2 **zeven** ['ze.və(n)] *vt* sieve, sift; riddle, screen [coal, gravel &].
zevende [-də] seventh (part).
zevenhoek [-hu.k] *m* heptagon.
zevenhoekig [-hu.kəx] heptagonal.
zevenklapper [-klɑpər] *m* squib [fireworks].
zevenmijlslaarzen ['ze.və(n)meils'la:rzə(n)] *mv* seven-league boots.
zevenslaper ['ze.və(n)sla.pər] *m* I ♨ dormouse [*mv* dormice]; 2 F lie-abed.
zevental [-tɑl] *o* seven.
zeventien [-ti.n] seventeen.
zeventiende [-ti.ndə] seventeenth (part).
zeventig [-təx] seventy.
zeventiger [-təgər] *m* person of seventy (years).
zeventigste [-stə] seventieth (part).
zevenvoud [-vout] *o* multiple of seven.
zevenvoudig [-voudəx] sevenfold, septuple.
zich [zɪx] oneself, himself, themselves; *hij heeft het niet bij ~* he has not got it with him.
1 **zicht** [zɪxt] *v* reaping-hook, sickle.
2 **zicht** [zɪxt] *o* I sight; 2 [good, bad] visibility; *in ~* in sight, within sight; *drie dagen na ~* at three days' sight, three days after sight; *betaalbaar op ~* payable at sight; *boeken op ~ zenden* send books on approval (for inspection).
zichtbaar ['zɪxtba:r] I *aj* visible, perceptible; II *ad* visibly.
zichtbaarheid [-heit] *v* visibility, perceptibility.
zichtwissel [-vɪsəl] *m* $ sight-bill.
zichtzending [-sɛndɪŋ] *v* $ consignment on approval, goods on approval.
zichzelf [zɪx'sɛlf] oneself, himself; *hij was ~*

niet he was not himself; *bij* ~ to himself [he said...]; *buiten* ~ beside himself; *in* ~ [talk] to oneself; *op* ~ in itself [it is...]; [a class] by itself; [look at it] on its own merits; *op* ~ *staand* isolated [event, instance &]; self-contained [book, volume, school &]; *uit* ~ of his own accord; *van* ~ *Jansen* her maiden name is J.; *zij is van* ~ *chic* she is smart in her own right; *voor* ~ for himself (themselves).

ziedaar [zi.'da:r] there; ~ *wat ik u te zeggen had* that's what I had to tell you.

zieden ['zi.də(n)] **I** *vi* seethe, boil; ~ *van toorn* seethe with rage; **II** *vt* boil.

ziehier [zi.'hi:r] I look here, ⊙ behold; 2 (overreikend) here you are!; here is... [the key &]; ~ *wat hij schrijft* this is what he writes.

ziek [zi.k] 1 (predikatief) ill, diseased; 2 (attributief) sick, diseased; *hij is zo* ~ *als een hond* he is as sick as a dog; zie ook: **zieke.**

ziekbed ['zi.kbɛt] *o* sick-bed.

zieke ['zi.kə] *m-v* sick person, patient, invalid; ~*n* sick people; *de* ~*n* the sick.

ziekelijk ['zi.kələk] sickly, ailing; morbid[2] [fancy].

ziekelijkheid [-hɛit] *v* sickliness; morbidity[2].

ziekenauto ['zi.kə(n)o.to., -outo.] *m* motor ambulance, ambulance.

ziekenboeg [-bu.x] *m* ⚓ sick-bay.

ziekenbroeder [-bru.dər] *m* male nurse.

ziekendrager [-dra.ɣər] *m* ✕ stretcher-bearer.

ziekenfonds [-fɔnts] *o* sick-fund.

ziekengeld [-ɣɛlt] *o* sick-pay.

ziekenhuis [-hœys] *o* hospital, infirmary.

ziekenhuisbed [-bɛt] *o* hospital bed.

ziekenkamer ['zi.kə(n)ka.mər] *v* sick-room.

ziekenoppasser [-ɔpasər] *m* hospital attendant, male nurse; ✕ hospital orderly.

ziekenrapport [-rapɔrt] *o* ✕ sick parade.

ziekenstoel [-stu.l] *m* invalid chair.

ziekenverpleegster [-vərplə.xstər] *v* nurse. [*ser.*

ziekenverpleger [-plə.ɣər] *m* zie *ziekenoppas-*

ziekenverpleging [-ɣiŋ] *v* 1 nursing; 2 nursing-home.

ziekenwagen ['zi.kə(n)va.ɣə(n)] *m* ambulance (wagon).

ziekenzaal [-za.l] *v* (hospital) ward, infirmary.

ziekenzuster [-zústər] *v* nursing-sister.

ziekte ['zi.ktə] *v* illness; [contagious, tropical] disease, [bowel, liver, heart] complaint, ailment; ~ *van de maag, lever, nieren* & disorder of the stomach, liver, kidneys &; *we-gens* ~ on account of ill-health.

ziektegeval [-ɣəval] *o* case.

ziektekiem [-ki.m] *v* disease germ.

ziekteverlof [-vərlɔf] *o* sick-leave; *met* ~ absent on sick-leave.

ziekteverloop [-varlo.p] *o* course of the disease.

ziekteverschijnsel [-vərsxɛinsəl] *o* symptom.

ziekteverzekering [-vərzə.kəriŋ] *v* health insurance.

ziektewet [-vɛt] *v* health insurance act.

ziel [zi.l] *v* 1 soul[2], spirit; 2 ✗ (v. fles) kick; 3 ✕ (v. kanon) bore; *arme* ~! poor soul!; *die eenvoudige* ~*en* these simple souls; *een goeie* ~ F a good sort; *geen levende* ~ not a (living) soul; *de ouwe* ~*!* F poor old soul!; *hij is de* ~ *van de onderneming* he is the soul of the undertaking; *een stad van...* ~*en* of... souls; *God hebbe zijn* ~*!* God rest his soul!; *bij mijn* ~*!* upon my soul!; *in het binnenste van zijn* ~ in his heart of hearts; *met zijn* ~ *onder zijn arm lopen* be at a loose end; *iemand op zijn* ~ *geven* P give him socks; *op zijn* ~ *krijgen* P get a sound thrashing; *ter* ~*e zijn* be dead and gone; *tot in de* ~ [moved] to the heart; *hoe meer* ~*en hoe meer vreugd* the more the merrier.

zieleadel ['zi.lɐa.dəl] *m* nobility of soul, noble-

ness of mind.

zielegrootheid [-ɣro.thɛit] *v* magnanimity.

zieleheil [-hɛil] *o* salvation.

zieleleed [-le.t] *o* mental suffering, agony of the soul.

zieleleven [-le.və(n)] *o* inner life.

zielental [-tal] *o* number of inhabitants.

zielepijn [-pɛin] *v* mental anguish.

zielerust [-rúst] = **zielsrust.**

zielestrijd [-strɛit] *m* struggle of the soul, inward struggle.

zielig ['zi.ləx] pitiful, pitiable, piteous, pathetic; *hoe* ~*!* how sad!, what a pity!

zielkunde ['zi.lkündə] *v* psychology.

zielkundig [zi.l'kündəx] *aj* (& *ad*) psychological(ly).

zielloos ['zi.lo.s] 1 (zonder ziel) 'soulless; 2 (dood) inanimate, lifeless.

zielmis ['zi.lmıs] *v* RK mass for the dead.

zielsangst ['zi.lsaŋst] *m* (mental) agony, anguish.

zielsbedroefd [-bədru.ft] deeply afflicted.

zielsbeminde [-bəmındə] *m-v* dearly beloved.

zielsblij(de) [zi.ls'blɛi(də)] very glad, overjoyed.

zielsgenot ['zi.lsɣənɔt] *o* heart's delight.

zielskracht [-krɑxt] *v* strength of mind, fortitude.

zielskwelling [-kvɛliŋ] *v* zie **zielsangst.**.

zielslief ['zi.ls'li.f] in: *iemand* ~ *hebben* love one dearly, love a person with all one's soul.

zielsrust ['zi.lsrúst] *v* peace of mind, tranquillity of mind; repose of the soul [after death].

zielsveel ['zi.lsfe.l] in: ~ *houden van* be very, very fond of, love dearly.

zielsverhuizing [-hœyziŋ] *v* (trans)migration of souls.

zielsverrukking, ~**vervoering** [-fərúkiŋ, -fər-vu:riŋ] *v* trance, rapture, ecstasy.

zielsverwanten [-fərvɑntə(n)] *mv* congenial spirits.

zielsverwantschap [-vɑntsxɑp] *v* congeniality, psychic affinity.

zielsvreugde ['zi.lsvrø.ɣdə] *v* soul's delight.

zielsvriend ['zi.lsfri.nt] *m* ~**in** [-fri.ndin] *v* bosom friend.

zielsziek ['zi.lsi.k] mentally deranged.

zielsziekte [-tə] *v* mental derangement, disorder of the mind.

zielszorg ['zi.lzɔrx] = **zielzorg.**

zieltje ['zi.cə] *o* soul; *een* ~ *zonder zorg* a careless soul, a happy-go-lucky fellow; ~*s winnen* F make proselytes.

zieltogen [-to.ɣə(n)] *vi* be dying.

zieltogend [-ɣənt] dying, moribund.

zielverheffend ['zi.lvərhɛfənt] elevating, soulful.

zielzorg [-zɔrx] *v* cure of souls, pastoral care.

zielzorger [-zɔrɣər] *m* pastor.

zien [zi.n] **I** *vt* 1 (in het a l g.) see, perceive; *hij is..., dat zie ik* ...I see; *de directie ziet dat niet gaarne* the management does not like it; (geen) *mensen* ~ see (no) people, see (no) company; (not) entertain; *mij niet gezien!* F nothing doing!; 2 (vóór infinitief) *ik heb het* ~ *doen* I've seen it done; *ik heb het hem* ~ *doen* I have seen him do(ing) it; *ik zie hem komen* I see him come (coming); zie ook: *aankomen; men zag hem vallen* he was seen falling (seen to fall); *ik zal het* ~ *te krijgen* I'll try to get it for you; *je moet hem* ~ *te halen* you must try to persuade him; 3 (na infinitief) doen ~ make [us] see; *iemand niet kunnen* ~ not be able to bear the sight of him; *laten* ~ show; *laat eens* ~... let me see; *laat me ook eens* ~ let me have a look; *hij heeft het mij laten* ~ he has shown it to me; *zich laten* ~ show oneself; *laat je hier niet weer* ~ don't show yourself again, let me never set eyes on you again; *dat zou ik toch eens willen* ~ I will see if...; *wat ze hier te* ~ *geven* what they let you see; ∞ *ik zie het aan je dat...* I can see it by your looks that...; *naar iets* ~ look at a thing, have a look at a thing; *laat hem naar zijn eigen* ~ let him look at home; *ze moest naar de kinderen* ~ she had to look after the children; *naar het spel* ~ look on at the game; *zie eens op je horloge* look at your watch; *hij ziet op geen rijksdaalder* he is not particular to a few guilders; *de kamer ziet op de tuin* the room looks out upon the garden, overlooks the garden, commands a view of the garden; *op eigen voordeel* ~ seek one's own advantage; *uit uw brief zie ik dat...* from (by) your letter I see that...; *uit eigen ogen* ~ look through one's own eyes; *hij kon van de slaap niet uit zijn ogen* ~ he could not see for sleep; *zijn... ziet hem de ogen uit* his... looks through his eyes; *ik zie hem nog voor mij* I can see him now; *geen ... te* ~ not a... to be seen; *het is goed te* ~ I it can easily be seen, it shows; 2 it is distinctly visible; *er is niets te* ~ there is nothing to be seen; *er is niets van te* ~ there is nothing that shows; *iedere dag te* ~ on view every day; II *vt & va* see; look; *bleek* ~ look pale; *donker* ~ look dark[2]; *dubbel* ~ see double; *ik zie niet goed* my eye-sight is none of the best, my sight is poor; *hij ziet bijna niet meer* his sight is almost gone; *hij ziet slecht* his eye-sight is bad; *het ziet zwart van de mensen* the place is black with people; *we zullen* ~ well, we shall see; *zie beneden* see below; *zie boven* see above; *zie je* you see?, F see?; *zie je wel?* (do) you see that, now?, I told you so!; *zie eens hier!* look here!; *En zie, daar kwam...* and behold!; ~*de blind zijn* see and not perceive; III *o* seeing; sight; *bij (op) het* ~ *van* on seeing; *tot* ~*s!* see you again!, F so long!

zienderogen ['zi.ndərə.ɣə(n)] visibly.
ziener ['zi.nər] *m* seer, prophet.
zienersblik [-nərsblik] *m* prophetic eye.
zienswijs, -wijze ['zi.nsvɛis, -vɛizə] *v* opinion, view; *zijn* ~ *delen* be of his way of thinking.
zier [zi:r] *v* whit, atom; *het is geen* ~ *waard* it is not worth a pin (straw, bit).
ziertje ['zi:rcə] *o* zie *zier*; *geen* ~ *beter* not a (never a) whit better.
ziezo [zi.'zo.] well, so; ~ *!* that's it!, there (it is done)!
ziften ['ziftə(n)] *vt* sift.
zifter [-tər] *m* sifter; *fig* fault-finder, hairsplitter.
zigeuner [zi.'gø.nər] *m* gipsy.
zigeunerin [-gø.nə'rin] *v* gipsy (woman).
zigeunertaal ['-gø.nərta.l] *v* gipsy language, Romany.
zigzag ['zixsax] *m* zigzag; ~ *lopen* zigzag.
1 **zij** [zɛi] (enkelv.) she; (meerv.) they.
2 **zij** [zɛi] *v* side; ~ *aan* ~ side by side; zie verder: 1 *zijde*.
3 **zij** [zɛi] *v* silk; zie 2 *zijde*.
zijaanzicht ['zɛia.nzixt] *o* side-view.
zijaltaar [-alta:r] *o & m* side-altar.
zijbeuk [-bø.k] *m & v* (side-)aisle.
1 **zijde** ['zɛidə] *v* I side [of a cube, a house, a table, the body &]; 2 flank [of an army]; *een* ~ *spek* a side of bacon; *zijn goede* ~ *hebben* have its good side; *iemands* ~ *kiezen* take a person's side, side with him; *aan beide* ~*n* on both sides, on either side; *aan deze* ~ on this side of, (on) this side [the Alps &]; *aan de ene* ~ *heeft u gelijk* on one side you are right; *aan zijn* ~ at his side; *hij staat aan onze* ~ he is on our side; *de handen in de* ~ *zetten* set one's arms akimbo; *iemand in zijn zwakke* ~ *aantasten* attack him where he

is weakest; *naar alle* ~*n* in every direction; *op* ~*!* stand clear!, out of the way there!; *op zij van het huis* at the side of the house; *met een degen op zij* sword by side; *op zij duwen* push aside; *op zij gaan* make way (for voor); *niet voor... op zij gaan* not give way to...; *fig* not yield to...; *op zij leggen* lay by [money]; save [money]; *op zij schuiven* shove on one side; set aside[2]; *iemand op zij zetten* shove a person on one side; *ter* ~ aside; *ter* ~ *ge-zegd* in an aside; *ter* ~ *laten* leave on one side; *ter* ~ *leggen* lay on one side; *iemand ter* ~ *nemen* draw him aside; *ter* ~ *staan* stand by [a friend]; support [an actor on the stage]; *ter* ~ *stellen* put on one side, waive [considerations of...]; *van alle* ~*n* from all quarters [they flock it]; [you must look at it] from all sides; *van bevriende* ~ from a friendly quarter; *van de* ~ *van de regering* on the part of the Government; *van die* ~ *geen hulp te verwachten* no help to be looked for in that quarter; *van militaire* ~ *vernemen wij* from military quarters; *van mijn* ~ on my part; *van ter* ~ *vernemen wij* from other sources we hear...; *van verschillende* ~*n* from various quarters.
2 **zijde** ['zɛidə] *v* (stof) silk; *daar spint hij geen* ~ *bij* he doesn't profit by it.
zijdeachtig [-axtəx] silky.
zijdefabriek [-fa.bri.k] *v* silk factory.
zijdefabrikant [-fa.bri.kant] *m* silk manufacturer.
zijdelings ['zɛidəliŋs] I *aj* in: *een* ~*e blik* a sidelong look; *een* ~ *verwijt* an indirect reproach; II *ad* sideways, sidelong; indirectly.
zijden [-də(n)] *aj* silk; *fig* silken [hair].
zijdepapier ['zɛidəpa.pi:r] *o* tissue paper.
zijderups [-rüps] *v* silkworm.
zijdeteelt [-te.lt] *v* sericulture.
zijdeur ['zɛidø:r] *v* side-door.
zijdewever ['zɛidəve.vər] *m* silk weaver.
zijdeweverij [zɛidəve.və'rɛi] *v* silk weaving.
zijgang ['zɛigaŋ] *m* I side-passage [in a house]; 2 lateral gallery [in a mine]; 3 corridor [in a train].
zijgen ['zɛiɣə(n)] *vt* strain.
zijgevel ['zɛige.vəl] *m* side-façade.
zijingang [-ŋgaŋ] *m* side-entrance.
zijkamer [-ka.mər] *v* side-room.
zijleuning [-lø.niŋ] *v* handrail, railing; armrest [of a chair].
zijlijn [-lɛin] *v* I side-line, branch line [of railway]; 2 zie *zijllinie*.
zijlings [-liŋs] = *zijdelings*.
zijloge [-lo:ʒə] *v* side-box.
1 **zijn** [zɛin] *pron* his; *de (het)* ~*e* his; *elk het* ~*e* every one his due; *Hitler en de* ~*en* Hitler and company.
2 **zijn** [zɛin] I *vi* I (zelfstandig) be; *2 × 2 is 4* twice two is four; *hij is er* I he is there; 2 *fig* S he is a made man; *daarvoor is het... er* that is what the... is there for; *hij (zij) mag er* ~ *zie wezen* I; *er is nog niet* we have not got there yet; *hoe is het?* how are you?, how do you do?; *hoe is het met de zieke?* how is the patient?; *wat is er?* zie *wat* I; II (koppelwerkw.) be; *God is goed* God is good; *dat ben ik !* that's me; *hij is soldaat* he is a soldier; *ze* ~ *officier* they are officers; *jongens* ~ (nu eenmaal) *jongens* boys will be boys; *het is te hopen, dat...* it is to be hoped that...; *het is makkelijk & te doen* it is easy to do; III (hulpwerkw.) have, be; *hij is geslaagd* he has succeeded; *hij is gewond* I he has been wounded; 2 he is wounded; *ik ben naar A. geweest* I have been to A., [yesterday] I went to A.; IV *o* being.
zijnerzijds ['zɛinərzɛits] on his part, from him.

zijpad ['zɛipɑt] *o* by-path.

zijrivier [-ri.viːr] *v* tributary (river), affluent, confluent.

zijspan [-spɑn] *o* & *m* zijspanwagen [-va.gə(n)] *m* side-car.

zijspoor [-spoːr] *o* side-track, siding, shunt; *de trein werd op een ~ gebracht* the train was shunted on to a siding.

zijstraat [-straːt] *v* side-street, off-street, by-street.

zijtak [-tɑk] *m* I side-branch; 2 branch [of a river]; 3 spur [of a mountain]; 4 *fig* collateral branch [of a family].

zijvenster [-vɛnstər] *o* side-window.

zijwaarts [-vaːrts] I *aj* sideward, lateral; II *ad* sideways, sideward(s).

zijweg [-vɛx] *m* side-way, by-way.

zilt, ~ig [zɪlt, 'zɪltəx] saltish; briny; *het ~e nat* the salty sea, the briny waves, the brine.

ziltheid, ziltigheid ['zɪltheit, -əxheit] *v* saltishness, brininess.

zilver ['zɪlvər] *o* I (in 't alg.) silver; 2 (huisraad) plate; ~ *in staven* bar-silver, bullion.

zilverachtig [-ɑxtəx] silvery.

zilverdraad [-draːt] *o* & *m* I (met zilver omwonden) silver thread; 2 (van zilver) silver wire.

zilveren ['zɪlvərə(n)] *aj* silver.

zilvererts ['zɪlvərɛrts] *o* silver-ore.

zilvergeld [-gɛlt] *o* silver money, silver.

zilverglans [-glɑns] *m* silvery lustre.

zilvergoed [-guːt] *o* (silver) plate, silver.

zilverhoudend [-hɑudənt] containing silver.

zilverling [-lɪŋ] *m* B piece of silver.

zilvermeeuw [-meːu] *v* ♣ herring gull.

zilvermijn [-mɛin] *v* silver mine.

zilvermunt [-mʏnt] *v* silver coin.

zilverpapier [-pa.piːr] *o* silver-paper; tinfoil.

zilverreiger ['zɪlvərsigər] *m* ♣ *grote ~* great white heron; *kleine ~* little egret.

zilversmid [-smɪt] *m* silversmith.

zilverspar [-spɑr] *m* ♣ silver fir.

zilvervos [-vɔs] *m* ♣♣ silver-fox.

zilverwerk [-vɛrk] *o* silverware, plate.

zin [zɪn] *m* I (betekenis) sense, meaning; 2 (zielsvermogen) sense; 3 (lust) mind; 4 (volzin) sentence; ~ *voor humor* a sense of humour; *(geen) ~ voor het schone* a (no) sense of beauty; *waar zijn uw ~nen?* have you taken leave of your senses?; *zijn eigen ~ doen* do as one pleases; *iemands ~ doen* do what he likes; *hij wil altijd zijn eigen ~ doen* he always wants to have his own way; *als ik mijn ~ kon doen* if I could work my will; *iemand zijn ~ geven* let him have his way, indulge him; *wat voor ~ heeft het om...?* what's the sense (the point) of ...ing?; *dat heeft geen ~* I that [sentence] makes no sense; 2 that is nonsense; *het heeft geen ~...* there is no sense (no point) in ...ing; *nu heb je je ~* now you have it all your own way; *zij heeft ~ in hem* she fancies him; *ik heb ~ om* I have a mind to...; *als je ~ hebt om...* if you feel like ...ing, if you care to...; *ik heb er geen ~ in* I have no mind to; *ik heb er wel ~ in om* I have half a mind to; *zijn ~nen bij elkaar houden* keep one's head; *zijn ~ krijgen* get (have) one's own way, get (have) one's will; *zijn ~ niet krijgen* not carry one's point; *zijn ~nen op iets gezet hebben* have set one's heart upon it; *niet goed bij zijn ~nen zijn* not be in one's right senses, be out of one's senses; *in dezelfde (die) ~* [speak] to the same (to that) effect; *in eigenlijke ~* in its literal sense, in the proper sense; *in engere ~* in the strict (the limited) sense of the word; *in figuurlijke ~* in a figurative sense, figuratively; *in ruimere ~* in a wider sense; *opvoeding in de ruimste ~* education in its widest sense; *in de*

ruimste (volste) ~ des woords in the full sense of the word; *in zekere ~* in a certain sense; in a sense, in a way; *iets in de ~ hebben* be up to something; *hij heeft niets goeds in de ~* he is up to no good; *dat zou mij nooit in de ~ komen* I should not even dream of it, it would never occur to me; *is het naar uw ~?* is it to your liking?; *men kan het niet iedereen naar de ~ maken* it is impossible to please everybody; *tegen mijn ~* against my will; *van zijn ~nen beroofd zijn* be out of one's senses; *wat is hij van ~s?* what does he intend?; *hij is niets goeds van ~s* he is up to no good; *ik ben niet van ~s om* I have no thought of ...ing; *één van ~ handelen* act in harmony; *één van ~ zijn* be of one mind.

zindelijk [-dələk] clean, cleanly, tidy.

zindelijkheid [-heit] *v* cleanness, cleanliness, tidiness.

zingen ['zɪŋə(n)] I *vi* (& *va*) sing [of people, birds, the wind, a kettle]; ○ chant; ♣ sing, carol, warble; *dat lied zingt gemakkelijk* sings easily; II *vt* sing; *iemand in slaap ~ sing* one to sleep; *kom, zing eens wat* give us a song.

zingenot ['zɪŋənɔt] *o* sensual pleasure(s).

zink [zɪŋk] *o* zinc; $ spelter.

1 **zinken** ['zɪŋkə(n)] *vi* sink; *goederen laten ~ sink* goods; *tot ~ brengen* sink.

2 **zinken** ['zɪŋkə(n)] *aj* zinc.

zinker ['zɪŋkər] *m* underwater main.

zinkput [-pʏt] *m* cesspool, sink.

zinkstuk [-stʏk] *o* mattress.

zinledig [zɪn'le.dəx] meaningless, nonsensical.

zinloos ['zɪnloːs] senseless, inane, pointless.

zinloosheid [zɪn'loːsheit] *v* senselessness, inanity, pointlessness.

zinnebeeld ['zɪnəbe.lt] *o* emblem, symbol.

zinnebeeldig [zɪnə'be.ldəx] I *aj* emblematic(al), symbolic(al); II *ad* emblematically, symbolically.

zinnelijk ['zɪnələk] I *aj* I (van de, door middel der zintuigen) of the senses; 2 (v. het zingenot) sensual; II *ad* I by the senses; 2 sensually.

zinnelijkheid [-heit] *v* sensuality, sensualism.

zinneloos ['zɪnəloːs] insane, mad.

zinneloosheid [zɪnə'loːsheit] *v* insanity, madness.

1 **zinnen** ['zɪnə(n)] *vi* meditate, ponder, muse, reflect; ~ *op* meditate on; *op wraak ~ brood* on revenge.

2 **zinnen** ['zɪnə(n)] *vi* in: *het zint mij niet* I do not like it, it is not to my liking.

zinnig [-nəx] sensible; *geen ~ mens zal...* no man in his senses (no sane man) will...

zinrijk ['zɪnreik] full of sense, pregnant, significant, meaningful.

zinsbedrog ['zɪnsbədrɔx] *o* zinsbegoocheling [-go.gəlɪŋ] *v* illusion, delusion.

zinsbouw [-bɑu] *m* gram construction (of a sentence), sentence structure.

zinsdeel ['zɪnsde.l] *o* gram part of a sentence.

zinsnede ['zɪnsne.də] *v* passage, clause.

zinsontleding ['zɪnsɔntle.dɪŋ] *v* gram analysis.

zinspelen ['zɪnspe.lə(n)] *vi* in: ~ *op* allude to, hint at.

zinspeling [-lɪŋ] *v* allusion (to *op*), hint (at *op*); *een ~ maken op* allude to, hint at.

zinspreuk ['zɪnsprø.k] *v* motto, device.

zinsverband ['zɪnsfərbɑnt] *o* context.

zinsverrukking, -vervoering [-fərʏkɪŋ, -fərvuːrɪŋ] *v* exaltation.

zinswending ['zɪnsvɛndɪŋ] *v* turn (of phrase).

zintuig [-tœyx] *o* organ of sense, sense-organ; *een zesde ~* a sixth sense.

zintuiglijk [zɪn'tœygələk] *aj* (& *ad*) sensorial-(ly).

zinverwant ['zɪnvərvɑnt] synonymous.

zinvol [-vòl] meaningful.

zinvolheid [-heit] *v* meaningfulness.

zionisme [zi.o.ˈnɪsma] *o* Zionism.

zionist [-ˈnɪst] *m* zionistisch [-ˈnɪsti.s] *aj* Zionist.

zit [zɪt] *m* in: *het is een hele~* it is quite a long journey [from A]; it is quite a long stretch [from 9 to 4].

zitbad [ˈzɪtbɑt] *o* hip-bath, sitz-bath.

zitbank [-bɑŋk] *v* 1 bench, seat; 2 (in kerk) pew.

zitje [ˈzɪcə] *o* snug corner.

zitkamer [ˈzɪtka.mər] *v* sitting-room, parlour.

zitplaats [-pla.ts] *v* seat; *er zijn ~en voor 5000 mensen* the hall (church &) can seat 5000 people, the seating accommodation is 5000.

zitslaapkamer [zɪˈsla.pka.mər] *v* bed-sitting-room, F bed-sitter, bedsit.

zitten [ˈzɪtə(n)] I *vi* sit; *die zit!* F that is one in the eye for you; *sp* goal!; *ze ~ al* they are seated; *hij heeft gezeten* he has done time, he has been in prison; *die stoelen ~ gemakkelijk* these chairs are very comfortable; *zit je daar goed?* are you comfortable there?; *de jas zit goed (slecht)* is a good (bad) fit; *dat zit wel goed* it's (it'll be) all right; *de boom zit vol vruchten* is full of fruit; *daar zit je nou!* there you are!; *waar ~ ze toch?* where can they be?; *zit daar geld?* are they well off?; *hoe zit dat toch?* how is that?; *daar zit het hem* there's the rub; *dat zit nog!* that's a question!; *dat zit zo* it is like this; *het zit hem als geschilderd* it fits him to a T; (vóór infinitief) *de kip zit te broeden* the hen is sitting; *ze zaten te eten* they were having dinner; they were eating [apples]; *hij zit weer te liegen* he is telling lies again; *hij zit de hele dag te spelen* he does nothing but sit and play all day long; (met infinitief) *blijven ~* remain seated; *blijf u ~* keep your seat, don't get up; *~ blijven!* keep your seats!; *die jongen is blijven ~* he has missed his remove; *zij is blijven ~* she has been left on the shelf; *hij is met die goederen blijven ~* he was left with his wares (on his hands); *ze is met vier kinderen blijven ~* she was left with four children; *je hoed blijft zo niet ~* your hat won't stay on; *gaan ~* 1 sit down; 2 (v. vogels) perch; *gaat u ~* sit down, be seated, take a seat; *kom bij mij ~* come and sit by me; *iemand laten ~* make one sit down; *hij heeft haar laten ~* he has deserted her; *er veel geld bij laten ~* lose a lot of money over it; *dat kan ik niet op mij laten ~* I won't take it lying down, I cannot sit down under this charge; *laat (het) maar ~* I don't, I am going to pay; 2 keep the change [waiter], it is all right; *aan tafel ~* be at table; *het zit er aan, hoor* F you seem to have plenty of money; *het zit er niet aan* F I can't afford it; *hij zit achter mij* he sits behind me; *hij zit er achter* he is at the bottom of it; *er zit iets achter* there is something behind; *ze ~ altijd bij elkaar* they are always (sitting) together; *ze ~ er goed bij* they are well off; *er zit niet veel bij die man* he is a man with nothing in him; *in angst ~* be in fear; *hij zit in de commissie* he is on the committee; *hoe zit dat in elkaar?* how is that?; *het zit in de familie* it runs in the family; *het zit niet in hem* it is not in him, he hasn't got it in him; *er zit wel wat in hem* he has (jolly) good stuff in him; zie ook: *inzitten*; *wij ~ er mee* (te houden, te kijken &) we don't know what to do (with it), what to make of it; *om het vuur ~* sit (be seated) round the fire; *daar zit een jaar op, als je...* it will be a year (in prison) if you...; *dat zit er weer op* F that job is jobbed; zie ook: *opzitten*; *hij zit nu al een uur over dat opstel* he has been at work on it for an hour; *het zit me*

tot hier I am fed up with it; *hij zit voor het kiesdistrict A.* he represents the constituency of A., he sits for A.; *zij zit voor een schilder* she sits to a painter; **II** *o* in: *stemmen bij ~ en opstaan* vote by rising or remaining seated.

zittenblijver [-bleivər] *m* non-promoted pupil.

zittend [ˈzɪtənt] 1 seated, sitting; 2 ♣ sessile; 3 sedentary [life].

zitting [-ɪŋ] *v* 1 sitting, session [of a committee &]; 2 seat, bottom [of a chair]; *geheime ~ secret session; een stoel met een rieten ~ a cane-bottomed chair; ~ hebben* sit, be in session [of a court]; *~ hebben* in sit on [a committee]; be on [the board]; serve on [a jury]; *~ hebben voor...* sit [in Parliament] for...; *~ houden* sit; *~ nemen in een commissie* serve on a committee; *~ nemen in het ministerie* accept office.

zitvlak [ˈzɪtflɑk] *o* seat, bottom.

1 zo [zo.] I *ad* 1 (zodanig) so, like that, such; zie ook: *zo'n*; *het is ~* 1 so it is; 2 that is true, it's a fact!; 3 you are right; *~ is het* quite so!, that's it; *~ is het niet* it is not like that (like this); *het is niet ~* it is not true; *als dat ~ is* if that is the case; if that is true; *~ was het* that's how it was; *~ zij het!* so be it; *~ is hij (niet)* he is (not) like that; *~ is hij nu eenmaal* he is built that way; *het is nu eenmaal ~* things are so; *~ is het leven* such is life; *~ zijn soldaten (nu eenmaal)* it is the way with soldiers; *het voorstel kan zó niet worden aangenomen* the proposal cannot be accepted as it stands; 2 (op die of zo'n manier) thus, like this, like that, in this manner, so; *alleen ~ kan je 't doen* so and only so; *~ moet je het doen* ook: < that's how you should do it; *zó bang dat...* so much (so) afraid that...; *zó hoog dat...* so high that...; 3 (zoals ik hierbij aangeef) as ... as; *het was zó dik* it was as big as this; *~ groot dat...* of such a size that...; *hij sprong zó hoog* he jumped as high as this, F that high; 4 (even) *a* bevestigend: as... as; *b* ontkennend: not so (ook: not as)... as; *~ groot als zijn broer* as tall as his brother; *~ wit als sneeuw* (as) white as snow, snow-white; *hij is lang niet ~...als...* he is not nearly so... as...; 5 (in die mate) so; *zijn ze zó slecht?* are they so bad (as bad as that, all that bad)?; *ik betaalde hem dubbel, zó tevreden was ik* 1 paid him double, I was so pleased; *wees ~ vriendelijk mij mede te delen...* be so kind as to inform me, be kind enough to inform me, kindly inform me...; 6 (in hoge mate) so; *ik ben ~ blij!* I am so glad!; *ik ben zó blij!* I am so very glad!; *ik verlang ~ hen weer te zien* I so long to see them again; 7 (dadelijk) directly; 8 (aanstonds) presently; 9 (stopwoord) Ah, I say; *~, ben jij daar!* I say, that you!; *~, en waar is Marie?* Ah, and where is Mary?; 10 (uitroep v. tevredenheid) that's it, well!; *~, dat is in orde!* Well, that's all right!; *~, nu kunnen we gaan* that's it, now we can be off; 11 (uitroep v. leedvermaak) Aha!; *~, nou ben je er bij!* Aha, now you are in for it!; 12 (vragend) Really?, did he?, has he? &; *~ dat so...* that, in such a way that, so as not to...; *~ een zie zo'n; net ~ een* just such another; *~ eentje* F such a one; *om ~ en ~ laat* at something something o'clock; *~ en zoveel gulden* umpty guilders; *in het jaar ~ en zoveel* zie *zóveel*; *~ iemand* such a man, such a one; *~ iets* such a thing, such things; *...of ~ iets* or some such thing; *~ iets als £ 5000* about £ 5000; *zó maar* without further ado; *waarom?* och, *zó maar!* I just thought I would!; just like that; *~ niet!* not so!; *~ gaat zoëven; ~ zeer* so much that, zie ook: *zozeer*; *~ ~!* so so!; *hij*

was niet ∼ doof of hij hoorde mij binnenkomen
he was not so deaf but he heard me enter; *al
is hij nog ∼* zie 3 *al*; *net ∼* zie 2 *net* III; *o, ∼*
Aha!; *het was o ∼ koud* ever so cold; II *cj* 1
(vergelijkend) as; 2 (veronderstellend)
if; 3 (voorwaardelijk) if; *hij is, ∼ men
zegt, rijk* he is said to be rich; *je bent weer
hersteld, ∼ ik zie* I see; *∼ ja...* if so; *∼ neen
(niet)...* if not...; *∼ hij nu eens binnenkwam* if
he were to come into the room now; *∼ hij
al moeite gedaan heeft om...* (even) if he has
been at pains to...

2 **zo** [zo.] *v* zie *zooi*.

zoals [zo.'als] as, like; *zij stemmen ∼ men hun
zegt* they vote the way one tells them; *in
landen ∼ België, Frankrijk...* in countries
such as Belgium, France...

zodanig [zo.'da.nɔx] I *aj* such (as this, as
these); *∼e mensen* such people, people such
as these; *op ∼e wijze* in such a manner; *als ∼*
as such; II *ad* so (much), in such a manner.

zodat [-'dat] so that.

zode ['zo.də] *v* sod, turf.

zodiak [zo.di.'ak] *m* zodiac.

zodoende ['zo.du.ndə] thus, in this way, so.

zodra [zo.'dra.] as soon as; *niet ∼..., of...* no
sooner [had he, did the &]... than..., scarcely
(hardly)... when...

zoek [zu.k] in: *het is ∼* it has been mislaid, it is
not to be found; *∼ raken* be (get) lost; *op ∼
naar...* in search of...

zoekbrengen ['zu.kbrɛŋə(n)] *vt* kill [time].

zoeken ['zu.kə(n)] I *vt* look for [something,
a person &]; seek [assistance, the Lord]; *ja,
maar hij zoekt het ook altijd* he is always
asking for trouble; *hij zoekt mij ook altijd*
he is always down on me; *hij zocht mij te
overreden* he sought to persuade me; *zoek me
eens een krant* go and find a newspaper for
me; *de waarheid ∼* seek truth; ook: search
after truth; *arbeiders die werk ∼* in search of
work; zie ook: *ruzie &; dat had ik niet achter
hem gezocht* 1 (ongunstig) I never thought
him capable of such a thing; 2 (gunstig) I
never thought he had it in him; *er wat achter
∼* suspect something behind it; *dat is nog ver
te ∼* far to seek; II *vi & va* seek, search,
make a search; *zoek, Castor!* seek!; *ik zal
wel eens ∼* I'll have a look [in the cupboard
&]; *wie zoekt, die vindt, zoekt en gij zult vinden* B seek, and ye shall find; *naar iets ∼* look
for (search for, seek) something; *naar zijn
woorden ∼* grope for words; III *o* search,
quest; *aan het ∼ zijn* be looking for it.

zoeker ['zu.kər] *m* 1 seeker; 2 ⚒ view-finder.

zoeklicht ['zu.klıxt] *o* searchlight.

zoekmaken [-ma.kə(n)] *vt* mislay [something].

zoel [zu.l] mild, balmy [weather].

zoelheid ['zu.lhɛit] *v* mildness, balminess.

Zoeloe [zu.lu.] *m* Zulu.

Zoeloekaffer [-kafər] *m* Zulu-Kaffir.

zoemen ['zu.mə(n)] *vi* buzz, hum.

zoemer ['zu.mər] *m* 🐝 buzzer.

zoen [zu.n] *m* 1 (kus) kiss; 2 (verzoening)
expiation, atonement.

zoenen ['zu.nə(n)] *vt & va* kiss.

zoenoffer ['zu.nɔfər] *o* expiatory sacrifice, sin-
offering, peace-offering.

zoet [zu.t] sweet², good; *een ∼ kind* a good
child; *∼ water* fresh [= not salt] water; *het
kind ∼ houden* keep (the) baby quiet; *∼ maken* sweeten.

zoetekauw ['zu.təkɑu] *m-v* in: *een ∼ zijn* have a
sweet tooth.

zoetheid ['zu.thɛit] *v* sweetness.

zoethout [zu.t'hɑut] *o* 🌿 liquorice.

zoetig ['zu.təx] sweetish.

zoetigheid [-hɛit] *v* sweetness; (allerlei) ∼
sweet stuff, sweets, dainties.

zoetsappig [zu.t'sɑpəx] *fig* goody-goody,
mealy-mouthed.

zoetsappigheid [-hɛit] *v* goody-goodiness.

zoetstof ['zu.tstɔf] *v* sweetening.

zoetvloeiend [-flu.jənt] mellifluent, melodious.

zoetwater ['zu.tva.tər] *o* fresh water.

zoetwatervis [zu.t'va.tərvɪs] *m* fresh-water fish.

zoetzuur [zu.tsy:r] I *aj* between sweet and
sour; II *o* sweet pickles.

zoëven [zo.'e.və(n)] just now, a minute ago.

zog [zɔx] *o* 1 (mother's) milk; 2 ⚓ wake [of a
ship]; *in een andermans ∼ meevaren* follow in
another man's wake.

zogen ['zo.gə(n)] *vt* suckle, give suck, nurse.

zogenaamd [zo.gə'na.mt] I *aj* so-called; self-
styled, would-be; II *ad ∼ om te* ostensibly to.

zolang [zo.'lɑŋ] I *cj* so (as) long as; II *ad*
meanwhile.

zolder ['zɔldər] *m* 1 garret, loft; 2 (zoldering)
ceiling.

zoldering [-dərɪŋ] *v* ceiling.

zolderkamertje ['zɔldərka.mərcə] *o* attic, attic
room, garret.

zolderraam ['zɔldəra.m] *o* dormer-window.

zoldertrap [-trɑp] *m* garret stairs.

zoldervenster [-vɛnstər] *o* garret-window.

zolderverdieping [-vərdi.pɪŋ] *v* attic-floor.

zomen ['zo.mə(n)] *vt* hem.

zomer ['zo.mər] *m* summer; *des ∼s, in de ∼* in
summer; *van de ∼* 1 this summer [present]; 2
next summer [future]; 3 last summer [past].

zomeravond [zo.mər'a.vənt] *m* summer-
evening.

zomerdag [-'dɑx] *m* summer's day, summer
day.

zomerdienst ['zo.mərdi.nst] *m* 1 summer-
service; 2 summer time-table.

zomerhitte [-hɪtə] *v* summer-heat.

zomerhuis(je) [-hœys, -hœyʃə] *o* summer-
cottage.

zomerkleren [-kle.rə(n)] *mv* summer-clothes.

zomermorgen [zo.mər'mɔrgə(n)] *m* summer-
morning.

zomers ['zo.mərs] *aj* summery, summerly,
summerlike.

zomersproeten [-spru.tə(n)] *mv* freckles.

zomertarwe [-tɑrvə] *v* ✿ summer-wheat, spring-
wheat.

zomertijd [-tɛit] *m* summer-time.

zomervakantie [-va.kɑnsi.] *v* summer-holidays.

zomerverblijf [-vərblɛif] *o* summer-residence.

zomin [zo.'mɪn] in: *∼ als* no more than.

zo'n [zo.n] such a; *∼ leugenaar!* the liar!

zon [zɔn] *v* sun; *in de ∼ staan* stand in the
sun; *hij kan de ∼ niet in het water zien schijnen* he is a dog in the manger; zie ook:
schieten II & *zonnetje*.

zondaar ['zɔnda.r] *m* sinner.

zondaarsbankje [-da:rsbaŋkjə] *o* penitent form.

zondag ['zɔndɑx] *m* Sunday.

zondags ['zɔndɑxs] I *aj* Sunday; *mijn ∼e pak*
my Sunday suit, my Sunday best; II *ad* on
Sundays.

zondagsblad [-blɑt] *o* Sunday paper.

zondagsdienst [-di.nst] *m* Sunday service [at
church]; Sunday duty [of employees].

zondagsheiliging [-heilɑgɪŋ] *v* Sunday observance.

zondagsrust [-rűst] *v* Sunday rest.

zondagsschool [-dɑxsoo.l] *v* Sunday school.

zondagsviering [-dɑxsfi.rɪŋ] *v* Sunday observance.

zondares [zɔnda:'rɛs] *v* sinner.

zonde ['zɔndə] *v* sin; *dagelijkse ∼ RK* venial
sin; *∼ tegen de H. Geest RK* a peccadillo; *het is
∼* 1 it is a sin; 2 F it is a pity; *het is ∼ en
jammer* it is a pity; *het is ∼ en schande* it is a
sin and a shame; *het is ∼ van het meisje* it is

a pity of the girl; ~ *doen* commit a sin, sin.
zondebok ['zɔndəbɔk] *m* scapegoat[2].
zondenregister ['zɔndə(n)rəgɪstər] *o* register of sins.
zonder ['zɔndər] without; ~ *zijn hulp* I without his help [you can't do it]; 2 but for his help [I should have been drowned]; ~ *hem zou ik verdronken zijn* but for him I should have been drowned; ~ *het te weten* without knowing it.
zonderling ['zɔndərlɪŋ] I *aj* singular, quaint, queer, odd, eccentric; II *ad* singularly, quaintly &; III *m* eccentric (person).
zondeval ['zɔndəval] *m* in: *de* ~ (*van Adam*) the Fall (of man).
zondig ['zɔndəx] *aj* (& *ad*) sinful(ly).
zondigen (-dəgə(n)] *vi* sin[2]; ~ *tegen* sin against.
zondigheid [-dəxheit] *v* sinfulness.
zondvloed ['zɔntflu.t] *m* deluge[2], flood[2]; *van vóór de* ~ antediluvian.
zone ['zo:nə, 'zo.nə] *v* zone [of earth].
zonlicht [-lɪxt] *o* sunlight.
zonnebaan ['zɔnəba.n] *v* ecliptic.
zonnebad [-bat] *o* sun-bath.
zonnebaden [-ba.də(n)] I *vi* sun-bathe; II *o* sun-bathing.
zonnebloem [-blu.m] *v* ♀ sunflower.
zonnebrand [-brant] *m* sunburn.
zonnebrandolie [-o.li.] *v* tanning oil.
zonnebril ['zɔnəbril] *m* sun-spectacles.
zonnegloed [-glu.t] *m* heat (glow) of the sun.
zonnehoed [-hu.t] *m* sun-hat.
zonnejaar [-ja:r] *o* solar year.
zonneklaar [-kla:r] as clear as daylight; *het* ~ *bewijzen* prove it up to the hilt.
zonneklep [-klɛp] *v* ⚘ (sun) visor.
zonnen ['zɔnə(n)] I *vt* sun; II *vr zich* ~ sun oneself.
zonnescherm [-sxɛrm] *o* I (voor personen) sunshade, parasol; 2 (aan huis) sun-blind, awning [before a shop-window].
zonneschijf [-sxeif] *v* disc of the sun.
zonneschijn [-sxein] *m* sunshine.
zonnestand [-stant] *m* I sun's altitude; 2 (zonnestilstand) solstice.
zonnesteek [-ste.k] *m* sunstroke; *een* ~ *krijgen* be sunstruck.
zonnestelsel [-stɛlsəl] *o* solar system.
zonnestilstand [-stilstant] *m* solstice.
zonnestraal [-stra.l] *m* & *v* sunbeam, ray of the sun.
zonnetje ['zɔnəcə] *o* sun; *het* ~ *van binnen* the sunshine in our heart(s); *zij is ons* ~ *in huis* she is the sunshine of our home; *iemand in het* ~ *zetten* poke fun at a person.
zonnevlek [-vlɛk] *v* sun-spot, solar spot.
zonnewijzer [-veizər] *m* sun-dial.
zonnig ['zɔnəx] sunny, sunshiny.
zonsondergang [zɔns'ɔndərgaŋ] *m* sunset, sundown.
zonsopgang [-'ɔpgaŋ] *m* sunrise.
zonsverduistering ['zɔnsfərdœystərɪŋ] *v* eclipse of the sun, solar eclipse.
zoogdier [-di:r] *o* mammal [*mv* mammalia].
zooi [zo:i] *v* ▼ lot, heap; *het is (me) een* ~ they are a nice lot!; *de hele* ~ the whole lot.
zool [zo.l] *v* sole.
zoolbeslag ['zo.lbəslax] *o* boot protectors.
zoolganger [-gaŋər] *m* plantigrade.
zoölogie [zo.o.lo.'gi.] *v* zoology.
zoölogisch [-'lo.gis] zoological; *de* ~*e tuin* the zoological garden(s), F the Zoo.
zoöloog [-'lo.x] *m* zoologist.
zoom [zo.m] *m* hem [of a dress, handkerchief]; edge, border; fringe [of a forest, a town]; bank [of a river].
zoon [zo.n] *m* son[2]; *de verloren* ~ zie *verloren*; *de Zoon Gods* the Son of God; *de Zoon des*

Mensen the Son of Man; *Neerlands zonen* the sons of Holland; *hij is de* ~ *van zijn vader* he is his father's son.
zootje ['zo.cə] *o* F lot; *het hele* ~ zie *zooi*.
zorg [zɔrx] *v* I (zorgzaamheid) care; 2 (bezorgdheid) solicitude, anxiety, concern; 3 (moeilijkheid, last) care, trouble, worry; 4 (stoel) easy chair; *het zal mij een* ~ *zijn* that is the last thing I am concerned about, F *fat lot* I care!; *zij is een trouwe* ~ she is a careful soul; ~ *dragen voor* take care of, see to; *geen* ~ *vóór de tijd* sufficient unto the day is the evil thereof; *heb daar geen* ~ *over* don't worry about that; *vol* ~ *over...* ook: solicitous concerning...; *ik neem de* ~ *daarvoor op mij* that shall be my care; *zich* ~*en maken* worry; *in* ~ *zijn over...* be anxious about...; *in de* ~ *zitten* sit in the easy chair; *fig* be in trouble; *met* ~ *gedaan* carefully done; *zonder* ~ *gedaan* carelessly done.
zorgeloos ['zɔrgəlo.s] I *aj* I (achteloos) careless, improvident, unconcerned; 2 (zonder zorgen) care-free; II *ad* carelessly.
zorgeloosheid [zɔrgə'lo.sheit] *v* carelessness, improvidence, unconcern.
zorgen ['zɔrgə(n)] *vi* care; ~ *voor...* I take care of...; 2 (verschaffen) provide [entertainment &]; *voor de oude dag* ~ make provision for one's old age, lay by something for the future; *er was voor eten gezorgd* provision had been made for food; *de vrouw zorgt voor de keuken (de kinderen)* looks after the kitchen (the children); *u moet zelf voor uw kleren* ~ I you have to take care of your clothes yourself; 2 you have to find your own clothing; *voor de lunch* ~ see to lunch; *hij kan wel voor zich zelf* ~ I (financieel) he can support himself, he can fend (shift) for himself; 2 (oppassen) he is able to look after himself; *zorg er voor dat het gedaan wordt* see to it that it is done; *daar zal ik wel voor* ~ I shall see to that, that shall be my care; *zorg (er voor) dat je om 9 uur thuis bent* mind (that) you are (at) home at nine.
zorglijk [-gələk] precarious, critical.
zorglijkheid [-heit] *v* precariousness.
zorgvuldig [zɔrx'fʉldəx] *aj* (& *ad*) careful(ly).
zorgvuldigheid [-heit] *v* carefulness.
zorgwekkend [zɔrx'vɛkənt] alarming, critical.
zorgzaam ['zɔrxsa.m] *aj* (& *ad*) careful(ly), tender(ly).
zorgzaamheid [-heit] *v* carefulness, tender care.
zot [zɔt] I *aj* foolish; II *ad* foolishly; III *m* fool.
zotheid ['zɔtheit] *v* folly.
zotskap ['zɔtskap] *v* I fool's cap; 2 (persoon) fool.
zotternij [zɔtər'nei] *v* folly.
zottin [zɔ'tɪn] *v* fool.
zout [zɔut] I *o* salt; *Attisch* ~ Attic wit (salt); *het* ~ *der aarde* B the salt of the earth; II *aj* salt, salty, saltish, briny; salted [almonds, peanuts].
zoutachtig ['zɔutaxtəx] saltish.
zouteloos ['zɔutəlo.s] saltless, *fig* insipid.
zouteloosheid [zɔutə'lo.sheit] *v fig* insipidity.
zouten ['zɔutə(n)] *vt* salt down, salt [meat]; corn [meat].
zoutgehalte ['zɔutgəhaltə] *o* percentage of salt, salinity.
zoutheid [-heit] *v* saltness, salinity.
zoutig ['zɔutəx] saltish.
zoutje ['zɔucə] *o* salted biscuit.
zoutkorrel ['zɔutkɔrəl] *m* grain of salt.
zoutloos [-lo.s] unsalted.
zoutmeer [-me:r] *o* salt-lake.
zoutmijn [-mein] *v* salt-mine.
zoutpilaar [-pi.la:r] *m* pillar of salt.

zoutraffinaderij [-rofi.na.dərɛi] v salt-refinery.
zoutsmaak ['zɔutsma.k] m salty taste.
zoutvaatje, zoutvat [-va.cɔ, -vɑt] o salt cellar.
zoutwater [-va.tər] o salt-water.
zoutwinning ['zɔutʋɪnɪŋ] v salt-making.
zoutzak [-sɑk] m salt-bag; fig lump (of a zoutzieden [-si.də(n)] o salt-making. [fellow].
zoutzuur ['zɔutsy:r] I o hydrochloric acid; II aj hydrochloric.

1 zoveel ['zo.ve.l] so much, thus (that) much; ~ is zeker that much is certain; dat is ~ gewonnen that much gained; in 1800 ~ in 1800 odd, in 1800 and something; in het jaar ~ in such and such a year; om drie uur ~ at three something; de trein van 5 uur ~ the five something train; ik geef er niet ~ om! I don't care that about it!; voor nog ~ niet not for something, not for the world.
2 zoveel [zo.'ve.l] so much; ~ als as much as; hij is daar ~ als opziener he is by way of being an overseer there; ~ mogelijk as much as possible.
zoveelste ['zo.ve.lstə] n'th, F umptieth, umpteenth; A., de ~ januari A., January umpteenth; dat is de ~ keer the n'th time, the hundredth time; bij het ~ regiment in the -th (the umpteenth) regiment.
1 zover ['zo.vɛr] so far, thus far; ga je ~? will you go that far[2]?; ~ zal hij niet gaan he will never go as far as that, he will never go that length; hij heeft het ~ gebracht dat... he has succeeded so well that...; hij zal 't ~ niet laten komen he won't let things go so far; het is ~ gekomen dat... things have come to such a pass that...; in ~ ben ik het met u eens so far I am with you; tot ~ as far as this, so far, thus far.
2 zover [zo.'vɛr] so far; ~ ik weet as far as I know, for aught (for all, for anything) I know; in (voor) ~ (als)... (in) so far as..., as far as...; voor ~ men weet (in) so far as is known, as far as is known.
zowaar [-'va:r] actually; sure enough.
zowat [-'vɑt] about; dat is ~ alles that's about all; ~ hetzelfde pretty much the same (thing); ~ even groot about the same size, much of a size; ~ niets next to nothing.
zowel [-'vɛl] in: ~ als as well as; hij is ~...als... he is... as well as..., he is both... and...; hij ~ als zijn broer both he and his brother.
z.o.z. [zeto.'zɛt] = zie ommezijde [zi.'ɔməzɛidə] please turn over, P.T.O.
zozeer [zo.'ze:r] so much, to such an extent; niet ~..., als wel... not so much... as...
1 zucht [zʏxt] m (verzuchting) sigh.
2 zucht [zʏxt] v (begeerte) desire; ~ naar desire for, desire of, love of [liberty, adventure]; ~ om te zien en te weten desire to see and know; ~ tot navolging (tot tegenspraak) spirit of imitation (contradiction).
zuchten ['zʏxtə(n)] I vi sigh; ~ naar (om) iets sigh for it; ~ onder het juk groan under the yoke; ~ over zijn werk sigh over one's task (work); II o in: het ~ van de wind the sighing of the wind.
zuchtje ['zʏxjə] o 1 sigh; 2 sigh, sough, zephyr; geen ~ not a breath of wind.
zuid [zɛyt] south.
zuidelijk ['zɛydələk] I aj southern, southerly; II ad southerly.
zuiderbreedte ['zɛydərbre.tə] v South latitude.
zuiderkruis ['zɛydərkrœys] o Southern Cross.
Zuiderzee [zɛydər'ze.] v Zuider Zee.
zuidoosten [-'o.stə(n)] o south-east.
zuidpool [-'po.l] v south pole, antarctic pole.
zuidvruchten ['zɛytfrʏxtə(n)] mv semi-tropical fruit.
zuidwaarts [-va:rts] I aj southward; II ad southward(s).
zuidwestelijk [zœyt'vɛstələk] south-westerly.
zuidwesten [-'vɛstə(n)] o south-west.
zuidwester [-'vɛstər] m 1 (wind) southwester; 2 (hoofddeksel) southwester.
Zuidzee v Stille ~ [stɪlə'zœytse.] South Sea, Pacific (Ocean).
zuigeling ['zœygəlɪŋ] m baby, infant, babe.
zuigelingensterfte [-lɪŋə(n)stɛrftə] v infant(ile) mortality.
zuigen [-gə(n)] I vi suck; aan zijn pijp & ~ suck at one's pipe &; zuig er maar eens aan take a suck at it; op zijn duim & ~ suck one's thumb &; II vt suck; iets uit zijn duim ~ F invent a story.
zuiger [-gər] m 1 (persoon) sucker; 2 ✕ piston, plunger [of a pump].
zuigerklep ['zœygərklɛp] v ✕ piston-valve.
zuigerstang [-stɑŋ] v ✕ piston-rod.
zuigfles ['zœyxflɛs] v feeding-bottle, baby's bottle.
zuiging ['zœygɪŋ] v sucking; suction.
zuignapje [-nɑpjə] o sucker.
zuigpomp [-pɔmp] v suction-pump.
zuil [zœyl] v pillar[2], column; Dorische ~ Doric column; de ~en van Hercules the Pillars of Hercules; ~ van Volta Voltaic pile.
zuilengalerij ['zœylə(n)ɡa.lərɛi] v zuilengang [-gɑn] m colonnade, arcade, portico.
zuilenrij [-rɛi] v colonnade.
zuinig ['zœynəx] I aj 1 economical, thrifty, frugal, sparing, saving [woman, housekeeper &]; 2 demure [look, mien]; ~ zijn be economical &; ~ zijn met... use... sparingly, economize [one's strength &], husband [provisions &]; be chary of [favours]; II ad 1 economically &; 2 [look] demurely; ik heb ervan gelust en niet ~ ook not half!
zuinigheid [-hɛit] v economy, thrift, thriftiness; verkeerde ~ betrachten be penny-wise and pound-foolish.
zuinigheidsmaatregel [-hɛitsma.tre.gəl] m measure of economy.
zuipen ['zœypə(n)] I vi P tipple, booze, swig; II vt swig.
zuiper, zuiplap [-pər, 'zœyplɑp] m P toper, tippler.
zuivel ['zœyvəl] m & o butter and cheese, dairy-produce, dairy-products.
zuivelbereiding [-bərɛidɪŋ] v dairy industry.
zuivelfabriek [-fa.bri.k] v dairy-factory.
zuivelprodukten [-pro.dʏktə(n)] mv dairy-produce, dairy-products.
zuiver ['zœyvər] I aj 1 (schoon, zindelijk) clean [hands]; 2 (zonder onreinheden) pure [air, water &]; 3 (onvermengd) pure, unadulterated [alcohol &]; 4 (zonder schuld) pure, clear [conscience]; 5 (kuis, rein) pure, chaste [thoughts &]; 6 (louter) pure, sheer, mere [nonsense &]; 7 $ clear, net [profit]; 8 ♪ pure [sounds]; dat (die zaak) is niet ~ that is a bit fishy; dat is ~e taal that is plain speaking; het is daar niet ~ things are not as they ought to be; hij is niet ~ in de leer he is not sound in the faith, he is unsound in doctrine; II ad purely [accidental]; ~ schrijven write pure English (Dutch &), write grammatically correct English; ~ zingen ♪ sing in tune; niet ~ zingen ♪ sing out of tune; het is ~ (en alléén) daarom simply and solely (purely and simply) for that reason.
zuiveraar ['zœyvəra:r] m purifier; purist [in language].
zuiveren [-ra(n)] I vt clean [of dirt]; cleanse [of sin]; purify [the air, blood, language, liquor, metal &]; refine [oil, sugar, metals]; clear [the air[2]]; purge[2] [the belly, our moral life &]; wash [a wound]; ~ van clean of [dirt];

purge of [impurities, sin &]; clean of [foreign elements, suspicion &]; cleanse of [sin]; II *vr zich* ~ clear oneself [*fig*]; *zich* ~ *van het ten laste gelegde* purge (clear) oneself of the charge.

zuiverend [-rənt] purifying; ⚕ purgative.

zuiverheid ['zœyvərheit] *v* cleanness², purity².

zuivering [-vərɪŋ] *v* cleaning, cleansing, purification, purgation, [political] purge; refining [of oil, sugar, metals].

zulk [zûlk] such.

zulks [zûlks] such a thing, such, this, it, the same.

zullen ['zûlə(n)] 1 (gewone toekomst) [I, we] shall; [you, he, they] will; *we* ~ *gaan* we shall go; *zij* ~ *gaan* they will go, they'll go; *ze* ~ *morgen gaan* ook: they are going tomorrow; *ik hoop dat hij komen zal* I hope he may come; 2 (vermoedelijk of waarschijnlijk) will (probably); *dat zal Jan zijn* that will be John; *dat zal Waterloo zijn* this would be Waterloo, I suppose; *ze* ~ *ziek zijn* they are ill maybe; 3 (afspraak) are to; *hij zal om 5 uur komen* he is to call here at five o'clock; 4 (wil v. spreker tegenover een ander) shall; *hij wil niet? hij zal* he shall [go &]; *gehoorzamen* ~ *ze!* they shall obey!; 5 (belofte) shall; *u zult ze morgen krijgen* you shall have them to-morrow; 6 (voorspelling) shall; *de aarde zal vergaan* the earth shall pass away; 7 (bedreiging) shall; *dat zal je berouwen* you shall smart for it; *ik zal je!* you shall catch it; 8 (gebod) shall; *gij zult niet stelen* thou shalt not steal; 9 (na *te*) in: *hij beloofde te* ~ *komen* he promised to come; *hij zei te* ~ *komen* he said he would come; 10 (andere gevallen) in: *ja, dat zal wel* I daresay you have (he is &); *voetbal? ik zal hem voetballen* I'll give him football.

zult [zûlt] *m* pork pickled in vinegar.

zuren ['zy:rə(n)] I *vt* sour, make sour; II *vi* sour, turn sour.

zurig [-rəx] sourish.

zuring ['zy:rɪŋ] *v* ⚘ sorrel; *e. ʹbare* ~ dock.

zuringzout [-zout] *o* salt of sorrel.

1 **zus** [zûs] *v* sister.

2 **zus** [zûs] so, thus; ~ *of zo handelen* act one way or the other; *het stond* ~ *of zo* it was touch and go; *juffrouw* ~ *en juffrouw zo* Miss Blank and Miss Dash.

zuster ['zûstər] *v* sister; (verpleegster) nurse, sister; *ja, je*~! F your grandmother!

zusterhuis [-hœys] *o* 1 (klooster) nunnery; 2 (v. geestelijke orde) affiliated house; 3 (v. verpleegsters) nurses' home.

zusterliefde [-li.vdə] *v* sisterly love.

zusterlijk [-lək] sisterly.

zusterpaar [-pa:r] *o* pair of sisters; *het* ~ the two sisters.

zusterschool [-sxo.l] *v* convent school. [tion.

zustervereniging [-vərə.nəgɪŋ] *v* sister associa-

zuur [zy:r] I *aj* sour² [apples, grapes &, bread &, temper]; acid² [taste, expression & in chemistry]; acetous [fermentation]; tart [apple]; *fig* ook: soured [spinsters]; crabbed [expression]; *een* ~ *stukje brood* a hard-earned livelihood; ~ *werk* disagreeable work; *die is* ~ S that man's number is up; *dan zijn we allemaal* ~ we are all in for it; *iemand het leven* ~ *maken* make life a burden to him; ~ *worden* turn sour, turn sour²; *al* sourly &; ~ *kijken* look sour; ~ *verdiend* hard-earned; III *o* 1 (ingemaakt) pickles; 2 (in de scheik.) acid; *het* ~ *in de maag* acidity of the stomach, heartburn; *gemengd* ~ mixed pickles; *ik heb het* ~ *aan hem* F I hate the fellow; *uitjes in 't* ~ pickled onions.

zuurachtig ['zy:rɑxtəx] sourish, acidulous, subacid.

---

zuurdeeg [-de.x] *o* **zuurdesem** [-de.səm] *m* leaven².

zuurheid [-heit] *v* sourness, acidity; tartness.

zuurkool [-ko.l] *v* sauerkraut.

zuurpruim [-prœym] *v* стаб.

zuurstof [-stof] *v* oxygen.

zuurstofverbinding [-stofərbɪndɪŋ] *v* oxide.

zuurtje [-cə] acid drop.

zwaai [zva:i] *m* swing, sweep, flourish.

zwaaien ['zva.jə(n)] I *vt* sway [a sceptre]; flourish [a flag]; swing, wield [a hammer]; brandish [the lance]; zie ook: *scepter*; *wij zwaaiden de hoek om* we swung round the corner; II *vi* 1 (v. takken &) sway, swing; 2 (v. dronkeman) reel; 3 ⚓ (v. schip) swing; *met de hoed (een vlag &)* ~ wave one's hat (a flag &).

zwaan [zva.n] *m & v* ⚘ swan; *een jonge* ~ a cygnet.

zwaar [zva:r] I *aj* 1 heavy [of persons, things &], ponderous, weighty [bodies]; 2 (zwaargebouwd) heavily built, stout [man], hefty [Hollander]; 3 (dik) heavy [materials]; 4 ⚔ (grof) heavy [ordnance, guns]; 5 (sterk) heavy [wine], strong [cigars, beer &]; *fig* 1 (groot) heavy [costs, losses]; 2 (ernstig) severe [illness], grievous [crime]; 3 (moeilijk) heavy, hard, difficult [task]; stiff [examination]; hard [times]; 4 (hard, streng) severe [punishment]; *een zware slag* 1 a heavy report [of gun &]; 2 a heavy thud [of falling body]; 3 a heavy blow² [with the hand, of fortune]; *dat is 5 kg* ~ it weighs 5 kg; *het is tweemaal zo* ~ *als...* ook: it is twice the weight of...; *ik ben* ~ *in mijn hoofd* I feel a heaviness in the head; *hij is* ~ *op de hand* he is heavy on hand; II *ad* heavily & soms: heavy [e.g. heavy-laden]; ~ *getroffen* hard hit, badly hit (by door); ~ *gewond* badly wounded; ~ *verkouden* having a bad cold; ~ *ziek* seriously ill.

zwaarbeladen ['zva:rbəla.də(n)] heavily laden, heavy-laden.

zwaard [zva:rt] *o* 1 ⚔ sword; 2 ⚓ (= zij~) leeboard [of a ship], (midden~) centreboard; *zijn* ~ *in de schaal werpen* throw one's sword into the scale; *met het* ~ *in de vuist* sword in hand.

zwaardvechter [-fɛxtər] *m* gladiator.

zwaardvis [-fɪs] *m* ⚘ sword-fish.

zwaarheid ['zva:rheit] *v* heaviness, weight.

zwaarlijvig [zva:r'leivəx] corpulent, stout, obese.

zwaarlijvigheid [-heit] *v* corpulence, stoutness, obesity.

zwaarmoedig [zva:r'mu.dəx] melancholy, hypochondriac.

zwaarmoedigheid [-heit] *v* melancholy, hypochondria.

zwaarte ['zva:rtə] *v* weight, heaviness.

zwaartekracht [-krɑxt] *v* gravitation, gravity; *middelpunt van* ~ centre of gravity; *de wet der* ~ the law of gravitation.

zwaartepunt [-pûnt] *o* centre of gravity; *fig* main point.

zwaartillend [zva:r'tɪlənt] pessimistic, gloomy.

zwaarwichtig [-'vɪxtəx] weighty, ponderous.

zwaarwichtigheid [-heit] *v* weightiness, ponderousness.

zwabber ['zvɑbər] *m* 1 (borstel) swab, swabber, mop; 2 (scheepsjongen) swabber; 3 (boemelaar) wild spark, rake; *aan de* ~ *zijn* S be on the loose (on the spree).

zwabberen [-bərə(n)] I *vt* swab, mop; II *vi fig* zie *aan de zwabber zijn*.

zwachtel ['zvɑxtəl] *m* bandage, swathe.

zwachtelen [-tələ(n)] *vt* swathe, bandage.

zwager ['zva.gər] *m* brother-in-law.

zwak [zvɑk] I *aj* 1 *eig* weak [barrier, enemy, eyes, stomach &]; *gram* weak [conjugation, verb]; *fig* weak [argument, character, mind, team]; > feeble; 2 (niet krachtig) weak, mild [attempt]; weak [resistance]; weak, low [pulse]; frail [oid man]; 3 (niet hard) faint [sound]; 4 (niet helder) faint [light]; 5 (zedelijk onsterk) weak [man], frail [woman]; *stemming* ∼ $ market weak; *het ∼ke geslacht* zie 1 *geslacht*; *in een* ∼ *ogenblik* in a moment of weakness; ∼ *in Frans* weak (F shaky) in French; ∼ *van karakter* of weak character; ∼ *staan* be shaky; II *ad* weakly &; III *o* weakness; *de Engelsen hebben een* ∼ *voor traditionele vormen* the British have a weakness for traditional forms; *een* ∼ *hebben voor iemand* have a weak spot for one; *iemand in zijn* ∼ *tasten* touch him in his weakest (tenderest) spot.

zwakheid [ˈzvɑkhɛit] *v*1 (v. lichaamskracht) weakness, feebleness, debility; 2 (gebrek aan kracht of energie) feebleness; 3 (te grote toegeeflijkheid) weakness; 4 (moreel) frailty; *zwakheden* weaknesses, failings, foibles.

zwakhoofdig [zvɑkˈho.vdəx] feeble-minded, weak-minded, weak-headed.

zwakjes [ˈzvɑkjəs] I *aj* in: *hij is* ∼ weakly, weakish; II *ad* weakly.

zwakkelijk [ˈzvɑkələk] a little weak, weakish.

zwakkeling [-lɪŋ] *m* weakling[2].

zwakstroom [ˈzvɑkstro.m] *m* ⚡ weak current.

zwakte [-tə] *v* weakness, feebleness.

zwakzinnig [zvɑkˈsɪnəx] feeble-minded, (mentally) deficient, defective.

zwakzinnigheid [-hɛit] *v* feeble-mindedness, mental deficiency.

zwalken [ˈzvɑlkə(n)] *vi* ⚓ drift about; wander about; *op zee* ∼ rove the seas.

zwaluw [ˈzva.ly:u] *v* 🕊 swallow; *één* ∼ *maakt nog geen zomer* one swallow doesn't make a summer.

zwaluwstaart [-sta:rt] *m* 1 *eig* swallow's tail; 2 ✂ dovetail; 3 swallow-tail [butterfly]; 4 swallow-tail, claw-hammer [coat].
1 **zwam** [zvɑm] *v* fungus [*mv* fungi].
2 **zwam** [zvɑm] *o* tinder, touchwood.

zwammen [ˈzvɑmə(n)] *vi* S talk tosh, jaw.

zwanezang [ˈzva.nəzɑŋ] *m* swan song.

zwang [zvɑŋ] in: *in* ∼ *brengen* bring into vogue; *in* ∼ *komen* come into vogue; *in* ∼ *zijn* be in vogue.

zwanger [ˈzvɑŋər] pregnant[2]; ∼ *gaan van grootse plannen* go about with mighty projects.

zwangerschap [-sxɑp] *v* pregnancy.

zwarigheid [ˈzva:rəxhɛit] *v* difficulty, scruple; *heb daar geen* ∼ *over* don't bother about that; ∼ *maken* make (raise) objections.

zwart [zvɑrt] I *aj* black[2] [colour, bear, bread, list, hands, ingratitude, sable ⬛ &]; ∼ *maken* blacken[2] [things, character]; *het was er* ∼ *van de mensen* the place was black with people; ∼*e* handel black market, black-market traffic (dealings, transactions); ∼ *kopen* buy on the black market; ∼*e winst* & black-market profit &; *het in de* ∼*ste kleuren afschilderen* paint it in the darkest colours; II *ad alles* ∼ *inzien* look at the gloomy (black) side of things; ∼ *kijken* look black; III *o* black; *de* ∼*en* the blacks; *het* ∼ *op wit hebben* have it in black and white; *in het* ∼ (dressed) in black.

zwartbont [-bònt] mottled.

zwartehandelaar [zvɑrtəˈhɑndəla:r] *m* black marketeer.

zwartepiet [zvɑrtəˈpi.t] *m* 1 Black Jack; 2 *sp* Old Maid; 3 F (zwartehandelaar) black marketeer.

zwartepieten [-ˈpi.tə(n)] *vi* play the game of Old Maid.

zwartgallig [zvɑrtˈɡaləx] melancholy, atrabilious.

zwartgalligheid [-hɛit] *v* melancholy.

zwartharig [-ha:rəx] black-haired.

zwartheid [-hɛit] *v* blackness.

zwartje [ˈzvɑrcə] *o* F darky.

zwartogig [-o.ɡəx] black-eyed.

zwartsel [-səl] *o* black.

zwavel [ˈzva.vəl] *m* sulphur, ⚗ brimstone.

zwavelachtig [-ɑxtəx] sulphurous.

zwaveldamp [-dɑmp] *m* sulphur-fume, sulphurous vapour.

zwavelen [ˈzva.vələ(n)] *vt* treat with sulphur, sulphurize, sulphurate.

zwavelerts [ˈzva.vəlɛrts] *o* sulphur-ore.

zwavelhoudend [-houdənt] sulphurous.

zwavellucht [ˈzva.vəllʏxt] *v* sulphurous smell.

zwavelzuur [ˈzva.vəlzy:r] I *aj* sulphuric; II *o* sulphuric acid, oil of vitriol.

Zweden [ˈzve.də(n)] *o* Sweden.

Zweed [zve.t] *m* Swede.

Zweeds [zve.ts] I *aj* Swedish; II *o* *het* ∼ Swedish; III *v* *een* ∼*e* a Swedish woman.

zweefbaan [ˈzve.fba.n] *v* overhead railway; telpher way.

zweefmolen [-mo.lə(n)] *m* giant('s)-stride.

zweefvliegen [ˈzve.fli.ɡə(n)] I *vi* ✈ glide; II *o* ✈ gliding.

zweefvlieger [-ɡər] *m* ✈ glider-pilot.

zweefvliegtuig [ˈzve.fli.xtœyx] *o* ✈ glider.

zweefvlucht [-flʏxt] *v* ✈ volplane, glide; (v. zweefvlieger) glide.

zweem [zve.m] *m* 1 semblance, trace [of fear &]; 2 touch [of mockery], shade [of difference], tinge [of sadness]; *geen* ∼ *van hoop* not the least flicker of hope.

zweep [zve.p] *v* whip; *er de* ∼ *over leggen* whip up the horses; *fig* lay one's whip across their (her, his) shoulders.

zweepslag [ˈzve.pslɑx] *m* lash.

zweeptol [-tɔl] *m* whipping-top.

zweer [zve:r] *v* ulcer, sore, boil.

zweet [zve.t] *o* perspiration, P & B sweat; *het klamme* ∼ the cold perspiration; *het koude* ∼ *brak hem uit* zie *uitbreken* I; *in het* ∼ *uws aanschijns* B in the sweat of thy brow (face); *zich in het* ∼ *werken* work oneself into a perspiration (a sweat).

zweetbad [ˈzve.tbɑt] *o* sweating-bath, sudatory.

zweetdruppel [-drʏpəl] *m* drop of perspiration, drop of sweat.

zweethanden [-hɑndə(n)] *mv* perspiring (sweaty) hands.

zweetklier [-kli:r] *v* sweat-gland.

zweetkuur [-ky:r] *v* sweating-cure.

zweetlucht [-lʏxt] *v* sweaty smell.

zweetvoeten [-fu.tə(n)] *mv* perspiring feet.

zwelgen [ˈzvɛlɡə(n)] I *vt* swallow; swill; quaff; II *vi* carouse; ∼ *in...* luxuriate in..., revel in...

zwelger [-ɡər] *m* guzzler, carouser.

zwelgerij [zvɛlɡəˈrɛi] *v* guzzling, revelling.

zwelgpartij [ˈzvɛlxpɑrtɛi] *v* carousal, revelry, orgy.

zwelkast [ˈzvɛlkɑst] *v* ♪ swell-box.

zwellen [ˈzvɛlə(n)] *vi* swell [= grow bigger or louder]; *de* ∼*de zeilen* the swelling (bellying) sails; *doen* ∼ swell.

zwelling [-lɪŋ] *v* swelling, tumour.

zwembad [ˈzvɛmbɑt] *o* swimming-bath.

zwembassin [-bɑsɛ̃] *o* swimming-pool.

zwemblaas [-bla.s] *v* swimming-bladder, sound.

zwembroek [-bru.k] *v* bathing-trunks.

zwemen [ˈzve.mə(n)] *vi* in: ∼ *naar* be (look) like; ∼ *naar het blauw* have a bluish cast.

zwemgordel [ˈzvɛmɡɔrdəl] *m* swimming-belt.

zweminrichting [-ɪnrɪxtɪŋ] *v* swimming-baths.

zwemkunst [-kũnst] *v* art of swimming, natation.

zwemles [-les] *v* swimming-lesson.

zwemmen ['zvɛmə(n)] *vi* swim; *de aardappels* ~ *in de boter* are swimming in butter; *in het geld* ~ roll in money; *haar ogen zwommen in tranen* her eyes were swimming with tears; *op de buik (rug)* ~ swim on one's chest (back); *zullen we eens gaan* ~? shall we have (take) a swim?; *het laten* ~ F let it go; *zijn paard over de rivier laten* ~ ook: swim one's horse across the river.

zwemmer [-mər] *m* swimmer.

zwemschool ['zvɛmsxo.l] *v* swimming-school.

zwemsport [-sport] *v* swimming.

zwemvest [-vest] *o* life-jacket.

zwemvlies [-vli.s] *o* 1 web; 2 *sp* flipper [for frogman]; *met zwemvliezen* web-footed [animals], webbed [feet].

zwemvoet [-vu.t] *m* web-foot [of birds].

zwemvogel [-vo.gəl] *m* web-footed bird, swimming-bird.

zwemwedstrijd [-vɛtstreit] *m* swimming-match.

zwendel ['zvɛndəl] *m* zie *zwendelarij*.

zwendelaar [-dəla:r] *m* swindler, sharper.

zwendelarij [zvɛndəla:'rɛi] *v* swindling; swindle.

zwendelen ['zvɛndələ(n)] *vi* swindle.

zwengel ['zvɛŋəl] *m* 1 wing [of a mill]; 2 pump-handle; 3 crank [of an engine]; 4 splinter-bar, swingle-tree [of a carriage].

zwenken ['zvɛŋkə(n)] *vi* turn to the right (left), swing round; ⚔ wheel; swerve [of motorcar]; *fig* change front; *links (rechts)* ~! ⚔ left (right), wheel!

zwenking [-kɪŋ] *v* turn, swerve; ⚔ wheel; *fig* change of front.

zwepen ['zve.pə(n)] *vt* whip, lash.

zweren ['zve:rə(n)] I *vi* 1 ulcerate, fester ‖ 2 swear; *bij hoog en laag (bij kris en kras)* ~ swear by all that is holy; *ze* ~ *bij die pillen* they swear by these pills; *bij het woord des meesters* ~ swear by the word of a (one's) master; *op de bijbel* ~ swear upon the bible; *men zou erop* ~ one could swear to it; II *vt* swear [an oath]; *dat zweer ik (u)!* I swear it!; *iemand geheimhouding laten* ~ swear him to secrecy.

zwerftocht [-toxt] *m* wandering, peregrination, ramble, ⚓ cruise.

○ **zwerk** [zvɛrk] *o* welkin, firmament, sky.

zwerm [zvɛrm] *m* swarm [of bees, birds, horsemen &].

zwermen ['zvɛrmə(n)] *vi* swarm.

zwerven [-və(n)] *vi* wander, roam, ramble, rove; ~*de kat* stray cat; ~*de stammen* wandering tribes, nomadic tribes.

zwerver [-vər] *m* wanderer, vagabond, rambler, rover, tramp.

zweten ['zve.tə(n)] I *vi* perspire, sweat [also of new hay, bricks &]; II *vt* sweat [blood].

zweterig [-tərəx] *aj* sweaty.

zwetsen ['zvɛtsə(n)] *vi* boast, brag, S talk hot air.

zwetser [-sər] *m* boaster, braggart.

zweven ['zve.və(n)] *vi* be in suspension, be suspended [in a liquid]; float [in the air]; hover [over something]; ✈ glide [ook: over the ice]; *het zweeft mij op de tong* I have it on the tip of my tongue; ~ *tussen hoop en vrees* hover between hope and fear; ~ *tussen leven en dood* be hovering between life and death; *voor de geest* ~ be present to the mind [of an image]; have [a thought] in mind.

zwezerik ['zve.zərik] *m* sweetbread.

zwichten ['zvɪxtə(n)] *vi* yield, give way; ~ *voor* yield to [him, his arguments, persuasion];

silence!, be silent!; *wie zwijgt, stemt toe* silence gives consent; *hij kan niet* ~ he cannot keep a secret, he cannot keep his (own) counsel; ~ *als het graf* be as silent as the grave, succumb to [superior numbers]; give in to [threats].

zwiepen ['zvi.pə(n)] *vi* switch, swish; ~ *met een stokje* switch (swish) a cane.

zwier [zvi:r] *m* 1 (draai) flourish; 2 (pompeuze gratie) dash; jauntiness, smartness; *aan de* ~ *zijn* S be on the spree; *met edele* ~ with a noble grace.

zwierbol ['zvi:rbəl] *m* wild spark, reveller, rake.

zwieren ['zvi:rə(n)] *vi* reel [when drunk]; glide [over the ice &].

zwierig [-rəx] I *aj* dashing, jaunty, stylish, smart; II *ad* smartly.

zwierigheid [-heit] *v* dash, jauntiness, stylishness, smartness.

zwijgen ['zvεigə(n)] I *vi* & *va* 1 be silent; 2 fall silent; *zwijg!, zwijg stil!* hold your tongue!, grave, F be as mute as a fish; *hem doen* ~ put him to silence, silence him; *daarop moest ik* ~ to this I could make no reply; *maar je moet er over* ~ hold your tongue about it; *de geschiedenis zwijgt daarover* history is silent about this; *een batterij tot* ~ *brengen* ✕ silence a battery; *iemand tot* ~ *brengen* reduce (put) a person to silence, silence a person; *daarvan zullen wij maar* ~ let it pass; *zwijg mij daarvan!* don't talk to me about that!; *om nog maar te* ~ *van...* to say nothing of..., not to mention..., let alone...; II *vi in:* iets ~ be silent about it; III *o* silence; *hij moest er niet* ~ *toe doen* he could make no reply; *iemand het* ~ *opleggen* impose silence (up)on him.

zwijgend [-gənt] I *aj* silent; II *ad* silently, in silence.

zwijger [-gər] *m* silent person; *Willem de Zwijger* William the Taciturn, William the Silent.

zwijggeld ['zvεigɛlt] *o* hush-money.

zwijgzaam ['zvεixsa.m] *aj* silent.

zwijgzaamheid [-heit] *v* silence.

zwijm [zvεim] *in* ~ *liggen* lie in a swoon; *in* ~ *vallen* faint, swoon.

zwijmel ['zvεiməl] *m* 1 giddiness, dizziness; 2 intoxication.

zwijmelen [-mələ(n)] *vi* become dizzy.

zwijn [zvεin] *o* 1 ♏ pig², hog², (*mv* & *fig*) swine²; 2 S fluke; *wild* ~ (wild) boar.

zwijnachtig ['zvεinɑxtəx] hoggish, swinish.

zwijneboel ['zvεinəbu.l] *m* piggery, mess.

zwijnejacht [-jɑxt] *v* boar-hunting.

zwijnen ['zvεinə(n)] *vi* 1 F go the pace; 2 S *boffen*.

zwijnenhoeder ['zvεinə(n)hu.dər] *m* swineherd.

zwijnerij [zvεinə'rεi] *v* filth, dirt, muck, beastliness.

zwijnestal ['zvεinəstɑl] *m* piggery, pigsty.

zwijnjak ['zvεinjɑk] *m* F pig, hog, swine, dirty tike.

zwijntje ['zvεinɔ] *o* 1 piggy; 2 S (fiets) bike.

zwijntjesjager [-cɔsjə.gər] *m* S bicycle-snatcher.

zwikken ['zvɪkə(n)] *vi* sprain one's ankle.

zwingel ['zvɪŋəl] *m* swingle(-staff).

zwingelen [-lə(n)] *vt* swingle [flax].

Zwitser ['zvɪtsər] *m* Swiss, ⚔ Switzer; *de* ~*s* the Swiss.

Zwitserland [-sərlɑnt] *o* Switzerland.

Zwitsers [-sərs] *aj* Swiss.

zwoegen ['zvu.gə(n)] *vi* toil, toil and moil, drudge.

zwoeger [-gər] *m* toiler, drudge.

zwoel [zvu.l] sultry.

zwoelheid ['zvu.lheit] *v* **zwoelte** ['zvu.ltə] *v* sultriness.

NOTES/AANTEKENINGEN

NOTES/AANTEKENINGEN

NOTES/AANTEKENINGEN